《中国政党制度年鉴》编委会

中国政党制度年鉴

2014

中央社会主义学院中国政党制度研究中心编

中央文献出版社

编辑说明

一、《中国政党制度年鉴》是中央社会主义学院中国政党制度研究中心主编的一部专业性年鉴。它全面、系统地记录和反映了一年内执政党建设理论和实践研究、政党制度理论创新和实践发展、参政党建设理论和参政能力建设的基本情况。鉴于目前国内关于执政党研究的理论和实践成果十分丰富，它突出介绍了我国政党制度和参政党的研究和实践状况。

二、《中国政党制度年鉴》以中国特色社会主义理论体系为指导,力争全面、客观地反映中国共产党领导的多党合作和政治协商制度的理论研究动态、实践成果、政党和政党制度建设情况。

三、本年鉴框架相对稳定。《中国政党制度年鉴·2014》共设中国政党制度研究，执政党研究，参政党研究，重要文献，政党活动纪要，学术会议、学术人物，参政议政案例选，附录共八个栏目。

四、重要文献主要选编各民主党派本年度内关于参政议政、自身建设等重要文件、条例、规章制度，大会报告；学术会议是指与政党和政党制度研究相关的学术会议；学术人物是指在政党和政党制度研究领域有较高社会知名度的学者和专家；附录一、二分别介绍了台湾政党制度、国外政党制度年度研究状况，附录三力求全面收录国内本年度关于政党制度相关研究的文献资料。欢迎社会各界积极推介有关政党制度的研究成果、学术会议和学术人物，我们将按标准收入年鉴。

五、鉴于中国政党制度的学科体系尚未规范，有关这方面的研究成果散见于各个学科之中，给资料收集工作带来很大困难，加上我们的学术水平和编辑能力所限，疏漏和不足之处在所难免，恳请广大读者不吝赐教，以便我们在今后的编辑工作中努力改进，使之不断完善。

目录

中国政党制度研究

执政党研究

参政党研究

重要文献

政党活动纪要

学术会议　学术人物

参政议政案例选

附 录

中国政党制度研究

中国政党制度研究述评

2014年是中国共产党领导的多党合作和政治协商制度确立65周年，也是全党全国深入学习贯彻中国共产党十八届三中全会精神的第一年。三中全会决议提出，要发展社会主义民主政治，必须以保证人民当家做主为根本，坚持和完善人民代表大会制度、中国共产党领导的多党合作和政治协商制度、民族区域自治制度以及基层群众自制制度，更加注重健全民主制度、丰富民主形式，充分发挥我国社会主义政治制度优越性。决议特别强调，要推动人民代表大会制度与时俱进，推进协商民主广泛多层制度化发展，发展基层民主。对此，习近平总书记又先后在2014年庆祝全国人民代表大会成立60周年大会、庆祝中国人民政治协商会议成立65周年大会上的讲话中分别作了深入、细致的阐述。随着全面深化改革的主张深入人心，随着中共中央关于全面发展社会主义民主政治特别是促进协商民主发展种种政治努力的实质性展开，当代中国政党制度建设和研究都进入到了新的发展阶段。学者们分别着眼于历史、现实和未来发展，着眼于文化、理念和政治价值，着眼于结构、功能和政治体系，以及着眼于互动、经验和政治实践，对中国共产党领导的多党合作和政治协商制度展开了全面、深入和细致的研究。与往年相关研究相比，本年度中国政党制度研究呈现出如下三方面变化：一是学者们的研究兴趣与焦点发生了转移，协商民主的理论与实践、多党合作与协商民主已成为蔚然新兴的重要研究领域；二是理论视野的拓宽、研究方法的改进，学者们不再主要局限于传统的规范研究和制度分析，而是更多地转向与协商和治理相关的经验和实证研究；三是不少相关成果中创新性、原创性的色彩渐浓，学者们自觉地出于当下最新的理论和实践需要，来系统、深入地解析和把握我们的多党合作和协商民主制度。

一、中国政党制度的形成和发展

本年度学者们对于中国政党制度形成和发展的研究，仍一如既往地致力于揭示和体现它的形成和发展历史中逻辑与历史的一致性、历史与现实的一贯性，取得了比较深入的理论进展。这当中，汤慧珍的论文特别刻画了当代中国政党制度形成和发展“历史经验和积淀”的性质，张雯、姚选民的两篇论文从不同角度突出了中西方人民文化根性的不同及其对政党制度差异的影响，杨爱珍的论文则强调了多党合作制度未来发展必须因应世界大势、时代方位以及中国经济社会变化的要求，都给读者留下深刻印象。

（一）中国政党制度的形成及其历史必然性

在本年度发表的中国政党制度相关研究论文中，提及多党合作制度历史必然性的文章数量较之上一年度有明显的增加。学者们或者是从历史时期及历史事件的角度做资料的梳理、论从史出，或者是纵览近代以来中国政治、政党政治发展的整体趋势、提纲挈领，又或者是纵横结合，对我国多党合作制度的形成及其历史必然性展开深入讨论。总体来看，学者们对相关问题的讨论大多视野开阔，注重今昔、中西维度上的比较和融汇，尊重传承、以往鉴今，既有深沉的浓重的历史情怀，又有深沉的现实关怀。

舒文在《中国特色政党制度实行的历史依据研究》（《湘潭大学学报》2014 年第 2 期）文中认为，从清朝末年至新中国建立前，西方政党制度在中国曾多次尝试过。西方政党制度在清末被引进中国，立宪党人主张君主立宪制度，结果被迫与革命党人联手推翻清政府，民国初年及其以后的政党政治则是走到了尽头。20 世纪 20 年代后中国共产党、中国国民党及介于两党间的中间势力经过短暂合作后又各自走上不同的道路。1948 年之后，主张走议会民主道路即第三条道路的中间势力只得选择同中共合作。西方政党制度多次尝试的失败，反复论证了中国特色政党制度即中国共产党领导的多党合作和政治协商制度的历史必然性。

杨帅、王建永在《中国共产党领导的多党合作与政治协商制度确立的历史依据》（《科教导刊》2014 年第 2 期）文中指出，按照马克思主义关于历史发展是客观规定性、主体选择性相统一的原理，当代中国政党制度也是中国人民历史选择的结果。具体来讲，有以下四个方面：中国近代以来的社会性质决定了中国不能实行资产阶级政党制度；中国革命的性质和任务决定了中国必须建立独具特色的政党制度；中国民主政治发展的历史潮流决定了中国不能实行一党专制的政党制度；苏联建立后民主政治发展的历史教训启示我们不能实行一党专政的政党制度。

张雪梅、文璐在《浅析中国特色政党制度的形成》（《才智》2014 年第 6 期）一文中，从历史比较的理路入手，具体分析了民初多党林立、政党倾轧，国民党时期的以党治国、一党独裁，以及新中国以来的一党领导、多党合作，得出如下正确结论：自近代中国第一个政党中国同盟会的出现后，伴随着反帝反封建、追求民族独立和人民解放的历史进程，尽管中国政党发展规模及其制度模式历尽周折，但最终铸就了当今中国共产党领导的多党合作和政治协商制度，这不仅是中国人民政治经验和智慧的结晶，也是中国近代历史发展的必然。

汤慧珍在《中国多党合作制度的历史成因》（《广角镜》2014 年第 29 期）文中以为，作为现代国家政治制度的重要组成部分，政党制度规定了政党在国家政治生活中的地位与运作方式，关系着社会的治乱和国家政权的兴衰走向。一个国家确立什么样的政党制度，不是由某个理论预先设计好的，而是由一系列事件共同作用所决定的……很多事情在被理解之前就已经发生了。民初多党政治因超越国情而失败，国民党统治时期一党专政又因背离民主而破产，近代中国政治的发展亟须开辟和缔造一种适应中国国情的新型政党制度。这一任务自然就历史性地落到共产党和各民主党派肩上。中国共产党科学分析当时中国的社会性质、阶级结构及民主革命策略，最早提出并大力实践其建立革命民主联合阵线的主张，终于在解放战争后期赢得各派进步政治力量的认同，多党合作制度也在新政协协商建国的同时得以确立。革命、建设的曲折发展历程表明，多党合作制是唯一符合中国国情的政党制度，是近现代中国历史发展的必然选择。

罗振建在《重庆多党合作产生研究》(《重庆社会主义学院学报》2014 年第 1 期）一文中指出，目前还没有相关论著明确地回答重庆多党合作产生时间的问题。文章以为，研究多党合作历史上在重庆产生的相关问题，交代其历史条件、叙述其主要过程，能够阐明多党合作在重庆产生的重要意义，进而明确、突出如下事实：作为中国共产党同各民主党派、无党派人士密切合作的开端，重庆多党合作曾发挥了承前启后、继往开来的独特作用，在中国多党合作史上具有不可替代的重要地位和意义。在回顾了抗战期间国民参政会成立、运作的历史，以及中国共产党与民主党派政治合作的重要史实后，文章认为，由于抗战初期中共同民主党派、无党派人士的合作为重庆多党合作奠定了坚实的历史基础，也由于国民政府内迁重庆后不久中共与各民主党派就围绕团结抗战、反对分裂投降奠定了多党合作的根本政治基础，重庆 1938 年 10 月 28 日至 11 月 6 日国民参政会一届二次会议在重庆的举行，应被视作重庆多党合作产生的历史标志。

刘英、丁英顺在《重庆在中国多党合作制度形成中的历史作用》(《重庆社会主义学院学报》2014 年第 4 期）文中认为，作为具有中国特色的民主政治制度，多党合作制度是从重庆统战实践中走出来的。在当时民族危亡之际，以第二次国共合作为基础的抗日民族统一战线逐步建立起来后，重庆遂成为多党合作的舞台中心，并为多党合作制度形成、新中国政治格局的确立发挥了重要作用。在重庆的统战工作实践中，中共南方局为多党合作营造了良好氛围。在抗战结束后的重庆谈判时期，共产党的统战活动又使多党合作思想深入人心,同时积极促成民主党派在重庆建立。这就为多党合作奠定了组织基础。总之，政协会议在重庆的实践开创了多党合作的重要形式。研究重庆在中国多党合作制度形成中的历史作用，有助于为巩固和完善新时期中国多党合作制度提供参考。

周韬、王利娟在《解放战争时期中国共产党与民主党派合作关系探析》(《当代教育理论与实践》2014 年第 11 期)文中,将解放战争时期多党合作的历史经验归结为如下几点：坚持中国共产党的领导是开展多党合作的政治前提；坚持正确的统战政策是扩大多党合作的政治基础；坚持“又团结又斗争”是巩固多党合作的重要策略。文章指出，多党合作的历史给当下政治生活以如下启示：党的领导、多党合作要充分把握时代主题，始终坚持与时俱进；必须始终坚持和完善政治协商制度；必须充分发挥民主党派的作用；一定要注意合作方式和方法的多样化与灵活化。

戴安林在《中国共产党领导多党合作的历史回顾与经验》(《福建省社会主义学院学报》2014 年第 5 期）文中认为，中国共产党在新民主主义革命时期的多党合作大致经历了三个阶段：大革命和土地革命战争时期开始探索多党合作的阶段；抗日战争时期多党合作思想和实践趋于成熟的阶段；解放战争时期推动多党合作进一步发展阶段。在对这三个时期进行简要回顾的基础上，作者归纳出如下与中国共产党领导的多党合作的相关历史经验：中国共产党领导的多党合作是马克思主义和中国革命实践相结合的结晶；中国共产党领导的多党合作是中国近代历史发展的必然产物；中国共产党在多党合作中必须占据领导核心地位；中国共产党要实现在多党合作中的领导权必须制定正确的方针策略；在不同历史时期中国共产党都应不断完善和发展多党合作与政治协商制度。

周韬、王利娟在《解放战争时期中国共产党与民主党派合作关系探析》(《当代教育理论与实践》2014 年第 11 期）文中认为，抗战胜利后民主党派与中国共产党合作关系的演变经历了三个阶段：起初，民主党派主张走中间路线，与共产党为共同政治目标而奋斗；其后，中间路线破产，各民主党派开始发生历史性转折；最终，支持新民主主义革命路线，与共产党为建立新中国而斗争。这当中，民主党派与中国共产党合作的主要方式有：利用座谈、聚餐等方式，相互交流，增进了解；通过相互走访增加彼此了解；彼此交换情报和资料，共享信息；中国共产党允许民主党派人士到解放区政权任职；以及订立协定、建立稳定的政治联盟等。中国共产党与民主党派合作的作用主要体现在：形成了革命统一战线，削弱了国民党政府的统治；巩固了共产党的领导地位，推进了政治的民主化进程；促进了新中国的诞生，初步奠定了中国的政党政治格局。

同美娟、孔令春在《华北人民政府成立与党外人士作用的发挥》(《河北省社会主义学院学报》2014 年第 1 期）一文中，回顾了华北人民政府成立及其运作中共产党与党外人士合作共事的历史，总结了共产党人用规定保证党外人士的名额、用真心保证党外人士当选、用真情尊重党外人士权利、用制度确保党外人士有职有权的经验，进而指出：充分发挥党外人士在政权中的作用，使他们有职有权，是中国共产党领导的多党合作和政治协商制度的重要内容。这项制度萌芽于陕甘宁边区的“三三制”，探索于华北人民政府，成型于中央人民政府的成立，完善于改革开放时期，创新发展于全面建设小康社会的新时期。这当中，华北人民政府充分发挥党外人士作用的做法和经验无疑有着重要的指导作用。

白钢在《中国共产党领导的多党合作和政治协商制度的确立》(《东北师大学报·哲学社会科学版》2014 年第 4 期）一文中指出，作为一种政治格局或政治形式，中国共产党领导的多党合作和政治协商是在长期中国革命斗争中逐步形成的。中国人民政治协商会议第一届全体会议突出体现了中国共产党领导的多党合作和政治协商。会议通过的具有临时宪法性质的文件和相关法律文件，对中国共产党领导的多党合作和政治协商作了法律的肯定和制度的规定。这表明，多党合作制度已在我国确立了起来。从确立之时起，多党合作制度就在我国的实际政治生活之中得到了体现：民主党派在中央人民政府委员会（国家的最高政权机关，即最高权力机关，兼有立法权、行政权和司法权）中领有了半数的职位，中国人民政治协商会议全国委员会和常务委员会的会议以及诸如双周座谈会等其他形式的协商会议在国家政治生活中发挥了重要的、无可替代的作用。这些都表明，多党合作制度同时也在组织层面、工作层面上确立了起来。

（二）中国政党制度的文化基础及意义

关于这一领域的问题，本年度学者们的相关研究并不多，但问题意识、理论导向非常明确，基于文化比较、政治哲学比较的研究方法适用恰当，既着重考察了本民族文化对政党政治历史、现实与发展前景的角度，揭示了我国多党合作文化内涵，多党合作对于民族文化的传承和创新，又有针对性地分析了西方政党制度何以不适合于中国的文化与文明根由。总的来看，人们对于多党合作制度文化基础及意义的研究，还是更多地集中在历史向度上，集中于文化心理、政治理念层面。至于在相关的行为方式、制度规范层面上，特别是在现当代文化向度上，尽管已经触及到了一部分问题，但还是显得相对薄弱、有待于未来的努力拓展和深入挖潜。

吴志国在《从“和合”思想来理解中国目前的政党制度与协商民主》(《湖南省社会主义学院学报》2014 年第 3 期）一文中提出，设计出中国目前的政党制度的观念主要是来自建国一代政治家的头脑，后者深受我国传统文化特别是“和合”思想影响，因而规划了不同于西方竞争性政党制度的合作型政党制度的蓝图。“和合”思想、理念与多党合作制度有着内在、精神上的契合：一是“和”的理念，强调关系和谐；二是“和而不同”的理念，强调广泛的包容性、求同存异和兼收并蓄；三是“和衷共济”的理念，强调集体主义、协作和团结。此种和谐的党际关系模式蕴涵着中国政党制度的和谐结构，包括平等—独立的法律结构、执政—参政的政治结构，以及民主—协商的运行结构。在此种和谐的政治结构下，民主党派的监督不是内涵竞争和替代因子的刚性权力监督，而是与人为善的柔性民主监督。这就给了执政党很大的政治空间，可以不必顾虑外在的掣肘，大胆推进有利于国计民生的政治（政策）活动，为自己赢得广泛的、直接缘自执政绩效的长期政治信任（一种更为可靠的政治信任）。这种政党制度不惟西方所不能比拟，即便其他社会主义国家也没有过。它从根本上超越了西方政党制度的观念基础，并且克服了后者所容易导致的短期行为、少数暴政以及容易失之极端和动荡的内在缺陷，因而至少是西方政党制度的一个替代选项。

刘长旭在《弘扬中华优秀传统文化，推动多党合作事业发展》(《团结报》2014 年 3 月 18 日）文中认为，中华优秀传统文化是中国共产党和各民主党派共同的文化遗产，弘扬和传承中华优秀传统文化是各民主党派的共同使命。中国共产党领导的多党合作和政治协商制度植根于中华优秀传统文化的沃土。秉承“和而不同”的包容理念，保持了更多思想的火花，为民主协商、科学决策提供了更多的选择可能。保持“修身齐家治国平天下”、“先天下之忧而忧，后天下之乐而乐”、“舍生取义”等家国情怀和牺牲精神，孕育了中国共产党和各民主党派救国救民的历史担当。保有“志同道合”方能“肝胆相照、荣辱与共”以及君子“相与论道”、“君子坦荡荡”的修养与胸怀，形成了“知无不言，言无不尽”的良好政治氛围。就这样，中华优秀传统文化奠定了中国共产党领导的多党合作制度的文化心理基础。源于中华优秀传统文化这一重要力量源泉的中国特色社会主义理论体系创新，则是超越了政党之间的差异，成为中国共产党和各民主党派合作共事的思想共识，拓宽了新时期多党合作制度的思想基础。

张雯在《坚持中国特色政党制度的政治文化分析——兼论中西政党文化差异》(《中共贵州省委党校学报》2014 年第 5 期）一文中，从中西方政治哲学思维出发，通过对性恶论和性善论的逻辑分析比较了中西方政党制度。文章认为，西方的性恶论和竞争性政党制度是一脉相承的，与中国的性善论相一致的则是协商性的政党制度。同时，在对比考察中西方人民的共处理念、竞争习惯、对第三方的依赖这三个方面的问题时，人们也完全可以看出中国特色政党制度的确带有中国文化的深刻烙印。此外，在分析中国传统政治意识形态、马克思主义政治意识形态和西方政治意识形态在中国存在现状的基础上，人们也可以看到，中国共产党领导的多党合作与政治协商制度的建立，正是这三种政治意识形态相互较量的结果；而当前中国这种特色政党制度的坚持，也正是这三者间彼此博弈、相互吸收借鉴的结果。因此，从政治文化的视角来看待中国特色政党制度，中国政党制度的现实需求与发展趋向——协商性政党制度即可以深刻而直观地展示出来。

姚选民在《试论新中国政党制度的正当性：一种政治哲学基础探求》(《湖南社院学报》2014 年第 5 期）一文中认为，中国共产党领导的多党合作与政治协商制度是渊源于中国传统社会的中国人政治性格的表征或结果，具有深厚的历史文化层面或人性层面上的正当性。文章指出，中国人的政治性格既呈现出习惯于以具体家庭为轴心的强力（暴力）政治的面相，亦呈现出习惯于温情政治的面相。这种政治人格往往不问政权来源的合法性，而是直接诉诸统治者有效统治 / 维护秩序的政治伦理。在近现代中国社会革命后，此种政治性格在中国人当中仍具稳定性，它内在地呼唤一个能够对内凝聚力量、对外保护国家的稳固且强大的权力，以及由此而来的稳定的社会生活。这种国民政治性格最终铸就了中国共产党领导的多党合作与政治协商制度，后者也因此具有了建立在文化及人性深层次上的正当性。

程云庆、刘诚在《中国特色政党制度形成的文化向度探析》(《湖北省社会主义学院学报》2014 年第 6 期）文中认为，“制度认同”的根源在于“文化认同”，一切政治制度都是适应历史文化的自然选择。作为无产阶级领导的、反帝反封建的、民族的、科学的、大众的、民主的文化，新民主主义文化奠定我国政党制度的基础和底色。“民族的”文化决定了我国实行具有中国特色的政党制度。民族的文化内含着对民族独立的渴望，也决定了西方政党制度在中国行不通。“科学的”文化决定了我国政党制度是中国共产党领导的多党合作与政治协商制度。中国特色政党制度是在传承和创新中国优秀文化的基础上形成的，“科学的”实践观本质上也决定了我国实行这一政党制度。“大众的、民主的”文化决定了中国特色政党制度极具包容性。“民主的”文化引导民族资产阶级认同新民主主义政治制度，“大众的”文化则决定了多党合作制度是一个多元包容的政党制度。

秦海涛在《中国特色政党制度与政治协商的必然》(《前进论坛》2014 年第 5 期）一文中，分析了多党合作和政治协商制度的文化背景和思想基础并指出，政治制度不是凭简单效仿、复制和设想能够建立的，而是要有其民族文化的基础。多党合作制度是在中国文化底蕴和世界时代思潮交融的基础上发展的必然产物。中国几千年的君主专制和上下一统的集权统治，使得统一管理和调控的政治体制久为国民所适应和接受。儒家“和为贵”思想的影响，也决定了中国不可能出现对立的多党和高度分权的政治格局。多党合作和政治协商制度又是近代民主思潮与中国传统思想撞击、融合的必然产物。至于科技的进步与发展、政治民主与人本身解放进程的加速，也使中国传统政治文化的现代化提上日程且不得不有所创新发展。基于上述历史与现实的规定，中国政党制度及其存在和发展的文化生态都可谓是逻辑的和历史的必然。

（三）中国政党制度的演进及相关思考

任何政党制度总是在不同的历史阶段和历史事件里、在面临不同的情境与任务时、在解决不同的矛盾和问题中不断地证明和强化自身存续的环境适应力、历史合理性。相应的，对多党合作制度 1949 年确立之后的历史演进问题，以及由此而来、紧密结合当前多党合作实践现实问题的理论思考，向来都构成多党合作史研究的重要领域。但与上一年度相关研究相比，2014 年这一领域中相关研究的成果并不多，纵向的历史考察也相对较少。尽管如此，学者们还是分别结合国际社会风云变幻、中国经济社会变化、党和国家的工作任务的转移等诸多角度展开论述，进行了合理的历史解析，得出了中肯的研究结论。

杨爱珍在《中国多党合作制度发展的多重维度》（《湖南社院学报》2014 年第 3 期）文中认为，应当从国际国内形势新变化出发分析世界政党政治的新变化及对中国多党合作制度的影响。文章指出，当今世界政党政治呈多样化趋势，区域化和国际化的特点日益明显，多党制在全球有一定扩张。因政治冷漠主义蔓延、新社会运动影响日盛的关系，各国政党愈加注重推进党内民主和实现组织体系的扁平化转型。在这样的国际环境、政治条件下，从中国土壤中生长出来、烙有本国国情印记的多党合作制度也必须具有全球化的视野，高度重视世界政党丛林的风云变幻及相关的启示和警示作用，必须努力融合世界维度、社会生态维度和政党维度，通盘考虑多党合作制度的坚持、发展和创新问题。关于这一问题，就经济社会维度而言，必须努力适应当代中国经济社会生活的结构性变化；就政党维度而言，只有在新的历史方位中提升作为多党合作政治主体的执政党、参政党的能力，特别是推动执政党自我完善、注重民主党派的新特点和参政能力。文章强调，只有立足国情，又重视借鉴世界政治文明优秀成果，才能推进中国多党合作制度的永续发展。

王智、胡均伟在《新中国成立初期政党协商民主论析》（《黑龙江社会科学》2014 年第 4 期）一文中认为，中国政党制度本质的体现在于政党关系的和谐，而政党协商民主则是政党关系和谐的关键。当代中国的政党协商民主缘于新民主主义革命时期的多党合作，其在新中国成立之初得以构建，并以政治协商会议为载体，以“长期共存、互相监督”为指导方针。要厘清新中国成立之初政党协商民主，就应把握如下两点：（1）从新民主主义过渡到社会主义的发展路径是政党协商民主的政治核心；（2）共存与监督是保持良性党际关系的基本方针。

康民在《改革开放以来中国政党制度的发展》（《上海党史与党建》2014 年第 10 期）一文中指出，改革开放三十多年来，中国政党制度不断发展完善，是中国特色社会主义道路、理论、制度坚持和完善的必然结果。中国政党制度发展的基本经验和启示主要包括：始终坚持党的领导，坚定不移走中国特色社会主义政治发展道路；切实围绕发展这个主题，自觉服从和服务于改革发展稳定的大局；不断加强规范化、制度化建设，形成多党合作和政治协商的良好局面；努力提高自身建设科学化水平，创新多党合作的新模式和新思路。

郭学军在《重温历史，同心同行，坚持和发展中国共产党领导的多党合作和政治协商制度》（《政协天地》2014 年第 11 期）一文中，回顾了 20 世纪 90 年代初民建建议、推动修宪将中国共产党领导的多党合作和政治协商制度写入宪法的历史过程。文章指出，这一历史事件是中国共产党与民主党派平等协商的重大成果，生动地表明了中国共产党对多党合作和政治协商的真情实意，也让人们看到了参政党参与修宪意义的重大。正是通过诸如此类的生动的参政实践，中国共产党领导的多党合作和政治协商制度才得以逐渐完善，才在制度化、规范化等方面不断成熟起来。参与修宪实践再次证明民主党派不是花瓶，不当摆设，在我国目前的政治格局中确实能起到应有的作用。这既体现了中国共产党的博大胸怀，又更加激励了参政党的政治热情。

钟杈在《论中国执政党与参政党的功能耦合关系》(《武汉科技大学学报·社会科学版》2014年第5期）一文中认为，总括我国多党合作的历史经验，可以看出：我国政党关系、政党制度能否得以建立、巩固和发展，关键取决于执政党与参政党是否形成或达成了功能耦合关系。唯有双方功能耦合关系得以形成并得到巩固时，多党合作的政治格局才能真正得以实现、得到发展。一般来说，执政党执政能力得到加强之时，也就是参政党的参政水平能够得以提高之日；执政党执政能力遭到严重损害甚至削弱到几近毁灭的地步之时（比如在“文化大革命”时期），也就是参政党的参政能力极为衰弱、参政水平极其低下甚至根本无从谈起之日。

董业东在《略论中国共产党多党合作能力的提升》(《贵州社会主义学院学报》2014年第4期）一文中发现，中国共产党的多党合作能力的不断提升，是中国多党合作制度的形成和发展历史中内涵的一条重要线索。多党合作能力是执政的中国共产党与民主党派开展政治协商和合作共事的能力，是党的执政能力建设的重要内容，也是多党合作长期发展的历史经验。文章指出，提升中国共产党的多党合作能力，可以有效改善中国共产党的领导，提高参政党的参政水平。要提升共产党的多党合作能力，就要不断增强其多党合作的自觉性，巩固多党合作的思想政治基础，实现多党合作的制度化，同时推动民主党派加强自身建设，充分发挥我国政党制度广泛性与进步性相结合的特点和优势。

唐华生在《开创新时期多党合作工作的新局面》(《前进论坛》2014年第9期）文中认为，进入新的新时期，努力开创多党合作的新局面是执政党和参政党面临的共同任务。一方面，执政党要全面加强党的建设，进一步提高领导水平和执政能力。一是要努力实现“建设学习型、服务型、创新型的马克思主义执政党”的目标；二是要巩固和发展以“为民、务实、清廉”为主要内容的群众路线教育实践活动的成果，坚定中国特色社会主义的理论、道路和制度自信；三是认真接受来自党内、人民群众、民主党派和无党派民主人士的监督。另一方面，各民主党派要努力提高参政党意识，不断增强与中国共产党的合作共事能力。一是要自觉接受中国共产党的领导，确保共产党领导的核心地位；二是要不断强化思想政治素质，坚持中国特色社会主义发展方向；三是要准确把握中国特色政党制度的特点，提高参政党意识。

二、中国政党制度的政治格局和主体关系

在新中国成立以来的不同发展时期、不同经济社会条件下，我国政党制度的基本格局都是相对稳定的，但这一格局之下的各种具体关系、具体内容却是不断发展变化的。特别是在改革开放以后、社会主义市场经济不断发展的条件下，怎样适应经济社会的新变化，怎样不断因应新形势、新要求，怎样更富于成效地协调各方面社会政治主体的利益和意见，继而不断巩固多党合作的政治格局，始终是当代中国政党制度在理论和实践层面所面对的重大问题，也因而形成我国政党制度研究的又一基本领域。2014年度，学

者们一如既往在这一领域中探索前行，继续从多党合作与国家政权、政党关系及其社会关系基础几个大的方面展开探讨，取得了可喜的研究成果。这当中，王小鸿关于多党合作与国家治理体系和治理能力现代化问题的研究，郑宪关于中国政党关系因应时代发展要求而不断调整的历史梳理，李文亮关于“非常状态”中形成中国共产党领导的多党合作制度自然有其历史的合理性的判断，杨爱珍关于中国多党合作制度发展多重维度的讨论，以及周淑真、孙林关于如何破解民主监督难题的探讨，都具有一定的代表性。

（一）政党制度与政权、治理之关系

在中国，共产党的领导是社会主义的最本质特征。中国共产党领导国家政权，并与各民主党派紧密合作、协商治国，从根本上奠定了多党合作制度的基本格局。为此，多党合作与国家政权、公共治理之间的关系，也就成为学者们从事多党合作制度研究时关注较多的一个重要领域。

王小鸿在《论多党合作制度与国家治理体系和治理能力现代化》（《湖南社院学报》2014 年第 4 期）文中指出，多党合作制度的发展与推进国家治理体系和治理能力的现代化相辅相成。多党合作制度是具有很强稳定性的一元性、多元性相结合的制度，能包容差异和尊重少数、提供畅通的利益表达渠道和平台、引导多元社会共存共享、寻求社会问题和谐解决，因而在实现国家治理现代化的各方面，包括完善制度体系建设、协调治理主体、规范治理过程、培育治理能力特别是维护公共秩序和社会公平正义等诸领域，都起到不可替代的关键作用。完善和发展多党合作制度有利于形成利益整合型社会，有利于党和国家适应市场经济条件下社会结构的巨大变化，实现目标方向一致性和组织形式多样性的统一、集中领导与广泛民主的统一、富有效率与充满活力的统一，从而最大限度地调动、凝聚全社会的智慧和力量，最大限度地形成统一意志、整合社会资源，形成利益整合型社会和社会治理机制，必将为完善国家治理体系、提升国家治理能力提供有力的制度保障。

王淼在《社会主义政党制度的历史演变及启示》（《科学社会主义》2014 年第 5 期）一文中，从历史比较的角度梳理了苏联、东欧社会主义国家政党制度建设的历史实践，以及国外其他共产党对社会（民主）主义政党制度的探索与实践，并且认为：社会主义“一党制”并非一无是处，然而高度集权、缺乏权力监督和制约的弊端却也十分明显；社会主义国家搞“多党制”，必然使得这些国家的共产党在群众根基不牢固的情况下先后垮台、人民民主政权被颠覆；资本主义条件下或社会民主党执政的多党制具有欺骗性。相形之下，由毛泽东为代表的中国共产党人在带领我国人民进行社会主义革命和建设过程中逐步形成的基本政党制度，亦即中国共产党领导的多党合作和政治协商制度，其合理性、优越性就比较显著，它扬弃了苏东社会主义国家“一党制”和西方资本主义国家“多党制”的弊端，发挥出了两者的综合优势，因而更有利于社会主义中国的国家政权建设。

李文亮在《政治法学范畴下的多党合作与政治协商制度》（《传承》2014 年第 4 期）文中认同德国思想家施密特“主权就是决定非常状态”的论断，认为当围绕利益分配的斗争已不能再在法律框架内进行时，正常的政治斗争状态就会变为非常状态。在非常态下，谁能重新掌握主权并重构一套利益争斗机制，谁就具有了成为主权行使者的政治合法性，

他所建构的这套机制也就具有了历史合法性。由此看来，在特殊的政治实践中，在“非常状态”中形成的中国共产党的领导、多党合作制度自然有其历史的合理性。文章继而认为，就政治法学范畴而言，“法治状态”的实质是：政治权力通过法律为权利体系的确立和实现提供了可能途径和基本保障……而法律的制定与实施则是政治主体对社会利益和价值进行的制度化和规范化分配。因此，在法治状态下，不应主观地认为法律规制内的制度都具有正当性，更主要的是某种制度在价值范畴内的存在合理性。由此，基于历史责任与先天互信，能够发现和形成有利于国家、人民整体利益的政治议题和公共意见，是多党合作制度的基本价值所在，该制度也因此而具备了现实的合法性。

罗峰在《转型期中国的政党治理——生成、资源与框架》（《毛泽东邓小平理论研究》2014 年第 5 期）文中指出，在转型期的中国，治理理论与执政党影响力的扩大、权威地位的树立有极高的关联度，同时行政权力运作的规范化、多元社会的形成等又为政党治理的展开提供了现实基础。由此，在中国的政党治理框架中，执政党占据了主导地位，其自身所拥有的为民服务的政党文化、覆盖全面的组织网络以及有效的干部人事制度等，都成为政党治理可资利用的资源。依据治理活动的不同场域，可将政党治理分为党内治理、党际治理和党外治理，而有效性、协调性和规范性则分别形成其活动的基本价值取向。针对这三大场域中存在的核心问题，执政党展开的治理行动，如理想信念、党内民主、惩治腐败、政协协商、民主监督、理性执政、市场本位与和谐社会等，构成了新时期政党治理的框架。概言之，以中国共产党为主导的中国政党治理，是整个国家治理体系的核心构件，其体系与能力的现代化程度直接影响到国家治理能力的提升。

（二）政党关系问题

政党关系问题及相关研究一直就是政党制度、政党体制研究的重中之重。与在其他国家、其他政体中一样，在我国多党合作的政党政治格局中考察共产党与各民主党派的关系，同样离不开理念设计上的应然与政治实践中的实然两方面间的彼此映照。我国政党制度对于政党关系问题的基本要求集中体现在十六字方针和建构和谐政党关系方面。这样的政党关系与我国社会生活的基本要求、我国社会发展特别是政治发展的要求是完全相适应的。但在实践领域中、在历史经验中，还是存在着诸如政党功能耦合度不高、政党过于趋同、民主监督不力、和谐政党关系制度保障不足等具体问题，也在一定程度上给多党合作的理论和制度自信形成压力。针对上述问题，学者们本年度的相关研究作出了不少新的解读、新的回答，其中不乏真知灼见，为后续的相关研究打下了良好的基础。

陈昌智在《摸索前行发展完善坚持好中国共产党领导的多党合作制度》（《人民论坛》2014 年第 3 期）文中提及当代中国政党关系中的政党趋同问题。他认为，在多党合作政治制度的总格局中，各民主党派的趋同化是必然的。（1）各民主党派政治纲领的趋同是必然的。多党合作的前提和基础是各民主党派接受中国共产党的领导、坚持中国特色社会主义政治发展道路。因为这个前提，趋同就是必然的。（2）各民主党派的参政议政也一定程度上趋同。各民主党派的工作都围绕国家中心工作开展。针对相同问题提出意见建议，大方向上必然要趋同。（3）各民主党派组织发展趋同，集中发展中上层代表人士、高层次的专家学者，这也是各民主党派相同的地方。作者指出，尽管趋同是必然的，但民主党派还是要注重保持、加强自身的特色和优势。

郑宪在《试析我国社会主义政党关系的建立与发展》(《湖南社院学报》2014 年第 2 期)文中指出，新中国成立后共产党处理与其他党派关系的方针经历了从八字方针“长期共存、互相监督”，到十六字方针“长期共存、互相监督、肝胆相照、荣辱与共”，再到“执政党建设与参政党建设互相促进”的发展变迁，体现了社会主义时期执政党与参政党关系的演变，反映出政党关系因应时代发展要求而调整的趋势。随着各时期与共产党的关系日益紧密，民主党派自身发生了性质上的明显变化。同时，中国共产党对民主党派性质、地位认识的不断深化，对现代政党关系理解的深入。于是，我国新型政党关系的定位也日渐准确：民主党派与中国共产党的关系由盟友发展为友党，由友党发展为平等的政党。我国社会主义党际关系总体朝着日益紧密、平等、互动、和谐的方向发展。回顾我国社会主义政党关系方针的建立发展过程，对于增强执政党能力，提高执政党建设科学化水平，更好顺应时代发展要求，坚持和完善社会主义和谐政党关系具有重要价值。

钟枢在《论中国执政党与参政党的功能耦合关系》(《武汉科技大学学报·社会科学版》2014 年第 5 期)文中认为，功能耦合度是衡量政党关系及其状况的重要指标。功能耦合关系强弱也就是功能耦合度大小，决定执政党与参政党关系紧密性、行动协同性以及思想一致性的强弱，决定双方所构成系统的牢固程度。在我国，执政党、参政党间的一致性和共同点是双方达成功能耦合关系的基础，实现民族伟大复兴的共同理想则成为彼此间最大的功能耦合点。改革开放以来，我国执政党与参政党所构成的系统之所以坚强稳定，是由双方不断形成或达成的功能耦合关系所决定的。作者指出，功能耦合视角下的执政党与参政党关系，无疑是“一荣俱荣，一损俱损”的风雨同舟的关系。深入探讨执政党与参政党之间如何才能达成功能耦合关系并使之趋于功能耦合度的最大化，对于巩固和发展我国的政党关系，促使执政党与参政党之间形成稳定、健康、坚不可摧的党际关系，具有重要的理论意义和重大的实践价值。

仲帅在《中国共产党处理与民主党派关系的历史经验——以新中国成立后为视角》(《学理论》2014 年第 14 期)一文中，总结出新中国成立六十多年来中国共产党与各民主党派所积累的如下团结合作的宝贵经验：(1)始终高举爱国主义和社会主义伟大旗帜；(2)长期坚持中国共产党领导的多党合作和政治协商制度；(3)坚定贯彻“长期共存、互相监督、肝胆相照、荣辱与共”的基本方针；(4)不断加强和改进中国共产党自身建设。

呼应在《培育和践行社会主义核心价值观促进政党关系和谐》(《吉林省社会主义学院学报》2014 年第 4 期)一文中指出，培育和弘扬核心价值观，需要和谐的政党关系作保证。这是巩固多党合作共同思想政治基础、始终与中国共产党在思想上同心同德的需要，是指引民主党派前进方向、始终与中国共产党同心同向的需要，是民主党派履行好参政党使命、始终与中国共产党在行动上同心同行的需要。

赵津铭在《社会转型背景下我国和谐政党关系探讨》(《党史博采·理论》2014 年第 8 期)一文中，分析了诸如国际干扰、民主监督不到实处等社会转型期影响我国和谐政党关系的因素，揭示了当前在我国建立、巩固和谐政党关系的重要意义：(1)有利于实现国家政治稳定；(2)有利于实现社会主义民主；(3)有利于保持我国多党合作的政治格局；(4)有利于提升中国共产党的执政能力和保证参政党职能的履行。文章还认为，只有搞好和谐政党关系、完善和巩固多党合作制度，才能有效应对利益矛盾冲突、社会机制和价值观念冲突交织带来的新的政治挑战。

常铁军在《中国政党关系和谐发展的三重保障——基于新中国成立以来的历史检视》（《中共山西省委党校学报》2014 年第 2 期）文中认为，政党关系是政党政治活动和政治力量对比的显现，是一种相对静态的平衡，更是一种动态的发展过程。良好的政党关系及其发展需要良好的政治、制度和组织保障。民主党派政治地位的明确，是我国政党制度和谐发展的根本保障；法律政策健全是政党关系和谐发展的制度保障；合作平台宽广则是政党关系和谐发展的组织保障。

任世红《同心・协商・包容：中国和谐政党关系的三重要义》（《重庆社会主义学院学报》2014 年第 2 期）一文强调：政党关系和谐，是多党合作制度的本质属性，是区别于多党竞争型及一党垄断型政党制度的鲜明特点和巨大优势。多党合作制度下，领导与合作关系的建立和巩固有赖于共同思想政治基础的形成和发展；执政与参政使命的担当和完成有赖于多元利益主体通过发扬协商民主来整合和凝聚。在开放多元的时代背景下，政治共识成为执政党与参政党同心合作的根基，协商民主已是执政党与参政党同心合作的核心，团结包容则是执政党与参政党同心合作的关键。为此，坚持和完善中国多党合作制度，必须始终坚持“长期共存、互相监督、肝胆相照、荣辱与共”的方针，遵循“求同存异、体谅包容”的原则，增进政治共识、发展协商民主、加强团结包容，以实现执政党与参政党的同心合作、推进多党合作的科学发展。

周淑真所撰《从中西政党关系的异同辨析看制度自信》（《广州社会主义学院学报》2014 年第 4 期）以政党关系为基点，分别考察了对抗型、对立型、有限合作型、有限竞争型以及合作型和融合型政党关系对民主政治影响。以此为基础，文章认为政党关系是民主政治的核心要素，其类型、好坏与民主政治质量直接相关，这在中西政党政治领域都是一致的。作者又认为，政党关系围绕政权展开。在政党单独执政、以最高行政权职位的归属界定执政与非执政时，中国共产党是执政党；在政党联合执政、以是否获取政权中职位界定执政与非执政时，中国各民主党派是共产党制度化的、长期执政的政治盟友，这些也都合乎世界政党关系的一般潮流。而且，将政党平等限定在法律层面上，这也是各国之共识。在这些方面，中西政党制度完全相通。这些共性是中西政党政治主体彼此对话和借鉴的基础。将中国特色政党关系放到中西比较视野中考察即能发现，多党合作制度的个性还是建立在普遍共性基础之上的。在共性的基础上凸显中国特性，在特性的体现、展开中看共性，更能增强人们对中国特色政党关系的认同感和自信度。

周淑真、孙林在《在深化改革中破解民主监督难题》（《中国政协理论研究》2014 年第 1 期）文中指出，民主监督是中国特色社会主义民主政治的重要形式、多党合作和政治协商制度的重要内容，但长期以来在理论、实践上都是一道难题。由于监督主体对自身定位不明确、监督功能定位不准确以及信息不畅等原因，无论在执政党还是在参政党内部，都不同程度地存在两种错误倾向：一是民主监督无用论，以为民主监督可有可无，无足轻重；二是民主监督“软作为主义”，认为民主监督重在参与，不求协政和资政实效，能软就软，批评少、赞扬多，建议少、希望多。其实，就其本质而言，民主监督的主体定位应是政党监督、功能定位应是政治性监督，因而整体上应是有权责、有效用、有依据的监督。文章强调，要在深化改革中破解民主监督问题，首先就要注意此种监督与其他监督机制的衔接，健全民主监督机制；其次是创新监督方式，包括充分利用网络信息技术畅通信息渠道、引入“合法换位反对”法，以及加强党派自身建设带动监督方式创新等；再就是依法划定边界，制定位阶更高的法律法规，通别是充分利用好各种软法，以规范和强化民主监督及其效能。

（三）政党制度的社会基础

政党制度能否完整和富于成效地维护、巩固特定的社会利益格局，能否形成自身与其社会基础之间的良性互动，同样是考察政党制度的重要维度。在这一研究领域中，本年度学者们的相关著述的逻辑出发点高度一致，都聚焦于伴随当代中国社会主义市场经济确立和深入发展而来的基本经济社会关系的深刻变化，以及它们对基本的政治关系、政治结构的矛盾发展所产生的重大影响。政党关系、政党制度相对于社会基础的“适应性问题”，也因而成为相关研究的焦点所在。

宋晓敏在《社会治理创新中的多党合作利益整合功能》(《人民论坛》2014 年第 17 期）文中认为，多党合作制的发展因应了中国社会阶层结构的急剧变化。中国社会的剧烈转型和高度异质性发展对政党制度提出了更高要求。随着社会主义市场经济发展，经济成分和利益格局、社会的组织方式和就业方式、分配方式和价值取向都趋于多样化。如无合适的渠道去容纳由此而来的多元化社会力量，相关利益诉求就会在制度外表达，就会滋生政治不稳定。当前中国社会的急剧变化不仅限于简单人类群体结构的变化，更蕴含深刻的政治意义。现代政党制度发展的关键，就是要不断整合多元的利益诉求、实现利益聚集和平衡。在市场经济所带来的客观结果业已冲破了靠行政手段分配资源的方式、冲破了党和国家依靠行政手段控制和操纵的社会组织体制的条件下，要有效发挥协调利益、整合社会的功能，必须越发借重能迅速适应社会主义市场经济的多党合作制度。

杨爱珍在《中国多党合作制度发展的多重维度》(《湖南社院学报》2014 年第 3 期）一文中提出，要坚持和完善多党合作制度，就必须要从中国社会、经济以及政党的适应性维度融合的角度来考量。文章指出，就社会经济维度而言，也就是就变化了的经济社会基础而言，多党合作制度在计划经济年代的某些功能在今天已是难以维系。改革开放呼唤多党合作制度加强制度化建设，努力适应社会—政治结构由“国家—大众”双层结构向“国家—社会组织—大众”三层社会结构分化的变化，积极回应社会日益高涨的对于公平和正义的呼声，系统体现和反映社会思想日趋明显的多样性的特点。

张浩在《中国共产党与八个民主党派关系的历史考察》(《思想理论教育导刊》2014 年第 3 期）一文中，突出了不同时期我国社会的性质、基本社会结构和任务以及共产党和民主党派的相关认识对我国政党关系的深刻影响。文章强调指出，中国共产党领导的多党合作和政治协商制度适合中国社会、中国国情，为我国经济社会的改革、发展和稳定提供了政治保证，具有极强的生命力。坚持、完善好这一制度，中国特色社会主义道路将越走越宽。

三、中国政党制度的特色和优势

中国政党制度的特色和优势从何而来？关键在于它最适合中国的国情、最适合中国的发展，关键在于它在解决中国问题和促进中国发展中的高效率以及不可替代、无可替代的性质。换言之，在于它无论是从制度设计层面上还是从经验实践层面上都能够最好地满足当代中国民主政治发展和经济社会现代化的基本要求，都能够最大限度地致力于整合、实现中国社会各方面的利益要求。围绕多党合作制度特色和优势这一基本问题，本年度相关研究继续依托多党合作制度内涵的基本理念、中国现代化与民主政治发展、中外政党制度比较等理论支点展开探讨，兼顾了定性研究、原则和理念诠释以及相关的经验探讨和实证研究，取得了不菲的理论收获。

（一）中国政党制度的模式

立足于中国文化、生长于中国社会的多党合作制度，在处理政党与政党、国家和社会关系时，在促进中国经济社会的全面发展时，在引领开辟中国现代化道路时，自然会有中国风格、中国做派，自然会形成属于中华现代文明的制度模式。本年度围绕这一主题的相关研究充分表明：中国多党合作制度基本模式是合作型的，是中国政治传统与现代化要求有机融汇、共同推演的结果，因而尽管在不少方面会面临相同或相似的问题，也有很多共性、相通之处，但从根本上讲还是一种完全不同于西方竞争型政党体制的制度模式。相比较而言，它更是一种“超越竞争”的模式、一种发展导向型的模式，以及一种兼容了政治民主和社会民主的模式。

李小宁在《中国政党制度的四对基本范畴》(《上海市社会主义学院学报》2014 年第 4 期）一文中提出，运用范畴可以将我国政党制度的丰富内容条理化、体系化。文章以为，科学认识中国政党制度可从四对基本范畴入手：(1）合作与协商。这是从国家权力运作和政党关系上把不同政党制度区别开来的一对类型学范畴。相对于资本主义、社会主义的政党制度的类型划分无法深入到政党执掌国家权力层面的不足，以及所谓一党制、两党制、多党制的分类法无法兼容中国政党制度的不足，竞争型与合作型的分类法更恰于我国的实用。在这一范畴的观照下,我国政党制度的本质特征能得以完整显现。(2）领导与参与，反映了我国各政党在国家政治生活中的不同定位和职能，因而是正确认识我国政党关系的一对范畴。不同于“领导与被领导”的上下级命令与服从的关系，领导与参与是有政治领导的合作关系，其互动过程多通过双方都主动的民主协商。(3）执政与参政，反映了我国各政党对国家政权的不同定位，是正确认识我国政党关系特别是政党与政权关系的重大范畴。西方暗含反对与倾轧元素的关于政党皆得“代表不同部分利益的政党轮流执政”或参与执政、联合执政的理念不适合中国。在中国，以统一战线、政治联盟为基础，共产党执政，民主党派参政，各政党各守其位、各尽其职，从来不存在民主党派要不要执政的问题。(4）共存与监督，反映了我国各政党之间的相互依存和互动关系，是正确处理我国政党关系的一对范畴。“共存”不是西方那种各政党彼此竞争、相互反对的“并立”、“并存”，而是有统一战线、有政治联盟、有生死誓约、以团结合作为特征的相互“依存”。共存、长期共存本身也不成其为目的，“肝胆相照”的互相监督、政党间直接的民主监督才是目的。民主监督不是权力监督，也不是为了反对而反对，而是为了共同的利益、目标和事业。

汪波在《西方政党政治与超政党体制：比较与竞争——兼论中国政党制度生命力》（《社会主义研究》2014年第6期）文中提出所谓超政党体制的范畴。它不是指党员规模庞大的超级政党，也不说政党具有超级特权，而是指该政党能超越各利益集团各种单一且彼此独立的利益诉求，能代表国家整体的根本利益、基于与政党、各利益集团的民主协商，对各方面的利益诉求进行有效统合引导，形成全社会包容性共识，最终聚焦于国家的统一有效的战略治理。作者认为多党合作制就是这样一种超政党体制。超政党体制有别于西方政党体制：（1）从利益代表来看，它能使执政党超越各利益集团单一利益诉求，代表国家根本利益。（2）从利益表达来看，不同于西方政党体制的代议民主、多党竞争、票决民主；它的民主性主要是通过纵向民主、协商民主、群众路线实现。（3）从利益整合功能来看，由于利益代表的超然性，它更能有效整合各利益集团的利益诉求，形成社会包容性共识。（4）从执政绩效功能来看，相对于西方式“否决政治”，它能够将各阶层多元化利益诉求凝聚为统一的国家发展战略。作者以为，由于社会多元化以及否决政治的盛行，西方政党政治的民主悖论、统合断裂与体制失灵日益显著，当代中国的政党制度越发显现为独具强度大生命力的超政党体制模式。

蒋金娜在《研究中国特色社会主义政党制度的意义》（《法制与经济》2014年第1期）一文中认为，中国特色社会主义理论体系指导下的创新实践以及高速发展的经济都需要更成熟的政党理论，以更好阐释我国在现实崛起背后隐含的制度机理模式及制度保障作用。经济上，中国创造了世界经济史上的奇迹，“北京共识”、“中国模式”在国际上热议不断。政治上，我国逐渐形成了中国特色社会主义的民主政治发展模式，为其他国家提供了除西方模式外的又一强有力选择，显示出了强大的生命力。作者强调指出，多党合作的政党制度模式，既体现了中国特色政党政治建设和发展的特殊性，也体现了对人类政治文明有益成分的积极接纳和创造性转化，增强了我国政治制度的自信，增强我国政治发展道路的吸引力，也增强了中国特色政党理论的吸引力。

王焕平在《中国多党合作制度中的民主内涵及其现实意义》（《山西社会主义学院学报》2014年第2期）文中认为，中国多党合作制度是实现社会主义民主的重要形式，其成长过程、结构形式、鲜明特质蕴含着丰富的民主内容。多党合作制度体现民主的模式不同于西方，带有鲜明的中国特色。（1）多党合作制度的成长过程体现了民主理念与民主实践的统一。多党合作制度产生、成长于中国共产党与各民主党派追求民主政治的实践中，坚持和完善它是中国政党遵循民主理念的正确选择。（2）多党合作制度的结构形式体现了选举民主与协商民主的相得益彰。两种民主形式相结合，是社会主义民主的一大特点。人民代表大会、人民政协是我国政治体系的重要组成部分，人民通过选举、投票行使权利，人民内部各方面在重大决策之前充分协商，尽可能就共同性问题取得一致意见，是我国社会主义民主的两种重要实现形式。（3）多党合作制度鲜明地体现出政治民主、社会民主的双重性质。该制度提供了民主党派参政的规范渠道，民主党派通过人民政协参加国家政治生活，具有政治民主的特点。作为各自所联系的一部分社会主义劳动者和一部分拥护社会主义爱国者的政治联盟，民主党派植根于中国社会，通过联系群众进行民主监督、参政议政，为中国经济发展、民主建设、社会进步积极建言献策，又体现了自下而上的社会民主性质。

傅雅蕾在《中苏政党制度比较研究综述》（《学理论》2014 年第 27 期）一文中指出，中国和苏联同为社会主义国家，中国在很长历史时期里也都在“以苏为鉴”，但二者却建立了两种模式上截然不同的政党制度。中国模式是共产党领导的多党合作制，苏联模式则是布尔什维克党一党执政制度。两种不同模式的政党制度运行的结果也迥然不同。共产党领导的多党合作制是中国社会主义事业蓬勃发展的重要保证，而“一党制”则是导致苏联解体的一个基本原因。正因其因此，关于中苏政党制度的比较才一直都是学界研究的热点。文章指出，只有对这些研究成果进行归纳总结，才能进一步深化我们对相关问题的认识。作者在认真梳理相关研究成果后发现，目前关于中苏政党制度的直接且完整的对比文章相对有限，关于中苏政党制度相同点的论述也不多。而且，绝大多数学者也并未将港澳台政党制度列入中国政党制度研究的范畴之中。这一点，应是未来相关比较研究中予以更多关注的地方。

（二）中国政党制度的特色

本年度以中国政党制度特色为主题的研究论文相对较少。但是，为数较少的几篇论文却基本上全面触及了多党合作制度比较突出的民族性和时代性、民主性和开放性的特质、特色。学者们基于不同视角、从不同的方面表达了如下相同、相近的看法：中国政党制度这几方面的特色源自于当代中国社会生活的基本性质，取决于当代中国民主政治的基本属性、基本要求。总的来看，尽管相关研究仍有待深入，仍缺乏系统性，但这样一种初步触及了问题本质的理论收获还是来之不易的。

罗雪珍在《法制视野下我国政党制度的完善》（《福建省社会主义学院学报》2014 年第 1 期）一文中提及，作为一个完整的制度，“中国共产党领导的多党合作和政治协商制度”在内容上包括密切关联、不可分割的三大部分：一是中国共产党的领导，二是多党合作，三是政治协商。这三个部分在具体运行中相互依存，相互渗透，相辅相成，相互作用，形成两个主要运行机制：“民主协商”和“互相监督”。其中，“中国共产党的领导”这一制度的核心内容、关键所在，是“多党合作”与“政治协商”的政治前提和政治基础；多党合作是中国共产党领导的、以政治协商为合作方式、以坚持四项基本原则为共同的政治基础、十六字方针和宪法为根本活动准则的政治合作；政治协商则是各政党尊重差别、相互尊重彼此意见和建议、求同存异以求共识的民主协商。

刘诚、华清君在《论当代中国政党制度的民族特色：基于文化的向度》（《马克思主义与现实》2014 年第 3 期）一文中以为，文化是人类文明的载体，文明的多样性是人类社会基本特征。政治文明的多样性造就了世界政党制度的多样性，此种多样性的内在区别即在于文化的差异。多党合作政党制度是世界政党制度中一种独特的类型，是这种多样性特征的集中体现，具有鲜明的民族特色。从文化向度考察，多党合作制度形成 1949 年中国人民政治协商会议召开之际，其文化支撑主要来源于新民主主义文化，这一文化的形成是近代以来中国政治、经济的产物，它在和中国社会各种文化的博弈中取得了主导地位。由此，文化博弈的过程本身是中国人民选择多党合作制度的过程，而多党合作制度则是先进政治文化的产物。

周树立在《论中国特色政党制度的与时俱进性》(《海军工程大学学报·综合版》2014年第1期）一文中认为，在中国政治生态中，无论是从历史的、文化发展的角度来看，共产党领导的多党合作和政治协商制度都是开放的、与时俱进的，带来了现代中国社会的生机与活力。经过革命、建设和改革开放历史的检验，中共创立的这一新型政党制度，是一种政治体制、一种精神，致力于实现社会的融洽；又是一种理性且平和、守法的政治文化，体现了中国政治发展的必然性，体现为不断适应社会潮流的与时俱进性。

王宝生在《政党协商是我国多党合作的独特创举——以中共中央举行党外人士迎春座谈会为例》(《山西社会主义学院学报》2014年第4期）一文中认为，政党协商既是对新民主主义革命时期协商民主传统的继承，也是中国共产党与各民主党派在革命、建设和改革时期共同和自觉的选择。作为最高层次的政治协商、政党直接协商，中共中央举行党外人士迎春座谈会有多方面的积极意义：(1）共商国是，有利于推进社会主义民主政治建设；(2）共商多党合作要事，有利于巩固和发展统一战线；(3）共商民主党派加强自身建设，有利于多党合作事业发展。这一多党合作、政党协商的形式体现了社会主义民主的本质要求，是我国民主政治独有的特色，是共产党与各民主党派、无党派人士团结合作的生动见证和独特创举。

王维艳在《中国政党制度与西方政党制度比较》(《才智》2014年第1期）一文中认为，在政党间关系、政党与代议机构关系、政党与政府关系、政党与军队关系方面，中国政党制度与西方政党制度都有根本性的不同，因而独具自身特色。不同于西方执政、在野的模式，多党合作制度下政党关系是执政、参政模式，是建立在根本利益一致与具体利益差异这一利益格局之上互相监督、共同进步的团结合作关系，全面而持久、具有强大生命力。不同于西方先有议会、后有政党和政党政治，中国是先有政党后有人民代表大会；西方执政党政党在议会的地位具有不稳定性，中国执政党与人大则是领导与被领导的关系；西方政党在议会普遍以党团形式干预立法，中国则除执政党以党组领导立法活动外，民主党派并不以政党名义在人大活动。西方党政关系在组织结构、职能和人事上都是分开的，中国共产党在政府中身兼执政和领导职能，不但要“运转国家机器”，且要设计、修改、完善“国家机器”。不同于西方的军队国家化，中国共产党与军队关系向来遵循“党指挥枪”的原则，党对自己缔造的军队拥有绝对的领导权。

（三）中国政党制度的优势

多党合作制度的优势问题，可以依托两个方面来予以归纳和梳理、挖潜和阐明。其一，是这一制度自身固有的优势，它基本上源自自身完整的结构与功能、源自自身独有的模式和特质。其二，是这一制度所具备的比较优势，基本上可以透过其他政党制度、其他政党政治模式的疲弱和低效能之处映衬出来。但从根本上讲，多党合作制度的优势还在于能够以适合中国社会、中国国情的方式方法去高效率地完成中国的任务、解决中国的问题。总揽2014年度以多党合作制度优势为主题的相关研究成果，上述两个方面的做法和努力都有比较充分的体现。这其中，还是要以周淑真、张维为和邹升平的论文为代表。

周淑真在《在比较中展现中国政党制度优势》(《求是》2014 年第 4 期）一文中认为，与西方政党制度相比，中国共产党领导的多党合作和政治协商制度植根于中国土壤，有利于充分调动人民参政议政的积极性，有利于加强和改善党的领导。就政党关系而言，西方政党间多是零和博弈。在选举中各党都以削弱对手竞争优势为本党目标，政党关系结构始终存有变数。中国执政党与参政党则是结成合作共存的友党关系、相辅相成的执政与参政关系，有利于协调社会利益，促进团结稳定，也有利于凝聚社会力量。就执政方式而言，轮流执政使西方众多小党被排斥、对国家权力系统运作几无影响，体制内的在野党则总是为反对而反对，容易导致政府疲弱无力、缺乏远见。中国政党无所谓上台和在野之别。强大而稳定的执政党是国家、社会的核心，担负国家、民族发展之责，既效力当前、又有长期规划。参政党永葆参政议政积极性，能避免轮流执政的种种弊端，也有利于加强和改善党的领导。在政党与社会关系领域，西方政党政治多反映少数利益集团的利益，易成社会分裂与对立，难以有效整合国家与社会。中国政党制度则代表最大多数人利益，共产党作始终与时俱进，坚持自身先进性、发挥社会主义制度优越性且始终致力于最广大人民的根本利益，民主党派代表各界别、各方面利益且社会基础广泛、深厚，因而能有效调节社会矛盾，整合各方面要求，为民族团结、社会和谐与国家稳定提供有力保障。至于对公共权力的监督，西方多党制虽长于权力分散与制衡，但往往流于恶斗扯皮。中国政党制度丰富的监督机制能够同时助益于权力监督以及政党间的民主监督，效能上也比西方政党制度优越得多。

杨雪燕在《健全社会主义协商民主制度，不断加强和完善中国政党制度建设》(《天津市社会主义学院学报》2014 年第 3 期）文中指出，中国政党制度在制度设计上以“政治协商”的民主方式处理执政党与参政党之间的党际协商关系，以协商民主的合作方式而非对抗的方式长期共存，使这种党际合作协商关系始终呈良性互动的状态，因而：(1）有利于落实党的群众路线，加强和改善党的领导。(2）有利于实现社会资源的整合。(3）有利于实现广泛的政治参与和社会多元化利益表达的最大包容性。(4）有利于促进执政党科学民主执政，提高党的执政能力和水平。(5）有利于促进协调关系、化解矛盾、确保社会安定有序。(6）有利于推进国家治理体系和治理能力现代化。

张维为在《“中国模式”成功的制度原因》(《人民日报》2014 年 9 月 22 日）一文中认为，“中国模式”得以成功的制度原因，在于中国的国家性质以及中国一整套的制度安排。在政党制度方面，中国是由一个“国家型政党”(或“整体利益党”）在发挥领导和协调作用。这一制度不像许多西方人认为的那样将无法应对中国社会日益多样化、中产阶层壮大带来的挑战，恰恰相反，它的生命力非常强盛，它的背后是数千年的中国文化传承，同时汲取了红色文化、西方文化的营养，更重要的是它还可以不断改进。今天的中国共产党是世界上组织规模最大、组织能力最强的党。它学习了西方政党制度有益的经验，建立了强大的现代政党体系，但同时又立足于本民族独特的政治文化传统。这两者的结合，使我们完全可以在政党制度上超越西方模式。

王天玺在《中国的政治文明（三）》(《创造》2014 年第 1 期）一文中认为，多党合作制度汇聚了中国所有政党和社会各界的力量，在社会基础、组织构成上具有很强的广泛性和代表性，能把不同的社会关系元素纳入现有政治体制中，有利于发挥社会主义民主，有利于共产党决策的科学化、民主化，有利于维护安定团结的政治局面，有利于共产党坚持为人民服务的宗旨。这一政党制度体现了中华文明中“和谐”的社会伦理和政治思维，非常有利于整合全社会的积极力量去推动社会经济健康有序的发展。在我国现实的社会实践中，中国共产党在决策时全面听取各党派的意见，充分保证了国家治理的民主性和政治决策的科学性，这种优越性是竞争型政党制度无法比拟的。

邹升平在《瑞典与中国政党制度比较及启示》(《淮阴师范学院学报·哲学社会科学版》2014 年第 3 期）一文中指出，中、瑞两国政党制度在各自合乎本国国情、遵守宪法体制等方面确有相似或相近之处。但在执政党执政地位的合法性基础、执政集团对决策的影响和绩效以及非执政集团的政治地位和作用上，两国有明显的差异。近代以来社会变迁与历史背景的差异，传统文化根基和基本制度的不同，是造成这些差异的根本原因。相比较而言，中国非竞争性的政党体制在执政党执政和决策绩效、非执政党发挥作用方面有自己突出的比较优势。通过比较，文章得出如下启示：政党制度的产生、存在和发展是多种因素决定的，政党制度模式不能照抄照搬；中国特色政党制度符合中国国情，显示出了巨大的优越性；瑞典政党制度中的合理因素特别是强有力的民主监督值得我们借鉴和参考。

四、中国政党制度的价值和功能

作为中国特色社会主义的基本政治制度，中国政党制度及其所规范的党的领导、多党合作从根本上反映、适应当代中国的基本国情，在致力于完成初级阶段社会主义建设各项建设目标中有着不可替代的地位和作用；作为一项发展中、开放性的基本政治制度，随着社会主义现代化和改革开放的不断深入，多党合作制度仍处于不断地丰富和完善自身的发展进程中，始终与时俱进，在适应新的中国问题、新的中国任务和生态的同时又能够不断获取、开发出新的价值与功能。这正是这一政治制度能够不断巩固其合理性基础、能够永葆清新活力的关键所在。在这样一个基本的研究领域中，本年度涌现出了一些不乏实践反思与理论创新意义的研究成果，其中以杨海波、饶伟的文章《浅谈民主监督》、宋晓敏的文章《社会治理创新中的多党合作利益整合功能》、张屹山的文章《试论以权力结构调整促经济社会发展——兼论政党制度对经济社会发展的作用机理》，以及黄天柱的文章《“多党合作与国家治理：挑战、机遇与瞻望”研讨综述》为代表。

（一）中国政党制度的功能

政党制度的功能取决于自身基本结构，以及这一结构在一国、一社会政治生态中的地位和作用。在我国，一致而多元的政治、经济、社会和文化结构是多党合作制度蕴含着在基本政治领域中主导或者辅助其他社会生活领域建设和发展的多种功能。一党领导、多党派合作，一党执政、多党派参政的政党制度基本架构，是中国独特的政治发展历史所长期塑造的，是当代中国社会基本的政治需求所稳固支撑的，不仅有益于当代中国社会社会主义的民主政治建设，也有利于经济、文化、社会和生态建设的全面发展。对于与多党合作制度功能主题相关的一些方面，本年度学者们的相关讨论主要是围绕如下的具体问题展开：政治建设特别是协商民主、民主监督，文化建设特别是社会主义核心价值观，经济社会建设特别是社会上不同利益的表达与整合，以及多党合作制度的功能开发等。

王刚在《当代中国政党制度的文化功能研究》（《辽宁省社会主义学院学报》2014年第3期）一文中指出，只有在制度刚性与文化柔性的相互作用中，政党制度的适应性才能得到更好地检验和展现。中国政党制度“一与多相结合与统一”的特色结构奠定了它的文化功能的基础，其丰富的组织网络构成了意识形态的传播机制，拥有巨大的文化整合力，能推进文化的深度整合、促进文化功能的实现。中国政党制度的文化功能具体展现在政党制度与政治文化的辩证关系上，体现在政治文化的整合上，能够创造新和维护主流文化、主流价值，也有利于批判、扬弃旧文化和旧价值理念；能够推动社会主义意识形态逐步成为中国社会主流意识形态，在绝大多数社会成员中获得了认可和支持，并且不断推动这一意识形态的适应性发展；也能够促进政党系统内部制度文化认同的形成与巩固。在当前面临新兴媒体、公众价值多元化挑战的情况下，要进一步完善中国政党制度文化功能，就必须增强主流意识形态包容性、夯实多党合作制度理论，加大宣传教育力度、增强国内外政治认同，并且促进政党制度的和谐运行。

王红玉在《关于培育和践行社会主义核心价值观，推进多党合作事业持续发展的思考》（《山西社会主义学院学报》2014年第1期）一文中指出，中国特色社会主义政党制度在发展中形成了政治参与、利益表达、社会整合、民主监督和维护稳定的价值功能，能够以中国特色社会主义理论体系增进共识，以社会主义核心价值体系深化认同，最大限度地实现意识形态的一元主导；能够调动一切积极因素，整合社会力量、减少社会内耗，广泛调动、组织和优化各种政治资源；能够及时了解和反映各方诉求，拓宽利益表达渠道，吸纳合理利益需求，有效协调不同群体、不同阶层的利益关系。新时期，面对改革开放和发展社会主义市场经济条件下思想意识多元多样多变的新特点，社会主义核心价值观是凝聚全党全民族全社会的价值共识。多党合作制度功能优势的充分发挥，离不开统一的核心价值观凝聚共识。为此，必须大力培育和践行社会主义核心价值观，以激发多党合作的内在活力。

杨海波、饶伟在《浅谈民主监督》（《法治与社会》2014年3月下）一文中，分析了我国多党合作制度民主监督的功能及性质，并认为：从监督的主客体关系上，民主监督既是内部监督，但主要是外部监督，可以发挥自体和异体监督的优势，因而比较超脱，较少受部门和地区利益局限，视野开阔，能发挥当局者、当事人不易发现的问题和错误，促其纠正不愿主动改正的缺点和错误，起到党内监督、权力监管监督、司法监督和行政监督等难以起到的作用。从监督的指向来看，民主监督是平行监督，可以不受执行权的制约，独立自主地处理自己的内部事务并独立行使其职能，在一定程度上弥补了我国监督体系监督权受制于自上而下执行权的缺陷。此外，从监督时间来看民主监督主要是事前预防性监督，从监督手段来看则是非权力性智能型监督，有助于避免决策及实施过程中出现失误，避免出现背离国家大政方针及严重危害国家人民利益的状况，一定程度上弥补了我国监督体系偏重事后追惩而不及于决策过程的缺陷。由此可见，多党合作的民主监督不是可有可无，而是我国监督体系中不可或缺的一部分。

宋晓敏在《社会治理创新中的多党合作利益整合功能》(《人民论坛》2014 年 6 月中）一文中，基于社会治理机制创新的视角，从执政党和民主党派党内建设、利益整合的制度和方法等方面分析了我国多党合作中的利益整合功能及相关问题，并且认为：利益整合是政党的一项基本功能，更是我国多党合作制度的制度优势。有效释放政党的利益整合功能，构建和完善科学合理的利益整合机制，直接关系我国社会和谐稳定大局。为进一步增强多党合作制的利益整合功能的实践效果，首先必须加强和改善执政党的政治领导，执政党需承担社会公共权力职能，合理下放地方权力，执政权力也要接受公众制约。其次，必须大力加强参政党自身建设，提高参政党政党意识及作为政党的政治能力。再者，必须继续完善多党合作的利益整合机制，充分发挥人大和政协的利益表达功能，增强社会群众团体和基层组织的利益表达功能，努力增加和创新利益整合的方式方法。

熊必军在其论文《社会主义协商民主视野下的多党合作制度研究》(《上海市社会主义学院学报》2014 年第 4 期）中认为，多党合作在政党关系、制度体系、程序设计及运作方式等多方面呈现出较显著的民主协商性质。多党合作制度促进民主、协商的功能突出体现在为协商民主发展提供制度资源方面。由于体现了中国社会主义民主政治的内在要求和发展方向，多党合作制度同时在政治体系、政治规范和政治过程方面为社会主义协商民主提供了制度基础、制度结构和制度安排，多党合作中人民政协又为社会主义协商民主提供了重要渠道。这些,都使得多党合作制度成为了社会主义协商民主的主要载体。

张屹山在《试论以权力结构调整促经济社会发展——兼论政党制度对经济社会发展的作用机理》(《学习与探索》2014 年第 2 期）中认为，政党制度是一国经济社会发展的政治手段而非目的，它的确立是不同国情下权力博弈的结果。一党长期执政的最大优点是权力和责任对称，即功过自领、无可推卸。这决定了多党合作相对于当代中国经济社会较高的合理性、优越性和执行力。充分发挥中国政党制度优越性的基本途径有：加强执政党内民主建设以实现党内的有效制约与监督；调整社会权力结构以实现社会的有效制约与监督。后者具体包括：调整各种组织间的权力关系，如政党权力与社会共权力和政治社团权力间的关系；调整和明确立法、行政和司法三类权力功能间的关系，以及政府行政权力与社会经济权利的关系和边界。总之，只有完善的社会权力结构才能实现同一层级内不同社会主体权力的对等、同一社会主体权力与责任的对称，才能实现社会资源充分利用和最优配置，才能充分发挥中国政党制度的优越性、推动中国经济健康持续发展。

梁丽萍的论文《协商民主与多党合作制度的发展》(《浙江学刊》2014 年第 4 期）认为，中国特色政党制度是社会主义协商民主的重要制度平台。(1）我国合作型的党际关系模式形成了一个双向互动的结构，一方面是居于领导与执政地位的中国共产党，另一方面是处于参政地位的民主党派，从而使协商民主成为中国特色社会主义民主的内在价值。(2）党际协商是中国特色社会主义协商民主的实践示范。党际协商民主的制度化、规范化、程序化发展，以及由此而来的多党合作与政治协商的示范效应，不断丰富着我国协商民主实践，也整体上推进了中国特色社会主义民主政治。(3）民主党派不仅是政党协商的主体，也是人民政协政治协商的重要主体，因而能把政协的场所优势与民主党派的参政优势结合起来，把政协的组织优势与民主党派的整体优势结合起来，把政协的渠道优势与民主党派的智力优势结合起来，我国政治生活中发挥重要的作用。

丁长艳的文章《中国党际协商民主的政治价值与功能开发》(《社会主义研究》2014年第2期)从政党制度功能方面考察了党际协商问题，认为其在我国已有较长的历史传统与实践，具有历史和现实的引导、示范作用。党际协商发生于如人大、政协、政府等多主体内部，以及日常的党际沟通、协商活动当中，具有多党合作制度多维的政治功能，主要是公共政策功能、社会团结功能与政治合法化功能。新形势下开发这些功能的价值，对于完善党际协商、多党合作制度都是十分重要的。为此必须：一是开放政治参与过程，实现党际协商民主围绕公共政策的参与协商、听证咨询和责任担当功能；二是围绕社会和谐目标，实现党际协商民主以社会团结为主轴的联系社会、发挥影响和团结民众的功能；三是服务国家治理现代化目标，实现党际协商在推动赋权方式由组织化向规则化转变、实现党际关系互动机制化与程序化等方面政治合法化功能。

（二）中国政党制度的价值

作为一种中国形态的民主特别是协商民主的具体表现形式，中国共产党领导的多党合作与政治协商制度有着丰沛的价值。就思想文化领域而言，它有助于丰富和巩固当代中国社会主义的核心价值观、有助于不断加强国家软实力的建设。就社会政治生活领域而言，它有利于国家的有效治理以及社会主义民主政治的良性发展，又能够极大地维护和巩固执政党执政的政治基础、扩大中国特色社会主义民主的社会基础。围绕相关问题，本年度也形成了一些比较有意义的研究论文。

李家祥在《论多党合作和政治协商制度与国家软实力建设》(《山西社会主义学院学报》2014年第2期)文中指出，作为中国特色社会主义政党制度，多党合作制度体现了我国制度软实力的先进性和优越性。在国家软实力建设中，多党合作制度拥有牢固的思想政治基础、规范有序的组织基础和广泛深厚的社会基础，以及强大的人才基础，发挥着不可替代的凝聚力量、确保国家政局稳定和社会稳定、推动民主政治发展以及促进国家完全统一等重要作用。今后就应把巩固和完善这一制度作为培育和提升我国国家软实力的重要途径来认识和对待。

刘新锋、赵静、刘宪芹在《多党合作与国家文化软实力刍论》(《辽宁省社会主义学院学报》2014年第1期)文中指出，软实力对外是国际政治博弈的手段，对内则是中国当代社会价值观念、人文精神建构的关键目标。社会主义核心价值体系是多党合作与国家软实力共有的内涵。作为中国特色的政治制度，多党合作制是国家软实力的核心载体，是建设文化软实力的前提与保证。当代中国，多党合作发展“黄金期”与社会矛盾“凸显期”并存，软实力建设的现状喜忧参半，努力提升多党合作的内涵与深度也就成为强化这一建设的重要门径。

黄天柱在《“多党合作与国家治理：挑战、机遇与瞻望”研讨综述》(《统战理论与实践》2014年第5期)一文中，梳理了部分专家学者对于多党合作之于国家治理价值的新思考、新阐述，并且指出，从“国家治理”中可以衍生出国家治理体系、治理能力。在中国共产党的顶层设计里，多党合作本身就是内在于国家治理体系的一个重要组成部分、重要制度资源，它对整个国家治理体系起着提供支撑、创造资源、注入活力和领导整个国家治理过程和活动的作用。从具体效果看，多党合作对于国家治理的价值和意义基本体现在两个方面：一是有助于提升执政治理的合法性，二是有助于提升执政治理的有效性。从制度设计看，多党合作贡献于国家治理的主要是两大机制：协商机制、合作机制。协商、合作具体又体现在两个方面：政党间的协商合作、政党在政权中的协商合作。

彭虎、孔祥林在《多党合作制度中的协商民主》(《江苏省社会主义学院学报》2014年第1期）一文中，从协商民主角度分析了多党合作制度的价值。文章指出，协商民主是我国民主政治发展的重要路径选择。作为一种中国特色社会主义形态的协商民主的具体表现形式，多党合作制度则是包含了协商民主理论所具有积极意义与核心价值。多党合作是协商民主的具体化，多党合作制度则构成我国协商民主制度的重要部分。多党合作制度内涵与形式的展开即为协商民主。鉴于该制度对与发展协商民主的独特优势和作用，必须进一步充分挖掘潜力，不断完善它的协商功能。

张艳梅《培育和践行社会主义核心价值观与当代中国政党制度建设》(《山西社会主义学院学报》2014年第4期）一文指出，培育和践行社会主义核心价值观是多党合作制度建设的客观要求，是提升当代中制度和价值认同的需要，因而在当代中国政党制度建设中起到无可替代的推动作用：倡导富强、民主、文明、和谐，坚定共同理想信念，能够推动当代中国政党制度充分发挥社会整合功能；倡导自由、平等、公正、法治，坚持正确价值取向，能够推动当代中国政党制度充分发挥政治参与、利益表达和民主监督功能；倡导爱国、敬业、诚信、友善，坚守基本道德准则，能够推动当代中国政党制度充分发挥维护稳定的价值功能。

齐春雷在《中国特色政党制度与当代中国政治发展》(《江苏省社会主义学院学报》2014年第3期）一文中认为，当代中国的政治发展主要体现在社会主义公民政治文化的逐步形成、政治参与制度化程度的不断提高，以及政治系统满足广大人民群众需求能力日益增强等方面。在这些方面，多党合作制度都能积极地引领和促进政治发展。多党合作为中国特色协商民主发展提供制度资源，能促成中国民主结合中国的具体国情、政治现实，有机融汇和吸取在内里上并不矛盾的自由民主、协商民主和选举民主这三种民主形式的有益元素。要使多党合作制度大大助益于中国的政治发展，一方面，是要大力发展中国共产党的党内民主，完善党内民主决策机制、优化党内权力制约机制、健全党内选举机制；另一方面，是要不断推进制度创新，提升党际合作效能、挖掘党际合作深度、完善政治协商机制。惟其如此，多党合作制度的政治价值特别是其相对于中国政治、中国民主发展的时代价值才能得以充分实现。

五、中国政党制度的思想和理论

作为社会主义性质的新型政党制度、民主制度，作为中国特色的政治制度，多党合作制度的形成和发展、巩固和完善，必须全部且紧密地依托马克思主义中国化的理论和实践过程，必须在科学的理论和方法的指导下来完成。在当代中国，面对世情、国情的深刻变化，面对各方面的压力和挑战，中国特色社会主义的理论和实践必须始终保持健康活力，必须始终创新发展、与时俱进。同时，顺应社会主义建设的整体需要，因应改革开放的新要求及其所带来的新问题的挑战，多党合作制度也必须不断发展、与时俱化。相关的创新发展应当是理论、实践同时走向深入并且彼此深刻影响的。相关思想和理论的发展，主要是基于秩序设计的角度来不断反思现实、深入剖析实践并形成进一步优化多党合作制度的新举措。在这一方面，几代中国共产党人的相关探索是一脉相承、渐入佳境的。他们在多党合作制度理论上前赴后继的坚持、创新和发展的结果，正是今天不断蓬勃发展、成就斐然可观的多党合作制度。本年度与多党合作思想和理论这一基本领域相关的学术研究有了新的进展，不仅充分揭示、反映了上述多党合作理论与实践彼此促进、逻辑与历史两相统一的基本轨迹、基本要求，也更多融入了研究者们对多党合作事业与中国特色政治发展道路的政治认同和时代期许。

（一）中国共产党人对多党合作思想的继承、丰富和创新

在其从萌生到实践、再从政治策略到国家基本政治制度的历史演进过程中，以毛泽东、邓小平为代表的中国共产党历代领导集体，都忠实地基于马克思主义的立场和方法、紧密地结合不同时期中国革命和建设的现实需要，实事求是、与时俱进，不断传承、丰富和发展了多党合作的思想。围绕这一研究主题，本年度学者们分别从历史分析、现实意义等不同角度切入，或以往喻今、或论从史出，比较清楚地揭示了多党合作思想发展的历史脉络、逻辑线索，相对集中地论证了多党合作制度具有其完全的历史合理性和强大的政治生命力。

徐英在《论抗日战争时期毛泽东的多党合作理论及其历史意义》（《福建党史月刊》2014 年第 2 期）一文中指出，毛泽东多党合作理论的产生是以马克思列宁主义为基础、吸取了第一次国共合作经验教训的，是毛泽东将马克思列宁主义同中国实际相结合的产物。抗日战争时期毛泽东的多党合作理论主要包括：关于和大资产阶级政党合作的思想、关于和各民主党派团结合作的思想，以及在革命根据地的抗日民主政权——三三制政权的理论阐述。文章认为，抗战时期毛泽东多党合作理论具有重要的历史意义：巩固了统一战线，促进了民主革命的发展；为多党合作制度提供了重要的理论依据和实践经验；作为毛泽东思想的重要组成部分，极大地丰富和发展了马克思列宁主义。

董志铭在《毛泽东对多党合作、协商民主制度的开创奠基和坚持发展》（《中国浦东干部学院学报》2014 年第 3 期）一文中认为，毛泽东是中国共产党领导的多党合作、协商民主制度的探索者和奠基人，具体来说有如下三方面的原因：（1）从抗日根据地的“三三制”民主统一战线政权成立到提出全国性的“联合政府”构想，是毛泽东多党合作、协商民主思想的萌芽和制度雏形。（2）从重庆谈判期间与民主党派精诚合作到 1948 年邀请各民主党派进入解放区筹建新中国，是毛泽东多党合作、协商民主思想的成功实践和制度创立。（3）提出“长期共存，互相监督”方针，建立“还是几个党好”的中国政党体制格局，是毛泽东多党合作、协商民主思想在制度层面上的坚持和发展。

滕明政在《毛泽东多党合作思想研究述评》（《四川省社会主义学院学》2014 年第 2 期）一文中，以部分篇幅梳理了邓小平、江泽民、胡锦涛等人多党合作思想对于毛泽东相关思想的继承和发展关系，并且认为：毛泽东以后中国共产党历届主要领导人都继承了其多党合作思想的精髓、克服了毛泽东在某些问题上的“左”倾错误，都努力结合中国的

最新的实际情况，创造性地运用马列主义多党合作思想理论进行了成功、伟大的制度创造和政治实践，发展了多党合作理论。以邓小平同志为核心的中共第二代领导集体巩固和发展了中国共产党领导的多党合作和政治协商制度理论；以江泽民同志为核心的中共第三代领导集体对这一理论有所创新；以胡锦涛为总书记的中共中央则进一步丰富和发展了这一理论。

温小勇、郑建敏、王京、李妙然、宁建荣在《西柏坡多党合作思想与实践在新时期持续深化与拓展的路径》(《河北省社会主义学院学报》2014 年第 4 期）一文中认为，在新时期，面对实现中华民族复兴的宏大历史命题，需要传承和提升西柏坡多党合作思想团结、包容的价值内涵，并使之融汇于中国各政党共同的理想和抱负之中，赋予实现“中国梦”以源源不竭的动力；面对强化党的执政能力、纯洁党的队伍建设等问题，需要进一步深化和拓展各民主党派的参政议政、民主监督职能，从完善多党合作制度层面上达到领导能力认同；面对世界范围内波诡云谲的民主政治发展态势，需要持续深化西柏坡多党合作思想与实践中的民主内核、拓展协商民主理念和形式，在价值目标趋同的基础上增强健全社会主义协商民主的制度自信。

崔利宏、李悦在《西柏坡多党合作文化及其当代意蕴》(《河北师范大学学报·哲学社会科学版》2014 年第 5 期）文中认为，西柏坡多党合作文化有如下内涵：(1）基于共同目标基础上的团结联合；(2）倡导尊重多样基础上的和谐包容；(3）始终贯穿求同存异基础上的民主协商。崔利宏另一篇相关论文《西柏坡多党合作文化的当代启示》(《河北省社会主义学院学报》2014 年第 4 期）认为，在要实现中华民族伟大复兴中国梦的宏伟目标，就得坚持西柏坡多党合作文化倡导的在共同目标基础上的团结联合，凝聚广泛的力量支持。要坚持和发展中国特色社会主义政党制度，就得坚持西柏坡多党合作文化倡导的在尊重多样基础上的和谐包容，以社会主义核心价值观引领多党合作发展方向。要健全社会主义协商民主制度，就要坚持西柏坡多党合作文化倡导的在求同存异基础上的民主协商，拓宽完善政治参与的渠道与机制；要构建和谐政党关系，就得坚持西柏坡多党合作文化倡导的在照顾同盟者利益基础上的和衷共济，支持参政党加强自身建设。

刘保明在《邓小平对多党合作理论的贡献》(《中国统一战线》2014 年第 10 期）文中指出，邓小平是中国特色社会主义的开创者、改革开放的总设计师，对我国政党制度的发展和完善做出了不可磨灭的贡献，是新时期多党合作理论的奠基人。在分析中国阶级关系发生变化的基础上，他科学地论述了新时期民主党派的社会基础和性质；明确提出多党合作是我国政治制度的一个特点和优点，是中国特色的新型的社会主义政党制度；明确提出坚持共产党领导与尊重民主党派的独立自主是多党合作不可动摇的原则；阐明了民主党派在新时期及国家政权中的重要作用和地位并提出了参政党的概念；发展了八字方针并提出“长期共存，互相监督，肝胆相照，荣辱与共”的十六字方针；推进了多党合作的制度化、规范化建设，使多党合作制度成为社会主义法制的内容。

陈红烨在《邓小平多党合作思想研究综述》(《福建省社会主义学院学报》2014 年第 2 期）一文中，在梳理了国内邓小平多党合作思想研究基础上，认为其基本内容在于：在分析中国阶级关系变化的基础上阐明了新时期民主党派的社会性质及其重要地位和作用；强调充分发挥民主党派的监督作用；强调多党合作要坚持党的领导。邓小平对多党合作思想的丰富与发展则在于：明确提出多党合作是我国政治制度的一个特点和优点；把多党合作上升为我国的基本政治制度；把多党合作的“八字方针”发展为“十六字方针”，为多党合作展示了新的发展前景。文章认为，邓小平多党合作思想的历史贡献，对于加强共产党的执政能力建设有着重要意义，也有利于我国经济社会的稳步、协调、持续发展。

徐英在《论邓小平对多党合作理论的发展》(《党史文苑》2014 年 6 月下）一文中指出，在总结历史经验的基础上，邓小平对中国共产党领导的多党合作作出一系列精辟论述，丰富和发展了多党合作理论：(1）拨乱反正，毅然抛弃了“以阶级斗争为纲”的错误方针，重新确立了中国共产党领导的多党合作制。(2）科学分析了民主党派性质，重新确立了其在我国政治生活中的地位和作用。(3)提出了中国特色的政党制度这一理论和实践范畴，主要是：共产党在我国各政党中处于领导地位，各民主党派必须接受共产党的领导；共产党和各民主党派根本利益完全一致，共同致力于社会主义，是通力合作的友党；在国家政权中，共产党是执政党，民主党派是参政党；共产党和各民主党派之间实行政治协商、相互监督；西方资本主义两党制和多党制不适合中国国情。邓小平亲自指导制定了《中共中央关于坚持和完善中国共产党领导的多党合作和政治协商制度的意见》，使多党合作进入一个崭新的阶段，多党合作制度因而更具规范化、可操作性。

魏晓文、刘志礼撰写的《论邓小平协商民主思想及其当代价值——纪念邓小平诞辰110 周年》(《理论探讨》2014 年第 4 期）一文以为，邓小平协商民主思想凸显协商主体的平等性和监督性、彰显协商的深度和民主的广度、强调建立社会协商对话制度，丰富和发展了马克思主义民主政治学说，在中国社会主义民主政治理论发展史上具有承前启后、继往开来的重要地位和作用。就当前而言，这一思想对于推进协商民主广泛多层制度化发展、实现政党制度民主建设与社会主义民主政治建设良性互动而言，都具有重要的理论意义和当代价值。

魏晓文在《我国多党合作“同心”思想研究述评》(《辽宁师范大学学报·社会科学版》2014 年第 2 期）一文中回顾和梳理了与多党合作“同心”思想的理论依据和历史渊源、基本意义和内容、挑战和问题、实践的路径选择等多维度主题的相关研究。文章强调“同心”思想有其全面性和系统性，是我国政党制度的又一理论创新成果，是当前促进我国政党关系和谐的基本指针。文章看到了只强调“同一”的意义而忽略“存异”的价值这一现象的存在并指出：正确理解“同心”思想，首先是要突出以“同”为前提的“异”，才能有以“异”为归旨的“同”,这就是求同存异。只有掌握好这一辩证关系,才能全面体现“同心”思想的真正意义。文章继而认为：(1）只有透过表层，对思想上、目标上和行动上三方面同心要求间辩证统一的内在逻辑有所把握,才能对“同心”思想基本内容作更全面、系统的概括；(2）论者往往只关注了执政党或是参政党的自身建设问题，而忽略了这两者间的互动——“协商”；(3）在论述促进政党关系时，十八大报告关于正确处理一致性和多样性关系、坚持“十六字方针”以促进相关实践的阐述，为未来更全面、系统地探讨“同心”实践途径指明了方向。

（二）中国政党制度理论的最新发展

中共党的十八大后，新一届中央领导集体基于时代的要求、党和国家工作的全局，在进一步巩固和发展多党合作制度、进一步加强发展协商民主和加强民主监督、更好地体现这一基本政治制度的优越性等方面都有了不少新提法、新要求，促进了多党合作理论的新发展。这些新提法、新要求吸引了学者们的关注，也由此形成了一批相关研究的成果。

张颖、杨爱珍在《学习领会习近平同志关于多党合作思想的深刻内涵》(《上海市社会主义学院学报》2014 年第 3 期）一文中认为，十八大以来习近平在多党合作方面提出了一系列具有创见性的思想：(1）在协商民主与政治协商的维度上，提出要推进协商民主广泛多层制度化发展；明确了协商民主在政治体制改革和发展“纵向民主”中的地位、主张发展社会性多样化协商民主；提出要增加协商密度、坚持程序，提高协商成效；打开了政治协商的新视野，有助于进一步完善中国政党间的政治协商，推进政治协商的制度化。(2）在民主监督的维度上，提出民主党派要“敢于讲真话，敢于讲逆耳之言”，加强民主党派监督的力度；赋予“窑洞对”新的现代内涵，认为民主党派是人民进行监督的重要渠道、党派监督必须有制度保障，要求把监督和接受监督作为政党的自觉，要求开门搞活动、寻找民主党派民主监督的突破点；提出要支持民主党派参与公共决策过程，扩大民主监督内涵至决策过程、依法行政、干部任用和廉政建设等各方面。(3）在制度建设的维度上，提出“两个坚定不移”的新思想，提出要完善建言献策小组、建立健全决策咨询制度、完善民主党派中央直接向中共中央提出建议制度，以及在人民政协健全委员联络机构、完善委员联络制度等新主张、新要求。

林萍在《习近平对多党合作理论的创新与发展》(《吉林省社会主义学院学报》2014 年第 4 期）一文中认为，习近平就任中共中央总书记之后，提出新要求、做出新部署，进一步丰富和发展了多党合作理论。具体体现在：(1）首次提出“各民主党派是同中国共产党通力合作的中国特色社会主义参政党”，对各民主党派作了全新的定位。(2）首次提出“各民主党派和无党派人士一定要把坚持中国特色社会主义政治发展道路作为根本方向”。(3）首次对各民主党派自身建设的重要内容和目标重新归纳和概括，即提高参政议政、民主监督的水平，提高政治把握能力、组织领导能力、合作共事能力。(4）首次提出要进一步巩固多党合作的共同思想政治基础。(5）首次强调要进一步加强民主监督。(6）首次提出两个“坚定不移”，即“中共中央将坚定不移坚持和完善中国共产党领导的多党合作和政治协商制度，坚定不移贯彻长期共存、互相监督、肝胆相照、荣辱与共的方针，加强同民主党派合作共事，支持民主党派更好履行参政议政、民主监督职能。”

缪新亚在《从中国特色政党制度与政党文化的科学性谈“三个自信”》(《上海市社会主义学院学报》2014 年第 3 期）一文中，结合新一届中央领导集体关于社会主义道路自信、制度自信和理论自信的理论阐发，分析了中国特色政党制度与政党文化的科学性。文章认为，坚定“三个自信”是建立在多党合作制度与政党文化的科学性之上的。从政党政治学的角度看，政党制度决定政党文化，政党文化反作用于政党的发展和运作。多党合作制度的科学性在于其历史的必然性和政党布局的合理性，而中国政党文化的科学性则在于意识形态的一致性、政党关系的相容性、制度规范的可行性以及思想基础的民族性。

崔晓庚、孙洪波在《社会主义核心价值体系认同：多党合作“同心”思想的基础》(《辽宁省社会主义学院学报》2014 年第 3 期）一文中指出，社会主义核心价值体系是全国人民共同的思想政治基础，是推进中国特色社会主义事业的精神动力，是我国主流意识形态的集中体现。多党合作制度建立在民主党派对社会主义核心价值体系认同的基础上。作为我国政治生活中的重要主体，民主党派认同执政党提出的社会主义核心价值体系，始终以社会主义核心价值观指导自身建设，并由此达成对执政党政治上的共识，既是多党合作“同心思想”的本质要求，又是多党合作实现国家富强、民主、文明、和谐的重要前提。

孙洪波、崔晓庚在《中国梦视域下“同心”思想发展的四个维度》(《辽宁行政学院学报》2014年第5期）文中指出，作为中国共产党领导的多党合作和政治协商制度最鲜明的特质，“同心”思想进一步丰富和发展了多党合作理论，是中国特色政党制度与时俱进的理论和实践成果。在大力倡导实现中华民族伟大复兴“中国梦”的时代背景下，关注“同心”思想发展的如下四个维度，无疑具有重要的理论意义和现实意义：(1）中国特色多党合作理论自身即是“同心”思想发展的理论维度；(2）多党合作制度必需的党际认同是“同心”思想发展的实践维度；(3）始终坚持“以人为本”是“同心”思想发展的价值维度；(4）实现中华民族伟大复兴的“中国梦”是“同心”思想发展的时代维度。

六、中国政党制度的坚持和完善

好制度贵在坚持。真正坚持好制度的关键，在于不断地去完善它；而完善它的关键，又在于一贯地坚持它。真正富于成效地坚持和完善中国共产党领导的多党合作制度，就要始终在坚持正确的政治原则的条件下，从理念、行为和制度层面做出全面的努力，一方面不断地形成和强化政治系统、制度框架内部的政治共识与制度认同，另一方面及时地顺应变化了的政治生态环境、现实社会要求，以增强政治系统、制度框架的外部适应性。需要指出的是，较之上一年度的相关研究，由于发展社会主义协商民主、全面依法治国以及国家治理现代化等新的理论和实践元素的加入，本年度学者的理论探索在解放思想、反思问题、总结经验、建言献策等方面都有了长足的进展，取得了颇为丰硕的理论成果。但毋庸讳言，这只是一个良好的开端，本研究领域中还是有不少亟待深入挖潜、有所突破的地方。而且，本领域问题的研究，也还亟待解决一个研究理念、研究方法更新的问题，特别是需要更多的实证调查分析以及历史的、制度的比较研究。

（一）坚持和完善中国政党制度理论与实践的整体思考

本年度学者们主要是从如何形成和增进多党合作的政治共识与制度认同、如何从整体上优化多党合作政治架构和充分发挥其整体功能，以及如何结合社会主义协商民主的广泛深入发展来搞好多党合作等问题和角度入手，对多党合作制度的坚持和完善各陈己见、做了比较系统的整体思考，相关研究成果百虑而一致，可以互为镜鉴，也具有一定的资政参考意义。

王红玉在《关于培育和践行社会主义核心价值观，推进多党合作事业持续发展的思考》(《山西社会主义学院学报》2014年第1期）一文中指出，培育和践行社会主义核心价值观对于完善多党合作制度的意义在于：(1）是增进多党合作政治共识的基础工程，能够维护党的领导、多党合作的政治格局，巩固多党合作事业的共同思想政治基础；（2）它是激发多党合作内在活力的重要环节，能够充分发挥多党合作制度的功能优势；（3）是彰显多党合作独特优势的必然要求。文章又指出，政党建设是政治制度也是多党合作制度发展的基本保证。坚持执政党建设同参政党建设相互促进，是中国特色政党制度区别于其他政党制度的独特优势，也是我国多党合作事业实践所积累的宝贵经验。此外，培育和践行社会主义核心价值观，也是彰显、保持和增强多党合作事业独特优势的关键所在。

李其春在《坚持多党合作，实现中华民族伟大复兴》（《团结报》2014 年 6 月 24 日）一文中指出，在六十多年的征程中，多党合作制度充分展示出强大的生命力、现实的合理性和历史的必然性，体现了社会主义民主政治的本质要求，是我国政治制度的最佳模式，并已成为我国社会稳定、和谐和发展的基础。新形势下，要坚持和完善多党合作，就必须充分发挥其资源整合的作用，为巩固中国共产党的执政基础服务；充分发挥其政治参与的作用，为基层群众提供利益表达的载体；积极发挥其思想引导的作用，为共同事业凝聚力量；努力发挥其民主监督的作用，为维护社会稳定提供支持。总之，只有推动多党合作事业健康有序发展，才能实现民族复兴和建设中国特色社会主义的“中国梦”，才能创造出更光辉的业绩。

温小勇在《关于健全协商民主视阈下持续完善多党合作制度路径的思考》（《山西社会主义学院学报》2014 年第 4 期）文中认为，社会主义协商民主在包容性和公正性两方面独具优势。健全社会主义协商民主与完善多党合作制度之间存在良性互动关系。多党合作制度为协商民主提供了稳定的制度载体、有效的协商平台，协商民主为多党合作制度提供了新型的实践形式、持续的完善通道。在健全协商民主框架下寻求完善多党合作制度的有效路径，应着重把握以下五个层面：坚持中国共产党的领导；融汇协商民主和多党合作于全面深化改革的总目标之中；丰富协商民主的形式和内容，不断提高民主党派参政议政的能力和水平；拓展协商民主的范围和层次，持续发挥民主监督的现实作用；创新协商民主机制和渠道，实现多党合作效能的最大化。

王寅平在其《坚持和完善多党合作制度与发展协商民主的内在关系》（《四川省社会主义学院学报》2014 年第 3 期）文中指出，坚持和完善多党合作制度与发展协商民主之间存在紧密的关联。多党合作制度具有基础性、原则性和指导性，对发展协商民主具有牵引作用，同时协商民主在广泛多层的民主治理形式方面也丰富和拓展了多党合作和政治协商制度。多党合作制度确立起党际民主关系，延伸了执政党的民主决策过程，通过政党间的民主形式和政治协商的过滤作用，提升了执政党执政及决策的合法性、正当性——这也是协商民主的目标所在。多党合作制度充分体现中国共产党与民主党派及无党派人士的团结合作，有利于在全社会范围形成政治合力，建立政治共识，充分发挥各方面的政治作用——这正是政治制度为发展协商民主所必须建立的政治基础。

杨雪燕在《健全社会主义协商民主制度，不断加强和完善中国政党制度建设》（《天津市社会主义学院学报》2014 年第 3 期）一文中，从社会主义协商民主建设角度提出，应着手如下方面大力加强多党合作制度建设：（1）因应发展协商民主、推进国家治理体系和治理能力现代化对党的建设的新要求，进一步加强和改善党的领导。（2）构建在宪法法律框架内中国共产党与各党派无党派人士的政治协商参与主体的政治平等。（3）进一步完善政治协商的机制和程序。(4)丰富和创新多党合作的党际协商民主的形式和渠道，特别是把网络协商问政将视作多党合作以民主促民生的新工作领域。(5)加强参政党建设，建设合格的“中国特色社会主义参政党”，不断提高党际协商民主的质量和水平。(6)在推进法治中国建设中积极稳妥地推进多党合作制度的法治化进程。

董树彬在《论中国多党合作制度的学术话语体系》(《学术论坛》2014 年第 9 期)一文中指出，中国多党合作制度的价值和优势已在历史和实践中得到充分证明，却颇受西方学术话语体系诟病。这就迫切需要把相关的成功经验、现实成就以一种国际上规范且惯用的方式加以理论升华，进而形成中国特色、中国风格、中国气派的中国多党合作制度学术话语体系，并且牢牢掌握对中国多党合作制度学术诠释的马克思主义话语权。以此为依托，中国多党合作制度理论研究才能最终打破西方主流学术话语体系的垄断地位、掌握中国多党合作制度学术诠释的国际话语权，从而真正坚定我们的道路自信、理论自信、制度自信。

马润凡在《制度认同视角下中国特色政党制度的发展与完善》(《云南行政学院学报》2014 年第 4 期)文中认为，制度只有得到社会成员的认同才有现实效应，制度认同具有稳定性但(由于受多种因素的影响)也处于变动中。多党合作制度是在中国长期革命、建设和改革实践中形成发展起来的，经过了人们对其制度安排及制度运行的善的诘问，以社会主义和人民民主为价值共识，与中国文化传统紧密契合，得到广大人民的高度认同并从中得到滋养和巩固,成为推动中国特色政治发展的强大的制度动力。但要看到，伴随国际国内形势复杂深刻的变化，原有制度认同的生态环境发生了巨大变化，对中国政党制度认同基础的巩固和认同资源的调适也提出了新要求。因此，必须准确把握新形势对中国特色政党制度认同的影响，在相关制度的增量空间中寻求更多资源，保持和提升中国特色政党制度认同的向心力和凝聚力，推动社会的全面健康发展。

(二)中国政党制度的思想渊源和理论基础

马克思主义的统一战线思想、新型民主思想和多党合作思想，以及中国文化一以贯之的优秀传统、理念精华，都形成多党合作制度的思想渊源和理论基础。本年度学者们的相关研究较多地集中在“和合”思想对多党合作制度的影响方面，以及这一思想与马列主义相关理论之间的彼此互动关联上。围绕上述主题、问题，相关研究的结论是比较一致的，诚如孙津所言，中国共产党领导的多党合作和政治协商制度在理论上主要渊源于两个基本观念：社会主义的批判理性，以及政治运作的工具理性。

高育红、朱峻仪在《浅议我国多党合作制度中的“和合”精神》(《中国统一战线》2014 年第 1 期)文中指出，政治制度变迁的实质是文化变迁。人类文明发展的多样性终会在政治制度上得到体现。中国政党制度之所以具有卓越的优势和价值，与其所蕴含的中国传统“和合”思想不无关系。“和而不同”在多党合作中得到鲜明体现。该制度因与传统文化心理相符才有其合理性，才能凝聚社会力量。多党合作体现了中华兼容并蓄、不断创新的优秀文化传统，在不同发展时期都贯穿了和合思想，不断在具体、鲜活的政治实践中取得新创造、新发展。在和而不同精神的指引下，多党合作为广泛的人民民主提供了广阔平台，既求同、又存异，既保证了政治领导一元化，又保障了政治参与多元性，实现了政治结构、政党制度的开放性和兼容性，有利于把各方面的利益要求、政治诉求、意见和建议反映到政治体系中来，有利于把全社会的智慧和力量充分调动起来、凝聚起来。

管红霞在《多党合作的“合”文化探究》(《河北省社会主义学院学报》2014 年第 2 期)文中写道，多党合作的“合”文化是中国特有的文化形态。“合”理念集中体现了共产党与各民主党派间党际关系的根本特质。由文化基因所培植和淬炼而成的当代中国政党制度，因文化底蕴而酝酿铸造的合作模式，汇成出民族复兴的磅礴正能量，成为助飞中国美好梦想的跑道。中国人实现第一个梦想“站起来”、第二个梦想“富起来”以及第三个梦想“强起来”，都离不开“合”文化思想精髓及其指导下的多党合作的理论和实践。

吴沁芳在《和而不同：优化多党合作机制的重要价值维度——从哲学价值论的视角看》(《理论界 2014》第 6 期)一文中认为，“和而不同”是最具中国文化核心价值的一个重要哲学理念，不仅富有强烈的辩证思想性气质，且具有突出的辩证方法论特征，构成了“和而不同”丰富的哲学价值论意义。多党合作制是集“一致性”与“多样性”为一体的新型政党制度，蕴含了传统文化“和而不同”的精神特质。在进一步探究优化多党合作机制的过程中，要实现传统资源的现代转化和再造，不仅要将“和而不同”作为一种深厚的辩证思想，而且应作为一种丰富的辩证方法来考量和借鉴。这对于完善多党合作机制、获得更多视角和方法上的创新与启迪而言，无疑具有重要的理论价值和现实意义。

徐英在《论抗日战争时期毛泽东的多党合作理论及其历史意义》(《福建党史月刊》2014 年第 2 期)一文中强调，马列主义关于多党合作的理论是毛泽东多党合作思想的直接理论来源，也是后者产生的最根本的理论基础。马克思主义关于共产党在反对现存政治制度的斗争中应与其他工人政党联合的思想，奠定了工人政党合作的思想基础。关于共产党人到处都支持一切反对现存的社会制度和政治制度的革命运动、共产党人到处都争取全世界各民主政党间的团结和协调、关于共产党应与小资产阶级民主政党联合的思想，形成了共产党对待其他民主政党的基本策略。此外，列宁提出的共产党应与其他政党合作的原理和理论，特别是坚持无产阶级独立性、既坚持又联合又斗争的原则，以及共产党掌握领导权时可以与其他革命政党分掌政权的思想，也都构成我国多党合作理论的思想渊源。

孙津在《中国政治协商制度的理论基础》(《中国政协理论研究》2014 年 Z1 期)一文中认为，作为基本政治制度的政治协商是自觉制度创新的结果，政治协商的理论基础就是这种政治理念的现实性和合理性根据。中国政治协商制度的理论基础源于两个主要观念：社会主义的批判理性和政治运作的工具理性。文章从政治协商与协商政治的关系创制、协商主体的代表性创制以及情感认同的政治文化创制这么三方面对这种理论基础做了分析并指出：(1)政治协商与协商政治的关系创制具有普遍规律意义上的合理性以及特定需要的现实性。(2)政治协商的理论基础是有排他性的协商主体的代表性创制，如不能有效地创新发展政治协商中非中共的各方主体的代表性，则至少可能存在两个危险——以某种利益交换心态取代接受中国共产党领导的自觉性，以及导致多党合作(至少其中的“多党”)本身流于形式。(3)多党合作以及政治协商的职能确定和运作需要以政治文化的创制，以便在情感认同和制度规范之间建立起一致性联结。从理论本身来讲，创制这种政治文化的合法性与合理性根据都在于减少政治浪费，而一定的情感认同则是这个根据的逻辑实现或必然结果；从现实来讲，培养和维护这种情感认同的必要性，在于其有利于中国人民根本和长远的利益，而且在现阶段尤其有利于中国的现代化（包括政治、经济、社会、文化等方面）和参与全球竞争。

（三）加强多党合作的规范化、程序化和制度化建设

多党合作制度设计理念的充分体现、这一制度功能和价值的整体实现，离不开不断的规范化、程序化和制度化建设的保证和支撑。上述多党合作制度的“三化”建设既是中国共产党、民主党派各自加强自身建设和彼此发展和谐关系的需要，也是协商民主、政党协商更上层楼的现实需要。同时，在依法治国的时代背景中，将中国特色的法治思维纳入多党合作“三化”建设当中，也是必要的、合理的。本年度围绕上述问题，学者们展开了广泛的讨论，相关成果中既有历史分析、问题揭示，又有对策探索、未来预期，不乏新意、颇有深度。

康民在《改革开放以来中国政党制度的发展》（《上海党史与党建》2014年第10期）一文中认为，改革开放后中国共产党不断致力于加强多党合作规范化、制度化建设，在制度层面保证了多党合作运行机制沿着正确方向发展，取得了瞩目的成绩：（1）在政治协商机制上，中国共产党坚持重大问题在决策之前和决策执行过程之中，与各民主党派、无党派人士进行广泛协商。（2）在民主监督机制上，民主党派运用政协视察、大会发言或以其他形式，对国家宪法、法律和法规的实施和重大方针政策的贯彻执行以及国家机关及其工作人员的工作进行监督。（3）在参政议政机制上，民主党派成员就政治、经济、文化、社会生活中重要问题以及人民群众普遍关心的问题开展调查研究，反映社情民意，通过调研报告、提案、建议案或其他形式向中国共产党和国家机关提出了大量意见、建议。

孙运军在《我国多党合作制度化建设中的几个关键要素分析》（《中央社会主义学院学报》2014年第5期）文中认为，政党制度协调处理的基本政治关系的核心元素即党权、政权和民权三者间的关系。有鉴于此，文章建构了政党制度系统的分析框架，从切实保障政党权利、科学配置政党权力、积极完善政党监督制约机制、不断改善政党活动方式四个方面探究了何以科学建立政党、国家和社会关系中政党治理模式的问题，对我国多党合作制度化建设中的关键要素进行了简要分析。文章认为，保障政党权利关键在于明确执政党权力的界限和参政党权利的内容；科学配置政党权力关键在于正确行使政党权力，处理好政党的权力、权利和权威的关系；完善政党监督制约机制关键在于使刚性的党内监督、柔性的党际监督都作为政党监督各自发挥其优势（非但不相互代替且能优势互补）；改善政党活动方式关键在于实现良好的治理和善治，以最大限度地增进公共利益。

杨绪强在《协商民主视域下坚持和完善我国政党制度的几点思考》（《四川省社会主义学院学报》2014年第1期）一文中认为，作为多党合作基本价值的协商民主已融入到我国政党制度建构的过程中。协商民主的发展进一步推动了多党合作的制度化、规范化和程序化进程。作者指出，多党合作、政治协商的关键在于弄清楚“和谁协商”、“怎么协商”，以及“协商成果如何实现转化”等基本问题。协商建国后“和谁协商”就是中国共产党和各民主党派、无党派人士在政治顶层设计层面上需要解决的问题，当然其焦点曾一度集中在“还需不需要协商”问题上。十一届三中全会后、特别是十六字方针出台

后该问题已经得到了解决。“怎么协商”涉及理顺社会政治资源关系，明确协商主体的定位，以及协商的原则、内容、形式和程序问题，通过1989年14号文件，以及2005、2006年两个五号文件的相关规定也有了初步的解决。“协商成果如何实现转化”是协商民主真正落地的关键一步。就现阶段而言，促成协商成果转化已经有了两个比较好的途经：依托党际协商进行转化，或依托人民政协进行转化。未来要以协商民主进一步促进多党合作制度完善和发展，作为协商主体的中国共产党、各民主党派和无党派人士就要更清醒，努力用务实有效的协商民主不断推动多党合作事业持续健康发展。

罗雪珍在《法制视野下我国政党制度的完善》（《福建省社会主义学院学报》2014年第1期）文中认为，改革开放后为建设法治国家，中国共产党在推进多党合作和政治协商制度法制化方面作了很多探索，取得了如下成就：（1）明确各政党必须在宪法和法律的范围内活动；（2）各政党成员转变为国家公职人员的程序和方式、执政党意志转变为国家意志的过程也逐步向法制化靠近；（3）中国共产党领导的多党合作和政治协商制度被明确为宪法法内制度；（4）中国共产党领导的多党合作和政治协商制度在具体运作上逐步实现法制化。但是，政党间民主协商机制有待程序化的问题，政党间的相互监督机制缺乏法律和制度保障的问题，以及党政职能不分、以党代政等问题仍然存在。要解决它们，就要按照法治的要求完善中国共产党的领导，确保共产党依法执政、民主党派依法参政，同时进一步斟酌人民政治协商会议的性质定位并赋予其应有的法律地位。

陈飞在《困境与出路：中国政党法治建设探究》（《东岳论丛》2014年第7期）一文中认为，政党法治建设是中国共产党治国理政的重要内容，是政党自身现代化、国家长治久安和社会管理创新的要求。总的看，中国政党法治建设的现实境遇不容乐观：（1）政党法治的环境缺失，理念淡薄。（2）处理政党关系、规范政党行为的法律和制度不到位。现有的国家法律和党规党纪执行力不足。（3）权大于法的现象普遍存在，依法制约权力严重不足。为此，就有必要在以下几个方面寻求出路、开拓创新：（1）培育法治信仰，为政党法治提供政治文化生态。（2）健全政党法制，为政党法治提供本体依托。（3）科学合理配置政党权力，为政党法治提供体制条件。（4）完善权力监督，为政党法治提供政治基础。（5）提高依法治党、管党的执行力。

杨雪燕在《新形势下加强多党合作制度化、规范化、程序化建设的思考》（《福建省社会主义学院学报》2014年第1期）一文中指出，改革开放以来我国多党合作制度“三化”建设得以稳步推进，但也面临许多问题：一些地方党政主要领导干部缺乏统一战线、多党合作意识，“家长式”、“一言谈”现象还存在；参政党自身建设相对滞后，参政议政整体能力素质亟待提高；政治协商总体还缺乏程序化的机制保障，协商实效性有待加强；参政党参政议政还未制定规范有序的实施细则和运作机制，参政议政工作未能形成整体合力；民主监督缺乏可操作性的规范和程序机制保障，形成参政党履职的最薄弱环节；民主党派代表人士队伍建设亟待加强。为此，必须相应作如下努力：加强和改善党的领导；完善政治协商的机制和程序；健全和完善民主监督机制；制定《特约监督员工作条例》，进一步完善特约人员工作制度；完善参政议政机制；抓好民主党派后备干部队伍建设机制；加强参政党制度建设，提高参政党整体素质；健全舆论宣传的机制，扩大多党合作的社会共识；积极稳妥地推进多党合作政党制度法制化进程。

（四）坚持和完善中国政党制度面临的问题及对策

相对于具体和鲜活的社会生活特别是政治实践，任何政治制度都因自身的相对稳定性而难免于出现某些局部的不适。因此，比照政治实践现实及其需要，自觉反思、主动调适向来是坚持和完善特定政治制度、政党制度的应有之义。作为一个合理的、好的政党制度，多党合作制度在不同时期里大都在自身改革和完善中得到了很好的坚持。其实，自觉敏锐地发现问题、主动理性地求解问题，向来是多党合作制度理论和实践发展当中非常关键的一个领域。在这一领域当中，本年度部分学者的相关研究获致了新的发现、做出了新的贡献。整体来看，这些发现、贡献主要是围绕如何促进多党合作制度更好地适应协商民主和国家治理的限制之需而展开的。

黄天柱在《“多党合作与国家治理：挑战、机遇与瞻望”研讨综述》（《统战理论与实践》2014 年第 5 期）一文中指出，当前我国多党合作在贡献于国家治理方面面临如下问题与挑战：协商民主的“高调宣示”势必倒逼政治体制改革，而我国协商民主在理论、实践两个层面上均存在边界的模糊；积久的“管控”式领导思维和领导方式一定程度上异化了中国共产党和民主党派之间的友党关系；宪法、法律支撑的供给不足影响到多党合作和政治协商制度贯彻的力度；多元治理主体的兴起正在冲击民主党派的传统优势；参政党建设滞后于执政党建设阻碍良性互动政党格局的形成；民主监督功能薄弱影响政党制度的社会评价；信息不对称制约政治协商的实效性；全球化进程对中国政党制度提出了挑战。当然，国家治理理念的提出为多党合作提供了更多空间与路径，上述问题也可以通过多方面的努力来予以积极应对，具体如正确认识和坚持完善党的领导，正确定位民主党派的政党属性，科学区分和调整配置权力资源，深入挖掘“和合文化”对多党合作的支撑作用，适度引入竞争机制，从顶层设计和基层创新两个层面同步推进协商民主，不断提高民主党派的参政能力，正确认识和处理民主党派和其他治理主体的关系，着力破解民主监督薄弱环节，以及着力解决协商中信息不对称的问题等。

侯辰龙在《多党合作与推进国家治理现代化》（《人民论坛》2014 年第 9 期）一文中指出，当前多党合作在国家治理中的优势并未得到充分发挥，主要体现在多党合作的制度建设尚不完善：（1）未能充分适应世情、国情、党情的深刻变化对多党合作制度建设的更高要求，相关理论建设与实践发展存在脱节；（2）多党合作的制度执行能力有待提高：相关运行机制缺少规范化和程序化，多党合作在全国范围内区域发展不均衡，相关制度要求在地方不能够完全落实到位。有鉴于此，在国家治理现代化进程中完善多党合作制度，一方面要坚持和完善党的领导、建立和创新多党合作理论体系、从顶层设计的高度完善多党合作制度；另一方面则应提升多党合作制度的构建能力、落实能力和改革创新能力。

孙宝林在《多党合作与政治协商制度的理论探索》（《特区理论和实践》2014 年第 3 期）指出，多党合作与政治协商制度不仅有待于进一步的制度化、程序化和规范化，还有待于加强整体性和系统化建设。以此观之，我国多党合作和协商民主实践中还存在两块短板：（1）协商还没有实实在在地纳入到决策程序，或者说协商尚未真正成为决策程序中不可或缺的环节；（2）民主监督还没有规范的运作程序和有效的实现方式作保障。要撤除这两个短板，必须将多党合作与政治协商制度的优势创造性地转化为现代国家治理的体制机制和制度体系。

胡芬芳在《论协商民主与多党合作制度的契合性》(《湖北省社会主义学院学报》2014 年第 5 期）一文中认为,应完善协商民主制度和相关工作机制,发展和谐的政党关系、更好地坚持和完善多党合作制度。一是必须加强中国共产党对多党合作和政治协商的领导；二是大力加强民主党派自身建设，特别是政治协商、参政议政、民主监督的能力建设，增进共识的思想建设，以及严密、严格的组织和制度建设；三是进一步充分发挥参政党的参政议政、民主监督作用。在新的历史条件下，必须进一步丰富民主监督的形式，拓宽民主监督的渠道，各级党委也要切实完善民主监督机制，自觉接受监督。

金荣在《协商民主的“伪参与”问题分析与思考：以党际协商民主的视角展开》(《中国集体经济》2014 年第 27 期）一文中认为，由于对协商民主价值认识不清晰、党际政治协商机制和程序不够规范，参政党协商能力和职能发挥不充分，多党合作制度的包容性有待提升，目前单向集中型的政治协商民主存在着形式主义倾向以及“伪参与”现象：一些地方参政党组织的领导者“被领导”意识太强，缺乏应有的“接受领导”意识，以致参政党应有的主体作用得不到应有的发挥；一些地方党政领导缺乏足够的民主素养，协商过程中缺乏商议和辩论，不同意见得不到充分表达；一些地方党政领导缺乏民主协商的诚意，甚至以行政命令要求参政党“配合协商”，使参政党成为党委、政府决策形式的点缀，使政治协商成为“软协商”，可有可无、说了也“白说”。作者提出的应对之策有：(1）建议地方制定“委员产生办法”;(2）统筹安排党政领导参加政协协商活动；(3）培养和提高参与者的政治协商能力；(4）推进选举民主、协商民主的协调配合；(5）健全党际协商民主制度的运作机制；(6）确保实现社会各方面的广泛政治参与。

周翠在《论新时期多党合作制度的建设和发展》(《哈尔滨学院学报》2014 年第 2 期）一文中指出，多党合作制度在我国社会主义现代化建设中发挥着积极作用，但在新时期也遇到了许多问题和挑战：来自国际方面的政治民主化的直接挑战；来自国内社会转型所引发的社会结构变动的直接挑战；因这一制度自身功能尚未充分、有效开发而来的制度认同上的挑战。因应这些挑战,首先要完善社会主义民主政治,推动多党合作制度的“三化”建设；其次是要增进中国共产党与各民主党派的通力合作，增进中国社会的政治共识和政治互信；再次，正确处理矛盾和差异，保持宽松与和谐的政治环境。最后，高举民主、团结两大旗帜，充分发挥人民政协的政治作用和政治优势。

刘俊杰在《中国党际协商民主的协商意识困境与对策》(《辽宁省社会主义学院学报》2014 年第 2 期）文中认为，中国党际协商民主是共产党与各民主党派进行广泛协商的民主形式，也是多党合作制度完善和发展的重要途径。但当前中国党际协商民主的发展，面临党委政府协商意识不强、民主党派协商意识不强、人民政协协商意识不强等协商意识领域中的困境。为此必须在努力增强协商意识、积极投入协商实践以及提高协商自觉三个方面下大气力，不断激发相关协商主体的积极性、主动性。

（五）坚持和完善中国政党制度相关经验总结

中国政党制度的生命力在于创造性地运用和发展，在于坚持应用它在不同的生态环境和政治生活领域中来把握和解决各种问题和矛盾，并且不断地取得新的经验、获得新的适应性。本年度围绕这一主题的经验性、实证性考察和总结相对较少但值得称道，其中关于多党合作的毕节经验、武汉经验和重庆经验的梳理和分析不无启发意义。

潘荣阳在《关于毕节试验区多党合作实践和理论调研报告——以黔西县、金沙县和七星关区为例》（《湖南社院学报》2014 年第 5 期）一文中总结了毕节试验区 26 年的发展经验，认为它是民主党派、全国工商联和中国共产党多党合作的成果，也是民主党派在多党合作中增强自身实力的尝试。民主党派、工商联充分发挥各条战线的优势，在帮扶毕节发展的过程中探索出许多有益的、可供借鉴的经验，形成了一套帮扶西部贫困地区发展的行之有效的毕节模式，该模式收获的主要经验成果是：民主党派、工商联从“被请进来”发展到“主动参与”进来，最终把毕节“带出去”，创造了多党合作、帮扶西部贫困地区“三步走”范例；同时，民主党派、工商联坚持社会效益和经济效益相结合，以市场为主导，开创探索出“开发扶贫、双赢互利”的合作模式，多党合作本质内涵的以进一步丰富。

王振在《论毕节多党合作示范区的建设》（《广西社会主义学院学报》2014 年第 3 期）一文中认为，毕节试验区建立和发展的历史，也是坚持多党合作理论同区域实际发展相结合的奋斗史。（1）从试验区建设和发展主题的确立来看，体现了多党合作政治协商的示范性。（2）从试验区的建设和发展的进程来看，体现了多党合作在促进地方区域发展层面参政议政的示范性。（3）从毕节试验区在新起点的建设和发展看，体现了多党合作在区域合作共建上的示范性。毕节经验表明：政治合作的前提是坚持党的领导、坚持正确的政治路线；统一战线是党执政兴国的重要法宝，多党合作和政治协商是党执政优势的重要体现；充分发挥民主党派服务科学发展的主观能动性是多党合作的重要内容；在共产党的正确领导下，参政党执政党同心，统一战线各界人士与党同心，人民群众与党同心，一定能够共同促进经济社会的全面发展。

范前锋在《武汉首创“双月座谈会”制度始末》（《湖北省社会主义学院学报》2014 年第 6 期）一文中，结合制度的创立、具体设计及与之相对接的“七党四联会议”制度，以及这一制度定期化、规范化、程序化的努力，介绍了武汉市三十多年来举行“双月座谈会”的实践经验。文章说明、指出，座谈会由市委主持、放在市委机关内召开，具体会务组织工作则由统战部来负责；“双月座谈会”制度和市委民主生活会制度密切对接，突出了务实性、可行性、前瞻性、开放性及广泛性，便于参政议政、民主监督，加强了市委同市级各民主党派、无党派人士、有关人民团体和社会各界代表人士的联系；在“双月座谈会”基础上，武汉市委又创造了“七党四联会议”制度，与座谈会相对接，形成了大统战、社会统战的格局，使得武汉市的多党合作实践长期充满生机活力。

刘燕屏、李萍在《完善中国共产党领导的多党合作制度的思考》（《湖南社院学报》2014 年第 3 期）一文中指出，得自于坚持和完善多党合作制度、巩固和发展良好政治局面实践的两方面经验是：（1）正确处理多党合作与国家制度体系统一发展的关系。多党合作制度建设要以“发展”为第一要务，多党合作和政治协商实践要为人民民主的运行提供制度的保障；（2）正确处理执政党建设与参政党建设相互促进的关系。共产党在提高自身建设的科学化水平基础上要提高依法执政、民主执政和科学执政的能力，要在充分发扬民主的同时，帮助民主党派提高政治把握、参政议政、合作共事和组织协调能力。

丁威、刘睿在《中国共产党领导的多党合作和政治协商制度的重庆实践探究》(《重庆社会主义学院学报》2014 年第 1 期）一文中，总结了中国共产党领导的多党合作和政治协商制度重庆实践的主要成绩和经验。作者认为，改革开放以来，随着我国政治、经济体制改革的不断深入，社会关系、思想倾向呈现多元化态势，以及现代传媒的迅猛发展和深刻影响，人们对政治价值、政治文化、政党关系、政治文明有了更深刻的审视，人们的民主意识、社会的政治参与意识得以增强。有鉴于此，重庆市委着眼于体现中国政治模式的比较优势，努力把多党合作和政治协商制度的实践成果建设发展成为展示政治文明的重要窗口；着眼于服务党派关系，充分发挥党的主体作用，努力把重庆建设成为加强和改善党对多党合作和政治协商的引导和领导的高地；同时着眼于民主党派自身建设，充分发挥民主党派自身主观能动性，不断提升参政议政能力，努力把重庆建设发展成为民主党派加强自身建设、不断提升参政议政能力的高地。

七、中国政党制度与协商民主

协商民主的广泛、多层和制度化发展，以及学界对协商民主的深入研究，为多党合作制度研究增加了新的内涵、新的视角。协商民主是中国特色社会主义政治生活中独特、独有和独到的民主形式，源自中华民族长期形成的天下为公、兼容并蓄、求同存异等优秀政治文化，源自近代以后中国政治发展的现实进程，源自中国共产党领导人民进行革命、建设和改革的长期实践，也源自新中国成立后各党派、各团体、各民族、各阶层、各界人士在政治制度上共同实现的伟大创造，以及改革开放以来中国在政治体制上的不断创新，因而具有深厚的文化基础、理论基础、实践基础、制度基础。多党合作、协商民主深嵌于中国特色社会主义民主政治的全过程当中。中国协商民主既坚持了共产党的领导、又发挥了各方面的积极作用，既坚持了人民主体地位、又贯彻了民主集中制的领导制度和组织原则，既坚持了人民民主的原则、又贯彻了团结和谐的要求，因而极大地丰富了民主的形式、拓展了民主的渠道、加深了民主的内涵。中国协商民主的健康发展离不开马克思主义执政党——中国共产党以及中国特色社会主义参政党——民主党派之间良性和谐的政党关系、政党政治活动的建构和推动，特别是离不开当代中国政党协商的引领和示范。由此，基于多党合作的视角来看协商民主，以及多党合作和协商民主关系本身，都构成中国政党制度研究的新范畴、新领域。本年度的相关研究，大多是围绕政党协商（党际协商）自身、政党协商与协商民主，以及政党协商与政协协商关系这么三个大的主题而展开的。

（一）社会主义协商民主的理论渊源和历史由来

中国协商民主的逻辑和历史起点问题，是正确理解和把握我国这一独特的、独有的民主形式的一个关键环节。中国特色社会主义协商民主的源头究竟应当上溯到哪里？以李金河、崔珏等为代表的多数学者则明确认定：作为共产党领导的、中国特色社会主义的民主形式，协商民主还是起始于抗日战争时期中国共产党领导的“三三制”政权建设实践，以及在国统区与民主党派协商合作的政治实践。此一看法当为正见、正解。

李金河在《如何正确认识社会主义协商民主》(《中央社会主义学院学报》2014 年第

1 期）一文中认为，植根于中国土壤，在长期革命、建设和改革时期形成的协商民主制度是我国社会主义民主政治的特有形式，是共产党领导中国人民进行社会主义民主政治实践的自主成果和制度形式。大体而言，中国协商民主的发展进程经历了从“三三制”、协商建国到协商治国的三大阶段，形成了试验、发展、制度环环相扣而又渐次递进的逻辑和历史链条。在“三三制”实践中，共产党领导的根据地均采用先协商后决议、先协商后票决这么两种民主形式的有机组合，并在边区政府建立了“个别谈心”、“小型座谈会”等配套制度，对未来人民民主国家的政治制度、政党制度做了科学的试验。在深刻认识中国特殊的阶级阶层结构和社会现实状况的基础上，“三三制”试验正确把握、完全顺应了不满于国民党大权独揽、渴望拥有权利和参与国是的普遍民意。作者强调，中国特色社会主义协商民主发端于“三三制”实践而非大革命时期的国共合作、抗战期间的国民参政会和旧政协。到了解放战争后期，共产党发布“五一口号”，各民主党派纷纷响应并与共产党一起召开新政协，完成了协商建国的历史勋业，中国多党合作和政治协商制度宣告确立，中国特色协商民主也水到渠成，最终在长期理论探索、政治实践、经验积淀和制度建设的基础上，在内生的环境中生长起来。及至建国初期，因应国家系工人阶级、农民阶级、城市小资产阶级和民族资产阶级共组的统一战线政权的性质，中国共产党始终秉持“国事是国家的公事，不是一党一派的私事”的精神，坚持“商量政府”的理念和做法，坚持多党合作和协商，从而使政治协商成为各级人民政权建立和运行的必然要求。由此，中国共产党在民主政治发展中又开辟出了一条新路：从协商建国走上了协商治国。改革开放后，随着“协商治国”的理论和实践得以恢复和发展，社会主义协商民主最终成熟起来。

邢乐成在《社会主义协商民主制度产生与发展的历史考察》（《济南大学学报·社会科学版》2014 年第 1 期）一文中认为，中国对协商民主的理论研究起步较晚，但协商民主作为一种制度在中国人民政治协商会议第一届全体会议召开时即已存在。社会主义协商民主制度的发展大至经历了六个阶段：稳步发展阶段 (1949—1954)，进一步确立阶段(1954—1966)，遭受挫折阶段 (1966—1976)，恢复和发展阶段 (1978—1989)，推进阶段 (1989—2002)，以及健全和完善阶段 (2002—)。文章总结指出，历史和实践表明：统一战线、多党合作、人民政协和协商民主是相继而生的，其相继发展的取向皆是人民民主。在中国搞民主建设，盲目照搬别国政治制度和政党制度模式，是不可能成功的，必须从中国的基本国情出发，必须经由深化社会主义协商民主来不断地予以推进、拓展。

刘丽利、高立在《社会主义协商民主制度与中国政党制度的关系》（《吉林省社会主义学院学报》2014 年第 2 期）一文中认为，从协商民主的产生来看，中国政党制度的实践活动是社会主义协商民主制度的理论创新的实践基础；从协商民主特点来看，协商民主制度与中国政党制度具有内在契合性；从中国协商民主的运行来看，中国政党制度是协商民主的制度保障和体现形式之一。

孙信在《协商民主与统一战线》（《湖南社院学报》2014 年第 5 期）一文中认为，协商民主和统一战线都是马克思主义中国化的伟大成果。从历史发展看，两者同根共生，协商民主促成了统一战线，统一战线也孕育了协商民主。从运行机理上看，协商民主和统一战线也呈一体两面、内在一致的关系。（1）价值理念相同。统一战线实现全人类彻底解放和人的自由全面发展的终极目标、协商民主致力于人民民主和摆脱压迫剥削的直接目标，都是共产党为追求并实现共产主义崇高理想的工具。(2)客观基础相像。在谋求共同利益方面、在处理利益的一致性和多样性关系上面，协商民主和统一战线是相通的。(3)参与主体相仿。统一战线的主体，在中国主权范围内的全体社会主义劳动者、社会主义事业的建设者、拥护社会主义的爱国者和拥护祖国统一的爱国者都是协商民主的主体。因统一战线范围更广，其主体也更宽泛一些。(4)运行平台相融。人民政协等统一战线的组织平台和制度平台也是协商民主的运行平台，但两者各有侧重，协商民主制度侧重于国家制度层面，而统一战线则侧重于党的领导层面。(5)发展路径相似。坚持党的领导，紧紧依靠群众，是发展统一战线和协商民主的基本原则和根本途径。文章还指出，从实践效果看，两者也是互相支撑、相辅相成，相互促进、互利双赢的，统一战线有利于推进协商民主广泛、多层、制度化发展，协商民主，有利于巩固和壮大统一战线。

阚秀玲在《协商民主在多党合作制度中的历史演变》(《山西社会主义学院学报》2014年第4期)文中认为，协商民主在多党合作制度中形成、发展的历史基本上可分作三大阶段。(1)孕育与萌芽阶段：新民主主义革命时期，中国共产党在与其他党派团体及党外人士团结合作中形成了协商民主思想。先后在“三三制”民主政权、重庆政治协商会议中进行了相关实践、积累了宝贵经验，形成中国协商民主的萌芽和雏形。(2)形成与探索阶段：新中国成立后，中国共产党在执政条件下进一步加强同各民主党派的团结合作，以多党合作制度为载体、政治协商会议为平台，不断创立和发展协商民主理论和实践，形成了独具中国特色的协商民主形式，开启了中国协商民主先河，对中国协商民主发展起到奠基作用。(3)发展与创新阶段：十一届三中全会后，我国多党合作制度进入了新的发展时期。随着社会主义市场经济的发展和政治体制改革的有序展开，多党合作进一步制度化、规范化、程序化，协商民主也在实践中不断得到丰富和发展。

崔珏在《政治协商在我国的缘起和发展探析》(《广州社会主义学院学报》2014年第1期)一文中认为，政治协商主要包括党际协商和政协协商，属于国家政治层面协商民主。从历史缘起来看，协商民主在中国现实政治发展中有其内源性。政治协商渊源于抗战时期多元政治主体寻求共识的需要，而目前政治协商制度已是社会主义协商民主的重要内容、中国共产党领导的多党合作和政治协商制度的组成部分。作为人民民主制度设计和运行方式的突出特点，政治协商从程序上奠定了中国共产党执政的合法性，不仅在新中国政权建设中、在社会主义建设重大决策中发挥了重要作用，而且也成为当今中国政治发展的生长点。

(二)社会主义协商民主的特色和优势

围绕这一主题，本年度学者们的相关研究异彩纷呈、成果优渥。学者们纷纷指出，与多党合作制度一样，当代中国协商民主有其比较优势和本土优势。较之西方协商民主，当代中国协商民主更加注重于人民当家做主、群众路线的基本理念与价值。这些民族性、本土性的特点，特别是共产党领导的社会主义国家民主政治的基本属性，都使得此种独特类型的协商民主更加适合中国国情、中国道路，也更加有助于中国问题的解决、中国民主政治的整体发展。

李金河在《如何正确认识社会主义协商民主》(《中央社会主义学院学报》2014年第1期)一文中认为，正确认识社会主义协商民主对于坚持走中国特色社会主义政治发展道路，发展更广泛、充分和健全的人民民主，具有十分重要的现实指导意义。协商民主有如下丰富的内涵：(1)它是协商民主的中枢。政治协商包括政协协商、政党协商。政党协商是直接协商，具有高层次、战略性和精英性等特点；政协协商是间接协商，具有策略性、广泛性等特点。两种协商各具特色、互为补充，不能彼此混淆、代替。(2)其主干是社会协商。政治协商以外、社会层面的协商和对话，由各级党和政府、社会组织与公民参加，主要在行政、立法两个层面上进行，能使行政、立法和监督工作充分地展现和吸收民意。(3)其根基在于基层协商。基层协商主要发生在社会自治领域，与我国社会发展整体水平相适应、与乡村（社区）村民（居民）自治相契合。协商民主的原则是把协商纳入决策程序，坚持协商于决策之前和决策实施之中。这就既实现了大多数人的权利，又尊重了少数人的诉求，提高了决策的科学性、合理性。文章指出，作为既维护整体利益又兼顾各方的社会主义民主政治的特有形式，协商民主理宜广泛多层和制度化发展。全面推进协商民主发展归根结底是要形成一整套规范化、程序化的制度，把这样一个纵向多层、横向联动的社会主义协商民主体系同逐步完善、发展的选举民主相配套，从而更好地把党的领导、人民当家做主、依法治国有机统一起来，真正发挥社会主义的优越性。文章认为，社会主义协商民主是中国共产党以实现人民当家做主为己任、紧密结合政治协商的发展经验、独立探索适应多元化社会发展要求所建构起来的一套民主制度体系，有着立足于中国场域的自主性、生发于中国历史的契合性，以及因应于中国文化的传承性。故而，无论是在国情基础、理论依据、政治前提和文化支撑等方面，还是与西方民主比较而言，它都有其独特的优势，都更加适合当代中国国情特别是中国政治发展的要求。

张献生、吴茜在《关于健全社会主义协商民主的几个问题》(《中国统一战线》2014年第3期)一文中指出，健全社会主义协商民主制度这一重大问题的提出，充分体现了中国共产党探索和发展社会主义民主政治的重大成果，充分彰显了坚持人民民主、走中国特色社会主义政治发展道路的自信和自觉。(1)社会主义协商民主的本质属性是中国特色社会主义：坚持党的领导，体现民主集中制，以促进民主科学决策为取向，与选举民主相辅相成。(2)社会主义协商民主的制度定位是中国特色社会主义民主制度：在协商目的上，它是要实现人民当家做主。在协商主体上，广泛包括了工人、农民、知识分子及社会各阶层群众，涵盖面更大更广特别是包括占中国人口绝大多数的工农群众。在协商内容上，它全面涉及政治、法治、经济、民生、社会、文化、环境、生态等，涵盖了我国社会生活各方面针对性、操作性都很强的具体问题。在协商形式上，它包括了政治协商、立法协商、行政协商、民主协商、参政协商以及社会协商。从民主性质、基本原则上看，它是一种“柔性”民主、共识民主。从功能定位看，它有很强的统战性、参与性，是人民当家做主的重要体现和又一实现方式。(3)社会主义协商民主的价值核心在于着力提高协商质量：建设社会主义协商民主，一是要准确把握协商的科学内涵——公共性、广泛性、互动性和共识性，二是要紧密围绕“谁与谁协商”、“协商什么”和“怎样协商”这三方面主题，努力健全各方面的协商的体制和机制。

杨瑞森在《协商民主是党的群众路线在政治领域的体现》(《求是》2014 年第 17 期)文中指出，就其科学内涵而言，群众路线包括群众观点、领导方法两个基本方面。作为社会主义社会根本的民主政治制度和中国共产党执政的基本方式，社会主义协商民主本身即包含实现正确领导的科学的思想方法、认识方法、领导方法和工作方法这样一些深刻内容。协商民主的本质和宗旨是通过民主协商达成共识、实现决策科学化。它所要协商的内容主要是经济社会发展的重大问题和涉及群众切身利益的实际问题。以协商民主发展促进决策民主化和科学化，这是我国社会主义现代化和改革开放新时期新阶段党的执政方式、领导方法创新和发展的集中表现。文章认为，社会主义协商民主具有民主广泛性和政治包容性，爱国主义和社会主义是它的思想政治基础，高举这两面伟大旗帜，就要密切联系各界人士，广泛凝聚各方力量，形成科学共识，充分调动各种积极因素，共同为中国特色社会主义事业献计出力，推进中华民族伟大复兴中国梦的顺利实现。文章指出，协商民主所形成的共识，体现了公民自由、平等的政治权利，协调与整合了多元社会主体的不同利益诉求，汇聚了民智民意，为决策科学化提供了基本依据，体现了我们党传统科学领导方法和工作方法的创新发展。总之，通过民主协商形成汇聚多元群体利益和诉求的共识，并将其付诸政策实践，是党的群众路线和马克思主义认识论的本质要求，也是党和人民事业不断发展的重要保证。

李景治在《协商民主是中国民主政治的特有形式和独特优势》(《南京政治学院学报》2014 年第 1 期)文中指出，协商民主是我国社会主义民主政治的特有形式。中国协商民主有其独特的优势，它把票决民主与协商民主有机结合起来，能有效保障广大人民群众更好地当家做主，有效保障党和政府更好地民主决策、科学决策，能够集思广益、广泛调动各方面的积极性，有效协调各方面利益，确保决策的正确性、科学性和有效性，减少决策实施中的阻力。要构建程序合理、环节完善的协商民主体系，就要加强立法协商、行政协商、社会协商，并且加强决策咨询制度和新型智库建设。作者指出，协商民主之所以在中国形成，是由中国共产党一贯的路线和方针政策决定的。中国共产党一向坚持并不断发展完善群众路线和统一战线，协商民主就是党的群众路线在政治领域的重要体现。

林尚立在《协商民主是党的群众路线在政治领域的重要体现》(《联合时报》2014 年 9 月 30 日)文中指出，中国共产党所以能发展协商民主，与其始终坚持两大政治路线——统一战线、群众路线直接相关。尽管实践的取向与领域不同，但这两条路线都蕴含共同的价值——追求民主的人民性。共产党认为群众路线是其区别于其他政党之处，也是人民民主有别于其他形态民主之处。协商民主所以能成为中国民主的重要形式，即源于这种区别。群众路线是共产党的世界观和方法论，统一战线方略则是它们的具体体现。人民群众是创造历史的动力，也是共产党力量和智慧之源，党领导与执政的合理性、合法性都由此建构而来，群众路线因此而成为党的生命线。作为工作原则，群众路线要求党员干部深入群众、了解群众意愿、倾听群众呼声，全心全意为人民服务；作为决策模式，它要求党和政府尊重群众的智慧与首创精神，使“从群众中来，到群众中去”的循环反复成为创造科学决策、优化决策执行的工作机制。作为工作原则、决策模式的群众路线付诸实践，必然为协商民主产生、运行提供充分的体制机制基础。群众路线虽与协商民主相辅相成，但却不必然导向协商民主。协商民主也不是简单听取和征求群众意见，而是协调利益、创造共识的机制与平台，需要党和政府对协商的积极态度和行动，更需要相关主体有序的参与和协商的能力。要使群众路线导向协商民主，党和政府必须实现社会的有效组织并为社会参与治理提供必要的体制空间。群众路线是推动党和政府与群众协商的机制与力量，是社会与民众监督党政工作、反对官僚主义的理论武器与民主机制。虽然其本身及相关工作方式方法不等同于协商民主，但对后者的孕育、成长以及有效运行却有决定作用。群众路线使得与群众协商成为决策的必要环节。群众路线对群众知情权、参与权的尊重和保护推动着信息公开、透明决策，同时有效缩短着利益表达、整合的时空距离，为协商民主发展提供了好的基础平台，在拉近党政与群众关系的同时也拉近了群众间的关系，有利于民主的成长与运行。总之，在中国政治中，群众路线所到之处即可能形成协商民主的基础，这是协商民主能在中国广泛、多层次展开的关键所在。

刘雪岩在《关于协商民主制度建设的思考》(《中央社会主义学院学报》2014 年第 2 期）一文中认为，作为中国特色社会主义民主的重要形式，协商民主源自中国民主问题的理论求证、中国革命和建设的实践探索以及各政党、各团体和广大人民群众参加政治协商、社会协商和基层协商经验的积累。在我国，协商民主及其结果并不依靠国家强制力来保障实施，而依靠政治道德、主流舆论、传统文化和政治影响力来予以保障和落实。这种“软约束”、“软权力”、“软监督”，可以避免国家权力资源的过度消耗与浪费，有时能起到比硬性规定更大、更持久的效果。在我国，协商与选举民主并行不悖、相得益彰，是实现人民当家做主的重要途径、共产党领导的多党合作和政治协商制度的本质要求，也是中国特色社会主义民主政治的重要特色。

向建在《中国特色协商民主的普遍价值和实现路径探究》(《新西部》2014 年第 32 期）文中认为，协商民主有三种基本形式：政治体制的、决策形式的和治理形式的。中国特色协商民主是指在中国共产党领导下、在社会主义制度运行中，人们按照公开、自由、平等的原则和真实性、正确性、有效性和真诚性的要求，通过对话、沟通、协商、辩论等形式，表达自己的利益诉求或者参与国家和社会政治、经济、文化等重大问题的讨论的一种民主形式。中国特色协商民主具有鲜明的本土性、多样性以及发展性，有助于推动我国宪政建设和人民民主，有助于民主政治和服务型政府形成，也有利于推动公民有序政治参与和公民社会进步。

付海梅在《中国特色协商民主制的实现路径》(《人民论坛》2014 年第 14 期）一文中认为，中西协商民主存在着很大的差异。西方协商民主有决策机制论、民主治理论、公民参与论，而中国协商民主则在理念、原则、基础、体制等方面独具特色。西方协商民主有民意测验、公民陪审团、开放性合作方法等，中国协商民主则有人大立法过程中的协商、公民参与的政治协商、听证会、民主恳谈会、市民评价制度以及互联网上的官民对话等。至于多党合作中实现协商民主的基本路径，则包括政治协商、参政议政、民主监督和合作共事等。

（三）协商民主理论与实践的发展

就其整体而言，当代中国协商民主既呈现为政治的、实践的过程，又体现为历史发展的过程。协商民主在中国政治发展的生态环境中实现逻辑与历史的统一，在当代中国的政治制度、政治体制和机制及其运行实践中实现理论与实践的统一。一方面，理念的更新、理论的突破和创新推动了相关体制机制的改革和完善，从而有力促进了协商民主实践；另一方面，来自当代中国社会生活的对民主的吁求以及中国政治实践自身所遇到的现实的矛盾，也都需要包括发展协商民主在内的深刻的制度革新来予以满足、化解。本年度学者们围绕协商民主理论与实践发展的问题展开了深入的探讨，取得了重要的进展。这当中，如何进一步完成协商民主体系的理论和实践建构，如何实现协商民主的规范化、程序化和制度化，以及怎样把握好协商民主内涵的党的领导和社会主体的成长之间的张力等，纷纷成为学者们所关注的焦点问题。

莫岳云在《当代中国政治制度构架中的协商民主》(《学术研究》2014 年第 3 期）文中认为，时下的研究中，无论将协商民主完全等同于人民政协政治协商，还是将协商民主与人大选举民主相割裂，都是不妥当、不全面的。人民政协是我国协商民主的重要载体，但协商民主不仅存在于中国共产党领导的多党合作与政治协商的基本政治制度中，还存在于人民代表大会根本政治制度以及民族区域自治、基层群众民主自治制度中。文章的结论是，协商民主力图反映所有参与者的意愿和利益、尊重多数并保护少数，在当代中国政治制度中有着巨大的生长空间。

黄绚珠在《关于健全协商民主制度的思考》(《四川统一战线》2014 年第 5 期）一文中认为，尽管健全协商民主制度已成为中国现代政治和社会建设的重大课题，但现实中协商民主在贯彻落实方面尚缺乏专门的法律规范，运行机制方面也尚待进一步完善，在协商内容、范围、程序、实施办法上都存在很大弹性，实际操作中也还不同程度地存在很强的随意性。正是由于政治协商不规范，很多时候会出现“被协商”、协商不到位，或以决策后召开通报会代替协商的情况。要改变这种状态，就应当：提高认识，加强领导；健全和完善民主运行机制；完善协商合作的工作机制。同时，也还要充分发挥政协作为协商民主的重要渠道的作用，积极通过政协平台开展民主党派的政治协商。

张焕强在《关于协商民主制度化建设的思考》(《唯实》2014 年第 5 期）一文中认为，协商民主的制度化建设宜从如下几方面入手：(1）明确制度框架，为推进协商民主建设提供前提。相关框架应包括政治协商制度、基层民主协商制度、立法协商制度、行政听证制度和网络问政制度。(2）扩大协商主体，完善协商民主的责任体系。(3）丰富协商内容，要明确政治协商的内容、扩大听证协商的范围、具体化基层协商的内容、广泛强化网络问政的事项，从而加强协商民主的针对性。(4）创新协商方式，形成协商民主的运行体系。要建立健全协商选题程序、议题论证程序，协商程序、审定程序、反馈程序，要修订完善立法协商和行政听证法规，同时尽快出台网络问政法规。

吴先宁在《论党的十八大后我国协商民主的发展趋势》(《中央社会主义学院学报》2014 年第 2 期）文中指出，随着党的十八届三中全会文件精神的贯彻落实，以及全面深化改革各项举措陆续推出，可以预见我国协商民主制度的完善与发展趋势是：(1）协商民主实效性问题将得到更多的、持续的关注。党的十八大和十八届三中全会，都把提高协商实效、增强提案办理的实效性，提到重要的位置。如何理清思路、抓住关键，从实际出发，切实提高提案办理的实效，将是实际工作部门和理论研究都会加以重视的重要课题。（2）协商民主制度和机制创新将成为我国民主政治建设的重点和亮点。多党合作和政治协商制度是这一创新的重要领域。从具体工作层面如政协提案工作来看，协商实效性涉及观念问题、机制程序问题、提案的数量和质量问题，数量和质量又涉及提案方能力水平问题、办理方的认知和操作问题都亟待解决。（3）协商民主的理论研究将持续深入，并就相关实践的重大而急迫的问题展开。协商民主理论体系建构的整体化问题，以及制度机制创新与增强协商实效性关系等专题性研究都将得以凸显。

殷健康在《推进协商民主要重视发挥无党派人士作用》（《中国统一战线》2014 年第 6 期）文中认为，无党派人士是我国政治生活中的重要力量，是中国共产党领导的多党合作和政治协商制度的重要组成部分，同时也是这一制度的主要参与主体。无党派人士在推进协商民主中具有得天独厚的人才、智力优势：其人才分布领域的宽广性适应协商议题的广泛性；其人才的高端性适应协商议题的专业性；其人才的富集性适应协商议题的耦合性。为此，统战部门应根据协商民主要求，完善相应制度机制，着眼于加强牵头协调、提高能力素质、完善协商制度和依托工作载体，努力做到内部协商与外部协商结合、维护氛围与把握方向结合，以及政治参与与政治引导结合，为发挥无党派人士作用创造良好条件。

宋菊芳在《我国党际协商民主的时代价值及完善路径》（《中央社会主义学院学报》2014 年第 3 期）文中认为，党际协商包含了协商主体、协商客体、协商场所、协商方式及协商结果这么五种基本构成要素，发挥着改进党的领导和执政方式、促进民主和科学决策、促进社会和谐稳定等重要价值功能。要发展党际协商，促进协商民主广泛、多层、制度化发展，需要重点从以下三条路径上继续深入探索：（1）丰富党际协商民主的协商形式，恢复并完善历史上曾经有过的协商方式如最高国务会议、双周座谈会、政协常委会与人大常委会的联席会议，同时拓展新的协商民主形式；（2）提高民主党派参与党际协商的质量和实效，执政党方面应当充分考虑、满足参政党参加协商的正当要求，在议题告知、材料提供的时间、范围上留足空间，参政党方面则应切实提高协商能力和水平；（3）推进党际协商民主制度建设，努力健全党际协商的程序性、实体性制度，健全协商的评价监督制度。

董亚炜在《中国特色协商民主发展的两个维度——基于党的群众路线制度化的思考》（《中国党政干部论坛》2014 年第 10 期）一文中认为，党的群众路线制度化与协商民主之间具有内在的逻辑关系。作为一种高阶的民主，协商民主是群众路线制度化的体现，而群众路线的制度化直接决定群众路线在国家治理体系中能否真正发挥作用。文章指出，协商民主发展有两个维度：党的领导方式，以及社会主体的成长。党的领导方式合理与否是协商民主发展的前提，人民主体的成长则是协商民主发展的决定要素。总的看，协商民主在我国的发展还缺乏刚性约束。在政治协商中，人民作为协商的主体与国家政治机关和执政党相比还不能有效地起到监督和制约作用，人民主体所具有的协商权利还没有完全得到充分的落实，协商民主也尚未形成“完备、稳定、管用”的制度体系——这意味着协商主体间的不平等导致了协商民主内在的结构性缺陷。而要克服这一缺陷，就必须从改革和完善党的领导方式、积极扶植理性社会主体的成长两个方面痛下工夫。

付海梅在《中国特色协商民主制的实现路径》（《人民论坛》2014 年第 14 期）文中

认为，在新时期加强协商民主中国化路径探究将是一项非常系统的工程。要以党的领导、政治协商推进协商民主可持续发展，一条比较现实的路径是：加强相关配套制度的建设，创新协商民主形式，完善政协协商民主的实现方式，正确处理好政协协商民主与其他民主形式的关系。为夯实该项工程的基础，增强该项工程的实效，应注意以下问题：要对加强协商民主中国化路径探究的极端必要性有清晰的认识，要对当前协商民主中国化路径探究的现状有全面的剖析，要对加强协商民主中国化路径探究的路径有科学的把握。只有这样，才能真正实现协商民主中国化事业持续、健康、快速和稳定的发展。

许永强、徐岚在《中西语境协商民主辨析》（《江苏政协》2014 年第 1 期）文中认为，中西方协商民主在实践与理论方面的交会，既显示出两者在精神内涵和价值追求上的契合，又呈现出彼此在文化渊源、理论基础、历史实践等方面的差异。发展中国特色社会主义民主政治，不能一味否认西方协商民主理论、回避对人类政治文明成果的学习和借鉴，更不能简单将中西方协商民主等同。要秉持多维探索、多元参与的开放态度，融合历史传统、具体实践和理论概括，推动社会主义协商民主取得更大发展。具体而言就是要：（1）推进政治体制改革，实现民主政治的制度化创新；（2）建立市政决策与市政管理的民主协商机制，加强国家权力与社会自治权力的交互作用；（3）发展基层民主、完善社会自治、发挥基层群众民主自治的功能；（4）改革和完善公共政策系统，提高决策的科学化、民主化程度；（5）加强公民教育，因为公民的民主素养与民主能力是协商民主发展的关键条件；（6）发挥大众传播媒介的功能，为协商民主创造良好社会环境。

（四）政党协商与协商民主

在协商民主的整体序列中，作为政治协商的政党协商最具有代表性、示范性。在中国，政党协商是多党合作制度生成、存续和运转的关键环节，政党协商的内容与形式、频次与质量、地位与作用直接关乎多党合作制度的结构、效能与发展前景；同时，协商民主的内涵与外延，它的整体发展及其在当代中国政治生活中的地位与作用，也事实上规划着、确定了政党协商的空间和形式，从而会对多党合作制度实际的功能发挥与价值实现产生深远影响。这当中，一致性与多样性的问题、一党领导和多元参与的问题，不仅是多党合作所面临和要解决的问题，也是协商民主所面临和要解决的问题，这就奠定了这两者内在契合、彼此通约的关键基础。整体来看，围绕多党合作和协商民主的关系这一主题，本年度相关研究还是比较敏锐地把握到了这一关键之处的，而且也纷纷从历史经验、基本价值、基本属性和特质以及基本的结构与功能关系等多个角度进行了比较细致的描述与分析，收取了比较可观的研究成果。

陈延武在《伟大的实践：关于协商民主中的政党协商》（《中国统一战线》2014 年第 4 期）一文中认为，中国共产党历来不主张抽象的民主，早在发起成立时就广泛宣传科学与民主，坚持多数人的人民民主，首先探索并创造性地建立和推行了包括各政党合作协商在内的协商民主。文章回顾了自第一次国共合作开始以来的中国共产党的协商民主实践，特别是与民主党派及其他社会力量从“联合革命”到“协商建国”再到“合作治国”的历史经验，揭示了我国协商民主源自中国革命特殊的政治生态环境，形成于民主党派、无党派民主人士响应中共中央发布“五一口号”、筹建新中国的重大抉择中，完善于中国持色社会主义现代化建设进程中的历史特质，阐明了先协商后决策、事前协商和反复讨论既是新旧民主的区别所在，又是新中国协商民主基本的原则和理念。文章认为，中国共产党深刻总结历史经验教训，高度重视政党协商，推动了协商民主的理论和实践，使之从国家政治层面向社会层面拓展，完全符合现代民主政治发展的方向。作为一种民主政治表现形态、一种制度和程序、一种价值和文化，协商民主发扬和传播平等、参与、协商、公开、多数、理性等精神，一定意义上引领了世界民主发展的潮流，并逐渐形成了如下的特点和优势：具有坚强的领导核心，具有牢固的制度保障，具有科学的运行规范，具有包容的平等精神，具有丰富的实践形式。伟大的实践证明，协商民主、政党协商促成了新中国的建立，也促进了社会主义的建设与改革。

徐宗俦在《爱国主义、社会主义是引领协商民主制度的两面旗帜》(《贵州政协报》2014年8月21日)一文中指出，爱国主义、社会主义是引领“协商民主”制度的不二法则。爱国主义、社会主义这两面旗帜是包容不同社会群体间政治诉求差异性和权益底线多样性的最大“公约数”，既能充分体现并尊重多样性、差异性，又能形成空前牢固的政治一致性，因而能指导协商民主实践客观、正确地处理差异性与一致性的关系。爱国主义、社会主义使多党合作、协商民主拥有了广泛的政治基础，成就了一个越来越巩固和完善的多党合作、协商民主的政党制度。在这一制度框架内，执政的中国共产党和参政的民主党派、“无党派人士”及其他阶层群体能在价值多样性条件下谋求到高度的政治一致性。文章强调指出，“政治的一致性”不是要求各政党都像共产党那样按“马克思主义政党”去要求去建党、去发展，而是要努力地在爱国主义和社会主义基础之上保存、丰富各民主党派价值体系的多样性。

葛瑞原在《用协商民主塑造公共理性》(《贵州政协报》2014年10月31日)文中认为，中国共产党所以创建、发展和完善多党合作制度这一富有中国特色的政党制度，所以要与各民主党派长期共存、互相监督、肝胆相照、荣辱与共，就是为了在重大问题决策上能够与各民主党派协商探讨、通力合作，就是为了让民主党派能够履行政治协商、民主监督、参政议政职能，并确保各民主党派不是在野党，也不是反对党，而是参政党。多党合作、协商民主与群众路线紧密联系，具有高度的一致性。协商民主本身具有温和改良性，能够有效地吸纳体制外参与。党的领导、多党合作与群众路线结合能造就参与过程的群众性，能通过协商民主把政治目标与群众诉求结合起来进行公共理性的塑造，从而使不同阶层、不同群体、不同方面的意见、诉求得以反映，达成如下目的：增进社会认同、增强民意支撑、实现各方协调，以及促进社会的和谐稳定、改革的顺利进行。

杜宝青在《对党际合作下协商民主的思考》(《胜利油田党校学报》2014年第3期)一文中认为，作为中国特色社会主义民主的重要形式，协商民主是社会主义政治文明发展的必然趋势。自两个5号文颁布以来，我国党际协商民主产生了很大突破，取得了诸多成效。但从政党制度的高度看，我国党际协商还是存在一定的问题，如党际协商制度有待完善、县域民主党派组织设置不健全、民主党派人才队伍建设有待强化、民主党派组织资源整合乏力等。文章指出，多渠道解决这些问题，已是社会主义协商民主进一步深入发展的客观要求。

胡芬芳在《论协商民主与多党合作制度的契合性》(《湖北省社会主义学院学报》2014年第5期)一文中认为，协商民主与多党合作制度在都具有广泛的包容性、都具有充分的政治合法性、都以公共利益作为最高价值诉求、都为发展社会主义民主政治提供了新思路、都注重过程的程序性和理性、都能培养公民精神和提高政治参与热情，因而彼此间当然具有较高的契合性。

万雪芬在《浅谈中国党际协商民主的政治价值及基本特性》（《湖北省社会主义学院学报》2014 年第 3 期）一文中认为，中国党际协商民主的政治价值在于：有助于拓展利益聚合和表达的渠道；有助于促进决策科学化、民主化；有助于推进社会主义政治文明建设。至于其特性，则在于协商主体的独立性、协商内容的全局性、协商形式的多样性、协商过程的有序性，以及协商结果的共识性等方面。

杨雪燕在《中国特色政党制度是实践社会主义协商民主的重要基石》（《河北省社会主义学院学报》2014 年第 3 期）一文中指出，中国特色政党制度是社会主义协商民主的重要制度载体。作为一项国家民主制度，中国的协商民主和中国政党制度都以多元化特征的社会存在为基础，都有相近或相同的政治基础、奋斗目标、运行模式、价值功能和传统文化底蕴。中国特色政党制度在实践和发展社会主义协商民主过程中具有独特的政治优势，不仅有利于保障党的领导、民主的真实性、参与主体及内容的广泛性以及决策的程序性、实践的群众性，还有利于落实党的群众路线、加强和改善党的领导，有利于促进执政党科学民主执政、提高党的执政能力和水平，有利于实现社会资源的整合、实现广泛的政治参与和社会多元化利益表达的最大包容性，有利于促进协调关系、化解矛盾、确保社会安定有序，也有利于推进国家治理体系和治理能力现代化。社会主义协商民主也贯穿于我国多党合作和政治协商实践的全过程。中国政党制度实践社会主义协商民主体现在中国共产党与各党派、无党派人士的政治协商中，体现在参政议政、民主监督中，体现在中国共产党与各党派无党派人士的合作共事中。

林燕在《论政治协商与社会主义协商民主制度》（《贵州社会主义学院学报》2014 年第 2 期）文中指出，社会主义协商民主制度和多党合作与政治协商制度，在本质上一致，但在主体、范围、运行机制上有不同的形式和内容要求。从制度层面上研究社会主义协商民主制度，应该超越现有的多党合作与政治协商制度，从更宽泛的角度着手，更进一步把握和解决好相关的主体问题、机制问题以及其运行的政治和社会环境问题。唯其如此，才能更好地指导协商民主实践广泛、多层和制度化的发展。

石媛在《略论中国特色政党制度在社会主义协商民主中的主导地位》（《辽宁省社会主义学院学报》2014 年第 3 期）一文中，回顾了社会主义协商民主概念提出及其内涵演进的历史过程，认为社会主义协商民主内涵两个部分：政治协商、社会协商。从协商制度定位上看，政治协商属于中国基本政治制度——社会主义政党制度；社会协商则是社会主义协商民主制度的一部分。从协商内容上看，政治协商的主要内容是对国是问题（重大问题）的协商；社会协商则是涉及群众切身利益（实际问题）的协商。总的来看，政治协商在社会主义协商民主中占主导地位，而多党合作政党制度则是社会主义协商民主中政治协商的保证。

祝灵君在《政党协商在我国协商民主中的性质与功能》（《团结》2014 年第 5 期）文中认为，当前我国协商民主实践主要有三个平台：政治协商会议（政协协商）是协商民主在国家治理层面的体制（systematic）平台；政党协商是协商民主在国家治理中的制度（institutional）平台；广泛的基层协商是协商民主在国家治理中的机制（mechanic）平台。

其中，政党协商是我国协商民主的重要组成部分和重要内容，主要有四个特点：（1）它是一种咨询性协商；（2）中国共产党的性质和宪法赋予的领导地位、执政党地位，决定了此种协商主要是一种预防失误的决策型协商；（3）中国共产党与各民主党派在历史上形成的民主、团结的统一战线实践，决定了政党协商也是平等协商；（4）由于现代国家治理基本规律的作用，我国协商民主越来越呈现出开放、包容的特征，政党协商也是如此。在我国，政党协商是指政党通过彼此之间的信息交流与沟通，实现政党功能，履行治国理政的根本职责，最终实现好发展好维护好全国各族人民的根本利益。

《关于进一步推进"党际协商"的调研报告》课题组在《"党际协商"历史发展过程简析》（《上海市社会主义学院学报》2014 年第 3 期）一文中指出，党际协商得以开始有其特定的历史背景和具体条件，得以发展是因背景和条件发生了重大变化。从开始至今天，党际协商有这样三个发展阶段：新中国成立前主要是作为反对国民党反动派的斗争策略，新中国成立后主要是作为建立社会主义制度的国家战略，新时期党际协商则被发展成为人民民主的重要组成部分。文章认为，理解我国党际协商发展的历史，主要目的应在于加深理解现阶段党际协商的性质、地位和要求，更好地做好党际协商工作。

许烨在《党际协商发展空间与路径选择——基于话语民主理论视角》（《湖南社院学报》2014 年第 6 期）一文中，结合哈贝马斯主体间性、理性交往和协商民主学说的相关理论与方法，分析了参政党在当代中国政党协商中的地位和作用。文章认为，哈贝马斯"话语政治"理论所强调的主体间性、交往理性、程序性、协商、平等、宽容与包容等公民意识，为我们进一步探索民主政治模式提供了新路径。民主党派通过政治话语参与社会事务管理和多元治理结构，其话语协商的一个重要面向是对公共权利议题的讨论。要积极发挥自身的话语力量，党际协商就应努力提升参政议政话语质量，发挥多党合作制度优势，持续推进民主政治建设，让协商民主在中国治理体系现代化进程中发挥更大作用。

孙照红在《中国党际协商民主——在现实与理想之间》（《上海市社会主义学院学报》2014 年第 4 期）文中指出，中国共产党与各民主党派间的党际协商民主是我国协商民主体系的重要组成部分。多党合作内含了党际协商民主的要素，其制度优越性非常明显。但在实际政治生活中，这一民主优势并未充分显示和发挥出来，存在的问题如下：从制度设计看，中国共产党对民主党派的领导是政治领导，但实际工作中却往往是行政命令；中国政党制度充分肯定各民主党派享有宪法法律规定的权利和义务，但实际中却存在党派独立性相对较差、党派特色和政党性质弱化的现象；另外，在党派干部任用和民主监督方面，也存在相关和类似的问题。文章因而强调，中国党际协商民主是共产党推动和主导的民主，完善党际协商民主关键还是要发展中国共产党党内民主。

罗新阳在《党际协商民主：价值、困惑与优化》（《广州社会主义学院学报》2014 年第 3 期）一文中讲，作为协商民主的主要形式，党际协商民主具有独特的理论和实践价值，在实现社会稳定、协调利益关系、提高决策水平，发展公民文化等方面都显示出巨大优越性。然而在实践运作中，在协商意识、制度、过程等方面也都面临诸多困惑。地方党政部门、人民政协和民主党派的协商意识不够强，协商在实体、程序以及评价监督制度方面不够健全，协商中主体缺乏平等，公开程度不够以及缺乏百姓参与等都制约着党际协商深入开展。为此，必须从共产党、民主党派、公民、观念、制度和议题等诸多层面寻求优化路径。

徐锋在《党际协商在中国式协商民主中的地位和作用》(《上海市社会主义学院学报》2014年第1期)一文中认为，协商民主的关键在于促成有效参与和有效治理的统一。多党合作制度能从理念建构、经验积累两方面深刻影响中国式协商民主的成长，并在协商民主的现实运转和未来发展中发挥关键作用：一是在大众参与、政治输入向度上集成器的地位和作用，包括政治把关、意见整合和政策谈判等；二是精英治理、政治输出向度上孵化器的地位和作用，体现在政治创新、政治引领和政治示范方面；三是在大众民主和精英治理之间缓冲器的地位和作用，体现在政治沟通、政治对话、政治评价与监督以及深化改革方面。以党际协商的经验内容厚植协商民主的根本，必须处理好如下问题：关于党际协商自身发展的问题，涉及推动党际协商重心下移、丰富党际协商内容和拓展党际协商形式、加强党际协商的制度化等；关于民主政治整体推进的问题，涉及尽快提升执政党的执政能力、提升参政党特别是其基层组织和成员的政策能力，强化中国政党的社会属性，努力营造民主、稳健和协调发展的内部机制和外部氛围等。

胡均伟、王智在《新民主主义革命时期政党协商的历史考察》(《西北工业大学学报·社会科学版》2014年第1期)文中认为，以协商政治的视角解构新民主主义革命时期的政党关系，对于新时期继续推进政治体制改革和政党关系和谐具有历史价值、理论价值和现实价值。文章指出，中国共产党建党与国民革命时期是政党协商的发生期，土地革命时期则是其顿挫期，全面抗战时政党协商迎来发展期，解放战争时则是成为实现期。政协协商在不同时期的实现都采取了不同形式、走过了不同路径。概言之，是近现代中国的政治生态催生了特质独具的政党协商制度。从中国共产党诞生到其在国家政权中领导者、执政党身份与地位的确立，中国政党协商制度经历了复杂的历史演进，既印证了近代中国政治发展的路径，亦推动了中国政治协商制度的成长和确立。总之，我国以政党协商为核心的协商民主具有内生性和独特性，是契合中国的历史和国情的民主制度。

万雪芬在《增强党际协商实效性问题研究》(《中央社会主义学院学报》2014年第3期)文中以为，现阶段要增强党际协商实效性，是克服执政党“有限理性”的需要、拓展有序政治参与渠道的需要、建设社会主义政治文明的需要。但在协商主体平等、协商信息对称，与协商内容、协商频率以及协商程序的规范化和协商结果的影响力等方面，仍存在一些制约党际协商质量机器效能的环节、因素。作者以为相关改进的可行路径是：充分发挥执政党作用，营造宽松和谐的协商氛围；加强民主党派自身建设，提高民主协商和反映利益诉求的能力；出台实施细则，规范党际协商的整体程序；形成集体研究机制，使民主党派内部协商成为对外协商的前置程序；健全配套机制，保障党际协商稳步发展。

（五）政党协商与政协协商

在实际运行层面，政治协商涵括了政党协商与人民政协协商。整体上看，它们都指向推动统战工作、巩固政治联盟，都致力于我国政治经济社会文化生态全面发展，都致力于维护人民群众的最根本利益，都致力于中国特色社会主义和祖国和平统一事业。同时，政党协商、政协协商的同异关系也构成多党合作与协商民主领域当中的一个基本问题。本年度以政党协商与政协协商二者关系为主题的研究成果相对较少。其中，王江燕、刘俊杰作了比较全面、系统的定性分析和比较分析，曹蓉则尝试结合两种制度发展与健全的过程做动态的比较分析。整体来看，围绕这一主题的相关研究还比较薄弱，尚有待后续进一步的丰富和深入。

王江燕在《政党协商与政协协商的联系和区别》(《上海市社会主义学院学报》2014年第4期）一文中指出，政党协商与政协协商同属政治协商，都是中国共产党领导的多党合作和政治协商制度的重要内容、我国协商民主的典型表现形式，两者都是既有联系，又有区别，互相补充，但这两种协商方式并不互相包含，更不能互相替代。从协商的组织形式看，政党协商是中共和民主党派主要领导人之间最高层次的直接面对面协商，由中共党委或统战部安排、协调；政协协商与依托政协平台进行的间接协商，由人民政协负责组织协调。从协商主体看，无党派人士和工商联代表虽然参加政党协商，但后者就性质而言主要是执政党和参政党参加的政党协商；政协协商由34个界别参加，各政党分别作为界别参加协商，更体现其社会性、界别性。从制度基础看，政党协商与政协协商有共同的政治基础，但政党协商出于合作型政党制度规范党际关系、沟通政党意愿、强化党际监督、实现参政党职能的协商；政协协商则主要是介于政党、国家和社会之间，协调党与非党、党与国家政权和社会关系的协商。从协商内容看，政党协商注重全局性、根本性、战略性和方向性的问题；政协协商则更多侧重于社会公众层面，协商内容具有现实性、具体性和涵盖面广的特点。从协商形式看，两者都较多采用协商会、座谈会和通报会等形式，但又有各自独有的协商形式。相比较而言，政党协商侧重于小规模、高层次和专题性，政协协商则具有大规模、广范围和综合性的特点。此外，从协商的程序、范围和协商效果看，政党协商主要侧重于形成上层的政治共识，更具有权威性、时效性和约束力，政协协商则更加注重意见和利益表达的广泛性、包容性和开放性，强调参与性、咨询性而不突出形成有约束力的定论。

刘俊杰在《试论我国多党合作两种协商方式之关系》(《山西社会主义学院学报》2014年第1期）一文中认为，中国共产党与各民主党派的协商包括中国共产党同各民主党派的直接协商以及中国共产党在人民政协同各民主党派的间接协商两种方式。两种协商方式的共同之处主在于：以会议为主要协商形式，以协商作为民主的核心表现形式，以中国政党制度为制度载体。不同处则主要在于：协商主体的延及范围不同，政协协商除各政党、工商联和无党派代表人士外还有其他界别参加；协商载体不同，政协协商有固定的制度化组织平台；协商内容不一样，各政党在政协协商中的内容多出参加政协工作的共同性事务、政协内部事务等；此外，协商的具体形式与运行机制也有所不同。

曹蓉在《政党协商的发展与健全》(《中央社会主义学院学报》2014年第6期）一文中认为，政党协商的发展与健全，直接关系到基本政治制度功能的实现和社会主义协商民主制度的健全。我国多党合作制度中政治协商的两种基本方式——“中国共产党同各民主党派的政治协商”和“中国共产党在人民政协同各民主党派和各界代表人士的协商”——之间的互补互动，是对政党协商的发展与健全。作者还认为，20世纪50年代双周协商座谈会在2013年的恢复，在实践层面也构成对政党协商的发展与健全。概言之，政党协商、政协协商为健全我国协商民主制度搭建了新的平台，都是推进协商民主广泛多层制度化发展的重大探索。

八、人民政协理论与实践

人民政协是中国人民爱国统一战线的组织，是中国共产党领导的多党合作的重要机构，也是我国政治生活中发扬社会主义民主的重要形式，充分体现了中国特色社会主义制度的鲜明特点。无论从价值理念、体制机制还是从过程效能上来看，人民政协都提升了当代中国社会各界组织化、制度化的水平，都充分体现了人民性和统战性、多党合作性以及中国特色社会主义民主的基本性质，都为中国特色社会主义的政治发展、为当代中国国家治理的现代化作出了突出的贡献。在协商民主研究蔚然兴起的大背景下，本年度关于人民政协理论与实践这一重大研究领域中涌现出不少创新研究和理论佳作。

（一）人民政协与协商民主

人民政协以宪法、政协章程和相关政策为依据，以中国共产党领导的多党合作和政治协商制度为保障，集协商、监督、参与、合作于一体，是社会主义协商民主的重要渠道。作为中国特色社会主义政治生活中独特、独有和独到的民主形式，协商民主对人民政协这一体制内极其重要的政治性组织和制度平台的形成和确立、完善与发展都发挥了关键作用，产生了重大影响。与此同时，作为专门的政治协商机构，人民政协推进政治协商、民主监督、参政议政进程，提高协商的民主化、制度化、规范化和程序化水平，协调关系、汇聚力量、建言献策、服务大局，充当了协商民主的重要渠道，把协商民主贯穿在了自身履职的全过程当中，为协商民主充分发挥其确保人民当家做主、促进和优化国家治理的功能与价值提供了制度的依托和现成的载体。就2014年度相关的研究性著述而言，人民政协独特的地位和作用，它所独有的民主、监督和治理等功能，以及其广泛的代表性和包容性、鲜明的政治性和合作性等，都使其成为学者们致力于当代中国协商民主研究时所无法抗拒的焦点。

叶小文、袁廷华在《从国家治理与政协功能看协商民主》（《光明日报》2014年9月21日）一文中指出，人民政协在协商民主中的重要地位体现在：（1）人民政协由各政党、各民族、各团体、各阶层、各方面的代表性人士组成，具有极大的广泛性和包容性，是我国人民代表大会制度以外的又一重要民意吸纳、提取制度和机制。（2）人民政协是我国特有的专事协商的政治组织，有着优良传统和制度化的组织形式，人才荟萃、智力雄厚、位置超脱、下通上达，集协商、监督、参与、合作于一体，实现人民知情权、参与权、表达权、监督权的有机结合，充分体现社会主义民主的本质要求。（3）人民政协是连接国家与社会的最大的体制内组织，将国家权威与各方面、各领域的社会精英相联系继而与社会公众连接起来。文章认为，作为一种民主形态，人民政协的政治协商主要有以下功能：价值引领、导向功能，利益表达、协调功能，决策协商、咨询功能，社会疏导、稳定功能，凝聚共识、整合功能。完善人民政协的政治协商，是协商民主建设的重要内容。文章指出，未来要充分发挥人民政协作为协商民主重要渠道的作用，必须做出如下努力：（1）进一步明确人民政协法律地位，增强人民政协制度效力；（2）加强人民政协政治协商的制度化、规范化、程序化建设，切实提高人民政协履行职能的有效性；（3）与社会结构的变化相适应，调整和充实政协协商的主体；（4）完善人民政协的界别组成机制；（5）进一步完善人民政协的协商形式。

郑宪在《协商民主视野下人民政协功能的定位与开发》（《湖南社院学报》2014年第6期）一文中认为，推进我国协商民主发展离不开发挥人民政协的重要渠道作用。人民政协之所以能发挥重要渠道作用则是由其功能优势决定的。文章指出，十八大特别是三中全会之后，协商民主有了新的科学的定位，已从一种协商形式上升为一种制度形式、国家政治体制的重要组成部分，推进协商民主广泛多层制度化发展已成为政治体制改革的重要内容。由此，人民政协正在发生重心的转移，从统一战线组织逐步转向发扬社会主义民主的重要形式。在协商实践方面，各级政协更加注重自身民主功能的发挥，政协协商原则逐渐得到确立，协商内容逐步充实细化，协商形式不断创新发展，协商程序走向科学规范，协商制度体系初步建立。在协商过程中，人民政协的民主功能的提升和发挥在国家政治生活中越来越重要。而人民政协职能和所发挥的效能，也将由相对单一化走向复合化，由原来统一战线组织的以“团结—协同”为主的功能，拓展为以“团结—协同—咨政—整合”为主要内核的多样化功能。相形之下，长期承袭而来的精英化、荣誉性、上层路线及其固有的问政渠道窄、缺少民意吸纳和表达机制、运作方式封闭、议政效能有限等不足，严重制约了协商民主条件下政协民主、团结两大功能的充分发挥，也使政协除参政议政外政治协商、民主监督职能的履行皆显薄弱。为此必须加强人民政协功能研究，弄清其特殊价值，把握其在发挥政协作用中的定位，了解其现状、问题及其缘由，紧密依托各种相关创新实践，不断开发和拓展，使人民政协具有充分的民意基础并充分发挥其在协商民主的重要渠道作用。

杨毅在《浅谈发挥人民政协协商民主重要渠道作用》（《前进论坛》2014年第10期）文中认为，发展人民政协协商民主有利于丰富民主内涵、助推决策科学化和构建和谐社会。充分发挥人民政协作为协商民主重要渠道作用应着力关注的问题主要有：（1）进一步完善政治协商机制，把政治协商成果真正转化为实现科学决策、民主决策和依法决策不可替代的重要依据；（2）拓宽界别渠道，进一步推进协商民主广泛、多层、制度化发展；（3）进一步营造人民政协民主和谐的协商民主氛围，增强政协工作的生机和活力。

任江南在《人民政协发展协商民主的优势及路径》（《群言》2014年第12期）一文中认为，作为制度化的形式，协商民主在推进社会主义协商民主发展过程中具有无可比拟的优势，充分体现在地位合法、职能纯粹、政策支持、机制保障、联系广泛和理性和谐这么六个方面。要发挥这些优势，增强中国特色社会主义协商民主的生命力、吸引力和影响力，应从如下方面入手：坚持加强和完善中国共产党的领导，建立健全人民政协协商民主的制度和法律保障体系，注重加强界别建设，以及充分发挥人民政协各方面的积极作用。

杨健在《试析人民政协的协商民主》（《江苏省社会主义学院学报》2014年第4期）文中认为，人民政协的协商民主贯穿于多党合作和政治协商的全过程，主要体现在人民政协所履行的政治协商、参政议政和民主监督三大职能上。但政协协商民主在现实中扔存在主体作用不平衡、组织结构不稳定、运行程序不规范、法律地位不明确以及协商质量不尽人意的问题。为此应有针对性地加强协商主体建设、调整组织结构、规范协商程序、提高法律保障，并且设立政协委员工作委员会。这样，人民政协才能成为中国协商民主最基本的载体和最佳形式。

周淑真在《对人民政协制度内涵特征的几点认识》(《中国政协理论研究》2014 年第 Z1 期）文中认为，人民政协制度是在历史发展中“生长出来的”，其最大特点是广泛的代表性与政治的包容性；人民政协是中国政党制度的重要载体和多党合作的重要机构，突出的党派合作特性是其又一显著特点；与国内人代会、外国上院相比，人民政协第三个显著特点是特别突出政治性。文章指出，协商是政协工作主要的方式方法，人民政协体现了协商民主的精神和特性。公民广泛地政治参与和理性交流，是协商民主的核心内容。政协民主协商充分体现出我国政治制度的合法性、主体的广泛性、过程的规范性、意见的包容性和效果的显著性，能把社会各方面及群众分散、个别的呼声纳入民主法治渠道，汇聚成系统、集中的意见，便于执政党和政府了解民情、把握民意，进而有效地促进党和国家决策的科学化民主化。

（二）人民政协的界别、组织和制度

人民政协以界别为主轴的组织和制度设计、安排，是其所由以存在和发展的现实的物质基础，因此也就自然构成了人民政协理论研究和经验实践探索的一个传统的主题。人民政协中的界别设置是否合理、是否全面和准确地反映了我国政治社会结构的基本状况，不仅关系到政协体制的包容性、合法性，也关乎人民政协工作的良性开展。人民政协的组织和制度化状况能否胜任不断变化的政治协商、协商民主深入发展的要求，也深刻影响到人民政协自身在我国政治体系和政治生活中的实际地位和作用，通别是影响到它从事参政议政和民主监督的权威性、正当性。就目前政协界别的设置来看、就其组织和制度化的问题而言，可以说基本上是合理的、良好的，但也不乏亟待改进和完善之处。围绕相关问题，本年度学者们从不同角度，提出了不少有见地、有价值的意见和建议。

何瑞朗在《论人民政协的规则体系》(《湘潮》2014 年第 7 期）一文中以为，尽管在我国多党合作和人民政协领域已建构起了以宪法为根本、以政协章程为基础，以各项“条例”、“通知”、“意见”和“规程”为主体的规则体系，但一些缺陷和不足依然存在，包括一些地方对政协认识上的模糊和偏差，政协开展工作随意性大、效果较差、透明度不高等问题。(1）从政协的定位来看，尽管宪法和政协章程将其界定为“具有广泛代表性的统一战线组织”，但这一界定仍属模糊不清；(2）从政协运作机制来看，程序性、制度性的规则尚不够具体和完备，可操作性不强；(3）从政协运作所依据的各种规则构成来看，主要是党的文件和政策、政协章程，在法律层面上缺乏宪法外其他单行法律、法规的支撑。

李祥营、杨坤洋在《人民政协是实践群众路线的重要组织》(《大连干部学刊》2014 年第 4 期）文中认为，界别组成是人民政协组织的显著特色，是其履行职能的有效途径、重要载体。发挥界别作用、服务界别群众是政协工作的独特优势。政协委员来自政党、人民团体、民族宗教等各界别，从而使政协成为代表最广泛、联系最全面的独特组织形式。作为各界别中有影响的代表人士，政协委员充分了解和反映群众的愿望和要求，能够通过界别发言、提案反映本界别社情民意，体现本界别群众的利益诉求，建议解决本界别群众中的具体问题。同时，他们又能够通过参加政协会议和政协日常工作宣传和团结本界别群众，依托界别渠道密切联系群众，因而能够高效地协调关系、化解矛盾，增进社会利益群体的和谐。

肖存良在《人民政协推进社会主义协商民主建设的基本路径》(《上海市社会主义学院学报》2014 年第 1 期）一文中认为，从历史和现实两个方面来看，无论是在理论基础、内容还是形式上，协商民主在中国都同时具备制度建构的性质以及体制内生的性质。社会主义协商民主建设要求实现建构型协商与内生型协商有机复合。此种复合一方面要求人民政协的建构型协商形式如全会、常委会、主席会议等形式更加贴近社会现实需求，另一方面则要求人民政协创新协商形式，通过与公民自治协商、维权协商等协商形式复合而创造新的协商形式，这是人民政协推进社会主义协商民主建设的基本路径。

杨毅在《浅谈发挥人民政协协商民主重要渠道作用》(《前进论坛》2014 年第 10 期）一文中提及，人民政协以界别为基本构成单位，界别是政协区别于其他组织的最鲜明特色。同一界别委员一般都有相似的身份、职业特征，联系和代表着特定的群众。未来要推进协商民主广泛、多层和制度化发展，就必须拓宽政协界别渠道。而且，协商民主的包容性也要求在实践中积极拓展参与主体、扩大公民有序政治参与，让更多群体参与到人民政协协商民主当中。为此，一是要进一步优化界别设置、适度增加界别，拓宽界别反映群众意见的渠道，以防个别群体被遗忘或被关闭在人民政协之外、被边缘化。二是要进一步扩大政协工作的社会开放度，提高社会各界对政协工作的参与度，更多地为社会各界提供制度化、组织化的政治参与途径。

三砚戎在《人民政协加强与新兴社会阶层联系的新途径》(《天津市社会主义学院学报》2014 年第 1 期）一文中认为，人民政协要从构建社会主义和谐社会的高度，切实发挥统一战线的团结教育和协调关系、化解矛盾的作用，加强与新阶层的联系，使新阶层人士在社会发展中发挥更积极的作用。一是要加强界别建设,保障新阶层的政治参与诉求，二是为新阶层委员参政议政营造有序环境，三是加强对新阶层委员的教育和引导，四是切实维护好新阶层委员的合法利益。为此就要重视新阶层委员意见建议的落实，宣传其参政议政的业绩，落实好他们的知情权、监督权、参政议政和建议权，同时注重增强政协机关工作人员的统战意识、服务意识，积极为新阶层委员履职提供方便。

王学荣在《政治协商制度研究三题：现状特征、组织形式及完善路径》(《天津市社会主义学院学报》2014 年第 3 期）一文中，在梳理我国政治协商制度的来龙去脉，特别是人民政协的性质、特点及组织体系的基础上指出：人民政协是我国政治协商制度的组织形式。健全社会主义协商民主制度是现阶段我国一大历史性课题。未来要进一步完善中国共产党领导的多党合作和政治协商制度，就应当从进一步凸显团结与民主的基本主题、中国共产党积极发展党内民主，以及切实加强人民政协参政议政、民主监督和政治协商三大基本职能这么三个方面入手。

（三）人民政协的性质、地位和作用

政协的人民性或统战性、多党合作属性和社会主义民主属性，从根本上决定了它在当代中国政治体系和政治生活中的地位和作用。协调、协商与合作是人民政协自身运转的灵魂，政协在协商民主过程中完成其参政议政、民主监督的重要职能，充分体现中国特色社会主义协商民主的基本价值与精神。作为构建中国协商民主体系的重要领域，作为中国特色社会主义民主政治的伟大创造，政协在政治参与、利益表达、政治整合、民

主监督、维护稳定功能等方面表现优异，为“人人起来负责”的新型民主诞生、巩固和发展做出了突出贡献。但要看到，相对于参加协商、参政议政而言，政协民主监督功能仍未得到充分发挥和实现。以上基本的关系与问题，都是本年度围绕政协性质、地位和作用这一基本主题的相关研究的重点。学者们在充分肯定人民政协的性质、地位和作用的基础上，也对政协工作和运转中现实存在的问题进行了比较深入的剖析。

李祥营、杨坤洋在《人民政协是实践群众路线的重要组织》(《大连干部学刊》2014 年第 4 期）一文中指出：(1）群众路线是中国共产党根本的工作路线、思想路线，也是人民民主国家性质的根本体现。(2）人民政协是中国共产党领导的多党合作和政治协商制度的重要机构，也是实践群众路线的重要组织。(3）人民政协的发展历程、运行机制及价值理念，都充分体现出根植于人民群众、服务于人民群众和融合于人民群众的基本特性。

张峰在《人民政协在构建协商民主体系中的地位和作用》(《中国政协理论研究》2014 年第 Z1 期）一文中认为，协商民主只有成为健全的体系，发挥各协商渠道作用，开展各类型协商，才能产生综合效应、彰显独特优势，推进国家治理体系和治理能力的现代化。人民政协在构建程序合理、环节完整的协商民主体系中居有基础性地位，是当代中国协商民主体系的缩影。人民政协有丰富的协商民主经验，有比较成熟的协商议事规则，有比较完备的制度体系，对构建协商民主体系起基础示范作用，对其他协商渠道起到配合支持作用，对政党协商起到扩展延伸作用，对人大立法、政府行政协商起到支持辅助作用，对社会组织社会协商有着渗透协调作用，对基层协商民主起到指导推动作用。人民政协平等、宽容、友善的精神在发展社会主义协商中起到精神引领作用。人民政协所以会有此中地位，在于协商民主伴随人民政协的产生而形成、在人民政协协商实践中得以充分体现并通过人民政协工作而展现其强大生命力。概言之，作为开展社会主义协商民主的重要阵地，人民政协具有强大的传统政治优势。构建中国协商民主体系，既不能撇开人民政协另搞一套，但也不能把协商民主当成人民政协一家之事。

王伟光在《人民政协是社会主义民主政治制度的伟大创造》(《中国政协理论研究》2014 年第 Z1 期）一文中认为，从其发展及实践历程看，作为实现多党合作和政治协商的主要机构，人民政协发挥了政治参与、利益表达、政治整合、民主监督、维护稳定功能，能够实现“人人起来负责”的新型民主；人民政协以独特的政党制度夯实执政体系的制度基础，确保作为政协重要界别的民主党派权利得到充分保障，确保它们能在宽松稳定、团结和谐的政治环境中积极参与政治协商、认真展开民主监督、深入参政议政，充分体现了社会主义民主的本质要求，保障了人民民主权利的充分行使。人民政协以先进的协商民主充分彰显了社会主义民主政治的独特优势，无论从文化渊源、历史经验还是现实需要的角度来看，都是中国特色社会主义民主政治的伟大创造。

孟浩在《加强政协民主监督巩固党的执政地位——关于人民政协履行民主监督职能的思考》(《协商新报》2014 年 10 月 31 日）一文中认为，民主监督的实质是发扬社会主义民主。作为人民政协履行三项职能的一个支撑，民主监督寓于政治协商、参政议政各项活动之中，是有组织的高层次人民监督形式。离开民主监督，政治协商就会空泛虚浮，参政议政也将流于形式。就目前而言，民主监督依然是人民政协履行职能的一个“软肋”，“协商有余，监督不足”依然是困扰政协工作的一种“定式”，推进人民政协民主监督制度化、规范化、程序化的任务还相当艰巨。要实质性破解这一重大课题，依然需要党委的重视、政府的支持以及各方面积极配合，同时政协自身努力的工作、创新和实践也尤其重要。

李祥营在《论人民政协在全面深化改革中的重要作用》(《重庆社会主义学院学报》2014 年第 5 期）一文中指出，作为中国共产党领导的多党合作和政治协商的重要机构、中国特色社会主义的政治组织和民主形式，人民政协兼具政治协商、民主监督、参政议政的职能，有其独特的工作方式和政治优势，在建言献策起到参谋作用、在制度构建中发挥参与作用，在国家治理中的起到参政作用，因而对于全面推进中国改革开放事业具有重要意义。

刘绍清在《民主监督要做到“准确到位,把握适度”》(《光华时报》2014 年 12 月 9 日）一文中提出，政协在履行民主监督的职能上，不仅要有科学的态度，更要有科学的方法：要用好用活现有的民主监督形式，要积极探索民主监督的新形式、新途径，还要把握好民主监督的尺度。政协在具体开展民主监督活动时应坚持做到：(1）在监督内容上，以对法律、法规、规章制度的实施和国家机关的工作为重点，而不能贪大求全，不分主次地监督。(2）在监督形式上，坚持以协商讨论和批评建议为主要形式，多提建设性的意见和建议。(3）还要科学构建服务于民主监督的知情、反馈和激励机制，同时科学推进民主监督的“三化”建设。

蒋田鹏、申建林在《人民政协的功能转换：从协调到协商》(《甘肃理论学刊》2014 年第 2 期）一文中认为，随着政治生态变化，人民政协的政治地位也发生了多次转变：从权力代行机构、统一战线组织到多党合作和政治协商机构，再到协商民主承载组织。政协主要功能也相应由立法建制、思想改造逐步转向协调、协商。基于中国民主政治发展需要，当前人民政协政治功能被定位于协商。但由于政协内部非平衡性的权力结构、自上而下较少公民参与机制、缺乏独立的决策权以及只有柔性影响力，在现实中更多地表现为协调。政协功能局限于协调不利于政协自身发展、协商民主发展，政协只有进一步走向协商，才能获得更大发展空间。作为一种民主形式，协商在参与主体的地位构成、运行机制的开放程度、运行结果的效力等方面与协调存在重大差别。作者建议，为克服协调的局限性，人民政协应当创新协商机制，以创建协商论坛来发展、强化自身协商功能。

陆洪勤的论文《高政协民主监督组织化程度》(《政协报》2014 年 12 月 24 日）认为人民政协的民主监督是一种政治监督，但就基层而言这一监督当前还是存在认识不到位、机制不健全、载体不完善、效果不明显等问题，与群众期望、社会需求还有一定距离。为此首先就要加强党委对政协监督的组织，进一步规范和明确民主监督的内容、形式、程序、要求，进一步强化民主监督的组织保障、能力建设，形成党委领导、政府支持统筹协调的领导机制。二是要健全工作机制，规范运行机制、强化激励机制。三是完善监督形式，一方面完善传统的视察监督、民主评议监督、监督员监督和对口监督等形式；一方面探索创新融合新信息技术手段的新形式，以及政协与人大、纪检、监察联合监督的大监督网络。

徐　锋　中央社会主义学院中国政党制度研究中心副教授

学术著作评介和论文观点摘要

一、学术著作评介

《政党政治与民主问题研究》（牛旭光著，中国人民大学出版社 2014 年版）

全书内容包括对政治文明的内涵及其历史演变的研究，对世界各国政党政治的研究，对中国特色的协商民主和多党合作的研究，对中国民主党派与参政党建设理论的研究，对新时期统一战线问题的研究，对统一战线和人民政协理论问题的研究，对中国政治民主发展历史中若干重大问题的研究等等。共分为九部分。第一部分主要论述政治文明与民主政治，提出要正确认识两种不同类型的民主，要从适合国情出发来发展民主。第二部分主要介绍世界各国的政党政治概况，分析世界多党制浪潮，比较研究我国政党制度与西方政党制度，从世界各国政党立法概况来思考我国政党立法问题。第三部分是中国特色的多党合作理论研究，从政治基础、政治前提等方面论述我国多党合作的特色和优势，提出完善多党合作是我国政治体制改革的重要内容。第四部分是民主党派与参政党建设。着重于深化对社会主义初级阶段民主党派的性质、参政党建设等方面的认识。第五部分是新时期统一战线问题，内容有重新界说统一战线的内部构成、统战工作必须为经济建设这个中心服务、毛泽东对知识分子问题的理论贡献、社会主义初级阶段与“一国两制”等。第六部分是民主架构中的人民政协，主要探讨了人民政协的建言立论工作、对政协常委会几个问题的思考以及政协机关工作的特点的政协的未来发展等问题。第七部分是中国式的协商民主，探析了政治协商的类型和形式、协商民主与人民政协的关系、“政治协商”与“社会协商”、协商对话与协调矛盾等问题。第八部分是政治民主发展的历史回顾，从孙中山的建党思想和建党活动、抗战时期的三三制政权与当代中国的多党合作、我国政权机构中党外人士任职比例下降原因的考察、人民政协光辉历程等历史角度回顾了我国政治民主的发展。第九部分是统一战线和人民政协理论，主要内容有：统一战线和人民政协理论的几个问题、传统文化与统一战线、人民政协理论研究历程中的七个标志性进展、人民政协理论建设任重道远等。

该书着眼于现实，不避锋芒和敏感问题，秉持科学探求的态度，据理提出自己的思想和看法。对于真正关心并用心研究中国政党政治与民主问题的同志，颇具参考价值。

《政党治理与执政能力建设研究》（齐卫平著，上海人民出版社 2014 年版）

该书是齐卫平教授根据多年研究的成果，从政党制度、社会建设、党的执政能力建设、党的执政资源以及全面推进新时期党的建设维度出发逐一梳理，对中国共产党的党建问题从管理学的涵义展开研究，以期更多地关注意识形态之外的实际问题的解决，对当下政党研究的方向以及路径选择具有良好的指导价值。本书介绍了当代中国政治发展与政党制度、当代中国社会建设与政党治理、党的执政能力建设、党的执政资源、全面推进新时期党的建设等内容。

全书共分为五个部分。第一章，当代中国政治发展与政党制度主要从协商民主、网络公共论坛等角度入手，分析了"中国模式"视野下社会主义民主政治的发展经验和中国特色社会主义政治发展道路，指出中国特色社会主义政党制度的历史必然性和巨大优势。第二章，当代中国社会建设与政党治理指出社会阶层分化是当代中国又一次深刻的社会变革，当代中国社会的阶层分化与执政党建设密切相关，党的领导要与多元社会治理结构相适应，中国特色社会主义政党制度发展与和谐社会的构建目标相契合。第三章，党的执政能力建设思考了巩固执政党地位、构建党的执政能力运作机制、中共八大关于执政党问题的认识、执政合法性模式的转换：现状与前瞻等问题。第四章，党的执政资源主要从经济资源、政治、文化资源、组织资源方面探析了中国共产党的执政资源，论述了统一战线在民主执政中的政治资源整合和中国特色社会主义制度下政党资源的整合。第五章，全面推进新时期党的建设从增强党的基层执行力、新形势下中国共产党的形象建设、高校党建工作复合性的多向度问题、党内民主与人民民主等角度探讨了加强执政党建设的重要意义。

《挑战：1937—1945 年的政党政治运动研究》（郑小波、李先敏著，九州出版社 2014 年版）

该书主要研究了 1937—1945 年的政党政治运动，梳理了我国近代历史上党派政治运动的沿袭过程，对其发展脉络进行了整理和分析，从五个部分论证了自己的学术观点，该稿件资料以及文献翔实，内容丰富，具有很强的学术研究价值。

首先概述了民国宪政运动的产生的历史根源，对民国宪政运动史作全面的、细致的梳理。对 1937—1945 年这一时间段的国民政府的宪政思想进行细致的阐释，从国民党训政思想的研究开始，通过史料的分析，力证训政时期的政治特征，分析这一思想本身的历史选择的必然性和局限，并从社会发展的各个层面阐释选择这一思想的根源，以及这一构思的历史渊源和在抗战时期的具体表现，以及其引发的积极和消极后果和难以过渡到宪政的根本成因。

在 1937—1945 年这一历史特殊时期，国共之间围绕政治、意识形态领导权问题展开斗争，两党围绕宪政运动持续展开博弈，这一博弈持续到抗战结束，并直接影响到国共两党的历史命运。而在此博弈过程中，民主党派作为一支重要的政治力量，其提出了有别于两党的政治理念的宪政构思，为了实现这一设计，民主党派一方面期望通过与国民政府的合作，以取得国民政府权力让渡的认同，另一方面，为了实现其宪政目标，其也与共产党展开合作，一些民主党派为了实现其宪政构思，提出各种政治纲领，但这些政治纲领之间也存在分歧，这些分歧也导致民主党派在历史抉择的关头不得不做出选择，左翼党派选择了共产党，右翼党派选择了国民党，最终在第三次国内战争期间实现了分流。

在抗战时期发生的两次规模较大的宪政运动因为与中国的国情不符都先后失败了，但是，这种实践也为中国的政党政治的发展提供了一次难得的机遇，为后来实现民主法治的社会主义社会提供了重要的参考。这一时期的宪政运动为各党派的建设提供了难得的反思机遇，共产党在建立中华人民共和国后，就逐步改变权力格局，将权力赋予民众。国民党也在反思其独裁体制导致失败的结局，因此，在台湾的国民党逐步开始实行民主政治改革。而那些民主党派也在这次运动之后，反思自身的历史选择，积极地参与共产党的权力机构，做好共产党执政过程的监督者和建议者。

二、论文观点摘要

《在庆祝中国人民政治协商会议成立65周年大会上的讲话》（习近平，《人民日报》2014年9月22日）

社会主义协商民主，是中国社会主义民主政治的特有形式和独特优势，是中国共产党的群众路线在政治领域的重要体现。中共十八大提出，在发展我国社会主义民主政治的进程中，要完善协商民主制度和工作机制，推进协商民主广泛多层制度化发展。中共十八届三中全会强调，在党的领导下，以经济社会发展重大问题和涉及群众切身利益的实际问题为内容，在全社会开展广泛协商，坚持协商于决策之前和决策实施之中。这些重要论述和部署，为中国社会主义协商民主发展指明了方向。

——我们要全面认识社会主义协商民主是中国社会主义民主政治的特有形式和独特优势这一重大判断。中国共产党领导人民实行人民民主，就是保证和支持人民当家作主。保证和支持人民当家作主不是一句口号、不是一句空话，必须落实到国家政治生活和社会生活之中，保证人民依法有效行使管理国家事务、管理经济和文化事业、管理社会事务的权力。

"名非天造，必从其实。"实现民主的形式是丰富多样的，不能拘泥于刻板的模式，更不能说只有一种放之四海而皆准的评判标准。人民是否享有民主权利，要看人民是否在选举时有投票的权利，也要看人民在日常政治生活中是否有持续参与的权利；要看人民有没有进行民主选举的权利，也要看人民有没有进行民主决策、民主管理、民主监督的权利。社会主义民主不仅需要完整的制度程序，而且需要完整的参与实践。人民当家作主必须具体地、现实地体现到中国共产党执政和国家治理上来，具体地、现实地体现到中国共产党和国家机关各个方面、各个层级的工作上来，具体地、现实地体现到人民对自身利益的实现和发展上来。

实行人民民主，保证人民当家作主，要求我们在治国理政时在人民内部各方面进行广泛商量。毛泽东同志说过："国家各方面的关系都要协商。""我们政府的性格，你们也都摸熟了，是跟人民商量办事的”，“可以叫它是个商量政府”。周恩来同志说过：“新民主主义的议事精神不在于最后的表决，主要是在于事前的协商和反复的讨论。”

在中国社会主义制度下，有事好商量，众人的事情由众人商量，找到全社会意愿和要求的最大公约数，是人民民主的真谛。涉及人民利益的事情，要在人民内部商量好怎么办，不商量或者商量不够，要想把事情办成办好是很难的。我们要坚持有事多商量，遇事多商量，做事多商量，商量得越多越深入越好。涉及全国各族人民利益的事情，要在全体人民和全社会中广泛商量；涉及一个地方人民群众利益的事情，要在这个地方的人民群众中广泛商量；涉及一部分群众利益、特定群众利益的事情，要在这部分群众中广泛商量；涉及基层群众利益的事情，要在基层群众中广泛商量。在人民内部各方面广泛商量的过程，就是发扬民主、集思广益的过程，就是统一思想、凝聚共识的过程，就是科学决策、民主决策的过程，就是实现人民当家作主的过程。这样做起来，国家治理和社会治理才能具有深厚基础，也才能凝聚起强大力量。

古今中外的实践都表明，保证和支持人民当家作主，通过依法选举、让人民的代表来参与国家生活和社会生活的管理是十分重要的，通过选举以外的制度和方式让人民参与国家生活和社会生活的管理也是十分重要的。人民只有投票的权利而没有广泛参与的权利，人民只有在投票时被唤醒、投票后就进入休眠期，这样的民主是形式主义的。

在总结新中国人民民主实践的基础上，我们明确提出，在我们这个人口众多、幅员辽阔的社会主义国家里，关系国计民生的重大问题，在中国共产党领导下进行广泛协商，体现了民主和集中的统一；人民通过选举、投票行使权利和人民内部各方面在重大决策之前进行充分协商，尽可能就共同性问题取得一致意见，是中国社会主义民主的两种重要形式。在中国，这两种民主形式不是相互替代、相互否定的，而是相互补充、相得益彰的，共同构成了中国社会主义民主政治的制度特点和优势。

协商民主是中国社会主义民主政治中独特的、独有的、独到的民主形式，它源自中华民族长期形成的天下为公、兼容并蓄、求同存异等优秀政治文化，源自近代以后中国政治发展的现实进程，源自中国共产党领导人民进行革命、建设、改革的长期实践，源自新中国成立后各党派、各团体、各民族、各阶层、各界人士在政治制度上共同实现的伟大创造，源自改革开放以来中国在政治体制上的不断创新，具有深厚的文化基础、理论基础、实践基础、制度基础。

协商民主深深嵌入了中国社会主义民主政治全过程。中国社会主义协商民主，既坚持了中国共产党的领导，又发挥了各方面的积极作用；既坚持了人民主体地位，又贯彻了民主集中制的领导制度和组织原则；既坚持了人民民主的原则，又贯彻了团结和谐的要求。所以说，中国社会主义协商民主丰富了民主的形式、拓展了民主的渠道、加深了民主的内涵。

——我们要深刻把握社会主义协商民主是中国共产党的群众路线在政治领域的重要体现这一基本定性。中国共产党来自人民、服务人民，这就决定了中国共产党领导人民建立的中华人民共和国必须紧紧依靠人民治国理政、管理社会。中国共产党在自己的工作中实行群众路线，坚持一切为了群众，一切依靠群众，从群众中来，到群众中去，把自己的正确主张变为群众的自觉行动。中华人民共和国宪法规定，国家的一切权力属于人民，一切国家机关和国家工作人员必须依靠人民的支持，经常保持同人民的密切联系，倾听人民的意见和建议，接受人民的监督，努力为人民服务。无论是中国共产党执政，还是国家机关施政，都必须坚持贯彻群众路线，紧紧依靠人民。

“政之所兴在顺民心，政之所废在逆民心。”一个政党，一个政权，其前途命运最终取决于人心向背。中国共产党、中华人民共和国的全部发展历程都告诉我们，中国共产党、中华人民共和国之所以能够取得事业的成功，靠的是始终保持同人民群众的血肉联系、代表最广大人民根本利益。如果脱离群众、失去人民拥护和支持，最终也会走向失败。我们必须把人民利益放在第一位，任何时候任何情况下，与人民群众同呼吸共命运的立场不能变，全心全意为人民服务的宗旨不能忘，坚信群众是真正英雄的历史唯物主义观点不能丢。

全心全意为人民服务，始终代表最广大人民根本利益，是我们能够实行和发展协商民主的重要前提和基础。中国共产党党章规定：中国共产党除了工人阶级和最广大人民群众的利益，没有自己特殊的利益。中国共产党及其领导的国家是代表最广大人民根本利益的，其一切理论和路线方针政策，其一切工作部署和工作安排，都应该来自人民，都应该为人民利益而制定和实施。在这个大政治前提下，我们应该也能够广泛听取人民内部各方面的意见和建议。在中国共产党统一领导下，通过多种形式的协商，广泛听取意见和建议，广泛接受批评和监督，可以广泛达成决策和工作的最大共识，有效克服党派和利益集团为自己的利益相互竞争甚至相互倾轧的弊端；可以广泛畅通各种利益要求和诉求进入决策程序的渠道，有效克服不同政治力量为了维护和争取自己的利益固执己见、排斥异己的弊端；可以广泛形成发现和改正失误和错误的机制，有效克服决策中情况不明、自以为是的弊端；可以广泛形成人民群众参与各层次管理和治理的机制，有效克服人民群众在国家政治生活和社会治理中无法表达、难以参与的弊端；可以广泛凝聚全社会推进改革发展的智慧和力量，有效克服各项政策和工作共识不高、无以落实的弊端。这就是中国社会主义协商民主的独特优势所在。

民主不是装饰品，不是用来做摆设的，而是要用来解决人民要解决的问题的。中国共产党的一切执政活动，中华人民共和国的一切治理活动，都要尊重人民主体地位，尊重人民首创精神，拜人民为师，把政治智慧的增长、治国理政本领的增强深深扎根于人民的创造性实践之中，使各方面提出的真知灼见都能运用于治国理政。

“天视自我民视，天听自我民听。”要坚持把实现好、维护好、发展好最广大人民根本利益作为一切工作的出发点和落脚点，我们的重大工作和重大决策必须识民情、接地气。要以人民群众利益为重、以人民群众期盼为念，真诚倾听群众呼声，真实反映群众愿望，真情关心群众疾苦。要坚持工作重心下移，深入实际、深入基层、深入群众，做到知民情、解民忧、纾民怨、暖民心，多干让人民满意的好事实事，充分调动人民群众的积极性、主动性、创造性。

——我们要切实落实推进协商民主广泛多层制度化发展这一战略任务。面向未来，发展好各项事业，巩固国家安定团结的政治局面，促进政党关系、民族关系、宗教关系、阶层关系、海内外同胞关系和谐发展，一个很重要的条件就是必须通过民主集中制的办法，广开言路，博采众谋，动员大家一起来想、一起来干。正所谓“以天下之目视，则无不见也；

以天下之耳听，则无不闻也；以天下之心虑，则无不知也”。

社会主义协商民主，应该是实实在在的、而不是做样子的，应该是全方位的、而不是局限在某个方面的，应该是全国上上下下都要做的、而不是局限在某一级的。因此，必须构建程序合理、环节完整的社会主义协商民主体系，确保协商民主有制可依、有规可守、有章可循、有序可遵。

协商就要真协商，真协商就要协商于决策之前和决策之中，根据各方面的意见和建议来决定和调整我们的决策和工作，从制度上保障协商成果落地，使我们的决策和工作更好顺乎民意、合乎实际。要通过各种途径、各种渠道、各种方式就改革发展稳定重大问题特别是事关人民群众切身利益的问题进行广泛协商，既尊重多数人的意愿，又照顾少数人的合理要求，广纳群言、广集民智，增进共识、增强合力。要拓宽中国共产党、人民代表大会、人民政府、人民政协、民主党派、人民团体、基层组织、企事业单位、社会组织、各类智库等的协商渠道，深入开展政治协商、立法协商、行政协商、民主协商、社会协商、基层协商等多种协商，建立健全提案、会议、座谈、论证、听证、公示、评估、咨询、网络等多种协商方式，不断提高协商民主的科学性和实效性。

人民群众是社会主义协商民主的重点。涉及人民群众利益的大量决策和工作，主要发生在基层。要按照协商于民、协商为民的要求，大力发展基层协商民主，重点在基层群众中开展协商。凡是涉及群众切身利益的决策都要充分听取群众意见，通过各种方式、在各个层级、各个方面同群众进行协商。要完善基层组织联系群众制度，加强议事协商，做好上情下达、下情上传工作，保证人民依法管理好自己的事务。要推进权力运行公开化、规范化，完善党务公开、政务公开、司法公开和各领域办事公开制度，让人民监督权力，让权力在阳光下运行。

《发展协商民主推进公共决策民主化科学化》（万鄂湘，《团结》，2014年第5期）

公共政策是政党和国家管理社会的工具，是公共管理的主要手段，涉及政治经济社会发展和群众切身利益相关的各个方面、各个层次，范围广、事务多、问题具体。经过30余年的经济高速发展，我国的社会格局发生了深刻的变化，多元利益格局已经形成，协调各方利益的复杂度和难度日益加大。不断提高公共政策质量，优化社会资源的配置，从而有效地解决社会问题，更好地发挥公共政策协调社会利益关系的作用，切实维护人民群众的切身利益，是推进国家治理体系和治理能力现代化的重要内容，也应该成为民革围绕经济社会发展重大问题和涉及群众切身利益的实际问题参政议政，以参政议政的实际成果助推国家治理体系和治理能力现代化的重要内容。

长期以来，民革参政议政工作对于公共政策领域中涉及群众切身利益的实际问题一直十分关注，民革中央确定的三个参政议政重点领域，其中就包含了大量有关公共政策的内容。民革十二大之后的2013年，民革中央向全国政协十二届一次会议提交提案55件，2014年向全国政协十二届二次会议提交51件提案，其中就包含着大量关于养老、城镇化建设、环境保护、就业等社会关注的、与人民群众切身利益密切相关的公共政策领域的意见和建议。我们要以这方面的工作为基础和出发点，在中共中央大力推进协商民主建设的新的历史条件下，以更大的责任感和热情、更严谨的科学精神，投入到这一专门的领域，拓展和深化民革的参政议政工作。

严谨的科学态度和科学研究，是责任感和热情的基础，没有这一基础，责任感和热情便是空洞的。特别是像现代社会公共政策这样的领域，它的过程、结构和内容异常复杂，比如，从过程来说，包括政策制定、执行、评估、调整、终结和监督等环节；从基本构成要素来说，包括公共政策主体、公共政策客体、公共政策形式和工具、公共政策机制、公共政策目标等，每一个要素都有其复杂的情况。因此，仅凭热情和干劲，而没有科学的精神、没有严谨的学术研究和深入实际的调查研究，要对公共政策领域的问题提出具有真知灼见的意见和建议，是十分困难的，甚至是不可能的。同时，公共政策与人民群众每个人的切身利益和具体需求密切相关，因此，在公共政策的每个环节认真听取群众的要求和呼声，如何使公共政策的制定、执行和评估等更为公开、公正、公平，在公共政策的民主化基础上加强其科学性，这是一个十分重要的问题。十八大和十八届三中全会关于推进社会主义协商民主制度建设的部署，为解决这一问题提供了明确的方向和广阔的空间，也为研究如何通过协商民主的具体机制和程序实现公共政策的科学化、民主化，提出了具体的课题与任务。

《谱写多党合作新的篇章》（张宝文，《人民政协报》2014 年 9 月 12 日）

今年是新中国成立 65 周年，也是中国共产党领导的多党合作和政治协商制度确立、人民政协成立 65 周年。回首过往，无数的志士仁人为了拯救国家和民族的命运前赴后继、百折不挠，然而，许多路径和制度的选择都因为脱离中国社会的土壤而最终归于失败。只有中国共产党人以天下为公的胸襟和与时俱进的勇气，进行了艰苦卓绝的革命斗争，并不断提升执政理念、转变执政方式，促进社会主义制度自我完善和发展，探索出了一条适合中国国情的政治发展道路，这其中就包括中国共产党领导的多党合作和政治协商制度。在当前我国正处于全面建成小康社会的关键时刻，回顾民盟与中国共产党风雨同舟、荣辱与共的光辉历史，对于进一步凝聚全盟力量，实现多党合作事业可持续发展，推进中国特色社会主义建设事业有着重要意义。

1949 年 9 月，中国人民政治协商会议第一届全体会议隆重召开。不仅宣告了中华人民共和国的成立，也宣告了由中国共产党与民盟等民主党派共同开创的中国特色的多党合作道路正式开启。民盟主席张澜在开幕式上发言指出，“这不止是中国历史上一件光荣的大事，这是世界人类史上值得永久纪念的一个光荣的日期。”激动的言辞发自肺腑，朴实的话语饱含深意。

民盟诞生于中华民族危亡的重要关头，从一诞生起，就与共产党结成了“血肉相连，情同手足”的关系，为新中国成立、人民政协成立作出了重要贡献。新中国成立后，民盟积极拥护和参与了抗美援朝、土地改革、“三反”“五反”等群众性运动的开展，做了许多有益的工作。改革开放带来多党合作事业的春天，时任民盟中央主席的费孝通先生总结历史经验、把握时代主题，提出了民盟要围绕经济建设“出主意、想办法，做好事、做实事”的号召，成为民盟新时期履行职能的重要方针。在此基础上，民盟持续专注区域发展战略研究，参与区域规划讨论制定，先后就中西部地区、环渤海地区、中原淮海地区、黄河三角洲、长江三角洲经济区域发展等开展调研，提出具有前瞻性、战略性的建议，受到中共中央的重视和肯定，这也将民盟参政议政活动推向了一个新的高度。新世纪新阶段，中共中央继往开来、与时俱进，不断总结多党合作理论成果和成功经验，逐渐形成了中国特色社会主义政党制度比较完整的思想理论体系。民盟发挥人才荟萃、智力密集的优势，为促进科学发展、社会和谐、民生进步建真言、献良策。

中共十八大明确提出健全社会主义协商民主制度，对民主党派履行参政党使命提出了更高要求。为更好发挥参政党作用，民盟自十一大以来，坚持“内强素质，外塑形象”，努力打造适应新形势要求的高素质参政党。

回望65年光辉历程，我们深刻认识到，必须始终坚持和完善中国共产党领导的多党合作和政治协商制度，这一政党制度符合中国国情，充分体现和实践了合作、参与、协商、包容的精神，有利于保持国家政治稳定和社会安定团结，有利于构建社会主义和谐社会，越来越展现出旺盛的生命力。我们深刻认识到，人民政协作为多党合作和政治协商的重要机构，是各民主党派参与协商交流的重要平台，通过政协这一渠道和形式，有助于广开言路，求同存异，增进共识，凝心聚力，其独特的制度优势越来越明显。民盟作为多党合作政治格局中的一员，作为人民政协的组成单位，将进一步坚定走中国特色政治发展道路的自觉自信，不断以新的履职成果延续和丰富民盟的优良传统，向社会、向人民更好地展示我国多党合作制度的优越性。

“雄关漫道真如铁，而今迈步从头越”。全面深化改革的号角已经吹响，民盟将继续发扬“奔走国是、关注民生”的优良传统，把服务全面深化改革作为全盟的重中之重，紧紧围绕国家改革发展的中心任务，多建睿智之言，多献务实之策，多做惠民之事，为完善和发展中国特色社会主义制度、推进国家治理体系和治理能力现代化，为实现中华民族伟大复兴的中国梦作出新的贡献！

《在人民政协的舞台上发挥党派的作用》（严隽琪，《人民政协报》2014年9月15日）

65年来，人民政协不断探索并大力推进社会主义协商民主制度建设，深入进行专题协商、对口协商、界别协商、提案办理协商，积极开展基层民主协商。把政治协商纳入决策程序，坚持协商于决策之前和决策之中，切实增强了民主协商的实效性。

“设计和发展国家政治制度，要从国情出发从实际出发。”65年的实践证明，人民政协是符合中国国情的伟大创造，这是一段辉煌的历史，是不断探索社会主义民主政治建设的进程。

人民政协是民主党派发挥作用的重要舞台。作为以教育文化出版为主要界别的参政党和人民政协的组成单位之一，民进始终将使命刻于心中，责任担在肩上，研究国情、认识形势、分析问题、提出对策，尽管人事有更替，但为国家繁荣昌盛、人民幸福安康和民主政治发展进步做出应有贡献，始终是民进人不变的方向与目标。

65年前，民进参与了人民政协的筹备和成立。1949年9月21日，中国人民政治协商会议第一届全体会议在北平中南海怀仁堂隆重开幕，时任中国民主促进会领导人的马叙伦、许广平、周建人、王绍鏊、雷洁琼等10名正式代表（另有3名会员为候补代表）出席会议，和其他代表一起参与了《中国人民政治协商会议共同纲领》的制定。民进首席代表马叙伦在全体会议上发言，表示“用最大的努力，从事于经济建设与文化建设，共同建立光辉灿烂的中华人民共和国”。在之后的中国人民政治协商会议第一届全国委员会第一次会议上，许广平受马叙伦委托，提出《请政府明定十月一日为中华人民共和国国庆日，以代替十月十日的旧国庆日》的建议，获得会议一致通过。从此，10 月 1 日成为中国人民最值得庆祝的重大纪念日。可以说，人民政协的成立，标志着中国共产党领导的多党合作和政治协商制度正式确立；而参加新政协，则标志着民进作为民主党派正式成为中国共产党领导的爱国统一战线的组成部分之一。

65 年中，民进见证和参与着人民政协事业的发展。一代又一代民进人秉承爱国、民主、团结、求实的优良传统，积极参与政治协商，认真进行民主监督，深入开展参政议政，通过人民政协的专题协商、双周协商、提案建议、大会发言、反映社情民意等方式履行职能发挥作用。仅 1993 年—2013 年的 20 年间，民进中央在全国政协大会上，以党派名义提交的提案就有 255 件，内容涵盖我国经济社会发展的众多领域，及时反映了民进全会对经济社会发展重大问题和涉及群众切身利益的实际问题的立场观点和思考建议，许多被全国政协列为重点调研提案、重点办理提案和重要提案摘报。

近年来，民进中央明确提出高素质参政党就是符合时代要求的参政党。提出参政党要通过议政调研、建言献策对党和国家的决策起到“智库”作用，要通过民主监督对执政党起到来自党外的“他律”作用；强调参政党要坚定政治立场和加强“集智聚力”的机制建设，既要有讲真话、敢担当的勇气，又要有了解真实情况、发现问题症结的能力。当前，我们国家进入了全面深化改革、全面推进依法治国的新时期，对人民政协工作提出了新要求，人民政协事业的发展也赋予民主党派新的历史使命和新的时代要求。主要体现在以下几个方面。

——充分发挥民主党派在人民政协中的作用，须增强政党意识。有了政党意识，才能在多党合作的体制内审视自己，完善自己，具备大局意识、责任意识；有了政党意识，党派成员才会有政治协商的针对性、参政议政的积极性、民主监督的主动性、集智聚力的自觉性，才会保证政治协商的成效。

——充分发挥民主党派在人民政协中的作用，须重视思想建设。当前，深入开展坚持和发展中国特色社会主义学习实践活动，是民主党派深化政治交接、保持进步性的体现。民进要将学习实践活动贯穿于各项工作之中，不断深化对中国特色社会主义参政党定位和作用的自我认识，提高学习和实践能力，切实承担起作为中国特色社会主义事业亲历者、实践者、维护者和捍卫者的政治责任。

——充分发挥民主党派在人民政协中的作用，须加强组织建设。随着成员不断地新陈代谢，民主党派成员思想活动的独立性、选择性、多变性、差异性明显增强。因而，要着眼于多党合作事业的可持续发展，做好民主党派的组织发展和成员的思想引导工作。特别要引导民主党派成员中的政协委员处理好履行职能与本职岗位的关系，帮助其加强政治责任感。

——充分发挥民主党派在人民政协中的作用，须提高参政议政能力和水平。要有围绕大局的意识，以“为执政党助力、为祖国尽责、为人民服务”的担当，力争提出的建议具有前瞻性、战略性和现实性；还要加强学习和深入调研，实事求是，发现和掌握问题的本质与事物的科学规律，力争建议符合国情，具有可操作性；而且要完善集智聚力的体制和机制，使民主党派各级组织和广大会员都有知情和参与的渠道。

——充分发挥民主党派在人民政协中的作用，须进一步履行民主监督职能。民主党派对共产党的监督，与民主党派同共产党的合作是一致的，目的都是坚持和发展中国特色社会主义民主，为实现中国的良治和善政而努力。要加强理论研究和实践经验的总结，以理论上的清醒和务实的态度来准确把握民主党派民主监督的性质和定位，要主动研究并积极利用人民政协的渠道和平台，使民主监督工作落到实处。

《同舟共济书写华章凝心聚力再铸辉煌》（陈昌智，《人民政协报》2014年9月15日）

岁月峥嵘，人民政协走过了与国家和人民同发展、共奋进的光辉历程。65年来，人民政协事业不断发展壮大，多党合作和政治协商制度不断发展完善，展示出强大的生机与活力。作为致力于建设中国特色社会主义事业的参政党，民建积极实践和推动多党合作事业，同中国共产党肝胆相照、荣辱与共，书写了绚丽篇章。

65年的辉煌历程和伟大实践使我们有理由相信，在中国共产党的领导下，人民政协事业和多党合作事业必将显示出更加强大的生命力，中国特色政治发展道路必将越走越宽广。当前，我国的建设与发展正处在关键时期，改革的深刻性、复杂性、艰巨性前所未有。中共十八届三中全会对全面深化改革作出了系统部署，标志着我国的改革开放事业迈入了全面深化的新阶段。在这样一个历史节点上，人民政协被赋予了新的历史使命和更为丰富的实践机遇，这也为民主党派履行职能开辟了广阔的领域和空间。民建要坚持和完善中国共产党领导的多党合作和政治协商制度，切实履行参政党职能，适应全面深化改革的时代要求，为全面深化改革贡献力量。

首先要深刻认识为全面深化改革作贡献是参政党的新的历史使命。伴随着新中国的成立，中国共产党团结带领中国人民披荆斩棘，走上了建设社会主义的不懈探索之路。实践证明，改革开放是实现全面建成小康社会、实现中华民族伟大复兴宏伟目标的必由之路，也是坚持和发展中国特色社会主义的必由之路。30多年来，民建亲历了改革开放的伟大历程，参与了改革开放各项事业，作出了重要贡献。而今，中共十八届三中全会作出了全面深化改革的总部署、总动员。民建理所当然地肩负着参与全面深化改革的新的历史使命，要切实增强参政党意识，以主人翁的态度自觉作为，积极投身全面深化改革的伟大实践。

其次要保持和发挥界别特色和优势，为全面深化改革献计出力。全面深化改革任务艰巨而复杂，需要凝聚起全社会的智慧和力量。中国共产党领导的多党合作和政治协商制度具有广泛的代表性和政治包容性的特点，必将在全面深化改革的征程中发挥更重要的作用。与经济界密切联系，是民建在长期实践中形成的历史特点和界别特色，是民建在人民政协舞台上发挥作用的优势所在。民建要围绕全面深化改革的总目标，在转变政府职能、经济转型和产业升级、促进新型城镇化、加强和改善民生、保护生态环境等方面认真开展调查研究，多建有用之言，多献务实之策。

其三要加强自身建设，提高合作共事能力，在全面深化改革中发挥更大作用。全面深化改革必然带来社会各个方面的深刻变化，必然引起众多利益主体之间的矛盾。在中共执政能力不断加强的情况下，民建只有不断加强自身建设才能跟得上执政党的步伐，才能承担起参政党的重任。为此，要以思想建设为核心、组织建设为基础、制度建设为保障，不断增强会的活力，提高会的凝聚力。要着眼于多党合作政治格局的巩固、发展、完善，以高度的政治责任感和历史使命感与中国共产党同心同德、和衷共济，不断提高合作共事能力。

《共创多党合作事业的美好未来》（林文漪，《人民政协报》2014 年 9 月 23 日）

艰难困苦，玉汝于成。

作为台湾同胞组成的爱国政党，代表着台湾同胞的呼声和诉求，台湾民主自治同盟面对新的形势和任务，坚持以经济建设为中心，以服务于改革发展稳定大局和祖国统一大业为己任，以建设适应时代要求的参政党为目标，团结一致，奋发有为，在履行参政党职能、推动两岸关系和平发展和加强自身建设等方面均取得了显著的成绩，整体面貌发生了重大而深刻的历史性变化。

我们把为国家经济社会建设和两岸关系和平发展中的重大问题建言作为参政议政的关键点。我们把增进亲情、乡情，切实维护台湾同胞的利益和福祉作为对台联络交流的着力点。我们把积极探索适合欠发达地区长远发展的方法和思路作为社会服务的落脚点。我们把坚持走中国特色社会主义政治发展道路作为自身建设的切入点。

木茁思本，水浩怀源。

与中国共产党亲密合作、共同致力于中国特色社会主义事业的征程中，台盟在共事中受益，在合作中成长。这条爱国、民主、进步的光辉道路，这份真诚、坦诚、互信的合作深情，都给予了我们深刻的启示：

——坚定不移地坚持中国共产党的领导，是台盟最基本也是最重要的历史经验。

——大力弘扬台湾人民爱国爱乡光荣传统，是台盟不断发展进步的精神支撑和力量源泉。

——积极致力于推动多党合作事业发展，是台盟发挥参政党作用的重要基石。

——切实加强自身建设，提高自身素质，是台盟不负参政党使命的关键所在。

总结历史，展望未来，归根结底到一点，就是必须坚定不移地走中国特色社会主义道路。这是台盟与新中国俱进而成长、与多党合作事业同行而进步的历史真谛。

《从国家治理与政协功能看协商民主》（叶小文、袁廷华，《光明日报》2014 年 9 月 21 日）

推进国家治理体系和治理能力现代化有多方面的内容，其中一个重要途径，就是全面深入推进协商民主。

现代治理和协商民主，内里相通、相辅相成。现代治理不同于传统控制、管理和统治的紧要处在于，治理的权威既来自于政府，也来自于其他相关社会主体；治理不仅是自上而下单向度的命令——服从，而是由政府主导和公众参与彼此互动、相辅相成。因此，治理本身即内涵了对于协商民主的要求。现代治理和协商民主都依托于民主的深化，都遵循“官民”合作与共治的相同逻辑，两者实际上是一体两面、如影随形的关系。协商民主离不开现代治理，现代治理也离不开协商民主。没有协商民主，就不会有有序、有效的政治参与，就不会有持续互动的沟通对话，就不会有广泛的共识、科学的决策，政府因此而缺乏必要的权威，那自然就谈不上有效的治理，更遑论善治。

协商民主是国家治理现代化的应有之义。国家治理及其现代化的根本问题，在于确立和完善各领域的基本制度，保障这些制度良性运转，以维护由核心利益关系、核心价值观共同搭建起来的基本的社会秩序。我们的国家治理体系怎样完善？治理能力从何而来？答案是，既要坚持共产党和政府的正确领导，又要依靠社会各个方面和广大人民群众的积极参与。协商民主以尊重差异、多元兼容为前提，以理性平和的对话协商为方式，以化解矛盾、规避风险、增进共识、促进和谐为目的。因此，协商民主有利于构建和完善结构合理、系统完备、科学规范、行之有效的国家制度体系，有助于开启民智、汇聚民意、凝聚民力，促进党和政府决策的科学化、提高治理社会各方面事务的能力，有益于保障人民群众有序、有效的政治参与，有助于维护社会公平正义，协调社会关系，增进社会和谐。从这个意义上讲，协商民主既是实现人民当家做主的有效途径，又是推进国家治理体系和治理能力现代化、完善和发展中国特色社会主义制度的重要载体。

协商民主作为一种制度化体系，渗透到国家根本政治制度和基本政治制度运行的各个环节以及基本单位政治生活中，主要包括政治协商、社会协商、基层协商。其中，人民政协以其鲜明的特点和独特的功能，成为协商民主的重要渠道和载体。人民政协的政治协商作为一种民主形态，其功能主要有以下方面：

——价值引领、导向功能。政治协商的过程是中国共产党实现党的领导、推进政治社会化的过程。

——利益表达、协调功能。面对社会和利益多元化，通过协商进行利益表达，求同存异，协调关系。

——决策协商、咨询功能。政协委员中人才众多，分布层面广，知识层次高，社会联系广泛，他们通过协商和咨询，对决策方案提出意见和建议，提供决策参考信息和政策选择方案，推进决策科学化，降低决策失误导致的政策风险和社会问题，使决策更能够全面反映各个方面的利益和要求。

——社会疏导、稳定功能。人民政协的政治协商为社会提供了一种制度化、组织化的政治参与路径，使社会不同阶层利益的维护有了合法的代表，公众意愿的上达有了制度化的方式，从而有利于避免或减少无序的、非理性的、抗争性的政治参与，保持社会的稳定。

——凝聚共识、整合功能。政治协商使决策更加符合社会各个阶层的利益要求，从而能够得到社会各种力量的合作与支持。协商和讨论，使参与者体验到决策是共同做出的，增强执行政策的责任感和主人翁意识，推动政策的输出和执行，更加自觉履行服从国家权威的义务，更加主动地参与和维护政治体系。

要深入贯彻党的十八大和十八届三中全会精神，站在国家治理现代化、完善和发展中国特色社会主义制度的战略高度，加强人民政协的制度建设，使人民政协作为协商民主重要渠道的作用得到切实有效的发挥。

一是进一步明确人民政协的法律地位，增强人民政协制度效力。

二是加强人民政协政治协商的制度化、规范化、程序化建设，切实提高人民政协履行职能的有效性。

三是与社会结构的变化相适应，调整和充实政协协商的主体。

四是完善人民政协的界别组成机制。

五是进一步完善人民政协的协商形式。

《新形势下统一战线建设的努力方向》（陈喜庆，《中国统一战线》2014 年第 10 期）

推进任何一项事业，既要解决方向道路、目标任务、阶段步骤的问题，还要解决动力问题。统一战线作为凝聚力量的重要方式和配置力量的重要手段，能够有效解决力量从哪里来、用到哪里去的问题，是我们党凝心聚力、夺取胜利的重要法宝。新形势下，统一战线发挥重要法宝作用，就是把一切劳动者、建设者和爱国者都紧密团结起来，为实现“两个一百年”奋斗目标和中华民族伟大复兴的中国梦，凝聚起广泛、强大、持久的力量支持。可以说，广泛、强大、持久相互联系、互为补充，是新形势下统一战线建设的努力方向。

广泛是基础，强调的是范围，需要扩大工作视野。团结的人越多，联合的面越宽，党的执政资源就会更丰沛、群众基础就会更巩固、各项事业就会更发达。立足形势发展，要求统一战线调动一切积极因素，化消极因素为积极因素，团结一切可以团结的力量。这就要求统一战线既加强体制内党外人士的工作，又团结体制外新出现的阶层和群体；既深化与拥护我们的人的团结，又积极争取那些不完全赞同甚至反对我们的人。只有这样，统一战线团结的人才能越多、面才能越广。

强大是核心，强调的是程度，需要巩固共同基础。团结广泛、力量强大，是统一战线发挥作用的基础。人心齐泰山移。只有心往一处想、劲往一处使，才能聚沙成塔、垒石成峰，形成攻坚克难、无往不胜的坚强力量。这就需要统一战线必须在巩固共同的思想政治基础上下功夫，使各方面成员拥有广泛的政治共识，始终与我们党同心同德、同心同向、同心同行。广大成员都能往一个方向用力，统一战线的力量就会强大，切实为改革发展稳定减少阻力、增加助力、形成合力。

持久是方向，强调的是时间，需要持续发挥优势。党的事业是长期的事业，必须提供持久的力量支持。在不同历史时期，统一战线的性质、范围、任务虽然不同，但服务党和国家工作大局的职责始终不变。无论是过去、现在还是将来，统一战线围绕中心、服务大局的传统都不能丢掉，凝聚人心、汇聚力量的职责都不能改变，发挥作用、彰显优势的工作都不能停息。要坚持不懈地加强统一战线建设，紧扣中心工作，继承优良传统，聚集新的优势，为党和国家事业发展注入源源不断的力量支持。

《明确协商民主在国家治理体系中的重要地位》（张峰，《人民政协报》2014 年 1 月 22 日）

协商民主只有成为一种体系，才能形成合力，发挥整体效应。中国共产党领导的多党合作和政治协商制度是我国的基本政治制度，是一项实体性制度，还需要程序性制度来保障和实施。

党的十八大和十八届三中全会就推进协商民主广泛多层制度化发展提出了许多新观点、新论断、新举措，构成了发展社会主义民主政治的一系列创新亮点。概括起来，主要是：

一、全面深化改革的总目标，明确了协商民主在国家治理体系中的重要地位

完善和发展中国特色社会主义制度，最重要的是完善和发展我国的社会主义政治制度，其中包括中国共产党领导的多党合作和政治协商制度这一基本政治制度。党的十八大报告提出“健全社会主义协商民主制度”，丰富和拓展了中国共产党领导的多党合作和政治协商制度的内涵。《决定》又以“推进协商民主广泛多层制度化发展”，对发展社会主义协商民主作出了一系列制度性安排，必将大大推进社会主义协商民主制度的健全与完善。

二、我国协商民主特点和优势，展示了协商民主大有作为的光明前景

协商民主是中国共产党长期追求和发展民主而创造的民主形式。中国共产党从成立之初就开始了协商民主的探索，其中最为成功的是抗日根据地的“三三制”政权建设。第一届全国政协的协商建国，标志着社会主义协商民主的形成。改革开放以来社会主义协商民主得到了广泛运用，并逐步完善为我国社会主义民主政治特有的制度形式。协商民主之所以能在我国产生并具有强大的生命力，也在于它有丰厚的文化土壤，体现了中华民族和而不同、兼容并蓄的优秀文化传统。协商民主是我国社会主义民主政治的独特优势。

三、全社会开展广泛协商，展现了协商民主的广泛应用性

协商民主的内容是经济社会发展重大问题和涉及群众切身利益的实际问题。凡是事关我国经济社会发展的重大问题，经济的、政治的、文化的、社会的、生态的问题，凡是涉及群众切身利益的实际问题，如教育、就业、收入、社保、医疗、住房、环保等，都需要通过民主协商来解决。要在全社会广泛推广协商民主这种形式，使民主协商蔚然成风，有利于增进全社会的共识，凝聚全体人民的力量。

四、协商民主体系建设，搭建了协商民主的广阔平台

中国共产党领导的多党合作和政治协商制度是我国的一项基本政治制度，但也是一项实体性制度，还需要程序性制度来保障、来实施。也就是说，要进一步明确协商什么、与谁协商、怎样协商、协商成果如何运用等具体要求，使各种民主协商健康有序规范地开展起来。

五、发挥统一战线在协商民主中的重要作用，促进政党关系、民族关系的和谐

协商民主涉及到统一战线各领域，但最主要是两个领域：多党合作领域、民族关系领域。

六、发挥人民政协作为协商民主重要渠道作用，使之发挥示范带动效应

发挥人民政协作为协商民主重要渠道作用主要是四个方面：一是重点。重点推进政治协商、民主监督、参政议政制度化、规范化、程序化。主要是完善人民政协制度体系，规范协商内容、协商程序。二是增强协商的计划性。各级党委和政府、政协制定并组织实施协商年度工作计划，就一些重要决策听取政协意见。三是拓展协商民主

形式，更加活跃有序地组织专题协商、对口协商、界别协商、提案办理协商，增加协商密度，提高协商成效。全国政协已经开展的双周协商座谈会就是继承好传统、增加协商密度的好形式。四是发挥政协委员的作用，主要是健全委员联络机构，完善委员联络制度。

《政党协商：协商民主的源头活水》（朱永新，《人民日报》2014 年 11 月 26 日）

和人类追寻幸福的所有探索一样，民主也有着种种不同形式。其中，协商民主是 20 世纪后期才被学者们关注的领域。而协商民主从十八大报告首提、十八届三中全会部署，再到习总书记在庆祝人民政协成立 65 周年大会上的讲话，随着论述越来越深入，道路在不断拓宽，空间在不断拓展。其中，政党协商作为协商民主的重要途径，其效用也日益凸显。

在协商民主这条化激情为理性、化暴力为平和、化冲突为稳定的路途中，作为我国基本政治制度的多党合作和政治协商制度，如何发挥更重要的作用？其实，历史早已给出过回答。从中国民主促进会与中国共产党的亲密合作以及参与人民政协 65 年的实践，已经可以清晰看出，以政党协商为主要形式的协商民主，的确发挥着重要的作用。

1949 年 9 月 21 日，中国民主促进会领导人的马叙伦、许广平、周建人、王绍鏊、雷洁琼等 10 名正式代表参加了中国人民政治协商会议第一届全体会议，参与制定《中国人民政治协商会议共同纲领》。作为以教育文化出版为主界别的参政党，民进始终关注我国教育文化事业的改革与发展，先后为《教师法》《职业教育法》《义务教育法》等法律的制定和实施提出建议，率先在人民政协的舞台上发出了设立教师节的呼声等。与此同时，民进积极开辟参政议政新领域，就国家经济社会发展中的重大问题积极建言献策，受到有关方面的肯定。

多年来，多党合作和政治协商制度已经成为常规的政治生态，政党协商也有着许多基本的“规定动作”，如重大决策前召开座谈会征求民主党派领导人意见，重要人事安排事先听取民主党派领导人意见，重要情况及时与民主党派沟通等等。在民主协商的探索上，政党协商早已成为名副其实的“领头雁”。

当然，在深化政治体制改革的新时期下，要让协商成为“真协商”，让政党协商这一早被践行的协商制度成为新时期协商民主的源头活水，进一步推动社会稳定和谐地发展，还需要我们胆大心细勇毅前行。比如，从过程看，要协商于决策之前和决策之中，而不是简单地把结果拿来征求意见；从内容看，无论是关于改革发展稳定重大问题，事关人民群众切身利益的问题，还是重要的人事安排，要进一步明确哪些内容应该听取民主党派的意见；从程序看，强化彼此互动，扩大协商范围，促使民主党派由被动答题变成主动想题，主动积极参与到协商中，全力协助各项民生与改革进程大业的稳步推进等等。而且，需要制定相应的规章，对哪些问题需要协商、何时协商、在何处协商、和谁协商、如何协商、协商的结果如何落实等问题有清晰明确的要求。政党协商不仅应该成为共识，更应成为制度，成为习惯，必须制度化、常态化、规范化。

和平，是全人类的期待。中国更是素有“和为贵”的古训。从你争我斗的敌对关系转变为相互帮衬的合作关系，协商民主是人们对民主形式的探索，正如周恩来所说的：“新民主主义的议事精神不在于最后的表决，主要是在于事前的协商和反复的讨论。”中国共产党领导的多党合作和政治协商制度，是中国人智慧的创造，也是中国政治特有协商民主优势。我们期待，政党协商作为常态的民主实践，成为协商民主的重要途径，在我国政治生活中发挥更大的作用，我们的国家发展和人民生活必将在这“事前的协商和反复的讨论”中稳步向前，节节攀升。

《伟大的实践——关于协商民主中的政党协商》（陈延武，《中国统一战线》2014年第4期）

关于协商民主，中国共产党早在新中国成立之前就有了理论的探索和丰富的实践。

中国共产党历来不主张抽象的民主，发起成立时就宣传科学与民主，坚持多数人的人民民主，首先探索并创造性地建立和推行了包括各政党合作协商在内的协商民主。

1923年，孙中山为改组国民党，通过共产国际代表、国民政府政治顾问鲍罗廷协助，与中国共产党就许多重大问题进行协商，并在此基础上实现了第一次国共合作。这是新民主三义革命时期协商民主中政党协商的有益尝试。

1931年九一八事变后，中国共产党适时提出并逐步形成了一系列关于抗日民族统一战线的策略主张。1937年2月至9月，国共代表在以往谈判的基础上，又举行了6次正式谈判，协商历时7个月，最终实现了第二次国共合作，正式建立了抗日民族统一战线。这既是协商民主的思想与实践成果，又为抗日战争时期的协商民主奠定了基础。

我国的协商民主，源自于中国革命特殊的政治生态环境，形成于各民主党派、无党派民主人士响应中共中央发布“五一口号”、筹建新中国的重大抉择中，完善于中国特色社会主义现代化建设的进程中。

政党协商作为协商民主最初、最主要的形式，既是对新民主主义革命时期形成的协商民主传统的继承，又是中国共产党和各民主党派的自觉选择。

主要在抗日战争时期和解放战争时期成立的民主党派，与中国共产党在反帝反封建斗争中结成了事实上的同盟，彼此在道义上和政治上相互支持，并形成了遇事相互协商的传统。

“五一口号”发布之前，中国共产党和各民主党派已经确立了协商合作关系。“五一口号”的发布，标志着这种协商合作关系进入新的境界。“五一口号”所要构建的正是以协商民主为内涵的新型政党关系。共产党作为中国革命胜利的领导者，没有自恃政治力量上的绝对优势；作为新政协的发起者，没有搞一党独裁的点缀，没有把自己的主张强加给别人，而是与其他民主党派和各界人士平等协商、共同决策，创建了聚合各方力量、协商建国、共享政权的开国之路。

先协商后决策是新旧民主的主要区别，中国共产党保存并运用了这份宝贵的政治资源。协商民主是中国共产党领导的充分保障各阶级、各社会力量最广泛团结与联合的新型民主。

新政协筹备会和新政协主要任务的协商，主要在香港、哈尔滨和李家庄三地同时举行。在香港，主要是各民主党派之间的协商；在哈尔滨和李家庄，协商主要在中国共产党和民主党派之间以及各民主党派之间进行。

协商制定具有临时宪法性质的《中国人民政治协商会议共同纲领》，各党派经过反复讨论和修改，广泛地吸收了各方面的意见。此外，对新政协名称、新中国国名、革命胜利后民主党派前途、国旗、国徽和国歌等问题，各政党都进行了充分协商。

新中国成立初期的协商民主，主要在中国共产党和各民主党派之间展开，同时涵盖了各民族、各团体、各阶层等社会各界、各方面人士，体现了民主的广泛性，广开言路、广求良策、广谋善举，广大人民群众的民主权利得到最大限度实现。

中国共产党领导的多党合作和政治协商制度的实行，就是党派之间实行协商民主的一种制度安排，为新中国成立后多党合作的有效运行奠定了坚实的基础。

中国共产党与各民主党派及其他社会力量从“联合革命”到“协商建国”再到“合作治国”，和衷共济，团结奋斗，充分体现了协商民主主体地位平等；加强了国家法制建设、经济、军事和外交事务的协商，充分体现了协商民主领域广泛深入；在人民代表大会和政治协商会议上，在执法机关和司法机关中，在双周座谈会上，在最高国务会上，在中国共产党同民主党派、党外人士协商座谈会议上，参政议政，协商共事，已经形成惯例，充分体现了协商民主形式的丰富多样。

协商民主既是一种民主政治表现形态，也是一种制度和程序，更是一种价值和文化。在我国协商民主理论探讨和实际操作中，平等、参与、协商、公开、多数、理性等协商民主的精髓得到了发扬和传播，一定意义上引领了世界民主发展的潮流，逐渐形成了自己的特点和优势。

——具有坚强的领导核心。中国共产党的领导是协商民主的重要政治基础，是社会主义协商民主的最大特征。

——具有牢固的制度保障。协商民主是我国社会主义民主政治的制度设计和体制安排，人民代表大会制度、中国共产党领导的多党合作和政治协商制度是协商民主的现实政治制度基础。

——具有科学的运行规范。重大方针政策和重要法律法规的制定，各级人大、政府、政协和司法机关等方面领导人选的确定，事先都广泛听取党外人士的意见和建议，协商民主始终贯穿于多党合作和政治协商的全过程。

——具有包容的平等精神。民主党派与中国共产党同为政治协商的主体，既坚持基本共识又保持各自特色，既团结合作又互相监督，党际关系和谐，法律地位平等。

——具有丰富的实践形式。以人民代表大会为主要标志的、人民所拥有的选举、投票权利，始终是人民当家做主的最根本的体现。协商民主体现公民有序的政治参与的扩大，实现了人民权利的行使和人权的保障。

《在比较中展现中国政党制度优势》（周淑真，《求是》2014 年第 4 期）

虽然世界各国政党均面对政党与政党、政党与政权、政党与社会之间的关系问题，但如何处理这些问题，无论是西方还是中国都需从政党制度这一视角来审视。

政党之间关系：凸显的零和博弈与合作共赢

西方资本主义国家政党之间，由竞争而对立的此消彼长、你死我活的斗争，形成了世人常见的政党关系定律。两党制政治选举，主要政党之间属零和博弈的关系，对手丢失的每张选票都会成为本党的有力武器。因此，为反对而反对的现象普遍存在。而在多党制政治选举中，大党盘算自己的“联合潜力”，小党盘算自己的“勒索潜力”，政党关系结构在每次选举中始终存有变数。总的来说，西方国家政党关系的显著特征就是政党政治选举，各党都以让对手失去竞争优势为本党行动目标。

在中国，执政党与参政党以合作、非竞争，互利共赢、稳定发展为基本价值取向，政党之间是合作共存的友党关系，是相辅相成的执政与参政关系。与西方国家政党关系相比较，中国的政党关系有两个优势：一是有利于协调社会利益关系，促进政治团结和社会稳定；二是有利于凝聚社会力量，共同为社会、经济、文化的发展作贡献。

执政方式：轮流执政与执政参政

从政党与政权之间关系来看，西方国家主要政党是选票第一。政党制度仅为某些个人进入或退出国家权力系统起工具性作用，而对国家权力系统的运作则无所作为。在其他类型的西方政党制度中，主要政党有可能单独或联合较小一些的政党执掌国家政权，但是小党被排斥在体制之外则属于常规现象。这些小党数量众多，对国家权力系统运作的影响几乎等于零。与此同时，体制内的在野党对执政党的决策总是为反对而反对，容易导致政府无力，疲于应对眼前事变而难有长期规划。

中国政党制度始终围绕国家权力系统的运作起中心作用。在中国政治体制中，各政党的地位只有执政和参政的区别，而无上台和在野的分野。因此，执政党作为国家和社会的核心力量，强大而稳定；担负国家、民族发展的责任，既效力于当前，也有长期的规划。总体上说，中国共产党领导的多党合作和政治协商制度，是植根于中国土壤的全新政治制度。这一制度既有利于充分调动人民参政议政的积极性，又有利于加强和改善党的领导，从而避免了两党制或多党制轮流执政带来的种种弊端。

政党与社会的关系：代表少数利益集团与代表最大多数人利益

政党是民众进行政治参与的桥梁，是利益表达的工具。在多党制下，政党在利益表达问题上是代表部分还是代表全体，始终处于难以抉择的境地：不体现自身社会群体、社会阶层的利益，政党难以存在；但如果仅限于表达自我，就必然使得社会基础受限；超越自身社会群体、社会阶层的利益，能获得更多的选票上台执政或参政，但可能失去自己传统社会支持基础。在社会整合方面，西方政党制度实质上只是整合一些大利益集团的利益。另外，西方国家基于地域、语言、族群因素产生的政党，它们的偏激要求和行动，容易造成社会的分裂与对立，政党制度进而难以实现对国家与社会的有效整合。

中国政党制度在利益表达上具有明显的优势。中国共产党作为执政党始终坚持与时俱进，始终把坚持政党的先进性和发挥社会主义制度的优越性，落实到发展先进生产力、发展先进文化、实现最广大人民的根本利益上；各民主党派代表各界别各方面利益，社会基础广泛、深厚。在社会整合方面，中国政党制度有效地调节社会利益矛盾，整合不同利益群体要求，成为民族团结、社会和谐与国家稳定的有力保障。

公共权力监督：恶斗扯皮与互相监督

常有人想当然认为，西方政党制度对公共权力的监督功能强。实际上，在美式两党制中，政党制度仅在总统、国会和法院这一权力结构之间起联结作用，在国会参众两院运作中，在野党对政府的监督经常演变成两党恶斗。一般来说，多党制有利于权力的分散与制衡，因其联合政府不仅要面对议会内反对党议员的质询，同时也要面对来自政党联盟内友党的监督。但与此同时，多党制往往意味着在现有体制所建构的权力划分之上，附加上另一层权力划分，因此，往往导致政府更迭频繁、施政能力软弱、重大决策迟缓。

中国政党制度本身就内含监督机制，在最初构建多党合作这一制度时，也同时确定了中国共产党和民主党派之间“长期共存、互相监督”的基本方针。这种监督机制包括：民主党派被选为全国人大、地方各级人大代表成员，在人大履行其职权的过程中对政府实行监督。民主党派出任政协委员，在通过政协组织进行的协商活动中，对执政党和政府的工作进行监督。执政党中央和地方各级领导直接与民主党派进行政治协商，民主党派在协商中以批评、建议、反映情况等方式监督执政党。

《协商民主是我国民主政治的特有形式和独特优势》（林尚立，《求是》2014 年第 6 期）

在各具特色的民主政治实践中共同追求民主理想，已成为当今人类政治生活的基本景象。中国革命的历史进程、中华人民共和国的国家形态以及社会主义制度的中国实践，共同赋予人民民主以鲜明的中国特色，一个重要体现就是从人民民主实践中发展出的协商民主，并通过协商民主来推进国家治理现代化建设。

“协商”是纯粹的中国概念，其核心理念是：利益相关者以商量的方式，沟通意见、协调利益，以达成共识、实现共存与共赢。中国的协商民主，不是源于西方，其根基在中国自身，与西方的“协商民主”有所不同。在当代中国，“协商民主”的“协商”与中国特有的政治协商制度中的“协商”是同一个概念，它强调民主需要确立在各方协商基础之上，这与强调通过强化民主过程中的公民商议的西方协商民主显然不同。前者将协商视为民主本身，既是对所有民主主体的要求，又是对整个民主过程的要求；后者将协商视为达成民主的一种形式或手段，是否实行协商，不取决于民主运行本身，而取决于民主所要解决的问题。可见，中国协商民主一定包含西方协商民主的一些形式和内容，而西方协商民主无论如何都无法达到中国协商民主这个层次。我们不能简单地用西方的协商民主来套中国的协商民主，中国的协商民主是中国以民主共和的原则建设社会主义现代化国家所创造的中国特色的民主政治。

中国的协商民主源于中国共产党和中国人民建设社会主义国家的探索与实践，其第一个创造性成果就是中国人民政治协商会议制度。中国共产党之所以追求协商民主的民主政治形态，关键在于中国共产党时刻将中国民主建设与中国的社会现实紧密结合，力求发展出能够真正保障国家统一、人民团结、社会发展的国家治理体系。众所周知，中国是一个在地域结构、族群结构以及阶层结构上都相当多样化的国家。中国在摧毁长期的封建专制之后，从封建社会迈向现代国家，最关键的就是新确立的民主政治能够将规模巨大、结构多样化的国家保持在内在一体、有机整合的状态。这就要求中国的民主制度应该具有很强的包容性与整合力。所以，当新民主主义革命推进到领导人民着手建立自己国家的时候，中国共产党就很自然地创造出既具有统一战线组织性质，又具有联合团结各族、各阶层人民实践人民当家作主功能的中国人民政治协商会议制度。中华人民共和国就是由此脱胎而出的。

协商民主之所以能够在我国长期坚持、不断发展，并成为人民民主的重要形式，是因为协商民主不论对党的领导、国家治理、社会发展，还是对人民参与国家事务管理以及协调人民内部关系，都具有独特的优势。从形式上看，协商民主的组织和运行方式很契合党的领导、国家的组织和运行以及人民管理国家事务的基本原则。从功能上看，协商民主对于在中国这样规模巨大、结构多样的社会，实现国家治理体系和治理能力现代化，能够起到全方位的支撑和推动作用。在具体实践中，这两方面的独特优势是有机统一的。协商民主能够使党的领导与国家治理体系现代化形成相互促进的关系。协商民主的独特优势，不是凭空而来的，而是基于它与党的领导、国家治理和人民民主紧密结合和长期实践所形成的，它对完善和发展中国特色社会主义制度，推进国家治理体系和治理能力现代化具有独特的价值和作用，是中国的法宝。

从推进国家治理体系现代化的要求来看，中国的协商民主还必须在广度和深度上有更大的发展。从广度来说，协商民主必须在形式上更加丰富、在实践范围上更加广泛、在技术上更加全面。就深度来说，协商民主必须有更系统的制度化建设、更规范的程序化安排以及更权威的决策影响力。其中，最关键的是协商民主的制度化发展。

协商民主的制度化发展不是一个简单的制度建设过程，而是使协商民主内化为党和国家领导制度以及整个社会运行的重要制度基础，并获得法制规范和保障的过程。它不仅取决于自身的发展和完善，更取决于党的领导、政府管理和社会建设全面现代化的过程。这决定了协商民主的制度化发展是一个系统工程，既需要党和政府的努力，又需要社会和人民群众的创造与贡献。只有这样，才能使协商民主建设在党的领导、政府管理以及社会建设三个层面同时展开，相辅相成，共同推进国家治理体系和治理能力的现代化。

中国协商民主与党的建设之间存在着与生俱来的共生关系。离开了党的领导，中国的协商民主也就无法对国家和社会发展产生应有的作用。反过来，离开了协商民主，党的领导就无法有效组织和领导人民建设国家与社会。应该将协商民主制度化发展与社会建设和社会治理紧密结合，通过推动社会积极力量的全面成长，以及社会自我管理能力的不断提升，增强协商民主运行的社会基础和社会效应。推进协商民主制度化，只有抓住党和社会这两头，才能推动协商民主的广泛多层制度化发展，使协商民主成为推进国家治理体系现代化的战略力量。这是推进国家治理体系和治理能力现代化的内在要求。

《政党关系：形态、本质与趋势》（王韶兴，《中国社会科学报》2014 年 2 月 26 日）

政党关系是政党政治关系体系的重要组成部分，国情的差异性，决定了政党关系的多样性。政党关系的本质是政党权利关系，政党利益关系是政党权利关系的表达机制。“斗争”与“合作”是政党关系的基本表征，“合作”大于“斗争”是政党关系发展的总趋势。政党关系的基本态势集中标识着政党文明发展的新水平，政党关系的发展趋势集中彰显着政治文明发展的新气象。

政党关系：国情的综合表现

政党关系是具体民族国家内各政党围绕国家政权所形成的以特定的政治利益分配为核心内容的政治关系。政党关系作为政党政治的基本内容和民主政治的重要载体，它的孕育、确立和发展演变，取决于政党的价值取向、社会生态以及力量对比等关键变量；政党关系的基本性质、内容架构以及价值功能与特定的经济、政治和文化发展状况密切相关。第一，经济发展水平是政党关系确立与发展的前提。第二，政治发展状况是政党关系确立与发展的基础。第三，文化环境及历史传统是政党关系确立与发展的土壤。第四，政党关系的确立和发展有赖于一定的制度基础。

复杂多样：政党关系的基本特征

国情的差异性，决定了政党关系的多样性。政党关系的多样性特征，既与政党的数目有关，也与政党之间的力量对比以及意识形态的差异程度有关，更与政党的历史地位和政治作用有关。依据政党关系所呈现的基本态势的不同，可以将纷繁复杂的政党关系分为竞争型的政党关系与合作型的政党关系两种基本情况。在竞争型政党关系中又有敌对竞争型、友好竞争型的具体区别，而在合作型的政党关系中，有持不同政治主张的短期合作与政治上接受一党领导的长期合作等具体情况。基于政党关系确立及其发展变化的关键变量是政党与国家之关系的基本认识，执政党和非执政党之间的关系是政党关系的基本内容与关键所在，是攸关国家政治发展大局的重大政治关系。评价一种政党关系类型的优劣，不取决于该政党关系类型本身的特点，而取决于该政党关系类型在多大程度上符合具体民族国家的国情和党情。

政党权利：政党关系的本质属性

由于政党是代表一定阶级或阶层的利益的政治组织，所以，不论政党关系以何种方式形成，也不论其表现形式何等多样、运行机制多么复杂，所体现的都是国家政治资源在不同政党之间的配置及实现机制问题，本质上都是政党与政权关系框架下的政党权利关系。

“斗争”与“合作”：政党关系的基本表征

政党是阶级的形成及其斗争的产物，阶级性作为政党的天然属性从根本上决定了政党必然要维护其所代表的阶级、阶层和社会集团的利益，并由此与其他政党围绕国家政治资源的配置问题展开斗争。在此意义上讲，“斗争”是政党关系的固有形态。然而，政党不仅具有阶级属性，还具有社会属性，此即政党基于执政的需要而在价值取向、政治主张、组织结构以及社会基础等方面所体现出来的包容性或群众性。政党的社会属性在政党关系上的表现形态，则是政党间的求同存异、合作共事。可见，政党之间不仅有“斗争”的本性，还有“合作”的需求。政党关系所具有的双重属性，使得政党关系既可以以“斗争”的形态来表达，也可以以“合作”的形态来展现。政党关系在事实上主要是对抗斗争还是合作共处，不仅与政党关系的性质有关，还与政党政治发生、发展的时代特征有关，更与政党基于自身发展与发挥作用的条件选择有关。自20世纪90年代以来，西方国家一些政党对自身的意识形态、纲领目标、组织结构、制度体制和活动方式进行了大幅度的调整，这在客观上促使政党关系发生了相应的变化：政党间共性的东西在增加，合作的因素在积累，包容的现象在发展。总的来讲，政党的阶级属性意味着政党间的斗争，政党的社会属性则要求政党间的合作。政党斗争与政党合作统一于政党政治的实践之中并构成政党政治的发展机制。正是在这样的既有政党斗争又有政党合作、政党合作大于政党斗争的政治机制中，多种政党文明得以共处，诸多政党关系得以改善，不同政党作用得以实现，政党政治也因此得以发展。从人类文明发展的一般走向来看，21世纪以来世界范围内政党关系发展出现的新气象，既是对政治文明的发展理念由权力本位趋于权利本位的有力彰显，也是对政治文明发展态势由势不两立趋于合作共赢的有效引领。

《政党协商 不可替代的民主形式》（同言，《人民日报》2014 年 5 月 28 日）

政党协商不是稀罕物，但凡实行政党政治往往都少不了协商；也非舶来品，我国在新民主主义时期就有了探索和实践。把政党协商作为明确的制度规定，作为常态的民主实践，是我国社会主义民主政治的独有特色，是中国共产党与各民主党派、无党派人士团结合作的生动见证。

政党协商关联着我国两大制度安排，中国共产党领导的多党合作和政治协商制度与社会主义协商民主制度；政党协商是多党合作缺不了的魂，也是协商民主剪不断的根。

多党合作怎么实现？有人认为，政党之间没有永恒的合作，只有绝对的竞争。我国政党协商开辟了一条行得通、行得正、行得好的多党合作大道。从历史上中国共产党与民主党派的“君子协定”，发展到今天执政党与参政党的共商国是，政党协商已经活跃在国家政治社会生活的各个层面，协商内容涵盖我国经济社会发展的各个方面。可以说，协商代表了合作之精髓，协商越深入、越规范，合作越融洽、越牢固。

协商民主如何推进？目前协商民主已经广泛渗透到社会各个方面，形式多种多样。但无论哪种形式的协商，都不能取代中国共产党与各民主党派、无党派人士的直接协商。从协商民主的缘起看，政党协商是“开路者”，正是其示范带动，协商之树才枝繁叶茂；从协商民主的功能看，政党协商是“压舱石”，不仅可以优化决策，更关乎政党和谐与政局稳固；从协商民主的发展看，政党协商是“风向标”，为其他协商形式的健全完善树立标杆、提供借鉴。

发展社会主义民主政治任重道远，加强政党协商正在路上。我们相信，这颗经历岁月磨砺、能量积蓄的宝石，将散发出更加夺目的光辉。

《丰富政党协商的新形式》（吴先宁，《团结报》2014 年 6 月 25 日）

6 月 20 日，中共中央政治局常委、全国政协主席俞正声主持由中共中央统战部召开的党外人士专题调研座谈会，这是继 5 月上旬之后又一次举行的同类会议。短短两个月的时间之内召开的这两次会议，引起了社会各界的广泛瞩目，统一战线和多党合作领域，更是引起热烈反响。究其原因，不但是因为两次座谈会研讨交流的内容，关乎国家政治、经济、文化等领域全面深化改革和有关民生的热点问题，而座谈会所显示的政党协商在机制方面的创新，具有十分重要的意义，引起了人们的强烈关注。

强调党外人士专题调研座谈会是在政党协商机制方面的创新，是因为这两次党外人士专题调研座谈会的模式，具有与以往政党协商诸方式相比的新特点和新元素。首先，是协商的参与者增多了。在原有的方式中，往往是中共中央领导同志听取民主党派中央领导人的意见和建议，双方进行交流和互动。而参加这两次座谈会的，还有最高法、最高检和国务院相关部委的负责人，他们到会就民主党派调研的课题和成果与民主党派领导人互动交流，这就大大增加了交流互动的频率和密度，也使得民主党派得以更多地听到来自各工作部门对自己所提出意见建议的直接反馈。这样的反馈，可以促使民主党派对自己所提意见建议的再次思考。所谓协商，从根本上说是一种对话。既然是对话，就不是简单的提出意见和听取意见，而是有来言有去语，循环往复，反复磋商，使得各方对于一个决策的认知，更加科学，更加周密。因此可以说，两次专题调研座谈会邀请实际工作部门负责人参加交流互动，不是简单增加一些协商者数量的问题，而是对于协商的深化，具有深刻的意义。第二，这两次党外人士专题调研座谈会，主要是就民主党派专题调研的情况，进行交流和研讨。如 5 月 9 日的座谈会上，民革中央是就司法体制改革问题，民盟中央是就大学生就业创业问题，民建中央是就化解产能过剩问题等，提出了自己的观点和看法。围绕这些问题交流研讨，从特定角度看，就是对民主党派提出的问题和对问题的对策意见所进行的协商。这一模式，事实上拓展了民主党派主动协商的空间，促进了党派协商的主动性。也就是说，在这一模式下，民主党派参与协商，不是简单地按照题目“答题”，而是要自己“出题”，要依据自身的优势，凭借自身对国家经济社会发展的重大问题和涉及人民群众切身利益的实际问题的把握，找准课题，深入调研，参与协商。这既增强了党派协商的主动性，也对民主党派的协商能力，提出了更高的要求。第三，这两次党外人士专题调研座谈会的又一创新之处，是把八个民主党派和全国工商联、无党派代表人士分为两组，分别举行座谈会。对此，决不能仅仅看做为方便开会而做的随意安排。这样做的好处，在于参与协商的各方，有了更充分的时间集中围绕几个问题进行交流互动，有利于对话频率的增加和协商的深化。制度分析理论告诉我们，有时候一个关键程序的设计，会大大加强制度运作的有效性。两次专题调研座谈会所做的这一安排，无疑具有程序上的关键性。

《中国特色政党制度与国家治理体系和治理能力现代化》（王小鸿，上海市社会主义学院学报 2014 年第 4 期）

中国共产党领导的多党合作和政治协商制度是中国的基本政治制度，完善和发展中国特色政党制度与推进国家治理体系和治理能力现代化相辅相成。完善和发展中国特色政党制度有利于形成利益整合型社会。坚持中国特色政党制度必将为完善国家治理体系、提升国家治理能力提供有力的制度保障。

在当代中国，国家至少要具备四种治理能力：维护公共秩序的能力、推进制度改革的能力、促进发展的能力和维护社会公平正义的能力。稳定和良好的公共秩序是深化改革、促进发展的重要前提。对中国这样一个处于社会转型期的发展中大国而言，培育有效的公共秩序治理能力尤其重要。

在我国多党合作的政党制度中，各民主党派成员履行参政议政、民主监督的权利和义务，积极参加各种会议和视察、调查活动，积极向有关部门提出意见和建议，根据各自所联系的界别群众的意见，通过过滤、综合等方式形成正式的意见，并把他们的利益表达反映到人大和政府的工作中去，从而将各界别群众更加紧密地团结起来，同心同德，群策群力。经过制度性安排，形成有序政治参与的固定渠道，引导各自所联系的群众参与国家治理，提高有效的公共秩序治理能力，在此过程中学得民主的规范，培养宽容和妥协的精神，掌握处理复杂社会关系的技巧，逐渐习惯以理性的方式对待社会问题，使社会多元利益表达有的放矢，从而平衡各种利益关系，增强社会凝聚力。

完善和发展中国特色政党制度，有利于建立社会阶层的多元利益整合机制，使各阶层的合理利益诉求通过合法渠道和理性的方式表达出来，使各阶层的利益诉求得到尊重，从而达成社会认同，形成思想共识，化解社会矛盾，减少争端与冲突；从而调动各方面的积极性，培育有效的社会整合机制，形成利益整合型社会。

完善和发展中国特色政党制度，有利于促使不同意见之间进行充分的交换、沟通，使各界别群体依法参与国家公共事务的协商、合作，以合法的形式表达自己的利益诉求，妥善处理好利益关系；使各界别群体能够更大程度上平等地参与公共政策的制定过程，在理性讨论和协商中做出大家都能接受的公平公正的决策，这是形成利益整合型社会所必需的保证条件。多党合作制的多元结构与社会结构多元化、利益多元化相一致，使不同的利益群体能够通过各民主党派，将其利益要求、政治诉求反映到政治体系中来，从而在制度层面为完善国家治理体系、提升国家治理能力提供了强有力的保障。

《中国政党制度的四对基本范畴》（李小宁，《上海市社会主义学院学报》2014 年第 4 期）

范畴是认识的工具。科学认识中国政党制度可以从四对基本范畴入手。合作与协商，是从国家权力运作和政党关系上把不同政党制度区别开来的一对类型学范畴，揭示了我国政党制度的本质特征。领导与参与，反映了我国各政党在国家政治生活中的不同定位和职能，是正确认识我国政党关系的一对范畴。执政与参政，反映了我国各政党对国家政权的不同定位，是正确认识我国政党关系的另一对范畴。共存与监督，反映了我国各政党之间的相互依存和互动关系，是正确处理我国政党关系的一对范畴。

合作与协商这对范畴具有类型学的意义。世界各国的政党制度五花八门，分门别类的加以研究，是科学认识政党制度本质的基础步骤。政党制度的实质是一个国家中各个政党围绕国家权力持续互动所形成的制度化格局。因此，只有从政党执掌国家权力的方式和政党之间的互动方式入手，才能科学地认识不同政党制度之间的区别。多党合作就是政党之间围绕国家权力结成的政治联盟，就是统一战线。中国共产党领导的多党合作和政治协商既是我国的一项基本政治制度，也是爱国统一战线的一个重要领域。在当代中国，政党制度与其说是一个政治学问题，不如说是统一战线学问题。明确了这一点，也就明确了我国政党制度在类型学上的特殊性。

领导与参与这对范畴，主要反映了我国各政党在社会主义民主政治中的不同定位和相互关系。共产党是“领导核心”，各民主党派和无党派人士是我国社会主义政治制度的“直接参与者”。领导与参与，各守其位，各尽其职，既坚持了中国共产党的领导，又扩大了各界人士有序的政治参与，拓宽了社会利益表达的渠道，实现了中国共产党领导、人民当家作主和依法治国的有机统一。

执政与参政这对范畴是从执政党和参政党这对概念中抽象出来的。领导与参与是各政党在国家政治生活中的不同定位和职能。执政与参政是各政党对国家政权的不同定位和职能，是由各政党在国家政治生活中的不同定位决定的，领导者执政，参与者参政。

中国共产党同各民主党派的关系是以政治联盟即统一战线为基础的，是以团结合作为特征的相互“依存”。共存本身不是目的，长期共存的目的是为了互相监督。互相监督是中国共产党与民主党派互动的重要方式。民主党派对共产党的监督属于政党之间的监督。我国政党之间的监督互动不需要权力和法律的介入。

《中国多党合作制度发展的多重维度》（杨爱珍，《湖南省社会主义学院学报》2014年第3期）

中国所选择的社会主义道路，多党合作制度是其中的重要组成部分，我们要与时俱进发展中国多党合作制度，必须具有多维视角。

一、世界维度：在世界政党变动的态势中考量多党合作制度。多党合作制度虽然是从中国的土壤中生长出来，烙有本国国情的印记。但也必须具有全球化的视野，因为世界政党丛林的风云变幻，对我国是有启示和警示作用的。当前世界政党政治呈现多样化趋势政党政治多样化，日益呈现出区域化和国际化的特点。各国政党在以本国为活动的主要舞台外，都把视野转向世界，一些相近的政党组成区域性或国际性的跨国政党组织，希翼在国际舞台上有更大的发展。推进政党党内民主以及探索新的组织活动方式是政党变革的两大维度。

二、社会生态维度：在社会经济发展中考量多党合作制度。

政党制度在不同的社会经济生态环境中，其功能发挥、制度规范等具有很大的差异性。多党合作制度在计划经济年代的功能改革前的中国社会是一个分化程度很低、政治、经济与文化高度同质化的社会。政治运动的“制度化”实际是一种基于人治原则的政策性制度，排斥了民主参与的可能。在计划经济生态环境中，对政党制度“表达”和“整合”这两大主要功能并无太大要求，多党合作制度只是发挥着对“革命运动”的呼应的“功能”。当前改革开放呼唤多党合作制度加强制度化，只有在多党合作制度中建立健全协商沟通机制、政治参与和吸纳机制、权力制约和监督机制，这些“安全阀”机制完善了，多党合作制度的合法性资源才会丰饶。

三、政党维度：在新的历史方位中提升执政党和参政党的能力

实践发展永无止境，解放思想永无止境，改革开放永无止境。我们在多重维度中分析多党合作制度的发展问题，就是要立足现实、放眼世界、注重内涵、勇于实践、善于变革、敢于坚持，做到在坚持中完善，在完善中坚持，使具有中国特色的合作型政党制度成长为坚挺大树傲立于世界政治丛林之中。

《论中国多党合作制度的学术话语体系》（董树彬，《学术论坛》2014年第9期）

中国多党合作制度的价值和优势已经在历史和实践中得以充分证明，却颇受西方学术话语体系的诟病。中国经济社会的快速发展推动了中国多党合作制度学术话语体系的

构建，这就迫切需要把中国多党合作制度的成功经验和现实成就以一种国际上规范而又惯用的方式加以理论升华，进而形成中国特色、中国风格、中国气派的中国多党合作制度学术话语体系，并且牢牢掌握中国多党合作制度学术话语体系诠释的马克思主义话语权。以此为依托，中国多党合作制度才能最终打破西方主流学术话语体系的垄断地位，最终掌握中国多党合作制度学术话语体系的国际话语权，真正坚定我们的道路自信、理论自信、制度自信。

《社会主义政党制度的历史演变及启示》（王淼，《科学社会主义》2014 年第 5 期）

关于政党制度的探索既是 20 世纪以来各国共产党如何领导本国人民进行社会主义革命和建设的基本问题，也是当前“普世价值”、“宪政民主”思潮来袭时我国如何走中国特色社会主义民主发展道路的关键问题。正所谓“以人为鉴，可以知得失；以史为鉴，可以知兴替”，国外（主要的）共产党在政党制度探索中的经验教训，值得我们警醒和思考。

历史表明，“一党制”虽非一无是处，但弊端明显；而西方议会民主的“多党制”并不是政党制度的固定模式，更不是代替苏联“一党制”的最佳制度。我国政党制度扬弃了苏东社会主义国家“一党制”和西方资本主义国家“多党制”的弊端，发挥出两者的综合优势。更有利于“把全国人民的力量集合起来，干出轰轰烈烈的事业”。在国际局势瞬息万变、敌对势力加紧思想渗透的新形势下，无论理论工作者还是普通民众都要保持客观而冷静的头脑，深入且全面地分析当前思想政治领域里的一切纷争，切不可在西方“普世价值”和“宪政民主”的陷阱中迷失了自己和方向。

《中国党际协商民主的政治价值与功能开发》（丁长艳，《社会主义研究》2014 年第 2 期）

在中国的政治结构与日常政治行为中，政党既是政治系统内部要素之一，同时也是缔造与改变政治系统的外在支配要素。新中国建立之初，党际关系分别基于《共同纲领》和《中国人民政治协商会议章程》，从性质归属角度看，“执政党与非党势力的合作是其领导责任的一部分。”党际协商民主关系经历了从分散的、由领导人态度支配的形式，逐渐制度化与相对规范化，在政治与政策领域形成了多种协商机制与协商形式。党际协商主要包含两大方面，一是党际之间的日常协商活动与机制；二是通过人民政协进行的政治协商。党际协商民主的对象与范围与时俱进，并在局部制度的内部形成特定类型的政治行为惯例。

当前中国政治发展的重心主要是围绕政策问题展开，公共政策必须围绕满足民生需求与实现社会公平的政治议题。党际协商为国家与政府的治理提供了合法化的政治功能，为政府决策与执行的合法性进行佐证。党际协商民主围绕民生的公共政策议题，协商过程与协商导向必须要围绕现代民主政治的价值展开，主要体现在三大基本方面。

执政环境转型促使中国的政党结构随之变迁，政党体系面临结构和功能的双重转型趋势，如前所述，党际协商民主的政治功能与机制是与国家治理的制度化趋势相伴随，因为每个阶段国家治理任务重心变化，党际协商民主的制度化与程序化过程也要与时俱进。党际协商民主从组织化向制度化发展是第一步，未来政治功能开发是制度化的继续深化，由制度化趋势向更为具体的程序化转变，实现党际协商民主的有序化。在逐步开放公共政策参与过程基础上，执政党逐步通过将本党成员选入立法机关，通过影响立法实现政党主张。将一部分的公共政策监督权归还人大，党际协商更多地在人大中进行前置性的协商；另外，可以扩大政府过程内的党际协商频次，增加党际协商与社会公众的互动性，执政党与各民主党派通过协商过程，以及与民众的不断互动，形成符合民意的决策结果。

党际协商民主的公共政策功能能否有效运行，需要将党际协商过程合法化与制度化。从理论与现实双重角度看，党际协商民主对于改善相对封闭的关门决策有很好的作用，不同的政党基于各自代表的社会阶层与民众，拥有不同的社会基础。党际协商过程能够将不同党派代表的声音传递到决策者的视野中，但是如何保证实现党际协商民主的经常化与规范化，新的政治合法化过程不可缺少。因为，现代国家治理要求政党不仅要代表公共利益，还要保证有能力实现这个目标。

与改革开放前的党际协商历程相比，今天的党际协商及其对应的社会基础、围绕的政策性议题以及处理的社会问题性质等，已经不可同日而语。围绕民生与民主、分歧与共识、利益冲突与社会团结的发展性问题，党际协商民主的政治价值开发、制度与机制的创新势在待发，才能更好处理发展中问题与后发展问题。

《西方政党政治与超政党体制：比较与竞争——兼论中国政党制度生命力》（汪波，《社会主义研究》2014 年第 6 期）

从制度设计来看，西方政党体制能广泛吸纳多元利益诉求，通过多党竞选来组织政府，吸纳和整合公众诉求转化为公共政策。但是，从制度实践来看，作为现代两党竞选制样板的美国，共和党与民主党两党尖锐对立，“否决政治”盛行，使竞选中的施政承诺无法展开，使必要改革措施无法实施，国家实力随之相对衰弱。从伊拉克到阿富汗，从乌克兰到泰国，一些发展中国家采用了西方政党模式，在社会高度分化之后却又面临社会难以“统合”的难题。

从政党体制来看，中国共产党虽然名字叫党，但与西方“党”的内涵完全不同。那么，如何在概念上区别对这两种不同内涵的党？超政党体制的提出并不旨在人为制造一个新概念，而希望从本质上区分两种不同的政党体制。超政党体制不是指党员人数规模的超级政党，也不是政党具有超级特权，而是指该政党能超越各种利益集团各种单一而相对独立的利益诉求，能代表国家整体的根本利益，基于与各民主党派与各利益集团的民主协商，对各利益集团的利益诉求进行有效统合引导，形成全社会包容性共识，最终聚焦于国家统一有效的战略治理。

相对于西方政党体制，超政党体制统合能力更强，既能代表与体现各民主党派与各利益集团的有益诉求，又能有效整合与协调社会不同利益，形成全国一盘棋的战略发展。中国政党制度在中国现代化建设过程发挥着有效协调统合功能，体现出显著优越性：以合作协商代替争斗，避免了政党倾轧，最大限度减少社会内耗，维护社会包容性共识。

国家竞争本质上是制度竞争。竞争是制度变迁的基本动力，政治制度是相互竞争中不断发展，不断完善，永不停息。现代社会是动态的多元化社会：社会阶层多元化、所有制形式多元化、利益主体多元化、社会思想文化多元化。面对着高度多元化的现代社会，相对于西方政党体制，超政党体制能更超然地实现利益表达与利益代表功能、利益整合功能、绩效功能。

与此同时，随着中国特色的政治文明建设不断推进，中国政党制度将在宪法结构下不断完善民主与法治、进一步强化社会统合能力。国家治理体系和治理能力的现代化已成为"第五个现代化"，中国基本制度基础上治理体系和治理能力的现代化将成为"中国梦"的基本驱动力。

王江燕　中央社会主义学院中国政党制度研究中心副教授

执政党研究

执政党研究述评

2014年中国共产党自身建设的重点工作仍延续了十八大以来从严治党的基本态势。一是继续完成群众路线教育实践活动。2014年10月，习近平总书记在中央群众路线教育实践活动总结大会上发表重要讲话，提出从严治党的八点要求；12月，习近平总书记在视察江苏时，把从严治党的表述提升为“全面从严治党”，并列入“四个全面”战略布局。另一个是继续保持反腐高压态势，2014年全年有42名省部级以上高官落马，包括周永康、徐才厚、令计划、苏荣等副国级以上高官。在这样的背景下，2014年执政党建设的研究最突出的两个板块分别是：对党的群众路线、群众工作、党群关系和群众路线教育实践活动进行深入分析；对腐败现象、腐败治理、权力监督、廉洁政治等问题的系统研究。在常规性的执政党研究方面，党的思想建设包括对党性、理想信念的研究，党的制度建设如民主集中制、党员管理制度的研究，干部队伍建设包括干部能力素质问题及提升的研究，新形势下的基层党组织建设包括基层服务型党组织的研究，都有较多的成果。此外，2014年执政党建设研究还呈现了一些新的特点，一是对执政党与国家治理、社会治理相互关系的研究有了较多的探讨，这与十八届三中全会提出改革的目标是“国家治理体系与治理能力现代化”密切相关；另一个是对执政党依法治党、依法执政的研究有了新的进展，体现了对十八届四中全会提出“全面推进依法治国”的理论回应。总体来看，2014年关于执政党建设的研究，紧密围绕重大的现实政治问题深入剖析并提供理论指引，对于当代中国政治发展的前沿问题也能及时回应，充分展示了党建学科的时代性、政治性和实践性的特点，同时，对部分专题研究的学理性、系统性有所增长。当然，也存在着需要改进的地方，比如，多数研究成果仍属于策略性的分析或对策建议，战略性的研究成果仍然稀缺，尤其是围绕“全面从严治党”这一宏观性战略问题的研究亟待加强。又如，对党的建设几个常规板块的研究，与法治、治理等新的理论元素的结合仍很薄弱，体现了党建研究中传统与创新两种话语模式的隔阂，需要在今后的研究中进一步融合。现将2014年执政党建设的主要研究成果概述如下：

一、群众路线、群众工作和党群关系研究

党的群众路线教育实践活动持续到2014年10月基本结束。通过历时一年多的教育实践活动，广大党员、干部受到了马克思主义群众观点的深刻教育，贯彻群众路线的自觉性和坚定性有明显增强，党内一度横行的形式主义、官僚主义、享乐主义、奢靡之风

得到有力整治，群众反映强烈的突出问题得到有效解决，党群关系有了很大改善，以转作风、改作风为重点的制度体系建设也得到加强。为指导群众路线教育实践活动的深入开展并对其进行理论总结，党建理论界继续围绕群众路线进行了广泛、深入、持续的研究，涌现了大量的研究成果。这些成果主要涉及群众路线的内涵及其发展、群众工作的改进与创新、党群关系的维护、党的作风建设等问题。这些研究成果进一步深化了马克思主义群众观点和群众路线理论，进一步深化了对新的历史条件下党的群众工作、党群关系的认识，对于推动党的群众路线教育实践活动顺利完成，对于促进党群关系建设和党的作风建设长效机制也起到了有效的理论指引作用。

（一）对党的群众路线内涵认识的深化

2014 年的执政党研究中，学者们对群众路线的内涵挖掘更为深入。论述的视角呈现多样化，有的从历史发展脉络与时代特征来梳理群众路线内涵特点的演变，还有的从哲学根基、执政理念的深度来探讨群众路线的内涵和意义，也有的把群众路线与其他重要政治概念如执政理念、社会主义民主等联系起来分析，拓宽群众路线的研究视野。对于群众路线的深入研究，有助于党员干部更好地理解群众路线的深刻内涵和重大意义。

1. 关于群众路线的时代特点的研究，主要有闫志民的《论党的群众路线的时代特征》（《中国特色社会主义研究》2014 年第 1 期），苏若群、姚金果的《不同时期群众路线诸要素的不同特点》（《理论探讨》2014 年第 2 期），许耀桐的《群众路线与执政依靠》（《长白学刊》2014 年第 3 期）等。

闫志民在《论党的群众路线的时代特征》一文中认为，党在不同的历史时期，坚持群众观点和群众路线，具体的环境条件、解决的主要问题、采用的路径方法是不完全相同的，因而会形成各自不同的特点。从环境条件的特点来看，革命战争时代我们党只能依靠广大人民群众。改革开放以来，市场经济的消极作用尤其是拜金主义影响了党群关系。党的群众路线实践面临着一系列新的问题：是以人为本，还是以物为本；是执政为民，还是以权谋私；是联系群众，还是官僚主义；是艰苦奋斗还是享乐主义。解决这些问题，不能再用革命战争时代的方法，必须进行创新，一是进行群众路线教育，不断提高党员干部对群众路线的认识，增强他们坚持群众路线的自觉性。二是进行群众路线方面的制度建设，逐步形成科学、严密的制度体系，为贯彻执行群众路线提供根本保障。

苏若群、姚金果在《不同时期群众路线诸要素的不同特点》一文中也认为，时代条件发生变化的情况下，实行群众路线的主体（党）和客体（群众）呈现出不同特点，与此相适应，群众路线的内在要求和实现途径也就有所区别。从主体来看，革命党和执政党时期的共产党有显著不同，尤其是当前党的干部由于成长经历的原因对群众路线的极端重要性缺乏认识，公仆意识淡薄。从客体来看，“一切为了群众”其内涵已体现为“人民幸福”，受到经济社会发展诸多问题的制约；“一切依靠群众”，也受到四风问题的挑战；“从群众中来，到群众中去”的工作方法也因为未能处理好“为谁执政、如何执政”的问题，“一来一去”变少了，增加了脱离群众的危险。该文还认为，只有厘清这些时代差异，才能更加准确地把握当前实行群众路线的着力点和基本途径，使群众路线更符合时代要求、更具有可操作性。

许耀桐在《群众路线与执政依靠》一文中认为群众路线科学地解决了中国共产党执政依靠的问题。无论是共产党进行革命还是执政，都必须依靠群众。但是，由于环境的变迁，条件的变化，革命依靠与执政依靠二者又各自带有自身的特点，也有着明显的区别。革命依靠处于压力状态，执政依靠则处于舒缓状态；革命依靠具有唯一性，执政依靠则具有可选性；革命依靠主要是经济输出，执政依靠则是全面输出。革命依靠与执政依靠的对比表明，群众路线在革命时期和执政时期经历了两个不同的发展阶段。执政时期要获得的执政依靠，远比革命时期更为复杂、困难，它面临着缺失压力、易变蜕化、偏离重点的三大问题。许文认为，解决这些问题的出路就在于把群众路线与民主政治结合起来，让民主政治形成贯彻群众路线的压力机制，让民主集中制中的民主来克服官僚主义，以保障人民的权利来对干部的权力进行监督和制约。

2. 关于群众路线的内涵特点的深入论述，主要有夏文斌的《群众史观的当代阐释——党的群众路线教育实践活动的哲学解读》(《前线》2014 年第 2 期)，王常柱、胡启南的《群众路线的政治伦理意蕴及其内在关系》(《求实》2014 年第 2 期）等。

夏文斌在《群众史观的当代阐释》一文中认为群众路线教育实践活动所秉持的“为民”、“务实”、“清廉”包含了深邃的群众史观思想。一是要在为民中把握历史创造的主体和动力，深刻把握我们党的事业依靠谁、为了谁的问题，充分尊重人民群众的首创精神，坚定不移坚持一切为了群众的基本路线。二是要在务实中探索社会进步的内在规律，坚持唯物主义的观点，从纷纭复杂的现象中探索其内在的规律，避免教条主义和经验主义的错误思想方法，花大力气进行调查研究。务实与为民是紧密联系在一起的，“实”，是广大人民群众的实践活动，在这样的“实”中去学习去研究，才会获得不竭的动力，才会与广大人民群众的联系更加紧密。三是要在清廉中厘清政党和群众的基本关系。马克思主义政党的先进性不是一种理论的抽象，而是在其一经产生就被历史和实践所赋予的，先进性的保持就在于党无论何时何地都与广大人民群众保持着血肉联系。

王常柱、胡启南在《群众路线的政治伦理意蕴及其内在关系》一文中从政治伦理的角度分析了群众路线所包含的政治伦理内涵：清楚地表明了中国共产党全心全意为人民服务的政治情怀体现了中国共产党的政治立场，根本上规定了中国共产党政治实践的价值基础；体现了中国共产党的政治目标，规定了中国共产党政治实践的价值指向，即“一切为了群众”；体现了中国共产党的政治方法，规定了中国共产党政治实践的方法选择，即“从群众中来，到群众中去”；体现了中国共产党的政治道德，规定着中国共产党政治实践的道德标准。这四个方面的政治伦理意蕴相互影响，共同构成一个价值系统。在这个系统之中，各内容之间存在如下四种关系形态。一是价值基础对于系统性质以及主体确立价值指向、方法选择和道德标准具有决定作用。二是价值指向对于系统走势以及主体坚持价值基础和道德、进行方法选择具有决定作用。三是方法选择对于效能释放以及主体坚持价值基础和道德、践行价值指向具有决定作用。四是道德标准对于系统动力以及主体坚持价值基础和目标、达成道德诉求具有决定作用。

3. 关于群众路线概念内涵的拓展研究，主要体现为探究群众路线与其他政治概念的内在联系，相关论述有蔡文成的《多维一体：党群关系与党的执政合法性建构》(《中州学刊》2014 年第 2 期)，李亮、王凯的《共性・差异・互补：民主与群众路线关系再认识》

（《求实》2014 年第 1 期）等。

蔡文成在《多维一体：党群关系与党的执政合法性建构》一文中认为，合法性是党的领导和执政的根本问题，中国特色社会主义政治的基本原则是党的领导、人民当家做主和依法治国的有机统一，这一根本政治特征决定了中国政治合法性的实质是党群关系问题。党的合法性建设既是一个历史过程也是一个系统工程，是主观和客观、内容和形式、过程和结果的辩证统一。党群关系与党的执政合法性相互联系、相互作用、相辅相成。党群关系形成并奠定执政合法性的条件与基础；党群关系决定和影响执政合法性的内容与形式。党群关系的形成、发展和完善的过程，正是中国共产党“多维一体”合法性体系的建构与巩固过程。其中，党群关系的价值和理念是形成党的执政的规范合法性（主观）的理论基础；党群关系的形成和发展构成了党的执政的经验合法性（客观）的历史基础；党群关系的互动和完善构成了党执政的程序合法性（形式）的制度基础；党群关系的健康与和谐成为党执政的绩效合法性（内容）的实践基础。党的执政合法性系统不仅奠定了党的执政基础，而且有助于促进党的领导、人民当家做主和依法治国的有机统一。

李亮、王凯在《共性 • 差异 • 互补：民主与群众路线关系再认识》一文中分析了民主与群众路线的区别与联系。从共性来看，群众路线的精髓内嵌于民主的内涵当中，民主与群众路线在实施过程中各个环节都需要充分尊重人民意见，采取有利于人民的政策，社会主义民主政治建设的根本出发点和归宿与坚持党的群众路线也是一致的。从两者的差异来看，民主既是手段也是目的，是两方面的统一，而群众路线是一种工作方法和工作手段；民主是国家机关决定重大问题时的一种程序，在实践运行中有完备的制度予以保障实施，而群众路线是党员干部随时随地实现为人民服务宗旨的一条重要途径，在具体实践过程中往往缺少程序化和有效的监督制约机制。民主是“人民的统治”，实际上就是“人民”中多数人的统治，强调“多数原则”即少数服从多数，群众路线实行“从群众中来，到群众中去”的领导方法和工作方法，集中广大群众的正确意见，形成领导的决定，然后再回到群众中去，指导群众行动。民主与群众路线不能相互替代，但两者是互补的。要实现两者的有机结合，首先要强调人民群众在社会主义民主政治中的主体地位，以期达到与民主建设目标、价值上一致；其次要把程序性保障作为群众路线在民主政治建设过程中努力追求和创新的方向；最后，应努力将群众路线作为我国目前扩大公民政治参与行之有效的渠道和形式。

（二）对践行群众路线及教育实践活动的论述

对于 2014 年仍在实施过程中的党的群众路线教育实践活动，学者们就新的历史条件下如何践行群众路线进行了分析，如新媒体对群众路线带来的影响，民生政治和群众路线践行的关系等，对群众路线的实践在当前的发展，学者们也有较多的探讨，尤其是对群众路线和实现中国梦的理论与实践关系，作了深入的论述。此外，习近平总书记在党的群众路线教育实践活动总结大会上的讲话，也从经验总结和实践工作的角度对今后的群众路线践行与发展作了明确部署。

1. 关于新的历史条件下践行群众路线的研究，主要论述有张家芳的《新媒体时代践行群众路线的机遇、挑战与路径选择》（《长白学刊》2014 年第 2 期），韩喜平、尤绪超的《群众路线教育实践活动的民生导向与实效研究》(《思想理论教育导刊》2014 年第 8 期)等。

张家芳在《新媒体时代践行群众路线的机遇、挑战与路径选择》一文中认为，以个人为中心的新媒体已经从边缘走向主流，深刻地改变了中国社会。在践行群众路线的每个环节中，新媒体都具有传统媒体不可比拟的独特优势，同时也使党的群众工作面临着巨大挑战。新媒体为践行群众路线带来的机遇主要有：创造党群沟通的便捷性，中间环节缩减，沟通提速，沟通面拓展；提升民意研判的准确性，网民占总人口的四成，相当程度反映民意；增强公共决策的科学性可行性，舆论监督成为重要制约力量；保持干部队伍的纯洁性，网络舆论的监督促进了反腐倡廉工作。新媒体也使践行群众路线面临巨大挑战：民主化浪潮的挑战，群众对民主政治有更高的期待和要求；价值观引导的挑战，尤其是不良信息的干扰；代表民意的挑战，官员负面信息损害了执政党的形象。能否代表民意是应对这些挑战的中心问题，其关键环节是利益改革，应对这些挑战的路径均指向制衡公共权力，完善监督机制，而能否建立有效的监督人权利保护机制，已成当下保障群众以及党员干部民主监督权力的关键所在。

韩喜平、尤绪超在《群众路线教育实践活动的民生导向与实效研究》一文中从改善民生的角度来探讨群众路线教育实践活动的成效。该文认为，保障民生是中国共产党的执政使命，人民群众始终是党的坚实执政基础，人民对改善民生的期待要求全面深化改革，推动了党的群众路线教育实践活动的开展。党的作风建设事关民心向背，党的群众路线教育实践活动强化了密切联系群众的作风，激发了党员干部的民生情怀。开展党的群众路线教育实践活动，本质上就是为了更好地服务人民，更多地增加人民福祉，使改革发展的成果更公平地惠及全体人民。改善民生作为党的群众路线教育实践活动的一条主线，强化了民生服务意识，形成了取信于民、问政于民、问需于民、问计于民的政治气候和社会风尚，推动了民生评价机制和政绩考核机制的形成，提升了干部的民生服务能力和水平，取得了一系列显著的民生建设效果，丰富了党的民生发展理论，积累了宝贵的经验，探索了一条适合中国国情的民生建设道路。

2. 关于群众路线的践行与实现中国梦的关系，学者们进行了深入的探讨，主要成果有程美东的《论中国梦与群众路线的内在联系》(《中国特色社会主义研究》2014 年第 2 期)，李建华、牛磊的《践行群众路线：同心共筑中国梦的内核与灵魂》(《湖湘论坛》2014 年 3 期)等。

程美东在《论中国梦与群众路线的内在联系》一文中认为，中国梦发展战略与党的群众路线存在着内在的联系，实现中国梦必须要走群众路线；中国共产党坚持走群众路线，其重要的目标就是实现中华民族伟大复兴的中国梦。首先，中国梦的内涵和群众路线的本质要求相一致。实现中国梦，必须紧紧依靠人民，发动人民的积极性，而群众路线就是要使全党牢记宗旨，以优良的作风凝聚人民。其次，中国梦的实现目标与群众路线的价值追求相一致，都以国家的富强、人民的幸福自由、社会的安定和谐繁荣为基本取向。第三，中国梦的实现主体决定了必须坚持走群众路线，中国梦是全体人民之梦，必须依靠人民群众来实现。第四，中国梦实现是群众路线提出的直接动因，中国梦是中华民族伟大复兴之梦，中国共产党在革命斗争中提出群众路线，就是要结束旧中国的外辱内乱局面，实现国家富强、民族振兴、人民幸福。第五，中国梦的最终实现需要党以创新的精神贯彻群众路线，当前，实现中国梦的道路已经找到，根本问题就是要凝聚中国力量、弘扬中国精神，而开展群众路线教育实践活动，就是重要的手段。

李建华、牛磊在《践行群众路线：同心共筑中国梦的内核与灵魂》一文中认为，中国梦与群众路线教育活动是以习近平总书记为代表的党中央近期提出的重要施政方针，群众路线的践行实际上是构筑中国梦的内核与灵魂。中国梦的前提和基础所要解决的是为谁筑梦、实现谁的梦想的问题。群众路线的第一个基本原则便明白无误地告知了我们答案：一切为了群众。中国梦的实现不能仅凭空洞的口号，必须要在以人为本的基础上，让我们的党真正成为一个代表最广大人民的根本利益的、以“利为民所谋”为执政指南的执政党，而群众路线的践行才能凝聚人民的力量。群众路线也是实现中国梦的技术指南，中国梦要得以实现，则要求广大领导干部必须自发自觉地将手中所掌握的公共权力限制在法律法规的范围之内，有效抑制乃至彻底杜绝以权谋私、中饱私囊、贪污腐败、奢侈浪费等诸种违法乱纪的情况，而这正是教育实践活动的主旨“为民、务实、清廉”的要求。群众路线对人民主体地位的强调，能够有效减少乃至避免在中国梦的前进道路上走弯路的隐患。最后，群众路线也是中国梦实现的评估依据，群众对幸福生活的追求，构成了中国梦最坚实的基础。

3. 关于群众路线教育实践活动的总结的论述，主要体现在习近平总书记《在党的群众路线教育实践活动总结大会上的讲话》（《人民日报》2014 年 10 月 9 日 3 版），在理论界的总结成果主要有张景荣的《党的群众路线在新形势下的坚持和发展——关于党的群众路线教育实践活动的思考》（《观察与思考》2014 年第 9 期）等。

习近平总书记《在党的群众路线教育实践活动总结大会上的讲话》首先总结了历时一年多的教育实践活动的成效，主要有：广大党员、干部受到马克思主义群众观点的深刻教育，贯彻党的群众路线的自觉性和坚定性明显增强；形式主义、官僚主义、享乐主义和奢靡之风得到有力整治，群众反映强烈的突出问题得到有效解决；恢复和发扬了批评和自我批评优良传统，探索了新形势下严肃党内政治生活的有效途径；以转作风改作风为重点的制度体系更加完善，制度执行力和约束力得到增强；影响群众切身利益的症结难点得到突破，党的执政基础更加稳固。然后，习近平总书记总结了这次教育实践活动积累的新的经验，主要有，必须突出重点、聚焦问题；必须领导带头、以上率下；必须以知促行、以行促知；必须严字当头、从严从实；必须层层压紧、上下互动；必须相信群众、敞开大门。进而，习近平总书记对新形势下从严治党提出了八项要求：第一，落实从严治党责任，各级各部门党委要把抓好党建作为最大的政绩。第二，坚持思想建党和制度治党紧密结合。从严治党靠教育，也靠制度，二者一柔一刚，要同向发力、同时发力。第三，严肃党内政治生活。第四，坚持从严管理干部，领导干部要严以修身、严以用权、严以律己，谋事要实、创业要实、做人要实。第五，持续深入改进作风，作风建设永远在路上，永远没有休止符，必须抓常、抓细、抓长，持续努力、久久为功。第六，严明党的纪律，纪律面前一律平等，党内不允许有不受纪律约束的特殊党员。第七，发挥人民监督作用，让人民支持和帮助我们从严治党。第八，深入把握从严治党规律。

张景荣在《党的群众路线在新形势下的坚持和发展——关于党的群众路线教育实践活动的思考》一文中对党的群众路线教育实践活动从理论发展的角度做了系统的总结和

梳理。该文指出，十八大以来，以习近平同志为总书记的党中央领导全党开展党的群众路线教育实践活动，在新的形势下坚持和发展了党的群众路线。首先，强调群众路线在党的建设中的重要地位和作用，结合当前实际，阐明了群众路线的重大现实意义，是实现党的十八大确定的奋斗目标的必然要求，是解决群众反映强烈的突出问题的必然要求，是保持党的先进性和纯洁性、巩固党的执政基础和执政地位的必然要求。其次，以为民务实清廉作为党的群众路线教育实践活动的主要内容，紧紧把握住了党的群众路线的基本点。为民是党的群众路线的核心内容，务实是党的群众路线的基本要求，清廉是坚持和贯彻党的群众路线的基础条件。第三，要求教育和实践两手抓，指明了坚持和贯彻群众路线的具体途径。教育，是要解决思想认识问题，使践行群众路线在全体党员、干部中成为普遍自觉。实践，则要突出问题导向和整风精神，通过整改将群众路线落到实处。无论是教育还是实践，都要坚持领导带头。第四，提出“照镜子、正衣冠、洗洗澡、治治病”总要求，要求开门搞活动，创造了加强和改进作风建设、保持党同人民群众血肉联系的新形式。第五，强调坚持和贯彻群众路线的长期性，要求着眼长远、建立健全促进党员、干部坚持为民务实清廉的长效机制。

（三）对改进党的群众工作与党群关系的论述

群众路线的贯彻落实的直接目标就是改进党的群众工作，最终目标是构建密切的党群关系，使群众工作和党群关系能够适应社会转型和党的历史方位变化带来的各种新情况，能够适应国家治理体系和治理能力现代化的需要。这就需要对党的群众工作所面临的新形势、新情况、新问题做细致的分析，进而为党的群众工作的适应性变化提供方法论的指导，推动群众工作的制度化、常态化和实效化。2014 年理论界对党的群众工作的研究主要围绕两个方面，即群众工作面对的社会发展新特点的研究和群众工作的发展方式和趋势研究。此外，也有学者对于新形势下党的群众工作的评判作了分析。

1. 关于群众工作面临的社会发展新特点的研究，一是从群众工作在社会转型环境下的模式变迁的历史角度来探讨，主要成果是杨久华、张登国的《试析新时期多主体多向度群众工作模式的特征、依据及转型路径》（《求实》2014 年第 7 期）；二是对当前社会发展的个体化趋势对群众工作的影响作深入剖析，主要成果有祝灵君的《社会发展的个体化趋势与党的群众工作》（《理论视野》2014 年第 4 期）。

杨久华、张登国在《试析新时期多主体多向度群众工作模式的特征、依据及转型路径》一文认为，传统群众工作模式就是 20 世纪五六十年代中后期以来形成直到党的十八大召开前这一历史阶段内由群众工作主体、工作向度、方法以及体制机制等所构成的群众路线践行模式（不包括“文革”时期）。这一模式在主体上呈现单一性特征，即以党的组织、领导干部、专职群众工作者作为群众的组织者、宣传者和动员者；在工作向度上，呈现自上而下的单向度特征，人民群众被看做是群众工作的对象和客体，甚至是工具；在动力保障机制上，倚重内在主观动力的特征，忽视制度层面的动力机制建设。新时期党所处的地位、环境以及自身状况都发生了重大变化，客观要求向多主体多向度群众工作模式转型。新的群众工作模式的特点，一是主体多样性，工作主体还应包括政府、人大、司法部门、政协、自治组织、社会团体、企业以及群众自身。二是多向互动，各主体之间呈现多向度并且良性互动的状态。三是方式方法的多样化特征，还应纳入法律的渠道、民主的方式。四是动力多元，除传统的理想信念、组织要求等动力外，还应发掘民主的制度性强制力、社会组织的公益诉求、社会个人以及不同利益群体间的平等博弈等动力。

祝灵君在《社会发展的个体化趋势与党的群众工作》一文中认为，个体化是社会制度以及个体与社会关系的一种结构性、社会学的转变。改革开放以来，中国社会已经出现了个体化趋势。导致个体化趋势的原因主要有：计划经济时代形成的国家与社会管理体制的解体；全球化的扩展；信息化与新媒体的推动作用；市场化的出现扩展了资本的话语权；城镇化改变了传统家庭的结构与功能；独生子女政策的影响。群众工作是做具体人的工作，个体化社会的出现给党的群众工作带来全新的挑战。应对挑战，党的群众工作还需要重点关注以下领域：第一，劳动关系的新变化需要我们从战略高度审视和谐劳动关系的意义；第二，家庭依然是我国人民精神与经济最可靠的支柱；第三，关注贫困人口、创新救助方式是当前群众工作的重点；第四，倡导个体化社会中的社会责任；第五，积极主动地尊重年轻人的生活观念，适应年轻一代的生活方式；第六，适应消费主义浪潮，保护消费者权益；第七，重建社会信任；第八，更加重视党的宣传工作并实现方式方法创新。

2. 关于党的群众工作的创新发展与制度化、常态化，学者们结合群众路线教育实践活动的实践经验进行了探讨，主要研究成果有李传兵的《新形势下创新党群工作制度的实践与思考》（《贵州社会科学》2014 年第 5 期），肖剑忠的《党员干部直接联系群众：保持党同人民群众血肉联系的一种操作性思路》（《中共杭州市委党校学报》2014 年第 1 期），戴焰军的《要把党的群众工作常态化》（《前线》2014 年第 6 期）等。

李传兵在《新形势下创新党群工作制度的实践与思考》一文中提出要以改革创新的态度创新党群工作制度，才能更好地从制度上理顺党群关系。创新党群工作制度，从具体策略来看，一是要改进工作方法，培养群众对创新党群工作制度的认识和参与力。要运用好现代技术的交流载体、沟通渠道，加大创新党群工作制度的推动力度；要运用结合和渗透相结合的方法推进党群工作制度创新，将党群工作制度与其他工作制度相结合，渗透到其他工作和其他行业中去。二是要协调利益关系，加强群众对制度创新的理解和支持。三是推进党群联合共建，作为发挥党的主导作用和社会参与的新路径，调动群众参与制度创新的积极性。四是改善社会环境，规范制度创新，为制度创新提供健全的保障和良好的氛围。要优化党群工作的政策环境，规范党群工作制度的创设和实施呈现；要优化党群工作的服务环境，加强工作制度的改革；要优化人文社会环境，扩展工作制度的发展思路。对于创新党群工作制度的支撑点和突破口，该文认为，要使党群工作制度步入正轨，使制度创新得到实现，除了积极改进工作方法，改善社会环境外，还要深入进行党群工作理论研究，提高领导决策水平，改善民生，找到创新党群工作制度的突破口，并使之成为创新党群工作制度的有力保证和支撑。

肖剑忠在《党员干部直接联系群众：保持党同人民群众血肉联系的一种操作性思路》一文中针对党的十八大首次正式提出“完善党员干部直接联系群众制度”从理论和实践上进行了深入剖析。该文认为，党员干部直接联系群众的具体制度主要有：领导干部与群众“三同”（同吃、同住、同劳动）、群众信访、领导干部走访慰问、领导干部结对帮扶困难群众、领导干部蹲点调研等。党员干部直接联系群众对于执政的中共具有特殊的重要意义：有助于增强党执政的合法性基础，进而有助于巩固党的执政地位；有助于促进党的决策科学化，进而有助于更好地实现最广大人民群众的根本利益；有助于宣传党的政策主张，进而有助于提高党的执政能力。该文认为，在执政的条件下，党员干部直接联系群众面临着现实的挑战：部分党员干部患有“权力依赖症”，从而缺乏直接联系群众的动力；部分党员干部成为不法分子的重点公关对象，从而缺乏直接联系群众的热情；直接的利益冲突使得部分党员干部成为群众的对立面，从而缺乏联系群众的勇气。加强党员干部直接联系群众，可以从如下方面着手：建立干部党代表接待选区群众制度；建立党员干部下基层同吃、同住、同劳动制度；建立领导干部直接联系行业代表制度；建立党员干部志愿服务制度；建立党员干部返乡走亲制度；健全基层干部培养选拔机制；完善党员干部结对帮扶制度；改进领导干部调研制度。

戴焰军在《要把党的群众工作常态化》一文中认为在群众路线教育实践活动基础上如何进一步提高党的群众工作的制度化水平，健全完善党的群众工作的常态化机制，是我们下一步需要下工夫解决的重要问题。一是要推动群众工作向法制化制度化规范化迈进。做到这一点，要深刻认识到党的任务、党实现人民利益的途径和方式、党与人民群众的关系都发生了变化。二是要完善利益诉求群众参与机制。要清醒地看到，群众工作的常态化机制尚不够健全和完善，还没有完全纳入常态化的社会治理体系之中，还没有完全纳入法制化轨道，群众反映的各种问题，常常不是也很难通过正常的法治途径来实现，在各种重大问题决策中广大群众的参与程度不够。三是要整体思考健全制度体系。认识到提高党的群众工作制度化水平，需要我们在党的群众工作方面转变思维方式，改变思想观念，对于党的群众工作传统优势，需要从制度层面不断丰富、发展、完善。最后，要把党的群众工作纳入到整个国家治理体系的完善和治理水平的提高这一总目标下，通盘考虑和设计。

3. 对于党的群众工作的评价机制的建构，王海峰在《基层民主发展中群众工作评估体系的建构》(《湖湘论坛》2014 年第 6 期）一文中结合基层民主的发展及其与党的群众工作的契合进行了分析。该文认为，基层民主的有效发展，是程序民主与实质民主的有机统一，关键在确立人的主体性地位，这需要在价值理念上充分尊重人的主体性和确立人的主体地位，推进以群众权利为核心的国家制度建设，在民主机制的运行中充分纳入人的参与，充分发挥民众参与的作用。党的群众工作是党的生命线，也是推动基层民主发展的有力杠杆和平台。确立人的主体性地位就要由群众来评判群众工作，这是人民主体地位的必然反映，是中共的基本价值立场，是夯实党的执政基础的客观要求，也是群众工作科学化的有效途径。进而，该文提出要充分发挥人民群众在基层民主治理中的主体作用，建构群众工作的评估体系：明确以群众为主的评估主体体系；确定科学合理的评估标准；构建群众工作评估的指标体系；创新评估的手段方法；建立群众工作评估的制度化体系。

二、反腐倡廉建设研究

2014年的反腐败斗争依然如火如荼，在查处贪腐高官、整顿官场作风、推进廉洁政治、完善国家治理体系等方面取得重大进展。执政党厉行反腐不仅改善了党和政府的形象，提升了政府公信力，也使反腐倡廉及相关的权力监督与制约问题成为理论界持续关注的热点话题。相关的研究内容涵盖了腐败现象及其成因的分析、反腐败与国家治理体系建设、反腐倡廉制度机制建设、网络反腐、干部财产公示、纪检监察制度改革等方面。在这些研究成果中，尤为值得关注的是，对于反腐败各项制度机制建设的研究以及对于反腐倡廉建设与国家治理体系建设的研究，体现了理论界推动反腐败由治标向治本发展的理论努力。这些研究成果对于人们更为深刻地认识反腐倡廉斗争的新形势和深刻性、艰巨性、系统性，为构建更有效、更完善的反腐倡廉新机制发挥了重要的理论引导作用。

（一）关于腐败现象及其成因的研究

2014年理论界对于中国腐败现象的分析焦点已经不仅是对腐败状况总体性、宏观性的评估，而是把焦点放到对特定腐败对象、腐败领域、腐败环节、腐败规则的剖析上，进一步深化了人们对腐败现象的认识。对于腐败现象成因的挖掘，则仍然聚焦于对权力腐败的本质分析以及对权力人腐败的动因分析方面。这些分析也有利于深挖腐败产生的根源，为反腐倡廉建设提供更有针对性的理论指引。

1. 关于特定人员腐败现象的分析。较为突出的研究包括对省部级一把手贪腐和农村基层组织人员腐败的研究等，前者总结呼应了当前反腐倡廉斗争中最为引人关注的打“老虎”，后者则对应了人民群众深恶痛绝并深受其害的“小官巨贪”、“苍蝇横行”的现象。主要研究成果有乔德福的《省部级一把手腐败特点、趋势和风险防控机制创新——基于改革开放以来54例省部级一把手腐败案调查思考》（《理论与改革》2014年第3期），刘启君、蒋艳的《农村基层组织人员腐败演变实证分析》（《广州大学学报·社会科学版》2014年第5期）等。

乔德福在《省部级一把手腐败特点、趋势和风险防控机制创新》一文中从官方网络媒体上收集了改革开放以来到2013年底已经受到判刑、党纪政纪处分或免职立案调查的54位省部级一把手违纪违法犯罪信息，采取理论分析与实证研究、定量数理统计与定性逻辑分析相结合的研究方法，对其腐败特点、趋势、风险点进行分析。研究结果显示，省部级一把手腐败具有窝案串案近七成，索贿受贿超六成，带病提拔过半数，特权腐败日益突出，腐败的示范效应很强等特点。其中带病提拔包括了数种情形：一是长期以权谋私，藏而不露，一直未被发现；二是露而难定，在某方面存在严重问题，干部群众也有所反映，没有及时追究，反而在争议中提拔；三是生活腐化，道德败坏，照提拔不误。从腐败的发展趋势来看，省部级干部呈现涉案金额越来越大，年龄越来越小，潜伏时期越来越短，腐败方式越来越隐蔽。腐败地区领域岗位逐渐集中等趋势。省部级一把手腐败风险点相对集中：一是违规违法涉足房地产，二是违规插手企业经营，三是生活腐化堕落加速腐败，四是亲属贪利祸及官员，五是买官卖官结成贪腐生态链。

刘启君等在《农村基层组织人员腐败演变实证分析》一文中收集统计了发生于

1990—2012 年间的 849 个农村基层组织人员腐败案件信息，分析我国农村基层组织人员腐败的主要特征和演变规律。该文依据这些信息，统计结果显示，2000 年以前，我国农村基层组织人员腐败无论是每年新增案件数量还是每年实际发生的腐败活动次数，以及各年度腐败活动涉案金额都处于较低水平，即腐败规模较小；2000 年以后腐败规模开始扩大，每年新增案件数量、每年实际发生的腐败活动次数以及年度腐败金额都处于迅速上升阶段；从各指标年度增长率变化来看，2006 年开始我国农村基层组织人员出现新一轮的腐败高潮。该文对农村基层组织人员腐败活动内容的研究表明，“涉地”项目，具体包括征地、拆迁、出售或租赁集体土地，“三农”项目，包括涉农补贴、专项基金、公益基金、基础设施投入，其中的腐败活动较为严重。我国农村改革各阶段不同的制度安排，尤其是税费制度的改革，客观上为农村基层组织人员从事腐败活动提供了不同的物质基础，腐败内容表现出鲜明的时代特征。此外，农村基层组织人员集体腐败突出，且表现出明显的阶段性增多、加深趋势。

2. 关于特定领域、特定形式的腐败的研究，较为突出的研究包括对党内政治潜规则的盛行进行了剖析，对腐败过程中的寻租网络及隐蔽性的中介行为进行探究，以及对公共工程领域的腐败模式和腐败程度进行分析评估。这些研究相对较为深入，有助于揭开相对隐蔽的腐败内幕，帮助人们了解腐败行为运作的模式与机制，也有助于指引反腐败斗争的深入开展。主要研究成果有周敬青的《党内潜规则研究现状述评及前沿问题探讨》(《中共天津市委党校学报》2014 年第 2 期)，庄德水的《寻租网络、腐败中介及治理策略》(《中共天津市委党校学报》2014 年第 6 期)，肖俊奇的《我国公共工程腐败模式的分析及腐败程度的初步测算》(《观察与思考》2014 年第 8 期）等。

周敬青在《党内潜规则研究现状述评及前沿问题探讨》一文中梳理了近年来理论界对党内潜规则相关研究成果。作者认为，从制度经济学上分析，潜规则属于非正式制度。潜规则作为非正式制度的一种伦理规范，对于中国这样一个注重道德实践和价值优先的国家而言，它对经济社会生活的消极影响很大。非正式制度制约正式制度并影响后者的正常运行。正式制度安排只有在与非正式制度安排相容的情况下才能发挥良好的作用，如果不相容，再好的正式制度安排也有可能失效，甚至被扭曲。关于党内潜规则，既是反腐败斗争最后也是最强大的一个堡垒，也是党内文化建设尤其是廉洁文化建设必须消除的对象，还严重影响了民主集中制的运行成效。作者认为，当前理论界对党内潜规则的研究仍很薄弱，亟须进一步界定党内潜规则的概念，分析其主要表现形式和特征；探究党内潜规则产生的根源及危害；针对党内潜规则在党内不同领域种种表现形式，对如何具体治理提出对策。

庄德水在《寻租网络、腐败中介及治理策略》一文中分析了腐败中介这种新的腐败现象。该文认为，根据腐败中介机构与行贿人和受贿人的利益关系以及利益获取方式，可以把腐败中介行为方式分成三种：间接受贿式，秘密转移式，牵线搭桥式。该文认为，腐败中介根源于行贿人与受贿人之间的信息不对称，腐败中介机构充当双方的中介并形成信息和利益共享的寻租网络。该文还指出，一些中介机构公然把“腐败中介”作为一种日常经营业务，把非法业务收入纳入正规渠道，不仅“漂白”了受贿行为，而且使贿赂本身获得合法的收入名义，这无疑给腐败案件查处工作带来了现实困难。一方面，办案人员难以获得行贿人的供证，贿赂犯罪难以认定，也难以对受贿官员进行惩治；另一方面，腐败官员会在犯罪事实面前以不认识行贿人或完全不知情为借口为自己的罪责开脱，从而增加办案取证的难度，从而使行贿人和受贿人的腐败行为处于失监的安全状态。

肖俊奇在《我国公共工程腐败模式的分析及腐败程度的初步测算》一文中深入分析了我国腐败发生的重灾区公共工程领域的腐败现象。对于公共工程牵涉的多元利益主体，该文认为地方党政“一把手”、行业主管等相关部门领导、业主单位负责人、中介机构、评标专家和工程项目承揽商等利益主体最容易发生腐败。结合公共工程复杂的运作流程，根据腐败主体、权力支撑、涉及环节、腐败手段和腐败方式的不同，该文总结出公共工程腐败的六种典型模式。一是地方党政“一把手”利用决策权，违规插手干预工程建设，谋取非法利益。二是行业主管部门领导利用行政审批权，直接插手干预各自职权范围内的工程建设项目相关环节，谋取非法利益。三是一些不分管工程建设的其他领导干部利用执纪执法权，越位插手干预工程项目建设，谋取非法利益。四是一些工程建设业主单位的有关领导，利用工程管理权，对工程项目进行“暗箱操作”，谋取非法利益。五是一些工程建设领域的咨询、设计、监理、认证、代理和评估等市场中介组织以及评标专家，唯利是图。六是一些工程建设项目的承揽商，大肆行贿或者采取围标、串标等不正当竞争手段，争夺工程建设项目，牟取暴利。该文还利用公开数据和资料，对我国当前公共工程腐败的程度进行初步测算：从腐败立案比例来看，工程建设领域腐败案件数，约占全国腐败案件立案数的10%，高居各行业腐败榜首；从腐败金额来看，粗略估计公共工程腐败约占公共投资总额的25%，高居各行业腐败榜首。

3. 关于腐败现象的本质及其产生原因的分析，既有从腐败者主体的主观方面的探究，如人性的弱点，机会主义的侥幸心理等，也有从权力腐败产生的客观社会本质原因来探讨，包括制度、文化等多方面的影响因素。主要研究成果有刘俊祥的《权力人腐败的机会主义动因及其矫治》(《廉政文化研究》2014年第4期)，王世谊的《论权力腐败的多维本质、显著特征及其成因》(中共浙江省委党校学报）2014年第6期）等。

刘俊祥在《权力人腐败的机会主义动因及其矫治》一文中认为，权力腐败实质上是权力人的违法腐败，是权力人违法滥用公共权力而损公肥私和以权谋私利的行为。权力人的腐败本源于权力人的机会主义人性，表现为机会主义败德行为。所谓机会主义行为，指行为人为了达到自己的目标而不择手段，特别是通过随机应变、投机取巧、算计、欺骗他人和钻空子等非规则性和无原则性手段，损人利己，损公肥私（假公济私），以谋取自己利益更大化的行为。权力人机会主义，从本质上讲，是源于人性矛盾—内耗的损人利己的社会现象，是非正当的逐利行为，会不择手段地追求自身利益的最大化。而制度规制的缺失助推了权力人机会主义的现实生成。在我国影响重大的权力人腐败的机会主义表现形式是“左”右倾机会主义、代理人机会主义和权术机会主义。无论是哪一种形式，如果没有有效的制度规则约束，权力人从本性上必然会利用机会甚至创造机会滥用权力，作出谋求私利最大化的机会主义“败德”行为。该文由此认为，为了防止权力人的腐败，就需要以多重制度设计抑制权力人的机会主义心理，约束权力人的败德行为，矫治权力人的权力滥用。该文还着重指出，人类对权力人机会主义腐败的治理将是一场需要战胜自我本性的持久战。

王世谊在《论权力腐败的多维本质、显著特征及其成因》一文中认为，腐败总是同公共权力密切相关。权力腐败的产生与发展具有政治、伦理、经济、法律、文化等多维本质。从政治本质来看就，权力腐败就是公职人员（担任公共职务或行使公共权力的人员）出于私人目的而滥用公共权力和公共资源的行为。从伦理本质来看，部分公务员的思想伦理道德已经发生堕落，为人民服务的权力观已经弱化，一些人信奉道德相对主义观点，认为这个世界上没有绝对的对和错，也不存在客观的是非标准。从经济本质来看，权力腐败实质上就是权力的商品化、资本化和市场化。从法律本质来看，权力腐败的法律实质实际上是个人意志支配权力，出现超越宪法和法律的权力扩张和越权行使。从文化本质来看，以封建家长制为核心的政治文化在权力阶层的滋长蔓延是权力腐败的文化实质。该文还认为，社会转型期权力腐败呈现出隐蔽性与欺骗性，贪婪性与广泛性，破坏性与危害性，传染性与普遍性，垄断性与可控性等特点。受多维本质的决定，权力腐败的产生和蔓延则是由于多方面的原因合力作用的结果。历史原因主要是官本位思想的影响，思想原因主要是理想信念的失落，经济原因主要是权力的再分配和市场化倾向明显，体制原因体现为新旧体制转换造成的宏观分配体制和权力制约机制的失衡，机制原因主要是权力制约和监督机制不健全。根本原因是社会主义市场经济体制尚不完善，社会转型期各种矛盾频频爆发，长期执政的中国共产党，其自身建设、执政方式和执政能力尚不相适应。

（二）关于腐败的宏观治理研究

对于腐败现象的治理以及廉洁政治的建设，2014 年的研究呈现出新的特点，除了传统的权力监督和制约、惩治与预防并举、思想与制度并重等治理路径的探讨之外，还努力与国家治理体系与治理能力的现代化建设紧密结合起来，通过顶层设计，推动反腐倡廉的标本兼治。此外，对于反腐倡廉和廉洁政治的制度建设进行了较为深入的探讨。这些研究尤其是宏观性、全局性的腐败治理思路的探讨，对于全面推进反腐倡廉工作，对于促进国家治理体系与治理能力的现代化，对于推动全面从严治党，都具有重要的理论指导价值。

1. 关于反腐倡廉与国家治理体系、治理能力关系的研究。学者们一方面探讨了国家治理体系的整体现代化对反腐倡廉根本性的促进作用，另一方面也分析了反腐倡廉建设的成效对于国家治理能力提升、治理体系现代化的影响。主要研究成果有高新民的《国家治理体系现代化与反腐倡廉建设》(《中共党史研究》2014 年第 2 期)，刘洋的《国家治理体系现代化与廉洁政治建设》(《学习与实践》2014 年第 10 期)，胡键的《惩治腐败与国家治理能力建设》(《当代世界与社会主义》2014 年第 2 期）等。

高新民在《国家治理体系现代化与反腐倡廉建设》一文中认为，国家治理体系涵盖了经济、政治、文化、社会、生态、党建等多方面内容，是从本源上建设廉洁政治的国家发展战略，具有从源头治理腐败的重要意义。该文认为，反腐败、廉政建设是国家治理体系的重要组成部分。一方面反腐败、廉政建设与国家权力运行状态紧密相关，另一方面，国家治理体系现代化的基本价值和核心要素与反腐败、廉政建设的基本要素高度重合。腐败高发领域的梯次转移与改革开放的领域拓展、经济建设布局的变化紧密相连，迫切需要全面而系统地提高国家治理水平。该文还回溯了中共对反腐败与国家治理体系关系的认识的进步，一是在国家权力、政治资源配置方面，意识到无论是党的作风，还是反对腐败，均与体制机制相关，二是在反腐败与改革开放、中国特色社会主义事业的关系方面，走过了一条以经济建设为中心反腐败，发展为国家战略和顶层设计的道路。该文指出，真正从源头建立反腐倡廉的体制机制，从根本上讲，一是市场经济规范化法治化，二是政治生活民主化法治化，二者缺一不可。这也是当代中国国家治理的根本任务，权力制约和监督蕴含在这一国家治理体系之中。

刘洋在《国家治理体系现代化与廉洁政治建设》一文中廉洁政治是国家治理体系现代化的目标之一。公共利益是治理体系现代化的出发点与最终归宿，也是廉洁政治合理性、必要性的依据所在。廉洁政治实施的核心环节便是对公共权力运作的监督与约束，这也是对国家治理体系现代化核心任务的正面回应。国家治理体系现代化对廉洁政治提出若干规定性要求。一是主体多元化，不仅是公共部门，私人部门、社会组织和公民个人也应当参与；二是过程复合化，既要注重科层制建设，也要注意完善多元主体的参与互动；三是方法法治化，在观念、制度与行为三个方面符合法治的精神、逻辑与要求；四是手段多样化，在具体技术和手段上要具有开放性视野，顺应时代与科技发展，融合、吸纳多种形式、技术与方式。该文还通过国际经验的比较，认为政府主导、多元有序参与是廉洁政治建设的基本经验，廉洁政治建设具有国别特色，是一项复杂系统工程。推进这一系统工程，要求提升党的廉洁治理领导力，构筑制度化监督网络，建设一元主导、多元有序参与的治理模式，坚持法治化，探索治理手段多样化，走中国式廉洁政治建设渐进调整之路。

胡键在《惩治腐败与国家治理能力建设》一文中从治理能力的角度探索了腐败和反腐败对国家治理的影响。该文认为，腐败的产生与现代化进程和政治体制的类型都没有关系，而与国家治理能力直接相关。改革进程中国家治理能力呈现下降趋势，滞后于社会转型的速度，无法满足既要谋求经济增长也要防止腐败的要求，在制度设计中有严重缺陷，在制度变迁中存在惰性，结果导致了严重的腐败。反过来，腐败则会进一步降低国家治理能力，尤其是导致政治上出现“软政权”现象，具体体现在“一把手”问题，公权力私有化、市场化和运行潜规则化等方面。在经济上，腐败影响了资源配置，抑制了经济增长，导致了低效。在社会方面，腐败破坏了社会公平，破坏法治，导致社会道德严重滑坡，危害社会心理健康。该文认为国家治理能力实际上是政府的治理能力。在深化改革进程中，提升国家治理能力就是要对政府进行准确定位，防止政府因错位、越位而导致权力腐败。

2. 关于反腐倡廉的宏观治理思路，许多论者从系统化的视角、过程化的视角对思想防腐、制度反腐、法治反腐、文化倡廉、社会反腐等进行了全方位的研究，对反腐败斗争的标本兼治、现阶段推进的举措、关键性的环节等也有较为深入的探讨。相关的研究成果较为丰硕，主要有刘占虎的《制度反腐、过程防腐与文化倡廉——中国特色反腐倡廉道路的探索与思考》(《马克思主义与现实》2014 年第 1 期)，虞崇胜的《“标本兼治”新解——兼论反腐败的治本之策》(《江汉论坛》2014 年第 10 期)，廖永安、李世锋的《以法治反腐破解反腐与防腐的悖论》(《湖南社会科学》2014 年第 6 期)等。

刘占虎在《制度反腐、过程防腐与文化倡廉——中国特色反腐倡廉道路的探索与思考》一文中对治理腐败这项复杂的系统工程进行了全方位、全过程的分析。认为，对于腐败，既要“防”也要“治”，既要制度约束也要文化倡廉。制度反腐是抵制腐败的外在规制，构成中国特色反腐倡廉道路的制度保证。当前中国制度反腐仍存在困境，尚未形成切实有效的防范机制、惩戒机制和保障机制。应加强国家廉政立法，注重腐败易发多发的重点领域和关键环节，完善配套制度。过程防腐是制度反腐的重要中间环节和廉政文化育成的实践载体，构成中国特色反腐倡廉道路的过程机制。过程防腐的主旨在于预防为本、惩治为用，为有效抑制可能出现的腐败行为提供一个新的进路。完善过程反腐，要解决三个关键问题，一是全面推进政务公开的问题，二是克服政治文化缺失的问题，三是规范公共舆论监督的问题。廉政文化建设是制度反腐和过程防腐的文化基础，构成中国特色反腐倡廉道路的文化维度。廉政文化建设，一方面要注重廉政教育，另一方面要着力破除官本位思想和潜规则观念。该文在分析了制度、过程和文化三方面的作用之后，认为，单一路径（方式）的防腐和反腐并不能治本，只有把制度反腐和文化倡廉有机统一于过程防腐的实践中，制度的外在规制才能发挥应有的作用，文化的内在约束力才能焕发生机活力。因此，应当制度反腐、过程防腐与文化倡廉三维并举、协同治理，构成中国特色反腐倡廉道路的有机内涵和创新维度。

虞崇胜在《“标本兼治”新解——兼论反腐败的治本之策》一文针对十八大以来中央主动调整反腐败策略，重拳反腐，但在理论界引发了“只治标不治本”、何谓“标”、何谓“本”，以及什么是“标本兼治”的讨论，进行了研究解读。该文梳理了改革开放以来中国共产党的反腐败方针，认为，不同时期针对腐败现象的不同特点，标本兼治的重点是不断调整的，呈现出从“两手抓”到注重治本再到以治标为主的演变过程。该文认为，在反腐败实践中，“标”和“本”不是截然分开的，也没有什么主次之分，而是相互联结和变动的。“标本兼治”就是要将两者统一起来，通过严惩腐败将腐败势头遏制住，然后逐步形成不敢贪、不能贪、不愿贪的反腐败体制机制。在分析了十八大以来高压反腐取得的成就之后，该文认为，党中央已经揭示了标本兼治的秘钥，就是以治标来推进治本。因此，真正意义上的反腐败治本之策，就是要始终保持高压反腐的势头，始终坚持零容忍政策，以治标来推进治本，最终进入“标本兼治、惩防并举”的理想状态。

廖永安、李世锋在《以法治反腐破解反腐与防腐的悖论》一文中对惩治腐败的关键性举措进行了探讨，认为法治是预防、惩治腐败的最好办法。该文认为，十八大以来，党中央在反腐倡廉上动作很大，突破了一些“惯例”，打破了一些“潜规则”，正在开展的反腐活动是一种科学反腐机制的崭新体现，是法治方式反腐的重要举措。该文指出，治理腐败不能将希望寄托在“清官政治”上，只有法治才能从根本上预防和杜绝权力的滥用。用法律的手段解决腐败问题，会使社会稳定在法律的秩序之中；用法律之外的手段解决腐败问题，会使法律丧失威严，乃至破坏整个社会秩序。对于法治反腐，该文是五个方面的统一进行了论证，一是理性与经验的统一，体现了法治反腐的逻辑性，是历史经验的总结，是依法治国的选择，也是他国经验的借鉴；二是权利与义务的统一，体现了法治反腐的路径性，包含了权利平等、权力制约、公开公正三个要素；三是治标与治本的统一，体现了法治反腐的可持续性，具体表现为法治反腐的常态性、低风险性和震慑性；四是发展与稳定的统一，体现了法治反腐的功能性，即不会阻碍法治，可以促进稳定；五是廉政与勤政的统一，体现了法治反腐的目标性，无论是干部清正、政府清廉还是政治清明，都需要法治做保障。

3. 关于公共权力的监督与制约的研究。权力运行的腐败是政治腐败最根本的表现，其原因主要是权力在运行过程中缺乏有效的监督和制约，导致权力的滥用和以权谋私。因此，治理腐败的核心环节就是构建权力的监督与制约体系。对于公共权力的监督和制约的研究，论者多从法治、公开、民主三个层面进行了探讨，对权力监督制约体系的现状、问题和原因进行了分析，并提出相关的对策。主要研究成果有侯少文的《制约与监督：关住权力的笼子——深入领会习近平讲话暨三中全会精神的治腐视阈》(《中共浙江省委党校学报》2014 年第 3 期)，顾肃的《以权力制约和民主监督克服腐败》(《理论界》2014 年第 4 期)，杨根乔的《强化权力运行制约和监督，推进反腐治理能力现代化》(《唯实》2014 年第 8 期)，杨兴林的《关于治理公权力腐败的深层思考》(《新视野》2014 年第 5 期）等。

侯少文在《制约与监督：关住权力的笼子——深入领会习近平讲话暨三中全会精神的治腐视阈》一文对权力的本质和特点进行了分析，认为权力是某机构或个人为谋利而以自身意志强制性地控制他人行为的影响力，权力具有强制性、独占性、膨胀性、腐蚀性等特点。该文认为，对权力的控制有两种模式，一种是制约机制也叫制衡机制，民主法治的先行国家基本都采用了这种模式；一种是监督机制，一些社会主义国家，实行了这种模式。在如何控权的问题上我国选择了监督机制，从理论上说，是秉承了马克思的监督理论，但在实践上这一监督机制并不完善。该文提出，理想的监督，应具备一些条件，用权力监督权力，监督权与被监督权适当分离、效力相当，监督权不替代被监督权，监督权本身必须受到监督。进而，该文对于健全监督机制提出的路径探索提出应当扩大公民的选举权，进一步扩大公开性，加强人大对一府两院的监督，探索建立宪法监督制度，加强党内监督。

顾肃在《以权力制约和民主监督克服腐败》一文也论述了权力监督和制约对于反腐败的作用。该文认为，政府官员滥用权力和发生腐败的问题，重要的制度根源是行政权力的高度集中和垄断，导致“权力魔杖效应”。该文引述了洛克的分权思想对防范君主专制的作用，以及马克思对定期选举政府官员的主张，以证明以权力制约权力的重要性。该文认为，为了防止公共权力的滥用，对执政者的道德约束固然重要，但还是不够的，还需要进行制度上的系统约束。其主要原则是限制政府权力，不同的权力部门之间的分权牵制平衡和监督；坚持法治，依法治理掌权者；实行政治民主，定期选举行政首长；以及执政信息的公开透明，通过舆论监督执政者。针对中国当前的政治体制，该文认为需要加强人民代表大会的权力，在各级人民代表中大幅度减少行政官员的比例，实行人大常委的专职化，领取固定的薪水和经费，包括设置办公室、配备助理，进行社会调查研究，强化其与选民广泛接触交流的渠道。加长人大的会期，以保证足够的时间认真审议立法议案、审查监督政府工作。该文还指出，加强执政党的纪委检查部门的工作是必要的，但这不能代替司法部门独立断案，任何人都不得享有法外特权。

杨根乔在《强化权力运行制约和监督，推进反腐治理能力现代化》一文中从存在问题和改进对策两个方面分析了当前权力运行制约和监督体系。该文认为，当前权力制约和监督实践还存在着一些缺位现象，一是权力结构之间制约的规范性和权力配置的科学性不够，决策权、执行权和监督权之间有的没有形成相互制约；二是权力运行的程序化程度不高，权力运行过程不够公开透明，暗箱操作和“潜规则”问题比较突出；三是权力往往过分集中于主要领导干部手中，存在少数主要领导干部独断专行和个人说了算的现象；四是制度的威慑力和制约力不强，存在着障碍和漏洞，“牛栏关猫”现象时有发生；五是现有的民主监督体系在实践中缺乏合理的分工与合作，其作用和功能的综合效应没有得到应有的发挥。六是公民权利对公共权力的监督十分有限，多数处于自发的、零散的、被动的状态，难以形成整体合力。针对这些问题，该文认为强化权力运行制约和监督体系，应当强化适应全面深化改革要求的权力构成体系，强化适应时代化要求的权力制衡体系，强化适应法制化要求的权力运作保障体系，强化适应社会化要求的权力监督合力体系。

杨兴林在《关于治理公权力腐败的深层思考》一文中着重论述了社会监督对于遏制公权力腐败的重要作用。该文认为，公权力自身的特殊支配性，及其所有权与使用权相分离，使其存在腐败可能。公权力腐败的可能性在社会主义制度下同样存在，并且如果没有广泛的社会监督，仅仅依靠体制内监督，依然难免流于形式，最后导致腐败毁掉政权。该文指出，我国现阶段腐败形势相当严峻，必须努力遏制。立足公权力腐败的内在机理，有效治理腐败，必须大力加强社会监督，尽其可能地压缩公权力监督“空白地带”。为此，必须充分发挥人民群众的作用，突出社会公众作为公权力所有者的监督主体地位；坚持社会主义政治的开放性，保障社会公众的知情权；与时俱进，在重视多种监督形式的同时，高度注重现代媒体监督，如电视媒体和网络媒体；进一步健全党和国家信息公开、公众监督合法权益保护、激励公众监督等三方面的法律法规，为社会公众主动监督公权力提供坚实的制度保障。

（三）反腐倡廉制度建设和专项治理研究

腐败的治理和廉洁政治的建设最终还是要落实到各项制度和机制的建设上来，包括预防、惩治各个环节，尤其是对反腐倡廉有着关键作用的机制建设，如干部财产公开制度等，作为反腐倡廉的治理主体，纪检监察制度的改革和建设也发挥着重要的影响。此外，在腐败的具体治理行为方面，除了自上而下的反腐和控权外，社会的参与尤其是网络的监督越来越凸显出重要的作用。理论界对于反腐倡廉制度建设的研究，既有系统性的制度机制建设对策设计，又有针对腐败预防机制、财产公开制度、纪检体制改革、网络反腐等方面的深入研究。这些研究，对于推进反腐败斗争的持续开展，推动反腐倡廉从“治标”向“治本”迈进，有一定的指导和借鉴作用。

1. 关于腐败治理的制度机制建设，学者们的论述有的侧重于保持和深化当前反腐败斗争成效所需的长效机制的构建的探讨，也有的从反腐败斗争各项制度机制的连接与契合构成强有力的制度保障这一角度来深化研究，还有的侧重于考察建设廉洁政治所需的全方位制度和机制建设。主要的研究成果有邵景均的《构建系统反腐的长效机制和社会基础》（《中共中央党校学报》2014 年第 4 期），张晓燕的《加强反腐败体制机制创新和制度保障的新思路》（《阅江学刊》2014 年第 3 期），项继权、李敏杰的《论廉洁政治的制度基础》、《理论与改革》2014 年第 3 期）等。

邵景均在《构建系统反腐的长效机制和社会基础》一文中对系统化推进高压反腐的长效机制建设进行了分析。该文认为，党的十八大以来，尽管全党形成了反腐败的高压态势，但滋生腐败的土壤依然存在，反腐败形势依然严峻。必须充分认识反腐败斗争的长期性、复杂性、艰巨性，坚持整体设计、系统规划、跟进监督，在解决突出问题的同时，系统推进反腐倡廉建设。应坚持以零容忍的态度，以猛药去疴、重典治乱的决心，以刮骨疗毒、壮士断腕的勇气，从政治、经济、文化、社会各方面构建党员干部不想腐、不能腐、不敢腐的长效机制。在政治领域，重在建立健全防止权力滥用的有效机制。在经济领域，重在建立健全防治违法和违背商业道德行为的有效机制。在文化领域，重在建立健全崇廉鄙贪的有效机制。在社会领域，重在建立健全广大群众积极参与反腐倡廉的有效机制。此外,该文还提出要着眼于社会的整体进步和全面发展,着力改造腐败“基因”,构筑系统反腐的社会基础。

张晓燕在《加强反腐败体制机制创新和制度保障的新思路》一文中从文件梳理和政策发展脉络的视角对反腐败各项体制机制的改革创新和形成制度化保障进行了探讨。该文认为，党中央实施一系列反腐新举措，体现出新一届中央领导集体加强反腐败体制机制创新和制度保障的新思路。具体包括，一是在党章制度框架下改革党的纪律检查体制，推动党的纪律检查工作双重领导体制具体化、程序化、制度化。二是明确党委和纪委在党风廉政建设中的责任定位，落实党风廉政建设责任制。三是修订和完善选人用人制度，把从严治吏、从严管理干部的要求具体化、细节化，解决选人用人方面的腐败问题。四是抓好组织管理和组织纪律的执行，严格遵守组织制度，为加强党风廉政建设和反腐败凝聚组织力量。五是运用法治思维和法治方式推进廉洁政治建设，健全反腐倡廉法规制度体系。六是不断健全和完善巡视制度。通过这些制度的改进，使反腐败各项做法和规则形成了运作有效的机制。

项继权、李敏杰在《论廉洁政治的制度基础》一文中围绕“干部清正、政府清廉、政治清明”这个廉洁政治自身内在逻辑对如何加强廉洁政治建设的各方面制度创新提出了建议。该文认为，建设廉洁政治是一个系统工程。干部清正、政府清廉、政治清明各要素之间既是彼此相互独立的领域，同时也是一个相互包含、相互递进、相互支持的有机系统。该文指出，“把权力关进制度的笼子”是反腐败的核心和根本之策，当前必须进一步推进涵盖“教育、预防、监督、惩处”各环节的反腐败制度体系建设。在廉政教育环节，分别针对干部、政府、政治领域加强思想培养；在廉政预防环节，着重制定针对干部的限制特权、财产申报等制度，政府领域进行机构改革、政务公开、财务审计等创新，政治领域严格规范政党行为、加强新闻自由、实现公民参政等；在廉政监督环节，充分调动政府、媒体、社会团体和个人对廉洁政治建设的参与；在廉政惩处环节，通过党纪处分、行政处罚、法律制裁等手段，为建设廉洁政治提供有力的制度保障。

2. 关于干部财产公示制度的施行，学者们认为这是预防腐败的最重要的制度之一，也是当前我国反腐倡廉制度建设的重点和难点。对于干部财产公示制度，学者们从不同的角度进行了分析，有的从学理的角度对实行干部财产公示制度的重要性和迫切性进行了分析，有的围绕十八届三中全会提出的改革举措进行解读，有的对已有的干部财产公示做法进行评估，提出改进对策。主要研究成果有何家弘的《反腐败的战略中心与官员财产公示》(《法学》2014 年第 10 期),肖金明的《通过完善官员财产申报制度治理腐败——兼论利益冲突、财产申报、官员伦理的关联及其意义》(《甘肃社会科学》2014 年第 5 期)，黄卫平、刘王裔的《我国领导干部财产公开实践：现状、困境及对策——基于全国 20 个试点样本的研究》(《社会科学研究》2014 年第 3 期)，祝福恩、张舒的《推行新提任领导干部有关事项公开制度试点的思考》(《探索》2014 年第 2 期）等。

何家弘在《反腐败的战略中心与官员财产公示》一文中认为，当下中国的腐败问题已不是个体性腐败，而是制度性、社会性腐败。面对这一现状，中国的反腐败战略重心要从惩治贪官转向预防腐败。就反腐败的整体成效而言，预防比惩治更为重要。因为，反腐败的成效不在于抓出多少贪官，而在于社会中还有多少贪官，反腐败的要点不是昨天和前天的腐败。官员财产公示是预防腐败的指标性措施，但是这项制度在中国正陷入进退两难的僵局。针对一些非议，该文认为，官员财产公示制度的出台无须以社会的诚信体系和信息统计体系为前提。该文还指出，面对过去 30 年积累的腐败重负，适度赦免是国人无奈的选择。作者也认为,用附条件缓查贪官的政策换取官员财产公示制度的出台，这属于治疗腐败顽疾的一剂猛药，虽然见效快，但是政治风险也很大，因为它容易遭受民众的反对，引起社会动荡。因此，以渐进式退出官员财产公示制度可能更为可行，第一步是自愿公示，第二步是抽选公示，第三步是晋级公示。这种以预防为主的反腐败战略观可以为打破官员财产公示僵局提供思路。

肖金明的《通过完善官员财产申报制度治理腐败——兼论利益冲突、财产申报、官员伦理的关联及其意义》一文对官员财产申报制度进行了多方位的分析，认为通过官员财产申报防止利益冲突，是世界上若干国家和地区治理腐败的经验之作。有效治理腐败必须实践“官员财产申报——防止利益冲突——抑制官员腐败”的制度。该文认为，官员申报财产是一项兼具政治性、道德性、法律性的义务，但是在实践中，利益冲突的普遍存在对官员财产申报制度造成了重大影响。该文认为，当前在既有官员财产申报制度基础上，总结地方推行官员财产申报制度的实践经验，借鉴其他国家和地区官员财产申报的相关制度,以公开公示——监督审查——责任问究为主线,加快政策完善和立法进程,推进包括财产申报义务人、申报财产范围、财产申报审查与监督、财产申报法律责任以及官员财产申报配套制度等在内的各项具体制度建设。该文还认为，建立和运转官员财产申报制度应当坚持实事求是的原则，将官员财产申报置于腐败治理体系中加以考量，实施战略性规划、策略性推进。这种策略性推进的特点包括政治力推，社会协进；顶层设计，央地并进；重点突出，整体渐进；政策先行，法律跟进。

黄卫平、刘王裔在《我国领导干部财产公开实践：现状、困境及对策——基于全国 20 个试点样本的研究》一文中从实证分析的角度对干部财产公示制度进行了总结。该文选取了 2009 年至 2012 年期间全国 20 个地方政府官员财产公开的改革试点作为样本进行分析，认为，从制度解析来看，我国官员财产申报属于有限公开，一是制度设计不完善，缺乏可操作的细则和严格的程序，缺乏公开、监督和惩罚环节；二是缺乏社会公众的参与。从实践开展来看，存在一些缺陷，一是公开层级上，行政层级和官员级别较低，二是公开范围上，试点规模较小，财产范围有限，三是公开方式上，以内部公开为主，公众监督有限，四是公开监督上，审查缺位与问责缺失，五是公开时序上，呈现断续和衰减趋势。该文对造成这些问题的原因进行剖析，认为主要有腐败存量因素、官员群体阻力、意识形态因素、社会生态因素等。对于干部财产公开的顶层设计，该文认为，要适时提出全国范围内的官员财产申报和公开时间表与路线图，要规范领导干部及其家庭成员的范围，要自上而下地高层示范，要以新提拔干部为突破口，还要实施“软赦免”，以建立退出机制来减弱改革阻力。

祝福恩、张舒的《推行新提任领导干部有关事项公开制度试点的思考》一文中围绕十八届三中全会决议提出的“推行新提任领导干部有关事项公开制度试点”，进行了深入分析。该文认为，提出这一改革试点建议，是党对自 2009 年以来全国各地陆续推行新提任领导干部财产申报公开试点的理性总结和肯定，是党中央首次为试点提供顶层依据和支持也是反腐败斗争近期治标、远期治本的重要步骤。对于如何推进这一试点，该文认为，首先，新提任领导干部应从副科级开始；其次，有关事项应包括家庭动产和不动产、收入、婚姻情况、家属子女及在国内外就业等内容；再次，财产“公开”应采取从纪检方式拓展到法律方式最终实现制度化。

3. 关于纪检监察体制的改革，理论界也给予了充分的关注，从不同的角度进行了分析，有的是从腐败治理结构的整体变迁过程中党的纪检监察机关的职能转变与重新定位来审视，也有的反腐败、党的建设和政治发展的三维视角对党的纪检制度进行全方位分析，还有的侧重对地方纪检监察机关的改革模式提出对策建议。主要研究成果有王希鹏、胡扬的《中国腐败治理结构变迁与纪检监察机关职能定位审视》(《河南社会科学》2014 年第 7 期)，徐理响的《试论中国共产党纪检制度的改革和完善》(《政治学研究》2014 年第 1 期)、过勇、宋伟的《中国地方纪检监察机关改革模式分析》(《政治学研究》2014 年第 5 期）等。

王希鹏、胡扬在《中国腐败治理结构变迁与纪检监察机关职能定位审视》一文中认为构建合理的腐败治理结构是健全中国反腐败运行机制的基础和前提。该文梳理了新中国成立以来我国的腐败治理结构由“党政合一型”向“政党嵌入型”的模式转变。党政合一型的特点有，治理主体上党内监督绝对优先，主体性协同关系上党内监察包揽一切，治理的纵向关系上，自上而下高度集中。改革以来的政党嵌入型的特点：多个治理主体分工负责，权限逐步规范化，相互配合的程序也不断顺畅化，治理主体间形成了初步的制约。该文认为，根据十八届三中全会关于反腐败体制机制创新的部署和要求，我国的腐败治理结构应当逐步向“政党主导共治型”模式转变。“政党主导共治型”腐败治理结构强调，党在强化反腐倡廉建设领导责任的同时，应当以制度化的方式科学分解纪委、政府及其他公共权力机构的反腐败职责，使腐败治理体系制度化、科学化、规范化和程序化，各个治理主体彼此之间相互协调、共同发生作用，善于运用法治思维和法治方式治理腐败，把中国特色社会主义各方面的制度优势转化为治理腐败的效能。

徐理响在《试论中国共产党纪检制度的改革和完善》一文中全方位地论述了党的纪检制度的改革历程和完善对策。该文认为，党的纪检制度，是党的重要政治控制机制，不同的历史时期有不同的功能取向。总的来说，党的纪检制度不断发展和完善，各级纪检机关监督权的相对独立性和权威性不断增强，反腐败的绩效不断提升。但是，立足于当下，纪检制度也面临着挑战和困境。从反腐败的视角来看，这些困境一是表现为严明党纪与反腐败间的内在统一与张力，即反腐败取代了维护纪律成为根本的功能；二是表现为纪检体制的自主性困境，即与同级党委之间的关系上。从党建的视野来看，这些困难集中体现为维护党的集中制和保障党内民主的张力。从国家政治发展的视野来看，一是党的纪律与国家法律如何衔接，二是纪检制度的权力边界如何界定。该文进而认为，改革和完善纪检制度，不仅要立足于反腐败，更需要从党的建设和国家政治发展的高度予以全面检视，具体而言，要提升纪检体制的自主性，平衡好严明党纪与反腐败间的内在张力，处理好维护党的集中与保障党内民主的关系，理顺党纪与法律以及党的纪检与其他国家权力监督主体间的关系，实现党的领导、人民当家做主和依法治国三者的有机统一。

过勇、宋伟在《中国地方纪检监察机关改革模式分析》一文中对 136 个地方纪检监察机关改革创新案例进行实证研究和聚类分析，认为，从横向维度来看，主要有大科室模式、一体化模式和机构增设模式。从纵向维度来看，主要有撤点设片模式、留点设片模式和混合模式。这些模式都具有一定的进步意义，然而也都存在明显的局限性。大科室模式聚集了主要职能，但不利于科室协同，一体化模式整合了各方面的监督，但业务指导仍然分散，机构增设模式职能定位不清晰。撤点设片增强了派驻机构和乡镇纪委的独立性，但监督难度增加，留点设片强化了监督职能，但内部关系难理顺，混合模式则管理困难。该文依据这些分析，对地方纪检监察机关改革的趋势进行了探讨，首先，不同层级、不同类型的纪检监察机关实行差异化职能设置；其次，聚焦中心任务，大幅度提高地方纪检监察机关办案能力；第三，预防职能主要由中央和省级派驻机构承担，地方纪检监察机关不安排专门机构；最后，整合派驻机构，但是不增加人员编制。

4. 关于网络反腐的研究。作为体制外或社会力量反腐败的主要途径，网络反腐一直是学者们关注的热点问题。对于当前反腐形势下的网络监督和网络反腐，学者们从多个角度进行了论述，包括网络反腐的特点、网络反腐的制度化发展、网络反腐的两面作用尤其是其负面影响等。主要研究成果有杜治洲、李鑫的《我国网络反腐的主要特征——基于 217 个案例的实证分析》(《中国行政管理》2014 年第 4 期)，刘皓、李慧龙的《从民间自发转向制度自觉：网络反腐制度化的动因与路径》(《学习与探索》2014 年第 7 期)，王瑞娟的《网络廉政监督功能探讨》(《河南社会科学》2014 年第 7 期)，马长山的《网络反腐的“体制外”运行及其风险控制》(《法商研究》2014 年第 6 期）等。

杜治洲、李鑫在《我国网络反腐的主要特征——基于 217 个案例的实证分析》一文中收集了 2004 年至 2013 年 2 月的 217 个网络反腐事件，建立了案例库进行实证分析。依据数据分析，该文归纳了当前我国网络反腐的主要特征：一是网络反腐发展势头越来越迅猛；二是，除政府和党委是两大高度集中部门外，公共安全和公共服务领域涉案人员数量居前列；三是网络反腐聚焦官员道德败坏和奢侈消费；四是被网络曝光的腐败高官越来越多；五是正处级官员最易受到网络诬陷；官方回应率较高，尤其是对正职官员涉案的网络反腐信息做出回应的速度更快；七是微博成为重要的网络实名举报途径；八是网络反腐事件的处理率已达到较高的水平；九是网络反腐信息处理的规范化水平尚待提高。根据这些特征，该文认为在推进网络反腐的过程中，要着力加强官员廉政领导力的建设，要注重推进公共服务廉洁化，提升公众对政府廉洁的认知，还要客观看待网络反腐的作用，规范网络反腐行为。

刘皓、李慧龙在《从民间自发转向制度自觉：网络反腐制度化的动因与路径》一文中认为，依赖于网络监督的开放性、时效性和低成本等特征，网络反腐已经成为当前中国反腐倡廉建设的重要形式，并且呈现出由初始的民间自发行为转向政府引导下的制度化发展趋势。推动网络反腐制度化的条件主要有，互联网普及的物质技术基础，公民社会成长的社会基础，严峻腐败形势和传统举报方式缺陷的直接诱因。然而，在公民社会仍不成熟、相关制度仍不健全的现实情境下，中国的网络反腐还处在起步阶段，尚未进入规范化、法治化的轨道，存在着民众非理性、手段非法治化、信息虚假性等方面的局限。由此，该文认为应从健全网络反腐法制保障、营造互联网道德文化环境、完善政府信息公开机制、强化政府回应机制等方面推进中国网络反腐的制度化进程。

王瑞娟在《网络廉政监督功能探讨》一文中探讨了网络监督在反腐倡廉体系中的具体功能和角色定位。该文认为，网络廉政监督的功能主要体现在三方面：就技术方面来说表现为监督载体的多元化，腐败证据的直观、生动与原生态化，反腐败信息跟踪的持续快速和可扩展性，以及反腐败成本的低廉化；就社会方面来说表现为能够揭露腐败，有效预防和遏制腐败，以及稳定社会的“稳压器”功能；就政治方面来说，一是促进了民权的提升，提高了民众参与反腐败的积极性和主动性；二是促进了公权的强化，提升了政府的反腐败能力；三是推动了我国的政治民主化进程。该文还指出，网络监督不可避免地存在信息失真、侵犯公民正当权利及网络暴力等负面影响。因此对于网络监督应给予理性认识，不管它目前有多么火热，都只是体制内反腐败的重要补充。

马长山在《网络反腐的“体制外”运行及其风险控制》一文中从网络公共领域对权力运行环境影响的视角分析了网络反腐的本质特点和存在风险，认为应当将网络反腐纳入法治轨道。该文认为，网络公共领域的兴起导致公共政策合法性供给的“广场化”，一切公权力的运行都必须面临公众的监督、评判和检验，当体制内反腐的动力不足或公信力流失时，“体制外”的网络反腐就会火爆登场。然而，网络反腐是一柄“双刃剑”，它在推动反腐进程的同时也存在偶然性与迸发性、反腐旗号下的多重动机和目的、理性与非理性的错杂交织和随机性的非程式化路径等问题。这些问题的出现与当下社会转型和体制改革密切相关，其根源表现为改革迟滞的问题淤积与网络舆情的浓重政治关怀，如腐败蔓延升级与“运动式”反腐的内在张力，权利意识的觉醒与诉求渠道阻塞的巨大反差，公权暴力与民间暴戾的共生互斥等。其后果表现为网络反腐的“体制外”狂欢，这必然会导致一定的风险，如催生民粹暴戾情绪，加剧道德沦落和信任流失，以及促发“绑架——迎合”式反腐。对于这些风险，该文认为要把网络反腐纳入法治轨道，一是以制度反腐替代“运动式”反腐，重建反腐公信力；二是建立官民对接、开放参与的反腐制度和机制；三是提升网络公众的理性精神和参与能力；四是强化司法在反腐格局中的地位和作用。

三、党的思想建设研究

习近平总书记在党的群众路线教育实践活动总结大会上的讲话明确指出，要坚持思想建党与制度治党紧密结合，并对当前轻视思想政治工作的问题提出批评，强调，对党员、干部来说，思想上的滑坡是最严重的病变，“总开关”没拧紧，各种出轨越界、跑冒滴漏就在所难免了。针对党的思想建设，2014 年理论界进行了相关的研究，主要围绕党性问题和党性建设、理想信念问题与建设以及理论学习教育等专题展开。这些研究成果对于进一步深化对党性、理想信念等重大问题的认识，增强思想学习和党性锤炼的自觉性、有效性有一定的促进作用。但总体而言，2014 年理论界对党的思想建设的研究不够重视，相关研究成果较为薄弱，有待进一步加强。

（一）关于党性建设的研究

党性是党的建设中一个带有根本性的重大问题，党性建设涵盖了思想建设、作风建设、反腐倡廉建设等多个方面，在党建实践中，既是党的先进性的内在支撑，又是党的纯洁性的重要体现。十八大以来，党中央明确要求，要把党性教育放到党的思想建设的突出位置。对于这一重大问题，理论界进行了较为集中的探讨，对于党性的内在特点、党性与人民性的辩证统一关系、当前党性教育面临的问题等进行了研究，深化了对这一问题的认识。主要研究成果有何怀远的《党性的规约性、现实性与先进性》（《南京政治学院学报》2014 年第 1 期），尹韵公的《关于“党性和人民性从来都是一致的、统一的”理论梳理》（《安徽大学学报·哲学社会科学版》2014 年第 1 期），钟龙彪、赵晓呼的《党性教育的困境与突破》（《观察与思考》2014 年第 5 期）等。

何怀远在《党性的规约性、现实性与先进性》一文中对实践中存在的认识误区“把党性和人民性对立起来”进行了理论剖析和批判，进而对党性和人民性的辩证统一关系进行论证。该文认为，党性，是党对自己的阶级属性、根本宗旨、奋斗目标和党员的要求及其实践所体现的阶级属性、社会属性和价值属性的总和。党性有两种相互关联的存在形态：一是党性的规约形态，它体现的是党性的规约性，通过党的章程、纲领予以明确表达和严格规定；二是党性的现实形态，它反映的是党性的现实性，通过党的各级组织和全体党员的实践表现出来。该文指出，党性和人民性的统一，是有差别的辩证统一。人民性的特点是其普遍性或共同性；党性的特点是其先进性，这种先进性表现为阶级先进性、社会先进性和道德先进性。正是党性的规约性所要求的党性和人民性的统一，使中国共产党的先进性有了根本保证。但是，党性的规约性并不等于党性的现实性，它本身具有理想性、纯粹性、应然性，要把规约性变为现实性，必须通过党的各级组织和全体党员对党纲、党章的严格践行。因此，该文强调，把党性的规约性变成现实性，从而始终保持党的先进性，是党自身建设的根本任务。

尹韵公在《关于“党性和人民性从来都是一致的、统一的”理论梳理》一文中对新闻宣传工作中如何正确处理党性与人民性的相互关系这一重大问题进行理论梳理。该文认为，明确党的宣传教育的党性原则的是列宁，中国共产党建党之初就接受了列宁的这一思想，党性原则成为党报党刊遵循的根本原则。该文提出，在马克思早期新闻实践中，“人民报刊”的思想有较为系统的论述。毛泽东从党报的立场、服务对象、办报方式等多层面论证了党报的“人民性”原则。该文认为，党性和人民性原来是两个各有使用范围的不同的概念，中国共产党提出党性就是人民性，将二者巧妙而精致地融合在一起。这是中国共产党的重大理论创新，也是党对马克思主义宣传教育理论的重大贡献。习近平总书记强调“党性和人民性从来都是一致的、统一的”，提升人民性的地位，将它与党性并列，这既是党的最高领导人做出的最新重大判断，又是党对于马克思主义宣传教育理论和新闻学的最新理论突破和最新理论结晶。从本质上讲，坚持党性就是坚持人民性，坚持人民性就是坚持党性，党性寓于人民性之中，没有脱离人民性的党性，也没有脱离党性的人民性。只有坚持党性才能更好地体现人民性，只有坚定反映人民性才能更好地增强党性。

钟龙彪、赵晓呼在《党性教育的困境与突破》一文中对当前我们党开展的党性教育工作的问题、制约因素及改进对策进行了系统的分析。该文认为，当前，党性教育情况总的是好的，取得很大成效，如坚持将理论学习作为党性教育的基础；坚持创新党性教育方式方法；坚持加强管理，将党性教育寓于管理和服务之中。但是，党性教育效果不容过于乐观，针对性和实效性有待进一步提高。从受教育者的角度来看，有的学员存在不愿学、不勤学、不真学、不深学、不善学，以及学而不信、学用脱节等问题。从教育者的角度来看，有的不善教，有的不深教，有的教育活动形式大于内容，有的教育活动效果不持续，有的对学员不敢管。从党性教育的效果评估来看，制定评估标准困难，考核教育效果困难，运用评估结果困难。导致这些问题的因素，该文认为主要有，党性教育本身深入的艰难性，党性教育与社会现实的差异性，党性教育功能的有限性，参加集中党性教育时间的短暂性等。此外，党校的党性教育在现实中还存在干部调训难和党性教育成效考核难、运用难的问题。对于存在的这些问题，该文认为，重点是要提高教育理念、教育内容、教育方法和教育制度的科学性。一是实现党性教育理念的科学化，提高党性锻炼的自觉性和主动性。二是实现党性教育内容的科学化，增强党性锻炼的针对性。三是实现党性教育方法的科学化，提高党性锻炼的有效性。四是实现党性教育制度的科学化，确保党性教育目标的顺利实现。

（二）关于理想信念建设的研究

坚定理想信念，坚守共产党人精神追求，始终是共产党人安身立命的根本。对马克思主义的信仰，对社会主义和共产主义的信念，是共产党人的命脉和灵魂。对于坚定理想信念的要求，也是十八大以来党的思想建设的重要目标。关于党员干部的理想信念的内涵及建设路径，理论界进行了相关的探讨，主要围绕习近平总书记对于理想信念的论述解读、新形势下理想信念建设的问题对策以及理想信念对于实践群众路线的功能等方面展开。主要研究成果有李冉的《高举理想信念的旗帜，坚守共产党人的精神追求——学习习近平总书记系列重要讲话的体会》（《毛泽东邓小平理论研究》2014 年第 10 期），刘林元的《新的历史条件下加强理想信念建设的几个问题》（《中国延安干部学院学报》2014 年第 2 期），李慎明的《解决“四风”问题要从思想根子上抓起》（《中国井冈山干部学院学报》2014 年第 5 期）等。

李冉在《高举理想信念的旗帜，坚守共产党人的精神追求——学习习近平总书记系列重要讲话的体会》一文中对党的十八大以来习近平围绕着理想信念问题的一系列新思想、新观点、新论断进行了系统梳理。该文认为，习近平的相关论述系统阐述了理想信念的多层次内涵，深刻赋予了理想信念的重要意义，丰富发展了理想信念的检验标准，清晰指明理想信念的培育路径，从多方面，推动了中国特色社会主义理想信念新体系的构建，作出了“培育什么样的理想信念、如何培育理想信念”的新部署。该文认为，学习习近平相关论述，还要认识到中国特色社会主义理想信念是用辩证唯物主义和历史唯物主义的科学方法论构建起来的，是科学的理想信念体系。这些科学方法包括历史唯物主义的方法论、系统思维的方法、知行合一的方法和矛盾分析法。该文还认为，在理论上，中国特色社会主义理想信念丰富和完善了马克思主义理想信念学说，是马克思主义中国化的丰富发展。在实践中，这一理论创新成果有助于解决理想信念弱化、蜕化、简单化等问题。

刘林元在《新的历史条件下加强理想信念建设的几个问题》一文中分析了改革开放新时期新情况对理想信念建设产生的不利影响及应对策略。该文认为，苏东社会主义的失败、经济全球化、多元文化导致的思想混乱、改革开放政策等是新时期对理想信念建设的外部环境因素。该文指出，新时期坚定理想信念要解决一些重大认识问题，如怎样做才叫坚持马克思主义，才是对马克思主义的坚定信仰？在当代中国，如何坚持马克思主义？坚定社会主义的信念，这个“社会主义”具体是指什么？如何理解把坚持党的领导作为理想信念建设的核心内容，如何理解远大理想和理想主义的关系。对于这些问题，该文作了详细明确的解答。该文还对一些党员干部在理想信念上的问题进行梳理，如特权思想、享乐主义、官本位、失去信心和信任、极端自由主义等。对于这些问题，该文认为，加强党员干部理想信念建设重在教育，特别是对中高级干部的教育，在内容上要高度重视加强对党的事业忠诚的教育。

李慎明在《解决“四风”问题要从思想根子上抓起》一文中对于思想建设尤其是理想信念对于解决四风问题，对于实践群众路线的重要意义进行分析。该文认为，四风问题的思想根子是享乐主义，其实质就是要满足与党和人民利益相违背的私心私欲，也就是资产阶级和资本主义的核心价值观——个人主义。人人都想享乐，似乎已经成为普世价值甚至普世真理，但是与党的在性质和宗旨相对立，共产党员应当带头“克己复礼”，克服享乐主义、克服私心私欲，回顾并牢记入党誓词。该文还认为，理想信念是预防四风的防腐剂。克服享乐主义，一是要有马克思主义的理论水平，二是观察和处理所有问题都要出以公心，克服与人民群众根本利益相悖的私心。克服四风的核心是治病，在改造客观世界的同时，改造主观世界，牢固树立全心全意为人民服务的私心。该文最后还指出，远离四风的关键是树立正确的世界观，改造世界观同健全制度同样重要，我们党的领导干部，想问题、作决策如果都能从人民群众的根本利益和推动社会进步这一根本立场出发，健全和完善制度也就会有一个可靠的思想基础。

（三）关于思想理论建设的研究

思想理论建设是党的思想建设的根本，在党的各项建设中处于首要的位置。只有党的思想理论不断与时俱进，始终保持科学性，才能为理想信念、党性等各方面的思想建设提供科学的指引。对于党的思想理论建设，学者们进行了多方的梳理，有的从历史的角度纵向梳理，有的从内容层次结构进行横向剖析，还有的对当前形势下如何加强思想建设，提出具体的对策建议。主要研究成果有王喜成的《试论党的思想理论的发展历程及启示》（《河南社会科学》2014 年第 9 期），姚选民的《论中国共产党指导思想的内在结构》

(《岭南学刊》2014 年第 3 期),贺善侃的《大兴学习之风:确立理论自信的根本途径——学习习近平总书记系列重要讲话精神》(《上海市社会主义学院学报》2014 年第 2 期)等。

王喜成在《试论党的思想理论的发展历程及启示》一文中从党的指导思想历史发展的纵向视角进行了梳理,一是新民主主义革命理论的创立发展,包括武装割据理论、红色政权理论、农村包围城市和武装夺取政权理论等;二是中国特色社会主义理论体系的形成和发展。并得出相应的思想理论建设的启示,马克思主义是颠扑不破的真理,马克思主义必须与中国实际相结合,必须坚持与时俱进的理论品格,必须坚持用科学理论武装头脑、指导实践、推动工作,必须坚持不懈地推进马克思主义理论研究与普及宣传。

姚选民在《论中国共产党指导思想的内在结构》一文中从横向的内在思想结构的视角对党的指导思想进行了剖析。该文认为,党指导思想的内在结构,其内涵一方面是指中国共产党指导思想诸构成部分之间呈现出一种理论层级性,即马列主义、毛泽东思想和中国特色社会主义理论体系是第一层级,而理论体系又包含了邓小平理论、"三个代表"重要思想和科学发展观三个第二层级。另一方面是指中国共产党指导思想诸构成部分在中国特色社会主义实践的指导上呈现出一种效力层级性,在指导实践方面,中国特色社会主义理论体系要优先于马列主义和毛泽东思想。中国共产党指导思想的内在结构能够有效应对我们党所遭遇到的实践方面的三大问题,一是中国共产党指导思想的外延表述问题,可以把最新发展的理论成果囊括进中国特色社会主义理论体系;二是中国特色社会主义实践的指导问题,可以杜绝传统社会主义的错误再次发生;三是中国共产党指导思想的"文化自觉"问题,更加凸显中国特色、中国气派。

贺善侃在《大兴学习之风:确立理论自信的根本途径——学习习近平总书记系列重要讲话精神》一文中对如何通过提高中国特色社会主义的理论自觉来坚定对中国特色社会主义的理论自信进行分析。该文认为,理论自信的前提是理论自觉,因为科学信仰是建立在社会实践基础上的信仰,不是超自然的、虚幻的信仰;是建立在科学认识基础上的信仰,不是盲目地崇拜和追随。而实现理论自觉的前提是刻苦的理论学习,必须加强全党对中国特色社会主义理论体系的学习,大兴学习之风。在当前,必须认真学好习近平总书记系列重要讲话精神。大兴学习之风的首要环节是,"好学乐学",即"把学习作为一种追求、一种爱好、一种健康的生活方式"。该文强调,要做到"好学乐学",首先要培养乐于学习的高尚情趣,还要有开拓进取的上进心,归根结底要提升自己的思想境界,注重人文素养的学习和养成。

四、党的制度建设研究

制度建设带有根本性、全局性、稳定性和长期性,是党的建设各领域最终实现规范化的基础性工程。习近平在党的群众路线教育实践活动总结大会上的讲话对党的制度建设提出了具体要求。习近平指出,制度不在多,而在于精,在于务实管用,突出针对性和指导性。如果空洞乏力,起不到应有的作用,再多的制度也会流于形式。习近平强调,要搞好配套衔接,做到彼此呼应,增强整体功能。要增强制度执行力,制度执行到人到事,做到用制度管权管事管人。对于党的制度建设的研究,学者们有的从党的制度建设的整体改革入手，有的抓住最根本的制度即民主集中制进行深入剖析，对于具体的制度建设研究，则集中于权力运行机制的构建研究、党内监督机制的完善研究、党内民主制度建设的发展研究以及对党员教育管理各项制度的研究。相关的研究成果较为丰富，对于推进制度治党、促进制度在全面从严治党中发挥更为根本性的作用，提供了重要的理论借鉴。

（一）关于整体制度改革和民主集中制的研究

党的制度建设既包括各方面具体制度的改进，更需要从宏观层面进行顶层设计，使各方面的制度能够联成体系，形成有效运作的制度机制。在党的制度建设体系中，民主集中制作为无产阶级政党的根本组织原则，居于核心和统摄地位，但民主集中制长期以来在运行中存在着种种误区和不足，影响了其有效性的发挥，因此一直是党的制度建设的重点改进内容。理论界对于这两个层面党的制度建设给予了足够的关注，所形成的研究成果无论是对推进党的整体制度建设，还是进一步改进民主集中制的运作，都发挥了一定的理论指引作用。

1. 关于党的整体制度建设与改革的研究。学者们有的将其纳入到全面深化改革的宏大背景中去探索党建制度改革的地位和作用，也有的侧重于从制度的运行机制来探索如何克服各种风险挑战，使党建制度改革更为健康有序。相关的研究成果主要有邸乘光的《在全面改革中深化党的建设制度改革——学习党的十八届三中全会〈决定〉的体会》(《中共青岛市委党校·青岛行政学院学报》2014 年第 1 期)，程浩的《党的建设制度改革运行机制研究》(《理论视野》2014 年第 9 期）等。

邸乘光在《在全面改革中深化党的建设制度改革——学习党的十八届三中全会〈决定〉的体会》一文中对于十八届三中全会首次提出“深化党的建设制度改革”并将其纳入全面深化改革的总体布局的决策进行了细致的分析。该文认为，这一决策更加凸显了改革的系统性、整体性和协同性，集中体现了以习近平同志为总书记的新一届中央领导集体对我国 35 年来改革经验的新总结、对社会主义改革规律的新认识和对加强党的建设的新思考。该文指出，在全面改革中深化党的建设制度改革，首先，要深刻认识和全面把握“深化党的建设制度改革”的重大意义。其次，要深刻认识和准确把握“深化党的建设制度改革”的主线，即提高科学执政、民主执政、依法执政水平，以此为改革明确的方向和目标。再次，要深刻认识和系统把握“深化党的建设制度改革”的任务，要加强民主集中制建设，要完善党的领导体制和执政方式，着力完善党内党外相关制度，如形成科学有效的权力制约和协调机制，深化干部人事制度改革，加强反腐败体制机制创新和制度保障，健全改进作风常态化制度等。

程浩在《党的建设制度改革运行机制研究》一文中分析了党的建设制度改革顺利推行所必需的动力机制和运行机制。该文认为，党的建设制度改革成功与否，取决于改革的动力与阻力相互作用的结果以及改革的运行机制是否科学、有效。党的建设制度改革的动力因素主要有：源于执政党执政要主动适应市场经济体制和现代社会管理需要而产生的动力；源于执政党要有效领导社会主义民主政治建设、深化政治体制改革而产生的动力；源于科技知识创新发展和执政党主动汲取国外长期执政政党制度建设的经验教训而产生的动力；源于党的领导者重视并积极推动而产生的动力；源于党员民主权利意识增强和利益诉求增多而产生的动力。党的建设的阻滞因素主要有：缘于利益和权力的调整而产生的阻力；缘于习惯和官本位意识而产生的阻力；缘于对改革不确定性的忧虑而产生的阻力；缘于对权力运行的“路径依赖”而产生的阻力；缘于对制度改革的曲解而产生的阻力。进而，该文从动力机制、保障机制、评估机制、自我纠错机制等层面，提出建构改革的运行机制的建议。在动力机制方面，建立有效应对执政环境变化的应变动力机制、充分发挥领导重视的推进动力机制、全面促进各方联动的协商动力机制。在保障机制方面，建立有效坚持民主集中制的组织保障机制、充分发挥智库参谋的人才保障机制、全面夯实财力物力的物质保障机制。在评估机制方面，建立改革必要性的论证机制、改革可行性的评估机制、改革有效性的考核机制。在自我纠错机制方面，建立定期检查的回溯机制、适应发展的调节机制和主动扬弃的修订机制。

2. 关于完善民主集中制的研究。学者们在论述时，大多对民主集中制在实践中运行存在的扭曲、弊端及其影响进行梳理和原因剖析，进而提出改进民主集中制运行机制的政策建议。主要研究成果有朱昔群、胡小君的《民主集中制的制度化：领导体制、制度体系与工作机制》(《马克思主义与现实》2014 年第 3 期)，闫德民的《党内民主集中制变异现象及其防治》(《中州学刊》2014 年第 9 期）等。

朱昔群、胡小君在《民主集中制的制度化：领导体制、制度体系与工作机制》一文中对我们党围绕民主集中制建立的以党委制为中枢的领导体制、以党章为总则的制度体系和集中与民主相结合的工作机制进行了系统的分析。该文认为，这些制度机制具有鲜明的特点和优点。但是，在政治实践中这些制度机制也存在诸多问题。在领导体制方面，党委制的民主基础不足，党委与纪委、党委与人大政协、上下级党委之间权力关系尚未理顺；制度体系方面，制度建设重要素轻体系，制度安排重实体轻程序，制度设计重规范轻惩戒；工作机制方面，过于强调集中统一，协调沟通机制不畅，权力运行透明度不足。该文针对这些问题，认为应按照充分体现民主集中制的要求，不断深化改革。在领导体制改革方面，改革党内选举制度，理顺全委会、常委会和纪委之间的关系，理顺党委与人大、政协以及上下级党组织之间的关系。在健全制度体系方面，围绕党章构建系统化的党内法规体系；增强制度的可操作性与权威性。在规范工作机制方面，明确民主集中制各项制度规则在权力运作各环节的侧重与适用范围；推进党委权力运行的流程化，完善党委议事决策机制；适度引入党内竞争机制，探索建立党内分歧协调机制；推进权力公开透明运行，健全多元化的权力运行监督机制。

闫德民在《党内民主集中制变异现象及其防治》一文中也对党内民主集中制在实践中的变异现象进行了探讨。该文认为，民主集中制是党的群众路线在党的生活中的具体运用。由于思想认识和社会历史等方面的原因，党的民主集中制在贯彻执行过程中往往容易发生集中制畸变为个人专断的“家长制”、集体领导畸变为集体领导外表掩盖下的个人专断、民主集中制畸变为以权谋私工具等变异现象。导致这些变异的原因包括思想认识上的偏差、封建专制主义残余的影响、党和国家领导制度存在弊端的影响、民主集中制自身在具体制度和机制上存在弊端的影响，以及民主集中制缺乏一套切实可行的运作制度和机制等。为有效预防和成功矫治这些变异现象，必须澄清模糊认识，正确把握民主与集中的相互关系；消除封建主义残余因素，深挖消除党内民主集中制变异的制度根源；牢牢把握核心制度推进改革，着力解决权力过分集中问题；紧紧围绕制约权力运行，进一步完善民主集中制的具体制度。

（二）关于权力运行和党内监督制度的研究

权力制约与监督不仅是反腐倡廉建设的重要治理手段，也是党的制度建设着力要解决的核心问题。长期以来，我们党的权力高度集中于党委，而党委的权力又过于集中到“一把手”之手，对于高度集中的权力缺乏应有的监督和制约。党内监督无论是在监督主体、监督内容、监督环节等方面都存在着薄弱与不足，难以发挥应有的效力。作为当代中国政治体制改革的核心问题，理论界对党内权力运行的制约机制、监督机制的研究较为深入，在限制、规范“一把手”权力，健全权力制约机制和党内监督体系等方面，提出了相应的对策建议。这些研究成果对于进一步完善党的领导体制、党内权力运行机制，有着重要的理论指导作用。

关于“一把手”权力制约的研究。理论界对于这一重大现实问题的研究集中于对“一把手”权力运行机制的改善、权力制约与监督机制的构建等方面，同时，也认识到“一把手”集权与行政效率、执行力的辩证关系，不能完全以限权、分权来削弱中国政治体制的这一优势。对于党内监督的重点对象即领导班子的负责人的监督也有学者进行了专门研究，主要的研究成果有李景治的《党政一把手权力运行机制的完善》（《理论界》2014 年第 4 期）和《加强和改进对党政“一把手”行使权力的制约监督》（《党政研究》2014 年第 4 期），许耀桐的《党政“一把手”分权限权的若干认识》（《中共天津市委党校学报》2014 年第 6 期），王翠芳的《强化党内监督重点指向探讨》（《中国特色社会主义研究》2014 年第 5 期）等。

李景治在《党政一把手权力运行机制的完善》一文中认为，党政一把手权力运行机制的突出问题是一把手的权力过分集中，领导班子其他成员的权力相对弱化，正副职权力与责任划分不尽合理。这种个人领导造成了系列问题，如一把手负担重，难以集中精力抓大事要事，容易脱离群众，容易搞政绩工程，容易贪污腐败，而领导班子积极性不高，容易决策失误。因此，要完善一把手权力运行机制，就要适当分解、减少并合理限制一把手的权力，正副职要进一步明确分工，建立严格的岗位责任制。建立科学的权力运行机制，要求一把手要科学地把握宏观决策权，不直接行使执行权，不进行具体事项的审批和决定干部选拔任用的具体人选。该文还强调，作为一把手，还要正确处理权力与利益的关系，正确处理民主与集中的关系，正确处理个人与集体的关系，还要亲自“管党、治党”。

在《加强和改进对党政“一把手”行使权力的制约监督》一文中，李景治围绕十八届三中全会提出的“加强和改进对主要领导干部行使权力的制约和监督”的要求，认为在贯彻落实这一要求的过程中，一是要加强和改进纪委的制约监督，各级纪委要加强对同级党委特别是常委会成员的监督，推动纪委双重领导体制具体化、程序化、制度化，强化上级纪委对下级纪委的领导，各级纪委书记、副书记的提名和考察以上级纪委会同组织部门为主。二是要加强和改进领导班子内部相互制约机制，进一步完善党内民主制度，形成勇于批评与自我批评的政治氛围和政治文化，要在决策和决策执行中，以及通过对执行结果的检查加强对党政“一把手”的制约。三是要加强和改进社会舆论制约监督，党政“一把手”要率先做到权力公开、责任公开、财产和相关事项公开，要建立并不断拓展对“一把手”进行制约监督的渠道，正确对待和不断改进舆论监督。

许耀桐在《党政“一把手”分权限权的若干认识》一文中对于社会上关于“一把手”分权限权的模糊认识进行了澄清。该文认为，随着当前反腐倡廉的深入，如何看待党政“一把手”权力的分权、限权以及如何制约党政“一把手”权力的问题比较突出。目前党政“一把手”权力界限存在模糊地带，容易产生真空、盲区，导致权力运行中的过分集中。党政“一把手”权力过分集中是一个体制性问题，源于苏联的斯大林模式，受“左”的传统影响。解决权力过分集中要靠民主集中制，除了集体领导和分工负责两大原则外，还应强化监督的原则。该文强调，不能简单地对党政“一把手”进行分权、限权，防止对党政“一把手”的分权、限权走入误区，导致无人负责或者是权力的分散化、碎片化。该文认为，限制党政“一把手”权力需做制度顶层设计，“一把手”应当拥有决策参与权、任务执行权、应有的监督权。该文强调，在限制党政“一把手”权力时，千万不要影响和限制“一把手”的执行权，一定不能削弱行政的执行力和行政效率。

王翠芳在《强化党内监督重点指向探讨》一文中认为，立足于党内监督的目的和使命，着眼于对党内监督的现实考量，党内监督的重点指向是承担最重要职责的领导班子的主要负责人和作为权力行使逻辑起点的决策权。当前加强和改善党内监督，一是要突出对监督重点对象的指向，着力强化对领导班子主要负责人的监督。为此，要以扩大干部工作中的民主为基础，强化对领导班子主要负责人自下而上的监督；以落实干部监督责任制为抓手，强化对领导班子主要负责人自上而下的监督；以落实好集体领导制度为重点，加强领导班子内部对领导班子主要负责人的监督。二是要突出监督重点内容的指向，着力强化对用权行为特别是决策权的监督。为此，应推动决策活动法治化，为实施决策监督提供规制性依据；推动决策活动公开化，为实施决策监督奠定民意基础；促进决策活动专业化，为实施决策监督创造宽广空间。只有明确了党内监督机制的运作重心，才能使党内监督达到“纲举目张”之效。

（三）关于党内民主相关制度的研究

2014 年理论界对于党内民主及其相关制度的研究，相对而言不够充分，主要研究的问题一方面集中于对党内民主整体制度体系的建设和运行的科学化改进的论述，另一方面则包含了对党员保障机制等具体民主程序规则改革创新的探讨。这些对于党内民主的论述都被论者放到了全面从严治党的大背景之下，对于全方位地促进从严治党、提升党的建设的科学化水平有一定的促进作用。主要研究成果有肖湘的《健全党内民主制度体系的基本思路与着力点》（《中国井冈山干部学院学报》2014 年第 2 期），蔡文华的《论提高党内民主制度科学化水平的几个着力点》（《中共宁波市委党校学报》2014 年第 3 期），王同昌、单连春的《新形势下党员权利保障机制探析》（《岭南学刊》2014 年第 5 期）等。

肖湘在《健全党内民主制度体系的基本思路与着力点》一文中对十八大报告提出的党内民主制度体系建设进行了深入分析。该文认为，党内民主制度体系是党内民主制度创新的重要成就，该文还对改革开放以来党内民主各项制度创新进行了梳理。以此为基础，该文提出要坚持以改革创新精神健全党内民主制度体系，把握好健全党内民主制度体系的基本思路与着力点。基本思路是：健全党内民主制度体系的目标和原则、统筹和重点以及执行和评估。总目标一是推动民主集中制具体化、程序化，真正把民主集中制重大原则落到实处，切实增强党的创造活力，全面提高党的建设制度化、科学化水平；二是以党内民主带动人民民主，提高党科学执政、民主执政、依法执政水平，坚持走中国特色社会主义政治发展道路。党内民主制度体系建设的着力点是：以落实党员“四权”为着力点健全党员权利保障制度，以实行党代会代表提案制为着力点完善党的代表大会制度，以规范差额提名、差额选举为着力点完善党内选举制度，以强化全委会决策和监督作用为着力点完善党委议事决策制度，以扩大党内基层民主为着力点完善党内基层民主制度。

蔡文华在《论提高党内民主制度科学化水平的几个着力点》一文中从科学化的角度分析了党内民主制度建设的路径。该文认为，党内民主制度是党内民主生活的基本规范和行动依据，以制度为核心推进党内民主建设是发展党内民主的根本举措。在全面提高党的建设科学化水平的背景下，以制度的科学化为契机发展党内民主成为必然要求。该文提出，要从党内民主的内涵入手，为制度科学化提供理论支撑，为此，要牢固树立党员作为党内民主主体的意识，正确认识党内民主与民主集中制的关系，从民主一般原则、党员权力和权利、制度建设三个角度来审视党内民主的科学内涵。该文还提出要建立完善的制度体系，确保各个环节和要素协调一致，为此，要做到实体性制度与程序性制度的统一，探索直接民主与间接民主相结合的路子，党内民主与人民民主相协调的路径。此外，该文还针对现实难题，认为在党内民主制度建设中要处理好服务党员和服务大局的关系，积极利用新媒体促进党内民主的落实，推进多点突破、循序渐进的党内民主改革试点工作。

王同昌、单连春在《新形势下党员权利保障机制探析》一文中对党员权利保障的问题、原因和机制改进的思路进行了探讨。该文认为，党章及党内相关法规为保障党员权利提供了法理依据。党的理论创新及政策也明确要求要保障党员权利。党的建设现状要求进一步保障党员权利。新形势下，党员权利保障机制不够完善，存在两个方面的问题，一是部分党员的权利意识逐步增强，具有保障权利的强烈愿望和需求，而党内民主发展的实际程度不能满足这些要求；二是仍然存在一部分“弃权党员”。该文认为，完善党员权利保障机制，一是完善党组织和党员领导干部保障党员权利的动力机制；二是加强保障党员权利的考核评价机制，把保障党员权利状况纳入党组织和党员领导干部的考核指标体系；三是加强党员权利意识教育，提高党员的权利自觉；四是制定明确的实施细则，为保障党员权利提供可操作性机制；五是构建行使党员权利的行为约束机制；六是加强舆论宣传和引导，构建良好舆论环境。

（四）关于党员规模问题和党员退出机制的研究

中国共产党目前已拥有 8600 多万党员，巨大的党员规模使党员教育管理面临着诸多难题，很多党员处于不发挥作用甚至是不合格党员的状态，对党的战斗力、凝聚力产生了严重不利的影响。因此，十八大以来，各地进行了党员退出机制的改革试点，试图清退出党内的不合格党员，并使党组织“瘦身”。理论界也因此对党员规模问题进行了理论和比较分析，对于党员退出机制如何构建、如何运作也进行了较充分的研究。主要研究成果有胡小君的《中国共产党党员规模问题：“膨胀”与“虚化”》（《江汉论坛》2014年第1期），刘筱勤、程建军的《关于党员队伍规模的考察与反思》（《理论视野》2014年第5期），曹峰旗、柴瑞的《困境与路径：党员退出机制的政治生态学分析》（《探索》2014年第二期），王同昌、单博迪的《当前党员退出机制存在的问题及对策》（《学习论坛》2014年第6期），中国井冈山干部学院课题组的《健全党员能进能出机制研究》（《中国井冈山干部学院学报》2014年第3期）等。

胡小君在《中国共产党党员规模问题：“膨胀”与“虚化”》一文中对中国共产党的党员规模这一焦点话题进行了深入分析。该文首先对中共党员规模与其他执政共产党、欧洲各类型政党作国际间的比较，认为，中共的党员密度处于中游水平，党员规模问题除了绝对数量超大导致治理困难的“膨胀”外，更表现为普通党员未能满足政党及社会对其的角色预期而导致的党员规模一定程度的“虚化”。这两个方面的表现有内在的关联：“膨胀”带来的治理困难加重了党员队伍的“虚化”，而“虚化”的现实使中共必须不断从社会中汲取新鲜血液，充实党员队伍，从而使党员规模更为“膨胀”。该文指出，党员规模“虚化”的实质是对党员的角色预期与“政治人”分层常规状态的错位，“虚化”的形成缘于党员激励机制和退出机制的失效。解决问题的关键不在于政党“瘦身”，而是要进一步以执政党思维纠正革命党色彩的党员角色预期，并通过党内民主的发展构建有效的党员分层激励机制。具体而言，一是坚持积极行动者标准，保证新党员质量；二是建立分层激励机制，保障党内参与动力；三是严格党内考核，坚守一般行动者的角色底线；四是畅通党员退出机制，及时淘汰不合格党员。

刘筱勤、程建军在《关于党员队伍规模的考察与反思》一文中也对中共党员队伍的规模进行了数量化的分析。该文认为，一个组织保持较强的生命力在于不断积极主动地调整改进自身的组织规模与结构，以适应环境发展。当前，中共党员队伍规模已发展到党员总数占大陆地区总人口数的6.13%，这给党建工作带来严峻的挑战：组织规模超过职能规模，造成部分基层组织空转，增大管理难度，无助执政能力的提高；党员占社会组织成员的比例过高，模糊了党的性质；庞大的组织规模和持续较高的发展速度给国内党际关系的健康和稳定带来压力。该文针对党员队伍规模的现实困境，认为要充分利用现有的执政资源，提升执政能力，建立党员退出机制，把党员队伍的规模控制在占大陆地区成年人总数的大约1%—8%之间。

对于党员退出机制运行的问题，曹峰旗、柴瑞在《困境与路径：党员退出机制的政治生态学分析》一文中从宏观政治生态的视角进行了分析。该文认为，党员退出机制是政党生态系统的必要构成部分，有着生态平衡、生态净化、生态效能的意义。但是，目前党员退出机制遭遇到多重困境，比如，政党文化抑制党员退出机制的正常作用，利益吸引是一些不合格党员滞留党内的重要原因，从内部因素看，层级制的党内生态结构难以抵制各个层级组织的自我扩张，使得党员退出面临内部缺乏动力的困境。针对这些困难，该文对建设与创新党员退出机制的路径选择提出建议，党员退出应坚持被动与主动并重，坚持高标准进与降低出口门槛结合，坚持内部严格管理和营造外在宽松环境互补，坚持由非常态性走向制度化。

王同昌、单博迪在《当前党员退出机制存在的问题及对策》一文中梳理了当前党员退出机制存在的突出问题。该文认为，党章和其他党内法规是党员退出机制的基本依据，党的全国代表大会报告以及党中央主要领导人的讲话，也都强调要及时处置不合格党员。在实践中，每年都有一批腐败变质分子被开除出党，这从总体上保证了党的队伍的纯洁性。但是，当前党员退出机制过于单一，党员标准过于笼统，党员能进不能出的现象还比较普遍，致使一部分不合格党员仍留在党内，影响了党在人民群众中的形象。该文对完善党员退出机制提出建议，要明确党员退出机制的类型；党员退出机制的关口要前移，对那些不合乎标准的预备党员要进行清退或者延长预备期；制定党员标准的明确细则，为党员退出机制提供可操作性的依据；完善党员退出机制需要群众参与；实行党员退出票决制；加强宣传和引导，营造党员退出机制运行的社会环境。

中国井冈山干部学院课题组在《健全党员能进能出机制研究》的报告中对于党员退出机制的构建提出政策建议，一方面要严把入口关，科学健全党员进入机制。健全质量机制，接收党员保证质量；健全规模机制，发展党员优化比例；健全标准机制，考察党员严格依照标准；健全信仰机制，把思想入党作为关键环节；健全监督机制，让群众来监督党员的发展。另一方面，要畅通出口，科学健全党员退出机制。为此，要明确党员退出的方针与原则，处理不合格党员的方针是“坚持标准，区别对待，综合治理”。对腐败、违法犯罪党员的处置方针是：坚决清除，决不姑息。党员退出应遵循的基本原则：一是主动退出与被动退出并行的原则；二是普通党员和干部党员区别对待的原则。对于党员退出的路径探索，该文认为，一是要尊重主动退出，二是要慎重劝其退出，三是要尝试荣誉退出。此外，还要完善党员退出的后续工作。

五、干部队伍建设研究

路线确定之后，最重要的就是干部。在新形势下，干部队伍建设一方面面临着经济新常态下改革创新和转型升级任务的巨大压力，另一方面，又受到高压反腐和从严治党的严格约束，一些干部对于新形势、新情况和新要求产生了严重的不适应，出现了心理焦虑、工作倦怠甚至为官不为等问题。新形势和新任务对于干部的能力素质也提出了更高的要求，对此，习近平总书记在系列重要讲话中也多次明确作出要求，党的干部选拔任用和考核评价机制也针对新形势和新要求作出相应的调整。对于干部队伍在当前面临的能力不足问题、能力建设的内容和方式，干部管理的机制创新等，理论界进行了较多的探讨，尤其是对新形势下干部应当具备哪些能力素质，研究较为充分。这些研究，有利于进一步提升党的干部能力素质和干部队伍建设的整体科学化水平。

（一）干部精神懈怠和能力不足问题的研究

十八大报告明确指出，新形势下，党面临的执政考验、改革开放考验、市场经济考验、外部环境考验是长期的、复杂的、严峻的。精神懈怠危险、能力不足危险、脱离群众危险、消极腐败危险更加尖锐地摆在全党面前。对于干部队伍精神懈怠和能力不足这两大危险，学者们的研究一方面聚焦了矛盾问题较为突出的乡镇基层干部，另一方面对新的社会环境、考核新政等影响干部能力要求的外部因素进行了深入分析。主要研究成果有邹燕秋的《当前乡镇干部工作倦怠问题与对策研究》(《郑州大学学报·哲学社会科学版》2014年第2期)，林洁的《乡镇干部的心理焦虑及其消解途径——以山西省33个乡镇的调研为例》(《理论探索》2014年第3期)，中共江苏扬中市委组织部的《"为官不为"现象的成因分析及对策探讨》(《领导科学》2014年11月下期)等。

邹燕秋在《当前乡镇干部工作倦怠问题与对策研究》一文中分析了基层乡镇干部较为普遍的工作倦怠现象的表现，并分析了导致这一现象的多方因素。该文认为，乡镇政权是我国最基本的基层政权，乡镇干部是党和政府在基层的代言人，其精神状态、工作态度、身心状况以及作风表现直接影响农村工作的开展。当前乡镇干部队伍的工作倦怠比较普遍，有的甚至很严重。这种工作倦怠的表现，一是"慢"，主动性差，不安排不动作，不督促不落实，甚至消极应付。二是"散"，全局观和协作意识不强，推诿扯皮。三是"混"，论资历、熬资历，不作为，得过且过。四是"浮"，浮漂，说的干的不一，浮夸，报喜不报忧，浮躁，静不下心，谋升迁搞调离。五是"懒"，懒于学习、懒于思考，懒于干事。六是"庸"，精神不振、暮气沉沉，甘于平庸。七是"怨"，干劲小，牢骚大，怨天怨人怨组织。八是"俗"，不讲真话，不抵制歪风邪气，明哲保身。导致这些问题的因素主要有理想信仰的缺失，社会舆论的误解和妖魔化，巨大压力带来的心理上的委屈与苦恼，管理体制的偏差和走过场，收入微薄和缺乏激励，以及选拔任用机制不科学导致的成长平台狭隘。

林洁在《乡镇干部的心理焦虑及其消解途径——以山西省33个乡镇的调研为例》一文中以实证研究的方式对乡镇干部的心理焦虑问题进行了分析。该文认为，随着上级政府问责范围的日益扩大和问责力度的不断加强，在正面促进乡镇干部发挥积极作用的同时，也给其带来了与日俱增的心理焦虑，该文通过对山西部分乡镇的调研，归纳出乡镇干部群体的心理焦虑的一些特征。一是与职务成正比例线性关系，正科级焦虑感最强。二是与年龄成抛物线关系，存在明显的45岁现象，35—45岁焦虑感最强。三是性别方面存在"阳盛阴衰"，女性抗焦虑感高于男性。四是随工作类别"高低起伏"，分管信访、安全生产的干部焦虑感最强。乡镇干部的心理焦虑带来了一些不良后果，如工作倦怠，身体状况亚健康，工作中行为"过急"或"过缓"，以及天花板心理导致的行为偏差。导致乡镇干部心理焦虑的原因主要有自身能力不足、同事和班子成员不理解、心理健康知识缺失及家庭压力不可回避等方面。

扬中市委组织部在《"为官不为"现象的成因分析及对策探讨》一文中总结了当前反腐高压态势下干部队伍中普遍滋长的"为官不易"心理和"为官不为"现象。该文认为，"为官不为"是指公职人员不履行、不完全履行或者不及时履行自身的岗位职责，造成"懒政""荒政"等问题。该文梳理了"为官不为"的五种类型，一是拖拉懒散型，要做的不做，该办的迟办，群众对此最反感。第二种是推诿耍滑型，把问题推出去，把成绩揽回来。第三种是求稳怕事型，如老和尚撞钟，按部就班。第四种是无利不往型，看脸色行事，无利不起早。第五种是欺上瞒下型，信奉摆平就是水平，造成"中梗阻"。该文对"为官不为"的原因进行了剖析。内源性原因有：迷茫心态严重，不知道怎么为、不敢为；多一事不如少一事的懒人心态，安于现状；唯利是图心态，没有好处不为；庸人心态，能力不足，恐慌，不会为；哀怨心态，把“干净”和“干事”对立起来，有失落感。外源性原因主要有，考核激励机制欠缺，导向不明确，甚至起劣币驱逐良币的反作用；用人导向存在偏差，能说会讲的、官二代的走上领导岗位，实干的被埋没；问责处置力度不够，得不到应有惩罚；权责设定模糊不清，疏于引导官员该怎么干；最后是网络媒体的污名化，使干部心理上受挫。

（二）新形势下干部能力素质的内容研究

坚持和发展中国特色社会主义，关键在于建设一支政治坚定、能力过硬、作风优良、奋发有为的执政骨干队伍。对于全面从严治党新形势下党的干部队伍应具备的各项能力，理论界进行了较为充分的探讨，相关的能力素质包括政治性能力，改革发展能力，创新能力，战略思维能力，以及科技文化素养等。对于干部能力素质内容的研究，有助于克服新形势下干部能力不足、能力恐慌的问题。主要的研究成果有王增杰的《政治定力：党员领导干部的重大现实课题》（《中共云南省委党校学报》2014 年第 1 期），李德的《增强领导干部的舆论意识和媒体沟通能力——基于处置公共危机的视角》（《毛泽东邓小平理论研究》2014 年第 3 期），刘峰的《创造性是领导者最重要的素质》（《理论视野》2014 年 5 期），陈辉的《改革新阶段地方党政领导干部应有的工作思维》（《理论探讨》2014 年第 5 期）等。

王增杰在《政治定力：党员领导干部的重大现实课题》一文中探讨了领导干部在复杂政治形势和理论斗争之中应具备的政治定力问题。该文认为，政治定力是一种执政能力，是党的先进性和纯洁性的前提和基础。政治定力的内容和特点集中体现为马克思主义信仰的坚定性，中国特色社会主义政治的自信性，群众路线的不可动摇性。提高政治定力是党员领导干部坚定理想信念的迫切需要，是夺取意识形态领域舆论斗争胜利的有力保证，是增强党的执政能力的政治前提。该文提出，党员领导干部的政治定力不是天生的，其途径是在学习理论提升本领中增强政治定力，在党性锻炼中培养政治定力，在实干兴邦、拼搏奋斗中锤炼政治定力，在反对各种错误思想和舆论斗争中展示政治定力。

李德在《增强领导干部的舆论意识和媒体沟通能力——基于处置公共危机的视角》一文中探讨了社会转型关键时期，领导干部如何在危机管理中应对媒体的能力问题。该文认为，当前我国处于经济转轨、社会转型的关键时期，社会结构深刻调整，利益主体多样化，价值观念与利益诉求多元化，社会矛盾频发，以网络为载体的新媒体方兴未艾，给党和政府的执政带来巨大挑战。在危机管理中，一些领导干部不适应、害怕、厌恶甚至拒绝与媒体的沟通，陷入误区，其表现有：“瞒”，不说假话；躲，回避逃避；推，推诿卸责；顶，顶牛偏激；拖或压，拖延至于失控。对此，该文认为，广大领导干部应当坚持执政为民的执政理念，不断提升媒体素养，在处置公共危机中增强舆论意识，完善新闻发布机制，完善对新媒体的管理体制，加强与媒体的沟通，积极引导、培养网络意见领袖，从维护人民群众的根本利益出发，维护好社会和谐稳定。

刘峰在《创造性是领导者最重要的素质》一文中围绕习近平总书记对于干部创新能力的相关论述，对领导者的创造性素质进行分析。该文指出，习近平总书记早在 1993 年担任福州市委书记时就谈到领导者最重要的素质是创造性，并进而论述创造性素质所包括的信念、勇气和智慧等三个要素。该文结合领导特质理论和领导行为理论对习近平的论断进行了阐发。首先，发挥创造性要树立坚定的信念，坚定的理想信念是领导力的根基，是领导者发挥创造性的方向，是领导者发挥创造性的动力，实质上也是强调领导者的政治素质，即仁德，从领导行为理论而言，坚定的理想信念要通过以身作则和共启愿景体现出来。其次，发挥创造性必须有胆有识，要有强烈的责任意识，要有勇气，即勇德，勇于攻坚克难，冲破固有利益的樊篱，成为行动派，做行动的巨人，以身作则，通过切实的改革行动推动共同理念的实现。第三，发挥创造性必须吃透上情和下情两头，深刻领会中央和省委的方针、路线和政策，准确了解本地区、本部门的实际情况和群众的意愿，把这二者有机地结合起来，这就需要领导者要做到实事求是，勤于学习，有大智慧，即智德。

陈辉在《改革新阶段地方党政领导干部应有的工作思维》一文中探讨了全面深化改革背景下，地方领导干部工作思维的转变问题。该文认为，地方党政领导干部是推动地方乃至全国经济社会发展的重要领导力量。十八届三中全会做出的新的改革决定为地方干部营造了新的工作情境。对此地方党政领导干部必须转变原有的工作思维，一是思维的出发点与归属从追求 GDP 转为确立人本思维；二是从局部性思维转为全面性、系统性思维；三是思维空间阈限从区域性转变为区域性与全局性结合的宏观地域化思维；四是思维时间阈限从立足现实转变为现实与未来相结合的可持续发展思维。通过工作思维的转型，为实施科学领导、追求科学政绩，促进区域经济与社会全面、可持续发展，为最广大人民自由全面发展水平的持续、稳步提升提供思维保障。

（三）提升干部能力与改善干部管理的相关研究

对于干部能力素质出现的问题，学者们大多归结为干部自身学习不够等内因和干部管理体制缺陷的外因。对于克服这些问题的研究，也多从提升干部能力和改善干部管理两个方面来研究。相关的研究有的从宏观的干部教育、能力培育进行，也有的针对某些单项的能力提升来进行，还有的对干部选拔任用制度、政绩考核制度等进行了深入的分析。主要研究成果有俞可平的《中共的干部教育与国家治理》（《中共浙江省委党校学报》2014 年第 3 期），邓卓明的《论培养年轻干部能力的五大路径》（《探索》2014 年第 4 期），肖俊的《乡镇干部队伍建设需要制度安排与制度激励》（《中国党政干部论坛》2014 年第 11 期），中央组织部党建研究所课题组的《提高选人用人公信度问题研究》（《当代世界与社会主义》2014 年第 4 期），蒋俊杰的《“考核新政”背景下地方领导干部治理能力现代化的困境与对策》（《领导科学》2014 年 3 月下期）等。

俞可平在《中共的干部教育与国家治理》一文中考察了中共现行的干部教育培训体制、规划、功能和主要特征，着重分析了这一体制对于改善中共各级干部的素质、增强中共的执政能力和国家治理能力的重要作用和意义。该文认为，中共及其干部的素质和能力直接决定着国家的治理水平和治理的现代化。中共的干部教育培训体系是中国国家治理体系的重要内容，明显地改善了各级党政官员的素质和能力：第一，解放思想，转变观念，凝聚共识，形成新的政治认同；第二，修养党性，树立理想，坚定信念，培养和强化党员干部的政治忠诚；第三，接受党风党纪教育，重温中共的执政宗旨，倡导廉洁从政，增强党员干部的政治责任感；第四，开阔视野，学习新知识，增加新技能，提高党员干部的科学文化素质；第五，实践锻炼、培养技能、增长才干，提高党员干部的行动能力；第六，交流经验，相互学习，取长补短，增强党员干部的协作能力。该文还认为，推进中国国家治理体系和治理能力的现代化，势必要求中共干部教育培训体系的现代化；而中共干部教育培训体系未来的改革创新，在很大程度上又将有助于推进中国共产党自身的现代化和中国国家治理的现代化。

邓卓明在《论培养年轻干部能力的五大路径》一文中讨论了新形势下面对国际国内复杂环境的多重挑战和进一步深化改革的艰巨任务，党的年轻干部培育能力的主要途径。一是通过强化理论武装培养年轻干部的理论思维能力不断地加强政治理论学习，全面掌握马克思主义理论、中国特色社会主义理论体系，才能拥有长远眼光，增加思想深度，提升战略思维，坚定理想信念。二是通过基层一线的历练培养年轻干部的基础能力，包括与群众沟通的能力，理论与实际相结合的能力，处理具体问题的能力。三是通过复杂环境的锤炼培养年轻干部的综合能力，如通过关键时刻的考验培养年轻干部迎难而上的魄力和能力，通过处理突发事件培养年轻干部的快速反应能力，通过处理险重事件培养年轻干部的党性修养和执行能力。四是通过不同岗位的磨炼培养年轻干部的治理能力，包括协调能力、决策能力、应对能力。五是通过学习新知识掌握新技能培养年轻干部的创新能力。

肖俊在《乡镇干部队伍建设需要制度安排与制度激励》一文中围绕中办印发的《关于加强乡镇干部队伍建设的若干意见》针对最基层的乡镇干部队伍建设提出具体的建议。该文认为，稳定乡镇干部队伍的首要问题是提高待遇，解决干部后顾之忧。其次，讲大学生村官纳入公务员职位体系，破解基层人才瓶颈。三是在乡镇干部选任时拒绝功利取向，更侧重综合协调和事务管理能力，而不是招商引资。四是把乡镇干部能力培养作为提升治理能力的主要内容，推进培训的常态化和针对性。

中组部党建所课题组在《提高选人用人公信度问题研究》的报告中对干部选任制度的改革和完善提出了系统的建议。该报告认为，选人用人公信度有四个基本特征，政治性，导向性，互动性，易碎性，提高选人用人公信度的核心是选用党和人民需要的好干部。该报告基于调研情况，提出一些制约选人用人公信度进一步提高的体制机制问题仍然不同程度存在着，包括执行选人用人标准出现偏差，少数人在少数人中选人，考察失真失实，选人用人不正之风仍然突出，干部能上不能下、能进不能出等。影响的因素主要有民主集中制坚持和执行不力，干部考核工作不科学，干部选用中发扬民主不够、民主质量不高，从严治党、从严管理干部落实不到位。该报告据此提出，要坚持改革创新，提高选人用人的科学化水平。一是坚持用好干部标准选人用人，树立正确的用人导向；二是推进干部人事制度改革，构建有效管用、简便易行的选人用人机制；三是加强干部考核，建立科学的考核评价制度；四是加强选人用人监督，严格责任追究。五是加强组织部门自身建设，提高知人善任能力。

蒋俊杰在《"考核新政"背景下地方领导干部治理能力现代化的困境与对策》一文针对中组部印发的《关于改进地方党政领导班子和领导干部政绩考核工作的通知》，考察了"考核新政"实施前后干部能力要求和行为取向的变化。该文分析了传统干部考核制度下地方领导干部行为的扭曲现象，包括考核指标体系"单一化"，导致地方领导干部的行政理念出现严重偏差；考核主体“一元化”，诱致地方领导干部工作导向“唯上不唯下”；考核过程“碎片化”，迫使地方领导干部疲于应付。以及考核导向“一刀切”，造成地方领导干部政策执行的扭曲。该文认为，以“考核新政”来推动地方领导干部治理能力现代化，在实践中会面临着一系列的困境，如定性评价和定量评价的矛盾，权力与责任的部队称，创新行为与行政体制的统一性的内在矛盾，干部的“显绩”和“潜绩”的不同步及与任期的不对应关系等。针对这些矛盾问题，该文提出，建立干部考核制度与政策议程设置之间的衔接机制，提升地方领导干部治理能力的包容性；加强考核中的公民参与，提升地方领导干部治理能力的回应性；加强考核过程的统筹协调，提升治理能力的整体性；完善配套制度改革，保障地方领导干部治理能力现代化的持续性。

六、新形势下基层党组织建设研究

基层党组织是执政党渗透社会的细胞，也是党在基层社会的战斗堡垒，是党的全部工作和战斗力的基础。在社会急剧变迁的形势下，基层党建各领域都受到了严重的冲击，无论是基层党员干部队伍的能力素质和工作作风建设，还是基层党组织的准确定位和功能发挥，都存在着一些较为突出的问题。对于这些问题，党建理论界基于对基层党组织的调查研究，梳理了问题的表现，分析了导致问题产生的因素，也提出了相关的对策建议，并把基层党建的整体转型发展与国家治理体系与治理能力的现代化、执政党的党建科学化等宏观的政治发展联系起来。相关的研究成果对于指导基层党建适应社会变迁，提升建设的科学化水平，更有效地参与基层社会治理，提供了有益的借鉴。

（一）关于农村党建问题与创新的研究

关于农村基层党组织建设的研究，既有对村党组织书记队伍及其能力素质的调查与思考，也有对基层党组织在农村基层社会中的角色定位问题的深入思考。相关的研究有助于深入认识城市化加速发展、农村趋向衰败的大背景下，农村党建如何克服各种固有难题，推进改革创新。相关的研究成果主要有吴梅芳的《欠发达地区村党支部书记队伍建设的调查与思考》（《理论与改革》2014 年第 5 期），王友平的《农村基层党组织的家族化现象研究》（《党政研究》2014 年第 2 期），王晓荣的《农村基层党组织边缘化及其权威重建》（《理论探索》2014 年第 5 期）等。

吴梅芳在《欠发达地区村党支部书记队伍建设的调查与思考》一文中以安徽省部分农村的实证调研为基础，对经济欠发达地区村书记队伍建设的问题进行了梳理和分析。该文认为，村党支部书记是农村各项工作的领头人。欠发达地区由于各种主客观因素的影响，在村党支部书记队伍建设上存在着若干问题。一是岗位吸引力不足导致现有的乡村软环境难以实现人选最优化；二是村书记内生工作动力不足，而且对村干部的管理方式也不够科学，容易发生导向偏差；三是部分乡镇党委对村书记的主动培育不够、教育培训实效性不强，村书记难以提高素质能力。基于以上问题，该文提出欠发达地区村党支部书记队伍建设的路径，一是把实现人选最优化作为基础；二是把发挥作用作为关键；三是把提高素质能力作为核心。

王友平在《农村基层党组织的家族化现象研究》一文中探讨了家族控制村党组织这一农村党建中的突出问题。该文梳理了农村基层党组织家族化的表现。一是党内民主形式化，党员的基本权利和义务失衡；二是外姓的中青年能人和权威老人被边缘化；三是村民对村民代表大会认可度较低，甚至村代会缺乏存在感；四是村庄事务决策上村民被同宗族代表等。这一现象阻滞了政党在民主政治中发挥作用，不利于利益表达和人才合理流动，也阻碍了村民自治。该文分析了家族化现象的原因，包括亲缘关系的社会传统影响、强人治村和能人治村、中青年党员的外出流动、村民自治的行政化、基层党内民主发展滞后等。该文还提出了解决这一问题的思路：一是发挥上级党组织的整合功能与发展农村党组织的党内民主相结合；二是对农村基层党员进行社会主义核心价值观教育；三是建立能够发挥“制度倒逼”作用的农村基层党内制度体系；四是培养农民的公民意识，拓宽党组织活动范围。

王晓荣在《农村基层党组织边缘化及其权威重建》一文中分析了农村社会变迁中基层党组织的地位边缘化问题。该文梳理了农村党组织在各个领域边缘化困境的原因和表现：一是农村集体经济萎缩弱化了基层党组织的物质基础；二是农村政治权威模糊弱化了基层党组织的政治基础；三是农村人才资源流失弱化了基层党组织的组织基础；四是农村思想价值迷茫弱化了基层党组织的思想基础。该文认为，农村党组织要把农村可持续发展与党组织重建权威结合起来，摆脱边缘化困境。一是要推动农村经济发展，筑牢农村党组织核心地位的物质基础。二是要加强自身建设，增强农村党组织的凝聚力。三是要强化价值导向，增强农村党组织的思想文化话语权。四是要领导基层民主建设，协调外围组织关系，提升农村党组织的制度化执政水平。

（二）关于社区党建和两新党建的研究

在城市化、市场化、社会化的背景下，社区党建、两新党建已经成为基层党建的主要板块，也成为基层社会治理现代化的枢纽型组织。理论界对社区党建的研究侧重于社区党组织的作用发挥以及社区党建在社区治理现代化中的地位和角色。对于两新党建的相关研究包含了党务干部队伍建设和职能定位两个方面。这些研究，对于进一步推进社区党建和两新党建明确自身角色定位、更好发挥作用有一定的指导作用。主要研究成果有吴梅芳的《社区党组织作用发挥的调查与思考——以安徽省为例》（《理论探索》2014年第4期），沈跃春的《以社区党建创新为引领推进社区治理现代化》（《唯实》2014年第10期），康民的《对非公企业党务工作者队伍职业化建设的思考》（《广州社会主义学院学报》2014年第1期），张哲的《关于新社会组织中党组织职能定位的思考》（《求知》2014年第6期）等。

吴梅芳在《社区党组织作用发挥的调查与思考——以安徽省为例》一文中以安徽省部分社区作为实证调研对象，对社区党组织发挥作用的现状和问题进行了梳理，认为，有部分社区干部群众对社区党组织作用发挥认可度不高，在各项作用中“维护社区稳定作用”发挥得最好，“整合社区共同利益作用”发挥得最不理想。该文提出了社区党组织作用发挥的阻碍因素，包括各方对社区党组织作用及社区党建工作认识不到位，社区党组织干部队伍结构不够合理、素质不高，经费投入不足等。对此，该文提出相应对策，一是完善社区党组织结构，为发挥作用提供组织与人才支撑；二是完善社区党组织工作方式，为发挥作用搭建平台，注重整合各方力量，注重以服务凝聚群众；三是完善社区党组织工作机制，为发挥作用提供保证，如物质保障机制，工作程序机制，工作协调机制等。

沈跃春在《以社区党建创新为引领推进社区治理现代化》一文中分析了社区党建与社区治理之间的关系，认为推进社区治理现代化，就是要以社区党建创新为引领，创新社区治理体系，不断提升社区自治和社区服务能力，建立和完善多元主体参与的现代城乡社区治理体制机制，实现社区公共利益最大化。为此，要充分发挥社区党组织的领导核心作用，完善社区党建工作联席会议制度，加快推进服务型社区党组织建设。通过这些举措，夯实党在社区的执政基础，进而构建社区治理五大体系，一是加强社区文化建设，培育社区治理公共价值体系；二是创新社区治理体制，健全社区治理扁平化组织体系；三是探索社区治理多元化，规范社区治理民主化协商体系；四是充分发挥社区居民的主体作用，拓展社区治理平等化参与体系；五是加强社区制度建设，完善社区治理规范化制度体系。通过五大治理体系的协同作用，强化社区的自治功能、服务能力，优化社区治理运行机制。

康民在《对非公企业党务工作者队伍职业化建设的思考》一文中对非公党建中的党务工作者队伍建设提出职业化的对策建议。该文认为，非公企业党务工作者是非公企业党建和各项工作的骨干力量，这支队伍素质的高低，直接关系到非公企业党建各项任务的落实和完成，关系到非公党组织政治核心作用的发挥，关系到非公党组织的形象与活力。该文指出，当前非公党务工作者队伍存在着优秀干部不足、队伍不稳定、地位边缘化、能力较薄弱等问题。由此，该文提出，通过制度创新，走职业化道路，增强企业党务工作岗位的吸引力，不断拓宽企业党务工作者拔使用渠道，以实现非公企业党务工作专门人才的供求平衡，着重组织培训以增强素质，着重加强管理尤其是考核监督，着重营造氛围以强化工作保障，使非公企业党建能够保持持久活力。

张哲在《关于新社会组织中党组织职能定位的思考》一文中分析了新社会组织中党组织的职能定位与作用发挥问题。该文认为，准确定位新社会组织党组织的职能，是增强党建工作有效性的前提，也是实现党对新社会组织领导的有效途径。该文提出，根据体现凝聚力和战斗力、形成长期效应的原则，新社会组织党组织的职能定位，一是要发挥政治引导职能，促进新社会组织健康发展；二是要发挥利益协调职能，促进新社会组织和谐发展；三是要发挥服务职能，促进新社会组织稳定发展。

（三）关于服务型党组织建设的研究

服务型党组织是基层党组织建设在功能定位方面的基本价值取向，涉及基层党组织在思想理念、组织体系、工作方式和评价机制等多方面的转变，同时也是基层社会治理创新的重要组成部分和推动力。理论界对基层服务型党组织建设的关注依然持续，既有宏观上的理论探讨和环境分析，也有针对地方和基层实践的个案分析。主要研究成果有梁妍慧的《创建基层服务型党组织关键在于党组织自身转型升级》（《中国党政干部论坛》2014 年第 5 期），冯治、张强的《协商民主视域下的基层服务型党组织建设探索》（《中共宁波市委党校学报》2014 年第 5 期），刘宗洪、朱佩明的《基层服务型党组织的转型与发展：上海个案》（《重庆社会科学》2014 年第 12 期）等。

梁妍慧在《创建基层服务型党组织关键在于党组织自身转型升级》一文中对基层党建的转型趋势和工作方向及其突破点进行了分析。该文认为，从党组织怎么建来看，首先要认识到党的领导对象和领域发生了重大转变，横向开放的社会是主要对象，因此存在着无行政权力依托建党组织面临的挑战。对此，党必须认清社会特点，构建区域化大党建，必须强化平等、互助、奉献精神，构建党群密切联系的根本支柱。从党组织干什么来看，必须从管理向服务转变，服务的具体内涵，在内容上包括服务发展、服务民生和服务民权；在主体上从一元无限政府到多元参与转变；在方式上从行政命令到引领、协调转变。从党组织怎么干来看，一是要协调各方，引领群众；二是要构建社会化的服务平台与载体。

冯治、张强在《协商民主视域下的基层服务型党组织建设探索》一文中探索了基层服务型党组织的建设规律，探讨把协商民主融入到基层党建之中。该文指出，十八大要求推进协商民主广泛、多层、制度化发展，社会协商的深入推进必然也要贯穿于服务型党组织的建设之中。该文认为，基层服务型党组织要实现社会协商目标，需要将党的根本宗旨与社会协商的价值取向有机结合，在强化党的建设过程中，融入社会协商的价值目标。基层服务型党组织的建设，从成效上看，是社会协商制度的有效运行，从基层党组织建设的角度看，要做到把践行党的服务宗旨与公共利益导向相结合，把规范党内民主秩序与民众广泛、有序参与相结合；把强化干部从政能力与引导民众理性沟通相结合，把树立干群平等意识与保障民众平等参与相结合；把建立健全公示制度与协商过程公开透明相结合，以及把加强协商制度建设与规范协商各个环节结合起来。

刘宗洪、朱佩明在《基层服务型党组织的转型与发展：上海个案》一文中以上海基层党建的问题与经验为蓝本，结合相关的理论梳理，对基层党组织适应国家治理现代化的要求，由“管理型”向“服务型”转变进行了探讨。该文首先对基层服务型党组织的内涵进行分析，认为就是基层党组织服务群众的工作标准、活动内容和实现方式等一系列制度规定的组织形态。在实践中，要把服务作为基层党组织建设的鲜明主题，以服务型党组织建设的要求引领基层党建创新，这不仅是活动内容的转变，而是思想观念、组织体系、工作方式和考核模式的系列性变革。该文结合上海的实践经验，认为创新基层服务型党组织建设，需要摆脱运动式的工作方法，注重服务的个性化、制度化、市场化、多元化和社会化的整体推进。一是要突出基层党组织工作的特点，增强服务型党组织的服务成效。二是要突出服务的制度化运作，着眼于服务型党组织建设的长效机制；突出市场化的项目服务，保证基层党组织服务群众的可持续性；四是要突出服务的适度性，提高群众自主服务的能力；五是要突出群众的精神性服务，促进人的全面发展；六是要突出社会化服务的功能，扩大基层党组织的政治影响力。

七、执政党与国家治理研究

国家治理体系与治理能力的现代化是十八届三中全会确立的全面深化改革的总目标，而社会治理体制创新是全面深化改革的重要内容之一。作为国家与社会连接的桥梁与中介的执政党各级组织，在国家治理与社会治理的改革创新中必然发挥着枢纽性的引领和推动作用。而国家治理现代化和社会治理体制创新对于执政党建设构成了环境变迁的核心要素，也必然对执政党的转型与现代化起到倒逼推进作用。对于执政党与治理现代化的研究，学者们有的侧重于从执政党与国家治理的角度，探讨执政党在国家治理现代化中的角色定位和互动关系，也有的对一些具体的改革创新举措进行探讨；对于执政党与社会治理的相关研究，侧重于政党的社会治理功能以及执政党组织、作风等对社会治理的引领，还有的从基层社会治理的角度探讨党组织的行动路径和机制创新。相关的研究成果对于进一步深化国家治理现代化的认识，对于推动社会治理和基层治理改革创新，以及对于执政党自身建设的科学化转型，都有着重要的借鉴作用。

（一）关于执政党与国家治理的研究

对于执政党与国家治理体系现代化相互关系的研究，学者们多侧重于探讨国家治理体系中执政党的角色定位，以及执政党的特点、自身转型、现代化等对国家治理体系的影响。相关的研究成果主要有马国钧的《国家治理进程中的执政党现代化建设》(《理论探索》2014 年第 3 期)，王超的《党在国家治理体系中的角色定位及实现路径》(《观察与思考》2014 年第 12 期)，李锡炎的《党的独特优势与国家治理体系和治理能力现代化》(《长白学刊》2014 年第 4 期)，谢建平的《权力清单制度：国家治理体系和治理能力现代化的制度》(《华东师范大学学报·哲学社会科学版》2014 年第 6 期）等。

马国钧在《国家治理进程中的执政党现代化建设》一文中认为，执政党作为国家治理现代化的核心和主导力量，应该而且必须适应全面深化改革的要求，率先推进自身的进一步现代化，才有资格、有能力推动和保证全面改革的不断深化。这是因为国家治理体系现代化要求制度供给主体首先现代化，需要治理主导力量首先现代化。该文认为，适应推进国家治理现代化的新要求，应努力加快执政党自身现代化的建设，一是坚持意识形态与时俱进，实现指导思想现代化；二是推进党内民主制度建设，实现组织结构现代化；三是不断完善党的领导体制，实现执政方式现代化；四是加快党的建设改革创新，实现队伍素质现代化。

王超在《党在国家治理体系中的角色定位及实现路径》一文中探讨了执政党在推进国家治理体系现代化中扮演的角色，认为，现代国家治理对政党提出了严重挑战，一是治理主体多元化对政党功能发挥的挑战，二是治理方式合作化对政党执政方式的挑战，三是治理过程法治化对政党运作模式的挑战，四是治理结构扁平化对政党组织架构的挑战。该文提出政党在国家治理体系中的两种角色，治理的主导角色，包括执政者、政策提供者，参与角色，包括组织者和服务者。该文认为，政党实现这些角色，一是要加强顶层设计，把握国家治理的政治方向，二是突出治理理念，切实增强政党的服务功能，三是扩大社会参与，构建治理主体的合作机制，四是争取话语权力，坚持走中国特色治理道路。

李锡炎在《党的独特优势与国家治理体系和治理能力现代化》一文分析了中共的特殊优势对国家治理现代化的重要引领作用。该文认为，党的领导是中国特色社会主义制度的核心，也是把握政治方向，有效推进国家治理体系和治理能力现代化的根本保证。只有坚持党的建设制度改革，不断加强党的组织制度、领导制度和思想政治建设，改革完善党的领导方式和执政方式，形成发挥党的独特优势与推进国家治理体系和治理能力现代化的互促同进机制。具体而言，一是把党的理论优势转化为国家治理体系和治理能力现代化的价值引领力；二是把党的制度优势转化为国家治理体系和治理能力现代化的内生驱动力；三是把党的组织优势转化为推进国家治理体系和治理能力现代化的执行力；四是把党的思想政治优势转化为国家治理体系和治理能力现代化的正能量。

谢建平在《权力清单制度：国家治理体系和治理能力现代化的制度》一文中具体分析了作为党的建设科学化和国家治理现代化重要举措的权力清单制度。该文认为，权力清单制度是党领导人民治理国家的制度回应，包括权力自身的基本属性、权力运行的基本轨迹和权力清单的边界特征等内涵。推行权力清单制度，一要强化权力配置制度建设，加强顶层设计，提高国家治理的制度化水平；二要强化权力运行制度建设，确保照单履权，提高国家治理的规范化水平；三要强化民众权利制度建设，突出制衡意识，提高国家治理的民主化水平；四要强化权力监督制度建设，构建问责机制，提高国家治理的科学化水平。

（二）关于执政党与社会治理的研究

对于执政党在社会治理体制创新中的地位和作用，学者们从多个角度进行了分析，有的从党的执政理念的变化来探讨，有的从党对社会的领导力着眼，还有的从较为具体的网络社会治理来分析。主要的研究成果有邵光学、刘娟的《从“社会管理”到“社会治理”——浅谈中国共产党执政理念的新变化》(《学术论坛》2014 年第 2 期),程熙的《嵌入式治理：社会网络中的执政党领导力及其实现》(《中共浙江省委党校学报》2014 年第 1 期)，薛小荣的《信息时代中国共产党的网络社会治理能力》(《探索与争鸣》2014 年第 5 期）等。

邵光学、刘娟在《从“社会管理”到“社会治理”——浅谈中国共产党执政理念的新变化》一文中认为，从 1998 年《关于国务院机构改革方案的说明》到 2013 年《中共中央关于全面深化改革若干重大问题的决定》,中国共产党的执政理念经历了从“社会管理”到“社会治理”的变化。社会管理和社会治理存在着较大差异,主要体现在主体、主体承担的责任、实现形式、实践路径等方面。该文对二者进行了比较，认为社会治理使得公民的积极性、主动性得以最大程度的发挥,公民参与社会生活的热情高涨,公民之间的合作进一步密切,有利于社会的文明进步。据此，该文提出执政党应当加强社会治理建设，提高社会治理水平。具体而言，应当充分解放思想、更新观念，借鉴国外治理经验，形成政府、社会和公民之间带异性合作机制，最大程度地激发社会活力，支持公民在法治框架下广泛参与社会治理，进一步健全公共安全体系。

程熙在《嵌入式治理：社会网络中的执政党领导力及其实现》一文中分析了执政党如何在转型社会中有序构建对社会的领导力以促进社会治理的问题。该文认为，执政党在转型社会中的影响力不仅与其规模、人数、掌握的资源有关，也和政党在社会网络中所处的位置、和其他组织的关系模式有关。较好的社会网络地位和有效的沟通方式，有利于以较低成本实现政党目标。该文指出,中共对社会的治理结构采用的是“嵌入式治理”方式，即中共运用其自身或社会精英掌握的组织资源，通过渗透、动员、宣传等方式对社会群体施加影响力，进而将社会纳入有序化的政治参与过程。在此过程中，政党进行了两个层面的整合。一是政党内次级组织间的整合，普遍采用的是“1+N”的模式；二是政党和非政党组织间的整合，主要通过开展活动和提供服务以及扶持、资助民间自组织进行。该文以北京朝阳区叶青大厦的楼宇党建为例，分析了执政党不断提高其内部领导力、平台领导力和文化领导力，并对三种领导力进行多层叠加，进而提高执政能力的创新举措。

薛小荣在《信息时代中国共产党的网络社会治理能力》一文中认为网络社会治理能力是中国共产党社会治理能力体系中新的生长点，不仅是中国共产党克服改革进入攻坚期和深水区社会治理“本领恐慌”的需要，更是中共推进国家治理体系和治理能力现代化的重要力量组成。该文认为，信息时代党的社会治理方式应坚持开放灵活、高效直接两大基本原则。具体而言，应该从媒介交流能力、组织凝聚能力和网络舆情引导能力三个方面着力培育提升党的网络社会治理能力。

（三）关于执政党与基层治理的研究

关于执政党与基层社会治理相互关系的研究，理论界也给予了一定的关注，有的对执政党组织在基层社会治理中的行动策略进行梳理，也有的对特定社会领域中基层党组织的治理能力进行了分析。主要研究成果有孙柏瑛、蔡磊的《十年来基层社会治理中党组织的行动路线——基于多案例的分析》(《中国行政管理》2014 年第 8 期),丘春林的《中国共产党农村治理能力现代化的路径选择》(《理论学刊》2014 年第 11 期）等。

孙柏瑛、蔡磊的《十年来基层社会治理中党组织的行动路线》一文中以基层社会治理若干典型案例为分析对象，梳理了近十年来基层党组织在面对多重社会矛盾的背景下，为维护社会稳定并谋求党组织在基层的政治影响力和权威合成法所采取的行动策略。该文认为，十年间，在新的社会领域和社会空间中，基层党组织的角色、功能和结构渐进地发生着变化，包括从单纯强调管控功能向强化并拓展服务功能，以回应群众服务需求为方向的转换；从自上而下强化纵向组织系统向横向组织嵌入、覆盖、整合的转换；从政治动员和意识形态的方式向居间利益调适、代表利益的方式的转换；从控制手段向应用多种组织管理技术的转换。具体而言，这些策略首先体现为以维稳为主导的信息化防控体系的构筑。其次体现为以服务为导向的基层党组织建设。再次体现为以组织化为导向的利益调适与社会资源整合。

丘春林在《中国共产党农村治理能力现代化的路径选择》一文中分析了在推进国家治理体系和治理能力现代化的过程中，如何实现党的农村治理能力现代化的问题。该文认为，实现党的农村治理能力现代化是发展村民自治、推进农村文化繁荣发展、实现基本公共服务均等化和公平正义的需要。对于实现党的农村治理能力现代化的基本路径，该文认为，一是要尊重农民的主体地位，树立农民治理主体意识，为此要坚持群众路线、保障农民权利；二是要以解决农村基本公共服务问题为切入点，着力解决农民的现实利益问题，探索农民增收长效机制；三是以推进党的农村治理体系现代化为主线，注重顶层设计和机制创新，客观清醒地分析农村治理体系的现状，找准症结；四是以创新党的农村治理方式为载体，在农村治理中坚持法治的基本治理方式，注重因势利导、由堵变疏，发挥农民自组织的积极性和主动性，加强农村文化建设。

八、执政党与法治建设研究

十八届四中全会首次在中央全会上专题讨论法治问题，通过了全面推进依法治国的重大战略，强调依法治国首先是依宪治国，依法执政首先是依宪执政，明确了依法治国的总目标是建设中国特色社会主义法治体系和社会主义法治国家。党的领导是依法治国的基本原则，为此，要坚持依法执政，执政党要带头捍卫宪法和法律的尊严，要加强党内法规制度建设，依纪依法从严治党，要增强党员干部的法治思维和依法办事的能力。对于执政党与法治建设、依法治国相关的研究，理论界给予了高度关注。有的对中国共产党的依宪执政体制机制进行了深入分析，也有的对党的法治思想和党内法治进行了探讨，还有的对党员干部的法治思维、法治素养进行分析。这些研究对于进一步推进全面依法治国，进一步深化全面从严治党，具有重大的理论与实践意义。

（一）执政党的法治思想和党内法治研究

对于执政党的法治思想的研究，有的学者进行了历史脉络的梳理，也有的学者从习近平总书记系列重要讲话中进行了分析提炼。对于党内法治、依规管党，也有相关的论述。主要研究成果有汪火良的《新中国成立以来中国共产党法治思想回顾与思考》(《探索》2014 年第 5 期),李林的《习近平法治观八大要义》(《人民论坛》2014 年 11 月下期)，肖金明的《论通过党内法治推进党内治理——兼论党内法治与国家治理现代化的逻辑关联》(《山东大学学报·哲学社会科学版》2014 年第 5 期）等。

汪火良在《新中国成立以来中国共产党法治思想回顾与思考》一文中梳理了历代中央领导集体的法治思想。该文认为，以毛泽东为核心的第一代中央领导集体，其法律思想有如下鲜明特点，确立了人民民主专政原则，注重立法，推崇法律工具主义和人治。以邓小平为核心的第二代中央领导集体，其法制思想的基本特色是，民主与法制相结合，适应形势及时建立法律体系，一切从实际出发。跨世纪期间党中央的法治思想，其内涵包括，确立依法治国，依法治国与以德治国相结合，以“三个代表”为重要指导思想。十六大至十八大期间党的法治思想有重大进展,如确立了社会主义法治理念,首次提出“党的事业至上、人民利益至上、宪法法律至上”，提出和谐法治观。十八大以来法治思想的新发展，主要有以建设法治中国为法治建设的最高目标，以“依法治国、依法执政、依法行政共同推进”和“法治国家、法治政府和法治社会一体建设”为原则，以法治服务改革大局，以法律实施保障法律权威。

李林在《习近平法治观八大要义》一文中对习近平总书记系列重要讲话中关于法治建设的思想进行了梳理。该文认为十八大以来习近平系统阐述了我们党更加重视依靠和运用法治基本方式治国理政的重要思想，深刻指明了在历史新起点上，我国从以立法为中心向法治全面协调发展转变、从法律体系向法治体系转变、从法律大国向法治强国转变的大方向大趋势，全面描绘了推进依法治国、努力建设法治中国的宏伟蓝图，体现了全面推进依法治国是一个法治建设系统工程的重要思想。该文指出，习近平法治观的要义包括八个方面，一是坚持党的领导、人民当家做主、依法治国有机统一；二是坚持科学立法、严格执法、公正司法、全民守法系统发展；三是坚持依法治国、依法执政、依法行政共同推进；四是坚持法治国家、法治政府、法治社会一体建设；五是坚持形成办事依法、遇事找法、解决问题用法、化解矛盾靠法的法治环境；六是坚持依法治国与以德治国相结合；七是坚持平安中国与法治中国建设相结合；八是坚持法制建设与深化改革协调推进。

肖金明在《论通过党内法治推进党内治理》一文中分析了党内法治这一前沿问题。该文认为，尽管存在争议，但“党内法规”是概括党内重要规章制度无可替代的术语。加强党内法治建设对推动党内治理和国家治理现代化具有重大意义，是完善党的制度体系、提升党的制度建设水平的基本要求，是推进党内民主、加强党内治理体系建设的现实需要，党内法治与国家法治相互联动，也是实现党和国家治理现代化的需要。该文指出，构建并完善党内法治体系，科学立法（规）是起点，目标是构建完善的党内法规体系，关键是完善党内立法（规）体制；有效执法（规）是重点，目标是确保党内法规的实效，关键是加强党内执法（规）体制；全党守法（规）是基点，目标是将各级党组织的活动和党员干部的行为纳入法规轨道，关键是法治信仰和法治思维。

（二）中国共产党依宪执政研究

高度强调宪法权威，明确依法执政首先是依宪执政，是全面推进依法治国的核心思想。对于中国共产党依宪执政，学者们从法学和党建两个角度进行了深入的剖析。主要研究成果有韩大元的《中国共产党依宪执政论析》（《中共中央党校学报》2014 年第 6 期），鞠成伟的《论法治政党与中国共产党依宪执政体制机制的完善》（《当代世界与社会主义》2014 年第 5 期）等。

韩大元在《中国共产党依宪执政论析》一文中全面分析了十八届四中全会提出的依宪执政理念。该文认为，依宪执政的提出经过了长期的探索过程，是执政党治国理论的重大发展，凝聚着中国共产党人为建设社会主义法治国家所作的努力与经验。依宪执政的提出是执政党客观认识执政规律、转变执政方式与提高执政能力的必然选择。依宪执政，要求执政地位由宪法确立，党的执政行为不得超越宪法和法律，党的执政理念符合宪法精神。该文指出，落实依宪执政，执政党一是要毫不动摇地坚持依宪治国理念，彻底摈弃“人治”观念；二是要高度重视宪法实施，完善宪法监督机制与程序，正确认识违宪审查制度的功能，采取有效措施纠正各种违宪现象；三是要切实贯彻“党在宪法和法律范围内活动”原则；四是要进一步提高党的领导干部的宪法意识，把宪法教育制度化。

鞠成伟在《论法治政党与中国共产党依宪执政体制机制的完善》一文中把依宪执政与中国共产党自身的法治化结合起来研究。该文认为，法治政党是现代政治文明的重要标准，是法治国家的重要方面。作为转型国家法治建设的一部分，应当明确法治政党建设的目标。该文指出，法治政党主要有两个面向，一是政治生活的法律化，即宪法和法律对政党的规范和约束；另一个是党内规范法治化，即政党自身通过完善制度加强自我约束。该文提出，法治政党的关键是依宪执政，对于中国共产党来说，要通过推进党的领导权法治化、深化机构改革、深化党委决策制度改革和推进党内治理法治化等举措来完善中共依宪执政的体制机制。

（三）党员干部法治思维研究

依法治国、依法执政最重要落实到党员干部尤其是领导干部的执政行为之中，因此，党员干部的法治思维、法治素养和依法办事能力决定着法治中国建设的成效。对此，理论界也进行了较多的研究。主要研究成果有陈希的《提高党员干部法治思维和依法办事能力》(《人民日报》2014 年 12 月 17 日理论版)，刘丹的《法治思维：治国理政新思维》(《湖湘论坛》2014 年第 6 期)，梅黎明的《切实提升领导干部的法治素养》(《中国井冈山干部学院学报》2014 年第）等。

陈希在《提高党员干部法治思维和依法办事能力》一文中对十八届四中全会决定的相关论述进行了权威解读。该文认为，法治思维是一种规则思维、程序思维，是基于法治的固有特性和对法治的信念来认识事物、判断是非、解决问题的思维方式。提高党员干部法治思维和依法办事能力，是由党员干部在全面推进依法治国中的示范带动作用决定的，是对执政能力和领导水平提出的新要求。陈希指出，提高党员干部法治思维和依法办事能力，应当做好三方面的工作，一是重视法治思维养成，教育引导党员干部在学习和实践中提高依法办事的能力。二是把能不能遵守法律、依法办事作为考察干部重要内容，形成良好法治环境。三是完善干部考核评价机制，切实把法治建设成效和依法履职的情况考准考实。陈希还指出，提高党员干部法治思维和依法办事能力，必须切实加强立法、执法、司法机关领导班子和领导干部队伍建设。

刘丹在《法治思维：治国理政新思维》一文中分析了法治思维在国家治理和政党执政中的重要作用。该文认为，法治思维是法治社会最基本的思维模式，领导干部必须彻底摒弃人治思维，深化对法治及其内在价值和规律的认识，实现从日常思维向法治思维的转变。从实现国家治理体系和治理能力现代化的必然要求来看，法治能够有效调节国家、公民和社会之间的关系，解决国家治理的基础性问题；法治能够有效确认、保障和维护社会公平正义，实现国家治理的根本目标；法治能够有效防止权力的肆意和滥用，为国家治理提供制度保障。从解决当前中国改革发展中重大问题的途径来看，全面深化改革、促进科学发展、化解社会矛盾、维护社会稳定都需要法治思维。

梅黎明在《切实提升领导干部的法治素养》一文中分析了领导干部的法治素养问题并提出对策。该文认为，一部分领导干部的法治素养不容乐观，存在着法治信仰缺失、法治观念淡薄、法治能力不足等问题。提升领导干部的法治素养一是要加强法治教育，通过党委集体学法、法制讲座、干部培训法律以及自我学法提升法治素养。二是要注重法治实践，养成依法办事习惯，多实践、多咨询、多反思，讲程序。三是要制度机制建设，包括党内法规制度建设、建立激励引导机制和责任追究倒查机制，把“述法”纳入考核制度，以营造法治环境。

学术著作评介和论文观点摘要

一、学术著作评介

《中国共产党党员主体地位及其实现途径研究》（郭群英著，人民出版社 2014 年版）

《中国共产党党员主体地位及其实现途径研究》一书从马克思列宁主义有关党员主体地位的思想入手，从中国共产党和国外政党在党员主体地位建设方面的经验教训进行总结，进而通过实证分析，梳理当前党员主体地位建设所取得的成绩、存在的问题及原因等，在此基础上，阐述了实现党员主体地位必须坚持的原则、必须理清的若干关系，以及实现党员主体地位的具体途径。

该书共分十章。第一章论述了党员主体地位的相关概念，马克思主义经典作家和中共历代领导集体关于党员主体地位的思想。第二章论述了实现党员主体地位对于顺应时代发展、发展党内民主、推进党的建设、实现人民民主的重要意义。第三章梳理了中共党员主体地位建设的历史进程和经验教训。第四章总结了国外政党尤其是前苏联共产党党员主体地位建设的问题、原因和经验教训。第五章分析了中共党员主体地位实现不够充分的现状、原因和造成的不利影响。第六章探讨了当前实现党员主体地位需要攻克的两大难关——“组织本位”和“官本位”。第七章阐述了中共实现党员主体地位的原则，包括以维护党的集中统一为前提，以党员权利与义务的统一为准则，以充分发挥党员作用为重点，以提高党的创造力、凝聚力、战斗力为目标。第八章论述了中共实现党员主体地位应厘清的若干关系，包括党员主体地位与党组织领导的关系、与民主集中制的关系、与主体意识、主体能力及主体作用的关系，普通党员和领导干部的关系等。第九章对党员主体地位保障的条件进行了分析。第十章对中共实现党员主体地位的具体途径进行分析，如提高党员的主体意识和主体能力；建立党员主体地位的保障机制；创建不同类型和功能的载体；健全党内民主制度体系。

《网络党建能力论：信息时代执政党的网络社会治理能力》（薛小荣、王萍著，时事出版社 2014 年版）

《网络党建能力论：信息时代执政党的网络社会治理能力》一书对中国共产党在网络时代的执政方式、执政能力的挑战及提升网络社会治理能力的路径进行了深入分析。该书认为，在推动工业社会向信息社会转型的过程中，网络社会对植根于传统工业社会的党的执政方式、执政能力提出了新的挑战。这一挑战要求中国共产党提升网络社会治理能力，以克服改革进入攻坚期和深水区社会治理“本领恐慌”，并推进国家治理体系和治理能力现代化。

该书共分六章。第一章介绍了党务管理能力的内涵、意义和提升途径。认为，增强党务管理能力有利于提升党务活动的管理效能、增强党员的民主参政能力、克服党员组织生活的缺位，提升的基本途径有，一是以信息存储的数字化实现党员党组织信息编码的精确管理；二是以信息流动的瞬时化实现党员党组织信息管理的动态管理；三是以信息选择的差时化实现党员党组织信息传播的统一管理。第二章论述了网络社会治理的声誉维护能力，认为这一能力有提升党员群众的政治归属功能、增强引领社会的政治示范功能、扩大组织吸纳的政治包容功能，因此要加强形象管理、发挥理论引导、规范权力运行、树立阵地意识。第三章论述了网络社会治理的媒介交流能力，认为这一能力包含了信息获取方式、主客体关系、实体虚拟环境等转变，要在交流态度、语言风格、情感投入、交流方式等方面推动转变。第四章论述了网络社会治理的意见表达能力，其依据在于网络声音的多语、网络空间的多元、网络民众的多疑，因而要增强意见表达的解释力、亲和力、组织力和影响力。第五章论述了网络社会治理的舆情引导能力，提出要掌握舆情社会成因，主动开展心理疏导；要整合舆情治理力量，形成全党参与格局；要培养网络意见领袖，积极影响议题设置；要坚持信息公开原则，及时正面加以引导；要加强依法治网原则，着力规范网络行为。第六章论述了网络社会治理的组织凝聚能力，提出要克服党组织角色、功能、价值的缺位，增强凝聚意识、服务意识、开放意识和危机意识。

《领导干部的法治思维与法治方式》（江必新著，中国法制出版社 2014 年版）

《领导干部的法治思维与法治方式》一书是“十八大与法治国家建设”丛书的一部分，该书紧扣习近平总书记在中央政治局集体学习会议上提出的“坚持法治国家、法治政府、法治社会一体建设，不断开创依法治国新局面”的要求，对什么是法治思维、法治方式，以及领导干部以及司法人员如何运用法治思维和法治方式深化改革、推动发展、化解矛盾、维护稳定，提出了鲜明的观点和具体措施。

该书共分四编十七章。第一编包括第一至三章，论述了法治思维和法治方式的内涵与特征、背景和意义以及构建和运用法治思维、法治方式的基本要求和注意问题。第二编包括第四至八章，论述了法治思维的特性、内容、要求、价值和养成，对法治思维的四大构成，即原点思维、规则思维、辩证思维和理性思维进行了具体的分析。第三编包括第九至十二章，论述了法治方式的特性、要求和保障，法治方式的种类和选择适用的原则，并具体介绍了规定类、决定类、辅助类、合同类、柔性类、解纷类等常见法治方式的运用，以及运用中需注意的问题。第四编包括第十三至十七章，分别论述了如何运用法治思维和法治方式去深化改革、推动发展、化解矛盾、维护问题和解决重大疑难敏感问题。

《中国共产党治国党建方略研究》（张世飞、汤涛著，中国人民大学出版社2014年版）

《中国共产党治国建党方略研究》一书以中国共产党成立以来90余年、尤其是新中国成立以来60多年的时间为经，以其间发生的重大历史事件为纬，以党的治国党建方略为主线，全面梳理中国共产党治国党建方略的演变历程，并系统分析中国共产党在党的建设各个方面的方法和策略。

该书共有十章。第一章梳理了新中国成立以来中国共产党推进自身建设的历史轨迹。第二章分析总结了党在坚持和巩固领导核心地位、不断加强执政能力建设方面的基本策略。第三章分析了党的思想理论建设，认为把思想理论建设放在首位是中国共产党的显著特点，思想理论建设的根本任务是坚持和发展马克思主义。第四章分析了党坚持和健全民主集中制、保证党的团结和统一的基本策略，突出强调了坚决维护中央权威和通过党内民主保障团结统一的重要性。第五章梳理了加强党的干部队伍建设的基本策略，认为建设高素质干部队伍的关键是加强领导班子建设，重点是培养选拔优秀年轻干部，而深化干部人事制度改革是保障。第六章梳理了基层党组织建设的基本策略，对基层党组织如何发挥核心作用提出了具体的思考。第七章梳理了党的作风建设和反腐倡廉建设的基本策略，认为我们党在坚决惩治腐败的同时，更加注重治本，更加注重预防，更加注重制度建设。第八章论述了加强党内监督的基本策略，对加强权力运行的监督和制约、综合运用多种监督形式提出建议。第九章论述了加强党的先进性建设的基本策略，认为最重要的是要紧密结合保持党同人民群众血肉联系的实践来加强先进性建设。第十章对建国六十多年来党的建设的主要经验进行总结。

《党员主体地位和民主权利保障问题研究》（曾志刚著，人民出版社2014年版）

《党员主体地位和民主权利保障问题研究》一书围绕党员主体地位和保障党员民主权利进行了全方位的研究和解读，对于党员主体地位和民主权利与加强党的先进性建设、与提高党的执政能力、与推进党内民主建设、与反腐倡廉建设、与增进党内和谐、与发挥党员主体作用、与增强党员权利义务意识、与提高党员民主素质及与完善党代会常任制的关系进行了系统分析。这一研究方法有利于把这个基础性问题纳入到党的建设全过程、全领域中去探讨。

该书共分十一章。第一章探讨与先进性建设的关系，认为党员主体地位和民主权利保障是加强党的先进性的基础。第二章探讨与执政能力的关系，认为党员主体地位和民主权利保障存在的不足制约了党的执政能力的提升。第三章探讨与党内民主建设的关系，认为是党员主体地位和民主权利保障是推进党内民主建设的基础。第四章探讨与反腐倡廉建设的关系，分析了保障党员主体地位对促进廉政建设的重要性。第五章探讨了与党内和谐的关系，认为党员主体地位和民主权利保障是增进党内和谐的基石。第六章、第七章、第八章分别探讨了与发挥党员主体作用、增强党员权利义务意识、提高党员民主素质的关系。第九章探讨了与党代会常任制的关系，认为是实现党员民主权利的重要途径。第十章分析总结了中国共产党尊重党员主体地位和保障党员民主权利的经验及教训。第十一章分析总结了国外政党党员主体地位和民主权利保障的实践及启示。

《健全和完善党政领导干部绩效考核机制研究》（洪向华著，人民出版社 2014 年版）

《健全和完善党政领导干部绩效考核机制研究》一书从多个角度，梳理了古代官员考核、国外公务员考核以及目前企事业单位考核的制度特点、内容及其对当代党政领导干部绩效考核的启示与借鉴，分析了当前党政领导干部绩效考核的内容，提出除了体系化的德、能、勤、绩、廉的考核外，还要加强理论考核。该书还探讨了在常规状态下的考核评价运行机制问题，即考核主体、考核的方式方法、考核结果的运用等方面的内容，并提出健全和完善党政领导干部绩效考核制度的对策和措施。这些论述对于完善全面从严治党形势下领导干部考核机制有一定的借鉴作用。

该书共分为八章。第一章对政绩及绩效考核等相关概念进行厘清。第二章探讨了中国古代官员考核制度的发展历程、主体、标准、方法、结果和奖惩，以及对当代的启示。第三章探讨了发达国家和地区公务员绩效考核的价值目标、原则主体、内容和指标、程序和方法、结果及运用，以及对中国的启示。第四章分析了绩效考核的理论和工具及其在我国的应用前景。第五章梳理了当前党政领导干部绩效考核的基本内容，包括理论考核和德能勤绩廉的考核。第六章梳理了当前党政领导干部绩效考核的运行机制和存在的问题。第七章对健全和完善党政领导干部绩效考核制度的对策措施，如完善考核评价指标、突出科学发展政绩，完善考核评价的相关程序和办法，强化考核结果的运用，充分发挥考核的激励约束作用，不断提高考核评价人员素质等。第八章对绩效考核的长效机制建设提出设想。

《党的制度创新与执行成效研究》（周敬青等著，人民出版社 2014 年版）

《党的制度创新与执行成效研究》一书系统总结了十六大以来党的制度创新的成果及其经验，运用制度执行力理论，从党的制度执行的各个环节和流程，以及制度外的影响因素等各个方面，考察党的制度执行存在问题的症结所在。在理论分析层面，从界定党的制度执行的概念入手，分析党的制度执行的价值、内涵、原则，构建党的制度执行的基本理论体系。进而通过调查研究，在分析典型案例的基础上，从具体到抽象揭示本质，归纳出党的制度执行的成效、存在问题及其影响因素。然后对党的制度创新和运行的途径与基本做法提出相应对策。

该书共分十一章。第一章对党的制度创新和执行进行了理论分析，认为党的制度建设体现了从制度创设、制度危机到制度创新的基本路径。第二章对党的政治纲领制度建设的创新与执行成效进行分析，梳理纲领制度建设的基本思路，坚持党的最高纲领与最低纲领相统一；意识形态上实现原则性与灵活性相协调；执政理念上实现阶级性和群众性相统一。第三章对党的领导制度的创新与执行成效进行分析，突出了“总揽全局、协调各方”的领导原则和“科学执政、依法执政、民主执政”的方针。第四章对干部人事制度的创新与执行成效进行分析，突出“德才兼备、以德为先”的标准和“党要管党，从严治党”的原则。第五章对党的基层组织制度的创新与执行成效进行分析，探讨了功能定位、资源整合、工作方式等方面的转变。第六章对党内民主制度的创新与执行成效进行分析，提出要按照“阻力最小原则”积极稳妥地推进党内民主，利用网络促进党内生活民主化。第七章对党内监督制度的创新与执行成效进行分析，对整合、优化监督制度，拓宽畅通监督渠道提出建议。第八章对党的作风制度的创新与执行成效进行分析，强调在作风建设中要突出维护群众权益机制。第九章对党的反腐倡廉制度的创新与执行成效进行分析，对构建制度体系、营造执行环境、配置执行资源提出建议。第十章对党的社会工作制度的创新与执行成效进行分析，提出要促进体现保障公平正义的社会制度发展、推进培育社会组织和社会工作人才队伍的制度建设。第十一章了分析推进党的制度创新及提高党的制度执行成效的路径，强调要通过彰显党章权威、强化党员制度意识来提高制度执行成效。

《新时期中国共产党党内民主集中制建设研究》（梁瑞英著，中国社会科学出版社2014年版）

《新时期中国共产党党内民主集中制建设研究》一书对民主集中制进行了理论论述的回溯研究，回顾了革命导师们对民主集中制建设的相关论述，阐述了民主集中制在中国共产党和政治发展中的重要作用和地位，对新时期党的民主集中制思想的发展和经验作了总结，分析了新时期民主集中制建设面临的问题及其原因，提出了相关对策和建议。这些论述对于进一步改革和完善民主集中制的运作有一定的借鉴价值。

该书共分七章。第一章绪论对民主集中制及相关概念的基本含义进行界定。第二章论述了从马克思、恩格斯和列宁、斯大林到毛泽东等革命导师对民主集中制的思想论述。第三章论述了新时期民主集中制在党和国家政治生活中的重要地位和作用。认为，民主集中制是我们党和国家的根本制度，也是一条重要的组织纪律和政治纪律，坚持和完善民主集中制是维护党的团结与统一、科学决策、反对腐败、构建和谐社会的重要保障。第四章对新时期党的民主集中制建设的新进展和经验进行总结。认为，主要经验有，一是发展党内民主是民主集中制建设的基石；二是维护党的集中统一必须坚决维护中央权威；三是要健全集体领导制度，防止个人专断；四是要坚决反对官僚主义和无政府主义；五是拥有一个坚强的领导核心至关重要。第五章对新时期民主集中制建设面临的问题，考验及原因进行分析，认为问题总体表现为民主和集中“两个不够”，尤其是民主程序被虚化，监督缺位。第六章对新时期加强民主集中制建设从加强思想建设这个首要任务、建立高素质干部队伍这个组织保障、抓好作风建设这个重要基础、加强反腐倡廉建设营造良好体制环境、加强制度建设提供制度保障等方面提出对策和建议。

《中国共产党新闻发言人制度建设研究》（张亚勇著，人民出版社2014年版）

《中国共产党新闻发言人制度建设研究》一书对党务公开的重要制度即党委新闻发言人制度从理论解析、立论依据、现实作用、发展现状和对策建议等方面进行了全方位的探讨。这些论述对于进一步完善党务公开制度、提高领导干部应对媒体和运用媒体的能力有重要的借鉴作用。

该书共分五章。第一章对党委新闻发言人制度的相关理论加以解析，包括概念界定、基本问题和历史演进过程。第二章对建立党委新闻发言人制度的立论依据进行分析，包括理论依据、法律依据、制度依据、时代背景和现实依据等。第三章对建立党委新闻发言人制度的积极效应进行分析，认为是推进党务公开和党内民主建设的重要举措，是加强权力监督、建设廉洁政治的有效途径，是加强党群沟通、密切党群关系的新渠道，是改进党的作风和形象的有效途径。第四章对党委新闻发言人制度已经取得的初步成效和仍存在的主要问题及原因进行分析。第五章就加强党委新闻发言人制度建设提出对策建议，一是要转变思想观念，夯实党委新闻发言人制度建设的思想基础；二是要加强人才选育工作，造就高素质的党委新闻发言人队伍；三是要搞好议程设置，牢牢把握舆论引导主动权；四是要完善体制机制，为新闻发言人制度提供制度化保障；五是要提高突发事件中的党委新闻发布水平；六是要提高新媒体环境下的党委新闻发布水平；七是要正确处理党委新闻发言人制度建设中的若干重要关系。

《新时期中国共产党执政风险问题研究》（吴阳松著，中国社会科学出版社2014年版）

《新时期中国共产党执政风险问题研究》一书对党在新时期面临的执政风险进行了全方位的分析，包括理论上的解析，历史经验的总结，当前执政环境的剖析，在此基础上，从夯实执政理论、提升执政能力、加强党的自身建设等方面对化解党的执政风险提出对策建议。

该书共分八章。第一章对执政风险的基本概念、特征，马克思主义经典作家关于执政风险的论述，世界主要政党忽视执政风险导致执政衰败的经验教训进行分析。第二章从历史的角度回溯了中国共产党防范执政风险的理论与实践，总结了基本经验，一是积极推进马克思主义理论创新为防范党的执政风险奠定思想基础；二是坚持以经济建设为中心为防范党的执政风险奠定物质基础；三是以改革创新精神加强党的建设为防范党的执政风险夯实自身条件；四是坚持党对军队的绝对领导为防范党的执政风险奠定保障基础。第三章、第四章、第五章分别从世情变化、国情变化、党情变化来分析中共共产党面临的具体执政风险。第六章提出要夯实党的执政理论，增强党防范执政风险的理论指导，尤其是要深入把握党的执政规律。第七章提出要提高党的执政能力，增强党防范执政的经济、政治、文化、社会等风险的本领。第八章提出加强党的建设、切实提高党防范风险的自身素质，包括党的建设科学化水平提高和先进性建设两个方面。

二、论文观点摘要

《中国共产党依宪执政论析》（韩大元，《中共中央党校学报》2014年第6期）

依宪执政是指，执政党依据宪法精神、原则与规范治国理政，按照宪法的逻辑思考和解决各种社会问题，其核心是树立宪法权威，依据宪法治国理政。依宪执政的提出，既是中国法治建设不断深入发展、宪法问题日益凸显的结果，也是历史性的新形势下执政党客观认识执政规律、转变执政方式与提高执政能力的必然选择。换言之，依宪执政既是社会发展的客观要求，也是作为执政党的中国共产党对于执政方式的深刻思考。

首先，依宪执政由政党本身作为社会政治组织的性质所决定。由于宪法是规范国家权力的根本法，同时也是包括结社自由在内的公民基本权利的保障，因而宪法与政党有着十分密切的关系。虽然各国政党制度的性质与形态不同，但政党地位、运行机制以及具体组织形式受宪法规范的约束，依宪执政成为执政党活动的基础。

其次，从社会主义国家执政党的历史教训看，20 世纪 90 年代初苏联解体和东欧剧变的根本原因之一是，这些国家的执政党没有严格依法执政，特别是没有尊重宪法权威，没有通过制度建设有效地实施宪法，由此导致执政行为失去宪法基础。

再次，从中国社会治理经验看，随着改革的深入发展，社会生活中宪法问题日益突出。宪法是法治之基石。社会不同领域改革愈加深入，宪法问题成为一个绕不开的问题。

第四，从依法治国与依宪执政的关系看，在依法治国已经写入宪法成为治国的基本方略之后，执政党的执政方式必须随之转变。无论如何理解依法治国，如果没有执政党的依宪执政，任何意义上的法治都可能不复存在。在“依法治国，建立社会主义法治国家”这一治国方略的实施中，执政党依宪执政具有特别的意义。

依宪执政的基本要求，一是党的领导地位由宪法确立。从法学的视角来看，政党执政地位的合法性就是指其执政是否有宪法或者法律依据，只要一个政党的地位由宪法确立，其执政就具有合法性。

二是党的执政行为不得超越宪法和法律。执政行为的合宪性要求党对国家的领导必须遵循宪法与法律的规定，党的各项活动都必须在宪法与法律范围内进行。

三是党的执政理念符合宪法精神。执政党的执政理念总是服务于其执政目标，这种执政理念同样应当与宪法精神相一致，将宪法精神贯彻于执政的各个环节。

要落实依宪执政，必须全面实施宪法，使宪法具有生命力。换句话说，得不到有效实施，宪法就没有生命力。因此，宪法理念的树立，必须从宪法实施着手，坚决维护宪法和法律权威，摈弃一切形式的“宪法虚无主义”影响。

首先，执政党要毫不动摇地坚持依宪治国理念，彻底摈弃治国理念上的“人治”观念。

其次，高度重视宪法实施，完善宪法监督机制与程序，正确认识违宪审查制度的功能，采取有效措施纠正各种违宪现象。

再次，切实贯彻“党在宪法和法律范围内活动”原则。与宪法和法律相抵触的任何党内法规都至少是不恰当的因而应当是无效的。而判断党内法规是否与宪法和法律相抵触的根本标准是宪法规范，即已形成的宪法规范是确定的、统一的尺度。法治国家建设要求无论中央还是地方各国家机关都依据宪法授予的职权履行自己的职责，凡宪法没有授予的，就不得行使。

第四，进一步提高党的领导干部的宪法意识，把宪法教育制度化。从国家领导人到普通干部都应尊重法律、尊重宪法，养成尊重规则的氛围。

《十年来基层社会治理中党组织的行动路线——基于多案例的分析》（孙柏瑛、蔡磊，《中国行政管理》2014 年第 8 期）

基层是国家权力控制与民间自治力量的交接部，是社会治理前沿。为适应治理环境变化和治理结构变迁，党着手对其基层党组织系统的结构、功能与行动方式进行改革，寻求新的路径来维系党在基层的政治影响力，重构其权威合法性，巩固领导地位。10 年来，基层组织社会治理的目标模式、管理方式和策略选择经历了渐进的变化，体现了其治理思维与逻辑的演化。

第一阶段，以维稳为主导的信息化防控体系构筑。面对增长的社会风险，消除危机扩散，有效防范并危机处置事件，抑制信访数量和规模，控制越级访和京访，快速、有效地解决矛盾成为社会管理的首选目标。统领社会管理事务的政法委系统迅速加强了其组织建制，整合了组织资源，建立起社会管理体制架构。这时，“社会管理”核心内涵是“维稳”，即以秩序稳定为中心，建立危机事件快速响应和处置机制，在事前、事中、事后环节形成实时监测、动态控制、有效回应的能力。其做法，第一，整合资源。整合现有分散的、处于条块分割的部门资源，运用协同联动、“无缝隙”的运行机制将纵向层级与横向部门联系起来，聚合体制内资源。第二，关口前移。通过自上而下“问责”和自下而上“倒逼”的方式，强化基层对危机事件的回应和处置责任。第三，单位协同。为维护稳定，基层组织迫切需要广泛动员社会力量，形成广泛的社会网络，“齐抓共管”。第四，网格技术与精细化管理。基层组织成功运用界定管理事务、明确职能、精细分级分类、再造流程等核心管理技术，建构了纵横交叉联动机制和网格管理系统。维稳防控体系的核心理念包含强烈的管控、弹压甚至反人性的色彩，既有悖于法治政府观念，又制造了威胁长期秩序稳定的困局。在此目标驱动下，民意表达受到遏制，利益冲突的深层问题没有得到解决。同时，由于基层组织工作重心扭曲，角色异化，与民众对立更加严重，出现越维越不稳的现象，使得以维稳主导的社会管理模式日益遭到质疑。

第二阶段，以服务为导向的基层党组织建设。在科学发展观和构建和谐社会总体目标下，基层“服务型”党建成为获得合法性重要的理论资源。以体察民需、关注民生、解决民难、完善社保、提高福利为基本任务，党依托基层组织建设、网格传输和协同联动等机制，将服务功能嵌入到基层社会管理体系中。其做法，第一，以洞察民需为导向，确定社区服务供给的方向。倾听民意，知晓“民需”，解决“民难”是基层组织服务输送的三个面向。第二，加大服务设施投入，服务机构大幅向基层下沉。适应服务责任下放的要求，基层组织以设立直接面向居民、包容基本服务项目、功能齐全的服务机构为要务，建立起包括社务、政务、党务事务服务机构。第三，拓展服务功能，扩充服务内容。适应居民需求增长，基层组织服务事项也在随之拓展。第四，应用一系列管理技术，改进服务方式，以提升民众对基层服务的满意度。

第三阶段，以组织化为导向的利益调适与社会资源整合。作为对利益分化和利益表达以及两新组织自主性的回应，基层组织将联系民众、吸纳并代表利益、动员力量、聚合资源、协商参与作为目标，以组织嵌入和组织化利益表达为行动策略。其做法，第一，基层党建通过组织嵌入辐射辖区内“两新组织”，为党实现引领功能奠定组织基础。基层组织化的优先行动是在“两新组织”中集中开展组建工作，即将党的组织建制向两新组织延伸和覆盖，在两新组织中建立党支部，承担党务工作职能并发挥引领作用。第二，将服务导入基层党建过程，运用群众路线方法，获知服务需要，回应利益需求，以满意度绩效获得支持。基层党建向“两新组织”的嵌入过程，主要是通过提供公共服务、满足民众需求的方式实现的，服务功能成为基层组织与群众连结的中介，具有作为组织嵌入媒介的策略意义。第三，以基层组织系统为中心，汇集辖区内多元主体的力量，克服“碎片化”现象，整合治理资源。第四，基层组织运用协商讨论的民主形式，居间调适利益关系，解决矛盾、谋求共识。在吸取民意、汇集民间利益的过程中，基层组织不仅采用群众路线方法，而且还运用协商民主的形式，通过利益相关人间的讨论对话，实现民意采集、利益协调和决策民主的目标。

《民主集中制的制度化：领导体制、制度体系与工作机制的综合研究》（朱昔群、胡小君，《马克思主义与现实》2014 年第 3 期）

受特定的政治环境影响，民主集中制从一开始就存在着过于强调权力集中、强调服从和效率而忽视民主基础的弊病。我们党围绕民主集中制建立了以党的委员会为中枢的领导体制和以党章为总则的党内制度体系，在工作机制方面也注重将民主与集中结合起来，努力营造又有集中又有民主，又有纪律又有自由，又有统一意志又有个人心情舒畅、生动活泼的政治局面。但是我们党当前的领导体制、制度体系和工作机制仍然存在着一些不符合民主集中制要求的问题，亟须以改革创新的精神加以化解和完善。

当前领导体制、制度体系、工作机制的特点和优点，一是权力集中于党委，议行合一，避免牵扯，能集中力量办大事；二是干部选拔侧重能力素质、履历经验，能较好地适应工作岗位；三是委员会规模适度，利于集体决策，注重限制分歧、寻求共识；四是党委成员交叉任职的双重身份，有利于整体利益与局部利益的协调；五是集体领导与个人分工负责结合，有利于督促执行；六是严明的组织纪律作为保障，有利于团结统一。

当前领导体制存在的问题和不足，一是党委制的党内民主基础不足，党代会和全委会的法定作用难以充分发挥；二是党委与纪委关系未能理顺，难以形成党内决策、执行、监督相互制约又相互协调的权力关系；三是人大、政协等民主机构难以制衡党委的功能性集权，削弱了党委制的利益表达和综合功能；四是上下级党组织之间缺乏合理的分权，削弱了下一层级党内民主的功能价值。当前制度体系存在的问题和不足，一是制度建设重要素轻体系，各项制度规则较为零散，难以衔接，甚至相互矛盾，还有许多制度规定滞后于实践需求。二是制度安排重实体轻程序，很多制度规定表述模糊，或缺乏操作性，或是操作中自由裁量空间过大。三是制度设计重规范轻惩戒，既缺乏足够的制裁性规定，也存在着混淆政治号召、政治教育与政治规范的区别。当前制度体系存在的问题和不足，一是党委权力集中于书记，委员会制有转为首长负责制的倾向，官员间易产生庇护—依附关系。二是过于强调集中统一，用人机制缺乏容纳党内竞争的空间，决策机制缺乏容纳党内分歧的空间。三是党委成员间协调沟通机制不畅，所分管的部门利益相互独立，削弱了集体决策和协调统一的优势。权力运作透明度不足，决策失误责任追究机制不合理，党员权利行使缺乏可操作性保障，对权力的监督困难。

改革和理顺领导体制的基本思路，一是改革党内选举制度，探索党代会和党代表发挥作用的途径和方式，增强党委制的民主基础。二是理顺全委会、常委会和纪委之间的关系，构建重大决策权、经常性决策——执行权和监督权相互分立的党内权力架构。三是理顺党委与人大、政协以及上下级党组织之间的关系，构建适度集权和有限分权相结合的体制，防止民主集中制异化为单纯的集中制。清理和健全制度体系的基本思路，一是清理整顿现行党内规章制度，规范党内法规的立法程序，围绕党章构建系统化的党内法规体系。二是完善党内规章制度的程序性规定和惩戒性规定，增强制度的可操作性与权威性。规范和完善工作机制的基本思路，一是明确民主集中制各项制度规则在权力运作各环节的侧重与适用范围，避免因适用不当导致民主与集中相脱节。二是推进党委权力运行的流程化，完善党委议事决策机制，以流程控制和集体决策限制“一把手”专断。三是适度引入党内竞争机制，探索建立党内分歧协调机制，增强党委制运作的活力。四是推进权力公开透明运行，健全多元化的权力运行监督机制，以权责平衡为原则，改进党内问责机制。

《中国地方纪检监察机关改革模式分析》（过勇、宋伟，《政治学研究》2014年第5期）

在地方纪检监察机关改革创新的实践中，各个地方由于改革方式的不同而形成了多种改革模式。本文从改革客体角度，将地方纪检监察机关改革分为横向和纵向两个维度，横向维度即是改革本级纪检监察机关内设机构，纵向维度即是改革所管辖的下级纪检监察机关或派驻机构。

横向维度改革创新。

一是大科室模式。大科室模式是指纪检监察机关按照职能性质将原有科室进行聚类合并，形成“职能大科室”，以此突出纪检监察机关的工作重点，以达到整合资源的目标。

二是一体化模式。一体化模式是将与纪检监察相关的职能机构纳入纪检监察系统，实现纪检监察职能扩大的一体化改革模式。

三是机构增设模式。机构增设模式是在纪检监察机关原有职能部门的基础上增设新的部门。

总体来看，大科室模式聚集了纪检监察机关的主要职能，但是在科室职能协同方面仍然存在不足；一体化模式整合了党内监督、行政监督和法律监督，精简了机构、人员，但是在业务指导方面仍然各司其职，并没有取得一体化效果；机构增设模式增强了纪检监察机关力量，但是职能定位并不清晰。

纵向维度改革创新。

一是撤点设片模式。撤点设片模式是将纪检监察机关派驻纪检组、监察室或乡镇、街道纪委撤销，按照一定的原则成立统一派出的纪工委监察分局，每个纪工委监察分局具体负责一定范围和数量的部门或乡镇、街道。撤点设片模式主要被应用于党政部门派驻机构改革。

二是留点设片模式。留点设片模式是在保留派驻机构或乡镇、街道纪委的基础上，按照一定的原则成立纪工委监察分局（联络站、工作室），每个纪工委监察分局（联络站、工作室）具体负责一定范围和数量的部门或乡镇、街道。留点设片模式主要被应用于乡镇、街道纪委改革。

三是混合模式。混合模式是撤点设片、留点设片与原派驻模式的综合运用，只出现在派驻机构改革中，在乡镇、街道纪委改革中没有案例采取混合模式。混合模式的通常做法是保留县直重点部门的派驻机构，其他部门改革采取撤点设片或留点设片模式。

每一种纵向改革模式都具有一定的进步性，也都存在着问题。在撤点设片模式中，派驻机构和乡镇、街道纪委的独立性得到增强，但是监督难度增加了，并且新成立的纪工委监察分局管理范围过大，很难落实具体职能；在留点设片模式中，强化了监督职能，但是纪委监察局、纪工委监察分局、原派驻机构和乡镇、街道纪委之间的关系难以确定，工作协调成本加大；在混合模式中，改革采取了相对灵活的措施，但是，改革后的工作管理成为难题。

上述改革模式呈现出一些共同特征，即地方纪检监察机关通过改革，独立性有所增强、惩治职能更加突出。然而，改革过程中也出现了很多难题和困境，本文认为产生这个结果的主要原因是地方纪检监察机关没有从反腐倡廉建设的战略层面来考虑和设计改革后各部门的职能分工，没有对不同层级、不同类型的纪检监察机关职能进行准确定位。

地方纪检监察机关改革发展趋势分析。

一是不同层级、不同类型的纪检监察机关实行差异化职能设置。使得有的机构、部门就是以惩处为主，而有的部门的主要任务就是监督或预防。

二是聚焦中心任务，大幅度提高地方纪检监察机关办案能力。

三是预防职能主要由中央和省级派驻机构承担，地方纪检监察机关不安排专门机构。建议在中央和省级保留派驻纪检监察机构，并将预防定义为其重要职能，不再分地域设立预防腐败室或预防腐败局，不再在县级层面安排预防腐败部门。

四是整合派驻机构，但是不增加人员编制。在未来改革中，中央和省级可以保留派驻机构，而地方纪检监察机关不再向每一个单位、部门派驻纪检组织。从当前实践角度看，地方可以继续探索片区派驻模式，进一步完善地方纪委监察局和纪工委监察分局之间的工作机制。

胡小君　苏州大学政治与公共管理学院副教授

参政党研究

参政党研究述评

2014年的参政党研究依然围绕"中国特色社会主义参政党"这个概念而展开，理论界对参政党的历史、性质、地位、职能与作用等问题进行了深入探讨，其中参政党与社会主义协商民主的关系研究持续升温，成为本年度参政党研究的重要热点。在参政党建设研究方面，理论界继续按照思想建设、组织建设、制度建设的框架加强研究，在此基础上，对如何加强参政党自身建设的方法创新，提高参政党能力这一课题给予高度关注，成为本年度参政党研究的一个重要亮点。

一、中国特色社会主义参政党研究

2013年初习近平总书记在党外人士迎春座谈会上首次明确提出，各民主党派是与中国共产党通力合作的中国特色社会主义参政党这一重要论断之后，理论界对这一重要思想继续展开深入研究，对中国特色社会主义参政党历史由来、科学内涵、基本要求等有了更为深刻的认识。研究者们普遍认为，中国特色社会主义参政党这一概念，进一步明确了当代民主党派的政党性质、时代使命和政治地位，体现了中共对民主党派的信任、肯定和期望，体现了中共中央对多党合作的战略思考和科学谋划，对于充分发挥民主党派重要作用、巩固多党合作格局，具有十分重要的意义。

关于"中国特色社会主义参政党"概念是如何提出来的，学者们围绕历史由来和理论逻辑两个维度进行了深入思考。贾小明在《中国特色社会主义参政党的历史必然》(《特区理论与实践》2014年第3期）一文中认为，习近平总书记关于"中国特色社会主义参政党"的新论断，有着丰富的理论历史内涵。新中国成立后，中国共产党经历了一个对于自身地位变化认识发展的历史过程，邓小平在八大所做修改党章报告中提出"执政党的地位"理论，这一理论在十一届三中全会后开创中国特色社会主义新道路的过程中，发展为"执政党——参政党"这一新的时代内涵和理论形态，为习近平总书记提出"中国特色社会主义参政党"奠定了理论基础和历史基础。任世红在《中国特色社会主义参政党的理论逻辑》(《中央社会主义学院学报》2014年第2期）一文中认为民主党派作为中国共产党的亲密友党，在人民民主专政的国家政权中有其一席之地，对民主党派政治地位的确立，实质上是对其与执政党之间的关系以及在国家政权中的地位作用的认定。在新的历史条件下，中国共产党是中国特色社会主义事业的领导核心，是执政党；在"致力于中国特色社会主义事业"中，民主党派的政治属性如何？居于何种地位？这个看似简单的问题，长期以来并没有完全解决。习近平同志提出“各民主党派是同中国共产党通力合作的中国特色社会主义参政党”，首次将中国特色社会主义与参政党直接联结起来，尤其具有突破性的是，第一次正面回答了新世纪新阶段中国参政党姓“社”的根本问题。“中国特色社会主义参政党”概念的科学界定，“建设中国特色社会主义参政党”命题的逻辑说明，对于构建中国特色政党理论话语体系、坚持和完善中国共产党领导的多党合作和政治协商制度、坚持走中国特色社会主义政治发展道路具有重要的理论价值和实践意义。

关于“中国特色社会主义参政党”的科学内涵，学者们从政党关系、政权关系和社会属性三个层面进行了探讨。袁廷华在《“中国特色社会主义参政党”的提出、内涵及意义》(《中央社会主义学院学报》2014 年第 2 期）一文中认为，对民主党派进行准确的定性和定位，是多党合作的重大理论和实践问题，关系到政党制度的制度规则的确立，关系到民主党派权力和权利的明晰及作用的发挥。“中国特色社会主义参政党”是中共中央对我国各民主党派的政党性质和政治地位作出的最新科学论断，有着丰富的内涵，主要包括：在政党关系上，民主党派是合作党，不是反对党；在政党与国家政权关系上，在政党的社会和政治属性上，民主党派是中国特色社会主义性质的政党。作者认为，“中国特色社会主义参政党”的提出，标志着中标志着中国共产党对民主党派性质、政治地位的认识达到一个新高度，有利于充分调动民主党派的社会主义积极性；有利于进一步推进多党合作制度的完善和发展；有利于推进民主党派的建设和发展，对坚持和完善我国多党合作制度具有重大意义。孙瑞华在《再论民主党派的性质》(《重庆社会主义学院学报》2014 年第 2 期）一文中认为，“各民主党派是同中国共产党通力合作的中国特色社会主义参政党”的这一命题实则蕴含了三重判断，即对政党关系（与中共通力合作）、政党地位（参政党）和政党性质（中国特色社会主义）的三重认识。作者认为，这一认定放弃了民主党派是“政治力量”或“政治联盟”的旧有认定，使得“民主党派是政党”这一认识更加清晰；这一认定指明民主党派具有中国特色社会主义性质，这一认定更准确、更科学，使得民主党派是何种性质的政党的认识更加清晰，解决了在中国特色社会主义建设的历史条件下多党合作、民主党派存在、发展、建设的合法性问题，即多党合作、民主党派的存在、发展、建设要符合民主政治发展的客观规律，从而实现了民主党派“名”与“实”的殊途同归。

关于中国特色社会主义参政党的基本要求，学者们主要从中国特色社会主义参政党建设的时代主题、中国特色社会主义参政党应该具备的基本素质和基本角色等角度展开讨论，认为参政党要真正承担起自身的历史使命，积极履行参政议政和民主监督职能，才是真正的中国特色社会主义参政党。有代表性的观点如下：

刘宽忍在《历史担当是“建设中国特色社会主义参政党”应有之义》(《民主》2014 年第 6 期）一文中认为，把“中国特色社会主义”与“参政党”结合在一起，不仅是对民主党派政党性质和政治地位的科学论断，更重要的是明确了“参政党”在国家政治生活中的地位、责任与历史使命。民主党派只有勇于承担历史责任，全面履行好参政党职能，并不断提高民主协商的质量和民主监督的成效，真正成为中国特色社会主义的亲历者、实践者，维护者、捍卫者，才能真正体现中国特色社会主义参政党的性质，才能不辜负执政党的信任。

贾小明在《论“参政党”与“中国特色社会主义参政党”的概念属性》(《中央社会主义学院》2014年第1期)一文中认为,“中国特色社会主义参政党”论断,进一步明确了民主党派自身建设的目标,就是建设中国特色社会主义参政党。新中国成立后,民主党派是人民民主专政的社会主义国家的参政党,要求民主党派要以建设参政党为自身建设的目标,发挥参政党的作用;新世纪新阶段,民主党派是中国特色社会主义参政党,要求民主党派要以建设中国特色社会主义参政党为自身建设的目标,保持作为中国特色社会主义参政党的进步性和广泛性,发挥中国特色社会主义参政党的作用。

民进中央宣传部在《民主党派在坚持和发展中国特色社会主义中的角色——论如何认识中国特色社会主义参政党》(《上海市社会主义学院学报》2014年第5期)一文中认为,“中国特色社会主义参政党”虽然是对民主党派客观现状的科学总结,但并不代表着民主党派现状已经适应中国特色社会主义的要求。中国特色社会主义参政党建设,是多年来参政党建设理论与实践的延续和发展,例如,先后提出过的建设高素质参政党、建设适应时代要求的高素质参政党,都是建设中国特色社会主义参政党的题中应有之义。中国特色社会主义参政党的提出,是民主党派自身建设理论的新发展,也必将指导、要求民主党派履行职能有更大提升。中国特色社会主义参政党的理论研究成果,也只有通过密切联系实际,切实指导实践,才能更好发挥其价值和意义。

王红玉在《凝聚核心价值观正能量建设中国特色社会主义参政党》(《河北省社会主义学院学报》2014年第2期)一文中认为,各民主党派要凝聚核心价值观正能量,让社会主义核心价值观在所联系和代表的社会群体中,内化为思想共识,外化为行为规范,产生凝聚力、焕发战斗力,不断巩固团结奋斗的共同思想基础,促进参政党提高履职尽责能力,把中国特色社会主义参政党建设提高到新水平。

刘新成在《切实加强中国特色社会主义参政党建设》(《中央社会主义学院》2014年第4期)一文中认为,加强中国特色社会主义参政党建设是一个重要的课题,需要我们深入理解把握,需要大家共同协力推进,在学习过程中进一步深入研究。为此,要进一步强化民主党派在中国特色社会主义建设中的政治责任和政治使命,要着力凝聚政治共识,把握正确政治方向,要着力加强参政能力建设,提高建设中国特色社会主义的本领,要着力加强组织建设,夯实建设中国特色社会主义参政党的基础。

高晓巍在《如何建设高素质的中国特色社会主义参政党》(《湖南社院学报》2014年第2期)一文中认为,高素质的中国特色社会主义参政党建设是时代发展的必然要求。中国共产党和各民主党派应根据时代发展的新情况,进一步完善多党合作制度,加强参政党的理论建设,优化参政党的参政环境,为中国特色社会主义民主的发展创造好的条件。

徐宗俦在《增强六种意识,建设中国特色社会主义的高素质参政党》(《贵州社会主义学院学报》2014年第1期)一文中认为,为了适应中国共产党从革命党向执政党的转型,我国现在的民主党派非常需要与时俱进地创新与发展,实现从民主革命时期的“左翼政党”、社会主义改造时期“被”作为“团结、教育、改造”对象的民主党派,向中国特色社会主义参政党的转型。我们务必认真学习习近平总书记2014年在与各民主党派、工商联、无党派人士“共迎新春座谈会”上关于“努力把中国特色社会主义参政党建设提高到一个新的水平”的重要讲话精神,以适应新世纪、新时期、新形势、新任务,民主党派完成这种时代性转变，需要不断增强政党意识、政治意识、参政意识、学习意识、实践意识、改革意识。

梁书宏在《中国特色社会主义参政党意识形态建设浅析》(《上海市社会主义学院学报》2014 年第 6 期)一文中认为，“中国特色社会主义参政党”概念的提出，明确规定了各民主党派的中国特色社会主义意识形态属性。民主党派要切实担负起中国特色社会主义事业亲历者、实践者、维护者、捍卫者的历史使命，就需要树立政治意识、参政意识、学习意识、服务意识、改革意识，加强中国特色社会主义参政党意识形态建设。

二、民主党派的历史研究

2014 年对民主党派史的研究主要从三个方面展开，一是民主党派产生发展的历史，二是民主党派与中国共产党团结合作的历史，三是民主党派的主要人物。研究者们围绕这些问题进行深入探讨，总结民主党派发展的规律，提炼民主党派的光荣传统，取得了大量理论成果。

对于民主党派产生发展的历史，有的论者以某个单个的党派为研究对象，探寻它在历史进程中留下的痕迹；有的论者以民主党派整体为研究对象，思考它在历史发展中的贡献。有的论者探讨民主党派所经历的大事件，有的论者探讨民主党派所形成的好传统。这些研究还原了民主党派的历史功绩，丰富了对民主党派的认识，从另一个侧面论证了多党合作制度产生的历史必然性，具有重要的理论价值和实践价值。关于民主党派在历史上的重要贡献与重要事件，有代表性的文章如下：

邵雍在《中国民主促进会在上海的成立与斗争》(《上海市社会主义学院学报》2014 年第 3 期)一文中认为，上海“是近代中国光明的摇篮”，既是中国工人阶级的大本营和中国共产党的诞生地，也是民主党派的大本营，民进在上海的诞生与斗争有其必然性，它在上海进行的革命斗争是上海史的重要一页，也是中国共产党统一战线政策的重大胜利。在解放战争时期国统区的第二条战线上，民进始终是与中国共产党风雨同舟、并肩战斗的同盟者与合作者，为大上海的新生、新中国的建立作出了重要贡献。

包爱芹在《“中国民主政团同盟”转变为“中国民主同盟”的作用》(《黑龙江史志》2014 年 13 期)一文中认为，中国民主政团同盟转变为中国民主同盟，对于民盟组织的发展和作用的发挥起到了不可低估的作用：不仅扩大了盟的组织基础、社会基础与政治影响，而且净化了中央领导机构，巩固了盟的组织，并且进一步更新了政治主张。从此，它不再是一个松散的政团联合体，而是成为一个能充分发挥除国共两党之外第三大党作用的民主党派。

张成明在《抗战时期民主党派在重庆活动的特点》(《重庆社会主义学院学报》2014 年第 4 期)一文中认为，抗战时期，重庆是民主党派的活动中心。这些党派在推进抗战救国、追求自由民主、反对内战、促进和平建国等方面开展了一系列活动，做出了重大贡献。这些活动具有从秘密到公开、以秘密活动为主，以建言献策、舆论监督为主要武器，以时事座谈会、走访、会餐、茶话会等为主要活动方式，与中共密切合作、共同战斗等特点。

何鑫在《论述各民主党派在新民主主义革命过程中所做的历史贡献》(《佳木斯教育

学院学报》2014年第6期）一文中认为，各民主党派从成立开始，在新民主主义革命的过程中不断摸索、不断实践，最终联合中国共产党，为革命作出许多重要贡献。虽然期间也有徘徊、犹豫，但是最后都坚定地和中国共产党站在一起，共同致力于中国的革命和建设。

叶莉荣在《农工党在屯溪和平解放中的作用》(《前进论坛》2014年第7期）一文中认为，屯溪地处安徽最南端，是皖南山区重镇，具有十分重要的战略地位，抗日战争时期国民党第三战区长官司令部曾驻扎于此。解放战争后期国民党安徽省军政机关亦迁徙屯溪。屯溪解放就意味着安徽省全境解放。1948年年底，农工党南京地下组织决定委派吴子培为特派员，来屯溪发展党员并主持皖南地区的策反工作。根据农工党中央关于“必须以争取人民胜利为最高原则，重视战斗的利益，尊重中共战友，按照实际需要，统一指挥，巩固合作”的指示精神，吴子培决定与中共党组织取得联系，并积极做好策反工作，为屯溪和平解放作出了杰出的贡献。

林怀艺在《析中国民主党派发展进程中的“联合声明”》(《东南学术》2014年第5期）一文中认为，在中国民主党派发展的历史进程中，它们曾经发表过若干“联合声明”，这些“联合声明”是中国近现代社会运动的客观规律和民主党派与时俱进、不断追求进步共同作用的产物。它们推进了中国革命、建设和改革的进程，增强了中国共产党的政策在社会各界人士中的认可度和感召力，向世界传达了中华民族热爱和平而不畏强权，以及维护国家和民族的最高利益的决心。民主党派“联合声明”启示人们，共产党的领导和多党派的合作对于中国政党制度的形成和发展至关紧要，在爱国主义的旗帜下为实现中华民族伟大复兴的“中国梦”而奋斗是中国共产党和民主党派的共同意志。民主党派“联合声明”是历史文献，须以科学态度对待之；同时，在新的历史条件下，民主党派仍可以通过“联合声明”的形式来表明自己对执政党和国家的大政方针、对国际问题的态度。

研究民主党派的光荣传统，对于民主党派搞好政治交接，巩固政治认同，具有重要意义，2014年度理论界对这一问题的研究继续深化，有代表性的文章有：李国强、姚建强、党大志《九三学社的民主与科学精神述论》(《河北省社会主义学院学报》2014年第3期）一文，从九三学社的民主科学精神的发源、继承和发展过程中，探寻九三学社民主科学精神与中国共产党的深厚渊源，剖析九三学社的民主科学精神与中国协商民主制度的内在联系，以求继承和发扬民主科学精神，从而对中国民主党派发展历史的研究和中华民族的精神财富的探索有所裨益。李宁，王莹在《论建国初期九三学社的思想改造》(《广西师范大学学报哲学社会科学版》2014年第2期）一文中以九三学社为例，分析了民主党派自我教育的优良传统。作者认为，新中国成立初期，在国内外严峻的形势下，中国共产党发起了知识分子思想改造运动。在这场运动中，九三学社作为知识分子的一个重要群体，重点通过政治学习、社会实践、思想批判三个方面进行了改造。这次思想改造对当代中国知识分子的精神面貌以及当代中国的文化建设均产生了深远的历史影响。

对于民主党派与中国共产党团结合作的历史的研究，有的研究者从中国共产党的角度来谈，有的研究者从民主党派的角度来谈，也有研究者从多党合作的实践本身来思考其是非得失，对我们更进一步的推进多党合作制度的完善与发展具有重要意义。代表性文章如下：

周韬、王利娟在《解放战争时期中国共产党与民主党派合作关系探析》(《当代教育理论与实践》2014年第6期）一文中认为，中国共产党领导的多党合作和政治协商制度是我国的一项基本的政治制度。这一基本政治制度，是在长期的革命和建设的实践中逐步确定、发展和完善起来的。解放战争时期，民主党派作为一支重要的政治力量，与中国共产党进行了十分密切的合作，为中国革命的成功、新中国的建立和政党制度的形成做出了巨大的贡献。探析解放战争时期二者之间的合作关系，总结历史经验，可以为新时期正确处理中国共产党与各民主党派的关系和建设中国特色社会主义政治文明提供很大的帮助。

章立凡在《中国民主党派的改造》(《江淮文史》第4、5、6期）一文中认为，以知识分子为主体的中国民主党派与中国共产党的合作，是基于对民主的诉求和建立民主联合政府共识。1949年中华人民共和国成立，民主党派成为联合政府的成员。随着中共权力的稳固，民主党派的地位开始发生变化。1957年反右派斗争后，民主党派从盟友变为改造对象，并在“文化大革命”期间完全停止了活动。20世纪80年代中国实行改革开放，改造后的民主党派仍作为政权的一部分而继续存在，最终被定位于“参政党”。作者以时间为线索，将文章分为“前世”、“无间道”和“今生”上、中、下三个部分，通过分析中国民主党派被改造的历史，对多党合作的历史进行了梳理和总结。

肖建东在《中共与民盟共同探索中国特色民主政治的历程》(《南京理工大学学报·社会科学版》2014年第1期）一文中认为，中共与民盟共同探索中国特色民主政治的历程可分三个阶段：在新民主主义革命时期，中共与民盟在探索中国特色民主政治的问题上共同语言越来越多，民盟不断地向中共靠拢并最终接受了中共的领导；在社会主义建设时期，中共与民盟在探索中国特色民主政治的问题上积累了许多有益的经验，但也有深刻的教训；在改革开放时期，民盟积极配合中共推行的社会主义政治体制改革，做出了许多有益的共同探索并不断奋斗。历史证明，探索中国特色的民主政治既是中国共产党的政治追求，也是民盟努力的目标，他们的共同奋斗必将促进并不断改善中国的民主政治建设。

仲帅在《中国共产党处理与民主党派关系的历史经验——以新中国成立后为视角》(《学理论》2014年第14期）一文中认为，六十多年来，中国共产党与各民主党派积累了团结合作的宝贵经验：一是高举爱国主义和社会主义伟大旗帜；二是坚持中国共产党领导的多党合作和政治协商制度；三是贯彻“长期共存、互相监督、肝胆相照、荣辱与共”的基本方针；四是加强和改进中国共产党自身建设。

张浩在《中国共产党与八个民主党派关系的历史考察》(《思想理论教育导刊》2014年第3期）一文中认为，中国共产党与各民主党派的合作历程，是顺应历史和时代的要求不断发展、不断前进的光辉历程。在民主革命时期，各民主党派与中国共产党团结合作，共同奋斗，为新民主主义革命的胜利和新中国的建立作出了重要贡献。以新中国建立为新的里程碑，中国共产党领导的多党合作和政治协商制度得以正式确立。新中国成立60多年来，中国共产党领导的多党合作在经历多种考验中得到了长足发展。

罗振建在《重庆多党合作产生研究》(《重庆社会主义学院学报》2014年第1期）一文中揭示了重庆多党合作产生的历史条件，叙述了重庆多党合作产生的主要经过，阐明了重庆多党合作产生的重要意义。作者认为，1938年10月28日至11月6日国民参政会一届二次会议在重庆举行，标志着中共同各民主党派、无党派人士密切合作的开端，是重庆多党合作产生的标志，发挥了承前启后、继往开来的独特作用，在中国多党合作史上具有不可替代的重要地位。

刘英、丁英顺在《重庆在中国多党合作制度形成中的历史作用》(《重庆社会主义学院学报》2014 年第 4 期）一文中认为，在民族危亡之际，以第二次国共合作为基础的抗日民族统一战线逐步建立，重庆成为多党合作的舞台中心，为中国多党合作制度的形成和新中国政治格局的确立发挥了重要作用。南方局在重庆的统战工作实践为多党合作营造了良好氛围，中共在重庆谈判时期的统战活动使多党合作思想深入人心，中共积极促成民主党派在重庆建立为多党合作奠定了组织基础，政协会议在重庆的实践开创了多党合作的重要形式。研究重庆在中国多党合作制度形成中的历史作用，有助于为巩固和完善新时期中国多党合作制度提供参考。

2014 年度对民主党派历史人物的研究视野更加开阔，不仅对老一辈民主党派领导人的丰功伟绩和高风亮节进行缅怀，对民主党派历史上的普通党员爱党爱国情怀也开始研究，以激励新一代党派成员积极向上爱国爱党的精神情怀。有代表性文章如下：

陈昌福在《“亦合、亦分”;“亦堂亦党”——解读司徒美堂与中国致公党的关系》(《上海市社会主义学院学报》2014 年第 6 期）一文就司徒美堂与中国致公党的组织关系做了分析，作者认为，由于中国致公党“三大”以前有过党堂并存，既党亦堂的历史原因，司徒美堂与中国致公党的组织关系是“合”。但自 1945 年 3 月司徒美堂创建中国洪门致公党，特别是 1947 年 5 月中国致公党“三大”以后，司徒美堂与中国致公党的组织关系是“分”。因此，司徒美堂是中国致公党创始人这一流传颇广的说法，至今还缺乏足够的、有说服力的史实依据。当然，这一结论，丝毫无损于司徒美堂“是美洲方面的爱国华侨领袖”的光辉形象，以及他为动员海外侨胞支援抗日战争，缔造新中国作出的巨大贡献。

张广华在《1946—1947 年的民盟与张澜》(《文史天地》2014 年第 6 期）一文中回忆了抗战胜利后以民盟为代表的第三方面协助、配合中国共产党否定国民党一贯坚持的训政法统和一党专政的史事。作者指出，经多方努力，国共两党终于签订了以结束训政，实施宪政、政治民主化、军队国家化、人民享有各种自由、党派平等合作以及和平建国基本方针为主要内容的《双十协定》，并迫使国民党按照《双十协定》要求，召开中国政治协商会议（旧政协）。作者否定了某些电视剧关于民盟和张澜一心只想无原则地通过喝茶、看戏捏合国共两党的所谓“将相和”的昏话，认为张澜领导民盟，始终坚持团结，反对内战，不参加也不承认蒋介石自吹自擂的所谓“国大”会议。这种态度直接保持了民盟在政治上的纯洁性，间接地支持了我们的解放战争，在政治上孤立和暴露了蒋介石的反动本质，其意义非常重大。

孙宗明在《何香凝与中国国民党革命委员会》(《河套学院学报》2014 年第 1 期）一文中认为，何香凝是中国国民党左派的杰出代表、革命元老、著名政治家、著名画家、国家领导人，中国国民党革命委员会的主要创始人之一和重要领导人。何香凝早年在日本结识孙中山，加入同盟会，积极从事革命活动；她大力支持孙中山改组国民党，是联俄、联共、扶助农工三大政策的忠实拥护者和执行者；她反对蒋介石叛变革命，成为杰出的国民党左派；她投身抗日救亡运动，为抗战募集物品；她致力于爱国民主运动，反对蒋的独裁统治和内战政策；她与李济深一起创建中国国民党革命委员会，并作为代表在《各民主党派和民主人士响应中共"五一"号召的通电》上签字；她参与新中国的建立，担任了政府的重要职务；她担任中国国民党革命委员会中央副主席、主席，是中国共产党的亲密朋友。她是著名画家，其画作享誉海内外。她堪称贤妻良母，是世界女性的楷模。

肖光荣、肖建平在《历史的抉择——沈钧儒与新政协会议的召开与维护》(《湖湘论坛》2014 年第 4 期）一文中认为，对新政协会议贡献最大的民主党派是民盟，而民盟中又数沈钧儒的功勋最为卓越。沈老的卓越功勋具体体现在三大方面：一是会议前期：引导民盟转向新民主主义道路；二是会议期间：殚精竭虑筹备新政协和创建新中国；三是会议之后：推进社会主义民主法治建设和民盟、政协、人大的行政工作。沈老的一生极具首倡精神和转变意识，他站在人民的立场上，从一位杰出的宪政民主主义战士升华为一名党外优秀的共产主义战士。沈老的人生道路是一名民主人士和知识分子所走过的光辉道路。沈老所培育的崇高的人生理念和伟大的革命精神值得一切爱国民主人士、贤达有识之士、中共党员干部遵循和践行。

田广渠在《童第周加入民盟的经过》(《春秋》2014 年第 4 期）一文中指出，我国卓越的科学家、教育家、社会活动家、克隆先驱童第周 (1902—1979), 一生热爱祖国，追求进步，是一位具有正义感和爱国心的知识分子，在他 78 年的生命历程中，有两件事对他的思想发展升华具有里程碑意义：一是 1952 年 8 月 30 日加入中国民主同盟，时年 51 岁；一是 1978 年 2 月加入中国共产党，时年 76 岁。童第周加入中国民主同盟，是他深思熟虑后的决定，也是他思想不断进步和客观社会环境共同作用的结果。童第周的入盟，在山东大学发生了积极的影响，在中共的领导下，各方团结协作，共同为学校建设贡献力量，调动了一批老专家、学者工作的积极性和创造性，使学校欣欣向荣，思想政治工作、教学改革和科学研究均走在全国大学前列，成就了山东大学历史上的"第二个黄金时代"。

赖晨陈以在《为革命倾家荡产的农工党党员——记农工党党员陈浪》(《前进论坛》2014 年第 8 期）一文中回忆了出身书香门第的农工党党员陈浪的成长历程。作者指出，1946 年 10 月，陈浪由陈孟炎介绍，在上海秘密加入了中华民族解放行动委员会（农工党前身）。1946 年底，受农工党中央派遣，作为特派员，回到家乡，恢复、重建农工党浙江地方组织，并于 1947 年 2 月，在诸暨枫桥镇创建了"农工党绍 (兴) 诸 (暨) 地区临时工作委员会"，在中共浙东临委和会稽山抗暴游击司令部领导下，开展统一战线工作。解放战争时期，陈浪毁家纾难，为了革命几乎献出所有的家产，充分体现了一个革命者为新中国无私奉献的精神。

三、参政党与社会主义协商民主研究

社会主义协商民主是我国人民民主的重要形式，如何把这一民主形式发挥好、完善好，需要社会各界的努力。参政党作为国家政治生活中的重要力量，在社会主义协商民主中可以做什么、能够做什么、如何做得更好，是理论界热议的话题。研究者们从参政党在社会主义协商民主中的角色定位、参政党参与社会主义协商民主的主要形式、参政党在社会主义协商民主中更好发挥作用的途径这几个维度深入思考，不仅丰富了社会主义协商民主理论的发展，对参政党理论的发展与完善，也具有非常积极的意义。

1. 发展社会主义协商民主过程中参政党的角色定位

参政党与社会主义协商民主在多党合作的历史实践中共同成长，在社会转型的现实需求中并肩前行，处于一种交互关系之中，是社会社会主义协商民主的重要主体，这一点理论界基本形成共识。在这一共识的基础上，有的研究者立足于政党协商或者党际协商，认为参政党是社会主义协商民主的重要参与者。有的研究者则认为，参政党在社会主义协商民主发展完善的过程中，不仅仅局限与协商民主的参与者这一角色，尤其不能仅仅限于政党协商的参与者这一角色，而应该在中国民主政治发展的宏大视野中去思考参政党的角色定位。

关于参政党在社会主义协商民主中的角色定位，相当多的研究者是从协商民主的具体过程来思考参政党的角色定位的。也就是说，无论是哪种协商形式，尤其是政党协商，参政党都能找到切入点，积极参与到协商民主的过程之中，这决定了在社会主义协商民主的实践中，参政党是非常重要的主体力量。李仁质在《民主党派与社会主义协商民主建设》(《中央社会主义学院学报》2014 第 3 期）一文中认为，社会主义协商民主体现于中国共产党领导的多党合作和政治协商制度中，贯穿于多党合作和政治协商的全过程，体现在国家政治和社会生活的各个方面。中国共产党同各民主党派的政治协商是协商民主最重要的内容，可以促进决策的科学化、合法化，拓宽公民广泛有序政治参与的渠道，实现协商民主。沈艳在《参政党在社会主义协商民主中的角色定位及着力点》(《辽宁省社会主义学院学报》2014 年第 4 期）一文中认为参政党作为掌握较多国家资源的政治力量，理应积极参与社会主义协商民主制度建设，同执政党通力合作，在立法协商、行政协商、民主协商、参政协商、社会协商中找准自身的角色定位，发挥应有的作用。石媛在《参政党在社会主义协商民主中的主体地位论析》(《河北省社会主义学院学报》2014 年第 4 期）一文中认为，中国共产党领导的多党合作和政治协商制度是具有中国特色的政党制度，也是社会主义协商民主的重要组成部分。因此，参政党作为我国政党制度中的重要构件，无疑也是社会主义协商民主的重要主体和主要力量。而参政党之所以在社会主义协商民主中具有主体地位，就在于有其既有历史的必然性，又有现实的合理性，还有自身的内在规定性和制度保障性。郑宪在《论发挥参政党在协商民主中的作用》(《山西社会主义学院学报》2014 年第 3 期）一文中认为，各民主党派作为国家政权中的参政党，履行参政党职能需要参加各种协商活动。首先是作为政党参加政治协商活动。在协商活动中，执政党是各类协商制度的领导者、协商活动的召集者，并对最终的协商意见和协商事项作出决策、决定。参政党是协商民主制度的建设者、各类协商活动的参与者，其中心任务是出主意、想办法、建言献策。王芳在《论协商民主视域下参政党作用的发挥》(《江苏省社会主义学院学报》2014 年第 3 期）一文中认为，中国共产党领导的多党合作和政治协商制度是我国的基本政治制度，作为一种制度安排，在我国政治生活中发挥着重大的作用，是协商民主在我国最高政治层面、影响最广泛、影响力最强的政治实践。参政党在协商民主中的作用主要是指在多党合作和政治协商制度中的作用，参政党作为我国政党制度中的重要角色对推动社会主义协商民主发展有着独特的优势。

在肯定参政党是社会主义协商民主的重要参与者的前提之下，也有研究者跳出协商民主的具体实践和具体过程去探讨参政党作为社会主义协商民主的“发展者”的角色定位。也就是说，参政党不仅仅要积极参与到协商民主实践中，还要作为推动中国政治发展的重要力量，更宏观的思考社会主义协商民主的完善问题。王彩玲在《参政党在社会主义协商民主中的角色定位》(《中央社会主义学院学报》2014 年第 5 期）一文中认为，参政党立足于多党合作制度，通过政党协商促进决策的民主化和科学化，因而是社会主义协商民主的重要参与者，这一点理论界已经达成共识。但是，参政党如果仅仅只是社会主义协商民主的参与者，那么，参政党和一般社团有什么区别？普通公民和社会团体都可以是社会主义协商民主中的“协商主体”，但是，“协商主体”并不是“发展主体”。参政党不仅是社会主义协商民主的具体参与者，更应该是社会主义协商民主的发展者、完善者和监督者。郑国沁在《发挥民主党派作用推进协商民主发展》(《前进论坛》2014 年第 5 期）一文中认为，民主党派在协商民主中的作用，既体现在协商活动中，还体现在协商民主制度建设中；既体现在以党派组织形式参与的主渠道上，还体现在其成员参与的各种协商活动中。在政治协商活动中，中共是协商制度的领导者，协商活动的组织者，并对协商意见和协商事项作出处理决定。民主党派是协商制度的建设者,协商活动的参与者，负责提出协商意见，具有重要而独特的地位。赵吉光在《社会主义协商民主视域下民主党派价值的发挥》(《吉林省社会主义学院学报》2014 年第 3 期）一文中认为，社会主义协商民主具有巨大的包容性，民主党派能够成为社会主义协商民主的重要参与者；社会主义协商民主具有强烈的责任性，使民主党派能够成为社会主义协商民主的忠实执行者；社会主义协商民主具有广泛的平等性，使民主党派能够成为社会主义协商民主的有效监督者；社会主义协商民主具有形式的多样性，使民主党派能够成为社会主义协商民主的积极推动者；社会主义协商民主具有充分的程序性，使民主党派能够成为社会主义社会协商民主的坚定维护者。张曙光、门贵臣在《民主党派在中国社会主义协商民主制度的角色定位》(《经济研究导刊》2014 年第 36 期）一文中认为，民主党派是创建、健全和实践中国社会主义协商民主制度的必然条件，是社会主义协商民主制度发展与完善的重要推动力量。在新时期社会主义协商民主制度中仍主要从事政治协商，但在社会协商制度建设和实践中亦可大有作为。

2. 参政党参与社会主义协商民主的主要形式

目前，参政党在参与社会主义协商民主的实践中探索并形成了多种形式和渠道，如政党协商、立法协商、行政协商、政协协商、社会协商、基层协商等，但对这一论题，理论界并未达成共识。有很多论者认为参政党参与社会主义协商民主的主要形式就是政党协商，而另一部分学者则认为参政党参与社会主义协商民主的形式应该是广泛多层的，不仅仅局限于政党协商。有代表性观点如下：

王小鸿在《民主党派在协商民主中的作用》(《民主》2014 年第 1 期）一文中认为，构建程序合理、环节完整的协商民主体系，拓宽国家政权机关、政协组织、党派团体、基层组织、社会组织的协商渠道。深入开展立法协商、行政协商、民主协商、参政协商、社会协商，在这五个协商渠道中都有中国民主党派的参与，但又不是全部。民主党派在协商民主中发挥作用的形式主要是：参与国家机关的立法、决策协商；民主党派是人民政协的政治协商的重要主体；民主党派是中共就重大问题协商的主要对象；民主党派在基层民主协商中大有可为。

陈立明在《参政党参与协商民主的制度设计与运行机制》(《湖南社院学报》2014年第3期)一文中认为，党际协商产生协商民主。参政党是社会主义协商民主的主体和重要参与者，通过参与利益表达、利益综合、政策制定、政策执行等政府过程，在协商民主中发挥重要作用。参政党参与协商民主和政府过程的主要渠道，包括参与人民政协的协商民主、民主监督、参政议政，并以专题协商、对口协商、界别协商、提案办理协商、基层民主协商等为主要协商形式。改革开放和市场经济体制下，改善参政党参与协商民主的体制机制，需要结合我国民主政治发展实际，进一步加强和完善执政党与参政党的党际协商，加强和完善参政党在国家政权机关的民主协商，进一步加强参政党在人民政协的政治协商，发挥参政党在基层民主协商中的作用，建设与协商民主制度发展相适应的参政党。

聂亚珍在《协商民主与民主党派参政议政研究》(《湖北省社会主义学院学报》2014年第3期)一文中认为,协商民主作为特定政治共同体中平等的政治主体的民主实现形式，可以促进公共决策的民主化和科学化，增进社会共识，促进社会和谐发展。政党协商是中国特色协商民主形式，人民政协是协商民主的重要渠道，是多党合作的重要场所。民主党派可以通过人民政协实现与共产党合作协商，履行参政议政和民主监督职能。应通过健全政协平台，完善民主党派的参政议政机制，丰富协商民主的实践形式。

张瑞琨、吉秀华、邱焕玲在《参政党与社会主义协商民主建设》(《重庆社会主义学院学报》2014年第6期)一文中认为，参政党在参与社会主义协商民主实践中探索形成了多种形式和渠道。它们主要是参与政党协商、立法协商、行政协商、政协协商、社会协商、基层协商等。

刘泓在《协商民主视阈下参政党的政党行为及其功能》(《福建省社会主义学院学报》2014年第1期)一文中认为，将“协商民主”融入到政党制度之中，成为中国发扬政党民主的一种方式，是对传统政治学关于“政党”概念的一大突破和理论创新。基于中国特殊的政治发展逻辑，与西方协商民主不同，中国社会主义协商民主的重要特征是在中国共产党的领导下开展的。协商民主很自然地将关注的重点落在国家的政治制度层面，其中政治协商是最重要的内容。

李艳霞在《协商民主语境下中国参政党的“三信”》(《湖北省社会主义学院学报》2014年第1期)一文中认为，中共十八大强调要健全社会主义协商民主制度，十八届三中全会进一步提出“推进协商民主广泛多层制度化发展”，在这样的前提和背景下，中国参政党将在未来中国民主政治发展中，特别是在以政党为主体的政治协商中发挥出更为重要的作用，这既是中共对中国参政党的厚望，同时也是中国参政党坚持中国特色社会主义道路自信、坚持中国特色社会主义理论自信、坚持中国特色社会主义制度自信之源，中国参政党的“三信”也必将在协商民主语境下，通过政党政治协商得以更加充分的展示和呈现。

3. 参政党在社会主义协商民主中更好发挥作用的途径

健全社会主义协商民主制度是一个需要政党、社会及公民多方参与、共同发力的系统工程，参政党作为社会主义事业的重要政治力量，助力社会主义协商民主是题中应有之义。在我国社会全面深化改革的新形势下，参政党如何才能在社会主义协商民主的发展中作出更大的贡献？围绕这一问题，学者们各抒己见，有的从体制机制上着眼，有的从提高参政党协商能力的角度立论，提供了很多很好的见解。有代表性观点如下：

许烨在《党际协商发展空间与路径选择——基于话语民主理论视角》（《湖南社院学报》2014 年第 6 期）一文中认为，民主党派通过政治话语参与社会事务管理和多元治理结构，其话语协商的一个重要面向是对公共权利议题的讨论。哈贝马斯的“话语政治”理论所强调的主体间性、交往理性、程序性、协商、平等、宽容与包容等公民意识，为我们进一步探索民主政治模式提供了新路径。党际协商要积极发挥自身的话语力量，努力提升参政议政话语质量，发挥多党合作的制度优势，持续推进民主政治建设，让协商民主在中国治理体系现代化进程中发挥更大的作用。

罗新阳在《党际协商民主：价值、困惑与优化》（《广州社会主义学院学报》2014 年第 3 期）一文中认为，党际协商民主作为协商民主的主要形式，具有独特的理论和实践价值，党际协商民主在实现社会稳定、协调利益关系、提高决策水平，发展公民文化等方面显示出巨大优越性，在实践运作中，在协商意识、制度、过程等方面面临诸多的困惑，必须从共产党层面、民主党派层面、公民层面、观念层面、制度层面、议题层面寻求优化路径。

王新国在《多向循环互动：参政党与基层协商民主逻辑关系研究》（《江苏省社会主义学院学报》2014 年第 5 期）一文中认为，协商民主在我国基层仍处于试点阶段，当前基层协商民主在我国的创造性实践，更多的是源于基层、自下往上的。如何构建适合本地区的基层协商民主制度体系，并逐步使其实现常态化、程序化、规范化，是当前基层协商民主亟须解决的问题。当前，协商民主在中国基层民主进程中取得了一定的发展，但完善健全的基层协商民主体系尚未建成。能不能很好地运用协商民主这一民主形式，不仅与执政党的努力密切相关，也与参政党的努力密切相关。基层协商民主体系是一个复杂的系统工程，没有参政党参与的协商民主体系是不健全的。协商民主背景下，建设高素质参政党已成为各民主党派的共同目标，而作为民主党派基础的参政党基层组织建设也逐渐被提上日程。

王雅、赖兆政在《积极发挥民主党派在协商民主中的作用》（《四川统一战线》2014 年 10 期）一文中认为，民主党派作为参政党，是协商民主的重要主体，要围绕党派特色，提升履职能力，努力发挥在协商民主中的独特作用，为社会主义民主政治作出积极贡献。为此，要加强三个建设，不断提升协商民主能力；要把握三个重点，不断增强协商民主实效；要健全三个制度，努力提高协商民主水平；要完善三个机制，注重强化协商民主保障。

严炳洲在《民主党派参与协商民主的特点、难点和建议——从地方民主党派参与协商民主视域进行的探讨》（《湖北省社会主义学院学报》2014 年第 4 期）一文中认为，民主党派参与协商民主具有人民性、和合性、非强制性和包容性等特点，存在思想认识不高、知情渠道不畅、调查研究不深、工作机制不顺等难点问题。针对此特点和难点，进一步发展民主党派参与协商民主应进一步提高其思想认识、优化协商渠道、规范协商程序、扩大信息公开透明度和促进不同民主形式的良性互动。

祝福恩、隋芳莉在《强化参政党建设是实现协商民主的主体保证》（《特区实践与理论》2014年第3期）一文中认为，参政党是推进社会主义协商民主的重要主体。在目前改革攻坚阶段，完善协商民主并落实习近平总书记的精神，关键是建设合格的中国特色社会主义参政党，把社会主义协商民主建设推向新的阶段。

石媛在《提升参政党的协商能力刍议》（《广西社会主义学院学报》2014年第6期）一文中认为，参政党协商能力是影响政治协商效果的一个方面。参政党协商能力包括政治认知能力、沟通交流能力、团结合作能力、自我创新能力等。参政党协商能力面临协商主动性不强、缺乏机制、缺乏氛围等问题，应从提升参政党的政治认知能力、自我提高能力以及协商实效性入手，提升参政党的协商能力。

陈大明、李华桥在《完善社会主义协商民主与加强参政党自身建设》（《湖北省社会主义学院学报》2014年第1期）一文中认为，协商民主与中国政治发展具有内在的契合性，是完善多党合作制度和加强参政党建设的价值选择和制度选择。在未来国家治理中，多党合作和政治协商制度应从单向集中型政治协商转向双向互动型协商民主，通过加强制度建设、组织建设，促进协商民主的发展。同时，要充分认识参政党在推进中国协商民主与政治发展中具有的特色和优势，帮助民主党派进一步加强自身建设。

邓凌在《网络政治背景下协商民主的新发展与参政党建设》（《湖北省社会主义学院学报》2014年第3期）一文中认为，近年来，随着中国互联网的迅猛发展，网络政治已成为一种新的政治生态。在网络政治背景下，社会主义协商民主的新形式——网络协商民主应运而生。参政党是社会主义协商民主的重要主体，应顺时而动，加强自身建设，不断增强网络参政意识，提高政治把握能力；加强现代组织建设，实现组织沟通信息化；打造网络公共平台，发挥网络协商讨论中的议题引导作用，积极促进网络协商民主的发展和完善。

梁细弟、许婷在《参政党参与社会主义协商民主的机制初探》（《河北省社会主义学院学报》2014年第4期）一文中认为，民主党派作为中国特色社会主义参政党，在中国共产党领导的多党合作和政治协商制度的框架下参与社会主义协商民主，是社会主义协商民主的重要主体。要真正实现参政党在社会主义协商民主中的价值作用，亟须推进协商机制的规范化、制度化、程序化建设，要建立主动协商机制，规范协商程序机制，健全民主监督机制，并增进制度自信，建设与协商制度要求相适应的参政党。

李仁质在《民主党派与社会主义协商民主建设》（《中央社会主义学院学报》2014第3期）一文中认为，要充分发挥民主党派在社会主义协商民主建设中的作用，就必须坚持中国共产党的领导，必须加强民主党派自身建设，不断提高参政议政、民主监督的能力并使社会主义协商民主建设制度化。

郑国沁在《发挥民主党派作用推进协商民主发展》（《前进论坛》2014年第5期）一文中认为，民主党派在协商民主中的作用尚未充分发挥，主要原因在于协商的制度和内容不够完善、协商的意识和能力不强、协商的深度和广度不够、协商成果应用和监督机制缺乏。提升民主党派协商民主水平的实践路径，一是增强责任意识，提高参与协商的能力；二是完善协商制度，形成管用的制度体系；三是创新协商方式，探索科学的运作模式；四是培育协商文化，营造良好的协商环境。

张瑞琨、吉秀华、邱焕玲在《参政党与社会主义协商民主建设》（《重庆社会主义学院学报》2014 年第 6 期）一文中认为，要更好发挥参政党在社会主义协商民主中的作用，必须健全制度，完善体制机制。一是加强社会主义协商民主制度建设，二是完善参政党参与协商民主的体制机制，三是完善参政党的协商能力建设机制。

四、参政党的职能、功能与作用研究

参政党的职能、功能与作用研究是参政党研究中的核心议题之一，2014 年年度对这一议题的研究依然把着力点放在如何更好地履行民主党派职能，实现民主党派的政党功能，从而充分发挥民主党派在中国特色社会主义建设事业中的作用上面。在此基础上，出现了一些新的理论动态，比如对民主党派“社会功能”的研究开始深化、对民主党派在法治中国建设中的作用开始重视，对女性党派成员的参政议政开始关注，等等。

1. 参政党的职能研究

2014 年对参政党职能的研究，除了继续围绕参政议政和民主监督这两大基本职能展开，理论界对“社会服务”职能的研究进一步深化，对如何提高参政党的履职水平进行了进一步的探讨，取得了一定的理论成果。

（1）参政议政

关于民主党派的参政议政职能，理论界更多的关注在现有制度环境下，民主党派如何抓住机遇、应对挑战，找准问题，克服不足，从而提高参政议政水平的问题。尤其是参政议政的机制建设和新媒体时代下民主党派参政议政面临的挑战和机遇，受到前所未有的关注，代表性文章如下：

叶国平、欧阳晓安在《民主党派网络政治参与问题研究》(《广西社会主义学院学报》2014 年第 2 期）一文中认为，网络与政治结合衍生出网络政治参与，让民主党派政治参与的形式与手段更加丰富多样。民主党派组织及其成员通过建立网站、参与网络政治讨论、撰写博客和微博等方式积极参与到网络政治中来。民主党派成员的网络政治参与比普通公民的网络政治参与更趋理性与成熟，对我国网络政治建设有积极贡献，但其实效性仍有很大的提升空间。应当通过加强政府网站建设、优化民主党派网站内容、培养民主党派网络意见领袖、提高民主党派成员的网络政治参与能力等路径提升民主党派网络政治参与实效。

程鹏起在《新时期民主党派参政议政面临的问题与对策》(《河北省社会主义学院学报》2014 年第 1 期）一文中认为，新时期民主党派参政议政面临着认识不足、缺乏刚性要求等问题，究其原因，存在制度尚待完善、重视程度不够等原因，需要采取政治定位、加强规律研究等措施。

张晓娜在《民主党派女性参政议政对策研究》(《山东行政学院学报》2014 年第 3 期）一文中认为，参政议政是民主党派的主要职责，是体现民主党派整体素质的重要标志，是为了实现中国特色社会主义事业这一共同奋斗目标所肩负的重要使命。新形势下，随着民主党派女性成员的不断增多，民主党派女性在民主党派成员中具有一定的比例，在坚持男女平等的基本国策下，应该加强提高社会对民主党派女性参政议政认识；多方面、多层次、多形式对民主党派女性进行培养；加强各个领域民主党派女性参政议政比例，使民主党派女性在各级领导岗位、人大代表、政协委员当中都能充分发挥一定的优势作用，为实现伟大的中国梦贡献力量。

张颖在《民主党派参与公共决策之困境与对策研究》（《江苏省社会主义学院学报》2014年第2期）一文中认为，民主党派在参政议政中的核心内容是参与公共政策的制定、执行和监控以促进公共政策的科学化、民主化，提高公共决策的质量。无论是中国共产党还是民主党派在此课题上均付出了努力并取得了成效，但存在的问题与不足也是不容小觑的，比如说民主党派高素质参政人才的缺乏影响了其参与公共决策的水平、党派界别功能与所属专业间的共存身份困扰民主党派成员在参政议政中的决策制定、公共决策的可操作性不强导致了民主党派提案执行上的困难、党派间缺乏合作不利于公共决策的参与等等，而这些问题的发掘与研究有利于中共与民主党派间更好地合作共事，也为民主党派参政议政的完善提供了上升的空间。

孙海涛、丛煌、王雁菊在《高校民主党派参政议政的长效机制构建》（《党政干部学刊》2014年第7期）一文中指出，高校民主党派人士在全国民主党派人才队伍结构中占有较大比重，是民主党派履行参政议政与民主监督职能的重要力量。加强高校民主党派的参政议政能力建设，基本途径是立足参政议政能力建设的长效机制构建，在科学领导机制、调研工作机制、民主协商机制、信息反馈机制、人才培养机制、考评奖励机制等方面，不断创新完善。这对于推进协商民主广泛多层制度化发展，进一步健全社会主义协商民主制度，具有重要的现实意义。

王瑜在《网络舆论时代下民主党派如何履行职能》（《前进论坛》2014年第10期）一文中指出，社会舆论影响着人们的行动和局势的发展，在造成或转移社会风气方面具有不可估量的影响。多年来，各民主党派在履行参政议政、民主监督职能过程中，通过对社会舆论的广泛收集、及时反映、有效应对等措施，为各项事业发展作出了突出的贡献。而随着网络媒体的快速发展，网友言论的活跃已达到前所未有的程度，不论国内还是国外的重大事件，都能马上形成网上舆论，进而产生巨大的舆论压力，甚至对党和政府的决策和施政产生影响。因此，网络舆论时代下如何更好地履行参政党职能，成为各民主党派需要面对的一个重要课题。因此，民主党派应深入了解网络舆论的特点，辩证地看待网络舆论，提高从网络舆论中发现潜在问题的敏感度，借助网络舆论平台拓展社情民意的收集渠道，通过网络舆论强化民主监督职能。

章礼明在《昭示与回应：多党合作下民主党派的参政》（《广东省社会主义学院学报》2014年第1期）一文中认为，民主党派参政是多党合作的一项重要内容。自新中国建立，特别是20世纪90年代后期以来，民主党派成员在参政范围、参政人数以及参政职务上均有扩大趋势。最近，中共十八报告延续以往政策，重申扩大民主党派成员的参政空间。分析其原因，这既有国际形势的影响和国内形势发展的需要，也有巩固执政党执政地位的策略考量。针对中共的这种昭示，民主党派应当作出理性回应。这包括尽快建设自己的代表人士梯队；创造条件逐步培养合格的优秀成员以及强化民主党派内部的权力制约。

武鸿麟在《以中国特色社会主义理论为指导认真履行参政党职能——民建履行参政党职能的经验和规律刍议》（《贵州社会主义学院学报》2014年第4期）一文中，从民建作为参政党履行职能的实践入手，分析了民建作为参政党提高履职能力的重要意义，总结了民建履行参政党职能的基本经验，从而探索履行参政党职能的普遍规律，以进一步推进参政党建设和科学发展。作者认为，服务发展是民建履职能力建设的第一要务，以人为本是民建履职能力建设的核心，遵循规律是民建履职能力建设的必由之路，制度化是民建履职能力建设的根本保障，有计划可持续是民建履职能力建设的基本要求，统筹兼顾是民建履职能力建设的基本方法，“人才强会”是民建履职能力建设的关键环节。

李晴在《民主党派专题调研工作实效性思考》(《四川省社会主义学院学报》2014 年第 1 期）一文中指出，调研工作作为民主党派履行参政党基本职能的基础与实现参政议政的重要手段已受到各民主党派的重视，但由于调研工作目前面临着选题缺乏针对性、调研机制与队伍尚不健全、工作模式保守、行动付诸不足等现状，其工作的实效性还难以得到充分发挥；因此希望通过立足热点难点问题与自身优势科学确定调研选题，健全机制、精心组织以及深入分析党派成员优势专长，培养骨干，打造高素质调研队伍等途径来切实有效地提高民主党派调研工作的实效性。

（2）民主监督

关于民主党派的民主监督职能，这一直是理论界的一个研究重点，无论是论文数量和论文质量，都在参政党研究的理论成果中处于前列。2014 年度对民主监督的研究，和对参政议政的研究一样，主要聚焦在提高实效这个问题上。研究者从总结民主监督的经验、分析民主监督存在的不足、探索民主监督的机制建设等方面入手，深入思考了提高民主监督实效的途径，代表性观点如下：

刘菊香、农晓芬在《参政党民主监督的经验与规律探析》(《江苏省社会主义学院学报》2014 年第 3 期）一文中认为，回顾参政党民主监督实践的历史发展脉络，可以总结出中国特色政党制度的完善程度决定参政党民主监督的力度、执政党的重视程度决定参政党民主监督的实效、民主监督意识和能力的强弱决定参政党民主监督的水平等基本经验，进而提炼出参政党民主监督的核心是对执政党的权力进行监督、参政党民主监督是建立在民主制度之上以保护人民基本权利的监督、参政党民主监督是与执政党有共同政治基础的体制内合作式监督、参政党民主监督实效的提升必须注重制度化建设等规律，这对完善参政党民主监督和我国整个监督体系都具有积极意义。

张昕欣、王庆展、王震在《参政党民主监督的路径探讨》(《广州社会主义学院学报》2014 年第 4 期）一文中，运用政治合法性理论、公共选择等理论并结合现实情况阐述了新形势下加强民主监督的必要性，认为参政党民主监督是中国特色政党制度的一个基本特点和优势，充分发挥民主监督对于加强执政党科学、民主、依法执政有重要意义。作者立足于北京市委统战部的调研成果，通过制度变迁中的路径依赖理论，分析了当前民主监督存在的四大问题，即内涵与定位模糊、自身建设不足、缺乏具体的制度规定，监督权利保障机制不完善、重事务监督，轻党务和政务监督等，进而提出了改善民主监督的路径。

冯霞、蓝春娣在《参政党民主监督的政治机理及运行机制》(《江西社会科学》2014 年第 9 期）一文中认为，民主监督是保障中国民主政治健康发展的基本手段和环节。参政党民主监督是中国政治监督体系的重要组成部分，也是中国共产党领导的多党合作和政治协商制度的内在机制，反映了中国特色社会主义民主政治发展的客观要求；其蕴含的内在政治机理，体现了中国政党相互监督的制度特点和优势及中国政治监督体系的多层次性；而其民主监督的政治功能产生实效的关键则取决于规范监督行为并落到实处的外部运行机制。

袁春红在《发挥民主党派对权力运行的监督作用》（《福建省社会主义学院学报》2014年第3期）一文中认为，民主党派对共产党的权力运行进行监督既是民主党派的重要职能，也是多党合作的重要形式。针对民主党派对权力运行监督中存在的主要问题，我们要提高民主党派的政党意识，健全对权力运行的监督机制，增加民主党派担任实职的机会。只有充分发挥民主党派对权力运行的监督作用，才能让权力在阳光下运行，才能正确用好权力这把"双刃剑"。

民盟河北省委课题组在《构建中国特色的参政党民主监督制度化、规范化平台》（《河北省社会主义学院学报》2014年第2期）一文中认为，中国特色的参政党民主监督制度化、规范化平台必须体现"中国特色"；必须坚持"三个必须"；其关键在于既要赋予参政党民主监督"权利"，更要建立"权利"的保障机制；并以制度形式确认参政党民主监督的主体、客体、范围、内容、形式、程序，提高执政党与参政党的监督意识、民主意识、注治意识，从而牢现参政党民卞陈督的制度化、规范化。

李飞在《加强参政党民主监督机制建设的对策分析》（《大连干部学刊》2014年第12期）一文中指出，加强参政党民主监督机制建设，是巩固中国共产党执政地位的必然要求，是加强参政党自身建设的本质体现，是完善社会主义监督体系的重要环节。加强参政党民主监督机制建设的对策主要包括：改善参政党民主监督的政治环境，健全参政党民主监督的制度体系；加强参政党监督主体建设，提升民主监督质量；健全参政党民主监督运行机制，完善参政党民主监督程序；创新参政党民主监督形式，拓展参政党民主监督深度。

黄天柱在《进一步开发参政党民主监督功能的几点思考》（《广州社会主义学院学报》2014年第2期）一文中指出，如何切实增强参政党民主监督的实效性，充分发挥参政党在监督和平衡权力方面的应有作用，是新形势下进一步加强多党合作制度建设和发展社会主义民主政治的一个重点和难点问题。作者认为，进一步开发参政党民主监督功能，总体思路是在非权力监督与有效监督之间寻求一个平衡点，既要坚持参政党监督的固有性质，又要使监督形成一定的压力；关键是要使参政党保持相对的独立性；具体推进路径包括制度化、组织化、分层化和弱行政化等方面。

孙津在《民主监督的制度安置及困难刍议》（《协商论坛》2014年第9期）一文中指出，民主监督之所以是"老大难"问题，原因就在于，其一，民主监督不是一项独立的制度，它的权能安置是由相应基本制度的旨向决定的。其二，民主监督难以有具体的实效针对：在政协，它从属于政治协商的逻辑包涵，相对缺乏自身的独立性；在党派，它是多党合作的结构依据，其功能则较多具有政治需要的随机性。

钟虹、张玉华在《新形势下增强参政党民主监督有效性的思考》（《广西社会主义学院学报》2014年第4期）一文中认为，新形势下，随着民主政治建设和多党合作事业的发展，民主党派的民主监督也越来越受到中国共产党的重视。但不可否认，参政党的民主监督由于受到来自内外因素的影响，在一定程度上影响了参政党民主监督的实效性。因此，要提高对参政党民主监督重要性的认识，进一步拓宽参政党民主监督的知情和反馈渠道，建立健全参政党民主监督机制，创新参政党民主监督的途径和方法，加强参政党自身建设，提升民主监督水平，从而提高民主监督的有效性。

周淑真、孙林在《在深化改革中破解民主监督难题》（《中国政协理论研究》2014 年第 1 期）一文中指出，民主监督是中国特色社会主义民主政治的重要形式，是多党合作和政治协商制度的重要内容。长期以来在理论、实践中都面临来自内外的双重价值拷问，成为一道难题，究其原因主要是监督主体对自身定位不明确、监督功能定位不准确和获取信息不畅。作者认为，民主监督的主体定位是政党监督，功能定位是政治性监督，是有权责、有效用、有依据的监督。在深化改革中要注意与其他监督机制的衔接、健全民主监督机制、创新监督方式和制定位阶更高的法律法规，以此促进人民政协和民主党派民主监督工作的开展，以体现全面深化改革的中国特色社会主义民主政治的前进脚步。

聂继红在《增强民主党派民主监督实效性刍议》（《湖南社院学报》2014 年第 3 期）一文中认为，民主党派的民主监督虽然已初见成效，但当前民主党派的民主监督在其实践中发挥作用的实效性仍然较差，其主要影响因素在于民主监督的外部环境、主体、客体及机制四个方面。要增强民主党派民主监督实效性，就必须从执政党和参政党两个方面，强化认识、增强能力、明确制度、完善机制、规范程序。共产党对民主党派民主监督重要性给予高度重视是增强民主监督实效性的关键，加强民主党派的自身建设是发展和完善民主党派民主监督的前提，加强制度建设是增强民主党派民主监督实效性的重要保障。

（3）社会服务

社会服务虽然不是民主党派的基本职能，但是，却是各民主党派承担政治使命、凝聚组织力量、扩大社会知名度、增强统一战线影响力的重要手段，也是扩大民主党派有序政治参与、促进社会和谐的重要途径。最近几年，社会服务越来越受到民主党派的重视，也受到理论界的关注，学者们对社会服务的价值和形式进行了深入思考，有代表性的观点如下：

雷明贵在《转型与治理：参政党社会服务研究》（《天津市社会主义学院学报》2014 年第 3 期）一文中认为，参政党社会服务是参政议政的基础和必要延伸；是发挥政治中介作用，沟通国家与社会的重要桥梁；是锻炼队伍，培养高素质人才的重要途径。社会服务与参政党的作用发挥紧密相连，通过社会服务培养社会主体，促进治理主体多元；把“协商”作为社会服务的关键环节，促进治理手段多元；把基层作为社会服务重点，夯实社会治理根基；要把品牌建设作为要点，凝练社会服务价值内核，共同促进国家治理转型。

光雅芹在《中国特色社会主义参政党社会服务研究》（《山西社会主义学院学报》2014 年第 3 期）一文中指出，“中国特色社会主义参政党”概念的提出对民主党派社会服务提出了新的更高要求。如何顺应时代要求，明确定位中国特色社会主义参政党社会服务的内涵，探寻社会服务的新形式、新方法、新途径，成为中国特色社会主义参政党有效开展社会服务亟待解决的理论问题。面对新时期政治社会环境和社会服务发展的变化，中国特色社会主义参政党要以更高的站位、更宽的视野积极探索社会服务的发展路径，实现社会服务工作的科学发展、跨越发展。

曹胜在《统一战线社会服务概念及其基本模式研究》(《中央社会主义学院学报》2014年第5期)一文中指出，统一战线社会服务是指统一战线内不同的主体为实现民生改善、社会和谐的共同目标，依托自有资源，通过多种途径单独或联合为人民群众提供具体服务以满足社会需求的社会活动。作者通过分析近年来青岛市在社会服务方面的实践，总结出“统一战线社会服务同心圆模型”这一社会服务的基本模式，为促进统一战线更好地履行社会服务职能提供了一些创新思维和方法借鉴。

刘峻杰在《社会服务是提升国家治理能力的重要方面——社会服务理论初探》(《前进论坛》2014年第7期)一文中认为，社会服务是每一个社会组织（或一些成员）履行社会责任，为满足社会、经济发展的需求，补充社会管理的缺失，广泛开展各种形式的为社会和公众服务的公益性活动，把社会管理与社会服务相结合，使两者完整统一，有利于社会良性发展。作者还分析了农工党在社会服务领域中做了一些积极探索和主要形式，包括围绕国家经济建设，开展了大量的经济咨询、招商引资活动；围绕生态、文明建设问题，举办生态论坛、环境与健康宣传周活动；围绕新农村建设、环境问题、中医药问题、医疗创新问题、经济结构调整问题、文化建设问题、和谐社会、养老服务问题等，举办论坛、研讨活动；推动传统民族节日的建立；全面参与帮扶一个地区的经济社会发展等等。

周丽萍在《民革法律援助工作的现状与展望》(《团结》2014年第3期）一文中分析了民革发挥全党人才优势，积极开展法律援助，做法治中国的助梦人的基本情况。作者指出，民革各级组织充分利用社会和法制领域人才优势，以民革党员法律工作者和律师事务所为主体，采用免费法律咨询和诉讼代理、结对共建等形式，为维护困难群众的合法权益提供及时有效的法律援助，使民革服务社会的领域得到拓展和延伸，取得了可喜的成果，并展现出独特的优势。为了把法律援助这项工作做得更好，要将法律援助这一公益性活动与法学教学科研紧密结合；要拓宽法律援助服务内容，将公益诉讼纳入法律援助范围；要加大农村法律援助工作力度；要将法律援助与参政议政工作相结合，发挥参政议政“信息台”的作用。

农工党东莞市委会课题组在《东莞市民主党派社会服务品牌化与社工机构公益创投项目建设情况的比较与思考》(《广东省社会主义学院学报》2014年第4期）一文中，以东莞为范例，采取实证和比较研究的方法，通过论述和比较东莞市民主党派和社工机构社会服务品牌建设的性质、机制、内容、效果，总结东莞市民主党派社会服务品牌建设取得的成效及原因，阐述社工机构社会服务专业化建设的借鉴意义，为民主党派社会服务品牌化建设提出参考性建议。

2. 参政党功能研究

2014年对参政党功能研究的一个突出特色是把参政党的政治功能和社会功能分开阐述，思考了参政党在社会治理创新视野下社会功能实现和在政治民主化视野下政治功能实现的问题，展现出新的研究视野，也取得了新的理论成就。有代表性观点如下：

王远启在《浅析民主党派的政治功能》(《江苏省社会主义学院学报》2014年第5期）一文中认为，“中国特色社会主义参政党”是对我国民主党派政治功能的高度概括。具体而言，在多党合作制度基本框架下，依据中国特色社会主义民主政治结构功能关系不断优化调整的需要，我国民主党派作为参政党的政治功能，突出表现为独具特色的政治协商功能、依法参政功能、民主监督功能、社会整合功能。

聶长久、左建英在《新世纪新阶段民主党派政治价值刍议》(《湖北省社会主义学院学报》2014 年第 5 期）一文中认为,政党的基本功能是“夺取政权、巩固政权或影响政府”。因此，一个政党的活动与使命都是围绕政权展开的，并根据客观的社会环境、政治环境，在国家政治生活中以适当的形式体现自己的政治价值。今天,作为社会主义国家的参政党,民主党派同样以政权为中心寻求和实现自己的符合时代潮流的政治价值。随着社会条件的变化，民主党派政治价值被赋予了新的内容和形式。在新世纪新阶段民主党派的政治价值主要表现为参政价值和监政价值。从价值关系上看，参政是基础，监政是实质。民主党派的政治价值主要通过政协、党委与政府召集的民主协商会、谈心会、座谈会等途径实现。其监政价值的实现除了政协途径，还应该借助人大途径、舆论途径。

杜建中在《论参政党社会功能建设的重要性及途径》(《湖南社院学报》2014 年第 4 期）一文中认为，参政党在自身建设过程中，要实现建设中国特色社会主义参政党的历史跨越，必须注重各自的社会功能建设。为此，需要在中国共产党领导的多党合作和政治协商制度的框架内，在公共政策参与领域里建立比较明确的合作分工机制，以事业凝聚共识、凝聚人心，重建各自一定的社会基础，避免参政党组织在发展对象界别上的趋同和参政党各自特色逐渐呈淡化的趋向。同时更规范、更有效地参与国家政权，更好地履行参政议政的政党职能；建立起更完善的政治参与渠道，使中国共产党领导的多党合作和政治协商制度更完善、更科学、更有效，以满足不断增长的新的社会阶层、集团、社会机构的政治参与的诉求，为实现全面小康建成和谐社会提供有效的政治体制保障。

周桂芹在《社会治理视域中的民主党派角色定位》(《淮海工学院学报·人文社会科学版》2014 年 11 期）一文中指出，社会治理范式的提出，是当代中国社会发展的必然要求，是中国共产党治国理政理念的升华，也是实现国家治理体系和治理能力现代化的重要环节。民主党派因其参政议政、民主协商以及民主监督等职能，决定了其在社会治理的实现过程中具有不可取代的价值功能。为此，在社会治理语境中，民主党派应实现思想意识的转变，然后还应明确自身在创新社会治理中的角色与功能，再结合我国政党制度的特点，以及创新社会治理的实际工作需要，扮演好自己特有的角色，成为社会治理责任的承担者、扁平化管理的推动者、法治化治理方式的帮助者、体系化治理的促进者。

刘菊香在《现代国家治理体系中的参政党：角色定位与发展态势》(《上海市社会主义学院学报》2014 年第 6 期）一文中认为，推进国家治理体系和治理能力现代化是全面深化改革的总目标。参政党自新中国成立一开始就参加国家政权，参与国家管理。在国家治理模式由管理向治理转型的过程中，参政党是现代国家治理的重要主体，是现代国家治理的参与者、智囊团、监督者和服务者。在未来理应加强自身建设、提升治理能力，以肩负起参与全面深化改革、建立现代国家治理体系的重要历史使命。

杨选锋在《协商民主视域下参政党参与社会管理研究》(《湖北省社会主义学院学报》2014 年第 2 期）一文中认为在当代中国协商民主的具体实践中，参政党是实践协商民主的重要主体，是社会管理创新的重要力量，参政党实践协商民主有利于社会管理决策的科学化。对于参政党而言，积极探索在协商民主视域下服务社会管理的特殊规律，发挥参政党服务社会管理的优势和作用，努力形成推进社会建设和创新社会管理的合力，具有重要意义。

王彩玲在《社会治理视野下的参政党社会管理功能研究》(《新余学院学报》2014 年第 1 期）一文中分析了参政党的社会功能，作者认为，在公共治理过程中，政府、政党、社会组织、公民个人等共同构成了公共治理的主体。在中国社会管理的多元治理结构中，参政党是一支重要力量。参政党积极参与社会管理，实现利益表达，协调社会关系，深化社会服务，有助于开拓参政党的实践空间，有助于参政党实现自身社会基础的再发现，这是参政党实现社会功能的重要方式，是解决参政党功能弱化问题的重要途径。

3. 参政党的作用

参政党的职能履行和功能实现对社会发展有何影响？在政治社会生活中，参政党能够发挥什么样的作用？影响参政党作用发挥的制约条件是什么？对这些问题进行深入思考，不仅有助于准确定位民主党派在国家政治生活中的地位，也有助于我们理解民主党派作为多党合作的重要主体而存在的合法性基础。2014 年理论界对这些问题进行了深入探讨，对民主党派在政治、经济、社会、文化等领域能够起到的作用进行了充分论证，对民主党派面临的困境进行了分析，对更充分发挥民主党派作用的路径进行了思考。

参政党是实现中华民族伟大复兴的重要力量，这一点已经成为理论界的共识，如周长城、张敏敏在《论民主党派在实现中国梦过程中的作用》(《湖北省社会主义学院学报》2014 年第 1 期）一文中指出，中国梦具有重要的时代价值，实现中国梦必须走中国道路、弘扬中国精神、凝聚中国力量。民主党派因其政治协商、参政议政以及民主监督等职能，在中国梦的实现过程中具有不可取代的重要作用，包括：推进中国特色社会主义道路的建设、发展爱国主义精神和弘扬改革创新的时代精神、协助凝聚最广大人民群众的力量。刘家强在《群众路线是民主党派助力中国梦的必由之路》(《求是》2014 年第 3 期）一文中指出，“群众路线”与“中国梦”是时下中国的热门词汇，它们不仅聚集了百姓的关注目光，更承载了国人的热切期盼。中国梦的提出，是共产党群众路线的生动体现；走群众路线，也是民主党派助力中国梦的必由之路。民主党派作为与中国共产党通力合作的中国特色社会主义参政党，要在实现中国梦的伟大实践中发挥独特优势和更大作用，同样需要始终与人民和历史一同前进，始终把保障和改善民生作为基本职责和价值取向，做到“立党为公、参政为民”，认真践行群众路线，真正当好助梦人的角色。

在肯定民主党派是中国特色社会主义建设事业的重要力量这一共识基础上，有学者研究了民主党派更好发挥作用面临的制约因素与解决方法，主要有如下文章：强亦忠在《我国参政党当前的困境浅析与对策初探》(《江苏省社会主义学院学报》2014 年第 6 期）一文中认为，当前我国参政党所面临的困境有：人才匮乏，智力优势、人才优势式微；政党意识淡薄，政治素质偏低；参政议政能力不足，民主监督尤为欠缺；政党之间趋同性日益严重，影响政党关系可持续发展；组织领导力、动员力不强，凝聚力、吸引力不足，社会知晓率和认可度低。因此，参政党要更好地发挥作用，就必须牢固树立中国特色社会主义政党制度的政治信念和理论自觉；就必须大力开展民主监督；就必须致力于参政党的自身建设；就必须加强和改善党的领导。梁晓宇在《全面深化改革背景下参政党作用的发挥》(《重庆社会主义学院学报》2014 年第 5 期）一文中指出，在新形势下，如何充分认识参政党在全面深化改革过程中的优势和作用，如何有力推动参政党自身在各方面的创新实践，以进一步推动参政党自身建设，都是需要我们深入研究和探讨的重要课题。参政党在全面深化改革中的重要地位和作用有着深厚的历史依据，参政党作用发挥面临一些问题与挑战。当前，为了更好地发挥参政党在全面深化改革中的作用，应该把握好参政党建设的着力点：做好顶层设计，加强对参政党建设规律的把握，为其发挥作用打好理论基础；把握参政党思想建设的特点和规律，做好新形势下党派成员的思想政治工作，为全面深化改革统一思想认识；培养专业化人才，为全面深化改革提供人才支撑；充分发挥参政党的政治功能，促进改革健康有序进行；充分发挥参政党的智力优势，为改革提供强大的智力支持；继续加强参政党基层组织建设，为参政党建设提供基础保障。靳萱在《参政党要适应全面深化改革的时代要求》(《民主》2014年第1期）一文中指出，回顾中国特色社会主义道路60多年艰辛探索的历程，在新的历史起点上为全面深化改革作贡献，是当今时代赋予参政党的新的历史使命。参政党要从全面深化改革的总目标上深刻认识参政党肩负的责任和使命，从全面深化改革的战略部署深刻认识参政党面临的任务和要求，自觉增强支持和参与改革的意识，不断培育自身改革创新的精神。

关于民主党派发挥作用的主要平台，有的学者从政协的角度来思考，有的学者则从政府的角度来考虑，思考民主党派在促进社会广泛政治参与和政治民主方面能发挥的作用。王江燕在《参政党在人民政协发挥作用的机制探索》(《新视野》2014年第2期）一文中认为，长期以来，人民政协和参政党在我国的政治生活中发挥了十分重要的作用，但也存在不少有待改进之处，需要在制度运行中推动人民政协组织机构改革，健全政协党派工作机制；促进政协与参政党之间的协商沟通；为参政党参与政协工作提供组织保障；提高参政党在政协活动的宣传力度。同时完善参政党的内部工作机制，从调研与提案、界别特色建设和党派委员的机制健全出发，全面提升参政党履职能力，从而在社会主义建设事业中发挥更大的作用。贺俊春在《充分发挥民主党派在我国公民有序政治参与中的作用》(《中央社会主义学院学报》2014年第6期）一文中认为我国各民主党派的政治参与具有较为突出的特点和优势，与有序政治参与的内涵表现出较高的契合度，在引导公民实际参与政治生活中发挥了较大作用。但是，民主党派的政治参与同样存在着制度化水平不高、参与能力不强、代表性不足等问题。要充分实现民主党派的政治参与功能，就必须从参政党特点出发来提高政治参与的实效性。袁忠、袁婷婷在《民主党派参与公共事务管理的逻辑与困境》(《岭南学刊》2014年第6期）一文中认为，作为参政党的民主党派参与我国公共事务的管理，包含着深刻的政治、职能、优势和治理等多重逻辑，同时也面临着认知、角色、制度、程序、专业、资源等诸多困境。要改变这种状况，必须将民主党派参与公共事务的管理合理定位，设立专门的决策咨询和评议机构，完善我国公共决策体制，将民主党派的工作重心从以课题研究为主转变为提出政策议程和监督落实为主，并通过法制建设保障民主党派的第三方监督权力，探索试行民主党派机关成员专职化等。朱灿焕在《民主党派参与廉洁政府建设的对策探讨》(《广东广播电视大学学报》2014年第1期）一文中指出，我国各民主党派通过参政议政、民主监督等职能，为建设廉洁政府作出了重要贡献，然而，民主党派的参政议政也表现出种种缺陷和不足。在新形势下，各民主党派应加大监督力度，激发社会活力，加强自身建设；同时，政府也应进一步推进信息公开和保障机制建设，使各民主党派在廉洁政府建设中发挥更加重要的作用。詹寿明在《民主党派与政府部门对口联系工作的实践探索与思考》(《前进论坛》2014年第11期)一文中指出，政府部门与民主党派、工商联的对口联系制度是坚持和完善中国共产党领导的多党合作和政治协商制度的一项重要内容，是民主党派知情出力，发挥参政议政、民主监督作用的重要形式，是促进政府部门改进工作，实现决策科学化、民主化的重要途径。

关于民主党派发挥作用的方式，还有学者从社会治理与国家治理角度来思考民主党派在治理体系和治理能力现代化方面应有的作为，如陈竺在《充分发挥民主党派的特点和优势积极投身全面推进依法治国伟大实践》(《前进论坛》2014年第12期)一文中思考了民主党派在法治中国建设中所能发挥的作用。作者认为，民主党派是推进依法治国的一支重要力量，全面推进依法治国，努力建设法治中国，符合全国各族人民的共同愿望和要求，需要方方面面、上上下下的共同配合和行动。作为中国特色社会主义参政党，民主党派参政的一个基本点就是参与国家方针、政策、法律、法规的制定和执行，不仅是我国依法治国进程的重要见证者、忠实崇尚者和自觉遵守者，更要成为社会主义法治的亲身参与者、积极推动者和坚定捍卫者。民主党派要切切实实为推进法治中国建设贡献智慧和力量，可以在以下几个方面努力：推动科学立法，为形成完备的法律规范体系作贡献；加强协商民主，为推动各项决策更加科学发挥作用；强化民主监督，推进依法治国各项举措落到实处；推进依法治党，积极营造良好的法治环境和氛围。孙碧平在《科层组织视角下民主党派参与国家治理体系建设探析》(《重庆社会主义学院学报》2014年第6期)一文中从科层组织自身缺陷的角度探析民主党派在限制政府公共权力、再造市场经济制度及坚持“问题导向等方面应发挥的作用，认为国家治理体系建设的核心任务就是要理顺政府、市场、社会三者之间的关系，民主党派在履职中要加强民主监督职能，克服科层组织“反民主”的缺陷，使“权力清单”发挥作用，促进有限高效政府建设；要强化参政履职实效，再造符合“负面清单”要求的现代制度，避免出现制度性风险，重塑市场契约精神；要发挥沟通协调作用，坚持“问题导向”，畅通信息，在社会治理中扮好互动、协调、推动角色，着力推进国家治理体系建设。金波在《民主党派参与社会管理创新的路径选择》(《梧州学院学报》2014年第2期)一文中指出，建设社会主义和谐社会，需进行社会管理创新。民主党派作为参政党，必须要参与社会管理创新。民主党派参与社会管理创新可以因时因地制宜地选择各种路径，党和政府要积极拓宽民主党派参与社会管理的渠道，调动民主党派参与社会管理的积极性。

此外，研究者们还对其他领域，如文化建设、生态文明建设、港澳台工作、高校管理等方面，民主党派如何发挥作用进行了探讨。如王芳在《论参政党服务社会主义文化建设》(《广州社会主义学院学报》2014年第2期)一文中认为，建设社会主义先进文化是新形势下的重要任务，民主党派作为参政党，其重要职能是帮助执政党巩固政权，在社会主义现代化建设包括文化建设中贡献力量。民主党派通过发挥自身的职能优势，在社会主义文化建设进程中发挥着重要作用：民主党派积极践行社会主义核心价值，实现文化自觉；为文化建设建言献策、为文化建设提供人才和智力支持，实现文化自强；通过统战工作弘扬传统文化，使中华文化走出去，实现文化自信。黄东亮在《民主党派参与网上舆论斗争的优势与路径》(《湖南社院学报》2014年第4期)一文中认为，在信息技术高度发达的今天，网上舆论阵地已经成了不同政治势力传播思想文化、宣扬价值理念和政治文明的重要战场，面对国际国内敌对势力借网上舆论攻讦中国共产党和我国政治制度，企图西化分化我国的阴谋，民主党派作为中国特色社会主义参政党和中国共产党的亲密友党，应充分发挥自身的优势和作用，选择恰当的路径方式，在网上舆论斗争中积极发声，主动作为，传递正能量，传播好声音。李雅兴、苏利娟在《论民主党派对我国生态文明建设的贡献》(《重庆社会主义学院学报》2014 年第 1 期）一文中认为，生态文明是继工业文明之后的一种社会文明形态，它强调人类在改造自然的同时必须尊重和爱护自然、保护环境。党的十八大把生态文明建设纳入中国特色社会主义事业总体布局。民主党派作为我国国家政权中的参政党和亲密友党，在我国生态文明建设发挥了重要作用，做出了重要贡献：提出控制人口增长，为计划生育作为我国的基本国策奠定了理论基础；积极调研，为保护自然生态系统和环境献计出力；积极倡导资源节约，为建设资源节约型社会贡献力量，有力地推动了全国生态文明建设的进程。王春梅在《浅论在生态文明建设中民主党派如何做好建言献策工作》(《陕西社会主义学院学报》2014 年第 2 期）一文中认为，生态建设关系重大，民主党派要做好建言献策工作，科学选题视角全面，广开思路，群策群力的提出有关提案建议，还要做到拓宽渠道，发挥职能，充分调研，认真撰写，为建设美丽中国做出应有贡献。马明阳在《民主党派人士参与大学管理路径研究》(《沈阳农业大学学报·社会科学版》2014 年第 5 期）一文中指出，高等学校民主党派数量多、层次高和组织健全，是民主党派高层次人才的主要聚集地。在党的统战方针的引领和要求下，高等院校作为人才培养、科学研究、文化传承和服务社会的高地，必然要加强民主党派参与教育管理的路径探析，从制度上保障民主党派参与管理的实效性。民主党派人士参与大学管理路径的产生机制、运行机制、保障机制和评价机制是密不可分的有机体，从不同的角度和侧面为民主党派人士参与高等院校管理提供了可能性和可行性，极大地丰富了高等院校统战工作的内涵，促进了中国共产党与民主党派之间思想上同心同德、目标上同心同向、行动上同心同行。张伟在《谈高校中民主党派人员参与高校管理的路径》(《辽宁公安司法管理干部学院学报》2014 年第 2 期）一文中认为，高校中民主党派人员的队伍日趋壮大，对经济社会发展的作用日益凸显，他们中绝大多数具有强烈的爱国主义精神和为社会主义现代化事业服务的愿望。高等学校是民主党派成员相对集中的地方，他们具有高度的专业自觉性，改进和加强高校统战工作，正确发挥民主党派在高校管理中的作用，对高校的改革发展和稳定有着至关重要的作用。韩军、张艳波、郎益君在《谈建立并完善民主党派在高校发展中发挥作用的有效机制》(《辽宁师专学报·社会科学版》2004 年第 1 期）一文中，从四个方面阐述如何建立和完善民主党派在高校发展中作用发挥的有效机制问题：高度重视、加强领导，是做好高校民主党派统战工作的前提；大力支持，扶持到位，是做好民主党派统战工作的基础；大胆提拔、放心使用是做好民主党派统战工作的关键；激发热情、发挥作用是做好民主党派统战工作的目的。潘志建赵蕾在《民主党派如何做好“一国两制”条件下港澳统战工作》(《贵州社会主义学院学报》2014 年第 4 期）一文中认为，新形势下，作为初级阶段的“一国两制”面临着日益复杂多变的国际背景，还有各种不稳定因素或突发事件，需要协调处理好各方面关系，在实践中不断摸索与完善。民主党派作为我国社会政治生活中的一支重要力量，应进一步发挥独特优势，做好“一国两制”条件下港澳统战工作，确保爱国、爱港、爱澳力量的优势地位，巩固香港、澳门以爱国者为主体的“港人治港”、“澳人治澳”的坚实社会基础。

五、参政党建设研究

2014年度对参政党建设的研究，依然按照“思想建设为核心、组织建设为基础、制度建设为保障”的框架体系来展开，在此基础上，对参政党的能力建设、文化建设等新问题进行深入思考，对参政党建设的目标与方法等老问题的认识进一步深化，无论在数量还是质量上，都取得了长足的进步。

1. 参政党自身建设理论的新思考

加强自身建设，进一步提高自身素质和参政议政能力，是民主党派的一项长期性的重要任务，也是一项事关加强中国共产党领导的多党合作和政治协商制度建设的带有全局性和根本性的工作。新世纪新阶段，参政党如何适应时代和环境的变化做好自身建设，进一步提高自身的整体素质和能力，在实现中华民族伟大复兴和全面建成小康社会的进程中发挥好参政党作用，是一个值得认真思考和不断探讨的重要课题。2014年度对这一课题的研究，主要是在执政党建设的比较视野中，在“中国特色社会主义参政党”这一概念背景下，探讨了参政党建设与执政党建设的关系、学习型参政党建设、高素质参政党建设等问题，主要观点如下：

范前锋在《参政党建设与执政党建设的同一性和差异性》（《吉林省社会主义学院学报》2014年第1期）一文中认为，党的十八届三中全会通过的《决定》中，提出要“完善民主党派中央直接向中共中央提出建议制度”，对参政党建设提出了新要求和新期待。民主党派自身建设必须适应“中国特色社会主义参政党”这一时代命题的新形势、新任务、新目标，与执政党建设相互促进、携手同行，共同致力于中国特色社会主义伟大事业。参政党建设和执政党建设统一于中国特色社会主义建设实践，是现代国家治理体系的重要组成部分。作者运用马克思主义哲学观，对参政党建设和执政党建设的同一性和差异性进行理论探讨，目的在于提高全社会、全党（执政党）对参政党建设重要性的理解和认识，进而支持和帮助参政党进一步加快推进自身建设的步伐。

石树梅在《加强民主党派自身建设》（《民主》2014年第1期）一文中认为，在新的历史条件下和新的历史起点上推进统一战线和多党合作事业深入发展，要抓住中国特色社会主义这个核心，按照执政党建设与参政党建设互相促进的要求，以加强参政议政能力建设与进步性广泛性建设为主线，坚定不移地走中国特色政治发展道路，大力加强思想建设、组织建设、作风建设和制度建设，切实提高政治把握能力、参政议政能力、合作共事能力和组织协调能力，建设中国特色社会主义参政党。

籍庆利在《推动科学发展进程中的民主党派建设——以江苏省为例》（《常熟理工学院学报·哲学社会科学》2014年第1期）一文中认为，因为具有独特的优势和特点，民主党派是贯彻落实科学发展观、推动科学发展的重要力量。当前，民主党派在推动科学发展过程中面临着新挑战和新困难，民主党派必须通过加强自身建设，全面提高推动科学发展、建设和谐社会的政党能力。因此，民主党派要以思想建设为核心，增强民主党派推动科学发展的活力；以职能建设为基础，全面提高民主党派推动科学发展的履职能力；以组织建设为载体，为推动科学发展提供人力资源和组织保障，从而真正肩负起领导参政党推动社会科学发展的时代重任。

王峻在《加强自身建设力打造高素质的参政党》(《河北省社会主义学院学报》2014年第2期）一文中认为，自身建设是民主党派的立党之本。新时期、新形势下，如何加强自身建设，把自己打造成高素质的参政党，是民主党派面临的重要任务。在民主党派的自身建设中，思想建设是核心，组织建设是基础，制度建设是保证，履职能力是根本。

仝双印在《民主党派自身建设影响因素及对策探析》(《云南社会主义学院学报201年第3期》)一文中认为,在目前的制度环境中,存在着影响民主党派自身建设的诸多因素,既有社会性因素,也有民主党派自身的因素。为使民主党派在协商民主中发挥更大的作用,必须采取有效的措施，为民主党派的自身建设提供良好的氛围和切实的帮助，民主党派也要在加强自身建设中提升参政议政的能力，为社会主义协商民主的健康发展作出应有贡献。

韩晶在《参政党学习型组织建设的实践研究》(《吉林省社会主义学院学报》2014年第3期）一文中认为，建设学习型参政党组织，是党和国家社会发展的需要，是时代发展的必然趋势；是巩固和发展多党合作制度的客观需要；是参政党提高参政能力的内在要求；是参政党内外团结、形成共识、凝聚合力的纽带。参政党只有不断学习，才能与时俱进，才能获得独立的参政党的地位，才能提高政治协商、参政议政、民主监督的水平。建设学习型参政党就是要把参政的各民主党派锻造成新形势下的有独立性、能力强、水平高、影响大的中国共产党的挚友和诤友，更好地为中华民族的复兴，为社会的发展进步，为国家的繁荣昌盛，为世界的和平进步出力献策。

程芳在《参政党形象定位及其建设的方法论原则》(《吉林省社会主义学院学报》2014年第1期）一文中认为，参政党的形象定位，需从四个维度进行考量：参政党与中国共产党的关系维度、中国特色社会主义政治格局中的地位维度、广阔社会舞台的职能维度、公众心目中位置维度。加强参政党形象建设，在方法论上，必须遵循吸收借鉴与发展个性相结合，彰显特色的原则；坚持传承与改革创新相统一，重在创新的原则；内在精神和外化表现相统一、形神兼备的原则；各级组织与党员个体相联动、精英带动的原则；宣传工作与自身建设相配合，两手并抓的原则。

吴珍美在《论中国共产党引领友党同行的历史经验》(《上海师范大学学报·哲学社会科学版》2014年第1期）一文中认为，为了拯救和复兴中华民族，中国共产党引领各民主党派携手同行70余载，取得了新民主主义革命和社会主义革命的胜利，社会主义建设事业亦取得了辉煌成就。中国共产党团结引领各民主党派携手同行经验丰富，主要有：一是目标确定,口号引导。通过积极的口号团结引导各民主人士、各民主党派。二是领导有力,信心引领。通过对中国共产党领导的信赖以及共产党人榜样的力量，帮助各民主人士、各民主党派树立与共产党同行的信心。三是立场坚定，信念引路。通过践行新民主主义、社会主义，团结引领各民主人士、各民主党派共走救国救民、振兴中国之路。

李广良在《公共理性视域中的民主党派自身建设》(《团结》2014年05期）一文中认

为，作为当代西方政治哲学的核心理念之一，公共理性的理念日益引起中国政治学家的注意，已经有学者在运用这一理念来研究执政党的能力建设。在我看来，这一理念对民主党派的自身建设同样具有极其重要的意义，我们有必要在公共理性的视域中讨论参政党的自身建设问题，讨论中国各民主党派的自身建设问题。对于中国各政党来说，只有按照公共理性行动并遵从公共理性，我们才能期待中国的政治文明建设在理性的轨道上运行，期待中国的政党政治具有更高的合理性。

2. 参政党的思想建设研究

2014 年度对参政党思想建设的研究，理论界主要围绕社会主义核心价值体系与参政党、参政党的政治引导与政治认同、参政党的政治思想工作等问题展开讨论，学者们一致认为，参政党的思想建设作为自身建设的核心，要在巩固民主党派的“目标认同、道路认同、价值认同”方面有所作为，以期为参政党实现政党功能提供精神力量，为巩固多党合作提供思想基础。具体情况如下：

关于社会主义核心价值体系与民主党派的关系，研究者们一致认为，培育社会主义核心价值体系是参政党思想建设的重要内容，对巩固参政党的政治认同，建设中国特色社会主义参政党具有重要意义。也有学者从民主党派在我们国家社会主义核心价值体系的培育中应该发挥什么样的作用进行探讨。如孙洪波崔晓庚在《民主党派培育和践行社会主义核心价值观作用探析——基于网络意见领袖的视角》(《天津市社会主义学院学报》2014 年第 4 期）一文中指出，对于国家和民族来说，社会主义核心价值观是其赖以生存与发展的必要条件，现如今信息技术与网络的发展蒸蒸日上，并逐渐渗入并普及于社会各个领域，因此民主党派网络意见领袖需要立足于学，对培育和践行社会主义核心价值观提起高度的重视，并致力于行，不断积极探索培育和践行社会主义核心价值观的有效路径，同时还要重在于果，将培育和践行社会主义核心价值观的成效通过网络推广到人民事业中，为社会、为国家做出更多的成绩与贡献。该文作者在另一篇文章《社会主义核心价值体系认同：多党合作“同心”思想的基础》(《辽宁省社会主义学院学报》2014 年第 3 期）同时指出，社会主义核心价值体系是全国人民共同的思想政治基础，是推进中国特色社会主义事业的精神动力，是我国主流意识形态的集中体现。民主党派作为我国政治社会生活中的一个重要主体，对执政党提出的社会主义核心价值体系的认同，是多党派合作制度的基础，是多党合作“同心思想”的本质要求。白树震在《社会主义核心价值体系是引导民主党派进步的思想旗帜》(《山西高等学校社会科学学报》2014 年第 7 期）一文中也认为，民主党派是以知识分子为主体的政党，它继承了中国历代先进知识分子的优秀品质，具有强烈的社会责任意识；民主党派坚持爱国主义和民主主义的政治立场，为中国人民的民主、解放、自由而奋战；民主党派对中国共产党领导地位的自觉认同，自然以社会主义核心价值体系为本党不断进步的思想旗帜。呼应在《培育和践行社会主义核心价值观促进政党关系和谐》(《吉林省社会主义学院学报》2014 年第 4 期）一文中认为，培育和弘扬核心价值观，需要和谐的政党关系作保证。这是巩固多党合作共同思想政治基础，始终与中国共产党在思想上同心同德的需要；是指引民主党派前进方向，始终与中国共产党同心同向的需要；是民主党派履行好参政党使命，始终与中国共产党在行动上同心同行的需要。在此过程中，党员领导干部要率先垂范。王蕙在《践行社会主义核心价值体系建设新型参政党》(《学理论》2014年第19期)一文中指出，进入经济和社会转型期的中国，为了从根本上解决“道路”问题，执政的中国共产党郑重提出了建设社会主义核心价值体系的重要战略任务，表明中国将在中国共产党领导下毫不动摇坚持中国特色社会主义道路的发展。而作为我们事业发展理论支撑的社会主义核心价值体系，是中华民族奋发图强的精神力量和团结奋进的精神纽带。新的历史条件下，参政的各民主党派作为同中国共产党长期合作、致力于发展中国特色社会主义事业的积极参与者，必须将社会主义核心价值体系内化为各党派坚定的理想信念。

关于民主党派的政治认同与政治引导，学者们对民主党派政治认同的主要内容、民主党派巩固政治认同的途径、民党派政治引导工作面临的困境进行了深入分析，主要观点如下：严隽琪在《促进“三个认同”做好新时期宣传思想工作》(《人民论坛》2014年第5期)一文中以民进为例，提出民主党派宣传思想工作的重点在促进“三个认同”，即目标认同，道路认同，价值认同。目标认同就是认同全面建设小康社会、实现中华民族伟大复兴的目标；道路认同，就是认同中国特色社会主义的政治发展道路，因为这是我国走向富强、民主、文明、和谐的正道；价值认同，就是认同民进的优良传统，坚持立会为公、参政为民，因为这是民进人的共同价值取向。王娜娜在《论全球化条件下民主党派成员的政治认同》(《湖南社院学报》2014年第1期)一文中认为，进入新世纪，各民主党派都加快了新老交替，成员队伍发展出现了一些新情况、新问题，全球化的影响又使得我国民主党派成员政治认同面临挑战，因此，为了提升民主党派的政治素质，需要在国民教育体系中强化中国特色社会主义政治文化的融入渗透，从政治认知入手，筑牢民主党派成员政治认同基础；坚持以中国特色社会主义核心价值体系引领民主党派思想建设，在多元文化意识形态交锋中，不断凝聚强化民主党派成员的现实政治认同；进一步优化政治生态，通过保护激发民主党派成员的政治自觉和政治热情，提升政治认同。王俊华在《民主党派政党认同的有效构建》(《上海市社会主义学院学报》2014年第5期)一文中认为，如果不把对不同政党的认同放在对立的两端，而是从“心理认同”这一核心要素出发，即可在中国政治生态中使用政党认同来观察不同政治主体对民主党派的政治态度。在中国多党合作制度框架下，民主党派政党认同的高低不仅关系着民主党派自身的存亡，而且关系着中国政党制度的安危和中国特色社会主义的建设。作者通过分析民主党派与执政党、国家政权、党派成员和社会民众的四维关系，认为民主党派的政党认同具有共生性、理性、内部的稳固性和外部的松散性等特性，并提出有效构建民主党派政党认同离不开共产党的支持和帮助，也需要民主党派自身努力。崔晓彤、董宏斌在《强化政治共识教育有效途径研究》(《辽宁行政学院学报》2014年第1期)一文中认为，政治共识是多党合作制度的重要思想基础，具有深厚的历史底蕴和制度化保障。我国正处于社会转型过程中，多元价值的剧烈碰撞促使人们的思想观念发生了深刻的变化，在价值判断和价值选择上呈现出了多元化的局面。在这样的背景下，强化对各民主党派人士的政治共识教育不仅关系到社会和谐稳定、科学发展，也关系到中国共产党领导下的多党合作制度的巩固。

关于民主党派的思想政治工作，它作为民主党派自身建设的一项基础性工作，长期以来得到了各民主党派的普遍重视，也得到了中共各级组织的广泛支持。学术界关于民主党派思想政治工作问题的理论研究也十分活跃，并取得了可喜的成果，研究者们在肯定思想政治工作是民主党派思想建设的重要途径的前提下，对新时期民主党派如何有效开展思想政治教育工作进行了深入研究，探讨并展现出新时期民主党派思想政治工作的新思维。农工党黑龙江省理论研究点课题组在《利用新媒体加强新一代民主党派成员思想工作的探讨》（《前进论坛》2014 年第 1 期）一文中认为，随着科技的进步，以互联网、无线通讯和数字化电视等为代表的信息技术在推进人类社会飞速发展的同时，已经对人们的思维方式、生活习惯、语言用词等多方面都产生了重大影响。因此，民主党派思想建设工作同其他一切工作一样，应随着科技进步、社会发展，在方式、内容、途径等方面与时俱进，才能适应社会的发展。张淑芬、张广才在《民主党派思想政治教育的路径透析》（《哈尔滨师范大学社会科学学报》2014 年第 2 期）一文中认为，民主党派思想政治教育问题是关系到他们党自身能否适应新时代的发展要求，保持优良传统等问题的关键。民主党派在投身到中国革命与现代化建设中作出了重要贡献，但相对于共产党的思想政治教育优势来说，民主党派的思想政治教育也存在着一定的问题，影响着他们党自身的发展。要提高民主党派思想政治工作的实效，就必须增强民主党派思想教育内容的实践性、生动性、趣味性；坚持说服教育与规范化的执行制度相结合；创新民主党派思想政治教育的方式和方法；针对基层党员人数少、分散、不易组织等特点，开展灵活多变的、多形式的学习方式，强调以自我学习为主、组织学习为辅的原则，在加强领导的基础上，让民主党派成员有更多的时间，结合自身工作特点进行专项的思想政治教育学习。张书存、马敬民、崔玲玲在《新时期民主党派思想政治工作的新思维》（《河北省社会主义学院学报》2014 年第 2 期）一文中认为，当前，民主党派成员的思想状况出现了许多新的变化，民主党派思想政治工作面临着新问题、新挑战，新形势下思想政治工作的理论、方法创新是当前民主党派各级组织的重大课题。做好新时期民主党派成员的思想政治工作，就要创新工作思路，丰富工作内容，增强思想政治工作的吸引力和感染力，增强思想政治工作的针对性、时代感和灵活性。吴平魁在《新时期民主党派思想政治工作的核心内容、基本目标与主要方式》（《云南社会主义学院学报》2014 年第 4 期）一文中认为，绩立足于中国政党制度的现实，结合新形势下民主党派思想建设的具体情况，现阶段民主党派思想政治工作的核心内容是理想、信念和信仰教育；现阶段民主党派思想政治工作的基本目标是对“同心”思想的切实践行；现阶段民主党派思想政治工作的主要方式是自我教育与组织引导的有效结合。刘俊伶在《音乐在民主党派思想建设中的作用探析》（《中央社会主义学院学报》2014 年第 3 期）一文中认为，音乐是一种特殊的文化形式，在民主党派中有着特殊的传播群体、受众群体和传播途径，在民主党派思想建设中发挥着增强政治凝聚力和强化政治共识的作用。发挥音乐在民主党派思想建设中的作用，要将音乐作品与民主党派思想建设理论相结合，音乐活动与民主党派思想建设实践相结合。

3. 参政党的组织建设研究

2014 年度对参政党组织建设的研究主要集中在组织发展工作、基层组织建设和代表性研究这几个方面，对领导班子建设和机关建设也有一些讨论，取得了一定的理论成果。

关于组织发展工作，研究者们普遍认为，在新的历史时期，随着我国经济社会的发展，社会结构发生的新变化，在民主党派组织发展过程中出现了一些新情况，在理论、政策和实践中存在一些亟待研究的问题。如何针对这些新情况，解决问题，切实加强民主党派组织建设，提高其整体素质，促进其积极作用的有效发挥，这既是我国民主党派发展和建设中必须着力解决好的重要问题，也是理论界一直比较关注的问题，代表论文如下：张大成在《民主党派组织发展问题研究》（《辽宁省社会主义学院学报》2014年第1期）一文中认为，在民主党派组织发展过程中，民主党派组织发展成员趋同现象、指导民主党派组织发展的理论建设相对滞后、民主党派基层组织活力不强、党派成员政党责任意识和参政意识淡薄等问题亟待研究，需要从思想建设、理论建设、组织建设、制度建设等方面予以完善，民主党派各级组织应遵循由易到难，突出重点，循序渐进的原则，不断提高民主党派党自身建设的水平，使民主党派在国家政治生活中发挥更积极的作用。杨君武在《民主党派组织发展空间问题及其对策探究》（《湖南社院学报》2014年第6期）一文中认为，在组织发展空间方面，民主党派所面临的问题主要有：年增率上限在何种层级掌控颇多的争议，吸纳高层次人才空间愈益狭窄，各民主党派界别特色渐趋模糊，新设县级组织面临诸多障碍等。为了解决这些问题，作者建议民主党派成员年增率不超过5%的规定应由各民主党派中央统一掌控；适当降低在优秀大学生和研究生中吸纳中共党员的比例，在各级各类非党务公职招聘中对应聘者的党派身份保持中立，为民主党派吸纳高层次人才预留余地；各民主党派在成员吸纳方面应有重点界别之分，应以本党派重点界别中的人士为主体；民主党派应被允许在常住人口规模达到中等城市标准的县城整合原有基层组织新设县级组织。肖存良在《民主党派组织发展对象的转型及其政治意义》（《重庆社会主义学院学报》2014年第4期）一文中认为，建国初期，中国共产党对民主党派组织发展对象的认识经历了由“以中下层为主”向“以中上层为主”的认识转型。这种认识转型对于巩固我国的政党制度、增强民主党派的政治代表性和政党社会基础的有序耦合程度都具有重要意义。吉秀华在《民主党派组织发展存在的问题及对策研究——以山东省为例》（《中共浙江省委党校学报》2014年第1期）一文中认为，新时期以来，民主党派的组织发展工作取得了长足进步，呈现出许多新特点：组织发展工作与改善队伍结构相结合、与参政议政工作相结合、与后备干部队伍建设相结合、与社会结构变化相适应。同时，由于受国内外环境及自身结构变化的影响，新形势下民主党派的组织发展工作也面临着许多问题和困难，突出表现为：组织发展空间有限与保持界别特色的矛盾；发展代表性人士与标准不明确之间的矛盾；对后备干部的需求与党派成员的成长渠道不畅通之间的矛盾；发展新的社会阶层人士与现实政策的“冲撞”和“限制”之间的矛盾。为了解决上述矛盾，应重点在彰显民主党派组织的政治性、突出代表性、把握规律性、体现时代性等方面下工夫。孙秀华在《关于民主党派组织发展问题的几点思考》（《辽宁省社会主义学院学报》2014年第2期）一文中认为，民主党派组织发展界别模糊、趋同现象严重；《纪要》完善滞后，已不能完全适应社会发展要求，是制约民主党派组织发展的重要原因，为此，提高民主党派组织发展依据的权威性；创新界别划分改善各党派组织发展趋同现象；与时俱进，不断完善民主党派组织发展依据的有关规定，包括赋予“三个为主”新的时代内涵、正确处理快速增加与“少量发展”之间的矛盾、撤销民主党派组织发展的附加条件等等，是当前民主党派做好组织发展工作的重要途径。罗辉在《关于民主党派发展非公有制经济人士有关问题的研究——以南宁市为例》（《广西社会主义学院学报》2014年第 6 期）一文中认为，民主党派发展非公有制经济人士是新时期新阶段民主党派提高整体素质、更好地履行参政党职能的客观需要，是民主政治发展的必然要求。开展此项工作，要做到提高认识与坚持标准相结合，加强教育与保持特色相结合。

关于民主党派的基层组织建设，研究者们一致认为，基层组织是民主党派自身发展和履行参政议政职能的组织基础，当前各民主党派基层组织建设总体是好的，是有凝聚力、向心力和战斗力的，是充满生机和活力的，但也存在一些突出的问题。如何解决这些问题，研究者们则从不同的角度给出了答案。还有部分研究者对高校民主党派基层组织建设给予高度关注，探讨了高校民主党派基层组织建设的重要意义，存在问题及解决办法。刘强、陈瑞娟在《民主党派基层组织建设问题研究》（《广州社会主义学院学报》2014 年第 2 期）一文中认为，新时期民主党派基层组织建设面临来自内部及外部一系列因素的影响，其中民主党派自身建设不足是制约民主党派基层组织发展的直接原因，现存的诸多体制机制问题是制约民主党派基层组织建设的制度原因，而当代中国经济社会发展出现的深刻变革则是制约民主党派基层组织发展的更为深刻的社会根源。在现存大环境下，要从民主党派基层组织这个小切口入手，创新思路，创新方法，不断增强民主党派基层组织的活力和生命力。谢建美在《民主党派基层组织职权的有效行使》（《湖南社院学报》2014 年第 1 期）一文中认为，中国各民主党派基层组织职权的行使事关中国特色社会主义参政党事业的长远发展。为此，我们应充分认识各民主党派基层组织的重要性，通过明确民主党派基层组织的各项职能，强化多党合作和政治协商的制度与程序刚性，加强沟通、提高合作共事效能，提高民主党派成员的服务意识等来确保民主党派基层组织职权的有效行使。王继东在《影响党派基层组织建设的问题及对策》（《河北省社会主义学院学报》2014 年第 1 期）一文中认为，目前，党派基层组织建设存在着组织观念不强、活动参与率较低、参政成效有待提升等问题。要解决其目前存在的问题，就必须加强思想理论教育，规范基层组织建设，把有关统战政策落实到位。吕新梅在《高校民主党派基层组织自身建设探讨》（《云南社会主义学院学报》2014 年第 2 期）一文中认为，民主党派的基层组织建设是参政党进行自我建设、完善的前提，其同时还是参政党履行义务与职能的重要基础环节。目前，我国高校是民主党派基层组织与成员分布较为广泛与密集的地方，尽管高校民主党派的基层组织建设在长期发展中取得了一定的成功，但是，在当今时代中，其也遇到了某些新的问题与情况，并制约着自身建设的完善。因此，作为民主党派自身建设关键的基层组织建设，其建设、发展的当务之急就是从当前高校民主党派基层组织建设中所出现的问题入手，深入分析其原因，从而寻找有效的解决方案与建设策略。

民主党派的代表性建设是组织建设的一项重要内容，与此相关的一个重要理论问题是民主党派的社会基础问题，这是关乎民主党派健康发展、形成政党功能优势布局的一个重要问题，因为一直受到理论界的关注。研究者们认为，代表性问题是政党存在和发展的核心问题，政党的代表性决定了政党的依靠力量以及所奋斗和服务的利益指向，即党的宗旨是什么这一重大问题，也就是依靠谁和为了谁的问题。政党的代表性决定并制约政党功能的充分实现。作为参政党的各民主党派和无党派的代表性也同样如此。虽然执政的中国共产党与各民主党派具有共同的政治思想基础、奋斗目标以及在根本利益上的一致性；各民主党派是中国特色社会主义参政党，是与中共亲密合作、同甘共苦、肝胆相照的友党和诤友，但新时期民主党派的代表性问题日益影响并制约其参政党职能和功能的充分实现，影响到建设高素质参政党这一战略目标的实现。那么，新世纪新阶段，有民主党派的代表性如何？民主党派的社会基础是谁？影响民主党派代表性的因素有哪些？对这些问题的研究构成了 2014 年度民主党派代表性建设的主要内容，重要观点如下：王维在《民主党派社会基础问题研究》（《黑龙江省社会主义学院学报》2014 年第 3 期）一文中认为，在竞争制下，政党的支持者最终表现为对立的阵营；而在合作制下，政党的社会基础是非排他性的，相互之间可以存在交集。对中国特色社会主义参政党来说，政治行动的目标指向不是被执政党遗漏的空白地带，而是与执政党相同，面向社会大众；最优行为策略不是"填补空白"，而是"兼顾全局"。民主党派对内要充分发挥组织优势和文化优势，增强凝聚力；对外要努力做好参政议政和宣传工作，扩大社会影响力。周宁宁在《民主党派社会基础的演变及其影响因素分析》（《内蒙古统战理论研究》2014 年第 1 期）一文中认为，民主党派是各自所联系的社会阶层的代表，在履行参政议政职能时，把各自所联系的社会阶层的利益发展好、维护好，就应该是义不容辞的责任。只有这样，民主党派才能在其所联系的社会阶层中产生影响力、凝聚力、号召力。民主党派社会基础培育和构建的路径选择一是提高吸引力——重塑定位，扩大社会基础和支持，二是增强竞争力——着力完善理念，三是强化保障力——以扩大民主为契机，完善中国特色政党制度，四是提升行动力——积极推进自身建设。汪守军在《民主党派的代表性实证研究——以重庆市民主党派为例》（《探索》2014 年第 5 期）一文中，以重庆市民主党派为例，就目前民主党派代表性的实际状况进行实证研究，分析造成这一状况的原因，并探索解决这一问题的思路。作者认为，当前民主党派代表性总体上还不够强，主要面临四个方面的问题：政党代表性不突出，政治代表性不明显，有被边缘化的趋势；利益代表与整合的能力不强；民主党派独立的代表性缺失或不够，而辅助性边界模糊以及代表的有效性和合法性不足，代表人物缺乏代表性，代表个人与组织的关系有脱节的严重情况等。加强民主党派代表性建设，必须从五个视角和三个层面展开。五个视角是，其一，从协商民主的视角建立和完善相应的体制机制，其二，从民主党派自身建设入手，包括成员发展（成员素质保障），政党意识培养与政党责任、政治责任意识的树立，党派内部竞争、选拔、监督机制的建立与完善；其三，执政党政治上的充分信任、大力支持和无私帮助。其四，代表发挥作用的政治机制、环境平台的建设、社会上多党合作政治文化氛围的营造与环境构建。其五，严格界定民主党派代表性与影响力建设的边界问题。三个层面，一是政党关系层面，二是民主党派与国家政权关系层面三是民主党派必须接"地气"。中国民主促进会抚顺市委课题组在《民主党派保持自身特色的理念和举措》（《辽宁省社会主义学院学报》2014 年第 1 期）一文中认为，保持民主党派自身的特色，要坚持组织对新老会员的培训制度；在组织发展中保持界别特色，打造特色品牌；增强政党意识，发挥参政党作用；加强参政党建设，不断与时俱进；发展和创新参政党理论；挖掘丰富的参政资源，不断增强参政议政的特色。林伟、鲁开垠在《地方民主党派代表性问题研究——以广东省江门市人大议案和政协提案的实证分析为基础》（《中共浙江省委党校学报》2014 年第 2 期）一文中，通过采用线性回归分析方法，以广东江门市七个民主党派市委会提交到人大和政协的议案和提案作为主要研究素材，揭示了我国经济较为发达地区民主党派倾向于代表弱势群体利益和公共利益，认为该代表性应该予以进一步增强。

领导班子建设和机关建设是参政党建设的重要内容，机关建设和领导班子建设的好坏直接影响着党派各项工作的开展，影响着多党合作事业的进一步发展，因此，加强对民主党派机关建设和领导班子建设问题的研究意义重大。2014 年对这一课题的研究，主要有如下观点：周海峰、韩俊霞、王慧琴在《关于加强民主党派机关作风建设的思考》(《天津市社会主义学院学报》2014 年第 4 期）一文中认为，当前民主党派机关存在的主要问题有：理论学习氛围不浓，思想纪律要求不严，工作责任意识不强，制度执行力度不够。要解决这些问题，就需要从创新思想观念、形成良好的学习氛围、建立一套科学的机制、营造一种好的文化、强化教育引导、提高干部综合素质和能力等方面入手。田继万在《关于加强参政党机关干部队伍建设的思考》(《四川统一战线》2014 年第 1 期）一文中认为，目前参政党机关干部队伍建设仍是参政党自身建设和国家公务员队伍建设中的薄弱环节，干部队伍素质参差不齐，代表性不强，经历阅历历练既少又浅，培训进修、实践锻炼不够，干部结构不尽合理，人才青黄不接，尚不能适应新世纪新阶段参政党发展和多党合作事业发展的需要，这就需要我们认真思考，深入研究，着力解决。为此，要创新理念体制，开创参政党机关干部队伍建设新局面，包括加强选配力度，把机关建成涵养民主党派代表人士的蓄水池；加大使用力度，把参政党机关建成多党合作的坚强堡垒；加强交流力度，把参政党机关建成参政党干部交流的集散基地。荆小庆在《参政党机关建设科学化的实现途径初探》(《前进论坛》2014 年第 5 期）一文中认为，实现参政党机关建设的科学化是新时期参政党自身建设的重要内容，是增强“自我净化、自我完善、自我革新、自我提高”能力的必然要求。参政党机关必须以政治意识建设为根本,以制度建设为基础，以规范化建设为目标，以程序化建设为主线，以信息化建设为保证，全面实现参政党机关建设科学化。刘家强在《参政党领导班子建设的实践性路径》(《四川省社会主义学院学报》2014 年第 1 期）一文中认为，加强领导班子建设，是坚持走中国特色社会主义政治发展道路、推进社会主义民主政治建设的必然要求，是参政党推进政治交接、继承优良传统的内在要求，是提高参政党履职能力、更好地服务中国特色社会主义建设的客观需要。坚持与中共“在思想上同心同德、目标上同心同向、行动上同心同行”是参政党领导班子思想建设的灵魂，制度化、规范化是参政党领导班子建设的基础，队伍建设是参政党领导班子建设的关键，服务大局是领导班子建设价值的根本体现。

4. 参政党的能力建设研究

随着社会主义协商民主建设的推进和国家治理体系与治理能力现代化建设的展开，中国特色社会主义参政党，必将面临着一次深层次、全方位的政党治理能力的提升过程，参政党的能力建设的重要意义无需赘言。2014 年对参政党能力建设的研究，有的研究者从宏观上对参政党能力建设的意义、内容和途径进行探讨，有的研究者则从微观上针对参政党应有的具体能力如思维能力、参政议政能力、合作共事能力等进行论述，代表性观点如下：

李文涛、顾国柱在《参政党建设科学化是提升参政能力的根本保证》(《上海市社会主义学院学报》2014 年第 2 期）一文中认为，民主党派作为中国特色社会主义参政党，其参政水平的高低对执政党的建设具有重大影响，只有全面正确地理解参政党建设科学化的科学内涵和重大意义，认真借鉴中国共产党的党建经验，以科学理论为指导，以科学制度为保障，用科学方法去推进，才能真正提高参政党建设的科学化水平，从而为参政能力提升奠定基础。

王真宇在《国家治理能力现代化视域下的参政党能力建设》(《湖北省社会主义学院学报》2014 年第 5 期）一文中指出，中共中央十八届三中全会提出了“国家治理能力现代化”的全新概念，这对执政党和参政党的发展提出了新的要求，为参政党的能力建设提供了新的思路和方法。参政党应审视自身在国家治理中的位置，深入理解国家治理能力现代化的思想内涵和精神实质，以国家治理能力现代化要求为指导，促进自身的政治把握能力、参政议政能力、民主监督能力、合作共事能力、组织协调能力的发展，使自身参政能力提升到一个新的层次。

崔北军在《加强民主党派参政议政能力建设—以安徽省蚌埠市为例》(《陕西社会主义学院学报》2014 年第 1 期）一文中认为，加强民主党派参政议政能力建设，不断提高参政议政水平，对繁荣发展多党合作事业具有重要意义。一方面，党和政府既要高度重视，支持民主党派参政议政工作，又要优化环境，为民主党派参政议政提供良好平台。另一方面，民主党派也要加强自身建设，深入调查研究，拓宽民主监督渠道，探索建立参政议政工作机制，提高参政议政水平。

陈钰业在《民主党派提高参政议政能力必须切实实现“两个政治自觉”》(《广东省社会主义学院学报》2014 年第 1 期）一文中认为，民主党派提高参政议政能力是自身建设的需要，也是时代发展的必然要求，更是中国民主政治建设的现实需要。从当前政治生态环境来看，民主党派提高参政议政能力必须切实实现“两个政治自觉”，即执政党的政治自觉和参政党的政治自觉，唯有如此，才能不断加强参政党自身建设，建设中国政治文明建设需要的参政党，解决参政党参政议政能力建设中存在的诸多问题。

贺俊春、邓方国在《民主党派政治参与行为的组织化发展——对湖北省各民主党派省级组织参与行为的研究》(《湖北省社会主义学院学报》2014 年第 3 期）一文中认为，新时期以来，各民主党派在中国共产党的支持下，致力于提高政治参与行为的组织化水平：建立起了以政治参与专职机构为核心的组织领导体系和制度体系，参与主体范围不断扩大，参与的计划性、目标性、协同性得到加强，参与模式得到确立，机制得以建立，民主党派的政治参与已逐步走上规范发展的道路，这不仅有利于提高党派政治参与整体效能，还有利于加强党派自身建设、有利于促进整个政治社会稳定。

范前锋在《用辩证法处理民主党派工作中的几个问题》(《广西社会主义学院学报》2014 年第 5 期）一文中认为，在民主党派工作中要用好辩证法这个“渡河之舟”。要辩证地看待和分析民主党派工作中常见的四组关系，即接受中国共产党的领导与民主党派独立自主的关系；民主党派历史上的进步性与新形势下的广泛性要求之间的关系；民主党派组织发展与组织巩固之间的关系；发挥好参政党职能作用与加强民主党派自身建设之间的关系。

5. 参政党建设的其他问题

除了参政党的思想建设、组织建设和能力建设，研究者们对参政党的理论建设、文化建设和制度建设等问题有所关注，代表作如下：

孙国良在《参政党历史文化记忆——从传统文化中寻找帮助和力量》(《辽宁省社会主义学院学报》2014 年第 3 期）一文中认为，对于参政党的文化建设问题，应遵循文化概念宽泛性原则，以全方位视角，充分解放思想去认真思考，这是对参政党文化建设的负责任态度。首先要做的是文化精神的培养。在传统文化经验的鼓舞下，勇于探索，注重发现发展变化中的文化建设规律性问题进行思考研究，使文化建设充满活力。

王远启在《参政党文化建设探析》(《湖北省社会主义学院学报》2014 年第 3 期）一文中指出，参政党文化建设，旨在以社会主义核心价值体系为指导，以多党合作制度为框架，以参政党参政实践活动为载体，以参政党文化价值的培育为重点，凝聚参政党成员共同的理想信念和价值追求，不断夯实参政党与中国共产党团结合作、与全国人民共同奋斗的思想文化基础。

李如意在《论我国参政党制度化建设的必要性》(《广西社会主义学院学报》2014 年第 5 期）一文中认为，参政党作为我国政治生活领域的重要主体，在我国民主政治建设的过程中发挥着不可替代的作用。当前我国参政党建设在与执政党建设相匹配、相适应、相和谐等方面还存在一定差距。要切实发挥参政党职能、提高参政效能，其有效途径在于加强制度化建设。参政党的制度化建设不仅是完善我国参政党自身建设的有力保障，而且是推进参政党功能发挥的有效途径，同时也是规范我国多党合作的题中应有之义。

张林鸿在《试论民主党派内部监督机制建设》(《团结》2014 年第 4 期）一文中认为，民主党派的组织发展和国家政治长远健康发展的需要来看，当前政治民主大发展的良好机遇与民主党派自身发展尚待完善所带来的一系列新挑战之间的矛盾，决定了民主党派加强内部监督机制建设的规范化、制度化成为必然。建设民主党派党内监督机制，应当借鉴中国共产党的经验，从内部监督机制的内容、具体措施以及违规、违纪处罚三个方面着手，必须要有一套具有约束力的、可行的制度体系，才能真正达到预期目的。作者认为，民主党派的内部监督，并不局限于机制制度的设计，某种程度上来说也应该属于政治文明和政治文化问题。作者建议：领导班子应自上而下地形成自我约束的意识，不断强化内部监督的自觉性；要完善各民主党派内部监督条例；参照中共建立巡视组巡视机制；设立中央和地方各级专门的监督机构；建立新数据时代的内部舆论监督机制，并不断完善外部监督体系。

任世红在《参政党建设理论的框架论析》(《江苏省社会主义学院学报》2014 年第 2 期）一文中认为，推进参政党建设的理论框架研究，需要着重把握两个基本原则：一是实践性和指导性原则；二是系统性和逻辑性原则。参政党建设理论的框架设计不能囿于政策的界定，也不能停留于实践层面，而要对实践和政策的发展作出理性的回应和逻辑的归纳，进而建构较为完备的理论形态。从静态来看，参政党建设可以剖分为三个层面：物质层面、精神层面和体制机制层面。物质层面就是组织建设，这是参政党建设的基础；精神层面就是思想建设，这是参政党建设的核心；体制机制层面就是制度建设，这是参政党建设的保障。从动态来看，参政党的思想建设、组织建设和制度建设的出发点和落脚点，在于不断提高参政能力和切实发挥参政党功能。概言之，参政党建设的理论框架可以概括为以参政能力建设为主线、以思想建设为核心、以组织建设为基础、以制度建设为保障的“一条主线、三位一体”。

王洪树、米川在《新时期中国参政党理论建设的独特内涵研究》(《领导科学》2014年10月中)一文中认为，改革开放以来，民主党派被界定为中国特色社会主义参政党。政治界定的转换，既为参政党建设释放了政治空间，也提出了时代要求。在诸多参政党建设任务中，理论建设居于核心地位，最为紧迫。其中，参政党理论建设的政治出发点，是参政党民主共和意识和政党意识的政治自觉和确立；参政党理论建设的主要内容包括六个方面，即坚定社会主义政治信仰、信守民主共和政治价值、尊崇宪政准则、巩固政党意识、优化参政理念和树立学习观念；参政党理论建设的目的，是要建设一个以推动中华民族在社会主义道路上实现伟大复兴为目标、以民主共和为核心政治价值、以宪政准则为政治行为底线、以特定社会界别群体为基础、以有效参政议政为目的、以不断学习来增强思想更新能力的政党理论。

王小鸿在《论参政党理论建设的内涵》(《中央社会主义学院学报》2014年第4期)一文中认为，六十多年来，参政党理论研究大致经历了正式起步、恢复发展、全面推进、日益深入四个阶段。参政党理论建设的内容包括：参政党基本理论、参政党自身建设理论、参政党产生和发展的客观规律等。参政党理论建设大体可分为三个层次来推进，最顶层是中国特色社会主义理论体系，中层是中国特色政党理论体系，下一层是参政党理论。而参政党自身建设理论则是参政党理论建设中的一部分内容。在参政党理论建设中，应注意处理好政治性与学术性、理论与实践、继承与创新、问题意识和成果意识的关系。

学术著作评介和论文观点摘要

一、学术著作评介

《参政党建设科学化问题研究》（中国农工民主党参政党理论研究四川点课题组著，国家行政学院出版社 2014 年版）

全书 30 万字，除附录、后记外，正文分十章，分别为：第一章，绪论；第二章，思想建设：参政党建设科学化的灵魂；第三章，理论建设：参政党建设科学化的核心；第四章，政治交接：参政党建设科学化的基础；第五章，制度建设：参政党建设科学化的保障；第六章，能力建设：参政党建设科学化的重点；第七章；作风建设：参政党建设科学化的关键；第八章，文化建设：参政党建设科学化的载体；第九章，民主政治，参政党建设科学化的生命；第十章，机关建设：参政党建设科学化的枢纽。

该书以中共十八大精神为指导，以巩固、发展中国共产党领导的多党合作制度为切入点，以提高参政党建设科学化水平、建设高素质的参政党为主线，全面阐述了新时期新阶段加强参政党建设的重要意义、目标要求、主要内涵、存在问题、构建路径等。全书紧扣了五个中心词，即：学习贯彻中共十八大精神、提升参政党建设科学化水平、建设高素质的参政党、巩固和完善中国特色政党制度、实现中华民族伟大复兴，具有较强的继承性、发展性和指导性。

该书创造性地提出：参政党建设的科学化，就是指运用中国特色社会主义政党理论的最新成果，学习和借鉴执政党党建工作的成功经验，积极推进参政党的理论、思想、队伍、作风、制度、文化等建设，并系统地去研究新情况、解决新问题、创造新经验，进而以科学的理论指导参政党的建设、以科学的制度保障参政党的建设、以科学的方法推进参政党的建设。这标志着参政党对加强自身建设问题的认识已上升到一个前所未有的高度。

该书注意“三个结合”：一是理论性与普及性的结合，本书不是一本纯理论性的学术性著作，而是一本既具有一定的理论性又具有普及性的知识读本；二是针对性与指导性的结合，本书既总结了参政党建设中已有的经验，也针对当前参政党建设中存在的问题提出了改进的措施和路径；三是研究性与创新性的结合，即研究问题、分析本质、提出观点，且具有一定的创新性。因此，时代性、针对性、可读性和创新性是本书的又一大特色。

《“同心理论”与参政党建设研究：以中国农工民主党的实践为例》（本书编委会编，国家行政学院出版社 2014 年版）

全书 32 万字，除绪论、余论、后记外，正文共分八章，分别为：第一章，“同心理论”的层次体系；第二章，“同心理论”的历史传承与时代背景；第三章，“同心理论”的文化基因与哲学内涵；第四章，协商民主・多党合作・参政党；第五章，“同心理论”与参政党建设；第六章，“同心理论”与参政党履职实践；第七章，农工党在民主革命时期的同心实践；第八章，建国后农工党的同心实践。

“同心理论”渊源于马克思主义统一战线学说，是对我国多党合作历史经验的总结升华，也是对统一战线本质规律的深刻揭示，在思想、目标、行动三个层面进一步深化了统一战线这个法宝作用，为新形势下巩固发展统一战线、促进参政党建设和职能履行，提供了重要理论指导。

该书以“同心理论”为指导，立足于参政党的思想建设、组织建设和制度建设，既总结历史的经验，也不乏现实的体会，特别对现实中面临的问题和存在的不足进行了有益的理论探索，提出了一些有待进一步完善和讨论的看法。在本书中，作者坚持运用哲学、政治学等多学科知识，从文化、历史的层面，采用分析、归纳等研究方法，通过对“同心理论”科学内涵的系统分析，对“同心理论”层次体系的深度诠释，对“同心理论”文化传承的历史追溯，对“同心理论”哲学思辨的全面论析，结合参政党自身建设和履行职能的实际对民主党派践行“同心理论”的认识要求和实践特色进行深入阐述，系统地探讨了“同心理论”的理论贡献及如何以“同心理论”为引领，努力建设中国特色社会主义参政党，努力做到呈现历史与体现时代的统一，把握规律与富于创造的结合。

该书创新地提出了参政党“同心”的政治职责，指出职责的内涵表现为：同心同德是政治立场，是根本；同心同向是政治方向，是灵魂；同心同行是政治责任，是关键。职责的外延体现在：参政党认同执政党的基本理论、路线、纲领、目标；通过参政党“同心”政治职责的履行，实现与促进统一战线各界人士与执政党同心等五个方面。本书还结合参政党履行职能的现实与实践，提出参政党的履职实践是民主党派和中国共产党同心同德的具体表现。本书的出版，对进一步凝聚政治共识、指导履职实践，推动民主党派开展坚持和发展中国特色社会主义学习实践活动具有积极的理论和现实参考价值。

《中国参政党对执政党的民主监督研究》（张宏伟著，中央编译出版社 2014 年版）

民主政治中的政党监督普遍存在于当代世界各国，中国参政党对执政党的民主监督，不仅是中国特色社会主义政党制度的重要内容，也是中国特色社会主义监督体系的重要组成部分，更是中国特色社会主义民主的重要体现。针对当前的反腐风暴，《中国参政党对执政党的民主监督研究》在梳理了现代政党监督理论来龙去脉的基础上，归纳出中国参政党民主监督的性质、特点、内容和方式。把参政党的民主监督历程分成初步探索、提出实践、破坏停滞、恢复发展四个阶段，用历史研究的方法详细阐述中国参政党民主监督的形成、发展过程。明确了中国参政党民主监督对于发展社会主义民主政治的独特优势与重要价值，指出民主监督职能的有效发挥有利于建设社会主义政治文明、构建社会主义和谐社会、提高执政党的执政能力和参政党的参政能力。同时，作者总结了当前参政党民主监督存在的问题，并分别从中国传统政治文化、参政党自身建设、参政党监督机制等方面,深入分析制约当代中国参政党民主监督职能有效发挥的因素。在此基础上，建议通过优化参政党民主监督的外部环境、加强参政党的建设、完善参政党监督机制以及联合其他类型监督形成监督合力等方面，有针对性地分析了加强和完善中国参政党民主监督的路径，对参政党更好的搞好民主监督具有一定的启发意义。全书除了导论，共有 7 章，由中央编译出版社出版。

《参政党与中国现代文明发展》(蒋学基主编，中共中央党校出版社 2014 年版)

这是一本论文集，由全国人大常委会副委员长、民建中央主席陈昌智作序，中共浙江省委统战部副部长、浙江省社会主义学院党组书记、常务副院长蒋学基主编，由中共中央党校出版社出版发行，是浙江社院“参政党建设研究丛书”系列的第八辑。该论文专集围绕“参政党与中国现代文明发展”主题，就“参政党与中国文明传承”、“参政党与社会主义文明体系建设”、“参政党建设与中国政党制度的发展完善”等方面展开了广泛而深入的研讨，对探索总结参政党建设发展的经验和规律，思考瞻望参政党建设发展的趋势和走向，具有积极意义。该书的主要内容是：中国政治文明建设的体制内资源——参政党对保持权力纯洁性的作用分析；参政党与中国核心价值观建设研究；关于民主党派与社会主义核心价值体系的调查与思考；中国文化与政党文化互动中的参政党建设；参政党推进我国科技发展的路径研究；民主党派与当代中国教育政策的发展和完善；参政党推进中国法治进程研究；参政党参与协商民主的制度设计与运行机制；参政党与中国社会组织的关系研究；民主党派动员知识分子政治参与的机制研究——基于参与式治理理论的视角；网络时代民主党派政治参与面临的挑战与对策分析等。该书的主要观点是：在当代中国，各民主党派作为建设中国特色社会主义事业、维护国家安定团结的一支重要力量，在推进中国现代文明建设的过程中具有特殊的优势。六十多年来，各民主党派不断加强自身建设，积极履行职能，充分发挥作用，团结带领广大成员和所联系群众积极投身改革开放和社会主义现代化建设，为我国统一战线和社会主义多党合作事业发展作出了重要贡献，在中国现代文明发展进程中扮演着重要角色。

《社会主义协商民主与参政党建设》(黄利鸣等著，湖北人民出版社 2014 年版)

黄利鸣、宋俭、王智、杨建国著的《社会主义协商民主与参政党建设》以贯彻十八大精神为主导，从中国政党政治协商的历史演进、协商民主与社会主义协商民主、政党协商与社会主义协商民主、政党协商与参政党实践，以及加强参政党建设完善社会主义协商民主五个方面，探讨中国政党政治协商的渊源以及在社会主义协商民主的语境下政党协商的理论与实践，旨在探求当代中国政党协商发展的合理化路径。该书按照“历史—理论—制度—实践—对策”的思路，对协商民主及政党协商在中国的缘起及历史演进进行了仔细梳理；对社会主义协商民主与西方意义上的协商民主进行比较，总结出社会主义协商民主的“中国特色”，彰显社会主义协商民主的本质属性和独特优势；对社会主义协商民主制度中的重要制度载体——中国共产党领导的多党合作和政治协商制度进行分析；对政党协商的主体之一——参政党参与协商的实践进行了调查，总结经验与成效，深入思考查找问题；最后对加强参政党协商能力建设与完善社会主义协商民主的关系进行了探讨。

该书的主要观点是：第一，我国政党协商制度是近代政党产生以来政党政治长期演变的结果，具体而言是中国各先进阶级、各民主党派和团体及民主人士在中国共产党的领导下逐步探索、建立、发展和完善的。第二，中国社会主义协商民主体现了人民当家做主的本质，是社会主义民主政治的重要形式，它包括国家权力机关层面的立法协商、中央和地方政府行政决策层面的行政决策协商、农村和城镇基层群众自治中的基层群众自治协商、爱国统一战线层面的政治协商和社会组织协商五个层面，它在产生背景、协商主体、协商客体、协商形式等方面与西方协商民主存在重要差别。第三，政党协商是当代中国社会主义协商民主的重要形式，参政党是当代中国政党协商的重要主体。第四，参政党多年参与协商的实践取得了显著成效：以协商促共识，多党合作长足发展；以协商促民主，民主政治有效推进；以协商促发展，经济社会长足进步。同时，我国的政党协商也存在诸多问题：协商的制度化水平需要提高、对协商的认识需要深化、参政党及其成员的协商能力需要加强、参政党协商内容的特色性和代表性需要突出。第五，完善社会主义协商民主和政党协商，就必须发展长期和谐的政党关系；就必须在坚持顶层设计与基层创新相结合、挖掘现有制度平台与开发新的制度平台相结合、制度建设与支撑体系相结合的原则指导下，提升政党协商制度化水平；就必须在巩固参政党思想基础和提升参政党组织化水平的基础上，加强参政党的五种能力，从而提升参政党的协商能力。

该书的主要特点在于，一是注重历史考察，从历史的角度梳理廓清了中国政党政治协商的缘起；二是厘清理论思路，从理论上明晰了政党协商的现实定位以及参政党在政党协商中的重要作用；三是掌握了大量素材，对参政党实践政党协商的现状作出较为系统、细致的观察和思考；四是紧贴时政热点，从社会主义协商民主入宪、将政党协商纳入国家治理体系、完善政党协商的工作机制、加强参政党协商能力建设等方面提出了可资参考的建议。

《山西民主党派发展历程研究，民盟卷》（王宝生主编，山西人民出版社 2014 年版）

《山西民主党派发展历程研究：民盟卷》反映了民盟成立之初至今在山西省的发展轨迹，全书共共四篇，即新民主主义革命时期 (1919 年 5 月—1949 年 10 月)、社会主义革命和建设时期 (1949 年 10 月—1978 年 12 月)、改革开放和现代化建设时期、山西民盟代表人物以及附录部分。全书以时间为主线，以民主进步为追求，以事件为载体，以统战为重点，反映了民盟在民主革命和建设中的作用，以及山西民盟的发展历程。值得一提的是，其间的一些重要人物、重要史实很多是第一次系统地见诸纸上，保护了许多珍贵的历史资料，具有重要的意义。

二、论文观点摘要

《“中国特色社会主义参政党”的提出、内涵及意义》（袁廷华，《中央社会主义学院学报》2014 年第 2 期）

“中国特色社会主义参政党”的提出，充分体现了中共中央对坚持和完善中国共产党领导的多党合作和政治协商制度的战略思考和科学谋划，对于充分调动民主党派的社会主义积极性，坚持和发展中国特色社会主义政党制度，充分发挥各民主党派在国家政治生活中的作用，强化团结、合作、和谐的政党关系，推进民主党派的建设和发展，都具有重大意义。

政党性质，指的是政党社会属性（社会基础）和政治属性（意识形态属性）的总和，是一个政党区别于其他政党的本质特征之所在。政党政治地位，指的是政党在国家政治生活和权力结构中所处的位置及其所应具有的权力和权利。政党政治地位由政党制度加以规范，体现为一定政党制度中政党与政党的关系以及政党与国家政权的关系。我国各民主党派是我国政党制度中政党主体的组成部分，是与中国共产党合作的政党。准确认定民主党派的性质，历来是中国共产党确定对民主党派的政治态度、制定对民主党派方针和政策的基本依据。对民主党派进行准确的定性和定位，并不是一件简单易行的事情，而是受到两个方面的影响：第一，来自民主党派自身不断变化发展的影响。第二，来自中国共产党政治路线和指导思想的影响。“中国特色社会主义参政党”这一概念的形成，有一个历史发展过程，建立在中国共产党各个历史时期对民主党派性质、政治地位的研究和判断基础之上。简要回顾这一历史过程，有助于我们加深对这一概念的理解。

新中国成立初期，中国共产党对民主党派的性质作了准确判断：一是明确了民主党派的社会属性。二是明确了民主党派的联盟特征。三是明确了民主党派的政治属性。1956 年社会主义改造基本完成以后，我国进入社会主义社会，民主党派原有的社会基础将逐步消灭。以毛泽东为代表的中国共产党人对社会主义国家实行多党合作的理论基础问题作了深入探究，明确了在一定条件下，政党的性质是可以随着社会变化而变化的。为此，中国共产党提出了与民主党派“长期共存，互相监督”的方针，使在新民主主义社会确立起来的中国共产党领导的多党合作和政治协商制度，在社会主义条件下得到进一步确立。然而，由于历史发展的曲折性，对民主党派在社会主义社会性质的认定，也经历了一个曲折过程。1956 年 9 月，党的八大对社会主义改造基本完成以后民主党派的社会属性作了明确表述，指出：“在社会主义改造完成以后，民族资产阶级和上层小资产阶级的成员将变成社会主义劳动者的一部分。各民主党派就将变成这部分劳动者的政党。1957 年下半年后，由于反右派斗争严重扩大化，和中共党内“左”的错误的影响，在民主党派性质问题上，改变了党的八大作出的正确结论，认定“各民主党派在总的方面还是资产阶级性的政党”，提出了把社会主义政党作为民主党派根本改造的前途。这是多党合作遭受严重挫折和破坏的理论原因之一。进入新时期，根据阶级关系和民主党派成员结构的深刻变化，邓小平指出，各民主党派“都已经成为各自所联系的一部分社会主义劳动者和一部分拥护社会主义的爱国者的政治联盟，都是在中国共产党领导下为社会主义服务的政治力量”这一重要论断，从根本上推翻了反右派斗争以来对民主党派性质的错误认定，恢复了党的八大提出的正确结论并作了进一步的发展，阐明了在社会主义时期民主党派社会基础的根本变化，明确了民主党派是为社会主义服务的政治力量，为中国共产党在社会主义现代化建设新的历史时期进一步发展与民主党派的合作，提供了基本依据。新时期以来，在明确民主党派性质基础上，中国共产党对民主党派的政治地位也进行了界定。从政党与政党的政治关系看，自新中国成立以来，中国共产党与民主党派的关系就是双重关系，即在政治上是领导和被领导的关系和团结合作的关系。从政党与国家政权的关系看，“参政党”概念的提出，客观、准确地表达了民主党派与国家政权的关系，即明确了在国家政权中民主党派与执政的中国共产党的关系，明确了民主党派在国家政权中的应有位置、权力及权利。

20 世纪 90 年代以来，一些学者对民主党派的政党性质进行了更加深入的探讨。一些学者认为，在中国特色社会主义事业中，仅仅提民主党派是“为社会主义服务的政治力量”、“致力于中国特色社会主义事业”是不够的，“为社会主义服务”、“致力于中国特色社会主义事业”讲的是民主党派作为参政党的目标和任务，但不是对参政党性质的全部涵括，“为社会主义服务”和“社会主义性质的政党”是两个不同的概念。对民主党派性质进行准确认定，必须在把握民主党派社会属性基础上，着重把握民主党派的政治属性(意识形态属性)。政党政治属性集中体现于政党的意识形态。只有把握了政党的政治属性，才能把握政党的本质，给予政党以准确定性。在研讨中，一些学者提出，新世纪新阶段，我国各民主党派已经是中国特色社会主义性质的政党。因此，民主党派应定性为“社会主义政党”，或定性、定位为“中国特色社会主义参政党”。对此也有不同看法。一种观点认为，如果把民主党派认定为社会主义性质的政党，有可能混淆中国共产党与民主党派的区别；另一种观点认为，提民主党派是社会主义性质的政党，不利于民主党派实行更加广泛的团结。2005 年中共中央颁发的《中共中央关于进一步加强中国共产党领导的多党合作和政治协商制度建设的意见》中，民主党派的社会基础应由原来的“两者联盟”发展成为“三者联盟”，即“一部分社会主义劳动者、社会主义建设者、拥护社会主义的爱国者的政治联盟”，“民主党派是致力于中国特色社会主义事业的参政党”。

“各民主党派是与中国共产党通力合作的中国特色社会主义参政党”这一论断，深刻揭示了中国特色社会主义与各民主党派的本质联系，明确肯定了各民主党派的中国特色社会主义性质，并将“中国特色社会主义”与“参政党”联系起来，形成对民主党派性质、政治地位的完整的、科学的表述，其内涵包含三个层面：(一)在政党关系上，民主党派是合作党，不是反对党；(二)在政党与国家政权关系上，民主党派是参政党，不是在野党或执政党；(三)在政党的社会和政治属性上，民主党派是中国特色社会主义性质的政党。从这三个方面来考量：第一，民主党派的社会基础由过去民族资产阶级、城市小资产阶级及其知识分子组成的阶级联盟转变成为一部分社会主义劳动者、社会主义建设者和拥护社会主义的爱国者组成的政治联盟。第二，民主党派的政治纲领由爱国主义的政治纲领、新民主主义的政治纲领、为社会主义服务的政治纲领发展成为致力于中国特色社会主义的政治纲领。第三，民主党派的政治实践由开展反帝爱国民主运动、建设新民主主义国家、为社会主义建设服务发展成为为中国特色社会主义事业而奋斗。也就是说，在成员构成上，民主党派由一部分社会主义劳动者、建设者和爱国者所组成；在价值取向上，民主党派坚持中国特色社会主义道路、理论体系和制度；在目标追求上，民主党派致力于中国特色社会主义。因此，民主党派不仅仅是为社会主义服务的政治力量，作为政党本身，其社会基础、价值取向和实践方向，都已经具备了中国特色社会主义性质，是中国特色社会主义性质的政党。

"中国特色社会主义参政党"的提出，标志着中国共产党对民主党派性质、政治地位的认识达到一个新高度，其意义重大而深远。有利于充分调动民主党派的社会主义积极性；有利于进一步推进多党合作制度的完善和发展；有利于推进民主党派的建设和发展。

《切实加强中国特色社会主义参政党建设》（刘新成，《中央社会主义学院学报》2014年第4期）

我国民主党派既不是执政党或联合执政的党，也不是在野党或反对党，而是参政党。这是历史形成的。"中国特色社会主义参政党"概念的提出，是对民主党派性质最新的科学论断，明确了民主党派的中国特色社会主义性质，首次科学阐明了民主党派的时代特征和本质属性；明确了民主党派要同中国共产党通力合作，再次强调了民主党派的前进方向，也指明了构建和谐政党关系的路径，是新阶段对民主党派现状的科学总结和概括。由此可见，中国特色社会主义参政党是对我国民主党派性质和职能作用的基本定位。要认识我国民主党派、理解中国特色政党制度、把握中国特色社会主义民主政治，就要深入研究中国特色社会主义参政党建设，充分认识其历史发展进程和积极意义。

"中国特色社会主义参政党"概念的提出和实践，既是对我国多党合作理论、民主政治理论的发展和创新，也为世界政党理论、政党政治理论增添了新的内涵，具有十分重要的理论价值和实践意义。第一，重申了民主党派的政党属性，明晰了中国特色的政党格局，进一步丰富了对政党理论和政党基本属性的认识。它说明执政和参政都是政党的政治参与方式，都是政党的基本属性和发挥功能作用的重要途径。具有一定的代表性、能够实现政治参与、不谋取执政地位的党也是政党，不能把是否谋取执政地位作为衡量政党的唯一标准。"中国特色社会主义参政党"概念的提出和说明，几个政党在执掌国家政权问题上，可以进行竞争，也可以实行合作。合作是政党关系的一种基本形式。第二，指明了民主的内涵是十分丰富的，其实现形式也是多种多样的，进一步丰富和深化了对民主实现形式的认识。第三，必将进一步推动中国共产党领导的多党合作和政治协商制度建设。民主党派功能和地位的明确，政党属性和中国特色社会主义属性的进一步明确，将提高社会各界对新阶段民主党派在坚持和发展中国特色社会主义中的历史地位和承担角色的认识，将极大调动民主党派广大成员和所联系的知识分子参与中国特色社会主义事业的积极性和主动性，在中国特色社会主义政治发展道路上发挥更大作用，进一步推进多党合作和政治协商制度在实践中不断发展和完善。

建设中国特色社会主义参政党是一个重要的课题，需要我们深入理解把握，需要大家共同协力推进，在学习过程中进一步深入研究。第一，要进一步强化民主党派在中国特色社会主义建设中的政治责任和政治使命。参政党承担在中国特色社会主义建设中的政治责任和政治使命，首先要强化参政党意识。从民主党派各级组织到普通党派成员，必须明确自己在国家政治生活和中国特色政党制度中的定位和所应扮演的角色，避免“政治团体”、“社会团体”、“花瓶”的自我定位，要从中国特色社会主义民主政治、多党合作制度、参政党建设的高度来开展或参与民主党派的各项工作，积极履行参政党职能，发挥优势、献计出力，在“五位一体”的中国特色社会主义建设事业中作出应有的贡献。第二，要着力凝聚政治共识，把握正确政治方向。政治共识是凝聚中国力量的前提，也是巩固多党合作的基础。教育显得尤为重要。要通过学习宣传、理论培训、考察调研、广泛讨论等多种形式，加深广大民主党派成员对中国特色社会主义道路、中国特色社会主义理论体系和中国特色社会主义制度的了解，做到“三个坚持”，树立“三个自信”。第三，要着力加强参政能力建设，提高建设中国特色社会主义的本领。当前，随着我国多党合作事业的不断完善和协商民主的大力推进，参政党的参政环境日益改善，在参政实践中暴露出来的“本领恐慌”问题也日益突出。参政党的“本领恐慌”主要表现在参政能力的不足，存在于政治把握能力、参政议政能力、民主监督能力、组织领导能力、合作共事能力等各个方面。如何创新参政机制，切实提高参政能力，实现有效参政、高效参政，值得研究和探索。民主党派只有通过卓有成效的参政实践，才能充分体现自身在中国特色社会主义建设中的优势和作用，实现参政党应有的功能。第四，要着力加强组织建设，夯实建设中国特色社会主义参政党的基础。建设中国特色社会主义参政党关键在人才。目前，民主党派队伍建设普遍存在人才储备不足的困境，尤其是既有业务专长和一定社会影响、又具备较强参政议政能力的代表性人士数量不足，因而影响了参政党作用的发挥。加强民主党派人才队伍建设，既是实现多党合作事业健康发展的一项基础性工作，也是保证参政党可持续发展的一项战略性任务。要以培养高素质参政党人才为导向，以提高代表性人士的履职能力为目标，不断完善人才选拔培养使用机制，不断优化民主党派人才队伍。

《再论民主党派的性质》（孙瑞华，《重庆社会主义学院学报》2014 年第 2 期）

以辩证唯物主义的认识论来看，民主党派作为一个客观存在的政治组织，对其政党属性的认定是人们主观认识与其客观实际是否相符的体现。政党的性质是由社会基础、政治纲领和政治实践综合决定的。其中，社会基础是政党赖以存在和发展的客观物质条件，决定着政党的基本性质。但是社会基础不是决定政党性质的唯一条件，正如列宁所说：“确定一个党是不是真正工人的政党，不仅要看它是不是由工人组成的，而且要看是由什么人领导以及它的行动和政治策略的内容如何”。因为社会基础可以变化，政治纲领可以修订，实际作为也可以突破。因此，判定某一政治组织的政党属性，需要具体地、历史地、实事求是地界定。

回顾历史进程，从新中国成立之初我党将民主党派准确界定为“新民主主义性质的政党”，到社会主义改造完成以后界定为“社会主义性质的党派”，再到反右及“文化大革命”中错误界定为“资产阶级性的政党”，再到改革开放以后界定为“政治联盟”，我党对民主党派性质的主观认识与界定和民主党派自身性质所表现出的客观实际，经历了“名”与“实”之间一致与脱节的曲折过程。新中国成立之初，我党认定民主党派为“新民主主义性质的政党”，这一认定名副其实。1956 年社会主义改造完成以后，我党认定民主党派为“社会主义性质的党派”。这一认定以社会基础 (社会主义劳动者的一部分)、政治纲领 (社会主义的政治纲领) 和政治实践 (社会主义革命的实践) 三条标准综合判定，与民主党派当时的实际表现相吻合,因此,也是名副其实的。1957 年反右之后直至“文革”，我党认定民主党派为“资产阶级性的政党”，这一认定仅以社会基础 (民族资产阶级、上层小资产阶级和他们的知识分子) 为判定标准，且与民主党派当时社会基础 (已经改造成为社会主义劳动者) 的实际状况背道而驰，因而这一认定名不副实。改革开放以后我党将民主党派一直认定为“政治联盟”“政治力量”，应该说，改革开放初期，在拨乱反正的历史条件下，这一认定对多党合作和民主党派的发展起到了显著的推进作用，具有历史功绩。然而，实事求是地说，这一认定仅以社会基础为标准来判定，且又将其定位于“政治联盟”、“政治力量”这一抽象的“属概念”上，因而在理论或学理层面上难免表现出不彻底的模糊性。

在民主党派政党属性的认定上，我们为什么要如此认真？因为这关系到多党合作制度和民主党派的存续，亦即关系到其存在、发展、建设的合法性问题。理论上的不彻底，就会造成理论本身的说服力、信服力欠缺，就会导致政策的制定和导向摇摆，导致实践中的发展力度和建设力度大打折扣。也就是说，我国的多党合作制度和民主党派为什么存在和发展、怎样存在和发展？多年来我们总感觉底气不足，即便是在国际政治话语环境中,亦无法理直气壮。而这其实都源于“是什么”并未名副其实。名不正,则言就不顺，实则就是多党合作和民主党派存在、发展、建设的合法性缺失。因此，这次习近平总书记代表中共中央将民主党派主张为“中国特色社会主义参政党”，其突出贡献就是认识上更加准确，更具有理论上的彻底性。首先，这一认定放弃了民主党派是“政治力量”或“政治联盟”的旧有认定，使得“民主党派是政党”这一认识更加清晰。其次，这一认定指明民主党派具有中国特色社会主义性质，这一认定更准确、更科学，使得民主党派是何种性质的政党的认识更加清晰。总而言之，习近平总书记此次对民主党派性质的认定，解决了在中国特色社会主义建设的历史条件下多党合作、民主党派存在、发展、建设的合法性问题，即多党合作、民主党派的存在、发展、建设要符合民主政治发展的客观规律，从而实现了民主党派“名”与“实”的殊途同归。因而，其理论与实践意义重大。

然而，从准确把握我国多党合作发展的必然要求以及民主政治发展的必然规律来看，对民主党派性质的界定还应再彻底。习近平总书记此次界定的命题实则蕴含了三重判断，即对政党关系 (与中共通力合作)、政党地位 (参政党) 和政党性质 (中国特色社会主义) 的三重认识。按照概念界定和命题判断的规范要求，一个概念或命题所蕴对象的内涵应唯一，只有如此，概念或命题才更清晰、准确、彻底，才不致使人在理解和把握中再现分歧。从社会基础、政治纲领和政治实践综合考察，改革开放以后，我国各民主党派就是中国特色社会主义政党，其与中共通力合作的政党关系、其参政党的政治地位均由此而生发、决定。民主党派首先是政党并且是中国特色社会主义政党，它才有资格、有可能在现今的历史条件下与中共通力合作，才有资格、有可能成为国家政治体制中的参政党，才有资格、有可能成为人类民主政治生活中的政治主体之一。因此，对现今民主党派的性质进行界定时，应将政党性质与政党关系、政党地位分开进行界定，应开宗明义地界定为：我国各民主党派是中国特色社会主义政党，是与中共通力合作的参政党。只有如此界定才是彻底的实至名归，也才是彻底的名正言顺。

《群众路线是民主党派助力中国梦的必由之路》（刘家强，《团结》2014 年第 1 期）

百姓福祉是提出中国梦的最大考量，人民力量是实现中国梦的根本动力，群众路线是成就中国梦的必由路径。在国际形势复杂化和中国诉求彰显化的外部竞争下，在经济结构转型负重前行和社会结构转型明显滞后的内部发展压力下，在社会观念多元和社会矛盾交织的改革环境下，在公众权利意识不断增强和公平正义诉求日益增多的时代背景下，我们需要化解重重困难和巨大挑战，才能把梦想变成现实。中国梦的理念，是人民意志的集中反映。“中国梦是民族的梦，也是每个中国人的梦”。中国梦既荟萃了全体中国人的共同期盼，又反映在一个个鲜活生动的个体梦想之上，朴实地展现为老百姓的柴米油盐、吃穿住行，具体地表现在有更好的教育、更稳定的工作、更满意的收入、更可靠的社会保障、更高水平的医疗卫生服务、更舒适的居住条件、更优美的生态环境等民生追求上。把人民意愿转化为党的主张并冠之以“中国梦”，必然表示每个中国人都有机会追求和描绘梦想，都有责任参与完成梦想，都有权利共享梦想实现带来的快乐和幸福实，必须靠中国共产党的坚强领导和正确决策，必须靠各族各界群众的团结一致和不懈奋斗。

面对世情、国情、党情的深刻变化和应对“四大考验”、克服“四种危险”等现实需要，中国共产党在全党深入开展以为民务实清廉为主要内容的党的群众路线教育实践活动，就是要强化宗旨意识，切实转变作风，密切联系群众，发挥群众首创精神，激发和调动起全国各族人民和社会各界共同致力于中华民族伟大复兴的积极性、主动性和创造性；就是要以实际行动取信于民，以实际成果普惠于民，引导各族人民坚定中国特色社会主义的道路自信、理论自信、制度自信，把中国精神、中国力量汇聚在对中国梦的共同追求中。群众路线是中国梦成效的检验标尺。人民的实践是中国共产党各项方针政策的核心来源。中国梦的提出，是对中国共产党带领人民群众推进革命、建设和改革开放事业实践的总结提炼；实现中国梦的一切工作和政策，都要以是否符合最广大人民群众的根本利益为最高衡量标准，由人民来检验、修正、补充和完善；方法步骤的得当与否、工作成效的大小高低，都需要到人民群众中去听取评判、得到验证。只有坚持群众路线，才能通过正确的认识方法找到实现中国梦的最佳路径，才能使共筑中国梦的每一项决策都更为科学、每一项行动都更为正确。

群众路线是民主党派助力中国梦的必由之路。民主党派作为与中国共产党通力合作的中国特色社会主义参政党，要在实现中国梦的伟大实践中发挥独特优势和更大作用，同样需要以中国共产党为核心，始终与中国共产党和衷共济、风雨同舟，始终与人民和历史一同前进，始终把保障和改善民生作为基本职责和价值取向，做到“立党为公、参政为民”，认真践行群众路线，真正当好助梦人的角色。要通过践行群众路线，真正将群众当亲人，以亲近之心问需于民，提升更好服务中国梦的水平。要视群众为根本、以民需定方向、以民生聚民心，把群众生产生活中的现实需要作为履行参政议政等职能的出发点和落脚点，零性和操作性，协力解决群众最关心、最直接、最现实、最迫切的利益问题。要积极运用民主党派的独特渠道，主动自觉地向社会各界特别是所联系群众宣传阐释中国梦，为实现中国梦凝聚起强大的中国力量。要通过践行群众路线，真正将群众当老师，以谦虚之心问计于民，提升助推实现中国梦的能力。要深化对唯物史观的理解，强化人民是历史的创造者、是社会变革的最终决定力量的观念，摆正同群众的位置，尊重群众的主体地位和首创精神，始终视人民群众为真英雄，充分相信群众，紧紧依靠群众，把深入群众集中民智、汇聚民力的过程转化为民主党派强化为民情怀、改进工作作风、加强自身建设和党派成员提升修养、开阔视野、增长才干的过程，虚心拜群众为师，真心向群众求教，从群众的鲜活思想中汲取营养，从基层的实践创造中提炼经验，以更高的素质、更强的能力、更大的本领，为中国梦的实现当好参谋者和助推者。要通过践行群众路线，真正将群众当诤友，以真诚之心问效于民，提升协力成就中国梦的实绩。民主党派的一切履职行为和工作成效，同样需要交给人民群众去评判和检验。为成就中国梦做了什么？做得怎样？评价标准最终还是人民群众特别是所联系群众的态度和看法。要充分尊重人民群众的评判权，以群众为评判主体，以群众满意为第一标准，自觉摒弃一切形式主义和官僚主义之风，真正沉到基层接地气、深入一线交诤友，真心诚意请群众评判、让群众监督，把群众的满意程度、群众的批评意见当成完善举措、改进工作的根本依据。只有这样，民主党派在实现中华民族伟大复兴的中国梦这一伟大进程中，才能争取更大作为、创造更多实绩。

《析中国民主党派发展进程中的“联合声明”》（林怀艺，《东南学术》2014年第5期）

在中国民主党派发展的历史进程中，它们曾经联合发表过若干通电、意见、宣言、信件、声明(本文统称“联合声明”)。这些“联合声明”是民主党派通过充分的沟通、交流和协商，以书面的形式郑重地向国人和世人阐述自己在一定的国内或国际问题上的政治立场、政见主张、价值判断、道路选择等的历史文献。“联合声明”从一个侧面反映了民主党派的奋斗、追求和中国政党制度的形成、发展，也折射出了一定时期中国社会的政治生态和中国所处的国际环境。但是，学术界在研究中国的民主党派和多党合作的相关问题时，对这些“联合声明”关注不够，有时是一笔带过，有时根本没有涉及。中国民主党派“联合声明”大致可以分为以下几类：一类是民主党派在历史转折的关键时刻发表的“联合声明”，解决的是走什么样的革命道路、在什么样的政党的领导下争取新中国的问题。另一类是民主党派面对世界和平受到挑战而发表的“联合声明”，表达了民主党派反对侵略战争、维护世界和平的真诚愿望。还有一类是民主党派在国家领土主权遭到侵犯的时候发表的“联合声明”，反映了民主党派维护祖国统一、捍卫国家领土主权的坚定决心。最后一类是民主党派在建国后发表的关于继续接受中国共产党领导、同中共同心同德进行社会主义革命、建设和改革的“联合声明”，体现了中国多党合作事业的曲折发展和光明前景。

唯物史观认为，人们的社会活动是历史趋向和主体选择的统一。中国民主党派“联合声明”的出台，也是这样一种客观规律与主观能动性共同作用的结果。一是中国近现代社会运动的客观规律之使然。二是民主党派以对国家和民族的强烈的历史责任感和使命感，不断追求进步。中国民主党派“联合声明”的社会影响，概括地说，表现在：第一，推进了中国革命、建设和改革的进程。第二，增强了中国共产党的政策在社会各界人士中的认可度和感召力。第三，向世界传达了中华民族热爱和平而不畏强权，以及维护国家和民族的最高利益的决心。

中国民主党派“联合声明”的启示，首先在于，共产党的领导和多党派的合作对于中国政党制度的形成和发展至关紧要，二者缺一不可。上述“联合声明”的主体是民主党派，但民主党派的不断进步离不开一个主心骨，这就是中国共产党的领导。民主革命时期，中共对民主党派的领导权并不是天然获得的，中共就是通过始终站在同“三座大山”斗争的最前列、尊重并满足民主党派的合理要求、对民主党派进行长期的团结、教育和争取，而使民主党派逐步认清中国社会运动的客观规律，最终摆脱“中间路线”的影响并心悦诚服地接受自己的领导。新中国成立后，中共在治国理政的过程中尽管也犯过错误，但她总是依靠自身的力量，坚持真理，修正错误，特别是改革开放以来中国所取得的举世瞩目的成就使民主党派进一步认识到，中共作为中国特色社会主义事业的领导核心和执政力量，是历史和人民的选择，是没有其他政治力量所可以取代的。与此同时，正是因为有了民主党派的存在、发展和襄助，多党合作才得以在中国扎根、运转并显示出蓬勃生机。可以说，当代中国多党合作就是民主党派响应“五一口号”以来全部历史的延续，珍重民主党派这一政治资源是发展中国特色协商民主、推进国家治理体系和治理能力现代化的题中之义。

其次，在爱国主义的旗帜下为实现中华民族伟大复兴的“中国梦”而奋斗，是中国共产党和民主党派的共同意志。鸦片战争后中华民族所面对的两大历史任务集中体现了“中国梦”的本质要求。实现“中国梦”离不开“中国精神”的支撑，而“中国精神”的精髓就是爱国主义。贯穿民主党派“联合声明”的主线，就是为中华民族站起来、强起来的复兴理想而不懈奋斗。正是在爱国主义精神激励下，民主党派超越党派利益之争，在事关国家、民族的根本利益和前途命运的问题上同中共肝胆相照、荣辱与共，形成了默契的配合和强大的凝聚力。如果说在战争年代，爱国主义是同“革命”的主题结合在一起的，那么在当前，爱国主义与社会主义在本质上则是统一的，中共和民主党派都“以热爱祖国、贡献全部力量建设社会主义祖国为最大光荣，以损害社会主义祖国的利益、尊严和荣誉为最大耻辱”。中国特色社会主义道路是新时期实现“中国梦”的必由之路，只要中共和民主党派继续发扬爱国主义传统，这条道路必将越走越宽，不但为中华民族带来更多的福祉，也为人类的进步事业作出更大的贡献。

再次，中国民主党派“联合声明”是历史文献，须以科学态度对待之。我们看待改革开放之前的“联合声明”，一定要从当时具体的历史的条件出发，因为对历史文献，“只有理解了每一个与之相应的时代的物质生活条件，并且从这些物质条件中被引申出来的时候，才能理解”。例如，那些“联合声明”中对帝国主义和国民党统治集团的谴责、对苏联的赞美、把中国共产党和毛泽东个人相提并论、“解放台湾”等，都带有特定的历史烙印，是当时国际国内政治生态环境的产物。随着时代和实践的发展，中共和民主党派对那些提法和看法有的摈弃了，有的弱化了，有的为新的更符合实际情况的内容所取代。总之，“联合声明”作为记载民主党派的活动、变化的珍贵史料，其爱国主义和追求进步的基本精神未变，但要实事求是评价，同时也不能苛求于前人。

最后，在新的历史条件下，民主党派仍可以通过“联合声明”的形式来表明自己对执政党和国家的大政方针、对国际问题的态度。通过对中国民主党派发展进程中的“联合声明”的梳理，我们发现，民主党派发表“联合声明”集中在建国前后的那段时间内，从1961年到2011年，中间中断了将近半个世纪。民主党派在历史上经历过多次的分化、组合、变化，在上述“联合声明”中签字的民主党派，前后变化是比较大的（本文限于篇幅没有具体列举和说明）；如今的八个民主党派在一定意义上可以说是“适者生存”的结果。作为中国多党合作结构中的不可或缺部分，民主党派在新的历史条件下，适时、适当地以“联合声明”的形式，就共同关心的问题表明立场，或说明彼此之间就某一方面问题所达成的协议，或阐明各自所享有的权利和所需履行的义务，等等，也是让本国和世界人民更多、更全面、更客观地了解中国的参政党、了解中国的多党合作制度的重要窗口。

《协商民主视阈下参政党的政党行为及其功能》（刘泓，《福建省社会主义学院学报》2014年第1期）

从20世纪90年代至今，我国学术界在分析和研究政党问题时，越来越认识到在中国特殊的政治生活中政党的极其重要作用，把政党嵌入到国家与社会关系中，充分运用党、国家和社会的三维关系来全面地把握了政党、国家与社会三者关系。因此，在协商民主的视域下，在参政党、国家与社会三维关系中，应该怎样分析参政党的政党行为，进一步来规范与发挥参政党的政党行为及其功能，就成为当下必须面对的理论思考与实践探索的问题。十八届三中全会提出的广泛多层制度化的推进协商民主，就是要求政党、政府、社会等就某些公共事务充分表达各自利益和意见，通过讨论协商最终产生公共政策。社会主义协商民主也正是以承认利益多元化为前提，注重民主的实质，主张协调各方利益，谋求社会和谐。因此，在协商民主的视域下，在政党、国家与社会的多维关系上，尽管存在利益多元，不同利益主体之间存在的差异甚至分歧，但是最终都向往达成共识与统一。这也就是表现为各政党之间、政党与国家之间、政党与社会之间，以公共利益为依归。而在协商民主的系统结构中，作为参政党的民主党派的政党行为及其功能的发挥，显然是直接影响到中国民主的治理形式，在民主政治发展过程中具有极其重要的意义。

从本质上看，政党行为不仅是一种政治行为，而且反映了一种政治关系，规范政党行为实际上也是为了规范政党关系。因此，政党行为关系不是抽象的、静止的，而是在一定的国家与社会中，在参加国家政权的政治实践过程中相互作用、相互影响而形成的一种互动关系。因此，关注政党行为一个重要的视角就在于在政党、国家与社会三维关系中来把握。而要把握参政党的政党行为，也就是要在参政党与执政党、参政党与政府、参政党与社会的关系当中来把握参政党的政治行为及其功能。经过35年的改革开放，中国社会的发展使政党、国家与社会三者关系，由原来的高度一体化变得各自相对自主，三者的关系结构也由原先在点上集中的一体化结构转变为三角形结构。一方面，国家机构获得了制度和法律上相对独立的地位；另一方面，随着改革开放的进行和深入，社会重新焕发出活力。基于中国特殊的政治发展逻辑，与西方协商民主不同，中国社会主义协商民主的重要特征是在中国共产党的领导下开展的。协商民主很自然地将关注的重点落在国家的政治制度层面，其中政治协商是最重要的内容。而且，这里的“协商”，更多的是咨询，是中国共产党与其他八个参政党、无党派人士以及各人民团体、各族各界各方面的代表就党和国家的大政方针、政策及重要问题进行反复商讨并提出意见和建议的过程。事实证明，作为参政党的民主党派是广泛开展协商民主的宝贵资源，多党合作是一条畅通反映社情民意、表达所联系群众利益和意愿、沟通党政群关系的重要渠道，也是一条团结推进社会各方面了解和贯彻党和国家方针政策、法律法规，同心同德共创伟业的重要渠道。继续发挥好这条渠道的独特作用，是健全协商民主制度的重要一环。

所谓党政关系，就是指政党与政府关系。改革开放以来，中国的政治结构与社会治理体系正在经历着深刻的变化。对政府而言，吸纳民主党派各级组织积极参与各级政府的政策制定，吸纳一部分参政党成员进入国家权力机关与机构，其根本目的主要还是为了推进公共决策的民主化和科学化，让决策者能够听到各方面的不同声音，广纳民意，广聚民智，从而使公共决策的质量更高，失误更少。从参政党角度看，作为参政党，在与政府的关系中，主要是紧紧围绕国家政权履行职能、发挥作用，其主要功能是参与政策过程，进行利益表达和利益综合，影响公共政策的制定和执行。虽然在这个过程中不可避免要涉及政治录用和人事安排（包括党派成员在人大、政协中的政治安排以及在政府、司法机关中的实职安排等），但这本身并不是主要目的。更多的还是希望在政府决策、政府施政、政府监督、社会治理等各个环节上都有更多的参与权，能通过平等的对话、讨论、协调等方式参与公共决策和政治生活，从而为立法和决策赋予更大的合法性和合理性。民主党派的这种参与是需要政府双方互信互动，一方面政府应拓宽参政空间，广开议政通道，让民主党派能在平等、民主的状态下参与政策制定的“民主协商”，使参政党的这种参与常规化、制度化；另一方面参政党应加强自身的参政能力建设，提升自己的参政议政水准，并在此基础上积极、主动地向政府建言献策，提供有力的智力支持。同时，参政党也要重视和发挥在各级政府担任领导职务的党派成员的作用。这些党派成员是参政党直接参与政府工作的代表，是参政党参政力量的最直接体现，他们不仅肩负着国家和人民的重任，同时也肩负着本党派的重托，并发挥着民主党派在“民主协商”中的作用，不仅如此，他们还是执政党的执政队伍有机补充，是提升执政党执政能力的不可或缺的力量，正因此，他们就成了“协商民主”最直接的推动力量。

政党与社会关系，是政党政治的一个基本关系，是指政党政治实践中政党与社会互动而形成的一种政治关系。协商民主也十分重视发生在公共领域中的社会协商，它是以公民社会为载体的社会协商。比如，民主恳谈会、社区居民议事会、居民或村民代表会、民主听证会等，也是公众以民主参与、民主决策、民主监督为核心的公众有序参与社会治理模式。通过社会协商，改革和完善地方政府的决策机制，在政府与公民之间，完全可以通过公众的互动交流，形成一种良好的合作与协同关系，就公众切身利益密切相关的问题，充分发表意见和参与决策，形成利益协调机制，化解社会矛盾。对此，参政党可以切实履行参政议政与民主监督的职责，共同承担治理风险，参与社会管理，对共同承担政治风险具有重要意义。可以通过民主党派的党派属性，为公众提供利益表达的新渠道，缓解激化的社会矛盾；另一方面可以激发民主党派参政议政的积极性，实现参政党的政治价值。参政党事实上可以承担了一些治理性的功能。参政党不单单只是参与国家公共事务的决策、管理和监督，同时也是可以将执政党和政府的政策和意志传递给社会尤其是党派成员及所联系群众，并进行必要的宣传和动员工作，从而事实上参与了公共政策尤其是与统一战线和多党合作有关政策的实施。在当今信息网络时代，政党与社会的沟通渠道发生了变化。媒体与网络成为了政党与社会的重要渠道，甚至是主渠道。因此，随着科技与信息网络的发展，世界范围内的各个政党普遍运用网络技术加强社会动员，拓展自身社会影响力，不断巩固或提升自身的政治地位。为更好地发挥其影响力和吸引力，充分发挥互联网的多媒体功能和双向互动等优点，不断开辟互联网新的运用渠道和信息资源，积极运用互联网这种先进的传媒手段为其政治发展和政党建设服务。这些西方发达国家政党在社会动员方面的经验，可以为网络时代的参政党参与政治协商民主工作提供借鉴。

总的来说，我国正处于社会转型期，社会结构、社会阶层以及人们的文化观念及心理结构等各方面都发生着全方位的变革。协商民主政治制度有着广阔的发展前景，也代表着中国民主政治的发展方向，我们应该坚定不移地推进和完善共产党领导的民主政治协商制度，而越是如此，民主党派作为参政党的使命也就越显神圣而伟大。对于中国参政党来说，也必将面临着一次深层次、全方位的政党治理能力的提升和再造过程。

《社会治理视域中的民主党派角色定位》（周桂芹，《淮海工学院学报·人文社会科学版》2014 年第 11 期）

党的十八届三中全会提出全面深化改革的总目标是推进国家治理体系和治理能力的现代化，并在社会建设方面提出了“创新社会治理体制”的论断。但社会治理是一项艰巨复杂的系统工程，需要全党全社会长期坚持不懈的努力。一方面，中国共产党应加强和改善对建设全面小康社会的领导；另一方面，中国的各民主党派也有责任和义务在加强与创新社会管理的过程中不断贡献力量。为此，民主党派必须首先转变思想意识，然后还应明确自身在创新社会治理中的角色与功能，再结合我国政党制度的特点，以及创新社会治理的实际工作需要，扮演好自己特有的角色。

随着我国社会主义市场经济体制的不断完善，传统的社会管理体制的不足已经逐渐显露，与市场体制相适应的社会体制即社会治理也就应运而生，其特征强调主体多元化，主张政府放权社会，民主党派则应增强主体意识、合作意识、现代意识和创新意识。如此一来，民主党派的传统社会角色受到挑战，基于社会治理视域的新角色就需要重新定位。首先，民主党派要强化自身的主体意识，只有真正意识并感受到自己是独立地位的政治权利主体，是中国特色社会主义建设及社会建设的主体，才能把社会治理工作视为自己义不容辞的责任，把发挥主体作用视为自己神圣的权利。其次，民主党派要培养自身的合作意识，治理的本质在于政府与其他社会主体对公共事务的合作管理，这种合作管理首先取决于是否有合作意识。第三，民主党派要树立应有的现代意识，当今我国的社会转型，不仅引起了政治、经济和社会生活的深刻变革，同时，对我国的政治力量也提出了新的要求。民主党派作为中国共产党的友党和社会主义现代化建设事业的重要政治力量，面对时代变迁和中国共产党的积极有为，也应该具备现代思想意识，力争使自己在思想上、行动上跟上时代的步伐，摒弃故步自封、因循守旧、不思进取的思想观念和行为方式。要与中国共产党通力合作，为把我国社会建设得更加和谐贡献自己的力量。第四，民主党派要强化自身的创新意识。民主党派在社会治理工作中应该具有强烈的创新意识，要以改革进取精神探索社会工作的新思路、新创意，以克服墨守成规、因循守旧的工作模式。

在社会治理语境中，民主党派不仅要有意识上的转变，更需要找准自身优势，发挥参政、议政功能，进行恰当的角色定位，成为社会治理责任的承担者、扁平化管理的推动者、法治化治理方式的帮助者、体系化治理的促进者。这既是新的时代对民主党派提出的新要求，也是民主党派实现自身科学发展的重要任务。基于这样一种理论认识，我们可以发现，民主党派在社会治理中可以扮演双重角色。一方面是由民主党派参政党地位的特殊政治职能所决定，即参政地位的确立对其他治理主体的影响性。这不仅意味着其他治理主体需要自觉服从中国共产党的领导，而且有效的社会治理结构，实际上也是在民主党派的“监督”之下形成的，这就是民主党派在社会治理中的“承上”角色。另一方面，在治理结构中，民主党派又是作为一个治理主体而存在。作为参政党，作为社会组织力量的代表参与社会治理，从而形成与其他社会治理主体的互动关系，这又是民主党派在社会治理中的“启下”角色。同样，这对于基层民主党派也是适用的，并且由于基层民主党派分布范围广，跟社会各个领域有直接的接触，跟其他社会主体的互动频率更高，所以，基层民主党派的这种双重角色定位更加突出。

总之，社会治理语境中的民主党派，无论面临多么复杂的环境和局势，无论出现什么样的新情况和新问题，要始终坚定“中国共产党领导的多党合作和政治协商制度”的政治信念，要勇于承担政治责任、社会责任。虽然民主党派对社会治理工作还处在摸索与实践阶段，还有诸多尚待解决和完善的问题，但是民主党派成员首先要明确自身的角色定位，要适应社会发展，迎接时代挑战，把握时代机遇，为社会治理工作尽职尽责。要深深懂得，社会治理工作绝非一朝一夕之功，也绝非执政党一党之事，而是我们社会发展的必然要求与共同责任。

《民主党派的代表性实证研究——以重庆市民主党派为例》（汪守军，《探索》2014年第5期）

代表性问题是政党存在和发展的核心问题，政党的代表性决定了政党的依靠力量以及所奋斗和服务的利益指向，即党的宗旨是什么这一重大问题，也就是依靠谁和为了谁的问题。政党的代表性决定并制约政党功能的充分实现。作为参政党的各民主党派和无党派的代表性也同样如此。虽然执政的中国共产党与各民主党派具有共同的政治思想基础、奋斗目标以及在根本利益上的一致性；各民主党派是中国特色社会主义参政党，是与中共亲密合作、同甘共苦、肝胆相照的友党和诤友，但新时期民主党派的代表性问题日益影响并制约其参政党职能和功能的充分实现，影响到建设高素质参政党这一战略目标的实现。目前，中国民主党派有80多万成员。根据社会政治稳定与社会民主心理辩证关系原理，民主党派作为社会各阶层的精英或代表，他们比一般民众更具有理性成熟的社会价值取向、开放忠诚的社会情感体验以及求稳怕乱的社会心理需要等，这使他们更易于发挥社会稳定器的作用，而增强其代表性将更有助于发挥其参政党“参政为民”的作用和对其他民众的影响作用。从发展社会主义协商民主和拓展公民政治参与领域的需要看，增强民主党派的代表性实际上也为“深化公民的社会参与和国家制度领域的参与”

提供了参与路径和渠道。同时，增强民主党派代表性既是民主党派自身建设发展的基础和前提以及履行参政党职能的重要基础，是中共与民主党派通力合作的基石，也是中国共产党领导的多党合作和政治协商制度可持续、健康发展的内在政治要求，更是坚持走中国特色政治发展道路的重要驱动力。然而，民主党派作为参政党，其作用的发挥、参政党职能的履行和政党功能的实现都对民主党派的代表性提出了较高要求，特别是在新形势、新阶段、新任务条件下，民主党派在发挥参政党作用、帮助执政党化解矛盾、协调利益关系、承担应有政治责任、化解政治风险等方面将发挥越来越重要的作用，但其代表性和影响力不足，将严重制约这一功能和作用的充分实现。因此，以重庆为例对重庆民主党派的代表性现状进行分析和实证研究，间接了解和反映中国整个民主党派在目前中国社会各阶层、群体民众中的印象、看法以及参政党功能和作用发挥对社会各阶层群众的影响状况，并分析造成这状况的原因，这对找到加强民主党派代表性建设的办法或路径具有重要的借鉴和参考价值。

本文以重庆市民主党派为研究对象，其他社会各方面干部群众为主体来评价重庆民主党派在重庆社会发展中的作为、形象、履职、社会影响、参政党作用等情况，进而来研究重庆民主党派的代表性问题。本文的研究主要采取开放式问卷调查法、随机访谈法和文献分析法，并使用 Excel2003 进行数据统计，并对分类调研对象进行均值化处理，如县处级（含县处级）以上领导干部分为 4 类进行问卷调查，包括中共党员干部、统战系统干部、民主党派干部和市政协委员，且它们之间有交叉，因此，每个调查问卷问题的结果取它们的平均值，其他的分类依次类推，最后形成总平均值，即重庆社会各界对重庆民主党派代表性基本状况的认知。

调查结果显示：重庆民主党派代表性总体上还不够强。同时，对民主党派代表性的认知，主城区干部群众较边远区县要高 5 个百分点以上，其中主城的干部比一般群众更了解和认同民主党派的作用，突显出民主党派“精英”特征，但在校大学生对民主党派的代表性认同度不高，然而对民主党派在地方、国家政治生活及社会治理，特别是社会利益整合和矛盾化解方面又寄予较大希望。调查显示，民主党派的代表性主要面临四个方面的问题：政党代表性不突出，政治代表性不明显，有被边缘化的趋势；利益代表与整合的能力不强；民主党派独立的代表性缺失或不够，而辅助性边界模糊以及代表的有效性和合法性不足，代表人物缺乏代表性，代表个人与组织的关系有脱节的严重情况等。当然，造成这些问题的原因是多方面的，除了执政党方面的原因外，更多的是民主党派自身的问题，特别是民主党派成员及其领导干部政党意识不足、政党责任和政治责任意识淡薄，其自身建设面临诸多问题，也包括相应配套的社会政治机制和环境平台的不完善或缺失；缺乏普遍认同民主党派作用、地位的社会政治文化环境，缺乏广泛联系所代表群众或群体的机制或制度等，从而影响民主党派代表性作用的充分发挥。

加强民主党派代表性建设，必须从五个视角和三个层面展开。五个视角是，其一，从协商民主的视角建立和完善相应的体制机制，包括协商主体地位平等问题、协商的有效性问题、协商协议（结果）的双向制约与效力问题、协商的程序性问题等。其二，从民主党派自身建设入手，包括成员发展（成员素质保障），政党意识培养与政党责任、政治责任意识的树立，党派内部竞争、选拔、监督机制的建立与完善；组织发展；横向、纵向组织关系原则的确立与完善；内部政治资源的整合与优化配置问题；政治共识教育、学习、宣传与社会交流通道问题的解决等和参政党职能和功能的充分体现——代表有效性与合法性问题的解决。其三，执政党政治上的充分信任、大力支持和无私帮助。其四，代表发挥作用的政治机制、环境平台的建设、社会上多党合作政治文化氛围的营造与环境构建。其五，严格界定民主党派代表性与影响力建设的边界问题。三个层面，一是政党关系层面，即必须处理好执政党和参政党的关系，使执政党建设与参政党建设相互促进；二是民主党派与国家政权关系层面，必须处理好参政党与政府、人大、政协等的互动关系，是帮忙而不是添乱，是协调利益、化解矛盾，替党委政府分忧解难、促进工作、有效监督而不是制造矛盾和对立；三是民主党派必须接“地气”，深入社会基层的方方面面，在社会关系层面与各阶层群众密切联系，确立参政为民的宗旨，以加强自身建设为重点，从思想、组织、制度建设上整体推进；以协助解决民生问题为抓手，在中共的大力支持和帮助下不断推进民主党派代表性建设，扩大和巩固其群众基础和社会基础，从而增强分担执政党执政的社会风险和政治风险的能力，从根本上服务党和国家建设大局、服务民族振兴大业。

《科层组织视角下民主党派参与国家治理体系建设探析》（孙碧平，《重庆社会主义学院学报》2014 年第 6 期）

党的十八届三中全会把推进国家治理体系和治理能力现代化作为全面深化改革的总目标。国家治理现代化就是国家运用符合现代社会发展要求的手段调节政府行为，达到有效服务市场和社会的目的。由于政府组织是典型的科层组织架构，具有“反民主”“反契约”以及内在信息传递不畅等科层组织普遍性缺陷。因此，政府、市场、社会三者之间的关系理顺与否是衡量国家治理是否现代化的重要标准。民主党派在限制政府公共权力、再造市场经济制度及坚持“问题导向”等方面积极发挥作用，从而促进国家治理体系建设，具有重要意义。

首先，要加强民主党派民主监督职能，完善“权力清单”，建设有限高效政府。政府公权力源于社会委托，理应成为谋取公共利益的“公器”，但权力“公器私用”的现象在当今社会时有发生。理想的“公器”运用模式是既要对政府权力严加限制使其不能为所欲为，危害社会自由，又要赋予政府足够的权威和自主调控空间，足以让政府积极为善，保护和促进自由。中共十八届三中全会提出要“推行地方各级政府及其工作部门权力清单制度”。这是改变“全能政府”的重大举措，是建设“有限高效政府”的有益探索。“权力清单”要求亮出“权力家底”，削减行政审批。政府公布权力清单，是公民与政府、私人利益与公共利益相协调的必然要求。这种约束政府权力与保障公民权利的关系是一种“列举法”与“排除法”的关系，是对公权力活动范围的明确界定。这意味着“权力法定”，政府行使的每一项权力都须有法律的明文列举作为依据，否则就是违法。可见，权力清单制度是一种寻找权力边界的努力，能给人们权利预期。既然“权力清单”是对政府公权力的有效限制，那么民主党派要发挥民主监督职能，就应克服科层组织“反民主”的缺陷，使“权力清单”发挥作用。一是民主党派要对“权力清单”形成过程进行监督。二是民主党派要对“权力清单”公开情况进行监督。三是民主党派要对“权力清单”执行情况进行监督。

其次，强化民主党派参政履职实效，着力“制度再造”，重塑市场契约精神。中共十八届三中全会提出要加快市场经济现代性制度建设。在建设现代性制度中，各级政府部门不仅要“晒”权力清单，更要建立适应市场经济发展的“负面清单”，以此完善“权力运行图”，明确政府权力边界。这是市场经济发展的要求，也是加强国家现代化治理的需要。这要求从市场契约法则的正反角度进行思考，重塑市场契约精神，着力制度再造，增强制度的集成性和适应性。为此，民主党派要强化参政履职的实效，大力推进符合“负面清单”要求的现代性制度再造，并避免制度再造时出现制度性风险，重塑市场契约精神。一是要避免制度缺失风险。要针对“负面清单”新的发展要求，梳理已有制度和规则，清理那些不适应形势发展的制度和规则，建立新制度和规则，避免因制度缺失而使社会相关领域处于管理真空与失范状态，杜绝因制度缺失引起的市场无序风险。二是要避免制度缺陷风险。在制度再造过程中，要避免在“负面清单”环境下再造的制度“供非所需”，出现缺位与争位。缺位会导致权力“真空”，争位会造成部门间争权夺利。三是要避免制度冲突风险。制度冲突不仅表现为不同制度之间的不适应和新旧制度之间不衔接，也表现为不同部门规范同一社会行为时存在矛盾和冲突。这必将增加社会运行和维护的成本，降低制度效率，引发社会风险，最终影响市场在资源配置中决定性作用的发挥。

再次，发挥民主党派沟通协调作用，坚持“问题导向”，促进社会治理创新。当今社会的风险不仅包括因自然灾害、社会危害对人身安全所带来的风险，也包括人们在追求政治、经济等利益的过程中可能面临的社会不稳定风险。中共十八届三中全会提出了创新社会治理，切实维护广大人民群众根本利益的要求。当然，在政治体制、法律体系和社会平台还不够完善的情况下，若不调控群众间利益失衡状况，会使社会矛盾更加激化，可能导致群众与政府间关系出现裂痕，从而影响社会的和谐稳定，并最终影响经济社会的可持续发展。同时由于改革开放，人们的组织意识、价值观念和竞争意识明显增强，但信仰缺失、道德滑坡、社会责任感下降，拜金主义、享乐主义盛行。因此，在社会治理中要强化“问题导向”，依据国情和社情来提高社会治理水平，切实推进国家治理体系现代化建设。一是民主党派要成为社会治理信息畅通的互动者，二是民主党派要成为社会治理方式的协调者，三是民主党派要成为社会治理程序正义的推动者。

《在深化改革中破解民主监督难题》（周淑真、孙林，《中国政协理论研究》2014 年第 1 期）

在全球化、信息化快速发展的当今世界，民主形态正发生着深刻变化，继直接民主、代议民主和协商式民主之后，监督式民主应运而生在监督式民主框架下，民主不再仅仅意味着选举，而是表现为各方面对公共权力的监督机制，全程全面地对公共权力及其执掌者进行监督，最终形成民主的合意即真正的公共意志。监督式民主客观存在于国家和社会的各个领域，有国家权力监督、党内监督、舆论监督、群众监督等对公共权力进行监督的多种方式，但最重要的是来源于国家政治制度设计本身的民主监督。在我国，民主监督分为两大部分：一是人民政协的民主监督，是参加人民政协的各党派团体和各族各界人士通过政协组织对国家机关及其工作人员的工作进行的监督，也是中共在政协中与各民主党派和无党派人士之间进行的互相监督。二是民主党派的民主监督。中共与民主党派相互监督以双方长期共存为主要目的，在中国共产党长期执政的条件下，相互监督主要是指民主党派对共产党的监督，即参政党对执政党领导的国家事务和公共权力进行监督。民主监督是中国特色社会主义民主政治的重要形式之一，是多党合作和政治协商制度的重要内容。然而，无论在理论上还是在实践中，无论人民政协的民主监督，还是民主党派的民主监督都面临来自内部和外部的双重价值拷问，长期以来无力、无序，缺乏成效，成为一道久治不愈的难题，党的十八届三中全会强调全面深化改革，强调必须以更大的政治勇气和智慧，不失时机深化重要领域改革，坚决破除一切妨碍科学发展的思想观念和体制机制弊端，构建系统完备、科学规范、运行有效的制度体系，使各方面制度更加成熟更加定型，这就要求我们必须破解民主监督这道难题。

民主监督成为难题的主要原因，一是监督主体对自身定位不明确，民主党派没有很好地将这种监督定位为一种政党行为，具体表现为：组织和成员的党派意识双双弱化，党派之间日渐趋同，民主党派行政化色彩日益浓厚。二是监督功能定位不准确。在中国特色社会主义监督体系中，民主监督应是宏观、高层和政治性的监督，监督的主要功能是协政、资政，然而，在实践中，由于偏离协政、资政的监督定位，民主监督的水平并不高，具体表现为：民主监督下移“矮化”，“去政治化”特征明显；监督边界的定位不清晰；民主监督中获取信息不畅。由于定位偏差，对于执政党和参政党，在实践中都存在着两种错误倾向：一是民主监督无用论，民主监督可有可无，无足轻重；二是民主监督“软作为主义”，认为民主监督重在参与，不求协政和资政实效，能软就软，批评少、赞扬多，建议少、希望多。

监督式民主既是中国特色社会主义民主的实现形式，也是中国特色社会主义监督体系的重要内容，它既是民主问题也是监督问题，这种交叉性需要在理论上追本溯源，进行顶层设计，即通过理论矫正对民主监督进行再定位，以使之有力、有序、有效地开展。首先是主体定位，民主监督是政党监督，民主党派的民主监督属于“一党领导多党的向心合作监督”，即在与执政党通力合作的前提下，对执政党和政府的工作提出体现“党性”的意见、批评和建议。在国家、政党和社会三维视角下，这种党派监督与国家权力监督、社会舆论和群众监督相辅相成，是体现中国特色社会主义民主制度优势和特点的核心要件之一。其次是功能定性，民主监督是政治性监督，是对国家政权的领导主体—中共的执政情况，通过提出意见、批评、建议的方式进行宏观、高层次、宽领域的政治性监督，政治性强、层次高、范围广泛、形式灵活，是民主监督的主要特点。第三，民主监督是有权责、有效用、有依据的监督。从权利属性看，民主监督是政治权利和政治责任；从功能价值看，民主监督具有智力密集度高、专业化程度高的特点，有利于提高执政党和政府决策与施政的科学化水平；从制度规范：民主监督有据可依。

完善民主监督的对策建议在于，第一注意与其他监督机制的衔接，健全民主监督机制。从国家战略和顶层设计的高度，重塑监督机制；根据监督内容、任务的变化，在继续完善会议、建议案、提案、视察和调研等制度和监督形式的同时，还需继续健全特约监督机制、定期协商机制、情况通报机制、对口联系机制等，为民主监督提供制度和机制载体。第二，发挥政治性功能，创新监督方式，包括利用网络信息技术畅通信息渠道、引入“合法换位反对”方法、加强党派自身建设带动监督方式创新等等。第三，依法划定边界，制定位阶更高的法律法规。现阶段的民主监督依据仍不充分，宪法和法律没有直接授权，依据执政党的规范性文件等“软法”或从政治法理中引申出来的依据，只能基本解决民主监督的对象、方向和方式问题。要进一步发挥人民政协和民主党派民主监督的作用，还需要制定位阶更高、更为权威的法律法规，为民主监督划定清晰的边界，提供强有力的法律支撑和更细致的实施方法。

《民主党派社会基础问题研究》（王维，《黑龙江省社会主义学院学报》2014年第3期）

在现代政治生活中，人们一般以政党的形式联合起来，成为目标明确、组织严密、行动力强、影响力大的利益共同体，通过掌握或参与国家政权实现对众人之事的管理。政党的产生、发展和壮大也有赖于“众人”的支持，这是政党的社会基础、根基所在。政党采取何种行为策略扩大其社会基础，不同的政党可能有不同的答案，因为政党的策略受到社会结构、政党体制、政治文化及其自身历史特点的约束，复杂社会的多元性导致了政党的多元性。

在新民主主义革命时期，国民党主要代表大地主、大资产阶级的利益；中国共产党主要代表无产阶级的利益；民主党派则是由民族资产阶级、城市小资产阶级及其知识分子组成的，代表了社会中间阶级利益的政党。新中国成立后，中国建立起由中国共产党领导的、以工农联盟为基础、由四个阶级组成的统一战线性质的联合政府，民主党派作为民族资产阶级和城市小资产阶级的政治代表参加国家政权，并代表他们参政。在这一阶段，政党的社会基础和利益代表的分野是很明确的。1956年社会主义改造基本完成后，民主党派的性质发生了根本性变化，资产阶级被消灭，民主党派成员转变为社会主义劳动者的一部分，民主党派原有的阶级基础已经消失。此后，在反右斗争和“文化大革命”中，民主党派受到错误对待，组织基础被严重破坏，成员总数下降至不足7万人。“文革”结束后，中国共产党对民主党派的性质、地位重新认识，各民主党派都已经成为各自所联系的一部分社会主义劳动者和一部分拥护社会主义爱国者的政治联盟。改革开放后，中国经济社会快速发展，民主党派也进入加速发展时期，成为“各自所联系的一部分社会主义劳动者、社会主义事业建设者和社会主义爱国者的政治联盟”，民主党派组织发展的源头也大大扩展了。但与此同时，也有民主党派成员认为民主党派的社会基础萎缩了，代表性削弱了。他们的困惑主要来自两方面：一是群体特征逐渐淡化；二是群体利益没有得到充分表达。

目前，在民主党派“来自谁”、“代表谁”的问题上，有的主张坚持界别特色，也有的主张多元化发展；有的主张应重点代表所联系群体的利益，也有的主张应该代表人民群众的共同利益。加之西方持续不断进行思想渗透和意识形态传播，使一些民主党派成员对未来发展道路产生疑问，花瓶论、合并论、竞争论时有耳闻。因此，关于民主党派的社会基础问题亟待深入研究讨论，这既是满足中国社会主义民主建设的现实需求，也是回应西方政治理论挑战的必然要求。

政党是社会结构的“镜像”，政党的社会基础从根本上来说是社会结构性差异的反映。社会主要对立发生在性别、年龄、阶级、阶层、种族、民族、宗教信仰等方面，社会正是沿着这些分裂线形成具有不同政治偏好的群体。马克思主义政党学说认为，政党在本质上是特定阶级利益的集中代表，阶级性是它的根本属性。也有学者认为，意识形态和文化差异才是关键变量。总之，人们多元化的利益诉求通过政党整合在一起，并获得政治表达的机会。政党都以获得的社会支持(社会基础)最大化为目标，但由于竞争制和合作制给予的制度激励不同，政党的行为策略自然也有所不同。在合作制下，人们是在做“多选题”，对政党的认同是非排他性的。在我国，民主党派能够获得的社会支持既不局限于本党派成员，也不局限于所联系界别，而是来自社会大众，这决定了其行为策略的非对抗性。即便与某个小群体对接，当小群体利益与大众利益冲突时，民主党派的最优选择也是代表大众利益而非小群体利益。这种制度安排的优点是，政党之间容易达成协作，政治运作的效率较高，缺点是少数群体的利益可能得不到充分表达。合作制可以视为正和博弈，对中国的民主党派来说，政治行动的目标指向不是被执政党遗漏的空白地带，而是与执政党相同，面向社会大众；最优行为策略不是“填补空白”，而是“兼顾全局”。在成员发展方面，民主党派主要依靠党派成员社会资本的历史积累和组织触角延伸形成的关系网络；在政治行动方面，民主党派在整体性视野下通过与中国共产党的政治协商参与到国家大政方针的决策中。由此，民主党派的政治行动与其成员构成可能不是相互对应的关系，这是多党合作制度的内在逻辑导致的。政党的社会基础及其行为策略必须置于具体的制度框架下去理解，只有充分认识制度约束、顺应制度要求、发挥制度优势，才能巩固和扩大政党的社会基础。对于具有中国特色的社会主义参政党来说，民主党派需要在两方面下工夫。对内，要增强凝聚力，充分发挥组织优势和文化优势；对外，要扩大影响力，努力做好参政议政和宣传工作。

王彩玲　中央社会主义学院中国政党制度研究中心教授

重要文献

中国国民党革命委员会

中国国民党革命委员会第十二届中央常务委员会工作报告

（2014 年 11 月 30 日在民革第十二届中央委员会第三次全体会议上）

万鄂湘

各位委员、同志们：

现在，我代表第十二届中央常务委员会向全会报告工作，请予审议，并请各位列席的同志提出意见。

2014 年的主要工作

今年是完成“十二五”规划目标任务的关键一年，以习近平同志为总书记的中共中央高瞻远瞩、深谋远虑，密集推出一系列重大改革措施，开创了党和国家事业发展新局面。中共十八届四中全会审议通过的《中共中央关于全面推进依法治国若干重大问题的决定》对科学立法、严格执法、公正司法、全民守法、法治队伍建设、加强和改进党对全面推进依法治国的领导等方面作出了全面部署，标志着社会主义法治建设翻开了崭新一页。

一年来，民革全党认真学习中共十八大和十八届三中、四中全会精神，学习习近平总书记系列重要讲话和“八项规定”精神，以全面开展坚持和发展中国特色社会主义学习实践活动为主线，围绕中共中央提出的各项目标、任务和国家中心工作，整合全党资源，凝聚多方力量，各项工作取得了新成绩。

一、参政议政工作硕果累累

民革通过多种渠道积极履行参政党职能，参政议政工作不断取得新成绩。

高层协商座谈成效显著。民革中央领导同志参加中共中央、国务院和有关部门召开的党外人士协商会、座谈会、情况通报会 19 次，围绕“三农”、促进祖国和平统一和社会法制三大重点领域，提早精心谋划，充分运用重点调研成果，组织多方面专家咨询论证，努力提升建言献策水平。民革中央在发言中分别提出了：以法治思维和方式深化行政体制改革，尊重市场主体的平等权利；倡导“生态粮仓、健康土地、安全食品”的理念，保障粮食安全；重视非洲在海外投资“走出去”战略中的作用等一系列建议。这些建议得到中共中央、国务院的充分肯定。在中共中央就十八届四中全会文件框架性问题听取意见过程中，民革中央提出的“科学立法、公正司法、依法行政、社会守法”十六字建议得到中共中央重视和采纳；民革中央提出的一些改革路径和措施得到中共中央采纳，如将铁路法院整体改造成为跨行政区域的行政法院、全国人大常委会就姓名权问题进行法律解释等；一些重点建议如农村土地制度改革、大力发展康养产业等在国务院后续出台的有关文件或措施中得到采纳。此外，民革中央与全国政协社法委合作，共同承办以“确保依法独立公正行使审判权检察权”为主题的双周协商座谈会，郑建邦、施中岩、汤维建、叶赞平、夏先鹏、史小红、钟晓渝、王光贤等委员积极建言献策；吴晶、李晓东、马志伟、张兴凯、田在玮、李崴、温香彩等委员分别受邀参加双周协商座谈会并发言，就大学生毕业创业就业环境优化等一系列重大问题提出建议。

重点成果不断涌现。参政议政工作注重三大重点领域的互相交叉和融合，品牌效应愈加突出，涌现出一批重点成果。民革中央围绕国家经济社会发展全局性、战略性和前瞻性问题，全年选定 32 个课题，开展调研 46 次，报送书面建议 19 篇，得到中共中央、国务院领导同志批示 30 人（次），其中 13 篇得到中共中央政治局常委批示 17 人（次），批示率达到历史新高。年初，民革中央响应中共十八届三中全会“深化司法体制改革”的号召，将“深化司法体制改革若干重大问题”确定为年度重点调研课题，主席、常务副主席分别率领调研组赴 12 地调研，召开了 20 多场座谈会，最终形成的书面建议得到中共中央、国务院领导同志的高度评价，中共中央政法委书记孟建柱同志批示有关部门认真听取、采纳，逐项研究；北京、上海、广东等地目前正在推进司法体制改革试点，我们建议的方案被广泛采纳。此外，《关于加快推动京津冀协同发展的建议》等分别得到李克强、俞正声、张高丽同志批示。在十二届全国人大二次会议期间，孙继业等 5 位代表领衔提出了 8 件议案，莫小莎等 34 位代表向大会提交了 169 份建议，其中《关于建立京张生态补偿机制的建议》等 3 篇被列为重点办理建议。在全国政协十二届二次会议上，田惠光同志代表民革中央作《以法治思维和方式推进行政体制改革》的大会发言，何丕洁同志作《生态粮仓、健康土地、安全食品》的大会发言，汤维建同志作《坚持司法为民，努力破解“诉讼贵”》的大会发言。同时，民革中央提交集体提案 46 件，其中《关于加快我国金融监管体制改革的建议》被列为财税金融类 1 号提案，《关于以商事法律制度改革为突破口，深化法治中国建设的提案》等 5 件被列为重点提案。杨天怡同志反映的《清理规范变相的培训中心、招待所势在必行》、何杰同志反映的《关于严禁党政干部就读 EMBA 的建议》等寓民主监督于参政议政之中，得到中共中央高度重视并予以采纳。

推进志愿服务立法建设。长期以来，民革不少基层组织存在缺乏场地和活动载体等现实问题。近年来一些基层组织在志愿服务方面取得了可喜成绩，在活动中解决了上述难题。志愿服务是倡导社会主义核心价值观、弘扬社会正能量的重要平台，是社会管理创新、国家治理体系和治理能力现代化的重要载体，是增强基层组织凝聚力的重要方式，是促进社会和谐的重要基础，是积极应对人口老龄化挑战的务实之策，也是弘扬中华民族传统美德的有效形式。围绕“志愿服务法制化建设”问题，民革中央在广泛调研和座谈的基础上，积极响应中共十八届四中全会提出的“探索委托第三方起草法律法规草案”，充分发挥自身界别优势，联合有关部门和研究机构共同起草完成《志愿服务条例示范文本》，并向中共中央、国务院报送了《关于加快我国志愿服务法制化建设的建议》。调研过程中，示范文本已经得到不少省市地方立法机关的积极响应与咨询。这次全会上，我们也把示范文本送给各省级组织和副省级城市组织主委，请大家回去后向地方立法机关积极推荐，为推动志愿服务法制化进程、为探索民主党派参政议政新机制做出新的贡献。

信息工作取得突破。一年来，民革中央向全国政协报送330篇社情民意信息，被采用62篇，其中《关于尽快解决青藏边界冲突，维护区域和谐稳定的建议》等4篇得到俞正声同志批示，《应对暴力恐怖事件应注意“四个苗头”，强化“四个防范”》得到杜青林同志批示。《完善三江源生态补偿机制的建议》等7篇被单篇采用，单篇采用数同比增加75%；信息整体采用率16.6%，在各民主党派中央和全国工商联中的排名由去年的第7位上升到今年的第2位。主席班子和民革中央常委率先垂范，报送253篇，民革中央采用94篇，全国政协采用21篇，其中3篇被单篇采用。民革上海市委会、民革广东省委会、民革山东省委会、祖国和平统一促进委员会等为民革中央反映社情民意信息工作作出了突出贡献。

二、思想宣传工作扎实推进

民革以开展坚持和发展中国特色社会主义学习实践活动为主线，不断推进民革党史和理论研究，大力宣传民革各项工作成果。

全面开展坚持和发展中国特色社会主义学习实践活动。民革中央制定了《民革坚持和发展中国特色社会主义学习实践活动实施方案》，使活动有部署、有抓手、有辅导、有督导，组织了一系列特色鲜明的活动，对民革各级组织开展学习实践活动提出了具体要求。民革中央中心学习组举行2次专题座谈会，把认真学习习近平总书记系列重要讲话作为一项重大政治任务来抓，提出把民革全党上下的思想和行动凝聚到讲话精神上来。民革十二届七次中常会对加强民革意识形态工作做出了部署，提出要充分认识意识形态斗争的长期性、复杂性、尖锐性，始终保持清醒头脑，认清肩负的责任和面临的挑战，协助中国共产党把意识形态工作抓实、抓好，凝聚广大民革党员的政治共识，汇聚成全面深化改革的积极力量。民革中央主席班子采取“分片包干”的形式，各位副主席亲自为各省市作主题报告，受到广泛欢迎。首次针对担任厅级以上实职的民革党员举办“坚持和发展中国特色社会主义”专题研讨班，强调民革党员干部要坚定理想信念，增强“三个自信”，不断提高能力，依法履行职责，严格贯彻“八项规定”精神，廉洁从政、参政为民。各地组织积极创新活动方式，丰富活动内容，通过学习培训、交流座谈、辅导讲座、演讲征文、表彰优秀等形式把学习实践活动推向深入，形成了领导同志带头、广大党员积极参与的良好态势。实践过程中涌现出大量优秀民革党员，为社会树立了良好形象，特别是福建泉州民革党员、援疆医务工作者蔡立忠同志的事迹引起强烈反响，中共泉州市委、市政府将他树立为模范典型，下发文件号召全市党员干部向他学习。广大党员的思想政治素质得到进一步提高，为民革自身建设和履行参政党职能的各项工作提供了可靠的思想保障。

抗战老兵口述历史和民革前辈史料采集工作基本完成。民革中央就这项工作发出动员后，各级组织纷纷响应，湖南、云南等地民革组织发挥优势，成效显著。截至2014年

9月，民革中央共收到包括黄埔老人、抗战老兵、民革老同志在内的224位民革前辈的影像资料，组织力量对各省报送材料进行了验收、登记、审阅、归档。特别是抗战老兵口述历史工程抢救性地采集保护了一批珍贵史料，记录的抗战资料准确翔实，流露的爱国情怀感人至深，活动得到社会广泛好评。民革中央继续推进民革前辈纪念场馆保护利用工作，不断丰富“同心曲·民革前辈纪念场馆系列丛书”。与人民出版社合作编辑《何鲁丽文集》，预计明年初正式出版。参与纪录片《朱学范》的审查，修改意见得到采纳。举办纪念甘祠森同志诞辰100周年座谈会。召开中国辛亥革命研究会理事会换届暨“拓展辛亥革命研究新境界”学术研讨会。完成《抗日战争与中华民族复兴》系列图书前期工作。

参政党理论研究扎实推进。民革中央赴5省调研“民革地方组织参与协商民主现状”并向中共中央提交《关于民革组织参与协商民主现状的调研报告》，得到俞正声同志批示。民革中央与上海师范大学联合成立了“协商民主与公共政策研究中心”，就民主党派参与公共政策评估的协商民主试验等开展调研并举办学术研讨会，取得了一系列成果，出版了《协商民主与公共政策》。

及时充分多渠道宣传民革各项工作。进一步加强与《人民日报》、新华社、中新社等主流媒体的合作，提升自有媒体影响力，加大对民革自身建设和参政议政成果的宣传力度，组织了一系列有影响的报道。民革中央网站开设了“亲历者赞”、“捍卫者说”、“实践者行”等专题，得到中共中央统战部高度肯定。团结报社坚持服务民革事业、服务多党合作的定位，稿件质量明显提高，发行工作稳中有升，全媒体项目开局良好，稳步推进报纸、团结网、团结手机报、法人微信、移动客户端、户外阅报屏六大平台建设，发挥民革中央指导全党工作重要载体和民主党派共建共用的舆论阵地作用，提升舆论引导力，扩大社会影响力。团结出版社基本完成数字化转型升级，荣获“2013中国图书世界影响力出版100强”称号。

三、组织和机关建设工作稳步发展

民革以全面履行参政党职能为目标，大力加强组织建设、后备干部培养和内部监督，狠抓作风建设，组织结构进一步优化。

聚焦组织发展问题。民革中央采取“请上来、走下去”的办法，围绕组织发展、领导班子建设、后备干部队伍建设、实职干部培养使用、基层组织建设等方面进行座谈和实地考察，摸清家底，找出问题。按照民革中央关于各级领导班子成员参加支部活动的要求，从2013年1月至2014年11月，各级领导班子成员参加支部活动共17018次，民革中央主席班子成员共参加支部活动共35次。通过参加支部活动，各级领导班子“接地气”、访实情，帮助基层支部“接天线”、谋发展。民革各级组织和党员发展工作平稳有序推进，目前共有省级组织30个，地市级委员会271个，县级委员会52个，基层委员会61个，总支委员会414个，支部委员会4539个。截至今年6月，民革党员总数112286人。

积极推荐干部任职。民革中央高度重视干部培养和推荐工作，积极向各级中共党委和统战部门推荐民革党员担任领导职务。省级组织也积极开拓干部推荐路径，多渠道多层次举荐实职干部。目前，民革党员担任各级人大代表2160人、政协委员12259人，担任副省长1人、地市级副市长33人，担任政府工作部门领导职务的正厅级5人、副厅级

21 人，担任省级司法机关副职领导职务 11 人、地市级司法机关副职领导职务 18 人，担任社会团体领导职务正厅级 5 人、副厅级 9 人，担任国有企业领导职务正厅级 1 人、副厅级 12 人，担任高等院校和科研院所领导职务正厅级 1 人、副厅级 23 人。一批民革党员荣获国家级表彰：民革党员苏为科、汪明来、赵亮同志荣获 2014 年度全国五一劳动奖章，民革党员苏卫琴、宋亚平同志荣获“全国三八红旗手”称号，民革党员施锦丽同志荣获“全国民族团结进步模范个人”称号，民革党员刘以农、李颖、谭忆秋、张全国、富力同志获得国家科学技术奖励大会表彰。

重视干部培养锻炼。为夯实 2017 年省级换届的组织基础，完善后备干部队伍，民革中央通过了《2014—2017 年民革省级组织领导班子后备干部队伍建设工作的意见》，对民革各级组织领导干部情况进行动态管理，完成省级领导班子有关数据测算。民革中央通过教育培训、挂职锻炼、轮岗交流等途径，加强干部培养锻炼，提升干部业务水平，今年共推荐 40 名地方厅局级及处级干部参加中央社院民主党派干部进修班、培训班和出国研修班。民革中央机关有 5 名干部完成挂职锻炼，2 名干部分赴湖北、贵州挂职锻炼，完成近年来规模最大的一次干部轮岗。

狠抓党内监督工作。民革中央扎实推进内部监督工作，召开经验交流会，总结成绩，分析问题，积极探索新形势下如何更加有效发挥内部监督作用。开展内部监督工作调研，了解各省工作情况，督促尚未成立监督委员会的省级组织成立监督委员会。依据民革党章和有关规章，开除违纪党员 3 人。同时，继续做好来信来访工作，民革中央监督委员会办公室共收到来信 9 件，与相关省级监督委员会办公室进行了联系处理。

加强机关作风建设。民革中央机关严格贯彻“八项规定”精神，切实加强机关作风建设，严格控制“三公经费”开支，制定了一批规章制度和管理办法，如《民革中央机关差旅费管理办法》、《民革中央机关关于台港澳及海外华人接待经费管理办法》、《民革中央机关会议费管理办法》等，健全了审批制度，规范了工作程序。关心机关干部职工生活，下大力气解决了一些实际问题。

推进民革信息化建设。为在信息化时代加强民革组织建设，搭建各级组织工作平台，凝聚广大党员力量，民革中央选择民革浙江省委会和民革珠海市委会进行试点，初步建成“民革 e 家”信息平台，为搭建全党工作网络平台打下了基础。平台集信息发布、党务管理、辅助办公、互动交流为一体，能让各级组织和每位党员在平台上汇聚智慧、分享党内资源、助推参政议政民主监督工作，加强党员之间沟通联系，营造积极和谐创新的党务文化，增强党员归属感、荣誉感和责任感。期待“民革 e 家”信息平台能够成为民革的组织园地、温馨的党员之家！

四、社会服务工作打造新品牌

民革社会服务工作强化服务意识，提高服务能力，勇于探索创新，打造多个新品牌，各项工作扎实推进。

法律援助咨询服务全面推广。民革十二届三次中常会提出“把在各省市区成立免费法律咨询和诉讼代理服务机构作为民革今后工作重点”，得到各级组织和广大党员积极响应。民革基层组织紧密依托党员中近 4000 位法律工作者，送法律进乡村、进校园、进企业、进社区，为所联系的党员、群众提供法律服务，开创了民革社会服务工作参与法治建设的新领域。截至2014年11月，民革有23个省级组织和139个地市级组织成立了法律援助咨询服务机构，灵活采用专家志愿服务团、流动服务点、普法讲坛沙龙等形式，针对劳动人事争议、医疗纠纷、土地征用和拆迁补偿等重点问题，防范化解社会矛盾，实施法律援助案例2190个，累计有5万多名群众从中获益。如民革浙江省委会与浙江省司法厅联系，主动将民革的法律咨询服务工作纳入政府法律援助工作机制；民革北京市委会依托民革党员开办的律师事务所，成立了全国首家劳动人事争议预防调解中心；民革吉林省委会提出了关于法律进社区工作的集体提案；民革四川乐山市委会成立“同心·法律服务团”，积极为当地党委政府科学决策、依法行政提供法律支持。

“博爱·牵手”活动反响热烈。“博爱·牵手”活动注重与坚持和发展中国特色社会主义学习实践活动相结合，与各地政府和统战系统扶贫济困活动相结合，与民革社会服务传统工作相结合，注重从“博爱·牵手”活动中发现参政议政课题和社情民意信息。民革各级组织整合民革企业家、文化医疗科技人才的力量，采取不同形式帮扶困难群众、关爱抗战老兵，激发基层组织活力、增强凝聚力，如民革湖南省委会的“雷锋超市”、民革广东省委会的“南粤送爱心”、民革河北省委会的“春雨助学帮困行动”等品牌赋予帮扶工作统一的工作形象和丰富的工作内涵。基层组织共开展活动4200余场，活动捐款捐物总价值1.12亿元，直接受益人数达73万人。这次全会期间要表彰在活动中作出成绩的基层组织，分别授予民革北京市海淀区工委第十一支部等10个单位“十佳基层组织”称号，授予民革天津市南开区教育卫生支部等20个单位“优秀基层组织”称号。

中山博爱基金会筹备顺利。为传承中华民族优良传统，弘扬孙中山先生的博爱精神，致力社会公益慈善事业，开展扶贫济困、支边支教等各种社会活动，资助历史、文化、教育、医疗卫生等公益慈善项目，为早日实现中华民族伟大复兴的中国梦贡献一份力量，民革中央发起成立非公募中山博爱基金会。在民革中央和各省级组织，特别是广东、贵州、北京、河北、四川等省市组织的努力下，2300万元原始资金已全部到位，民革党员邓兴贵、庄小夸、李希、马松涛、翟志海、任文海、郑耀南、游忠惠等同志作出了积极贡献和良好表率。近日，国家民政部已审理并通过了中山博爱基金会筹备机构上报的相关文件，并按有关程序呈报国务院审核。

支边扶贫等工作不断深化。继续加大对毕节试验区建设的支持力度，积极扶持纳雍茶产业健康发展；助推黔西南试验区产业转型升级；加强与地方政府的协调合作，签订“民地合作”协议，建立民革社会服务基地。截至目前，全国各省级组织共确定了78个定点扶贫地区，一年来共组织赴定点扶贫地区考察2700余人（次），选派挂职干部79人，实施各类扶贫项目356个。各级民革组织共投入扶贫资金和物资折合价款约1140万元，帮助贫困地区引进各类资金5.45亿元。巩固和加强非公经济人士联系、书画、办学等社会服务传统领域工作，民革中央画院先后举办了“祖国岛屿风情书画展”、“伸出博爱之手——支援鲁甸抗震救灾”公益笔会等大型活动。

五、促进祖国和平统一工作不断深入

民革全党紧密联系两岸关系和台湾岛内形势的发展变化，全面贯彻中共中央对台工作大政方针、特别是习近平总书记一系列对台重要讲话精神，推动祖统工作深入开展。

涉台参政议政有分量。今年《政府工作报告》涉台部分的有关表述采纳了民革中央提出的建议，发表后引起岛内巨大共鸣和广泛热议。民革中央提交全国政协十二届二次会议涉台大会发言4篇和提案11件，其中《加强两岸四地消费者权益保护合作机制建设的提案》被评为唯一一件对台工作重点提案。《关注台湾农田水利会联合会换届后的新情况，做好台湾人民工作》等3篇社情民意信息得到俞正声同志批示。民革中央与国台办等单位密切合作，组建民革中央台湾问题研究中心和涉台国际问题研究中心。参加由厦门大学、上海师范大学、复旦大学和中国社科院台湾研究所发起的两岸关系和平发展协同创新中心，并成为理事单位。

对台对外交流活动有创新。在巩固“台湾高校杰出青年赴大陆参访团”等老品牌的同时，民革中央排除岛内所谓“太阳花学运”的干扰，与岛内蓝营青年团体共同成功主办“跨越海峡 青春同行——两岸青年和平发展论坛”，得到中共中央统战部和国台办的高度肯定。与中国高等教育学会、两岸文化创意人才服务基地、北京国际设计周组委会共同主办了“北京国际设计周人才交流推介会暨第五届两岸青年创新创业论坛”，国台办高度重视并将论坛列为重点支持项目。继续与国家水利部、台湾农田水利会联合会共同举办“海峡论坛·两岸乡村农田水利建设交流会”。积极参加海外反独促统运动，今年民革中央首次举办“海外及台港澳知名人士国庆招待会”，努力促进海外爱国力量大团结。民革中央领导同志出席“中南美洲统促会2014年大会”、“欧洲华侨华人社团联合会第十八届大会”、“中山·黄埔·两岸情”论坛。积极参与并推动两岸文化艺术交流。

祖统工作机制有推进。民革中央领导同志应邀为各级民革组织和统战系统作台湾形势与两岸关系及涉台参政议政工作辅导报告10余次。不断加强祖统干部业务培训，提升祖统工作骨干队伍的能力和水平，摸底调查了全国各省级组织祖统委员会基本人员情况，建立了人员名单数据库。积极策划纪念抗战胜利70周年系列活动，统计全国主要抗战纪念场馆、遗址等信息，联合宋庆龄基金会赴云南慰问抗战老兵。

同志们！过去的一年，民革各项工作取得了积极的进步和可喜的成绩。这是以习近平同志为总书记的中共中央正确领导的结果，也是民革各级组织和广大党员兢兢业业奋斗、同心协力合作的结晶。在这里，我代表民革中央常委会，向各级组织和全体党员的热忱支持和辛勤付出表示衷心的感谢！

同时，我们清醒地看到，与新形势、新任务的要求相比，与民革承担的历史使命相比，民革各项工作都还有不少问题和困难：如参政议政工作聚焦还不够精准、保障还不够完善，民主监督工作有待进一步加强，思想理论建设工作还有继续深入的空间，组织建设工作面临缺少领军人物、党员年龄结构偏大、基层组织缺乏凝聚力等一系列问题。针对这些问题，民革中央决不回避、退缩，要努力建章立制，要采取有针对性的措施。民革各级组织要扎实进取、奋发有为，争取用几年时间探索出发展新路子，为民革履行参政党职能提供有力保障！

2015 年的主要任务

2015 年是“十二五”收官之年，是为“十三五”开局打下基础的关键一年。民革全党工作的总体要求是：高举中国特色社会主义伟大旗帜，贯彻落实中共十八大、十八届三中、四中全会精神，围绕全面深化改革、全面推进依法治国，聚焦重点领域和关键环节，在凝聚改革共识上多尽责，在推动科学发展上作贡献，在全面加强自身建设上下功夫，确保民革各项工作取得新成效。作为中国特色社会主义的亲历者、实践者、维护者、捍卫者，民革广大党员要在全面深化改革、全面推进依法治国的伟大时代中找准人生的坐标。人的能力有大小之别，但是对事业的忠诚与热爱能激励我们付出加倍的努力，能力与努力共同决定着事业的成就与作为。要在民革全党倡导“有为才有位”的理念，激发全体民革党员为实现“两个一百年”奋斗目标和中华民族伟大复兴的中国梦而努力拼搏。

一、深入学习贯彻中共十八届四中全会精神

民革各级组织要把学习贯彻中共十八届四中全会精神作为当前和今后一个时期民革全党的重大政治任务，深刻领会全面推进依法治国的指导思想、总体目标、基本原则和重大任务，切实把思想和行动统一到全会精神上来。要把学习贯彻中共十八届四中全会精神作为全面加强自身建设和提高履职能力的强大源动力，努力做到四个结合：一是要将学习全会精神和持续开展中国特色社会主义学习实践教育活动相结合，进一步增强走中国特色社会主义法治道路的坚定性、自觉性；二是将学习全会精神和民革十二大提出的目标任务相结合，增强依法按章、循制履职的法治意识，做到议政建言、民主监督于法有据；三是将学习全会精神和参政议政工作相结合，围绕法治建设涉及的重大问题、选择一些重点课题如地方立法体制和机制改革、加强全民守法、司法体制改革等，开展专题调研，与全国政协有关部门共同办好“推进人民法院改革”专题协商会。四是将学习全会精神和社会服务工作相结合，深入开展法律援助咨询服务，为营造良好法治文化、化解社会矛盾作贡献，在依法治国中建功立业。

二、不断提高履职能力

按照民革十二大提出的“举全党之力抓参政议政”的方针，不断提高参政议政、民主监督工作水平。

要围绕重点领域深入调研。围绕全面推进依法治国方略、“十三五”规划前期准备和编制、福建平潭综合实验区建设、金融扶持“三农”和现代服务业发展、构建新型农业经营体系等课题，注重统筹谋划，弘扬“钉钉子”精神，深入基层扎扎实实开展调研。完善上下联动、横向交流机制，鼓励省级组织积极申报和参与 2015 年民革中央调研课题，引导帮助各级组织将参政议政的选题与地方党委政府关注、民革有调研基础的重点工作相结合。选题聚焦要精准，调查研究要扎实，反映问题要透彻，提出建议要中肯，进一步提升参政议政的科学化水平。

要夯实参政议政工作基础。进一步完善参政议政工作机制，以制度创新推进工作创新。

帮助省级组织搭建信息工作交流平台和培训机制。创造条件,让专门委员会充分发挥作用。建立国家部委对口司局和党外专家信息库。加强参政议政人才队伍建设，发挥在政府部门任职的实职干部的骨干作用。已经建立的制度如民革中央常委反映社情民意信息工作制度等不能松懈。明年要集中评选民革“十佳参政议政成果”。

要探索民主监督工作机制。民革各级组织、政协委员要更好发挥民主监督作用，民革党员中的人大代表要更好发挥依法监督作用，真正将民主监督融于协商民主和参政议政之中，切实提高建言献策水平，敢于直面现实问题和敏感问题，反映所联系民革党员和人民群众的诉求和心声，结合自身实际，重调查、说真话、敢担当，做共产党的诤友。进一步拓展民主监督的渠道和途径，认真开展民主监督的理论研究，要总结各地这方面好的经验和做法，发挥好专家咨询、政府参事的作用。

三、重点加强自身建设

以坚持和发展中国特色社会主义学习实践活动为主线，以加强参政能力建设为核心，为各项工作固本强基。

要不断强化思想理论建设。继续深入开展坚持和发展中国特色社会主义学习实践活动，大力培育和践行社会主义核心价值观，结合基层组织建设、社区志愿服务和参政议政工作，将活动抓好抓实。要紧紧抓住协商民主广泛多层制度化发展的主题，在制度、实践两个方面提高协商参与能力，做好协商民主理论的研究。发挥好团结报、《团结》杂志在思想理论宣传和舆论引导方面的阵地作用，进一步做好全党参政议政成果的宣传报道工作，宣传好民革先进人物、优秀党员的先进事迹。

要扎实推进组织建设。全面落实民革全国组织工作会议提出的工作任务，善于发现问题，勇于面对问题，善于解决问题，强化组织部门自身建设，严格执行机关规章制度、严肃组织工作纪律。组织发展方面，鼓励各级组织发展一批高素质、有代表性、有影响力的人士，按照有关文件规定，积极推动具备工作基础和组织条件的地市成立民革组织。干部培养和推荐方面，全力推荐优秀干部到各级政府及其工作部门、司法机关等担任领导实职、特别是厅局级和处级正职。认真做好换届准备工作，确保届中调整和2017年换届工作顺利进行。继续办好民革中青年干部培训班。

要抓好内部监督和机关作风建设。加大指导、督促省级组织开展内部监督工作的力度。通过加强机关干部和全体党员的作风建设,切实改进民革的工作作风,继续改进文风、会风、学风，不断提高工作质量和水平，继续深化对机关建设规律的探索，进一步加强机关制度化、规范化、程序化建设，大力推动学习型机关建设。

要进一步推进信息化建设。探索利用“民革 e 家”信息交流平台形成“民革指数”，通过大数据筛选、分析、挖掘，形成独具特色的决策参考数据，为参政议政提供定量研究支撑，同时高度重视信息安全。团结报社要全面发展新媒体，发挥六大平台的优势，强化互联网思维、挖掘大数据潜力，办媒体、抓融合、促发展。向各民主党派中央、民革省委会赠送户外阅报屏，实现省级以上民主党派全覆盖。

四、巩固扩大社会服务成果

将志愿服务精神与民革基层支部活动紧密结合，凝聚基层党员向心力，将志愿服务融入有民革特色的社会服务工作中。

要深入开展法律援助咨询服务。在总结前段工作经验基础上，充分发挥组织优势，有针对性地指导各级民革组织对已开展的法律援助咨询服务工作进行区分、定位，较好地解决困扰民革各级组织开展法律援助咨询服务工作面临的理论和政策难题。民革中央要与国家司法部建立日常工作联系机制，为做好法律援助咨询服务工作搭建交流平台。

要持续开展“博爱·牵手”活动。以“博爱·牵手”活动总结表彰会为新起点，宣传典型帮扶事例，倡导志愿服务精神，进一步探索志愿服务活动的有效形式，引导推动基层支部、民革党员和所联系人士参与社区志愿服务活动和美丽乡村建设。建立活动信息专人负责及定期报送、反馈和评价制度，及时沟通工作动态。启动运行中山博爱基金会，支持“博爱·牵手”等活动。

要不断推动支边扶贫新发展。以参与毕节试验区建设为示范，积极做好民革智力支边扶贫工作，在推进生态文明建设、传播现代文明理念、培养农村人才和促进民生事业等方面建睿智之言，提务实之策。围绕“美丽乡村”建设目标，积极普及生态保护理念，帮助发展林下经济、有机农牧业和生态旅游业，探索可持续健康发展之路，促进贫困地区人口、经济与资源环境协调发展。

五、为促进祖国和平统一作出新贡献

深入贯彻习近平总书记系列涉台重要讲话精神，以纪念中国人民抗日战争和世界反法西斯战争胜利 70 周年为契机，扎实推动民革祖统工作水平得到整体提升。

要积极深化涉台参政议政。继续密切关注两岸和平发展进程中的新情况、新问题，依托台湾问题研究中心、涉台国际问题研究中心、两岸关系和平发展协同创新中心等智库，围绕福建平潭综合实验区建设、两岸婚姻家庭权益维护、知识产权保护、协调两岸合作援外事务等热点问题及对台工作基础性问题开展深入调研，努力拿出更多高水平的参政议政成果。

要系统运用抗战老兵口述历史和民革前辈史料。按照中共中央关于纪念抗战胜利 70 周年的总体部署，在抢救、保存史料的基础上多出成果、出好成果，突出民革特色，向全国各级抗战纪念场馆赠送抗战老兵口述历史有关资料。整合力量开展系列纪念活动，宣传抗日战争及世界反法西斯战争成果，宣传抗战精神，促进两岸合作开展有关抗战史迹考察及史料汇集。开展以纪念抗战胜利 70 周年为主题的史料采风、艺术创作等系列文化纪念活动，举办以“民族魂”为主题的大型书画展览。

要大力促进两岸深层次交流。岛内政治生态不断变化，给两岸和平统一带来了机遇和挑战，要解放思想、调整结构、创新思路，不断巩固和深化与台湾泛蓝阵营的传统交往，扩大与岛内其他相关社团的合作。办好第六届“中山·黄埔·两岸情”论坛，做好海内外黄埔后代亲友、台湾泛蓝阵营、统派力量及台湾退役将领工作。继续办好海峡论坛农田水利分论坛、两岸青年创新创业论坛。做好台湾新党青年组织“新中华儿女学会”骨干赴大陆参访交流等一系列交流活动。

各位委员、同志们！2015 年即将到来，中共十八届四中全会开启了全面推进依法治国的新航程，在这样一个重要的历史关头，我们面临的任务更加繁重，肩负的责任更加重大。让我们更加紧密地团结在以习近平同志为总书记的中共中央周围，高举中国特色社会主义伟大旗帜，以邓小平理论、“三个代表”重要思想、科学发展观为指导，继承和发扬孙中山爱国、革命、不断进步精神，积极投身全面深化改革和全面推进依法治国伟大实践，锐意进取，攻坚克难，为推进国家治理体系和治理能力现代化贡献力量，为实现中华民族伟大复兴的中国梦而努力奋斗！

中国国民党革命委员会中央监督委员会工作报告

（2014 年 11 月 30 日在民革第十二届中央委员会第三次全体会议上）

田惠光

各位委员、同志们：

现在，我受民革中央监督委员会委托，向十二届三中全会报告监督委员会工作，请予审议。

2014 年的主要工作

今年，中央监督委员会结合民革中央坚持和发展中国特色社会主义学习实践活动，在中央委员会的领导下，贯彻落实《中国国民党革命委员会内部监督工作条例》（以下简称《条例》）精神，坚持积极稳妥、循序渐进的原则，不断健全和完善内部监督机制，为民革自身建设，特别是领导班子建设和机关建设做出了一些工作，取得了一定的成绩。

一、加强培训教育，强化对实职干部的内部监督

内部监督的重点是各级领导干部履行职责的情况。民革党员中的实职干部，既担任着民革各级领导职务，也担任着“一府两院”及国有企业领导实职，民革组织有责任对他们教育和引导，使他们成为民革社会形象的优秀代表。中共十八大以后，中国共产党颁布实施八项规定，极大地促进了党风政风的转变。反腐倡廉不分党内党外，民革实职干部同样应该严格遵守八项规定，民革中央监督委员会应当配合政府监察部门做好对他们的教育和监督工作。今年 7 月，民革中央举办民革厅级以上实职干部“坚持和发展中国特色社会主义”专题研讨班，一方面是为民革厅级以上实职干部的进一步成长提供关心和帮助，另一方面也是一次警示教育，促使他们在实职工作岗位上用好人民赋予的权力，做到廉洁自律。万鄂湘主席在研讨班讲话中强调，民革干部要深入学习习近平总书记关于加强作风建设、反腐倡廉的系列重要讲话精神，严格执行八项规定，遵循法律法规的

要求，廉洁从政、参政为民。研讨班还专门邀请了中共中央纪委、统战部和党校的专家作了三场专题报告，观看了反腐倡廉警示教育片。研讨班的举办，有助于推动民革实职干部进一步夯实中国特色社会主义理想信念，廉政勤政，促进依法行使权力和依法履行职责。

二、开展内部监督工作调研，加强对省级组织的指导

内部监督工作对于民革来说还是一个新鲜事物，无论是工作实践，还是理论积累，都需要中央与省级组织上下联动，积极探索。目前，已有28个省级组织成立了监委会。中央监督委员会通过实地调研、召开座谈会、下发问卷调查等方式，对省级组织开展内部监督工作的情况进行调研。通过调研了解到，各省级组织按照《条例》规定，对领导班子召开民主生活会、谈心会等方面进行了内部监督，对下级组织内部监督工作进行指导，接待处理好来信来访工作，这些工作推动了民革自身建设、提高了履职能力。

一些地方组织在开展内部监督工作的过程中积极创新，积累了一些实践经验。民革江苏省监委会结合地方工作实际，积极探索预防机制，创新工作模式，提出目前开展内部监督工作的重点，应放在对各级组织和领导班子及党员履行民革《章程》情况的监督，对党派机关工作作风的监督，以及对有实职安排和政治安排的党员履职情况的监督。民革浙江省监委会在全省党员中开展对民革《章程》、《条例》及中共浙江省委统战系统监察工作联席会议关于党外人士监督暂行办法等文件内容的学习，认真落实监督工作规则，建立健全全省监督网络，并配合中共浙江省委统战部监察室、省委统战系统监察工作联席会议等开展工作交流。民革云南省监委会学习借鉴中共监督部门成熟工作经验，主动上门拜访，同中共云南省纪委进行座谈，学习执政党管党治党的先进经验，并建立了定期交流联系制度。

三、召开民革内部监督工作经验交流会，探索内部监督机制建设

今年8月，在前期调研的基础上，中央监督委员会在甘肃兰州召开民革内部监督工作经验交流会，中央监督委员会委员、各省级监委会主任和监委会办公室主任参加了会议。民革中央副主席、中央监督委员会主任何丕洁作开幕讲话，介绍了中央监督委员会换届以来的工作情况，提出了今后做好内部监督工作的总体思路和要求。民革中央副主席、中央监督委员会副主任田惠光作闭幕讲话，总结了现阶段民革内部监督工作的特点，对做好省级组织内部监督工作提出了要求。

会议安排了十二位同志代表本省监委会作大会发言，介绍省级内部监督工作的现状和工作亮点。从交流发言可以看出，虽然内部监督工作开展的时间不长，但是各省级组织对这项工作的重要性已经形成共识，通过不断探索、创新，取得了一定的经验和成绩。有的着重抓好制度建设，力求内部监督工作有规可遵、有矩可守；有的开通“民革党员热线电话”，畅通与广大基层党员联系沟通的渠道；有的探索在市级组织成立监委会，构建省市上下联动、紧密合作的内部监督工作体系。这些都为兄弟省份提供了宝贵的学习经验，也为推进民革内部监督机制建设提供了实践基础。

中共中央统战部主办的《统战工作》第105期，以《民革内部监督工作取得实效》为题，

结合民革内部监督工作经验交流会的内容，从“建立健全工作制度”、“探索打造工作抓手”和“注重发挥监督实效”三个方面，介绍了民革中央监督委员会和省级监委会在开展内部监督工作方面的做法，认为民革中央自2008年启动内部监督工作以来，在实践中不断探索，推动省级组织成立内部监督委员会，在加强自身建设特别是领导班子建设中发挥了重要作用。

四、做好中央监督委员会日常工作，保持民革组织自身肌体健康

今年，中央监督委员会办公室共收到来信9件。办公室贯彻落实《条例》精神，及时将信件转至有关部门，并积极与省级组织监委会联系，督促其做好调查、调解和协调工作，并将处理结果及时上报中央监督委员会。

2014年，依据民革《章程》和相关文件规定，对触犯国家刑律的3名党员给予开除党籍的纪律处分。

2015年的重点工作

前不久召开的中共十八届四中全会通过了《中共中央关于全面推进依法治国若干重大问题的决定》，发扬党内民主、加强党内监督是执政党贯彻从严治党、推进依法治国的重要保障。新的形势不仅给执政党，也给参政党的内部监督工作提出了新的要求。万鄂湘主席在刚才所做的工作报告中强调，民革各级组织要把学习贯彻四中全会精神作为当前和今后一个时期民革全党的重大政治任务，切实把思想和行动统一到全会精神上来。民革中央监督委员会和省级监委会要贯彻落实中共十八届四中全会精神，学习借鉴执政党党内监督经验，把民革的内部监督与自身建设各项工作有机结合起来，建立完善内部监督机制，提高解决自身问题的能力，真正把内部监督作为自我约束、自我完善的基本途径，努力建设高素质的参政党。

2015年，中央监督委员会要以《条例》和民革十二届三中全会精神为指导，按照《民革中央监督委员会2013—2017年工作规划》要求，重点做好以下几项工作。

一、以《条例》为依据，制定相应细则

内部监督要取得成效，必须加强制度建设，形成用制度管权、按制度办事、靠制度管人的有效机制。推动内部监督工作，特别是做好预防性监督，必须从工作实际出发，建立必要的监督工作制度，努力推进能够让制度落实的机制。中央监督委员会要在《条例》的基础上，完善具体操作制度，探索制定监督细则，为推动内部监督工作，特别是做好预防性监督提供抓手。要加强制度执行力度，保证内部监督的实效。要健全内部监督工作机构，按照岗位职责要求，明确分工，理顺工作关系，做好日常工作，保证内部监督工作的有效开展。

二、推动省级组织内部监督工作发展

中央监督委员会要继续加强与省级组织的联系沟通，开展各级组织内部监督工作调

研。一是推动尚未成立监督委员会的省级组织尽快成立监督委员会，完善中央与省级组织上下联动的内部监督体系；二是加大对省级监委会信访工作的指导，督促其及时有效地处理好信访问题，并将处理结果及时上报中央监督委员会；三是召开工作座谈会，研讨内部监督工作实施细则，探索开展内部监督的新方法新途径，扎实推进内部监督工作的开展。

三、继续加强对党员干部的教育监督

中央监督委员会和省级监委会要贯彻落实万鄂湘主席在民革厅级以上实职干部“坚持和发展中国特色社会主义”专题研讨班上的讲话精神，继续加强对担任实职的党员和干部廉政建设、作风建设的教育监督。中央拟在今年工作的基础上继续举办厅级以上实职干部专题研讨班，并推动省级组织举办处级实职干部专题研讨班，分层次对实职干部进行教育培训，在思想上起到预警作用，进一步筑牢拒腐防变的防线。

加强内部监督，是民革履行参政党职能、加强自身建设的需要，也是进一步推动民革工作制度化、规范化、程序化的需要。内部监督工作刚刚起步，还存在很多需要解决的问题。这项工作既艰巨又光荣，中央监督委员会将会继续努力，为推动民革内部监督工作和民革组织的健康发展作出更大的贡献。

中国国民党革命委员会第十二届中央常务委员会关于中央参政议政工作情况的报告

（在民革第十二届中央委员会第三次全体会议上）

根据会议议程，现将第十二届中央委员会第二次全体会议以来的中央参政议政工作情况报告如下。

一、今年主要工作

今年是全面贯彻落实中共十八大和十八届三中、四中全会精神的重要一年，是完成“十二五”规划目标任务的关键一年。一年来，民革中央以中共十八大和十八届三中、四中全会以及习近平总书记系列重要讲话精神为指导，深刻把握建设中国特色社会主义参政党的科学内涵，按照万鄂湘主席“不断提高履职实效”的要求和民革十二届六次中常会提出的参政议政“机制要活、焦点要准、方法要实”的部署，围绕全面建成小康社会宏伟目标和国家经济社会发展大局，不断锤炼扎实的工作方法，狠抓机制的落实和完善，参政议政工作取得突出成绩。

（一）围绕中心、服务大局，参政议政成果丰硕。

积极建言献策，高层协商成效显著。一年来，民革中央充分运用前期调研考察和座谈研讨的成果，在中共中央、国务院和有关部门召开的协商会、座谈会、情况通报会上，分别针对《政府工作报告》、当前经济形势和下半年经济工作、《中共中央关于全面推进

依法治国若干重大问题的决定》、中共中央协调党外人士开展考察调研等重大议题，提出了探索设立专门机构维护宪法权威地位、加快行政法院试点、以法治思维和方式深化行政体制改革、保障粮食安全、深化农村土地制度改革、大力发展康养产业、发展资本市场、在“营改增”中精准减税、重视非洲在“走出去”战略中的作用等富有针对性的意见和建议，得到中共中央、国务院的高度重视和充分肯定。在中共中央就十八届四中全会文件框架性问题听取意见过程中，民革中央提出的“科学立法、公正司法、依法行政、社会守法”十六字建议得到中共中央重视和采纳；关于将铁路法院整体改造成为跨行政区域的行政法院的建议，最高人民法院已开始试点；关于大力发展康养产业、深化农村土地制度改革等建议，在国务院后续出台的有关文件或措施中得到采纳。11 月初，万鄂湘主席陪同习近平总书记在福建考察平潭综合实验区建设，积极为促进“闽台合作”贡献民革力量。此外，中央领导同志多次参与重大国事、外事活动，如万鄂湘主席作为习近平同志特使出访肯尼亚，齐续春常务副主席率团赴欧洲多国访问等，向国际社会展示了多党合作成果和民革的良好形象。

对焦重点难点，专题调研硕果累累。围绕国家经济社会发展全局性、战略性和前瞻性问题，结合民革参政议政优势和特色，民革中央全年共选定 32 个课题开展调研考察 46 次，取得了一系列高质量成果。年初，民革中央积极响应中共十八届三中全会“深化司法体制改革”的要求，将“深化司法体制改革若干重大问题”确定为年度重点调研课题，由主席、常务副主席率队分赴 6 省（市）开展调研，其成果通过高层协商发言和书面建议上报后，得到中共中央、国务院领导同志高度评价，中共中央政法委书记孟建柱同志批示有关部门认真听取、采纳，逐项研究，部分建议已被吸纳到目前正在北京、上海、广东等地推进的司法体制改革试点方案中。一年来，以调研为基础，民革中央向中共中央、国务院报送重要专题书面建议 19 篇，截至目前，有 19 篇（含二中全会前报送的建议 3 篇）得到中共中央、国务院领导同志重要批示 30 人（次）。其中，《关于加快推动京津冀协同发展的建议》等 13 篇建议得到李克强、俞正声、张高丽等中共中央政治局常委重要批示 17 人（次），建议批示率达到历史最高水平。很多建议有力推动了区域经济发展，为解决地方发展难题提供了实质性的帮助，河北、四川、宁夏等省（自治区）党政主要领导同志为此专门致函或以批示的形式，对民革中央表示感谢。

依托“两会”舞台，参政议政亮点频频。“两会”是检验民革全党参政能力的大考场和展示民革参政党形象的大舞台，民革中央历来高度重视。在全国政协十二届二次会议上，民革中央作了《以法治思维和方式推进行政体制改革》的大会口头发言，提交了《建设文化创意小镇，让城镇化记得住“乡愁”》等 10 篇大会书面发言，民革界别的何丕洁委员、汤维建委员还分别以联名发言和个人发言的形式在大会上作了《生态粮仓、健康土地、安全食品》和《坚持司法为民，努力破解“诉讼贵”》的口头发言，与去年相比，大会发言数量提高 160%。同时，民革中央还提交了《关于统筹推进新丝绸之路经济带战略的提案》等 46 件集体提案。这些大会发言和提案内容丰富，着眼宏观，紧扣执政党和国家的中心工作，得到有关部门重视，产生了良好的效果。其中《关于加快我国金融监管体制改革的提案》被列为财税金融类一号提案，《关于以商事法律制度改革为突破口，深化法治中国建设的提案》等 5 件被列为重点提案。二次会议后，民革中央先后在全国政协议政性常委会议、有关专题协商会、双周协商座谈会上作了10篇口头发言和7篇书面发言，得到全国政协和有关部门的充分肯定。特别是与全国政协社法委合作承办的以“确保依法独立公正行使审判权检察权”为主题的第十次双周协商座谈会，得到全国政协领导和有关单位负责人的高度评价。此外，民革党员中的全国人大代表和全国政协委员也充分依托“两会”舞台，认真履行职能，以亮眼的成绩为民革添彩。今年“两会”期间，孙继业等5位代表领衔提出8件议案，莫小莎、钱宗飞等34位代表提交了169份建议，其中《关于建立京张生态补偿机制的建议》等3篇被列为重点办理建议；93位委员共提交178件个人提案和170件联名提案，其中7件个人提案和8件联名提案被重点督办。施中岩、吴晶、李晓东、汤维建、张兴凯、田在玮、李崴、温香彩等委员分别获邀参加双周协商座谈会并发言，为解决大学生毕业创业就业环境优化、南水北调中线水源地水质保护等问题积极建言献策。

（二）立足优势，突出重点，品牌效应愈加突出。

立足优势、突出重点，是民革参政议政工作的一条重要经验。今年，民革中央继续加大在“三农”、促进祖国和平统一、社会和法制建设等三个重点领域的参政议政工作力度，共开展了18次调研，已结题的8项调研成果报送后得到中共中央、国务院领导同志重要批示12人（次），提交的集体提案数量占到提案总数的三分之二，品牌效应愈加突出。

关注“三农”，为社会主义新农村建设献计出力，一直是民革参政议政的工作重点。今年，民革中央向全国政协提交《关于深化农村土地制度改革的建议》、《关于改进完善我国农业补贴政策的提案》、《关于全面推开农地承包经营权确权登记颁证工作的提案》等涉农大会发言和提案21篇。同时，民革中央就“发展特色高效农业”、“黄河三角洲高新农业技术和土地综合利用”、“黄河水资源综合利用”、“赣南原中央苏区发展”、“农村土地确权登记颁证中的法律问题”以及“农村金融改革问题”、“农村土地制度综合改革”等问题开展调研，向中共中央、国务院提交专题报告4篇，其中《关于尽快启动黄河上游控制性水利枢纽工程，合理配置和科学利用黄河水资源的建议》等3篇得到李克强、张高丽等中共中央政治局常委同志的重要批示，《关于加大对武陵山片区黄连产业扶持力度的建议》得到汪洋副总理的重要批示。6月，中央“三农”委员会召开“农村土地与农村金融问题研讨会”，召集国内众多专家学者，积极协助执政党和政府破解“三农”难题，进一步扩大了民革在“三农”领域的影响力。

围绕促进祖国和平统一开展参政议政，是民革长期坚持的特色工作。一年来，民革中央紧密联系两岸关系形势的发展变化，全面贯彻中共中央对台工作大政方针，涉台参政议政形成了很多有分量的成果。今年“两会”期间，《政府工作报告》中涉台部分的有关表述采纳了民革中央的建议，发表后引起岛内巨大共鸣和广泛热议。向全国政协提交了15篇涉台大会发言和提案，其中《加强两岸四地消费者权益保护合作机制建设的提案》被列为全国政协今年对台方面的唯一一篇重点提案，涉及民生的《两岸携手促养老，共度夕阳胜朝晖》的大会书面发言，通过中央人民广播电台“海峡之声”向岛内直播，得到台湾基层民众的积极响应。此外，民革中央与国台办等有关单位密切合作，组建台湾问题研究中心和涉台国际问题研究中心，并围绕“新形势下因势利导做好海外华侨华人工作”和“有限度开放台湾经贸类社会组织在大陆开展和发行运作”等课题开展调研，提交中共中央、国务院的《关于打造“温州模式”升级版，创建海峡两岸民营经济创新发展示范区的建议》得到张高丽同志的重要批示。

社会和法制建设，是当前执政党和国家工作的焦点和重点，也是民革多年来参政议政的优势所在。一年来，民革中央进一步加强与有关单位和研究机构的联络沟通与合作，就“志愿服务法制化建设”、“推动行政审批制度改革”、“推行公共政策评估”、“以法治思维和方式化解社会矛盾”等课题开展调研，通过高层协商、书面建议、政协会议发言和集体提案等多种形式提出建议，一些重要建议得到中共中央领导同志充分肯定。同时，民革中央积极响应十八届四中全会提出的“探索委托第三方起草法律法规草案”，联合有关部门和研究机构共同起草的《志愿服务条例示范文本》，已经得到不少省市地方立法机关的积极响应，为推动我国志愿服务法制化进程做出了积极努力。此外，民革中央向全国政协提交了《坚定以立法推动全面深化改革》、《关于产学研合作中法律保障的提案》等多篇大会发言和提案，也取得了很好的成效。

发挥优势的同时，民革中央注重联结特色，促进这几个领域的相互交叉和融合，找准结合点和切入点，就“农村土地确权登记中的法律问题”、“试行海峡两岸法官跟班式交流培训”等课题，形成了一系列高质量成果，品牌建设呈现融合化趋势。

（三）发挥作用，组建平台，专委会工作稳步推进。

专门委员会是民革中央做好参政议政的重要抓手和平台。今年，结合国家经济社会发展形势，民革中央各专委会相继就许多重大问题开展专题调研并提出意见建议，为国家经济社会发展作出了积极贡献。人口资源环境委员会《关于在四川盆地建立国家钾盐勘查开发与战略储备基地的建议》得到俞正声、张高丽同志的重要批示。理论研究与学习委员会《关于民革组织参与协商民主现状的调研报告》得到俞正声同志的重要批示。经济委员会关于宁夏内陆开放型经济试验区建设、金融改革和创新、武汉新港洲滩开发利用等问题的建议，分别得到张高丽、汪洋、马凯同志的重要批示。妇女和青年工作委员会关于保障留守儿童基本权益的建议，得到刘延东同志的重要批示。同时，民革中央向全国政协提交的集体提案中，有32篇是根据专委会调研和委员研究成果形成的，充分体现了专委会的参政议政重要抓手作用。

二中全会以来，民革中央各专委会进一步加强与民革党外专家、社会力量的联系与合作，组建以创新驱动战略、安全与健康问题、协商民主与公共政策、妇女儿童问题等为主题的7个研究中心，现已形成以中央专委会13个研究中心为平台，诸多领域的党内外专家学者广泛参与、密切合作的长效机制，为民革中央参政议政工作增添更多动力。如经济委员会金融研究中心成员积极参与民革中央举办的两次经济形势专题座谈会，为经济平稳健康发展出谋划策；“三农”委员会农村土地问题研究中心特邀我国著名农村土地制度研究学者和农业部专家多次参加重大课题调研，得到他们的鼎立支持；教科文卫体委员会创新驱动战略研究中心与科技部、北京市政协科技委员会、中关村管委会等单位建立合作调研和成果共享机制，有效提升了民革中央在科技创新领域的参政议政质量和水平。

（四）创新机制，狠抓落实，信息工作取得突破。

反映社情民意信息工作是履行参政议政职能的重要形式和制度渠道。自二中全会前后陆续建立健全多项信息工作制度以来，民革中央狠抓机制落实，不断加强信息对口联系，认真做好阶段性评价和反馈，中央领导同志率先垂范，中央常委报送信息的积极性高涨，信息直报点、特约信息员的基层直通车更加快捷、高效，中央和各省级民革组织在信息编审和把关环节的力度明显提升。截至今年10月，民革中央报送社情民意信息的整体采用率达到16.6%，在各民主党派中央和全国工商联中位列第二，同比分别提升6.3个百分点和5个位次，全党信息工作取得重大突破。

一年来，民革中央共收到各省级组织和中央专委会、机关部门报送的信息素材2299篇，经过归纳和提炼，向全国政协报送330篇，被采用62篇，其中《完善三江源生态补偿机制的建议》、《无障碍环境建设应与新型城镇化建设同步》等7篇被全国政协单篇采用，单采篇数同比增加75%；《关于在家庭农场大力推广滴灌技术的建议》、《关于推进城镇化过程中的文化建设的建议》等12篇被综合采用，《清理规范变相的培训中心、招待所势在必行》、《关于严禁党政干部就读EMBA的建议》、《建议将原国民党抗战老兵纳入优抚对象》等43篇被转送有关部门，采用篇数较往年有较大提升。其中，《关于尽快解决青藏边界冲突，维护区域和谐稳定的建议》、《关注台湾农田水利会联合会换届后的新情况，做好台湾人民工作》、《台湾新住民群体代表人士反映的情况》、《海峡论坛期间新党人士反映的情况》等4篇信息得到俞正声同志的重要批示，《应对暴力恐怖事件应注意“四个苗头”，强化“四个防范”》得到杜青林同志的重要批示，《建议完善我国高新技术企业认定管理工作》、《三峡枢纽不应在少雨季节高位蓄水》、《关于进一步提高全国铁路车站管理服务水平的建议》分别收到科技部、国务院三峡办、中国铁路总公司的回函。此外，通过积极拓展信息报送渠道，《利用西方政治生态和游戏规则，做好外交工作》被中共中央统战部采用，《关于遏制农村医疗纠纷多发的建议》等多篇信息被《人民政协报》刊载，有效促进了高质量社情民意信息的转化利用。

二、主要经验体会

丰硕的参政议政成果，与民革中央坚持将加强参政议政能力建设作为工作主线，坚持从体制机制创新中寻求新动力密不可分。我们的主要体会是：

（一）把握方向很重要。作为中国特色社会主义参政党，民革的参政议政工作首要是坚持正确的政治方向，要在中国共产党领导的多党合作和政治协商制度框架内，认真履职不越位，全力帮忙不添乱，与执政党同心同向、同行同进。在这个前提下，民革的参政议政工作才能谈有目标。

（二）找对途径很重要。通过什么途径开展工作，对能否达到最佳预期目标十分必要。民革的参政议政工作，要始终坚持把深入调查研究视为做好参政议政工作的重要基础，把发挥专委会作用视为提高参政议政能力的重要抓手，把搞好上下联动视为拓宽参政议政视野的重要渠道，把借力党外资源视为提升参政议政质量的重要举措，把民革的资源整合起来，把民革的优势发挥出来。在这个前提下，民革的参政议政工作才能谈有方法。

（三）认准切口很重要。参政议政工作视野要宽，但切口一定要小、要准。中央的部署宏观全面，国家的工作千头万绪，这要求民革挑出好钢用在刃上，充分发挥自身优势，去研究解决执政党和政府中心工作非常需要且民革力所能及的重大问题。民革在“三农”

领域深耕多年、在祖统领域特色明显、在社法领域人才济济，参政议政工作就要从这些优势出发，探寻与全面深化改革和全面推进法治中国建设各项具体任务的契合点。在这个前提下，民革的参政议政工作才能谈有质量。

（四）讲求实效很重要。参政党是不是花瓶，要看参政议政有没有实效。如果参政议政只挂在嘴上言尽无声、停在面上风过无痕，又如何多建睿智之言、多献务实之策？民革要坚持“没有调查就没有发言权”这一工作原则，继续夯实调查研究的基础性地位，真正沉下去，充分发挥地位超脱和联系广泛的优势，力争了解情况系统不零碎，分析问题深入不表面，提出建议切实不空泛。在这个前提下，民革的参政议政工作才能谈有贡献。

回顾工作的同时，我们也清醒地认识到，与新形势新任务的要求和广大民革党员的期望相比，参政议政工作还有差距。如民革在经济领域建言献策的质量和份量尚显不足，对一些重点课题的研究欠缺深度和延续性，代表人士的参政议政能力有待提高，各地参政议政工作水平不够平衡，上下联动的形式亟需创新和规范，内外合作的领域和程度还可拓展和深入等，需要我们做出更多的努力。

三、明年工作任务

2015 年是深入贯彻落实中共十八大和十八届三中、四中全会精神的重要一年，也是我国完成“十二五”规划各项目标任务的收官之年，是承上启下为“十三五”布局谋篇的关键一年。民革中央将按照民革十二大提出的“举全党之力抓参政议政”方针，继续坚持“利用优势，‘联结’特色，找准切入点，打造新亮点”的工作思路，围绕全面深化改革和全面推进依法治国的各项目标任务，不断加强参政能力建设，努力提高参政议政质量和水平。

（一）深入学习贯彻中共十八届四中全会精神，围绕全面推进依法治国做好参政议政工作。中共十八届四中全会是在改革进入攻坚期和深水区的关键时期召开的一次十分重要的会议，会议通过的《中共中央关于全面推进依法治国若干重大问题的决定》描绘了中国建设法治国家历史任务的新的路线图，是中华民族伟大复兴进程中重要的纲领性文件。在当前和今后一个时期，民革要把深入学习贯彻中共十八届四中全会精神和落实依法治国方略作为全党的重大政治任务，全面把握中共十八届四中全会精神实质，深刻领会全面推进依法治国的指导思想、总体目标、基本原则和重大任务，并将之与深入学习贯彻习近平总书记有关依法治国的系列重要讲话精神结合起来，与全面深化改革的重大部署结合起来，进一步增强全党走中国特色社会主义法治道路、依法履职的法治意识。以此为基础，民革各级组织要结合各自参政议政工作实际，把围绕依法治国、依法治省、依法治市积极建言献策作为贯彻落实四中全会精神的重要抓手，以实际行动全力推动依法治国方略落地生根。

（二）围绕国家发展大局和民革重点领域，深入开展调查研究。今年 11 月初，万鄂湘主席陪同习近平总书记考察福建平潭，充分体现了十八大以来中共中央对民主协商的高度重视和对民主党派的关心帮助，也对民革参政议政工作水平和质量提出了更高要求。明年是继续深化改革和全面布局法治中国建设的攻坚之年，是在日益复杂的国际国内局势下中国经济实现转型升级的关键之年，面对这些新要求、新形势，民革要进一步鼓舞斗志，举全党之力，紧紧围绕国家发展大局和民革重点领域，就建设中国特色社会主义法制体系、推进平潭综合实验区“闽台合作”发展战略、做好“十三五”规划编制前期工作、健全社会主义协商民主、加快完善现代市场体系、健全城乡发展一体化体制机制、推进社会事业改革创新、推动两岸知识产权保护等重大课题，扎扎实实开展调查研究，同时，提前统筹谋划，认真做好在全国政协“推进人民法院改革”专题协商会上的发言工作，为破解发展难题、保持社会和谐稳定献计出力。

（三）围绕提高履职实效的总目标，进一步夯实参政议政工作基础。首先，要加强制度保障。对现有的切实可行且行之有效的制度要抓落实、促完善，如加强定期统计和反馈以促进民革中央常委反映社情民意信息工作制度进一步落实，完善调研报告和相关建议报送工作制度、信息工作评选表彰制度、信息直报点和特约信息员选拔评价制度等。对工作中已经显现的制度性障碍和薄弱环节，要敢破敢立，以制度创新有效推进工作创新，包括建立重要参政议政活动先期筹备工作制度努力避免“临时抱佛脚”，建立省级组织申报和参与中央调研课题制度进一步规范上下联动，建立领域更广泛、形式更灵活的内外合作长效机制更好发挥外脑作用等。第二，要强化人才支撑。既要注重参政议政专职队伍建设，以有位揽有为、以有为促有位，提高参政议政工作岗位的吸引力，又要进一步做好基层组织对优秀人才的发展、培养、举荐工作，倚重代表人士发挥“专业队”作用，保证我们的参政议政工作找准焦点、切中要害、开对药方。第三，要完善平台和渠道建设。要根据形势发展和参政议政工作需要，对专委会委员实行动态管理，加强任职考核，完善进出机制，行则用，不行则退，让真正有参政议政热情和能力的党内人才借助这个重要的工作平台有所作为。同时，进一步丰富和畅通建言献策渠道，促进参政议政成果的多层次、多方位转化。

回顾一年来参政议政工作取得的成绩，我们感到欣慰；展望参政议政工作的广阔前景，我们充满信心。让我们紧密团结在以习近平同志为总书记的中共中央周围，同心同德，再接再厉，切实履行参政党职能，努力提高议政建言质量，作为中国特色社会主义的亲历者、实践者、维护者、捍卫者，以更加奋发有为的工作，为全面建成小康社会作出新贡献！

中国国民党革命委员会中央常务委员会关于学习贯彻十二届全国人大二次会议和全国政协十二届二次会议精神的决议

（2014 年 3 月 6 日民革第十二届中央常务委员会第六次会议通过）

中国国民党革命委员会第十二届中央常务委员会第六次会议学习了十二届全国人大二次会议和全国政协十二届二次会议精神，一致赞同李克强总理所作的政府工作报告、张德江委员长所作的第十二届全国人大常委会工作报告、俞正声主席所作的全国政协第十二届常委会工作报告及其他报告。

会议认为，十二届全国人大二次会议和全国政协十二届二次会议，是在全面贯彻落实中共十八大和十八届二中、三中全会精神以及习近平总书记系列重要讲话精神，全面深化改革第一年召开的重要会议。两会的召开，对于深入贯彻落实中共中央全面深化改革部署，进一步凝聚全国各族人民的智慧和力量，具有十分重要的意义。李克强总理所作的政府工作报告，全面总结了去年的工作，明确了今年我国经济社会发展的总体部署，确定了今年国民经济和社会发展的主要预期目标，目标明确，重点突出，措施具体，符合客观实际，体现了新一届政府求真务实的精神和执政为民的宗旨，大大增强了全国各族人民在中国共产党领导下团结奋斗、共创辉煌的信心和力量。张德江委员长所作的全国人大常委会工作报告和俞正声主席所作的全国政协常委会工作报告，全面总结了去年全国人大和全国政协的工作，提出了今年全国人大和全国政协工作的主要任务，为做好人大、政协工作指明了方向。认真学习好这三个报告，对于民革做好 2014 年的工作具有十分重要的指导意义。

会议要求，民革各级组织和广大党员要认真学习贯彻两会精神，把两会精神贯彻落实到实际工作中去。要紧紧围绕两会提出的各项任务，围绕稳中求进、改革创新，统一思想，坚定信心，凝聚力量，着力加强以组织建设为基础的自身建设。要结合民革实际，重点就经济体制改革、推进法治中国建设、创新社会治理、农业现代化和农村改革发展、保障和改善民生、生态环境保护等问题，科学调查研究，积极建言献策，认真履行参政党职能，为促进经济社会持续健康发展贡献力量。要高度重视并认真做好坚持和发展中国特色社会主义学习实践活动，继续深入开展“博爱・牵手”活动和领导下基层活动，扎实推进民革前辈史料采集工作和成立法律咨询（援助）中心工作。

会议强调，目前两岸关系不断取得新进展，民革全党要以习近平总书记会见中国国民党荣誉主席连战时的重要讲话精神为指引，继续遵循中共中央对台工作的一系列方针政策，牢牢把握两岸关系和平发展的主题，积极探索各种灵活多样的形式，促进两岸经济、文化等方面的交流与合作，进一步深化促进祖国和平统一工作。

会议号召，民革全党紧密团结在以习近平同志为总书记的中共中央周围，高举中国特色社会主义伟大旗帜，以邓小平理论、“三个代表”重要思想、科学发展观为指导，继承和发扬孙中山爱国、革命、不断进步的精神，增强责任感和使命感，振奋精神，齐心协力，开拓创新，务实奋进，为全面完成今年的各项任务、实现中华民族伟大复兴的中国梦而努力奋斗！

民革中央关于表彰“伸出博爱之手——民革基层组织牵手困难群众”活动十佳基层组织和优秀基层组织的决定

为助推和谐社会和法治中国建设，激发民革基层组织活力，加大社会服务工作力度，扩大民革社会影响，2013 年 7 月，民革中央在全党开展了“伸出博爱之手——民革基层组织牵手困难群众”（以下简称“博爱 • 牵手”）活动。一年多来，民革全国各基层组织关注社会民生，牵手困难群众，通过扶危济困、结对共建、法律援助、社区建设等多种形式服务社会，促进和谐和稳定，密切了与人民群众的联系，显著增强了基层组织的活力、凝聚力和影响力，形成了行之有效的工作方法和宝贵经验，为更好地推动民革各项工作的开展作出了积极贡献。

为总结“博爱 • 牵手”活动有益经验，发现、鼓励和宣传活动中涌现出来的先进典型，激励广大民革党员更加积极、主动地投身社会服务工作，进一步提高民革各级组织对活动的认识、组织、服务和宣传水平，引导活动深入、广泛、有序开展，民革中央决定对在“博爱 • 牵手”活动中作出突出成绩的基层组织进行表彰。授予民革北京市海淀区工委第十一支部等 10 个单位“‘伸出博爱之手——民革基层组织牵手困难群众’活动十佳基层组织”称号，授予民革天津市南开区教育卫生支部等 20 个单位“‘伸出博爱之手——民革基层组织牵手困难群众’活动优秀基层组织”称号，同时颁发奖牌和荣誉证书。

中央希望，受表彰的基层组织要珍惜荣誉、再接再厉，继承和发扬民革优良传统，牢固树立正确的荣誉观和事业观，不断提高组织自身建设和履行职能的水平，积极探索社会服务工作的新途径和新模式，在“博爱 • 牵手”活动中创造新的业绩。民革各级组织和广大党员要向受表彰的基层组织学习，把坚持和发展中国特色社会主义学习实践活动与“博爱 • 牵手”活动紧密结合起来，找准社会服务的聚焦点、着力点和落脚点，不断增强自觉性、积极性和创造性，从困难民革党员和人民群众的需求出发，从民革特色和优势出发，从工作的实际效果出发，推动“博爱 • 牵手”活动深入开展，充分发挥民革在推进国家治理体系和治理能力现代化进程中的积极作用，为全面推进中国特色社会主义事业作出更大的贡献！

附件：“伸出博爱之手——民革基层组织牵手困难群众”活动十佳基层组织、优秀基层组织名单

民革中央
2014 年 11 月 25 日

中国国民党革命委员会第十二届中央委员会第三次全体会议决议

（2014年12月1日民革第十二届中央委员会第三次全体会议通过）

中国国民党革命委员会第十二届中央委员会第三次全体会议于2014年11月30日至12月1日在北京召开。会议学习了中共十八届四中全会精神，审议通过了万鄂湘同志代表中央常务委员会作的工作报告、田惠光同志代表中央监督委员会作的工作报告，通过了有关人事事项。会议认为，万鄂湘同志的报告实事求是、内容丰富、文风朴实、亮点纷呈，全面具体地总结了今年的工作，并且对明年的主要工作提出了针对性的意见，对下一阶段民革各项工作的开展具有重要指导作用。

会议认为，中共十八届四中全会是在全面深化改革、全面建成小康社会决定性阶段召开的一次十分重要的会议。全会通过的《中共中央关于全面推进依法治国若干重大问题的决定》，提出全面推进依法治国的指导思想、总体目标、基本原则和重大任务，全面勾画了法治中国建设的宏伟蓝图，标志着中共中央对社会主义法治建设重要性和规律性的认识达到了新高度，治国理政进入法治化新境界。认真学习领会和全面贯彻落实中共十八届四中全会精神，是民革当前和今后一个时期的重要政治任务，各级组织和全体党员要深入学习，深刻领会，深化对全面推进依法治国重要性和必要性的认识，切实把思想和行动统一到中共中央关于全面深化改革、全面推进依法治国重大决策部署上来，进一步增强责任感和使命感，树立法治观念，模范遵守宪法和法律，为全面推进法治中国建设作出新贡献。

会议要求，民革各级组织要继续坚定不移地接受中国共产党领导，发扬与中国共产党密切合作、风雨同舟的优良传统，坚持和维护中国共产党领导的多党合作和政治协商制度。要继续深入开展坚持和发展中国特色社会主义学习实践活动，着力加强自身建设，不断提高履职能力。要结合自身实际和特色优势，围绕全面深化改革和全面推进依法治国中的重大问题和人民群众普遍关心的现实问题、热点问题，积极开展参政议政、民主监督和反映社情民意信息工作。要深入开展法律援助咨询服务，持续开展“博爱·牵手”活动，巩固扩大社会服务成果。要以纪念中国人民抗日战争胜利70周年为契机，务实推进两岸在经济、文化、法律权益保护等方面的合作交流，为促进祖国和平统一作出新贡献。

会议号召，全党同志要更加紧密地团结在以习近平同志为总书记的中共中央周围，高举中国特色社会主义伟大旗帜，以邓小平理论、“三个代表”重要思想、科学发展观为指导，认真学习习近平总书记系列重要讲话精神，沿着中共十八大和十八届三中、四中全会指引的方向，继承和发扬孙中山爱国、革命、不断进步精神，开拓进取，扎实工作，努力开创民革工作新局面，为全面建成小康社会、实现中华民族伟大复兴的中国梦而奋斗！

中国民主同盟

中国民主同盟第十一届中央常务委员会工作报告

——在第十一届中央委员会第三次全体会议上

（2014 年 11 月 27 日）

张宝文

各位委员、各位同志：

我受中国民主同盟第十一届中央常务委员会的委托，向全会报告工作，请予审议，并请列席会议的同志提出意见。

2014 年工作回顾

即将过去的 2014 年，国际形势错综复杂，国内改革发展任务极为繁重。中共中央团结带领全国各族人民，全面深化改革，不断扩大开放，坚定不移开展党风廉政建设和反腐败斗争，全面推进依法治国，实现了经济持续健康发展和社会和谐稳定。全盟同志积极参与改革发展的伟大实践，高举中国特色社会主义伟大旗帜，认真学习贯彻中共十八大和十八届三中、四中全会精神，继承和发扬盟的优良传统，切实加强自身建设，较好地履行了参政党职能，各项工作均取得了新进展。

一、以“坚持和发展中国特色社会主义学习实践活动”为思想建设的主线，不断夯实多党合作的思想政治基础

一年来，全盟各级组织围绕开展“坚持和发展中国特色社会主义学习实践活动”，认真学习政治理论，加强民盟优良传统教育，不断增强宣传工作的针对性和实效性，多党合作的思想政治基础更加巩固。

——认真学习中共十八大、十八届三中、四中全会精神和习近平总书记系列重要讲话精神。民盟十一届六次中常会专题研究盟的思想建设，全面分析了当前盟的思想建设面临的新情况新问题，提出了新形势下加强改进思想建设的途径方法。十一届七次中常会专题学习中共十八届四中全会精神，要求全盟同志充分认识全面推进依法治国、建设社会主义法治国家的重大意义，自觉把思想和行动统一到推进依法治国的重大决策部署上来，适应形势发展不断加强盟的自身建设，使民盟成为促进法治中国建设的一支重要力量。

民盟各级组织积极参加和举办新中国成立 65 周年、人民政协成立 65 周年、人民代表大会成立 60 周年纪念活动，认真学习习近平总书记系列重要讲话精神，对我国多党合作制度的理解更加深刻，走中国特色社会主义政治发展道路的信念更加坚定。

——“坚持和发展中国特色社会主义学习实践活动”稳步推进。民盟中央和地方组织按照十一届四次中常会和十一届二中全会的安排部署，成立了由主要领导牵头的学习实践活动领导小组。民盟中央调研组先后赴广西、福建、内蒙古等 14 个省市区调研，召开 30 多场专题座谈会，听取意见，推动工作。各地盟组织紧密结合实际，精心安排，开展丰富多彩的活动，民盟浙江省委举办“学盟章、读盟史”知识竞赛，民盟重庆市委组织各级班子成员、专职干部及盟员参观中国民主党派历史陈列馆、张澜故居，开展盟员烈士纪念活动，民盟吉林省委等以举办报告会、座谈会、培训班、撰写学习心得等形式使盟员广泛参与。通过系列活动，广大盟员学习中国特色社会主义理论体系、中共十八届三中、四中全会精神和多党合作的光辉历史，对中国特色社会主义的道路自信、理论自信、制度自信进一步增强。

全盟把弘扬民盟优良传统作为开展学习实践活动的重要内容，民盟中央编辑印发《中国民主同盟简史讲稿（1941—1949）》作为盟员培训教材。各地盟组织充分挖掘本地资源，打造学习实践活动平台基地。云南昆明、广西黄姚、金秀等民盟传统教育基地挂牌，费孝通江村纪念馆、胡愈之故居、陶行知纪念馆、杨明轩事迹纪念馆、贺麟故居纪念馆、季羡林纪念馆等陆续建成开放，以实物、图片等形式生动展现了民盟先贤的政治信念、品格节操、学识建树，丰富了传统教育的形式和内容。

——宣传工作水平不断提高。坚持弘扬主旋律、传递正能量，紧紧围绕盟的各项工作，突出重点，拓宽渠道，宣传工作成效不断提高。今年《人民日报》、《光明日报》、《人民政协报》、《团结报》、《中国政协》、《中国统一战线》等中央级媒体刊发有关民盟的报道和署名文章 700 多篇。各地盟组织普遍加强与社会媒体的联系与沟通，积极宣传盟务工作新进展和盟员的先进事迹，民盟的影响力进一步增强。

各级组织认真办好盟讯、网站，不断丰富宣传载体，增强宣传效果。民盟中央加强网站建设，创建省级组织稿件报送系统，增设“地方动态”栏目，及时全面报道了盟的各项工作。今年民盟中央网站发稿 2000 余篇，访问量 1000 余万次。顺应互联网时代微传播、短阅读特点，民盟中央和部分省级组织开通了网站手机版和微信公众平台。《群言》杂志完成扩版，创新栏目，丰富内容，围绕国家改革发展抒群言、集群智，反映民盟履职成果和盟员风采，刊物质量明显提升，发行量较上年翻了一番。成立编委会、理事会，为杂志工作再创新局面奠定良好基础。

加强文化团体建设，发挥文化界盟员的积极作用，组建了新一届民盟中央艺术团理事会。目前，已有 20 多个省级盟组织成立了美术院，10 多个省级盟组织建立了艺术团，并开展了送戏下乡、书画展览等丰富多彩的文化艺术活动。民盟河南省委“墨韵中原美术书法作品展”、民盟上海市委“申江艺韵——民盟前辈与当代书画名家作品展”、民盟湖北省委“闪光的印迹——盟史主题艺术作品展”，以及湖南、安徽、内蒙古等民盟省级组织举办的书画展，都产生了广泛的社会影响。

——参政党理论研究不断深化。全盟各级组织坚持理论研究的正确政治方向，加强组织领导，健全工作机制，推动研究工作深入开展。民盟中央参政党理论研究中心坚持以课题招标推动理论研究，有效调动了全盟参与的积极性。对上一年度的31篇理论研究课题论文进行了专家评审，北京、上海、重庆、四川等8个省级组织提交的课题论文获得一等奖 。所有省级组织均参加了2014年度的理论研究课题招标，共有35个课题中标。省级组织普遍成立了参政党理论研究机构，组建了较为稳定的研究队伍。部分省级组织与当地社院、社科机构联合举办研讨会、课题招标，强化理论研究的针对性，促进理论研究与工作能力的同步提高。

二、围绕全面深化改革咨政建言，参政议政工作取得新进展

全盟把促进深化改革作为参政议政工作的着力点，密切关注影响经济社会发展全局的重大问题和人民群众关心的热点、难点问题，积极建言献策，在推动经济社会科学发展中发挥了重要作用。

——围绕国家改革发展大局，积极参与高层协商。民盟中央深入开展调研，汇聚全盟智慧，在中共中央、国务院召开的党外人士座谈会上，围绕中共十八届四中全会文件、政府工作报告和经济工作，提出了完善立法制度、强化法律实施，重视提升经济增长质量、加快政府职能转变，完善收入分配制度、深化社会事业改革等有重要参考价值的意见和建议。盟的地方组织积极参加当地中共党委、政府举行的协商会、座谈会，建诤言、献良策，为促进各地经济和社会发展做出了贡献。

——充分利用政协平台，议政建言受到广泛关注。在全国政协十二届二次会议上，民盟中央共提交大会发言6篇、提案31件，内容涉及教育、科技、文化、“三农”和生态文明建设等重要领域。民盟中央《关于推进我国农村土地制度改革的几点建议》、盟员委员《中国人的饭碗要牢牢端在自己手上》的大会发言引起广泛热议和好评。《关于农村环境污染综合整治的提案》、《关于我国海洋经济发展思路与重点的提案》、《关于完善依法行政体制机制的提案》被列为重点提案。民盟组政协委员在会上联名提出的《关于加强打击暴力恐怖活动，维护社会和谐稳定的提案》，是第一份关于反恐立法的提案，广受关注，体现了盟员的政治敏锐性和社会责任感。

民盟中央在全国政协十二届七次、八次常委会上分别作了《打造“为官公廉”、“清正廉明”的廉政文化》、《深化司法改革，推进司法公正》的发言，为廉政建设和推进依法治国建言献策。民盟中央还提交了《关于优化高等教育布局结构的提案》等6件平时提案，受到国务院有关部门重视。在以“大学毕业生创业就业环境优化”为主题的全国政协双周协商座谈会上，盟员委员在会上作了重点发言，国务院有关部门给予积极回应。盟员委员还参加了以“深化产教融合、校企合作，加快现代职业教育体系建设”、“构建现代公共文化服务体系”为主题的全国政协专题协商会。

地方盟组织在政协会议上的发言提案质量不断提高。针对各地经济社会发展的重大

问题和关系群众切身利益的焦点问题，积极议政建言，提出了一些具有前瞻性、可操作性的意见建议，受到地方党委、政府的重视。一些省级组织在当地政协进行的提案评比表彰中名列前茅。

——深入调查研究，建有据之言、献务实之策。受中共中央委托，民盟中央围绕“大学生创业就业环境优化”赴江西、广东、陕西、辽宁4省开展重点调研，天津、上海、江苏、安徽、四川等省级组织和民盟中央教育委员会、妇女委员会协同调研。民盟中央成立多个调研组，联合民盟江苏、安徽、江西、湖北省委就“长江中下游水资源保护”、联合民盟内蒙古区委就“生物多样性保护”、联合民盟新疆区委就“塔里木河中下游生态系统恢复与保护”、联合民盟广西区委就“广西沿海沿边开发开放”、联合民盟上海市委就“自贸区建设”、联合民盟海南与福建省委就“文化体制改革与文化市场繁荣发展”、联合民盟湖南省委就“深化职业教育改革”等开展调研，取得了一系列重要成果。

在综合提炼大量调研成果基础上，民盟中央已向中共中央、国务院报送《关于大学生就业创业环境优化的建议》、《关于加强长江中下游水资源保护的建议》等8篇政策建议信。中共中央、国务院领导高度重视，多次作出重要批示。国务院有关部门召开专门会议，研究落实习近平总书记和李克强总理对民盟中央《关于加强西北旱区农牧业可持续综合开发，提高我国粮食安全保障能力的建议》的批示。就民盟中央提出的《关于推动服务贸易加快发展的建议》，国务院法制办召集14个相关部委进行专题研究，修订完善相关政策法规。

——进一步创新工作形式，完善工作机制。民盟中央今年成立了国情研究中心。目前，已经与工业和信息化部、国土资源部、商务部等部委以及上海社科院、中国教育科学研究院、中国旅游研究院等科研机构建立了合作关系，丰富了参政议政的信息来源，强化了智力支持。完善“民盟参政议政成果共享平台”，促进全盟参政议政成果交流和资源共享。加强与地方组织的上下联动，充分发挥专委会的智囊作用，课题合作调研机制进一步完善。今年民盟中央与地方组织、专委会合作调研的20项调研课题已基本完成。地方盟组织在参政议政工作中也积极探索创新，民盟上海市委重视发挥参政议政特邀顾问组专家作用，民盟宁夏自治区委成立区情研究中心，民盟云南省委等地方盟组织规范课题流程、出台表彰激励办法等，取得良好成效。

——论坛、研讨会内容日渐丰富，影响不断扩大。民盟中央与全国政协人资环委及地方联合主办“南水北调南阳论坛”、“2014绿色经济遂宁会议”，推动生态文明建设，改善人民生活条件。民盟中央教育委员会、民盟湖南省委和株洲市政府主办的第二届民盟教育论坛，民盟中央社会委员会、民盟北京市委主办的第四届民生论坛等，产生了一批高质量的成果，为民盟中央高层协商、政策建议、政协提案等提供了重要素材。民盟地方组织也成功举办了一系列论坛和研讨活动，民盟甘肃、福建省委联合敦煌、泉州市政府主办的2014“陆海丝绸之路·文化与产业发展”研讨会、民盟天津市委承办的民盟华北五省市区促进京津冀协同发展座谈会、民盟江苏省委主办的生态文明高层学术论坛、民盟浙江省委主办的“盟声·议政”系列论坛、民盟广西自治区委主办的“同心·议政建言”论坛等结合各地实际，主题鲜明，产生了较大社会影响。

——社情民意信息报送机制进一步完善，信息质量稳步提高。民盟中央修订了信息报送和评比表彰办法，更加注重提高信息质量。截至10月底，共报送全国政协424件。在今年全国政协社情民意信息工作表彰中，民盟列各民主党派工商联组第一名，盟中央职能部门被评为信息先进单位。天津、山东、河南、湖北、湖南、陕西、甘肃等省级组织社情民意信息工作在全盟或各地方政协系统排名领先。

——准确把握参政党定位，认真履行民主监督职能。全盟各级组织根据民主监督的性质和特点，在充分履行参政议政职能的同时，积极探索发挥民主监督作用的有效途径。通过政策建议信、人大议案、政协提案、信息报送等各种方式及时表达民盟对一些重大事项的意见建议，促进了执政党和政府决策的科学化、民主化。民盟中央领导出席最高人民法院、最高人民检察院召开的征求意见座谈会，就深化司法改革、促进公正司法提出建议。担任各级特约检察员、监察员、审计员、教育督导员等职务的盟员，以认真负责的态度履行职责，在执法检查监督、行风政风评议等工作中，充分发挥民主党派成员的作用，为加强廉政建设、提高行政效能作出了贡献。

——发挥民盟特色优势，继续作好台港澳联络工作。民盟中央参与主办的第十届“海峡两岸暨港澳地区大学校长联谊活动”今年在贵州成功举办，来自两岸四地24所高校的校长和嘉宾围绕“大学改革——创新人才培养”的主题，深入研讨，广泛交流，分享经验，增进共识。十年来，共有台港澳地区的近30所大学、50多位校长参加联谊活动，为促进两岸四地教育与文化交流、增进理解与互信起到积极作用。

三、巩固传统特色优势，社会服务工作取得新成绩

社会服务是民盟履行参政党职能的重要内容。各级盟组织在社会服务工作中，突出重点、巩固优势、打造品牌、务求实效，各项工作有序开展。

——新农村建设和扶贫工作成果显著。召开了东部十省市盟组织参与毕节试验区建设第二次工作会议，就推进对口支援进行研究部署，促成签署投资协议金额214.7亿元，捐赠款物780多万元。民盟中央协调国家发改委、水利部，使遂宁市“武引工程蓬船灌区项目”获得批复立项，总投资金额达33亿元。民盟中央联合地方盟组织开展了“健康心动延安行”、“暖梦行动之温馨黔行”等活动，协调社会力量捐款捐物、帮扶解困。各地盟组织开展形式多样的扶贫活动，民盟浙江省委积极参与实施“明眸工程”，在湖南娄底、四川凉山资助治疗1000名贫困眼病患者；民盟河北省委启动“新肝行动”，协调资金200多万元救助重症肝病患者；青海、江西、黑龙江等省级组织因地制宜开展帮扶活动，积极支持当地贫困地区发展，取得良好社会效益。

——“农村教育烛光行动”品牌效益凸显。民盟中央继续挖掘潜力，整合社会资源参与推进农村教育发展。继续开展“烛光行动之新东方教师社会责任行”活动，在江西、重庆等九省市培训中小学教师共计2000余人次。继续协调北京四中网校向甘肃、辽宁等五省农村中小学捐赠教学资源价值2089万元，培训教师5000余人次。组织盟员企业家开展“民盟米信校园安全行”活动，在江西、四川等十多个省市捐赠校园安防系统。联系外研社开展“烛光行动——外研通支教行”，向西部50所农村中小学捐赠点读教学设备及有声图书。地方盟组织也积极创新思路，丰富内容，广东、江苏等省级组织采用“请进来、走出去”的方式，将西部欠发达地区的教师请进来深造，将省（市）内的优秀教

师派去边远地区支教。民盟上海市委在云南援建“同心工程”示范学校，资助贫困学生，深受当地政府和群众的好评。

——“黄丝带帮教计划”和社区服务工作水平不断提升。“黄丝带帮教计划”正式实施一年来，各地盟组织与司法部门的合作不断深化，取得了较好效果。民盟安徽省委吸收盟内外专业人士组成“黄丝带志愿者”团队，与司法部门建立“黄丝带帮教行动”联席会议制度。民盟上海市委将社区共建与社区矫正有机结合，形成心理咨询师、教师和律师共同帮教一个矫正对象的“三师助一”模式。湖北、河南、天津、山西、辽宁、四川、云南等省级组织也结合自身情况和特点，积极探索各具特色的帮教形式。据统计，全盟已在110多个监狱、少管所、社区等场所开展了帮教活动，建立各类帮教基地71个，得到司法部门的充分肯定，产生了良好的社会影响。各地盟组织继续丰富社区服务内容，组织开展法律服务、医疗服务、技术文化服务进社区活动，为拓展社会服务新领域作出有益探索。

四、扎实开展“基层组织建设年”活动，民盟组织建设不断加强

一年来，全盟认真落实组织发展五年规划和年度计划，大力实施“人才强盟”战略，夯实基层组织根基，盟的组织建设取得新成效。

——“基层组织建设年”活动达到预期目标。民盟十一届二中全会把2014年确定为“基层组织建设年”，民盟中央组成调研组分赴北京、浙江、福建、四川等14省市，就基层组织建设问题举行了39场座谈会，详细了解基层组织建设实际状况。召集十省市盟组织有关负责同志进行座谈，征求对基层组织建设的意见。召开民盟基层组织工作会议，总结各地的先进经验，分析制约基层组织作用发挥的原因，讨论完善《民盟中央关于进一步加强基层组织建设的意见》，提出新形势下加强基层组织建设的新思路和新举措。各级组织按照民盟中央要求，围绕“强组织、增活力”的目标，周密部署、扎实推进，开展了一系列行之有效的活动，贵州、宁夏等省级组织开展支部建设达标活动，吉林、海南等省级组织为省直基层组织配备专职联络员，山西、福建等省级组织推动“盟员之家”建设，激发了基层组织活力。浙江、安徽、湖北三省先进基层组织进行横向交流，互相学习借鉴，探索提升基层组织建设水平的有效途径。

——组织发展有序推进。各地盟组织认真制定执行2014年组织发展计划，正确处理重点界别与非重点界别的关系，提升质量，保证数量，从民盟的当前工作需要和长远发展出发，着力发展了一批盟务工作亟需的代表性人士、有发展潜力的中青年人才以及参政议政等工作亟需的专门人才。盟员结构更加合理，整体素质进一步提高。截至10月底，全国盟员总数为25.3万人，在职盟员占64.9%，高级职称人员占43.1%，盟员中院士50人，大学校院长180人，处级以上从政干部1000多人。

——干部队伍建设不断加强。制定下发《民盟中央关于做好2014—2017年省级组织领导班子后备干部队伍建设工作的意见》，及时与有关部门沟通，作好省级组织后备干部推荐工作。举办盟务工作骨干培训班和基层组织负责人培训班，全国30个省级组织的200余人参加了培训。积极推荐优秀盟员和盟务专职干部参加中央统战部举办的进修班、培训班、境外研修班，一批盟员进入各地政府部门、科研院所、高等院校担任领导职务。

山东、四川、福建、广东等 8 个省级组织先后在中央社院举办专题培训班。今年到民盟中央座谈学习的中央社院学员和各地盟员共 33 批次、1170 人次，民盟中央与地方组织的联系更加紧密。

——盟内监督工作稳步开展。制定《民盟中央监督委员会 2014 年工作要点》，继续督促各省级组织开展领导班子及其成员述职和民主评议活动，派员参加了部分省级组织后备干部推荐的监督工作。加强对省级监督委员会的指导，推动工作开展。

——鼓励广大盟员立足本职，建功立业。广大盟员立足本职，双岗建功，不断创造新的业绩。30 位盟员荣获国家科学技术奖励，张存浩获国家最高科学技术奖，这是盟员近年来第六次获此殊荣。蔺涛等 12 位盟员荣获全国五一劳动奖章；张招崇等 28 位盟员分别荣获"全国模范教师"和"全国优秀教师"荣誉称号；陈温福、魏臻、何清华荣获第五届"全国杰出专业技术人才"称号，为民盟赢得了荣誉。

——机关建设再上新台阶。全盟各级机关把培育和践行社会主义核心价值观作为机关建设的重要内容，着力打造和谐机关，工作的规范化、程序化、制度化水平进一步提升。民盟中央举办了省级组织秘书长和办公室主任专题培训班，十一省（市）盟组织负责人到广东进行了省市两级机关建设经验交流活动。民盟中央和多数地方组织机关开展读书学习活动，有力提升了机关干部的理论水平和工作能力。民盟中央机关工会成立，对于做好机关民主管理、丰富职工文化生活起到积极促进作用。

各位委员、各位同志，一年来，全盟的各项工作成绩都是在中共中央的正确领导下，在中央统战部的大力支持下，在各位中央委员和全盟同志共同努力下取得的，在这里我谨代表中央常务委员会，向中共中央、中央统战部表示衷心感谢，向各位中央委员和全盟同志表示崇高敬意！

在肯定成绩的同时，我们也要清醒地看到，与新形势对参政党提出的要求相比，与广大盟员对盟的期望相比，我们的工作还需要不断改进和提高。例如，思想建设要更加符合时代特点，贴近盟员思想实际；参政议政还需要进一步突出重点，增强建言献策的前瞻性、针对性和可操作性；民盟组织的特色优势需要进一步突出，代表性人士、后备干部的培养选拔有待加强等。希望大家提出宝贵意见和建议，帮助我们改进工作。

2015 年的工作安排

明年全盟工作的总体要求是：认真学习贯彻中共十八大、十八届三中、四中全会精神，深入开展坚持和发展中国特色社会主义学习实践活动，大力加强盟的自身建设，紧紧围绕国家改革发展大局和全面实施依法治国战略，积极参政议政、建言献策，认真履行参政党职能，为全面推进依法治国、推动中国特色社会主义事业发展作出新的贡献。

一、以学习贯彻中共十八届四中全会精神为重点，切实加强盟的思想建设

中共十八届四中全会是在全面深化改革、全面建成小康社会决定性阶段召开的一次十分重要的会议。全会精神的贯彻落实，必将开启法治中国建设的新征程，有力促进中国特色社会主义制度的完善和发展，促进国家治理体系和治理能力现代化。

1. 认真学习贯彻中共十八届四中全会精神和习近平总书记系列重要讲话精神。全盟各级组织要将认真学习中共十八届四中全会精神，作为当前和今后一段时期的重要政治任务，切实抓紧抓好。要深刻认识中共十八届四中全会在国家事业发展中的里程碑意义，深刻认识坚持走中国特色社会主义法治道路的历史必然、重大意义、基本原则和鲜明特色，坚定信心，保持定力，更好地发挥法治的引领和规范作用，努力推动改革开放不断取得新业绩。要重点把握对当前国际国内形势的科学判断，准确把握全面深化改革、全面推进法治建设的新要求，明确民盟围绕中心、服务大局的工作重点和主要任务，为推动法治中国建设、推进中国特色社会主义事业发展积极资政建言。

中共十八大召开以后，习近平总书记发表系列重要讲话，深刻回答了新形势下党和国家事业发展的一系列重大理论和实践问题，提出了许多富有创见的新思想新观点新论断。习近平总书记在庆祝全国人民代表大会成立60周年大会和人民政协成立65周年大会上分别作了重要讲话，系统阐述了中国特色社会主义理论与实践的深刻内涵，明确提出了新的历史起点上发展社会主义协商民主的基本要求和基本遵循，为我们准确把握社会主义参政党的性质定位、坚定不移地走中国特色社会主义政治发展道路提供了行动指南。我们一定要深刻学习领会，全面贯彻落实。

2. 继续深入开展“坚持和发展中国特色社会主义学习实践活动”。进一步加强对各级盟组织开展学习实践活动的指导和引领，确保活动的正确方向和实际效果。着力解决当前盟的思想建设面临的一些新问题，引导盟员在复杂情况下明辨是非、澄清认识，不断增强道路自信、理论自信、制度自信。适时召开活动经验交流会，认真总结前一阶段活动的成功经验，将一些行之有效的做法制度化、常态化，努力巩固活动成果。对在学习实践活动中涌现出的典型经验、先进事迹和先进个人，要广泛宣传、全面推广，将活动不断推向深入。

3. 积极做好思想宣传工作。要立足新形势下社会思潮多元多样的特点和盟员的思想实际，增强思想宣传工作的针对性和实效性。加强对盟的主要工作的宣传报道，特别是针对重点调研、重大活动、重要建言，努力做到及时、深入报道。要积极探索新时期参政党与媒体合作的新形式，不断拓展宣传渠道，全面做好对外宣传工作。适时举办思想宣传干部培训班。加强《中央盟讯》编辑工作，丰富民盟中央网站、微信等宣传平台的版块内容。《群言》杂志要搞好创刊30周年纪念活动，办好地方专版。充分发挥编委、理事和通讯员作用，提高刊物质量，扩大社会影响力。继续开展好民盟中央美术院、艺术团的各种活动，成立民盟中央文化艺术研究院，进一步丰富思想宣传工作载体。

4. 深化参政党理论研究和盟史研究工作。高度重视参政党理论研究工作，紧紧抓住参政党建设中的新情况新问题、盟员反映强烈的紧迫问题以及实践中长期存在的难点问题开展研究，努力形成一批对领导决策和盟务工作创新有较高参考价值的研究成果。民盟中央参政党理论研究中心要充分发挥组织协调作用，增强招标课题设计的科学性，推动课题成果质量不断提高。要把发现、培养理论人才放到重要位置，充分发挥特邀研究员的作用，不断壮大盟的理论人才队伍。加强盟史研究和宣传，集中力量开展盟史资料的收集和抢救工作，支持有条件的地方建立民盟传统教育基地，发挥以史为鉴、以史育人的作用。

二、围绕全面推进依法治国战略部署，充分履行参政党职能

盟的参政议政工作要在保持传统领域和优势的同时，紧紧围绕全面推进依法治国主题，正确把握参政党的功能定位，找准参政议政的着力点，打造体现民盟特色的新亮点。

1. 加强调查研究，努力提高建言献策水平。继承和发扬“奔走国是、关注民生”的优良传统，充分发挥智力优势，大兴调查研究之风，不断拓展参政议政领域。紧紧围绕法治建设、生态文明建设、教育综合改革、文化、科技、“三农”、区域发展等重大问题，精心选题，深入调研，努力提出具有前瞻性、全局性和可操作性的意见建议。认真做好高层协商会及全国政协大会、常委会、双周座谈会的发言、提案等工作。中共中央委托民盟中央明年就民办教育问题进行重点调研，我们要高度重视，认真制定方案，扎实组织实施，保证调研成果质量。

2. 完善工作机制，为参政议政提供智力支持。加强与地方组织的联系沟通，深化与政府部门、高等院校、科研机构的战略合作，提高议政建言的针对性、实效性。加快“民盟参政议政成果共享平台”升级改造，适时启动“民盟参政议政文献数据库”建设，实现全盟参政议政信息全方位交流与资源共享。切实加强专委会建设，调动专委会成员积极性，为他们参政议政提供更便利的条件和更多的机会，使专委会作为全盟参政议政智囊团的作用得到更充分发挥。认真办好民盟首届经济论坛、第三届教育论坛、第六届民生论坛和“第十一届海峡两岸暨港澳地区大学校长联谊活动”等，广泛动员盟内力量和盟外机构参与各项活动，提高活动质量，创新活动形式，提升活动品牌，丰富参政议政资源。继续加强反映社情民意信息工作，适时召开全盟信息工作会议，保持民盟信息工作的良好发展势头。

3. 立足民盟特色，切实履行民主监督职能。认真总结过去开展民主监督好的做法和经验，积极探索新的时代条件下加强民主监督的新形式，拓宽实施民主监督的有效渠道。充分发挥各级盟组织在立法协商、促进依法行政、司法公正中的监督作用，积极参加各类协商会、座谈会，敢于提出批评意见和改进工作的建议。在参政议政过程中拓宽实施民主监督的有效渠道。积极探索民主监督与社会监督、舆论监督等形式的协调配合，推动社会主义监督体系的不断完善。

三、突出重点，增强实效，扎实开展社会服务工作

全盟上下要立足于当前全面深化改革、建设法治国家的新要求，发挥民盟在文化教育、科技界别的传统优势，充分调动盟组织和盟员的力量，进一步突出工作重点，加大工作力度，为全面建成小康社会多做好事、多办实事。

1. 继续做好智力扶贫工作。鼓励更多地方盟组织参与民盟中央在贵州毕节、河北广宗等重点帮扶地区的智力扶贫工作，加强与地方党委政府联系沟通，了解贫困群众需求，帮助解决人才、技术、资金等制约发展的瓶颈问题，实现输血与造血相结合，促进经济发展和民生改善。充分利用东部十省市民盟组织联手帮扶工作机制，继续做好贵州毕节七星关区定点帮扶工作。巩固医药卫生领域的扶贫成果，大力开展“同心·明眸工程”、“同心·健康呼吸万里行”、“民盟名医讲堂”等特色活动，努力提升活动成效，惠及更多贫

困群众。

2. 深入推进“黄丝带帮教计划”。坚持“扩展领域、丰富内容、创新载体、务求实效”的原则，鼓励、引导更多的地方盟组织参与“黄丝带帮教计划”，不断增强活动的社会效益和政治影响。支持地方盟组织结合各自实际，大力开展法律教育、法律援助、心理咨询、结对帮助、专家讲座、技能培训等多种形式的帮教活动，探索完善与司法机关的有效合作机制，发挥对司法机关工作的补充作用。充分调动盟内智力资源，将帮教工作与议政调研相结合，积极为法治建设建言献策。鼓励和支持更多有条件的地方盟组织关注、参与各地社区服务工作，积极开展工作实践和理论探索，使社区服务成为民盟服务社会的新亮点。

3. 巩固扩大烛光行动成果。在总结前一阶段“农村教育烛光行动”成功经验的基础上，进一步整合盟内外资源，加大工作力度，稳步扩大活动的受益范围。继续与新东方教育科技集团、北京四中网校、北京教育学院、外研社等深化合作关系，创新合作模式，巩固工作成果。继续搞好农村师资队伍培训，推广现代教育教学技术，促进城乡义务教育均衡发展。

四、深入实施“人才强盟”战略，不断强化盟的组织建设

全盟要从多党合作事业可持续发展和关系盟的事业兴衰的高度，高度重视盟的人才队伍建设，全面推动和加强组织建设。

1. 大力加强干部队伍建设。重点抓好领导班子建设，进一步提高政治把握能力、参政议政能力、组织领导能力、合作共事能力。切实加强代表性人士队伍建设，适应新形势下参政党履行职能对人才的需求。不断强化后备干部队伍建设，着力抓好“选、育、用、管”等关键环节，为盟的事业可持续发展奠定基础。适时召开民盟组织工作研讨会，积极探索加强盟的人才队伍建设的新思路新举措。进一步发挥民盟中央监督委员会作用，加强制度建设，指导省级组织继续稳步开展盟内监督，搞好届中领导班子述职和民主评议等项工作。

2. 积极推动组织发展。组织发展是组织建设的基础性工作。各级盟组织要结合本地区人才的专业结构、年龄结构等特点，有计划地进行组织发展，特别是处理好发展和巩固、数量和质量、重点界别和非重点界别的关系。要注重发展质量，保证数量稳定增长；注重高教等重点界别和传统特色，用好 30% 的非重点界别发展比例；注重吸收高层次代表性人士和具有宏观战略思维的参政议政复合型人才，发展一批热爱多党合作事业、有参政议政潜能和务实奉献精神的优秀中青年知识分子，使盟组织在优势上有加强、结构上有改善、源头上有活力。

3. 全面加强基层组织建设。基层组织是盟的工作基础，担负着组织活动、发展盟员、反映情况、输送人才的任务。要把基层组织建设列入重要议事日程，积极探索新形势下开展基层工作的新思路新方法，推进基层组织工作创新，增强基层组织活力。要根据《民盟中央关于进一步加强基层组织建设的意见》的相关要求，建强组织、抓好班子、带好队伍，提升全盟基层组织建设科学化水平。

4. 切实推进机关工作规范化、程序化。机关是盟务工作的枢纽。大力培养求真务实、

严谨细致、讲究效率的优良作风，增强服务意识，提升工作水平。严格落实《公务员法》，进一步加强制度建设，规范工作程序，认真执行规章制度。要通过学习培训、轮岗交流、挂职锻炼等途径，为机关干部创造良好的学习成长条件。民盟中央机关要高标准、严要求，努力营造规范有序、充满活力的工作环境和氛围，为地方各级机关作出表率。

各位委员、各位同志，“积力之所举，则无不胜也；众智之所为，则无不成也”。让我们紧密团结在以习近平同志为总书记的中共中央周围，认真学习中共十八大、十八届三中、四中全会精神，继承和发扬民盟的优良传统，奋发进取，开拓创新，为全面建成小康社会、实现中华民族伟大复兴的中国梦而努力奋斗！

民盟中央关于学习贯彻十二届全国人大二次会议和全国政协十二届二次会议精神的决定

（2014 年 3 月 10 日民盟十一届五次中常会通过）

十二届全国人大二次会议和全国政协十二届二次会议，是在全国人民深入学习贯彻中共十八大和十八届二中、三中全会精神，全面深化改革的关键阶段召开的十分重要的会议。认真学习贯彻全国“两会”精神，对于全盟各级组织更好地认清形势，凝心聚力，扎实做好全年工作具有重要意义。

民盟中央赞同李克强总理所作的政府工作报告，赞同张德江委员长所作的全国人大常委会工作报告和俞正声主席所作的全国政协常委会工作报告，拥护全国“两会”通过的各项决定、决议。

民盟中央认为，2013 年是全面贯彻落实中共十八大精神的开局之年。面对世界经济复苏艰难、国内经济下行压力加大、自然灾害频发、多重矛盾交织的复杂形势，以习近平同志为总书记的中共中央团结带领全国各族人民，从容应对挑战，奋力攻坚克难，圆满实现全年经济社会发展主要预期目标，改革开放和社会主义现代化建设取得令人瞩目的重大成就。

一年来，民盟作为中国特色社会主义的亲历者、实践者、维护者、捍卫者，始终坚持中国共产党的领导，积极贯彻落实中共十八大精神，围绕中心，服务大局，充分发挥特色优势，深入调查研究，就统筹推进城乡一体化、完善基本公共服务体系建设、深化社会保障和收入分配体制改革、加快转变经济发展方式、转变政府职能等重大问题提出意见建议，为深化改革开放、提高发展质量和效益、促进社会公平正义、保持社会和谐稳定作出了应有贡献。

中共十八届三中全会描绘了全面深化改革的宏伟蓝图，对推动中国特色社会主义事业必将产生重大而深远的影响。2014 年是全面深化改革的第一年，民盟作为致力于中国特色社会主义事业的参政党，必须以改革创新精神进一步履行参政议政、民主监督职能，团结带领广大盟员和所联系的群众，理解改革、支持改革、参与改革，为全面深化改革凝聚起强大的正能量。

民盟中央要求，全盟同志要把学习贯彻全国“两会”精神与学习贯彻中共十八大、十八届二中、三中全会精神和习近平同志系列重要讲话精神结合起来，与开展坚持和发展中国特色社会主义学习实践活动结合起来，不断增强道路自信、理论自信、制度自信，进一步夯实多党合作的共同思想政治基础；要发扬民盟“奔走国是，关注民生”的优良传统，以推动全面深化改革、促进科学发展为重点，围绕改革的重点领域和关键环节，深入调研、建言献策，针对重要改革举措的贯彻落实情况，加强民主监督，切实履行参政党职能，不断提高全盟参与改革、服务改革、促进改革的能力和水平；要在保持现有优势和特色的基础上，进一步做好社会服务工作，积极探索新的工作机制和工作方式；要以“基层组织建设年”为契机，继续大力实施“人才强盟”战略，确保盟的干部队伍后继有人，努力推进民盟事业实现可持续发展。

民盟中央号召，全盟各级组织和广大盟员要认真学习贯彻全国“两会”精神，紧密团结在以习近平同志为总书记的中共中央周围，高举中国特色社会主义伟大旗帜，进一步增强责任感和使命感，切实履行参政党职能，为全面建成小康社会、建成富强民主文明和谐的社会主义现代化国家、实现中华民族伟大复兴的中国梦作出更大贡献！

民盟中央关于学习贯彻中共十八届四中全会精神的通知

民盟各省、自治区、直辖市委员会：

中共十八届四中全会，是继中共十八大、十八届三中全会之后，在全面深化改革、全面建成小康社会决定性阶段召开的又一次十分重要的会议。全会审议通过的《中共中央关于全面推进依法治国若干重大问题的决定》，立足我国社会主义法治建设实践，直面我国法治建设领域突出问题，明确提出了全面推进依法治国的指导思想、总体目标、基本原则、主要任务，科学回答了党的领导和依法治国关系等一系列重大理论和实践问题，全面勾画了法治中国建设的宏伟蓝图，顺应了人民呼声和社会期盼，是加快建设社会主义法治国家的纲领性文献。本次会议的召开，表明了中国共产党治国理政进入法治化新境界，对完善发展中国特色社会主义制度、推进国家治理体系和治理能力现代化，具有根本性、引领性、长期性的关键作用，展示了中共中央始终不渝发展人民民主、加快社会主义民主政治建设的坚定决心，必将提升国家治理体系和治理能力现代化水平，为中国特色社会主义事业提供制度框架，为中华民族伟大复兴提供法治保障。

民盟中央认为，过去的一年，以习近平同志为总书记的中共中央团结带领全国各族人民，统筹国内国际两个大局，牢牢把握稳中求进工作总基调，以全面深化改革推动各项工作，注重从思想上、制度上谋划涉及改革发展稳定、内政外交国防、治党治国治军的战略性、全局性、长远性问题。适应经济发展新常态，创新宏观调控思路和方式，积极破解经济社会发展难题，着力保障和改善民生，坚定不移反对腐败，有效应对各种风险挑战，各方面工作取得新成效，党和国家事业发展打开新局面。

民盟中央要求，全盟各级组织和广大盟员要积极学习贯彻中共十八届四中全会精神，为实现十八届四中全会提出的目标任务，发挥智慧，努力工作，充分发挥参政党作用。为此，特通知如下：

一、学习贯彻中共十八届四中全会精神，是当前和今后一个时期全盟的首要政治任务。全盟各级组织和广大盟员要深刻认识中共十八届四中全会在国家事业发展中的里程碑意义，深刻认识坚持走中国特色社会主义法治道路的历史必然、重大意义、基本原则和鲜明特色，紧紧围绕执政党和国家的中心工作，发挥民盟自身优势，努力把“立盟为公，参政为民”的价值理念转化为为党分忧、为国尽力、为民尽责的实际行动，把智慧和力量凝聚到中共十八届四中全会的决策部署上来，始终做社会主义法治的忠实崇尚者、自觉遵守者、坚定捍卫者。

二、学习贯彻中共十八届四中全会精神，要把全面推进依法治国作为民盟履行参政党职能的重要内容。全盟上下要紧紧围绕“全面推进依法治国”的主题，进一步改进履职方式、提高履职能力、增强履职效果，努力使民盟成为促进法治中国建设的一支不可或缺的重要力量，使中共十八届四中全会精神和决策部署充分体现和落实到民盟的各项工作和各个方面。要以全面推进依法治国为着眼点、提升法治工作实效为切入点、加快法治建设进程为落脚点，在提高参政议政质量、强化民主监督、创新发展民盟事业上下功夫。

三、学习贯彻中共十八届四中全会精神，要与坚持和发展中国特色社会主义学习实践活动结合起来，全面加强自身建设。全盟各级组织要把学习贯彻中共十八届四中全会精神作为深入开展坚持和发展中国特色社会主义学习实践活动的重要内容，从多党合作事业可持续发展和建设法治中国的全局出发，以高度的政治责任感、历史使命感，切实加强民盟思想建设、组织建设、制度建设和机关建设等自身建设的各个方面，凝聚全盟推进依法治国的思想共识，为全盟围绕推进依法治国参政履职提供人才支撑，增强全盟依法按章循制履职的意识，保证各项盟务工作运转顺畅有序。

中国民主同盟中央委员会

二〇一四年十月三十日

在民盟十一届七次中常会上的讲话

（2014年10月29日）

张宝文

同志们：

这次中常会的主要任务是：学习贯彻中共十八届四中全会精神，研究新形势下民盟加强自身建设、充分履行参政党职能的新思路、新举措，为全面推进依法治国、推动中国特色社会主义事业发展作出新的贡献。下面，我讲三点意见：

一、把深入学习贯彻中共十八届四中全会精神作为当前全盟的首要政治任务，切实提高对新形势下全面推进依法治国重要性必要性的认识

刚刚闭幕的中共十八届四中全会，是继中共十八大、十八届三中全会之后，在全面深化改革、全面建成小康社会决定性阶段召开的又一次十分重要的会议。全会以全面推进依法治国为主题，这在中国共产党历次全会中尚属首次，标志着以习近平同志为总书记的中共中央对社会主义法治建设极端重要性和规律的认识，达到了前所未有的高度。全会对全面推进依法治国作出全面部署，表明了中国共产党治国理政进入法治化新境界，对完善发展中国特色社会主义制度、推进国家治理体系和治理能力现代化，具有根本性、引领性、长期性的关键作用。全会坚持法治精神和民主理念相统一，展示了中共中央始终不渝发展人民民主、加快社会主义民主政治建设的坚定决心。全会审议通过的《中共中央关于全面推进依法治国若干重大问题的决定》，立足我国社会主义法治建设实践，直面我国法治建设领域突出问题，明确提出了全面推进依法治国的指导思想、总体目标、基本原则、主要任务，科学回答了党的领导和依法治国关系等一系列重大理论和实践问题，全面勾画了法治中国建设的宏伟蓝图，顺应了人民呼声和社会期盼，是加快建设社会主义法治国家的纲领性文献。

当前，我国已进入全面深化改革的关键时期，改革发展稳定任务之重前所未有、矛盾风险挑战之多前所未有。深水区的利益藩篱、攻坚期的复杂难题，呼唤着我们用法治理念去破解，倒逼着我们靠法治力量来化解。以法治方式实现改革主张，用法治方式化解改革风险，寻求法治之下的最大共识，才能确保改革有秩序、不走样，行稳致远。在新的形势下，坚定不移地贯彻依法治国基本方略，坚定不移地建设社会主义法治国家，已成为执政兴国的现实选择、必然选择。全盟同志要深刻认识中共十八届四中全会在国家事业发展中的里程碑意义，进一步坚定走中国特色社会主义法治道路的信心，更好地发挥法治的引领和规范作用，努力推动改革开放不断取得新业绩。

民盟历来重视民主法治建设，建国后第一任最高人民法院院长、司法部部长，均由时任民盟中央领导同志担任。目前，全盟盟员中从事立法、执法、司法和法律监督等相关工作的盟员达 1 万余人，其中包括一大批法律方面的高层次专家学者。作为致力于中国特色社会主义事业的参政党，我们要紧紧围绕执政党和国家的中心工作，发挥自身优势，服务国家大局，努力把“立盟为公，参政为民”的价值理念转化为为党分忧、为国尽力、为民尽责的实际行动，把智慧和力量凝聚到中共十八届四中全会的决策部署上来，始终做社会主义法治的忠实崇尚者、自觉遵守者、坚定捍卫者。

二、以中共十八届四中全会精神为指引，把全面推进依法治国作为民盟履行参政党职能的重要内容

当前，全盟上下要紧紧围绕“全面推进依法治国”的主题，进一步改进履职方式、提高履职能力、增强履职效果，在求实、务实、落实上多下功夫，努力使民盟成为促进法治中国建设的一支不可或缺的重要力量，使中共十八届四中全会精神和决策部署充分体现和落实到民盟工作的各个领域、各个方面。

1. 以全面推进依法治国为着眼点，在提高参政议政质量上下工夫。要按照中共十八届四中全会要求，进一步强化法治意识，善于运用法治思维认识和分析国际国内两个大局和深层次重大问题，善于提出通过法治方式推动经济社会发展、实现国家长治久安的良计长策。一是要把依法治国作为议政建言的重点内容。着眼建设中国特色社会主义法治体系、建设社会主义法治国家，着重就加强宪法实施、提高立法质量、加快建设法治政府、提高司法公信力、增强全民法治观念、推进法治社会建设等涉及的重大问题，集中全盟智慧，认真选好议政建言课题。题目不一定求大，但求切中要害。二是要结合自身优势，深入开展调查研究。没有调查就没有发言权。只有充分利用盟内外人才资源，开展有深度的调研，举办有针对的研讨，进行深层次的思考，才能提出切实可行、行之有效的意见建议，为中共中央和各级党委、政府决策提供参考。要坚持民盟深入调研的优良传统，立足当前社会转型、利益多元、矛盾凸显的现实，客观观察社会，坚持多走、多看、多记、多问，扎扎实实地做好事实、数据、意见的收集工作，为议政建言打好坚实基础。三是要努力提高建言质量。参政党的话语权和影响力，很大程度上来自于所提意见、建议的高质量和可行性，来自于对复杂问题的正确见解和工作的预见性。要积极整合盟内外人才资源，广泛听取包括法律界人士在内的各方面意见，做好调研成果的积累、转化和应用，在深入研究论证的基础上，努力做到言之有据、言之有理、言之有度、言之有物，使提出的对策建议符合法律法规、符合客观实际、符合群众意愿。

2. 以提升法治工作实效为切入点，在强化民主监督上下工夫。民主监督是民主党派的重要职能，也是我国监督体系的重要组成部分。中共十八届四中全会对在推进依法治国进程中加强监督作出了前所未有的重要安排部署，也对民主党派履行民主监督职能提出了新要求。我们要认真总结过去开展民主监督的行之有效的做法和好的经验，积极探索新形势下加强民主监督工作的新形式，拓宽实施民主监督的有效途径。要整合盟内资源，集中全盟智慧，积极参加各级“两会”和党委、人大、政府、政协及有关部门举办的协商会、座谈会，在协商民主实践中发挥民盟应有的作用。据统计，目前全盟担任省级以上人民法院特约监督员、人民检察院特约检察员、监察部门特邀监察员、审计部门特约审计员、国土资源部门特邀监察专员、教育部门特约教育督导员、环保部门特约环境监察员、税务机关特邀监察员等约400余人。要建立健全相关制度规定，支持这些同志充分行使民主监督权利，通过多种形式，提出意见、批评和建议，更好地履行民主监督职责。要充分发挥民盟联系各界、上达中央的特点和优势，进一步畅通反映社情民意的渠道，使盟员和所联系群众的意见、批评和建议，能够尽快上达、直达，以提高民主监督的效率。当前，要关注了解中共十八届四中全会确定的依法治国重大举措落实和目标任务完成的情况，针对存在的问题及时提出建设性的改进意见，推动全会精神落到实处、见到成效。

3. 以适应法治建设新要求为落脚点，在盟的事业创新发展上下工夫。全盟上下要立足于新形势下法治建设的新需求，积极探索更好地发挥参政党职能、推进依法治国的途径和方式。要广泛参与社会管理与创新实践，进一步拓展“黄丝带帮教计划”实施的广度和深度，努力将其打造成为社会服务新品牌。加强与司法行政部门联系，发挥民盟组织和盟员优势，鼓励和引导有条件的盟组织参与社区矫正工作。加强与各级法院、检察院的衔接沟通，积极参与法检两院组织的座谈、调研、评议等活动。鼓励支持和引导从事法律工作和法学理论研究的盟员，充分发挥专业优势，立足本职岗位履职尽责，面向社会提供法律援助、法律咨询、专业诉讼等服务，维护群众合法权益。引导广大盟员注重运用法治思维和法治方式促进社会和谐稳定，通过合法方式表达利益诉求、行使民主权利，协助有关部门依法协调关系、化解矛盾。着力弘扬社会主义法治文化和法治精神，积极参与普法宣传教育，引导盟员树立“法律至上”的观念，养成自觉守法、办事依法、遇事找法、解决问题靠法的行为习惯，努力以法治凝聚改革共识、规范个人行为、促进矛盾化解、保障社会和谐。教育广大盟员自觉践行社会主义核心价值观，强化规则意识，倡导契约精神，遵守公序良俗，切实履行法定义务、社会责任、家庭责任，共同营造尊法、学法、守法、用法的法治氛围。

三、切实加强盟的自身建设，为履行参政党职能提供坚实保障

加强民盟自身建设是多党合作事业巩固发展的必然要求，也是推进依法治国宏伟战略的迫切需要。盟的各级组织要从多党合作事业可持续发展和建设法治中国的全局出发，以高度的政治责任感、历史使命感，切实加强盟的自身建设。

一是加强思想建设，凝聚全盟推进依法治国的思想共识。思想建设是民盟坚持正确政治方向，充分履行参政党职能的根本保证。全盟各级组织要把学习贯彻中共十八届四中全会精神作为当前民盟思想建设的头等大事来抓，作为正在开展的坚持和发展中国特色社会主义学习实践活动的重要内容来抓，通过多种形式学深学透全会精神，使广大盟员深入理解中共十八届四中全会的新思想、新观点、新部署。要把学习贯彻中共十八届四中全会精神，与学习贯彻中共十八大和十八届三中全会精神结合起来，与学习贯彻习近平总书记系列重要讲话精神结合起来，充分认识全面推进依法治国的重大意义，坚定走中国特色社会主义法治道路的信心决心，切实把智慧和力量凝聚到中共中央对法治建设的重大决策部署上来。

二是加强组织建设，为全盟推进依法治国提供人才支撑。盟的各级组织是盟的全部工作和凝聚力的基础。要以打造适应参政党履行职能需要的人才队伍为目标，以海纳百川的胸怀，积极吸纳各类法律专业人才加入民盟，扶持培养一批在法律方面学有专长的人才，巩固民盟的传统优势。要密切与从事法律工作盟员的联系，整合人才资源，形成组织合力。要切实加强民盟中央各类专委会的自身建设，规范专委会工作流程，提高参政议政的组织化水平。要强化各级领导班子建设，以“建一流班子、带一流队伍、抓一流业绩、树一流形象”为标准，选好配强一把手。要结合深入开展的“基层组织年”活动，进一步提升基层组织的活力、影响力和凝聚力。

三是加强制度建设，增强依法按章循制履职的意识。制度建设具有全局性、稳定性和长期性。全盟各级组织和广大盟员要树立法治思维和制度意识，充分认识到只有学法、懂法，议政建言、民主监督才能做到于法有据，才能自觉依照宪法法律和盟章要求更好地发挥作用。要进一步健全完善民盟自身各项管理制度，从盟员队伍思想、作风和纪律抓起，认真修订考核、评价等一系列管理制度和规定。要充分发挥民盟中央监督委员会的作用，认真落实领导班子述职评议等措施。要切实提高制度贯彻落实的自觉性，强化制度约束力，真正把制度优势转化为履职实效，推进各项工作制度化、规范化。

四是加强机关建设，保证各项盟务工作运转顺畅有序。机关是盟务工作的枢纽，也是展示民盟形象的窗口。要规范机关工作程序，时刻绷紧纪律和规矩这两根弦，坚持高标准、严要求，凡事讲规则、重原则，努力提升各项工作水平。要严格执行《公务员法》，依法规范机关干部行为。教育引导广大机关干部秉公职守、严以律己，始终做奉公守法的模范。积极开展法治宣传教育活动，努力在机关干部中形成公平正义、文明和谐的核心价值追求。

各位常委、各位同志，社会主义现代化建设，离不开法治的引领和规范；中华民族的伟大复兴，离不开法治的保障和支撑。用法治的力量倡树公正、传播阳光、教化人心，给前行的中国以更多的法律保障，这是伟大时代赋予我们的责任和使命！我们要认真学习贯彻中共十八届四中全会精神，继续高举中国特色社会主义伟大旗帜，发扬“奔走国是、关注民生”的优良传统，牢记使命、履职尽责，为全面推进依法治国、实现中华民族伟大复兴的中国梦作出更大贡献！

民盟中央主席张宝文代表各民主党派中央、全国工商联和无党派人士在全国政协新年茶话会上的讲话

（2014 年 12 月 31 日）

同志们，朋友们：

今天，我们在这里欢聚一堂，共庆元旦佳节。在这辞旧迎新的美好时刻，我谨代表各民主党派中央、全国工商联和无党派人士，向伟大的中国共产党致以崇高的敬意，向全国各族人民致以衷心的祝福，向香港特别行政区同胞、澳门特别行政区同胞、台湾同胞和海外侨胞致以诚挚的问候！

2014 年的中国，在实现“中国梦”的征程中，留下了光辉的足迹。在国际经济形势复杂多变、国内经济下行压力加大的情况下，以习近平同志为总书记的中共中央统揽全局、沉着应对，准确把握新常态，不断创新宏观调控思路和方式，从定向调控到结构优化，从创新驱动到内需发力，中国经济稳步前行，呈现出一系列新变化新气象；深入贯彻“八项规定”精神，不断巩固群众路线教育活动成果，坚定不移开展党风廉政建设和反腐败斗争，党风政风为之一新；围绕全面深化改革谋篇布局，强化顶层设计，注重战略规划，不断释放改革红利，改革发展的成果更多更好地惠及广大人民；积极践行中国特色大国外交理念，构建全球伙伴关系网络，推进“一带一路”建设，成功举办 APEC 峰会，在国际舞台上写下了浓墨重彩的篇章。整个中国、整个世界，都感受到中华民族伟大复兴的强劲脉动。

2014 年，必将成为我国法治建设的永恒记忆。中共十八届四中全会顺应人民期盼和时代要求，勾画了法治中国建设宏伟蓝图，作出了全面推进依法治国的重大部署，展现了中共中央全面推进依法治国的政治魄力和坚强决心。我们坚决拥护中共十八届四中全

会作出的决定，将深入学习贯彻会议精神，积极为建设中国特色社会主义法治体系、建设社会主义法治国家献计出力。

2014 年是中国共产党领导的多党合作和政治协商制度确立、人民政协成立 65 周年。各民主党派中央、全国工商联和无党派人士认真学习习近平同志系列重要讲话精神，广泛开展坚持和发展中国特色社会主义学习实践活动，不断夯实多党合作的共同思想政治基础；紧紧围绕国家中心工作开展调查研究、积极建言献策，为推动改革发展、促进社会和谐、实现祖国统一做出了新的贡献。我们高兴地看到，中国共产党领导的多党合作和政治协商制度在建设中国特色社会主义的伟大事业中发挥着越来越重要的作用，植根于中华文化沃土之上的协商民主制度越来越显示出崭新的时代意义。

同志们，朋友们！新的一年开启新的希望，新的征程承载新的使命。我们要始终坚持中国共产党的领导，坚定不移地走中国特色社会主义政治发展道路，不断坚定中国特色社会主义的道路自信、理论自信和制度自信，始终保持正确的政治方向；要充分发挥智力密集、联系广泛的特点和优势，积极协调关系、化解矛盾、理顺情绪、解疑释惑，努力寻求最大公约数、增进最大共识度、形成最大凝聚力；要把全面深化改革、大力推进依法治国作为参政议政的重要任务，围绕完善中国特色社会主义制度、推进国家治理体系和治理能力现代化这个目标，求真务实探索改革良策，知无不言发表真知灼见；要坚定不移地支持和拥护“一国两制”、“港人治港”、“澳人治澳”的方针，促进香港、澳门长期繁荣稳定。探寻海峡两岸交流合作的新领域、新思路和新模式，积极推动两岸关系和平发展。

一元复始，万象更新。站在新的历史起点上，让我们更加紧密地团结在以习近平同志为总书记的中共中央周围，继承和发扬多党合作的优良传统，凝心聚力，锐意进取，共同开创中国特色社会主义事业新局面，为全面建成小康社会、实现“两个一百年”奋斗目标和中华民族伟大复兴的中国梦而努力奋斗！

民盟中央 2014 年工作要点

（2013 年 12 月 30 日民盟中央主席办公会议通过）

2014 年是我国改革发展的关键一年。全盟工作的总体要求是：认真学习贯彻中共十八届三中全会精神，深入开展“坚持和发展中国特色社会主义”学习实践活动，按照《民盟中央五年工作规划》的要求，全面推进盟的自身建设，坚持“奔走国是，关注民生”的优良传统，围绕全面深化改革、实现科学发展深入调研，咨政建言，切实履行好参政党职能。

一、深入学习，提高认识，进一步夯实多党合作的共同思想政治基础

1. 全盟要将学习贯彻中共十八届三中全会精神，作为当前和今后一段时期内的重要

政治任务，认真学习《中共中央关于全面深化改革若干重大问题的决定》等重要文件，准确把握我国经济社会发展的新要求，把思想和行动统一到中共中央关于全面深化改革重大决策部署上来，不断凝聚改革共识，为推动经济社会发展、促进社会和谐稳定做出贡献。

2. 深入开展坚持和发展中国特色社会主义学习实践活动。各级盟组织要在分析了解广大盟员思想动态及自身建设中存在的突出问题的基础上，认真制定实施计划，围绕加强自身建设、切实履行职能，不断创新活动思路、方式和载体，增强活动的针对性、实效性，进一步坚定走中国特色社会主义政治发展道路的信念和决心。

二、充分发挥主席会议和常委会领导核心的作用，加强对影响全局重大问题的研究和规划

3. 主席会议和常委会要充分发挥全盟领导核心的作用，贯彻民主集中制原则，不断适应形势任务要求，就党和国家政治经济生活中的重大问题和关系全盟工作的重要问题做好研究和规划，推动各项工作深入开展。

4. 今年常委会将重点研究全盟的思想政治工作。强化对全盟干部和盟员的思想引导和教育培训，切实做好政治交接工作。适时召开会议，研究思想政治工作面临的新形势，探索改进思想政治工作的新方法，教育引导广大盟员坚定信心、迎难而上，始终做中国改革事业的亲历者、实践者、维护者、捍卫者。

三、围绕全面深化改革、促进科学发展，积极建言献策，切实做好参政议政工作

5. 继续坚持民盟“奔走国是、关注民生”的优良传统，突出民盟特色和优势，整合全盟智力资源，紧紧围绕改革发展中的主要任务、重点领域和关键环节，大兴调查研究之风，切实做好中共中央、国务院委托调研、盟中央与省级组织合作调研等重点调研。重点在农业及粮食安全、化解产能过剩、地方政府债务风险、区域发展不平衡、改善民生、教育科技文化体制改革、政府职能转变、对外开放等方面，开展基础性、持续性研究，提出前瞻性、全局性、可操作性的意见建议。继续办好民盟教育论坛、民生论坛等活动，并做好成果的积累和转化，为全面深化改革献计出力。

6. 积极参加高层政治协商，向党委和政府提出改进工作的意见建议。充分发挥盟员担任各级特约人员的作用，履行对政府部门和司法机关进行民主监督的职责。要健全机制、重视质量、突出特色，继续做好社情民意信息报送工作。

7. 认真做好全国政协十二届二次会议上民盟中央大会发言和提案工作，充分发挥盟内各级人大代表和政协委员的作用，做好议案、提案工作。适时召开民盟参政议政工作会议，安排部署 2014 年参政议政工作。

8. 切实加强专委会的自身建设，不断提高参政议政的组织化水平。要逐步建立和完善专委会工作机制，密切与专委会委员的联系，强化委员的责任意识，使专委会真正成为开展参政议政工作的重要智库。成立民盟国情研究中心，探索建立更多更有效的合作机制并积极发挥其作用。

四、突出特色优势，进一步做好社会服务工作

9. 做好智力扶贫工作。重点推进贵州毕节、黔西南州、河北广宗、重庆彭水、甘肃定西、广西百色、四川遂宁等地的扶贫工作；召开第二次东部十省市民盟组织参与毕节试验区建设研讨会。继续推进“明眸工程”。

10. 鼓励和支持民盟地方组织在实践中进一步优化和创新烛光行动工作模式，支持有条件的省级盟组织建设烛光行动示范学校。

11. 努力将“黄丝带帮教计划”打造成为社会服务新品牌，加强与司法行政部门联系，支持有条件的盟组织参与社区矫正工作。

12. 鼓励和支持有条件的地方盟组织关注社区建设和社区统战工作的形势发展，开展工作实践和理论探索。

五、开展“基层组织建设年”活动，全面加强组织建设

13. 组织发展要着眼于多党合作事业的大局，严格标准，注重质量，重点发展有较大社会影响的代表性人士、当前参政议政等工作急需的高层次人才以及有发展潜力的中青年人才。指导省级组织、协助有关部门做好 2014—2017 年省级组织领导班子后备干部推荐工作。加快优化人才结构，不断充实后备干部，完善人才管理的动态机制，加大后备干部和代表性人士的推荐使用力度。

14. 联合各省级组织就基层组织建设开展专题调研，总结推广先进基层组织工作经验，召开全盟基层组织工作会议，研讨新形势下如何做好盟的基层组织建设工作，表彰基层组织建设先进集体，修订《民盟中央关于加强基层组织建设的意见》，举办基层组织负责人培训班，切实推进盟的基层组织建设工作。

15. 加大骨干盟员培训力度。举办省级组织秘书长、办公室主任培训班，盟务工作骨干培训班，协助中央统战部办好出国研修班，民主党派干部进修班、培训班，提高各级盟组织干部的工作水平。

16. 中央监督委员会要进一步发挥作用，加强对省级监督委员会工作的指导，做好省级监督委员会的调研工作和省级领导班子述职评议工作，稳步推进盟内监督。

六、深化参政党理论研究，探索新形势下盟的思想宣传工作

17. 紧紧围绕民盟的工作特色和重点，将丰富的工作实践经验在理论上加以概括和提炼，努力推动理论研究工作深入开展。继续在全盟开展课题招标工作，进一步提高课题成果质量，形成一批对领导决策和盟务工作探索创新有较高参考价值的研究成果。整合民盟自身的理论研究资源，更好地发挥民盟中央参政党理论研究中心特邀研究员的作用，适时召开理论专题研讨会。

18. 继续在全盟开展思想宣传工作调研，准确掌握盟员的思想动态，结合盟员队伍的思想实际和特点，积极开展广大盟员便于参加、乐于参与、易于接受的宣传教育活动。召开全盟宣传工作会议，探讨新时期思想宣传工作的内在规律和基本经验。健全思想宣传工作机制，建立盟中央和基层组织的有效沟通渠道。增强主动宣传的意识，加强与主

流媒体的联系沟通，积极探索新时期参政党与媒体合作的新方式、新办法。

19. 继续办好《中央盟讯》，注重改进文风，贴近基层。完善民盟中央网站工作机制，增强实效性，扩大信息量，丰富板块内容，争取今年“两会”期间，试开通微信平台。

20. 集中力量开展盟史资料的收集和抢救工作，编辑出版有关文献资料，筹备建立文史资料档案数据库。加强与地方组织合作，支持地方组织有关纪念活动、文史出版和研究、口述历史采编等工作，支持有条件的地方组织建立民盟传统教育基地。

21.《群言》杂志要认真做好扩版工作，继续保持“知识分子的群言堂”的鲜明特色，进一步增强刊物的政治性、学术性、针对性与可读性；加强对民盟参政议政、社会服务工作亮点以及盟员风采的宣传力度，扩大社会影响力；努力打造高水平、稳定的作者队伍，适时召开新一届《群言》编委会、理事会成立大会，充分发挥“两会”作用；加大发行工作力度，保持发行量稳中有升。

22. 进一步开展和强化文化调研工作，为文化体制改革和文化市场发展积极建言献策。组织开展好民盟中央美术院、艺术团的各种活动，探索组建民盟中央文联组织及其他文化机构，带领文艺界盟员，为推进文化体制改革、繁荣文化事业献计出力。

七、提供平台，促进对话，继续做好对外联谊工作

23. 加强两岸四地的高教和科技交流，认真办好在贵州举行的第十届海峡两岸暨港澳地区大学校长联谊活动，增进两岸四地大学间的了解与互信。

24. 继续发挥民盟联系广泛的优势，做好台港澳同胞和海外侨胞的联谊和联络工作，为祖国和平统一大业做出应有的贡献。

八、扎实推进机关建设

25. 通过在职培训、轮岗交流、挂职锻炼等途径，为机关干部创造良好的学习条件，尽快提高机关干部的综合素质，不断增强解决实际问题的能力。

26. 进一步加强作风建设，培养求真务实、严谨细致、讲究效率的优良作风，增强服务意识，提升服务水平。

27. 盟中央机关要高标准、严要求，努力建设学习型、绩效型、服务型、和谐型机关，为地方各级机关做出表率。

中国民主建国会

凝心聚力　积极作为　为促进全面深化改革和建设法治国家作出新贡献

——在中国民主建国会第十届中央委员会第三次全体会议上的工作报告

（2014 年 12 月 16 日）

陈昌智

各位委员、各位同志：

我受第十届中央常务委员会委托，向本次中央全会报告工作，请予审议，并请列席会议的同志提出意见。

一、2014 年工作回顾

2014 年是我国实施全面深化改革的开局之年。中国共产党高举中国特色社会主义伟大旗帜，领导全国人民坚定信念，团结奋斗，沉着应对复杂的国内外形势，牢牢把握稳中求进的工作总基调，创新宏观调控思路和方式，积极破解经济社会发展难题，着力保障和改善民生，以全面深化改革推动各项工作，保持了国民经济持续健康发展和社会和谐稳定。一年来，全会深入学习贯彻中共十八大、十八届三中和四中全会、习近平总书记系列重要讲话精神，着力推进思想建设，巩固基层组织建设成果，认真履行参政党职能，各项工作取得新成效，为促进全面深化改革和经济社会健康发展作出了积极贡献。

（一）深化宣传教育，加强思想建设

深入开展主题教育活动。9 月，会中央召开全国宣传思想工作座谈会，总结近年来全会加强宣传思想工作的成效、交流开展坚持和发展中国特色社会主义学习实践活动的做法与经验，明确新形势下加强宣传思想工作、深入开展学习实践活动的重点和要求。省级组织积极贯彻落实会议精神，认真学习会中央领导讲话和工作报告，学习先进经验和做法，加大宣传思想工作力度，推动学习实践活动不断深入。11 月，下发《关于学习贯彻中共十八届四中全会精神的通知》，要求各级组织广泛动员，采取多种形式学习会议精神，与学习实践活动有机结合，将广大会员的思想认识统一到中共十八届四中全会精神上来，做建设法治中国的参与者和推动者。继续挖掘会内资源，将冷遹纪念馆、南京民间抗日战争博物馆命名为民建中央爱国主义教育基地，并积极协调启动孙起孟和施复亮故居、胡厥文陈列馆的修复工作。编写《民建史话》、《中国政党制度年鉴（民建篇）》，收集和整理《民建文献片》的补充资料，为开展好学习实践活动提供新史料。

加强学习与调研。会中央中心学习组全年组织学习8次，采取中心发言、讨论交流等方式，围绕学习贯彻中共十八大、十八届三中和四中全会、习近平总书记系列重要讲话精神，结合履行参政党职能、自身建设实际进行学习和研究，针对工作薄弱环节提出改进思路和举措。9月，召开主席务虚会，专题研究领导班子建设和后备干部队伍建设，认真讨论修改《关于做好2014—2017年省级组织领导班子后备干部队伍建设工作的意见》，并在会后下发。会中央主席和各位副主席按照联系省级组织的分工，分别到23个省（自治区、直辖市）的89个地市进行调研，指导地方组织开展好会务工作。

抓好理论研究。以"履行参政党职能的经验和规律"为主题开展理论研究，全年共收到研究成果360多篇，对优秀研究成果给予表彰和奖励，并推荐给《人民日报》、《中国统一战线》、《团结报》、会中央网站和《民讯》等会内外媒体刊发。5月和11月，先后两次召开民建中央理论研讨会，就有关参政党建设理论问题进行深入探讨，对开展重点课题研究作出部署，为做好建会70周年的经验总结和理论概括做了有益准备；会议收到91篇研究成果，其中15篇优秀成果在会上作了交流发言。会中央网站的《理论园地》全年刊登理论文章31篇，《民讯》全年刊登理论文章12篇，促进了理论成果交流。

扩大舆论宣传。一是加强"两会"的新闻宣传。"两会"前夕，召开"民建中央'两会'参政议政新闻通气会"，《人民日报》、新华社、中央电视台等74家媒体记者参加。"两会"期间，主流新闻媒体直接登载有关民建的报道700多条。会中央网站开辟"两会"专题，对会议情况和民建参政议政情况进行宣传报道。二是加强参政议政成果的宣传。在《人民日报》、《光明日报》、《经济日报》等刊发介绍民建年度重点调研专题、建言献策重要成果等新闻特写类稿件6篇。三是加强会中央领导重要言论的宣传报道。在中央主要媒体刊发会中央7名领导署名文章、采访稿件22篇。四是加强对民建界别政协委员工作成果的宣传报道。《人民日报》刊发14位民建全国政协委员的署名文章18篇，新华社、中新社、中央电视台等媒体对民建政协委员首倡设立南京大屠杀死难者国家公祭日进行报道。五是加强会内媒体建设。会中央网站完成改版工作，全年收到会内外稿件共计1万多篇，编发7796篇。《民讯》、《经济界》办刊质量进一步提高。

（二）夯实发展基础，推进组织建设

做好组织发展工作。会中央下发《关于进一步做好组织发展工作的通知》，要求省级组织根据自身发展实际，制定年度组织发展计划，按照组织发展原则正确处理发展质量与发展速度的关系，严把发展质量关。举办全国省级组织管理信息系统培训班，下发《中国民主建国会组织管理信息系统工作手册》，进一步完善组织管理系统，按照规范化、标准化的要求做好会员情况统计工作。截至12月底，民建会员共有159055人，平均年龄50.6岁，经济界会员占78.2%；担任各种经济实体的正副董事长、总经理、厂长等高级管理人员32703人，占会员总数的20.6%；专家学者26353人，占会员总数的16.6%；担任政府及司法机关处级以上领导职务的1844人，占会员总数的1.2%。

加强市级组织建设。7月，召开全国市级组织建设研讨会，总结近年来全国市级组织建设取得的成果，交流经验和做法，分析存在问题，明确新形势下加强市级组织建设的重点和要求。18个市级组织负责人作大会发言，编发《省级组织材料汇编》、《市级组织材料选编》。会议期间还召开全国组织处长工作会议，对落实研讨会精神进行部署。会后，省、市级组织积极贯彻落实会议精神，认真学习会中央领导讲话和工作报告，学习先进经验和做法，推进市级组织建设。会中央印发会议材料、网站设立会议专栏、《民讯》推出会议专刊，促进了会议精神的贯彻落实。

加大培训工作力度。7月，为深入贯彻落实全国市级组织建设研讨会精神，会中央举办全部市级组织专职副主委培训班，着力提升市级组织专职领导干部的履职能力，增强他们的政治责任感和使命感，这是会内培训专职领导干部历史上规模最大的一次。选派19名局级干部参加中央统战部组织的学习贯彻习近平总书记系列重要讲话精神轮训班、3名局级干部参加党外领导干部市场经济研修班、38名会员骨干参加民主党派干部进修班和培训班。为充分利用地方资源，加大会员骨干培训力度，会中央分别与各省级组织联合举办学习贯彻中共十八届三中全会和习近平总书记系列重要讲话精神培训班，截至11月底,30个省级组织共举办35期、培训2980人。11月召开建华课堂培训工作交流座谈会，积极探索更加切合民建特点的学习培训方式，促进各省级组织做好培训的组织和管理工作。建华课堂覆盖区域不断扩大，目前全国已有12个省级组织设立分课堂，全年开展学习培训活动150多场，培训会员会友1.1万多人次，受到会员会友欢迎。

推进会内监督工作。截至7月，民建全国30个省级组织全部建立监督委员会，在各民主党派中第一个实现省级组织监督委员会全覆盖，提前三年完成本会十大制定的目标。11月，召开全国会内监督工作研讨会，会中央领导出席会议并讲话，会议全面总结六年来开展会内监督工作的成果和经验，明确今后开展工作的思路、方向和重点，对开展好会内监督起到推动作用。召开十届中央监督委员会第三次全体会议，总结和部署工作。中央监督委员会还走访致公党中央，交流经验；加强对地方监督委员会的指导，编印《情况通报》8期，推广经验，督促工作。

协调解决会员困难或问题。妥善处理来信来访747件次，维护会员的合法权益。继续做好原工商业者会员的困难补助工作，加大关怀力度，发放慰问金在去年大幅增长的基础上，今年比去年又增加一倍。

建设和谐机关。会中央继续落实“八项规定”，改进工作作风，新制定《机关工作人员行为文明规范(试行)》和《公务接待用餐管理办法》，完成会中央机关公务用车改革，机关工作和管理进一步制度化、规范化，荣获财政部2013年度财务决算评比三等奖。选派多名局级、处级和科级干部到基层挂职锻炼，增加基层工作经验，提高工作能力。举办多场实用性专题知识讲座，组织会务工作者出境学习培训，帮助机关干部进一步更新知识和提高业务素养。机关各部门与所联系的13个基层支部开展学习交流活动23次，促进了机关作风的转变和基层组织参政议政能力的提高，增进了机关与基层组织的了解和沟通。全年接待5批次参加在京各类培训班的400多名会员到会中央机关参观座谈，热情做好服务工作。

(三)围绕全面深化改革，提高参政议政质量

认真参加高层协商。会中央领导在中共中央和国务院召开的政府工作报告征求意见

座谈会、上半年和全年经济形势分析座谈会、十八届四中全会《决定》征求意见座谈会等高层协商中，代表民建围绕全面深化改革、依法治国和经济社会发展的重大问题，就发挥人大立法引导作用、推进依法行政、化解产能过剩、加强政府性债务管理、防范和化解金融风险等方面，提出改进工作的措施建议，受到中共中央领导的重视。

充分发挥在人民政协中的作用。在全国政协十二届二次会议上，民建政协委员提交书面发言 64 件、提案 436 件；民建中央提交口头发言 1 件、书面发言 4 件、提案 40 件、界别提案 1 件，其中 20 件由地方组织成果转化、10 件由中央专门委员会成果转化，1 件列入全国政协专题调研提案、4 件选入《重点提案摘报》，已有 37 件收到财政部和农业部等 16 个承办单位的提案办理答复。会中央领导在全国政协常委会上作题为《重视投资效率下降问题，让市场在资本配置中发挥决定性作用》、《健全体制机制，推进作风建设常态化》、《贯彻落实依法行政，加快建设法治政府》、《维护宪法权威，全面推进依宪治国》的发言，在专题协商会上作题为《建设现代职业教育体系，必须突破四大瓶颈制约》、《整合相关资源，促进西部农村基层基本公共文化服务均等化、标准化》的发言，在双周协商座谈会上作题为《大力发展清洁能源，促进城乡环境保护》、《行政司法管辖制度亟需与行政区划相分离》、《让能源合作成为丝绸之路经济带的最大引擎》、《加强汽车尾气治理，减少城市大气污染》、《中小微企业创新亟需缓解融资困境》的发言，得到各方面的肯定。加强对地方社情民意工作的指导，全会社情民意工作质量进一步提高，截至 11 月底，共收到社情民意信息 3406 篇，向全国政协报送 534 期，被采用 44 期，大多数由地方组织和中央专门委员会提供。

深入开展调查研究。会中央领导就年初确定的 5 个重点调研专题，分别组建课题组，深入 18 个省（自治区、直辖市）开展调研，形成《加大改革力度，建立解决产能过剩的长效机制》、《大力推动干旱半干旱地区农业水资源高效利用》、《关于推进我国现代职业教育发展问题的调研报告》、《关于巩固实体经济坚实基础，缓解小微企业融资贵的十条政策建议》、《关于进一步规范与发展我国互联网金融的调查报告》等调研报告。会中央还就提高扶贫工作成效的课题开展调研，提交《深化改革，创新机制，提高扶贫工作精准性和有效性》的调研报告。以上调研报告得到李克强、张高丽、刘延东、汪洋、马凯等中央领导 7 人次批示。

认真履行民主监督职能。会中央领导在调研中注意发现问题，分析问题，并在协商会上坦诚指出当前经济社会发展中存在的突出问题，将民主监督寓于参政议政中。会中央领导参加最高法、最高检举行的民主监督座谈会，对改进工作提出建议，其中关于“区分调解案件类型”和“加强法官职业待遇与职业保障”的建议受到最高法的重视，以领导致函的方式给予充分肯定。担任各级人大代表、政协委员的会员积极提交议案、提案，踊跃参加人大开展的执法检查活动、政协组织的委员视察活动。担任各级司法机关和政府部门特邀（约）职务的会员，忠于职守，认真履行监督职责。

做好专门委员会工作。会中央根据工作需要，对 12 个中央专门委员会增补 84 名委员，增加参政议政骨干力量。各专门委员会及时召开主任会议、全体会议，研究工作，部署任务，提出要求，落实责任，年度共向会中央提交调研报告 118 篇、社情民意信息 238 篇。经济委员会、财政金融委员会、企业委员会、能源与资源环境委员会在深入调研基础上，分别向十届八次中常委会提交关于经济形势的分析报告，并在会议上作发言。

（四）搞好社会服务，增强工作实效

努力做好定点扶贫工作。一是帮助扶贫点发展特色产业。组织会内专家开展黔西民俗特色旅游调研，为当地发展旅游业出谋献计；积极扶持黔西县发展特色农业，推进产业结构调整，支持种植高粱5000亩，资助新仁乡、协和镇的产业示范基地种植生姜、石榴200亩；推动丰宁县融入京津冀一体化发展战略，支持天桥镇前沟门村建设有机蔬菜大棚300亩，帮助协调在京建立蔬菜销售点17个。二是开展会员企业对口帮扶。发挥界别优势，组织开展“百企黔西行”活动，19家会员企业与黔西县当地企业达成结对帮扶协议，促进黔西非公经济发展。三是实施人才培训计划。共培训乡村骨干教师、乡村医生、农村致富带头人等各类人才715名。四是服务改善民生。在黔西县和丰宁县开展送医下乡活动，为400名群众进行义诊，援建村卫生室20个、图书室7个、沼气池50套；为黔西县捐赠救护车28辆，覆盖全部乡镇医院。

扩大思源工程品牌影响力。截至11月底，中华思源工程扶贫基金会募集善款15015.53万元，再创历史新高；支出11196.56万元，受益人群约100万人次；新增5个专项基金，下设专项基金达30个。实施思源救护、思源助学、思源大病救助等10个公益项目，其中，思源救护项目捐赠556辆救护车，覆盖全国27个省（自治区、直辖市）239个国家级贫困县；思源教育移民项目新开设教育移民班25个，受益学生1250人，至此全国举办教育移民班达101个；思源大病救助项目出资2074.44万元，帮助白血病、烧烫伤、听力障碍等数十个病种的患者900多名。“思源工程”得到社会广泛认可，2014芭莎明星慈善夜共募集善款5131万元，中央电视台、人民网、新浪网等媒体刊登或转载报道“思源工程”活动和事迹2000多篇。基金会再次荣获“中国公益慈善组织信息披露卓越组织”称号，在“中国基金会透明指数”中继续并列第一。

助推会员企业健康发展。会中央派员赴天津等地调研会员企业投融资情况，在京召开会员企业投融资经验交流会，为会员企业开展银企合作、企业合作创造条件。在内蒙、广西、广东举办“非公经济前沿圆桌会议”，为会员企业搭建交流平台。组织100多位会员企业家参加甘肃省丝绸之路经济带黄金段项目投资推介会，对甘肃省研究制定丝绸之路经济带黄金段建设总体方案建言献策，并达成多项投资意向，为地方经济发展服务。主办“西藏自治区招商引资项目推介会”；组织50多位会员企业家赴山东、贵州考察投资；协调国家发改委解答会员企业经营发展中遇到的政策问题，为会员企业健康发展提供服务。

积极开展赈灾救灾。8月3日云南省鲁甸县发生6.5级地震后，会中央第一时间致电民建云南省委询问灾情，向灾区的群众和民建会员表示亲切慰问，并立即部署抗震救灾工作，指示基金会先期向地震灾区捐赠100万元。会中央抗震救灾工作组8月4日深夜抵达云南灾区，当即成立“思源绿舟联合救援队”，在震后黄金72小时内开展生命救援、搜寻遇难者、医疗诊治、消毒防疫等工作。3辆思源救护车深入受灾严重的乡镇，完成100多次急救工作，抢救及转运受伤群众130多人次。据不完全统计，截至8月底，民建全会和基金会共为云南地震灾区捐献款物合计2172.1万元。在海南文昌遭受台风灾害后，按照会中央要求基金会及时向灾区拨付37.6万元赈灾善款，用于采购灾区急需生活物资，帮助 3 个乡镇、20 多个村、2 万多名受灾群众渡过难关。

成功举办两大论坛。“2014(第十六届)中国风险投资论坛”以“释放改革红利，打造中国风险投资升级版”为主题，吸引来自海内外的专家学者、企业家等 1800 多人参加，29 个优质项目做展示，19 个优秀项目进行融资路演，其中有 3 家会员企业进行了路演、1 家会员企业被评为“2014 最具投资潜质创新企业”。“2014’中国（宁夏）非公有制经济发展论坛”以“全面深化改革，激发非公经济活力，促进西部经济转型升级”为主题，有关部委领导、会内外专家学者和企业家 800 多人参加，征集论文 34 篇，签约投资项目 41 个，签约金额 409.4 亿元。

会中央在对外联络工作中，积极推动两岸务实合作。接待台湾柯蔡宗亲总会访问团和台湾“一国两制”研究协会访问团到内地参访。在京成功举办两次台湾民用消费品推介会，230 多位会内外企业界人士参加，现场成交金额 60 多万元，并达成多项实质性合作。与台湾世新大学联合召开第 16 次系列研讨会暨“两岸文化创意产业发展与合作研讨会”，组团赴台参加《天下》杂志主办的“两岸财经圆桌论坛”，扩大两岸企业家、专家学者的交流与合作。会中央领导在“两会”期间亲切会见部分港澳委员，并座谈交流。邀请香港教育工作者联会访问团参访四川，实地感受汶川灾后重建的巨大成就，向香港青年学生传播内地繁荣发展的正能量。接待香港思源学校访问团赴宁夏和内蒙考察，巩固与香港会员会友的传统友谊。组织赴奥地利、匈牙利、波兰访问团考察环境保护及资源开发利用，组织中小企业与经济改革访问团赴捷克、克罗地亚、土耳其考察，促进本会同国外政府机构、工商企业的务实合作。全年接待台港澳团组 5 个、92 人次，出访团组 4 个、33 人次。

各位委员、各位同志，今年在工作多、任务重的情况下，各级组织和广大会员共同努力，务实求效，为本会履行好参政党职能作出了新的贡献，赢得了荣誉。在这里我代表中央常务委员会向各位委员和全会同志表示衷心的感谢，并致以崇高的敬意！

今年，会中央坚持转变工作作风，工作重心下移，抓好贯彻落实，推进各项工作取得新成效。今年工作有三个主要特点：

1. 力提高市级组织建设水平。市级组织起着承上启下的重要作用，是本会发展的重要基础。在巩固基层组织建设成果的基础上，会中央着力加强市级组织建设：一是会中央领导分别深入市级组织专题调研，掌握市级组织建设实际情况；二是首次召开全国市级组织建设研讨会，会中央领导与省、市级组织负责人共同研究市级组织建设，充分交流看法，深入探讨问题，制定改进措施；三是省、市级组织积极贯彻会议精神，学习借鉴好经验好做法，市级组织建设水平有了新的提高。

2. 转变作风收到实效。作风至关重要，反映领导班子和领导成员的形象。会中央领导对转变作风高度重视，深入各级组织调研，认真检查督促贯彻落实好全国基层组织建设研讨会和全国市级组织建设研讨会精神。据统计，截至 10 月底，全国 30 个省级组织以主委会、常委会、全会、专题工作会议等形式贯彻落实两个会议的精神，共召开 95 次会议、5887 人次参加；全国 292 个市级组织中有 291 个学习了先进经验，全国 6878 个基层组织中有 4869 个学习了好的做法；30 个省级组织领导班子成员到市级组织 1458 次、基层支部 1929 次，进行工作调研指导。全会狠抓落实收到实效，有力促进了各级组织建设。

3.培训骨干规模空前。会的各级骨干是本会事业发展的中坚力量，必须培养好、爱护好、使用好。会中央从战略高度着眼会的长远发展，大力加强各级骨干培训：一是首次举办所有市级组织专职副主委参加的培训班，参加人数多、授课水平高、培训效果好，受训人员汲取了营养，增强了使命感和责任感；二是会中央创新培训方式，首次与省级组织联合开展会员骨干培训，充分利用中央社院、省级社院以及大专院校的资源对地方骨干开展培训。

我们在总结工作成绩的同时，也应清醒看到工作中存在的问题和不足：一是全会开展学习实践活动的有效形式和载体还不多，吸引力还不够；二是有的参政议政成果针对性不强，建言献策水平有待进一步提高；三是全会社会服务工作开展不够平衡，一些地方需要加大工作力度。对这些问题，会中央和各级地方组织要认真研究，切实改进。

二、2015年主要工作任务

2015年是全国人民在中国共产党的领导下深入贯彻落实中共十八大、十八届三中和四中全会、中央经济工作会议精神，完成“十二五”规划，制定“十三五”规划的重要一年，全面深化改革、全面推进依法治国、促进国民经济健康发展、保持社会和谐稳定的任务十分艰巨。新的一年对于本会具有特殊的意义，经历半个多世纪的风雨征程，我们将迎来建会70周年。面对新形势新任务，全会要坚持以中国特色社会主义理论体系为指导，着眼于服务科学发展、促进社会和谐大局，加强参政能力建设，提高建言献策水平，以自身建设的新成效、参政议政的新成果、服务社会的新贡献向建会70周年献礼。

（一）深入学习贯彻中共十八大、十八届三中和四中全会精神

中共十八届四中全会是在我国全面深化改革的关键时刻召开的一次重要会议。会议作出《中共中央关于全面推进依法治国若干重大问题的决定》，制定了依法治国的总目标，明确了任务和重点，对实现科学立法、严格执法、公正司法、全民守法作出系统设计和部署，汇集了新思想、新论断、新举措，在中国特色社会主义法治理论建设上实现了一系列重大突破。《决定》是在新的历史起点上推进与实现国家法治化建设的科学指南和行动纲领，对于促进国家治理体系和治理能力现代化、推动我国经济社会各领域的深刻变革、实现中华民族伟大复兴的中国梦，具有重大而深远的意义。各级组织要把学习贯彻中共十八届四中全会精神作为当前的首要政治任务，认真组织广大会员学习研读《决定》和习近平总书记对《决定》的说明，充分认识中共十八届四中全会的重大意义，准确把握《决定》精神实质。

中共十八大提出全面建成小康社会的奋斗目标，十八届三中全会对全面深化改革作出顶层设计，十八届四中全会对全面推进依法治国作出部署，三个“全面”有着内在逻辑关系，是有机统一的。全面深化改革为进一步解放和发展社会生产力提供动力，全面推进依法治国为全面深化改革提供法治保障，两者的目的都是为了推动更好地完成全面建成小康社会的奋斗目标。各级组织要切实把思想和行动统一到中共中央的决策部署上来，引导广大会员既要理解改革、支持改革、参与改革，也

要树立法治思维、运用法治方式、依法参政议政，进一步解放思想，振奋精神，积极投入全面深化改革和全面推进依法治国的伟大实践，为实现全面建成小康社会奋斗目标贡献智慧和力量。

（二）以纪念建会70周年为契机，提高思想建设水平

依托纪念建会70周年深化宣传思想教育。明年是民建成立70周年，各级组织要认真贯彻落实民建全国宣传思想工作座谈会精神，继续深入开展坚持和发展中国特色社会主义学习实践活动，巩固和扩大活动成果，组织广大会员学习中国特色社会主义理论体系、多党合作的理论和政策，学习会章、会史、会的优良传统，深化对中国特色社会主义科学内涵、全面深化改革和全面推进依法治国重大意义的认识，进一步坚定广大会员对中国特色社会主义的道路自信、理论自信和制度自信。各级组织要本着节俭、隆重的原则，精心设计和开展丰富多彩的纪念活动，大力弘扬会的优良传统，宣传会的各项工作新成绩，不断增强会的凝聚力。会中央将召开纪念民建成立70周年大会，认真总结民建成立70年来形成的宝贵经验，明确今后前进方向。会议期间将对全国先进集体和优秀会员进行表彰。会中央网站、《民讯》将设立专栏刊发系列纪念文章和报道各级组织举行纪念活动情况，民建中央画院将举办纪念建会70周年会员书画作品展等。

开展好理论研究。继续组织全会开展理论研究，做好民建70年建设与发展的经验总结和理论概括，为会的健康发展提供正确理论指导。充分利用黄炎培故居、冷遹纪念馆、南京民间抗日战争博物馆等基地开展爱国主义教育，着手编写《民建先贤轶事》，为会员学习民建优良传统提供生动教材。

加强新闻宣传。充分利用社会多种舆论宣传阵地，积极借力新媒体，创新宣传工作的理念、形式和手段，加大对民建参政议政、民主监督、社会服务成效的宣传力度。进一步加强宣传的策划性和时效性，对民建的特色工作、特色活动进行重点宣传报道，树立民建良好社会形象，扩大会的社会影响力。

（三）继续巩固组织建设成果，提升自我发展能力

搞好领导集体建设。要健全、完善和严格执行民主集中制，建设政治坚定、团结合作、工作高效、廉洁勤政的各级领导集体。各级领导集体成员要勤奋学习，善于思考，研究问题，在工作实践中着力提高政治把握能力、参政议政能力、组织领导能力、合作共事能力。要畅通会内民主渠道，丰富会内民主形式，切实保障会员对会内事务的广泛参与和有效监督。

加强后备干部和代表人士队伍建设。按照会中央《关于做好2014—2017年省级组织领导班子后备干部队伍建设工作的意见》要求，建立省级组织后备干部队伍人才库，完善后备干部档案，实行动态管理，为届中调整和换届做好准备。适时举办在政府及司法机关任实职领导干部（厅局级）座谈会，增强会员领导干部的履职使命感和责任感，提高履职能力和廉洁自律的自觉性。加强对省级组织会员信息录入工作的指导，充分运用好组织管理系统，实现会员信息尤其是代表性人士信息的动态管理。

开展好培训工作。适时举办会员骨干培训班，注重提高政治觉悟和素养，增强参政议政能力。继续采取会中央与省级组织联合开展培训的方式，加大对省市级组织骨干会员的培训力度。将建华课堂学习平台建成具有民建特色的培训品牌，逐步增强公益性和

开放性，开展经常性的各类讲座和交流活动，形成资源共享、相互交流、共促发展的培训合力。

推进会内监督工作。贯彻落实全国会内监督工作研讨会精神，认真执行会内监督有关规定，突出监督重点，检查督促会内监督各项制度的落实情况。适时召开监督委员会办公室主任座谈会，进一步提高各级监督委员会办公室的工作水平。

推进各级机关建设。建立和完善机关各项管理制度，严格执行财务、公务车改革的规定。坚持机关学习制度，进一步提高机关干部理论政策水平和文化素养。加强对机关干部的管理，做好选派机关干部到基层挂职锻炼工作。坚持机关各部门联系基层支部制度，促进机关作风转变，提高基层组织工作水平。

（四）围绕经济社会发展大局，提高参政议政水平

扎实做好参政议政工作。拟于九十月间，召开民建全国参政议政工作会议，总结九大以来全会参政议政工作成效，交流经验和做法，对新形势下加强参政议政工作作出部署。紧密围绕推进全面深化改革、依法治国、制定“十三五”规划等党和国家的工作重点，主动适应经济发展新常态，密切关注国际经济形势变化和国内经济运行情况，组织会内外专家学者就经济社会发展重大问题，开展调查研究，向中共党委和政府积极建言献策。充分发挥界别优势，就保持经济稳定增长、发现培育新增长点、加快转变农业发展方式、优化经济发展空间格局、加强保障和改善民生等方面，深入调研，形成针对性和可操作性较强的调研报告及相关成果。注重提高高层协商的质量，积极参与国家法制建设，向全国“两会”和全国政协常委会、专题协商会、双周协商座谈会等提交有水平、有影响的提案和发言。重视发挥好各级地方组织和专门委员会的作用，注意培养参政议政骨干，注重提高参政议政成果的质量和水平。加强社情民意工作的骨干培训，拓宽信息来源，不断提高社情民意信息质量。继续举办好中国风险投资论坛、中国非公有制经济发展论坛，保持品牌特色。

认真履行民主监督职能。在调研和社情民意工作中，要善于发现问题，注重反映执法司法不公、侵害群众权益等问题，真正当好诤友。担任各级人大代表、政协委员和特邀（约）人员的会员要认真履行职责，对法律法规、方针政策在执行过程中出现的偏差和问题，及时提出改进的措施建议。各级组织要鼓励和支持基层组织、会员及时反映发现的问题，积极开展民主监督，促进社会和谐稳定。

（五）提高社会服务水平，做好对外联络工作

进一步做好社会服务工作。深入贯彻落实习近平总书记关于毕节试验区的批示精神，探索新形势下民主党派社会服务工作的新思路、新途径、新办法，在扶贫工作中调动更多会内力量参与定点扶贫和社会扶贫。倡导“我为人人、人人为我”的全民公益理念，引导会员通过爱心捐助、志愿服务、结对帮扶等多种形式参与扶贫。在黔西县和丰宁县的定点扶贫工作中，要创新帮扶形式，做到重心下移，措施有效，直接帮扶到村。加强对基金会工作的指导和支持，继续推动全会开展好“思源工程”活动，不断挖掘、培育“思源工程”新品牌；继续参与集中连片特困地区扶贫开发，实施“思源·教育移民计划”，扩大“教育移民”社会服务品牌的影响力。为会员企业发展提供有效服务，举办第二期企业家培训班；继续举办“非公经济前沿圆桌会议”；利用投资考察活动，为会员企业开

展投资搭建平台，促进会员企业健康发展。

开展好对外联络工作。认真贯彻中央对台工作方针，搞好对台交流活动，特别要加强与台湾民间组织的交往。积极拓展与港澳各界人士的联系，为促进港澳繁荣稳定作贡献。坚持对外联络工作与参政议政相结合，围绕会中央年度重点调研课题组织出境考察活动，扩大与国外工商经济界的交流，为会中央的参政议政提供参考。

同志们，2015 年全会的工作任务艰巨。我们要更加紧密地团结在以习近平同志为总书记的中共中央周围，团结带领广大会员坚定信念，奋发进取，开拓创新，为推进全面深化改革和全面依法治国、夺取中国特色社会主义建设事业的新胜利作出积极贡献，以优异的工作业绩迎接中国民主建国会成立 70 周年！

发扬民主　转变作风　扎实推进会内监督工作

——中国民主建国会中央监督委员会 2014 年工作报告

（2014 年 12 月 16 日）

马培华

各位委员，各位同志：

我受中央监督委员会委托，向中央委员会全体会议报告工作，请予审议。

一、2014 年工作回顾

一年来，中央监督委员会在中央委员会的领导下，围绕本会十届二中全会工作部署，以发扬会内民主，维护会的团结，严肃会的纪律，保证会的肌体健康为目标，认真贯彻落实《中国民主建国会会内监督条例（试行）》，不断进行理论和实践的探索，稳步推进会内监督工作。

（一）加强宣传引导，进一步夯实会内监督思想基础。注重思想引导，增进各级组织和广大会员对加强会内监督工作的共识，始终是做好会内监督的基础性工作。中央监督委员会高度注重宣传教育，中央牵头，全面部署，层层落实，通过召开会议、组织研究、开展宣传活动、委员参加各地谈心会、编发会内监督工作情况通报等形式，不断统一思想，凝聚共识，使广大会员尤其是各级领导班子充分认识会内监督工作的重要性、必要性和紧迫性，为会内监督营造良好的氛围。会中央将推进会内监督工作列为重要议事日程，经常研究。陈昌智主席在第十届中央监督委员会第二次全体会议作了重要讲话，对推进会内监督工作提出了新的要求。各省级组织认真落实会中央工作部署，组织广大会员深入学习会议精神，贯彻会议要求。

各级领导班子对会内监督重视程度进一步提高。有的省级组织把加强会内监督工作列入中心组理论学习和干部培训的整体规划中，增强了会内监督的自觉性；有的组织领导班子及骨干会员认真学习多党合作理论，学习会章、会史和有关规章制度，引导广大会员树立正确的政治意识和政党意识；有的领导同志以身作则，深入基层组织，直接面对会员，大力宣传会内监督对参政党建设的重要作用和长远意义，引导广大会员积极支持、参与会内监督工作，把遵守会的规章制度和组织纪律内化为自觉的行为规范，提高广大会员的认识水平。民建辽宁省委把开展会章和会内监督条例等文件的学习和宣传工作纳入全年工作要点，多措并举，增强领导班子自觉接受监督的意识。民建四川省委监督委员会发放会内监督工作问卷调查表2000余份，发动广大会员积极参与，提出意见，推动会内监督工作。民建新疆区委组织会员认真学习监督条例，把握精神实质，使广大会员从思想上真正认识到开展会内监督工作的重要性。

（二）认真总结经验，不断提升会内监督水平。搞好调查研究，及时总结经验，提高理论水平，科学指导实践，对于进一步做好会内监督工作至关重要。为推动会内监督工作进一步向纵深发展，中央监督委员会发出通知，要求各省级组织以促进会的事业长远发展为目标，总结九大以来会内监督工作的经验和做法，加强对会内监督的重要意义、方针原则、指导思想和工作要求的认识，进一步明确会内监督方向任务，稳步推进会内监督工作迈上新台阶。各省级组织按照中央要求，深入市级组织和基层组织开展调查研究，对开展会内监督工作的思路进行认真梳理，并就今后如何更好地推进会内监督工作展开深入讨论，形成书面材料，报送中央监督委员会。民建北京市委监督委员会和理论委员会共同开展“会内监督工作机制研究”课题调研活动，在对各区级组织充分调研的基础上，听取对会内监督工作的意见、建议，积极探索如何开展会内监督。民建黑龙江省委监督委员会注重“三联”，即加强对上联系，加强内部联系，加强外部联系，借此全面开展会内监督。

中央监督委员会深入地方组织，先后赴四川、辽宁、陕西、福建等省级组织及咸阳、西安等已开展监督试点的市级组织实地调研，挖掘各地推进会内监督的先进典型，倾听各地开展工作的困难和意见，力求掌握第一手材料。在多方位、多层次调查研究和经验总结基础上，会中央于11月20日召开了会内监督工作研讨会，邀请中央监督委员会成员、30个省级组织的监督委员会主任、监督委员会办公室负责同志参加会议。陈昌智主席出席会议并作了题为《努力探索、勇于实践、积极稳妥推进会内监督工作》的重要讲话，为我们会内监督的一些问题答疑解惑，为下一步工作的开展指明了方向。中央监督委员会主任马培华代表中央监督委员会作了《结合民建自身建设实际 深入推进会内监督工作》的主题报告，8个省级监督委员会作了大会发言，介绍了一些在实践中产生良好效果、操作性较强的经验和做法。与会同志围绕会内监督工作的成果、经验、存在的问题、困难和当前的形势、努力方向、发展思路等有关问题进行了深入讨论，对会内监督的一些理论和实践问题达成共识。会议富有成效，对今后开展会内监督工作将发挥积极的推动作用。

（三）健全监督机构，为会内监督提供组织保障。组织建设是落实会内监督工作的基础。中央监督委员会指导省级 组织围绕建立省级监督委员会、设置办公机构和加强人才队伍建设三个方面完善监督体系，为会内监督发挥积极作用提供有效的组织保障。

一是扎实推进，实现省级监督委员会全覆盖。今年，天津、河北、辽宁、江西、甘肃、海南、新疆等 7 个省级组织筹备建立了监督委员会。至此，全国 30 个省级组织全部成立监督委员会，在各民主党派中第一个实现了省级组织监督委员会全覆盖，提前三年完成了本会十大制定的目标，为会内监督奠定了坚实的组织基础。部分条件成熟的市级组织也根据自身条件建立了监督机构，稳妥开展工作，进行了有益探索。

二是因地制宜，设置会内监督工作机构。一年来，中央监督委员会认真指导各省级组织成立监督委员会办公室。截至年底，全国已有 21 个省级组织通过采取与内部相关部门合署办公等方式设立监督委员会办公室，保证监督工作有具体的落脚点和执行者，形成监督网络和纵向合力，使监督工作能够持续有效地开展。

三是整合力量，加强会内监督队伍建设。监督委员会的组成人员是开展会内监督工作的重要力量，中央监督委员会指导各地通过组织换届、人员调整等措施，将一批专业性强、经验丰富、能有效履行监督职能的优秀人才吸收到监督队伍中来，为监督工作的有效开展提供了人才保证。

（四）贯彻落实条例，助推领导班子建设。领导班子在全局工作中处于核心地位，起着关键作用，也是会内监督的重点对象。一年来，中央监督委员会将会内监督工作的开展与加强领导班子建设结合起来，促进领导班子团结奋进，提高班子成员的履职能力和建设水平。

一是督促召开领导班子谈心会、述职评议会。中央监督委员会加强指导和督促，通过发文统计各地召开会议情况，协调中央监督委员会委员参加会议等形式，努力推动省级组织领导班子谈心会和述职评议会的召开。今年，海南、内蒙古、贵州、北京、宁夏、甘肃、山东、四川、安徽、新疆、福建、湖北、云南、辽宁、河北、上海、浙江、天津、重庆等 19 个省级组织先后召开领导班子谈心会；新疆、贵州、黑龙江、天津、山东、宁夏、四川、重庆、湖南、浙江、上海、江西、河南、安徽、山西、甘肃、云南、福建等 18 个省级组织相继召开述职评议会。十届至今，共有 26 个省级组织召开领导班子谈心会共计 32 次，20 个省级组织召开述职评议会共计 32 次。尽管各地谈心会和述职评议的开展存在不平衡的现象，个别领导干部还存在走过场的心理，但是总体来看，通过中央监督委员会对各地提出要求、中央监督委员会委员乃至会中央领导参加等措施的落实，多数省级组织领导班子同志能够做到会前认真准备、会上认真开展批评与自我批评，会后及时报告并制定相应的整改措施，会议成效比以往有明显提升，体现了我们的谈心会和述职评议制度正在逐步向务实的方向发展。

各省级监督委员会积极履行职能，加大指导力度，推动市级组织按照会内监督条例要求召开谈心会和述职评议会。这两种方式的有效运用，对于加强领导班子思想、作风建设，促进会内团结，保证会的决议、决定和工作部署的贯彻执行，发挥了不可替代的作用。民建上海市委换届以来多次召开领导班子成员谈心会，并邀请会中央领导参加，通过谈心会，交流思想，统一认识，改进作风，加强监督，增进团结。民建云南省委认真进行届中述职评议，主委代表领导班子作述职报告，班子成员撰写书面对照检查材料并分别进行个人述职、民主评议，主动接受监督委员会、各州市委员会等组织的监督。民建海南省委监督委员会深入五指山市委会和儋州市委筹备委员会听取领导班子述职并进行民主测评。

二是加强对领导班子贯彻民主集中制的监督。贯彻执行民主集中制和各项制度情况是会内监督的重点内容。中央监督委员会通过刊发监督简报等形式，指导各地制定相关配套制度和决策程序，推动民主集中制贯彻执行。各级监督委员会认真履职尽责，对领导班子贯彻民主集中制情况进行监督，督促领导班子严格按照原则和程序决策，不断提高领导班子科学决策、民主决策的水平。民建吉林省委监督委员会认真参加省委领导班子成员务虚会，对班子成员贯彻民主集中制、执行工作制度以及会内决议和决定等情况进行监督。民建广东省委实行监督委员会成员列席省委全会制度，对于重要人事变动和后备干部队伍推荐等问题，要求监督委员会全程参与。

三是加强对领导集体履职情况的监督。领导集体成员是否履职尽责，直接关系会的事业长远发展。陈昌智主席在民建全国市级组织建设研讨会、市级组织专职副主委培训班等会议上，多次对领导班子成员履职行为提出严肃要求。各级监督委员会通过调研、考核等方式对领导集体履行职能进行监督，促进各级领导班子成员履职能力和水平不断提高。民建浙江省委要求省、市组织领导班子和担任副处以上政府及司法机关领导干部每年向省委会和省监督委员会提交述职述廉报告，建立档案，形成制度，加强会内廉政教育和纪律约束，使领导干部能够树立正确的价值观、权力观、政绩观，自觉抵制诱惑，坚守底线。民建福建省委建立促进领导班子和领导集体成员履职的各项制度，由监督委员会执行考核，对请假、缺席次数作出严格规定，对违反规定的，下届原则上不再提名；将在届内提交不少于3篇的调研文章或可转化为参政议政材料的调研成果等作为下届委员提名的考核内容之一，使领导成员增强责任意识和工作主动性。

（五）立足会的实际，不断探索会内监督方式方法。如何更好地开展会内监督，切实提升会的自身建设水平，是监督委员会成立以来一直认真思考的问题。2014年，中央监督委员会紧紧围绕会中央的决策和部署，立足会的实际，从推动会的自身建设出发，加强了对内部监督工作的研究，努力探索和丰富会内监督的形式和手段。走访致公党等兄弟党派中央，交流内部监督经验，互相借鉴好的形式；顺应全局，将会议精神的贯彻落实作为今年会内监督的重要内容，采取措施推动会中央重点工作落到实处。近年来，会中央重心下移，坚持抓基层、打基础，相继召开全国基层组织建设研讨会、全国市级组织建设研讨会和市级组织专职副主委培训班等，取得良好成效。为进一步巩固成果，中央监督委员会参与对贯彻落实情况的检查，通过发文等形式对落实民建全国基层组织建设研讨会和市级组织建设研讨会情况进行督促，对各地学习先进经验的情况进行统计，并借到地方调研监督工作的机会，对地方贯彻落实会议情况进行实地调查。各省级监督委员会以督促贯彻会议精神、落实会议要求为契机，积极创新方法和手段，使监督工作不断适应形势发展的需要。民建安徽省委监督委员会等对市级组织贯彻落实全国基层组织建设研讨会和市级组织建设研讨会精神进行检查督查，确保落实成效。

（六）加强监督委员会自身建设，努力推进监督工作规范有序。中央监督委员会努力加强自身建设，提升工作能力和水平，有效发挥了“窗口”、“桥梁”和“纽带”作用。一是认真贯彻中央监督委员会委员联系省级组织制度。各位委员高度重视，认真履行职责，主动加强与所联系省份的沟通和协调，认真参加所联系地区谈心会、述职评议等涉及监督的重要会议和活动。一年来，中央监督委员会委员参加所联系省份的谈心会、述职评议会共计 15 人次，对推动各地会议质量提升起到积极作用。二是疏通会员监督渠道。严格按照原则和程序处理来信来访共计 747 件次，及时了解情况，重大问题及时向领导汇报，及时与地方组织和有关部门进行沟通，妥善处理。例如某次接到来信反映某省拟在景区召开会议，中央监督委员会及时了解情况，该省在说明事实的基础上顾全大局，更换地点，避免了可能造成的不良影响。三是注重上下协调，加强对下指导。中央监督委员会加强与地方的联系，对地方监督委员会工作进行有针对性的指导，努力为地方监督委员会和广大会员做好服务。对召开领导班子谈心会和述职评议情况进行摸底和统计，督促召开会议并切实提高会议质量；编印中央监督委员会情况通报 8 期，推广经验，督促工作，搭建相互交流和学习的平台；指导地方监督委员会认真做好督促履职、处理监督来信来访等工作。

一年来，在中央委员会的领导下，中央监督委员会立足实际，积极进取，开拓创新，扎实工作，会内监督取得了新成绩。但我们还应清醒地认识到，当前工作与会中央的要求、与会员的期待还有一定差距：部分同志对会内监督重要性认识不足、信心不够，打牢会内监督思想基础仍是一项长期而艰巨的任务；部分地方组织对会内监督内涵把握不准，监督内容泛化的苗头应予以关注和纠正；监督制度尚不完备，实施和落实力度有待提升；会内监督理论研究尚需进一步加强；各地发展不平衡问题仍然存在等等。这些问题需要高度重视，并在实践中逐步加以解决。

二、2015 年工作重点

中共十八届四中全会对全面推进依法治国作出战略部署，提出了建设中国特色社会主义法治体系，建设社会主义法治国家总目标，明确了全面推进依法治国的重大任务。作为中国共产党领导的多党合作和政治协商制度中的参政党，民建必须坚持会要管会，依法治会，才能永葆会的生机与活力，适应建设中国特色社会主义参政党的新要求。

经过六年的实践，全会已经就加强会内监督的重要意义达成基本共识，会内监督体制已经基本成型，监督的内容和重点逐渐清晰，监督的成效开始逐步显现，在监督的理论、制度和形式方面已经积累了一些经验。会内监督处于逐步走向规范的重要阶段，朝着机制更加完善、协调更加顺畅、重点更加突出、工作更加务实的方向发展。

今后一段时间，我们的会内监督仍然要坚持积极稳妥的工作原则，以发扬会内民主、维护会的团结、严肃会的纪律、保证会的肌体健康为目标，以会的章程为准绳，以会内实践经验和全会对会内监督工作的共识为基础，在深化规律把握、抓牢监督重点，规范监督程序、提高监督实效上下工夫，促进会内监督从建立健全形式向更多地突出内容转变，实现日常监督与重大事项监督相结合，不断将会内监督引向深入，切实提升会的自身建设水平。

2015 年，中央监督委员会将在中央委员会的领导下，以中共十八届四中全会精神、习近平总书记系列重要讲话精神和本会十届三中全会精神为指导，牢牢把握会内监督的目标和要求，结合会的实际，在提高领导班子重视程度、加强制度建设、突出监督实效、加强队伍建设等方面加大力度，推动会内监督工作迈上新台阶。

（一）加强组织领导，进一步提高会内监督思想认识。加强会内监督工作是参政党自我约束的重大举措，是坚持多党合作制度、走中国特色社会主义政治发展道路的内在要求，是推进自身建设的迫切需要。这是全会对加强会内监督的基本共识。提高思想认识只有进行时，没有完成时。在新的形势下，我们有必要重申这一共识，推动全会尤其是各级领导班子进一步提高对会内监督的思想认识，将思想共识切实转化为行动自觉。明年，中央监督委员会将提高思想认识的着力点放在各级领导班子，尤其是各级领导班子的主要负责人上，增强措施，加大力度，以此带动全会进一步凝聚对会内监督的思想共识。

提高各级领导班子的重视程度。我们将按程序推动不是中央委员的中央监督委员会委员列席中央全会，鼓励各省级组织参照执行，为各级监督委员会行使监督职能提供条件。中央监督委员会将逐步建立省级监督委员会主任列席中央监督委员会全会制度。中央监督委员会建议各省级组织领导班子每年至少召开一次会议专门研究会内监督工作。各省级组织要以此为契机，认真梳理监督工作，研究务实举措，特别是各省级领导班子，要带头学会章、会史、学监督条例和监督文件，带头自觉接受监督，切实推动监督工作深入开展。

加强中央监督委员会对地方监督委员会的指导。要在综合考虑各方面影响的基础上，以发扬会内民主、增进会内团结为立足点，探索建立省级监督委员会直接向中央监督委员会报告重要事项的制度，以此赋予地方监督委员会一定的独立性，增强会内监督的权威性和严肃性。要借鉴执政党成熟的经验和举措，结合本会实际，研究通过上级向下级发监督建议书等更多的手段加强上下级之间的沟通，构建同级领导和上级指导相互补充、相互促进的监督体制。

（二）强化顶层设计，完善会内监督制度体系。自本会开展会内监督至今，党派的发展形势发生了新的积极变化，我们对会内监督的认识和推进会内监督的经验也有了新的积累。为了顺应新的发展要求，明年，我们将加强制度建设的着力点放在对各项制度和工作规则的完善和修订上。这项工作的完成也会为地方制定制度提供更加完善的参考和保障，从上而下带动制度的更新和完善，推动会内监督实现新的发展。具体的制度修订和研究有五项。一是着手修改《会内监督条例（试行）》，力争本届出台正式的监督条例。二是着手修改《中央监督委员会工作规则》。这两个文件是指导会内监督工作的重要文件，是开展会内监督工作的重要依据，必须广泛收集各级监督委员会和广大会员对条例修订的意见建议，逐条研究，反复斟酌，确保出台的条例和规则真正包含了我们监督工作的实践经验，真正体现了当前本会加强自身建设的需要，对今后相当长一段时间的监督工作发挥切实的指导作用。三是要在广泛调研、征求意见的基础上，建立诫勉谈话制度，出台相关的制度规定。四是出台述职评议的规范性文件，对省级领导班子开展述职评议的范围、内容和要求进行规定。五是着手调研会内处分办法的有关问题。

（三）把握监督重点，推动会内监督向实质性方向发展。明年及今后一段时间，各级监督委员会要坚持依法有据，扎扎实实抓好四个方面的监督工作，打牢监督基础。一是在换届工作中维护会风会纪，对会员质疑的问题和反映的意见及时处理；二是协助地方组织督查各级组织，重点是下级组织落实重大事项、中央和省委会重大决策和工作部署的情况；三是督促领导班子履职；四是对会员反映的问题，特别是关于领导班子贯彻民主集中制问题的核查和处理。会内监督的对象包括个人和会的组织，重点是各级领导班子及其主要负责人。当前及今后一段时间，要将对领导班子主要负责人、有政府或司法机关实职安排的领导同志、企业家身份的副职作为会内监督的重点对象，切实有效开展监督，推动会内监督向实质性方向发展。

明年，中央监督委员会要指导省级监督委员会做好四项重点工作。

一是做好市级组织换届的监督。明年和后年，市级组织将集中换届，中央监督委员会将加强对严肃会风会纪的指导，省级监督委员会要及早介入，按照要求做好监督。要对存在的苗头性问题进行摸排，提前化解矛盾。要对换届程序进行监督，重点对会员反映的重要问题进行及时的调查、核实和处理；重点抓好会风会纪，杜绝非组织活动，营造风清气正的换届环境。

二是普遍建立监督检查机制。省级监督委员会要将督查的任务承担起来，检查各级组织，特别是市级组织落实中央和省各项决策部署的情况。明年要继续加强对各市级组织贯彻执行民建全国基层组织建设研讨会和市级组织建设研讨会情况的督查，要检查各地开展“坚持和发展中国特色社会主义”实践活动的情况。要将督查作为会内监督的一项常态化工作，使监督真正深入会的工作的各个方面，真正发挥推动作用。

三是督促各地开展述职评议和谈心会。会内监督条例明确规定，各级领导班子届内召开谈心会不少于三次，需在全委会或常委会的范围述职两次。明年恰逢届中，要求尚未开展届中述职的省级组织必须完成届中述职。省级组织召开述职评议和谈心会，必须向中央监督委员会报告，主动邀请分工联系本省的中央监督委员会委员参加会议。

四是继续发挥会内监督在推进作风建设中的积极作用。各级监督委员会要围绕会中央的作风建设部署，督促各级领导班子认真贯彻会中央关于改进作风的相关要求，认真落实联系地方组织、基层组织的相关制度，密切联系群众，增强会的凝聚力，切实履行好参政党职能。要高度重视会员权益保障，充分尊重会员民主权利，引导广大会员把各种意见和建议通过正常的渠道依法理性地表达出来，对会员反映的问题和困难要实事求是地调查、核实、处理，在会内监督中更多体现出对会员的关爱。

（四）加强队伍建设，提高会内监督工作水平。随着会内监督工作的推进和深入，新情况新问题不断出现，需要会内监督干部不断严格自我要求，做遵守制度的模范，不断加强研究工作的能力，提升会内监督水平。中央监督委员会委员要认真履行中央委员会和广大会员赋予的光荣职责，按照分工要求，积极加强联系，参加地方述职评议和谈心会，听取会员和班子成员的意见，与地方有关部门沟通，主动报告和反馈情况特别是整改措施的落实情况。对委员们参加会议的情况，中央监督委员会办公室要继续做好统计，并在一定范围进行公开，督促履职。

省级监督委员会要认真贯彻民建全国监督工作研讨会精神，结合各自实际，学习其他地区先进的经验和做法，中央监督委员会将就此进行统计督查。不少省级监督委员会委员是兼职同志，对监督工作了解不够。针对这种情况，我们一方面要求各级监督委员会要加强自身建设，将文件学习摆在重要位置，定期学习，熟悉情况；要求各级监督委员会委员要增强责任意识和主动意识，加强对工作的研究。另一方面，在各方面统筹安排的基础上，适时考虑举行省级监督委员会委员的会议和培训，促进委员们更好地知晓监督工作，提升工作能力和水平。继续指导省级组织设立监督委员会办公室，鼓励个别有条件的省级组织改建监督委员会办公室，试点单独办公，积累经验。

各位委员、同志们，会内监督工作是一项长期而艰巨的工程。2015 年，中央监督委员会将在会中央的领导下，以中共十八届四中全会精神为指导，贯彻落实本会十届三中全会精神，积极奋进，不懈探索，努力发挥职能，为促进会的事业发展，建设中国特色社会主义参政党贡献力量。

民建中央关于认真学习贯彻十二届全国人大二次会议和全国政协十二届二次会议精神的决议

（2014 年 3 月 8 日 中国民主建国会第十届中央常务委员会第六次全体会议通过）

中国民主建国会第十届中央常务委员会第六次全体会议认真学习了十二届全国人大二次会议和全国政协十二届二次会议的精神，一致赞同李克强总理所做的政府工作报告以及全国两会通过的其他报告。

会议认为，全会要认真学习贯彻十二届全国人大二次会议和全国政协十二届二次会议精神，把思想认识统一到中共十八大和十八届二中、三中全会的战略部署上来，充分发挥本会密切联系经济界的特色和优势，认真履行参政党职能，为促进全面深化改革、全面建成小康社会作出新的贡献。

会议强调，2014 年是全面深化改革的第一年，是完成“十二五”规划的关键一年。全会要扎实开展坚持和发展中国特色社会主义学习实践活动，加强后备干部队伍建设，进一步巩固坚持中国共产党领导、坚持走中国特色社会主义道路的思想和组织基础。紧紧围绕全面深化改革的重点领域和关键环节，就国家治理体系和治理能力现代化、市场在资源配置中起决定性作用和更好发挥政府作用、发展非公经济和混合所有制经济、创新驱动和调整经济结构、节约资源能源和保护环境等方面，深入调查研究，提高建言献策质量。做好社情民意工作，及时反映群众关心的社会热点、难点问题，为党和国家科学决策提供参考。努力做好社会服务工作，扩大“思源工程”品牌效应，帮助非公企业发展，为改变贫困地区面貌和促进经济社会发展贡献智慧和力量。

会议号召，全会要更加紧密地团结在以习近平同志为总书记的中共中央周围，认真学习贯彻全国两会精神，落实本会十大和十届二中全会制定的目标任务，同心协力，奋发进取，为推进全面深化改革、夺取中国特色社会主义建设事业新胜利作出新的更大贡献！

民建中央关于学习贯彻中共十八届四中全会精神的通知

民建各省、自治区、直辖市委员会：

中共十八届四中全会是在我国全面建成小康社会进入决定性阶段，改革进入攻坚期和深水区的关键时期召开的一次重要会议。会议研究了推进依法治国等重大问题，审议通过了《中共中央关于全面推进依法治国若干重大问题的决定》(以下简称《决定》)。依法治国是坚持和发展中国特色社会主义的本质要求和重要保障，是实现国家治理体系和治理能力现代化的必然要求，全会要把学习贯彻中共十八届四中全会精神作为当前和今后一个时期的首要政治任务，切实抓紧抓好。现就有关学习贯彻的问题通知如下：

一、充分认识中共十八届四中全会的重大意义，深刻把握其精神实质

中共十八届四中全会的胜利召开，对于提高中共的执政能力和执政水平，全面深化改革，完善和发展中国特色社会主义制度，全面建成小康社会，实现中华民族伟大复兴的中国梦,具有重大而深远的意义。会议通过的《决定》立足我国社会主义法治建设实际，直面我国法治建设的突出问题，明确提出全面推进依法治国的指导思想、总体目标、基本原则，提出关于依法治国的一系列新观点、新举措，对全面推进依法治国作出整体部署，是我国全面推进依法治国的纲领性文件，是中国共产党对社会主义法治建设一次更加完整系统的规划。各级组织要采取多种形式组织全体会员尤其是各级领导集体成员认真研读中共十八届四中全会的文件，特别是深入学习和领会《决定》和习近平同志对《决定》做的说明。通过学习，清醒认识全面建成小康社会、实现中华民族伟大复兴的中国梦，全面深化改革、完善和发展中国特色社会主义制度，提高中共的执政能力和执政水平，必须全面推进依法治国；清醒认识全面推进依法治国，必须毫不动摇地坚持中国共产党的领导；清醒认识人民权益要靠法律保障，法律权威要靠人民维护。广大会员都要认真做到自觉学法、遵法、守法和用法，保证一切行为都在法律规范的轨道中进行。切实增强厉行法治的积极性和主动性，成为社会主义法治的忠实崇尚者、自觉遵守者和坚定捍卫者。全会要进一步树立法治理念，培育法治精神，形成全面推进依法治国的强大精神合力。

二、紧紧围绕全面推进依法治国的总目标积极建言，认真履职，充分发挥参政党作用

中共十八届四中全会对全面推进依法治国作出了系统部署，提出了总目标、五个体系和六项重大任务。实现这些目标和任务，为本会更好地发挥参政党作用提供了广阔的舞台，为本会履行参政党职能指明了方向。参与国家方针、政策、法律、法规的制定和修改，是本会作为参政党的一个重要职能。我们要紧密围绕四中全会所提出的目标、任务，

精心确定选题，积极组织力量，深入调查研究，结合本会特色，多从法治层面求解，立足法治建睿智之言，献务实之策。要抓住提高立法质量这个关键，围绕立法机构的立法规划认真开展调查研究，提出相关立法建议，为深入推进科学立法、民主立法，完善立法体制和程序多作贡献，努力使每一项立法都符合宪法精神、反映人民意愿、得到人民拥护。要积极参与民主协商，通过协商会、座谈会、政协提案等各种途径促进政府加强制度建设，推进科学民主决策，严格依法办事，全面推进政务公开，健全行政监督体系和问责制度，加快推进建设法治政府的进程。要捍卫公正司法、加强民主监督，充分发挥民建作为参政党对司法工作的民主监督职能，积极参加司法机关召开的有关协商座谈会，对司法工作提出高质量的意见建议。担任各级法院、检察院特约人员的会员，要积极履职，大胆建言，切实推进严格司法，维护司法公正。

三、以学习贯彻中共十八届四中全会精神为契机，开展好坚持和发展中国特色社会主义学习实践活动，推进会的自身建设

各级组织要通过学习贯彻中共十八届四中全会精神，不断提高全会的政治把握能力，不断增强接受中国共产党领导的自觉性、坚定性，进一步坚定中国特色社会主义政治共识和全面推进依法治国的共识，加强自身建设，切实提高履行参政党职能的能力和水平。各级组织要以学习贯彻中共十八届四中全会精神为契机，开展好坚持和发展中国特色社会主义学习实践活动，把学习《决定》与学习中共十八大、十八届三中全会精神结合起来，与学习习近平同志系列重要讲话结合起来，与民建实际结合起来，进一步引导广大会员不断增强中国特色社会主义的道路自信、理论自信、制度自信，切实承担起中国特色社会主义事业亲历者、实践者、维护者、捍卫者的政治责任，不断推进民建事业发展，努力建设高素质的中国特色社会主义参政党。

各级组织要精心组织、周密安排，引导广大会员把思想和行动统一到中共十八届四中全会的重大决策部署上来，统一到《决定》所提出的各项任务上来，坚定全面推进依法治国的信心，坚持全面推进依法治国的正确方向。民建各级组织的网站和刊物要及时开设专题专栏，加强舆论宣传和引导，营造学习贯彻的浓厚氛围。各地在学习贯彻过程中的有关情况和问题，请及时报告会中央。

民建中央关于深入学习贯彻习近平同志重要讲话精神的通知

民建各省、自治区、直辖市委员会：

3 月 18 日，中共中央总书记习近平同志在兰考县委常委扩大会议上发表了重要讲话。讲话深刻阐述了新时期学习弘扬焦裕禄精神的重大意义，提出了改进工作作风、密切联系群众的具体要求。总书记的讲话高屋建瓴，联系实际，入心入脑，动情实在，对于全国各族人民在中国共产党的领导下与时俱进、奋发图强，努力实现中华民族伟大复兴的

中国梦具有重要指导意义。同时，对于我们建设适应新时期要求的中国特色社会主义参政党具有重要的指导意义。民建各级组织要把学习贯彻习近平同志重要讲话精神作为当前和今后一个时期的一项重要政治任务，大力学习弘扬焦裕禄精神，推动坚持和发展中国特色社会主义学习实践活动深入开展。现就认真学习贯彻习近平同志重要讲话精神通知如下：

一、把学习讲话精神作为坚持和发展中国特色社会主义学习实践活动的重要内容

全会目前正在开展坚持和发展中国特色社会主义学习实践活动，习近平同志的讲话既生动又深刻，是激励，是鞭策，也为我们作为参政党与中国共产党团结协作，共同致力于发展中国特色社会主义提供了强大动力。各级组织要把学习贯彻习近平同志重要讲话精神作为学习实践活动的重要内容，与学习贯彻中共十八大、十八届三中全会精神和习近平同志系列重要讲话精神结合起来，深刻认识改革开放是当代中国发展进步的活力之源，是坚持和发展中国特色社会主义的必由之路，深刻认识走中国特色社会主义道路是实现中国梦的必然的唯一途径，深刻认识中国特色政治制度和政党制度的历史必然性和巨大优越性，自觉维护中国共产党的执政地位，坚定不移地走中国特色社会主义政治发展道路，进一步坚定为深化改革开放、全面建成小康社会团结奋斗的信念和信心。各级组织要切实加强指导和检查，确保学深悟透、落到实处，推进学习实践活动深入开展。

二、学习弘扬焦裕禄精神，加强作风建设，推动民建事业发展

民建作为中国共产党领导的多党合作制度中的参政党，也面临着转变工作作风、密切联系群众、进一步加强自身建设的重要课题。作风建设关系民建事业发展的全局，关系会的参政党社会形象。各级组织要认真组织学习弘扬焦裕禄精神，突出领导干部这个重点，包括中央和地方组织领导集体成员，以及在各级人大、政府、政协和司法机关任职的成员，自觉以焦裕禄精神为标杆和镜子，做到深学、细照、笃行。要特别学习弘扬焦裕禄同志“心中装着全体人民、唯独没有他自己”的公仆情怀，凡事探求就里、“吃别人嚼过的馍没味道”的求实作风，“敢教日月换新天”、“革命者要在困难面前逞英雄”的奋斗精神，艰苦朴素、廉洁奉公、“任何时候都不搞特殊化”的道德情操。从今天做起，从眼前做起，从小事做起，像焦裕禄同志那样对待群众、对待组织、对待事业、对待同志、对待亲属、对待自己，像焦裕禄同志那样生命不息、奋斗不止，努力做焦裕禄式的好干部。各级组织要认真借鉴中共中央开展党的群众路线教育实践活动的做法，从领导班子做起，改进工作作风。一是全面落实民主集中制，始终坚持“集体领导、民主集中、个别酝酿、会议决定”的工作原则，坚持会务公开，坚持重大问题必须提交集体讨论决定，充分发扬民主，广泛听取意见，严格执行程序，不断提高各级领导班子科学决策、民主决策的水平。二是各省级组织要建立健全联系基层制度，加强与市级和基层组织的联系，定期听取市级组织的工作汇报，以召开领导班子成员和骨干会员座谈会、参加基层组织活动、个别谈话、考察会员企业等方式了解情况。市级组织也要参照以上要求，加强与基层组织和广大会员的联系，发挥承上启下的桥梁和纽带作用，把各项规定落到实处。领导干部要带头深入基层调查研究，带头密切联系群众，认真倾听呼声，真实反映意见。把群众利益和基层实际作为一切工作的出发点。三是要严格落实《中国民主建国会会内监督条例（试行）》的各项规定，推进省级组织建立健全监督委员会，加强会内监督。中央监督委员会要派成员参加省级组织领导班子的谈心会、民主测评会，重点检查领导班子和成员贯彻民主集中制、改进工作作风的情况。

三、增强政治责任感，提高机关工作标准

党派机关是党派工作的中心枢纽，直接关系到党派工作的正常运转、党派作用的充分发挥和多党合作事业的创新发展。民建各级组织的机关干部要深刻认识多党合作制度在我国政治格局中的重要地位，热爱民建事业，要有强烈的政治责任感和较高的工作标准。机关建设要把继承传统和探索创新相结合，不断增强机关干部服务大局、服务基层、服务会员的意识，密切与基层和会员的联系，高标准严要求扎实做好本职工作，不断提高机关工作的质量和水平。一是努力学习，提高能力。要学习中国特色社会主义理论体系，学习习近平同志一系列重要讲话精神，学习新一届中共中央领导集体关于治国理政的一系列重要论述，学习中共方针政策，多党合作历史、理论和政策，学习民建会章、会史和会的优良传统，把握正确的政治方向，坚持理论联系实际，创造性地开展工作。二是凝心聚力，增进团结。建立健全机关各种工作制度，按照公务员法及其配套法规，进一步规范干部管理、财务等各项工作制度并认真抓好落实，提高机关日常管理和会务工作水平。切实贯彻民主集中制原则，保证领导班子决策的科学与民主，增进内部团结。领导干部要起表率作用，要求别人做到的，自己先做到。三是勤奋敬业，绩效优先。机关要提倡勤奋敬业、求真务实、与人为善、甘于奉献的精神，做到绩效优先，不唯票取人，不让老实人吃亏，切实改进民主推荐、民主测评的办法。

请各省级组织把学习贯彻习近平同志重要讲话精神的情况及时报告会中央。

民建中央 2014 年工作要点

2014 年，全会要深入学习贯彻中共十八大、十八届三中全会精神，把握大局，拓展思路，紧密围绕全面深化改革的目标、任务和重点，动员全会积极投入全面深化改革的伟大实践，认真履行参政党职能，努力取得各项工作的新成效。

1. 深入学习贯彻中共十八届三中全会精神。各级组织要组织广大会员认真学习研读十八届三中全会《决定》和习近平同志对《决定》的说明，准确把握《决定》精神实质，切实把思想和行动统一到《决定》提出的目标和任务上来，将学习成果落实到做好本职工作、积极参政议政、服务经济社会发展和人民群众上来，为促进全面深化改革、实现十八大制定的奋斗目标和任务贡献智慧和力量。

2. 思想宣传。认真开展坚持和发展中国特色社会主义学习实践活动，深入学习中共

十八大、十八届三中全会和习近平同志一系列重要讲话精神，将学习实践活动与学习民建会章、会史、会的优良传统相结合，通过多种生动活泼的学习教育形式，不断增强广大会员对中国特色社会主义的道路自信、理论自信、制度自信，做中国特色社会主义的亲历者、实践者、维护者、捍卫者。9月，召开全国思想宣传工作会议，研讨加强和改进新时期思想宣传工作的思路，研究推进坚持和发展中国特色社会主义学习实践活动的措施，推动学习实践活动有序、深入地开展。适时召开理论研讨会，围绕建会近70年的会务实践，着重对自身建设的经验和规律进行研究，做好理论研究成果的概括和提炼，为会务实践提供指导。新闻宣传要突出本会特色和优势，增强宣传时效，扩大会的社会影响。办好《民讯》和各级网站、会刊，省级会刊是季刊的争取改为双月刊，鼓励办成月刊。

3. 组织建设。加强市级组织建设，6月，召开全国市级组织建设研讨会，促进市级组织健康发展。认真做好会员发展工作，始终将质量放在首位，把握代表性和本会特色。推进后备干部队伍建设，按照《关于加强省级组织领导班子后备干部队伍建设的意见》要求，建立和完善后备干部队伍人才库，实行动态管理。认真贯彻落实全国基层组织建设研讨会精神，学习借鉴先进基层组织的有益经验和做法，推动基层组织建设再上新台阶。加大培训力度，下半年，召开在政府及司法机关任实职领导干部（厅局级）座谈会，不断提高履职能力和水平；积极组织参加中央统战部和中央社会主义学院举办的培训；运用建华课堂资源做好对会员、会务工作者的培训。做好会内监督工作，召开会内监督工作研讨会，探索会内监督的有效形式；认真履行监督职责，中央监督委员会派成员参加省级组织领导班子的谈心会、民主测评会，重点检查领导班子和成员贯彻民主集中制、改进工作作风的情况；稳妥推进地方监督工作，省级组织全部建立监督委员会。

4. 参政议政。按照《决定》精神和中央经济工作会议的要求，围绕全面深化改革和经济社会发展的重点，就市场在资源配置中起决定性作用和更好发挥政府作用、发展非公经济和混合所有制经济、创新驱动和经济结构调整、资源能源和环境保护等，确定重点调研专题，深入调查研究，形成有水平、有影响的调研报告及相关成果，不断提高政治协商、“两会”发言和提案的建言献策水平。会中央拟对遏制产能过剩、化解资源环境约束、发展社区银行、促进民间投资、降低地方债务等方面开展重点专题调研。密切关注国际经济形势变化和国内经济运行情况，把握国家宏观政策导向，做好经济形势分析研究，为会中央参加高层协商、全国政协重要会议等提供有分量的材料支撑。认真履行民主监督职能，发挥会内各级人大代表、政协委员和特约人员的作用，对法律法规、方针政策在制定和执行过程中的问题,提出改进的建议。重视发挥基层组织参政议政的作用，积极培养参政议政骨干，鼓励和指导他们参加基层的民主协商。充分发挥专门委员会的作用，确定年度调研课题，精心组织，深入调研，提交高质量的调研成果。努力拓展信息渠道，提高社情民意工作的质量和水平。

5. 社会服务。深入贯彻落实俞正声同志在贵州毕节试验区讲话和对民建工作批示的精神，发挥民建优势，在毕节试验区和河北丰宁县实施助推发展、民生改善、智力支持、生态建设、示范带动五大工程，在集中连片特困地区和革命老区打造“教育扶贫”品牌，积极为会员企业转型升级、健康发展提供有效的支持和服务，不断扩大中华思源工程扶贫基金会和“思源工程”的社会影响力。举办好2014（第十六届）中国风险投资论坛、

2014’中国非公有制经济发展论坛，扩大品牌效应。

6. 对外联络。认真贯彻中央对台方针，增进与台湾民间组织和基层民众的广泛交往，加强与台湾世新大学、台湾“一国两制”研究会等的联系，搞好交流合作的品牌项目。积极发展与港澳各界的联系，促进港澳繁荣稳定。不断扩大与欧美工商经济界的交流，借鉴国外好的经验和做法，为会中央的参政议政服务。

7. 机关建设。认真贯彻落实 2013 年全国组织工作会议精神，深化机关干部人事制度改革，切实改进民主推荐、民主测评的办法，做到公开、公平、公正，不唯票取人。进一步改进各级机关作风，把继承传统和探索创新相结合，不断增强机关干部服务大局、服务基层、服务会员的意识，做好各项会务服务工作，密切与基层组织和会员的联系，不断提高机关工作的质量和水平。继续推进信息化建设，提高机关办公平台的使用效率。

中国民主促进会

夯实基础　凝聚共识　为全面深化改革和法治中国建设贡献力量

——中国民主促进会第十三届中央常务委员会工作报告

（2014 年 12 月 8 日）

严隽琪

各位委员、各位同志：

我代表中国民主促进会第十三届中央常务委员会，向大会报告工作，请予审议，并请列席的同志提出意见。

2014 年工作回顾

2014 年是我国全面深化改革、大力推进法治中国建设的一年，是完成“十二五”规划的关键之年，也是我会认真贯彻中共十八大和十八届三中、四中全会精神，紧密围绕国家工作大局，继承优良传统，把握时代要求，全面推进民进事业继往开来、奋力前进的一年。一年来，常委会秉持“有思有行、集智聚力、顺势而为、开拓创新”的工作方针，认真执行民进十一大和十三届二中全会部署的各项任务，按照中国特色社会主义参政党的基本要求，统筹谋划，汇聚力量，把坚持和发展中国特色社会主义学习实践活动主线贯穿到各项工作当中，不断增强全会为执政党助力、为国家尽责、为人民服务的责任心和使命感；以组织建设为年度工作主题，切实加强自身建设，提升我会整体素质；激发各级组织和广大会员的活力，围绕全面深化改革和法治中国建设，积极履行参政党职能，各项工作取得新的成绩，为全面建成小康社会作出了新的贡献。

一、深入开展坚持和发展中国特色社会主义学习实践活动，进一步巩固我会思想政治基础

开展坚持和发展中国特色社会主义学习实践活动，是我会凝聚政治共识、深化政治交接、加强思想建设的重要举措，是贯穿全会各项工作的一条主线，常委会力求通过开展这项活动，不断深化全会对中国特色社会主义参政党的认识，巩固全会对中国

特色社会主义道路的认同、对全面建成小康社会目标的认同和对社会主义核心价值的认同。

年初，会中央学习实践活动领导小组多次进行专题研究，强调全会要认真贯彻落实去年召开的民进全国宣传思想工作会议精神，紧密结合民进特点和各地实际，推动学习实践活动取得实效。会中央建立了与省级组织的定期联系制度，并在金华、四平、宜昌、天水四个市级组织试行建立了第一批联系点，会中央领导和机关干部加强到地方和基层组织座谈调研，了解情况，总结经验，听取意见；积极利用信息平台为全会开展学习实践活动提供指导和支持，营造气氛，制作网上专题，编发活动简报，向全会 359 个地方组织发放专题学习资料，推动学习实践活动深入开展。各级组织按照会中央统一部署，广泛动员，统筹规划，将活动向基层有序推进。全会开展学习实践活动的“主线意识”不断增强，中央地方上下联动、各个部门合力推动学习实践活动的局面初步形成。

紧密围绕形势和大局推进政治学习。会中央始终把深入学习中共十八大和十八届三中、四中全会精神，学习习近平总书记系列重要讲话精神，作为学习实践活动的核心内容，探索结合当前形势就一些重大原则问题进行深度阐释，引导广大会员深刻认识在全面建成小康社会进程中全面深化改革和全面推进依法治国的重要意义，进一步增强全会坚持接受中国共产党的领导、坚持走中国特色社会主义道路的决心和信念。会中央领导班子成员通过中心学习组和班子谈心会，定期集体学习，带头撰写学习体会和理论文章，并赴地方和基层组织辅导授课，把政治学习融于思想交流，把思想建设落实于凝聚共识，使全会共识统一于中国特色社会主义建设和对中国梦的追求。各级地方组织充分发挥主动性和创造性，通过举办座谈会，组织宣讲，开展理论征文等，学习理论，提高认识，统一思想，增强全会对中国特色社会主义的道路自信、理论自信和制度自信。

以问题为导向扎实开展参政党理论研究。参政党开展理论研究，既是摸索工作规律、提升行动自觉的需要，也能为丰富我国的统战理论乃至民主政治理论作出积极贡献。通过继续调动会内外理论研究力量，以课题招标、专题研讨会和重大问题的阐释等形式，围绕民主党派如何更好地履行民主监督职能、如何进一步开展会内监督，参政党在推进国家治理体系和治理能力现代化中的作用、社会主义协商民主等参政党面对的现实问题和会员关注的热点问题开展讨论，交流思想。在会中央与中央社会主义学院合作举办的“中国特色社会主义参政党的时代使命”理论研讨会上，来自我会 29 个省级组织和中央社院的 40 余位学者，对中国特色社会主义参政党的时代定位、科学内涵和基本要求进行了深入探讨，取得了一批研究成果。

着力推动我会优良历史传统内化为当代民进人的价值追求。结合迎接民进成立 70 周年，组织编写《中国民主促进会简史》、《中国民主促进会 70 年大事记》，启动“70 年情缘：岁月钩沉”主题征稿活动，推进口述会史和民进创始人历史文物征集工作，召开纪念叶圣陶诞辰 120 周年座谈会，举办马叙伦纪念展，在国庆节和教师节前夕，以民进老一辈在确立国庆日、确定国歌和设立教师节中曾发挥的作用为主题宣传多党合作的历史。同时，大力宣传我会优良传统在当代会员中的继承和发扬，在福建和安徽举办了民进坚持和发展中国特色社会主义先进会员事迹宣讲大会，用优秀会员的先进事迹，鼓励广大会员在参政党工作和本职工作中“双岗建功”。我们希望通过这些活动说明，民进组织和广大会员的发展道路有机地融合在中国革命和建设道路之中，民进人的追求始终与中国梦的追求在方向、节拍、步调上一致，这是我会“三个认同”的基本内涵。

提高宣传思想工作水平，在社会上展现民进良好形象。加强与《人民日报》、《求是》等新闻媒体的联系沟通，积极宣传我会重大活动、履行参政党职能的实际成效和先进会员的事迹，扩大了我会的社会影响。配合学习实践活动的开展，在《民主》杂志和民进网站，组织刊发《为全面深化改革集聚正能量》、《正确认识中国特色社会主义民主政治》等会中央领导署名文章和系列理论文章，开设“民进坚持和发展中国特色社会主义学习实践活动”专题，切实加强宣传引导。《民主》杂志以创刊25周年为契机，开辟“基层”专栏，编印《教育民进》专辑，加强对我会基层组织和基层会员的宣传。民进网站完成改版并正式上线运行，新版网站坚持突出新闻性、服务性和互动性，功能更全面，内容更丰富，提高了我会运用网络开展宣传工作的水平。会中央重视加强宣传工作队伍建设，评选表彰民进全国新闻宣传优秀通讯员，举办民进全国宣传部门负责人培训班，帮助宣传干部进一步调动工作积极性，提升政治素质和业务水平。

二、以组织建设为年度工作主题，切实提升我会整体素质

组织建设是我会本年度的工作主题。为更好地推动主题年工作，会中央就全会的组织建设情况进行了广泛深入的调研，集中梳理问题和解决问题，进一步明确工作思路，完善相关制度，为开创组织工作新局面打下了良好基础。会中央领导班子成员以身作则，分赴29个省级组织的96个地方和基层组织调研走访，通过召开座谈会、看望机关干部、参加基层支部生活等，与会员面对面交流谈心，获得了丰富的第一手资料。分批举办了民进教育界、文化界、出版界、司法界人士和民进十一大部分代表座谈会，加强与各领域代表人士、基层会员的联系和互动。会中央机关干部也先后组成7个调研组，看望偏远地区基层组织的会员，了解基层组织的实际情况。针对各地组织建设中存在的薄弱环节和难点问题，会中央一方面积极向有关方面反映，呼吁关注和解决；一方面进行专题研究，召开民进全国组织工作会议，制定《民进中央关于进一步加强组织建设的意见》，总结交流经验，探讨规律思路，提出举措办法，有效提高了全会各级组织的工作水平。许多地方组织在推进主题年工作中，也把调查研究作为必不可少的环节，密切与基层会员的联系，推动了工作的深入开展。

学习培训是组织建设主题年工作的重要内容，今年较大幅度地加强了培训力度，把学习实践活动作为培训工作的主线，通过政治理论、形势政策、会务等方面的专题培训，使各级领导干部和代表人士的理论知识和素质能力都得到提高。举办了民进全国专职副主委工作研讨班和秘书长工作研讨班，首次把培训范围拓展到市级组织专职领导班子；举办了三期市、县级组织主委培训班，首次实现了对全国300多个市、县级组织主委培训的全覆盖；推荐了35名骨干会员参加中央统战部和中央社会主义学院等举办的进修班、培训班；根据工作实际加强对专职干部在国情、会情和民进优良

传统方面的培训，并举办了民进全国信息化工作部门负责人研讨班，提高运用信息化手段服务工作的能力和水平。会中央积极推进代表人士的政治安排、实职安排以及各类特约人员的推荐工作，今年我会有2名会员分别担任了最高人民法院副院长和国家知识产权局副局长，13名会员担任了最高人民法院特约监督员，中国经济社会理事会常务理事，中国国际交流协会理事，中国人民政协理论研究会常务理事、理事，中国和平统一促进会常务理事、理事，中华职业教育社副理事长、理事等，使会员有机会在更广阔的平台施展才能、发挥作用。

根据组织建设面临的新形势，会中央进一步坚持完善制度、创新机制，以重点带全面，推动组织建设取得了新的成绩。一是加强领导班子制度和作风建设，坚持领导班子下基层，并制定试行了《民进中央主席会议组成人员联系代表大会代表的意见》，进一步密切了与基层会员的直接联系；二是为进一步规范中央全会和常委会会议制度，制定并试行《关于中国民主促进会中央委员会、中央常务委员会会议请假的规定》，有效地改进了会风。三是制定了《民进中央关于做好2014—2017年省级组织领导班子后备干部队伍建设工作的意见》，进一步规范了后备干部的物色、考察、培养等各项工作，为届中调整和2017年换届做好人才储备。四是以创先争优活动为抓手切实推动地方和基层组织建设，明确标准、规范制度，增强了组织活力，表彰了在创先争优活动中涌现出的68个先进市县级组织、358个先进基层组织和357个先进基层组织负责人。五是针对会内监督工作中遇到的理论问题和实践问题开展研讨，使会内监督工作重点聚焦到监督会内民主集中制的真正实现和保障组织机体健康活力，有18名常委对领导班子建设及组织建设主题年工作提出了意见和建议，监督工作取得实效。六是会中央机关进一步完善各项工作制度，规范工作流程，编发《民进中央机关管理制度汇编》，提高了工作的制度化、规范化和程序化水平，为建设阳光、高效、规范、和谐的服务型机关奠定了坚实的基础。

三、围绕全面深化改革和法治中国建设，积极履行参政党职能

国家的改革与发展对我会履行参政党职能提出了新要求。一年来，我们讲政治、讲大局，把坚持和发展中国特色社会主义作为履职的目标和方向，紧紧围绕全面深化改革和推进法治中国建设等国家的重大部署，多次召开研讨座谈会，发挥我会集体智慧和力量，加大调研力度，认真履行参政党职能，为促进社会和谐作出了积极贡献。

今年，会中央领导通过参加中共中央、国务院召开的5次党外人士座谈会，以及以个人名义向中共中央和国务院领导同志呈送的建议书，在经济、政治、文化、社会、生态建设等各个方面建言献策，为中共中央决策科学化、民主化作出应有贡献。全国政协十二届二次会议期间，民进中央提交大会发言5篇，党派提案31件，民进组提案12件，委员个人及委员联名提案214件，多份提案被列为重点办理提案、重点调研提案、重要提案摘报等。向全国政协报送社情民意信息399期，其中，关于皎漂港建设等多篇信息得到了国家领导同志直接关注，社情民意信息工作在各民主党派中央处于前列。

在全面深化改革方面，会中央在高层协商会上，提出要研究和完善反映经济增长

的指标体系、政府职能转变需要机制创新、城镇化需要城市承担起农民工市民化的主要责任、提高我国企业“走出去”的能力和水平、完善国家“走出去”战略、重视推广农业良法等口头意见。还报送了关于加快发展现代农业、设立国际合作发展署、加强高层治港人才战略谋划、加强青年学生艾滋病防治工作、加大采煤塌陷地治理力度、加快推进氢能源利用、改进和完善国家森林资源连续清查体系等书面建议。在全国政协大会上，做了“从农民工大国到技工大国”的大会发言，在民盟、民进联组会议上，民进 7 位政协委员先后发言，围绕深化改革中要转变政绩观、夯实社会建设基础、减轻社区负担、推进考试招生制度改革等提出多项建议。

在法治中国建设方面，提出要加强立法、完善法治监督、完善知识产权审判体系、发挥“德”和“礼”在法治建设中的作用、使三农改革有法可依、推进依法统计、依法保障民营企业平等参与市场竞争、依法治国要体现群众观念等口头意见。报送了“关于加强和规范公安工作的建议”、“关于完善国家治疆方略的思考和建议”，特别是围绕新疆治理问题，提出了尽快修订民族区域自治法、严格执行国家通用语言文字法、亟待出台反宗教极端主义条例等依法治疆系列建议。

在反映我会界别特色的“老阵地”，特别关注了教育文化领域的法治建设。通过全国政协有关协商会，提出“立法保障管办评分离，大力发展民办教育”和“修订完善《职业教育法》的基础性建议”；向有关部门提出了关于教育法、教师法、高等教育法、民办教育促进法、职业教育法等五部教育相关法律的系统修订建议；针对公共文化服务体系中上位法缺失的问题，提出要加快制定公共（公益性）文化服务保障法和框架性建议。持续关注教育文化等领域发展过程中出现的新情况新问题，并通过多个渠道积极呼吁。提出了办好农村教育、提高农村教师待遇、深化教学改革推动教育减负、鼓励校企合作推进职业教育发展等一系列建议，其中关于教育减负的提案被列为全国政协重点调研提案；在文化领域，针对国家通用语言文字使用过程中存在的问题，提出了规范国家通用语言文字表述和加强推广的系列建议；在全国政协会议上提交了关于城镇化建设中古村落保护、完善我国数字出版法律制度、设立翻译国家队等提案，产生了良好效果。

在生态文明建设方面，在连续多年关注水资源保护、开发和利用的基础上，我们把区域经济体制和生态文明体制改革与创新确定为大调研主题，组织会内外多位专家学者，先后在长江中上游的湖北、贵州、云南、四川等地开展了一系列重点调研；召开了以生态文明制度建设为主题的长江保护与发展论坛。形成了“设立长江上游经济带经济体制和生态文明体制综合改革试验区”、“长江流域水资源统一调度”等一系列政策性建议，受到了高度重视。在会中央承办的全国政协双周协商座谈会上，围绕“南水北调中线水源地水质保护”主题提出了系列建议；会中央还在全国政协大会上提交了建立河道清淤机制、完善环境污染纠纷解决机制等党派提案，得到有关方面的积极回应。

民主监督是民主党派的一项基本职能。会中央高度重视政党协商、政协平台和各种政治协商活动，通过多种渠道认真履行民主监督职能，努力谈实情、建净言、献良策。如提出要培育忠于职守、敬畏法律的行政文化，以良好的党风政风带动民风社风；

提出“打虎莫忘拍苍蝇”，呼吁反腐工作更加全面有效深入开展；提出依法反腐才能长治久安，呼吁尽快建成反腐工作的法律保障体系。在最高人民法院和最高人民检察院召开的座谈会上，提出确保法院独立公正地行使审判权、建立健全错案防范与责任追究制度、改革现有检委会决策制度等建议。会中央鼓励和支持我会在政府部门和司法机关担任特约（邀）监督员、监察员、检察员、审计员和教育监督员等的会员，以高度的政治责任感参加有关检查和监督工作。

“四个联动”的集智聚力机制是提高我会履职水平的重要保障。会中央一方面注意发挥专门委员会、特邀研究员和各参政议政平台的作用，深化与会外专家或非政府组织的合作，进一步拓宽参政议政渠道和资源；另一方面注意发挥地方组织的作用，改进地方组织对中央履职的参与方式，提高知情度。会中央不断研究改进参政议政成果的形成机制、共享机制、奖励机制，使得会内各级组织和会外研究机构参与会中央参政议政工作的积极性与实效性不断提升。在今年全国政协大会提案、发言形成过程中，我会各省级组织、各参政议政平台共提交成果素材 300 余份；截至 11 月底，会中央共收到各省级组织、专委会和其他参政议政平台报送的社情民意信息稿件 3106 篇。

社会服务是参政党参与和谐社会建设和促进自身建设的有效途径和实践舞台。会中央在社会服务中坚持讲政治大局、讲特色优势、讲群众观念、讲爱的奉献。坚持社会服务品牌项目和微公益并重，团结引导各级组织和广大会员广泛参与社会实践，为和谐社会建设作出贡献。

“同心·彩虹行动”取得新进展。全会认真贯彻落实习近平总书记对毕节试验区改革发展的重要指示精神，从中央到地方的各级组织和会员在教育、医卫和民生改善等方面积极参与试验区建设。共举办各级各类培训班 18 期，累计培训当地教师 2000 余人次；在京举办以德育、美育为主题的骨干教师培训班，在上海等地搭建实训平台开展职业教育教师培训，依托专业教育机构开展教师远程培训；实施金沙县贫困教师救助项目，援建小学和村幼儿园，捐建开明电子图书馆，协调上海民进、开明出版社捐赠 274 万码洋的图书。继续推动对金沙县人民医院和中医院的帮扶，共组织培训医务人员 500 余人次。积极支持会员投资的朗月项目在带动当地产业发展中发挥作用。助推贵州省黔西南州经济社会发展，在安龙县捐资 80 万元建设“同心·彩虹水窖”。首次在新疆当地举办校长暑期培训班，为促进民族团结和新疆教育发展贡献力量。支援云南鲁甸抗震救灾工作，参与灾区教育重建。

在实践中积极探索新形势下社会服务工作规律，召开了民进微公益工作座谈会，支持引导各级组织和广大会员通过多种力所能及、因地制宜的形式服务社会。在一些地方已涌现一批产生良好社会影响的微公益项目，基层组织和会员走进社区、学校和军营等开展微公益活动的工作模式逐渐形成；教育咨询、文化服务、法律咨询、查体义诊、公益助学、认捐图书等各类社区公益活动不断涌现。

增强企业家联谊会联席会议实效，推动各省市企业家联谊会的自身建设与交流合作，举办了 2014 年民进企业家培训班，加强对企业界会员的服务和引导，鼓励他们积极投身社会公益事业。推动开明慈善基金会的专业化建设，先后与广东、广西、山东等地方组织，以及学大教育集团等建立专项基金，募集善款 550 万元，用于助学兴教和扶贫济困。开明画院的体制机制建设取得新进展，与地方组织书画院合作，举办了“开明盛世——首届东莞开明书画陶瓷展”等活动，并整合书画界会员力量开展文化服务活动。

服务祖国和平统一大业，参政党可发挥独特作用。充分利用我会界别优势和人脉特色，在两岸交流工作中取得新的进展。首次举办了“两岸学者共话·世界史”论坛，通过搭建小规模高层次的学术对话平台，促成了两岸世界史学界同行面对面的深度研讨，增进了相互的了解、理解和共识。举办“2014·海峡两岸中华传统文化与现代化研讨会”，突出文化与教育界别特色，深入探讨现代化进程中中华优秀传统文化的继承与弘扬。以开明画院名义协办“2014金门诗酒文化节”，组织会内书画家、作家、诗人赴金门与来自台湾及海外的文化界人士现场挥毫，开展文艺创作与交流。加强同台湾有关社会组织和团体的交流交往，接待台湾民意代表交流参访团、台湾中华文化研习营、台湾高校校长京津参访团、台湾慈济慈善事业基金会参访团等来访，进一步联络感情、增进互信、推进合作。积极为推动两岸关系和平发展建言献策，向中共中央报送了2份关于对台工作的建议书，向全国政协报送了《加快实现厦金“新三通”的建议》、《台湾反“服贸”学生运动的真相及建议》。

各位委员、各位同志：

一年来，我会各项工作取得了不少进步和成绩，积累了宝贵的经验。这是在中共中央的领导下，全会各级组织和广大会员团结奋斗、共同努力的结果。在此，我谨代表中央常委会，向大家表示衷心的感谢！

总结过去一年的工作，我们深刻地认识到，在当前的形势下，要不断推进民进事业，建设符合时代要求的高素质参政党，更好地服务社会进步和国家发展，必须坚定信念，清醒认识中国特色社会主义参政党的定位，坚定不移地承担起作为中国特色社会主义事业亲历者、实践者、维护者和捍卫者的政治责任。更加积极有为，顺应形势发展，自觉服务于国家事业发展的重大战略和总体目标，既要关注经济社会发展中带有战略性、全局性、前瞻性的重大问题，又要关切人民群众反映强烈、亟待解决的突出问题；既要有讲真话、敢担当的勇气，又要有了解真实情况、发现问题症结的能力。坚持务求实效，深入调查研究、遵循客观规律，避免“浮光掠影”式的调研，避免囫囵吞枣、不求甚解的“拿来主义”，使得提出的建议真正符合我国国情，点到问题的要害。弘扬正派作风，讲纪律、正作风，守正道、扬正气，使我们的所作所为经得起人民、实践和历史的检验。

我们清醒地认识到，与新形势、新任务的要求和广大会员的期待相比，我们的工作中还存在一些需要改进和加强的地方：高层次人才储备不足，有较大社会影响和较强参政议政能力的代表性人士比较少；宣传思想工作还需更加贴近会员，贴近实际，增强实效；民主监督工作还比较薄弱；基层会员参与社会服务工作的方式方法还需要进一步探索；机关建设需要进一步加强等。我们要高度重视这些问题，认真思考和总结，切实采取措施，进一步改进工作。真诚希望各位委员提出批评和建议，以利于我们把今后的工作做得更好。

2015年工作部署

当前，我国全面建成小康社会进入决定性阶段，国际形势复杂多变，改革发展稳定任务繁重，矛盾风险挑战重重。2015年我会工作的总体要求是，坚持以中国特色社会主义理论体系为指导，深入学习贯彻中共十八大和十八届三中、四中全会精神，学习贯彻习近平总书记系列重要讲话精神，认真落实民进十一大提出的各项任务，以庆祝我会成立70周年为契机，深入开展坚持和发展中国特色社会主义学习实践活动，把社会服务作为年度工作主题，提高履职能力和水平，以更加务实高效、开拓创新的精神做好各项工作，不断推进中国特色社会主义参政党建设，为全面建成小康社会、全面深化改革、全面推进依法治国作出新的贡献。

一、深入学习中共十八届四中全会精神，进一步增强责任感和使命感

中共十八届四中全会审议通过了《中共中央关于全面推进依法治国若干重大问题的决定》，立足我国社会主义法治建设实际，提出了全面推进依法治国的指导思想、总体目标、基本原则，回答了依法治国中的一系列重大理论和实践问题，对全面推进依法治国作出了战略部署，必将对全面建成小康社会、实现中华民族伟大复兴的中国梦产生重大而深远的影响。全会要把学习贯彻中共十八届四中全会精神作为当前和今后一个时期重要的政治任务，深刻认识全面推进依法治国是全面建成小康社会和全面深化改革开放的重要保障，不断增进对全面推进依法治国的思想认同和行动自觉。紧紧围绕全面推进依法治国中的重大问题和人民群众普遍关心的现实问题、热点问题，深入开展调研，发挥优势特色，及时提出富有建设性的意见建议。团结引导广大会员成为法治的忠实崇尚者、自觉遵守者、坚定捍卫者和积极建设者，努力以法治凝聚改革共识、规范发展行为、促进矛盾化解、保障社会和谐，为全面深化改革和法治中国建设作出应有贡献。

二、以庆祝民进成立70周年为契机，深入推进坚持和发展中国特色社会主义学习实践活动

2015年将迎来我会成立70周年，全会要以此为契机，按照“隆重、热烈、节俭”的原则，广泛开展庆祝活动，推动具有民进色彩的多党合作和优良传统教育。会中央将举办庆祝大会，民进70年成果展、书画展、文艺晚会，出版系列会史书籍和画册，召开马叙伦诞辰130周年纪念会、雷洁琼诞辰110周年纪念会等活动。各级地方组织也要结合本地实际，开展形式多样的庆祝活动，推动会史工作深入开展。要深入挖掘我会优良传统的时代内涵，结合会员关心的重大理论问题、参政党建设及履行职能中亟待解决的现实问题开展研究，为深入推进学习实践活动提供理论支持。要努力增强宣传思想工作的实效，直面问题加强正面宣传和引导，推动省级组织开展先进会员事迹宣讲活动，宣传会员和基层组织的先进事迹，展现我会的时代风貌和民进优良传统的时代风采。认真总结学习实践活动的阶段性工作，举办交流会，推动学习实践活动进一步贴近会员思想实际和各地实际，取得更好效果。

三、认真贯彻落实民进全国组织工作会议精神，巩固组织建设成果

全会要认真贯彻落实《民进中央关于进一步加强组织建设的意见》和民进全国组织工作会议精神，继续加强领导班子、代表人士和专职干部队伍建设，加强制度建设和作风建设，推动全会组织工作迈上新台阶。届中调整是明年我会的一项重要工作，各级领导班子要高度重视，切实加强领导，树立正确选人用人导向，坚持民主程序，充分酝酿协商，深入、细致、稳妥地做好工作，为2017年换届奠定坚实的人才基础。积极探索新时期代表人士成长规律，完善发现、培养、推荐使用、管理监督机制，结合民进实际，从学习实践活动中、从履行职能中、从基层组织活动中发现和培养人才，进一步密切同代表人士的联系，加强骨干会员培训，建立一支德才兼备、数量充足、结构合理的代表人士队伍。要从优化会员结构的要求出发，按照“三个为主”和“在工作中发展、发展是为了工作”的原则，有计划、有重点地做好组织发展工作。加强对基层组织工作的研究和指导，促进组织建设主题年成果向地方和基层延伸，关心和推动解决基层组织建设中的突出问题，增强基层组织的活力。要在总结经验和加强理论研究的基础上，继续探索会内监督的制度建设。在突出政治、以服务为本的前提下加强机关建设，改进工作作风，增强服务意识，完善规章制度，优化工作机制和流程，进一步推动机关工作再上新水平。

四、围绕中心、服务大局，认真履行参政议政、民主监督职能

全会要深刻把握我国经济发展进入新常态的阶段性特点和规律，围绕全面深化改革、全面推进依法治国和国家“十三五”规划的编制等，深入调查研究，积极建言献策。高度关注我国教育文化出版领域的改革与发展，重点就构建现代公共文化服务体系等内容开展调研，提出有分量的建议。发挥好参政议政平台作用，继续办好中国教师发展论坛。积极探索有效履行民主监督职能的方式，提高履行民主监督职能的实效。坚持集智聚力的工作机制建设，完善参政议政信息、资源和成果的共享机制，完善成果采用反馈机制和奖励机制，提升成果质量和扩大参与面，进一步调动参政议政的积极性，切实提高履职的能力和水平。

五、以社会服务为年度工作主题，为促进和谐社会建设贡献力量

社会服务是2015年我会的年度工作主题，全会要深入研究新形势下参政党社会服务的定位与工作规律，深刻认识社会服务工作的内涵，进一步发挥社会服务工作在和谐社会建设和党派自身建设中的作用。召开民进全国社会服务工作会议，制定《民进中央关于加强社会服务工作的意见》，统一思想、提高认识、推动工作，提升全会社会服务工作水平。继续探索当前参政党开展社会服务工作的新思路，挖掘微公益活动典型，总结基层组织参与社区建设、新农村建设等微公益工作模式，逐步构建会中央支持引导、地方组织推动、基层组织和会员广泛参与的社会服务格局。拓展“同心·彩虹行动”的工作形式，结合民进界别特色和自身优势，因地制宜地开展活动。推动社会服务和参政议政工作相结合，把在服务社会的过程中取得的第一手资料，转化为

参政议政的资源和成果。健全社会服务工作平台，完善工作机制，加强社会服务骨干队伍建设，指导和支持开明慈善基金会、企业家联谊会、开明画院等开展工作，提高社会服务工作实效。

六、做好海外联谊工作，为促进祖国完全统一作出积极贡献

紧紧围绕两岸关系和平发展主题，充分发挥我会特色与优势，积极开展海外联谊工作，为促进祖国完全统一服务。继续举办“两岸学者共话”论坛和“海峡两岸中华传统文化与现代化研讨会”，促进两岸学者交流，注重开拓与台湾中南部地区和台湾新生代的交流交往，与台湾、香港、澳门基础教育界的交流交往，不断增进对民族文化的认同和一个中国的认同。认真做好台湾参访团体的接待工作，改进形式，提升内涵，切实增强交流实效。将海外联谊工作与履行参政议政职能相结合，为推动两岸关系和平发展和香港、澳门的繁荣稳定建言献策。

各位委员，各位同志：

当前，我国进入了全面深化改革、全面推进依法治国的新时期。时代给予我们光荣与梦想，更赋予我们责任与使命。让我们紧密团结在以习近平同志为总书记的中共中央周围，同心同德，开拓创新，为全面建成小康社会、实现中华民族伟大复兴的中国梦作出更大贡献！

中国民主促进会第十三届中央委员会第三次全体会议决议

（2014 年 12 月 10 日民进十三届三中全会通过）

中国民主促进会第十三届中央委员会第三次全体会议于 2014 年 12 月 8 日至 10 日在北京举行。会议认真学习贯彻中共十八届四中全会精神，听取、审议了严隽琪主席代表中央常委会所作的工作报告。全会认为，工作报告对 2014 年的工作总结实事求是，对 2015 年的工作部署切实可行，全会同意这个报告。会议还听取了卫小春副主席代表中央监督委员会所作的工作报告。

全会认为，中共十八届四中全会是在我国全面建成小康社会进入决定性阶段召开的一次重要会议，会议作出的《中共中央关于全面推进依法治国若干重大问题的决定》是指导新形势下全面推进依法治国的纲领性文件，必将对建设中国特色社会主义法治体系、建设社会主义法治国家产生重大而深远的影响。我会要把学习贯彻中共十八届四中全会精神作为当前和今后一个时期重要的政治任务，把思想和行动统一到中共十八届四中全会作出的重大决策部署上来，进一步坚定信心、凝聚共识，为全面建成小康社会、全面深化改革、全面推进依法治国贡献全会的智慧和力量。

全会充分肯定中央常委会一年来的工作。一致认为，在过去的一年中，我会坚持“有思有行、集智聚力、顺势而为、开拓创新”的工作方针，认真落实民进十一大和十三届二中全会部署的各项任务，以开展坚持和发展中国特色社会主义学习实践活动为主线，不断巩固我会对中国特色社会主义道路的认同、对全面建成小康社会目标的认同和对社会主义核心价值的认同；以组织建设为年度工作主题，切实加强自身建设；围绕全面深化改革和法治中国建设，积极履行参政党职能，各项工作取得了新的成绩。

全会强调，在新的一年里，面对复杂多变的国际环境和国内繁重的改革发展任务，我会要准确把握形势，坚持以中国特色社会主义理论体系为指导，深入学习贯彻中共十八大和十八届三中、四中全会精神，学习贯彻习近平总书记系列重要讲话精神，以庆祝我会成立 70 周年为契机，深入推进坚持和发展中国特色社会主义学习实践活动，巩固组织建设成果，以社会服务为年度工作主题，提高履职的能力和水平，以更加务实高效、开拓创新的精神做好各项工作，更好地承担起中国特色社会主义参政党的政治责任。

全会号召，我会各级组织和广大会员紧密团结在以习近平同志为总书记的中共中央周围，同心同德，积极进取，为全面建成小康社会，实现中华民族伟大复兴的中国梦作出更大贡献！

民进中央 2014 年工作要点

（民进十三届六次主席会议通过）

2014 年民进中央工作的指导思想是：以中国特色社会主义理论体系为指导，深入学习贯彻中共十八届三中全会精神，落实民进十一大工作部署，以开展坚持和发展中国特色社会主义学习实践活动为主线，增进“三个认同”；以组织建设为年度工作主题，全面加强自身建设；围绕全面深化改革，提高履行职能的水平，努力建设中国特色社会主义参政党，推动全会各项工作再上新台阶。

为此，根据民进十三届二中全会提出的任务要求，制定民进中央 2014 年工作要点如下：

一、深入开展坚持和发展中国特色社会主义学习实践活动

深入学习贯彻中共十八届三中全会精神，深刻认识全面深化改革的重要性和紧迫性，把思想和行动到中共中央的重大部署上来。全会要不断深化对中国特色社会主义参政党定位和作用的自我认识，自觉树立“主线意识”，按照《民进中央开展坚持和发展中国特色社会主义学习实践活动方案》的要求，主动结合学习实践活动开展各项工作，使中国特色社会主义参政党建设落到实处。

1. 领导班子成员和中心学习组要带头认真学习中共十八届三中全会精神和以习近平为总书记的新一届中共中央领导集体关于治国理政的一系列重要论述，增强走中国特色社会主义道路的决心和信心，为全会起到引导和带动作用。

2. 发挥先进典型的示范作用，开好民进坚持和发展中国特色社会主义先进会员事迹宣讲大会，增强学习实践活动的感染力；结合建国 65 周年、人民政协 65 周年、迎

接民进成立 70 周年，举办“70 年情缘：图说民进故事”主题征稿活动，召开叶圣陶诞辰 120 周年纪念座谈会，使学习研究会史、继承和弘扬民进优良传统的各项工作，体现出学习实践活动的“民进色彩”，促进两者的相辅相成。

3. 围绕学习实践活动，贯彻落实好民进全国宣传思想工作会议精神。宣传思想工作要进一步贴近会员思想实际、丰富宣传内容、用好宣传平台，及时报道全会各级组织开展学习实践活动的做法、经验和成果，发表系列专题文章，营造学习实践活动的良好氛围。

4. 加强中国特色社会主义参政党理论研究，准确把握中国特色社会主义事业亲历者、实践者、维护者和捍卫者的内涵与要求，为开展学习实践活动提供理论支撑。召开建设中国特色社会主义参政党理论研讨会，以理论研究成果增强学习实践活动的效果。

二、围绕年度工作主题，提高组织建设的科学化水平

把坚持和发展中国特色社会主义作为“人才强会”的原则，加强领导班子建设、代表人士队伍建设、后备干部队伍建设。召开全国组织工作会议，制定《民进中央关于加强组织建设工作的意见》，总结经验、探索规律，提高组织建设的水平。

1. 加强领导班子建设，进一步提高政治把握能力、参政议政能力、组织领导能力、合作共事能力。坚持民主集中制，健全领导班子集体领导和个人分工相结合的领导体制，完善各项会议制度和工作制度；加强作风建设，完善领导班子学习制度、下基层制度、代表大会代表联系制度等，以树立群众观念为重点，自觉学习和查找问题，开展谈心和民主生活会，主动听取基层组织和会员群众的意见；积极探索会内监督规律，稳步推进会内监督。

2. 加强代表人士队伍建设。对代表人士队伍的基本情况及发现、培养、推荐使用、管理监督进行分析，探索工作机制、提出工作方法，为建立德才兼备、数量充足、结构合理的代表人士队伍打下牢固基础。以学习实践活动为重要内容，召开好民进教育、文化、出版等界别的代表人士座谈会，省级组织专职副主委工作研讨会和省级组织秘书长工作研讨会。

3. 加强后备干部队伍建设。积极做好物色、考察和培养后备干部工作，做好各类人才的推荐工作。举办好骨干会员培训班，提高履行职能的能力。

4. 加强基层组织建设和组织发展工作，增强基层组织活力。以创先争优活动为契机，加强对基层组织的指导，发挥基层组织在凝聚会员、履行职能方面的作用，评选表彰创先争优先进集体和先进个人。研究解决组织发展面临的困难和问题，重点发展履行职能急需的专门人才，优化组织结构和会员结构。

三、围绕全面深化改革，积极履行参政议政、民主监督职能

加强学习、围绕大局、深入调研、完善体制、改进方法，将学习实践活动落实到为全面深化改革尽力的责任心和使命感上来，增强全会的履职能力。

1. 积极促进调研成果的转化。做好高层协商、“两高”座谈会、两会发言提案和全

国政协常委会、专题协商会发言等工作，进一步提高建言献策的质量。开展好关于水问题的专题调研。

2. 以讲求实效为重点，加强参政议政平台建设。办好长江保护与发展研讨会、中国教师发展论坛、基础教育改革座谈会等活动，不断扩大社会影响力。以改进调研为主题，办好民进中央参政议政年会。

3. 加强参政议政人才队伍建设。建立参政议政人才的发现、使用、培养和推荐制度，发挥好专门委员会和特邀研究员作用。提高专职人员的能力素质，有计划、分步骤实施重点学习和培训。

4. 学习引进社会学调研方法，力争做到情况真实，数据准确，分析透彻；用好现代化手段，加强参政议政网上平台建设，推动地方组织参政议政工作的开展。

四、完善机制，探索规律，提高社会服务工作实效

社会服务是学习实践活动的生动课堂，要坚持发挥作用与深化认识相结合，智力与资金帮扶相结合，体现优势与立足实际相结合，出主意与办实事相结合，完善社会服务和参政议政相互促进的机制，进一步发挥社会服务工作在和谐社会建设中的助推作用。

1. 按照“近期做示范、长远探路子”的要求，积极参与毕节试验区新一轮的改革发展，深入推进“同心·彩虹行动”。继续做好贵州毕节金沙县、黔西南州安龙县及西部地区的帮扶工作，举办好“同心·彩虹行动”西部教师暑期培训班和新疆校长暑期培训班，推进西部地区教师队伍建设。指导和帮助各省级组织做好支边扶贫工作。

2. 围绕对台工作大局，继续加强两岸交流交往。充分发挥自身优势，拓展联系渠道，推进不同界别会员与岛内对应行业群体之间的交流合作，举办好2014年海峡两岸中华传统文化与现代化研讨会。

3. 加强与新阶层会员的交流，做好服务新阶层会员的工作。召开2014年企业家联谊会联席会议，举办2014年民进企业界会员培训班，促进新阶层会员的交流与发展。积极支持叶研会、开明慈善基金会、开明画院参与社会服务工作。

五、加强机关建设，提高工作效率和服务质量

机关建设要围绕学习实践活动，进一步学习增进“三个认同”，深刻认识参政党机关的定位和作用，增强政治素质，夯实做好各项工作的思想基础。

1. 加强机关制度建设，优化工作流程，提高机关工作的科学化、规范化、程序化水平。

2. 加强机关作风建设。以服务大局为宗旨，以改进工作作风为重点，强化服务理念和责任意识，提高服务质量。

3. 加强机关文化建设。坚持办好民进开明论坛、主题读书等活动，加强自身修养，营造团结友善、敬业奉献的和谐机关氛围。

4. 推进机关信息化建设。提高机关干部运用信息技术的水平，完善民进手机新闻客户端软件，使之成为社会各界人士了解民进的重要窗口。

民进中央2014年组织建设工作方案

（民进十三届五次主席会审议通过）

为适应中国特色社会主义参政党建设的要求，推动全会组织建设和工作发展，促进参政党职能的履行，增强全会的组织凝聚力和社会影响力，提出2014年组织建设工作方案如下：

一、指导思想

以中国特色社会主义理论体系为指导，学习贯彻中共十八大和中共十八届三中全会精神，全面落实民进十一大和民进十三届二中全会提出的工作任务，按照民进中央开展坚持和发展中国特色社会主义学习实践活动的部署，按照参政党自身建设的要求，强化“人才强会”理念，立足加强领导班子建设、代表人士队伍建设、后备干部队伍建设和机关专职干部队伍建设，全面推动和加强组织建设工作，查找全会组织建设存在的薄弱环节，夯实全会组织建设科学发展的基础，激发各级组织和广大会员的凝聚力和向心力，提升全会组织建设工作的水平，为建设中国特色社会主义参政党奠定良好的组织基础。

二、工作目标

（一）加强各级领导班子建设。加强学习，打牢各级领导班子成员履职尽责的理论基础，提高领导班子成员的政治把握能力、参政议政能力、组织领导能力和合作共事能力，坚持民主集中制，切实加强作风建设，不断改进工作作风，密切联系全会代表人士，有序推进会内监督。

（二）加强代表人士队伍建设。加强对全会代表人士队伍的数量、结构，以及发现、培养、推荐使用、管理监督环节的现状、挑战、机遇的分析研究，理清工作思路、探索工作机制、提出工作方法，为建立德才兼备、数量充足、结构合理的代表人士队伍打牢基础。

（三）加强后备干部队伍建设。坚持“以德为先”，以信念坚定、为民服务、勤政务实、敢于担当、清正廉洁为标准，积极做好全会各级组织领导班子后备干部队伍建设工作，确保全会届中调整和2017年换届工作的顺利进行。

（四）加强组织发展工作。研究解决新形势下组织发展在理论、制度、实践上所面临的瓶颈和问题，努力改善会员结构和质量，不断优化我会的组织结构和人才结构。

（五）加强基层组织建设。以创先争优为契机，加强对基层组织工作的领导和指导，力争解决基层组织建设中的突出问题，发挥会员的积极性，增强基层组织活力。

（六）加强各级机关建设。以服务大局为宗旨，以改进工作作风为重点，完善机关规章制度，优化工作机制和流程，切实提高服务能力，增强机关干部的责任意识，服务基层和会员，密切联系各级组织，了解广大会员的要求，切实提高工作水平。

三、工作内容

（一）动员部署。全会各级组织要精心部署，发动广大会员积极参与，提出推动民进组织建设工作的意见建议。

在2013年民进省级组织负责人会议上部署2014年组织建设工作，提出要求，并印发工作方案；全会各级地方组织层层部署，广泛发动，制定计划，将工作落到实处。

（二）学习研讨。全会各级组织和广大会员，特别是领导班子成员、组织部门工作人员要开展学习研讨，学习中共中央和相关部门涉及民主党派组织建设的有关文件和指导性意见，学习民进会章、会史，借鉴其他民主党派组织建设的成果和举措，总结我会在组织建设工作的经验，提高组织建设工作水平。

通过举办骨干会员培训班、省级组织专职副主委工作研讨会和省级组织秘书长工作研讨会，集中学习研讨；召开教育界、文化界、出版界和新领域界别会员座谈会，听取意见建议；全会各级组织结合本地实际开展学习研讨。

（三）调查研究。全会各级组织要开展组织建设工作大调研，广泛了解情况、听取意见，在深入调研的基础上形成研究成果。

民进中央将成立调研组分赴有关地区和基层组织进行调研，走访相关部门、其他民主党派组织部门，学习了解组织建设工作情况；全面统计分析有关代表人士、领导班子、组织发展、后备干部、基层组织、机关建设的情况；继续开展民进参政党理论研究课题招标活动，发动全会各级组织，就民主党派组织建设中的重大理论问题、民进组织建设工作中亟待研究解决的现实问题开展研究；结合民进中央—中央社院参政党建设理论研究中心，发挥参政党理论特邀研究员的作用，适时举办组织建设专题研讨会或理论研修班，推动我会组织建设理论研究工作取得新成果；全会各级组织在深入、细致地调查研究的基础上，及时总结经验，认真分析组织建设面临的新情况、新问题，明确工作思路，提出意见建议。

（四）交流总结。全会各级组织要有计划地进行交流总结，积极推广组织建设工作的经验和方法，树立优秀典型，探索新形势下开展工作的新方法、新途径，推动组织建设工作。

计划将组织建设作为民进十三届七次中常会主题进行交流研讨（各省级组织在2014年6月前提交组织建设阶段性成果进行交流汇报）；适时召开全国组织工作会议，全面总结2009年民进全国组织工作会议以来的工作和经验，研究部署全会组织工作；评选表彰创先争优先进集体和先进个人，推广经验。

（五）完善制度。全会各级组织要进一步加强组织工作规范化、制度化，对已有制度进行梳理，巩固和发展经过实践检验、行之有效的制度，对不适应形势要求的抓紧修订完善，计划出台《关于进一步加强民进组织建设的意见》、《民进中央关于做好2014—2017年省级组织领导班子后备干部队伍建设工作的意见》，修订《中国民主促进会基层组织工作暂行条例》等，增强组织工作的针对性、操作性、指导性。

（六）加强信息化建设。对民进组织管理系统、民进人才库等会员管理平台进行升级完善，全会各级组织加强相关系统基础数据的录入和维护，以市县级组织为信息化管理主体，发挥广大基层组织和会员维护反馈信息的主动性、热心会务的积极性，为全会组织会员的管理、代表人士队伍建设、后备干部培养选拔等工作提供技术支持，为全会组织建设工作上下互动、横向交流提供网络平台，进一步提高全会组织工作信息化水平。

四、工作要求

（一）提高认识。全会各级组织要充分认识做好组织建设工作的重要性、紧迫性和长期性，切实把组织建设与履行参政党职能相结合，与全会届中调整和 2017 年换届工作相结合，采取有力措施，抓紧、抓实、抓好。

（二）加强领导。组织建设是一项长期任务和系统工程，全会各级组织领导班子，特别是一把手，要切实加强领导，率先垂范，精心部署安排，认真组织实施，切实取得成效。

（三）抓好落实。全会各级组织要明确任务，制定计划，抓好落实，积极与中共党组织和统战部门取得联系，争取对我会组织建设工作的支持和指导，推动全会组织建设工作取得新进展。

中国民主促进会中央委员会

2014 年 1 月 2 日

民进中央关于做好 2014—2017 年省级组织领导班子后备干部队伍建设工作的意见

（民进十三届九次主席办公会议审议通过）

加强民主党派后备干部队伍建设，是中国共产党领导的多党合作和政治协商制度长期存在和发展的基础工程。为深入学习贯彻中共十八大精神和习近平同志关于加强中国特色社会主义参政党建设的新要求，认真落实《中共中央关于加强新形势下党外代表人士队伍建设的意见》精神，着眼多党合作事业可持续发展，进一步完善政策举措，改进人选产生方式，夯实 2017 年民进换届的组织基础，现就做好 2014—2017 年省级组织领导班子后备干部队伍建设工作提出如下意见：

一、基本原则

坚持党管干部与尊重民进自主权利相统一，贯彻中共中央关于干部工作的方针、政策和民主集中制原则，充分发扬民主，完善工作程序；坚持政治标准与代表性相统一，按照德才兼备、以德为先的选人用人标准全面评价、择优选拔；坚持体现特色与改善结构相统一，注重物色符合民进界别特色的优秀人才，统筹考虑其他方面骨干力量和年龄梯次；坚持推进工作与完善制度相统一，建立健全培养锻炼、适时使用、定期调整、有进有退的机制，建设一支数量充足、素质优良的后备干部队伍。

二、人选标准

自觉接受中国共产党领导，坚持中国特色社会主义道路，与中国共产党真诚合作，支持和参与全面深化改革，在关键时刻、大是大非问题上旗帜鲜明、立场坚定；在本领域、本行业和本职岗位业绩突出，具有一定影响力和较大发展潜力；热爱民进工作，遵守《中国民主促进会章程》，具有较强的履职能力，有一定代表性和较好的群众基础；大局意识强，能够正确处理个人与组织、个人与事业的关系，品质优秀，作风民主，清正廉洁。加入民进一年以上。

三、数量结构

后备干部数量应符合民进领导班子建设需要，按班子职数 1.5 倍左右掌握，其中要有一定比例的能力素质比较突出的复合型人才。

后备干部队伍要保持合理的年龄结构、知识结构。按照领导班子成员任期制的要求和干部任职的年龄规定，后备干部年龄以 50—55 周岁（截至 2014 年 6 月 30 日）为主体，从长远考虑，适量储备 45 周岁左右的中青年干部，形成合理的年龄梯次。符合民进界别特色的专家学者和代表性人士、政府部门领导干部和适合从事专职会务工作的干部，各占适当比例。后备干部中要有女同志。

四、程序方法

（一）推荐人选

民主推荐包括投票推荐和谈话推荐。投票推荐由民进省级组织在有关方面协助下，采取无记名投票方式进行，参与投票的范围由各省级组织根据实际需要协商确定。谈话推荐由有关方面分别听取民进省级组织领导班子成员和其他常委的意见，根据情况可适当扩大范围。

被推荐人选的范围主要是：省级委员会委员，地市级组织主委，省级以上人大代表、政协委员，县处级以上领导干部，影响较大的专家学者及代表性人士。

有关方面汇总民主推荐情况，与省级组织主要负责人沟通，听取意见；不能简单地“以票取人”，要将得票情况与人选的一贯表现、班子结构、工作需要结合起来，综合考虑形成后备干部初步名单。

（二）了解情况

有关方面以调研等多种形式向初步名单中的人选所在单位中共党委（党组），所在地区中共党委、纪检监察部门，民进省级组织负责人等全面了解人选情况，重点是政治表现、综合素质和廉洁自律情况，对反映出来的有关问题要深入听取意见，严格把好入口关。

属于下列情况之一的，不列入后备干部名单：已在国（境）外定居的；配偶已移居国（境）外，或没有配偶但子女均已移居国（境）外的；违反会章或受到政纪处分影响使用的；有拉票行为的；长期不参加民进组织生活和工作的；因身体原因不能坚持正常工作的；因其他因素不宜列入的。

（三）协商确定

有关方面与民进省级组织主要负责人协商并经相关会议研究形成建议名单；有关方面就建议名单与民进中央进行协商，就民主推荐、了解情况、培养计划等沟通后，最终由有关方面研究，确定民进省级组织领导班子后备干部人选名单。

有关方面将《民进省级领导班子后备干部名册》、《后备干部基本情况登记表》抄送民进中央。

五、培养使用

（一）教育培训

科学制定培训计划，统筹考虑领导班子与后备干部队伍的教育培训。坚持政治培训为主，围绕坚持和发展中国特色社会主义与全面深化改革，凝聚共识、巩固共识。充分发挥社会主义学院的主渠道作用，与有关方面实行联合调训，后备干部至少参加 1 次共同举办的重点培训班。积极与有关方面沟通，发挥党校、行政学院、干部学院在培训中的作用。把教育培训作为培养、了解后备干部的重要渠道，促进培训和使用有机结合。

（二）培养锻炼

逐步使实职安排、轮岗交流、挂职锻炼成为后备干部安排使用的必备经历和必需条件。一般应有 1—2 名后备干部经过 2 个以上厅级领导岗位的锻炼；合理推荐后备干部到人大、政府和司法机关任职，特别是要推荐正职岗位的锻炼；充分用好党外干部实践锻炼基地，推荐后备干部到一定层级的领导岗位和群众工作一线经受考验和锻炼；积极推荐后备干部在本地区或民进内部的轮岗交流、挂职锻炼；支持后备干部在专题调研、建言献策、特约监督、社会服务等履职实践中提升素质。

领导班子的选拔，要拓宽视野、坚持后备干部与其他干部同等使用、同样标准、同样程序，不搞照顾性的选拔。支持符合条件的后备干部参加有关地方和方面组织的公开选拔和竞争上岗。

六、动态管理

定期分析后备干部名单，形成有进有出的动态管理机制。对个别情况发生变化、不适合继续作为后备干部的应及时调整；对缺乏高层次人才、后备干部储备不足的，要有计划有针对性地及时引进、适时补充。调整补充要坚持统一标准、履行一定程序。建立后备干部数据库，凡涉及后备干部职务变动、年度考核、考察材料、奖惩、培训以及个人重大事项等信息，及时更新并向民进中央报备。

七、组织领导

民进省级组织要切实担负起培养后备干部的政治责任，提前谋划，制定规划，完善制度，抓好落实。要树立正确的选人用人导向，坚持五湖四海、任人唯贤、公道正派、注重实绩；定期向民进中央汇报工作，推进后备干部的教育培训、培养锻炼纳入人才和干部队伍建设总体规划；争取有关方面支持，做好组织发展工作，重点在高校和科研院所发展优秀人才；对因落实任期制到届不到龄的班子成员，要提前考虑、预作安排；积极探索完善符合民进工作特点和干部成长规律的选拔任用方式，努力形成系统完备、科学规范、有效管用、简便易行的制度机制；做好保密工作，对违反组织人事工作纪律的行为严肃处理。

中国民主促进会中央委员会
2014 年 3 月 6 日

民进中央关于学习贯彻十二届全国人大二次会议和全国政协十二届二次会议精神的通知

民进各省、自治区、直辖市委员会：

十二届全国人大二次会议和全国政协十二届二次会议，是在改革进程承前启后的重要节点召开的重要会议。会议深入学习贯彻中共十八大和十八届二中、三中全会精神，学习贯彻习近平同志系列重要讲话精神，围绕全面深化改革开好局、起好步，齐心协力谋发展，凝心聚力促和谐，是一次民主团结、求真务实、振奋人心的盛会。民进赞成和拥护两会通过的各项决议和决定。

2014 年是全面深化改革的第一年，是实现“十二五”规划的关键一年。学习贯彻两会精神，对于民进适应全面深化改革的时代要求，落实民进十三届二中全会工作部署，切实履行中国特色社会主义参政党职能，扎实做好全年工作具有重要意义。各级组织要高度重视、精心组织，做好学习贯彻两会精神的各项工作。

一、要深化对当前形势的认识，进一步凝聚理解改革、支持改革、参与改革的共识

改革开放是中华民族实现历史性转折的关键抉择，全面深化改革是中华民族实现伟大复兴中国梦的关键一步。当前我国面临着复杂多变的国际形势和艰巨繁重的国内改革发展稳定任务，经济社会发展进入关键期，改革进入攻坚期和深水区。越是处于发展关键期，越需要凝聚人心、众志成城；越是处于改革攻坚期，越需要汇集众智、增强合力。民进全会要深入学习贯彻两会精神，深刻认识新形势下全面深化改革的重要性和紧迫性，深刻理解我国改革发展面临的新机遇和新挑战，始终坚持全面深化改革的正确方向，不断增强全面深化改革的决心与信心，真正把思想和行动统一到两会精神上来，切实承担起作为中国特色社会主义事业亲历者、实践者、维护者、捍卫者的政治责任。

二、要紧密围绕全面深化改革，切实履行好参政党职能

以全面深化改革的共识汇聚智慧和力量，改革宏伟蓝图才能落实为推进经济、政治、文化、社会、生态文明建设的实际行动。民进全会要不断增强为执政党助力、为国家尽责、为人民服务的责任感，把促进全面深化改革作为履行职能的首要任务，以促进社会公平

正义、增进人民福祉为出发点和落脚点，紧密围绕全面深化改革的中心任务与重点领域，围绕两会提出的各项目标和任务，积极投身全面深化改革的伟大事业。要加强学习、深入调研、完善体系、改进方法，进一步巩固集智聚力的思想共识，完善集智聚力的工作机制，发挥民进在教育文化出版领域的界别优势，提高参政议政、民主监督的水平，提高社会服务工作的实效，为实现经济持续健康发展和社会和谐稳定贡献力量。

三、要与开展学习实践活动相结合，积极推进中国特色社会主义参政党建设

坚持和发展中国特色社会主义，必须在新的历史起点上全面深化改革，不断增强中国特色社会主义道路自信、理论自信、制度自信。两会形成的共识和举措，为迈好全面深化改革的第一步注入新的力量，带来新的气象。民进全会要深入开展坚持和发展中国特色社会主义学习实践活动，把学习贯彻两会精神和学习实践活动结合起来，从建设中国特色社会主义参政党的高度出发，继承优良传统，把握时代要求，践行社会主义核心价值观，确保政治交接不断线。要结合组织建设年度工作主题，结合庆祝新中国成立 65 周年、纪念人民政协成立 65 周年、迎接民进成立 70 周年，使学习实践活动体现“民进色彩”，进一步巩固全会的政治道路认同、奋斗目标认同、文化价值认同。

民进中央号召全会各级组织和广大会员，更加紧密地团结在以习近平同志为总书记的中共中央周围，高举中国特色社会主义伟大旗帜，以邓小平理论、三个代表重要思想、科学发展观为指导，齐心协力，开拓进取，扎实工作，以自身建设和履行职能的优异成绩，为全面建成小康社会、建成富强民主文明和谐的社会主义现代化国家、实现中华民族伟大复兴的中国梦做出更大的贡献！

中国民主促进会中央委员会
2014 年 3 月 14 日

民进中央主席会议组成人员联系民进代表大会代表的意见

（试行）

为深入贯彻落实中共十八大精神、民进十一大精神，增强主席会议组成人员联系基层代表的实效，进一步发挥民进代表大会代表在代表大会闭会期间的作用，提出以下意见。

一、联系原则

主席会议组成人员为主席、常务副主席、副主席。

主席会议组成人员每年分别联系 3—5 名代表大会代表。

所联系代表以基层代表为主。主席、常务副主席、专职副主席联系中央提名代表、省级组织提名代表；兼职副主席以联系所在地区代表为主。

所联系代表人选由主席会议组成人员决定。

二、联系形式

1. 主席会议组成人员每年至少赴一个所联系代表所在基层组织参加活动。

2. 主席会议组成人员到地方调研时，可安排与当地所联系代表座谈，通报情况，征求意见。

3. 利用各种条件和机会密切与代表的联系。

三、联系内容

1. 了解民进中央各项决策、文件在地方组织、基层组织的贯彻执行情况。

2. 了解所联系代表所在地区民进组织对会中央工作的意见、建议。

3. 了解所联系代表所在地区有关社会政治、经济、民生等方面的热点、难点问题。

四、联系要求

1. 民进中央组织部应做好组织协调工作。协助确定所联系代表人选，平衡地区、界别等因素；落实联系人、联系方式、活动安排及后勤保障工作，为有关活动提供服务。

2. 对于所联系代表提出的意见、建议应及时给与回复。

民进中央关于学习贯彻
中共十八届四中全会精神的通知

民进各省、自治区、直辖市委员会：

中国共产党第十八届中央委员会第四次全体会议，是全面深化落实十八大、十八届三中全会决策部署的一次重要会议，也是第一次专题研究依法治国问题的重要会议，对于加快社会主义法治国家建设具有重要意义。会议深刻分析国际国内形势，全面部署推进依法治国重大问题，审议通过了《中共中央关于全面推进依法治国若干重大问题的决定》。中国民主促进会中央委员会完全赞同和拥护会议通过的决定。

为指导和推动民进全会深入学习贯彻中共十八届四中全会精神，现对全会各级组织和广大会员提出如下要求：

一、充分认识全面推进依法治国的重大意义和深刻内涵

法治是治国理政的基本方式，依法治国是中国共产党领导人民治理国家的基本方略。改革开放以来，中国社会主义法治建设取得了举世瞩目的历史性成就。在新的历史起点上全面推进依法治国，是全面深化改革、完善和发展中国特色社会主义制度的本质要求和重要保障，对维护宪法法律权威、保障公民合法权益、维护社会公平正义、实现国家长治久安和社会稳定具有重要意义。当前，我国进入全面建成小康社会的决定性阶段，处于改革攻坚期、矛盾凸显期和发展关键期，比以往任何时候都更加需要发挥法治在国

家治理和社会管理中的重要作用，确保在法治的轨道上推进改革，推动中国特色社会主义制度更加成熟更加定型，这是一项重大的历史任务。民进各级组织要把思想和行动统一到中共十八届四中全会的重大决策部署上来，增强中国特色社会主义参政党的责任感和使命感，引导广大会员深刻认识新形势下全面推进依法治国的重要性和紧迫性，努力成为法治的忠实崇尚者、自觉遵守者、坚定捍卫者。

二、切实围绕法治中国建设的重大问题履行参政党职能

全面推进依法治国，就是在中国共产党领导下，坚持中国特色社会主义制度，贯彻中国特色社会主义法治理论，形成完备的法律规范体系、高效的法治实施体系、严密的法治监督体系、有力的法治保障体系，形成完善的党内法规体系，坚持依法治国、依法执政、依法行政共同推进，坚持法治国家、法治政府、法治社会一体建设，实现科学立法、严格执法、公正司法、全民守法，促进国家治理体系和治理能力现代化。民进各级组织要秉持“为执政党助力、为国家尽责、为人民服务”的责任感，加强法治意识，努力以法治凝聚改革共识、规范发展行为、促进矛盾化解、保障社会和谐。要紧紧围绕全面推进依法治国的重大问题和人民群众普遍关心的现实问题、热点问题深入开展调研，依据宪法法律履行参政议政、民主监督职能，力争在更多重要领域和关键问题上提出有分量的意见建议，为建设中国特色社会主义法治体系、建设社会主义法治国家贡献力量。

三、积极推进符合法治要求的中国特色社会主义参政党建设

中国共产党的领导，是中国特色社会主义最本质的特征，是社会主义法治最根本的保证。十八大以来，新一届中共中央领导集体进一步强调党要管党、从严治党，不断提高执政能力和执政水平，在作风建设、群众路线教育实践活动、反腐倡廉等工作中推新政、开新局，加强党内法规制度体系建设，全面提高党的建设科学化水平。民进要认真学习执政党自身建设的经验，按照执政党建设和参政党建设相互促进的要求，深入开展坚持和发展中国特色社会主义学习实践活动，不断巩固全会的政治道路认同、奋斗目标认同、文化价值认同。各级组织要以纪念民进成立 70 周年为契机，加强会章会史和优良传统的学习教育，引导广大会员不断提高政治素质，始终坚持接受中国共产党的领导，正确认识我国经济发展的阶段性特征，进一步增强信心，适应新常态；要树立人才强会理念，认真执行会章的各项规定，贯彻落实民主集中制，健全领导体制和工作机制，有序扩大会内民主、加强会内监督，推进会内制度体系建设，夯实自身建设的组织和制度基础。

民进中央号召全会各级组织和广大会员，更加紧密地团结在以习近平同志为总书记的中共中央周围，高举中国特色社会主义伟大旗帜，以邓小平理论、“三个代表”重要思想、科学发展观为指导，深入贯彻习近平总书记系列重要讲话精神，在中共十八大和十八届三中、四中全会精神指引下，坚定信心、凝聚共识，开拓进取、扎实工作，为全面推进依法治国，为全面建成小康社会、实现中华民族伟大复兴的中国梦而奋斗！

中国民主促进会中央委员会
2014 年 10 月 25 日

中国农工民主党

充分发挥农工党优势　积极履行参政党职能
为建设社会主义法治国家贡献力量

——在中国农工民主党第十五届中央委员会第三次全体会议上的工作报告

（2014 年 12 月 18 日）

陈　竺

各位委员、各位同志：

我受中央常务委员会委托，向第十五届中央委员会第三次全体会议报告工作，请予审议。

2014 年主要工作

中共十八大以来，以习近平同志为总书记的新一届中共中央领导集体，面对复杂多变的国内外形势，高举中国特色社会主义伟大旗帜，总揽全局、运筹帷幄，励精图治、奋发有为，汇聚起实现中华民族伟大复兴的强大力量，带领全党全军全国各族人民开创了党和国家事业发展的崭新局面。经济发展呈现新常态，改革开放全方位向纵深发展，全面推进依法治国进入新阶段，社会建设、文化建设和生态文明建设不断向前推进，反腐倡廉和作风建设取得实质性进展，赢得了包括广大农工党员在内的全国人民的支持和拥护。这些伟大成就的取得，更加坚定了我们拥护中国共产党的领导、坚定不移地走中国特色社会主义道路的决心，也更加坚定了我们全面建成小康社会、实现中华民族伟大复兴的信心。

2014 年，全党同志以邓小平理论、“三个代表”重要思想、科学发展观为指导，认真学习中共十八大，十八届三中、四中全会和习近平总书记系列重要讲话精神，切实贯彻我党十五大、十五届二中全会精神，以实现“健康中国”和“美丽中国”为主线，锐意进取、开拓创新，各项工作取得了新进展。

一、夯实理想信念基础，围绕思想理论工作重点，切实提高思想建设水平

理想信念是“总开关”。全党把思想建设摆在突出位置，拓宽平台，创新机制，深入开展坚持和发展中国特色社会主义学习实践活动，不断增进坚持走中国特色社会主义道路的政治共识。

以学习实践活动为重点，坚定理想信念。2014 年是我党开展学习实践活动的开局之年，中央研究制定了《中国农工民主党开展坚持和发展中国特色社会主义学习实践活动 2013—2017 年工作规划》，引起中共中央领导同志的高度关注和我党各级组织的热烈响应，成为深化学习实践活动的工作指引。在全党广泛深入地组织开展“中国梦 • 农工情”演讲比赛、巡回演讲、汇报演讲、征文竞赛活动，广大党员积极参与，展现精神风采，弘扬正能量，受到广泛好评，获得巨大成功，产生良好社会影响。召开了专职副主委情况交流会、宣传部长会，编写学习实践活动教材，举办“庆祝中华人民共和国成立 65 周年暨人民政协成立 65 周年——美丽中国书画展”等系列活动，各级组织和广大党员积极参与，全心投入，提高我党的凝聚力、影响力，进一步坚定了坚持中国共产党领导和中国特色社会主义的政治共识。

以构建“大宣传、大教育”工作格局为重点，凝聚正能量。创新工作思路和方式，大力宣传我党开展的中心工作、重要活动、重大成果。我党中央向南京雨花台烈士纪念馆捐赠《邓演达与农工党一干会议》大型油画，并永久展出。《前进论坛》编辑和发行质量稳步提高。截至 11 月底，中央级媒体共刊登有关我党的文章 700 余篇。注重发挥互联网等新兴媒体在宣传思想工作中的积极作用，全面升级中央网站，正式开通“中国农工民主党”微信订阅号。截至 11 月底，中央微信订阅号已发 80 期，受众达 3000 余人。

以参政党理论研究为重点，增进政治认同。公开出版了分别由江苏、安徽、四川理论研究点撰写的《“同心理论”与参政党建设研究》、《协商民主理论与实践研究》、《参政党建设科学化问题研究》等理论研究专著。创新工作机制，实行重大理论研究课题招标制度。扩大理论研究平台，成立参政党理论研究北京点。建立聘请特邀研究员制度，加大理论队伍培养力度，举办理论骨干培训班。

以党史研究为重点，发扬光荣传统。建立了邓演达纪念园等 7 处由农工党中央首批挂牌的党史教育基地，上海一干会址已取得租用权，正筹建作为我党纪念地和教育基地，抗日战争时期农工党中央机关在重庆的旧址陈列馆已建成并开馆；对邓演达烈士殉难处和湖南溆沅辰人民解放总队活动旧址进行全面维护。召开党史研究工作会议，整合资源，形成合力，研究制定《农工党中央关于加强党史研究工作的意见》。组织征集民主革命时期我党的武装斗争史料。更好地发挥中央机关党史陈列室作用，今年共接待党内外参观学习人员 20 余批次。

二、紧紧围绕全面深化改革大局履行参政议政职能，在多党合作事业中发挥重要作用

参政议政是我党履职的核心工作。全党紧紧围绕中共十八届三中、四中全会精神，就全面深化改革和依法治国重点领域、关键环节展开调研，充分依靠我党地方组织智力支持，强化与重庆市、黑龙江省和攀枝花市等地中共党委及政府的工作联系，建言献策，形成一批有特色、有分量的参政议政成果。

协商民主取得新成绩。我党各级组织领导同志积极参与政治协商，出席中共党委和政府召开的协商会和座谈会；中央主要领导同志先后就政府工作报告、十八届四中全会议题、依法治国、协商民主、国家经济形势等重大问题与中共中央、国务院领导共商国是，

得到中共中央领导的高度重视和肯定，协商民主得到进一步加强。

人大、政协“两会”工作呈现新亮点。目前，全党有1991名党员当选各级人大代表，其中54名全国人大代表；11386名党员担任各级政协委员，其中85名全国政协委员。今年“两会”期间，全国人大代表积极履职，在立法、执法监督等方面都发挥了重要作用，例如吕忠梅代表荣获CCTV2014年度法治人物。全国政协委员广泛参与，提出了很多好的意见建议。中央提交提案53件，立案50件。在全国政协常委会和专题协商会上，中央就保护生态红线、加强参政党民主监督制度建设、医药卫生和环境保护等重点领域的立法与执法、推进医药职业学校发展等问题，作了大会发言，受到一致好评。在全国政协联合我党承办的双周协商座谈会上，汇报了关于医养结合的调研成果，得到俞正声主席高度肯定。据不完全统计，各省级组织在两会期间提交提案1000余件，其中重点提案120余件，很多好的意见建议被吸纳到党委、政府决策之中，较好地把参政议政转化为履职实效。

重大调研成果转化取得新进展。受中共中央委托，今年我党中央开展了“以立法推动医改”为主题的大调研，同时还重点关注环保与区域协同发展问题，并依据上述调研成果向中共中央和国务院报送了6个有关建议专报。《关于〈基本医疗卫生法〉立法基本原则和重点内容的有关建议》、《关于深化内陆开发开放 推进两江新区加快发展的政策建议》、《关于完善环境税收政策顶层设计 加快建立促进生态文明的环境税制度的建议》、《关于川江上段“黄金水道”建设存在的问题及建议》、《关于促进京津冀协同发展的有关工作建议》及《关于统筹基本医保管理，加快推进医改向纵深发展，尽快设立国家医疗保险局的工作方案建议》得到李克强总理、张德江委员长、张高丽副总理、刘延东副总理、汪洋副总理等中共中央领导和国务院领导的重要批示，其议政成果将对我国卫生事业的法治保障和体制改革产生重要影响。关于中医药产业可持续发展、三峡水库消落带生态环境保护、健康产业发展及慢病防治、食品药品安全网格化管理等专题调研成果，也得到有关部门的高度重视。据不完全统计，各省级组织向中共省级党委、政府报送重要建议66件，为促进当地经济社会发展献良策、出实招。

社情民意信息工作取得新突破。创新工作思路，建立重点信息调研修改制度。分片召开信息工作研讨会，有效提高了各级组织编写信息稿件的水平。筹建我党社情民意信息网络平台，有力保障了社情民意工作的开展。截至三季度末，各省级组织向中央编报社情民意信息3000余件，中央向全国政协编报253期，其中37件由全国政协专报中共中央领导同志。我党中央被全国政协评为2012—2013年度反映社情民意信息工作先进单位。

三、紧紧围绕“健康中国”和“美丽中国”两条主线，社会服务工作开创新局面

社会服务是展示我党形象的重要载体和窗口。全党着眼经济发展、民生改善、社会进步，出台了《中国农工民主党中央委员会关于加强社会服务工作的指导意见》，推动社会服务工作再上新台阶。

助推中医药事业和健康服务业发展成效显著。中央加强与国家职能部门合作，认真落实中医同行计划，推广中医药适宜技术。成功举办首届中医科学大会，中医药研究促

进会参与大会筹备，发挥特殊作用。继续开展“杏林春雨”系列活动。参与为巴基斯坦免费培训医务人员项目，与中国医药卫生事业发展基金会联合举办“2014年微创技术培训班”，促进了中医科学理念的广泛传播，对我国中医药事业和健康服务业的发展产生巨大推动作用。

“三个品牌”建设效果良好。成功举办以“生态文明制度创新与实践”为主题的中国生态健康论坛，举办了第二十六届“国际科学与和平周”和第七届“中国环境与健康宣传周”，举办了城市环境与健康高峰论坛，组织了城市环境与健康为主题的自行车百座城市万里行行动。各省市组织在300多座城市开展活动，声势浩大、有声有色，共发放宣传资料13万份，直接受益群众20余万人，这些品牌成功地展现我党的良好形象，扩大了影响。

启动“同心全科医生特岗人才计划”示范项目。为破解优秀医卫人才“下不去、留不住”的难题，在全国率先成立“同心全科医生特岗人才基金”，创新政策引导和激励机制，支持保障全科医生下沉到基层服务。目前，首批筹集捐赠资金2430万元，为项目的顺利开展奠定了良好的基础。

帮扶毕节试验区和贫困地区建设成绩突出。今年6月，中共中央办公厅调研室在《为加强贫困地区生态文明建设探路——来自毕节生态文明先行区的调研报告》中，特别对我党在大方县的帮扶工作成果给予肯定，该报告得到了习近平总书记、李克强总理、俞正声主席、张高丽副总理的批示。为落实习近平总书记“5.15”对毕节试验区重要批示精神，我党中央对参与毕节试验区建设领导小组进行了充实和调整。继续推进“同心助医”工程，协调贵州省内、我国东部地区对口支援或长期合作帮扶毕节试验区医疗卫生机构。有序推进毕节农工同心职业技术学校、大方经济开发区、6个招商引资项目及重大项目建设。中央协调中国西部研究与发展促进会初步确定给予宁德市5亿多元的扶助项目投资计划。省际帮扶工作初见成效，积极参与黔西南试验区建设，帮扶宁德，助力渭南，落实雅安地震灾后重建项目，推进武陵山片区“同心圆工程”。部分省委会创新思路与中国西部研究与发展促进会在社会扶贫工作方面紧密合作，效果明显，仅四川省引进社会扶贫项目资金、贴息贷款、医疗设备投资共计7亿元。中国初级卫生保健基金会按照中央部署，积极参与地方救灾活动，海南风灾、云南地震两次救灾共计捐赠设备价值405万元，基金会已成为社会服务工作募集公益基金的重要平台之一。（四）实施人才强党战略，人才建设、组织建设和党内监督卓有成效

人才队伍和组织建设是人才强党战略的核心。在顶层设计和具体举措方面，取得突破性进展。

人才强党战略得到制度保障。今年十五届七次中常会就人才强党战略进行专题研究并作出战略部署。以建立健全制度保障为重点，修订了《中国农工民主党基层组织工作条例》、《中国农工民主党组织发展工作规程》，起草了《关于做好2014—2017年省级组织领导班子后备干部队伍建设工作的意见》、《农工党中央机关接收挂职锻炼干部管理办法（试行）》，推动全党组织工作更加制度化、规范化、程序化。

人才队伍建设成绩突出。代表人士发展工作进展顺利，各级组织着重发展了一批中组部千人计划、中组部万人计划、长江学者和杰出青年等具有较强影响力的代表人士。

优秀人才推荐工作成效显著，在中央的大力推动和地方组织的积极努力下，代表人士安排使用得到加强，全党现有866名党员担任政府和司法机关县处级以上领导职务，其中有80多名厅局级实职领导干部。担任国家部委副部级领导职务实现突破。积极推荐党员任最高人民法院特约监督员等社会职务或所在单位实职领导。通过细分培训对象，分类别分重点进行培训，中央举办了厅局级实职干部等7个培训班，共计培训党员300余人，培训效果明显。中央开创性地与中国社科院研究生院签订联合培养人才框架协议，探索高层次党外人才培养新途径。党员发展平稳有序，截至三季度末，党员总人数为138453人，同比增速约5%。

基层组织建设进一步加强。通过直接参加基层支部活动，加大了对基层组织的指导。积极推动省辖市级组织建立委员会，新成立2个市级委员会，批复同意新建2个市级委员会。截至三季度末，全国有282个市级组织，49个县级组织，6219个基层组织。部分省级委员会进行了届中调整，地方组织领导班子得到充实。召开了两次副省级城市联席会议，有力推动了当地各项工作的开展。

党内监督工作积极稳妥推进。以省级组织领导班子建设为重点，探索加强制度监督的新途径，开展了4次调研。召开了党内监督工作研讨会，进一步探索总结党内监督的实践、完善党内监督工作机制。开展党内监督理论研究和宣传教育工作，举办党内监督理论研究征文活动，掀起党员学习讨论新高潮。目前，全国共有16个省级组织成立了监督委员会，新一届中央监督委员会规模为19人，有效推动了党内监督工作。

四、专委会和港澳台联络工作继续加强

专委会作用凸显。制定完善了工作程序、活动细则，结合自身界别特点，分别开展了计划生育特殊困难家庭帮扶体系、创新药物研究发展、生态环境保护、单独二孩政策实施情况等调研，发挥了“专家库”、“智囊团”的重要作用。今年以中央名义上报全国政协会议的53件提案中，有20件是由专委会调研报告转化而来，各专委会都有调研报告入选。

对台联络工作形式多样。中央派团赴台湾访问，加强了与岛内医药界代表人士的联系，并形成了初步合作交流机制。通过“首届海峡两岸控烟与肺癌防治研讨会”、“两岸学生走访名医名家交流活动”及邀请台湾在大陆就读学生参加“中秋联谊活动”等形式进一步丰富两岸交流，充分体现我党对台工作的界别特色。

五、加强制度建设，机关工作保障有力

作风建设成效明显。以制度建设为重点，推动机关工作顺利开展。中央下发了《关于厉行勤俭节约、反对铺张浪费的通知》、《关于改进机关工作作风的十项规定》和《中国农工民主党中央工作规则（试行）》，各级组织认真贯彻执行，狠抓机关纪律与作风建设，机关工作人员克勤克俭、兢兢业业，形成了积极向上、健康和谐的机关文化，办文、办会、办事效率进一步提升，财务、保密、档案、后勤工作进一步加强。

机关干部队伍建设再创佳绩。中央机关注重干部队伍建设，加强对机关干部的培养，择优选派骨干力量到地方基层挂职锻炼。严格执行《处级领导职位竞争上岗工作方案》，

按照公开、平等、竞争、择优原则，调整充实了一些局级、处级干部，部分部门主要负责人轮岗，激发了机关干部的活力。

同志们，在全党共同努力下，2014 年我党各项工作取得了显著成绩，这是各级组织团结奋斗的结果，是全体党员辛勤工作的结果，是中共各级党委、政府及社会各界有力支持的结果，在此我代表中央常委会向党的各级组织、各位同志及社会各界致以衷心的感谢和崇高的敬意。然而，还应看到，我们的工作与新形势的要求、与中共对参政党能力建设的要求相比，还存在一定差距，主要表现为：思想理论建设、参政议政能力建设、社会服务能力建设、机关建设等工作尚需进一步强化体制机制保障；高层次人才储备不足，有较大社会影响和较强参政议政能力的代表性人士较少；基层组织开展工作仍然面临较多实际困难。对此，全党要高度重视，不断研究新情况，适应新常态，解决新问题，扎实推动全党工作深入开展。

2015 年工作任务

2015 年是全面深化改革的关键之年，是全面推进依法治国的开局之年，也是全面完成“十二五”规划的收官之年。日前召开的中共中央经济工作会议分析了当前国内外经济形势，明确了明年经济工作的总基调，提出了总体要求和主要任务。根据我国经济发展进入新常态的新要求和中共中央经济工作会议提出的新任务，结合我党十五大、十五届二中和本次全会精神，确定我党 2015 年工作的总体要求和主要任务是：高举中国特色社会主义伟大旗帜，认真学习贯彻中共十八大、十八届三中、四中全会和习近平总书记系列重要讲话精神，团结带领各级组织和广大党员，将坚持和发展中国特色社会主义学习实践活动贯穿于思想、理论、组织、制度、作风建设和参政议政、社会服务工作全过程，坚定理想信念，增强对中国特色社会主义的道路自信、理论自信、制度自信；充分发挥我党优势，积极履行参政党职能，组织动员全党力量，以促进实现“健康中国”和“美丽中国”宏伟目标为主线，服务全面深化改革、推动科学发展，推进依法治国、促进公平正义、保障民生福祉；进一步解放思想，开拓创新，奋发进取，为建设社会主义法治国家、实现“两个一百年”奋斗目标和中华民族伟大复兴的中国梦贡献智慧和力量。

一、凝心聚力，不断巩固共同思想政治基础，开创思想工作新局面

认真学习贯彻中共十八届四中全会精神。《中共中央关于全面推进依法治国若干重大问题的决定》，是加快建设社会主义法治国家的纲领性文件。全党要从坚持和发展中国特色社会主义、实现国家治理现代化的战略高度，深刻认识全面推进依法治国的重大意义，认真贯彻落实十五届七次中常会审议通过的《中国农工民主党中央关于认真学习贯彻中共十八届四中全会精神的决议》。各级组织领导班子和广大党员要以高度的政治责任感，带头遵守宪法和法律，善于运用法治思维和法治方式想问题、作判断、出措施，努力以法治凝聚改革共识、规范发展行为、促进矛盾化解、保障社会和谐。

日前，中共中央决定，给予周永康开除党籍处分，并对其涉嫌犯罪问题及线索移送司法机关依法处理，再次向世人昭示了中国共产党有信心、有勇气、有能力解决腐败问

题。我党中央坚决支持和拥护中共中央的决定。各级组织尤其是领导班子要严肃政治纪律，要严守组织纪律，要坚定不移地把党风廉政建设和反腐败斗争进行到底，严格遵守廉洁自律各项规定，做到政治清明，为官清廉，做人清白。

不断提高思想建设水平。思想建设是我党自身建设的根本。要制定思想建设工作规划，确定目标，明确任务。深入开展宣传思想工作调研，进一步建立健全调查研究制度、工作交流和联系联络机制，完善思想建设工作激励机制，把思想引导与制度规范结合起来，使思想建设进一步制度化、规范化、程序化。召开全党思想建设工作会议，逐步提高我党思想建设工作水平，不断增强广大党员的参政党意识，增强党的向心力、凝聚力，始终不渝地接受中国共产党的领导，自觉维护多党合作的政治格局，坚定不移地走中国特色社会主义政治发展道路。

推动学习实践活动向纵深发展。抓好中国特色社会主义学习实践活动，对于解决全党理想信念这个总开关问题具有重大战略意义。全党各级组织和全体党员要在2014年学习实践活动良好开局的基础上，认真学习中共十八大、十八届三中、四中全会和习近平总书记系列重要讲话精神及我党十五大、十五届二中、三中全会精神，认真学习我党党章和党史，以开展“学精神、学党章、学党史”征文和知识竞赛活动为抓手，精心策划、全员参与，进一步提升活动覆盖面、活跃度和创新性，再次掀起学习实践活动的新高潮。以开展纪念农工党成立85周年系列活动为契机，举办“光辉的历程——农工党历史墨迹展”，充分发挥宣传工作、理论和党史研究的思想引领、舆论推动和精神激励作用。

构建宣传工作新格局。全党要认真学习贯彻习近平同志关于宣传思想工作的一系列重要讲话精神，全面提升宣传工作水平，充分发挥宣传思想工作带动作用，赋予“大宣传、大教育”的宣传思想工作新内涵。创新宣传形式，充分运用现代科技成果，提升宣传工作覆盖面和影响力，弘扬主旋律，传播正能量；全面提高宣传干部的政治素质、理论水平和业务能力，建设一支高素质宣传干部队伍，为落实宣传思想工作任务、加强参政党自身建设提供组织基础和人才保障。

提升政策、理论、党史研究水平。做好政策研究。要制定中长期工作规划，突出政策研究宏观性、前瞻性、指导性；打造一支有影响的一流研究团队，不断加强能力建设，增加政策储备，增强政策敏感性和政治把握力，及时提出战略性、建设性观点和建议；筹建卫生经济政策研究网络等工作平台，整合专家资源，形成专兼职结合、理论与实践互动的新型政策研究咨询机制，为政策研究提供组织保障和智力支持。创新理论研究。要打基础、谋长远，认真修订《中国农工民主党中央关于加强参政党理论建设的意见》；制定《参政党理论研究中长期规划》；继续加强理论研究点建设；完善理论研究重大课题招标制度；整合党内外研究力量，组织攻关，形成有较大影响力和实际指导价值的理论研究成果。加强党史研究。要制定《中国农工民主党中央关于加强党史研究工作的意见》；申请建立“三亲”资料抢救工程和党史研究精品工程，组建中央党史研究专业委员会，扩大和完善党史教育基地，形成编撰党史书籍、建设党史教育基地的工作合力，出版《民主革命时期中国农工民主党的武装斗争》。深入挖掘我党光荣历史，引导广大党员继承和发扬我党与中国共产党风雨同舟、亲密合作的优良传统。

二、聚焦用力，认真履行参政议政职能

贯彻落实中共中央经济工作会议精神。在刚刚结束的中央经济工作会议上，中共中央提出了 2015 年工作的总思路和总任务。我党要深入学习中央经济工作会议精神，把思想和行动统一到中共中央的决策和部署上来，把新常态作为履行参政党职能的新理念，贯穿于参政议政、社会服务全过程，围绕加强保障和改善民生、优化经济发展空间格局，实施“一带一路”、京津冀协同发展和长江经济带三大战略献计建言，积极参与“十三五”规划的研究制定，引导我党联系群众形成助推改革的合力，共同创造有利于全面改革和创新驱动的社会环境，为促进经济平稳健康发展和社会和谐稳定作出新贡献。

助力全面推进依法治国，助推全面深化改革。要凝聚各方力量，聚焦全面推进依法治国中的重大问题和群众最为关切的问题，出实招、谋良策；要发挥人才荟萃、智力密集的优势和界别特色，积极参与法律立改废释调研、法律文本起草、修改和立法评估；要积极探索民主监督的渠道和方法，通过有关途径，强化对“一府两院”执法、司法工作的监督，讲真话、进诤言，及时反映真实情况，勇于提出建议和批评，积极助推法律法规的有效实施，监督行政权、审判权、检察权的正确行使和廉政建设的法制化。2015 年我党中央将以“水资源污染防治与合理利用”为专题，积极组织大调研，探索破解“水资源缺乏、水环境污染、水生态退化、水安全风险”难题的治理模式、改革政策与法治保障。同时，继续关注医改、人口资源有关重大问题，积极建言献策，积极参与《基本医疗卫生法》立法和《水污染防治法》修订的有关协商工作。

真抓实干，积极参政议政。要充分发挥担任人大代表、政协委员的党员作用，积极关注全面深化改革和全面推进依法治国，关注维护人民群众切身利益，及时准确地反映社情民意。继续落实我党中央与中共重庆市委、黑龙江省委、攀枝花市委关于加强协作的《纪要》精神，做好参政议政联系点工作，并探索建立与中共地方党委、政府及我党省级组织的协同工作机制，办好我党中央第十届中国生态健康论坛，紧扣重大课题，组织好 2015 年度各类调研。

发挥界别优势，继续做好联络工作。继续发挥各专委会“专家库”、“智囊团”作用，按照中央要求，认真开展调研，为两会提案、大调研、各类专题调研提供服务，为各部门、各级组织提供强大的智力支持。认真学习贯彻中共中央有关港澳台工作的方针政策，健全联络交流工作网络和协调机制，突出我党界别和专业特色，以传统文化为纽带，积极稳妥开展参访接待与入岛交流，加强与港澳爱国人士交流，继续组织并支持地方开展“两岸学生走访名医名家交流活动”，支持各专委会、地方组织和党员围绕健康服务业发展与台湾有关社团组织开展合作调研。

三、扩面提质，突出重点，再创社会服务工作新佳绩

继续加大社会帮扶力度。着力抓好大方县帮扶项目落实，开展“全科医生特岗人才计划”试点，促进“同心助医工程”取得新成果。在智力支边，定点帮扶贵州安顺、广西百色等地发展的同时，加快推进陕西渭南等地的定点帮扶和福建宁德地区社会服务基地建设。支持广东省做好武陵山片区“同心圆工程”实施。推动中国西部研究与发展促

进会项目落地。

深入实施“中医同行计划”。加强对中医药现状的调研，助推国家《中医药法》的制定，助推中医相关政策的完善和调整。开展多种形式的中医科学理念宣传活动，促进全社会科学认识中医药。推动中医体制机制创新，继续开展“中医药县乡一体化管理”课题研究和推广。开展抢救民间医药、中医药适宜技术推广、“杏林春雨”等活动。

继续提升品牌影响力。扩大高层倡导，召开第二届“中医科学大会”，继续办好“中国环境与健康宣传周”、“国际科学与和平周”等活动，提升品牌的权威性、科学性和影响力。

四、深入实施人才强党战略，全面推进组织建设

加强人才队伍建设。坚持用好存量，培育增量，细化人才强党战略实施方案。创新培训模式，分级分类培训，突出政治共识教育和我党特色教育，重点培训专职领导干部、中青年党员、中西部骨干党员。积极推荐优秀人才到外部任职、挂职锻炼、轮岗交流、担任特邀人员。在保证主体界别优势基础上，着力发展一批科学、经济和法律界人士，建立一支专业影响和社会影响大、参政议政能力强的高层次人才队伍。

切实推进各级组织建设。加强纵向组织体系、横向组织架构及工作机构建设。超前谋划、统筹部署，积极稳妥推进中央和省级组织届中调整。加大对市、县组织的指导，做好2016年换届前期调研。组织编写《中国农工民主党基层组织工作实例》和《中国农工民主党基层组织工作手册》，推动基层组织工作规范化、程序化。继续办好副省级城市工作联席会议，做好其他区域性组织交流工作，举办全国组工干部培训班，提高组工干部政治素质、专业水平和服务意识。

健全机构、完善机制，加强党内监督。从抓班子、建机构、立制度等方面入手，推进党内监督的科学化和规范化。省级组织要贯彻落实领导班子谈心会制度，指导地市级组织开展领导班子谈心会工作。稳妥有序推进各级监督机构建设，畅通各级组织和党员意见建议反映渠道。加强党内监督工作经验交流，探索民主党派内部监督的新方法、新途径。强化党风廉政建设宣传教育，防患于未然。

五、切实抓好自身建设，为全面履行参政党职能提供有力保障

推进依规治党，建立健全党内制度体系。深入贯彻落实中共十八届四中全会精神，以宪法法律和我党党章为基本遵循，把制度建设摆在突出位置。做好党内规章和制度清理工作。落实领导班子集体领导和分工负责、领导班子议事决策规则，完善依法履职、民主评议等制度。建立健全岗位责任、沟通交流、考核激励等工作机制，不断提升工作效率。逐步建立完善与党政部门、其他民主党派、专业研究咨询机构对口联系机制，以及各级组织间的资源共享机制，为提升组织的整体履职水平提供重要支撑。

全面提升机关效能建设。打造学习型机关，营造良好的学习氛围；打造节约型机关，厉行节约，精简会议和文件，规范财务和国有资产管理，形成人人讲节约、事事重节俭的良好风气；打造服务型机关，坚持机关工作一盘棋，团结协作，深入实际，深入基层，深入党员，接地气，通下情，虚心向群众学习，热心为各级组织和党员服务，争做信念坚定、为民服务、勤政务实、敢于担当、清正廉洁的好干部。

各位委员、各位同志，回顾2014年，我们倍感欣慰和自豪，展望2015年，更觉责任重大，使命光荣。“为者常成，行者常至”。让我们紧密团结在以习近平同志为总书记的中共中央周围，高举中国特色社会主义伟大旗帜，同心同德、锐意进取，团结奋进、开拓创新，积极投身于全面推进依法治国伟大实践，共同谱写多党合作事业发展新篇章，为推动全面深化改革、全面建成小康社会、实现中华民族伟大复兴的中国梦作出新的更大贡献！

实施人才强党战略　全面推进组织建设

——在中国农工民主党第十五届中央常务委员会第七次会议上的讲话

（2014年11月3日）

刘晓峰

各位常委，同志们：

根据陈竺主席的提议，为更好地发挥中常会领导作用，中央决定从今年开始，每年增加一次常委会，每次确定一个专题，就战略性问题研究开展头脑风暴式的研讨，以期聚焦主要问题，达成普遍共识，找出解决问题的办法，完善中央决策，形成工作合力。今年6月第六次中常会以“深入开展坚持和发展中国特色社会主义学习实践活动”为主题，制定了《中国农工民主党坚持和发展中国特色社会主义学习实践活动2013—2017年工作规划》简称“农工党30条”，引起了中共中央统战部、各兄弟党派、我党各级组织的高度关注和热烈反响，中共中央统战部为此编发了一期简报，报送中共中央领导同志，中常会专题研究取得了显著成效。本次常委会将人才强党战略作为专题之一，希望同志们集思广益，围绕这一事关我党发展和发挥重要作用的战略问题提出意见建议。为此，受陈竺主席委托，我以“实施人才强党战略全面推进组织建设”为题做一个重点发言，目的是帮助同志们打开思路。

一、十五大以来组织建设情况

1. 完善制度、凝聚力量，领导班子建设不断加强

领导班子制度建设进一步健全。各级组织坚持把民主集中制作为根本组织制度和领导制度，建立健全了领导班子理论学习制度、集体领导和分工负责制、会议制度、谈心会制度、述职和民主评议制度等。去年中央研究制定了《中国农工民主党中央工作规则（试行）》，明确了我党中央领导决策、责任分工的基本规则与程序。建立了中央领导班子成员联系基层组织和中央专门工作委员会的工作制度，加强中央与地方组织的联系合作，整合资源，汇聚力量，形成合力。中央通过实地调研、典型宣传，以点带面推动谈心会制度的贯彻落实。一些省级组织在谈心会前广泛征求下级组织和广大党员对领导班子的意见，领导班子成员根据所提意见，有针对性地查找不足，提出整改措施，确保班子协调有序、高效运转。各级组织领导班子团结和谐，有力促进了各项工作的全面开展。

后备干部队伍建设有序开展。今年3月，中央下发了《关于做好2014—2017年省级组织领导班子后备干部队伍建设工作的意见》。目前，后备干部人选的民主推荐工作已基

本完成，下一步将进行中共中央统战部、民主党派中央、中共地方党委统战部的三方协商，我们将与省级组织主委保持密切联系和沟通，做好年底前的三方协商工作。2016年是地市级组织换届年，地市级后备干部队伍建设工作也正在紧张有序开展。

2. 注重培养、科学管理，代表人士队伍建设成效显著

加强代表人士队伍建设，夯实参政党发挥作用的重要结构基础。这是事关我党履职能力和履职水平的基础工程。2012年2月中共中央《关于加强新形势下党外代表人士队伍建设的意见》颁布后，农工党代表人士队伍建设得到长足发展。中央建立了一支代表人士队伍，包括中央领导班子成员、省级组织主委以及后备干部，中央委员，担任地厅级以上职务的领导干部，全国人大代表、全国政协委员，代表性强的专家学者、知名人士等，共642人；各省参照中央建立了代表人士队伍，规模达到3992人，比初建时增加近50%，部分省级组织也分市县建立了相应的代表人士名单；实行动态管理，加强与省级组织和代表人士的沟通联系，对新发展的代表人士及时补充，信息情况发生变化的及时调整。

加强对代表人士的培训工作。各级组织认真贯彻《2010—2020年党外代表人士教育培训改革和发展纲要》精神，积极推荐符合条件的党员参加中共党委举办的各类面向党外人士的进修班、培训班和研讨班。十五大以后扩大培训投入，自主培训力度进一步加大。中央将2013年定为培训年，自主举办10个培训班，培训人数近800人，比往年增长500%以上，各省级组织共自主培训近5000人。据了解，我党组织培训的数量规模在各党派中是居于前列的。培训坚持质量第一，效果为重的原则；坚持需求导向，突出针对性和实效性，真正做到干什么训什么、缺什么补什么。中央按分类分级原则举办了政府和司法机关厅局级实职干部培训班、专职领导干部培训班、中央专委会成员培训班、中青年骨干党员培训班等，并率先在八个党派中完成了市级组织主委轮训，值得肯定的是，中央杭州干部培训基地在培训工作中发挥了积极作用。各省级组织把培训资源进一步向基层倾斜，把基层党员干部培训作为日常班次，部分省级组织还认真设计培训方案对基层组织骨干进行轮训，起到了“点亮一盏灯，照亮一大片”的效果。

以需求为导向，加强协作，创新培训内容与形式。中央组织部和社会服务部在贵州毕节联合举办了首批企业家党员培训班，通过实地考察，让企业家感受农工党帮扶毕节试验区和大方县的成果，投身社会实践、彰显社会价值，培训期间，参加培训的企业家党员和大方县签订了90多亿元的投资协议，加上年初陈竺主席带队签订的60亿，总投资额达到150多亿元。多年来，我党中央在大方的工作成绩得到了中共中央的充分肯定和高度评价。去年俞正声同志在批示中说“感谢农工党中央对扶贫工作的热忱，以及细致、负责的工作态度。”今年6月，中共中央办公厅调研室向习近平同志呈报了《为加强贫困地区生态文明建设探路——来自毕节生态文明先行区的调研报告》，我党成为唯一被提及的民主党派，《报告》中写道：在中国农工民主党的定点帮扶下，大方县生态环境有了显著改善，群众生活水平有了很大提高，黄泥镇大坝村黑泥组63岁农民吴守鹏由衷感谢，写出了“感共产党天恩，托农工党洪福”的对联。

按照陈竺主席指示，我党中央要适当向西部倾斜，加强中西部党员的教育培训，从2013年起每年举办2期中西部骨干党员培训班，收到很好的效果；上个月，中央和中国

社会科学院研究生院签署了人才联合培养战略合作框架协议，双方合作开展学历教育，联合培养公共卫生管理、人口资源环境等方向的硕士、博士研究生。能够培养一批既懂技术又懂管理的复合型人才，同时也能为各级农工党组织党务工作者提供学习提高的机会，这是开创高层次党外人才培养新途径的一次探索，在民主党派中尚属首次。各省积极探索培训新模式，有跨区域联合办班，联系中央社院、高等院校等“走出去”合作办班等，取得了较好效果。

努力为代表人士提供锻炼平台。各级组织积极选送符合条件的党员参加挂职锻炼和出国考察活动；统筹安排党员参加调研和社会服务活动，让党员在参加考察调研和社会服务的实践中，了解国情、体察民意，增强合作共识意识，提高参政议政本领。中央专委会是农工党中央履行职能、发挥作用的专家库和智囊团，也是培养锻炼干部的重要平台。农工党中央组建了由 387 人组成的新一届中央专委会。根据主体界别扩大和工作领域拓宽的情况，调整了专委会的设置，从 9 个专委会增加到 11 个。这次专委会换届着眼于理顺机制、提高履职实效，调整了专委会工作机制：中央副主席分别联系各专委会；专委会主任列席中央常务委员会议；中央办公厅负责专委会的组织联络服务工作；建立动态调整机制等。专委会职能由单一的参政议政扩大到全党各项工作，创新工作机制使专委会积极性得到空前的提升，形成了一种专委会为中央服务，中央各职能部门配合与专委会共同开展工作的良好局面。

积极推动代表人士的安排使用。各级组织认真贯彻《中共中央关于加强新形势下党外代表人士队伍建设的意见》精神，加强和中共地方党委统战部的沟通协商，主动推荐有竞争力的党员担任实职领导职务、人大代表、政协委员和特约监督员职务；积极鼓励符合条件的党员参加社会公开选拔和本单位竞争上岗。我党中央领导同志坚持利用到地方出席会议、参加活动和考察调研的机会，推动干部的安排使用，为干部成长铺路搭桥。陈竺主席和我曾向多个省份的一把手沟通发函，积极推动省委主委政治安排、推荐有发展潜力的同志担任重要工作。我党党员担任国家部委副部级领导职务也实现突破。我们还与相关部门保持联系，为其他优秀的党员同志将来进入部委实职岗位奠定良好的基础。

在中央和地方的共同努力下，全党实职安排和政治安排呈现出新局面。全党现有 866 名党员担任政府和司法机关县处级以上领导职务，其中有 80 多名厅局级实职领导干部；1991 名党员当选各级人大代表，54 名党员当选十二届全国人大代表，11386 名党员担任各级政协委员，85 名党员担任全国政协十二届委员；1900 多名党员被聘为各级政府参事、文史研究馆馆员、司法机关和政府部门特约人员。去年 11 月，经我党中央推荐，中央原副主席张大宁同志被聘为中央文史研究馆馆员，这是改革开放以来我党第一位中央文史研究馆馆员，丰富了我党高层参政议政的渠道，也为老同志继续发挥作用开启了新途径。同时，各省级组织充分发挥主动性，积极与中共省委沟通协商，推进干部安排使用取得了较好成效。如贵州省兼职副主委全部解决副厅待遇；四川省、广东省驻会副主委 5 年以上解决正厅待遇；北京市、辽宁省驻会副主委 8 年解决正厅待遇，还有许多省份都有类似政策出台。

3. 把握质量、改善结构，组织发展稳步推进

各级组织按照“三个为主”（以协商确定的范围和对象为主，以大中城市为主，以有

代表性的人士为主）的原则，坚持“高层发展高层、骨干发展骨干”的方针，规范程序，把握速度，注意在高等院校、科研院所、医疗卫生机构及政府部门物色人才，新发展了一大批高层次人才，全党组织发展工作呈现出健康、平稳、有序的态势。

党员数量和质量稳步提升。截至 2013 年底，党员总数为 135615 人，净增率达到 5%，为近年最高，其中有 12 个省级组织净增率超过 5%，7 个省级组织净增率低于 4%；平均年龄 51.1 岁，略有下降；女性党员占 50.1%；具有大学以上学历的占 70.2%；来自大中城市的占 90.1%；具有中高级职称的占 87%。界别分布按占比大小依次为：医药卫生、人口资源和生态环境占 58.9%，普通教育界占 8.2%，高等教育界占 7.5%，科学技术界占 6.7%，政府机关占 5.2%，新的社会阶层人士占 4.5% 等。

组织体系日趋完善。各省级组织积极推进新建地市级组织工作，成立市委会条件还不成熟的，协商先建立工委或基层组织。截至目前，全国有 280 个地市级委员会，49 个县级委员会，6213 个基层组织。其中河北、上海、浙江、福建、江西、海南等 6 个省级组织已全部建立地市级组织，内蒙古、江苏、安徽、山东、广东、湖北、河南、陕西等 8 个省级组织实现组织全覆盖（部分地市为工委或基层组织）。各级组织的发展和完善为新形势下农工党健康发展夯实了组织基础。

加强界别拓展的人才支撑。十五大修改党章明确我党主体界别增加人口资源和生态环境领域后，全党十分重视新界别党员和组织的发展，在大家共同努力下，现有人口资源和生态环境领域的党员约 1500 人，占党员总数的 1.1%；相关基层组织有 37 个，主要以环保支部为主，60% 以上隶属于省直。

4. 强基固本、开拓创新，基层组织建设不断巩固

夯实基层组织的结构基础。基层组织是党的全部工作和战斗力的重要基础。各级组织以基层组织建设年活动为契机，按照我党中央的部署，普遍加大对基层组织的指导力度，通过优化组织设置、健全工作制度、创新活动方式、表彰先进典型等工作，积极探索新形势下加强基层组织建设的长效机制，形成了“中央抓省级组织领导班子建设，省级组织抓市级组织和省直工委领导班子建设，市级组织和省直工委抓基层组织建设”的工作格局。中央恢复成立了直属支部，以便于高层次人才的发展。近两年发展了 20 多名党员，包括国家部委的实职干部、两院院士、“千人计划”专家、知名的艺术家和企业家等，这些人层次都比较高，影响也比较大。甘肃、青海、宁夏、新疆等地区虽条件艰苦，但基层组织活动开展也十分踊跃。基层组织的创造力、凝聚力明显提高，在广大党员及所联系群众中的吸引力和影响力显著增强，成为政治上相互关心、思想上相互帮助、工作上相互支持、生活上相互关照的“党员之家”。

及时总结基层工作的先进经验。各级地方组织在基层组织建设方面都积累了丰富经验，特别是江苏、浙江、山东等省创建星级支部的做法，经推广借鉴，在其他地区也取得了较好的效果。各省级组织因地制宜，不断探索加强基层组织建设的新思路，主要做法有：一是进一步整理基层组织，规范基层组织运行机制。如北京、黑龙江建立基层联席会议制度；重庆探索试点支部属地化；上海浦东新区尝试以社区为单位，将支部建在社区层面的新模式，成立浦东周家渡街道支部等。二是凝聚党员力量，创新活动形式。如辽宁大连成立高校基层组织联谊会；江西基层组织在省社会主义学院办读书班；四川

成立企业家联谊会；山西召开省直有关单位中共党委合作共事座谈会等。三是积极在新建地方组织条件暂不成熟的地区建立基层组织。如内蒙古在呼伦贝尔、兴安盟、锡林郭勒、巴彦淖尔、阿拉善、通辽建立总支或基层委员会，成为自治区唯一的组织全覆盖的民主党派；贵州根据中共省委统战部提出的在各市州地的县级开展成立民主党派支部试点工作的要求，在大方、息烽、万山、江口、石阡等县成立了支部；云南在文山、临沧、普洱等市建立了基层组织等。

5. 加强培训、规范程序，组织部门自身建设不断完善

目前，中央和省级组织共有组工干部110人，数量有所增加。省级组织部门人员最多的有7人，最少的只有1人，个别省份还没有独立的组织部门，是组宣处。虽然组工干部数量还有缺口，但从全党组织建设任务的完成情况看，各级组工干部的工作值得肯定。中央在组工干部队伍建设中提倡服务为先、化繁为简、锐意进取的工作理念，提出讲政治、懂政策、熟人头的基本要求，强调要不断提高政治把握能力、沟通交流能力和学习实践能力，并推动省级组织部长担任省委委员。坚持每年召开一次组织工作方面的会议，采用以会代训的方式，加强对组工干部理论政策、工作程序和业务知识的培训。在换届工作启动后，编写了《省级组织换届工作程序》、《中央换届组织工作指引》，规范换届文件报批程序和代表大会流程，确保换届工作按章办事、规范有序。各级组织部门和广大组工干部认真执行我党中央有关加强组织建设的决策部署，克服了人手少、工作量大等不利因素，认真做好各项常规性、基础性工作，在基层、市、省三级组织换届过程中做了大量富有成效的工作，成为各级领导班子在组织建设方面的得力参谋和助手。

6. 夯实基础、积极探索，党内监督工作稳妥推动

健全组织机构，积极开展工作。新一届中央监督委员会规模扩大为19人，力量更加充实，结构更加合理。增选龚建明副主席为中央监督委员会副主任，办公室设立专职副主任，为更好地开展工作奠定基础。目前已有17个省级组织成立了监督委员会，它们是湖南、重庆、贵州、河北、福建、北京、上海、天津、浙江、宁夏、广西、河南、吉林、江西、山西、湖北、内蒙古，部分省级组织正积极筹备成立。另外我们了解到无锡市和张家界市成立了监督委员会，也是有益的探索。中央监督委员会不断加强对地方监督工作的指导，开展党内监督理论研究，细化规范工作程序等，省级监督委员会认真制定工作计划，加强监督工作培训，强化党员监督意识等，进一步增强了党内监督的工作基础。

重点加强作风建设。中共十八大以来改进工作作风的系列举措，对参政党自身建设尤其是领导班子建设提出了新的更高要求。党内监督以各级领导班子履行领导职务为工作重点，推动加强领导班子作风建设适逢其时。各级监督委员会认真推动领导班子坚持民主团结，坚持求真务实，坚持联系党员，坚持履职尽责，坚持清正廉洁。各级地方组织进一步加强了领导班子谈心会、领导班子述职和民主评议工作，建立意见收集反馈机制。在廉政建设方面，监督委员会通过专题培训、座谈等方式加强教育，并按程序对党员违纪违法问题进行处理。

认真改进工作方法。随着党内监督工作的扩展和深入，为了增强监督实效，监督委员会进一步总结经验，对开展监督工作的方式方法作出改进。中央监督委员会把监督工作交流作为常规工作之一，2013年来举办了3次中央和省级监督委员会参加的工作研讨

会；督促中央监督委员会委员积极参加党内监督工作，发挥监督作用；与组织部联合开展地方调研工作,共同推动领导班子建设等。省级监督委员会主动加强监督理论学习研究，定期召开委员全体会议，组织到其他省级组织考察等。

二、组织建设工作的基本经验

一是必须牢固树立为全党中心工作服务的思想。组织路线是为政治路线服务的，离开了党的中心工作,组织工作就失去了存在价值。必须紧紧围绕履行参政党职能这个中心，适时调整组织工作思路和组织工作方法，切实把我党的组织资源转化为参政资源，把组织优势转化为参政优势。

二是必须坚持“党管干部”与尊重民主党派自主权利相统一的原则。“党管干部”是一个政治原则，是确保党的领导在组织工作上的贯彻落实。这也是几十年证明行之有效，符合我国干部管理制度的根本原则，是我党组织工作必须长期坚持的基本原则。但如果一味片面依赖中共党委的安排，我党自身缺乏主观能动性，也无法建设好党员干部队伍。必须在自觉服从中共党委对干部工作管理和监督的前提下，按照既定标准和程序，加强主动性，多渠道、多方位向中共党委推荐人才，为我党优秀人才提供更多发挥作用的平台。

三是必须以制度化、规范化、程序化建设为根本，注重落实，全面推进组织建设各项工作。全党组织建设能够取得一定成绩，一方面在于从中央到各级组织，都坚持把制度化、规范化、程序化贯穿于组织工作全过程；另一方面在于对出台的制度、提出的要求，各级组织都把具体落实作为重点，保证了工作部署的执行与落实。

同时，我们也要清醒地看到，与多党合作事业日益蓬勃发展的要求相比，与中国特色社会主义参政党所承担的历史使命相比，我党组织建设还存在一些不适应的地方，主要表现在：高层次人才储备不足，有较大社会影响和较强参政议政能力的代表性人士不够多；全党组织发展存在地区间不平衡和党员人才结构不平衡，“高层发展高层、骨干发展骨干”在数量和质量上都不够；有的领导班子成员政治意识、大局意识和履职能力需要提高，等等，成为制约党务工作的重要因素。同时，地方组织和基层组织仍然面临一些实际困难，比如市县级组织机关建设比较薄弱，机构设置、人员编制、办公条件和经费状况不够理想，有的还存在一间房一个人一个章的现象；基层组织开展活动存在困难，没有专职人员、经费不足、时间和场地难以保障等。一方面我党中央一直通过各种渠道向中共中央统战部等部门反映情况，寻求帮助，一方面也需要各级组织大胆创新，开拓新的途径，前面提到的一些基层组织创新做法都是有益的尝试。全党要正视这些问题，在坚持政治准则和工作原则的前提下，进一步解放思想，用改革创新的思路和办法去破解难题。

三、今后组织建设的设想和探讨

十五大确立的今后五年组织建设的任务是：坚持搞好政治交接；坚持建设高素质领导班子；继续加强代表人士队伍建设；进一步搞好基层组织建设；进一步加强制度建设；继续完善党内监督机制。结合十五大以来组织建设情况的回顾，我们认为目前组织建设包括三方面内容：人才队伍建设、各级组织建设和党内监督工作。下面我就如何实施人才强党战略，全面推进组织建设的几项重点工作谈一些意见，供大家思考。

1. 人才强党战略的首要任务在于顶层设计

人才强党战略对我党发展具有重要意义，即：有利于凝心聚力、保障我党可持续发展；有利于进一步明确我党自身建设的目标方向；有利于全面提高组织工作的科学管理水平；有利于固本强基、培优补弱、大力加强人口资源和生态环境人才队伍建设。2013 年初陈竺主席提出人才强党战略以来，人才强党实际上已经成为组织建设各项工作的主线。如何从全面深化改革、多党合作事业发展及人才强国战略的高度出发，科学认识我党人才强党战略的内涵和方针？如何在人才强党战略中深入贯彻 2013 年中国共产党全国组织工作会议精神？如何在人才强党战略实施中坚持“党管干部”与尊重民主党派自主权利相统一？等等，这些都是人才强党战略需要综合考虑的问题。做好人才强党战略的顶层设计，首先要明确人才强党战略的内涵、方针与目标任务。

人才强党战略的基本内涵：方向是坚持和发展中国特色社会主义；核心是人才；目标是强党；作用机制是个人和组织共同发展；关键因素是正确的用人导向；基本特征是长期性、基础性和实践性。包括两方面内容：一是抓好人才队伍建设，二是保障人才作用发挥，即环境的营造、组织平台和制度设计的问题。

人才强党战略的指导方针：坚持“党管干部”与尊重民主党派自主权利相统一；骨干引领，总体推进；重点突出，全面布局；整合资源，广开渠道；创新机制，以用为本。

人才强党战略的目标任务：人才强党战略的目标是强党，也就是建设与中国共产党通力合作的、高素质的、有作为的中国特色社会主义参政党。具体到组织建设中，就是建立中央有凝聚力、地方有执行力、基层有活力的组织体系，强化中央、夯实地方、搞活基层。人才强党战略具体的目标任务：

一是全党牢固树立人才强党战略意识。国以才治，政以才立，业以才兴；各级领导干部要做到识才、爱才、敬才、用才，王安石曾说：“天下之患，不患才之不众，患上之人不欲其众，不患士之不欲为，患上之人不使其为也”；树立正确的用人导向：德才兼备，即政治坚定、业绩突出、群众公认；各级组织主要负责人对实施人才强党战略负总责。

二是全党建立结构合理健康发展的人才队伍。领导班子有领导力、作风民主讲团结，代表人士有影响力、参政履职不缺位，广大党员有竞争力、发展进步不掉队；在人才结构上，重点界别人才强盛，重点领域人才精干，专职干部能满足组织发展需要；建立一支政治素质好、参政议政能力强、本职工作成绩突出的人才队伍。

三是全党建立健全科学合理、规范灵活、简便易行的人才管理机制。理顺人才发现、培养、评价、使用、管理各个环节，系统谋划，统筹兼顾；党员培养制度化，干部选拔标准化；贯彻全党一盘棋思想，中央、地方、基层人才共建共享，纵横向交流机制有效运行；人才服务工作创新发展，人才激励保障机制不断完善，人才战略理论研究取得突破。

2. 加强高层次人才发展，重点突破与夯实基础齐头并进

把有组织、有计划地广泛发现引进人才作为一项基础性工作抓紧抓好。按照《中国农工民主党组织发展工作规程》要求，制定科学务实的组织发展规划，中央总体把握每年不超过 5% 的发展率。要五湖四海发展高层次党员，选拔优秀干部。重视发挥高等学校、科研院所的重要源头作用，注意从医疗卫生机构、国家机关、国有企事业单位物色人才，

积极从新的社会阶层、海外留学归国人员等领域发现人才，注重物色年轻人才，及早发现，从早培养。

人才发展工作要与后备干部队伍建设、参政议政工作相结合，与改善组织整体结构相结合，增强组织发展的目的性。要加快发展人口资源、生态环境领域的人才，充实新增主体界别的人才队伍。同时要注意拓宽视野，不要认为人口资源、生态环境涉及的领域仅仅只局限于计生委和环保局。要注重发展一批学术地位高、社会影响大的知名专家、学者和业务拔尖人才加入我党，以发挥我党优势，扩大我党影响力，又要发展一批综合素质好、参政议政能力强、有组织管理和协调能力的复合型人才，充实实职干部和专职干部队伍，还要注意适当发展经济、法律、金融、管理、社会科学领域，有助于提高我党参政议政能力的人才。要解放思想，转变观念，不要怕政治安排和党内干部位置有限，发展高层次人才多了，将来不好安排，而是要换个角度去思考问题，只有高层次人才多了，我们才有资本去争取更多的位置，这样才能形成良性循环。

要注重发挥高层次党员和骨干党员影响力广泛的优势，按照“高层发展高层，骨干发展骨干”的组织发展方针，推行“领导出面做工作、组织部门跟进发展”的方法。首先各级组织领导班子成员特别是主要负责同志要担负起政治责任，把发展高层次人才放在心上，亲力亲为，利用自己的政治资源和社会影响，带头做好发展工作。其次各级组织要主动加强与中共党委统战部以及高层次人才密集单位的沟通联系，建立良好的工作关系，争取他们的支持和帮助，推荐适合我党发展的优秀人才。最后各级组织部门要注意收集信息，主动联络发展对象，或者将一些重点发展对象报告主要领导，由主要领导亲自出面做工作。在发现引进人才的过程中，要有足够的真心、诚心和耐心，必要的时候反复做工作，宣传多党合作制度的独特优越性，营造全党求贤若渴的氛围。还要充分发挥各级专委会人才蓄水池的作用，用好专委会这个发现人培养人的平台，利用开展课题调研等各项工作的机会与各级政府部门、高校、科研院所加强交流合作，注意发现、吸纳人才，扩大医卫、人口资源环境、经济等各领域高层次人才队伍。

3. 加强教育培养，提高人才队伍素质

习近平总书记在去年召开的全国组织工作会议上指出，“好干部不会自然而然产生。成长为一个好干部，一靠自身努力，二靠组织培养”。教育培养是干部成长的基础性工作，包括理论培训、实践锻炼和思想政治教育三种形式。对于民主党派来讲，主要做好党员培训、党内安排和对外推荐，以及人才队伍的管理。

加大自主培训力度。培训既是培养干部，又能发现干部。随着我党培训经费的增加，加大自主培训条件已经比较成熟。自主培训应与统战部的培训内容有所区别、有所侧重，突出我党自己的特色：农工党党章、党史、传统和现状等党派基础知识，以及如何搞调研、如何写提案、议案和社情民意信息等党派工作方法。同时，要积极探索，不断创新培训模式。在用好杭州和中央两个培训基地的基础上，可以考虑拓展培训基地、建立农工党师资库、中央和地方合作培训、各地方组织交流培训、开展学历教育等方式，进一步增强培训实效。

多渠道加强实践锻炼，以使用促进培养。学习最有效的方式是在干中学，因此，组织培养很重要的一个渠道就是给党员提供施展才华的空间和舞台，尤其要敢于向有潜质的党员给任务、压担子，促其成长。一是在党派内部提供成长空间。让党员承担一定的党内工作和任务，既能为党派发展做贡献，也是提升党员能力和素养的有效途径。专委会也是一个很好的锻炼平台，要注意把有发展潜力的党员推荐到专委会中，让党员在专委会中学习参政议政的工作方法，培养调查研究、撰写提案和社情民意、从事社会服务工作的能力。在这个过程中，注意把那些专业上有建树、对党派有热情的人才甄别出来，适时再推荐到适合的岗位。二是做好对外推荐。随着中共中央 2005 年 5 号文件和 2012 年 4 号文件的先后下发和逐步落实，党外干部政治安排和实职安排的力度在加大。要做好以下几个方面的推荐工作：各级人大代表、政协委员；各级政府部门、司法机关的实职干部；党员担任所在单位的领导职务；特约人员；群众团体和协会的职务等。为扩大“两院”院士等高层次人才队伍，陈竺主席强调，对我党在国内专业领域处于领先地位的专家，有实力冲击院士的领军式人才，要从组织层面加以关心。

注重人才管理。人才队伍管理的重点内容是掌握人才的优势和特点，了解人才的政治表现、思想状况、履行职责和廉洁自律情况，特别是在重大原则问题上的政治立场和态度。丰富管理形式。坚持分级分类管理，针对不同领域人才特点，探索运用民主评议、述职述廉、诫勉谈话等方式，促进人才健康成长。建立健全人才数据库，加强动态管理，提高管理的科学化水平。

4. 加强组织体系建设，为实施人才强党战略提供组织保障

建设好组织体系，发挥好组织平台功能，是实施人才强党战略的重要组织保障。统筹考虑党内职务安排，加强党员参与参政议政、社会服务等各项党务工作，打破地域限制，充分发挥专委会的作用，注重个人素质、党务工作、本职工作的相互促进。

纵向组织体系建设。建立从中央到基层健康有活力的组织体系。上级组织要加强领导，关心帮助；下级组织要勇于探索，充分发挥创造力。中央委员会要有凝聚力。民主党派能在国家层面的政治生活中发挥多大的作用，关键在于中央委员会，而中央委员会作用的有效发挥，取决于坚持正确的前进方向，把全体党员和各级组织的力量拧成一股绳，劲往一处使。中国特色社会主义道路是党和国家选择的道路，也是我们前进的方向。因此，中央委员会要凝聚全党力量，坚持和发展中国特色社会主义。地方组织要有执行力。地方组织是组织体系中承上启下的重要纽带。地方组织能否把党员的个体力量整合好，汇聚成党派的力量，关系到参政党作用的有效发挥。各级地方组织要加强与基层组织的联系，了解党员的特点和优势，实现党员的分类管理和使用。基层组织要增强活力。基层组织是党的组织基础和工作基础，是联系广大党员的桥梁和纽带，也是党的活力源泉。要促进基层建设工作制度化、组织活动经常化；要创新工作方式，充分发挥基层组织服务党员、凝聚人心、促进和谐的重要作用，开展内容丰富、形式多样的组织活动，增强基层组织的活力和影响力。

横向组织架构建设。鼓励地方组织之间，以及基层组织之间打破地域和行业的限制，自发联系和交流。横向交流的形式多样，可以是具有相类似特征的地方组织或基层组织共同探讨如何解决共有的问题，如开始于 2009 年的副省级城市联席会议，各个副省级城市在政治、经济、社会发展等方面有诸多共同的特征，相近的外部环境决定了我党在这些城市的发展中，拥有相似的优势，也面临着相似的问题，联席会议每次确定一个主题展开交流和研讨，分享经验、互相启发、共解难题；又如片区召开交流会，去年召开了

东北地区片会和华东地区片会，学习贯彻中共全国组织工作会议精神、深入研讨农工党组织工作存在的重点难点问题，梳理思路、研究对策。也可以跨区域开展合作，整合资源。如今年7月份，我党中央首次举办生态环境参政议政交流会，中央生态环境工作委员会、参政议政部、组织部及农工党江苏省委共同参与，开创了中央机关、专委会和地方组织三方联动的工作机制；又如跨省联合培训、跨省开展组织工作调研等。也可以让具有互补特性的地方组织或基层组织相互取长补短，如医院支部和企业支部联合开展工作。除了刚才提到这些，各级组织要大胆创新、积极探索横向组织交流的方式。在条件允许的情况下，上级组织应该给予大力支持。

工作机构的建设。主要是指组织部门的自身建设。组织部门作为人才队伍建设工作的服务部门和保障部门，需要加强自身建设，以改革、创新的精神和科学的态度研究新情况、解决新问题、总结新经验，使各项工作在继承和发扬优良传统的基础上不断有所开拓、有所创新、有所发展。在坚持一些好做法、好经验、好载体的同时，积极探索一些长期困扰组织工作、干部工作的问题，寻找解决问题的新办法、新措施。要树立前瞻意识，增强工作的预见性、系统性，超前谋划，超前服务。同时，要建设一支数量充足、业务精、作风好的组工干部队伍。组工干部是组织和党员沟通的桥梁，需要维护好组织和党员之间的相互信任，同时把党员奉献与组织履职统一起来。要提高专业水平，加强联系工作，提升服务意识，不断提高政治把握能力、沟通交流能力和学习实践能力。具体到专业技能，要会写作、也善于管理。

5. 强化制度设计，严抓制度落实，确保参政党职能长期稳定有效发挥

人才强党战略是未来一段时期组织发展工作的主线，具有长期性、基础性和实践性的特点，需要用制度予以规范，并确保制度的贯彻落实，才能实现凝心聚力、保障我党可持续发展，才能有利于进一步明确我党自身建设的目标方向，才能有利于全面提高组织工作的科学管理水平。

以党章为统领的组织工作制度体系，涉及领导班子建设、后备干部队伍建设、组织发展、基层组织建设、党内监督等组织工作各个方面。这些制度，是组织建设的重要依据和手段，是开展组织工作的一个个抓手。这些制度又是相互联系、相互保障的。要从制度体系出发，多对组织建设作系统性思考，使组织工作有的放矢、重点突出。组织制度的政策性和实践性较强，制定好制度并落实好制度，是发挥制度效率的关键。各级组织要对制度实施严格把握。中央通过工作会议、走访调研，推动各项制度的贯彻落实。各地方组织和基层组织作为制度内容的主要实施者，要认真学习制度文件，调动工作积极性，把贯彻制度作为主要工作抓手。领导班子成员的带头示范和从严监督是制度落实到位的关键。领导班子成员要强化作风建设，照章办事，坚持原则，做执行制度的模范，树立榜样，才能有影响力、说服力。要有效发挥监督委员会的作用，确保各项制度的落实。

6. 健全机构、完善机制，加强党内监督

按照党章和党内监督条例，从抓班子、建机构、立制度等方面入手，推进党内监督的科学化和规范化。一是推动省级组织贯彻落实领导班子谈心会制度，指导地市级组织开展领导班子谈心会工作。监督委员会要加强地方走访调研，了解掌握领导班子履职情况，收集反映各级组织和党员的意见建议。二是健全监督机构。还没有成立监督委员会的省

级组织要按照积极稳妥、循序渐进的方针，与有关部门加强沟通协商，尽早成立监督委员会，全面加强党内监督工作。三是完善监督工作机制。根据党内监督条例，以监督各级领导班子及其成员履行党内领导职责的情况为重点开展党内监督工作。充分发挥监督委员会作用，把加强党内监督工作与参政议政、民主监督、社会服务等各项工作有机结合。畅通各级组织和党员的意见建议反映渠道，发挥党员在党内监督中的积极作用。四是加强监督理论研究和宣传工作。开展我党早期监督历史研究，着力研究党内监督的一些基本理论问题。通过党刊、网站等媒介和平台，利用座谈会、研讨会等形式，大力宣传党内监督的有关情况，进一步增强全党民主监督意识。开展党内监督工作经验交流，鼓励各级组织在实践中积极探索民主党派内部监督的新方法、新途径。加强党风廉政建设的宣传教育，重在预防，警钟长鸣。

同志们，组织建设任重道远，我们离中国特色社会主义参政党自身建设的目标要求还有差距。我们要以改革思维、创新理念、务实举措大力推进人才强党战略，打造一支坚强的人才队伍，为切实履行好参政党职能做好组织保障，为实现“两个一百年”奋斗目标、实现中华民族伟大复兴的中国梦作出新的更大的贡献。

中国农工民主党第十五届中央监督委员会 2014 年工作报告

（2014 年 12 月 20 日中国农工民主党第十五届中央委员会第三次全体会议审议通过）

2014 年，中央监督委员会在我党中央领导下，围绕我党自身建设中心任务，按照中央监督委员会第二次全体会议部署，积极稳妥开展各项工作。一年来，中央监督委员会以加强工作调研为基础，以落实省级组织谈心会制度为重点，以推动党内监督宣传教育和理论研究工作为导向，继续推进党内监督工作的制度化、规范化。

2014 年工作开展情况

一、着力推动领导班子作风建设

以党章为准绳，推动加强各级领导班子建设，是党内监督的重要职责。中央监督委员会参与全党坚持和发展中国特色社会主义学习实践活动的开展和人才强党战略的实施，认真推动领导班子贯彻民主集中制，加强民主作风建设和制度建设，取得了一定成效。

推动实施省级领导班子谈心会制度。领导班子谈心会是领导班子成员重要的组织生活方式。中央监督委员会始终关心谈心会工作的开展情况，组织委员参加谈心会活动。同时，对谈心会如何取得实效进行了研究探讨。中央监督委员会在工作调研中，对尚未举行谈心会的省级组织，通过与领导班子座谈交换意见，介绍党内监督的特点、职责、定位、与中共纪律检查机关的异同，说明开展谈心会的意义和作用，提高班子成员对谈心会的认识，为谈心会活动开展夯实基础。已开展谈心会的组织在谈心会前，制定谈心会工作方案，提前下发通知，向各级组织和党员征求对领导班子及成员的意见、建议，并将意见建议汇总后反馈给领导班子所有成员。会上，领导班子成员分别就个人思想、工作情况认真作自查和剖析，对自己在工作中的不足，真心、真情、真诚地提出自我批评，并联系实际，提出下一步的改进措施和努力方向，也对工作提出建议意见，增进了班子的相互了解、理解、信任，促进了班子团结和谐。

加强党员领导干部廉政教育。中央监督委员会把廉政教育工作与党员干部培训工作紧密结合，把学习贯彻党章、民主作风、廉政意识等作为常设培训内容，以推动建立一支信念坚定、勤政务实、敢于担当、清正廉洁的高素质领导干部队伍。今年5月举办的农工党政府和司法机关厅局级实职干部培训班中，中央监督委员会委员开展了廉政教育授课，通过案例警示教育，强化了作风建设要求和为民务实清廉的价值追求。

开展地方监督工作调研。为配合组织工作的开展，中央监督委员会对地方组织开展党内监督情况进行多次调研，以省级领导班子开好谈心会为抓手，深入了解省级和地市级领导班子建设情况、领导干部述职和民主评议情况以及后备干部选拔考察程序、研究落实党内监督机制的进一步完善等情况。今年调研的省级组织有江苏、浙江、安徽、湖北、吉林、黑龙江等省。这些省级组织的情况主要是：一是制度建设较为完整规范，建立了全委会、常委会、主委会等重要会议的议事制度，领导干部述职和民主评议制度，学习制度等。二是建立了领导班子分工负责制度，联系基层制度，使班子成员明确责任，工作上相互配合，深入工作实际，完成好各项任务。尤其是主委能够积极以身作则认真贯彻执行各项制度，发挥好班长的作用。三是各省级组织认真贯彻中央的精神，根据自身特点和优势，积极稳妥地开展党内监督工作。同时在调研中我们也注重征询各地方组织对监督工作开展的意见建议，如建议加强党员特别是领导干部的行为规范建设，建议在监督制度、监督机制、监督机构方面特别是基层建立监督机构作进一步推动等。

二、着力推动党内监督工作自我完善

做好党内监督工作，要立足自身，不断夯实内部监督基础，在监督制度、监督平台、监督队伍等方面不断探索。中央监督委员会继续推动成立省级监督机构，加强监督工作交流和监督理论研究，党内监督工作呈现新气象。

推动成立省级监督机构。自中央监督委员会第二次全体会议后，又有浙江、江西、宁夏、广西、河南、吉林、山西和湖北等省级组织成立了监督委员会。至此，全党已有16个省级监督委员会，规模已过半。多个省级组织已完成成立监督委员会筹备工作，近期即将成立。省级监督机构的建立是进一步完善党内监督机制的重要环节，有利于扩大党内监督影响，有利于加强监督理论研究，有利于积累监督工作经验，推动了党内监督工作进一步发展。各省级监督委员会成立后，积极履行职责，发挥主观能动性，认真开展各项工作，党内监督工作机制不断完善，内容丰富，效力增强，全党监督意识不断提高。各级领导班子建设取得了较大成绩，领导班子能够团结一致，讲学习、讲民主、讲正气，履职尽责，起到了模范带头作用。更为可喜的是，有些地级市也成立了监督委员会，并开展了相应的监督工作。中央监督委员会正以此为基础，着手开展地市级监督机构试点调研工作。

做好党内监督工作交流。为了推进党内监督工作的开展，进一步总结交流经验，中央监督委员会于今年6月召开了一次党内监督工作研讨会。中央监督委员会委员及来自部分省市同志共50余人参加会议。会议围绕党内监督定位、建立健全党内监督机制、进一步贯彻落实领导班子谈心会制度、在换届工作中发挥监督委员会作用等问题，请在党内监督工作中取得经验的省份作了发言，参会代表紧密结合工作实际，进行了深入研讨，取得了一定成果。

开展党内监督理论研究。参政党内部监督理论研究，是加强中国特色社会主义参政党理论建设的有机组成部分。理论源于实践并指导实践，党内监督理论离不开全党监督工作的不断总结和思考。逐步摸清掌握党内监督工作的普遍规律和特殊性，提高监督理论的指导性和实践性，是不断完善党内监督工作的重要举措。今年3月，为认真总结近年来各级组织在加强自身建设方面的实践经验，发挥我党党员在党内监督工作中的理论研究作用，就健全内部监督体系、理顺内部监督机制、发挥内部监督实效等重要问题进行理论探讨，中央监督委员会在全党开展了党内监督理论研究征文活动。此次活动共收到76篇征文，经过评委会评选出一、二、三等奖。年底将进行公布并给予奖励。

2015年的工作思路和工作安排

中央监督委员会自2008年12月成立以来，在我党中央领导下，严格按照党章和党内监督条例要求，认真履行职责，以加强省级领导班子建设为重点，以推动制度建设为依托，从考察调研工作入手，积极稳妥地推进各项工作，积累了一定的实践经验。党内监督工作还存在一些不足，如对建立省级监督委员会的工作还有待加强，党内监督的宣传教育力度有待强化等。

现阶段我党开展监督工作的重点是探讨党内监督工作的任务、目的和意义，监督工作服务的中心是坚持和发展中国特色社会主义政治发展方向，通过党内监督引导广大党员自觉坚持走中国特色社会主义政治发展道路，坚持中国共产党的领导，坚持中国共产党领导的多党合作和政治协商制度。2015年，中央监督委员会将在中央委员会领导下，围绕全党中心工作，坚持政治监督和履职监督，继续稳妥推动省级组织落实领导班子谈心会制度，认真研究党内监督的意义作用，继续探索建立健全监督机制，支持在条件成熟的地市级组织建立监督机构试点，不断深化监督体系建设，不断巩固监督成效。我们将从以下几方面开展工作：

一、推动省级组织成立监督委员会并做好工作指导

按照积极稳妥、循序渐进的方针，与有关部门加强沟通协商，支持推动条件成熟的省级组织成立监督委员会，争取2015年省级组织全部成立监督委员会，并以省级监督委员会为落脚点，全面加强全党党内监督工作。对已经成立监督委员会的省级组织，根据实际情况对他们进行指导帮助。继续推动省级领导班子谈心会工作，避免走形式、走过场，做到实事求是、以诚相见、交流思想、解决问题。

二、继续加强监督工作交流与调研

监督工作重在务实，这既需要对监督自身有完整认识，也需要对监督工作的开展情况有充分了解，既需要对监督工作的通盘考虑，也要适应实际需要找准突破点，既需要

独立的观点，也需要融洽的态度。为了避免工作程式化、虚浮化，不断加强监督实效，我们将继续近年来好的做法，稳妥、创新的开展党内监督工作。考虑到监督工作还处于在实践中学习、在学习中实践的初始阶段，加强工作交流和研讨更有利于思想碰撞形成成果。我们将通过调研、座谈会、研讨会、情况通报等方式在纵向和横向上推进工作交流和研讨。

三、继续开展党内监督工作的宣传教育

进一步加强党内监督的宣传力度，在今年党内监督理论研究征文活动基础上，明年在前进论坛、中央网站上刊登系列党内监督文章。继续加强党内监督理论研究工作，探索党内监督规律，开展我党历史上党内监督的任务、目的和意义的研究，以便学习借鉴。继续加强党内监督意识培养，进一步推动党内监督的宣传教育，稳步扩大监督渠道，提升自身建设资源整合水平，积极谨慎利用互联网等新媒体开展工作，推进党内监督工作向深度和广度发展。

四、配合实施人才强党战略，全面提高党员能力素质

要坚持实施人才强党战略，培养造就一支善于运用法治思维的高素质党员干部队伍。认真学习贯彻中共十八届四中全会精神，加强中国特色社会主义法治体系的学习教育，形成良好的学法用法氛围，切实提高各级党员干部的法治思维和依法办事能力。要推动担任实职的党员干部的沟通交流，使党内监督各项工作与代表性人士队伍建设工作紧密结合，积极配合各级组织特别是领导班子继续深入开展党性党风党纪教育，切实把遵章守纪、廉洁自律的理念和要求融入到党务工作和领导干部本职工作中去。鼓励和支持地方组织探索廉政教育方式方法，总结经验进行交流推广。探索加强党内监督专、兼职工作人员的培训工作。

各位委员，党内监督工作任重道远，2015 年是进一步完善党内监督机制的良好契机。我们要在中央委员会领导下，把思想和行动统一到中共中央全面建成小康社会、全面深化改革、全面推进依法治国重大决策部署上来，加强学习，脚踏实地，顾全大局，讲求实效，为适应我党自身建设需要和人才强党战略的开展，开创党内监督工作新局面而努力奋斗！

在中国农工民主党第十五届中央常务委员会第六次会议闭幕式上的讲话

（2014 年 6 月 22 日）

陈　竺

各位常委、各位同志：

在大家的共同努力下，农工党十五届六次中常会已圆满完成了各项议程。

在本次常委会上，我们专门邀请了我党主要创始人之一彭泽民先生的女儿彭润平女士，给我们讲述了彭老及邓演达等农工党老一辈领导人的革命事迹、优良传统，特别是

他们与中共老一辈领导人在长期合作中结成的革命友谊、同志情谊，以翔实的史料、亲历的事件、生动的语言，诠释了中国共产党领导的多党合作和政治协商制度形成的历史进程，令人十分感动。许多常委都表示，这堂课讲得很好，深受教育，感人至深，并希望中央多组织这样的讲座，让更多的党员受到教育。

我们还特别邀请了全国人大常委、社科院原副院长李慎明同志，给我们讲述了关于前苏联亡党亡国的教训，揭示了苏联亡党亡国的根本原因是苏共的蜕化变质，用前苏联亡党亡国这一反面教材，为我们今天开展坚持和发展中国特色社会主义学习实践活动、建设中国特色社会主义参政党上了非常生动的一课。这两个报告收到了很好的效果。

我们用了两个半天研讨《中国农工民主党开展坚持和发展中国特色社会主义学习实践活动 2013—2017 年工作规划（草案）》。讨论的情况似可归纳为以下三点：

第一，常委会围绕坚持和发展中国特色社会主义这一主题，开展头脑风暴，进行深入研讨，这种方式在某种意义上说是我党中央常委会的一次尝试，有一定意义的创新，效果很好。今后，我们每年中间的两次常委会，都要围绕一个主题，将务虚与务实结合起来开展战略性问题研讨，以提高我们把握全局的能力，提升我们履职的水平。

第二，同志们对《工作规划》总体是肯定的，认为《工作规划》很好地承接了《中国农工民主党开展坚持和发展中国特色社会主义学习实践活动工作方案》，框架结构也很好，8 个部分、30 条内容紧扣学习实践活动主题，紧紧围绕我党各项工作，突出了今后开展学习实践活动的工作目标和重点任务，具有指导性、全局性和可操作性。

第三，大家对《工作规划》提出了一些很好的修改意见，比如：加强学习，强化理论武装，把握中国特色社会主义的本质，培育和践行社会主义核心价值观；将促进“健康中国”、“美丽中国”建设放在更为重要和突出的位置；将我党关注的焦点更多放在中西部地区、更加重视边疆地区工作；学习实践活动要将学习与实践相结合，努力实现五个“一批”和一个“一套”的目标任务，等等。关于这些好的意见建议，我们将认真研究，并仔细修改、加以吸纳。

刚才，常委会原则通过了这个规划，修改后，责成主席办公会审定下发。接下来，各级组织、各个部门都要按照《工作规划》的安排部署，积极投入到贯彻落实当中，结合实际，扎实推进我党学习实践活动的深入开展。

各位常委、各位同志：

开展坚持和发展中国特色社会主义学习实践活动，习近平总书记、俞正声主席等中共中央领导同志都非常重视。从去年下半年开始，按照中共中央统战部的统一部署，民主党派开始启动坚持和发展中国特色社会主义学习实践活动。在去年 10 月召开的我党全国宣传思想工作会议上，我代表中央做了初步动员部署。在去年 12 月召开的农工党十五届二次中全会上，通过了《关于在全党开展坚持和发展中国特色社会主义学习实践活动的决定》和《工作方案》，标志着我党开展坚持和发展中国特色社会主义学习实践活动正式全面开展。半年来，我党中央高度重视这次学习实践活动，各级组织和广大党员紧紧围绕学习实践活动的主题，在全党范围内开展了内容丰富、形式多样的各项活动，并取得了阶段性成果。可以说，我党开展学习实践活动开局良好，成效显著。

一是切实加强领导，精心安排部署。各级组织相继成立了由主要负责同志挂帅的学习实践活动领导小组，并结合自身实际制定了各具特色、切实可行的实施方案，明确了开展学习实践活动的步骤安排和具体要求，精心安排部署，广泛发动宣传，使广大党员明确开展学习实践活动的目的、意义和目标要求。

二是活动形式多样，务实指导推进。为了使学习实践活动达到预期目的，取得实效。今年3月，中央宣传部在广东召开农工党宣传部长会议，检查推动学习实践活动的开展。今年5月，中央在河南召开了开展坚持和发展中国特色社会主义学习实践活动情况交流会，沟通交流各地开展学习实践活动的情况和做法，检查指导学习实践活动深入开展。前几天，农工党中央主办了“中国梦·农工情”演讲比赛总决赛，这一活动得到了各级组织和广大党员的积极响应，吸引了数万名党员参与，参赛党员围绕“中国梦·农工情”主题进行了精彩演讲，生动诠释学习实践活动的科学内涵。下一步，中央还要组织巡回演讲，并到中全会上进行汇报演讲。另外，中央网站、党刊开展了征文比赛等活动，进一步扩大学习实践活动的效果。

三是结合履行职能，扎实推进工作。今年以来，在参政议政方面，我党开展了卫生立法推动医药卫生改革、促进中医药产业发展、县级公立医院改革、医养结合促进养老机构建设、三峡库区生态安全问题、农村基层卫生服务等调研活动；今年“两会”期间，以我党中央名义提交书面大会发言3件，以我党中央名义提交提案53件，其中立案50件；截至6月初，中央共收到社情民意信息1483件，遴选编辑后向全国政协编报社情民意信息145期，其中17件社情民意信息由全国政协专报中共中央领导同志。在社会服务方面，继续加大对毕节试验区的帮扶力度，探索建立全科医生和医联体等乡村一体化管理模式，推进“同心助医工程”向深层次、高水平发展；继续推动毕节试验区中药产业发展和同心食品药品产业园区建设，助推毕节同心农工中等技术学校发展等；还举办了第七届“中国环境与健康宣传周”活动。在宣传工作方面，继续开展“大宣传、大教育”建设，唱响主旋律，传递正能量。今年，中央加大了网络宣传，新创立了微信公众平台、微信群等新兴网络媒体，湖北、贵州、山西、江苏、吉林等5个省份也相继跟进开通了微信公众平台，成为宣传学习实践活动的又一重要载体；我党中央网站、党刊《前进论坛》设立“学习实践活动”专题、专栏，刊登报道中央和地方组织开展学习实践活动的成果和经验；创办学习实践活动《简报》，反映、交流我党开展学习实践活动的工作安排和有关情况等。在组织工作方面，继续实施“人才强党战略”，加强党员培训工作，举办了专职领导干部培训班、第二期中西部骨干党员研讨班、政府和司法机关厅局级实职干部培训班等。此外，制作了《铁血丹心——邓演达》《中国农工民主党与福建事变》等一批影像资料，编写了《参政党建设科学化问题研究》《“同心”理论与参政党建设研究》《协商民主理论与实践研究》等多本理论专著，作为学习实践活动的学习教材，加强党史和理论教育。

在开展学习实践活动中，各级地方组织举办了学习班、培训班、报告会、研讨会、问卷调查、知识竞赛等内容丰富、形式多样、生动活泼的学习实践活动，通过编印学习资料、开辟学习专栏等，寓教于活动之中，形成了百舸争流、千帆竞发的生动局面，为开展学习实践活动营造了良好氛围。

下面，我结合学习贯彻落实中共中央领导同志有关讲话、批示精神，就进一步深入开展坚持和发展中国特色社会主义学习实践活动，谈几点意见：

一、充分认识开展学习实践活动的重大意义，切实增强搞好学习实践活动的责任感

坚持和发展中国特色社会主义，是贯穿中共十八大报告的鲜明主线，也是中共十八大以来中共中央坚定高举的鲜明旗帜。我党开展坚持和发展中国特色社会主义学习实践活动，是深入学习贯彻中共十八大、十八届三中全会精神和习近平总书记系列重要讲话精神的重要举措，是深化新一轮政治交接的必然要求，既是增进政治共识的核心内容，也是体现自身价值的必然选择，有助于增强对中国特色社会主义的道路自信、理论自信、制度自信，夯实团结合作的思想基础。

首先，开展学习实践活动，是统一全党思想，凝聚全党力量，服务全面建成小康社会和实现中华民族伟大复兴“中国梦”宏伟目标的需要。

全面建成小康社会、实现中华民族伟大复兴“中国梦”，是中共中央着眼于新形势下我国经济社会发展提出的重大战略思想、战略目标和战略任务，把我国改革开放事业推进到一个全新阶段，展现出全面深化改革、继续开拓奋进的坚定决心。这一伟大事业，也是数代农工党人长期追求和为之奋斗的光荣事业。对此，习近平总书记强调，“中国特色社会主义事业越是向前推进，越需要凝聚最广泛的力量”，“越是处于改革攻坚期，越需要汇集众智、增强合力；越是处于发展关键期，越需要凝聚人心、众志成城”。这一重要论述，是中共中央对民主党派投身和服务于全面深化改革的思想动员和明确要求，也是民主党派协助推动新一轮改革的重要遵循，进一步明确了民主党派工作的方位和坐标。因此，开展学习实践活动，有助于动员和组织我党各级组织和广大党员，更加积极地履行参政党职能。

其次，开展学习实践活动，是深化政治交接，巩固思想基础，推动我国多党合作事业可持续健康发展的需要。

习近平总书记指出，“中国共产党同各民主党派和无党派人士团结合作，是建立在共同思想政治基础之上的，今天，我们的共同思想政治基础就是中国特色社会主义”。这一重要论述，凸现了以习近平为总书记的新一届中共中央领导集体对多党合作事业的高瞻远瞩。从我党情况看，大多数党员是在改革开放后的一个宽松和谐的政治环境中成长起来并参加组织的，不少人缺乏老一辈与中国共产党团结合作的经验和重大政治斗争的考验，政治鉴别力和政治把握能力有待提高，思想政治素质还不能完全适应我国多党合作事业发展的需要。从我党中央去年开展的党员思想问卷调查来看，绝大多数党员的思想状况呈现出团结和谐、积极向上的良好态势，但是也的确存在着极少数受访党员认为中国共产党对民主党派的领导是“共产党自己决定的”、多党合作制度不适合中国国情、西方敌对势力对我国实行的“西化”、“分化”图谋没有什么影响等一些错误观念。我们千万不能小视这些错误观念。因此，开展学习实践活动，有助于教育引导广大党员传承和发扬我党老一辈的政治信念、优良传统和高尚风范，巩固民主党派与中国共产党团结奋斗的思想政治基础。

其三，开展学习实践活动，是加强自身建设，提高履职能力，建设高素质中国特色社会主义参政党的需要。

民主党派对自己所处的历史方位和肩负的历史使命要有清醒的认识。习近平总书记指出，“各民主党派是与中国共产党通力合作的中国特色社会主义参政党”，“希望民主党派准确把握建设中国特色社会主义参政党的基本要求，不断提高政治把握能力、参政议政能力、组织领导能力、合作共事能力，努力把中国特色社会主义参政党建设提高到一个新的水平”。这一重要论述，是对当代中国民主党派基本属性、历史方位、时代使命和目标追求的科学论断，蕴含着对多党合作的战略思考，也对民主党派在新的历史条件下加强建设、发挥作用提出了新要求。现在，中国共产党在自身建设方面有了很大发展和突破，尤其是通过深入开展党的群众路线教育实践活动，反“四风”、大力反腐倡廉，不断提高党的执政能力和领导水平。在这样的历史条件下，作为中国特色社会主义参政党，怎样以执政党为师，建设高素质的中国特色社会主义参政党，显得更加必要和紧迫。昨天晚上的主席会上，各位主席对这个问题进行了深入的战略研讨，认为统一战线作用的发挥、多党合作制度的发展必将在实现“中国梦”的伟大征程中发挥更加重要的作用，对此，我们应该有战略预见性。因此，开展学习实践活动，有助于我党各级组织和广大党员不断增强历史使命感和责任感，切实加强自身建设和提高履职能力，在国家政治生活和社会进步中发挥更大的作用。

二、深刻理解坚持和发展中国特色社会主义的丰富内涵，积极推动开展学习实践活动“四个结合”

总结学习中共十八大、十八届三中全会精神和习近平总书记系列重要讲话精神，归结为一点，就是坚持和发展中国特色社会主义，它是贯穿其中的一条主线，也是蕴含其中的内在精髓。通过开展形式多样的学习实践活动，努力把坚持和发展中国特色社会主义的基本要求内化为广大党员的价值观念和自觉行动，统一思想认识、传承政治薪火，继承优良传统、巩固政治基础，进一步坚定广大党员走中国特色社会主义道路的信心与决心。

首先，将学习实践活动与学习贯彻中共十八大、十八届三中全会精神和习近平总书记系列重要讲话精神结合起来，进一步巩固共同思想政治基础。

中共十八大确定了全面建成小康社会和全面深化改革开放的目标，对新的时代条件下推进中国特色社会主义事业作出了全面部署。中共十八届三中全会进一步阐明了全面深化改革的指导思想、目标任务、重大原则，描绘了全面深化改革的新蓝图、新愿景、新目标。中共十八大以来，习近平总书记发表了一系列重要讲话，深刻阐述了执政党和国家发展的一系列重大理论和实践问题，集中体现了新一届中共中央领导集体治国理政的新思想、新部署、新要求。我们要以这次学习实践活动为契机，在全党范围内组织开展深入学习贯彻中共十八大、十八届三中全会精神和习近平总书记系列重要讲话精神的学习活动，不断深化中国特色社会主义学习教育。一是重点抓好领导干部的学习，坚持把学习贯彻中共十八大、十八届三中全会精神和习近平总书记系列重要讲话精神作为中央全会、中央常委会和理论中心组学习的主要内容，各级组织领导班子成员、特别是主要负责同志，都要带头学、认真学、深入学，中央各位主席、地方各位主委要亲自撰写理论文章。二是以学习贯彻中共十八大、十八届三中全会精神和以习近平总书记系列重要讲话精神为指导，大力加强参政党理论建设和研究，努力搞好理论武装。三是要广泛开展学习贯彻中共十八大、十八届三中全会精神和习近平总书记系列重要讲话精神的宣传普及活动，尤其是以重大现实问题为主攻方向推进工作创新，策划开展类似“中国梦·农工情”演讲比赛的主题活动，能使广大党员喜闻乐见、广泛参与，能生动形象地回答党员普遍关心的问题，更好地析事明理、解疑释惑，使这些精神日益深入人心，发挥对实践的巨大指导作用。

学习实践活动既要“顶天”，也要“立地”。“顶天”就是在理论建设研究方面要有新突破。比如，我们国家协商民主这样一种民主的实现形式，协商民主与选举民主的相辅相成，可以说是对人类政治文明发展的一大贡献。不仅国内的学者，而且西方的学者、发展中国家的学者都在研究“中国模式”，为什么30多年来中国取得了经济建设的奇迹，在政治文明建设方面也达到了前所未有的高度。在这方面，我们的研究是不够的，“中国模式”需要中国的执政党、参政党共同努力，总结经验。我们把它放到整个人类文明史的大局中去比较、研究，才能得出比较客观的结论，需要时间、空间多个维度的研究。同时，这个活动必须接地气，能够和广大党员的思想实际相结合，以指导实践，促进学习成果的转化。

其次，把学习实践活动与履行参政党职能结合起来，为更好地服务国家经济社会发展献计出力。

开展学习实践活动，最终是要体现到履行职能、发挥作用之中，转化成投身中国特色社会主义事业的实际行动。我们要充分调动广大党员的积极性、主动性和创造性，积极投身全面深化改革伟大事业，多建科学发展之言，多献改善民生之策，多尽促进社会和谐之力，多做团结鼓劲之事，在社会实践中充分发挥我党的特点和优势，在为国分忧、为民解困中展示出我党的良好形象。

但是，为国分忧、为民解困是需要一种担当的。有时候为了国家的整体利益，要出来讲点真话、实话，确实需要一些担当。在面对国家重大发展和民生问题的时候，要以坚强决心和对问题的科学分析，用数据来说话，化解学术界乃至于民间对一些问题的模糊认识，显示中国人用中国方式解决、应对世界难题，也包括中国的难题，在这方面说实在不是一件容易的事情。

学习实践活动如何与履行职能相结合？一是与参政议政工作互相配合，以参政党作用的发挥体现学习实践活动的成果。我们要紧密围绕中共十八大和十八届三中全会提出的总目标，结合国家“十二五”规划的具体部署，同时根据中共中央、国务院每年的工作重点，紧扣改革主题，突出我党特色，充分调动和整合党内外有关资源，深入调研、积极建言，就我国经济和社会发展中的重大问题提出战略性、前瞻性、科学性的建议，着力打造一批在有关重点领域的参政议政重大成果，为执政党和政府决策提供重要参考。今后，我党参政议政工作要进一步完善工作机制，更加注重从广度向深度转变，更加注重从数量型向质量型转变，充分体现钉钉子精神，不断提高参政议政工作能力和水平。二是与社会服务工作互相配合，用社会服务的成果来承载学习实践活动。我们要认真总结我党开展扶贫开发、助推民生事业方面的成功经验，特别是要认真学习贯彻习近平总书记关于毕节试验区建设的批示精神，围绕参与支持毕节试验区建设，积极开展一些试验和示范项目，为贫困地区全面建成小康社会闯出一条新路子，在多党合作服务改革发展实践中探索新经验。此外，在做好“中国环境与健康宣传周”、“国际科学与和平周”等传统特色品牌项目基础上，进一步打造“同心助医工程”、“中医同行计划”、“健康新农村”等新的特色品牌项目，积极探索我党社会服务工作的新举措、新途径。

其三，把学习实践活动与加强参政党建设结合起来，为更好地履行参政党职能奠定良好基础。

随着我国改革开放不断深化、社会主义市场经济不断完善和我国多党合作事业的不断发展，参政党自身建设面临着许多新领域、新课题、新考验。开展学习实践活动，我们一定要始终高举中国特色社会主义伟大旗帜，以坚持和发展中国特色社会主义统领全局工作，切实加强我党自身建设。一是坚持以思想建设为核心，毫不动摇地坚持中国共产党的领导，不断巩固中国特色社会主义这一共同思想政治基础。二是坚持以组织建设为基础，加快实施“人才强党战略”，为建设中国特色社会主义参政党、助力全面深化改革提供人才支撑和智力支持。民主党派一个重要的功能实际上是政治智库，参政议政实际上是一种智库的功能，但这不是一般的智库，不是像西方的那种商业化购买的智库，而是具有强大的政治自觉，在中国共产党领导下的多党合作的政治框架下的政治智库作用。所以，我们的专门委员会应具有相关的智库作用，应该说这也是组织建设的重要内容。三是坚持以制度建设为保障，通过创新工作思路、机制与方法，建立健全适应组织运行和工作开展需要的各项制度，使各项工作有章可循、有规可依，努力做到科学化、规范化。四是坚持以作风建设为重点，承传优良传统，遵守组织纪律，展现我党良好的整体面貌和形象。希望通过开展学习实践活动，努力把我党建设成为高素质、有作为的学习型、服务型、创新型参政党，做到与中国共产党肝胆相照、荣辱与共，携手同心、团结奋进，始终作为一支积极健康的力量在国家的政治生活中发挥作用。

这里，我还要特别强调领导干部的作风建设。我们要按照习近平总书记“三严三实”（严以修身、严以用权、严以律己，谋事要实、创业要实、做人要实）的重要论述和有关要求，持之以恒地加强作风建设。“三严三实”是对广大党员干部特别是各级领导干部为政之道、成事之要、做人准则的深刻而简明的表达，也为民主党派做好新形势下领导干部工作提供了重要遵循。在开展学习实践活动中，我党各级干部都要认真学习、深刻领会“三严三实”的精神实质，进一步采取有效措施、端正工作态度，以更加严格的标准、更加扎实的作风开展工作，为全面深化改革、推动经济社会持续健康发展提供坚强而有力的组织保证。

昨天晚上的中央主席会议上，主席们也谈到党性的问题，谈到什么是一个合格的农工党党员的标准，这些问题值得引起我们的深思。结合昨天下午的学习，结合学习毛泽东同志和黄炎培先生关于“窑洞对”、克服周期率问题等，我们就能深刻地体会到，作风建设无论对于执政党还是参政党都是至关重要的。在这方面，我们有优良的传统，但是不可否认，也存在着深刻的教训。我自己的一个看法是，不要以为有些事情是小事，作为政治精英就可以享受一点所谓的特殊待遇，一旦我们在思想上脱离了群众、脱离了实际，就会出问题，实际上所谓的特权意识、特权阶层的形成，是非常容易的。我们没有理由在已经享受比较好的住房待遇、其他很多服务以后，还要什么事情都去与民争利。我以为，习总书记在深圳第一次破除了中央领导同志视察时警车开道等这套东西，是完全对的，不能什么都去与民争利，没有这方面的理由。

前两天，我很荣幸作为习近平主席的特使，去玻利维亚出席了77国集团50周年的纪念峰会，在那里，我也有幸结识了劳尔·卡斯特罗等一批拉美国家的领导人。这也是我长期在思考的一个问题，为什么古巴在美国的鼻子底下能够坚持社会主义那么多年？人家的情况比我们要困难得多，因为他们是处在长时间的包围和封锁之中，甚至于要逃脱几百次的暗杀。讲到底就是廉洁，就是亲民。所以，千万不能认为，我们是参政党，就可以享受一点特殊，我们要成为社会有良知的一群。前不久，在农工党中央主办的中国环境与健康宣传周上，我看到世界卫生组织驻华办事处的一个团队，给我们上了很好的一课，因为那天，他们从办事处到人民大会堂，一路上是骑自行车过来的。作为以“美丽中国”为工作主线之一的参政党，我们讲了那么多的密切联系群众，说了那么多有关环境治理好听的话，如果我们自己也能在绿色发展、低碳经济中做一点实际的贡献，这种作用可能比我们开一百个研讨会还要更加有效。

所以，作风建设要求别人是容易的，真的碰到自己了，有时候我们就不是那么习惯。我在卫生部工作的时候，曾经因为血荒去献过几次血。我后来就说，卫生系统的公务员同志们凡是身体健康的，在合适年龄之内的，应该去献血。说实在的，看到自己的鲜血能够挽救生命，你的思想也能得到升华。当你觉得做了一点有意义的事情，当你真的把国家的需要、人民群众的疾苦放在心上以后，而且这些事情和你的工作是联系在一起的时候，你的感情是不一样的，你的的确确会感到有一种和人民群众的亲近感、荣誉感。作风建设不是夸在口上的东西，不仅需要有我们的认知，更需要有我们的行动。在这种行动当中，可以说我们的思想也有境界的升华，因为你觉得你和人民群众的血肉联系更加具体化了。

所以我想，我们这个参政党，真正要做到与中国共产党肝胆相照、荣辱与共、携手同心、团结奋进，我们就要把自身的修养、自身的作风建设提到更高的位置。有了比较高的境界，很多问题的处理都很容易。在一个部门，我们作为民主党派同志如何和中共同志共事，就非常好解决，因为我们没有自己的私利，没有作为一个党派的私利，没有这个东西，在那个时候，我们就只有人民的利益，你的敢于担当就出来了。反之，如果我们认为，我们是精英，我们就有权力多吃一点、多拿一点、多占一点的话，那么黄峰平事件还会发生。作风建设关系到一个党、一个国家生死存亡，我们真的是要从这样的一个高度来认识我们整个的学习实践活动。为什么要坚持和发展中国特色社会主义，因为没有这一条，不仅实现不了民族复兴的伟大中国梦，而且可能亡党亡国，包括我们这些人在内。作风建设作为学习实践活动的一个重要内容，如果我们不从小事抓起，对自己严格要求的话，那么我们很快可能成为特权群体的一部分，这个太容易了。所以我和同志们共勉。

其四，把学习实践活动与继承发扬我党老一辈优良传统结合起来，推进农工党事业薪火相传。

长期以来，在建立新中国、建设新中国、开拓改革路的进程中，我党老一辈同中国共产党长期团结奋斗、风雨同舟，结成了生死相依、患难与共的亲密关系，这些优良传统是我们弥足珍贵的政治财富。比如，开幕式上彭润平女士讲述的我党主要创始人之一彭泽民彭老的故事，感人至深，大家都深受教育。开展学习实践活动，我们一定要深入挖掘我党深厚的传统资源，承传老一辈的优良传统，特别重视从理论层面挖掘和整理我党老一辈与中国共产党风雨同舟、亲密合作的典型事迹和崇高品德，教育引导广大党员识大体、顾大局，讲团结、讲奉献，确保农工党事业可持续健康发展。各级领导班子成员特别是新任领导同志，不仅要在学术上具备较高造诣，还要高度重视自身政治素质的提高，牢固树立把中国特色社会主义作为共同理想信念、共同前进方向、共同奋斗目标，坚持不懈地努力奋斗，进一步坚守我党老一辈的政治理想和政治承诺，使之薪火相传、发扬光大。

三、科学把握开展学习实践活动的措施要求，积极推动学习实践活动取得实效

开展坚持和发展中国特色社会主义学习实践活动，是在全党范围内开展的一项时间长、范围广、任务重、要求高的政治任务。各级组织和广大党员一定要深刻认识开展这一活动的重要性，切实把学习实践活动抓紧、抓好，取得实效。

一是科学谋划，狠抓落实。我们要在思想上再重视、认识上再提高，各级组织特别是领导同志要切实把这项工作摆上重要议事日程。就地市级组织来讲，开展情况还不够平衡，有的开展得不错，有的还没有全面启动。在开展学习实践活动中，中央各部门和各地方组织都要明确各自的工作目标、原则、任务和措施，拿出具体的路线图、任务书和时间表，坚持学习与实践相结合，思想教育与发挥作用相统一，增进政治共识与提高履职实效相促进。在总结前一阶段有效做法和经验基础上，不断完善实施方案，充实新内容，提出新措施，摸索新途径，创造新载体，明确责任分工，确保工作落实，不断推进学习实践活动深入开展。

二是多措并举，注重宣传。学习实践活动要想得到广大党员的充分理解和积极参与，搞好宣传是有效途径。宣讲要有针对性，注重解疑释惑，回答广大党员普遍关心的重大理论和现实问题，特别要注意做好加强中国特色社会主义理论体系的学习武装、大力开展“中国梦”的宣传教育、积极培育和践行社会主义核心价值观等，弘扬主旋律，传递正能量。宣传要灵活多样，既可举办学习报告会、研讨会等，用好宣讲材料，也要深入到基层组织，走到普通党员身边，用他们喜闻乐见的方式，寓教于理，寓教于情，真正把学习实践活动融入日常学习、工作和生活中。

三是深挖典型，引领示范。榜样的力量是无穷的。长期以来，我党党员中涌现出许多先进典型，事迹非常感人，尤其是这次“中国梦·农工情”演讲比赛，涌现出许多感人的事迹，这些都是我们开展学习实践活动的生动教材。我们要充分发挥其榜样力量和示范作用，加强正面引导，强化对参政党使命和自身责任的认识，激发他们的爱国之心、报国之志。我们既要深挖我党老一辈的光辉事迹，也要树立新时期涌现出的先进典型，还要通过实地调研、座谈交流、走访采访等形式，搜集整理基层组织和普通党员的感人事迹。我们要积极宣传典型，通过报告会、交流会等增强感召力，运用广播电视、报纸杂志、网络媒体等扩大影响力，使各级组织和广大党员学有榜样、赶有目标，营造学习实践活动学典型、争先进的良好氛围。

四是形成机制，扩大成效。各级组织在开展学习实践活动过程中，创造和采用了形

式多样、丰富多彩的活动方法，生动而富有实效。为了巩固学习实践活动的成果，必须认真总结和提炼这些有效形式、成功做法和有益经验，使有效形式常态化、成功做法制度化、有益经验系统化，并体现在各级组织的思想建设、组织建设、制度建设、作风建设和机关建设等各项工作、各个环节之中。希望各级组织按照搞好学习实践活动的总体要求，切实将学习实践活动落到实处，出实效、出成果，内化于心、外化于行，确保学习实践活动和党务工作相互促进、全面提高，为我党更好地履行参政党职能奠定坚实基础，努力开创我党工作的新局面。

各位常委、各位同志：

开展坚持和发展中国特色社会主义学习实践活动，是贯穿我党本届工作的一条主线，也是一项长期的战略任务。让我们以开展学习实践活动为引领，更加紧密团结在以习近平同志为总书记的中共中央周围，振奋精神，扎实工作，不断增强对中国特色社会主义的道路自信、理论自信、制度自信，切实承担起作为中国特色社会主义事业亲历者、实践者、维护者、捍卫者的政治责任，为全面建成小康社会和实现中华民族伟大复兴的“中国梦”作出更大的贡献！

谢谢大家！

关于认真学习贯彻十二届全国人大二次会议和全国政协十二届二次会议精神的通知

（2014 年 3 月 9 日中国农工民主党第十五届中央常务委员会第五次会议通过）

农工党各省、自治区、直辖市委员会：

十二届全国人大二次会议和全国政协十二届二次会议，是在全面学习贯彻中共十八大和十八届三中全会精神的关键时刻召开的重要会议。认真学习贯彻好“两会”精神，对于我党进一步统一思想、凝聚力量、服务大局、履行职能，为推动全面深化改革、全面建成小康社会作出新贡献，具有重大的意义。现就有关要求通知如下：

一、认真学习贯彻“两会”精神，切实把思想和行动统一到中共中央的决策部署上来

2013 年是全面贯彻落实中共十八大精神的开局之年。面对世界经济复苏艰难、国内经济下行压力加大、自然灾害频发、多重矛盾交织的复杂形势，全国各族人民在以习近平同志为总书记的中共中央领导下，从容应对挑战，奋力攻坚克难，圆满实现全年经济社会发展主要预期目标，改革开放和社会主义现代化建设取得令人瞩目的重大成就。农工党各级组织认真学习贯彻中共十八大和我党十五大精神，深化政治交接成果，围绕国家中心工作，扎实推进各项重点任务的落实，取得了显著成绩。

2014 年是全面深化改革的第一年，是完成“十二五”规划的关键一年，是我党开展坚持和发展中国特色社会主义学习实践活动的重要一年。我们要认真领会“两会”期间习近平总书记的重要讲话精神，认真学习“两会”通过的报告和决议等重要文件。通过

学习和思考，把握精神实质，努力提高思想认识水平和指导履职实践的能力，必须始终坚持正确政治方向，把坚持中国共产党领导，坚持和发展中国特色社会主义，作为坚定理想的主心骨、牢固信念的压舱石，坚定不移地走中国特色社会主义政治发展道路；必须切实贯彻实事求是思想，自觉立足社会主义初级阶段基本国情，努力使提出的思路、对策和建议科学合理、切实可行；必须大力弘扬改革创新精神，善于运用创新思维开展工作，推进理论政策创新、体制机制创新、方式方法创新，不断增强我党生机与活力；必须积极践行履职为民理念，深入党员群众听取意见、积极反映社情民意，努力释疑解惑、增进社会共识，营造民主和谐社会氛围。

二、积极履行参政党职能，为全面深化改革献计出力

我国已进入全面深化改革的历史新时期，改革成为首要任务。在新的一年里，各级组织和全党同志要进一步解放思想，开拓进取，组织动员全党力量，以促进实现“健康中国”和“美丽中国”宏伟目标为主线，以促进科学发展、推进深化改革、保障民生福祉、完善国家治理体系为参政议政和社会服务的主要目标任务，为全面深化改革献计出力。各级领导班子，尤其是担任各级人大代表和政协委员的党员同志，要进一步提高责任感和使命感，切实做好协调关系、化解矛盾、理顺情绪、解疑释惑的工作，更好引导广大党员理解改革、支持改革、参与改革，努力为全面深化改革营造优良环境。

以改革创新精神加强履职能力建设。切实把改革创新精神贯穿到履行职能的各方面和全过程，进一步改进履职方式、提高履职能力、增强履职实效、着力推进履职能力建设。要紧紧围绕全面深化改革的总目标，按照2014年《政府工作报告》的总体部署，围绕中心，服务大局，充分发挥界别人才优势，在医药卫生、人口资源和生态环境等领域改革实践中积极建言献策，在相关领域的重大改革上，要有重要观点与建议，在切实维护广大医护人员合法权益和切身利益上要有响亮声音与实际行动。重点要在立法推动医改和生态文明制度建设、健康与环保产业发展、人口政策调整后配套政策和积极应对人口老龄化挑战等方面，要经常深入调研，形成一些重要观点与建议，积极建言献策，推动改革不断向纵深发展。要响应政府向贫困宣战的号召，社会服务要创新扶贫开发方式，加大推进集中连片特殊困难地区区域发展的支持力度。

三、凝聚思想共识，筑牢中国特色社会主义共同思想基础

农工党中央从2013年10月起，在全党开展坚持和发展中国特色社会主义学习实践活动，引导广大党员统一思想认识、传承政治理想信念，继承发扬优良传统、巩固政治基础，增强中国特色社会主义的道路自信、制度自信、理论自信，切实承担起作为中国特色社会主义事业亲历者、实践者、维护者、捍卫者的政治责任。

2014年，农工党要以“坚定政治信念、解放思想、推动改革”为主题，把开展坚持和发展中国特色社会主义学习实践活动融入到思想建设、组织建设、制度建设、作风建设和机关建设之中，贯穿于参政议政、社会服务的全过程。组织动员广大党员，进一步解放思想，围绕“五位一体”建设全面深化改革深入研讨，提炼推动改革的重大观点与建议。以庆祝新中国成立65周年、人民政协成立65周年等活动为契机，以我党优良传统、

社会主义核心价值观、“中国梦”的内涵和意义为主要内容加强思想教育，引导党员树立崇高的价值追求、培养良好的行为规范，将我党建设成具有凝聚力和战斗力的中国特色社会主义参政党。

行进在全面深化改革新的伟大征程中，光荣与梦想激励着我们，责任与使命鞭策着我们。让我们更加紧密地团结在以习近平同志为总书记的中共中央周围，高举中国特色社会主义伟大旗帜，以邓小平理论、“三个代表”重要思想、科学发展观为指导，凝心聚力，奋发有为，锐意进取，扎实工作，为全面建成小康社会、实现中华民族伟大复兴的中国梦而努力奋斗！

中国农工民主党中央关于学习宣传贯彻中共十八届四中全会精神的通知

农工党各省、自治区、直辖市委员会：

中共十八届四中全会，是在全面深化改革进入攻坚期和深水区的重要关头召开的一次重要会议，是改革开放以来第一次以依法治国为主题的中央全会。全会听取和讨论了习近平作的工作报告，审议通过了《中共中央关于全面推进依法治国若干重大问题的决定》（以下简称《决定》）。这次会议的召开，是中国共产党带领全国各族人民坚定不移建设法治中国的重要宣示和重要体现，是全面推进依法治国的总部署、总动员，在新中国法治建设史上具有里程碑意义，必将对推动中国特色社会主义事业产生重大而深远的影响。作为与中国共产党亲密合作、共同致力于中国特色社会主义事业的参政党，深入学习宣传、深刻领会贯彻中共十八届四中全会精神是农工党当前和今后一个时期的一项重要政治任务。现将有关要求通知如下：

一、认真学习、深刻领会中共十八届四中全会精神

中共十八届四中全会审议通过的《决定》，明确提出了全面推进依法治国的指导思想、总体目标、基本原则、重大任务，提出了一系列关于全面推进依法治国的新观点、新举措，深刻回答了在当今中国建设什么样的法治国家、怎样建设社会主义法治国家等一系列重大理论和实践问题，是新形势下全面推进依法治国的纲领性文件。各级组织和广大党员要认真学习、深刻领会，学深学透，切实把思想认识统一到全会精神上，引导所联系界别群众支持和参与法治中国建设，为依法治国添活力、增动力，形成推动法治中国建设的强大正能量。

二、宣传部署、贯彻落实中共十八届四中全会精神

建设中国特色社会主义法治体系、建设社会主义法治国家的任务，历史性地摆在了我们面前。各级组织和全体党员要迅速行动起来，紧密联系我党实际，全面准确领会全会精神，以饱满的政治热情和高昂的政治责任感，扎实开展好学习宣传、贯彻落实工作。要精心安排部署，结合实际、突出重点，开展形式多样、内容丰富的学习传达活动；把

学习贯彻中共十八届四中全会精神作为我党开展的坚持和发展中国特色社会主义学习实践活动的一项重要内容，摆在突出位置；以执政党为师，推进依法治党，努力构建完善的我党党内制度体系；积极实施人才强党战略，切实提高党员法治思维和依法办事能力，培养造就一支遵守法律、依法办事的高素质党员干部队伍。

三、以中共十八届四中全会精神为指导，为推进法治中国建设贡献智慧和力量

中共十八届四中全会为推进依法治国进程指明了方向，真正地实现依法治国需要全体中国人的努力。作为中国特色社会主义参政党，农工党要始终坚持中国共产党的领导，认真贯彻落实中共十八届四中全会精神：一是推动科学立法，以促进重点改革领域的法律体系建设作为下一步我党参政议政的重要目标和任务，为形成完备的法律规范体系作贡献；二是在法治轨道上不断推进社会主义协商民主建设，为推动各项决策更加科学发挥作用；三是强化民主监督，为推进依法治国各项举措落到实处而努力。

“以律均清浊，以法定治乱。”宏伟的法治蓝图正在铺开，伟大的复兴梦想正在召唤。面对新形势新任务，全党各级组织和广大党员务必把思想和行动统一到中共中央关于全面深化改革、全面推进依法治国重大决策部署上来，在以习近平同志为总书记的中共中央坚强领导下，坚定不移走中国特色社会主义法治道路，自觉维护宪法权威，遵守法律法规，围绕法治国家建设建诤言、献良策，在全面推进依法治国进程中体现我党价值，贡献我党力量，向着法治中国的目标奋勇前进。

中国农工民主党中央委员会
2014 年 10 月 30 日

中国农工民主党关于认真学习贯彻习近平总书记在庆祝人民政协成立 65 周年大会上的重要讲话精神的通知

农工党各省、自治区、直辖市委员会：

今年是中国人民政治协商会议成立 65 周年暨中国共产党领导的多党合作和政治协商制度确立 65 周年。9 月 21 日，习近平总书记在庆祝人民政协成立 65 周年大会上发表重要讲话，全面回顾人民政协光辉历程，深刻总结 65 年来人民政协工作的宝贵经验，明确提出进一步做好人民政协工作的具体要求，深刻阐述了社会主义协商民主的重大战略思想，尤其是提出了“四项主要原则”、“五项重点工作”、“四个能力建设”、“有关社会主义协商民主的三个重大认识”等新思想、新观点、新论断，立意宏大、视野高远，思想深刻、内容丰富。这是中共十八大以来，习近平总书记就人民政协工作作出的一次全面系统阐述，具有很强的理论性、实践性、指导性，是推进人民政协事业发展的指导纲领，是发展社会主义民主政治的重要文献。

农工党是与中国共产党亲密合作、致力于建设中国特色社会主义事业的参政党，自 1930 年成立以来，与中国共产党风雨同舟、患难与共，经受了血与火的考验。新中国即

将成立之际，农工党积极响应中国共产党的号召，同各民主党派和无党派人士一起，参与筹备成立人民政协，为中国共产党领导的多党合作和政治协商制度的确立作出了不可磨灭的贡献。作为人民政协的组成单位之一，65 年来，农工党在人民政协的平台上，认真履行政治协商、民主监督、参政议政职能，体现了良好的参政党作用与形象。

习近平总书记在讲话中关于人民政协工作和协商民主建设的重要论述，充分体现了中国共产党的执政自信与智慧，也对参政党发挥作用提出了新的更高的要求。学习贯彻习近平总书记重要讲话精神，是我党当前和今后一个时期的一项重要政治任务，对于我党进一步统一思想、凝聚力量、服务大局、履行职能，为实现“两个一百年”奋斗目标、实现中华民族伟大复兴的中国梦作出新的更大贡献，具有重大意义。

我党各级组织和广大党员要以高度的政治使命感和责任感，认真学习领会讲话的深刻内涵和精神实质，切实把讲话精神贯彻落实到我国社会主义民主政治建设的伟大实践之中，坚持和完善中国共产党领导的多党合作和政治协商制度，不断推进国家治理体系和治理能力现代化。

第一，开展形式多样、内容丰富的学习传达活动。要通过组织座谈会、报告会、专题讲座、培训班、研讨班等多种形式，认真组织党员学习讲话；要鼓励广大党员尤其是领导干部认真撰写相关学习体会，理论文章；要积极利用党刊党网、报纸电视等新闻宣传渠道，做好我党学习讲话精神的宣传报道工作，营造浓厚的学习氛围。

第二，将学习讲话精神与我党开展的坚持和发展中国特色社会主义学习实践活动相结合。要按照《中国农工民主党开展坚持和发展中国特色社会主义学习实践活动 2013—2017 年工作规划》部署，把学习领会讲话精神，作为我党开展学习实践活动的一项重要内容，摆在突出位置，不断增强广大党员对中国特色社会主义的道路自信、理论自信、制度自信，切实承担起中国特色社会主义亲历者、实践者、维护者、捍卫者的政治责任。

第三，加强对人民政协工作和社会主义协商民主的理论研究。理论是行动的指南，要在理论研究方面进一步下工夫，坚持定性与定量相结合，加强对多党合作和政治协商实践经验的总结、提炼、升华，认真总结参与民主协商实践的经验，深入研究协商民主制度在我国民主政治建设中的地位、功能、优势和作用，认真研究参政党如何在开展协商民主实践、推动完善协商民主制度建设中发挥作用，切实为践行协商民主提供理论支撑。

第四，加强在人民政协中的履职能力建设。要在医药卫生、人口资源和生态环境领域进一步体察民情、把握民意，在推动深化医改和加强环境保护法制建设，保障全体国民健康权以及维护广大医护人员合理合法权益案方面下足工夫，积极利用人民政协的平台把相关利益关系协商好，在重大问题解决上推动形成共识，成为党和政府的决策基础；要把所联系界别的有关群众的首创精神、基层的探索创新经验融入到党派发言与提案之中，通过政协平台发挥作用，使相关建言富含人民群众的政治智慧与真知灼见；要在协商民主的渠道拓展、多种协商民主的积极参与上努力探索，为人民政协制度建设、丰富政协内容与形式等方面作出积极贡献；要坚持人才强党战略，认真选拔我党优秀党员进入各级人民政协并为其履职尽责创造有利条件，担任政协委员的党员同志要不断增强自身素质和能力，积极参与政协工作。

第五，扎实做好下阶段各项工作。要以讲话精神为指导，扎实做好我党下阶段各项工作，尤其是在明年的工作计划和工作部署上要有明显体现；要紧紧围绕各级中共党委和政府的中心工作，针对全面深化改革的重大问题和群众关切的重大利益问题，认真开展调查研究，提出解决问题的有效途径与方法，为改革发展、民生保障献计出力；要坚持从实际出发，向中共党委和政府反映真实情况，并勇于提出意见建议；要深入所联系界别的基层进行认真调研，在工作中提升调查研究能力和联系群众能力，加强与基层党员和所联系界别群众的联系，改进工作方式方法，通过党派相关渠道将人民群众的有关利益诉求、改革与发展重大实际情况及时准确地反馈到各级党政机关，为其科学决策提供真实的信息支持与智力支持。

目标越伟大，愿景越光明，使命越艰巨，责任越重大，就越需要汇聚起全民族智慧和力量，就越需要广泛凝聚共识、不断增进团结。我们要更加紧密地团结在以习近平同志为总书记的中共中央周围，高举中国特色社会主义伟大旗帜，汇聚共襄伟业的强大力量，为实现“两个一百年”奋斗目标、实现中华民族伟大复兴的中国梦作出新的更大贡献。

中国农工民主党中央委员会
2014 年 9 月 30 日

中国农工民主党开展坚持和发展中国特色社会主义学习实践活动 2013—2017 年工作规划

（2014 年 6 月 22 日中国农工民主党第十五届中央常务委员会第六次会议通过）

根据中国农工民主党第十五届中央委员会第二次全体会议审议通过的《中国农工民主党中央关于在全党开展坚持和发展中国特色社会主义学习实践活动的决定》和《中国农工民主党开展坚持和发展中国特色社会主义学习实践活动工作方案》，为扎实有效地推进学习实践活动深入开展，切实加强高素质参政党建设，不断提升工作质量和水平，充分发挥参政党作用，特制定《中国农工民主党开展坚持和发展中国特色社会主义学习实践活动 2013—2017 年工作规划》。

一、指导思想、目标和原则

坚持和发展中国特色社会主义，是中国人民实现中华民族伟大复兴的必由之路。中国农工民主党开展坚持和发展中国特色社会主义学习实践活动（以下简称“学习实践活动”），是深入学习贯彻中共十八大精神和习近平总书记系列重要讲话精神的重要举措，是深化新一轮政治交接的必然要求，是增进政治共识的核心内容，也是加强参政党建设的根本所在。

（1）指导思想。高举中国特色社会主义伟大旗帜，以邓小平理论、“三个代表”重要思想、科学发展观为指导，深入学习贯彻中共十八大及十八届历次全会精神和习近平总书记系列重要讲话精神，以坚持和发展中国特色社会主义为主题，以深化政治交接、增进政治共识为引领，不断增强广大党员对中国特色社会主义的道路自信、理论自信、制度自信，充分发挥各级组织和广大党员的首创精神、改革勇气和奋斗理念，切实承担起中国特色社会主义亲历者、实践者、维护者、捍卫者的政治责任，为全面建成小康社会、实现中华民族伟大复兴的中国梦贡献力量。

（2）实施目标。总体目标：把学习实践活动贯穿于思想、理论、组织、制度、作风建设和参政议政、社会服务工作的全过程，不断提高政治把握能力、参政议政能力、组织协调能力、合作共事能力，紧紧围绕“健康中国”和“美丽中国”两条主线，切实履行好参政议政和民主监督职能，推进协商民主广泛多层制度化发展，将我党建设成为与中国共产党通力合作的、高素质的、有作为的中国特色社会主义参政党。

具体目标：紧紧围绕坚持和发展中国特色社会主义主题，切实加强宣传思想建设，坚定理想信念，树立和践行社会主义核心价值观，选拔表彰一批先进优秀典型。

紧紧围绕中国共产党和国家的大政方针和重要政策，切实加强理论建设，深化政策、理论和党史研究，组织攻关编撰，推出一批有思想创新、战略引领和实际指导意义的重大理论成果。

紧紧围绕人才强党战略，切实加强组织建设，选拔培养造就一批政治坚定、素质优良、能力突出、能在国家治理体系中发挥重要作用和有影响力的高素质人才。

紧紧围绕全面深化改革大局和“五位一体”总体布局，切实加强参政能力建设，力争在中共十八届三中全会确定的改革重点领域和关键环节形成一批影响全局有分量、破解难题有见地的重大调研成果。

紧紧围绕“健康中国”和“美丽中国”建设，切实加强和创新社会服务能力建设，着力打造一批可推广并对全局产生重要影响的社会服务示范基地。

紧紧围绕高素质参政党建设，切实加强作风建设、制度建设和机关建设，努力探索形成一套切实可行、行之有效的制度体系和运行机制。

（3）基本原则。坚持学习与实践相结合，思想教育与发挥作用相统一，增进政治共识与提高履职实效相促进。坚持突出重点，坚持自我教育，坚持知行合一，坚持注重实效。

坚持突出重点。要以各级领导班子成员和代表人士为重点，以学习中国特色社会主义理论体系和习近平总书记系列重要讲话精神为主要内容，准确把握坚持和发展中国特色社会主义的主题，根据形势发展不断丰富学习实践活动的内涵；根据各级组织实际，各自确定学习实践活动的重点。

坚持自我教育。要以自我教育为主，体现“自觉、自主、自为”，激发主动学习的内生动力，形成重视学习、爱好学习、崇尚学习的良好氛围；要鼓励创新，坚持问题导向，认真研究提出问题，辩证思维分析问题，创新解决实际问题的方法与路径，提高破解问题的能力与本领，增强思想自觉和行为自觉；要体现我党特色，根据党员特点采取便于参加、乐于参与的方式。

坚持知行合一。要坚持学习与实践相结合，在学习中实践，在实践中学习，以知促行，以行促知，把学习实践活动融入到自身建设的各方面，贯穿于参政议政、社会服务的全过程，使增进政治共识和提高履职实效相促进。

坚持注重实效。要认真总结以往经验做法，紧密结合广大党员的思想情况，注重解决实际问题，全面提高党员干部的思想政治觉悟，切实将学习实践活动落到实处，出实效、出成果，内化于心、外化于行，使学习实践活动善始善终、善做善成。

二、发挥宣传思想工作的引领作用，巩固多党合作的共同思想基础

深入学习宣传中国特色社会主义理论和习近平总书记系列重要讲话精神，以坚定理想信念，加强"中国梦"的宣传教育，培育和践行社会主义核心价值观为主线，探索创新宣传思想工作的新途径、新办法、新形式，发挥引领带动作用，巩固多党合作的共同思想基础。

（4）坚定理想信念，坚定走中国特色社会主义道路的信心与决心。要加强中国特色社会主义理论体系的学习，坚持不懈地用中国特色社会主义理论体系武装全党、教育党员、指导工作；建立完善全党学习制度和宣传教育相关的体制机制，中央领导和地方主委带头撰写理论文章在党刊、党网上发表。要大力开展"中国梦"的宣传教育，在全党开展"中国梦·农工情"演讲比赛、征文、巡回演讲系列活动，引导广大党员不断加深对"中国梦"的学习、理解和认同。要把培育和践行社会主义核心价值观作为学习实践活动的重要内容，通过开展知识竞赛、征文活动、树立典型等多种形式，把践行核心价值观的要求融入到广大党员的工作和行为中，为推进参政党建设、推动多党合作事业蓬勃发展提供坚实思想基础。

（5）着力推进"大宣传、大教育"，切实加强宣传思想工作。要通过组织专题学习、举办培训班、编印学习辅导教材等多种形式，推动全党深入学习中共十八大及十八届历次全会精神和习近平总书记系列重要讲话精神，深入学习中国特色社会主义理论，深入学习统一战线和多党合作的光辉历史和优良传统，深入学习我党党章党史，切实加强思想建设。要充分利用各种新闻舆论工具和宣传手段，不断拓宽宣传渠道，在充分利用好传统社会主流媒体的基础上，积极利用好各种新兴网络媒体，大胆创新、做大做强党刊、党网，唱响主旋律，传递正能量，树立我党的良好社会形象。

（6）突出特色亮点，持续举办系列主题活动。注重以主题教育的形式，每年策划一项在全党开展的大型主题教育活动。2014 年，在全党举办"中国梦·农工情"演讲比赛、征文、巡回演讲系列活动；举办庆祝中华人民共和国成立 65 周年暨人民政协成立 65 周年书画展。2015 年，在全党开展"学讲话（习近平总书记系列重要讲话）、学党章、学党史"知识竞赛活动；举办纪念我党成立 85 周年系列活动。2016 年，在全党开展征集评选表彰"培育和践行社会主义核心价值观"优秀事迹和典型人物活动。2017 年，围绕我党中央换届，开展政治交接学习教育，传承政治信念，继承发扬优良传统。

（7）强化正面宣传引导，树立一批先进典型。发挥榜样的带动与辐射作用，选拔树立一批学习实践活动优秀人物和先进组织，以发挥先锋示范作用；选拔一批"中国梦·农工情"演讲能手，赴各地巡回演讲，以激发广大党员的热情；表彰一批树立和践行社会主义核心价值观典型人物，以发挥优秀模范作用；表彰一批优秀宣传干部，激发干事创业积极性。通过这些先锋模范的榜样力量，正面引导广大党员，激发爱党爱国爱农工党的激情。

（8）积极探索学习教育模式，建立一批思想建设学习教育基地。着眼于加强广大党

员的思想政治教育，着眼于巩固多党合作的政治基础，建立一批多党合作学习教育基地，将中共一大会址、井冈山、延安、西柏坡、兰考焦裕禄纪念馆、南京雨花台烈士纪念馆等具有重大历史教育意义的革命圣地或纪念馆，作为中央思想建设学习教育基地，通过参观教育、现场教学等方式，切实提高思想建设成效。

三、大力加强调查研究，认真做好政策、理论、党史工作

调查研究是做好政策研究、理论研究、党史研究的基础和前提。要把调查研究作为理论联系实际的有效途径，作为沟通学习与实践的知行桥梁，不断创新方式方法和工作机制，改进工作、提升水平；加强理论学习，在学习中研究，在研究中实践，在实践中学习，提高认识事物和分析问题的能力；加强队伍建设，注重对年轻人的培养和锻炼，建设团结协作、务实高效的工作团队；加强制度建设，促进工作的规范化、制度化，进一步把握和提高研究成果的预见性、针对性和时效性。

（9）深入开展政策研究，为参政议政提供政策支持。要围绕中国共产党和国家中心工作以及各项方针政策，把握经济和社会发展走势，认真进行研究和政策解读、分析；围绕促进“健康中国”和“美丽中国”建设这条主线，发挥特点和优势，注重对医药卫生、人口资源和生态环境等方面有关资料的收集、整理和研究，形成新观点、新举措；围绕社会热点和难点问题，尤其是民生问题，进行分析研究，提出切实可行的意见和建议；发挥整体作用，调动党内外专家参政议政的积极性，就一些重大专题进行研讨和座谈，形成研究成果；探索组建整合党内外资源的政策研究中心，形成专兼职结合、理论与实践互动的新型政策研究咨询机构，为政策研究提供组织保障，为我党的参政议政起到参谋和助手的作用。

（10）切实加强理论研究，为履行职能和自身建设提供理论指导。要把理论研究放在全党工作的突出位置，加强领导，修订《中国农工民主党中央关于加强参政党理论建设的意见》，制定中长期规划，明确未来10年理论研究的目标和任务，认真组织落实；加强理论研究队伍建设，发挥理论研究点的作用，建立理论研究重大课题招标制度，聘请党内外知名专家为特约研究员，整合党内外研究力量，组织攻关编撰，争取形成一批有较大影响力、破解重要难题的理论研究成果。围绕坚持和发展中国特色社会主义、巩固和发展中国共产党领导的多党合作和政治协商制度、人才强党战略等重大理论课题，制定工作计划，组织编写理论专著，切实提高全党的理论水平和广大党员的理论素养，提高理论指导实践的实效性。

（11）继续深化党史研究，为自身发展提供基础支撑。要加强对党史研究工作的领导，整合资源，形成合力，完善机制，不断创新研究方式，制定《中国农工民主党中央关于加强党史研究工作的意见》，制定党史研究工作五年规划。要认真开展党史研究，有计划地组织编写党史教育书籍，稳步推动党史人物资料收集、整理工作，组织编写党史人物书籍；开展“口述党史”工作，采访历史当事人、见证人和知情人的亲历、亲见、亲闻，用音像记录他们讲述我党历史；加强党史教育基地建设，将上海一干会址、广东邓演达纪念园、翔仪堂、彭泽民故居、丘哲故居、江苏邓演达烈士墓和殉难处、保定军校纪念馆等列为中央党史教育基地，充分发挥其在学习实践活动中的教育作用。

四、落实人才强党战略，进一步加强组织建设、人才队伍建设和党内监督工作

以实施人才强党战略为主题，细化人才强党战略的实施方案，大力开展各级组织建设、人才队伍建设和党内监督工作，不断增强接受中国共产党领导的自觉性和坚定性，切实提高我党自身建设和履行职能的科学化水平。

（12）落实各项组织工作制度，切实推进各级组织建设。一是大力加强领导班子建设，把各级领导班子建设成为政治坚定、民主团结、工作高效、关系和谐、廉洁自律的坚强领导集体。落实中央领导班子成员联系基层组织的工作制度，加强对地方组织的走访和指导，加强中央与地方组织的联系合作，整合资源，汇聚力量，形成合力。二是按照新一轮换届工作要求，积极稳妥地推进中央和省级组织届中调整和换届工作。三是加强地方组织和基层组织建设。通过开展专题调研，召开地方组织和基层组织建设工作交流会等方式，摸情况查问题，以点带面，促进工作。通过优化组织设置、健全工作制度、创新活动方式、表彰先进典型等工作，加大对地方组织和基层组织的指导，积极探索新形势下加强地方组织和基层组织建设的长效机制，提高各级组织的创造力、凝聚力和战斗力。四是加强地方组织工作交流，鼓励和推动横向交流。支持省级组织发起的片区工作交流会，继续推动副省级城市组织发起的工作联席会议，鼓励建立其他区域性组织交流平台。五是表彰先进。建立科学的考核评价体系，严格程序和标准，对优秀基层组织、优秀党员进行表彰。

（13）加强人才队伍建设，为我党事业的长远发展提供人才支撑。一是做好人才发展。积极引进各方面高层次人才，在保证主体界别优势基础上，着力发展一批社会科学、经济和法律界人士，建立一支政治素质高、参政议政能力强、本职工作成绩突出的人才队伍。二是强化培训教育。组织开展省级专职干部研讨班、实职干部研讨班、中青年党员骨干培训班等常规培训；有针对性地举办中西部骨干党员培训班、中央专委会主任（副主任）培训班等特色培训；与中央统战部、中央社会主义学院等联合办班培训。三是创新培养模式。与中国社会科学院合作开展学历教育，共同培养公共卫生管理、人口资源环境等方向的硕士、博士研究生，探索一条高层次党外人才培养的新途径。四是加强培训基地建设。利用好现有的中央机关培训基地和中央杭州干部培训基地，逐步建立具有我党特色的自主培训体系。探索建立中央和地方的联合培训模式，扩大培训的辐射范围和影响力。五是积极推动代表人士的安排使用。认真贯彻《中共中央关于加强新形势下党外代表人士队伍建设的意见》精神，加强和中共各级党委统战部的沟通协商，主动推荐有竞争力的党员担任实职领导职务、人大代表、政协委员和特约参政职务，积极鼓励符合条件的党员参加社会公开选拔和本单位竞争上岗。

（14）完善工作机制、健全监督机构，稳妥推动党内监督工作。一是推动省级组织贯彻落实领导班子谈心会制度，指导地市级组织开展领导班子谈心会工作。加强地方走访调研，了解掌握领导班子履职情况，收集反映各级组织和党员的意见建议。二是完善监督工作机制。根据党内监督条例，以监督各级领导班子及其成员履行党内领导职责的情况为重点开展党内监督工作。充分发挥监督委员会作用，把加强党内监督工作与参政议政、民主监督、社会服务等各项工作有机结合。畅通各级组织和党员的意见建议反映渠道，

发挥党员在党内监督中的积极作用。三是加强监督理论研究和宣传工作。开展我党早期监督历史研究，着力研究党内监督的一些基本理论问题。以理论研究和工作实践为基础，不断加强监督宣传工作，进一步增强全党民主监督意识。加强党风廉政建设的宣传教育，重在预防，警钟长鸣。四是健全监督机构。按照积极稳妥、循序渐进的方针，与有关部门加强沟通协商，推动各省级组织尽早成立监督委员会，全面加强党内监督工作。

五、扎实推进重点工作，全面提高全党参政议政能力和水平

以实现“健康中国”、“美丽中国”宏伟目标为主线，全力抓好组织发动、机制保障、项目推动、平台展示、社情民意网络建设五项重点工作，力争在中共十八届三中全会确定改革重点领域和关键环节形成一批有代表性的重大参政议政成果。

（15）扎实推进组织发动工作，增强全党参政议政工作的使命感与责任感，提升参政议政的科学化水平。一是加强宣传教育。加强对全体党员尤其是新党员的教育培训，提高对参政议政工作重要性、紧迫性认识，增强参政议政工作责任感、使命感。二是动员全党力量形成合力。进一步强化各级机关组织核心作用，调动广大党员的积极性和主动性，凝聚发挥全体党员的智慧和力量，再造全党参政议政工作新活力。三是加强规划引导。围绕全面深化改革的总目标，根据中共中央和国务院每年工作重点，制定全党参政议政工作年度目标、计划、主题、重点，不断提高参政议政工作的计划性和科学性。

（16）扎实推进机制保障工作，完善全党参政议政工作新机制。一是建立健全各级组织领导班子对参政议政工作组织领导机制。每年召开一次参政议政专门工作会议，安排全年主要工作，定期与不定期举办专题协商会，推动各项工作落实，逐步实现参政议政工作规范化、制度化。二是建立健全参政议政人才优化机制。建立人才发现、培养、使用的长效机制，为人才发挥作用提供资源、资金、渠道、制度、服务等全方位保障。加强人才培养和骨干队伍建设，探索形式灵活、内容丰富、覆盖面广的培训方式，培养一支政治素质优良、参政议政能力突出、合作意识强、社会影响大的参政议政人才队伍。三是完善立体式参政议政工作联动机制。进一步完善纵向贯通的参政议政工作机制，扩大横向交流工作机制，完善中央与地方、各地方组织之间的协调合作机制，探索内外交流机制，在全党范围内形成上下联动、横向联合的工作网络。四是探索建立党内“直通车”工作机制。拓宽渠道，搭建平台，使基层党员声音能够到达中央最高层，增强参政议政工作广度、深度。五是健全学习提高机制。组织各种形式的提案工作协调会、调研报告交流会、社情民意信息工作会等交流协调会议，形成相互交流促进的氛围。

（17）扎实推进重点项目的组织落实，力争形成一批有代表性的参政议政重大成果。一是进一步围绕医药卫生体制深化改革建言献策。继续围绕深化基层医疗卫生机构综合改革、加快公立医院改革、完善合理分级诊疗模式、加强区域公共卫生服务资源整合、理顺医药价格、健全全民医保体系、鼓励社会办医、促进人口长期均衡发展等方面积极建言献策，力争到2017年在促进卫生立法、推动公立医院改革等关键环节上取得重要成果。二是进一步推进生态文明体制机制建设。继续围绕自然资源资产产权制度和用途管制制度的健全、生态保护红线的划定和落实、资源有偿使用制度和生态补偿制度的制定和实施、生态环境保护管理体制的改革完善等方面，在推进用制度保护生态环境方面积极建言献策，力争在推动划定生态红线等方面有重要贡献。三是持续关注社会热点、难点，为执政党决策提供参考。关注健康服务业发展、城乡一体化、政府职能转变、司法体制改革、社会保障制度改革等重大问题，更加关注中西部改革发展突出问题，努力形成特色突出、兼顾均衡的参政议政新格局。

（18）扎实推进平台展示工作，努力做好全党参政议政成果转化工作。一是认真做好每年我党中央领导在中共中央、国务院高层协商会、座谈会，中共中央统战部座谈会，全国政协议政性常委会、专题协商会和双周协商座谈会，最高人民法院、最高人民检察院党外人士座谈会等会议的发言准备工作，确保发言质量和影响力有较大提高。二是做好全国政协会议提案、大会发言、联组会发言相关材料准备工作，实现数量、质量双提升。三是提高调查研究水平，做好中共中央委托我党中央开展的大考察工作。继续落实我党中央与重庆、黑龙江、攀枝花加强协作纪要精神，组织相关调研，为区域经济社会发展献计出力。每年选择 2 个地方组织，就相关专题进行联合调研。四是继续举办第九至十二届中国生态健康论坛，以政党、政府、学术团体、专家学者学术交流为平台，进一步扩大论坛在国内外的影响力，努力打造成为特色鲜明、影响力显著的高层次论坛。

（19）扎实推进社情民意网络建设，夯实全党信息工作基础。一是建立纵横交错的网络化全覆盖信息工作机制。建立以各级组织为支撑、以专委会为依托、以信息联络员为纽带的信息工作网络；形成信息工作沟通和联系、工作引导和激励表彰、骨干队伍培养和形成、工作人员培训和交流、重点稿件定期商讨、全党宣传动员机制。二是加强软、硬件基础建设。建立全党社情民意信息网络平台，实现信息网络报送和稿件资源全党共享，促进信息工作交流；依托党员中的全国人大代表、全国政协委员、在政府担任实职的党员、中央专委会委员和省级组织特邀信息员资源，组建中央社情民意专家组和特约信息员队伍，为全党信息工作提供智力支持，并带动各地方组织信息工作人才队伍建设。三是提升信息稿件质量。坚持质量为先，围绕中心做好重大信息，立足优势做好特色信息，深入调研做好深度信息，提高对重大、敏感问题的把握能力，敢于触及改革发展中的深层次矛盾和问题，努力提高信息的战略性、针对性、可行性和前瞻性。

六、服务改革发展，加强社会服务能力建设

以推动经济社会持续健康发展为目标，以促进建设“健康中国”、“美丽中国”为主线，着眼国家发展、民生改善、社会进步，不断提升我党服务改革发展、服务社会的能力，不断开创我党社会服务工作新局面。

（20）服务“健康中国”建设。积极参与国家医药卫生体制改革实践，推动健康服务业发展。在全国推广实施中医同行计划，通过举办研讨会、交流会，召开全国中医科学大会，开展科普教育活动和媒体宣传等多种形式宣扬中医科学理念，推动将这一理念写进相关法律文件。积极探索创新机制体制模式，推动建立国家层面的中医药示范园区，推广中医药适宜技术，推动中医药县乡村一体化示范，支持抢救民间中医药工作，推动我国中医药事业、健康服务业的发展，为民族中医药振兴做出贡献。重点关注贫困地区、少数民族边疆地区和城乡基层的医药卫生工作，着力创新医疗服务机制，改善基层医疗条件，深入实施同心助医工程和健康新农村项目，加强农村三级卫生网分类指导、推动县乡一

体化建设，加强培训工作，培养学科带头人和业务骨干，协助基层医疗机构建立特色专科，加大标准化卫生院、室援建和乡村医生培训力度，着力提升基层卫生服务能力。

（21）服务“美丽中国”建设。积极参与国家大气污染防治行动计划、清洁水行动计划、土壤污染防治行动计划、国家环境与健康行动计划（2007—2015）和海洋环境保护工作。深入开展中国环境与健康宣传周活动，宣扬环境与健康理念，积极开展农村城镇化建设试点，发挥示范带动作用，实施美丽乡村建设工程，促进小城镇建设。利用我党生态环境的界别优势，与高校、科研机构合作建立智库机构，推动国家生态环境建设。

（22）着力扶贫开发、助推民生改善。集中全党力量，整合社会资源，创新帮扶模式，以参与毕节试验区建设为抓手，着力探索可复制可推广的经验和模式，为西部扶贫开发工作提供示范。以贫困地区生活条件获得改善为目标，继续协调做好东部地区对中西部贫困地区的对口帮扶工作、智力支边工作，拓宽扶贫区域，适当开展对边疆少数民族地区的帮扶，通过智力支持、招商引资、创新示范等方式着力改善贫困地区民生状况。

（23）建设一批社会服务示范基地。继续将大方县、宁德市、渭南市及其他一些社会服务重点地区作为我党社会服务示范基地，以智力支持为主，在创新体制机制、生态文明建设、基层医疗卫生体制改革、招商引资、小城镇建设、扶贫开发等方面加大工作力度，着力提升这些地区的创新能力、经济发展、社会进步、民生改善，形成经验，提供示范，提升我党社会服务的能力和社会影响力。

（24）打造一批特色品牌项目。结合我党界别特色和自身优势，持续做好中国环境与健康宣传周、国际科学与和平周、大方扶贫模式、同心助医工程等我党重大品牌的深化维护工作，着力打造中医同行计划、健康新农村、宁德社会服务基地、海峡两岸交流等一系列各具特色的新的社会服务品牌，指导中国初级卫生保健基金会、中国中医药研究促进会创建相应品牌，实现我党社会服务工作新的跨越。

七、狠抓作风建设、制度建设和机关建设，为履行职责提供保障

坚决贯彻执行中共中央八项规定，传承优良传统，切实抓好作风建设，推进制度建设和机关建设，为履行参政党职责提供服务保障。

（25）狠抓作风建设，进一步改进全党作风。认真学习贯彻习近平总书记系列重要讲话精神，尤其是“三严三实”的要求，以增强参政为民意识为根本，着力推进作风建设。一是端正学风。要不断强调和加强学习，学习共产党全心全意为人民服务的根本宗旨，学习我党老一辈领导人的优秀品质和优良作风，重温我党走过的从爱国主义到社会主义的历史道路，进一步增强中国特色社会主义的道路自信、制度自信、理论自信。二是改进文风。要进一步提高参政议政文稿和党务文稿的思想性和文字质量。提倡短、实、新的文风，反对假、长、空的文风。强调讲真话、写实情，在深入调研的基础上，提出高质量、有分量的议政建言报告。三是改进会风。要把反对形式主义、官僚主义、享乐主义、奢靡之风，落实到会议、调研、培训等各项工作之中，严格执行关于厉行勤俭节约、反对铺张浪费的要求。四是改进干部作风。各级领导干部要坚守职责、率先垂范、严格自律、廉洁奉公，拒腐蚀、永不沾；要坚持立党为公、参政为民，深入实际，深入基层，深入党员，接地气、通下情，虚心向党员学习，热心为党员服务；要顾全大局、协同合作，形成弘

扬求真务实、团结和谐、风清气正的良好作风。

（26）狠抓制度建设，进一步规范工作机制。根据参政党的性质、任务和要求，建立健全适应组织运行和工作需要的各项制度。一是进一步健全领导机制。按照民主集中制原则，健全和完善领导班子议事决策规则、领导班子集体领导和分工负责制度、领导班子成员述职和民主评议制度，坚持以制度建设保障党内民主，保障党员民主权利。中央领导班子要严格遵循《中国农工民主党中央工作规则（试行）》，地方组织可参考中央的做法，制定相关工作规则，明确工作程序和要求。二是继续加强工作制度建设。建立健全岗位责任、团结协作、沟通交流等工作机制，规范工作程序和工作办法等相关的工作制度，推进各项工作规范化科学化程序化。三是研究完善集体学习制度和会议制度。进一步完善中央集体学习制度，主席会、常委会、中央全会适当增加学习讨论的比重。每年年初召开一次专题主席会议，研究我党战略发展等问题。从 2014 年起，常委会由原来的每年 3 次改为每年 4 次，利用年中两次常委会，围绕中共中央工作部署和治国理政的重大理论课题以及我党自身建设和参政议政、社会服务的重大主题进行集体学习，开展战略研讨，凝聚共识，提升战略决策能力与水平，更好地指导全党围绕大局献计出力。各级组织也要进一步完善学习机制，在全党形成重视学习、崇尚学习的风尚，推动学习型参政党建设。

（27）狠抓机关建设，进一步提升服务保障能力。根据“政治坚定、业务精通、团结协作、作风务实”的要求，全面加强机关的思想建设、作风建设和能力建设。各级组织要加强对机关建设的领导，推进机关工作实现制度化、规范化和程序化。要根据多党合作事业发展对机关工作的要求，有计划地加强机关干部的选调录用、教育培训、轮岗交流、挂职锻炼等工作，关心机关干部特别是青年干部的工作、学习和生活，搞好传帮带，增强机关干部服务参政议政和党务工作的能力。

（28）充分发挥专门工作委员会专业优势和带动作用。中央各专门工作委员会要依照工作规程，发挥“专家库”、“智囊团”的重要作用。要根据中央常委会提出的工作任务，确定发挥作用的对接点和着力点，加强政策理论学习研究，关注我党优势界别相关的重大国计民生问题，认真反映所联系界别群众的合理利益需求，反映社情民意，提高建议的可操作性、针对性和实效性；立足专业特色，开展社会服务；加强队伍建设，积极联系和推荐发展高层次人才。

（29）进一步拓宽渠道积极开展联络工作。认真学习贯彻中共中央关于港澳台工作的方针政策，进一步发挥界别优势拓宽渠道，健全工作网络和工作机制，积极开展与港澳台医药卫生、环境保护和人口资源知识界的专业交流、亲情联谊等活动；与有关组织和代表性人士建立长期联系，合作开展联谊、参访、交流等活动；加强调查研究，反映台情民意，努力为推动两岸关系和平发展，促进祖国统一作贡献。

八、加强组织领导，切实推动学习实践活动深入开展

学习实践活动周期长、时间跨度大，具有长期性、广泛性、深入性的特点。为确保本《规划》能够认真贯彻执行，增强针对性和实效性，各级组织要切实加强领导，强化措施，为学习实践活动的顺利开展提供可靠保障。

（30）加强领导，强化措施。

加强组织领导。中央坚持和发展中国特色社会主义学习实践活动领导小组，全面负责指导和检查各级组织学习活动的开展情况。办公室具体负责协调、宣传和信息的收集反馈等工作。

明确分工联系。中央建立分工联络制度，由主席、常务副主席、副主席按照各自联系的省份，指导和帮助各省级组织开展学习实践活动。中央适时成立指导检查组，加强中期指导、检查工作。每位副主席每年至少要去一次所联系的省份，就学习实践活动开展情况进行调研、听取汇报或参加有关活动等。

制定年度计划。坚持原则性与灵活性相结合，各级组织要在本《规划》的基础上，根据形势任务的变化，各自制定每年的具体工作计划，将学习实践活动进一步细化、实化，确保学习实践活动更有针对性、实效性和可操作性。

争取相关支持。各级组织要积极争取同级中共党委统战部门的指导、支持和帮助，积极学习中国共产党开展群众路线学习教育活动的成功经验，大胆借鉴兄弟党派开展学习实践活动的好做法，集百家之长，汇众人之智，确保学习实践活动始终坚持正确的政治方向，形成特色，做出成绩。

注重宣传引导。按照“大宣传、大教育”的要求，广开宣传途径，开辟专栏、专版和专题，积极反映、宣传我党开展学习实践活动的有关工作部署和安排、活动开展的情况、好的做法和经验，大力宣传学习实践活动中涌现出来的成功经验和先进典型，营造浓厚氛围。

构建长效机制。注意把一些成功做法用制度的形式固定下来，建章立制，将学习实践活动的好经验、好做法，逐步制度化、机制化、长效化，力求使学习实践活动不流于形式，在全党长期、深入开展下去。

中国农工民主党中央关于加强社会服务工作的指导意见

（2014年3月9日中国农工民主党第十五届中央常务委员会第五次会议通过）

农工党各省、自治区、直辖市委员会：

社会服务是我党履行参政职能的一项重要工作，是我党树立社会形象、扩大社会影响的重要窗口，是我党搞好自身建设的重要载体，也是广大党员服务国家建设、实现爱国理想和回报社会的重要平台。为贯彻落实中共十八大、十八届三中全会和农工党十五大精神，切实履行好参政党职能，进一步搞好我党社会服务工作，为促进我国经济社会持续健康发展贡献力量，特提出以下指导意见：

一、重要意义和指导思想

（一）重要意义

当前，我国正处在全面深化改革、实现民族伟大复兴的新时期，统一战线和多党合作事业对我党社会服务工作提出了更高的要求，全党各级组织和广大党员应当从履行参政党职能、承担参政党社会责任的高度，充分认识社会服务工作面临的新形势、新任务，积极探索新思路、新机制，突出实践特色，注重整合资源，不断丰富内涵，拓宽工作渠道。切实提高社会服务工作的质量和实效是我党坚持和发展中国特色社会主义的需要，是建设高素质参政党的需要，是我党认真履行职能的需要。全党要重视社会服务工作，充分发挥社会服务工作在深化改革、全面建成小康社会中的积极作用。

（二）指导思想

高举中国特色社会主义伟大旗帜，以邓小平理论、“三个代表”重要思想、科学发展观为指导，以推动经济社会持续健康发展为目标，以促进建设“健康中国”、“美丽中国”为主线，以服务社会、改善民生、群众受益为着力点，以发挥优势、奉献智慧为主要抓手，不断开创我党社会服务工作新局面，共同谱写多党合作事业新篇章，为全面深化改革、全面建成小康社会，实现中华民族伟大复兴的中国梦做出贡献。

二、基本原则

（一）围绕中心，服务大局

紧密围绕国家中心工作，尤其是中共十八届三中全会提出的全面深化改革重大部署来设定社会服务的工作目标、思路与任务，使其充分服务于国家改革发展大局。

（二）突出特色，创建品牌

结合我党界别特色和自身优势，突出促进建设“健康中国”、“美丽中国”的工作主线，坚持定点服务为主、集中服务为主和长期服务为主的方针，开展各具特色的活动和项目。注重长期积累，注重提升完善，切实发挥已有品牌项目的示范带动作用，把优势项目打造成新的品牌项目，推动全党社会服务工作的深入开展。

（三）立足基层，依靠党员

把基层组织作为开展社会服务工作的基础力量，把广大党员作为开展社会服务工作的主体力量。充分发挥党员的界别与专业优势，有效利用党员社会服务资源，鼓励支持党员立足岗位开展社会服务活动。

（四）尽力而为，量力而行

确立目标要坚持高标准、高要求，方案制定要坚持因地制宜，结合实际。要充分挖掘潜力，坚持有所作为，善于凝聚力量，完成既定目标。

（五）创新机制，确保实效

要注重开拓创新，不断丰富工作内容，创新活动形式，逐步建立创新工作机制。工作要讲求实效，组织实施要真抓实干，确保群众受益、社会欢迎。

三、主要任务

（一）参与促进“健康中国”建设

积极参与国家医药卫生体制改革工作，在重点领域和关键环节发挥作用。参与推动健康服务业发展，在医疗卫生、健康养老、保健养生等方面积极作为，推广实施中医同行计划，宣扬中医科学理念，推动我国中医药事业发展，提升中医药医疗保健服务能力。重点关注贫困地区、少数民族地区和基层社区的医药卫生工作，在帮助解决基层群众看病难、看病贵等问题上下工夫，加大开展送医送药、健康义诊、科普宣传、心理咨询等方面的服务工作。深入实施同心助医工程，加大乡村医生培训工作力度，加强农村三级卫生网分类指导，协助建立基层医疗的特色专科、培养学科带头人和业务骨干，帮助提高基层卫生机构的管理和医疗技术水平，着力提升基层卫生服务能力。

（二）参与促进“美丽中国”建设

积极参与国家大气污染防治行动计划，清洁水行动计划，土壤污染防治行动计划和海洋环境保护工作。实施美丽乡村建设工程，提高新农村建设服务点水平。突出生态环境建设，积极参与农村城镇化建设工作，促进小城镇建设试点，提升示范带动作用。

（三）继续参与毕节试验区建设

集中全党力量，整合社会资源，创新帮扶模式，深入参与毕节试验区建设，切实做好大方县的对口帮扶工作、推动落实签约项目，着力加强在创新体制机制，提高人口素质、生态建设，经济结构调整，促进农民增收，提升基层卫生能力建设等方面的帮扶工作，切实促进当地经济社会发展。

（四）认真做好智力支边、对口帮扶工作

继续做好东部地区对中西部贫困地区的对口帮扶工作，协调资源，凝聚智力，积极开展引资、引智、引项目等工作，帮助增加贫困地区的造血机能，帮助群众致富。拓宽扶贫区域，加大对集中连片特殊困难地区区域发展的支持力度，着力解决特困群体的生存发展问题。根据工作需要探索新模式，推动社会服务示范基地建设。

（五）拓展工作领域，强化工作协同性

加强社会服务工作与我党政治协商、参政议政、组织建设、思想建设等工作的协同与配合，开辟社会服务工作的新领域，如推动国家统一，促进两岸深度交流与合作等。把社会服务工作与坚持和发展中国特色社会主义学习实践活动相结合。

（六）坚持开展中国环境与健康宣传周等活动

继续深入开展中国环境与健康宣传周活动，抓紧推动建立环境健康研究的长效机制。结合我党特色，各地可根据实际需要继续开展国际科学与和平周活动。

（七）开展文化服务活动

整合党内文化资源，注重在弘扬优良传统文化、培育和践行社会主义核心价值观、促进文化事业进步、推动文化产业发展等方面开展形式多样的社会服务活动。

（八）开展助学助教活动

突出关注西部地区、少数民族地区和贫困地区教育事业发展，帮助提升农村教育发展能力。注重助学助教人才队伍建设，开展救助贫困学生，提高教师素质，改善教学条件等工作。开展职业技能、科普知识等方面的培训，注重提高基层人口素质，促进人力资源的合理开发、输出和利用。

（九）开展法律服务活动

鼓励党员律师、法律工作者借助专业平台积极开展法律援助、法律咨询等服务工作。鼓励送法到企业、学校、社区、农村等，联合新闻媒体开展法律咨询、讲座等活动。

四、保障措施

（一）加强组织领导

要把社会服务工作列入重要议事日程，切实做到主要领导亲自抓，分管领导具体抓。分管领导要支持并督促社会服务部门开展工作。要定期研究社会服务工作新情况，督促解决新问题，做到有总体规划、有年度计划、有落实举措、有督导检查、有总结汇报。要完善社会服务统计制度，认真收集有关信息和数据，切实按要求定期上报。

（二）强化队伍建设

要进一步健全机构，落实编制，充实人员，省级组织要有专门的社会服务部门，市级组织要有专人负责社会服务工作。要建立长期稳定的社会服务志愿者队伍，建立社会服务人才库，充分发挥我党各级专门工作委员会的作用，有条件的地方组织可以探索建立社会服务工作委员会。要将社会服务队伍建设作为评先评优的重要参考依据，推动落实我党社会服务的长效工作机制。

（三）加强工作指导

要建立社会服务调查研究机制，有计划地组织开展调研活动，结合实际搞好分类指导。要建立社会服务成果展示和经验交流机制，鼓励进行片区交流研讨，定期举办座谈会、培训会，增加党内交流平台，继续办好《社会服务信息》，定期对社会服务工作先进集体和个人进行表彰奖励。

（四）落实资金保障

要加大对社会服务工作的资金投入，积极争取政府部门专项资金，积极争取慈善机构等社会组织支持合作。发挥中国初级卫生保健基金会的慈善功能，支持我党社会服务工作。有条件的地方可以根据工作需要筹集专项基金，积极发挥党员企业家作用，切实形成社会服务工作的多元化投入机制。要依据国家有关法律与政策切实加强对各种捐赠款物的管理，做好经费预算安排，确保专款专用，避免被挪用，充分发挥资金使用效益。

（五）整合社会资源

积极争取有关部门的支持，加强与企事业单位、社会团体的沟通合作，形成推动社会服务工作的合力。要善于借助各种平台和渠道，整合各种社会资源，形成上下互动、内外配合，共同推进的社会服务工作新格局。

（六）加大宣传力度

要重视做好社会服务宣传工作，抓好项目跟踪报道。要注重挖掘亮点，树立典型，宣传品牌。要利用好公共媒体以及各种新媒体，不断扩大我党社会服务工作影响力。

中国致公党

中国致公党第十四届中央常务委员会工作报告

——在致公党第十四届中央委员会第三次全体会议上

（2014 年 12 月 2 日）

万　钢

各位委员、同志们：

我受第十四届中央常务委员会委托，向全会作工作报告，请予审议，并请列席会议的同志提出意见。

2014 年工作回顾

一年来，面对错综复杂的国内外形势，以习近平同志为总书记的中共中央，团结带领全国各族人民，攻坚克难，开拓创新，开创了党和国家事业发展的新局面。致公党中央深入学习贯彻中共十八大、十八届三中、四中全会和习近平同志系列重要讲话精神，积极落实本党十四大提出的各项任务，以开展坚持和发展中国特色社会主义学习实践活动为主线，以服务全面深化改革为履职重点，切实改进工作作风，广泛凝聚全党智慧，各项工作取得可喜成绩，为促进改革开放、经济发展、社会稳定作出了积极贡献。

一、围绕坚持走中国特色社会主义政治发展道路，加强思想理论建设

加强学习对于推动致公党事业发展至关重要。坚持主席会、常委会和中全会的学习，先后就全国“两会”精神、习近平总书记在庆祝中国人民政治协商会议成立 65 周年大会上发表的重要讲话、中共十八届四中全会精神等进行专题学习交流，结合本党工作实际，研究新情况、新问题，提出改进工作的新举措。各级地方组织采取多种形式开展学习活动，交流学习体会，增进政治共识，坚定理想信念，进一步增强广大干部和全体党员对中国特色社会主义的道路自信、理论自信和制度自信。

全面推进坚持和发展中国特色社会主义学习实践活动。一年来，本党中央及各地方组织通过集中学习、理论研讨、授课辅导等形式，认真学习和领会中国特色社会主义理论体系的精神内涵，进一步强化了全党的政治意识、大局意识和服务意识。本党中央领

导带头走基层、促学习，分赴各省（区、市）指导开展学习实践活动；中央机关各部门立足学习实践活动联系点，切实开展调研和座谈。各地方组织也深入基层，及时了解基层党员的思想动态。本党中央和地方组织主办的刊物和网站开辟专栏，并注重采用公众微信号等新媒体手段，使活动的信息及时传达到普通党员手中。

深入开展参政党理论研究工作。本党中央以加强自身建设的经验和规律为重点开展理论研究，共收到理论研究成果 230 多篇，为做好建党 90 周年的经验总结和理论概括奠定基础。积极推动致公党史迹保护利用工作和致公党前辈史料收集活动，开展党史调研，研究形成《司徒美堂与中国致公党》《司徒美堂与中国洪门民治党》等一批理论成果。《中国发展》杂志进一步凝聚本党内外专家的理论智慧，办刊质量进一步提高。

二、注重提高参政履职能力，为全面深化改革献计出力

努力提高协商议政的质量和水平。在中共中央召开的征求政府工作报告、上半年和全年经济工作、十八届四中全会《决定》等有关意见的高层协商会上，本党中央围绕关系经济社会发展、民主法治建设等重大问题，提出针对性、可行性较强的措施建议，内容涉及科技创新、简政放权、对外开放、教育发展、生态环保、人才引进等方面，受到中共中央领导的重视。在全国政协大会、常委会、专题协商会、双周协商会上，本党中央就华文教育、规范网络反腐、推进《基本医疗卫生法》立法、构建现代公共文化服务体系等问题，积极建言献策。各地方组织负责人也积极参加当地中共党委、政府举行的协商会、座谈会，提出了很多有价值的意见和建议，为地方经济和社会发展作出了贡献。

重视做好政协提案和发言工作。全国政协十二届二次会议期间，本党中央提交提案 33 件，发言 3 件。提案和发言内容涉及“侨”“海”、农业与农村、生态文明、医药卫生、教育培训等多个领域。其中，大会发言《完善政策机制，推进中医药事业健康发展》得到国家有关部门的肯定；《关于加强固体废弃物综合利用，推进循环经济发展的提案》《关于城镇化进程中住房保障问题的提案》等 2 件提案入选全国政协重点提案，《关于加强海外中国公民、华侨人身安全的提案》《关于发挥证券市场作用，加强中小企业金融服务的提案》《关于城镇化进程中住房保障问题的提案》等 3 件提案被列为部门重点办理提案。

深入开展专题调查研究。围绕国家发展重大问题、社会热点问题，组建专家队伍，积极组织开展涉及装备制造业、进出口税收、土地制度、海外人才引进、社区养老、卫生立法、粮食安全、水土保持、生态环境、水利水电、上海自贸区建设等方面的 22 项调研，并形成调研报告和建议报送中共中央、国务院有关部门。其中《关于创新驱动促进装备制造业结构调整的建议》《关于完善我国进出口税收优惠政策的建议》《关于进一步推动海外高层次人才引进工作的建议》《关于我国农村土地制度改革的建议》《关于加快自由贸易试验区建设，充分发挥其引领改革的作用》《关于加强盐碱地资源可持续利用的建议》等 12 件建议得到李克强、张高丽等中央领导同志的批示。成功举办以建设长江经济带为主题的第八届中国发展论坛。

继续做好反映社情民意信息工作。各省级组织充分调动广大致公党员的积极性，围绕大局和群众关心的热点、难点问题，及时报送大量反映社情民意信息的素材。截至 10 月 31 日，共收集各级组织报送信息 1334 篇，报送全国政协及中共中央统战部 282 篇，

被采用54篇，其中《对盘活信贷存量问题的调查与思考》等信息得到了国务院领导和有关部门的重视。

重视发挥中央专门委员会作用。经济委员会、科技委员会、环境与可持续发展委员会、教育委员会、医药卫生委员会、文化委员会、法制委员会、海外联谊委员会、留学人员委员会等共组织开展13项专题调研,其中《关于促进我国社区卫生服务发展的建议》和《关于〈基本医疗卫生法〉立法的建议》等得到了中共中央领导同志的批示。社会发展与服务委员会牵线为毕节七星关区引进总投资30亿元的城市综合体项目,妇女委员会走进“太阳村”，关注弱势儿童群体。此外，进一步重视专委会自身建设，开展自身建设专题调研，完成专门委员会信息采集工作。

三、深化海外联络，做好侨港澳台人士团结联谊工作

深化对传统友好社团和其他侨社的联系。本党中央先后组织4个团组，赴北美参加了加拿大洪门渥太华分部成立80周年庆典活动、美国洪门致公总堂第29届恳亲大会；赴南美参加了中南美洲华侨华人促进中国和平统一2014年大会；赴东欧与波兰、匈牙利、罗马尼亚三国侨胞进行了座谈交流；赴希腊、瑞典出席欧洲华侨华人社团联合会第18届大会。进一步推动了与海外爱国洪门团体的交往，并借助主流洪门社团的渠道，与所在国主流侨社加强联系。同时，举办海外洪门中青年代表人士研修班，继续推动洪门社团的改革创新和可持续发展。

拓展新移民群体和海外留学人员的工作。派团出席“希腊华商首届经贸文化论坛”，探讨欧债危机下旅欧新侨如何应对危机，实现转型发展。利用出访机会与华人商会、华人行业协会、华人工会等社团座谈交流，邀请欧洲中青年商会领袖来华访问，深入了解旅欧新侨在当地的生存发展情况，维护新侨权益。第五次邀请北美致公协会来华访问，促进其与政府主管部门、国内科研院所、高新技术园区及企业进行交流合作。

加大对台港澳工作深度及广度。举办海峡科技论坛，深化两岸科技、经济合作；主办海峡两岸中华武术论坛，推进两岸民间文化交流；召开海峡论坛·致公恳谈会，加强与岛内基层民众的往来。派团赴台湾和港澳访问，进一步密切与台港澳地区社团和专业人士的联系，宣传对台港澳的方针政策。邀请香港致公协会、澳门致公协会代表人士组成国庆访问团来内地访问，进一步做好增进共识、凝聚人心的工作。

扩大公共外交实践。加强未建交国家工作，在出访时与巴拉圭台籍侨胞和政界人士座谈，拓展沟通联络渠道，并通过重点侨领进一步密切与大洋洲未建交岛国政界、侨界的联系；访美期间，再次向费城自由图书馆捐赠中文图书，推动中华文化在海外传播；访中东欧、阿根廷期间，分别向当地介绍了中国科技、卫生事业的发展情况，进一步推动双方在科技创新、医疗卫生特别是中医药领域的交流与合作。

进一步完善工作机制。本党中央先后到各地方组织进行调研，听取对中央对外联络工作的意见和建议。召开全党对外联络工作会议，总结经验，表彰先进，明确未来工作思路。

四、整合资源优势，扩大社会服务实效

全面提升参与毕节试验区建设工作质量。认真贯彻落实习近平总书记等党和国家领导同志关于毕节试验区建设的指示精神，成立致公党中央参与毕节试验区建设工作领导小组，并召开致公党参与毕节试验区建设工作扩大会议。重点推动杨家湾镇新型城镇化示范点建设，总项目数达 47 项，涉及引进和捐赠资金达 80 多亿元。

继续打造定点扶贫品牌。“致酉合作”创新发展，今年内共计组织专家 6 次赴酉阳实地考察，由本党中央及广东省委会为当地引进资金 130 余万元。“致泸合作”赋予新内涵，四川省委会启动致泸合作“十百千”工程和社区发展基金项目。贵州省黔西南州“星火计划、科技扶贫”稳步前进，与国家开放大学在州电大联合启动“一村一名大学生”计划。各省级组织的扶贫品牌项目持续推进，如上海市委会的“科普活动中心”、天津市委会的“助医工程”、江苏省委会的“引凤工程”、安徽省委会的“同心示范工程”、福建省委会的社区致公学校、湖南省委会的“致公助学平台”等，社会影响力进一步扩大。

以致福慈善基金会为依托，拓宽扶贫帮困领域。召开基金会一届二次理事会和成立大会，在建章立制、公益项目方面初见成效。成功举办致公党中央第一届社会公益慈善培训班。联合北大青鸟集团实施“春晖行动——致公学生培养计划，实施“致福助侨奖学金”项目，开设湖南省“致公・致福班”，支持和鼓励广东省委会成立“致福公益促进会”。此外，在云南鲁甸、普洱地震灾害、海南“威尔逊”台风来临之际，本党各级组织及广大党员积极参与救灾抢险和爱心捐赠，共计捐赠资金 2600 余万元。

五、切实加强自身建设，为全面提高致公党工作水平提供坚实基础

组织工作取得新突破。按照“三个为主”原则，有规划、有重点、有步骤地做好党员发展工作。截至 11 月底，共有党员 47110 人。地方和基层组织稳步发展。陕西省委会于今年 1 月成立，广西成立了河池市委会，辽宁本溪、营口成立了市筹委会，重庆市成立了渝北区工委，贵州省成立了毕节市筹委会，河南省成立筹备委员会的相关工作稳步推进。后备干部队伍建设工作力度加大。在充分调研基础上制订《关于做好 2014—2017 年省级组织领导班子后备干部队伍建设工作的意见》。积极配合有关部门完成相关推荐工作，指导和协助完成了山东、福建、广东、湖北、安徽等省级组织的届中增补工作。培训工作取得新成效，举办中委培训班、地市级组织专职干部培训班、组宣干部培训班；配合中央统战部，分别选派 30 名党员参加中央社院学习班，着力提高履职能力。

宣传工作取得新成绩。紧扣各项重点工作，加强与主流媒体的联系与合作，积极宣传本党所取得的突出成绩，并及时报道本党重点工作和各级组织开展宣传思想工作的有效做法。鼓励地方组织以宣传促进工作实践，其中浙江省委会开展的“建设美丽浙江、致公在行动”系列活动、云南省委会参与主办的 2014“中国远征军抗日阵亡将士”公祭活动等取得良好的社会反响。同时，各级组织认真办好内部刊物，《中国致公》办刊质量进一步提高，网站、新媒体作用进一步发挥。中国致公画院整体水平继续提高。

党内监督工作取得新进展。坚持积极稳妥、循序渐进的方针，不断探索完善党内监督工作制度。召开致公党党内监督工作研讨会，交流各省级组织监督委员会工作开展情况。

在本党中央的指导下，目前全党大部分省级组织已经成立了监督委员会。同时，中央监督委员会要求全党各地方组织对本地的党内监督工作开展情况进行自查，并派出检查组对四川、山东、浙江等地进行抽查。

机关建设呈现新气象。认真贯彻落实中共中央的有关规定和要求，切实改进工作作风。中央机关制定《致公党中央机关公文处理工作办法（试行）》、《致公党中央机关差旅费管理办法》等5项规定，进一步完善机关公文、财务、人事等有关管理制度。继续举办机关专题讲座，形成讲学习、爱学习的良好风气。各级地方组织也更加重视机关建设，机关的凝聚力不断增强，工作绩效明显提升。

各位委员、各位同志：一年来，本党各项工作所取得的新成绩，是以习近平同志为总书记的中共中央正确领导的结果，也是本党各级组织和广大党员团结奋斗、努力工作的结果。在这里，我谨代表本党中央常务委员会，向全体党员付出的辛勤努力和作出的无私奉献，表示衷心的感谢！

各位委员、各位同志，在去年的全会上，我们提出了如何更好地发挥中央委员尤其是京外委员的作用、更好地发挥本党在协商民主中的作用、发挥好地方组织和各专委会的作用，以及后备干部队伍建设等5个问题。经过一年的努力，我们举办了以深化思想教育和提高履职能力为主题的中央委员培训班，逐步探索为京外委员更好地发挥作用创造条件；加大了调查研究力度，形成了一批高质量的调研成果，努力做社会主义协商民主的积极参与者；本党中央和地方组织联系更趋密切，在承办重大调研和会议活动、干部挂职锻炼等方面的力度进一步加大；加大了对专门委员会的经费支持力度，专委会工作机制进一步理顺；制定了后备干部队伍建设的指导性文件，与各省统战部门的沟通与协商进一步加强。

在肯定成绩同时，我们也清醒地看到，与新形势新任务要求相比，与致公党承担的历史使命相比，我们一些工作还存在不足，需要切实加以改进。比如，思想宣传教育需要进一步深化；参政议政还需要进一步凝聚全党力量；队伍建设面临高端人才紧缺的难题；基层组织建设还存在不少困难；民主监督工作还比较薄弱；全党的工作还需进一步加强统筹等。希望大家提出宝贵意见和建议，帮助我们把工作做得更好。

2015年工作部署

当前，我国正处于全面建成小康社会的关键时期，前进道路上充满机遇与挑战。明年致公党工作的总体要求是：深入贯彻落实中共十八大、十八届三中、四中全会和习近平同志系列重要讲话精神，坚持致力为公和侨海报国两大主题，聚焦全面深化改革和推进依法治国，加强工作创新，着力提高咨政建言能力和自身建设水平，以优异的成绩迎接本党建党90周年。

一、进一步加强中国特色社会主义理论体系学习

各级组织要将认真学习贯彻中共十八届四中全会精神，作为当前和今后一段时期内的重要政治任务，切实抓紧抓好。全体致公党员特别是各级领导干部，要认真学习《决定》

等重要文件，准确把握我国经济社会发展的新要求，把思想和行动统一到中共中央的决策部署上来，为实现四中全会确立的全面推进依法治国的目标任务作出应有贡献。

要继续深入开展坚持和发展中国特色社会主义学习实践活动，将学习实践活动与学习四中全会精神紧密结合，不断增强道路、理论、制度自信，巩固多党合作团结奋斗的共同思想政治基础。按照中央安排，明年重点开展以优良传统教育为主题的活动。各级组织要按照计划，结合当地实际，精心设计明年的教育实践活动，认真学习致公党先辈的优良传统。

要以组织致公党成立90周年庆祝活动为契机，认真总结致公党发展的生动实践和宝贵经验，引导全体致公党员始终不渝地坚持中国共产党的领导，讲好中国故事，讲好中国致公党的故事,始终不渝地坚持和发展中国特色社会主义。加强对宣传思想工作的引导，充分利用党刊、社会主流媒体和新兴网络等新闻舆论工具和宣传手段，加强对本党代表性人士的宣传，不断增强本党的凝聚力，扩大影响力。

二、着力提升调查研究能力，不断提高履职实效

要坚持问题导向，深入实际摸清真实情况，集合众智提出解决办法，努力使对策建议有的放矢、切中要害。要紧紧围绕全面推进依法治国和经济社会发展的重点，就科技创新、医药卫生、生态文明、教育发展、“侨”“海”问题等重点领域，广泛组织动员专家力量，深入开展调查研究，提出具有本党特色的高水平的意见和建议。要继续做好高层协商、两会发言提案和全国政协常委会、专题协商会、双周协商会发言等工作，进一步提高建言献策的质量。

要不断深化“上下联动、内外互补”的工作机制，既要加强本党中央、专委会与地方组织的合作，也要拓展本党各级组织与政府部门和高校的合作。进一步建立健全联合调研、成果互享、专家互助等机制建设，支持并发挥基层组织参政议政的作用。加强参政议政平台建设，着力办好中国发展论坛，不断扩大社会影响力。进一步完善专门委员会工作机制，加大对专门委员会成员的培训力度，扩大京外委员在中央专委会中的比例，使专委会真正成为开展参政议政工作的智库。

要努力拓宽信息来源，提高社情民意信息工作的质量。要认真抓好反映社情民意信息工作的组织协调工作，重点做好致公中央常委和代表人士的反映社情民意工作，加强与地方组织信息工作的沟通联系和交流反馈，积极推动搭建省级组织信息工作定期交流平台，努力提升本党反映社情民意信息工作的质量和水平。

三、大力开展团结联谊工作，不断深化对外友好交往

要围绕国家侨务大局，加强海外侨胞工作，广交、深交朋友，精耕侨务资源。明年本党中央拟派团前往菲律宾、澳大利亚、美国、加拿大等国家，继续有针对性地做好重点侨团、重点人士的工作。要立足本党优势，鼓励传统侨团健康发展，促进侨社的团结，引导新侨融入当地社会。同时，要重视进一步密切与留学人员的联系与交流。

要更好发挥致公党在公共外交中的积极作用，进一步推动与未建交国家及周边国家的交流与合作，服务国家整体外交。重点加强与中南美洲、南太平洋未建交国家的联系，

派团访问多米尼加、洪都拉斯等国，邀请南太地区未建交国家侨领访问团、巴拿马议员团等来华访问。适时召开周边国家侨务公共外交座谈会，研讨如何开展周边国家工作。结合国家发展战略，开展“一带一路”调研。

要切实推进密切与港澳台同胞关系的工作，把争取人心放在首要位置。继续派出高访团赴港澳交流访问，做好对我友好社团的团结工作。举办粤港澳合作发展论坛，推动三地合作发展，促进港澳繁荣稳定。通过办好致公恳谈会、岛内洪门中青年人士培训班、海峡两岸中华武术论坛等形式，加强与岛内洪门社团、友好团体和基层民众的交流与合作。

四、巩固已有成果，着力提高社会服务工作水平

要在传统项目的基础上，继续做好贵州毕节试验区、重庆酉阳、四川泸州、贵州黔西南等地的帮扶工作。以智力服务和改善民生为突破点，致力于帮扶地区教育、医疗和群众生产生活条件的进一步改善，探索不仅有“输血”式帮扶而且能“造血”式发展的方式。积极维护华侨农场归难侨权益，助力改善归难侨生活水平。

鼓励和支持本党地方组织在实践中进一步优化和创新社会服务工作新模式，不断探索助学、助医等致公社会服务传统工作的新渠道、新举措和新方式。鼓励有条件的地方组织关注社区建设，积极开展社会服务工作，把立足社区作为开拓社会服务工作的一个新的支撑点。

做好致福慈善基金会工作。整合本党内外资源，抓好已有亮点项目，挖掘、培育新品牌，扩大“致福工程”社会影响力。关注致公党员企业发展，开展多种形式的企业文化和公益慈善培训，积极为党员企业健康发展、转型升级、服务社会提供有效的支持和服务。

五、立足长远发展，全面推动和加强组织建设

继续实施“人才兴党”战略，积极主动吸收一批“千人计划”学者等优秀人士。坚持质量与数量并重的方针，把握本党的代表性和特色，积极做好党员发展工作。抓好后备干部队伍建设，努力搭建平台，积极推荐一批优秀干部到各级政府部门、司法机关等担任领导实职，在代表人士培养使用方面力争新突破。采取有效措施，全面加强领导班子建设。认真做好届中调整工作。

要夯实基层组织建设。各级领导要率先垂范，加强对基层组织的领导和指导，中央领导和省级主委每年至少要参加两次支部活动，深入了解基层党员所思所想，全面把握基层组织活动中的问题和困难，推动基层组织开展以帮助所联系困难群众为主要形式的支部活动。适时召开全党基层组织工作会议，推进基层组织建设再上新台阶。

进一步做好党内监督工作。中央监督委员会要派成员参加省级组织领导班子的谈心会、民主测评会，重点检查领导班子和成员贯彻民主集中制、改进工作作风的情况。继续推动尚未成立监督委员会的省级组织尽快成立监督委员会，完善党内监督机制，积极探索做好新形式下的内部监督工作。

加强机关建设。要认真执行“八项规定”等中央有关规定，从严要求，坚决反对“四风”，推行勤、快、实的优良作风。要通过学习培训、轮岗交流、挂职锻炼等途径，为机关干部创造良好的学习条件，尽快提高机关干部的综合素质，不断增强解决实际问题的

能力。要进一步完善规则与程序，全面提升本党机关制度建设的科学化水平。

以法治思维和方式加强履职能力建设

中共十八届四中全会明确提出了全面推进依法治国的指导思想、目标任务、重大原则，汇集了新思想、新论断、新举措，在推进中国特色社会主义事业伟大进程中具有里程碑的意义。我们要紧紧围绕四中全会精神，切实把法治精神贯穿到履行职能的各方面和全过程，努力在推进国家治理体系和国家治理能力现代化的过程中发挥更大作用。

（一）牢牢把握正确的政治方向。坚持正确方向是我们履行职能，推进依法治国的基本前提。全体致公党员要自觉坚持中国共产党的领导，坚持中国特色社会主义制度，贯彻中国特色社会主义法治理论。自觉把坚持中国共产党的领导、人民当家作主、依法治国有机统一起来，深刻认识我国法治与西方所谓“宪政”的根本区别，深刻认识依法治国与依宪治国、依法执政与依宪执政的内在关系，坚定不移地做全面推进社会主义法治建设的支持者、推动者和参与者。

（二）积极参与协商民主实践。参与社会主义民主建设，是全面推进依法治国的内在需要。要深入学习习近平总书记在人民政协成立65周年大会和中央全面深化改革领导小组第六次会议上关于推进社会主义协商民主的重要讲话精神，充分利用高层协商、专题协商、对口协商、界别协商、提案办理协商、双周协商等协商平台，多发表见解、多提出意见和建议。要提高联系群众的能力，拓宽与所联系群众的利益诉求表达渠道，发挥好参政党的桥梁纽带作用，把人民群众最真实、最关切的意愿及时通过协商平台反馈到中共党委和政府手中，切实提高协商民主的实效性。

（三）加大民主监督力度。完善民主监督是健全法制、依法治国的重要方面。作为参政党要结合自身实际、找好民主监督重点，使民主监督进一步具体化、规范化。致公党中央委员、各级领导干部和全体党员，要把推进维护华人华侨及归国留学人员权益作为民主监督的一个重要方面，充分发挥致公党员中人大代表、政协委员的带头作用，在关键问题、关键时刻，要敢担当，敢发声，使民主监督真正落到实处、发挥实效。

（四）着力提高依法参政的能力。应用法治思维和法治方式，依法参政议政是参政党推进依法治国的基本途径。全党同志要善于用法治思维和法治方式想问题、作判断、出措施，在立法、执法、司法等过程中，积极参政议政、建言献策。要努力以法治凝聚改革共识、规范发展行为、促进矛盾化解，为营造良好的法治文化作贡献。要尊崇宪法的权威，带头遵守宪法和法律，深入学习领会中国特色社会主义法治理论，成为法治的忠实崇尚者、自觉遵守者和坚定捍卫者。

（五）注重彰显“侨”“海”特色。依法保障海外侨胞、留学人员在国内投资、创业和自身发展中的合法权益，维护社会主义法治的统一和尊严，是致公党参与依法治国实践的重要使命。要本着“侨胞利益无小事”的原则，不定期召开座谈会听取侨胞和留学人员的意见，及时反映他们在创新创业、事业发展中的问题和困难。要认真学习习近平总书记在欧美同学会、海外人才座谈会上的重要讲话精神，坚定不移地做好海外人才工作，对涉及法律、政策方面的问题，及时通过各种渠道，向有关部门提出意见和建议，积极推动问题的解决与落实。

各位委员、同志们，行进在全面建成小康社会的伟大征程中，光荣与梦想激励着我们，责任与使命鞭策着我们。让我们紧密团结在以习近平同志为总书记的中共中央周围，高举中国特色社会主义伟大旗帜，锐意进取，扎实工作，为夺取中国特色社会主义新胜利、实现中华民族伟大复兴的中国梦而奋斗！

致公党中央关于在全党开展坚持和发展中国特色社会主义学习实践活动的通知

致公党各省、自治区、直辖市及中央直属组织：

为加强全党自身建设，进一步促进各级组织和广大党员更加自觉地坚持中国共产党领导，与全国人民一道共同奋斗，努力为全面建成小康社会、实现中华民族伟大复兴的中国梦作贡献，致公党中央决定在全党开展坚持和发展中国特色社会主义学习实践活动。

一、指导思想

高举中国特色社会主义伟大旗帜，以邓小平理论、“三个代表”重要思想、科学发展观为指导，牢牢抓住中共十八大和十八届三中全会精神的主题主线，深刻领会习近平总书记系列讲话精神的内涵实质，准确把握中国特色社会主义理论的真谛要义，认真贯彻致公党十四大精神，紧密联系自身实际，积极投身于中国特色社会主义实践。

二、总体目标

通过学习实践活动，促进广大党员进一步凝聚政治共识，不断增强对坚持和发展中国特色社会主义的道路自信、理论自信、制度自信，切实承担起作为中国特色社会主义的亲历者、实践者、维护者和捍卫者的政治责任；全面回顾致公党各个阶段的奋斗历程，激励广大党员传承优良传统；深入推进高素质参政党建设，切实履行参政党职能，努力开创“致力为公、侨海报国”生动局面，为全面建成小康社会、实现中国梦贡献力量。

三、主要任务

学习实践活动以各级组织领导班子成员、各级人大代表与政协委员为主。全党要结合形势任务和工作实际，把学习实践活动贯穿于加强自身建设和履行参政党职能的全过程，着重抓好以下三个方面的工作。

（一）进一步巩固团结奋斗的共同思想政治基础。

通过认真学习中国特色社会主义理论、中共十八大和十八届二中、三中全会精神、习近平总书记系列讲话精神，准确把握全面深化改革的指导思想、目标任务、重大原则，深刻领会建设中国特色社会主义的总依据、总布局、总任务，充分认识中国共产党是领导中国人民不断开创事业发展新局面的核心力量，巩固政治共识。

全党要把学习实践活动与贯彻落实致公党十四大精神结合起来，与继承发扬致公党的优良传统结合起来，与弘扬致公党“致力为公、侨海报国”的特色结合起来，深入系统地学习统一战线理论和致公党党章党史，引导各地方组织和广大党员坚持中国共产党领导的多党合作和政治协商制度，坚定不移走中国特色社会主义政治发展道路。

要把中共十八大和十八届三中全会确定的目标任务与加强高素质参政党建设紧密结合起来，准确把握新形势下执政党关于全面推进中国特色社会主义事业的战略部署，明确履行参政党职能的方向和重点，与中国共产党共同致力于推进中国特色社会主义事业的伟大实践。

（二）发挥“侨”“海”特色，积极履行参政党职能。

全党要围绕推动科学发展，加强自身建设，凝聚全面深化改革的信心和共识。要凝聚“侨”“海”力量，发挥“侨”“海”优势，坚持实施“人才兴党”战略，紧紧围绕全面深化改革的重大问题，最大限度地发挥全党的智力优势，最大限度地提升参政议政水平，最大限度地履行参政党职能。

要按照全面深化改革总目标的要求，密切关注国内外新形势变化，以促进改革、发展和创新作为参政议政第一要务，深入调查研究，积极建言献策，使广大党员成为推动科学发展、建设和谐社会的重要力量。要积极发挥“侨”“海”优势，为引进海外高层次人才、推动我国企业“走出去”、促进祖国统一和维护港澳地区繁荣稳定作出贡献。要充分调动和激发广大党员的主动性和创造性，引导各级组织结合自身优势，努力探索开展社会服务和扶贫帮困工作的有效形式。

（三）加强理论研究，推动实践基础上的理论创新。

全党要按照理论研究与实际工作互相促进的要求，紧密结合参政党自身建设和履行职能的工作，以应用理论研究为重点，大力推进参政党理论建设，不断深化对中国特色社会主义参政党建设规律的认识。

各级组织要在学习实践活动中抓好典型，研究新情况，探索新思路，解决新问题。要尊重首创精神，着力推进学习实践活动工作思路、内容、方式、方法的创新，对好的经验、做法通过召开研讨会、现场会等形式加以总结、提炼和推广。要在实践基础上，充分发挥各级组织、广大党员特别是领导干部和专家学者的作用，组织协调力量，就坚持和完善中国共产党领导的多党合作制度、统一战线理论与实践、参政党职能和自身建设等重大问题进行深入研究，探索规律，努力实现理论创新，取得理论成果。同时，要注重理论成果转化，通过理论指导实践、实践检验理论，不断完善参政党理论，全面加强自身建设，更好地履行参政党职能。

四、组织领导

为加强对全党学习实践活动的组织领导和统筹协调，中央已成立坚持和发展中国特色社会主义学习实践活动领导小组，下设办公室。

组长：万钢

副组长：蒋作君、杨邦杰、严以新、闫小培

办公室主任：严以新（兼）

副主任：曹鸿鸣

成员：王增祺、许怡、王翔、李刚、程向前、李万通

为保障全党学习实践活动有序进行，各地方组织应成立活动领导小组，设立工作机构。

五、工作安排

坚持和发展中国特色社会主义学习实践活动为期四年，总体上分为动员部署、全面实施、总结交流三个阶段。

（一）动员部署阶段：2013 年 9 月至 12 月

2013 年 9 月，致公党中央主席办公会议原则通过关于开展坚持和发展中国特色社会主义学习实践活动的方案。

2013 年 11 月，致公党中央十四届四次中常会讨论《关于开展坚持和发展中国特色社会主义学习实践活动的方案（讨论稿）》。

2013 年 12 月，致公党中央十四届二次全会审议通过《关于开展坚持和发展中国特色社会主义学习实践活动的方案》，并作出全面部署。

2013 年 12 月，致公党中央向全党各省、自治区、直辖市及中央直属组织下发《致公党中央关于在全党开展坚持和发展中国特色社会主义学习实践活动的通知》，学习实践活动正式启动。

（二）全面实施阶段：2014 年 1 月至 2017 年 6 月

此次活动周期长，时间跨度大，为保证活动扎实有效地开展，致公党中央将结合每一年的形势任务，制定当年学习实践活动的具体实施计划，明确工作重点。同时，各地方组织应结合当地实际，有针对性地开展学习实践活动。

2014 年，重点开展学习教育活动。学习贯彻中共十八届三中全会精神，是本党当前和今后一个时期的重大政治任务。我们要在全党范围内，通过中央领导班子成员带头学习、常委会议专题学习、各地方组织领导班子成员、各级人大代表与政协委员集中学习、党员自我学习等方式，学习贯彻中共十八大和十八届三中全会精神，深入领会习近平总书记系列讲话精神，认真把握中国特色社会主义理论，凝聚政治共识，明确政治责任。

2015 年，重点开展优良传统教育活动。围绕纪念中国致公党成立 90 周年，开展党史党章及优良传统教育。充分发挥党内老同志和专家学者的作用，组织宣讲团，开展党史党章巡讲活动，推动广大党员学习党史、了解党史，把与中国共产党通力合作的优良传统传承下去。同时，各级组织还可以通过举办研讨会、新党员学习班、报告会、主题征文等多种形式，加强对党史党章的学习和宣传工作。

2016 年，重点推进自身建设。为建设高素质参政党队伍，各级组织、领导干部要紧密结合中国特色社会主义理论学习与实践，全面提高政治把握能力、参政议政能力、组织协调能力、合作共事能力，自觉履行参政党职能，加强基层组织建设和后备干部队伍建设，完善机关建设和制度建设，积极探索新渠道、新思路和新方法，把广大党员在学习实践活动中激发起来的积极性引导到本职工作和党员履职工作中去。

2017 年，重点强化侨海报国理念。要将学习实践活动与推行侨海报国理念结合起来，深刻领悟侨海报国实质，要在侨海报国理念的引领下，一如继往地支持和协助执政党做

好各项工作，始终致力于最大限度地把归侨侨眷、海外侨胞和留学人员团结起来，最大限度地把“侨”“海”的积极性调动起来，最大限度地把“侨”“海”的优势发挥出来，助推我国改革和发展。

（三）总结交流

在整个学习实践活动期间，各级组织要形成指导检查、工作简报制度，及时进行情况交流。每年年底将进行阶段性总结交流，对学习实践活动开展情况进行自查，总结经验，并把一些成功做法用制度的形式固定下来，形成长效机制。中央将派出检查组对各地方开展学习实践活动情况进行指导和推动。2017 年 7 月至 12 月，各级组织对活动进行全面总结，中央将对活动中涌现出的先进集体和先进个人予以表扬和宣传。

六、活动要求

（一）加强领导，明确责任。全党要将坚持和发展中国特色社会主义学习实践活动作为今后一段时期工作重大的政治任务。中央已成立坚持和发展中国特色社会主义学习实践活动领导小组。各地方组织要成立活动领导小组，设立工作机构，落实具体负责人员，为开展学习实践活动创造必要的工作条件；要建立指导检查、工作简报等制度，及时交流情况，研究部署工作。

（二）统筹兼顾，注重实效。要正确处理学习实践活动与当前各项工作的关系，把学习实践活动与实际工作密切结合起来，统筹安排，互相促进，全面提高。要坚持突出重点，以各级组织领导班子成员、各级人大代表与政协委员为主；坚持自我教育，体现“自觉、自主、自为”；坚持正面引导，突出思想引领，把握活动导向；坚持注重实效，把学习与实践相结合，注重解决问题。

（三）积极探索，大胆创新。各地方组织要充分发挥自身优势和主观能动性，在完成中央的“规定”动作外，积极探索新方法、新举措，设计“自选”动作。同时，要注意及时征求致公党员的意见建议，不断改进工作；要注意与中共各级统战部门及时沟通情况，通报活动的重要进展情况和阶段性成果；要注意与兄弟党派加强联系，吸收有益经验做法。

（四）搞好宣传，营造氛围。要认真做好宣传发动工作，充分利用党内刊物、网站和社会媒体，加强宣传引导，营造浓厚的舆论氛围；要推动网站和手机客户端建设，善于利用新型媒体工具开展学习交流与宣传工作；要加强信息报送工作，积极宣传先进典型，以点带面，推动学习实践活动的深入开展，树立致公党良好的政治形象和社会形象。

中国致公党中央委员会
2014 年 1 月 14 日

关于印发《关于认真学习贯彻习近平同志重要讲话精神的通知》的通知

各省、自治区、直辖市及中央直属组织：

9月21日，中共中央总书记、国家主席、中央军委主席习近平同志在庆祝中国人民政治协商会议成立65周年大会上发表重要讲话，该讲话是指导人民政协事业和社会主义协商民主发展的纲领性文件。现印发《关于认真学习贯彻习近平同志重要讲话精神的通知》，请各级组织和广大党员认真学习。

附件：关于认真学习贯彻习近平同志重要讲话精神的通知

致公党中央办公厅

2014年10月16日

附件

关于认真学习贯彻习近平同志重要讲话精神的通知

9月21日，中共中央总书记习近平同志在庆祝中国人民政治协商会议成立65周年大会上发表重要讲话，全面回顾人民政协光辉历程，深刻总结65年来人民政协工作的宝贵经验，明确提出进一步做好人民政协工作的具体要求，深刻阐述了社会主义协商民主的重大战略思想，立意宏大、视野高远、思想深刻，丰富和发展了中国特色社会主义理论，是指导人民政协事业和社会主义协商民主发展的纲领性文件，是多党合作和政治协商制度建设的行动指南，为中国特色社会主义民主政治建设指明了方向，具有重大的现实意义和深远的历史意义。致公党各级组织要认真安排部署，组织引导广大党员深入学习贯彻习近平同志重要讲话精神。

要充分认识讲话的重大意义，巩固共同的思想政治基础。习近平同志的重要讲话，提出了关于人民政协工作和协商民主建设的重要论述，提出了“四项主要原则”、“五项重点工作”、“四个能力建设”、“有关社会主义协商民主的三个重大认识”等新思想、新观点、新论断，对问题的分析与论述十分深刻与精辟。讲话对于进一步认识中国共产党领导的多党合作和政治协商制度的重要性，对于进一步增强做好新形势下人民政协工作的责任感使命感，对于参政党今后更好地加强自身建设和履行职能，具有重要的指导作用。致公党各级组织和广大党员要充分学习和领会习近平同志的重要讲话，切实把思想和行动统一到讲话精神上来。

要充分应用人民政协舞台，切实履行参政党职能。学习贯彻习近平同志的重要讲话精神，要深刻领会和准确把握中共中央对人民政协事业发展的殷切期望，积极推动人民政协履行职能制度化、规范化和程序化建设，更加紧密地围绕中心服务大局，更好地聚焦全面深化改革开放凝聚共识、汇集力量、建言献策，充分发挥好人民政协在发展社会主义协商民主中的重要作用。作为人民政协的组成单位之一，致公党要充分发挥界别优势，选择事关国计民生的全局性、综合性、前瞻性重大问题深入调查研究，积极建言献策，在人民政协的舞台上进一步发挥好作用。

要根据协商民主的要求，切实加强参政党建设。习近平总书记指出，人民政协以宪法、政协章程和相关政策为依据，以中国共产党领导的多党合作和政治协商制度为保障，集协商、监督、参与、合作于一体，是社会主义协商民主的重要渠道。对于致公党来说，要适应新时代协商民主建设的要求，必须不断加强自身建设，不断巩固道路认同、目标认同、价值认同，以思想建设为核心，以组织建设为基础，以制度建设为保障，把自身建设成为政治上坚定、组织上巩固、机制上健全、工作上创新的适应新时代要求的参政党。

认真学习贯彻习近平同志重要讲话精神，是致公党当前和今后一个时期十分重要的政治任务。各级组织要加强领导，周密部署，把学习讲话精神与致公党正在开展的坚持和发展中国特色社会主义学习实践活动相结合，切实把思想和行动统一到习近平同志重要讲话精神上来，围绕我国改革发展大局，充分发挥协商民主重要渠道作用，履行政治协商、民主监督、参政议政职能，为全面建成小康社会和开创中国特色社会主义事业新局面而团结奋斗。

九三学社

九三学社第十三届中央常务委员会 2014 年工作报告

（2014 年 12 月 8 日）

韩启德

各位委员、同志们：

我受九三学社第十三届中央常务委员会委托，向全会作工作报告，请予审议。

2014 年工作回顾

2014 年是新中国成立和中国共产党领导的多党合作和政治协商制度确立 65 周年，也是我国全面深化改革的开局之年和反腐败斗争坚定前进之年。为深刻领会中共十八届三中全会精神，开创工作新局面，社中央领导班子于 1 月中旬召开第二次战略研讨会，就如何在全面深化改革进程中发挥参政党作用，如何结合自身特点开展坚持和发展中国特色社会主义学习实践活动，新形势下如何把参政议政工作的质量提高到一个新台阶，如何进一步提高全社的组织化水平等问题进行了深入探讨与交流，形成了不少新的工作思路和具体工作意见。

一年来，九三学社高举中国特色社会主义伟大旗帜，深入学习贯彻中共十八大、十八届三中、四中全会精神和习近平总书记系列重要讲话精神，紧紧围绕党和国家工作大局，努力开拓创新，认真履行参政议政和民主监督职能，扎实推进社会服务，切实加强自身建设，各项工作都取得了显著成绩。

一、参政议政和民主监督工作取得新成果

一是高层政治协商建言成绩显著。社中央主要领导多次应邀参加中共中央、国务院就《政府工作报告》、经济形势和经济工作、全面推进依法治国等主题举行的高层政治协商座谈会，分别就做好“十二五”规划实施评估和“十三五”规划编制研究，发挥市场在科技资源配置中的决定性作用，构建充分发挥市场作用的技术创新政策体系，进一步完善中央财政科技计划管理，遏制乱收费乱罚款、坚定推进依法行政，高度重视政府科学决策的机制建设，组建国有资本运营公司，强化扩大开放的基础性工作等事关改革发

展的深层次问题提出建议。特别是，我们提出的以法治理念和方式不断增强政治、政府、市场和社会理性的建议，在中共十八届四中全会通过的决定中得到体现；我们多年就科技管理体制改革提出建议，很多内容被写入《国务院关于加快科技服务业发展的若干意见》和即将实施的《关于深化中央财政科技计划（专项、基金等）管理改革的方案》。

二是政协提案和发言的质量进一步提高。在全国政协十二届二次会议上，提交社中央名义提案 44 件、界别名义提案 22 件，大会发言 13 篇。其中，《关于发挥市场配置科技资源的决定性作用，让创新活力竞相迸发的建议》被列为“一号提案”，社中央主要领导应约就此问题在《求是》杂志发表署名文章；《大力发展循环农业，保障农业可持续发展》和《尊重规律，科学求实，莫让政府决策成笑谈》被选为大会口头发言；《关于深化行政体制改革，进一步减少行政审批事项》、《关于推进协商民主广泛多层制度化发展》等 5 篇提案入选全国政协《重点提案摘报》，《关于完善农村土地承包经营权流转制度的提案》被全国政协列为重点调研课题。另外，九三学社界别委员个人或联名向大会提交提案近百件；全年提交平时提案 10 件。在全国政协召开的专题常委会、双周协商座谈会上，社中央领导分别就如何抓好更深层次作风建设、充分保障律师辩护权、建筑垃圾资源化利用等问题发表意见建议，得到有关方面重视。在十二届全国人大二次会议上，担任全国人大代表的社员认真履行代表职责，多件议案得到相关部门重视，多项建议引起社会各界关注。比如，建议制定《中华人民共和国城镇住房保障法》；建议修改刑法拐卖妇女儿童罪为拐卖人口罪等。

三是“直通车”建言起到了推动相关工作的好效果。社中央开展专题调研 20 多次，形成了一批质量较高的报告。向中共中央、国务院及相关领导同志报送调研报告和专题建议 19 件，涉及行政管理、经济发展、文化教育、社会建设和生态文明建设诸多方面，得到了李克强、俞正声、张高丽、刘延东、汪洋、马凯、杜青林等中共中央领导同志的高度重视，并分别作出批示。比如，李克强总理在《防治农业面源污染推动农业绿色发展的调研报告》和《关于利用大数据等现代技术提升政府治理能力的调研报告》上批示，请发改委等部门会同有关方面结合实际工作认真研究。俞正声主席在《关于统筹川甘青结合部藏区协调发展的调研报告》上批示，川甘青三省藏区工作是涉藏工作中应特别重视的环节，也是西藏工作座谈会应重视关注的问题，报告所提很多意见应重视；在《关于黄河下游滩区扶贫开发的调研报告》上批示，九三学社对黄河滩区的调研，选题好，反映的确是长期存在而又日益严重的难题，提出的建议针对性也很强。国家有关部门迅速落实，有些部门还邀请九三学社商讨具体事宜。我社提出的意见建议有的已经上升为国家的政策措施，有的正在进一步研究之中，对党和国家不断推出标本兼治的改革举措，解决制约经济社会发展的关键问题起到了一定推动作用。

四是信息工作再度领先。2014 年度通过广泛调动信息员积极性，着力加强信息分析筛选，采编形成《九三学社信息》、《九三学社信息专报》611 期，被全国政协采用 64 篇，信息总分值名列各报送单位第一。社中央参政议政信息工作部门被全国政协办公厅评为反映社情民意信息工作先进单位。《关于进一步强化涉藏涉疆智库建设的建议》等 5 篇信息得到俞正声、汪洋等中共中央领导同志的批示。信息员队伍中涌现出一批勤奋、敬业的“新秀”。

五是民主监督工作继续推进。社中央把民主监督寓于履行职能的各项工作中，通过高层政治协商、“直通车”建议、政协提案和发言以及反映社情民意的信息工作等方式提出批评意见。比如，我们提出加强对科技项目立项和管理的第三方参与和监督，行政审批改革后应加强对第三方中介机构的监督管理，重视治理税收虚空转现象等，受到了中央或有关方面的高度重视，有些已经体现在国家的改革举措中。应邀出席最高人民法院、最高人民检察院、中央统战部召开的座谈会和情况通报会，就若干突出问题提出意见，发挥了民主监督作用。在第二批党的群众路线教育实践活动中，社各级地方组织和广大社员积极参与，反映党风政风问题，推动了当地教育实践活动扎实有效开展。担任各级特约监督员、监察员、检察员、审计员的社员，以高度的政治责任感参加有关检查和监督工作，发挥了特约人员的作用。社中央认真接待处理来访来信，使一些损害社员群众权益的事件得到妥善解决。

六是参政议政工作理念和机制有所创新。主要体现在：更加重视对事关全局性问题的广泛深入研讨；更加重视聚焦，在选题上尽量做到“立意深、切口小”，从一些经济社会发展“短板处”切入调研；更加重视在一些具有一定原创性的研究课题上下工夫；更加重视研究积累，对长期关注课题进一步细化研究；更加重视实际成效。着力加强机制建设，第一是强化与社地方组织的合作，深化与社外相关部委、机构和组织的合作。比如，利用大数据等现代技术提升政府治理能力、农村土地制度改革、西南水电开发与水资源利用、太行山区和黄河下游滩区扶贫开发、沿海地区盐碱地治理、川甘青接合部藏区统筹发展等调研，均是社中央与多省市社组织协作开展的。这些调研跨区域、层面广、难度大，但由于各方通力合作，扎实深入，取得了很好的成效。中共中央和国务院 17 个部门的同志多次应邀参与调研，使我们对建言献策的全局性有了较好把握。与中国人民大学、中国农业大学建立了数据、信息利用协作关系。与共青团中央合作开展了全国青少年科技兴趣课题调研。第二是充分发挥专门委员会的作用。新一届专门委员会成立后，社中央在搭建工作平台、建构工作机制等方面作出积极努力，专委会成员工作热情进一步增强，发挥了参政议政“智囊团”作用。今年各专门委员会 30 多人次参与了社中央开展的调研和活动，围绕社中央全局性工作自行开展调研和活动近 20 场次，提供了一批质量较高的提案和信息。专委会工作特点突出，比如，科技专委会先后举办三期科技沙龙，分别围绕大数据、智慧医疗和再制造进行了开放式研讨；法律专委会承办第九届“九三论坛”；人资环专委会编写季度工作简报加强工作沟通，等等。第三是着眼于弘扬九三学社民主科学的传统，举办高层次“科学座谈会”。汇聚社内外专家学者，就一些重大科学技术问题和可从科技切入的经济社会发展重大问题进行“争鸣式”交流和探讨，以期既积淀思想和观念成果，又可形成议政建议。已分别以“信息技术与现代物流”、“现代医学技术与过度医疗”、“健康养护中的科学问题”为主题举办 3 场座谈会。座谈会探索在全社选题选人的组织方式，制度化聚才汇智平台的作用已初步显现，并产生了一定的社会影响。

二、社会服务工作迈出新步伐

一是加强与参政议政的结合，相互促进。在江苏苏州召开全国社会服务工作研讨暨培训会议，着力总结经验、推动工作。积极探索服务社会主义新农村建设新的切入点，组织专题调研，形成《新农村建设中农业面源污染问题调研报告》，提出依靠建立循环农业、走生态农业发展道路和推进农村社会治理现代化治理机制的建议。社中央和社云南省委建议在鲁甸灾后重建工作中推广轻钢结构建筑，尤其是将其作为地震多发地区小城镇建设的重要建筑形式，得到云南省政府的重视和采纳。晋陕豫三省社组织就支持黄河金三角区域发展问题进行调研，经社中央以“直通车”形式向国务院报送了有关建议，国务院很快正式批复《晋陕豫黄河金三角区域合作规划》。

二是“九地合作”逐步深入，日渐成熟。社中央下发了《关于进一步深化九广合作的通知》，组织了“九三学社院士专家广元行”活动。社北京、上海、四川、陕西等省级组织在农业、教育、医疗、养老等方面与广元进一步开展合作，并通过“九广合作行”活动让项目签约落地。促成北京大学医学部与广元市人民政府签订合作协议，在建设城市区域性严重创伤救治体系、市中心医院学科建设等方面开展合作。社安徽、河南、广东等省级组织与地方政府签订了“九滁”、“九武”、“九揭”等合作协议。“沪豫科技合作”先后有40个科技项目落地；社上海市委与安徽省委开展了“沪皖两地社组织合作共建”活动。多党合作社会主义新农村建设项目在北京、广西、云南等八省区市选址并顺利实施，发挥了示范带动作用。

三是全社科普和文化服务工作不断拓展，有声有色。社中央科普工作委员会增选28名委员，建立微信“科普工作群”，加强工作联系和互动，组织院士、专家40余人次赴安徽、四川、重庆等地开展科普巡讲和技术服务活动，举办讲座43场，开展技术咨询服务7次，受众2万余人次。社中央科普工作委员会和院士工作委员会共同组织“九三学社院士专家科普巡讲”活动，赴云南、广东开展健康系列科普巡讲21场，听众累计1万余人次。社中央文化工作委员会举办“古蜀道文化探寻书画、文学笔会”，社中央书画院、北京九三书画院联合举办“送文化下乡送春联入户”活动，社内蒙古区委在边远农牧区建立“九三学社书屋”，丰富了基层群众文化生活。社各级组织积极参与“百名专家进乡村入学堂”活动。社宁夏区委举办“九三学社专家宁夏林区行”活动，组织医疗专家为有关单位一线职工提供免费健康体检和医疗义诊服务。社上海、陕西、浙江等省市组织以建立科普工作基地、专家工作站、科普讲师团等形式面向基层开展培训。截至目前，共有30个省245个市级组织开展活动2560余场，受众近40万人次，捐款捐物赠药价值近2400万元人民币，发放科普资料23万余份，招商引资推介525项。

四是全方位推进立体扶贫、精准扶贫，成绩突出。组织医疗队赴西藏开展“九三学社中央亮康行动西藏行”活动，为藏族同胞实施免费复明手术101例，这是参政党服务藏区的首创。建立“九三学社亮康行动重庆推广基地”，覆盖周边41个县区。社安徽省委联系“亮睛工程”慈善基金在安徽寿县建立了亮睛点。“亮康行动”为贫困地区开展眼病筛查和义诊活动172场，完成手术1474例，服务群众26000余人。“亮康行动”已成为九三学社服务社会的重要途径。社河南省委开展的“同心康福行动”，筹集资金438万元，完成免费髋关节置换手术202例。

按照习近平总书记对统一战线参与毕节试验区建设工作的批示精神，进一步加强对毕节威宁县的帮扶工作，为威宁教育、草海保护、生态农业和医疗卫生发展作出贡献。社北京市委做强科技助农项目，在京郊打造特色农业项目，服务首都“三农”。社广西区委通过“同心·整村推进”帮扶行动，积极引导村民发展种养业，引进各类项目资金和帮扶投入418万元，完成了28个帮扶项目。社安徽省委实施“同心示范工程”，为大别山革命老区的帮扶村争取经费940余万元。社江西省委争取经费近700万元，支持广昌县发展白莲产业。社海南省委、内蒙古区委引进外部基金会支持，实施“贫困儿童大病救治项目”，累计救助184名贫困儿童。社天津市委建立外来务工人员服务基地，社湖南省委使社会服务工作走进社区、老年公寓。这些创新性工作促进了社会服务的资源整合，提升了社会服务工作的社会效果。

一年来，通过研讨和实践，全社逐步对“为什么要搞社会服务”和“如何做好社会服务”形成共识。中国共产党作为执政党，一切工作的出发点和落脚点是实现好、维护好、发展好最广大人民的根本利益，民主党派作为参政党和中共的亲密友党，也应倾力帮扶所服务联系的群众。开展社会服务是多党合作制度的要求，是继承和弘扬“扶贫济困、周急继乏”传统美德的要求，是协助执政党和政府做好社会治理，实现国家治理体系和治理能力现代化的需要，也是加强我社自身建设的需要。在社会服务的实践中，要坚持“尽力而为、量力而行、不走过场、不图虚名、力求实效”的基本原则；发挥我社优势，在人民群众迫切需要的医疗健康服务、科学技术服务、科学知识普及和文化教育事业等方面多做工作；要把握工作重点和方法，整合全社力量，形成品牌效应，不断创新工作模式，延伸社会服务工作链条。这些共识的形成为新时期社会服务工作指明了方向。

三、坚持和发展中国特色社会主义学习实践活动取得显著成效

社中央常委会认为，开展坚持和发展中国特色社会主义学习实践活动，是九三学社自身建设的基础工程和灵魂工程；是深入学习贯彻中共十八大和十八届三中、四中全会精神，深化新一轮政治交接的重要举措；是增强“三个自信”，切实承担起中国特色社会主义亲历者、实践者、维护者、捍卫者的必然要求。学习实践活动必须以凝聚中国特色社会主义共识为核心，以专题调研为切入点，坚持问题导向，实现学习与实践并重、活动与工作双赢。

一是开展专题调研。本着“感性设问、理性分析”的原则设计调查问卷，先后在11个省级组织在京举办的社内骨干培训班上进行问卷调查，共发放问卷700余份，梳理出6个方面17类问题。组成专题调研组到5个省级组织，先后召开6次座谈会，了解社员对中国特色社会主义认知情况。

二是召开主题常委会。5月中旬，以“坚持和发展中国特色社会主义”为主题，在银川举行十三届七次常委会。会议采取务虚与务实、理论解读与事迹宣讲、研讨问题与交流经验相结合的方式进行。与会人员反映，参加此次常委会受到了一次深刻的中国特色社会主义教育，一次九三学社爱国民主科学优良传统的熏陶，加深了对坚持和发展中国特色社会主义重大理论和全面深化改革重大实践问题的认识，进一步增强了深入推进学习实践活动，做好各项社务工作的责任感和使命感。

三是举办专题论坛。围绕如何认识中国特色社会主义科学内涵和实践要求，如何看待中国特色社会主义客观规律性和历史必然性，我社对意识形态领域特别是互联网上的极左和极右思潮应不应该发声及如何发声等3个问题开展征文，收到论文289篇。11月

中旬首期论坛在安徽合肥举行，15 位作者作主旨发言。论坛围绕中国特色社会主义道路、理论体系、制度的一系列重大课题，围绕经济和社会生活中的深层次问题，围绕我社近 70 年历史经验进行热烈讨论，效率高、内容实、收获大。

为推动社员投身全面深化改革、推进依法治国攻坚战，在太原召开九三学社“全面深化改革与共同体意识”研讨会。通过研讨，深化了对全面深化改革与共同体意识和中国梦关系的认识，深化了对九三学社如何为塑造共同体意识发挥作用的认识，进一步巩固多党合作共同思想基础。

四是组织“菜单点题”式巡回宣讲。年初正式组建由 20 名社员组成的社中央宣讲团，其中理论宣讲组 8 人，社员先进事迹宣讲组 12 人。在中央社院举办为期 1 周的宣讲培训。5 月初，宣讲团巡讲启动仪式暨首场报告会在北京举行并做首场宣讲。为了提高宣讲活动的自主性和选择性，增强针对性和实效性，社中央采取向全社印发“点题菜单”，由地方组织“点人点题”的方式向全社推开。目前，宣讲团已先后在 25 个省级组织和 16 个地市级组织，为 7000 多名社员做了 46 场宣讲报告。社员们反映，宣讲把握主基调，主动回应社员关切，生动感人，听得懂、记得住、印象深，效果良好。

五是评选“九三楷模”。每年在全社评选表彰 10 名“九三楷模”，发挥先进典型激励引导作用，使广大社员学有榜样、行有示范，是开展坚持和发展中国特色社会主义学习实践活动的一项重要举措。社中央制定评选表彰方案，明确评选条件，各省级组织按照 1 ∶ 6 比例推荐候选人。经网络投票展示，社中央主席办公会议研究决定，王明雯、王智彪、许进、张卫明、陈利浩、杨佳、罗卫红、周翔、高富军、潘建伟 10 名同志获得首批“九三楷模”荣誉称号。

六是加强正面引导。新闻宣传工作紧紧把握学习实践活动导向，突出思想引领，充分利用社刊社讯、网站，开辟专栏专版和专题网页，发表署名文章，交流学习体会，及时反映学习实践活动好作法好经验。及时宣传荣获国家科技奖、全国“五一”劳动奖章、全国“三八”红旗手的社员，以及社员中新增“两院”院士和涌现出的各类优秀社员。加强与主流媒体联系，提供新闻线索，宣传先进典型，扩大社会影响，参与舆论引导。据不完全统计，一年来共在中央各类媒体刊发宣传报道稿件 154 篇。改进完善社中央网站，开通社中央网站移动客户端。调查统计社内网络人物，积极探索利用 QQ、微博、微信等新媒体提高影响力，传播正能量。举办新闻宣传工作骨干培训班，表彰新闻宣传工作先进单位和优秀新闻作品。《民主与科学》杂志召开主题座谈会，办刊质量不断提高，社会影响进一步扩大。学苑出版社入选“2013 中国图书世界影响力”出版 100 强 (第 16 位)，发展活力进一步增强。

七是理论研究和社史研究工作逐步深化。在江苏南京召开参政党理论与社史研究会议，确定了《2014—2015 年参政党理论与民主政治研究计划》，明确了今后理论研究的原则、方向和重点。开展 2014—2015 年理论研究课题招标活动，15 项课题获得立项。结合研究计划和招标课题，对人大和政协制度改革问题进行重点调研，就“中国特色社会主义政治民主发展道路”课题进行研究，并形成初步成果。开展专题调研，走访国内著名智库和研究机构，建立工作联系，形成《中国智库概况》报告。举办“九三讲堂”2 期，理论沙龙 9 期，培养和带动了全社的理论学习风气。继续推进社史工程。检查、指导和督促“口述史项目”的实施。推进“九三人物系列”丛书项目，年底将再出版6部。开展我社传统人物纪念馆等普查工作，组织撰写出版《九三史话》，制作并下发“社史专题片”光盘，出版1期《社史研究通讯》。召开《九三学社简史》修订工作研讨会并启动简史修订工作。

四、组织建设和机关建设再上新台阶

一是组织发展健康有序。社员数量稳步增加，结构进一步优化。截至2014年6月30日，全社共有30个省级组织，290个市级组织（含筹备机构）、27个县级组织，5653个基层组织，社员总数为145444人，较去年同期净增社员6506人，净增率为4.68%；平均年龄54.15岁，较去年同期降低0.3岁；社员高级职称比例为58.3%，较去年同期增加0.2个百分点；科技、高教、医卫等主体界别比例为80.3%；发展了一些具有相当社会影响力的代表性人士，如奇虎360公司董事长周鸿祎，西安电子科技大学副校长、中科院院士郝跃等。中科院院士程开甲荣获2013年度国家最高科学技术奖。张旭等49名社员主持或参与完成的40个项目荣获国家科学技术奖励，其中包括国家自然科学奖5项，国家技术发明奖5项，国家科技进步奖30项。

二是组织培训和调研工作力度加大，后备干部队伍建设进一步加强。社中央共举办16个培训班，培训各级干部约650名，培训班次和人员数量均为历年最多。在云南腾冲召开省级组织专职副主委培训研讨班，为全社首次。围绕组织建设深入调研，总结宣传好的经验做法，下发《关于组织工作中几个问题的说明》，为地方组织和基层组织加强组织建设提供指导。着眼2017年省级组织换届，制定《九三学社关于做好2014—2017年省级组织领导班子后备干部队伍建设工作的意见》。积极举荐人才，推荐社员担任第二届最高人民法院特约监督员2名，第九届中国和平统一促进会常务理事、理事各1名，第四届中国经济社会理事会常务理事、理事各1名。评选表彰先进基层组织和先进组织工作干部，鼓励基层组织和广大社员更加奋发进取，扎实工作。社员与组织管理信息系统进一步完善，已录入社员信息14万余条，历届中央、地方和基层三级组织信息的录入已完成80%。开展“九三社员之家”建设和试点工作。“九三社员之家”是社中央为社员高效交流信息、履行职责、办理社务而建设的网络互动平台，完善改进后将向全体社员开放。

三是开展巡视督导活动，稳步推进内部监督工作。巡视督导制度是社中央2013年确定的一项新制度。由社中央领导成员带队，社中央监督委员和组织部等部门同志参与，组成社中央巡视督导组，检查指导省级组织工作，提升全社组织化水平。今年以来，社中央领导率队先后到辽宁、黑龙江、四川、湖南、陕西、山西、内蒙古等地开展巡视督导工作，针对各地具体情况确定巡视重点，对九三学社工作起到了实实在在的推动作用，获得地方组织的欢迎和好评，也得到了中央统战部的肯定。在总结经验的基础上，制定了《九三学社中央巡视督导工作规则（试行）》，进一步规范和推进这项工作。召开监督工作培训班，总结经验并明确下一步工作，宣传介绍省级监督委员会的好经验和好做法。

四是完善机关工作机制，服务质量和水平全面提升。在广西南宁召开全国机关建设工作会议，推进机关规范化建设。调整规范机关主要职责、内设机构和人员编制，加大机关轮岗交流力度。推进信息公开，对诸如干部培训、出访、选拔任用等事项予以公开。加强网络和信息化建设，正式启用社中央参政议政和社会服务工作平台。安排多名干部外出培训，举办了两期机关公务员培训班。全面推进机关财务科学化精细化管理，完善报销审批程序，启动并完成机关公务用车改革。北京九三王选关怀基金会资助困难社员28人共计84万元，组织了北京、上海部分老社员免费健康体检。重视加强社中央领导班子的理论学习，制订了《九三学社中央理论学习中心组学习制度》。规范推进社务建议案办理工作，制定《九三学社中央委员会建议案工作规程（试行）》，社中央委员在十三届二中全会上提交的7件社务建议案已全部办理完毕。

今年，社中央派团赴美国布法罗参加了美国华人人文社科教授协会第二十届国际会议。周培源基金会第四次成功组织台北市立第一女子高级中学交流访问团赴京访问，促进了海峡两岸青少年的交流。

各位委员、同志们：一年来所取得的工作成绩，是以习近平同志为总书记的中共中央坚强领导的结果，是各级统战部门和社会各界大力支持的结果，是全社各级组织和全体社员团结奋斗的结果。在这里，我谨代表社中央常委会表示衷心的感谢！

在充分肯定成绩的同时也要清醒地看到，相比于新形势和新任务的要求和广大社员与人民群众的期望，我们的工作还有许多不足，需要进一步改善和提高。比如，如何继续创新手段，有效增强思想建设工作的针对性、吸引力和说服力；如何进一步提升参政议政水平；如何推进社会主义协商民主广泛多层制度化发展，将民主监督落到实处；如何进一步提升组织化水平，拓宽社员参与社内事务的渠道，创造优秀成员脱颖而出的条件，增强基层组织的活力和凝聚力，这些问题都要在今后的工作中进一步认真探讨，逐步解决。

2015年工作安排

一、深入学习贯彻中共十八届四中全会精神，深化坚持和发展中国特色社会主义学习实践活动

要把学习贯彻中共十八届四中全会精神作为我社当前和今后一个时期首要的政治任务，切实把思想和行动统一到全会精神上来。全社各级组织和广大社员要充分认识全面推进依法治国的重大意义，把学习贯彻中共十八届四中全会精神与学习习近平总书记系列重要讲话和中共十八届三中全会精神有机结合起来，与加强自身建设和开展坚持和发展中国特色社会主义学习实践活动有机结合起来，与履行参政党职能有机结合起来。要围绕全面推进依法治国中的重大问题深入调查研究，积极建言献策，努力推动依法治国各项举措落到实处；引导广大成员树立法治意识，带动广大成员成为法治的忠实崇尚者、自觉遵守者、坚定捍卫者；把加强制度建设放在更加突出的位置，为推进多党合作和政治协商的制度化、规范化、程序化贡献力量。

继续把开展坚持和发展中国特色社会主义学习实践活动作为一项重要工作抓紧抓好。以弘扬优良传统为重点，隆重举行纪念活动，纪念抗日战争胜利和建社70周年，并通过召开各种形式的学习会、座谈会，举办展览、出版画册等，回顾我社光荣历史，缅怀我社先辈不凡业绩。认真总结坚持和发展中国特色社会主义学习实践活动宣讲工作的成功经验，不断创造新的形式，让更多的社员来讲，更多的社员来听，使其成为全社成员喜

闻乐见的自我教育平台。组织读书活动，建好读书交流平台。举办第二届“九三学社中央坚持和发展中国特色社会主义专题论坛”。做好社章修订工作。进一步发挥思想建设研究中心作用，通过科学的方法和扎实的工作，准确了解社员真实思想动态和愿望诉求。积极拓展宣传阵地，进一步密切与中央主流媒体和统战系统媒体的联系，不断扩大我社的社会影响。紧密结合形势，加强重要社情和典型事迹的深度报道。继续办好社中央网站、《民主与科学》杂志和《九三中央社讯》，进一步增强学苑出版社的市场竞争力。

进一步发挥社中央参政党理论研究中心和社史研究中心的作用，加强与社内外相关研究部门的合作，对当前履行职能和自身建设中的深层次理论问题进行深入研究。继续加强立项课题指导，省级组织要积极支持和保障立项课题的研究工作。做好《九三学社简史》的修订出版工作。继续加强“九三人物系列”丛书编纂、评审和修改工作，力争明年推出一批新成果。加快推进口述史项目，继续编辑出版《社史研究通讯》。办好“九三讲堂”和理论沙龙，努力在机关营造学习研究的良好风气。

二、围绕全面深化改革和全面推进依法治国的重大问题建言献策，提升参政议政和民主监督质量

明年调研和建言的重点放在全面深化改革和推进依法治国中的重大关键问题和政策执行中的难点问题，以及我社长期关注和体现优势的科技体制改革、科技政策完善与落实及应对气候变化等问题。要做好调研前的情况准备、资料准备和观点梳理，坚持深入基层一线解剖麻雀；努力改进文风，充分用事实和数据说话，体现九三学社科学民主求实的精神与作风，提出有创新思想而又有可行性解决办法的高质量建议。初步确定明年的调研选题有：司法体制改革中的重点难点问题、完善冤假错案防范和救济制度，科技体制改革推进情况，粮食安全与农业协调发展，依法完善重点工程后评价机制，现代农业服务体系创新，公用事业改革的特许经营制度完善，城市轨道交通和城际铁路发展，贫困地区生态旅游业发展，深入推进天然林保护工程，生物质能源的合理开发利用，三峡及长江中上游水利水电工程对长江流域生态环境影响等。围绕中共十八届四中全会精神的贯彻落实，在全国政协十二届三次会议上提交一批如完善农业领域综合立法、创新法制人才培养方式、加强法律援助与司法救助相衔接等内容的提案。

进一步做好民主监督工作。将民主监督更加有效地与参政议政有机结合起来，充分利用中共中央、全国政协、中央统战部等多个层面的不同建言平台、监督渠道提出批评性、监督性意见。研究如何对政府财政预决算编制和政府决策实施民主监督，提出规则性的监督形式和程序设计，选取一至两个事关全局的政策落实问题作为试点。

进一步调动社员积极性做好信息工作。继续做好信息员培训工作，拓展信息来源，培养更多骨干人才；精心做好信息筛编，及时反映重大政策在基层的落实情况和带有普遍性的群众诉求等社情民意；按社内有关规定抓好信息采用情况反馈和奖励工作。

进一步完善工作机制，推进工作创新。完善与社地方组织、国家部委、地方政府、科研高校、社会智库和组织的多方合作平台；采取课题制、抓骨干、推进与地方组织对接等方式，更好地发挥专委会作用；采取在全社征集选题和遴选专家等方式，探索适宜的组织形式办好科学座谈会；采取“招标”方式优选承办单位办好第十届“九三论坛”；

利用好提案、信息工作平台系统，提升信息化水平；完善面向全社的参政议政奖励表彰激励机制，探索面向专委会的约束退出机制；加强参政议政人才队伍建设，特别是要做好专委会委员的培训工作。

三、继续探索新思路和新模式，提高社会服务工作水平

重点关注拓展九地合作、传播科学理念、建设生态文明、发展职业教育、推进社会治理等五个方面的问题，继续探索、创新社会服务工作新思路、新模式。

筹备召开九三学社全国社会服务工作会议，对2011—2015年社会服务工作进行总结，表彰先进，推动工作。持续推进“九地合作”，推动省际合作，推动资源整合与共享。扎实做好多党合作社会主义新农村建设项目，项目实施从产业扶贫转变为发展农村卫生、教育，改善农民生活习惯的示范。继续探索与参政议政结合的方式与路径，以“农民掌握科技知识程度”为主题开展调研。充分发挥科普工作委员会作用，以“百名专家进乡村入学堂”为平台，与社会服务各项工作相结合，继续推进院士专家科普巡讲活动。探索创新科普活动形式，着力增强活动实效，重点服务需求大的地区、人群和项目，把科学普及与智力支持、技术咨询、项目指导等广泛结合，拓展科普服务工作的深度与广度。进一步加强科普工作委员会、社各级组织与政府有关部门的联系与合作，探索建立九三学社科普教育（实践）基地。到更偏远、更需要支援的地区实施亮康手术，在更多条件允许的地区设立“亮康行动”推广基地，加强对实施亮康手术医院的技术指导和业务培训。进一步做好支边扶贫工作。继续做好参与毕节试验区建设工作。帮助威宁县做好发展生态农业、草海综合治理、机场建设等方面的规划、项目争取；帮助威宁县发展职业教育；继续开展好对九三中学的帮扶和六省市社组织对口帮扶威宁工作。积极参加统一战线黔西南联合推动组工作。做好对四川旺苍县的定点扶贫工作。

四、扎实推进组织建设，大力提升组织化水平

继续实施“人才强社”战略，加强对组织发展的宏观调控和分类指导。注重吸收高层次人才入社，积极发展法律、金融、高新企业、社会组织等方面的代表性人士。成立青年工作委员会和组织建设研究中心。将组织建设中带有共性的经验做法通过社中央网站、组织工作通讯等渠道予以大力宣传。制作《九三学社基层组织活动优秀案例》，为基层组织规范工作提供指南。召开基层组织工作现场会，观摩先进基层组织活动并进行研讨。推进培训工作的规范化和制度化。着眼于2017年换届，制定《2015—2017年培训规划》和年度实施方案，对培训工作进行统筹规划和合理安排，重点培训后备干部及基层青年社员骨干、地方组织干部。贯彻落实好《巡视督导工作规则（试行）》，继续开展对省级组织的巡视督导。结合巡视督导工作，尝试建立社中央监督委员会对省级组织的年度检查制度，召开监督工作研讨会。完成省级专职副主委和省级直属基层组织建设的专题研究。表彰优秀社员、优秀基层组织及荣誉社员、社务工作者。完成社员和组织信息管理系统的数据和系统验收工作。

五、总结经验、巩固成果，着力加强机关建设

节俭、高效、务实举办好九三学社建社 70 周年活动。开展机关建设工作调研，推动省辖市级组织机关工作经验交流。进一步加强机关规范化建设，着力改善机关工作条件，加强机关治理能力示范建设和对省辖市级组织机关干部的培训。完善机关培训制度、考勤制度和干部选任、考核工作机制。继续加强信息化建设，修订社中央机关信息化建设规划，加快推进各平台应用，继续做好档案数字化建设工作。加强北京九三王选关怀基金会的建设，拓展资本筹集和运作，扩大工作领域和社内外影响。

加强与中国科协、欧美同学会、中国海外交流协会等单位的合作，广泛开展对外交流和学术互访。完成好 2015 年社中央外事工作和出访任务。继续加强与港澳台的科技、教育、农业、文化和民间交流与合作，为维护港澳的繁荣稳定，推进祖国和平统一进程作贡献。

各位委员、同志们：明年是九三学社建社 70 周年，我们将举办一系列庆祝和纪念活动，回顾九三学社的光辉历程，明确当前肩负的重大责任，展望九三学社的大好前景。参政党的性质和使命，激发我们的智慧和力量；前进中的困难和挑战，考验我们的信心和勇气。让我们紧密团结在以习近平同志为总书记的中共中央周围，以邓小平理论、“三个代表”重要思想、科学发展观为指导，深入学习贯彻习近平总书记系列重要讲话精神，大力弘扬爱国、民主、科学的优良传统，带领全社各级组织和广大社员，坚定信心，锐意进取，扎实工作，为把我社建设成为一个“思想上坚定、履职上坚实、组织上坚强”的参政党，为坚持和发展中国特色社会主义、实现中华民族伟大复兴的中国梦而不懈努力！

九三学社中央监督委员会关于 2014 年工作情况和 2015 年工作要点的报告

（2014 年 12 月 9 日）

2014 年，在九三学社中央委员会的正确领导下，中央监督委员会紧紧围绕社十大提出的建设“思想坚定、履职坚实、组织坚强”参政党的目标，认真落实社中央关于进一步加强组织建设的工作部署，深入调查研究，积极探索实践，完善工作制度，总结创新经验，为推进内部监督工作做出了努力。

一、中央监督委员会 2014 年工作情况

（一）继续推动建立省级监督机构

2014 年，经中央监督委员会批准，安徽、海南、天津、福建 4 个省级组织成立了监督委员会。截至目前，全社共有 17 个省级组织成立了监督委员会。四川、内蒙古、湖北 3 个省级组织正在筹备建立。

（二）尝试开展并逐步规范巡视督导工作

为贯彻《九三学社中央关于进一步加强组织建设的若干意见》，把“尝试开展巡视督导工作”的创新举措落到实处，社中央领导同志带队，先后对四川、湖南、辽宁、黑龙江、陕西、山西、内蒙古七个省级组织进行了巡视督导，其中韩启德主席亲自带队对陕西省进行了巡视督导。中央监督委员会办公室负责具体组织并全程参与巡视督导工作，部分中央监督委员参加，收到良好效果。

巡视督导工作开展过程中，地方组织积极配合，提出意见建议。中央监督委员会办公室在实践探索基础上，逐步提炼出巡视督导工作的基本模式，就此起草了《九三学社中央巡视督导规则（试行）》，《规则》经社中央十三届九次常委会通过并试行。《规则》分为组成成员、巡视对象及重点、确定巡视、工作方式、主要程序等六个部分，对巡视督导工作进行了规范。

（三）首次举办监督工作培训会议

为适应新形势要求，推进内部监督工作，中央监督委员会于 11 月初在京举办监督工作培训班。这是自新一届中央监督委员会成立以来首次举办，兼有专题培训和交流研讨的双重任务。中央监督委员会主任邵鸿和副主任刘政奎分别在开幕会和闭幕会上讲话。中央监督委员会委员、有关省级组织监督机构负责人等参加。会议安排紧凑，内容丰富。有培训，中纪委同志讲授中共党内如何开展监督，开拓大家的视野；有交流，四个省级组织作经验介绍；有研讨，讨论监督工作存在的一些亟待解决的问题。

（四）及时总结和推介监督工作创新经验

中央监督委员会注重推介地方组织监督工作中的好经验和好做法。2014 年共发送《监督工作通报》、《巡视督导报告》及《巡视督导工作通报》5 期，主要介绍了重庆、辽宁等省级监督委员会探索的行之有效的工作方法。供各省级组织相互借鉴学习。

（五）认真做好信访接待办理工作

今年中央监督委员会办公室收到社员来信共 8 封，涉及经济纠纷、机关建设等问题。中央监督委员会办公室及时上报，按照中央监督委员会领导的批示，与地方组织主要领导同志沟通，督促地方组织妥善处理，并将受理和处理情况及时通报给来信社员或当事人。

（六）办公机构编制得到初步落实

在社中央办公厅与有关部门共同努力和支持下，九三学社中央监督委员会办公室的机构编制得到批准，暂为处级建制，编制人员暂为 2 名。这在各民主党派中央机关内设机构中为第一家，为做好内部监督工作提供了必要条件。

（七）面临的困难和问题

一是全社的监督工作开展不平衡，仍有近一半的省级组织没有建立监督机构。二是省市级监督委员会的建立、委员结构和选拔的标准尚未统一。三是核实问题的渠道不够畅通，程序有待规范，处理力度偏弱，需要加强制度保障。四是如何丰富监督手段，提高监督实效，也需要在调研的基础上，大胆创新。

二、中央监督委员会2014年工作成效和经验

（一）巡视督导是推进领导班子建设的有效抓手

九三学社中央的巡视督导是在各民主党派自身建设中开先河之举。与中共的巡视工作不同，它是把了解情况、听取意见、加强沟通、指导工作作为着重点，把推进领导班子建设作为着眼点，把提升全社组织化水平和整体运行能力作为着力点，在内容上和监督工作契合，是监督工作的重要任务，也是中央监督委员会的重点工作。实践证明，巡视督导是内部监督工作的有力抓手。通过开展巡视督导，进一步提升了组织化水平，提高了组织凝聚力；进一步加强了对地方组织的工作指导；进一步密切了和中共省市统战部的合作共事关系；社中央把社地方组织存在的机关建设、领导班子团结、实职安排等问题和困难及时向中共省市统战部反馈，得到重视和部分解决，有力推动了社地方组织工作的开展。巡视督导工作得到了社地方组织的好评和欢迎，也得到中央统战部的肯定和支持，中央监督委员会办公室就此形成汇报材料，以社中央名义向中央统战部进行专题汇报。

（二）培训研讨是增加共识和凝聚智慧的有效形式

今年首次举办的监督工作培训班采取以训带会、以学促研的方式。借此机会，中央和地方组织的监督委员对六年多来我社监督工作进行全面梳理，一些行之有效的经验和做法得到总结。一是确立了“以问题为导向、以实验为导向、以具体工作为导向”的监督工作原则。二是不搞一刀切，不设时间表，稳步推进建设监督体系。三是建章立制，完善基本制度，先后颁布了《九三学社中央监督委员会工作条例》和《九三学社中央监督委员会工作细则》，让监督工作有章可循。四是抓住重点，利用民主评议、监督换届过程、巡视督导、做好信访办理等多种手段提升监督水平。五是整合资源，加强工作研究。六是利用刊物网络，开展交流互动。

同时针对监督工作存在的问题，提出了一些针对性强、可操作的意见和建议：在社章中单列监督工作章节，增加授权内容，为监督提供依据；划清监督委员会和组织部等职能部门的工作边界；对地方组织领导班子有问题的成员开展约谈；用好监督结果，制定考核量化标准，将考核结果在社内通报，并及时通报给被考核人所在单位的中共党委和统战部门。这些意见建议为进一步扎实推进内部监督工作拓展了思路，找到新途径和新方法。

（三）总结推介经验是把握规律和指导工作的有效方法

中央监督委员会通过刊发《监督工作通报》、举办监督工作会议、开展省际交流等方式总结经验、交流经验、推广经验的做法，深入探索、指导工作，取得好的效果。去年，中央监督委员会总结经验的侧重点在内部监督对象和范围，推介了北京市委、辽宁省委的做法，解决了同级监督、对下监督的难点问题。其他一些省级监督委员会学习借鉴后相继实施。今年，中央监督委员会总结经验的侧重点在内部监督工作步骤和方式方法，推介了重庆市委、辽宁省委的做法，如重庆市监督委员会探索形成的“三三三”监督工作机制，即“以坚持民主集中制原则、重在预防原则、规范求实原则的三个原则，以监督遵守社章和履职情况、监督制度建设和落实情况、监督述职和民主评议情况的三个重点，

以发现问题、调查问题、提出解决问题的三个方法为核心”的工作机制。

三、中央监督委员会 2015 年工作要点

中央监督委员会在中央委员会的领导下，突出监督重点，推广监督经验，创新监督手段，提升监督能力，继续扎实推进内部监督工作。

（一）继续推动省级组织建立监督机构

推动尚未建立监督机构的省级组织建立监督委员会，制定成立省级监督委员会的时间表，为监督工作的全面开展奠定基础。

（二）丰富监督内容创新监督手段

监督对象尝试由目前主要是领导班子及成员逐步扩大到重点培养的后备干部，监督内容由遵守章程、执行制度、履行职责逐步扩大到遵守社内纪律、社会公德。

尝试开展由中央监督委员在省级组织全委会上对领导班子及成员进行民主评议，了解其履职情况，为换届提供参考依据。按照社中央的部署，继续做好巡视督导的组织协调和具体实施工作。

（三）推广经验完善制度建设

在 2014 年全面总结监督经验的基础上，将带有共性的经验和做法通过《监督工作通报》、网络平台、召开现场会等方式进行推广，并依据推广情况制定条例、文件。基于监督工作需要，启动社内纪律制度建设调研。

（四）进一步加强培训工作

适时举办或委托举办监督委员培训班，把学习与研究相结合，注重提高监督工作能力。

（五）逐步规范信访程序

继续认真做好信访接待办理工作，逐步规范信访程序。

九三学社中央 2014 年工作要点

(2014 年 2 月 19 日)

2014 年社中央工作的总体要求是：深入学习贯彻中共十八届三中全会和社十三届二中全会精神，扎实开展坚持和发展中国特色社会主义学习实践活动，加强思想理论建设，认真履行参政议政、民主监督职能，积极拓展社会服务新领域，大力推进“人才强社”战略，切实转变作风、加强自身建设，努力使各项工作迈上新台阶。

一、深入学习贯彻中共十八届三中全会精神，为全面深化改革献智出力

中共十八届三中全会对深化改革做出了全面部署。在新的历史起点上，要把深入学习贯彻十八届三中全会精神作为首要的政治任务，把全体社员的思想认识统一到三中全会精神上来，深入理解进一步解放思想、解放和发展社会生产力、解放和增强社会活力、推进国家治理体系和治理能力现代化的必要性和紧迫性，深入理解改革的系统性、整体

性和协同性。要紧密联系思想和工作实际，以三中全会精神为指针，树立进取意识、机遇意识、责任意识，全面推进九三学社的各项工作，做到思想上更加坚定，组织上更加坚强，履职上更加坚实。

二、以推进学习实践活动为重点加强思想建设

开展坚持和发展中国特色社会主义学习实践活动是今年思想建设的重点。各级组织要按照社中央制定的活动方案，认真谋划，制定实施方案，精心组织实施。要深入开展专项调研，了解社员思想动态和愿望诉求，加强动态分析和科学研判。要依托社中央和省市级组织思想建设研究机构，结合国内外形势召开会议，开展各种学习和交流活动。开展课题招投标，丰富我社思想建设理论成果。要通过组织巡回宣讲、举办论坛、读书征文、评选“九三楷模”活动等形式，引导广大成员进一步深化对中国特色社会主义政治发展道路的认识。要把活动的开展与各项社务工作紧密结合，力求取得实实在在的成效。

以提高质量为核心加强新闻宣传工作。做好履职工作宣传。对 2014 年全国“两会”我社提案议案和大会发言做好重点宣传；对重大参政议政课题调研和成果、“九地合作”、“亮康行动”、科普活动、贵州威宁县的扶贫工作等进行跟踪报道。抓住建国 65 周年契机，宣传我社老一辈为中国革命、建设和改革做出的贡献，展示新中国成立 65 年来，九三学社履行职能和自身建设取得的成绩。要集中宣传一批先进典型，不断扩大九三学社的社会影响。

组织编辑《在实现中国梦的路上（暂定名）——荣获国家最高科学技术奖的九三学社两院院士》一书。

加强社史和参政党理论研究工作。修订和出版《九三学社简史》，继续推进社史工程工作，编撰和出版“人物丛书”和“口述史”丛书，修改和完善社史专题片。开展九三学社历史、现状和建设问题研究，加强对当前履行职能和自身建设中的深层次理论问题的探索。深化和拓展参政党理论研究，结合对中国近现代政治思潮、政治发展趋势、中国政治体制改革的研究，研究多党合作制度的改革和发展问题。加强研究队伍的建设，营造学习研究的良好氛围，办好“理论沙龙”、社史培训、参政党理论和社史会议，努力建设一支高水平的社内研究队伍，形成以社中央研究室为枢纽、以参政党理论和社史研究中心为平台、社内外研究机构和专家学者共同合作的研究群体和队伍。要创新工作和研究方法，整合社内外力量，通过合作研究、委托项目等形式开展研究工作，为九三学社自身建设和发展、为参政议政提供理论支撑。

三、参政议政工作要围绕全面深化改革建言献策

要紧密围绕中共十八届三中全会出台的重大改革举措，按照九三学社十三届中央常务委员会 2013 年工作报告提出的“参政议政要上新台阶”的要求，深入调查研究，组织开展应对气候变化和低碳发展、统筹城乡发展和城镇化、推进国家治理能力建设、促进科技发展和自主创新、社会管理民生保障、行政体制改革 6 个方面共 25 项调研，撰写调研报告，就上述领域面临的重点、难点和突出问题提出高质量的政策建议。继续做好高层协商文稿准备工作，建立和完善高层协商文稿撰写工作制度，提高文稿的质量和水平。

进一步完善参政议政工作体制机制，以制度创新推进工作创新。促进上下互动，整合社内外力量，组织省级组织申报和参与2014年社中央调研课题。制定和完善专门委员会的工作制度与机制，为专委会开展各项工作做好服务和支持工作，让专门委员会充分发挥作用。探索与社会研究机构建立合作关系，根据工作需要建立社外专家信息库，需要时可特邀社外专家参与我们的工作，提升调研质量和水平。树立“钉钉子”精神，更多地深入基层扎扎实实开展调研，防止走马观花，浅尝辄止。办好第九届“九三论坛”及相关研讨会。继续做好提案征集、遴选工作。加强信息报送工作的信息化建设，通过加强培训，完善工作平台系统，帮助地方组织做好参政议政和信息工作。

四、不断强化民主监督的力度

要制定和完善特约监督人员委员会工作制度，充分发挥各级特约监督员的监督作用，并推动相关部门不断完善特约监督制度。要充分发挥九三学社各级人大代表、政协委员的民主监督作用。要寓监督于参政议政之中，敢于面对现实问题、敏感问题，反映人民群众的诉求和心声。要努力拓展民主监督的渠道和途径，不断充实和完善民主监督的内容和方法。

五、不断提高社会服务工作水平

2014年社会服务工作要认真落实《九三学社社会服务工作2012—2016年发展规划》，加强社会服务与参政议政的结合，发挥地方组织在社会服务工作中的主体作用，深入调查研究，整合全社资源，培育社会服务亮点，健全工作机制，做好科学普及，推动工作取得新成绩。

与参政议政相结合，对全国农业面源污染等问题进行调研，为参政议政提供支持；对“九地合作”、“百名专家进乡村入学堂”、“亮康行动”等进行调研，分析总结经验，使各项工作更加扎实；对地方组织社会服务工作进行调研，推广经验，促进全社社会服务工作水平的提高。

以科普工作委员会中医疗卫生、运动保健方面的专家为主组团，选择偏远地区开展“健康科普”巡讲。探索“亮康行动”以地方组织为主，社中央给予指导、支持的新思路。继续在有条件的地区建立“亮康行动”推广基地，社中央组织专家提供技术指导、给予经费支持。社中央组织的“亮康行动”重点放在西部贫困地区。

凝聚力量，助推地方经济社会发展，做好扶贫工作。搭建平台，帮助地方政府引进高新技术企业，促进社员科技成果、科研项目的推介、引进、转化。建立九三学社服务地方经济工作组织，成立九三学社中央企业家联谊会，凝聚全社力量，加大对“九地合作”、支边扶贫、“多党合作社会主义新农村建设示范项目”支持力度，助推地方经济社会发展。整合资源，打造几个西部贫困地区农村小康示范点。

继续做好参与毕节试验区建设工作、援助四川省芦山县思延乡灾后农房重建工作。

健全机制，加强能力建设，提升社会服务工作水平。进一步健全机制，建立制度，规范项目的审批程序、经费使用，加强指导、检查。加强能力建设，通过召开“社会服务工作专题研讨会”，举办培训班，学习其他党派社会服务好的经验、做法，办好社中央网站社会服务版块和工作网络平台。

六、以“人才强社”战略为主线，加强组织建设

以继续推进“人才强社”战略作为工作主线，以实现“组织坚强”作为工作目标，以贯彻落实《关于进一步加强组织建设的若干意见》作为工作抓手，突出重点，细化举措，力求实效。

继续推进“人才强社”战略，注重吸收高层次人才，选择部分高校和经济技术开发区进行专题调研，了解组织发展情况。汇集各地工作经验，帮助解决在当地发展困难的个别优秀人才入社问题。

加强干部培训和后备干部队伍建设。继续配合中央统战部、中央社会主义学院办好培训班。主办一至两期中青年社员培训班，主办组工干部和监督工作专题研究班。继续支持省级组织的干部培训工作。在民主推荐和充分协商基础上，建立中央和省级组织领导班子后备干部队伍名单。

贯彻落实《若干意见》，逐步完善各项创新举措。配合社中央巡视督导工作，深入了解地方组织领导班子建设情况。逐步完善社员代表列席中央全会和中央委员建议案的相关举措。为贯彻落实《若干意见》，调研制定相关实施细则。

务实有效推进基层组织建设。深入基层组织就开展组织活动问题进行调研，总结经验，示范推广。完善基层组织民主选举程序，探索在具备条件的基层组织试行换届差额选举。协助社中央各部门做好定点联系基层组织工作，力求实效。密切与地方和基层组织的工作联系，了解社员情况，倾听社员心声，力所能及帮助解决社员的实际困难和正当诉求。完成社员和组织信息管理系统的数据和系统验收工作。

在进行专题调研，广泛听取社员意见建议的基础上，着手《九三学社章程》正文的修改工作。

七、从改进机关作风入手，进一步加强机关建设

抓好机关制度化、规范化建设。召开 2014 年全国机关建设工作会议。以“机关治理能力现代化”为主题，在全社认真贯彻从严管理、从严要求的方针，确保机关各项规章制度落到实处；加强机关文化作风建设，牢固树立实干、研究、民主的工作作风，弘扬九三特色机关文化。

制定《九三学社中央委员有关社务工作建议案办理工作规程》，梳理、修改、完善机关干部培训、轮岗、因私出国（境）、出差审批备案、机关人事、考核评价等各项工作制度和规程。参照国家有关管理规定，结合机关实际情况，制定机关的会议、出差、培训、接待制度。全力做好重要会议的组织、筹划和保障工作。协调服务各工作委员会工作。认真落实好《九三学社中央加强联系群众、改进机关作风整改方案》所涉及的相关内容，深入了解机关工作人员的工作和生活状况，关心体贴干部职工的困难和疾苦，多为大家办好事，办实事。

努力提升机关工作人员思想理论素养和办文、办会、办事能力。组织机关工作人员开展思想政治理论、工作岗位有关政策法规制度、业务知识的学习活动；组织开展相关

培训工作，以提高干部能力素质。继续做好干部挂职、交流，为机关干部创造更多学习锻炼机会。做好年度机关干部选拔任用工作，同时有计划进行交流轮岗，强化干部多岗位锻炼，丰富其工作经历，提高综合素质。

进一步提高机关运行信息化水平。加强网络基础建设，推进档案管理信息化，逐步推行无纸化办公，改造完善信息平台。

九三学社中央委员会全会建议案工作规程（试行）

（2014年5月21日九三学社第十三届中央常务委员会第七次会议审议通过）

第一条　根据《九三学社中央关于进一步加强组织建设的若干意见》提出的建立中央委员全会建议案制度、社十三届二中全会明确逐步完善建议案制度的要求，为有序推进九三学社中央委员全会建议案（以下简称建议案）办理工作，更好地保障中央委员通过建议案履行职责、发挥作用，参照有关工作规范，结合我社实际，制订本规程。

第二条　建议案是指在中央全会期间，社中央委员以个人名义、联名或集体名义（以下简称提案者），向中央委员会提出有关社务工作的、经审查立案后交有关部门办理的书面意见和建议。建议案是中央委员履行职责、加强社内监督、推进社务工作的重要渠道和方式。建议案应一事一案，实事求是、简明扼要、合理可行，做到有情况、有分析、有具体的建议。

第三条　社务工作是指围绕全社自身建设发展和如何更好地履行参政党职能而进行的一系列事务性和业务性工作，包括如何做好参政议政、民主监督、社会服务工作，以及组织、宣传、社内监督、社史与理论研究、对外交流、机关运行管理等工作。

第四条　全会成立建议案审查工作组负责建议案审查立案、指定办理部门。工作组成员由部分中央委员组成，成员名单由主席会议提出、中央常务委员会批准。全会闭会期间由主席办公会议代行有关职责。

第五条　社中央由一位领导同志分管建议案办理工作。社中央办公厅（以下简称交办部门）负责建议案办理的日常联络、管理和督办工作；负责制定完善建议案具体审查立案标准；适时总结、制定完善具体操作规程。

第六条　社中央机关办公厅指定处室（以下简称交办人）作为建议案的接收与交办单位，具体承担日常联络、管理和督办工作；全会期间，作为大会秘书组建议案工作小组开展相关工作。

第七条　被指定的相关办理部门（包括组织或单位，下同，简称承办部门）负责具体办理有关建议，并将办理情况和结果答复提案者。承办部门要切实加强领导，把建议案办理工作纳入议事日程。

第八条　承办部门主要负责人是建议案办理的第一责任人；部门分管负责人要经常过问和研究办理工作，对建议案答复意见进行审核把关。承办部门应指定相关处室和人员具体承担办理工作。具体承办处室负责人应抓好办理工作的落实。要加强与有关部门、提案者的沟通和联系。

第九条　在中央全会期间，建议案工作小组（交办人）负责接收、登记、编号、汇总建议案，适时向全会报告建议案提交情况；提出办理意见，请示建议案审查工作组批准立案、指派办理部门。

第十条　中央全会闭会期间，交办人应按照机关工作流程，及时分发交办有关建议案。视建议案所涉及事项范围、重要程度，必要时，由社中央领导牵头办理，或由主席办公会议重点督办。

建议案办理，根据需要分为独办、分办和会办三种方式。只需一个部门单独办理的为独办；需两个以上部门根据各自职责分别办理的为分办；需一个部门牵头、其他部门协同办理的为会办，牵头办理部门为主办，协同办理部门为协办。

（一）承办部门接到建议案后，要认真清点、签收。对不属于本部门职责范围的，应在 10 个工作日内退办，并以书面形式向交办人说明理由。交办部门按流程请示重新指派承办部门。

（二）承办部门要及时研究建议案内容，安排好办理进度，落实办理责任。办理工作应在接到建议案之日起两个月内完成；确需延长办理时间的，须按流程请示获准，延长时间一般不得超过一个月。

（三）在办理过程中，承办部门要加强调查研究和与提案者的沟通。主办部门和协办部门要加强联系，密切协作，相互支持。

（四）办理建议案要求真务实，提高办理的质量和效率，切实解决问题。要认真采纳合理意见和建议，制定改进工作的具体措施。对建议案中提出的问题，凡应解决且有条件解决的要及时解决；承办部门解决不了的，应按流程报送社中央分管领导研究决定；对确实不可行的，应实事求是地向提案者说明情况，做好解释工作。

第十一条　建议案办理完毕，承办部门应及时答复提案者。

（一）承办部门对独办的建议案，直接书面答复提案者；对分办的建议案，应分别直接书面答复提案者；对会办的建议案，协办部门应先将会办意见函告主办部门，由主办部门综合各方意见后书面答复提案者。答复及会办意见均须同时抄送交办部门和社中央分管领导、建议案审查工作组成员。会办的建议案，答复须抄送协办部门。

（二）答复及会办意见要严格按照规范的格式行文，由承办部门领导审批并加盖机关公章后印发。

（三）答复提案者时，应附送办理情况征询意见表；对联名提出的建议案，征询领衔人或第一提案人的意见。

（四）承办部门收到提案者反馈的对办理情况的意见，要及时通报交办人。对不满意的反馈意见，要及时研究处理，并在两个月内答复提案者，同时抄送交办部门、社中央分管领导。

第十二条　承办部门在办理时限截止后的 20 日内，应向交办部门报送建议案办理工作总结。交办部门应及时汇总工作情况、分析问题、提出下一步办理工作建议，报告社中央分管领导。社中央机关定期召开研讨会，梳理、总结建议案办理工作经验，研究制定改进措施。对已经落实、解决并能对社务工作起到良好示范作用的建议案，适时以适当方式发送社中央机关和各省级组织，通报中央委员，宣传推广。当年办理工作结束后，要立卷归档。

第十三条　在每一次中央全会召开前60日内，交办部门要将上一次全会建议案、领导批示、相关承办部门处理结果、答复意见及提案者的反馈意见等汇集成册，报送社中央领导，抄送社中央机关各部门，并向全会报告。

第十四条　本规程由社中央办公厅负责解释，自发布之日起施行。

九三学社中央理论学习中心组学习制度

（2014年9月19日九三学社第十三届中央委员会第二十次主席办公会议审议通过）

为加强理论学习，进一步促进社中央领导班子思想作风建设、增强政治理论素养、提升政策和领导水平，建立社中央理论学习中心组学习制度。

一、社中央理论学习中心组（以下简称中心组）实行组长负责制。主席担任组长，常务副主席担任副组长，秘书长负责统筹协调中心组相关学习事务。组长的主要职责是：审定学习计划；确定研讨专题，提出学习要求，主持集中学习研讨；检查各项学习制度落实情况和指导成员的学习。组长不能出席时，可委托副组长或其他同志召集并主持。

二、中心组成员主要由社中央领导班子专职成员组成，机关各部门主要负责人参加学习。可根据需要适当扩大参加学习的人员范围。

三、中心组原则上每季度集中学习1次，全年集中学习时间不少于4次。遇有重要会议、重要文件精神需传达时，可临时召集。

四、中心组重点学习重要政治理论、党和国家重要方针政策；深入研讨党和国家包括政治、经济、社会、文化和生态等的长远建设问题，重大现实理论问题、热点和难点问题，以及九三学社自身建设和发展问题。学习要以理论为主，在学习理论过程中注意紧密联系工作实际。重在强化理论指导，丰富工作实践，提高理论素养。

五、中心组学习采取集中学习与自学相结合、专题学习与专题调研相结合、学习理论与实际工作相结合、专题报告与座谈交流相结合的方式。必要时可结合工作业务进行专题调研。平时要坚持自学，每月累计学习时间不少于2个工作日。

六、安排集中学习时，应至少提前半个月发出通知，发放有关学习材料，事先做好发言准备。

七、中心组成员要带头参加集体学习，不得无故缺席。因故不能参加学习须履行请假手续，中心组成员向组长请假，其他参加人员向秘书长请假。

八、办公厅承担中心组秘书职责。负责拟订年度学习计划、阶段性学习安排和集中学习活动实施方案；负责学习考勤登记、学习档案管理、学习资料准备和学习记录；负责学习总结和通报上报有关资料。

本制度自主席办公会议通过之日起施行。

九三学社中央关于学习贯彻中共十八届四中全会精神的决议

（2014 年 10 月 28 日九三学社第十三届中央常务委员会第八次会议审议通过）

九三学社第十三届中央常务委员会第八次会议于 2014 年 10 月 28 日在北京举行。会议认真学习了中共十八届四中全会精神，完全拥护中共十八届四中全会审议通过的《中共中央关于全面推进依法治国若干重大问题的决定》（以下简称《决定》），完全拥护习近平同志代表中共中央政治局所作的工作报告和重要讲话。

会议认为，中共十八届三中全会以来，以习近平同志为总书记的中共中央领导集体团结带领全国各族人民，统筹国内国际两个大局，牢牢把握稳中求进工作总基调，保持战略定力，以全面深化改革推动各项工作，注重从思想上、制度上谋划涉及改革发展稳定、内政外交国防、治党治国治军的战略性、全局性、长远性问题，适应经济发展新常态，创新宏观调控思路和方式，积极破解经济社会发展难题，着力保障和改善民生，基本完成党的群众路线教育实践活动，坚定不移反对腐败，有效应对各种风险挑战，各方面工作取得新成效，党和国家事业发展打开新局面。

会议指出，中共十八届四中全会是在我国全面深化改革关键时期召开的一次重要会议，是改革开放以来第一次以依法治国为主题的中央全会，具有重大而深远的意义。《决定》立足我国社会主义法治建设实际，直面我国法治建设领域的突出问题，明确提出了全面推进依法治国的指导思想、总体目标、基本原则，提出了关于依法治国的一系列新观点、新举措，回答了党的领导和依法治国关系等一系列重大理论和实践问题，是加快建设社会主义法治国家的纲领性文件。《决定》对科学立法、严格执法、公正司法、全民守法、法治队伍建设、加强和改进党对全面推进依法治国的领导作出了全面部署，回应了人民呼声和社会关切，必将有力推进法治中国建设，有力推进全面深化改革各项工作，有力推进国家治理体系和治理能力现代化。《决定》进一步拓宽了民主党派服务于法治中国建设的空间，也对民主党派履行参政议政、民主监督等各项职能提出了新的更高要求。

会议强调，九三学社要把学习贯彻中共十八届四中全会精神作为当前和今后一个时期首要的政治任务，切实把思想和行动统一到全会精神上来。全社各级组织和广大社员要充分认识全面推进依法治国的重大意义，把学习贯彻中共十八届四中全会精神同履行参政党职能有机结合起来，同加强自身建设有机结合起来，同开展坚持和发展中国特色社会主义学习实践活动有机结合起来，坚决维护宪法和法律权威，自觉在宪法和法律范围内活动，积极履行宪法和法律赋予的职责，坚定不移走中国特色社会主义法治道路。要围绕全面推进依法治国中的重大问题深入调查研究，积极建言献策，努力推动依法治国各项举措落到实处；深入开展法治宣传教育，增强法治理念，弘扬法治精神，引导广大成员树立法治意识，带动广大成员成为法治的忠实崇尚者、自觉遵守者、坚定捍卫者；把加强制度建设放在更加突出的位置，为推进多党合作和政治协商的制度化、规范化、程序化贡献力量。

会议号召，全社各级组织和广大社员，要更加紧密地团结在以习近平同志为总书记的中共中央周围，高举中国特色社会主义伟大旗帜，以邓小平理论、“三个代表”重要思想、科学发展观为指导，深入贯彻习近平总书记系列重要讲话精神，积极投身全面推进依法治国伟大实践，开拓进取，扎实工作，为建设法治中国、实现中华民族伟大复兴的中国梦而奋斗！

九三学社中央巡视督导工作规则（试行）

（2014 年 12 月 7 日九三学社十三届中央常务委员会第 9 次会议通过）

为落实《九三学社中央关于进一步加强组织建设的若干意见》，加强社中央对地方组织的领导，提升全社的组织化水平，现就社中央巡视督导工作制定如下规则。

一、巡视督导组成人员

社中央巡视督导组由社中央领导任组长，社中央监督委员会、社中央组织部和社中央监督委员会办公室等有关人员为组成人员。

本着回避原则，兼任地方组织领导职务的社中央副主席不担任兼任职务所在省、市、自治区的巡视督导组组长。

二、巡视督导对象及工作内容

社中央巡视督导组的巡视督导对象主要是社省级组织领导班子及成员，重点是省级组织工作情况。

巡视督导主要工作内容包括：了解情况、听取意见、加强沟通、指导工作。

三、巡视督导方式

（一）听取省级组织领导班子工作汇报。

（二）召开听取意见和反馈意见座谈会。

（三）与巡视地的中共省委统战部进行沟通协商。

（四）与省级组织领导班子成员进行个别谈话。

（五）根据工作需要列席省级组织领导班子谈心会和省委全会。

四、巡视督导程序

（一）巡视督导准备

根据主席办公会议决定，监督委员会办公室向相关省级组织下发关于开展巡视督导工作的告知函，并就相关事项进行协调。省级组织据此细化形成巡视督导具体方案上报社中央监督委员会办公室，经社中央常务副主席批准后执行。

（二）巡视督导过程

社中央巡视督导组向被巡视省级组织通报巡视督导目的和任务，召开省级组织常委会（扩大）座谈会、基层组织负责人代表座谈会，通过集体座谈、个别谈话等渠道了解相关省级组织工作成绩、存在的问题。参会人员分别包括省级组织领导班子成员、省委常委、驻该省的社中央委员，部分基层组织及省委机关部门负责人。

社中央巡视督导组与巡视地的中共省、市、自治区委统战部会谈，了解对省级组织领导班子的评价，就省级组织工作中的需求、困难和不足进行沟通、协商，争取中共省委统战部的帮助和支持。

（三）巡视督导结果反馈

巡视督导结束前，社中央巡视督导组组长向省级组织领导班子就省级组织工作及巡视督导过程中发现的问题进行反馈，提出有针对性的意见建议。

（四）巡视督导报告

巡视督导工作结束后，社中央巡视督导组工作人员撰写巡视督导情况报告。报告经组长审定后分送社中央主席、副主席和监督委员会主任、副主任。

五、其他

本规则经九三学社中央常务委员会审议通过后施行。

台湾民主自治同盟

台湾民主自治同盟第九届中央常务委员会 2014 年工作报告

————在台盟第九届中央委员会第三次全体会议上

（2014 年 12 月 2 日）

林文漪

各位委员：

现在，我代表台湾民主自治同盟第九届中央常务委员会，向全会报告工作，请予审议，并请列席的同志提出意见。

一、2014 年工作回顾

今年，是国家全面深化改革之年。中共十八届三中全会开启了全面深化改革的新阶段，围绕完善和发展中国特色社会主义制度、推进国家治理体系和治理能力现代化的总目标，推出多项重大改革举措，激发出经济社会发展的新活力。两岸关系也在调整中继续开拓进取，习近平总书记明确指出，国家统一是中华民族走向伟大复兴的历史必然，进一步指明了台盟履行好参政党职责的努力方向。

今年，也是台盟积极参与改革、提高履职能力之年。全盟认真学习贯彻中共十八大，十八届三中、四中全会和习近平总书记系列重要讲话精神，深入开展坚持和发展中国特色社会主义学习实践活动，按照台盟九届二中全会的工作部署，着力增强工作的系统性、整体性、协同性，台盟的履职能力不断增强，党派特色更加鲜明。

今年以来，我们主要开展了四个方面的工作：

（一）积极参与协商民主，将为全面深化改革建言与推动两岸关系和平发展相结合

协商民主是我国社会主义民主政治的特有形式和独特优势。今年以来，常委会组织全盟积极参与协商民主的生动实践，着力选准参政履职的切入点，努力为服务国家工作大局献策出力。

一是参与政治协商的特色更加鲜明。在全盟各级组织协同合作形成的丰富调研成果基础上，台盟中央参与了政府工作报告、国家经济工作、依法治国等重大问题的政治协商，着力突出议政建言的独特视角，向中共中央提出“以司法之力维护两岸同胞的共同权益”、“进一步强化水生态承载力”等 14 项特色鲜明的重大建议，彰显了台盟参与协商民主的

党派特色。

二是党派中央专报的数量和质量明显提高。今年以来，以台盟中央专报的形式向中共中央直接提出建议 14 份，数量同比增长一倍。建言内容紧扣当前经济社会发展及两岸关系的重大问题，获得习近平、李克强、俞正声、张高丽等中共中央领导同志的 25 次重要批示。其中，习近平总书记对城镇化系列研究报告之三——《创新解决新型城镇化的水资源制约与水环境治理》作出近二百字的详细批示，高度肯定台盟的调研报告。《台资医院在大陆发展的有关情况报告》得到李克强总理的高度重视，刘延东副总理亲自到台资医院开展调研，实地了解台盟专报中反映的情况。

三是参与人民政协各类协商成效显著。人民政协是民主党派参与协商民主的重要平台。全国政协十二届二次会议期间，台盟中央提交大会发言 3 件、党派提案 27 件；台盟组 20 位委员提交大会发言 22 件、提案 170 余件。14 件提案入选全国政协重要提案摘报和重点提案办理协商会，数量同比增长 20%。今年以来，参与全国政协议政性常委会、专题协商会、双周协商座谈会的密度为历年最高，在北京、上海、重庆、福建、湖北、南京等地方组织扎实调研的基础上，台盟中央提交了分析研究台湾相关情况、推进中高等职业教育贯通衔接，发挥社会组织在对台工作中的独特作用等多篇选题特色鲜明的发言，共 18 篇入选大会口头发言，数量同比增长 5 倍。其中，台盟中央首次与全国政协社法委共同举办了“更好地发挥社会组织在社会治理中的作用”双周协商座谈会，5 位台盟界的政协委员做了口头发言，得到与会中央领导同志的高度肯定。

四是重点课题调研成果丰硕。今年，台盟中央将年度重点课题分列三个层次，包括大调研课题 1 项、全盟重点调研课题 14 项、各专门委员会重点课题 7 项，统筹协调各级盟组织、各专委会突出重点，深入开展调研工作。其中，围绕贯彻习近平总书记“建设和管理好首都，是国家治理体系和治理能力现代化的重要内容”讲话精神开展民主党派大调研，精心选择了首都发展的一个短板——水资源、一个优势——科技创新、一个基础工作——城市服务管理三方面专题为切入点，参与人员广泛，调研成果丰富，形成的专报得到李克强、张高丽等中央领导同志的重要批示。这些高质量的调研成果为全盟参与协商民主奠定了坚实基础。

（二）深入开展对台工作，将“两岸一家亲、共圆中国梦”的重要理念与台盟的亲情乡情优势相结合

今年以来，以习近平同志为总书记的中共中央就台湾问题发表一系列重要论述。以此为指南，常委会组织全盟在对台工作中突出亲情乡情优势，将“两岸一家亲、共圆中国梦”重要理念有机地融入交流联络工作之中，为同胞间增进互信与感情融洽作出积极贡献。

一是不断深化与台胞代表性人士的联络交流。今年，台盟中央接待了中国国民党荣誉主席连战、台湾二十一世纪基金会董事长高育仁等台湾知名人士，就两岸相关领域的交流合作深入交换了意见。与此同时，重点加强与台湾南部医师界、中小企业界、统派团体以及海外台胞社团等台胞团组的持续联络交流，层次和深度不断提升。今年，再次举办了两岸医学工作者赴贵州联合义诊活动，来自台湾的医师通过亲见、亲历祖国西部的发展建设，对“中国梦”的丰富内涵有了更真切的体会，表示“愿为贫困地区民众的

健康多做事情”。此外，台盟中央组织了中医药、文化教育、社会组织、社区养老、生态农业等参访团赴台考察，与岛内相关领域专业人士开展深入交流，并探索赴台参访与参政议政重点课题调研相结合，丰富了台盟参政议政与对台联络工作的形式和内容。

二是参与举办主题丰富的两岸交流活动。今年，台盟中央整合全盟对台联络资源，创办了“大江论坛”——两岸关系和平发展精英论坛，参会的两岸嘉宾具有层次高、代表性强、覆盖面广的特点。此外，首次以台盟中央专委会的名义赴台南市举办了海峡两岸闽南语歌曲大赛，扩大了台盟在岛内的影响力；台盟中央首次与全国政协有关专委会合作，举办了“两岸一家亲 共圆中国梦”国画艺术交流展；继续与国家有关部委、地方政府加强联系合作，集中力量办好一系列已形成品牌特色的主题交流活动，包括海峡论坛、海峡两岸船政文化研讨会、海西乡土文化研习营、海峡两岸休闲农业（海南）研讨会、海内外台胞国庆参访活动等。通过这些活动，使与会的台湾同胞切身感受到独具台盟特色的“两岸一家亲”氛围。

三是突出台盟特色开展涉台宣传。以台湾人民“二·二八”起义、台湾光复等重大事件纪念日为契机，举办形式多样的纪念活动，表达台湾同胞期盼祖国统一的强烈心声。台海出版社继续推动图书入岛，今年发往岛内书店的图书包括连横专著《台湾通史》（第一版影印本）在内 76 种，在促进两岸文化认同、弘扬中华文化方面发挥了积极作用。

四是提高台情研究的科学性与针对性。在立足盟内研究力量的基础上，进一步加强与涉台科研院所、智库单位的协同合作，联合有关专家、社情民意机构和岛内民调机构，引入大数据和统计学方法，提高了台情研究的科学性与针对性。依托台盟重庆两岸经济研究所开展了多项台情研究课题，形成的有关台湾反服贸事件分析、“九合一选举”选情分析等专报，多次得到习近平、俞正声等中央领导同志的重视和批示。

（三）不断深化社会服务，将整合全盟资源与汇聚两岸同胞之力相结合

今年以来，按照习近平总书记关于扶贫开发工作以及毕节试验区的重要批示精神，落实统一战线参与毕节试验区建设第六次联席工作会议的具体部署，常委会组织全盟在“两岸同心”的主题下，将鼓励台湾同胞参与祖国建设有机地融入社会服务工作之中，探索形成独具台盟特色的工作思路与方式。

一是整合全盟资源参与贵州毕节试验区建设。今年以来，全盟共有天津、吉林、浙江等 6 个地方组织深入毕节赫章县，集中力量以捐资助教为切入点，实地开展帮扶工作。去年设立的“两岸同心助学金”累计收到广东、海南、陕西等 9 个地方组织捐赠的 40 万元助学金，主要用于资助赫章县贫困学生就学以及当地师资培训。台盟中央联合辽宁、上海、北京等地方组织，通过为农村骨干教师提供培训、牵线台资企业开展校企合作、捐赠教学设备等多种形式，助力赫章县基础教育和职业教育的发展。

二是汇聚两岸力量参与帮扶工作。继续支持台湾企业家王雪红兴办的盛华职业学院在祖国中西部开展教育扶贫，每年为赫章县贫困学生提供 20 个免费入学名额，还专门为赫章县少数民族贫困女生开设民族手工艺中职班，学杂费全免，并首次引入社会公益基金对就读的赫章县学生进行定点帮扶。此外，邀请台南市医师公会以及京沪医学专家在中西部开展义诊，受到当地群众热烈欢迎。

三是有序扩大社会服务工作范围。与相关地方组织密切配合，深入黔西南试验区、

河南焦作、重庆万州铁峰乡、云南玉溪青龙镇等中西部地区，开展富有针对性和台盟特色的帮扶工作。其中，配合振兴原中央苏区的国家战略，响应统一战线对口支援江西广昌县的号召，作为首个深入当地开展调研帮扶工作的党派，积极助推地方经济发展与民生改善。

（四）全面加强自身建设，将传承台盟优良传统与把握时代要求相结合

今年以来，常委会带领全盟在不断传承台盟优良传统的基础上，进一步把握时代要求，全面加强自身建设，努力把中国特色社会主义参政党建设提高到一个新的水平。

一是思想建设突出盟史教育特色。今年，全盟各级组织高度重视，周密部署，采取多种形式深入推进坚持和发展中国特色社会主义学习实践活动。在活动中注重突出盟史研究和盟史教育特色，提高盟员对多党合作历史、台湾人民爱国爱乡光荣传统的认识。举办了“记忆历史，爱国爱乡”恳谈会、台盟盟史与自身建设及口述历史工作会议等独具特色的活动，邀请盟内老前辈讲述参与民族解放战争和台盟工作的亲身经历，积极推动口述历史相关工作的开展。

二是组织建设着重打牢基础。今年，台盟中央举办了基层组织负责人培训班，为提升基层负责同志的履职能力搭建平台。在地方组织发展方面，江西、广西、贵州等地的组织发展工作稳步推进。赴全盟18个省市开展盟员发展工作调研、盟内监督工作调研，启动全盟盟员信息数据库建设，为盟组织的发展建设奠定了坚实基础。

三是制度建设逐步完善落实。在规范各项会议制度的基础上，进一步明确常委会每次围绕一个主题集中讨论，更好地发挥了常委会议事决策的功能。参事室和各专委会突出专业特点，不断创新工作形式，成效显著。各级盟组织机关的综合管理、服务协调能力也大为提升。今年全面修订了台盟中央机关公文办理、财务管理、行政规划、人事制度、外事管理等各项工作制度，安全保密工作也进一步加强。完成对台盟早期珍贵史料和盟员档案的修复存档、数字化整理工作，共计逾百卷2万余份。举办了全盟办公室工作培训班，进一步带动全盟机关干部队伍建设。此外，台盟中央新办公楼装修改建工程基本完成。

各位委员！

回顾今年以来的工作，常委会认为，呈现以下特点：

一是积极参与社会主义协商民主。以习近平总书记系列重要讲话精神为指引，将有关协商民主的重大理论思想落实到工作实际之中，围绕国家经济社会发展的重大问题积极履行参政党职能，参政履职成绩突出。

二是彰显了台盟鲜明的党派特色。积极投身“两岸一家亲、共圆中国梦”的伟大实践，参政议政注重从两岸视角切入，对台工作突出亲情乡情优势，社会服务探索“两岸同心”品牌，自身建设弘扬台盟优良传统，形成了台盟独特的工作思路与重点。

三是增强了工作的整体协同性。全盟各级组织、各专委会间密切协作，参政议政、对台交流、社会服务、自身建设工作紧密结合，形成台盟人少声音不小，各项工作特色突出、富有成效的良好局面。

这些成绩的取得，是全盟各级组织和全体同志共同努力的结果。在此，我谨代表九届中央常务委员会，向全体中央委员、全体盟员以及机关工作人员表示衷心的感谢！

在看到成绩的同时，我们也清醒地认识到，工作中还存在不少需要改进和加强的地方。

比如，理论学习和研究还需进一步加强；参政议政、对台交流、社会服务、自身建设等各项工作还需进一步统筹联动，形成合力；制度化建设还需进一步推进；青年盟员和机关干部的培养还需进一步创新形式和丰富内容等等。这些问题我们要认真研究，采取切实有效的措施，逐步加以解决。

二、2015 年工作部署

当前，国际形势错综复杂，国内改革发展稳定任务极为繁重。中国共产党团结带领全国各族人民，紧紧抓住和用好重要战略机遇期，全面深化改革破题见效，建设法治中国奋力前行，两岸和平发展巩固深化，国家各项事业打开新局面、取得新成效。面对新的形势和任务，常委会认为，2015 年全盟工作要贯彻中共十八大和十八届三中、四中全会精神，高举中国特色社会主义伟大旗帜，坚持以邓小平理论、“三个代表”重要思想、科学发展观为指导，深入贯彻习近平总书记系列重要讲话精神，推动落实台盟九大各项工作部署，在实现“两个一百年”奋斗目标和祖国和平统一的宏伟进程中创新有为，同心奋斗。

一要围绕学习贯彻中共十八届四中全会精神，为建设法治国家、实现中华民族伟大复兴的中国梦凝心聚力。

中共十八届四中全会从实现“两个一百年”奋斗目标和中华民族伟大复兴中国梦的战略高度，对全面推进依法治国作出了全面部署，明确了建设法治国家的指导思想、总目标、本质特征和重大任务，指出了推进改革大业的法治路径，在推进国家治理体系和治理能力现代化道路上迈出了坚实步伐。

全会通过的《中共中央关于全面推进依法治国若干重大问题的决定》，对科学立法、严格执法、公正司法、全民守法、法治队伍建设、加强和改进党对全面推进依法治国的领导作出了全面部署，是建设社会主义法治国家的纲领性文献。《决定》明确提出，运用法治方式巩固和深化两岸关系和平发展，对于依法保障“一国两制”实践和推进祖国统一意义深远。

全盟各级组织要把学习贯彻中共十八届四中全会精神作为当前和今后一个时期的重大政治任务，学习、宣传、贯彻宪法法律，着力在武装头脑、指导工作上下功夫，教育和引导全体盟员坚守法治信仰、强化法治思维，做社会主义法治的忠实崇尚者、自觉遵守者、坚定捍卫者，不断提高全盟依法参政、依法履职的能力和水平。

要继续深入开展坚持和发展中国特色社会主义学习实践活动，把贯彻落实中共十八届四中全会精神作为重要内容纳入学习实践活动体系，扎实开展多种形式的学习教育活动，把思想和行动统一到中央关于全面深化改革、全面推进依法治国重大决策部署上来，不断巩固与中国共产党同心奋斗的共同思想政治基础。

二要围绕提升参与协商民主的能力，为全面深化改革和多党合作事业献计出力。

全盟各级组织要深入领会习近平总书记在庆祝人民政协成立 65 周年大会和庆祝人民代表大会成立 60 周年大会上对社会主义协商民主、社会主义民主政治重大战略思想的深刻阐述，积极参与各类协商活动，着力提高参与协商的能力，助力协商民主广泛多层制度化发展。

要坚持独特视角，紧扣改革发展献计出力。紧紧围绕全面改革深水区、经济发展新常态、依法治国升级版以及“十三五”规划编制、两岸关系和平发展等主题协商议政、建言参政，注重结合台盟自身特点看问题、谋发展，努力为国家推动相关工作提供独特的参考视角。

要坚持问题导向，切实提高调查研究能力。从台盟独特的视角出发，重点关注改革推进过程、政策实施过程、两岸关系发展过程中出现的新情况、新问题，有针对性地分析解剖典型现象和具体案例，倾听盟员的意见，关注台胞的反映，把握岛内的动态，努力为国家提出务实的政策建议。

要坚持完善机制，发挥科学机制的激励引导作用。进一步完善“上下联动、横向联合”的工作机制，完善参政议政工作量化评价体系，完善参政议政信息化平台，运用科学的工作机制不断调动全盟的参政议政工作热情，积极参与、主动融入社会主义协商民主的生动实践。

三要围绕促进两岸同胞心灵契合，为两岸关系和平发展和祖国统一矢志竭力。

习近平总书记指出，我们所追求的国家统一不仅是形式上的统一，更重要的是两岸同胞的心灵契合，这是对“两岸一家亲”理念的进一步阐释和发展。全盟各级组织要深入学习领会中共中央对台工作的新理念、新观点、新要求，注重从“心”出发做好对台联络和台情研究，努力使两岸人民的同胞心更近、民族情更融、“一家亲”更浓。

要以重点台胞团组为着力点，深化与岛内知名工商界、学术界和中南部代表人士的交往，巩固与台南市医师公会、台南市中小企业协会、台中市原住民社会发展协会、台湾中国统一联盟等岛内团体的联络，进一步融洽同胞感情，增进相互信任。

要以推动两岸青年交流为重点，拓展与台湾青年中小企业家、青年学生以及各界青年代表的交流交往，用广大青年易于接受的形式和内容拉近心理距离，倾听心声、纾解困惑，使他们能够更多地感受与分享两岸关系和平发展的红利。

要以搭建重大活动平台为载体，集中力量办好大江论坛、休闲农业论坛、闽南文化论坛等台盟特色品牌活动，办好台湾光复70周年系列纪念活动，着力打造两岸文化交流精品、专业交流精品。

要进一步大力开展台情研究，着力培养一支专业化的盟内研究队伍，同时加强与涉台机构、专家学者的联系，以开放的思路、合作的精神打造台情研究平台。要进一步加强台情资料的整理、加工、提炼和转化，突出时效性，注重积累台盟涉台研究的成果。

四要围绕打造“两岸同心”品牌，为促进民生改善和社会和谐不懈努力。

全盟各级组织要认真落实习近平总书记在今年第一个全国扶贫日以及对毕节试验区的重要批示精神，本着尽力而为，突出实效的原则，开展形式多样的帮扶活动。要探索打造台盟社会服务工作的“两岸同心”品牌，使所联系的台湾同胞深入了解国情，参与祖国建设，共同成为中国梦的参与者、书写者。

明年要重点围绕台盟对口帮扶贵州毕节赫章县10周年组织开展系列活动。一方面，总结经验，加大宣传，进一步动员盟内外力量投身贵州毕节试验区建设。另一方面，以教育培训和改善民生为重点，继续开展定点帮扶工作。充分发挥“两岸同心助学金”的平台整合作用；结合台湾职业教育资源与经验助力提高当地群众就业技能；继续开展农村骨干教师培训和农村实用技术培训，增强帮扶地区发展后劲。

要进一步做好中西部地区的帮扶工作，与当地相关部门协调配合，组织两岸医师开展义诊，联系台资企业考察投资，资助困难群众，切实增进民众福祉。

五要围绕中国特色社会主义参政党建设，为台盟的发展建设积蓄动力。

全盟各级组织要学习借鉴中国共产党加强作风建设的新鲜经验，按照中国特色社会主义参政党的要求，切实提升自身建设水平，为盟组织的发展建设奠定坚实基础。

明年要着力推进队伍建设，扎实做好后备干部选拔、培养、使用和盟员发展、管理、服务工作。要有序推进地方组织建设，关心基层组织发展，不断提升各级盟组织联系团结盟员的能力。

要加强参事室和专委会建设，积极支持参事室、专委会开展活动，充分发挥其经验丰富、联系广泛、专业性程度高的优势。要做好盟内监督工作，畅通意见建议反映渠道。

要加强制度建设保障，紧跟全盟参政履职实践需要，在建立健全、狠抓落实、督促检查上下功夫，不断提高全盟工作的制度化、规范化、科学化水平。

各位委员！

全面深化改革、建设法治中国的大潮已经起势，中国特色社会主义协商民主正在广泛多层制度化发展，两岸关系和平发展面临难得的历史机遇。时代赋予使命，使命更需担当。让我们高举中国特色社会主义伟大旗帜，紧密团结在以习近平同志为总书记的中共中央周围，继承发扬台盟优良传统，锐意进取、再启征程，为实现祖国和平统一和中华民族伟大复兴的中国梦而努力奋斗！

台盟中央关于学习贯彻中共十八届四中全会精神的通知

台盟各省（直辖市）委、南京市委、安徽总支、江西支部、成都支部、南宁支部：

10月20日至23日，中国共产党第十八届中央委员会第四次全体会议在北京胜利召开。全会听取和讨论了习近平总书记受中央政治局委托作的工作报告，审议通过了《中共中央关于全面推进依法治国若干重大问题的决定》（以下简称《决定》），提出了全面推进依法治国的总目标。学习贯彻十八届四中全会精神，是当前和今后一个时期台盟的重要政治任务。全盟各级组织要高度重视，精心组织，将学习贯彻十八届四中全会精神的工作落到实处。

一、充分认识学习贯彻中共十八届四中全会精神的重要意义

中共十八届四中全会是在我国全面深化改革进入关键阶段召开的一次十分重要的会议。全会高度评价了长期以来特别是中共十一届三中全会以来，我国社会主义法治建设取得的历史性成就，提出全面推进依法治国的总目标和重大任务，强调了坚持中国共产党的领导、坚持中国特色社会主义制度的根本政治方向，部署了形成完备的法律规范体系、

高效的法治实施体系、严密的法治监督体系、有力的法治保障体系、完善的党内法规体系的重点任务，阐明了坚持依法治国首先要坚持依宪治国，坚持依法执政首先要坚持依宪执政。会议审议通过的《决定》是全面推进依法治国的纲领性文件。

贯彻落实十八届四中全会精神，对全盟紧密团结在以习近平同志为总书记的中共中央周围，为推进全面深化改革、建设法治中国、促进祖国和平统一和实现中华民族伟大复兴的中国梦具有重大的现实意义和深远的历史意义。

二、深刻领会中共十八届四中全会精神的丰富内涵

学习贯彻中共十八届四中全会精神，要原原本本研读全会文件，全面准确领会全会精神，始终与中共中央保持高度一致。

全会提出，全面推进依法治国，总目标是建设中国特色社会主义法治体系，建设社会主义法治国家，形成完备的法律规范体系、高效的法治实施体系、严密的法治监督体系、有力的法治保障体系、完善的党内法规体系，坚持依法治国、依法执政、依法行政共同推进，坚持法治国家、法治政府、法治社会一体建设，实现科学立法、严格执法、公正司法、全民守法，促进国家治理体系和治理能力现代化。

全会指出，要实现全面推进依法治国的总目标，必须坚持中国共产党的领导，坚持人民主体地位，坚持法律面前人人平等，坚持依法治国和以德治国相结合，坚持从中国实际出发。

全会明确了全面推进依法治国“六大任务”，这就是：完善以宪法为核心的中国特色社会主义法律体系，加强宪法实施；深入推进依法行政，加快建设法治政府；保证公正司法，提高司法公信力；增强全民法治观念，推进法治社会建设；加强法治工作队伍建设；加强和改进党对全面推进依法治国的领导。

贯彻落实全会精神，必将有力促进中国特色社会主义制度的完善和发展，促进国家治理体系和治理能力现代化，为实现“两个一百年”奋斗目标、实现中华民族伟大复兴的中国梦提供有力法治保障。

全盟要紧紧围绕《决定》深入学习贯彻中共十八届四中全会精神，深刻领会依法治国的重大意义，牢牢把握中国特色社会主义法治道路的根本要求，认真贯彻全面推进依法治国的重大任务，推动法治中国建设不断取得新进展。

三、认真学习贯彻中共十八届四中全会精神的有关要求

全盟要高度重视学习贯彻中共十八届四中全会精神的工作，要把学习贯彻全会精神贯穿于台盟的全部工作之中。通过学习，把全盟的思想和行动统一到全会精神上来，把智慧和力量凝聚到全会确定的战略部署和目标任务上来，为实现建设中国特色社会主义法治体系、建设社会主义法治国家的总目标而努力奋斗。

第一，高举旗帜，不断巩固共同的思想政治基础。全盟各级组织和广大盟员要按照中共十八届四中全会精神的要求，高举中国特色社会主义伟大旗帜，以邓小平理论、“三个代表”重要思想、科学发展观为指导，深入贯彻习近平总书记系列重要讲话精神，结合全盟开展的坚持和发展中国特色社会主义学习实践活动，提高法治意识，运用法治思维，

凝聚法治力量，成为社会主义法治的忠实崇尚者、自觉遵守者、坚定捍卫者。

第二，发挥优势，扎实做好建设法治中国的各项工作。全盟各级组织和广大盟员要紧紧围绕法治建设涉及的重大问题，开展专题调研，进行民主监督，提出真知灼见；充分发挥自身特点和优势，继续为两岸经济健康有序发展、依法维护台湾同胞合法权益积极建言献策，协助有关部门完善两岸交流中涉及的法律法规，扩大两岸司法互助，加强两岸司法交流；增强依法按章循制履职的法治意识，做到议政建言、民主监督于法有据。

第三，精心组织，确保学习贯彻活动取得实效。全盟各级组织要加强领导，把学习宣传贯彻中共十八届四中全会精神的工作切实落到实处，做到统一思想、全面部署、周密计划，进一步提高领导班子的政治把握能力、参政议政能力、组织领导能力和合作共事能力。通过组织学习辅导、座谈交流、专题报告等形式多样、内容丰富的学习活动，在全盟迅速掀起学习贯彻十八届四中全会精神的热潮。

第四，加强宣传，营造浓厚的学习贯彻氛围。全盟各级组织要加大宣传力度，做到全面准确、扎实深入，充分发挥盟刊、盟讯、网站等自有舆论平台的宣传教育作用，开辟专题栏目，刊发学习体会，在全盟大力弘扬社会主义法治理念和法治精神，形成尊法、信法、守法、用法的浓厚氛围。同时积极与社会主流媒体加强联系，及时反映台盟学习活动的动态，充分展示台盟各级组织和广大盟员的良好精神风貌。

请各地方组织将本地学习贯彻十八届四中全会精神的情况及时反馈台盟中央宣传部。

台湾民主自治同盟中央委员会
2014 年 10 月 31 日

台盟中央 2014 年工作要点

2014 年是全面贯彻落实中共十八届三中全会精神，全面深化改革的第一年，是完成“十二五”规划目标任务的关键一年，我国的发展进程必将迈出新的步伐。

台盟中央 2014 年工作的总体思路是：高举中国特色社会主义伟大旗帜，以邓小平理论、“三个代表”重要思想、科学发展观为指导，深入学习贯彻中共十八大和十八届三中全会精神，坚持稳中求进的工作总基调，继承优良传统，把握时代要求，不断提高政治把握能力、参政议政能力、组织领导能力、合作共事能力，不断增强各项工作的系统性、整体性、协同性，充分发挥自身优势和特点，建设中国特色社会主义参政党，为推动两岸关系和平发展，实现中华民族伟大复兴的中国梦贡献力量！

一、深入贯彻中共十八届三中全会精神，理解改革，支持改革，深化政治交接，增进政治共识

1. 学习贯彻中共十八大、十八届三中全会精神和习近平总书记一系列重要讲话精神。

加强组织领导，认真贯彻落实，把思想和行动统一到中共中央精神上来，统一到中共中央决策部署上来，把智慧和力量凝聚到理解改革、支持改革、参与改革上来，自觉坚持中国共产党的领导，坚持和发展中国特色社会主义。通过召开座谈会、辅导讲座等形式多样的学习活动，在全盟掀起学习贯彻中共十八届三中全会精神的热潮，激励全体盟员以昂扬的精神状态投入到改革实践中去。

2. 深入开展坚持和发展中国特色社会主义学习实践活动。把开展学习实践活动作为当前和今后一个时期台盟的重大政治任务，与落实中共十八届三中全会确定的目标任务紧密结合起来，不断深化理解认识，服务全面深化改革。围绕台湾人民“二·二八”起义67周年、新中国成立65周年、人民政协成立65周年、台湾光复69周年等主题，开展纪念活动，弘扬台湾人民维护祖国统一的爱国爱乡光荣传统，不断增强全体盟员对中国特色社会主义的道路自信、理论自信、制度自信，引导盟员切实承担起作为中国特色社会主义事业亲历者、实践者、维护者、捍卫者的政治责任，增强全盟走中国特色社会主义政治发展道路的自觉性和坚定性。

二、着眼服务全面深化改革，提高建言水平，健全工作机制

3. 积极参与高层政治协商。把握工作规律，根据协商会的不同主题，提前谋划好相关政策建议的准备工作，做到与会议议题相结合、与会议时间相衔接，进一步加强高层协商准备工作的预见性和计划性。整合多方资源，积极推动全盟调研成果以协商会提出重大政策建议的方式进行转化利用，同时，进一步加强与盟内外专家学者、研究机构的合作联系，不断提高议政建言的质量和水平。

4. 认真做好参加全国政协会议的相关工作。根据全国政协十二届二次会议的相关要求，做好大会发言与党派提案的征集、汇总和整理工作。精心组织台盟界别的政协委员围绕全面深化改革和国家经济社会发展的重大问题积极建言献策。认真做好全国两会专题宣传及两会精神学习传达工作。根据全国政协常委会、专题协商会、双周协商座谈会的不同主题，做好相关发言材料的准备工作。

5. 切实加强调查研究工作。彰显党派特色，精心选择课题，紧密围绕深化改革和国家工作大局与对台工作大局的结合点，组织开展台盟中央2014年党派大考察和专题调研活动。改进调查研究的方式方法，注重深入基层、突出实效。继续完善调研工作机制，开好调研课题协调会、重点课题研讨会，进一步完善课题地方组织牵头负责制。充分发挥专委会在推动参政议政工作中的独特作用，为议政建言提供新的支撑。

6. 不断改进反映社情民意信息工作。进一步健全社情民意信息素材征集制度，推动全盟参政议政成果的有效转化，推动社情民意信息工作与课题调研、提案工作的联动与互通，通过社情民意信息渠道对经济社会发展以及两岸关系发展中的新情况新问题及时提出意见建议。

7. 持续推进参政议政工作的制度化与信息化建设。进一步推动“上下联动、横向联合”的工作机制有效运行，广泛整合凝聚盟内外参政议政力量与资源。进一步完善参政议政工作量化评价体系，适当调整评选规则，通过更加科学合理的激励机制进一步激发全盟参政议政的积极性和主动性。进一步构建参政议政信息化平台，为盟员骨干畅通参政议

政渠道。

三、着眼强化两岸同胞感情认同，提升交流层次、加强研究力度

8. 多层次拓展对台联络交流领域。围绕国家城镇化建设主题，积极开展以培训辅导和考察交流为主要形式的两岸现代农业、绿色休闲农业领域的综合交流活动，同时，积极搭建地方专业平台，开辟特色领域，推动两岸现代农业、绿色休闲农业的交流互动。以亲情、乡情为纽带，做好台湾台南市中小企业大陆参访团、台南市诊所协会参访团、台湾中国统一联盟中青年骨干参访团、台盟中央特邀国庆参访团等团组接待工作，继续加强与台湾中南部、中下阶层、中小企业等群体的联系，做深、做实争取台湾民心工作。

9. 积极筹办两岸专题论坛和文化交流活动。整合全盟具有良好基础和广泛影响的品牌项目和重点联络群体，举办两岸专题论坛活动，推动两岸精英人士深入交流，厚植两岸关系和平发展理念的民意基础。继续做好“海峡论坛”、海峡两岸闽南文化节、海峡两岸船政文化研讨会、琼台观光休闲农业研讨会等论坛、研讨活动的筹办工作。举办海峡两岸中华传统文化艺术会展周活动，积极开展两岸文化出版、书画艺术交流活动，支持台海出版社图书入岛。

10. 继续探索对台联络有效工作模式。坚持对台联络与参政议政相结合，不断丰富参访内涵，围绕参政议政调研课题，在农业、文化、科教医药、环保、海洋资源和社区组织六个方面，有针对性地开展入岛实地调研，为两岸关系发展建言献策。加强与社会服务工作的协同配合，多项联动，突出特色，开展参访团组赴贵州毕节义诊等公益活动，举办两岸农业研讨座谈。充分发挥专委会作用，以科教医药交流委员会工作为平台，建立两岸科技、教育、医药合作与技术交流的联络机制，开展两岸社区养老、医疗服务以及教育科技方面的调研。适时组织专委会委员赴台考察，收集岛内对两岸科教医药产业合作、人员往来的意见和建议。

11. 努力提升台情研究水平。重视台情信息的搜集、整理，加强信息报送的时效性和准确度。进一步密切与重庆两岸经济研究所、清华大学台研所的联系与合作，搭建专业化台情研究平台。就两岸关系和平发展重大理论创新、经济文化融合，以及岛内“七合一”选举形势等问题进行重点研究，组织涉台专家学者小型台情研讨会，根据岛内政局和两岸关系的发展情况，听取专家的分析、评估和意见、建议。做好重点台情研究课题调研工作，委托知名涉台学术机构和部分台盟地方组织就重点课题联合跟踪调研，就部分短期课题独立调研，并组织专家对调研质量和成果作出评价。提升台情研究干部队伍素质，搭建理论培训、政策培训以及台情研究主题培训等平台。

12. 稳步推动台港澳及海外交流。立足岛内，着眼海外，密切台盟与海外爱国华侨华人特别是海外台胞的联系。巩固深化与各国爱国侨团的友好关系，开辟与周边国家的联络渠道，利用参加南美洲华人反“独”促统大会的机会，建立与南美洲主要国家华人社团的稳定联络渠道，为以后开展当地台胞工作打牢基础。继续巩固与港澳两地统促会组织的友好关系，密切保持与港澳地区台胞社团的友好往来，关注当地台胞对岛内2014年“七合一”选举的看法，团结更多的港澳同胞共同推进祖国和平统一事业。

四、着眼推进全盟社会服务工作科学化、规范化水平，发挥特色优势，加强信息化建设

13. 搭建社会服务信息平台。继续抓好建章立制、搭台稳基的基础性工作，通过调研考察，建立全盟社会服务数据资源库，实现盟内资源共享，推动全盟社会服务工作科学规范、高效有序发展。

14. 加大定点帮扶工作力度。认真贯彻中共中央领导对毕节试验区建设的重要讲话精神，根据中央统战部以及国务院扶贫办的统一部署，继续做好贵州毕节试验区定点帮扶工作，积极参与黔西南州“星火计划、科技扶贫”联合推动组的各项活动。立足智力服务和改善民生，依托台盟各级组织和社会力量，重点实施人员培训、捐资助学、义诊捐赠和投资考察等帮扶项目。

15. 加强合作，不断拓宽工作领域范围。继续加强与国务院扶贫办等相关单位的联系，加强与岛内外台商及其他社会组织、科研院所的合作，加强与台盟各级组织的联动，发挥台盟中央各专门委员会的作用，深化与贵州、重庆、江西等地人民政府的合作关系，协助地方做好社会帮扶、对台交流、招商引资等工作。立足地方实际，协助重庆万州、北京密云等联系点做好农民增收和民生改善工作，同时为台资企业开展投资考察和交流活动牵线搭桥。

五、着眼建设中国特色社会主义参政党，改进工作作风，提高自身素质

16. 进一步加强盟史研究和盟史教育工作。继承和弘扬台盟的光荣历史和光荣传统，积极开展台盟盟史资料及口述历史资料抢救工程，抢救性采访老盟员及其家属。编辑出版纪念台盟盟员、革命烈士林正亨诞辰 100 周年生平事迹图书。充分发挥专委会在推进参政党自身建设中的作用。

17. 加大新闻宣传力度。建设科学高效的信息工作机制，综合管理信息传递渠道，保障台盟信息及时上传下达。进一步做好网站、盟刊建设，借鉴兄弟党派和主流媒体的先进做法，对台盟网、台盟盟刊进行升级改版，充分发挥网站、盟刊宣传政策、沟通情况、交流思想、联络感情的重要载体作用。做好与中国政协杂志社合作编撰《台盟专刊》工作，突出展现台盟成立 60 多年来的光荣历程和重要贡献。继续开展两岸抗战文化研究、宣传工作。

18. 深入开展组织发展工作。学习贯彻全国组织工作会议等会议精神，召开台盟组织工作会议，交流台盟组织发展、后备干部和代表人士队伍建设、盟员培训等方面的经验做法，研究部署今后五年台盟的组织工作。深入开展组织工作调研，听取地方组织和基层盟员对台盟组织工作发展的意见和建议，了解和考察地方组织领导班子和后备干部队伍情况，为进一步做好台盟组织工作打好基础。组织盟员干部培训。对建盟以来的组织档案进行数字化整理，进一步完善盟员信息数据库。

19. 进一步发挥专委会作用。发掘各专委会的资源优势，借助专委会的专业平台，加强职能部门与专委会的工作配合，促进专委会在参政议政、对台交流、社会服务、自身建设中发挥更大作用。支持专委会开展各项活动。

20. 推进盟内监督工作。适时召开台盟中央监督委员会工作会议，就做好内部监督工作方法和存在的问题进行研究。

21. 不断加强机关作风建设。进一步改进机关工作作风，形成机关良好的内部氛围和外部形象。严格贯彻中央八项规定，提高机关行政支出及“三公”经费规范化管理水平，着力建设节约型机关。认真开展机关规章制度、规范性文件的具体落实工作，加强机关各部门工作的协调配合，提高机关办事能力和工作运行效率。加大教育培训、轮岗交流、挂职锻炼的支持力度，提升机关干部素质。

22. 提升机关服务水平。加强会议、活动的前期筹划，细化具体工作内容，增强突发情况的应对能力。开展机关资料性档案数字化整理工作，发挥档案的资料服务功能。加强对机关服务中心的管理，做好机关老干部工作。稳妥推进机关新办公楼装修收尾工作，按规定采购办公家具，有序组织机关搬迁。增强安全保密意识，保持对计算机网络、机要文件及内部资料的严格监管。

政党活动纪要

中国共产党

一、重要会议及活动

1. 刘云山出席全国宣传部长会议并讲话。1月3日，全国宣传部长会议在北京召开。中共中央政治局常委、中央书记处书记刘云山出席会议并讲话，强调要深入贯彻党的十八大和十八届二中、三中全会精神，贯彻习近平总书记系列讲话精神，贯彻全国宣传思想工作会议精神，坚持稳中求进，坚持改革创新，紧紧围绕实现中华民族伟大复兴的中国梦，围绕“两个巩固”的根本任务，扎实做好宣传思想工作，为促进全面深化改革、推动经济持续健康发展、维护社会和谐稳定提供有力的思想保证、舆论支持、精神动力和文化条件。刘云山指出，宣传思想战线要胸怀大局、把握大势、着眼大事，更加积极主动、奋发有为做好各项工作。要突出抓好思想理论建设这个根本，老祖宗不能丢、大道理还要讲，切实加强马克思列宁主义、毛泽东思想的学习，加强邓小平理论、“三个代表”重要思想、科学发展观的学习，加强习近平总书记系列讲话精神的学习，努力做到真、深、实，坚定理想信念、筑牢思想根基。要把提高舆论引导能力作为推进国家治理体系和治理能力现代化的重要方面，坚持党管媒体，把握正确导向，有效引导社会热点，培育健康向上的网络舆论生态，唱响主旋律、激发正能量。要大力培育和践行社会主义核心价值观，坚持知行统一，从中华优秀传统文化中汲取崇德向善的力量，建设全民族共有精神家园。要从五位一体全方位改革高度继续深化文化体制改革，确立新目标、提出新举措，进一步解放和发展文化生产力、解放和激发全民族文化创造活力。

2. 习近平等党和国家领导人会见嫦娥三号任务参研参试人员代表。1月6日上午，中共中央总书记、国家主席、中央军委主席习近平在北京人民大会堂会见探月工程嫦娥三号任务参研参试人员代表。他强调，科技创新是提高社会生产力和综合国力的战略支撑，必须把科技创新摆在国家发展全局的核心位置，坚持走中国特色自主创新道路，敢于走别人没有走过的路，不断在攻坚克难中追求卓越，加快向创新驱动发展转变。李克强、张德江、俞正声、刘云山、王岐山、张高丽参加会见。

3. 中共中央国务院隆重举行国家科学技术奖励大会。1月10日上午，中共中央、国务院在北京隆重举行国家科学技术奖励大会。党和国家领导人习近平、李克强、刘云山、张高丽出席大会并为获奖代表颁奖。李克强代表党中央、国务院在大会上讲话。张高丽在主持大会时说，党中央、国务院隆重奖励在我国科学技术事业发展中作出杰出贡献的科技工作者，充分体现了党和国家对我国科学技术事业发展的高度重视和对广大科技工作者的亲切关怀。希望广大科技工作者以获奖者为榜样，继续发扬求真务实、勇于创新的精神，牢固树立创新科技、服务国家、造福人民的思想，锐意改革，创新创业，把科技成果应用到实现国家现代化的伟大事业中，把人生理想融入为实现中华民族伟大复兴中国梦的不懈奋斗中。

4. 俞正声出席2014年对台工作会议并作重要讲话。1月24日，2014年对台工作会议在北京举行。中共中央政治局常委俞正声出席会议并作重要讲话。俞正声指出，以习近平同志为总书记的新一届中央领导集体保持对台工作大政方针的连续性，同时面对新形势及其未来发展，提出新的起点上推动两岸关系和平发展的新理念、新主张，产生广泛积极影响。俞正声强调，我们要从实现中华民族伟大复兴的高度思考和谋划对台工作。党的十八大提出，建设中国特色社会主义的总任务是实现社会主义现代化和中华民族伟大复兴。这一总任务决定了新形势下对台工作的总目标，就是在同心实现中华民族伟大复兴进程中完成祖国统一大业。因此，对台工作要围绕服务当前党和国家中心任务，努力保持两岸关系正确方向和前进势头，不断巩固深化两岸关系和平发展的政治、经济、文化、社会基础，为实现和平统一创造更加有利的条件。

5. 全国政协十二届二次会议闭幕。3月12日上午，中国人民政治协商会议第十二届全国委员会第二次会议在人民大会堂闭幕。会议通过了政协第十二届全国委员会第二次会议关于常务委员会工作报告的决议、政协第十二届全国委员会提案委员会关于政协十二届二次会议提案审查情况的报告、政协第十二届全国委员会第二次会议政治决议。会议号召，人民政协的各级组织、各参加单位和广大政协委员，更加紧密地团结在以习近平同志为总书记的中共中央周围，高举中国特色社会主义伟大旗帜，以马克思列宁主义、毛泽东思想、邓小平理论、"三个代表"重要思想、科学发展观为指导，全面贯彻落实中共十八大和十八届二中、三中全会精神，同心同德，扎实工作，为全面建成小康社会、实现中华民族伟大复兴的中国梦而奋斗。全国政协主席俞正声主持闭幕会。习近平、李克强、张德江、刘云山、王岐山、张高丽等出席。

6. 十二届全国人大二次会议闭幕。3月13日上午，第十二届全国人民代表大会第二次会议在人民大会堂闭幕。闭幕会由大会主席团常务主席、执行主席、全国人大常委会委员长张德江主持。习近平、李克强、俞正声、刘云山、王岐山、张高丽出席。会议经表决，通过了关于政府工作报告的决议、关于全国人大常委会工作报告的决议等。大会完成各项议程后，张德江发表了讲话。

7. 第二次中央新疆工作座谈会举行。5月28日至29日，第二次中央新疆工作座谈会在北京举行。中共中央总书记习近平在会上发表重要讲话强调，以邓小平理论、"三个代表"重要思想、科学发展观为指导，坚决贯彻党中央关于新疆工作的大政方针，围绕社会稳定和长治久安这个总目标，以推进新疆治理体系和治理能力现代化为引领，以经济发展和民生改善为基础，以促进民族团结、遏制宗教极端思想蔓延等为重点，坚持依法治疆、团结稳疆、长期建疆，努力建设团结和谐、繁荣富裕、文明进步、安居乐业的社会主义新疆。中共中央政治局常委、国务院总理李克强就新疆经济社会发展工作作了讲话。中共中央政治局常委、全国政协主席俞正声在会议结束时作了讲话。中共中央政治局常委张德江、刘云山、王岐山、张高丽出席会议。这次会议全面总结了2010年中央新疆工作座谈会以来的工作，科学分析了新疆形势，明确了新疆工作的指导思想、基本要求、主攻方向，对当前和今后一个时期新疆工作作了全面部署。

8. 中国科学院第十七次院士大会、中国工程院第十二次院士大会隆重开幕。6月9日上午，中国科学院第十七次院士大会、中国工程院第十二次院士大会在人民大会堂隆重开幕。中共中央总书记、国家主席、中央军委主席习近平出席会议并发表重要讲话。他强调，我国科技发展的方向就是创新、创新、再创新。实施创新驱动发展战略，最根本的是要增强自主创新能力，最紧迫的是要破除体制机制障碍，最大限度解放和激发科技作为第一生产力所蕴藏的巨大潜能。要坚定不移走中国特色自主创新道路，坚持自主创新、重点跨越、支撑发展、引领未来的方针，加快创新型国家建设步伐。中共中央政治局常委、国务院总理李克强，中共中央政治局常委、中央书记处书记刘云山，中共中央政治局常委、国务院副总理张高丽出席会议。

9.《“一国两制”在香港特别行政区的实践》白皮书发表。6月10日，国务院新闻办公室发表《“一国两制”在香港特别行政区的实践》白皮书，全面阐述回归以来“一国两制”在香港特区的实践成就。

10. 隆重纪念全民族抗战爆发七十七周年。7月7日，在全民族抗战爆发七十七周年之际，首都各界在中国人民抗日战争纪念馆隆重集会。中共中央总书记习近平发表重要讲话强调，中国人民对战争带来的苦难有着刻骨铭心的记忆，对和平有着孜孜不倦的追求。纵观世界历史，依靠武力对外侵略扩张最终都是要失败的。这是历史规律。中国将坚定不移走和平发展道路，并且希望世界各国共同走和平发展道路，让和平的阳光永远普照人类生活的星球。中共中央政治局常委、全国政协主席俞正声主持纪念仪式。

11. 中共中央举行纪念邓小平同志诞辰110周年座谈会。8月20日上午，中共中央在人民大会堂举行座谈会，纪念邓小平同志诞辰110周年。中共中央总书记习近平发表重要讲话强调，邓小平同志为我们擘画的社会主义现代化蓝图正在一步步变成美好现实，我们伟大的祖国正在一天天走向繁荣富强，中华民族正在一步步走向伟大复兴。我们相信，在20世纪赢得了伟大历史性胜利的中国共产党和中国人民，必将在21世纪赢得更伟大的历史性胜利。中共中央政治局常委李克强、张德江、俞正声、王岐山、张高丽出席座谈会，中共中央政治局常委刘云山主持座谈会。刘云山在主持会议时说，习近平总书记重要讲话高度评价了邓小平同志和邓小平理论的历史地位和历史功绩，从信念坚定、热爱人民、实事求是、开拓创新、战略思维、坦荡无私等方面深刻阐述了邓小平同志的崇高精神风范，号召全党坚定中国特色社会主义道路自信、理论自信、制度自信，在实现“两个一百年”奋斗目标、实现中华民族伟大复兴的中国梦的征程上奋勇前进。讲话饱含着全党全国人民对邓小平同志的深厚感情，饱含着继往开来推进党和国家事业发展的责任担当，具有很强的理论性、战略性、指导性。我们要紧密结合全面深化改革和现代化建设实际，认真学习领会，切实贯彻落实。

12. 首都各界向抗战烈士敬献花篮。9月3日上午，党和国家领导人习近平、李克强、张德江、俞正声、刘云山、王岐山、张高丽等来到中国人民抗日战争纪念馆，与首都各界代表一起，向抗战烈士敬献花篮。

13. 纪念中国人民抗日战争暨世界反法西斯战争胜利 69 周年。9 月 3 日下午，中共中央、国务院、中央军委在人民大会堂举行座谈会，纪念中国人民抗日战争暨世界反法西斯战争胜利 69 周年。中共中央总书记、国家主席、中央军委主席习近平发表重要讲话强调，历史无法重来，未来可以开创。站在新的历史起点上，我们纪念中国人民抗日战争暨世界反法西斯战争的伟大胜利，就是要铭记历史、警示未来，动员全党全军全国各族人民肩负起历史重任，动员全党全军全国各族人民更加奋发有为地为实现中华民族伟大复兴而奋斗。习近平强调，在中国人民抗日战争的壮阔进程中，形成了伟大的抗战精神，中国人民向世界展示了天下兴亡、匹夫有责的爱国情怀，视死如归、宁死不屈的民族气节，不畏强暴、血战到底的英雄气概，百折不挠、坚忍不拔的必胜信念。伟大的抗战精神，是中国人民弥足珍贵的精神财富，永远是激励中国人民克服一切艰难险阻、为实现中华民族伟大复兴而奋斗的强大精神动力。中共中央政治局常委、国务院总理李克强出席座谈会，中共中央政治局常委、中央书记处书记刘云山主持座谈会。刘云山在主持会议时说，习近平总书记的重要讲话全面回顾了中国人民抗日战争的伟大历史进程，系统总结了中国人民抗日战争胜利的伟大历史意义，深刻分析了中国人民抗日战争胜利的历史原因，对在新的历史条件下进一步弘扬伟大抗战精神，不断夺取中国特色社会主义新胜利，努力实现中华民族伟大复兴进行了全面阐述，具有很强的政治性、思想性、指导性和现实针对性。一定要认真学习领会，深入贯彻落实，引导和激励全党全国各族人民紧密团结在以习近平同志为总书记的党中央周围，大力弘扬民族精神和时代精神，铭记民族光荣，增强民族自信，凝聚民族力量，为开拓中国特色社会主义事业更加广阔的前景，实现中华民族伟大复兴的中国梦而努力奋斗。

14. 庆祝全国人民代表大会成立 60 周年大会举行。9 月 5 日上午，中共中央、全国人大常委会在人民大会堂隆重举行庆祝全国人民代表大会成立 60 周年大会。中共中央总书记习近平在大会上发表重要讲话。他指出，在中国实行人民代表大会制度，是中国人民在人类政治制度史上的伟大创造，是深刻总结近代以后中国政治生活惨痛教训得出的基本结论，是中国社会 100 多年激越变革、激荡发展的历史结果，是中国人民翻身作主、掌握自己命运的必然选择。坚持和完善人民代表大会制度，必须毫不动摇坚持中国共产党的领导，必须保证和发展人民当家作主，必须全面推进依法治国，必须坚持民主集中制。我们要不断推进社会主义民主政治制度化、规范化、程序化，更好发挥中国特色社会主义政治制度的优越性，为党和国家兴旺发达、长治久安提供更加完善的制度保障。他强调，人民代表大会制度是中国特色社会主义制度的重要组成部分，也是支撑中国国家治理体系和治理能力的根本政治制度。新形势下，我们要高举人民民主的旗帜，毫不动摇坚持人民代表大会制度，也要与时俱进完善人民代表大会制度，坚定不移走中国特色社会主义政治发展道路，继续推进社会主义民主政治建设、发展社会主义政治文明。中共中央政治局常委李克强、俞正声、刘云山、王岐山、张高丽出席。中共中央政治局常委、全国人大常委会委员长张德江主持大会。张德江在主持大会时指出，习近平总书记的重要讲话，对于我们全面贯彻党的十八大和十八届三中全会精神，在新的历史条件下，坚定不移走中国特色社会主义政治发展道路，发展社会主义民主政治，建设社会主义法治国家，推动人民代表大会制度与时俱进，进一步动员和组织全国各族人民满怀信心地投身社会主义现代化建设，实现“两个一百年”奋斗目标，具有重大指导意义。我们一定要认真学习、深刻领会、全面贯彻讲话精神，把思想和行动统一到讲话精神上来，把讲话精神贯彻落实到党和国家各项工作中去，坚定坚持党的领导、人民当家作主、依法治国有机统一，坚持好、完善好、发展好人民代表大会制度，为把我国建设成为富强民主文明和谐的社会主义现代化国家、实现中华民族伟大复兴的中国梦作出新贡献。

15. 庆祝第三十个教师节暨全国教育系统先进集体和先进个人表彰大会举行。9月9日，庆祝第三十个教师节暨全国教育系统先进集体和先进个人表彰大会在京举行。国家主席习近平在人民大会堂亲切会见受表彰代表，代表党中央、国务院，向受到表彰的先进集体和先进个人表示热烈祝贺，向全国广大教师和教育工作者致以节日的问候。国务院总理李克强、中共中央书记处书记刘云山、国务院副总理张高丽参加会见。刘延东出席表彰大会并讲话。

16. 庆祝中国人民政治协商会议成立65周年大会举行。9月21日上午，中共中央、全国政协在全国政协礼堂隆重举行庆祝中国人民政治协商会议成立65周年大会。中共中央总书记习近平在大会上发表重要讲话。他强调，人民政协是人民民主的重要形式。人民政协要适应推进国家治理体系和治理能力现代化的要求，坚持改革创新精神，推进人民政协理论创新、制度创新、工作创新，丰富民主形式，畅通民主渠道，有效组织各党派、各团体、各民族、各阶层、各界人士共商国是，推动实现广泛有效的人民民主。中共中央政治局常委李克强、张德江、刘云山、王岐山出席。中共中央政治局常委、全国政协主席俞正声主持大会。俞正声在主持大会时指出，习近平总书记的重要讲话对我们全面贯彻中共十八大和十八届三中全会精神，在新的历史条件下坚定不移走中国特色社会主义政治发展道路，更好发挥人民政协这一中国特色政治组织和民主形式的独特优势，广泛凝聚各党派、各团体、各民族、各阶层、各界人士的智慧和力量，共同坚持和发展中国特色社会主义具有十分重要的指导意义。我们一定要认真学习、深刻领会、全面贯彻讲话精神，切实把思想和行动统一到讲话精神上来，坚持中国特色社会主义制度优势和特点，坚持紧扣改革发展献计出力，坚持发挥人民政协在发展协商民主中的重要作用，坚持广泛凝聚中华民族伟大复兴的正能量，坚持推进履职能力建设，努力谱写人民政协事业发展新篇章，为在新形势下推进改革开放和社会主义现代化建设事业作出新贡献。

17. 中央民族工作会议举行。9月28日至29日，中央民族工作会议暨国务院第六次全国民族团结进步表彰大会在北京举行。中共中央总书记习近平、国务院总理李克强、全国人大常委会委员长张德江、全国政协主席俞正声，中共中央政治局常委、中共中央书记处书记刘云山、中共中央纪委书记王岐山出席会议。习近平在会上发表重要讲话，全面分析我国民族工作面临的国内外形势，深刻阐述当前和今后一个时期我国民族工作的大政方针。李克强就加快民族地区发展、促进全面建成小康社会作了讲话。俞正声在会议结束时作总结讲话。这次会议的主要任务是：准确把握新形势下民族问题、民族工作的特点和规律，统一思想认识，明确目标任务，坚定信心决心，提高做好民族工作能力和水平。会议认为，习近平的重要讲话，站在全局和战略的高度，系统阐述了民族工作的方向和道路、理论和政策、制度和法律、工作和实践等重大问题，思想上的深刻性、政策上的鲜明性非常突出，是做好新形势下民族工作的纲领性文献。李克强的重要讲话，围绕实现全面建成小康社会的目标，明确提出了加快民族地区发展的一系列重大举措、重要部署、重点任务，具有很强的针对性和操作性。要把握会议精神实质，切实用中央关于民族工作的重大方针统一思想、认识和行动；突出重点领域，千方百计把促进各民族共同繁荣发展的决策部署落到实处；积极稳妥推进，力争使加强民族团结的各项举措取得实实在在的进展；顺应历史趋势，把推进民族事务治理法治化做深做实；汇聚各方力量，形成贯彻会议精神的良好体制机制。会议要求，全党全国各族人民要紧密团结在以习近平同志为总书记的党中央周围，坚定不移走中国特色解决民族问题的正确道路，万众一心，不懈奋斗，把民族团结进步事业全面推向前进。会议对 1496 个全国民族团结进步模范集体和模范个人进行了表彰，习近平等为受表彰的模范集体和模范个人代表颁奖，并在会前与大家合影留念。中共中央政治局委员、国务院副总理刘延东宣读了《国务院关于表彰全国民族团结进步模范集体和模范个人的决定》。会上，广东省、云南省、宁夏回族自治区、国家发展改革委负责同志作大会交流发言。

18. 党和国家领导人出席“烈士纪念日”向人民英雄敬献花篮仪式。9 月 30 日上午，在国家设立的首个“烈士纪念日”，党和国家领导人习近平、李克强、张德江、俞正声、刘云山、王岐山、张高丽等来到北京天安门广场，与首都各界代表一起，出席向人民英雄敬献花篮仪式，深切缅怀近代以来为了反对内外敌人、争取民族独立和人民自由幸福，为了国家繁荣富强英勇献身的烈士们，表达沿着中国特色社会主义道路奋勇前进的坚定决心。

19. 习近平主持召开文艺工作座谈会并发表重要讲话。10 月 15 日上午，中共中央总书记习近平在京主持召开文艺工作座谈会并发表重要讲话。他强调，文艺是时代前进的号角，最能代表一个时代的风貌，最能引领一个时代的风气。实现“两个一百年”奋斗目标、实现中华民族伟大复兴的中国梦，文艺的作用不可替代，文艺工作者大有可为。广大文艺工作者要从这样的高度认识文艺的地位和作用，认识自己所担负的历史使命和责任，坚持以人民为中心的创作导向，努力创作更多无愧于时代的优秀作品，弘扬中国精神、凝聚中国力量，鼓舞全国各族人民朝气蓬勃迈向未来。中共中央书记处书记刘云山出席座谈会。

20. 中央外事工作会议在北京召开。11 月 28 日至 29 日，中央外事工作会议在北京召开。中共中央总书记习近平在会上发表重要讲话。国务院总理李克强主持会议。全国人大常委会委员长张德江、全国政协主席俞正声、中共中央书记处书记刘云山、中共中央纪委书记王岐山、国务院副总理张高丽出席会议。这次会议是党中央为做好新形势下对外工作召开的一次重要会议。会议的主要任务是，以邓小平理论、“三个代表”重要思想、科学发展观为指导，深入贯彻党的十八大和十八届三中、四中全会精神，全面分析国际形势和我国外部环境的变化，明确新形势下对外工作的指导思想、基本原则、战略目标、主要任务，努力开创对外工作新局面。李克强在主持会议时指出，习近平总书记的重要讲话，对我国当前和今后一个时期对外工作具有很强的针对性和重要的指导意义。各地方各部门要认真学习领会、深入贯彻落实这一重要讲话精神，把思想和行动统一到中央决策部署上来。为此，必须坚持从我国社会主义初级阶段和发展中大国的国情出发，努力维护和用好我国发展的战略机遇期，使对外工作更好服从服务于全面建成小康社会、实现中华民族伟大复兴中国梦的战略大局；必须坚持努力建设中国特色社会主义，以经济建设为中心，把中国自己的事办好，不断增强国家的经济竞争力、文化影响力和综合实力，为实现对外工作的战略目标提供强有力支撑；必须坚持独立自主的和平外交方针，走和平发展道路，维护国际正义，推动国际关系民主化，倡导互利共赢，推进经济外交，共同应对全球面临的诸多挑战，促进人类文明进步事业的发展，不断开创我国对外工作新局面。

21. 南京大屠杀死难者国家公祭仪式隆重举行。12 月 13 日上午，中共中央、全国人大常委会、国务院、全国政协、中央军委在南京隆重举行南京大屠杀死难者国家公祭仪式。中共中央总书记、国家主席、中央军委主席习近平出席并发表重要讲话。中共中央政治局常委、全国人大常委会委员长张德江主持公祭仪式。

22. 习近平在江苏调研提出“四个全面”。12 月 13 日至 14 日，中共中央总书记习近平在江苏调研时强调，要全面贯彻党的十八大和十八届三中、四中全会精神，落实中央经济工作会议精神，主动把握和积极适应经济发展新常态，协调推进全面建成小康社会、全面深化改革、全面推进依法治国、全面从严治党，推动改革开放和社会主义现代化建设迈上新台阶。

23. 庆祝澳门回归祖国 15 周年大会暨澳门特别行政区第四届政府就职典礼隆重举行。12 月 20 日上午，庆祝澳门回归祖国 15 周年大会暨澳门特别行政区第四届政府就职典礼在澳门东亚运动会体育馆隆重举行。中共中央总书记、国家主席、中央军委主席习近平出席并发表重要讲话。他强调，在中央政府、澳门特别行政区政府和社会各界人士共同努力下,在全国各族人民大力支持下,“一国两制”在澳门的实践必将谱写出新的精彩篇章，澳门这朵祖国的美丽莲花必将绽放出更加绚丽、更加迷人的色彩。澳门特别行政区第四任行政长官崔世安及特别行政区政府主要官员等宣誓就职。

二、全面建成小康社会

1. 中共中央国务院印发《关于全面深化农村改革加快推进农业现代化的若干意见》。1 月 20 日,《人民日报》报道，中共中央、国务院近日印发了《关于全面深化农村改革加快推进农业现代化的若干意见》。《意见》包括八个部分：一是完善国家粮食安全保障体系。二是强化农业支持保护制度。三是建立农业可持续发展长效机制。四是深化农村土地制度改革。五是构建新型农业经营体系。六是加快农村金融制度创新。七是健全城乡发展一体化体制机制。八是改善乡村治理机制。

2. 中共中央政治局召开会议研究经济形势和经济工作。4 月 25 日，中共中央政治局召开会议，研究经济形势和经济工作。中共中央总书记习近平主持会议。会议强调，我国经济发展的基本面没有改变，要继续坚持稳中求进工作总基调，统筹处理好稳增长、促改革、调结构、惠民生、防风险的关系，保持宏观政策的连续性和稳定性，财政政策和货币政策都要坚持现有政策基调，创造良好发展预期和透明宏观政策环境。要坚持宏观政策要稳、微观政策要活、社会政策要托底的基本思路，根据形势变化适时调整其内涵，努力实现全年经济社会发展各项预期目标。

3. 习近平主持召开中央财经领导小组第六次会议研究我国能源安全战略。6月13日，中共中央总书记、中央财经领导小组组长习近平主持召开中央财经领导小组第六次会议，研究我国能源安全战略。习近平发表重要讲话强调，能源安全是关系国家经济社会发展的全局性、战略性问题，对国家繁荣发展、人民生活改善、社会长治久安至关重要。面对能源供需格局新变化、国际能源发展新趋势，保障国家能源安全，必须推动能源生产和消费革命。推动能源生产和消费革命是长期战略，必须从当前做起，加快实施重点任务和重大举措。中共中央政治局常委、国务院总理、中央财经领导小组副组长李克强，中共中央政治局常委、国务院副总理、中央财经领导小组成员张高丽出席会议。会议听取了国家能源局关于我国能源安全战略的汇报，领导小组成员进行了讨论。

4. 习近平主持召开经济形势专家座谈会。7月8日，中共中央总书记习近平主持召开经济形势专家座谈会，听取专家学者对当前经济形势和做好经济工作的意见和建议。他强调，实现我们确定的奋斗目标，必须坚持以经济建设为中心，坚持发展是党执政兴国的第一要务，不断推动经济持续健康发展。发展必须是遵循经济规律的科学发展，必须是遵循自然规律的可持续发展。各级党委和政府要学好用好政治经济学，自觉认识和更好遵循经济发展规律，不断提高推进改革开放、领导经济社会发展、提高经济社会发展质量和效益的能力和水平。

5. 习近平主持召开中央财经领导小组第七次会议。8月18日下午，中共中央总书记、中央财经领导小组组长习近平主持召开中央财经领导小组第七次会议，研究实施创新驱动发展战略。习近平在会议上发表重要讲话强调，创新始终是推动一个国家、一个民族向前发展的重要力量。我国是一个发展中大国，正在大力推进经济发展方式转变和经济结构调整，必须把创新驱动发展战略实施好。实施创新驱动发展战略，就是要推动以科技创新为核心的全面创新，坚持需求导向和产业化方向，坚持企业在创新中的主体地位，发挥市场在资源配置中的决定性作用和社会主义制度优势，增强科技进步对经济增长的贡献度，形成新的增长动力源泉，推动经济持续健康发展。国务院总理、中央财经领导小组副组长李克强，中共中央书记处书记、中央财经领导小组成员刘云山，国务院副总理、中央财经领导小组成员张高丽出席会议。会议听取了科技部和国家发展改革委关于实施创新驱动发展战略的汇报，领导小组成员进行了讨论。

6. 习近平对扶贫开发工作作出重要批示。10月17日，全国社会扶贫工作电视电话会议在京召开。中共中央总书记习近平对扶贫开发工作作出重要批示。他强调，我国将每年10月17日设立为“扶贫日”，并于今年第一个扶贫日之际表彰社会扶贫先进集体和先进个人，进一步部署社会扶贫工作，对于弘扬中华民族扶贫济困的传统美德，培育和践行社会主义核心价值观，动员社会各方面力量共同向贫困宣战，继续打好扶贫攻坚战，具有重要意义。中共中央政治局常委、国务院总理李克强作出批示。国务院副总理、国务院扶贫开发领导小组组长汪洋在会上讲话，就学习贯彻习近平总书记、李克强总理的重要批示精神作出部署，要求各地健全组织动员机制，搭建社会参与平台，培育多元社会扶贫主体，完善政策支撑体系，营造良好环境，让社会扶贫人人皆愿为、人人皆可为、人人皆能为。会上，对全国社会扶贫先进集体和先进个人进行了表彰，获奖者代表作了发言。

7. 习近平主持召开中央财经领导小组第八次会议研究加快丝绸之路经济带和二十一世纪海上丝绸之路建设。11 月 4 日上午，中共中央总书记、中央财经领导小组组长习近平主持召开中央财经领导小组第八次会议，研究丝绸之路经济带和 21 世纪海上丝绸之路规划、发起建立亚洲基础设施投资银行和设立丝路基金。习近平发表重要讲话强调，丝绸之路经济带和 21 世纪海上丝绸之路倡议顺应了时代要求和各国加快发展的愿望，提供了一个包容性巨大的发展平台，具有深厚历史渊源和人文基础，能够把快速发展的中国经济同沿线国家的利益结合起来。要集中力量办好这件大事，秉持亲、诚、惠、容的周边外交理念，近睦远交，使沿线国家对我们更认同、更亲近、更支持。国务院总理、中央财经领导小组副组长李克强，中共中央书记处书记、中央财经领导小组成员刘云山，国务院副总理、中央财经领导小组成员张高丽出席会议。会议听取了国家发展改革委、财政部、中国人民银行关于“一带一路”规划、发起建立亚洲基础设施投资银行、设立丝路基金的汇报，领导小组成员进行了讨论。

8. 俞正声出席全国非公有制经济人士优秀中国特色社会主义事业建设者表彰大会并讲话。11 月 25 日，第四届全国非公有制经济人士优秀中国特色社会主义事业建设者表彰大会在北京举行。全国政协主席俞正声出席大会并讲话。他指出，广大非公有制经济人士和其他新的社会阶层人士要深入学习贯彻党的十八届四中全会精神，在新的历史机遇下敢于担当、勇于作为，努力做到政治上自信、发展上自强、守法上自觉，不断增强对中国特色社会主义的信念、对党和政府的信任、对企业发展的信心、对社会的信誉，为全面建成小康社会、实现中华民族伟大复兴的中国梦作出更大贡献。

9. 中共中央政治局召开会议分析研究 2015 年经济工作。12 月 5 日，中共中央政治局召开会议，分析研究 2015 年经济工作。中共中央总书记习近平主持会议。会议强调，我国进入经济发展新常态，经济韧性好、潜力足、回旋空间大，为明年和今后经济持续健康发展提供了有利条件。同时，也要看到，经济发展新常态下出现的一些趋势性变化使经济社会发展面临不少困难和挑战，要高度重视、妥善应对。会议指出，2015 年是全面完成“十二五”规划的收官之年，是全面深化改革的关键之年，也是全面推进依法治国的开局之年，做好经济工作意义重大。要全面贯彻党的十八大和十八届三中、四中全会精神，坚持稳中求进工作总基调，坚持以提高经济发展质量和效益为中心，主动适应经济发展新常态，保持经济运行在合理区间，把转方式调结构放到更加重要位置，狠抓改革攻坚，突出创新驱动，强化风险防控，加强民生保障，促进经济持续健康发展和社会和谐稳定。会议强调，要保持稳增长和调结构平衡，坚持宏观政策要稳、微观政策要活、社会政策要托底的总体思路，保持宏观政策连续性和稳定性，继续实施积极的财政政策和稳健的货币政策。要推进新型工业化、信息化、城镇化、农业现代化同步发展，逐步增强战略性新兴产业和服务业的支撑作用，着力推动传统产业向中高端迈进，促进大众创业、大众创新，积极发现培育新增长点。要稳定粮食和主要农产品产量，加快转变农业发展方式，从主要追求产量增长和拼资源、拼消耗的粗放经营，向数量质量效益并重、注重提高竞争力、注重可持续的集约发展转变。要优化经济发展空间格局，继续实施区域总体发展战略，推进“一带一路”、京津冀协同发展、长江经济带建设，积极稳妥推进城镇化，坚持不懈推进节能减排和生态环境保护。要加强保障改善民生工作，更加注重保障基本民生，更加关注低收入群众生活，更加重视社会大局稳定，特别要重视做好就业和扶贫工作。要坚定不移推进经济体制改革，推出既有年度特点、又有利于长远制度安排的改革举措，提高经济体制改革方案质量，抓好经济体制改革措施的落地。要释放内需潜力，促进进口和出口平衡、引进外资和对外投资平衡，逐步实现国际收支基本平衡。

10. 中共中央政治局就加快自由贸易区建设进行第十九次集体学习。12 月 5 日下午，中共中央政治局就加快自由贸易区建设进行第十九次集体学习。中共中央总书记习近平在主持学习时强调，站在新的历史起点上，实现“两个一百年”奋斗目标、实现中华民族伟大复兴的中国梦，必须适应经济全球化新趋势、准确判断国际形势新变化、深刻把握国内改革发展新要求，以更加积极有为的行动，推进更高水平的对外开放，加快实施自由贸易区战略，加快构建开放型经济新体制，以对外开放的主动赢得经济发展的主动、赢得国际竞争的主动。商务部国际贸易经济合作研究院李光辉研究员就这个问题进行讲解，并谈了意见和建议。中共中央政治局各位同志认真听取了他的讲解，并就有关问题进行了讨论。

11. 中央经济工作会议在北京举行。12 月 9 日至 11 日，中央经济工作会议在北京举行。中共中央总书记习近平、国务院总理李克强、全国人大常委会委员长张德江、全国政协主席俞正声、中共中央书记处书记刘云山、中共中央纪委书记王岐山、国务院副总理张高丽出席会议。习近平在会上发表重要讲话，分析当前国内外经济形势，总结 2014 年经济工作，提出 2015 年经济工作的总体要求和主要任务。李克强在讲话中阐述了明年宏观经济政策取向，对明年经济社会发展重点工作作出具体部署，并作总结讲话。会议指出，2015 年是全面深化改革的关键之年，是全面推进依法治国的开局之年，也是全面完成“十二五”规划的收官之年，做好经济工作意义重大。总体要求是：全面贯彻党的十八大和十八届三中、四中全会精神，以邓小平理论、“三个代表”重要思想、科学发展观为指导，坚持稳中求进工作总基调，坚持以提高经济发展质量和效益为中心，主动适应经济发展新常态，保持经济运行在合理区间，把转方式调结构放到更加重要位置，狠抓改革攻坚，突出创新驱动，强化风险防控，加强民生保障，促进经济平稳健康发展和社会和谐稳定。会议提出了明年经济工作的主要任务。一、努力保持经济稳定增长。二、积极发现培育新增长点。三、加快转变农业发展方式。四、优化经济发展空间格局。五、加强保障和改善民生工作。会议号召，全党要统一思想、奋发有为，认真贯彻落实这次会议各项部署，努力推动经济社会持续健康发展。

12. 中央农村工作会议在北京举行。12 月 22 日至 23 日，中央农村工作会议在北京举行。会议深入贯彻习近平总书记系列重要讲话精神，全面落实党的十八大和十八届三中、四中全会以及中央经济工作会议精神，总结 2014 年农业农村工作，研究依靠改革创新推进农业现代化的重大举措，全面部署明年和今后一段时期农业和农村工作。党中央、国务院高度重视这次中央农村工作会议，中共中央政治局会议、中共中央政治局常委会议和国务院常务会议就开好这次会议，做好明年农业农村工作提出了明确要求。国务院总理李克强出席会议并作重要讲话，国务院副总理张高丽出席会议。会议讨论了《中共中央国务院关于进一步深化农村改革加快推进农业现代化的若干意见（讨论稿）》。中共中央政治局委员、国务院副总理汪洋主持会议并作总结讲话。国家发改委、科技部、财政部、水利部、农业部、中国人民银行、国家林业局、国务院扶贫办负责人作大会交流发言。

13. 中共中央国务院印发《关于加强和改进新形势下民族工作的意见》。12 月 23 日,《人民日报》报道,中共中央、国务院近日印发了《关于加强和改进新形势下民族工作的意见》,从坚定不移走中国特色解决民族问题的正确道路、围绕改善民生推进民族地区经济社会发展、促进各民族交往交流交融、构筑各民族共有精神家园、提高依法管理民族事务能力、加强党对民族工作的领导六个方面提出 25 条意见，旨在切实加强和改进新形势下民族工作，团结带领全国各族人民共同推进全面建成小康社会、努力实现中华民族伟大复兴的中国梦。

14. 中共中央政治局就提高国家文化软实力进行第十二次集体学习。12 月 30 日下午，中共中央政治局就提高国家文化软实力进行第十二次集体学习。中共中央总书记习近平在主持学习时强调，提高国家文化软实力，关系“两个一百年”奋斗目标和中华民族伟大复兴中国梦的实现。要弘扬社会主义先进文化，深化文化体制改革，推动社会主义文化大发展大繁荣，增强全民族文化创造活力，推动文化事业全面繁荣、文化产业快速发展，不断丰富人民精神世界、增强人民精神力量，不断增强文化整体实力和竞争力，朝着建设社会主义文化强国的目标不断前进。武汉大学沈壮海教授、全国宣传干部学院黄志坚教授就这个问题进行讲解，并谈了他们的意见和建议。中共中央政治局各位同志认真听取了他们的讲解，并就有关问题进行了讨论。

三、全面深化改革

1. 习近平主持召开中央全面深化改革领导小组第一次会议并发表重要讲话。1 月 22 日下午，中共中央总书记、中央全面深化改革领导小组组长习近平主持召开中央全面深化改革领导小组第一次会议并发表重要讲话。中央全面深化改革领导小组副组长李克强、刘云山、张高丽出席会议。会议审议通过了《中央全面深化改革领导小组工作规则》、《中央全面深化改革领导小组专项小组工作规则》、《中央全面深化改革领导小组办公室工作细则》；审议通过了中央全面深化改革领导小组下设经济体制和生态文明体制改革、民主法制领域改革、文化体制改革、社会体制改革、党的建设制度改革、纪律检查体制改革 6 个专项小组名单；审议通过了《中央有关部门贯彻落实党的十八届三中全会〈决定〉重要举措分工方案》；听取了各地区各部门贯彻落实党的十八届三中全会精神进展情况，研究了领导小组近期工作。

2. 中共中央政治局研究决定中央国家安全委员会设置。1 月 24 日，中共中央政治局召开会议，研究决定中央国家安全委员会设置。中共中央总书记习近平主持会议。会议决定，中央国家安全委员会由习近平任主席，李克强、张德江任副主席，下设常务委员和委员若干名。中央国家安全委员会作为中共中央关于国家安全工作的决策和议事协调机构，向中央政治局、中央政治局常务委员会负责，统筹协调涉及国家安全的重大事项和重要工作。

3. 习近平在省部级主要领导干部学习贯彻十八届三中全会精神全面深化改革专题研讨班发表重要讲话。2 月 17 日，省部级主要领导干部学习贯彻十八届三中全会精神全面深化改革专题研讨班在中央党校开班。中共中央总书记习近平在开班式上发表重要讲话。他强调，必须适应国家现代化总进程，提高党科学执政、民主执政、依法执政水平，提高国家机构履职能力，提高人民群众依法管理国家事务、经济社会文化事务、自身事务的能力，实现党、国家、社会各项事务治理制度化、规范化、程序化，不断提高运用中国特色社会主义制度有效治理国家的能力。中共中央政治局常委李克强、张德江、俞正声、王岐山、张高丽出席开班式。中共中央政治局常委刘云山主持开班式。刘云山在主持开班式时指出，习近平总书记重要讲话从历史与现实、理论与实践结合上，深入阐释了全面深化改革总目标的历史背景、现实根据、科学内涵，深刻回答了坚持改革总目标必须解决好制度模式选择、价值体系建设等重大问题，并对进一步学习贯彻十八届三中全会精神提出明确要求。讲话视野广阔、思想深刻，政治性、理论性、指导性很强，是对全面深化改革的再一次有力动员。要认真学习、深刻领会，把讲话精神体现到中国特色社会主义伟大实践之中，贯彻到全面深化改革各项工作之中。

4. 习近平主持召开中央网络安全和信息化领导小组第一次会议并发表重要讲话。2 月 27 日下午，中共中央总书记、中央网络安全和信息化领导小组组长习近平主持召开中央网络安全和信息化领导小组第一次会议并发表重要讲话。他强调，网络安全和信息化是事关国家安全和国家发展、事关广大人民群众工作生活的重大战略问题，要从国际国内大势出发，总体布局，统筹各方，创新发展，努力把我国建设成为网络强国。中共中央政治局常委、中央网络安全和信息化领导小组副组长李克强、刘云山出席会议。会议审议通过了《中央网络安全和信息化领导小组工作规则》、《中央网络安全和信息化领导小组办公室工作细则》、《中央网络安全和信息化领导小组 2014 年重点工作》，并研究了近期工作。

5. 习近平主持召开中央全面深化改革领导小组第二次会议并发表重要讲话。2 月 28 日下午，习近平主持召开中央全面深化改革领导小组第二次会议并发表重要讲话。他强调，全面完成党的十八届三中全会确定的改革任务还有 7 年时间。起跑决定后程。今年工作抓得怎么样，对起好步、开好局意义重大。要把抓落实作为推进改革工作的重点，真抓实干，蹄疾步稳，务求实效。李克强、刘云山、张高丽出席会议。会议审议通过了《中央全面深化改革领导小组 2014 年工作要点》，审议通过了《关于十八届三中全会〈决定〉提出的立法工作方面要求和任务的研究意见》、《关于经济体制和生态文明体制改革专项小组重大改革的汇报》、《深化文化体制改革实施方案》、《关于深化司法体制和社会体制改革的意见及贯彻实施分工方案》，听取了关于中央全面深化改革领导小组第一次会议以来各地区各部门改革工作进展情况汇报，部署了当前和今后一个时期工作。

6. 习近平主持召开中央国家安全委员会第一次会议并发表重要讲话。4 月 15 日上午，中共中央总书记、中央国家安全委员会主席习近平主持召开中央国家安全委员会第一次会议并发表重要讲话。他强调，要准确把握国家安全形势变化新特点新趋势，坚持总体国家安全观，走出一条中国特色国家安全道路。中共中央政治局常委、中央国家安全委员会副主席李克强、张德江出席会议。

7. 中共中央政治局进行第十五次集体学习。5 月 26 日下午，中共中央政治局就使市场在资源配置中起决定性作用和更好发挥政府作用进行第十五次集体学习。中共中央总书记习近平在主持学习时强调，使市场在资源配置中起决定性作用、更好发挥政府作用，既是一个重大理论命题，又是一个重大实践命题。科学认识这一命题，准确把握其内涵，对全面深化改革、推动社会主义市场经济健康有序发展具有重大意义。在市场作用和政府作用的问题上，要讲辩证法、两点论，“看不见的手”和“看得见的手”都要用好，努力形成市场作用和政府作用有机统一、相互补充、相互协调、相互促进的格局，推动经济社会持续健康发展。

8. 习近平主持召开中央全面深化改革领导小组第三次会议并发表重要讲话。6 月 6 日上午，习近平主持召开中央全面深化改革领导小组第三次会议并发表重要讲话。李克强、刘云山、张高丽出席会议。会议审议了《深化财税体制改革总体方案》和《关于进一步推进户籍制度改革的意见》，建议根据会议讨论情况进一步修改完善后按程序报批实施。会议审议通过了《关于司法体制改革试点若干问题的框架意见》、《上海市司法改革试点工作方案》和《关于设立知识产权法院的方案》。会议还部署了当前和今后一个时期工作。

9. 中共中央政治局召开会议。6 月 30 日，中共中央政治局召开会议，审议通过了《深化财税体制改革总体方案》、《关于进一步推进户籍制度改革的意见》、《党的纪律检查体制改革实施方案》。中共中央总书记习近平主持会议。

10. 国务院印发《关于进一步推进户籍制度改革的意见》。7 月 31 日，《人民日报》报道，近日，国务院印发《关于进一步推进户籍制度改革的意见》，部署深入贯彻落实党的十八大、十八届三中全会和中央城镇化工作会议关于进一步推进户籍制度改革的要求，促进有能力在城镇稳定就业和生活的常住人口有序实现市民化，稳步推进城镇基本公共服务常住人口全覆盖。《意见》的出台，标志着进一步推进户籍制度改革开始进入全面实施阶段。

11. 习近平主持召开中央全面深化改革领导小组第四次会议并发表重要讲话。8 月 18 日上午，习近平主持召开中央全面深化改革领导小组第四次会议并发表重要讲话。李克强、刘云山、张高丽出席会议。会议审议了《中央管理企业主要负责人薪酬制度改革方案》、《关于合理确定并严格规范中央企业负责人履职待遇、业务支出的意见》、《关于深化考试招生制度改革的实施意见》，建议根据会议讨论情况进一步修改完善后按程序报批实施。会议审议通过了《关于推动传统媒体和新兴媒体融合发展的指导意见》、《党的十八届三中全会重要改革举措实施规划（2014—2020 年）》、《关于上半年全面深化改革工作进展情况的报告》。会议还总结了改革工作，分析了改革形势，部署了下一阶段工作。

12. 中共中央政治局召开会议。8 月 29 日，中共中央政治局召开会议，审议通过了《深化党的建设制度改革实施方案》、《中央管理企业负责人薪酬制度改革方案》、《关于合理确定并严格规范中央企业负责人履职待遇、业务支出的意见》、《关于深化考试招生制度改革的实施意见》。中共中央总书记习近平主持会议。

13. 习近平主持召开中央全面深化改革领导小组第五次会议并发表重要讲话。9 月 29 日下午，习近平主持召开中央全面深化改革领导小组第五次会议并发表重要讲话。李克强、张高丽出席会议。会议审议了《关于引导农村土地承包经营权有序流转发展农业适度规模经营的意见》、《积极发展农民股份合作赋予集体资产股份权能改革试点方案》、《关于深化中央财政科技计划（专项、基金等）管理改革的方案》，建议根据会议讨论情况进一步修改完善后按程序报批实施。

14. 中共中央政治局进行第十八次集体学习。10月13日下午，中共中央政治局就我国历史上的国家治理进行第十八次集体学习。中共中央总书记习近平在主持学习时强调，历史是人民创造的，文明也是人民创造的。对绵延5000多年的中华文明，我们应该多一份尊重，多一份思考。对古代的成功经验，我们要本着择其善者而从之、其不善者而去之的科学态度，牢记历史经验、牢记历史教训、牢记历史警示，为推进国家治理体系和治理能力现代化提供有益借鉴。中国社会科学院历史研究所卜宪群研究员就这个问题进行讲解，并谈了意见和建议。中共中央政治局各位同志认真听取了他的讲解，并就有关问题进行了讨论。

15. 习近平主持召开中央全面深化改革领导小组第六次会议并发表重要讲话。10月27日上午，习近平主持召开中央全面深化改革领导小组第六次会议并发表重要讲话。他强调，党的十八届四中全会通过了全面推进依法治国的决定，与党的十八届三中全会通过的全面深化改革的决定形成了姊妹篇。全面深化改革需要法治保障，全面推进依法治国也需要深化改革。学习贯彻党的十八届四中全会精神是当前和今后一个时期全党全国的重大政治任务，各地区各部门务必抓紧抓好，切实提高运用法治思维和法治方式推进改革的能力和水平。李克强、刘云山出席会议。会议审议了《关于加强社会主义协商民主建设的意见》、《关于中国（上海）自由贸易试验区工作进展和可复制改革试点经验的推广意见》、《关于加强中国特色新型智库建设的意见》，审议通过了《关于国家重大科研基础设施和大型科研仪器向社会开放的意见》，建议根据会议讨论情况进一步修改完善后按程序报批实施。

16. 习近平主持召开中央全面深化改革领导小组第七次会议并发表重要讲话。12月2日上午，习近平主持召开中央全面深化改革领导小组第七次会议并发表重要讲话。李克强、刘云山、张高丽出席会议。会议审议了《关于农村土地征收、集体经营性建设用地入市、宅基地制度改革试点工作的意见》、《关于加快构建现代公共文化服务体系的意见》、《关于县以下机关建立公务员职务与职级并行制度的意见》、《关于加强中央纪委派驻机构建设的意见》，审议通过了《最高人民法院设立巡回法庭试点方案》和《设立跨行政区划人民法院、人民检察院试点方案》，建议根据会议讨论情况进一步修改完善后按程序报批实施。

17. 习近平主持召开中央全面深化改革领导小组第八次会议并发表重要讲话。12月30日上午，习近平主持召开中央全面深化改革领导小组第八次会议并发表重要讲话。李克强、刘云山、张高丽出席会议。会议审议通过了《关于2014年全面深化改革工作的总结报告》、《中央全面深化改革领导小组2015年工作要点》、《贯彻实施党的十八届四中全会决定重要举措2015年工作要点》。会议审议通过了《关于进一步规范刑事诉讼涉案财物处置工作的意见》。会议还就构建开放型经济新体制、全面深化公安改革等问题进行了研究。

四、全面依法治国

1. 张德江出席人大制度理论研究会成立大会。1月7日，全国人大常委会委员长张德江在出席中国人民代表大会制度理论研究会成立大会时强调，加强人民代表大会制度理论研究，是贯彻落实党的十八大、十八届三中全会和习近平总书记系列重要讲话精神的一项重要举措，是推动人大制度和人大工作与时俱进的一项重要基础性工作。要认真总结人大制度的发展经验，积极探索人大制度的特点和人大工作的规律，不断推动人大制度理论和实践创新，发挥人大制度的根本政治制度作用，切实把人大制度坚持好、完善好、发展好。

2. 习近平出席中央政法工作会议并发表重要讲话。1月7日至8日，中央政法工作会议在北京召开。中共中央总书记、国家主席、中央军委主席习近平出席会议并发表重要讲话。他强调，要把维护社会大局稳定作为基本任务，把促进社会公平正义作为核心价值追求，把保障人民安居乐业作为根本目标，坚持严格执法公正司法，积极深化改革，加强和改进政法工作，维护人民群众切身利益，为实现“两个一百年”奋斗目标、实现中华民族伟大复兴的中国梦提供有力保障。刘云山、张高丽出席会议。

3. 全国人大常委会决定设立中国人民抗日战争胜利纪念日和南京大屠杀死难者国家公祭日。2月27日下午，十二届全国人大常委会第七次会议经表决通过了两个决定，分别将9月3日确定为中国人民抗日战争胜利纪念日，将12月13日确定为南京大屠杀死难者国家公祭日。

4. 中共中央办公厅国务院办公厅印发《关于依法处理涉法涉诉信访问题的意见》。3月20,《人民日报》报道，中共中央办公厅、国务院办公厅近日印发了《关于依法处理涉法涉诉信访问题的意见》，并发出通知，要求各地区各部门切实加强协调配合，健全涉法涉诉信访工作机制，努力形成依法解决涉法涉诉信访问题的合力。《意见》包括充分认识依法处理涉法涉诉信访问题的重要意义、改革涉法涉诉信访工作机制、进一步提高执法司法公信力、依法维护涉法涉诉信访秩序、加强和改进对依法处理涉法涉诉信访问题的组织领导等5个部分。

5. 人大常委会通过修订后的环境保护法。4月24日下午，十二届全国人大常委会第八次会议在北京人民大会堂闭幕。张德江委员长主持会议。会议表决通过了修订后的环境保护法。国家主席习近平签署第9号主席令，予以公布。

6. 中国共产党第十八届中央委员会第四次全体会议举行。10月20日至23日，中国共产党第十八届中央委员会第四次全体会议在北京举行。全会由中央政治局主持。中央委员会总书记习近平作了重要讲话。全会听取和讨论了习近平受中央政治局委托作的工作报告,审议通过了《中共中央关于全面推进依法治国若干重大问题的决定》。习近平就《决定（讨论稿）》向全会作了说明。全会提出，全面推进依法治国，总目标是建设中国特色社会主义法治体系，建设社会主义法治国家。这就是，在中国共产党领导下，坚持中国特色社会主义制度，贯彻中国特色社会主义法治理论，形成完备的法律规范体系、高效的法治实施体系、严密的法治监督体系、有力的法治保障体系，形成完善的党内法规体系，坚持依法治国、依法执政、依法行政共同推进，坚持法治国家、法治政府、法治社会一体建设，实现科学立法、严格执法、公正司法、全民守法，促进国家治理体系和治理能力现代化。实现这个总目标，必须坚持中国共产党的领导，坚持人民主体地位，坚持法律面前人人平等，坚持依法治国和以德治国相结合，坚持从中国实际出发。全会号召，全党同志和全国各族人民紧密团结在以习近平同志为总书记的党中央周围，高举中国特色社会主义伟大旗帜，积极投身全面推进依法治国伟大实践，开拓进取，扎实工作，为建设法治中国而奋斗！

7.《中共中央关于全面推进依法治国若干重大问题的决定》发表。10 月 29 日，《人民日报》全文发表《中共中央关于全面推进依法治国若干重大问题的决定》。《决定》共七个部分：一、坚持走中国特色社会主义法治道路，建设中国特色社会主义法治体系。二、完善以宪法为核心的中国特色社会主义法律体系，加强宪法实施。三、深入推进依法行政，加快建设法治政府。四、保证公正司法，提高司法公信力。五、增强全民法治观念，推进法治社会建设。六、加强法治工作队伍建设。七、加强和改进党对全面推进依法治国的领导。《决定》最后指出，全党同志和全国各族人民要紧密团结在以习近平同志为总书记的党中央周围，高举中国特色社会主义伟大旗帜，积极投身全面推进依法治国伟大实践，开拓进取，扎实工作，为建设法治中国而奋斗！

8. 习近平就深入推进平安中国建设作出重要指示。11 月 3 日，深化平安中国建设会议在湖北武汉召开。中共中央总书记习近平就深入推进平安中国建设作出重要指示强调，法治是平安建设的重要保障。政法综治战线要认真学习贯彻党的十八届四中全会精神，把政法综治工作放在全面推进依法治国大局中来谋划，深入推进平安中国建设，发挥法治的引领和保障作用，坚持运用法治思维和法治方式解决矛盾和问题，加强基础建设，加快创新立体化社会治安防控体系，提高平安建设现代化水平，努力为建设中国特色社会主义法治体系、社会主义法治国家作出更大贡献。

9. 刘云山在首届国家网络安全宣传周启动仪式上发表讲话。11 月 24 日，首届国家网络安全宣传周启动仪式在北京中华世纪坛举行。中共中央书记处书记、中央网络安全和信息化领导小组副组长刘云山在启动仪式上发表讲话，并参观了网络安全公众体验展。他指出，网络信息人人共享、网络安全人人有责，要不断增强全民网络安全意识，切实维护网络安全，着力推进网络空间法治化，为建设网络强国提供有力保障。

10. 习近平在首个国家宪法日到来之际作出重要指示。12 月 3 日，在首个国家宪法日到来之际，中共中央总书记、国家主席习近平作出重要指示。他强调，宪法是国家的根本法，是治国安邦的总章程，是党和人民意志的集中体现，具有最高的法律地位、法律权威、法律效力。我国宪法是符合国情、符合实际、符合时代发展要求的好宪法，是我们国家和人民经受住各种困难和风险考验、始终沿着中国特色社会主义道路前进的根本法制保证。坚持依法治国首先要坚持依宪治国，坚持依法执政首先要坚持依宪执政。要坚持党的领导、人民当家作主、依法治国有机统一，坚定不移走中国特色社会主义法治道路，坚决维护宪法法律权威。要以设立国家宪法日为契机，深入开展宪法宣传教育，大力弘扬宪法精神，切实增强宪法意识，推动全面贯彻实施宪法，更好发挥宪法在全面建成小康社会、全面深化改革、全面推进依法治国中的重大作用。中央宣传部、全国人大常委会办公厅、司法部 3 日下午在北京举行“深入开展宪法宣传教育 大力弘扬宪法精神”座谈会。全国人大常委会委员长张德江出席座谈会并讲话强调，习近平总书记的重要指示，深刻阐述了宪法的重要地位，明确指出了宪法的重要作用，对新形势下加强宪法宣传教育、维护宪法法律权威、全面贯彻实施宪法、更好发挥宪法作用，提出了新的更高要求。我们一定要认真学习、深刻领会、全面贯彻落实。

五、全面从严治党

1. 刘云山主持召开中央党的群众路线教育实践活动领导小组第七次会议。1月5日上午，中共中央政治局常委、中央党的群众路线教育实践活动领导小组组长刘云山在京主持召开中央党的群众路线教育实践活动领导小组第七次会议，学习贯彻习近平总书记重要指示精神，研究部署第一批教育实践活动总结工作和第二批教育实践活动准备工作。

2. 十八届中央纪律检查委员会第三次全体会议举行。1月13日至15日上午，中国共产党第十八届中央纪律检查委员会第三次全体会议在北京举行。中共中央总书记习近平出席全会并发表重要讲话。李克强、张德江、俞正声、刘云山、王岐山、张高丽等党和国家领导人出席会议。这次全会的主要任务是：高举中国特色社会主义伟大旗帜，以邓小平理论、“三个代表”重要思想、科学发展观为指导，深入贯彻党的十八大和十八届二中、三中全会精神，回顾总结2013年党风廉政建设和反腐败工作，研究部署2014年任务。全会由中央纪律检查委员会常务委员会主持，审议通过了王岐山同志代表中央纪委常委会所作的《聚焦中心任务，创新体制机制，深入推进党风廉政建设和反腐败斗争》的工作报告。全会认真学习了习近平总书记的重要讲话。一致认为，讲话站在党和国家全局的高度，全面总结了一年来党风廉政建设和反腐败工作成绩，全面分析了党面临的形势，深刻阐述了事关党的建设重大理论和现实问题，明确提出当前和今后一个时期的总体思路和主要任务，要求以深化改革推进党风廉政建设和反腐败斗争，严明党的组织纪律，增强组织纪律性。强调要抓好惩治和预防腐败体系工作规划贯彻落实，深化党的作风建设，加大查办违纪违法案件力度，对腐败分子发现一个就要坚决查处一个；要改革党的纪律检查体制，完善反腐败体制机制，落实党委的主体责任和纪委的监督责任；要抓好组织管理和组织纪律的执行，严格遵守组织制度，党员干部要增强党性、对党忠诚。讲话充分肯定了各级纪律检查机关作为党内监督专门机关的重要作用，要求增强党的意识、责任意识，用铁的纪律打造一支忠诚可靠、服务人民、刚正不阿、秉公执纪的干部队伍，以党风廉政建设和反腐败斗争新成效取信于民。习近平总书记的重要讲话，再次表明了我们党改进作风、惩治腐败的坚强意志和坚定决心，对于确保党始终成为中国特色社会主义事业坚强领导核心，具有重大而深远的意义。学习贯彻落实习近平总书记重要讲话精神是全党的政治任务。各级党组织和广大党员干部要联系思想实际，认真学习领会，联系工作实际，坚决贯彻落实。全会强调，全党要更加清醒地认识反腐败斗争长期性、复杂性、艰巨性，把思想和行动统一到党中央对形势的判断和任务部署上来。2014年，党风廉政建设和反腐败工作要深入贯彻党的十八大和十八届二中、三中全会精神，认真贯彻习近平总书记系列讲话精神，坚持党要管党、从严治党，加强党对党风廉政建设和反腐败工作统一领导，聚焦中心任务，推进改革创新，加强反腐败体制机制创新和制度保障；严明党的各项纪律，坚决克服组织涣散、纪律松弛现象；深入落实中央八项规定精神，强化执纪监督，坚持不懈纠正“四风”；加大对违纪违法党员干部审查力度，保持惩治腐败高压态势；加强纪检监察干部队伍建设，提高履职能力，坚定不移把党风廉政建设和反腐败斗争引向深入。第一，深入贯彻党的十八大和十八届三中全会精神，加强反腐败体制机制创新和制度保障。第二，深入落实中央八项规定精神，强化纪律建设，持之以恒纠正“四风”。第三，坚持以零容忍态度惩治腐败，坚决遏制腐败蔓延势头。第四，强化对领导干部的监督、管理和教育。第五，转职能、转方式、转作风，用铁的纪律打造纪检监察队伍。全会增选杨晓渡同志为中共中央纪律检查委员会常务委员会委员、副书记。全会号召，全党要在以习近平同志为总书记的党中央坚强领导下，高举中国特色社会主义伟大旗帜，坚定信心，改革创新，锐意进取，不断开创党风廉政建设和反腐败斗争新局面，为实现两个百年奋斗目标和中华民族伟大复兴的中国梦作出新的更大贡献！

3. 中共中央印发《党政领导干部选拔任用工作条例》。1月16日，《人民日报》报道，中共中央近日印发了《党政领导干部选拔任用工作条例》，并发出通知，要求各地区各部门结合实际认真遵照执行。

4. 党的群众路线教育实践活动第一批总结暨第二批部署会议召开。1月20日，党的群众路线教育实践活动第一批总结暨第二批部署会议在北京召开。中共中央总书记习近平出席会议并发表重要讲话，对第一批教育实践活动进行总结，对第二批教育实践活动进行部署。中共中央政治局常委李克强、张德江、俞正声、王岐山、张高丽出席会议，中央党的群众路线教育实践活动领导小组组长刘云山主持会议。会议以电视电话会议形式举行，开到县一级和人民解放军、武警部队团级以上单位。刘云山在主持会议时指出，习近平总书记重要讲话从战略和全局的高度，充分肯定了第一批教育实践活动的明显成效，系统总结了第一批活动的成功经验，深刻阐述了开展第二批教育实践活动的重要性紧迫性，明确提出了活动的方针原则和目标要求。讲话具有很强的思想性、针对性和指导性，对于巩固扩大教育实践活动成果，确保活动扎实深入开展，推动党的建设新的伟大工程，具有十分重要的意义。各级党委要把学习贯彻习近平总书记重要讲话精神作为重大政治任务，组织党员干部深入学习，领会精神实质，切实把思想和行动统一到讲话精神上来。要以讲话精神为指导，紧密结合各自实际，对第二批教育实践活动作出具体安排，继续抓好第一批活动整改落实工作，让人民群众真切感受到活动带来的作风新气象。

5. 刘云山出席全国组织部长会议并讲话。1月21日下午至22日，全国组织部长会议在京召开。中共中央政治局常委、中央书记处书记刘云山出席会议并讲话，强调要深入贯彻党的十八大和十八届二中、三中全会精神，贯彻习近平总书记系列讲话精神，坚持党要管党、从严治党，扎实做好组织战线各项工作，为全面深化改革、推动经济社会持续健康发展提供有力组织保证。中共中央政治局委员、中央组织部部长赵乐际主持会议并作工作报告。

6. 中共中央办公厅印发《关于开展第二批党的群众路线教育实践活动的指导意见》。1月24日，《人民日报》报道，中共中央办公厅 近日印发了《关于开展第二批党的群众路线教育实践活动的指导意见》，并发出通知，要求各地区各部门结合实际认真贯彻执行。

7. 中共中央政治局召开会议审议贯彻执行中央八项规定情况报告。1月24日，中共中央政治局召开会议，听取关于一年来贯彻执行中央八项规定情况的汇报，研究部署下一步改进作风工作。中共中央总书记习近平主持会议。会议强调，各地区各部门要清醒认识贯彻落实中央八项规定精神、转变工作作风的长期性复杂性，坚决打好改进作风这场攻坚战和持久战。要紧密结合第一批教育实践活动的整改和第二批教育实践活动的开展，始终坚持领导带头、示范带动，始终坚持抓住不放、善作善成，始终坚持深化改革、标本兼治，始终坚持法治思维、法治方式，把贯彻落实中央八项规定精神不断引向深入。要以解决突出问题为导向，今年重点抓好 7 个问题：在全党大兴调查研究之风，健全领导干部带头改进作风、深入基层调查研究机制；积极稳妥推进公车制度改革，努力解决“车轮上的铺张”这一难题；继续解决好领导干部多占办公用房问题，推进办公用房资源公平配置和集约使用；抓好“三公”经费、会议费等预算管理，继续开展“小金库”专项治理，从源头上斩断不良作风的资金链；治理党政机关和国有企事业单位的培训中心、疗养院等问题，防止这些机构成为不正之风的法外之地；继续整治“会所中的歪风”，防止其成为奢靡腐败的温床；加强对国有企业和国有金融企业负责人职务消费等的规范，坚决堵住铺张浪费的漏洞和后门。会议强调，要健全贯彻落实中央八项规定精神的常态化督促检查机制，发扬钉钉子精神，确保中央八项规定不折不扣落到实处，维护中央八项规定的权威性和严肃性，以作风建设的实效取信于民。

8. 刘云山在省部级主要领导干部专题研讨班上强调积极稳妥扎实深入推进党的建设制度改革。2 月 19 日上午，中共中央政治局常委刘云山在省部级主要领导干部学习贯彻十八届三中全会精神全面深化改革专题研讨班上以深化党的建设制度改革为题作了报告，强调要认真学习贯彻习近平总书记重要讲话精神，按照十八届三中全会部署，紧紧围绕提高科学执政、民主执政、依法执政水平，积极稳妥、扎实深入推进党的建设制度改革，不断增强党的创造力凝聚力战斗力，为改革开放和社会主义现代化建设提供坚强政治保证。

9. 习近平调研指导兰考县党的群众路线教育实践活动。3 月 17 日至 18 日，中共中央总书记习近平近日在河南省兰考县调研指导党的群众路线教育实践活动时强调，要准确把握第二批教育实践活动的总体要求、实践载体、重点对象、组织指导原则、特点规律，大力学习弘扬焦裕禄精神，坚持高标准严要求，在对标立规中查找差距，在上下互动中解决问题，在攻坚克难中提振信心，在思考辨析中把握规律，确保每个层级每个单位都真正取得实效。习近平指出，教育实践活动的主题与焦裕禄精神是高度契合的，要把学习弘扬焦裕禄精神作为一条红线贯穿活动始终，做到深学、细照、笃行。要特别学习弘扬焦裕禄同志“心中装着全体人民、唯独没有他自己”的公仆情怀，凡事探求就里、“吃别人嚼过的馍没味道”的求实作风，“敢教日月换新天”、“革命者要在困难面前逞英雄”的奋斗精神，艰苦朴素、廉洁奉公、“任何时候都不搞特殊化”的道德情操。要组织党员、干部把焦裕禄精神作为一面镜子，从里到外、从上到下反复照一照自己，深入查摆自己在思想境界、素质能力、作风形象等方面存在的问题和不足，努力向焦裕禄同志看齐，从今天做起，从眼前做起，从小事做起，像焦裕禄同志那样对待群众、对待组织、对待事业、对待同志、对待亲属、对待自己，像焦裕禄同志那样生命不息、奋斗不止，努力做焦裕禄式的好党员、好干部。

10. 中央政治局常委到第二批教育实践活动联系点调研指导工作。3 月 17 日至 18 日，根据中央统一安排，中央政治局常委在第二批教育实践活动中分别联系一个县。中共中央总书记习近平到河南省兰考县调研指导教育实践活动。此后，中央政治局常委其他同志分别前往各自联系点，李克强到内蒙古自治区翁牛特旗，张德江到福建省上杭县，俞正声到云南省武定县，刘云山到陕西省礼泉县，王岐山到山东省蒙阴县，张高丽到吉林省农安县。常委们实地考察执法部门、窗口单位，深入村庄、社区、企业，走访农户、学校和卫生院，面对面听取基层干部群众意见建议。常委们还分别听取了联系点所在省（区）、市教育实践活动开展情况和下一步安排的汇报，并出席联系点县（旗）党委常委扩大会议，对进一步开展好教育实践活动提出要求。常委们强调，要认真学习贯彻习近平总书记重要指示特别是在兰考调研时的重要讲话精神，坚持为民务实清廉的主题，贯彻落实"照镜子、正衣冠、洗洗澡、治治病"的总要求，聚焦"四风"问题、对照"三严三实"、发扬认真精神，确保第二批教育实践活动高起点开局、高质量开展、高标准推进，使党员干部在思想认识上得到提高、在工作作风上明显转变。

11. 中央政治局常委分别到第二批教育实践活动联系点出席指导县委常委班子专题民主生活会。5 月 26 日，《人民日报》报道，按照中央开展党的群众路线教育实践活动安排，中央政治局常委近期分别到各自的第二批教育实践活动联系点，出席指导联系点县委常委班子专题民主生活会，强调要从严从实抓作风、持之以恒改作风，不断巩固和扩大教育实践活动成果。在第二批教育实践活动中，中央政治局常委分别联系一个县。5 月 9 日，习近平总书记到河南省兰考县出席指导县委常委班子专题民主生活会。此后，中央政治局常委其他同志分别前往各自联系点出席指导县委常委班子专题民主生活会，李克强到内蒙古自治区翁牛特旗，张德江到福建省上杭县，俞正声到云南省武定县，刘云山到陕西省礼泉县，王岐山到山东省蒙阴县，张高丽到吉林省农安县。

12. 中共中央办公厅印发《关于加强基层服务型党组织建设的意见》。5 月 29 日，《人民日报》报道，中共中央办公厅近日印发了《关于加强基层服务型党组织建设的意见》，并发出通知，要求各地区各部门结合实际认真贯彻执行。

13. 中共中央办公厅印发《中国共产党发展党员工作细则》。6 月 11 日，《人民日报》报道，中共中央办公厅近日印发了《中国共产党发展党员工作细则》，并发出通知，要求各地区各部门遵照执行。

14. 中共中央政治局进行第十六次集体学习。6 月 30 日下午，在中国共产党成立 93 周年之际，中共中央政治局就加强改进作风制度建设进行第十六次集体学习。中共中央总书记习近平在主持学习时强调，抓作风是推进党的建设新的伟大工程的重要切入点和着力点，必须坚持从严治党，落实管党治党责任，把作风建设要求融入党的思想建设、组织建设、反腐倡廉建设、制度建设之中，全面提高党的建设工作水平。抓作风既要着力解决当前突出问题，又要注重建立长效机制，下功夫、用狠劲，持续努力、久久为功。

15. 中共中央决定给予徐才厚开除党籍处分。6 月 30 日，中共中央总书记习近平主持召开中央政治局会议，听取中央军委纪律检查委员会《关于对徐才厚严重违纪案的审查报告》，并根据《中国共产党章程》、《中国共产党纪律处分条例》有关规定，决定给予徐才厚开除党籍处分，对其涉嫌受贿犯罪问题及问题线索移送最高人民检察院授权军事检察机关依法处理。

16. 中共中央办公厅印发《2014—2018 年全国党员教育培训工作规划》。7 月 3 日，《人民日报》报道，中共中央办公厅近日印发了《2014—2018 年全国党员教育培训工作规划》，并发出通知，要求各地区各部门结合实际认真贯彻执行。

17. 刘云山出席全国优秀年轻干部培养选拔工作座谈会并讲话。7 月 14 日，中共中央政治局常委、中央书记处书记刘云山出席全国优秀年轻干部培养选拔工作座谈会并讲话，强调培养选拔优秀年轻干部是事关党和国家事业长远发展的根本大计，要深入贯彻习近平总书记系列重要讲话精神，认真落实好干部标准，以培养锻炼为基础，以选准用好为根本，以从严管理为保障，改进创新培养选拔方式，努力建设一支高素质的优秀年轻干部队伍，为实现中华民族伟大复兴的中国梦提供坚强组织保证。中共中央政治局委员、中央组织部部长赵乐际主持会议。

18. 中共中央决定对周永康严重违纪问题立案审查。7 月 29 日，鉴于周永康涉嫌严重违纪，中共中央决定，依据《中国共产党章程》和《中国共产党纪律检查机关案件检查工作条例》的有关规定，由中共中央纪律检查委员会对其立案审查。

19. 习近平听取兰考县委和河南省委党的群众路线教育实践活动情况汇报。8 月 27 日，中共中央总书记习近平在中南海听取兰考县委和河南省委党的群众路线教育实践活动情况汇报。他强调，党的十八大以来，党中央突出抓整治“四风”问题，做的是正本清源、发扬传统的工作。改进党风政风有了一个良好开局，但用达到作风建设的理想状态来衡量还有差距。做好党的群众路线教育实践活动这段时间工作很关键，一定要敬终如始、一鼓作气、善作善成，确保活动取得实效。教育实践活动有期限，加强作风建设无尽期。解决作风方面存在的问题，根本要靠坚持不懈抓常、抓细、抓长。

20. 党的群众路线教育实践活动总结大会在北京召开。10 月 8 日，党的群众路线教育实践活动总结大会在北京召开，中共中央总书记习近平出席会议并发表重要讲话。他强调，风清则气正，气正则心齐，心齐则事成。教育实践活动使党在群众中的威信和形象进一步树立，党心民心进一步凝聚，形成了推动改革发展的强大正能量。实践证明，党的十八大作出的在全党深入开展党的群众路线教育实践活动的战略决策是完全正确的，党中央关于这次活动的一系列部署是完全正确的。这次活动为我们进行具有许多新的历史特点的伟大斗争作了思想上组织上作风上的重要准备，其重大意义必将随着时间的推移不断显现出来。中共中央政治局常委李克强、张德江、俞正声、王岐山、张高丽出席会议，中共中央政治局常委、中央党的群众路线教育实践活动领导小组组长刘云山主持会议。会议以电视电话会议形式举行，开到县一级和人民解放军、武警部队团级以上单位。习近平就新形势下坚持从严治党提出 8 点要求。一是落实从严治党责任，各级各部门党委（党组）必须树立正确政绩观，把从严治党责任承担好、落实好，坚持党建工作和中心工作一起谋划、一起部署、一起考核，把每条战线、每个领域、每个环节的党建工作抓具体、抓深入。二是坚持思想建党和制度治党紧密结合，思想教育要结合落实制度规定来进行，使加强制度治党的过程成为加强思想建党的过程，也要使加强思想建党的过程成为加强制度治党的过程。坚持制度面前人人平等、执行制度没有例外，不留“暗门”、不开“天窗”，使制度成为硬约束而不是橡皮筋。三是严肃党内政治生活，从严治党必须从党内政治生活严起，提高党内政治生活的政治性、原则性、战斗性，全党同志要在党言党、在党忧党、在党为党，把爱党、忧党、兴党、护党落实到工作生活各个环节，敢于同形形色色违反党内政治生活原则和制度的现象作斗争。四是坚持从严管理干部，从严治党重在从严管理干部，坚持以严的标准要求干部、以严的措施管理干部、以严的纪律约束干部，使广大干部既廉又勤，既干净又干事。五是持续深入改进作风，不正之风离我们越远，群众就会离我们越近，作风建设必须抓常、抓细、抓长，持续努力、久久为功。六是严明党的纪律，纪律面前一律平等，党内不允许有不受纪律约束的特殊党员，党的各级组织要积极探索纪律教育经常化、制度化的途径。七是发挥人民监督作用，人民群众中蕴藏着治国理政、管党治党的智慧和力量，从严治党必须依靠人民，要织密群众监督之网，开启全天候探照灯，各级党组织和党员、干部的表现都要交给群众评判。八是深入把握从严治党规律，深入基层、深入实际，深入研究管党治党实践，使从严治党的一切努力都集中到增强党自我净化、自我完善、自我革新、自我提高能力上来，集中到提高党的领导能力和执政能力、保持和发展党的先进性和纯洁性上来。刘云山在主持会议时指出，习近平总书记重要讲话充分肯定了党的群众路线教育实践活动取得的重大成果，深刻总结了教育实践活动的成功经验，对新形势下坚持从严治党作出全面部署、提出明确要求。讲话充分表明了党中央坚持党要管党、从严治党的鲜明态度，体现了我们党适应时代发展要求、保持党的先进性和纯洁性的高度自觉，具有很强的思想性、针对性和指导性，是在新的起点上把作风建设不断引向深入的再部署。各级党委要组织广大党员干部深入学习领会习近平总书记重要讲话精神，切实用讲话精神武装头脑、指导实践、推动工作。要坚持以习近平总书记重要讲话精神为指导，认真落实管党治党主体责任，推动形成一心一意谋发展、聚精会神抓党建的新局面。

21. 中国共产党第十八届中央纪律检查委员会第四次全体会议举行。10 月 25 日，中国共产党第十八届中央纪律检查委员会第四次全体会议在北京举行。全会的主要任务是，认真学习贯彻党的十八届四中全会精神，对纪检监察系统落实全会精神进行部署，推动党风廉政建设和反腐败斗争深入开展，为全面推进依法治国提供坚强有力保证。全会由中央纪律检查委员会常务委员会主持。中央政治局常委、中央纪委书记王岐山讲话。

22. 中共中央办公厅印发《关于深化“四风”整治、巩固和拓展党的群众路线教育实践活动成果的指导意见》。11 月 19 日,《人民日报》报道，中共中央办公厅近日印发了《关于深化“四风”整治、巩固和拓展党的群众路线教育实践活动成果的指导意见》，并发出通知，要求各地区各部门结合实际认真贯彻执行。

23. 中共中央决定给予周永康开除党籍处分。12 月 5 日，中共中央政治局会议审议并通过中共中央纪律检查委员会《关于周永康严重违纪案的审查报告》，根据《中国共产党纪律处分条例》的有关规定，决定给予周永康开除党籍处分，对其涉嫌犯罪问题及线索移送司法机关依法处理。

24. 中共中央办公厅印发《2014—2018 年全国党政领导班子建设规划纲要》。12 月 25 日,《人民日报》报道，中共中央办公厅近日印发了《2014—2018 年全国党政领导班子建设规划纲要》，并发出通知，要求各地区各部门结合实际认真贯彻执行。

25. 中共中央政治局召开会议研究部署 2015 年党风廉政建设和反腐败工作。12 月 29 日，中共中央政治局召开会议，听取中央纪律检查委员会 2014 年工作汇报，研究部署 2015 年党风廉政建设和反腐败工作。审议通过《关于加强社会主义协商民主建设的意见》、《关于加强和改进党的群团工作的意见》。中共中央总书记习近平主持会议。

六、多党合作及协商民主建设

1. 俞正声出席全国统战部长会议并讲话。1月5日，全国统战部长会议在北京举行。中共中央政治局常委、全国政协主席俞正声出席会议并讲话，强调统一战线要全面贯彻落实党的十八大，十八届二中、三中全会和习近平总书记系列重要讲话精神，始终坚持中国特色社会主义道路，积极服务全面深化改革，大力推动理论政策创新，着力破解重点难点问题，不断提升统一战线工作成效和水平，为全面建成小康社会和实现中国梦凝聚力量、汇聚智慧。俞正声强调，十八届三中全会对新一轮改革进行了总部署、总动员。统一战线要把学习贯彻十八届三中全会精神作为重大政治任务，充分发挥资源密集、联系广泛、协调关系等独特优势，增进共识、献计出力，最大限度地把人才智力都凝聚起来，经济实力都动员起来，创造活力都激发出来，为实现各项目标任务作出贡献。俞正声指出，要着眼建设中国特色社会主义参政党，把加强民主党派组织建设特别是领导班子建设作为基础性战略性任务抓紧抓好。要协助民主党派健全制度，加强代表人士培养特别是后备人才培养，推荐更多党外人才在实职岗位经受锻炼，提高合作共事的能力和水平，进一步把多党合作制度坚持好、发展好。俞正声强调，发展非公有制经济不是权宜之计，而是战略方针，是实现中国梦的强大动力。要毫不动摇鼓励、支持、引导非公有制经济发展，既营造有利于发展的良好氛围，增强非公有制经济人士发展信心；也要引导非公有制企业走科学发展之路，引导非公有制经济人士做合格的中国特色社会主义事业建设者。在谈到宗教工作时，俞正声说，宗教问题具有长期性、复杂性和群众性，要认真贯彻党的宗教信仰自由政策，依法管理宗教事务，坚持独立自主自办的原则，积极引导宗教与社会主义社会相适应，充分发挥宗教界人士和信教群众在促进经济社会发展中的积极作用。俞正声要求各级党委高度重视统战工作，切实增强统战意识，把统战工作纳入议事日程，健全党委统一领导、统战部牵头协调、各有关部门和人民团体各负其责的工作机制，推动统一战线事业实现新发展。

2. 全国政协召开双周协商座谈会。1月9日下午，全国政协在京召开双周协商座谈会，围绕“核电和清洁能源发展”建言。全国政协主席俞正声主持会议并讲话。

3. 习近平同党外人士共迎新春。1月22日下午，中共中央总书记习近平在人民大会堂同各民主党派中央、全国工商联负责人和无党派人士代表欢聚一堂，共迎新春。全国政协主席俞正声、国务院副总理张高丽出席。民革中央主席万鄂湘、民盟中央主席张宝文、民建中央主席陈昌智、民进中央主席严隽琪、农工党中央主席陈竺、致公党中央主席万钢、九三学社中央主席韩启德、台盟中央主席林文漪、全国工商联主席王钦敏和无党派人士代表林毅夫、邓中翰等应邀出席。陈竺代表各民主党派中央、全国工商联和无党派人士致辞。在听取了陈竺同志致辞后，习近平发表重要讲话。习近平指出，在过去的一年里，各民主党派、工商联和无党派人士适应时代要求，充分发挥自身优势，主动奋发有为，同中国共产党一道，推动统一战线和多党合作事业向前发展，为全面建成小康社会作出了新的贡献。习近平代表中共中央，向各民主党派、工商联和无党派人士，向统一战线广大成员表示衷心的感谢。习近平指出，做好今年各项工作，需要中国共产党同各民主党派、工商联和无党派人士加强团结合作，共同不懈努力。一个篱笆三个桩，一个好汉三个帮。实践证明，建立新中国，建设新中国，开拓改革路，实现中国梦，都需要各党派团体和各界人士齐心努力。越是处于改革攻坚期，越需要汇集众智、增强合力；越是处于发展关键期，越需要凝聚人心、众志成城。希望同志们积极引导所联系群众，凝聚广泛共识，积聚强大能量，深入考察调研，提出真知灼见，让党和政府看问题更全面，作决策更科学。习近平强调，协商民主是我国社会主义民主政治的重要组成部分，是我国社会主义民主政治的特有形式和独特优势，也是中国共产党执政和决策的重要方式。希望同志们更加主动发展好协商民主，不断提高协商民主成效和水平。中国共产党各级组织特别是领导干部要以开阔的胸襟、平等的心态、民主的作风广纳群言、广集众智，丰富协商民主形式，增强民主协商实效，为民主党派、工商联和无党派人士发挥作用创造有利条件。习近平指出，坚持和发展中国特色社会主义，要求中国共产党加强自身建设，也要求各参政党加强自身建设。希望同志们准确把握建设中国特色社会主义参政党的基本要求，继承优良传统，把握时代要求，不断提高政治把握能力、参政议政能力、组织领导能力、合作共事能力，努力把中国特色社会主义参政党建设提高到一个新的水平。

4. 李克强主持召开党外人士座谈会。2 月 10 日，国务院总理李克强在中南海主持召开座谈会，听取各民主党派中央、全国工商联负责人和无党派人士代表对《政府工作报告（征求意见稿）》的意见和建议。民革中央主席万鄂湘提出，深化行政体制改革需要法治思维和方式，尊重和保障市场主体平等权利。民盟中央主席张宝文建议，完善国家海洋经济战略，优先发展高端新兴海洋产业。民建中央主席陈昌智说，要充分发挥市场作用化解过剩产能，对政府性债务要分类施治、加强管理。民进中央主席严隽琪建议，推动机制创新，政府要把更多精力放在建设良好法治环境和公平竞争环境上。农工党中央常务副主席刘晓峰提出，加快医药卫生体制改革要更好“保基本、强基层、建机制”，特别要啃下公立医院改革的“硬骨头”。致公党中央常务副主席蒋作君说，要建立相应机制，在简政放权中充分发挥行业协会、商会等社会组织参与社会治理的作用。九三学社中央主席韩启德建议，要保障科技资源公平自由交易，发挥好资本在其中的工具和杠杆作用。台盟中央主席林文漪说，要创新解决水资源制约与水环境治理问题，实行水域纳污总量控制。全国工商联主席王钦敏提出，要采取措施，让民营企业进入符合产业导向、有投资预期、有利转型升级的项目。无党派人士代表陈章良建议，要制定政策确保耕地数量和质量不变，保住国家“粮袋子”、守住农民“钱袋子”。座谈中，李克强就一些问题与大家深入探讨交流。听完发言后，他对各民主党派、全国工商联和无党派人士长期以来对政府工作的帮助支持表示感谢。他说，大家发言大处着眼、细处思索，体现了集体智慧，国务院将认真研究采纳。破解发展难题要靠集思广益，推进改革攻坚更需凝聚共识，各方面要群策群力、共同奋斗。希望大家充分发挥参政议政作用，今后继续多提真知灼见。

5. 俞正声与越南祖国阵线中央委员会主席阮善仁举行会谈。2 月 23 日，全国政协主席俞正声在北京与来访的越南祖国阵线中央委员会主席阮善仁举行会谈。俞正声简要介绍了中国共产党领导的多党合作和政治协商制度，以及中国全国政协的相关情况。他表示，中国全国政协与越南祖国阵线的交流与合作，是两国关系的重要组成部分。多年来，中国全国政协和越南祖国阵线在各自党的领导下，为团结社会各界力量、促进经济社会持续健康发展作出了积极努力。中国全国政协愿同越南祖国阵线一道，认真落实两党两国领导人共识，加强双方各专门委员会及地方组织的交往，深化参政议政经验交流，为实现两国各自的稳定和发展作出贡献，为推动中越全面战略合作伙伴关系的深入发展作出不懈努力。阮善仁表示，发展对华友好一直是越南党和政府对外政策的优先方向。近年来，越中关系以及越南祖国阵线与中国全国政协之间的友好合作都取得了丰硕成果。越南祖国阵线愿进一步加强与中国全国政协的交流与合作，相互借鉴经验，促进越中两党两国关系不断迈上新台阶。

6. 全国政协召开双周协商座谈会。3 月 20 日下午，全国政协在京召开双周协商座谈会，就“安全生产法修正”问题座谈交流。全国政协主席俞正声主持会议并讲话。

7. 全国政协召开双周协商座谈会。4 月 3 日下午，全国政协在京召开双周协商座谈会，就“贯彻落实《全民健身条例》，增强国民身体素质”提出意见建议。全国政协主席俞正声主持会议并讲话。

8. 全国政协召开双周协商座谈会。4 月 17 日下午，全国政协在京召开双周协商座谈会，就推进海外华文教育发展座谈交流。全国政协主席俞正声主持会议并讲话。

9. 全国政协召开双周协商座谈会。5 月 6 日下午，全国政协在京召开双周协商座谈会，就确保依法独立公正行使审判权检察权座谈交流。全国政协主席俞正声主持会议并讲话。

10. 俞正声主持党外人士专题调研座谈会并讲话。5 月 9 日，中央统战部在京召开党外人士专题调研座谈会，邀请民革中央、民盟中央、民建中央、九三学社中央交流专题调研情况。中共中央政治局常委、全国政协主席俞正声主持会议并讲话。

11. 全国政协召开专题协商会。6 月 3 日，全国政协在京召开“深化产教融合、校企合作，加快现代职业教育体系建设”专题协商会。中共中央政治局常委、全国政协主席俞正声主持会议并讲话。中共中央政治局委员、国务院副总理刘延东出席专题协商会并讲话。

12. 全国政协召开双周协商座谈会。6 月 12 日下午，全国政协在京召开双周协商座谈会，就“利用大数据技术提升政府治理能力”提出意见建议。全国政协主席俞正声主持会议并讲话。

13. 俞正声主持召开党外人士专题调研座谈会。6 月 20 日，中央统战部在京召开党外人士专题调研座谈会，邀请民进中央、农工党中央、致公党中央、台盟中央、全国工商联、无党派人士就区域经济、技术创新、卫生立方和司法体制改革等问题座谈交流。中共中央政治局常委、全国政协主席俞正声主持会议并讲话。

14. 全国政协十二届常委会第六次会议开幕。6 月 23 日上午，政协十二届全国委员会常务委员会第六次会议在京开幕。会议的主要议题是围绕“发挥市场在资源配置中的决定性作用和更好发挥政府作用”建言献策。中共中央政治局常委、全国政协主席俞正声主持开幕会。中共中央政治局委员、国务院副总理汪洋应邀出席会议并作报告。

15. 全国政协召开双周协商座谈会。6 月 26 日下午，全国政协在京召开双周协商座谈会，就“大学毕业生创业就业环境优化”问题建言献策。全国政协主席俞正声主持会议并讲话。

16. 全国政协召开双周协商座谈会。7 月 10 日下午，全国政协在京召开双周协商座谈会，就南水北调中线水源地水质保护问题座谈交流。全国政协主席俞正声主持会议并讲话。

17. 全国政协召开双周协商座谈会。7 月 24 日下午，全国政协在京召开双周协商座谈会，就更好地发挥社会组织在社会治理中的作用提出意见建议。全国政协主席俞正声主持会议并讲话。

18. 中共中央召开党外人士座谈会。7 月 29 日上午，中共中央在中南海召开党外人士座谈会，就当前经济形势和下半年经济工作听取各民主党派中央、全国工商联负责人和无党派人士代表的意见和建议。中共中央总书记习近平主持座谈会并发表重要讲话。习近平对民主党派、工商联和无党派人士提出 4 点希望。一是把思想和行动统一到中共中央决策部署上来，正确认识我国经济发展的阶段性特征，进一步增强信心，适应新常态，共同推动经济持续健康发展。二是紧紧围绕全面深化改革和下半年经济社会运行中的重大问题，深入调查研究，讲真话、献良策、出实招。三是开展富有成效的教育引导工作，把理解改革、投身改革、支持改革、参与改革的人搞得多多的，为深化改革凝聚广泛共识、汇聚强大力量。四是把一切可以团结的力量广泛团结起来，把一切可以调动的积极因素充分调动起来，为全面深化改革、全面建成小康社会、实现中华民族伟大复兴中国梦贡献更大力量。中共中央政治局常委李克强、俞正声、刘云山、张高丽出席座谈会。李克强通报了上半年经济工作有关情况，介绍了中共中央、国务院关于做好下半年经济工作的考虑。

19. 中共中央召开党外人士座谈会。8 月 19 日，中共中央在中南海召开党外人士座谈会，就中共中央关于全面推进依法治国若干重大问题的决定听取各民主党派中央、全国工商联领导人和无党派人士的意见和建议。中共中央总书记习近平主持座谈会并发表重要讲话。中共中央政治局常委张德江、俞正声、王岐山出席座谈会。座谈会上，民革中央主席万鄂湘、民盟中央主席张宝文、民建中央主席陈昌智、民进中央主席严隽琪、农工党中央主席陈竺、致公党中央主席万钢、九三学社中央主席韩启德、台盟中央副主席黄志贤、全国工商联主席王钦敏、无党派人士郭雷先后发言。他们赞同中共中央关于全面推进依法治国若干重大问题的决定，并就维护宪法权威、保障宪法贯彻实施，完善立法制度、提高立法质量，坚持依法行政、规范执法行为，深化司法改革、维护社会公平正义，加强法治监督、推进廉政建设法制化，加强市场法治建设、创新社会治理体制、完善高层次人才引进中的法律法规体系、完善律师制度，发挥民主党派在立法和民主监督中的作用等方面提出意见和建议。在认真听取了大家发言后，习近平作了重要讲话。他表示，大家提出了许多具有针对性和可操作性的好意见、好建议，对起草好文件很有帮助，我们将认真研究吸收。

20. 俞正声主持召开全国政协主席办公会议。8 月 19 日下午，全国政协主席俞正声主持召开主席办公会议，研究重点提案办理工作，听取关于“发挥市场决定性作用，化解造船产能过剩，促进海工产业健康发展”重点提案办理落实情况的汇报。

21. 全国政协召开双周协商座谈会。8 月 21 日下午，全国政协在京召开双周协商座谈会，就推进“丝绸之路经济带”建设需要重视的问题及建议座谈交流。全国政协主席俞正声主持会议并讲话。

22. 全国政协十二届常委会第七次会议开幕。8 月 25 日下午，政协十二届全国委员会常务委员会第七次会议在京开幕，主要议题是围绕“深入落实八项规定精神，以优良的党风政风带动民风社风”建言献策。中共中央政治局常委、全国政协主席俞正声主持开幕会。中共中央政治局常委、中央纪律检查委员会书记王岐山应邀出席会议并作报告。

23. 全国政协召开双周协商座谈会。9 月 11 日下午，全国政协在京召开双周协商座谈会，就民族地区城镇化进程中的就业问题提出意见和建议。全国政协主席俞正声主持会议并讲话。

24. 俞正声主持召开全国政协第二十次主席会议。9 月 23 日下午，全国政协主席俞正声主持召开政协第十二届全国委员会第二十次主席会议，认真学习贯彻习近平总书记在庆祝中国人民政治协商会议成立 65 周年大会上的重要讲话。

25. 全国政协召开双周协商座谈会。9 月 25 日下午，全国政协在京召开双周协商座谈会，就积极推进医养结合型养老护理模式建设提出意见和建议。全国政协主席俞正声主持会议并讲话。

26. 全国政协召开双周协商座谈会。10 月 30 日下午，全国政协在京召开双周协商座谈会，就“利用水泥窑协同处置垃圾废弃物”问题建言献策。全国政协主席俞正声主持会议并讲话。

27. 全国政协召开双周协商座谈会。11 月 27 日下午，全国政协在京召开双周协商座谈会，围绕“大力支持中小微企业技术创新”协商讨论、建言献策。全国政协主席俞正声主持会议并讲话。

28. 中共中央召开党外人士座谈会。12 月 1 日，中共中央在中南海召开党外人士座谈会，就今年经济形势和明年经济工作听取各民主党派中央、全国工商联负责人和无党派人士代表的意见和建议。中共中央总书记习近平主持座谈会并发表重要讲话。中共中央政治局常委李克强、俞正声、刘云山、张高丽出席座谈会。李克强通报了今年经济工作有关情况，介绍了中共中央关于做好明年经济工作的考虑。座谈会上，民革中央主席万鄂湘、民盟中央主席张宝文、民建中央主席陈昌智、民进中央主席严隽琪、农工党中央主席陈竺、致公党中央主席万钢、九三学社中央主席韩启德、台盟中央主席林文漪、全国工商联主席王钦敏、无党派人士代表林毅夫先后发言。他们赞同中共中央对当前我国经济形势的分析和明年经济工作的考虑，并就鼓励生态农牧业发展、寻找新的内需增长点、推动京津冀产业协同发展、加大对创新驱动发展的投入、完善金融市场发展、降低实体经济融资成本、加快公立医院改革、健全地质灾害防治体系以及引进聚集海外人才、营造良好法治环境、推动两岸经济合作、支持民营企业走出去等提出意见和建议。在认真听取大家发言后，习近平作了重要讲话。他指出，今年以来，各民主党派中央、全国工商联和无党派人士围绕党和国家中心工作，适应我国经济发展新常态，发挥各自特点和优势，深入基层一线，就化解产能过剩、推进新型城镇化、确保粮食安全、加强水资源保护、深化司法体制改革、促进大学生就业创业、发展健康服务业等问题进行了调研，提出的很多意见和建议很有见地，为我们决策提供了重要依据。刚才，大家围绕正确认识当前经济形势、做好明年经济工作提出了很多有建设性的意见和建议，我们将认真研究、积极吸纳。习近平指出，中共十八大提出全面建成小康社会的奋斗目标，中共十八届三中全会对全面深化改革作出顶层设计，中共十八届四中全会对全面推进依法治国作出部署，这三个“全面”具有内在逻辑关系，是有机统一的。全面深化改革为进一步解放和发展社会生产力提供动力，全面推进依法治国为全面深化改革提供法治保障，两者的目的都是为了推动更好完成全面建成小康社会奋斗目标。各民主党派、工商联和无党派人士要积极引导所联系的广大成员，把思想和行动统一到中共中央决策部署上来，既要理解改革、支持改革、参与改革，也要树立法治思维、运用法治方式、依法参政议政，共同为全面建成小康社会奋斗目标作出贡献。

29. 全国政协召开双周协商座谈会。12 月 23 日下午，全国政协在京召开双周协商座谈会，就“加快转变政府职能，增强政府公信力”问题提出意见和建议。全国政协主席俞正声主持会议并讲话。

30. 中共中央政治局召开会议审议通过《关于加强社会主义协商民主建设的意见》、《关于加强和改进党的群团工作的意见》。12 月 29 日，中共中央政治局召开会议，审议通过《关于加强社会主义协商民主建设的意见》、《关于加强和改进党的群团工作的意见》。中共中央总书记习近平主持会议。

31. 全国政协举行新年茶话会。12 月 31 日上午，中国人民政治协商会议全国委员会在全国政协礼堂举行新年茶话会。党和国家领导人习近平、李克强、张德江、俞正声、刘云山、王岐山、张高丽等出席。中共中央总书记、国家主席、中央军委主席习近平在茶话会上发表重要讲话。茶话会由中共中央政治局常委、全国政协主席俞正声主持。他指出，习近平总书记的重要讲话，回顾总结了即将过去的一年，在极为错综复杂的形势下，中共中央团结带领全国各族人民在改革开放和社会主义现代化建设中取得的新成就，对做好明年党和国家各项工作提出了明确要求，并发出了弘扬改革创新精神的重要号召。讲话充分肯定了统一战线和人民政协围绕党和国家中心工作作出的贡献，对做好新形势下的统一战线、人民政协工作提出了殷切希望和明确要求。我们一定要认真学习贯彻习近平总书记的重要讲话精神，把思想和认识统一到中共中央决策部署上来，把智慧和力量凝聚到理解、支持和参与改革上来，谱写统一战线和人民政协事业新篇章，为党和国家事业发展作出新贡献。民革中央主席万鄂湘代表各民主党派中央、全国工商联和无党派人士讲话，表示将更加紧密地团结在以习近平同志为总书记的中共中央周围，锐意进取，攻坚克难，为全面建成小康社会、不断夺取中国特色社会主义新胜利、实现中华民族伟大复兴的中国梦而努力奋斗。

贾小明　中央社会主义学院中国政党制度研究中心副秘书长

中国国民党革命委员会

2014年，民革全党认真学习贯彻中共十八大和十八届三中、四中全会精神，学习习近平总书记系列重要讲话和“八项规定”精神，以全面开展坚持和发展中国特色社会主义学习实践活动为主要抓手，围绕中共中央提出的各项目标、任务和国家中心工作，整合全党资源，凝聚多方力量，认真履行职能，各项工作取得了新的成绩。

一、重要会议及活动

2014年，民革中央领导机构根据党章规定，通过召开中全会、中常会、中央监督委员会会议、专题工作会议、专门委员会工作会议来领导全党工作，同时中央还在本年的有关重大事件和纪念日召开了多种形式的座谈会和纪念会。

（一）中央委员会会议

11月30日至12月1日，中国国民党革命委员会第十二届中央委员会第三次全体会议在北京召开。会议主要内容是学习贯彻中共十八届四中全会精神，听取和审议第十二届中央常务委员会工作报告和中央监督委员会工作报告。民革中央主席万鄂湘、常务副主席齐续春，副主席修福金、刘凡、程崇庆、傅惠民、何丕洁、田惠光、郑建邦、邓力平、刘家强及中央委员出席会议。

万鄂湘代表第十二届中央常务委员会作工作报告。报告指出，2014年，民革通过多种渠道积极履行参政党职能，高层协商座谈成效显著，重点成果不断涌现。在中共中央就十八届四中全会文件听取意见过程中，民革中央提出的许多意见建议得到了采纳。根据中共十八届三中全会全面深化改革的部署，民革将“深化司法体制改革若干重大问题”作为年度重点调研课题，最终形成的书面建议得到中共中央、国务院领导同志的高度评价。

报告指出，一年来，民革各级组织积极开展坚持和发展中国特色社会主义学习实践活动，不断夯实坚持中国共产党领导的思想政治基础。民革组织和机关建设工作以全面履行参政党职能为目标，着力提升参政能力，重视干部培养锻炼，加强作风建设，推进参政党理论和民革党史研究，完成了抗战老兵口述历史和民革前辈史料采集工作。

报告指出，2014年，民革社会服务工作勇于探索创新，打造多个新品牌。法律援助咨询服务全面推广，23个省级组织和139个地市级组织成立了法律援助咨询服务机构，累计5万多名群众从中获益。“博爱·牵手”活动反响热烈，各级组织采取不同形式帮扶困难群众、关爱抗战老兵，直接受益人数达 73 万人。

报告指出，一年来，民革全党紧密联系两岸关系和台湾岛内形势的发展变化，全面贯彻中共中央对台工作大政方针、特别是习近平总书记一系列对台工作重要讲话精神，促进祖国和平统一工作不断深入，一批涉台参政议政调研成果受到肯定和重视，对台对外交流活动有创新，祖统工作机制有推进。

报告要求，2015 年民革全党要深入学习贯彻中共十八届四中全会精神；要不断提高履职能力，围绕重点领域深入调研，夯实参政议政工作基础，探索民主监督工作机制；要重点加强自身建设，不断强化思想理论建设，扎实推进组织建设，抓好内部监督和机关作风建设，进一步推进信息化建设；要巩固扩大社会服务成果，深入开展法律援助咨询服务，持续开展“博爱·牵手”活动，不断推动支边扶贫新发展；要以纪念中国人民抗日战争胜利 70 周年为契机，积极深化涉台参政议政，系统运用抗战老兵口述历史和民革前辈史料，大力促进两岸深层次交流，为促进祖国和平统一作出新贡献。

齐续春主持开幕会。田惠光同志在开幕会上代表中央监督委员会作工作报告。何丕洁同志在会上作了关于增选第十二届中央委员会委员、常务委员事项的说明。会议书面报告了民革中央 2014 年参政议政工作情况。与会同志就中央常务委员会工作报告、中央监督委员会工作报告、中央参政议政工作情况报告及有关决议进行了讨论。会议增选何报翔同志为民革第十二届中央委员会委员、常务委员。

12 月 1 日下午，民革十二届三中全会在北京闭幕。刘凡同志主持闭幕会。会议通过了民革十二届三中全会决议。齐续春同志在闭幕会上讲话，对下一阶段工作提出三点要求：一是认真学习贯彻中共十八届四中全会精神，进一步把思想和行动统一到全会精神上来。二是学习好、传达好、贯彻好民革十二届三中全会精神，为全面深化改革、全面推进依法治国积极做好参政议政工作。三是做好纪念抗战胜利 70 周年各项活动，为促进祖国和平统一工作贡献力量。

民革中央原主席何鲁丽、周铁农，原第一副主席厉无畏，原副主席李赣骝、朱培康、刘民复及民革中央顾问出席开幕会，各工作部门负责人，机关服务中心、团结报社、团结出版社负责人列席会议。

（二）中央常务委员会会议

2014 年，民革第十二届中央常务委员会根据党章规定和履行职能需要，共召开了四次会议。

1. 十二届六次常委会

3 月 6 日，中国国民党革命委员会第十二届中央常务委员会第六次会议在北京昆泰酒店召开。民革中央主席万鄂湘、常务副主席齐续春，副主席修福金、刘凡、程崇庆、傅惠民、何丕洁、田惠光、郑建邦、邓力平、刘家强和中央常委出席会议。民革中央各工作部门、机关服务中心、团结报社、团结出版社负责人列席会议。齐续春同志主持会议。

会议学习座谈了十二届全国人大二次会议和全国政协十二届二次会议精神，原则通过了关于学习贯彻十二届全国人大二次会议和全国政协十二届二次会议精神的决议。会议书面报告了民革中央自十二届二中全会以来主要工作情况和2014年第二季度初步工作安排，原则通过了关于加强2014—2017年省级组织领导班子后备干部队伍建设工作的意见，通过了关于民革党员党纪处分的备案事项。

万鄂湘在会上讲话，他指出，今年两会是在贯彻落实中共十八届三中全会精神、全面深化改革的背景下召开的。民革各级组织一定要组织广大党员认真学习，围绕两会精神特别是政府工作报告和全国政协常委会工作报告中提出的各项目标和任务，结合民革中央2014年工作要点，全面做好民革今年的各项工作。

万鄂湘指出，为贯彻落实民革十二大精神，总结分析五年来民革组织工作的成绩和不足，部署下一阶段全党组织工作，经民革中央主席办公会议研究决定，今年下半年召开民革全国组织工作会议。要通过这次会议摸清家底，对五年来组织建设中的宝贵经验进行科学总结，对存在的问题进行科学分析。同时抓好发展高素质的党员和推荐一批实职干部的工作。

万鄂湘指出，加强参政议政工作，关键要提高水平和质量，参政议政的机制要活、焦点要准、方法要实，做到调研情况系统而不零碎、分析问题深入而不表面、提出建议切实而不空泛。调研要真正沉下去，摸到第一手材料；要符合民革界别的代表性，要谈我们擅长的领域；调查要与研究并重，调研队伍里要引入有理论功底、有实践经验的同志；要提高政策把握能力、科学选题能力、综合分析能力、文字表达能力。

万鄂湘强调，民革各级组织要高度重视坚持和发展中国特色社会主义学习实践活动。各级主委既是学习实践活动的领导者，也是学习者、实践者，要认真落实《民革坚持和发展中国特色社会主义学习实践活动实施方案》，同时扎实推进民革十二届二中全会布置的"博爱·牵手"活动、抢救性采集民革前辈史料、成立法律咨询（援助）中心和主委参加支部活动等重点工作。

2. 十二届七次常委会

5月29日至30日，中国国民党革命委员会第十二届中央常务委员会第七次会议在吉林长春召开。会议主题是围绕民革工作特色，研究进一步加强参政议政工作。民革中央主席万鄂湘、常务副主席齐续春，副主席修福金、刘凡、傅惠民、何丕洁、田惠光、郑建邦、刘家强及中央常委出席会议。有关负责同志，民革中央各工作部门负责人和机关服务中心、团结报社、团结出版社负责人列席会议。中共吉林省委副书记竺延风，吉林省人大常委会副主任李龙熙等领导同志出席开幕会。竺延风同志介绍了吉林省近年来经济、社会发展建设情况。民革吉林省委会主委张伯军在开幕会上致辞。

万鄂湘在开幕会上就"深化司法改革、促进司法公正"作主题报告，介绍了民革中央围绕这一课题开展的参政议政工作情况。万鄂湘同志指出，依法治国是新的历史条件下中国共产党领导人民治理国家的基本方略，建设公正高效权威的社会主义司法制度是依法治国的重要内容。在中共十八届三中全会对深化司法体制改革做出了全面部署的背景下，民革中央充分发挥自身优势，把为进一步深化司法体制改革献策出力作为今年"大调研"重点课题。3月以来，民革中央调研组分赴京、粤、渝、鄂、沪等地，召开近二十场座谈会，深入听取各地司法机关及相关部门对于司法体制改革的意见和建议，了解各地司法体制改革先行先试的宝贵经验。在此基础上，民革中央形成了《关于深化司法体制改革的建议》，报送中共中央、国务院。

万鄂湘强调，司法改革涉及面广、情况复杂，民革参政议政工作要在完善机制和体制上下功夫，着力解决深层次问题。他从健全完善司法制度，确保司法机关依法独立公正行使司法权；推进司法公开，增加司法透明度；加强司法队伍职业化建设，提高司法能力三个方面介绍了当前司法体制改革面临的制约因素、各地探索取得的经验及对应的改革建议。

齐续春在开幕会上强调了围绕我国司法体制改革，加强民革参政议政工作的重要意义，并对加强民革思想政治工作作出了部署。他指出，要注重做好意识形态工作，充分认识意识形态斗争的长期性、复杂性、尖锐性，善于发现问题，勇于面对问题，敢于解决问题，协助中国共产党把意识形态工作抓紧抓实抓好。要准确把握党员思想动态，妥善做好思想引导工作，发挥好民主党派的力量；要把握好舆论引导工作的时、度、效，敢于和错误思潮、错误观点交锋；要深入开展坚持和发展中国特色社会主义学习实践活动，营造良好舆论氛围。齐续春同志还对继续加强作风建设，严格遵守八项规定，进一步加强和规范外事管理工作提出了要求。

会议书面报告了民革中央自十二届六次中常会以来主要工作情况和 2014 年第三季度初步工作安排。

最高人民法院审判委员会专职委员、研究室主任胡云腾在会上作了《关于法治中国建设的若干问题》专题报告。与会同志围绕领导同志重要讲话和专题报告，就进一步做好社会法制领域参政议政工作、做好意识形态工作、进一步改进作风等进行了充分讨论。

齐续春在闭幕会上讲话，他指出，以司法体制改革为重点，全面推进法治中国建设，是当前执政党和政府高度关注的重要工作，也是民主党派参政议政的重大课题。希望民革各级组织充分发挥民革在社会法制领域的突出优势，重点围绕司法体制改革与法治中国建设，做好参政议政的大文章。要继续做好民革在祖统、三农以及其他领域的参政议政工作，同时发挥优势、联结特色，找准切入点，共同为全面推进法治中国建设献计出力。

3. 十二届八次常委会

10 月 28 日，中国国民党革命委员会第十二届中央常务委员会第八次会议在民革中央机关召开。民革中央主席万鄂湘、常务副主席齐续春，副主席修福金、刘凡、傅惠民、何丕洁、田惠光、郑建邦、邓力平、刘家强和中央常委出席会议。有关负责同志、部分省级组织副主委、中央各工作部门负责人，中央机关服务中心、团结报社、团结出版社负责人列席会议。齐续春同志主持会议。

会议学习座谈了中共十八届四中全会精神，通过了《中国国民党革命委员会第十二届中央常务委员会关于学习贯彻中共十八届四中全会精神的决定》；书面报告了民革中央自民革十二届七次中常会以来主要工作情况和 2014 年第四季度初步工作安排；审议通过了《中国国民党革命委员会第十二届中央常务委员会关于召开第十二届中央委员会第三次全体会议的决定》；审议通过了有关人事事项；通过了关于民革党员党纪处分的备案事项。

万鄂湘在会上讲话，他指出，社会法制一直以来都是民革参政议政的重点领域。这些年来，民革为全面推进科学立法、严格执法、公正司法、全民守法进程，加快建设社会主义法治国家做了大量的努力，也收到了实实在在的效果。民革中央和最高人民法院、最高人民检察院分别建立了联络沟通长效机制；围绕司法体制改革若干全局性、战略性和前瞻性问题，组织了多次专题调研，提出了建立环保领域的“公益诉讼”制度、改革我国行政审判制度、改革行政审批制度、将信访纳入法制化轨道等多项建议；特别是中共十八届三中全会以来，为贯彻关于司法体制改革的一系列战略部署，民革中央赴多地就深化司法体制改革开展调研，通过高层协商、直通车、政协双周协商等多种形式提出建议，其中一些建议通过多种形式，体现到中共十八届四中全会提出的全面推进依法治国的重大任务中，体现了民革积极参政议政、为加快建设社会主义法治国家所做的努力和取得的成效，得到中共中央领导同志的重视和肯定。

万鄂湘强调，在当前和今后一个时期，我们要把学习贯彻中共十八届四中全会精神、落实依法治国方略作为民革的中心工作；要围绕全面推进依法治国做好参政议政工作，按照中共十八届四中全会的工作部署，充分发挥民革在社会法制领域的优势，以司法体制改革为重点，就科学立法、依法行政、公正司法、社会守法这四个方面展开调查研究，就树立宪法法律权威、加强科学立法的法治顶层设计、深化司法体制改革、依法规范行政执法行为、引导社会守法等问题拿出有分量的、具有可操作性的意见建议；要把为全面推进依法治国方略的任务落实到民革的各项工作中。要加强学习，加大宣传力度，不断提高民革党员的法治思维和依法办事能力；把围绕推进法治中国建设参政议政的成效作为衡量民革各级领导班子和领导干部工作实绩的重要内容，把能不能遵守法律、依法参政作为考察民革干部重要内容；找准民革参政议政各重点领域的结合点和切入口，将全党参政议政的特色和优势资源集中到推进法治中国建设上来；把推进志愿服务法制化建设与民革基层组织建设相结合。

4. 十二届九次常委会

11 月 29 日，中国国民党革命委员会第十二届中央常务委员会第九次会议在北京召开。民革中央主席万鄂湘、常务副主席齐续春，副主席修福金、刘凡、程崇庆、傅惠民、何丕洁、郑建邦、邓力平、刘家强及中央常委参加会议，有关负责同志、中央各工作部门负责人，机关服务中心、团结报社、团结出版社负责人列席会议。齐续春主持会议。

会议审议并通过了民革十二届三中全会议程（草案）、十二届二三全会日程，十二届三中全会小组召集人名单；审定了提交十二届三中全会的第十二届中央常务委员会工作报告、民革中央参政议政工作情况报告；审议了有关人事事项；书面报告了民革中央自十二届八次中常会以来主要工作情况和民革十二届三中全会筹备工作情况及 2015 年第一季度初步工作安排。

（三）中央监督委员会全体会议

11 月 29 日，中国国民党革命委员会第十二届中央委员会监督委员会第三次全体会议在北京召开。民革中央副主席、中央监委会主任何丕洁主持会议，民革中央副主席、中央监委会副主任田惠光，中央监委会副主任陈清华及监委会委员出席会议。

会议研究通过了中央监督委员会 2014 年工作报告，并提请民革十二届三中全会审议。会议还研究了中央监委会 2015 年工作计划。

（四）中央学习组学习活动

1. 学习习近平总书记系列重要讲话精神和中共中央八项规定专题座谈会

6 月 13 日，民革中央中心学习组（扩大）在民革中央机关召开专题座谈会，学习习近平总书记系列重要讲话精神和中共中央八项规定。民革中央主席万鄂湘、常务副主席齐续春，副主席修福金、刘凡、傅惠民、郑建邦、刘家强出席会议，民革中央在京常委，中央各工作部门、机关服务中心、团结报社、团结出版社负责人列席会议。

万鄂湘在会上讲话指出，深入学习贯彻习近平总书记系列重要讲话精神是统一思想认识、明确前进方向的迫切需要，是提高民革干部队伍素养、增强履职能力的迫切需要。民革作为中国特色社会主义参政党，要把认真学习贯彻习总书记系列重要讲话作为一项重大的政治任务抓紧抓好，把民革全党上下的思想和行动凝聚到重要讲话精神上来，把其中的重要论述和重大观点，内化于心、外化于行，用正确的立场、方法和举措提高履职能力，为全面深化改革、全面建成小康社会贡献力量。

万鄂湘强调，认真学习习总书记系列重要讲话，要把坚持和发展中国特色社会主义作为聚焦点、着力点、落脚点，教育和引导全体民革党员坚定中国特色社会主义道路自信、理论自信、制度自信。习总书记系列重要讲话为建设中国特色社会主义指明了方向，也为我们履行参政党职能和自身建设指明了方向。在现阶段，我们要重点学习和深刻领会习总书记关于依法治国的论述，充分发挥民革在社会法制领域的优势，以司法体制改革为重点，努力为推进法治中国建设贡献力量。要贯彻讲话精神要求，积极探索开展社会服务工作的各种有效形式，关注民生，多做实事，协助中共党委和政府做好化解矛盾、维护稳定工作。

万鄂湘要求，民革各级领导干部一定要自觉遵守八项规定。反腐倡廉不分党内党外，法治没有特区，反腐没有例外。要牢记“高压线”不能碰，要对腐败行为“零容忍”。民革党员干部要培养良好的道德品行，做到公私分明、秉公用权，这是最起码的政治道德和为政职守。民革各级组织要以高度的政治敏锐性和政治鉴别力，认识和处理好作风建设问题，进一步深入贯彻落实八项规定。

齐续春就民革学习贯彻习总书记系列重要讲话精神和严格遵守八项规定提出要求。他指出，习总书记系列重要讲话围绕改革发展稳定、内政外交国防、治党治国治军等方面，提出了许多富有创见的新思想、新观点、新要求，深入阐释了中共十八大精神，深刻回答了新的历史条件下中国共产党和中国发展的重大理论和现实问题，民革作为中国特色社会主义参政党，一定要认真学习贯彻习总书记系列重要讲话精神，把学习习总书记系列重要讲话精神作为当前和今后的一项重要政治任务。八项规定对于参政党也具有重要的指导意义，我们要认真加以学习并严格遵照执行。

傅惠民和民革中央有关部门负责人就习总书记系列重要讲话精神和中共中央八项规定交流了学习体会，与会同志还结合实际查找分析了工作中存在的问题。

2. 学习习近平总书记系列重要讲话精神专题座谈会

10 月 14 日，民革中央中心学习组（扩大）召开专题学习座谈会，学习习近平总书记系列重要讲话精神。民革中央主席万鄂湘、常务副主席齐续春，副主席刘凡、傅惠民、何丕洁、郑建邦出席会议。

万鄂湘在讲话中要求，民革各级组织和广大党员要认真学习习总书记系列重要讲话精神，坚定不移地坚持中国共产党的领导；以习总书记重要讲话精神指导民革各项工作实践，充分发挥民革在社会法制领域的优势，力争在一些重要和关键问题上提出有分量的意见建议；大力加强协商民主理论研究，积极参与协商民主实践。坚持改革创新精神，进一步推进民革制度创新、工作创新，切实提高协商参与的能力和水平；要整合民革全党祖统工作资源，牢牢把握两岸和平发展的主题，积极推进两岸关系和平发展进程，为最终实现祖国完全统一而努力奋斗。

齐续春在讲话中强调，民革全党要把学习习总书记系列重要讲话精神与学习中共十八大、十八届三中全会和即将召开的十八届四中全会精神结合起来，作为当前和今后一个阶段一项重要的政治任务。要按照民革十二届七次中常会作出的部署，以司法体制改革为重点，努力为推进法治中国建设贡献力量。要以习总书记一系列重要讲话精神为指导，切实推动民革自身建设和履行职能的各项工作。

傅惠民、何丕洁、郑建邦在会上作了发言。在京中央常委，机关各工作部门负责人，机关服务中心、团结报社、团结出版社负责人参加会议。

（五）中央专题工作会议

1. 民革中央召开落实依法治国方略座谈会

2 月 14 日、18 日，民革中央在机关，邀请法学专家和法律工作者为落实中共十八大作出的全面推进依法治国方略建言献策。民革中央主席万鄂湘、常务副主席齐续春出席会议。

万鄂湘指出，作为以社会法制为参政议政重点领域的参政党，民革要围绕全面推进依法治国方略积极建言献策，民革党员中的法学法律工作者更要利用法律专业知识凝聚力量，承担起更多的社会责任，为民革参政议政提供更多、更好的素材，为我国全面推进科学立法、公正司法、依法行政、社会守法作出贡献。

最高人民法院、中国社科院、北京市部分高校的法学专家，民革中央社法委及法治研究中心、国际问题研究中心的部分委员和特邀专家参加座谈会，并围绕如何贯彻落实依法治国方略进行了研讨。

2. 农业农村资源环境建设座谈会

2 月 14 日，民革中央人口资源环境委员会、科技部中国农村技术开发中心在民革中央机关召开会议，就学习贯彻中央 1 号文件、加强农业农村资源环境建设等问题座谈。民革中央副主席何丕洁出席会议。

与会同志听取了中国农村技术开发中心负责人介绍的贯彻中央 1 号文件，落实“四化同步”和创新驱动发展，保障国家粮食安全、强化农产品和食品质量安全等方面的工作情况；农业高技术处相关同志介绍的生物质能源在国计民生中发挥的作用、发展现状以及今后科技发展的重点方向和措施；清华大学有关专家作的题为“发展多功能农业应对环境、能源、粮食挑战”报告。与会同志围绕相关问题进行了探讨。

何丕洁表示，生物质能源是发展农村环保产业的良好抓手，有利于推动农业环保、农业产业结构调整、城乡统筹发展、市场机制建立等问题的协调解决。双方表示，今后将在生物质能源发展领域进一步合作。

3. 当前宏观经济形势研讨会

5 月 27 日，民革中央与上海社科院联合举办研讨会，分析研讨当前宏观经济形势。民革中央常务副主席齐续春出席会议。

齐续春指出，经济建设始终是我国改革发展的中心，也是民革中央建言献策的主要方面。召开研讨会正是要了解专家学者对我国当前经济形势的估计与分析、关于经济改革的想法以及对新的经济增长点和区域经济发展的建议。他希望今后民革中央与上海社科院增加实质性合作，开展联合调研，分享成果，并在民革中央重大调研活动中，邀请上海社科院和各方专家共同参与，尤其在“京津冀”协同发展、北部湾发展问题等方面一起出谋划策。

与会专家学者围绕当前经济形势和下半年经济工作，就产业结构调整、房地产市场走向、中小企业融资、互联网金融等当前经济热点问题进行了研讨。

4. 中国辛亥革命研究会理事会换届暨“拓展辛亥革命研究新境界”学术研讨会

6 月 12 日，中国辛亥革命研究会理事会换届暨“拓展辛亥革命研究新境界”学术研讨会在北京召开。民革中央主席万鄂湘、常务副主席齐续春，民革中央原主席、中国辛亥革命研究会第四届理事会会长周铁农，民革中央副主席修福金、何丕洁出席会议。民革中央有关部门负责人以及来自全国各地的辛亥革命研究专家、学者参加会议。

会议讨论通过了《中国辛亥革命研究会章程》，选举产生了中国辛亥革命研究会第五届理事会会长、副会长、秘书长、常务理事。万鄂湘同志当选为研究会第五届理事会会长，齐续春、修福金、何丕洁、郑建邦同志和辛亥革命研究著名学者汪朝光、熊月之、桑兵、罗志田同志当选为副会长。包括学术界知名学者在内的辛亥革命研究者 51 人当选为研究会常务理事。会议推举周铁农同志担任研究会第五届理事会名誉会长。

万鄂湘在会上讲话指出，要按照习近平总书记系列重要讲话精神要求，在辛亥革命研究工作中坚持历史唯物主义的观点和方法，着力研究中国近代社会运动及其发展规律，弘扬主旋律、传播正能量，引导广大民革党员和群众深刻认识我国近代历史发展规律，进一步增强中国特色社会主义的道路自信、理论自信、制度自信，更加自觉地服务于中共十八届三中全会提出的全面深化改革任务和目标。要在研究工作中体现和渗透社会主义核心价值观，要运用社会主义核心价值考察历史问题，在辛亥革命历史研究中发现体现社会主义核心价值的因素，努力用辛亥革命创造的一切精神财富来为培育和弘扬社会主义核心价值观服务。他希望新任理事增强责任感和使命感，积极参与研究会的工作，为辛亥革命研究的深入和拓展，最大限度地发挥作用。

周铁农在致辞中说，自 2008 年换届的五年来，在中共中央统战部的关心和指导下，中国辛亥革命研究会结合辛亥革命重大纪念日和民革特色工作，举办和参与了一系列形式多样、主题鲜明、实践性强的活动，研究者队伍有了显著扩大，在学术界和社会上的影响力持久增强，已经成为海内外辛亥革命研究领域一支引人注目的力量，成为民革作为参政党彰显其自身特色的重要内容。

修福金代表研究会第四届理事会作工作报告。报告总结回顾了过去五年研究会各项工作开展情况，并对今后研究会工作发展方向提出了建议。

会议以拓展辛亥革命研究新境界为主题进行了学术研讨，部分专家学者作了大会主题演讲。

5. 第六届海峡论坛·两岸乡村农田水利建设交流会

6 月 16 日，由民革中央、水利部共同主办的第六届海峡论坛·两岸乡村农田水利建设交流会在福建漳州举行。民革中央副主席邓力平、福建省副省长陈荣凯出席交流会。国台办、福建省、漳州市有关负责同志、大陆农业水利专家、基层农民代表以及台湾亲民党、新党有关负责人，台湾中南部基层农会、农田水利会代表等 200 余人参加交流会。

邓力平在致辞中回顾了从大禹治水开始，中华儿女与水斗争、共存的历史。他表示，这一历史是全体炎黄子孙共同的精神财富，激励着两岸同胞心心相印、守望相助、和谐共处。

亲民党、新党有关负责人表示，从农业水利角度切入，举办两岸的交流会，非常有实际意义。希望充分发挥闽台“五缘”优势，有效利用两岸优势资源巩固和深化两岸农田水利交流合作成果，发展现代农业，繁荣农村经济，共创两岸互利双赢与共同繁荣的新局面。

与会人员以“扩大民间交流、加强两岸合作、促进共同发展”为主题，以“和谐发展、幸福两岸”为主议题，围绕农业灌溉水利生态化与水污染治理两大主题进行了深入探讨。与会人员还深入漳州漳浦田间地头，对现代农业的精细灌溉、水库管理等在现场开展面对面交流，进一步推动基层水利人员技术培训等项目合作。

6. 全国社会服务工作会议

7 月 30 日至 31 日，民革全国社会服务工作会议在辽宁省大连市召开。会议旨在进一步深入贯彻落实中共十八大、十八届三中全会精神和习近平同志系列重要讲话精神，明确社会服务工作在民革全党工作中的重要地位和作用，动员全体党员在新形势下更好地服务改革发展、服务社会民生，开拓民革社会服务工作新局面。民革中央常务副主席齐续春、副主席何丕洁，民革辽宁省委会主委施中岩出席会议。

齐续春在会上作重要讲话，他指出，民革十二大以来，民革全党整合力量，发挥自身优势，进一步加大参与毕节试验区建设工作力度，精心实施“同心工程”，倾情打造“同心·博爱”品牌，积极参与司法体制改革、加强创新社会治理等领域工作。民革各级组织深入开展“伸出博爱之手——民革基层组织牵手困难群众”、法律援助服务、关爱抗战老兵等活动，已经成为民革全党工作的重要载体和新品牌，不仅赢得了社会各界对民革事业的理解和支持，也为民革参政议政和民主监督奠定了实践基础，提高了民革自身建设水平。

齐续春强调，民革社会服务工作为改革发展服务，为改善民生服务，为维护群众合法利益服务，是民革顺应时代发展履行职能的必然要求，是民革推动自身发展的内在需要，是践行社会主义核心价值体系、坚持和发展中国特色社会主义学习实践活动的生动体现。

齐续春对民革社会服务工作提出四点希望：一要强化服务意识，提高服务能力，为实现全面建成小康社会奋斗目标发挥更大作用；二要发挥优势，勇于创新，奋力开拓社会服务工作新局面；三要树立典型，重视宣传，充分利用《团结报》、民革中央网站等媒体，打造社会服务工作新品牌；四要重视社会服务与民革基层支部的联系。

民革中央各工作部门负责人和全国各省级组织、副省级市组织有关负责同志参加会议。民革中央社会服务部负责人作了工作报告，司法部有关部门负责人作了专题辅导报告。辽宁、上海、浙江、湖南、重庆、宁夏等六个省级组织负责人作了大会交流发言。

7. 民革当前宣传思想工作座谈会

7 月 7 日，民革中央在机关召开民革当前宣传思想工作座谈会，民革中央副主席修福金出席座谈会。

修福金指出，目前，我国意识形态领域的总体是积极向好的，民革党员的思想状况也是积极向上、健康平稳的。这是我们坚持中国共产党领导，不断加强宣传思想工作的结果。作为中国共产党领导的多党合作和政治协商制度中的参政党，民革必须保持清醒头脑，进一步加强民革宣传思想工作。修福金要求，要把习近平总书记系列重要讲话精神作为当前和今后一个阶段民革宣传思想工作的重大政治任务抓紧抓好。民革宣传思想工作部门的同志一定要立场坚定、旗帜鲜明，坚定不移地坚持中国共产党的领导，更加积极主动地做好宣传思想工作。民革宣传思想工作一定要注重正面宣传和正面引导，弘扬主旋律，传播正能量。

民革中央宣传部、团结报社、团结出版社有关负责同志结合本职工作畅谈了学习体会。

8. 全国机关建设工作研讨会

8 月 28 日至 29 日，民革全国机关建设工作研讨会在辽宁丹东召开。本次会议的主题是学习习近平总书记系列重要讲话精神，贯彻落实中共中央八项规定精神，进一步加强机关作风建设。民革中央常务副主席齐续春、副主席郑建邦出席会议并讲话。辽宁省政协副主席、中共辽宁省委统战部部长孙远良，民革辽宁省委会主委施中岩，中共丹东市委书记戴玉林出席开幕会并致辞。民革中央秘书长兼办公厅主任李惠东主持开幕会。

齐续春指出，新一届中共中央领导集体上任不久就颁布了八项规定，并深入开展群众路线教育实践活动，这一系列举措充分显示出作风建设的极其重要性和紧迫性。作为参政党，加强和改进作风既是加强自身建设的重要内容，也是更好履行参政议政、民主监督职能的需要。民革各级机关一定要站在加强全党参政议政能力和自身建设的高度来重视作风建设，把作风建设作为机关建设的切入点和着力点，全面带动思想建设、制度建设等各方面工作。他要求，民革各级机关要认真学习贯彻习近平总书记系列重要讲话精神，进一步增强民革接受中国共产党领导、走中国特色社会主义政治发展道路的自觉性和坚定性，自觉以习总书记系列重要讲话精神为指导，加强民革自身建设，切实履行好参政党职能；要在思想上进一步加强对中共中央八项规定的重视，提高认识，统一思想，切实贯彻好落实好八项规定精神；要以加强机关作风建设为抓手，努力提高参政议政实效。

郑建邦就一年来民革中央机关建设取得的成绩做了简要回顾，并就今后如何进一步加强机关工作提出五点意见：一是要以习近平总书记系列重要讲话精神为指导，加强机关建设工作；二是要严格贯彻落实中共中央八项规定精神，进一步推动机关作风建设；三是要以制度建设为保障，扎实提升机关办事效率和服务水平；四是要在继承传统基础上创新机关建设工作；五是要努力推进全党信息化建设。

与会人员听取了中纪委有关同志作的关于“学习习总书记系列重要讲话、做好党风廉政和反腐败工作”专题辅导报告；辽宁、北京、浙江、福建、云南、青岛六个省市民革机关同志围绕会议主题进行了大会交流。

9. 内部监督工作经验交流会

8 月 21 日至 22 日，民革内部监督工作经验交流会在甘肃省社会主义学院召开。民革中央副主席、中央监督委员会主任何丕洁，民革中央副主席、中央监督委员会副主任田惠光参加会议并讲话，中共甘肃省委统战部部长冉万祥、民革甘肃省委会主委郭层城与会并致辞。

何丕洁回顾了民革中央监督委员会换届以来的工作，对做好今后内部监督工作提出要求：一要结合坚持和发展中国特色社会主义学习实践活动，传承和发扬民革老一辈的政治信念、优良传统和高尚风范，增强历史使命感和责任感，不断强化监督意识；二要吸收借鉴执政党内部监督经验，内部监督要取得成效，要加强制度建设，建立健全一套符合民革作为参政党定位的科学、完善、系统的内部监督制度体系；三要把内部监督与领导班子建设和后备干部队伍建设相结合，认真学习习近平总书记关于加强作风建设、反腐倡廉的系列重要讲话精神，严格执行八项规定，遵循法律法规的规范，廉洁从政，参政为民。

田惠光总结了民革现阶段内部监督工作，并对各省级组织内部监督工作提出三点建议：一要加强学习，明确职责；二要加强宣传，提高监督意识；三要完善制度，规范推进；四要积极探索，促进发展。

10. 我国志愿服务法制化建设专题座谈会

9 月 24 日，民革中央在机关召开我国志愿服务法制化建设专题座谈会。民革中央主席万鄂湘、副主席何丕洁以及全国人大内司委、中共中央文明办、教育部思想政治工作司、民政部社会工作司、共青团中央青年志愿者工作部、司法部法律援助司、全总法律服务志愿者协会、中国人民大学等单位负责同志、专家学者参加座谈会。

万鄂湘在会上发言并介绍了举办此次座谈会的宗旨和目的，并结合各地围绕志愿服务法制化进行的探索，以及民革中央在各地开展调研的情况，阐述了志愿服务法制化建设的重要性和紧迫性。与会同志介绍了各自部门围绕志愿服务法制化建设开展的工作，并就立法路径、管理体制、保障制度、激励机制等志愿服务法制化建设的具体问题提出了意见和建议。

在听取大家的发言后，万鄂湘指出，国家高度重视志愿服务工作和志愿服务法制化建设，加快志愿服务法制化建设，是进一步弘扬志愿精神，推动志愿服务活动规范化、体系化和常态化健康有序发展的重要举措，高度契合了中共中央关于坚持依法治国、依法执政、依法行政共同推进和坚持法治国家、法治政府、法治社会一体建设的重要精神和部署。民革中央将继续围绕我国志愿服务法制化建设开展调查研究，认真听取各部门、各位专家学者的意见建议，联合多方力量，为加快我国志愿服务法制化建设进程、完善志愿服务法律体系提供有益参考，贡献民革的力量。

11. 邓宝珊生平事迹研讨会暨民革前辈纪念场馆联谊会第三次年会

10 月 11 日，民革中央在甘肃兰州召开邓宝珊生平事迹研讨会暨民革前辈纪念场馆联谊会第三次年会。民革中央副主席修福金、甘肃省政协副主席刘立军等出席会议。

修福金在讲话中指出，邓宝珊是一位著名的爱国将领、政治活动家。他以亲身行动，为全体民革党员树立了一个坚持中国共产党领导、与中国共产党“肝胆相照、荣辱与共”的光辉典范。我们要学习他为国家、为民族不懈奋斗的光辉历史，学习他以大局为重、勇担重任而无私奉献、忠诚履职的高尚情操。学习、宣传邓宝珊的事迹，将激励广大民革党员继续坚持中国共产党领导，更好地担当起历史和时代赋予的重担，投入到全面建设小康社会的伟大事业中去。

修福金指出，民革前辈纪念场馆联谊会成立三年来，积极开展工作，纪念场馆硬件设施普遍得到改善，各纪念馆的展陈内容得到调整充实，民革前辈生平事迹、民革优良传统教育得到广泛宣传，拓宽了民革党史研究内容的广度和深度，扩大了民革的社会影响。他希望民革全党开发好、利用好这些宝贵资源，充分利用丰富的场馆资源开展爱国主义和党史教育活动，引导民革广大党员切实承担起作为中国特色社会主义事业亲历者、实践者、维护者、捍卫者的使命。

民革青海省委会主委马志伟在会上作专题发言，全国政协文史资料委员会原副主任、甘肃省政协原副主席、邓宝珊之子邓成城，民革甘肃省委会主委郭层城等出席会议并致辞。民革前辈纪念场馆联谊会理事单位代表以及来自全国各地的专家学者等近百人参加会议。

12. 团结报 2014 年度全国记者站工作会议

10 月 17 日，团结报 2014 年度全国记者站工作会议在贵阳召开。民革中央副主席修福金出席会议。

修福金在开幕会上讲话，他强调，团结报全媒体建设不仅是适应时代发展的需要，也是扩大自身影响、实现报社事业跨越式发展的需要。在新的起点上推动媒体融合，要解放思想、转变观念，要坚持导向、做优内容，要形成合力、做大做强，要善于学习、勇于创新，要合作共赢、携手发展。团结报记者站要充分发挥自身鲜明的政治性、位置的枢纽性和身份的独特性等优势，发挥能动性和创造性，为推动团结报媒体融合贡献智慧和力量。

团结报社负责人在会上作工作报告。会议对 2013—2014 年度先进记者站和优秀记者进行了表彰。

13. 当前经济形势与对策座谈会

11 月 17 日，民革中央在机关召开当前经济形势与对策座谈会，民革中央主席万鄂湘、副主席修福金出席会议，中国人民银行、证监会、保监会、银监会以及中国社科院、中共中央党校、国家行政学院和北京市金融工作局有关负责同志、专家学者参加座谈会。

与会同志围绕经济运行和宏观政策发表了看法，并就投资、债务、金融等领域面临的问题和挑战提出了意见建议。万鄂湘同志在听取大家发言后指出，为我国经济社会发展建言献策是民革义不容辞的职责，民革全党要把思想和行动统一到中共中央对当前经济形势的分析和判断上来，统一到中共中央对经济新常态深刻内涵的科学把握上来。他表示，民革中央历来重视经济领域的参政议政工作，注重在深入调查研究的基础上提出建议，许多意见和建议都得到重视和采纳。大家的发言很有针对性，数据翔实，分析透彻，意见建议也有说服力。民革中央将对大家的意见建议进行归纳整理，作为在经济领域建言献策的重要参考。

14. 民革企业家代表座谈会

11 月 25 日，民革中央在机关召开民革企业家代表座谈会，围绕当前经济形势与对策进行座谈。民革中央主席万鄂湘，副主席修福金、傅惠民、郑建邦出席会议，北京、湖北、贵州等地民革企业家代表和民革中央有关工作部门负责人参加会议。

会上，企业家代表围绕政府与市场的边界、民营企业融资困境、实体产业空心化、企业科技创新、能源循环利用、知识产权保护、营造好的市场环境、规范行业标准、企业家信心等问题展开深入讨论，并提出了意见和建议。

万鄂湘在听取大家发言后讲话，高度评价企业家们就当前经济形势的思考，充分肯定大家长期以来在服务当地经济发展和支持民革工作中发挥的积极作用。他表示，民革中央正在筹建中山博爱基金会，“民革 e 家”信息平台也即将上线，民革还将积极助推福建平潭综合实验区发展，希望在这些工作中民革企业家能够发挥积极作用。

15. 民革全国参政议政工作暨成果交流会

11 月 28 日至 29 日，民革全国参政议政工作暨成果交流会在北京召开。民革中央主席万鄂湘、常务副主席齐续春，副主席修福金、傅惠民、何丕洁、刘家强，中央有关工作部门负责人、各省级组织参政议政工作负责人参加会议。

万鄂湘在开幕会上讲话指出，举全党之力抓参政议政，必须明确参政议政的重要地位，要放到中国历史和建设中国特色社会主义的大背景中理解；要从肩负的责任中理解，提出的建议要有战略性、前瞻性、全局性，又要有操作性；要从协同发展的角度理解，参政议政工作绝非孤立一块。

万鄂湘指出，举全党之力抓参政议政，必须完善参政议政工作机制。参政议政焦点要准，切忌撒胡椒面式的调研；要扎实开展调研，没有调研就没有发言权；要完善联动机制，发挥好地方积极性，形成合力，发挥好“直通车”作用；要善于借用外脑，开拓参政议政事业，更好参政议政。

万鄂湘指出，举全党之力不能停留在口头上，要建章立制，健全保障制度。要为参政议政做好人才保障，倡导“有为才有位”的理念，把政治安排、干部使用与参政议政工作联系在一起；要为参政议政提供经费保障；要制定参政议政工作时间表和路线图，做到胸有成竹，避免临时抱佛脚。他强调，民革各级领导干部要找准人生和事业的坐标，站在中国特色社会主义亲历者、实践者、维护者、捍卫者的立场，不辜负全面深化改革、全面推进依法治国的伟大时代。

齐续春在会议总结讲话中就进一步做好参政议政工作提出要求：一是要深刻认识参政议政工作的重要地位。二是要上接天线、下接地气。三是要深入实际开展调研。四是要加强完善工作制度。五是要不断推进自身建设。

修福金在会上作民革中央 2014 年参政议政工作报告。会议对民革北京市委会等 7 个提案工作先进集体、万建中等 38 个提案工作先进个人，民革上海市委会等 10 个信息工作先进集体及 6 名优秀组织者和 20 名先进工作者进行了表彰。与会同志围绕民革参政议政成果、反映社情民意信息工作成果和经验进行了交流讨论。

16. 中华中山文化交流协会第三届理事会第一次常务理事会

11 月 29 日，中华中山文化交流协会第三届理事会第一次常务理事会在京召开。民革中央常务副主席齐续春、原第一副主席厉无畏、副主席修福金、傅惠民、何丕洁、郑建邦及协会第三届理事会常务理事出席会议。

会议选举产生了新一届协会领导集体：民革中央主席万鄂湘当选名誉会长，民革中央常务副主席齐续春当选会长，民革中央副主席郑建邦当选执行会长，民革中央副主席修福金、何丕洁及林上元、宋雨桂、龙宇翔、冯巩、林嘉騋、刘瑞旗等同志当选副会长。郑建邦同志在会上作了中华中山文化交流协会第二届理事会工作报告。

17.“伸出博爱之手——民革基层组织牵手困难群众”活动总结表彰会

12月1日，民革中央在京召开“伸出博爱之手——民革基层组织牵手困难群众”（以下简称“博爱·牵手”）活动总结表彰会。民革中央主席万鄂湘、常务副主席齐续春，副主席修福金、刘凡、程崇庆、傅惠民、何丕洁、田惠光、郑建邦、邓力平、刘家强，民革十二届三中全会全体与会同志，“博爱·牵手”活动受表彰基层组织代表和在“博爱·牵手”活动组织工作中表现突出的地市级组织负责人参加会议。

齐续春主持会议，他指出，“博爱·牵手”活动开展以来，民革各基层组织在中央、省、市三级组织的领导和支持下，注重与坚持和发展中国特色社会主义学习实践活动相结合，与地方经济社会发展过程中的热点、难点问题相结合，与民革社会服务传统工作相结合，突出民革特色和优势，瞄准困难民革党员和人民群众的物质和精神需求，既真抓实干、务求实效，又勤于思考、锐意创新，持续开展了大量扶危济困的帮扶工作，涌现出许多先进人物和感人事迹。通过一年多来的探索和努力，民革基层组织在发挥民革社会与法制领域特色，协助中共党委、政府防范和化解社会矛盾上，从构建和谐社区关系和开展法律服务（援助）的角度交出了令人满意的答卷，得到了中共各级党委、政府和统战部门的肯定，得到了广大党员群众的欢迎和响应。希望通过开展这次总结表彰，进一步提高各级组织对开展这项活动重要意义的认识，促进活动规范化、常态化的长期开展。

何丕洁在会上讲话，总结了开展“博爱·牵手”活动以来取得的成绩，以及开展“博爱·牵手”活动的经验体会，并就下一阶段继续开展“博爱·牵手”活动提出要求。修福金同志宣读了《民革中央关于表彰“伸出博爱之手——民革基层组织牵手困难群众”活动十佳基层组织和优秀基层组织的决定》。万鄂湘、齐续春等中央领导同志向“博爱·牵手”活动十佳基层组织和20个优秀基层组织代表颁发了奖牌和证书。与会同志观看了十佳基层组织开展活动视频资料。

12月1日晚，民革中央在京召开“伸出博爱之手——民革基层组织牵手困难群众”活动交流座谈会。何丕洁同志和“博爱·牵手”活动受表彰基层组织代表及部分地市级组织负责人参加会议。与会同志围绕活动开展一年来所取得的主要成果，收获的主要经验及下一步开展活动的打算进行了讨论。

18. 民革全国组织工作会议

12月2日至3日，民革全国组织工作会议在京召开。会议主要议题是回顾和总结5年来民革组织工作，交流工作经验，研究新形势下进一步加强组织建设的思路和方法，全面部署今后一个时期的民革组织建设工作。民革中央主席万鄂湘、常务副主席齐续春，副主席修福金、刘凡、傅惠民、何丕洁、田惠光、郑建邦、邓力平、刘家强，民革各省级组织主委、分管组织工作的副主委和组织部门负责人，中央各工作部门负责人参加会议。

万鄂湘在会上讲话指出，要建设适应新世纪新阶段要求的高素质参政党，就必须坚定政治信念，打牢组织建设基础。加强参政党的组织建设，要在中国共产党的领导下进行，要在多党合作制度框架内推进，要围绕提高履职能力展开。在制定组织发展规划中，要突出队伍建设重点，努力建设一支政治坚定、素质优良、结构合理、代表性强，同中国共产党亲密合作的民革干部队伍。

万鄂湘强调，要加大培养举荐力度，提升民革干部任职水平。要持之以恒加强民革干部的培训和锻炼，同时充分利用民革参政议政、民主监督的平台，让更多的干部在民革各项工作中得到锻炼，争取更多的民革干部在党外人士实践锻炼基地挂职交流，接受实职锻炼和异地培养。通过多种渠道、多种方式的锻炼和培养，使优秀的民革干部增阅历、长才干、上台阶。要创新完善制度，规范组织建设，创新工作内容，增强组织活力。民革各级组织要根据时代发展要求，不断创新组织工作方式方法。

何丕洁在会上作工作报告。他指出，今后一个时期民革组织建设的工作重心是，以为参政议政工作提供人才为目标，加强代表人士队伍建设，下大力气培养和发展一批高素质、有代表性、有影响力的民革党员，重点抓好在政府、政府部门和司法机关的实职干部培养与推荐工作；加强后备干部队伍建设，确保届中调整和换届工作顺利进行；加强基层组织建设，通过议政建言、社会服务工作扩大民革影响力，建设一批具有示范意义的基层组织。

齐续春在总结讲话中就本次会议精神的贯彻落实和下一阶段的组织工作重点提出意见。他强调要进一步提高认识，从思想上高度重视组织建设工作，从行动上认真落实组织建设工作，从人员配置上保障组织建设工作。要抓住组织发展、领导班子建设、后备干部队伍建设和基层组织建设这四个重要环节，全面加强组织工作。全面谋划，平稳有序做好届中调整和换届工作。

19. 第一届中国康养产业发展论坛

12 月 6 日至 7 日，民革中央、四川省政协在四川省攀枝花市联合举办首届中国康养产业发展论坛。民革中央常务副主席齐续春，民革中央副主席、民革四川省委会主委刘家强出席论坛。国家有关部委、省直有关部门、国内部分城市负责同志，部分院校、科研院所、康养组织及 170 多家国内外企业的 500 多名专家学者参加论坛。

齐续春在论坛上讲话指出，康养产业是适应人口老龄化、满足健康新需求的战略性新兴产业，是惠民生、调结构、稳增长、促改革、防风险的重要抓手，覆盖面广、产业链长、前景广阔。四川攀枝花市和河北秦皇岛市都拥有发展康养产业得天独厚的自然条件，应大力推进旅游、医疗、养老、健康产业有机结合，不断延伸产业链，开拓国内外市场，努力实现从资源型城市向现代服务业城市华丽转身，成为经济转型升级、绿色低碳发展的典范。

与会专家、学者围绕论坛主题及康养产业与城市转型、城市环境与医养融合、康养政策等议题，深入探讨了经济转型期我国康养产业面临的挑战、对策和未来发展方向，对攀枝花依托光热、气候、生物优势资源发展阳光康养产业，加快产业和城市“双转型”的成效给予高度评价，并提出了产业提升的意见和建议。论坛发表了《首届中国康养产业发展论坛攀枝花共识》，并签约多个康养产业项目。

（六）专门委员会工作会议

专门委员会是民革各级组织做好参政议政工作的参谋和助手，是民革参政议政工作的重要平台和依托。民革中央各专委会在2014年分别召开会议，部署具体工作。

1. 民革十二届中央“三农”委员会第二次全体会议

6月5日至6日，民革十二届中央“三农”委员会第二次全体会议暨“农村土地与农村金融问题”研讨会在四川省南充市召开。民革中央常务副主席、民革中央“三农”委员会主任齐续春，民革中央副主席、民革四川省委会主委、民革中央“三农”委员会主任刘家强出席会议并就“农村土地与金融问题”在南充进行了专题调研。

齐续春代表民革中央向南充市“民革中央‘三农’调研基地”授牌。与会同志听取了“三农”委员会自成立以来的工作情况介绍、农村金融情况简介和中国社会科学院农村发展研究所、上海社会科学院部门经济研究所专家所作的专题报告，并围绕农村金融问题和专委会下阶段工作计划及调研课题进行了讨论和交流发言。

会议期间，齐续春率队就农村土地与金融问题前往南充市锦绣田园观光农业项目、大学生创业园、青山湖新农村综合体等地进行考察和调研。齐续春同志在会议及调研中强调，解决好“三农”问题，事关全面建成小康社会大局，是一项长期而艰巨的任务，也是一个宏大、复杂的系统工程。农村土地问题和农村金融问题，是当前农村改革和农业现代化进程中应该高度重视并着重研究解决的两大问题，需要从各个方面深入研究，也需要社会各方面力量的广泛参与。南充作为我国农村金融改革的样本，对于解决当前农村金融中的突出问题，进一步推进全国范围的农村金融改革，转变农业发展方式，具有重大意义。

2. 民革妇女和青年工作研讨会暨第十二届中央妇女和青年工作委员会第三次全体会议

8月6日至7日，民革妇女和青年工作研讨会暨第十二届中央妇女和青年工作委员会第三次全体会议在青海西宁召开。民革中央副主席、民革中央妇女和青年工作委员会主任田惠光，民革青海省委会主委马志伟出席会议。民革中央妇青委全体委员、研究中心成员、各省级组织妇青委、妇委会、青委会负责人参加会议。

北京、山西、上海、浙江、重庆、云南六个省级组织妇青委负责人作了大会发言，总结了工作经验：在各省级组织领导班子的高度重视下，各省妇青委坚持把自身作为参政议政的平台来建设，并结合当地实际情况开展各类丰富活动，起到了凝聚党员、培养干部的作用。与会同志在分组讨论中热烈发言，对妇青委的工作提出有建设性的意见和建议。会议期间还召开了妇青委主任会议，听取2014年调研方案的进展情况汇报，初步确定了2015年调研课题方向。

田惠光对各省级组织妇青委的工作给予充分肯定，并总结了中央妇青委2013年以来取得的工作新进展，对今年下半年重点工作进行了部署。她指出，委员要充分重视履职，按照妇青委工作要求按时保质提交社情民意和提案建议；鼓励各省级组织向中央妇青委办公室提交好的调研方案，积极参与中央妇青委调研工作。

3. 民革十二届中央祖国和平统一促进委员会第三次全体会议

11月19日，民革十二届中央祖国和平统一促进委员会第三次全体会议在京召开。民革中央副主席、祖统委主任郑建邦，祖统委副主任及委员参加会议。

郑建邦在会上讲话指出，2014年民革涉台参政议政工作成果丰硕，祖统交流工作精彩纷呈，祖统宣传工作持续提升。他要求各位委员思想感情上要有定力，坚信国家统一是中华民族走向伟大复兴的历史必然，坚定不移走两岸和平发展道路；加强参政议政能力，精心调查研究，努力为推进涉台参政议政工作提供有力的智力支持；涉台交流上要有活力，两岸交流坚持深交朋友，注重长效。与会委员围绕2015年祖统工作进行了交流发言。

4. 民革十二届中央经济委员会、“三农”委员会、教科文卫体委员会、人口资源环境委员会全体会议

12月20日至21日，民革十二届中央经济委员会、“三农”委员会、教科文卫体委员会召开全体会议，总结梳理2014年专委会工作，并就相关领域当前热点议题及明年调研重点进行交流研讨。

民革中央常务副主席、“三农”委员会主任齐续春出席了“三农”委员会和教科文卫体委员会联席会议并讲话。民革中央副主席、经济委员会主任刘凡，民革中央副主席、教科文卫体委员会主任傅惠民，民革中央副主席、“三农”委员会主任刘家强分别代表各专委会作工作报告。齐续春在讲话中指出，民革十二大和十二届三中全会都强调，要举全党之力抓参政议政。一年来，各专委会紧紧围绕中共中央和国务院工作大局，立足优势，发挥专长，积极开展调查研究，为民革中央的高层协商发言和全国政协大会提案提供重要素材，认真反映社情民意信息，多渠道展现参政议政成果，多项成果获得批示，发出了响亮的民革声音。

对于今后工作，齐续春指出，专委会要继续围绕执政党和国家发展大局，结合民革参政议政重点领域，把握好方向，找准切入点，为全面深化改革和法治中国建设建言献策。有关专委会要重点围绕农村土地确权和流转中的法律问题、农村金融发展、职业教育改革与发展、新常态下加强科技创新及打造新的经济增长点等议题，深入聚焦，扎实调研，提出具有前瞻性、战略性、可操作性的意见和建议。

12月16日，民革十二届中央人口资源环境委员会第三次会议在广东深圳市召开。民革中央副主席、人资环委主任何丕洁出席会议。

何丕洁在会上讲话指出，2014年民革中央人资环委认真学习贯彻中共十八大和十八届三中、四中全会精神，围绕国家经济社会协调发展、环境资源保护利用相关领域重点难点问题，深入调查研究，积极建言献策，各项工作取得显著成效。部分建议得到中央领导同志的重要批示，反映社情民意信息工作也取得长足进步。他强调，人资环委要不断加强自身建设，有效发挥参政议政的职能和作用，努力提升履职能力和水平；加强制度建设、完善工作机制，推动专委会工作更加规范有序；要继续重视并做好反映社情民意信息工作。

与会委员们就提交明年两会的提案，以及城市建筑垃圾循环利用、健康养老产业发展、国家公园体系建设、林业外交战略、京津冀协同发展等2015年重点调研课题进行了讨论。

（七）中央举办的有关纪念会、座谈会

1.2014 年迎春茶话会

1 月 16 日上午，民革中央在机关礼堂举行 2014 年迎春茶话会。民革中央主席万鄂湘、常务副主席齐续春，民革中央原主席周铁农、原第一副主席厉无畏，民革中央副主席修福金、刘凡、何丕洁、郑建邦、刘家强，国务院台湾事务办公室副主任叶克冬、全国政协外事委员会驻会副主任金学锋等出席茶话会。齐续春同志主持茶话会。

万鄂湘在茶话会上讲话，他指出，2013 年，民革全党认真学习贯彻中共十八大和十八届二中、三中全会及习近平总书记系列讲话精神，深刻把握中国特色社会主义参政党的科学内涵，以坚持和发展中国特色社会主义为方向，以加强领导班子和基层组织建设为关键，以为“十二五”规划实施献计出力为重点，注重统筹谋划，强化民革特色，凝聚全党智慧，思想建设、组织建设、参政议政、社会服务、祖统工作等都取得显著成绩。

万鄂湘指出，2013 年，两岸关系和平发展进入巩固深化的新阶段，两岸关系不断取得新的成就，迎来新的发展机遇。民革牢牢把握两岸关系和平发展主题，扎实稳步推进各项对台交流工作。2014 年，我们将继续坚持一个中国原则，坚持“和平统一、一国两制”方针，真诚呼吁两岸同胞、海外侨胞团结起来，携手促进两岸交流合作，不断增进两岸同胞利益福祉，全面推进两岸关系和平发展，共同完成祖国统一大业，谱写中华民族繁荣昌盛的崭新篇章。

万鄂湘表示，我们将发挥民革在“三农”、祖统和社会法制方面的优势和特色，进一步加强参政议政能力建设，全面履行好参政党的各项职能，紧紧围绕经济社会发展重大问题和涉及群众切身利益的实际问题进行深入调研，积极建言献策，为实现改革的宏伟目标作出自己的贡献。

叶克冬副主任、欧洲中国和平统一促进会主席张曼新先后致辞。文艺工作者表演了精彩的文艺节目。

民革中央原副主席胡敏、朱培康、刘民复，全国政协、中共中央统战部、国务院台办、国务院侨办、国家发改委、农业部、环保部、国资委、最高人民法院、中央社会主义学院、中国科学院等单位有关部门负责人，部分海外中国和平统一促进会负责人及民革中央顾问、部分在京中央委员、各专门委员会副主任、部分老同志、有关联系人士等出席茶话会。

2. 孙中山先生逝世 89 周年纪念仪式

3 月 12 日上午，民革中央在北京中山公园中山堂举行孙中山先生逝世 89 周年纪念仪式。

民革中央常务副主席齐续春主持纪念仪式。全国政协副主席卢展工、民革中央主席万鄂湘、中共中央统战部副部长林智敏、北京市副市长程红和民革中央副主席、民革北京市委会主委傅惠民分别代表全国政协、民革中央、中共中央统战部、北京市人民政府和民革北京市委会向孙中山先生像敬献花篮。与会同志向孙中山先生像三鞠躬，缅怀这位伟大的民主革命先行者。

全国人大常委会副委员长陈昌智、严隽琪、陈竺，全国政协副主席万钢、罗富和、马培华，全国人大常委会原副委员长何鲁丽、周铁农，全国政协原副主席厉无畏、陈宗

兴，民革中央副主席修福金、刘凡、程崇庆、傅惠民、何丕洁、田惠光、郑建邦、邓力平、刘家强，原副主席李赣骝、朱培康、刘民复、谢克昌以及全国人大、全国政协、中共中央统战部、北京市有关领导同志，部分全国人大代表、全国政协委员，民革部分在京中央委员、顾问、老同志，民革中央各工作部门负责人和首都各界人士近200人参加纪念仪式。

3. 谢雨辰、张金凤伉俪定居大陆30周年座谈会

3月28日，民革中央在机关举行座谈会，祝贺台湾导演谢雨辰、张金凤伉俪定居大陆30周年。民革中央常务副主席齐续春、副主席郑建邦，谢雨辰、张金凤伉俪，民革中央联络部负责同志等出席座谈会。

齐续春在会上回顾了谢雨辰先生定居大陆之后，为祖国统一和两岸关系和平发展所作出的努力。他指出，谢雨辰先生在祖国处境艰难的时候毅然回归，不仅为祖国的文艺事业作出巨大贡献，也为当时台湾希望回归大陆的同胞率先垂范。回归后，谢雨辰先生又积极参加促进祖国和平统一工作，三十年来先后个人出资接待台胞上万人次，并通过这些接待工作影响了更多的台湾同胞支持祖国和平统一事业。他表示，民革中央将一如既往地关注谢雨辰夫妇的工作和生活，提供力所能及的帮助，希望大家能一道为祖国统一而继续努力。

谢雨辰感谢民革中央多年来的关心和支持，并表示，三十年弹指一瞬，两岸同文同种同根，血脉相连，没有什么恩怨是不能消弭的。谢雨辰先生的子女也参加了座谈会，他们表示，要继续扛起父母的大旗，消除两岸同胞间的误解，促进两岸交流，助力两岸关系和平发展。

4. 甘祠森同志诞辰100周年座谈会

8月15日上午，民革中央在人民大会堂召开纪念甘祠森同志诞辰100周年座谈会。

民革中央主席万鄂湘、常务副主席齐续春，民革中央原第一副主席厉无畏，中共中央统战部副部长林智敏，九三学社中央常务副主席邵鸿，全国人大法律委员会副主任委员孙宝树，全国政协副秘书长邓宗良，民革中央副主席修福金、何丕洁、郑建邦，民盟中央副主席徐辉，民建中央副主席、监察部副部长郝明金，台盟中央副主席黄志贤，民革中央原副主席朱培康、刘民复等出席座谈会。

甘祠森同志是杰出的爱国民主人士、中国国民党革命委员会的卓越领导人。新中国成立后，甘祠森同志历任中央人民政府人民监察委员会第二厅厅长，监察部部长助理；第三、五届全国人大代表，第五届全国人大常委会法制委员会委员；第二、三届全国政协委员，第五届全国政协常委兼副秘书长；民革第二届中央候补委员，第三届中央委员，第四届中央常委兼副秘书长、宣传部副部长，第五届中央副主席兼秘书长。

万鄂湘代表民革中央在会上讲话，对甘祠森同志表达深切怀念和崇高敬意，并向甘祠森同志家属表示亲切慰问。他说，甘祠森同志是重要的民主人士和优秀的社会活动家，是民革组织的卓越领导人，是进步作家、经济学家。他长期献身于民主党派工作，为巩固和发展中国共产党领导的多党合作和政治协商制度作出了重要贡献。他的一生是不断追求进步的一生，是为国家、为民族不懈奋斗的一生。今天，我们纪念甘祠森同志，重温他的生平事迹和道德风范，尤其要学习他坚持中国共产党领导的坚定信念、为多党合作无私奉献的崇高品质和为民革事业呕心沥血的奉献精神。当前，民革正在全党开展坚

持和发展中国特色社会主义学习实践活动，我们要继承包括甘祠森同志在内的民革前辈留下的优良传统，巩固共同政治基础，加强自身建设，切实履行好参政党职能，努力把民革建设成为一个适应时代要求、高素质和有作为的中国特色社会主义参政党，为全面建设小康社会和实现中华民族伟大复兴中国梦作出更大贡献。

甘祠森同志生前友好、中国少数民族文物保护协会会长杨华山，中共上海财经大学党委委员、组织部长朱鸣雄分别发言，回顾了甘祠森同志在不同历史时期、不同工作岗位上为国家和多党合作事业作出的重要贡献。甘祠森同志长孙甘沛代表家属发了言。

民进中央、农工党中央、致公党中央有关部门负责人，民革部分在京中央委员、专委会委员、各工作部门负责人、老同志，甘祠森同志亲属、生前友好等参加座谈会。

5.2014 年老同志中秋茶话会

9 月 4 日，民革中央机关举行 2014 年老同志中秋茶话会。民革中央副主席郑建邦，原副主席李赣骝、朱培康、刘民复出席茶话会。

郑建邦介绍了民革中央今年以来各项工作的开展情况，他希望老同志继续关心支持民革各项工作，对民革中央各项工作多提宝贵意见。

二、参政议政

2014 年，民革围绕全面深化改革、全面推进依法治国，结合经济社会发展、保障和改善民生的重大问题，通过高层协商、政协发言和提案、调研报告、反映社情民意信息等多种渠道，多途径、多形式地履行参政党职能，参政议政能力和水平进一步提高。

（一）在高层政治协商和征求意见座谈会上提出意见和建议

2014 年，中共中央、国务院、最高人民法院、最高人民检察院分别就《政府工作报告（征求意见稿）》、经济形势和经济工作、人民法院和人民检察院工作情况等重大问题举行高层政治协商和征求意见座谈会，民革中央领导同志参加会议并就协商的专题发表了意见和建议。以下是部分座谈会及民革中央领导发言的情况。

1 月 21 日，最高人民法院召开座谈会，听取各民主党派中央、全国工商联以及无党派人士的意见建议。最高人民法院院长周强出席会议并讲话。民革中央副主席修福金出席座谈会并代表民革中央发言。他说，多年来，最高人民法院高度重视与各民主党派中央和无党派代表人士的沟通、联络工作，为我们开展参政议政、民主监督工作提供了很大的帮助。最高人民法院先后与全国人大法工委、内司委及民革中央就“行政审判体制改革”、“民事赔偿标准统一适用问题”开展联合调研。特别是 2013 年 12 月下旬，周强院长专程走访民革中央，为进一步推动民革在社会法制方面的参政议政工作奠定了良好基础。修福金同志就进一步做好人民法院工作提出四点建议：一是以《人民法院组织法》修改为契机，全面深化司法体制改革。二是紧紧扭住司法公正这个主题不放松。三是坚持以公开促公正。四是以壮士断腕的决心和勇气，惩治司法腐败。

1 月 10 日，最高人民检察院召开各民主党派中央、全国工商联负责人和无党派人士代表座谈会，通报 2013 年检察工作情况和 2014 年工作安排，征求对检察工作的意见和建议。最高人民检察院检察长曹建明出席会议并讲话。民革中央副主席郑建邦出席并代表民革中央发言，他说，多年来，最高人民检察院高度重视与各民主党派中央和无党派代表人士的沟通、联络工作，为我们开展参政议政、民主监督工作提供了很大的帮助。特别是2013年11月，最高人民检察院与民革中央建立了“日常联系机制和联合调研长效机制”，为进一步推动民革中央在社会法制方面的参政议政工作奠定了良好基础。郑建邦同志就进一步做好检察工作提出三点建议：一是进一步完善刑事司法与行政执法的衔接机制。二是建立完善检察队伍专业化、职业化制度，稳定检察官队伍，为依法治国方略的实施奠定良好的人才基础。三是深化党的群众路线教育实践活动成果，进一步推进检务公开工作，提高司法透明度，以实际行动取信于民。

2月10日，国务院总理李克强在中南海主持召开座谈会，听取各民主党派中央、全国工商联负责人和无党派人士代表对《政府工作报告（征求意见稿）》的意见和建议。民革中央主席万鄂湘、常务副主席齐续春、副主席修福金出席座谈会。万鄂湘代表民革中央发言，结合民革中央近期调研情况提出，深化行政体制改革需要坚持法治原则，以法治思维和方式，充分发挥市场在资源配置中的决定性作用，特别要尊重市场主体的平等权利。他还对《政府工作报告》提出了具体修改意见。

7月29日上午，中共中央在中南海召开党外人士座谈会，就当前经济形势和下半年经济工作听取各民主党派中央、全国工商联负责人和无党派人士代表的意见和建议。民革中央主席万鄂湘、常务副主席齐续春，副主席修福金出席座谈会。万鄂湘代表民革中央发言。他说，今年以来，面对错综复杂的国际形势和经济下行压力较大的困难局面，中共中央、国务院认真贯彻落实中共十八届三中全会精神，团结带领全国各族人民，扎实有效做好各方面工作，逐步解决经济运行中的突出问题，有序化解深层次矛盾，我国经济稳中有进，积极因素不断增多。他结合民革中央调研和日常了解的情况提出四点建议：一是推进农村土地制度改革，再次释放农村土地红利，赋予农民更多财产权利。二是大力发展康养产业，再次释放人口红利，助推经济转型发展。三是在营改增中精确减税，释放财税红利，支持现代服务业、科技产业茁壮成长。四是发展资本市场，释放资本红利，激活实体经济。

12月1日，中共中央在中南海召开党外人士座谈会，就今年经济形势和明年经济工作听取各民主党派中央、全国工商联负责人和无党派人士代表的意见和建议。民革中央主席万鄂湘、常务副主席齐续春、副主席郑建邦出席座谈会。万鄂湘代表民革中央发言，他指出，今年以来，中共中央、国务院保持战略定力，科学把握大势，不断完善社会主义市场经济框架和法治结构，各项工作成果斐然，体现了中共中央、国务院的科学领导和正确决策。我们赞同和拥护中央对做好明年经济工作提出的总体要求、预期目标和政策取向。他根据民革中央调研时了解的情况提出三点建议：一是坚决落实中共十八届三中、四中全会精神，冲破利益藩篱，以法治思维推进各项改革措施生根落地，为经济发展营造良好的法治环境。二是以民生为导向，寻找新的内需增长点，如推动地下城市建设、鼓励启动住房维修基金进行老旧小区和校舍改造。三是改革统计制度，鼓励环境友好和创新型增长。如变环保投入为“正向激励”、鼓励科技研发创新和文化产业发展等。此外，他还就对台工作、“三农”工作、互联网经济发展、“一路一带”建设提出了建议。

（二）以民革中央名义向中共中央和国务院提交专项建议

2014 年，民革中央先后就行政审批制度改革、农村土地制度综合改革、海峡两岸（温州）民营经济创新发展示范区建设、赤水河流域综合保护开发利用、深化司法体制改革、黄河上游水资源合理配置和科学利用、京津冀协同发展、康养产业发展、杂卤石型钾盐勘察开采、特色高效农业与农民增收、首都地区水资源情况、中央苏区振兴发展、国家公园建设、志愿服务法制化等多项问题进行了专题调研，并以调研成果为基础向中共中央、国务院提出专项意见。主要有：

1 月 8 日，民革中央通过中共中央统战部向国务院领导同志报送了《关于保障留守儿童基本权益，促进留守儿童健康成长的建议》。该建议是在 2013 年民革中央在重庆、湖南、四川、贵州和安徽等五个省市进行实地调研和问卷调查的基础上形成的，分析了当前我国农村留守儿童成长发展面临的主要问题，并提出五点建议。

1 月 13 日，民革中央通过中共中央统战部向中共中央、国务院领导同志报送了《关于进一步推动宁夏内陆开放型经济试验区建设的建议》。该建议在 2013 年 6 月民革中央副主席修福金、邓力平率调研组赴宁夏就进一步推动宁夏内陆开放型经济试验区建设问题进行调研的基础上形成的，分析了试验区建设对于促进民族地区跨越式发展和民生改善、维护民族团结和社会稳定所具有的重要意义以及目前存在的主要制约因素，并提出四点建议。

1 月 28 日，民革中央通过中共中央统战部向中共中央、国务院领导同志报送了《关于加快黄河三角洲土地资源合理开发利用，提高我国粮食安全保障的建议》。该建议在 2013 年 11 月民革中央调研组赴山东省就黄河三角洲国家现代农业科技示范区建设进行调研的基础上形成，分析了当前黄河三角洲地区在开发利用中面临着的主要问题和困难，并提出五点建议。该建议得到了中共中央领导的重要批示。

4 月 24 日，民革中央通过中共中央统战部向中共中央、国务院领导同志报送了《关于打造“温州模式”升级版，创建海峡两岸民营经济创新发展示范区的建议》。该建议是在 2014 年 3 月民革中央常务副主席齐续春率民革中央调研组赴浙江温州，就贯彻落实中共十八大报告提出的“创新开放模式，形成引领国际经济合作和竞争的开放区域，培育带动区域发展的开放高地”重大战略举措进行调研的基础上形成的。它分析了温州作为中国市场经济改革的先锋，在经济转型中遇到的各种制约因素，以及引进、融入、嫁接先进的生产要素、管理模式和服务理念的迫切性，并建议国家有关部门批准成立海峡两岸（温州）民营经济创新发展示范区。

5 月 4 日，民革中央通过中共中央统战部向国务院领导同志报送了《关于支持武汉新港罗霍洲洲滩利用开发的建议》。该建议在 2014 年 4 月民革中央调研组赴武汉新港团风罗霍洲洲滩进行考察调研的基础上形成，分析了罗霍洲在资源条件和地理区位方面的优势，建议将罗霍洲作为二类洲滩纳入《长江中下游干流河道治理规划》。

5 月 6 日，民革中央通过中共中央统战部向中共中央、国务院领导同志报送了《关于建立赤水河流域生态文明示范区，推动区域经济社会可持续发展的建议》。该建议是在 2013 年 10 月民革中央常务副主席齐续春率调研组赴四川省泸州市古蔺县，就赤水河流域综合保护开发利用问题进行调研的基础上形成的；分析了赤水河流域生态与经济社会同步发展面临的制约因素，并提出四点建议。该建议得到了多位中共中央领导的批示。

5月9日，民革中央通过中共中央统战部向中共中央、国务院领导同志报送了《关于支持横琴新区金融创新的若干建议》。该建议在2013年12月民革中央常务副主席齐续春率调研组赴广东珠海横琴新区金融服务基地进行调研的基础上形成，主要分析了横琴新区在通关、税收、金融、产业等多个方面的独特优势，并提出三点建议。

5月20日，民革中央通过中共中央统战部向中共中央、国务院领导同志报送了《关于深化司法体制改革的建议》。该建议在今年3月民革中央主席万鄂湘、常务副主席齐续春率调研组分赴京、粤、渝、鄂、沪等地开展调研的基础上形成，分析了司法体制改革的核心问题和应把握的原则，并提出三点建议。

5月26日，民革中央通过中共中央统战部向中共中央、国务院领导同志报送了《关于加快推动京津冀协同发展的建议》。该建议在今年5月民革中央主席万鄂湘、常务副主席齐续春率队赴河北就京津冀协同发展进行调研的基础上形成，分析了当前京津冀协同发展所面临的主要制约因素，应把握的主要原则，并提出四点建议。该建议得到了多位中共中央领导的批示。

5月30日，民革中央通过中共中央统战部向中共中央、国务院领导同志报送了《关于尽快启动黄河上游控制性水利枢纽工程建设，合理配置和科学利用黄河水资源的建议》。该建议是在今年5月民革中央常务副主席齐续春率民革中央和全国政协人口资源环境委员会联合调研组赴宁夏，就黄河上游水资源合理配置和科学利用问题进行调研的基础上形成的。它分析了在黄河上游建设控制性水利枢纽工程的紧迫性和必要性，建议国务院有关部门尽快确定黄河上游控制性水利枢纽工程开发方案，抓紧启动工程建设实施。该建议得到了多位中共中央领导的批示。

7月4日，民革中央通过中共中央统战部向中共中央、国务院领导同志报送了《关于大力发展健康与养老产业的建议》。该建议在今年4月和6月民革中央常务副主席齐续春率调研组分赴四川省攀枝花市、河北省秦皇岛市进行调研的基础上形成，分析了康养产业作为现代服务业的重要组成部分，在拉动经济发展方面蕴含的巨大潜力，以及目前发展康养产业面临的主要制约因素，并提出五点建议。

8月15日，民革中央通过中共中央统战部向中共中央、国务院领导同志报送了《关于在四川盆地建立国家钾盐勘查开发与战略储备基地的建议》。该建议在2014年5月民革中央调研组赴四川成都、广安等地就杂卤石型钾盐勘察开采情况进行调研的基础上形成，分析了我国钾盐资源开发现状及传统钾盐储量少、钾盐矿资源分布不均等主要制约因素，并提出三点建议。

8月20日，民革中央通过中共中央统战部向中共中央、国务院领导同志报送了《关于加大对武陵山片区黄连产业扶持力度的建议》。该建议在2013年8月民革中央副主席何丕洁率调研组赴重庆石柱县开展“发展特色高效农业，促进农民增收致富”调研的基础上形成，分析了当前以石柱县为代表的武陵山片区黄连产业发展遇到的相关产业政策支持力度不够、全产业链发展滞后、产业缺少龙头企业带动、产业研发和技术成果推广不足等问题，并提出三点建议。

8 月 29 日，民革中央通过中共中央统战部向中共中央、国务院领导同志报送了《关于将承德全域批准设立为“首都地区水源保护区”的建议》。该建议在 2014 年 7 月民革中央常务副主席齐续春率调研组赴河北承德进行调研的基础上形成，分析了首都地区水源涵养功能区建设对首都地区生态安全特别是水安全，以及对京津冀协同发展战略顺利推进的重要作用，并提出五点建议。

9 月 16 日，民革中央通过中共中央统战部向中共中央、国务院领导同志报送《关于加大支持赣南原中央苏区振兴发展力度的建议》。该建议在 2014 年 7 月民革中央常务副主席齐续春率调研组赴江西就赣南原中央苏区振兴发展情况进行专题调研的基础上形成，分析了赣南原中央苏区振兴发展战略实施所面临的主要制约因素，并提出了相关工作建议。

11 月 15 日，民革中央通过中共中央统战部向中共中央、国务院领导同志报送了《关于在西藏建立国家公园，大力发展生态产业的建议》。该建议在今年 9 月民革中央常务副主席齐续春率调研组赴西藏就国家公园建设进行专题调研的基础上形成，分析了西藏在国家安全和生态安全方面的重要屏障作用，以及当前西藏生态安全建设所面临的主要制约因素，并提出相关建议。该建议得到了多位中共中央领导的批示。

11 月 17 日，民革中央通过中共中央统战部向中共中央、国务院领导同志报送了《关于建立中国国际法治战略研究院的建议》。该建议分析了当前国际关系发展的深刻变化、中国国际地位的提升、面临的重大挑战及成立非政府智库的重要作用，建议集中优势力量和资源，尽快组建中国国际法治战略研究院，努力将之打造成为世界级水平的核心非政府智库。

11 月 21 日，民革中央通过中共中央统战部向中共中央、国务院领导同志报送了《关于加快我国志愿服务法制化建设的建议》。该建议在今年民革中央主席万鄂湘率调研组赴北京、吉林、黑龙江、湖北等省市开展调研的基础上形成，分析了开展志愿服务事业的重大意义和价值以及当前开展志愿服务面临的普遍性问题，并提出相关建议。该建议得到了多位中共中央、国务院领导的批示。

12 月 15 日，民革中央通过中共中央统战部向中共中央、国务院领导同志报送了《关于进一步推进中蒙务实合作，建立中蒙特区的建议》。该建议在 2014 年 9 月民革中央常务副主席齐续春率调研组赴内蒙古，就推进中蒙务实合作问题开展调研的基础上形成，分析了内蒙古自治区党委、政府认真贯彻中央对蒙工作总体战略，大力实施沿边开放战略取得的良好效果，以及当前对蒙合作不断深化面临的主要制约因素，并提出相关建议。该建议得到了多位中共中央领导的批示。

（三）在全国政协会议上的提案和发言（办复）

1. 全国政协十二届二次会议提交的大会发言和提案

3 月 3 日至 12 日，全国政协十二届二次会议在北京召开，民革中央提交大会发言 14 件，分别是：《以法治思维和方式推进行政体制改革》（田惠光在会上作口头发言）、《生态粮仓、健康土地、安全食品》（何丕洁在会上作口头发言）、《坚持司法为民，努力破解“诉讼贵”》（汤维建在会上作口头发言）、《铭记抗战历史，保卫世界和平——隆重纪念中国人民抗日战争暨世界反法西斯战争胜利七十周年》、《建设文化创意小镇，让城镇化记得住“乡愁”》、《坚定以立法推动全面深化改革》、《以商事法律制度改革为突破口，深化法治中国建设》、《两岸四地共筑绿色屏障，为消费者保驾护航》、《两岸携手促养老，共祝夕阳胜朝晖》、《两岸同胞携手并肩，共同建设美好家园》、《关于深化农村土地制度改革的建议》、《关于改进完善我国农业补贴政策的建议》、《化腐朽为神奇，加快循环经济发展》、《改革和完善技术类无形资产管理制度，促进高校和科研机构科技成果转化》。

提交公开提案 44 件，分别是：《关于推进城镇化过程中的文化建设的提案》、《关于推动中国企业投资非洲的提案》、《关于加快我国金融监管体制改革的提案》、《关于降低间接税比重，促进民生水平提高的提案》、《关于将广东中山翠亨新区建设确定为国家战略，打造海内外华人共有精神家园探索区的提案》、《关于改善我国证券经营机构发展环境的提案》、《关于大力发展农村信息化，造就新型农民队伍的提案》、《关于强化金融体系竞争，建立化解过剩产能长效机制的提案》、《关于建立和完善三峡库区农业面源污染控制的生态补偿制度体系的提案》、《关于改进完善我国农业补贴政策的提案》、《关于严格压缩黄淮海平原地下水开采的提案》、《关于加强牧民定居点基础配套设施建设的提案》、《关于规范动物疫情公布和报道的提案》、《关于进一步加大粮食主产区政策扶持力度的提案》、《关于调整养老用地政策问题的提案》、《关于全面推开农地承包经营权确权登记颁证工作的提案》、《关于鼓励企业培训新生代农民工的提案》、《关于加强湿地保护，推进生态文明建设的提案》、《关于以商事法律制度改革为突破口，深化法治中国建设的提案》、《关于加强我国“智库”建设的提案》、《关于产学研合作中法律保障的提案》、《关于大力支持 3D 打印技术创新和产业发展的提案》、《关于加快推进科技企业孵化器创新发展的提案》、《关于改革和完善技术类无形资产管理制度，促进高校和科研机构科技成果转化的提案》、《关于推进知识产权行政管理体制改革的提案》、《关于健全中小科技型企业金融服务体系的提案》、《关于促进非物质文化遗产活化的提案》、《关于加快生态环境保护体制改革，促进生态文明建设的提案》、《关于加强机动车尾气排放监管，减少大气污染的提案》、《关于统筹推进新丝绸之路经济带战略的提案》、《关于加快推进黄河三角洲国家农业高新技术开发区建设的提案》、《关于建立城乡统一建设用地市场的提案》、《关于加快农村土地流转的提案》、《关于加强两岸四地消费者权益保护合作机制建设的提案》、《关于两岸合作养老的提案》、《关于试行海峡两岸法官跟班式交流培训的提案》、《关于海峡两岸携手开发养护东海渔业资源的提案》、《关于倡导大陆台商开展“共建两岸美好家园”实践活动的提案》、《关于推进两岸经贸关系，为台资小微企业创造良好环境的提案》、《关于以改革创新的精神，推动两岸文化创意产业发展的提案》、《关于促进大陆企业赴台投资的提案》、《关于借鉴台湾农村再生经验，完善大陆新农村建设运行机制的提案》、《关于进一步促进流动儿童成长发展的提案》、《关于保障留守儿童基本权益，促进留守儿童健康成长的提案》。

2. 国家有关部委就民革中央提案作出的答复

7 月 2 日，文化部就民革中央在全国政协十二届二次会议上提交的《关于推进城镇化过程中的文化建设的提案》作出答复，就制定全国城镇文化建设指导意见、出台鼓励民间力量参与国家公共文化服务体系设施建设、开展城镇公共文化服务活动等方面介绍了国家有关部委采取的政策措施。

7月4日，文化部就民革中央在全国政协十二届二次会议上提交的《关于促进非物质文化遗产活化的提案》作出答复。

7月10日，国家林业局就民革中央在全国政协十二届二次会议上提交的《关于加强湿地保护，推进生态文明建设的提案》作出答复，就加强湿地保护立法和制度建设，建立湿地保护的目标体系、考核办法和奖惩机制，加大湿地保护工程投资力度，谋划湿地保护恢复重大工程等方面介绍了国家有关部委采取的政策措施。

7月16日，财政部就民革中央在全国政协十二届二次会议上提交的《关于进一步加大粮食主产区政策扶持力度的提案》作出答复。

7月23日，国务院三峡工程建设委员会就民革中央在全国政协十二届二次会议上提交的《关于建立和完善三峡库区农业面源污染控制生态补偿制度体系的提案》作出答复。

7月31日，科技部就民革中央在全国政协十二届二次会议上提交的《关于健全中小科技型企业金融服务体系的提案》作出答复。

8月5日,国务院台湾事务办公室就民革中央在全国政协十二届二次会议上提交的《关于进一步争取做好台湾南部基层民众工作主动权的提案》作出答复。

8月14日，广东省人民政府就民革中央在全国政协十二届二次会议上提交的《关于将广东中山翠亨新区建设确定为国家战略，打造海内外华人共有精神家园探索区的提案》作出答复。

8月18日，国家发改委就民革中央在全国政协十二届二次会议上提交的《关于加强牧民定居点基础配套设施建设的提案》作出答复，就解决“定居兴牧”资金筹集、加强对部分定居房屋改造、加强定居点配套工程建设、加快水利和饲草料基地建设、加快大型养殖基地建设等方面介绍了国家有关部委采取的政策措施。

8月25日，财政部就民革中央在全国政协十二届二次会议上提交的《关于改革和完善技术类无形资产管理制度，促进高校和科研机构科技成果转化的提案》作出答复。

8月29日，工业和信息化部就民革中央在全国政协十二届二次会议上提交的《关于大力支持3D打印技术创新和产业发展的提案》作出答复。

9月2日,国家发展和改革委员会就民革中央在全国政协十二届二次会议上提交的《关于统筹推进新丝绸之路经济带战略的提案》作出答复,就加快与周边国家的基础设施连通、加快推进新丝绸之路经济带自贸区建设等方面介绍了国家有关部委采取的政策措施。

9月5日，住房和城乡建设部就民革中央在全国政协十二届二次会议上提交的《关于借鉴台湾农村再生经验，完善大陆新农村建设运行机制的提案》作出答复。

9月10日，国土资源部就民革中央在全国政协十二届二次会议上提交的《关于调整养老用地政策问题的提案》作出答复，就确立适合我国国情的养老模式、加大养老服务用地支持力度、加快制定养老用地支持政策等方面介绍了国家有关部委采取的政策措施。

9月15日，国务院台湾事务办公室就民革中央在全国政协十二届二次会议上提交的《关于进一步做好台湾统派工作，扶植壮大新统派力量的提案》作出答复。

9月15日，国务院台湾事务办公室就民革中央在全国政协十二届二次会议上提交的《关于促进大陆企业赴台投资的提案》作出答复。

9月30日，中央机构编制委员会办公室就民革中央在全国政协十二届二次会议上提交的《关于加快我国金融监管体制改革的提案》作出答复。

10月8日，国务院台湾事务办公室就民革中央在全国政协十二届二次会议上提交的《关于以改革创新的精神，推动两岸文化创意产业发展的提案》作出答复。

10月10日，中央机构编制委员会办公室就民革中央在全国政协十二届二次会议上提交的《关于加快生态环境保护体制改革，促进生态文明建设的提案》作出答复。

中央机构编制委员会办公室就民革中央在全国政协十二届二次会议上提交的《关于推进知识产权行政管理体制改革的提案》作出答复。

科技部就民革中央在全国政协十二届二次会议上提交的《关于产学研合作中法律保障的提案》作出答复。

国务院妇女儿童工作委员会就民革中央在全国政协十二届二次会议上提交的《关于进一步促进流动儿童成长发展的提案》作出答复。

环境保护部就民革中央在全国政协十二届二次会议上提交的《关于加强机动车尾气排放监管，减少大气污染的提案》作出答复，就完善机动车管理体制、完善法律标准等方面介绍了国家有关部委采取的政策措施。

中国人民银行就民革中央在全国政协十二届二次会议上提交的《关于强化金融体系竞争，建立化解过剩产能长效机制的提案》作出答复。

（四）促进祖国和平统一工作

2014年，民革全党紧密联系两岸关系和台湾岛内形势的发展变化，全面贯彻中共中央对台工作大政方针、特别是习近平总书记一系列对台重要讲话精神，多形式推动祖统工作深入开展。

4月19日，民革中央与台湾中华中兴菁英发展协会、台湾中华杰出青年交流促进会在北京中山公园中山堂联合主办首届两岸青年和平发展论坛。民革中央副主席郑建邦出席论坛开幕式，来自海峡两岸的50多位青年人才参加论坛。郑建邦表示，青年交流与融合为促进两岸关系的整体发展作出了贡献。海峡两岸的青年朋友们通过交流体会到两岸一脉相承的血缘、历史和文化的联系，体会到两岸同胞之间血浓于水的民族情怀。他呼吁，两岸青年应大力推进两岸文化交流，增进互信，在共同传承中华优秀文化中加强合作，展现风采；积极参与创新创业，寻求发展新机遇，谋求发展新途径，优化发展新环境，为两岸共同繁荣作贡献；进一步加强合作，完善沟通协商机制，打造具有持久生命力的平台，推动两岸青年交流深入持续地开展。两岸青年代表围绕两岸关系和平发展以及文创、金融、环保等多项议题展开研讨，并发表了《“跨越海峡青春同行——两岸青年和平发展论坛”共同宣言》。两岸青年还共同拜谒了孙中山先生像。论坛结束后，台湾青年代表赴山东台儿庄拜谒了台儿庄大战无名烈士墓，并参观了台儿庄大战纪念馆。

7月18日，民革中央副主席郑建邦在机关会见了以台湾中华擎天协会理事长陈兴国为总团长的台湾擎天协会暑期青年华夏文化参访团一行。郑建邦回顾了2008年以来两岸关系和平发展取得的成就，介绍了民革的基本情况及中国共产党领导的多党合作和政治协商制度。他表示，两岸同胞同根同源，同属中华民族，在民族认同和情感上从未分离，即使有误解、纷争，也依旧是一家人。不管身处何地，持有什么样的立场，两岸同胞都应该放下成见与分歧，团结起来。在实现中华民族伟大复兴的中国梦过程中，台湾同胞不能缺位。他希望以此次交流、联谊活动为契机，增进彼此间了解，增强认同，为今后进一步以亲情和友情为纽带开展两岸青年交流合作打下良好基础。民革中央有关工作部门负责人、民革中央祖国和平统一促进委员会部分委员参加会见，并就参访团成员关心的大陆政治制度、青年学生实习、行业发展等问题进行了互动交流。

9 月 26 日，由民革中央、中国高等教育学会、两岸文化创意人才服务基地共同主办的北京国际设计周人才交流推介会暨第五届两岸青年创新创业论坛在中华世纪坛开幕。民革中央常务副主席齐续春、副主席郑建邦出席论坛。郑建邦在致辞中表示，两岸新锐设计竞赛面向海峡两岸及港澳地区青年设计师和在校学生，旨在选拔和培养有潜力参与国际设计竞赛的青年设计师及团队；希望通过举办这个论坛，为两岸青年设计师搭建一个交流、展示的平台，让两岸四地更多的新锐设计师有机会相互了解，相互学习，共同提升创新能力，为两岸文化创意产业的发展凝聚优秀人才。

9 月 29 日，民革中央常务副主席齐续春、副主席郑建邦在中央机关会见了来自 30 多个国家和地区的港澳台同胞及海外侨胞代表，共同庆祝中华人民共和国成立 65 周年。齐续春代表民革中央对港澳台同胞及海外侨胞的到访表示欢迎，并转达了万鄂湘主席的问候。他指出，民革中央愿与大家一道，共同努力，为建设百年富强民主文明和谐的社会主义现代化国家，实现中华民族伟大复兴的中国梦而不懈奋斗。

三、社会服务

（一）社会服务专项和支边扶贫工作

在 2014 年民革社会服务工作通过强化服务意识，提高服务能力，勇于探索创新，打造出了多个新品牌，各项工作扎实推进。

1. 法律援助咨询服务

民革十二届三次中常会提出“把在各省市区成立免费法律咨询和诉讼代理服务机构作为民革今后工作重点”，得到各级组织和广大党员积极响应。民革基层组织紧密依托党员中近 4000 位法律工作者，送法律进乡村、进校园、进企业、进社区，为所联系的党员、群众提供法律服务，开创了民革社会服务工作参与法治社会建设的新领域。截至 2014 年 11 月，民革有 23 个省级组织和 139 个地市级组织成立了法律援助咨询服务机构，灵活采用专家志愿服务团、流动服务点、普法讲坛沙龙等形式，针对劳动人事争议、医疗纠纷、土地征用和拆迁补偿等重点问题，防范化解社会矛盾，实施法律援助案例 2190 个，累计有 5 万多名群众从中获益。如民革浙江省委会与浙江省司法厅联系，主动将民革的法律咨询服务工作纳入政府法律援助工作机制；民革北京市委会依托民革党员开办的律师事务所，成立了全国首家劳动人事争议预防调解中心；民革吉林省委会提出了关于法律进社区工作的集体提案；民革四川乐山市委会成立“同心·法律服务团”，积极为当地党委政府科学决策、依法行政提供法律支持。

2.“博爱·牵手”活动

“博爱·牵手”活动注重与坚持和发展中国特色社会主义学习实践活动相结合，与各地政府和统战系统扶贫济困活动相结合，与民革社会服务传统工作相结合，注意从“博爱·牵手”活动中发现参政议政课题和社情民意信息。民革各级组织整合民革企业家、文化医疗科技人才的力量，采取不同形式帮扶困难群众、关爱抗战老兵，激发基层组织活力、增强凝聚力，如湖南民革的“雷锋超市”、广东民革的“南粤送爱心”、河北民革的“春雨助学帮困行动”等品牌赋予帮扶工作统一的工作形象和丰富的工作内涵。基层组织共开展活动 4200 余场，活动捐款捐物总价值 1.12 亿元，直接受益人数达 73 万人。

3. 中山博爱基金会

为传承中华民族优良传统，弘扬孙中山先生的博爱精神，致力社会公益慈善事业，开展扶贫济困、支边支教等各种社会活动，资助历史、文化、教育、医疗卫生等公益慈善项目，为早日实现中华民族伟大复兴的中国梦贡献一份力量，民革中央发起成立非公募中山博爱基金会。在民革中央和各省级组织，特别是广东、贵州、北京、河北、四川等省市组织的努力下，2300 万元原始资金已全部到位。近日，国家民政部已审理并通过了中山博爱基金会筹备机构上报的相关文件，并按有关程序呈报国务院审核。此外，各省级组织共有各类公益基金 11 个，募资总规模超过 2200 万元。

4. 支边扶贫等工作

继续加大对毕节试验区建设的支持力度，积极扶持纳雍茶产业健康发展；助推黔西南试验区产业转型升级；加强与地方政府的协调合作，签订“民地合作”协议，建立民革社会服务基地。截至目前，全国各省级组织共确定了 78 个定点扶贫地区，一年来共组织赴定点扶贫地区考察 2700 余人（次），选派挂职干部 79 人，实施各类扶贫项目 356 个。各级民革组织共投入扶贫资金和物资折合价款约 1140 万元，帮助贫困地区引进各类资金 5.45 亿元。巩固和加强非公经济人士联系、书画、办学等社会服务传统领域工作。

（二）书画工作

1. 祖国岛屿风情书画展

2 月 19 日，由民革中央、文化部、中央文史研究馆、国家海洋局主办，民革中央画院承办的“祖国岛屿风情书画展”在北京中国美术馆开幕。民革中央主席万鄂湘、原主席周铁农，副主席修福金、何丕洁，原副主席朱培康出席开幕式。本次展览共展出 300 余幅书画名家作品，旨在表现祖国岛屿的自然风光和人文景色，弘扬爱国主义精神和民族文化情怀，唤起全民海疆边疆意识，凝聚蓝色国土共识，表达繁荣和建设岛屿家园的美好意愿。除北京外，还将在国内部分省区巡展。

2. 民革中央画院首届油画展

8 月 12 日，民革中央画院首届油画展在北京中国油画院美术馆开幕。民革中央副主席、民革中央画院常务副院长兼秘书长何丕洁，民革中央原副主席朱培康及民革中央画院负责人、部分民主党派中央画院负责人、民革中央各工作部门负责人及书画界有关人士出席开幕式。

何丕洁在开幕式上致辞，他指出，民革书画工作有着光荣的传统，民革中央画院自成立以来，深入贯彻中共中央、国务院的重大决策部署，始终秉持办院宗旨，发扬孙中山爱国、革命、不断进步精神，充分发挥“窗口、纽带、舞台、桥梁”作用，团结和带领广大民革书画工作者用优秀的艺术作品表现时代风貌，为民革更好地履行参政党职能，繁荣我国文化事业作出了积极贡献。今后，民革要紧紧围绕党和国家中心工作广泛开展各类艺术创作活动，通过举办展览，引导鼓励美术创作，推出更多的优秀人才和作品，为社会文化事业服务。

为更好地推动油画艺术的发展，民革中央画院成立了油画专业工作委员会，为油画艺术家交流成长搭建了平台。此次展览汇集了民革党内优秀的油画艺术家，集中展示了他们的优秀代表作品。

四、自身建设

（一）思想政治和宣传工作

民革以开展坚持和发展中国特色社会主义学习实践活动为主线，不断推进民革党史和理论研究，大力宣传民革各项工作成果。

1. 坚持和发展中国特色社会主义学习实践活动。

1 月 24 日，民革中央颁布《民革坚持和发展中国特色社会主义学习实践活动实施方案》，对加强民革意识形态工作做出了部署，组织了一系列特色鲜明的活动。民革中央主席班子采取“分片包干”的形式，各位副主席亲自为各省市作主题报告。各地组织积极创新活动方式，丰富活动内容，通过学习培训、交流座谈、辅导讲座、演讲征文、表彰优秀等形式推进坚持和发展中国特色社会主义学习实践活动。实践过程中涌现出大量优秀民革党员，树立了良好形象。其中福建泉州民革党员、援疆医务工作者蔡立忠的事迹引起强烈反响，民革中央因此向全党发出“向蔡立忠同志学习”的号召。引导广大党员进一步提高思想政治素质，为民革自身建设和履行参政党职能的各项工作提供了可靠的思想保障。

5 月 12 日至 17 日，民革中央在苏州举办民革省级、副省级市组织宣传部门负责人培训班。民革中央常务副主席齐续春、副主席修福金出席会议。培训主要围绕思想政治工作展开，齐续春在培训班上讲话，强调意识形态工作的项极端重要性和深入开展坚持和发展中国特色社会主义学习实践活动的必要性，修福金在培训班上作民革坚持和发展中国特色社会主义学习实践活动主题报告，围绕什么是中国特色社会主义，为什么要坚持和发展中国特色社会主义作了全面深刻的论述。培训内容还包括协商民主理论、多党合作理论、司法体制改革、推进城乡发展一体化以及网站栏目建设等。

7 月 24 日至 26 日，民革中央在京举办民革厅级以上实职干部“坚持和发展中国特色社会主义”专题研讨班。民革中央主席万鄂湘、常务副主席齐续春，副主席修福金、何丕洁出席。研讨班的目的是推动担任实职领导职务的民革党员认真学习中国特色社会主义理论，进一步夯实中国特色社会主义理想信念，更加自觉地参与中国特色社会主义实践，为坚持和完善中国共产党领导的多党合作和政治协商制度，推动全面深化改革作出新贡献。70 余位在政府、司法机关及有关部门担任厅级以上实职的民革党员参加研讨班，民革中央各工作部门、团结报社、团结出版社负责人参与研讨。中共中央统战部、中纪委、中共中央党校有关部门负责同志为研讨班作了专题报告。与会同志就实职干部如何做好本职工作，如何发挥参政议政、民主监督作用等主题进行了交流研讨。

9 月至 10 月，民革中央宣传部调研组分赴全国大部分省级组织，就坚持和发展中国特色社会主义学习实践活动开展情况进行调研督导。调研组在各省级组织召开调研座谈会，与省级领导班子、机关干部进行交流，详细了解学习实践活动开展情况，采取的做法、经验、成效、存在问题和下一步打算，并听取省级组织的意见和建议，并就进一步开展好学习实践活动提出要求：一是要把学习贯彻中共十八届四中全会精神作为下一阶段学习实践活动的重点，抓紧抓好；二是要组织广大党员进一步深入学习中国特色社会主义理论，不断增强广大党员对中国特色社会主义的道路自信、理论自信、制度自信；三是要通过学习实践活动切实加强自身建设，为推动多党合作事业发展作出应有贡献。

2. 抗战老兵口述历史和民革前辈史料采集

民革在 2014 年全面开展了抗战老兵口述历史和民革前辈史料采集工作，各级组织普遍参与。截至 2014 年 9 月，民革中央共收到包括黄埔老人、抗战老兵、民革老同志在内的 224 位民革前辈的影像资料，组织力量对各省报送材料进行了验收、登记、审阅、归档。抗战老兵口述历史工程抢救性地采集保护了一批珍贵史料，记录的抗战资料准确翔实，流露的爱国情怀感人至深，活动得到社会广泛好评。民革中央继续推进民革前辈纪念场馆保护利用工作，不断丰富“同心曲 • 民革前辈纪念场馆系列丛书”。与人民出版社合作编辑《何鲁丽文集》。参与纪录片《朱学范》的审查，修改意见得到采纳。

3. 参政党理论研究

为贯彻落实中共十八届三中“深入开展立法协商、行政协商、民主协商、参政协商、社会协商，加强中国特色新型智库建设，建立健全决策咨询制度”的要求，推进协商民主广泛多层制度化发展。民革中央与上海师范大学经多次协商，本着资源共享、优势互补、成果互利、长期合作的共识，决定联合成立“协商民主与公共政策研究中心”。6 月 29 日，研究中心正式成立仪并举办首届学术研讨会。民革中央副主席、民革中央理论研究与学习委员会主任修福金，民革上海市委会主委高小玫以及中共上海市委统战部、上海师范大学负责同志出席会议。来自北京、上海等地的 70 多位专家学者参加会议。与会专家结合各自学术所长，就如何在特定领域内推进协商民主和发挥协商民主作用进行了研讨，取得了一系列成果，出版了《协商民主与公共政策》。

2014 年 3 月至 7 月间民革中央调研组赴云南、吉林、辽宁、黑龙江、安徽、河南、上海等地调研民革组织参与协商民主情况。8 月 21 日，基于该调研情况，民革中央通过中共中央统战部向中共中央、全国政协领导同志报送了《关于民革组织参与协商民主现状的调研报告》。《报告》分析了各地民革组织和广大民革党员参与协商民主实践、推进协商民主所取得的成绩以及目前存在的主要问题，并提出七点建议。《报告》得到中共中央政治局常委、全国政协主席俞正声批示。

4. 宣传工作和平台信息化建设

11 月 21 日至 22 日，民革中央在陕西西安举办网站特约编辑培训班。民革中央副主席修福金、民革陕西省委会主委李晓东等出席开班式。民革中央网站特约编辑近50人参加培训班。修福金在培训班上讲话，充分肯定了近六年来民革网络思想宣传工作取得的成绩，并就进一步加强民革网络宣传思想工作和民革中央网站工作提出四点要求。一、要紧密围绕民革全党深入开展坚持和发展中国特色社会主义学习实践活动这一工作重点，持续深入地做好网络宣传报道工作；二、要注重弘扬主旋律与突出民革自身特点相结合，把学习中共十八届四中全会精神与宣传民革在社会法制领域的参政议政成果有机结合起来；三、在做好常规宣传报道的同时，在重点宣传上下功夫，着重抓好民革重要活动、特色工作的专题报道工作；四、特约编辑要树立坚持学习，终身学习的理念。培训班总结了民革中央网站2014年工作，对2015年工作进行了部署，就网站新版编辑平台日常稿件的编辑发布、专题制作、用户管理等内容进行了培训。部分省级组织特约编辑作了大会发言。学员们还听取了有关专题讲座，并围绕特编工作、民革各级组织网站资源共享进行了交流讨论。

11月30日，民革中央在京举办“民革e家”信息交流平台建设情况介绍会。民革中央副主席修福金、何丕洁、郑建邦，部分省级组织主委、驻会副主委，中央有关工作部门负责人参加会议。民革浙江省委会负责同志在会上介绍了“民革e家”信息交流平台的主要功能、主要特色、主要架构以及平台开发进展情况。

（二）组织建设

1. 党籍信息化管理

3月9日至10日，民革中央在浙江杭州举办党籍信息化管理研讨班，各省级组织组织部门负责党籍信息化管理的同志参加研讨班。民革中央组织部负责人在开班仪式上表示，要以坚持和发展中国特色社会主义学习实践活动为契机，认真学习习近平总书记一系列重要讲话，落实民革十二届六次中常会有关组织工作方面的要求，加强政治理论学习，不断提高组织工作业务能力和科学化管理水平，使民革组织工作再上一个新台阶。

2. 省级组织组织部长培训

4月1日至2日，民革省级组织组织部长培训会在苏州召开。民革中央副主席何丕洁出席培训会。

何丕洁在讲话中对过去一年民革组织工作给予肯定，并对组织工作提出几点建议：一、以学习实践活动为契机，深入领会中共十八届三中全会精神；二、贯彻落实民革十二届六次中常会精神，为民革全国组织工作会议打好基础；三、加强自身建设，树立组织部门和组工干部的良好形象。他希望与会同志加强学习，为做好组织工作打下良好的理论和政策基础；深入实际，丰富工作经验，提高实践能力；增强服务意识，树立无私奉献、敢当“人梯”的精神，为民革组织工作再上新台阶而努力。

民革中央组织部负责人介绍了组织部门今年的主要工作，要求各省级组织摸清本省党员人才底数，总结各省五年来组织建设中的宝贵经验，针对存在的突出问题找出解决良策。

3. 基层组织建设工作调研

9月30日，民革中央主席万鄂湘率调研组赴河南，就民革基层组织建设工作进行调研。万鄂湘听取了各级组织在基层组织建设方面工作情况的汇报，并回应了大家普遍关注的基层组织活动、发展特色和原则、工作重点等问题，希望大家采取民革基层支部活动与志愿服务活动相结合、与关怀抗战老兵活动相结合等多种措施加强民革基层组织建设。他强调，民革的组织发展要与参政议政工作结合起来，发挥专业优势，扎实深入调研，进一步提升参政议政质量，在依法治国过程中发挥自身作用，贡献自身力量。

民革河南省委会领导班子成员以及各市级组织、省直工委、省委会各专委会有关同志、部分基层支部代表参加座谈会。

（三）机关建设

1.2013 年度总结述职表彰大会

1 月 10 日，民革中央机关举行 2013 年度总结述职表彰大会。民革中央主席万鄂湘、常务副主席齐续春，副主席修福金、郑建邦及机关全体干部职工参加大会。

万鄂湘在会上作重要讲话，充分肯定了 2013 年民革中央机关工作。他指出，在时间紧、任务重、活动多的情况下，中央机关圆满完成去年的各项工作，方方面面都取得了新的进展，实现了换届后的顺利起步和良好开局。他对机关 2014 年的工作提出三点希望，一是机关作风建设要有更高要求，二是机关队伍建设要达到新水平，三是机关管理水平要上新台阶。

齐续春主持会议。中央各工作部门主要负责人在会上述职。会议对 2013 年机关优秀公务员和先进职工进行了表彰。

2. 传达两会精神报告会

3 月 9 日，民革中央机关举行专题报告会，学习传达十二届全国人大二次会议、全国政协十二届二次会议精神。民革中央副主席郑建邦主持会议。

李惠东、李霭君同志分别介绍了十二届全国人大二次会议和全国政协十二届二次会议有关情况，并介绍了民革党员中的人大代表、政协委员履职情况。

郑建邦同志要求，民革中央各部门、各单位要按照民革十二届六次中常会的要求，围绕两会精神，特别是政府工作报告中提出的各项目标和任务，结合民革中央 2014 年工作要点，全面做好民革今年的各项工作。

民革中央机关各工作部门、团结报社、团结出版社负责同志及机关全体干部参加报告会。

3. 民革华北地区机关建设工作研讨

8 月 16 日，民革华北地区机关建设工作研讨会在山西长治召开。民革中央副主席郑建邦、民革山西省委会主委张友君出席会议。

郑建邦指出，2014 年是民革全党开展坚持和发展中国特色社会主义学习实践活动的开局之年，民革各级组织要以此为契机，认真总结民革作风建设所取得的经验，立足本职，不松劲，不懈怠，在更高要求、更高层次上全面推进，建立转变作风的长效机制。

郑建邦就建立转变作风长效机制提出三点要求，一、要从思想上认识转变作风的重要意义，以中共中央八项规定精神为准则，从实际出发，进一步强化导向引领和制度设计。二、要大兴学习之风，勤于思考，学以致用，切实形成在学习中工作和在工作中学习的良好氛围。三、大力转变工作作风。要注重实干、不搞形式主义，把精力投入到参政党履行职能上来，以真诚的服务来体现民革工作，以良好的作风提升工作科学化水平。

研讨会上，来自华北五省市区的民革组织负责人和机关干部总结了各自机关建设的经验，并就存在的问题进行了探讨和研究。

（四）成员及组织发展概况

截至2014年12月底，民革共有地方组织354个。其中包括省级组织30个，省辖市级组织273个，县级组织51个。基层组织5337个，其中基层委员会94个，总支416个，支部4827个，另外有69个小组。全年新加入成员5898人。全党党员总数115506人。其中女成员43512人。平均年龄53.0岁。离退休33306人。

界别分布上看，民革全党党员的构成主要如下：公有制经济界21674人，占比18.8%；普通教育界19286人，占比16.7%；机关团体19862人，占比17.2%；新社会阶层15505人，占比13.4%；医药卫生13703人，占比11.9%；高等教育界11988人，占比10.4%；科技界4907人，占比4.2%；文化艺术3912人，占比3.4%；；新闻出版952人，占比0.8%；其他3717人，占比3.2%。

担任各级人大代表的共有2194人，其中全国人大代表40人，其中常委5人、副委员长1人、专委会副主任1人；省级人大代表263人，其中常委45人、副主任5人、专职副秘书长2人，专委会副主任4人；市地级人大代表951人，其中常委184人、副主任39人；县市区级人大代表940人，其中常委233人、副主任96人。

民革党员中担任各级政协委员共有12309人，其中全国政协委员93人，其中常委24人、副主席1人；省级政协委员914人，其中常委198人，副主席19人；市地级政协委员4885人，其中常委928人、副主席141人，县市区级政协委员6417人，其中常委1354人、副主席204人。

民革党员中担任省、市、自治区政府省部级领导职务1人，厅局级71人，县处级670人。担任省级司法机关领导职务13人，地市级司法机关领导职务69人。

民革党员中学历中有大专学历的占27.1%，大学学历的占48.2%，硕士研究生学历占7.5%，博士研究生学历占2.2%，有中、高级职称的占60.9%。担任中国工程院院士的共有2人，担任长江学者8人。

张　栋　民革中央宣传部干部

中国民主同盟

2014 年，中国民主同盟各级组织和广大盟员积极参与改革发展的伟大实践，高举中国特色社会主义伟大旗帜，认真学习贯彻中共十八大和十八届三中、四中全会精神，继承和发扬民盟的优良传统，切实加强自身建设，较好地履行了参政党职能，各项工作均取得了新的进展。

一、重要会议及活动

（一）中央委员会会议

11 月 27 日至 28 日，中国民主同盟第十一届中央委员会第三次全体会议在北京举行。会议的主要议程是：学习中共十八届四中全会精神，听取和审议第十一届中央常务委员会工作报告。

开幕会上，主席张宝文代表民盟第十一届中央常务委员会作工作报告，常务副主席陈晓光主持开幕会。

张宝文在报告中说，2014 年，全盟高举中国特色社会主义伟大旗帜，积极投身改革发展的伟大实践，认真学习贯彻中共十八大和十八届三中、四中全会精神，继承和发扬民盟优良传统，切实加强自身建设，较好地履行了参政党职能，各项工作均取得新进展。一年来，全盟各级组织以“坚持和发展中国特色社会主义学习实践活动”为思想建设的主线，不断夯实多党合作的思想政治基础；把促进深化改革作为参政议政工作的着力点，密切关注影响经济社会发展全局的重大问题和人民群众关心的热点、难点问题，积极建言献策，在推动经济社会科学发展中发挥了重要作用；在社会服务工作中巩固传统特色优势，新农村建设和扶贫工作成果显著，“农村教育烛光行动”品牌效益凸显，“黄丝带帮教计划”和社区服务工作不断提升；全盟扎实开展“基层组织建设年”活动，认真落实组织发展五年规划和年度计划，大力实施“人才强盟”战略，夯实基层组织根基，民盟组织建设取得新成效。

张宝文强调，2015 年是我国改革发展的关键一年，也是全面贯彻落实依法治国战略的重要一年。全盟工作的总体要求是：认真学习贯彻中共十八大、十八届三中、四中全会精神，深入开展“坚持和发展中国特色社会主义学习实践活动”，大力加强民盟自身建设，紧紧围绕国家改革发展大局和全面实施依法治国战略，积极参政议政、建言献策，认真履行参政党职能，为全面推进依法治国、推动中国特色社会主义事业发展作出新的贡献。全盟各级组织和广大盟员要以学习贯彻中共十八届四中全会精神为重点，继续深入开展“坚持和发展中国特色社会主义学习实践活动”，切实加强民盟思想建设；要在保持传统领域和优势的同时，紧紧围绕全面推进依法治国战略部署，正确把握参政党的功能定位，找准参政议政的着力点，打造体现民盟特色的新亮点；要立足于当前全面深化改革、建设法治国家的新要求，发挥民盟在文化教育、科技界别的传统优势，扎实开展社会服务工作，为全面建成小康社会多做好事、多办实事；要从多党合作事业可持续发展和关系民盟事业兴衰的高度，深入实施“人才强盟”战略，全面推动和加强组织建设。

会议邀请了中国政法大学副校长马怀德教授作中共十八届四中全会精神辅导报告，龙庄伟副主席主持报告会。

闭幕会议于 28 日下午举行。陈晓光常务副主席在闭幕会作了总结讲话，张平副主席主持闭幕会。陈晓光对全盟各级组织和广大盟员学习贯彻民盟十一届三中全会精神提出三点意见：一是认清形势、凝聚共识，进一步坚定对中国特色社会主义的理想信念。全盟各级组织要认真学习、深刻领会张宝文主席报告精神，切实提高广大盟员的政治把握能力，不断强化对中国特色社会主义的道路自信、理论自信、制度自信。要把学习贯彻中共十八届四中全会精神与开展坚持和发展中国特色社会主义学习实践活动结合起来，始终把坚持和发展中国特色社会主义作为巩固共同思想政治基础的主轴，以昂扬的斗志和不断开拓的精神投入到明年的工作中去。二是围绕中心、服务大局，充分发挥参政党职能作用。全盟各级组织要从全局出发，紧紧围绕推进改革发展和法治建设的重大问题，加强调查研究，积极议政建言。要积极参与推进社会主义协商民主建设，更好地协调关系、汇聚力量、建言献策、服务大局，在盟内努力营造既畅所欲言、各抒己见，又理性有度、合法依章的良好氛围，为促进协商民主广泛、多层、制度化发展作出贡献。三是落实责任、改进作风，切实加强履职能力建设。要注意突出重点、统筹兼顾，提高工作的科学化水平。要注重总结经验、把握规律，把关定向、加强指导，实现各项工作相互促进、相得益彰。大力倡导树立讲认真、敢负责、勇担当、能奉献的工作作风，狠抓落实，确保各项任务措施落到实处。

会议审议通过了《中国民主同盟第十一届中央委员会第三次全体会议决议》。

副主席丁仲礼、徐辉、温思美、欧阳明高、郑惠强、葛剑平、倪慧芳、王光谦，秘书长高拴平出席会议，民盟中央各专委会主任和民盟中央机关各部门负责同志列席会议。

（二）中央常务委员会会议

1. 民盟十一届五次中常会

3 月 10 日，中国民主同盟第十一届中央常务委员会第五次会议在京举行。全国人大常委会副委员长、民盟中央主席张宝文主持会议并讲话，全国政协副主席、民盟中央常务副主席陈晓光出席会议。

会议审议通过了《民盟中央关于学习贯彻十二届全国人大二次会议和全国政协十二届二次会议精神的决定》。会议认为，十二届全国人大二次会议和全国政协十二届二次会议，是在全国人民深入学习贯彻中共十八大、十八届二中、三中全会精神，全面深化改革的关键阶段召开的十分重要的会议。认真学习贯彻全国“两会”精神，对于全盟各级组织更好地认清形势，凝心聚力，扎实做好全年工作具有重要意义。

会议强调，2014 年是全面深化改革的第一年，民盟作为致力于中国特色社会主义事业的参政党，必须以改革创新精神进一步履行参政议政、民主监督职能，团结带领广大盟员和所联系的群众，理解改革、支持改革、参与改革，为全面深化改革凝聚起强大的正能量。

会议要求，全盟各级组织和广大盟员要认真学习贯彻全国“两会”精神，紧密团结在以习近平同志为总书记的中共中央周围，高举中国特色社会主义伟大旗帜，进一步增强责任感和使命感，切实履行参政党职能，为全面建成小康社会、建成富强民主文明和谐的社会主义现代化国家、实现中华民族伟大复兴的中国梦作出更大贡献。

张宝文主席在会上指出，近年来，民盟中央积极创新工作方法，不断完善体制机制，在加强与地方组织联动、推动成果转化方面取得了明显的成绩。2014 年，民盟中央将把加强与地方组织联动作为增强参政议政工作实效的切入点，继续提高调研的深度和广度，继续优化与地方组织联动的体制机制。

张宝文同时指出，民盟中央把 2014 年确定为基层组织建设年，是希望能够进一步提升全盟基层组织建设科学化水平。各级盟组织要强组织、增活力，抓好基层组织负责人队伍建设；各级领导同志要带头深入基层调研，认真研究影响和制约基层组织的重点难点问题；要打造亮点，选树典型，营造创先争优的良好氛围。

会议还审议通过了《民盟中央关于做好 2014—2017 年省级组织领导班子后备干部队伍建设工作的意见》。

民盟中央副主席郑兰荪、张平、丁仲礼、徐辉、温思美、欧阳明高、郑惠强、田刚、龙庄伟、葛剑平、倪慧芳、王光谦，秘书长高拴平出席会议，民盟中央部分专委会主任和民盟中央机关各部门负责同志列席会议。

2. 民盟十一届六次中常会

6 月 10 日，中国民主同盟第十一届中央常务委员会第六次会议在江苏省南京市召开。会议的主要议题是：总结回顾近年来民盟加强思想建设和宣传工作的成绩经验，研究部署新形势下加强民盟思想建设和宣传工作的新任务、新举措，进一步坚定信念，凝聚共识，努力开创民盟思想建设和宣传工作新局面。

主席张宝文作了《坚定信念，凝心聚力，不断开创民盟思想建设和宣传工作新局面》的主题报告。常务副主席陈晓光主持开幕会。江苏省政协副主席、中共江苏省委统战部部长罗一民到会祝贺并讲话，民盟江苏省委主委曹卫星出席开幕式并致词。

主席张宝文在报告中说，近年来，民盟中央高度重视加强思想建设和宣传工作，全盟上下紧密结合形势任务要求，认真开展理论学习、形势教育和民盟优良传统教育，广大盟员的政治素质和思想理论水平不断提高，为做好盟的各项工作奠定了坚实的思想基础，全盟的思想建设和宣传工作取得了明显成效。他强调，思想建设和宣传工作是民盟自身建设的重要保证。全盟同志一定要充分认识思想建设和宣传工作的极端重要性，真正把思想建设和宣传工作放在重要位置，以抓铁有痕、踏石留印的精神，努力做到善始善终、善作善成。

张宝文指出，当前，世情、国情发生深刻变革，信息和互联网技术迅猛发展，盟员队伍状况发生显著变化，思想宣传工作存在一些薄弱环节和突出问题，这是民盟思想建设和宣传工作面临的新形势。他要求，全盟同志必须清醒把握形势，积极应对挑战，以强烈的历史责任感和使命感，扎实做好新形势下的思想宣传工作。要坚持正确方向，加强理论学习，以中国特色社会主义理论体系武装全盟；要弘扬优良传统，搞好政治交接，不断推进民盟事业的可持续发展；要加强教育引导，增进政治共识，凝聚促进改革发展稳定的正能量；要加大宣传力度，强化舆论引导，不断提高民盟的社会影响力；要讲究方式方法，推动工作创新，务求民盟思想建设和宣传工作取得新成效。他最后提出，新时期做好民盟思想建设和宣传工作，必须妥善处理好思想建设与履行职能的关系，理论研究与盟务工作的关系，继承传统与开拓创新的关系，部门为主与齐抓共管的关系。

常务副主席陈晓光作了闭幕讲话。他指出，张宝文主席的主题报告立足当前，着眼全局，深刻阐述了民盟思想建设和宣传工作的一系列重大问题，进一步明确了新形势下全盟思想建设和宣传工作的主要任务和重点方向。陈晓光要求，各级民盟组织要认真贯彻落实本次会议精神，在今后做好全盟思想建设和宣传工作中要重点把握以下四点。一是思想建设和宣传工作的首要目标是坚持正确的政治方向，凝聚政治共识，坚定理想信念。二是要弘扬盟的光荣传统。做好盟史资料的发掘、整理和研究工作，让盟的优良传统薪火相传，生生不息。三是思想建设和宣传工作的重点在基层。各级盟组织和领导干部，要坚持眼睛向下、重心下移，多到基层调研；要坚持以人为本，多做凝聚共识的工作。四是思想建设和宣传工作的根本是见实效。要构建从上到下，各个部门齐抓共管的“大宣传”格局，使思想建设与各项工作的开展互相促进，相得益彰。副主席张平主持闭幕会。

副主席徐辉、温思美、欧阳明高、郑惠强、田刚、龙庄伟、葛剑平、倪慧芳、王光谦，秘书长高拴平和民盟中央常务委员出席会议。民盟中央部分专门委员会主任和民盟中央各部门负责人列席会议。

3. 民盟十一届七次中常会

10 月 29 日，中国民主同盟第十一届中央常务委员会第七次会议在北京举行。会议的主要内容是学习贯彻中共十八届四中全会精神，研究新形势下民盟加强自身建设、充分履行参政党职能的新思路、新举措，为全面推进依法治国、推动中国特色社会主义事业发展作出新的贡献。主席张宝文出席会议并讲话，常务副主席陈晓光主持会议。

张宝文指出，中共十八届四中全会是继中共十八大、十八届三中全会之后，在全面深化改革、全面建成小康社会决定性阶段召开的又一次十分重要的会议。全会审议通过的《中共中央关于全面推进依法治国若干重大问题的决定》，是加快建设社会主义法治国家的纲领性文献。全盟同志要深刻认识中共十八届四中全会在国家事业发展中的里程碑意义，深刻认识坚持走中国特色社会主义法治道路的历史必然、重大意义、基本原则和鲜明特色，更好地发挥法治的引领和规范作用，努力推动改革开放不断取得新业绩。

张宝文强调，全盟上下要紧紧围绕“全面推进依法治国”的主题，进一步改进履职方式、提高履职能力、增强履职效果，努力使民盟成为促进法治中国建设的一支不可或缺的重要力量，使中共十八届四中全会精神和决策部署充分体现和落实到民盟工作的各个领域、各个方面。要以全面推进依法治国为着眼点、提升法治工作实效为切入点、加快法治建设进程为落脚点，在提高参政议政质量、强化民主监督、创新发展民盟事业上下功夫。

张宝文要求，民盟各级组织要从多党合作事业可持续发展和建设法治中国的全局出发，以高度的政治责任感、历史使命感，切实加强民盟思想建设、组织建设、制度建设和机关建设等自身建设的各个方面，凝聚全盟推进依法治国的思想共识，为全盟推进依法治国提供人才支撑，增强全盟依法按章循制履职的意识，保证各项盟务工作运转顺畅有序。

副主席郑兰荪、张平、丁仲礼、徐辉、温思美、欧阳明高、郑惠强、田刚、龙庄伟、葛剑平、倪慧芳、王光谦，秘书长高拴平出席会议，民盟中央部分专委会主任和民盟中央机关各部门负责同志列席会议。

4. 民盟十一届八次中常会

11 月 27 日，中国民主同盟第十一届中央常务委员会第八次会议在北京举行。主席张宝文主持会议，常务副主席陈晓光出席会议。

会议审议通过了民盟第十一届中央常务委员会工作报告征求意见稿，推定张宝文主席为报告人。会议还审议通过了《民盟中央关于进一步加强基层组织建设的意见》。

副主席张平、丁仲礼、徐辉、温思美、欧阳明高、郑惠强、龙庄伟、葛剑平、倪慧芳、王光谦，秘书长高拴平出席会议，民盟中央各专委会主任和民盟中央机关各部门负责同志列席会议。

5. 民盟十一届三次中全会

（三）其他重要会议

1. 民盟中央专门委员会主任工作会议

1 月 17 日，民盟中央专门委员会主任工作会议在民盟中央机关举行。主席张宝文，常务副主席陈晓光，副主席张平、徐辉、龙庄伟，高拴平秘书长出席会议。张宝文主席对专委会过去一年的工作给予了充分肯定，并对专委会做好新一年的工作提出了要求和希望。民盟中央经济委员会主任何茂春、社会委员会副主任丁元竹、文化委员会主任吴为山、法制委员会主任曹义孙、科技委员会主任田静、生态环境委员会主任杨志峰、联络委员会主任贾庆国、社会服务工作委员会副主任吕铮、教育委员会主任张来斌先后汇报了各自所在专门委员会一年来的参政议政工作情况及 2014 年如何进一步制度规范、发挥人才优势助力参政议政。

2. 民盟中央参政议政工作会议

3 月 25 日至 26 日，民盟参政议政工作会议在北京召开。主席张宝文，常务副主席陈晓光，副主席张平、徐辉、龙庄伟出席会议开幕式。开幕式由秘书长高拴平主持。张宝文主席说，民盟是中国特色社会主义参政党，参政议政是我们各项工作的第一要务。参政议政必须要明晰大势，知晓国情。要有历史的视野，能够把遇到的问题放到历史的纵深中去认识；要有比较的眼光，能够把问题放到全国甚至世界的范围内去思考；要有扎实的作风，能够深入基层倾听民声、了解民情、知晓民意。他强调，参政议政必须要抓住重点，破解难题。选择我们思考多、研究深、积累厚、能做好的题目。在民生领域继续深入关注，多建利民之言，多解民生之忧。同时，要适应形势变化，积极调整建言献策思路。将参政议政的落脚点由推进民生问题的解决，更多地向推进国家治理体系和治理能力现代化倾斜。徐辉副主席作闭幕会总结，他强调，全盟要把促进科学发展作为参政议政的第一要务，在保持传统领域和优势的同时，紧扣全面深化改革主线，把大力推进社会主义经济建设、政治建设、文化建设、社会建设和生态文明建设作为工作的着力点，重点围绕推动重要领域改革、转变经济发展方式、促进农业现代化和农村改革发展、推进以人为核心的新型城镇化建设、改善和保障民生等重大问题，建有据之言，谋务实之策。本次会议还专门邀请了民盟中央经济委员会主任何茂春教授，就国际国内新形势与国家安全战略进行了专题讲座。出席本次会议的有民盟各省、自治区、直辖市委员会负责参政议政工作的领导和部门负责人，民盟中央各专门委员会、机关各部门和《群言》杂志社的负责同志。会议期间，民盟甘肃省委、民盟宁夏区委联合举办了盟员书画展。

3. 民盟中央群言杂志社编委会、理事会成立暨发行表彰大会

10 月 19 日，民盟中央群言杂志社编委会、理事会成立暨发行表彰大会在北京召开。主席、《群言》编委会顾问张宝文，常务副主席陈晓光，副主席、《群言》主编兼编委会主任、理事长张平，副主席徐辉、龙庄伟出席会议。张宝文主席在会上作重要讲话，张平副主席作总结讲话，徐辉副主席宣读《群言》编委会、理事会名单，龙庄伟副主席宣读《民盟中央关于表彰群言杂志社发行工作优秀单位的决定》。会议由秘书长高拴平主持。张宝文主席在讲话中指出，群言杂志社作为文化建设主体中的一分子，必须深刻认识到“建设社会主义文化强国”的内涵与意义，并为之不断奋发进取，在推动文化大发展大繁荣的宏伟事业中有所作为，为实现民族复兴作出贡献。希望编委会、理事会和民盟各省级组织的通讯员能够从“强质量、扩发行、谋创新”三方面来支持群言的工作。质量是期刊立身之本，以质量求发展是《群言》发展的长远之道；发行是期刊固身之基，以发行促发展是《群言》发展的关键环节；创新是期刊强身之方，以创新助发展是群言发展的必要途径。《群言》是民盟中央机关刊物，群言工作是民盟工作的题中应有之义，要集全盟之力使刊物保持活力和水准。张平副主席在总结讲话中肯定了群言杂志社今年以来在杂志版式、内容、发行等方面做出的各项探索和实践。对于如何进一步办好《群言》，张平副主席指出：一要注重发扬“围绕中心，服务大局”的办刊宗旨；二要注重文章的内涵所具有的广度和深度；三要注重刊物的内在质量；四要注重发行工作；五要注重网站建设；六要注重发挥编委会、理事会和通讯员队伍的作用。会议期间，还为《群言》编委会委员、理事会理事、通讯员颁发聘书，为理事单位授牌，向群言杂志社发行工作优秀单位代表颁奖。部分《群言》编委会委员、理事会理事单位代表及理事、各省级盟组织通讯员、发行工作优秀单位代表和民盟中央机关各部门负责人出席了会议。

4. 民盟十一届中央监督委员会第三次会议

11 月 27 日，民盟第十一届中央监督委员会第三次会议在京召开。常务副主席、民盟中央监督委员会主任陈晓光，副主席、监督委员会副主任龙庄伟出席会议。陈晓光首先回顾了监督委员会 2014 年的工作情况。他指出，一年来，监督委员会积极开展工作，充分发挥作用，按照《民盟中央监督委员会 2014 年工作要点》的要求，较好地完成了各项工作。对 2015 年的工作设想，陈晓光强调，监督委员会要紧紧围绕“全面推进依法治国”的主题，继续坚持以中国特色社会主义理论为指导，按照《盟章》和《民盟中央监督委

员会工作试行条例》的要求，努力做好监督工作，提升监督水平。一是要进一步指导省级组织开展领导班子及其成员述职和民主评议活动，认真总结好的做法和经验，为今后的监督工作提供参考和借鉴；二是要深入调研各省级监督委员会工作情况，探索建立中央——省级监督委员会联系机制，适时召开专题研讨会，为监督委员会下一步发展广开言路，集思广益；三是要大力加强普法宣传和法制教育，强化法治意识，崇尚法治精神，积极引导广大盟员主动运用法律武器维护自身权益。委员们认真听取了陈晓光常务副主席的讲话，对监督委员会2014年的工作情况和2015年的工作设想进行了热烈讨论，提出了很多好的想法和建议。

（四）其他重要活动

1月2日，在沈钧儒先生诞辰139周年之际，《沈钧儒年谱》再版座谈会在民盟中央机关举行，沈钧儒先生亲属及有关人员40余人出席。主席张宝文在会前亲切接见了前来参会的沈钧儒先生亲属，询问了大家工作、生活情况，并致以新年的问候。之后，张宝文主席、陈晓光常务副主席、张平副主席与大家合影留念。

1月22日，常务副主席陈晓光、副主席徐辉在民盟中央机关会见了来访的教育部副部长李卫红一行。陈晓光常务副主席代表民盟中央和张宝文主席，对李卫红副部长一行表示欢迎，向教育部对民盟中央工作的支持表示感谢。他说，教育关系国家和民族前途命运，关系经济和社会发展全局，关系千家万户的幸福。中共十八届三中全会提出了“深化教育领域综合改革”的总体要求，明确了教育改革的攻坚方向和重点举措，对促进教育事业科学发展具有极为重要的指导意义。民盟作为主要由从事文化教育以及科学技术工作的高、中级知识分子组成的参政党，持续关注教育发展问题，并发挥位置超脱、渠道畅通的优势，开展了一系列的参政议政和社会服务工作。他希望教育部与民盟中央继往开来，在教育领域的调研、论坛、活动等方面进一步加强联系与合作。徐辉副主席重点就民盟中央有关教育方面的参政议政工作与李卫红副部长交换了意见。教育部社会科学司、高等教育，民盟中央参政议政部有关负责同志参加会见。

1月24日，民盟中央主席办公会议通过了《民盟中央2014年工作要点》，并下发各级盟组织。文件要求，全盟要认真学习贯彻中共十八届三中全会精神，深入开展“坚持和发展中国特色社会主义”学习实践活动，按照《民盟中央五年工作规划》的要求，全面推进盟的自身建设，坚持“奔走国是，关注民生”的优良传统，围绕全面深化改革、实现科学发展深入调研，咨政建言，切实履行好参政党职能。（1）深入学习，提高认识，进一步夯实多党合作的共同思想政治基础；（2）充分发挥主席会议和常委会领导核心的作用，加强对影响全局重大问题的研究和规划；（3）围绕全面深化改革、促进科学发展，积极建言献策，切实做好参政议政工作；（4）突出特色优势，进一步做好社会服务工作；（5）开展“基层组织建设年”活动，全面加强组织建设；（6）深化参政党理论研究，探索新形势下盟的思想宣传工作；（7）提供平台，促进对话，继续做好对外联谊工作；（8）扎实推进机关建设。

2月14日，常务副主席陈晓光和副主席徐辉、龙庄伟在民盟中央机关会见了来访的四川省政协副主席、民盟四川省委主委赵振铣一行。陈晓光常务副主席在听取了赵振铣主委的工作汇报后，代表民盟中央和张宝文主席对大家的到来表示欢迎，对四川经济社会的发展和四川省政协、民盟四川省委的工作给予了高度评价，希望民盟中央和四川省政协及有关单位继续加强交流与合作，就共同关注的经济社会发展问题开展调研和相关活动，为促进四川科学发展携手努力。副主席徐辉、龙庄伟就川渝合作示范区（广安片区）建设、达州市国家天然气综合开发利用示范区建设、盟遂合作等具体事项与来访的四川省、广安市领导做了认真研究和讨论。秘书长高拴平，民盟中央社会服务部、参政议政部，四川省政协、民盟四川省委，广安市政协、民盟广安市委有关负责同志参加会见。

2 月 17 日，常务副主席陈晓光和副主席徐辉在民盟中央机关会见了来访的四川省政协常务副主席、党组副书记晏永和一行。陈晓光代表民盟中央和张宝文主席对大家的到来表示欢迎，向四川省政协对民盟中央和民盟四川省委工作的支持表示感谢。他说，去年民盟中央在四川进行的“川渝合作示范区（广安片区）建设”、“赤水河流域连片扶贫开发”两项调研取得了良好的参政议政效果，“盟遂合作”也取得了新进展，希望今年双方继续加强合作，找准切入点，为推动四川经济社会发展共同努力。晏永和向民盟中央在过去一年对四川省政协工作的支持表示感谢，希望民盟中央继续推动“盟遂合作”、赤水河流域和广安示范区的发展，为四川经济社会发展献计出力。秘书长高拴平，民盟中央参政议政部、四川省政协、民盟四川省委有关负责同志参加会见。

2 月 21 日，主席张宝文，常务副主席陈晓光在民盟中央机关会见最高人民法院院长周强一行。副主席张平、徐辉、龙庄伟出席座谈会。张宝文对周强一行到访表示热烈的欢迎和诚挚的感谢。他表示，中共十八届三中全会提出的“法治中国”的概念，是中国共产党就治国方式作出的具有里程碑意义的重大决策，意味着法治不仅被当作治国理政的一种工具、手段，而且成为执政党和国家所迫切要求的价值观念。最高人民法院是我国法治建设的排头兵、主力军，可谓重任在肩。民盟长期关注、参与中国的法治进程，沈钧儒、史良、端木正等法学界的前辈，为我们留下了丰厚的思想遗产和精神遗产，广大盟员也高度关注、热情参与我国的法治建设。民盟将继续发挥人才智力优势，向中共中央和“一府两院”积极建言献策，为推动我国法治建设尽职尽责、尽心尽力。他代表民盟中央对法治建设和司法体制改革提出了四点意见：一是维护市场秩序和公平竞争环境，为全面深化改革提供司法保障；二是继续关注社会热点，强化司法为民，坚持司法公开；三是深化司法体制改革，努力完善人权司法保障制度；四是加快省级统管改革步伐，推进法院自身改革。最高人民法院副院长李少平，民盟中央机关部分部门负责人参加座谈会。

2 月 13 日下午，副主席徐辉会见了来访的全国政协教科文卫体委员会副主任常荣军一行。全国政协将于 5 月 15 日举办“大学生创业政策优化”双周协商座谈会，民盟中央、全国政协教科文卫体委员会均将参加此次会议。此次会见，旨在就双周协商座谈会的召开加强交流与合作。徐辉副主席表示，民盟中央高度重视此次双周协商座谈会，为了加强发言的实效性和针对性，拟将此次双周协商座谈会结合到上半年的重点调研工作中。届时，将由民盟中央领导率队、民盟专家参与，赴我国东、中、西部的代表省份进行调研。调研结束后，将在北京召开座谈会，整理、汇总调研成果，安排双周协商座谈会发言。常荣军副主任介绍了之前历届双周协商座谈会的会议情况，并对此次双周协商座谈会的筹备提出了建议。全国政协教科文卫体委员会办公室、民盟中央参政议政部有关负责人参加会见。

3月13日下午，主席张宝文、常务副主席陈晓光在民盟中央机关会见了来访的中共黑龙江省委常委、省委统战部部长赵敏一行。张宝文主席对赵敏部长一行的到来表示欢迎，感谢中共黑龙江省委统战部长期以来对民盟黑龙江省委工作给予的帮助和支持。他说，中共黑龙江省委统战部对各党派组织发展工作高度重视，为民主党派干部培养畅通渠道，使民盟黑龙江省委领导班子队伍建设得到进一步加强，充分体现了对民主党派的关心、支持和帮助。同时，中共黑龙江省委统战部重视民主党派建言献策工作，积极支持民盟黑龙江省委配合民盟中央关于农垦发展模式、“两江一湖”地区开发、大兴安岭生态建设、全面优化社会保障制度安排等重点调研，增强了调研的针对性和实效性。张宝文表示，民盟中央将继续发挥自身人才和智力优势，与黑龙江就现代大农业、生态保护等方面加强合作调研，为推动黑龙江经济社会发展发挥作用。参加会见的还有黑龙江省政协副主席、民盟黑龙江省委主委赵雨森、秘书长高拴平、中共黑龙江省委统战部副部长郭龙川等。

5月23日，全国人大常委会副委员长、民盟中央主席张宝文出席在陕西省西安市举行的第十八届中国东西部合作与投资贸易洽谈会暨丝绸之路国际博览会开幕式，并发表主旨演讲。张宝文主席在论坛上发表主旨演讲时说，古丝绸之路为亚欧大陆的繁荣和人类文明的进步作出了重大贡献。面对21世纪世界多极化发展的今天，丝绸之路沿线国家投资贸易规模在迅速扩大，各国相互联系愈加紧密，相互依存加深，亚欧腹地迎来了新的生机与活力。他希望：第一，加强相互信任，增进沟通了解。第二，促进贸易畅通，扩大经贸合作。第三，完善基础设施，实现互联互通。第四，深化人文交流，促进民心相通。随后，吉尔吉斯斯坦议会副议长萨斯科巴耶娃·阿西亚等人分别从不同视角、不同层面、不同领域发表演讲，阐述共建丝绸之路经济带的意义和愿景，为促进区域合作与共同发展描绘了美好的蓝图。出席开幕式的还有30多个中央和国家机关部委及企业、31个省区市和新疆生产建设兵团的领导，汤加、吉尔吉斯斯坦等70多个国家和地区及港澳台地区的来宾。开幕式前，张宝文主席在当地领导陪同下参观了展馆。论坛期间，张宝文主席还与陕西盟员代表举行了座谈。

7月，主席张宝文，常务副主席陈晓光，副主席徐辉在北京会见了中共泸州市委书记蒋辅义、民盟四川省委专职副主委田继万一行，听取了中共泸州市委、泸州市人民政府对赤水河区域合作发展、泸州融入长江经济带建设情况的工作汇报。张宝文主席充分肯定了泸州落实李克强总理批示、民盟中央建议所开展的一系列工作，充分肯定了蒋辅义对青山绿水掩盖下的贫困山区区域发展的定位。他指出，2014年是我国进入全面深化改革新阶段的起步之年，泸州应因地制宜发展地方经济，要在保持特色产业和搞好环境保护方面做文章，尤其要妥善处理生态环境保护与发展的关系，因地制宜、突出特色，带动相关产业发展。区域合作发展大有可为，可以到先进地方学习参观，借鉴经验，争取国家有关部门的支持。他表示，民盟将发挥参政党的作用和优势，从参政议政、社会服务两个方面，为泸州提供支持，协力推动泸州的改革与发展。徐辉副主席主持召开了座谈会，详细听取了中共泸州市委、泸州市人民政府对赤水河区域合作发展、泸州融入长江经济带建设情况的工作介绍。民盟中央参政议政部，中共泸州市委、泸州市政府、市政协、民盟泸州市委等单位负责人参加会见和座谈会。

8月23日，全国人大常委会副委员长、民盟中央主席张宝文出席“嵩山论坛——华夏文明与世界文明对话”2014年会开幕式并致辞。民盟河南省委主委、省人大常委会副主任储亚平；日本前首相鸠山由纪夫，日中协会理事长白西绅一郎，韩国前副议长文喜相特别代表、韩国书法院院长叶欣等出席开幕式。“嵩山论坛——华夏文明与世界文明对话”2014年会由中国国际文化交流中心、北京大学高等人文研究院、凤凰卫视、河南省华夏历史文明传承创新基金会联合主办。论坛主题为“天人合一与文明多样性”。张宝文主席在致辞中说，嵩山论坛自2012年以来已成功举办三届年会，成为了一个“立足河南、聚焦文化、放眼世界”的知名文化品牌；成为了一个“汇聚人才、创新思想、形成共识”的重要交流平台；成为了一个“展示中华文化魅力、传播当代中国价值、促进世界文明对话”的重要宣传窗口。他强调，文明因交流而多彩，文明因互鉴而丰富。在多样性的世界文明格局中，中华文明只有在与各国文明的交流、碰撞与融合中，才能展现出中华文明的独特魅力，并不断繁荣发展。与此同时，中华文明的繁荣发展也必然推动世界各国文明的进步与繁荣，促进世界各国文明之间的交流与融合。北京大学高等人文研究院院长杜维明等专家学者作了主旨演讲。国内外政要、专家学者、企业家140余人参加论坛。论坛期间，张宝文主席还会见了日本前首相鸠山由纪夫一行。

9月5日，庆祝全国人民代表大会成立60周年大会在人民大会堂举行。主席张宝文，原主席蒋树声等民盟中央有关领导同志与全体担任全国人大常委的民盟盟员及部分民盟中央机关工作人员共同出席了庆祝大会。9月15日，主席张宝文还出席了纪念全国人民代表大会成立60周年理论研讨会。

9月21日，庆祝中国人民政治协商会议成立65周年大会在全国政协礼堂举行，常务副主席陈晓光，原第一副主席张梅颖等民盟中央有关领导同志与全体担任全国政协常委的民盟盟员及部分民盟中央机关部门负责人共同参加了庆祝大会。

国庆前夕，主席张宝文参与人民网举办的“各民主党派中央、全国工商联领导人和无党派人士代表寄语国庆65周年”活动，代表民盟中央，向全国各族各界人士致以热烈的祝贺！他说，回首过去百年，无数中华优秀儿女为了拯救国家民族于水火，前赴后继、百折不挠，然而，许多路径和制度的探索都归于失败。只有中国共产党人以天下为公的胸襟和与时俱进的勇气，带领全国人民取得了新民主主义革命和社会主义建设的胜利，走出了一条适合国情的中国特色社会主义道路。当前是我国多党合作历史上最好的时期之一，欣逢盛世，政通人和。站在新的历史起点上，我们将与中国共产党亲密合作、同舟共济，不断增强道路自信、理论自信和制度自信，与全国人民一道，共同开创中国特色社会主义事业新局面，为实现中华民族伟大复兴的中国梦做出更大的贡献。

12月31日，张宝文主席代表各民主党派中央、全国工商联和无党派人士在全国政协新年茶话会上发表讲话。陈晓光常务副主席等在全国政协任职的民盟中央领导同志出席新年茶话会。张宝文主席在讲话中说，新的一年开启新的希望，新的征程承载新的使命。我们要始终坚持中国共产党的领导，坚定不移地走中国特色社会主义政治发展道路，不断坚定中国特色社会主义的道路自信、理论自信和制度自信，始终保持正确的政治方向；要充分发挥智力密集、联系广泛的特点和优势，积极协调关系、化解矛盾、理顺情绪、解疑释惑，努力寻求最大公约数、增进最大共识度、形成最大凝聚力；要把全面深化改革、大力推进依法治国作为参政议政的重要任务，围绕完善中国特色社会主义制度、推进国家治理体系和治理能力现代化这个目标，求真务实探索改革良策，知无不言发表真知灼见；要坚定不移地支持和拥护“一国两制”、“港人治港”、“澳人治澳”的方针，促进香港、澳门长期繁荣稳定。探寻海峡两岸交流合作的新领域、新思路和新模式，积极推动两岸关系和平发展。站在新的历史起点上，让我们更加紧密地团结在以习近平同志为总书记的中共中央周围，继承和发扬多党合作的优良传统，凝心聚力，锐意进取，共同开创中国特色社会主义事业新局面，为全面建成小康社会、实现“两个一百年”奋斗目标和中华民族伟大复兴的中国梦而努力奋斗！

二、参政议政

全盟把促进深化改革作为参政议政工作的着力点，密切关注影响经济社会发展全局的重大问题和人民群众关心的热点、难点问题，积极建言献策，在推动经济社会科学发展中发挥了重要作用。

（一）围绕国家改革发展大局，积极参与高层协商

1 月 10 日，徐辉副主席出席最高人民检察院党外人士座谈会并代表民盟中央发言，对检察工作提出四条建议：（1）继续深化检察改革，完善检察体制和工作机制；（2）进一步加强反腐倡廉工作力度；（3）强化对刑事诉讼法实施的监督；（4）加强改进对刑罚执行和监管场所执法活动的监督。

1 月 21 日，徐辉副主席出席最高人民法院党外人士座谈会并代表民盟中央发言，对最高人民法院工作提出五条建议：（1）切实提高为经济社会发展提供司法保障的能力；（2）进一步增强践行司法为民的宗旨意识；（3）不断拓展司法体制机制改革的广度和深度；（4）继续加大司法公信建设的力度；（5）努力提高司法队伍的履职能力。

2 月 10 日，张宝文主席、陈晓光常务副主席、徐辉副主席出席国务院党外人士座谈会。张宝文主席代表民盟中央发言，对《政府工作报告（征求意见稿）》提出三条建议：（1）利用有利形势完善我国海洋经济战略；（2）进一步完善、巩固教育经费投入保障体系；（3）重视非二氧化碳类温室气体减排。

2月21日，张宝文主席，陈晓光常务副主席，徐辉副主席出席中共中央党外人士座谈会。张宝文主席代表民盟中央发言，对中共十八届四中全会议题提出三条建议：（1）推进科学立法，发挥立法的引领和推动作用；（2）加强执法检查监督，促进严格执法；（3）弘扬法治精神、法治文化，推动全民知法、信法、守法。

5 月 9 日，张宝文主席、陈晓光常务副主席、徐辉副主席出席中共中央统战部召开的党外人士专题调研座谈会。张宝文主席在专题调研座谈会就“大学生就业、创业环境优化”问题发表了意见。他说，大学生就业、创业难，既有教育结构和质量的问题，也有政策和社会环境的问题。建议一方面继续深化高等教育改革，推进高等教育多元化发展，更加注重培养适应社会需求特别是产业发展急需的实用型人才；另一方面，努力创造并

维护整个就业市场的公平竞争环境，健全便捷、高效的大学生就业服务体系，鼓励中小、民营企业吸纳大学生就业。最高人民法院、最高人民检察院、国家发改委、教育部、科技部、工业和信息化部、人力资源和社会保障部、国家统计局有关负责人参加座谈会并与各党派中央进行了互动交流。副主席徐辉、民盟中央参政议政部负责人及盟员专家参加座谈。

5 月 22 日，张宝文主席、陈晓光常务副主席、徐辉副主席受邀出席国务院举行的西北旱区农牧业可持续发展问题座谈会，贯彻落实习近平总书记在民盟中央《关于加强西北旱区农牧业可持续综合开发、提高我国粮食安全保障能力的建议》上的重要批示。中共中央政治局委员、国务院副总理汪洋主持会议并讲话。张宝文主席代表民盟中央在会上提出了西北旱区农牧业发展的总体思路，并建议在深入调查研究的基础上，加强顶层设计和底层探索，以国务院名义出台关于加强西北旱区农牧业可持续综合开发指导意见，科学制定西北农牧业可持续综合开发规划。陈晓光常务副主席建议在促进西北旱区农牧业发展过程中，要注重处理好市场和政府的关系，既要遵循市场规律，也要发挥政府作用。

7 月 29 日，张宝文主席，陈晓光常务副主席，徐辉副主席出席中共中央党外人士座谈会，张宝文主席代表民盟中央就当前经济形势和下半年经济工作，提出两点建议：（1）大力发展服务贸易，培育壮大新的经济增长点；（2）大力加强长江中下游水资源保护，统筹好长江经济带发展和生态建设。6 月 18 日，徐辉副主席主持召开座谈会，就上半年经济形势征求专家意见和建议。国家统计局副局长徐一帆、民盟中央社会委员会主任郑功成、民盟中央经济委员会主任何茂春等 6 名专家参加座谈。7 月 18 日，常务副主席陈晓光，副主席张平、田刚、龙庄伟参加党外人士情况通报会，听取中财办、国家统计局负责人通报当前经济形势等有关情况。

8 月 19 日，张宝文主席，陈晓光常务副主席出席中共中央党外人士座谈会，张宝文主席代表民盟中央对中共十八届四中全会文件（征求意见稿）提出三点建议：（1）推进宪法实施，维护宪法权威；（2）完善立法制度，提高立法质量；（3）促进依法行政，规范执法行为。7 月 31 日，徐辉副主席在民盟中央机关参加民盟中央法制委员会座谈会，与会专家围绕全面推进依法治国提出了意见建议。8 月 13 日，陈晓光常务副主席，徐辉、欧阳明高、田刚、葛剑平副主席参加阅读中共十八届四中全会文件（征求意见稿），并听取文件起草组成员、中宣部副部长王晓晖同志作集中说明。

12 月 1 日，张宝文主席，陈晓光常务副主席，徐辉副主席出席中共中央党外人士座谈会。张宝文主席代表民盟中央发言，对当前经济形势和 2015 年经济工作提出两条建议：一是以京津冀产业协同发展为着力点，推进国家战略加快落实。二是健全地质灾害防治体系，为经济社会建设构筑安全保障。

全年，民盟中央共向中共中央、国务院报送政策建议信 9 篇，《关于加强西北旱区农牧业可持续综合开发，提高我国粮食安全保障能力的建议》、《关于大学生就业、创业环境优化的建议》、《关于推动服务贸易加快发展的建议》、《关于加强长江中下游水资源保护的建议》、《关于加快广西沿海沿边开发开放的建议》、《关于加强地质灾害防治工作的建议》、《关于加强塔里木河流域综合治理与保护的建议》、《关于将南岭山区增设为国家集中连片特困地区的建议》、《关于借鉴拉美国家过度城市化教训完善我国新型城镇化土地政策的建议》，全部获得了中共中央、国务院主要领导的批示。其中，《关于加强西北旱区农牧业可持续综合开发，提高我国粮食安全保障能力的建议》，习近平总书记作出长篇重要批示，李克强总理也作了批示，汪洋副总理作了2次重要批示，并召开专门研究会议，听取了西北农牧业可持续发展汇报，部署了有关工作。国务院法制办召集14个相关部委就民盟中央提出的《关于推动服务贸易加快发展的建议》进行专题研究，修订完善相关政策法规。

（二）充分利用政协平台，议政建言受到广泛关注

民盟中央向全国政协十二届二次会议提交大会口头发言1篇，书面发言5篇、提案31篇。内容主要涉及教育问题、“三农”问题、科技发展、社会保障等诸多群众关注的热点、难点问题。发言、提案的内容主要来源于2013年度民盟中央与民盟省级组织、民盟中央各专门委会的合作调研。民盟中央《关于农村环境污染综合整治的提案》、《关于我国海洋经济发展思路与重点的提案》、《关于完善依法行政体制机制的提案》被列为重点提案。

据不完全统计，民盟组全国委员提交书面发言61篇，提交大会提案296篇，社情民意信息37篇。其中书面发言和社情民意信息提交数量比去年大幅提高，体现了民盟组委员的参政热情。民盟组政协委员在会上联名提出的《关于加强打击暴力恐怖活动，维护社会和谐稳定的提案》，是第一份关于反恐立法的提案，广受关注，体现了盟员的政治敏锐性和社会责任感。民盟组委员在会议期间接受采访300余次。“两会”期间，在《人民日报》、《光明日报》、《人民政协报》、《团结报》等全国性纸质媒体中宣传民盟盟员及提案的报道累计百余篇。3月4日的《团结报》从民盟中央提交大会的提案中选择了7篇提案登载，引起了较好的社会反响。同时，民盟中央也开设了“民盟微信公众平台”，在微信公众账号新闻推送方面也作出了新的有益尝试。

3月4日下午，中共中央政治局常委、中央纪委书记王岐山看望出席全国政协十二届二次会议的民盟、民进界委员并参加讨论。主席张宝文，常务副主席陈晓光出席联组会，副主席徐辉主持会议。民盟5、6组共有7位委员发言，发言委员和题目分别为，郑惠强：《以大学治理结构创新促进高等教育转型发展》、田刚：《全面深化高校招生改革，培养科技创新人才》、张道宏：《以更大的勇气、更大的决心积极推进环保工作》、赵振铣《关于加快反腐倡廉制度建设的建议》、刘晓庄《说说“裸官”这个话题》、谢卫：《关于目前金融乱象分析及对策的建议》、李成贵《着力解决空心村问题》。

3月6日下午，原副主席、全国政协常委厉以宁出席以“政协委员谈深化改革推动经济持续健康发展”为主题的记者会，并就经济增长等方面的问题回答了中外记者的提问。在厉以宁看来，当前改革存在两大主要难题，“一是部分利益集团怕利益受损而阻挠改革，二是制度惯性，就是路径依赖。”他认为，不能因为利益集团的反对或阻挠而使改革出现障碍，也不能因为“老路”走惯了害怕走“新路”，这需要壮士断腕的手段跟决心。硬骨头该从哪“啃”起，才能让改革释放最大红利？面对记者这个问题，厉以宁列举了收入分配制度改革、劳动力市场改革、教育资源分配改革等一系列亟待解决的难题。

3月7日下午，在全国政协十二届二次会议第二次全体会议上，全国政协常委、民盟中央副主席王光谦代表民盟中央作了题为《关于推进我国农村土地制度改革的几点建议》的大会口头发言。发言指出，在全面深化改革布局中，农村土地制度改革已成为关键性

问题。土地问题是农民最大的“民生”问题，土地制度是农村各项制度的关键与核心。建议，应尽快明确政策思路，处理好农村集体经营性建设用地入市范围问题。应尽快消除政策盲点，处理好介于“能够”和“不能”直接入市之间的“中间带”土地性质。优化土地资源配置，努力做大土地“入市蛋糕”。盘活农民资产，努力完善宅基地管理制度。应理顺利益链条，处理好农村集体土地入市与征地制度改革之间的关系。处理好农村集体土地入市与征地制度改革之间的关系，做好两者之间的顺利衔接，实现征地补偿与农民土地财产权利的合理安排，对推进农村土地制度改革意义重大，必须尽早作出全面部署。民盟中央农业委员会主任钱克明作了题为《中国人的饭碗要牢牢端在自己手上》的大会口头发言。两篇发言均引起广泛热议和好评。

3月9日上午，副主席、全国政协副秘书长徐辉出席了全国政协举办的以“政协委员谈保障和改善民生促进社会公平正义”为主题的记者会，并回答了记者的提问。在回答记者关于破解养老困局的提问时，徐辉委员说，这需要从政府到民众共同的努力。民盟中央在此次两会上有一个关于带薪年休假的提案得到社会广泛关注，这实际上就是一个应该落实的福利问题。当前的社保对福利方面是比较忽视的，比如带薪年休假。虽然有带薪年休假的制度，但是操作和执行应该在很多方面还存在着问题，很多群体和很多地方的人都在抱怨没有享受过带薪的年休假，“应该认真解决这个问题”。

6月3日，陈晓光常务副主席、徐辉副主席参加全国政协“深化产教融合、校企合作，加快现代职业教育体系建设”专题协商会。副主席徐辉和民盟中央农业委员会主任钱克明先后作了《完善制度安排是我国职业教育发展的关键》、《培养新型职业农民，破解“谁来种田”难题》的发言。民盟界别政协委员鲍义志、李成贵、郝际平和民盟中央报送发言入选书面发言。

6月26日下午，常务副主席陈晓光，副主席徐辉出席全国政协双周协商座谈会，专题研讨“大学毕业生创业就业环境优化”问题。此次双周协商座谈会是由民盟中央与全国政协教科文卫体委员会合作召开的。徐辉副主席代表民盟中央提出了解决大学生就业问题的四点建议。一是加强就业市场人才需求预测，二是推动大学人才培养模式改革，三是加快调整高等教育资源布局，四是积极发展高校创新创业教育。座谈会上，曹卫星、刘晓庄、高玉葆、郑功成、张来斌、俞敏洪、尚绍华、万捷等盟员就促进大学生就业创业比例双提升、促进大学生在农村基层创业就业、加强地方高校创业教育培训、搭建校内校外大学生就业创业平台、促进女大学生就业等问题提出了中肯的建议。教育部、工业和信息化部、人力资源和社会保障部、国家税务总局的负责同志出席会议并与委员们互动交流。

徐辉副主席在政协十二届七次常委会上作了《打造“为官公廉”、“清正廉明”的廉政文化》的发言，建议以制度建设推进文化建设，以文化建设巩固制度成果，打造制度与文化融为一体的坚实稳固的党风廉政和反腐败工作体系；倪慧芳副主席在全国政协十二届八次常委会上作了题为《深化司法改革，推进司法公正》的发言，提出树立司法为民的理念、深化司法体制改革、加强司法能力建设，奠定司法公正的思想基础、制度基础和人才基础，为廉政建设和推进依法治国建言献策。民盟中央还提交了《关于优化高等教育布局结构的提案》等6件平时提案，受到国务院有关部门重视。

（三）深入调查研究，建有据之言、献务实之策

2月14日至16日，张平副主席带领调研组赴福建省开展文化调研。调研组一行先后走访了晋江、厦门两地，考察了当地的文化产业项目，与有关部门同志进行座谈交流，了解文化产业的发展现状，听取有关意见建议。在晋江，调研组考察了五店市传统街区、泉州南音等文化项目，参加了“中国作家书画家看晋江”、五店市海内外散文奖启动仪式等系列文化活动。在厦门，调研组考察了书法广场、盟员企业，并倡议把闽台书画院列为民盟中央美术院创作基地。张平副主席在调研中表示，福建省有丰富的文化资源和良好的发展基础。建议要大力培育一批有实力、有竞争力的文化企业，做强文化产业发展的市场主体；要注重文化产业园区的科学规划，充分发掘本地文化资源优势，策划生成一批创意项目；要实施项目带动，鼓励民营企业进驻文化产业基地，制定完善文化产业扶持政策，为文化产业发展提供良好的环境。调研期间，张平副主席还接见了当地民盟组织负责人，并与部分盟员座谈交流。

4月7日至13日，受中共中央委托，民盟中央就“大学生就业、创业政策优化”问题进行实地调研。主席张宝文，副主席徐辉、温思美率南线调研组，在江西、广东两省进行调研。在与当地有关部门座谈时，张宝文主席指出，大学生就业、创业难，从深层次看，是教育内、外部因素综合作用的结果。解决大学生就业是一个系统而复杂的工程，既要从根本上、长远上、制度上，推动相关领域进一步深化改革，也要强化、完善现有的应对措施与政策，实现标本兼治。从政府职能的角度来看，解决大学生就业难问题的治本之策，应当是努力创造并维护整个就业市场的公平竞争环境；加快健全社会保障制度，构建能够保护各类就业劳动者的社会安全网；将大学生就业与产业升级和结构调整结合起来，鼓励发展吸纳大学生能力较强的高技术产业；健全长效机制，努力建设科学、成熟的大学生就业服务体系。从高教改革的角度来看，调整高等教育结构，进一步优化学科和专业设置，理顺招生、培养、就业的关系，让各种层次的高校承担起培养不同层次人才的任务；优化高校招生政策，提高就业服务水平，要探索建立细分的大学生就业工作体系，建立和完善的就业服务体系和就业服务平台；消除政策樊篱，多种形式鼓励社会力量进入高等教育，增强高校办学活力，解决与社会需求的脱节问题。在广东、江西期间，中共中央政治局委员、广东省委书记胡春华，广东省人大常委会主任黄龙云，中共江西省委书记、省人大常委会主任强卫，中共江西省委副书记、江西省省长鹿心社，江西省政协主席黄跃金等领导分别会见张宝文主席一行，并就大学生就业、创业问题交换了意见；中共广东省委常委、统战部部长林雄，中共江西省委常委、统战部部长蔡晓明，江西省副省长胡幼桃及各省与大学生就业、创业工作有关部门的负责同志与调研组进行座谈，介绍了本省大学生就业、创业整体情况。调研组一行还走访了民盟江西省委机关。江西省政协副主席、民盟江西省委主委刘晓庄，中共中央统战部一局局长吴晓礼，民盟中央参政议政部负责人参加调研。

4月8日至11日、4月14日至17日，常务副主席陈晓光，副主席龙庄伟、葛剑平率北线调研组分别在陕西、辽宁就“大学生就业、创业政策优化”问题进行实地调研。在调研中，陈晓光常务副主席对陕西、辽宁在大学生创业就业方面采取的得力措施和创

新做法给予了积极评价，对大学生创业就业问题作了深入分析和研究，并提出了自己的看法和意见。陈晓光指出，大学生创业、就业问题是牵涉人民群众切身利益的大事，也是民盟中央长期以来持续关注的重要问题之一。就业问题关乎国计民生，涉及千家万户，意义重大。当前，我国家庭教育经费支出普遍较高，尤其是广大农村，很多家庭是倾其所有保障子女接受高等教育，大学生毕业后如无法就业，不仅是教育资源和人力资源的浪费，还会影响到社会的和谐稳定。民盟是主要由从事文化教育以及科学技术工作的知识分子组成的参政党，为切实解决大学生创业、就业问题建言献策，是民盟的职责所在。此次调研主题为“大学生创业、就业政策优化”，政策实施对象不仅是学生，还包括学校、企业、社会。要解决好大学毕业生就业难的问题，除大学生本身需要加强综合素质培养和转变择业观念外，还需要政府、学校和社会的共同努力。在陕西、辽宁期间，中共陕西省委书记、省人大常委会主任赵正永，中共陕西省委副书记、省长娄勤俭，陕西省政协主席马中平，中共辽宁省委书记、省人大常委会主任王珉，中共辽宁省委副书记、辽宁省省长陈政高，中共辽宁省委副书记、省政协主席夏德仁等领导分别会见陈晓光一行，并就此次调研有关问题进行了交流；中共陕西省委常委、省委统战部部长陈强，陕西省副省长庄长兴，中共辽宁省委统战部常务副部长王春生及各省与大学生就业、创业工作有关部门的负责同志与调研组进行座谈。陕西省副省长、民盟陕西省委主委张道宏，辽宁省政协副主席、民盟辽宁省委主委李晓安分别参加在当地的调研。

4 月 13 日至 17 日，副主席徐辉赴贵州省和云南省考察、调研民盟参政议政工作。徐辉副主席与民盟贵州省委、民盟云南省委的领导班子成员、专员会主任以及机关工作人员进行了座谈，广泛听取大家对参政议政和盟务工作的意见建议。徐辉副主席在座谈中指出，全盟要根据习近平总书记提出的“中国特色社会主义参政党”的要求，开展民盟的各项工作。要坚持中国特色社会主义政治道路，动员全盟力量，围绕社会主义经济建设、政治建设、文化建设、社会建设、生态文明建设，提出自己的真知灼见，高质量地开展各项参政议政工作。在贵期间，徐辉副主席与贵州大学郑强校长等领导就 2014 年 7 月在贵州召开的第十届“海峡两岸暨港澳地区大学校长联谊活动”进行了会谈。在滇期间，徐辉副主席参观了云南开放大学，并参加了民盟中央为云南省华宁县华溪镇独家村小学捐赠图书和电子白板的仪式。民盟中央参政议政部负责人陪同考察和调研。

5 月 4 日上午，副主席徐辉赴义乌工商学院考察大学生就业创业情况。座谈会中，义乌工商学院领导向徐辉副主席介绍了义乌工商学院的创业教育发展历程、特色和成果，并就进一步加强大学生创业教育提出了建议。与会学生、教师代表介绍了学生创业的具体情况和学院创业教育的主要方式方法。徐辉副主席充分肯定了义乌工商学院在大学生创业方面所取得的成绩。他说，民盟中央不久前就“大学生就业、创业政策优化”课题赴江西、广东、陕西和辽宁省进行了调研。从全国范围来看，义乌工商学院在大学生创业教育方面在了前面，开展了有益的尝试，积累了丰富的经验，涌现出了大量优秀的大学生创业者。希望义乌工商学院坚定不移地走创业型大学道路，不断总结经验，创新做法，力争成为中国创业型大学的典范。随后，徐辉副主席参观了义乌工商学院创业园，走访了由在校学生组成的创业团队，深入了解了学院的教学内容、创业教育师资培养方法和校企合作模式。

6月7日至9日，主席张宝文，副主席徐辉、龙庄伟和水利部副部长胡四一率民盟中央和水利部科技委联合调研组，就“长江中下游水资源保护”在安徽、江苏开展调研。原副主席、水利部科技委名誉主任索丽生参加调研。调研组在合肥市、马鞍山市和南京市三地，先后考察了牛角大圩百河千渠万塘整治工程、巢湖沿岸水生态修复一二期工程、南京下关滨江带整治工程等，并听取了当地有关部门关于水资源保护情况的工作汇报。6月9日，调研组在南京召开专家咨询研讨会。在会议中，张宝文主席指出，长江中下游经过近些年来的治理，水污染加重的趋势有所遏制，干流水质状况总体良好。但是废污水排放的绝对量仍在增加，部分支流污染严重，湖库富营养化仍在发展，形势严峻，必须引起高度重视。他提出四点意见：第一，坚持节水优先。加快推进由粗放用水方式向集约用水方式的根本性转变，由增加供给转向需求管理，从开发建设工程、拓展供水渠道转向侧重提高用水效率。第二，更加重视水资源保护。把用水总量、用水效率和水功能区限制纳污，以及水资源、水生态、水环境承载力作为发展经济的刚性约束，以水定需、量水而行、因水制宜。第三，加强统筹协调治理。加强顶层设计，做好国务院有关部门和沿江省份的统筹协调。加强流域综合管理，做好上下游、左右岸、地上地下、城市乡村的协调统筹。第四，发挥政府、市场两只手的作用。善用税收杠杆调节水需求，时机成熟时研究征收水资源税。善用价格杠杆调节供求，系统考虑税收和价格手段。水利部副部长胡四一、副主席徐辉和水利部科技委名誉主任索丽生先后主持专家咨询研讨会。调研组成员陆桂华、邱益中、徐雪红和殷培红等也提出了意见建议。在皖期间，安徽省委书记、省人大常委会主任张宝顺等会见张宝文主席一行。在苏期间，江苏省委书记、省人大常委会主任罗志军等会见张宝文主席一行。

6月19日至21日，副主席徐辉率队到上海调研参政议政工作暨自贸区建设，并与上海社科院领导商讨参政议政合作事宜。在上海社科院举行的座谈会上，徐辉副主席表示，上海社科院实力雄厚，有很多有影响的高水平专家，合作五年来对民盟中央的参政议政工作提供了很多好的建议，是我们开展工作的重要信息源和资讯库，在此表示衷心感谢。他向与会领导和专家介绍了近期和今后一段时期民盟参政议政的中心工作，并希望与上海社科院更好地开展合作。上海社科院院长王战、副院长叶青等人先后发言，党委书记潘世伟主持了座谈会。双方还就举办民盟经济论坛等合作事宜进行了商讨。实地调研中，调研组重点考察了上海自贸区外高桥集团公司、上海外高桥国际文化艺术发展有限公司、上海畅联国际物流有限公司。在沪期间，徐辉副主席还参加了上海师范大学国际与比较教育研究院成立仪式暨高校智库与国家教育发展战略研讨会。民盟上海市委、民盟中央参政议政部有关负责同志参加调研。

7月17日，副主席张平、龙庄伟来到民盟福建省直属北京支部盟员陈各新的文化艺术园——“宝隆艺园”，就文化产业发展进行了专题调研。调研期间，张平、龙庄伟副主席听取了民盟福建省直属北京支部的工作情况汇报，对民盟福建省直属北京支部的工作充分肯定。张平、龙庄伟副主席表示，推动社会主义文化大发展大繁荣是实现“中国梦”的重要组成部分，文化产业发展的春天已经到来，文化产业发展机遇前所未有。民盟中央对文化建设十分重视，美术院、艺术团相继成立，下一步计划成立文化艺术研究院，希望包括民盟福建省直属北京支部委员会在内的广大地方组织能积极献智献策，加强交流，为推动文化产业发展而贡献力量。他们指出，文化建设是民盟自身建设的重要方面，我们要抢抓机遇，把推动文化产业发展作为民盟工作的重要内容，认真加以挖掘、谋划和推进，做到文化与参政议政相结合，文化与社会服务相结合。民盟中央宣传部负责人陪同调研。

7月22日至26日，常务副主席陈晓光，副主席徐辉率调研组在内蒙古呼伦贝尔市就“生物多样性保护”问题进行调研。民盟内蒙古自治区委主委董恒宇等参加调研。民盟中央调研组在5天内行走1000余公里，深入陈巴尔虎旗、额尔古纳市、室韦、莫尔道嘎等具有生物多样性保护典型代表性的地区进行了调研。陈晓光常务副主席在调研中指出，中共十八大把生态文明建设提升到新的重要高度，纳入中国特色社会主义事业“五位一体”总体布局中，充分体现了中共中央、国务院大力推进生态文明建设的鲜明态度和坚定决心。自然保护区是保护生态环境和生物多样性的有效措施，是建设生态文明、促进人与自然和谐发展的重要手段。他强调，要认真领会习近平总书记指出的“我们既要绿水青山，也要金山银山；宁要绿水青山，不要金山银山；绿水青山就是金山银山”的讲话精神，提高思想认识，进一步认清加强生态文明建设的重要性、必要性和紧迫性，不断加大保护力度，坚守住祖先留下的宝贵生态资源。要进一步完善生态补偿机制，加大对生态资源保护地的投入，切实提高当地人民群众的生活水平；针对地区实际，调整产业结构，转变经济发展方式，谋求科学发展。7月26日—30日，民盟中央参政议政部负责人率调研组赴赤峰市继续进行调研，进一步丰富调研成果。

8月1日至7日，副主席徐辉率调研组在广西就“加快广西沿海沿边开发开放”课题进行调研。民盟广西区委主委刘慕仁陪同调研。调研组7天内驱车1000多公里，在崇左市、防城港市、钦州市和北海市等具有沿海沿边开发开放典型代表性的地区进行调研。先后考察了大新县硕龙口岸、德天边贸互市点、龙州县水口口岸、东兴市中越跨境经济合作区、钦州综合保税区、中马钦州产业园区、北海出口加工区等地。在调研中，徐辉副主席对于各地在经济、社会、文化和生态环境开放发展中所取得的成绩给予了肯定，并表示民盟中央将进一步关注该地区的发展，对于该地区在沿海沿边开发开放过程中所遇到的问题，民盟中央将认真进行研究。在桂期间，徐辉副主席还赴崇左市生物多样性基地看望了老盟员、北京大学大熊猫及野生动物保护中心主任潘文石教授。民盟中央参政议政部、民盟广西区委等有关同志参加了调研。

9月11日至17日，副主席徐辉带队到新疆调研塔里木河中下游生态系统修复与重建。原副主席索丽生参加调研。11日，调研组在乌鲁木齐召开座谈会，听取自治区水利厅、兵团水利局、塔里木河流域管理局等单位介绍情况。徐辉副主席在讲话中说，新疆发展很快，各项经济社会事业发展取得很大成绩，但进一步发展还面临一些问题，塔里木河生态环境修复与保护就是其中一点。这件工作对于新疆实现可持续发展十分重要，应当引起高度重视。索丽生原副主席详细了解了塔里木河流域综合治理规划、南疆水利规划的相关情况，还就塔里木河流域管理机制、水质、开荒、打井等问题提问咨询。12日，调研组又在库尔勒召开座谈会，听取巴音郭楞州有关部门介绍情况。随后，调研组深入塔里木河中下游沿线实地考察，包括铁门关水库、塔里木河流域管理局轮台县英巴扎管理站、恰拉水库、大西海子水库、希尼尔水库、博斯腾湖扬水站等地。民盟中央参政议政部、民盟新疆区委会有关负责同志随同调研。

（四）论坛、研讨会内容日渐丰富，影响不断扩大

3月7日，民盟中央《群言》杂志社举行“建设生态文明美好家园”专题座谈会，出席全国政协十二届二次会议的民盟组部分委员莅临会议，就生态文明的内涵、环境治理与保护面临的难题、如何加强环境保护制度建设等问题进行了讨论和交流。副主席欧阳明高主持座谈会并讲话。他指出，建设生态文明，既是转变经济发展方式的必然要求，也顺应了人民群众的迫切期待。中共十八大报告将“生态文明建设”纳入“经济建设、政治建设、文化建设、社会建设和生态文明建设”的“五位一体”的总体布局，中共十八届三中全会《决定》更进一步提出“加快生态文明制度建设”，民盟作为主要由文教和科技界中、高级知识分子组成的参政党，希望今后继续对相关问题加强调查研究，提出我们的对策和建议。

6月28日，副主席徐辉出席由民盟宁夏区委会和宁夏自治区教育厅联合主办的宁夏职业教育研讨会。本次研讨会主题为“发展现代职业教育夯实人才强区战略”。民盟宁夏区委主委安纯人作会议致词。徐辉副主席在会议中讲话。他说，各位专家对目前宁夏职业教育发展的情况作了详细的介绍，对宁夏职业教育发展面临的问题进行了认真的分析，提出了许多独到的见解，令人深受启发。当前的重点工作是，进一步学习和贯彻全国职业教育工作会议精神，努力推动职业教育健康快速发展。徐辉副主席建议宁夏区盟各级组织长期关注职业教育发展，注重研究宁夏职业教育发展存在的薄弱环节和突出问题，尤其是职业教育发展与宁夏经济社会发展的关系，职业教育发展中校企合作、工学结合取得的经验及面临的困难，职业教育的特色专业建设、毕业生的就业能力培养等，为推动宁夏职业教育持续健康发展作出区盟应有的贡献。与会期间，徐辉副主席还考察了宁夏工商职业技术学院。

9月18日至19日，由民盟中央教育委员会、民盟湖南省委员会等主办，民盟株洲市委员会等承办的第二届民盟教育论坛在湖南省株洲市举办，主题是：深化职业教育改革，加快我国现代职业教育体系建设。常务副主席陈晓光，副主席徐辉出席会议。陈晓光在讲话中指出，改革开放以来，民盟在教育领域持续举办多种形式的论坛或研讨会，提出了许多教育改革的前瞻性战略性政策建议，得到了中共中央、国务院的高度重视和采纳，为推动教育科学发展发挥了积极作用。他强调，新世纪以来，我国职业教育发展迅速，已经建成了世界上规模最大的职业教育体系，为经济社会可持续发展做出了重要贡献。同时，还应该看到：与经济社会发展和人力资源强国建设的需求相比，与发达国家的职业教育发展水平相比，我国职业教育发展仍有较大差距，任重道远。职业教育发展过程中的许多顽疾还需通过深化改革加以解决。一是突出职业教育的战略地位，优化社会环境；二是改革管理体制，完善办学机制；三是深化产教融和、校企合作，支持社会力量兴办职业教育；四是着力构建现代职业教育体系。论坛开幕式上，中共湖南省委常委、统战部部长李微微，民盟湖南省委主委杨维刚等分别致欢迎词。开幕式后，教育部职业教育与成人教育司副司长王扬南和民盟中央教育委员会副主任俞敏洪分别就深化中国职业教育改革作论坛主旨发言；民盟中央教育委员会主任张来斌主持论坛会议。闭幕会上，徐

辉副主席做了总结讲话。他对此次论坛的成功举办给予了高度肯定和评价，他认为，论坛圆满成功，取得了丰硕成果，得益于各方重视、准备充分、参与面广、研讨深入，他对加快我国职业教育发展、深化职业教育改革提出了建议，还对不断提高民盟教育论坛的质量与效果提出了要求和期望。本次论坛共有29个省级盟组织提交论文123篇，经过专家评审，最终有18篇论文被遴选为大会发言。民盟中央教育委员会向入选大会发言的论文作者颁发了教育论坛“优秀论文”荣誉证书，并编辑出版了《职业教育改革之探索》论文集图书。民盟中央机关、群言杂志社的同志以及来自30个省级民盟组织和湖南省、株洲市等民盟组织的100多位专家和盟员参加了论坛。在湘期间，陈晓光常务副主席会见了湖南省委书记、省人大常委会主任徐守盛，湖南省政协主席陈求发等。

9月25日，由民盟北京市委、天津市委、河北省委、山西省委、内蒙古区委共同主办，民盟天津市委承办的“民盟华北五省市区促进京津冀协同发展座谈会”在天津市滨海新区召开。副主席徐辉、葛剑平出席会议，中共天津市委常委、统战部部长刘长喜出席开幕式并讲话。民盟天津市委主委高玉葆致欢迎词。徐辉在讲话中说，推进京津冀协同发展是国家重大发展战略，也是京津冀三省市面临的一次重大历史性机遇。京津冀协同发展既是重要机遇期，又是攻坚克难的关键期，这为我们履行参政党职能提供了广阔的空间，也对我们参政议政的能力和水平提出了更高的要求。希望大家围绕大局，高瞻远瞩，切中时弊，积极研究，认真研讨，思考长期以来京津冀一体化进程较慢的深层次原因，开拓思路，博采众长，提出有新意又务实有效的意见建议。副主席、民盟北京市委主委葛剑平代表民盟北京市委在闭幕式上讲话。他指出，京津冀协同发展要在规划交通、生态环境、创新驱动上率先突破，不能仅仅依靠行政规划来限制，要更多依靠政府和市场共同筛选和重构。会上，民盟中央委员、参政议政部部长范芳，民盟天津市委常委、天津市教育科学研究院副院长李剑萍分别作了《京津冀产业协同发展策略研究》和《京津冀教育协同发展的对策建议》的主旨发言。来自华北五省市区盟组织的八位代表分别围绕高等教育协同合作、生态经济发展、人才合作交流机制、华北物流业协同发展等主题，作了交流发言。本次会议共收集整理盟内专家学者论文33篇汇编成论文集，内容涉及京津冀教育、科技、文化等多个领域。来自五省市区盟组织的主要领导、参政议政部负责人及盟内外专家30余人参加座谈。

9月28日，民盟国情研究中心与中国旅游研究院举行合作协议签约仪式。副主席徐辉出席并见证合作协议签约仪式。仪式上，徐辉副主席首先代表民盟中央对民盟国情研究中心与中国旅游研究院的正式合作表示衷心祝贺。他说，民盟是以文化教育及科学技术界的高、中级知识分子为主要构成人员的参政党。民盟国情研究中心是民盟中央所属参政议政研究机构，其宗旨是通过与政府组织、高等院校和科研单位广泛合作，共同组织咨询会议、专题调研和考察活动，为民盟中央参政议政、建言献策提供高水平研究成果和咨询建议。与国家部委办的研究机构开展合作，是民盟中央参政议政工作机制的创新，对民盟以往主要依靠基层组织、专门委员会和盟员作为参政议政的智力来源是非常有益的补充；与中国旅游研究院的合作，为中国旅游事业发展建言献策，对民盟的参政议政宽度也是有效的拓展。在双方的共同努力下，合作前景会很广阔。签约仪式后，双方就近期和今后可以共同开展的调研课题和方向进行了讨论。大家一致认为，通过共建战略协作关系，双方可以共享信息、整合资源，合作开展专项调研和学术交流等活动，为中国发展成为旅游强国建真言、献良策。

10月11日，由民盟中央、全国政协人口资源环境委员会主办的“南水北调南阳论坛——水质保护及库区绿色转型发展”在河南省南阳市举行。主席张宝文,副主席郑兰荪、王光谦，民盟河南省委主委储亚平以及70余名著名院士、专家、学者出席论坛。副主席徐辉主持论坛。张宝文主席在论坛上讲话，他说，南水北调中线工程即将全面建成、全线通水，目前丹江口水库保持了优良的水质，这既取决于得天独厚的生态环境，更得力于当地政府的积极保护、人民群众的无私奉献和国家政策的大力支持。为做好水源地保护和绿色转型发展，他指出，一是要坚持和落实节水优先方针，加快推进由粗放用水方式向集约用水方式转变，推进由增加供给转向需求管理，从开发建设工程、拓展供水渠道转向侧重提高用水效率、制止不合理需求。二是统筹好自然生态的各个要素，把治水、治山、治林、治田、治湖一起考虑，统筹好上下游、左右岸、地上地下、城市乡村，扩大退耕还林、退牧还草，有序实现耕地、河湖休养生息，落实生态空间用途管制，严格实行耕地用途管制,为保护水质提供更加良好的环境。三是借鉴当年《三峡后续工作规划》做法，及时启动制定《南水北调后续工作规划》，勾画未来库区生态文明建设和经济转型发展的道路。副主席、中国科学院院士郑兰荪，副主席、中国科学院院士王光谦，原副主席王维城，民盟中央委员、北京佳莲集团董事长王雪莲等发言，为推进水源地实现水清、民富把脉支招，提出了很多好的意见和建议。论坛举行前，与会领导、专家还参观了丹江口水库移民展示馆及水博园规划，并考察了陶岔渠首枢纽工程和水质保护情况。

10月13日，由民盟甘肃省委和民盟福建省委发起的2014“陆海丝绸之路·文化与产业发展”研讨会在甘肃省敦煌市开幕。常务副主席陈晓光，民盟甘肃省委主委张世珍出席会议。陈晓光在开幕式上表示，习近平主席2013年访问中亚、东盟期间，先后提出共建“丝绸之路经济带”和“21世纪海上丝绸之路”的战略构想，为古丝绸之路赋予了新的时代内涵，为泛亚和亚欧区域的合作与发展注入了新的活力，受到国际社会的积极关注和广泛认同。他指出,甘肃和福建两省在“一带一路”建设中都具有十分重要的地位。甘肃、福建发起两地民盟组织，及地方政府间的丝路文化研讨，链接国际、区域的经济交流与合作，是民盟以文化研讨为抓手，助推区域经济发展的有益尝试和有效形式。希望与会的各位专家、学者能够紧紧围绕“一带一路”建设，积极探讨如何促进丝路沿线城市间的交流合作，中国和中西亚国家的全面合作，为泛亚和亚欧，以及省际间、区域间合作与文化交流注入新活力，促进甘肃、福建乃至所有丝路沿线国家和地区经济社会的全面发展。开幕式上，敦煌市、泉州市相关领导同志以及哈萨克斯坦丝绸之路协会负责人分别致辞。来自丝路沿线国家的经贸代表，中国社科院、甘肃省社科院、兰州大学、厦门大学等科研院所的学界专家，甘闽两省政府代表和企业家代表，以及甘闽浙等地民盟组织负责人、盟内专家学者共180余人参加开幕式。期间，陈晓光还接见了当地盟员代表并与他们亲切座谈。

10月16日，民盟国情研究中心与中国教育科学研究院举行战略合作签约仪式。副主席徐辉出席仪式并讲话，他高度赞扬了中国教科院一直以来在国家教育决策中所发挥的不可替代的智库作用。他说，中国民主同盟是我国八个民主党派之一，是由从事文化教育以及科学技术工作的高、中级知识分子组成的参政党。民盟国情研究中心是民盟中央所属参政议政研究机构，主要任务是通过与政府组织、高等院校和科研单位广泛合作，共同组织咨询会议、专题调研和考察活动，为民盟中央履行参政议政、建言献策职能提供高水平研究成果和咨询建议。民盟历来非常重视与教育界的合作，中国教科院是教育领域最高的学术研究机构，希望通过建立战略合作方式更好地发挥双方的优势，为国家高层和教育决策提供咨询。在与会双方人员的共同见证下，双方签署了合作协议，并互赠出版物。仪式结束后，徐辉副主席一行还考察了中国教科院的图书馆、教育科技研发中心实验室。

10 月 24 日，由民盟中央群言杂志社和民盟上海市委会联合主办的“繁荣文艺创作，推动文化创新”专题座谈会在上海市举行。副主席张平出席并主持论坛，副主席、上海市委主委郑惠强出席。张平副主席在讲话中说，“繁荣文艺创作，推动文化创新”这个题目，既是个老生常谈的问题，但也是个常谈常新的问题。特别是中共十八大以来，文化建设所具有的引领方向、凝聚力量、推动发展的重大作用，党和政府予以高度重视。尤其是本月 15 日习近平总书记在京主持召开文艺工作座谈会，围绕文艺的重要作用、社会主义文艺的基本属性、如何正确繁荣文艺事业、引领社会导向和价值取向等问题，作了让全体文艺工作者和社会大众振奋提气、深思反省的讲话。此次邀请上海作家座谈恰逢其时，正是我们深入学习领会习总书记讲话、为社会主义文化建设贡献力量的一个好机会。希望大家以高度的文化自觉、强烈的忧患意识和担当精神，扎根人民，服务大众，深情地刻画这个波澜壮阔的时代，创作出经得起市场的考验、经得起时代的检验，不愧于这个时代的精品佳作。来自中国文艺评论家协会、上海市作协、上海市社科院文学所等单位的专家学者出席座谈会。民盟中央宣传部、群言杂志社、民盟上海市委有关负责人陪同参加活动。

11 月 3 日，民盟中央与上海社会科学院经济形势座谈会在民盟中央机关召开。座谈会召开前，主席张宝文会见了前来参会的上海社会科学院院长王战，上海社会科学院党委书记潘世伟一行。他表示，上海社科院是党政领导重要的思想库和智囊团，民盟作为参政党，与上海社科院开展合作，既有利于提升民盟中央的参政议政能力，也有利于提升上海社科院的智库服务功能。自双方开启合作以来，我们在资源共享、课题研究等方面都取得了很好的成效，双方领导交往不断，合作范围不断拓宽，合作形式更加多样，合作机制逐渐成熟，期待今后双方开展更加深入、更加务实的合作。常务副主席陈晓光出席座谈会并讲话。他指出，民盟中央与上海社科院合作五年来，真正实现了资源共享、互利共赢。上海社科院充分发挥自身优势，围绕民盟中央关注的实际问题和政策课题，提供了相应的政策建议咨询服务，推动了民盟参政议政工作再上新台阶；民盟中央发挥渠道畅通的优势，促进了上海社科院科研成果的转化。希望双方能够继续健全和完善长效合作机制，以适当的形式开展合作调研，举办论坛活动，为促进我国多党合作事业的发展共同努力。副主席徐辉主持了座谈会。民盟中央社会委员会主任郑功成，民盟中央经济委员会副主任谢卫，以及民盟中央参政议政部、民盟上海市委、上海社会科学院等单位有关同志出席座谈会。

11 月 29 日，由民盟中央社会委员会主办、民盟北京市委员会主办的民盟第五届民生论坛在北京举行。本届民生论坛的主题是“就业优先：新形势、新挑战、新任务”，也是民盟首次以就业为研讨主题的专题论坛。主席张宝文出席论坛并讲话。他指出，我国国民经济持续高速增长创造了当代世界最多的新增就业岗位，在短短30年间解决了数以亿计的农村转移劳动力和城镇新增劳动力的就业问题。但我们还必须清醒地看到，农民工就业质量不高，大学毕业生难以找到满意的合适岗位，劳动者报酬总体上偏低，就业领域中存在的就业不平等、劳动关系失范、劳资冲突加剧等现象，表明新时期的就业问题依然严峻，所面临的形势更加复杂。针对上述问题，特别需要借助全面深化改革的东风，将就业优先战略纳入法治轨道。他提出，全盟要“多谋改善民生之策”，这不仅是民盟的优良传统，更是民盟作为参政党在新时期的政治责任。因此，在近几年民盟的参政议政工作中，民生问题始终是我们关注的重点。今年，民盟中央又受中共中央委托，组织开展了广受关注的大学生就业创业专题调研活动，调研成果再次受到了中央领导同志的高度重视，还成了全国政协“双周协商”座谈会的一个焦点话题。副主席徐辉，全国工商联副主席谢经荣分别作了题为“关于我国大学毕业生就业创业环境优化的思考”、“当前我国民营企业劳动关系状况分析”的报告。民盟中央社会委员会主任郑功成主持了上午的开幕会，作了题为“新时期就业战略的新思维与新取向”的报告，并作了闭幕讲话。民盟中央机关各部门负责人，还有来自相关领域的著名专家学者、民盟各级组织及全国民生问题专家学者和代表约150余人出席了论坛。

12月27日，常务副主席陈晓光，副主席张平出席由民盟中央文化委员会主办的“2014藏书文化传播体系建设工程启动仪式暨首届中华藏书文化论坛”。陈晓光常务副主席宣布藏书文化传播体系建设工程启动，张平副主席代表民盟中央文化委员会致辞。张平在致辞中说，民盟中央高度重视文化工作，民盟中央文化委员会汇集着民盟文化界的精英，承担着民盟文化建设领域参政议政、建言献策的职责。中华民族创造了辉煌灿烂的中华文明，形成了独特的中国传统文化。在当前提出文化强国的时代大背景下，我们有责任与义务承担起复兴与传承优秀中国传统文化的使命。藏书文化作为中国传统文化的重要组成部分，是人类精神文明的宝库。希望通过藏书文化的推广，让“爱读书，求智慧，重修养”能蔚然成风，让经典藏书进入更多的城市图书馆、更多的学校以及寻常百姓家，让“书香及第、藏传齐家”的价值理念得以回归，并逐步影响人文环境，促进我国文化软实力建设，进一步唤醒和丰厚国人的精神力量，真正成为中华优秀文化的笃信者、传承者与躬行者，使民众真正从精神上受益，获得物质与精神的双丰收，以期助力“中国梦”，早日成为现实。民进中央副主席朱永新，国家图书馆馆长韩永进，著名作家梁晓声及专家学者共100余人参加了活动。

（五）社情民意信息报送机制进一步完善，信息质量稳步提高

全年，共收到30个省、自治区、直辖市和民盟中央各专门委员会报送信息6400件，较2013年的5770件增加11%，表明各省级组织进一步加大了信息工作力度，信息来稿保持了较高的水平；从中选编、报送全国政协552件，较2013年的432件增加27.7%；全国政协采用66篇；中央领导批示5篇；全国政协新增的考核指标“采用率”达到年平均采用率12%。2014年，在全国政协反映社情民意信息工作评比中，民盟中央列各民主

党派、工商联组首位，民盟中央参政议政部信息处获得全国政协授予的“反映社情民意先进单位”。

社情民意信息工作培训覆盖范围有所加大，各省级组织纷纷把对专职干部、骨干盟员的培训列入经费预算，加强了培训工作，民盟中央参政议政部有关同志参加了在河北、江苏、上海、四川、湖南、辽宁、福建、湖北、宁夏、广东、山东等地召开的参政议政工作会议、骨干盟员培训班等，并就“民盟中央近年参政议政工作”、“新形势下进一步做好反映社情信息工作”等进行交流、培训，共培训专职干部、参政议政骨干等近千人次。民盟中央加强信息工作机制建设，修订了《民盟反映社情民意信息工作表彰办法》。

（六）继续做好对港澳台联络工作，参加重要外事活动

5 月 11 日至 14 日，副主席徐辉率队赴台北就第十届“海峡两岸暨港澳地区大学校长联谊活动”的研讨主题、活动方式、活动内容等征求台湾地区大学校长意见。在台期间，徐辉副主席一行与台湾联合大学系统曾志朗校长、陈正成副校长，台湾大学杨泮池校长，台湾中央大学周景扬校长，台湾交通大学吴妍华校长，台湾阳明大学梁赓义校长等进行了会见、座谈和深入交流。徐辉副主席向各位大学校长介绍了发起单位民盟中央、北京大学、南京大学就举办好第十届“海峡两岸暨港澳地区大学校长联谊活动”的前期准备工作情况、工作思路和工作计划。各位大学校长就此次联谊活动的有关安排提出了意见建议，并对联谊活动长期以来取得的成果给予了高度评价。他们表示，要共同努力，不断创新，将联谊活动举办好，并积极探索新的教育合作模式，推动两岸教育合作和交流。在台期间，徐辉副主席一行还考察了多所大学的硬件和软件建设情况。民盟中央参政议政部负责人参加走访。

7 月 13 日至 19 日，由民盟中央、北京大学、南京大学、台湾大学主办，贵州大学承办的第十届海峡两岸暨港澳地区大学校长联谊活动在贵州举行。主席张宝文，原主席蒋树声，副主席徐辉和两岸四地 24 所高校的 28 位现任校长及原任校长参加活动。本次活动主要包括校长论坛和考察交流两个部分。7 月 14 日，以“大学改革——创新人才培养”为主题的校长论坛在贵州大学举行。开幕式上，主席张宝文、贵州省省长陈敏尔致辞，贵州大学校长郑强、北京大学校长王恩哥、台湾中华文化总会会长刘兆玄先后发言，南京大学校长陈骏主持。张宝文主席在致辞中说，十年来，论坛研讨了两岸四地高教界面临的各种共通或差异性的问题，勾画出两岸四地高教近十年发展、演变的轨迹和对未来的展望，推动了中华民族教育文化事业的交流、合作和发展。张宝文主席认为，新时期大学培养创新人才，应努力做好以下几点：一是反思大学的定位和目标。更加注重教育内涵式发展，提高教育的质量，更加注重培养适应社会需求的各类人才，提高学生的创新能力、创业能力。二是尊重人才培养的规律。避免拔苗助长，急功近利，保持清醒和理性，沉下身、静下心去研究学问、探求知识，努力形成具有深远影响的创新成果。三是着力培养学生独立思考的能力。进一步改革大学专业设置、教育方法和管理模式，更加注重学生的个性发展，营造鼓励创新、宽容失败的良好氛围。四是在开放中交流、在交流中提升。两岸四地高校要加强合作交流，努力做到相通互融、相异互补，共同提升中华民族教育的整体竞争力。论坛中，北京清华大学前校长顾秉林、香港理工大学校长唐伟章、新竹清华大学校长贺

陈弘分别介绍了大陆、香港、台湾一年来高等教育发展情况。活动期间，参加活动的嘉宾和校长们深入贵阳、雷山等地实地考察，参观贵州大学校史馆和新校区；参观浙江大学西迁历史陈列馆等。活动期间，参与高校之间、参与高校与贵州当地高校之间签订合作项目、达成合作意向十余项。期间，贵州省委书记赵克志会见了张宝文主席、蒋树声原主席、徐辉副主席，贵州省省长陈敏尔会见了全体嘉宾和校长。

9月21日至23日、24日至27日，应哈萨克斯坦议会、丹麦议会的邀请，全国人大常委会副委员长、民盟中央主席张宝文率团分别对哈萨克斯坦、丹麦进行正式友好访问。在哈萨克斯坦期间，张宝文分别同哈萨克斯坦议会下院议长贾库波夫、上院议长托卡耶夫举行会谈、会见哈萨克斯坦总理马西莫夫。他表示，中哈全面战略伙伴关系发展顺利，树立了睦邻友好、互利共赢的典范。两国立法机构保持经常往来，合作机制运行顺畅。建议双方加紧落实两国领导人共识，加强治国理政、法律保障等方面的互学互鉴，推动中哈全面战略伙伴关系再上新台阶。哈方高度评价哈中关系发展的高水平，强调中国是可靠的战略伙伴和好邻居，高度重视开展双方各领域合作，愿继续加强两国立法机构交流，为深化两国关系提供可靠保障。张宝文一行还赴纳扎尔巴耶夫大学、“阿斯塔纳2017年世博会”公司考察。在丹麦期间，张宝文分别同丹麦议长吕克托夫特、第一副议长霍德、外交大臣利德高会见、会谈。他表示，当前中丹关系正处于历史最好时期。双方政治互信不断增强，各领域合作富有成果，人文交流不断深入，两国立法机构间各层次交往也十分密切。明年是中丹建交65周年，中方愿同丹方共同努力，推动中丹全面战略伙伴关系迈上新的台阶。丹方表示，近年来两国高层交往密切，双边关系取得长足发展，合作领域不断扩大。丹方积极支持中国全面深化改革进程，重视落实双方各项合作协议，愿与中方共同推进两国关系的全面发展。期间，代表团还参观了福斯公司和哥本哈根皮草公司。

12月8日至17日，应印度尼西亚人民协商会议、马来西亚上议院、柬埔寨参议院邀请，全国政协副主席、民盟中央常务副主席陈晓光率团赴三国进行友好访问。陈晓光分别会见了印尼人协主席祖尔基弗利·哈桑、马来西亚上议院议长阿布·扎哈、柬埔寨国会主席韩桑林及参议院第一副主席赛冲等。访问期间，陈晓光与三国相关机构领导人就双边关系、建设“21世纪海上丝绸之路”以及共同关心的问题进行了亲切友好交谈。陈晓光还向外方阐述了中国坚持“与邻为善、以邻为伴”的周边外交方针，介绍了中国经济社会发展现状及中国特色社会主义协商民主和中国全国政协的有关情况。陈晓光表示，中国全国政协愿进一步发展与三国相关机构的交流与合作，巩固双方关系的社会与民意基础，推动双边关系不断迈上新台阶。三国相关机构领导人高度评价中国和平发展道路和经济社会发展成就，表示愿积极参与“21世纪海上丝绸之路”建设，加强与中国全国政协的友好往来，进一步深化与中方在各领域务实合作。

民盟中央领导还分别参加习近平主席、李克强总理为外国元首举行的欢迎仪式。1月20日，徐辉副主席出席李克强总理为白俄罗斯总理米亚斯尼科维奇举行的欢迎仪式和晚宴。7月7日，龙庄伟副主席参加李克强总理为德国总理默克尔举行的欢迎仪式和午宴。8月25日，张宝文主席，陈晓光常务副主席出席习近平主席为津巴布韦共和国总统罗伯特·加布里埃尔·穆加贝举行的欢迎仪式和晚宴。9月15日至21日，张平副主席随全国人大教科文卫委员会代表团对美国、厄瓜多尔进行了友好访问。9月25日，张平副主席参加李克强总理为西班牙首相马里亚诺·拉霍伊·布雷举行的欢迎仪式和晚宴。

三、社会服务

一年来，民盟社会服务工作在巩固传统特色优势的基础上取得了新成绩，进一步树立了民盟良好的社会形象，产生了广泛的社会影响。

（一）凝心聚力，新农村建设在坚持中有所拓展

参与社会主义新农村建设是民盟社会服务的一项长期性工作，民盟中央坚持“发挥优势、突出重点、量力而行、讲求实效、持之以恒”的工作方针，着力推进各扶贫联系地区的科技、教育和医疗扶贫工作，形成了多元立体扶贫架构，多点开花、亮点纷呈。

1. 整合资源，进一步参与毕节试验区建设

1月9日下午，常务副主席陈晓光亲切会见了来访的中共毕节市委副书记、市长陈昌旭，市委常委、七星关区委书记宫晓农一行。陈晓光常务副主席对陈昌旭市长一行的到来表示热情欢迎，他说，民盟中央对毕节试验区的建设发展一直予以高度关注并积极参与。今年，民盟中央将在贵州举办“第二次东部十省（市）民盟组织参与毕节试验区建设研讨会”，为进一步推动毕节试验区更好更快发展献计出力。

1月，副主席龙庄伟致函中国人民银行副行长潘功胜协调七星关区发行9亿元企业债券事宜，促成该项目获得批准。

1月23日至24日，副主席欧阳明高受毕节市委、市政府邀请，赴贵州省毕节市考察国家新能源汽车产业基地发展情况，并正式受聘为毕节市科技顾问。期间，欧阳明高副主席还以“新能源汽车发展现状与趋势”为题，为2014年毕节市“一月一讲座”开讲。

2月25日至26日，民盟中央社会服务部组织中国农业大学四位盟员专家赴毕节七星关区雄嘎苗寨调研并为现代农业产业发展建言献策。27日，民盟中央赴贵州毕节市七星关区考察调研座谈会暨2014年第一次部区联席会议在区行政办公中心召开。这意味着民盟中央对雄嘎苗寨新扶贫点的工作进入整体推进和系统开发阶段。民盟中央社会服务部，民盟毕节市委，区政协、区委、区政府等有关负责同志出席，区直相关单位及长春堡镇负责人参加会议。

4月21日至24日，“东部十省市民盟组织参与毕节试验区建设第二次工作会议”在毕节召开，陈晓光常务副主席、龙庄伟副主席出席并讲话。东部十省市民盟组织共向毕节七星关区捐赠款物780余万元，民盟中央社会服务部与中国中小商业企业协会联手开展招商引资工作，达成投资意向19项，协议总金额214.7亿元。第二届“民盟名医大讲堂”也在会议期间走进毕节。4月20日至23日，来自北京、四川、湖北和贵州四地的十位名医，分别就心血管系统、内分泌系统、神经系统、中西医结合呼吸系统、妇产科、重症医学科等专业领域进行了为期三天共7场专题讲座，全市1200多名相关学科医务人员聆听了讲座。其间，专家们还对毕节市第一人民医院重症医学科、神经内科等科室进行了4次教学查房，使此次讲座真正达到理论联系实际，参训的医务人员通过听、看学到了许

多国内外先进的医疗技术和知识，通过此次民盟名医大讲堂在毕节举行，必将使试验区医疗卫生事业的发展得到较大的提高，为试验区人民群众的健康送来福音。张宝文主席对会议成果给予了充分肯定，并作出重要批示："这次会议取得了丰硕成果，赢得了毕节市委、政府和当地群众一致好评。社会服务工作继承民盟'奔走国是、关注民生'的光荣传统，在实践中不断创新工作思路，创新工作机制，拓展工作领域，为促进毕节试验区经济社会更好、更快发展多做贡献，展现民盟良好的社会形象"。

5月23日至25日，民盟中央积极发挥自身优势，依托"烛光行动"这一"同心品牌"载体，帮助毕节引入北京四中网校优质教育资源，在当地开展民盟"烛光行动"暨毕节"名师公益大讲堂"系列活动。北京四中网校向毕节市七星关区第二中学和第八中学无偿捐赠教师、学生北京四中网校三年学习卡，合计金额近70万元，有效实现了优质教育资源的社会共享，促进城乡教育均衡发展。

9月，民盟中央社会服务部协调毕节市委主要领导赴深圳，就在毕节设立股权投资企业（即产业投资基金）事宜与深圳的盟员企业家进行商谈，并达成合作意向。

10月27日，民盟中央社会服务工作委员会积极牵线搭桥，动员温州爱心企业发起"暖梦行动之温馨黔行"，向贵州毕节等地捐赠价值130万元的暖鞋和冬衣。

2. 参与黔西南州"星火计划、科技扶贫"工作

2月，副主席龙庄伟出席在贵州黔西南州举办的"中国美丽乡村·万峰林峰会"。本届峰会由农业部、中央电视台和各民主党派中央、全国工商联黔西南"星火计划、科技扶贫"试验区联合推动组指导，由农业部科技教育司、中央电视台第七频道农业节目等18个单位联合主办。峰会以"聚焦万峰林、共筑中国梦"、"强农业、美乡村、富农民"为主题，通过高端论坛、主题研讨会等活动以及包括旅游、农业等9个板块的系列活动，汇聚各方力量，共同探讨强农业、美乡村、富农民之策。龙庄伟副主席就如何进一步加强联动，共同做好黔西南"星火计划、科技扶贫"工作，与民盟黔西南州委主要领导进行了深入交流。民盟中央组织有关专家、企业家帮助黔西南州培训乡村教师、改善基层卫生院办院条件，并开展招商引资系列活动。

3月22日至23日，民盟中央社会服务部组织京津两地名师赴贵州省黔西南州兴义市开展烛光行动——"京津名师牵手黔西南"教学交流活动。此次活动是民盟中央第二次组织京津教学一线骨干优秀教师和教育专家来到黔西南开展烛光行动，是民盟参与各民主党派中央、全国工商联黔西南州"星火计划、科技扶贫"试验区联合推动组人才培训工作的一部分。活动中，中国教育学会理事、北京教育学院校长研修学院副院长李雯，天津第二十中学校长、民盟中央委员张永泉分别就"教师专业发展的自我规划与实践"、"面向未来教育，提升专业自信"作了专题报告。

3月30日，经民盟中央、民盟黔西南州委牵线搭桥，北京倍肯集团向黔西南州兴义市5个乡镇卫生院、5个村卫生室捐赠"乡镇卫生院数字化整体化验室"检验设备和"村医健康管理一体机"，向贞丰县龙场镇龙河村卫生室捐赠"村医健康管理一体机"，共计价值186万元。

6月18日，黔西南州休闲农业与特色旅游专题研讨会在兴义召开。研讨会上，中央统战部、联合推动组、国家有关部委、省有关部门负责同志，与来自全国各地的专家、学

者、企业界代表，围绕休闲农业、乡村旅游等主题，展开专题研讨及广泛交流。民盟中央社会服务部组织专家与会，就“留住乡愁——乡村旅游的趋势”作了精彩演讲，获得了与会代表和黔西南州有关部门的一致好评。

3. 积极助推河北广宗现代农业发展

1月14日，副主席龙庄伟一行赴河北省广宗县大平台乡北葛村走访慰问困难群众，向他们致以新春问候，并送上了慰问金和慰问品。

1月24日上午，副主席龙庄伟亲切会见了来访的河北省广宗县县委书记刘立生，县委常委、常务副县长吉福印一行。龙庄伟副主席首先对刘立生书记一行的到来表示热烈欢迎和衷心的感谢。在听取广宗县相关工作汇报后，龙庄伟表示，二十多年来，民盟中央始终秉承费老“沙里淘金”的发展思路，参与广宗的经济社会建设，为广宗的扶贫开发事业做出了积极的贡献。但是，应该看到广宗县的发展还比较落后，需要我们双方进一步加强合作，共同推动广宗扶贫开发工作。希望广宗在加快转换经济发展方式的同时，把改善民生、生态环境建设放在和经济发展同等重要的位置上，不断提高自我发展能力。今后，民盟中央也将根据广宗县的发展需求，充分发挥自身优势，整合资源、集中力量，一如既往地支持广宗的经济社会建设。

3月21日至22日，经民盟中央社会服务部组织协调，由中国农业大学专家组成的考察组赴河北省广宗县开展对口扶贫调研活动，积极推动当地现代农业产业发展。活动期间，调研组分别考察了北塘疃育苗基地、北塘疃乡大棚示范区、南寺郭千亩大棚葡萄示范区等多个具有特色的农业项目示范点。考察组与村民、村干部充分交流，掌握了翔实的第一手资料。调研结束后，各位盟员专家与广宗县相关领导进行了座谈，围绕广宗县的农业结构升级积极建言献策，获得了与会盟中央领导、县领导的一致好评。会议期间，与会各方就合作建立民盟农业大学委员会广宗工作站的必要性与可行性等相关问题进行了深入的探讨，并达成了初步意向。座谈会上，九位同志受聘担任“广宗县人民政府农业高级顾问”。另外，考察组还向广宗县捐赠了中国农业大学出版社出版的100册农业科技书籍。

由于工作成绩突出，民盟中央社会服务部扶贫处获得国务院扶贫开发领导小组于2014年授予的“中央国家机关等单位定点扶贫先进集体”称号。

4. 进一步深化“盟遂合作”

由张宝文主席亲自致函国家发改委主任徐绍史，王光谦副主席帮助协调，总投资33亿元的“武引工程蓬船灌区项目”得到国家发改委批复正式立项，为“盟遂合作”续写了新的篇章。

5月21日，副主席龙庄伟率队来四川省遂宁市安居区调研“盟遂合作”开展情况。龙庄伟对“盟遂合作”给予了充分肯定，他表示，安居区作为深化“盟遂合作”的切入点和突破口，安居区委、区政府于2013年专门成立了“盟安合作”办公室，这是全国范围内地方政府为更好地与民主党派合作而设立的首个专门机构，不仅为“盟遂合作”事业的进一步深化奠定了坚实的制度基础，是对民主党派参与地方经济社会建设工作的一次机制创新。同时，他希望民盟遂宁市委继续把民盟的参政议政资源整合好，把民盟的智慧与力量凝聚到为深入推进“六大兴市计划”的服务上来，多建科学之言，多献务实之策；希望安居区进一步深化“盟安合作”，为进一步深化“盟遂合作”拓宽合作领域探索新的切入点；以重大项目实施为抓手，有序推进城乡建设用地增减挂钩试点区和争取国家级现代农业区建设；深化合作内容，创新合作方式，总结合作经验，助推安居又好又快发展。

5月21日，副主席龙庄伟出席在遂宁举行的“烛光行动——外研通四川省支教行”暨中国城市发展职业教育基金捐赠仪式。外研社向四川省20所中小学校捐赠“外研通”点读教师机和有声图书阅览室，总价值24万元。中国城市发展研究院向遂宁捐赠10万元中国城市发展职业教育基金。

8月18日，由民盟中央和新东方教育集团联合举办的教师社会责任行“烛光行动”启动仪式在四川省遂宁市安居区安居小学举行。

11月6日至7日，由民盟中央、全国政协人口资源环境委员会和政协四川省委员会共同主办，以“绿色经济·生态农业”为主题的2014绿色经济遂宁会议在遂宁市举行。主席张宝文出席开幕式并讲话。张宝文首先代表民盟中央对会议的召开表示热烈祝贺！他说，继2012绿色经济遂宁会议之后，遂宁绿色发展又取得了新的进展和成效，正在创造一套绿色发展模式，加快走出一条以生态、循环、低碳、高效为特征的绿色发展新路子。2014绿色经济遂宁会议以“绿色经济·生态农业”为主题，体现了特色鲜明的现实意义，会议立足于绿色经济这个核心，对推进生态农业建设向纵深发展，为各地交流分享绿色发展、生态文明建设经验提供很好平台。就如何更好实现绿色发展，张宝文强调，一要加强环境保护的立法和执法，使生态文明建设走上法治管理轨道。二要提升环境与经济综合决策水平，实行环境保护问责制。三要提高环境的准入门槛，构建覆盖生产、流通、分配、消费全过程的环境政策体系。他说，绿色发展、生态文明建设关系着人类的福祉和未来，2014绿色经济遂宁会议专家云集，精英荟萃，衷心希望大家坦诚交流，为探索中国的绿色低碳可持续发展道路积极建言，出谋划策，为建设美丽中国作出应有的贡献。副主席龙庄伟主持高层峰会并作闭幕讲话。民盟中央副主席、中科院院士在高层峰会上作主题演讲。民盟中央还邀请了发改委、国土、农业、水利、环保等多个部委的同志参会指导，并组织专家、企业家参加高层峰会、专家对话、丘区县域经济暨现代农业发展座谈会、校地企交流合作会等会议环节，为遂宁绿色经济发展积极建言献策。

除积极推进定点帮扶地区的工作外，2014年2月，民盟中央社会服务部与贵州省安顺市政府签订了“盟安合作”协议；民盟中央充分发挥资源优势，帮助山西省孝义市民盟组织筹划招商引资活动；协调援建江西省广昌县甘竹镇敬老院项目；赴山东临沂调研“民盟大学生创业园”。

（二）凸显品牌效益，“烛光行动”在巩固中继续夯实

3月26日至29日，副主席龙庄伟赴湖北恩施州调研教育、文化、民族工作，特别是就民盟“农村教育烛光行动”援建的鹤峰县北镇学校教学楼工程、鹤峰县城区学校的办学条件及布局调整等教育现状和发展情况进行深入调研。民盟中央社会服务部联系盟员企业家向鹤峰县北镇学校捐赠10万元用于学校后期配套建设。

民盟中央与新东方教育科技集团，继续合作开展“烛光行动——新东方教师社会责

任行”活动，2014 年暑期共派遣 40 余名优秀支教教师，在江西、重庆等九省市培训中小学生教师 2000 余人次。

民盟中央与北京四中网校继续深化合作关系，在甘肃、辽宁等五省捐赠教学资源价值 2089 万元，培训教师 5000 余人次，指导学生 5 万多人次。

民盟中央社会服务部联系协调浙江慈溪育才教育集团、上海莘越公司等向北京、云南等省市捐赠《几何王》软件 2020 套，价值 120 万元。

民盟中央社会服务部联系香港汉荣书局，为贫困地区 65 家县级图书馆争取图书捐赠并办理有关报关审批手续，捐赠图书总计价值 380 万元。

由民盟中央、北京外研通公司联合主办的“烛光行动——外研通支教行”活动在广西、四川等地开展，共向西部 50 所农村中小学捐赠点读教学设备 150 套，有声图书 2 万册。

民盟中央社会服务部携手盟员企业家启动“民盟米信校园安全行”大型公益活动，目前已在江西、四川等十多个省市捐赠校园安防系统。这一活动是民盟社会服务品牌“烛光行动”的升级版，旨在全面提升中、小学校园安防水平、改善管理条件，提高管理质效，实现校园安防管理的立体化和智能化。“米信校园主动安防信息系统”可远程自动考勤，定位学生，与家长专属通信，旨在借助信息化手段缓解“学校使用手机有弊端”、“家长学校孩子三方沟通不畅”、“学生离校后安全”等一系列校内到校外的安全问题。

据不完全统计，截至目前，“烛光行动”已在全国 30 个省、自治区、直辖培训乡镇农村中小学校长及一线骨干教师 16 万人次，援建烛光学校 125 所，捐赠图书 55 万册，捐赠款物价值超亿元。

（三）争创新品牌，“黄丝带”帮教计划在打造中不断深化

“黄丝带”帮教计划正式实施一年来，各地盟组织与司法部门的合作不断深化，取得了较好效果。2014 年，民盟中央先后到北京、安徽、河北、陕西、湖北、天津等省市调研指导“黄丝带”帮教计划。

11 月 18 日至 19 日，民盟社会服务工作研讨会在京召开。会议主要就全盟开展社会服务工作特别是“黄丝带”帮教计划的经验和成绩进行了总结、交流和研讨。主席张宝文，常务副主席陈晓光，副主席张平、徐辉、龙庄伟出席会议。

张宝文主席在开幕讲话中对民盟社会服务工作的历史进行了回顾总结，充分肯定了近年来全盟社会服务工作取得的成绩，深刻分析了民主党派开展社会服务工作的重要意义和作用，对今后一个时期如何做好民盟的社会服务工作提出了具体明确的要求。他指出，近年来，在民盟中央的领导下，经过全盟的共同努力，社会服务工作成绩显著，以新农村建设、“农村教育烛光行动”、监狱帮教、社区服务为主体的工作格局日臻成熟，“烛光行动”、“明眸工程”等社会服务工作品牌的社会影响日益显著，多次荣获国务院、中央统战部的表彰，并先后获得习近平、俞正声等中央领导同志的肯定和批示。他强调，要把围绕中心、服务大局作为民盟社会服务工作的指导思想，要把“发挥优势，突出重点，量力而行，讲求实效，持之以恒”作为做好社会服务工作的基本方针，要把塑造社会服务品牌作为提升社会服务工作水平的重要抓手，不断加大社会服务工作力度，争取为全面建成小康社会、实现中华民族的伟大复兴做出新的贡献。

龙庄伟副主席在闭幕讲话中阐述了“黄丝带”帮教计划的重要意义。他指出，“黄丝带”帮教计划是民盟组织配合司法行政部门，积极参与感化、教育违法人员，以帮助其早日重归社会，从而推进社会主义社会和谐建设的具体实践，是民盟组织提升社会服务工作水平的积极尝试和重要抓手，在当前的时代背景下，有着重要的政治意义和社会价值。一方面，“黄丝带”帮教工作是民盟认真践行社会主义核心价值观，积极服务全面推进依法治国总体目标的具体实践。另一方面，“黄丝带”帮教工作是民盟作为参政党在司法行政领域参与社会管理体制创新，促进社会和谐的积极探索。就下一阶段如何推进“黄丝带”帮教计划，龙庄伟副主席提出了总体要求。一是要统一思想认识，明确任务目标，全力提升“黄丝带”帮教工作的整体水平。二是要以基地为依托，做好长远规划，将“黄丝带”帮教工作做细做实。三是积极开拓思路，找准工作突破口，不断探索“黄丝带”帮教工作的新领域。四是要找准角色定位，立足自身优势，着力突出“黄丝带”帮教工作的智力特色。五是要充分发掘典型案例，加强工作结合，全力打造“黄丝带”帮教工作品牌。

大会对在社会服务工作方面做出突出成绩的先进集体及先进个人进行表彰。会议特邀国家司法部监狱管理局有关领导到会作报告。与会同志就新形势下如何做好社会服务工作，尤其是“黄丝带”帮教计划进行了热烈讨论，充分交流、深入探讨，提出了许多建设性的意见和建议。

据不完全统计，全盟已在110多个监狱、未教所、社区等场所开展帮教工作300余次，建立各类帮教基地71个，受到司法部门和帮教场所广泛欢迎，在社会上产生了积极影响。

（四）拓展新领域，社区服务在探索中不断深入

2014年，一些有条件的民盟组织继续积极探索民盟参与社会管理创新、多方位服务社区的新模式，丰富社区服务内容，组织开展法律、医疗、技术文化服务进社区活动，为拓展社会服务新领域做出了有益探索，产生了良好的社会反响。

1月16日，民盟中央社会服务部到北京市朝阳区安贞社区进行社区服务项目考察。

9月，副主席龙庄伟一行赴上海考察社区共建和社区矫正工作。

（五）关注民生，着力推进医疗卫生领域的社会服务品牌建设

5月16日，民盟中央“爱心温州、善行天下、明眸工程”暨国家医学教育基地项目眼科内镜微创手术培训班启动仪式在娄底眼科医院举行。此次培训班在娄底开班也是“明眸工程”系列活动之一，历时3天，邀请20多位全国著名眼科专家现场授课和手术示范。“明眸工程”湖南娄底行共收到温州市慈善总会、温州太平慈善功德会、温州都市报、温州爱心人士捐款31.6万元，捐赠眼镜1000付，在娄底眼科医院免费实施角膜移植和白内障手术，并以此为突破口，通过帮助提高眼视光的诊疗手术带给娄底及各县级医院的眼科诊疗，进而提高群众的视觉健康水平。近400名贫困白内障患者在此次活动中恢复光明。

5月20日，“明眸工程”走进四川凉山州，带去温州社会各界捐款55万元，帮助该州500名贫困眼病患者重见光明。副主席龙庄伟出席启动仪式。龙庄伟在讲话中指出，“明眸工程”不仅是民盟继承优良传统，积极服务社会的具体实践，也展现了温州人富裕之后不忘本、积极回馈社会的新时代温州精神。同时，“明眸工程”最大的特点也是最成功

之处在于，“明眸工程”作为一个工作平台，可以将政府、民主党派、社会慈善组织、专业机构、企业、商会、新闻媒体等各方面力量组织整合起来，共同参与公共服务和公共管理，有效地推动帮扶地区的民生改善和社会和谐，从这个意义上来说，“明眸工程”是对中共十八大“加强和创新社会管理，推动社会主义和谐社会建设”精神的贯彻实践和积极探索。同时，他希望各参与单位再接再厉，积极拓展新的工作领域，进一步加强体制机制探索和工作模式创新，以扎实工作为“明眸工程”品牌不断增添新的亮点，帮助更多患者重获光明，推动社会主义和谐社会建设事业不断取得新的进步。

9月，“明眸工程”荣获了国务院第六次“全国民族团结进步模范集体”表彰。自2009年12月启动以来，共募集资金2600多万元，先后在贵州、云南、青海、四川、重庆、河南、陕西、新疆、宁夏、广西、安徽、湖北、湖南等13省（区、市）开展免费白内障手术6000余例，捐资帮助玉树州人民医院筹建眼科医院，由于成绩突出曾先后荣获“各民主党派、工商联、无党派人士为全面建设小康社会作贡献·社会服务优秀成果”称号和“中华慈善奖最具影响力慈善项目”表彰。

民盟中央社会服务工作委员会积极牵线搭桥，促成“健康心动延安行”，协调美敦力公司出资125万元，将连续五年为延安地区贫困患者捐赠心脏起搏器和手术费用。

民盟中央社会服务部与增爱公益基金会签订了合作协议，携手开展“民盟增爱义诊”活动。8月23日，活动首站在凉山州西昌市人民医院启动，来自北京的9位中西医方面全国知名专家，为凉山州近200名患者进行了义诊。

四、自身建设

一年来，全盟各级组织围绕开展“坚持和发展中国特色社会主义学习实践活动”，认真学习政治理论，加强民盟优良传统教育，不断增强思想宣传工作的针对性和实效性，多党合作的思想政治基础更加巩固；认真落实组织发展五年规划和年度计划，大力实施“人才强盟”战略，夯实基层组织根基，盟的组织建设取得了新的成效。

（一）思想理论建设

1月22日，为繁荣基层文化、服务基层群众，副主席张平、葛剑平出席民盟中央美术院和民盟北京市委在大兴区西红门镇联合开展的“文化下基层”活动。张平副主席说，民盟中央美术院开展这次活动，有两个目的：一是向当地群众学习，二是为基层民众服务。今后，民盟中央美术院将积极组织美术家们为基层民众服务，通过开展美术展览、笔会、美术培训等丰富多彩的活动，努力满足百姓的精神文化需求。民盟中央美术院常务院长吴为山等十余位美术家进行了现场创作。

1月27日上午，张宝文主席、张平副主席参观在故宫太庙举办的“大木葱茏——范曾先生艺文回顾展”。范曾先生是民盟盟员，是当代中国著名的书画家、诗人、文学家，曾获得“法兰西荣誉军团骑士勋章”、“中华艺文奖·终身成就奖”等奖项。本次艺文回顾展展出作品均为范曾先生近30年代表作，包括《秋兴》八首、《滕王阁序》、《蔡公造像》等书画作品共120幅及百余种书籍，主要侧重于通过对范曾先生艺术创作风格的回顾，进而呈现其创作的多样性。

2月25日，民盟中央召开“两会”新闻记者通气会，重点介绍民盟提交“两会”的提案、发言情况。副主席张平出席会议并向记者介绍情况。张平代表民盟中央对新闻媒体过去一年对民盟各项工作的关心和支持表示衷心感谢。他总结了2013年民盟的履职情况，并向与会媒体记者介绍了2014年民盟提交政协会议的提案情况和2014年民盟中央的重点调研工作。来自人民日报、新华社、中央人民广播电台、光明日报、人民政协报、团结报、经济日报等近20家首都新闻媒体的记者参加通气会。

2月28日，张平副主席受邀出席南京·国际体育雕塑大赛颁奖典礼暨第二届大赛启动仪式，并为获奖艺术家颁奖。民盟中央文化委员会主任、美术院常务院长吴为山担任大赛艺术委员会主任并出席典礼。诸多世界雕塑艺术家相聚南京，解读南京文化，体验南京城市精髓。活动结束后，张平副主席赶赴南京大屠杀纪念馆，参观了吴为山设计创作的“侵华日军南京大屠杀遇难同胞纪念馆”大型群雕。

3月27日至30日，张平副主席率队赴广西调研思想宣传工作，对盟组织开展“坚持和发展中国特色社会主义学习实践活动”进行督导、检查。调研期间，广西南宁、崇左、桂林等地盟组织负责同志向调研组汇报了学习实践活动开展情况，并对民盟思想宣传工作的形势任务、方式方法、内容载体以及存在的问题提出了很好的建议。张平副主席表示，民盟中央对思想建设和学习实践活动高度重视，这次调研目的就是了解各级盟组织的思想宣传工作现状和开展学习实践活动情况，总结好的经验、做法，深入推动学习实践活动的开展。他指出，广西曾经在全国率先开展政治交接教育实践活动，打造了黄姚、金秀等一批优良传统教育实践基地，积累了丰富而宝贵的经验，在全盟产生了很大的影响。希望广西民盟各级组织，能在这次学习实践活动中，积极探索，认真实践，争取在全盟以及各民主党派中总结出具有示范意义的好经验、好做法。在桂期间，调研组出席了民盟广西十二届三次全委会，并实地考察了广西民族博物馆、花山岩画、红八军纪念馆等文化项目。民盟广西区委主委刘慕仁、民盟中央宣传部负责人参与调研。

3月31日至4月2日，张平副主席一行赶赴河南考察调研思想宣传工作。调研组先后与民盟河南省委机关部门负责同志和各专委会负责人座谈，听取了民盟河南省委近期工作汇报及对民盟思想宣传工作和开展学习实践活动的意见、建议；考察河南大学，就高等教育问题和民盟在高校的组织发展工作进行了调研座谈。民盟河南省委、中共开封市委、市政协、民盟开封市委、河南大学、中共兰考县委等单位领导陪同调研。调研期间，张平副主席对河南结合自身实际、发挥自身优势开展的“放歌中原”、“援建烛光小学”、“盟鹤合作”等工作留下了深刻印象，对民盟河南省委近年来的工作给予了充分肯定。他强调，民盟各级组织在开展学习实践活动中，要注意学习借鉴中国共产党开展群众路线学习教育活动的成功经验，学习习近平总书记在兰考县调研指导党的群众路线教育实践活动时的重要讲话精神，围绕加强自身建设、提高履职能力这一关键环节，探索规律和经验，创新载体和形式，推动学习实践活动取得实效和实绩。

4月18日，民盟中央艺术团理事会第一次会议在京举行。会议的主要议程是讨论通过《民盟中央艺术团章程》，研究讨论艺术团今后工作。主席张宝文，常务副主席陈晓光，副主席张平、徐辉、龙庄伟，原副主席李重庵，秘书长高拴平出席会议。张宝文在开幕会上发表讲话，对艺术团理事会第一次会议的召开表示热烈祝贺。他说，民盟作为主要由文化、教育、科技界中高级知识分子组成的参政党，一直以来与文艺界联系广泛，有着深厚的传统和历史渊源。民盟中央艺术团的职责是联系并团结全盟文艺工作者，整合民盟在文艺界的力量，发挥文化领域特长优势，开展文化艺术活动，扩大民盟社会影响，为民盟履行参政党职能服务。张宝文对艺术家、对艺术团提出八个字的希望：艺术家要“德艺双馨”，把知识分子的文化自觉与社会责任感融入表演与创作中，以思想性、艺术性、观赏性相统一的文艺精品，赢得人民群众的喜爱和尊重；艺术团要“百花齐放”，当好艺术家之间的桥梁和纽带，更好地为文化惠民、文化乐民、文化富民出力，让中国丰富的文化传统生生不息、历久弥新。民盟中央艺术团聘请张宝文、陈晓光为顾问，李谷一、刘德海、盛中国、鲍蕙荞、王铁成为名誉团长，张平为团长，边发吉、马秋华、卞留念、王蓉蓉为常务团长，顾欣等118人为理事。分组会议上，理事们围绕《民盟中央艺术团章程（草案）》和民盟中央艺术团今后工作进行了讨论。副主席、民盟中央艺术团团长张平在闭幕会上作闭幕词。他提出四点希望与理事们共勉：第一，增强大局意识，努力为民盟中心工作服务。第二，提高自身技艺，创品牌，出精品。第三，争当伯乐，慧眼识人才，充分发挥各门类民盟文艺名家、大家的引领作用。第四，发挥聪明才智，凝聚集体智慧，推动艺术团的自身建设。闭幕会后，艺术家们表演了精彩的文艺节目。民盟中央艺术团70余位理事参加会议，民盟中央机关各部门负责同志出席会议。

4月25日，张宝文主席、张平副主席出席了在国家大剧院举办的“空间·境像——朱乐耕当代陶艺展”开幕式，并参观了展出作品。本次展览为中国艺术研究院和国家大剧院联合主办。民盟盟员朱乐耕为张宝文主席一行作了详细讲解。朱乐耕是中国陶瓷艺术大师，现任中国艺术研究院艺术创作院院长，中国工艺美术学会副理事长，民盟中央美术院常务院长。作品多次参加国内外陶艺展，并数十次获奖，2013年获中华艺文奖。此次展览囊括了朱乐耕创作的系列陶艺作品，不但展示了他近年来在艺术上的探索，同时也反映了他对当代中国陶艺发展作出的贡献。

5月17日至19日，为发挥民盟中央美术院在文化领域的优势特长，更好为社会主义文化建设贡献力量，张平副主席率民盟中央美术院调研组赴福建武夷山开展文化调研，并出席了民盟中央美术院武夷山分院成立仪式。在民盟中央美术院武夷山分院成立仪式上，张平副主席发表了讲话。他说，民盟中央美术院成立以来，积极团结盟内美术人才开展美术工作，引领新风尚、传递正能量，为继承和发扬中华民族优秀文化，为社会主义文化建设做出了应有贡献。他表示，武夷山分院的成立，既是武夷山文化界的一件盛事，也是民盟美术界的一件盛事，必将有力推动武夷山民盟组织在文化领域的参政议政、社会服务等各项工作。希望武夷山分院更好地整合本地美术界力量，团结盟员美术家开展创作、交流经验、联络感情，通过艺术创作与文化活动，增强盟组织的凝聚力和社会影响力，为弘扬民族优秀文化、推动社会主义文化大发展大繁荣作出新贡献。揭牌仪式结束后，现场举行了“民盟中央美术院武夷山分院成立纪念笔会”。民盟中央美术院美术家们与当地书画界同仁交流见解，畅谈书画艺术；并现场创作了百余幅佳作。

6月6日，中国民主同盟安徽省委员会成立60周年纪念大会在合肥市隆重举行。主席张宝文，中共安徽省委常委、统战部部长沈素琍应邀出席大会并讲话。副主席龙庄伟，民盟安徽省委主委郑永飞出席会议。张宝文代表民盟中央讲话，他充分肯定了民盟安徽省委的光辉历史及过去的各项工作。他说，在60年的光辉历程中，安徽民盟始终与中国共产党亲密合作、风雨同舟、肝胆相照、荣辱与共。进入新世纪新阶段，特别是2012年以来，新一届民盟安徽省委领导班子团结带领全省各级盟组织和广大盟员，高举中国特色社会主义伟大旗帜，紧紧围绕中共安徽省委、省政府中心工作，认真履行参政党职能，切实加强自身建设，出主意、想办法，做好事、做实事，为促进科学决策、民主决策发挥了积极作用，为促进安徽经济社会科学发展、和谐发展、跨越发展作出了重要贡献。他要求安徽各级盟组织及广大盟员进一步增强履行参政党职能的使命感和责任感，坚定不移地做中国特色社会主义的拥护者；继续坚持"奔走国是，关注民生"的优良传统，坚定不移地做科学发展的推动者；努力保持求真务实、勇于担当的政治品格，坚定不移地做改革的促进派。出席大会的还有中共安徽省委统战部、全省各民主党派、工商联、无党派知识分子联谊会的领导，以及盟员代表。会后，张宝文主席参观了民盟安徽省委成立60周年成果展。

6月12日，副主席张平出席常州大学史良法学院揭牌仪式系列活动。副主席张平，民盟江苏省委主委曹卫星，常州大学校长浦玉忠，史良女儿等共同揭牌。张平副主席代表民盟中央对长期以来深入宣传常州民盟先贤、关心支持民盟常州市委工作的常州市委市政府和常州社会各界人士表示感谢。他说，史良是一位卓越的民盟领导人，历任民盟中央常委、副主席、主席，深得盟内广大盟员的尊敬和爱戴。她是举世闻名的抗日"七君子"之一，也是一位杰出的法学家，在加快建设中国特色社会主义法治国家的大背景下，民盟常州市委与常州大学共建史良法学院，这对于传承和弘扬史良同志爱国民主、依法治国的理念，培养奋发向上、公正有为的法律人才，有着重要的意义。民盟中央愿意为史良法学院的发展提供全国性的法律人才支持。民盟中央宣传部负责人，民盟常州市委，南京大学、东南大学等高校法学院院长、史良法学院部分师生等100余人出席仪式。

6月13日，副主席张平一行来到江苏吴江，参观费孝通江村纪念馆并为"民盟爱国主义教育基地"揭牌。张平副主席表示，费老是民盟杰出的领导人，也是一代中国进步知识分子的典范。他勤奋求实、身体力行，他矢志不渝、志在富民。他的精神和思想，是民盟汲取智慧和力量的宝库。希望江苏民盟利用教育基地揭牌这个契机，更好地挖掘、保护费老留下的宝贵精神财富，把教育基地建成为全盟的一个典型示范。民盟中央宣传部、民盟苏州市委负责人陪同参观。在苏期间，张平还看望了民盟地方组织机关干部。

6月27日，副主席张平在民盟中央机关会见《中国统一战线》杂志社社长王晓光一行。张平副主席首先代表张宝文主席和陈晓光常务副主席对王晓光一行来访表示欢迎，并简要介绍了民盟近期开展坚持和发展中国特色社会主义学习实践活动的具体情况和参政议政等重点工作。他表示，《中国统一战线》杂志最近发表了包括张宝文主席署名文章在内的许多民盟文章，特向你们表示感谢，希望《中国统一战线》杂志继续加大对民盟宣传工作的支持力度。民盟中央宣传部部负责人参加会见。

7月1日，副主席张平在人民网出席人民网·中国统一战线新闻网开通仪式，并参观人民网。中央统战部副部长陈喜庆、各民主党派中央副主席和无党派人士代表出席了开通仪式并共同启动"中国统一战线新闻网"。"中国统一战线新闻网"致力于前沿、高端、创新的建设理念，设有统战要闻、同心时评等15个板块，50余个子栏目，初步建有中央统战部、中国民主党派、统战系统单位、中国宗教团体4个资料数据库。网站旨在通过权威信息发布、理论政策解读、典型案例展示、线上线下互动等，反应新形势下统一战线工作的新发展、新成就，展示统一战线广大成员和统战干部的良好风采，进一步提升统一战线的社会影响力。

8月4日至5日，副主席张平出席民盟内蒙古自治区委员会成立30周年纪念活动。民盟内蒙古区委主委董恒宇，民盟内蒙古区委原主委许柏年及50多位盟员代表出席会议。张平副主席代表民盟中央向区委成立30周年表示热烈祝贺，向内蒙古全体盟员致以亲切的问候。他在讲话中充分肯定了民盟内蒙古区委工作取得的成绩。他说，民盟内蒙古区委成立30年来，始终与中国共产党风雨同舟、亲密合作，团结领导广大盟员，切实履行参政党职能，为推进内蒙古自治区的经济发展和社会进步发挥了重要作用。他强调，中共十八届三中全会提出了全面深化改革的目标，鼓舞人心、催人奋进。希望民盟内蒙古区委及广大盟员以纪念区委成立30周年为契机，继承和发扬优良传统，坚持和完善中国共产党领导的多党合作和政治协商制度，进一步增强履行参政党职能的使命感和责任感，集中和凝聚全区盟员的智慧力量，以内蒙古区情为基础，结合自治区中心工作建言献策，续写参政议政新篇章。5日，副主席、民盟中央美术院院长张平还出席纪念民盟内蒙古自治区委员会成立30周年美术展开幕仪式和民盟中央美术院内蒙古分院成立揭牌仪式。此次美术展共展出200多幅民盟盟员书画作品，民盟中央美术院部分美术家出席开幕式并参观了美术展。

8月7日至13日，副主席张平率队赴黑龙江调研思想宣传工作，并对当地民盟组织“坚持和发展中国特色社会主义学习实践活动”工作进行督导、检查。民盟黑龙江省委主委赵雨森陪同调研。调研期间，调研组多次与盟内专家学者、基层组织主委、机关干部座谈，认真听取民盟黑龙江省委、各市委及黑龙江省文化委员会负责人对思想宣传工作及学习实践活动方面的情况介绍和意见建议。调研中，张平副主席对民盟黑龙江省委及地方组织将学习实践活动与民盟履职紧密结合，寓思想教育于参政议政实践之中的做法给予了充分肯定。他强调，民盟各级组织要及时总结、上报在学习实践活动中涌现出来的先进集体和先进人物，发挥典型带动示范作用，充分展示广大盟员认真履行职责、在各自工作岗位上建功立业的良好形象。民盟中央在适当时机将召开全盟学习实践活动总结大会，表彰在学习实践活动中表现突出的集体和个人。在黑期间，张平副主席还出席了民盟中央美术院黑龙江分院成立暨首届作品展开幕仪式，并为民盟中央美术院黑龙江分院和创作基地揭牌。他在致辞中勉励民盟美术家们以美术院为平台，提高技艺、开展创作、联络感情，通过艺术交流与文化活动，增强民盟的凝聚力和社会影响力，为继承和弘扬民族优秀文化、推动社会主义文化大发展大繁荣贡献力量。民盟中央宣传部、民盟黑龙江省委有关负责人参加了调研。

9月5日晚，由民盟中央艺术团、民盟河南省委员会和郑州大学共同主办的“放歌中原——教师节高雅艺术进校园公益演出”在郑州大学新校区体育馆隆重举行。副主席、民盟中央艺术团团长张平，民盟河南省委主委储亚平，中共河南省委统战部副部长赵太安等出席活动。“放歌中原——送文化下基层”系列活动启动于2012年4月，已举办7次，成为民盟河南省委的一个文化品牌。本次公益演出，是民盟中央艺术团、民盟河南省委培育和践行社会主义核心价值观，坚持和发展中国特色社会主义学习实践活动的具体体现，是服务社会主义文化建设的一次实践行动。民盟河南省委专门工作委员会主任、副主任，民盟河南省委省直基层负责人、郑州大学盟员代表500余人和郑州大学3000余名师生参加活动。

9月28日，常务副主席陈晓光，副主席、民盟中央美术院院长张平出席民盟中央美术院北京分院暨民盟北京市委书画家联谊会成立大会。与会领导为联谊会会长、副会长、秘书长颁发了聘书，陈晓光常务副主席为民盟中央美术院北京分院揭牌，张平副主席最后代表民盟中央美术院致辞。他在致辞中表示，北京是中国的文化中心，汇聚着众多优秀的美术界人才。相信民盟中央美术院北京分院的成立，必将有力推动北京民盟市委在文化领域的参政议政、社会服务等各项工作。他希望书画家联谊会能够更好的整合首都民盟在美术界的力量，发挥文化领域的优势，积极组织书画家们开展多种形式的采风、研讨活动，联络感情，增强盟组织的凝聚力和社会影响力。他勉励美术家们努力提高自身艺术造诣，互相交流，切磋学习，取长补短，共同提高，创作出更多的精品佳作。成立大会结束后，陈晓光常务副主席、张平副主席还饶有兴致地参观了庆祝中华人民共和国成立65周年盟员书画展。本次展览展出了盟员作品100余幅，充分展现了盟员们对壮丽河山的歌颂，对美好生活的热爱，对伟大中国梦的向往。

10月4日，副主席徐辉赴浙江省衢州市江山市，实地视察“江山盟员之家”建设。“江山盟员之家”位于江山盟员企业内，今年3月建成投入使用，总建筑面积950平方米，建有毛泽东与民盟展厅、支部档案室、盟企共建培训室等。徐辉副主席详细了解“江山盟员之家”的组织架构、开展活动的载体和履职成效等情况。在听取民盟江山市支部相关工作情况汇报后，徐辉副主席对民盟江山市支部规范化建设及江山盟员之家建设予以充分肯定。他指出，民盟浙江省委会多年来重视基层组织建设，难点在基层，重点就放在基层。“江山盟员之家”是民盟浙江众多优秀基层组织建设的缩影。希望江山支部能在“情感之家”、“履职之家”、“奉献之家”建设上多下工夫，一步一个脚印做好支部建设，办好盟员之家，服务江山发展。

10月25日，副主席张平出席由民盟上海市委和上海大学联合主办的“费孝通的启示：新型城镇化学术研讨会”，并讲话。张平副主席在讲话中说，费老的一生是独具魅力的一生，是把生命奉献给强国富民理念的一生。城乡经济发展是费老一生致力的课题。举行这样的研讨会，既是缅怀费老的业绩，从先生的学术生涯中汲取高超的学术智慧和可贵的治学精神，又是继承先生的遗志，在系统性地研究费老丰富学术思想的基础上，把费老的思想、理论、学术研究转化为向党政部门建言献策的决策参考和施政依据，围绕新型城镇化为国家经济社会发展提供具有战略性、前瞻性、有价值的观点和建议。来自全国各地的专家学者围绕费孝通小城镇思想与新型城镇化建设、费孝通问题与中国现代性、重温费孝通与梁漱溟的乡村建设思想等题目进行了深入热烈研讨。民盟中央宣传部、群言杂志社、民盟上海市委有关负责同志陪同参加活动。

10月30日，常务副主席陈晓光，副主席、民盟中央美术院院长张平出席在河南博物馆举行的“墨韵中原——民盟河南省委首届美术书法作品展览”开幕式。民盟河南省委主委储亚平、副主席张平先后致辞，常务副主席陈晓光宣布展览开幕。张平副主席在致辞中说，“墨韵中原美术书法作品展览”，是深入开展“学习实践活动”、培育和践行社会主义核心价值观的具体体现。他希望民盟河南省委以展览为契机，按照民盟中央关于坚持和发展中国特色社会主义实践活动的安排部署，发挥河南民盟在文化领域的优势，积极动员盟员艺术家主动参与艺术创作、艺术扶贫、文化研究、建言献策等社会活动，进一步增强盟组织的凝聚力和社会影响力。希望广大盟员美术家们能够继续提高自身艺术造诣，互相交流、借鉴，共同进步、提高，创作出更多无愧于历史、无愧于时代、无愧于人民的优秀作品。开幕式结束后，陈晓光一行参观了美术书法作品展览。本次书画展共展览作品130余幅。在豫期间，陈晓光常务副主席还走访了民盟河南省委机关并与机关干部亲切座谈。民盟中央宣传部、群言杂志社、中共河南省委统战部、民盟河南省委有关负责人参加活动。

10月18日，民盟思想宣传工作会议在北京召开。会议的主要内容是：全面贯彻落实民盟十一届六次中常会精神，总结思想宣传工作的基本经验，表彰民盟思想宣传工作先进集体，在全盟掀起坚持和发展中国特色社会主义学习实践活动的新高潮，为做好盟的各项工作提供思想保证和舆论支持。主席张宝文，常务副主席陈晓光，副主席张平、徐辉、龙庄伟出席会议。开幕会由秘书长高拴平主持。张宝文主席在会上讲话。他指出，思想建设关乎民盟事业永续发展的根本问题即政治方向问题，宣传工作是思想建设的基本手段和重要形式。民盟的各级领导和宣传干部，在新形势下要从四个方面作好思想宣传工作：思想上要有定力，必须强化大局意识、责任意识、阵地意识，不断坚定对中国特色社会主义的道路自信、理论自信和制度自信。工作上要有能力，要不断加强学习，把学习习近平总书记重要讲话精神作为当前的学习重点，努力做到学有所思、学以致用、用有所成。形式上要有魅力，要强化服务意识、受众意识，把盟员作为报道主体、服务对象，做到思想宣传有血有肉、言之有物，接地气、聚人气，切实提高宣传成效。行动上要有合力，思想宣传工作要与参政议政、社会服务、组织建设等工作紧密结合，努力形成民盟思想宣传工作的强大合力。张平在会上作了《凝聚共识，开创全盟思想建设与宣传工作新局面》的工作报告。他说，近年来，全盟坚持不懈用中国特色社会主义理论体系武装全盟，稳步推进坚持和发展中国特色社会主义学习实践活动，各级盟组织思想宣传工作积极进取，健康向上。他强调，要以高度的责任感和使命感做好民盟思想宣传工作。要挺直腰杆、理直气壮，有理有据、有力有节，要有政治意识、大局意识、忧患感和紧迫感。会上，龙庄伟宣读了《关于表彰“民盟思想宣传工作先进集体”的决定》，民盟中央领导为先进集体代表颁发了奖牌。来自重庆、江苏等6省市的参会代表作了大会发言。民盟各省级组织专职副主委、宣传部门负责同志和基层组织代表，民盟中央机关部门负责人等100余人参加会议。

11月9日，副主席倪慧芳出席民盟四川省组织成立七十周年纪念大会。中共四川省委副书记柯尊平出席并讲话。民盟四川省委主委赵振铣代表民盟四川省委发言。倪慧芳代表民盟中央对纪念大会召开表示祝贺。她说，四川是民盟的发祥地，党盟亲密合作的历史也是从这里开篇的，四川民盟作为民盟最早成立的地方组织之一，具有光荣的革命历史。她希望四川民盟要坚定理想信念，坚持走中国特色社会主义政治发展道路，深入推进社会主义民主政治建设；要弘扬传统、发挥优势，在推动科学发展、全面深化改革上作出新贡献；要加强自身建设，建设适应新形势要求的高素质参政党，谱写多党合作事业新篇章。此次大会向获得民盟中央表彰的19个先进基层组织颁授了奖牌。出席会议的还有原副主席、民盟四川省委原主委吴正德，以及中共四川省委、省政府、各民主党派领导，省直有关部门、高校和来自各条战线的盟员代表、老盟员代表等500多人。11月10日至11日，副主席倪慧芳一行来到四川省南充市，先后参观了位于西充县的张澜故居、位于顺庆区的张澜纪念馆，并在张澜故居“中国民主同盟林”植树。原副主席吴正德陪同参观、植树。

11月13日，副主席张平出席民盟杭州市委主办的“自媒体时代参政党民主监督专题研讨会”在杭州开幕，并讲话。张平副主席说，在当前“人人都是通讯社、个个都有麦克风”的自媒体时代，网络舆论监督已经渗透到中国政治、经济、民生和社会管理的方方面面，逐渐成为政府倾听民生、了解民意的重要渠道。网络舆论监督具有“双刃性”的特性，给参政党民主监督带来了新的挑战，我们要高度重视参政党民主监督的重要性，主动适应自媒体时代的挑战，确保民主监督正常开展；要以中共十八届四中全会提出的全面推进依法治国决定为指引，建立健全行之有效的民主监督机制，促进民主监督的制度化、规范化、程序化。本次会议共收到论文33篇，会议重点就“自媒体时代，如何提高参政党民主监督品质与社会影响力”、“如何加强自身能力建设，营造健康的监督环境，在自媒体时代有所作为”等议题开展了深入研讨和互动交流。大连、厦门等10余个副省级城市及部分特邀省会城市的民盟组织代表共100余人参加会议。

12月1日，民盟中央美术院召开第二次院长会议，总结民盟中央美术院理事会第一次会议以来工作，增补常务院长、理事，并讨论成立民盟盟史主题美术作品展组织委员会、评审委员会。副主席、美术院院长张平，常务院长吴为山、徐勇民、张万凌、万捷、马三喜、朱乐耕、容铁、李晓辉、顾平、吴志实出席会议。一年来，美术院围绕盟的中心工作，积极联合各地盟组织、盟外美术机构，开展文化调研、文化下基层等活动；同时扎实做好各项基础性工作，编辑了院刊，建立了网站，目前全国已有二十余个省级组织成立了美术院，有了四个创作写生基地；盟员艺术家们则通过举办展览等活动，展示才华技艺，服务国家社会。美术院已成为民盟文化工作的一支重要力量，产生了较大社会影响。张平对美术院工作给予了高度评价，对艺术家们的齐心协力、热心奉献表达了感谢。会上增补李洋、冯先磊2人为美术院常务院长，增补田卫平、陶宏等9人为美术院理事。会上还成立了中国民主同盟盟史主题美术作品展的组织委员会、评审委员会。

12月8日，副主席张平出席在中国现代文学馆举行的叶君健百年诞辰纪念座谈会。今年是民盟盟员、著名的翻译家、作家叶君健先生诞辰100周年。座谈会上，与会者回顾了他们与叶君健交往的往事，并充分肯定了他文学创作和翻译成就。中国作协主席铁凝及来自各地的几十位作家、学者、评论家及叶君健亲朋故交参加座谈会。叶君健笔名马尔，1914年12月7日生于湖北红安，毕业于武汉大学外国文学系，以丹麦文翻译全本168篇的《安徒生童话》广为人知。他通晓英、法、德、意、日等十余种语言，一生为世人留下500多万字的创作作品和300多万字的文学翻译作品，在国内外具有广泛影响。叶君健先生1952年加入民盟，曾担任民盟第五、六届中央常委，第三届全国人大代表，第五、六、七届全国政协委员。

12月9日，为表达对南京大屠杀死难者死难同胞的哀思，也为迎接2015年世界反法西斯战争暨中国抗日战争胜利70周年，“塑魂鉴史——吴为山创作侵华日军南京大屠杀遇难同胞纪念馆扩建工程主题雕塑展”在中国国家博物馆开幕。主席张宝文出席开幕式并宣布开幕。全国政协原副主席、民盟中央原第一副主席张梅颖，副主席张平等参加活动。侵华日军南京大屠杀遇难同胞纪念馆扩建工程大型组雕由中国美术馆馆长、中国美术家协会副主席、民盟中央文化委员会主任吴为山所创作。整个纪念雕塑分别以《家破人亡》《逃难》《冤魂呐喊》《胜利之墙》四部分组成，四组雕塑形成波澜壮阔的历史篇章，表现了劫难中的中国人民的形象。这次在国家博物馆展出的是《逃难》主题群雕。

12月13日，副主席、民盟中央美术院院长张平出席民盟海南美术院成立暨首届美术作品展开幕式，并讲话。民盟海南省委主委康耀红在开幕式上致辞。张平副主席代表民盟中央向民盟海南美术院的成立暨首届美术作品展开幕致以热烈的祝贺。他说，海南岛有着美丽的自然风光和独特的民风民俗，这些是艺术创作最为宝贵的资源和素材。海南民盟的书画艺术家长期生活在风光优美的自然画卷里，浸润在热带海岛风情中，形成了不可复制的创作风格和艺术氛围。民盟海南美术院的成立，为广大盟员美术家搭建了一个繁荣创作、服务社会的平台，是民盟海南省委积极响应民盟中央号召，创新坚持和发展中国特色社会主义学习实践活动的一项重要举措。他希望民盟海南美术院成立后，激励和带动海南全省美术界盟员创作出更多优秀的作品，并以此为契机，积极开展好与社会各界艺术家和相关组织的学习交流活动，多与各省、市盟组织加强沟通开展书画联展、巡展和文化交流活动，为促进社会主义文化大繁荣、大发展作出更大的贡献。会议宣读了民盟海南省委《关于成立民盟美术院的决定》，张平、康耀红为民盟海南美术院揭牌。来自民盟中央美术院、上海、天津等省级盟组织代表和艺术家代表出席开幕式。

12月19日，副主席、民盟中央美术院院长、艺术团团长张平出席四川民盟书画院、艺术团成立大会。民盟四川省委主委赵振铣等出席会议。会上，张平为“民盟中央美术院四川分院”授牌。张平对四川民盟书画院、艺术团的成立表示祝贺，向四川盟员书画家、艺术家致以问候。他介绍了民盟中央成立美术院和艺术团的作用和意义，以及当前全国各级民盟组织美术院、艺术团的发展状况。他指出，四川人杰地灵，不仅是文化大省，也是民盟成立的策源地和创始之地。他希望，四川民盟各级组织以书画院、艺术团的成立为契机，深入开展坚持和发展中国特色社会主义学习实践活动，发挥优势特色，围绕文化事业开展调研、建言献策。同时，团结广大盟员，加强与盟内外文化艺术机构的联系，创作出更多的情系生活、贴近生活、讴歌生活，既有地方特色又有时代气息的艺术精品。四川盟员艺术家、美术家代表，四川民盟省委机关干部及民盟各市州地方组织代表等130余人参加会议。在川期间，张平副主席一行还赴贺麟故居指导民盟传统教育基地建设，参观考察了广安市邓小平故里和中国民主同盟林。

（二）组织建设

1月21日，常务副主席陈晓光，副主席、民盟北京市委主委葛剑平率民盟中央、民盟北京市委调研组赴中国科学院北京分院，就基层组织建设进行调研。陈晓光向中国科学院京区党委、京区党委统战部多年来对民盟中科院委员会的关心和支持表示感谢，对民盟中科院委员会所做的大量卓有成效的工作表示肯定。他指出，基层组织是民盟最基本的细胞，做好基层组织建设工作对民盟各项工作的开展有着重要意义。加强基层组织建设，一是要坚持中国共产党的领导，密切党盟关系，积极配合党委工作；二是要丰富组织活动，加强与盟员的联系与交流，为盟引才，为盟聚才；三是注意吸收各类人才，既要注重培养在专业领域业务水平高、优势明显的人才，也要重视吸纳在参政议政方面能力突出、影响力强的人才，还要不断发掘热心盟务、踏实工作的人才。他强调，民盟新一届领导班子非常重视组织发展工作，今年将在全盟开展“基层组织建设年”活动，就是希望通过深入调研、总结经验、表彰先进等一系列举措，全面加强基层组织建设，大力提升基层组织的活力、凝聚力和影响力，推动全盟组织建设再上新台阶。民盟中央组织部负责人参加调研。

5 月 14 日至 15 日，常务副主席陈晓光、副主席张平率调研组赴山西就民盟基层组织建设进行调研。调研期间，调研组先后到民盟山西省委、民盟太原市委、民盟太原市晋源区支部和民盟太原理工大学委员会进行调研、座谈。陈晓光充分肯定了山西民盟基层组织建设所取得的成绩，并代表民盟中央和张宝文主席向山西省各级党委、政府及统战部门长期以来对山西民盟工作的关心和支持表示感谢。他说，基层组织是盟的组织基础和工作基础，是民盟参政议政人才的源泉和自身建设的根本。他强调，加强和改进基层组织建设工作，首先要进一步密切党盟关系，紧密依靠所在地方、单位党组织的支持和帮助；其次，各级地方组织要加强对基层组织的指导、关心和帮助，为基层组织争取、创造更为有利的工作条件；第三，基层组织也要有所作为，以丰富多彩的组织活动，不断增强自身活力和凝聚力，不断提升吸引力和影响力。中共山西省委统战部、民盟中央组织部有关负责人参加调研。调研期间，中共山西省委书记、省人大常委会主任袁纯清，省委副书记、省长李小鹏会见了调研组一行，山西省政协主席薛延忠参加会见。

6 月 30 日至 7 月 4 日，民盟盟务工作骨干培训班在京举办。常务副主席陈晓光出席开班式并作重要讲话，张平副主席在培训期间为学员作民盟历史和优良传统专题报告，徐辉副主席出席结业式并作总结讲话，高拴平秘书长作盟务工作专题报告。在开班式上，陈晓光常务副主席肯定了近年来盟务工作骨干为盟的事业付出的努力和取得的成绩，分析了当前盟务工作所面临的新形势新任务。针对在中央社院的学习，他提出三点希望：一是进一步坚定政治信念，把学习中共十八届三中全会精神与习近平总书记系列重要讲话精神结合起来，与开展坚持和发展中国特色社会主义学习实践活动结合起来，进一步坚定对中国特色社会主义的道路自信、理论自信、制度自信；二是进一步提升履职能力，将落实中共十八届三中全会的各项改革探索和实践作为当前参政议政的重中之重，争取形成更多的有较大社会影响的参政议政成果，提出有全局性、前瞻性、战略性的意见建议；三是进一步培养优良作风，自觉践行习近平总书记今年 3 月在兰考县调研时提出的“三严三实”，努力向民盟先贤学习，时刻加强品德修养，不断改进工作作风，切实强化大局意识，扎实做好各项工作。张平副主席在《民盟历史和优秀传统》的专题报告中，为学员们讲述了建国前民盟成立、发展、斗争、壮大的历史过程。通过详实的史料和细致的讲解，为大家呈现了民盟成立时的艰辛，发展道路的曲折，与国民党斗争的残酷，与共产党精诚合作不断壮大的历史画卷。培训班还邀请中央社会主义学院张峰副院长，民盟中央经济委员会主任、清华大学国际关系学系经济外交研究中心主任何茂春教授作了专题报告，还有中国特色社会主义理论、社会转型与和谐稳定、国防与周边安全等方面的讲座。结业式上，徐辉副主席作总结讲话。他希望学员们今后能够更加坚定走中国特色社会主义道路的信念，更加努力地坚持民盟的优良传统，更加自觉地坚持和维护多党合作制度，立足本职岗位，积极参政议政，发挥自身特长，淡泊名利，乐于奉献，以饱满的热情和务实的作风，为把民盟建设成高素质参政党作出应有的贡献。来自全国30个省级组织的100位盟务工作骨干参加此次培训。

7月10日，“民盟基层组织建设年”调研情况研讨会在京召开。常务副主席陈晓光出席本次会议并作总结讲话。会前，主席张宝文接见与会同志，代表民盟中央对大家表示了欢迎和感谢。他说，基层组织是盟的凝聚力、活力、影响力的基础和源泉，也是广大盟员参与组织生活、接受培养的平台和依托。所以今年开展“基层组织建设年”活动，具有非常重要的意义。本次研讨会很及时也很重要,大家都是从事盟务工作多年的老同志，是盟务工作的骨干，具有丰富的经验，对盟的基层组织建设有独到的见解与思考，希望大家把具有建设性和可操作性的意见、建议都贡献出来，对今后组织建设工作形成良好的促进作用。会上，各与会同志高度肯定和评价了本次调研的重要意义和成果，结合各地基层组织建设经验和在调研中各级盟组织提出的意见、建议，充分研讨了基层组织建设中存在的困难、问题与解决办法。常务副主席陈晓光认真听取了各位与会同志的发言，并与大家进行了充分交流。他指出，基层组织是民盟的基本细胞，是民盟参政议政人才的源泉，是民盟的组织基础和工作基础。开展基层组织调研的目的和意义，就是要把各地基层组织建设中好的做法和经验加以总结、提炼和推广，把影响基层组织建设的困难和问题进行归纳、分析并加以解决，进一步提升基层组织的活力、凝聚力和影响力，推动全盟组织建设再上新台阶。各级地方组织要进一步密切党盟关系，紧密依靠所在地方党委,加大对民盟基层组织建设工作的支持和帮助；要加强对基层组织的指导,主动了解、关心基层工作，真正为困难基层排忧解难。他表示，民盟中央将就本次会议研讨内容进一步广泛征求意见，不断完善有关政策措施，切实推动基层组织健康有序发展。民盟中央部分部门领导同志参加本次会议。

9月10日下午，常务副主席陈晓光一行走访民盟安徽省委机关并与盟员代表、机关干部亲切座谈。民盟安徽省委主委郑永飞主持座谈会。座谈会上，郑永飞首先介绍了安徽民盟的基本情况以及2012年民盟安徽省委换届以来在开展坚持和发展中国特色社会主义学习实践活动、宣传与理论研究、参政议政、社会服务、组织建设等方面的工作情况。陈晓光认真听取了大家的发言，在讲话中首先代表民盟中央和张宝文主席向与会的盟员教师以及全省从事教育工作的盟员致以节日的问候；对民盟安徽省委换届以来的工作表示充分肯定；对广大盟员和机关干部为安徽民盟事业发展付出的辛勤劳动表示衷心感谢。他还重点介绍了民盟中央换届以来在参政议政、自身建设等方面的工作情况。最后，他对安徽广大盟员和机关干部提出三点希望：一是要继承和发扬民盟优良传统，进一步坚定正确政治方向，不断夯实多党合作的共同思想政治基础；二是要认真抓好学习，提升履职能力，紧紧围绕全面深化改革中的重大问题建言献策；三是要增强忧患意识，切实加强干部队伍建设。部分民盟市委主委、民盟省委专委会主任、省政协常委，在肥高校民盟基层组织主委、民盟省直2013年新盟员总支主委、中小学盟员教师代表以及民盟省委机关全体干部职工参加座谈会。

9月16日至17日，民盟基层组织工作会议在京召开。会议的主要内容是：总结推广基层组织工作先进经验，表彰先进基层组织，研讨新形势下加强基层组织建设的新思路、新举措，讨论修改《民盟中央关于进一步加强基层组织建设的意见（草案）》，推动基层组织工作开创新的局面。主席张宝文，常务副主席陈晓光，副主席龙庄伟出席会议。张宝文在开幕讲话中阐述了加强基层组织建设的重要意义，肯定了近年民盟基层组织建设工作取得的成绩，进一步明确了新形势下全盟基层组织建设工作的总体思路和重点任务，为做好今后工作指明了方向。他指出，基层组织建设推动全盟工作呈现了良好的发展势头，下一阶段，我们要科学判断政策形势，认真总结基层经验，积极创新工作思路，努力开创基层组织建设的新局面。一要把握制度建设机遇，规划新的发展思路；二要把握基层组织定位，打造服务型盟组织；三要把握党派职能特点，搞好基层组织活动；四要把握"人才强盟"导向，完善人才队伍结构；五要把握组织发展形势，健全骨干盟员培养机制；六要把握问题症结所在，主动寻求解决办法。陈晓光常务副主席在闭幕讲话中就如何进一步做好基层组织建设工作提出了总体要求。他要求，全盟各级组织要坚持以改革创新精神研究新情况、探索新办法、解决新问题，当前要着重在"强组织扩覆盖、抓班子强队伍、求实效增活力"上下足功夫，着力提升基层组织的活力、凝聚力和影响力，不断提高基层组织建设科学化水平。一是要优化基层组织设置，健全基层组织管理体系；二是要选准配强基层组织负责人，提升基层班子的整体能力；三是要疏浚人才源泉，强化基层人才基地作用；四是要坚持教育与实践并重，助推基层盟员干部快速成长；五是要创新载体，增强基层组织活动实效。大会对各省级组织长期以来所付出的努力和在"基层组织建设年"活动中的良好表现进行了表彰。与会同志还就新形势下如何做好基层组织工作和《民盟中央关于进一步加强基层组织建设的意见（草案）》进行了热烈讨论，充分交流了各地基层组织建设工作先进经验，深入探讨了做好基层组织建设工作的新思路和新方法，提出了许多建设性的意见和建议。闭幕会上，6位与会代表作了大会交流发言。民盟各省级组织负责组织工作的同志、组织部门负责人、先进基层组织代表和民盟中央机关各部门负责人参加了会议。

10月8日至13日，民盟基层组织负责人培训班在中央社会主义学院举办，来自30个省级组织的99名基层组织负责人参加了培训。常务副主席陈晓光出席开班式并讲话，徐辉副主席出席结业式并作总结讲话。陈晓光常务副主席在开班式讲话中指出，本次培训班是民盟"基层组织建设年"系列活动中的一项重要内容。围绕在中央社院的学习和贯彻落实民盟基层组织工作会议精神，陈晓光提出两点希望：一是明确学习目的，提高学习效果，增强履职本领。要通过学习，进一步坚定理想信念和政治方向，进一步提高履职能力和水平，进一步强化综合素质和个人修养。二是把握形势机遇，落实任务要求，做好基层盟务工作。要健全基层组织制度，推进工作规范化发展；要加强人才队伍建设，巩固民盟事业的组织基础；要增强组织活动实效，发挥党派职能作用，努力开创基层组织工作的新局面。结业式上，三位盟员分别代表各小组发言，交流了学习体会和讨论情况。

徐辉副主席在总结讲话中希望大家在以后的工作学习中能够坚持理论联系实际的学风，着力提升基层盟员运用政策法规和科学知识分析问题的能力，提高履职尽责和参政议政水平，内强素质，外塑形象；能够树立正确用人导向，打破论资排辈观念，扩大选人视野，着力建设一个守信念、讲奉献、有本领、重品行、会合作的领导班子；能够加强基层组织之间的横向交流和纵向交流，在交流中不断学习，总结经验、取长补短，切实把经验转化为推动全盟基层组织建设工作的动力。

10月24日，2014年民盟统计报表培训班在京举办，来自全国30个省级组织及部分副省级城市和省会城市的58名盟员信息管理员参加了培训。常务副主席陈晓光亲切接见了全体学员并与大家合影。培训班上，中共中央统战部一局有关同志向大家介绍了民主党派组织发展工作有关情况和《民主党派组织发展情况统计表册》的出台背景；民盟中央组织部负责人对新报表的填报工作做了具体说明，并对盟员信息管理系统使用过程中的常见问题及解决办法进行了讲解。培训期间，学员们还就学习内容和盟员信息管理系统的使用体会进行了分组讨论。结业式上，四位学员分别代表各小组发言，交流了学习体会和讨论情况。

11月4日，副主席、民盟广东省委主委温思美出席在南宁召开民盟中南六省（区）第十五次盟务工作会议。民盟广西区委主委刘慕仁致欢迎词。温思美代表民盟中央向会议的召开表示热烈祝贺。他指出，2014年是民盟基层组织建设年，基层组织是民盟组织的根基，各级盟组织要认真学习贯彻民盟基层组织工作会议精神，坚持以改革创新精神研究组织建设的新情况、探索新办法、解决新问题。温思美说，中南六省区地域相连，经济社会发展各有优势，互补性强，六省区的民盟组织要增强互访，加强沟通交流，就参政议政、社会服务等方面开展广泛合作，为推动西南中南地区经济科学发展和转型升级献计出力。结合当前形势和会议主题，他强调，与会同志要认真学习贯彻中共十八届四中全会精神，紧紧围绕执政党和国家的中心工作，把智慧和力量凝聚到中共十八届四中全会的决策部署上来，始终做社会主义法治的忠实崇尚者、自觉遵守者、坚定捍卫者。会议期间，六省区代表分别作了大会发言，交流了坚持和发展中国特色社会主义学习实践活动、基层组织建设的好经验与好做法。来自河南、湖北、湖南、广东、广西、海南等民盟省级组织的专职干部100余人参加了会议。

（三）机关建设

春节前夕，民盟中央领导陆续慰问了在京离退休老领导、老盟员及家属，为他们送去新春的祝福。1月15日下午，张宝文主席、陈晓光常务副主席、高拴平秘书长前往原主席丁石孙家中，为丁先生送去了新春祝福。同日，张宝文主席、陈晓光常务副主席、徐辉副主席、高拴平秘书长还来到原主席蒋树声家中慰问。1月15日，徐辉副主席来到北大医院，探望正在这里住院的原副主席吴修平。随后，徐辉看望了萧乾同志遗孀文洁若女士和千家驹同志遗孀赵甲素女士。1月17日下午，张宝文主席，陈晓光常务副主席，徐辉、龙庄伟副主席，高拴平秘书长来到原第一副主席张梅颖家中慰问。1月21日，张平副主席来到原副主席卢强和原顾问邬沧萍家中，代表民盟中央向他们致以新春的美好祝福。1月21日，龙庄伟副主席前往原副主席李重庵家中慰问，向其致以新春的问候。1

月 22 日，龙庄伟看望了原副主席袁行霈。1 月 22 日，高拴平秘书长看望慰问了原副主席厉以宁，代表民盟中央向厉先生致以春节问候。1 月 21 日，高拴平秘书长看望了陶大镛同志遗孀牛平青女士和张纪域同志遗孀张祖贻女士，祝愿她们在新的一年身体健康，万事如意。民盟中央领导还以不同方式向冯之浚、王维城、索丽生原副主席，马大猷同志遗孀王荣和女士等老领导、老同志送去新春的祝福。

1 月 17 日上午，民盟中央机关召开 2013 年工作总结表彰会。陈晓光常务副主席出席会议并讲话，副主席张平、龙庄伟出席会议。会议由秘书长高拴平主持，机关各部门负责人和全体干部职工参加会议。民盟中央各部门负责人先后对 2013 年部门工作进行了全面总结，对 2014 年的工作进行了部署。常务副主席陈晓光在会上讲话。他首先回顾总结了 2013 年民盟中央机关的工作，他指出，过去的一年，民盟中央做了大量工作，有创新，有成效，振奋人心，鼓舞士气，全盟的工作成绩也包含着盟中央机关全体同志的努力和付出。民盟中央机关作为全盟机关的中枢，在盟务工作中具有不可替代的重要作用。盟务工作的水平，在很大程度上取决于机关整体的有效运转和机关工作人员的政治素质、业务能力和工作水平。2014 年机关建设重在抓制度落实、抓队伍建设、抓作风建设，提高干部素质，活跃机关气氛，增强机关的凝聚力和向心力，努力把民盟中央机关建设成为适应新时期多党合作事业需要的高效、文明、团结、务实的党派机关，为巩固和完善中国共产党领导的多党合作和政治协商制度，为实现中华民族伟大复兴的中国梦做出新的贡献。会上，盟中央领导为 2013 年度民盟中央机关和事业单位先进集体和优秀个人颁发了奖状。

1 月 23 日，正值农历“小年”，在浓浓的节日气氛中，民盟中央在职、离退休同志齐聚一堂，举行 2014 年民盟中央机关春节茶话会。主席张宝文，常务副主席陈晓光，副主席张平、徐辉，原副主席吴修平、李重庵，秘书长高拴平和中共中央统战部一局的有关同志出席茶话会。张宝文在茶话会上首先向同志们拜年，祝大家新春愉快、身体健康、工作顺利、事业有成。他说，2014 年是我国全面深化改革、加快科学发展的攻坚一年，也是民盟发挥智力优势和作用的重要一年。做好今年民盟中央的各项工作，具有重要意义。作为参政党，民盟要认真学习贯彻中共十八大和十八届三中全会精神，坚持奔走国是、关注民生，围绕全面深化改革、实现科学发展深入调研，咨政建言，积极开展“坚持和发展中国特色社会主义”学习实践活动，引导广大盟员理解改革、支持改革、参与改革，努力开创民盟工作的新局面。机关的同志向各位新老领导和同志呈献了自编自演的合唱、朗诵、演奏等文艺节目。民盟中央机关、《群言》杂志社、机关服务中心和机关离退休同志参加茶话会。

3 月 18 日，民盟中央机关举行传达“两会”精神报告会。全国人大常委、民盟中央副主席张平，全国政协常委、副秘书长、民盟中央副主席徐辉分别传达了十二届全国人大二次会议和全国政协十二届二次会议精神，秘书长高拴平主持报告会。会上，张平副主席从听取和审议政府工作报告，审查和批准计划报告、预算报告，听取和审议全国人大常委会、高法、高检工作报告等方面概括介绍了十二届全国人大二次会议的基本情况。他讲到，本次政府工作报告的文风、用语与以往报告有很大不同，更加贴近民生，更有亲和力和感染力。他要求机关同志细细体会报告的文风用语，希望大家切实领会报告的精神实质，使民盟履行职能更“接地气”。徐辉副主席从政协常委会工作报告、中央领导参加联组讨论、政协大会发言、大会提案和记者会等方面综合介绍了全国政协十二届二次会议的基本情况，特别是王岐山同志参加民盟、民进界别联组讨论的相关情况。他指出，本次会议强调了全面深化改革，高度关注民族问题，在会风的转变上也令人欣慰。徐辉副主席还介绍了他参加记者会的答问情况和民盟组委员提交的关于反恐问题的集体提案。民盟中央机关各部门、群言杂志社和服务中心的全体同志参加报告会。

4 月 4 日上午，副主席张平、龙庄伟率民盟中央机关干部赴八宝山革命公墓祭扫民盟先辈。秘书长高拴平主持祭扫活动。张平、龙庄伟一行首先来到原主席张澜墓前，代表民盟中央和张宝文主席、陈晓光常务副主席向张澜先生墓碑敬献花篮。大家把鲜花摆在张澜先生墓前，瞻仰墓碑并三鞠躬。张平、龙庄伟一行还来到革命公墓骨灰堂，分别向黄炎培、沈钧儒、杨明轩、史良、胡愈之等民盟老一辈领导人遗像敬献花篮并三鞠躬，寄托民盟后辈对他们深深的思念。民盟中央机关各部门同志参加了此次活动。

5 月 28 日至 29 日，民盟省级组织秘书长暨办公室主任培训班在京举行。本次培训班的主题是探讨研究如何适应新时期多党合作事业的需要，进一步搞好机关建设，为盟务工作的开展提供更好的服务。常务副主席陈晓光出席开班式并作了重要讲话。秘书长高拴平主持开班式，并在结业式上作了讲话。在讲话中，陈晓光常务副主席对新时期各级民盟组织加强机关建设提出三点意见：一是要加强学习，坚持学以致用。要认真学习贯彻中共十八届三中全会精神和习近平总书记系列重要讲话精神，学习中国特色社会主义理论体系，学习盟的历史、民盟与中国共产党风雨同舟、荣辱与共的光荣传统以及履职所需的各方面知识。二是要加强制度建设，坚持规范管理。要进一步强化按照规章制度办事的意识，建立健全监督检查机制，确保制度有效贯彻落实。三是要加强作风建设，打造和谐高效机关。要营造规范有序、充满活力的工作环境，形成心和气顺、团结协作的良好氛围，努力转变工作作风，不断提高工作效率。学习期间，培训班的学员们就如何提高民盟组织机关建设水平、进一步做好办公室工作等问题进行了深入讨论。北京、陕西、重庆、江苏、湖南、黑龙江六省盟组织学员代表做了大会交流发言，分享了在机关建设方面取得的成绩和好的经验。结业式上，民盟山东省委秘书长张继平和民盟安徽省委办公室主任罗翔代表全体学员汇报了学习体会。参加培训的全体学员还观看了盟史片，参观了民盟中央机关和盟史展览。

8 月 28 日，徐辉副主席率民盟中央机关第一支部部分盟员和党员到中国科学院高能物理研究所参观学习，并与高能所盟员座谈交流。中科院高能物理所领导简要介绍了高能所的历史沿革、研究方向、承担的科学任务以及取得的重大成果，并特别强调了包括民盟在内的民主党派成员在高能所科学研究和大科学装置建设工作中所发挥的重要作用。徐辉副主席说，此次来到中科院高能物理研究所，一方面是为了看望各位为中国科研事业做出贡献的盟员，一方面是通过实地参观学习和了解我国科学事业发展所取得的成就。他代表民盟中央对各位盟员表示敬意，对高能所为此次参观活动所做出的精心安排表示感谢。他表示，高能所在中国科学事业发展过程中具有重要的地位，在我国的高能物理研究方面做出了重要的贡献，是我国科研战线的一面旗帜，祝愿高能所为我国科学事业发展做出更大的贡献。会谈结束后，徐辉副主席一行参观了北京正负电子对撞机、北京谱仪、同步辐射装置和粒子天体物理重点实验室。

8月28日，民盟中央机关中青年干部读书会召开培育和践行社会主义核心价值观座谈会。常务副主席陈晓光出席并讲话。他指出，培育和践行社会主义核心价值观是凝魂聚气、强基固本的战略任务，是实现中华民族伟大复兴中国梦的文化根基与价值支撑。大家要深化认识，切实增强责任感和使命感，把培育和践行社会主义核心价值观作为一项重要工作抓紧抓好，落到实处。他强调，民盟中央机关中青年干部践行社会主义核心价值观要内化于心，外化于行，努力做到认知认同，知行统一；要坚守正道，弘扬正气，着力增强价值判断力和道德责任感；要诚信为人，踏实做事，始终坚持德才兼备，以德为先；要以优秀传统文化为根基，深入发掘中华传统文化的思想精华和道德精髓。机关中青年干部读书会今后要扎实开展形式多样的活动，推动社会主义核心价值观成为机关干部的行动自觉，进一步营造奋发向上、崇德向善的工作氛围。座谈会上，机关各部门的青年同志从自己的工作实践出发，阐述了对社会主义核心价值观的认识。

9月2日，民盟中央机关工会成立大会在机关举行。常务副主席陈晓光出席大会并讲话，中直机关工会联合会常务副主席郭洪美宣读上级工会同意组建民盟中央机关工会的批复并代表中直机关工会联合会致辞。大会选举了民盟中央机关工会主席、经济审查委员会主任、女职工委员会主任和工会委员。秘书长高拴平当选工会主席。陈晓光首先代表民盟中央和张宝文主席对工会的成立和各位工会委员的顺利当选表示祝贺，对在民盟中央机关工会成立过程中给予大力支持的各有关部门、有关方面表示衷心感谢。他指出，民盟中央机关工会的成立，有利于民盟中央机关上下沟通，左右联系，有利于丰富机关生活，增强机关活力，有利于进一步推进机关建设。陈晓光就工会成立提出四点要求：一是发挥好工会的桥梁纽带作用，充分发挥工会联系、组织、动员群众的功能，通过行之有效的措施开展生动活泼、形式多样的活动，切实增强机关干部职工的凝聚力、向心力与活力；二是发挥好机关干部职工的主体作用，进一步增强全体干部职工的主人翁意识，努力形成机关建设人人有责的风气和“以盟为家”的和谐氛围；三是加强服务，发挥好维权保障作用，要根据《工会法》的要求，把服务干部职工、维护员工权益作为一项重要任务抓紧抓好；四是不断加强工会组织的自身建设，争取把工会建设好，更好地为干部职工服务。新当选的工会主席高拴平代表当选工会委员发言。民盟中央机关各部门、群言杂志社和机关服务中心的同志参加了大会。

9月5日，中秋节前夕，副主席徐辉，秘书长高拴平一行来到原主席丁石孙家中，为丁先生庆祝87岁生日，并送上生日蛋糕和花篮。徐辉副主席首先代表民盟中央祝丁先生生日快乐。他转达了张宝文主席、陈晓光常务副主席等盟中央领导对丁先生的问候，并关切地询问了丁先生的身体状况，详细了解了丁先生的饮食、起居等情况。丁先生对大家一直以来的关心表示感谢。徐辉副主席向丁先生汇报了民盟中央今年以来的工作，还结合今年民盟中央重点调研的情况，向丁先生详细介绍了国家有关教育改革方面的进展。丁先生非常关心，表示“应抓好教育改革这件大事”。高拴平秘书长向丁先生汇报了民盟中央工会的成立情况，丁先生对民盟中央机关工作取得的成绩感到由衷的高兴。丁先生还和大家聊起了他在民盟工作时期和盟员交往的趣事。话题轻松活泼，气氛热烈融洽。

（四）盟员及组织概况

2014 年，全盟共发展成员 13203 人，到 2014 年底共有盟员 258997 人。在职盟员比例逐年上升，盟员整体素质进一步提高，非主体界别比例有序增长，为民盟履行参政党职能提供了更加丰富的人才资源。2014 年净增率为 4.7%。平均年龄 54.4 岁。在职 171357 人，占 66.2%。大学以上文化程度 197241 人，占 76.2%；大专文化程度 47458 人，占 18.3%。中上层人士 225851 人，占 87.2%。大中城市 243934 人，占 94.2%。

各级地方组织总数 442 个，其中省级 30 个，市地级 316 个，县市区级 96 个。地市级工委 10 个，区县工委 21 个。基层组织 7641 个，其中基层委员会 577 个，总支 679 个，支部 6235 个，小组 150 个。

盟员万人以上的省级组织有 10 个：上海，17288；广东，16453；江苏，16074；四川，15503；辽宁，13295；浙江，11365；陕西，11340；福建，10954；北京，10899；山东，10417。

盟员中，教育、科技医卫、文化艺术、新闻出版共 202678 人，占 78.3%。其中，高教 61321 人，占 23.7%；普教 80716 人，占 31.2%；科技医卫 45549 人，占 17.6%；文化艺术、新闻出版 15092 人，占 5.8%。新社会阶层 16889 人，占 6.5%。

十二届全国人大代表 64 人（其中，副委员长 1 人、常委 8 人、代表 55 人）；十二届全国政协委员 133 人（其中，副主席 1 人、常委 31 人、委员 101 人）；省级人大副主任 4 人；省级政协副主席 14 人。担任县级以上人大代表 2700 余名，政协委员 14600 余名。

担任中央和地方政府部门及司法机关的盟员有：国务院部委副部级 2 人；国务院直属部委司局级 14 人；副省长、直辖市副市长 6 人，省级政府及司法部门厅局级 67 人，地市副市长、副区长 43 人，其他厅局级 23 人，县处级 1284 人。

担任中央有关部门“特约（邀）”人员的共有 23 人次。最高人民检察院特约检察员 7 人，监察部特邀监察员 3 人，国家审计署特约审计员 2 人，国家特邀国土资源监察专员 4 人，教育部特约教育督导员 1 人，国家税务总局特邀监察员 2 人，最高人民法院特约监督员 3 人，环境保护部国家环境特约监察员 1 人。

盟员中两院院士 47 人。科学院院士 32 人，工程院院士 17 人，其中有两人为两院院士。教育部“长江学者奖励计划”特聘教授 64 人，入选“海外高层次人才引进计划”7 人。高校校院长 181 人，高校院处长 2005 人。担任副厅级以上科研院所领导职务的有 42 人，担任副厅级以上部分社会团体领导职务的有 33 人。

2014 年，广大盟员立足本职，再创佳绩。2014 年度有江雷等 32 名盟员荣获国家科学技术奖励；蔺涛等 12 名盟员荣获全国五一劳动奖章；张招崇等 28 名盟员分别荣获“全国模范教师”和“全国优秀教师”荣誉称号；陈温福等 4 名盟员荣获“全国杰出专业技术人才”荣誉称号；蒋庄德荣获“何梁何利奖”。

周　荣　民盟中央参政议政部调研处处长
徐子婷　民盟中央研究室办公室副主任科员
杨　帆　民盟中央组织部组织处干部

中国民主建国会

2014 年，民建深入学习贯彻中共十八大、十八届三中和四中全会、习近平总书记系列重要讲话精神，着力推进思想建设，巩固基层组织建设成果，认真履行参政党职能，各项工作取得新成效，为促进全面深化改革和经济社会健康发展作出了积极贡献。

一、重要会议及活动

（一）中央委员会会议

中国民主建国会第十届中央委员会第三次全体会议 12 月 16 日至 17 日在北京举行。会议的主要内容是学习中共十八届四中全会精神和中央经济工作会议精神，听取并审议中国民主建国会第十届中央常务委员会工作报告，审议并通过《中国民主建国会第十届中央委员会第三次全体会议决议》。民建中央主席陈昌智出席会议并讲话。常务副主席马培华出席会议并主持开幕会。

开幕会上，陈昌智代表民建第十届中央常务委员会作《凝心聚力，积极作为，为促进全面深化改革、建设法治国家作出新贡献》的工作报告。他指出，2014 年民建全会认真学习贯彻中共十八大和十八届三中、四中全会精神，深入开展坚持和发展中国特色社会主义学习实践活动，扎实推进宣传思想工作；加强市级组织建设，夯实组织发展基础；围绕全面深化改革等中共和政府的工作重心，积极履行参政党职能，各项工作均取得新进展。

陈昌智强调，一年来，民建中央坚持转变工作作风，工作重心下移，抓好贯彻落实，工作呈现出三个主要特点：一是在巩固基层组织建设成果的基础上，着力加强市级组织建设；二是会中央领导对转变作风高度重视，全会狠抓落实收到实效；三是会中央从战略高度着眼会的长远发展，大力加强各级骨干培训，培训规模空前。

2015 年将迎来民建建会 70 周年。陈昌智提出，民建全会要把学习贯彻中共十八届四中全会精神作为当前的首要政治任务，积极投身全面推进依法治国的伟大实践；要认真总结民建成立 70 年来形成的宝贵经验，继续深入开展学习实践活动，切实提高思想建设水平；要巩固组织建设成果，抓好会内监督和机关作风建设，不断提升组织建设水平；要聚焦全面深化改革和全面推进依法治国等重大战略部署，开展调查研究，注重提高参政议政成果的质量和水平；要探索新形势下民主党派社会服务工作的新思路、新途径、新办法，进一步提高社会服务工作水平，努力拓展对外联络工作领域。

陈昌智要求，民建全会要更加紧密地团结在以习近平同志为总书记的中共中央周围，团结带领广大会员坚定信念，奋发进取，开拓创新，为推进全面深化改革和全面依法治国、夺取中国特色社会主义建设事业的新胜利作出积极贡献，以优异的工作业绩迎接中国民主建国会成立 70 周年。

开幕会上，陈昌智、马培华、张少琴、辜胜阻、宋海先后作了关于《加大改革力度，建立解决产能过剩的长效机制》、《大力推动干旱半干旱地区农业水资源高效利用》、《关于推进我国现代职业教育发展问题的调研报告》、《关于巩固实体经济坚实基础，缓解小微企业融资贵的十条政策建议》、《关于进一步规范与发展我国互联网金融的调查报告》等专题调研报告的说明。

闭幕会通过了《中国民主建国会第十届中央委员会第三次全体会议决议》。《决议》指出，会议审议并批准陈昌智同志代表中央常务委员会所作的工作报告，审议并同意中央监督委员会工作报告。

陈昌智在闭幕讲话中说，本次会议是民建深入学习贯彻中共十八大和十八届三中、四中全会精神，认真落实民建十大提出的各项任务，总结 2014 年工作，研究部署 2015 年工作的一次重要会议。在大家的共同努力下，会议圆满完成了各项议程，是一次团结、民主、凝聚人心的会议。

陈昌智指出，中共十八届四中全会就加强依法治国作出了全面部署，描绘了构建“法治中国”新蓝图。全会要把学习贯彻中共十八届四中全会精神作为当前和今后一段时间的一项重要政治任务，要将学习中共十八届四中全会精神作为当前坚持和发展中国特色社会主义学习实践活动的重要内容，学深学透。学习四中全会精神，要准确理解全面推进依法治国和全面深化改革是紧密相连的，要正确认识全面推进依法治国必须毫不动摇地坚持中国共产党的领导，要深刻领悟人民权益要靠法律保障，法律权威要靠人民维护。

陈昌智提出，认真学习十八届四中全会精神还要勇于实践、外化于行。要联系实际工作生活不断总结和思考，加深领悟；要成为依法治国方略的支持者、参与者和推动者，积极参与法律的制定和修订；要强化民主监督职能，推进依法治国各项举措落到实处；要围绕依法治国等重大问题开展调查研究，尤其要发挥法制委员会的作用；要积极宣传依法治国的大政方针，引导广大会员学法、尊法、守法和用法，一切行为都在法律规范的轨道中进行。

陈昌智强调，要认真学习刚刚闭幕的中央经济工作会议精神。作为经济界的参政党，学习贯彻中央经济工作会议精神，一要把思想和行动统一到中央认识和判断上来，增强本职工作和会务工作的自觉性和主动性；二要转变观念，把新常态作为参政议政的新理念；三要深入调研，及时提出对“十三五”规划制定的建议；四要紧扣全面深化改革和全面推进依法治国这两大主题，从实际情况出发选择调研课题。

陈昌智对加强会内监督工作提出具体要求。他说，加强会内监督工作是参政党自我约束的重大举措，是坚持多党合作制度、走中国特色社会主义政治发展道路的内在要求，是推进自身建设的迫切需要。各级组织要充分认识加强会内监督工作的重要意义，为进一步推动会内监督工作深入开展打下良好基础。各级监督委员会要进一步强化监督意识，增强对监督重要性和重大意义的认识；要从监督的对象和监督的内容方面把握，进一步突出监督重点；要从监督协调机制、监督渠道等方面入手，逐步完善监督机制。

陈昌智还通报了2014年下半年召开的三次中共中央党外人士座谈会的情况，并对纪念民建成立70周年相关事宜进行了部署。

闭幕会由副主席陈政立主持。

副主席张少琴、辜胜阻、宋海、李说、吴晓青、王永庆、郝明金及民建中央委员出席会议。民建中央专门委员会部分负责人，民建中央机关工作部门主要负责人和部分省级组织专职副主委列席会议。

闭幕会前，会议邀请全国人大常委会委员、全国人大法律委员会主任委员乔晓阳作了学习中共十八届四中全会精神的专题辅导报告。专题辅导报告会由副主席辜胜阻主持。

（二）中央常务委员会会议

1. 十届六次中常会

3月8日，中国民主建国会第十届中央常务委员会第六次全体会议在京召开。民建中央主席陈昌智主持会议并讲话，常务副主席马培华出席会议。

陈昌智在会上通报了两会前民建中央在高层协商会上对《政府工作报告(征求意见稿)》所提意见建议的内容，并提出要发挥民建特色和优势，积极建言献策，全力以赴开好两会。他说，每年两会是对民建整体参政议政能力和水平的一次集中检验。要发扬求真务实、当好诤友的精神，紧密围绕各项改革重点、难点，积极建言献策，充分体现民建的参政议政水平。两会结束后，民建要认真学习贯彻会议精神，把思想认识统一到中共十八大和十八届二中、三中全会的战略部署上来，认真履行参政党职能，为促进全面深化改革、全面建成小康社会作出贡献。

会议还就做好今年全会的重点工作进行了部署。陈昌智强调，2014年是全面深化改革的第一年，是完成"十二五"规划关键一年。全会要扎实开展坚持和发展中国特色社会主义学习实践活动；着重对自身建设的经验和规律进行研究，做好理论研究成果的概括和提炼；着力推进省级组织后备干部队伍建设，进一步巩固坚持中国共产党领导、坚持走中国特色社会主义道路的思想和组织基础；精心组织，开好民建全国市级组织建设研讨会和民建全国思想宣传工作会；紧密围绕全面深化改革的重点领域和关键环节，认真履行参政议政职能；努力提高社会服务水平，举办好2014中国风险投资论坛和2014中国非公有制经济发展论坛。

副主席陈政立、张少琴、辜胜阻、宋海、周汉民、王永庆以及民建中央常委40余人出席会议。

2. 十届七次中常会

7月3日，中国民主建国会第十届中央常务委员会第七次全体会议在京召开。民建中央主席陈昌智主持会议并讲话，常务副主席马培华出席会议。

陈昌智指出，要不断加强和推进民建的组织建设，并对加强后备干部队伍建设和推进市级组织建设两个方面的工作提出具体要求。陈昌智说，要着眼政治交接的大局，立足当前实际，建立健全民建后备干部队伍建设的长效机制，为多党合作事业的长期、可持续发展和领导班子的新老交替奠定扎实的基础。后备干部队伍建设应坚持党管干部原则与尊重民主党派自主权利的统一，注重研究和把握后备干部的成长规律，做到注重长期培养和近期使用相统一，使他们在实践中积累经验、增长才干、提高政治素质。陈昌智强调，加强市级组织建设是民建自身建设的一项重要内容，对履行好参政党职能，全面推进民建事业意义重大。要以贯彻民建全国市级组织建设研讨会精神为契机，扎实工作，注重实效，推动市级组织建设提高到新的水平。

会议就民建十届八次常委会准备工作、深入推进坚持和开展坚持和发展中国特色社会主义学习实践活动、筹备 2014 中国 (宁夏) 非公经济发展论坛等事项进行了部署。

会议还听取了民建甘肃省委、新疆区委的工作情况汇报，审议通过了《关于批准成立民建上海市崇明县委员会的决定》。

副主席陈政立、张少琴、辜胜阻、宋海、李谠、周汉民、吴晓青、王永庆、郝明金以及民建中央常委 40 余人出席会议。

3. 十届八次中常会

9 月 24 日，中国民主建国会第十届中央委员会第八次全体会议在湖南长沙召开。民建中央主席陈昌智主持会议并讲话，常务副主席马培华出席会议。

陈昌智分析了当前国内经济形势，通报了 7 月份中共中央召开的党外人士座谈会的情况，介绍了民建全国宣传思想工作座谈会和 2014 中国（宁夏）非公有制经济发展论坛的情况，并对今后一个时期的工作，提出三点要求。 第一，要认真学习贯彻中共十八大、十八届三中全会精神和习近平总书记系列重要讲话精神，尤其是习近平总书记在庆祝全国人民代表大会成立 60 周年大会和庆祝中国人民政治协商会议成立 65 周年大会上的讲话精神，进一步加强思想建设，进一步坚定中国特色社会主义政治共识。第二，贯彻落实民建全国宣传思想工作座谈会的精神，深入推进坚持和发展中国特色社会主义学习实践活动。第三，以建会七十周年为契机，围绕参政党建设发展规律这一主题加强理论研究。

会议听取了民建中央经济委员会、财政金融委员会、企业委员会、能源与资源环境委员会对当前经济形势的分析报告，并就此进行热烈讨论。会议审议通过了关于召开民建十届三中全会的决定。

副主席陈政立、张少琴、辜胜阻、宋海、吴晓青、王永庆和民建中央常委 40 余人出席会议，民建中央秘书长孟孝忠和各工作部门负责人列席会议。

4. 十届九次中常会

12 月 15 日，中国民主建国会第十届中央常务委员会第九次全体会议在京召开。民建中央主席陈昌智主持会议并讲话，常务副主席马培华出席会议。

会议的主要内容是：学习中共十八届四中全会精神和中央经济工作会议精神；审议通过中国民主建国会第十届中央委员会第三次全体会议议程（草案）、日程（草案）、分组名单（草案）；审议通过《中国民主建国会第十届中央常务委员会工作报告（草案）》，提交民建十届三中全会审议，并确定报告人；审议民建中央监督委员会工作报告；审议通过关于批准成立地方组织的决定；通报民建中央机关人事任免以及其他事项。

关于会内监督工作，陈昌智指出，近年来中央监督委员会加强宣传引导，健全监督机构，推动监督工作规范有序开展。今后，会中央要进一步加强监督委员会的工作，要抓住工作重点，明确主要任务，继续发挥会内监督在推进作风建设中的积极作用，不断探索会内监督新方法新途径。

副主席陈政立、张少琴、辜胜阻、宋海、李说、周汉民、吴晓青、王永庆、郝明金及民建中央常委共 46 人出席会议。不担任民建中央常委的省级组织主委，民建中央秘书长和各工作部门负责人列席会议。

（三）中央工作会议

1. 民建中央监督委员会全体会议

11 月 21 日，中国民主建国会第十届中央监督委员会第三次全体会议在北京举行。民建中央常务副主席、中央监督委员会主任马培华作了题为《发扬民主转变作风 扎实推进会内监督工作》的 2014 年中央监督委员会工作报告。民建中央副主席、中央监督委员会副主任郝明金主持会议。

马培华的工作报告从六个方面对中央监督委员会 2014 年的工作进行了总结：一是加强宣传引导，进一步夯实会内监督思想基础；二是认真总结经验，不断提升会内监督水平；三是健全监督机构，为会内监督提供组织保障；四是贯彻落实条例，助推领导班子建设；五是立足会的实际，不断探索会内监督方式方法；六是扎实工作，努力推进监督工作规范有序。同时提出了中央监督委员会 2015 年的重点工作：一要加强学习，进一步深化会内监督工作共识；二要抓住重点，明确会内监督的主要任务；三要加大力度，继续发挥会内监督在推进作风建设中的积极作用；四要加强指导，不断探索会内监督新方法新途径。

中央监督委员会委员出席会议。与会委员认真听取了马培华主任所作的工作报告，积极踊跃发言，提出了对工作报告的修改意见，交流了工作中的经验和体会，探讨了今后进一步做好会内监督的途径和方法，会议气氛热烈。会议还研究确定了中央监督委员会明年的工作任务。会议原则同意将马培华主任所作的工作报告根据大家的意见修改后，提请主席会议审议，向中国民主建国会第十届中央委员会第三次全体会议报告（书面）。

2. 民建全国市级组织建设研讨会

7 月 2 日上午，民建全国市级组织建设研讨会在北京开幕。民建中央主席陈昌智，常务副主席马培华及各位副主席，30 个省级组织的主委、副主委、组织处长出席会议，民建全国 292 个市级组织中 291 位市级组织负责同志到会，会议规模近 400 人，这是民建成立以来召开的规模最大的市级组织工作研讨会。副主席辜胜阻主持开幕会。

民建中央常务副主席马培华作了《以人为本服务基层 努力开拓市级组织建设工作的新局面》的工作报告。报告总结了九大以来市级组织建设工作的经验和成果，并对市级组织一些富有成效的创新和探索进行了充分地总结和肯定。报告指出，市级组织在会的组织系统中处于承上启下的重要地位，肩负着贯彻落实会的决策部署、直接组织带领基层组织加强自身建设、发挥参政党职能的工作责任，是会的建设的关键环节。九大以来，经过全会同志的共同努力，市级组织建设的制度化、规范化、程序化程度不断提高。一是把思想建设作为推进市级组织建设的核心，探索模式，丰富内容，多党合作思想政治基础进一步巩固；二是把组织建设作为推进市级组织建设的根本，强化措施，层层落实，为更好地履行参政党职能提供人才支撑和组织保障；三是把参政议政作为推进市级组织建设的着眼点和落脚点，围绕中心，服务大局，在推进我国五位一体建设中积极作为；四是把社会服务作为推进市级组织建设的重要抓手，整合力量，注重实效，民建的社会影响力不断扩大；五是把机关建设作为推进市级组织建设的支撑，转变作风，完善制度，机关的中枢作用得到进一步发挥。报告中还指出当前市级组织建设工作中面临的一些困难和问题，并就今后市级组织建设中应当加强的几个重要环节提出了要求：与时俱进，巩固共同思想基础；以人为本，扎实推进组织建设；发挥特色，提升参政议政能力；发扬民主，发挥会员主体作用；改进作风，树立服务基层意识。

开幕会上，还有18位市级组织负责人先后结合市级组织工作实践作了精彩的大会交流，赢得与会人员的一致好评。这18个市级组织是从民建292个市级组织中经过反复筛选和比较，选出的生动实践，涵盖组织建设、参政议政、社会服务、宣传工作等十余个题目，特点突出、亮点涌现，工作成绩斐然，经验别开生面。

7月2日下午，与会人员分11个小组进行了小组讨论，民建中央主席、副主席分别参加各小组讨论。各小组一致认为马培华所作的工作报告客观、全面地总结了九大以来市级组织建设工作，提出了明确的指导意见，报告既有扎实的理论，高屋建瓴，又有丰富的实例，生动而接地气。对18个市级组织代表的经验介绍，与会人员认为这些经验启发了大家的思想，开阔了市级组织的工作思路，更为解决市级组织工作中的一些困惑和问题提供了可资借鉴的方法，并建议会中央将一些民建自身难以解决的经费、编制、场所等方面的困难继续向有关方面呼吁解决。

7月3日上午，民建全国市级组织建设研讨会顺利完成各项议程，在北京胜利闭幕。闭幕会上11个小组召集人对各自小组讨论情况进行了总结汇报，民建中央主席陈昌智作了题为《立足全局 明确定位 扎实推进市级组织建设》的重要讲话。陈昌智讲到，这次市级组织建设研讨会，是继去年全国基层组织建设研讨会后的又一次全国性的重要会议，也是民建改进工作作风、密切联系群众的一项重要举措。市级组织在会的组织框架中处于承上启下的关键地位，加强市级组织建设是夯实会的组织基础的内在要求，是建设中国特色社会主义参政党的重要保障，是本会改进工作作风、重心下移的重要内容，对加强会的自身建设，实现会的政治任务意义重大。陈昌智对市级组织的定位和加强市级组织建设的重要意义作了全面的阐述，结合市级组织工作中的遇到的真实情况和问题对市级组织的工作进行了部署。他要求，一是要加强学习，统一思想，增强坚持走中国特色政治发展道路的自觉性和坚定性；二是要统筹兼顾，扎实工作，切实加强组织建设；三是要发挥优势，彰显特色，努力提升参政议政水平；四是要突出品牌，持之以恒，努力做好社会服务工作。在加强组织建设方面，陈昌智对加强市级组织的班子建设、后备干部队伍建设、做好会员发展工作进行了强调，并且提出市级组织要树立为基层组织服务，为广大会员服务的理念，凝聚和团结广大会员，继续加强和巩固基层组织建设。马培华对各级组织贯彻落实会议精神提出两点要求：第一，要上通下达，理清思路；第二，要结合实际、趁热打铁、真抓实干。

3. 民建全国宣传思想工作座谈会

9月23日上午，民建全国宣传思想工作座谈会在长沙开幕。会议的主要任务是：学习贯彻中共十八大和十八届三中全会精神，总结交流全会加强宣传思想工作，以及开展坚持和发展中国特色社会主义学习实践活动的做法和经验，研究部署今后的主要工作。民建中央主席陈昌智、常务副主席马培华出席会议。中共湖南省委书记徐守盛到会致辞。

民建中央副主席宋海作了《高举中国特色社会主义伟大旗帜，努力推进全会宣传思想工作再上新台阶》的报告。报告全面阐述了民建九大以来宣传思想工作的成效，认为全会以中国特色社会主义理论体系为指导，以搞好政治交接为主线，牢牢把握坚持接受中国共产党领导、坚持中国特色社会主义政治发展道路这一主题，把弘扬优良传统与努力创新相结合、学习研究与工作实践相结合，推动会的宣传思想工作达到了一个新水平。总结分析了近些年全会宣传思想工作取得的有益经验，认为高举中国特色社会主义伟大旗帜是宣传思想工作的根本任务，发挥理论的支撑作用是加强宣传思想工作的核心内容，重视典型的示范作用是加强宣传思想工作的有效途径，并强调宣传思想工作只有与自身建设和履行职能相结合才能取得实效。对今后加强新形势下宣传思想工作作出具体部署，提出要深入推进坚持和发展中国特色社会主义学习实践活动，加强参政党建设的理论研究，进一步加强舆论宣传工作，建设一支高素质的宣传干部队伍。

吉林省、上海市等十个民建省级组织围绕开展坚持和发展中国特色社会主义学习实践活动、提升宣传工作实效、做好理论研究等作了经验介绍。

9 月 23 日下午，与会同志进行了分组交流。大家讨论了宋海副主席开幕会上所做的报告，深入交流并认真总结了各地加强宣传思想工作、开展坚持和发展中国特色社会主义学习实践活动的好经验、好做法，进一步明确了加强和改进宣传思想工作和深入推进学习实践活动的思路和举措，并就如何做好会的宣传思想工作提出具体的建议。三位同志在闭幕会上代表各自小组对交流情况进行了汇报。

9 月 24 日上午，民建全国宣传思想工作座谈会顺利完成各项议程，在长沙圆满闭幕。民建中央主席陈昌智出席会议并作重要讲话，常务副主席马培华主持闭幕会。

陈昌智指出，在即将迎来民建建会 70 周年的时间节点上召开全国宣传思想工作座谈会，交流近年来全会宣传思想工作的有益经验，探讨目前的形势和问题，明确下阶段工作思路和措施，具有重要意义。

陈昌智认为，思想建设是自身建设的核心，贯穿会的事业发展的全过程，一刻也不能放松和削弱。要从全局上来认识当前思想建设的极端重要性，从面临的新情况、新问题来认识思想建设的现实紧迫性，更加坚定自觉地推进会的思想建设，不断巩固全会共同的思想政治基础。加强思想建设，要始终不渝地坚持中国特色社会主义政治发展道路和中国共产党的领导。要深刻认识中国共产党领导的多党合作制度是适合我国国情的政治制度，它有利于维护、巩固和发展我国安定团结的政治局面，有利于调动一切积极因素，同心同德地为建设中国特色社会主义服务，有利于加强和改善共产党的领导，还有利于增强我国应对各种挑战和机遇的巨大民族合力。

陈昌智强调，坚持和发展中国特色社会主义学习实践活动是加强思想建设的重要载体，是深化新一轮政治交接的必然要求。开展学习实践活动，要认真学习习近平总书记系列重要讲话精神，深刻理解坚持和发展中国特色社会主义的丰富内涵。深入推进学习实践活动，要努力加强中国特色社会主义参政党建设。陈昌智还指出，舆论宣传是加强思想建设、做好学习实践活动的重要推手。他要求，树立“大宣传”理念，形成全会共同做好宣传思想工作的强大合力；宣传工作部门要强化责任意识，坚持有守有为；宣传干部要勤于思考,善于虚功实做。陈昌智勉励各级组织的领导和宣传部门的同志奋发有为，结合正在开展的坚持和发展中国特色社会主义学习实践活动，进一步思考涉及自身宣传思想工作的重要问题，总结好的经验，找到现存的不足，提出具体措施加以改进，共同把会的宣传思想工作提高到一个新的水平。

马培华作了总结发言。他说，要把学习贯彻本次会议精神特别是昌智主席重要讲话精神，作为推进全会工作的一项重要任务，不断加强思想建设；要认真学习先进经验和做法，深入推进坚持和发展中国特色社会主义学习实践活动；强素质、树形象，开创宣传工作新局面。

民建中央副主席陈政立、张少琴、辜胜阻、宋海、周汉民、吴晓青、王永庆出席会议。民建各省级组织主委、分管宣传思想工作的副主委和宣传部门负责同志等 100 余人参加闭幕会。

4. 经济委员会全体会议

5 月 24 日至 26 日，“科技金融发展研讨会”暨民建中央经济委员会全体会议在湖北省武汉市召开。本次会议由武汉市人民政府、民建中央经济委员会、湖北省科技厅共同主办，主题为“推进科技金融融合，引领创新驱动发展”。民建中央副主席辜胜阻出席会议并在研讨会上作主旨演讲。

辜胜阻在演讲中指出,经济转型需要科技与金融的深度融合。科技金融不是简单的“科技 – 金融”，而是通过一系列金融制度的创新安排，推进科技创新与金融创新的深度融合。辜胜阻强调，当前我国科技金融发展存在科技与经济“两张皮”、创新直接融资比重低、股权投资短期化和投机化、多层次资本市场发展与技术创新不匹牌、科技企业债权融资难、融资贵五大问题。针对这些问题，他提出五条建议：一要加大产学研合作，充分调动科技人员积极性，提高科技成果产业化率和加大金融对创新型经济的支持；二要显著扩大直接融资比重，构建多层次资本市场体系，大力发展支持创业创新的场外交易；三要在高新区发展由民间资本发起的城市社区中小银行，让民间资本支持民营中小企业；四要拓宽 VC 和 PE 的退出通道，鼓励股权投资关注早期成果孵化，使 VC 和 PE 坚持扶持创新的长期行为，避免投机化和短期化；五要大力发展支持创业创新的科技成果孵化和天使投资，使更多富人用闲钱支持初创企业，鼓励更多的人通过创业实现创新。

5. 财政金融委员会全体会议

7 月 24 日至 27 日，民建中央财政金融委员会在贵阳召开 2014 年度全体会议。来自全国各地的 40 位委员出席了会议，委员们围绕“互联网金融发展”和“自由贸易区发展”等议题进行了认真深入的研讨。

民建中央副主席宋海出席会议并讲话。他指出，与会委员就互联网金融和自由贸易区发展提出了许多宝贵的意见建议，这些意见建议不仅对于我国经济社会发展具有重要的现实意义，而且将为会中央的参政议政提供重要素材。

会议期间，委员们还赴贵阳综合保税区进行了实地调研，与当地的政府部门进行了座谈交流。

6. 法制委员会全体会议

6月6日，民建中央法制委员会全体会议在北京召开。民建中央副主席郝明金出席会议并讲话。

会议总结了本届民建中央法制委员会成立一年来的主要工作，并对2014年的工作进行了安排部署，确定了将重点围绕法院系统和检察院系统的司法体制改革、健全金融监管的法律环境、更好建设法治政府开展调研，形成参政议政成果。

郝明金充分肯定了法制委员会一年来的工作，并与大家一起就我国司法体制改革和法治国家建设等问题开展了热烈讨论。他指出，我国法治社会初步形成，这是我国改革开放以来社会主义法制建设取得的巨大成就，法制先行是我国全面深化改革的最鲜明特色，凡是重大改革必须于法有据，全力推进法治政府建设，法治中国是全面深化改革目标。民建中央法制委员会要着眼当前，切合实际，提出有效管用、符合中央精神要求和我国社会经济发展实际情况的意见建议。他要求法制委员会认真学习贯彻中共十八届三中全会精神，专委会的工作要融入民建中央参政议政整体工作，注意依靠民建各级组织和专门委员会的力量，与时俱进，利用先进手段，提高科技含量，提出参政议政建议，更好发挥民建中央法制委员会的作用。

7. 企业委员会全体会议

5月19日下午，民建中央企业委员会全体会议在兰州召开。民建中央主席陈昌智出席会议并讲话。

会议总结了民建中央企业委员会过去一年的工作，安排部署了当前重点工作。

陈昌智在讲话中分析了当前经济形势，指出由于资源环境压力等多种原因，未来中国经济将进入中速发展时期，并将保持一定时期，应该利用中速增长过程，着力降低能耗、解决产能过剩、鼓励创新，同时大力发展民营经济，充分调动民间资本的积极性，切实提高经济增长的质量和效益。陈昌智介绍了民建中央近期工作重点，强调要学习中共开展的群众路线教育实践活动，重心下沉，切实转变工作方式和工作作风；要认真谋划好当前各项重点工作，特别是要做好中国民主建国会成立70周年纪念活动筹备工作，认真研究总结民建会建设发展规律，认真研究思考如何更好地参政议政；要充分认识社会服务工作的重要性，多组织开展社会服务活动。

8. 科教委员会全体会议

7月12日，主题为“综合改革与科教发展”的民建中央科教委员会第二次全体会议在陕西西安西北大学召开，民建中央副主席张少琴出席会议并讲话。张少琴在讲话中指出，民建十大以来，民建中央和陈昌智主席高度重视专门委员会的工作。民建中央各专委会的工作都开创了崭新的局面，取得了可圈可点的好成绩。过去一年来，科教委员会深入学习贯彻中共十八大和十八届三中全会精神，发挥自身的特色和优势，为会中央参与专题座谈会和会中央提案提供了大量基础性材料，参与了2013年会中央重点调研课题“大力推动我国清洁能源发展，促进新型城镇化过程中的环境保护”及2014年重点调研课题“关于我国职业教育发展问题的调查研究”。向民建中央提交论文19篇，社情民意14篇，编辑出版了九届科教委员会论文集，收录论文80余篇，共30多万字，为委员们搭建了展示参政议政成果及相互学习的平台。

张少琴对下一阶段科教委员会工作提出三点要求。一是充分发挥科教委员会的参政议政作用，注重成果的质量和坚持正确的政治方向。要认识到科教委员会工作的专业性、社会性和政治属性，要紧紧围绕党和国家重大战略决策，建有用之言，献务实之策，要特别关注创新驱动、科研成果转化、职业教育发展、大学生就业、义务教育公平、高校改革等问题，提出高质量的调研报告和建议。二是加强学习，提高综合素质，注重加强“四个能力”建设，即政治把握能力、参政议政能力、组织协调能力和合作共事能力。三是秉承民建优良传统，发扬民建“四种精神”，即民主精神、团结精神、创新精神和奉献精神，推动本会参政议政工作逐年再上新台阶。

会前，委员们围绕“综合改革与科教发展”的会议主题提交了17篇论文，其中15位委员在会上作了专题发言，涉及高教改革、职业教育体系建设、科技体制改革、科技人才资助计划、教育公平等主题，发言精彩纷呈，观点鲜明，思考深入，为与会者奉献了一场科教改革发展的思想盛宴。西北大学部分专家学者也就高等教育文化遗产保护、丝绸之路经济带建设、港澳台高校学生文化认同等主题与大家分享了自己的观点。科教委员会副主任罗亚军、张薇、崔源声、孙太利、周来水、褚福磊、赵明山、苏华分别主持会议发言。

9. 妇女委员会全体会议

7月22日至23日，民建中央妇女委员会第二次全体会议在贵州召开。会议于22日上午开幕，妇委会主任李兰及30余名委员参加会议。民建贵州省委主委武鸿麟，民建中央组织部部长李世杰、副部长卞小俊出席会议。会议分为两个阶段，分别由妇委会副主任车晓端、王连灵主持。

武鸿麟主委首先代表民建贵州省委向妇委会各位委员到贵州开会表示欢迎，并向与会委员介绍了贵州省经济社会发展情况和民建贵州省委的工作。李世杰部长介绍了新增选的7位妇委会委员并向她们颁发证书。副主任成卓受主任会议委托对2013年的工作进行了总结。副主任司马红、杨小燕、郭蓉作了自我成长经历的分享。委员们围绕养老问题、规范和发展家政服务业、儿童教育、文化传承与发展等2014年妇委会重点课题开展了热烈的讨论。

李兰主任转达了民建中央副主席李说对各位委员的问候，并作了会议总结。她认为，这次会议议题集中，贴合实际工作，会议富有成效。各位委员都针对参政议政的课题和妇委会的工作提出了很多宝贵的意见，主任会议将进行专门的研究、讨论，希望大家一如既往，热爱妇委会，推动妇委会工作再上一个新的台阶。

会议期间，委员们还针对妇委会2014年的重点课题之一“文化的传承与发展”作了调研。

10. 理论研究委员会全体会议

5月5日至6日，民建中央理论研讨会议暨理论研究委员会扩大会议在陕召开，会议围绕民建参政党建设发展的经验和规律进行了深入探讨。民建中央主席陈昌智出席会议并作重要讲话。

陈昌智充分肯定了这次研讨会取得的成果，他指出：这次会议一是组织形式新颖，充分调动了民建省级组织领导、会中央理论研究委员会委员和理论研究者的主动性、积极性；二是研究成果突出，一些研究成果具有较高的质量和水平，紧密联系本会实际提出了不少真知灼见，一些成果既有高度又有深度，认识独特，亮点突出；三是研讨富有成效，针对几个重点课题，与会同志进行了热烈深入的研讨，提出了很多很好的建议，理论研究委员会主任扩大会议又对这些意见建议进行了逐条认真梳理。

陈昌智对今后的理论研究工作提出了明确要求，他强调，理论研究任重而道远，我们要通过研究，认真总结基本经验和规律，指导推动会的事业健康发展。一是必须坚持正确的政治方向。要有正确的政治意识、职能意识和界别意识，核心和根本是要坚定接受中国共产党的领导，要时刻保持清醒的头脑和坚定的政治立场。二是要遵循理论与实践相结合的原则。研究本会建设发展的经验和规律，必须从总结实践经验入手，既要解放思想、大胆探索，又要注意联系实际、突出重点。要着眼于对已有实践的分析研究，着眼于对现实问题的理性思考，着眼于对未来实践的预测把握，使研究成果具有现实性和可行性，避免脱离实际的空乏的议论。三是要遵循继承与创新相结合的原则。每一次历史经验的总结提炼，都是在继承传统的基础上，着眼于未来的建设，进行完善和创新。我们要站在时代的高度，把历史经验与现实情况有机结合，总结出可以直接指导当下实践的历史经验。四是遵循共性与个性相结合的原则。要注意将民主党派的共性与民建的自身特色相结合，在中国特色社会主义理论体系的框架下，在我国多党合作制度的框架下，提出对加强民建自身建设的思考和建议。

理论研究委员会的 4 名代表分别针对履职能力研究、自身建设研究、会的发展研究三个研究方向的四个课题，在会上作了介绍。12 名与会同志围绕自己的研究成果，作了大会交流。围绕三个方面的重点研究课题，与会人员进行了热烈而深入的讨论。理论研究委员会主任扩大会议研究确定了今年后几个月理论研究重点课题，明确了执笔人和完成时间。

会议由民建中央宣传部部长张皎主持。民建中央理论研究委员会顾问程炜，民建中央理论研究委员会副主任万安培、余维祥、宋村珠、李霞、李旭茂、李丽凤、杨光、陶克中、彭镇秋、韩强，民建中央宣传部副部长程喜真及民建中央理论研究委员会委员、部分优秀理论文章作者共 60 余人参加了会议。

11 月 14 日至 15 日，民建中央理论研究委员会 2014 年第二次全体会议在广东汕头召开。此次会议的主题是：回顾近两年工作情况，总结有益经验，研讨 2014 年重点课题，交流委员个人研究成果，部署 2015 年工作任务。民建中央主席陈昌智出席会议并作重要讲话。

陈昌智对理论研究委员会近两年的工作给予充分肯定，并强调虚功实做是本届理论研究委员会工作中最难能可贵的特点。他指出，理论研究委员会在民建自身建设中发挥着独特、不可替代的作用。认真总结、研究民建建设发展的规律，将会的经验总结提炼，升华成理论，对于进一步提高全会工作水平，推动民建事业健康发展，具有十分重要的意义。他要求在今后的工作中，重点围绕民建成立 70 周年这一主题，做好自身建设规律的研究；抓住当前工作实际中的问题做好研究，以正确的理论指导会务工作；紧密关注当前会内思想实际，充分发挥思想认识的引领作用，不断巩固全会共同的思想政治基础。

陈昌智还就民建成立 70 周年纪念大会报告的撰写工作，与参会人员进行了深入的交流探讨。他与大家分享了民建成立 60 周年纪念大会上的报告、习近平总书记在庆祝人民政协会议成立65周年大会和在庆祝全国人民代表大会成立60周年大会上的两个重要讲话这三份文件的学习心得，并详细介绍了民建成立70周年纪念大会报告的初步框架和构思。

民建陕西省委主委、理论研究委员会主任李冬玉作理论研究委员2013—2014年工作总结。她说，本届理论研究委员会自2013年5月成立至今，在陈昌智主席的领导下，坚持从理论的高度研究总结会务实践经验，积极探索民建参政党建设发展的重大理论和实践问题，致力于为民建自身建设的创新发展提供理论支持，努力培养一支精干、有创造力的理论研究队伍，为把民建建设成为适应时代要求的中国特色社会主义参政党发挥积极作用。这两年理论研究委员会工作的实践表明，会中央领导的关心和支持是顺利开展研究工作的关键，丰富理论研究工作模式是推进研究工作的有效手段，会中央、省、市上下联动是凝聚集体智慧、形成研究合力的有效途径，充分发挥研究骨干的积极作用是顺利开展工作的基础和保证。

会议期间还召开了两场理论研究委员会主任扩大会议，基本确定了2015年理论研究重点课题，明确了完成时间。

11. 文化委员会全体会议

5月16日至17日，民建中央文化委员会全体会议暨文化创意产业研究组成立大会在安徽休宁召开。民建中央副主席周汉民出席会议并讲话。周汉民首先转达了民建中央主席陈昌智对全体与会人员的问候，和预祝此次会议取得圆满成功的良好祝愿。之后，周汉民分享了他参与此次会议的三点感想。首先，这是慎终追远之旅。休宁县有民建主要创始人和领导人黄炎培视察并题词的黄村小学，有民建卓越领导人孙起孟的故居，会议安排在此是为了缅怀先辈，更好地传承民建优良传统和民建老一辈领导人的高尚品质。第二，这是感恩乡梓之旅。民建中央文化委员会将充分利用会内资源，更好地促进当地文化资源与经济投资对接，这次还精心组织了书画笔会和文艺演出，丰富了当地群众的文化生活。第三，这是蓄势待发之旅。中国民主建国会即将迎来建会70周年，我们要以昂扬奋进的精神风貌，共谋民族之未来、国家之未来。最后，他激励文化委员会和文化创意产业研究组要脚踏实地、开拓进取，做出新的业绩。会上宣读了《关于成立文化产业创意研究组的决定》并为文化创意研究组成员颁发了证书。会议还正式将休宁县海阳镇琊斯村确定为民建中央文化委员会活动基地，举行了授牌仪式。

安徽省政协副主席、民建中央文化委员会主任李修松作了《用文化创意提升文化产业并促进相关产业加快发展》的主旨演讲。会议由民建中央宣传部部长张皎主持。文化委员会副主任王元石、张士元、周鸣秋、赵保乐、曹郁，民建中央宣传部副部长程喜真及民建中央文化委员会委员，文化创意产业研究组成员共70余人参加了会议。此次会议为期两天，与会人员还参观了黄炎培视察并题词的黄村小学，重温历史。

12. 对外联络委员会全体会议

5月23日，民建中央对外联络委员会在大连召开了全体会议，近60人出席会议。会议总结了对外联络委员会2013年工作，研究部署了今年参政议政重点调研课题。民建中央原主席、全国台湾研究会会长成思危，民建中央副主席辜胜阻出席会议，并发表重要讲话。

成思危就公共外交、港澳台工作、两岸的金融合作、中国资本市场的发展、房地产行业面临的问题与未来走势、人民币的国际化等热点问题与各位委员开展了交流，并回答了同志们的提问。辜胜阻对对外联络委员会过去一年的工作进行了充分的肯定。他说，今天听了成思危主席与大家的互动，我们都收获很大。成思危主席从外交谈到内政，从股市谈到楼市，让大家受益匪浅。他希望对外联络委员会继续保持较高的人气，积极参与会中央的对外联络和参政议政活动，为民建参政党职能的发挥作出更大贡献。

13. 能源与资源环境委员会全体会议

8 月 17 日至 20 日，民建中央能源与资源环境委员会（以下简称能资环委）全体会议在北京召开。民建中央副主席、环境保护部副部长吴晓青出席会议并作重要讲话。他指出，本次会议主题明确、时间紧凑、内容充实、气氛融洽；本届能资环委工作开局良好、成效显著。他强调，能资环委要充分发挥委员们的积极性和聪明才智，形成能源与资源环境领域的理论、战略研究队伍和企业家队伍两支队伍。他还对能资环委今后工作提出三点要求：加强学习，提高履职能力；以调研活动为抓手，发现和培养人才；彰显自身优势，树立品牌意识。

与会委员就能源、资源与环境领域的热点、难点问题深入研讨，并围绕吴晓青副主席重要讲话、刘炳江主任所作能资环委工作报告、能资环委拟提交民建十届八次中常委会议的经济形势分析报告展开热烈讨论。

与会委员还赴位于天津市滨海新区的国投北疆发电厂实地考察学习循环经济与海水淡化。国投北疆发电厂是国家循环经济第一批试点单位，其循环经济项目采用“发电—海水淡化—浓海水制盐—土地节约整理—废弃物资源化再利用”循环经济模式，共有发电、海水淡化、浓海水制盐、土地节约整理、废弃物资源化再利用 5 个子项目。该项目对经济社会的可持续发展具有重要的示范意义和推广价值。

会议期间，刘炳江还主持召开了能资环委 2014 年度第一次主任会议。

14. 人口医药卫生委员会全体会议

6 月 5 日至 6 日，民建中央人口医药卫生委员会第三次全体会议在山东枣庄召开，委员们重点围绕基层医疗卫生体制改革问题进行了研讨。民建中央常务副主席马培华出席会议并作重要讲话。马培华要求，要充分发挥民建中央人口医药卫生委员会的参政议政作用，坚持以促进发展为第一要务，围绕全面深化改革，提出具有全局性、前瞻性的措施。要结合委员各自工作领域，关注人口发展、医疗体制改革、食品药品安全、药品创新等问题，深入实际，调查研究，积极建言献策，为实现中华民族伟大复兴的中国梦作出新的贡献。

与会委员围绕医疗卫生体制改革问题，结合自己的专业特长和研究领域，针对加强社区卫生人才培养、建立大型医院与基层卫生院对口帮扶机制、完善基层全科医生培养模式、推进农村卫生服务能力建设等问题进行了热烈讨论，许多委员提交了书面发言材料。会议邀请中国医学科学院北京协和医学院刘远立教授、国家计生委基层卫生司李路平副司长分别作了题为“全球眼光看医改”和“基层卫生事业发展”的报告。与会人员还赴兴仁街道卫生服务中心、薛城区人民医院、市中区卫生信息化区域中心等地开展实地调研。

15. 农业与农村委员会全体会议

8 月 12 日至 13 日，民建中央农业与农村委员会第二次全体会议暨“粮食安全与新型农业经营主体”研讨会在贵州遵义召开。民建中央副主席王永庆出席会议。

王永庆在认真听取了民建中央农业与农村委员会主任孙宝启作的专委会工作总结和大家的发言后，充分肯定了农业与农村委员会一年来团结协作、求真务实，埋头苦干取得的可喜成绩。他对于专委会的工作提出三点要求。一是要充分认识到农业与农村委员会工作的重要性。“三农”工作对于我国经济社会发展全局具有重要意义，农业与农村委员会是民建中央 12 个专门委员会中唯一涉农的专委会，对于国家农业问题要提出有价值的意见和建议，通过高水平的参政议政成果，不断扩大专委会的影响力。二是要重视专委会研究成果的转化。成果转化和我们日常工作的开展相辅相成。要认真选题,开展调研，并形成有价值的研究成果，切实为国家经济发展和社会进步发挥作用。他希望社会服务部和专委会委员共同努力，从农业农村工作的重要性出发，通过多种渠道积极报送研究成果。三是要加强专委会的信息沟通。通过多种手段和形式,促进专委会成员之间的交流。只有以多种多样的工作形式，开展主题鲜明、形式灵活的专委会活动，才能把大家凝聚起来，更好地为专委会工作出力。最后，王永庆希望大家继续发挥各自的工作特点和专业优势，共同做好农业与农村委员会下一阶段的工作。

与会委员围绕“粮食安全与新型农业经营主体”这一议题，结合自己的专业特长和工作领域，针对国家粮食安全问题成因及现状、新型农业经营主体的培育、新型农业经营主体发展机遇及面临的问题、农产品安全模型的建立等问题展开了热烈讨论。会议期间，与会委员还赴茅贡米业有限公司、湄潭栗香茶叶有限公司、中国茶城、鹏彦酒业有限公司，以及遵义市新农村建设示范点湄潭县兴隆镇田家沟和湄江镇核桃坝村开展了实地调研。

16. 民建省级组织组织处长会议

7 月 2 日下午，民建全国组织处长工作会议在北京召开，民建中央常务副主席马培华会前看望了与会同志并合影留念。来自全国 30 个省级组织的组织部门负责同志参加了本次会议。

与会同志围绕常务副主席马培华在民建全国市级组织建设研讨会上的讲话，结合本地工作实际，进行了讨论和交流，大家对全国市级组织建设研讨会给予了充分肯定，并就加强市级组织思想建设、会员发展、后备干部培养、参政议政和会务工作等提出了意见建议。

17. 民建省级组织调研处长会议

5 月 25 日至 26 日，2014 年民建省级组织调研处长会在湖北武汉召开。会议的主要内容是交流参政议政工作经验，针对成果征选和社情民意工作存在的问题进行研究，重点就如何做好社情民意信息工作、提高会中央提案质量和水平展开讨论。民建中央副主席辜胜阻出席会议并作指示。

来自全国各民建省级组织的调研处长总结了去年以来参政议政及调研工作情况，并结合本地实际和自身体会交流了工作中积累的经验及面临的问题。大家畅所欲言，各抒己见，就进一步做好参政议政工作，提出了很多建设性的意见。

会议期间，调研处长们还列席了由武汉市人民政府、民建中央经济委员会和湖北省科技厅主办，东湖高新区管委会、民建武汉市委员会、武汉市政府金融办承办的“科技金融发展”研讨会。

（四）主要论坛、座谈会、研讨会等

1. 风险投资论坛

6月13日，由民建中央、科学技术部、广东省人民政府和深圳市人民政府共同主办的2014（第十六届）中国风险投资论坛在深圳隆重召开。

民建中央主席陈昌智，全国政协副主席、科技部部长万钢出席开幕式并发表主旨演讲。民建中央副主席陈政立出席开幕式、民建中央副主席辜胜阻作了高层论坛演讲、民建中央副主席宋海主持主旨演讲。

陈昌智发表了《促进风险投资与科技创新深度融合，推动经济发展提质增效》的主旨演讲。他在讲话中说，中国风险投资论坛在深圳举办以来，通过政府搭台、社会参与、市场运作的方式，已发展成我国风险投资领域富有国际影响力的大型盛会，在推动产业结构调整和转型升级，促进区域创新和经济社会发展等方面发挥了积极作用。本届论坛以“释放改革红利，打造中国风险投资升级版”为主题，既把握了十八届三中全会确立的全面深化改革的政策取向，也把握了发挥市场在配置资源中起决定性作用，促进经济转型升级的大局。如何使“风险投资升级版”在打造未来“经济升级版”的过程中发挥更大的作用？这是一个重要课题。结合当前经济发展中的困难和问题，认真研究这一课题，提出有针对性的建议，具有非常积极的意义。风险投资作为一种创新金融工具和创业活动的孵化器，是市场配置资源的有效途径，在促进科技型中小企业创新创业、科技成果转化方面发挥着巨大作用。

陈昌智指出，经济发展注重提质增效，风险投资与科技创新深度融合大有可为。2013年以来，面对世界经济复苏艰难、国内经济下行压力加大、自然灾害频发、多重矛盾交织的复杂形势，新一届政府不为经济一时波动而采取短期强刺激政策，而是更加注重中长期的健康发展，抗住了经济下行压力，强力推动了经济改革步伐，实现了我国社会经济发展主要预期目标。但是，必须清醒地看到，我国经济增长速度放缓，工业生产能力过剩矛盾日益突出，这已成为影响国民经济发展的重要因素。解决这些问题，必须深化改革，依靠创新。风险投资以其特有的运作机制与科技创新相结合，对创新经济的发展作用很大：一是风险投资为创新经济提供了强大的资金支持，尤其是在高新技术产业的创建阶段或新产品的研发阶段。二是风险投资不仅为企业的科技创新投入资金，而且还参与到企业的战略决策和管理中来，通过向企业提供各种附加服务，帮助企业顺利成长。三是风险投资加速了科技创新成果的产业化。

陈昌智强调，要稳步推进深层次改革，营造行业发展良好环境。展望我国风险投资行业发展，仍然面临一些深层次问题的挑战。围绕促进风险投资行业发展，进一步推动风险投资与科技创新深度融合，陈昌智谈了几点看法：一是进一步简政放权，充分发挥市场机制的作；二是进一步细化制度设计，促进引导基金更好地发挥引导作用；三是进一步推进税制改革，促进行业持续健康发展。陈昌智最后指出，风险投资和科技创新是互相支撑的。没有风险投资的支持，科技创新不能顺利的转化为生产力；没有优秀的科技项目资源，风险投资行业也不能实现持续健康发展。希望大家共同研究这个课题，为实现风险投资和科技创新的深度融合，促进经济发展提质增效而出谋划策。

辜胜阻作了《VC/PE 升级要产业链、创新链、资金链三链联动》的高层论坛演讲。辜胜阻强调，一是围绕产业链和创新链完善投资链，使更多 VC/PE 关注早期，支持创新孵化，实现产业升级。二是转变急功近利，追求短期利益，都想赚“快钱”倾向，改变 VC/PE 投机化。三是大力发展天使投资，支持创业，推进新一轮创业潮的形成，以创业带动创新。四是让 VC/PE 推动企业海内外并购，帮助企业向外走，整合全球资源。五是政府让 VC/PE 退出通道多元化，降低税负。经济升级版需要科技与金融的深度融合，需要产业链、创新链、资金链“三链”联动。“三链”联动关键在体制机制创新，实现技术创新与金融创新“双轮驱动”。

“2014（第十六届）中国风险投资论坛”在民建各级组织的重视和推动下，会员参与积极性很高。参加此次论坛的民建会员达到 190 人，多个省级组织主委出席论坛，其中 3 家会员企业进行项目路演。论坛期间，陈昌智主席会见了与会的各地民建会员代表并与大家座谈，陈政立、辜胜阻、宋海副主席陪同会见。

2. 非公有制经济发展论坛

9 月 18 日，中国（宁夏）非公有制经济发展论坛在宁夏银川召开。民建中央主席陈昌智出席开幕式并作主旨演讲。论坛由民建中央、工业和信息化部、宁夏区政府联合主办，北京、上海等 34 个代表团 800 多名嘉宾参加了本届论坛。

陈昌智在演讲中说，本届论坛主题既符合十八届三中全会全面深化改革的指导思想，也顺应了支持民营经济健康发展、助推经济转型升级、加快内生创新驱动发展的要求。陈昌智围绕论坛主题，从“民营经济发展环境得以改善、民营经济发展的困难和问题依然存在、民营经济的发展得益于进一步深化改革”三方面内容作以阐述。他强调非公经济在中国经济发展中占据着越来越重要的作用，国家要从政策多方面给予非公经济更多的支持。

论坛会上，民建中央、国家工业和信息化部、宁夏回族自治区人民政府、中央党校、清华大学、北京金和软件公司等部门领导和专家学者、企业家在会上作了专题演讲，为非公有制经济发展把脉问诊，建言献策。民建中央副主席张少琴出席论坛并主持主题演讲，民建中央副主席辜胜阻出席论坛并演讲，民建中央副主席周汉民出席了论坛开幕式。

会上，宁夏还专门筛选出签约项目 41 个，供参会企业家选择合作签约。经过对接和选择，本次论坛会上共签约各种项目 41 个，签约金额达 409.4 亿元。其中，合同项目 21 个，投资额 133 亿元；协议项目 20 个，投资额 276.4 亿元。整个签约项目涉及能源化工、新材料、装备制造业、文化卫生旅游、农副产品加工等。

论坛期间，与会专家和企业界人士分赴银川、石嘴山、吴忠、固原、中卫、宁东基地考察对接项目。

3. 2014 年提案论证会

1 月 23 日至 24 日，民建中央提案论证会在北京召开，民建中央副主席辜胜阻出席会议并讲话。会议围绕民建中央准备提交全国政协十二届二次会议的提案初稿进行了座谈和论证。

辜胜阻感谢与会专家对会中央提案工作的关心和支持，充分肯定了大家的发言内容。他指出，会中央专门委员会、各省级组织和会内专家为提案工作提供了大量调研素材，提案工作要在认真研究相关材料的基础上，广泛吸收意见，提出有针对性和可操作性的建议。他表示会中央将认真研究论证会提出的意见建议，修改、完善提案，进一步提高提案质量。

4. 两会提案新闻通气会

2月24日下午，民建中央2014年两会提案新闻通气会在京召开。民建中央副主席辜胜阻出席通气会并答记者问。

辜胜阻首先对今年两会经济热点进行了前瞻。他认为，去年年底召开的中共十八届三中全会拉开了全面深化改革的序幕，今年将是改革从设计规划推进到落实执行的开局之年。他根据中央经济工作会议精神及近年来调研成果，认为城镇化进程中的农民工市民化、人口老龄化和发展养老服务产业、金融如何更好服务实体经济、如何防范和化解地方政府性债务风险、如何在房地产市场严重分化的条件下建立楼市长效调节机制、如何治理大都市区的大气污染，缓解“十面霾伏”等问题可能会成为今年两会关注的热点。

辜胜阻提出，当前我国城镇化亟需从偏重土地城镇化向重视人的城镇化转变，基本公共服务由户籍人口独享向常住人口全覆盖转变；大力发展养老服务业既是积极应对人口老龄化、保障和改善民生的有效举措，又有利于填补我国服务业发展“短板”、拉动内需、增加就业和推动经济转型升级；为提升金融体系服务实体经济的效率、防范和化解金融风险，一方面，需要重构多层次金融体系，实现金融领域的市场主体的多元化和利率市场化，另一方面，要努力使金融去杠杆化，化解高债务引发的金融风险；要通过建立地方政府性债务管理责任制、理顺中央政府和地方政府的关系、激发民间资本活力、借鉴发达国家利用市政债券为地方经济社会发展融资的经验、加快编制政府资产负债表、建立地方政府性债务管理的风险预警机制等方面入手控制和化解地方政府性债务风险；面对房地产市场调控效果不佳，而市场又急剧分化的局面，必须要有新思路和新办法，政府应更加重视长效调节机制和差别调节机制的建立；破十面“霾伏”保呼吸安全需要构建大气污染治理联防联控长效机制。

辜胜阻还就提案的形成过程，当前大气污染治理存在的难点问题和解决方法，政府如何建立房地产市场长效调节机制和差别调节机制进行楼市调控等问题回答了现场记者的提问。

会上，民建中央调研部部长蔡玲通报了今年民建中央向全国政协十二届二次会议所提交提案的相关情况。截至目前，民建中央将向全国政协十二届二次会议分两批提交40件提案，按主要内容分为六大类：一是深化金融改革、推动金融市场健康发展的提案；二是破除壁垒、推动非公有制经济和中小企业发展的提案；三是关于“三农”问题的提案；四是改善民生和加快扶贫开发的提案；五是资源和环境保护的提案；六是其他方面有调研成果的提案。今年，民建中央提案的基础素材主要来源于民建中央重点调研专题、应急研究和领导研究成果、民建省级组织调研成果征选、民建中央专门委员会研究成果、民建相关支部建议材料等。

74家新闻媒体的90位记者参加了通气会。

5. 十二届全国人大代表、全国政协十二届委员民建会员座谈会

3月4日晚，民建中央召开十二届全国人大代表、全国政协十二届委员民建会员座谈

会。民建中央主席陈昌智出席座谈会并与代表、委员亲切交流。民建中央常务副主席马培华主持座谈会，并通报全国政协近期相关工作情况。

陈昌智首先总结了全会2013年的主要工作特点。民建全会深入学习贯彻中共十八大精神，认真落实民建十大提出的各项任务，实现了本届工作的良好开局。主要工作特点体现在三个方面：广泛征求意见，改进工作作风；工作重心下移，推进基层组织建设；转变工作方式，非公论坛与帮扶工作相结合。

关于2014年的工作任务，陈昌智说，全会要深入学习贯彻中共十八届三中全会精神，推进思想建设，加强组织建设，紧密围绕全面深化改革的目标、任务和重点，履行好参政党职能，提高社会服务水平，以优异工作业绩迎接中华人民共和国成立65周年。

陈昌智还对民建人大代表和政协委员履行好参政议政职能提出建议：一是以认真负责的态度参加两会。二是积极宣传民建取得的参政议政成果。三是履行好代表和委员的神圣职责。

民建中央副主席陈政立、张少琴、辜胜阻、宋海、周汉民、吴晓青、王永庆、郝明金和130余位担任全国人大代表、全国政协委员的民建会员出席座谈会。

6. 学习贯彻两会精神会议

3月17日上午，民建中央机关召开会议学习贯彻全国两会精神。民建中央常务副主席马培华传达了全国政协十二届二次会议精神，并对学习贯彻全国两会精神和近期工作提出要求。民建中央副主席张少琴传达了十二届全国人大二次会议精神。

马培华传达了全国政协第十二届二次会议精神，介绍了俞正声代表政协第十二届全国委员会常务委员会向大会所作的工作报告，韩启德受政协第十二届全国委员会常务委员会委托作的政协十二届一次会议以来的提案工作情况。同时他全面介绍民建大会提案和大会发言情况，以及会议分组讨论时委员们就经济建设、政治建设、文化建设、社会建设和生态文明建设等提出建议的情况。

马培华要求民建中央机关认真学习贯彻十二届全国人大二次会议、全国政协十二届二次会议精神，结合本职工作，全面贯彻落实中共十八大和十八届二中、三中全会精神；大力发扬求真务实精神，切实转变作风，抓紧做好参政议政、社会服务等工作；同心同德，扎实工作，为全面建成小康社会、实现中华民族伟大复兴的中国梦而奋斗。

张少琴传达了十二届全国人大二次会议概况和主要精神，就政府工作报告和计划、预算报告，人大常委会和"两高"报告作了详细解读，介绍了会议的三个特点：民主法治氛围浓厚、改革创新主题突出、务实高效风清气正。

7. 2014年两岸文化创意产业发展与合作研讨会

5月24日，由民建中央与台湾世新大学主办，民建辽宁省委、东北财经大学、民建中央对外联络委员会、民建中央文化委员会协办，民建大连市委承办的"两岸文化创意产业发展与合作研讨会"在东北财经大学召开。海峡两岸文化创意产业专家学者、企业家、民建中央外联委委员、民建中央文化委委员以及特邀上海湘江实业公司董事长、新奥特集团总裁、北京瓷茗文化有限公司董事长等90余人汇聚一堂。

研讨会开幕式由民建中央副主席辜胜阻主持，民建中央原主席成思危出席并致辞，成思危首先强调了教育的重要性，投资教育的重要意义，其次强调了发展文化创意产业应遵循三条路径：一是要发展爱国的文化，要继承批判地发展爱国文化；二是要发展开放的文化，先研究国外的先进文化，批判后吸收国外先进文化；三是要发展创新的文化。创新文化很难，开始不见得被大家接受，要不怕批判，不怕挫折，要营造鼓励创新的氛围。随后，台湾世新大学、南开科技大学董事长成嘉玲女士作为台湾文化产业代表致辞。辜胜阻在总结时强调要实现金融与文化创新的“双轮驱动”。

8. 京津冀协同发展和大气污染治理座谈会

3 月 7 日下午，为落实习近平总书记关于京津冀协同发展的重要指示精神，民建中央副主席辜胜阻在民建中央机关主持召开座谈会，与会人员就《民建中央关于建立京津冀协作联动机制 强力推进京津冀大气污染治理的提案》和《强力推进京津冀大气污染治理确保呼吸安全的建议》进行了深入探讨交流。

辜胜阻认为，大气污染问题是粗放的工业化、失衡的城镇化和不合理的能源结构造成的，不仅是生态环境问题、民生问题，也是经济问题。在推进京津冀协同发展的过程中，两市一省过去做了大量工作，京津冀协同发展现在已经上升到顶层设计，今后的步伐将会更快。辜胜阻强调，治理大气污染是京津冀协同发展过程中的重要环节，每个城市、每个地区都难以独善其身，要通过减煤、控车、调产、依法强管等措施，做到标本兼治。

辜胜阻和相关专家学者回答了现场媒体记者关于三北防护林对霾的影响、行政命令的治霾效果、雾霾形成的原因、京津冀一体化的推进进度等问题。

9. 民建中央投融资企业工作经验交流会

3 月 27 日，民建中央投融资企业工作经验交流会在京召开。民建中央副主席张少琴出席会议并讲话，民建中央社会服务部部长包瑞玲、副部长夏赶秋出席会议。

张少琴在讲话中指出，民建作为密切联系经济界的参政党，长期以来一直关注和支持中国非公有制经济的健康发展。民建中央近年来围绕进一步加快金融体制改革、解决中小企业融资困难等课题进行了大量的调查研究，并转化成参政议政的成果通过不同的方式向中共中央、国务院和有关部门提出意见和建议。张少琴强调，民建各级组织和广大会员要深入学习贯彻中共十八届三中全会和全国两会精神，充分认识做好非公有制经济工作的重要性和紧迫性，进一步研究在新形势下做好为会员企业服务工作的新思路和新举措，为促进解决中小企业融资问题做出新的努力，为我国非公有制经济的健康持续发展作出新的更大的贡献。

会上，中国中小商业企业协会书记兼副会长孔庆泰、民建云南省委副主委王清民、天津新华投资集团董事长梅长春、廊坊市明达中小企业信用担保有限公司董事长纪志金等同志就如何做好融资担保机构，缓解中小企业融资难等问题做了交流发言。参加会议的企业家就如何解决中小企业融资难问题谈了自己的看法，分享了各自的经验。会议还邀请了中国中小商业企业协会的部分企业家参与交流。

10. 经济形势分析座谈会

8 月 8 日下午，民建中央经济委员会在京召开经济形势分析座谈会，就当前经济形势与经济增长、严控金融风险、提高投资效率、进一步转方式调结构等问题进行了深入的分析与讨论。民建中央副主席辜胜阻出席会议并讲话。结合对当前经济形势的分析，辜胜阻认为当前宏观经济形势具有“两面性”，一方面呈现出“缓中趋稳”的积极发展态势，另一方面仍然面临较大的下行压力。他指出，当前经济转型面临着制造业去产能化、房地产去泡沫化、金融去杠杆化、环境去污染化“四大阵痛”，同时又面临房地产投资、民间投资、基础设施建设投资拉动经济的传统“三大引擎”减速、新增长点“青黄不接”的情况。在经济下行的压力下，各项金融风险极易集中爆发。他强调，经济在阵痛中转型，应当从金融和实体经济两方面入手，严控、防范和化解金融风险。其中，一要建立风险监测预警和应急机制，定点爆破局部和区域风险，及时处置风险隐患，防范于未然；二要推进体制改革和金融监管转型，形成有效的市场化的风险约束机制；三要建立楼市长效管理和差别调节机制，多渠道化解房地产拐点导致的金融风险；四要规范地方政府举债，强化政府负债和预算硬约束；五要构建竞争高效的多层次金融体系，积极推进利率市场化改革，使金融更好地服务实体经济。民建中央调研部部长蔡玲参加会议。

11. 依法治国调研座谈会

9 月 15 日下午，民建中央在会中央机关召开调研座谈会，围绕“依法治国”主题，就“依法治国”实现途径与实现方式听取有关专家的意见建议。民建中央副主席辜胜阻出席会议并讲话。

辜胜阻指出，中共十八届四中全会将研究全面推进依法治国重大问题，依法治国是中国特色社会主义的本质要求和重要保障，是实现国家治理体系和治理能力现代化的必然要求，事关党执政兴国、人民幸福安康和国家长治久安。全面建成小康社会、实现中华民族伟大复兴的中国梦，必须全面推进依法治国。就全面推进依法治国，辜胜阻提出四条建议：一是充分发挥人大在法治建设中的重要作用。人大及其常委会要切实担负起宪法和法律赋予的职责，认真依法行使职权，发挥立法、监督的作用，推进依法行政、公正司法，切实保障宪法和法律的有效实施。二是处理好依宪治国和依法执政的关系。宪法是国家的根本法，坚持依法治国首先要坚持依宪治国，坚持依法执政首先要坚持依宪执政。依宪治国、依法执政是依法治国方略的重要内容，是实现由“人治”到“法治”转变，推进依法治国方略在全社会进一步实施的关键所在。三是进一步加强和改进立法工作。优化立法机构，完善立法体制和程序，充分发挥专家学者在立法中的作用，不断提高立法质量。四是加强和改进法律实施与监督工作。推进依法行政，建设法治政府。行政机关依法履行职责，坚持法定职责必须为、法无授权不可为。深入推进公正司法，深化司法体制改革，加快建设公正高效权威的司法制度。强化司法监督，确保法律法规得到有效实施，确保行政权、审判权、检察权得到正确行使。

中国政法大学民商经济法学院教授王玉梅、浙江大学法学院教授钱弘道、南开大学法学院院长左海聪、山东财经大学法学院院长宋焱、吉林大学法学院地方立法研究中心主任任喜荣、司法部司法研究所副研究员高航、中国社会科学院法学研究所研究员黄芳、北京市铭达律师事务所合伙人王继华、北京子英律师事务所主任李洪东等参加座谈并发言。

9 月 9 日、11 日，民建中央还分别在安徽、北京召开了依法治国调研座谈会。

12. 学习贯彻中共十八届四中全会精神座谈会

10 月 24 日，民建中央在京召开学习贯彻中共十八届四中全会精神座谈会。民建中央主席陈昌智出席座谈会并作重要讲话，常务副主席马培华主持座谈会并作总结讲话，副主席张少琴、宋海出席会议并作发言。

陈昌智指出，中共十八届四中全会是在我国全面建成小康社会进入决定性阶段，改革进入攻坚期和深水区的关键时期召开的一次重要会议。会议审议通过的《中共中央关于全面推进依法治国若干重大问题的决定》，立足我国社会主义法治建设实际，直面我国法治建设领域的突出问题，明确提出了全面推进依法治国的指导思想、总体目标、基本原则，提出了关于依法治国的一系列新观点、新举措，对全面推进依法治国作出了整体部署，是我国全面推进依法治国的纲领性文件，是中国共产党对社会主义法治建设一次更加完整系统的规划。这次会议必将对提高中共的执政能力和执政水平，全面深化改革，完善和发展中国特色社会主义制度，全面建成小康社会，实现中华民族伟大复兴的中国梦发挥重大推动作用。

陈昌智就学习贯彻会议精神提出了具体要求：一是要深入学习、内化于心，全面理解、深刻把握中共十八届四中全会精神实质。要认真研读会议公报、《决定》和其他相关文件材料。各级组织要将学习中共十八届四中全会精神作为当前坚持和发展中国特色社会主义学习实践活动的重要内容，抓紧抓实，学深学透。学习会议精神，要做到一个全面把握和三个清醒认识。全面把握就是要从总体上领会会议的精神实质。要清醒认识到，当前，全面建成小康社会、实现中华民族伟大复兴的中国梦，全面深化改革、完善和发展中国特色社会主义制度，提高党的执政能力和执政水平，必须全面推进依法治国；要清醒认识到，全面推进依法治国，必须毫不动摇地坚持中国共产党的领导；要清醒认识到，人民权益要靠法律保障，法律权威要靠人民维护。二是要勇于实践、外化于行，紧紧围绕全面推进依法治国的总目标，大胆建言、积极履职，充分发挥参政党作用。法律的生命力在于实施，法律的权威也在于实施。中共十八届四中全会提出了一个总目标，五个体系和六项重大任务。实现这些目标和任务，需要包括民建在内的全国各族人民的共同努力。民建要紧紧围绕十八届四中全会所提出的目标、任务，精心确定选题，积极组织力量，深入调查研究，结合本会特色，多从法治层面求解，立足法治建睿智之言，献务实之策。

马培华在总结讲话中说，中共十八届四中全会是中国共产党首次以依法治国为主题的中央全会，描绘了建设法治中国的新蓝图，为中国特色社会主义法治道路指明了方向，为依法治国理政提供了根本遵循。就如何学习贯彻中共十八届四中全会精神和昌智主席重要讲话精神，他强调：要在“学”字上下功夫，全面把握中共十八届四中全会的精神实质，要带着强烈的历史责任感和时代使命感去研读中共十八届四中全会公报、决定等相关文章，在系统学习中加深领会，增强问题意识，带着问题学；要以学习贯彻中共十八届四中全会精神为契机，深入推进坚持和发展中国特色社会主义学习实践活动；要积极履职尽责，在实现中华民族伟大复兴中国梦的道路上建功立业。

张少琴认为，十八届四中全会的召开是中国共产党和全国各族人民政治生活中的一件大事，全会提出全面推进依法治国的总目标和重大任务，鼓舞了人心，凝聚了力量。全会出台的《中共中央关于全面推进依法治国若干重大问题的决定》是中华民族实现伟大复兴道路上的重要里程碑，将为建设国家强盛、人民幸福、民族团结、社会进步、中华民族实现伟大复兴的中国梦奠定强大的法制保障。

宋海认为，在推进依法治国和依宪治国的进程中，首先要做到领导带头，各级领导干部带头遵守法律法规，杜绝以权代法和政府干预法律的现象出现；其次要加强监督，解决好“谁监督谁”的问题，以道德和法律来对行为进行约束，实现“公器不私用”；第三是要建立一整套依法治国、依宪治国的检查、考核指标，制定相关的细则。

13. 民建全国会内监督工作研讨会

11月20日上午，民建全国会内监督工作研讨会在京开幕。中央监督委员会全体委员、30个省级监督委员会主任、监督委员会办公室主任或负责同志近80人参加会议，这是民建自成立以来召开的规模最大的会内监督工作会议。民建中央主席陈昌智出席会议，常务副主席、中央监督委员会主任马培华出席会议并作报告，副主席、中央监督委员会副主任李说主持开幕式。中央统战部一局副局长刘海富等相关同志参加了开幕式。

马培华作了《结合民建自身建设实际 深入推进会内监督工作》的报告，全面总结了六年来民建开展会内监督的成绩和宝贵经验，分析了存在的问题和不足，提出了具体的希望和要求。在总结会内监督开展以来的工作时，马培华指出，经过六年的实践，会内监督共识基本形成，监督队伍初步建立，监督制度不断完善，监督成效逐步显现，会员主体地位得以体现，初步取得了一些实践成果、制度成果和理论成果。对今后一段时间的工作，马培华提出五点意见，一是深刻认识会内监督在自身建设中的重要意义，努力营造良好监督氛围；二是以领导班子建设为重点，把监督工作的成效体现到推动会的自身建设、提升履行参政党职能的水平上；三是加强制度建设，使制度真正成为推进会内监督的依据和保证；四是以改革创新精神为指导，鼓励各地在理论上的研究讨论和具体措施上的探索实践；五是加强指导，注重落实，开拓民建会内监督工作新局面。

与会同志对马培华主任所做的工作报告和八个大会发言给予了积极评价，并结合工作实际畅谈心得体会，对会内监督工作提出了意见建议。陈昌智、马培华、李说、郝明金等参与分组讨论，同与会人员互动交流，现场气氛热烈和谐。

陈昌智在闭幕式上作了重要讲话，进一步阐释了会内监督工作的重要意义，对会内监督工作深入开展提出了要求。他要求，各级监督委员会要进一步强化监督意识，增强对监督重要性和重大意义的认识；要从监督的对象和监督的内容方面把握，进一步突出监督重点；要从监督协调机制、监督渠道等方面入手，逐步完善监督机制。最后，陈昌智还对与会同志关心的重点问题和提出的意见建议进行解答和点评，并对会议的学习落实提出要求。马培华对贯彻执行此次会议精神提出两点要求，一要迅速传达，广泛发动，认真学习，及时部署；二要结合实际，抓好落实。

14. 民建省级组织社会服务工作经验交流会

11月27至28日，民建省级组织社会服务工作经验交流会在重庆召开，民建中央副主席张少琴出席会议并讲话。

会上，全体与会人员学习了全国政协主席俞正声在毕节试验区调研时的讲话精神；民建重庆市委、民建江苏省委、民建广西区委、民建贵州省委作了典型发言，介绍了近年来社会服务工作成绩及经验启示；其他26个省级组织谈了近年来开展社会服务工作的体会、存在的问题及下一步工作想法，并对社会服务工作如何适应新形势新任务的需要提出了许多好的建议。

张少琴在讲话中指出，自2011年民建全国社会服务工作会议以来，民建各地组织认真贯彻落实《民建中央关于新形势下进一步加强社会服务工作的意见》，把社会服务工作作为发挥参政党职能和自身建设的重要任务，真抓实干，取得了显著的成绩，得到了地方党委和人民群众的高度评价，希望大家继续努力，再接再厉。

张少琴对新形势下的社会服务工作提出四点要求。一是认真学习贯彻中共十八届三中、四中全会精神及习近平总书记系列重要讲话精神，进一步明确新形势下党派社会服务工作任务。二是要认真学习贯彻全国政协主席俞正声同志毕节讲话的重要精神，充分发挥党派特色和优势，不断提高对社会服务工作的认识水平和工作水平。三是继续做好扶贫帮困工作，要结合本会特色，创造性地开展智力扶贫和开发扶贫。四是继续做好服务会员企业家工作，搭建企业家会员学习的平台、交流的平台、投资的平台、教育的平台。

会后，全体与会人员还参观了会员企业、重庆南川区城乡统筹新农村建设项目——“中海黎香湖”及重庆抗战遗址博物馆。

15.“加大改革力度 建立解决产能过剩的长效机制”专题座谈会

3 月 20 日下午，民建中央主席陈昌智主持召开民建中央重点专题“加大改革力度，建立解决产能过剩的长效机制”座谈会，就专题的调研方向、重点内容等听取相关部门及专家的意见和看法。

座谈会上，国家发展改革委、工信部相关司局领导介绍了我国产能过剩的基本情况及采取的应对措施，与会专家也根据专长领域和所在行业提出了自己的观点。

陈昌智认真听取与会专家的发言，并不时插话讨论。他说，当前，我国钢铁、水泥、平板玻璃等行业存在产能严重过剩的情况，国家高度重视并出台政策措施，控增量、优存量，积极化解产能过剩，取得了一些成效。陈昌智强调，产能过剩的形成涉及体制机制等多方面原因，化解产能过剩是一项长期工作，应充分发挥市场在资源配置中的决定性作用，加强国家治理体系和治理能力现代化建设，建立化解产能过剩的长效机制。为此，民建中央将根据中共十八届三中全会精神，从深化改革的角度，就化解产能过剩问题，围绕如何建立长效机制进行深入调研，提出具体可行的建议。

16.“大力推动农业水资源高效利用”重点专题座谈会

3 月 13 日下午，民建中央常务副主席马培华主持召开民建中央“大力推动农业水资源高效利用，促进干旱半干旱地区农村可持续发展”重点专题座谈会。会议围绕专题的主题、研究重点以及调研方向等问题开展深入讨论。

马培华首先介绍了专题的提出背景。他指出，水资源是关系人类生存生活的基础性自然资源和重要战略资源，我国水资源严重短缺，农业是用水大户，近年来农业用水量约占经济社会用水总量的62%，干旱半干旱地区比重更高。大力推动农业水资源高效利用，对促进我国干旱半干旱地区农村水资源可持续利用，实现我国全面建成小康社会建设目标具有重要意义。为此，民建中央选择“大力推动农业水资源高效利用，促进干旱半干旱地区农村可持续发展”这个课题进行调研。

在认真听取与会专家意见的基础上，马培华强调，民建中央将与水利部开展联合调研，结合民建自身特色和优势，重点围绕充分发挥市场机制的作用，推广新技术在农业水资源高效利用方面的应用，结合相关政府补贴促进农民增收，实现干旱半干旱地区农村可持续发展等方面，深入开展调研并提出具有可操作性的意见建议。

17.“关于我国职业教育发展问题的调查研究”重点专题座谈会

4月28日下午，“关于我国职业教育发展问题的调查研究”重点专题座谈会在民建中央机关召开。与会专家围绕专题调研的内容、重点、思路、方向等问题展开深入讨论。民建中央副主席张少琴出席并主持了座谈会。张少琴认真听取并充分肯定了专家们的意见建议。他指出，发展职业教育，是提高劳动者素质，培养大量技术技能型人才、面向创新型国家需求、提高国家综合竞争力的重要途径。要从国家需要、社会和企业需求、家庭和学生的希望三个层面的有机结合来探讨对教育和人才培养的需求和职业教育的发展，要研究和借鉴国内外先进职业教育的理念和经验，可以研究一下德国在大力发展职业教育、培养技术技能人才促进实体经济发展的做法，但是要结合我国具体国情，从我国职业教育办学体制机制、人才培养和发展机制、就业及劳动人事制度、校企合作机制、现代技术技能教学和实训机制等方面进行改革和完善，构建结构合理、行业配套、协调发展的现代化职业教育体系，使职业教育的发展与我国经济发展的要求和水平相适应。他强调，要认真调查研究我国职业教育发展的现状及问题，提出高水平的调查报告，为全国政协会议提交高质量的提案，为会中央参政议政工作提供高水平的素材和成果。

18. 中华思源工程扶贫基金会第二届理事会第十二次会议

12月18日，中华思源工程扶贫基金会（以下简称“思源工程”）在北京召开第二届理事会第十二次会议，本会23名理事、监事，以及30名专项基金、媒体代表出席理事会，出席理事审议并一致通过《中华思源工程扶贫基金会2014年度工作报告》、《中华思源工程扶贫基金会2014年财务工作报告》、《关于中华思源工程扶贫基金会延期换届的报告》、《关于设立中华思源工程扶贫基金会东易慈善基金的报告》。民建中央主席、“思源工程”理事长陈昌智出席并讲话。民建中央副主席张少琴出席会议。

陈昌智表示，在中共中央、国务院的领导及社会各界的参与下，我国2014年扶贫成绩显著，但长期困扰贫困群众的吃水难、行路难、上学难、就医难、增收难等诸多问题还没有得到根本解决，扶贫工作任重而道远。他说：“‘思源工程’将长期紧紧围绕《中国农村扶贫开发纲要（2011—2020年）》的精神，倡导‘饮水思源，回报社会’的理念，凝聚民建及社会各界的爱心，开展透明公益、阳光慈善、精准扶贫和理性赈灾，并积极参与以“兜底线、救急难、保民生”为核心的社会救助工作，为贫困地区及困难群众生产生活条件的改善，为社会救助体系的健全做出新的、更大的贡献。”

陈昌智对“思源工程”的扶贫及公益慈善工作提出五点要求：第一，要继续树立扶贫大概念，以中共中央和国务院颁发的《中国农村扶贫开发纲要（2011—2020年）》为指导，合力开展各项扶贫活动；第二，要设定劝募工作目标，引导更多的爱心企业、人士加入“思源工程”中来；第三，加强管理办公室及专项基金项目工作，严格把控项目扶贫款项支出；第四，要突出重点，把握先机，坚持“项目引导制”，主要围绕农村教育、医疗、助老、爱童和环保等领域开展工作，以贫困群众的关切作为扶贫行动的牵引，高效、快捷地做好劝募和扶贫活动，并强调“思源救护”项目，优先覆盖592个国定贫困县；最后，要锐意进取，勇攀高峰，“创新才能发展，追求才有进步”，需要全体理事和专项基金管委会分析特点，明确重点，围绕“思源工程”宗旨，有得放矢地开展各项工作。

在本届理事会上，出席理事还就基金会未来发展方向提出意见和建议。

（五）中央领导出访活动

3月25日至29日，全国人大常委会副委员长陈昌智作为国家主席习近平的特使，应邀赴坦桑尼亚出席坦桑尼亚联合共和国成立50周年庆典。在坦桑期间，陈昌智还会见了坦桑尼亚总统基奎特。陈昌智首先转达了习近平对坦桑尼亚联合共和国成立50周年的热烈祝贺。陈昌智说，半个世纪以来，中坦友好互利合作始终走在中非合作前列，发挥了重要引领和示范作用。中方愿同坦方一道，共同办好今年两国建交50周年庆祝活动，全面深化各领域友好合作，推动中坦关系不断迈上新台阶。基奎特感谢习近平派陈昌智作为特使出席庆典。他说，中国是坦桑尼亚的伟大朋友，多年来为坦桑尼亚经济社会发展提供了宝贵帮助。坦桑尼亚视中国为重要合作伙伴，愿与中方共同促进坦中合作不断深入发展。陈昌智当天还同基奎特总统共同出席了中国援建的心脏病诊疗培训中心启用仪式。

9月8日至17日，应奥地利社会环境与科学技术协会、匈牙利布达佩斯技术与经济大学、波兰科学院邀请，以全国政协副主席、民建中央常务副主席马培华为团长的“环境保护访问团”一行，赴奥地利、匈牙利、波兰进行访问。访问团在为期10天的访问中先后拜访了奥地利农林环保水利部、奥地利环境与科技术协会，匈牙利发展部、布达佩斯技术与经济大学，波兰科学院等政府部门或机构，就广泛关注的资源利用、新能源技术及发展、环境保护、污染治理等方面进行交流探讨，宣传了中国共产党领导的多党合作和政治协商制度和中共十八大以来我国政治、经济、生态环境保护等方面的发展情况，介绍了我国改革开放30多年在各个方面取得的辉煌成就，强调了我国在传统能源、新能源和环境保护领域的发展状况，广泛了解了三国经济社会以及我国紧缺矿产资源如钾盐等方面的情况，促进了会内企业家与国外工商企业的交流和合作，为民营企业及社会团体“走出去、请进来”创造机会、开拓平台，并就环保技术、院校合作、矿产资源开发等方面达成了初步合作意向。访问团还走访了中国驻三国大使馆，与大使及科技参赞等进行了会见。

11月6日至15日，民建中央副主席辜胜阻率领经济改革与中小企业访问团一行5人，对捷克、克罗地亚、土耳其三国进行了访问。访问团结合民建中央2014年度重点调研课题，深入了解上述三国在私有化进程中所面临的机遇和挑战，以及政府扶持中小企业的相关法规政策和先进经验，并同他们就相关议题进行座谈。本次访问共开展了12场公务活动，会见了三个国家的政界、学界、商界、银行界、驻外使馆等近30家机构，访问取得圆满成功。

（六）中央领导其他重要活动

1月2日，民建中央主席陈昌智、副主席张少琴在京接见了中共贵州省安顺市委书记周建琨一行。

2月10日，国务院总理李克强在中南海主持召开座谈会，听取各民主党派中央、全国工商联负责人和无党派人士代表对《政府工作报告（征求意见稿）》的意见和建议。民建中央主席陈昌智建议要充分发挥市场作用化解过剩产能，对政府性债务要分类施治、加强管理。民建中央常务副主席马培华出席。

2月18日上午，民建中央常务副主席马培华在京会见了教育部副部长鲁昕一行。双方回顾了2013年教育改革发展取得的新进展，交流了教育工作的思路特别是职业教育改革的方向和规划情况。民建中央副主席宋海陪同参加了接见活动。教育部规划司司长陈锋、职成司司长葛道凯和民建中央秘书长孟孝忠会见时在座。

2月18日至20日，全国人大常委会副委员长、民建中央主席陈昌智率全国人大常委会调研组赴贵州就节能减排工作开展专题调研并出席相关活动。陈昌智强调，要进一步提高认识，加大节能减排工作力度，加快推进产业结构调整优化升级，提高全民节能减排意识，促进经济社会可持续发展。2月18日，陈昌智出席在贵阳召开的座谈会。陈昌智对贵州经济社会发展和节能减排工作取得的成绩给予充分肯定。他说，贵州省委、省政府认真贯彻落实党中央、国务院决策部署，高度重视节能减排工作，经济社会发展取得显著进步，通过强化刚性约束，分解任务落实责任，抓重点、抓难点，着力推进建筑、交通运输、公共机构等重点领域的节能工作，取得了积极成效。对进一步做好节能减排工作，陈昌智强调，要继续提高对节能减排工作的认识。节约资源和保护环境是基本国策，关系到国家的可持续性发展，要把节能减排作为约束性指标、硬任务来完成，切实增强全局意识、危机意识和责任意识，加快转变经济发展方式，确保“十二五”规划纲要提出的节能减排目标任务如期完成。要突出工作重点和难点，加大节能减排力度。加快产业结构调整，推动企业转型升级，推广高新技术，引进一批高新技术产业化项目和第三产业项目，依靠科技进步支撑节能减排工作。要建立节能减排长效机制，加快推进市场化建设，发挥市场在资源配置中的决定性作用。加强监督检查力度，严格执法，绝不手软。加大宣传，提高全民节约意识和节能环保意识，推动节能减排工作持续有效开展，为经济社会可持续发展贡献力量。在贵州期间，陈昌智一行先后赴贵阳、贵定、福泉、都匀等地进行调研，实地考察了中铝贵州分公司余热利用、氧化铝技改项目，贵阳公交公司油改气项目，贵定海螺盘江水泥有限责任公司余热利用、垃圾焚烧项目，福泉电厂脱硫工艺，瓮福集团化工企业余热、余压利用项目，都匀黔昌畜牧发展有限责任公司规模化养殖、沼气利用项目，贵阳新庄污水处理厂，贵州电网公司节能发电调度等，分别就节能减排、产业结构调整等内容细致询问，重点了解地方和企业加强节能降耗、节约集约利用资源、控制污染物排放等情况。全国人大常委会委员、全国人大环资委副主任委员罗清泉，全国人大环资委副主任委员王鸿举，国家发展改革委副主任解振华参加调研。

2月21日，全国人大常委会副委员长陈昌智在四川开展节能减排工作调研。省人大常委会副主任黄润秋主持座谈会，副省长陈文华分析了我省节能减排工作所面临的形势和任务，介绍了四川全面开展节能减排工作情况和下一步工作打算。四川省发展改革委、省经信委、省环保厅等相关部门负责人从不同角度对全省节能减排工作情况作了汇报，并提出加大对西部地区节能减排支持力度、尽快出台能评条例等建议。在川期间，陈昌智一行还考察了成都金堂电厂脱硫、脱硝、除尘情况。

2月24日，民建中央副主席张少琴出席中央统战部在北京召开统一战线参与毕节试验区建设联席会议第六次全体会议，并代表民建在会上作了交流发言。

3月1日，民建中央副主席宋海出席中央社会主义学院在北京举行2014年春季开学典礼。全国人大副委员长、民进中央主席、中央社会主义学院院长严隽琪出席开学典礼并讲话。农工党中央副主席龚建明代表各党派中央、全国工商联和无党派人士讲话。

3月6日，全国人大常委会副委员长、民建中央主席陈昌智在北京亲切会见来京出席人大政协会议的香港澳门地区部分人大代表政协委员，并与他们交流座谈。陈昌智指出，过去的一年，我们国家的建设和发展取得了可喜的成绩，总理的工作报告对此做了很好的总结。去年，经济的成长达到了7.7%，属于中等增速。发展速度的适当放缓有利于保证发展的质量与效率。虽然目前我们有很多的生产指标达到了世界第一，但是我们的发展也存在一些问题，在做大经济总量的时候，也存在过度使用资源和能源，以及环境压力过大等问题。所以当前我们要利用有利的时机，加快结构调整，在提高发展的质量与效益上下功夫。对于今年的工作，中央也做了全面的部署和安排，相信在大家的共同努力下，今年会取得新的成绩。关于港澳的未来发展，陈昌智指出，按照香港基本法以及全国人大的决定，搞好香港政改咨询，循序渐进推动香港民主的发展，需要广大香港市民积极理性参与。虽然有少数人在唱反调，但是香港要选举热爱中国、热爱香港的人。他感谢港区人大代表和政协委员在推动香港健康发展上所做出的成绩，鼓励代表委员积极建言献策，为国家经济社会发展，为香港澳门的繁荣稳定继续努力。

3月8日，2014思源救护中国行暨芭莎公益慈善基金100辆救护车捐赠发车仪式在京举行，民建中央主席、中华思源工程扶贫基金会理事长陈昌智出席活动并讲话。继1月份捐赠首批30辆救护车陆续抵达受助医院后，中华思源工程扶贫基金会芭莎公益慈善基金（以下简称“芭莎公益慈善基金”）捐赠的第二批100辆救护车即日起启程，奔赴贵州、云南、新疆等15省（市、自治区）的100家贫困县（乡、镇）医院。陈昌智在讲话中指出，由中国共产党领导的多党合作，凝聚社会各界的爱心与智慧，发扬了统一战线的强大力量，共同推进改革开放和贫困地区实现可持续、跨越式发展。陈昌智说：“2014年，我国将继续大力推进扶贫工作，在减少农村贫困人口1000万人以上的基础上，还将围绕完善社会救助体系开展各项工作。‘芭莎公益慈善基金’及各界爱心企业，参与‘思源救护’等公益项目，助力贫困地区医疗急救事业的提升，充分体现了社会各界参与扶贫及社会救助工作的主动性、积极性和责任感，是我国扶贫开发和社会救助工作稳步开展的重要力量。”民建中央副主席张少琴，民政部副部长窦玉沛、中央统战部一局副局长刘海富，民建中央社会服务部部长包瑞玲、副部长夏赶秋，松石基金董事长张阔、欣贺股份有限公司行销公关部总监蓝伟仁等捐赠企业代表，有关受助地民建省委主委、副主委，及受助医院代表出席捐赠发车仪式。

3月14日，民建中央主席陈昌智在京会见西藏自治区政协副主席、工商联主席阿沛·晋源一行。民建中央社会服务部部长包瑞玲等参加会见。

3月14日，民建中央副主席张少琴在京会见西藏自治区政协副主席、工商联主席阿沛·晋源一行并座谈。双方就组织和引导民建会员企业赴藏投资建设等事宜进行磋商并达成初步共识。张少琴在座谈中表示，支持帮助西藏自治区经济社会全面发展是民建作为以联系经济界为主的参政党义不容辞的责任，西藏自治区的稳定与繁荣、西藏各族人民的富裕和幸福是实现中华民族伟大复兴中国梦的重要组成部分，希望与西藏自治区党委、政府加强沟通和交流，与西藏各族人民一道，为西藏的发展作出更大的贡献。张少琴强调，选择赴藏投资建设的项目时，必须使项目能惠及西藏各族人民群众才能促进和谐发展、科学发展。阿沛·晋源副主席高度赞同，并表示愿与民建中央继续加强联系和配合，为民建会员企业赴藏投资提供大力支持。

3月18日下午，民建中央主席陈昌智在民建中央机关亲切接见正在中央社会主义学院学习的第31期民主党派干部进修班、培训班的民建19位学员，与大家座谈并合影留念。座谈中，先后有9位学员围绕市级组织建设中的经验与问题，进行了汇报和交流，提出了一些带有普遍性的问题和建设性的意见、建议。陈昌智一边听取大家的发言一边就大家提出的干部选任、监督机制、会员管理等问题作了解答，并提出三点希望：一是要将学习中共十八大精神放在思想建设的首位。当前，全会深入开展中国特色社会主义学习实践活动，市级组织要学习好，落实好。二是要以改革创新精神指引参政议政工作。中国要快速发展没有别的办法，只有通过加大改革的力度来解决。三是在市级组织建设方面，首先班子建设是重点，要维护团结，贯彻好民主集中制；其次要搞好后备干部队伍建设，积极推荐人才；再次市委会肩负着搞好支部建设的重大责任，要加强与基层组织的联系，贯彻落实好全国基层组织建设研讨会精神，改进工作作风，将基层组织工作切实抓好。

3月24日，民建中央主席陈昌智就会中央重点专题“加大改革力度，建立解决产能过剩的长效机制”率队到山东调研，与山东省政府、济南市政府召开座谈会。民建中央副主席辜胜阻出席座谈。陈昌智在讲话中指出，山东省委省政府高度重视化解产能过剩问题，制定实施了一系列政策措施，积极推动化解部分行业过剩产能，取得良好效果，也实践出一些行之有效的方法，积累了很好的经验。要充分认识我国产能过剩问题的严重性，探索建立化解产能过剩的长效机制，充分发挥市场在资源配置中的决定性作用，更好地发挥政府作用，营造公平竞争的市场环境，推动产能过剩行业创新升级，促进我国经济持续健康发展。山东省委省政府、济南市政府有关部门领导参加座谈。

3月24日晚，民建中央主席陈昌智在鲁调研期间，与民建山东省委驻济领导班子成员、民建济南市委班子成员座谈。民建省、市委主委分别汇报了近期工作，班子成员介绍了各自基本情况，并围绕市级组织建设进行讨论。在听取了大家的发言后，陈昌智就今年重点工作作了讲话。陈昌智指出，一要把坚持和发展中国特色社会主义学习实践活动，作为今后较长时期的中心任务，结合学习贯彻中共十八届三中全会精神，结合学习会章会史，结合会员思想实际，以生动活泼的形式，当作思想建设的重要内容和抓手，把学习活动深入开展起来，着重解决认识问题，增强会员的政党意识和政治意识。二要抓好市级组织建设，按照民建中央统一部署，开展好市级组织建设调研，总结经验，为全国市级组织建设工作会做准备。三是参政议政工作是我们履职尽责的一项重要工作，民建中央主席、副主席都牵头带队调研。同时要发挥好专委会的作用，发挥好各级组织，特别是基层组织的作用。各项调研工作都要把三中全会精神贯彻始终。四是社会服务工作不要过于分散，要集中物力、财力，抓重点，抓品牌。

3月25日至26日，民建中央主席陈昌智赴山东淄博就民建中央重点专题“加大改革力度，建立解决产能过剩的长效机制”进行调研。民建山东省委主委郭爱玲陪同调研。25日下午，陈昌智听取了中共市委书记周清利、市长徐景颜的工作汇报，市发改委、市经信委、市科技局等单位介绍了在各自领域解决产能过剩问题的具体措施；随后赴桓台考察了山东东岳集团和山东海思堡服饰有限公司。随后视察了企业设立的民建桓台县基层委员会规范化活动室26日上午，陈昌智与淄博市部分大企业负责人进行了座谈，了解相关行业产能过剩状况。市长徐景颜主持座谈会，民建会员，山东耀昌集团有限公司董事长任道江、山东海思堡服饰有限公司董事长马学强作了发言。

3月25日晚，民建中央主席陈昌智与民建淄博市委领导班子、部分骨干会员进行了座谈，听取民建淄博市委的工作汇报及骨干会员的发言。陈昌智在讲话中指出，一要始终把思想建设放在首位。作为参政党成员应树立牢固的政党意识和政治意识，牢牢把握坚持中国共产党的领导和坚持中国特色社会主义道路这个核心。当前要深入组织开展坚持和发展中国特色社会主义学习实践活动，结合学习贯彻中共十八大、十八届三中全会精神，结合会员的思想实际，有针对性的开展好各项工作。二要按照注重质量、注意数量的原则做好组织发展工作。要把质量放在会员发展的第一位，同时兼顾每年5%的数量要求。三要认真抓好市级组织建设工作。首先要抓好领导班子建设。主委做到发扬民主，副主委做好分管的工作，树立上下一盘棋意识。同时应深入基层，加强与区委会和支部的联系。其次要集中精力做好基层组织建设。各基层组织是民建肌体的细胞，市委会作为基层组织的直接领导，对于基层组织建设责任重大，要切实加强与支部的联系，不断增强会的凝聚力。各支部要至少学习全国基层组织建设研讨会议交流材料上的一条经验，开展有特色的组织活动。

3月27日，民建中央主席陈昌智在青岛调研期间，与民建青岛领导班子成员和部分会员进行了亲切座谈，听取了有关情况的汇报。陈昌智在仔细听取了工作汇报和大家的发言后，对民建青岛市委在思想建设、组织建设、参政议政和社会服务等方面的工作给予了充分肯定，并就民建青岛市委今后的工作提出了殷切希望和具体要求。陈昌智指出，一要把中共十八大精神深入贯彻到当前开展的坚持和发展中国特色社会主义学习实践活动中，同时要认真结合党派和会员的实际，把学习实践活动作为当前和今后较长时期的中心任务开展下去；二要抓好参政议政工作，要注意在调研过程中认真领会和贯彻十八届三中全会精神，深入调查、重点研究，充分发挥专委会、各级基层组织和广大会员的作用；三要健全工作机制、创新思维方式、激发组织活力，进一步加强组织建设。在青期间，陈昌智还接见了来青参加民建省委妇委会会议的委员和民建青岛市委妇委会的委员等。

3月28日，第四届参政党建设论坛暨湖北省参政党理论研究专委会第八届年会在湖北武汉举行。民建中央副主席宋海，省政协副主席、民建湖北省委主委郭跃进出席论坛并致辞，来自全国各地的近100名专家学者参加了会议。宋海代表民建中央向论坛的召开表示祝贺，他充分肯定了湖北经济社会发展和参政党理论建设所取得的成绩，他认为本届论坛暨年会的举办契合了中共中央关于加强社会主义协商民主发展的要求，有利于推动多党合作事业的发展，有利于推动中国民主政治建设的发展，他希望湖北省参政党理论研究专门委员会继续开拓创新，为丰富参政党理论研究，促进多党合作事业发展作出更大的贡献。郭跃进代表年会主办单位和省参政党理论研究专委会执行副会长单位向出席论坛暨年会的来宾致欢迎辞。

4月2日，中国民主建国会江苏省级组织成立60周年纪念座谈会在南京召开。民建中央主席陈昌智，全国工商联名誉主席黄孟复到会祝贺。陈昌智代表民建中央在致词中充分肯定了江苏民建60年来取得的成绩，并希望民建江苏省委团结带领全省民建各级组织和广大会员，高举中国特色社会主义伟大旗帜，坚定理想信念，凝聚改革共识，继承和弘扬优良传统，同心同德，开拓创新，扎实工作，努力为实现江苏“两个率先”和开创民建事业发展新局面作出新的更大的贡献。

4月7日，民建中央副主席张少琴率民建东部十省市百家会员企业来到黔西，参加民建东部十省市组织对口帮扶黔西县项目推介会。在推介会上，张少琴代表民建中央和东部十省市组织向黔西县老年活动中心捐赠30万元。捐赠仪式结束后，民建中央副主席张少琴作了重要讲话，他在讲话中说，近年来，黔西县的经济社会发展取得了前所未有的进步，发展态势强劲，投资商机巨大。东部十省市的近百位会员企业家怀着对黔西县人民的深情厚谊来到黔西，希望通过实业帮扶和爱心捐赠，为推动黔西县发展尽心尽力。民建中央这次组织民建东部十省市百名企业家赴黔西考察投资，就是为了深入贯彻落实俞正声同志视察毕节时的重要讲话精神，贯彻统一战线参与实验区建设第六次联席会议精神，发挥民建密切联系经济界的优势，帮助黔西进行招商引资。在民建各级组织及广大会员的努力下，对黔西的帮扶力度正在不断加大。我们希望通过这次活动的开展，有效推动黔西新一轮的帮扶工作，并在今后的工作中，全面抓好工作落实，在新的起点上要贯穿改革创新精神，坚持“四个结合”，即：积极参与和量力而行相结合、发挥优势与立足实际相结合、出主意与办实事相结合、促进发展与深化认识相结合。重点要提升参与帮扶实效，更加注重科学化、市场化和机制化帮扶。进一步大力支持黔西，帮扶黔西，使统一战线不断取得帮扶工作新成绩。

4月7日至8日，民建中央副主席张少琴赴贵州省遵义市就民建地方组织工作进行调研。张少琴在调研座谈会上听取了民建遵义市委会的工作汇报，他对遵义市委会在组织建设、制度建设、参政议政、社会服务等各项工作中取得的成绩给予充分肯定。张少琴强调，民建基层组织和广大会员要认真学习贯彻中共十八届三中全会精神，要把学习贯彻习近平总书记系列重要讲话精神作为重要政治任务摆在更加突出的位置，进一步用讲话精神统一思想指导行动。要坚定理想信念，坚持正确的政治方向，坚持党的领导，坚持走中国特色社会主义道路，充分发挥民建密切联系经济界的优势，积极投身到改革开放的宏伟事业中，为推动当地经济社会发展作出更大贡献。张少琴还与遵义市委会班子成员及参会会员进行了亲切交谈，并针对他们提出的基层组织支部建设、领导班子建设、实体经济发展、如何坚持和完善我国的基本政治制度、法制建设、会员权益保障等问题、意见和建议进行了深入广泛的交流，会员们踊跃发言，座谈会气氛热烈。在遵义调研期间，张少琴还考察了民建会员企业遵义市银花农业科技开发有限公司。

4月8日，中国灾害防御协会第四届理事会第一次常务理事会在北京召开。全国政协副主席、民建中央常务副主席马培华作为新当选的中国灾害防御协会理事会会长出席会议并讲话。

4月8日下午，受陈昌智主席委托，民建中央常务副主席马培华向民建中央全体机关干部传达了习近平总书记在兰考县调研指导第二批教育实践活动时的讲话精神，并对在全会深入开展坚持和发展中国特色社会主义学习实践活动作出部署。会上，马培华首先传达了习近平总书记在兰考调研指导时的有关情况和重要讲话精神。马培华就学习贯彻习近平总书记一系列重要讲话精神对全体机关干部提出三项要求。第一，要把学习习近平总书记在兰考调研指导党的群众路线教育实践活动时的重要讲话精神作为坚持和发展中国特色社会主义学习实践活动的重要内容。会中央机关要在中国特色社会主义学习实践活动中走在全会的前列，以此带动全会的学习。作风建设是参政党建设的关键环节，只有不断加强作风建设，才能推动全会工作顺利开展。第二，机关工作要有强烈的政治责任感和较高的工作标准。全体机关干部要认识到中国特色政治制度和政党制度的优势，人民代表大会制度、政治协商制度是我国民主政治的基石，只有坚持共产党的领导，充分认识到民主党派在政治协商中的重要作用，才能充分发挥出我国多党合作的优势。全机关要倡导勤奋敬业、绩效优先的工作作风，高标准、严要求，扎实做好本职工作。第三，以良好的机关工作作风推动民建工作发展。全体机关干部要努力学习，做好自身岗位工作，持之以恒地不断提高自身能力。凝心聚力，增进团结，增强服务意识，推进工作创新，不断加强机关作风建设，推动民建事业顺利发展。

4 月 9 至 11 日，民建中央主席陈昌智率调研组，就会中央重点专题“加大改革力度，建立解决产能过剩长效机制”赴河北进行调研。民建中央副主席辜胜阻参加 11 日调研活动。调研组先后在邯郸、邢台、石家庄 3 市进行调研，分别召开座谈会，听取各地政府有关部门及企业家代表介绍情况，实地考察了武安新峰水泥公司、文安钢铁公司、鹿泉金隅鼎新水泥公司等企业。调研期间，陈昌智会见了中共河北省委书记、省人大常委会主任周本顺，省委副书记、省长张庆伟。双方就河北省经济社会发展状况、化解产能过剩情况、加强大气污染治理、推动京津冀协同发展等问题交流了观点和看法。调研每到一地，陈昌智还利用休息时间与当地民建组织领导班子、基层组织负责人及会员代表进行座谈，了解情况，倾听呼声，对今后工作提出希望和要求。国家发展改革委产业司副巡视员李忠娟、工信部产业司副司长苗长兴、民建中央调研部副部长孙敏奇，及会内外有关专家学者参加调研。

4 月 9 日，民建中央副主席辜胜阻带队在湖南调研民间投资与当前经济形势，并听取省发改委、省经信委、省财政厅、省国土资源厅、省住建厅、省商务厅、省统计局、中国人民银行长沙中心支行、银监局和长沙市发改委的情况汇报。湖南省人大常委会副主任蒋作斌主持座谈会。辜胜阻指出，当前影响经济运行有三大动力：一是政府主导的基础设施建设，二是政府诱导的房地产市场，三是民间投资。目前，基础设施和房地产投资在急剧减弱，稳增长的关键在于实施新型城镇化过程中如何激发民间投资活力，充分调动本土民营企业发展积极性，大力引进外来民资。针对近期房地产市场运行中的一些变化和调整，他指出房地产市场是中国最复杂最敏感的市场，一头连着投资，另一头连着消费；一头是实体经济，另一头是虚拟经济金融；一头是政府财政，另一头是民生。当前楼市急剧分化，一些城市出现高库存，政策亟需从需求端发力，如保障房可采取货币化方式消化高库存，而不能再大量新建；供给不足的一线城市要继续扩大供给，抑制、遏制投资投机性需求，限购政策不退出。他强调，当前要着力转方式调结构促改革，通过创新创造更多有效需求，发掘和培育新的经济增长点。同时，要科学研判和尽快处理产能过剩、政府债务和房地产市场运行中的一些突出问题，防范多种因素迭加引发系统性风险。在湖南期间，辜胜阻还在长沙听取了长沙市房地产开发及运行情况的汇报，并实地考察了房地产项目。

4月9日,由民建中央和西藏自治区政府共同主办的“西藏自治区招商引资项目推介会”在贵州黔西举行。民建中央副主席张少琴出席推介会并致辞。西藏自治区政府副主席多吉次珠出席推介会并介绍西藏情况，贵州省政府副省长陈鸣明出席推介会并致欢迎辞，西藏自治区政协副主席、工商联主席、总商会会长阿沛•晋源主持推介会。张少琴在致辞中指出，西藏自治区的稳定与繁荣、西藏各族人民的富裕和幸福是实现中华民族伟大复兴的中国梦的重要组成部分。作为与中国共产党肝胆相照、荣辱与共的参政党，支持和帮助西藏自治区经济社会全面发展是民建义不容辞的责任。张少琴强调，民建中央和陈昌智主席高度重视西藏自治区投资项目推介会的举办,民建各级组织及会员企业家要怀着对实现伟大中国梦的坚定信念和光荣使命，怀着对西藏自治区各族人民的深情厚谊，与西藏自治区党委、政府加强沟通和交流，在选择赴藏投资建设项目时，要本着能惠及西藏各族人民群众，能促进西藏自治区和谐发展、科学发展的原则，认真谋划、共同落实，与西藏各族人民一道，为西藏的发展作出更大的贡献。推介会上，西藏自治区政府和拉萨市政府有关部门的同志向来自东部十省市的百余位民建会员企业家介绍了自治区招商引资政策和有关项目情况并与企业家现场互动，解答了相关问题。据悉，此次推介会后，民建中央还将与西藏自治区政府和有关部门继续合作，在条件成熟时组织民建会员企业家赴西藏进行投资考察，召开招商引资项目签约仪式。

4月10日，民建中央主席陈昌智在邢台调研期间，与民建邢台市委班子成员及基层组织负责人进行了座谈，听取了有关情况汇报。陈昌智对民建邢台市委的工作给予了充分肯定，尤其对邢台民建实行量化管理的工作方式表示赞扬。他说，邢台民建的量化管理方式，取得了很好的效果，有效地提高了会员履职的积极性，提高了工作效率和质量，也增强了基层组织的凝聚力。邢台民建的支部工作能够从实际出发，做的各有特色，很扎实，很实在。对民建邢台市委今后的工作，陈昌智指出，第一，要始终不渝地抓好思想建设，始终不渝地坚持中国共产党的领导，始终不渝地坚持走中国特色社会主义道路；要加强政治学习，建立学习型的市委会，学习型的支部，培养学习型的会员；要学习中国特色的社会主义理论，学习中国特色的政党制度，学习统战知识和民建会章会史，增强政党意识，政治意识。第二，参政议政工作要积极围绕中共邢台市委、市政府的中心工作展开,围绕广大人民群众的期盼展开。最后,对民建邢台市委的提案工作提出了要求,在提高提案数量的同时，要注重提案的质量。

4月10日晚，民建中央主席陈昌智在石家庄与民建河北省驻石班子成员、石家庄市委班子成员、省直工委基层组织负责人进行了座谈，听取了有关情况汇报。陈昌智讲话中对民建河北省委、石家庄市委的工作给予了充分肯定。他对今后工作提出两点希望：第一，政治上要强。民建是以经济界人士为主的参政党，一定要深入学习中国特色社会主义理论，学习科学发展观，特别注重学习政党理论和多党合作理论，做到学深、学透、学懂，碰到疑难问题，要能解答出来、反映出来。第二，作风上要实。一要深入基层，主委和副主委要联系基层，支部主委要加强与支部会员的联系，听取基层会员的心声和意见，解决具体问题。要凝聚人心，就要靠工作作风实、领导作风实。二要深入调研，提出的意见建议要符合实际，具有可操作性。

4 月 10 日至 11 日，民建中央常务副主席马培华赴江西抚州、南昌就民建市级组织建设调研。在赣期间，马培华会见了中共江西省委书记强卫、江西省省长鹿心社、江西省政协主席黄跃金。并赴民建江西省委会看望了在南昌的省委会班子成员以及机关干部。4 月 10 日，马培华在抚州出席了民建基层组织建设座谈会。马培华认真听取了抚州市经济社会发展以及民建抚州市委工作情况汇报，并与民建会员面对面交流，解他们的实际工作，听取他们的意见和建议。马培华对抚州打好“三大战役”、建设幸福抚州的发展思路给予了充分肯定，他指出，在市委、市政府的大力支持下，民建抚州市委会积极融入建设幸福抚州的大格局中，组织建设不断发展、思想建设扎实有效、参政议政成果丰富，团结民建会员共同为抚州建设作出了应有贡献。今年统一战线面临着重要工作和重大任务，各级民建组织要深入学习贯彻中共中央总书记习近平同志的重要讲话精神，立足地方发展实际，积极投身到推动改革发展的火热实践中。4 月 11 日上午，马培华在南昌参加了民建南昌市委会基层组织建设座谈会，认真听取了南昌市经济社会发展、市政协工作情况、民建南昌市委会工作情况等汇报，并与民建南昌市委会会员代表面对面交流，听取他们的意见和建议。马培华对南昌市近年来取得的各项成绩表示赞许，并对民建南昌市委会在思想建设、组织建设、参政议政、社会服务等方面作出的贡献表示肯定。

4 月 10 日，民建中央副主席辜胜阻应邀在深圳出席 2014 中国深圳互联网金融高峰论坛，并作了题为“对互联网金融，既要顺势而为，又要因势利导”的主旨演讲。辜胜阻指出，互联网金融是多种因素作用催生的新生事物，成因复杂多样，既有需求拉动的成因，也有互联网技术推动的成因。互联网金融有普惠金融和草根金融特色，它减小了金融交易的成本和风险，扩大了金融服务的边界，满足了被传统金融机构忽略的草根性需求，有利于缓解小微企业和边缘群体融资“难、贵、慢、险”困境。辜胜阻认为，目前互联网金融有两大趋向：一是金融互联网化，是做金融的企业拓展互联网金融业务，用信息技术工具提升传统金融的服务效率，如平安银行的互联网创新。二是互联网金融化，是做互联网的企业介入金融业务，信息技术不再局限于一种工具，而是衍生出新的金融模式，如阿里巴巴的互联网金融。辜胜阻强调，互联网金融的生命力就在于低成本的优势、大数据的优势和平台优势，它降低了利率构成中的人工成本、信息沟通成本、物理成本和风险成本，并有效实现风险的识别和控制。互联网金融的健康发展有利于促进传统金融机构革新，有利于将储蓄转化为投资，有利于推进竞争高效的多层次金融体系形成。辜胜阻表示，互联网金融是一种新生事物，在给现有金融体系注入生机与活力的同时也带来了一些风险，因此要适度监管，处理好发展和规范的关系，不能让其成为“法外之地”。为此，他提出六条监管建议：一是明确监管主体和对不同业态的监管标准；二是对互联网金融机构进行分类监管，联动协同；三是实行负面清单制度，对互联网金融产品和服务进行适当的规范，必须坚持金融服务实体经济的本质要求，把握创新的界限和力度；四是完善基础信用体系建设，维护公平竞争的市场秩序；五是加强互联网金融投资者权益保护；六是发挥行业协会作用，加强行业自律，防过度监管。

4 月 11 日，民建中央副主席辜胜阻就市级组织建设工作和京津冀协同发展事宜赴河北保定进行考察调研。辜胜阻走访了民建保定市委机关，看望了市委班子成员、机关干部、部分市委委员、支部主任和企业家代表等，了解了保定民建组织运行情况，实地考察了市委机关办公条件。辜胜阻对民建保定市委积极参政议政，大力开展社会服务等工作给予了充分肯定，并希望民建保定市委能够围绕中心，服务大局，继续引导会员发挥专长，踊跃建言献策，为京津冀协同发展出谋划策。随后，召开了京津冀协同发展专题座谈会。辜胜阻在听取了保定市发改委和规划局的汇报后，表示保定在承接首都功能疏解和产业转移方面有其独特的自身优势，一是与京津距离适中，二是发展空间广阔，三是历史渊源深厚，四是产业基础坚实，五是生态环境良好，六是人力资源优势，七是城市人口承载力大，八是对外连接交通便捷。他希望保定积极谋划、统筹部署，完善基础设施建设，提高公共服务水平，为承接首都功能疏解和产业转移创造良好的发展环境。

4月15日上午，全国人大常委会副委员长陈昌智带队的全国人大常委会专利法执法检查组，听取了浙江省贯彻实施专利法情况的汇报。陈昌智强调，要立足国情，在符合国际规则的前提下，不断完善具有中国特色的专利法律制度，切实维护专利权人的合法权益。陈昌智说，当前，我国改革已进入深水区，加快转变经济发展方式，从资源要素驱动向创新要素驱动转变，激发创新活力，推动创新成果应用，不断提升我国的核心竞争力，专利法律制度在激励和保护创新等方面发挥着越来越重要的作用，贯彻实施好专利法律制度更为紧迫、更为重要。陈昌智指出，专利法颁布30年来，我国的专利法律法规体系基本健全，专利创造与运用能力不断提升，已基本建立了具有中国特色的专利保护模式。但是，也要看到由于我国建立现代专利法律制度的历史比较短，随着形势的发展，仍然存在许多困难和问题。比如，在石油、制药、航空航天、生物技术、计算机、半导体等核心领域专利拥有数量不足，市场主体专利运用能力不强等。陈昌智强调，为了更好地贯彻实施专利法，将我国建设成专利强国，应充分发挥专利制度在建设创新型国家和促进经济社会发展的支撑作用，及时出台符合国家产业结构调整的专利政策，激励企业、科研机构和高等学校积极申请专利和运用专利。要进一步完善专利管理体制机制，完善司法和行政执法两条途径协调运作的专利保护模式，有效降低维权成本，切实维护专利权人合法权益。

4月15日，全国政协加强青少年生态文明教育工作会议在京召开，全国政协副主席、民建中央常务副主席马培华出席会议并讲话。马培华指出，加强青少年生态文明教育是一件利国利民的好事。生态文明建设是实现中国梦的重要组成部分，要把我们的国家建设成生态文明先进的国家，需要付出二十年、三十年乃至更长时间的努力，需要我们一代人接着一代人干。推进生态文明建设是人们思想观念、行为方式的深刻变革，需要充分发挥宣传教育的引领和推动作用，进一步唤起人们的生态文明意识，牢固树立尊重自然、顺应自然、保护自然的生态文明理念，让全社会形成正确的生产、生活、消费的行为自觉，真正构建起全新的人与自然和谐发展的“天人合一”的关系。生态文明建设教育是一项重大课题，如何把生态文明的理念融入到经济社会建设的各方面，加强青少年的宣传教育就是重要的切入点和主要的途径。加强青少年生态文明教育有利于他们学习生态知识，增强节约意识、环保意识、生态意识，有利于他们践行绿色生活方式，养成从自我做起、身边做起、从小事做起的良好习惯。同时，有利于发挥青少年在家庭中的独特作用，以他们的言行感染和影响父母，实现全民生态文明意识提升的目的。生态文明建设教育只有从培养教育好下一代抓起，从娃娃抓起，我国现代化建设“五位一体”总体布局的目标才能得以实现。马培华强调,完成青少年的生态文明教育这项工作需要各部门通力合作,积极推动,形成合力。党委、政府、有关工作部门、科技素养培育部门以及广大的家庭,肩负着加强青少年生态文明教育的共同责任,加强青少年生态文明教育工作,需要大家的共同努力。教育活动应当面向社会,通过媒体放大教育成效,使社会公众特别是青少年能够得到潜移默化的教育,达到传播生态知识和弘扬生态理念的目的。要积极创新教育活动方式,争创品牌,以典型示范、宣传引导为重点,进一步推进青少年生态文明教育活动的开展,形成生态文明建设为了人民,生态文明建设依靠人民的长效动力格局。

4月15至17日,民建中央副主席陈政立赴湘潭、益阳、长沙三市调研民建工作。省政协副主席、民建湖南省委主委赖明勇,专职副主委兼秘书长朱皖陪同调研。在湘期间,陈政立听取了民建湘潭、益阳、长沙市委会汇报,与三市会员代表就民建工作及相关经济情况进行了座谈交流,他对民建湘潭、益阳、长沙市委会近年来的工作给予了充分肯定,对今后工作提出了几点要求:一是加强组织建设,不断充实人才储备。要围绕两支队伍建设,抓好会员发展。要特别重视后备干部队伍建设,加强培养与推荐,及时搭建平台。二是加强参政议政工作。围绕某些重点领域,深入调研,持续推动,形成民建参政议政品牌,为国家、地方经济社会发展贡献民建的应有力量。三是做好社会服务工作。在坚持量力而行、尽力而为的原则基础上,整合利用现有资源,精心策划,打造民建社会服务品牌。四是更好地关心会员。搞好对会员的服务,尽力解决会员面对的实际困难,更多更好地帮助会员发展。调研期间,陈政立还走访了民建湘潭市委机关,考察了益阳市经济工作。

4月16日晚,民建中央主席陈昌智在甬会见了宁波市副市长、民建宁波市委主委张明华及宁波市民建会员企业家代表,并与大家亲切交谈。陈昌智在听取汇报后,对市委会的工作给予了充分肯定,称赞市委会参政议政、社会服务、自身建设工作有声有色,对民建中央帮扶基地建设给予了大力支持。随后,陈昌智亲切询问了会员企业的经营发展状况,详细了解会员企业在当前形势下发展的真实状况及转型升级所面临的困难和取得的成功经验。陈昌智对市委会的工作提出几点希望和要求:一是要加强思想政治学习,特别是会员企业家,要牢固树立政党意识,做到坚决拥护共产党领导,坚定中国特色社会主义道路自信、理论自信、制度自信;二是组织发展要积极稳妥,正确把握数量与质量关系,注重质量;三是在当前复杂经济形势下,会员企业家要坚定信心、积极应对,努力调整结构、学会创新,同时要遵纪守法、规避风险。陈昌智希望宁波民建会员在会领导的带领下,团结一心、再接再厉、为民建事业再创佳绩。4月17日上午,陈昌智主席一行考察了会员企业贝发集团股份有限公司。

4月17日晚,民建中央主席陈昌智在温会见了部分温州民建会员,并与大家亲切座谈。民建浙江省委会副主委、温州市政协副主席、民建市委会主委徐育斐,原主委戴德霖,副主委金克明、庞健,部分市委委员、基层组织负责人、企业家协会常务副会长、调研骨干,以及市委会机关处室负责人参与座谈。陈昌智在听取汇报后,充分肯定了温州市委会的各项工作。他指出,市委会的班子很团结,能够起到带头作用,在自身建设、参政议政和社会服务方面都取得了成绩。期间,陈昌智还通报了民建中央今年的几项主要工作,并针对会员提出的民主监督、企业发展等问题逐个进行解答。陈昌智对温州市委会的工作提出三点希望:一是自身建设要始终把思想建设放在首位,要有政党意识,当前要紧紧围绕坚持和开展中国特色社会主义学习实践活动，联系实际，制定方案。组织发展要把会员发展的质量放在首位，注重质量、发展数量，温州能够保质保量，是做得比较好的。去年，在民建全国基层组织建设研讨会上，他提出了每一个基层组织都要学习一条先进经验，希望温州的每个基层组织都能把这项工作做到实处。二是参政议政要围绕党委政府关注的问题、要围绕人民群众关心的问题。要充分发挥好“四个”作用，即：发挥领导带头作用、发挥专委会的积极作用、发挥基层组织的积极作用、发挥专家学者的积极作用。三是社会服务要创品牌，集中力量，集中财力和人力，把社会服务工作做出影响、做出成效。

4 月 18 日上午，民建中央常务副主席马培华亲切会见了到民建中央走访的中共朝阳区委副书记刘小宁，区委常委、宣传部长、统战部长谢莹一行。马培华代表民建中央对刘小宁一行的到来表示热烈欢迎，对中共朝阳区委、区政府长期以来对民建中央的关心和支持表示衷心感谢。他指出，朝阳区一直保持着和谐安定的社会氛围，区委区政府班子注重作风建设，务实亲民，对民主党派尤其是民建中央的工作给予了极大的支持和帮助。民建作为经济界人士为主的界别，愿意与区委区政府进一步加强联系与合作，互相监督，互相沟通。

4 月 20 日至 24 日，民建中央常务副主席马培华率全国政协人口资源环境委员会专题调研组就重点区域大气污染防治问题赴广东省进行调研。调研组先后在广州、深圳召开两场座谈会，并实地考察了广州市大气成份观测、佛山市黄标车电子抓拍系统、深圳市新能源汽车及应用等情况。在广州，调研组与广东省、广州市有关部门深入座谈。马培华指出，广东省有关部门目标明确、措施有力，在节能减排、推动大气污染防治方面取得了显著的成绩。他就继续做好大气污染综合防治提出六个方面的意见。一是改善大气污染是全面建设小康社会的重要内容，有关部门以及全社会都要提高大气污染防治的认识水平，提高决心和信心。二是要适应我国经济社会发展的阶段性要求，正确处理经济发展与大气环境的关系。三是希望广东省统筹规划、真抓实干、大胆探索，为建设美丽广东作出新贡献。要发挥各自优势，因地制宜、集中力量、重点攻关，努力摸清雾霾产生的原因，制定科学可行的防治规划，提高创新能力，实现产业转型。四是要严格执法，减少大气污染。五是要采取有效措施，控制尾气污染。六是要发展清洁能源，改变能源结构。在粤期间，马培华会见了中共广东省委副书记、广东省人民政府省长朱小丹等广东党政领导，与民建广东省委班子成员、民建广州市委班子成员以及省委会机关干部亲切座谈，会见了民建佛山市委、深圳市委的班子成员。

4 月 25 日，民建中央常务副主席、民建中央画院院长马培华在北京房山出席民建中央画院院务委员会及艺术委员会第五次联席会议以及民建中央画院房山创作基地揭牌仪式，并与民建房山总支班子成员及骨干会员座谈。民建中央画院院务委员会及艺术委员会第五次联席会议会议就纪念建会 70 周年艺术展的筹备方案进行了认真研究，增补了画院艺术委员会副主任及院士。马培华主持会议并就开展好下一阶段工作特别是做好纪念建会 70 周年有关活动提出了具体要求，希望艺术家们践行坚持和发展中国特色社会主义学习实践活动，努力弘扬中国优秀传统文化，创作出更多力作精品，为实现五彩的中国梦多作贡献。民建中央画院房山创作基地揭牌仪式同日举行，马培华以及全体参会人员出席仪式。马培华希望房山创作基地积极开展丰富多彩的文化活动,服务全国民建艺术家,为会内外艺术家提供挥毫泼墨、交流相聚、切磋艺术的机会,将基地建设成为传播推广中国书画艺术的一个重要窗口,努力为房山区的文化繁荣和发展作出贡献。会后,马培华赴房山高端制造基地调研并与民建房山总支班子成员座谈。马培华还考察了长安汽车北京公司、中关村新兴产业前沿技术研究院的生产、建设情况,并勉励高端制造基地坚持自我创新、再接再厉,为首都产业集群化发展再创佳绩。

4月25日上午,民建中央副主席张少琴在会中央机关亲切接见正在北京大学学习的海南民建骨干会员领导力提升研修班的64位学员,与大家座谈并合影留念。组织部副部长卞小俊主持座谈会并简要介绍了会中央各工作部门和相关工作情况。民建海南省委专职副主委吴明哲介绍了举办培训班的情况。张少琴在听取大家的发言后讲了话。他说,大家的发言实事求是,提出的建议和意见都很宝贵,会中央机关相关部门将认真研究采纳。他希望大家认真学习贯彻党的十八届三中全会精神,学习领会习近平总书记系列重要讲话精神,始终做到思想上清醒,政治上坚定,坚持党的领导,坚持走中国特色社会主义道路,热爱祖国,回报社会,做一个对祖国和人民有贡献的人。张少琴就如何提高参政议政的质量和效果与大家进行了探讨和交流。最后,他鼓励大家不断加强学习,提高综合素质,勤勉工作,为实现中华民族的伟大复兴作出新的贡献。

4月26日,民建中央副主席辜胜阻到成都就民营金融和房地产问题进行调研。在调研中,辜胜阻认为,要想让金融更好地服务实体经济,解决小微企业融资难题,金融改革就要在供给端发力,主体多元化,让更多的民间资本进入金融领域,发展多层次的金融体系,提供更多的金融产品和服务。在成都期间,辜胜阻还出席了中国民营金融高峰论坛。

5月4日,民建中央副主席辜胜阻在京亲切会见台湾一国两制研究协会理事长蔡武璋一行,宾主双方就感兴趣的话题进行了亲切友好的交流。辜胜阻对蔡武璋热心推动两岸民间交流并荣获联合国开发计划署和平奖章表示热烈祝贺。他对蔡武璋努力推动两岸农业渔业方面的合作表示赞同。他说,过去几年到访台湾,在一国两制研究协会的热情帮助下,实地考察调研了台湾基层农民的状况,以及农会在帮助台湾农民致富上所发挥的作用,获取了很好的第一手资料。辜胜阻向来访嘉宾了解了台湾在环境保护方面的立法以及相应的成功做法。双方还就两岸在南海资源开发以及环境保护方面等议题进行了交流。民建中央联络部副部长金德安,台湾一国两制研究协会秘书长翁耀南,副秘书长蔡学文,台湾立鑫国际有限公司执行董事秦厚敬,台湾环保文教基金会董事长、台湾大学环境工程学研究所副教授游以德等参加会见。

5月8日,纪念水污染防治法颁布实施三十周年座谈会在京举行,全国人大常委会副委员长陈昌智出席并讲话。在听取了全国人大常委会法工委、国务院法制办、环保部等单位负责人和专家学者的发言后,陈昌智指出,水污染是我国环境问题中的一个突出问题。要进一步提高治理水污染重要性和紧迫性的认识,进一步增强防治水污染的责任感和使命感。陈昌智强调,不断完善和深入贯彻实施水污染防治法,加大水污染防治法治建设力度,是扭转我国水污染严峻形势的一条根本途径。要进一步修改水污染防治法,不断完善水污染防治法律规范;加大水污染防治法实施力度,切实发挥法律的功能;加强对水污染防治法实施的监督检查，为水环境保护工作创造良好的环境和条件。

5月8日，民建中央副主席张少琴在京会见重庆市人大常委会副主任、民建重庆市委主委沈金强一行并座谈。座谈会上，民建重庆市委主委沈金强和民建重庆市大渡口区委主委李青分别汇报了重庆市和大渡口区的工作情况。张少琴充分肯定了民建重庆市和大渡口区在思想建设、组织建设、参政议政、社会服务等工作中取得的成绩。他指出，民建中央和陈昌智主席历来高度重视重庆市和大渡口区的工作，希望重庆市和大渡口区在今后的工作中进一步贯彻落实陈昌智主席在大渡口区视察工作时的重要指示精神，着力从加强学习，增进共识，不断夯实思想基础；强化素质，规范管理，切实加强组织建设；围绕中心，服务大局，不断提高参政议政水平；发挥优势，量力而行，不断拓展社会服务内容等四个方面搞好工作，为建设中国特色社会主义参政党作出新的贡献。座谈中，张少琴还听取了参会的民建会员企业家的工作汇报，并就民建重庆市委和大渡口区委提出的建议进行了答复。他希望民建重庆市委和大渡口区委充分发挥民建密切联系经济界的优势，找准突破口和切入点，紧紧围绕地方党委和政府的中心工作献计出力，为当地经济社会发展作出应有的贡献。

5月9日，中央统战部在北京召开党外人士专题调研座谈会，邀请民革中央、民盟中央、民建中央、九三学社中央交流专题调研情况。中共中央政治局常委、全国政协主席俞正声主持会议并讲话。民建中央主席陈昌智出席会议并发言，他说解决产能过剩，必须从加大改革力度着手，特别注意通过市场手段加强调节，从干部科学考核、落后产能企业退出、支持企业技术创新等方面，研究建立统筹兼顾、标本兼治的长效机制。

5月14日，由民建中央、科学技术部、四川省人民政府、深圳证券交易所共同主办的“第四届中国（西部）高新技术产业与金融资本对接推进会”在成都隆重举行。开幕式由中共四川省委副书记、四川省人民政府省长魏宏主持。全国人大常委会副委员长、民建中央主席陈昌智，中共四川省委书记、省人大常委会主任王东明，科学技术部副部长王伟中出席论坛开幕式并致辞。民建中央副主席周汉民出席开幕式。陈昌智在讲话中说，本次推进会的主题是“强化科技金融深度融合，助推产业创新驱动发展”。研究这一主题，正确分析当前经济形势，提出有针对性的建议，对于解决经济发展中的困难和问题有着积极的意义。2013年以来，面对世界经济复苏艰难、国内经济下行压力加大、自然灾害频发、多重矛盾交织的复杂形势，新一届政府不为经济一时波动而采取短期强刺激政策，而是更加注重中长期的健康发展，抗住了经济下行压力，推动了经济改革步伐，实现了我国社会经济发展主要预期目标。但我们必须清醒地看到，经济社会发展面临的外部环境仍然复杂多变，国内经济仍存在一定下行压力。尤其是随着我国经济增长速度放缓，工业生产能力过剩矛盾日益突出，这已成为影响国民经济发展的重要因素。比如我国多数制造行业存在产能过剩，并且产能过剩行业波及面宽，正在从传统行业向新兴行业蔓延。陈昌智指出，分析我国产能过剩的具体情况，不难发现政府推动是一个重要原因。一些地方政府过度追求经济快速增长，热衷于建设投资拉动大、工业增加值和税收贡献高的项目；竞相出台土地、投资、财政、信贷等方面的优惠政策，甚至零地价供地，借以吸引更多的投资。从行业内部分析，一个重要的原因就是我国不少企业技术创新意识和能力不强，科技创新不够，产品创新不多，企业发展层次不高，产品差别化程度小，竞争仍处在较低层次，主要依靠拼规模、拼价格，扩大生产能力来发展。陈昌智强调，解决这些问题，必须依靠创新。我国高新技术产业发展过程表明，科技创新在化解产能过剩中具有重要作用，有助于促进传统产业转型升级和新兴产业健康发展，这是实现经济发展提质增效，破解资源环境问题，提升我国产业核心竞争力的重要内容。VC/PE等股权投资方式作为一种创新金融工具和创业活动的孵化器，在促进科技成果转化、推动自主创新方面发挥着巨大作用，被称为国家创新发展的助推器。科技与金融的融合对于促进高新技术产业与金融对接具有重要意义。围绕促进风险投资行业发展，进一步推动科技与金融深度融合，陈昌智谈了几点看法：一是推动金融改革，适应科技创新发展。二是推动政府改革，促进产业创新驱动发展。三是推动投资改革，加快风险投资事业发展。民建中央副主席周汉民出席论坛并发表了主题为“推动金融资本与高新技术产业结合，助力经济结构调整和经济发展方式转变”的主旨演讲。

5月19日，甘肃省丝绸之路经济带黄金段项目投资推介会在兰州举行，民建中央主席陈昌智出席会议并讲话。甘肃省委副书记欧阳坚致辞。省委常委、省委统战部部长冉万祥主持会议。省人大常委会副主任周多明、副省长王玺玉出席会议。陈昌智代表民建中央向会议召开表示祝贺，并对甘肃经济社会发展取得的成绩给予充分肯定。他指出，甘肃在国家打造丝绸之路经济带战略构想中，面临着前所未有的大好机遇，甘肃省委省政府提出要努力打造丝绸之路经济带黄金段，意义十分重大。民建作为密切联系经济界的参政党，要响应中共中央的号召，引导和动员广大民建会员企业家关注、支持甘肃省的经济建设，为甘肃省打造丝绸之路经济带黄金段献计出力，作出民建应有的贡献。会上，还举行了思源项目捐助仪式。中华思源工程扶贫基金会向甘肃省贫困县捐赠20辆救护车、在甘肃省新开设两个“思源佑华教育移民班”。

5月21日至23日，民建中央常务副主席、中华职业教育社副理事长马培华赴上海金山、奉贤调研民建基层组织建设，出席上海中华职业教育社第五次代表大会，并先后会见了上海市政协主席吴志明、上海市委统战部部长沙海林。民建中央副主席、民建上海市委主委周汉民陪同调研。5月22日上午，马培华会见了奉贤区“四套班子”主要负责同志。随后，马培华出席了民建奉贤区委会员座谈会。民建奉贤区委主委汤芷萍主持会议并简要汇报了民建奉贤区委近几年来的工作情况。马培华在听取汇报发言后指出，奉贤有着重视人才的悠久历史，民建作为密切联系经济界的参政党，在奉贤大有可为。在中共奉贤区委、区政府的大力支持下，民建奉贤区委注重思想建设，大力加强组织建设，积极履行参政议政职能，做好服务社会工作，取得了一定成果，特别是中小企业论坛开展得有声有色、很有特色。对于区委今后的工作，马培华提出两点要求：一要坚定理想信念，坚持走中国特色社会主义道路。要准确理解“中国梦”的科学内涵，把握“中国梦”和中国特色社会主义道路的关系，坚定道路自信、理论自信、制度自信。要把认真学习中共十八大、十八届三中全会精神、习近平总书记系列讲话精神，特别是总书记在兰考的重要讲话精神，与正在开展的坚持和发展中国特色社会主义学习实践活动相结合，继承发扬民建老一辈优良传统，着力巩固思想共识，将个人的理想追求融入实现“中国梦”的伟大实践中去。二要加强自身建设，为奉贤发展献计出力。奉贤地域宽广、发展基础优厚，潜力巨大。民建要在“人才强会”上下功夫，积极发现人才、培养人才，进一步加强代表性人士队伍建设，发挥组织力量，加强同会员单位的沟通联系，为优秀人才发展创造条件。要加强基层组织建设，发扬民主，注重团结，选好“班长”，服务会员，加强支部和专委会建设。要深入调查研究，发挥会员特长，组建专门队伍，做好参政议政工作，切实提高建言献策的水平，为奉贤经济社会发展作出更大贡献。

5月23日，中共中央统战部召开民主党派中央分管社会服务工作的副主席会议。中央统战部副部长林智敏出席会议并讲话。民建中央副主席张少琴代表民建中央出席会议并发言。会议传达了习近平总书记在《中共贵州省委关于毕节试验区建设发展情况的报告》上的批示精神。张少琴在发言中指出，习近平总书记的重要批示，充分肯定了毕节试验区在“开发扶贫、生态建设、人口控制”方面取得的可喜成就，高度评价了统一战线与多党合作助推贫困地区发展的成功经验、突出成绩和重大意义。习近平总书记的重要批示意义深远，有很强的思想性，实践性和指导性，是对我们今后工作的巨大的鼓舞和鞭策。毕节试验区作为中国共产党领导的多党合作助推贫困地区发展的实践基地，体现了我国政党制度的特色和优越性，民建中央高度重视，号召全会认真学习贯彻习近平总书记的重要批示精神，继续举全会之力，发挥界别优势，积极投入到毕节试验区全面建成小康社会的生动实践中。民建中央社会服务部部长包瑞玲出席会议。

5月26日至28日，民建中央常务副主席马培华率民建中央和水利部联合调研组，就“大力推进农业水资源高效利用，促进干旱半干旱地区农村可持续发展”专题在河北调研。在冀期间，马培华会见了中共河北省委书记周本顺、省长张庆伟、政协主席付志方、统战部长范照兵等河北党政主要领导。调研组一行围绕农业水资源开发利用、农业节水灌溉及地下水超采综合治理等在石家庄、保定以及廊坊三地与相关政府部门深入座谈，并先后考察了平山县葫芦峪高效节水项目、满城县方顺桥大赛村富赛蔬菜园区、永清县新苑阳光环京津安全农产品等产业园区。每到一地，马培华都认真听取意见和建议，并结合区域特点给出不同的指导意见。河北省副省长、民建河北省委主委秦博勇，河北省政协副主席卢晓光、郭华先后陪同调研，水利部总工程师、水利部科技委副主任汪洪，农水司巡视员李元华，灌排中心总工韩振中等水利部专家，国务院发展研究中心资源与环境政策研究所副所长谷树忠，国家发展改革委环资司处长杨尚宝，北京大学经济学院发展经济学系副主任李虹等民建会员专家参加了调研。调研期间，马培华还抽出时间就民建市级组织建设与石家庄、保定、廊坊三地民建市委班子成员及基层支部负责人座谈。

5月27日，“十三五规划前期研究专家座谈会”在国家发改委举行。国家发改委主要负责同志主持会议并介绍了本次会议召开的背景，以及需要研讨的重大问题等。民建中央副主席辜胜阻应邀出席会议，并就十三规划的特点、十二规划与十三五规划衔接、当前经济结构失衡问题、节能减排、收入分配、经济升级版、“四化同步”与城镇化、城市群建设与京津冀协同发展等谈了自己的观点和建议。

5月28日，民建中央主席陈昌智赴湖州调研，亲切接见了湖州民建部分会员并召开座谈会。湖州市人大常委会副主任、民建湖州市委会主委方新旗和民建市委会副主委钱卫国、李钰、吴继建，市委委员、支部主任等17人参加了座谈会。陈昌智充分肯定了各位会员的发言，认为民建湖州市委会的工作是有成效的，在思想建设、参政议政、组织发展和社会服务等工作中都有好的经验和做法。领导班子团结奋进、凝聚力强，也是得到中共湖州市委领导充分肯定的，要继续保持。陈昌智就与会人员发言中提出的想法和建议，给予了具体指导和说明。着重强调了要切实加强对全国基层组织工作先进经验的学习，既要学更要做，还要有汇总、有统计、有报告。对湖州民建的工作，陈昌智提出了希望和要求：一是自身建设工作。要把思想建设放在首位，要强化参政党的政党意识、政治意识。思想建设很重要的一项就是学习，要学习多党合作理论、统战知识、民建会章会史和会的优良传统。组织发展上要注重质量，注意数量。要注意高层次人士和各方面专业人才发展，要以经济界为主。基层组织建设非常重要，主要工作责任在市委会，要花大精力把这项工作做好。二是参政议政工作。要围绕党和政府的中心工作和群众的切身利益问题开展调研，依靠市委会各种平台，包括参政议政专委会、基层组织、企业家和专家学者等专业人才，从实际出发，提出一定质量和数量的信息和建议，做好研究成果结合与转化。三是社会服务。要形成社会服务的品牌，认真研究从现有的社会服务工作中考虑选取一项重点或中心工作长期坚持下去，形成品牌。陈昌智还就当前经济社会发展情况作了分析，提出精辟见解和论述。

5 月 29 日至 30 日，民建中央常务副主席马培华赴宜昌调研民建市级组织建设工作，并出席首届“中国屈原诗歌奖”颁奖暨端午诗会以及“2014 届原故里端午文化节”开幕式。29 日上午，马培华一下飞机便赶往民建宜昌市委会机关进行视察。在湖北省政协副主席、民建湖北省委主委郭跃进，宜昌市政协主席李亚隆等同志的陪同下，马培华考察了市委会办公环境、浏览了部分档案资料，听取了宜昌民建关于“大机关”的思路和做法，并与市委会机关工作人员进行了亲切交谈。29 日下午，马培华与市委会班子成员、基层委员会主委、企业家代表等深入座谈。郭跃进主持座谈会。中共宜昌市委常委、市委统战部部长熊伟出席座谈会。马培华认真听取意见和建议,并结合大家的发言作了讲话，对宜昌民建的工作给予充分肯定。在宜昌期间，马培华会见了中共宜昌市委书记黄楚平、宜昌市市长马旭明等宜昌党政领导，出席了首届“中国屈原诗歌奖”颁奖暨端午诗会并为当代著名诗人李瑛颁发“中国屈原诗歌奖”桂冠诗人奖，出席了 2014 年屈原故里端午文化节开幕式并宣布文化节开幕。

6 月 5 日，中华思源工程扶贫基金会（以下简称“思源工程”）在山东枣庄市举行救护车捐赠仪式，开展“思源救护”项目，向枣庄山亭区人民医院、台儿庄区中医院等 10 家医院各捐赠 1 辆思源救护车。民建中央常务副主席马培华出席并讲话，他说，救助弱势、消除贫困，是民建会长期和一贯的做法，也是民建会先辈们报国理念的传承。“思源工程”作为新时期关注民生的新型公益组织，坚持“公开、透明、规范、创新”的原则，在抗击地震、冰雪、干旱、泥石流等重大自然灾害以及我国扶贫开发工作中发挥了突出作用。这次捐赠救护车，一方面是实现“中国梦”，让人民生活富足的一项具体行动；另一方面枣庄市是革命老区，是资源枯竭型城市，希望全社会关注和支持枣庄的发展。

6 月 5 日，民建中央常务副主席马培华与民建枣庄市委班子成员及基层组织负责同志进行座谈，听取有关情况汇报。会议由民建山东省委副主委、民建枣庄市委主委、枣庄市人民政府副市长赵联冠主持。马培华在听取汇报发言后指出，民建枣庄市委班子是一个团结奋进的班子，班子注重创新工作思路，思想建设与时俱进，组织建设人才济济，参政议政成果丰富，服务社会成效明显，各项工作取得显著成绩，这是大家共同努力的结果。对于市委今后工作，马培华提出两点要求。一是坚定道路自信，不断推进自身建设。二是弘扬时代精神，为枣庄的发展献计出力。按照社会主义核心价值观的要求，弘扬改革创新精神，首先会员要在本职工作中要有所作为，展示我们参政党成员的风采；二要多谋划如何提高参政议政水平，发挥会员的作用；三要在调查研究中了解实情，发现亮点；四要在支部活动中发现培养参政议政人才；五要在专委会活动中多出参政议政成果。民建山东省委主委郭爱玲、副主委于永晖、秘书长李旭茂，民建中央办公厅主任谷娅丽、副巡视员郭群峰以及基层组织负责人共 30 余人参加座谈会。

6 月 9 日至 14 日，全国政协副主席、民建中央常务副主席马培华率全国政协港澳台侨委员会参访团赴澳门、香港访问，先后出席“庆祝澳门回归 15 周年——2014 濠江之春暨澳门与内地艺术家大联欢”音乐晚会、“庆祝香港回归祖国 17 周年暨香港友好协进会成立 25 周年联欢晚会”等活动。在澳门期间，马培华看望了全国政协副主席、澳门特别行政区原行政长官何厚铧；会见了澳门特区行政长官崔世安，并就利用澳门自身特色推动中华文化走向世界深入交换意见。在港期间，马培华还先后看望了香港省级政协委员联谊会、香港中华总商会、广东社团联会等爱国爱港团体。全国政协港澳台侨委员会副主任华建、全国政协港澳台侨局局长吕虹陪同访问。

6 月 13 日上午，深圳万基药业有限公司通过中华思源工程扶贫基金会博爱基金（简称“思源博爱基金”），定向捐赠 500 万元，援建深圳市最大的城中村——光明新区楼村，帮助该村困难居民建设新农村。民建中央主席、中华思源工程扶贫基金会理事长陈昌智出席捐赠仪式并讲话。捐赠仪式由民建中央副主席宋海主持，深圳市委常委、统战部部长张思平致辞。陈昌智指出，深圳万基药业有限公司助力“思源博爱基金”帮助楼村建设社会主义新农村，改善当地困难居民的生活条件，是民建会员、爱心企业履行社会责任的积极表现，也是“思源工程”落实中共“十八大”关于“为民生，促发展”重要论述的具体行动。他说，“饮水思源，回报社会”不仅是一种理念，更是一种责任和升华。他希望社会各界积极支持社会公益慈善事业，参与农村扶贫开发工作，为早日实现“美丽中国梦”贡献应有的力量。民建广东省委主委李心，民建中央调研部副部长孙敏奇等陪同参加活动。

6 月 15 日至 21 日，民建中央副主席宋海带队就民建中央“互联网金融”重点专题组分别赴广东深圳、浙江、上海、北京进行调研。调研组与当地人民银行、银监局、法院、金融办、商业银行等进行了座谈，先后考察了腾讯控股有限公司、腾邦集团、阿里巴巴集团、汇添富基金管理股份有限公司、东方财富网、北京市京东集团。在上海期间专门赴上海交通大学高级金融学院与互联网金融企业家代表座谈交流，在北京期间专门听取百度公司介绍情况。宋海指出，互联网金融作为一种新型金融，近年来发展十分迅速，第三方支付、P2P 信贷、众筹融资等新型互联网金融业务受到社会大众的广泛欢迎，是挑战也是机遇。通过调研，我们要厘清互联网金融的概念和界限，找到其相对于传统金融的区别和特点；了解互联网金融在国内外的发展现状，找到其在运营过程中出现的问题；发挥民建作为经济界参政党的作用，为互联网金融行业在我国的健康发展建言献策。在京期间，调研组一行还参加了由人民政协报社、民建中央财政金融委员会、民建北京市委会共同举办的互联网金融沙龙。民建中央副主席、民建上海市委主委周汉民，民建中央副主席、民建北京市委主委王永庆，民建浙江省委主委陈小平，民建广东省委副主委陈海及民建深圳市委主委黄中伟等先后陪同调研。

6月15日至17日，民建中央副主席周汉民赴河南郑州、焦作、济源三市就民建市级组织建设工作进行调研。调研期间，分别参加了民建焦作市委调研座谈会、民建济源市筹委会领导班子及骨干会员见面会和民建河南省市级组织（北片）工作座谈会，考察了郑州机场二期工程、富士康社区服务中心、河南保税物流中心跨境贸易电子商务服务试点项目和小浪底黄河水利枢纽工程等。周汉民在参加民建河南省市级组织（北片）工作座谈会上认真听取了各市委的工作汇报和经验交流，对民建河南省委以及各市委的工作给予了高度赞扬。他认为，可以用两句话来概括民建河南省委的工作成绩：一是“想方设法”推进民建事业，二是“竭尽全力”为人民服务。他提出了三点建议：一要着力推进我国全面深化改革开放的伟大事业。二是着力推进中国特色社会主义参政党建设。三是着力提高民建会员“服务河南、奉献国家”的使命感和责任感。调研期间，周汉民副主席还分别会见了郑州、焦作、济源三市的中共党委、政府、人大、政协的主要领导。

6月16日至20日，全国政协副主席、民建中央常务副主席马培华率民建中央和水利部联合调研组，就“大力推动农业水资源高效利用，促进干旱半干旱地区农村可持续发展”在新疆调研。在新期间，马培华会见了中共中央政治局委员、自治区党委书记张春贤以及自治区人民政府主席努尔·白克力、政协主席努尔兰·阿不都满金等自治区党政主要领导，听取了自治区有关部门关于农业高效节水经验和建议，实地考察了昌吉、石河子、伊犁等地的农业水资源利用情况。调研组一行与自治区政府相关部门进行了深入座谈，详细了解新疆农业高效节水的主要做法、管理机制和节水技术创新，高效节水灌溉对农牧区经济发展和现代农业发展的推动作用等情况。在听取有关部门的汇报后，马培华对新疆关于水资源高效利用的做法表示高度肯定。他说，新疆在节水农业开发方面具有战略思维，立足实际真抓实干，成效显著。新疆提出的自然、经济和社会发展“三大规律”符合新疆节水农业发展实际，对整个农业发展也起到了积极推动作用。

6月17日，中华思源工程扶贫基金会牵手公益基金（以下简称“思源牵手公益基金”）在沈阳市举行捐赠仪式，建中央主席、中华思源工程扶贫基金会理事长陈昌智出席并讲话。他表示，近年来，中共辽宁省委、省政府通过开展移民扶贫、产业扶贫、定点扶贫等多种扶贫模式，扶贫开发工作效果显著，但是省内经济发展还不平衡，辽西、辽北与辽南、辽东的发展还有待协调。辽宁省要实现“2020年扶贫对象不愁吃、不愁穿，保障其义务教育、基本医疗和住房”的奋斗目标，扶贫工作任重而道远。他说：“社会各界爱心企业积极履行社会责任，为省定贫困县解决棚户区改造等民生问题，将对尽早实现中共‘十八大’提出的‘努力让人民过上更加幸福美好的生活’有着积极的促进作用”。辽宁民建各级组织、爱心企业和人士通过直接捐赠的方式，共捐赠7633.5万元款物。这些款物将用于开展“思源救护”、“资助棚户区给排水管材”等公益项目，帮助贫困地区和困难群众共享“中国梦”。

6月17日至21日，民建中央副主席张少琴赴重庆市就民建地方组织工作进行调研。重庆市人大常委会副主任、民建重庆市委主委沈金强陪同调研。张少琴一行先后来到民建重庆市委会和重庆市南岸区、渝中区、九龙坡区、大渡口区、巴南区、江津区、江北区、渝北区开展调研，召开座谈会、走访会员企业。张少琴副主席在调研座谈会上分别听取了民建重庆市委会和8个区委会的工作汇报，他对重庆市委会和各区委会在思想建设、组织建设、参政议政、社会服务等各项工作中取得的成绩给予充分肯定。张少琴强调，民建各级组织和广大会员要认真学习贯彻中共十八届三中全会精神，要把学习贯彻习近平总书记系列重要讲话精神作为重要政治任务摆在更加突出的位置，进一步用讲话精神统一思想、指导行动。要坚定理想信念，坚持正确的政治方向，坚持党的领导，坚持走中国特色社会主义道路，充分发挥民建密切联系经济界的优势，积极投身到改革开放的宏伟事业中，为推动当地经济社会发展做出更大贡献。张少琴副主席还与重庆市委会和各区委会班子成员及参会会员进行了亲切交谈，并针对他们提出的如何坚持和完善我国的基本政治制度、领导班子建设、基层组织支部建设、实体经济发展、会员权益保障等问题、意见和建议进行了深入广泛的交流。调研中，张少琴副主席先后走访了会员企业重庆环球金融中心、龙门浩街道微企孵化园、重庆海丰控股集团有限公司、重庆万里江发链轮有限公司、金考拉服饰有限公司和重庆国际信托有限公司；参观了民建南岸“同心”实践基地、大渡口区统一战线“思源公园”和中华职教社社史陈列馆。张少琴指出，重庆是民建的发祥地，民建重庆市委会和各级组织要发扬优良传统、发挥自身优势，团结和带领广大会员为当地经济社会发展积极建言献策、贡献力量。他还勉励会员企业家树立信心，把握机遇，增强社会责任感和创新意识，把企业自身发展同国家的发展大局紧密结合起来，在加快经济发展方式转变、促进就业、保障和改善民生上有更大作为。在重庆调研期间，张少琴还会见了重庆市委统战部常务副部长关海祥和所到8个地区的区党委书记、人大主任、政府区长、政协主席等主要负责同志。

6月20日，民建中央副主席辜胜阻会见哈佛大学肯尼迪学院院长、前美国卫生和公共服务部（HHS）规划评估助理部长 David Ellwood 率领的访问团一行7人。辜胜阻高度赞赏哈佛大学作为世界顶级大学在经济、政治、人文等方面为人类发展作出的重大贡献，热烈欢迎 Ellwood 院长率团访问中国。辜胜阻向美方介绍了中国经济发展，并就中国城镇化等相关议题与美方进行了深入交流。他说，新型城镇化是未来20年中国经济增长最重要的新引擎，而创新驱动则是新的动力。美国是当今世界城镇化水平最高的国家之一，美国政府通过基础设施建设、产业政策、社会福利机制和统筹城乡发展等措施引导和推进城镇化进程。目前中国城镇化正处于高速发展的关键时期，可以研究和借鉴美国促进城镇化发展的政策措施。辜胜阻还与美方就中国环保、文化交流等议题交换了看法。双方一致认为，中美两国互补性强，双边关系有很大的发展合作空间，健康稳定的中美关系对两国和世界都有益。

6月21日至23日，民建中央副主席张少琴带队就会中央“关于我国职业教育发展问题的调查研究”重点专题赴重庆进行调研。调研组一行先后与市政府相关部门以及学校、企业、研究部门等进行座谈，并实地考察了当地的中职、高职及本科转型院校的教学、实训等情况，全面了解重庆在推进职业教育发展方面的经验、问题及建议。22日上午，调研组与重庆市政府相关部门座谈。重庆市政府高度重视，派出了教委、农委、人力社保局、财政局、经信委等相关部门负责同志参加座谈，并结合本部门工作情况作了专题发言，并与调研组成员进行了热烈的讨论和交流。23日上午，调研组同力帆集团、惠普公司、富士康公司等企业代表人员以及重庆市教科院、重庆电子工程职业学院、重庆科技学院等学校（研究机构）的负责人、教师及学生代表召开座谈会，进一步深入了解各方对职业教育发展问题的观点和意见建议。调研期间，调研组还实地考察了龙门浩职业中学、重庆电子工程职业学院、重庆科技学院、重庆装备制造职教集团等学校的教育教学以及课程实训情况。民建重庆市委主委沈金强等陪同调研。

6月27日，中国光伏行业协会成立大会在北京召开。全国政协副主席、民建中央常务副主席马培华山出席会议并讲话，并与工业和信息化部副部长杨学山一起为中国光伏行业协会揭牌。马培华在讲话中指出，近年来我国光伏产业取得优异成绩，成为具有国际竞争力的战略性新兴产业，既为我国调整能源结构、降低对传统化石能源的过度依赖提供了支持，也为我国的产业结构调整和转型升级做出了重要贡献，更为未来产业及能源的国际竞争奠定了坚实基础。但光伏产业也面临着国际贸易争端常态化、并网发电机制有待健全、产能过剩仍然存在等突出问题，机遇和挑战并存。建立健全具有影响力的国家级行业协会，有利于形成合力，推动光伏产业技术创新，加强行业内部及国际交流，实现行业规范自律，进一步推动光伏产业蓬勃健康发展。

6月28日上午，民建中央主席陈昌智到四川乐山调研，与乐山民建会员座谈交流。陈昌智认真倾听，不时与大家交流互动。针对外出会员参加活动难、后备人才不足等问题，陈昌智希望大家多动脑筋、学习借鉴先进基层组织经验，解决发展中的难题；谈到实体经济企业融资难等问题时，他强调“我国经济要发展，不能仅靠政府投资，更应该调动民间资本的积极性。”对于今后工作，陈昌智希望民建乐山市委及各级基层组织一是要始终把思想政治建设放在首位，进一步增强政治意识和政党意识。深入学习中国特色社会主义理论体系和中共十八届三中全会精神，认真学习会章会史，继承和发扬会的优良传统，在政治上始终保持清醒的头脑，清楚自己肩负的责任和使命，为中国特色社会主义政党制度发展进步作出应有贡献；二是在组织发展上，要注重发展高素质代表性人士。市委会领导班子、各基层组织负责人要带好头，积极发现人才、物色人才，主动做工作，确保组织发展工作的持续性；三是市委会要把基层组织建设放在重中之重，支部是组织的细胞，细胞要健康，组织才有活力，才能健康发展。要把先进基层组织的经验学深学透，可采用送会上门、短信或网络定期联系的方式解决会员出勤率低的问题；四是做好参政议政工作。要发挥好专委会、基层组织和专家学者的优势和作用，围绕中心，积极为地方经济社会发展建言献策；五是要扎实开展社会服务工作。社会服务要选好项目、选好点，持续地做下去，创出品牌，要产生社会影响力，提升党派形象。

6月29日，中华思源工程扶贫基金会大地公益基金（以下简称“思源大地公益基金”）、贵州省大地基金会在贵阳市举行揭牌仪式，贵阳西南国际商贸城先期向“思源大地公益基金”捐赠1000万元，将用于“留守儿童幸福之家”和“千名园丁关爱行动”等公益项目。民建中央主席、中华思源工程扶贫基金会理事长陈昌智出席活动并讲话。陈昌智表示，“思源大地公益基金”将在贵州省农村寄宿制学校建设“留守儿童之家”和帮扶乡村教师的“千名园丁关爱行动”等关系民生的公益项目，必将缓解外出打工家长和乡村教师的困难。

7月4日至6日，民建中央常务副主席马培华赴青开展为期3天的考察。考察期间，中共青海省委书记骆惠宁、青海省省长郝鹏到驻地看望；青海省政协主席仁青加，省委常委、秘书长王小青，副省长张建民等陪同考察座谈。5日，马培华会见了民建青海省委及部分基层代表，听取民建青海省委及民建部分基层组织工作情况的汇报，并进行座谈。马培华指出，在良好的大环境下，民建省市组织也得到长足发展。近几年，一批高素质人才加入民建，基层组织建设不断发展；参政议政、社会服务工作涌现出一批优秀成果，产生了很好的社会影响。马培华强调，民建青海省委要继续传承优良传统，弘扬改革创新的时代精神，继续发挥潜力，把参政议政工作作为中心工作任务。要围绕党委、政府的中心工作，围绕人民群众关注的热点、难点开展调查研究，参建设新青海之政，建创造新生活之策。民建青海省委要加强自身建设，做好人才培养各个环节的工作，提升参政党参政能力；要加强基层组织建设，使基层组织成为参政议政的平台、发挥优势的团队；要提高合作能力，争取地方组织的支持，共同把民建的事情做好。考察期间，马培华还出席了第十三届“天佑德青稞酒杯”环青海湖国际公路自行车赛，并启动开幕按钮。

7月4日，民建中央副主席辜胜阻应邀在上海出席第二届外滩国际金融峰会，并做了题为“当前金融风险与金融改革”的主旨演讲。辜胜阻指出，我国正处于经济增长的下行期和金融风险的上升期，经济增长速度换挡、结构调整阵痛、前期刺激政策消化“三期迭加”，防范和化解金融领域的各项风险是保持经济可持续发展的重中之重。当前金融风险的突出特点是“点多面广、相互影响、相互传染”。要从金融体系和实体经济两方面入手，既要加快金融体制改革和金融监管转型，又要巩固实体经济的坚实基础，“多管齐下”，标本兼治。辜胜阻强调，要加快金融体制改革，完善金融监管，构建风险的缓释机制，防止潜在金融风险在近期集中爆发，避免风险迭加导致系统性金融风险。一要加大风险排查，规范信息披露，建立风险监测预警体系和应急机制，定点爆破局部和区域风险，及时化解金融风险隐患，防止各种风险迭加。二要推进体制改革和金融监管转型，形成有效的市场风险约束机制，强化预期引导，加快建立存款保险制度和有序打破“刚性兑付”。三要建立房地产调控的长效机制，多渠道化解房地产出现拐点所导致的金融风险。四要“开前门、堵后门、修围墙”，规范地方政府举债，强化政府负债和预算的硬约束，防止财政风险向金融风险转化和蔓延。五要防范因企业融资贵引发的实体经济空心化的潜在风险，构建多层次金融体系，积极推进利率市场化改革，改变金融背离实体经济的局面，使其更好地服务实体经济。就如何深化金融改革，辜胜阻提出四点建议：一是发展“草根金融”和普惠金融。最典型的就是互联网金融，要先发展、后规范，防止监管过度，一放就乱、一管就死。二是大力发展民营中小银行和城市社区银行。三是构建天使投资、风险投资、股权投资为主体的多层次股权投资体系。四是完善多层次的正金字塔式资本市场体系，不仅要有主板、中小板、创业板，而且要有新三板、四板、五板，场内交易和场外交易互动，资本市场惠及中小微企业，支持实体经济的发展。

7月7日，民建中央主席陈昌智赴江苏省盐城市就自身建设工作进行调研，与民建盐城市委领导班子成员及部分基层组织主委亲切座谈。座谈会上，陈昌智在认真听取民建盐城市委主委肖紫英所作的工作汇报和基层组织主委发言后，充分肯定了民建盐城市委在自身建设、参政议政、社会服务等方面所取得的成绩，特别是基层组织能够认真学习全国基层组织建设研讨会精神和先进经验，根据各自特点，发挥自身优势，做好自身建设工作。

7月7日，“2014中澳经济论坛”在广州从化举行。全国政协副主席、民建中央常务副主席、中大友协副会长马培华，澳大利亚前总理约翰·霍华德出席会议并致辞。马培华指出，中澳两国友谊源远流长。自1972年12月正式建交以来，两国在经贸和人文等领域开展了积极有效的合作，在国际地区问题上也保持着密切的沟通与协调。2013年4月，中澳建立了相互信任互利共赢的战略伙伴关系和两国总理年度会晤机制，中澳关系连续保持良好的态势。经贸合作是中澳关系的重要推动力，澳大利亚资源丰富，经济发达，技术先进，中国市场广阔，发展潜力巨大。双方经济互补性强。中澳已成为亚太地区的重要关系，有广泛的共同利益和良好的合作基础，保持中澳关系长期健康稳定的发展符合两国的共同利益，也有利于地区乃至世界的稳定与繁荣。新形势下，中澳关系面临着新的发展机遇，双方应当继续加强高层及各级别的交往，不断增进政治互信，进一步扩大在农牧业、基础设施等领域的经贸投资合作，持续拓展文化、教育、旅游等领域的合作以及地方交往，夯实中澳关系的社会基础。论坛召开前，马培华会见了霍华德一行。

7月9日下午，民建中央爱国主义教育基地冷遹纪念馆揭牌仪式在江苏省镇江市隆重举行。民建中央主席陈昌智发表重要讲话，并与江苏省政协副主席、中共江苏省委统战部部长罗一民共同为“爱国主义教育基地”揭牌。民建中央副主席宋海宣读了《民建中央关于命名冷遹纪念馆为爱国主义教育基地的决定》。民建江苏省委主委洪慧民主持揭牌仪式。陈昌智在讲话中指出，冷遹的一生，从辛亥革命元勋、著名实业家到成为爱国民主人士的人生历程，充分反映了他对祖国的热爱，对真理的追求和对民生的关怀；他与中国共产党在抗战中相识相知，风雨同舟，真诚合作，在建国后积极响应党的号召，团结民建会员进行社会主义改造，充分反映了他坚定不移跟党走的政治选择和坚定信念。这些崇高的品质都是本会弥足珍贵的精神财富，是民建“五个坚持”优良传统的生动体现。今天，我们所来到的冷遹纪念馆，同时也是冷遹先生的旧居，在这里建立“民建中央爱国主义教育基地”，就是为了让来到这里的会员同我们一样，切身地感受历史，更好地沿着先辈的足迹，传承和弘扬老一辈的优良传统，坚定地践行爱国、爱党、爱会、爱学，以更高的觉悟、更大的热情投身到中国特色社会主义建设事业中，为全面深化改革、实现伟大的“中国梦”贡献智慧和力量。揭牌仪式后，陈昌智等考察参观了冷遹纪念馆，听取有关情况介绍。

7月10日上午，民建中央爱国主义教育基地南京民间抗日战争博物馆揭牌仪式在南京隆重举行。民建中央主席陈昌智与江苏省政协副主席、中共江苏省委统战部部长罗一民共同为民建中央爱国主义教育基地揭牌。民建中央副主席宋海宣读了《民建中央关于命名南京民间抗日战争博物馆为爱国主义教育基地的决定》。江苏省政协副主席、民建省委主委洪慧民主持揭牌仪式。陈昌智在讲话中指出，今年是新中国成立65周年，将南京民间抗日战争博物馆作为民建中央爱国主义教育基地，为加强民建会员的爱国主义教育，提供新的途径和重要平台，具有十分重要的意义。他希望“基地”挂牌后，能够更加充分运用南京特有的抗战文化资源，采取更加丰富多样的有效形式，激励广大民建会员牢记“落后就要挨打”的历史，珍惜今天稳定繁荣的社会环境，继承和弘扬民建优良传统，坚持中国共产党的领导，不断加强自身建设，更好地履行参政党职能，为实现中华民族伟大复兴的中国梦不懈奋斗！

7 月 15 日上午，民建中央主席陈昌智在京亲切会见台湾柯蔡宗亲会访问团一行 27 人，宾主双方进行了亲切友好的交流座谈。陈昌智在交流座谈中介绍了大陆经济社会发展情况，以及近年来民建开展对台经济交流和文化合作方面的主要情况。他说，改革开放以来大陆经济发展迅猛，国际地位日益提高，人民生活大幅改善。但是，我们面临的困难与问题也很多，环境承载压力很大，能耗及污染较高，经济发展的质量与效益有待提高，自主创新不足。十八届三中全会以后，我们提出要加快改革的步伐，政府要简政放权，让市场在资源配置中起决定性作用，从根本上推动经济更好更快发展。陈昌智希望两岸加强沟通联系，坚持九二共识，走和平发展道路，更好地造福两岸人民。他表示，台湾处于很好的发展时期，大陆也正大力推动改革创新，发展战略型新兴产业，为两岸经贸合作提供了历史发展机遇与广阔的合作空间，希望台湾企业抓住机遇，两岸携手打造民族自主品牌，将中国经济做大做强，共同开创两岸的光明未来。访问团在京期间还拜访了中央统战部、国台办、北京市委统战部、民建北京市委等单位。国台办主任张志军，民建中央副主席、民建北京市委主委王永庆分别亲切接见了访问团一行。访问团还将赴河南省上蔡县参加祭祖活动。海峡两岸关系协会理事、民建中央联络部负责人金德安等陪同会见。

7 月 15 日，由民建北京市委、北京普天德胜国家级科技企业孵化器互联网金融试验基地主办的互联网金融发展法治环境建设研讨会在京举行。民建中央副主席辜胜阻出席会议，并作《金融服务实体经济背景下的互联网金融》的报告。辜胜阻在报告中指出，中国目前最大的经济问题和金融问题是金融背离实体经济。我国中小微企业普遍面临融资难、融资贵的问题，金融成为压垮实体经济的稻草。在市场主体多元化、利率汇率市场化的背景下，金融改革需要在供给端发力，让更多的民间资本进入金融领域，发展多层次金融体系，提供更多金融产品和服务，更好地服务实体经济。在“钱多”和“钱少”问题并存的情况下，互联网金融发挥了特殊的作用。互联网金融有大众化和包容性的特点，有利于小微企业和边缘人群融资，有普惠金融和草根金融特色；直接交易，去中间化，降低信息不对称，有低成本优势；跨界经营，去边界化，有跨时空配置金融资源特色；利用大数据及云计算和平台优势，有高效率优势；促进传统金融机构革新，有利于将储蓄转化为投资，有促进竞争的鲶鱼效应。

7 月 15 日至 18 日，民建中央副主席张少琴带队就会中央“关于我国职业教育发展问题的调查研究”重点专题赴江苏进行调研。18 日，调研组同江苏省政府召开座谈会，全面了解江苏在推进职业教育发展方面的经验、问题及建议。与会同志分别结合本部门、学校工作情况作专题发言，并与调研组成员进行了热烈而充分的讨论和交流。调研期间，调研组还与淮安市教育局、发改委、经信委、农委、财政局、清河区政府及淮安市区县内 9 家中职、高职院校召开座谈会；实地考察了南京工业职业技术学院、淮安信息职业技术学院等职业教育院校的教学、实训等情况，并分别同两家学校领导、教师等召开座谈会，深入了解学校在招生、教育、就业等过程中的情况、经验、问题及建议；考察了南京工业职业技术学院同金蝶公司合作的科技园，并同科技园管委会、所在街道、金蝶公司等方面方负责人进行座谈。

7月22日，民建中央常务副主席马培华率调研组就农业水资源高效利用赴辽宁省朝阳市调研。马培华在调研中指出，朝阳气候干燥，采取抗旱节水的工程措施和农业措施能提高有限的农业水资源的利用效率和效益。朝阳在农业高效节水方面做了大量工作，成效显著，起到了推广示范作用。马培华强调，朝阳要通过发展高效节水，有力推动传统种植业的发展，林果业和现代畜牧业的发展，激发农民热情，提高农民收入，为农民增收起到推动作用。马培华希望朝阳进一步发展节水技术，高效节水项目工作取得长足发展。调研组将充分吸纳消化反馈的意见建议，在充分调研的基础上，向中央和国家有关部委提出建议，进一步促进朝阳农业节水资源高效利用。在朝阳期间，马培华还专门抽出时间看望了民建朝阳市委班子成员并与他们亲切座谈。在听取了民建朝阳市委主委刘文军关于朝阳民建近几年来的工作汇报以及会员们的意见和建议后，马培华对朝阳民建的工作给予了充分肯定。对于今后的工作，马培华提出两点期望。一是趁热打铁、扎实推进朝阳市级组织建设。要认真贯彻刚刚召开的民建全国市级组织建设研讨会的精神，努力将朝阳民建各项工作推向前进。要加强班子建设，以此带动会的建设。要创造各种条件，激发人才活力。要发扬民主，丰富支部活动，增强会的凝聚力。要主动加强与党委以及有关部门的联系，加强合作共事能力建设。二是要发挥优势，为朝阳发展建言出力。要立足本职岗位，力争上游，把自身工作做好，为社会作出更多贡献。要发挥密切联系经济界的特色和优势，激发各方面人才的积极性，认真调研，多出参政议政精品。

7月26日，民建中央副主席辜胜阻在河北唐山就当前经济形势和民间投融资情况进行调研。辜胜阻首先听取了市发改委、市工信局、市统计局和曹妃甸区政府的情况汇报，详细了解了唐山市化解产能、结构调整和经济运行的有关情况及曹妃甸的发展情况，并就有关问题与相关政府部门负责人员进行了深入探讨和交流。辜胜阻指出，化解产能、调整结构、治理污染给河北尤其是唐山经济发展带来了前所未有的压力，工业生产增幅放缓，企业效益下滑，主要指标大幅回落，面临形势非常严峻。压减产能对于银行来讲是信贷，对于政府来讲是税收，对于社会来讲是就业，所以去产能是非常痛苦的。淘汰落后产能、化解过剩产能需要解决“钱从哪里来？人往哪里去？”的问题，要有进有退，在做好“退”的同时做好“进”，通过技术改造、节能减排、延伸产业链提升传统产业和竞争力，通过培育战略新兴产业、发展现代服务业来解决人的就业问题。在经济困难时期，转型升级是最佳时机，唐山要把转型升级作为当前经济工作的核心任务，抓住京津冀一体化发展机遇，突出比较优势，强化分工协作，做好产业对接，使曹妃甸成为带动区域发展新的增长极。随后，辜胜阻与唐山开滦能源化工股份有限公司、河北银安投资管理有限公司、唐山报春电子商务股份有限公司、唐山市科硕特种陶瓷制造有限公司、唐山盛达实业有限公司、唐山鸿升科技发展有限责任公司等十几家制造、金融、商贸和服务型企业负责人座谈，重点就困扰民营中小企业发展的融资、用工等问题进行探讨和交流。调研过程中，辜胜阻还走访了民建唐山市委会机关，看望了市委会班子成员、机关干部，实地考察了市委会机关办公条件，并听取了市委会的工作情况汇报。

8月2日，由民建中央和中华职业教育社共同出资，新疆中华职业教育社与深圳大学联合研发的汉维双语手机学习软件捐赠仪式在新疆乌鲁木齐举行。民建中央主席陈昌智、民建中央原第一副主席、中华职业教育社理事长张榕明出席捐赠仪式并讲话。陈昌智在捐赠仪式上指出，此次活动是民建中央和中华职业教育社深入贯彻中共中央第二次新疆工作座谈会精神的一项实际举措。新疆的问题最长远的还是民族团结问题。习近平总书记在第二次中央新疆工作座谈会上用“石榴籽”形象贴切地比喻了理想的民族关系，要求各民族要相互了解、相互尊重、相互包容、相互欣赏、相互学习、相互帮助，像石榴籽那样紧紧抱在一起。语言沟通是了解和认同的基础，汉维双语手机学习软件在新疆自治区开展“访民情、惠民生、聚民心”活动期间应时而生，其开发和应用为新疆20万下基层干部和全疆公务员学习维语，突破语言障碍提供了便利条件，必将促进维汉干部群众之间加深了解、增进感情，必将推动社会双语学习，形成维汉民族语言相互学习的良好氛围。捐赠仪式结束后，中共中央政治局委员、新疆维吾尔自治区党委书记张春贤会见陈昌智、张榕明一行。

8月2日，民建中央主席陈昌智与民建新疆区委领导班子成员、基层组织代表以及在新疆投资的外地民建会员企业家座谈。座谈会由民建新疆区委会主委董新光主持。陈昌智结合新疆的情况谈了三点意见。一是新疆的发展很重要，区委会要利用参政议政的渠道和会员企业的力量助推新疆发展，在援疆工作中要特别重视节约资源能源，保护环境；二是新疆的稳定很重要，要通过适当的渠道及时反映遇到的问题，为新疆各级党委、政府的维稳工作作出贡献；三是新疆的社会建设很重要，特别是要以少数民族教师的双语培训为重点，提高新疆的教育水平。针对今后的工作，陈昌智提出三点希望：一是要把思想建设放在首位，认真学习中共十八大、十八届三中全会精神和总书记一系列重要讲话精神，认真学习会章、会史，扎实推进中国特色社会主义学习实践活动。二是要从新疆的特殊性出发，把稳定作为一项重要工作来抓。三是要从实际出发，做好组织发展、参政议政和社会服务工作，要坚持组织发展原则，注重发展高层次有代表性的人才，加大对各级组织负责人的培训力度，抓好基层组织和市级组织建设；要从党和国家的中心工作、人民群众的需求、新疆稳定和发展的实际出发，充分发挥专委会的作用，利用专家和企业家的力量，做好参政议政工作；要立足新疆实际，发挥民建优势，以民生改善为重点，切实做好社会服务工作。

8月5日，民建中央主席陈昌智在长春市出席民建吉林省委座谈会，与民建吉林省委领导班子成员、基层组织和企业家会员代表亲切座谈。民建吉林省委主委车秀兰主持会议。谈会上，陈昌智在认真听取车秀兰主委作的工作汇报和大家的发言后，他认为，民建吉林省委在自身建设、参政议政和社会服务等方面工作主动，注重创新，成效显著，值得赞扬和肯定。对省委会今后的工作，陈昌智主要强调两个方面：一是抓好发展中国特色社会主义学习实践活动。要深入开展，落到实处，要组织会员认真学习中共十八大、十八届三中全会和习近平总书记系列讲话精神，并作为当前工作的指导思想；要结合会内实际，学习会章会史，继承和发扬会的优良传统，自觉抵制各种错误社会思潮的冲击。二是进一步加强基层组织建设。要学习贯彻落实全国基层组织建设研讨会精神，每个支部要结合自身实际，坚持每年至少学习一条以上先进经验，不断积累和创新，就能促进全会基层组织建设工作向前迈进一大步；要把当地的重点工作和自身的能力优势结合起来，努力建言献策，省直支部更是要从全国大局出发，提出一些全局性的意见建议。在长春期间，陈昌智会见了中共吉林省委书记王儒林、省长巴音朝鲁等领导同志，并出席了民建东北三省联席会议。

8月7日，民建中央主席陈昌智到吉林省通化市进行市级组织建设调研，与民建通化市委领导班子成员、基层组织和会员代表亲切座谈。座谈会上，陈昌智认真听取了通化市人大主任于锡梁介绍的市情、民建通化市委会主委王平作的工作汇报和与会同志的发言，观看了民建通化市委工作情况纪录片。他认为，民建通化市委的工作有特色、有亮点、有成效，值得充分肯定。对市委会今后的工作，陈昌智谈了四点要求：一要不断加强学习，提高会员政党意识和政治意识。要组织会员认真学习多党合作政治理论和统战知识，坚持中国共产党领导，坚持中国特色社会主义道路，在会内采用交流讨论的形式，引导会员明辨是非，抵制各种错误思潮。二要加强会章会史的学习，增强会员的荣誉感。要教育会员了解民建，认识到本会与中国共产党长期合作共事，为我国的革命、建设和改革事业作出了重要贡献，新时期我们在自身建设、参政议政和社会服务等方面取得了众多成就，用实际行动提高会员的自信心和责任感。三要注重质量、注意数量，发展高层次有代表性的人才，加强代表人士队伍建设。市委会班子成员要带头花大力气发展当地有代表性的人士，适当发展其他界别的人才，积极与统战部门沟通和交流，取得他们的支持和帮助。四要集中自身优势，创建社会服务品牌。要突出自身特色，集中会的组织和广大会员的力量，抓住重点，打造品牌，持之以恒，在当地民主党派的社会服务工作中争优创先，不断提升本会形象。最后，陈昌智希望市委会不断加强会内宣传，把会内刊物发到每位会员手中，通过在当地主要刊物上发表文章，加大宣传力度，扩大会的影响力。在通化调研期间，陈昌智会见了中共通化市委书记刘保威，市人大主任于锡梁，市委副书记、代市长乔恒等领导同志。他还视察了民建会员企业通天酒业有限公司。

8月15日至16日，民建中央副主席辜胜阻就中小微企业融资困境和民营金融发展问题赴广西南宁调研，并与相关政府部门负责人、金融和企业界人士进行座谈。辜胜阻指出，当前要采取标本兼治的方法对企业融资困境加以缓解：一要构建多层次的信贷体系，实行定向调控，提高银行信贷支持实体经济的针对性和有效性，切实缓解企业融资难和融资贵困境。二要推进区域多层次资本市场建设，大力发展支持创业创新的场外资本市场交易，让资本市场惠及更多小微企业，降低企业的融资成本。三要大力发展VC/PE，培育更多天使投资人，显著提高股权投融资比重。四要从供给端发力，鼓励更多民间资本发展中小金融机构和社区银行，探索面向中小微企业建立政策性金融机构。五要推进政府金融公共服务发展，完善配套金融担保体系，使金融担保更多回归公益，解决企业融资过程中的“担保难”和“抵押难”问题。六要有效整合各种金融资源，支持企业从小到大连续发展的“一站式”金融服务平台，加强金融公共服务平台建设，强化不同融资方式之间的协同。座谈会由民建广西区委副主委高斌主持。16日，辜胜阻还参加了在南宁举办的清华大学第九届公共管理高层论坛，就城镇化与城市治理问题发表主旨演讲。

8月16日，由中国慈善联合会主办、中民慈善捐助信息中心和中华思源工程扶贫基金会等单位支持的“2014中国慈善论坛”在北京举行。民建中央主席、中华思源工程扶贫基金会理事长陈昌智出席活动并讲话。陈昌智认为慈善组织是慈善事业的重要载体，公信力则是慈善组织生存、发展的生命线，要求“以加强能力建设为基础，提升慈善组织的社会公信力”。因此，慈善组织必须完善内部治理结构、规范项目运作，提高资源使用效率，依法依规披露信息，坚持阳光慈善、透明慈善、高效慈善，以实际行动赢得捐赠者、受助者和管理者的信赖，成为社会爱心的“催化剂”和慈善事业的“发动机”，为需要帮助的人提供源源不断的“正能量”，才能真正实现“取之于社会，服务于社会”的核心价值，才能有效保障慈善事业的生命力，实现可持续发展。

8 月 21 日上午，全国政协第 98 期干部培训班暨县处级干部培训班在北戴河开班。全国政协副主席马培华出席开班式并讲话。马培华指出，县级政协和地方政协处级干部是推动人民政协事业创新发展的重要力量，要将深入学习贯彻中共十八届三中全会和习近平总书记系列重要讲话精神作为当前第一政治要务，切实把思想和行动统一到中共中央路线方针政策和国家全面深化改革上来，不断提高战略思维、创新思维、辩证思维、底线思维能力，以高度的责任感和使命感，扎实做好各项工作，努力推动国家事业和人民政协事业不断向前发展。马培华希望，广大政协干部将人民政协自身建设看做是一场兴利除弊的自我革新，不断增强学习意识，将学习化为能力，用学习走向未来；坚持时时、处处、人人有创新，将创新的思维和理念贯穿到履职各个环节；严肃务实、担当、自守的履职作风，不断开创风清气正的政协工作新局面。全国政协副秘书长刘家强主持会议。来自全国各地的 480 多名县级政协主席、副主席和省、市级政协机关处级干部参加培训。

8 月 23 日，民建中央常务副主席马培华出席纪念民建北京市委成立 65 周年座谈会。民建中央副主席、民建北京市委主委王永庆，中共北京市委统战部副部长周开让，北京市各民主党派负责同志以及来自民建北京市委各级组织的 100 多名会员共聚一堂，纪念民建北京市委成立 65 周年。在观看了关于北京民建简史的幻灯片并听取了会员代表们的发言后，马培华作了发言并交流了三点体会：一是要回顾光荣历史，传承优良传统。二是要坚定理想信念，坚持“三个自信”。三是要加强自身建设，认真履行职能。马培华强调，时代不断赋予参政党新的职能，要做好工作，人才是立会之本，自身建设是强会之基。民建北京市委要把人才培养好、基层组织建设好；同时，发挥自身优势和特长，为北京的发展，为京津冀协同发展建言献策，为全面建成小康社会做出新贡献。座谈会由民建北京市委常务副主委任学良主持。

8 月 28 日，民建中央副主席辜胜阻会见克罗地亚总统候选人、Podravka d.d. 公司总经理 Zvonimir Mrsic 先生率领的克罗地亚商会代表团一行 18 人，成员来自克罗地亚电力能源集团、港务集团、食品加工企业、乳制品制造业等领域以及克罗地亚商会。辜胜阻表示，民建是经济界人士组成的政党，是中国共产党领导的多党合作和政治协商制度中的参政党，会员多为企业家，愿意与克方结合双方优势产能，打开双方经贸合作新局面。今年下半年他将率团访问克罗地亚，希望就克罗地亚私营企业在欧洲一体化进程中所面临的机遇和挑战等议题与代表团进一步交流。

8 月 31 日，民建中央常务副主席马培华来到民建贵阳市委机关，亲切会见了贵阳民建部分会员，并与民建贵阳市委班子成员以及会员代表进行了座谈交流。听取与会人员的汇报和发言后，马培华对贵阳民建的工作给予了充分肯定和高度评价。对于今后的工作，马培华提出两点意见。一是要以“三个自信”为核心，开展好学习实践活动。要加强学习、提高认识，以改革创新精神为指导，引导广大会员进一步增强对中国特色社会主义的道路自信、理论自信和制度自信，，努力为实现中华民族伟大复兴的中国梦贡献力量。二是要加强自身建设，为贵阳经济社会建设献计出力。要贯彻落实民建全国基层组织建设工作会议和市级组织建设工作会议精神，切实抓好基层组织建设；要发扬合作共事的优良传统，注重加强和党委的沟通联系，和中国共产党同心同德、肝胆相照。要结合区域经济社会发展实际，深入调查研究，积极建言献策，多出精品成果。

9月10日上午，民建中央主席陈昌智、副主席张少琴在京亲切会见了黄炎培先生曾孙、美国黄炎培基金会执行董事长黄祖申一行。陈昌智向黄祖申一行表示热烈的欢迎，他说，黄祖申先生作为黄炎培先生的曾孙，此次回国将黄炎培中举后身穿的御赐举人袍捐赠给黄炎培故居，意义重大，对此我们表示感谢、赞赏。陈昌智介绍了民建的基本情况，并就中国共产党领导的多党合作制度与黄祖申先生进行了亲切、坦诚的交流，他说，民建作为密切联系经济界的政党，在中国共产党领导下，与中共通力合作、提出了很多宝贵的建议，会内有很多与黄先生公司业务相近的企业家，希望黄先生加强与民建的交流、合作，为增进中美两国人民的沟通与互信发挥桥梁纽带作用。

9月17日下午，民建中央企业委员会信息技术组成立大会在宁夏银川召开。民建中央主席陈昌智出席成立大会并作重要讲话。陈昌智在讲话中指出，信息技术是当前发展变化最快的技术，希望企业家们力争走在行业的前沿和尖端，时刻掌握行业发展的趋势和方向；对企业已有技术，要尽快使用和推广，抢占市场先机，技术的推广应用要讲求速度、注重实效；做好技术应用的服务工作，力求让所有用户满意。陈昌智还语重心长地要求组员们能够结合自身企业的实际情况以及自己的专业技术特点，积极参与社会服务工作，并结合切身体会总结归纳，提出有见地的参政议政提案。会议由信息技术组组长栾润峰主持。

9月19至20日，民建中央副主席辜胜阻到内蒙巴彦淖尔、鄂尔多斯调研沙漠绿色经济和民营企业发展，与巴彦淖尔民建负责人和会员企业家就民企发展进行了座谈并实地调研，在当地民建会员和人大负责人陪同下，考察了鄂尔多斯亿利资源集团和东达蒙古王集团，实地查看了鄂尔多斯新城康巴什。辜胜阻表示，绿色经济是基业，是生态文明的基石。生态文明是强调人与自然、人与人、人与社会和谐共生的文明。绿色经济涉及到类似我们这里的沙漠绿色经济的绿色发展、循环经济、低碳环境三大板块；发展绿色经济要依靠企业、农户和政府三大主体；绿色经济一定要兼顾经济效益、社会效益和生态效益三大效益，不仅要有金山银山这种经济效益，还要有绿水青山这种生态效益；要靠技术创新，金融创新和文化引领"三轮驱动"。在蒙期间，辜胜阻出席了"2014生态文明企业家(库布其)年会"并发表主旨演讲。

9月22日，民建中央主席陈昌智在湖南长沙调研，走访天心区白沙井同心社区，调研民建天心区工委和社区联创共建工作，考察长沙理工大学并就教育改革等问题与学校有关同志座谈。陈昌智充分肯定了民建天心区工委以联创共建点为平台，积极践行"同心"思想，在征集社情民意、扶贫帮困、文明创建中取得的良好成效。他勉励大家在今后的工作实践中更好的发挥自身优势，通过开展形式多样的活动，不断扩大民建的社会影响力，增强组织的凝聚力。

9月25日上午，民建中央常务副主席马培华在沪出席民建上海市委领导班子谈心会并作重要讲话。马培华认真听取了周汉民等民建上海市委领导班子成员的汇报发言，并不时与班子成员互动交流。马培华对上海民建工作提出几点希望：第一，继续发扬团结奋进的精神状态，保持心齐气顺的氛围。第二，进一步发挥领导班子成员的积极性、创造性，更好地发挥专、兼职领导的作用，注重创造性开展工作。第三，深入推进坚持和发展中国特色社会主义学习实践活动，上海不仅要走在前面，还是创出品牌，做出特色。核心要把握“三个自信”，要把学习实践过程中取得的经验提升到理论水平。第四，努力帮助区级组织领导班子加强建设。上海区级组织会员人数众多，要特别注重区委主要领导成员的物色、培养、锻炼和提高，市委班子成员要加强对区级组织的分工联系。第五，为优秀代表性人士创造发展平台。第六，为会员企业的发展排忧解难，帮助会员企业更好发展。最后，马培华希望市委领导班子能保持一股劲，互相支持，互相关心，互相帮助，与人为善，推动民建工作取得更好成绩。

10 月 14 至 16 日，民建中央常务副主席马培华就民建基层组织建设情况赴浙江金华、绍兴调研，亲切看望两地民建班子成员以及骨干会员，并召开座谈会听取基层民建会员对于会的建设的意见和建议。他在调研中强调，广大会员要以中共十八届三中全会以及即将召开的十八届四中全会精神为指导，认真学习习近平总书记一系列重要讲话，深入开展中国特色社会主义学习实践活动，切实履行参政党职能，为地方经济社会发展作出积极贡献。调研期间，马培华还会见了中共金华市委书记徐加爱、中共绍兴市委书记钱建民等金华、绍兴两地党政主要领导，考察了永康中坚机电集团等民建会员企业。

10 月 15 日，民建中央主席陈昌智在四川绵阳亲切接见绵阳民建会员代表，听取民建绵阳市委工作汇报。民建四川省委主委、四川省人民政府副省长陈文华，民建四川省委副主委王元勇参加会议。绵阳市政协副主席、民建绵阳市委主委蒋丽英主持会议。陈昌智对民建绵阳市委近年来的工作给予充分的肯定和高度评价，并对绵阳民建今后工作提出明确要求。强调要把思想建设放在自身建设的首位，继续深入学习贯彻中共十八大及十八届三中全会精神，进一步提高会员的政党、政治意识，强化会员政治辨别力，增强会员政治把握力，自觉接受中国共产党的领导。组织发展要在抓数量的同时注重质量，把质量放在首位，保证会员队伍的质量才能更好地推进组织工作，尤其要注重在高校发展经济专业人士会员。要进一步做好基层组织工作，抓好先进经验的学习和推广，每一个基层组织每一年至少要学习别的基层组织一条好的工作经验并落到实处。要充分发挥紧密联系经济界人士优势，进一步强化社会服务工作，树立品牌意识，形成特色鲜明、成效明显的社会服务品牌。16 日，民建中央主席陈昌智在绵阳出席第二届中国（绵阳）科技城国际科技博览会。

10 月 16 日，民建中央常务副主席马培华在杭州出席民建浙江省委领导班子谈心会。马培华认真听取大家的发言，同大家一起深入交流对民建工作的思考。他对民建浙江省委的工作给予充分肯定。对于下一步工作，马培华提出了五点希望。一是要以中共十八大、十八届三中全会以及即将召开的四中全会精神为指导，认真学习习近平总书记一系列重要讲话，培育社会主义核心价值观，扎实开展中国特色社会主义学习实践活动。二是要以代表性人士队伍建设为重点，抓住薄弱环节，为民建组织建设提供人才支撑。三是要以发挥组织整体作用，以会员特长优势为抓手，努力提升参政议政水平。四是要以体现组织温暖、凝聚会员人心为目标，关心会员疾苦，帮助会员企业发展。五是要以激发机关于部勤奋敬业精神为动力，加强机关建设，充分发挥民建机关的带动作用。

10月18日，民建中央副主席辜胜阻就缓解小微企业融资困境问题赴四川成都调研，并与相关政府部门负责人、金融和企业界人士进行座谈。辜胜阻首先到四川大蜀青羊小额贷款有限公司进行调研。在调查中发现：民营小额贷款公司存在法律定位不清、资金来源途径窄、综合税负过高等问题，导致许多小额贷款公司遇到经营困难。辜胜阻指出，当前小微企业融资呈现难、贵、慢、险、乱五个特征，许多企业面临资金链断裂危险，不得不借高利贷，但这无异于饮鸩止渴。辜胜阻强调，中国经济最大的风险在于实体经济的空心化，现阶段企业用工、环保、土地成本上升，企业利润微薄，小微企业尤其困难。要多管齐下、标本兼治，切实采取措施有效缓解小微企业融资困境。适度放松金融管制，政府的有形之手要发挥应有的作用，推进政府金融公共服务发展，完善配套金融担保体系，使金融担保更多回归公益性，解决企业融资过程中的“担保难”和“抵押难”问题。同时要从供给端发力，鼓励更多民间资本发展中小金融机构和社区银行，探索面向中小微企业建立政策性金融机构。座谈会由民建四川省委副主委王元勇主持，民建四川省委副主委、四川三友集团公司董事长郝士权等出席。18日，辜胜阻还参加了在成都举办的中国劳动学会科学教育分会2014年会，就新型城镇化问题表主旨演讲。

11月6日至7日，民建培训工作（建华课堂）交流座谈会于在广西南宁举行，民建中央副主席宋海出席会议并讲话。宋海指出，开展学习培训是民建加强自身建设的重要一环，也是统一战线的一项基础性、战略性工作，对于提高会员队伍整体素质和参政议政能力，更好地发挥参政党作用具有十分重要的意义。我会历来重视学习培训工作，历届会中央领导都始终把对会员的教育培训、学习提高工作作为加强自身建设的一项重要任务常抓不懈，“爱党、爱国、爱会、爱学”已成为了本会的传良传统。对今后如何做好培训工作，宋海副主席提出了具体要求：首先要加强领导，制定培训规划。其次要形成中央、省、市共同开展会员培训的联动格局，逐步通过中央示范、带动，地方组织响应、联动，形成资源共享、相互交流、共促发展的培训合力。三要健全工作制度、创新培训形式。建议各省级组织成立培训工作协调机制，由主委挂帅，专人负责，保证培训工作的有序开展。培训形式要不断创新，多做尝试。四要增强培训内容的针对性、实效性。培训工作要适应经济社会发展的需要和知识更新越来越快的趋势，制订培训计划，要以会员“听得懂、用得上、有实效”为出发点。五要在有条件的地方继续成立建华课堂区域分课堂，使它真正成为民建标志性、公益性、开放性的公共学习平台。在全会树立起良好的学习风气，让会员在建华课堂的学习过程中提高自身的综合素质，感受到组织的温暖和实际帮助，不断提高会的整体素质，增强会的凝聚力，提高参政议政能力和水平。

11月13日，民建中央主席陈昌智在广东省汕头市进行市级组织建设调研，与民建汕头市委领导班子成员、基层组织和会员代表亲切座谈。陈昌智在听取大家发言后发表了重要讲话。他首先充分肯定了民建汕头市委在思想建设、组织建设、参政议政和社会服务工作方面取得的成绩。对市委会今后的工作，陈昌智提了三点要求：一是加强思想建设，把思想建设放在自身建设的首位，抓好坚持和发展中国特色社会主义学习实践活动。二是加强组织建设。在会员发展上要注重质量、注意数量，优化结构，保持特色，发展高层次有代表性的人才，加强代表人士队伍建设，在保持经济界为主的基础上适当发展其他界别的人才，拓展参政议政人才队伍。三要围绕市委、市政府中心工作积极开展参政议政。目前，汕头市已被批准设立华侨经济文化合作试验区，这是当前汕头市的头等大事，要组织会内各方面人才，从不同专业和角度认真研究讨论试验区的运作，提出切实可行的建议和意见。在汕头调研期间，陈昌智会见了中共汕头市委书记、市人大主任陈茂辉，市委副书记、市长郑人豪等领导同志。14 日上午，他还出席了民建中央理论研究委员会全体会议，并发表重要讲话。

11 月 22 日下午，由民建中央经济委员会和广东省东莞市委、市人民政府共同主办的“民营经济转型升级暨东莞民营资本投入实体经济研讨会”在东莞召开。民建中央副主席辜胜阻出席会议并以“东莞产业升级与企业转型的战略思考”为主题作主旨演讲。辜胜阻在演讲中指出，我国已进入由高速增长转为中高速增长、由要素和投资驱动转向创新驱动、由过度依赖人口和土地红利转向靠深化改革形成制度红利、由以工业为主导转为以服务业为主导的经济增长新常态，进入经济增长速度换挡期、结构调整阵痛期、前期刺激政策消化期“三期迭加”时期。针对民营企业发展，辜胜阻总结说，当前我国民营企业面临用工融资难、准入门槛高、传承风险大、税费负担重、企业利润薄、转型压力大六大挑战，并为企业指出从投资驱动到要素驱动、从红海战略到蓝海战略、从家族治理到现代治理、从手工劳动到自动化、从商品出口到企业海外拓展五大转型升级路径。

11 月 23 日至 26 日，民建中央副主席张少琴赴重庆市就民建地方组织工作进行调研。张少琴一行先后来到重庆市万州区、涪陵区、合川区和北碚区开展调研，召开座谈会、走访会员企业。张少琴在调研座谈会上分别听取了各区委会的工作汇报，他对各区委会在思想建设、组织建设、参政议政、社会服务等各项工作中取得的成绩给予充分肯定。张少琴强调，民建各级组织和广大会员要认真学习贯彻中共十八届三中、四中全会精神，要把学习贯彻习近平总书记系列重要讲话精神作为重要政治任务摆在更加突出的位置，进一步用讲话精神统一思想、指导行动。要坚定理想信念，坚持正确的政治方向，坚持党的领导，坚持走中国特色社会主义道路，充分发挥民建密切联系经济界的优势，积极投身到改革开放的宏伟事业中，为推动当地经济社会发展作出更大贡献。

11 月 24 日，民建中央主席陈昌智、民建中央常务副主席马培华在民建中央机关亲切接见广西民建机关专干学习团一行。陈昌智对广西民建机关专干学习团此行给予了充分肯定，并鼓励学习团成员进一步增强责任意识、服务意识，为更好地履行职能发挥积极作用。陈昌智说，机关是是联系会员、服务会员的桥梁和纽带，是协助领导班子做好工作的参谋和助手，机关干部要不断提升自身素质和能力，爱岗敬业，为建设学习型、服务型机关而努力。陈昌智对如何贯彻落实民建全国市级组织建设研讨会精神提出了具体要求，期望广西各级民建组织在自身建设中取得更好的成绩。

11 月 26 日，全国政协人口资源环境委员会在京召开第七届中国人口资源环境发展态势分析会，围绕油气资源发展与大气污染防治主题，为国家“十三五”规划建言献策。全国政协副主席、民建中央常务副主席马培华出席会议并讲话。马培华在讲话中指出，油气资源发展和大气污染防治牵涉全局工作、事关战略发展，是一个非常好的研究课题。当前我们正处于以新能源的广泛应用为标志的第三次工业革命的浪潮之中，处于一个去炭化、绿色化发展的时代，必须顺应这个潮流，深入研究如何更好利用油气等化石能源，如何更好地发展新能源，从而实现大气环境综合防治。

11 月 28 日，2014 中国国际友好城市大会暨广州国际城市创新大会在广州白云国际会议中心开幕，民建中央主席陈昌智出席大会并讲话。陈昌智指出，中国国际友好城市活动走过 40 余年，目前友城数量增至 2154 对，城市之间的国际合作也由双边向多边发展。陈昌智建议，未来友好城市发展要真诚包容，增加彼此亲近感和认同感；友好城市要开拓创新，开展多领域、多渠道、多层次城市交流；要大力推进经贸、文化、教育和青年等领域的交流合作，切实使合作成果惠及各国人民。来自 56 个国家和地区的 277 个城市及国际组织的 600 多位中外嘉宾与会，分享城市治理经验，交流城市发展成果，碰撞城市创新路径。

12 月 4 日，由民建上海市委举办的“上海民建浦江论坛——法治中国建设展望”在沪举行，民建中央主席陈昌智出席并致辞。陈昌智指出，中共十八届四中全会十八届四中全会提出完善以宪法为核心的中国特色社会主义法律体系，加强宪法实施。宪法是党和人民意志的集中体现，是通过科学民主程序形成根本法。坚持依法治国首先要坚持依宪治国，坚持依法执政首先要依宪执政。陈昌智强调，宪法将为我们实现“中国梦”保驾护航。民建中央副主席、上海市政协副主席、民建上海市委主委周汉民主持论坛并作“依法治国和统一战线”主旨演讲。民建上海市委副主委徐钧健、陈宏民、程裕东、谢毓敏，民建市委委员、各基层组织主委、以及来自法学界、律师界人士、政府部门任职会员等近 200 人出席。

12 月 5 日至 6 日，民建中央副主席辜胜阻带队就人民法院如何贯彻落实中共十八届四中全会精神，推进司法体制改革赴上海调研。调研组一行参观了宝山区人民法院法庭建设，并听取了宝山区人民法院党组书记、院长方彤关于宝山区法院的基本情况以及积极稳妥推进司法改革试点工作的有关内容的介绍。辜胜阻就司法体制改革有关问题与对方进行了深入交流，并指出，司法改革后，法官的权力会更大，但是责任也会更多，所以对法官提出了更高的要求。在沪期间，辜胜阻还出席了首届中国大学智库论坛开幕式并作了题为“依宪治国下的政治文明与法治经济”的主题演讲。辜胜阻指出：四中全会开启了我国依法治国的新时代。依宪治国是依法治国的基石，是一场深刻的政治体制改革。依宪治国，首先要保障宪法规定的民权和人权；市场经济本质是法治经济，经济治理最重要的则是保护产权，核心是处理好政府和市场的关系，依法放开市场“无形之手”，管住政府“有形之手”。

12 月 8 日至 9 日，2014 年民建省级组织反映社情民意信息工作人员培训班在京举办，民建中央副主席辜胜阻出席培训班，并就参政议政工作作了专题辅导报告。辜胜阻围绕参政议政职能与平台、围绕城镇化参政议政、实体经济—小微企业—金融改革、新常态下明年参政议政工作、党派发展规律与参政议政等五个方面，结合自己多年调查研究实际和参政议政工作体会，谈了对参政议政工作的认识和看法，并对做好今后参政议政工作提出了明确要求。

12 月 9 日，民建中央副主席辜胜阻就组织建设工作和城市发展模式赴山东临沂调研。辜胜阻走访了民建临沂市委机关，看望了民建临沂市委班子成员、机关干部、部分企业家代表，召开了组织建设工作和城市发展模式座谈会。座谈会上，辜胜阻首先向市政府有关委办局的负责同志听取了临沂城市发展的规划，总结了临沂城市发展的经验，探讨了临沂城市发展的方向。辜胜阻说，一个城市的发展前进必须要保持自身特色，临沂一定要利用好先天优势和后天优势，先天优势就是丰富的水资源，城市发展不能离开水；后天优势就是深厚的历史文化传统和发达的商贸物流网络。临沂城市发展要在充分利用优势的基础上，进一步转型升级，努力推动信息化、专业化、国际化，要积极与互联网对接，勇于迎接电商挑战，形成网上网下互动的良好态势。同时，政府要加强行政规划，要与企业联手研究小微企业融资成本高、企业用工成本大、防止实体经济空心化、提高政策落地实效等问题。座谈会上，辜胜阻对民建临沂市委围绕中心、服务大局，积极参政议政，加强组织建设，坚持开展"民建爱心厨房"社会服务等工作给予了充分肯定，并希望民建临沂市委在民建山东省委和中共临沂市委的支持和关心下，进一步做好组织建设，努力搞好参政议政，引导会员围绕临沂城市发展积极建言献策，作出新的贡献。调研过程中，辜胜阻还参观了临沂市规划馆、金兰现代物流和会员企业——翔宇实业集团。9日上午调研前，辜胜阻应邀出席了民建青岛地方组织成立60周年纪念大会，并为纪念民建青岛地方组织成立60周年艺术作品和图片展揭幕剪彩。

12月16日，全国政协人口资源环境委员会重点区域大气污染综合防治调研组在京与北京市政府有关部门进行了座谈。全国政协副主席、民建中央常务副主席马培华出席座谈会并讲话。马培华说，目前，北京大气污染综合防治取得明显进展，这得益于各级领导的高度重视，得益于各个方面的协力支持，也得益于发挥科技作用、厘清了大气污染的成因与来源。当下，要进一步在全社会的层面提高对大气污染的认识，让全民意识到这是一项需要大家共同参与治理的工作，进一步理解并主动参与防范大气污染的工作。未来应积极响应老百姓的呼声，突出重点，加大力度，加快北京空气治理的进程。马培华就加强北京市大气污染综合防治工作提出两项建议。一是要着力机动车尾气污染治理，加大交通堵点治理，增强公共交通效能，加大城市圈地铁密度，创造新能源汽车良好应用环境并加快新能源汽车的应用。二是要继续改善燃煤污染，要充分认识散煤污染的危害性，着重治理散烧煤，积极推动集中发电、集中供热；要从气源结构、国内外产地等多个方面拓展气源，继续推进煤改气工作；要在工业园区、远郊区县等加大新能源利用力度，发展特高压，充分利用周边地区的风能、太阳能等清洁能源，从源头上减少污染。座谈会由北京市政协副主席赵文芝主持。

12月16日中午，民建中央经济委员会在京召开主任会议，民建中央副主席辜胜阻出席会议并讲话。辜胜阻充分肯定了经济委员会今年的工作，并对明年的工作提出要求。辜胜阻说，经济委员会今年的活动除顺利完成经济形势报告、课题调研等"规定动作"外，还紧密结合地方经济发展需求，充分发挥自身优势和特色，与地方政府和地方民建组织联合，先后在湖北武汉、广东东莞举办了"科技金融发展研讨会""民营经济转型升级暨东莞民营资本投入实体经济研讨会"，为地方经济发展出谋划策、献计出力，取得了很好的效果。辜胜阻指出，明年经济委员会的工作仍然要遵循务实有效的原则，群策群力，精心安排，统筹搞好全体会议、课题调研、主题研讨等活动，把专委会的工作做得更扎实、更有效、更有吸引力。会议由经济委员会主任白重恩主持。

12月19日上午，民建中央主席陈昌智在会中央机关会见最高人民法院党组书记、院长周强一行并进行座谈。民建中央常务副主席马培华，民建中央副主席张少琴、辜胜阻出席座谈会。陈昌智对周强一行来访表示热烈欢迎，对最高人民法院长期以来对民建中央工作的支持表示感谢。他说，今年以来，最高人民法院积极推进司法体制改革，不断创新完善工作机制，着力解决影响司法公正、制约司法能力的深层次问题，各项工作取得明显成效，特别是工作方法有很多创新，着力解决新形势下一些突出问题，对经济发展和社会稳定起到很好的保障作用,人民群众对法院工作的满意度越来越高。陈昌智指出，最高人民法院重视与民建中央的沟通和交流，每年召开座谈会通报法院工作情况，就一些法律法规修改征求民建中央意见，办公厅监督办及各级法院为民建的调研活动提供大力支持等。陈昌智对最高人民法院今后工作提出两点建议：一是积极推进司法体制改革，按照中共十八届三中、四中全会提出的目标任务，正确把握改革方向、目标和原则，加快建设公正高效权威的社会主义司法制度。二是加强自身建设，不断提高法院法官的政治素质和业务素质，进一步提升司法能力和水平。陈昌智还就入罪量化标准、法官队伍流失、法院案多人少等问题，同周强院长进行了交流和探讨。最后，陈昌智就双方加强联系合作、定期反馈情况、开展联合调研、民建人才培养等提出建议。

12 月 20 日，由华南理工大学主办、南方日报协办的“2014 中国广州·小谷围（岛）金融论坛”在华南理工大学大学城校区召开。民建中央副主席辜胜阻、宋海、周汉民出席论坛。辜胜阻在演讲中指出，深化金融改革，调整金融结构，要构建多层次的市场体系、多样化的组织体系和立体化的服务体系，大力发展科技金融、草根金融、互联网金融、面向中小微创业创新的政策性金融，显著提升直接融资的比重，完善多层次的正金字塔式的资本市场体系。宋海在致辞时指出，金融业只有全面推广和深入发展产融协同，才能实现金融资源按市场和实体经济需求合理配置。未来金融改革的方向集中在多层次、多元化金融机构加快发展，多层次资本市场体系进一步完善，以及保险市场保障作用得到充分发挥等方面。周汉民以“上海自贸区金融改革要进一步突破”为题作了主题演讲。

12 月 25 日上午，民建中央副主席宋海赴成都出席民建四川省委领导班子谈心会并作重要讲话，民建四川省委主委陈文华主持会议。宋海充分肯定了民建省委工作，他指出 2014 年民建省委团结带领全省各级组织和广大会员，认真贯彻落实民建中央和中共四川省委的工作部署，深入学习贯彻中共十八大，十八届三中、四中全会精神，着力加强思想教育，全面推进组织建设，充分履行参政党职能，紧紧围绕四川经济社会发展的大局，振奋精神、扎实工作、献计出力，各项工作保持了良好的发展势头。

二、参政议政

2014 年，民建各级组织认真学习贯彻中共十八大和十八届三中、四中全会精神，充分发挥密切联系经济界的特色和优势，不断探索工作思路，研究完善工作机制，在参与政治协商、组织课题研究等工作中有亮点、有实效，取得了参政议政工作的新成果。

（一）积极参与政治协商

民建中央领导同志在中共中央和国务院召开的政府工作报告征求意见座谈会、上半年和全年经济形势分析座谈会、十八届四中全会《决定》征求意见座谈会等高层协商中，代表民建围绕全面深化改革、依法治国和经济社会发展的重大问题，就发挥人大立法引导作用、推进依法行政、化解产能过剩、加强政府性债务管理、防范和化解金融风险等方面，提出改进工作的措施建议，受到中共中央领导同志的重视。

2月10日，国务院总理李克强在北京中南海主持召开座谈会，听取各民主党派中央、全国工商联负责人和无党派人士代表对《政府工作报告（征求意见稿）》的意见和建议。民建中央主席陈昌智出席座谈会并发言。发言围绕充分发挥市场作用化解过剩产能，对政府性债务要分类施治、加强管理等问题提出了具体建议。

7月29日，中共中央总书记习近平在中南海主持召开党外人士座谈会，就当前经济形势和下半年经济工作听取各民主党派中央、全国工商联负责人和无党派人士代表的意见和建议。民建中央主席陈昌智出席座谈会并发言。发言围绕防范和化解金融风险、进一步规范和发展互联网金融、银行减息支持实体经济和推动证券市场健康发展等问题提出了具体建议。

8月19日，中共中央总书记习近平在中南海主持召开党外人士座谈会，就中共中央关于全面推进依法治国若干重大问题的决定听取各民主党派中央、全国工商联领导人和无党派人士的意见和建议。民建中央主席陈昌智出席座谈会并发言。发言围绕完善宪法监督制度，保障宪法贯彻实施、进一步强化人民代表大会的监督作用、坚持依法行政，增强政府公信力、严格司法，维护社会公平正义等问题提出了具体的建议。

12月1日，中共中央总书记习近平在主持中南海召开党外人士座谈会，就今年经济形势和明年经济工作听取各民主党派中央、全国工商联负责人和无党派人士代表的意见和建议。民建中央主席陈昌智出席座谈会并发言。发言围绕进一步有效降低实体经济和小微企业的融资成本、继续解决好能源资源环境问题、大力推动我国农业水资源高效利用等问题提出了具体建议。

（二）在全国政协会议上的提案和发言

1. 全国政协十二届二次会议

在2013年民建中央重点专题报告、专委会课题报告以及省级组织春秋季成果征选材料的基础上，经过认真分析、加工转化，以及专家论证，最后经主席、各位副主席认真审阅、亲自修改，主席办公会研究讨论，完成了民建中央向全国政协十二届二次会议提交的5件大会发言和40件政协提案。其中《关于推进“丝绸之路经济带”建设的提案》被列入全国政协专题调研提案，《关于大力发展环保产业的提案》、《关于大力发展养老服务业，应对人口老龄化的提案》、《关于积极稳妥推进新型城镇化，实现城镇化健康发展的提案》、《关于建立京津冀协作联动机制，强力推进京津冀大气污染治理的提案》4件提案被选入《重点提案摘报》。

会议期间，民建组委员共进行了9场小组讨论，围绕政府工作报告、政协常委会工作报告、提案工作情况报告、计划和预算报告、“两高”工作报告，以及人民政协工作等畅谈了体会和感受，并提出了许多建设性意见。3月7日上午，全国政协副主席、中国人民银行行长周小川，全国政协副秘书长刘家强，公安部副部长黄明，中国保监会副主席黄洪和国家统计局副局长谢鸿光出席全国政协民建界别联组会讨论，周汉民、白重恩等委员就目前国家经济形势和金融改革等话题发言。

会议期间，民建还组织召开了两场媒体见面会，就民建中央提交提案的情况进行了通报；参加了全国政协化解产能过剩提案办理协商会，就化解产能过剩问题与国家部委有关负责同志和部分全国政协委员进行交流探讨；接受《中央电视台》、《人民日报》、《人民政协报》等新闻媒体，对民建中央提案采访约 20 余人次。两会结束后，做好提案答复的来电、来信和来访联系沟通工作。截至 2014 年底，已经有 37 件提案收到财政部、农业部等 16 个承办单位的提案办理答复。

2. 全国政协常委会和专题协商会

民建中央领导同志参加全国政协十二届第六、七、八次常委会，分别作了题为《健全体制机制，推进作风建设常态有效》、《贯彻落实依法行政，加快建设法治政府》的口头发言和《重视投资效率下降问题，让市场在资本配置中发挥决定性作用》、《维护宪法权威，全面推进依宪治国》的书面发言。

民建中央领导同志参加全国政协专题协商会，分别作了《建设现代职业教育体系，必须突破四大瓶颈制约》的口头发言和《整合相关资源，促进中西部农村基层基本公共文化服务均等化、标准化》的书面发言。

3. 双周协商座谈会

十二届全国政协发扬优良传统，不断开拓创新，重启双周协商座谈会制度。自 2013 年 10 月 22 日起，每两周举行一次，邀请各界别委员主要是民主党派成员、无党派人士座谈交流、讨论交锋，并将记录递交决策者。民建中央非常重视政协双周协商座谈会，结合工作及调研实际，积极参加座谈，建真言、献实策。2014 年 1 月 9 日，全国政协召开第六次双周协商座谈会，围绕“核电和清洁能源发展”建言。该次座谈会由民建中央、全国政协经济委员会联合组织，全国政协副主席、民建中央常务副主席马培华在会上作了题为“大力发展清洁能源，促进城乡环境保护”的发言。民建中央副主席辜胜阻参加了第十次、第十七次、第二十二次双周协商座谈会并分别作了题为“行政司法管辖制度亟需与行政区划相分离”、“让能源合作成为丝绸之路经济带的最大引擎”、“中小微企业创新亟需缓解融资困境”的发言，民建中央副主席吴晓青参加了第五次双周协商座谈会并作了题为“加强汽车尾气治理，减少城市大气污染”的发言，民建中央副主席李谠参加了第二十次双周协商座谈会就“利用水泥窑协同处置垃圾废弃物”问题提出意见建议。民建界别的全国政协委员孙太利、刘炳江、施耀忠、谢商华、宁崇瑞、秦博勇、钱学明、李心、黄泽民、武鸿霖、高云龙、孙太利、孙宝启、龚立群、万安培等分别参加了有关主题的双周协商座谈会并发言。8 月份，民建中央调研部根据参加政协双周协商座谈会的情况，撰写了“开创社会主义协商民主的新格局”宣传稿件，在《中国政协》第 18 期第二版选登。

（三）与政府部门、国家部委和司法机关开展联系合作情况

1. 与科技部共同举办中国风险投资论坛

6 月 13 日，由民建中央、科学技术部、广东省人民政府和深圳市人民政府共同主办

的 2014（第十六届）中国风险投资论坛在深圳隆重召开。民建中央主席陈昌智，全国政协副主席、科技部部长万钢出席开幕式并发表主旨演讲。民建中央副主席陈政立出席开幕式、民建中央副主席辜胜阻作了高层论坛演讲、民建中央副主席宋海主持主旨演讲。深圳市委副书记、市长许勤出席开幕式并致辞。“2014（第十六届）中国风险投资论坛”在民建各级组织的重视和推动下，会员参与积极性很高。参加此次论坛的民建会员达到 190 人，多个省级组织主委出席论坛，其中 3 家会员企业进行项目路演。

2. 与工业和信息化部联合主办中国（宁夏）非公有制经济发展论坛

9 月 18 日，中国（宁夏）非公有制经济发展论坛在宁夏银川召开。民建中央主席陈昌智出席开幕式并作主旨演讲，宁夏回族自治区党委书记李建华，自治区主席刘慧，自治区政协主席齐同生，工业和信息化部党组成员、总工程师朱宏任等领导出席了开幕式。论坛由民建中央、工业和信息化部、宁夏区政府联合主办，北京、上海等 34 个代表团 800 多名嘉宾参加了本届论坛。论坛会上，民建中央、国家工业和信息化部、宁夏回族自治区人民政府、中央党校、清华大学、北京金和软件公司等部门领导和专家学者、企业家在会上作了专题演讲，为非公有制经济发展把脉问诊，建言献策。民建中央副主席张少琴出席论坛并主持主题演讲，民建中央副主席辜胜阻出席论坛并演讲，民建中央副主席周汉民出席了论坛开幕式。会上，宁夏还专门筛选出签约项目 41 个，供参会企业家选择合作签约。经过对接和选择，本次论坛会上共签约各种项目 41 个，签约金额达 409.4 亿元。其中，合同项目 21 个，投资额 133 亿元；协议项目 20 个，投资额 276.4 亿元。整个签约项目涉及能源化工、新材料、装备制造业、文化卫生旅游、农副产品加工等。

3. 加强与司法部门的联系沟通

1 月 10 日上午，最高人民检察院召开各民主党派中央、全国工商联和无党派人士民主监督座谈会。监察部副部长、民建中央副主席郝明金出席座谈会，并就检察院工作提出建议。结合在监察部的工作和在民建系统对检察工作的调研，郝明金提出三条主要建议：一是在认真学习贯彻三中全会决定精神过程中，进一步推进检务公开。二是进一步完善人民监督员制度，正视和解决人民监督员在顶层设计和运行机制中存在的法律层级低，作用不明显等问题。三是进一步加强检察机关自身建设，扩大干部任职交流。

1 月 21 日下午，最高人民法院召开党外人士座谈会，听取对 2014 年法院工作的意见和建议。民建中央副主席辜胜阻出席会议并作发言。辜胜阻对最高人民法院的工作给予了肯定，并表示，在两会前夕召开这样的座谈会有多重意义，一是为民主党派履行民主监督职能提供了机会，二是通过座谈会来通报工作情况，这样两会期间最高法报告工作时，与会者大多要参加全国两会，可以在审议报告时做一些解释工作，三是与会者是各民主党派中央、工商联以及无党派有关同志，更好地体现了我们多党合作的格局。辜胜阻结合此前开展的一系列调研工作，就人民法院工作提出了以下建议：一是大力推动司法体制改革。二是加强法官队伍建设。三是进一步加强司法公信建设，处理好信访和司法的关系。此外，辜胜阻还就优化考核标准、对诉讼费用问题进行调研、规范调解工作、进一步重视在人民法院工作的党外人士等提出了具体建议。

12 月 19 日上午，民建中央主席陈昌智在民建中央机关会见最高人民法院党组书记、院长周强一行并进行座谈。民建中央常务副主席马培华，民建中央副主席张少琴、辜胜阻出席座谈会。陈昌智对最高人民法院长期以来对民建中央工作的支持表示感谢。陈昌智指出，最高人民法院重视与民建中央的沟通和交流，每年召开座谈会通报法院工作情况，就一些法律法规修改征求民建中央意见，办公厅监督办及各级法院为民建的调研活动提供大力支持等。周强简要介绍了民建会员在各级法院的任职情况和近两年民建中央提案的办理情况，通报了最高人民法院 2014 年的工作情况。周强赞成民建中央和最高人民法院进一步加强合作的建议，希望民建中央在司法改革进程中继续支持和监督最高人民法院的工作。最高人民法院党组副书记、副院长江必新等参加会见。

（四）围绕重点专题，开展调研活动

围绕民建中央年初确定的五个重点调研专题，在主席、副主席亲自领导下，分别确定工作计划、调研方案，组建专家队伍、开展不同形式的调研和座谈活动。重点专题确定后，民建中央调研部还向民建各省级组织、各位中央委员发出了《关于做好会中央五个重点专题调研工作的通知》，各省级组织与部分中央委员选择了相关课题参与，提供了一些调研参考素材。

1. 党派大调研，“加大改革力度，建立解决产能过剩的长效机制”重点专题。该专题作为年度党派大调研的课题，由民建中央主席陈昌智负责。3 月下旬，陈昌智在北京主持召开专题开题会，分析研究了我国产能过剩的总体情况，国家发改委、工信部有关司局的负责同志，民建部分会员专家参加座谈。3 月底至 4 月中旬，课题组分别赴山东、河北开展调研，先后在 7 个城市召开了 12 场座谈会，听取了 2 个省、7 个市、4 个县级政府部门的情况介绍，实地考察了 12 家企业和园区，与 58 家企业进行了座谈。与此同时，民建广东、江苏、河南、上海等省级组织就当地产能过剩情况进行了调研，为专题组提供了丰富的调研素材。在此基础上形成了《加大改革力度，建立解决产能过剩的长效机制》的调研报告，经中央统战部报送中共中央、国务院后，得到了李克强总理和张高丽、马凯副总理的批示。此外，专题调研还为民建界别的全国政协委员秦博勇、钱学明出席全国政协第十二次双周协商座谈会“化解过剩产能过程中需关注和解决的问题”提供了发言素材。

2. “大力推动农业水资源高效利用，促进干旱半干旱地区农村可持续发展”重点专题。该专题由民建常务副主席马培华负责，3 月份召开课题开题会，商讨专题的研究重点以及调研方案，并决定与水利部开展联合调研。5—7 月份，专题调研组先后赴河北、新疆、辽宁、内蒙古等地调研，实地考察了 4 省 11 个地市的水源保护工程、高效节水项目、节水农业示范区和水权交易中心等，听取了有关部门关于农业水资源高效利用及干旱半干旱农牧区可持续发展方面的情况介绍，深入了解了农业水资源开发利用、农业节水灌溉、水资源开发保护及综合治理等情况。同时，民建地方组织还对黑龙江、青海等地农业水资源利用情况进行调研，为本报告提供了有力的支撑材料。在此基础上形成了《大力推动干旱半干旱地区农业水资源高效利用》的调研报告，经中央统战部转呈国务院后，得到了李克强总理、汪洋副总理的批示。

3. “职业教育发展问题研究”重点专题。该专题由民建中央副主席张少琴负责，课题组 4 月下旬召开调研开题会，制定了工作方案和调研计划，明确了课题组成员分工。5 月份，课题组各位成员按照分工在当地进行调研，收集、汇总基础性材料。6月初，根据调研情况，课题组为会中央领导参加全国政协“深化产教融合、校企合作，加快现代职业教育体系建设”专题协商会提供了发言材料。6月至9月，课题组先后赴重庆、江苏、甘肃等地开展调研，同当地省、市政府相关部门及职业院校、行业企业等代表召开了一系列座谈会，实地考察了重庆、南京、淮安、兰州等地9所职业教育学校的改革及发展情况。10月份，经过反复修改和论证，形成了《关于推进我国现代职业教育发展问题的调研报告》。11月份，调研报告通过中共中央统战部转呈国务院后，分别得到刘延东、马凯同志的批示和高度评价。

4.“民间资本及民间投融资问题研究”重点专题。该专题由民建中央副主席辜胜阻负责，课题组先后赴北京、山东、河北、黑龙江、湖南、辽宁、湖北、四川、广东、广西、浙江、内蒙古、宁夏、上海、江苏等15个省（区）市进行了调查研究，召开了数十场座谈会，听取了几百名企业家、专家和职能部门业内人士的意见，实地考察了80多家小微企业，同时还对国外中小微企业融资政策进行了研究。在以上广泛调研基础上，最终形成了《关于巩固实体经济坚实基础，缓解小微企业融资贵的十条政策建议》的调研报告。专题调研取得了较好效果，在中共中央召开的两次经济形势分析党外人士座谈会上，该报告中的相关建议被吸纳进民建中央的发言；在俞正声主持召开的全国政协第十七次、第二十二次双周协商座谈会上，辜胜阻副主席结合专题调研成果就“巩固实体经济基础，促进小微企业发展”作了专题发言。

5.“互联网金融监管问题研究”重点专题。该专题由民建中央副主席宋海负责，课题组确定了工作计划、调研方案，组建了专家队伍。6月份，课题组分别赴广东、浙江、上海、北京进行了调研，先后考察了腾讯、腾邦、阿里巴巴、汇添富基金、东方财富网和京东集团，与四省市人民银行、银监局、金融办等进行了座谈。同时，课题组还在上海专门召开了互联网金融企业家代表座谈会，在北京专门听取了百度公司的情况介绍，并组织了由政协报、财金委和民建北京市委共同举办的互联网金融沙龙。通过深入、细致的调研，最终形成了《关于进一步规范与发展我国互联网金融的调查报告》。此外，专题调研还为会中央领导出席半年经济形势党外人士座谈会、中国金融论坛2014东北分论坛等提供了发言素材。

（五）开展应急研究情况

为深入了解当前扶贫工作的进展，提高扶贫工作的精准性和有效性，民建中央副主席辜胜阻今年将农村扶贫开发作为民建中央调研课题之一。7至8月份，调研组先后到武陵山湖南、湖北片区等多地开展调研，实地走访部分贫困户和特困家庭，考察当地产业扶贫现状和农村基础设施建设情况，听取当地政府扶贫工作情况汇报，并与当地干部群众就扶贫问题进行深入探讨。8至9月份，调研组分别到国务院扶贫办和湖北省扶贫办调研走访，全面了解扶贫开发工作情况，并就推进扶贫立法、处理好区域发展与精准扶贫关系、推进贫困地区城镇化进程、加大扶贫资金投入等问题，与两单位负责人及相关部门同志进行交流和探讨。与此同时，湖北恩施、来凤两地扶贫部门也为专题调研提供了大量基础素材。在此基础上，形成了《深化改革，创新机制，提高扶贫工作的精准性和有效性》的调研报告。在调研报告征求意见过程中，民建中央原第一副主席张榕明、国务院扶贫办及民建湖南、湖北两省级组织提出了很多中肯的建议。

（六）反映社情民意

做好社情民意的日常编辑、报送，来稿、采稿的登记、统计、分析，以及定期通报、反馈等工作。今年，为提高民建省级组织及民建中央各专门委员会反映社情民意信息工作的积极性，在民建中央社情民意工作表彰及稿费预算增加基础上，相应对民建中央采用社情民意信息稿费标准及表彰奖励进行了提高，受到了民建省级组织及会中央各专门委员会的一致好评。截至11月底，共收到民建中央专门委员会及地方各级组织的社情民意信息来稿3406篇，编辑并向全国政协报送534期，被全国政协采用44期。加强同全国政协信息局的联系沟通，并做好对地方组织的社情民意信息辅导工作。一是7月3日由民建中央调研部到全国政协信息局走访并汇报社情民意信息工作，二是9月5日全国政协信息局到民建中央走访调研信息工作并给予指导，三是派人赴贵州、北京、福建、湖南、山西、河南等地开展社情民意信息辅导，四是12月8—9日召开民建省级组织反映社情民意信息工作人员培训班，第一次将培训范围扩大到省会城市和计划单列市，对信息采编工作进行专题培训，研讨加强和改进信息工作的措施和办法。其中，河南财经政法大学财政金融学院副院长王桂堂反映的《政策冲突导致农村金融机构通过正常途径核销呆账难》经《政协信息专报》报送后，收到国家税务总局办理意见复函。

（七）开展民主监督

认真履行民主监督职能。民建中央领导同志在调研中注意发现问题，分析问题，并在协商会上坦诚指出当前经济社会发展中存在的突出问题，将民主监督寓于参政议政中。民建中央领导同志参加最高法、最高检举行的民主监督座谈会，对改进工作提出建议，其中关于“区分调解案件类型”和“加强法官职业待遇与职业保障”的建议受到最高法的重视，以领导致函的方式给予充分肯定。担任各级人大代表、政协委员的会员积极提交议案、提案，踊跃参加人大开展的执法检查活动、政协组织的委员视察活动。担任各级司法机关和政府部门特邀（约）职务的会员，忠于职守，认真履行监督职责。

（八）发挥专委会的独特作用

做好专门委员会工作，发挥专委会的独特作用。民建中央根据工作需要，对12个中央专门委员会增补84名委员，增加参政议政骨干力量。各专门委员会及时召开主任会议、全体会议，研究工作，部署任务，提出要求，落实责任，年度共向会中央提交调研报告118篇、社情民意信息238篇。经济委员会、财政金融委员会、企业委员会、能源与资源环境委员会在深入调研基础上，分别向十届八次中常委会提交关于经济形势的分析报告，并在会议上作发言。

三、社会服务

2014年，民建中央深入贯彻落实中共十八届三中、四中全会精神，以同心思想为引领，紧紧围绕党和国家的改革发展总基调，发挥优势突出特色，开拓创新，埋头苦干，扎实有效地推动社会服务工作顺利开展，并取得了令人欣喜的成效。

（一）贯彻落实习近平总书记关于毕节试验区的重要批示精神，全力做好定点扶贫工作

2014年5月15日，习近平总书记对毕节试验区工作作出200多字的重要批示，批示充分肯定了各民主党派中央、全国工商联助推毕节地区发展的显著成绩及重要意义，指明了下一步帮扶工作目标方向。为贯彻落实习总书记重要批示精神，民建中央加大了对黔西县的帮扶工作力度，推动地方改革发展再上新台阶。

1. 组织“百企黔西行”活动，助推黔西再发展。为贯彻落实总书记重要批示精神和民建东部十省市组织对口帮扶黔西县第二次联席会议精神，组织东部十省市的近百位会员企业家开展“百企黔西行”活动，考察黔西投资环境和发展空间，与黔西县的非公有企业围绕产业升级、市场拓展结成帮扶对子。19家民建会员企业与黔西当地企业达成了结对帮扶的意向，并现场签订了结对帮扶协议。10月16日，民建中央在黔西县组织召开金融创新与黔西县县域经济发展座谈会。武汉大学中国金融工程与风险管理研究中心主任、经济与管理学院副院长叶永刚就金融服务与综合扶贫开发等问题与黔西县相关部门进行了座谈，为黔西经济发展支招。

2. 加强人才培训，为帮扶县后发赶超提供人才支撑。继续实施了黔西县千名乡村骨干教师第三期培训计划，分别由民建江苏省委和民建上海市委承办，培训了300名来自黔西县、黔西南州、丰宁县的乡村教师。继续在黔西县和丰宁县实施百名农村致富带头人、百名乡村医生培训，共培训各类人才715名。为总结培训工作经验，研究今后培训计划，民建中央社会服务部主持召开了由乡村骨干教师和乡村医生代表及黔西县教育局、卫生局领导参加的座谈会，听取了教师代表和村医代表的培训感受和对今后培训工作的意见建议。经过此次座谈，一方面肯定了培训工作的显著效果，同时征集到了完善今后智力支持的工作建议。

3. 坚持以人为本，解决重点民生问题和扶贫济困，民生改善赢得赞誉。解决帮扶县群众看病难问题，分别在黔西县、丰宁县援建村卫生室各10所。为黔西县援建图书室7个，购买图书共计5000册、书架14个、电脑14台、多媒体教学设备一套，改善了当地教学环境。在黔西县和丰宁县开展送医下乡活动，为400名群众免费义诊。援建黔西县协和镇“同心·思源”小水窖30口，今年6月全部完工，8月5日通过验收，现已投入使用，解决了120余人的饮水困难。援建协和镇杨柳社区思源抗旱水源井工程，总投资33.41万元，使周边7000人用上了自来水，并可在旱灾期间作为临时应急供水点，彻底结束了周边村民饮水依靠人背马驮、政府水车送水的历史。协调民建东部十省市组织捐资30万元建设驮煤河生态移民小区老年活动中心。向黔西捐赠救护车24台，加上以前捐赠的5台，使该县29个乡镇（办事处）医院实现了医疗救护车全覆盖，成为全国率先达到平均3万

人配置一辆救护车的县区之一。为使农村孩子们通过仪器就能录入自己的影像、提取在外务工父母的视频，增加与父母的感情沟通，协调民建会员企业向黔西县捐赠了5台“想妈妈”服务终端设备。

4. 扶持发展特色优势产业，变输血式扶贫为造血式扶贫，农民增收明显。组织调研组赴黔西实地考察2014年种植增收项目实施情况，查看了高粱、生姜、樱桃等作物的长势情况，分析种植项目存在的问题，提出发展特色优势产业的对策建议。主抓特色产业，进一步推动扶贫县经济结构调整和农民增收。扶持扩大发展特色产业，继续建设好黑莓、高粱、鲜姜等经济作物，资助种植高粱5000亩，种植生姜100亩，黑莓100亩。今年雨水充沛，高粱、生姜大丰收，预计协和镇高粱产值1000万元，新仁乡生姜产值150万元。扶持丰宁有机蔬菜规模发展，支持丰宁发展沙产业和林下经济。扶持会员企业丰大农业发展有限公司在丰宁县天桥镇前沟门村发展有机蔬菜大棚，现共建设蔬菜基地300亩，帮助协调在京建立蔬菜销售点17个。今年5月，组织专家及会员企业家前往丰大农业有机蔬菜基地考察，为蔬菜基地的发展出谋划策。

（二）发挥优势，搭建平台，实现服务会员企业与服务地方经济发展相结合

2014年服务会员企业工作最大的特点是，将服务会员企业工作与促进地方经济发展结合起来，实现会员企业与地方经济发展双赢。

1. 助力西部经济转型升级，成功举办2014’中国（宁夏）非公有制经济发展论坛。为助推丝绸之路经济带建设，2014年非公论坛在宁夏银川举办。论坛筹备期间，相继完成主题选定、邀请嘉宾、论文征集评审、组织参会等工作，并与宁夏区政府、工信部多次沟通协调筹备细节。9月18日至19日，2014’中国（宁夏）非公有制经济发展论坛在银川成功举办，本次论坛以“全面深化改革，激发非公经济活力，促进西部经济转型升级”为主题，民建中央陈昌智出席论坛并作主题演讲，宁夏自治区党委书记李建华出席开幕式，自治区主席刘慧在开幕式上致辞，工信部领导、自治区政府领导、国内著名经济学家和企业家先后作主题演讲，涉及十八届三中全会、小微企业融资、移动互联网时代营销、企业管理等主题，为非公有制经济发展及宁夏改革发展把脉问诊，建言献策，会员企业家和宁夏自治区内企业家及有关部门负责人、新闻媒体共800多人参加论坛。本届论坛共征集论文34篇，签约项目41个，签约金额409.4亿元。其中，合同项目21个，投资额133亿元；协议项目20个，投资额276.4亿元。签约项目涉及能源化工、新材料、装备制造业、文化卫生旅游、农副产品加工等领域。

2. 搭建交流平台，服务会员企业。为解决企业融资难问题，赴天津等地开展会员投融资调研，了解会员企业投融资情况，3月27日，民建中央社会服务部在京组织召开了投融资企业经验交流会。参会的投融资企业家就如何做好融资担保机构，缓解中小企业融资难等问题介绍了自己的做法，分享了各自的经验，为化解投融资难问题提供了借鉴和启示。为了更深入了解会员企业发展所面临的问题和困难，社会服务部与中国经济时报社继续联合举办“非公经济前沿圆桌会议”，先后在内蒙古、广西、广东召开非公经济发展圆桌会议，会议围绕当前非公经济发展问题及举办地改革发展热点问题开展讨论，探求破解之道，搭建会员企业交流发展新平台，扩大会员横向交流。以企业委员会为载体，组织会内197位优秀企业家成立制造业、物流、旅游、IT、房地产五个专业小组，并分别在贵州安顺、山东德州、北京、宁夏银川、广东召开成立会议，为同行业的会员企业家打造交流沟通平台，同时也为举办地招商引资提供了服务。

3. 搭建投资平台，服务地方经济发展。为助推丝绸之路经济带建设，组织100多位会员企业家参加甘肃省丝绸之路经济带黄金段项目投资推介会，参加会议的民建会员企业家和专家，群策群力，集思广益，为甘肃研究制定丝绸之路经济带黄金段建设总体方案出谋划策，提出真知灼见，并达成多项投资意向。民建中央和西藏自治区政府在贵州黔西共同主办“西藏自治区招商引资项目推介会”，西藏自治区政府和拉萨市政府有关部门向来自东部十省市的百余位民建会员企业家介绍了招商引资政策和有关项目情况并与企业家现场互动，解答了相关问题。推介会后，民建中央将与西藏自治区政府和有关部门继续合作，在条件成熟时组织民建会员企业家赴西藏进行投资考察，召开招商引资项目签约仪式。协调国家发改委解答山西会员企业投资遇到的政策问题。组织20多位会员企业赴青岛保税港区考察投资环境，为会员企业投资搭建平台。

（三）履行党派社会责任，积极开展抗灾救灾工作

8月3日云南省鲁甸发生6.5级地震，造成重大人员伤亡和财产损失。云南鲁甸地震发生后，民建中央主席陈昌智、常务副主席马培华对灾情高度重视，第一时间致电民建云南省委询问灾情，并就发动全会积极参与抗震救灾工作做出部署，指示社会服务部和基金会了解灾情，全力做好救援和赈灾工作。同时，民建中央向灾区发出慰问信，通过民建云南省委向灾区遇难家属、受灾群众和灾区民建成员表示亲切慰问。

民建中央社会服务部下发了《关于及时报送云南鲁甸地震抗震救灾工作情况的通知》，号召民建组织和会员积极投入抗震救灾，并将工作开展情况及时上报。社会服务部、基金会按照民建中央领导指示，在地震发生当天下午即研究部署救援赈灾工作，迅速启动救灾应急机制。基金会向地震灾区捐赠100万元，用于采购大米、食用油、棉被、毛毯等救灾物资，以保障受灾群众的基本生活。社会服务部和基金会联合组成的抗震救灾工作组于8月4日深夜达到云南灾区，并与民建云南省委一道立即投入救援和赈灾工作，当即成立“思源绿舟联合救援队”，在震后黄金72小时内开展生命救援、搜寻遇难者、医疗诊治、消毒防疫等工作。协调先期捐赠给灾区的3辆救护车深入受灾严重的乡镇，思源救护车共完成100余次急救工作，抢救及转运受伤群众130余人次。云南军区昆明警备司令部、云南省社会组织参与救灾协调服务组等单位称赞“思源工程”和“绿舟应急救援队”是灾区救援及赈灾最及时、最有序、最扎实、最吃苦的社会组织之一。

据中共昭通市统战部反映，民建中央各级组织及基金会是民主党派中赈灾行动最快、赈灾力度最大的单位。据不完全统计，截至8月底，民建全会和基金会共为云南地震灾区捐献款物2172.1万元，其中捐款1111.4万元，捐物价值1060.7万元。

（四）参与集中连片特困地区扶贫攻坚，扩大实施思源教育移民计划

将教育扶贫与集中连片特困地区扶贫攻坚结合起来，继续在武陵山区、大别山区、六盘山区、原中央苏区共12个省（自治区、直辖市）实施“思源教育移民计划”。2014年，

新开设 25 个“思源·教育移民班”，受益学生 1250 人，打造“教育扶贫”新品牌，为集中连片特困地区和革命老区扶贫攻坚作出了积极贡献。

（五）以中华思源工程基金会为平台，思源工程深入开展

截至 2014 年 11 月底，中华思源工程扶贫基金会募集善款 15015.53 万元，再创历史新高；支出 11196.56 万元，受益人群约 100 万人次；新增 5 个专项基金，下设专项基金达 30 个。实施思源救护、思源助学、思源大病救助等 10 个公益项目，其中，思源救护项目捐赠 556 辆救护车，覆盖全国 27 个省（自治区、直辖市）239 个国家级贫困县；思源教育移民项目新开设教育移民班 25 个，受益学生 1250 人，至此全国举办教育移民班达 101 个；思源大病救助项目出资 2074.44 万元，帮助白血病、烧烫伤、听力障碍等数十个病种的患者 900 多名。“思源工程”得到社会广泛认可，2014 芭莎明星慈善夜共募集善款 5131 万元，中央电视台、人民网、新浪网等媒体刊登或转载报道“思源工程”活动和事迹 2000 多篇。基金会再次荣获“中国公益慈善组织信息披露卓越组织”称号，在“中国基金会透明指数”中继续并列第一。

四、联络工作

2014 年，民建中央积极开展对外联络工作，根据自身特色，拓宽工作思路，创新工作形式，圆满完成了各项计划任务。全年共组织环保与资源利用考察团、经济体制改革与中小企业考察团赴欧洲，管理与沟通能力培训班、两岸财金圆桌论坛代表团赴台湾，4 个出访团组，50 人次；接待台湾世新大学访问团、台湾一国两制协会访问团、台湾柯蔡宗亲会访问团、香港爱心家庭访问团、香港教育工作者联会访问团等 5 个来访团组，100 多人次；与台湾世新大学在大连主办第 16 次系列研讨会暨两岸文化创意产业发展与合作研讨会；在京成功举办两次台湾民用消费品推介会；民建中央主席陈昌智、副主席辜胜阻在全国两会期间会见了 20 多位港澳代表和委员。

（一）对台工作

1. 延续对台工作品牌，为两岸系列研讨会注入新活力。5 月 24 日，在大连东北财经大学召开第 16 次系列研讨会暨两岸文化创意产业发展与合作研讨会。我们充分调动会内外优质资源，邀请民建中央文化委、外联委专家与台湾知名文创艺术家、学者作主题演讲。外联委、文化委以及民建大连会员 100 多人出席研讨会。会后，参观考察了大连工业大学、辽宁大学、大连东港商业园区等机构。研讨会与外联委全会套开，多家单位参与联办，这种形式充分发挥了各专委会的智力优势，既扩大了影响，提高了层次，又极大调动了委员参会的热情与积极性，为研讨会注入了新的活力。参会委员一致认为，此次专委会会议相比以往，内容更丰富，更有收获。台湾方面也借助此次机会扩大与民建企业家、专家的交流与合作。

2. 围绕中央对台“向南移、向下沉”的工作精神，继续做台湾中南部人士工作。3 月 21 日至 27 日，接待台湾一国两制研究协会台中办事处主任、国民党中央考纪委委员

陈堂立率领的访问团 23 人赴江苏、安徽参访。访问团拜谒了中山陵，参观考察了南京汤山养老院、南京金康天地养护院和安徽科大讯飞语音技术公司。7 月 14 日至 21 日，接待台湾一国两制研究协会理事长蔡武璋率领的台湾柯蔡宗亲会访问团 27 人赴北京、河南参访。台湾柯蔡宗亲总会族群非常庞大，涵盖台湾各行各业，民进党主席蔡英文已加入该会。此访团员来自台湾 21 个县市的宗亲会负责人。民建中央主席陈昌智、副主席王永庆，国台办张志军主任等领导接见。访问团还赴河南省上蔡县举行祭祖活动，参访开封、新密、郑州等地民建会员高新技术企业。两次接待的团组成员大多来自台湾中南部基层，具有广泛的代表性和影响力。通过大密度、多人次深入大陆基层实地参访，增进了台湾中南部基层对大陆的全面了解，拉近了两岸基层民众的乡情亲情，有力地推动了我们在台中南部地区的工作。

3. 切实为台湾反独促统力量提供帮助，把两岸产业务实合作作为贯彻落实对台工作的实际行动。6 月 29 日，与台湾一国两制研究协会、民建北京市委在京共同举办台湾民用消费品推介会。13 家台湾民用消费品制造企业负责人与会中央外联委、北京市外联委、企业委、民建西城综六支部等 12 个基层组织的 130 余位我会企业家现场对接，达成采购金额 30 多万元。人民日报海外版、中央人民广播电台、新浪、网易等媒体进行了报道。继首次成功举办后，9 月 18 日，经过民建中央联络部牵线搭桥，北京叶氏企业集团与台湾一国两制研究协会在北京叶青大厦共同主办台湾民用消费品推介会。驻大厦企业代表 100 多人参加开幕式，现场成交金额 40 多万元。

台湾一国两制研究协会是一支重要的反独促统新兴力量，但受资金匮乏的困扰，它的发展壮大亟需破题。通过举办推介会，两岸企业建立了互利双赢的商业模式。这种模式减少了中间环节，打通了联系渠道，既为民建会员企业发展寻找到商机，满足大陆消费者的需求，又让大陆发展的红利惠及到台湾中南部基层和制造企业，这是民建在创新对台工作模式上的一次大胆创新和有益探索。

（二）对港工作

1. 紧跟中央对港工作形势，加大对香港教育界工作力度。8 月初，邀请了由香港人大代表杨耀忠和香港教育工作者联会会长黄均瑜率领的香港教育工作者联会访问团参访四川。香港教联会是香港重要的爱国爱港社团之一，成员大多为中小学校长和教师，具有广泛联系香港青少年的优势。今年，香港形势一改以往平稳局面，围绕 2017 年特首选举政改方案各方博弈。我们密切关注香港政治形势发展东向，紧跟中央对港工作精神，以做香港青少年工作为切入点，邀请香港教联会访问四川，让他们实地感受汶川灾后重建的巨大成就，坚定他们背靠祖国与泛民主派斗争的信心，并且通过他们向广大香港青年学生传播内地繁荣发展的正能量。返港后不久，香港教联会与爱国爱港人士一起广泛组织并发动成员参加了“保普选、反占中”的系列活动。

2. 延续优良传统，结合社会服务工作，持续开展与香港会员会友交往。8 月 17 日至 23 日，接待了由会员黄佩球先生（已故）和会友黄卓生女士两家组成的香港爱心家庭访问团 10 人赴宁夏、内蒙考察。访问团重点考察了宁夏银川市西夏区兴泾镇黄佩球小学和内蒙古武川县唐治安思源小学，向两校分别赠送了新华字典和图书。访问团十分感谢当地民建和政府的辛勤努力，希望能够进一步合作，为祖国的教育事业和民族团结尽绵薄之力。通过此次考察，巩固了与香港会友的传统友谊，拓展了对港工作渠道和联系面，带动了民建各级地方组织的工作。同时，香港爱心人士的到访也对思源学校建设有所促进。学校建校记上铭刻着黄家和唐家人的善举，教导着每个孩子要懂得珍惜、懂得感恩，要学习黄佩球先生、黄卓生女士及其家人的大爱无私，把他们爱国爱民、热心教育事业的精神传承下去。

（三）与国外工商经济界交流工作

1. 9月，民建中央常务副主席马培华率环境保护访问团赴奥地利、匈牙利、波兰进行访问。先后拜访了奥地利农林环保水利部、奥地利环境与科技术协会，匈牙利发展部、布达佩斯技术与经济大学，波兰科学院等政府部门或机构，就资源利用、环境保护、污染治理等方面进行交流探讨，为会员企业“走出去、请进来”创造机会。归国后，访问团形成了有关考察报告，提出了多项切实可行的建议。

2. 11月，民建中央副主席辜胜阻率经济改革与中小企业访问团赴捷克、克罗地亚、土耳其三国进行访问。出访前，辜胜阻逐一拜会了捷克、克罗地亚、土耳其三国驻华大使，为访问圆满成功做好充分准备。访问团拜访了捷克科学院经济研究所、克罗地亚梅吉姆列省工业园、土耳其 AK 银行和实业银行等 30 多家政学商界机构，就中国对外投资与国际经济合作、中小企业投融资、产业技术创新等议题进行交流探讨。访问后，形成了《民建中央关于推进中国对外投资和企业国际化》的政协提案。

3. 寻找商机，为广大会员企业实施走出去战略提供资讯平台。民建中央联络部还依托由民建会员发起成立的、由中欧双边政府共同支持的欧盟项目创新中心，定期将欧盟国家的最新科技合作和贸易需求项目汇总，第一时间分发给对外联络委员会以及感兴趣的会员企业，为他们建立起快速了解欧盟各国贸易、技术供求信息的通道，为会员企业的技术创新与投资转移，建立合作平台牵线搭桥。

4. 民建中央原主席成思危赴俄罗斯等五国参加国际学术交流活动，全面介绍了中国经济发展状况以及推进经济体制转型的新形势。他的出访增进了世界对中国的了解，有助于推动我国与世界各国在经济制度研究、经济发展模式探索等领域的交流，受到热烈欢迎和广泛好评。

五、自身建设

2014 年民建各级组织深入开展坚持和发展中国特色社会主义学习实践活动，着力推进思想建设，巩固基层组织建设成果，认真履行参政党职能，各项工作取得新成效，为促进全面深化改革和经济社会健康发展作出了积极贡献。

（一）深化宣传教育，加强思想建设

1. 深入开展主题教育活动。9月，民建中央召开全国宣传思想工作座谈会，总结近年来全会加强宣传思想工作的成效、交流开展坚持和发展中国特色社会主义学习实践活动

的做法与经验，明确新形势下加强宣传思想工作、深入开展学习实践活动的重点和要求。省级组织积极贯彻落实会议精神，认真学习民建中央领导讲话和工作报告，学习先进经验和做法，加大宣传思想工作力度，推动学习实践活动不断深入。11月，下发《关于学习贯彻中共十八届四中全会精神的通知》，要求各级组织广泛动员，采取多种形式学习会议精神，与学习实践活动有机结合，将广大会员的思想认识统一到中共十八届四中全会精神上来，做建设法治中国的参与者和推动者。继续挖掘会内资源，将冷遹纪念馆、南京民间抗日战争博物馆命名为民建中央爱国主义教育基地，并积极协调启动孙起孟和施复亮故居、胡厥文陈列馆的修复工作。编写《民建史话》、《中国政党制度年鉴（民建篇）》，收集和整理《民建文献片》的补充资料，为开展好学习实践活动提供新史料。

2. 加强学习与调研。民建中央中心学习组全年组织学习8次，采取中心发言、讨论交流等方式，围绕学习贯彻中共十八大、十八届三中和四中全会、习近平总书记系列重要讲话精神，结合履行参政党职能、自身建设实际进行学习和研究，针对工作薄弱环节提出改进思路和举措。9月，召开主席务虚会，专题研究领导班子建设和后备干部队伍建设，认真讨论修改《关于做好2014—2017年省级组织领导班子后备干部队伍建设工作的意见》，并在会后下发。会中央主席和各位副主席按照联系省级组织的分工，分别到23个省（自治区、直辖市）的89个地市进行调研，指导地方组织开展好会务工作。

3. 抓好理论研究。以“履行参政党职能的经验和规律”为主题开展理论研究，全年共收到研究成果360多篇，对优秀研究成果给予表彰和奖励，并推荐给《人民日报》、《中国统一战线》、《团结报》、民建中央网站和《民讯》等会内外媒体刊发。5月和11月，先后两次召开民建中央理论研讨会，就有关参政党建设理论问题进行深入探讨，对开展重点课题研究作出部署，为做好建会70周年的经验总结和理论概括做了有益准备；会议收到91篇研究成果，其中15篇优秀成果在会上作了交流发言。民建中央网站的《理论园地》全年刊登理论文章31篇，《民讯》全年刊登理论文章12篇，促进了理论成果交流。

4. 扩大舆论宣传。一是加强“两会”的新闻宣传。“两会”前夕，召开“民建中央‘两会’参政议政新闻通气会”，《人民日报》、新华社、中央电视台等74家媒体记者参加。“两会”期间，主流新闻媒体直接登载有关民建的报道700多条。民建中央网站开辟“两会”专题，对会议情况和民建参政议政情况进行宣传报道。二是加强参政议政成果的宣传。在《人民日报》、《光明日报》、《经济日报》等刊发介绍民建年度重点调研专题、建言献策重要成果等新闻特写类稿件6篇。三是加强民建中央领导重要言论的宣传报道。在中央主要媒体刊发民建中央7名领导署名文章、采访稿件22篇。四是加强对民建界别政协委员工作成果的宣传报道。《人民日报》刊发14位民建全国政协委员的署名文章18篇，新华社、中新社、中央电视台等媒体对民建政协委员首倡设立南京大屠杀死难者国家公祭日进行报道。五是加强会内媒体建设。民建中央网站完成改版工作，全年收到会内外稿件共计1万多篇，编发7796篇。《民讯》、《经济界》办刊质量进一步提高。

（二）夯实发展基础，推进组织建设

1. 做好组织发展工作。民建中央下发《关于进一步做好组织发展工作的通知》，要求省级组织根据自身发展实际，制定年度组织发展计划，按照组织发展原则正确处理发展

质量与发展速度的关系，严把发展质量关。举办全国省级组织管理信息系统培训班，下发《中国民主建国会组织管理信息系统工作手册》，进一步完善组织管理系统，按照规范化、标准化的要求做好会员情况统计工作。截至 12 月底，民建会员共有 159055 人，平均年龄 50.6 岁，经济界会员占 78.2%；担任各种经济实体的正副董事长、总经理、厂长等高级管理人员 32703 人，占会员总数的 20.6%；专家学者 26353 人，占会员总数的 16.6%；担任政府及司法机关处级以上领导职务的 1844 人，占会员总数的 1.2%。

2. 加强市级组织建设。7 月，召开全国市级组织建设研讨会，总结近年来全国市级组织建设取得的成果，交流经验和做法，分析存在问题，明确新形势下加强市级组织建设的重点和要求。18 个市级组织负责人作大会发言，编发《省级组织材料汇编》、《市级组织材料选编》。会议期间还召开全国组织处长工作会议，对落实研讨会精神进行部署。会后，省、市级组织积极贯彻落实会议精神，认真学习会中央领导讲话和工作报告，学习先进经验和做法，推进市级组织建设。会中央印发会议材料、网站设立会议专栏、《民讯》推出会议专刊，促进了会议精神的贯彻落实。

3. 加大培训工作力度。7 月，为深入贯彻落实全国市级组织建设研讨会精神，民建中央举办全部市级组织专职副主委培训班，着力提升市级组织专职领导干部的履职能力，增强他们的政治责任感和使命感，这是会内培训专职领导干部历史上规模最大的一次。选派 19 名局级干部参加中央统战部组织的学习贯彻习近平总书记系列重要讲话精神轮训班、3 名局级干部参加党外领导干部市场经济研修班、38 名会员骨干参加民主党派干部进修班和培训班。为充分利用地方资源，加大会员骨干培训力度，民建中央分别与各省级组织联合举办学习贯彻中共十八届三中全会和习近平总书记系列重要讲话精神培训班，截至 11 月底，30 个省级组织共举办 35 期、培训 2980 人。11 月召开建华课堂培训工作交流座谈会，积极探索更加切合民建特点的学习培训方式，促进各省级组织做好培训的组织和管理工作。建华课堂覆盖区域不断扩大，目前全国已有 12 个省级组织设立分课堂，全年开展学习培训活动 150 多场，培训会员会友 1.1 万多人次，受到会员会友欢迎。

4. 推进会内监督工作。截至 7 月，民建全国 30 个省级组织全部建立监督委员会，在各民主党派中第一个实现省级组织监督委员会全覆盖，提前三年完成民建十大制定的目标。11 月，召开全国会内监督工作研讨会，民建中央领导出席会议并讲话，会议全面总结六年来开展会内监督工作的成果和经验，明确今后开展工作的思路、方向和重点，对开展好会内监督起到推动作用。召开十届中央监督委员会第三次全体会议，总结和部署工作。中央监督委员会还走访致公党中央，交流经验；加强对地方监督委员会的指导，编印《情况通报》8 期，推广经验，督促工作。

5. 协调解决会员困难或问题。妥善处理来信来访 747 件次，维护会员的合法权益。继续做好原工商业者会员的困难补助工作，加大关怀力度，发放慰问金在去年大幅增长的基础上，今年比去年又增加一倍。

6. 建设和谐机关。民建中央继续落实“八项规定”，改进工作作风，新制定《机关工作人员行为文明规范（试行）》和《公务接待用餐管理办法》，完成民建中央机关公务用车改革，机关工作和管理进一步制度化、规范化，荣获财政部 2013 年度财务决算评比三等奖。选派多名局级、处级和科级干部到基层挂职锻炼，增加基层工作经验，提高工作能力。

举办多场实用性专题知识讲座，组织会务工作者出境学习培训，帮助机关干部进一步更新知识和提高业务素养。机关各部门与所联系的13个基层支部开展学习交流活动23次，促进了机关作风的转变和基层组织参政议政能力的提高，增进了机关与基层组织的了解和沟通。全年接待5批次参加在京各类培训班的400多名会员到民建中央机关参观座谈，热情做好服务工作。

（三）民建组织发展概况

截至2014年12月底，民建共有地方组织378个。其中包括省级组织30个，省辖市级组织292个，县级组织56个。基层组织7038个，其中基层委员会254个，总支531个，支部6253个。全年新入会8948人。会员总数159055人，其中女会员54635人。会员平均年龄50.6岁。

经济界会员124383人，占会员总数的78.2%。其中企业界会员99060人，占会员总数的62.3%。企业界会员中担任各种经济实体的正、副董事长、总经理、厂长等高级管理人员32703人，占企业界会员的33.0%，占会员总数的20.6%；其中私营企业主23813人，占企业界会员的24.0%，占会员总数的15.0%。新社会阶层人士47954人，占会员总数的比例30.1%。政府机关20856人，占会员总13.1%。司法机关876人，占会员总数0.6%。党派机关2644人，占会员总数1.7%。高等教育9778人，占会员总数6.1%。基础教育6514人，占会员总数4.1%。科技界3673人，占会员总数2.3%。医药卫生6600人，占会员总数4.1%。文化艺术1534人，占会员总数1.0%。出版传媒1130人，占会员总数0.7%。社会团体2163人，占会员总数1.4%。其他3291人，占会员总数2.1%。

会员中人大代表3820人，其中全国人大代表68人，常委2人，副委员长1人；省级人大代表299人，常委48人，副主任5人；市地级人大代表1308人，常委276人，副主任47人；县市区级人大代表1324人，常委316人，副主任126人。会员中政协委员18055人，其中全国政协委员90人，常委15人，副主席1人；省级政协委员882人，常委251人，副主席17人；市地级政协委员5561人，常委1418人，副主席168人；县市区级政协委员7233人，常委2086人，副主席333人。

担任政府及司法领导职务的中央部级干部3人；地方省级干部4人，厅局级130人，县处级1702人。担任市级以上级特邀（约）职务的2786人。

会员学历其中有大专以上学历的占83.9%；有大本以上学历的占43.1%；有研究生以上学历的占10.9%；有中、高级职称的占52.5%。担任两院院士的共有4人。担任长江学者10人。

张　皎　民建中央宣传部部长
许　谨　民建中央宣传部新闻处副处长

中国民主促进会

2014 年是我国全面深化改革、大力推进法治中国建设的一年，是完成“十二五”规划的关键之年，也是民进认真贯彻中共十八大和十八届三中、四中全会精神，紧密围绕国家工作大局，继承优良传统，把握时代要求，全面推进民进事业继往开来、奋力前进的一年。一年来，民进秉持“有思有行、集智聚力、顺势而为、开拓创新”的工作方针，深入开展坚持和发展中国特色社会主义学习实践活动，切实加强自身建设，积极履行参政党职能，各项工作取得新的成绩，为全面建成小康社会作出了新的贡献。

一、重要会议及活动

2014 年，根据民进会章的规定，共举行中央全会 1 次，中常会议 4 次，中央监督委员会全体会议 3 次。根据工作需要举行了一系列专项工作会议和纪念座谈会，研究部署并推动各项工作的开展。

（一）中央委员会会议

2014 年 12 月 8 日至 10 日，中国民主促进会第十三届中央委员会第三次全体会议在京召开。民进中央主席严隽琪，常务副主席罗富和，副主席王佐书、贺旻、刘新成、蔡达峰、朱永新、张帆、姚爱兴、卫小春、张雨东，秘书长高友东和民进十三届中央委员出席会议。

这次会议的主要内容是学习贯彻中共十八届四中全会精神，听取并审议中国民主促进会第十三届中央常务委员会工作报告，审议通过中国民主促进会第十三届中央委员会第三次全体会议决议等。

8 日，民进十三届三中全会开幕。严隽琪代表民进第十三届中央常务委员会作工作报告。罗富和主持开幕式。

严隽琪在回顾总结 2014 年工作时指出，一年来，民进紧密围绕国家工作大局，秉持“有思有行、集智聚力、顺势而为、开拓创新”的工作方针，认真执行民进十一大和十三届二中全会部署的各项任务，按照中国特色社会主义参政党的基本要求，统筹谋划，汇聚力量，把坚持和发展中国特色社会主义学习实践活动主线贯穿到各项工作当中，不断增强全会为执政党助力、为国家尽责、为人民服务的责任心和使命感；以组织建设工作主题年为契机，切实加强自身建设，提升全会整体素质；激发各级组织和广大会员活力，围绕全面深化改革和法治中国建设，积极履行参政党职能，各项工作取得了新成绩。

严隽琪指出，总结过去一年的工作，我们深刻地认识到，在当前形势下，要不断推进民进事业，建设符合时代要求的高素质参政党，更好地服务社会进步和国家发展，必须坚定信念，更加积极有为，坚持务求实效，弘扬正派作风，使我们的作为经得起人民、实践和历史的检验。

关于2015年工作，严隽琪要求，民进全会要坚持以中国特色社会主义理论体系为指导，深入学习贯彻中共十八大和十八届三中、四中全会精神，学习贯彻习近平总书记系列重要讲话精神，深刻认识参政党肩负的责任和使命。以庆祝民进成立70周年为契机，深入推进学习实践活动取得更好效果；认真贯彻落实民进全国组织工作会议精神，巩固组织建设成果；围绕中心、服务大局，认真履行参政议政、民主监督职能，切实提高履职能力和水平；以社会服务为年度工作主题，为促进和谐社会建设贡献力量；做好海外联谊工作，为促进祖国完全统一服务。民进全会要以更加务实高效、开拓创新的精神做好各项工作，不断推进中国特色社会主义参政党建设，为全面建成小康社会、全面深化改革、全面推进依法治国作出新的贡献。

开幕式上，民进中央副主席、民进中央监督委员会副主任卫小春向民进十三届三中全会作民进中央监督委员会2014年工作情况报告。

8日下午，民进十三届三中全会举行学习中共十八届四中全会精神专题报告会。中共十八届四中全会《决定》起草组成员、学习贯彻十八届四中全会精神中央宣讲团成员、全国政协社会和法制委员会副主任施芝鸿应邀作专题报告。

9日，民进十三届三中全会举行分组讨论。民进中央领导人分别参加讨论并发言。

9日下午，民进十三届三中全会举行十一大代表座谈会。严隽琪、罗富和出席座谈会，朱永新主持。来自21个省级组织列席全会的代表参加了座谈。

10日上午，民进十三届三中全会在京闭幕。严隽琪作闭幕讲话。张帆主持闭幕式。

严隽琪在讲话中强调，2015年是“十三五”规划的谋划之年，民进全会要以“为执政党助力、为国家尽责、为人民服务”的高度责任感自觉作为，把服务改革和法治建设作为履职的首要任务，使学习实践活动的效果能够体现到履职能力的提升上。要知民情、接地气，脚踏实地开展工作，提升参政议政成果的质量；进一步完善集智聚力的工作机制，扩大参与面，调动和保护会员参政议政的积极性；要完善信息、资源和成果共享机制，探索多渠道发挥成果作用的办法。社会服务是2015年的年度工作主题，要进一步整合资源，立足民进特色，发挥优势，积极营造“服务就在身边，人人可以参与”的公益氛围，鼓励和支持广大会员根据自身实际积极参与社会服务活动，创新服务的内容和形式。

会议通过了《中国民主促进会第十三届中央委员会第三次全体会议决议》（草案）。

中央统战部一局有关负责同志，民进“十一大”部分代表，民进中央各专门委员会负责人，民进中央监督委员会委员，部分民进省级组织副主委，以及民进中央机关部门负责人列席本次全会。

（二）中常会议

1. 中国民主促进会第十三届中央常务委员会第六次会议

2014年3月9日晚，中国民主促进会第十三届中央常务委员会第六次会议在京召开。

民进中央主席严隽琪主持会议并讲话。民进中央常务副主席罗富和，副主席王佐书、贺旻、刘新成、蔡达峰、朱永新、张帆、姚爱兴、卫小春、张雨东，秘书长高友东和民进第十三届中央常委出席会议。

严隽琪指出，民进全会要深入学习领会中共十八届三中全会精神，围绕开展坚持和发展中国特色社会主义学习实践活动这条主线，不断凝聚改革共识。要充分认识全面深化改革的重大意义，即重要性、紧迫性；全面理性地理解全面深化改革的总目标，不偏激、不短视；对加强中国共产党的领导是全面深化改革取得成功的根本保证要有坚定的信念，不动摇、不二心。要把服务改革作为履行职能的首要任务，紧紧围绕全面深化改革的主要任务和重大举措，聚焦改革重点，深入调查研究，积极建言献策，以具有前瞻性、战略性、可操作性的意见和建议，为执政党和政府的科学决策助力。

严隽琪强调，组织建设既是民进 2014 年的年度工作主题，也是一项关系民进长远发展的战略任务。民进的组织建设，离不开我国政党制度的背景和特点，内涵丰富，任务艰巨，既需要推动外部环境的改善，也需要会中央改善工作，同时还需要各级组织的共同努力。新形势下组织建设有挑战也有机遇，需要我们认真研究、提高工作质量。她分别就加强民进领导班子建设、代表性人士队伍和后备干部队伍建设，增强基层组织凝聚力和活力，探索会内监督新形式，加强机关干部队伍建设提出了具体要求。

会议审议通过了《民进中央关于学习贯彻十二届全国人大二次会议和全国政协十二届二次会议精神的通知》。

民进中央副秘书长和机关部门负责人、民进有关省级组织负责人列席会议。

2. 中国民主促进会第十三届中央常务委员会第七次会议

2014 年 6 月 12 日至 13 日，中国民主促进会第十三届中央常务委员会第七次会议在湖北省武汉市召开。民进中央主席严隽琪，常务副主席罗富和，副主席王佐书、贺旻、刘新成、蔡达峰、朱永新、姚爱兴、卫小春、张雨东，秘书长高友东和民进第十三届中央常委出席会议。

12 日上午，民进十三届七次中常会议开幕。严隽琪主持开幕式并讲话。中共湖北省委副书记、政法委书记张昌尔出席开幕式并致辞，中共湖北省委常委、统战部部长张岱梨出席开幕式。

严隽琪代表民进中央向湖北省和武汉市的各级领导同志表示衷心的感谢，向为此次会议付出辛勤劳动的民进湖北省委会、武汉市委会的同志表示诚挚的问候。严隽琪说，改革开放以来，在湖北省历届领导班子的带领下，湖北的经济和各项社会事业取得了长足发展。今年湖北省委、省政府工作最鲜明的主题是改革创新。相信湖北在湖北省委的领导下，牢牢抓住新一轮改革这一最大的历史性机遇，一定会更加充满生机和活力，民进对此致以美好的祝愿。

严隽琪说，民进作为参政党，主要界别是教育文化出版，随着我国多党合作和政治协商制度的巩固和发展，民进也在不断开拓参政议政新领域。民进与湖北的合作有很好的传统，湖北丰厚的地域文化和人文精神又为今后的合作提供了更为广阔的空间，民进愿意在湖北面临新的重要发展历史时期贡献自己的力量。

12 日下午，民进十三届七次中常会议举行专题报告会，全国政协常委、民建中央副主席、上海市政协副主席周汉民作题为《建设中国（上海）自由贸易试验区，以更大的开放促进更深入的改革》的专题报告。

13 日下午，民进十三届七次中常会议闭幕。严隽琪作闭幕讲话。张雨东主持闭幕式。

严隽琪说，今年上半年，民进全会紧紧围绕开展坚持和发展中国特色社会主义学习实践活动这条主线，促进政治共识，结合地方实际情况开展工作，追求整体优势，顺势而为，为把民进建设成为学习型，务实、正派的政党而积极努力。组织建设工作加强谋划，抓重点带全面。重点加强领导班子和代表人士队伍建设，推动基层组织和机关建设。加大培训力度和覆盖面，积极回应地方组织的学习培训需求。同时，加强调查和理论研究，不回避问题，务实研讨。民进全会主动作为，取得了值得肯定的成绩。

严隽琪指出，建设高素质的中国特色社会主义参政党，实现进步性与广泛性的统一，必须要有良好的组织基础。组织建设工作不仅仅是组织部门的事，而是需要全会共同参与、共同努力。要分别处理好组织建设与学习实践活动的关系，处理好组织建设与履行职能的关系，处理好组织建设与推进民主、严格纪律之间的关系。

会议期间，罗富和报告了民进中央 2014 年上半年工作情况。会议书面通报了《关于建立学习实践活动联系点的方案（试行）》。与会常委结合学习实践活动，重点交流了关于组织建设的思考与实践。

中共中央统战部一局有关负责同志，民进中央副秘书长和部门负责人，民进中央监督委员会委员，民进部分省级组织负责人列席会议。

在武汉期间，严隽琪、罗富和在武汉亲切会见了中共湖北省委副书记、省长王国生，省政协主席杨松，省人大常委会常务副主任李春明，省委常委、省委统战部部长张岱梨。副主席贺旻、刘新成、蔡达峰、朱永新、姚爱兴、卫小春、张雨东，秘书长高友东参加会见。

3. 中国民主促进会第十三届中央常务委员会第八次会议

2014 年 10 月 23 日至 25 日，中国民主促进会第十三届中央常务委员会第八次会议在北京召开。本次会议的主题是学习中共十八届四中全会精神，学习习近平总书记在庆祝全国人民代表大会成立 60 周年和人民政协成立 65 周年两个大会上的重要讲话精神，交流开展坚持和发展中国特色社会主义学习实践活动的情况与体会。

民进中央主席严隽琪主持开幕式并作闭幕讲话。民进中央常务副主席罗富和，副主席王佐书、贺旻、刘新成、蔡达峰、朱永新、张帆、姚爱兴、卫小春、张雨东，秘书长高友东和民进第十三届中央常委出席会议。

严隽琪强调，民进各级组织和全体会员要把思想和行动统一到中共十八届四中全会精神上来，把学习贯彻会议精神作为当前的头等大事，并与学习贯彻中共十八大、十八届三中全会精神和习近平总书记系列重要讲话精神相结合，更加清醒地认识中国特色社会主义参政党的定位，那就是在中国共产党的领导下，做中国特色社会主义事业的亲历者、实践者、维护者和捍卫者。过去一年多来，民进各级组织按照统一部署，结合民进特点和各地实际情况，积极开展坚持和发展中国特色社会主义学习实践活动。我们需要及时总结经验，使活动更贴近会员的思想实际，紧密结合对四中全会精神的学习、结合组织建设中的实际情况，推动学习实践活动进一步取得成效。

会议审议通过了《民进中央关于学习贯彻中共十八届四中全会精神的通知》（草案），

原则通过了《民进中央关于进一步加强组织建设的意见》（征求意见稿），报告了民进中央2014年度专题调研情况和2015年度专题调研选题方案，书面报告了纪念民进成立70周年各专项活动筹备情况和民进中央2014年部分建言献策工作情况。

中共中央统战部一局有关同志，民进中央副秘书长和机关部门负责人，民进十三届中央监督委员会委员，民进部分省级组织负责人列席会议。

4. 中国民主促进会第十三届中央常务委员会第九次会议

2014年12月7日下午，中国民主促进会第十三届中央常务委员会第九次会议在京召开。民进中央主席严隽琪主持会议，常务副主席罗富和，副主席王佐书、贺旻、刘新成、蔡达峰、朱永新、张帆、姚爱兴、卫小春、张雨东，秘书长高友东和民进第十三届中央常委出席会议。

刘新成就民进十三届中央常务委员会工作报告作说明。本次起草工作报告的指导思想是，以中国特色社会主义理论体系为指导，深入学习贯彻中共十八大和十八届三中、四中全会精神，按照民进十一大和十三届二中全会的工作部署，全面总结一年来民进加强自身建设和履行参政党职能的情况和取得的成就，突出展示全会在坚持和发展中国特色社会主义学习实践活动、组织建设主题年，以及参政议政、民主监督、社会服务和海外联谊等各个方面取得的工作成果，并对2014年的各项工作作出部署。

严隽琪在讲话中指出，民进十三届三中全会即将开幕，希望与会同志能在有限的时间内，保持良好的精神状态，以高度的政治责任感，集中精力开好会议，确保会议顺利完成各项议程。

会议审议通过了中国民主促进会第十三届中央委员会第三次全体会议议程、日程（草案）；审议通过了《中国民主促进会第十三届中央常务委员会工作报告》（草案），并提交民进十三届三中全会审议批准；审议通过了中国民主促进会第十三届中央委员会第三次全体会议小组召集人名单（草案）。

中共中央统战部一局有关负责同志，民进中央副秘书长和机关部门负责人，民进十三届中央监督委员会委员，民进部分省级组织负责人列席会议。

（三）中央监督委员会会议

1. 民进第十三届中央监督委员会第五次全体会议

2014年6月11日至13日，民进第十三届中央监督委员会第五次全体会议在湖北武汉召开。民进中央主席严隽琪，常务副主席、监督委员会主任罗富和出席会议并讲话，民进中央副主席、监督委员会副主任卫小春主持会议。

会议报告了民进中央监督委员会2014年上半年的工作情况；就2014年民进组织建设工作，听取了10位民进中央常委的意见建议，形成了《民进中央监督委员会听取部分常委意见的情况反馈》。

严隽琪在听取了与部分常委个别交谈的情况反馈后指出，征求民进中央常委对会中央工作的意见建议，是中监委成立以来履行工作职责的一项有益的尝试。民进中央一直以来都高度重视中监委总结反馈的各项意见建议，对民进中央积极改进工作，切实提升工作水平起到了良好的效果。严隽琪在讲话中强调，民主党派内部监督工作目前仍处于探索阶段，中央监督委员会要进一步加强理论研究，找准监督工作定位，重点要做好对民进中央领导班子和民进中央机关作风、纪律、制度等方面的监督，在实践探索基础上，不断完善会内监督的机制体制。

罗富和指出，中央监督委员会在今后的工作中，要继续深入调研，广泛听取基层的意见建议，为民进中央进一步改进作风、加强集体领导发挥积极作用，并对今后一段时间中监委的重点工作进行了部署。

民进中央监督委员会委员出席会议，民进中央监督委员会办公室主任等列席会议。

2. 民进第十三届中央监督委员会第六次全体会议

2014 年 10 月 23 日至 24 日，民进第十三届中央监督委员会第六次全体会议在北京召开。民进中央常务副主席、监督委员会主任罗富和出席会议并讲话，民进中央副主席、监督委员会副主任卫小春主持会议。

会议学习了中共十八届四中全会精神；交流总结了会内监督工作，审议了《民进第十三届中央监督委员会 2014 年工作报告（草案）》；听取了部分民进中央常委和民进中央机关部门负责人对民进中央工作的意见建议，形成了《民进中央监督委员会听取部分常委和会中央机关部门负责人意见的情况反馈》。

罗富和指出，中央监督委员会要认真学习贯彻中共十八届四中全会精神，结合依法治国理念，加强对会内监督工作的理论研究和实践探索，进一步健全完善会内监督的体制机制。

会议并研究了民进中央监督委员会 2015 年的工作。

民进中央监督委员会委员出席会议，民进中央监督委员会办公室主任等列席会议。

3. 民进第十三届中央监督委员会第七次全体会议

2014 年 12 月 7 日，民进第十三届中央监督委员会第七次全体会议在北京召开。民进中央常务副主席、监督委员会主任罗富和出席会议并讲话，民进中央副主席、监督委员会副主任卫小春主持会议。

会议审议通过了《民进第十三届中央监督委员会 2014 年工作报告》，原则通过了《民进第十三届中央监督委员会 2015 年工作计划》。

罗富和指出，进一步加强会内监督工作是民进加强参政党自身建设的重要方面，2014 年民进的会内监督工作与参政党履行民主监督职能紧密结合，取得了新的进展。2015 年，民进中央监督委员会要以中共十八届四中全会和民进十三届三中全会精神为指导，围绕民进学习实践活动主线的相关部署和年度工作主题，按照会章要求，把握会内监督的定位，继续探索以领导班子贯彻民主集中制原则、遵守会章和履行职责情况为重点、保障组织机体健康活力的会内监督制度建设，积极稳妥地开展会内监督工作，增强监督实效。

民进中央监督委员会委员出席会议，民进中央监督委员会办公室主任等列席会议。

（四）专项工作会议

1. 民进网站 2014 年度工作会议

2014 年 1 月 16 日，民进网站进行改版，新版上线。当日下午，民进网站 2014 年度工作会议在民进中央机关举行。民进中央副主席、民进网站管理委员会主任朱永新出席会议。

朱永新在讲话中说，要以网站改版为契机，齐心协力使网站各项工作迈上新台阶，特别要做好以下几方面工作。一是提高新闻的可读性，加强地方民进组织特色活动、优秀会员事迹的报道，提升民进原创新闻的转载率；二是充分发挥网站的资源性优势，尽可能利用网站强大的存储功能；三是把加强网站的推广应用作为新课题，推进参政议政平台的建设和应用，叶圣陶研究会、开明慈善基金会等可考虑独立域名和网站；四是考虑通过微信等新媒体形式，推送网站新闻内容，扩大网站影响；五是网站编辑要加强学习，提高工作能力和水平。

民进中央机关部门负责人、民进网站管理委员会成员、民进网站总编室的同志以及各部门网站编辑共 30 余人参加了会议。

2.2014 年民进中央机关部门工作研讨会

2014 年 2 月 10 日至 12 日，2014 年民进中央机关部门工作研讨会在北京召开。民进中央主席严隽琪，常务副主席罗富和，副主席王佐书、刘新成、朱永新，秘书长高友东出席会议并讲话。

严隽琪指出，深入开展坚持和发展中国特色社会主义学习实践活动，是民进深化新一轮政治交接的必然要求，是增进“三个认同”、保持进步性的需要，也是贯穿本届民进中央工作的一条主线。我们要认识到选择该道路的正确性，赞同这个事业，并带领会员和所联系的群众参与、投身其中，为之作出贡献。机关要根据形势的发展修改完善相应的制度、规定和工作流程，让我们的干部不敢犯错误、不能犯错误，最高境界是不想犯错误。部门负责人应从全局出发为完善制度提出意见和建议，并以身作则、虚心学习、带头执行和做好部门同志的思想工作，传递正能量。

罗富和指出，凡事预则立，不预则废，要在工作谋划、实施、总结三个阶段加强“预”的能力。即在谋划阶段，注重加强学习、领会领导工作思路、加强对民进的了解、明确方向目标；在实施阶段，对方案有所了解，对任务有所分解，对关键环节、节点有所理解，并留有预案；在总结阶段，要知行统一，积极总结经验不足。他指出，部门负责人要带好队伍，加强对年轻干部的正面引导，增强事业心和成就感，做到知人善用。

研讨会上，民进中央机关各部门负责人结合工作进行了述职，并围绕开展坚持和发展中国特色社会主义学习实践活动进行了谈心。

3. 民进民主监督工作研讨会

2014 年 2 月 17 日至 18 日，民进民主监督工作研讨会在山西太原召开。民进中央常务副主席、监督委员会主任罗富和，民进中央副主席刘新成，民进中央副主席、监督委员会副主任卫小春出席会议并讲话。

罗富和指出，加强民主党派的民主监督工作，是发展和完善中国共产党领导的多党合作和政治协商制度的需要，是民主党派履行职能的需要，是参政党加强自身建设的需要。民进中央高度重视履行好民主监督职能，坚持围绕改革发展大局，完善集智聚力的体制机制，寓民主监督于参政议政之中，就推进党内民主、加强反腐倡廉建设、加强人大的法律监督力度等提出了意见和建议，就推动社会主义民主政治建设、加强执政党建设、改进司法工作等积极发挥民主监督作用。希望与会同志深入探讨，充分交流，形成共识，进一步增强民主党派民主监督工作实效，提高履行职能的能力；进一步完善会内监督工作机制，推进民进自身建设迈上新台阶。

与会人员就民主党派如何更好地履行民主监督职能、如何进一步开展会内监督工作等主题进行了分组研讨，13 位同志在会上进行了交流。

民进中央副秘书长和机关有关部门负责人，来自民进部分省级组织的 28 位同志参加了会议。

4. 民进中央机关 2014 年处长工作研讨会

2014 年 4 月 16 日至 17 日，为进一步加强机关干部队伍建设，提升处级干部素质和能力，研讨新形势下机关处室建设面临的新情况新问题，民进中央机关在京召开 2014 年处长工作研讨会。民进中央主席严隽琪对会议召开表示祝贺并对处级干部们提出殷切希望，常务副主席罗富和、副主席朱永新和秘书长高友东出席会议。

罗富和在研讨会上作了“见证成长、分享成功”的重要讲话。针对机关工作实际，罗富和对处长进一步发挥作用提出了希望：一是要在职责范围内加强工作谋划，每个处都是一个职能领域，处长要在该领域内想得最多最深、积累资料最全面、分析问题最贴切，要有精心谋划，提出自己的建议创意，这样工作局面才能生动活泼。二是坚持和完善部门工作会议制度，使处长们通过部门工作会议了解部门各方面工作的安排，明确工作定位，激发工作积极性。三是要带队伍、建体系，这不仅仅指机关的干部队伍，也包括整个民进专职干部队伍。民进中央机关要在自身建设取得成果的基础上把全会的机关建设作为一项基础工作来推进，上下联动，形成体系。四是进一步加大信息技术在民进工作中的运用。提高机关在利用信息化手段处理工作如图表编辑、数据库应用、影像处理等技术能力，提高我们利用信息化手段进一步发现问题、分析问题、解决问题的能力。

会议传达了当前党和国家对干部选拔任用工作的总体要求，传达了学习贯彻新修订的《党政领导干部任用工作条例》、《民主党派中央机关局级干部任免、调配工作办法（征求意见稿）》的精神。

高友东在主持讲话中就处长进一步发挥作用提出了要求。机关各部门负责人分别就处级干部们如何当好部门负责人的参谋和助手，加强工作谋划、理清工作思路、加强沟通协调、以身作则、率先垂范等方面提出了意见和建议。

民进中央机关 20 多位处级干部参加会议，并立足自身工作实际先后进行了交流发言。

5. 民进网站管理委员会全体会议

2014 年 7 月 16 日下午，民进网站管理委员会全体会议在民进中央机关召开。民进中央副主席、民进网站管理委员会主任王佐书出席会议并讲话。

会议总结了网站 2014 年上半年工作，研究了网站 2014 年下半年工作以及 2015 年工作项目和预算，审议了民进网站有关管理制度修订稿。

王佐书指出，网站建设一定要找准方向，切实做到“四个紧贴”，即紧贴功能、紧贴主题、紧贴会员实际、紧贴实效。要努力加强软硬件建设，在做好宣传工作的同时重视网络安全问题；不断搜集、检查、研究存在的问题，总结经验，努力提高工作质量，把民进网站建设成为民主党派一流网站。

民进网站管理委员会成员、部分民进中央机关部门负责人以及民进网站编辑参加了会议。

6. 民进全国宣传部门负责人培训班

2014 年 8 月 24 日至 28 日，民进全国宣传部门负责人培训班在京举行。

王佐书在 24 日上午的开班式上讲话中强调，宣传思想工作是一项极端重要的工作，同时也是一项比较难做的工作，对于宣传部门负责人而言，极易出现“本领贫乏”引起的“本领恐慌”，为此，必须务实地研究和把握工作的特点和规律，提高工作的自觉性和主动性。关于宣传部门负责人的工作目标和努力方向，王佐书提出三点意见。一是要坚定理想信念，把握理论思维。宣传干部头脑务必清醒、能够看清并正确宣传是非对错，进而有效影响会员思想。二是要提高宣传的能力和水平，把重大决策部署到位。在事关大是大非和政治原则问题上，要始终与中共中央保持一致；宣传的内容应当是积极的、健康的，能够激发会员的正能量。三是要提升业务素质，具备驾驭复杂局面的能力，同时注意改进工作作风，使虚功实做。希望培训班学员珍惜机会、自觉学习、端正学风，在培训班上学有所得，达到进一步培养能力的目标。

开班式后，王佐书以《宣传工作的基本规律、基本原则、基本艺术》为题为学员作了专题讲座。

28 日，培训班举行结业式，民进中央秘书长高友东出席并讲话，向各位学员颁发了结业证书。结业式上，3 个小组的代表分别介绍了分组讨论情况，畅谈了学习心得和体会，交流了结合学习实践活动推进宣传思想工作的经验和方法，对进一步做好宣传思想工作提出了意见建议。

此次培训班旨在坚定民进全会宣传部门负责人的政治立场，提升理论水平和业务能力，带动全会宣传思想工作更上新台阶。来自 29 个省级组织、副省级组织和省会城市的 62 位学员参加培训。

7. 民进全国信息化工作部门负责人研讨班

2014 年 9 月 24 日至 26 日，民进全国信息化工作部门负责人研讨班在京举行。

24 日上午，研讨班举行开班式。民进中央常务副主席罗富和出席并讲话。

罗富和指出，信息化建设是一项基础性、战略性的系统工程，不仅需要技术上的创新，而且需要观念、管理和运作上的创新，要作为各专项评优活动的一个重要参考。各级民进组织要不断提高思想认识，进一步完善信息化领导机构体系，建立健全信息化管理制度，加强信息化安全和保密工作建设，提升干部信息化应用水平，加大信息化建设执行力度，把全会的信息化建设提高到一个新水平。

开班式后，中央统战部信息中心副主任刘学军作了《新形势下对信息化工作的几点思考》的专题讲座。

26 日，研讨班举行结业式，民进中央秘书长高友东出席并讲话。2 个小组代表介绍了分组讨论情况，交流了结合信息化技术推进民主党派工作的经验和方法，分析了当前信息化建设存在的问题，对进一步做好全会信息化建设工作提出了意见建议。

各省级组织信息化部门负责人参加了研讨班。研讨班以经验交流、探讨问题为主，专题讲座、互动研讨相结合，旨在统一信息化建设思想认识，总结成绩经验，探索民主党派信息化建设工作规律，共同研究如何利用信息化手段提高履职的能力和水平，切实推动全会各级机关的信息化工作，带动民进信息化建设工作上新的台阶。

8. 民进中央专门委员会主任工作会议

2014 年 11 月 5 日上午，民进中央专门委员会主任工作会议在京召开。民进中央主席严隽琪出席会议并讲话。副主席王佐书、刘新成、朱永新，秘书长高友东出席会议。会议由朱永新主持。

严隽琪高度肯定了民进中央 9 个专门委员会 2014 年所开展的各项工作。关于专委会下一阶段的工作，严隽琪提出，2015 年民进中央将围绕公共文化服务开展专题调研，文化与教育、社会建设、妇女儿童事业、企业文化等领域都有内在联系，希望各专门委员会可以找到合适的角度，主动参与其中。同时，在日常工作中，专门委员会要善于收集和反映社情民意，特别要学会利用社会学调查的方法进行分析研究，以使建言献策更扎实有效。

会上，各专门委员会主任、副主任分别汇报了 2014 年各专门委员会开展工作的情况。民进中央副秘书长和机关有关部门负责人，各专门委员会负责同志，各专门委员会秘书参加了会议。会前，民进中央部分专门委员会分别召开了主任会议，进行年度工作总结，并讨论近期工作安排和下一年度工作计划。

9. 民进中央 2014 年参政议政年会

2014 年 11 月 5 日至 6 日，民进中央 2014 年参政议政年会在京举行。民进中央主席严隽琪出席开幕式并讲话。副主席刘新成、朱永新出席开幕式。开幕式由朱永新主持。

严隽琪指出，民进在履职过程中要秉持“为执政党助力，为国家尽责，为人民服务”的使命感，在建言献策上既要防止不切国情的浪漫主义、又要反对固步自封的保守主义，提出的意见和建议一定是建设性的；力求有独到性的；应该是建净言，敢于揭露事实真相和批判错误缺点。所以既要有讲真话、敢担当的勇气，又要有了解真实情况、发现问题真正症结所在的能力。回顾总结多年来的议政调研工作，首先要选取恰当的题目，既要符合党和国家执政兴国的重大需求，又要在本党派内具有较好的工作基础和积累，还要能够组织起一支具有真才实学的专家骨干队伍。其次要充分开放集智聚力的体制机制，真正实现会内和会外联动、中央和地方联动，以使调研问题抓得准、情况摸得明、道理讲得清。同时，要注意工作发动要尽早，成果利用紧抓不放等环节。

严隽琪强调，发展和完善集智聚力的体制机制是提高民进参政议政能力和水平行之有效的途径。每项参政议政成果后面，都不同程度地包含了地方组织、基层会员、议政平台、民进之友的努力付出、智慧和贡献，但继续改进工作还有很大空间。一方面鼓励地方组织更多地主动牵头开展联合调研和研讨工作，中央要及时跟进合作；另一方面参政议政工作和其它工作有着内在联系，各项工作要相互结合、互相促进，才会产生更好的效果。

开幕式上，民进中央对 2014 年度参政议政成果进行了表彰，其中一等奖成果 26 件，二等奖成果 47 件，三等奖成果 11 件。

6 日下午，民进中央 2014 年参政议政年会在京闭幕。民进中央常务副主席罗富和出席会议并作总结讲话。闭幕式由朱永新主持。

罗富和在讲话中结合三个参政议政典型案例，提出当前民进全会应在中共十八届四中全会的精神指引下不断加强参政议政工作。他指出，民主党派的地位和作用是宪法赋予的，因此民进要学法、懂法、研究法，依法履行好应尽的职责。

罗富和强调，民主党派要重视民主监督作用的发挥，增强履行民主监督职能的实效，在此过程中，还要注意遵守党和国家有关协商民主、议政调研、建言献策的相关制度规定。民进全会应积极思考和探索“参政党的体系与能力现代化建设”这一课题，不断规范和完善自身的参政议政机制、制度和程序，充分利用好网上参政议政工作平台，以使民进的参政议政工作在良性运行的轨道上取得更大的成果。

会议期间进行了分组讨论。在闭幕式前的大会交流环节，民进中央文化艺术委员会主任、北京大学哲学系教授胡军作了文化建设的主题发言，6位小组代表分别汇报了各自小组的讨论情况，并对民进中央参政议政工作提出建议。

本次年会期间围绕文化建设有关问题，邀请国务院发展研究中心、文化部、国家行政学院等单位的有关负责同志介绍了工作情况。

民进中央参政议政特邀研究员，各专门委员会主任、副主任，民进各省级组织有关领导和负责同志，中国教育政策研究院有关专家，民进中央机关部门负责人等近150人出席了本次会议。

10. 民进全国组织工作会议

2014年11月27日至28日，民进全国组织工作会议在京召开。民进中央主席严隽琪出席开幕式并作讲话，常务副主席罗富和，副主席王佐书、刘新成、朱永新、卫小春，秘书长高友东出席开幕式。开幕式由王佐书主持。

严隽琪强调，当前形势对参政党组织建设提出了新要求。一是要有坚定的政治立场。二是要有为“三个全面”做贡献的人才和精气神。三是要建设一个“作风正派”的参政党。四是要建立“阳光、高效、规范、和谐”的机关文化。当前，民进各级组织在领导班子的精神状态和作风建设、会内监督、代表人士和后备干部建设、会籍管理等组织建设工作中，仍然存在一些不容忽视的问题，需要直面问题，认真梳理，拿出解决的办法。民进下阶段加强组织建设工作，一是要搞好政治交接，加强领导班子建设。二是要加强人才队伍建设，实现民进事业的可持续发展。三是要增强基层组织的活力和凝聚力。四是要建设高素质的组工干部队伍。

开幕式上，罗富和宣读了《民进中央关于表彰民进全国组织建设先进组织、先进个人的决定》。决定授予民进北京市海淀区委员会等68个市、县级组织“民进全国组织建设先进地方组织”荣誉称号，授予民进北京五中分校支部等358个基层组织“民进全国组织建设先进基层组织”荣誉称号，授予杜建平等357位同志“民进全国组织建设先进个人”荣誉称号。先进地方组织、先进基层组织和先进个人的代表分别在开幕式上作了发言。

会议期间，与会同志分为6个小组，学习严隽琪主席在开幕式上的讲话，交流工作经验和体会。各省级组织组织部门负责人还举行了座谈，研究讨论组织建设相关问题。

28日下午，会议举行闭幕式。罗富和出席闭幕式并讲话。刘新成主持闭幕式。罗富和在讲话中对会议总体情况和主要成果进行了总结，并对贯彻会议精神提出了要求。一是要及时传达会议精神，认真学习贯彻严隽琪主席重要讲话精神，加强对组织建设工作紧迫性和重要性的认识；二是要结合所在组织的实际情况，进一步加强组织建设的各项工作，特别要针对一些薄弱环节重点推进；三是要通过加强学习、业务培训和作风建设，来加强组工干部的队伍建设。他强调，2015 年是民进建会 70 周年，也是“十三五”规划广泛听取意见的一年，还是民进届中调整的一年，组织干部专职队伍要做好充分准备，严格按原则和程序推进工作,进一步提高全会的组织建设水平。罗富和还就领导班子建设、代表人士队伍建设、组织管理数据库建设、会员属地发展政策、基层基础建设等方面回应了与会同志反映的一些意见建议。

中央统战部一局有关负责同志，民进中央副秘书长和部门负责人，民进各省级组织有关领导、组织部门负责同志，先进集体和先进个人代表等 150 余人出席本次会议。

11. 民进省级组织负责人会议

2014 年 12 月 10 日上午，民进省级组织负责人会议在京举行。民进中央常务副主席罗富和出席会议并讲话,副主席王佐书、刘新成、朱永新出席会议,秘书长高友东主持会议。

会议表彰了 2014 年省级组织专项工作先进单位。王佐书宣读了《民进中央关于表彰省级组织专项工作先进单位的决定》，与会领导为获得表彰的先进单位颁了奖。

罗富和在讲话中强调，2015 年民进全会要认真贯彻落实民进全国组织工作会议精神，贯彻落实《民进中央关于进一步加强组织建设的意见》，着力加强各级领导班子建设、地市级组织和基层组织建设以及机关建设，切实推进代表人士和后备干部队伍建设；加强参政党的体系与能力现代化建设，继续完善上下联动、会内外合作等工作机制，集智聚力，资源共享，推动民进参政议政工作在良性运行的轨道上取得更大成果；把握好年度工作主题,深刻认识社会服务工作在建设中国特色社会主义参政党中的地位、作用和意义，完善机制平台，将有限的资源发挥出最大社会效益，不断开创社会服务工作新局面。

高友东对《民进中央 2015 年工作要点》(草案) 以及民进成立 70 周年庆祝活动有关工作作了说明。

民进中央副秘书长和机关部门负责人，各省级组织负责人出席会议。

12. 叶圣陶研究会第四届理事会第五次会议

2014 年 12 月 10 日下午，叶圣陶研究会第四届理事会第五次会议在京举行。民进中央主席、叶圣陶研究会会长严隽琪出席会议并讲话，民进中央常务副主席、叶圣陶研究会常务副会长罗富和出席会议并作 2014 年度叶圣陶研究会工作报告。民进中央副主席、叶圣陶研究会副会长王佐书、刘新成，民进中央副主席、叶圣陶研究会副会长兼秘书长朱永新出席会议。会议由朱永新主持。

严隽琪指出，过去一年中，叶圣陶研究会的工作有三个突出特点：一是学术研究有发展，两个专业委员会通过组织专家学者进行交流研讨，推动学术研究，发挥了功不可没的作用；各会员单位的积极性和主动性被调动起来，为学术研究和实践带来了新气象。二是社会影响不断扩大，贡献更加多样化。三是自身建设有新进展，内部机制更加完善，年鉴工作持续规范，同时还积极发展有社会影响、思想品质好、热心于叶圣陶研究和实践的教育出版一线工作和科研人员入会。2015 年叶圣陶研究会的工作要从两个方面着手：一是注意和国家的形势大局紧密结合，二是注意遵循教育出版改革发展的内在规律。

罗富和在工作报告中回顾总结了叶圣陶研究会过去一年的工作。2014 年，叶圣陶研究会隆重举行纪念叶圣陶同志诞辰120周年活动，积极推进各项学术研究，注重加强与各地方叶圣陶研究会、各会员单位之间的联系与合作，努力提高研究水平，扩大了社会影响。以组织教育文化交流为特色，开展了海外联谊，举办了“两岸学者共话·世界史”论坛，协办了“2014·海峡两岸中华传统文化与现代化研讨会”。以规范社团发展为目标，加强了自身建设。

会上，叶圣陶教育思想专业委员会主任、编辑出版思想专业委员会主任分别报告了两个专业委员会2014年的工作情况。

会议还讨论通过了《叶圣陶研究会2015年工作要点》(草案)。

叶圣陶研究会理事，叶圣陶教育思想专业委员会、编辑出版思想专业委员会、《叶圣陶研究年刊》编辑部以及部分单位会员代表等近50人出列席会议。

13. 民进中央社会服务工作专题研讨会

2014年12月23日，民进中央社会服务工作专题研讨会在北京召开，民进中央副主席朱永新出席会议并讲话。

朱永新指出，社会服务是民主党派的重要职能之一，联络委员会要调动全体委员参政议政的积极性和主动性，强化参政议政意识，发挥委员个人的特点和优势，鼓励委员持续关注某一领域，不断深入调研提出新的建议。他强调，联络委员会在做好参政议政工作的同时，要在社会服务平台如开明画院、开明慈善基金会等方面积极配合会中央开展社会服务工作，还要多联系、团结民进企业界会员，为推动委员自身企业发展服好务。

会议介绍了民进中央社会服务部2014年的主要工作情况和2015年民进中央社会服务主题年工作方案。会议还邀请民进中央社会和法制委员会副主任方志远作了题为《依法治国，促进民营经济发展》的专题报告。

民进中央联络委员会负责人和委员约20人参加了研讨会。

（五）各类纪念会、座谈会

1. 民进教育界人士座谈会

2014年4月18日下午，民进教育界人士座谈会在京举行。民进中央主席严隽琪、常务副主席罗富和、副主席朱永新、秘书长高友东出席会议。座谈会由朱永新主持。

11位民进教育界的会员代表出席座谈会，围绕如何进一步做好教育领域的参政议政工作提出意见建议，并就如何做好教育界代表人士的发展培养工作进行了交流。

在听取大家的发言后，严隽琪指出，教育的方针和目的是要为人的发展需要服务，要与生活劳动相结合，这是教育的理念问题，也是中国的教育梦。关于教育体制和教育结构，一定要因材施教，注重多元化办学，同等看待公办教育与民办教育，使之同步发展。关于职业教育发展，清晰明了的规划和出路设计是前提，要提升技术工人的社会地位，职业学校自身要提升办学质量，不要封闭学生的出路，允许学生多向选择。只有办好民办教育和职业教育，中国的教育结构才会走向合理，教育体系才会充满活力。关于师资队伍建设，由于具体工作岗位、所处环境和历史阶段等不同，对教师做出客观的评价是很难的，这需要对学生道德品行以及长期发展有所跟踪才能实现，而非当下评估。

罗富和在讲话中指出，教育要以人为本、全面发展，而以什么人为本、如何全面发展是当前最须思考的问题。他说，教育应以全体受教育者为本，同时使每个受教育者在受教育阶段可以有不同的道路、掌握不同的本领，最终呈现出生动活泼的发展局面，教育的精彩在于各自的精彩。教育领域的全面深化改革，应着力研究以推进民办教育发展为重点的办学体制改革，以促进职业教育发展为重点的现代教育体系改革，以及以减负为重点的教育教学改革。

民进中央副秘书长和部分机关部门负责人参加了会议。

2. 民进文化界人士座谈会

2014 年 6 月 6 日下午，民进文化界人士座谈会在京举行。民进中央主席严隽琪、常务副主席罗富和出席会议，副主席刘新成主持会议。

严隽琪指出，对于个人而言，文化是人们心灵的安顿和修养所在；对于国家而言，文化是软实力，中华民族伟大复兴的中国梦也包含着文化复兴之梦。她强调，要增强文化自信，放眼看到并包容接纳他人的长处，要相信中国多元一体的和谐文化蕴藏有巨大的优势和潜能。同时，要开展文化批评，加强美育教育，努力提高大众的文化审美品位。

严隽琪强调，民进提出“三个认同”，其中的文化价值认同就是希望广大会员认同民进“爱国、民主、团结、求实”的优良传统，为努力构建民进的和谐文化，为中国的文明崛起贡献力量，这是民进人义不容辞的历史使命。

10 位文化界会员代表出席座谈会，重点围绕如何进一步做好文化领域的参政议政工作交流了意见。

3. 民进出版界人士座谈会

2014 年 6 月 30 日下午，民进出版界人士座谈会在京举行。民进中央主席严隽琪，常务副主席罗富和，副主席王佐书、刘新成、朱永新出席会议。座谈会由王佐书主持。

严隽琪在讲话中说，中共十八届三中全会提出推进国家治理体系和治理能力现代化，出版传媒业在全面深化改革的过程中，也应在理念、制度、政策、评价等环节予以完善和健全。透过近年来出版传媒业的快速发展，可以看到当前在工业化、信息化、市场化、法治化背景下各个方面的深刻转型。作为以出版为主要界别的参政党，当前的变化为民进提供了许多可以建言献策、发挥作用的空间，要抓住机遇应对挑战。希望各位会员紧密结合本岗位的工作特点，积极履行参政议政、民主监督职责，及时反映社情民意信息，为出版传媒业的健康发展尽应尽之责。

9 位出版和传媒领域会员代表出席座谈会，就怎样做好当前出版界会员的发展培养工作集思广益，并围绕如何加强出版领域的参政议政工作展开研讨。

4. 民进民办教育界人士座谈会

2014 年 11 月 4 日下午，民进民办教育界人士座谈会在京举行。民进中央主席严隽琪出席会议并讲话，秘书长高友东主持会议。

严隽琪指出，在全面深化改革和全面推进依法治国的时代背景下，民办教育行业也应在发展理念、政策法规、管理制度、行业自律等方面予以完善和健全。民办教育工作者要顺应大势，抓住机遇，迎接挑战，志存高远；要守住对教育神圣感敬畏的职业底线，以对教育事业的真挚热爱推动民办教育事业发展；要深入思考、勇于探索，避免不切实际的浪漫主义和固步自封的保守主义，走出一条符合当下发展阶段特点的民办教育新路。

6位会员代表出席座谈会，围绕如何进一步做好民办教育领域的参政议政工作畅所欲言，提出了许多中肯的意见建议，并就如何进一步做好民办教育界代表人士的发展、培养工作展开了讨论。

民进中央有关部门负责人参加了会议。

5. 民进司法界人士座谈会

2014年12月3日下午，民进司法界人士座谈会在京举行。民进中央主席严隽琪、副主席朱永新出席会议。座谈会由朱永新主持。

会上，11位司法界及相关领域会员代表结合自身的工作体会，就深入推进司法改革、加强司法领域参政议政和组织发展工作等问题交流了意见。

严隽琪在认真听取与会会员的发言后指出，与会各位司法界代表人士提出的建议，涉及到顶层设计和基层探索的关系，司法系统内和系统外的关系，立法、执法、守法之间的关系，以及司法制度改革和司法界会员人才培养等问题。这些都反映出大家工作的重要性和做出的贡献，同时也是参政议政的重要线索，民进在这些方面大有可为。希望各位会员紧密结合自身工作，积极履行职责，借助党派的组织和渠道，实现更高的人生价值。

6. “树新风 走基层”——纪念《民主》杂志创刊25周年活动

2014年9月9日，“树新风 走基层”——纪念《民主》杂志创刊25周年活动在京举行。民进中央副主席、《民主》杂志社社长王佐书出席活动并讲话。

王佐书说，宣传思想战线是各种意识形态战略角力的关键环节，宣传稳，大局稳。要做好宣传思想工作，一个重要方面就是要改进工作作风，坚持“从会员中来，到会员中去”。这次活动来到延庆，就是要以纪念《民主》杂志创刊25周年为契机，深入学习贯彻习近平总书记关于宣传思想工作的重要讲话精神，学习贯彻民进全国宣传思想工作会议精神，将“走基层、转作风、改文风”切实推向深入，让更多的会员和读者了解《民主》杂志，让《民主》杂志增进与会员、与基层的交流，提高全心全意为会员服务、为基层服务的意识。

活动适逢第三十个教师节前夕，活动安排到北京市延庆县特殊教育中心、庆源学校看望师生，王佐书捐赠了图书和教学器材，民进开明出版社支部捐赠了图书，民进北京市第三联合支部的书画家们赠送了书画作品。

7. 蔡睿贤同志逝世

我国杰出的能源动力科学家，中国共产党的亲密朋友，中国民主促进会中央委员会第十届、十一届副主席，中国科学院工程热物理研究所原所长，中国科学院院士蔡睿贤同志，因病于2014年10月4日在北京逝世，享年80岁。

蔡睿贤同志病重期间和逝世后，有关领导同志以不同方式表示深切哀悼，对其亲属表示亲切慰问。10月10日上午，蔡睿贤同志遗体告别仪式在八宝山殡仪馆兰厅举行。民进中央主席严隽琪、原主席许嘉璐、常务副主席罗富和，副主席朱永新，原副主席梅向明、陈难先，中科院副院长李静海，全国政协、中央统战部和各民主党派中央、全国工商联代表，民进十三届中央委员会在京委员、部分专委会副主任、民进中央机关部门负责人、民进中央机关老同志、民进北京市委会部分委员，以及蔡睿贤同志的亲友、同事、学生及首都各界人士1000余人参加了告别仪式。民进各地方组织以送花圈、发唁电等不同方式表达沉痛哀悼。

8. 纪念叶圣陶同志诞辰120周年座谈会

2014年10月28日，纪念叶圣陶同志诞辰120周年座谈会在京召开。民进中央主席严隽琪出席会议并讲话。民进中央常务副主席罗富和、原主席许嘉璐、原第一副主席张怀西出席会议，副主席朱永新主持会议。

严隽琪在讲话中回顾了叶圣陶追求进步，追求光明，追求真理的光辉一生。她说，叶圣陶先生为民进的事业呕心沥血，做了大量创造性的工作。今天我们缅怀叶圣陶先生，就是为了学习他崇尚科学、追求真理，勇于担当、谦逊严谨的敬业精神，虚怀若谷的道德风范和爱国爱民、无私奉献的高尚人格，学习他自觉地把个人的前途命运与国家、民族的前途命运联系在一起，把自己的人生理想融入民族复兴的伟大事业中。当前，民进全会正在开展坚持和发展中国特色社会主义学习实践活动，我们要学习、宣传、继承和弘扬叶圣陶等民进老一辈在长期实践中形成的“坚持接受中国共产党的领导，坚持爱国、民主、团结、求实，坚持立会为公”的优良传统，并不断赋予其时代意义，努力建设符合时代要求的中国特色社会主义参政党，为实现伟大的中国梦书写新的篇章。

二、参政议政

参政议政、民主监督是参政党的基本职能。2014年，民进中央秉持“为执政党助力，为国家尽责，为人民服务”的使命感，认真学习领会“新常态”的内涵与意义，自觉适应“新常态”对参政议政工作的新要求，把坚持和发展中国特色社会主义作为履职的目标和方向，紧紧围绕全面深化改革和推进法治中国建设等国家的主要任务和重大部署，出实招、谋良策，讲真话、建诤言，为增进社会和谐和全面小康建设作出了积极贡献。

（一）积极参与高层协商

2014年，民进中央领导在中共中央、国务院召开的5次党外人士座谈会上，会中央分别围绕改进国民经济指标体系、规范教育名称、创新机制推动政府职能转变、提高中国企业“走出去”的能力和水平、推进国家治理体系和治理能力现代化、水资源保护与开发利用问题、城镇化过程中农民工市民化问题、农业良法推广、推进依法统计、依法保障民营企业平等参与市场竞争、全面推进依法治国、克服“碎片化”弊端激发科技进步新动力、加强顶层设计开展探索试验推动生态文明建设等问题提出了一系列建议，得到了中共中央的肯定与重视。

向党和国家领导人报送16份建议书，内容涉及经济、教育、文化、社会建设、生态文明等，建议内容被采纳或供科学决策参考。这16份建议书分别是：《关于赴台情况的报告及建议》、《关于纪念曹雪芹诞生三百周年的建议》、《关于加快推进氢能源利用的建议》、《关于完善国家治疆方略的思考和建议》、《关于规范国家通用语言文字表述和加强推广的再建议》、《关于加快发展现代农业的建议》、《关于加大采煤塌陷地治理力度的建议》、《关于加强青年学生艾滋病防治工作的建议》、《关于加强高层治港人才战略谋划的建议》、《关于实施长江流域水资源统一调度管理的建议》、《关于改进和完善国家森林资源连续清查体系，适应国民经济五年发展规划和省级党政领导任期考核需求的建议》、《关于设立"长江上游经济带经济体制和生态文明体制综合改革试验区"的建议》、《关于设立国际合作发展署的建议》、《关于加强和规范公安工作的建议》、《关于允许四川省雅安市暂缓执行国家大型水电企业税收优惠政策的建议》、《突破关键零部件国产化的瓶颈——关于推进轴承减速机工业性试验平台建设项目的建议》。

在"两高"召开的党外人士座谈会上，会中央围绕建设法治中国，提出了确保法院独立公正地行使审判权、改革法官管理制度、建立健全错案防范与责任追究制度、改革现有检委会决策制度、推动铁检体制机制改革以及强化监督等建议。

（二）在全国政协十二届二次会议、常委会议和专题会议上的发言与提案工作

在全国政协十二届二次会议期间，民进中央提交大会发言 5 篇，党派提案 31 件，民进组提案 12 件，委员个人及委员联名提案 214 件，内容涵盖当前经济社会发展的众多领域。其中，《从农民工大国到技工大国》被选为大会口头发言；《关于教育减负要从深化教学改革做起的提案》被列为全国政协重点调研提案，《关于运用市场化手段化解产能过剩的提案》、《关于发展再制造产业 合理利用制造业产能的提案》被列为两会期间重点办理提案。在民盟、民进联组会上，7 位民进界政协委员分别围绕深化改革中要转变政绩观、夯实社会建设基础、减轻社区负担、推进考试招生制度改革等做了口头发言。2014 年的全国政协专题协商会中，民进在发言数量和质量上取得重大突破。在"深化产教融合、校企合作，加快现代职业教育体系建设"专题协商会上，民进中央提交大会发言 2 篇，多位政协委员积极参与、提交发言，提出"立法保障管办评分离，大力发展民办教育"和"修订完善《职业教育法》的基础性建议"。在全国政协"构建现代公共文化服务体系"专题协商会上，民进中央提交了《加快立法，促进共享》的书面发言，并有多位民进界政协委员围绕公共文化服务体系建设做了发言，提出要加快制定公共（公益性）文化服务保障法，并提出框架性建议。在全国政协常委会上，民进中央作了题为"依法强警、依法治警，深入推进公安工作的法治化进程"的口头发言，反响强烈。在民进中央承办的全国政协双周协商座谈会上，民进多名专家围绕"南水北调中线水源地水质保护"主题提出了系列建议。在全国政协第 24 次双周协商座谈会筹备会暨调研总结研讨会上，民进中央作了题为"深化行政审批制度改革须从'物理平移'走向'结构重塑'"的口头发言。

（三）反映社情民意

截至 11 月底，民进中央共收到各省级组织、各专门委员会和其他参政议政平台报送的社情民意信息稿件 3106 篇，编报《民进信息》399 期，被全国政协采用 53 篇，社情民意信息年度分值在各民主党派中央和全国工商联中均名列前茅。

（四）调查研究

1. 年度大调研

2014 年，民进中央将"建立流域水生态环境保护长效机制，促进区域生态文明建设"，作为中共中央委托中央统战部组织的 2014 年度民主党派中央考察调研课题。在民进中央主席严隽琪带领下，民进中央调研组于5月26日至31日，在四川成都、雅安和攀枝花三市进行了为期5天的调研。作为年度考察调研的重要组成部分，5月26日至27日，民进中央在四川成都举办了“2014•长江保护与发展论坛”，围绕年度考察调研课题进行了深入研讨。攀枝花、宜宾和泸州市的市长应邀做主题发言，使调研组更多地了解了宜宾、泸州以及长江中上游生态保护与经济发展的实际情况，丰富了本次四川大调研的内涵。民进中央副主席朱永新、张雨东，秘书长高友东随同调研。

在川期间，调研组实地考察了雅安市宝兴县生态协议保护项目基地和示范点，攀枝花市金沙江流域水生态环境、水库建设、引水工程、移民集中安置区、淹没影响区、特色农业发展、钒钛钢铁基地生产线等11个项目，召开了交流座谈会，听取了各级政府的情况介绍，与当地社区百姓、库区移民、乡村农民和各级干部群众现场交谈，进村入户了解情况。严隽琪和国家有关部委司局负责人、民进会内外专家及四川省各有关方面，一路思考、共同探讨、坦诚交流、交换意见，为长江流域生态环境保护长效机制和四川省长江上游生态屏障建设出谋划策、建言献策。

通过几天的考察调研和学习交流，民进中央初步了解了四川生态文明建设和金沙江流域经济社会发展状况。在全面梳理调研材料的基础上，经过调研组的多次研讨，受严隽琪主席和考察调研组的委托，5月31日上午，朱永新就收获、体会和思考向四川省反馈了意见建议。四川省副省长曲木史哈代表省委省政府，以《建立流域生态环境保护长效机制，促进区域生态文明建设》为题，向调研组介绍了四川省生态环境保护工作。双方还进行了深入的研讨交流。严隽琪发表了重要讲话。

2. 其他调研活动

2014年3月24日至27日，民进中央副主席朱永新赴河南南阳，就“关于南水北调中线水源地水质保护”开展实地调研。3月25日，民进中央主席严隽琪赴上海金山，就现代农业生产方式调研。4月8日至10日，严隽琪赴山东济宁、德州，就资源型城市转型发展、社会转型期中华优秀传统文化的继承与发展，以及特殊教育问题进行调研，朱永新随同调研。5月7至8日，朱永新赴天津，就“深化产教融合、校企合作，加快现代职业教育体系建设”开展实地调研。10月11日至13日，严隽琪赴甘肃，就节水农业及新丝绸之路经济带建设考察调研。

（五）各类论坛、研讨会、座谈会

1. 民进中央参政议政特邀研究员会议暨参政议政务虚会

2014年1月10日，民进中央参政议政特邀研究员会议暨参政议政务虚会在北京召开，民进中央主席严隽琪、常务副主席罗富和出席会议并讲话，副主席朱永新主持会议。

严隽琪在讲话说，专家们的发言对许多问题起了去伪存真的作用，启发我们从不同角度探寻深化改革的思路和解决问题的出路。希望大家以后继续借助民进中央这个工作机制建言献策，贡献智慧。

14位特邀研究员和7位相关领域的知名专家学者应邀出席本次会议，交流学习中共十八届三中全会以及中央经济工作会议、中央城镇化工作会议和中央农村工作会议精神的体会。

2. 民进中央出版和传媒委员会主任扩大会议

2014 年 5 月 5 日下午，民进中央出版和传媒委员会十三届四次主任扩大会议在京召开，民进中央副主席王佐书出席会议并讲话。会议讨论了 2014 年重点调研课题的具体内容、调研安排和近期重点工作。

王佐书指出，专门委员会要为统一战线服务，为和谐社会服务，为民主党派的功能服务。参政议政是专门委员会重要的工作形式，选题非常重要，要注意“找准角度、力所能及、全力以赴、务求实效”。结合出版和传媒委员会的课题调研和提案工作，王佐书提出了 10 种思考问题的方法、10 种创新方式和 4 个发展模式，并就具体问题同与会委员进行了深入交流。

民进中央出版和传媒委员会主任、副主任、委员出席了会议。

3.2014• 长江保护与发展论坛

2014 年 5 月 26 日至 27 日，2014• 长江保护与发展论坛在成都举行。本次论坛的主题是加快生态文明制度建设。

5 月 26 日下午，论坛举行开幕式。民进中央主席严隽琪出席开幕式并发表重要讲话。常务副主席罗富和主持开幕式并致欢迎辞。

严隽琪指出，必须进一步增强水危机意识，所有做法都要适应自然规律、经济规律和社会发展规律。水乃生命之源、经济之源、睦邻安邻的战略资源。水污染的加剧、水资源利用方式的粗放、节水措施推广的困难等现实状况，已经成为我国经济社会发展面临的严重安全问题。加强生态文明制度建设要从体制建设、机制建设和法治建设三方面入手。在加强区域合作中，政府应该发挥全流域统筹协调的作用。要注重市场在资源配置中的决定性作用，要考虑利益的分配，激活各种市场主体的内生活力。各项改革一定要于法有据，要立新法、修旧法，加强监督和执法的力度。

罗富和在致辞中表示，中国民主促进会长期关注长江的保护与发展，1997 年以来在各方的大力支持下，先后在安徽、江苏、上海、湖北、江西、重庆、湖南等地，围绕建立长江防洪新体系、长江中游湿地保护与合理利用、长江下游水土保护与修复、推进流域综合管理、流域经济社会协调发展等主题，多次开展专题调研，举办研讨会，并向中共中央、国务院和全国两会报送提案、建议，为国家科学决策发挥了重要作用。希望通过本次论坛，共同深入研讨，为国家水安全和长江经济带的建设贡献智慧和力量。

27 日下午，2014• 长江保护与发展论坛闭幕。罗富和出席论坛并作总结讲话。民进中央副主席朱永新出席闭幕式。罗富和就长江保护与发展问题提出四点建设性意见。一是要认真学习贯彻习近平总书记治水方略，努力实现人口、经济与资源环境协调发展。二是要坚定不移地树立正确的政绩观，各级党委、政府和领导干部要践行科学发展观，努力肩负起长江流域生态保护的重任。三是要推进生态文明建设的制度创新与机制完善，明确将水生态环境的指标纳入政绩考核体系，建立长江水资源综合调度管理机制，健全生态效益补偿长效机制。四是要进一步动员群众理解、支持和投身长江的保护与发展，传播惜水、爱水、护水、亲水的水文化。

本次论坛为期一天半，共设长江流域水生态文明建设探索与实践、跨区域跨部门水资源保护与水污染防治协调机制建立与探索、长江经济带建设与沿江绿色生态廊道构建、长江上游区域经济发展与生态保护、长江上游大型水库群联合调度与生态保护五个分议题。来自长江流域8个民进省级组织的有关负责人和专家学者在分论坛上作了发言，来自全国政协人口资源环境委员会、水利部、环保部、世界自然基金会、高等院校、科研院所以及四川省部分地方政府等单位的18位有关领导和专家学者，结合工作实际，围绕论坛主题，分享了各自在长江保护与发展方面的研究与思考。

论坛主办、承办、协办单位，国家部委、高等院校和科研院所，长江流域民进省级组织的有关负责人和专家学者约80余人出席了本次论坛。

4. 民进中央经济委员会主任会议

2014年6月16日下午，民进中央经济委员会主任会议在京召开。民进中央主席严隽琪，副主席朱永新出席会议并讲话。

严隽琪指出，参政党具有地位超脱的优势，它不为政绩所囿，也没有部门和行政区划的利益限制。由于顾虑少一些，与会专家相对能够站在比较客观、公正的立场上去研究和分析问题、提出综合性的意见建议。她强调，机关有关部门应就调研服务、资料提供、经费保障等方面，进一步改进对专委会的服务工作。

朱永新要求，参政议政部门要与专委会密切协作，就重要课题专门组织深度研讨，将各方不同意见汇集起来，在此基础上进行系统思考、建言献策。

民进中央经济委员会主任、各位副主任分别围绕经济形势分析、落实专委会调研、完善专委会工作机制等内容交流发言。

5. “依法治国与国家治理体系和治理能力现代化”参政议政务虚会

2014年7月8日上午，“民进中央—上海社科院合作中心”举办“依法治国与国家治理体系和治理能力现代化”参政议政务虚会。民进中央主席严隽琪，副主席朱永新出席会议。

严隽琪高度重视“民进中央—上海社科院合作中心”这一重要的参政议政合作平台。她指出，合作中心涉及的领域不断拓宽，从经济领域拓展到社会建设，现在又拓展到法治领域。而且每次都能得到很多启示，既有理念层面的，又有具体的路径和措施，对参政议政帮助很大，希望今后不断加大探索力度。

会上，8位专家学者围绕会议主题阐述了各自的观点，并提出相应的政策建议。

6.2014年民进“上海出版研讨会”

2014年8月13日，由民进中央出版和传媒委员会、民进上海市委会主办，民进上海市委会文化出版传媒委员会承办的2014年民进“上海出版研讨会”在上海民主党派大厦举行。会议主题为“出版业态转型期的开拓与坚守”。民进中央副主席蔡达峰出席并讲话。

蔡达峰说，民进以出版为主要界别，民进会员中集聚了出版界人士，在履行职能中具有传统优势。他指出，出版业态的转型要从事业改革与发展的大局来认识，出版业态的调整要适应社会主义市场经济改革的方向，出版业态的调整要适应社会主义精神文明建设的需要，出版业态的调整要适应信息技术与传播方式发展的新趋势，出版界的民进会员要为出版业态转型发挥积极作用。

研讨会上，6为专家学者分别作主题发言。与会人员围绕主题，就出版转型因素、数字出版的中外差距、大数据时代的出版业挑战等方面交流了意见。

7.2014• 中国教师发展论坛

2014 年 9 月 4 日至 5 日，2014• 中国教师发展论坛在内蒙古呼和浩特市举行。本次论坛由民进中央和北京师范大学共同主办，主题为“城镇化进程中教师队伍建设的体制机制与政策创新问题”。

9 月 4 日，论坛举行开幕式。民进中央主席严隽琪出席开幕式并讲话。常务副主席罗富和出席，副主席朱永新主持。严隽琪在讲话中强调，今天的中国正处于转型的急剧变动之中，城镇化正是其中的急剧变化之一，它已经给社会结构带来了历史性巨变，对经济社会包括教育等各个方面都产生了广泛而深刻的影响。日新月异的现实不断提出新问题，对已有的教学经验、教育方法、教材内容、教育管理不断提出新挑战，需要教师自身的不断发展。没有教师的高素质，就没有学生的高素质。举办教师发展论坛，就是希望汇集多方有识之士，一起为当今城镇化大潮中教师的发展集思广益、出谋划策。

开幕式上，3 位专家学者围绕论坛主题分别作了演讲。呼和浩特市第二中学的师生代表也在开幕式上作了发言。

9 月 5 日上午，2014• 中国教师发展论坛闭幕。罗富和出席闭幕式并讲话指出，推进城镇化进程中的教师队伍建设，首先要放在全面深化改革的大背景下考量。教育领域深化改革，需要加快以民办教育发展为重点的办学体制改革，加快以职业教育和技能教育为重点的教学体系改革，加快以减轻学生负担为重点的教学改革。在推进教师队伍建设的过程中，需要加强师资培训机构的建设，提升教师队伍的整体水平。民族地区开展双语教学，应坚持以通用语言文字进行教育，推广普通话，书写规范字。

闭幕式前，4 位与会专家围绕城镇化背景下的教师政策与法律保障、教师培养和培训的机制与政策、农牧区教师建设机制与政策、民族地区双语教师教育政策等议题进行了发言。

论坛期间，与会专家学者通过主题发言、专题演讲和分议题研讨等形式，立足国情，结合形势，深入研讨了当前推进城镇化进程中教师队伍建设，促进教育公平与质量提升面临的问题。

中共中央统战部、民进中央教育委员会、内蒙古自治区与呼和浩特市有关领导和同志，相关领域专家学者，民进中央有关部门负责人，民进内蒙古区委会有关领导，以及民进地方组织代表等 100 余人出席本次会议。

8. 民进中央人口资源环境委员会专题研讨会

2014 年 12 月 4 日上午，民进中央人口资源环境委员会专题研讨会在京举行。民进中央副主席朱永新出席会议。

会议就荒漠化防治与西部振兴开展交流。10 位专家先后在会上发言，对荒漠化防治的现状、方法、政策进行了分析，对目前荒漠化防治存在的主要问题和潜在威胁进行了深入研究，对西部振兴的涵义进行了科学探讨，并结合实际对荒漠化防治和西部振兴提出了许多建设性意见。

朱永新在认真听取与会专家的发言后表示，本次专题研讨的水平很高，富有成果，将为 2015 年全国政协大会、双周协商座谈会乃至报送国家有关方面建议提供十分有价值的参考内容。他代表民进中央向各位专家表示衷心感谢并希望加强联系，建立长期友好合作，共同建设高水平的议政智库。

9. 民进专门委员会（科技医卫领域）工作交流座谈会

2014年12月11日至12日，民进专门委员会（科技医卫领域）工作交流座谈会在京举行。民进中央常务副主席罗富和、副主席朱永新出席会议并讲话。

座谈会的主题是探讨建立民进中央专门委员会与省级组织专门委员会的上下联动机制，推动专门委员会工作的制度化开展，提高议政调研能力，并围绕科技医卫领域的相关课题开展座谈交流。与会专家、领导还就科技创新助推传统产业转型升级问题、公立医院人事薪酬制度改革问题进行了深入的探讨交流。

罗富和在认真听取与会专家的发言后指出，本次会议是尝试在民进中央专门委员会与各省级组织专门委员会之间建立上下联动机制的有益探索。只有深入开展集智聚力工作，才能发挥好参政党的作用；只有各层面专家立足岗位，及时反映国家政策在基层的执行情况，我们的建言献策才能有的放矢。

民进中央科技医卫委员会主任、副主任、委员和多位专家学者共30余人出席本次会议。

10. 民进中央妇女儿童工作研讨会

2014年12月15日，民进中央妇女儿童工作研讨会在京举行。民进中央常务副主席罗富和出席会议并讲话。

会议总结了民进中央妇女儿童委员会2014年度工作，研究了专委会2015年工作计划，并围绕妇女儿童领域的相关课题开展交流。

罗富和在讲话中肯定了妇女儿童专委会一年来的工作。针对明年调研重点课题和主要工作，罗富和要求，要学习贯彻中共十八大、十八届三中、四中全会精神，紧密围绕四中全会对法治中国建设的总部署，在完善教育体制改革、健全未成年人立法体系等方面聚焦问题、深入调研，立足专业特色，做好参政议政工作。罗富和强调，专委会2015年要结合民进中央社会服务主题年工作，探索合理工作机制，通过上下联动、会内外互动，努力推动专委会工作取得新成绩。

与会专家就加强民办学前教育、构建公共文化服务体系、推进社会主义协商民主、开展整理专委会口述会史等问题进行了深入的探讨研究。3位专家分别作了《男女平等基本国策在新时期的形势和任务》、《中国当代女性艺术作品》、《特殊儿童教育现状与实践经验》的讲座。民进中央妇女儿童委员会副主任、委员等10余人出席本次会议。

11. 民进中央议政调研（文化领域）工作研讨会

2014年12月15日至17日，民进中央议政调研（文化领域）工作研讨会在京举行。民进中央副主席刘新成、朱永新出席会议并讲话。

研讨会的主题是集智聚力围绕民进中央2015年度文化大调研及相关课题交流研讨，提高建言献策水平；探讨建立民进中央与省级组织参政议政工作部门之间的联动交流机制，提高议政调研能力。

与会专家集中围绕民进中央2015年度“关于构建现代公共文化服务体系”的大调研课题进行了研讨，民进相关省级组织议政调研部门负责同志就如何进一步参与、配合民进中央年度大调研工作进行了沟通交流。

刘新成认为，我国公共文化服务工作取得了很大成就，但也存在问题：一是价值空置，需要弘扬的社会主义核心价值观不能落地；二是体制空转，文化建设与百姓的文化生活对接不紧密；三是工具闲置，已建设的部分图书馆、活动室因为脱离需求处于闲置状态。民进中央希望大家一起努力，立足解决问题，从方方面面提出意见建议。但从效率出发，建议集中、优先搞清楚、弄明白百姓的文化需求究竟是什么，这是基础。只有真正了解了百姓的需求，我们的公共文化服务才能做在点儿上，工具才能不闲置、体制才能不空转、价值才有可能不虚置。

来自文化、出版等领域的20余位专家出席本次会议。

12. 民进中央培育创新文化专题研讨会

2014年12月16日，民进中央文化艺术委员会联合创新战略委员会在京举行培育创新文化专题研讨会。民进中央副主席刘新成出席会议并讲话。

研讨会立足国家发展战略的高度提出了创新文化建设今后发展的目标、载体。与会专家一致认为，要将创新文化建设与树立社会主义核心价值观紧密结合。价值观虽然看不见摸不着，却承载了一个国家、一个民族的精神追求，体现了一个社会评判是非曲直的价值标准，因而是最重要、最深沉的力量。

刘新成在认真听取与会专家的发言后表示，提出创新文化的基本出发点应该是我们要为科技创新创造怎样的文化环境，我们要思考一直强调的科技创新迟迟推不动，是不是因为我们对文化创新强调的不够。他指出，民进是以文化教育出版为主要界别的参政党，一直以来在文化方面的参政议政主要体现在两个方面，一是文化管理，一是文化观念。公共文化体系建设等文化管理方面的内容，大家关注的多，文化观念方面的问题往往被忽视，然而它又是最不能忽视的关键因素。毋庸置疑，文化和科技推动发展，甚至对发展起决定性作用。无论是体制、机制问题，还是创新驱动力问题，其背后都是文化问题。

来自文化领域的10余位专家学者出席了本次座谈会。

13. 2014年基础教育改革座谈会

2014年12月18日，2014年基础教育改革座谈会在京举行。民进中央主席严隽琪、常务副主席罗富和、副主席朱永新出席座谈会。座谈会由朱永新主持。

本次会议的主题是“积极贯彻《国务院关于深化考试招生制度改革的实施意见》，深化普通高中学生培养体制模式的改革”。与会人员在发言中围绕会议主题和如何深化与完善高校考试招生制度改革、考试招生制度改革背景下的培养体系和课程体系改革、高中和大学人才培养体系的衔接与融合、深化考试招生制度改革背景下高中教育综合改革与高中多样化发展等议题，分别介绍了各自学校在考试招生制度改革中的经验做法以及遇到的问题和困难，并提出了意见建议。

严隽琪在讲话中指出，考试招生制度改革一定要有理念上、目标上的认同，这样改革才会有共识和基础。她认为儒学专家牟钟鉴教授总结的孔子教育理念令人深思，“有教无类，因材施教，仁智勇兼修，学思并重，启发式教学，教学相长”，改革的内容、方式、措施都要有利于这一理念的实现；高中教育是基础教育的一部分，是为人的一生打好基础。学会做人、责任心的培育等学生内在素质的变化，通过高考考不出来。高中不是大学的预科，高中教育不能急功近利一切为升学考虑；任何制度都是利弊相生的，合理的制度要不断改进和完善。以史为鉴，考试制度过于严密，反而忘失本源，出发点是发现真人才，结果消磨了人才。我们在考试招生制度改革中，在标准上，在综合评价上也要相对模糊一点，不宜过于精细，否则也会消磨人才，有一个加油器的同时还要有一个刹车器。

罗富和在讲话中表示，每年举办基础教育改革座谈会，就是为了听取一线校长对教育改革的意见，了解实际情况，避免民进对教育问题的提案和意见出现偏差。中共十八届三中全会、四中全会分别通过了全面深化改革、全面依法治国的决定，习近平总书记在中央经济工作会议上对新常态作了阐述，这些论断对推进教育改革适应经济转型升级、适应全面建成小康社会的目标有深刻的指导意义。教育要为整个国家的转型升级提供人才，而人才需求最核心的问题是提高劳动者的素质，这需要广大教育界人士共同的思考和推动。

来自安徽、浙江、陕西、上海等13个省、市的19位校长以及中国教育学会、中国教育政策研究院、上海社会科学院的多位专家学者参加了座谈会。

三、社会服务

2014年，民进中央认真贯彻落实中共十八大、十八届三中、四中全会和民进十一大会议精神，把社会服务工作与学习实践活动紧密结合，在工作中始终坚持讲政治大局、讲特色优势、讲群众观念、讲开拓创新，坚持社会服务品牌项目和微公益的并重，团结带领各级组织和广大会员广泛参与社会实践，完成了各项工作任务。

（一）不断深化“同心·彩虹行动”工作思路，推动支边扶贫工作新发展

遵照习近平总书记对毕节试验区建设发展作出的重要批示精神和2014年2月中共中央统战部组织召开的统一战线参与毕节试验区建设联席会议第六次全体会议精神，以及2014年民进中央工作要点，民进中央继续参与毕节试验区建设，帮扶黔西南州的经济社会发展，至年底，已经协助各级民进组织落实了在助推发展、智力支持、改善民生等方面的多个帮扶项目，持续形成参与毕节试验区和黔西南州安龙县帮扶工作的整体效果。

1. 助推帮扶地区经济社会发展

2014年民进中央多次赴定点帮扶地区黔西南州安龙县实地调研，并积极争取部委项目资金支持，加快项目实施。截至2014年底，民进黔西南州委会联系引进各类扶贫济困帮扶资金近181余万元，招商引资共签约投资8亿元，现已完成投资近2亿元。包括总投资1亿元的兴义市“高效生态农业园”项目签约，投资1.2亿元的“安龙县城污水处理建设、营运、移交项目”，投资5.6亿元建设的“安龙（荷都国际）尚水上城城市综合体；民进中央开明慈善基金会出资82万元为安龙县建成水窖1220立方米，解决6220人用水问题，保障了当地群众的生活用水的同时降低了产业的受灾受损程度。

（1）2014年2月22日至23日，民进中央副主席朱永新一行就民进参与“星火计划、科技扶贫”试验区建设情况在贵州省黔西南州考察调研。朱永新一行先后来到兴义市和安龙县，实地考察了民进会员投建的兴义市贵州苗生药业公司，酒金教育城，高效生态农业示范园和安龙县城西污水处理新建、改建及市政管网项目，与中共安龙县县委、县

政府有关领导座谈，听取对于民进帮扶工作的意见和建议。在黔期间，朱永新还出席了在贵州黔西南州兴义市举办的第二届中国美丽乡村·万峰林峰会开幕式。

（2）2014 年 9 月 25 日上午，全国政协副主席、民进中央常务副主席罗富和在贵州省金沙县进行考察调研。民进中央副主席、民进山西省委会主委卫小春随同调研。罗富和并出席了民进中央在贵州省金沙县金沙中学举行的慈善捐赠仪式。捐赠仪式上，开明慈善基金会河南民进刘文现教育专项基金向金沙县贫困民进会员教师捐赠 18 万元；开明出版社向金沙县教育局捐赠 22 万码洋的图书；学大教育集团向金沙县捐赠了价值近 100 万元、可供免费使用三年的“e 学大”远程教师培训端口 500 个，还向金沙中学捐赠价值约 17 万元的 50 台电脑，用于援建金沙县开明电子图书馆；民进上海市委会向金沙县教育局捐赠了 252 万码洋的图书，并捐赠 50 万元援建官田乡青山村幼儿园。

2. 继续开展教育扶贫

2014 年，民进中央和各级组织分级分类举办培训班 18 期，累计培训教师 2000 余人次。

（1）2014 年 1 月 10 日至 14 日，“同心·彩虹行动”2014 年骨干教师寒假培训班在京举行。民进中央副主席王佐书出席培训班开班式，并为培训班学员授课。王佐书从思考问题的若干方法开始，为学员们讲授了思考问题的规律。他说，教学目的可以从不同角度加以研究，具体来看，包括知识结构、技能结构、能力结构、智力因素、非智力因素、学习方法、思想品德、思维方式、习惯态度、实践能力、团队精神、情商等十二项目标，并强调了结构对于教学的重要性。他还为大家讲授了在教与学的过程中如何培养学生的智力因素和非智力因素，以及需求创新、竞争创新、类比创新、最优化创新等十种创新方法。

培训期间共举行七场专题讲座，包括教育思想与教育理念，国内教育发展动态，学校管理与学校文化建设，学校德育管理与如何做好班主任工作，以及青少年思想教育、德育、法制方面等内容。培训班还安排学员们到国家博物馆参观《复兴之路》大型图片展，实地考察了清华附中校园文化建设。

本次培训班结合前期调研和地方需求，改变了以往以通识培训为主的做法，重点围绕深化教育领域综合改革的任务要求，进行以中小学生思想德育教学及学生管理为主题的专题培训。来自贵州省金沙县、安龙县分管德育副校长、团委书记及班主任教师共 71 人参加了培训班。

（2）2014 年 7 月 15 日至 28 日，“同心·彩虹行动”2014 年新疆校长暑期培训班在乌鲁木齐举行。民进中央副主席朱永新出席开班式并讲话。

朱永新指出，民进作为中国特色社会主义事业的参政党，要认真贯彻中央新疆工作座谈会的决策部署，以推动科学发展为主要内容，着力打造“同心”品牌。近年来，民进围绕新疆文化、教育和医卫事业发展，通过整合会内教科文卫方面的优势资源，发动各级组织和广大会员，积极开展了多方面的援疆工作。这些工作的开展，在一定程度上助推了新疆社会经济的发展。他还着重阐述了国家通用语言文字的规范使用对全面提高国民素质，加快经济社会发展，增进各民族团结，增强中华民族凝聚力和国家软实力的重要意义。

本次培训通过精心设计的培训内容，让参加培训的中小学校长了解新疆的历史文化，更新教育管理观念，开阔眼界，掌握校长专业标准，提高校长领导力，并在思想政治与职业道德、校园文化建设、学校安全管理、学校发展规划、素质教育、校长评价与激励、有效沟通、依法治校等方面有所提高，在一定程度上提升校长实施素质教育的综合能力和水平。来自新疆吐鲁番、和田等地区的70名中小学校长参加了此次培训。

（3）2014年8月18日至22日，“同心·彩虹行动”2014年骨干教师暑期培训班在京举办。培训期间，共举办了包括《古人是如何画画的》、《基于学生发展的教学设计与课例研究》、《书画印创作浅谈》、《中国画的最高境界》、《多元化的美术教育》、《美术教材的理解与应用》、《高效教学活动的设计与实施》等内容的七场专题讲座。

8月21日下午，培训班学员到民进中央机关参观。民进中央常务副主席罗富和亲切接见并与学员们合影留念，民进中央秘书长高友东陪同。罗富和在讲话中说，现在对基础教育中的美术教育重视程度不够，许多中小学美术教育课程和师资力量不足，难以实现学生素质的全面发展。为此，民进中央专门举办了此次“同心·彩虹行动”美术教师暑期培训班，希望通过此次培训能够为从事一线美术教育工作的教师们提供帮助，为我国基础教育中的美术教育发展贡献力量。

学习之余，培训班还安排学员们参观了天安门广场、国家博物馆和中央美院美术馆，并组织培训班学员进行座谈交流，参观了民进中央机关和民进会史展览。

本次培训班为期5天，共有来自贵州省金沙县、安龙县以及民进各省级组织基层骨干教师49人参加。

（二）探索社会服务工作规律，提升服务社会实效

1. 汇聚民进会内公益力量推进社会服务

（1）2013年“4•20”雅安地震发生后，民进中央集全会之力向灾区捐款260万元，用于援建芦山县芦阳镇初级中学教学楼工程。2014年开明慈善基金会积极推进该项目的实施，加强与民进四川省委会及四川芦山县的联系，及时了解芦山初级中学教学楼项目建设的进展情况，督促项目的实施。整个工程8月底完成基础建设，10月主体完工，2015年1月底竣工，春季开学交付使用。届时，由民进人爱心捐赠，一座建筑面积2000平方米、现代化新型的教学楼将成为学生求学、教师治学的良好场所。

（2）2014年8月3日，云南省昭通市鲁甸县发生6.5级地震，造成重大人员伤亡和经济损失，民进中央开明慈善基金会与民进云南省委会共同向全会发起为灾区捐款的倡议并成立了“开明慈善基金会鲁甸抗震救灾专项基金”。全会各级组织和民进会员积极响应会中央号召，踊跃捐款，专项基金共收到全会各级组织和广大会员捐款29.6万元。民进各及组织积极行动，通过各种形式援助灾区，共向灾区捐款215万元现金和531.5万元的物资，联合各公益组织发起了“爱心DIY筑巢行动”，为房屋全部倒塌且生活极度困难的单亲特殊家庭启动援建新房计划，帮助他们重建家园。

2. 积极引导推动各级组织立足特色、因地制宜开展微公益活动

民进中央积极了解省级组织开展社会公益活动情况，倡导各级组织开展社区服务和微公益活动，在2014年民进企业家联谊会联席会议期间召开“微公益”工作座谈会，研究探索了民进全会开展微公益工作的思路、原则、方法和机制，民进组织对公益慈善事

业的认识进一步提高，以开展服务在身边等公益慈善活动为抓手推进全会社会服务工作的共识进一步增强。一批微公益项目，如倡议捐献年收入或各种资源的 1% 用于促进贫困地区教育事业发展的“1% 工程”等，得到社会认可。民进基层组织和会员走进社区、学校和军营等开展微公益活动的工作模式逐渐形成。教育咨询、文化服务、法律咨询、查体义诊、公益助学、认捐图书等各类社区公益活动和微公益主题活动不断涌现。

截至 2014 年底，民进全会各级组织共开展各种形式的社会公益活动 1588 次，捐赠物资 660.6 万，捐赠书籍 66.7 万余册，捐赠医疗设备、用品价值 426.3 万余元，捐赠书画、艺术作品 5652 件。

（三）加强社会服务平台建设，提高社会服务工作水平

1. 进一步完善开明慈善基金会工作制度，积极开展与国内外相关慈善机构的交流与合作

（1）2014 年 1 月 16 日下午，民进中央主席严隽琪在民进中央机关会见台湾慈济慈善事业基金会副总执行长林碧玉女士。民进中央常务副主席罗富和，副主席朱永新陪同会见。

严隽琪指出，慈济人的许多做法对民主党派做好社会服务工作很有启发。让有困难的人及时得到帮助，同时不仅受助人的困难得到解决，帮者也在这个过程中获得提高成长，净化心灵，这是慈济最难能可贵之处。她说，民主党派成员都有自己的专长，应当为满足社会上的多种需求，推进民主政治建设，促进民生改善贡献力量。

罗富和介绍，近年来民进在文化帮扶方面做了许多工作，冯骥才、李亚威等众多民进会员在民族民俗文化传承方面都作出了较大贡献。他希望民进在今后的慈善公益项目中可以向慈济人多多学习，双方开展更多、更深入的合作交流。

（2）开明慈善基金会一届五次理事会。2014 年 3 月 1 日，开明慈善基金会第一届理事会第五次会议在民进中央召开。民进中央常务副主席、开明慈善基金会理事长罗富和，民进中央副主席、开明慈善基金会副理事长王佐书、朱永新出席会议。罗富和主持会议。

会议研究通过了《开明慈善基金会 2013 年工作报告和 2014 年工作计划》，听取审议了《开明慈善基金会 2013 年度财务情况报告》，审议通过了《开明慈善基金会 2013 年度审计报告》、《开明慈善基金会 2013 年度〈财务报表专项信息〉的审核报告》，研究通过了《开明慈善基金会资金增值保值方案》。

罗富和代表民进中央主席、开明慈善基金会名誉理事长严隽琪向与会同志问好，并对理事们一年来对基金会工作的支持表示感谢。他说，一年来，在大家的关心支持下，在民进中央和各级组织以及广大会员的大力支持下，基金会围绕宗旨，贯彻“温暖民心”的工作主线，在业务范围内积极开展工作，取得了较好的工作成效。新的一年，开明慈善会要抓好现有项目的实施工作，做好现有资金的分配，同时紧紧围绕民进中央工作的大局，结合社会服务工作，做好“微公益”及专项基金的示范和试点工作。

会上，罗富和代表开明慈善基金会向北京时代九和律师事务所合伙人赵辉颁发法律顾问聘书。开明慈善基金会副理事长、理事出席会议。

2. 推动民进中央开明画院机制建设

为进一步做好开明画院的各项工作，民进中央制定了《民进中央开明画院工作规则

（试行）》、《开明画院院长办公会议制度》等规章制度，召开 2014 年第一次院长办公会议；工作中注重加强与地方组织画院的日常联系，推动未成立画院的地方组织开展画院建设工作；推动马叙伦纪念展试展和开明画院新址启用；支持民进书画界会员举办书画展，协助举办吴山明书画展、周矩敏画展；主办“开明盛典——首届东莞开明书画陶瓷展”活动，整合书画界会员力量开展文化服务活动，为弘扬优秀传统文化、促进文化事业发展发挥积极作用。

3. 加强对新阶层会员的服务

（1）2014 年民进企业家培训班。2014 年 4 月 20 日至 24 日，2014 年民进企业家培训班在中央社会主义学院举行。

4 月 20 日，培训班举行开班式，民进中央副主席王佐书作题为《从思考问题的方法，看带给人们的启示》专题讲座。他结合民进社会服务工作和企业家自身发展，从规律的认识、服务的效用、存在决定意识、方向比努力重要、执行力的产生等方面，深入浅出地进行讲解，引发了与会人员的思考。

4 月 22 日下午，民进中央常务副主席罗富和在民进中央机关接见了参加 2014 年民进企业家培训班的全体学员，副主席朱永新陪同会见。罗富和代表民进中央对参加培训班的学员表示热烈的欢迎，他鼓励大家在培训中结合实际、学以致用，在做大做强自身企业的同时为民进事业和多党合作事业贡献更大的力量。

此次培训班为期 6 天，来自 29 个省、市、自治区的民进企业家会员及民进中央联络委员会部分成员共 130 余名学员参加了培训。培训期间，共举行了 9 场专题讲座，包括思考问题的方法看带给人们的启示，中国经济发展过程中的若干问题，传统文化与企业发展，两会精神解读与当前我国宏观经济形势，民进会史，国防现代化建设与周边安全环境，民营企业转型、科技创新的发展机遇，学习中共十八届三中全会精神坚持和发展中国特色社会主义，加快结构调整推动经济转型等内容，并安排了小组讨论、参观民进会史展览等多项活动。

（2）2014 年民进企业家联谊会联席会议。2014 年 8 月 28 日，2014 年民进企业家联谊会联席会议在甘肃省兰州市召开。民进中央常务副主席罗富和出席开幕式，副主席朱永新出席开幕式并讲话。

朱永新在讲话中说，民进企业界会员作为中国特色社会主义参政党成员，要认真学习中国特色社会主义理论，增强中国特色社会主义的道路自信、理论自信和制度自信；深入学习中共十八大、十八届三中全会和习近平总书记一系列重要讲话精神，深刻认识新形势下全面深化改革的重要性和紧迫性，理解改革、支持改革、投身改革；认真学习多党合作历史和民进会史，增强中国特色社会主义参政党的责任感和使命感，增进道路认同、目标认同和价值认同；加强业务学习，提高管理企业的能力和水平，做强做优企业，强化社会责任，积极建言献策。

开幕式后，北京、上海、江西、湖北、广西、甘肃的民进企业家联谊会代表就各自实际工作和经验成果作了交流发言。

当日晚上，罗富和接见了出席“2014 年民进企业家联谊会联席会议”的各省民进企业家联谊会会长及企业家代表并座谈。罗富和说，希望企业界会员们认真学习领会习近平总书记提出“经济发展新常态”的论述，认清当前我国经济发展处于增长速度换档期、结构调整阵痛期、前期刺激政策消化期“三期叠加”的时期，企业家们要及早谋划，及时采取措施，使企业发展适应我国经济发展的新常态，在市场竞争中站稳脚跟。罗富和指出，民进的社会服务工作不仅是企业界会员的任务，而应是全体会员的任务。民进各级组织要通过积极开展社会公益活动，动员广大会员广泛地参与社会服务工作，从而培养和激发更多人的爱心和社会责任感，积小善成大善；希望大家一如既往支持民进中央的工作，集智聚力，把民进企业家联谊会这个平台打造好；明确明年社会服务工作主题年的主题，要收集并宣传基层会员的感人事迹，认真总结工作经验，思考并研究新常态下社会服务工作的平台和品牌建设，推进民进的社会服务工作再上一个新台阶。

省级组织分管社会服务工作的负责人，部分民进中央联络委员会副主任、委员，民进各省级组织企联会会长和企业家代表共 80 人参加了会见。

会议期间，民进企业界会员们听取了丝绸之路经济带建设的专题报告，并考察了兰州新区，参加了兰州新区和鸡西市的招商推介会。

民进各省级组织社会服务工作负责人、社会服务专职干部和来自全国各地的民进企业家共 270 余人出席会议。

（四）服务祖国和平统一，积极推进海外联谊工作

2014 年，民进中央紧紧围绕两岸关系和平发展主题，充分发挥民进特色与优势，充实交流内容、深化交流内涵，在两岸交流工作中取得了新的进展。

1.2014 年 1 月 27 日下午，民进中央主席严隽琪在民进中央机关会见了海峡两岸关系协会会长陈德铭一行。双方就民进如何进一步发挥优势，体现特色，推动两岸教育、文化交流交换了意见和看法。民进中央常务副主席罗富和，副主席刘新成、朱永新，民进中央秘书长兼办公厅主任高友东陪同会见。

2.2014 年 5 月 7 日上午，民进中央常务副主席罗富和在民进中央机关会见了中国宋庆龄基金会党组书记、常务副主席齐鸣秋一行。民进中央副主席刘新成，秘书长高友东陪同会见。罗富和希望民进中央和宋庆龄基金会一道在社会服务和对港澳台工作方面做一些力所能及的事情，努力推动两岸基础教育领域的沟通合作，特别是要通过推动教师交流，将促进年青一代的文化认同与民族认同持续推向深入。双方商定在今后的工作中可以相互对接、整合力量、精耕细作，切实发挥出民主党派和人民团体在开展两岸交流交往方面的积极作用，进一步延展合作领域，提升项目品质。

3.2014 年 7 月 14 日上午，民进中央主席严隽琪在北京人民大会堂台湾厅会见台湾“2014 纵横北京”中华文化研习营一行，并以“思进取，日日新”表达对台湾年轻学子的殷切期望，希望大家珍惜青春时光，放飞美好梦想，为今后的人生打下坚实的基础。研习营由台湾贤德惜福文教基金会董事长周荃、台北大学公共行政暨政策学系副教授郑又平带队，研习营成员由来自台湾的 28 所高校的 77 名大学生组成。民进中央副主席刘新成、秘书长高友东参加会见。

严隽琪指出，中华传统文化是经过历史长河洗礼后凝聚的精髓。民族文化的传统是民族自主性的体现，是民族精神的支撑，民族认同的依据，民族自信的源泉。继承传统要善于选择，保持开放，学会宽容，增强自信。两岸的中国人包括全球华人，应该一起努力继承或借鉴具有普遍意义的传统文化精华，并与今天新的时代结合起来，对传统文化精华进行现代化升级，努力实现中华文化的新发展和新超越，为世界提供思想、价值的贡献。

在谈到教育问题时，严隽琪认为，教育最大的精神支撑是培养人文素养，教育的本质是通过传播价值、澄清基本信念，以德为先，让世界和人生变得可以理解，可以参与，可以选择，给生命带来意义。在当今多元文化交流碰撞的舞台上，年轻人要参与对缤纷世界的体验，要学会培养感同身受地理解他人的思想、处境的能力，要让自己不停留于天真，做到“有恒、有度”，这对未来社会的福祉至关重要。

严隽琪希望，两岸的大学和大学的师生们能够在两岸的文化交流、学术交流、科学交流方面担当重要的角色，发挥更大的积极作用。海峡的风波终究隔不断同胞的亲情，历史的恩怨必然让位于今天的团结，政治的异同应该服从于民族的福祉。

严隽琪还就两岸关系、台湾教育、教育资源均衡化、提高人文素养等问题，回答了研习营成员的提问，与大家进行了互动交流。

4.2014 年 7 月 17 日，民进中央主席严隽琪，常务副主席罗富和，副主席刘新成、朱永新在京会见饶颖奇先生率领的台湾民意代表交流参访团一行并合影留念。全国政协有关部门负责人，民进中央秘书长高友东、副秘书长王建国等陪同会见。

严隽琪说，宽容是成熟的标志，对话是自信的表现。海峡两岸隔绝多年，当再走到一起时，难免会有不同的认识和见解，但我们有着相同的愿望——在理解、互信与合作的基础上增进两岸福祉，实现中华民族伟大复兴，为子孙后代留下安详的生活环境和开阔的发展空间。她说，各位民意代表都有着丰富的人生经历，更与广大的台湾民众密切相连。中国民主促进会愿与大家一道，广泛听取两岸民众尤其是台湾基层民众的意见建议，为密切两岸同胞的骨肉亲情和共同命运纽带、造福两岸同胞贡献智慧和力量。她希望，双方可以就教育、文化、出版等多个领域的工作继续深入研讨，将长期多年积累沉淀的友谊和传统传承接力下去，并赋予其新的活力与生机。

罗富和向参访团成员介绍了中国民主促进会的成立和发展历程，民进近年来参与政治协商，履行参政议政、民主监督职能，开展社会服务工作的成果，以及民进领导人赴台访问、推动两岸交流的情况。

饶颖奇在致辞中表示，台湾民意代表交流参访团到大陆参访，旨在进一步巩固五年来双方机制化交流互访所取得的积极成果，探讨双方机制化交流中共同关注的问题。参访团与中国民主促进会有着多年的往来基础，双方的合作又以教育和文化方面为最多，他希望今后可以将合作不断推向深入，使互信不断加强，友谊更加深厚。

5.2014 年 8 月 22 日至 23 日，由民进中央和叶圣陶研究会主办的“两岸学者共话 • 世界史”论坛在京举行。

8 月 22 日上午，论坛开幕。民进中央主席、叶圣陶研究会会长严隽琪出席开幕式并发表致辞。民进中央副主席、叶圣陶研究会副会长刘新成出席并主持开幕式。

严隽琪指出，在全球化背景下，任何国家的发展已经无法置身于世界变化之外，世界史是我们更深入了解世界的重要渠道之一，能够帮助我们更好地认识中国在世界中的定位，与其他国家互相尊重、共同发展。同时，“谈论外国的时候，其实关注的是本国”，研究世界史的外表下，表达的实则是中华民族或东方人的视角。她希望，本次论坛可以开启海峡两岸世界史学者合作研究的新模式，特别是对于不同国家、民族现代化历程的共性与个性方面有所思考和突破。正所谓，所有传统的、民族的文化都要放在全球的视野中与当代文化潮流展开一番博弈，从中脱颖而出的，才是民族的底色。

8 月 23 日下午，论坛闭幕。刘新成作闭幕总结。刘新成说，此次论坛达到了举办的目的和初衷——使两岸世界史学者面对面交流研讨，相互增进了解。论坛的专题交流基本覆盖了目前大陆和台湾地区世界史研究的方方面面，与会学者通过会上会下的多种方式交流，对于一些具体研究课题进行了深入探讨，彼此获得收益和启发。与会学者还对海峡两岸可以进一步合作的空间、内容进行了初步讨论，达成了一定共识。

本次论坛由北京大学历史学系和首都师范大学历史学院承办。论坛为期两天，旨在通过小范围、高层次学术对话，使海峡两岸学者实现“面对面”的深度研讨、交流和互动。来自海峡两岸 20 所高校的 20 余位世界史学专家，围绕两岸世界史学科发展的历史与现状、世界上古中古史、主要国家国别史、世界通史与专门史等专题进行研讨交流。

6.2014 年 9 月 21 日，2014• 海峡两岸中华传统文化与现代化研讨会在河南省新乡市举行。民进中央主席、叶圣陶研究会会长严隽琪出席研讨会并讲话。民进中央常务副主席、叶圣陶研究会常务副会长罗富和，民进中央副主席、叶圣陶研究会副会长刘新成，台湾海峡两岸客家文经交流协会理事长饶颖奇，民进中央秘书长高友东出席研讨会。

严隽琪指出，我们要从世界文化多元共生的角度，既增强中华文化的自信心，同时又持开放的态度、清醒的头脑，不带成见地借鉴和吸收现代文明的一切精华，自觉自主地进行现代化的转型或适应。文化的传承和教育密不可分，中华优秀传统文化尤其对德育提供重要价值和滋养。“立德树人”几乎是我国历代教育共同遵循的理念，现在的教育，特别是养成教育中，如何注重培养学生的人文素养，让中华文化精华成为中国公民人文素养的根基，并具体化为学生的各种良好习惯和行为习惯，提高青少年的文化素质，提高国民的文明素质，值得教育工作者深思和笃行。

本次研讨会的主题为“现代化进程中中华优秀传统文化的继承与发展”，与会专家学者围绕中华传统文化与现代价值体系、认知体系的关系，中华优秀传统文化与现代公民的养成教育两个分议题，进行了深入的研讨和交流。闭幕式上，北京大学哲学系教授和台东大学教师分别介绍了分议题研讨情况。

来自海峡两岸 80 余位文化教育界专家学者，中华海外联谊会、人民教育出版社和中国宋庆龄基金会的有关同志出席了研讨会。

7.2014 年 9 月 25 日至 27 日，应台湾“中华文化总会”和金门县社教文化活动基金会的邀请，民进中央副主席、开明画院常务副院长朱永新率领民进中央“开明画院赴金门文化交流团”一行，在台湾金门参加金门为纪念建县 100 周年而举办的“2014 金门诗酒文化节”，并开展了一系列文化交流活动。朱永新在开幕式上致辞。开明画院赴金门文化交流团的诗人、书画家们深入金门酒厂、金门陶瓷厂、山后民俗文化村采风，参与诗酒高峰论坛，或吟诗作对、或挥毫泼墨，深受当地民众欢迎。

四、自身建设

（一）思想建设

2014 年，民进全会深入学习贯彻中共十八大和十八届三中、四中全会精神，学习贯彻习近平总书记系列重要讲话精神，贯彻落实民进全国宣传思想工作会议精神，把开展坚持和发展中国特色社会主义学习实践活动作为宣传思想工作的主线，指导和推动民进全会的宣传思想工作取得积极进展。

1. 深入开展坚持和发展中国特色社会主义学习实践活动

（1）建立学习实践活动领导小组办公室会议制度。2014 年共召开 4 次办公室会议，落实会中央学习实践活动领导小组决定，了解沟通民进中央机关各部门、各省级组织开展学习实践活动进展情况。民进中央主席严隽琪出席办公室第四次会议，并对学习实践活动提出具体意见和要求。

（2）民进中央建立了与省级组织的定期联系制度，及时就学习实践活动动态、存在困难和问题等进行沟通交流，在金华、天水、宜昌和四平 4 个市级组织建立学习实践活动领导小组办公室第一批联系点，同时加强了与中央统战部有关部门的联系，及时沟通情况、争取支持。

（3）充分发挥宣传平台的作用。民进网站推出学习实践活动专题，及时、全面地反映各级组织活动动态，同时刊发学习资料、经验体会等内容，及时做好引导、示范和交流，积极扩大活动的影响。《民主》杂志刊发专稿，大力宣传民进全会学习实践活动的主要情况、成功经验和涌现出来的先进典型。编发学习实践活动简报，全年共编发 12 期。根据地方组织和基层组织的需求，民进中央向全会 359 个省、市、区县级组织下发了学习实践活动第一批学习资料，有力地推动了学习实践活动的深入开展。

2. 指导和推动民进全会的理论学习，加强思想政治引导

中心学习组发挥领学作用。结合主席会议和中常会议，中心学习组重点围绕学习贯彻中共十八届三中、四中全会精神，学习贯彻习近平总书记系列重要讲话精神等内容进行了学习交流。

认真学习贯彻全国两会精神，召开民进学习贯彻两会精神座谈会，印发学习两会精神通知、学习中共十八届四中全会精神通知，引导广大会员深刻认识在全面建成小康社会的进程中全面深化改革和全面推进依法治国的重要意义，进一步巩固全会的“三个认同”，坚定“三个自信”。

2014 年 3 月 14 日下午，民进学习贯彻两会精神座谈会在京举行。民进中央主席严隽琪，常务副主席罗富和，副主席王佐书、刘新成、朱永新，秘书长高友东出席会议。

严隽琪在讲话中指出，民进要紧紧围绕全面深化改革的主要任务和重大部署，围绕政府工作报告中提出的 2014 年九个方面的重点工作，积极履行参政党职能。脚踏实地调查研究，提切中要害的诤言、献科学合理的良策，在议政调研中当好党和政府的智库；多做协调关系、理顺情绪、化解矛盾、增进社会和谐的工作，积极为全面深化改革营造良好社会环境，动员更多资源和力量参与到改革的伟大事业中。

朱永新介绍了民进在两会期间的工作情况，以及民进组在政协会议期间履行职能的情况。2 位人大代表、2 位政协委员分别介绍了个人参加两会的履职情况和体会。座谈会由民进中央办公厅和民进北京市委会联合举办。为了更多的会员能够参与，民进网站对座谈会进行了全程文字直播，与会的代表和委员回答了会员关心的问题。部分在京民进中央常委、民进中央委员，民进中央副秘书长、机关部门负责人，民进北京市各区委、区工委、基层支部负责人和部分会员，民进天津市委会统战理论研究会会员约 80 余人参加了座谈会。

3. 以问题为导向扎实开展参政党理论研究

民进中央立足开展学习实践活动和会务工作的实际需要，就会员关心的重大理论问题、参政党建设和履行职能中亟待解决的现实问题开展研究，强化问题导向，改进工作方式，提高应用理论研究水平。

（1）制定下发民进 2014 年参政党理论研究课题。民进中央根据 2014 年工作重点及各部门实际工作需要，结合民进理论研究实际，2014 年制定下发的理论研究课题内容主要涉及参政党参与社会主义协商民主、更好履行民主监督职能、开展社会服务工作等 10 个方面。加强与省级组织理论研究机构和骨干队伍的联系，指导地方开展理论研究工作，并及时收集整理各地的理论研究成果，通过民进网站等渠道发表交流。

（2）开展课题招标活动。2014 年的招标课题更紧密结合工作实际，更注重体现理论研究的应用性和实效性。五个课题为：中国特色社会主义参政党的科学内涵、基本要求与建设路径；民进开展坚持和发展中国特色社会主义学习实践活动的目的、意义、方式及效果；参政党在推进国家治理体系和治理能力现代化中的作用；民进代表人士队伍建设存在的问题和代表人士成长规律；民进会内监督问题。招标课题下发后，各省级组织积极参与，共有 45 个符合条件的课题组参加招标，经课题招标评审委员会评审，共有 8 个课题组中标并顺利结题。

（3）积极利用会内外平台推动理论研究工作。依托民进中央——中央社院参政党建设理论研究中心，进一步密切与会内外专家学者的联系，形成研究合力，提高研究水平。

2014 年 6 月 5 日至 6 日，由民进中央—中央社院参政党建设理论研究中心举办的“中国特色社会主义参政党的时代使命”理论研讨会在京召开。民进中央副主席刘新成出席会议并讲话。

刘新成说，“中国特色社会主义参政党”是对民主党派性质最新的科学论断，明确了民主党派的中国特色社会主义性质，首次科学阐明了民主党派的时代特质和本质属性；明确了民主党派要同中国共产党通力合作，再次强调了民主党派的前进方向，也指明了构建和谐政党关系的路径，是新时期对民主党派现状的科学总结和概括。刘新成指出，要准确把握建设中国特色社会主义参政党的基本要求，进一步强化民主党派在中国特色社会主义建设中的政治责任和政治使命，通过学习宣传、理论培训、考察调研、广泛讨论等多种形式，加深广大民主党派成员对中国特色社会主义道路、中国特色社会主义理论体系和中国特色社会主义制度的了解，做到“三个坚持”，树立“三个自信”。

中国人民大学国际关系学院教授周淑真做了题为《当代中国政党制度由来、发展及运行机制》的大会主题发言。

来自民进各省级组织及中央社院的31位同志参加了研讨会，14位同志作了大会发言。

4. 大力推动会史的学习、宣传和研究，引导广大会员继承和弘扬民进优良传统

结合迎接民进成立70周年，组织编写《中国民主促进会简史》、《中国民主促进会70年大事记》，启动“70年情缘：岁月钩沉”主题征稿活动，推进口述会史和民进创始人历史文物征集工作。大力宣传民进优良传统在当代会员中的继承和发扬，举办民进坚持和发展中国特色社会主义先进会员事迹宣讲大会，用优秀会员的先进事迹，鼓励广大会员在参政党工作和本职工作中“双岗建功”。

2014年11月6日，民进坚持和发展中国特色社会主义先进会员事迹宣讲大会在安徽合肥举行。民进中央副主席王佐书出席大会并讲话。王佐书指出，当前，民进全会正在深入开展坚持和发展中国特色社会主义学习实践活动。这是一次集中对中国特色社会主义进行学习与实践的全方位活动，是贯穿民进本届工作的一条主线。其方向和根本要求，就是要提高民主党派自身的政治素质、领导班子的政治素质和党派成员的政治素质，同时要出色完成党派的各项工作。作为参政党，通过这项活动，要进一步深化新一轮政治交接，增进全会的目标认同、道路认同和价值认同，保持参政党的进步性。对于广大民进会员，就是要更加坚定信念、提高政治素质，踏踏实实、兢兢业业地在本职岗位和履行参政党职能的工作中，为人民服务，为社会服务，为建设和谐社会真正贡献民进的力量。

4位优秀民进会员在大会上作了宣讲。中共安徽省委统战部负责同志，民进安徽、山西省委会及民进安徽16个市级组织负责人和部分会员参加。

（二）组织建设

2014年是民进的组织建设主题年。民进全会一方面强化“人才强会”理念，大力加强领导班子和代表人士队伍建设；一方面工作重心下移，深入开展创先争优活动，着力加强基层组织建设，努力提高民进组织建设科学化水平，为建设中国特色社会主义参政党奠定良好的组织基础。

1. 切实加强领导班子建设

民进中央领导班子发挥示范带头作用，认真学习贯彻习近平总书记“三严三实”的要求，积极参加坚持和发展中国特色社会主义学习实践活动，进一步加强制度建设和作风建设。坚持领导班子集体领导和个人分工相结合的领导体制，严格按照民主程序和决策程序办事，提高民主决策、科学决策水平；坚持领导班子成员谈心会制度，形成领导班子定期集体谈心、适时个别谈心等多种形式，从制度上保证会内民主生活的健康开展；适时与中央常委、地方组织领导班子成员沟通情况，加强与代表人士的联系，广泛听取各方面的意见建议，进一步改进工作作风，增强全会凝聚力；制定了《关于中国民主促进会中央委员会、中央常务委员会会议请假的规定（试行）》，对中央委员和常委出席会议的纪律进行了明确，有效地改进了会议作风，提高了会议质量；制定了《民进中央主席会议组成人员联系代表大会代表的意见》，民进中央领导每年直接联系3至5名在基层一线工作的代表大会代表，领导班子成员到地方调研时邀请联系代表参加座谈等，扩大了基层代表的知情权和参与权，进一步加强了民进中央与地方组织、基层会员之间的联系和互动。

2. 着力加强代表人士队伍建设

民进中央坚持人才强会战略，加大培训力度，注重实践锻炼，加强人才推荐，为我会更好地履行参政党职能和换届工作做好人才储备。

（1）将代表人士队伍建设与履行参政党职能相结合，分界别举办文化、教育、出版、司法领域代表人士座谈会，50余位会员参加座谈，就如何进一步做好参政议政工作，做好会员的发展、培养工作提出意见建议，既加强了与代表人士的联系交流，又调动了他们集智聚力、参与会务工作的积极性。

（2）印发《民进中央关于做好2014—2017年省级组织领导班子后备干部队伍建设工作的意见》，就基本原则、人选标准、数量结构、程序方法、培养使用、组织管理等各个环节作出明确规定，要求省级组织提前谋划、制定规划、完善制度、抓好落实，做好后备干部队伍建设各个环节的工作。

（3）从优化会员结构的要求出发，做好代表人士发展工作，积极探索完善符合民进工作特点和干部成长规律的制度机制，从学习实践活动中、从履行职能中、从基层组织活动中发现、培养人才。

（4）努力拓宽发现视野、摸清人才底数、把握成长规律、完善机制体制，推进代表人士的政治安排、实职安排，形成不同层次的代表人士人才库。2014年有两名民进会员担任了国家部委的副职领导。

（5）推荐35名骨干会员参加中央统战部和中央社会主义学院举办的进修班、培训班，通过培训发现和培养人才；推荐13名会员担任最高人民法院特约监督员，中国经济社会理事会常务理事，中国国际交流协会理事，中国人民政协理论研究会理事会常务理事、理事，中国和平统一促进会理事会常务理事、理事，中华职业教育社理事会副理事长、理事等职务，使会员有机会在更广阔的平台施展才能、发挥作用。

3. 不断加强地方组织和基层组织建设

从2013年下半年起，民进全会开展了创建全国先进组织、先进个人的活动。2014年，民进中央组织工作向下延伸，加强对基层组织工作的研究和指导，积极总结不同类型基层组织工作的经验做法，帮助解决基层组织建设中的突出问题，增强基层组织的活力和凝聚力。

（1）民进中央领导深入基层调查研究，带队赴29个省级组织的96个地方和基层组织，进行调研，与市级组织、基层组织会员、代表大会代表等座谈交流，并与地方党委和统战部门沟通，加强对地方组织和基层组织工作的指导。民进中央机关也开展了“走基层”活动，先后组成7个调研组，深入48个地方和基层组织，看望偏远地区基层组织的会员，了解基层组织的实际情况。针对各地组织建设中的薄弱环节和难点问题，民进中央一方面积极向有关方面反映，呼吁关注和解决；一方面进行专题研究，制定了《民进中央关于进一步加强组织建设的意见》，总结经验做法，探讨规律思路，提出举措办法，有效提高了各级组织的工作水平。

（2）加大对地方组织和基层组织的培训力度，举办一期专职副主委工作研讨班，一期秘书长工作研讨班，对省级及部分市级专职领导班子成员“以会代训”，重点就组织建设主题年工作和“创先争优”活动进行了交流和研讨。举办三期市、县级组织主委培训班，首次实现对民进全国300多个市、县级组织主委培训全覆盖，主要依托中央和省级社会主义学院的教学资源，实行精细化定位、模块式教学，着力提高领导班子成员的“四种能力”。

2014年3月25日至28日，民进全国专职副主委组织建设工作研讨班在上海举行。民进中央主席严隽琪出席开班式并讲话，副主席蔡达峰主持开班式。来自民进省级组织、副省级城市、省会城市的57位专职副主委参加了此次研讨班。

严隽琪要求，民进全会应以组织建设主题年为契机，提高参政党自身建设水平。全会各级领导班子要认真学习贯彻习近平总书记提出的“三严三实”的要求，严以修身，加强参政党意识，提升道德修养，追求高尚情操、抵制歪风邪气；严以用权，按规则、按制度行使权力，任何时候都不以权谋私；严以律己，心存敬畏、慎独慎微、勤于自省、遵守国法会章。要从优化会员结构的要求出发，做好会员发展工作，领导干部要亲自做组织发展工作。要积极探索完善符合民进工作特点和干部成长规律的制度机制，从学习实践活动中、从履行职能中、从基层组织活动中发现培养人才，努力拓宽人才选拔的范围；要开展好基层组织的创先争优活动，加强对基层组织工作的研究和指导，帮助解决基层组织建设中的突出问题，增强基层组织的活力；要继续加大对有关会内监督理论和工作的调查研究力度；各级组织要以学习实践活动为主线，以政治交接的成果来检验领导班子建设的成效，不断凝聚改革共识，实现组织建设和宣传思想建设工作、理论研究工作的共同进步。

严隽琪强调，全会各级组织应努力建设“阳光、高效、规范、和谐”的服务型机关。要根据形势的发展修改完善相应的制度、纪律和工作流程，议事决策要坚持民主集中制，推进领导班子工作的制度化、规范化、程序化。要加强机关文化建设，一方面要让大家能心情舒畅，有意见可表达、有困难得到及时的关心；另一方面要能够令行禁止、严肃公正、提高能力和效率。各级机关干部应该把握好“世界观、人生观、价值观”这个总开关，要常问自己“我为民进做了什么”。要关心年轻干部的成长，让他们感到通过工作能够得到进步，得到提高，为今后的事业奠定好的基础。

严隽琪希望，民进各级组织的专职副主委要加强学习、准确定位、协调关系、带好队伍和改进作风，要在坚持民主集中制，完善领导班子集体议事规则中，穿针引线，集思广益，保证班子成为一个团结的集体，要当好主委的参谋和助手，做好与兼职副主委沟通的工作，处理好和秘书长的合作共事关系，支持秘书长工作，形成合力。

蔡达峰出席结业式并讲话。他说，组织建设是我们永恒的课题，需要我们在实践中不断探索。当前，我们特别要准确理解三大任务，即：深入学习贯彻中共十八大、十八届三中全会精神这个重点，开展坚持和发展中国特色社会主义学习实践活动这条主线，组织建设这个年度工作主题这三者的内在关系。中共十八大、十八届三中全会精神的核心是全面深化改革，全面深化改革的总目标是完善和发展中国特色社会主义制度。我们学习实践活动的本质要求，就是为建设中国特色社会主义而提高对改革的认识，提高推动改革的能力，在复杂艰巨的改革过程中，坚持这个总目标不动摇。我们的组织建设，就是从适应完善和发展中国特色社会主义需要出发，以此来理解我们自身建设和履职当中的认识问题和能力问题，并通过队伍建设来改进。

2014 年 4 月 21 日至 25 日，2014 年第一期民进市、县级组织主委培训班在杭州举行。民进中央常务副主席罗富和出席开班式并讲话。来自民进市、县级组织的 100 位主委参加了此次培训。

罗富和指出，民进各级组织应夯实组织基础，切实提高全会组织建设水平。全会各级领导班子应认真学习贯彻习近平总书记“三严三实”的要求，坚持民主集中制，以身作则，改进作风，带头做好工作。全会各级组织要积极探索完善符合民进工作特点和代表人士成长规律的制度机制，努力发现培养人才，拓宽人才选拔的范围，为人才发展助力；要更加重视基层组织建设，加强对基层组织工作的研究和指导，积极总结不同类型基层组织工作的经验做法，帮助解决基层组织建设中的突出问题，增强基层组织的活力和凝聚力，切实发挥基层组织的作用；要以监督制度的执行为重点，继续加大会内监督工作的力度，加大对有关会内监督理论和工作的调查研究力度。

罗富和强调，民进全会应紧紧围绕中共十八届三中全会关于全面深化改革的主要任务和重大部署，坚持“有思有行、集智聚力、顺势而为、开拓创新”的工作方针，着力加强能力建设，完善工作机制，积极履行职能。参政议政工作着重抓好“加强学习、围绕大局、深入基层、完善体系、改进方法”五个重要环节。社会服务工作要继承并发扬我会形成的好经验、好作法，倡导“服务就在身边”和“人人可公益”的“微服务”、“微公益”理念。

2014 年 5 月 26 至 30 日，2014 年第二期民进全国市、县级组织主委培训班在长沙举行。民进中央副主席刘新成出席开班式并讲话。来自民进全会市、县级组织的 85 位主委参加了培训。

刘新成指出，各级组织应努力把握组织建设年度工作主题，切实提高民进全会组织建设水平。应牢牢把握组织建设科学化水平的要求，立足加强领导班子建设、代表人士队伍建设、后备干部队伍建设和机关专职干部队伍建设，全面推动和加强组织建设工作，查找组织建设存在的薄弱环节，夯实组织建设科学发展的基础，激发各级组织和广大会员的凝聚力和向心力，提升组织建设工作的水平，为把民进建设成为中国特色社会主义参政党奠定良好的组织基础。各级组织要有计划地进行交流总结，积极推广组织建设工作的经验和方法，树立优秀典型，探索新形势下开展工作的新方法、新途径，推动组织建设工作。同时，各级组织领导班子成员，都应认真学习贯彻“三严三实”的要求，这是习近平总书记对领导干部党性修养、道德情操、为人准则、为政之要的深刻而简明的表达。

民进中央常务副主席罗富和出席结业式。结业式上，罗富和与学员们分别就继承民进优良传统、坚定走中国特色社会主义道路的信心，积极宣传民进优秀会员、增强全会宣传思想工作实效，重视参政议政选题工作、提高参政议政工作水平，促进全会集智聚力、提高履职效能，重视民进市、县级组织和基层组织自身建设，破解我会组织发展难题，争取党委和统战部的支持和帮助等问题进行了互动交流。罗富和在讲话中说，在大家的共同努力下，这次培训班举办得非常成功，大家都很有收获。罗富和希望，民进全会应坚定正确的政治方向，按照习近平总书记提出的民主党派准确把握建设中国特色社会主义参政党的基本要求，继承优良传统，把握时代要求，认真领会与贯彻严隽琪主席提出的“三个认同”，重视意识形态工作、抵制错误思潮，做好思想宣传工作，结合学习实践活动努力把中国特色社会主义参政党建设提高到一个新的水平；全会各级组织应夯实组织基础，推进各级组织领导班子建设，加强代表人士队伍建设、后备干部建设，高度重视做好基层组织工作，积极稳妥开展会内监督工作，切实提高全会组织建设水平；全会各级组织应紧紧围绕中共十八届三中全会关于全面深化改革的主要任务和重大部署，着重抓好“加强学习、围绕大局、深入基层、完善体系、改进方法”五个环节，加强能力建设，完善工作机制，积极履行职能，为党助力、为国尽责、为民服务。

2014 年 6 月 24 日至 26 日，2014 年民进全国秘书长工作研讨班在北京中央社会主义学院举行。民进中央主席严隽琪出席研讨班开班式并讲话。秘书长高友东主持会议。

严隽琪用“站稳立场、加强学习、准确定位、协调关系、带好队伍、改进作风”六句话来阐释她对高素质参政党的理解。她强调，高素质参政党首先表现在政治立场上，民进是中国特色社会主义的拥护者和建设者，要贯彻“开展坚持和发展中国特色社会主义学习实践活动”这条主线，做好思想宣传工作，以“三个认同”作为选人、组织学习培训和表彰先进的标准。其次，高素质参政党应该是一个有为的党，全面深化改革的形势要求党派多做化解矛盾、增进社会和谐的工作，动员更多资源和力量参与到改革的伟大事业中。民进开展学习实践活动和组织建设工作最重要的成效，要体现在为全面深化改革作贡献上。再次，高素质参政党应该是一个“正派”的党，讲纪律、作风正。习近平总书记对领导干部提出了“三严三实”的作风建设的要求，这是每一位党派领导干部都需要认真学习、努力践行的要求。民进各级机关要贯彻落实好中央的“八项规定”，反腐倡廉不分党内外，没有特区，没有例外。纪律规定和制度既包括外在的言行举止，也包含内心的敬畏，这样才有自觉性，才不是形式主义。第四，高素质参政党需要“阳光、高效、规范、和谐”的服务型机关。各级机关要不断完善相应的制度、纪律和工作流程，创建健康的机关文化，让大家有意见可表达、有困难能得到及时的关心、工作得心情舒畅；另一方面应令行禁止、严肃公正、提高能力和效率；对机关之外，必须有“服务型机关”的明确定位，充分发挥机关外人员的专职优势，竭诚为他们服务，让会员们感到民进机关就是“会员之家”。

民进中央常务副主席罗富和出席研讨班结业式并讲话。他说，在机关建设中，要以文化建设达到和谐的目的，以制度建设实现规范的目的，以能力建设提升工作效率，以作风建设养成严谨作风，通过以上四个环节的把握，实现严隽琪主席提出的建设“阳光、高效、规范、和谐”机关的要求。他还强调，在作风建设和能力建设中，要善于找出在办文、办事、办会时存在的错漏和不足，一方面有利于培养严谨的工作作风，另一方面可以避免犯重复的错误，促进工作水平的提高。罗富和还就秘书长的定位、省直工委的地位和作用、会内民主制度建设的完善、拓宽党派人员挂职交流渠道、专职副主委与秘书长的职责界定、改善秘书长工作环境等问题与学员们进行了交流互动。

2014 年 7 月 21 日至 25 日，2014 年第三期民进全国市、县级组织主委培训班在中央社会主义学院举行。民进中央主席严隽琪出席培训班开班式并讲话，副主席朱永新主持开班式。来自民进全会市、县级组织的 76 位主委参加了此次培训。

严隽琪要求，全会各级组织要以坚持和发展中国特色社会主义道路学习实践活动为主线，统领学习与工作。在全面深化改革的新形势下，要继承优良传统，把握时代要求，不断提高政治把握能力、参政议政能力、组织领导能力、合作共事能力，努力把中国特色社会主义参政党建设提高到一个新的水平；要坚持围绕“主线”不动摇，做好思想宣传工作，不断巩固与执政党团结奋斗的共同思想政治基础，在“为执政党助力、为国家尽责，为人民服务”中不断做出新贡献。

严隽琪强调，民进全会要以年度工作主题为契机，争取组织建设有新突破。她说，人才是党派履行参政议政职能的第一资源，民进事业的可持续发展，需要源源不断的代表人士加入我们的队伍。民进各级组织要切实担负起发展和培养后备干部的政治责任，树立正确的选人用人导向；要善于争取有关方面支持，做好会员发展工作，各级领导干部要亲自做组织发展工作；要加强对基层组织工作的研究和指导，帮助解决基层组织建设中的突出问题，增强基层组织的活力；要开展好基层组织的创先争优活动。

严隽琪指出，在全面深化改革的时代，特别需要增进最大共识、形成最大凝聚力、汇聚最大正能量，需要民进全体成员的思想认同和行动自觉，努力学习，顺应形势，有所作为，把民进建设成为符合时代要求的高素质参政党。她说，高素质参政党首先表现在政治立场上，政治共识是多党合作之“魂”，民进有责任把握机关和会员的思想动态，做好正面引导与解疑释惑的工作，建立突发舆情应急机制，对于错误认识要敢于和善于交锋；高素质参政党应该是一个有为的党，全面深化改革的形势要求我们加强参政议政能力建设，完善工作机制，搭建工作平台，深入调查研究，要“从集智聚力的体制与机制的创新中迸发活力”，动员更多资源和力量参与到改革的伟大事业中；高素质参政党应该是一个“正派”的党，讲纪律、作风正，各位主委要认真学习、努力践行习总书记“三严三实”的要求，加强自身修养，切实改进作风，任何时候都经得起人民、实践和历史的考验；高素质参政党需要“阳光、高效、规范、和谐”的服务型机关，各级组织机关要不断完善相应的制度、纪律和工作流程，让会员们感到民进机关就是“会员之家”。

开班式结束后，朱永新作《合作共事与参政议政》辅导报告。

刘新成出席培训班结业式并讲话，并向培训班学员颁发了培训班结业证书。

（3）民进网站、《民主》杂志及时报道各级组织开展创建活动的情况，为地方组织和基层组织开展创建活动提供交流经验的平台。民进各级组织也都把“创先争优”活动作为建设中国特色社会主义参政党的基础性工作，不断拓宽内容、创新形式、规范制度、积累工作经验。民进全会掀起了加强自身建设的新高潮，有力地带动了全会各项工作的开展。

（4）在深入调研、广泛培训的基础上，民进中央认真研究和分析当前民进工作面临的新形势新要求，于 2014 年 11 月 27 日至 28 日在京召开民进全国组织工作会议，总结交流民进组织建设工作的成果、经验和体会，进一步明确民进组织工作的目标、任务和方向，对今后我会组织工作进行全面部署；会议还表彰了 68 个先进市县级组织、358 个先进基层组织、357 个先进基层组织负责人。

4. 稳步推进会内监督

民进中央监督委员会坚持积极稳妥、循序渐进的方针，不断完善各项工作制度，深入开展各项工作。

2014 年，民进中央将有关监督工作的理论研究作为监督工作的重点之一。召开了民进民主监督工作研讨会，重点围绕民主党派如何更好地履行民主监督职能、如何进一步开展会内监督工作等重大理论和实践问题开展研究，切实做到理论与实际工作相互促进，形成了一定共识。

中央监督委员会继续加大会内监督工作的力度，以领导班子遵守会章、履行职责、执行制度和改进作风情况为重点，并在常委会上征求了 18 名常委对组织建设主题年工作和民进中央各项工作的意见和建议，增强了监督工作的实效；进一步加强对省级组织内部监督工作的指导，推动部分省级组织制定结合本省工作实际的内部监督条例，成立省级组织监督委员会，使民进全会省级监委会数达到 22 个；及时了解省级组织监督委员会工作开展情况，协助省级监督委员会规范工作程序，完善工作机制，并给予必要的工作指导与帮助；继续开展会内监督工作调研，中监委成员赴上海、浙江、湖南等地进行调研，重点了解省级组织在建立内部监督相关制度，开展民主生活会、谈心会、述职等方面所做的工作，认真听取各级组织和广大会员对内部监督工作的意见和建议，营造良好的会内监督氛围，为在全会构建规范化、程序化的内部监督制度体系奠定基础；做好中监委办公室日常工作，进一步建立健全日常工作制度和工作程序，处理涉及会内监督的来信、来访、来电，及时批转相关部门或省级组织给予妥善处理。

（三）机关建设

2014 年，民进中央以开展坚持和发展中国特色社会主义学习实践活动为主线，配合组织建设的年度工作主题，以“阳光、高效、规范、和谐”为目标，认真贯彻落实《公务员法》和中共中央八项规定的要求，努力建设学习型、服务型、高效型、节约型、和谐型机关。

1. 认真开展“学习实践活动”，学以致用，推动学习型机关建设

（1）结合“学习实践活动”，切实增进“三个认同”。民进中央机关全体干部深入学习中共十八大和十八大以来历次中央全会精神，重点学习习近平总书记一系列重要讲话，切实提高思想理论水平，改进工作作风，使学习活动与实际工作相辅相成、有机结合；结合迎接民进成立 70 周年，开展“学习会史、继承传统”主题读书活动和征文活动，参观马叙伦纪念馆和会中央机关旧址，重温、铭记民进老一辈的坚定信念、优良传统和高尚风范，增进对民进奋斗目标、政治道路、文化价值的认同；按照民进中央领导关于“下基层、接地气、增底气”的要求，先后组成 7 路调研组，就“学习实践活动”、组织建设和机关建设等工作，与民进 7 个省级组织、22 个地市级组织、5 个县级组织、148 个基层支部、400 多位会员进行调研座谈，加深了对基层的了解，增强了做好本职工作的责任感使命感，对提高自身素质的要求进一步迫切，也切实提升了民进组织的凝聚力。

（2）结合机关工作实际，学习培训形式更加多样化。民进中央进一步打造开明论坛的品牌特色，2014 年共举办 6 次专题活动，邀请国家行政学院、中科院 3 位教授做讲座。组织机关干部参加北京市干教网在线学习培训，增加知识储备，拓展干部视野。全年共推荐 34 人次参加中组部、中央统战部、中央社院等举办的专项业务培训班、局级干部调

训班、自主选学，提高干部业务能力和水平。举办培训班，学习相关业务知识，组织机关干部交流工作，取得了良好效果。

2014 年 1 月 17 至 18 日，民进中央机关学习、培训暨 2013 年度考核总结会在京举行，民进中央主席严隽琪、常务副主席罗富和出席会议并讲话，秘书长高友东主持会议。会议内容为结合学习中共十八届三中全会、民进十三届二中全会精神，贯彻落实坚持和发展中国特色社会主义学习实践活动方案和《民进中央 2014 年工作要点》，围绕如何做合格的公务员、加强机关建设，提出意见和建议。

严隽琪在讲话中重点与大家交流了学习解决“四风”问题“总开关”的心得。她指出，我们要不断加强世界观、价值观、人生观的学习。首先我们的工作要跳出自身局限、跳出部门和机关，看到全局、看到潮流。第二，人生充满冲突，不断考验我们的价值观，个人要秉持诚信、组织要秉持公正，个人要坚守自我底线，机关里要讲政治、民主阳光、责任明确、高效和谐。第三，人生是多彩的、成才是相对的，我们要从自我做起、当下做起，做淡定的、友善的、大气的、自尊的人。

罗富和宣布了 2013 年度考核结果，代表会中央领导班子对机关同志们一年来的辛勤工作表示感谢。结合机关工作，罗富和指出，一是方向比努力重要，要加强学习、辨清方向、明确肩负的责任；二是要忠于职守，把制度的执行上升到个人自觉、形成共同理念、升华为机关文化，从自我做起，共建和谐机关；三是从优秀到卓越，不能满足于现有成绩，要在执行基础上提高工作谋划能力，要更加注重细节。

高友东在 17 日上午的学习、培训环节，就机关建设应注意的问题与大家进行了谈心式的交流。民进中央副秘书长、机关各部门负责人和全体工作人员参加了会议。会议期间进行了分组交流讨论，共同研讨如何做合格的公务员以及对机关建设的意见和建议，并以部门为单位召开务虚会、民主生活会。机关 2013 年考核优秀公务员代表还结合自己的工作进行了发言交流。会议还邀请国家行政学院朱谐汉教授做了《如何打造高效执行力》的讲座，使大家系统、深入了解机关高效执行力的相关问题，启发大家认真思考岗位工作、分析自我不足、提升创新能力，进一步打造高效的机关执行力。

2014 年 10 月 17 日至 18 日，2014 年民进中央机关干部职工培训班在京召开。民进中央常务副主席罗富和出席培训班并讲话，副主席王佐书出席培训班并作坚持和发展中国特色社会主义学习实践活动专题报告。培训班由民进中央副秘书长王建国主持。

罗富和对此次培训班给予充分肯定，他强调，要加强参政党机关体系建设，具备系统意识。民进组织是一个系统，民进中央机关，小到机关各部门、各处室，都是一个系统。每个岗位、每位同志都是这个系统中的一个节点。机关干部要有系统意识，每个节点都要发挥主观能动性，以实践为基础，并不断在实践的基础上诊断系统发挥作用存在的问题，适应时代要求，找准方向，提高能力，使机关各项工作取得更大进步。加强参政党机关体系建设，要上下呼应、加强联动，集智聚力，提高效率。要重视细节，查错补漏，完善谋划、反馈、总结等各个环节，脚踏实地开展工作。身处领导岗位的同志要推功揽过，主动承担责任，保持体系良好的运转。要以和谐为目标，加强机关文化建设；以规范为目标，加强机关制度建设；以高效为目标，加强机关能力建设；以严谨为目标，加强机关作风建设。罗富和还就信息化建设等问题做了部署。

王佐书在培训班上为机关干部职工作了开展坚持和发展中国特色社会主义学习实践活动专题报告。

机关各部门负责人、全体干部职工参加了培训。培训班上，多位部门负责人结合实际工作向机关干部交流了工作经验与体会。机关干部以部门为单位，结合罗富和常务副主席的重要讲话、王佐书副主席作的专题报告及主题发言，进行了分组交流。培训班还邀请中国科学院史占彪教授为全体干部职工做了机关公务员心理调适和心理素质提升的专题讲座。

2. 强化服务理念和责任意识，改进作风，推动服务型机关建设

修订完善《民进中央机关干部选拔任用工作办法》，建立科学有效的选人用人机制；坚持“重品行、重实绩、重公论”的用人导向，做好公务员录用和遴选工作，干部梯队格局进一步优化；举办“如何打造高效执行力”讲座，为提升机关整体执行能力与水平提供理论指导。

进一步完善各项制度、规范各项业务工作流程。在《民进中央机关管理制度汇编》内容修订的基础上，对部分变动的岗位职能和财务、会议等制度进行了调整。修订后的制度涵盖了行政、会议、财务、人事等十二个方面的内容，为机关各项工作规范开展提供有力的制度保障。

3. 加强制度化、规范化、程序化，提高效率，推动高效型机关建设

在 2013 年《民进中央机关管理制度汇编》内容修订的基础上，根据新情况和新要求，对部分变动的岗位职能和财务、会议等制度进行了调整。修订后的制度涵盖了行政、会议、财务、人事等十二个方面的内容，为机关各项工作规范开展提供有力的制度保障。

在明确机关管理制度的基础上，认真梳理工作内容和程序，结合政策、法规变动和机关实际不断完善操作流程，将程序的规范作为各项工作的基本原则，使每一项工作都有规范的程序、健全的审核流程和完整的资料档案。

坚持信息化建设为参政党履职服务的原则，通过稳步开展信息化建设，有效提升机关工作效率。加强信息化设备管理，注重信息安全建设，对网络建设、多应用系统升级改造、综合办公平台开发等信息化项目进行考察调研，充分利用 QQ 交流群、微信群，以信息化手段更好地开展工作。

4. 严格贯彻落实八项规定，厉行节约，推动节约型机关建设

民进中央认真贯彻落实中共中央八项规定的要求，坚持抓教育强意识，不断改进作风，厉行勤俭节约，反对铺张浪费，积极探索推进节约型机关建设。

增强执行规定的自觉性和坚定性。民进中央机关全体同志认真学习领会中共中央八项规定和反对“四风”的要求，进一步增强执行的自觉性和坚定性，深刻认识规定的执行不分党内外，没有特区，没有例外，在实际工作中，始终把八项规定作为带电高压线，将各项要求落到实处。

严格机关经费管理。办公厅认真履行监督管理职能，强化部门预算管理，提高预算编制质量，加强资金使用的计划性、效率性和安全性，做到“合法、合规、高效”。按照财政部的要求，认真准备预算公开、“三公”经费公开相关材料。邀请国家审计署同志对机关财务进行审计和指导，并就新形势下如何做好党派财务工作进行座谈交流。

5. 营造和谐文明氛围，以人为本，推动和谐型机关建设

坚持以人为本，加强沟通协调，推动形成宽松、融洽、健康、和谐的机关氛围，为机关工作良性运转打下坚实基础。

坚持以文化建设为抓手，不断促进机关和谐，根据工作需要，坚持“周学习日”制度和举办“开明论坛”，提升机关干部人文素养，取得积极的成效。开展丰富的文体活动，形成良好精神面貌。丰富职工业余文化生活，定期在机关为在职职工及离退休老干部放映艺术影片，组织机关青年观看话剧，在机关设立“职工书屋”；召开机关职工运动会，更新健身器材，选派机关干部参加中直机关组织的运动比赛，在强身健体的同时，形成积极向上的良好精神面貌，增强机关团队的凝聚力和战斗力。

（四）2014 年年底民进组织及成员情况统计

截至 2014 年 12 月底，共有地方组织 355 个。其中包括省级组织 29 个，省辖市级组织 271 个，县级组织 55 个。基层组织 7484 个，其中基层委员会 198 个，总支 445 个，支部 6725 个。全年新加入成员 6393 人。成员总数 145366 人，其中女成员 70778 人。平均年龄 50.8 岁。离退休 47228 人。

从界别分布上看，高等教育界 19279 人占 13.3%；基础教育 71636 人占 49.3%；文化艺术界 8447 人占 5.8%；出版传媒界 3080 人占 2.1%；科学技术界 3351 人占 2.3%；医药卫生界 9351 人占 6.4%；公有制经济界 5325 人占 3.7%；新的社会阶 10034 人占 6.9%；机关、团体和其他界别 14863 人占 10.2%。

担任各级人大代表的共有 1641 人，其中全国人大代表 49 人、常委 6 人、副委员长 1 人、专职副秘书长及专委会主任副主任 1 人；省级人大代表 218 人、常委 40 人、副主任 6 人、专职副秘书长及专委会主任副主任 8 人；地市级人大代表 721 人、常委 188 人、副主任 35 人；县市区级人大代表 653 人、常委 206 人、副主任 87 人。

担任各级政协委员共有 9371 人，其中全国政协委员 65 人、常委 13 人、副主席 1 人、专职副秘书长及专委会主任副主任 2 人；省级政协委员 648 人、常委 213 人、副主席 16 人、专职副秘书长及专委会主任副主任人 63 人；地市级政协委员 3932 人、常委 1006 人、副主席 150 人；县市区级政协委员 4726 人、常委 1230 人、副主席 226 人。

担任中央机关部级干部 1 人，省、市、自治区领导 2 人，厅局级 130 人，县处级 877 人。

担任中央司法机关部级领导职务 1 人，地方司法机关厅局级领导职务 5 人，县处级领导职务 27 人。

成员学历中有大专以上学历的占 21.7%；有大本以上学历的占 56.3%；有研究生以上学历的占 10.4%；有中、高级职称的占 81.3%。担任中国科院院士的共有 6 人。担任中国工程院院士的共有 2 人。担任长江学者 28 人。

石树梅　民进中央办公厅副主任
沈轶筠　民进中央办公厅秘书处干部

中国农工民主党

2014年农工党夯实理想信念基础，围绕思想理论工作重点，切实提高思想建设水平；紧紧围绕全面深化改革大局履行参政议政职能，在多党合作事业中发挥重要作用；紧紧围绕“健康中国”和“美丽中国”两条主线，社会服务工作开创新局面；实施人才强党战略，人才建设、组织建设和党内监督卓有成效；专委会和港澳台联络工作继续加强；加强制度建设，机关工作保障有力。各项工作取得了新进展。

一、重要会议和活动

（一）中央委员会会议

12月18日至20日，中国农工民主党第十五届中央委员会第三次全体会议在京举行，中央主席陈竺出席会议并代表第十五届中央常务委员会做工作报告，常务副主席刘晓峰主持开幕会并作闭幕讲话。

陈竺指出，2015年农工党工作的总体要求和主要任务是：高举中国特色社会主义伟大旗帜，认真学习贯彻中共十八大，十八届三中、四中全会和习近平总书记系列重要讲话精神，团结带领各级组织和广大党员，将坚持和发展中国特色社会主义学习实践活动贯穿于思想、理论、组织、制度、作风建设和参政议政、社会服务工作全过程，坚定理想信念，增强对中国特色社会主义的道路自信、理论自信、制度自信；组织动员全党力量，以促进实现“健康中国”和“美丽中国”宏伟目标为主线，服务全面深化改革、推动科学发展，推进依法治国、促进公平正义、保障民生福祉；进一步解放思想，开拓创新，奋发进取，充分发挥农工党优势，积极履行参政党职能，为建设社会主义法治国家、实现“两个一百年”奋斗目标和中华民族伟大复兴中国梦贡献智慧和力量。

刘晓峰在闭幕讲话中指出，本次会议达成以下三点主要共识：坚定共同理想信念是建设高素质参政党的根本要求；投身依法治国伟大实践是参政党义不容辞的责任；深化人才强党战略是参政党自身建设的迫切需要。刘晓峰要求，各级组织、各个部门要坚持全党“一盘棋”的思路，扎实贯彻落实本次会议精神：围绕全面推进依法治国，积极推进依规治党、依宪参政；围绕建设高素质参政党，切实抓好各项重点工作；围绕落实重点工作，科学规划，统筹安排。

会议期间，与会委员认真听取并审议通过了《中国农工民主党第十五届中央常务委员会2014年工作报告》，审议通过了《中国农工民主党第十五届中央监督委员会2014年工作报告》，观看了“中国梦·农工情”汇报演讲，聆听了全国政协社会和法制委员会副主任施芝鸿作的学习贯彻中共十八届四中全会精神的专题讲座。

中央副主席陈述涛、何维、姚建年、杨震、朱静芝、蔡威、龚建明，中央秘书长兼组织部部长曲凤宏，以及中央委员200余人出席会议。中央监督委员会成员，中央专门工作委员会主任、中央机关局级干部、中央直属机构负责人，省级组织专职副主委等近30人列席会议。

（二）中央常务委员会会议

1. 农工党十五届五次中常会

3月9日晚，中国农工民主党第十五届中央常务委员会第五次会议在京召开，中央主席陈竺出席会议并讲话，常务副主席刘晓峰主持会议。

会议提出，2014年农工党要以“坚定政治信念、解放思想、推动改革”为主题，把开展坚持和发展中国特色社会主义学习实践活动全面融入到思想建设、组织建设、制度建设、作风建设和机关建设之中，贯穿于参政议政、社会服务的全过程；要组织动员广大党员，进一步解放思想，围绕“五位一体”建设、全面深化改革深入研讨，提炼推动改革的重大观点与建议；要以庆祝新中国成立65周年等活动为契机，以农工党优良传统、社会主义核心价值观、“中国梦”的内涵和意义为主要内容加强思想教育，引导党员树立崇高的价值追求、培养良好的行为规范，努力建设具有凝聚力、战斗力的中国特色社会主义参政党。

陈竺在讲话中强调，要加强中国特色社会主义理论体系学习，认真开展坚持和发展中国特色社会主义学习实践活动，为健全社会主义协商民主制度做贡献；要围绕今年政府工作的主要目标与任务，努力为全面深化改革献计出力，围绕建设“健康中国”和“美丽中国”工作主线，发挥农工党界别优势，动员各方力量，做出新贡献；要着力实施人才强党战略，突出加强中国特色社会主义参政党建设。

会议审议通过了《中国农工民主党中央关于学习贯彻十二届全国人大二次会议和全国政协十二届二次会议精神的通知》、《中国农工民主党组织发展工作规程》、《中国农工民主党基层组织工作条例》、《中国农工民主党中央关于做好2014—2017年省级组织领导班子后备干部队伍建设工作的意见》及《中国农工民主党中央关于加强社会服务工作的指导意见》。

中央副主席陈述涛，副主席兼秘书长何维，副主席姚建年、杨震、朱静芝、蔡威、龚建明，以及中央常委近50人出席会议。非中央常委的中央专门工作委员会主任、中央机关各部门负责人及中央直属机构负责人列席会议。

2. 农工党十五届六次中常会

6月19日至22日，中国农工民主党第十五届中央常务委员会第六次会议在山东济南召开。本次会议主题是深入开展坚持和发展中国特色社会主义学习实践活动。中央主席陈竺出席会议做总结讲话，常务副主席刘晓峰主持会议并做开幕讲话。中共山东省委领导应邀到会并致辞。

陈竺在总结讲话中指出，一是充分认识开展学习实践活动的重大意义，切实增强搞好学习实践活动的责任感。二是深刻理解坚持和发展中国特色社会主义的丰富内涵，积极推动开展学习实践活动“四个结合”，即：把学习实践活动与学习贯彻中共十八大、十八届三中全会精神和习近平总书记系列重要讲话精神结合起来，进一步巩固共同思想政治基础；把学习实践活动与履行参政党职能结合起来，为更好地服务国家经济社会发展献计出力；把学习实践活动与加强参政党建设结合起来，为更好地履行参政党职能奠定良好基础；把学习实践活动与继承发扬我党老一辈优良传统结合起来，推进农工党事业薪火相传。三是科学把握开展学习实践活动的措施要求，积极推动学习实践活动取得实效。

刘晓峰在开幕讲话中指出，开展坚持和发展中国特色社会主义学习实践活动，是深入学习贯彻习近平同志一系列重要讲话精神的重要举措，是学习贯彻中共十八大、十八届三中全会精神，增进政治共识的必然要求，是农工党当前和今后一个时期的一项重要政治任务。自活动开展以来，学习实践活动全面融入农工党的思想建设、组织建设、制度建设、作风建设之中，贯穿于参政议政、社会服务的全过程，已经取得了阶段性成果。

会议审议通过了《中国农工民主党开展坚持和发展中国特色社会主义学习实践活动2013—2017年工作规划》，听取了全国人大常委、内务司司法委员会副主任委员，中国社会科学院原副院长李慎明作的《关于前苏联亡党亡国的教训》的专题报告，听取了农工党前辈彭泽民之女彭润平女士做的农工党先辈的优良传统和作风的专题报告。

中央副主席陈述涛，副主席兼秘书长何维，副主席杨震、朱静芝、蔡威、龚建明，以及中央常委近50人出席会议。非中央常委的中央专门工作委员会主任、中央机关各部门负责人及中央直属机构负责人列席会议。

3. 农工党十五届七次中常会

11月2日至4日，中国农工民主党第十五届中央常务委员会第七次会议在湖北宜昌召开。本次会议主题是学习贯彻中共十八届四中全会精神，研讨新形势下农工党实施“人才强党”战略的有关问题与举措。中央主席陈竺出席会议并讲话，常务副主席刘晓峰出席会议并做主题报告。中共湖北省委常委、统战部部长张岱梨应邀到会并致辞。

陈竺指出，各级组织要以高度的政治责任感，结合实际，突出重点，切实领会中共十八届四中全会精神实质，带头遵守宪法和法律，善于运用法治思维和法治方式想问题、作判断、出措施，努力以法治凝聚改革共识、规范发展行为、促进矛盾化解、保障社会和谐。关于实施“人才强党”战略，陈竺指出，“人才强党”战略是建设中国特色高素质参政党的手段，其根本目的是不断发展和完善中国共产党领导的多党合作和政治协商制度，不断发展和完善中国特色的政党制度和政治制度，为中国乃至于为人类的政治文明建设做出自己独特的贡献。

刘晓峰在讲话中回顾了农工党十五大以来组织建设的情况，总结了组织建设工作的基本经验：一是必须牢固树立为全党中心工作服务的思想；二是必须坚持党管干部与尊重民主党派自主权利相统一的原则；三是必须以制度化、规范化、程序化建设为根本，注重落实，全面推进组织建设各项工作。关于今后组织建设，刘晓峰指出：一是“人才强党”战略首要任务在于顶层设计；二是加强高层次人才发展，重点突破与夯实基础齐头并进；三是加强教育培养，提高人才队伍素质；四是加强组织体系建设，为实施“人才强党”战略提供组织保障；五是强化制度设计，严抓制度落实，确保参政党职能长期稳定有效发挥；六是健全机构、完善机制，加强党内监督。

会议期间审议通过了《中国农工民主党中央关于认真学习贯彻中共十八届四中全会精神的决议》，听取了全国人大常委会副秘书长沈春耀做的关于学习中共十八届四中全会精神的专题报告，听取了中共中央统战部副秘书长、四局局长张献生做的关于政党协商与推进社会主义协商民主的专题报告。

中央副主席陈述涛、何维、杨震、朱静芝、蔡威、龚建明以及中央常委近50人出席会议。非中央常委的中央专门工作委员会主任、中央机关各部门负责人及中央直属机构负责人列席会议。

4. 农工党十五届八次中常会

12月18日，中国农工民主党第十五届中央常务委员会第八次会议在京召开。中央主席陈竺出席会议并讲话，常务副主席刘晓峰，副主席陈述涛、何维、姚建年、杨震、朱静芝、蔡威、龚建明，秘书长兼组织部部长曲凤宏，以及中央常委近50人出席会议。会议审议通过了《中央常委会2015年工作要点》，审议了需要提请农工党十五届二次中央全会审议通过的各项文件。非中央常委的中央专门工作委员会主任、中央机关各部门负责人及中央直属机构负责人列席会议。

（三）中央监督委员会会议

农工党第十五届中央监督委员会第三次全体会议

12月17日，中国农工民主党第十五届中央监督委员会第三次全体会议在京召开。中央常务副主席、监督委员会主任刘晓峰出席会议并讲话。副主席、监督委员会副主任龚建明做了《中国农工民主党第十五届中央监督委员会2014年工作报告》。中央秘书长、监督委员会办公室主任曲凤宏主持会议。

刘晓峰在讲话中肯定了一年来的工作，认为中央监督委员会从抓班子、建机构、立制度等方面入手，进一步推进了党内监督的科学化和规范化。刘晓峰指出，要结合学习贯彻中共十八届四中全会精神，不断做好党内监督工作。学习贯彻十八届四中全会精神，既是为了进一步履行好参政党职责，做好参政议政、社会服务、民主监督，更是深化政治交接、增进政治共识、不断增强中国特色社会主义道路自信、理论自信、制度自信的过程。刘晓峰强调，要按照积极稳妥、循序渐进、惩防并举、重在预防的方针，坚持党内监督原则和定位，充分考虑党内监督工作的特殊性，坚持积极的心态，不断从理论和实践两个方面进行探索和研究，特别是要研究农工党党内监督工作的历史传承，找好定位，继续贯彻落实已有的党内监督制度，认真做好体制机制建设和制度保障、稳步推进同级监督和着力加强领导班子作风建设，共同推动农工党党内监督工作迈上新台阶。

会议通过了中央监督委员会2014工作报告，并提交农工党十五届中央委员会第三次全体会议审议；审议通过了《中国农工民主党第十五届中央监督委员会2015年工作计划》；圆满完成了各项议程。中央监督委员会委员、部分省级监督委员会主任出席、列席会议。

（四）中央他重要会议

1. 农工党中央 2014 年第八次主席办公会议

9 月 26 日，农工党中央 2014 年第八次主席办公会议在京召开。会议主题是学习习近平在庆祝中国人民政治协商会议成立 65 周年大会上的重要讲话精神。中央主席陈竺、常务副主席刘晓峰、副主席兼秘书长何维、副主席龚建明出席会议并发言。

会议指出，习近平总书记的重要讲话，是一篇关于推进中国特色社会主义民主政治建设的纲领性文献，是多党合作和政治协商制度建设的行动指南。会议认为，习近平总书记关于人民政协工作和协商民主建设的重要论述，提出了“四项主要原则”、“五项重点工作”、“四个能力建设”、“有关社会主义协商民主的三个重大认识”等新思想、新观点、新论断，对问题的分析与论述十分深刻与精辟，充分体现了中国共产党的执政自信与智慧。同时，讲话也对参政党发挥作用提出了新的更高的要求。农工党要适应推进国家治理体系和治理能力现代化的要求，坚持改革创新精神，为坚持和发展中国共产党领导的多党合作和政治协商制度，推进社会主义协商民主广泛多层发展而努力。会议要求，各级组织和广大党员要原原本本、认认真真学习讲话，切实领会精神实质，扎实做好贯彻落实，把学习讲话精神与农工党开展的坚持和发展中国特色社会主义学习实践活动相结合、与农工党进行的人才强党战略相结合，进一步解放思想，凝聚共识，汇聚力量，推进改革，共襄伟业。

会议讨论通过了《中国农工民主党关于认真学习贯彻习近平总书记在庆祝人民政协成立 65 周年大会上的重要讲话精神的通知》。

2. 农工党中央理论学习中心组专题座谈会

10 月 24 日，农工党中央理论学习中心组召开专题座谈会，学习中共十八届四中全会精神，中央主席陈竺、常务副主席刘晓峰、副主席兼秘书长何维、副主席龚建明出席会议并发言。

陈竺指出，中共十八届四中全会为推进依法治国进程指明了方向，真正地实现依法治国需要全体中国人的努力，作为致力中国特色社会主义事业的参政党，我们有义不容辞的责任。陈竺强调，我们要从四方面来学习贯彻，即：推进依法治党，努力构建完善的农工党党内制度体系，以执政党为师，在宪法法律的基础上，把自身制度建设放在突出的位置，抓紧抓实；推动科学立法，为形成完备的法律规范体系做贡献，充分发挥农工党界别优势，深入调查研究，为促进医药卫生体制改革、健全基本医疗保障体系、加快医药卫生立法、建设生态文明、加强环境保护立法等领域的科学立法做贡献；加强协商民主，为推动各项决策更加科学发挥作用；强化民主监督，为推进依法治国各项举措落到实处而努力。

刘晓峰从全面依法治国的紧迫性、必要性，依法治国必须坚持中国共产党的领导，依法治国有利于巩固和完善中国共产党的领导地位，以及积极发挥参政党优势为全面推进依法治国做贡献四个方面谈了自己的认识和体会。刘晓峰指出，协商民主是我国社会主义民主政治的特有形式和独特优势，是党的群众路线在政治领域的重要体现，要积极推进协商民主的制度化、规范化、程序化，为完善中国共产党领导的多党合作和政治协商制度做出应有贡献。

何维、龚建明谈了各自的认识和体会。中央机关各部门负责人、局级干部20余人参加会议。

（五）其他会议和活动

1月9日，由农工党上海市委会和上海科学技术出版社联合主办的《名医忠告》第二版新书发布会暨现场义诊咨询活动在上海书城举行。农工党中央副主席、上海市委会主委蔡威出席活动并讲话。《名医忠告》一书由农工党上海市委会原副主委、著名肾脏病专家朱明德教授牵头，以上海市农工党党员为主体的70余位三甲医院临床一线专家编写的一本科普实用类医疗保健图书。发布会后，来自上海市各三级医院的本书编委会医学专家们坐堂义诊，提供现场免费医疗咨询，受到广大读者热烈欢迎。

1月11日，由农工党中央宣传部、中央文化体育工作委员会，中国艺术研究院，中国民族文化宫联合主办的“江山无尽——夏北山中国画作品展”在北京民族文化宫开幕。农工党中央常务副主席刘晓峰，中央宣传部部长石光树、中央文体委主任张新建、中央联络委主任黄泰康等出席开幕式。

1月22日，中共中央总书记、国家主席、中央军委主席习近平在人民大会堂同各民主党派中央、全国工商联负责人和无党派人士代表欢聚一堂，共迎新春。农工党中央主席陈竺应邀出席座谈会并代表各民主党派中央、全国工商联和无党派人士致辞。陈竺指出，2013年，以习近平同志为总书记的中共中央带领全国人民团结奋斗，谋局开篇大略已定，首战奏捷大势已成。中共十八届三中全会对全面深化改革做出了总体部署，作为中国特色社会主义参政党，我们一定要与中国共产党风雨同舟、肝胆相照，做挚友、做诤友，讲真话、建诤言，加强自身建设，旗帜鲜明支持改革，既要献良策，也要出大力，彰显中国共产党领导的多党合作和政治协商制度的旺盛活力。陈竺还就加强党外人士民主监督工作等提出意见和建议。农工党中央常务副主席刘晓峰应邀出席座谈会。

1月27日，农工党中央常务副主席刘晓峰、副主席兼秘书长何维接待来访的教育部党组成员、中纪委驻教育部纪检组长王立英一行并座谈。

1月29日，中共中央、国务院在人民大会堂举办2014年春节团拜会。农工党中央主席陈竺、常务副主席刘晓峰、副主席兼秘书长何维、副主席姚建年和部分在京中央常委应邀出席团拜会。

2月20日至21日，欧美同学会·中国留学人员联谊会第七届理事会第一次会议在京举行，全国人大常委会副委员长、农工党中央主席陈竺当选为第七届理事会会长。

2月21日，农工党中央“两会”情况通报会在中央机关召开，中央副主席龚建明出席并讲话。龚建明回顾了2013年农工党的各项工作，并简要介绍了2014年农工党全年工作重点。中央宣传部部长石光树主持会议，参政议政部部长隋路出席会议并介绍了2014年农工党中央向全国政协十二届二次会议提交的49篇提案情况，社会服务部副部长张庆伟出席会议并对2013年社会服务工作进行了回顾、对2014年部门工作计划作了介绍。来自中央及首都主要新闻媒体的记者30余人出席会议。

3月1日，中央社会主义学院2014年春季开学典礼在京举行。农工党中央副主席龚建明出席并代表各民主党派中央、全国工商联和无党派人士讲话。

3月12日上午，首都各界人士在北京中山公园中山堂举行仪式，纪念孙中山先生逝世89周年。农工党中央主席陈竺、原常务副主席陈宗兴、副主席兼秘书长何维等出席活动。

3月19日，农工党中央机关召开学习贯彻“两会”精神报告会，中央副主席兼秘书长何维主持会议并传达了全国政协十二届二次会议精神，副主席龚建明出席会议并传达了十二届全国人大二次会议精神。中央机关干部、直属单位职工及离退休老同志出席会议。

3月23日，2014•诺贝尔奖获得者医学峰会暨院士医学论坛在京开幕，包括五位诺贝尔奖获得者在内的多位国内外专家汇集一堂，共同探讨中医药学和现代医学的发展。全国人大常委会副委员长、农工党中央主席、中华医学会会长、中国科学院院士陈竺出席活动并讲话。

3月29日，由农工党中央宣传部、农工党北京市委会、北京市西城区文联主办的“光影随踪——姚思成摄影展”在中国美术馆开幕，农工党中央宣传部部长石光树、组织部部长曲凤宏、研究室主任姜天麟等出席开幕式。

4月9日，农工党中央邀请在京挂职的邓蓉玲、毕华、吴健明、黄惠宁4名农工党员来中央机关座谈。中央常务副主席刘晓峰出席座谈会并讲话。刘晓峰希望，挂职党员要树立大局意识和全局观念，加强学习锻炼，增强工作本领，紧跟改革的步伐和重大举措，发展壮大多党合作事业，共同为实现中华民族伟大复兴的中国梦做出应有贡献。中央组织部部长曲凤宏主持座谈会，办公厅主任游宏炳、宣传部部长石光树、研究室主任姜天麟参加座谈。

4月26日至30日，农工党浙江省委会省直工委在中央社会主义学院举办2014年省直基层组织骨干培训班。中央副主席兼秘书长何维出席开班式并讲话，中央组织部部长曲凤宏出席开班式，浙江省委会副主委、省直工委主委张波主持开班式。来自浙江省直基层组织的44名骨干党员参加了培训。

4月28日，农工党中央主席陈竺、常务副主席刘晓峰、副主席兼秘书长何维、副主席龚建明等在中央机关会见来访的中共中央办公厅调研室副主任鲍遂献一行并就有关问题进行座谈。

5月13日，农工党中央常务副主席刘晓峰在北京华夏管理学院考察调研，中央办公厅主任游宏炳、组织部副部长杨晓波、参政议政部副部长姚秀元，中央文体委主任、北京市委会副主委张新建等陪同调研。

5月13日至15日，《中国农工民主党年鉴（2013）》第一次编辑会议在京召开，中央副主席兼秘书长何维出席并讲话。何维指出，编纂《中国农工民主党年鉴》，一是及时保存与丰富农工党的工作史实，补档案之缺，辅党史之正；二是为农工党更好地履行参政党职能提供新渠道、新平台；三是为加强农工党自身建设提供重要工具书；四是进一步扩大农工党在广大党员和所联系群众中的影响力、凝聚力，更好地团结人、鼓舞人。何维强调，《中国农工民主党年鉴》编纂工作要以全面、系统地记录农工党履行参政党职能、加强自身建设方面的基本情况为任务，为社会各界了解和研究农工党提供基本工具。中央研究室主任姜天麟主持会议。中央机关各部门和各省级组织的50多名编辑参加会议。

5月17日至18日，由南京邮电大学、农工党中央人口与资源工作委员会、中国社会科学院经济研究所、农工党江苏省委会等单位共同主办的“人口与城市发展”学术论坛在南京邮电大学举办。农工党中央常务副主席刘晓峰出席论坛并讲话。刘晓峰强调，农工党要充分发挥作为人口资源与环境主界别参政党的积极作用，主动联合人口研究机构和相关政府部门，加大调查研究的力度，用高质量的科学建议支持中央和各级政府的科学决策。农工党中央副主席、南京邮电大学校长杨震出席论坛并致欢迎词。国家卫计委副主任王培安，江苏省政协副主席、省委统战部部长罗一民，江苏省政协副主席、农工党江苏省委会主委周健民等出席论坛。农工党中央人资委主任云治厚等出席论坛并做学术报告。国家卫生计划委、农工党江苏省委会、南京邮电大学、相关领域期刊有关领导和青年学者300余人参加论坛。

5月27日至28日，农工党全国副省级城市第七次工作联席会议暨社会服务工作研讨会在西安召开。中央副主席、陕西省委会主委朱静芝，中央组织部部长曲凤宏，陕西省委会副主委王安龙，西安市委会主委黄河等和来自全国各副省级城市的农工党地方组织领导出席会议。曲凤宏针对副省级城市在组织发展中的优势，就党员发展、基层组织建设的重要性，提拔干部应注意把握四种能力等问题做了讲话。来自全国副省级城市农工党市委会的代表50余人参加会议，并就新时期民主党派开展社会服务工作的方式进行了深入研讨。

6月11日，农工党中央主席陈竺在中央机关会见来访的国家卫计委副主任崔丽一行并座谈。陈竺介绍了我国多党合作、协商民主和农工党的基本情况，2014年农工党中央大调研的有关情况，以及农工党中央通过高层政治协商向中共中央、国务院就卫生事业发展改革提出的政策建议，希望继续加强与国家卫计委全方位的合作。双方还进行了友好互动交流。中央办公厅主任游宏炳、组织部部长曲凤宏、宣传部部长石光树、社会服务部部长刘峻杰、研究室主任姜天麟等参加座谈，参政议政部副部长姚秀元主持座谈会。

6月28日，中国初级卫生保健基金会第三届理事会第六次全体会议在中央机关召开。农工党中央原副主席、基金会理事长汪纪戎出席会议并讲话，基金会副理事长陈建国、肖燕军等出席会议，基金会秘书长周庆年代表基金会秘书处做《基金会2013年度工作报告》。

7月1日，由中共中央统战部宣传办公室和人民网、中国共产党新闻网共同主办的“中国统一战线新闻网”（tyzx.people.cn）在人民网举行开通仪式。农工党中央副主席龚建明出席开通仪式并与各民主党派中央副主席和无党派人士代表共同启动“中国统一战线新闻网”。

7月2日，农工党中央副主席龚建明在中央机关会见来访的中国医药卫生事业发展基金会副理事长桑希杰、平谷区副区长王志勉等一行并座谈。中央社会服务部部长刘峻杰介绍了近期农工党中央在社会服务工作方面取得的成果和未来的工作计划。会议交流了关于继续支持农工党中央开展“同心助医”工程和定点帮扶项目等有关事宜。

7月7日，首都各界在中国人民抗日战争纪念馆隆重集会，纪念全民族抗战爆发77周年。农工党中央副主席兼秘书长何维出席活动。

8 月 20 日，中共中央在人民大会堂举行座谈会，纪念邓小平同志诞辰 110 周年。农工党中央主席陈竺出席座谈会。

9 月 1 日，中央社会主义学院 2014 年秋季开学典礼在京举行，农工党中央副主席兼秘书长何维出席典礼。

9 月 3 日上午，农工党中央副主席兼秘书长何维在中国人民抗日战争纪念馆参加向抗日烈士敬献花篮仪式；当天下午，何维在人民大会堂出席纪念中国人民抗日战争暨世界反法西斯战争胜利 69 周年座谈会。

9 月 15 日，农工党中央常务副主席刘晓峰在中央机关接见来访的陕西省商洛市政协主席王甲训一行并座谈。

9 月 18 日，农工党河北省委会在石家庄召开纪念省委会成立 30 周年座谈会，中央主席陈竺出席并致辞。中共河北省委常委、省委统战部部长范照兵到会祝贺。农工党中央副主席兼秘书长何维出席会议。农工党河北省委会主委段惠军回顾了河北省委会 30 年不懈奋斗的历程，河北省委会原主委王士昌代表省委会老领导发言。农工党天津市委会主委沈中阳，中央参政议政部部长隋路等出席会议。

9 月 29 日，全国政协办公厅、中共中央统战部、国务院侨办、国务院港澳办和国务院台办在人民大会堂联合举办 2014 年国庆招待会。农工党中央常务副主席刘晓峰、副主席兼秘书长何维应邀出席招待会。

9 月 30 日，在庆祝中华人民共和国成立 65 周年之际，中国迎来首个“烈士纪念日”。当天上午，党和国家领导人同首都各界代表一起，在天安门广场人民英雄纪念碑前，向人民英雄敬献花篮。农工党中央副主席兼秘书长何维、副主席龚建明出席敬献花篮仪式。

9 月 30 日晚，国务院在人民大会堂举行国庆招待会，热烈庆祝中华人民共和国成立 65 周年。农工党中央主席陈竺、常务副主席刘晓峰、副主席兼秘书长何维、副主席龚建明应邀出席招待会。

10 月 10 日，由农工党沈阳市委会、大连市委会承办的农工党全国副省级城市第八次工作联席会议暨提案工作研讨会在沈阳召开。农工党中央副主席陈述涛、辽宁省委会主委唐建武、中央组织部部长曲凤宏出席会议并讲话。沈阳市委会主委赵午主持会议。陈述涛指出，当前，我们要以习近平总书记的重要讲话精神为指导做好提案工作，发挥政协提案在协商民主建设中的重要渠道作用，不断推进社会主义协商民主广泛多层制度化发展。曲凤宏对今后联席会议提出了有关要求。来自全国 15 个副省级城市农工党组织的负责人参加会议并做了交流发言。

10 月 30 日，国家人力资源和社会保障部、国家卫生计生委、国家中医药管理局第二届国医大师表彰大会在京举办。农工党中医专家干祖望、刘敏如、张大宁被授予“国医大师”荣誉称号并受到表彰。刘敏如是我国首位女国医大师。本次评选是新中国成立以来第二次在全国范围内评选国家级中医大师。

11 月 5 日，由农工党中央原副主席、上海市委会原主委，中国工程院院士，我国著名心血管病学家、医学教育家陈灏珠发起设立的“复旦大学陈灏珠院士医学人才培养基金”在复旦大学举行启动仪式。启动仪式以“医艺承扬”为主题。中央副主席、上海市委会主委蔡威，中央原副主席、上海市委会原主委左焕琛出席仪式。陈灏珠与蔡威、左焕琛、朱之文（复旦大学党委书记）、王生洪（复旦大学原校长）共同为“基金”揭牌。

11 月 11 日，中国初级卫生保健基金会生命绿洲患者援助公益基金在中央机关举行公益年会。农工党中央主席陈竺，中央原副主席、基金会理事长汪纪戎，中国工程院院士、生命绿洲患者援助公益基金管委会主任钟南山等到会并讲话。据介绍，项目启动一年来，已惠及患者近 6000 人，接受爱心企业捐赠资金和物资价值逾亿元人民币，形成了近 200 人的志愿者团队，覆盖约 100 个城市，成为国内首个获得 IS09001 国际质量标准体系认证的公益机构。会上，中国初级卫生保健基金会与青岛市社会保险事业局签署战略合作协议；中国初级卫生保健基金会还启动了“生命绿洲患者之家”项目。社会各界爱心人士 200 余人出席本次年会。

11 月 12 日，农工党中央常务副主席刘晓峰在中央机关接待来访的中共中央统战部副部长林智敏一行并座谈。

11 月 24 日，农工党中央主席陈竺在中共中央统战部做关于医药卫生体制改革的专题讲座，中央常务副主席刘晓峰，副主席何维、龚建明出席活动。

11 月 26 日，农工党广东省委会成立 60 周年庆祝大会在广州召开，中央副主席龚建明出席并讲话。中共广东省委统战部副部长唐晓萍到会祝贺。广东省委会主委马光瑜在会上回顾了省委会 60 年来的发展历程，中央原副主席、广东省委会原主委王宁生代表历届主委讲话，88 岁高龄、67 年党龄的广东省委会原副主委陈本能作为老党员代表讲话。会上，龚建明、马光瑜为两位党龄超过 60 年的老党员颁发纪念章。会议对先进集体、先进个人和党龄满 30 年以上的老党员进行了表彰。

12 月 1 日，农工党贵州省委会成立 30 周年纪念大会在贵州省政协大楼召开，中央副主席龚建明出席会议并讲话。中央宣传部部长石光树出席会议，贵州省委会副主委张爱华代表省委会回顾了省委会成立 30 年来的工作，省委会副主委黄惠玲宣读了农工党各省（区、市）组织的贺信。

12 月 2 日，《邓演达主持农工党一干会议》大型油画捐赠暨揭幕仪式在南京雨花台烈士纪念馆举行。农工党中央常务副主席刘晓峰，副主席杨震、龚建明，江苏省政协副主席、中共江苏省委统战部部长罗一民出席仪式。江苏省政协副主席、农工党江苏省委会主委周健民主持仪式。农工党中央宣传部部长石光树、副部长杨晓波、研究室副主任石光，南京市政协副主席王建华，雨花台烈士陵园管理局局长徐雪琴，农工党江苏省委会副主委黄煌、肖渡、曹锡荣、王水、郑丽敏，浙江省委会副主委陆国钦等 100 余人出席仪式。刘晓峰代表农工党中央向雨花台烈士纪念馆递交《邓演达主持农工党一干会议》油画（小型版）。雨花台烈士纪念馆馆长向媛华向农工党中央递交捐赠证书。随后，在纪念馆二楼邓演达烈士展区，刘晓峰和王建华共同为油画揭幕。仪式上，龚建明发表讲话，他代表农工党中央对邓演达烈士表示深切的缅怀；对南京雨花台烈士纪念馆专门辟出展室展示邓演达的光辉事迹表示衷心的感谢；也对《邓演达主持农工党一干会议》油画的创作者常青同志，农工党江苏省委会、浙江省委会以及所有对这项工作给予帮助、支持的各有关单位的领导和同志们表示衷心的感谢。仪式上，中国美术学院油画系副教授、油画作者常青介绍了油画的创作思路。仪式结束后，全体人员参观邓演达烈士展区，缅怀先烈，重温党史。

12 月 7 日，农工党广西区委会成立 60 周年纪念大会在南宁召开，中央主席陈竺出席大会并讲话，中央副主席何维出席会议。广西区委会主委彭钊在会上回顾了区委会 60 年来的发展历程，广西区委会原主委张慕洁、中央参政议政部部长隋路等出席大会。大会对农工党广西区先进基层组织和优秀党员进行了表彰。

12 月 18 日，农工党中央主席陈竺在京接见了中共秦皇岛市委副书记、代市长张瑞书一行，听取了北戴河国际健康城建设情况工作汇报。农工党中央副主席何维，河北省政协副主席、农工党河北省委会主委段惠军，农工党中央参政议政部副部长王素芳出席会议。

44. 农工党中央领导应邀出席全国政协新年茶话会

12 月 31 日上午，中国人民政治协商会议全国委员会在全国政协礼堂召开新年茶话会。农工党中央主席陈竺、常务副主席刘晓峰、副主席何维应邀出席茶话会。

（六）外事活动

1 月 20 日，全国政协副主席、农工党中央常务副主席刘晓峰在北京人民大会堂出席国务院总理李克强为白俄罗斯总理米哈伊尔·米亚斯尼科维奇访华举行的欢迎仪式和欢迎宴会。

1 月 25 日，全国人大常委会副委员长、农工党中央主席陈竺在京出席中法大使对话活动。

2 月 20 日，全国人大常委、农工党中央副主席龚建明在北京人民大会堂出席国家主席习近平为塞内加尔总统马基·萨勒访华举行的欢迎仪式和欢迎宴会。

4 月 1 日，全国人大常委会副委员长、农工党中央主席陈竺在中央机关亲切会见哥伦比亚大学公共卫生学院院长琳达·福瑞德一行。农工党中央副主席龚建明主持会见活动，中央社会服务部部长刘峻杰、宣传部副巡视员刘保明，中央生态环境工作委员会主任王金南，中央医疗卫生工作委员会主任顾晋、副主任支修益参加会见。

4 月 11 日，中法建交 50 周年重要活动之一——中法文化对话在位于中法大学旧址的艺术 8 举行。全国人大常委会副委员长、农工党中央主席陈竺与法国参议院副议长、前总理让·皮埃尔·拉法兰进行对话，并与到场的中法文化、经济界人士进行交流。

4 月 18 日，全国政协副主席、农工党中央常务副主席刘晓峰在北京出席中国人民对外友好协会举办的庆祝中国—加蓬建交 40 周年招待会。

5 月 14 日，全国人大常委会副委员长、农工党中央主席陈竺在上海出席中德个性化医疗圆桌会议。

5 月 18 日至 25 日，全国人大常委会副委员长、农工党中央主席、中华医学会会长、中国科学院院士陈竺率代表团访问法国、瑞典两国。5 月 19 日，陈竺访问了法国国民议会，会见了法国国民议会主席 Claude Bartolone。在法期间，陈竺一行访问了法国国家健康与医学研究院（INSERM）、巴斯德研究院、生物梅里埃总部等医药机构或企业。5 月 22 日，陈竺一行访问了瑞典卡罗林斯卡医学院，会见了学院校长 Svarta Räfven，以及学院其他领导、相关专家教授、中国留学人员，并举行多次座谈。次日，陈竺在卡罗林斯卡医学院做了专题报告，并被授予荣誉博士称号。在瑞期间，陈竺还会见了瑞典医学会会长和 CEO，与瑞典医学会建立了初步合作意向。

5月27日至6月3日，应加拿大加中议会协会和美国美中政策研究基金会邀请，全国政协副主席、农工党中央常务副主席刘晓峰率全国政协代表团访问加拿大、美国。期间，代表团会见了加拿大参议长金塞拉，美国众议院美中工作小组共同主席波斯坦尼和拉森，并与加拿大加中议会协会及美国美中政策研究基金会、美中关系全国委员会等智库、机构座谈交流。代表团还分别在温哥华、纽约看望了华人华侨代表并进行座谈。

6月3日，全国人大常委、农工党中央副主席龚建明在北京人民大会堂出席李克强总理出席为科威特首相贾比尔举行的欢迎仪式和晚宴

6月12日至18日，全国人大常委会副委员长、农工党中央主席陈竺作为习近平主席特使，出席在玻利维亚圣克鲁斯举行的77国集团成立50周年纪念峰会，并会见了玻利维亚总统莫拉莱斯。陈竺首先转达了习近平主席的祝贺与问候，指出77国集团成立50周年纪念峰会是包括中国和玻利维亚在内的全世界发展中国家的一大盛事，预祝玻方举办此次峰会取得圆满成功。陈竺说，中方愿同玻方一道，不断深化两国政治互信，推动各领域合作取得更多成果，惠及两国和两国人民。莫拉莱斯衷心感谢习主席派陈竺特使出席此次峰会，并请转达对习主席的诚挚问候。莫拉莱斯说，这是中国给予玻利维亚政府和人民的巨大支持和荣誉，极大提升了峰会的影响力。

7月21日，全国人大常委会副委员长、农工党中央主席、中国科学院院士陈竺在京接受了伦敦帝国理工学院授予的名誉博士称号，成为首位获此殊荣的中国科学家。授予仪式在英国驻华大使官邸举行。帝国理工学院校长 Keith O‘Nions 爵士为陈竺颁发了学位证书，学院副校长 Dermot Kelleher 教授在典礼上介绍了陈竺院士的成就与贡献。

7月30日，全国人大常委会副委员长、农工党中央主席陈竺在北京人民大会堂会见了由韩国国会保健福祉委员会委员长金椿镇率领的代表团一行。陈竺强调，中韩两国地理相近、文化相通，在发展卫生事业包括建立服务体系和保障体系方面，有着高度一致的理念。建议中国人大和韩国国会下一步能够考虑把健康和医疗卫生的议题放到我们合作领域非常重要的位置上来。农工党中央副主席何维、参政议政部部长隋路等参加会见。

8月25日，全国政协常委兼副秘书长、农工党中央副主席兼秘书长何维在北京人民大会堂出席国家主席习近平出席为津巴布韦总统穆加贝举行的欢迎仪式和晚宴。

9月12日至13日，第八届中国—拉美企业家高峰会在湖南长沙举行，全国政协副主席、农工党中央常务副主席刘晓峰出席并演讲。

10月14日，全国政协副主席、农工党中央常务副主席刘晓峰陪同国家副主席李源潮在北京人民大会堂与密克罗尼西亚联邦副总统阿利克·阿利克举行会谈。

10月24日，全国人大常委会副委员长、农工党中央主席陈竺在北京人民大会堂陪同习近平主席会见坦桑尼亚总统基奎特。

11月10日至14日，农工党中央副主席何维率代表团赴美国就生物医药技术及产品研发与产业化现状进行考察调研。

12月8日至9日，全国人大常委、农工党中央副主席龚建明参加全国人大代表团并出席在巴拿马举行的拉美议会第30届年会。

12月23日，全国人大常委、农工党中央副主席龚建明在北京人民大会堂出席国家主席习近平为埃及总统塞西访华举行的欢迎仪式和晚宴。

二、思想和宣传工作

2014 年，农工党把开展坚持和发展中国特色社会主义学习实践活动作为宣传思想工作的重要政治任务，联系实际，真抓实干，推动学习实践活动在全党深入开展，成效显著；紧紧围绕执政党和国家工作大局，围绕农工党中心工作，着眼于凝聚力量、扩大影响，积极构建“大宣传、大教育”的宣传思想工作格局，社会宣传、网站建设、党刊工作都迈上了一个新的台阶。

（一）进一步巩固思想政治基础，学习实践活动取得积极成效

1. 把学习实践活动和学习贯彻中共中央有关精神结合起来

一年来，农工党中央把开展坚持和发展中国特色社会主义学习实践活动和学习贯彻中共十八大，十八届三中、四中全会精神和习近平总书记系列重要讲话精神结合起来，以“坚定政治信念、解放思想、推动改革”为主题，把开展学习实践活动融入到思想建设、组织建设、制度建设、作风建设和机关建设之中，取得积极成效。

全国“两会”后，农工党中央下发《关于认真学习贯彻十二届全国人大二次会议和全国政协十二届二次会议精神的通知》，号召广大党员以促进实现“健康中国”和“美丽中国”宏伟目标为主线，进一步解放思想、凝聚共识，为全面深化改革献计出力。

2014 年是中国人民政治协商会议成立 65 周年暨中国共产党领导的多党合作和政治协商制度确立 65 周年，农工党中央下发《关于认真学习贯彻习近平总书记在庆祝人民政协成立 65 周年大会上的重要讲话精神的通知》，号召各级组织和广大党员要认真学习领会讲话的深刻内涵和精神实质，切实把讲话精神贯彻落实到我国社会主义民主政治建设的伟大实践之中，坚持和完善好中国共产党领导的多党合作和政治协商制度。

中共十八届四中全会召开后，农工党中央下发《关于学习宣传贯彻中共十八届四中全会精神的通知》，农工党十五届七次中常会又通过了《关于认真学习贯彻中共十八届四中全会精神的决议》，推动各级组织和全体党员迅速行动起来，紧密联系本党实际，全面准确领会全会精神，扎实做好学习宣传、贯彻落实工作，在推进依法治国进程中体现农工党价值、贡献农工党力量。

2. 研究制定“学习实践活动 2013—2017 年工作规划”

根据中央主席会议要求，从 2014 年 3 月开始，农工党中央宣传部负责牵头研究制定“学习实践活动 2013—2017 年工作规划”：组织开展了一系列调研，深入基层、深入成员，了解一手情况，倾听成员心声，突出问题导向，广泛征求意见，做到有的放矢；5 月，召开有各省级组织专职副主委参加的全党开展学习实践活动情况交流会，交流活动开展情况、经验做法，分析重点、难点问题；6 月，在以学习实践活动为主题的农工党十五届六次中常会上，与会常委用两个半天，开展头脑风暴，深入研讨《工作规划（草案）》，提出有见地、有针对性的意见建议。经过反复修改、数易其稿，形成了 12000 余字、8 部分内容、共 30 条的《中国农工民主党开展坚持和发展中国特色社会主义学习实践活动 2013—2017 年工作规划》，被党员们形象地称为“农工党 30 条”，成为深化学习实践活动的工作指引。

经农工党十五届六次中常会审议通过后，《工作规划》于8月正式印发。《工作规划》紧紧围绕农工党各项工作，紧扣学习实践活动主题，立足当前，着眼长远，提出了学习实践活动的目标、原则、任务和措施，明确了具体的路线图、任务书和时间表，具有战略性、指导性和可操作性，将学习实践活动系统融入到农工党思想、理论、组织、制度、作风建设等各方面，贯穿于参政议政、社会服务的全过程。

各级组织表示，要以贯彻落实《工作规划》为契机，搞好学习实践活动的再部署、再动员、再推动，进一步提升活动覆盖面、活跃度和创新性，形成全党合力、全员参与，有效推进学习实践活动全面深入开展。各级组织及广大成员普遍反映，《工作规划》内容充实，措施具体，载体明确，可以说是深化学习实践活动的"百科全书"，也是农工党未来4—5年乃至更长时间的工作纲领，具有很强的指导意义和实践意义。《工作规划》制定印发后，引起中共中央统战部、各兄弟党派、农工党各级组织高度关注和热烈反响。中共中央统战部就此编发一期统一战线坚持和发展中国特色社会主义学习实践活动《简报》（2014年16期），报送中共中央领导同志，这是对农工党开展学习实践活动的充分肯定。

3. 开展"中国梦·农工情"演讲比赛等系列活动

举办"中国梦·农工情"演讲比赛、征文竞赛、巡回宣讲等系列活动，是农工党中央开展学习实践活动的一项重要内容。

各地积极开展"中国梦·农工情"演讲比赛。2014年2月，农工党中央下发通知，决定在全党开展"中国梦·农工情"演讲比赛，推动学习实践活动深入开展。活动得到各级组织高度重视、精心谋划，广大党员积极响应、热情参与，演讲比赛在全国各地开展得如火如荼、精彩纷呈。活动中，参赛选手紧扣主题，阐述了作为中国特色社会主义事业亲历者、实践者、维护者、捍卫者的历史责任，表达了坚持和发展中国特色社会主义的坚定信念以及对农工党的热爱之情。

举办"中国梦·农工情"演讲比赛总决赛。6月15日至17日，农工党中央在京举行"中国梦·农工情"演讲比赛总决赛。经过层层预赛选拔、精心筛选，来自29个省级组织的83名优秀选手参加了总决赛。农工党中央常务副主席刘晓峰，副主席龚建明观看了17日的总决赛并亲切接见了参赛选手。刘晓峰指出，中国梦是民族的梦，是每个中国人的梦，也是我们农工党人的梦。举办"中国梦·农工情"演讲比赛活动，旨在全党开展广泛学习宣传"中国梦"，进一步增强广大党员对中国特色社会主义的道路自信、理论自信和制度自信，推动学习实践活动不断引向深入。经过激烈角逐，总决赛评出一等奖10名、二等奖15名、三等奖20名、优胜奖38名。中共中央统战部、各民主党派中央有关同志，中央社会主义学院和部分高校专家、学者应邀担任评委或观摩了比赛，活动得到一致好评。

编辑出版《"中国梦·农工情"演讲文稿集萃》及制作演讲比赛总决赛光盘。6月底，农工党中央宣传部将"中国梦·农工情"演讲比赛决赛的演讲稿汇编成《中国梦·农工情——农工党中央"中国梦·农工情"演讲文稿集萃》，农工党中央主席陈竺、常务副主席刘晓峰专门为本书题词，副主席龚建明为本书撰写序言，该书为农工党开展学习实践活动提供了很好的教育参考。

与组织部联合举办农工党中青年党员培训班。9月22日至24日，农工党中青年党员培训班在浙江富阳培训基地举办，参加培训的65名学员为“中国梦·农工情”演讲比赛总决赛的参赛选手。中央副主席杨震出席开班式并讲话。杨震提出三点希望：一要坚定理想信念，不断增强道路自信、理论自信、制度自信，永远紧跟中国共产党，高高举起中国特色社会主义伟大旗帜；二要练就过硬本领，不断提高与时代发展和事业要求相适应的素质和能力，在农工党的舞台上，在各自的岗位上，充分发挥首创精神、改革勇气和奋斗理念，切实承担起中国特色社会主义亲历者、实践者、维护者、捍卫者的政治责任，为全面深化改革献计出力，为全面建成小康社会、实现中华民族伟大复兴的中国梦贡献智慧和力量；三要锤炼高尚品格，自觉树立和践行社会主义核心价值观，把正确的道德认知、自觉的道德养成、积极的道德实践紧密结合起来，主动承担社会责任，始终保持积极的人生态度、良好的道德品质，用自己的行为和品格感召他人、带动他人，从而汇聚起推动整个社会进步的强大精神力量。中央组织部部长曲凤宏主持开班式，办公厅主任游宏炳、宣传部部长石光树、研究室原主任姜天麟、组织部原副巡视员刘然做辅导报告，宣传部副巡视员刘保明出席开班式。

举行“中国梦·农工情”全国巡回演讲活动。10月中旬，农工党中央宣传部从演讲比赛获奖者中抽调18名选手，组成“中国梦·农工情——农工党开展坚持和发展中国特色社会主义学习实践活动演讲团”，组成两个组，农工党中央宣传部部长石光树、宣传部副巡视员刘保明分别带队，分赴山西、陕西、湖南、湖北、河南，山东、江苏、福建、广东、广西等10省（区），共开展了11场巡回演讲活动。10月12日，农工党中央“中国梦·农工情”全国巡回演讲团两个组分别在山西省太原市、山东省济南市举行了第一场报告会，标志着农工党中央“中国梦·农工情”巡回演讲活动正式启动。巡回演讲活动旨在全党开展广泛学习宣传“中国梦”，把学习实践活动不断引向深入。活动得到了农工党中央领导的高度重视，得到了各省级组织的大力支持，得到了10省（区）中共省委统战部和各兄弟民主党派的积极配合，取得了良好宣传教育效果。

举办“中国梦·农工情”汇报演讲报告会。12月19日上午，“中国梦·农工情”汇报演讲报告会在农工党十五届三中全会期间举行。中央主席陈竺、常务副主席刘晓峰出席报告会并自始至终观看演讲。中央副主席龚建明在致辞中介绍了2014年农工党开展“中国梦·农工情”演讲比赛活动的目的初衷、比赛过程、成绩效果后。龚建明特别强调，演讲选手围绕中国梦主题，讲个人真情实感，颂楷模事迹，用农工党党员的话，讲农工党党员的事，以自己和身边感染人、鼓舞人、教育人的事迹，以农工党党员鲜活、感人的事例，有力传递了农工党的正能量，是农工党的光荣和骄傲。汇报演讲由来自上海的葛明泉和安徽的李莹瑛两名演讲选手主持。张燕（山西）、高智颖（湖南）、管延伟（辽宁）、秦鉴（广东）、郭熠（河南）、舒莲香（江苏）、王玥（贵州）、张盼盼（黑龙江）、李树香（天津）、刘遥鹏（四川）、邓秋晓（广西）、麻艳（陕西）、周阳君（山东）等13位演讲者，以基层普通农工党党员的身份，围绕中国梦主题，结合岗位工作实际、个人成长经历、身边党员故事，以饱满的热情、生动的语言、感人的事例，深情并茂地讲述了“加入农工为什么，历史责任是什么，我为圆梦做什么”的心路历程，生动诠释了学习实践活动的科学内涵。中央副主席陈述涛、何维、姚建年、杨震、朱静芝，以及中央委员、中央监督委员会成员、中央机关局级干部、中央专门工作委员会负责人、中央直属机构负责人、省级组织专职副主委250余人观看汇报演讲。

2014年2月，农工党中央网站和《前进论坛》杂志社联合发出“中国梦·农工情”征文通知，面向全党党员开展征文竞赛。这一活动得到各级组织和广大党员的响应热烈，共收到各省稿件870余篇，由农工党中央宣传部、组织部领导组成评委，共评出一等奖10名、二等奖20名、三等奖30名。征文竞赛活动达到预期效果，进一步扩大了学习实践活动的成效。

4. 其他工作

3月21日至22日，农工党宣传部长会议在广东湛江召开，中央副主席龚建明出席并讲话，广东省委会主委马光瑜、副主委刘启德，中央宣传部部长石光树、副巡视员刘保明，湛江市委会主委梁志鹏出席会议。龚建明指出，在工作中要“抓学习，抓宣传、抓典型、抓实效”：深刻认识学习实践活动的目的和意义，以政治共识和理想信念凝聚人；科学把握学习实践活动的内容和手段，以科学理论和优良传统教育人；积极发掘学习实践活动涌现出的典型，以先进榜样和感人事迹激励人；切实推动学习实践活动发挥实际作用，以履职尽责体现参政党的价值。龚建明指出，加强网络宣传和信息化工作要注重“平台建设、队伍建设、机制建设”，要建立健全资源共享、优势互补的工作机制；要建立健全一套科学、合理、规范、高效的发稿机制；要积极探索网络宣传规律，适应技术进步带来的变革。龚建明指出，积极培育和践行社会主义核心价值观是农工党宣传思想建设的一项基础性工作，必须常抓不懈，把核心价值观的要求融入到各项工作中。会议就推动各级组织深入开展学习实践活动，开展“中国梦·农工情”演讲比赛及巡回演讲、征文等系列活动，以及进一步加强网站建设、搞好网站宣传等工作作了研究部署。来自各省级组织的宣传部长及宣传干部50余人参加会议。

5月13日至14日，农工党坚持和发展中国特色社会主义学习实践活动情况交流会在河南郑州召开，中央副主席龚建明出席并讲话，河南省政协副主席、农工党河南省委会主委高体健出席会议，中央宣传部部长石光树主持会议。河南省委统战部常务副部长孟令峰应邀到会。龚建明要求，各级组织要坚持“一学、二促、三抓”，把学习教育贯穿活动始终，促进学习实践活动工作的延续性，促进工作落实，狠抓作风和制度建设、抓宣传思想工作、抓履职能力建设，进一步推动学习实践活动向广度和深度发展。龚建明强调，学习贯彻习近平总书记系列重要讲话精神是当前的一项重要政治任务，要把学习讲话精神与开展学习实践活动紧密结合起来，以高度的政治自觉抓好学习贯彻，用讲话精神助推农工党各项工作的开展。会议期间，与会代表就《农工党开展坚持和发展中国特色社会学习实践活动2013—2017年工作规划（草案）》进行了讨论。来自各省级组织的专职副主委等30余人参加会议，河南省各地级市主委20余人列席会议。5月14日是“县委书记的榜样”焦裕禄同志逝世50周年纪念日，全体代表来到兰考县焦裕禄纪念园，重温焦裕禄同志感人事迹，接受革命传统教育。

9月19日至20日，农工党宣传部长会议在安徽六安召开，中央宣传部部长石光树、副巡视员刘保明，安徽省委会副主委方才，六安市委会主委孙学龙出席会议，六安市领导毕小彬应邀到会。石光树指出，2014年宣传思想工作要紧紧围绕党和国家中心工作，着眼于凝聚力量、扩大影响，积极构建“大宣传、大教育”的宣传思想工作格局，社会宣传、网站建设、党刊工作都要迈上新台阶，真正实现学习实践活动和宣传思想工作齐头并进、相得益彰。石光树还就第四季度工作和2015年的学习实践活动和宣传思想工作做了安排部署。会议就推动新版网站建设和微信公众平台建设进行了研究部署，并总结表彰了《前进论坛》发行工作先进单位和个人、安排部署了2015年度征订发行工作。来自农工党省级组织的宣传部长和特邀市级组织负责人50余人参加会议。

此外，还开展学习实践活动调研、参加地方学习实践活动有关会议和活动，推动学习实践活动在全党深入开展。3月24日至27日，农工党中央副主席龚建明率调研组赴广东茂名、阳江、佛山进行宣传思想工作暨学习实践活动情况考察调研，中央宣传部部长石光树等参加调研。龚建明希望各市委会再接再厉，加强自身建设，增强团队凝聚力，提高宣传力度，不断探索社会服务新模式，充分利用网络、微博、微信平台服务党务工作；积极深入基层，帮扶贫困地区解决上学难、就医难、行路难等实际困难；积极参政议政，为推动各市经济社会发展献计出力。4月29日，农工党湖南省委会召开坚持和发展中国特色社会主义学习实践活动动员大会。农工党中央副主席、湖南省委会主委龚建明出席并做动员报告。7月17至20日，农工党内蒙古自治区召开坚持和发展中国特色社会主义学习实践活动学习会议，中央副主席龚建明出席并讲话，内蒙古区委会主委牛广明出席并做主题讲话，中央宣传部部长石光树做了关于学习实践活动的报告。

此外，农工党中央宣传部将《中国梦·农工情——农工党中央“中国梦·农工情”演讲文稿集萃》和演讲比赛总决赛光盘，以及电影《铁血丹心——邓演达》、《中国农工民主党与“福建事变”》等一批学习资料，下发到各级组织，作为学习实践活动的学习教材，供广大党员参考学习。各级地方组织积极配合中央开展相关活动，并举办了读书班、专题培训班、“走基层、下支部”等多种形式活动，推动了学习实践活动扎实开展。

（二）宣传工作亮点纷呈，有力推动学习实践活动

农工党中央着眼于凝聚力量、扩大影响，加大宣传力度，提升宣传效果。据不完全统计，一年来，在《人民政协报》《中国统一战线》、央视网络电台、中国网做了4个专版专题专稿，中央级媒体刊登有关农工党的文章800余篇，报道的数量、质量稳中有升。

1. 扎实做好学习实践活动的宣传报道工作。积极联系《人民政协报》《团结报》、中国网、人民网等主流媒体，宣传农工党开展学习实践活动的有关工作部署和安排、活动开展的情况、好的做法和经验，报道活动中涌现出来的成功经验和先进典型，努力营造浓厚氛围。8月19日，《团结报》理论版《学习实践活动大家谈》开栏第一篇，刊登了陈竺主席的文章《与党务工作“四个结合”扎实推进学习实践活动深入开展》，引起良好的社会反响。中央网站、党刊《前进论坛》等开辟“学习实践活动”专栏，就农工党各级组织开展的内容丰富、形式多样的学习实践活动进行宣传报道。编辑了《中国农工民主党开展坚持和发展中国特色社会主义学习实践活动简报》等内部刊物，反映、交流农工党开展学习实践活动的工作安排和有关情况等。

2. 将“两会”宣传作为重中之重。“两会”之前，通过召开媒体记者“两会”情况通报会，积极向记者提供背景资料和采访线索。“两会”期间，《人民日报》、《光明日报》等30多家报社对农工组委员进行了采访和深度报道；中央电视台、广东电视台等中央和省级主

流电视媒体对农工组委员进行了宣传报道；人民网、新华网、中国网等30多家网站对农工组委员的提案进行了全文刊登或摘编；微博媒体也对农工组委员的提案和发言进行了评论。据不完全统计，“两会”期间，有关报纸刊发农工党报道300余篇，各大网站刊发与农工党相关的报道约500篇。

3. 围绕农工党中央领导及重大活动的宣传报道。《今日中国》杂志、中国网分别为陈竺、刘晓峰做了专访报道。围绕参政议政、社会服务等中心工作，通过各种报刊分别以专版、头版、署名文章、社评、专访、综述、专题网页等形式，大力宣传农工党的调查研究、建言献策等重要活动，大力宣传农工党开展的支持云南鲁甸地震灾区抗震救灾、第七届中国环境与健康宣传周等重大工作项目和重大活动。围绕人民政协暨中国共产党领导的多党合作和政治协商制度确立65周年，积极为《人民政协报》、中国网等提供委员提案、理论文章等。《团结报》刊登了陈竺主席的署名文章《充分发挥民主党派的特点和优势 积极投身全面推进依法治国伟大实践》，《人民政协报》刊登了刘晓峰常务副主席的署名文章《多党合作绘蓝图 同心共筑中国梦——纪念人民政协成立暨多党合作确立65周年》，都取得了较好的社会反响。

（三）网站与信息化建设成绩显著

农工党中央在不断巩固传统宣传阵地的同时，注重发挥互联网在宣传思想工作中的积极作用，着力加强网站建设，大力开展网络宣传。

1. 做好网站改版工作。2014年，农工党中央网站启动了改版工作，实现技术和内容的全面升级。新版网站设置了首页、概述、新闻中心、思想理论、组织制度、参政议政、社会服务、党史纵览、综合园地、专题等10个一级栏目及70余个二级栏目。新版网站版面设计更加新颖，内容更为丰富，更加适应互联网技术发展的新潮流，能够有效地满足中央和省级组织对中央网站的期待与需求。

2. 加强网站宣传报道。中央网站围绕重大主题，先后制作推出“2014年两会”、“坚持和发展中国特色社会主义学习实践活动”、“2014中国环境与健康宣传周”等多个专题、专栏，集中宣传报道农工党系列重要活动；围绕突发类事件，第一时间报道了陈竺、刘晓峰致电关心鲁甸地震灾情，以及一批奋战在抗震救灾指挥一线的农工党党员的事迹，产生了很好的社会反响；围绕扩大覆盖面，与中国统一战线新闻网等网络媒体进行友情链接，提高了网站的影响力。目前，网站年发稿量3000多篇，年访问量近20万人次。

3. 打造微信公众平台。2014年4月15日，正式开通“中国农工民主党”微信订阅号，首次将农工党宣传思想工作拓展至移动互联网平台，使信息传递更有针对性，通过“微”距离接触、“零”距离交流，发挥新渠道、新平台、新手段、新舞台的作用。截止2014年年底，共编发95期、457条信息，用户数近3000人。微信公众平台进一步提高了工作透明度、知名度和参与度，真正发挥了新媒体积极、正面的作用。同时，积极推动各省委会建立微信公众平台，目前已有湖北、山西、吉林、江苏、贵州、湖南、辽宁、陕西、河南、甘肃等省级组织和部分市级组织开通了微信公众平台。

4. 信息化建设取得新进展。加大对信息化硬件建设的投入，并开展了软件正版化工作、网络规划设计，以及建设社情民意报送系统等工作。

（四）进一步做好党刊工作

党刊《前进论坛》始终坚持“提高质量、降低成本、扩大发行”的办刊方针，坚持思想性、知识性和可读性相结合，以提高质量作为办刊第一要务，不断提高编辑和发行工作水平。

涵盖全面、突出重点地宣传农工党各项工作。积极参与农工党重点调研活动，配合中央的大调研、大考察以及中央的重要会议，刊发消息、综述等报道30多篇，图片近百幅；“两会”期间，出版“两会”专刊，全方位详细报道了农工党“两会”的主要情况以及取得的可喜成果；发表有关参政议政、社会服务、自身建设、民主监督的真知灼见，介绍优秀党员的先进事迹等。

做好发行工作，发行量稳中有升。不断加强发行管理工作，完善工作程序，降低发行差错率，订阅率逐年增加，连续12年达到党员人数的50%以上。2014年《前进论坛》在全党发行近8万册，订阅率达到60%。

三、参政议政工作

2014年，农工党参政议政工作坚持以“健康中国”、“美丽中国”为主线，围绕中共十八届三中全会全面深化改革和十八届四中全会全面依法治国的战略部署，凝聚全党的智慧和力量，立足自身优势，深入调查研究，积极建言献策，不断提高参政议政的能力和水平。

（一）在高层政治协商中提出意见建议

1月10日，最高人民检察院召开座谈会，听取各民主党派中央、全国工商联负责人以及无党派人士的意见建议。农工党中央副主席兼秘书长何维应邀出席会议并发言，提出了许多建设性的意见和建议。

1月21日，最高人民法院召开座谈会，听取各民主党派中央、全国工商联负责人以及无党派人士的意见建议。农工党中央副主席龚建明应邀出席会议并作《推进司法改革建设法治中国》的发言。

2月10日，国务院总理李克强在中南海主持召开党外人士座谈会，听取各民主党派中央、全国工商联负责人和无党派人士代表，对《政府工作报告(征求意见稿)》的意见和建议。农工党中央常务副主席刘晓峰应邀出席并发言，提出加快医药卫生体制改革要更好“保基本、强基层、建机制”，特别要啃下公立医院改革的“硬骨头”。

2月21日，中共中央统战部召开党外人士座谈会。农工党中央主席陈竺出席并发言，常务副主席刘晓峰、副主席兼秘书长何维出席会议。

6月20日，中共中央统战部召开党外人士专题调研座谈会。农工党中央主席陈竺出席并发言，汇报了农工党“卫生立法推动医药卫生体制改革”大调研的选题考虑以及调研的有关情况和主要成果，并对完善民主党派年度调研工作提出了意见建议。副主席兼秘书长何维出席会议。

7月29日，中共中央在中南海召开党外人士座谈会，就当前经济形势和下半年经济工作听取各民主党派中央、全国工商联负责人和无党派人士代表的意见和建议。农工党中央主席陈竺应邀出席并发言，赞同中共中央对当前我国经济形势的分析和下半年经济工作的考虑，并就“落实全面深化改革措施，积极化解经济风险”，“破除政策壁垒，释放医药产业创新驱动发展的巨大潜能”，“加大医保体制改革力度，发挥其‘扩内需、保民生’的双重功效”，“以‘重大新药创制’科技重大专项为平台，促进健康产业集成创新发展”等内容提出意见和建议。常务副主席刘晓峰、副主席何维等应邀出席会议。

8 月 19 日，中共中央在中南海召开党外人士座谈会，就中共中央关于全面推进依法治国若干重大问题的决定听取各民主党派中央、全国工商联领导人和无党派人士的意见和建议。农工党中央主席陈竺应邀出席并发言，赞成和拥护中共中央关于全面推进依法治国若干重大问题的决定，并就“进一步完善宪法制度，确立宪法在国家治理体系和治理能力法治化的核心地位”，“进一步发挥民主党派在立法和民主监督中的作用”，“健全标本兼治的反腐体制机制，推进廉政建设法制化”，“以卫生立法推动和引领医药卫生体制改革”等方面提出意见和建议。常务副主席刘晓峰等应邀出席会议。

12 月 1 日，中共中央在中南海召开党外人士座谈会，就今年经济形势和明年经济工作听取各民主党派中央、全国工商联负责人和无党派人士代表的意见和建议。农工党中央主席陈竺应邀出席并发言，赞同中共中央对当前我国经济形势的分析和明年经济工作的考虑，并就“优化经济增长区间调控，为经济转型结构调整和全面深化改革创造条件”，“加快公立医院改革，促进健康服务业发展”，“打造京津冀‘健康走廊’和‘科技走廊’，形成以健康和科技产业为主体的新经济增长极”等提出意见和建议。常务副主席刘晓峰、副主席何维等应邀出席会议。

（二）在全国两会平台上积极建言献策

农工党中央主席陈竺、常务副主席刘晓峰多次做出重要指示，提出 2014 年“两会”要继续发挥农工党的界别优势，以“健康中国”、“美丽中国”为主线，以拉动内需、保障民生、推进改革为主要方向，围绕党和人民关心的难点、重点、热点和薄弱点相关问题积极建言献策。

3 月 3 日至 12 日，全国政协十二届一次会议在京召开。全国政协副主席、农工党中央常务副主席刘晓峰，全国政协常委兼副秘书长、农工党中央副主席兼秘书长何维，全国政协常委、农工党中央副主席蔡威和担任十二届全国政协委员的农工党员出席会议。全国人大常委会副委员长、农工党中央主席陈竺应邀参加了 3 日下午举行的开幕会和 12 日上午举行的闭幕会。农工党中央机关部分局级干部旁听了开幕会和政协大会发言。

3 月 5 日至 13 日，十二届全国人大二次会议在京召开。全国人大常委会副委员长、农工党中央主席陈竺，全国人大常委、农工党中央副主席陈述涛、姚建年、杨震、朱静芝、龚建明和担任十二届全国人大代表的农工党员出席会议。全国政协副主席、农工党中央常务副主席刘晓峰，全国政协常委兼副秘书长、农工党中央副主席兼秘书长何维，全国政协常委、农工党中央副主席蔡威和担任十二届全国政协委员的农工党员等列席了 5 日上午举行的开幕会。

据不完全统计，本次大会期间，以农工党中央名义提交的书面大会发言 3 件，通过秘书组以委员个人名义提交的书面大会发言 18 件，还有许多委员通过网络平台自行提交了书面大会发言；以农工党中央名义提交提案 53 件，立案 50 件；通过秘书小组以委员个人名义提交提案 175 件、信息 1 件，还有许多委员通过网络平台自行提交了提案。2014 年的提案内容涵盖医药卫生、生态环境、人口资源等领域的重点、难点和热点问题，体现了农工党的界别特色和优势。

3 月 7 日上午，环境保护部副部长李干杰、国家卫生计生委副主任王培安、国家煤炭安全监察局副局长黄玉治等列席农工组讨论，与委员们一起共商国是。高体健、郑小燕、曲凤宏、任国胜、周健民、王富强、段惠军、牛立文等 14 位委员分别围绕建设人口均衡型社会、关注失独家庭、健康服务业发展、医养结合型养老服务机构建设等主题谈了各自的思考和建议。李干杰、王培安、黄玉治就委员们关切的问题做了回应，希望今后能够进一步加强和农工组委员的联系。

3 月 7 日下午，在全国政协十二届二次会议第二次全体会上，全国政协常委、农工党中央副主席、上海市委会主委蔡威代表农工党中央做了题《以改革促环保　以创新促发展　以重典治重污》的大会发言。发言指出，粗放式发展源于相关法律与政策缺乏刚性约束，政府管理职能履行不到位、有关体制机制存在障碍，个别地方政府调整产业机构工作乏力，全民环保意识薄弱。发言建议：一是优先启动环保大部制改革，提高国家治理的效能；二是以重典治重污，使污染治理零容忍；三是以市场无形之手，描绘生态文明宏图；四是努力形成全民参与、全民监督的生态文明建设体制机制；五是依法治国，建立健全生态法律制度体系。

3 月 8 日上午，在全国政协十二届二次会议第三次全体会议上，全国政协委员、农工党中央常委、天津市委会主委沈中阳作了《创建“平安医院”　确保医护人员人身安全》的大会发言。发言指出，近些年来，医疗纠纷频发，暴力伤害医护人员事件时有发生，伤医情况严重、伤医影响恶劣。分析指出，医疗资源分配不均，患者心理落差大，医院管理不善，社会整体公信力不高、医患间互信度不够是造成伤医辱医事件的主要原因。发言建议：一是完善医院内部管理机制；二是建立社会配合机制；三是健全政府保障机制；四是完善法律机制。

3 月 8 日，全国政协十二届提案审查委员会围绕“发挥市场决定性作用和更好发挥政府作用，积极化解产能过剩”召开提案办理协商会，农工党中央《发挥市场决定性作用，防止海工产业产能过剩》的提案入选办理协商会，作为专题调研题目重点督办，农工党中央副主席兼秘书长何维出席座谈会。5 月，全国政协提案委针对“发挥市场决定性作用，化解造船产能过剩，促进海工产业健康发展”重点提案，由全国政协提案委主任孙淦率调研组赴辽宁、江苏进行调研，农工党中央副主席、黑龙江省委会主委陈述涛应邀参加调研。8 月，全国政协召开主席办公会议，听取有关“发挥市场决定性作用，化解造船产能过剩，促进海工产业健康发展”重点提案办理落实情况汇报，陈述涛应邀出席会议，听取提案承办单位汇报，并就相关问题进行深入交流。

此外，《加大公立医院改革力度，破除以药养医机制》、《以改革促环保　以创新促发展　以重典治重污》等 6 件入选重要提案摘报。《关于进一步加强大气污染防治中长期科学研究的建议》得到承办单位科技部的高度重视，6 月专门邀请包括农工党中央在内的提案人赴保定观测大气污染监测超级站并召开提案办理座谈会。

作为以医药卫生界为主要界别的参政党，会议之前，农工党中央向中共中央领导同志报送了《防控恶性伤医事件刻不容缓》的专报；在进一步调研基础上，2 月底，农工党中央向全国政协十二届二次会议报送了《防控恶性伤医事件刻不容缓》的提案；会议期间，农工组委员郑小燕牵头，21 名委员联名提交大会的提案《关于将医疗机构纳入公共场所治安管理体系的建议》、姚克委员提交的《完善医疗纠纷解决机制，"零容忍"暴力伤医》均引起了多家电视台和媒体的关注，中央电视台《焦点访谈》节目高度重视农工组委员的意见建议，专门就如何有效解决恶性伤医事件采访了部分农工组委员，引起了较好的社会反响。

6 月 3 日，全国政协召开"深化产教融合、校企合作，加快现代职业教育体系建设"专题协商会。全国政协委员、农工党重庆市委会副主委任国胜代表农工党中央作了《建立健全符合医药卫生事业发展的职业学校和专业基本标准》的发言。

6 月 23 日至 25 日，政协十二届全国委员会常务委员会第六次会议在京举行。全国政协常委、农工党中央常委、江苏省委会主委周健民代表农工党中央作了《做好顶层设计 让生态红线成为美丽中国保障线》的发言。发言建议：一是建立健全与我国基本国策相匹配的国家红线管控体系。二是密切关注民生问题，在影响老百姓身体健康、区域生态安全和关系社会稳定的领域优先划定生态红线。三是规范生态红线管理技术支撑体系。四是建立健全生态红线管理法律法规体系。五是优先启动环保大部门制改革，改革和完善生态红线治理运行机制。六是推行生态红线奖励和惩罚机制。

7 月 22 日，全国政协召开"构建现代公共文化服务体系"专题协商会。农工党中央作了《创新思路和模式 构建和完善现代公共文化服务体系》的书面发言。

8 月 25 日至 27 日，政协十二届全国委员会常务委员会第七次会议在京举行。全国政协常委、农工党中央常委、江西省委会主委郑小燕代表农工党中央作了《加强参政党民主监督制度建设 履行参政党政治责任与使命》的发言。发言指出，民主党派要为中共党风廉政建设和反腐败斗争提供强有力的政治支持与策应。第一，进一步完善中国共产党与各民主党派的党际协商制度建设，使中共党内监督和参政党民主监督在制度上相互衔接，形式上相互配合，内容上相互补充，形成合力和有机统一体。第二，充分发挥人民政协协商民主重要渠道作用，加强制度建设，使参政党通过政协平台更好履行民主监督职能，提高民主监督质量。第三，通过制度保障做好参政、议政两项工作，拓展参政党民主监督的广度。第四，在关键环节和重要领域，探索民主监督新机制新办法，拓展参政党民主监督的深度。

10 月 27 日至 29 日，政协十二届全国委员会常务委员会第八次会议在京举行。全国政协常委、农工党中央常委、河南省委会主委高体健常委代表农工党中央作了《医药卫生、环境保护等重点领域的立法与执法亟待加强》的发言。

（三）在双周协商座谈会积极建言献策

2013 年 10 月，新一届全国政协恢复了双周协商座谈会这一人民政协的优良传统，使双周协商座谈会成为沟通思想、增进共识、协调关系、凝心聚力的协商平台。2014 年，多位农工党员受邀走上这个平台，积极建言献策。

1. 推进医养结合型养老护理模式建设双周协商座谈会

9 月 25 日，全国政协在京召开双周协商座谈会，就积极推进医养结合型养老护理模式建设提出意见和建议。全国政协主席俞正声主持会议并讲话。何维、蔡威、王路、高体健、孙铁英、任国胜、于文明、姚克、丁金宏 9 位农工党同志作为发言人在双周协商座谈会上发言，得到与会同志高度肯定。

座谈会之前，农工党中央和全国政协教科文卫体委员会开展了一系列调研活动，为双周协商座谈会做了充分准备。3 月 26 日，农工党中央副主席兼秘书长何维率调研组赴重庆市考察了青杠老年护养中心；3 月 31 日，农工党中央在京召开专题座谈会，就推进医养结合型养老护理模式建设，听取相关意见建议；3 月至 4 月中旬，农工党中央参政议政部部长隋路带队开展了一系列前期调研；7 月 23 日至 27 日，农工党中央副主席兼秘书长何维率全国政协教科文卫体委员会与农工党中央联合调研组，赴海南进行专题调研；7 月 29 日至 8 月 1 日，全国政协常委、教科文卫体委员会副主任黄洁夫率全国政协教科文卫体委员会和农工党中央联合调研组，赴山东济南、青岛进行专题调研，农工党中央副主席兼秘书长何维参加调研；8 月 22 日，农工党中央主席陈竺率调研组就推进医养结合养老服务模式在京开展调研。

座谈会上，全国政协常委兼副秘书长、农工党中央副主席兼秘书长何维作了《走出一条中国特色养老事业发展道路》的发言。发言建议：一是深化体制改革，满足社会需求；二是统筹深化医改和养老保险改革，完善相关机制，筑牢基本医养结合的底线；三是发挥好市场配置资源决定性作用，满足医养结合的多层次商业需求。

全国政协常委、农工党中央副主席、上海市委会主委蔡威作了《构建评估体系　提升服务能力　加大医保支持》的发言。发言指出，医养结合型养老型服务模式可以满足老年人医疗护理和生活照料的双重需求，对提高养老、康复与医疗服务的连续性和整体性有着重要的意义。发言建议：一是构建养老服务评估体系；二是加强医养结合型养老服务能力建设；三是打造医疗保险支持体系。

全国政协常委、农工党河南省委会主委高体健作了《统筹推进医养结合型养老服务体系建设》的发言。发言建议：一是建立医疗机构和养老机构合作的联合体，实现二者资源的有效融合；二是鼓励有条件的养老或医疗机构采取内设模式，增强服务能力；三是合理转化闲置的医疗资源，增加区域内医养结合型的养老服务机构；四是发挥政府、社会和市场的力量，满足居家老人的医疗护理服务需求。

全国政协委员、海南省副省长、农工党海南省委会主委王路作了《筑牢政府养老底线　大力发展养老产业》的发言。发言建议：一是国家主要综合部门要对我国养老问题算大账、总账，明确政府保基本支出的规模，并对健康养生产业做出整体设计，明确其机制和政策；二是从规划、建设、运行机制统筹推动医养结合，包括制订标准、卫生准入、医保定点等；三是加大商业化保险引导，特别是养老护理保险业。

全国政协委员、农工党中央委员、卫生部北京医院呼吸内科主任、中央保健委员会专家组专家孙铁英作了《为失能半失能老人提供有尊严的养老环境》的发言。发言建议：一是政府要优先考虑解决失能半失能老人医疗照护问题，研究建立为此专设的特殊老年护理院，为其提供政策支撑；二是在社区和乡镇成立相应的养老护理机构，提供上门服务，利用多种形式，为失能半失能老人提供专业化护理、康复、健康体检、咨询和慢病管理等服务。同时，建议医疗机构和养老机构合作，实现医疗机构和养老机构双向转诊。

全国政协委员、农工党重庆市委会副主委任国胜作了《医养结合养老模式的实践探索与建议》的发言。发言建议：一是国家出台相关政策，推进医疗机构（尤其是大医院）以多种形式与养老机构合作共建，推进医养结合，探索“急、慢性病分治”新模式；二是将有医疗功能的养老机构纳入医疗保险定点服务单位，建立独立的报销体系；三是制定相关促进发展扶植政策，以及具体的吸引社会力量参与投资的方案；四是建立长期照护专科服务培训体系；五是进一步完善医养结合型养老机构方面的相关法律法规与政策。

全国政协常委、国家中医药管理局副局长、农工党北京市委会主委于文明作了《加强医养结合人才队伍和保险保障机制建设》的发言。发言建议：一是进一步加大养老护理机构建设、人才队伍培养，为医养结合的养老事业发展提供机构人才支持；二是进一步完善政策法律保障制度，建立多层次、多机制、广覆盖的老年长期护理保险体系；三是进一步发挥中医药特色优势，开展中医药与养老服务结合试点，探索形成中医药与养老服务相结合的服务模式和服务内容。

全国政协常委、农工党中央浙江省委会主委姚克作了《厘清医养边界防控医养结合的医保基金风险》的发言。发言建议：一是厘清养老和医疗边界，加快建立评估机制，避免“救命钱”被侵蚀；二是改革老年医疗保障筹资机制，扩大医保筹资渠道，防止人口老龄化带给医保的隐性风险加剧；三是加强顶层设计，设立老年长期医疗护理保险，加快推进康复养老护理一体化。

全国政协委员、华东师范大学社会发展学院院长、人口研究所所长丁金宏作了《农村和城市同步探索医养结合模式》的发言。发言建议：将农村医养结合养老制度和机构建设纳入农村医疗卫生事业发展规划，并且与新农保、新农合制度建设工作密切结合起来，同步推进。

2. 其他双周协商座谈活动

3月20日，全国政协在京召开双周协商座谈会，就“安全生产法修正”问题座谈交流。全国政协委员、农工党天津市委会副主委、南开大学法学院副院长侯欣一，农工党北京市委会副主委、国务院发展研究中心资源与环境政策研究所副所长常纪文等专家学者，对安全生产法修订提出意见建议。侯欣一提出凡是为生产经营者设定责任和义务的条款，同时均应设定相应的法律责任和实施机制等建议。常纪文提出以适当的方式规定安全生产要实行党政同责、一岗双责、齐抓共管等建议。

5月6日，全国政协在京召开双周协商座谈会，就“确保依法独立公正行使审判权检察权”座谈交流。全国政协委员、陕西省人民检察院副检察长、农工党陕西省委会副主委巩富文做了《推动省以下地方检察院人事统一管理应注意的三个问题》的发言。发言建议：一是要解决好“谁来管”和“管什么”的问题；二是要解决好“怎么管”的问题；三是要切实做好人事统管的“衔接”。

7月10日，全国政协在京召开双周协商座谈会，就“南水北调中线水源地水质保护”问题座谈交流。全国政协委员、农工党中央常委、国家林业局森林保护学重点实验室主任杨忠岐作了《建设丹江口水库水源涵养林》的发言。发言建议：国家要支持丹江口市大力发展库区水源涵养林，上马水源涵养林工程，对工程建设项目给予扶持，提高丹江口水库蓄水、保水功能，保证南水北调中线工程持续供水，造福受益区广大人民群众。

7 月 24 日，全国政协在京召开双周协商座谈会，就“更好地发挥社会组织在社会治理中的作用”座谈交流。全国政协委员、农工党中央委员、辽宁何氏眼科医院院长何伟等专家学者在座谈会上发言。

10 月 30 日，全国政协在京召开双周协商座谈会，就“利用水泥窑协同处置垃圾废弃物”问题座谈就来。全国政协委员，农工党河北省委会副主委王福强作了《统筹城市垃圾处理 推广水泥窑协同处置》的发言。发言建议：一是统筹规划，将水泥窑协同处置纳入城市基础设施；二是开展示范城市建设、发布行业准入许可；三是扩大社会宣传力度。

11 月 13 日，全国政协在京召开双周协商座谈会，就“建筑工人工伤维权”问题座谈交流。全国人大代表、农工党中央常委、湖北省委会主委吕忠梅作了《建立完善社保体系 构建法治化维权体系的发言。发言建议：一是统筹考虑劳动关系、劳动保障、社会保险、工伤保险等各种关系，建立完善的社会保险体系，明确工伤保险制度的性质与地位，加强顶层设计；二是运用法治思维和法治方法，理性思考政府与市场的关系，重新审视以行政手段为主、司法为辅的工伤维权机制，建立法治化维权体系；三是优化工伤争议解决和给付程序。

（四）精心组织调研，积极建言献策

1. 陈竺等出席农工党中央座谈会

1 月 23 日，农工党中央主席陈竺在中央机关主持召开座谈会，就做好对政府工作报告征求意见建言献策工作进行座谈。农工党中央常务副主席刘晓峰出席座谈会，副主席兼秘书长何维主持会议，研究室主任姜天麟和各领域的党员专家代表参加座谈。

2. 陈竺就促进中药产业可持续发展在天津调研

1 月 26 日，农工党中央主席陈竺率调研组赴天津就促进中药产业可持续发展进行专题调研。陈竺一行深入天士力集团和京万红药业有限公司实地考察,并与企业负责人座谈。陈竺指出，一方面，我们要秉承“传承创新、弘扬国药”精神，高度重视中药产业发展，不断深化改革、积极探索中药国际化路径。特别是要按照全面深化改革的要求，进一步处理好政府与市场的关系，推动我国中医药产业的发展。另一方面，中药研发企业也要高度重视传承和创新，主动与国内外顶尖科学家和科研院所展开合作，对中药作用成分和药用机理进行研究创新，通过“中药走出去”，将中医药与世界梦结合在一起，为全球健康化水平提升做出更大贡献。农工党中央副主席兼秘书长何维，天津市政协副主席、农工党天津市委会主委沈中阳，农工党中央常委、国家食品药品监督管理总局食品药品安全总监焦红，中央参政议政部部长隋路以及有关国家部委、相关单位的领导专家参加调研。天津市领导肖怀远、苟利军等陪同调研。

3. 刘晓峰就长江上游综合开发情况在四川调研

3 月 23 日至 24 日，农工党中央常务副主席刘晓峰率调研组赴四川泸州就长江上游综合开发情况开展专题调研。刘晓峰一行实地考察了长江泸州沿线工程建设和完成情况，详细听取了四川省、泸州市相关部门、有关单位领导同志的汇报和介绍。刘晓峰表示，四川要摆脱内陆地区的封闭式经济，长江是最主要的出口，必须依托黄金水道，加强内河航运。刘晓峰指出，华润集团和泸州市委、市政府要进一步考虑长江宜宾至重庆段综合开发的成本和经济回报，关注重庆小南海电站通行能力，积极争取四川省委、省政府对项目的支持。政协和农工党将进一步研究此次调研的建议，为中央进一步制定保护长江上游自然生态环境保护与地方经济可持续发展的政策提供决策参考。四川省政协副主席、农工党四川省委会主委王正荣，中央参政议政部部长隋路，四川省委会副主委钟勤建、夏华祥，泸州市委会主委何延政等参加调研。

4. 何维就长江消落带生态环境等在重庆调研

3月24日至28日，农工党中央副主席兼秘书长何维率调研组前往重庆市万州区、开县、忠县考察调研消落带生态环境整治情况，并就重庆市医疗、养老机构建设等进行专题调研。调研组先后考察了开县汉丰湖水位调节坝和基塘工程，万州区明镜滩岸线综合整治工程，忠县沿江综合整治工程，以及璧山县重庆医科大学附属第一医院青杠老年护养中心、大渡口区重庆万家燕鸿源医院、春晖路街道社区卫生服务中心、大渡口人民医院等。27日至28日，调研组在重庆相继召开了三峡库区消落带生态环境保护调研座谈会、卫生立法推动医药卫生体制改革调研座谈会、医养结合型养老护理机构建设调研座谈会。重庆市人大常委会副主任、农工党重庆市委会主委杜黎明，农工党中央常委、海淀区委会主委杨忠岐，农工党中央常委、社会与法制委员会主任、广州市委会主委余明永，农工党中央参政议政部副部长姚秀元，农工党重庆市委会副主委姚树、刘德绍，以及生态环境与保护方面有关专家参加调研。

5. 何维出席“积极推进医养结合型养老护理机构建设”情况介绍会

3月31日，农工党中央就如何积极推进医养结合型养老机构建设在京召开情况介绍会，中央副主席兼秘书长何维出席并讲话，参政议政部副部长姚秀元主持会议。在与大家深入交流后，何维指出，积极推进医养结合型养老机构建设既是深化社会保障制度改革、医药卫生体制改革和进一步健全完善医疗卫生服务体系的重要内容，也是服务广大人民群众，有效应对老年化社会挑战的必然要求。国务院相关部委专家学者、全国政协科教文卫体委员会部分委员、农工党中央医疗卫生工作委员会部分委员及农工党中央参政议政部相关工作人员参加会议。与会专家学者结合各自领域和工作实际，分别谈了医养结合型养老护理机构建设的现状和难点，并提出了相关建议对策。调研结束后，农工党中央形成了《当前乡村医生面临的问题及建议》社情民意信息报送全国政协。

6. 陈竺等就县级公立医院改革和促进中医药产业发展在陕西调研

4月8日至10日，农工党中央主席陈竺率调研组在陕西榆林、渭南，分别就“县级公立医院改革”和“促进中医药产业发展”课题进行专题调研。农工党中央副主席兼秘书长何维，农工党中央副主席、陕西省人大常委会副主任、农工党陕西省委会主委朱静芝，农工党中央常委、国家食品药品监督管理总局食品药品安全总监焦红，中央参政议政部部长隋路，以及有关领导、专家参加调研。陕西省、榆林市、渭南市有关领导陪同调研。

4月8日，调研组在榆林实地考察调研米脂县医改工作情况，并在米脂县召开县级公立医院改革专题座谈会。在听取了榆林市、米脂县领导及榆林南部六县及横山县医院院长关于医改情况汇报后，陈竺讲话指出，发展医疗卫生事业主要是解决“谁来提供保障”和“谁来提供服务”这两大问题。要解决好这两个问题，关键是要不断改革创新，释放更多改革红利，让人民群众进一步受益得实惠，同时让医务人员受鼓舞有尊严，构建和谐医患关系。陈竺强调，一是要更加注重调动医务人员积极性；二是要推动医保、医药、医疗“三医联动”；三是要依靠医务人员，强化医疗管理。用中国式办法解决好医改这个世界性难题。

4 月 9 日至 10 日，调研组就“促进中医药产业发展”问题开展专题调研。陈竺一行先后到陕西步长制药公司、富平朱老二骨科医院、陕西利君现代中药有限公司、渭南市职业技术学院、双王社区卫生服务中心、渭南市中心医院详细了解陕西中医药产业发展情况。在 10 日召开的座谈会上，在听取了渭南市中医药工作情况汇报和陕西省有关专家学者的意见建议后。陈竺指出，要进一步健全产业规划，以全面深化改革为契机，明确中医药事业发展的目标任务和制度建设要求；要坚持中药产业与中医事业发展相结合，健全抓好中医药人才培训培养，促进中医继承与创新，加强中医药法制建设，依法保障和促进中医药事业可持续发展；要将陕西中医药服务贸易及相关产业作为新丝绸之路经济带、西部大开发的重要方略，进一步发展壮大中医药产业。

调研期间，陈竺、何维、朱静芝一行拜谒了习仲勋陵，参观习仲勋陈列馆，接受爱国主义教育。

7. 陈竺等出席“卫生立法推动医药卫生体制改革”专题座谈会

4 月 30 日，农工党中央“卫生立法推动医药卫生体制改革”专题座谈会在中央机关举行，中央主席陈竺出席并讲话，副主席兼秘书长何维主持会议。农工党中央常委、国家食品药品监督管理总局食品药品安全总监焦红，中央参政议政部部长隋路、副部长姚秀元，中央医疗卫生工作委员会主任顾晋，中央社会与法制工作委员会副主任焦洪昌、孙东东以及有关部委、行业协会、高校的领导和专家 20 余人应邀出席座谈会。这次专题座谈会也是农工党中央 5 月开展的以“卫生立法推动医药卫生体制改革”为主题的 2014 年度大考察的前期动员和工作部署会，与会同志围绕卫生立法的迫切性、基本原则和主要内容进行了沟通交流，一致认为，卫生立法利国利民，势在必行，呼吁应加速立法进程。

8. 陈竺率考察团就“卫生立法推动医药卫生体制改革”在浙江、山东考察

5 月 5 日至 12 日，农工党中央主席陈竺率农工党中央 2014 年度大考察调研组赴浙江、山东等地，就“卫生立法推动医药卫生体制改革”进行专题调研活动。调研期间，陈竺会见了中共浙江省委书记夏宝龙、中共山东省委书记姜异康。农工党中央副主席兼秘书长何维，农工党中央常委、国家食品药品监督管理总局食品药品安全总监焦红，以及中共中央统战部、全国人大教科文卫委、国家卫计委、国务院法制办、北京市卫计委、国务院发展研究中心、中华医学会、中国卫生经济学会、中国医师协会、中国政法大学等有关单位的领导专家参加调研。浙江省政协副主席、农工党浙江省委会主委姚克，山东省政协副主席、农工党山东省委会主委王新陆分别参加了当地调研。

5 月 6 日至 9 日，陈竺一行深入浙江绍兴、天台及温州等地，实地考察温州医科大学附属第一医院、温州医科大学附属视光医院、温州康宁医院、绍兴市人民医院、斗门镇社区卫生服务中心等。5 月 10 日至 12 日，陈竺一行深入山东济南章丘、菏泽等地，实地

考察济南章丘市人民医院、菏泽市中医医院、菏泽市立医院、相公庄镇卫生院、步长医药产业园等。

5月6日，调研组在杭州召开专题座谈会，听取了浙江省副省长郑继伟对浙江省医改推进工作情况的汇报，以及浙江就医疗保险制度衔接及进一步深化人事管理和薪酬分配制度改革的情况汇报。陈竺指出，此次调研是抱着虚心向地方同志们学习、请教的态度来的。陈竺从关于卫生立法的定位和思路、原则、结构和核心要素等被广为关注的若干问题进行了具体阐释。陈竺表示，此次开展实地调研，就是要更多地尊重医务人员，尊重地方的首创精神，从地方的实践中寻求问题的答案。何维简要介绍了2014年度大考察的背景和意义。

5月11日，调研组在济南召开专题座谈会，听取了山东省副省长王随莲对山东省深化医药卫生体制改革工作情况的汇报，以及山东就卫生立法的迫切性、医院人事管理及薪酬分配制度基本情况及存在问题相关汇报。陈竺指出，当前，我国医药卫生体制改革正在向深水区推进，已经实施、成效明显的方针政策需要用立法的方式固定下来，下一步医改的方向和重点更需要立法来引领。山东在医改方面创造了许多好的经验，我们将围绕当前医改面临的难题，深入调研，总结经验，探索规律，为制定基本医疗卫生法提供借鉴和帮助。

此外大考察历时4个月，范围覆盖浙江、山东、湖南、安徽、江苏五省，调研内容涵盖卫生立法的各个方面。调研组深入基层、深入群众，掌握了大量、翔实的基层实践信息。陈竺主席多次肯定这些基层经验为医药立法、用中国式的办法解决医改难题作出了有益探索，对医改难题解决具有重要的借鉴意义。在此调研基础上，农工党中央形成了《关于统筹基本医保管理，加快推进医改向纵深发展，尽快设立国家医疗保险局的工作方案建议》和《关于〈基本医疗卫生法〉立法基本原则和重点内容的有关建议》报送中共中央及有关部门，并得到中央领导同志重要批示。

9. 刘晓峰就三峡库区生态安全和农村基层卫生情况在湖北、四川调研

5月18日至23日，农工党中央常务副主席刘晓峰率调研组赴湖北、四川两地，就“三峡库区生态安全问题”和“农村基层卫生情况”进行专题调研。中央参政议政部部长隋路、组织部副部长杨晓波，以及相关部委的领导专家及党内相关领域的专家参加调研。调研组实地考察了三峡库区周边的乐天溪垃圾填埋场、秭归县污水处理厂的建设及运行情况，并深入宜昌市、恩施州、遂宁市、雅安市十几家乡镇卫生院和村卫生室进行了实地调研，通过与基层卫生工作者和就诊患者的交流，切实了解基层医疗卫生状况。调研组先后在湖北宜昌，四川遂宁、雅安召开座谈会，就上述两个问题听取了当地相关部门的汇报。

关于三峡库区生态安全，刘晓峰指出，三峡库区生态环境仍然存在突出的三大问题：一是水面漂浮物重清理轻防治；二是库区网箱养殖失序，渔业生态问题明显；三是污水处理设施建设运行困难。针对上述问题，刘晓峰提出了加快库区经济结构调整和产业转型，完善库区环境保护政策体系，建立长江全流域水环境保护协作机制等建议。关于农村基层医疗卫生，刘晓峰指出，基层医疗卫生工作是整个医疗卫生体制改革的重要突破口和切入点。目前农村基层卫生服务工作仍存在以下问题：一是由于激励机制活力不足、业务骨干流失严重、公共卫生服务任务繁重等原因，乡镇卫生院基本医疗功能受限；二是

由于待遇不高、缺乏认同感、养老政策不完善、工作条件相对简陋等原因，乡村医生岗位缺乏吸引力，队伍建设有待加强。三是基本药物中常用药、低价药不能保证供应，且品规数不够，配送不及时等，影响了农村卫生工作的开展。刘晓峰强调，要通过这次调研，深入最基层，倾听基层医务工作者和百姓的意见建议。

10. 龚建明就卫生立法推动医药卫生改革湖南调研

5 月 27 日至 29 日，受农工党中央主席陈竺委托，中央副主席龚建明率调研组赴湖南，就“卫生立法推动医药卫生改革”进行专题调研。调研组实地考察了长沙南湖医院，出席了湖南省“卫生立法推动医药卫生改革”专题座谈会，听取了湖南省有关部门、单位负责同志做的情况介绍。龚建明指出，农工党中央选择“卫生立法推动医药卫生体制改革”作为年度考察调研的主题，除了体现农工党界别特色之外，还有以下考虑：一是落实中共十八届三中全会提出的全面深化改革的重大战略部署，选择深化医药卫生体制改革这一国家改革的重点领域，深入调研相关重点难点问题，摸清当前医改的关键环节，找准主要问题；二是认真贯彻习近平总书记讲话精神，推动实施依法治国方略，通过顶层设计与摸着石头过河的地方探索实践相结合，以立法这个最高层级的制度建设与保障为重要抓手，在法制的轨道上推进医改，就医改中一些重大问题的立法解决上，向中共中央、国务院建言献策；三是将全面深化改革、国家治理体系和能力现代化建设，与协商民主的实践有机结合在一起。会后，调研组连夜奔赴武陵山区、株洲等地深入到最基层进行实地调研。国家卫计委体改司司长梁万年，中央参政议政部部长隋路，中央教育委主任、辽宁省中医药大学校长杨关林，国家卫计委法制司副司长石光，以及中华医学会等有关单位的领导专家参加调研。

11. 刘晓峰等就医疗卫生事业发展与三都澳港口建设在福建调研

6 月 9 日至 13 日，农工党中央常务副主席刘晓峰率调研组在福建宁德，就如何促进宁德医疗卫生事业发展与“将三都澳打造成国家海陆丝路建设的连接点”议题进行专题调研，中央副主席龚建明参加调研。此次调研的目的就是为了促进卫生“国家队”对宁德市级公立医院进行对口帮扶和把宁德“海云工程”列入国家基层卫生信息化建设示范项目的落实与实施。刘晓峰率领调研组深入到宁德市医院新址、市中心血站、霞浦县溪南卫生院、蕉城区飞鸾镇卫生院和村卫生所实地调研，了解乡镇卫生院和村卫生所的发展情况，听取了当地领导有关卫生工作的情况介绍。调研组还考察了三都澳。考察结束后，调研组与宁德市政府举行座谈。刘晓峰指出，这次调研发现了两大亮点：一个是宁德市政府解决了村医的养老保险问题，许多大中城市还没有这样做，希望国家卫计委重视考虑村医的养老问题；另一个亮点是推广“海云工程”，“海云工程”是惠及百姓的民生工程，应当在全市的村卫生所全面普及。在谈到三都澳发展时，刘晓峰表示，如果福建省政府把宁德港建设摆在福建省首要位置，农工党中央可以做一些相关方面的协调工作。刘晓峰希望宁德市政府在抓经济建设的同时要重视三都澳港口的生态环境保护与污染治理。中共福建省委统战部常务副部长翁卡陪同调研。福建省政协副主席、农工党福建省委会主委陈绍军，中央参政议政部部长隋路、组织部副部长杨晓波，福建省委会副主委赖应辉，福建省委会副主委、宁德市委会主委陈兴生，以及有关部委、单位的领导专家等参加调研。期间，调研组一行来到原宁德地委办公楼，参观当年习近平总书记担任宁德地委书记时使用过的办公室。调研结束后，农工党中央形成了《开发抽水蓄能清洁电力能源，促进宁德老区经济发展的建议》，送达国家电网总公司。

12. 陈述涛就大小兴安岭生态功能区建设情况进行调研

6月9日至11日，农工党中央副主席、黑龙江省人大常委会副主任、黑龙江省委会主委陈述涛一行，在大兴安岭地区就大小兴安岭生态功能区建设情况进行专题调研并召开座谈会，大兴安岭地区有关部门、单位负责同志参加座谈。大兴安岭地区领导肖建春、单增庆、周玉环、李英瑞、赵梅等陪同调研。农工党黑龙江省委会副主委刘长青参加调研。期间，调研组一行还考察了加格达奇区工业园区考察百盛蓝莓厂建设等情况。

13. 蒋正华就中医药产业发展及建立综合试验区情况在甘肃调研

6月16日至19日，农工党中央原主席蒋正华在甘肃就促进中医药产业发展及建立综合试验区进行调研。甘肃省政协副主席、农工党甘肃省委会主委栗震亚等陪同调研。在甘期间，蒋正华一行深入甘肃省第二人民医院、张掖路广武门街道社区卫生服务中心、甘肃省中医院、兰州佛慈药业集团，武威凉州区中医院、凉州区西关街社区卫生服务中心、武威重离子治疗肿瘤中心、武威泰康制药厂、凉州区黄羊镇卫生院等实地调研。

14. 陈竺、何维就健康产业发展及慢病防治在江苏调研

7月16日至20日，农工党中央陈竺率调研组在江苏无锡、连云港开展以健康产业发展及慢病防治为主题进行调研。本次调研主要包括：高新生物制药产业的发展、城市健康场所的建设情况、城市慢性病的综合防治工作、医疗信息化应用、城乡医保制度以及连云港港口区的建设与发展等方面内容。江苏省政协副主席、中共江苏省委统战部部长罗一民等陪同调研。农工党中央副主席兼秘书长何维，江苏省政协副主席、农工党江苏省委会主委周健民，农工党中央参政议政部部长隋路，以及有关领导专家参加调研。

在无锡（马山）国家生命科技园，陈竺一行实地考察了无锡药明康德生物技术有限公司、傲锐东源生物科技有限公司等医药企业；在连云港经济技术开发区，陈竺一行实地考察了江苏豪森医药集团有限公司、江苏康缘药业股份有限公司等医药企业。调研组一行与公司管理人员举行座谈，详细了解了医药企业的具体情况和未来的发展方向。在无锡市人民医院、连云港市人民医院、无锡市南长区迎龙桥街道社区卫生服务中心，调研组详细了解了医疗服务机构的运营现状，并针对医院的设备管理、人员培训、门诊收费以及慢性病防治等方面的问题和医院的负责人交换了意见。在无锡市疾病预防控制中心，调研组考察了无锡市慢性疾病预防与控制、突发公共卫生事件应急处置、健康因素信息管理以及健康教育与促进等方面的工作情况，并与无锡市卫生系统的相关领导举行座谈会。

19日下午，调研组与中共连云港市委、市政府召开“丝绸之路经济带”连云港市情况汇报座谈会。座谈会上，陈竺针对城市疾病预防控制和健康信息管理等方面提出一些意见和建议。陈竺强调要努力调动工作人员的工作积极性，在公立医院的管理中大力发挥政府的监管职能，重视基本医疗卫生服务的发展，把医疗卫生服务的公益性和群众的利益放在首要位置。陈竺希望江苏的医疗卫生事业能够借鉴其它地区的成功经验，努力打造“健康中国，美丽中国”，更希望江苏省能够创造一个好的模式成为全国其它地区的榜样。陈竺表示，农工党中央的这次调研不仅着重医疗卫生事业的建设，还着重从全局

角度考察连云港的发展，农工党中央和江苏省委会将协助连云港市抓住“一带一路”的战略构想，积极建言献策为连云港医药卫生事业以及城市发展体制机制的创新贡献绵薄之力。

15. 陈竺主席召开经济形势专家座谈会

7月25日，农工党中央主席陈竺在中央机关主持召开经济形势专家座谈会，与会领导专家就当前经济形势和下半年经济工作提出了有价值的意见建议。

16. 蔡威赴上海市第三社会福利院调研

8月7日，农工党中央副主席、上海市委会主委蔡威带队在上海市第三社会福利院进行医养结合方面的实地调研。在座谈会上，蔡威指出，政府现阶段首先要解决好的就是失智失能老人的养老问题，上海正处于转型发展的关键时期，医养结合不但是上海创建健康产业链中的重要部分，也是解决失智失能老人养老问题的重要方式。养老机构的发展趋势就是要走向市场化，政府现阶段还无力完全承担每个公民的养老费用，年轻人要养成购买护理、养老保险的习惯。医生的多点执业的实施和推广是解决养老机构医疗人才缺失的重要途径。另外，还可以通过政府购买服务等方式让多方得利，来更好地推进养老机构医养结合的发展。农工党上海市委会副主委金如颖等参加调研。

17. 蔡威就“医养结合”养老服务模式在上海、苏州调研

8月13日、14日，农工党中央副主席、上海市委会主委蔡威带队先后在苏州、上海两地深入开展调研，探索如何通过医养结合养老服务模式，满足失智、失能老人在医疗护理和生活照料方面的双重需求。8月13日上午，蔡威一行走访了苏州市社会福利总院。当天下午，蔡威一行前往苏州夕阳红护理院，了解苏州民办护理院的状况。8月14日下午，蔡威一行前往上海浦东新区洪天护理院调研。蔡威在调研后指出，要让“医养结合”模式可持续、可推广，市场化是必然趋势，老年护理院在市场化过程中会面临许多困难，这些可以通过顶层设计来解决。通过这次系列调研，农工党上海市委会将提出相关建言，推进“医养结合”模式的发展。农工党上海市委会副主委金如颖等参加调研。

18. 陈竺就推进“医养结合”养老服务模式在京调研

8月22日，农工党中央主席陈竺率调研组就推进“医养结合”养老服务模式在京调研。中共中央政治局委员、北京市委书记郭金龙，北京市委副书记、北京市市长王安顺会见了陈竺一行。在会见中，陈竺说，北京作为首善之区，医疗资源丰富，在基本医疗服务与养老服务结合方面进行了积极探索。调研组将总结北京市好的经验做法，也愿意反映现行政策方面存在的问题，使之更加完善，共同推动养老事业发展。全国政协教科文卫体委员会副主任常荣军，国家中医药管理局副局长、农工党北京市委会主委于文明，农工党中央参政议政部部长隋路，以及相关部委专家学者参加调研。调研组一行深入北京市银龄老年公寓、金融街老年公寓、恭和苑养老机构、北京市第一社会福利院实地调研，详细了解北京市医养结合型养老护理模式建设的有关情况。

当天下午，调研组召开专题座谈会，听取了北京市副市长戴均良对北京市医养结合型养老护理模式建设情况的汇报，北京市民政局、市卫生计生委等单位负责同志分别介绍了情况。陈竺指出，首先，我们应该看到，虽然已经有了制度性框架，但是还不够完善，很多还在建设初期，缺少一些具体的实际操作性的路径，法律法规方面还不健全，不同

系统需要加以衔接整合的部分，某些方面有所缺位，在顶层设计方面，还需要有一些部署。其次，就是医养结合型养老这样一个事业和相关产业的发展，需要一些体系保障，仅仅依靠政府的力量是远远不够的，必须鼓励吸引民间资本参与养老服务产业，把这些资源充分调动起来。第三，养老服务业在队伍建设、机构建设方面历史欠账太多，需要破除体制机制的障碍，从服务业的发展方面，从惠民生、稳增长的角度，打破原来部门的陈旧观念，出台新的政策法律法规，成长出一支新的队伍，迅速造就一支服务业的大军。第四、养老是社会的重大问题，关系到千家万户，政府、社会、家庭、个人都有责任，要把医养结合和整个养老业放在全局的观念加以考虑，发动全社会应对老龄化问题，提倡进一步发扬民族文化优秀传统，把对老年人的关爱照顾理念，社会文化方面的氛围紧密结合在一起，这样才能形成整个事业产业发展的民意基础。

19. 陈竺就京津冀协同发展在河北调研

9 月 17 日至 19 日，农工党中央主席陈竺率调研组，就推进京津冀卫生事业协同发展和健康产业发展在河北省开展调研。中央副主席兼秘书长何维，河北省政协副主席、农工党河北省委会主委段惠军，天津市政协副主席、农工党天津市委会主委沈中阳，国家中医药管理局副局长、农工党北京市委会主委于文明等参加调研。调研组一行赴廊坊市京东中美医院、京东誉美肾病医院、燕达国际医院和石家庄市河北以岭医院、河北省儿童医院、石家庄市第一医院实地调研，并在石家庄召开京津冀医疗卫生事业协同发展座谈会，听取了河北省政协副主席、农工党河北省委会主委段惠军代表河北省做的京津冀协同发展总体情况汇报和河北省、唐山市政府有关部门负责同志做的情况汇报，还听取了秦皇岛北戴河新区健康产业发展的情况汇报。陈竺指出，推进京津冀卫生事业协同发展，是贯彻落实习近平总书记关于京津冀协同发展重要讲话精神的重要体现，也是深入实施京津冀协同发展国家战略的重要内容。京津冀卫生事业协同发展的首要目标就是希望在三地建立起人人都能享受得起的基本医疗服务，而且是相对均等化的服务。在这个过程中，政府要发挥好作用，在国家层面做好规划，重点完善五个方面的制度：在医疗救治方面出台区域间疑难重症的会诊制度，并在异地医保报销上予以政策支持；在重大疾病预防方面继续健全联防联控机制；在卫生应急方面进一步完善稳定高效的重大突发公共卫生事件合作机制；在基本公共卫生服务方面加大居民信息共享的利用程度；在综合执法方面建立联合打击非法行医的协调机制。陈竺强调，京津冀卫生事业协同发展，要摆脱旧的思维模式，在尊重客观规律的基础上，从全局出发，认识到京津冀卫生事业协同发展的极端重要性，克服狭隘的地方主义，构建新的京津冀医疗卫生资源布局和服务体系。调研结束后，农工党中央形成了《关于促进京津冀协同发展的有关工作建议》，报送中共中央领导同志。

20. 陈竺等出席陕西渭南 3D 打印与生物医疗器械产业化推进会

9 月 25 日，全国人大常委会副委员长、农工党中央主席陈竺在陕西渭南出席“3D 打印与生物医疗器械产业化推进会”，并发表主旨演讲。农工党中央副主席、陕西省人大常委会副主任、陕西省委会主委朱静芝出席会议。农工党中央常委、国家食品药品监督管理总局副局长焦红等出席并致辞。中央参政议政部部长隋路、办公厅副主任王素芳出席会议。国家相关部委、国内外 3D 打印及生物医疗领域龙头企业、医疗单位和高校院所

300余人出席会议。陈竺对渭南发展3D打印产业的优势和渭南市委市政府为发展3D打印产业做出的努力表示肯定。陈竺希望渭南进一步健全完善3D打印与生物医疗器械产业发展的政策机制、工作机制和服务机制，特别要注重推动科技与金融资本、技术和产业资本的结合，加快项目产业孵化创新和商业模式创新，全力营造良好的创新发展环境，在较短时间内吸引、培育一批行业龙头企业，努力创建国内一流医学3D打印技术创新发展基地。农工党愿意发挥好人才优势，组织动员各方力量，与陕西省加强合作，持续关注和共同推动渭南3D打印和医疗器械产业化发展。当天下午，陈竺、朱静芝等赴渭南华阴市调研柳叶河应急分洪区建设情况。陕西省副省长祝列克陪同调研。陈竺详细了解了华阴南山支流罗敷河、柳叶河、长涧河三个分洪区，应急分洪利用工程建设运行情况和当前存在的困难。陈竺还视察了正在建设中的西北妇女儿童医院，以及陕西省人民医院。陈竺强调，要进一步整合资源，加快学科布局调整，加强人才队伍建设，不断强化医疗质量和安全，持续提升服务能力和水平，为患者提供更加科学、规范、便捷的治疗。

21. 陈竺出席全国人大重点建议办理协调会

10月20日，全国人大“关于将甘肃列为国家中医药产业发展综合试验区的建议案”办理协调会在农工党中央机关举行。该建议被全国人大常委会列为2014年的重点办理件。全国人大常委会副委员长、农工党中央主席陈竺出席会议并讲话。在听取了各方汇报后，陈竺指出，利用甘肃省中医药传统优势，壮大中医药产业发展，积极调整产业结构转型，符合中共十八届三中全会改革精神。同时，促进甘肃省中医药服务贸易及相关产业的发展，也是新丝绸之路经济带、西部大开发等国家战略的重要任务。陈竺希望，甘肃省创建国家中医药产业发展综合试验区能够重点处理好改革发展与法治保障的关系、已有政策与新近需求的关系。陈竺建议先期重点解决三件事情：一是定西文峰中药材交易市场的审批问题；二是在甘肃试点下放中药配方颗粒审批权的问题；三是中医药标准体系建设的问题。甘肃省副省长黄强、全国人大常委会副秘书长何晔晖分别做了有关情况汇报。农工党中央副主席兼秘书长何维从农工党中央赴甘肃省调研的相关情况、甘肃省发展中医药产业存在的主要问题以及亟需解决的几个具体问题进行了汇报。协调会上，来自有关国家部委相关部门的负责人，以及甘肃省相关部门负责人，对此重点建议高度重视，都做出积极回应。

22. 陈竺等就食品药品网格化管理在湖北调研

11月2日，农工党中央主席陈竺、常务副主席刘晓峰率调研组在湖北宜昌，就食品药品网格化管理情况进行专题调研。中央副主席兼秘书长何维，农工党中央常委、国家食品药品监督管理总局副局长焦红，湖北省政协副主席、农工党湖北省委会主委吕忠梅，中央参政议政部部长隋路参加调研。宜昌市领导黄楚平、李亚隆等陪同调研。调研组一行深入宜昌市社区网格管理监督中心、宜昌伍家岗区万寿桥街道万达社区居委会等地进行实地调研。陈竺在听取了宜昌市社区食品药品网格管理监督中心负责人情况汇报之后表示，食品药品安全问题是大卫生体系下的一个重要组成部分，卫生和食品药品监管工作是密不可分的。我们在重视食品药品网格化管理的同时不能忽视和医疗卫生部门的联动，在处理食品药品安全问题的过程中，食品药品监管部门和卫生行政部门的联系应该更加紧密。陈竺指出，食品药品网格监管中心所承载的责任至关重要，对监管体制的研究、对基层工作的支撑以及对基层监管的方式都是今后工作的重点问题。刘晓峰对宜昌市食品药品网格化监管体系的管理和运营表示关注。他指出，在今后的食品药品监管工作中一定要重视对食药网格监管人员的管理以及信息安全问题的防范，要总结经验，完善制度，充分发挥网格化管理在食品药品安全监管中的重要作用。

23. 陈竺就村医队伍建设进行在宁夏调研

11 月 5 日至 7 日，陈竺就村医队伍建设在宁夏进行专题调研。宁夏区委书记、区人大常委会主任李建华拜会了陈竺一行。在会见李建华时，陈竺表示，农工党高度关注美丽中国、健康中国的建设，这次在宁夏开展村医调研，我们将深入基层，认真听取村医和基层群众的真实心声，尽最大努力为西部地区、民族地区的民生事业鼓与呼。宁夏区政协副主席、农工党宁夏区委会主委戴秀英等参加调研。宁夏区、银川市领导徐广国、吴玉才、王和山、李守银等陪同调研。11 月 6 日，陈竺来到银川市金凤区良田镇植物园村卫生室、良田镇卫生院、园林村卫生室等地，对农村基层卫生工作进行视察。随后，调研组召开座谈会，听取了宁夏区副主席王和山关于全区村医队伍建设工作情况的汇报，并与宁夏区政府相关部门，以及同心县、平罗县、固原市等地乡镇卫生院、村卫生室的村医代表进行座谈交流。陈竺表示，乡村医生是医改的参与者，也是主力军，更是公共卫生服务和基本医疗的“网底”,深化医改必须要筑牢基本医疗“网底”。全国人大常委会、农工党中央长期关注医药卫生事业的改革，特别是基层医疗卫生工作情况、存在的困难和问题。我们要进一步总结宁夏的好经验、好做法，向中共中央、国务院建言献策，出台相关政策，解决基层医疗卫生队伍存在的问题和后顾之忧，通过筑牢基本医疗“网底”，以健康强国，实现中华民族伟大复兴。

24. 陈竺、何维出席农工党中央经济形势座谈会

11 月 18 日，农工党中央在中央机关召开经济形势座谈会，中央主席陈竺出席会议并讲话，副主席何维主持会议。陈竺认真听取意见，并不时与大家交流。他指出，经济的发展离不开社会。下一步，收入分配和医药卫生、环保等领域的改革在一定意义上可以说是拉动经济增长的最大引擎和惠民生的最佳结合点。未来的可持续发展还是要靠消费。为此，要建立合理公正的社会分配机制和民生保障机制。改革是经济新常态下实现经济稳增长的强大动力。不改革，就不能实现稳增长。但经济增长应保障民生福祉、体现社会公平，确保惠民生、调结构、防风险。农工党中央秘书长兼组织部部长曲凤宏、参政议政部巡视员姚秀元、办公厅副主任王素芳、研究室副主任石光参加座谈。来自有关部委、研究所、高校、企业的 14 位经济金融、医疗卫生、环境保护等领域的专家学者，结合自己的研究领域和方向，结合农工党实际和界别特色，对今年经济形势进行了认真分析和研判，并对做好明年经济工作有针对性地提出了意见建议。

25. 刘晓峰就长江上游生态屏障建设及水污染防治在四川调研

11 月 27 日至 29 日，农工党中央常务副主席刘晓峰一行在大唐观音岩水电开发有限公司工作人员陪同下，深入观音岩水电站工程建设现场，实地考察了工程的建设情况。四川省政协副主席、农工党四川省委会主委王正荣，中央参政议政部巡视员姚秀元，四川省委会副主委夏华祥、攀枝花市委会主委张汝林参加调研。攀枝花市领导刘成鸣、单荣陪同调研。刘晓峰在缆机平台听取了观音岩水电工程建设情况介绍，详细了解了项目

建设中移民和环境保护的工作情况。刘晓峰强调，金沙江水能资源是国家的宝贵财富，在开发利用过程中，地方政府要着眼于水电开发可持续发展，坚持科学规划、全盘统筹，充分发挥好金沙江水能资源的综合效益；要深入贯彻落实中共中央关于加强生态文明建设的部署，在实施项目建设的同时，采取有效的防治污染措施与生态环境保护措施，继续做好水体保护、鱼类增殖等生态环境保护工作，使经济建设和生态文明建设齐头并进，相得益彰，推动形成人与自然和谐发展的现代化建设新格局；要把项目建设与推进“三农”工作、综合扶贫开发等工作有机结合，进一步改善当地群众的生产生活条件，拓宽群众增收致富的渠道，实现开发一方资源、带动一方经济、造福一方百姓的目标。

26. 陈竺等就“完善村医队伍建设，促进农村医疗卫生事业发展”在河南、山西、广西调研

（1）12 月 2 日至 3 日，农工党中央主席陈竺带队，就农村医疗卫生事业发展、村医队伍建设在河南开展专题调研。河南省委书记郭庚茂，省委副书记、省长谢伏瞻，以及省领导刘春良拜会了陈竺一行。陈竺一行在郑州市惠济区贾河村卫生所、金水区西史赵村卫生所，调研了解村卫生所建设管理、村医工作和村民就诊等情况，并在西史赵村委会召开座谈会，听取了河南省副省长王艳玲做的全省有关工作情况汇报，以及河南省有关部门、郑州市负责同志和村医代表有关工作介绍，并与大家座谈交流。调研期间，陈竺还到位于郑东新区的阜外华中心血管病医院建设现场调研。陈竺强调，基层医疗卫生事业的改革发展，农村是重点。农村卫生室和村医队伍是公共卫生服务和基本医疗的“网底”，深化医改必须筑牢这个“网底”。中央副主席何维，河南省政协副主席、农工党河南省委会主委高体健，中央参政议政部部长隋路等参加调研。

（2）12 月 3 日到 5 日，农工党中央主席陈竺就乡村医生队伍建设问题在山西调研。3 日，山西省委书记、省人大常委会主任王儒林，省委副书记、省长李小鹏拜会了陈竺。调研期间，陈竺带领调研组到太原市晋源区南瓦窑村、五府营村卫生室，了解卫生室建设管理、村医工作和村民就诊等情况，并召开座谈会。陈竺强调，要通过完善政策体系，健全激励保障和管理体制等措施，加强农村医疗队伍建设，提高农村医疗服务水平，缩小医疗卫生城乡差距，为医药卫生体制改革奠定良好基础。中央副主席何维，山西省人大常委会副主任、农工党山西省委会主委周然，中央参政议政部部长隋路参加调研。山西省领导张建欣、卫小春陪同调研。

（3）12 月 7 日，农工党中央主席陈竺带队，就基层医疗卫生事业发展、村医队伍建设情况在广西调研。陈竺先后到南宁市三塘镇那况村卫生室、三塘镇卫生院了解乡村卫生服务一体化管理、村医工作和村民就诊、新农合制度运行等情况，并召开座谈会，听取自治区政府、区直有关部门、村医代表的工作情况介绍，与大家交流意见。陈竺表示，要着眼基层医疗卫生事业的长远发展，通过体制机制改革、健全激励保障和管理体制等措施，逐步改善村卫生室的医疗条件，提升村医待遇，探索乡村医疗人才培训新模式，吸引大批优质医疗人才充实到基层，提高农村医疗服务水平，缩小医疗卫生城乡差距，为医药卫生体制改革奠定良好基础。中央副主席何维，广西区政协副主席、农工党广西区委会主委彭钊，中央参政议政部部长隋路参加调研。广西区领导荣仕星、李康陪同调研。

27. 陈竺就打造西南综合交通枢纽在重庆调研

12 月 8 至 9 日，农工党中央主席陈竺率调研组就“关于打造西南综合交通枢纽，推进长江经济带建设”在重庆市开展专题调研。此次调研旨在推动长江经济带综合立体交通建设，通过发挥农工党的智力优势和资源优势，为把长江水道建设成为集生态、交通、经济为一体的黄金走廊集智献力。重庆市人大常委会副主任、农工党重庆市委会主委杜黎明参加调研。重庆市领导张轩、张国清、刘光磊、陈和平出席相关活动或陪同调研。8 日，陈竺一行来到重庆两江新区航运交易所、果园港进行考察。9 日，陈竺一行与重庆相关部门就“打造西南地区综合交通枢纽，推进长江经济带建设”为主题进行座谈，并听取了重庆市政府和重庆机场集团、重庆港务物流集团、重庆市高速集团等单位的工作汇报。陈竺表示，要进一步提高对建设长江经济带这一国家战略的认识，建设长江经济带可以进一步巩固我国经济的最大驱动轴，有助于打造我国经济不同层次的新纽带，有助于形成我国对外开放的新平台，也可以进一步促进我国主体功能区规划的实施。陈竺认为，应充分发挥重庆作为长江经济带综合中心枢纽的重要作用，进一步推动成渝地区之间的战略互动；加强重庆作为丝绸之路经济带交通枢纽的建设，打造西南国际战略大通道。在把重庆打造为西南地区综合交通枢纽中，要充分发挥长江三峡的作用，加快建设铁路、高速路网和农村公路体系，并打破行政区划界限，加强区域间的协调合作。

（五）明确目标，稳步提升信息工作水平

2014 年，中央收到中央机关各部门、中央各专门工作委员会、地方各级组织和党员报送的社情民意信息 3120 件，遴选编辑后向全国政协编报社情民意信息 403 期。其中，60 件社情民意信息由全国政协采纳并专报中共中央领导同志或有关部委承办。

针对全党省级组织信息工作开展不平衡的情况，2014 年分片召开了信息工作交流会、研讨会，邀请党内专家做专题报告，对各省重点报送信息稿件进行讨论，并结合实地专题调研讨论抓要点写信息的方法。

还通过省级信息联络员在中央 3 个月至半年的学习培训、编印《社情民意信息工作培训手册》和《2013 年信息专报汇编》等方法，加大与地方的交流指导，共同推进社情民意信息工作的开展。

借助现代信息手段提高信息水平。2014 年初通过政府招标程序开始筹建农工党社情民意信息网络平台，实现网上的社情民意报送有利于畅通党内信息渠道，有利于社情民意交流与管理；有利于保证社情民意报送制度化；有利于提高各省级组织和中央专委会等单位的报送积极性。

对重点信息深入调研。3 月，赴广西就《从国家战略层面保护琼粤桂近海生态环境》信息稿件进行调研，根据实地调研情况对稿件进行了修改，信息被全国政协采用报送中共中央、国务院领导。

（六）加强品牌建设，继续办好生态健康论坛

11 月 7 日，由农工党中央主办，中央生态环境工作委员会、中央医疗卫生工作委员会、中央人口资源工作委员会、中央科技工作委员会和农工党福建省委会协办的第九届中国生态健康论坛在福建厦门举办。本届论坛以“生态文明制度创新与实践”为主题。农工党中央主席陈竺、常务副主席刘晓峰担任论坛主席。刘晓峰代表农工党中央作了《提升生态文明参政议政水平，全面推进生态文明创新实践》的主题报告。

刘晓峰指出，生态文明建设是解决可持续发展和环境保护难题的唯一途径，是我国转变经济增长方式的必然选择。建设“健康中国”和“美丽中国”，是新时期农工党的核心任务和奋斗目标。各级组织要认真领会新时期生态文明建设的重要战略意义，利用农工党的人才资源和政治优势，提高生态文明参政议政能力和水平，积极为国家的生态文明实践创新出谋划策。刘晓峰强调，要积极开展生态文明的理论探索、法制建设和制度创新，把生态文明创新与实践推向新的台阶。要积极探索生态文明建设的实践模式，进一步加强部门协调，形成生态文明建设创新实践的“统一战线”，鼓励社会公众全面参与生态文明建设实践。

农工党中央副主席何维、龚建明出席并主持论坛报告会。何维，福建省政协副主席、农工党福建省委会主委陈绍军，国家发改委环资司司长何炳光，环境保护部自然生态保护司副司长邱启文，联合国环境署绿色经济研究部主任盛馥来，农工党中央常委、环境保护部环境规划院副院长兼总工程师王金南，哥伦比亚大学气候和健康项目组组长 Patrick L. Kinney 教授，台湾中央研究院经济研究所研究员萧代基，美国加利福尼亚大学河滨分校生态学终身教授李百炼，清华大学环境学院副院长王凯军，厦门大学环境与生态学院教授黄凌风，中国科学院城市环境研究所研究员唐立娜等 13 位从事环境保护、生态修复以及环保产业、健康服务产业研究的海内外学者作了大会专题报告。来自农工党各级组织，政府部门，环保、健康企业的代表，以及海内外专家学者近 300 人出席论坛。

（七）其他工作

10 月 21 日至 23 日，中国农工民主党 2014 年全国参政议政业务骨干培训班在人民大学举办。中央参政议政部部长隋路出席开班式并做开班动员讲话。会议邀请了全国政协信息局副巡视员贾燕庚，围绕如何撰写社情民意信息做专题辅导报告；中共中央党校常欣欣教授解读了习近平总书记系列重要讲话精神；中国人民大学法学院副院长胡锦光教授讲解了如何提升运用法治思维的能力；著名经济学家、中国人民大学经济学院教授黄卫平解读了当前国内外宏观经济形势。来自中央各专门工作委员会、各省级组织、副省级城市组织的业务骨干 200 人参加会议。

四、社会服务工作

2014 年，农工党社会服务工作进一步明确工作主线、确立工作思路、深化工作内容，开展了“中国环境与健康宣传周”、“国际科学与和平周”、“中医科学大会”等一系列高规格、高层次的活动，以定方向、定地点、有探索、有创新的工作模式在贵州毕节、福建宁德等基层落实了具有针对性的帮扶工作，并开展了智力支边、科技扶贫、关注环保、救灾济困等一系列活动。

（一）继续参与毕节试验区建设

1. 农工党中央领导重视

农工党中央认真贯彻落实习近平总书记 2014 年 5 月 15 日在中共贵州省委上报的《关于毕节试验区建设发展情况的报告》的重要批示精神，继续加大对毕节试验区的帮扶力度，对中央参与毕节试验区建设领导小组成员作了调整，农工党中央主席陈竺、常务副主席刘晓峰分别担任正、副组长，为进一步做好帮扶工作打下良好基础。

1 月 10 日，农工党中央副主席龚建明在中央机关接见毕节市委副书记、市长陈昌旭，中共大方县委书记张瀚时一行，听取毕节市及大方县有关情况汇报并座谈交流，并商讨深入开展参与毕节试验区建设有关工作事宜。

2 月 24 日，农工党中央副主席龚建明、社会服务部部长刘峻杰在中共中央统战部出席统一战线参与毕节试验区建设联席会议第六次全体（扩大）会议。

3 月 13 日，农工党中央主席陈竺、副主席龚建明在中央机关亲切接见毕节市委副书记、市长陈昌旭一行，并就如何推进毕节试验区工作进行座谈。龚建明主持座谈会。陈竺就继续推进毕节试验区工作谈了两点意见：一是在构建基层医疗卫生体系，特别是在农村医疗卫生体系建机制方面要有新的突破。农工党发起的"同心助医工程"在硬件方面下了很大功夫，下一步要抓能力建设，在基层建设和发展一支比较高素质的人才队伍。二是中草药种植、食品药品产业园区建设，包括中药材市场、中药配方颗粒等，需要做一个整体设计。中药配方颗粒是解决质量保障问题、安全性问题、规范化和标准化问题的有效途径，农工党中央要加强调研，积极帮助推动，争取国家政策支持。龚建明希望毕节要有专人对农工党关注的项目对接和协调，抓好项目落实工作。陈昌旭介绍了一年来农工党在实施"同心助医工程"、帮助推进招商引资和重大项目建设、帮助推进同心职业教育发展等方面工作进展情况，并提出了希望农工党中央帮助解决的问题。中共大方县委书记张瀚时、农工党贵州省委会副主委黄惠玲分别作了情况介绍。

5 月 6 日，农工党中央副主席、上海市政协副主席、上海市委会主委蔡威在上海市政协会见了毕节市考察组一行。会谈中，毕节市委副书记、市长陈昌旭介绍了毕节市、大方县经济社会发展现状和农工党中央、上海市委会帮扶大方县发展所取得的丰硕成果。双方交流了结对帮扶的阶段性经验，并就下一步如何深入开展帮扶工作进行了探讨。农工党上海市委会副主委金如颖等参加会见。

5 月 20 日至 22 日，农工党中央副主席龚建明一行赴毕节大方县，就农工党中央支持大方县经济建设的相关工作和项目落实情况进行实地调研。调研组一行先后考察了双山新区职教城、毕节同心农工中等职业技术学校、大方县中医院新址、大方同心商贸城、成贵铁路大方火车站、大方县经济开发区，以及党员企业家在大方县的投资建设项目等。在与农工党贵州省委会、毕节市委会座谈时，龚建明表示，要进一步增强紧迫感、责任感和使命感，继续落实好陈竺主席、刘晓峰常务副主席部署的工作，已经签约还没有落地但又条件落地的项目要争取早日落地，已经落地的项目要做好后续工作，继续帮助招商引资，为毕节试验区和大方县全面建成小康社会、多党合作服务改革发展实践中作出应有贡献。

8月11日至14日，农工党中央主席陈竺率调研组赴贵州省开展调研并就“同心助医工程”升级版建设做出部署。中共贵州省委书记赵克志拜会了陈竺一行。天津市政协副主席、农工党天津市委会主委沈中阳，中央社会服务部部长刘峻杰参加调研。陈竺表示，毕节试验区是中国共产党领导的多党合作推动贫困地区脱贫致富的典范，农工党中央高度重视毕节大方县的建设发展，多年来大力积极开展帮扶工作，加快推动了大方县改革发展步伐。在今后的工作中，农工党中央将坚决贯彻习近平总书记对毕节试验区的重要批示精神，秉承“大方不脱贫，农工党不脱钩；大方脱了贫，农工党不断线”的理念，继续全力以赴助推大方县实现发展新跨越，为贵州省和毕节试验区改革发展贡献一臂之力。调研组一行深入遵义医学院附属医院、毕节同心农工中等职业技术学校、大方县猕猴桃产业园示范项目基地、大方县理化乡卫生院和黄泥塘镇大坝村实地调研，了解基层医疗卫生人才队伍建设情况、“同心助医工程”推进情况、农工党党员企业发展情况，以及农工党帮扶大方县打造的毕节同心农工中等职业技术学校和社会主义新农村示范村大坝村建设情况。陈竺在调研中指出，当前中国卫生事业发展的关键是强基层，强基层的关键是强人才、重点是强政策。农工党中央将在前期工作开展基础上，将大方县“同心助医工程”推向深入，同时创造新机制，探索开展“同心特岗医生”计划，破解医疗卫生人才在基层下不去、留不住等问题。陈竺要求，毕节同心农工中等职业技术学校要加快建设进度，在确保质量前提下争取早日建成投入使用，为毕节试验区和大方县发展提供人才支持。农工党中央将整合资源，为职业技术学校办学提供师资支持。大方县猕猴桃产业园示范项目基地要加强与农业科研机构的联系合作，拓展种植模式，加大种植规模，把优良品种引至毕节市更多地方，带领更多百姓脱贫致富，为毕节生态建设作出积极贡献。调研期间，陈竺还出席了农工党天津市委会帮扶大方县人民医院协议签约仪式。

2. 有关帮扶工作

开展“同心助医工程”。一是协调贵州省疾控中心、贵州省卫生监督局、贵阳中医学院对大方县的两家县级医院及卫生所进行对口帮扶；二是协调农工党上海市委会、江苏省委会安排对大方县医卫人员共64人次分批赴沪、苏进修；三是继续协调大方县与南京解放军一〇五医院、天津市第一中心医院、浙江温州医学院附一院、解放军四十四医院、遵义医学院等建立良好的对口支援关系和长期合作帮扶机制；四是农工党天津市委会协调天津市第一中心医院、天津市眼科医院帮扶大方县医院建立肿瘤科、眼科科室。

支持大方同心职业教育。农工党贵州省委会与大方县人民政府签订《农工党参与贵州教育“9+3”计划，继续支持毕节同心农工中等职业技术学校建设合作协议》。农工党中央主席陈竺亲自给上海市市长杨雄写信，协调上海市参与对该校的帮扶，引起上海市领导高度重视。

助力毕节试验区同心食品药品园区（大方经济开发区）建设。2014年，农工党中央、贵州省委会积极联系企业家到园区考察投资，累计完成投资158亿元。

继续推进招商引资工作。2013年农工党中央主席陈竺、常务副主席刘晓峰视察期间引进的计划投资156.4亿元的12个招商引资项目，目前有6个项目开始实质性动工建设，其中计划投资21亿元的猕猴桃基地和加工生产线建设项目，已累计投资1400万元，

1000 亩猕猴桃育苗移栽已经结束。

扎实开展重大项目建设。2013 年，农工党中央主席陈竺亲自给国家发改委主任徐绍史写信，推动大方火电厂二期扩建工程项目审批立项，国家能源局已通过立项。贵州省、深圳市、华润集团三方合作共建的华润（毕节）循环经济产业园落户大方。

2014 年 6 月，中共中央办公厅调研室在《为加强贫困地区生态文明建设探路——来自毕节生态文明先行区的调研报告》中，特别对农工党在大方县的帮扶工作给予肯定，该报告得到习近平总书记、李克强总理、俞正声主席、张高丽副总理等中共中央领导同志的批示。

（二）弘扬中医科学，开展中医同行计划

1. 举办中医科学大会

11 月 23 日，由农工党中央、国家中医药管理局共同主办的首届中医科学大会在北京会议中心隆重举行。本届大会的主题是中医药——国家战略资源。全国人大常委会副委员长、农工党中央主席陈竺，国家卫生计生委副主任、国家中医药管理局局长王国强出席并做主旨演讲。联合国原副秘书长沙祖康出席并致辞。农工党中央副主席陈述涛出席并做闭幕讲话。农工党中央副主席龚建明主持大会。陈竺指出，中医药事业的发展正处于重要的机遇期，要把握机遇，科学认识和发展中医药事业：一是实事求是，科学认识中医药学的自身特点和与现代西方医学的关系；二是传承创新，科学推动中医药事业的健康发展；三是中西汇聚，探索构建现代医学体系。陈竺强调，中医科学大会是由农工党中央和国家中医药管理局共同主办的专题会议，旨在搭建一个由政府引导、社会参与、学术推动的共同平台，科学推动中医药事业的继承和发展，为实现“健康中国”助力“中国梦”发挥积极作用。大会上，中国科学院院士陈凯先，中国工程院院士、中国中医科学院院长、天津中医药大学校长张伯礼，中国工程院院士吴以岭分别做了主题报告。中国工程院院士、第二届国医大师石学敏，国际欧亚科学院院士、第二届国医大师、农工党中央原副主席张大宁，山东省政协副主席、山东中医药大学名誉校长王新陆，首届届国医大师张学文，第二届国医大师孙光荣，台湾电机大学教授、美国约翰霍普金斯大学生物物理学博士王唯工，广西中恒集团代表等专家教授做了专题发言。国家中医药管理局副局长、农工党北京市委会主委于文明，中共中央统战部一局副局长易玉娟，国家中医药管理局副局长马建中，国家食品药品监督管理总局副司长丁建华出席大会。相关政府部门领导、两院院士、国医大师、社会知名人士、著名专家学者，农工党各级组织及党员代表，各级卫生计生委及中医药管理部门领导，中医药大专院校及研究机构负责人，各专业协会负责人，中医医院管理者代表，医药企业界代表，世界卫生组织的领导专家共 500 余人参加大会。

2. 推广中医药适宜技术

农工党中央提出《关于推行县乡中医药一体化管理的建议》，报全国人大和全国政协大会。积极联系国家中医药管理局和出版社等单位，组织编写《疾病与经方》《常用经方》、《居民家庭保健》三本中医药适宜技术手册。在中医同行计划重点联系城市桂林，举办中医药适宜技术培训班 5 期。

3. 开展“杏林春雨”活动

为进一步加强基层卫生人才队伍建设，提高基层医疗机构的管理技术水平和服务质量，2014年农工党先后在海口市、石家庄市、渭南市、唐山市举办基层医生培训班，共培训450人次。

3月29日至30日，由农工党中央社会服务部、农工党河北省委会、河北省卫生计生委共同主办，农工党石家庄市委会等单位承办的“杏林春雨”基层医疗技术培训班在石家庄举办。河北省政协副主席、农工党河北省委会主委段惠军，中央社会服务部副部长张庆伟出席开班式并讲话，农工党河北省委会副主委徐英，河北省委会副主委、石家庄市委会主委王宝山等出席开班式。来自石家庄、邢台两市的100名县级以上检验科负责人参加了培训。

6月14日至15日，由农工党中央社会服务部主办，农工党陕西省委会、农工党渭南市委会、渭南市卫生与计生局承办的医院院长培训活动在陕西渭南举办。中央社会服务部副部长张庆伟、陕西省委会秘书长马鹏程，渭南市政府副市长王素芳出席开班式并致辞。来自渭南市所有二级以上医院院长、全市县所有甲级卫生院院长100多人就预算和成本管理的突出地位、医院应急管理的相应措施、实验室在医院的相关作用、用药安全及乡镇卫生院的定位与发展等方面内容进行了培训。

8月16日至17日，由农工党中央社会服务部、河北省卫生与计生委、农工党河北省委会主办，农工党唐山市委会等单位承办的2014年“杏林春雨”行动河北唐山医院院长培训班在首钢迁安会议中心举办。河北省政协副主席、农工党河北省委会主委段惠军，中央社会服务部副部长张庆伟出席开班式并致辞；农工党河北省委会副主委徐英，农工党河北省委会、唐山市副市长、农工党唐山市委会高瑞华出席开班式。来自唐山市二级以上医院院级领导和中层干部100多人就医院医务行政管理、分子诊断进展及其临床应用、临床检验、公立医院改革等方面内容进行了培训。

4. 参与举办海峡两岸中医药学术交流大会

11月8日，第11届海峡两岸中医药学术交流大会暨2014福建中西医结合研究院学术年会在福州隆重开幕。本次大会由农工党中央、国家中医药管理局指导，中国中医药研究促进会、福建省中医药研究促进会、台北市中医师公会、台湾中医药学会等8家单位主办，台湾中华中医药学会等8家单位协办。农工党中央副主席龚建明出席会议并致辞。中国科学院资深院士、第二届国医大师陈可冀，农工党中央原副主席、中国中医药研究促进会会长、第二届国医大师张大宁到会指导。中共福建省委统战部常务副部长、福建省海外联谊会副会长翁卡出席会议并致辞。福建省政协副主席、农工党福建省委会主委陈绍军致开幕词。龚建明在致辞中指出，随着中国走向世界步伐的加快和国际地位的提高，作为中国原创的、富有中华文化内涵的、关系民生健康的中医药，毫无疑问应该承担起为世界人类健康做出中华民族应有贡献、彰显中华文化的重任。因此，无论是海峡两岸中医药界的学者，还是中药生产企业，都应该把握好这个良机。大会围绕“传承文化、弘扬瑰宝、促进交流、共同提高”主题，安排了一场知名专家学术报告和五场分会场学术交流，收录来自大陆、台湾地区及新加坡的论文共185篇。400余位来自海峡两岸中医药专家、学者及外国来宾欢聚一堂，就中医药事业发展相关问题，进行多角度、全方位的探讨与交流，共同致力于中华传统医药的薪火相传、发扬光大，携手为人类健康做出更大贡献。

（三）开展全科医生特岗人才计划项目

为了破解优秀医卫人才下不去、留不住的难题，探索引导全科医生到基层服务，农工党中央在贵州毕节启动了“同心全科医生特岗人才计划”示范项目，通过政策引导和激励，提高全科医生到基层工作的积极性。为此，在中国初级卫生保健基金会成立了“同心全科医生特岗人才基金”，专门为在以毕节为主要实施地的示范项目提供支持和保障。“基金”设立理事会和管委会，北京协和医学院校长、中国科学院院士曾益新担任理事长，农工党中央副主席龚建明担任管委会主任，理事会还邀请相关社会人士代表担任监事，负责监督项目资金使用情况。

10 月 11 日，“同心全科医生特岗人才基金”成立揭牌暨捐赠签约仪式在北京会议中心隆重举行。全国人大常委会副委员长、农工党中央主席陈竺，农工党中央原副主席、中国初级卫生保健基金会理事长汪纪戎，北京协和医学院院长、中国科学院院士曾益新，农工党中央社会服务部部长刘峻杰等出席仪式。陈竺和曾益新共同为“同心全科医生特岗人才基金”揭牌。在捐赠签约仪式上，共有六家捐赠方向“同心全科医生特岗人才基金”进行捐赠。陈竺和曾益新用自己的院士津贴和科学技术奖金带头捐赠；农工党党员、中恒集团董事长许淑清，农工党党员所属企业 CONOCO 集团有限公司，天津市第一中心医院，农工党党员、中美集团执行总裁、京东中美医院、誉美肾病医院总经理郭华伟等积极响应、慷慨解囊，六家捐赠方共捐赠 1430 万元。

目前，“基金”已筹集资金 2400 多万元，为“计划”的起步和发展奠定了良好的基础。据悉，目前基层的医疗机构和人民群众对合格的全科医生需求很大，但现实情况是基层医师岗位的吸引力不强，全科医学毕业生下基层也不够踊跃。“同心全科医生特岗人才基金”将全力服务“同心全科医生特岗人才计划”示范项目，提供特岗津贴专项补助到基层工作的全科特岗医生，希望能够借此为实现优秀医卫人才“下得去、留得住、用得好、能发展”目标探索新路径，为解决基层群众看病难问题探索新方法，为推动我国医疗体制改革探索新思路。

（四）举办第七届中国环境与健康宣传周

经过 6 年的精心打造，中国环境与健康宣传周已成为国内面向公众开展环境与健康宣传教育工作的高层次主流平台。自 2008 年至今，“宣传周”始终坚持在全国 31 个省（区、市）的 400 多座城市开展丰富多彩的活动，发放宣传手册 20 余万册，直接参与活动人数上百万人次，影响人群难以计数。“宣传周”是一项中央与地方上下联动、社会力量广泛参与的大型公益性宣传活动，以充满亮点的活动、新颖动人的方式、贴近生活的内容，使环保与健康理念更加深入人心，达到了全民参与共筑生态家园、共建美丽中国的初衷。

1. 中国环境与健康宣传周筹备会议

1 月 10 日，2014 中国环境与健康宣传周筹备会议在中央机关召开，农工党中央副主席、“宣传周”领导小组副组长龚建明出席会议，中央社会服务部部长、中国环境与健康宣传周领导小组秘书长刘峻杰，中央社会服务部副部长张庆伟，以及“宣传周”各主办、协办单位秘书长、副秘书长、联络员参加会议，联合国环境规划署驻华代表、人类住区规划署驻华代表应邀参会。

2. 中国环境与健康宣传周启动仪式

6 月 6 日上午，由农工党中央和国家发展改革委、教育部、国土资源部、科技部、环保部、住房和城乡建设部、水利部、农业部、卫计委、国家林业局共同主办的第七届中国环境与健康宣传周启动仪式在北京人民大会堂隆重举行。本届宣传周的主题是“城镇环境与健康”。全国人大常委会副委员长、农工党中央主席、“宣传周”活动领导小组组长陈竺出席启动仪式并讲话，农工党中央副主席、“宣传周”活动领导小组副组长龚建明，中共中央统战部副部长林智敏，国土资源部副部长汪民，水利部副部长胡四一，国家卫生计生委副主任崔丽，中央纪委驻国家林业局纪检组组长、林业局党组成员陈述贤，国家发展和改革委员会副秘书长范恒山，农工党中央社会服务部部长、中国环境与健康宣传周领导小组秘书长刘峻杰，以及教育部、住房城乡建设部、农业部、联合国环境规划署、联合国人类住区规划署、世界卫生组织以及社会各界的知名人士、专家学者、公益组织和社会团体的代表 200 余人出席启动仪式。

陈竺指出，之所以选择“城镇环境与健康”这个主题，是因为当前我国正处于城镇化深入发展的关键时期，良好的生态环境是人类社会持续健康发展的根本条件，城镇面临的环境与健康问题日益突出，迫切需要我们遵循城镇化发展的规律，把生态文明理念全面融入城镇化进程，把健康融入政府所有决策，走出一条人与自然和谐相处的新型城镇化道路。关注城镇环境与居民健康，倡导生态文明新风尚，是本届宣传周活动的主旨所在，需要全社会凝心聚力，尽快行动起来。

2014 年“宣传周”在继续举办“城市（镇）环境与健康”主题论坛、“环境与健康”慢性病防治知识咨询义诊、“环境与健康”戏剧展演及文艺演出、进校园等传统活动的基础上，还开展了“城市环境与健康万里行”活动，世界卫生组织作为“宣传周”新加入的支持单位捐赠自行车，倡导城市居民低碳生活，绿色出行。启动仪式上，龚建明为“城市环境与健康万里行”活动授旗。2014 年“宣传周”活动还“下基层”，以更加贴近百姓、大众参与的理念与各级地方联合开展活动。

3. “城市环境与健康万里行”自行车捐赠仪式暨出发仪式

6 月 6 日下午，在北京朝阳区东直门外外交大楼里举行“城市环境与健康万里行”自行车捐赠仪式暨出发仪式。农工党中央副主席、“宣传周”领导小组副组长龚建明，世界卫生组织代表施贺德，骑行团代表出席活动并发言。龚建明高度评价骑行团以骑行方式倡导和践行环保理念的精神，衷心祝福此次活动圆满成功。施贺德先生代表世界卫生组织将 7 辆山地自行车捐赠给骑行团。农工党中央社会服务部部长、“宣传周”领导小组秘书长刘峻杰主持仪式。据骑行团领队季晓秋女士介绍，该活动主题是“践行中国梦，生态万里行——2014 城市环境与健康万里行”，主要以绿色出行、亲身实践、万里骑行等形式，呼吁全社会行动起来，投身到环境保护公益活动当中，为改善城市环境和可持续发展贡献一份心意和力量。随后，骑行团从外交大楼出发，向河北廊坊进发。活动期间，骑行团成员在途经的 108 座大中型城市，举办系列环境保护与健康主题宣传活动，宣传城市环境保护与健康理念，产生了良好的社会反响。

4.“慢性病防治知识宣传义诊”活动

6月16日，由农工党中央社会服务部、中国初级卫生保健基金会、农工党北京市委会主办，农工党北京市海淀区委会、北京海淀区双榆树街道办事处承办的中国环境与健康宣传周“慢性病防治知识宣传义诊”活动在北京海淀区双榆树社区举行。农工党中央原副主席、中国初级卫生保健基金会理事长汪纪戎，农工党中央社会服务部部长刘峻杰、副部长张庆伟，中共海淀区委常委、统战部部长彭玉敬，农工党北京市委会副主委兼秘书长刘迎，中国初级卫生保健基金会秘书长周庆年，海淀区卫生局书记张希俊以及双榆树街道社工委领导和200余名社区居民参加活动。汪纪戎等实地调研了双榆树社区卫生服中心并与街道社工委的相关负责人座谈，详细询问了社区医疗卫生工作的开展情况。此次活动专门组织了北京西苑医院、海淀医院、世纪坛医院、北京市社会福利院等单位的11名医疗专家，为到场的社区居民进行咨询、义诊和宣传，向社区居民发放了近千份慢性病防治、生态环境与健康方面的宣传材料和纪念品等，活动受到了居民的热烈欢迎和好评。

5. 蔡威出席上海市委会宣传活动

6月17日，由农工党上海市委会、上海市环保局主办，农工党闵行区委会、闵行区环保局、莘庄镇人民政府承办的2014（第七届）中国环境与健康宣传周活动在闵行区仲盛世界商城举行。农工党中央副主席、上海市政协副主席、农工党上海市委会主委蔡威出席活动。活动现场来自瑞金医院、中山医院、华山医院、上海市第六人民医院等三甲医院的农工党专家按科目坐诊，为市民们提供医疗咨询。来自上海市环保局、上海市环境监测站等职能部门的专家们，耐心解答市民提出的各种问题。此外，农工党上海市委会还通过展板展示、宣传资料发放等形式配合宣传，吸引了不少逛商场的市民驻足观看。中共闵行区委常委、统战部部长李梦麟，农工党上海市委会秘书长王晓东等参加活动。

6.“宣传周”活动走进美丽菏泽

6月23日，由农工党中央主办，农工党山东省委会、菏泽市人民政府承办的2014年中国环境与健康宣传周系列活动——“走进美丽菏泽”在菏泽大剧院广场举行。农工党中央常委、河北省政协副主席、农工党河北省委会主委段惠军，山东省领导孙继业，农工党中央社会服务部部长、“宣传周”领导小组秘书长刘峻杰，农工党山东省委会副主委、济南市委会主委段青英，农工党山东省委会秘书长王军，菏泽市领导刘勇、段伯汉，菏泽市政府副市长、农工党菏泽市委会主委黄秀玲等参加活动。在活动现场，与会领导现场向菏泽市社区居民代表赠送了“2014中国环境与健康宣传周”主题宣传手册。在“多走路，身轻健康；少开车，碧水蓝天”的主题口号中，近千名市民观看了50辆新能源公交车投放仪式；太极拳爱好者展演了简易24式太极拳；市民们通过乘坐公交车、骑行公共自行车的方式，体验绿色出行。“城市环境与健康万里行”骑行志愿者向大家介绍了骑行感言。与会领导和市民们来到“城市环境与健康”签名墙前签名，并参观了“同在蓝天下，心手紧相连”宣传展板。

7. 第五届环保戏剧展演活动

作为2014年中国环境与健康宣传周的重要组成部分，8月4日，由中国环境与健康宣传周活动领导小组秘书处、东城区文化委员会主办的第五届环保戏剧展演在京拉开序幕。环保主题儿童剧《动物大逃亡》是本届戏剧展演的主角，围绕“城镇环境与健康”主题，此次环保戏剧展演的宣传口号是“多走路，身轻体健；少开车，碧水蓝天”。《动物大逃亡》将环保主题与成长主题融为一体，小观众既能从中感受到勇气和友情的力量，也能学习环保理念、欣赏近景魔术。该剧在东城区第一文化馆、第二文化馆各演出两场。经过前四届的宣传，环保戏剧展演已成为东城区百姓了解戏剧与环保文化的一个窗口，也成为东城区建设“首都戏剧文化城”的一张名片。

8.“城市环境与健康”高峰论坛

11 月 30 日，2014（第七届）中国环境与健康宣传周“城市环境与健康”高峰论坛在北京林业大学举办。农工党中央副主席、“宣传周”领导小组副组长龚建明出席论坛并致辞。中央社会服务部部长、“宣传周”领导小组秘书长刘峻杰主持论坛。龚建明指出，当前，我国正处于城镇化深入发展的关键时期，改善城市环境，营造“美丽城市”和“健康城市”，必须把生态文明理念全面融入城镇化进程。城市环境与健康是一个跨领域的复杂议题，解决城市环境与健康问题，需要国家和社会全体成员共同努力。论坛上，龚建明还为“2014 年亚太地区林业院校大学生绿色交流营”进行了授旗，勉励青年大学生为解决环境与健康问题发挥积极作用。北京林业大学党委书记吴斌，农工党中央医药卫生工作委员会主任、著名肿瘤临床专家顾晋，农工党中央常委、中央生态环境工作委员会主任、环保部环境规划院副院长、总工程师王金南，中国疾病预防控制中心研究员张敏，北京林业大学教授李俊清等专家学者就城市环境与健康相关议题作了精彩演讲。

2014 年中国环境与健康宣传周在全国 31 个省（区、市）的 400 多座城市（镇）开展了形式多样、内容丰富的宣传活动，共发放宣传资料 13 万余份，直接受益群众 20 余万人。

（五）开展宁德市帮扶工作

为落实农工党中央领导关于在福建宁德开展帮扶服务工作和建立“社会服务基地”的指示，3 月 16 日至 18 日，农工党中央副主席龚建明率农工党中央宣传部部长石光树、交通运输部规划研究院副总工程师汪亚干、卫生计生委规划与信息司副巡视王玉洵、农工党江西省委会副主委涂建等一行赴福建，就“坚持和发展中国特色社会主义学习实践活动”、海峡西岸经济区规划建设情况，以及宁德经济社会发展等有关课题进行调研。

3 月 17 日上午，农工党中央调研组与中共福建省委统战部以及各省直有关单位的负责人举行调研座谈会。中共福建省委统战部副部长翁卡主持座谈。会上，福建省政协副主席、农工党福建省委会主委陈绍军，福建省有关部门负责人就各自领域的发展情况及有关问题做了详细介绍。龚建明认真听取了各有关单位的汇报并不时提问，对平潭综合实验区配套的铁路交通建设、预防和处理医患纠纷以及加强卫生计生人才队伍建设等问题表示深切关注。龚建明在讲话中指出，农工党正在全党开展“坚持和发展中国特色社会主义学习实践活动”与中国共产党开展的“联系群众”教育活动是遥相呼应的。关于把福建省作为开展“坚持和发展中国特色社会主义学习实践活动”基地，龚建明提出了四个切入点：一是可以对三都澳港口未来的发展问题协助制定合理的发展规划，并协助向有关部委以及中央提出建议等。二是一方面在福建省的卫生计生工作中找出切合之处，依靠农工党大量医疗卫生界的管理智囊团，发挥界别优势、积极建言献策，以便推动福建省卫生事业的发展；另一方面，还要把福建省卫生计生工作中一些好的经验推广出去，做好社会服务工作。三是研究怎样就海西区的经济发展融合两岸关系。可开展如中医药文化交流等活动，以此拉近海峡两岸的关系。四是要做好党史研究和宣传工作，让年轻党员通过党史的学习更加了解过去，坚定信念，做好本职工作。农工党福建省委会副主委赖应辉，福建省委会副主委、宁德市委会主委陈兴生参加座谈。

调研组深入宁德市 8 个县、市、区开展了调研，实地考察了当地的县医院、妇幼保健院以及乡镇卫生院，并同当地党委、政府主要领导进行多场座谈。通过调研和协商，由西部开发促进会在农业、教育、卫生等方面给予鼎力支持，目前已在宁德 6 个省级扶贫县里筛选出屏南和古田作为全国社会创新协作试点县，预计每个县可获得 2 亿元的资助，周宁、寿宁、柘荣 3 县可获得各 2000 万医疗项目资助，目前已经批准资金 8000 万元。

（六）继续开展智力支边工作

1. 武陵山片区“同心圆”工程

“同心圆”工程计划是由农工党广州市委会发起，计划筹措 3000 万元，在广东贫困地区、武陵山片区等贫困地区捐建 100 个村卫生站。农工党中央社会服务部协调受捐建地农工党组织培训当地的村医，帮助他们提高医疗水平。工程旨在改善这些地方的医疗条件，并依托受捐建地的农工党组织，培训受捐村的村医，帮助他们提高医疗水平。此计划得到农工党中央高度肯定和支持，并将“同心圆”工程纳入农工党中央社会服务工作的“同心助医”工程之中。2014 年，工程已完成湖北咸丰县的 3 个卫生室、湖南桑植县的 3 个村卫生室、重庆市丰都县的 8 个村卫生室的标准化建设，并在上述各地开展了乡村医生培训活动。

5 月 22 日至 24 日，农工党中央副主席龚建明赴广东调研“同心圆”工程开展情况。农工党广东省委会主委马光瑜，副主委余明永、刘启德陪同调研。5 月 22 日，龚建明听取了农工党广州市委会和“同心圆”工程慈善基金会关于工程的筹备、开展情况汇报后指出，“同心圆”工程对解决农村贫困地区就医难问题有着重要贡献，是农工党在社会服务方面的重要创举，陈竺主席高度重视“同心圆”工程，亲自为工程题字，一直关心工程进展情况。龚建明希望农工党广东省委会、广州市委会精心组织，认真实施，把“同心圆”工程开展好。5 月 23 日，龚建明一行赴增城市正果镇出席第一个“同心圆”工程示范点——大冚村卫生站移交仪式并为卫生站揭幕。龚建明在仪式上讲话指出，大冚村卫生站援建项目正式落成，标志着“同心圆”工程的工作踏上了一个新台阶，为今后“同心圆”工程深入开展树立了好的榜样。“同心圆”工程作为农工党开展坚持和发展中国特色社会主义学习实践活动的新载体，体现了农工党要做中国特色社会主义理想的坚定信仰者、忠诚践行者的政治觉悟和政治信念。

2. 参与黔西南试验区建设工作

农工党中央、北京市委会协调北京同仁医院、中华民族团结进步协会在兴仁县、安龙县开展儿童先天性心脏病筛查项目。协调引进华南植物研究所在黔西南试验区开展中药材茨实规范化种植项目。农工党福建省委会组织福建省食用菌专家赴黔西南安龙县考察调研安龙县食用菌产业的发展情况，并组织为安龙县编制食用菌产业发展规划。农工党北京市委会组织医卫界、企业界党员考察黔西南州部分医院，并达成了帮扶合作意向。协调北京中医药大学东直门医院与黔西南州中医院结为合作医院，并对兴义市医院的特色科室建设进行帮扶。农工党北京市委会与黔西南州绿缘动植物科技开发有限公司药用兰科植物优良种苗繁育共建联合基地，为促进当地的兰科植物优良种苗繁育拓宽了市场。

3. 开展助力渭南系列行动

4 月 10 日，农工党中央助推渭南系列行动之一——重庆医科大学附属第一医院同心助推渭南市中心医院签约仪式在渭南市中医药产业发展情况汇报座谈会上举行。农工党中央主席陈竺、副主席兼秘书长何维，农工党中央副主席、陕西省委会主委朱静芝出席签约仪式。农工党重庆市委会副主委、重庆医科大学附属第一医院院长任国胜与渭南市中心医院院长张进社在合作协议上签字。根据协议内容，在未来五年内，渭南市中心医院将依托重庆医科大学附属第一医院的医疗、教学、科研及管理等方面的优势，促进学科及人才队伍建设，提升医疗技术水平、综合服务能力和管理水平。农工党中央“促进中医药产业发展”调研组人员、陕西省有关领导、渭南市领导以及重庆医科大学附属第一医院和渭南市中心医院专家 60 余人出席签约仪式。

此外，农工党中央还协调天津市眼科医院与陕西省渭南市第二医院签订了帮扶协议。通过选派专家、举办义诊、会诊、讲学、带教查房、手术指导等多种形式，对渭南市第二医院眼科开展帮扶和指导，以促进渭南地区眼科医疗事业的发展。2014 年 8 月、10 月，农工党天津市第一中心医院基层委员会、农工党天津市眼科医院支部分别派出党员医生赴陕西省渭南市，为该地区八所医院创建优势重点科室活动，并为渭南培训基层医生 200 余人。

4. 支持河北省贫困农村建设

划拨资金支持河北省青龙满族自治县娄丈子镇小山村修路、建桥、村卫生室医疗设施设备的建设与购置；划拨资金支持河北省易县塘湖镇仁义庄村完成安装路灯等道路亮化建设项目，该村也是农工党中央开展坚持和发展中国特色社会主义学习实践活动联系点。

（七）开展“国际科学与和平周”活动

今年，农工党作为主办单位继续参与开展第 26 届中国“国际科学与和平周”活动，本届“国际科学与和平周”主题是“和平・发展・环保・健康”。农工党在全国组织开展了一系列中医药科普讲座、义诊咨询和捐赠等公益活动。

11 月 23 日，联合国国际科学与和平周 26 周年纪念活动暨第 26 届国际科学与和平周开幕式在全国政协礼堂隆重举行。全国人大常委会副委员长、农工党中央主席陈竺，全国人大常委会原副委员长何鲁丽、顾秀莲出席开幕式。顾秀莲宣布大会开幕。陈竺致开幕词。陈竺指出，当前，国际形势正在发生极为深刻复杂的变化，维护世界和平、促进共同发展依然任重而道远，需要世界各国人民共同的不懈努力和奋斗。当前，中国人民正在为实现中华民族伟大复兴的中国梦而努力。中国梦也是追求和平的梦，和平梦是中国梦的重要组成部分。举办国际科学与和平周活动，既反映了联合国“科学与和平”的决议符合时代的要求，也体现了中国人民对和平的热爱；既展示出中华民族“以和为贵”、

“天下太平”等传统理念和美德，也表达出中国人民对美好未来的渴望和实现中华民族伟大复兴中国梦的信心与决心；既充份表达了中国人民对和平的热爱，也表达了中国人民对美好未来的渴望，为实现中华民族伟大复兴中国梦的信心和决心。国际科学与和平周中国组织委会主任高潮，农工党中央副主席龚建明，以及有关主办、协办单位的领导，来自全国各界人士和青少年学生，以及联合国驻华机构官员等共800余人参加开幕式。

11月11日，第26届“国际科学与和平周”上海站活动在浦东和宝山两区同时拉开帷幕。本次活动由农工党上海市委会主办，农工党浦东新区委会、农工党宝山区委会等单位承办。农工党中央副主席、上海市政协副主席、上海市委会主委蔡威，农工党上海市委会副主委金如颖等出席活动。社区居民们对农工党市委会“送医上门”、“送法到家”纷纷赞不绝口，两处分会场共接待居民咨询1500多人次。

11月25日，由农工党中央、国际科学与和平周中国组委会主办，农工党河北省委会、廊坊市委会承办的第26届中国“国际科学与和平周”启动仪式在河北廊坊举行。中央副主席龚建明出席并宣布活动正式启动，河北省政协副主席、农工党河北省委会主委段惠军出席并讲话，中央社会服务部副部长张庆伟主持会议。此次活动邀请中国人民解放军国防大学李兵教授和河北省中医药科学院曹东义教授分别作了中国国家安全报告和中医科学报告，向廊坊市安平镇第一小学捐赠了价值3万元的学习用品和常用药品，在安平镇卫生院进行了健康知识讲座、义诊咨询、中医药知识科普展览、发放环境保护宣传资料等活动。

（八）其他工作

1.“中华母亲节”系列文化活动

4月27日，“弘扬爱母孝亲美德，承传家风家教文化”庆祝2014年中华母亲节系列文化活动在沈阳兴隆大都汇拉开帷幕。中华母亲节促进会会长、农工党中央原副主席、全国妇联原副主席汪纪戎专程出席启动仪式并做精彩演讲。农工党辽宁省委会副主委、沈阳市委会主委赵午参加活动。汪纪戎指出，我们具有五千年文明的大国，理应建设自己的母亲节。中华五千年的文明史积淀了太多值得记忆的民族精神和文化财富，传承和保护它们是每一个华夏儿女的应尽职责。汪纪戎号召全社会共同努力，将中国的节日注入中华文化内涵，通过弘扬中华民族优秀的孝文化和母教文化，提升公民素质，襄助社会和谐进步，共圆中国梦。

自2007年开始，100多名全国政协委员建议，以孟母为形象代表，孟母生孟子之日（农历四月初二）为“中华母亲节”。此次系列文化活动旨在将中国的节日注入中华文化内涵，倡导母爱、母教、爱母、孝亲的中华文化理念，提升公民素质，构筑良好的家风、民风，襄助社会和谐进步。

2.首届中医药科技推广双先评比表彰大会

9月15日，由中国中医药研究促进会主办，中国医药卫生事业发展基金会、全国促进中医服务大众工委会协办的首届中医药科技推广双先评比表彰大会在北京全国人大会议中心召开。农工党中央常务副主席刘晓峰出席并讲话。刘晓峰指出，在国家对评奖评比管理越来越严的情况下，中共中央仍然批准了此次评比，主要因为：一是评选重点为科技推广，只有将产学研充分地结合起来，才能够最大程度地创造社会价值；二是这次表彰面向的是基层和工作一线，基层的中医药工作者最了解我们群众的体质，也最能找到适宜群众的中医药技术。刘晓峰希望获奖者以及广大中医药工作者能够脚踏实地，更进一步，在中共中央大力发展中医药的背景下，抓住机遇，努力开拓中医药事业的新局面，在繁荣中医药事业方面取得更大的成绩。农工党中央原副主席、中央文史馆馆员、中国中医药研究促进会会长张大宁，中央组织部部长曲凤宏、宣传部部长石光树、社会服务部部长刘峻杰，以及相关部委负责同志共200余人出席此次会议。

3. 举办农工党全国社会服务工作骨干培训班

9月22日至25日，农工党2014年全国社会服务工作骨干培训班在西安举办，中央社会服务部部长刘峻杰、副部长张庆伟，陕西省委会副主委唐周怀、王安龙等出席开班式，中共陕西省委统战部副巡视员侯社教应邀到会。刘峻杰在讲话中指出，全国社会服务工作要以《关于加强社会服务工作的指导意见》为指导，健全组织结构，夯实工作基础，发挥自身优势，开创社会服务工作新局面，切实履行好参政党职能，为促进我国经济社会持续健康发展贡献力量。培训期间，国务院扶贫办公室政策法规司副司长苏国霞，国防大学教授李兵分别以《创新扶贫机制、推进扶贫工作》和《困境与出路——中国国家安全的几个问题》为题向与会人员进行了专题报告。天津、江苏、安徽、福建、贵州、陕西等6个省市的代表进行经验交流。来自农工党各级组织的130余名社会服务工作专职干部、骨干党员，以及农工党陕西省地方组织、省直工委的有关同志150多人参加培训。

4. 农工党定点帮扶乡镇卫生院捐赠暨揭牌仪式

9月28日，农工党定点帮扶乡镇卫生院捐赠暨揭牌仪式在海南省文昌市翁田镇卫生院举行。中央副主席兼秘书长何维，海南省政府副省长、农工党海南省委会主委王路出席仪式。何维在仪式上讲话指出，农工党将充分发挥在医药卫生领域的特色优势，将翁田镇卫生院定点帮扶项目纳入到农工党社会服务的常规工作中来，从技术、物资、资金等方面定点帮扶，长期关注，不断提高卫生院的管理水平和服务能力，为农村医疗卫生事业的改革和发展，为解决老百姓“看病难、看病贵”问题做出应有贡献。揭牌仪式后，何维、王路实地察看了翁田镇卫生院的院容院貌、医疗设施设备，听取该院负责人情况汇报，了解卫生院发展现状和存在问题。中央社会服务部部长刘峻杰，海南省委会副主委毕华、宋世锋、吉小妹，中国初级卫生保健基金会秘书长周庆年等出席仪式。

今年7.18超强台风“威尔逊”重袭文昌翁田镇，镇卫生院损失惨重。农工党中央、海南省委会十分关注海南灾情和灾区重建工作，积极组织人力、财力先后捐赠了救护车、各类检测仪器等价值150万元的医疗设备，党员企业家、海南立升净水实业有限公司董事长陈良刚同志捐赠价值12万元净水设备，支援卫生院的重建和医疗设施的进一步强化。同时，农工党中央将翁田镇卫生院作为定点帮扶乡镇卫生院，签订帮扶协议。

5. 完成雅安灾后重建项目工作

农工党中央加紧对雅安地震灾后重建项目的落实，整个重建项目已拨付资金2650万。目前，黎明村社区服务中心已全部落成；凤凰村社区服务中心将于近期全面完工；芦山县人民医院住院综合楼已经立项；眉山三苏祠修复工作正在进行中。

五、党史和理论工作

（一）党史工作

2014年，农工党中央建立了邓演达纪念园等七处首批挂牌的党史教育基地，并对邓演达烈士殉难处和湖南溆沅辰人民解放总队活动旧址进行全面维护；组织征集民主革命时期中国农工民主党的武装斗争史料，确定对这一专题进行深入研究。此外，通过多种途径广泛收集党史资料数十件，其中较珍贵的有建党初期邓演达亲笔题字赠送给彭泽民的照片，柳亚子、郭沫若、谭平山、黄炎培、张澜、马叙伦、沈钧儒等著名民主人士亲笔题字给彭泽民祝寿的册页，抗战期间丘哲出版的著作等。

1.“保定军校毕业的农工党领导人陈列室”揭牌仪式

享有“将军摇篮”美誉的保定陆军军官学校，是我国近代史上第一所正规的高等军事学府，这里走出了邓演达、黄琪翔、季方等一大批农工党早期领导人。3月18日，保定军校毕业的农工党领导人陈列室揭牌仪式在保定军校纪念馆举行。揭牌仪式上，中央常务副主席刘晓峰发表重要讲话。河北省政协副主席、农工党河北省委会主委段惠军，中共河北省委统战部副部长李文杰等分别讲话。

刘晓峰指出，从保定军校走出的邓演达、黄琪翔、季方三位先生，既共同创建农工党，又先后担任了农工党的主要领导人，对农工党的创立、成长和发展起到了不可估量的作用。刘晓峰强调，“保定军校毕业的农工党领导人陈列室”的设立，就是让后人学习他们对中国革命的忠贞不渝，学习他们坚持中国共产党领导、坚持社会主义道路坚定不移的革命情操，学习他们为人正直豁达、谦虚谨慎、严于律己、艰苦朴素的优良作风。刘晓峰希望，农工党党员要继承和发扬爱国革命的优良传统，以更加饱满的政治热情，富有成效的实际行动，大力加强自身建设，增强“三个自信”，切实履行参政议政、民主监督职能，为全面建成小康社会、不断夺取中国特色社会主义新胜利贡献智慧和力量。

自2010年保定军校定为“中国农工民主党党史教育基地”后，农工党中央便开始谋划建设“保定军校毕业的农工党领导人陈列室”。此次展览的图片、文字及有关文物资料就是由农工党中央及保定军校纪念馆历时四年收集而来。揭牌仪式由农工党河北省委会副主委、保定市委会主委孙建恒主持。中央研究室主任姜天麟、参政议政部副部长姚秀元，河北省委会专职副主委徐英等出席仪式。

2. 农工党史料征集座谈会

4月11日至12日，农工党史料征集座谈会在广西桂林召开，中央研究室主任姜天麟，广西区委会副主委、桂林市委会主委雷迅，广西区委会副主委何玉庭等出席会议。姜天麟讲话指出，作为在国内成立最早、也是唯一开展抗日反蒋军事斗争的民主党派，农工党在漫长的革命时期里，涌现出一大批令人敬仰的革命先烈，也留下了许多可歌可泣的英雄事迹，这是一笔宝贵的精神财富。随着时间的流逝，一些史料也会逐渐湮没，因此要有一种紧迫感，抓紧做好收集、整理工作。来自农工党各级组织的20多名从事党史研究的同志参加座谈会。

3. 龚建明考察农工党安徽省地方组织革命活动展室

5 月 7 日，农工党中央副主席、中央监督委员会副主任龚建明率中央监督委员会部分委员，赴安庆市枞阳县参观考察农工党安徽省地方组织革命活动展室。龚建明强调，要充分发挥好农工党安徽省地方组织革命活动展室的党史教育和爱国主义教育的功能，结合开展坚持和发展中国特色社会主义学习实践活动，进一步加强农工党的思想建设，更好地把广大党员的智慧和力量凝聚和投入到建设“健康中国”和“美丽中国”的奋斗目标上来，为全面建成小康社会发挥积极作用。农工党安徽省委会副主委方才等陪同考察。

4. 农工党党史研究工作培训班

5 月 13 日至 15 日，农工党党史研究工作培训班在广东广州社会主义学院举办，广东省委会主委马光瑜，中央研究室主任姜天麟，广州市委会副主委、广州社会主义学院院长蔡国强出席开班式。姜天麟主持开班式。培训期间，中国人民大学教授周淑真、哈尔滨学院教授刘振清、广州社会主义学院教授黄济福等专家进行授课，结合自己的研究成果，分别从不同角度进行教学，开阔了学员们的思路和眼界。期间，学员们还专程赴惠州邓演达纪念园进行现场学习。来自农工党各省级组织和部分市级组织的人员近 50 人参加培训。

5. 农工党 2014 年党史研究工作会议

9 月 23 日至 25 日，农工党 2014 年党史研究工作会议在江苏南京召开，中央常务副主席刘晓峰出席并讲话。江苏省政协副主席、中共江苏省委统战部部长罗一民到会致辞。江苏省政协副主席、农工党江苏省委会主委周健民出席并致辞。刘晓峰在讲话中指出，党史研究工作的主要目的是以史团结人，以史影响人。党史工作如何立信史、存真史？这需要解决好理想信念、政治立场、发展思路、目标任务、前进方向等政治问题。如何开展党史研究？这需要解决好世界观、方法论等方法问题。刘晓峰就如何做好党史研究工作，提出四点具体意见：第一，加强领导；第二，做好组织和规划；第三，加强党史研究工作队伍建设；第四，建立健全工作机制和制度。农工党中央研究室负责人石光主持会议并做了《中国农工民主党中央关于加强党史研究工作的意见》（征求意见稿）的说明。会议期间，江苏省委会副主委肖渡作了《存史鉴今继承传统　资政育人　着眼未来》的大会交流发言。来自全国 20 多个省级组织的代表 40 余人参加会议，江苏省委会党史研究专题组全体成员和江苏省各市级农工党组织的负责人列席会议，与会代表围绕各地开展党史研究工作的情况进行了分组讨论。

6. 农工党党史、党员教育基地挂牌系列活动

10 月 18 日至 22 日，农工党中央常务副主席刘晓峰赴梅州、惠州、四会等地参加农工党党史、党员教育基地揭牌系列活动，并赴揭阳考察。广东省委会主委马光瑜参加活动，中央办公厅主任游宏炳、研究室负责人石光、宣传部副部长杨晓波、研究室原主任姜天麟，广东省委会副主委刘启德、秘书长龙建平等参加活动。丘哲、黄琪翔、彭泽民亲属参加相关活动。

10 月 20 日，刘晓峰一行先后到位于梅州市梅县区松口镇大黄村的丘哲纪念馆（由丘哲故居“喆庐”建成）、位于水车镇先锋村的黄琪翔、郭秀仪夫妇故居“仪园”、纪念馆“翔仪堂”，出席中国农工民主党党史、党员教育基地揭牌活动。刘晓峰在两个

挂牌仪式上分别讲话，回顾缅怀并高度评价了丘哲和黄琪翔、郭秀仪夫妇的功绩。刘晓峰希望，不断完善教育基地建设，充实教育内容，创新教育形式，让更多的农工党党员和群众认识、学习他们的爱国情操和不朽功绩，继承农工党前辈的优良传统，为中国特色社会主义事业，为中华民族的伟大复兴做出贡献。马光瑜指出，举行挂牌仪式，目的是充分发挥教育基地“存史、资政、团结、教育”的作用，继承和发扬农工党爱国革命优良传统，努力打造农工党各级组织及广大党员缅怀先烈、开展学习教育活动的园地和载体。

10 月 21 日，刘晓峰一行参观考察了位于惠州市惠阳区三栋镇鹿颈村的邓演达纪念园，并出席中国农工民主党党史、党员教育基地揭牌活动。刘晓峰缓步走到邓演达铜像前，代表农工党中央向铜像敬献花篮，全体人员三鞠躬，表达对邓演达的深切缅怀之情。在随后的揭牌仪式上，刘晓峰与中共广东省委常委、统战部长林雄，马光瑜，中共惠州市委书记、市人大常委会主任陈奕威共同揭牌。“农工林”是农工党各级组织及广大党员缅怀先烈、开展学习实践活动的园地和载体，刘晓峰等来到“农工林”，共同种下了一棵高大的木棉树。刘晓峰还参观了邓演达故居，并走进邓演达陈列馆，仔细查看展出的图片、文字资料和实物，详细了解邓演达的生平、历史功绩等情况。农工党广东省委会副主委、惠州市委会主委刘冠贤等陪同活动。

10 月 22 日，刘晓峰一行赴肇庆市四会市白沙村，出席彭泽民故居重修和纪念室落成揭幕仪式暨中国农工民主党党史、党员教育基地揭牌活动。刘晓峰在揭幕仪式上表示，要教育和引导全体农工党员和所联系的广大群众，继承彭老的遗志，发扬爱国主义精神，为实现祖国统一和振兴中华的伟大事业而努力奋斗。彭泽民后人将彭泽民先生的遗物、证件、照片、书信、题字、报告、讲话稿以及相关的报刊杂志等文物 100 多件捐献给纪念室收藏。马光瑜，广东省委统战部副部长唐晓萍，当地中共党委、政府领导，农工党广东省委会副主委、肇庆市委会主委李力强等参加了当天的活动。

举行系列揭牌活动前，刘晓峰对揭阳进行了考察，听取农工党揭阳市委会主委巫奕琦的工作汇报，并实地了解揭阳的特色产业发展情况。

7. 邓演达烈士殉难处扩建工程竣工暨农工党中央党史教育基地揭牌仪式

2014 年，农工党对位于南京麒麟门外沙子岗的“邓演达烈士殉难处”，继 2001 年修缮后，进行历史上第二次修缮并扩建。经农工党中央批准，“邓演达烈士殉难处”正式列为中国农工民主党党史教育基地。12 月 2 日，农工党中央、江苏省委会、南京市委会共同举办邓演达烈士殉难处扩建工程竣工暨农工党中央党史教育基地揭牌仪式，中央常务副主席刘晓峰出席并讲话，江苏省政协副主席、中共江苏省委统战部部长罗一民出席仪式，中央副主席杨震出席并主持仪式，中央副主席龚建明，江苏省政协副主席、农工党江苏省委会主委周健民出席仪式。刘晓峰、罗一民共同为“中国农工民主党中央党史教育基地”揭牌。刘晓峰在讲话中，追忆了邓演达烈士的革命事迹，评价了邓演达烈士的历史功绩。刘晓峰号召全体农工党员继承农工党先烈的爱国主义精神，发扬与中国共产党风雨同舟的光荣传统，坚持中国共产党的领导，紧密团结在以习近平为总书记的中共中央周围，坚定不移地走中国特色社会主义道路，为全面建成小康社会贡献智慧和力量。中央宣传部部长石光树、副部长杨晓波，研究室副主任石光，农工党江苏省委会、浙江省委会、重庆市委会、南京市委会的有关领导，殉难处所在营地的军队代表，扩建工程设计者和施工方代表，以及党员代表等近 100 人参加仪式。

8. 农工党中央机关旧址陈列馆开馆仪式

12 月 8 日，中国农工民主党中央机关旧址陈列馆开馆仪式在重庆举行，中央主席陈竺出席开馆仪式并讲话。重庆市领导张轩、刘光磊，四川省政协副主席、农工党四川省委会主委王正荣等出席开馆仪式。重庆市人大常委会副主任、农工党重庆市委会主委杜黎明主持开馆仪式。陈竺指出，农工党中央积极推进旧址陈列馆建设，旨在通过历史展示，追思历史、仰慕先贤，薪火相传、共创未来。这充分表明农工党十分珍视自身在抗战时期经受血与火考验、坚持为民族独立而斗争的光荣历史，十分珍视前辈们与中国共产党亲密合作、团结奋斗的优良传统，十分珍视中国共产党与各民主党派在真诚合作、患难与共中形成的中国特色政党制度这来之不易的政治智慧成果。陈竺要求，农工党中央机关旧址陈列馆，要面向农工党各级组织和广大党员以及统一战线成员，开展好统一战线传统教育、农工党党史教育；要结合农工党在中国共产党的影响、推动、帮助和领导下，随着中国革命和建设的发展而不断前进的光荣历史，团结、教育、引导农工党人坚定共同思想政治信念。

1938 年 9 月，中华民族解放行动委员会（中国农工民主党前身，简称“解委会”）中央机关迁至重庆李子坝半山新村 3 号（今渝中区嘉陵新路 55 号），这是最早在重庆设立的民主党派中央机构，至 1946 年 5 月从重庆迁至上海，解委会中央机关在此办公长达 7 年又 8 个月。期间，中共领导人周恩来、董必武等曾来此共商国是。同时，半山新村 3 号还是当时在重庆的党外人士活动中心之一。

农工党中央机关旧址复建工作于 2013 年 7 月启动，中共重庆市委和市政府拨款 2000 余万元用于工程建设。陈列馆建成后，馆名确定为“中国农工民主党中央机关旧址（1938.9—1946.5）陈列馆”，陈竺亲笔题写馆名。经农工党中央主席办公会议研究同意，将中央机关旧址陈列馆列为“中国农工民主党党史教育基地”。中共重庆市委统战部也将陈列馆列为重庆市统一战线教育基地。

应邀参加开馆仪式的有抗战时期解委会中央领导人章伯钧、黄琪翔、丘哲的亲属代表章诒学、黄向明、丘浩章等。农工党中央参政议政部部长隋路、研究室副主任石光，农工党重庆、上海、江苏、福建、广东、四川等省（市）委员会，以及红岩联线的代表等 100 余人参加了开馆仪式。

（二）理论工作

2014 年，农工党创新理论研究机制，实行重大理论研究课题招标制度。中央组织专家委员会严格评审，从 25 份课题申报书中遴选出 4 篇中标申请书。实践证明，实行重大课题招标是行之有效的创新举措，能有效提升理论研究的实效性和质量，激发党员理论研究的积极性。此外，还召开工作会议，确定理论研究点的研究方向和重点；成立参政党理论研究北京点，扩大了理论研究平台。

1. 农工党理论研究点工作会议

4月26日至27日，农工党理论研究点工作会议在四川眉山举行，中央常务副主席刘晓峰作了《充分发挥理论研究点作用 切实加强中国特色社会主义参政党理论建设》的书面讲话，四川省政协副主席、农工党四川省委会主委王正荣出席会议，中央研究室主任姜天麟主持会议、组织部副部长杨晓波参加会议。眉山市领导刘十庆、黄玉蓉应邀到会。刘晓峰指出，中国特色社会主义是中国共产党同各民主党派和无党派人士团结合作的共同思想政治基础，也是参政党理论建设的根本政治方向。刘晓峰强调，农工党作为中国特色社会主义参政党必须加强理论建设，只有在理论上解决了建设怎样的参政党和怎样建设参政党的基本问题，才能在思想上更清醒，更好地坚持和发展中国特色社会主义。与会同志围绕如何起草理论点理论研究中长期规划、修改2004年制定的《中国农工民主党中央关于加强参政党理论建设的意见》、编写《参政党基础理论知识问答》一书的提纲以及理论研究点各自的研究方向进行深入研讨。农工党7个理论研究点及北京、天津、辽宁省级组织负责理论研究的有关同志，以及农工党眉山总支部分同志30余人参加会议。

2. 农工党参政党理论研究特邀研究员授证仪式暨课题标书初审会

为了整合理论研究资源，借助科研院所专家的力量，进一步推动理论研究向纵深开展。5月12日，农工党中央在北京召开参政党理论研究特邀研究员授证仪式暨课题标书初审会，中央常务副主席刘晓峰出席会议并讲话。中央研究室主任姜天麟、组织部副部长杨晓波出席会议。农工党中央特聘请张献生、袁廷华、周淑真、李金河、郑宪、谢峰、孙瑞华7位参政党理论研究专家担任农工党中央参政党理论研究特邀研究员，刘晓峰向特邀研究员颁发了聘书。与会专家经过研讨，最后确定了中标课题。

3. 农工党全国理论骨干培训班

7月14日至19日，农工党全国理论骨干培训班在浙江省社会主义学院举办。农工党中央研究室主任姜天麟作开班动员讲话，浙江省委会副主委陈琪致辞，中央研究室副主任石光出席开班式。浙江省社会主义学院副院长赵向前主持开班式。姜天麟要求各级组织要进一步做好参政党理论研究工作，强调各级组织负责人要充分认识理论研究的重要性，进一步形成领导高度重视、理论研究骨干队伍人数多素质高、重视学习交流研讨、全面做好理论研究工作的良好局面。训班期间，中央社院副院长袁廷华讲授了《关于社会主义协商民主的几个问题》、《如何写好理论文章》；浙江大学教授、博导段治文讲授了《十八届三中全会与全面深化改革》；浙江社院副研究员、博士黄天柱讲授了《关于参政党理论研究若干问题的思考》；浙江省委统战部副巡视员兼研究室主任杨卫敏讲授了《中国特色政党制度的优势及对世界的贡献》等报告，给学员们很多思考和启迪。来自农工党28个省级组织及中央机关的理论研究骨干80余人参加培训。

4. 农工党中央召开理论研究专著出版座谈会暨首发式

9月12日，农工党《"同心理论"与参政党建设研究》、《协商民主理论与实践研究》、《参政党建设科学化问题研究》三本理论研究专著的出版座谈会暨首发式在京召开。三本著作是由农工党江苏、安徽、四川参政党理论研究点承担的农工党中央重大理论研究课题的成果。中央副主席兼秘书长何维出席会议并讲话。何维在回顾了近年来农工党理论研究的工作情况后指出，农工党理论研究要在坚定中国共产党领导的政治立场下，在多党合作制度框架内，服务于坚持和发展中国特色社会主义学习实践活动。农工党理论研究既要遵循目标导向，又要遵循问题导向；既要确定重点任务，又要确定任务完成的路径；既要有理论高度，又要指导我们参政议政的具体工作。参政党理论研究要有开放性的思维，不仅要和高校科研院所合作搞研究，也要参与国家社科基金的招标课题，也要和西方学者共同研究我们多党合作制度的优越性以及对世界政治文明的贡献。中共中央统战部副秘书长、干部局局长张献生到会讲话。四川省政协副主席、农工党四川省委会主委王正荣，中共中央统战部一局副局长易玉娟，中国人民政协理论研究会副秘书长吴晓光，中央社会主义学院政党研究中心副主任李金河，国家行政学院出版社总编乔兵等参加座谈会。各兄弟党派中央研究室、宣传部、组织部负责同志，各高校研究机构的特邀研究员，农工党江苏、安徽、四川理论点的领导同志以及三本专著的作者代表等40余人出席座谈会。

5. 农工党参政党理论研究北京点授证仪式

12月4日，农工党参政党理论研究北京点授证仪式在北京召开，中央常务副主席刘晓峰出席仪式，并向农工党北京市委会授证。北京点是农工党中央批准授予的第8个参政党理论研究点。受刘晓峰委托，中央秘书长兼组织部部长曲凤宏讲话，就农工党参政党理论研究工作提出三点意见：一是参政党理论研究要适应新形势、新要求。从目前的情况看，参政党面临着思想理论准备不足、政治领域参政议政优势发挥不够、自身建设亟需加强等突出问题。二是参政党理论研究要紧紧抓住重点。一要研究建立参政党自身的理论体系；二要研究参政党如何在政治领域充分发挥作用；三要研究参政党如何参与国家治理现代化；四要研究如何依规治党、加强自身建设。三是搞好参政党理论建设要坚定信念、创新方法。一是必须坚持正确的政治立场；二是坚持解放思想、实事求是、独立思考，善于吸取人类一切政治文明成果；三是培养战略思维、辩证思维、创新思维、底线思维；四是抓好理论研究点机制建设。国家中医药管理局副局长、农工党北京市委会主委于文明代表市委会做工作汇报。中央办公厅主任游宏炳，宣传部部长石光树、副部长杨晓波，研究室副主任石光等出席授证仪式。农工党北京市委会副主委兼秘书长刘迎主持授证仪式。

六、专委会及对台联络工作

（一）专委会工作

规范制度，夯实基础。中央各专委会按照《中央专门工作委员会工作条例》积极开展工作，总结专委会成立以来的经验，制定并完善了各专委会的活动细则，明确职责，分清任务，充分调动全体委员的积极性，共同参与到专委会的工作中。农工党中央办公厅为了进一步做好对各专委会的组织、协调和服务工作，分别制定了《联络处服务中央专门工作委员会工作程序（试行）》和《中国农工民主党第十五届中央专门工作委员会<工作简报>编辑办法（试行）》，全力以赴保障专委会工作顺利运行，做好中央有关会议、文件精神的及时传达。

重视学习，团结力量。各专委会召开全体委员会议，将学习领会中共中央和农工党中央有关会议、文件精神放在首位，通过认真学习，严格执行各项要求，加强自身建设，团结委员，形成合力，全面开展专委会工作。

立足特色，发挥优势。各专委会按照中央要求，结合自身界别特点，积极开展工作。医卫委以“上医行动”为中心，重点围绕农工党中央“助力渭南行动”开展工作；药学委以“神农行动”为中心，将探索创新药研制有关课题研究作为重点；人资委重点开展人口领域的调研，主办“人口与城市发展”学术论坛；生态委探索与地方专委会组织的纵向联系，积极促进环保领域专家形成合力，跟踪灰霾污染防治工作，协助中央领导在国际权威刊物发表文章以宣传我国政府治理大气污染的决心和行动，参与《环境保护法》和《大气污染防治法》修订工作；经济委加强自身建设，推动委员立足自身研究领域提供智力支持；教育委配合中央参政议政课题开展工作；科技委发挥资源优势，重点做好科技帮扶的工作；文体委加强与地方组织的合作，积极组织活动；社法委突出专业优势，为农工党中央的重大法制课题研究提供基本素材；联络委突出自身特点，重点开展对台联络工作；妇女委重点关注妇女儿童健康领域课题研究。

此外，专委会举行的部分会议和活动有：

1月3日，由农工党中央医疗卫生工作委员会主办的“进一步推动在公共场所禁烟座谈会”在京召开，中央医卫委主任、著名肿瘤临床专家顾晋出席会议并发言。与会人员就如何进一步贯彻执行《通知》、做好公共场所控烟工作建言献策。

5月12日至13日，农工党中央教育工作委员会全体委员会议在武汉大学召开，农工党中央副主席陈述涛出席并讲话，中央教育委主任杨关林主持会议。会议就“深化产教融合、校企合作，加快现代职业教育体系建设”专题进行协商讨论，特别是对“关于依托高校加强医药卫生人员职业教育体系建设的思考与建议”进行了认真研讨，提出了许多真知灼见。

7月4日，农工党中央首次生态环境参政议政交流会在南京召开，中央副主席龚建明出席并讲话。龚建明指出，要扛好“美丽中国”这面大旗、唱好“美丽中国”这首赞歌，积极探索工作机制，变“要我参政议政”为“我要参政议政”，在生态环境方面的组织发展要有新突破，在生态环境方面的参政议政要有新起色。江苏省政协副主席、农工党江苏省委会主委周健民致欢迎词，中央生态环境委主任王金南主持会议，中央组织部部长曲凤宏讲话，中央生态环境工作委员会委员、各省级组织代表，以及特邀专家50余人参加会议。

12月18日，农工党中央专委会主任联席会在京召开，中央主席陈竺、副主席何维出席并讲话，中央秘书长兼组织部部长曲凤宏主持会议。陈竺在讲话中进一步明确了农工党中央专委会的定位，对本届专委会成立以来的工作成果给予肯定，并希望中央各专委会再接再厉，围绕农工党中央的工作重点，做出新成绩。同时，责成中央机关各部门就进一步加强对专委会工作的支持。何维在讲话中回顾了本届专委会成立以来的工作成果，就农工党中央2015年的重点工作向各专委会做了部署。中央医疗卫生工作委员会主任顾晋、生物技术与药学工作委员会主任蒋建东、人口与资源工作委员会主任云治厚、生态环境工作委员会主任王金南、经济金融工作委员会主任王建沂、教育工作委员会主任杨关林、科技工作委员会主任苏钢强、文化体育工作委员会主任张新建、社会与法制工作委员会主任余明永、联络工作委员会主任黄泰康、妇女工作委员会主任孙晓梅出席并发言。中央办公厅主任隋路、参政议政部副部长王素芳参加会议。

（二）对台联络工作

应台湾医疗品质促进联盟邀请，8 月 19 日至 24 日，由农工党中央副主席何维率参访团以中国初级卫生保健基金会名义赴台湾参访，参访团利用 6 天时间，参访了 9 家单位，参加了 12 场座谈、联谊活动。考察团在台湾参访期间受到了热情的接待，开展了调研考察、与有关社团和人士交流联谊等活动。农工党福建省委会以福建省中医药研究促进会名义举办“第十一届海峡两岸中医药学术交流大会”，农工党中央以此活动为契机，邀请台湾方面 15 个专业社团、150 余人联谊餐叙，介绍大陆有关情况，进一步巩固和拓宽联络工作的渠道，并建立了长期沟通与交流的初步工作机制。

由农工党中央医卫委发起，医卫委和联络委作为支持单位，医卫委副主任支修益作为执行主席举办了“首届海峡两岸控烟与肺癌防治研讨会”，农工党中央主席陈竺以中华医学会会长身份向大会致辞，同时何鲁丽以中国癌症基金会主席身份出席大会，王金平以财团法人台湾癌症基金会理事长身份向大会致辞，两岸近 200 位专家出席了会议，70 余家媒体做了相应报道。

发挥农工党专家优势，做好台湾在大陆就读学生的联谊工作。组织开展“两岸学生走访名医名家交流活动”，为两岸学生进一步了解大陆经济社会发展情况和中华文化提供平台，陕西、宁波、福建等地方也开展了活动；召开了部分省市联络工作座谈会，推动省级组织开展联络工作；中央联络委牵头，联合省级组织，举办邀请台湾在大陆就读学生参加的传统活动——“中秋联谊活动”。

七、自身建设

2014 年，农工党以研究实施“人才强党”战略为主题，继续深入贯彻落实中共全国组织工作会议精神，大力开展各级组织建设、人才队伍建设和党内监督工作，切实提高履行职能的科学化水平。

（一）强化顶层设计，深入研究人才强党战略内涵

为了摸清全国组织建设的基本情况，要求各省级组织对各级组织和党员的基本情况、代表人士队伍建设情况、基层组织建设情况和党内监督工作开展情况等进行摸底。2 月 24 日至 27 日，在江苏苏州召开农工党省级组织部长工作会议，中央组织部部长曲凤宏出席并讲话，总结近年来省级组织建设工作的经验，研讨组织工作中存在的问题，并结合国家大政方针和民主党派自身建设新精神，进一步明确工作思路，为制定“人才强党”战略的具体措施打好基础。在此基础上，全面总结农工党十五大以来组织建设情况，总结组织建设的经验，提出实施“人才强党”战略，推进组织建设的规划措施，并在农工党十五届七次中常会上进行集体学习和专题研讨，统一了对“人才强党”

战略的认识，明确了人才工作的方向，对农工党未来一段时期的组织工作具有较强的指导意义。

为了使“人才强党”战略落到实处，根据中共十八大精神和农工党十五大精神，修订了《中国农工民主党基层组织工作条例》、《中国农工民主党组织发展工作规程》，制定了《关于做好2014—2017年省级组织领导班子后备干部队伍建设工作的意见》、《农工党中央机关接收挂职锻炼干部管理办法（试行）》，分别于农工党十五届五次中常会和2014年第5次中央主席办公会议审议通过。这些文件的出台，进一步明确了组织发展的方针、政策，规范了基层组织工作的有关程序，有利于规范组织发展，培养锻炼党员骨干，以及提升专职党务工作者能力，促进全党组织工作更加制度化、规范化、程序化。

（二）把握关键环节，加强代表人士队伍建设

2014年，各级组织党员发展平稳有序，并着重发展了一批高质量、高层次的党员，其中包括中组部千人计划专家、国家杰出青年基金获得者等具有较强影响力的高层次代表人士。在党员培养教育方面：一方面，继续坚持质量第一、效果为重的原则，加大培训力度，农工党中央分类别分重点举办了7个培训班，全年培训党员300余人。此外，推荐一批党员参加中央统战部和中央社院举办的培训班。另一方面，开创性地与中国社会科学院研究生院签订《关于共同推动人才联合培养战略合作的框架协议》，开展医药卫生、人口资源环境领域等重点学科学历教育的合作，探索一条新的高层次党外人才培养途径。

1. 举办系列党员培养班

农工党专职领导干部培训班。4月15至17日，农工党专职领导干部培训班在浙江富阳干部培训基地举办，中央常务副主席刘晓峰出席并做开班报告，浙江省政协副主席、浙江省委会主委姚克出席并致辞，中央组织部部长曲凤宏主持开班式。刘晓峰指出，专职副主委是民主党派各级组织领导班子的重要成员，是主委的重要参谋和主要助手，是本级组织日常工作的主持者，在全党工作格局中处于承上启下的重要位置，责任重大。刘晓峰强调，农工党的专职领导干部，首先要学习党史，继承传统，增进政治共识。目前，全党正在开展坚持和发展中国特色社会主义学习实践活动，作为农工党省级组织和副省级市组织的专职副主委，都是这次学习实践活动的重点。其次要全面把握深化改革的最新精神，认清改革的方向和着力点，突出农工党自身的特色和优势，在参与和推进深化医药卫生体制改革、加快医药卫生立法、建设生态文明等方面，深入调查研究，积极建睿智之言，献务实之策，为全面深化改革贡献智慧和力量。第三要实施“人才强党”战略，全面加强自身建设，助推农工党发展。专职副主委要内强素质，外塑形象，做一名合格的专职领导干部。刘晓峰特别强调，要加强组织纪律性，坚持民主集中制、下级服从上级，全党服从中央，加强党内团结，遵守纪律。刘晓峰还传达了陈竺主席在2014年第3次主席办公会议上的讲话精神。富通集团董事局主席、中央经济金融委主任王建沂出席并致辞。中央研究室主任姜天麟、组织部副部长杨晓波，杭州市委会主委周智林等出席开班式。来自全国27个省级组织、12个副省级城市的40余名专职领导干部参加培训。

农工党中西部骨干党员研讨班（第二期）。4月22日至26日，农工党中西部骨干党员研讨班（第二期）在中央机关举办，中央常务副主席刘晓峰、副主席兼秘书长何维与研讨班学员合影留念,何维出席开班式并讲话。何维指出,农工党“人才强党”战略与“人才强国”口号相呼应，是贯彻落实中发〔2012〕4号文件、不断加强农工党代表人士队伍建设的重要举措。中西部地区具备一定的政策和环境优势，发展潜力较大，是农工党“人才强党”战略实施的重要组成部分。何维希望各位学员以这次培训为契机，加强互动交流，注重理论学习与实践相结合，通过不断学习提升党性修养，真正做到学有所成，并推动本职工作、党务工作和社会工作水平的共同提高。中央组织部部长曲凤宏主持开班式，巡视员杨小娟出席开班式。研讨班期间，中央办公厅主任游宏炳、组织部部长曲凤宏、宣传部部长石光树、社会服务部部长刘峻杰、参政议政部副部长姚秀元、研究室主任姜天麟与研讨班学员座谈。研讨班还举办了学员论坛。

农工党政府和司法机关厅局级实职干部培训班。5月15日至21日，农工党政府和司法机关厅局级实职干部培训班在浙江富阳干部培训基地举办，中央常务副主席刘晓峰出席并做开班报告，中央副主席龚建明出席并作了《走中国特色社会主义大道》的报告，中央组织部部长曲凤宏主持开班式。刘晓峰指出，实职干部队伍建设是代表人士队伍建设的重要内容，也是农工党人才强党战略的重要组成部分。刘晓峰要求实职干部，首先要坚定理想信念，坚持和发展中国特色社会主义，进一步增强对中国特色社会主义的道路自信、理论自信、制度自信。其次要把握全面深化改革的内涵，在政府和司法机关担任实职的领导干部，要紧紧围绕全面深化改革的重大问题进行深入调查研究，把智慧和力量凝聚到理解改革、支持改革、参与改革上来，为实现全面深化改革的目标营造良好社会环境。刘晓峰提出，要加强作风建设，自觉贯彻“三严三实”要求，发扬钉钉子精神，强化为民务实清廉的价值追求，建立长效机制，打造一支为民务实清廉的高素质党外实职干部队伍。龚建明在报告中介绍了正在开展的坚持和发展中国特色社会主义学习实践活动。培训班还邀请农工党中央监督委员会委员、国务院国资委纪委驻委监察局监察员黄宝荣结合案例做关于党风廉政教育的报告。农工党浙江省委副主委陆国钦，富通集团董事局主席、中央经济金融委主任王建沂出席开班式并致辞。中央组织部副部长杨晓波、杭州市委主委周智林出席开班式。50余名政府和司法机关厅局级实职干部参加培训。

农工党中青年党员培训班（青海）。6月，在青海举办中青年党员培训班，主要培训基层组织负责人。培训目的是为基层组织搭建交流学习的平台，研讨如何做好组织发展、加强基层组织建设的问题，推动基层工作制度化、规范化和程序化。

农工党中央专委会主任、副主任培训班。9月3日至7日，农工党中央专委会主任、副主任培训班在浙江富阳干部培训基地举办，中央常务副主席刘晓峰出席并做开班报告，中央副主席兼秘书长何维出席并作了《履行职责，发挥优势，为农工党工作提供强大智力支撑》的专题报告，中央组织部部长曲凤宏主持开班式。刘晓峰在报告中回顾了本届专委会的产生过程，对专委会的基本情况进行通报，并总结了专委会各项创新性工作机制。刘晓峰提出，专委会主任、副主任要认真学习，拓宽知识面，提高综合运用各种知识分析问题、解决问题的能力，要做到有政治家的眼光、有科学家的素质、有文学家的才华、有经济学家的头脑。何维在专题报告中对专委会工作提出建议，希望专委会研究重大问题，形成高水平政策建议；创新调研模式，形成有份量、现实与长远影响力的研究报告；重视社情民意信息编报；开展中国特色社会主义协商民主、民主监督理论研；开展特色社会服务活动；促进国家统一，民族团结；创新工作机制；实现专委会工作五年目标。浙江省政协副主席、浙江省委会主委姚克，富通集团董事局主席、中央经济金融委主任王建沂出席并致辞。中央办公厅主任游宏炳、宣传部部长石光树、社会服务部部长刘峻杰、参政议政部部长隋路、研究室原主任姜天麟等出席培训班，并介绍了中央各部门的情况以及希望与专委会合作开展的工作内容。各专委会主任通报了各专委会的工作，并希望得到中央及各部门支持。中央组织部副部长杨晓波、杭州市委会主委周智林出席开班式。来自农工党中央专委会的60余名主任、副主任参加培训。

农工党中青年党员培训班（杭州）。9月，与宣传部联合在浙江富阳干部培训基地举办中青年党员培训班，主要培训“中国梦·农工情”演讲比赛总决赛的参赛选手。

农工党中西部骨干党员研讨班（第三期）。11月17日，农工党中西部骨干党员研讨班（第三期）开班式在中央机关举办，中央副主席龚建明出席并讲话。龚建明指出，中西部骨干研讨班是在陈竺主席等中央领导同志的重视下，于2013年底开始举办的，是中央区域性加强党员干部队伍建设的积极尝试，必将为中西部特别是西部地区的农工党干部队伍建设和参政履职水平的提升发挥作用，从而进一步推动地方经济社会和多党合作事业发展。龚建明要求，一要认真学习领会中共十八届四中全会精神，为全面推进依法治国作贡献；二要认真贯彻农工党十五届七次中常会精神，实施人才强党战略；三要学习党史、用好党章、了解党情，为农工党的发展献计出力；四要珍惜机会、加强交流，确保研讨取得实效。龚建明希望，大家在培训中态度认真，学有所成；加强联系交流；进一步解放思想，创新工作思路。来自中西部地区的近40名骨干党员参加培训。

此外，中央还推荐党员参加各类培训班。2014年，按照中共中央统战部及中央社会主义的培训计划，推荐一批党员参加了第31期、32期民主党派干部进修班和培训班，第86期党外领导干部出国研修班的学习，共计40余人。

2. 与中国社科院研究生院开展关于共同推动人才联合培养战略合作

为培养一批既懂专业、又懂管理，具有较强战略眼光的复合型人才，经与中国社会科学院研究生院协商，双方决定进行共同推进人才联合培养的战略合作。10月26日，《中国农工民主党中央委员会与中国社会科学院研究生院关于共同推进人才联合培养战略合作的框架协议》签署仪式在京举行。全国人大常委会副委员长、农工党中央主席陈竺出席并讲话，全国政协副主席、农工党中央常务副主席刘晓峰出席，中国社会科学院院长、党组书记王伟光出席并讲话。

陈竺在讲话中指出，《框架协议》的签署是深入贯彻落实中共十八大精神和十八届三中、四中全会精神和《国家中长期人才发展纲要》的重大举措，也是我国民主党派首次与中国社会科学院联合办学，共同进行人才培养和学科建设的有益尝试，必将对双方今后的长远发展产生重要影响。陈竺指出，双方在人才培养和学科建设方面进行深层次合作，可谓意义重大，能够实现资源共享、优势互补，促进新型管理学体系的创新与建设，为推进新型社会管理体系提供人才支撑。陈竺强调，战略合作框架协议的签署，标志着农工党中央和中国社科院合作的开始。农工党中央将全力支持中国社会科学院开展相关学科建设，尤其是交叉学科的建设。同时，以签约为契机，将社会科学研究工作与民主党派中心工作相结合，探索民主党派与高水平社会科学研究机构长期合作的工作机制，开创出一条培养高层次党外人才的新途径。

农工党中央副主席兼秘书长、法人代表何维代表农工党中央，中国社科院研究生院院长、法人代表黄晓勇代表中国社科院研究生院签署了《中国农工民主党中央委员会和中国社会科学院研究生院关于共同推进人才培养战略合作协议框架》。中国社科院副院长、党组成员张江，中国社科院秘书长、党组成员高翔，农工党中央机关各部门负责人，中国社科院有关部门负责人共20余人出席签约仪式。农工党中央办公厅主任游宏炳主持签约仪式。

根据框架协议内容，战略合作以医药卫生、人口资源环境领域管理专业人才培养和学科建设为重点，开展合作办学，实现资源共享、优势互补，促进新型管理学体系创新与建设，为推进新型社会管理体系提供人才支撑，同时探索民主党派与高等院校合作开展学历教育，开创一条新的高层次党外人才培养途径。

（三）扎实做好基础工作，积极营造选人用人的良好环境。

做好党员资料的收集整理、更新管理及专项报送工作。定期更新代表人士基本情况表，完成中央委员和省委班子成员信息的审核，以及包括中央主席、副主席，省级组织主委、专职副主委、秘书长，地市级及县级组织主委，中央机关秘书长及部门负责人在内的领导班子成员及家人有关情况的专项统计，为领导进行相关决策提供基础材料。

严格标准，规范程序，做好推荐工作。完成最高人民法院特约监督员、中国肝炎防治基金会第四届理事长、中国人民政协理论研究会第二届理事会理事和常务理事、中华中医药学会第六届理事会理事、中国和平统一促进会理事会理事和常务理事、中国国际交流协会理事会理事、全国民族团结进步模范个人、参加全国人大成立60周年庆祝大会农工党代表的推荐，并推荐一些党员担任所在单位的实职领导岗位。在中央的大力推动下，代表人士安排使用得到加强，农工党党员担任国家部委副部级领导职务实现突破。

做好党员联络服务工作。积极做好党员到中央机关学习教育的支持配合工作，先后接待农工党广西区委会坚持和发展中国特色社会主义专题研讨班赴中央机关现场教学，农工党浙江省委会在中央社院学习班、农工党湖南省委会在中央社院学习班学员来机关参观学习，以及民主党派进修班和培训班的学员来机关座谈等。

（四）夯实基础，加强地方组织和基层组织建设

强调基础，加强基层组织建设。为建设有活力的基层组织，通过到各省直接参加基层支部活动，向基层组织和党员了解基层组织工作的情况、面临的问题、存在的困难，总结、吸收各级地方组织在基层组织建设方面的经验，加大对基层组织工作的指导力度。

积极稳妥，推进地方组织建设。积极推动已纳入新建省辖市级组织规划的地方组织建立委员会，2014年新成立云南省丽江市委员会和黑龙江省大兴安岭地区委员会两个市级委员会，批复同意新建湖南省娄底市委员会和辽宁省本溪市委员会，并与有关部门协商研究下一步新建省辖市级组织规划。根据工作需要，完成辽宁等8个省级委员会的届中调整工作，新进副主委5名，常委6名，委员13名，加强了地方组织领导班子力量。

积极支持，推动各级组织之间横向交流。支持省级组织发起的片区工作交流会，继续推动副省级城市组织发起的工作联席会议。

（五）稳中求进，加强党内监督工作

今年，在中央监督委员会的指导下，10个省级组织新成立了监督委员会。截至年底，全国共有17个省级组织成立了监督委员会，进一步增强了党内监督工作基础。

1. 以省级组织领导班子建设调研为重点，探索加强制度监督的新途径

根据2014年工作计划，中央监督委员会的工作重点是进行监督工作调研和工作方式方法的探讨，在江苏、浙江、安徽、湖北、吉林、黑龙江等省开展多次工作调研。

5月5日至8日，农工党中央副主席、中央监督委员会副主任龚建明，中央组织部部长、中央监督委员会办公室主任曲凤宏一行，在安徽省就党内监督工作情况进行调研，并召开调研座谈会。在听取了农工党安徽省委会主委牛立文关于省委会近年来工作情况及成效的汇报后，龚建明对农工党安徽省委会近年来的工作成绩给予了充分肯定，对党内监督工作的重要性进行了阐述，同时对此次到安徽调研的相关情况做了说明。农工党安徽省委会副主委方才、储昭平、杨金龙等参加座谈。接着，调研组一行赴安庆、六安等地调研，并召开调研座谈会，听取了安庆市委会主委黄杰、六安市委会主委孙学龙关于党内监督情况的汇报。

7月22日至23日，中央副主席、中央监督委员会副主任龚建明，中央组织部部长、中央监督委员会办公室主任曲凤宏一行，在吉林省就农工党党内监督工作进行调研，并召开调研座谈会。在听取了农工党吉林省委会主委赵吉光关于党内监督工作的机构建设、工作进展等情况，以及近年来吉林省委会在自身建设和参政议政方面工作成效的汇报后，龚建明强调，要继续加强党内监督工作，强化党内监督意识和主动参与意识，拓宽党员表达意见、参与监督的渠道，维护和提升党员的主体地位，激发党员的参与激情，推动党内监督工作取得实效。

7月24日至26日，中央副主席、中央监督委员会副主任龚建明，中央组织部长曲凤宏一行，在黑龙江就党内监督工作开展调研。中央副主席、黑龙江省委会主委陈述涛会见了龚建明一行，并就黑龙江及省委会相关情况与大家交流。在24日举行的党内监督工作座谈会上，调研组听取了黑龙江省委会副主委刘长青做的关于党内监督工作、组织工作的情况汇报，龚建明对党内监督工作的重要性进行了深刻阐述，要求从薪火相传、历史传承的高度去认识党内监督工作。

2. 进一步探索总结党内监督实践、完善党内监督工作机制

为总结近年来各级组织在加强自身建设方面的实践经验，发挥农工党员在党内监督工作中的作用，专门召开研讨会，就健全内部监督体系、理顺内部监督机制、发挥内部监督实效等问题进行探讨。

6月3日至6日，农工党党内监督工作研讨会在江苏苏州召开，中央副主席、中央

监督委员会副主任龚建明出席并讲话。中央组织部部长、中央监督委员会办公室主任曲凤宏主持会议。龚建明通报了2014年上半年中央监督委员会工作开展情况。龚建明指出，党内监督是一种正面推动为主的监督，以谈心会制度为抓手推动领导班子建设，各种监督方式、手段最终目应该是提高参政党建设水平。龚建明提出四点要求：一是监督工作要加强宣传力度；二是按照积极稳妥的原则有序推进党内监督；三是不断探索新的制度，以制度为依据开展监督工作；四是加强我党监督史的研究，理论研究要与工作实践相结合。中央监督委员会委员、省级监督委员会主任或副主任，以及特邀代表50余人参加研讨会。

3. 开展党内监督理论研究和宣传教育工作

为完善党内监督工作机制，加强党内监督理论研究，探索党内监督的新方法、新途径。2014年中央监督委员会在全党开展了党内监督理论研究征文活动，共收到76篇征文。很多文章就民主党派党内监督理论进行了研究探讨，很有深度和参考价值。经过专门组建的评委会评选，对优秀征文予以奖励。

（六）组织及成员概况

截至2014年12月底，农工党共有地方组织359个。其中，包括省级组织30个，地级组织280个，县级组织50个。基层组织6560个，其中基层委员会242个，总支546个，支部5660个。全年新加入成员6961人。成员总数141853人，其中女成员71284人。平均年龄51.7岁。离退休43996人。

成员界别分布为：医药卫生界80375人，百分比占56.7%；基础教育界11045人，占7.8%；高等教育界11043人，占7.8%；科学技术界7891人，占5.6%；政府司法机关7618人，占5.4%；新的社会阶层人士7005人，占4.8%；文化艺术界4209人，占3%；公有制经济界3649人，占2.5%；人口资源、生态环境界2765人，占1.9%；占党派机关1796人，占1.3%；出版传媒界489人，占0.4%；人大政协机关413人，占0.3%；社会团体300人，占0.2%；其他3216人，占2.3%。

担任各级人大代表的共有1991人。其中，全国人大常委会副委员长1人、人大常委7人、人大代表54人；省级人大常委会副主任5人、人大常委47人、人大代表281人；市地级人大常委会副主任35人、人大常委230人、人大代表859人；县级人大常委会副主任78人、人大常委270人、人大代表797人。

担任各级政协委员共有11386人，其中全国政协副主席1人、政协常委13人、政协委员87人；省级政协副主席17人、政协常委220人、政协委员885人；市地级政协副主席168人、政协常委1120人、政协委员4830人；县市区级政协副主席212人、政协常委1306人、政协委员5584人。

政府及司法机关中，担任省、市、自治区领导1人，中央司局级干部5人、地方厅局级干部54人、地方地市级干部52人，县处级干部754人。

成员学历情况为：大本以上学历占70.2%；中、高级职称占87%。担任中国科学院院士的共有8人。担任中国工程院院士的共有7人。

（七）机关工作

2014 年，农工党各级机关认真履行部门职责，切实增强服务意识，为履行好职能提供了有力保障，机关工作制度化、规范化、程序化进一步加强。各级机关工作人员认真履行岗位职责，讲学习、讲团结、讲奉献，服务参政议政和党务工作的能力进一步提高。

1. 农工党中央机关迎春联谊会

1 月 21 日，农工党中央机关举行迎春联谊会，中央主席陈竺出席联谊会并致新春贺辞，常务副主席刘晓峰、原常务副主席陈宗兴、副主席兼秘书长何维、副主席龚建明，以及中央机关全体工作人员和离退休干部职工等出席联谊会。

2. 农工党中央机关团支部纪念“五四”运动座谈会暨捐书活动

5 月 4 日，农工党中央机关团支部在中央机关召开纪念“五四”运动 95 周年座谈会暨向贫困地区学生捐书活动启动仪式，中央副主席兼秘书长何维出席并讲话，中央机关及所属事业单位青年干部职工 42 人参加座谈会。座谈会后，与会人员进行向贫困地区学生捐赠书籍活动启动仪式，此次捐书活动共捐得各类书籍 300 余本。

3. 农工党中央机关举办 2014 年公务员培训班

7 月 21 日至 23 日，农工党中央机关 2014 年公务员培训班在中央机关举行，中央副主席兼秘书长何维进行开班动员并做当代科技发展趋势的报告。培训班围绕“拓宽视野，丰富知识，进一步提高机关公务员履职能力和服务水平”主题，听取了有关专家做的关于宏观经济形势分析、医改政策走向、当代中国社会分层与阶层关系，以及管理沟通与协调等专题报告，并进行学习研讨。

4. 农工党中央与中国国家画院联合举办“美丽中国书画展”

9 月 23 日，为了庆祝中华人民共和国成立 65 周年，人民政协成立 65 周年，中国共产党领导的多党合作和政治协商制度确立 65 周年，由农工党中央与中国国家画院联合举办的《庆祝中华人民共和国成立 65 周年暨人民政协成立 65 周年——美丽中国书画展》在中央机关隆重开幕。中央主席陈竺、常务副主席刘晓峰，原主席桑国卫，原常务副主席李蒙、陈宗兴，副主席兼秘书长何维，民革中央副主席何丕洁、民盟中央副主席徐辉、民进中央副主席朱永新、致公党中央副主席杨邦杰、台盟中央副主席黄志贤、全国工商联副主席安七一，中央原副主席、中国初级卫生保健基金会理事长汪纪戎，中国美术家协会主席刘大为，著名艺术家言恭达、卢禹舜、范扬、韩卫国、于文江等出席开幕式。开幕式上，刘晓峰宣布《美丽中国书画展》开幕。何维、卢禹舜、中范扬分别在开幕式上致辞。此次书画展是农工党开展坚持和发展中国特色社会主义学习实践活动的一项重要内容。此次展出的 100 余件作品，题材广泛、立意新颖，格调高雅、寓意深刻，具有很高的艺术水准和鲜明的时代特征，表达了广大农工党员和艺术家们对祖国、人民的热爱，讴歌了农工党与中国共产党风雨同舟、亲密合作的优良传统，赞颂了中国共产党领导的多党合作和政治协商制度的巨大优越性。

5. 完成机关纸质档案整理与数字化项目有关工作

经过连续 24 个月的努力，农工党中央机关纸质档案整理与数字化项目通过了中央档案馆专家验收，于 2014 年 10 月正式完工。通过实施本项目，摸清了机关档案家底，库存档案总计 41 万页，库存党史资料总计 6 万页，便利了档案查阅，为今后机关档案工作打下了良好基础。

此外，农工党中央及地方组织机关党团组织、工会等在各自机关建设中也发挥了重要作用。

石光树　农工党中央宣传部部长
常云岐　农工党中央宣传部主任科员

中国致公党

2014年，致公党中央深入学习贯彻中共十八大、十八届三中、四中全会和习近平同志系列重要讲话精神，积极落实本党十四大提出的各项任务，以开展坚持和发展中国特色社会主义学习实践活动为主线，以服务全面深化改革为履职重点，切实改进工作作风，广泛凝聚全党智慧，各项工作取得可喜成绩，为促进改革开放、经济发展、社会稳定作出了积极贡献。

一、重要会议及活动

（一）中央委员会会议

12月2日，中国致公党第十四届中央委员会第三次全体会议在北京开幕。会议听取并审议了十四届中央常务委员会工作报告，对2015年工作进行全面部署。致公党中央主席万钢出席会议并代表十四届中央常务委员会作工作报告。

万钢指出，2014年是全面深化改革的第一年，也是完成“十二五”规划目标任务的关键一年。一年来，致公党中央深入学习贯彻中共十八大和习近平总书记系列重要讲话精神，以开展坚持和发展中国特色社会主义学习实践活动为主线，加强思想理论建设；以服务全面深化改革为履职重点，紧紧围绕关系经济社会健康发展、民主法治稳步建设等重大问题，深入开展调查研究，强化专委会建设；充分发挥“侨”“海”优势，做好港澳台侨人士团结联谊工作；整合资源优势，拓展扶贫帮困领域，扩大社会服务实效；继续实施“人才兴党”战略，全面加强组织建设，着力加强宣传和党内监督工作；凝聚全党智慧，切实改进工作作风，各项工作取得可喜成绩。

万钢强调，各级组织要将认真学习贯彻中共十八届四中全会精神，作为当前和今后一段时期内的重要政治任务，切实抓紧抓好。全体致公党员特别是各级领导干部，要认真学习《决定》等重要文件，准确把握我国经济社会发展的新要求，把思想和行动统一到中共中央的决策部署上来，为实现四中全会确立的全面推进依法治国目标任务作出应有贡献。

万钢提出，当前我国正处于全面建成小康社会的关键时期，前进道路上充满机遇与挑战。2015年，致公党各级组织要以致公党成立90周年为契机，认真总结致公党蓬勃发展的生动实践和宝贵经验，继续开展学习实践活动，引导全体致公党员始终不渝地坚持中国共产党的领导；要聚焦全面深化改革和推进依法治国，坚持问题导向，深入实际摸清真实情况，集合众智提出解决办法，不断提高参政履职实效；要围绕国家侨务大局，大力开展团结联谊工作，不断深化对外友好交往，精耕侨务资源；要优化和创新社会服务工作新渠道和新方式，以致福基金会为平台，挖掘、培育新品牌，扩大“致福工程”社会影响力；要夯实基层组织建设，抓好后备干部队伍建设，进一步做好党内监督工作；要不断创新体制机制，着力推进宣传工作、组织建设和机关建设。

会议审议通过了《中国致公党第十四届中央委员会第三次全体会议关于中央常务委员会工作报告的决议》。

与会人员听取全国政协社会和法制委员会副主任施芝鸿同志关于学习贯彻中共十八届四中全会精神的辅导报告。

会议期间，还举行了致公党中央组织工作会议、中央监督委员会第四次全体会议、专门委员会主任会议。

致公党中央常务副主席蒋作君，副主席王珣章、程津培、杨邦杰、严以新、黄格胜、曹小红、李卓彬、闫小培和中央委员及列席会议的代表 260 余人参加会议。

（二）中央常务委员会会议

1. 致公党第十四届中央常务委员会第六次全体会议

中国致公党第十四届中央常务委员会第六次会议 3 月 9 日在京召开。致公党中央主席万钢出席会议并讲话。

万钢在讲话中指出，在认真学习贯彻中共十八届三中全会精神开局之年召开的这次“两会”，对于全面深化改革，不断扩大开放，进一步推进中国特色社会主义伟大事业，具有重大意义。认真学习、深刻领会和切实贯彻“两会”精神，是致公党当前与今后一个时期的重要任务。各级组织和广大党员要认真研读“两会”有关文件，始终坚持改革意识、问题导向意识、创新意识和法治意识，全面提升“协商议政”的能力，大力提高“致力为公”的能力，继续提升“侨海报国”的能力，切实履行参政党职能。

万钢要求，各级组织和广大党员要认真学习传达俞正声同志在政协致公、无党派和侨联联组会上的重要讲话精神，充分发挥致公党的“侨”“海”特色与优势，及时了解和研究侨情，特别要注重研究新华人华侨包括留学人员的特点，及时分析和反映他们提出的新要求，在振兴中华和维护侨益上多做工作。同时，要继续高度重视留学人员工作，努力分析留学人员群体的新特点，找准致公党工作的切入点，更好地团结留学人员为国服务。

万钢强调，致公党各级组织和广大党员要结合“两会”关注的热点、焦点问题，及时完善 2014 年的工作思路，使各项工作更具有针对性和适用性；要扎实开展好坚持和发展中国特色社会主义学习实践活动，注重方式方法，力求实效；要紧紧围绕全面深化改革，精心组织调研工作，努力就国家经济社会发展中的重大问题建言献策；要树立正确的选人用人导向，坚持任人唯贤、公道正派、注重实绩的原则，切实做好后备干部队伍建设工作。

会议通报了《致公党中央 2014 年工作要点》，审议通过了《关于做好 2014–2017 年省级组织领导班子后备干部队伍建设工作的意见》和《致公党中央关于学习贯彻“两会”精神的决议》等文件。

致公党中央常务副主席蒋作君，副主席王珣章、程津培、杨邦杰、严以新、黄格胜、李卓彬、闫小培等中央常委出席会议，参加全国“两会”的致公党员中的人大代表、政协委员及中央机关局级干部列席了会议。

2. 致公党第十四届中央常务委员会第七次全体会议

中国致公党第十四届中央常务委员会第七次全体会议 7 月 15 日在郑州召开，会议主题是研究如何围绕我国对外开放战略积极建言献策。致公党中央主席万钢出席会议并讲话。

万钢指出，中共十八大以来，以习近平同志为总书记的中共中央准确把握世界格局演变和发展大势，在对外开放问题上提出了一系列新思想、新观点和新论断。学习领会好习近平总书记关于对外开放的战略思想，对于具有“侨”“海”特色的致公党更好地履行职能，具有重要的意义。他说，近年来，致公党始终坚持服务对外开放，特别是坚持以开放的眼光和宽阔的视野来建言献策、以参政党的优势来团结广大“侨”“海”人士、以海内海外平台和财力智力资源来促进发展、以服务创新创业来拓展党派工作领域等，拓宽和提升了致公党履行职能的领域和水平。

万钢要求，致公党各级组织和广大党员要充分认识当前复杂的国际形势给我国对外开放带来的新机遇和新挑战，充分发挥“侨”“海”特色和优势，针对开放中的新问题，推动问题导向的建言献策工作；发挥自身优势，提高为创新发展服务的能力；突出重点，促进侨务资源可持续发展，进一步推动涉侨工作；注重平台建设，推进对外经济、文化和科技交流。

中共河南省委常委、统战部部长史济春出席会议开幕式并致辞。

致公党中央常务副主席蒋作君，副主席王珣章、杨邦杰、严以新、李卓彬、闫小培等中央常委出席会议，中央监督委员会有关同志和中央机关部门负责人列席了会议。

3. 致公党第十四届中央常务委员会第八次全体会议

11 月 3 日，中国致公党第十四届中央常务委员会第八次全体会议在京召开。致公党中央主席万钢出席会议并讲话。

万钢指出，中共十八届四中全会是在我国全面建成小康社会的决定性阶段和全面深化改革的攻坚时期召开的一次十分重要会议，对于推进国家治理体系和治理能力现代化，全面建成小康社会，实现“两个一百年”的奋斗目标和中华民族伟大复兴的中国梦，具有重大的现实意义和深远的历史意义。中共十八届四中全会作出的《中共中央关于全面推进依法治国若干重大问题的决定》，明确了全面推进依法治国的总目标、重大任务，作出了一系列关于全面推进依法治国的新论断、新部署，深刻回答了在当今中国建设什么样的法治国家、怎样建设社会主义法治国家等一系列重大理论和实践问题，为坚持走中国特色社会主义法治道路提供了根本遵循，指明了前进方向。学习贯彻中共十八届四中全会精神，是致公党当前和今后一个时期的重大政治任务。

万钢强调，学习贯彻中共十八届四中全会精神，要根据全面推进依法治国的目标和任务，加强参政党建设，积极履行参政党职能。要围绕全面推进依法治国中的重大问题和人民群众普遍关心的现实问题、热点问题，深入调查研究，提出建设性、可操作性的意见和建议；要深化对全面推进依法治国重要性和必要性的认识，带头遵守宪法和法律，带动广大党员成为法治的忠实崇尚者、自觉遵守者、坚定捍卫者；要善于运用法治思维和法治方式想问题、作判断、出措施，努力以法治凝聚改革共识、规范发展行为、促进矛盾化解、保障社会和谐；要发挥党员中各级人大代表、政协委员在立法和民主监督中的作用，鼓励从事法律实施与监督、法制教育等方面工作的党员在本职岗位上尽心尽责，多作贡献；要立足“侨”“海”特色和优势，不断加强与海外侨胞、港澳台同胞和留学归国人员的联系，积极通过法律手段帮助他们解决工作和生活中的困难和问题，为全面深化改革凝聚人心、汇聚力量。

万钢要求，各级组织要周密部署，精心安排，组织党员认真学习贯彻中共十八届四中全会精神，深刻认识和领会全面推进依法治国的指导思想、目标任务、基本原则、政策措施，把学习四中全会精神同开展中国特色社会主义学习实践活动结合起来，进一步增强坚持中国共产党领导、走中国特色社会主义法治道路的坚定性和自觉性；把学习四中全会精神同致公党十四大提出的全面推进中国特色社会主义参政党建设结合起来，努力提高全体党员的法治意识和法治修养，切实把思想和行动统一到中共中央的决策和部署上来，把智慧和力量凝聚到中共十八届四中全会提出的任务和目标上来。

致公党中央常务副主席蒋作君在总结讲话时表示，走中国特色社会主义法治道路必须坚持中国共产党领导，才能代表最广大人民群众的根本利益。致公党各级组织和广大党员要深入学习贯彻中共十八届四中全会精神，发挥“侨”“海”特色和优势，充分发挥人大代表在立法、政协委员在建言献策以及党员本职工作等三个平台的作用，努力做到思想上体现法治精神，言行上体现法治文化。

会议审议通过了《致公党中央关于学习贯彻中共十八届四中全会精神的决议》。

致公党中央副主席王珣章、杨邦杰、严以新、黄格胜、李卓彬、闫小培及其他中央常委出席会议。中央监督委员会有关同志和中央机关局级干部列席会议。

4. 致公党第十四届中央常务委员会第九次全体会议

12 月 2 日，致公党第十四届中央常务委员会第九次全体会议在京召开。

会议进行了以下议程：（1）学习贯彻中共十八届四中全会精神；（2）审议通过《致公党十四届三中全会议程（草案）》；（3）审议通过《致公党十四届三中全会日程（草案）》；（4）审议通过《致公党十四届三中全会主持人建议名单》；（5）审议通过《中国致公党第十四届中央常务委员会工作报告（草案）》；（6）讨论通过《中国致公党第十四届中央委员会第三次全体会议关于中央常务委员会工作报告的决议（草案）》；（7）讨论通过《中国致公党中央委员会关于给予王苇跃党纪处分的决定（草案）》。

致公党中央主席万钢，常务副主席蒋作君，副主席王珣章、程津培、杨邦杰、严以新、曹小红、黄格胜、李卓彬、闫小培及其他中央常委出席会议。中央监督委员会有关同志和中央机关局级干部列席会议。

（三）监督委员会工作

1. 致公党党内监督工作研讨会

2014 年 5 月，为进一步推动党内监督工作，在海口市召开了致公党党内监督工作研讨会。致公党中央副主席、致公党中央监督委员会副主任杨邦杰出席会议。会议的主要内容包括：听取各地方组织关于本组织监督委员会工作开展情况的汇报，听取未成立监督委员会的各地方组织关于本组织监督委员会筹备工作情况的汇报及未来工作设想；研讨党内监督工作开展过程中的经验及存在问题；通报下半年中央监督委员会检查地方组织党内监督工作开展情况的方案。

2. 开展党内监督检查工作。

为进一步推动党内监督工作，落实 2013 年南京会议精神，中央监督委员会组织全党各地方组织对本组织的党内监督工作开展情况进行自查，并派出检查组对部分地方组织进行抽查。2014 年 9 月至 10 月，致公党中央常务副主席、致公党中央监督委员会主任蒋作君率队先后赴四川、山东检查党内监督工作开展情况。2014 年 11 月，致公党中央副主席、致公党中央监督委员会副主任杨邦杰带检查组赴浙江开展监督检查工作。

3. 致公党第十四届中央监督委员会第四次全体会议

12 月 2 日，在北京召开了第十四届中央监督委员会第四次全体会议。会议听取了致公党中央常务副主席、致公党中央监督委员会主任蒋作君所作的《致公党中央监督委员会 2014 年工作报告》；研究、部署了 2015 年中央监督委员会工作安排。会议由致公党中央副主席、中央监督委员会副主任杨邦杰主持。

（四）坚持和发展中国特色社会主义学习实践活动

2014 年，是致公党开展坚持和发展中国特色社会主义学习实践活动的开局之年。一年来全党上下强化理论学习，凝聚思想共识，把开展学习实践活动的内在要求体现在履行职能的具体行动中。

1. 坚持走基层、促学习

致公党中央确定了主席、常务副主席、副主席和中央机关各部门的联系点，一年来，所有主席和部门都对联系点进行了走访，现已将主席走基层活动列入日常工作，形成常态机制。调研组先后召开 20 余次座谈会，深入到基层支部中间，走到普通党员身边，就基层组织学习实践活动的着力点和有效途径进行交流座谈，了解体会、经验和做法。各地方组织也注重深入基层，通过召开座谈会和实地考察的形式，了解基层的需求，全面把握基层党员的思想动态。

6 月 17 日，致公党中央主席万钢赴上海调研学习实践活动，听取了上海市委会及各区委会学习实践活动情况汇报后发表重要讲话，并赴杨浦区新江湾文化中心考察致公党杨浦区委会以共建为抓手开展学习实践活动的情况。

2 月，致公党中央常务副主席蒋作君在与安徽省委会座谈，听取了关于学习实践活动开展情况的汇报，并就如何进一步开展好学习实践活动与安徽省委会负责同志进行了研究探讨。6 月 11 日，蒋作君在云南腾冲调研学习实践活动开展情况。

5 月 16 日，致公党中央副主席王珣章与致公党仲恺支部党员进行亲切座谈。

5 月 28 日，致公党中央副主席程津培在北京海淀调研学习实践活动开展情况，听取了北京市委会和海淀区委会开展学习实践活动的工作汇报，对各项工作给予了充分肯定，并以“如何增强三个自信”为主题进行了宣讲。

10 月 20 日至 24 日，致公党中央副主席杨邦杰率队赴四川调研学习实践活动的开展情况。杨邦杰一行与四川省致公党员进行了座谈，听取了致公党四川省委会、成都市委会及代表性支部和党员学习实践活动情况汇报，并赴雅安市考察灾后重建情况。杨邦杰表示，开展好学习实践活动活动，既要学习，也要实践，参政议政是“实践”的重要平台。

3 月 26 日、5 月 13 日、5 月 29 日，致公党中央副主席严以新分别在云南、江苏和天津调研学习实践活动开展情况，他希望各地特别要把学习贯彻习近平总书记系列重要讲话精神作为学习的重中之重，深刻领会和准确把握习总书记在国家发展各个方面提出的新思想、新观点、新论断、新要求。

4 月 24 日，致公党中央副主席黄格胜在南宁市委会举行报告会。他深入浅出地为大家讲授了中国特色社会主义政治道路上的“自信”与“责任”，用诙谐风趣的风格诠释了作为参政党成员应如何自强不息实践自己的政治人生。

4 月 26 日，致公党中央副主席李卓彬在北京东城区委会调研学习实践活动的开展情况，并参加东城区委会及所属第九支部召开的学习实践活动动员部署会议。

5 月 9 日、9 月 23 日，致公党中央副主席闫小培两次赴湖南省开展学习实践活动情况调研。听取了湖南省委会开展学习实践活动的情况汇报。

8 月 1 日，致公党中央秘书长曹鸿鸣率队赴山东省德州市调研学习实践活动开展情况。

办公厅于 4 月 22 日赴北京市西城区、组织部于 3 月 31 日至 4 月 1 日赴上海市静安区、宣传部于 3 月 28 日至 31 日赴贵州遵义、联络部于 6 月 9 日赴福建福州市、参政议政部于 6 月 23 日至 27 日赴湖北省黄石市、社会服务部于 6 月 26 日至 30 日赴云南大理开展联系点学习实践活动情况调研。

宣传部还于 1 月 8 日至 9 日，6 月 23 日至 26 日，11 月 5 日，分别赴河南、山东省临沂市和日照市、浙江省杭州市调研基层组织学习实践活动开展情况。

2. 建立了学习实践活动的统筹协调机制

每两个月召开一次学习实践活动活动小组办公室会议，总结经验、部署工作。

3. 建立了工作简报通报机制

每个月出一期学习实践活动工作简报。中央统战部学习实践活动第 6 期工作简报专门介绍了致公党的学习实践活动情况，这是中央统战部首次就一个民主党派的学习实践活动单独编写工作简报。中央统战部学习实践活动第 19 期工作简报也专门介绍了致公党中央建立联系点，学习实践活动上下互动、深入开展，走基层、促学习情况。

4. 推荐学习资料和读本

为了配合各级组织开展活动，致公党中央向各地方组织推荐了理论学习的内容和读物，在致公党宣传思想工作座谈会上，中央宣传部向各地方组织下发了习近平总书记系列重要讲话等学习资料，为党员加强学习，了解本党历史，更好地履行参政党党员职责提供辅导。

5. 做好宣传，形成良好氛围

为配合此次学习实践活动的开展，各级组织都注重宣传引导，认真搭建学习交流平台，听取广大党员的意见建议，展示学习实践活动的成果。一方面把《中国致公》、中央网站及各地方组织主办的刊物和网站作为有效载体和园地，着力就活动开展进程进行报道，就重大理论和现实问题进行阐述，专门开辟专栏或专题刊发各地的部署安排和举措、领导重要讲话、党员学习文章和心得等，增强学习实践活动的辐射力。同时，我们也利用新媒体与党员进行沟通，很多支部自己建立了微信群，便于大家沟通交流。

（五）中国发展论坛·2014

10月31日，“中国发展论坛·2014——建设长江经济带”在重庆举办。致公党中央主席万钢出席论坛开幕式并作主旨报告。中共重庆市委副书记、市长黄奇帆出席开幕式并致辞，致公党中央常务副主席蒋作君主持开幕式，致公党中央副主席杨邦杰，重庆市政协副主席童小平，致公党重庆市委会主委张玲出席开幕式。

论坛邀请了24位专家、学者分别从交通、农业、制度政策、环境、产业等方面结合各自研究成果和体会，从前沿理论视野和丰富的实践层面对建设长江经济带相关重大课题进行了发言和研讨。

国家发改委、财政部、科技部、工信部、国土资源部、交通运输部、水利部等国家部委有关部门领导，重庆市委、市政府有关部门负责人，致公党中央及部分地方组织代表，特邀专家学者等共180余人参加论坛。

（六）2014年海峡科技论坛

9月20日，由中国致公党中央委员会主办，中国致公党上海市委员会、上海市人民政府台湾事务办公室、上海市科学技术委员会承办的“2014海峡科技论坛”在上海举行。致公党中央主席万钢出席论坛开幕式并发表主旨演讲。中国国民党荣誉副主席蒋孝严，中共中央台办、国务院台办主任助理龙明彪，中共上海市委常委、上海市委统战部部长、上海海外联谊会会长沙海林，台湾工业技术研究院董事长蔡清彦等先后致词。

万钢在主旨演讲中回顾了海峡两岸科技论坛产生的背景、举办的历史和对两岸科技交流与合作产生的推动作用。他指出，两岸关系和平发展，是两岸同胞顺应历史潮流做出的共同选择，在两岸关系进入巩固和深化的新阶段，更需要双方保持积极进取精神，以更大勇气与决心面对和克服前进道路上的困难。他说，两岸科技创新合作前景广阔，大有可为，希望双方共同努力，通过进一步推动两岸在创新园区和企业的合作，进一步推进两岸在基础研究和民生领域的合作等，积极促进两岸经济科技合作，加强两岸经济科技领域高层次对话和协调，以科技发展推动社会进步，共谋两岸民生福祉，为实现中华民族伟大复兴的中国梦共同努力。

蒋孝严代表中国国民党对这次论坛表示高度的赞赏，衷心祝福论坛取得成效。他谈到，这个论坛对两岸来讲十分重要。两岸关系发展到今天，不管在经济、贸易、文化的层面或者是社会交流的层面，都是有史以来最和平、最有成绩、最令人鼓舞的两岸关系，大陆已成为台湾最大的贸易对象。相较于经贸关系，两岸要加强人员来往和科技方面合作。

大陆科技产业的市场非常庞大，尤其是科技研发资源丰富，两岸应齐心协力，努力整合科技资源，加强合作分工，建立机制平台，携手合作，再创中华民族的科技辉煌。

本届论坛的主题为“开放创新，合作发展”。设有科技创新与经济社会发展、大数据时代的新经济、两岸科技合作与经济转型升级三个专题论坛。来自两岸的11位专家、学者围绕两岸的科技创新、大数据发展和智慧城市建设、互联网时代的新经济、高科技园区的新发展、农业科技合作、高校科技创新等作了演讲，并就推动两岸科技合作等与台下听众进行了热烈互动。

致公党中央副主席程津培主持开幕式，致公党中央副主席闫小培，致公党上海市委主委张恩迪，致公党中央秘书长曹鸿鸣，台湾苗栗县县长刘政鸿，台湾李国鼎数位知识促进会理事长陈棠，台湾发展研究院院长陈麟，国际洪门中华总会理事长韩台玉，台湾科技大学副校长李笃中等两岸嘉宾近300人出席开幕式。

（七）海峡论坛·致公恳谈会

6月13日至15日，由致公党中央主办，致公党福建省委、致公党厦门市委承办，致公党中央社会发展与服务委员会、致福慈善基金会、台湾发展研究院协办的海峡论坛·致公恳谈会在厦门举行。致公党中央副主席闫小培出席会议。

本届恳谈会的主题是：人文关怀·社会服务。闫小培在主旨发言中指出，仁爱之心谓之慈，济困之举谓之善，扶危济困、乐善好施历来是中华民族的优良品质，更是致公党的光荣传统。她介绍了近年来致公党社会服务工作，包括扶贫工作、致福工程、抗震救灾、侨海报国、致福慈善基金会等，与参会嘉宾交流了慈善公益工作的体会，指出“授人以鱼”不如“授人以渔”，促进人的发展是致公党社会服务工作的不懈追求，社会服务工作要以人为本，转变帮扶思路，增进贫困地区和群众的自我发展能力，持续与创新相结合，共同推动两岸公益和社会服务的交流与合作，为民族复兴、为两岸人民福祉多作贡献。

来自台湾国际洪门中华总会的刘沛勋创会理事长、台湾发展研究院陈麟理事长和大陆的国中有限公司杜文超董事长、重庆兆德投资有限公司苏定瑞董事长，福建农林大学海外学院王松良常务副院长先后发了言。两岸代表共同探讨在当今社会环境中人文关怀的应有之义以及在社会服务中所应发挥的积极作用；共同思考在公益服务、致公慈善中如何更好体现人文关怀理念的社会实践；分享交流为社会服务、开展公益慈善活动实践的心得体会与取得的成效。

致公恳谈会的全体嘉宾还出席了两岸公益论坛的开幕式典礼，与来自两岸的公益机构与爱心人士代表共话公益服务，致公慈善。

（八）第七届海峡两岸中华武术论坛

9月11日至14日，由致公党中央主办，致公党天津市委会承办，致公党滨海新区委员会、天津霍元甲文武学校协办的第七届“海峡两岸中华武术论坛”在天津霍元甲文武学校隆重开幕。来自大陆、台湾、香港、澳门两岸四地武术界和致力于武术文化交流的相关人士100余人参加了论坛。

致公党中央常务副主席蒋作君，致公党中央副主席、致公党天津市委会主委、曹小红出席论坛开幕式并讲话。中共天津市委常委、统战部部长刘长喜致贺词。开幕式由致公党中央副主席闫小培主持。

蒋作君指出，中华武术在两岸四地都有着深厚的民间基础，举办海峡两岸中华武术论坛，“以武会友”，切磋技艺，交流思想，可以深化对中华武术的文化思考，弘扬崇德尚武的武术精神，进而增强两岸四地民众对中华文化的认同，增强中华民族的凝聚力。他希望，在海峡两岸中华武术论坛这一平台上，两岸四地的代表都能够畅所欲言，共同传承民族文化，弘扬民族精神，增进两岸同胞的文化认同和民族认同，强化两岸同胞共同的精神纽带，一同为推动两岸关系和平发展贡献智慧和力量，共同促进中华民族伟大复兴的中国梦早日实现！

曹小红在讲话中代表致公党天津市委会向与会的领导、来宾和各界朋友表示热烈的欢迎。她指出，长期以来，致公党天津市委会围绕中心，服务大局，充分发挥自身“侨”、“海”特色和智力密集优势，积极团结本党党员及所联系的归侨、侨眷、留学回国人员，努力开展海外联谊，为天津经济社会发展和“美丽天津”建设做出了积极贡献。

论坛分为学术研讨、武术观摩、参观考察三个部分。与会人员就武术的源流、发展、传承与演化等进行了深入的探讨和交流，并进行了精彩的武术展演。

（九）国庆招待会

9 月 27 日，致公党中央在京举行了庆祝建国 65 周年招待会，来自五大洲 30 个国家的 90 位海外侨胞代表和港澳台人士应邀参加了招待会。

致公党中央主席万钢在招待会上致辞时说，65 年来在中国共产党领导下，中国国家面貌发生了翻天覆地的变化，经济持续快速发展，人民生活显著改善，综合国力和国际影响力大幅提升。特别是今年，我国在国际形势复杂多变的情况下，坚持稳中求进的工作总基调，保持定力，主动作为，强力推进改革，大力调整结构，着力改善民生，保持了经济平稳运行。希望广大的海外侨胞充分发挥独特优势，一如既往地关心和支持国家现代化建设，一如既往地关心和支持祖国和平统一大业，一如既往地关心和支持中国人民同世界各国人民的友好事业，为实现国家富强、民族振兴、人民幸福的中国梦，做出新的更大的贡献。中国致公党将一如既往地秉承致力为公的宗旨，关心海外侨胞和港澳台同胞的生存发展，保护海外侨胞的正当和合法权益，加强与海外侨胞和港澳台同胞的联系、交流与合作，使致公党真正成为海外侨胞联系国内的重要桥梁。

招待会由致公党中央副主席闫小培主持。致公党中央原主席罗豪才、致公党中央常务副主席蒋作君、副主席李卓彬等出席了招待会。致公党北京市委会主委李昭玲等领导也出席了招待会。

（十）致公党中央第一届社会公益慈善培训班

9 月 3 日至 5 日，致公党中央第一届社会公益慈善培训班在北京举办，致公党中央主席万钢会见培训班学员并讲话。

致公党中央副主席闫小培、北京师范大学公益研究院院长王振耀、北京林业大学心理咨询中心主任李明、中国宋庆龄基金会秘书长李宁等先后为学员授课，并与学员进行交流互动。学员们交流了从事公益慈善事业的事迹和经验，畅谈了学习体会并对致福慈善基金会下一步工作提出了意见建议。

万钢在讲话中对学员们提出四点希望，一是做公益慈善要心怀真诚，为公报国的过程中既能帮助别人也可以提升自己。二是做公益慈善要体贴对方，使被帮扶对象得到尊重，并注意尊重少数民族的风俗习惯。三是做公益慈善要注重实效，不搞花架子。四是做公益慈善要做好双方有效结合，可持续发展。

（十一）致公党对外联络工作会议

10 月 31 日，致公党对外联络工作会议在重庆召开。致公党中央主席万钢，致公党中央常务副主席蒋作君，中共重庆市委副书记张国清，致公党中央副主席闫小培，致公党重庆市委会主委张玲等出席开幕式。致公党各地方组织外联工作分管领导和工作部门的负责人，致公党中央海外联络委员会全体成员以及致公党重庆市委会、各区委会及支部和重庆其他“四侨”单位的有关人员等约 160 人参加了会议。

万钢在开幕式上讲话。他说，致公党各级组织充分发挥自身特色与优势，不断创新工作思路，拓展工作领域，增强工作实效，为做好致公党的对外联络工作作出了积极的贡献。同时，他对致公党今后开展对外联络工作提出了要求：要充分认识对外联络工作所面临的新形势和新机遇，践行“致力为公”宗旨、开创“侨海报国”新局面，做好“侨”“海”大文章；要在团结传统对我友好社团的同时，扩大与其他主流侨社的交往，突出“侨”的全面性；要敞开胸怀、广开渠道，强化“海”的时代性，做好留学人员工作；要完善“人心、力量、平台”三位一体的工作格局，积极参与台港澳工作；要紧跟形势发展，坚持做好未建交国家工作。

闫小培在会上作了《致公党对外联络工作报告（2010—2014）》。她回顾了致公党多年来在深化与传统社团友谊、拓展民间交流和扩大公共外交实践等方面开展的外联工作；总结了致公党在明确工作定位、履行参政职能、建设特色平台和发挥党员优势等方面的外联工作经验；部署了致公党在引导侨务资源可持续发展、拓展公共外交活动和推进台港澳交流等方面的外联工作任务。

此次会议是致公党五年召开一次的全党对外联络工作会，总结了近年来致公党中央及各地方组织对外联络工作的主要成果、探讨了未来开展外联工作的思路，并表彰了 14 个先进集体和 62 个先进个人。在两天的会期中，与会人员认真学习领会万钢讲话精神，学习研讨外事工作有关政策规定，并就各地开展外联工作的实际情况和遇到的问题以及致公党外联工作的总体部署讨论交流。会上，外交部人员还就侨务工作做了专题讲座，受到表彰的先进集体和先进个人代表进行了经验交流。

（十二）致公党组织工作会议

12 月 4 日，致公党组织工作会议在北京召开。会议深入贯彻中共十八大、十八届四中全会及致公党中央全会精神，总结、交流致公党各级组织开展组织工作的经验和做法，研究部署省级组织后备干部队伍建设工作；对近五年来致公党各项工作中涌现出来的 51

个先进集体、160名优秀党员及30名优秀组织工作者进行了表彰。

致公党中央主席万钢出席会议并讲话。万钢指出，自2009年全党组织工作会议召开以来，全党组织工作以“人才兴党”战略为指导，按照“筑牢基础、增进团结、促进发展”的目标，不断加强制度化、规范化、程序化建设，努力提高科学化水平，为充分履行参政党职能和开展各项工作提供了有力的组织保障和人才支持。

万钢强调，要以进一步推进“人才兴党”战略为抓手，全面加强人才队伍和后备干部队伍建设。要继续贯彻中发〔2012〕4号文件精神，全面推进“人才兴党”战略，围绕“尊重人才、服务发展”主线，构建发现、培养和推荐使用人才的制度和机制。同时，以后备干部队伍建设为抓手，做好省级组织后备干部队伍建设工作。总体思路是努力做到选贤任能、用当其时，知人善用，人尽其才，着力培养选拔理想信念坚定、履职能力强的干部。

万钢要求，各级组织要把学习先进典型和深入推进学习实践活动结合起来。要弘扬主旋律、传播正能量，把受表彰的集体和个人作为学习实践活动的榜样，以点带面，推动学习实践活动向纵深开展，展现致公党良好的政治形象和社会形象。

致公党中央常务副主席蒋作君在会上作总结讲话。他要求2015年在全党范围内开展一次“创建先进基层组织、争当优秀致公党员”的创先争优活动，将学习致公党先进典型与学习实践活动、与致公党成立90周年纪念活动结合起来，夯实致公党的组织基础，发挥广大党员的主体作用。他还对党内监督工作提出意见要求。他指出，要进一步完善党内监督制度体系，对六年来开展党内监督工作的实践进行认真总结，贯彻好《中国致公党党内监督条例》和《致公党中央监督委员会工作规则》，在工作中明确监督对象，继续深入研究监督内容；要积极探索有效开展党内监督工作的新途径、新渠道和新方法，深入研究如何将“四个重点”、“四个拓展”落到实处，推动党内监督工作取得新的进展。

致公党中央副主席王珣章、严以新、李卓彬、闫小培及省级组织主委、分管组织工作副主委、组织部门负责人及受表彰代表、中央机关部门负责人一百余人出席会议。致公党泉州市委会、烟台市委会莱山支部主委王成华、北京市委会组织处处长张浩等受表彰的先进集体、优秀党员、优秀组织工作者代表在会上作交流发言。

（十三）致公党参政议政工作研讨会

12月9日至10日，致公党参政议政工作研讨会在广西崇左召开。致公党中央副主席杨邦杰出席会议并作工作报告。

致公党广西区委会专职副主委卢保江，中共广西崇左市委常委、副市长李红骏在开幕式上致辞。致公党中央参政议政部副部长王启平，组织部副部长、崇左市副市长康凯，参政议政部副巡视员郑业鹭参加开幕式。致公党中央参政议政部部长程向前主持开幕式。

杨邦杰指出，每年召开一次全党范围的参政议政工作会，总结当年调研、议政方面工作成果的同时，为各地方从事具体工作的干部提供交流平台，有利于下一步工作的改进和提高。他在工作报告中回顾了致公党中央今年已做的22项调研，并对提案工作、信息工作以及专委会工作进行了总结。关于2015年工作安排，杨邦杰结合习近平总书记的讲话精神，对明年调研、高层协商、提案发言、反映社情民意信息等方面的工作进行了全面部署。

会议对致公党中央2013年度参政议政优秀成果进行了表彰。来自致公党20个省级组织和部分副省级组织的代表在会上作了发言，总结、交流在提案、信息、调研等工作中的经验和做法。

（十四）其他重要会议及活动

1. 致公党参与毕节试验区建设工作扩大会议

3月18日至21日，“致公党参与毕节试验区建设工作扩大会议”在贵州省毕节市召开。致公党中央常务副主席蒋作君、副主席闫小培出席会议，秘书长曹鸿鸣主持会议。

闫小培在会议上传达了中央统战部第六次联席会议精神，社会服务部部长李万通介绍了《致公党中央参与毕节试验区建设近期工作计划》及执行情况。致公党中央社会发展与服务委员会委员、重庆兆德投资有限公司董事长苏定瑞与毕节市七星关区领导签订了总投资30亿元的“兆德中央公园”城市综合体与“同心致福中药材示范基地”项目。与会各级组织对近年来参与毕节试验区建设工作情况进行了系统总结，并对下一步工作思路进行了汇报与交流。

蒋作君在讲话中要求致公党中央及各级与会组织要认真学习和贯彻习近平总书记、俞正声主席关于毕节试验区讲话精神和统一战线参与毕节试验区建设第六次联席会议精神，从战略全局出发，深刻认识当前毕节试验区扶贫开发工作的极端重要性和紧迫性，统一思想，抓住毕节试验区“工业化、信息化、新型城镇化、农业现代化”四化同步发展新阶段面临的机遇，认真贯彻中共中央部署，准确把握新任务新要求，坚决打好全面建成小康社会决定性阶段的扶贫开发攻坚战；要系统总结致公党参与毕节试验区建设十年来的实践经验，全面分析参与毕节试验区建设的独特优势和主要特征，结合毕节试验区“提速发展、加快转型、实现跨越”的新阶段发展的要求，围绕毕节“生态文明、经济、政治、文化、社会”五位一体建设，突出“人才培训、改善民生、产业提升”三大亮点，努力进行实践创新、理论创新、机制创新，提升建设能力，拓展参与毕节试验区建设的深度和广度，进一步提升致公党参与毕节试验区建设科学化水平。

闫小培在讲话中围绕致公党在毕节市七星关区开展新型城镇化示范点帮扶工作提出了几点意见：一是示范城乡统筹，推动城乡发展一体化，以落实《国家新型城镇化规划》为契机，促进城镇化和新农村建设协调推进，整合优势资源，以人的城镇化为核心，在做好城镇化硬件帮扶的同时，更加注重做好技术培训、咨询服务等软件帮扶，以达到提高镇村公共服务保障水平、促进公共服务均等化的目的；二是示范协调产业发展与生态建设，处理好保护与发展的关系，围绕“扶贫开发、生态建设”主题，探索在生态保护地区推动适合的产业发展；三是以点带面，与系统网络相结合，探索精准扶贫的新方式、新途径。

会议期间，蒋作君、闫小培还率队对毕节七星关区的工业、农业、教育、医疗等进行了考察。

2. 致公党中央理论研究会全体会议

3月27日，致公党中央理论研究会全体委员会议暨理论成果交流会在昆明举行。致公党中央副主席、理论研究会主任严以新出席会议并为《中国致公党理论研究选集（2013）》优秀论文获得者颁发证书。宣传部部长、理论研究会秘书长王翔在会上介绍了理论研究会2013年的工作情况和2014年的工作计划。与会人员就2014年理论研究课题进行了认真讨论，获奖人员介绍了获奖论文的基本情况，并交流了撰写理论研究文章的心得体会。会议决定，2014年重点研究课题为：（1）坚持和发展中国特色社会主义与参政党建设；（2）致公党建党90周年的历史回顾和经验总结；（3）新时期侨情变化对致公党组织发展影响研究；（4）推进国家治理体系和治理能力现代化与加强民主党派履职能力建设研究。

3. 中国致公党社会服务工作东西部协作会议

5月6日至8日，“中国致公党社会服务工作东西部协作会议”在广西壮族自治区崇左市召开，致公党中央副主席闫小培出席会议。

本次会议以促进致公党东部地区支援西部地区为主题，旨在为西部地区扶贫事业起到良好的牵线搭桥作用。致公党泸州市委会、重庆酉阳县支部、贵州省安顺支部、贵州省黔西南侨联代表分别介绍了西部地区的经济社会发展情况和希望得到的帮扶需求，北京、上海市委会的负责同志向大会介绍了各自开展社会服务工作中帮扶西部的经验，全体与会人员围绕会议主题进行积极交流，并达成一系列初步合作意向。

会议期间，由致公党中央领导发起成立的致福慈善基金会与广西崇左市外侨办签订了《关于设立“致福助侨奖学金”的协议》，闫小培代表致福慈善基金会向崇左市捐赠了2014年度“致福助侨奖学金”10万元。会议还争取到国家开放大学等办学机构对致公党扶贫工作的支持，在会议期间由致公党中央与国家开放大学共同为崇左大新县堪圩乡谨汤村小学捐赠了科普、文学、艺术、历史等领域的课外读物。

4. 致公党宣传思想工作座谈会

5月15日，致公党宣传思想工作座谈会在福建省厦门市召开。致公党中央副主席严以新出席会议并讲话。中央宣传部副巡视员赵晓萍向与会人员传达了习近平总书记在全国宣传思想工作会议上的重要讲话精神。与会同志就学习习近平总书记系列重要讲话精神的心得体会，对今后一个阶段宣传思想工作的规划和打算，宣传思想工作新载体、新媒介、新渠道和新方法的探讨，开展学习实践活动的情况等议题进行了热烈的交流和讨论。

各省级组织及中央直属组织分管宣传工作的领导、宣传部门负责同志，福建省委会各级组织部分机关干部共六十余人参加了会议。

5. 举办第五届海外留学人员江苏行考察联谊活动

6月18日上午，由致公党中央留学人员委员会和致公党江苏省委会共同主办的“引凤工程”第五届活动开幕式在无锡启动。致公党中央副主席严以新出席开幕式并讲话。致公党江苏省委主委麻建国，中共无锡市委常委、统战部部长陈德荣，无锡市人民政府副市长曹佳中参加了活动。来自17个国家和地区的80多位海外高端人才参加在无锡、常州、南京等地召开的用人单位人才政策推介洽谈会等活动，进一步扩大社会影响、彰显致公党的特色与风采，更好地服务“人才强国”战略。

6. 致公党中央第九期参政议政干部培训班

9月1日至4日，致公党中央第九期参政议政干部培训班在湖北省武汉市举办。致公党中央副主席杨邦杰，全国政协提案委员会办公室副主任伏双武，全国政协办公厅研究室信息局副巡视员王普庆，全国政协委员致公党中央环发委副主任、环境保护部南京环境科学研究所所长高吉喜，全国政协委员、致公党中央医药卫生委员会副主任、致公党河南省工委副主委、河南中医学院科技成果推广中心主任司富春等领导和专家先后为学员授课，并与学员进行了交流。

根据会议安排，培训班举行了座谈会，学员们交流了工作经验，畅谈了学习体会并对参政议政工作提出了宝贵意见、建议。

培训班为全党总结交流参政议政工作经验，提高参政议政能力和水平提供了平台，有力地促进致公党参政议、建言献策总体水平的持续提高。

7. 致公党中央第一期组宣干部培训班

9 月 11 日至 12 日，致公党中央第一期组宣干部培训班在大连举行。致公党中央宣传部部长王翔、组织部部长李刚、宣传部副巡视员赵晓萍等出席会议。培训班上，中央社会主义学院李小宁教授、致公党中央原秘书长邱国义和李刚分别就我国的政党关系、加强自身建设中的若干问题和我国统一战线的发展历史作了专题辅导报告。期间，各位学员围绕学习实践活动、组织工作和宣传工作进行了分组讨论交流，并对今后的工作提出了意见建议。致公党辽宁省委会专职副主委荣伟东，大连市政协副主席、致公党大连市委会主委曲维，中共大连市委统战部副部长黄刚等出席了培训班开幕式。致公党各省、自治区、直辖市及中央直属组织中负责组织和宣传的同志约 60 人参加了培训。

8. 海外洪门中青年代表性人士研修班暨致公党海外联络干部培训班

9 月 23 日至 24 日，由致公党中央主办，致公党湖南省委会承办的“海外洪门中青年代表性人士研修班暨致公党对外联络干部培训班”在湖南长沙举办，来自世界各地 13 个国家的 30 名海外洪门代表以及 20 余名致公党各地方组织的对外联络干部进行了为期两天的学习交流。

致公党中央副主席闫小培，湖南省委统战部副部长崔永平，致公党湖南省委主委胡旭晟等出席了开班仪式，开班仪式由致公党中央联络部部长许怡主持。闫小培在开班仪式上讲话。她肯定了海外洪门社团在中国发展的各个历史时期所作出的突出贡献；介绍了致公党近年来开展对外联络工作的情况以及此次研修班的举办背景和主要特点；最后，她结合致公党与海外洪门社团近年来的交往情况，借助生动具体的事例，着重阐述了洪门社团管理更具现代性、政治参与意识不断提高、与祖（籍）国联系更加紧密这三大可喜的发展趋势。

本次研修班邀请海外洪门社团的中青年骨干参加，围绕洪门历史文化、中国政治制度、中国周边关系等课题，采取专家授课与学员互动讨论的形式展开学习。学员们还就洪门社团在住在国发展中遇到的困难等话题展开了热烈的讨论。大家一致反映，此次学习交流使他们更深刻地感受到中国致公党与海外洪门的深厚友谊，深入了解了中国的政治制度、外交战略和涉外政策，收获很大。同时，致公党各地外联干部也借此加强与海外洪门社团的联系，拓宽了工作渠道。

研修期间，海外学员还参与了湖南省的“爱心‘一家一’”慈善项目，捐资 15 万元帮助当地贫困学生。

9. 中国致公画院笔会

10 月 16 日下午，中国致公画院在京举办笔会，致公党中央常务副主席蒋作君，副主席杨邦杰、严以新出席，致公党中央秘书长曹鸿鸣主持活动，致公党中央宣传部副部长范承玲以及来自北京、天津、湖南、广东等 10 个省级组织画院负责人及部分地方组织的艺术家参加了此次活动。

会议传达了习近平总书记在文艺工作座谈会上发表的重要讲话精神，引起了与会人员的强烈反响，来自各个省市的艺术家畅谈学习讲话精神的体会，共商繁荣文化大计。会议还总结了 2014 年中国致公画院工作，通过了中国致公画院章程，宣读了中国致公画院新一届组织机构名单，讨论了中国致公画院创作基地管理办法及会员管理办法，研究制定了 2015 年主要工作，部署了纪念中国致公党成立 90 周年书画展等工作。随后，来自十几个省市的 20 余位艺术家现场挥毫泼墨，开展艺术交流。

10. 中国致公党网络信息员培训会议

10 月 21 日至 23 日，中国致公党网络信息员培训会议在江苏省南京市举行。致公党中央宣传部部长王翔、副巡视员赵晓萍，致公党江苏省委会副主委徐利明、吴晓蓓出席会议并讲话。

会议传达了全国宣传思想工作会议的精神，对各省信息员一年来的网站上稿工作表示肯定，并就进一步加强致公党网络宣传工作提出了几点意见。

会议还邀请共青团中央下属《中华儿女》首席摄影记者、海外版副主编宋汉晓给参加培训的同志作了《摄影技艺浅析及新闻纪实类摄影创作》讲座。致公党中央信息办有关同志分别就网站改版、微信运营、上稿注意事项等作了说明。

致公党省级、副省级组织主管宣传的领导及信息员近 80 人参加了此次培训会议。

11. 致公党中央社会服务工作座谈会

11 月 4 日，致公党中央社会服务工作座谈会在广东深圳召开，致公党中央副主席闫小培出席会议并讲话，中共深圳市委统战部部长张思平到会致辞，致公党广东省委会副主委李秉记作致公党广东省委会社会服务工作情况介绍。

本次会议以社区建设为主题展开座谈，致公党深圳市委会、上海市委会、福建省委会、四川省委会及大连市委会与会代表分别就各自开展的社区建设工作作了主题发言，全体与会人员围绕相关工作进行了分组讨论。

闫小培在讲话中指出，社区建设是现代社会国家治理的重要内容，是国家深化改革、推进政府职能转变的重要组成部分。她要求全体与会人员认真结合国家发展和民主党派工作大局，充分认识社区建设工作的重大意义，深入研讨，认真总结经验，紧密结合新形势下国家推进社区建设工作整体部署，以社会大众需求为导向，努力创新思路，做出品牌。一是要加强学习，深刻认识社区建设面临的新形势，新任务；二是要加强合作互动，广泛凝聚社区建设工作的强大合力；三是要以社会发展与服务专委会为基础，加强人才队伍建设，为社区建设打造强有力的工作团队；四是要善于提炼升华，更好地凸显社区建设工作的党派特色。

12. 致公党中央理论研究会论文评审会

11 月 5 日，致公党中央理论研究会在杭州召开论文评审会，总结 2014 年理论研究会工作，讨论《理论研究文章评价标准》，对入选《致公党理论研究成果选集（2014）》论文进行了评审，并研究讨论了2015年理论研究课题。2014年，致公党中央理论研究会共收到致公党各级组织及党员提交的理论文章105篇，主要内容包括：坚持和发展中国特色社会主义参政党建设、推进国家治理体系和治理能力现代化与加强民主党派履职能力建设研究、新时期侨情变化对致公党组织发展影响研究、致公党建党90周年的历史回顾和经验总结等方面。

13.《中国致公》"特约人员"培训交流会议

11月26日至27日，2014年度《中国致公》"特约人员"培训交流会议在广东省珠海市召开。致公党中央副主席严以新出席会议闭幕式并讲话。致公党中央宣传部部长王翔、副部长范承玲参加会议。

严以新认真听取了小组讨论中同志们提出的问题和建议。他指出，深入学习贯彻中共十八届四中全会精神，是致公党当前和今后一段时间的首要政治任务，也是宣传思想战线的重要政治任务。全党各级宣传干部要深刻理解推进依法治国是全面深化改革的必然要求，在全面推进依法治国的进程中坚持中国共产党的领导，坚持走中国特色社会主义法治道路。要统一认识，坚定信念，把学习贯彻中共十八届四中全会精神同坚持和发展中国特色社会主义学习实践活动相结合，将全体党员凝聚在共同理想的旗帜下。要围绕中心、服务大局，加大对依法治国理念的宣传解读力度，促进中国特色社会主义法治建设。同时，改进和创新宣传工作方式方法，努力做到贴近基层、贴近党员，完成好纪念致公党成立90周年的宣传任务。严以新希望，与会人员能够借助"特约人员"培训交流会议这个平台，相互学习借鉴、共同进步，不断提升业务能力，开阔视野和工作思路，并在实践中学以致用，为开创本党宣传思想工作的新局面作出努力和贡献。

培训中，《中国文化报》文艺部主任、中国散文学会常务副会长红孩，《团结报》新闻部副主任张德海分别作《关于人物的细节描写》、《民主党派新闻宣传写作技巧暨<团结报>版面介绍》的专题讲座，授课人深入细致的讲解得到参训同志的一致好评。与会人员还以分组讨论的形式，各自介绍省（市）期刊工作的开展情况，并对办刊的经验体会进行了交流探讨，就如何推进本党中央及各地方宣传工作特别是期刊编辑工作提出了意见建议。

致公党各省级组织期刊工作负责人、《中国致公》"特约人员"代表及部分基层组织宣传骨干近70人参加了培训交流。

二、参政议政

2014年，致公党中央紧紧围绕中共十八大、十八届三中、四中全会和习近平同志系列重要讲话精神，围绕的中心任务，在致公党中央的领导下，全体同志齐心协力，有条不紊地推进和开展各项调查研究和建言献策工作，圆满完成各项任务。

（一）高层协商

2014年，围绕我国经济社会发展形势，致公党中央先后6次在中共中央召开的党外人士座谈会上，分别就国务院《政府工作报告（征求意见稿）》、半年经济工作、十八届四中全会文件、全年经济工作等进行高层协商。

2014 年，致公党中央与全国政协港澳台侨委员会共同承办全国政协“推动和创新海外华文教育，扩大对外文化交流”双周协商座谈会。为做好双周协商会发言与组织筹备工作，致公党中央面向全党征集有关研究材料，组织起草了《积极发展海外中文国际学校，努力推进海外华文教育可持续发展》发言稿，获得良好反响。

（二）担任全国人大代表的致公党员向全国人大提出的议案和发言情况

在致公党员中，担任十二届全国人大代表的有 35 名。他们在 2014 年十二届全国人大二次会议期间，踊跃提交了多篇有关经济社会发展方面的大会议案，引起良好反响。

在 2014 年第十二届全国人民代表大会常务委员会历次会议上，担任全国人大常委的致公党成员杨邦杰、严以新、闫小培等积极配合人大立法工作，先后就环境保护法修订草案、预算法修正案草案、刑法有关规定的解释草案、刑事诉讼法有关规定的解释草案、食品安全法修订草案、安全生产法修正案草案、立法法修正案草案、广告法修订草案、行政诉讼法修正案草案、反间谍法草案、刑法修正案（九）草案等十多部法律、法规的立法、修订进行认真研讨。为配合这项工作，致公党中央法制委员会继续发挥在法律研究方面的优势，根据全国人大常委会立法安排和立法动向，选择相关法律及法规在制定、修订过程中的问题，及时召开研讨会，提供相关法律方面的建议和咨询服务。

（三）致公党中央和担任全国政协委员的致公党员向全国政协提出的提案和发言情况

2014 年，致公党中央向全国政协大会提交了提案 33 件，发言 3 件，其中大会口头发言为《完善政策机制 推进中医药事业健康发展》。为做好全国政协十二届三次会议提案发言工作，致公党中央参政议政部提前谋划，精心组织，明确分工，于 2013 年 11 月向致公党各级组织发出提案征集通知，动员各级组织和广大党员撰写提案并提交中央。2014 年，共征集提案发言素材 351 件，经参政议政部和研究室内部讨论、整理、复核和审核，并经过致公党中央提案发言专家座谈会的评审，分管副主席、常务副主席和主席的亲自审阅，最终形成《完善政策机制 推进中医药事业健康发展》、《加快发展农业现代化 促进四化同步发展》、《加快实施“走出去”战略 提升国际化经营水平》3 件发言和《关于深化农村土地制度改革的提案》等 33 件提案报送全国政协。这些发言和提案，不仅体现了致公党“侨”“海”特色，而且涵盖致公党持续关注的农业与农村、生态文明、区域经济发展、医药卫生、教育培训等方面的内容，同时对一些社会热点以及民生问题给予关注。其中，《关于加强固体废弃物综合利用，推进循环经济发展的提案》、《关于城镇化进程中住房保障问题的提案》等 2 件提案入选全国政协重点提案，《关于加强海外中国公民、华侨人身安全的提案》、《关于发挥证券市场作用，加强中小企业金融服务的提案》、《关于城镇化进程中住房保障问题的提案》等 3 件提案被相关承办单位列入部门重点办理提案。

为做好第十二届全国政协常委会发言工作，致公党中央累计征集发言材料 15 篇，其中《规范网络反腐，打造廉洁政府》、《积极推进一“基本医疗卫生法”的立法，满足人民健康需求》两篇发言材料分别被第十二届全国政协第七、八次常委会定为口头发言。参加全国政协专题协商会发言材料1次,致公中央文化委的“构建现代公共文化服务体系”发言稿，被专题协商会确定为口头发言。

（四）致公党中央组织的考察调研情况及主要成果

2014年,针对国家发展重大问题、社会热点问题,积极组织开展涉及装备制造业、农业、土地制度、粮食安全、乡村发展、水土保持、生态环境、水利水电、交通运输等方面共24项调研，调研报告和建议上报有关部门后，有17项调研成果得到了中共中央、国务院相关领导的高度重视和批示。。《系统推进农林复合经济区土地整治 促进赣南等中央苏区振兴发展》、《关于完善我国进出口税收优惠政策的建议》、《关于加强盐碱地资源可持续利用的建议》、《关于促进水电资源开发与环境保护和谐发展的建议》、《关于促进我国互联网金融健康发展的建议》、《关于在限制开发区加强农业发展，促进农村生态建设的建议》、《关于创新驱动促进装备制造业结构调整的建议》、《关于加强水土流失治理 促进生态文明建设的建议》、《关于加快和深化研究生教育的建议》、《关于我国农村土地制度改革的建议》、《关于加快自由贸易试验区建设，充分发挥其引领改革的作用》、《关于总结推广厦门经验推进社会治理创新的建议》、《关于进一步推动海外高层次人才引进工作的建议》、《关于〈基本医疗卫生法〉立法的有关建议》、《关于建设长江经济带的建议》、《关于促进长江流域黄金水道建设的建议》、《关于壮大创客群体培育创客文化的建议》、《关于推进丝绸之路经济带战略实施和区域合作共赢的建议》等17项建议获得中共中央、国务院相关领导的批示。

3月17日至22日，致公党中央副主席杨邦杰率调研组赴福建龙岩、江西赣州等地就农林复合经济区的口粮田建设课题开展调研。调研组深入连城县庙前镇、隔川乡、北团镇下江村、长汀县、瑞金市叶坪镇、谢坊镇、于都县梓山镇梓山村、赣县五云镇五云村等地实地考察土地整治项目，先后听取了龙岩市、赣州市等地政府相关部门关于土地整治情况的工作汇报，并与部分村镇的干部、群众进行了座谈，深入了解土地整理、利用、流转情况。根据调研形成的调研报告《系统推进农林复合经济区土地整治 促进赣南等中央苏区振兴发展》经中央统战部报送国务院后，有关领导批示请农业部、扶贫办研酌。

3月25日至26日，致公党中央常务副主席蒋作君率调研组赴天津就清理进出口税收优惠政策问题进行专题调研。实地考察走访了天津高新区及保税区内的4家进出口典型企业，并与高新区管委会、保税区管委会分别召开座谈会，共同研讨企业在进出口方面遇到的相关问题。之后，又在京召集国务院有关部委部门负责人座谈会，听取意见。调研形成了《关于完善我国进出口税收优惠政策的建议》上报后，国务院多位领导批示相关部门结合税制改革认真研究致公党中央提出的建议，深入研究完善进出口税收政策。

3月30日至4月4日，致公党中央副主席杨邦杰率致公党中央“良田建设与农村土地制度改革”调研组赴江苏盐城、泰州，安徽马鞍山等地开展调研。3月31日，调研组在江苏盐城召开“盐土农业与盐碱地可持续利用”座谈会，科技部农村技术开发中心主任贾敬敦，中科院院士赵其国，致公党江苏省委会副主委、中科院南京土壤研究所所长沈仁芳，致公党江苏省委会副主委、南京大学教授杨德才以及来自清华大学、中国林科院、中国农业大学、中科院南京土壤研究所的相关专家，江苏省科技厅、盐城市政府及相关企业代表围绕中国盐碱地保护与利用状况、盐土农业发展状况与趋势等问题进行了热烈研讨。调研还组深入到中科院南京分院东台滩涂研究所、盐城绿苑海蓬子公司食品加工厂、盐碱地万亩林场、建湖城东都市农业示范区、九龙现代园艺示范区、兴化缸顾乡千岛果蔬专业合作社、钓鱼镇粮食园区等地实地考察，先后听取了盐城、泰州等地政府相关部门关于良田建设和土地制度改革的工作汇报，并深入了解土地流转、经营情况。调研形成的《关于加强盐碱地资源可持续利用的建议》，上报后得到了国务院领导同志的批示。

为更好地促进水电资源保护与开发，4 月份，致公党中央副主席杨邦杰、严以新率致公党中央两个调研组分别赴四川和云南等地，对金沙江、大渡河、雅砻江等流域的水电资源开发情况进行调研。调研形成了《关于促进水电资源开发与环境保护和谐发展的建议》，上报后得到国务院领导同志的批示。

4 月 21 日、23 日，致公党中央常务副主席蒋作君率调研组在京就互联网金融健康发展问题进行专题调研。调研组先后召开 3 次座谈会，实地走访、考察了阿里巴巴北京分公司及京东集团总部，并在北京市科委与行业监管部门代表、银行代表及互联网金融企业代表召开座谈会，共同研讨促进互联网金融健康发展的相关建议措施。就此课题，4 月 27 日至 30 日，蒋作君常务副主席再次率调研组赴安徽开展了调研。调研形成了《关于促进我国互联网金融健康发展的建议》及调研报告，并报送中共中央、国务院有关部门。

5 月 8 日至 14 日，致公党中央副主席杨邦杰率调研组，就农村生态建设问题在海南临高县、琼中县、五指山市、保亭县等地开展调研。调研组一行实地走访农户、企业，并与当地政府、村委会负责人开展座谈，重点就海南省中部少数民族山区的农村发展生产、生态保护现状和存在的问题以及发展方向进行调研。7 月 8 日至 12 日，杨邦杰又就此问题赴贵州贵阳、遵义两地实地调研。根据调研情况并结合致公党中央连续几年来开展的“乡村发展模式研究”成果，形成了《关于在限制开发区加强农业发展，促进农村生态建设的建议》。上报国务院后，多位领导批示发改委、财政部、国土资源部、环保部、农业部等部委研究参考。

经中共中央批准、在中央统战部组织协调指导下，5 月 18 日至 23 日，致公党中央“创新驱动促进装备制造业结构调整”调研组在黑龙江、辽宁开展调研。调研组先后实地考察了黑龙江的哈量集团、哈飞集团、哈电集团、哈尔滨超精密工程技术公司、哈尔滨锅炉厂、东安发动机制造公司、哈尔滨博实公司、中船重工 703 所、黑龙江省工业技术研究院、哈尔滨科技创新城等单位，以及辽宁省的大连船舶重工集团、中国北车集团大连机车公司、大连重工起重集团、沈阳黎明发动机集团、新松机器人公司、沈阳鼓风机集团、北方重工集团、沈阳机床集团等企业在技术、产品创新和企业转型升级等方面的发展情况，并与有关部门负责同志及企业代表进行了专题座谈。根据此次调研形成的《关于创新驱动促进装备制造业结构调整的建议》，得到国务院多位领导同志的高度重视和批示，并批请发改委、工信部等部委研究。

6 月 3 日至 6 日，致公党中央副主席杨邦杰、严以新率队赴甘肃省定西、天水两市开展坡耕地“水土流失治理”调研。调研组与甘肃省委统战部、甘肃省水利厅以及定西、天水两市的有关领导进行了座谈交流，并赴甘肃定西市安定区大坪村、安定区水土保持科技博览馆、通渭县马营长川小流域、天水市秦安县千户梁小流域、麦积区中山小流域等地实地考察。7 月 15 日至 18 日，调研组又赴黑龙江省绥化市绥棱县、北安市、齐齐哈尔市拜泉县等地就黑土区水土流失治理进行调研。调研组先后来到绥棱县华夏董氏兄弟农场、赵光农场，北安市红星农场，拜泉县上升乡等地，实地考察了多个小流域侵蚀沟的水土流失现状及治理情况。调研形成了《关于加强水土流失治理 促进生态文明建设的建议》和调研报告，并报送国务院相关部门。

6 月 9 日至 13 日，由致公党中央副主席、致公党中央教育委员会主任严以新带领调研组，赴安徽、江苏、上海开展有关研究生教育发展问题的调研。调研组先后赴合肥、南京、上海三地，实地考察了中国科技大学、安徽大学、南京大学、上海交通大学、华东师范大学 5 所高校；先后召开 5 场专题座谈会；听取了 30 余所不同层次高校对各自开展研究生教育工作情况的总体介绍以及在深化研究生教育改革发展过程的主要做法和存在的主要问题、困难及有关建议；与来自不同学院的导师代表及 30 余名研究生代表面对面座谈交流。根据此次调研形成的《关于加快和深化研究生教育的建议》，得到了国务院领导亲笔批示。

6 月 15 日，致公党中央副主席杨邦杰在上海金山出席致公中央经济委农村土地管理制度改革座谈会。相关专家围绕土地流转、家庭规模经营、现代规模经营资产资本下的农村建设、《土地管理法》修订建议、土壤污染修复、永久基本农田保护与建设、都市农业发展等问题进行了热烈研讨。座谈会之前，杨邦杰一行还考察调研了上海市金山区吕巷镇家庭农场和农业专业合作社，廊下镇现代农业园区的农产品加工企业、土地治理项目和花卉种源企业。根据此次座谈会的情况，和对 2014 年土地问题系列调研的总结，形成了《关于我国农村土地制度改革的建议》。上报后得到了国务院多位领导同志的高度重视和批示。

6 月 16 日至 19 日，致公党中央副主席杨邦杰率经济委员会调研组就“推进自由贸易试验区建设，引领国际经济合作竞争新优势”在上海、广东两地进行调研。调研组一行实地考察了上海自贸区外高桥物流园区、洋山港保税区、深圳前海新区、珠海横琴新区，走访了上海飞机制造有限公司、上海电气核电装备有限公司、葡萄酒交易平台等企业，并与当地有关部门、区内入驻企业开展座谈交流。调研形成了《关于加快自由贸易试验区建设，充分发挥其引领改革的作用》的建议和相关调研报告，上报后得到国务院领导的高度重视和批示。

6 月 29 日至 7 月 4 日，围绕“创新社会治理体制，推进国家治理现代化”课题，致公党中央法制委精心组织，形成了由罗豪才同志担任顾问、致公党中央副主席杨邦杰担任组长的调研组，调研组广泛邀请“两高”、司法部、民政部、法制日报社等部委单位，赴福建省厦门、三明等地进行了深入调研，并与厦门等方面单位召开了座谈会。调研形成的《关于总结推广厦门经验推进社会治理创新的建议》，得到国务院领导同志的高度重视和批示。

7 月 21 日至 25 日，致公党中央副主席严以新率调研组，赴上海、四川就“外国高层次人才引进现状”开展调研。调研组先后实地考察了中欧国际工商学院、上海联影医疗科技公司、中科院上海生命科学院、四川大学江安校区、奥泰医疗系统有限责任公司；

听取了外专局在落实“外专千人计划”入选专家配套政策、完善海外引进人才工作体系、加强“一站式”人才服务等方面的情况介绍；了解了科研院所和企业对引进外国高层次人才在华工作的主要举措、取得的成效和存在的问题和困难；并与多位国家千人计划专家、省百人计划专家、外籍教授代表面对面座谈交流，深入了解他们在住房保障、医疗保险、子女教育等相关情况。调研形成的《关于进一步推动海外高层次人才引进工作的建议》，得到了国务院多位领导同志的批示。

9月1日至5日，致公党中央常务副主席蒋作君率致公党中央医药卫生委员会调研组先后赴上海和湖北开展“基本医疗卫生法立法”专题调研。调研组分别听取了上海市、湖北省、武汉市和鄂州市关于医疗卫生改革的情况汇报，以及关于基本医疗卫生法立法的思考和建议，实地调研了上海国际医学园区，武汉市、鄂州市的部分市、区、乡镇三级医疗机构，召开了5次专题座谈会。调研前，调研组在北京召开了情况介绍会，邀请国家卫计委、国务院法制办等部门围绕基本医疗卫生法立法的相关工作进行了介绍，并就有关问题进行了讨论。根据调研形成的《关于促进我国社区卫生服务发展的建议》，得到了国务院领导的亲笔批示，指出致公党中央关于社区卫生服务的建议值得重视，要以问题为导向巩固完善基层医改。

10月8日至12日，致公党中央副主席杨邦杰、严以新率致公党中央调研组赴黔、渝、鄂等地开展长江流域黄金水道调研。调研组行程数千公里、跨越黔、渝、鄂三省市，先后实地调研了贵州余庆县的构皮滩电站、思南县的思林电站，重庆乌江彭水枢纽，湖北宜昌三峡坝区、武汉长江中游航道的通航情况，并与交通部长航局，云、黔、渝、川、鄂、赣、皖、湘、粤等地交通水运部门举行了四场调研座谈会。调研形成的《关于促进长江流域黄金水道建设的建议》，得到国务院领导的高度重视和批示。

2014年是开展乡村发展模式研究系列调研的第五年。11月20日，致公党中央在杭州召开乡村发展模式研究研讨会，对自2010年起开展的乡村发展模式研究工作进行了总结。

（五）各方联动，专委会工作不断拓展

致公党中央有十三个专门委员会，汇聚了致公党内热心参政议政工作、在各专业领域有代表性的专家学者、骨干党员。一年来，致公党中央各专委会积极参政议政，组织各种社会活动，在调查研究、提案发言、反映社情民意信息、法律咨询、学术交流、海外及港澳台联谊、社会服务、妇女工作、党务研究、理论建设等方面取得了显著成绩。

2014年，致公党中央进一步注重加强专门委员会建设，完善专委会工作制度，不断完善其机构和功能，努力推进专委会工作能力建设，为履职尽责做好服务。2014年各专委会主要完成两大项工作：一是完成专委会委员信息重新登记工作，二是组织专委会开展调研工作。在信息重新登记方面，根据中央专委会工作办公室的要求，对各专委会委员信息进行重新登记。在调研方面，五个专委会总共开展调研7项，法制委《关于总结推广厦门经验推进社会治理创新的建议》得到国务院相关领导的批示。通过专委会各项工作的开展，不仅发挥了党员专家的才智，而且提高了专委会的凝聚力，也激发了其他党员参与党内活动的热情。

（六）反映社情民意信息情况

2014 年，致公党中央参政议政部编辑整理中央专委会和各地方组织报送的信息 1617 条，经过审核从中采用 334 条报送全国政协及中共中央统战部。中共中央统战部采用 38 条（单篇），全国政协采用 37 条，其中单篇 8 条，综合 4 条，转送 25 条。其中，《关于构建常态化国际协作机制，切实维护海外华商安全利益的建议》等 33 篇信息被中共中央统战部采用，《大宗商品外贸企业反映融资难问题突出，呼吁风险控制避免“一刀切”》等 29 篇信息被全国政协信息局采用。《对盘活信贷存量问题的调查与思考 》得到中央政治局委员、国务院副总理马凯批示，《关于中国致公党中央杨邦杰副主席会见台湾亲民党宋楚瑜主席的情况反映》得到中央书记处书记、全国政协副主席杜青林批示，《加强科技成果转化、改变航天发展方式，大力发展航天应用与产业》得到中央政治局委员、国务院副总理刘延东，中央书记处书记、全国政协副主席杜青林批示，《警惕信用违约风险的集中爆发》得到中央政治局委员、国务院副总理马凯批示。

三、海外联谊和港澳台工作

2014 年，致公党中央继续发挥对外联络优势，在原有工作平台的基础上，共派出出国、出境访问团组 6 个，参加访问团组 1 个；以致公党中央名义邀请来访团组 4 个；共接待港澳台侨来宾 400 余人次；提交了 10 条有关港澳台侨的信息和建议。

（一）通过出访活动，进一步扩大致公党的海外影响力

5 月 20 日至 5 月 27 日，应加拿大洪门民治党渥太华分部、美国洪门致公总堂的邀请，致公党中央副主席王珣章率中国致公党中央代表团一行 6 人访问了加拿大、美国。在加拿大访问期间，代表团先后访问温哥华和渥太华。在温哥华，代表团访问了加洪门民治党总部，并与留学人员和专业人士座谈，双方就华人参政、回国创业、中加文化交流等问题进行了热烈探讨。在渥太华，代表团参加了加拿大洪门民治党渥太华分部成立 80 周年庆典，与来参加庆典的多伦多、埃德蒙顿、蒙特利尔等支部的洪门人士会面交流。在美国访问期间，代表团先后访问费城、纽约。在费城，代表团联合美国安生基金会向费城自由图书馆捐赠了中文图书，受到当地侨界、政界的一致好评；参加了美国洪门致公总堂第 29 届恳亲大会，与包括洪门在内的各地侨界朋友会面交流。在纽约，代表团与中资企业代表和生物制药领域的专业人士进行了座谈，就中资企业在美发展、人才引进、科技创新等问题交流了看法；走访了福建同乡会、美国安良工商会、美国洪门致公总堂、至孝笃亲公所，广泛接触当地侨胞。

6 月 21 日至 29 日，应 2014 秘鲁中南美洲华侨华人促进中国和平统一大会筹备委员会和阿根廷华侨华人联合总会的邀请，致公党中央常务副主席蒋作君率中国致公党中央代表团一行 5 人访问了秘鲁和阿根廷。在秘鲁访问期间，代表团出席了 2014 秘鲁中南美洲华侨华人促进中国和平统一大会；与在秘鲁投资的中资企业代表进行了座谈，了解企业在秘鲁的发展情况及遇到的困难，听取他们对国家相关政策的建议；走访了秘鲁中华

通惠总局和洪门民治党秘鲁总支部，与旅秘新老侨胞及来参会的中南美洲各国代表进行了亲切座谈和深入交流。在阿根廷访问期间，代表团应邀访问了阿根廷卫生部，与阿卫生部副部长兼秘书长丹尼尔·耶德林先生等进行了座谈；分别走访了阿根廷洪门协会等台籍侨社，以及阿根廷华侨华人联合总会、阿中福清会馆等新侨社团，与旅阿侨胞进行深入的交流，重点调研中、小华商在当地经营发展遇到的问题和困难，认真听取他们对祖（籍）国发展和国家对侨政策等方面的意见和建议；与从巴拉圭专程赶来的分属南美洪门总会、巴拉圭洪门协会、巴拉圭中华会馆、巴拉圭台商总会等侨社的台籍侨胞代表在阿根廷见面和座谈，向他们详细介绍了中国经济社会发展和海峡两岸交流合作的情况，鼓励台籍侨胞继续弘扬中华传统文化，推动两岸关系和平稳定发展。

8月8日至15日，全国政协副主席、致公党中央主席万钢率全国政协代表团访问波兰、匈牙利、罗马尼亚。代表团成员包括全国政协常委、全国政协港澳台侨委副主任郑立中，全国政协常委、全国政协港澳台侨委副主任马健，致公党中央副主席闫小培，全国政协委员、全国政协港澳台侨委委员、致公党北京市副主委高杰，致公党陕西省委会主委陈超，致公党中央办公厅主任王增祺。访问期间，万钢分别与波兰参议院副议长卡尔采夫斯基、匈牙利国会副主席雅高布、罗马尼亚参议院副议长尼斯托尔及三国政府科技部门官员会见，与旅欧侨胞代表座谈并实地考察侨胞投资兴业情况。

8月11日至18日，应希腊华侨华人总商会和欧洲华侨华人社团联合会的邀请，致公党中央联络部部长许怡率致公党中央代表团访问了希腊和瑞典。在希腊访问期间，代表团应邀出席了“希腊华商首届经贸文化论坛”，许怡在论坛上致辞，与50多位旅希华商代表、侨团领袖及各界友好人士聚集一堂，共同探讨在希腊主权债务危机的背景下，如何进一步加强中希两国在经贸、文化等方面的合作，为希腊华商找寻更广阔的发展之路；代表团走访了希腊华侨华人总商会、希腊华人华侨联谊总会、希腊华人联谊会等当地主要社团，实地考察华商企业，并与华商代表进行座谈，了解中小华商在当地的经营发展情况并与雅典商务孔子学院院长及教师们进行了亲切交流，调研希腊华文教育的开展情况。在瑞典访问期间，代表团应邀出席了欧洲华侨华人社团联合会第18届大会，许怡在大会开幕式上致辞，深入围绕“主动融入主流经济生活、积极改善华侨华人形象”等议题进行探讨；走访了瑞典华人工商联合总会等当地侨团，与旅瑞新老侨胞及来参会的欧洲各国代表进行了深入交流。

9月21日至27日，应哈萨克斯坦议会、丹麦议会的邀请，全国人大常委会副委员长张宝文率团访问哈萨克斯坦、丹麦。全国人大常委、全国人大教科文卫委员会副主任、致公党中央副主席严以新参加了此次访问。在哈萨克斯坦访问期间，代表团分别同哈萨克斯坦议会下院议长贾库波夫、上院议长托卡耶夫举行会谈、会见哈萨克斯坦总理马西莫夫。在丹麦期间，代表团分别同丹麦议长吕克托夫特、第一副议长霍德、外交大臣利德高会见、会谈。

12月17日至24日，应荷兰中国商会和意大利南部华侨华人贸易总会的邀请，致公党中央组织部部长李刚率致公党中央代表团访问了荷兰和意大利。在荷兰访问期间，代表团参加了“荷兰中文教育发展圆桌论坛”，李刚在论坛上致辞，与荷兰著名教育机构卢卡斯安德威吉斯（Lucas Onderwijs）集团主席埃瓦尔德·凡·弗列特先生及30多位当地华文学校、侨社代表聚焦一堂，探讨中文教育如何在荷兰主流社会推广及落实；与荷兰中国和平统一促进会、旅荷华侨总会、荷兰中国经济贸易促进会、鹿特丹华商会、荷兰中饮协会开展了交流；实地考察了荷兰现代农业，探讨两国现代农业如何开展合作。在意大利访问期间，代表团实地考察华商市场，了解中、小华商在当地的经营发展情况；与罗马华侨华人联合总会、意大利（中国）鞋业商会、意大利南部华侨华人贸易总会、意大利那不勒斯华商会、意大利华人总工会等华人商会、华人行业协会等社团座谈交流，探讨旅欧侨胞如何把握机遇，应对危机，谋求发展。

（二）通过邀请和接待活动，进一步增强致公党与海外各界的沟通和联谊

3 月 10 日，致公党中央邀请列席全国政协十二届二次会议的海外侨胞代表到中央机关参观交流。来自 22 个国家的 33 位海外侨胞代表参观了中国致公党展室，对致公党的历史沿革、组织发展以及参政议政、海外联络、社会服务和宣传教育等各方面的工作有了进一步的了解。致公党中央常务副主席蒋作君设宴招待各位海外侨胞代表，致公党中央副主席王珣章、程津培、严以新、黄格胜、闫小培，秘书长曹鸿鸣，致公党中央海联会副主任蔡建国、李嵘、陈超及中央机关相关同志参加了活动。闫小培代表致公党中央致辞，对列席全国政协十二届二次会议的海外侨胞表示热烈欢迎，对长期以来广大海外侨胞关注和支持中国的建设与发展，积极传承和传播中华优秀文化，努力促进祖（籍）国与住在国的友好交往表示衷心的感谢。她说，致公党将一如既往地秉承“为侨服务”的宗旨，倾听侨声，维护侨益，继续加强与海外侨胞的交流与合作，共同为实现中国的完全统一，实现中华民族伟大复兴的“中国梦”而不懈努力。英国华人社团联合总会名誉会长、英国中华总商会常务副主席李雪琳女士代表侨胞发言，对致公党中央多年对海外侨胞的关心和帮助表示诚挚的感谢并表达了与致公党保持密切联系，共同促进中华民族伟大复兴，促进中国人民与世界各国人民友好交往的意愿。

4 月 9 日，致公党中央副主席闫小培会见并宴请了多米尼加华侨总会访问团一行。闫小培向访问团介绍了致公党的历史、致公党为侨服务的宗旨以及致公党近些年来与多米尼加政界和侨界交往的情况。她还对多米尼加侨界多年来为致公党做未建交国家工作提供的帮助和支持表示感谢。访问团拜会了北京、重庆、广东等地涉侨单位。

5 月 6 日，革命先驱孙中山先生的孙女孙穗芳博士莅临致公党广东省委会访问。致公党中央副主席、广东省委会主委王珣章亲切会见了孙穗芳博士一行，对于孙博士一行连日奔波各地参加捐赠孙中山铜像活动表示感佩。孙穗芳博士对 3 年前致公党广外支部牵线搭桥捐赠孙中山铜像给广州外语外贸大学的情景仍记忆犹新，希望通过致公党的朋友介绍，将铜像捐赠给更多与她祖父生前有渊源关系的地方，为弘扬孙中山革命思想、爱国精神和促进祖国统一大业而努力。据悉，孙博士在世界各地捐赠了超过 100 多座孙中山铜像。

6 月 8 日，致公党中央副主席闫小培在京接待了回国参加“第七届世界华侨华人社团联谊大会”的 18 位洪门人士和海外侨领。闫小培回顾了致公党中央近些年来与侨胞所在国间的联系交往，介绍了致公党中央开展海外联络工作的新进展，表示致公党今后将继续加强与广大海外社团的交流，希望侨胞们为中国与住在国的友好往来多作贡献。

8月28日，为纪念中国皇后号首航广州230周年，推动中美友好交往和经济、贸易合作，由致公党广东省委会、广东经济投资促进会共同主办的中美经贸圆桌会议在广东举行。领导嘉宾、学者、企业界人士代表约200余人参加了本次活动。本次会议的主题是“二十一世纪丝绸之路上的新金矿——中美投资贸易展望”。学者嘉宾围绕“投资广东的政策、税收及优惠”、“投资美国的机遇与回报”等话题，对于新形势下广东省的外贸发展和对外投资等相关议题进行了研讨和对话，力争为广东省在新形势下实现“战略突围”献计献策。王珣章致辞表示，希望通过活动，对从事中美经贸研究和实践的人士有所启迪，切实推动双边的经贸文化往来。

8月28日，致公党中央联络部副部长迟卫东等接待了古巴洪门民治党谢戈德阿维拉省主席陈细九一行。双方交流了工作情况并表示加强合作的愿望。

9月17日，致公党中央常务副主席蒋作君、副主席闫小培在中央机关亲切会见了以中南美洲统促会会长唐金水先生为团长的中南美洲统促会会长访问团一行。蒋作君对中南美洲统促会会长访问团到访致公党中央表示热烈欢迎。他回顾了致公党中央与中南美洲统促会的交往历史，对各位统促会会长为推动中国和平统一作出的贡献表示感谢，并向大家详细介绍了中国的多党合作和政治协商制度，以及中国致公党的历史、发展、参政议政和侨务工作情况，希望各位会长与致公党中央加强联系，携手努力，共同为中华民族伟大复兴的“中国梦”而奋斗。闫小培在与访问团座谈时，重点介绍了中国致公党对外联络工作开展情况。

9月27日下午，致公党中央常务副主席蒋作君、副主席闫小培在致公党中央机关亲切会见了以希腊华侨华人总商会会长徐伟春先生为团长的欧洲中青年侨领国庆访问团和以香港致公协会副会长王骏先生为团长的港澳人士国庆访问团。蒋作君对两个代表团到访致公党中央表示热烈欢迎。他回顾了致公党中央与欧洲和港澳地区交往的历史，向大家详细介绍了中国的多党合作和政治协商制度，以及中国致公党的历史和发展现状，并通过详实的数据和例证着重介绍了致公党参政议政工作的开展情况，希望各位侨领与致公党中央加强联系，携手努力，共同为中华民族伟大复兴的“中国梦”而奋斗。闫小培在与访问团座谈时，重点介绍致公党中央对外联络工作的开展情况。

10月12日至18日，应致公党中央的邀请，以北美致公协会副主席徐益平为团长的北美致公协会代表团一行13人来华访问。访问北京期间，致公党中央副主席闫小培会见了代表团一行并与代表团成员亲切会谈。会谈中，闫小培介绍了中国致公党的历史和发展，回顾了致公党中央与北美致公协会密切往来的情况，表达了致公党继续为海外留学人员和专业人士回国交流牵线搭桥的态度。徐益平团长介绍了北美致公协会近几年的发展情况，并对致公党中央此次邀请来访表示感谢。代表团成员一一介绍了各自的专业背景和擅长领域，就此次来访的议题和希望了解的情况进行了深入交流。在致公党中央的安排下，访问团在京拜会了工业和信息化部，听取了部领导对国家软件业和集成电路发展的介绍；参观了网秦公司，考察了移动互联网企业在国内的发展情况。随后，代表团赴浙江、湖南、广西考察访问，考察了杭州萧山区高新技术开发区、长沙高新技术产业开发区、和南宁高新技术产业开发区，实地参观了相关IT企业，与当地政府部门和企业进行了座谈，就双方感兴趣的投资意向和项目对接深入交流。

（三）发挥优势开展港澳工作

12 月 15 日至 22 日，应澳门归侨总会和香港侨界社团联会的邀请，致公党中央联络部副部长迟卫东率团一行 5 人先后访问了澳门和香港。在港澳期间，访问团参加了香港侨界社团联会成立十周年庆典和澳门江西同乡会理监事换届就职典礼；拜会了港澳中联办协调部，就港澳有关情况沟通交流；拜访了澳门归侨总会、香港侨界社团联会、侨友社等侨团，了解了港澳地区归侨情况，介绍了致公党近年开展侨台港澳工作情况；走访了澳门致公协会、香港致公协会、港区省级政协委员联谊会、友好协进会、经贸商会、香港专业人士北京协会等团体，广泛了解了港澳特别是香港近期情况及其看法；拜访了澳门基金会、同善堂、香港东华三院、保良局、培华教育基金会等公益慈善机构，参观了香港方树泉社会服务中心等，切实了解了港澳地区公益事业发展、慈善基金管理、老人服务等情况，从中汲取了有益经验。

12 月 23 日至 27 日，致公党中央邀请香港侨友社 12 人访问团赴北京、安徽两地进行了访问。12 月 23 日下午，致公党中央常务副主席蒋作君，副主席闫小培在中央机关会见了访问团一行。蒋作君向访问团介绍了致公党的基本情况和中国共产党领导的多党合作和政治协商制度，闫小培介绍了致公党与海外侨胞及港澳台同胞交往情况。访问团名誉团长王钦贤介绍了香港侨友社的基本情况。双方围绕香港侨情及近期发生“占中”等情况进行了坦率真诚的交流。在京期间，访问团还拜访了中央统战部、国务院港澳办、致公党北京市委会等单位，就共同关注的问题进行深入交流。12 月 25 日，访问团赴安徽考察，安徽省副省长、致公党安徽省委会主委谢广祥会见了该团并介绍了安徽发展情况。访问团还与安徽省五侨单位及外经委等代表座谈，就在安徽投资兴业进行沟通洽商。

（四）发挥优势开展对台工作

3 月 19 日，致公党中央主席万钢在致公党中央机关亲切会见了以刘沛勋主席为团长、韩台玉理事长为领队的台湾国际洪门中华总会访问团一行 27 人，致公党中央副主席闫小培、秘书长曹鸿鸣等陪同。万钢对台湾国际洪门中华总会访问团到访致公党中央表示热烈欢迎，对该会成立十周年表示祝贺，对其近年在促进两岸交流合作方面所作贡献给予充分肯定。闫小培与访问团座谈时，就加强两岸民间交流与深化两岸经贸文化合作与访问团成员交换了看法，并介绍了中国致公党的发展现状，听取了进一步加强双方交流合作的意见建议。

3 月 27 日，致公党中央秘书长曹鸿鸣在致公党中央机关会见了以蔡龙绅主席为团长的台湾中国新洪门党访问团一行。曹鸿鸣介绍了致公党的发展情况及开展对台工作的情况，并表示了加强双方交流合作的意愿。蔡龙绅介绍了中国新洪门党的发展情况及台湾岛内最新政治、经济形势，并表示愿意同中国致公党在文化、经贸等领域开展更多的合作。访问团拜会了致公党天津市委会，参观了天津市霍元甲文武学校。

4 月 23 日，致公党中央联络部副部长迟卫东在致公党中央机关会见了台湾中华劳促会创会会长朱俊源一行 4 人，双方就关心的问题进行了友好交流。

4 月 27 日至 5 月 3 日，应台湾南华新闻通讯社邀请，致公党中央副主席、致公党中央文化和经济委员会主任、中国发展杂志社社长杨邦杰率访问团一行7人访问了台湾。在台期间，访问团先后走访了台北故宫、孔庙、闽南传统艺术中心、六堆客家文物馆、慈济文化园、立川农渔场、永龄有机农业园、屏东科技大学农学院、传统伦理文化发展协会等文化、教育、慈善、农渔机构组织，拜会了国际洪门中华总会、中华全球洪门联盟、中国新洪门党等洪门团体，还会见了亲民党主席宋楚瑜、秘书长秦金生，举行了三次小型的书画笔会活动，与100多位台湾各界人士就推动两岸传统文化交流、乡村经济建设、公益慈善事业发展及两岸和平发展等主题进行了座谈。

6月13日，由致公党中央妇委会、致公党福建省妇委会主办，致公党厦门市妇委会承办的第二届“致公女校”海峡两岸妇女论坛在厦门举行。本次论坛以“妇女在家庭教育中的作用”为主题，来自台湾十余个社团的妇女嘉宾及女性致公党员90余人参加了论坛。全国政协常委、致公党中央妇委会副主任李羚参加论坛并讲话。全国政协委员、致公党福建省委会副主委刘珂致欢迎词。与会嘉宾纷纷围绕海峡两岸家庭文化建设的生动实践发言，共同探讨家庭和谐的内涵。

四、社会服务

2014年，致公党中央全面贯彻中共中央和国务院有关会议精神，加强理论政策学习，以解民忧、惠民生为目的，广泛深入基层开展调研活动，积极创新工作思路，推进社会服务各项工作科学化、制度化发展。

（一）社会调研

2014年，致公党中央认真强化对国家大政方针政策的学习，切实提升理论素养，对新形势下如何发挥党派作用、更好地履行参政党职责有了更加深刻的认识，在此基础上，将社会服务工作与贯彻坚持和发展中国特色社会主义学习实践活动结合起来，开展了一系列调研活动。

4月14日至19日及10月24日，致公党中央副主席闫小培及致公党内有关医疗、养老专家，先后赴浙江丽水、温州以及上海、北京的基层社区开展社区建设养老工作专项调研，与各市区的社区居民、民政局干部、社区人员及有关致公党员进行座谈，了解各地社区建设养老工作的现状，听取相关问题及建议；并在上海市召开了“致公党中央社区建设养老问题专题研讨会”，总结和梳理各地开展社区居家养老服务的有益探索，加快构建以居家养老为基础、社区服务为依托、机构养老为支撑的养老服务体系，为保障和改善民生献计出力。

5月9日至10日，致公党中央副主席闫小培率致公党中央社会服务部有关同志前往湖南省开展系列调研。调研期间，闫小培一行在致公党湖南省委会听取了湖南省委会开展坚持和发展中国特色社会主义学习实践活动及湖南省委会换届以来的社会服务、海外联谊等重点工作情况汇报，了解了湖南致公助学平台建设情况，并先后前往长沙信息职业技术学校和浏阳县调研“武陵山区‘一家一’助学就业·同心温暖工程”项目和“淳口油茶林服务基地”建设情况，看望了湖南致公党员资助的“致公万婴班”和“致公浏阳持校班”学生，并与有关合作单位代表和参与项目的致公党员进行座谈。

9月22日至24日，致公党中央副主席闫小培率致公党中央社会服务部同志赴湖南长沙出席致公党湖南省社会服务工作会议，并对省委会社会服务重点项目进行调研和支持。活动期间举行了湖南“一家一”助学就业·同心温暖工程“致公·致福班”签约仪式：致公党中央以致福慈善基金会为平台，与湖南中华职教社、致公党湖南省委、致公党张家界市委、张家界旅游学校等单位负责人签订了“致公·致福班”协议书，由致福慈善基金会为该项目捐资人民币20万元，资助湖南武陵山区、罗霄山区以及扶贫工作重点县的50名品学兼优、家庭贫困学生（限2014级新生）就读张家界旅游学校。闫小培还率队来到以致公党员、“感动中国2007年度人物”李丽创办的湖南省未成年人心理健康辅导总站暨李丽心灵教育中心实地调研座谈，该中心整合致公党的优势资源，引进社会组织的专业优势，开展面向孩子、家庭、社区和学校的“心理健康辅导、家庭教育辅导、心理知识普及”等服务活动，帮助青少年群体更好成长。闫小培对自强不息拼搏奋斗的李丽党员给予了高度评价，指出该中心很好地将孩子和家长、社区和学校、社工和志愿者等环节有机融合，具有非常重要的借鉴意义。

10月17日至19日，致公党中央副主席闫小培一行赴闽调研福建省开展社会服务工作情况。在福州，闫小培参观了福建省省直社区致公学校和福州社区致公学校，听取了有关人员就社区致公学校开展教学活动的情况汇报，详细了解社区致公学校创建过程中存在的困难和今后办学思路。在南平，闫小培一行视察了由致公党福建省委牵线搭桥引进华侨捐款兴建的新丰致公小学。闫小培表示，致公学校是福建社会服务的品牌，致公学校有着各级组织参与度高、体现致公党“侨”“海”特色、与参政议政相联系、互动性强的几大特点，希望省委会再接再厉，对项目经验进行进一步的总结和完善，做到更加“可持续、可操作、可复制”。

（二）定点扶贫

本着“发挥优势、突出重点、持之以恒、注重实效”的原则，2014年，致公党中央对定点扶贫工作进行更加全面深入的思考，适时调整工作思路，探索扶贫工作新模式，全面提升工作质量。

1. 致公党中央参与贵州毕节试验区建设工作

1月8日，致公党中央副主席闫小培在致公党中央机关亲切会见来访的中共毕节市委书记张吉勇一行。闫小培说，过去的一年，毕节市经济社会发展取得了明显成就，十分令人振奋，希望毕节秉承转型升级、生态优先的理念，不断探索创新发展模式，在新的一年里取得更好成绩。闫小培表示，致公党中央将进一步加大参与毕节试验区建设工作力度，使帮扶更具有针对性和可操作性。

1月20日至22日，致公党中央慰问组赴贵州毕节开展春节送温暖慰问活动，对毕节七星关区青场镇、田坝镇、大新桥办事处和阿市乡共计100户五保户或贫困家庭进行走访慰问并为每户发放大米、面粉和食用油等生活用品。

3月，致公党中央在贵州毕节召开“致公党参与毕节试验区建设工作扩大会议”，并对毕节七星关区的工业、农业、教育、医疗等进行了考察。致公党中央常务副主席蒋作君、副主席闫小培出席会议并做下一阶段的部署动员工作，进一步扩大了致公党参与毕节试验区建设的参与范围，工作力度得到明显提升。会议期间，致公党中央社会发展与服务委员会委员、重庆兆德投资有限公司董事长苏定瑞还与毕节市七星关区领导签订了总投资30亿元的“兆德中央公园”城市综合体与“同心致福中药材示范基地”项目，前者用于提升毕节市政建设的总体形象，后者则通过科技示范，积极推动毕节农业产业结构调整，促进农民增收。

10月14日，致公党中央发出《关于进一步参与毕节试验区建设工作有关问题的通知》，成立了“致公党中央参与毕节试验区建设工作领导小组”，以新的工作机制进一步统筹致公党参与毕节的帮扶工作，并进一步整合致公党各地方组织优势资源，以重点推动毕节七星关区杨家湾镇新型城镇化示范点建设为主要载体，制定了带有全局性意义的帮扶计划表，推动帮扶毕节工作更加系统有机开展。

10月28日，致公党中央启动致公党帮扶毕节七星关区人民医院全科医师培训暨“致福送诊”项目，该项目是致公党中央在总结过去对毕节试验区医疗卫生事业帮扶经验的基础上，结合毕节市七星关区医疗卫生条件的需求而制定开展的帮扶项目。项目计划从2014年10月开始，计划用3年时间对毕节市七星关区杨家湾镇所有乡村医生进行全科医学免费培训，融合教育、预防、保健、基本医疗、康复、计生服务为一体的基层医疗卫生服务内容，使其系统掌握全科医学的方法和技能。第一次“致福送诊”项目组织来自山东、浙江、福建、广东及贵州的涵盖内、外、妇、儿等科室的10名致公党医疗专家，在七星关区人民医院开展各科室座诊、查房巡诊、开办讲座，并邀请了相关乡镇卫生院医师观摩学习，达到以诊带训的效果。10位医疗专家均为致公党员，技术职称为副主任医师以上级别，来自所在地区的核心医院，为所在区域的权威专家或学科带头人。本次活动在七星关区医院持续开展了三天，共计问诊人数达600余次。

12月12日至13日，致公党中央、致公党贵州省委会开展第二期“致福送诊”活动，协调贵阳医学院附属医院肝胆外科、儿科、心内科、肾内科（血透中心）、脑外科、急诊科、影像科、消化内科、泌尿外科、重症医学科的10名高级医师到七星关区人民医院举办坐诊、教学查房、临床带教、手术示教、专题讲座等培训工作。

2.“致西合作”工作

致公党中央结合重庆酉阳的发展战略和定位，与致公党重庆市委会共同牵头，多次组织专家学者赴酉阳县实地考察，对兴隆、木叶、毛坝、黑水、麻旺、板溪、桃花源等乡镇和园区建设情况和实际需求进行调研，在此基础上制定了重点支持乡村旅游开发、三木药材保护利用等产业发展的工作思路，拟在花田乡打造致公党社会服务实践基地，调动和利用党派资源和社会力量，联合打造花田乡特色村寨，并相继在文化教育卫生等领域给予力所能及的帮扶，搭建新的社会服务工作平台。

1月，致公党中央、致公党重庆市委会慰问组赴酉阳开展春节慰问活动，为山区贫困群众发放生活必需品，送去节日问候。

4月，致公党中央通过清华大学教育扶贫办公室，协调引荐祖籍酉阳的美籍华人段相蜀先生捐资30万元在酉阳二中建设开通酉阳兴级双向远程教学站，出资3万元支持台湾10名大学生参加酉阳二中“中美大学生暑期教育扶贫社会实践活动”，为强化酉阳教育事业与外界之间的联系做好牵线搭桥工作。

4 月 14 日，致公党中央副主席闫小培赴重庆出席陈玉仙慈善基金会成立大会，并听取致公党中央社会服务部、致公党重庆市委会关于下一步“致酉合作”帮扶工作设想的汇报。陈玉仙慈善基金会由致公党中央社会发展与服务委员会委员、重庆兆德投资有限公司董事长苏定瑞发起成立，重点关注教育事业的发展和帮扶，为“致酉合作”事业发展注入强劲动力。闫小培对苏定瑞同志多年来积极参与“致酉合作”事业的高尚情感表示赞赏，并指出，25 年的“致酉合作”成绩显著、影响较大，形成了党派与地方多党合作的示范，能够可持续发展这么多年的经验值得好好总结，今后致公党中央及重庆市委会要以酉阳群众需求为导向，进一步加强深度合作，开创“致酉合作”新局面。

5 月 26 日至 27 日，致公党中央、致公党重庆市委会组织致公党员专家智囊团赴酉阳，对乡村旅游和中药材产业开发进行调研。调研组一行先后前往黑水镇大泉村、桃花源镇东山三木药材基地进行实地考察，并召开“持续推进‘致酉合作’”座谈会，计划结合酉阳的发展战略和定位，进一步创新“致酉合作”方式，在乡村旅游开发、三木药材保护利用等产业发展方面给予酉阳更多帮扶，在酉阳积极打造致公党中央社会服务实践教育基地，让“合作”成果惠及更多群众。重庆市设计院副总工程师杨斌、重庆第二师范学院旅游系主任李庆等致公党专家，结合各自的专业特点，围绕建设黑水镇大泉村乡村旅游示范点、切实保护和合理利用三木药材林、打造致公党中央社会服务实践教育基地等，提出了将中药休闲养生与乡村旅游开发相结合、在乡村旅游推广中突出土家族民俗文化特色等建议。

10 月，致公党中央协调致公党广东省委会，拟引进澳洲等海外洪门致公总堂捐款 100 万元，用于援建酉阳县铜鼓乡卫生院建设，进一步改善酉阳县的医疗卫生条件。

3. 其他扶贫工作

1 月 3 日，致公党中央副主席闫小培在致公党中央机关会见了中共安顺市委书记周建琨和副书记、代市长曾国涛一行。闫小培代表致公党中央对周建琨书记一行的来访表示欢迎，并听取一同来访的致公党安顺支部负责同志关于一年来工作情况的汇报。闫小培向中共安顺市委市政府近年来所取得的成绩表示赞赏，并表示在去年组织企业家考察的基础上，做好后续项目的对接工作，发挥致公党的资源优势促进地方经济发展。今年致公党中央将继续加强与安顺的联系，找好切入点，为“致・安合作”取得进一步发展而努力，并希望中共安顺市委继续对致公党安顺支部的工作提供支持和指导。

为进一步加强致公党东西部之间的社会服务协作，5 月 6 日至 8 日，社会服务部召集各地方组织社会服务负责同志在广西崇左市召开了中国致公党社会服务工作东西部协作会议。全体与会人员围绕会议主题进行交流，为进一步推动东西部协作，促进东部地区支援西部地区扶贫工作起到了牵线搭桥作用。会议还进一步争取到国家开放大学等办学机构对致公党扶贫工作的支持，与致公党中央共同为崇左大新县堪圩乡谨汤村小学捐赠了科普、文学、艺术、历史等领域的课外读物。

10 月 17 日，在国家第一个扶贫日到来之际，致公党中央向全党发出“扶贫日”倡议书，开展“扶贫日”宣传工作，号召全党切实加大扶贫工作力度，为全国扶贫事业发展贡献力量。

（三）社会公益及培训

2014 年，社会服务部发动党内有关医疗、养老专家组成调研组，先后在浙江丽水、温州以及上海、北京的基层社区开展了社区建设养老工作专项调研。

为凝聚党内慈善爱心，扩大共识，提升慈善公益事业水平，致公党中央结合全球慈善事业发展的时代背景，于 9 月 3 日至 5 日在北京举办致公党中央第一届社会公益慈善培训班。

年底，召开致公党中央社会服务工作座谈会暨致公党中央社会发展与服务委员会 2014 年度工作会议。会议以社区建设为主题，组织各地社会服务负责同志和致公党中央社会发展与服务委员会成员 70 余人参与座谈。

（四）助侨工作

1. 助学工作

5 月 6 日，致公党中央通过致福慈善基金会，与广西崇左市外侨办签订了《关于设立“致福助侨奖学金”的协议》，闫小培代表致福慈善基金会向崇左市捐赠了 2014 年度“致福助侨奖学金”10 万元。根据协议内容，致福慈善基金会设立的“致福助侨奖学金”，将用于资助崇左市 8 家华侨农场被各类高等院校录取的应届三本（含三本）以上的贫困家庭子女，每位通过条件审核的学生将一次性获得 5000 元的奖学金，奖学金实施期限暂定三年（2014—2016 年）。

8 月至 9 月，致公党中央启动 2014 年度“致福助侨奖学金”发放工作，先后向海南、广西、云南境内华侨农场考上大学的 59 名贫困职工子女发放奖学金，共计 24 万元，帮助华侨农场贫困大学生缓解压力，完成学业。

2. 文化助侨

6 月，致公党中央协调深圳市万泽集团捐赠 50 万元善款，用于向海南省侨乡——海口市美兰区演丰镇边海村委会下山村民小组捐建文化室，以提升村民文化素养，在村内形成良好的文化氛围，造福广大村民。

（五）抗震救灾

在云南鲁甸、普洱等地发生地震灾害之际，致公党中央发动致公党员开展一系列救灾抢险和爱心捐赠，为灾区恢复重建贡献力量。8 月，致公党中央协调北大青鸟集团捐赠资金 540 万元，资助 36 名灾区贫困学生到北大附属实验学校学习，帮助他们远离地震威胁，在更好的环境下继续完成高中阶段的学业。

（六）致福慈善基金会工作

一年来，致公党中央积极巩固致福慈善基金会平台建设，努力体现“侨”“海”特色，广泛开展社会公益项目，全年累计吸收捐款总计 620 余万元，实施公益项目 9 项，捐款总计 560 余万元。致福慈善基金会还与中国宋庆龄基金会在厦门合作举办“公益论坛”，围绕“公益之道：发展与创新”主题与两岸众多基金会共同交流研讨，取得广泛社会影响力。

五、自身建设

（一）思想建设

2014 年，致公党中央认真组织学习中共十八大、十八届三中、四中全会精神和习近平总书记系列重要讲话精神，开展坚持和发展中国特色社会主义学习实践活动，进一步增进与社会媒体的联系与沟通，拓宽宣传平台，认真组织政治理论学习和理论研究，不断增强全党的道理自信、理论自信和制度自信。

1. 组织政治形势学习。

2014 年 3 月 17 日，致公党中央机关召开全体会议，传达学习“两会”精神。常务副主席蒋作君，副主席严以新、闫小培出席会议并分别传达了刚刚闭幕的全国人大十二届二次会议和十二届全国政协二次会议的主要精神。会议要求机关全体同志认真学习贯彻全国“两会”精神，切实把思想和行动统一到“两会”精神上来，不断提高参政议政、民主监督能力，抓紧抓好今年各项工作。

2014 年致公党中央机关举办了 5 次局处级干部讲座，内容涵盖：“新媒体时代的新闻执政”、“机关人事工作介绍”、“新颁布的财务政策及相关规定”、“致公党中央机关公文处理工作办法解读”、“致公党早期历史学习体会”等。

此外，致公党中央机关还及时组织全体干部学习习近平总书记在庆祝中国人民政治协商会议成立 65 周年大会上发表的重要讲话精神和中共十八届四中全会精神，收集整理各部门的学习报告，编写学习纪要。

2. 开展坚持和发展中国特色社会主义学习实践活动。

2014 年，是学习实践活动的开局之年，致公党中央砥砺奋进、积极创新，确定了主席、常务副主席、副主席和中央机关各部门学习实践活动的联系点，坚持走基层，促学习，建立了学习实践活动的统筹协调机制和工作简报通报机制，同时积极向各地方组织推荐学习资料和读物，认真搭建学习交流平台，听取广大党员的意见建议，展示学习实践活动的成果，使全党上下形成良好的学习氛围。

3. 加强理论研究。

2014 年初，致公党中央理论研究会全体会议在昆明举行，会议确定了 2014 年的重点研究课题：（1）坚持和发展中国特色社会主义与参政党建设；（2）致公党建党 90 周年的历史回顾和经验总结；（3）新时期侨情变化对致公党组织发展影响研究；（4）推进国家治理体系和治理能力现代化与加强民主党派履职能力建设研究，并下发通知向全党政绩研究课题。2014 年，致公党中央理论研究会共收到致公党各级组织及党员提交的理论文章 105 篇，经过评审，最终有 41 篇文章入选《中国致公党理论研究选集 2014》并于 12 月份集结出版。

4. 加强宣传阵地建设，做好刊物、网站和社会宣传工作。

2014 年《中国致公》编辑完成 6 期刊物，加大对致公党内重大活动、会议等的宣传报道力度，先后推出了“致公党十四届二中全会”、“致公党十四届七次中常会”、“致公党参政议政工作会议”、“两会议政集锦”、“众志成城，情系灾区”、“坚持和发展中国特色社会主义学习实践活动”、“一德说法”及抗战胜利等专栏。《中国致公》还在提高内容品质上下功夫，继续加大对党员中先进人物的宣传力度，采编并刊登了一批质量较高的人物通讯类稿件；同时，增加了党史理论研究类文章所占比例，努力提高中央刊物的理论深度；凸显本党“侨”“海”特色，加强对海外联谊工作开展情况的报道与宣传。

2014年，致公党中央中英文网站发稿3600篇，合计约200万字。制作了学习贯彻“两会”精神专题、坚持和发展中国特色社会主义学习实践活动等专题。并增加制作致福慈善基金会子栏目。为适应当前信息传播渠道的变化情况，更有效地开展网络宣传工作，致公党中央于3月份开通了官方微信账号，截至12月，共发布微信消息50余次，近200条消息，有2500人关注。此外，2014年底，致公党中央启动了网站升级改版等相关工作，准备于2015年进行网站升级改版，并推出手机新闻客户端。

在社会宣传方面，“两会”前期组织召开新闻通气会，邀请近二十家中央媒体记者参加了此次会议。会上严以新副主席介绍了致公党中央2013年在参政议政方面所做的主要工作，为即将召开的全国政协十二届二次会议所准备的发言、提案情况以及致公党成员中参加此次全国“两会”的代表委员的主要情况。

同时继续做好本党重要活动和典型人物的社会宣传报导，积极配合新华社、全国政协、中央统战部、人民网、团结报等单位做好相关文字和视频采访工作，如：《人民政协报》登载了万钢主席署名文章——《发挥侨海特色 共筑中国梦想》；蒋作君常务副主席在人民网录制寄语国庆65周年视频；配合新华社做“依法治国与国家治理现代化”专题采访等。

5. 加强宣传干部培训工作

2014年，致公党中央先后召开了致公党宣传思想工作座谈会，组宣干部培训班，网络信息员培训会议和《中国致公》“特约人员”培训交流会议，对致公党宣传干部就如何结合新形势、拓展新渠道、利用新方法开展宣传教育工作进行培训。

（二）组织建设

1. 新建组织

2014年1月，致公党陕西省委会正式成立。2014年，致公党市级组织建设取得新进展，广西河池市委员会、贵州毕节、辽宁本溪、营口市筹委会相继成立，重庆市渝北区工委会成立。同时，根据十四届致公党中央第十次主席办公会议精神，组织部积极与相关部门沟通，指导并协助致公党河南省工委做好成立致公党河南省筹备委员会的相关准备工作。

2. 继续做好教育培训工作

5月4日至10日，在中共中央统战部培训中心苏州分部举办第二期致公党地市级组织专职副主委培训班。培训的主要目的是加强地方组织专职副主委党务工作能力，提升业务工作能力。

5月19日至23日，在中央社会主义学院举办第二期致公党中央委员培训班。培训班主要目的是通过培训使中央委员深入学习中共十八大、十八届三中全会精神，认真学习习近平总书记系列重要讲话精神，交流和总结履职经验，进一步提高履职能力。

9月11日至12日，组织部与宣传部在大连联合举办致公党省级组织组宣干部培训班。培训的目的是为进一步提高本党地方组织机关干部的工作能力和业务水平，提高机关干部的工作能力。

3. 召开组织工作会议

2014年12月4日，致公党召开组织工作会议。会议深入贯彻中共十八大和十八届四中全会精神；总结、交流各省级组织开展组织工作等经验和做法；部署2014—2017年省级组织领导班子后备干部队伍建设工作；表彰51个致公党先进集体、160名优秀党员、30名优秀组织工作者。

4. 完成相关推荐和部分省级组织届中调整工作

根据相关部门的要求，推荐了最高人民法院特约监督员人选；推荐了中国经济社会理事会常务理事人选；推荐了中国和平统一促进会第九届理事会理事、常务理事人选；推荐了国务院第六次全国民族团结进步表彰大会模范集体；配合有关部门，完成相关信息核实、统计等工作；相继完成了山东、福建、广东、湖北、安徽等省级组织届中增补工作。

截至2014年12月底，致公党全党有省级委员会19个、中央直属工委1个（河南省工作委员会），省辖市级组织128，县级委员会15个，基层组织2286个，其中基层委员会71个，总支207个，支部1972个。当年新加入成员3023人。成员总数46129人，其中有“侨”“海”关系35860人，占77.7%；女性成员21055人。平均年龄50.3岁。离退休12220人。

现有成员中教育界14675人，占31.8%；科技界3075人，占6.7%；医卫界6858人，占14.9%；文艺及新闻出版1709人，占3.7%；经济界5572人，占12.1%；新社会阶层人士6497人，占14.1%，其中私营企业主2398人，占5.2%；机关团体及其他7743人，占16.8%。

担任各级人大代表的共有932人，其中全国人大常委、代表36人，省级人大副主任、常委、代表142人，市地级人大副主任、常委、代表407人，县级人大副主任、常委、代表347人。担任各级政协委员的共有4702人，其中全国政协副主席、常委、委员56人，省级政协副主席、常委、委员431人，市地级政协副主席、常委、委员1943人，县级政协副主席、常委、委员2272人。

担任县处级以上政府及司法机关领导职务的共有559人，其中在政府及司法机关担任领导职务的部级5人、司局级65人，县处级515人。

担任中央级特约（邀）工作的共有14人。

成员中大学文化程度以上33695人，占73%；有中、高级职称的30665人，占66.5%；担任中国科学院院士的共有6人，有1人担任中国工程院院士。

（三）机关建设

2014年，致公党中央认真贯彻落实中共中央的有关规定和要求，切实改进工作作风，积极推进“学习型、服务型、和谐型、创新型”机关建设。

一是继续举办机关专题讲座，形成讲学习、爱学习的良好风气。加强理论知识学习和业务培训，提升机关干部理论素养业务水平。同时年底做好机关公务员论文竞赛工作。

二是有序做好机关干部选拔推荐工作，做好地方组织机关干部到中央机关挂职锻炼工作。

三是进一步完善机关公文、财务、人事等有关管理制度，制定了《致公党中央机关公文处理工作办法（试行）》、《致公党中央机关差旅费管理办法》等5项规定。

周　慧　致公党中央联络部处长
陈颂原　致公党中央组织部调研员
宇亚轲　致公党中央办公厅副调研员
董巍伟　致公党中央参政议政部副调研员
刘　曦　致公党中央宣传部副调研员
黄鹏飞　致公党中央社会服务部主任科员

九三学社

2014年，九三学社高举中国特色社会主义伟大旗帜，深入学习贯彻中共十八大、十八届三中、四中全会精神和习近平总书记系列重要讲话精神，紧紧围绕党和国家工作大局，努力开拓创新，认真履行参政议政和民主监督职能，扎实推进社会服务，切实加强自身建设，各项工作都取得了显著成绩。

一、重要会议及活动

（一）中央委员会会议

12月8日至10日，九三学社第十三届中央委员会第三次全体委员会议在北京召开。全国政协副主席、九三学社中央主席韩启德代表第十三届中央常务委员会作工作报告。韩启德在回顾了九三学社一年来的主要工作以后指出，要把学习贯彻中共十八届四中全会精神作为全社当前和今后一个时期首要的政治任务，切实把思想和行动统一到全会精神上来。要深化坚持和发展中国特色社会主义学习实践活动，进一步做好思想宣传、理论和社史研究工作；要围绕全面深化改革和全面推进依法治国的重大问题建言献策，提升参政议政和民主监督质量；要继续探索新思路和新模式，提高社会服务工作水平；要扎实推进组织建设，大力提升组织化水平；要总结经验、巩固成果，着力加强机关建设；要积极开展港澳台和海外联络工作，为扩大爱国统一战线作贡献。

会议邀请清华大学法学院院长王振民作题为“加强宪法实施，建设法治中国”的辅导报告。会议还为获得“九三楷模”荣誉称号的王明雯、王志彪、许进、张卫民、陈利浩、杨佳、罗卫红、周翔、高富军、潘建伟10名同志进行了颁奖。表彰了九三学社2014年度信息工作先进单位和个人。

会前，360公司创始人、董事长，九三学社中央科技委员会副主任周鸿祎和中国科学院院士、复旦大学附属中山医院心内科主任葛均波分别作科学报告。

九三学社中央常务副主席邵鸿，副主席谢小军、张桃林、赖明、马大龙、丛斌、赵雯、卢柯、武维华、印红和中央委员出席会议。全国政协原副主席、九三学社中央原副主席王志珍，九三学社中央原常务副主席陈抗甫，九三学社中央原顾问唐有祺出席开幕式。中央监督委员会组成人员、部分九三学社十大代表、未担任九三学社中央委员的省级组织专职副主委和秘书长、九三学社中央机关各部门负责人等列席会议。

（二）中央常务委员会会议

1. 十三届六次中常会

3 月 6 日，九三学社第十三届中央常务委员会第六次会议在北京召开。会议审议通过了《九三学社中央关于学习贯彻十二届全国人大二次会议和全国政协十二届二次会议精神的决议》、《关于做好 2014—2017 年省级组织领导班子后备干部队伍建设工作的意见》；通报了九三学社第十三届中央常务委员会第七次会议筹备情况和建设网上“社员之家”的有关情况。

全国政协副主席、九三学社中央主席韩启德出席会议并讲话。韩启德说，中共十八大以来，新一届中央领导集体一连串改作风、树新风的举措，带来一系列新变化，出现了许多新气象。九三学社作为参政党，要积极参与国家政治生活，社员中的“两会”代表委员要利用“两会”平台，充分发挥作用。韩启德对全社提出三点要求：一是要不断增强对中国特色社会主义道路、理论和制度自信。二是要加强参政议政原始创新。三是要进一步加强组织建设。

九三学社中央常务副主席邵鸿，副主席谢小军、张桃林、赖明、马大龙、丛斌、赵雯、卢柯、武维华、印红和社中央常委出席会议，社江苏省委负责人，社中央机关各部门负责人列席会议。

2. 十三届七次中常会

5 月 19 日至 21 日，九三学社第十三届中央常务委员会第七次会议在宁夏银川召开。会议研讨了深入开展坚持和发展中国特色社会主义学习实践活动问题，交流了工作经验；审议通过了《九三学社中央委员会全会建议案工作规程（试行草案）》。全国政协副主席、九三学社中央主席韩启德出席会议并讲话。韩启德说，在全社开展坚持和发展中国特色社会主义学习实践活动，具有重大而深远的意义。本次中常会通过主题报告、集中讨论、社员先进事迹宣讲等环节，进一步增强常委会组成人员的“三个自信”，凝聚坚持和发展中国特色社会主义共识、发挥示范和导向作用，推动全社学习实践活动的不断深入。韩启德指出，必须提高中国特色社会主义共识，增强道路理论制度自信；必须加深对马克思主义理解，提高运用马克思主义立场观点方法的能力；必须善于总结我国现代化进程中的历史经验，认清中国社会主义道路的必然性；必须增强中国传统文化的自觉和自信，从中汲取丰富营养；必须坚持社会主义核心价值观，弘扬九三学社爱国民主科学优良传统。

九三学社中央常务副主席邵鸿主持会议。九三学社中央副主席谢小军、张桃林、赖明、马大龙、丛斌、卢柯、武维华、印红和社中央常委出席会议，社江苏省委负责人、社中央机关各部门负责人、社宁夏区委有关负责人列席会议。

3. 十三届八次中常会

10 月 28 日，九三学社第十三届中央常务委员会第八次会议在北京召开。会议认真学习中共十八届四中全会精神，审议通过《九三学社中央关于学习贯彻中共十八届四中全会精神的决议》。会议决定，12 月 7 日至 11 日在京召开九三学社十三届三中全会。会议审议通过了九三学社中央教育文化专门委员会和科技专门委员会增补副主任建议名单，通报了启动《九三学社社章》修改工作的有关情况。

全国政协副主席、九三学社中央主席韩启德主持会议并讲话。韩启德说，中共十八届四中全会是我国政治生活中的一件大事，全会通过的《中共中央关于全面推进依法治国若干重大问题的决定》，全面总结我国法治建设的成功经验和深刻教训，提出了推进依法治国的一系列新观点、新举措，是加快建设法治中国的纲领性文件，对有效推进改革发展稳定繁重任务和积极应对矛盾风险的严峻挑战具有重大现实意义和深远历史意义。全社各级组织和广大社员要把学习贯彻中共十八届四中全会精神与坚持和发展中国特色社会主义学习实践活动结合起来，将其作为一项重要内容，深刻理解坚持中国共产党领导与依法治国的辩证关系，坚定不移走中国特色社会主义法治道路；与做好各项社务工作紧密结合起来，围绕全面推进依法治国的重大问题深入调查研究，积极建言献策，努力推动依法治国各项举措落到实处，创新协商民主形式，增强民主监督实效，提高履职能力。

九三学社中央常务副主席邵鸿，副主席谢小军、张桃林、赖明、马大龙、丛斌、赵雯、卢柯、武维华、印红和社中央常委出席会议，社江苏省委负责人、社中央机关各部门负责人列席会议。

4. 十三届九次中常会

12 月 7 日，九三学社第十三届中央常务委员会第九次会议在北京召开。会议审议通过了中央常务委员会 2014 年工作报告并确定由韩启德代表常委会向全会作工作报告；决定委托主席会议审议关于第十三届中央常务委员会 2014 年工作报告的决议（草案）并提交全会审议；审议并原则通过了《九三学社中央巡视督导工作规则（试行）》；审议通过了十三届三中全会委员建议案审查工作组成员名单和关于二中全会委员建议案办理工作情况的报告；通报了“九三楷模”评选表彰相关事宜。

全国政协副主席、九三学社中央主席韩启德主持会议。九三学社中央常务副主席邵鸿，副主席谢小军、张桃林、赖明、马大龙、丛斌、卢柯、武维华、印红和社中央常委出席会议，社江苏省委负责人、社中央机关各部门负责人列席会议。

（三）中央监督委员会会议

12 月 9 日，九三学社中央监督委员会召开全体会议。会议审议通过《九三学社中央监督委员会关于 2014 年工作情况和 2015 年工作要点的报告》。九三学社中央常务副主席、监督委员会主任邵鸿出席会议并讲话。九三学社中央副主席、监督委员会副主任丛斌出席会议。会议由九三学社中央监督委员会副主任刘政奎主持。

邵鸿说，经过六年努力，九三学社内部监督工作取得很大成绩，架子已经搭好，工作也已上路。尤其是近两年来，工作进步明显，手段不断丰富，涌现出辽宁、河南、重庆等一批典型。邵鸿指出，明年要努力做好四个方面工作：第一要提高认识。目前监督工作开展不平衡，主要原因就是一些领导同志认识不到位。第二要丰富手段。继续探索、创新和试验，对其中的经验和做法及时总结推广。第三要加强培训。采取研讨会、培训班等方式提高监督委员能力。第四要加强自身建设。推动监督机构的建立，完善体制机制。

（四）其他重要会议及活动

1月9日，九三学社中央在京召开“对不同所有制财产实现同等保护”研讨会。九三学社中央常务副主席邵鸿出席会议并讲话。邵鸿说，习近平同志在中共十八届三中全会上指出，全会提出的许多改革举措涉及现行法律规定。凡属重大改革要于法有据，需要修改法律的可以先修改法律，先立后破，有序进行。有的重要改革举措，需要得到法律授权的，要按法律程序进行。修法是件非常慎重的事，要履行好参政职能，仅靠自身力量已经不够，必须充分借助社会力量，凝聚各方面智慧，以进一步提高参政议政质量。九三学社中央委员陈利浩在研讨会上作相关法律修改建议主题发言。著名法学家江平、郭道晖、高铭暄以及来自北京大学、中国政法大学、中国社会科学院等高校和研究机构的20多位法学专家参加研讨会。

1月10日，国家科学技术奖励大会在京召开。九三学社社员、物理学家、中国科学院院士程开甲获国家最高科技奖。大会另有49名社员主持或参与完成的40个项目获奖，其中包括国家自然科学奖5项，国家技术发明奖5项，国家科技进步奖30项。

1月12日至13日，九三学社中央在京召开第二次领导班子战略研讨会。会议就四项议题进行了研讨：1. 深刻领会十八届三中全会精神实质，如何在全面深化改革进程中发挥参政党作用；2. 如何结合九三学社自身特点开展坚持和发展中国特色社会主义学习实践活动；3. 在新形势下如何把九三学社参政议政工作的质量提高到一个新台阶；4. 如何进一步提高全社的组织化水平，把九三学社建设成为一个“思想上坚定、履职上坚实、组织上坚强”的参政党。会上，大家结合存在的问题，就有关议题的认识、具体举措以及新想法、新思路等进行了深入探讨和交流。会议由九三学社中央主席韩启德主持。韩启德说，大家的发言有很多亮点，可以归纳为三个方面，第一是战略问题；第二是履职问题；第三是自身建设问题。韩启德强调，现在到了一个新的关键时期，九三学社各项工作一定要有创新性的举措，要有开拓性的新的亮点和进展。九三学社中央常务副主席邵鸿，副主席谢小军、张桃林、赖明、马大龙、丛斌、卢柯、武维华、印红出席会议。

1月27日，全国政协副主席、九三学社中央主席韩启德在社中央机关会见了国家科技部党组书记、副部长王志刚一行。九三学社中央常务副主席邵鸿，副主席丛斌、武维华参加会见。韩启德说，科技是九三学社的界别特色和参政议政长期关注的重点领域。推动技术创新，关键是管理体制机制改革，核心在于发挥市场在科技资源配置中的决定性作用。科技人才、成果转化、经费投入、研发机构等科技资源，应通过市场实现自由公平交易。丛斌、武维华等就新科学理论体系建设、科技人才能力评价指标体系完善、科技创新人才队伍建设、实行国家各类科技计划统筹管理，强化科研项目负责人成果转化意识、加强公共资源性平台建设、科学引导企业进行基础研究、着力解决科技成果转化难等问题，与科技部有关部门进行了交流。

1月27日，全国政协副主席、九三学社中央主席韩启德在社中央机关会见了教育部部长助理林蕙青一行。韩启德说，育人不是马上见效的事，要有一个周期，不能急于求成。这么大的国家，要使各方面都满意很难。在中国搞教育一个最大的优势是全社会和所有家庭都重视，这是开展教育工作非常有利的条件。希望教育部本着大视野小切口的思路，沿着正确的方向坚持改革，同时加强宣传，形成正面舆论导向，让老百姓和全社会了解中国的教育改革，支持政府的教育工作。九三学社中央常务副主席邵鸿，副主席丛斌、武维华，副主席兼秘书长印红参加会见。

2月17日，九三学社中央副主席赖明在社中央机关会见成都市城乡建设委员会调研组，并就建筑产业化和绿色建筑等问题进行座谈。对中国建筑产业化如何能更好发展，赖明提出5点建议，一是加强标准体系建设；二是重视技术体系的集成；三是强化产业链的培养；四是完善政策和法规；五是加大推广力度。

2月24日，全国政协副主席、九三学社中央主席韩启德在社中央机关会见最高人民法院院长周强一行。九三学社中央常务副主席邵鸿主持座谈会，副主席赖明、丛斌出席座谈会。韩启德说，从财力、人员待遇、晋职等方面保障司法权威的实现，提高法院的权威地位；保障审判的独立性，禁止非法干预案件。应尽快建立知识产权法院，以推动科技服务业的发展，为创新型国家的建设提供法制保障。推动把医院定义为公共场所，确保正常医疗秩序，保护医务工作者、患者的合法权益。韩启德建议改进最高人民法院向全国人大报告工作的形式，以典型案件增加报告吸引力，改善报告表现形式。赖明建议最高人民法院加大对典型案件的曝光与宣传，积极推进法院独立行使审判权相关制度改革。丛斌建议推进量刑规范化，合理规制法官自由裁量权。

2月25日，全国政协副主席、九三学社中央主席韩启德，九三学社中央副主席丛斌在京出席最高人民法院与中国科协联合召开的“加强知识产权保护、促进科技发展创新”座谈会。韩启德指出，正确认定和依法保护知识产权，需要科技界和司法界的密切协作。现代科技活动是相同或相近学科领域的科技同行开展的创造性劳动，对科学发现优先权的确认是一种专业评价，离不开科技同行的积极参与。同行认可是科学共同体内的硬通货。知识产权是一项法律权利，涉及复杂的财产利益关系，与科技工作者的切身利益密切相关，唯有依法确认、依法保护，才更有力，才更有效。会上，丛斌等10位“两院”院士被最高人民法院聘任为第二批特邀科学技术咨询专家。

2月28日，在政协十二届全国委员会常务委员会第四次会议上，九三学社中央副主席、北京市委主委，北京市政协副主席，北京大学人类疾病基因研究中心主任马大龙被增补为全国政协人口资源环境委员会副主任。

3月3日至12日，九三学社中央主席韩启德，常务副主席邵鸿，副主席张桃林、赖明、马大龙、赵雯、卢柯、武维华、印红在京出席全国政协十二届二次会议。

3月5日至13日，九三学社中央副主席谢小军、丛斌等人在京出席全国人大十二届二次会议。

3月5日，全国政协副主席、九三学社中央主席韩启德，九三学社中央常务副主席邵鸿在京会见中共河北省委常委、统战部长范照兵。双方就京津冀一体化协同发展、京津冀生态建设、功能区规划、如何围绕协同发展开展调研等问题进行了交流。

3月6日，全国政协副主席、九三学社中央主席韩启德，九三学社中央常务副主席邵鸿在社中央机关会见了中共上海市委常委、统战部长沙海林一行。双方围绕如何更好地贯彻中共十八大和十八届三中全会精神、开展好统战工作、加强人才储备及培养等问题进行了交流。

3月6日，九三学社中央主席韩启德，常务副主席邵鸿，副主席谢小军、张桃林、赖明、马大龙、丛斌、赵雯、卢柯、武维华、印红在社中央机关出席九三学社“两会”代表委员座谈会。

3月10日，九三学社中央副主席丛斌出席“抗日战争胜利纪念日与九三学社”座谈会，并就抗日战争胜利纪念日和中日关系发表了看法。

3月20日，九三学社中央常务副主席邵鸿、副主席丛斌在社中央机关出席“社会治理与中国道路”座谈会。邵鸿在致辞中说，中共十八届三中全会提出推进国家治理体系和治理能力的现代化的总目标，社会治理是国家治理的重要组成部分。九三学社作为参政党，要为国家发展建言献策，举办这样的研讨会对于推动九三学社对相关问题的研究，提高参政议政水平很有意义。许善达、于建嵘、倪正茂、冯兴元、高全喜、周天勇、李 、任剑涛等20位社内外学者围绕中共十八届三中全会《决定》中提出的“创新社会治理体制”进行了深入研讨。丛斌在总结讲话中说，社会治理是国家治理的一部分，国家治理包括政治治理、行政治理和社会治理，不能单独考虑社会治理问题，应该用系统论的观点来思考、研究、制定社会治理体系，要适应中国文化环境，让百姓认可很重要，在社会治理体系建设中要有理性思考，稳中求进。

4月8日，九三学社中央常务副主席邵鸿在京出席《九三学社简史》修订工作研讨会。邵鸿说，10年来，中国近代史领域研究取得了巨大发展，九三学社社史研究也取得了新进展新成就，需要在新的社史中有所表现。《九三学社简史》的修订工作要确定两个原则，一是这次是修订，不是重写；二是修订方法是有确切史料证据的予以修订，没有确切证据的要慎重。《九三学社简史》的修订要制定具体计划，把工作细分到人，并按计划一步步落实，争取拿出一部经得起历史推敲的《九三学社简史》。

4月14日，九三学社中央副主席赖明在机关就三峡库区生态建设与国务院三峡办有关部门负责人座谈。赖明说，针对三峡库区的生态建设，九三学社连续关注多年，目前仍有些问题需要我们共同思考。一是加强统筹协调。二是加大支持力度。三是探索发展模式。

4月29日，九三学社中央、北京市委联合召开“推进城市公用事业改革”课题开题会。九三学社中央副主席赖明参加会议。会议由九三学社中央副主席、北京市委主委马大龙主持。赖明表示，城市公用事业承担着保障城市运行和居民基本生活需求的重要任务，是城市经济社会发展的基础和支撑。推进城市公用事业改革对于建立有效的城市公用事业供给体制，提高城市公用事业覆盖率和绩效具有重要意义。马大龙在讲话中说，此次联合调研活动在继承以往优良传统的基础上，进一步增强互动的又一次实践，又是社的两级组织增强参政议政工作纵向联系的一次探索。旨在通过调研工作，将社中央的参政议政工作指导、经验与社市委的人才资源相结合，进一步打通社中央与社北京市委的纵向联系，实现参政议政工作的共赢。

4月30日，九三学社第十三届中央委员会第十六次主席办公会议在京召开。会议研究通过了社中央科普工作委员会委员补充人选名单；研究了社章修改工作和修订九三学社简史工作；审议了《九三学社中央委员有关社务工作建议案办理工作规程（试行草案）》，决定提交社十三届中央委员会第八次主席会和十三届七次中常会审议通过；研究了社十三届七次中常会日程、议程有关安排；研究决定了有关人事事项；研究并决定与中国农业大学共同成立和建设中国农业可持续发展研究中心。

5月7日至10日，九三学社参政议政、社会服务工作平台培训班在京举办。来自30个社省级组织平台管理员及社中央机关相关部门人员60余人参加培训。培训班邀请软件平台项目开发负责人进行软件使用操作培训。九三学社参政议政、社会服务工作平台开发项目负责人进行了两个平台系统的操作使用培训。培训班还专门针对平台功能应用进行了疑难解答和专题讨论。

5月8日至13日，全国政协副主席、九三学社中央主席、中国人民争取和平与裁军协会会长韩启德率团访问墨西哥、阿根廷。访墨期间，韩启德会见了墨西哥参议长劳尔·塞万提斯·安德拉德等议会及相关政府部门负责人，并出席和裁会与墨西哥国际问题理事会合办的“中墨合作的机遇与挑战座谈会”。访阿期间，韩启德会见了阿众议长多明格斯，出席了世界和平理事会国际会议并会见了理事会主席戈梅斯等各国与会代表，并在阿根廷中国和平统一促进会与旅阿华侨华人代表座谈。

5月18日，九三学社中央主席韩启德在银川出席“宁夏内陆开放型经济试验区建设中的中阿金融贸易问题座谈会”并讲话。韩启德指出，在内陆开放型经济试验区建设中做好战略层面文章，宁夏要有清晰定位，汲取发达地区的经验，尽量避免走弯路。宁夏要利用优势，克服弱势，找到发展的突破点。要理清思路，拓宽视野，配合国家战略，发挥宁夏所长，大力引进人才，不断促进产业转型升级，早日实现开放宁夏、富裕宁夏、和谐宁夏、美丽宁夏的发展目标。九三学社中央常务副主席邵鸿，副主席谢小军、赖明、马大龙、丛斌、印红出席会议。

5月18日，九三学社第十三届中央委员会第八次主席会在宁夏银川召开。会议决定召开社十三届七次中常会，审议了常委会议程（草案）、日程（草案）；讨论修改了《九三学社中央委员会全会建议案工作规程（试行草案）》，决定提交常委会议审议通过；决定了有关人事任免事项。

5月23日，九三学社中央法律专门委员会在京召开“依法治国与国家治理现代化”专题研讨会。九三学社中央常务副主席邵鸿出席会议并讲话。来自教育社科界和司法界的社内外专家，围绕依法治国与国家治理现代化的关系进行了研讨，并提出意见建议。邵鸿说，法治对于当代中国具有特殊重要意义。作为一个转型国家，中国面临许多尖锐和复杂问题。解决这些问题，民主是必由之路。发展民主，前提是把法治建设好。要树立宪法和法律的权威，健全各项法律制度，培育法治文化。九三学社要进一步用好社内专职、专门委员会和社会等三方面力量，围绕依法治国与国家治理现代化的相关问题深入调研，多做实事、多出实招。

6月5日，全国政协副主席、九三学社中央主席韩启德在全国政协出席“推动公共场所禁止吸烟立法——控烟与健康主题座谈会”并讲话。

6月5日，九三学社中央常务副主席邵鸿、副主席赖明在社中央机关会见国家卫生计生委副主任崔丽一行，并就医改、建立双方沟通工作机制等问题进行座谈。座谈会由赖明主持。邵鸿说，九三学社与医疗卫生界有很深的渊源，拥有一大批优秀的医卫界社员，占全体成员的20%以上，医卫领域问题成为九三学社参政议政的重点。在新形势下，国家面对改革重任，如何更好地履行参政党的职能，为改革发展事业做出贡献，不仅要调动九三学社内部和社会的力量，更要与相关主管部门建立密切联系。邵鸿建议，在领导走访的基础上，要建立常态化的沟通渠道，以便就具体问题可经常性交换意见，双方可共同调研，互相参与，共同致力于我国医疗卫生事业的发展。赖明简要介绍了近两年九三学社在医卫领域的参政议政工作。

6月7日，由复旦大学、九三学社上海市委主办，上海应用物理研究所协办的卢鹤绂先生诞辰100周年纪念会在复旦大学召开。上海市副市长、九三学社中央副主席、上海市委主委赵雯和复旦大学校长杨玉良到会并致辞。九三学社上海市委原主委谢丽娟出席纪念会。赵雯说，卢鹤绂先生的耿耿忠心、铮铮硬骨、坦荡胸怀，呼唤着当代九三学社社员、广大爱国科技工作者、知识分子传承前辈薪火，担当历史使命，为实现“中国梦”，积极投身新一轮科技革命和产业变革，不懈努力，追求卓越。

6月11日，全国政协常委、九三学社中央副主席马大龙在京出席李克强总理为意大利总理马泰奥•伦齐举行的欢迎宴会。

6月12日，九三学社第十三届中央委员会第十七次主席办公会议在京召开。会议研究了举办第九届“九三论坛”有关事项，决定本届“九三论坛”于9月3日在北京铁道大厦举行，主题为“依法治国与国家治理现代化”；研究了社中央机关处级干部选拔任用工作；研究了关于规范社中央机关机构设置有关工作；研究了社中央参与统一战线对口支援江西广昌工作的有关事项。

6月12日，全国人大常委、九三学社中央副主席丛斌在人民大会堂参加国家主席习近平为刚果（布）总统萨苏举行的欢迎仪式和欢迎宴会。

6月16日至17日，九三学社中央以“信息技术与现代物流”为主题，在浙江桐庐召开了第一次科学座谈会。全国政协副主席、九三学社中央主席韩启德出席会议并讲话。全国政协常委、九三学社中央常务副主席邵鸿，全国政协常委、九三学社中央副主席武维华分别主持会议。韩启德说，九三学社是以科学技术界高中级知识分子为主体的参政党，这种组织构成是我们共同致力于中国特色社会主义事业的重要优势，参政议政、社会服务、自身建设等各项工作都要体现好这个特色，发挥好这个优势。举办科学座谈会是一次工作创新，初衷就是为社内高层次科技人才搭建一个聚会交流平台。它既不是单纯的科学研究、学术研讨，也不是专门的议政调研、社会服务，而是把不同学科、专业、行业、领域的高层次人才汇集于这个平台，通过相互交流与启发、相互讨论与碰撞，达到相得益彰、互有收获的效果，以此来推进我社的参政议政工作和提升社组织的凝聚力。

6月16日，王文元逝世。王文元（1931—2014年）出生于河南省漯河市，著名社会活动家，九三学社杰出领导人。曾任辽宁省副省长，最高人民检察院副检察长。第七届、八届全国政协常委，第八届全国政协法制委员会副主任，第九届全国政协副主席。1982年加入九三学社。历任九三学社辽宁省沈阳市委会副主委，辽宁省委会副主委，第八届、九届中央委员会副主席，第十届中央委员会常务副主席，第十一届中央委员会名誉副主席。

6月30日，魏寿昆逝世。魏寿昆（1907—2014年）天津市人，著名的冶金学家、教育家，我国冶金物理化学学科的奠基人之一，中国科学院院士。曾任北京市政协委员、常委。1952年加入九三学社。九三学社第六届中央委员会委员，第七届中央委员会常委，第八届中央参议委员会常委，第十一届中央委员会顾问。

7月2日，全国政协副主席、九三学社中央主席韩启德在九三学社中央机关会见国家林业局局长赵树丛一行。韩启德说，九三学社一直十分关注林业的发展，提出许多相关建议，产生了良好影响。希望今后能和国家林业局继续加强联系、共同进行课题调研，发挥九三学社科技优势，为我国林业发展献计出力。韩启德还与赵树丛就林业在生态文明建设中的重要地位、林业改革、治沙防沙等问题进行了探讨。九三学社中央常务副主席邵鸿，副主席兼秘书长印红参加会见。

7月10日至14日，九三学社中央常务副主席邵鸿在南京出席九三学社参政党理论与社史研讨会。邵鸿强调，参政党理论研究一定要有意义，有效用，这是根本。同时要适应自身建设需要，适应履行职责的需要。为此，一是要加强研究队伍建设；二是要加强机制创新，更好地整合力量；三是要加强调研，踏实苦干。邵鸿对社史研究工作提出五点要求：一是要以迎接九三学社创建70周年为契机，进一步加强统筹规划，推进社史研究工作；二是要加快“社史工程”进程；三是要加强工作机制建设；四是要进一步加强对地方社史工作的指导、培训；五是要进一步推进社史宣传教育，提高社史研究成果的转化利用水平。

7月17日，九三学社中央和北京九三王选关怀基金会在九三学社中央机关，就“完善汉字文化与信息处理标准关系”主题召开座谈会。全国政协常委、副秘书长、九三学社中央常务副主席邵鸿出席会议并讲话。邵鸿指出，韩启德主席一直要求全社发挥好科技人才集聚的优势，围绕科技相关课题调查研究，在重大科技问题上发出自己的声音，在履职中体现自身科技特色。如何化解语言文字界和信息技术界在汉字标准化工作上“两条线、两张皮”的状况，弥合已经出现的分歧与矛盾，建立长效沟通协调机制，是极具价值的议政题目，是九三学社应该重视并深入研究的课题。

7月18日，九三学社中央常务副主席邵鸿、副主席赖明在中央统战部出席党外人士情况通报会。

7月19日至22日，九三学社中央常务副主席邵鸿在浙江温州出席九三学社温州、大连市委会联席会议并作辅导报告。

7月28日，九三学社中央副主席赖明在社中央机关先后出席生态城报告研讨会和建筑能耗标准研讨会。

8月16日，由九三学社中央主办、远光软件股份有限公司承担开发的“九三社员之家”项目试点启动仪式在珠海举行。“九三社员之家”是九三学社组织提供给社员高效办理社内事务、履行参政议政和民主监督职责的一种信息化互动平台。该平台充分利用移动互联网实时便捷的技术优势，促进社员分享资源和信息，提出要求和建议，接收服务和指示，参加讨论与评价，增强九三学社的能力、活力、凝聚力和应变力。“九三社员之家”将在珠海、佛山、和广东省委机关支社试点先行，树立试用点和分步推进等阶段，逐步扩大试用范围，最终将形成覆盖九三学社全体社员资源共享的网络化形式。

8月17日，九三学社中央主席韩启德、常务副主席邵鸿、副主席兼秘书长印红在京出席九三学社中央书画院换届会议。韩启德兼任新一届书画院院长，欧阳中石、李燕、傅二石、吴泽浩、骆恒光任院务顾问，叶培贵、王林旭、刘正兴、王首麟、盛景华任副院长。邵鸿代表九三学社中央宣布新一届九三学社中央书画院领导机构及组成人员名单。书画院设办公室、展览部、宣传部、组联（兼社会服务）部、培训部、创作研究基地6个部门。

8月19日，九三学社中央主席韩启德、常务副主席邵鸿在京出席中央统战部情况通报会。

9月1日，九三学社中央副主席赖明在京先后出席吉林、黑龙江森工集团改制与森林禁伐研讨会和太行山扶贫课题调研报告研讨会。

9月1日，九三学社中央副主席印红在京参加李克强总理为罗马尼亚总理蓬塔举行的欢迎仪式。

9月2日，九三学社中央在京召开农村土地制度改革座谈会，全国政协副主席、九三学社中央主席韩启德出席会议并讲话。会议由全国政协常委、九三学社中央副主席、农业部副部长张桃林主持。全国政协常委、九三学社中央副主席赖明参加会议。赖明介绍了此次座谈会的背景。七省一市社组织的代表分别介绍了各自地方农村土地制度改革的进展、经验，分析了存在的问题并提出政策建议。韩启德指出，土地对国家来说是一个十分重要的问题，土地制度改革也是一个根本性难题。针对该问题，九三学社一是要进行更深入的研究；二是要创新，不要面面俱到，要聚焦到一至两个难点问题上。

9月3日，九三学社中央副主席印红在京出席向抗日烈士敬献花篮仪式和纪念中国人民抗日战争暨世界反法西斯战争胜利69周年座谈会。

9月3日至4日，九三学社全国参政议政和信息培训会在京举行。全国政协常委、提案委员会副主任、九三学社中央副主席赖明出席并做主题报告。赖明从“参政议政是什么”、“参政议政的形式”、“参政议政怎么做”三个角度全面、深入、系统的阐述了民主党派从事参政议政工作的方式方法，并从选题、调研、凝练问题和提出切实可行的建议四个方面重点就“参政议政怎么做”进行了讲解。

9月5日，由九三学社中央和九三学社北京市委联合举办的纪念陈明绍诞辰100周年座谈会在九三学社中央机关举行。九三学社中央常务副主席邵鸿出席座谈会并讲话。座谈会由九三学社中央副主席、社北京市委主委马大龙主持。邵鸿说，尽管我与陈老相识时间不足20年，但他的爱国、奉献、投入、恬淡的精神让我记忆深刻。今天，我们在这里缅怀这位具有伟大人格和卓越功勋的前辈，就是要学习他爱国奉献的精神和豁达乐观的优良品格，并转化为努力工作、敬业爱岗的动力。

9月9日，九三学社中央常务副主席邵鸿在京出席“张西曼1919年创立社会主义研究会95周年暨张西曼夫人魏希昭诞辰100周年纪念座谈会”。

9月9日至12日，九三学社中央副主席印红在山西、福建两省参加全国政协人资环委“推动建立国家层面生态补偿机制”专题调研组调研。

9月10日，九三学社中央主席韩启德、副主席赖明在社中央机关出席“东北重点林区停伐和林业管理体制改革专题调研座谈会”。韩启德指出，东北重点林区停伐既是林业发展的难点，也是林业改革的契机。尽管两地的情况和诉求有较大不同，较大差距，但是也形成了一定的共识：一是对地方国有公益性林业的投入需要保障，比如保护林区必需的管护开支、人员社保等等，这些都是保护这片土地需要投入的；二是管理体制要理顺，政企要分开；三是增强国有林区的内在动力和经济效益。在停伐的情况下发展林下经济、旅游产业等要有所作为；四是转型过程中要采取适当的扶持措施，帮助企业渡过难关。赖明介绍了此次座谈会的背景。

9月10日，九三学社中央常务副主席邵鸿在京出席奇虎360董事长周鸿祎向王选基金会捐款仪式暨社北京市委青年科学家论坛。

9月17日至18日，九三学社中央主席韩启德、常务副主席邵鸿、副主席赖明、马大龙、丛斌、武维华在京出席第二次九三学社科学座谈会。此次科学座谈会主题为“现代医学技术与过度医疗”。会上，韩启德以“对疾病危险因素控制和癌症筛检的考量”为题作主旨发言。韩启德指出，过度医疗问题日益引起社会关注，但医学界“发声”不够；医学学术共同体在制定标准、规范上起的作用不够，九三学社医学界成员在这个问题应该有更多的社会担当。

9月21日，九三学社中央主席韩启德、常务副主席邵鸿、副主席张桃林、赖明、马大龙、丛斌、武维华、印红在京出席庆祝中国人民政治协商会议成立65周年大会。

9月26日，九三学社中央常务副主席邵鸿在京出席全国政协学习习近平总书记在纪念全国政协成立65周年庆祝大会讲话精神座谈会。

9月26日，九三学社中央副主席印红在京出席纪念朱家溍、王世襄诞辰100周年墨迹图片展开幕式。

10月6日，九三学社中央常务副主席邵鸿在京参加中央统战部党外人士情况通报会。

10月8日至18日，九三学社中央副主席丛斌率全国人大法律委代表团对波兰、罗马尼亚等国进行访问。

10月14日，九三学社中央副主席赖明在社中央机关出席“安阳旅游课题研讨会”。

10月15日，九三学社中央常务副主席邵鸿在京出席朱家溍百年诞辰纪念活动。

10月20日，九三学社全国副省级城市第8次工作联席会议在南京开幕。会议围绕“坚持和发展中国特色社会主义学习实践活动”主题进行研讨交流。九三学社中央副主席丛斌出席会议。丛斌指出，“建设思想上坚定、履职上坚实、组织上坚强的参政党”是九三学社为了更好地履行参政党的历史使命、全面提升自身建设水平提出的目标，当前开展的学习实践活动是推动九三学社“三坚”建设的重要契机。他强调，研讨中要注意思考三个方面内容：一是从认识论上解决民主党派为什么要开展学习实践活动的问题。二是通过活动要解决思想和行动上哪些具体问题。三是注意吸取其他单位的好做法好经验。

10月24日，九三学社中央主席韩启德、常务副主席邵鸿、副主席马大龙、丛斌、印红在中央统战部参加党外人士情况通报会。

11月3日，全国政协副主席、九三学社中央主席韩启德在九三学社中央机关会见国家科技部党组书记、副部长王志刚一行，并就深化中央财政科技计划管理改革的方案进行座谈，深入交换意见。九三学社中央常务副主席邵鸿，副主席赖明参加会见。韩启德指出，要充分发挥市场在科技资源配置中的作用，一是将战略咨询机构提升至联席会议的平行地位；二是进一步从市场吸纳力量加入到项目管理机构；三是国家重点研发计划应与重大专项等界定明晰，其中“社会公益性研究”的提法应再斟酌；四是技术创新引导不能只依靠中央财政，还应发挥市场的作用；五是应进一步强调科技部的职能。赖明简要梳理了 2009 年以来九三学社中央在科技发展和科技体制改革领域的建言献策，涉及宏观科技管理体制、科技成果转化、科技资源配置、科技奖励制度改革、科技评价机制、科技管理改革、科技金融、科技服务业、科研经费投入、科研院所改革等系列问题。

11 月 8 日，九三学社中央常务副主席邵鸿在京参加李克强总理为加拿大总理哈珀举行的欢迎仪式和欢迎晚宴。

11 月 10 日，师昌绪逝世。师昌绪 (1918—2014) 出生于河北徐水，著名金属学家、材料学家。中国科学院院士、中国工程院院士。国家最高科学技术奖获得者。1956 年加入九三学社。九三学社第七届中央委员会委员，第八、九届中央委员会常委，第十一届中央委员会顾问。

11 月 14 日，九三学社中央常务副主席邵鸿出席由中共北京市委统战部、中国人民大学当代中国政党研究中心主办的“当代中国政党制度与国家治理”学术研讨会。

11 月 18 日至 20 日，九三学社中央 • 安阳文化生态旅游高端会议在河南安阳举行。全国政协常委、提案委员会副主任、九三学社中央副主席赖明出席会议并讲话。赖明指出，发展文化生态旅游具有十分重要的意义，不仅是调结构、转方式的需要、惠民生的现实选择、稳增长的重要措施，也是推进生态文明建设的重要抓手、繁荣文化建设的重要载体，还是提高人民生活水平和质量、为人民创造幸福生活的重要推动力。发展文化生态旅游必须牢牢把握文化是根基、生态是保障、旅游是载体这一重要理念。

11 月 24 日，由九三学社中央文化工作委员会、中央书画院、九三学社四川省委员会举办的“古蜀道文化探寻书画笔会”在广元千佛崖举行。全国政协副秘书长、九三学社中央常务副主席邵鸿出席会议并开笔。九三学社中央文化委员会主任、学苑出版社社长孟白参加会议并在“剑门蜀道申报世界自然文化遗产座谈会暨九三学社中央图书捐赠仪式”上向广元市捐赠图书。此次笔会旨在配合“九广合作行”活动，彰显蜀道文化精神，积极推动正在全面开展的古蜀道申遗工作。

11 月 27 日，九三学社中央主席韩启德带领全国政协提案委员会部分委员、提案人和提案党派代表走访农业部。

12 月 2 日至 5 日，九三学社中央以“当前我国健康养护中的科学问题”为主题，在京召开第三次科学座谈会。全国政协副主席、九三学社中央主席韩启德出席会议并讲话。九三学社中央常务副主席邵鸿，副主席赖明、丛斌、武维华分别主持四场专题会议，副主席印红出席会议。韩启德指出，随着老龄化社会的到来，老年人的照护问题成为一个很重要的问题，影响社会和谐，也影响到国家建设，需要引起进一步重视和研究。这次座谈会不纯粹是谈老年养护政策问题，还希望从科学角度，不同学科自由的交谈，把科技成果运用到老年养护中去。韩启德强调，老龄养护问题既要适合国情，也要充分考虑中国传统文化，同时也要看到老龄养护带来的机遇。要摸清情况，做好基础信息工作；要从科学上加强研究；要培养老龄养护人才；要理清政府职能和市场的关系，发挥市场在资源配置中的决定性作用。

12 月 4 日至 6 日，九三学社中央常务副主席邵鸿在京出席民主党派省级组织领导班子后备干部队伍建设情况沟通会。

12 月 9 日，“九三学社上海市委与九三学社安徽省委合作交流框架协议签约仪式”在京举行。九三学社中央副主席、上海市副市长、九三学社上海市委主委赵雯与安徽省政协副主席、九三学社安徽省委主委赵韩分别代表沪皖两地九三学社就在自身建设、参政议政调研课题和社会服务项目等工作开展全方位、多层次、多领域的合作交流达成共识，并共同签署了合作交流框架协议。

12月9日，《九三学社章程》修改工作小组召开第一次全体会议，部署社章修改工作。九三学社中央常务副主席邵鸿、副主席兼社章修改工作小组组长丛斌出席会议并讲话。邵鸿指出，修改社章是一件大事，是一项重要的政治任务。社章修改工作也是一件难事，面临着把握内外平衡、社内众口难调以及必须经得起历史检验三大难题。希望各位小组成员将社章修改工作多思考、多研究，力争通过三年的努力，拿出一部质量上乘的社章。丛斌就社章修改提出四点意见。一是希望大家在认识上解决为什么要修改社章的问题，才能尽心尽力完成这项工作。二是希望大家加强理论学习，确保社章修改文字干净、逻辑性强、法理充分、程序严谨。三是希望大家密切联系社员，细化工作流程，努力寻找最大公约数。四是希望大家在学习修改过程中真正沉下心来，加强沟通，齐心协力推动工作开展。

12月13日，九三学社中央常务副主席邵鸿、副主席武维华在中央统战部出席党外人士情况通报会。

12月17日，阙端麟逝世。阙端麟（1928—2014年），出生于福建省福州市。著名半导体材料专家，中国科学院院士。1984年加入九三学社。历任九三学社第一、第二届浙江省委会副主委，第三、第四届主委，第五届名誉主委，第八届中央委员，第九、第十届中央常委。

11月18日，全国政协副主席、九三学社中央主席韩启德视察了九三学社珠海市委机关。韩启德亲切慰问了九三学社珠海市委各位市委委员及机关工作人员，并听取了关于“九三社员之家”软件系统试点等工作汇报，并对社珠海市委的社务工作给予了充分肯定。

12月19日，九三学社中央常务副主席邵鸿在社中央机关出席《通用规范汉字表》汉字编码调研座谈会。

12月27日至28日，九三学社中央常务副主席邵鸿在浙江湖州出席梁希纪念馆开馆仪式。

二、参政议政

2014年，九三学社紧紧扣住参政议政、民主监督两大职能要求，紧紧依靠社的各级组织和广大成员，紧紧围绕全面深化改革、依法治国和促进科学发展等重大主题，深入实际开展调查研究，进一步提高建言献策的针对性和有效性，各项工作取得了新的成绩。

（一）努力提高高层政治协商建言议政质量

1月10日，九三学社中央副主席丛斌在京出席最高人民检察院召开的各民主党派中央、全国工商联负责人和无党派人士代表座谈会。丛斌在发言中表示，去年以来检察工作亮点突出，一是检察机关始终坚持党的事业和人民利益至上、宪法法律至上、公平正义至上，在围绕中心、服务大局方面充分发挥了检察职能并取得了突出成效；二是积极贯彻中共十八大、十八届三中全会精神，坚持“老虎”、“苍蝇”一起打，促进了反腐倡廉建设，促进了国家治理体系的法治化；三是强化法律监督能力建设，积极推进司法改革；四是真诚接受外部监督并切实加强内部监督。从斌对深化检察改革提出四点建议，一是改革司法管理制度，确保依法独立公正行使检察权。从制度顶层设计上，构建对省级检察院的监督制度和机制，包括错案发现和纠正机制。二是改革诉讼体制，构建科学的控辩平衡机制。考虑实行公诉权与监督权的适当分离，在强化检察机关监督权的同时，构建控辩平衡、法院居中裁量的制度和机制。三是完善抗诉制度。明确人民检察院必须接受抗诉请求的范围和条件，列明应当提起抗诉的情形。四是规范刑事涉案财产管理制度，明确界定涉案财物的范围，建立合法的追赃制度，建立完善涉案财物的保管制度。

1月21日，九三学社中央副主席丛斌在京出席由最高人民法院召开的党外人士座谈会。丛斌表示，九三学社近年来围绕“进一步完善人大代表、政协委员和民主党派司法监督制度”、“深化审判制度改革”、“强化审判监督”、“加强法官队伍建设”、“完善司法鉴定制度”等问题提出意见和建议，受到最高人民法院的重视。不久前，九三学社中央就深化司法改革问题进行了调研，召开了有九三学社的法律专业人士、法律界的人大代表和政协委员以及地方司法部门领导参加的座谈会，大家就深化司法体制改革提出了许多很好的意见。丛斌就深化审判制度改革、实现公正审判问题提四点看法。一是改革司法管理制度，确保独立公正行使审判权。二是推进量刑规范化改革，合理规制法官自由裁量权。三是进一步完善裁判文书上网公布制度。四是完善网络犯罪立法，加大打击力度，维护公民的合法权益。

2月10日，九三学社中央主席韩启德、常务副主席邵鸿、副主席赖明在京出席由国务院总理李克强主持召开的党外人士座谈会。韩启德代表九三学社中央就《政府工作报告（征求意见稿）》提出意见和建议。韩启德说，2013年，中共中央科学理性应对国内外复杂形势，强力推进行政体制改革，实施“底线思维”宏观调控思路，各项成绩来之不易。韩启德提出四点建议，一是做好“十二五”规划实施评估和“十三五”规划编制研究。二是发挥市场配置科技资源的决定性作用，保障科技资源公平自由交易，发挥资本在其中的工具和杠杆作用。三是高度重视政府科学决策的机制建设。四是遏制乱收费乱罚款，坚定推进依法行政。

5月9日，九三学社中央常务副主席邵鸿、副主席赖明在中央统战部出席由全国政协主席俞正声主持召开的党外人士专题调研座谈会。赖明建议，尽快将大数据等现代技术应用上升为国家战略，同时把数据主权纳入国家核心利益范畴，制定专项发展规划，引导大数据技术和产业快速发展，以提升政府治理能力现代化。

7月29日，九三学社中央主席韩启德、常务副主席邵鸿、副主席赖明在京出席由中共中央总书记习近平主持召开的党外人士座谈会。韩启德代表九三学社中央就优化企业技术创新环境问题建言。韩启德说，九三学社中央赞同中共中央对经济形势的判断和工作部署，认为在保持经济稳定发展的同时，要更加注重创新驱动发展、优化软环境、突破硬约束，实现经济安全、有质量的发展。韩启德就优化企业技术创新环境问题提出四点建议。一是构建充分发挥市场作用的技术创新政策体系，采取“普”（普惠性政策）、“后”

（已经市场证明的后补助政策）、“贷”（项目贷款制）等方式，转变政府对应用型技术创新支持方式。二是组建国有资本运营公司,在上市公司中将符合条件的国有股权平均分配，划拨注资成立 20—30 家国有资本管理公司，以市场化方式管理，通过考核资本回报率，解决以往对国有资产管理成效缺乏衡量标准的问题，为实现政资分开创造条件。三是保障重要企业的管理软件安全，从国家经济信息安全战略高度，重视企业管理软件的选用，对重要国企严格规范管理软件供应商的公司资质、安全等级和产品功能。四是治理税收虚收空转现象，从单纯以税收任务、数量考核评价税务向注重税收质量转变；取消对税务部门补贴奖励，斩断税务部门与地方政府之间利益纠葛，真正独立收税，依法聚财；科学制定政绩考核指标，量入为出；加强审计监督，问责虚收空转；加大关联企业税收征管力度，对蓄意转移税收行为，依法作出纳税调整。

8 月 19 日，九三学社中央主席韩启德、常务副主席邵鸿在京出席由中共中央总书记习近平主持召开的党外人士座谈会。韩启德代表九三学社中央就依法治国建言。韩启德说，依法治国的本质是以法治理念不断增强政治、政府、市场和社会理性。韩启德在发言中提出 5 点建议：第一，以依宪治国提升政治理性。使党内法规与宪法、法律有机衔接；发挥宪法赋予人民代表大会的权力，规范预算主体行为，强化预算执行监督；强化公民“国家认同”，淡化民族身份、宗教背景、户籍身份。第二，以法治政府提升政府理性。界定政府权力，明确“权力清单”和市场“负面清单”；完善人大主导立法制度；强化民主参与行政立法程序；落实重大决策须经公众参与、专家论证、合法性审查、风险评估、集体决策措施；明确政府信息、政务、行政管理流程公开与保密法律界限。第三，以法治市场提升市场理性。将政府与市场理性关系形成稳定的法律制度，保障政府与市场作用依法发挥；落实《物权法》等法律,完善集体土地所有权制度；完善市场监管和公平法律；完善市场主体信用制度。第四，以法治社会提升社会理性。开展“公民意识”和“公共精神”教育；建设符合现代社会运行规律的社团管理法律制度；发挥社会组织对利益冲突“初步过滤”及自我教育作用；完善社会协商、公众参与法律制度,引导民众有序表达，并加大对公权力的监督。第五，以执法公正和司法公信落实“四个理性”。强化程序正义，规范裁量行为，编密执法笼子；畅通行政复议渠道，有效监督行政行为；完善行政诉讼制度，推行行政执法检察监督，实现司法权对行政权的有效制约；落实行政执法责任追究制度，以依法问责促进执法公正；健全冤假错案防止、纠正、责任追究制度，细化律师辩护权保障规定，校正控、辩、审三权失衡局面。

12 月 1 日，全国政协副主席、九三学社中央主席韩启德在京出席由中共中央总书记习近平主持召开的党外人士座谈会。韩启德代表九三学社中央建言。韩启德围绕进一步加强内外统筹、开拓创新，突破“瓶颈”、补足“短板”，确保改革目标顺利实现的有关问题提出三点建议。一是统筹做好“十三五”规划。巩固改革成果，打造经济“升级版”，增进社会公平，为发展短板打“补丁”；总结“十二五”经验，加强对结构优化、环境治理、风险防范、均衡发展以及社会矛盾化解等方面研究，总结推广经验；确定新时期关系国家根本安全的战略工程；夯实社会政策“托底”作用，完善公共服务决策和评价机制，创新公共服务均等化方式；梳理政府权责清单，编制公共服务、基础设施等领域规划；在预期性和约束性指标分类基础上，对不同领域设立“底线”和弹性区间；加强生态文明建设，建立能源消费总量控制体系，协同规划能源管理与大气污染区域联防联控；着力解决“三级三类”规划编制衔接不畅、区域协调不足、专项规划混乱问题。二是进一步完善财政科技计划管理。设立高层次科技战略咨询委员会；培育社会化第三方项目管理机构；加强“社会公益性研究”中的生态环境、健康、能源等领域研究，依不同属性选择政府直接支持或引导市场投入间接支持；更好发挥市场对科技成果的筛选作用；采用税收普惠、技术创新引导专项（基金）、后补助、风险补偿等政策手段，使那些创新业绩好但处在成长期的小微企业能够得到政府支持；强化科技行政管理部门主导地位，切实发挥资源整合作用；加强军民科技管理部门统筹协调，推动深度融合。三是强化扩大开放基础性工作。在风险可控条件下，循序渐进地放松外汇管制，简化审批流程；促进在岸市场开放与发展；加强对外经援统筹，研究制定《对外援助法》；做好宣传引导，展现我国长期秉承的“义利相和”、“授人以渔”理念。九三学社中央常务副主席邵鸿、副主席赖明等也出席了座谈会。

（二）深入开展专题调研

3 月 17 日至 21 日，九三学社中央副主席张桃林、赖明带队赴湖北、重庆就农业面源污染问题开展调研。调研中，调研中，调研组一行对湖北省宜昌市和重庆市三峡库区 6 县（区）的农业面源污染防治工作给予充分肯定。认为各地在深化农村改革、推进农业现代化过程中，积极探索生态农业发展新模式，形成了一些农业面源污染防治的好做法、好经验，值得认真总结、推广。调研组强调，农业发展必须要与生态环境的保护紧密结合，统筹推进。要认真贯彻落实中央农村经济工作会议精神，继续实施“科技兴农”战略，加大三峡库区农业面源污染防治力度，全面推进农业安全生产，确保农民得实惠、环境得保护、农业得发展。

3 月 21 日至 29 日，九三学社中央副主席丛斌带队赴河南、山东、浙江就新农村建设中农业面源污染问题开展调研。丛斌一行详细听取了有关县、乡、村及企业负责人的情况介绍，与农民面对面交流，并召开座谈会听取各市农办、环保局、畜牧局等相关部门的意见和建议，全面了解新农村建设规划编制情况，村容村貌，农民生活垃圾处理，生活污水排放，农田土壤状况，作物种植中化肥，农药施用种类、数量、方法等，畜禽养殖集约化程度，储粪池建设，液态粪水排放情况以及当地针对面源污染问题采取的措施、防治的难点和建议等。丛斌一行还参观了张雪岩纪念馆、梁希纪念馆等地，并听取了九三学社河南省委有关“同心·康福行动”的工作汇报。

4 月 1 日至 4 日，九三学社中央副主席赖明带队赴河南、广东就建筑垃圾资源化利用和无害化处理工作开展调研。在调研中，赖明指出，建筑垃圾资源化利用是变废为宝、化害为利、实现资源循环利用的有效途径，对于促进资源再生、推动可持续发展有着重要意义，是一件一举多得的利国利民事业。郑州、许昌和深圳在建筑垃圾资源化利用方面做了大量工作，在强化管理、体制建设、机制完善等方面进行了很多有益的探索和创新，取得了显著成绩。针对各地提出的一些意见建议，调研组将会带回去认真研究，积极向国家有关部门反映，通过共同努力，争取国家加大对建筑垃圾资源化利用工作的重视和扶持力度，推动建筑业的可持续发展。

4月9日至12日，全国政协副主席、九三学社中央主席韩启德率调研组赴上海就利用大数据技术提升政府治理能力问题开展调研。九三学社中央副主席赖明，上海市副市长、九三学社中央副主席、上海市委主委赵雯参加调研。在沪期间，中共中央政治局委员、中共上海市委书记韩正会见了韩启德一行。调研期间，韩启德一行听取了上海市经济信息化委、发展改革委、科委和公安局等部门关于利用大数据技术深化政府治理体制机制改革、促进政府治理体系和治理能力现代化、优化公共服务与社会治理质量、推进大数据技术研发等相关情况介绍；考察了上海申康医院发展中心、万达信息股份有限公司、上海市公共信用信息服务平台、上海市交通信息中心、长宁区华阳街道综合治理中心等单位，与相关科研院所和企业、高校负责人面对面交谈，听取在研发、应用和推广大数据技术进程中取得的成绩，以及面临的困难和问题，并就如何支持大数据技术在上海乃至国家层面的研发应用、如何充分挖掘该技术在提升政府治理能力方面的巨大潜力等方面，提出了意见建议。

4月16日至18日，九三学社中央主席韩启德率社中央调研组就中小微科技企业发展和市场配置科技资源问题在京调研。九三学社中央常务副主席邵鸿，副主席赖明、马大龙参加调研。

4月21日至25日，全国政协常委、提案委员会副主任、九三学社中央副主席赖明率九三学社中央调研组在广东就“利用大数据技术提升政府治理能力”和“碳交易”问题进行调研。在广州，赖明一行先后考察了广州市电子政务中心、广州市城管委、国土房管局、国家超级计算广州中心、广州市越秀区、黄浦区综合信息服务管理改革系统，以及北明软件、佳都新太等相关企业，并分别召开多次座谈会，听取政府、相关部门和企事业单位情况介绍，详细了解“利用大数据技术提升政府治理能力”情况。在深圳，赖明一行先后考察了深圳市碳排放权交易所、深圳市国际低碳城及相关企业，并分别召开两次座谈会，听取政府、相关部门和企业情况介绍，详细了解“碳交易”相关问题。

5月4日至7日，全国人大常委、九三学社中央副主席、九三学社重庆市委主委谢小军，全国政协常委、提案委副主任、九三学社中央副主席赖明就“西南水电开发”课题，率九三学社中央与社重庆、四川、贵州、云南、湖北五省（市）联合调研组赴四川省攀枝花市、凉山州和雅安市等地考察调研。在四川，调研组一行先后考察了雅砻江流域的二滩水电站、锦屏水电站，大渡河流域的瀑布沟水电站，走访了国家电网四川电力公司，并分别召开多次座谈会，听取政府、相关部门和企事业单位情况介绍，详细了解“西南水电开发”情况。

5月9日至13日，全国政协常委、全国政协提案委副主任、九三学社中央副主席赖明率有关专家分别到六盘水、贵阳市、黔南州等地就“建筑垃圾资源化利用”和“水生态资源安全”课题进行实地考察调研。赖明认为，中国城镇化必须走低碳道路，如果继续以高碳、高排放的发展模式搞城镇化，能源安全、气候安全将难以保障。要实现低碳城镇化，除了在可再生能源、消费等这些技术层面要采取措施，还要在建筑质量等方面更加科学、合理和法制化、实现建筑产业化。调研组表示，水生态文明建设是推进城市生态文明建设的重要抓手，是探索新型城镇化建设的重要途径。贵州紧紧抓住改革发展机遇，积极践行生态文明理念，充分利用自身生态资源优势，大力开展水生态文明城市建设试点，把生态文明理念融入到水利资源开发、利用、治理、配置、节约、保护的各个方面和水利规划、建设和管理的各个环节，积极探索工业化、城镇化与水生态文明建设同步推进的理论研究与实践，在全国具有典型性和示范性。

5月31日，九三学社中央副主席赖明率调研组赴马鞍山调研“城市建设弃土综合利用”项目。赖明一行考察了安徽省首个“九三学社专家工作站”所在的企业，听取了公司负责人关于“城市建筑弃土综合利用”的专题报告。赖明指出，随着我国经济的高速发展，建筑垃圾等固体废弃物大量占用土地、破坏生态环境，已成为城市发展的“公害”。“土改性技术”为有效处理城市建设中产生的弃土提供了解决途径，在节约资源、保护环境等方面都有巨大的潜力。九三学社中央将认真整理此次调研成果，并通过参政议政渠道向国家层面递交相关调研报告，为解决我国城市建设弃土利用问题献计出力。调研期间，赖明看望了九三学社马鞍山市委的部分委员和机关干部。赖明要求，九三学社马鞍山市委要坚定“干什么”和“怎么干”的思想意识，继续加强自身建设，充分发挥参政议政、民主监督的职能，实现真正意义上的“参政为民”。

6月19日至23日，九三学社中央教育文化委员会调研组赴重庆市和湖南省就职业教育课题进行调研。调研组先后考察了重庆城市管理职业学院、重庆交通职业学院、重庆公共运输职业学院（重庆市公共交通技工学校）、重庆市城市建设技工学校和重庆能源职业学院，和由长沙商贸旅游职业技术学院、长沙信息职业技术学校、长沙市美术学校、长沙市财经学校、长沙市电子工业学校和长沙市机电职业中专等6所公办职校组成的长沙职教基地，长沙医学院、湖南都市职业技术学院等民办职业院校，在两地分别召开教育主管部门及职业院校负责人、职业院校老师、学生代表等5场座谈会。

7月3日至10日，全国政协常委、副秘书长、九三学社中央常务副主席邵鸿就“民办教育与职业教育”课题，率社中央教育文化专委会组成的调研组赴贵州省毕节市、六盘水市、黔南州、贵阳市等地进行考察调研。调研组一行深入到毕节双山新区职教城、毕节职业技术学院、贵州应用技术学院（毕节学院）、毕节梁才学校、兰苑中学和威宁县职业技术学校、贵州工贸职业学校、威宁思源中学、阳光学校、威宁石门坎中学等地，实地查看办学条件、实训设备、学生学习环境等，召开了四次座谈会，通过听取汇报，与学校老师、学生及学生家长座谈，就民办教育与职业教育工作中的具体做法与成就、存在的问题与困难、今后工作的对策与思考进行了深入调研。

7月20日至27日，九三学社中央副主席赖明在山西、河南、河北就太行山区扶贫工作进行调研。在实地考察并听取汇报后，赖明指出，扶贫开发不简单，不是单纯投钱，不能理想化，有几项工作需要认真思考：一是要进一步提高认识，高度重视扶贫工作。二是要统筹协调；三是要转变发展方式和理念。四是要因地制宜，综合施策。

7月30日，九三学社中央副主席、重庆市委主委谢小军，九三学社中央副主席赖明率九三学社专家、重庆市发改委、经信委、安监局、城乡建委等部门到重庆市大渡口区开展老工业基地转型发展调研，为大渡口区转型发展出谋划策。

8月1日至6日，全国政协副主席、九三学社中央主席韩启德在山东威海调研。韩启德一行先后实地察看了好运角旅游度假区、宝威学堂和威高集团，详细听取了威海市经济社会发展情况的介绍。韩启德对威海市坚持产业强市和工业带动发展战略，大力推进全域城市化和市域一体化，加快建设现代化幸福威海的做法给予充分肯定。希望威海市进一步解放思想、真抓实干，突出工业经济的辐射带动作用，做大做强经济总量；高度重视重点区域的开发建设，以重点区域开发带动城乡统筹发展和民生事业建设，优化城市空间布局，不断推动经济社会发展再上新台阶。

8月3日至9日，全国人大常委、法律委员会副主任、九三学社中央副主席、中国工程院院士丛斌赴黑龙江省就新农村建设中农业面源污染问题及有机循环农业进行专题调研。丛斌一行先后深入齐齐哈尔市绿老大水稻种植专业合作社、黑龙江天和牧业有限公司、查哈阳农场科技园区、八五七农场现代化农业示范区等地进行了实地考察，并召开了四次座谈会，分别听取了黑龙江省、齐齐哈尔市、鸡西市及黑龙江农垦等相关部门关于新农村建设中农业面源污染及有机循环农业有关情况的通报，并与他们进行了座谈交流，征求相关意见和建议。丛斌建议，治理农村面源污染，生产合格的农产品，要建立系统的农村社会治理机制，从人的建设问题、组织建设问题、企业、科技、监测系统、处罚机制和农民的继续教育问题等七个要素入手建立完善农村的社会治理机制。要因地制宜，走生态循环农业的可持续发展道路。

8月4日至12日，全国政协常委、提案委员会副主任，九三学社中央副主席赖明率调研组赴四川省甘孜藏族自治州、阿坝藏族羌族自治州就川甘青藏族接合部经济社会统筹发展问题进行调研。其间，调研组听取情况介绍，与当地有关部门负责人互动交流，详细了解川甘青接合部生态保护与建设、宗教管理与社会治理、基础设施建设与民生工程保障、经济发展与社会稳定等问题，同参与调研的国家部委、当地党政负责人就该地区的长治久安、和谐发展、全面建成小康社会等重点工作进行了深入研究。

8月20日至23日，全国政协常委、提案委员会副主任，九三学社中央副主席赖明率调研组赴河南、山东两省就黄河滩区扶贫开发问题进行专题调研。调研组先后深入黄河滩区腹地河南省濮阳和山东省菏泽两市，考察多个当地扶贫开发产业，进村入户了解当地贫困状况。在调研和座谈中，赖明指出，做好黄河滩区的扶贫开发工作，一是中央和地方政府都要高度重视，从战略定义和战略思考上作出总体规划，慎重考虑黄河滩区发展面临的众多不确定因素；二是要明确黄河滩区未来发展方向和发展定位，进而调整发展思路和发展方式，并出台相应政策措施；三是要紧密结合黄河滩区经济社会发展实际，依靠产业发展带动经济发展，选好适宜产业，走产业扶贫道路，要因地制宜地发展滩区木业加工、畜牧和水产养殖等产业；四是要加大黄河滩区义务教育和职业教育投入力度，提升滩区群众的素质，为获取更多就业机会和更高劳动价值创造条件，从根本上解决问题；五是要大力发展服务业、旅游业等第三产业，引导滩区群众向滩外转移就业，解决好“人往哪里去”的问题。

9月22日至24日，九三学社中央副主席赖明、武维华一行分别赴盐城、南通两市就“盐碱地治理与利用”开展调研。调研期间，调研组对汇星农场、东凌垦区等地进行了实地考察，在盐城、南通两市分别召开座谈会，座谈交流。在听取相关部门领导就盐碱地治理情况介绍后，赖明指出，盐碱地开发要与海洋发展战略相结合、要与生态安全相结合、要与我国国情相结合，实行因地制宜、分类指导，通过科学的方法、科学的思路和科学的态度开发利用盐土资源。

10月9日至13日，全国政协常委、提案委员会副主任、九三学社中央副主席赖明率调研组就现代农业科技推广体系和绞股蓝产业发展问题赴陕西调研。

10月19日至23日，九三学社中央主席韩启德、副主席赖明在重庆就进城落户居民农村宅基地有偿退出工作进行调研。

11月26日至29日，全国政协常委、副秘书长，九三学社中央常务副主席邵鸿率九三学社中央调研组赴河南调研民办教育问题。邵鸿一行先后来到郑州澍清医学高等专科学校、郑州科技学院、郑州电子信息职业技术学院、漯河食品职业学院等民办院校考察，与学校负责人、老师和学生深入交流，详细了解学校师资建设、教育教学、实习实训、学生就业、基础设施建设等情况。调研期间，邵鸿赴濮阳出席了九三学社“同心”康福行动工作汇报会暨九三学社“同心”康福行动科技合作签约仪式、社员企业家创业奖励基金、就学资助资金捐赠仪式；会见九三学社漯河市委领导班子成员，听取工作汇报，给予工作指导。

12月11日至15日，九三学社中央副主席赖明在广东就建筑能源控制与健康住宅课题进行调研。

（三）在政协充分发挥作用

在全国政协十二届二次会议上，九三学社中央提交大会发言13篇，其中，2篇被全国政协选为大会口头发言，11篇被定为大会书面发言。在全国政协十二届二次会议上，提交九三学社中央名义提案44件、界别名义提案22件。其中，《关于发挥市场配置科技资源的决定性作用让创新活力竞相迸发的提案》被全国政协列为大会“一号提案”；《关于深化行政体制改革的建议》等5篇提案入选《全国政协重点提案摘报》，《关于完善农村土地承包经营权流转制度的提案》被全国政协列为重点调研课题。另外，九三界别委员个人或联名向大会提交提案近百件；全年提交平时提案10件。

2月28日，九三学社中央副主席丛斌在社中央机关出席全国“两会”媒体通气会。丛斌通报了九三学社中央今年参政议政工作总体情况，对媒体报道提出了期望和要求。九三学社中央参政议政部有关负责人介绍了提案和大会发言准备情况并回答记者提问。会上还向媒体推荐了九三学社全国人大代表和全国政协委员新闻采访线索，介绍了政协大会九三学社组新闻联络员。

3月7日，全国政协常委、提案委员会副主任、九三学社中央副主席赖明在梅地亚两会新闻中心出席全国政协十二届二次会议记者会，并回答记者提问。赖明说，我们国家的协商民主在逐步地推进，在深度上、广度上都在快速推进。人民政协有四种主要协商形式：提案办理协商、专题协商、界别协商、对口协商。提案办理协商是非常重要的一种协商形式，它可以单独的表现为对所有的提案进行办理的协商，也可以表现为包括对口协商、专题协商甚至包括双周协商座谈会。这几种协商形式还要不断地完善，使我们的协商更加广泛多层制度化。

3月8日，全国政协副主席、九三学社中央主席韩启德在全国政协礼堂出席全国政协“发挥市场决定性作用和更好发挥政府作用积极化解产能过剩”提案办理协商会。韩启德表示，产能过剩已成为制约我国经济健康发展的重要问题，从国家层面看，这也是事关国家治理体系和治理能力现代化的问题。化解产能过剩矛盾，就要发挥市场在资源配置中的决定性作用，同时，更好地发挥政府的宏观调控作用。我们探讨化解产能过剩的方法和途径，既要着眼于解决当前问题，也要符合国家长远发展战略，必须下大力气找准病因，对症下药，在治标的同时还要治本，促进产业转型升级，为国家经济健康发展贡献实实在在的力量。

6 月 3 日，九三学社中央常务副主席邵鸿在京出席全国政协“深化产教融合、校企合作，加快现代职业教育体系建设”专题协商会。

6 月 11 日，全国政协就家庭农场问题召开了重点督办提案办理协商会，九三学社中央提交的《关于大力培育家庭农场，加快现代化农业建设》提案被列为重点督办提案，农业部、财政部、国土资源部、中国银监会、国家粮食局等提案承办单位介绍了提案办理及有关工作推进情况。

6 月 12 日，全国政协副主席、九三学社中央主席韩启德，全国政协常委、副秘书长、九三学社中央常务副主席邵鸿，全国政协常委、提案委员会副主任、九三学社中央副主席赖明在京出席全国政协第十三次双周协商座谈会。本次会议以九三学社中央“利用大数据技术提升政府治理能力”的调研课题为议题。中共中央政治局常委、全国政协主席俞正声主持会议。赖明代表九三学社中央作主题发言。赖明指出，九三学社近期调研总结的诸多案例表明，大数据能显著提升政府的科学决策、市场监管、公共服务、社会管理和生态文明建设能力。为此，要从共享、法律、技术和应用四个方面入手，强化利用大数据的能力和根基。一是健全标准体系，统筹共建分层次的公共共享数据云平台。二是尽快制定涉及个人隐私、商业秘密和政府保密数据采集、使用和保护的基础性法律，明确数据拥有者、使用者、管理者、知情者等各方权责。三是加大安全技术和基础设备研发投入，强化核心技术自主可控原则。四是尽快实施大数据发展战略，将其纳入“十三五”规划并制定专项规划；以提升政府治理能力现代化为突破口，打破数据垄断，完善产业发展环境。

7 月 10 日，九三学社中央副主席张桃林、印红在京参加全国政协第十五次双周协商座谈会，并就南水北调中线水源地水质保护问题建言。张桃林认为，实现水源区周边农业生产与水体保护的双生共赢，意义重大、工作紧迫、任务艰巨。必须创新发展理念，依靠科技进步，强化政策制度保障，用南水北调工程的建设要求来倒逼农业面源污染防治，以现代生态农业建设来保障和维护“一库清水”，形成良性循环。印红认为，加强中线水源地水质保护，既要在降低水污染的环境治理上做好减法，同时要注重在提高水源涵养功能的生态建设上做好加法。通过污染减量和生态增量同时入手，提升水质。

9 月 11 日，全国政协委员、九三学社中央常委、内蒙古自治区委主委刘新乐和新疆维吾尔自治区委主委贾殿赠在京参加全国政协第十八次双周协商座谈会，就民族地区城镇化进程中的就业问题提出意见和建议。

（四）信息工作再度领先

2014 年，九三学社通过广泛调动信息员积极性，着力加强信息分析筛选，采编形成《九三学社信息》、《九三学社信息专报》611 期，被全国政协采用 64 篇，信息总分值名列各报送单位第一。社中央参政议政信息工作部门被全国政协办公厅评为反映社情民意信息工作先进单位。《关于进一步强化涉藏涉疆智库建设的建议》等5篇信息得到俞正声、汪洋等中共中央领导同志的批示。信息员队伍中涌现出一批勤奋、敬业的“新秀”。

（五）民主监督工作继续推进

九三学社中央把民主监督寓于履行职能的各项工作中，通过高层政治协商、“直通车”建议、政协提案和发言以及反映社情民意的信息工作等方式提出批评意见。例如，提出加强对科技项目立项和管理的第三方参与和监督，行政审批改革后应加强对第三方中介机构的监督管理，重视治理税收虚空转现象等，受到了中央或有关方面的高度重视，有些已经体现在国家的改革举措中。应邀出席最高人民法院、最高人民检察院、中央统战部召开的座谈会和情况通报会，就若干突出问题提出意见，发挥了民主监督作用。在第二批党的群众路线教育实践活动中，九三学社各级地方组织和广大社员积极参与，反映党风政风问题，推动了当地教育实践活动扎实有效开展。担任各级特约监督员、监察员、检察员、审计员的社员，以高度的政治责任感参加有关检查和监督工作，发挥了特约人员的作用。九三学社中央认真接待处理来访来信，使一些损害社员群众权益的事件得到妥善解决。

（六）论坛活动稳步开展

5月15日，九三学社上海高校论坛第51次会议在复旦大学召开，来自上海10多所大学的九三学社社员围绕“新时期大学生综合素质的培养和新路径”的主题,进行了研讨。九三学社中央副主席、上海市委主委赵雯到会并讲话。赵雯指出，全球化、信息化的当今时代，激烈的国际竞争是经济与科技的比拼，更是知识、创新、人才与国民素质的较量。为此，我们需要建立充满活力、富有效率、自主开放，有利于高校科学发展的体制机制，需要营造以学生为中心，学术思想自由、人格精神独立、民主科学爱国的校园氛围，需要一大批甘当人梯、以品行引领学生心灵，以学问启迪学生智慧的教师，指导学生、帮助学生，为他们放飞青春梦想、实现人生出彩搭建舞台。

9月3日，九三学社中央在京举办第九届“九三论坛”，专题研讨“依法治国与国家治理现代化”。全国政协副主席、九三学社中央主席韩启德作开幕讲话。论坛由九三学社中央常务副主席邵鸿主持。九三学社中央副主席赖明、丛斌出席论坛。韩启德强调，国家治理体系和治理能力的现代化离不开法治。法治在国家治理中具有基础性、全局性地位。“法治中国”战略与国家治理现代化紧密联系，本质上都是强调国家治理和公共管理的理性化。国家治理现代化所需要的“理性化”，就是通过制度设计及落实，抑制治理结构和治理过程中的非理性行为。克服国家治理体系和能力上的非理性行为，既是推进治理现代化的核心，也是法治中国建设的核心。

9月25日，九三学社中央副主席赖明在上海出席国际生态岛论坛。

10月30日至11月1日，九三学社中央副主席赖明在成都参加由成都市温江区政府和生态旅游协会共同举办的“生态经济发展论坛”。

11月18日至19日，“九三学社坚持和发展中国特色社会主义专题论坛”在合肥举行。

九三学社中央副主席兼秘书长印红出席会议并讲话。印红指出，举办坚持和发展中国特色社会主义学习专题论坛是九三学社开展学习实践活动的一项重要内容。要通过论坛的举办，认真学习十八届四中会会精神，理清中国特色社会主义道路、理论体系、制度的内涵要义及其相互关系，正确认识中国特色社会主义政治发展道路与维护多党合作政治格局及弘扬九三学社爱国民主科学优良传统的关系，在正本清源中增强中国特色社会主义道路自信、理论自信和制度自信。此次论坛共收到论文 289 篇。15 位专家学者在 3 个分论坛上，围绕中国特色社会主义科学内涵和实践要求、中国特色社会主义的客观规律性与历史必然性、九三学社对意识形态领域特别是互联网上极左和极右思潮应否发声及如何发声等 3 个主题，从不同角度做了主旨发言。

（七）加强港澳台和海外联络工作，为扩大爱国统一战线作贡献

3 月 25 日，全国政协副主席、九三学社中央主席、中国海外交流协会会长韩启德在北京会见了世界福州十邑同乡总会（简称世福总会）访问团。韩启德指出，新“海上丝绸之路”与海外华侨华人息息相关，是一条共同繁荣的路。历史上，中国的丝绸、茶叶等都是通过这条路走出国门，如今中国日益强大，重建这条路有助推动世界的和平发展，在这一过程中，海外华侨华人大有可为。

5 月 30 日，全国政协副主席、九三学社中央主席、中国海外交流协会会长韩启德在钓鱼台国宾馆会见了马来西亚华社部分代表。韩启德指出，马来西亚广大华侨华人为促进中马友好及经济、文化的交流合作，作出了积极贡献，他对此深表赞赏，并希望大家把握两国关系不断发展深化的机遇，发挥更多“桥梁”作用。

7 月 28 日，全国政协副主席、九三学社中央主席韩启德在京会见香港侨界社团联会青委会访问团。

8 月 18 日，九三学社中央常务副主席邵鸿在京会见台湾慈济基金会副总执行长林碧玉女士一行。

11 月 13 日，全国政协副主席、九三学社中央主席、中国海外交流协会会长韩启德在北京会见以欧佳霖为团长的世界越柬寮华人团体联合会访问团一行 45 人。韩启德在会见中指出，65 年来，新中国走出了一条不平凡的发展道路，特别是改革开放以来，中国的社会、经济、文化等各方面都有了非常显著但来之不易的变化，这些成就离不开海外华侨华人的共同努力。韩启德希望世界越柬寮华人团体联合会今后继续积极帮助侨胞融入住在国主流社会，同时也为中外友好作出更大贡献。

12 月 20 日至 22 日，全国政协副主席、九三学社中央主席韩启德在香港出席香港侨界社团联会成立 10 周年晚会暨侨界青年代表座谈交流会，联系香港侨界人士并了解香港青年现状。

三、社会服务

2014 年，九三学社坚持围绕中心、服务大局，积极开展社会服务工作，在九地合作、支边扶贫、亮康行动、新农村建设、科普活动等方面做了大量工作，取得了一定成效。

1月4日，九三学社中央书画院、北京九三书画院共同赴九三学社多党合作社会主义新农村建设项目示范基地——“延寿谷”旅游养生主题沟域产业园区所在地黑山寨村，举办“送文化下乡送春联入户”笔会活动。社中央常务副主席邵鸿出席活动并为笔会开笔。邵鸿说，到这里来，不仅是送文化送春联，而且想通过这样的活动，在为农民提供服务的同时，更加深入地了解基层情况，加强九三学社与基层的联系，改善民生，促进和谐，更有效地发挥民主党派参政议政、民主监督的作用。

2月24日，九三学社中央副主席丛斌在京出席统一战线参与毕节试验区建设第六次联席会议。

3月21日至22日，九三学社中央副主席丛斌率社中央调研组一行到河南鹤壁市，就鹤壁市新农村建设工作进行专题调研。座谈会上，调研组听取了鹤壁市新农村建设及农业面源污染防控工作情况汇报，并与鹤壁市有关部门的负责同志进行了座谈交流。丛斌指出，鹤壁市农业及农业产业化基础较好，可在今后的发展中建立有机安全食品生产示范区，实现养殖、种植、废物处理规范化，在全国起到引领作用；开办现代化的农业职业技术学院，培养现代新型职业农民，使农业现代化可持续发展；进一步加强“九鹤合作”，充分发挥九三学社人才和智力优势，为鹤壁市新农村建设及经济社会发展提供帮助，积极探索建立完善科学的农业面源污染治理指标体系和治理机制。

4月21日，九三学社中央常务副主席邵鸿在机关出席“九益合作”汇报会。邵鸿表示，九三学社中央支持九三学社湖南省委与中共益阳市委市政府开展合作，希望双方利用好“九益合作”平台，把好事做实。当前正值我国经济转型的重要时期，益阳在承接产业梯度转移中具有独特优势，很有发展潜力。针对“九益合作”实施过程中遇到的困难及湖南方面提出的请求，九三学社中央将在力所能及范围内，从多个方面进行支持。

5月10日至16日，九三学社中央副主席丛斌在西藏拉萨出席九三学社“亮康行动”西藏行活动。丛斌在启动仪式上发表讲话，指出，“亮康行动”来到西藏，帮助贫困患者解除失明或半失明痛苦，使每一个人享受到党和政府的温暖，是九三学社坚持中国共产党领导的多党合作和政治协商制度，践行“同心”思想，为国分忧，为民解难的一项重要实践活动。在西藏做工作，就是将改革开放成果惠及全体藏区同胞。提高藏族兄弟的幸福指数，是全党和全国人民的共同愿望，九三学社作为参政党当义不容辞。本次活动为藏族同胞实施免费白内障复明手术101例，手术病人年龄最大的86岁，最小的11岁，有藏族、回族、汉族，有农民、牧民，还有工人和干部。

5月19日，全国政协常委、九三学社中央副主席、中国科学院院士卢柯一行在银川市开展九三学社中央院士专家西北行活动，分别赴宁夏机械研究院、银川隆基硅材料有限公司、宁夏共享装备研发中心和3D打印中心进行了考察，详细了解银川市企业近年来生产经营及技术创新方面的一些经验和做法，并在宁夏共享化工有限公司召开了座谈会，为银川市企业科技创新问诊把脉。卢柯建议，宁夏应进一步搭建企业和科研机构交流沟通的平台，增进研发机构与企业需求的无缝对接，以生产高技术含量的工业产品，推动高新技术产业发展，并要注重科学培养和合理使用科技人才。

5月22日，由九三学社中央主办，九三学社宁夏区委和宁夏检验检疫局承办的九三学社·检验检疫局专家林区行活动在宁夏贺兰山国家级自然保护区苏峪口管理站正式启动。九三学社中央副主席、全国妇联副主席印红出席启动仪式。九三学社宁夏区委和宁夏检验检疫局组织的医疗专家将走进贺兰山、六盘山、罗山、白芨滩等国家级自然保护区，为林区的1000名一线职工开展健康体检和义诊。

6月13日至19日，九三学社中央副主席丛斌在贵州就社会服务工作开展调研，并出席黔西南州休闲农业与特色旅游专题研讨会。丛斌指出，在旅游开发过程中，不但要善于发现、深入挖掘潜在资源，更要做好对现存资源的保护、修复和修缮，同时还要大力加强基础设施建设。对旅游业的管理也不容忽视，要通过的严密的规章制度设计，依靠政府、当地百姓和游客实施多层次立体监管，完善包括政府服务、导游服务、饮食服务、购物服务、社会秩序和生态环境的维护服务在内的全方位旅游服务过程，形成规范有序、健康可持续的旅游环境，从而获取包括经济效益、生态效益、社会效益、政治效益在内的综合旅游效益。

7月11日至13日，九三学社中央副主席丛斌在山东滨州出席2014年山东省“百名专家企业行”活动，并就生态农业问题进行调研。

7月15日至17日，九三学社全国社会服务工作研讨暨培训会议在江苏省苏州市召开。九三学社中央副主席丛斌出席会议并讲话。丛斌指出，两年来，社会服务工作体现出三个方面亮点：一是有效整合资源，创新工作模式。二是巩固已有品牌，形成长效机制。三是树立大局意识，科学精准帮扶。丛斌指出，民主党派开展社会服务是多党合作制度的要求；是弘扬中华传统美德的要求；是社会治理的需要和统一战线展示其社会实践能力的平台，是贴近百姓、助人为乐的重要机制；做好社会服务要坚持尽力而为、量力而行，有能力为之方可为的基本原则；要明确工作内容，要在医疗、科技、科普、文教、扶贫和推动产业发展等六个方面做得好、做得久、做得精；要把握工作重点和方法，形成品牌效应，不断创新，延伸服务链条。

9月12日，九三学社中央副主席、中国工程院院士丛斌对宁夏在盐池县花马池镇惠泽村实施的九三学社中央“多党合作社会主义新农村建设”项目进行了视察。丛斌与村两委班子成员亲切交谈，了解惠泽村基本情况和产业发展状况，参加了社区委为惠泽村新农村建设项目户发放良种公羊活动仪式，查看了惠泽村苗木繁育基地、畜牧养殖基地等新农村建设项目实施成果。丛斌一行还考察了盐池县生态林建设和盐池县人民医院。

9月22日至29日，九三学社中央副主席丛斌率社中央院士专家科普巡讲团赴云南省昆明市、红河哈尼族彝族自治州，举办以“健康科普”为主题的科普讲座。丛斌作题为《动物物种灭绝与人类生存危机危险情况分析》的专题报告。

10月18日至25日，九三学社中央科普工作委员会组织7位专家赴重庆綦江区和甘肃张掖市开展科普系列讲座和业务交流。此次科普活动主要面向中小学和地方医院，开展以航天航空、新媒体时代的科学传播、心理学和医学等为专题的科普讲座11场，举办医学业务交流会2场，受众3000余人。

10月22日至24日，全国政协常委、九三学社中央副主席、中国科学院院士武维华率队到广元开展“九广合作院士专家行”活动。期间，武维华一行深入多个县区调研，并举办“九三学社院士专家科普报告会”。武维华在调研中强调，党委政府要高度重视科技在农业产业发展中的作用，大力倡导“科技兴农、助农增收”的理念，积极开展“科技下乡”、“科技进村社”等活动，提供农业信息咨询服务、培训农业种植等实用科学技术，有效发挥科技在农业增产、农业增效、农民增收等方面的积极作用；要提高农业资源利用效率，确保实现农业产业可持续发展；要高度重视农业科技创新工作，把农业科技创新作为转变农业发展方式的中心环节，加大农业科技投入，完善农业科技创新机制，有效促进农业发展农民增收。

11 月 8 日至 9 日，九三学社多党合作社会主义新农村建设项目总结交流会在四川省泸州市召开。九三学社北京、甘肃、广西、重庆、内蒙、青海、湖北、宁夏、云南、四川等 10 个社省级组织委员会进行了大会交流，分别介绍开展多党合作社会主义新农村建设项目的主要做法和实施经验。

四、自身建设

（一）思想建设

2 月 17 日，九三学社中央副主席丛斌在中央统战部出席两会前思想态势分析会。

3 月 18 日，九三学社中央与九三学社北京市委在京联合召开全国“两会”精神传达学习会。全国政协副主席、九三学社中央主席韩启德出席会议并讲话。全国政协常委、九三学社中央常务副主席邵鸿，全国人大代表、九三学社中央法律委员会主任阎建国分别传达全国政协十二届二次会议、全国人大十二届二次会议精神。九三学社中央副主席丛斌、印红出席会议。韩启德指出，九三学社学习贯彻全国“两会”精神，首先要认清形势和任务。其次要加强履职和学习。要着力加强自身建设、提升政治和业务素质、组织化程度。要营造浓厚的学习氛围，不断加强学习，拓展视野。

5 月 4 日，九三学社中央常务副主席邵鸿在京出席社中央与社北京市委联合举办的纪念五四运动 95 周年学术研讨会。邵鸿作了主旨演讲。邵鸿指出，九三学社与五四运动有着密切联系，民主与科学是九三学社区别于其他政党的自我身份标识，九三人要致力民主、弘扬科学。邵鸿强调，纪念五四运动，重要的不是历史而是当下；重要的不是概念而是问题；重要的不是原则而是具体选择；重要的不是懂得而是实实在在做事。

5 月 9 日，九三学社中央副主席丛斌在京出席九三学社坚持和发展中国特色社会主义学习实践活动宣讲团启动仪式暨北京首场报告会。丛斌就做好宣讲工作提出三点要求。一是充分认识开展学习实践活动的重要意义，增强做好宣讲工作的责任感。二是牢牢把握中国特色社会主义的丰富内涵与核心要义，讲透彻讲明白。三是坚持高标准高质量，圆满完成宣讲任务。宣讲团理论宣讲组成员徐宗俦、社员先进事迹宣讲组成员陈新在北京首场报告会上，分别以“增强六种意识，建设中国特色社会主义的高素质参政党”和“严仁英教授，九三人的骄傲和榜样”为题进行了宣讲。

5 月 23 日，九三学社中央常务副主席邵鸿、副主席丛斌和中国政法大学教授洪道德就依法治国与国家治理现代化的有关问题接受新华社记者的专访。邵鸿就依法治国在我国国家治理现代化中的重要作用、存在的问题和如何改进发表了看法。丛斌从完善国家组织架构、改革党政机构、完善治理机制、提高治理能力等层面对存在的问题发表了观点。

6月4日至10日，九三学社中央宣传部调研组赴湖南进行离退休社员思想状况调研。调研组先后在长沙、湘潭、怀化、衡阳等市，召开了4场离退休社员思想状况调研座谈会。座谈会上，来自不同支社、界别、年龄层次的社员分别介绍了离退休以后的工作及生活状况，并对医疗、养老、教育等社会热点问题提出意见和建议。

6月16日至20日，九三学社全国新闻宣传工作骨干培训班在上海复旦大学新闻学院举办。培训班以新闻宣传理论与实务，新媒体运用等为内容，首次尝试学员现场模拟新闻发布会和电视访谈节目，探索宣传培训新模式。九三学社中央副主席丛斌作“依法治国与国家治理现代化”专题报告和培训班总结讲话。丛斌在报告中阐释了国家治理、国家治理体系、国家治理能力等基本概念，并从四个方面分享了自己关于国家治理体系和治理能力现代化的思考，一是要从政治、行政、社会三个层面系统设计国家组织架构；二是机构改革要去掉多余的，补上缺少的，健全肢体；三是要完善机制；四是要着力提升立法能力、执法能力、自觉守法能力、宏观与微观调控能力、纠错能力、创新能力。丛斌还结合当前形势，剖析了当前值得关注的12个问题。

8月19日，九三学社中央在京举行纪念邓小平诞辰110周年座谈会。全国政协副秘书长、九三学社中央常务副主席邵鸿出席会议并讲话。会议由全国人大常委、九三学社中央副主席丛斌主持。邵鸿作为小平同志“文革”期间下放江西的少年见证人，分享了他少年时代在南昌步兵学校居住时得以近距离观察小平同志生活的珍贵回忆。他并从中国近现代史的大背景出发，谈了对小平同志在中华民族发展史上功勋和历史地位的认识。丛斌表示，九三学社作为以科技界高中级知识分子为主体的参政党，是中国改革开放时代的亲历者、实践者，也是最大的受益者，理应成为这个时代的维护者和捍卫者，坚定不移地坚持中国共产党领导，坚持中国特色特色社会主义道路，在全面建成小康社会的宏伟征程中作出更大贡献。这是对小平同志最好的纪念。

9月28日，九三学社中央理论学习中心组集体学习习近平同志在庆祝全国人民代表大会成立60周年和中国人民政治协商会议成立65周年大会上的重要讲话。全国政协副主席、九三学社中央主席韩启德主持会议并讲话。九三学社中央常务副主席邵鸿，副主席赖明、马大龙、印红参加学习。韩启德指出，学习习近平同志重要讲话精神，一定要把握尺度、形成共识、重在落实。中国特色社会主义民主政治建设，一方面要“认清自己”，另一方面要自觉“接受现代化洗礼”。韩启德强调，实现中华民族伟大复兴目标的力量来源于广泛坚实的思想共识，需要我们充分认识互联网时代信息传播的内在规律，尽快改革现有的新闻宣传话语体系，使之贴近群众，把改革思想和观念真正传达到群众心里去。

10月10日，九三学社中央常务副主席邵鸿在京接受人民网在线访谈。

10月31日，九三学社中央主席韩启德、常务副主席邵鸿、副主席印红在社中央机关出席九三学社学习中共十八届四中全会精神座谈会。

11月5日至6日，九三学社“全面深化改革与共同体意识”研讨会在山西太原举行。会议深入学习贯彻中共十八届三中、四中全会精神，以及习近平同志关于治国理政的一系列重要论述，围绕全面深化改革与共同体意识的主题进行深入研讨。全国人大常委、九三学社中央副主席丛斌出席会议并讲话。丛斌指出，全面深化改革需要精神旗帜的引领，需要共同价值的培育，需要强大动力的助推，而这都有赖于通过多种措施在全社会塑造共同体意识。而共同体意识的塑造，既需要多措并举共同发力，实现以人为本的包容性发展；也需要每一个公民树立规则意识、共同体意识，崇尚契约精神，自觉、自省、自律，勇于担当、同频共振。

（二）组织建设

1月15日至16日，九三学社中央常务副主席、监督委员会主任邵鸿率队赴湖南开展巡视督导工作并出席社湖南省委七届三次全体（扩大）会议。邵鸿说，开展巡视督导工作在九三学社自身建设历程中无先例，在各民主党派自身建设中开了先河，它也不同于中共的党风廉政建设。开展这项工作，一是了解情况、二是征求意见、三是指导工作、四是沟通协商。巡视督导组先后参加了省委领导班子成员述职报告会，与省委班子成员座谈会，观摩民主评议和民主推荐过程，还分别参加了省委七届三次全会小组的讨论。

2月25日至28日，九三学社中央在京举办九三学社组织管理系统数据验收培训班，明确组织管理系统验收标准和流程，进一步完善系统需求。九三学社中央常务副主席邵鸿专程到培训班了解学习情况，与学员交流座谈。邵鸿说，在大数据时代的背景下，做好信息管理工作，对于管理和选拔社内人才，推进自身建设和履行职能有着重要意义。希望大家能够认真学习，广泛交流，在现有的工作基础上提出新的意见，使管理系统更好适应工作需求。来自全国各省、副省级城市及部分代表性城市的数据操作员、系统承建单位代表及社中央组织部工作人员共80人参加学习。

3月3日，九三学社中央常务副主席邵鸿在中央社会主义学院出席九三学社福建省委骨干社员培训班开班仪式。邵鸿说，当前全国上下认真学习贯彻十八届三中全会进一步深化改革的决定，又逢全国两会开幕，时代背景让民主党派发挥作用、履行职能有了更好的平台和保障。新一届党和国家领导人对民主党派工作寄予很高的期望，我们感受到差距，也看到了学习和研究比任何时候都重要。邵鸿希望学员们能够珍惜机会、集中精力，全力以赴把学习搞好；能够加强交流、相互学习，共同做好福建的组织建设；能够认真思考、做好总结，做到学有所获。

3月24日至27日，九三学社中央组织部与九三学社浙江省委组成联合调研组赴浙江温州、衢州等地就《九三学社中央关于进一步加强组织建设的若干意见》贯彻落实情况以及组织发展中存在问题开展调研。调研组先后走访了九三学社温州市委、衢州市委，苍南县委，以及浙江工业大学委员会、巨化集团公司委员会、江山市基层委员会、温州龙湾区支社，召开座谈会6场，考察浙江省统一战线教育培训实践教学基地及新型高科技企业3处，实地了解组织发展中存在的问题。

4月9日至16日，九三学社中央常务副主席邵鸿率队赴社黑龙江省委、社辽宁省委开展巡视督导，并就组织工作进行调研。在辽期间，邵鸿出席了由九三学社辽宁省委领导班子成员、九三学社辽宁省委监督委主任、九三学社沈阳、九三学社大连驻会负责人参加的座谈会，听取省委班子和地市负责人的工作汇报，参加沈阳市部分高校、科研院所基层主委座谈会，听取基层组织的工作情况汇报和意见建议。邵鸿说，去年九三学社中央出台了《九三学社中央关于进一步加强组织建设的若干意见》，《意见》主要解决两个方面问题，一是提升组织化水平，二是加强人才强社建设。其中一项重要措施就是开展巡视督导工作。开展巡视督导工作在九三学社自身建设历程中无先例，在各民主党派自身建设中开了先河，也不同于中共党风廉政建设。

4 月 17 日至 19 日，九三学社中央组织部调研组赴天津就组织建设及贯彻落实《九三学社中央关于进一步加强组织建设的若干意见》的情况开展调研。调研组先后来到九三学社天津市委机关、九三学社和平区委、九三学社天津大学委员会及九三学社滨海新区区委，听取组织建设工作汇报，召开基层社员代表座谈会、高校基层组织建设工作座谈会、组织建设调研会，实地了解组织发展和提升组织化水平等方面的情况。

4 月 25 日至 26 日，全国政协副主席、九三学社中央主席韩启德视察九三学社湖北省委机关并召开座谈会。韩启德强调，参政议政是参政党发挥作用的第一要务。参政议政成果在质不在量，“视野要宽、切口要小”，要找准参政议政切入口，发挥创新性思维，增强自身影响力和党政部门的认同感。继续加强与党政部门协商，提出方略性、根本性的建议，争取每年形成 1–2 件典型案例，对当地党委政府的决策起决定性影响。要健全组织体系，继续实施人才强社战略，促进九三学社组织上下联动，形成紧密联系的“一张网”。要注重吸纳代表性强的精英力量，扩充社会新阶层社员人数，体现九三学社特色。要深入贯彻中共十八大和十八届三中全会精神，牢牢把握政治方向，建设坚持和发展中国特色社会主义学习实践活动试点，利用现代信息技术，发挥网站宣传互动作用，提高社员的参与度，实现政令畅达、信息共享。

5 月 12 日至 15 日，九三学社中青年社员培训班在中央社会主义学院举办。九三学社中央副主席兼秘书长印红作开班动员讲话。九三学社中央常务副主席邵鸿出席结业式。参加培训的 75 名学员来自全国 23 个省级组织，以 70、80 后中青年骨干社员为主。其中长江学者 2 人，国家高层次人才特殊支持计划（“万人计划”）青年拔尖人才 4 人，海外高层次人才引进计划（“千人计划”）人才 1 人，政府担任实职领导岗位的厅局级干部 12 人、县处级干部 8 人。在为期 5 天的培训中，教学内容涵盖党外干部素质与能力、社史教育、参政党职能履行、国家治理与参政党建设、国际政治与经济形势等各个方面。

5 月 24 日，九三学社浙江省委 2014 年干部培训班开学典礼在中央社会主义学院举行。九三学社中央常务副主席邵鸿出席典礼并讲话。开学典礼由九三学社浙江省委专职副主委叶烈窑主持。邵鸿在讲话中指出，十八届三中全会吹响了改革的号角，作为参政党，我们当前要做好两件事情：其一是要学习好十八届三中全会精神和习近平总书记系列重要讲话精神，把思想统一到中国特色社会主义的大道上来，真正建立起对中国特色社会主义的道理自信、理论自信和制度自信。其二是要不断加强自身建设，提升履职水平。

5 月 27 日，九三学社中央组织部召集社浙江省委中央社会主义学院干部培训班中非公经济学员在社中央举行座谈会，就组织建设问题进行座谈。社中央常务副主席邵鸿出席并与大家座谈。

5 月 25 日至 29 日，九三学社中央主席韩启德率队赴陕西开展社中央巡视督导和组织工作调研。韩启德率社中央巡视督导组先后在社陕西省委机关、长安大学召开巡视督导座谈会、基层组织座谈会、意见反馈座谈会，分别听取社陕西省委领导班子、省委常委及在陕社中央委员工作汇报，了解社陕西省委直属部分高校、科研院所、综合支社等不同类型基层组织工作情况，并对社陕西省委工作进一步提高提出了殷切期望。韩启德指出，巡视督导工作是社中央提升全社组织化水平、加强人才强社建设的一项探索，旨在通过了解情况、听取意见、沟通协商、指导工作的方式进一步推进组织建设。

8月26日至30日，九三学社组织工作专题研讨会暨省级组织专职副主委履职培训班在云南举行。全国政协副主席、九三学社中央主席韩启德出席并讲话。九三学社中央常务副主席邵鸿作研讨会动员讲话。韩启德指出，加强九三学社组织工作，一要有正确顶层设计下的基本构架；二要将职务设置、职责范围等制度化；三要在实施“人才强社”战略基础上加强纵向组织力量。邵鸿在讲话中说，选择专职副主委作为培训研讨的对象，是本次会议最大的特点。此次是九三学社中央第一次召开以省级组织专职副主委为主体和对象的组织工作会议，第一次兼有培训和研讨双重作用的组织工作会议，第一次试图从理论上对组织建设加以总结和研究的组织工作会议。专题研讨会引入会客厅方式，推选6位专职副主委担任主持人和受访嘉宾，针对省级专职副主委的角色定位、职责范围、应具备素质、如何处理与各方关系等具体问题进行深入探讨。

9月11日，九三学社中央常务副主席邵鸿在京会见社内蒙古自治区委员会骨干培训班学员。

10月13日至14日，九三学社中央常务副主席邵鸿在中央社会主义学院与社河南省委骨干社员培训班学员进行座谈。

10月19日，九三学社中央常务副主席邵鸿在中央社会主义学院出席社湖南省委骨干社员培训班开班式。

10月19日至22日，九三学社中央常务副主席、中央监督委员会主任邵鸿一行赴晋开展巡视督导工作。巡视督导组先后召开社山西省委领导班子成员（扩大）座谈会、基层组织负责人及社员代表座谈会和意见反馈座谈会。听取了社山西省委领导班子成员工作汇报，了解了在晋的九三学社山西省委常委、九三学社中央委员、市级组织专职副主委、部分基层组织主委以及社员代表对九三学社中央和山西省委工作的意见建议。针对巡视中了解到的困难和问题，邵鸿对山西省委领导班子提出四点期望和要求：一是要牢记使命，踏实苦干，努力实现社中央提出的三坚目标。二是着力加强领导班子建设，讲团结，讲大局，讲规则，讲学习。三是努力改进机关工作，按照公务员的标准来要求工作，完善制度，加强培训，考虑建立社内监督的体制机制。四是组织建设方面要注意把握发展结构，保持九三学社科技特色。

11月11日，九三学社中央常务副主席邵鸿在中央社会主义学院出席社青海省委骨干培训班、吉林省委骨干培训班开班式并为学员授课。

11月17日至21日，九三学社中央常务副主席、中央监督委员会主任邵鸿率队赴社内蒙古区委巡视督导，了解区委工作开展情况。督导组先后召开了社内蒙古区委领导班子成员（扩大）座谈会、基层组织负责同志座谈会、意见反馈会，听取了社内蒙古区委领导班子、部分市委和基层组织负责同志的工作介绍和建议，并反馈督导组意见。在内蒙古期间，巡视督导组分别与社内蒙古区委领导班子成员及机关部门负责人单独谈话，并就社区委的工作情况以及座谈中反映的突出问题与中共区委统战部交换意见，沟通协商。

截至2014年12月底，九三学社共有地方组织334个。其中包括省级组织30个，省辖市级组织 276 个，县级组织 28 个。基层组织 6007 个，其中基层委员会 648 个，支社 5188 个，小组 171 个。全年新加入成员 7626 人。成员总数 149797 人，其中女成员 60523 人。平均年龄 54.06 岁。离退休 51157 人。

成员中高校 34669 人，占 23.1%；普教 3905 人，占 2.6%；科技界 52039 人，占 34.7%；文化艺术 1873 人，占 1.3%；公有制经济界 7130 人，占 4.8%；新阶层人士 6382 人，占 4.3%，其中私营企业主 1884 人，占 1.3%；医药卫生 28802 人，占 19.2%；机关团体及其他 14997 人，占 10%。

担任各级人大代表的共有 1833 人，其中全国人大代表、常委、副委员长、专职副秘书长及专委会主任副主任 54 人，省级人大代表、常委、副主任、专职副秘书长及专委会主任副主任 288 人，市地级人大代表、常委、副主任 761 人，县市区级人大代表、常委、副主任 630 人。

担任各级政协委员共有 9532 人，其中全国政协委员、常委、副主席、专职副秘书长及专委会主任副主任 103 人，省级政协委员、常委、副主席、专职副秘书长及专委会主任副主任 993 人，市地级政协委员、常委、副主席 4630 人，县市区级政协委员常委、副主席 3806 人。

担任中央机关部级干部 1 人（不含社中央专职副主席），省、市、自治区领导 4 人，厅局级 173 人，县处级 897 人。

成员中有大学以上学历的占 86.5%；有中、高级职称的占 94.1%。担任中国科学院院士的共有 52 人。担任中国工程院院士的共有 14 人。

（三）机关建设

4 月 8 日，九三学社中央在机关开展“九三讲堂”活动。九三学社中央主席韩启德就医学技术应用不当引起的过度医疗问题作专题报告。

4 月 25 日至 26 日，九三学社中央机关支社、中共支部组织成员赴天津滨海新区学习考察。大家先后考察了空中客车 A320 系列飞机天津总装线、滨海新区规划展览馆、康师傅印象馆、中新生态城规划馆、国家动漫园等。九三学社中央常务副主席邵鸿，副主席兼秘书长印红参加考察并会见了中共天津市委常委、统战部长刘长喜，九三学社天津市委主委陈永川等人。

7 月 22 至 24 日，九三学社全国机关建设工作会议在广西南宁召开。九三学社中央常务副主席邵鸿出席会议并作闭幕讲话，社中央副主席兼秘书长印红作了《为打造高水平的九三学社各级机关而努力》的报告。邵鸿指出，要从韩主席在社十大报告里面明确提出来“思想上坚定、履职上坚实、组织上坚强”这个九三工作总的要求来看机关建设。要落实好“三坚”、做好九三各项工作的一个最基本的要求，就是要做到“明使命、干实事、上台阶”。印红强调，在今后的社组织机关建设中，社各级组织要找准机关的职能定位，把握与党政机关、其他民主党派和社内的工作和服务对象三者相比较存在的一些特点和问题，着力打造合格的更高水平的机关，努力建设“学习、服务、创新、效能、廉洁、和谐六型机关”，使全社机关呈现精神状态更加振奋，团结协作更加紧密，规范运行更加有序，工作效能更加突出，廉洁守纪更加清明的良好局面，紧跟九三学社建设高素质参政党的步伐，服好务、参好谋，当好执行者。

9月19日，九三学社中央在机关开展“九三讲堂”活动，邀请北京理工大学教育研究院教授、21世纪教育发展研究院院长杨东平作“关于高等教育改革的新形势和新问题”的讲座。

10月9日至15日，九三学社机关处级干部（扩大）培训班在山西省委党校举办。此次培训旨在贯彻落实《干部教育培训工作条例（试行）》精神，提高机关干部综合素质和能力。培训班围绕习近平同志系列讲话精神、马克思主义基本理论、社会主义核心价值观、国家安全和经济形势分析、机关干部心理健康调适、领导力和沟通能力训练等内容进行了专题学习。此外，学员们还听取了九三学社山西省委主委刘滇生在社山西省委社会服务基地和山西大学绿色生态农业集成技术示范基地进行的现场实践教学；实地感受大寨人民自力更生、艰苦奋斗的精神。来自九三学社中央及其24个省级组织机关的近50名干部参加培训。

乔发迪　九三学社中央研究室综合处副处长

台湾民主自治同盟

2014年是国家全面深化改革之年，两岸关系也在调整中继续开拓进取。习近平总书记明确指出，国家统一是中华民族走向伟大复兴的历史必然，进一步指明了台盟履行好参政党职责的努力方向。2014年，台盟认真学习贯彻中共十八大，十八届三中、四中全会和习近平总书记系列重要讲话精神，深入开展坚持和发展中国特色社会主义学习实践活动，按照台盟九届二中全会的工作部署，着力增强工作的系统性、整体性、协同性，台盟的履职能力不断增强，党派特色更加鲜明。

一、重要会议及活动

（一）中央委员会会议

12月2日至3日，台湾民主自治同盟第九届中央委员会第三次全体会议在北京召开。会议的主要内容是学习贯彻中共十八届四中全会精神，听取并审议台盟第九届中央常务委员会工作报告。全国政协副主席、台盟中央主席林文漪代表第九届中央常务委员会作工作报告。台盟中央副主席吴国祯主持开幕会。

林文漪在回顾总结2014年台盟工作时指出，今年是台盟积极参与改革、提高履职能力之年。一年来，全盟认真学习贯彻中共十八大、十八届三中、四中全会和习近平总书记系列重要讲话精神，深入开展坚持和发展中国特色社会主义学习实践活动，按照台盟九届二中全会的工作部署，着力增强工作的系统性、整体性、协同性，台盟的履职能力不断增强，党派特色更加鲜明。主要开展了四个方面的工作：积极参与协商民主，将为全面深化改革建言与推动两岸关系和平发展相结合；深入开展对台工作,将“两岸一家亲、共圆中国梦”重要理念与台盟的亲情乡情优势相结合；不断深化社会服务，将整合全盟资源与汇聚两岸同胞之力相结合；全面加强自身建设，将传承台盟优良传统与把握时代要求相结合。

林文漪在报告中对2015年工作提出要求。新的一年里，全盟要认真学习贯彻中共十八大和十八届三中、四中全会精神，高举中国特色社会主义伟大旗帜，坚持以邓小平理论、“三个代表”重要思想、科学发展观为指导，深入贯彻习近平总书记系列重要讲话精神，推动落实台盟九大各项工作部署，在实现“两个一百年”奋斗目标和祖国和平统一的宏伟进程中创新有为、同心奋斗。全盟要围绕学习贯彻中共十八届四中全会精神，为建设法治国家、实现中华民族伟大复兴的中国梦凝心聚力；要围绕提升参与协商民主的能力，为全面深化改革和多党合作事业献计出力；要围绕促进两岸同胞心灵契合，为两岸关系和平发展和祖国统一矢志竭力；要围绕打造“两岸同心”品牌，为促进民生改善和社会和谐不懈努力。要围绕中国特色社会主义参政党建设，为台盟的发展建设积蓄动力。全盟要继承发扬台盟优良传统，锐意进取、再启征程，为实现祖国和平统一和中华民族伟大复兴的中国梦而努力奋斗！

台盟中央副主席吴国祯、陈蔚文、杨健、黄志贤、苏辉，秘书长张宁及台盟中央委员出席会议，台盟中央各专门工作委员会、参事室负责人和台盟中央机关各部门负责人列席会议。

全会之后，还召开了两岸台胞民间交流促进会第三次全体会议。

（二）中央常务委员会会议

1. 九届六次中常会

3 月 9 日，台湾民主自治同盟第九届中央常务委员会第六次会议在北京召开。全国政协副主席、台盟中央主席林文漪出席并讲话。

会议认真学习了十二届全国人大二次会议和全国政协十二届二次会议精神和近期中央有关会议精神；审议通过了《台盟中央 2014 年工作要点》；审议了《台盟中央关于做好 2014—2017 年省级组织领导班子后备干部建设工作的意见》；研究了有关人事事项。

会议指出，台盟今年第一季度的各项工作在各级盟组织和广大盟员的共同努力下，取得了一定的成绩，为今后工作的开展打下了坚实的基础。台盟作为由台湾省人士组成的参政党，要突出自身特色，发挥自身优势，将“两岸一家亲”理念融入到具体对台工作中去，为促进祖国和平统一贡献力量。

会议要求，台盟各级组织和广大盟员要认真学习贯彻全国“两会”精神，切实落实到履职实践之中，再接再厉，继续保持今年开局以来的良好工作态势，为圆满完成全年的各项工作任务而努力。

台盟中央副主席吴国祯、陈蔚文、杨健、黄志贤、苏辉及台盟中央常委出席会议。台盟中央各专门工作委员会、参事室负责人和机关局级干部列席会议。

2. 九届七次中常会

6 月 19 日，台湾民主自治同盟第九届中央常务委员会第七次全体会议在天津召开。全国政协副主席、台盟中央主席林文漪出席会议。中共天津市委常委、市委统战部部长刘长喜到会致辞。

会议传达了中央近期有关精神并通报了 2014 年上半年台盟中央及各省级组织工作情况。会议以参政议政工作为主题，交流了各地参政议政调研工作经验。

会议指出，在台盟各地方组织的共同努力下，台盟圆满完成了上半年的既定目标，取得了一定成绩，主要体现在参政议政工作取得新进展、对台联络交流取得新突破、社会服务工作取得新成效。

会议要求，下半年，全盟要扎实推进、凝心聚力，深入开展坚持和发展中国特色社会主义学习实践活动，进一步坚定走中国特色社会主义道路的理想信念；要发挥优势、提高质量，切实增强参政议政工作的实效；要振奋精神、锐意进取，努力推进中国特色社会主义参政党建设；要按照年初制定的各项工作计划，继续扎实工作，奋发有为，为圆满完成全年工作目标而不懈努力。

台盟中央副主席陈蔚文主持会议。台盟中央副主席杨健、黄志贤及台盟中央常委出席会议。台盟中央各专门委员会、参事室负责人，部分省级组织专职副主委和机关各部门负责人列席会议。

3. 九届八中常会

10月14日至15日，台湾民主自治同盟第九届中央常务委员会第八次会议在北京召开。全国政协副主席、台盟中央主席林文漪出席会议。

会议认真学习了习近平总书记系列重要讲话并通报了台盟中央2014年第三季度工作情况；研究讨论了对台联络交流工作；部署学习贯彻中共十八届四中全会精神等工作。

会议指出，在全盟各项工作中，各级盟组织充分发挥实干与创新精神，勇于担当，善于协调，确保了各项工作有序开展，取得了阶段性成果。

会议要求，台盟各级组织要深入开展坚持和发展中国特色社会主义学习实践活动，将学习实践活动与学习习近平总书记重要讲话精神、与落实全面深化改革的任务、与贯彻落实中共十八届四中全会精神、与培育弘扬社会主义核心价值观紧密结合起来，进一步提高全盟政治素质。要不断增强对台联络工作实效，统筹整合资源，打造具有特色的对台联络活动品牌，不断提升服务意识，进一步强化台情研究的成果转化。要认真抓好年终阶段的工作落实，保质保量地完成全年的各项任务，要及时总结并为明年的工作做好谋划。

会议号召，广大盟员要在中共十八大和十八届三中、四中全会精神的指引下，以高度的政治责任感和时不我待的奋斗精神，鼓足干劲，扎实工作，以参政履职的新成绩，为进一步坚持和完善中国共产党领导的多党合作和政治协商制度，推进祖国和平统一大业、实现中华民族伟大复兴的中国梦作出新的更大贡献。

台盟中央副主席吴国祯、杨健、黄志贤、苏辉及台盟中央常委出席会议。台盟中央各专门工作委员会、参事室负责人，部分省级组织专职副主委和机关局级干部列席会议。

4. 九届九次中常会

12月2日，台湾民主自治同盟第九届中央常务委员会第九次会议在北京召开。全国政协副主席、台盟中央主席林文漪出席会议。台盟中央副主席陈蔚文主持会议。

会议审议通过台湾民主自治同盟第九届中央委员会第三次全体会议议程（草案）、日程（草案）、分组名单（草案），审议了《台湾民主自治同盟第九届中央常务委员会2014年工作报告（审议稿）》等有关事项。

台盟中央副主席吴国祯、杨健、黄志贤、苏辉及台盟中央常委出席会议。台盟中央参事室和各专门工作委员会主任，部分省级组织专职副主委，各直属组织主委及机关各部门负责人列席会议。

（三）重要国事和外事活动

2014年，台盟中央领导同志多次应邀参加重要外事、内事活动，其中包括参加庆祝全国人民代表大会成立60周年大会、庆祝中国人民政治协商会议成立65周年大会、庆祝中华人民共和国成立65周年招待会等重要庆典、慰问、纪念活动，陪同中共中央和国家领导人会见外宾等。

（四）专题工作会议

3月26日，台盟中央2014年重点调研课题协调会在福建泉州召开，全国政协常委、台盟中央副主席黄志贤出席会议并讲话，台盟中央各专门委员会和各地方组织相关领导及参政议政部门干部参会，会议由台盟中央副秘书长、研究室主任宋焱主持。会上，黄志贤副主席通报了今年开局以来全盟的参政议政工作情况。从台盟九届二中全会至今，短短3个多月的时间，台盟中央汇集全盟调研成果，向中共中央报送了5份专报，中共中央、国务院领导同志对此高度重视，并作出批示。同时，在今年全国“两会”期间，台盟盟员中的人大代表和政协委员都各展所长，积极咨政建言，为国家各项工作的开展提出了许多好的思路和建议。这是全盟参政议政成果的集中体现，也是台盟中央和各地方组织不断完善工作机制、有效形成工作合力的一个缩影。对于各专委会和地方组织在今年重点课题申报和课题实施方案筹划过程中付出的辛苦努力和严谨认真的工作精神，黄志贤给予高度评价，希望大家精益求精，把课题调研工作实施好。在本次重点课题协调会上，各课题牵头单位介绍了课题调研的预备实施方案，并向拟参与单位和其他单位征求意见，达成了共识。会上,各专委会主任也将本专委会的重点课题调研方案向与会同志作了介绍。台盟中央参政议政工作委员会主任王中结合参委会的具体情况，向各重点课题涉及单位提出了三点意见和要求：第一，紧密围绕中共十八届三中全会精神，确定参政议政努力方向；第二,加强工作计划性,更好地参与并配合完成台盟中央2014年参政议政工作任务；第三，完善上下联动，横向联合的工作机制，加强重点课题牵头单位和参与单位之间的协调配合，促进课题调研成果水平的提升。

4月23日至24日，台盟中央“记忆历史，爱国爱乡”部分老同志恳谈会在上海召开，全国政协副主席、台盟中央主席林文漪出席并讲话。十届全国政协副主席、原台盟中央主席张克辉出席恳谈会。来自北京、广东、上海等地曾经参加过中国人民解放军第九兵团台湾干训团、华北军政大学台湾队以及台湾光复后的公派生等部分老台胞应邀参加本次恳谈活动。台盟中央副主席黄志贤主持会议。台盟中央副主席、台盟上海市委主委杨健出席并在闭幕式上讲话。“少小离家为理想，投身革命终不悔。”当年风华正茂的青年学子，如今已是八、九十岁的老人。老同志们相聚在一起，抚今思昔，深情讲述参与民族解放斗争和台盟工作刻骨铭心的亲身经历，共同表达思念家乡和对祖国早日统一的期盼之情。林文漪代表台盟中央对老同志们对台盟事业发展所作出的贡献表示衷心感谢。林文漪说，台盟老一辈把青春年华和毕生精力奉献给了祖国，他们长期以来形成的坚定信念、奋斗目标和优良传统是台盟的宝贵财富，也是年轻一代学习的榜样。在前辈们的指导、帮助和培养下，台盟在组织建设、参政议政等各方面做了一些实实在在的工作。新时期，我们一定会保持特色，切实履行好参政党职责，以出色的成绩不辱使命。杨健在讲话中表示，上海是台盟总部早期的活动地点，是台盟最早建立的地方组织之一，也是谢雪红等老一辈台盟领导人生活和工作过的地方。台盟上海市委将继续做好盟史抢救工作，用老一辈革命史实教育和引导青年盟员，更好地担负起传承、发扬老一辈台盟人爱国爱乡光荣传统的历史重任。会议期间，台盟中央还组织老同志们参观了位于上海青浦的陈云纪念馆等地；为三位老同志举办90岁生日祝寿仪式。中共上海市委常委、统战部部长沙海林专程看望了与会的全体同志。

7月25日，台湾民主自治同盟第九届中央委员会监督委员会第二次全体会议在北京召开。全国政协副主席、台盟中央主席林文漪出席会议，台盟中央副主席、中央监督委员会主任黄志贤做工作报告，台盟中央副主席、中央监督委员会副主任苏辉主持会议。会上，已经成立监督委员会的7个省级组织代表和下一阶段将要成立监督委员会的其他省级组织代表进行了工作交流。委员们讨论并通过关于盟内信访规定和成立省级组织监督委员会的系列工作制度。会议邀请中央社院参政党建设教研室主任王小鸿教授为与会者做了《民主党派的内部监督》专题讲座。台盟中央监督委员会委员、各省级组织监督委员会办公室主任及组织处处长出席会议。

8月9日，台盟基层组织负责人培训班在中央社会主义学院开班。全国政协常委、台盟中央副主席黄志贤，中央社会主义学院副院长袁廷华出席。台盟中央副秘书长、组织部部长吴国华主持开班式，来自基层组织的40多名负责人以及台盟中央机关新任职公务员参加了培训。开班式上，黄志贤作了动员讲话，要求学员们要充分认识举办本次培训班的重要意义，珍惜学习机会，多思考，多交流，用更高的标准要求自己。通过学习进一步增强理论素养、夯实思想基础，不断提升业务能力，做到学有所得，以期推动台盟各项工作再上新台阶。此次培训为期7天，安排了坚持和完善中国特色社会主义政党制度、多党合作发展史、盟史、统一战线和协商民主、台情报告、社会治理与创新、宏观经济形势、创新思维和领导能力、现场实践教学等学习内容，旨在进一步加强和巩固台盟基层组织建设，提高基层组织负责人整体素质，增强凝聚力，更好地履行职能，推动台盟各项工作顺利开展。8月14日下午，为期一周的台盟基层组织负责人培训班在台盟中央机关礼堂举行结业式，参加培训班的台盟基层组织负责人、台盟中央新录用公务员等共40人顺利结业。全国政协常委、台盟中央副主席黄志贤到会并讲话，台盟中央宣传部副部长穆学锋、办公厅副主任谢申、宣传部副巡视员吴艺煤及机关部分干部参加了结业式，台盟中央副秘书长、组织部部长吴国华主持结业式。结业式上，培训班学习委员、台盟重庆大学支部主委李玉莲代表班委会总结了七天的学习情况，台盟中央领导向学员代表颁发了结业证书。黄志贤对各位学员的顺利结业表示祝贺，并对基层组织负责人提出三点希望：一是要加强思想建设，传承优良传统，促进台盟基层组织成员增进政治共识；二是要加强组织建设，培养储备人才，推动基层组织发展壮大；三是要加强制度建设，提高台盟基层组织建设的规范化、科学化水平，不断开创台盟事业新局面。学员们认为，这次培训时间虽短，但内容丰富，安排紧凑，既有专家授课，又有座谈交流；既有理论学习，又有实地调研，对今后的工作有很强的针对性和指导性。通过学习，进一步坚定了理想信念，拓宽了工作思路，提高了理论素养和参政意识，并表示将以此次培训为契机，继续加强学习，履行好职能，为扎扎实实做好台盟基层工作作出贡献。

9月15日至18日，台盟盟史与自身建设及口述历史工作会议在重庆召开。会议由台盟中央组织部和宣传部联合举办，主题为“记忆历史，爱国爱乡”，会议旨在传承老一辈形成的坚定信念和优良传统，进一步深化台盟盟史研究工作，推动坚持和发展中国特色社会主义学习实践活动深入开展，切实加强台盟自身建设。全国政协常委、台盟中央副主席黄志贤出席会议。台盟盟史与自身建设委员会主任、台盟中央副秘书长、组织部部长吴国华对一年多来在编撰和研究台盟盟史、推动台盟组织发展等方面做的工作进行了总结，并对下一步工作进行部署。上海台盟和沈阳台盟介绍了开展盟史资料及口述历史资料的抢救和编辑工作的经验，台海出版社社长马铁介绍了资料书籍出版情况，台盟盟史与自身建设委员会副主任吴艺煤主持会议并介绍了台盟中央开展口述历史和盟史研究工作情况。会议还安排了观看台盟历史文献片、中国民主党派历史陈列馆等活动。黄志贤副主席就进一步做好盟史与口述历史工作提出三点希望，一是加强学习，充分认识盟史及口述历史工作的重要意义，二是坚持团结，继承和弘扬台盟的优良传统，三是注重实效，推动各项工作取得新成果。会议期间，黄志贤还与台盟重庆大学支部的盟员进行座谈。来自各地的台盟盟史与自身建设委员会委员、有关同志共约 50 人出席会议。

9 月 18 日，台盟盟员数据库信息系统培训班在重庆举办。全国政协常委、台盟中央副主席黄志贤出席开班式并讲话。黄志贤希望全盟各级组织高度重视盟员数据库工作，要求各位学员认真学习数据库软件操作，尽快建立和完善台盟盟员数据库，为今后的各项工作打下坚实基础。台盟中央副秘书长、组织部部长吴国华简要介绍了数据库工作的开展情况并主持开班式。开班式后，全国政协常委、台盟吉林省委主委王天戈就数据库软件操作与使用为学员作专题讲座并回答学员的相关问题。台盟中央宣传部副巡视员吴艺煤出席开班式，来自全盟各地方组织的四十余名机关干部参加培训。

12 月 4 日，两岸台胞民间交流促进会第三次会员大会暨三届一次理事会在京召开。会议听取并审议通过了两岸台胞民间交流促进会第二届理事会工作报告，审议通过了《两岸台胞民间交流促进会章程（修改草案）》，选举产生了两岸台胞民间交流促进会第三届理事会常务理事。黄志贤代表第二届理事会作工作报告。报告指出，过去五年多来，在社团主管单位和发起单位的关心支持下，第二届理事会严格遵守国家法律法规和社团章程，认真贯彻中央对台工作大政方针，按照“专精深久”的工作要求，广泛联系两岸台胞资源，在促进两岸民间交流与合作方面取得了可喜成绩，切实把争取台湾民心工作落到了实处。未来五年，我们要按照《章程》所明确的工作范围，以促进两岸民间交流与合作为工作主轴，不断推动两岸民间交流开创新局面。会议期间还召开了两岸台胞民间交流促进会第三届常务理事会第一次全体会议，选举产生了第三届理事会会长、副会长、秘书长，并审议通过了《关于变更两岸台胞民间交流促进会法定代表人的决定》。全国政协副主席、台盟中央主席林文漪当选为两岸台胞民间交流促进会第三届理事会会长，汪毅夫、吴国祯、陈蔚文、杨健、黄志贤、苏辉、张宁当选为第三届理事会副会长，唐涓当选为第三届理事会秘书长。会议决定，由苏辉担任两岸台胞民间交流促进会法定代表人，黄志贤不再担任两岸台胞民间交流促进会法定代表人。林文漪会长在大会闭幕式上发表书面讲话，讲话指出：2008 年以来，两岸关系发生历史性转折，进入和平发展的新阶段。在两岸双方的共同努力下，两岸关系和平发展稳步推进，取得了一系列成果。这是两岸同胞共同努力奋斗的结果，两岸民间社会为此倾注了大量心血。在前一阶段工作中，两岸台胞民间交流促进会积极扩大交流交往，凝聚维护和平发展的民意基础；弘扬中华文化，凝聚共谋民族复兴的精神力量；关心引导台胞，厚植两岸同胞的共同利益，为争取台湾民心做出了贡献。林文漪指出，两岸关系的历史是由两岸人民共同书写的，要不断开创两岸关系和平发展新局面，就必须依靠两岸同胞共同努力，必须尽最大可能、最大限度地团结广大台湾同胞，吸引和帮助更多台湾同胞参与到推动两岸关系和平发展的进程中来。本会将按照中央的对台方针，发挥本会自身优势，做好争取台湾民心工作。一是重在“交心”，为两岸同胞心灵契合多做努力；二是引导认同，为两岸关系和平发展注入正能量；三是团结台胞，为实现中华民族伟大复兴而奋斗。在两岸关系不断改善和发展的新形势下，两岸台胞民间交流促进会必将充分发挥作用，以更加积极的态度和热情，搭建好两岸民众交流互动的重要舞台，为深化两岸民间交往、推进两岸关系和平发展，为祖国统一大业的早日实现作出新的更大的贡献。

12 月 22 日，台盟第九届中央委员会参政议政工作委员会第四次全体会议在重庆召开。参委会 17 名委员参加了会议，参委会顾问、台盟吉林省委主委王天戈出席会议。会议由参委会主任王中主持。会上，参委会办公室主任、台盟中央副秘书长、研究室主任宋焱结合台盟中央副主席黄志贤在台盟中央 2014 年参政议政工作会议上所做的工作报告和参委会主任王中所作的专题辅导报告分析了当前参政议政工作的新常态，并着重围绕 2015 年全盟重点课题调研方案，介绍了选题思路和具体选题方向。委员们就认真履行参委会委员职责，做好 2015 年参政议政工作展开了讨论。王中强调指出，全体委员务必统一思想、明确任务。尽快编制 2015 年台盟参政议政工作任务表，并结合实际情况及时更新，应认真贯彻执行。全体委员应充分领会作为参委会委员的责任和义务，尽可能多地参加台盟中央组织的大考察和重点课题调研活动，带动 2015 年全盟参政议政工作任务的圆满完成，在 2014 年取得优异成绩的基础上争取更好的成绩。

12 月 22 日至 23 日，台盟中央 2014 年参政议政工作会议在重庆市召开。会议期间，全盟各级组织代表 120 余人汇聚一堂，共同就 2014 年全年的参政议政工作进行了总结，并对明年的参政议政工作进行了研究部署。全国政协常委、台盟中央副主席黄志贤在会上作了《勇于进取，突出特色，参政议政工作实现新突破》的工作报告。他指出，2014 年，全盟深入学习贯彻中共十八大、十八届三中、十八届四中全会和习近平总书记系列重要讲话精神，充分落实《参政议政工作五年规划纲要》的要求，聚焦全面深化改革、全面推进依法治国和两岸关系和平发展等重大问题，深入开展调查研究，努力突出台盟特色，全力以赴为改革发展建言献策。全盟各级组织集智聚力，勇于进取，在参与政治协商、组织课题调研、开展主题交流活动等工作中取得了多个方面的突出成果，全盟的参政议政工作实现了新突破。黄志贤指出，2015 年的参政议政工作，要认真贯彻台盟九届三中全会精神，改革创新，务求实效，努力在推进国家治理体系和治理能力现代化中发挥更大的作用。一是要进一步提高参政议政工作质量。要紧扣主题主线，坚持问题导向，发扬实干精神，注重成果转化。二是要进一步加强参政议政人才队伍建设。要因势利导，不断创新，重点抓培训、抓队伍建设。三是要进一步完善参政议政工作机制。解放思想，勇于实践，进一步完善“上下联动、横向联合”的工作机制，发挥特色和优势，确保全面完成《五年纲要》中所确定的各项任务。会议期间，台盟中央参政议政委员会主任王中作了《适应新常态，明确新要求，谋划新任务》专题学习辅导报告。他结合学习贯彻十八届三中、四中全会和习近平总书记系列重要讲话精神，联系台盟实际情况，详细分析了台盟参政议政面临的新形势和新任务，明确提出了 2015 年参政议政工作的选题思路和重点方向。会议期间还对全盟 2014 年度全盟参政议政先进集体和先进个人进行了表彰，并展开了参政议政工作交流研讨。与会同志围绕台盟中央参政议政工作报告畅所欲言，对一年来的工作进行了回顾总结，对开展好明年的参政议政工作进行了认真谋划。会议期间，参政议政工作委员会和青年工作委员会分别召开全体会议，对相关工作进行了总结和谋划。重庆市政协副主席、台盟重庆市委主委李钺锋，辽宁省政协副主席、台盟辽宁省委主委王松，台盟中央常委王天戈、郑建闽、胡有清、吴国华、骆沙鸣，台盟中央参事室主任孙南雄，台盟中央青年工作委员会主任刘艳，台盟中央台情研究委员会主任郑世凯，台盟中央副秘书长、研究室主任宋焱，台盟中央办公厅副主任谢申、宣传部副巡视员吴艺煤、台海出版社社长马铁出席会议。

（五）座谈会、纪念会

1 月 9 日上午，全国政协常委、台盟中央副主席黄志贤在京会见毕节市委副书记、市长陈昌旭一行。陈昌旭向台盟中央通报毕节市 2013 年以来的经济社会发展情况，并就台盟中央和各级地方组织一年来给予试验区的大力帮扶表示衷心的感谢。结合 2014 年工作安排，简要介绍了毕节市今后发展的总体思路和工作设想。黄志贤对陈昌旭一行的来访表示热烈欢迎。他简要回顾了一年来台盟在毕节所做的工作，并对毕节一年来取得的多项成就表示赞赏。关于 2014 年对毕节的帮扶工作安排，他指出，台盟将在中央统战部的协调和指导下，整合盟内外资源，突出“台”字特色，继续做好智力支边和帮扶工作，为试验区的经济社会发展贡献应有的力量。座谈会由台盟中央秘书长张宁主持，台盟中央副秘书长、组织部部长吴国华，台盟中央社会服务部部长唐涓、副部长蔡国斌等参加。

1 月 10 日，“台盟中央助推阜新市对台招商引资专题推介会”在台盟中央机关召开。全国人大常委、台盟中央副主席苏辉，辽宁省政协副主席、台盟辽宁省委主委王松，阜新市人民政府市长杨忠林出席会议。来自北京市台资企业协会的多位台商代表应邀参加推介会。苏辉首先致辞。她对与会的阜新市各位领导和台资企业代表表示欢迎。她说：多年来，台盟中央致力于推动两岸关系和平发展，在促进两岸经贸领域的交流与合作方面做了大量卓有成效的工作，在服务于台商的同时着力服务于祖国区域经济的升级发展。在座的各位台商都是在京台资企业的代表人士，为首都北京的经济发展、为促进两岸各领域的交流往来都做了很大的贡献，我们表示由衷的钦佩和感谢。她表示，台盟中央曾举办过多次的对台招商引资活动，也促成了河南省焦作市、贵州省毕节试验区的对台招商工作取得有效进展。此次，希望利用台盟这个平台，促进阜新市与在座的各位台资企业代表加深了解，在不远的将来达成合作意向，取得双赢的合作成果。王松、杨忠林分别致辞，感谢台盟中央协助举办此次对台招商引资专题推介会，并向各位台商代表介绍阜新市情，推介重点招商项目。各位台商代表认真听取了阜新市领导的介绍，积极提出有关投资环境、优惠政策、配套措施等各项问题，纷纷表示阜新市近年来着力推进经济发展方式转变，取得了环境保护与经济增长的双丰收，希望能够有机会到阜新市实地考察。

1 月 16 日，由台盟中央、全国台联主办的“2014 年在京台胞新春同乐会”在地处北京前门的台湾会馆举行。全国政协副主席、台盟中央主席林文漪，全国政协常委、全国台联党组书记、副会长梁国扬，全国政协常委、台盟中央副主席吴国祯，全国台联名誉会长林丽韫，全国台联副会长杨毅周，国台办交流局局长程金中，北京市台办主任汪明浩等中央和北京市有关部门的领导，与在京台胞、台商、台生等200余人欢聚一堂，畅叙友情，共庆新春佳节。新春同乐会由全国台联党组书记梁国扬主持，台盟中央副主席吴国祯致辞。吴国祯副主席首先代表台盟中央和全国台联向与会的各位来宾和台湾乡亲致以新春的问候和良好的祝愿。吴国祯在致辞中说，过去的一年，是我国发展历程中极不平凡的重要一年。面对极其复杂的国际国内形势，在中国共产党的领导下，全国各族人民团结一心，锐意进取，攻坚克难，实现了经济社会发展稳中有进、稳中向好的良好局面。特别是中共十八届三中全会胜利召开，吹响了全面深化改革新的号角，描绘了我国未来发展的宏伟蓝图。过去的一年，是两岸关系进入和平发展、巩固深化新时期的关键一年。在两岸同胞的共同努力下，形成了全方位、宽领域、多层次的大交流局面，两岸贸易额持续增加，两岸相互投资稳步发展，两岸人员往来屡创新高，两岸关系处于60年来最安定、最和谐、最密切、最良好的阶段。作为居住在祖国大陆的台湾同胞，亲身经历、亲眼见证这一切，我们感到欣喜和自豪！吴国祯副主席指出，潮平两岸阔，风正一帆悬。展望充满生机与活力的2014年，我们台盟、台联将牢牢把握两岸关系和平发展的主题，充分发挥自身优势和特点，广交朋友，深交朋友，为推动两岸关系和平发展发一份光，尽一份力。我们将一如既往地团结服务台胞乡亲，为台胞乡亲谋福祉，努力拓展更为广阔的发展空间。

1月25日，由台盟中央、全国台联、台盟北京市委和北京市台联共同举办的“2014年在京台胞春节联欢会”在京举行。台盟中央副主席、北京市台联会长苏辉代表主办单位向在京台胞祝贺新春。近千名在京台胞、台商、台生欢聚一堂，共话乡情亲情。苏辉表示，要牢牢把握两岸关系和平发展的大局，传承和发扬老一代台胞爱国爱乡光荣传统、激发和拓展新一代台胞的优势和潜能，发挥台盟、台联与台湾同胞联系广泛的优势，致力于推动民间往来和文化交流，厚植两岸同胞共同利益、深化海峡两岸一家亲的理念，为早日实现和平统一作出新的更大的贡献。出席联欢会的领导还特别向在京老台胞赠送了极具闽南特色，代表思念、团圆之意的漳州水仙。元宵节前夕，台胞们将带着自己雕刻的水仙花再次欢聚。

2月23日，由台盟中央等各民主党派中央、全国工商联和黔西南“星火计划、科技扶贫”试验区联合推动组为指导单位的第二届“中国美丽乡村·万峰林峰会”在黔西南州兴义市开幕。台盟中央社会服务部副部长蔡国斌出席开幕式，应邀参加黔西南州与台湾两地农业交流合作座谈活动，并与台湾农业界嘉宾进行了互动交流。黔西南州将通过中央电视台、农业部等平台，把“中国美丽乡村·万峰林峰会”打造成具有国际影响力和知名度的高端会议品牌，打造成统一战线开展群众路线教育实践活动帮扶黔西南试验区的“同心品牌”。本次峰会以“聚焦万峰林、共筑中国梦”、“强农业、美乡村、富农民”为主题，实现资源共享，经验互通和广泛合作。中央农村工作领导小组、国务院扶贫办、农业部、北京大学的有关领导和学者，以及来自全国各地50个地方电视台的代表出席。

3月21日，台盟中央机关召开传达学习全国两会精神会议。全国政协常委、台盟中央副主席黄志贤，全国人大常委、台盟中央副主席苏辉出席会议。会上传达了全国政协十二届二次会议精神、十二届全国人大二次会议精神。台盟中央秘书长张宁主持会议。台盟中央宣传部副部长穆学锋介绍盟员人大代表、政协委员宣传报道情况。会议指出，今年的全国两会是在全面深化改革开局之年召开的一次举世瞩目的十分重要的会议。全国人大代表和政协委员以高度的主人翁责任感，积极履职尽责，共商国是，会议通过的各项决议决定充分体现了党的主张和人民意志的统一。这是一次民主、团结、求实、奋进的大会，必将进一步鼓舞和动员全国各族人民，紧密团结在以习近平同志为总书记的中共中央周围，为全面建成小康社会、实现中华民族伟大复兴的中国梦而努力奋斗。会议要求，台盟中央机关干部要深入学习贯彻“两会”精神，把思想和认识统一到“两会”精神上来，把智慧和力量凝聚到“两会”确定的目标任务上来。要全面开展坚持和发展中国特色社会主义学习实践活动，将学习实践活动引向深入。要结合台盟的特色，做好今年的考察调研、对台交流、社会服务和对外宣传工作。要加强台盟的组织建设和机关建设，为确保今年各项工作任务的完成奠定良好的基础。要按照今年台盟中央工作要点的要求，全力以赴完成好各项工作任务。台盟中央副秘书长宋焱及机关全体同志参加会议。

3 月 26 日，“台盟中央闽南文化交流研究基地”揭牌仪式在福建省泉州师范学院举行，全国政协常委、台盟中央副主席黄志贤，中共泉州市委常委、统战部长翁祖根以及泉州师范学院党组书记游小波等共同为研究基地揭牌。黄志贤在致辞中表示，台盟各级组织多年来一贯坚持“专、精、深、久”的工作思路，注重发挥闽南文化在两岸交流中“润物细无声”的作用，围绕推动海峡西岸经济区建设和闽南文化生态保护实验区建设开展了大量工作。此次台盟中央在泉州师范学院设立“台盟中央闽南文化交流研究基地”，旨在聚合闽南文化研究力量，形成闽南文化交流研究智库，进一步加强两岸文化交流与合作，传承中华民族的历史记忆，增进两岸同胞的民族认同和文化认同，为促进祖国和平统一做出贡献。辽宁省政协副主席、台盟辽宁省委主委王松，台盟中央副秘书长、研究室主任宋焱，台盟中央社会服务部部长唐涓、联络部部长潘新洋以及台盟中央各专门委员会主任出席揭牌仪式。

4 月 2 日，全国政协常委、台盟中央副主席黄志贤，台盟中央秘书长张宁率机关干部一行，怀着崇敬的心情，专程来到北京西山森林公园无名英雄纪念广场缅怀先烈，瞻仰祭扫。黄志贤、张宁来到以吴石、朱枫、陈宝仓、聂曦为原型的英雄塑像前，代表台盟中央机关全体干部，向无名英雄敬献花篮。在庄严肃穆的气氛中，大家向无名英雄烈士鞠躬致敬，深切缅怀当年为新中国的解放事业而英勇牺牲的台湾中共地下党员，表达对革命英烈们的崇敬和追思之情。台盟中央机关干部 30 余人参加了活动。在参观瞻仰活动之前，3 月 27 日，台盟中央还邀请台盟中央台情研究委员会委员何标为台盟中央、台盟北京市委机关干部作专题讲座，介绍有关台湾白色恐怖时期中共地下党的有关活动情况。大家深受教育，对革命先烈矢志不渝地坚守理想信仰的崇高精神有了更深的了解和感悟。

4 月 9 日，全国政协副主席、台盟中央主席林文漪在台盟中央机关会见了智利华人华侨代表考察团一行。该团由智利北京海外联合会会长、智利—中国经济贸易发展协会主席、智利中国和平统一促进会副会长关金涛任团长。此次到访台盟中央，考察团向林文漪主席介绍了旅居智利华人华侨的工作生活情况，特别是当地台湾同胞的有关情况。林文漪表示，希望智利中国和平统一促进会能多与当地台胞互动交流，倾听他们的意见和呼声，反映他们对两岸关系和平发展的意见和看法，台盟要积极发挥建言献策“直通车”的作用，将海外侨胞对于国家经济建设、两岸关系和平发展等方面的意见建议及时反映给中共中央和国家有关部门。台盟中央副主席黄志贤、苏辉参加会见。

5月26日，全国人大常委、台盟中央副主席苏辉会见来京瞻仰西山无名英雄纪念广场、吊唁在台牺牲烈士的台湾地区政治受难人互助会一行36人。苏辉代表台盟中央，代表全国政协副主席、台盟中央主席林文漪热烈欢迎各位老朋友的到来，并认真听取了互助会会长蔡裕荣、原会长吴澍培、台湾夏潮联合会原会长陈明忠、中华基金会原董事长张敏生等受难人代表关于政治受难历史的介绍。双方还就加强台湾统派口述历史与影像工作、促进两岸青年交流与融合等议题进行了深入交流。台盟中央秘书长张宁、副秘书长兼研究室主任宋淼、办公厅主任陈静、联络部部长潘新洋、台情研究委员会主任郑世凯、社会服务部副部长蔡国斌、宣传部副巡视员吴艺煤以及中央统战部、全国台联相关干部参加会见。

7月2日，全国政协常委、台盟中央副主席黄志贤在台盟中央机关会见中共焦作市委书记孙立坤一行。自2010年台盟中央联络部与焦作市人民政府签订合作协议以来，双方就台湾农民创业园、对台招商引资等多领域展开合作。此次孙立坤一行向台盟中央介绍焦作市修武台湾农民创业园的发展情况，双方就进一步加强沟通与合作交流了意见。焦作市有关领导首先向黄志贤介绍了焦作市修武台湾农民创业园的发展情况，以及建设“修武神农同根园”的规划设想。2011年6月，在台盟中央的大力协助下，农业部、国台办批复成立河南唯一的台创园——焦作修武台湾农民创业园。在国务院批准的《中原经济区规划》（2012—2020年）中，焦作修武台创园作为促进区域联动发展和开放合作平台，上升为国家战略。三年来，台创园生态休闲观光农业、设施蔬菜种植、畜牧养殖等三大主导产业初步形成，台湾元素逐步融入，较好的发挥了合作交流平台作用，下一步将继续完善基础设施建设，强化招商引资力度，推进重点项目建设，强化农业科技支撑，进一步发挥好海峡两岸合作交流平台作用。当前，为进一步凸现焦作修武台创园的功能定位，切实发挥台创园在两岸合作交流中的独特作用，焦作市政府拟集中力量规划建设“修武神农同根园”，为台湾同胞寻根溯源，展现两岸农业等领域合作发展成果搭建一个更为广阔的平台。孙立坤代表焦作市委、市政府向台盟中央多年来对焦作市各领域发展，尤其是在成立台湾农民创业园，对台招商引资等方面的大力扶助和支持表示感谢，希望在未来进一步加强与台盟中央的合作，在“修武神农同根园”的建设方面和加强两岸农业领域交流合作等方面继续得到台盟中央的支持和帮助。黄志贤首先代表林文漪主席向孙立坤书记一行的到来表示欢迎。他谈到，焦作修武台湾农民创业园成立三年来取得了长足的发展，在促进中原腹地与台湾宝岛在休闲农业等领域的交流合作方面发挥了独特作用。焦作市有非常优越的区位优势和丰厚的资源条件，规划建设“修武神农同根园”能够进一步彰显修武农民台湾创业园自身特色，实现台创园的跨越发展，成为推动豫台交流合作的重要平台。台盟中央将一如既往的支持焦作市对台交流合作工作的开展，也希望在双方的共同努力下，焦作市“修武神农同根园”未来能够成为台湾同胞寻根祭祖，促进两岸文化、农业、宗亲等多领域交流的重要平台。台盟中央副秘书长、研究室主任宋淼，社会服务部部长唐涓，办公厅主任陈静，宣传部副部长穆学锋，办公厅副主任谢申参加座谈。

7月31日，全国人大常委、台盟中央副主席苏辉出席“台湾‘九合一’选举数据分析座谈会”。苏辉认真听取了中国人民大学统计学院课题组根据TVBS、台湾指标民调等民调公司针对“六都选举现状、岛内民众对政党的偏好、两岸关系的现状”等热点问题做出的数据分析，并与中国人民大学统计学院院长赵彦云、北京市社情民意调查中心副主任吴代东等专家就“九合一”选举的现状、成因和趋势等议题做出了深入的交流和探讨，并就进一步深化和持续开展相关数据分析和研究的问题达成了共识。

9月2日，台盟中央、全国台联在北京台湾会馆召开2014年在京台胞中秋茶话会。全国政协副主席、台盟中央主席林文漪，十届全国政协副主席、台盟中央原主席张克辉，海协会常务副会长郑立中，全国人大内司委副主任王胜明，全国政协港澳台侨委副主任楼志豪、北京市政协副主席、台盟北京市委主委蔡国雄，台盟中央秘书长张宁，国台办主任助理龙明彪，全国台联副会长纪斌，北京市台资企业协会会长章启正等与在京台胞、台商、台生200余人欢聚一堂，畅叙乡情友情，共庆中秋佳节。茶话会由全国台联副会长杨毅周主持。全国人大常委、台盟中央副主席苏辉代表台盟中央、全国台联致辞。苏辉在致辞中说，中共十八大以来，以习近平同志为总书记的中共中央关于对台工作提出了一系列新主张、新论述，为两岸关系和平发展指明了方向。在两岸双方、各界同胞的共同努力下，两岸关系和平发展得到进一步的巩固和深化。苏辉指出，台盟、台联与台湾同胞有着天然的亲情、乡情优势，我们要认真学习贯彻习近平总书记系列重要讲话精神，充分发挥自身优势，大力弘扬中华优秀传统文化，努力促进两岸交流交往，不断增进两岸同胞间的了解和互信，增进两岸同胞休戚与共的民族认同，进一步巩固两岸关系和平发展的政治、经济、文化和社会基础，为推动两岸关系和平发展、促进祖国和平统一和实现中华民族伟大复兴的中国梦而不懈努力。苏辉最后祝愿各位乡亲、各位朋友身体健康、万事如意、中秋快乐。茶话会上，来自台盟中央、全国台联、台盟北京市委、北京市台联的机关干部，在京台胞、台生为大家表演了精彩的节目，赢得阵阵掌声。来自全国人大、全国政协、中央党校、中央统战部以及北京市台办、台盟北京市委、北京市台联等有关部门的领导同志出席了活动。

9月4日，台盟中央学习习近平总书记系列重要讲话座谈会在台盟中央机关礼堂召开。全国政协常委、台盟中央副主席黄志贤出席并讲话，台盟中央秘书长张宁主持会议。黄志贤指出，学习贯彻习近平总书记系列重要讲话是台盟一项长期的重大政治任务，他对全体干部提出三点要求：一是统一思想，充分认识深入学习贯彻习近平总书记系列重要讲话精神的重要意义；二是加强学习，切实把握习近平总书记系列重要讲话的精神实质和丰富内涵；三是深入实践，以学习习近平总书记重要讲话精神的新成果促进台盟各项工作取得新成绩。座谈会上，中央社会主义学院副院长张峰教授作了《推进国家治理体系和治理能力现代化——习近平总书记系列重要讲话精神述要》的辅导报告。机关各部门干部、台海出版社代表分别谈了学习体会。大家纷纷表示，习近平总书记系列重要讲话为我们认识问题、分析问题、解决问题提供了有力的指导方法，要学以致用，用以促学，认真做好各项工作，为实现中华民族伟大复兴的中国梦而不懈努力。台盟中央机关各部门负责人、机关干部、台海出版社工作人员约40人参加会议。

9月4日，台盟中央副主席、台盟上海市委主委杨健会见了来访的台湾中国统一联盟主席王津平一行。会谈中，双方就促进两岸和平发展，推动两岸经济、文化、教育等领域的深入交流达成了共识。台湾中国统一联盟，简称“统联”，诞生于1988年4月4日，是由中华杂志社和夏潮联谊会发起成立的，首任主席是台湾著名的乡土文学作家陈映真先生。“统联”成立伊始就明确阐明自己的宗旨：促进民族内部的团结与和平，建设民主统一的国家。副主委高美琴、秘书长李碧影等参加了会见。

9月8日，由台盟中央、全国政协港澳台侨委员会、全国政协书画室主办的“两岸一家亲　共圆中国梦”国画艺术交流展在全国政协礼堂开幕。正值中秋佳节，数百两岸书画界代表欣然与会，共襄盛举。全国政协副主席、台盟中央主席林文漪出席活动并宣布画展开幕。此次画展共收入了历届全国政协委员、全国政协书画室成员、台盟等民主党派成员，以及台湾知名画家创作的140余幅国画作品，涵盖山水、人物、花鸟等题材，笔墨淋漓、色彩斑斓，具有较强的观赏性和感染力，也是海峡两岸享有共同的血缘、情缘、乡缘的艺术体现。台盟中央副主席黄志贤致辞说，希望通过画展的举办，大力推动两岸国画艺术交流，促进两岸书画艺术不断创新、共同繁荣，以书画为媒介，让两岸同胞越走越近、越走越亲，充分发挥优秀传统文化在实现中华民族伟大复兴的“中国梦”过程中的重要作用。当天还举行了笔会和中秋赏月活动。两岸艺术家济济一堂，感受“九州共此明月，翰墨香飘两岸”的美好意境。为期3天的画展结束后，主办方还编辑出版了《两岸一家亲　共圆中国梦——海峡两岸国画艺术交流展作品集》。

10月14日，全国政协常委、台盟中央副主席黄志贤会见了来访的台湾海峡两岸紧急救援协会会长、中国和平统一促进会秘书长、台湾前屏东市市长容滋浩一行。容滋浩曾连任屏东市第十届、第十一届市长，多年来致力于推动两岸经济、文化、教育等领域交流发展。黄志贤向客人简要介绍了习近平总书记提出的“两岸一家亲”理念。双方就促进两岸经贸发展、人员往来、文化交流达成共识，并相互交流了对台湾政局的看法。台盟中央妇委会主任、台盟上海市委副主委高美琴，台盟中央办公厅主任陈静、社会服务部副部长蔡国斌参加会见。

10月23日，台盟中央、全国台联在中国人民抗日战争纪念馆举办“铭记历史·爱国爱乡”纪念台湾光复69周年参观活动。全国政协常委、台盟中央副主席黄志贤，台盟中央秘书长张宁，全国台联副会长杨毅周出席。伟大光复千秋颂，爱国爱乡慰忠魂。1945年10月25日，中国人民抗日战争取得胜利，台湾重回祖国怀抱。在台湾光复69周年之际，台盟中央、全国台联机关干部来到中国人民抗日战争纪念馆，举行向抗战烈士敬献花篮仪式，参观抗日战争展览及《伟大贡献——中国与世界反法西斯战争》专题展览，缅怀抗战先烈，回顾全民抗战情况，特别是台湾同胞在抗战中的英勇事迹。不久前，台盟中央在重庆召开台盟盟史与自身建设及口述历史工作会议期间，组织全体与会人员瞻仰了台湾光复纪念碑，向为台湾光复英勇牺牲的革命志士敬献花篮及宣读致敬词。台湾光复结束了日本帝国主义50年的殖民统治，是中国人民抗日战争胜利暨世界反法西斯战争胜利的重要成果，两岸同胞血脉相连，命运与共。纪念活动旨在铭记两岸同胞并肩抗战的历史，传承台湾人民爱国爱乡的光荣传统，促进两岸关系和平发展，展望中华民族伟大复兴的美好未来。台盟中央、全国台联全体机关干部约50人参加活动。

10月24日，台盟九届二十四次专职主席（扩大）会议在京召开，专题学习中共十八届四中全会精神。全国政协副主席、台盟中央主席林文漪主持会议并讲话。台盟中央副主席黄志贤、苏辉出席会议。林文漪指出，作为致力于中国特色社会主义事业的参政党，台盟要认真学习贯彻中共十八届四中全会精神，深入开展坚持和发展中国特色社会主义学习实践活动，进一步提高领导班子的政治把握能力、参政议政能力、组织领导能力和合作共事能力；充分发挥自身特点和优势，切实履行参政议政、民主监督职能，继续为两岸经济健康有序发展、维护台湾同胞合法权益积极建言献策，协助有关部门完善两岸交流中涉及的法律法规，扩大两岸司法互助，加强两岸司法交流，为推进全面深化改革、加强法治中国建设、促进祖国和平统一和实现中华民族伟大复兴的中国梦作出新贡献。黄志贤说，十八届四中全会是法治中国建设进程中的又一座里程碑，全会提出“依法保护港澳同胞、台湾同胞权益”，令我们十分振奋，深受鼓舞。我们要认真学习贯彻十八届四中全会精神，统一思想，规划行动，认真履职，积极建言，为建设法治中国、实现中华民族伟大复兴的中国梦做出贡献。苏辉说，我们要围绕法治中国建设深入调研，通过高层协商、政协会议、专题座谈会等提出切实可行的提案、意见和建议，不断提高履职参政的能力和水平，为建设中国特色社会主义法治国家、实现中华民族伟大复兴的中国梦贡献力量。台盟中央秘书长张宁，副秘书长宋焱、吴国华及机关各部门负责人也在会上畅谈了学习体会。大家一致表示，要把思想和行动统一到中共中央关于全面深化改革、全面推进依法治国重大决策部署上来，充分发挥自身特点和优势，积极投身全面推进依法治国的伟大实践。

10月30日，台盟中央在京召开学习贯彻中共十八届四中全会精神座谈会。全国政协副主席、台盟中央主席林文漪出席会议并讲话。全国政协常委、台盟中央副主席黄志贤，北京市政协副主席、台盟北京市委主委蔡国雄出席会议。台盟中央秘书长张宁主持会议。林文漪指出，中共十八届四中全会是在我国全面深化改革进入关键阶段召开的一次十分重要的会议。全会审议通过的《中共中央关于全面推进依法治国若干重大问题的决定》，提出了一系列法治新思想新论断，凝聚了全党智慧，体现了人民意志，为在新的历史条件下全面推进依法治国提供了根本遵循，指明了前进方向。林文漪表示，作为接受中国共产党领导、致力于中国特色社会主义事业的参政党，为法治中国建设献计出力，是台盟义不容辞的责任和使命。多年来，从国家有关大政方针的制定和实施，从国家法律、法规的修改和完善执行，到参加执法检查，参加特约人员工作，台盟都积极参与其中，将自身特色优势不断转化成为推进依法治国贡献力量的实际行动，有力地促进了政府相关工作的开展。中共十八大以来，台盟各级组织和广大盟员就《台湾同胞投资保护法》及实施细则、反腐倡廉工作、国家区域经济发展、新型城镇化建设和社会治理协同创新、水资源保障与水环境保护、两岸关系和平发展等领域提出了有关法治建设、深化改革的提案、意见和建议，产生了良好的社会影响，为推进依法治国、建设社会主义法治国家做出了贡献。林文漪强调，台盟要认真学习贯彻十八届四中全会精神，深入开展坚持和发展中国特色社会主义学习实践活动，进一步提高领导班子的政治把握能力、参政议政能力、组织领导能力和合作共事能力；充分发挥自身特点和优势，切实履行参政议政、民主监督职能，按照公报提出的“依法保障‘一国两制’实践和推进祖国和平统一”，“依法保护港澳同胞、台湾同胞权益”，继续为两岸经济健康有序发展、维护两岸同胞合法权益积极建言献策，协助有关部门完善两岸交流中涉及的法律法规，切实做依法治国方略的忠实拥护者，推进依法治国进程的坚定践行者；贯彻习近平总书记“两岸一家亲”理念，大力向台湾同胞宣传全会的精神实质和丰富内涵，宣传我们依法治国的信心和决心，做好台湾人民工作，提高台湾同胞对祖国大陆的向心力，增进两岸同胞的理解和认同。台盟中央副秘书长、组织部部长吴国华等同志在会上作了发言，分别从各自角度畅谈了学习十八届四中全会精神的感受和体会。台盟在京中常委，台盟中央机关各部门负责人，中央统战部一局有关同志，台盟中央机关干部及台海出版社工作人员参加了会议。

11 月 17 日，台盟中央宣传部、台盟北京市委共同举办学习贯彻中共十八届四中全会精神辅导报告会，邀请中国人民大学法学院教授、博士生导师汤维建作《全面推进依法治国解读》的辅导报告。台盟中央宣传部副部长穆学锋主持会议。汤维建从全面推进依法治国的总体目标、重大任务举措、加强中国共产党的领导等方面进行了详细阐述，并重点解读了《中共中央关于全面推进依法治国若干重大问题的决定》中与民主党派相关的内容。台盟中央各部门负责人及机关干部、台盟北京市委机关干部、台海出版社领导共约 40 余人参加会议。

12 月 21 日，全国政协常委、台盟中央副主席黄志贤在重庆会见重庆红岩联线文化发展管理中心主任吴绍阶一行，双方就 2015 年在重庆中国民主党派历史陈列馆举办纪念抗战胜利暨台湾光复七十周年特展事宜进行座谈。台盟重庆市委主委李钺锋、台盟中央宣传部副巡视员吴艺煤、重庆红岩联线所辖中国民主党派历史陈列馆常务副馆长吴统凡等参加座谈。黄志贤指出，纪念台湾光复七十周年，不仅是为了缅怀为反抗日本殖民统治而英勇牺牲的革命先烈，弘扬台湾同胞爱国爱乡的光荣传统，更是为了贯彻习近平总书记提出的“两岸一家亲”理念，促进两岸和平统一，早日实现中华民族伟大复兴的中国梦。台盟中央将全力支持、全力配合中国民主党派历史陈列馆，将特展办好。吴绍阶表示，能与台盟中央合作非常高兴，红岩联线已着手开展准备工作，并已得到市委市政府的支持，我们将以精益求精的态度认真完成特展任务，不仅要将特展活动办好，还要宣传好，以取得最佳效果。

（六）论坛、研讨会

1 月 9 日，由台盟中央、农业部、重庆市人民政府共同举办的第十三届中国西部（重庆）国际农产品交易会（简称“西部农交会”）在重庆国际会展中心（南坪）开幕。本届农交会以“绿色、特色、开放、合作”为主题，参展企业达 1900 余家，包括诸多台资企业。全国人大常委、台盟中央副主席苏辉出席西部农交会的开幕仪式、投资农业农村重大项目及农产品交易签约仪式，并实地考察农产品展示展销会，重点了解了参展台资企业的特色产品，与参展的台湾乡亲亲切交谈，并致以新春祝福。重庆市副市长张鸣，重庆市政协副主席、台盟重庆市委主委李钺锋，台盟重庆市委副主委许沛，台盟中央办公厅主任陈静、联络部副部长潘新洋等陪同考察。

2 月 25 日，台盟中央、台盟北京市委在京举行纪念台湾人民“二·二八”起义 67 周年学术研讨会。全国政协常委、台盟中央副主席黄志贤出席会议并讲话。会议邀请新华社港台部副主任陈斌华作《当前两岸关系形势与台湾民众集体心理》专题讲座。黄志贤在讲话中指出，重温历史，深切缅怀在“二·二八”起义中牺牲的烈士先贤和罹难的无辜同胞，是为了弘扬台湾人民爱国爱乡的光荣传统，坚决反对“台独”势力对这段历史的污蔑歪曲，更是为了面向未来，进一步增进两岸同胞的了解与互信，推动两岸关系和平发展，携手共圆中华民族伟大复兴的中国梦。黄志贤强调，作为由台湾省人士组成的参政党，台盟将一以贯之地继承台湾人民爱国爱乡的传统，将一以贯之地发挥与岛内乡亲割舍不断的血脉亲情优势，将一以贯之地坚守台盟前辈们与中国共产党肝胆相照、同心同德的政治信念，紧密围绕国家中心大局，以推动两岸关系和平发展、深化改革等中心工作为重点，献策建言，进一步提高履职水平。两岸一家亲，我们愿与岛内乡亲一道，广泛凝聚智慧和力量，携手前行，巩固和扩大两岸关系发展成果，不断开创两岸关系和平发展新前景，使两岸关系和平发展成为祖国统一大业进程中不可阻挡的历史潮流，为实现中华民族伟大复兴的中国梦而共同奋斗。台盟盟员蒋建春、田靖，台盟中央机关年轻干部李军鸽分别从各自角度进行了发言。台盟中央副秘书长、研究室主任宋焱，台盟北京市委副主委蔡勉及台盟中央、台盟北京市委机关干部50余人参加。研讨会由台盟中央宣传部副部长穆学锋主持。

5月5日，由台盟中央联络部、两岸关系和平发展协同创新中心、台盟北京市委、北京市台联共同举办的首届“大江论坛”——两岸关系和平发展精英论坛在台湾会馆开幕。本次论坛以京台交流的代表性建筑——台湾会馆所在地“大江胡同”的地域名称命名，以台湾会馆的历史人文内涵为依托，旨在发挥台盟、台联和涉台智库与岛内联系广泛的桥梁纽带作用，搭建符合新形势下两岸关系发展要求的新的交流平台，进一步厚植两岸关系和平发展理念的民意基础，密切两岸各界人士间的亲情互动，促进两岸合作共赢。两岸文教、艺术、工商、科技、创意休闲农业等各领域的精英人士、行业协会和社会组织的代表性人士共一百多人出席开幕式，围绕论坛主题进行了深入交流。全国政协副主席、台盟中央主席林文漪出席开幕式，并会见了与会的两岸嘉宾代表。林文漪向嘉宾们介绍了台湾会馆的历史沿革，以及重张后在两岸各领域交流中发挥的重要作用，向岛内嘉宾介绍了台盟多年来秉持爱国爱乡光荣传统，发挥亲情乡情优势和履行参政党职能，致力于维护两岸台胞权益、推动两岸关系和平发展所取得的成就。林文漪寄望两岸嘉宾利用“大江论坛”这一平台，为两岸关系和平发展出主意、想办法，凝聚更多智慧和力量，巩固和扩大两岸关系发展成果，使两岸关系和平发展成为不可阻挡的历史潮流，让广大台湾同胞特别是基层民众都能更多享受到两岸关系和平发展带来的红利。台盟中央副主席苏辉致开幕词，海协会副会长孙亚夫、台盟中央副主席黄志贤、九三学社常务副主席邵鸿、厦门大学党委书记杨振斌、厦门大学副校长李建发、中央统战部三局副局长傅铁生、国台办交流局副局长王冰、全国台联副会长杨毅周、重庆市政协副主席李钺锋以及中国文学艺术基金会、北京市台办、台盟北京市委和北京市台联等相关部门参与论坛相关活动。台湾中国文化大学教授王晓波、台南市医师公会理事长王正坤、厦门大学台湾研究院院长刘国深、台湾《联合报》驻京首席记者陈言乔等作为两岸嘉宾代表，围绕两岸关系和平发展主题发表了主旨演讲。本次论坛期间，还举办了两岸关系和平发展恳谈会、两岸传统文化艺术展示周、台湾特色美食节等活动单元，促进两岸嘉宾深入交流；未来几年，还将陆续以“两岸关系和平发展科技论坛”、“两岸关系和平发展医学论坛”、“两岸关系和平发展教育论坛”等为主题，继续推进“大江论坛”可持续发展，推动两岸各领域交流合作。

5 月 17 日，作为第十七届“渝洽会”的一项重要分项活动，由台盟中央、重庆市人民政府共同主办，台盟重庆市委、市外经贸委及市台办共同承办的“渝台优势产业合作商机对接会”在重庆悦来国际会议中心举行。重庆市政协副主席、台盟重庆市委主委李钺锋，中共重庆市委统战部常务副部长关海祥，台盟中央联络部部长助理张骏出席会议。重庆市级相关部门、区县和有关科研院所的领导和专家学者，以及来自台湾的中华轨道车辆工业发展协会理事长廖庆隆等“高铁”经济相关产业的专家学者参加了活动。对接会由重庆市政协副主席、台盟重庆市委主委李钺锋主持。台盟中央联络部部长助理张骏和廖庆隆理事长先后致辞。对接会上，台盟重庆市委，重庆市信息服务业行业协会，重庆市工程师协会，永川区、合川区、丰都县、垫江县人民政府，中华轨道产业发展协会，台湾中华产业经济发展策进会等相关单位代表共同签署了“助推高铁沿线区域经济发展合作备忘录”。本次合作商机对接会是继 2013 年 5 月、11 月，台盟中央和重庆市人民政府共同举办的“打造高铁经济带渝台专家研讨会”和“打造高铁经济带、建设五大功能区”研讨会的一次成果深化和拓展，旨在进一步助推渝台两地的战略合作，积极吸纳包括岛内专家学者在内的各方面资源和力量，积极推动重庆“高铁”经济带城市规划、产业布局、商业运营等方面工作的深入开展，进而为推动重庆市正在开展的科学划分功能区域、加快五大功能区建设和依托黄金水道建设长江经济带做出应有的贡献。自 2011 年以来，台盟中央和台盟重庆市委连续四年参与主办和承办“渝洽会”及相关活动。本届“渝洽会”期间，台盟中央还与重庆市人民政府共同主办了“渝台产业合作研讨座谈会”。台盟中央联络部、台盟重庆市委、重庆市台办、重庆市台联、中共重庆市九龙坡区委还共同主办了“2014‘后立体派’海峡两岸画作联展”。

6 月 13 日，由台盟中央指导，台盟福建省委、福州市人民政府、福州市政协、福建省文史馆主办，马尾区人民政府与福州晚报承办，中国社会科学院台湾史研究中心、台湾《中华日报》、马尾海军联谊会、福建师范大学历史学院、台盟福州市委等单位协办的第五届海峡两岸船政文化研讨会在福州召开。全国政协常委、台盟中央副主席黄志贤出席会议并致辞。来自中国社会科学院、中国艺术研究院、厦门大学、福建师范大学和台湾岛内的一批著名学者，福州海军学校培养的一批台湾海军人才及福州船政先贤后裔参加研讨会。会议由台盟福建省委主委郑建闽主持。黄志贤在致辞中指出，120 年前甲午战败、乙未割台，台湾人民在日本侵略者的铁蹄下渡过殖民的五十年，是两岸同胞共同的伤痛记忆。“民族强盛，是同胞共同之福；民族弱乱，是同胞共同之祸”。今天，海峡两岸专家学者、船政先贤的宗亲苗裔在此抚今追昔，展望未来，共同探讨和平崛起的中国，如何更好地利用海洋、开发海洋，维护海权，使我国的蓝色疆域成为安定之海、和平之海、繁荣之海，意义重大。第五届海峡两岸船政文化研讨会是第六届海峡论坛的重要项目之一。本届研讨会的主题为“福州船政与中国海防建设”。其间还举办沈葆桢巡台纪念牌揭牌仪式、颂扬戍台将士诗联吟诵会等活动。

7月13日至19日，由台盟中央主办，台盟福建省委承办，台盟厦门、漳州、南平市委以及厦门大学党委统战部、两岸关系和平发展协同创新中心协办的“2014年台南大(中)学生海西乡土文化研习营”于福建举行。此次活动以“血脉相连·海西乡土文化之旅”为主题，旨在促进两岸文化交流，加深台湾青年学子对大陆的了解，包括部分聋哑学生在内的近80名台湾师生参加了为期7天的研习营活动。7月14日上午，研习营开营式在厦门大学举行。开营式上，厦门大学党委统战部副部长龙坚毅致欢迎辞。台盟中央副秘书长宋焱，台南大学附属高级中学原校长、台湾启聪学校校长、研习营总领队管志明先后发言，对研习营的举办表示祝贺，希望能够以两岸共同的文化血脉为基础，通过不断地加大两岸青年的交流与往来，加深彼此的了解，增进友谊。研习营学生代表也发了言。台盟福建省委主委郑建闽宣布研习营开营，宋焱为研习营授旗。活动期间，研习营一行赴厦门、武夷山和南靖等地参观游览。7月17日，研习营一行在漳州参观了著名的世界文化遗产——南靖土楼，包括著名的云水谣古镇和“四菜一汤”，台湾学子们对土楼奇特的造型和独特的风格惊叹不已，为祖地漳州拥有这样的世界文化遗产感到无比自豪。走在与台湾相似的城镇，说着两岸相同的闽南语，充分体验到祖籍地的浓浓乡情和漳台两地难以割舍的文化血脉。台南大（中）学生海西乡土文化研习营自2008年以来已连续七年成功举办，接待来自台湾南部、从未到过祖国大陆的近五百位大（中）学生来闽研习，成为台湾青少年了解福建、认知祖国的重要窗口，成为两岸青少年交流、民间交流沟通的重要平台。

7月20日，由台盟中央主办、台盟北京市委承办、北京中华文化学院协办的“中华文化研习营——2014年京台文化研习营”开营仪式在北京中华文化学院举行。全国人大常委、台盟中央副主席苏辉，全国台联副会长纪斌，北京市政协副主席、台盟北京市委主委蔡国雄，台盟中央联络部部长潘新洋，北京市台办副主任黄塞溪，北京市台联秘书长张晓军、北京中华文化学院副院长陈剑，台盟北京市委副主委蔡勉出席。来自台湾中国文化大学和台湾台东专科学校的学生、在贵州盛华职业学院就读的毕节赫章县学生、在京就读的台湾学生、以及部分在京盟员、台盟北京市委机关工作人员等70余人参加。开营仪式由秘书长彭京玉主持。苏辉宣布开营。蔡国雄致欢迎词指出，京台文化研习营是台盟北京市委举办的两岸青年文化交流活动项目，通过专家授课、参观践学、实地考察等多种形式加强两岸青年之间的交流交往，增进彼此的了解和友谊。蔡国雄强调，两岸青年昭示着两岸未来，是两岸关系未来发展的希望所在。希望本次研习营活动能为两岸多地青年加深了解、建立友谊搭建平台，大家一起携手共同传承中华传统文化，共同推动两岸关系和平发展，共同促进中华民族伟大复兴中国梦的早日实现。台盟中央联络部部长潘新洋以及来自台湾的老师和学生代表分别致辞和发言。开营仪式后，陈剑就北京的经济和社会发展作了精彩的专题讲座，并与营员们问答互动。研习营活动期间，组织了营员们参观清华大学、北京故宫、首都博物馆、八达岭长城等史迹留存和现代人文景观，还与北京市台联在台湾会馆共同举办“2014‘后立体派’海峡两岸师生画作联展”。

8月29日，由台盟中央、海南省政府大力支持并作为指导单位，台盟海南省委、海南省台办、海南省政协港澳台侨外事委员会、海南省台联、台湾农会联合举办的“2014年海峡两岸休闲农业与美丽乡村建设（海南）研讨会”在海南海口召开。全国政协常委、台盟中央副主席黄志贤，海南省政府副省长何西庆出席研讨会开幕式并致辞。海南省台办主任刘耿、前台湾省农会理事长蔡庆章分别代表主办单位致辞。台盟海南省委主委连介德、原主委王琼瑛、海南省政协港澳台侨外事委员会主任赵子导、海南省台联会长吴琼开，中华海峡两岸农业教育发展协会名誉会长孙明贤等出席开幕式，近 200 名海峡两岸专家学者及嘉宾出席了本次研讨会。黄志贤代表台盟中央对与会嘉宾的到来表示热烈欢迎。他说，进一步拓宽两岸农业交流渠道，有利于推进两岸农业合作向纵深发展，实现两岸经济发展互利双赢。积极推动休闲农业发展与美丽乡村建设，不仅能为传统农业转型升级提供新动力，打造生态休闲旅游的新品牌，还可统筹推进新农村和新型城镇化建设。他表示，希望琼台两地把握机遇，把两岸休闲农业发展与美丽乡村建设交流合作推向纵深。何西庆在致辞中表示，研讨会是推动海南休闲农业发展与美丽乡村建设很好的学习借鉴机会，希望与会代表继续为海南发展积极建言献策、贡献智慧。本次研讨会围绕“发展休闲农业，建设美丽乡村”主题，从发展休闲农业对美丽乡村建设的推动作用、新型城镇化发展进程中的休闲农业与美丽乡村建设、台湾休闲农业与乡村建设的经验与借鉴、国际旅游岛背景下的海南休闲农业与美丽乡村建设、生态文明和休闲农业发展和美丽乡村建设等几个分论题进行研讨。、研讨会充分依托琼台交流合作工作平台，积极借鉴台湾发展休闲观光农业和乡村建设的经验，广采博纳、聚众之长，努力富裕农民，升级农业，建设美丽乡村，为加强琼台交流合作，助推海南国际旅游岛建设产生重要积极意义，为两岸和平发展作出积极的贡献。研讨会特邀农业部农产品加工局副局长刘明国，台湾二十一世纪基金会董事执行长、台湾农委会前主委孙明贤，台湾大学生物产业传播暨发展学系名誉教授陈昭郎，北京农学院都市农业研究所所长史亚军等来自海峡两岸的 9 位休闲农业方面的专家学者围绕研讨会“发展休闲农业，建设美丽乡村”主题作了精彩的主旨发言。研讨会收到论文近 30 篇，层次较高，成果颇丰，受到了海峡两岸有关机构和专家的好评。研讨会期间还特别安排部分台湾及大陆专家学者到海峡两岸（保亭）交流基地（保亭槟榔谷黎苗文化旅游区）、三亚亚龙湾国际玫瑰谷、陵水县光坡镇港尾村、万宁市龙滚镇福塘村等地进行调研考察，并召开调研考察总结座谈会。

二、参政议政

2014 年，台盟各级组织深入学习贯彻中共十八大，十八届三中、四中全会和习近平总书记系列重要讲话精神，落实《台盟中央参政议政工作五年规划纲要（2013–2017 年）》的要求，发挥“上下联动，横向联合”机制的作用，聚焦全面深化改革、全面推进依法治国和两岸关系和平发展等重大问题，深入开展调查研究，努力突出台盟特色，全力以赴为改革发展建言献策。

（一）积极参与政治协商

台盟中央始终将参与政治协商作为履行参政党职能的首要任务，充分突出特色和优势，在全盟各级组织协同合作形成的丰富调研成果基础上，围绕中共十八届四中全会报告、政府工作报告以及国家经济工作等重大问题，以两岸关系和平发展、经济文化交流和维护台湾同胞的合法权益等台盟特色领域为切入点，积极议政建言，提出了一系列有分量、有创见、可操作的建议，受到中共中央的高度重视。

2 月 10 日，国务院总理李克强在中南海主持召开党外人士座谈会，听取各民主党派中央、全国工商联负责人和无党派人士代表对《政府工作报告（征求意见稿）》的意见。台盟中央主席林文漪出席座谈会并发言。发言围绕创新解决水资源制约与水环境治理问题、关注大陆台资医院的发展情况、巩固两岸关系和平发展的成果等问题提出了具体建议。

6 月 20 日，全国政协主席俞正声主持召开党外人士专题调研座谈会，就区域经济、技术创新、卫生立法和司法体制改革等问题座谈交流。台盟中央主席林文漪出席座谈会并发言。发言围绕首都人口调控与水资源保障、落实创新驱动战略、转变城市发展和管理方式等问题提出了具体建议。

7 月 29 日，中共中央总书记习近平在中南海主持召开党外人士座谈会，就当前经济形势和下半年经济工作听取各民主党派中央、全国工商联领导人和无党派人士的意见和建议。台盟中央主席林文漪出席座谈会并发言。发言围绕提高公共投资效益、加快建立城乡统一的建设用地市场、强化水生态承载力等问题提出了具体建议。

8 月 19 日，中共中央总书记习近平在中南海主持召开党外人士座谈会，听取各民主党派中央、全国工商联领导人和无党派人士对中共十八届四中全会报告征求意见稿的建议。台盟中央副主席黄志贤出席座谈会并发言。发言围绕进一步创新社会治理体制、关注司法体制改革推进过程中出现的新问题、以司法之力维护两岸同胞的共同权益等问题提出了具体建议。

12 月 1 日，中共中央总书记习近平在中南海主持召开党外人士座谈会，就当前经济形势和明年经济工作听取各民主党派中央、全国工商联领导人和无党派人士的意见和建议。台盟中央主席林文漪出席座谈会并发言。发言围绕经济新常态、生态修复、两岸经济合作等问题提出了具体建议。

（二）在全国政协会议上的发言和提案

1. 全国政协十二届一次会议

全国政协十二届二次会议期间，台盟中央共提交大会发言 3 篇。其中，3 月 9 日下午 3 时在人民大会堂举行的第四次全体会议上，全国政协委员、台盟福建省主委、福州市政协副主席、福州市国土资源局局长郑建闽代表台盟中央、全国台联，作了题为“关于构建闽台共同文化区的建议”的大会口头发言。发言认为，海峡两岸同属中华民族，同文同脉，一样的血缘、共同的文化，是两岸合作交流的原动力。特别是福建与台湾，共一轮明月，讲百代乡音，在服务祖国统一大业中承担着特有的历史使命。闽台文化交流是一个有机的整体，而近年来，我们往往更侧重于民间信仰文化、船政文化、朱子文化等为数不多的重点领域，在整体效应的发挥方面，还存在着一些亟待加强的短板。发言建议，充分发挥福建省的“五缘”优势，构建以闽台同属一个文化副区——台湾海峡两岸文化副区为理论基础、以闽南文化为特色的“闽台共同文化区”，巩固深化两岸同胞的民族和国家认同。一是加强“闽南文化生态保护实验区”规划建设。在泉州、漳州、厦门等地各有侧重地完善保护与开发的规划，避免或减少同质化；设立文化生态保护实验区专项资金，加大对重点非物质文化遗产保护传承的投入；研究倡议两岸四地共同申报“妈祖文化”、“闽南语族系迁徙”为世界非物质文化遗产。二是依托民间力量，扩大基层文化交流。如赋予宫庙管委会、姓氏宗亲会等民间团体以法人资格，以便与台湾相关民间团体进行交流对接；简化审批手续，降低民间社团入台开展交流的门坎。三是加强学术机构与民间组织的互动。一方面可提高民间团体与人士的专业素养，提升与台湾同行交流的水平，另一方面，学术机构以田野调查和案头工作相结合的人类学治学方式，可以更快更好地还原闽台文化原汁原味的本真面貌，掌握学术交流的主动权。

此外，台盟中央还向会议提交了《关于加强两岸中山文化交流的建议》的书面发言。发言提出，中山文化不仅是海峡两岸共同的精神纽带，更将成为两岸文化交流的一座特殊桥梁。但由于种种原因，两岸中山文化交流也面临着一些困难，如孙中山研究青黄不接、中山文化交流大多停留在地方层面、中山文化历史遗存的整合力度有待加强等。发言建议，2014 年是孙中先生山奉安 85 周年，以此为契机加强两岸中山文化交流具有重要意义。一是将促进两岸中山文化交流上升到国家层面，将中山文化打造成为两岸文化交流的重要的品牌，进一步发挥高等院校、研究机构、博物院馆的作用，做实中山文化内涵，做细中山文化标识，使其成为两岸同胞的共同价值认同和精神载体。二是进一步加强中山文化研究，不断完善研究理论和方法，同时从经费、人员、政策等方面提供保障，尤其要支持两岸学者的学术交流。三是进一步整合孙中山先生纪念遗迹、联合申报世界文化遗产。尽快启动两岸四地孙中山先生纪念遗迹的排查整理工作，建设与申遗项目配套的具有国际影响力的孙中山博物馆，配合申遗工作加大对孙中山纪念遗迹旅游资源的开发，加大申遗工作的经费支持力度。

同时，台盟中央还提交了《关于深化两岸刑事司法合作，提高共同打击犯罪水平的建议》的书面发言。发言提出，《海峡两岸共同打击犯罪及司法互助协议》生效以来，促进了两岸刑事司法合作的制度化、规范化，但实践中存在的问题还有很多，一定程度上影响和制约着司法合作的效率。一是刑事管辖存在法律冲突，导致办案权限存在交叉和分歧。如犯罪行为地与结果地分属两岸、团伙犯罪成员分处两岸等情况下，到底归属哪一方司法机关管辖的问题，在实践中存在矛盾和争议。二是对接部门职能差异较大，影响协作效率。如在大陆属公安机关负责的户籍与人口管理，在台湾地区却由民政部门管辖。双方在司法合作过程中的对接主体和路径不尽相同，导致身份、财产等情况的核实出现障碍。三是调查取证合作缺乏具体明确的规定，无法实现合作上的高效便捷。实践中，由于期限规定得不明确，加上调查取证还需要大量人力、物力、财力，因此协助调查取证的时间一拖再拖，最终延误案件查办。四是犯罪所得的移交缺乏具体而有效的操作措施，导致办案追赃困难重重。发言建议，一是细化完善《两岸司法互助协议》，构建高效便捷的刑事司法合作机制。建议海协会与海基会尽早展开刑事司法合作问题的再协商，签订《两岸司法互助协议》的相关补充协议，进一步细化各项合作内容，不断增强刑事司法合作的针对性、操作性和实效性。二是推进直接对话，构建高效的合作平台。参照目前已经开展的大陆公安部和台湾地区“警政署”互访模式，继续拓展检察、审判层面的正式交流平台，推进主管部门高级别领导的直接对话，针对存在的主要分歧逐一进行协商，对具体工作形成较为权威的指导性意见。三是协商处理矛盾冲突，提高协作效率。首先是协商建立以犯罪行为地管辖为原则，以最初受理和优先控制管辖为补充，以协商管辖为辅助的管辖权冲突解决机制。其次是构建犯罪所得分享、承认与执行对方刑事裁判内容等基本制度，明确犯罪所得的查封、扣押、冻结、移交等具体操作流程。其三是建立高效的调查取证协作机制。明确证据调查的时限、传递方式、效力承认等具体事项，确保案件调查顺利进行。

此外，3 月 9 日下午 3 时在人民大会堂举行的第四次全体会议上，全国政协委员、重庆市政协副主席、台盟重庆市主委、重庆市人民检察院副检察长李钺锋还作了《高度重视解决西部农村安全饮水工程的安全隐患》的发言。发言提出，农村安全饮水工程是一项重大民生工程，各级党委、政府历来高度重视。但是，由于种种原因，西部农村饮水“安全工程”中的“不安全”隐患仍十分突出，主要表现在四个环节：一是工程建设环节，由于建设成本高，投入相对不足，许多工程没有配备水质检测设备、自动加药消毒设备、净化预处理设施等，使得工程建设“先天发育不全”，设施安全隐患突出；二是工程运行环节，由于供水价格普遍低于成本价，基本没有提取折旧和大修基金，工程维修基金大多没有建立起来，供水工程出现老化、损毁时得不到及时维修改造，持续运行隐患突出；三是水源地保护环节，由于水源地建设规划滞后，缺乏水源地保护区划分、保护区标志设置以及水源安全应急预案，也没有开展水源地巡查，导致农村人饮工程水源普遍存在生产、生活排放物污染，水源安全隐患突出；四是末梢供水环节，由于大部分工程没有配备检测设备，外部监测尚未常态化，造成工程“最后一道安全闸”缺失，饮用安全隐患突出。发言建议，一是提高中央财政补助标准和地方配套，切实解决因投入不足导致的设施配套不完整的问题。建议中央财政补助比例提高到 70% 左右，同时加大对地方政府配套资金投入的监督力度。二是把已建工程改造与维护纳入计划，切实解决安全饮水工程设施的可持续运行问题。加快建立中央、省（市）及区县三级财政合理分担的饮水工程维修专项资金，加大对省级财政维修资金筹集的监督力度。三是高度重视水源保护规划及建设，切实解决“进水安全”问题。把农村饮水水源保护纳入安全饮水工程范畴，对饮水水源标准执行情况进行抽查，进一步制定和完善农村水源地保护相关法律、法规，加强对饮用水源地环境监察监管。四是加快推进水质监测常态化，切实解决末梢用水安全问题。尽快制定和出台国家或西部农村安全饮水水质监测条例，支持西部水利部门加快水质检测能力建设，分区县或分片区建立水质监测机构，提高信息化监管水平。

会议期间，台盟中央共提交党派提案 27 件。提案内容涉及促进两岸关系发展的 10 件，占比近 40%，体现了鲜明的党派特色。这些提案的内容包括：构建“闽台共同文化区”、深化两岸刑事司法合作、实现两岸医疗机构互通对接、加快商签两岸婚姻家庭保障框架协议、借鉴台湾经验推动职业教育发展等议题。此外，还有关于综合经济方面的 8 件，关于科教文卫与环境保护方面的 4 件，关于政府职能转变与社会管理方面的 4 件，内容涉及设立三峡水库生态涵养发展区专项基金、加强国家网络与信息安全建设、规范推进各级政府购买公共服务等议题。与此同时，台盟组 20 位委员提交大会发言 22 件、提案 170 余件。其中，《关于加快转变政府职能，发挥社会组织在社会管理中的作用》、《关于强化节约集约用地，促进新型城镇化发展》、《关于研究制定政府购买公共服务相关行政法规》和《关于杜绝医闹，从根本上改善医患关系》等14件提案入选全国政协重要提案摘报和重点提案办理协商会，数量同比增长20%。

2. 全国政协“深化产教融合、校企合作，加快现代职业教育体系建设”专题协商会

6月3日，全国政协“深化产教融合、校企合作，加快现代职业教育体系建设”专题协商会上，全国政协委员，台盟中央委员、上海市委专职副主委高美琴代表台盟中央作了《研究借鉴台湾经验，着力推进中、高等职业教育有效贯通衔接》的大会发言。发言提出，目前，我国中、高等职业教育贯通衔接方面存在的问题较为突出：一是中、高职的专业课程设置和教学内容重复，影响学生职业技能的持续养成。二是中职升入高职的选拔考试中，专业技能不受重视，测试成绩占总分比重过低。三是部分中职毕业生进入高职后，文化基础课跟不上教学要求。四是民办高职院校占独立设置高职院校的一半，这些院校的办学经费、师资力量以及享受的扶持政策普遍不足，因此在专业设置上，偏重于办学成本低的专业，而市场紧缺但办学成本较高的工科类专业（如机电一体化、数控）则较少设置。发言认为，在中、高职衔接方面，与大陆有着相同文化背景的台湾地区有着较为完备和丰富的实践与经验，曾培养了大量高层次技术应用型人才，主要体现在：一是各层次职业教育衔接顺畅；二是专业技能测试成绩在选拔考试中的比重较高，突出专业技能培养导向；三是大力扶植私立大专院校，并编列入年度教育经费预算。发言建议，一是完善职业教育体系，实现技能型人才培养向上延伸，探索构建职前与职后、中职与高职专（本）科、高职专科与技术本科、技术本科与专业硕士等紧密联系的通道。二是改革招生制度，拓宽中职生进入高职院校的渠道，还可以通过学分转换，让有一定工作经验的中职毕业生重回学校就读高职，实现高技能人才的非连续性培养。三是以职教集团为抓手，整合职教资源，同时以行业或区域经济产业为纽带，建立校企、校校间的合作伙伴关系。四是严把中、高职贯通专业审批，对于确实需要较长时间专业知识学习和技能反复训练的专业实施贯通培养，并统一安排各阶段的课程体系。五是对民办高职院校更多的扶持政策，鼓励其发展工科类及面向二产的市场短缺专业，改善与优化民办高职的专业结构。

全国政协委员、重庆市政协副主席、台盟重庆市主委、重庆市人民检察院副检察长李钺锋还作了《将职业教育培训与市民化有效衔接，助推新生代农民工城镇化进程》的口头发言。发言提出，目前新生代农民工的文化素质和职业技能水平依然普遍较低，政府组织实施的农民工教育培训工程取得一定效果，但仍存在着很多不足，突出表现在：一是注重数量而忽视质量，普遍存在过于注重培训次数和人数而忽视培训质量和效果的问题。此外，没有从市民化的角度对培训机构建立起一套完整的考核评估机制，目前究竟有多少农民工通过培训实现了市民化还没有调研、统计和分析。二是农民工教育培训的法律法规缺失，在实施过程中，政策的规范程度和执行力度主要取决于执行者的责任心和积极性，政策执行不到位现象较为普遍。发言认为，在新生代农民工文化素质未得到有效提升的情况下，着手户籍制度改革或让城市无条件地向新生代农民工开放公共服务，不利于城市可持续发展。应下大力气做好新生代农民工的教育培训工作，切实提升其劳动力素质，以此为户籍制度的全面改革做好准备，也为新生代农民工进一步市民化

打下扎实的基础。发言建议：一是新生代农民工输入地应结合本地的产业发展方向和结构调整方向制定培训计划。同时，给予新生代农民工相对优惠的职教招生政策。二是将新生代农民工职业教育培训与市民化有效衔接，鼓励更多城市实行按职业技能等级发放居住证的政策，提高新生代农民工参加技能培训的主动性和参与率。同时，可以将获得居住证的比率纳入对培训机构的考核评价指标。三是重视农村基础教育和新生代农民工子女的教育问题。采取适当措施转变公共教育经费的分配方式，处理好流出地和流入地政府之间的教育经费矛盾。

3. 全国政协十二届常委会第六次会议

6月23日至25日，全国政协十二届常委会第六次会议上，台盟中央围绕“更好发挥市场在资源配置中的决定性作用”主题，提交了两篇小组发言，分别为《以处理好政府和市场的关系为核心，进一步释放中关村的创新发展活力》、《扎实做好确权登记、建立市场交易平台等配套工作，加快建立城乡统一的建设用地市场》。

其中，《以处理好政府和市场的关系为核心，进一步释放中关村的创新发展活力》的发言提出，作为科技智力资源最为密集的区域之一，中关村从来不缺乏活力，关键是要打破体制机制的束缚，解除科技人才的约束，释放创新创业的内生活力。当前，要进一步推进中关村的改革发展，关键就是要继续清除制约技术创新的不合理、不科学的制度、政策障碍，使市场在资源配置中起决定性作用和更好发挥政府作用。发言建议：一是进一步突破科研成果产权制度的深层次制约。加快推进科技成果转化法修订，在全国范围内授予高校、科研院所等国有事业单位可转化科技成果等无形资产的完整权属。同时，充分发挥科技成果市场化定价机制，允许高校、科研院所采取协议定价、技术市场挂牌交易等公开交易方式进行科技成果转化，并以事后备案代替事前审批。二是进一步改革政府对科技工作的组织管理模式。尊重、研究产业联盟的发展规律，通过联盟的形式把拥有科技创新资源的高校、科研院所和离市场最近的企业有效连接起来。三是进一步促进投融资便利化。建议加大金融创新力度，在北京探索设立由社会资本（包括国有资本和民间资本）创办具有独立法人资格的科技银行，进一步促进企业境外直接投资便利化，开展互联网金融监管创新试点，探索形成社会资本通过网络众筹投向创新创业型企业的资本筹集机制。

《扎实做好确权登记、建立市场交易平台等配套工作，加快建立城乡统一的建设用地市场》的发言提出，围绕着建立城乡统一的建设用地市场推进过程中的进展与问题，台盟开展了持续跟踪调研，发现目前在制度建设、确权登记、市场管控等方面还存在如下问题：一是宅基地确权登记过程中人为压低标准，使得农民的财富价值大大缩水，这背后正是城乡二元制度的思维定势和土地财政的逐利动机在作怪。二是农村集体建设用地确权不全面，权属认定不规范。目前宅基地确权推进较快，但农村集体建设用地，特别是以农民为投资经营主体的乡村旅游及商业服务设施建设用地确权登记严重滞后。三是农村建设用地市场交易平台及规则程序缺失。发言建议，一是按照农房及配套的附属设施实际占地面积对农村宅基地进行确权，保护农民土地权益。二是尽快对农村经营性存量建设用地进行确权登记，明晰产权关系，总体原则宜疏不宜堵。三是建立农村建设用地交易市场体系，明确交易规则程序，其中包括建立农村建设用地有形以及无形交易市场。

4. 全国政协“构建现代公共文化服务体系”专题协商会

7 月 22 日，在“构建现代公共文化服务体系”专题协商会上，全国政协常委、台盟中央副主席、上海市委主委杨健代表台盟中央作了《引入专业化社会组织，创新社区公共文化服务方式》的口头发言。发言提出，目前各地在引入社会组织，繁荣社区公共文化方面取得了很大的成效，但调研中发现，实际运作过程中也面临着一些问题：一是引导社会力量参与公共文化服务的专门性政策措施还很缺乏。二是参与公共文化服务的各类社会力量发展规模有限，多样化、专业化发展不足，极大地制约了其参与公共文化服务的能力。发言建议：一是建立科学的扶持和管理机制。建议总结推广各地的典型经验，制定引导社会力量参与公共文化服务的专门性政策意见。政府在进一步加大购买公共文化服务力度的同时，也需做好对相关社会文化组织的鼓励、规范和管理。二是创新社区公共文化服务供给方式。建议由政府主导，通过购买、租赁土地房屋等形式，在社区建立综合性文化活动中心，为社区开展公共文化活动搭建平台。同时，引入社会化、专业化机构参与活动中心的日常运营和维护。三是探索实施第三方绩效评估机制。对政府引导和鼓励社会力量参与公共文化服务的路径、方法、载体、渠道进行定期评估，同时对社会力量参与公共文化设施建设、项目参与、活动参与、服务提供的情况进行评估，提高公共文化服务社会化运作的绩效水平。

5. 全国政协“更好地发挥社会组织在社会治理中的作用”双周协商座谈会

7 月 24 日，台盟中央与全国政协社法委共同举办了“更好地发挥社会组织在社会治理中的作用”双周协商座谈会。全国政协主席俞正声主持会议并讲话。民政部、中央编办、中央综治办、财政部的负责同志出席会议并与委员们互动交流。5 位台盟界别的全国政协委员在座谈会上发言：

杨健委员作了《关于推动志愿服务制度化的建议》的发言。发言提出，稳步推进志愿服务制度化，关键在于要有一套完善严谨的制度体系作保障，促使社会志愿服务成为一种制度化和常态化的社会风尚和文明行为。在深入研究大陆推进志愿服务制度化进程中所采取的措施和台湾地区一些做法的基础上，发言总结归纳出四个方面值得借鉴和推广的经验：一是建立健全志愿服务相关的法律体系，保障志愿服务有序发展。建议在地方立法的基础上，国家层面加快志愿服务的法制化进程，依法明确志愿者、志愿者组织、政府的权利和责任等，依法构建政府和社会紧密合作的志愿者管理新模式。二是形成常态化的志愿服务评估机制，促进志愿服务良性发展。建议由在教育系统的各级学校中，推行与学生能力相匹配的志愿服务分级量化考评制度，将定量志愿服务作为学生评奖评优，选拔保送等选评工作的必要条件。三是实行人性化、规范化的激励奖励措施，推动志愿服务持久发展。建议对于志愿者应享受的社会福利和赞誉，通过合理的政策落到实处，从物质和精神上给予其应享受的回报和福利，促使提升志愿服务的质量和水平。四是鼓励公共部门合理运用志愿服务，促使志愿服务有效发展。建议通过优化岗位定位，确定一批可以由志愿服务机构承接的公共服务岗位，交由其承接，并通过培训、评估和反馈，提升这些志愿服务机构的工作能力。同时，加大政府对优质志愿服务组织和项目的支持力度，通过切实调研，确定采购目录，做好实施评估和效果公示，提升其服务能力和社会公信力，促使志愿服务有效发展。

蔡国雄委员作了《关于加快完善社会组织分类管理机制的建议》的发言。发言提出，目前我国社会组织分类管理工作还存在着一些困难和问题，包括：登记制度尚不完善，如以兴趣类和服务类为主的社区民间组织、学生社团、网上社团、业主委员会等，因为找不到业务主管部门而无法登记；现有法律法规尚不健全，如我国还没有相关法律法规对近年来日趋活跃的网络社会组织进行规范；分类支持体系尚未建成，等等。发言建议：第一，进一步降低登记门槛，完善登记制度。对于规模小、无章程的社会组织可考虑采取备案的方式，立档归类，定章立制，进行有针对性的管理和监督，使更多的社会组织纳入政府的监管范围。第二，加快制定完善相关法律法规，为分类管理提供法律依据。建议大力健全我国社会组织管理相关法律法规，适时推出社会组织分类管理的基本法，并完善相关的配套法规，通过建立法律支撑体系，不断优化社会组织运行机制。第三，不断完善社会组织分类支持体系。通过完善不同类型社会组织税收优惠减免和从业人员待遇、职业发展、档案管理等相关政策，不断推进社会组织分类管理手段的创新。第四，高度重视北京、深圳等地社会组织分类管理改革的实践经验，为完善社会组织分类管理机制提供具体思路。

江利平委员作了《加强社会组织专业队伍建设，促进社会组织发展》的发言。发言提出，目前，我国社会组织工作的知晓度、认同度较低；社会组织职业制度体系不健全，没有制定出社会组织的从业标准和职业规范，且未纳入目前职称体系；社会组织人才队伍结构不合理，总量偏少且年龄老化，素质有待提高；人才队伍建设和志愿服务工作缺乏有力的经费保障；人才队伍培训体系不完善，总量偏少且年龄老化，素质有待提高；社会组织管理机构、岗位设置与深化改革的要求不相适应，如湖北省 1/3 的县市还没有专门社会组织管理机构，1/3 是兼职管理，全省平均每县市社会组织仅有管理人员 0.7 人；社会组织中党建工作落实不充分。发言建议：一是提高认识，提升社会工作者的社会认同度；二是完善管理体制，加强顶层设计，建立健全社会组织职业制度体系；三是加大专项经费投入，建立社会组织人才激励保障机制；四是积极搭建平台，促进社会组织人才发展，编制政府购买社会组织服务目录、项目库，建立社会组织人才供需平台等新媒体平台；五是开展社会组织专业人才队伍建设示范创建和社会组织专业服务标准化创建活动，发挥引领示范作用，推动社会工作服务多部门多领域开展；六是加强社会组织人才队伍建设协调机制。

骆沙鸣委员作了《以改革创新精神发挥社会组织在对台工作中的作用》的发言。发言提出，在两岸社会组织交流中需充分考虑台湾同胞的特殊历史遭遇，以及闽南人的性格特质等因素；在两岸社会组织交流互动中培育社会力量依法改进社会治理；建立社会组织统一信用代码，并实现与信用查询、公示和奖惩联动。发言建议：拓展两岸涉法团体交流与法学研讨，促进两岸法律界理念的融合；加强两岸宗亲社团交往，如建立海峡两岸寻根网站，探讨定期轮流召开海峡两岸谱牒文化研讨会，发动两岸档案馆协会共同建立馆藏族谱目录指南，运用大数据技术建立两岸乃至全球谱牒软件；加强两岸保钓社团的合作，充分体现两岸人民对钓鱼岛主权的认同和共识，等等。

胡有清委员作了《借鉴台湾地区经验，努力提升社会组织参与社会治理的能力》的发言。通过实地参访和深入研究台湾地区部分社会组织的经验和规律，同时结合大陆社会组织发展的实际情况，发言就加强社会组织参与社会治理的能力建设提出如下建议：一是完善法律体系建设，规范和促进社会组织发展。建议适时修订《社会组织法》，为社会组织的自身建设和有序发展提供法律依据。二是改善资金来源困境，激发和倒逼社会组织成长。建议加大政府购买社会服务的力度和完善相关的程序制度，通过项目招标和绩效评估，激发社会组织加强血能力；通过合理评估，确定各级财政的补贴数额，同时在原有的“输血”模式基础上创新补贴机制；通过合理的政策调控机制，调动公众和企业的“献血”积极性。三是破解人员结构难题，创新和带动社会组织发展。建议培育一批兼具责任意识和发展思路的社会组织领头人，同时出台相关人才优惠政策，为社会组织引进熟悉项目策划运作的专业管理人才创造条件。四是构建政治参与渠道，承认和重视社会组织地位。建议将社会组织参与协商民主的地位制度化、规范化、程序化，帮助社会组织建立健全采集、整理和反映社情民意的机制。

6. 全国政协十二届常委会第七次会议

8 月 25 日至 27 日，全国政协十二届常委会第七次会议上，全国政协常委，台盟中央副主席、上海市委主委杨健围绕“深入落实八项规定精神，以优良的党风政风带动民风社风”的会议议题，代表台盟中央作了《协同发力，持之以恒，推动作风建设取得实效》的发言。发言提出，作风建设是一项长期的复杂的战略性系统工程。“八项规定”出台后，虽然效果明显，但也存在一些不容忽视的问题：一是“软抵抗”。一些干部表面拥护，落实的时候却打起了擦边球，搞变通或走过场，使一些“四风”问题穿上了“隐身衣”、披上了“新马甲”。二是不作为。例如公车改革后，没有车子了，于是，有的人以此为借口，消极应付，该开的会不开了，该下去调研不去了，甚至职工生大病，也不看望了。三是老百姓对“八项规定”的长效性还缺乏信心。群众对“八项规定”拍手称快的同时，也存在四怕：一怕“哄”，二怕“松”，三怕“空”，四怕四风卷土重来。总之，就是担心“八项规定”会“一阵风”。发言建议：第一，一切从实际出发是落实八项规定、加强作风建设的基础。基层在落实的过程中，不能简单转发，不能机械地执行。建议根据实际情况，制定出相应的贯彻措施，内容要务实，执行程序要简便，更要有量化的指标来体现具体要求。第二，领导干部是落实八项规定、推进作风建设的重点。狠抓八项规定的落实，各级各部门的“一把手”必须长期带好头，作出榜样。建议把科级以上干部列为八项规定监督检查的重点，切实做到问题早发现、早纠正。第三，廉政文化是落实八项规定、推进作风建设的保障。在注重对党员干部进行廉政教育的同时，使廉政文化教育面向社会公众，做到家喻户晓，人人皆知，形成整个社会对腐败的“零容忍”，从而使群众监督发挥强大的威慑力。第四，强化制度和法治是落实八项规定、推进作风建设的根本。一是作风建设相关制度规定之间要相互配套，相互支撑。建议我们制定的制度要政策分明、界线清楚、强化刚性、便于操作，尽量不出现“不准”、“应该”等模糊词汇，以减少实际操作中的弹性和随意性。二是制定《从政道德法》，推动作风建设相关制度与国家法律体系有效衔接。三是建立健全各种形式的问责制度。尤其要建立完善引咎辞职、质询罢免和撤换等适应不同层面、不同类型和不同程度违法违纪行为的责任追究制度，以儆效尤。

7 全国政协十二届常委会第八次会议

10 月 27 日至 29 日，全国政协十二届常委会第八次会议上，全国政协常委，台盟吉林省委主委王天戈代表台盟中央作了《倾听基层呼声，推进司法改革》的发言。发言提出，通过调研了解到，基层对深化司法体制改革高度肯定，特别是对司法机关的人财物进行省级以下统管，有力地规避了地方保护主义的干扰，使基层司法机关办理案件更有底气、更加公正。但在推进司法体制改革，特别是实施“省以下法院检察院人财物统一管理”过程中，基层干部的一些想法，特别是一些“担忧”，也值得关注：一是在地方政府的支持方面，一些基层法院的同志担心，一旦人财物与地方脱离，得不到地方的支持，“执行难”的问题可能会更加突出。二是在监督方面，有同志担心“统管”后法院、检察院自成一体，对司法机关的监督可能弱化。三是在人财物方面，实现省级“统管”后，由省高院统一来管理全省法官人数、办案量、经费。上级院的权力比过去大为集中，因此可能出现来自上级司法机关的“招呼干预”。四是在法官、检察官的遴选和管理方面，有的同志说，推行人财物统一管理后，干部管理权限必然要作相应调整。担心在此过程中，遴选制度执行不到位。针对这些思想顾虑，发言建议：一是加强司法体制改革的顶层设计，充分预判并做好相关准备工作。特别是加强和改善地方党委对基层法院、检察院的领导，加大地方政府对基层司法机关的支持力度，并形成规范和制度，充分调动广大法院、检察院干警参与支持改革的积极性，排除阻力，确保改革稳步推进。二是完善内外监督机制，增强监督的刚性。除了党内监督、人大法律监督和政协民主监督外，建议强化公检法三机关在诉讼活动中互相制约、监督的机制。另外，要加大最高人民法院和省级法院对下级法院的监督力度，探索设立巡回法庭，充分运用再审制度，统一法律的适用标准，维护国家法制的尊严和权威。三是按照“探索实行法院、检察院司法行政事务管理权和审判、检察权相分离”原则，实现上级院对下级院的人财物管理与案件管理相区分。一方面建立一定的隔离和制衡机制，提高上级院管理的透明度，减小经办人员的自由裁量权，防止行政管理越过界限，干预司法办案。另一方面，还要完善下级院的申诉制度和办案人员的职业保护，不能随意调岗调职，增强下级法官、检察官抵制上级院工作人员干预办案的主动性和能力。四是加强法官、检察官队伍的建设和管理。建议省级法院、检察院牵头分别成立法官、检察官管理委员会，由来自党委纪委、组织、政法部门，人大，法院、检察院以及律师代表、法学学者等各方面的代表担任委员，负责法官、检察官提名之前的审查工作以及任职期间的管理工作。

（三）与政府部门、国家部委和司法机关开展联系合作情况

1. 进一步落实与农业部签署的合作备忘录

为落实台盟中央与农业部于2010年签署的合作备忘录，2014年，台盟中央与农业部共同举办了多次以推动两岸农业交流为主题的论坛、研讨会等活动。其中包括，1月在重庆举办的第十三届中国西部（重庆）国际农产品交易会，11月在福建举办的第八届海峡两岸茶业博览会等。

2. 加强与司法部门的联系沟通

台盟中央重视加强与最高人民法院、最高人民检察院的联系和沟通，积极发挥参政议政、民主监督的作用。1月10日，最高人民检察院检察长曹建明主持召开与各民主党派中央、全国工商联负责人和无党派人士代表座谈会，听取对2014年检察工作的意见和

建议。台盟中央副主席苏辉出席会议并发言，围绕进一步加强两岸刑事司法互助合作，有效治理涉农惠民领域职务犯罪问题等问题提出了建议。1月21日，最高人民法院院长周强主持召开与各民主党派中央、全国工商联负责人和无党派人士代表座谈会，听取对2014年法院工作的意见和建议。台盟中央副主席黄志贤出席会议并发言，围绕落实台商权益保护相关规定，建立健全台胞权益保障工作机制和运行机制，进一步开展两岸司法合作等问题提出了建议。

（四）专题调查研究

2014年，台盟中央将年度重点课题分列三个层次，包括大调研课题1项、全盟重点调研课题14项、各专门委员会重点课题7项，统筹协调各级盟组织、各专委会突出重点，深入开展调研工作。一年来，广东、南京、吉林、湖北、云南、重庆、上海、福建等地方组织牵头，共举办了14次课题研讨会，围绕年度重点课题形成了639份调研报告。台盟中央各专门委员会也积极牵头进行重点课题调研工作。由参政议政工作委员会牵头的“关于科学规划、积极推进‘自由贸易区’国家战略的对策研究”，妇女工作委员会牵头的“两岸居家养老模式对比研究”，青年工作委员会牵头的“大陆台资医院现状调查”，两岸关系政策研究委员会牵头的“台湾社会运动的现状、特征、发展趋势以及我们的工作建议”，科教医药交流委员会牵头的“中医药职业教育现状及政策机制研究”，两岸文化交流委员会牵头的“在建设21世纪海上丝绸之路语境下推动文化与科技深度融合的路径创新的思考”，两岸经济合作交流委员会牵头的“惠台政策评估系列研究”，都紧扣两岸关系和平发展和当前国家经济中心问题，提出了一大批高水平的对策建议，

1. 党派大调研

4月下旬至5月中旬，台盟中央赴北京市，围绕贯彻习近平总书记在京考察时重要讲话精神、落实首都城市战略定位相关问题开展了民主党派大调研。调研过程总体划分为预调研——集中调研——补充专题调研三个阶段，历时约一个月。

其中，4月28日至30日为集中调研阶段，由全国政协副主席、台盟中央主席林文漪带队。28日上午，中共中央政治局委员、北京市委书记郭金龙，市委副书记、市长王安顺会见调研组一行并进行座谈。林文漪感谢北京市对台盟建设发展给予的支持。她说，作为参政党，为首都经济社会发展献计出力是义不容辞的责任。台盟此次将围绕首都城市发展战略，重点在强化科技创新中心定位、强化水资源保障、提升城市精细化管理水平三方面进行调研，总结首都发展中的经验做法，反映迫切需要解决的重大问题，助推首都的可持续发展。郭金龙说，习近平总书记在京考察时的重要讲话，把建设和管理好首都作为国家治理体系和治理能力现代化的重要内容，要求我们坚持和强化首都核心功能，深入实施人文北京、科技北京、绿色北京发展战略，努力建设国际一流的和谐宜居之都。台盟中央此次调研时机好、定位准、针对性强，希望你们通过调研帮助我们更好地落实首都城市战略定位，把各项工作推向前进。他还介绍了北京市在科技创新、水资源保障和城市管理方面面临的问题、采取的做法。王安顺感谢台盟对首都工作的关注和支持，表示将全力配合好台盟调研，共同推动首都科学发展。台盟中央领导吴国祯、黄志贤、苏辉、王松、李钺锋，水利部副部长胡四一，北京市领导牛有成、赵凤桐、杨晓超、

蔡国雄参加座谈。

台盟中央调研组还与北京市有关部门进行了座谈交流。座谈会上，北京市副市长杨晓超介绍了北京市经济社会发展总体情况，北京市发改委、市科委、市住建委、市市政市容委、市水务局，市社会建设办、中关村管委会等部门负责人就有关情况进行了简要介绍。

28日至30日，台盟中央调研组分为三个专题调研小组，分别由副主席吴国祯、黄志贤、苏辉带队，围绕北京市水资源承载力及对经济社会发展的制约等情况，重点调研温榆河流域的生态保护修复情况；围绕北京市实施城市精细化管理情况，重点调研城市管理网格化体系建设情况；围绕强化首都科技创新中心的功能定位，重点调研中关村国家自主创新示范区建设及相关政策配套措施实施情况，以及北京市技术市场、设计市场等高端市场的建设情况。三个调研组分别赴韩家川污水处理站、东埠头沟、翠湖湿地、清河再生水厂、未来科技城；西城区全响应网格化服务管理指挥中心、南锣鼓巷、东城区城市管理监督中心、海淀区城市服务管理指挥中心；百度公司、小米公司、京东商城、中关村国家自主创新示范区展示中心等开展了考察调研。

通过两天的考察调研与座谈交流，考察组实地了解了北京市推动水资源保护与生态修复、强化首都科技创新中心功能定位和加强城市精细化管理等方面所做的大量工作，深切感受到了北京市各级党委和政府在落实首都战略定位方面所体现出的历史责任感和崇高使命感。考察组的同志们纷纷表示，一定要为落实习近平总书记提出的“明确首都全国政治中心、文化中心、国际交往中心、科技创新中心的核心功能定位”目标献计出力，为助推首都发展做出积极的贡献。中央统战部、国家发改委、科技部、住建部、水利部，北京市政府相关部门，台盟中央机关、参事室、专委会和部分台盟地方组织的有关负责人及专家学者60余人参加了集中调研活动。

在预调研阶段，林文漪一行于4月10日走访台盟北京市委，就台盟中央2014年民主党派大调研《进一步落实首都战略定位若干问题的调研》的相关事宜进行座谈。台盟中央副主席黄志贤、苏辉以及副秘书长宋焱、办公厅主任陈静等陪同走访。台盟北京市委主委蔡国雄、常务副主委陈军、副主委蔡勉、秘书长彭京玉以及调研处干部参加座谈。林文漪指出，台盟中央今年来京开展大调研，是由于首都的经济、社会发展和建设，备受全国关注。特别是习近平总书记今年连续两次视察北京，就推进北京发展和管理工作以及京津冀协同发展分别提出了“五点”、“七点”意见，从国家发展大局强调了北京“四个中心”的战略定位。此次大调研根据习近平总书记对北京功能定位提出的要求，选择产业功能调整、资源环境治理以及提高城市管理水平三个切入点开展调研。希望听取台盟北京市委的意见、建议，进一步完善和优化调研方案，为后续的调研工作奠定坚实的基础。林文漪强调，大家要齐心协力，相互配合，力争通过调研，挖掘和发扬北京城市的优点和成绩，发现北京发展过程中面临的困难，从而提出言之有据、言之有理、言之可行、言之能用的建议。蔡国雄代表台盟北京市委向林文漪主席汇报了承接2014年台盟中央大调研的准备工作，回顾了台盟中央相关领导就大调研议题与台盟北京市委沟通协商的情况，并介绍了台盟北京市委为做好此次大调研所做的各项准备工作。蔡国雄表示，台盟中央今年将一年一度的大调研安排在北京，是对首都工作的重视和支持，更是对台盟北京市委工作的促进。台盟北京市委将严格按照台盟中央的要求，结合北京市的实际以及台盟北京市委多年来通过调查研究积累的经验，配合完成好此次大调研的承接任务，力争使调研取得最大实效。宋焱副秘书长从调研的目的、意义及主要内容和方式等方面作了简要介绍，指出此次调研将总结北京市在城市发展和管理方面的主要做法与经验，深入研究分析进一步落实首都战略定位的深层次制约因素，提出具体对策建议，进一步转化形成参政议政成果。

4 月 11 日，林文漪与中共北京市委副书记、北京市市长王安顺一行就台盟中央 2014 年赴北京市大调研初步方案相关工作进行座谈。林文漪表示，王安顺到访台盟中央，台盟倍感亲切。今年 2 月习近平总书记在北京考察时，就推进北京发展和管理工作提出了明确要求。其中最重要的一点就是要明确城市战略定位，坚持和强化首都全国政治中心、文化中心、国际交往中心、科技创新中心的核心功能。台盟中央 2014 年大调研拟围绕如何落实首都城市战略定位，从强化首都科技创新中心的功能定位、水资源保障与水环境治理以及实施城市精细化管理三个角度，总结北京市的主要做法与经验，深入研究分析进一步落实首都战略定位的深层次制约因素，并提出具体对策建议。王安顺对台盟到北京调研表示欢迎，他表示，台盟中央 2014 年大调研非常及时，角度准确，关注了北京在经济社会发展中的重点、难点问题，有助于贯彻落实习近平总书记在北京考察工作时的重要讲话精神，他代表中共北京市委书记郭金龙对台盟表示感谢。双方就调研时间、调研方式等进行了初步的协商。台盟中央副主席黄志贤、苏辉，台盟中央副秘书长、研究室主任宋焱，中共北京市委常委、市委统战部部长牛有成，北京市政府秘书长、市政府办公厅主任李伟，北京市委统战部副部长周开让、赵宏生，北京市政府办公厅副主任尹培彦等出席会议。

在补充专题调研阶段，林文漪一行于 5 月 12 日，就“实施城市精细化管理、推进社会服务管理网格化体系建设”主题，到北京市朝阳区调研城市全模式社会服务管理工作。台盟中央副主席黄志贤，中共北京市委常委、统战部部长牛有成陪同调研。调研组一行深入到朝阳区建外街道永安里东社区 SOHO 商务楼宇服务站，观看了党建多媒体宣传片，察看了红朝俱乐部、同心沙龙；在朝阳区政府，察看了城市管理全模式大屏，听取了朝阳区全模式社会服务管理监督系统运行情况的汇报，对朝阳区街道社会服务管理、城市管理的有关情况有了深入的了解。林文漪指出，朝阳区通过信息化平台推进网格化、精细化管理，实现了一整套管理体系的改革和创新，在城市管理的信息化、精细化方面取得了巨大的成绩，为北京城市服务管理积累了成功经验。林文漪表示，台盟将在此次调研的基础上，学习和宣传北京的成功经验和突出成绩，使其得到推广。同时将北京在城市服务管理中遇到的困难，所需要的政策，通过参政议政的渠道向有关部门反映，为北京的城市建设和管理做出应有的贡献。台盟中央副秘书长、研究室主任宋焱，台盟中央办公厅主任陈静、副主任谢申，中共北京市委副秘书长赵玉金，中共北京市委社会工委书记、社会办主任宋贵伦，中共北京市委统战部副部长周开让，台盟北京市委副主委蔡勉，中共朝阳区委书记程连元等参加调研。

调研形成了 1 篇总报告《进一步落实首都战略定位，服务国家改革发展稳定大局》，以及关于强化水资源保障与水环境治理、强化科技创新中心建设、发挥首都城市服务管理新模式示范引领作用3篇专题报告，得到了李克强总理、张高丽副总理等中央领导同志的重要批示，要求有关部门在制定京津冀协同发展规划时予以研究采纳。并在6月20日俞正声主席主持召开的大调研工作汇报会上，集中汇报了有关调研情况和成果，得到俞主席的高度肯定。北京市委、市政府的主要领导在调研开始前和结束后曾两次来到台盟中央，共商调研情况，并专程感谢台盟对北京工作的支持。

2. 地方组织牵头的重点课题

一年来，广东、南京、吉林、湖北、云南、重庆、上海、福建等台盟地方组织牵头，共举办了14次课题研讨会，围绕年度重点课题形成了639份调研报告。

其中，6月4日至5日，台盟中央“加强生物质资源转化 推动新能源发展”课题协调会在吉林长春召开。全国政协常委、台盟中央副主席黄志贤和中共吉林省委统战部副部长刘青春出席会议并讲话。台盟吉林省委作为本课题的牵头单位，由主委王天戈介绍了两年多来台盟吉林省委关于加强生物质资源转化，推动新能源发展课题的调研情况。本次协调会还邀请了农业部沼气工程组专家、北京合力清源科技股份有限公司总经理潘文智作了题为“改善环境、产生能源、创造价值”的主旨发言，为与会者展现了生物质资源利用的积极意义和推动循环经济发展的光明前景。黄志贤在讲话中充分肯定了台盟吉林省委作为牵头单位及两年多来调研所取得的阶段性成果，希望通过此次专题研讨，各地各级盟组织互相支持，形成合力，共同推动国家、地方两级政府明确生物质资源应用方向和相关产业政策调整，促进生态文明建设，为推进新能源发展及国家经济发展贡献力量。会议由副主委郑吉虎主持。来自吉林省政协、省委统战部、省发改委、环保厅、能源局相关单位同志及台盟中央研究室、台盟辽宁省委、海南省委、广东省委等11个兄弟省市台盟组织的课题参与者参加会议。会议期间，与会者还赴大安市联合村开展了实地考察。

6月12日至13日，台盟中央参政议政工作委员会、台盟上海市委在上海召开了台盟中央年度部分重点课题专题研讨会。台盟中央副主席、台盟上海市委主委杨健，台盟中央参政议政工作委员会顾问、吉林省委主委王天戈，台盟南京市委主委胡有清，台盟中央副秘书长、研究室主任宋焱参加会议。会议由参政议政工作委员会主任王中主持。与会人员听取了上海财经大学财经研究所、上海市租赁协会和华东师范大学科技创新与发展战略中心的专家和教授的专题辅导报告。会议围绕台盟中央参委会牵头的“关于科学规划、稳步实施‘自由贸易区’国家战略的对策研究”重点调研课题，以及台盟上海市委牵头的“上海自贸区优化融资租赁业发展环境的研究”和“我国科技体制改革对策研究”两个重点调研课题，分别听取了14个台盟地方组织关于三个重点课题分报告进展情况的介绍，并对三个重点课题总报告的总体结构、重点问题的揭示和主要对策建议，以及三个课题下一步的深入调研、汇总撰写等方面开展了热烈讨论。台盟中央副秘书长、研究室主任宋焱在讲话中充分肯定了各地方组织取得的初步调研成果，并针对全盟如何高质量地完成年度重点课题任务提出了具体要求。王中在会议总结中，要求各地方组织切实按照台盟中央今年重点课题计划的时间节点，精益求精地完成下一阶段的报告撰写及汇总任务，并对提升三个重点课题建言献策的针对性、实证性、操作性提出了指导意见。

7月27日至30日，台盟中央重点调研课题“推进社会保障制度改革之拓展住房公积金社会保障功能”研讨会在湖北恩施举行。全国政协常委、台盟中央副主席黄志贤出席会议并讲话。台盟中央副秘书长、研究室主任宋焱，台盟中央参政议政工作委员会主任王中、台盟吉林省委主委王天戈、台盟湖北省委主委江利平参加会议。王中、宋焱分别主持会议。黄志贤充分肯定了台盟湖北省委承担的重点课题所取得的阶段成果，并对进一步完善调研报告提出了明确要求。与会人员听取了恩施州相关部门领导就社会保障及住房公积金管理使用情况的介绍和武汉大学社会保障研究中心张奇林教授关于我国社会保障情况及改革路径专题辅导报告，进一步了解了“建立新型中央公积金制度、拓展住房公积金保障功能”的主题及对策建议。会上，各参与单位结合各自的调研情况，就如何更好地完善总报告进行了热烈讨论，提出了许多建设性意见。课题参与单位上海、重庆、福建、广东、吉林等地方组织有关同志参加会议。

8月5日至8日，参与台盟中央重点课题“推进国家沿边开发开放试验区建设，搭建两岸合作新平台”和“以产业化和全民动员的布局，加快推进城市生活垃圾分类处理”的各地台盟组织领导和成员赴云南省德宏州，对沿边境内关外经济区、口岸物流中心、交易市场、海关监管区、城市垃圾处理中心等进行实地调研和交流研讨，全国政协常委、台盟中央副主席黄志贤参加调研活动。期间召开了2014年台盟中央重点课题研讨会，听取德宏州委常委、州政府常务副州长、瑞丽国家重点开发开放试验区管委会副主任柳五三等负责人及州发改委、商务局、住建局，瑞丽、芒市海关等相关部门专家介绍有关沿边开发开放试验区建设和城市垃圾处理现状、遇到的困难等情况。台盟云南省委主委杨晓红主持会议。黄志贤在讲话中充分肯定了牵头单位台盟云南省委前期调研所取得的阶段性成果，希望通过此次调研，各地各级盟组织能互相支持，形成合力，共同推动国家、地方两级政府重视和推进沿边开发开放试验区建设和城市垃圾分类处理工作。台盟中央副秘书长、研究室主任宋焱肯定了台盟云南省委在牵头重点课题调研中的创新形式和各地方组织取得的初步调研成效，并就全盟如何高质量地完成年度重点课题任务提出具体要求。台盟中央两岸关系政策研究委员会主任郑凡和台盟云南省委专职副主委陈俊聰分别介绍了两个重点课题的进展情况和调研方向，台盟海南省委主委连介德、江西支部主委何大欣、湖北省委副主委江中联、天津市委副主委董卫红、南宁支部主委张小庆、南京市委副主委邹振球以及台盟上海市委、重庆市委、广东省委、吉林省委、陕西省委、安徽总支、成都支部等同志就各自地区调研情况作了交流发言，提出许多可行性建议。

（五）反映社情民意

台盟各级组织持续推进反映社情民意信息工作，充分发挥其时效性强的特点，对经济社会发展以及两岸关系发展中的新情况新问题做出快速反应，及时提出意见建议，为政府分析判断形势提供参考。一年来，台盟各地方组织共提供信息素材约570件，在此基础上，台盟中央综合编发并向全国政协报送《台盟社情民意信息》70期，信息的数量和质量都较上年得到了显著提高。其中，由台盟北京市委蔡国雄主委提供的《关于推进城乡结合部集体建设用地乡镇统筹的建议》被全国政协信息单篇采用，并在政协组织的社情民意信息座谈会中作为范文供各民主党派学习参考。

（六）开展民主监督

担任各级人大代表、政府和司法机关领导职务以及特约人员的盟员，充分发挥参政议政、民主监督职能。其中，担任全国人大代表的盟员，认真履行人民代表的职责，反映人民意愿，参与执法检查和视察工作。担任国土资源部、公安部、审计署等部门特约人员的盟员，认真参加有关执法监督工作，发挥了参谋咨询作用和联系人民群众的桥梁纽带作用。

三、对台工作

2014 年，以习近平同志为总书记的中共中央就台湾问题发表一系列重要论述，以此为指南，台盟各级组织在对台工作中突出亲情乡情优势，将“两岸一家亲、共圆中国梦”重要理念有机地融入交流联络工作之中，为同胞间增进互信与感情融洽作出积极贡献。

（一）联络接待工作

2014 年，台盟中央接待了中国国民党荣誉主席连战、台湾二十一世纪基金会董事长高育仁等台湾知名人士，就两岸相关领域的交流合作深入交换了意见。与此同时，重点加强与台湾南部医师界、中小企业界、统派团体以及海外台胞社团等台胞团组的持续联络交流，层次和深度不断提升。

1 月 9 日至 12 日，台盟中央接待了来京参加新书发布会的台湾省医师公会常务理事、台南市医师公会理事长、台南市观光联盟理事长王正坤及夫人一行。10 日，全国政协常委、台盟中央副主席黄志贤出席在中国国际展览中心举办的王正坤《医学美容与皮肤保养》新书发布会，并与王正坤亲切会谈。黄志贤表示，台湾医学专著首次在祖国大陆出版发行，是两岸交流合作的新契机，希望台南医疗界进一步创新医疗合作形式、拓展文化交流渠道，进一步促进两岸人员往来与两岸同胞情感融合，维护两岸关系和平发展的基础。11 日，全国人大常委、台盟中央副主席苏辉会见王正坤夫妇，并充分肯定王正坤在推动两岸医疗合作与人员往来方面所作的努力，祝贺他成为首个在祖国大陆出版专业著作的岛内医师，希望他继续为推动两岸关系和平发展作出贡献。苏辉还陪同客人前往密云县蔡家洼和河南寨等地，考察北京新农村建设情况。王正坤感谢台盟的热情接待和台盟为新书出版提供的大力支持，表示会把此次参加新书发布会的心得和北京新农村建设的先进理念带回台湾，促进两岸同胞的认同了解。台盟中央副秘书长、研究室主任宋焱，办公厅主任陈静，社会服务部部长唐涓，联络部副部长潘新洋，台海出版社社长马铁等参加相关活动。

1 月 17 日，全国政协副主席、台盟中央主席林文漪前往北京紫玉乡村俱乐部走访慰问，表达台盟中央对台资企业发展的关心，并向在京台商致以新春的祝福。林文漪观看了企业宣传图片和影像资料，听取了企业负责人黄紫玉对企业经营情况的介绍，并就两岸关系和平发展形势及岛内情况进行交流。林文漪指出，北京紫玉乡村俱乐部是台商在北京较早进行投资的大规模生态品牌，市场发展良好，社会影响较大。黄紫玉女士不仅在大陆投资兴业，更是穿梭于两岸的和平发展使者，在岛内政界各党派中获得很多信任，为促进祖国和平统一奔走。林文漪强调,作为由生活在祖国大陆的台湾省人士组成的参政党，台盟无时不在思念岛内的乡亲们，无时不在关心在祖国大陆台胞的工作生活情况。台盟将一如既往地关心支持台商在大陆的发展，积极为台胞乡亲多办实事、多办好事。希望大家共同努力，使两岸同胞在祖国大陆经济社会发展的大背景下，实现互利双赢。黄紫玉表示，北京紫玉乡村俱乐部三十年来的成功发展，得益于祖国大陆改革开放的好政策，得益于各级政府对台商的关心厚爱。作为率先进入大陆市场、成功经营多年的台资企业，北京紫玉乡村俱乐部有信心在中共十八届三中全会的改革发展春风里，继续做强做大。同时，黄紫玉对台盟长期以来给予紫玉乡村俱乐部发展的关心支持表达了感谢之情，表示将继续为两岸经贸文化交流和两岸关系和平发展贡献力量。中共北京市朝阳区委常委、区委副书记刘小宁，台盟中央联络部副部长潘新洋等陪同走访。

2 月 18 日，全国政协副主席、台盟中央主席林文漪会见台湾功文文教基金会董事长赵文瑜一行，林主席见到家乡来的亲人十分高兴。全国政协常委、台盟中央副主席黄志贤出席。2014 年是台湾功文文教基金会执行长蔡雪泥博士 80 寿诞，蔡雪泥博士女儿赵文瑜拜会林文漪主席，请林主席谈谈与蔡雪泥博士交往的点点滴滴，并送上生日的祝福。林文漪说，蔡博士有远见、有梦想、敢于为梦想打拼，亲手创建了台湾功文文教基金会，很有开拓力。20 世纪 90 年代，她把自己在台湾已经成熟的亲职教育经验带到祖国大陆，和北京市妇联共同建立两岸家庭建设与亲职教育学术研讨会平台，对台湾乃至祖国大陆的亲职教育发展都做出了很大贡献。更为感动的是,她对两岸关系和平发展所作出的贡献。两岸关系曾经有过困难和波折，曾经有人不认同她为推动两岸交流所做的努力，但她坚持认为祖国一定要统一，两岸一定要团圆，坚持不懈地推动两岸交流，是一个热爱祖国、热爱家乡的人。林文漪表示，希望赵文瑜接过母亲的事业，继续推动两岸交流交往，为促进两岸关系和平发展、实现祖国和平统一贡献智慧和力量。黄志贤向赵文瑜介绍了台盟中央对台交流情况，希望共同为深入开展两岸文化交流齐心协力，多作贡献。台盟中央相关部门负责人、北京市妇联有关同志参加了会见活动。

2 月 26 日，全国政协副主席、台盟中央主席林文漪在北京台湾会馆会见中国国民党荣誉主席连战及夫人连方瑀女士。双方畅叙乡情，共同展望两岸关系的前景。海峡两岸关系协会副会长孙亚夫，台盟中央副主席黄志贤、苏辉等出席。林文漪说，马年未出正月，连战荣誉主席就率团到大陆访问，还专程来到台湾会馆与我们大陆台胞共话新春，正如习近平总书记所说，两岸同胞一家亲，谁也不能割断我们的血脉，两岸走近、同胞团圆是两岸同胞的共同心愿。我们在大陆的台湾同胞希望通过这个机会，向在台湾的乡亲致以最诚挚的祝福，期待两岸同胞携手奋进，在新的一年里推动两岸关系乘风破浪，稳固前行，共圆中华民族伟大复兴的中国梦。连战说，此次访问大陆收获丰富，同行的台湾各界人士与大陆行业部门面对面交换意见，共谋两岸关系的发展提升，取得很多共识，是一次成功的创新之举。林文漪向连战展示了由台海出版社整理出版的连横专著《台湾通史》(第一版影印本)，并表示存史育人，两岸同胞有着共同的历史与文化，理应思考传承、发扬光大。连战先生认为影印本弥足珍贵，十分珍爱，并向林文漪主席和台盟的朋友表示深深感谢。林文漪向连战赠送《连震东先生旧稿拾遗（1943—1945）》，这是连战先生父亲连震东早年在重庆期间发表的部分文稿影印本。连战非常高兴，连连说这些资料很珍贵。连战先生回赠精装版的《连雅堂先生全集》。国务院台办交流局副局长王明鉴，台盟中央副秘书长宋焱及机关部门负责人等参加会见。

4月16日，全国政协副主席、台盟中央主席林文漪在台盟中央机关会见了台湾农业专家、二十一世纪基金会执行长孙明贤、全国台湾同胞投资企业联谊会副会长曾新会。孙明贤先生介绍了参与大陆台湾农民创业园发展建设的相关情况，以及对琼台合作发展现代生态农业的设想。林文漪主席对孙明贤先生多年来致力于两岸农业交流合作给予了高度评价，指出，两岸农业交流合作是两岸关系和平发展的重要基础和组成部分，意义重大，前景广阔。台盟将一如既往地与国家相关部门以及岛内相关方面密切配合，努力促进两岸农业交流合作深入发展，造福两岸同胞，落实好“两岸一家亲”的理念。台盟中央副主席苏辉，台盟中央副秘书长、研究室主任宋焱，办公厅主任陈静，联络部部长潘新洋参加会见。

4月21日至27日，台盟中央接待台湾台南工商业参访团一行25人赴云南省参访，考察云南省经济社会发展和少数民族地区建设情况。该参访团由台湾台南市中小企业者组成，行业遍及金融、医药、生物科技、机械、食品等多个领域，在台南中小企业界有一定代表性，是台盟中央连续多年的对台联络工作重点项目。在台盟云南省委的大力支持下，参访团参观了昆明制药厂、沃森生物有限公司等本地企业，并与云南省台办、昆明市台商协会、昆明高新技术产业开发区孵化器管理中心的相关领导交流座谈，并赴大理市、丽江市考察少数民族风情。此次活动深化了台湾南部中小企业者对大陆经济发展的认识，促进了滇台进一步的交流与合作。

6月12日至13日，全国政协副主席、台盟中央主席林文漪一行到福建省漳州市考察，看望在漳投资兴业的台商。漳浦“唐山过台湾”石雕园由台商李瑞河创建，是首批全国农业旅游示范点，林文漪曾于2007年来此调研，并栽下一棵八仙茶。如今故地重游，看到茶树青绿依旧，林文漪十分欣慰，亲自为茶树浇水，并合影留念。南靖南坑咖啡生态园是集咖啡种植、加工、观光于一体的休闲观光场所。林文漪走进园中，与台商亲切交流，畅叙乡情，了解漳台农业和文化交流合作的有关情况，并在闽台亲情园种下了象征两地友谊的樱花树。考察期间，林文漪表示，台盟中央将充分发挥自身在密切两岸合作等方面的优势，帮助更多台湾同胞投身到促进两岸关系和平发展的事业中来，推动漳台两地交流与合作持续深化。台盟福建省委副主委江尔雄，台盟福建省委副主委、漳州市人大副主任、台盟漳州市委主委李珊珊，台盟中央有关负责同志等参加相关活动。

6月27日，全国政协副主席、台盟中央主席林文漪在京会见台湾二十一世纪基金会董事长高育仁一行。高育仁曾任国民党中常委、台南县长、台湾省议会议长、台湾地区民意代表，参与高层决策，为著名台籍国民党政要。高育仁于1988年创立台湾二十一世纪基金会，多年来致力于促进两岸交流与人员往来。林文漪向客人简要介绍了大陆多党合作和政治协商制度，介绍了台盟发扬爱国爱乡光荣传统、为两岸同胞谋福祉的历史，并就进一步落实“两岸一家亲”理念、推动两岸关系和平发展与客人进行了深入交流。双方一致认为，两岸关系和平发展所取得的成果得来不易，两岸应更加珍惜和平发展、互利双赢的良好局面，继续为推动两岸关系和平发展、使两岸同胞过上更加美好的生活而努力，共同促进中华民族伟大复兴的中国梦早日实现。全国政协常委、台盟中央副主席黄志贤，全国人大常委、台盟中央副主席苏辉，全国政协港澳台侨委员会副主任马健，台盟中央副秘书长兼研究室主任宋焱，办公厅主任陈静、联络部部长潘新洋参加会见。

7月31日至8月6日，应台盟中央邀请，台南市医师公会理事长王正坤率台南市医师公会参访团一行20人赴贵州省参观考察。全国政协副主席、台盟中央主席林文漪，全国人大常委、台盟中央副主席苏辉在贵阳会见了参访团一行。在黔期间，参访团一行与台盟邀请的北京、上海各大医院医生一起，分别于8月1日和4日，前往黔西南州和赫章县人民医院和中医院，参观医疗设施，交流诊疗技术，并开展健康咨询活动。两岸医生共举办4场（次）健康咨询活动，为近600名两地群众提供了皮肤科、耳鼻喉科、小儿科、内科、外科、骨科、妇科等方面的健康咨询服务。面对当地群众的欢迎，医师公会常务理事郑熙腾表示："贵州一些贫困地区的医疗条件还有待改进，我们愿意为当地民众的健康多做些事情。"台南市医师公会一行在黔西南州、赫章县的医疗咨询活动，受到当地政府与医院的热烈欢迎和高度评价。黔西南州副州长范华、赫章县县委书记黄光江、县长孙逊出席各地医疗咨询和交流活动，并要求当地医院珍惜与台南市医师公会交流的机会，加强与台湾医师界的合作，推动本地医药卫生事业发展。黔西南州政府更盛情邀请台南市医师公会在9月底再次组织医师赴黔西南交流，王正坤理事长欣然应邀，他表示："多年来，台南市医师公会凭借与台盟的联系，到祖国大陆各地交流，与大陆多地医疗机构建立了医疗交流与合作关系，愿意继续为推动两岸交流尽心出力。"在黔期间，参访团一行考察了贵阳、黔西南州和毕节市赫章县经济社会发展情况，参观了黄果树、万峰林、马岭河等风景名胜，感受到祖国大陆的勃勃生机和秀美山川，都感到对祖国大陆有了更真切的了解。第一次来祖国大陆的吴美惠女士说："贵州生态环境很好，风景很美，跟想象的完全不同。"同样是第一次来大陆的刘美娇女士表示："有一些地方虽然有些落后，可是看到到处都在建设，相信五年后会有更大进步。"此次参访活动，是继2013年台南市医师公会赴云南参访并举办医疗咨询活动后，第二次利用医学专长造福大陆贫困地区患者。台盟中央科教医药交流委员会主任洪净、社会服务部部长唐涓、联络部部长潘新洋、组织部副部长冉永进等参加了相关活动。

8月27日至31日，台盟中央邀请接待了台南市诊所协会一行15人赴辽宁省参观考察。8月27日，辽宁省政协副主席、台盟辽宁省委主委王松在沈阳会见参访团一行，并介绍了辽宁的自然概况、人文风情、经济发展状况。台盟中央联络部部长潘新洋参加会见。在辽期间，参访团一行考察了辽宁省经济社会发展情况，参观了当地历史文化和自然遗迹。

（二）赴台交流工作

2014年，台盟中央组织了中医药、文化教育、社会组织、社区养老、生态农业等参访团赴台考察，与岛内相关领域专业人士开展深入交流，并探索赴台参访与参政议政重点课题调研相结合，丰富了台盟参政议政与对台联络工作的形式和内容。其中，3月28日—4月3日，台盟中央科教医药交流委员会主任洪净率团赴台开展中医药专业交流，来自北京、上海、江西、湖北等地的知名中医专家及相关专业人士共15人参加。在台期间，先后考察了新北市立联合医院、港香兰制药公司、台南国泰中医诊所和台南艺群皮肤科诊所等医药机构，与新北市联合医院、台湾中医药学会、台南医师公会的医生及专业人员进行了广泛深入的学术交流。5 月 3 日至 9 日，台盟中央秘书长张宁率团赴台应邀参加台湾功文文教基金会创办人蔡雪泥八十寿诞庆祝活动并对台湾学校国学教育情况及相关读物出版情况做考察调研。在台期间，先后考察了台南一中、台南若水堂简体书店，并与文化部门、出版公司等单位的人员进行了深入交流。5 月 24 日至 30 日，台盟南京市委主委胡有清率团赴台调研岛内社会组织发展状况，为台盟中央参政议政调研课题收集资料。在台期间，先后拜会了夏潮基金会、美浓爱乡协进会、台湾教师公会、台中市原住民社会发展协会、台南市医师公会等，考察了台南金华社区等。9 月 21 日至 27 日，台盟中央妇女工作委员会主任高美琴率团赴台围绕社区养老开展考察调研，与屏东市斯文里社区、华山会社区及嘉义市的妇女社团组织等，就社区居家养老、儿童学前教育、妇女工作开展交流调研。

（三）出访工作

5 月 25 日至 28 日，全国政协副主席、两岸台胞民间交流促进会会长林文漪率团访问丹麦。26 日，林文漪与中国驻丹麦大使刘碧伟、两岸台胞民间交流促进会代表团成员与丹麦华侨华人代表就促进中国和平统一、海峡两岸共同发展及中丹合作交流等进行了座谈。丹麦中国和平统一促进会（下称“丹麦和统会”）会长叶利宗首先回顾了该会成立十多年来的发展历程和所做工作，介绍了丹麦侨学界反“独”促统活动情况，展望了中丹提升全面战略伙伴关系的良好愿景，并提出了当前两岸关系互动发展中的一些问题。林文漪在讲话中指出，中丹友谊源远流长，两国各领域交流深入广泛。今年 4 月，丹麦女王玛格丽特二世对中国进行的国事访问意义重大，影响深远。旅丹侨胞为促进中丹友谊发挥了重要和不可替代的作用，做出了积极贡献。此次是两岸台胞民间交流促进会首次组团访问丹麦，目的是进一步密切协会与丹麦和统会的联系与互动，为中国的现代化建设与和平统一大业作出更大贡献。她说：“当前，两岸关系发展面临着新的形势和机遇。作为中国和统会副会长，我真诚希望通过这次访问丹麦，能够深化与丹麦和统会的交流合作，共谋大业，为促进祖（籍）国的和平统一，为中国梦的早日实现贡献智慧与力量。”刘碧伟说，目前，要合作不要对抗、要交往不要隔绝已是两岸同胞心之所向；希望广大侨胞把握当下，开创未来，继续为祖（籍）国的和平统一大业不懈努力。

（四）台情研究工作

台盟各级组织在立足盟内研究力量的基础上，进一步加强与涉台科研院所、智库单位的协同合作，联合有关专家、社情民意机构和岛内民调机构，引入大数据和统计学方法，提高了台情研究的科学性与针对性。依托台盟重庆两岸经济研究所开展了多项台情研究课题，形成的有关台湾反服贸事件分析、“九合一选举”选情分析等专报，多次得到习近平、俞正声等中央领导同志的重视和批示。

四、社会服务

2014年，按照习近平总书记关于扶贫开发工作以及毕节试验区的重要批示精神，落实统一战线参与毕节试验区建设第六次联席工作会议的具体部署，台盟各级组织在“两岸同心”的主题下，将鼓励台湾同胞参与祖国建设有机地融入社会服务工作之中，探索形成独具台盟特色的工作思路与方式。

1. 整合全盟资源参与贵州毕节试验区建设

今年以来，全盟共有天津、吉林、浙江等6个地方组织深入毕节赫章县，集中力量以捐资助教为切入点,实地开展帮扶工作。去年设立的“两岸同心助学金”累计收到广东、海南、陕西等9个地方组织捐赠的40万元助学金，主要用于资助赫章县贫困学生就学以及当地师资培训。台盟中央联合辽宁、上海、北京等地方组织，通过为农村骨干教师提供培训、牵线台资企业开展校企合作、捐赠教学设备等多种形式，助力赫章县基础教育和职业教育的发展。

其中，6月27日至30日，台盟中央副主席、台盟上海市委主委杨健带领台盟中央、台盟上海市委与上海市台资企业协会联合考察团一行，赴贵州省毕节市、赫章县考察调研。考察团先后前往贵州盛华职业学院和赫章县中等职业学校调研当地职业教育发展情况。学校实行“授之以鱼，不如授之以渔”的教育扶贫模式，帮助学生熟练掌握职业技能，以实现“毕业能上岗、上岗能顶岗、顶岗成骨干”的目标。该校光明天使学院院长饶舞林简要介绍了学院概况和来自台盟对口扶贫地区赫章县的贫困学生在该校就读情况。在了解到赫章学生的良好表现后，上海台资企业协会副会长、福门纸业有限公司董事长赖雪卿女士当即表示将提供来沪上岗实习就业的机会，并愿意负担贫困学生在沪的全部费用。考察团还向赫章学生赠送了学习用品。在赫章县中等职业学校，考察团一行参观了学校校舍并听取了关于该县职业教育情况的介绍，并就如何通过深化校企合作进一步加强当地人才培养和职业培训积极出谋划策。上海市台资企业协会常务副会长胡兴中表示将发挥上海台资企业协会的作用为赫章县职校学生来沪就业牵线搭桥。座谈结束后，上海市台资企业协会会员、金革唱片（上海）有限公司总经理邱述璿向学校捐赠了音乐光碟。在中共赫章县委、县政府举行的考察项目座谈会上，考察团一行听取了赫章县委书记黄光江关于赫章县经济社会发展情况和台盟帮扶赫章县情况的介绍。杨健充分肯定了赫章县近年来取得的建设成就，并表示台盟将继续发挥自身优势，协助赫章县做好招商引资和智力帮扶工作。为帮助企业家们更好地了解赫章县投资环境，考察团还实地走访了中寨特色高效农业观光示范园区、平山中药材基地、平山乡江南“同心新村”等地。台盟中央社会服务部部长唐涓、台盟上海市委副主委高美琴、秘书长李碧影参加调研。中共贵州省委统战部，贵州省台联，中共毕节市委等有关同志陪同。

7月12日至16日，台盟中央协调台盟辽宁省委组织沈阳师范大学教育专家关松林一行12人，到贵州省赫章县开展支教活动，对赫章县骨干教师进行送教培训。7月13日，在人民会场举行开班仪式，台盟中央社会服务部扶贫工作处处长田靖出席开班仪式。中共赫章县委常委、统战部长王永忠主持开班仪式，县人民政府副县长安玲致辞，沈阳师范大学副校长、辽宁省基础教育教研培训中心主任关松林博士作了讲话，本次共培训全县初中和小学骨干教师800名。为期五天的支教活动，把通识培训和学科培训有机结合起来，内容丰富，安排合理，通过沈阳师范大学教育专家的专题讲座和课堂教学以及与当地教师现场评课、相互交流等双向研讨活动，用前沿的视角、全新的理念、生动的案例、精彩的示范课及透彻的分析给予参训教师极大的启发和反思。专家们先进的教育教学理念，精湛的课堂教学艺术大大启发了教师们教育教学的视野，有效地帮助参训教师进一步加深了对高效课堂与课题研究、特色班级建设与管理、学生心理健康与教育、备战高考和重点难点突破等方面的理解，更新了观念，增强了教师问题解决的能力和专业自主发展的意识，为新课程改革的推进奠定了良好的基础。 参训教师对沈阳师范大学教育专家的支教帮扶活动给予了高度的赞扬，都表示这次培训活动对教育教学水平和教师素质的提高将带来极大的帮助。

7月21日至8月2日，由台盟中央组织实施的贵州省赫章县中小学管理干部高级研修班在沈阳师范大学举办。本期研修班是台盟中央对赫章县实施教育帮扶的重点项目之一，也是首次以赫章县农村基础教育管理者为主体开展的相关培训，学员大多来自赫章县农村中小学的管理岗位。培训由台盟辽宁省委负责组织协调，沈阳师范大学承担培训任务，辽宁省基础教育教研培训中心具体实施。培训内容设置了理论基础、能力提升、教学改革、研究指导、交流平台五个模块，采取专题讲座、案例分析、小组讨论、经验分享、现场观摩等方式进行，共计13天。辽宁省政协副主席、台盟辽宁省委主委王松，台盟中央社会服务部副部长蔡国斌，沈阳师范大学党委书记于文明，党委副书记贾玉明，副校长、辽宁省基础教育教研培训中心主任关松林出席开班典礼仪式。于文明首先对41位来自赫章县的中小学校长和老师表示欢迎。他说，此次举办贵州省赫章县学校管理干部高级研修班，是沈阳师范大学深化教师教育改革，发挥职前职后一体化的优势与特色，提高服务社会、特别是服务我国西部欠发达地区基础教育的积极探索。希望该校能够将此次研修班办成长期的项目，为促进西部贫困地区教育事业的发展尽一份心力。蔡国斌代表台盟中央向本次研修班的顺利开班表示祝贺，向台盟辽宁省委、沈阳师范学院付出的辛勤努力表示感谢。他谈到，教育扶贫是台盟中央社会服务工作的重要方面，授人以鱼不如授人以渔，此次赫章县中小学管理干部高级研修班开创了台盟中央联系台盟地方组织和师范院校，为赫章县中小学教师进行师德师能全方位培训工作的先河。希望赫章县的老师通过此次研修班，能够得到切切实实的收获，将好的教学经验和方法带回赫章，为当地的教育事业发展作出贡献。王松对研修班的老师提出了殷切的希望。他说，教育不分农村与城市，也没有远近之分，一定要做到学有所成，学有所获，祝本次培训圆满成功。培训期间，沈阳师范大学充分发挥职前职后一体化的教育优势，用先进的教育理念和专业的培训团队，通过集中培训，提高研修班学员的素质和能力，增强其实施素质教育、课堂教学改革、评课议课、指导教学的水平，从而更好地促进农村学校课程改革深入发展以及城乡教育均衡发展。赫章县的老师们普遍反映受益匪浅。在研修班的结业仪式上，学员代表分别向台盟中央、台盟辽宁省委、沈阳师范大学赠送锦旗表示感谢。

2. 汇聚两岸力量参与帮扶工作

台盟中央继续支持台湾企业家王雪红兴办的盛华职业学院在祖国中西部开展教育扶贫，每年为赫章县贫困学生提供20个免费入学名额，还专门为赫章县少数民族贫困女生开设民族手工艺中职班，学杂费全免，并首次引入社会公益基金对就读的赫章县学生进行定点帮扶。8月5日上午，全国政协副主席、台盟中央主席林文漪在贵阳出席捐助贵州盛华职业学院赫章学生全额助学金的仪式。全国人大常委、台盟中央副主席苏辉，贵州省政协副主席蔡志君随同参加此项活动。捐赠仪式上，盛华职业学院执行校长孙伟向林文漪主席详细介绍了学校自2011年首届开学招生以来的发展情况，来自赫章边远地区的学生代表就台盟中央和林文漪主席对他们的关心和帮助作了发言并致谢。贵州盛华职业学院是台湾著名企业家王雪红经台盟中央和社会各界的牵线搭桥，于2009年在贵州捐资兴建的一所完全公益性民办高职院校。学校自2011年首届开学以来，林文漪主席两次亲临学校参加开学典礼，考察学校的建设发展，并促成该校与台盟中央定点帮扶毕节市赫章县开展教育帮扶合作。今年初，台盟中央得知盛华职业学院今年专门面向赫章籍初中毕业生开设手工艺中职班，但许多赫章招生对象由于家庭困难面临辍学的情况后，及时与盛华职业学院取得联系，决定联合北京修实公益基金会，先期为2014年度就读于该校的赫章中职班学生提供全额生活费等费用补助，让他们安心就学和生活。赫章中职班今年计划招生30人，经测算，一年的生活费等费用约需15万元，台盟中央将积极予以支持。

此外，台盟中央邀请台南市医师公会以及京沪医学专家在中西部开展义诊，受到当地群众热烈欢迎。8月在黔西南州、毕节市赫章县医院，共举办4场（次）医疗咨询活动，为近600名两地群众提供了皮肤科、耳鼻喉科、小儿科、内科、外科、骨科、妇科等方面的健康咨询服务。

3. 有序扩大社会服务工作范围

台盟中央与相关地方组织密切配合，深入黔西南试验区、河南焦作、重庆万州铁峰乡、云南玉溪青龙镇等中西部地区，开展富有针对性和台盟特色的帮扶工作。

其中，1月26日，全国政协常委、台盟中央副主席黄志贤到北京市密云县大城子镇大龙门村，看望和台盟中央中共支部“结对共建”的大龙门村党支部，并带去了十万元帮扶款。大龙门村党支部书记石玉同志汇报了在台盟中央帮扶下的红肖梨品种改良工作。台盟中央副秘书长、研究室主任宋焱、办公厅主任陈静、社会服务部部长唐涓陪同前往。

5月12日至15日，台盟中央社会服务部副部长蔡国斌一行3人赴广州市进行扶贫工作考察，了解台盟广东省委、广州市委近年来扶贫工作开展情况，汲取相关经验，为下一阶段台盟中央社会服务工作提供参考。此次调研重点考察了太平镇石联希望小学。该小学建于1992年，为台盟广东省委介绍台商李圭穆先生捐建。在考察中了解到，台盟广东省委和广州市委连续多年持之以恒帮扶当地贫困地区希望小学，捐助课桌椅、篮球架、电脑等学习设备。中华两岸少数民族文化经贸交流协会理事、台北景观工程商业公会顾问陈正昌先生在随同考察该校生物园的过程中表示，愿意无偿捐献100株台湾特色经济果树——台湾加宝果给该校生物园，并于6月5日将台湾加宝树果苗运抵学校进行种植栽培。

6月9日，全国政协副主席、台盟中央主席林文漪在云南省昆明市出席了台盟中央向玉溪市华宁县青龙镇帮扶捐赠仪式。全国政协常委、台盟中央副主席黄志贤，中共云南省委常委、统战部部长黄毅，云南省政协副主席罗黎辉参加。台盟云南省委主委杨晓红主持捐赠仪式。青龙镇是台盟云南省委积极参与“同心”工程的对口帮扶联系点。近年来，台盟云南省委非常重视社会服务工作，多次深入青龙镇开展工作调研和对口帮扶，取得良好的效果，树立了盟内社会服务的先进典型。台盟中央此次的捐赠款将专项用于青龙镇建盖村级多功能农产品交易市场和科技活动室。台盟中央社会服务部部长唐涓、联络部部长潘新洋，以及台盟云南省委相关人员陪同参加。

7月2日，台海出版社向重庆市大渡口区图书馆捐赠图书1400余册，支持西部地区文化建设。图书捐赠活动在大渡口区图书馆举办，中共大渡口区委常委、统战部长韩瑞碧出席，台盟中央台情研究委员会主任郑世凯受台盟中央领导委托，代表台海出版社参加了活动。活动由大渡口区副区长冉永进主持。唐晓兰副区长在致词中感谢台盟中央、台海出版社，表示此次捐赠的图书将为大渡口区图书馆充实馆藏、满足广大群众的精神文化需求发挥重要作用，希望在大渡口区文化强区建设中继续得到台盟中央的支持。

10月21日至22日，全国人大常委、台盟中央副主席苏辉一行赴广西南宁开展社会服务工作调研，并出席由台盟牵线促成的北京四中捐助上林、马山两所中学远程教育资源的签约授牌仪式。中共南宁市委副书记李哲代表市委、市政府对苏辉副主席一行表示热烈欢迎，对台盟中央重视和支持台盟南宁市支部所开展的教育帮扶行动表示感谢，对北京四中网校与上林县中学、马山县合作初中远程教育合作学校签约授牌仪式取得圆满成功表示热烈祝贺，并简要介绍了南宁市经济社会发展情况以及邕台两地经贸发展和交流交往等方面的情况。同时希望台盟南宁市支部继续发挥好参政党应有的作用。苏辉对中共南宁市委、市委统战部重视和支持台盟南宁市支部组织建设和各项活动的开展表示感谢，希望中共南宁市委、市委统战部继续支持台盟工作，并表示台盟中央将继续关心和支持台盟南宁支部的工作和发展，为推进南宁市经济社会和多党合作事业的发展作出应有的贡献。期间苏辉出席了北京四中与上林县中学、马山县合作初中两所学校教育资源的签约授牌仪式，并代表台盟中央致辞，勉励学校教师利用好北京四中教育资源，培养出更多更好杰出人才；鼓励学生勤奋学习，积极向上，成为国家栋梁之材。同时还要求台盟南宁市支部要为学校有效利用优质资源继续做好服务，多组织盟员深入基层做好事、做实事，为南宁市的经济社会发展做出更大的贡献。引进北京四中的远程教育资源到两个国家贫困县的两所中学，是台盟南宁市支部成立以来开展社会服务的第一个项目，得到了台盟中央领导和中共南宁市委统战部领导及北京四中、上林、马山县委和县委统战部的高度重视和大力支持。中共南宁市委统战部孙乡平副部长、台盟中央社会服务部副部长蔡国斌、台盟南宁市支部主委张小庆等陪同调研。

10月30日至11月2日，全国政协常委、台盟中央副主席黄志贤带领在京知名台商一行赴河南省焦作市就修武县台湾农民创业园的规划发展开展工作调研和投资项目考察。在焦期间，黄志贤副主席调研走访了园区的果蔬花卉生产基地和休闲观光农业，参观了在当地落户的部分台资企业，与焦作市、县党政主要领导，以及两岸企业家代表进行座谈交流，并就修武县台湾农创园的进一步规划与发展提出了相关建议。通过交流接触，台商与当地关联企业建立了初步联系，并对部分投资项目表示了希望进一步深入了解与合作的意向。修武县台湾农民创业园是台盟中央积极发挥自身优势，于2011年6月协助焦作市政府成功申请获批的国家级台湾农民创业园。为继续强化台盟中央与焦作市人民政府之间的合作联系，近年来，围绕修武县台创园的建设发展课题，台盟中央持续开展了多项参政议政和招商引资工作，为促进焦作市的经济社会发展作出积极的贡献。

11月15日至20日，台盟中央社会服务部及全盟18个省级组织相关人员在福建、江西两地就社会服务工作开展实地调研和集中交流。台盟中央副秘书长兼组织部长吴国华，台盟中央社会服务部部长唐涓、副部长蔡国斌参加调研活动。台盟福建省委是台盟开展社会服务相对较早、经验较丰富的省级组织，这次到福建的工作调研将着重于总结经验和交流学习的目的。在台盟厦门市委定点帮扶的同安区祥平街道溪声社区，台盟的同志们重点考察了社区“两委”的建设情况，参观了对口支援的溪声小学和社区卫生所，并向社区捐赠价值2万元的空调和速印机等设备。江西省广昌县是中央统战部今年号召各民主党派中央积极参与帮扶的定点地区。在台盟江西支部定点帮扶的广昌县驿前镇桐斜村，台盟的同志们走访慰问了独居老人赖清秀和因残常年卧病的赖凤明家庭，为贫困户送去2万元的粮油和生活用品。通过在广昌县的认真调研，社会服务部就地召开工作交流会，认真商议明年的工作安排并达成共同帮扶广昌县的初步共识。同时，根据社会服务重在实践的鲜明特点，这次调研活动首次采用实地调研与会议交流相结合的灵活方式，旨在进一步凝聚全盟共识、强化“上下联动”工作机制。逐步加深台盟各级组织对社会服务具体工作的感性认识，深化全盟对进一步做好相关工作的理性思考。

五、自身建设

一年来，台盟各级组织在不断传承优良传统的基础上，进一步把握时代要求，全面加强自身建设，努力把中国特色社会主义参政党建设提高到一个新的水平。

截至2014年12月底，共有地方组织39个。其中包括省级组织13个，省辖市级组织21个，基层组织113个，其中基层委员会5个，总支5个，支部97个。全年新加入成员150人。成员总数2970人，其中女成员1499人。平均年龄49.7岁。离退休953人。

成员界别为：高校221人，占7.4%；普教273人，占9.2%；科技界174人，占5.9%；文化艺术55人，占1.9%；公有制经济620人，占20.9%；新社会阶层526人，占17.7%，其中私营企业主96人，占3.2%；医药卫生328人，占11%；新闻出版34人，占1.1%；机关团体484人，占16.3%；其他255人，占8.6%。

担任各级人大代表的共有104人，其中全国人大代表、常委、副委员长、专职副秘书长及专委会主任副主任17人，省级人大代表、常委、副主任、专职副秘书长及专委会主任副主任38人，市地级人大代表、常委、副主任39人，县市区级人大代表、常委、副主任18人。

担任各级政协委员共有514人，其中全国政协委员、常委、副主席、专职副秘书长及专委会主任副主任31人，省级政协委员、常委、副主席、专职副秘书长及专委会主任副主任129人，市地级政协委员、常委、副主席217人，县市区级政协委员、常委、副主席148人。

担任地方政府及司法机关领导职务的，有省级1人，厅局级3人。

成员学历中有大本以上学历的占53.6%；有中、高级职称的占42%。

（一）思想建设

台盟各级组织高度重视，周密部署，采取多种形式深入推进坚持和发展中国特色社会主义学习实践活动，通过组织召开恳谈会、学习会、研讨会，举办培训班，举行征文活动，组织参观考察等学习活动，认真贯彻中共十八大、十八届三中全会和习近平总书记系列重要讲话精神，不断增进对中国特色社会主义的道路自信、理论自信、制度自信，切实承担起作为中国特色社会主义事业亲历者、实践者、维护者、捍卫者的政治责任。

5月至8月，台盟中央调研组先后赴陕西、成都、湖北、辽宁、北京、天津、安徽、吉林、云南、南京、浙江、上海、福建、广东等14个省市开展学习实践活动调研，全面了解学习实践活动总体开展情况，认真听取各地方组织在学习实践活动中的做法和经验、存在的问题及对下一阶段开展学习实践活动的意见建议。为推动坚持和发展中国特色社会主义学习实践活动的深入开展，如，5月21日，台盟中央宣传部副部长穆学锋带领调研组一行到台盟北京市委调研，与台盟北京市委及各区级组织的相关同志座谈。台盟北京市委专职副主委蔡勉出席了座谈会并主持。台盟北京市委宣传处负责人张志超向首先介绍了台盟北京市委坚持和发展中国特色社会主义学习实践活动的开展情况和经验体会：通过坚持把学习实践活动与日常工作相结合、与常规学习相结合、与重要活动相结合的“三个结合”;同时发挥盟刊的阵地作用、外界媒体的宣传作用、盟史教育的激励作用、工作和活动的载体作用。现阶段已经完成了多项主题活动，并将学习实践活动与履行参政党职能和台盟的特色相结合，在各项工作中取得了实效。台盟北京市委各区级组织有关负责同志分别就本区开展坚持和发展中国特色社会主义学习实践活动情况进行了汇报，介绍了各自工作中的特点和亮点及体会和收获，并针对现阶段所遇到的困难和问题，提出了很多宝贵的意见建议。台盟中央宣传部调研组高度评价了台盟北京市委及各区级组织的工作成绩，希望大家在下一步的学习实践活动中，能够突出学习重点，创新工作形式，增强主动意识，做好宣传思想工作，将学习实践活动的成果落到实处。

在深入调研的同时，台盟中央充分发挥网站、盟刊等自有媒体的作用，设置专题、专栏、专版，并与社会主流媒体密切联系，将调研过程中了解到的台盟各级组织开展学习实践活动的内容和成效积极予以宣传；深入挖掘在学习实践活动中涌现出来的盟员典型和感人事迹，大力宣传报道各地盟组织参政履职的工作实绩和优秀盟员的典型事迹，引导盟员在参政议政和本职岗位上建功出彩，为促进祖国和平统一贡献力量。

台盟各级组织在学习实践活动中还注重突出盟史研究和盟史教育特色，提高盟员对多党合作历史、台湾人民爱国爱乡光荣传统的认识。举办了“记忆历史，爱国爱乡”恳谈会、台盟盟史与自身建设及口述历史工作会议等独具特色的活动，邀请盟内老前辈讲述参与民族解放战争和台盟工作的亲身经历，积极推动口述历史相关工作的开展。

（二）组织建设

2014年，台盟中央举办了基层组织负责人培训班，为提升基层负责同志的履职能力搭建平台。在地方组织发展方面，江西、广西、贵州等地的组织发展工作稳步推进。

赴全盟18个省市开展盟员发展工作调研、盟内监督工作调研，与台盟各省市委委员、代表性人士、老盟员进行座谈交流，围绕组织发展、自身建设和教育培训等工作进行研讨，听取他们对组织工作的意见建议，为盟组织的发展建设奠定了坚实基础。

其中，3月20日、26日、27日，4月8日，台盟中央组织部分别赴天津、重庆、湖北、北京等四省市调研，与各地台盟省市委内部监督委员会委员座谈，了解省级监督委员会工作职责、贯彻落实《台盟内部监督工作条例》情况，听取各省关于省级组织内部监督工作规章制度建立、执行情况的汇报，了解2013年领导班子成员谈心会及民主评议开展情况和盟员来信来访处理情况，研究当前盟内监督工作存在问题，就如何发挥监督委员会的预防性监督作用、做好盟内监督工作、推动内部监督机制建设听取意见建议。

5月21日至22日，全国政协常委、台盟中央副主席黄志贤带领调研组就开展中国特色社会主义学习实践活动和组织发展工作到陕西省调研。期间，中共陕西省委常委、省委统战部部长陈强前往宾馆看望黄志贤副主席，并进行亲切交流座谈。中共陕西省委统战部副部长郑洁、台盟中央宣传部副巡视员吴艺煤、台盟中央组织部部长助理兼人事处处长陈勇、台盟陕西省委专职副主委王二虎等参加座谈。调研组召开专题座谈会，听取台盟陕西省委委员、盟省委老领导、老同志以及机关处以上干部对台盟组织发展工作的意见建议。黄志贤在讲话中，向与会盟员通报了台盟中央今年以来组织建设、参政议政以及推动地方组织建设的工作情况，并对下一阶段深入开展坚持和发展中国特色社会主义学习实践活动及加强台盟组织发展工作提出了具体要求。他指出，坚持和发展中国特色社会主义学习实践活动，一定要抓住主题，不断加强学习；要从思想建设入手，抓好组织建设，把学习实践活动与组织建设联动起来，认真学习习近平总书记系列重要讲话精神，学习台盟盟章，了解台盟历史，进一步增强对中国特色社会主义的道路自信、理论自信、制度自信。座谈会上，黄志贤对台盟陕西省委换届以来的工作给予了充分肯定。他说，换届以来的工作，得到了中共陕西省委统战部的充分肯定，这些成绩的取得，得益于台盟陕西省委委员、机关干部的共同努力，得益于盟省委班子的团结合作，更得益于陕西台盟老前辈的关心支持，希望大家继续努力，做好工作。

5月22日至23日，全国政协常委、台盟中央副主席黄志贤带领调研组一行赴四川省成都市就台盟成都支部开展坚持和发展中国特色社会主义学习实践活动和组织发展工作进行调研。台盟中央调研组召开专题座谈会，听取台盟成都支部、支部老领导以及部分盟员代表对宣传、组织发展工作的意见建议。在听取大家的发言后，黄志贤对台盟成都市支部的工作给予了充分的肯定，并对下一阶段深入开展坚持和发展中国特色社会主义学习实践活动及加强台盟组织发展提出了具体要求。他指出，要将学习实践活动贯穿于支部工作始终，继续加强学习，强化组织建设和宣传工作，认真学习中共十八大、十八届三中全会和习近平总书记系列重要讲话精神，学习台盟盟章、盟史，青年盟员肩负着台盟的未来，一定要加强对青年盟员的教育与培养，要进一步增强盟员对中国特色社会主义的道路自信、理论自信、制度自信，抓好队伍建设，发挥自身优势，为全面建成小康社会、开创两岸关系和平发展新局面做出应有的贡献。期间，黄志贤还与中共成都市委常委、统战部部长陈建辉就台盟成都市支部的组织建设等问题进行了交流沟通。

5月29日至30日，全国政协常委、台盟中央副主席黄志贤带领调研组就开展坚持和发展中国特色社会主义学习实践活动以及组织发展工作到湖北调研，并与在汉盟员代表座谈。座谈会上，台盟湖北省委主委江利平、副主委张天弓分别代表台盟湖北省委汇报了开展学习实践活动和组织发展工作的情况，盟省委老领导、与会盟员结合自身实际，就如何深入开展学习实践活动、更好地推动台盟组织发展工作提出意见建议。黄志贤对台盟湖北省委开展坚持和发展中国特色社会主义学习实践活动的开局和换届以来的组织发展工作予以充分肯定，并对下一阶段深入学习实践活动提出要求：一要加强学习，通过学习凝聚人心，提升盟员思想认识，紧密联系实际工作，在学习中不断总结和完善工作方式；二要勤于思考，创新思维，克服困难，进一步加强组织建设；三要不断发现在本职工作和参政履职方面表现突出的人才，认真总结，及时向台盟中央上报，在全盟进行宣传。副主委江中联、胡霜红、刘江东，台盟中央宣传部副巡视员吴艺煤、组织部部长助理兼人事处处长陈勇及台盟湖北省委老领导、省委委员、在汉盟员代表和机关干部等 30 余人参加座谈。在鄂期间，调研组还与中共湖北省委统战部常务副部长盛国玉等进行交流。5 月 29 日，黄志贤到台盟武汉市委调研，并亲切看望机关干部职工。江利平、张天弓陪同并出席座谈会。座谈会上，台盟湖北省委副主委、武汉市委主委江中联从履职，做台胞、台生、台商工作及台胞人才培养等方面进行了汇报，并提出了基层成员老化、机关台籍干部越来越少等方面的问题。黄志贤对台盟武汉市委近年来各方面工作所取得的成绩给予了充分肯定，高度评价了市台盟做台胞、台生、台商工作所取得的经验和做法，并对今后的工作提出三点希望：一是希望台盟武汉市委的同志要继续努力工作。台盟的事业在发展，队伍在发展，只有总结成绩克服困难，才能不断前进；二是希望加强组织建设。要加大培训力度，并有意识地将盟员工作与本职工作有机结合，在实践中增强盟员综合素质；三是希望通过深入细致的工作不断发现优秀的盟员、台胞。黄志贤强调，一定要继续关心老一代盟员、台胞，要经常向他们通报工作，请他们提出好的建议，把台盟的工作做得更好。

6 月 5 日，全国政协常委、台盟中央副主席黄志贤带领调研组就开展坚持和发展中国特色社会主义学习实践活动及组织发展工作到吉林调研，并与盟员代表座谈。全国政协常委、台盟吉林省委主委王天戈主持会议。座谈会上，台盟吉林省委汇报了开展学习实践活动和组织发展工作的做法、体会和遇到的问题等，盟省委原副主委吴庆宗、蔡国铭、与会青年盟员骨干和老盟员代表分别结合自身实际，就如何深入开展学习实践活动、更好地推动台盟组织发展工作提出了意见和建议。黄志贤对台盟吉林省委开展学习实践活动及组织发展工作予以充分肯定，尤其是对盟内离退休老同志、老前辈作出的贡献及中肯的意见表示感谢，指出开展坚持和发展中国特色社会主义学习实践活动的目的就是加强组织建设、做好政治交接工作、做好人才培养和后备干部选拔工作，并对下一阶段深入开展学习实践活动提出了要求。台盟中央宣传部副巡视员吴艺煤、组织部部长助理兼人事处处长陈勇及台盟吉林省委老领导、省委委员、老盟员及青年盟员代表和机关干部参加座谈。会上，台盟吉林省委还对盟省委开发的盟员信息管理系统软件向调研组进行了展示说明。

6 月 5 日至 6 日，全国政协常委、台盟中央副主席黄志贤带领调研组就开展坚持和发展中国特色社会主义学习实践活动以及组织发展工作到辽宁开展专项调研，并与盟员代表座谈。座谈会上，台盟辽宁省委汇报了开展学习实践活动的情况，介绍了组织发展现状。参与座谈会的盟员代表讨论了近年来组织发展工作，对下一步组织发展工作提出意见建议。黄志贤对台盟辽宁省委开展坚持和发展中国特色社会主义学习实践活动予以充分肯定，并对下一阶段深入开展学习实践活动提出要求：一是继续加强对学习实践活动的领导与推动，组织好各项学习，加强团结、增强实效。二是进一步加强组织建设，积极探索组织建设新路径。三是继续关心在辽老盟员的学习生活，关注年轻盟员的成长进步，争取更大的成绩。辽宁省政协副主席、台盟辽宁省委主委王松，副主委柯英明、林永中、吴利薇，台盟中央宣传部副巡视员吴艺煤、组织部部长助理兼人事处处长陈勇及台盟辽宁省委老领导、省委委员、机关干部等参加座谈。在辽期间，台盟中央调研组还与中共辽宁省委副书记许卫国、省委统战部常务副部长王春生等进行座谈。

8月4日至5日，全国政协常委、台盟中央副主席黄志贤率调研组赴云南就开展坚持和发展中国特色社会主义学习实践活动及组织发展工作进行调研，并与盟员代表座谈。台盟云南省委主委杨晓红主持会议。座谈会上，副主委高素芳汇报了开展学习实践活动及组织发展工作情况，原主委郑凡、原巡视员许岷山、与会青年盟员和老盟员代表分别结合自身实际，就如何深入开展学习实践活动及更好地推动台盟组织发展工作提出了意见和建议。黄志贤对台盟云南省委开展学习实践活动及组织发展工作给予了充分肯定，要求开展坚持和发展中国特色社会主义学习实践活动要做到“三个结合”：与参政议政工作相结合，与对台联络工作相结合，与社会服务工作相结合。同时在组织建设工作中要积极引导青年台胞认真学习盟章、盟史，组织开展好各项活动，不断提高台盟组织的凝聚力和战斗力。台盟中央副秘书长、研究室主任宋焱，办公厅副主任谢申，云南省台联副会长翁晓春、秘书长何原文及台盟云南省委老领导、老盟员、青年盟员代表和机关干部参加座谈。

9月，台盟中央副秘书长、组织部部长吴国华率组织部一行，先后赴北京、重庆、江西、天津等四个省（市），开展台盟组织工作调研。来自各省（市）的省（市）委委员、代表性人士、老盟员代表、基层组织负责人和机关部门负责人参加会议并就自身建设中的后备干部队伍建设、加强组织发展、盟员培训等工作发言。台盟中央组织部副部长冉永进等参加调研。与会同志分别介绍了近年来当地组织建设的情况，存在的困难与问题，并就下一步开展工作提出意见建议。

（三）制度建设

在规范各项会议制度的基础上，进一步明确常委会每次围绕一个主题集中讨论，更好地发挥了常委会议事决策的功能。参事室和各专委会突出专业特点，不断创新工作形式，成效显著。各级盟组织机关的综合管理、服务协调能力也大为提升。今年全面修订了台盟中央机关公文办理、财务管理、行政规划、人事制度、外事管理等各项工作制度，安全保密工作也进一步加强。完成对台盟早期珍贵史料和盟员档案的修复存档、数字化整理工作，共计逾百卷2万余份。举办了全盟办公室工作培训班，进一步带动全盟机关干部队伍建设。此外，台盟中央新办公楼装修改建工程基本完成。

郭　婷　台盟中央研究室综合处副处长

学术会议　学术人物

学术会议

推进协商民主广泛多层制度化发展研讨会

1 月 7 日，中央社会主义学院举办“推进协商民主广泛多层制度化发展”研讨会，邀请专家学者就“协商民主与国家治理”、“建设中国特色社会主义参政党”两大专题进行学术交流，各省区市及副省级城市社院的领导和有关同志 100 余人参加研讨。

在研讨会上，张峰、邵鸿、彭京宜、刘仁勇分别以“站在现代国家治理的高度认识协商民主”、“发展完善人民政协制度，推进社会主义协商民主”、“社会主义协商民主的三重使命”、“完善协商民主理论实践，推进国家治理体系建设”为题，对协商民主相关理论问题进行了深入分析。专家们认为：全面深入地推进协商民主，是推进国家治理体系和治理能力现代化的重要途径。现代国家治理体系和治理能力有制度化、公平化、有序化三大要求，而协商民主具有法治性、善治性、理治性三大属性，协商民主“三性”与现代国家治理“三化”高度契合：协商民主是一种法治性民主，契合了现代国家治理的制度化要求；协商民主是一种善治性民主，契合了现代国家治理的公平化要求；协商民主是一种理治性民主，契合了现代国家治理的有序化要求。健全社会主义协商民主制度必须完善顶层设计。一是从国家制度的高度，建构科学的社会主义协商民主理论体系；二是借鉴国外协商民主有益成果，丰富协商民主实践；三是从国家立法层面，在《宪法》中明确社会主义协商民主制度的法律地位和权威性；四是尽快出台规范性文件，健全协商民主工作机制；五是激活政治功能，突出人民政协在协商民主中的引领和示范作用，进一步完善协商民主理论实践。

袁廷华、罗振建、任世红、王彩玲分别以“中国特色社会主义参政党的提出及重大意义”、“确认中国特色社会主义参政党的基本依据”、“中国特色社会主义参政党的理论逻辑”、“中国特色社会主义参政党的新要求”作主题发言。主要有以下观点：中国特色社会主义参政党包括两方面内涵，即民主党派是“干什么的”这一政党政治地位问题和民主党派是“什么样的”这一政党性质问题。回顾中国民主党派的性质演变和地位变迁，中国特色社会主义参政党的提出，明确了民主党派性质中最核心的问题，即政党的政治意识形态属性问题，从而将民主党派的定性与定位紧密联系起来，对民主党派的性质作出了更加完整、科学和实事求是的判断，是重大理论创新。判断政党性质主要依据三个标准：主体标准，理论标准和实践标准

与会代表一致认为，社会主义学院学习贯彻党的十八届三中全会精神，必须找准切入

点，将十八届三中全会确定的重点任务和重大举措与社院的传统优势和工作职责结合起来，这就是社会主义协商民主。通过八个主题发言和深入探讨交流，大家进一步加深了对全面深化改革战略部署和三中全会精神的理解，深化了对社会主义协商民主制度建设的理论认识，明确了建设中国特色社会主义参政党的重大意义，对于全国社院系统提升教学科研水平，做好党外代表人士教育培训工作，推动社会主义协商民主理论研究具有重要指导意义。

第四届参政党建设论坛

3 月 28 日，第四届参政党建设论坛暨湖北省参政党理论研究专委会第八届年会在省社会主义学院举行，全国政协常委、副秘书长、民建中央副主席宋海，省政协副主席、民建湖北省委会主委郭跃进出席论坛并致辞。

宋海代表民建中央向论坛的召开表示祝贺，他充分肯定了湖北经济社会发展和参政党理论建设所取得的成绩，他认为本届论坛暨年会的举办契合了中共中央关于加强社会主义协商民主发展的要求，有利于推动多党合作事业的发展，有利于推动中国民主政治建设的发展，他希望湖北省参政党理论研究专门委员会继续开拓创新，为丰富参政党理论研究，促进多党合作事业发展作出更大的贡献。郭跃进代表年会主办单位和省参政党理论研究专委会执行副会长单位向出席论坛暨年会的来宾致欢迎辞。

第四届参政党建设论坛暨湖北省参政党理论研究专委会第八届年会是由湖北省社会主义学院、湖北省参政党理论研究专业委员会、武汉大学、武汉理工大学、中国统一战线理论研究会党外知识分子统战工作理论研究基地，共同举办的学术论坛，本届论坛的主题为“社会主义协商民主与参政党建设”，论坛由省委统战部副部长、省社会主学院党委书记马萍主持，中央社会主义学院副院长袁廷华、省委统战部副部长冯艳飞、武汉大学党委副书记黄泰岩、武汉理工大学副校长康灿华、省社会主义学院院长黄利鸣在开幕式上致辞，民建中央宣传部部长张皎、中国人民大学教授周淑真等专家在论坛上作了主题演讲，来自全国各地的近 100 名专家学者参加了会议和研讨。

中国特色社会主义参政党的时代使命理论研讨会

6 月 5 日至 6 日，由民进中央—中央社院参政党建设理论研究中心举办的“中国特色社会主义参政党的时代使命”理论研讨会在我院召开。全国人大常委、民进中央副主席刘新成，中央社院副院长、政党制度研究中心主任袁廷华出席会议并讲话。民进中央秘书长高友东出席开幕式。

刘新成说，“中国特色社会主义参政党”是对民主党派性质、地位最新的科学论断，明确了民主党派的中国特色社会主义性质，首次科学阐明了民主党派的时代特质和本质属性；明确了民主党派的前进方向，也指明了构建和谐政党关系的路径，是新时期对民主党派现状的科学总结和概括。刘新成指出，要准确把握建设中国特色社会主义参政党的基本要求，进一步强化民主党派在中国特色社会主义建设中的政治责任和政治使命，通过学习宣传、理论培训、考察调研、广泛讨论等多种形式，加深广大民主党派成员对中国特色社会主义道路、中国特色社会主义理论体系和中国特色社会主义制度的了解，做到“三个坚持”，树立“三个自信”。

研讨会紧密围绕“中国特色社会主义参政党的时代使命”这个主题主要对如下问题进行了深入探讨。

（一）关于“中国特色社会主义参政党”的内涵。与会同志对“中国特色社会主义参政党”的内涵进行了多角度解读。袁廷华认为，“各民主党派是与中国共产党通力合作的中国特色社会主义参政党”这一论断，内涵包含三个层面：其一，在政党关系上，民主党派是合作党，不是反对党。接受中国共产党领导，与共产党通力合作，是我国国体、社会主义政党制度对民主党派的必然要求，也是民主党派在与中国共产党长期合作中形成的优良传统。其二，在政党与国家政权关系上，民主党派是参政党，不是在野党或执政党。“参政党”是中国政党制度理论体系中一个独创的概念，突破了以往非执政党即在野党的思维定式，具有重要的理论和实践意义。其三，在政党的社会和政治属性上，民主党派是中国特色社会主义性质的政党。民主党派不仅仅是为社会主义服务的政治力量，作为政党本身，其社会基础、价值取向和实践方向，都已经具备了中国特色社会主义性质，是中国特色社会主义性质的政党。

（二）“中国特色社会主义参政党”的新论断，对参政党履行参政议政、民主监督职能提出的新要求。提高履行职能和发挥作用的能力是民主党派的历史性课题之一。中国特色社会主义参政党的提出，是民主党派自身建设理论的新发展，也必将指导、要求民主党派履行职能有更大提升。民进中央宣传部文章认为，中国特色社会主义参政党作为政党属性，只能反映一部分人的政治诉求，但其人才荟萃、智力密集的优势，已体现在国家制度体系、治理体系之中，其履行职能更是在中国特色社会主义事业的方方面面。故中国特色社会主义参政党联系社会的触角，需从这少部分人扩大到更广泛的人民大众，在政治参与、社会整合和维护稳定等方面进一步体现价值和功能。中国特色社会主义参政党履行职能，离不开深入基层、广接地气，才能更好发挥自身优势，辅助执政党顺利平稳度过当前的经济增长速度换挡期、结构调整阵痛期和前期刺激政策消化期，更好适应建设中国特色社会主义的要求。

（三）“中国特色社会主义参政党”的新论断对参政党加强自身建设具有的重要理论意义。“中国特色社会主义参政党”的新论断进一步明确了民主党派的性质和政治地位，为民主党派加强自身建设奠定了理论基础，为各民主党派新时期发挥职能作用提供了重要遵循。中央社院王小鸿从参政党理论建设与自身建设的关系角度，阐述了“参政党自身建设是参政党理论建设的内容之一”的主要观点。参政党理论建设大体可分为三个层次来推进，最顶层是中国特色社会主义理论体系，中层是中国特色政党理论体系，下一层是参政党理论。而参政党自身建设理论则是参政党理论建设中的一部分内容。只有这样，才能把参政党理论建设纳入中国特色社会主义理论体系之中，坚持以中国特色社会主义理论体系为指导，并为坚持和完善中国特色社会主义政党理论体系服务。

袁廷华指出，此次研讨会开得非常及时，非常成功。一是进一步明确了理论研究的方向和重点，要探索中国特色社会主义参政党建设的理论体系和基本框架，以理论创新带动工作创新。二是会议围绕既定主题，取得了丰富的研究成果。三是总结了在推进中国特色社会主义参政党建设中的经验体会，提出了许多有益的建议和思考。

袁廷华还就“中国特色社会主义参政党”的提出、内涵及意义与大家作了深入的交流。他认为，“中国特色社会主义参政党”的提出，标志着中国共产党对民主党派性质、政治地位的认识达到一个新高度，意义重大而深远。这将极大地调动民主党派参加中国特色社会主义建设的积极性，有力地推进多党合作制度的完善和发展，有力地推进民主党派的建设和发展。

中国人民大学国际关系学院教授周淑真作了题为“当代中国政党制度由来、发展及运行机制”的大会主题发言。

多党合作与国家治理研讨沙龙

6月20日下午，由中共中央党校党建部政党制度教研室、中国统一战线理论研究会统战基础理论上海（复旦）研究基地、浙江省社会主义学院参政党建设研究中心联合举办的“多党合作与国家治理”研讨沙龙在杭州举行。中共中央党校、民革中央、中央社院、复旦大学、上海师大、浙江省政协、浙江省委统战部、民主党派浙江省委会30余位专家学者出席了研讨。

6月20日上午，在研讨沙龙举行前，中央党校党建部主任王长江教授以“当前中国政治体制改革若干问题”为题作了一场报告，研讨沙龙部分与会代表、在院学习的民主党派中青年干部培训班学员及学院全体教职员工参加了报告会。下午的研讨沙龙由复旦大学副校长林尚立教授主持，浙江社院党组书记、常务副院长、参政党建设研究中心主任蒋学基致欢迎辞。王长江教授和林尚立教授分别作研讨小结发言。

党的十八届三中全会提出“完善和发展中国特色社会主义制度，推进国家治理体系和治理能力现代化”。多党合作与政治协商制度是中国特色社会主义制度的重要组成部分，更是未来中国政治发展的重要战略资源。京沪浙三地专家齐聚一堂，深入研讨多党合作制度在推进国家治理体系和治理能力现代化中的地位和作用、面临的机遇和挑战以及未来的发展趋势和走向。沙龙采用开放式发言形式，与会专家发言踊跃、互动频繁、高潮迭起、精彩不断，会场气氛热烈、不乏精辟的观点、独到的见解。尤其是王长江、林尚立等两位教授的总结发言，进一步深化了“多党合作与国家治理”主题的研讨。

本次研讨沙龙是浙江社院精心打造的“统战理论与实践”研讨沙龙的第三期。通过高层次专家的汇聚、高质量成果的交流、高水准思想的碰撞，以期形成高价值的资政成果。

2014年全国社会主义学院系统理论研讨会暨中国政党制度研究中心第12届年会

8月11日至13日，由中央社会主义学院主办、宁夏社会主义学院承办的全国社会主义学院系统理论研讨会暨中国政党制度研究中心第12届年会在银川召开,会议主题为“进一步推进社会主义协商民主制度建设研究”。中央社会主义学院党组副书记、副院长周宁，宁夏回族自治区党委常委、统战部部长马三刚，自治区政协副主席安纯人等出席开幕式。

周宁在讲话中指出，开展社会主义协商民主制度研究，要以中共十八大、特别是十八届三中全会精神和习近平总书记重要讲话精神为指导，确保社会主义协商民主研究的正确政治方向；要充分发挥社会主义学院的特点和优势，在社会主义协商民主制度研究领域再创辉煌。

中央社会主义学院副院长、中国政党制度研究中心主任袁廷华作中心工作报告；中央社会主义学院统战理论教研部主任、中国政党制度研究中心副主任兼秘书长李金河作社会主义协商民主专题学术报告；特邀中共四川省委统战部副部长，四川省社院党组书记、副院长刘仁勇作四川省社院协商民主研究专题报告。全国社院系统近百位专家学者围绕主题就社会主义协商民主的理论基础、基本内涵，以及广泛、多层、制度化发展等进行了深入交流研讨。

一、社会主义协商民主的基本理论、基本内涵及实现途径

社会主义协商民主既有“中国特色”的内在属性，也有“民主”的基本属性，是社会主义民主理论的创造性发展，更是我国民主政治的特有形式和独特优势。关于社会主义协商民主基本理论的认识，学者们主要是从三个方面进行探讨的。一是社会主义协商民主的理论基础。有学者认为，社会主义协商民主的理论基础，即人民民主理论、统一战线理论、群众路线理论。二是社会主义协商民主的基本特点。有学者指出，政治协商是我国协商民主的发源地和充分应用的领域，是我们党的传统优势，是社会主义协商民主的基本阵地。人大、政府、政协、党派团体、基层组织和社会组织，分别承担或主导与自身职责相关的协商，有分工，也有相互配合。有学者认为，社会主义协商民主的基本特征有五个方面，即理论的实践性、主体的广泛性、形式的多样性、制度的规范性、目的的公共性。三是社会主义协商民主是我国民主政治的独特优势。学者们一致认为，协商民主之所以在我国长期坚持与不断发展，并成为我国社会主义民主政治的特有形式和独特优势，是因为协商民主不论对党的领导、国家治理、社会发展，还是对人民参与者国家事务管理以及协调人民内部关系，都具有独特的优势。

二、协商民主基本关系

社会主义协商民主与选举民主。有学者认为两者对政权机器运转正当性、合法性的证成及诠释总是协同和互构的。一方面，中国的选举民主中有协商民主的成分，选举民主的运作离不开协商。另一方面，中国的协商民主中又带有选举、票决成分，它的实现必须依托选举民主。协商民主只是对选举民主的补充而非替代；选举民主与协商民主相结合，将使民主高效而科学。

统一战线与社会主义协商民主。有学者认为，协商民主和统一战线是马克思主义中国化的伟大成果。从历史发展看，两者同根共生，协商民主促成统一战线，统一战线孕育协商民主。从运行机理上看，两者价值理念相同、客观基础相像、参与主体相仿、运行平台相融、发展路径相似。从实践效果看，两者互相支撑、相辅相成，相互促进，互利双赢，统一战线有利于推进协商民主广泛、多层、制度化；发展协商民主，有利于巩

固和壮大统一战线。

多党合作与社会主义协商民主。协商民主伴随着多党合作制度形成而形成、发展而发展。多党合作制度与协商民主精神具有内在契合性。从执政党角度而言，社会主义协商民主要求执政党转变执政理念，其核心是要通过执政能力建设加强体制内多元主体的参与，政党和政府要让渡给市场、社会和公民一定的公共治理空间，在此基础上进一步激活社会，形成真正的协商民主载体，从而在机制上保证多元治理的真实性、有效性和可持续性。

人民政协与社会主义协商民主。健全和完善人民政协政治协商制度化建设是发展中国特色社会主义协商民主的根本保障，应开发人民协商咨政功能，推进人民政协在协商民主广泛多层制度化发展中发挥作用。

政党协商与政协协商。两者既有联系，又有区别，互相补充。政党协商是中国协商民主的开拓者。

三、社会主义协商民主的发展

有学者认为，推进协商民主广泛发展，就是横向上拓展协商主体和协商内容；推进协商民主多层发展，就是纵向上在国家、地方、基层各个层面发展协商民主；推进协商民主制度化发展，就是通过制定与健全制度，确保协商民主落到实处，努力形成有效机制。有学者认为，推进协商民主的制度化建设就要构建程序合理、环节完整的协商民主体系，拓宽国家政权机关、政协组织、党派团体、基层组织的协商渠道，深入开展立法协商、行政协商、民主协商、参政协商、社会协商，加强中国特色新型智库建设，建立健全决策咨询制度。

与会代表一致认为，本次会议深入贯彻中共十八大、十八届三中全会精神，按照健全社会主义协商民主制度、推进协商民主广泛、多层、制度化发展的要求，充分发挥了社会主义学院的特点和优势，进一步深化了对社会主义协商民主理论的研究。

庆祝人民政协成立 65 周年理论研讨会

庆祝人民政协成立 65 周年理论研讨会 9 月 22 日在京举行，中共中央政治局常委、全国政协主席俞正声出席会议并讲话。

俞正声指出，习近平总书记在庆祝人民政协成立 65 周年大会上的重要讲话，全面回顾人民政协光辉历程，深刻总结 65 年来人民政协工作的宝贵经验，明确提出进一步做好人民政协工作的具体要求，深刻阐述了社会主义协商民主的重大战略思想。这是中共十八大以来，习近平总书记就人民政协工作作出的一次全面系统阐述，具有很强的理论性、实践性、指导性，是推进人民政协事业发展的根本遵循，是发展社会主义民主政治的重要文献。我们要全面认识社会主义协商民主是中国特色民主政治的特有形式和独特优势这一重大判断，深刻把握社会主义协商民主是中国共产党的群众路线在政治领域的重要体现这一基本定性，切实落实推进协商民主广泛多层制度化发展这一战略任务。各级政协组织和广大政协委员要深入学习贯彻习近平总书记重要讲话精神，将学习作为改进提高政协工作的重要契机和强大武器，用讲话精神切实指导实践，推动工作。

俞正声强调，要进一步增强责任感使命感，坚持问题导向，加强理论研究，不断深化对政协工作的规律性认识。一是从理论、工作和制度层面深入研究如何更好地坚持中国共产党的领导。加强党对政协工作的领导是民主政治建设的需要，也是政协工作更好完成党交给任务的需要。要进一步研究和健全政协重大工作主动报告、重要事项及时反映等制度，研究探索加强政协党员队伍建设的有效举措。二是准确把握人民政协的性质定位。人民政协不属于权力机关，而是发扬民主、政治协商、统一战线的平台，政协委员各抒己见、畅所欲言，有助于改进工作、增进共识，有助于党委和政府的决策更加科学、谨慎。三是切实贯彻团结和民主两大主题。在坚持共同思想政治基础上，支持各种意见的交流交锋交融，切实营造民主、活跃、求实、宽松的协商氛围。四是提高政协协商民主有效性。要有针对性地选择协商议题，深入调查研究，改进提案工作，更好发挥界别作用。

研讨会上，全国政协副主席、农工党中央常务副主席刘晓峰，中央社会主义学院党组书记、第一副院长叶小文，浙江省政协主席乔传秀，全国政协办公厅研究室主任刘佳义，中共中央党校原副校长李君如，中国人民大学教授周淑真围绕“人民政协与中国协商民主”主题发言。

中共中央书记处书记、全国政协副主席杜青林主持会议。

政党与国家治理学术研讨会

10 月 18 日至 19 日，“政党与国家治理”学术研讨会在华东政法大学隆重举行。此次会议由上海市社会科学界联合会和华东政法大学联合主办，罗蒙诺索夫莫斯科国立大学政治科学系、《学术月刊》杂志社、华东政法大学马克思主义学院承办。

会议开幕式由华东政法大学马克思主义理论学科带头人傅守祥教授主持。华东政法大学校长何勤华教授、罗蒙诺索夫莫斯科国立大学政治科学系主任 AndreiShutov 教授分别致辞。大会主旨发言由我校马克思主义学院院长何益忠教授主持。罗蒙诺索夫莫斯科国立大学政治科学系主任 AndreiShutov 教授，中国人民大学国际关系学院周淑真教授，罗蒙诺索夫莫斯科国立大学政治科学系 PavelTsygankov 教授，天津市政治学会副会长、天津师范大学政治与行政学院院长马德普教授，上海市社联党组副书记、专职副主席、上海市政治学会会长桑玉成教授等分别就俄罗斯的政治及政权文化变迁、十八大以来中国共产党治理腐败的路径选择、俄罗斯的对外政治关系、政党和国家治理的关系以及从管理的视角看政党治理问题等主题作主旨发言。

会议还设有多个分论坛，来自罗蒙诺索夫莫斯科国立大学政治科学系以及国内相关高校的 70 多名专家学者分别围绕“政党建设与政党发展”、“政党制度”、“国家治理现代化”、“政党与比较政治”、“政党与治理”、“中外治理实践比较”、“治理的理论反思”、“认同与文化治理”、“民主与治理”、“网络与社会治理”、“政党与社会”、“法治与治理”等主题进行了深入交流与探讨。

闭幕式上，华东政法大学党委副书记应培礼致闭幕辞，指出本次会议超越了观念的差异和国家的界限，搭建了一个国际性的开放、互动、平等交流的学术平台，同时又针对当前中国正处在全面深化改革的关键时期，探讨国家治理体系和治理能力现代化问题，形成了很多开拓性、创新性的意见和观点。应培礼对会议的圆满举行表示祝贺，对与会的国内外学者嘉宾表示感谢，并对华东政法大学马克思主义理论学科的未来发展寄予厚望。

第六届中国政党研究论坛

由中央社会主义学院政党制度研究中心、北京大学政党研究中心主办，“北京大学·复旦大学·吉林大学·中山大学国家治理协同创新中心”协办的第六届政党研究论坛于11月2日在北京大学举行。本次论坛主题是“大党执政与大国治理”。论坛邀请北京大学徐湘林、燕继荣、王丽萍教授，清华大学景跃进教授、人民大学杨光斌教授、中央社会主义学院徐锋副教授、中央党校董亚炜、郑琦副教授，以及中组部党建研究所龚加成副主任等专家学者作主题发言。围绕大国治理、大党执政以及两者关系，学者们进行了深入、热烈的讨论。

论坛首先以“大国治理”为中心进行讨论。北京大学政府管理学院副院长徐湘林教授作了关于“世界大国的分类以及大国的治理”的主题报告。他认为，现在的国际体系已发生巨大变化，原有的将国家分为“核心国家、边缘国家、中间半边缘国家”的世界体系理论，已很难再用来解释各国基本状态和国际社会中的表现。北京大学政府管理学院王丽萍教授作了“分权与国家治理”的主旨发言，提出分权改革的动力应该来自内生的现实需求而非观念，实际上每个国家能够从分权改革中获益的潜力也是不一样的，对于中国来说，分权是否能带来好处，是一个亟证明的问题。

在“大党执政”为中心的讨论中，中央党校副教授郑琦作了关于“治理视域下党对社会组织的领导”的报告，论述了党与社会组织关系的问题。她提出现阶段党和社会组织是需要共同走向治理的。中组部党建研究所政党研究室副主任龚加成根据自身的工作经验以及研究重点，指出党建的主题从党建新的伟大工程变为提高党的建设科学化水平，现在从事党内研究的主题就是深化党建制度改革。

在论坛互动交流环节，来自中国人民大学、国家治理协同创新中心、中央党校党建部政党制度室等单位部门的专家学者还就“国家治理体系的重组与党政关系的新变化”“国家治理现代化与执政党的使命”等话题各抒己见，深入交流探讨。

自媒体时代参政党民主监督专题研讨会

11月13日，“自媒体时代参政党民主监督专题研讨会”在杭州开幕。全国人大常委、民盟中央副主席张平出席并讲话。民盟中央宣传部部长吴志实、副部长曲伟陪同参加活动。

研讨会由民盟杭州市委主办。民盟浙江省委主委成岳冲、民盟浙江省委副主委徐向东、中共杭州市委副书记杨戌标、杭州市委统战部部长董建平、民盟杭州市委主委陈振濂、民盟杭州市委会副主委宦金元等出席开幕式。大连、厦门等10余个副省级城市及部分特邀省会城市的民盟组织代表共100余人参加会议。

张平副主席首先向研讨会召开表示了热烈祝贺。他说，在当前“人人都是通讯社、个个都有麦克风”的自媒体时代，网络舆论监督已经渗透到中国政治、经济、民生和社会管理的方方面面，逐渐成为政府倾听民生、了解民意的重要渠道。他指出，网络舆论监督具有“双刃性”的特性，给参政党民主监督带来了新的挑战，我们要高度重视参政党民主监督的重要性，主动适应自媒体时代的挑战，确保民主监督正常开展；要以中共十八届四中全会提出的全面推进依法治国决定为指引，建立健全行之有效的参政党民主监督机制，促进民主监督的制度化、规范化、程序化。他最后表示，民主监督是一个不断摸索、不断完善的过程，随着我国改革开放和社会主义现代化建设进程的加快，中国共产党领导的多党合作和政治协商制度将进一步完善，参政党的民主监督制度一定会越来越健全，必将在社会主义民主政治建设中发挥越来越大的作用。

本次会议共收到《自媒体时代有效履行参政党民主监督职能》等论文33篇，会议重点就“自媒体时代，如何提高参政党民主监督品质与社会影响力”、“如何加强自身能力建设，营造健康的监督环境，在自媒体时代有所作为”等议题开展了深入研讨和互动交流。

当代中国政党制度与国家治理学术研讨会

11月14日，中国统一战线理论研究会政党理论北京研究基地在京举办“当代中国政党制度与国家治理”学术研讨会。会议旨在学习贯彻中共十八大和中共十八届三中全会、四中全会精神，学习贯彻习近平总书记系列重要讲话精神，坚持和完善中国共产党领导的多党合作和政治协商制度，健全社会主义协商民主制度，推进协商民主广泛多层制度化发展，为从理论上进一步深入探讨当代中国政党制度在推进国家治理体系和治理能力现代化中的重要地位和作用，进一步加强和深化关于中国共产党统一战线理论与实践问题的研究，加强和深化关于当代中国政党制度和政党政治的研究。

中共中央统战部副部长陈喜庆，九三学社中央常务副主席、中央社会主义学院副院长邵鸿，民进中央专职副主席刘新成，政党理论研究基地主任、北京市委常委、统战部长牛有成，政党理论研究基地主任、中国人民大学党委书记靳诺出席研讨会开幕式并致辞。来自全国各地约60名专家学者参加研讨会。

陈喜庆副部长代表中共中央统战部和中国统一战线理论研究会对研讨会的召开表示祝贺。他指出，从2004年成立至今，政党理论研究基地聚集了国内政党理论研究领域的一流专家学者，有机整合国内政党理论研究领域的优势资源，打造成以政党理论为研究特色的重要研究智库，为中国特色社会主义的政党理论研究和中国统一战线事业作出了重要贡献。他围绕“协商”理念，具体阐释了中国统一战线工作以协商为纽带、用协商谋共识、靠协商助发展的独特政治优势。希望与会专家学者和全国的研究同仁共同努力，做大做强政党理论基地这个优质智库，为党和国家的建设与发展大局出谋划策、贡献心智。

邵鸿常务副主席代表九三学社，对政党理论研究基地取得的丰硕成果及学术年会的召开表示祝贺。他说，现代政治是政党政治，从改革和完善中国政党制度的角度研究国家治理现代化问题，具有重要的理论意义和实践意义。当前，政党理论研究领域还存在着学科整体实力比较薄弱、研究思路不够开阔、思想不够解放、高水平成果相对欠缺等亟待解决的重要问题。今后，九三学社将在履行好参政议政职责的基础上，进一步加强与政党理论研究基地等高水平研究机构的交流和合作，一道为繁荣发展中国政党理论研究，推动中国政党制度的改革完善发挥积极的建设性作用。

刘新成副主席代表中国民主促进会，对政党理论基地成立10周年和本次研讨会的召开表示祝贺。他指出，习近平主席不久前对建设具有较大影响和国际影响力的高端智库作出了重要指示，具有重大深远意义。希望政党理论基地可以在10年建设取得丰硕成果的基础上，进一步充实研究力量，破解重要理论课题，为中国政党制度的改革、发展、完善献计献策，打造政党理论研究的高端智库，为中国共产党和各民主党派的自身建设，以及中国政党制度的发展作出更为重要的贡献。他表示，民进中央将进一步发挥自身的资源优势和研究力量，与政党理论研究基地一起推动中国的政党理论研究工作再上台阶、再结硕果。

牛有成部长代表北京市委、市委统战部对会议召开表示祝贺。他指出，深入开展中国政党制度与国家治理问题研究，要深入了解中国国情，继承和弘扬“和合”文化，在文化中找基因；要剖析执政党和参政党不同主体的运行规律与合作规则，在比较中找规律；要洞悉中西方不同的经济社会背景，在差别中找平衡。他表示，中国政党制度与国家治理问题的研究既是理论界的重大课题，也是当前政治实践中面临的重要现实问题，需要理论界的集思广益、认真研讨，也需要实际工作部门稳步改革、积极探索。

靳诺书记代表中国人民大学对会议的召开表示祝贺，对中央统战部和北京市委、北京市委统战部及相关机构给予中国人民大学及政党理论研究基地的支持和帮助表示感谢。她指出，政党制度作为一个国家政治制度的核心，对政治运行发挥着重要的决定性作用。深入开展当代中国政党制度与国家治理问题的学术研究，既是落实中央精神的重要行动，也是服务国家改革发展的重要举措。政党理论研究基地成立10年来，构建了政党理论问题研究的学术交流与合作平台，促进了相关学科的建设和人才培养，培养了一批中青年学者，为党和国家决策提供政策咨询，起到了高端“智库”的作用。期待基地能产出杰出的研究成果，为实现“中国梦”提供政党理论方面的智力支持。

在研讨会上，中国人民大学马克思主义学院杨德山教授、武汉大学马克思主义学院副院长宋俭教授、北京市委党校副校长李燕奇教授、南开大学周恩来政府管理学院徐行教授、中央社会主义学院李小宁教授、江西师范大学纪委书记周晓朗教授、上海市委党校刘红凛教授作了主题报告。中国人民大学马克思主义学院副院长陈崎主持主体报告时段讨论。与会专家围绕主题进行分组讨论，就推进中国政党制度建设、加强执政党理论与参政党理论建设、充分发挥中国政党制度优势、推进国家治理现代化等问题进行深入研讨。

国家治理与人民政协研讨会

“国家治理与人民政协”研讨会11月20日至21日在浙江省杭州市举行。十一届全国政协副主席、中国人民政协理论研究会名誉会长郑万通出席会议。全国政协副秘书长张秋俭，全国政协文史和学习委员会驻会副主任、中国人民政协理论研究会副会长兼秘书长陈惠丰出席会议并讲话。

在20日上午的大会上，陈惠丰说，这次研讨会选在习近平总书记在庆祝人民政协成立65周年系列活动发表重要讲话，党的十八届四中全会召开之后召开，时机适宜，是贯彻习近平总书记讲话精神和四中全会精神的一次学习研讨活动。准确理解、充分发挥人民政协在国家治理体系中的作用，是习近平总书记在庆祝人民政协成立65周年大会讲话中对政协提出的重要任务，也是当前人民政协适应全面深化改革形势创新发展必须回答的问题。同时，他还介绍了新一届中国人民政协理论研究会的研究规划和重点。

21日上午，张秋俭对这次研讨会进行了总结，表示这次会议开得非常成功，成果丰硕，无论从主题到内容到形式均得到了与会人员的肯定。在主题和内容上围绕学习习近平总书记在庆祝人民政协成立65周年上的讲话精神和中共十八届四中全会精神，紧密结合政协工作实际，以问题为导向，体现了理论和实践的融合，处处体现团结和民主。在形式上，与会人员不仅有政协工作者，还有政协之外的专家学者，能够跳出政协看政协，保证了会议的成功。张秋俭还传达了俞正声主席关于人民政协理论研究的讲话要点。她要求人民政协报要为人民政协理论研究学习宣传提供平台发挥积极作用。

研讨会上，中国人民政协理论研究会副会长李昌鉴、李君如，中央编译局战略研究部副主任陈家刚等作了主旨发言。来自全国各地副省级市政协、部分中心城市政协的代表以及部分专家学者围绕“人民政协在国家治理中的地位作用及提高政协履职能力的实践途径”进行了研讨交流。

本次研讨会由中国人民政协理论研究会支持指导，人民政协报社和杭州市政协联合主办。中共浙江省委常委、杭州市委书记龚正、杭州市政协主席叶明等出席研讨会。

学术人物

王彩玲，女，1973 年 2 月出生，湖南省澧县人。中央社会主义学院参政党教研室教授。湖南省湘潭大学哲学系本科毕业，中国人民大学哲学系硕士、博士毕业，获得伦理学硕士和博士学位，主要从事政治哲学、政党制度和参政党建设方面的研究和教学工作。

曾参与多项国家级和省部级课题，在《哲学研究》、《现代哲学》、《天津社会科学》、《厦门大学学报》、《光明日报》等国家级和省部级学术刊物发表论文数十篇，出版个人专著 2 部，其中 6 篇文章被人大报刊复印资料《中国政治》、《高等学校文科学术文摘》等刊物转载。连续五届获得中央社会主义学院优秀科研成果奖，其中个人专著《毛泽东早期伦理思想研究》获 2009 年中央社会主义学院优秀科研成果奖（论著类）三等奖；《参政党思想建设研究》作为第一本系统研究参政党思想建设的著作，获得中央社会主义学院第六届优秀科研成果奖。

2003—2004 年曾经在中央统战部挂职一年，参加了《中共中央关于进一步加强中国共产党领导的多党合作合作和政治协商制度建设的意见》这一重要文件的前期调研工作；2006—2007 年，参加了国务院新闻办公室颁布的《中国的政党制度》白皮书的框架设计和撰写工作；2011—2012 年参加了中央统战部联合中央党校、国家行政学院、中央社会主义学院等单位共同编写的全国通用教材《中国统一战线教程》的编写工作。

任世红，男，1970 年 11 月出生，河南省固始县人。江苏省社会主义学院教授。中国统一战线理论研究会新的社会阶层人士统战工作理论江苏研究基地副秘书长，江苏省统战理论研究会第四届理事会副秘书长、理事，江苏省社会主义学院多党合作理论研究中心副秘书长。2011 年 9 月，入选江苏省第四期“333 高层次人才培养工程”第三层次培养对象。

1998 年毕业于天津师范大学政法系中共党史专业，获法学硕士学位。1998 年 7 月，在第二军医大学南京军医学院工作。2004 年 9 月转业至江苏省社会主义学院，主要从事统一战线、多党合作和参政党理论的教学与研究工作。

公开发表的主要论文有：《抗战时期民主宪政运动中的党派合作》《中国民主党派性质的三重解读》、《我国社会主义政党制度的结构特征与功能优势》、《提升中国特色政党制度功能与价值的路径选择》、《协商民主：多党合作的内生价值》等，其中被《中国政治》全文转载3篇，被中国统一战线理论研究会《统一战线理论研究成果蓝皮书（2012年）全文收录1篇。主持及主要参与完成的课题有："中国特色政党制度的功能与价值研究""民主党派民主监督概念的历史考察""参政党建设理论的理论基础和理论框架""中国共产党领导的多党合作和政治协商制度理论基础研究""高素质参政党问题研究"等。

2013年，教学专题《中国特色社会主义政党制度》获"全国社会主义学院优秀教学成果奖"；学术论文《自由择业知识分子政治参与的价值、特点及引导——基于四个省份的问卷调查与思考》获第一届全国社会主义学院系统优秀科研成果奖一等奖。

张宏艳，女，生于1970年9月，黑龙江省哈尔滨市人。黑龙江省社会主义学院教研室副主任、教授。1992年毕业于哈尔滨师范大学历史系，获史学学士学位，2005年在哈尔滨工业大学获得管理学硕士学位。长期从事统一战线理论、民主政治理论、中国政党制度理论的教学和研究。目前兼任中央社会主义学院中国政党制度研究中心理事、黑龙江省人民政协理论与实践研究会理事、黑龙江省统一战线史研究会理事。

在省级以上学术刊物发表论文40余篇，主要有《英国政党执政方式初探》、《加拿大政党制度及执政方式研究》、《法国政党政治研究》、《独具特色的日本政党政治》、《外国执政党的执政经验对我国的启示》、《西方国家政党监督的研究与启示》、《统一战线基本规律研究》、《我国政党制度在构建社会主义和谐社会中的地位和作用》、《增强民主党派民主监督活力与实效的对策研究》、《关于建立中国特色政党制度理论体系的几点思考》等。

曾主持或参与多项学术课题的研究。出版合著2部。研究报告、论文获中央统战部全国统战理论研究优秀成果三等奖2项，获全省统战理论研究成果一、二等奖3项，获黑龙江省统一战线史研究会二、三等奖3项。

羿宗哲，女，吉林省长春市人，1970年5月出生。现为长春市社会主义学院副院长，兼教务处处长，研究员。1992年毕业于东北师范大学中文系，并获得汉语言文学学士学位。同年，进入长春市社会主义学院教务处工作至今。2000年获得吉林省委党校政治学研究生学历。现为长春市党史学会理事、长春市政协理论研究会理事、长春市统战理论研究会理事。

长期以来一直从事统一战线、多党合作等理论研究和教学实践的工作，撰写了30多篇论文，分别发表在中央、省、市等级统战权威刊物以及《长春日报》上，特别是2012年撰写的《关于在多党合作制度中保持党际差异的初步思考》和《对参政议政有关问题的思考》

两篇文章受到读者的广泛关注，在网上的点击率、下载率和被引频次不断刷新。参与中央、省、市级统战部门、社院系统等组织编写的统战理论方面的书籍8部，于2008年出版了个人专著《新世纪新阶段统一战线理论与教学实践》，实现了该院统战专著零的突破。近几年，该同志还活跃在教学第一线，其为民主党派后备干部培训班原创的教学模式引起中央社院和各地社院的高度关注，其筹划的关于多党合作方面的原创案例讨论题被学员们视为指导民主党派工作的模本，所授的《多党合作理论与方针政策》、《民主党派自身建设》等课程受到学员们的一致好评。

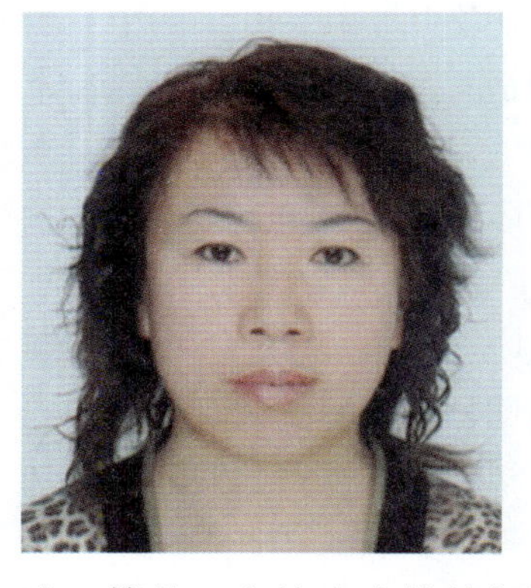

石媛，女，生于1967年5月，汉族，中共党员，宁夏社会主义学院三级教授，统战理论教研室副主任。1990年毕业于宁夏大学政治系，1998年考入宁夏自治区党校在职研究生班，2000年毕业后调入宁夏社会主义学院。曾兼任宁夏法学会理事，现兼任中央社会主义学院政党制度研究中心理事。在政治学、统战理论政策、政党制度研究方面，有一定理论功底和研究能力。

主持国家级课题子课题《中国执政党与参政党关系新模式探索》，2006年结项，获宁夏自治区哲学社会科学成果评选二等奖。主持中央统战部课题《中国特色政党制度与协商民主研究》，2012年结项，获宁夏自治区统战理论成果评选一等奖。主持中央社会主义学院系统课题三项《宁夏党外干部思想状况的调查》，2008年结项；《中国政党制度背景下协商民主的实现途径》，2011年结项；《协商民主视域下参政党协商能力研究》，2014年结项。先后发表论文50余篇，多次获奖。参与著作三部：《中国执政党运行机制创新研究》、《新世纪新阶段统一战线理论读本》以及《宁夏跨越式发展与统一战线建设》。

参政议政案例选

中国国民党革命委员会

一、落实中共十八届三中全会部署，全力助推司法体制改革

在全面深化改革的“大盘子”里，司法体制改革因其触及体制、牵涉甚广，具有牵一发动全身的作用，也直接考验着中央“敢于啃硬骨头、敢于涉险滩”的承诺能否兑现。2004年和2008年，我国曾启动过两轮司法改革。2013年，中共十八届三中全会对深化司法体制改革作出了全面部署。在这期间，民革中央曾多次就有关问题进行调研建言，并在推动改善中西部基层法院经费保障、行政诉讼改革、专门法院改革等方面发挥了积极作用。在筹备2014年工作时，民革中央主席办公会经反复认真研究，决定将“深化司法体制改革若干重大问题”确定为年度重点调研课题。

2014年3月到5月，民革中央主席万鄂湘、常务副主席齐续春分别率队赴京、粤、渝、鄂、沪等地开展调研，召开二十多场座谈会，深入听取各地司法机关及相关部门对于司法改革的意见和建议，特别是基层司法干警对司法改革的殷切期盼，了解各地司法改革先行先试的宝贵经验，真切感受到了地方党委政府和司法机关时不我待的改革意识与开拓进取的精神风貌。

在北京市二中院举行的深化司法体制改革专题座谈会上，万鄂湘主席直言，“调研组是带着问题来的，希望大家少讲好话、少汇报成绩，重点谈在司法体制改革中面临的问题、遇到的阻力、有哪些迫切的需求，多谈真实想法，多提意见建议，多触及实质问题。”由于司法体制改革关系重大，为打消发言者的顾虑，调研组要求调研全程减少或不作对外报道,这在民主党派年度重点调研中较为罕见。尽管此举减少了调研的媒体和公众关注度，却能使调研更加扎实深入，体现了参政党严谨、求真的作风。受气氛感染，原定的座谈时间被一再延长。为此，调研组表示，“不要担心，你继续讲，我们无非晚吃会儿饭，少休息会儿，没有发言的可以留下资料，我们带回去好好研究。”这次大调研累计召开了20余场座谈会，特别注重到最基层听取一线同志对改革的意见与呼声，临时在基层加开的座谈会多，座谈时即兴的问答多，调研组白天调研晚上开会研究多，尽可能在调研中汲取基层最生动的案例、最鲜活的语言和对改革最朴实的关切，这样提出的建议才有生命力。

通过深入的调研，调研组发现司法改革涉及面广、情况复杂，因此建议紧紧围绕司法体制的两个核心问题即“内去行政化、外去地方化”制定改革措施，同时牢牢把握三条原则，即：一是要坚持顶层设计的原则。强调司法权是中央事权，司法改革必须由中

央主导，顶层设计要完备；二是要积极稳步推进的原则。司法改革涉及方方面面，又是政治体制改革的重要内容，要先行试点，在取得实践经验的基础上稳步推进，不能冒进；三是坚持法治的原则。司法改革的最终目标是实现依法治国，司法改革任何时候不能违法推进，否则将陷入用违法手段推动法治的怪圈。对于试点中必须突破先行法律规定的情况，应当由全国人大常委会给予试点单位进行授权的方式进行。针对在调研中发现的问题，民革中央提出了三条建议：

第一，通过修改法律，理顺省以下司法机关人财物统管体制 。

推动省以下地方司法机关人财物统一管理，是中共中央在综合考虑司法权的中央事权属性和我国基本国情基础上作出的重大决策，有利于确保中央政令畅通，国家法律正确统一实施，是保障人民法院、人民检察院依法独立公正行使审判权、检察权的重要改革举措。

按照目前的改革规划，省以下地方法院的法官将统一由省提名、管理并按法定程序任免。但是，按照现行《人民法院组织法》、和《法官法》，地方各级人民法院院长由地方各级人民代表大会选举和罢免，副院长、审判委员会委员、庭长、副庭长和审判员由本院院长提请本级人民代表大会常务委员会任免。由此可能带来三个问题：一是省级统管体制与法官任免程序很难在法律框架内有效对接，可能出现省一级向市、县人大常委会统一提名没有法律依据的情形。二是按现行法定程序任免县市两级法院法官仍未与地方完全脱节，省以下统一管理的目的难以实现，司法权地方化的问题依然存在。三是即使开展试点，试点地区也只能在现行法律框架内探索人事管理体制改革，很难形成可复制、可推广的经验做法。考虑到这项改革的重要性，民革中央建议通过修改立法推进，具体建议是分两步走实现省以下法官的统一任免。第一步：修改《人民法院组织法》以及《法官法》的部分条款，实现省以下地方法院法官统一由省级部门提名，由县市人大常委会任免。但这只是一个过渡方案。第二步：在适当时机启动程序修改《地方各级人民代表大会和地方各级人民政府组织法》，实现省以下法官全部由省级部门统一提名，省人大常委会任免，彻底理顺人事管理体制，真正实现改革“去地方化”的目的，回归司法权属于中央事权的属性。鉴于检察官任免体制存在相应问题，有必要对《人民检察院组织法》和《检察官法》和相关法律也作对应修改。

第二，改革和完善我国专门法院制度。

在目前省以下法官统一任免难以一步到位的情况下，改革和完善我国专门法院制度尤为必要。我国的专门法院较早实现了跨区域设置和管辖，并且基本上已经实现了人财物省以下的统一管理，具有较高的审判独立性和专业性，在依法独立公正行使审判权方面取得了好于普通法院的显著成效。整合现有专门法院资源，建立全新的专门法院体系，是最为可行的改革路径，具体做法是：在各省的铁路运输中级法院和海事法院现行管辖范围的基础上指定它们管辖行政诉讼案件、跨区域民商事案件、环保案件以及知识产权案件。少数没有铁路中院或者海事法院的省份，可以将其区域内的铁路基层法院进行提级改造。有铁路中院又有海事法院的省份，可以在案件管辖类型上适当分工，各有侧重：铁路法院改造为专门管辖行政诉讼案件及知识产权案件的法院，海事法院改造为专门管辖海商事案件、跨区域民商事案件、环境保护案件的法院。为解决诉讼便利问题，可以依托各地中级人民法院设立派出法庭，就近办案。如此改革具有三个好处。一是效果最优。通过改革，完善现有专门法院制度和体系，能有效解决目前地方干扰严重的行政诉讼案件、跨区域民商事案件和环境保护案件的公正审判问题，是“建立与行政区划适当分离的司法管辖制度”的有效途径。二是基础最好。目前，全国17个铁路运输中级法院、58个铁路运输基层法院改制工作基本完成，2012年6月底已全部移交地方管理。这75个铁路运输法院分布在全国29个省（直辖市、自治区），管辖区域与行政区划基本分离，具有依法独立公正行使审判权的体制优势。另外我国还有10个海事法院，和铁路法院一起构成我国的专门法院网络。三是成本最低。本届政府承诺，任期内财政供养人员只减不增。利用现有专门法院网络，“腾笼换鸟”，扩大其管辖行政诉讼案件、跨区域民商事案件和环境保护案件的职能，将他们改造成我国新型的专门法院，能够在不增加机构和编制的情况下，将我国的专门法院体系迅速建立起来，成本最低，又解决了铁路法院和海事法院本身存在的职能偏弱、优质审判资源浪费的问题。调研中，参加座谈的各高级法院和最高法院的领导与法官都高度认可这一方案。

当然，仅通过建立一审的专门法院是不能彻底解决上述几类案件的“去地方化”和地方保护主义等问题的。建议在下一步的改革中，通过设立二审的专门法院的高级法院，或者通过最高法院设立分院等方式，形成完备的专门法院体系。

第三，通过完善配套措施，切实推进审判责任制改革和检察官办案责任制改革。

完善审判责任制改革，主要是为解决法院的内部行政化问题，解决审者不判、判者不审，内部层层审批，权责不明等问题，健全科学规范、权责明晰的审判权运行机制。这项改革与干部人事制度、法官检察官职业保障密切相关，需要各项措施协同推进，不宜由法院或检察院自己单兵突进。由于省以下司法机关人财物统管还未全面推开，涉及法官检察官职级、薪酬、津贴等诸多配套措施，调研组发现：一是地方党委政府多观望。目前改革的深入程度，主要取决于地方党委、政府的政策扶持，很大程度上由“一把手”的态度决定，地方党委、政府多持观望态度，难以保证改革试点成果的可持续性。二是基层同志有顾虑。基层人民法院检察院领导对脱离同级党委的“关照”颇感忧虑，一线法官检察官也对改革前景深怀顾虑，生怕责任加大，工作量增加，待遇上却缺乏保障。三是富裕地区的司法机关干警普遍担心实行财物统一管理后，其工资待遇会降低。针对上述问题，民革中央也给出了具体的改革建议：

（1）推进法官专业职务序列改革。法官专业职务序列改革是建立符合职业特点的司法人员管理制度的基础，也是人民法院实行人员分类管理的重点。2011年中组部、最高人民法院曾联合制定《法官职务序列设置暂行规定》，但该规定将法官等级完全按照行政级别套改，强化了法官管理的行政化色彩，将使很多法官降低法官等级和津贴，各地基层法官意见很大，致使有关实施方案至今未能出台。建议重新修改或制定法官专业职务序列，真正建立与普通公务员相区别的法官管理制度，使法官等级和行政级别脱钩，法官可以像教授一样走单独职称系列，这样即使是基层法院的法官在法官等级上也可有所突破，可以最大限度解决基层法官队伍的稳定问题。

（2）实行法官员额制度。在中央政法专项编制限额内，综合考虑法官、司法辅助人员、司法行政人员的岗位职责、工作任务量等因素，确定各类人员员额比例。上海法院的试点方案是：3 ∶ 5 ∶ 2，即现行法院队伍按30%的法官，50%法官助理和20%后勤人员进行分类。目前全国法院队伍共32万人，有法官资质的19万人，如果实行分类管理，一线办案法官人数可以稳定在10万人以内。通过实行员额制度，逐步形成以法官为核心的法院队伍，促进法官队伍职业化、精英化建设，同时减少我国法官的人数，也为下一步提高法官待遇打下基础。

（3）鼓励各地探索开展审判辅助人员管理机制改革。根据各地人员编制管理和经费保障的实际情况，探索书记员和法官助理用人机制改革，如通过购买社会服务等方式，合理使用聘用制人员，减少法官事务性负担，为推进审判辅助人员管理制度改革积累经验。

（4）完善司法行政人员管理制度。对司法行政人员进行管理，根据审判机关特点完善相关管理办法，允许符合条件的人员按照《公务员法》和《法官法》的规定跨类别交流。

（5）强化法官职业保障。《法官法》第36条规定："法官的工资制度和工资标准，根据审判工作特点，由国家规定。"但受制于各种情形，19年来，符合司法职业特点、区别于普通公务员的法官工资制度一直未能建立。在法院内部，办案法官与法官助理、不办案的行政人员待遇相差无几；在法院外部，与其他公务员相比，法官待遇更差、压力更大、职级更低、发展空间更窄。因此才出现大量法官宁愿到非业务部门工作，也不愿在一线办案的现象，法官流失、断层情况十分严重。在实行法官员额制度的基础上，在强化监督的前提下，适当提高法官的工资待遇，建立有别于普通公务员的工资制度，应当不会给国家造成太大的财政负担。

检察官办案责任制改革有自身的特殊性，如检察机关上下级是领导关系，检察权既包括诉讼职能，又包括诉讼监督及职务犯罪侦查职能，因此建议中央特别注意以下问题：一是妥善处理办案责任制与检察一体化的关系。检察机关遵从检察一体原则，上下级检察机关、检察长和检察官之间存在着上命下从关系，具有行政权的基本特征。但检察权的基本行使方式是办理案件，本质上是司法权。所以检察官办案责任制改革的主要问题是妥善处理检察官"相对独立"与"检察一体"原则的关系，而保障检察官办案的相对独立性是其核心。二是科学配置各检察主体的执法办案权限。建议抓住改革的实质，根据司法权的运行规律，科学调整检察官与检委会、检察长、部门负责人等主体权限配置。三是尊重不同检察职能的运行特点。建议遵循检察工作规律，依照诉讼职能、诉讼监督及职务犯罪侦查等不同检察职权的运行特点，科学设计检察官办案机制和工作制度。如考虑到职务犯罪侦查的特殊性，组建由擅长侦查的资深检察官带领的检察官团队来负责；对需要从更大范围内统一调配人力、分工协作的案件，可由检察长带领，组织多个检察官团队共同参与，分工协作。

调研结束后，民革中央又多次向有关方面征求意见，经过仔细斟酌，反复修改，最终形成《关于深化司法体制改革的建议》。《建议》获得中共中央、国务院领导同志批示和高度评价。中共中央政法委书记孟建柱同志批示有关部门认真听取、采纳，逐项研究。部分建议被吸纳到中央全面深化改革领导小组第三次会议审议通过的《关于司法体制改革试点若干问题的框架意见》和《上海市司法改革试点工作方案》中，并在北京、上海、广东等地改革试点中得到体现。

二、以法治思维和方式来“啃”行政体制改革“硬骨头”

“改革”是新一届政府的鲜明旗帜，而行政体制的改革堪称最难啃的骨头之一。2014年1月，民革中央主席万鄂湘率民革中央调研组就行政审批制度改革，在北京、天津展开调研。民革中央副主席修福金、傅惠民、田惠光参加调研。

调研组一行先后考察了位于北京的纽曼腾飞科技有限公司、拉卡拉支付有限公司和位于天津蓟县的地球卫士（天津）环保新材料有限公司。在听取了民革党员、纽曼腾飞科技有限公司总裁程静，民革党员、拉卡拉支付有限公司董事长孙陶然，民革党员、地球卫士环保新材料股份有限公司董事局主席宋旭的汇报后，万鄂湘详细询问了三家公司在科技创新、市场应用、企业管理等方面的情况，重点询问了企业运行过程中特别是行政审批环节面临的问题，并亲身体验了3D投影机、云办公电话电脑一体机、拉卡拉支付设备等科技产品，考察了环保造纸生产线等。

调研期间，调研组一行分别与北京、天津的有关部门负责人、民革党员企业家代表及专家学者进行了座谈，重点听取了他们对行政审批制度改革的分析与建议。结合自身经历，民革企业家代表纷纷发言。他们表示，近年来行政审批已有很大改善，但部分审批仍存在标准和程序不够公开问题。一个企业从批地到投产，有时需要盖两百多个章，给政府和企业都增加了负担。企业家代表还就行政审批制度改革提出了意见和建议。

万鄂湘听了与会者的发言后表示，加快转变政府职能，行政审批制度改革是中共十八届三中全会部署的全面深化改革的重要内容之一。民革中央此次调研就是围绕行政审批制度改革，进一步了解我国现行行政审批制度下的政府、市场和企业的关系及我国行政审批制度存在的问题，并对这一制度的改革提出建议。与会代表特别是民革企业家代表们的发言给调研组提供了鲜活的素材，希望企业家们能继续依法守法经营，积极创新进取，在带领企业自身发展的同时，还要从国家发展、社会进步层面积极发挥作用，并为民革中央进一步做好参政议政工作提供好素材、好建议、好答案。

在调研中，调研组发现，改革未能实现机构人员与审批项目的同步精简，行政审批权下放多取消少，有的审批权下放后下级行政部门既无人员编制也无专业审批能力，而且以项目扶持、产业规划等面目出现的“法外审批”数量并未减少，同时行政权频繁介入知识产权、企业破产等平等民商事权利主体之间纠纷的现象仍然不同程度存在。调研组认为，深化行政体制改革需要坚持法治原则，以法治思维和方式，充分发挥市场在资源配置中的决定性作用，特别要尊重市场主体的平等权利。根据调研的情况，调研组提出了五点具体的解决方案：

第一，精兵简政，合理配置行政监管力量。深化行政管理制度改革需要“壮士断腕”的决心和勇气。要按照“事由法定、权由法限”的原则精简行政机构，从“重审批轻监管”，向“宽准入严监管”转变，引导富余管理人员分流至基层监管部门，特别是要充实到亟须加强的环境保护、安全监管和质量监控部门。建议实行向重点污染企业和产品质量问题多的厂家派驻专门监督员制度。

第二，继续加大行政审批改革工作力度。根据由市场对资源配置起决定性作用的原则，加快现有审批项目的废除、撤销和下放进程；对确需保留的审批事项，要改革、改进审批条件、时限、程序、方式；除食品、药品等涉及公民身体健康、安全事项外，可实行“行政审批默认制”，即对符合审批条件、程序，到期不批复即视为同意。同时，探索建立中国特色行政机关法人制度，争取实现一个行政单位只有一个公章对外，从源头避免行政机关内部程序外部化。

第三，规范“法外审批”行为，弥补监管漏洞。遵循立法顶层设计原则，严格规范政府制定产业（行业）规划等“法外审批”事项，规范政府评奖评优、命名挂牌等直接干预市场的行政活动。建立常态化的漏洞修补、政策解释等制度性措施，不断健全已有的控权制度，全面规范、消除“法外审批”行为。运用公共财政绩效审计的方式，丰富审计控制事项，弥补“法外审批”行为的监管漏洞。

第四，厘清司法权和行政权在知识产权保护中的界限。行政机关应逐步退出平等市场主体之间的知识产权之争，政府公权力部门不应该为了支持纠纷一方的私权行使执法权，而应当引导权利人到审判机关通过诉讼解决纠纷。同时，要改革目前知识产权保护多头管理格局，建立综合的知识产权管理执法部门，依法授予监管、调查和处罚权。此外，还要降低侵犯知识产权刑事处罚的门槛，将有限的政府资源集中于公权力必须介入的领域，如严重危害社会秩序和公共利益的侵权行为，以及应对外国以保护知识产权为由对中国企业实施的贸易壁垒。

第五，健全企业破产制度。由于有些地方行政权力的不当介入，为了保 GDP，企业破产制度实施不畅，一些企业长期资不抵债却“死”不掉，这可能是导致部分行业产能过剩的主要原因之一，因为这类产品的价格并没有明显下降；有的为了逃废银行债务，本不应该破产的企业，却被行政权强行推动破产。鉴于《企业破产法》并未提及行政权如何介入破产问题，建议国务院颁布专门的行政规章，明确规范行政部门以及地方政府在企业破产重组中的介入行为。同时，要做实《企业破产法》中的破产管理人制度，大力培育和发展专业化的破产事务管理人才和市场中介组织。

在实地调研和深入研讨的基础上，民革中央在全国政协十二届二次会议上，将调研的成果，作了《以法治思维和方式推进行政体制改革》的大会发言，得到了与会领导与委员的高度重视，为国家进一步推进行政审批制度改革提供了有益的参考。

三、关注基层志愿者服务发展，推进志愿者服务法制化建设

中共十八届三中全会明确提出“支持和发展志愿服务组织”。习近平总书记、李克强总理在给志愿者的多封回信高度体现了中央对志愿服务工作的重视和支持。为加快我国志愿服务法制化建设、促进志愿服务事业健康发展，2014 年 7 月到 10 月，民革中央主席万鄂湘率调研组赴吉林、黑龙江、北京、湖北等省市开展调研。民革中央还召开“我国志愿服务法制化建设座谈会”，邀请全国人大内务司法委员会、中共中央文明办、教育部、民政部、共青团中央、司法部、中华全国总工会等有关负责同志及来自中国人民大学的专家学者，围绕立法路径、管理体制、保障制度、激励机制等志愿服务法制化建设的具体问题进行研讨。

在北京，民革中央调研组一行赶往西城区西长安街街道义达里社区。该社区地处繁

华的西单商圈，但令调研组颇为意外的是，据北京警方公布的零发案社区名单，义达里社区是10个连续10年零发案社区之一，且已连续24年没有发生过入室盗窃刑事案件。调研组了解到，在义达里社区，成立了“睦邻之家”，在这里24小时有志愿者值班，里面的医药箱、雨伞等应急物品都由居民捐赠，供大家免费使用，还可帮居民代收快递、存放备用钥匙、给老人提供防撬锁等，而且通过微信、微博等，谁有需要马上就有志愿者赶到，有老人说社区就像是没有围墙的养老院。在吉林、在黑龙江、在湖北，这样的社区调研组走访了十几个，深入了解了我国基层志愿者服务发展的现状与问题。

调研组了解到，目前我国志愿服务有六方面的重大意义和价值：

一是倡导社会主义核心价值观、弘扬社会正能量的重要平台。以志愿服务为平台，社区、企业、团体的社会主义核心价值观教育和学校的思想品德教育易于有抓手、收实效。

二是社会管理创新和治理能力现代化的重要载体。志愿服务有助于推动管理型政府向服务型政府转变，做好政府管不了、管不到的事。

三是增强基层组织凝聚力的重要方式。志愿服务是增强基层党组织凝聚力、巩固基层政权、维护党和政府权威的有效抓手，如长春市中共党员回社区带头发起志愿者服务活动，有力夺回了基层地下教会利用“教友互助”建立的阵地。

四是促进社会和谐的重要基础。志愿服务有助于创建和谐社区、化解社会基层矛盾、夯实社会稳定基础，如中南民族大学维吾尔族大学生志愿者帮助解决武汉市维吾尔族群众违章设摊问题、长春市残疾人志愿者化解残疾人群体性事件等。

五是积极应对人口老龄化挑战的务实之策。志愿服务是居家养老的重要辅助手段，多地已经有蓬勃发展的“爱心银行”，武汉百步亭社区的低龄老年人志愿服务高龄老年人、健康老年人帮扶失能老年人，有效应对人口老龄化的挑战。

六是弘扬中华民族传统美德的有效形式。兼爱互助、扶危济困、亲邻和睦等传统美德在当代可以借助有组织的志愿服务，得到有效传承与弘扬。

但是随着我国经济社会发展，参与志愿服务的人数日益增多，专业化程度不断提高，志愿服务工作呈现出从感性向理性、从物质向精神、从临时向常态、从个体向团队、从业余向专业化科学化、从自发向规范化法制化等六方面转变。在此过程中，志愿服务普遍存在五个问题：

一是全国性立法缺失。部分省市相继制定了一些地方性法规来规范和指导志愿服务工作，但全国性的志愿服务法律持续多年“难产”。地方性法规的法律位阶较低，对基本概念、基本法律关系、权利义务、责任承担和分配等无法进行权威性界定，对涉外的志愿服务也无法规范，各地立法水平参差不齐，还可能会出现冲突和不一致。

二是社会认同度较低。志愿服务理念不彰，社会参与志愿服务的程度不高。我国只有大约5%的人口注册参与志愿服务，其中还存在小部分重复统计现象，与发达国家相比，存在较大差距。

三是管理体制不顺。对政府的角色和定位缺乏法律规范，直接导致体制机制较难理顺。中央层面虽已明确志愿服务由中央文明办牵头、民政部负主体责任，但各省市普遍缺乏顺畅的管理体制和有效的协调机制。

四是激励机制不够完善。全社会对志愿者在个人信用等级、就业、就医、大城市落户、升学等方面的表彰激励机制还亟须完善。此外，较专业的志愿服务的短板往往是缺乏专业知识的教育培训，直接影响了志愿服务的效果。

五是经费保障不足。财政资金和社会捐助支持志愿服务组织运作的保障机制不够健全，经费不足直接导致志愿者在健康、工作、生活、事后等方面权益保障不到位，同时政府采购志愿服务还有待加大力度。

因此，在调研的基础上，民革中央就关于加快我国志愿服务法制化建设提出了六点建议：

第一，尽快出台国家层面立法。为促进志愿服务在法制轨道上健康发展，以法律形式确立志愿服务的领导体制和工作运行机制，明确责任分工，整合社会力量，在国家层面对志愿服务专门立法是根本性的解决方案。获悉国务院法制办正在研究制定志愿服务的有关条例，我们感到十分振奋，但考虑到国务院条例近期出台的可能性不大，建议以委托第三方立法的方式起草示范法，在部分条件较为成熟的省市先行先试，及时修订地方立法，使之与当前形势、政策体系、组织体系相适应，并保障志愿者的合法权益。

第二，加大志愿服务经费保障。一是在国家层面设立志愿服务彩票，与体彩、福彩等并立，将此项收入注入志愿服务基金会。二是明确将志愿服务经费纳入各级政府一般财政预算，具体操作方法可由各级政府或其派出机构直接安排必要财政资金，或通过政府购买服务的方式,鼓励民间组织和社会机构参与专门化的志愿服务工作。三是在制定《慈善事业法》及修订《税法》时完善对志愿服务捐助资金的鼓励措施，形成政府资助为主、企业个人捐助为辅的资金支持网，使志愿服务可持续发展。

第三，健全志愿服务表彰激励机制。建议将志愿服务纳入国家诚信体系和个人信用评估体系建设，适当参照国外有益经验，让我国志愿者在升学、就业、就医、贷款、养老、晋升等方面享受优惠或优待，加大对志愿者的正向激励，形成回报志愿者奉献精神的社会环境。

第四，建立全国性的志愿服务保险制度。保险制度能有效保障志愿者、志愿服务组织和志愿服务对象三方的利益，解除志愿者的后顾之忧，避免“流汗又流泪”。建议探索建立全国性的志愿服务保险制度，为志愿者提供基本保费补贴，使人身意外伤害保险和公共责任保险得到“全覆盖”，保障志愿者的人身安全和健康。

第五，落实教育培训主体责任。志愿服务组织有能力、有力量开展的教育和培训，政府应予以鼓励；对于专业性较强、需要较高能力或风险较大的志愿服务项目，应落实政府相关业务部门的教育培训主体责任，细化保障措施，以提高志愿服务水平质量、降低服务过程中的风险。

第六，创造更多志愿服务的设施场所。中央下决心整顿清理楼堂馆所，已取得阶段性成果，建议考虑将其中适合开展志愿服务的场所划拨出一部分，供社区志愿服务使用。

在广泛调研和座谈的基础上，民革中央积极响应中共十八届四中全会提出的“探索委托第三方起草法律法规草案”，充分发挥自身界别优势，联合有关部门和研究机构共同起草完成《志愿服务条例示范文本》，并向中共中央、国务院报送了《关于加快我国志愿服务法制化建设的建议》。该建议得到了多位领导人的批示。

在民革十二届三中全会上，民革中央把还将示范文本发给中央委员，通过他们向地方立法机关推荐，为推动志愿服务法制化进程、为探索民主党派参政议政新机制做出积极努力。目前，示范文本已经得到不少省市地方立法机关的积极响应与咨询，并拟借鉴采纳。

四、以康养产业为抓手，建言经济发展新常态

经济新常态的大背景下，如何实现经济转型发展，加快转变经济发展方式，积极寻求新的经济增长点，打造新引擎，改造传统引擎，切实找到符合当地实际、顺应改革需要、惠及百姓民生的发展道路，是各级中共党委和政府今后面临的重要课题。民革作为中国特色社会主义参政党，如何服务和建言经济发展新常态，也是摆在民革全党面前的一道重要的考题。

健康是人类全面发展的基础和必要条件，养老问题则是当前我国最重要的社会热点之一。为大力发展健康与养老产业（简称康养产业），探索以康养产业为抓手，加快现代服务业发展的有效途径，民革中央常务副主席齐续春率调研组于 2014 年 4 月和 6 月，分赴四川省攀枝花市、河北省秦皇岛市就上述课题进行专题调研。在攀枝花，调研组一行先后前往东区阿署达花舞人间项目建设现场、攀枝花市中心医院、仁和区普达阳光国际康养度假区、盐边县益民乡新民旅游新村、四川省运动技术学院红格竞训基地等地，通过实地考察、听取汇报等方式，深入了解了该市发展阳光康养产业的资源禀赋、主要做法、存在的困难和问题等情况。在秦皇岛，在秦皇岛，齐续春一行先后对北戴河新区国际旅游度假中心、博恒华贸国际网球中心、北戴河新区规划馆暨公共文化活动中心等地进行了实地考察调研。

通过座谈和实地考察，调研组了解到，攀西地区和北戴河新区具有发展康养产业得天独厚的资源禀赋，比如攀西地区拥有全国范围内仅次于拉萨的阳光资源，空气、温差、海拔、生态、物产等资源比较优势明显；北戴河新区气候条件宜人、生态资源独特、温泉资源富集、文化底蕴深厚、区位优势突出。中共攀枝花市委、市政府结合攀枝花市实际，以大力发展康养产业为突破口，努力为这座典型的资源型城市探索一条可持续发展道路。中共秦皇岛市委、市政府落实京津冀协同发展国家战略，在北戴河新区大力发展康养产业，主动承接首都的康养产业功能，努力成为京津冀协同发展的重要战略支点。

调研组也了解到，由于康养产业发展还处于探索阶段，政策体系还不完善，医养结合的养老模式缺乏有效的政策支持，目前在两地尚未形成集养老、医疗、休闲等多位一体的综合性康养服务体系，致使相关产业没有得到突破性发展。

调研组认为，康养产业作为现代服务业的重要组成部分，蕴含拉动经济发展的巨大潜力，一头连接民生福祉，一头连接经济社会发展，完全可以打造成为我国一个新兴的战略性支柱产业。为此，民革中央提出五点建议：

第一，将康养产业定位为国家现代服务业发展战略中的一个重要方向。康养产业覆盖面广、产业链长，涉及医疗、社保、体育、文化、旅游、家政、信息等多方面，可以成为促进经济转型的重要抓手和实现可持续发展的重要支撑。大力发展康养产业对扩内需、促就业、惠民生等具有重大的现实意义，也是积极应对人口老龄化、满足“健康老

龄化”巨大刚性需求的长久之计。建议国家明确康养产业的战略地位，统筹规划、统一部署。

第二，完善产业政策体系，抓好政策督促落实。目前，国务院已出台《关于加快发展养老服务业的若干意见》和《关于促进健康服务业发展的若干意见》，康养产业顶层设计基本完成。建议进一步完善康养产业政策体系，研究出台产业子领域专项政策，督促政策落实、落地。以科学规划为先导，指导地方结合实际进行发展规划，加大政策支持力度；以设立国家健康产业投资基金为引导，广泛吸引社会资本投资；以生态环境为依托，以中医药服务为特色，鼓励自然环境优渥地区先行先试；以医疗资源为保障、以规范标准为基础，推进医疗机构和养老机构的融合，积极探索“医养结合”新路子、新标准。

第三，把“医养结合”作为发展康养产业的突破口。借鉴国外做法，逐步推广“医养结合”服务模式。建议出台扶持政策，鼓励和扶持“医养结合”的护理型养老机构建设。健全健康保险体系，发展护理保险，鼓励医疗机构和养老机构加强合作。将养老机构所设医疗部门提供的医疗服务纳入医保范围，同时鼓励有条件的医疗机构采取远程医疗、委托管理、健康管理咨询等多种形式，提高对失能失智老年人的服务能力，提供多样化医疗、慢性病管理和健康管理服务，有力推动建立“医养结合”体系。

第四，重视康养产业专业人才培养。人才是康养事业发展十分重要的条件。当前，康养产业亟须的专业人才极为匮乏，直接制约了康养产业的发展壮大。建议国家重视康养人才队伍建设，建立完善康养职业教育体系，提高康养职业人才培养质量，为国家康养事业发展提供源源不断的高素质人力资源保障。

第五，设立国家康养产业发展实验区。为更好地促进康养产业发展，建议设立“攀西地区国家康养产业发展实验区”和“北戴河新区国家康养产业发展实验区”，赋予两个实验区一些先行先试的相关政策，形成以区内优势产品和服务为龙头的产业集群，为实现康养产业的跨越式发展探索路子、积累经验，推动我国现代服务业更好更快发展。

调研结束后，民革中央在征求各方意见和建议的基础上，形成《关于大力发展康养产业的建议》上报中共中央、国务院，获得了国务院领导人的批示。

在此基础上，为进一步“把脉”我国康养产业发展态势，帮助攀枝花市及相关城市理清发展思路，为其他地方提供经济转型、服务业升级的参考样本，民革中央提出建议在攀枝花举办首届全国康养产业发展论坛。同时建议打造攀枝花、秦皇岛“一南一北”两个国家级康养产业试验区，在两地轮流举办全国康养产业发展论坛，为加快中国康养产业发展凝聚智慧和力量。

2014 年 12 月 6 日至 7 日，民革中央与四川省政协在攀枝花联合举办了首届中国康养产业发展论坛。论坛达成了《首届中国康养产业发展论坛攀枝花共识》，并有包括北京太阳城养老投资战略合作项目在内的总金额达 240.43 亿元的 21 个攀枝花康养产业项目成功签约，总计签约意向高达 400 多亿元。论坛效果得到了当地政府、群众和社会舆论的高度好评和广泛关注。如今，“孝敬爸妈，请到攀枝花”的宣传语不仅频繁出现在央视荧屏上，也已在四川乃至其他地区悄然成了一句流行语。而这背后，离不开民革组织的推动。

五、持续关注河北发展问题，深入助推京津冀协调发展

2014 年 2 月 26 日，习近平总书记在北京主持座谈会，听取京津冀协同发展工作汇报，并就推进京津冀协同发展提出 7 点要求。一石激起千层浪，“京津冀一体化”迅速成为舆论热点。胶着了 30 多年的京津冀协同发展在习近平总书记“总动员令”下，进入实质性提速阶段。

2014 年 5 月，民革中央主席万鄂湘率民革中央调研组与河北省有关部门就京津冀协同发展问题进行了座谈并到高速公路建设现场实地调研。2014 年 7 月，民革中央常务副主席齐续春再次率民革中央调研组赴承德就“京津冀协同发展中产业承接与布局”课题开展调研。调研组认真听取了承德市委、市政府所作的工作情况汇报，并在丰宁县、滦平县进行了实地考察。

调研组发现，河北既缺乏北京独特的发展优势，又放大了北京的资源环境约束劣势，尤其是水资源匮乏及污染、能源过度消耗、人口分布不均衡等硬约束问题明显，“虹吸效应”突出，北京的企业不愿去河北，河北培育起来的好企业却竞相晋京发展，经济“凹陷现象”有加重的趋势。同时，市场应在资源配置中起决定性作用，而河北部分干部群众还存在一定程度的“等、靠、要”思想，依赖性较强。

京津冀协同发展涉及面广，难度很大。调研组通过调研认为，形成京津冀协同发展的均衡态势应牢牢把握两条原则：一是坚持顶层设计，协同发展需要有前瞻性的顶层设计来指导、引领和推动。二是坚持向改革要动力，落实三中全会确立的各项改革措施，破除体制机制障碍。为此，针对京津冀一体化中存在的问题，调研组提出了以下的建议：

第一，做好协同发展规划的顶层设计。

长期以来，京津冀三地存在河北“一头热”的现象。为进一步做好京津冀协同发展的顶层设计，建议中央抓紧时机，促进三地共同编制《京津冀协同发展规划》，着力推动政策一体化，将协同发展的根本要求贯穿于三地功能定位、产业分工、城市布局、公共服务、综合交通体系建设等重大问题上。同时，“十三五”规划的编制工作已迫在眉睫，建议中央主抓、三地联合编制“十三五”时期协同发展规划，重点针对“十三五”时期京津冀产业疏解、城镇化进程、环境治理、人口疏散等具体问题制定发展战略和改革要点，明确各级政府分工责任，引导市场主体行为；规划由三地人大分别审议；京津冀三省市各自的“十三五”规划必须与协同发展规划相衔接。

第二，京津冀协同发展须交通先行。

京津冀协同发展涉及许多方面问题，有不少还有待进一步科学论证，深入研究，但对已经普遍形成共识的领域，建议抓住有利时机，下决心抓紧推进。我们在调研中发现，着力构建现代化交通网络系统，把交通一体化作为先行领域，是多部委、京津冀三地业已形成的高度共识；交通一体化中，快速通勤铁路网能对疏解北京交通压力、促进产业转移起到较大作用，则是各方面长期形成的高度共识。

例如，京唐客运专线是构建京津冀快速通勤铁路网的当务之急。建议有关部门和中国铁路总公司尽快启动京唐客运专线项目，扎实做好前期工作，落实各种建设条件，早日开工建设。这条专线有三大好处：一是有利承接北京产业转移。京唐客专将与既有城

际线路共同形成环京津唐高铁网，北京至唐山27分钟通达，唐山将真正成为首都经济圈的重要支点，有效缓解北京的人口、环境压力，有利于承接北京钢铁、石化等重产业转移、疏解首都功能。二是保障干部职工安全通勤。搬迁到曹妃甸后，首钢上万干部职工实行轮班制，每逢周五，长龙一般的大巴车队运载四五千人穿梭于京唐之间，燕山石化迁出北京后，职工通勤压力还将进一步加大。京唐客运专线可保证首钢及今后若干北京重工业企业通勤安全，同时减少尾气排放。三是方便北京到北戴河交通。京唐客专将与津秦客专实现贯通，北京到北戴河的时间将缩短至1小时，更方便作为中央暑期办公快速通道，同时还可促进北戴河旅游、康养等产业发展。

第三，在全面深化改革中实现协同发展。

当前，京津冀三地河北的发展较为滞后，协同发展要向促改革要动力，把河北的一些地区作为改革的“试验田”，以点带面，用全面深化改革进一步规范政府与市场的关系，使河北能将中央的政策“接得住、用得活”，把引来的产业“留得下、管得好”。可以采取五点措施：

一是支持各项改革措施在河北先行先试。落实三中全会精神的336项分解任务中有许多和京津冀协同发展密切相关，建议中央在建立城乡统一的建设用地市场、农村金融、城镇化健康发展等方面授权河北部分地区先行先试，向改革要红利，力争在关键环节取得新突破，特别是进一步简政放权、探索负面清单管理模式，下大力气优化审批流程，加快推进并联审批，标准化确权政府各项权利，激活区域内民间创业的热情和潜力，吸引区域外活跃的民营经济北上发展。

二是促进区域内科技成果产业化。京津冀的产业结构以重化工、高技术产业和现代服务业为主。河北产业结构偏单一，更依赖重化工，在发展以中小企业、科技创新型企业为主的高技术产业时困难较大。我们去年一项调研发现，中关村的科技创新成果由于体制机制原因，“金凤凰”舍近求远，如许多科技创新“孕育”、“孵化”在中关村，产业化“开花结果”却在深圳。建议国家在京津冀实行政策一体化，将中关村的科技产业政策复制到河北的科技产业化基地，或在河北建立国家科技成果产业化示范基地；同时京津冀优化科技投资环境，科学规划、有序承接，建立科技成果产业化的长效机制，充分整合各类产业园区，对中关村等龙头产业园区按市场化原则明确投资共担、税收分成。

三是大力发展健康养老等现代服务业。康养产业是现代服务业的重要组成部分，一头连接民生福祉，一头连接经济发展，增长性和可持续性强劲。建议发挥北戴河、张家口、承德等地生态优势，逐步推广“医养结合”服务模式，设立康养产业发展实验区，疏解北京医疗和养老资源，推动有关产业政策在实验区内大胆先行先试，开发“第二次人口红利”，助推经济发展方式成功转型。

四是高标准规划好新机场空港经济综合实验区。北京新机场将带动巨大的产业集群，京津冀协同发展亟须发挥好新机场在区域经济中的乘数效应，使之成为首都经济圈发展的重要抓手。河北在发展航空物流产业、航空服务、商务会展、休闲旅游等方面拥有明显的区位优势，建议用高标准规划好空港经济综合实验区，整合优化三地各类海关特殊监管区，推动统一管理、监管协调、功能互补格局，提升京津冀地区投资和服务贸易便利化水平，在新的战略框架下，重新审视并规划好北京新机场的疏港通道。

五是试点资源有偿使用制度和生态补偿制度。建议以解决生态问题为导向，探索通过税收杠杆抑制不合理需求，提高水资源使用成本，正税清费，对抽采地下水实行水资源税，严格抑制过量开采地下水；试点京津对河北重点生态功能区购买生态产品和地区间横向生态补偿制度的建立，如率先与张家口、承德地区实行水资源生态补偿制度，给予两地区必要的生态补偿。

第四，在财政和土地政策上适当向河北倾斜。

河北数十年如一日地为首都安全稳定和生态环境作出了巨大牺牲，但省级财力匮乏。民革中央 2013 年专题调研了中部省份转移支付，经测算，河北省人均可支配财力位列全国倒数第一，甚至不及西部贫困省区。建议：一是中央财政增加对河北的一般性转移支付规模和比例，尤其是加大均衡性转移支付力度，加大对京津冀限制开发区域、重点生态功能区的转移支付规模，降低专项转移支付比重，促进京津冀地区间义务教育、社保、医疗等基本公共服务均等化。中央政府将复杂度较高的专项转移支付项目下放到地方管理，以增强地方统筹财力的能力。二是协同发展起步期，基础设施建设等投资处于高峰，建议国家采取一些特殊的支持政策，尤其是适当增加中央对河北的投入，包括代发债规模，以降低地方政府融资成本。

中央赋予了河北大面积退耕还林、承接首都产业转移等使命。大型批发市场、重型工业等对土地的需求较大，建议中央根据京津冀三地土地使用情况，统筹解决建设用地指标、占补平衡、耕地核减等问题，如可否调拨专项土地指标支持生态建设和承接产业转移。

在调研基础上形成的《关于加快推动京津冀协同发展的建议》上报后，得到国务院多位领导人的重要批示。

卢　森　民革中央宣传部干部

中国民主同盟

一、建言大学生就业、创业环境优化

我国高校毕业生规模2014年将达到727万人，创历史新高，面临空前就业压力，积极、妥善地做好大学生就业工作，成为事关保障社会和谐稳定的重大问题。自主创业是有效缓解大学生就业压力的重要途径，但一直比较薄弱，如何提升大学生创业率，成为促进高校人才培养与国家建设的重要课题。

就业是民生之本。为此，民盟中央于2014年4月就“大学生就业、创业环境优化”问题开展重点调研。此次调研分为南、北两线，兼顾东、中、西部，涉及四省。全国人大常委会副委员长、民盟中央主席张宝文，民盟中央副主席徐辉、温思美率南线调研组，于4月7日至13日在江西、广东两省进行调研。全国政协副主席、民盟中央常务副主席陈晓光，民盟中央副主席龙庄伟、葛剑平率北线调研组，于4月8日至11日在陕西、4月14日至17日在辽宁进行调研。民盟中央南北两线调研组实地考察各级各类高校、人才市场和人才交流中心、创业服务中心、大学生创业园和创业孵化基地、各类企业21个，召开座谈会18次，掌握了较为翔实的第一手资料，了解了更为真实的基层情况，为深入分析大学生创业就业问题并提出可行性建议奠定了基础。

最终，民盟中央综合两线实地调研和一系列配合调研的基础上形成了“大学生就业、创业环境优化”调研报告，并提炼成为《关于大学生就业、创业环境优化的建议》政策建议信，报送中共中央、国务院。具体内容如下：

我国高等教育格局深刻变化，牵引着就业形势的发展。高校办学理念有偏差，与市场、社会需求脱节，就业教育指导不足。就业创业政策不尽合理，政策间合力不强，难以落实到位。社会引导、支持力度不够，就业信息开放性不足。缺乏有效的创业教育，自主创业存在创业率、创业层次、创业成功率“三低”现象。针对以上问题，还提出了以下建议：

第一，调整高教发展思路，着力推进内涵发展。我国高等教育已经进入到“由大变强”新的发展阶段，政府应把工作重心转移到推进高校“提高质量、内涵发展”上来。一是适度控制高教规模，优化招生政策。实现普通高校招生规模“微增长”，包括研究生规模，切实缓解毕业生就业总量性矛盾；加强对各地区、高校专业人才需求的宏观预测研究，建立各学科专业预警机制。二是理顺政府与高校的关系，深化高等教育宏观管理改革，推进管办评分离。全面落实和扩大办学自主权，应在学科专业调整和招生自主权、科技成果转化评估和报批制度等方面加快改革步伐；加强分类指导，引导不同类别、不同层面的高校承担起培养不同人才的任务。在推动部分高校向应用技术型大学转型过程中，注重遵循教育规律，注重以市场需求为主导，避免“一刀切”、一哄而上，防止产生新的后遗症。

第二，改革大一统的人才培养模式，优化学科专业设置。高校主要精力要放到提高办学水平和育人质量上来。探索与学校类型相适应的人才培养模式，在培养少数高、精、尖学术型人才的同时，更加注重培养适应社会需求特别是各地产业发展急需的应用型人才。积极把握经济社会走势和就业市场的深刻变化，灵活调整专业和课程设置，强化专业知识和实践技能培养。增加高校就业服务人员，完善“教育、指导、服务”三位一体的就业服务体系，加强就业指导培训，着力提升学生的职业素养和职业能力。

第三，整合优化已有就业创业政策，加大就业岗位开发力度。有效整合多部门的就业指导和服务资源，形成部门联动、协作配合、资源共享的机制。将近几年有关毕业生就业创业政策、措施、规定进行梳理，及时废改立，构建系统、规范、稳定的政策体系。细化政策配套措施、实施细则，增强可操作性，并加强对政策落实的监督检查。将大学生就业与产业升级和经济结构调整结合起来，促进大学生就业创业与经济发展良性互动。将大学生就业与新型城镇化、新农村建设结合起来，政府可通过购买服务等措施，鼓励城镇社区、农村社会化服务组织吸纳大学生就业。继续鼓励中小、民营企业吸纳大学生就业，将大学生就业的数量、比例纳入评价指标，并享受财税、贷款、户口等优惠政策。

第四，提高就业公共服务水平，加强信息平台建设，维护公平竞争环境。从省级区域开始，逐步建立较为完善的就业信息共享平台，待条件成熟时形成全国性平台。明确牵头部门的责任，做好信息平台的管理维护，确保信息的准确性、全面性和及时性。可借助新兴媒介和载体，以微信公共账号、APP 软件等方式，及时宣传解读就业创业政策、市场需求趋势、热门岗位要求等服务信息。同时，构建全国企业信息查询平台，严厉打击不法中介机构。政府应重点强化对劳动就业的监管，尤其应提高党政机关、国有企业、垄断行业招聘的透明度，实现招聘信息公开、考试过程公开、招聘结果公开，并加大对户籍、性别、院校歧视等行为的监管力度。尽快制定“公平就业法”，规范用人单位的用人机制，依法建立就业公平保障体系。

第五，加大创业教育力度，进一步推进校企合作。高校应加快转变创业教育理念，着重培养大学生创业意识和创业能力，使他们不仅成为就业岗位的竞争者，而且成为就业岗位的创造者。大力加强创业教育师资力量建设，不断拓宽创业师资选拔渠道，实现创业师资专业化。设立创业教育系列职称，构建创业教师教学质量考评、教学成果评优评奖等制度，允许应用型高校突破现行兼职教师最高比例的限制。高校应从自身特点出发，围绕本地经济产业特点，与行业、企业推动产教融合、校企合作，通过联合办学、订单培养、师资平台建设、资金联合投入、科研攻关委托、成果转化支持等方式，实现学校人才培养、企业难题解决、区域经济发展的多赢。

第六，完善创业扶持政策体系。在金融政策方面，加快建设以小额担保贷款为基础、以创业项目担保贷款为主体和以创业风险投资为补充的多元金融支持体系。在财税政策方面，将就业创业工作经费纳入同级财政预算；设立大学生创业投资基金，国家控股、多元筹资；工商、税务等部门可通过简化审批手续，减免企业注册资本、税金，免除登记类、管理类收费，放宽经营场所限制等办法，为大学生创业提供便利。在配套服务方面，尽快成立自主创业服务中心，为创业学生提供“一条龙”咨询指导。在制度建设方面，通过立法明确政府和企事业单位接纳大学生实习、见习的义务，并从税收、财政等方面给予支持；建立大学生实习、实践、实训、就业见习保险制度，降低接收单位的风险。

这一政策建议信受到中共中央、国务院的高度重视，多位党和国家领导人予以重要批示。

二、建言长江中下游水资源保护

水利是农业的命脉、是经济社会发展的基础，也是保障民生的基本方面，关系国家的长治久安和民族的延续发展。长江中下游流域面积约 80 万平方公里，涉及十个省（区、市），66 个市（州）505 个县（市、区）。建设长江经济带，为我国经济持续发展提供重要支撑，作为国家战略已开始实施。长江“黄金水道”以及流域独有的水资源条件，将为长江经济带建设奠定良好基础；而长江流域经济发展布局的新变化，也对水资源保护工作提出了更高要求。近年来经过治理，流域水污染加重趋势得到有效遏制，水生态安全保障能力得到了提高。但随着流域经济社会的快速发展，废污水排放的绝对量仍在逐年增加，局部城市江段和部分支流、湖库水污染依然严重，水资源和生态保护形势依旧严峻。如何统筹好经济发展与生态建设关系，处理好水资源开发利用与节约保护的关系，保障水安全以支撑长江经济带建设，是当前面临的重大而紧迫的任务。

近年来，民盟围绕水资源领域的重大问题开展了多项调研并取得了较好的效果。2014 年 6 月 7 日至 9 日，全国人大常委会副委员长、民盟中央主席张宝文率民盟中央和水利部科技委联合调研组，就“长江中下游水资源保护”在安徽、江苏开展调研。民盟中央副主席徐辉、龙庄伟和水利部副部长胡四一，民盟中央原副主席、水利部科技委名誉主任索丽生参加调研。

调研组在合肥市、马鞍山市和南京市三地，先后考察了牛角大圩百河千渠万塘整治工程、巢湖沿岸水生态修复一二期工程、马家渡分洪道工程、采石文化湿地广场水资源治理、慈湖河综合整治项目、南京下关滨江带整治工程、南京市经济技术开发区，并听取了合肥市政府、马鞍山市政府、南京市政府和江苏省政府关于水资源保护情况的工作汇报。

6 月 9 日，调研组在南京召开专家咨询研讨会。有关部门和专家先后介绍了长江中下游、湖南省、湖北省和上海市的水资源保护情况。水利部副部长胡四一、民盟中央副主席徐辉和水利部科技委名誉主任索丽生先后主持专家咨询研讨会。调研成果最终形成了

《关于长江中下游水资源保护的建议》，具体内容如下：

目前长江中下游水资源存在以下主要问题：

第一，入江污染物排放总量仍逐年增加，水生态、水环境恶化趋势尚未得到遏制，饮用水安全面临严重威胁。长江流域登记入河排污口 38300 多个，废污水排放总量中，干流沿岸城市排放占一半以上，城市江段已形成明显的岸边污染带，水生态退化问题突出，生物多样性呈下降趋势，多种鱼类趋向濒危。长江还是中下游沿江城市的重要饮用水水源地，甚至是部分沿江城市的唯一饮用水水源地，而沿江分布的大型工业园区和城市污水处理厂的排水口与城市饮用水水源地的取水口交错排列，化工园区、危化码头密集布局，大量危化品运输过境，重大水污染事件风险防范形势严峻，饮用水安全面临威胁。

第二，水资源保护法规不健全，重大规划中水资源约束考虑不足。《水法》和《水污染防治法》实施多年，至今尚无配套实施细则。目前实行的水功能区管理条例只是水利部门规章，且缺失水功能区分级分类管理制度设计。流域层面的水资源保护法规更加缺乏，流域和行政区域的事权划分不清晰。一些国家项目及地方各类经济区、产业发展、工业布局规划等，未充分考虑水资源水环境承载能力。

第三，水资源保护体制机制不顺，投入不足。跨部门跨区域的水资源保护协商机制尚未形成，特别是与入河排污口监控相关的各个部门尚未建立沟通和信息共享机制，致使监督管理缺乏有效手段，水功能区污染物入河总量控制方案难以落实。水资源保护与治理没有固定的资金和项目支持渠道，投入严重不足，水资源保护工程体系尚在规划形成阶段，水资源开发利用项目中“重工程、轻保护”的问题依然存在。

第四，水资源保护监管和应急处置能力不足。长江流域重要江河湖泊水功能区监测覆盖率目前仅达 68.3%，地下水水质监测、水生态监测和主要控制断面的生态水量监测能力亟须加强，应对突发水污染事件的应急响应和应急监测能力建设滞后、信息化水平不高。

为此，特提出了以下建议：

第一，加强水资源保护配套法规建设。从国家层面上，尽快出台《水法》、《水污染防治法》的配套实施细则，对《水法》、《水污染防治法》等法律确定的水功能区管理制度、入河排污口管理制度、水源地保护制度等一系列水资源保护制度进行细化，增强各项制度的可操作性。推进水功能区管理办法、入河排污口监督管理办法的修订，尽快明确流域与区域水功能区和入河排污口分类分级管理事权。从流域层面上，结合长江流域特点和保护需求，加快推进《长江流域管理条例》的立法进程，强化流域管理机构在水资源保护管理中对地方政府的协调、指导与监督职能，明晰流域管理机构与地方之间的关系，理顺水利部门与环保、农业、城建等相关部门的职能。同时，从法律法规上解决流域水资源合理配置、跨界水污染联防机制及生态补偿和污染赔偿机制的建立等问题，构建科学的水资源管理机制，保障最严格水资源管理制度的落实。

第二，统筹长江沿线经济发展和水资源保护，逐步形成水资源节约保护和高效利用的倒逼机制，优化产业布局与城镇化布局。建立经济社会发展规划的涉水论证制度，按照确保长江水安全的总体要求，在全流域建立严格的水资源和水生态环境保护制度，把水资源、水生态、水环境承载能力作为区域经济发展规划的前置刚性约束条件，优化产业布局与城镇化布局。将长江经济带建设与水功能区管理密切挂钩，按照水功能区达标要求，全面建立以水功能区为单元的入河污染物总量控制制度，统一制定流域环境准入制度，出台严格的产业准入名录。对于现状达标的水功能区所在的区域，要按照确保水质不恶化的原则要求，严格控制排污增量；对水环境承载力已超载的区域实行限制性措施，调整发展规划和产业结构，控制发展速度和人口规模。此外，发展长江内陆核电需慎之又慎，以最严格标准审核相关核电建设项目。

第三，建立跨部门跨区域的水资源保护、水污染防治协调机制和流域生态补偿机制。尽快建立跨部门和跨区域的水资源保护联动机制，统筹好上下游、左右岸、地上地下、城市乡村的关系；建立突发性水污染事件区域联防联控机制与水资源保护、水污染防治信息共享机制，严格各行政区在长江保护中的责任与义务，强化水质达标机制；建立合理的生态补偿和污染赔偿机制，发挥经济制约作用，以水源地保护为重点，逐步建立流域生态补偿机制和生态功能区补偿机制。同时，根据污染者付费的原则，应对各地区的突发环境污染事件建立相应的赔偿责任制度。

第四，加大河湖生态保护与修复力度，加强水资源保护管理能力建设，建立水资源保护的长效投入机制。按照系统治理的思路，统筹山水林田湖各要素，加快推进河湖生态保护与修复工作，实施流域重要河湖健康定期评估制度，提升重要江河湖泊水功能区的水质监测覆盖比例。加强地方水资源保护管理队伍建设，全面提升流域水资源保护管理能力。深化水资源保护体制机制创新，坚持政府作用和市场机制协同发力，积极培育水资源保护市场，建立水资源保护的长效投入机制。加强宣传教育，提高公众参与水资源保护的意识和水平。

第五，加强长江水生态水环境现状及发展趋势的科学研究，为水资源保护决策提供科技支撑。组织力量安排部署以下重大问题的系统研究分析：尽快开展长江中下游河湖健康调查评估，掌握长江中下游生态系统健康状况，全面诊断区域的水资源水环境问题，明晰长江中下游生态安全存在的重大隐患与胁迫因素；分析水文水动力变化条件下的长江中下游水功能区纳污能力变化趋势，针对重点湖泊保护要求，研究江湖关系，制定以流域水循环自然规律为准则、以水资源水环境承载力为基础、以可持续发展为目标的水资源保护对策；分析研究三峡工程及上游水库群对中下游水情、水环境及水生态的影响，研究制定优化调度方案；在长江中下游率先建立水资源保护先进适用技术推广示范区，加大技术引进和推广应用力度。

以上建议上报中共中央、国务院后得到了高度重视，多位领导人先后作出重要批示，为加强长江中小游水资源保护工作提供了有益参考。

宋立宝　民盟中央参政议政部调研处主任科员

三、建言加快广西沿海沿边开发开放

广西拥有 1020 公里陆地边境线和 1595 公里海岸线，拥有 25 个沿海、陆路口岸和 25

个边贸互市点，毗邻东盟各国，区位优势明显，已经成为中国西南地区面向东盟的“桥头堡”、21世纪海上丝绸之路的重要门户和枢纽。国务院不久前下发的《沿边地区开发开放规划（2014—2020年）》提出“把广西建设成为中国—东盟战略合作新高地和我国西南、中南地区开放发展新的战略支点，打造中国—东盟自由贸易区升级版”。

为全面了解广西沿海沿边开发开放发展现状及制约因素，促进规划落实，推动广西经济科学发展和转型升级，为构建广西乃至西南地区全方位开放新格局献计出力，2014年8月，民盟中央在广西沿海沿边地区进行了调研。

8月1日至7日，调研组驱车1000多公里，在崇左市、防城港市、钦州市和北海市等具有沿海沿边开发开放典型代表性的地区进行调研。先后考察了大新县硕龙口岸、德天边贸互市点、龙州县水口口岸、江山半岛红树林保护区、东兴市中越跨境经济合作区、钦州综合保税区、中马钦州产业园区、北海出口加工区等地。

通过调研，调研组认识到，当前广西沿海沿边开发开放面临的突出问题主要是：一是对外贸易规模偏小，现代物流体系建设滞后。2013年广西进出口总额为328亿美元，不足全国的1%，在全国11个沿海省份中排名倒数第二。作为进出口加工、转口贸易基础支撑的保税物流体系整体处于落后、分散的状态，市场化程度低，海关、海事、边防等相关部门之间缺乏统一的信息共享，通关手续繁琐、效率偏低，难以支撑中国—东盟自由贸易区日益增长的物流需求。

二是基础设施建设仍然落后，便捷快通的国际大通道尚未形成。连接东盟及西南、中南出海出边大通道的关键基础设施尚未完善，交通网络密度低、出省通道对接不够、出边通道标准偏低、各类运输方式衔接不畅，通关能力长期受限，已成为制约广西开放发展的“卡脖子”因素。比如，沿海港口总体规模偏小，港口辐射带动潜力亟待挖掘；西南沿边地区口岸货运通道、监管场所等基础设施薄弱，配套设施较差，功能很不完善。

三是产业层次偏低，发展不平衡问题突出。北部湾经济区主要以重化工业为主，轻工食品产业档次不高，高新技术产业和战略性新兴产业处于起步阶段，海洋资源综合利用以及海洋经济发展滞后，产业总体附加值不高。西南沿边地区尚未建立起进出口资源深加工业等特色产业，主要以旅游、边民互市、边境小额贸易为主，贸易处在初级、零散、量小状态，且边贸大多属于“过路财神”，对沿边财政和就业贡献不大，当地百姓难以获得长期实惠。

四是开放合作层次不高，体制机制改革相对滞后。沿海沿边开放的层次和效率较低，合作领域不宽，通关便利化、出入境人员管理、外汇资金管理等政策优势不明显，制约了对外开放的步伐。如：与东盟的经贸合作形式单一，以产品货物贸易为主，尚未出现投资创办大型企业，重要口岸尚未完全开放，重大合作机制尚未健全，重点开放合作平台缺乏整合联动。

五是开发建设与生态、人文环境破坏并存，生态、文化保护急需加强。具有广西、乃至我国西南地区独有特色的生态体系、文化遗产遭到不同程度的破坏，面临危机。如：北部湾近海环境污染、海岸基建、填围海项目以及渔业资源的过度捕捞，已严重影响作为国家一级保护动物的中华白海豚的生存环境，保护广西钦州三娘湾这块中华白海豚的栖息福地刻不容缓；因长期遭受自然界侵蚀和经济开发活动影响，作为中华文化瑰宝的花山岩画文化景观，抢救保护也是迫在眉睫。

在汇总各项调研成果的基础上，民盟中央起草并向国务院递交了《关于加快广西沿海沿边开发开放的建议》，提出了以下具体建议：

第一，打造中国—东盟自由贸易区升级版，预先规划，在恰当时机设立北部湾自由贸易港区。

明确在北部湾沿海建设区域性国际航运中心，在港口、航道、航线建设、国际航运合作及相关的改革措施和政策方面给予大力支持。利用中国—东盟海上合作基金，支持中国—东盟主要港口城市（广西钦州、北海、防城港）海上互联互通网络建设。支持对东盟金融合作先行先试政策，在北部湾经济区设立广西“中国—东盟金融合作实验区”，允许创新开展跨境金融业务和离岸金融业务，推动人民币跨国结算业务创新。做好基础研究，准备规划预案，在现有自贸区经验成熟、国家开始推广布局时，建立以现有的钦州保税港区、中马钦州产业园区、钦州港经济技术开发区等国家级开放平台和海关特殊监管区为基础，主要面向东盟的北部湾自由贸易港区。

第二，统筹推进边境地区开发建设，改善边民生产生活水平。

加快出台发展边境地区社会经济、维护边疆稳定和巩固边防的一揽子政策，将目前广西东兴、凭祥的各项优惠政策惠及到其他沿边开放经济带，实现沿边开放由点到面的转变。一是完善财政支撑体系，支持面向东盟的互联互通基础设施建设，加强口岸体系、物流基础设施、城镇民生工程建设。二是完善支持边境贸易发展政策，设立支持边境小额贸易中央财政转移支付专项资金，完善边民互市贸易政策和管理办法，规范互市点设立、开放程序。将边民互市点贸易免税额度由 2008 年 11 月 1 日起执行的每人每日 8000 元提高到 3 万元。三是积极发挥边境经济园区优势，承接沿海产业向沿边转移，吸纳以前在越南境内投资的企业进入边境经济合作区，缓解企业在越南受到当地政策变化带来的冲击，积极发展农林资源、矿产资源和海产资源等深加工业务，促进境内外贸工一体化。允许边境地区探索与越南开展劳务合作，以缓解边境加工贸易发展带来的用工荒问题。四是加快中越边境旅游业发展，允许广西开展从南宁至河内的一站式签证试点，提高旅游通关效率。

第三，加快中越跨境经济合作区建设，打造中国沿边开放示范区。

2013 年 10 月，我国与越南签署了《关于建设跨境经济合作区的谅解备忘录》，明确“双方通过交流磋商，选择具备条件的地区建设跨境经济合作区”。建议加快《中越凭祥—同登跨境经济合作区建设方案》与《中越东兴—芒街跨境经济合作区建设方案》审批进度，加快推进经济合作区的中方园区建设；对中方园区赋予更加开放、便利、优惠的政策，如在管理体制、规划编制、边贸机制、跨境金融服务、海关监管等方面政策上允许先试先行。赋予广西凭祥友谊关、浦寨、弄怀与越南谅山同登国界线毗邻接壤区域“一线放宽、二线管住”政策。

第四，推动广西宁明花山岩画申遗工作，加快建立大风江中华白海豚自然保护区。

目前，广西花山岩画文化景观的申遗工作已进入冲刺阶段。一旦申遗成功，将对提升广西乃至我国的文化影响力产生难以估量的作用，对于弘扬少数民族优秀传统文化，增强东盟国家的文化认同，具有重要意义。建议国家有关部门加大力量指导和协调花山岩画保护、展示项目工程工作，给予重点专项资助，确保该申遗项目顺利完成。

根据专家调查统计，目前在钦州三娘湾中华白海豚数量约为120—130头左右。为保护这一地区中华白海豚，避免重复厦门中华白海豚灭绝的惨剧，建议尽快成立国家级大风江中华白海豚自然保护区，由国家有关部门牵头，组织专家考察论证，拟定保护区规划，划定保护区范围；协调有关执法部门加强海上监管，严禁渔船在这一海域进行捕捞，并加大对这一海域环境修复和保护项目的支持力度。

该建议得到国务院领导的批示。商务部部长高虎城高度重视，即要求对建议中涉及商务部业务的事项进行认真研究，形成支持广西发展的工作思路。

姚　婧　民盟中央参政议政部办公室主任科员

四、建言推进服务贸易加快发展

近年来，随着服务业的快速发展和服务业对外开放的逐步深入，我国服务贸易取得了长足进步，成为对外贸易新的增长点。服务贸易在对外贸易中的比重持续攀升，2014年上半年占比达到12.3%，同时成为经济转型升级的重要推动力，对拉动就业尤其是大学生就业创业的贡献也十分显著。然而，我国服务贸易在快速发展中还存在一些问题，比如：在对外贸易中所占比重偏低，2013年仅为11.5%，低于世界平均水平近10个百分点；结构不尽合理，进出口不均衡，部分行业存在不合理逆差；高附加值服务贸易比重低；国际贸易伙伴过于集中；服务贸易市场主体中民营企业偏少，等等。

对此，民盟中央进行了一系列的深入调查和研究，形成了《关于推进服务贸易加快发展的建议》，并报中共中央、国务院。具体内容如下：

我国服务贸易在快速发展中面临问题的四大原因：服务业产业基础较为薄弱，服务业开放水平有待提高，服务贸易领域立法滞后、国家层面统筹力度不够，服务贸易政策支持力度较弱。在此基础上提出：服务贸易已成为国际竞争的重要领域。大力发展服务贸易不仅是推动我国外贸转型升级的必要途径，也有助于打造我国经济持续健康发展的重要新引擎。国家相继出台了一系列促进服务业发展的综合性政策，在此形势下，应进一步出台促进服务贸易发展的政策，将服务贸易确立为今后一个时期经济发展的战略重点之一，着力培育“中国服务”与“中国制造”双轮驱动的外贸发展格局，推动我国由贸易大国向贸易强国转变。

为进一步推动服务贸易快速发展，特提出如下建议：

第一，加快服务业有序开放。破除部门、行业的藩篱，以准入前国民待遇和负面清单为基础，扩大服务领域对外开放。推进金融、教育、文化、医疗等服务业领域有序开放，放开育幼养老、建筑设计、会计审计、商贸物流、电子商务等服务业领域外资准入限制，扩大服务业利用外资范围，提高服务业利用外资的质量和水平。改革涉外投资审批体制，实行备案为主、核准为辅的管理方式，进一步提高企业境外投资便利化水平。支持有实力的服务业企业“走出去”，鼓励企业在境外设立研发中心、设计中心等。

第二，加强服务贸易法规和协调机制建设。依据《外贸法》，加快研究制定《服务进出口管理条例》，规范服务贸易的促进、统计和市场准入管理等。建立由国务院领导牵头的服务贸易部际联席会议机制，加强对服务贸易的宏观指导，统筹服务业对外开放、协调各部门服务出口政策、推进服务贸易便利化和自由化。构建由政府部门、商协会和企业组成的服务贸易促进体系。

第三，完善财政、税收、金融、贸易便利化政策。加强对重点服务出口领域的规划引导，尽快出台《重点服务出口领域指导目录》。加大财政资金对服务贸易发展的支持力度和规模，设立"服务贸易发展专项资金"，对重点领域服务出口给予奖励、对公共服务平台建设、国际市场开拓、国际资质认证、服务贸易人才培养和引进、重点项目贷款等给予支持。结合"营改增"改革范围的扩大，对更多具备条件的服务行业出口实行零税率。建立和完善适应服务贸易企业需求的金融服务体系，推动中小企业信用担保体系建设，积极搭建中小企业融资平台。建立和完善与服务贸易企业特点相适应的口岸通关管理和外汇监管模式。加强人员流动、资格互认、行业标准制订等方面的国际磋商与合作。

第四，加强合作平台和示范载体建设。充分发挥现代服务业和服务贸易集聚作用，在有条件的地区开展国际服务贸易创新发展试点。在双边合作机制框架内，与主要服务贸易合作伙伴和"一带一路"沿线国家签署合作协议，开展双边务实合作。支持企业赴境外参加服务贸易重点展会。积极培育国内服务贸易交流合作平台，形成以中国（北京）国际服务贸易交易会为龙头，以各类专业性展会为支撑的服务贸易会展格局。

这一政策建议信受到中共中央、国务院的高度重视，李克强总理、张高丽副总理、杨晶国务委员都作了重要批示。

宋立宝　民盟中央参政议政部调研处主任科员

五、举办第二届民盟教育论坛　建言职业教育改革与发展

教育是民盟的界别特色，举办各种论坛进行研讨、为教育改革发展建言献策是民盟的传统。自 2013 年开始，民盟中央将各类教育研讨会合并，统称"民盟教育论坛"。

2014 年 9 月 18 日至 19 日，第二届民盟教育论坛在湖南省株洲市举办，主题是：深化职业教育改革，加快我国现代职业教育体系建设。论坛由民盟中央教育委员会、民盟湖南省委员会、株洲市人民政府主办，民盟株洲市委员会、湖南（株洲）职教科技园承办。

全国政协副主席、民盟中央常务副主席陈晓光，全国政协常委、副秘书长、提案委员会副主任、民盟中央副主席徐辉等领导出席了论坛。民盟中央教育委员会主任、中国石油大学（北京）校长张来斌，民盟中央秘书长高拴平以及民盟中央机关、群言杂志社的同志，来自各省级民盟组织和湖南省、株洲市等民盟组织的 100 多位专家和盟员参加了论坛。

全国政协副主席、民盟中央常务副主席陈晓光在讲话中指出，职业教育是国民教育体系和人力资源开发的重要组成部分，在实施科教兴国战略和人才强国战略中具有重

要地位。大力发展职业教育，是强国强教、利国利民的大事、好事，也是民盟的一贯主张，应该不懈推进。民盟是以教育为主要界别特色、以“奔走国是、关注民生”为己任的参政党，始终坚持将教育作为参政议政、建言献策的重要领域。改革开放以来，民盟在教育领域持续举办多种形式的论坛或研讨会，提出了许多教育改革的前瞻性战略性政策建议，得到了中共中央、国务院的高度重视和采纳，为推动教育科学发展发挥了积极作用。

陈晓光强调，新世纪以来，我国职业教育发展迅速，已经建成了世界上规模最大的职业教育体系，为经济社会可持续发展作出了重要贡献。同时，还应该看到：与经济社会发展和人力资源强国建设的需求相比，与发达国家的职业教育发展水平相比，我国职业教育发展仍有较大差距，任重道远。职业教育发展过程中的许多顽疾还需通过深化改革加以解决。一是突出职业教育的战略地位，优化社会环境；二是改革管理体制，完善办学机制；三是深化产教融和、校企合作，支持社会力量兴办职业教育；四是着力构建现代职业教育体系。

开幕式上，中共湖南省委常委、统战部部长李微微，湖南省政协副主席、民盟湖南省委主委杨维刚分别致欢迎词。开幕式后，教育部职业教育与成人教育司副司长王扬南和民盟中央教育委员会副主任、新东方教育集团董事长俞敏洪分别就深化中国职业教育改革作论坛主旨发言。

闭幕会上，徐辉副主席作了总结讲话。他对此次论坛的成功举办给予了高度肯定和评价，他认为，论坛圆满成功，取得了丰硕成果，得益于各方重视、准备充分、参与面广、研讨深入，他对加快我国职业教育发展、深化职业教育改革提出了建议，还对不断提高民盟教育论坛的质量与效果提出了要求和期望。

本次论坛共有29个省级盟组织提交论文123篇，经过专家评审，最终有18篇论文被遴选为大会发言。大会发言人求真务实，热情洋溢，深刻剖析了当前职业教育发展面临的新形势、新问题，并提出了科学、可行的解决思路。民盟中央教育委员会向入选大会发言的论文作者颁发了教育论坛“优秀论文”荣誉证书，并编辑出版了《职业教育改革之探索》论文集图书。民盟湖南省委和民盟天津市委就开展职业教育研究在论坛上签署了合作协议书。

提交本次论坛的许多优秀论文被转化为民盟中央参政议政成果。比如，民盟上海市委提交的论文《应对地方本科院校“二次转型”》被转化为民盟中央2015年提交全国政协的提案《关于应对地方本科院校“二次转型”的提案》。这一提案提出了三个问题：一是专业特色的缺失，二是“教育要素”转型的挑战，三是与职业教育相适应的院校文化缺失。根据问题分析，提出了如下建议：确立应用技术型高校在我国高等教育体系中的定位，切实保障其办学自主权。建立应用技术型人才市场供给和需求的监测机制。完善应用技术型大学的人才结构和培养模式。培育适应高层次职业教育需要的师资队伍。

再比如，民盟四川省委提交的论文《关于构建新型职业农民教育体系的若干思考》被转化为民盟中央2015年提交全国政协的提案《关于构建新型职业农民教育体系的提案》。这一提案提出了四个问题：一是职业农民教育师资力量薄弱，二是职业农民教育培训项目有待加强，三是政府的统筹、引导、政策支持的力度不够，四是农业信息化教育滞后。根据问题分析，提出了如下建议：制定农民职业教育法，使新型职业农民教育规范化、制度化、法制化。加大对职业农民教育的财政投入力度，建立多渠道的融资体系。加强职业农民教育师资队伍建设。加强职业农民培训的针对性和创新性。支持组建一批农业职业教育集团。建立职业准入制度，鼓励农民获取相关证书。加强农业信息教育。

朱中卫　民盟中央参政议政部信息处副处长
宋立宝　民盟中央参政议政部调研处主任科员
姚　婧　民盟中央参政议政部办公室主任科员

中国民主建国会

一、建议加大改革力度，建立解决产能过剩的长效机制

改革开放以来，随着经济持续快速发展，我国主要产业的产品生产能力和产出规模都居世界前列。全球金融危机后，国际市场持续低迷，国内需求增速趋缓，我国部分产业供过于求矛盾日益凸显，传统制造业产能普遍过剩。特别是钢铁、水泥、平板玻璃、电解铝、船舶等行业尤为突出，企业普遍经营困难。从全国范围看，产能过剩存在进一步加剧的危险，如不及时采取措施加以化解，可能诱发局部乃至全局性经济危机。

2014年，民建中央将“加大改革力度，建立解决产能过剩的长效机制”作为重点调研专题，以主席陈昌智作为专题负责人带队考察调研。3月，民建中央在京召开专题座谈会，国家发改委、工信部有关司局的领导同志，民建部分会员专家出席会议。会议研究讨论了当前我国产能过剩的基本情况，确定了调研基本方案。3月下旬，在中央统战部的支持下，陈昌智带民建中央专题组赴山东考察调研。专题组先后在济南、淄博、潍坊、青岛等地实地调研，召开了8场座谈会，分别听取了山东省政府，济南、淄博、潍坊、青岛市政府，以及各地相关企业的情况介绍，实地考察了8家企业和园区，了解到山东省产业发展的基本情况，看到了山东省委省政府和各地市党委政府在防止和化解产能过剩方面所作的积极努力，也发现了一些具体问题。调研结束前，专题组召开了内部讨论会，形成了与中共山东省委、省政府的书面交换意见。4月上旬，陈昌智带队赴河北调研。专题组在邯郸、邢台、石家庄考察，召开了4场座谈会，听取了省政府、3个市级、4个县级政府和20家企业的情况介绍，实地考察4家企业，对河北省内钢铁、水泥、平板玻璃等产业化解过剩产能的工作有了比较全面的了解。调研中，专题组召开讨论会，来自部委相关司局的领导同志和民建会员专家交流了建立解决产能过剩长效机制的看法和意见。

实地调研结束后，专题组委托民建广东省委、民建江苏省委、民建上海市委、民建河南省委等地方组织，围绕这一问题在当地开展调研，从更广的范围汇集成果，为专题提供更加丰富的支撑材料。参与调研的专题组成员也结合自身研究领域，共同完成了调研报告。

报告认为，本轮产能过剩的形成主要有以下原因：第一，从市场方面看，我国多年来的外向型经济在国际经济下行压力下受到冲击，出口受阻，而国内市场有效需求也严重不足。第二，从政府方面看，在政绩考核、财政收入和劳动力就业的压力下，地方政

府通过投资拉动GDP的愿望强烈，行政干预过多。第三，从企业方面看，由于信息不对称、依靠外延式发展、创新不够等原因，转型能力不足。第四，从经济发展规律看，结构性过剩是市场经济的一种后果，我国正处在工业化中后期，面临从粗放型增长向集约型增长转型过渡的现实困难，多种因素叠加加剧了产能过剩为此，报告建议解决产能过剩应从加大改革力度着手，特别要注意通过市场手段加强调节，使市场在资源配置中起决定性作用，着力推进国家治理体系和治理能力现代化，研究建立统筹兼顾、标本兼治的解决产能过剩的长效机制。

第一，深刻认识产能过剩的严峻形势，建立科学考核干部的长效机制。一是统一思想，深化认识，科学看待产能过剩问题。各级政府要从宏观层面认清形势，本轮产能过剩波及的范围广、数量大、影响深，部分行业产能严重过剩，需求预期不容乐观，市场走势不甚明朗。地方政府对此要有清醒认识，不能只看到区域市场，要对经济形势有前瞻性，做好科学预测。各级地方政府要与中央保持一致，切实转变通过消耗资源能源、依靠投资拉动经济的发展思路和发展方式，积极贯彻国务院41号文有关精神，将政策宣传到位、解释到位、落实到位，建立监督检查机制。二是化解产能过剩是一项系统工程，需要几年甚至更长时间逐渐消化、淘汰、解决，可能不是某一届政府能够完成的，不能急于求成、一蹴而就，在市场经济条件下更不可能一劳永逸，对这一问题的长期性、艰巨性、复杂性要有充分的心理准备。因此，应改革现行干部考核制度，避免出现领导干部在任期内“大干快上”、任期结束后“一走了之”的情况，改变一届借债政府、一届还债政府、届届政府举新债换旧债的恶性循环，对于不符合科学发展观、不负责任的项目进行终身责任追究。建立科学考核干部的综合评价指标体系，使干部不再只关注GDP和财政收入，而必须注意经济社会的协调可持续发展。

第二，实事求是，分业施策，建立政策措施稳定施行的长效机制。一是具体情况具体分析，根据不同行业的不同情况、不同特点，有针对性地消化、转移、整合、淘汰落后产能，不搞“一刀切”。对于单位能耗高、环境污染重、产品质量低的落后产能，要坚决淘汰，严格遏制新增；对于由于短期市场环境不好或结构性调整出现的过剩产能，主要通过市场自发调节。不少企业家反映去年国务院41号文出台之后，企业需要升级改造、优化产品结构，但金融系统对产能严重过剩行业信贷收紧，企业融资困难，雪上加霜。对于过剩产业的贷款需求，金融机构应认真研究，既不能不问情况一律关闭信贷闸门，也要避免助推新的产能过剩。二是产业之间存在联动关系，过剩行业与地方债务、金融资产、汇率波动、房地长市场发展情况等都有不同程度的联系，因此必须把握好产能调整的力度和节奏，既不能任形势继续恶化，又要避免宏观环境过紧引发系统性风险。三是根据各地不同的资源禀赋优势，因势利导，因地制宜，错位发展，避免重复建设和恶性竞争。四是从全局性、战略性高度考虑问题，随着城镇化建设加快，有些行业产能利用率相对充足，企业利润率也较高，但从国家宏观角度考虑，对于高耗能高污染、或者在国际分工中处于产业链低端、产品附加值低的产业，其社会效益远低于经济效益，在未来市场竞争中也不具备竞争力，对可能出现的过剩要未雨绸缪。

第三，营造公平竞争的市场环境，建立优胜劣汰的市场竞争长效机制。中共十八届三中全会提出的使市场在资源配置中起决定性作用和更好发挥政府作用，既指明了改革方向，也为解决产能过剩问题提出了科学、可持续的工作思路和方法。一是一视同仁，使各种所有制企业、各种行业享受公平的政策待遇。在全国范围建立公平统一、自由竞争的市场，取消各地各类差别政策，不再因所处地方政策环境不同而存在成本差异。对地方来讲，这种清理可能会带来一些阵痛，但这是市场经济健康发展的必然趋势，符合经济发展规律。二是进一步推进简政放权，减少事前审批，加大事中事后的监管问责，从源头上减少审批出来的过剩产能。三是淘汰落后产能的过程中减少行政干预，继续加大能耗、环保标准硬约束。山东在八年内通过逐步提高 COD 排放标准，使全省草浆企业由最多时的上百家减少至 7 家，造纸行业核心竞争力大大提升。在产能过剩行业建立更严格的单位能耗标准和环保标准，鼓励有条件的地方制定高于国家的标准，通过倒逼机制实现优胜劣汰。四是充分发挥行业协会作用，做好行业信息收集、分析、通报、政策咨询、行业监督、行业自律、企业协调等工作，搭建信息平台，建立行业综合性社会化服务体系，建立市场预警机制。

第四，鼓励引导企业兼并重组，建立落后产能企业顺畅退出的长效机制。国际经验表明，一个成熟的生产性行业一般有几家大型企业，同时辅以数量众多的中小企业，这既可以有效防止垄断，促进企业不断提高核心竞争力，又避免了行业无序发展和企业恶性竞争。因此推动企业兼并重组可以建立更加科学的产业组织结构，有效化解产能过剩。《国务院关于进一步优化企业兼并重组市场环境的意见》出台为企业兼并重组提供了市场机遇，要加快落实，鼓励重组，优化产能。一是完善财税、金融政策，扩大企业兼并重组所得税特殊性税务处理政策的使用范围，完善企业改制重组涉及的土地增值税政策，对符合条件的企业兼并重组行为，不应视同销售征收增值税、营业税。支持符合条件的企业通过发行股票，短期融资券、中期票据、非公开定向债务融资工具等非金融企业债务融资工具，可转换债券等方式融资。允许符合条件的企业发行优先股、定向发行可转换债券作为兼并重组支付方式。推动并购基金发展。优化信贷融资服务，推动商业银行对兼并重组企业实行综合授信，延长并购贷款期限。二是兼并重组应尊重企业主体地位，发挥市场机制作用，不可“拉郎配”。要缩小审批范围，简化审批程序，推行并联式审批，避免互为前置条件。对符合条件的实行快速审核或豁免审核。企业兼并重组涉及的生产许可、工商登记、资产权属证明等变更手续，从简限时办理。三是打破市场分割和地区封锁，破除跨地区企业兼并重组的各项壁垒。打破跨所有制企业兼并重组的藩篱，进一步深化国有企业改革，放宽民营资本市场准入，利用企业兼并重组的契机大力发展混合所有制经济。在此过程中，特别要注意发展混合所有制的目的是推动建立现代企业制度，激发企业活力，如果还是国有企业一股独大就偏离了发展混合所有制的初衷。

第五，加快推动产业转型升级，建立支持企业技术创新的长效机制。技术创新是企业发展的不竭动力，也是化解产能过剩的根本途径。支持企业加大研发投入、加快技术创新不仅能够实现企业的转型升级，有效淘汰落后产能，还能够推动整个产业结构的优化调整。我国必须由投资驱动向创新驱动过渡，通过科技创新提质增效。一是进一步发挥企业作为市场主体和技术创新主体的作用，由企业提出订单式研发需求，依托各级技术实验中心、科研院所和高等院校，建立企业和研究机构的良性合作机制，促进产学研结合，培育出一批依靠技术优势占领市场的优秀企业。二是加大对高新技术的研发支持，提前占领技术高地，增加市场话语权，尽快开始技术的更新换代。三是拓宽视野，大范围深层次开展技术交流合作。鼓励引导企业在国内外建立研发基地、技术交流中心等，在更广阔的范围利用技术人才优势，实现技术“引进来”、产品“走出去”的良性发展。四是目前各地都注重发展新能源、新材料、节能环保等战略性新兴产业，政府支持力度大，企业投资热情高，要冷静观察市场发展态势，做好市场调研，注意发展节奏，谨防一哄而上、盲目投资形成新的重复建设和产能过剩。

第六，进一步开拓国际市场，完善扶持“走出去”的长效机制。国际经济形势是影响本轮产能过剩的重要因素之一，经过深刻调整，美、欧等世界主要经济体呈复苏态势，我国不能放弃巨大的海外市场，要抓住机遇，在全球经济的新一轮调整中占据有利位置。一是产品“走出去”要研究当地消费结构，细分市场，提高产品质量，不能再靠低价低质占领市场，打造质量过硬的产品，树立有影响力的中国品牌。二是企业“走出去”要鼓励有条件的企业在海外投资、建厂、设立研发中心，充分利用国际市场和国际资源，转移和输出部分产能，培育更多的优质跨国企业。三是通过外交途径建立更加和谐的国际环境，合理利用世贸规则，积极应对部分国家和地区针对我国的“双反”调查。四是推动“走出去”的企业通过行业协会、商会等组织形式结成利益共同体，增加外贸谈判的技巧经验，减少内耗，避免中国企业之间通过恶意降价等方式自相残杀。

第七，完善社会保障体系，建立防范和化解风险的长效机制。一是各级党委、政府切实负起责任，提早谋划、做好预警、平稳过渡。二是积极稳妥解决职工劳动关系变更、社会保障关系接续、拖欠职工工资支付等问题，发挥失业基金的避险功能，减少隐患。三是将失业人员纳入就业服务体系，落实好促进自主创业、鼓励企业吸纳就业和帮扶就业困难人员就业的政策，加强对失业人员的就业、创业的培训、指导和服务。四是要充分考虑化解产能过剩矛盾过程中可能出现的金融风险，提前做好防范和化解的相关准备。

6月下旬，民建中央向中共中央、国务院报送了专题调研报告《加大改革力度，建立解决产能过剩的长效机制》，多位领导同志作出了批示。

二、建议大力推动干旱半干旱地区农业水资源高效利用

我国农业用水量约占经济社会用水总量的62%，干旱半干旱地区比重更高。农田灌溉有效利用系数每提高0.1，就能节省300多亿立方米水，节水潜力巨大，这对缓解当前水资源供需矛盾，发展生态友好型农业，保障国家粮食安全具有深远意义。为深入了解我国干旱半干旱地区农业水资源利用情况，2014年民建中央联合水利部科技委，成立了专题调研组，常务副主席马培华担任组长。

3月，民建中央邀请会内外部分专家以及水利部专家在京座谈，商讨专题的研究重点以及联合调研方案。5月，专题调研组赴河北调研，先后在石家庄、保定、廊坊等地与相关政府部门座谈，深入了解农业水资源开发利用、农业节水灌溉及地下水超采综合治理等情况，并考察了相关高效节水项目和农产品产业园区。6月，专题调研组赴新疆调研，先后在乌鲁木齐、昌吉、石河子、伊犁等地调研，听取了自治区有关部门关于农业高效节水经验和建议，并深入田间地头相继考察了昌吉地区玛纳斯县工业供水工程以及县水

权交易中心，石河子市30万亩标准化规范化现代农业高效节水示范区上庄子片区、天业节水滴灌实验室以及天业膜下滴灌水稻技术，伊犁州霍城、察布查尔、昭苏、特克斯等地的农业高效节水工程、膜下节水滴灌项目、牧区水利高效节水项目、灌区牧草种植灌溉区以及高原草原生态保护和水源工程等，实地探查节水设施，与当地干部群众深入交流，认真听取意见和建议。7月，专题调研组先后赴辽宁和内蒙古调研。在辽宁，调研组深入朝阳县贾家店农场节水增粮现场和贾家店农场设施农业现场，详细了解朝阳市发展高效节水增粮农业项目的有关情况。

在内蒙古，专题调研组先后在赤峰市、呼和浩特市、鄂尔多斯市调研，听取了自治区政府有关部门关于农业水资源高效利用及农村牧区可持续发展方面的经验和建议，实地考察了2个节水增粮行动项目区、1个高效节水灌溉项目区、1个水权转换示范区，深入库布其沙漠亿利生态治理区、生态修复区和节水农业示范区等，详细了解内蒙古规模化推进农牧业高效节水的主要做法、管理经验和保障机制；节水增粮行动实施情况、存在问题；高效节水灌溉对农村牧区经济发展、农牧业规模化经营、现代农牧业发展与生态环境改善的促进作用，认真听取意见和建议。

通过调研，调研组深切感受到在党中央、国务院的高度重视和大力支持下，各级党委和政府认真贯彻落实习近平总书记讲话精神，以及今年中央1号文件、《国家农业节水纲要（2012—2020年）》、《国务院关于实行最严格水资源管理制度的意见》等文件精神，因地制宜制定了相应的发展规划，采取了完善农业高效节水管理体系、加大财政投入、优化水资源配置等措施，不断探索适合当地情况的高效节水模式，取得了显著成效并积累了很多有益经验。同时，民建地方组织还对黑龙江、青海等地农业水资源利用情况进行调研，为报告提供了有力的支撑材料。专题调研组在认真学习和消化调研过程中了解到的实际情况和问题的基础上，经过反复讨论修改，撰写完成了专题调研报告《大力推动干旱半干旱地区农业水资源高效利用》。

报告简要介绍了农业高效节水工作取得的显著成效，着重分析了当前我国农业高效节水发展面临的严峻挑战，并提出了发展农业高效节水的对策建议：

第一，要从国家可持续发展的战略高度提高对农业水资源高效利用的认识水平。水资源安全问题是关系人类生存命脉的重大问题。我国水资源严重短缺，用仅占世界约9%的耕地、6%的淡水资源养活了占世界20%左右的人口，水资源问题已成为我国当前迫切需要解决的问题。我国约2/3的国土面积是干旱半干旱地区，特别是北方地区，缺水更加严重。作为占全国经济社会用水总量之最的农业用水，必须走高效节水之路。各级政府要进一步提高认识水平，坚持和落实“节水优先”方针，采取有效措施，保障各项政策到位，充分调动各方面力量，共同推进农业高效节水建设。同时要加强高效节水宣传，提高全社会的认识水平。

第二，制定并发布国家高效节水灌溉发展规划。目前，高效节水灌溉发展没有国家层面的统一规划指导，导致部门间协调难度大，部分政策不衔接，建设标准不统一，没有形成较好的工作合力。建议尽快组织编制《国家高效节水灌溉发展规划》，将规划任务分解落实到省、地、县，为国家安排补助资金及地方整合使用涉农、涉水资金提供依据，保障农业高效节水建设按照已编制完成的实施方案统一建设，提高资金的使用效率。同时，制定指导意见，指导各地统筹考虑水资源条件、经济社会发展状况、农业种植结构等因素，因地制宜、合理布局，科学推进高效节水灌溉工作。

第三，进一步加大财政投入。一是建立农业高效节水投入长效机制。将高效节水灌溉发展列入国民经济重大基础建设项目投资；将膜下滴灌列入国家节水补贴目录。二是单独建立专项的投入补贴规划，明确西北、华北、东北投入标准及产出指标要求。三是加大高效节水农业配套设施投入。建立和完善以国家和地方财政投入为主体的高效节水农业投入机制，多渠道筹集节水设施改造建设资金，积极探索在市场经济条件下，农村水利资金高效利用、滚动使用的合理方式，开辟股份制、股份合作制、合资、独资等多种渠道，实行“多元化”融资。四是通过财政补贴、贴息贷款等方式，对高效节水农业工程进行适当补贴，引导和鼓励农民发展节水灌溉工程，包括大、中型灌区节水改造工程、末级渠系改造工程；在井灌区继续推进高效节水灌溉工程，在山丘区建设雨水集蓄利用工程，发展补充灌溉。要确保高效节水灌溉工程配套资金足额到位。五是国家和省财政增加投入，加大对农田节水技术扶持力度，每年安排一定数额的农田节水专项资金，组织实施高标准农田建设、旱作节水示范工程、水肥一体化、高效节水灌溉、地膜覆盖、保护性耕作等项目建设，以提高水资源综合利用效率。

第四，因地制宜采取措施实现粮食主产区节水、保粮和增收。一是在国家水资源配置中，考虑粮食主产区缺水实际，适度对其相关水源取水指标给予倾斜。二是国家提高对粮食主产区大型灌区投资比例，降低地方配套。三是提高造林和草原生态补奖机制等各类生态工程补助标准；尽快建立生态上游地区向下游地区提供公共生态产品补偿机制，落实重点生态功能区转移支付政策。四是粮食主产区要创新体制机制，主要在农业水价综合改革、农田水利产权制度、工程良性运行管理、政策法规保障等方面力求突破；要严格地下水管理，明确禁采区和限采区范围，严格限制取用地下水，完成地下水动态监控管理系统建设，实现地下水位水量双控制。五是发挥新疆区域特色和优势，在新疆建设15—20个万亩以上、不同类型的综合高效节水技术集成示范区，把新疆建设成为“两个基地”，即农业新技术、新品种、新产品、新方法等科技成果的展示和中试基地，以及广大农业技术人员和农民的现场教学基地，引领和推动现代农业节水技术的快速普及应用，带动并提升农业节水综合能力，促进农业节水技术产业化。

第五，推动农业高效节水技术创新与成果的推广应用。一是加大可降解地膜研发力度，着力解决地膜污染问题。尽快生产出价格低廉、能够大规模应用于工程建设的可降解地膜。同时建议国家制定出台地膜回收使用规范，通过资金补助和政策扶持等方式，鼓励农民使用0.01mm的厚地膜并及时回收，鼓励企业对回收地膜进行安全再利用。二是建议国家提高“节水增粮行动”项目补助标准，鼓励地方大力推广地埋式滴灌节水技术。三是进一步研发不同作物、不同区域的各项高效节水灌溉技术和产品，要研究生物节水、农艺节水和节水系统的科学管理技术。四是按照政府搭台、企业唱戏、农民参与、市场运作的方式，探索水肥一体化、高效节水灌溉等节水技术推广模式，以农业龙头企业、农民专业合作社、种植大户等规模集约经营区为重点，培育典型，树立样板，发挥示范引领作用。

第六，进一步总结推广土地流转和现代农业规模化经营的经验创新。国家应努力搭建全国农业节水交流平台，既能宣传和推广先进实用的农业节水技术，又能借鉴其他地区好的经验做法，进一步推动自身高效节水工作的开展。如“合作社 + 专管人员”、“农民用水者协会 + 专管人员”、“村组 + 专管人员”等适应集约化经营管理的农业生产经营模式。建议国家进一步细化完善土地流转相关政策措施，通过政策扶持、项目扶持、资金扶持等方式，鼓励农牧民合作社发展，支持土地向种植大户、专业合作社流转，走规模化发展之路，使高效节水灌溉等新技术更好、更快得到推广。

第七，进一步创新管理机制，逐步推进市场化改革。通过水权交易、土地流转等措施，充分利用市场机制促进农业高效节水的快速发展，推动农业节水迈上新台阶。突出水资源国家所有的基本属性，从水权划分入手，抓好制度顶层设计，以二轮土地承包核查面积为基准数据，以“地权”定水权，确定灌区所辖农户的初始水权，以水权交易中心为平台，以农民用水协会为主体，有组织地开展交易。建立完善合理的水权有偿转让机制，利用价格杠杆充分调动农民和用水企业参与水权交易的积极性，引导全社会树立变“要我节水”为“我要节水”的意识，取得经济、生态、社会效益的多赢。

10月，民建中央向中共中央、国务院报送了专题调研报告《大力推动干旱半干旱地区农业水资源高效利用》，多位领导同志也作了重要批示。

三、建议推进我国现代职业教育发展

职业教育是我国国民教育体系和人力资源开发的重要组成部分，加快发展现代职业教育，是党中央、国务院作出的重大战略部署。2014年国家相继出台《关于加快发展现代职业教育的决定》、《现代职业教育体系建设规划（2014—2020年）》，明确了我国现代职业教育体系的建设方针、时间表、路线图。6月，全国职业教育工作会议召开，习近平总书记对职业教育作出重要指示，要求必须高度重视，加快发展。为落实中共中央精神，积极推动现代职业教育发展，民建中央将推进我国现代职业教育发展问题作为2014年重点调研专题，成立专题调研组，由副主席张少琴担任组长。调研组先后赴重庆、江苏、甘肃等地开展调查研究，同当地省、市政府相关部门及职业院校、行业企业和科研机构代表进行座谈，并到重庆龙门浩职业中学、重庆电子工程职业学院、重庆科技学院、重庆装备制造职教集团、南京工业职业技术学院、淮安信息职业技术学院、兰州资源环境职业技术学院、甘肃水利水电学校、兰州理工中专等学校实地考察职业教育改革及发展情况。10月初，经过反复修改和论证，完成了课题调研报告《关于推进我国现代职业教育发展问题的调研报告》。

报告认为，当前我国正处在经济发展方式转变及产业转型升级的关键时期，培养以市场需求、劳动就业为导向的实用型、技能型人才，是当前人力资源市场发展的必然趋势。职业教育作为支撑我国人力资源优化、推动产业升级的重要力量，其与产业行业企业互动中形成的“共生性”关系，直接影响着我国经济转型升级和新型工业化、信息化、城镇化、农业现代化的成败。调研发现，近年来，地方政府积极推进职业教育改革发展，取得了明显成效，但也存在很多问题：职业教育发展仍不能满足社会、实体经济、家庭和个人发展的需求。职教与普教的学生规模比例偏低，不适应经济发展需求；职教办学条件不足，技能型人才培养质量不高，收入和发展前景缺乏吸引力；社会上和体系内重普教、轻职教问题仍很突出；现代职业教育体系建设还不完善。一是资源配置不合理。二是职业教育吸纳行业、企业参与的能力不足。三是就业准入制度和职业资格证书制度执行不力。四是师资数量不足、缺乏“双师型”教师。五是职教人才培养和发展通道不畅，定位在本科职业教育的高等学校数量还较少；职业教育发展的体制机制不活。调查发现民办职业教育正在逐渐萎缩，行业企业参与度不高，校企合作不深入，学生到企业顶岗实习、教师到企业实践难以落实，学校管理制度落后，职业院校办学自主权落实不充分；职业教育的统筹保障和监管力度不够。职业教育发展缺乏合理的整体规划，没有形成稳定的投入保障机制。政府部门多头管理，该管的没管好，不该管的争着管。政府监管力度不够，中等职业学校还存在买卖生源的现象，职校生成为代工工厂“学生工”的现象也时有发生。

为此，报告建议：

第一，继续优化职普结构。根据我国经济社会发展对技术技能人才的需求情况和人口增速下降的现实因素，建议政府高度重视职业教育的招生工作，保持一定规模的生源，巩固和扩大职业教育规模。一是短期内，在高中阶段招生中坚持指令性政策和指导性政策相结合，刚性保证普高与中职招生比例“同升同降”，确保中职学校招生的平稳，为中等职业学校留下发展空间。二是长期看，应支持中职学校采取灵活多样的形式和机制招收往届初中毕业生、未升学高中毕业生、退役士兵、青年农民等群体，进一步提高职业教育在教育体系中的比例，为经济社会持续发展提供源源不断的人才支撑，为社会公众提供多样化的教育选择。三是加大中职学校招生秩序监管力度。开展专项调查，加大对参与“买卖生源”的学校和教师的处罚力度，严厉打击中职学校招生“买卖生源”乱象。四是加快推进高等职业教育分类招考，合理规划应用型本科招生生源分布结构，其招生对象应以中职和高职专科学生为主，并明确其中职、高职专科生源计划的最低比例。

第二，改革和完善教师选聘和培养制度。抓紧制定和完善符合职业教育特点的职业院校教职工编制标准、专业技术职务（职称）评聘办法和绩效考核制度等，按照学历、职业技能和职业资格并重的原则，对职业院校教师职务实行分类单独评审。改善师资队伍结构，通过扩大招聘企业在职人员，增加职业院校高层次技术技能人员任教比重。通过实施招收具有一定生产实践经验的人员、职业院校毕业生培养职教师资项目和职业教育师范生免费教育项目，加强职业院校特别是面向农村职业教育和紧缺专业的师资定向培养。赋予职业院校主导招聘教师的权利，支持直接从行业企业引进特色高技能教师。加强职业技术师范院校建设，改善办学条件，创新教育模式，提高培养培训质量。推动建立“双师型”职业教育师资培养基地，建议按每名专任教师5000元/年的标准，根据师生比划拨职教师资培训经费。对于教学成绩突出，并工作5年以上的优秀教师，支持实施在职攻读博士研究生计划。

第三，全方位推进现代职业教育体系建设。一是加快职业教育资源整合，优化职教布局，建议与各地新型城镇化建设规划相适应，通过撤销、兼并、划转、托管等方式，对职业院校进行整合，促进职业教育集约式发展；二是推动专业课程设置改革，对目前已开设的专业进行统筹与细分，精简华而不实、不符合市场需求的专业，增加实用型、技能型、符合岗位需求的专业，建立面向市场、优胜劣汰的专业设置机制；三是开展“职业预备教育”，将“初等职业教育”的要求在国家义务教育阶段中体现，初中教育阶段增加人生规划和职业生涯教育，为今后培养学生就业创业和继续学习的能力做好铺垫；四是以加快推进本科转型为突破口，打通人才培养通道，探索完善高端技能型人才通过应用本科教育，和高职院校实施专业学位教育对口培养的制度，建立一套体现职业特点的中职教育、高职教育以及继续教育的课程衔接体系；五是在国家和省级层面建立人力资源市场动态监测平台，实时发布全国及各地区行业技术技能人才供求信息，并对过剩行业和职业进行预警。

第四，创新促进产教融合、校企合作的体制机制。一是完善相关法律法规，明确企业在职业教育中的主体作用、功能定位，以及权利、义务和责任。制定促进校企合作的实施细则和具体政策，明确企业办职业院校依法享受相关优惠政策，允许企业办院校按照一般事业单位独立核算，将企业办学资产给予界定；对企业承担社会公共实训基地建设所需用地给予划拨，但专地专用，不得改变用途；对企业投入职业教育的建设经费和事业费给予减免等。二是创新校企合作办学模式，推行企业订单、学校下单、政府买单的人才订单模式，实现“招生”、培养和就业一体化；根据行业发展及市场需求，重点推进“职业教育园区＋产业园区”的建设；支持职业技术院校与企业合作；给予职业院校更多办学自主权，鼓励中高职院校自办或与企业合作开办可用于专业技术培训的企业。三是强化行业组织在职业教育中的指导地位。将行业调研、行业规划、制定职业资格标准、技能等级考核和人才培训等事宜，纳入行业协会的职能范围。四是引导支持社会力量兴办职业教育。鼓励民办职业院校开展非营利性办学试点，探索公办和社会力量举办的职业院校相互购买服务的机制，确保社会力量举办的职业院校与公办院校具有同等法律地位。

第五，落实政府统筹管理和保障责任。一是理顺职业教育管理体制。从国家层面整合教育部门的职业院校和人社部门的技工院校，明确由教育行政部门负责职业教育的统筹规划、综合协调、宏观管理；人社部门负责职业资格证书制度和就业准入制度的实施与管理。充分发挥职业教育部门联席会议制度的作用，形成工作合力。二是建立健全职业教育财政保障的制度化框架。建立未成年人基础职业教育投入政府主承担机制、准基础职业教育投入政府与行业企业和社会共担机制、中等和高等职业教育经费政府与社会分担机制，合理确定中央政府、省政府及市县政府的职业教育投入职责。三是形成适应现代职业教育发展要求的经费投入机制和生均拨款标准。切实把城市教育费附加30%用于职业教育的政策落实到位；职业院校生均经费标准或公用经费标准应不低于同级同类普通教育院校标准；中职学校生均财政拨款标准应不低于高职院校生均财政拨款标准的80%，高职院校生均财政拨款标准应达到本地区普通本科院校生均财政拨款标准。四是完善支持职业教育发展的金融政策。通过股权产权合作，建立份制职业教育、合作制职业教育等。允许职业教育集团和民办职业院校以股份制形式上市融资。

第六，营造有利于职业教育发展的良好社会环境。加快推进《职业教育法》的修改，完善职业教育各项法律法规，为建设现代职业教育体系提供法律支撑。政府对职业学校买卖生源、“学生工”等违法行为要加强监管，依法惩处，避免在社会上产生负面影响。严格执行就业准入制度，对从事国家规定的特殊工种劳动者，必须从取得相应学历证书或职业培训合格证书并获得相应职业资格证书的人员中录用。制定实施尊重技能型人才的收入分配政策，完善奖励制度，设立多种奖项，使技能型人才能够拥有较畅通的职业升迁渠道和享有与其贡献相适应的收入水平，对有突出成绩的优秀工人、高技能人才给以表彰和奖励，让职业院校毕业生和技能型劳动者成为大众尊重的人才。大力宣传一线劳动者和技术技能人才在经济社会发展中的重要贡献，引导全社会确立劳动光荣、技能宝贵、创造伟大的时代风尚，不断提高职业教育的社会影响力和吸引力。

10 月，民建中央向国务院报送了《关于推进我国现代职业教育发展问题的调研报告》，得到国务院领导同志的批示和高度评价。

四、为巩固实体经济坚实基础、缓解小微企业融资贵十条政策建言

实体经济是一国经济的立身之本，是最大的就业容纳器和创新驱动器，是财富创造的根本源泉，在转变经济发展方式、维持经济社会稳定中发挥着中坚作用。小微企业是实体经济最基本、最细小的细胞，是提供就业的主要渠道，是创业创新的重要力量，是企业家成长的主要平台，关系到国民经济增长的后劲与活力，影响着我国经济的成功转型。截至 2013 年底，全国小型微型企业 1169.87 万户，将 4436.29 万户个体工商户纳入统计后，广义小微企业总数达 5500 多万户，从业人口超过 2 亿人。如此庞大的“草根”经济体在扩大就业、提升居民消费能力、激活民间投资、增强经济内生动力等方面起到了不可忽视的作用。据统计，小微企业提供的新增就业达 90% 以上，完成 65% 的发明专利，生产总值占 60% 以上，上缴税收占全国企业 50% 以上。实体经济的强大不仅要有顶天立地的大中型企业，更要有铺天盖地的小微企业，小微企业是大中型企业的昨天和前天，是实体经济的坚实基础。

长期以来，我国实体经济特别是小微企业一直面临融资贵和融资难问题，不仅很难获得融资，而且融资成本居高不下。针对这一问题，民建中央成立以副主席辜胜阻为组长的专题调研组先后赴北京、山东、河北、黑龙江、湖南、辽宁、湖北、四川、广东、广西、浙江、内蒙古、宁夏、上海、江苏等 10 多个省市自治区进行调查研究，召开数十场座谈会，听取了几百名企业家、专家和职能部门业内人士的意见，实地考察了 80 多家小微企业。课题组还对国外中小微企业融资政策进行了研究。调研结果显示，实体型小微企业面临前所未有的融资贵难题。调研发现，只有 10% 左右的小微企业能够从银行获得贷款，获得贷款的利率普遍上浮约 30%，融资成本达 15% 左右。90% 的小微企业要靠小贷公司和民间借贷获得资金，融资成本在 25% 左右。应急式的过桥贷款利率更是高达 40% 以上。高昂的融资成本挤占了企业狭窄的利润空间。

当前经济金融运行面临“钱多”和“钱紧、钱贵”并存的格局：一方面，资金面总体宽松。2014 年 10 月末，广义货币 (M2) 余额 119.92 万亿元，同比增长 12.6%；人民币贷款余额 80.13 万亿元，同比增长 13.2%。2014 年 1—10 月，社会融资规模为 13.59 万亿元。与此同时，实体型企业却依旧处境艰难，利率和企业融资成本呈“多轨”局面，融资贵成实体型企业头号难题：

第一，企业从银行贷款的利率为 6% 左右，是欧美发达国家 2—4 倍，融资成本较高。

我国一年期的银行贷款利率为 5.6% ，而美国是 2.25%，德国是 3.5%，日本只有 1%。实体经济经营收入与其融资成本之间出现严重倒挂，摩根大通的一项研究指出，工业部门利润率由 2011 年的 6.8% 下降 2013 年的 6.0%，而 2014 年 3 月的实际利率已由 2011 年的负 1.2% 上涨至 8.3%。与此同时，“金融热、实体冷”的局面仍未得到明显改善，《2014 中国企业 500 强发展报告》显示，260 家制造业企业的净利润为 4623 亿元，而 17 家银行净利润高达 1.23 万亿元，占到我国企业 500 强净利润总额的 51%，260 家制造业企业利润总和不足 17 家银行一半。高昂的融资成本挤占了企业本就狭窄的利润空间，企业综合竞争力提升受阻。

第二，小微企业从正规渠道获得融资的成本高达 15% 左右，且可获性极低，大量小微企业得不到银行贷款。调查发现，工农中建等对小企业的贷款利率比基础利率上浮 20%-30%，民生银行“商贷通”上浮 45% 左右，华夏银行上浮 40%，光大、浦发、兴业和招行均上浮 30%。据部分城市中小企业反映，小微企业贷款利率一般上浮 30%—45%，加上手续费、承兑贴息、联保保证金、评估费、登记费、担保费、公证费、咨询费等各种费用，企业最终融资成本一般都在 15% 以上。同时，银行贷款对小微企业的经营活动、财务状况要求严格，门槛高。小微企业用款讲究的是“短、小、频、急”，而银行信贷一般需要线下调查、交叉验证等复杂程序，贷款耗时过长、融资效率低，众多小微企业难以达到银行贷款要求。在部分城市调研时发现，只有不到 10% 的小微企业能够从银行获得贷款。部分企业即使拿到贷款，也往往已经错过最佳用款时机。一些小微企业的微薄利润不堪贷款难、贷款贵、贷款慢的重压，背负沉重的还款压力，存在资金链断裂的风险。

第三，大量实体型小微企业主要融资渠道为小额贷款和民间借贷，融资成本高达 25% 左右。正规金融不能满足社会需求，量大面广的小微企业进而纷纷转向民间融资，《中国小微企业指数》报告显示，民间借贷占小微企业负债总额的 45.7%，是小微企业不可或缺的资金来源，但这将进一步推升民间融资利率。一些小额贷款公司、担保公司、民间信贷中介机构等不但收取高额手续费用，而且为进一步控制风险、变相提高资金利率，往往预先向企业收取利息，在这种情况下，企业实际获得资金减少，进一步增加了企业融资的隐性成本。在大连调研发现，小额贷款公司和融资性担保公司等第三方金融机构丰富了小微企业的融资渠道，但融资成本较高。部分小微企业获得的第三方机构无抵押信用贷款有的月息达到二分三到二分五，甚至超过了同期贷款基准利率的四倍。

第四，部分企业为了“应急”，不得不转向利率高达 40% 以上的短期过桥民间高利贷。人行长沙中心支行反映，小贷公司、典当行以及民间融资的年利率一般在 30%—50% 之间，部分融资成本甚至超过 50%。在河北唐山的调研显示，中小企业民间短期借贷月利率普遍为 2.5%—3%，短期“过桥”资金月利率 5%—6%。与高昂的融资成本相对应的，是我国小微企业微薄的利润。我国大多数小微企业处在传统“红海”行业，进入门槛较低，竞争激烈，受近年来员工工资成本和办公成本上涨等因素的影响，利润下降十分明显，调研显示样本企业利润与三年前比较下降约 50%。小微企业面临的高融资成本让其进退维谷，大量处于“生死线”上的小微企业陷入“不借是等死，借钱是找死”的信贷纠结，高融资成本大大抑制了小微企业的成长空间。

第五，产业链上游的大企业拖欠下游小微企业账款形成的“三角债”使小微企业艰难的资金链“雪上加霜”，加剧“钱紧”和“钱贵”。产业链上游往往都是大企业，他们比较强势，占用下游的资金，能拖则拖，所以应付账款和应收账款都大幅增多。调查显示，我国中小企业的应收账款一般占企业资产的半数以上，远高于国际上20%的平均水平，大企业拖欠账款使得小微企业十分紧张的资金链“雪上加霜”。

针对上述情况，国务院今年十多次开会研究小微企业，多次出台措施降低实体经济融资成本，推出的降息、缩短融资链条、清理金融服务收费、增加存贷比指标弹性、支持跨境融资等措施都有利于缓解“融资难、融资贵”问题，这非常及时。调研组认为对实体经济融资困境标本兼治，还需要采取进一步的举措。振兴实体经济，促进中小微企业的良性发展，缓解企业融资困境，要多管齐下，标本兼治，构建与实体经济相匹配的多层次金融体系，有效整合各种金融资源以服务小微企业，支持实体型小微企业发展，巩固实体经济的坚实基础。大中型金融机构和草根金融机构、正规金融和非正规金融、商业金融和政策性金融要共生共存，形成一个既有“大树”、又有“小草”；既有大商业银行“大象”这类大动物、又有微型金融这类“小微动物”的多元化金融生态系统，让金融回归服务实体经济本位。为此，调研报告提出十条政策建议：

第一，通过小微企业贷款的税收激励、扩大风险补偿基金和信贷差别化管理措施，鼓励商业银行加大对中小微企业的信贷支持。我国90%以上的金融资产集中在银行，80%以上企业融资要靠银行间接融资和民间借贷。化解企业融资困境离不开银行业金融机构的支持。统计表明，截至2013年末，全国商业银行小微企业贷款余额17万亿元，占各项贷款余额的23%。但在经济转型和产业结构调整的双重压力下，商业银行对小微企业的信贷投放存在不可持续性。一方面，信贷风险上升进一步制约银行服务小微企业的积极性；另一方面，财税政策的引导力度尚且不足。鼓励商业银行增强对中小微企业提供融资服务的能力，需要通过税收减免和风险补偿等财税激励政策，有效推动商业银行加大对中小微企业的信贷支持。对小微信贷占比达到一定比例以上的商业银行，减免小微企业贷款利息收入的营业税及附加，减征小微企业贷款所得税。要允许从事小微企业贷款业务的银行在税前计提一定比例的收入，专门用于建立商业银行内部小微企业风险补偿基金，用于小微企业不良贷款的核销。有研究测算表明，不到140亿元的此类财税支持，将释放商业银行6000亿元的信贷资源支持小微企业，新增50—70万家小微企业可获得贷款，直接或间接增加300万个就业机会，带动约1.2万亿的国民经济产值，为国家带来不少于300亿元的税收收入。要设立小微企业专项风险补偿基金，对商业银行小企业贷款业务的风险予以专项补贴，分担银行贷款风险。对于商业银行在小微企业贷款业务上的损失，由专项基金按比例予以补偿。对简化流程、扩大小微企业贷款规模的商业银行，给予一定比例的补贴或奖励。同时，可将专项基金委托小微金融发展好、小微信贷占比高、具有财政支付代理资格的商业银行进行商业化经营，让基金能够保值升值。对银行从事小微企业信贷业务要执行差异化的考核标准，适当放松对小微企业贷款的存贷比考核，提升对小微企业不良贷款的容忍度。

第二，切实放宽金融市场准入，加快民间资本发起设立中小银行的步伐，建议在银监会控制总体规模的前提下，把民营小银行审批权下放到省级政府，鼓励在经济发达的开发区发展社区小银行和微型金融。让民间资本设立更多的民营中小银行，有利于发挥民间资本在金融改革中的“鲶鱼”效应，构建竞争有效的多层次金融体系。鼓励民间资本设立民营中小银行有利于金融服务实体经济特别是小微企业。在发达国家和一些发展中国家，银行结构体系中存在大量的中小银行，例如美国资产规模小于10亿美元的银行有6000多家，占银行总数90%以上；欧元区独立法人银行超过2000家，其中德国有1100多家中小银行；日本地方银行有数千家；金砖国家中，俄罗斯注册资本小于3亿卢布的法人银行有700多家；而印度、巴西也拥有数百家中小银行。而对比之下，我国现行银行体系结构不合理，所有制单一，缺乏由民间资本主发起设立并自主管理的民营中小银行。为此，政府要在法律地位、市场准入、风险监管等方面营造民间资本与国有资本公平竞争的制度环境，鼓励和引导民间资本积极参与银行业发展。首先，要加快《商业银行法》修法，明确民营中小银行的合法地位，建立一个规范民营中小银行经营活动的秩序框架，将其纳入法制化轨道，依法保护民间资本的合法权益。例如，通过法律对民营中小银行的借贷形式、运作模式、资金投向、贷款额度、借贷期限和纠纷处理方式等内容进行明确规定，为民营中小银行的经营和发展提供法律支持和保护。其次，在市场准入方面，要逐步降低银行业的准入门槛，有效拓宽民间资本进入银行业的渠道。当前形势下，引导民间资本进入银行业的途径有两条：一是引进民营资本参与现有商业银行的改造，二是放宽民营资本设立社区小银行的限制，建议在银监会控制总体规模的前提下，把民营小银行审批权下放到省级政府。我国未来的社区银行可以借鉴我国村镇银行和国外发达国家社区银行经验，鼓励民间资本参与建立城市民营中小银行，将满足条件的现有民间金融组织逐步改造成规范化运作的民营中小银行，在市场准入和利率方面给予更大的灵活性。要放宽民间资本组建中小金融机构的限制，让民间资本能够成为社区中小银行的主发起人，提高民间资本参与发起民间金融机构的积极性。三是创新金融监管体制，建立分层次的监管体系，中央监管机构管住大中型金融机构，微小型金融机构由地方监管。要加强与行业协会以及社会中介机构的交流合作，充分发挥行业自律和社会中介机构监督的辅助监管作用。四是要建立并完善银行业特别是民营中小银行等民间金融的信息披露制度，不断增强民营中小银行的透明度。要明确规定民营中小银行等民间金融信息披露的真实性、完整性、及时性，加强信息披露监管。五是要建立法制化、规范化、透明化的退出机制，建立和完善多元化的市场退出路径，如合并或兼并重组、接管等，形成优胜劣汰的市场“淘汰”机制，倒逼民营中小银行稳健运营。要通过银行业市场的准入与退市的对流，淘汰低效率的落后金融机构，进而优化银行业市场结构，实现银行业市场整体绩效的提高。六是通过逐步建立存款保险制度，有效保障存款人的利益，促进民营中小银行的发展与壮大。

第三，降低商业银行发行小微企业金融债的门槛，扩大发行规模，引导城商行通过差异化和特色化发展，提升竞争能力和服务小微企业融资的水平，支持优质的城市商业银行上市融资，降低其融资成本。有调查显示，在寻求外部融资时，74%的小微企业首选向银行贷款，其中选择中小银行作为首选融资渠道的企业占比(32.89%)远高于大型银行(12.44%)。现有银行体系中，城商行等地方银行对满足当地小微企业融资需求有着丰富的经验，并已经形成特色。深交所发布的研究报告称，城商行已经在支持中小和小微企业方面具有核心竞争力。为进一步降低城商行的融资成本，要降低商业银行发行小微企业金融债的门槛。小微企业金融债所募集的中长期资金不用缴纳存款准备金，可全额用于小微企业贷款的发放，对银行具有吸引力，可在一定程度上改善小微企业的融资环境。要简化发行程序，扩大发行规模，并加大宣传提高市场认可，增强金融债的流通性，降低发行成本。要实施差别化存款准备金率、差别化资本管理要求。要科学分类，实行以资产规模和监管评级为主要标准、能上能下的动态监管方式，激发竞争活力。就城商行自身的发展而言，要坚持做强、做精。多元化的经济结构、数量众多的中小微企业以及广大的农村地区都需要城商行通过做小、做精，通过差异化、特色化经营提供针对性的金融服务和支持。支持专注于小微企业的优质城商行上市，有利于增强资本市场与小微企业的关联覆盖，让更多的资金流向小微企业。为谋求自身发展，城商行的资产规模不断扩张，使很多城商行资本充足率不断下滑，城商行群体面临盈利下降、风险加大的经营困境。而上市是有效补充资本充足率，提高城商行经营状况的最佳途径。

第四，引导民间金融健康有序发展，多疏少堵，使民间借贷从地下无序的“灰色地带”走向“阳光灿烂”的规范运作，使民间借贷阳光化、规范化、合法化，防止民间金融风险向正规金融的传导。民间金融凭借声誉约束和社会制裁机制，可以有效减少信息不对称，降低交易成本，提高金融体系的普惠性，是正规金融市场体系的有效补充，有利于缓解小微企业的融资困境。西南财经大学中国家庭金融调查与研究中心的调查推算，2013 年中国民间借贷总体规模为 5 万亿元。民间借贷的存在和发展具有很强的合理性和必要性，江浙地区 80% 的小微企业融资依靠民间借贷，《中国小微企业指数》报告显示：民间借贷占小微企业负债总额的 45.7%，是小微企业不可或缺的资金来源。民间金融是一把双刃剑，近年来呈现出营利化、中介化和网络化的发展趋势。由于民间金融规范性和透明度较低，中介化拉长了融资链条，资金流向房地产、“两高一剩”等限制性和高风险行业，民间金融风险逐渐积累，并可能向正规金融体系传递，风险交叉传染。当前，监管层如果忽视了高利率的民间借贷产生的根源，仅仅依靠严惩打击，容易使得法律对民间借贷的债权保护更加脆弱，民间借贷的法律风险进一步增加，进一步推高企业借贷利率。因此，对于高利率的民间借贷的发展，要采取系统性的措施标本兼治，既要严惩违法违规行为，更要重视民间借贷的法律制度建设、监管体系改革和金融体制创新，更好地保护债权债务关系。首先，要制定相关行为准则和监管标准，避免民间金融成为“野蛮”发展的“法外之地”，把民间金融市场纳入规范，引导其有序合规发展。其次，要加强金融监管协调性的建设。民间金融具有地域性特点，中央和地方政府要明确监管权责，同时应结合区域自身特点推进区域性民间金融市场的有序健康发展，充分发挥民间金融对区域实体经济独有的支持作用。当前，广州、成都、武汉、西安等地建立发展的民间金融街，发挥集聚效应，集中引导一批经营规范、服务优质的小额贷款公司、融资性担保公司、典当行及金融机构分支机构等进驻，有效满足了当地企业特别是小微企业的融资需要，如西安民间金融街，建立一个月内达成交易 98 户，交易额共计 1850 万元，6 家小额贷款公司累计发放贷款超过 70 亿元，2 家融资性担保公司在保余额 19.86 亿元。对民间信贷要多疏少堵，创新信贷供给主体，使民间借贷阳光化、规范化、合法化，让其由“地下”变成“地上”，健康发展。再次，应尝试建立民间借贷的登记备案制度，构建民间借贷的动态监测系统，组建民间信贷信息采集网络，有效防范和应对民间借贷金融风险。当前，广州、温州、上海和武汉等地的民间融资价格指数，在规范民间金融机构市场行为，为融资者提供有效的融资信息、降低融资价格等方面，取得了一定积极效果。

第五，以开放包容的心态面对互联网金融的创新，鼓励互联网金融更好向小微企业提供规范服务，用好互联网金融倒逼金融创新的“鲶鱼”效应。互联网金融是多种因素作用催生的新生事物，具有大众化、包容性的特征，有利于小微企业和边缘人群融资，有普惠金融和草根金融特色；是一种直接交易，“去中间化”，能够有效降低信息不对称，有低成本优势；跨界经营，去边界化，有跨时空配置金融资源的特色；利用大数据及云计算和平台优势，有高效率优势。发展互联网金融能促进传统金融机构革新，有利于将储蓄转化为投资，有促进竞争、深化改革的“鲶鱼效应”。互联网金融的生命力在于低成本优势、大数据优势和平台优势，能有效实现风险的识别和控制，降低了利率构成中的人工成本、信息沟通成本、物理成本和风险成本。例如阿里小贷，截至 2014 年 3 月底已经累计满足了 70 万家小微企业的融资需求，累计投放贷款超过 1900 亿元贷款，而坏账率仅为 0.9%，远低于很多传统银行；依托大数据、云计算等技术以及高度自动化的审贷模式，阿里小贷每笔贷款的成本只有 2.3 元，而在银行一般要花 2000 元左右，且需要半个月甚至更长的时间才能通过审批。作为一种新生事物，互联网金融在给现有金融体系注入生机与活力的同时也带来了一些风险，因此要“因势利导”，适度监管，要处理好发展和规范的关系，不能让其成为“法外之地”。要明确互联网金融的监管主体并为不同业态的互联网金融制定相应的监管标准，对互联网金融机构进行分类监管；要实行负面清单制度，对互联网金融产品和服务进行适当的规范，必须坚持金融服务实体经济的本质要求，把握创新的界限和力度；要完善基础信用体系建设，维护公平竞争的市场秩序，加强互联网金融投资者权益的保护；要发挥行业协会的作用，加强行业自律，防止过度监管。促进互联网金融的合理创新，使其健康规范发展，有效服务实体经济。

第六，完善多层次资本市场，大力发展场外交易，进一步推进“新三板”市场扩容，鼓励地方和券商发展区域性股权交易市场，建立不同资本市场间的互联互通机制和转板机制，降低小微和创新型企业上市门槛，让资本市场惠及更多中小微企业。目前我国企业融资过度依赖银行贷款等间接融资，而直接融资发展不足。中国人民银行统计显示，今年前三季度，人民币贷款占同期社会融资规模的 59.8%，比上年同期高 7.7 个百分点，而对比之下的直接融资同比增长仅 4.4%，反映出企业对银行贷款等间接融资的依赖明显上升，直接融资发展相对滞后。同时我国的资本市场仍呈现“倒金字塔型”，与量大面广的小微企业的融资需求无法有效匹配。截至 2014 年 10 月 14 日，我国主板上市企业 1458 家，中小板上市企业 724 家，创业板企业 397 家，新三板虽然发展较迅速，挂牌企业数也仅为 1200 多家。而对比美国，截至 2013 年 2 月，美国证券交易所上市企业 1061 家，纳斯达克上市企业公司 3159 家，纽约证券交易所上市 3459 家，粉单市场有上万家企业上市交易，这种“正金字塔型”的市场与企业的结构互相对应，高度发达的直接融资渠道奠定了美国成为第一经济大国的地位。投中研究院的数据显示，“新三板”挂牌企业集中于北市京、上海市、江苏省、广东省等较发达地区，四个地区的挂牌企业数量占挂牌企业总数的 60%，呈现出了一定的地域发展不平衡的特点。《国务院办公厅关于多措并举着力缓解企业融资成本高问题的指导意见》指出，要“大力发展直接融资”，健全多层次资本市场体系，继续优化主板、中小企业板、创业板市场的制度安排。截止至2014年10月11日，创业板IPO审查排队企业已有213家，超过已上市企业50%。创业板应适时取消对拟上市创新型企业持续盈利的条件限制，推进审核制向注册制转变，吸收更多企业上市融资。要通过政府引导与市场化运作相结合，继续稳步推进多层次资本市场建设，利用好新三板的全国扩容机遇，加快创业板与新三板之间“互联互通”的转板机制，出台有吸引力的新三板资助政策。

要继续加大力度发展区域性的场外交易市场，发展区域性股权交易市场，鼓励券商发展柜台市场，丰富我国多层次资本市场的构成主体。在湖北调查时发现，中部份湖北省除了积极推进新三板市场扩容外，大力推进区域性股权交易市场发展，包括武汉股权托管交易中心（四板市场）、长江证券券商柜台交易（五板市场））以及各种形式的资本要素市场。全国首个区域性市场的“科技板”在武汉光谷成立，专为科技型中小企业提供有针对性的金融服务，拓宽了金融服务范围，降低了融资的门槛，为企业平缓有效对接创业板提供了平台。

要创新配套服务，探索建设门槛低、公益性的平台，使更多未上市中小科技型企业共享融资信息、开展企业成长培训教育，与直接融资平台进行有效对接。还可探索民营经济协会、商会等中间组织与区域性资本市场合作的模式，共同促进商会的企业资源与股权市场的有效对接，为有发展潜力的企业提供股权融资等相关服务。同时，要通过多层次资本市场的建设，推动股权投资机构退出多元化，让早期投资能够通过对接新三板和区域性股权交易市场实现有效退出。

第七，大力发展风险投资（VC）、私募股权投资（PE），打通储蓄转化为投资的通道，扩大股权融资比重。我国是世界第一储蓄大国，如何形成有效的让储蓄转化为投资渠道至关重要。股权投资是优化资源配置、调整经济结构、助推产业整合与升级的重要力量。据统计，伦敦证交所新上市企业中约50%受到股权投资支持，纳斯达克新上市企业中超过80%受股权投资支持。截至2014年9月11日，中国A股IPO排队企业626家，约四成企业接受过股权投资。近年来，我国股权投资发展迅速，2002年VC募资金额仅为12.7亿美元，而2013年VC和PE的可投资本达到1700亿美元，10年间增长超过100倍。但是与发达国家相比，还有相当的差距。美国的私募股权投资基金的年交易额占GDP的百分之一，而中国仅占千分之三，发展潜力巨大。对此，要继续发展多层次的股权投资体系，提升股权投资比重。一要尽快明确股权投资基金的法律地位，鼓励政府营造宽松的发展环境，通过注册便利、税收优惠、项目推介、政策扶持等方式，吸引境内外金融投资机构及类金融企业设立分支机构，壮大股权投资机构的主体；二要以政府引导基金为杠杆“撬动”股权投资机构的集聚，为各类股权投资机构和类金融投资企业的招商搭建平台、提高政策优惠，通过股权投资机构的集聚，发挥出规模效应以有效减少其运营成本，提升其利润增长的空间和发展的潜力。三要培育创新创业文化，完善相关法律规范，构建投资信息平台，消除投资人与创业者之间的信息不对称问题。四要拓宽股权投资基金的来源，建立一个包括保险基金、养老金、企业年金、富裕个人等的多样化资金来源体系。在美国，大型机构投资者是PE（私募股权投资基金）的主要资金来源，其中养老金占40%左右，其次是捐赠基金、银行和保险公司。而中国个人投资者一度成为PE的重要资金来源，机构投资者发展缓慢。对此，要从国家层面进一步多样化机构投资者类型，审慎适度地放松对投资者投资金额占比的限制。同时，要通过税收优惠等手段，营造关注长期投资的氛围，改变当前 VC/PE 哄抢 IPO、“重晚轻早”等投机行为，推进股权投资与高技术创新企业发展的良性互动。

第八，壮大天使投资人队伍，探索发展股权众筹融资，鼓励更多闲钱进入实体经济，通过改革和金融创新引领新一轮创业创新浪潮。小型初创企业或科技创业型企业发展初期，由于项目前景不明确、未来收益的不确定性高，接受风险投资或私募股权投资的条件还不成熟，此时需要天使投资的加入，以实现项目的迅速启动。天使投资人一般是创业者的商业伙伴、朋友或亲戚，对于创业者的能力有所了解，因而能够在项目启动前或刚刚启动时投入资金。截至 2014 年 10 月底，中国天使投资总额 42.2 亿，天使投资行业已有所发展，但总体而言还处于起步阶段，与发达国家相比还有较大差距。据调查，美国约有天使投资人 75.6 万人，其中活跃的投资人有 6 万到 10 万，而中国的天使投资人数量仅以千计，活跃的天使投资人数量仅为几百个。对此，要激发天使投资的发展潜力，促进天使投资的积极发展。首先要培育和壮大天使投资人队伍，通过建立天使投资引导资金、奖励优秀天使投资人等方式，加深公众对天使投资的认知，鼓励更多本土成功企业家等有“闲钱”的人从事天使投资。其次要搭建天使投资联盟信息共享平台，鼓励更多天使投资联盟提供创业投资信息交流平台服务，拓宽创业者与天使投资人之间的沟通渠道，减少投资过程中的信息不对称问题。同时，要进一步优化创业创新的环境，为发展天使投资提供良好条件。随着简政放权、互联网技术发展、科技园区要素聚合创业、IPO 暂停导致并购热潮等多重因素的影响，新一轮创业创新浪潮正逐渐形成。此时，需要进一步提升创业者与天使投资人的互动积极性，形成鼓励大众创业、万众创新的文化氛围和政策环境，引导和推进新一轮创业创新浪潮的壮大。同时，为鼓励更多闲钱进入实体经济，要积极探索发展股权众筹等新型融资方式。据统计，2014 年上半年中国股权类众筹事件共 430 起，募集资金 1.56 亿元，而股权类众筹融资需求近 20.36 亿，市场资金供给规模仅占资金需求的 7.64%，资金供求严重失衡，资金缺口较大，反映出我国小微企业的融资渠道狭窄有限。因此，要探索发展股权众筹融资，在较发达地区开展股权众筹融资试点，并出台相关的监管细则，探索实施审批或者备案制，设立资本金、从业人员资格等准入条件，支持小微企业的新型直接融资渠道发展，改善中国资本市场结构。

第九，加大对金融担保的财政投入，促进政府主导的融资担保和再担保体系的发展，创新抵押品，切实解决中小微企业“担保难”和“抵押难”问题，开展“保险 + 信贷”合作，规范担保、评估、登记、审计、保险等中介机构的服务收费，多方位降低小微企业融资成本。银行出于防范经营风险的角度考虑，在为小微企业提供贷款时一般都要求融资企业提供抵押担保，同时收取较高的贷款利息。但小微企业通常缺少符合银行要求资质的抵押品，采取第三方担保的情形下，企业需要向担保公司支付一定的担保服务费和其他一些费用，综合后的贷款成本一般高于小微企业的经营利润率，挤占了小微企业的生存空间。据调研，国有大型银行对小企业的贷款利率为基准率上浮 30% 左右，担保公司一般收取 3 至 5 个点的担保服务费用，同时部分担保公司还要求小企业用一定的贷款金额作为保证金，小微企业最终的融资成本是 13%—15%。为此，要加大对小微企业担保的财政投入，促进政府主导的融资担保和再担保体系的发展，使更多小微企业的融资担保回归公益性。要发挥政府有形之手的作用，加快发展政策性担保机构，为小微企业提供公益性的担保服务；要对服务小微企业的担保公司给予财税优惠，引导商业担保公司降低小微企业担保服务收费。不断完善信用担保行业的法制环境，明确加强行业监管，培育和扶持信用担保公司发展，让更多的担保公司为小微企业提供担保服务，以竞争推动担保服务创新和企业担保成本降低。要建立信用担保机构风险分担和补偿代偿机制，增强小微企业担保机构抵御风险的能力，让担保机构能够更好地为小微企业提供担保服务。一方面，要完善风险分担机制，鼓励贷款银行与担保机构构建科学分摊风险的机制，推动担保机构和银行形成风险共担、利益共享的合作模式，减少担保机构承受的风险。另一方面，要完善担保机构代偿损失的补偿代偿机制，通过财政代偿、再担保代偿等手段，减少担保机构实际的代偿额度，避免信用担保机构承受过高的经营风险。

针对小微企业的“抵押难”问题，要探索针对中小企业特点的抵押品创新，积极拓展订单、应收账款、核心技术、知识产权等质押贷款业务，提供与小微企业自身融资特点相适应的抵押服务模式。开展“保险＋信贷”合作，提供贷款保险等创新产品，推广小额贷款保证保险试点，发挥保单对贷款的增信作用。比如，湖北科技企业贷款保证保险制度是一项政府、银行、保险公司三方合作的创新型贷款项目，三方合力分摊科技型小微企业贷款的风险，实现银行、保险公司、融资企业等“多赢”。

在小微企业的融资活动中，不仅要担保机构的参与，还需要评估、登记、审计、保险等中介服务机构的参与，其中一些中介机构的不合理收费也是小微企业融资成本居高不下的重要原因。要在全国范围内，对相关中介机构收费情况进行全面而深入的检查，清理不必要的资金“通道”和“过桥”环节，缩短企业融资链条。同时，简化小微企业的贷款流程和审批程序，整顿不合理金融服务收费，避免中介机构过多收费，减少企业高息“过桥”融资。

第十，完善中小微企业的融资服务体系，进一步健全小微企业征信体系，改变“信息孤岛”现象，打造“一站式”金融服务平台，发展面向小微企业的政策性金融机构和专业化服务机构，提高金融公共服务效能。小微企业的金融资源获取能力低，其中很重要的一个原因是金融机构与小微企业间存在严重的信息不对称问题。大型金融机构在发放贷款前需要耗费较大的财力对企业进行尽职调查，其成本最终由贷款企业承担，这不仅降低了企业贷款的效率，而且推升了企业融资成本。近年来，我国的征信市场发展比较迅速，目前已经形成了多元化的市场格局，服务产品比较丰富，机构发展较快，市场功能也逐步深化。但是，我国征信市场“各自为战”、条块分割等问题一定程度存在，信用体系建设呈现“九龙治水”的格局。为此，要构建一套客观、全面的小微企业及企业主的征信系统，提高采集数据的质量，使金融机构能便捷、低成本地获取放贷企业的真实信用状况和经营情况，打通部门间的“信息孤岛”。要培育品牌征信机构，提高征信市场的总体水平，积极扶持征信机构的多元化的发展，鼓励国内中小型的征信机构能够重组并购，形成合理的市场结构。要在央行提供基础性信息服务的基础上，推进征信市场的产品多样性和主体多元化，探索培育专门针对小微企业的征信机构，让央行与民间征信机构合力，共同推进我国征信体系建设。通过信用体系建设，提高小微企业信用透明度，使信用好、有前景的企业“钱途”广阔。

要积极推广金融服务平台的成功经验，鼓励各地区建设覆盖实体型企业全生命周期、支持企业从小到大连续发展的“一站式”金融服务平台，切实提高金融公共服务效率。不同类型、不同发展阶段和不同规模的企业有着不同的融资需求，即使是同一企业的不同成长阶段也需要差异化的融资服务。金融服务如果过于分散化、碎片化，也会间接推高企业的融资成本。北京通过“一条龙”金融服务体系整合银行业金融机构、各类股权投资机构、多层次资本市场等多方力量，以满足处于种子期、初创期、成长期、成熟期不同发展阶段的科技型中小企业的差异化金融服务需求。上海推出“4+1+1”科技金融服务体系——科技信贷、股权投资、资本市场和科技保险“四大功能板块”，建立健全“一个科技金融保障机制”和搭建“一个金融信息服务平台”，服务于科技型中小微企业的发展。深圳成立全国首家囊括高科技企业、银行、证券交易所、天使投资、风险投资、私募股权投资、科技担保、小额贷款、保险以及中介机构的科技金融联盟，打造科技金融服务全链条，有效化解科技型中小微企业融资困境。要依托金融服务平台，统筹协调政府、银行、担保、保险、股权投资机构、中介机构等多方面的力量，鼓励各方积极开展合作，集各方智慧创新适应小微企业特点的金融服务模式。

要探索成立专门面向中小微企业的政策性金融机构，降低贷款利率、放宽贷款期限、简化相关手续，给予中小微企业直接的金融支持，同时鼓励推动现有三大政策性银行运营机制创新和业务模式创新，增进对中小微企业的支持力度。目前，我国政策性银行对小微企业的支持力度还比较小，小微企业贷款占比最高的农发行，其小微企业贷款占比也仅为26.4%。韩国政府于1961年依据特别法《中小企业银行法》设立专门从事中小企业融资服务的国家政策性银行——中小企业银行，其所筹资金的70%以上要求供给中小企业，其效率位居国内银行第一，并且发展性、收益性和生产能力等主要经营管理指标，也位列全韩国第一，并有效支持了中小企业发展。此外，加大对小微企业金融公共服务，可借鉴国际经验成立国家层面的中小企业管理局，为中小企业发展提供公共金融服务及各种咨询、培训和技术支持，大力营造支持中小微企业发展的良好环境。

除了采取相应的金融举措外，降低实体经济成本，让小微企业轻装上阵，要把“三农”工作中的“少取多予”政策移植到城市弱势的小微企业上来，为初创型小微企业“快生多活”营造良好的成长环境。李克强总理指出：“我们引燃了创业‘火种’，要使它越烧越旺。不仅要让企业‘生出来’，还要让他们‘活下去’、‘活得好’。”一般而言，小微企业在初创时期，死亡率非常高，出现“死亡谷”。要让企业“活下去”和“活得好”，要有配套财税政策的扶持。2014年政府工作报告中指出要“进一步扩展小微企业税收优惠范围，减轻企业负担”。为此，要进一步落实对中小微企业的营业税、印花税、企业所得税等直接税收优惠和减免政策，积极推进对中小微企业的间接税收优惠，如对中小企业信用担保机构等中介机构免征营业税，对创业投资企业、科技企业孵化器等进行税收优惠，加大财税支持力度，引导和帮助中小微企业稳健经营、增强盈利能力和发展后劲。

7月份、11月份，在中共中央召开的两次经济形势分析党外人士座谈会上，该报告中的相关建议被吸纳进民建中央的发言。8月份、11月份，在俞正声主持召开的全国政协第十七次、第二十二次双周协商座谈会上，辜胜阻结合专题调研成果就巩固实体经济基础促进小微企业发展作了专题发言。同时，辜胜阻还代表调研组就缓解企业融资困境有关问题在《人民日报》、《经济日报》、《人民政协报》、《新华文摘》、《中国人大》等报纸杂志发表文章、接受主流媒体采访共60多篇次。

五、建议进一步规范与发展我国互联网金融

2013年以来出现“井喷式”发展并引发社会各界广泛关注的互联网金融由此进入会中央的视野。互联网金融在一定程度上解决了多年来传统银行始终没有解决的中小微企业融资难的问题，同时也对传统金融形成较大冲击。为深入了解互联网金融的本质、作用，找出其存在的主要问题和监管原则、办法，更好地促进其规范发展，民建中央决定作为今年的重点专题之一，由副主席宋海任组长，组成专家、学者、专业人员、机关人员为成员的专题调研组。调研组从3月份开展理论研究工作，几经修改确定了研究方案；6月15日至21日，对互联网金融最为发达集中的广东省、浙江省、上海市、北京市进行实地走访、现场考察、开座谈会，了解互联网金融发展的实际情况，听取四地政府部门、人民银行、司法机关、商业银行、金融院校，以及互联网金融企业的看法及诉求，进行了大量的互动沟通和情况研究。调研组认为，互联网金融不仅是传统金融业务的简单互联网化、延伸了金融服务的广度和深度，互联网金融通过与传统金融的互补性竞争促进了两种金融效率的共同提升，大大提高了金融体系的整体效率，推动金融市场从效率相对低下的传统模式向活跃高效的新时代过渡；互联网金融没有改变金融的本质，不会颠覆传统金融，它只是改变了传统金融的服务方式、打开了民间资本参与传统金融的通道；互联网金融面临最大的风险是监管的暂时缺失和发展的临时无序。

调研报告提出了我国互联网金融对传统金融的冲击、自身存在的问题和风险：

第一，互联网金融对传统金融的冲击。一是打破了传统金融行业的垄断。互联网金融的发展使得传统金融业以外的新兴主体加入到金融机构行列，加速了金融机构间的竞争和市场份额的争夺，特别是民间资本直接进入使主体间竞争要素发生重大变化，金融业的垄断性正在逐步减弱。二是分流了银行部分存款，促使银行业负债结构发生变化。互联网金融对传统银行业冲击最大的是对银行业存贷款成本的冲击，互联网金融针对不同类型客户的不同风险偏好需求，提供了比存款乃至银行理财产品更有竞争力的金融产品,导致银行存贷款大量流失和客户群减少。三是互联网金融对风险再定价产生重要影响。互联网金融面向小微经济体，反映了小微经济体对资金的风险定价，这些微型经济体对资金的需求就成为市场化利率的一个重要部分。四是改变了常态化的货币供应，改变了我国中央银行货币供应的渠道。主要是通过利率进一步市场化，改变了常态化的货币政策供应。五是对银行贷款业务带来了深远影响。互联网金融贷款是介于一级市场直接融资和银行间接融资之间的一种创新融资方式，其影响了交易方信用度的测评以及担保方式，导致银行贷款优势丧失以及客户流失，减少了银行利润来源。六是对于金融产品定价影响明显。随着金融产品的丰富程度和金融产品的销售范围以及销售速度的提升，互联网金融加速了网络金融与传统金融间金融产品价格竞争。

第二，互联网金融自身存在的问题。一是法律制度缺失，导致无监管法律根据。由

于缺乏专门法律法规，互联网金融以及客户的权利与义务关系难以得到法律的保障，特别是由于专项法律的缺失导致互联网金融缺乏明确的法律地位，使得部分行为和产品游离于罪与非罪的边缘。利用互联网金融的特点实施宣传、推介、吸收资金诈骗，成为非法集资的重要路径之一。特别是部分 P2P 和众筹产品，没有法律规定，很容易坠入非法吸取公众存款罪的陷阱。二是存在灰色监管地带。现有的监管体制难以有效适应互联网金融发展的需要，目前分业经营分业监管的机构监管模式不适应界限日益模糊的互联网金融模式，监管交叉和监管真空并存；互联网金融创新速度日新月异，监管滞后性明显，完全缺乏必要的监管，以致出现了“野蛮生长”的局面，良莠不齐，出现大批 P2P 老板“跑路”和借机实施诈骗等犯罪，一定程度上造成劣币驱逐良币的情形。三是信息披露不充分，缺失宏观市场统计和监控，存在系统风险。四是账户管理的真实性和安全性问题。在互联网平台开立的各种账户，无需现场核实，这就难以保障客户开户所用信息的真实性，而众多微小互联网金融的安全性更令人担忧。五是资金划转和沉淀的监管问题。互联网金融本身涉及人数众多、频率高密、单笔金额可能微小的资金划转和归集，其中单笔金额和沉淀资金容易被动机不良者所利用。六是征信交换困难。第三方支付机构、网络信贷公司等互联网金融机构尚未接入人民银行的征信系统，各互联网金融企业之间也不存在信用信息共享机制，互联网金融征信无法互联互通，容易诱发恶意骗贷、借新还旧等风险问题。七是互联网金融消费者教育保护机制建立是当务之急。由于普通人缺乏互联网金融必要性了解，无法区分识别互联网金融风险，容易造成社会问题。八是存在较为突出的“虚拟信用”问题。如果允许互联网金融支付平台直接同人民银行支付结算系统（现代支付系统）对接，那么互联网金融支付效率可以更高、信用可以更强，但互联网金融立即会被要求合理的头寸管理，失去竞争力和活力；如不对接，互联网金融的信用就是“虚拟信用”，就存在非常大的支付风险问题。

第三，互联网金融的风险。一是监管滞后与缺失并存的风险。由于缺乏顶层设计，我国互联网金融的监管缺乏必需的监管主体、准入机制、业务流程监控、业务行为监管和市场宏观统计监控等，部分互联网金融业务边界不清晰，处于监管的灰色地带。二是信息安全风险。尽管互联网金融企业采取了一定的信息安全防护措施，但行业信息安全不足依然是普遍现象。由于历史原因，我国在高新技术领域的实力与国外有一定的差距。在产业化的深度和广度层面的积累不足，特别是在核心的信息安全技术层面及体系化层面远远赶不上发达国家。三是技术风险。主要体现在计算机系统、认证系统、互联网金融软件等方面存在缺陷，面临黑客和计算机病毒攻击的风险，也面临伪造客户身份交易，即攻击者盗用合法用户身份、以假冒身份在平台进行交易、实施金融诈骗的风险。目前，由于互联网金融准入技术门槛较低，技术、开发、安全保障等投入非常有限，技术风险尤为突出。四是互联网金融企业自身内控能力不足和缺失带来的风险。我国互联网金融企业起步晚、发展时间短，人员资质、内部管理、风险控制方面与传统银行存在较大差距，部分互联网金融公司为追求短期效益，放弃风险内控要求，最终将有可能损害行业的整体利益。

为加强我国互联网金融的监管，调研报告提出如下建议：

第一，将构建互联网金融体系和秩序建设作为一项国家战略经营。当前全球金融秩序仍为二战后美国主导建立的美元铸币权的国际金融体系和秩序。而当前互联网新技术与金融结合创新将可能颠覆传统金融业务模式、体系和秩序，为此，我国应以提升金融效率、实现普惠金融促进实体经济发展、保护金融消费者和维护金融稳定为目标，探索和构建金融新体系和新秩序。应对互联网金融基础底层技术和基础设施加大投资力度，如清算结算平台的搭建、网络征信体系的建立、互联互通等，打造中国金融业在全球竞争的独特优势。

第二，构建多层次的互联网金融监管体系。尽快建立起正规监管与行业自律相结合、跨部门跨地域的多层次互联网金融监管体系。进一步加强金融监管部门之间的沟通与协调，建立包括“一行三会”、工商、通信、司法等相关部门在内的联席会议制度；建立与互联网金融相关的配套法律体系，包括互联网金融监管机制、交易者的身份认证、个人信息和隐私保护、互联网金融安全、电子合同有效性确认、集团诉讼制度、金融消费者权益保护、金融消费者教育和适当性、小额赔付制度、互联网金融犯罪、反洗钱等法律法规，逐步搭建起互联网金融发展的基础性法律体系；充分发挥互联网金融行业自律组织的作用，通过制定统一的行业标准和自律公约、督促会员贯彻法律法规和履行自律公约、维护市场竞争秩序和会员合法权益，实现对互联网金融行业的自我管理；建立互联网金融机构的资产负债、流动性等数据报表和重大事项报告制度，加强日常风险监测、分析、排查，建立并强化互联网金融产品注册登记和信息披露制度，推进投资者适当性管理，规范和引导企业行为。

第三，加强互联网金融消费者权益保护。互联网金融市场在提供给消费者高效交易模式的同时，也带来了越来越多的金融机构与消费者之间的权益之争，监管者应格外注重对消费者权益的保护，维持金融市场的信心。建立健全互联网金融消费纠纷解决机制，强化对金融消费者特别是互联网金融消费者的教育，引导消费者树立正确的投资理念，提高消费者的风险意识和自我保护能力。

第四，进一步完善互联网金融风险管理的协调机制。首先是创新与监管之间的协调。严格的监管会削弱金融机构的国际竞争力，甚至阻碍技术进步与业务创新，应进行适度的监管，加大扶持力度。其次是分业监管与混业监管的协调。我国采取的是典型的分业监管模式，但互联网金融市场的发展突破了这一界限，因此应建立符合实际的监管。最后是国内与国际监管的协调。互联网金融发展打破了地域限制，世界金融更加紧密的联系在一起，互联网金融交易的风险可以快速地在世界金融市场之间传播，这就需要开展互联网金融监管的国际合作，制定统一的监管标准，加强沟通协调。

第五，进行有针对性的分类监管。互联网金融业态的多元性决定了其对传统金融业务冲击是多角度的，风险也是综合性的，各类风险又因互联网金融各业态特点而各有侧重。但对风险的强调不宜陷入扼杀创新的歧路，应该认识到新生事物本身就是对原有市场规则的修补或改写，要做的仅是调整、完善规则，将风险点尽可能多地纳入监管范畴。

第六，设置互联网金融从业门槛。对进入互联网金融的企业从互联网安全、信息披露、高管任职等方面应设置一定的规范和标准，不再沿袭传统金融牌照制度的做法。由于互联网金融企业从事金融业务，它必须服从一定的金融秩序和监管规范，应从技术安全标准、高管任职资格、信息披露规范、完善内控等手段等建立现代公司治理结构。

第七，采用“负面清单”和“底线思维”监管互联网金融。互联网金融横跨不同的部门，在监管方案设计时一定要强调“互联网思维”，减少监管套利的空间，主要是打破部门的垄断及信息的不对称，促使商业银行降低对利差的依赖，推动商业银行创新。建立多层资本市场，丰富公众投资选择，避免互联网金融对存款造成较大的虹吸效应危及金融稳定。今后，随着互联网技术、信息技术的更进一步发展，必然会出现更多的互联网金融新业态，如果对这些新业态都要制定相应法律法规以及出台新的监管措施或者进行独立监管，既不符合互联网金融的发展规律，也无法穷尽新金融形式的可能，从而造成潜在监管的真空。建议通过“负面清单”和“红线边界”厘清互联网金融创新的底线、边界。

第八，完善征信体系，搭建信息共享平台。我国互联网金融行业配套征信系统缺失，信用评估依赖于高成本、低效率的线下资质审查和线上客户行为的数据采集和分析，直接导致网络信贷违约率居高不下。尽快完善互联网金融配套征信系统建设，将互联网金融平台产生的信用信息纳入央行征信系统范围，向互联网金融企业开放征信系统接口，通过系统对接搭建商业信用数据共享平台，为互联网金融主体提供征信支持，推动信用资信认证、信用等级评估和信用咨询服务等的发展。

第九，秉承监管一致性的原则，对有关存款征收法定存款准备金。目前，我国互联网金融代表产品余额宝等对应的货币市场基金存入银行的存款不缴纳存款准备金，不仅在一定程度上改变了金融运行模式，而且对货币政策传导及其有效性的影响越来越大，对吸收货币市场基金协议存款的银行征收法定存款准备金，可以进一步规范我国互联网金融的发展。

第十，将地方政府金融服务局作为各地网络金融监管的主管部门，承担防范区域网络金融风险的监管责任。互联网金融企业都是各地的企业，目前全国有30多家隶属地方政府管理的区域性股权交易中心，它们事实上已经成为地方金融的一个综合平台，主要服务于小微企业乃至创业企业的P2P、众筹模式的互联网金融企业都依靠平台运行，这些企业和平台是目前监管的薄弱环节也是监管难点。平台建设除了信息技术、高管人员的素质、内部业务流程、风险控制等方面的要求外，平台的规范运作极为重要，建议将地方政府金融服务局作为网络金融监管的主管部门，承担监管和风险防范责任。

调研取得了较好的效果，一是7月份，民建中央主席陈昌智在中共中央半年经济形势高层协商会上，选取了调研报告的主要内容进行发言，向中共中央表达了民建在这个问题上的看法和态度；二是9月份，在民建十届八次中常委会经济形势分析会上，陈昌智向与会的常委们作了相应的情况介绍。

张　皎　民建中央宣传部部长
许　谨　民建中央宣传部新闻处副处长

中国民主促进会

一、关注水资源保护与开发，推动国家生态文明建设

自 1997 年以来，民进中央一直高度关注国家水资源水环境等重大水安全问题以及长江的保护与发展。党的十八大和十八届三中全会高度重视生态文明制度建设，党中央提出了“节水优先、空间均衡、系统治理、两手发力”十六字治水方略，国务院明确了“依托长江黄金水道建设长江经济带”的国家战略。

为此，民进中央立足于已有基础，将“区域经济体制和生态文明体制改革与创新”作为中共中央委托中央统战部组织的 2014 年度党派中央专题调研课题，选择长江上游、金沙江下游的川滇黔交界地区“集智聚力”开展重点调研，在严隽琪主席、罗富和常务副主席分别带领下，集中对四川成都、雅安、攀枝花和泸州等地的 21 个项目开展主要调研。民进中央副主席朱永新、张雨东参加了调研。发改、水利、环保、林业、能源等政府部门，流域机构、科研院所、社会组织以及相关“治水”专家队伍参与了调研。此前，民进中央已经对湖北江湖连通和贵州赤水河流域生态保护长效机制先行开展了预调研，并和全国政协人资环委员会、长江水利委员会在四川成都共同举办了“2014 · 长江保护与发展论坛”。

通过专题调研，民进中央认为，在当前全面深化改革阶段，无论经济体制和生态文明体制，还是生态文明制度本身都还没有很好地统筹起来，而且我国生态文明建设的一大难点在中西部地区，解决该地区保护和发展的矛盾、跨行政区和流域性生态环境保护，寻找系统改革与综合解决方案迫在眉睫。在实地调研并与专家学者充分研讨论证的基础上，民进中央形成了《关于设立“长江上游经济带经济体制和生态文明体制综合改革试验区”的建议》，具体内容如下 ：

区域经济体制和生态文明建设中存在问题一些问题，还需要进一步提高共识，发挥好各方“协力”作用。

第一，资源富集和经济落后呈鲜明的反差，生态保护和经济发展的矛盾突出。长江上游有充沛的水能、丰富的矿产、种类繁多的生物资源，金沙江下游地区又是我国钢铁、钒钛、煤炭、稀土、有色金属等资源富集区，钒钛资源在全国乃至世界都具有较大影响力，攀西地区钒储量居全国第一、世界第三，钛储量居世界第一，具有做大做强水电、钒钛制造业的巨大潜力。但同时，经济社会发展相对落后，《中国农村扶贫开发纲要

（2011—2020 年）》划分的 11 个集中连片特殊困难地区中，长江上游有乌蒙山片区、滇黔桂石漠化片区、四省藏区和滇西边境山区等 4 个，是我国西部典型的“富饶的贫困”区域。又因地处生态过渡地带，生态脆弱，属生态保护和生态屏障建设优先地区。该地区保护和发展带来的各类矛盾交织聚集。

第二，该地区黄金水道建设尚未引起国家相关部门重视，重庆以上河段成为黄金水道“交通瓶颈”。三峡工程建成后，长江上游宜昌－重庆的黄金水道已经形成，航运效益十分显著。长江上游黄金水道建设的难点在重庆以上河段。当前，重庆—宜宾河道约 370 公里，通航标准为Ⅲ级。宜宾—攀枝花约 800 公里尚未通航，没有水运规划，其间水电项目除向家坝工程外都无通航设施。长江上游铁路、高速公路等对外通道不足，陆路与水路、航空没有形成有效衔接，上述综合交通问题仍是制约地方经济社会发展的重要因素。

第三，水电开发、航道建设与生态环境保护之间矛盾突出。长江上游地区地形地貌复杂、生态环境脆弱、珍稀特有鱼类资源丰富。为了缓解水电开发与珍稀特有鱼类保护之间的矛盾，国家设立了“长江上游珍稀特有鱼类自然保护区”。但是，一方面因为水电开发的需要，2000、2005 和 2011 年分别对“长江上游珍稀特有鱼类自然保护区”进行调整，加剧了水电开发与珍稀特有鱼类保护的矛盾和各界的批评；另一方面在黄金水道建设过程中，航道疏浚、水库渠化、港口码头作业区等都将影响鱼类产卵场、索饵场和越冬场，与珍稀特有鱼类保护的冲突不断。

第四，管理体制分割制约着区域协调发展。一方面行政区划成为地区间协调的壁垒。该地区分属四川、云南、贵州三省，省（甚至市）之间在财税、交通、市场、要素流通和产业链延伸方面合作动力不足，相邻地区在产业定位与布局分工、发展规划、城市集镇体系建设诸多方面存在不合理、不优化和不必要的“消耗”。另一方面“九龙治水”管理方式与流域综合管理的要求不适应。近年来，虽然流域综合管理的思想已逐渐被各界接受，但由于涉水法律法规体系、行政管理体制、市场调控手段、社会参与方式、流域规划体系、管理协调能力或是有所欠缺或是落后于时代，长江流域综合管理尤其是水资源的综合调度亟待改进。

第五，机制问题影响了地方长治久安和内生活力。首先是资源开发补偿机制落后。以水能资源开发为例，库区地方政府（主要是市县）背负着水库移民安置、社会稳定以及地质灾害防治等沉重责任，却没能得到分享水电工程效益的保障，出现“守着电站缺电，大江沿岸用水难”的怪象。其次是移民安置职能部门和管理机制有待完善。调研中基层干部反映移民工作是“下面子孙满堂、上面缺爹少娘”。主要指的是国务院 2006 年 471 号令第五条提出“国务院水利水电工程移民行政管理机构（以下简称国务院移民管理机构）负责全国大中型水利水电工程移民安置工作的管理和监督”。但截至目前，国务院移民管理机构尚未成立，而水库移民工作主要由水利部水库移民开发局联系中宣部、公安部、民政部、财政部、人力资源和社会保障部、国土资源部、国资委、税务总局、审计署、电监会、三峡办、南水北调办、国家电网公司、南方电网公司等 21 个部门组成的部际联席会议，以及国家发改委能源局正式成立的金沙江下游水电移民工作协调领导小组及办公室在推动。但当前移民问题极为复杂。中央与地方、地方与地方、地方内部、地方与企业、企业与企业（央企与国企）之间反复利益博弈，许多在建水库移民工作缺乏顶层设计、指导和监督。尤其跨省区的水电工程，存在矛盾较多。三峡移民有个三峡办在考虑，移民权益就有较好保障，其他水库移民只能靠地方政府与发电企业协商，力度不够，标准不一，长期考虑和内生机制缺乏。我国西部连片贫困区很多是少数民族聚集地，水电建设如何带动地方经济社会发展，使移民“搬得出、稳得住、逐步富”，任重道远。三是移民安置经费来源单一，安置政策缺乏统一性、长远性和与时俱进。如金沙江水库移民安置中，两岸有的采取有土安置为主，有的采取逐年现金补偿，出现“同库不同策”、“同流域不同策”、移民相互攀比而激发不满情绪的情况。2011 年个别地区曾因在本省陆续出台的三个有关水库移民安置的文件前后标准不一、政策宣传解释不到位而引发了规模性移民群体事件。未来潜在矛盾的爆发不容小视。四是单一的国家长期输血式和救济式的扶贫机制，不利于区域自我创新发展活力的迸发。由于长江上游区域财政转移支付缺少“奖勤罚懒”的政策设计，地方自我积累与创新发展的“造血”功能不断弱化，经济发展缺少内生改革的动力和活力。

建议书中提出了具体的建议措施：设立“长江上游经济带经济体制和生态文明体制综合改革试验区”（简称“综改区”）。

当前，川滇黔已成为长江上游和西部地区经济发展的重要增长极：一方面既要追求经济发展（以四川省为例，2013 年底还有接近 700 万贫困人口，国家级贫困县近 40 个），另一方面又要保护和建设生态屏障，统筹协调资源环境的承载能力，为长江经济带建设提供安全支撑。民进中央认为，破解难题的关键就在于全面深化改革，以制度保护生态文明建设，以各种长效机制探索实践经济体制和生态文明体制综合改革的系统方案。调研过程中发现，川滇黔干部群众全面深化改革的愿望非常迫切，探索实践的“新模式”、新经验十分宝贵，有率先改革实践和做出示范的必要基础和思想共识。但同时，在流域内跨省市综合协调方面，在水电开发、黄金水道建设、区域经济发展和生态保护方面，还存在着需要从国家层面解决的体制机制问题。特建议设立“长江上游经济带经济体制和生态文明体制综合改革试验区”（简称“综改区”）。

第一，设立“综改区”意义重大。

一是区位十分重要。该地区位于攀西国家级战略资源创新开发试验区和成渝经济圈之间（不包含），界定在长江干流泸州—攀枝花区域和赤水河流域（不包括三峡库区和攀枝花以上地区），涉及四川、云南、贵州三省，具体包括四川省攀枝花市、凉山彝族自治州、宜宾市、泸州市，云南的楚雄彝族自治州、昆明市、曲靖市、昭通市和贵州省毕节市、遵义市等 3 省 10 市，总面积约 25.98 万平方公里，总人口 4382.27 万，符合国家改革试点区域适度分离、综合布局的整体要求。该地区既是实现国家“依托黄金水道，建设长江经济带”的经济“短板”地区，又是长江黄金水道向我国西南地区延伸的接续地带，其干流水电开发潜力相当于两个三峡工程，同时，该地区应是我国生态文明建设的优先地区，对于依托黄金水道加强长江上游与中下游的经济交流与产业互动，缩小地区发展差距，促进环境保护，可以起到重大影响。

二是对区域协调发展，西部大开发向纵深推进和实现全面小康意义重大。一方面可以长江上游水电站建设为依托，通过水电开发利用和移民安置等利益机制的改革，探索区域经济发展、社会安稳和群众致富的“多赢”。另一方面试验区跨川滇黔三省，是革命老区、民族杂散居地区和川滇黔贫困片区的核心区，探索区域协作发展和扶贫攻坚新机制、新体制和新模式，对打好新阶段长江上游连片特困地区整体的扶贫攻坚战具有重大现实意义。

三是体现国家经济体制和生态文明体制综合改革的特点。现有各种部门主导的试验区名目众多，性质较为单一，或为经济、或为生态、或为社会等，如经济特区、经济技术开发区、保税区、高新技术区；17 个国家金融贸易、两岸交流合作、现代农业、新型工业化、资源型经济转型、资源节约型和环境友好型社会建设、统筹城乡等综合改革试验区和综合配套改革试验区；92 个生态文明建设示范区、57 个生态文明先行示范区，以及 6 批共计 125 个地区的“生态文明建设试点”。而当前全面深化改革进程中国家特别需要通过“先行先试”的经济社会、生态文明综合改革试点为全国取得经验，破解深层次难题、拆除体制机制障碍，通过开展系统工程，加强顶层设计，综合考虑发展规划、产业布局、交通基础设施、水电开发与生态环境保护、移民安稳致富、水安全与水资源综合调度以及资源型城市经济转型等问题，提出系统性解决方案。

第二，设立“综改区”的总体思路。

按照十八大和十八届三中全会精神，以体制改革和机制创新为核心，以依托黄金水道建立长江经济带为目标，以梯级水电开发为抓手，以深化区域综合配套改革为根本动力，重点统筹区域经济体制和生态文明体制改革，推进流域综合管理，赋予区域发展的“先行先试权”，为区域经济发展和全面实现小康做出示范，成为国家治理体系提升的重要改革支撑。

一是创新制度机制。重点在以梯级水电等地方优势产业为抓手，综合考虑水电（或酒类企业）布局、移民安置、生态保护和水资源调度；建立长江上游梯级水电站联合调度机制，从梯级水电站（或酒企）收入等来源中提取成立区域保护和发展基金，创新基金管理模式，建立资源开发、移民安置、生态补偿新机制（分别将陆续报送建议），激发各种主体（特别是基层）的内生活力；理顺流域管理和区域管理的关系，创新跨行政区域合作的新模式（如赤水河流域川滇黔跨省协调保护机制的经验）。

二是制定规划方案。《长江上游经济带经济体制与生态文明体制综合改革试验区规划》或“综合行动方案”，要明确路线图、时间表和战略重点。加强流域层面的顶层设计，对长江上游的保护和发展问题进行统筹规划和综合协调。中央各有关部门和川、滇、黔三省政府在试验区内做好规划、管理、资源、信息等的综合配置。

三是谋划重要项目。在和谐水电开发、新型扶贫开发等方面做出示范，一方面要建设以延长黄金水道为主线的综合立体交通和以“节水、洁水、生态用水”为核心的环境基础设施，另一方面要以科技项目支持打造长江上游特色产业经济带，既环境友好又提高其附加值。如，做大做强世界级的钒钛资源产业和制造基地、水电基地、优质白酒基地以及独具特色的金沙江干热河谷地区农业产业基地。

基于扎实的调研和长期的积累，除了上述建议书，民进中央还报送了《关于实施长江流域水资源统一调度管理的建议》，并形成了提交全国政协十二届三次会议的党派提案——《关于实施长江流域水资源统一调度管理的提案》。建议书得到了中共中央、国务院领导的高度关注，多位党和国家领导同志先后对建议书作出了详细的批示，并转至国家发改委、水利部等相关部委认真研究落实。通过新华网、人民政协报等媒体的大力宣传，民进中央关于长江流域水资源保护与开发的系列建议、提案也得到了社会的广泛关注。

二、促进采煤塌陷地治理，富民主监督于参政议政

民主监督是民主党派的重要职能之一。党派民主监督的基本内容是：国家宪法和法律法规的实施情况；中国共产党和政府重要方针政策的制定和贯彻执行情况；共产党依法执政及党员领导干部履行职责、为政清廉等方面的情况。实际工作中，民主党派对于国家宪法和法律的实施情况、党和国家政策方针的执行情况的民主监督，往往是跟参政议政工作结合在一起的，而民进中央致中共中央、国务院《关于加大采煤塌陷地治理力度的建议》，则是“寓民主监督于参政议政”的一个典型案例。

民进中央长期关注资源型城市转型发展问题。民进中央认为，我国资源型城市曾经为国民经济和国家安全作出了巨大的贡献，但现在却大都面临着比较优势和竞争优势下降的困境。山西、黑龙江、陕西、山东等煤炭资源大省的采煤塌陷情况已相当严重。以山东省为例，目前年产原煤 1.5 亿吨，已累计开采 20.3 亿吨，每年因采煤塌陷损毁土地 12.5 万余亩，直接经济损失 20 亿元。截至 2012 年底，全省已塌陷土地 108.7 万亩，到 2015 年塌陷地将达到 145.2 万亩，2020 年将达到 200 万亩。塌陷情况最严重的是济宁市，该市已塌陷土地 63 万亩，其中 48 万亩已绝产，50% 以上的塌陷地为 4—12 米的深度塌陷，地表生态系统受到严重破坏，每年经济损失近 12 亿元，到 2020 年塌陷地规模将达到 91 万亩。2014 年 4 月，民进中央在较有代表性的山东省济宁市进行了实地考察，并综合辽宁阜新、山西等方面提供的详细材料，形成了《关于加大采煤塌陷地治理力度的建议》，具体内容如下：

采煤塌陷地的生态和社会问题可归纳为：一是耕地大量锐减，复垦治理的难度相当大。尽管不断加大投入力度，采取多种措施强化采煤塌陷地治理，但耕地恢复率仍然不高。二是生态环境严重破坏。很多采煤塌陷区常年积水，地上地下水系发生改变，对原有的生态系统造成了极大的影响。一些塌陷地即使经过治理恢复了地表平整，但土壤土质和植被的生态群落已无法达到原有水平。三是引发了诸多社会问题。由于采煤塌陷地补偿、村庄搬迁多为一次性补偿，无法解决农民生活的长期问题，加剧社会保障压力，群众上访逐年增加。四是严重制约了城市建设发展。许多公共基础设施建设项目、重大产业项目将无法落地建设，可持续发展受到严重制约。

对采煤塌陷地进行治理已刻不容缓，但目前的治理工作始终停留在“零打碎敲”的初级阶段，究其原因有：

一是体制机制不健全，尚未成立相应协调机构和治理办法。采煤塌陷地治理是涉及农民保障、土地整治、生态保护、基础设施建设和农业综合开发等多项工作的系统工程，需要方方面面共同推进。目前国家和各地还没有成立相应的协调机构，也没有出台相应的综合治理规定和办法，该项工作主要靠国土部门“单打一”，力量明显不足。

二是政策措施不完善，大量采煤塌陷地尴尬闲置。《基本农田保护条例》规定，基本农田保护区一旦划定，除经国务院批准，任何单位和个人不得改变或占用。虽然大部分

塌陷地已很难复垦为耕地，只能进行生态治理。但这些无法复垦的塌陷地在土地利用现状图上都是耕地和基本农田，既不能进行耕地指标置换，也不能变更为未利用地进行生态治理，大量采煤塌陷地只能一直闲置。

三是治理资金有缺口，历史遗留问题难解决。由于各地一直没有制定塌陷土地复垦费征收和补偿标准，导致相关费用收取的具体环节无法落实，在收取的保证金管理使用上也有限制。特别是各地还都存在着大规模的历史遗留塌陷地,虽然国家确立了“谁破坏、谁治理；谁受益、谁赔偿”的原则，但由于历史开采、各地煤矿成分复杂等原因，很多塌陷地找不到破坏主体，塌陷损失补偿和治理费用没有来源。

四是利益矛盾叠加，影响治理工作的开展。对基层政府来说，治理工作没有“显性”成效和财政收益，加之大规模治理塌陷地往往要打破行政区划及土地权属界线，因而存有畏难情绪。而采煤企业则认为治理塌陷地是额外负担，普遍积极性不高。

五是治理措施治标不治本，仅仅停留在地面简单修复和生态移民上。采煤塌陷地的治本之策是“边开采、边治理”，采取技术手段对地下采空区进行回填。但由于回填成本过高等原因，我国比较重视采空塌陷的土地治理而忽视采空区的治理，只停留在地面生态修复的层面，在上面栽植树木，这种治标不治本的做法使煤矿采空区潜在危害增大，增加了土地塌陷、煤矿透水事故的风险。

为此，建议中提出如下措施：

第一，设立采煤塌陷地治理专门机构。

采煤塌陷地治理需要有一个权威性的机构牵头，统筹研究解决相关问题。建议政府成立采煤塌陷地综合治理工作领导小组，吸收国土、社保、科技、水利、交通、财政、农业等多个职能部门参加，负责塌陷地治理的全面工作，制定治理目标，编制治理规化，实行严格的目标责任制。

如，国土资源部门可以负责编制采煤塌陷区土地综合整治规划、办理土地转用征收手续、指导综合治理；社会保障部门可以负责建立采煤塌陷区农民的社会保障制度；财政部门负责协调塌陷区综合治理项目和治理工作的资金保障；住房和城乡建设部门可以负责编制塌陷区村庄搬迁规划及新建村庄选址工作等。

第二，实施采煤塌陷地籍变更政策。

实事求是地核减因采煤塌陷而减少的耕地保有量和基本农田保有总量。对新形成的深度且积水的塌陷地，在年度地籍变更调查时从耕地中据实核减，并允许当地政府对部分塌陷基本农田位置进行调整；明确塌陷地复垦费征收标准，明确按吨煤提取土地复垦费和塌陷地占补平衡费的标准。同时适当增加建设用地指标，以缓解塌陷对城市建设用地的制约。

第三，实行资金整合投入。

适当调整中央和地方的资源收益分成比例。目前，在矿产资源补偿费、矿业权价款方面，中央与省市的分成比例分别为 50:50 和 20:80，其中省还要分成一部分，相对市县两级承担的地质环境恢复治理、压煤村庄搬迁转移及失地农民补偿安置等艰巨任务而言，市县分成比例明显偏低。建议适当降低中央相应的分成比例，并完善计征方式，促进资源开发收益向资源型城市倾斜。

在地方可以推广山西开展煤炭工业可持续发展试点的经验，出台相关政策，设立煤炭可持续发展基金，提取矿山生态环境恢复保证金，提取煤矿转产发展资金（煤炭三金）。

针对历史遗留采煤塌陷地治理责任主体缺失等实际情况，建议进一步加大历史遗留采煤塌陷地治理的资金扶持力度，以切实解决资金缺口问题。鉴于造成历史遗留问题的采煤企业多为原央企，改制后又多为省属企业，其利税主要上交国家的客观实际，建议国家给予专项资金扶持，并由各省财政按一定比例整合涉农、涉地资金进行配套，以解决历史遗留塌陷地问题。

第四，研究治理技术，提高塌陷地治理科技含量。

鼓励煤矿实施充填开采，充填开采可以提高煤矿资源采出率、有效减少地表沉陷，但由于成本过高，企业积极性不高。建议国家出台优惠政策，引导鼓励煤矿企业大力开展充填，优先将充填开采项目列入国家重点技术改造、产业升级、生态环保、资源综合利用等重点项目，优先享受有关政策支持。

此外，对煤地下气化（UCG）技术产业化进行科学论证。近期在约翰内斯堡举行的在化石燃料基金座谈会上，国际能源局代表将 UCG 称作一种清洁的、可行的、经济的进行和使用以前不能回收煤储量的方法，这大体概括了 UCG 的技术优势。地下气化过程燃烧的灰渣可以留在地下，也可以大大减少地表塌陷。

第五，给地方更大统筹协调城市建设与煤炭开采的权力。

建议对煤炭压覆区域，科学合理划定可采区、缓采区、禁采区，并确定各区的开采时序。对于城市总体规划确定的建设用地和重大区域基础设施用地，要坚持地下服从地上的原则，放弃开采；其他区域，要对地上建设和地下开采进行对比分析，综合考虑经济效益、社会效益、环境保护、自然和历史文化保护等各种因素，积极探索多种发展模式。

该建议书得到国务院领导同志的高度重视，多位国务院领导同志先后对建议作了重要批示，并批转国家发展改革委、财政部、国土资源部、安全监管总局等部门认真研究，以提出治本之策。国家能源局牵头国土资源部、安全监管总局等六部委赴陕西、山西、山东、安徽、黑龙江等省开展调研，并邀请我会专家参与，落实国务院领导同志的批示精神。调研报告的形成过程中充分听取了民进中央的意见。国务院领导同志并对国家发展改革委办公厅牵头形成的《关于报送加快推进采煤塌陷区综合治理的意见（送审稿）的请示》作出重要批示。为落实批示精神，国家发展改革委广泛征询民进中央以及 15 个部委办局的意见，形成最终意见报送国务院。

采煤地塌陷不仅是重要生态问题，更是严重的民生问题。民进中央及时关注到国家能源战略执行过程中产生的一些负面影响，关注到传统资源型城市在转型发展过程中遇到的困难和问题，并提出切实可行的意见建议，引起了党和国家领导人以及国务院各部委的高度重视，有力地推动了国家对采煤塌陷区的综合治理，为采煤塌陷区的生态文明建设和民生改善作出了巨大的贡献。这也是民主党派通过参政议政实施民主监督的一个生动案例。

三、依法强警、依法治警，全面建设法治中国

中共十八届四中全会提出全面依法治国，推进法治中国建设，审议通过了《中共中央关于全面推进依法治国若干重大问题的决定》，这是在改革攻坚的历史时期做出的重大决策。依法治国，是坚持和发展中国特色社会主义的本质要求和重要保障，是实现国家治理体系和治理能力现代化的必然要求。我国的现代化面临着市场化、全球化和信息化的诸多挑战，发挥法治的引领和规范作用是具有基础性和全局性的治国方略，意义深刻而久远。

公安机关是我国国家政权的重要组成部分，是治安行政和刑事司法的专门机关。民进中央认为，一直以来，公安机关为维护国家安全和社会治安秩序，保护公民人身财产与公共财产安全，预防、制止和惩治违法犯罪活动，保障改革开放与社会主义现代化建设的顺利进行做出了突出贡献。同时，随着我国经济转轨和社会转型，社会结构和执法环境发生了深刻变化，对公安工作提出了新的、更高的要求，也使得公安工作中存在的与社会发展不相适应的问题不断显现。为此，在深入调研、充分研讨的基础上，民进中央在全国政协十二届三次会议上提交了《关于加快公安工作法治化进程的提案》。

提案指出，我国的公安工作还存在着一些问题：一是警力不足的问题普遍存在。我国现在的警力人口比仅为发达国家的三分之一，在西部和农村地区更为突出。有相当一部分农村 3 万至 6 万人的乡镇，正式干警仅有三四人。而且，大量聘用没有独立执法资格的协警甚至使用劳务派遣人员协助执法,容易造成执法偏差。二是警力配置结构不合理。机关警力多于、优于基层一线警力，警察年龄结构、性别结构不合理。三是警务实战能力不能适应反恐和法治政府背景下执法工作需求。侦查、破案、防范、打击、装备、技术等方面的建设力度需要加大；警务人员思想水平、业务本领以及民族地区的语言能力等亟须提高。四是警务管理需要加强。自身监管力度不够，非法用警等现象依然存在。

提案认为，这些现象与问题背后暴露出的是公安工作深层次的体制机制问题：

一是公安法律体系不完善。目前的公安立法发展很不平衡，主要表现在：缺少全国人大及其常委会从法律层次对于公安机关组织管理体制的一个基本法；人民警察法明显落后，基本上没有体现专业化、正规化、职业化的现代警务特征，难以符合法治发展要求；滥用警力、非法用警问题突出，与国家治理体系治理能力现代化和全面推进依法治国的要求不适应。

二是管理体制不顺畅。现行的双重领导体制导致公安机关与同级地方党政以及上下级公安机关之间职责权限不够明确；地方党委、政府、政法委之间对公安的管理职责、权限也不够清晰；条块结合的管理体制也容易导致管理权力分散、协调不畅。

三是保障机制不健全。现有工作经费与实际工作需求差距很大，一些公安机关经费拮据，装备落后。更有甚者，一些地方硬性给公安机关下达创收指标，导致执法工作受到利益驱动，引发矛盾冲突和消极腐败现象。

四是监督机制需要规范。从外部监督上，各级人大对公安缺乏监督；内部监督也有不足，组织建设、队伍建设、监督惩罚等方面的制度规范薄弱，无法满足实际需要。

五是教育培养体制不健全,招录体制和条件不够科学。有的省份至今没有公安类院校，

公安高等教育和在职培训相互脱节。同时，现在招警必须参加的警察岗位公务员考试对警察类专业知识、警察职业能力、警务实战能力的要求所占比重过低，对于是否接受过警察院校的专门教育没有要求，对招录警察的专业素质与水平造成一定的影响。

为此，提案中提出如下建议：

一是完善法律体系。制定《中华人民共和国公安法》。该法为指导和规范公安工作、统领公安各个领域法律法规的基本法，对于公安工作的管理体制、组织机构、队伍建设、权利与义务、法律责任、保障机制、执法监督等内容做出明确规定。同时，尽快启动修改1995年制定的《人民警察法》,按照法治中国建设的目标方向,依据宪法精神、法治原则、人权保障原则完善警察职责和警务管理内容。

二是理顺管理体制。明确公安机关作为政府重要职能部门和国家行政机关，在依法承担管理社会治安、维护社会稳定、行使国家行政权方面的工作属性与职能，逐步将公安工作纳入政府行政管理体系之中。

三是优化警力配置。重点解决一线执法力量不足、在职警察超时疲劳工作等实际问题。精简机关、充实基层，形成精干高效的小机关、大基层的“金字塔型”机构。规范协警执法行为，避免执法偏差。创新培养招录体制，明确公安机关与公安高等院校人才互聘、联合培养警察后备人才的机制，明确规定招录警察中公安类院校相关专业毕业生应不低于招录总数的三分之二。保障基层警察权益，畅通反应诉求的渠道。对基层民警在待遇上予以倾斜，激发他们的积极性。

四是规范监督机制。通过落实党风政风廉政建设责任制，加强上级对下级的监督；通过贯彻民主集中制，强化同级监督。此外，要加大各级人大对公安工作的依法审议制度，整合纪委、监察、督察、审计、控申等部门职能，强化对群众举报、投诉的调查处理。

此提案被列为全国政协十二届三次会议的2号提案，并在两会之后被选为全国政协十二届三次会议重点办理提案。两会期间，全国政协副主席、民进中央常务副主席罗富和就此提案接受了凤凰网专访并指出，民进中央关于加快公安工作法治化进程的提案，呼吁尽快制定《公安法》,进一步规范公安职能、明确管理体制、确定执法权限和相应责任，防止公安出现类似“薄家军”、“周家军”的现象再现。访谈经凤凰网、中国新闻网等媒体报道后，在社会上引起了广泛关注。

四、推动《教育法》修订，规范国家通用语言文字表述

国家通用语言文字的推广普及对于维护国家主权和民族尊严、国家统一和民族团结有着十分重要的意义。在这个过程中，学校教育发挥着重要作用。《中华人民共和国教育法》(下称《教育法》)是保障我国教育事业健康发展的基本法律。然而，民进中央认为，《教育法》中关于国家通用语言文字的相关表述存在不妥之处，希望进行合理的修改。在认真研究了包括《宪法》、《国家通用语言文字法》、《教育法》在内的多部法律的基础上，同时就普通话和汉语的历史背景查阅相关文献和专家论证，民进中央最终形成党派提案《关于修订〈中华人民共和国教育法〉，规范国家通用语言文字表述的提案》，并提交全国政协十二届三次会议。提案具体内容如下：

《教育法》第十二条规定，“汉语言文字为学校及其他教育机构的基本教学语言文字。少数民族学生为主的学校及其他教育机构，可以使用本民族或者当地民族通用的语言文字进行教学。学校及其他教育机构进行教学，应当推广使用全国通用的普通话和规范字”。在同一条规定中，对于教学语言文字的前后表述不一致。由于“汉语”在维语、藏语、蒙语等民族语言中都翻译成“汉族语言”，在民族地区提倡学好汉语就会造成要学习另一个民族语言的曲解，不利于民族团结。

2013 年 9 月，国务院法制办公室启动了《教育法律一揽子修订草案（征求意见稿）》公开征求意见工作，为修订《教育法》提供了契机。因此，亟须对《教育法》第十二条进行修订，主要理由有：

一是与现行法律不一致。《宪法》第十九条规定，国家推广全国通用的“普通话”，2000 年颁布实施的《国家通用语言文字法》第二条规定，国家通用语言文字是“普通话和规范汉字”，而《教育法》在规定学校及其他教育机构的基本教学用语用字方面，却表述为“汉语言文字”，与现行的《宪法》和《国家通用语言文字法》不一致。

二是与社会实际不一致。汉族地区也有北京话、天津话、上海话、四川话、闽南话……同一省区也有不同地方语言，广东就有粤语、潮汕话、客家话、雷州话。因此，1956 年 2 月 20 日中华人民共和国国务院发出关于推广普通话的指示提出，“汉语统一的基础已经存在了，这就是以北京语音为标准音、以北方话为基础方言、以典范的现代白话文著作为语法规范的普通话”，推广“普通话”自此被作为我国重要的政策之一。

基于以上两点理由，提案提出下列建议：

一是尽快修订《教育法》，以规范国家通用语言文字表述。《宪法》是国家的根本大法，要遵循《宪法》的规定，将国家通用语言和文字统一定为“普通话和规范字”。《教育法》第十二条可修改为，“全国通用的普通话和规范字为学校及其他教育机构的基本教学语言文字。少数民族学生为主的学校及其他教育机构，可以使用本民族或者当地民族通用的语言文字进行教学”。在其他相关法律法规修订时也作出统一规范的表述。

二是明确双语教学中“双语”是指“民族语言和普通话”。汉语包括了汉民族的多种方言，而“普通话”是经《通用语言文字法》确定的国家通用语言。因此，以“民族语言和普通话”对我国少数民族双语教学的涵义予以明确，对于我国民族地区以及我国多元文化教育都有着极其重要的作用。

三是在外交、教育和文化等国际交流领域，应坚持推广“中文”。国家官方语言打上民族的标签是危险的，乌克兰官方语言的俄语与乌克兰语之争，导致议会的武斗，也成为乌克兰分裂的原因之一。联合国中文网站至今仍标明中文是其官方语文，百度百科联合国官方语言已被改为汉语。在国际交流应坚持中文推广，避免推广汉语造成误解。可以将中国国家汉语国际推广领导小组办公室（国家汉办）改称为“中文国际推广领导小组办公室”，相应职能表述中，也用“中文”推广而非“汉语”推广。

四是加大推广普通话的力度，精心组织并开展好每年一度的推广普通话宣传周活动。加大利用报纸、电视和新媒体对全国推广普通话宣传周的传播力度，创新宣传形式，推广“普通话”，进一步增强各族人民对中华民族、中华文化和国家认同感。

这份提案引起了社会的广泛关注。全国政协十二届三次会议期间，全国政协副主席、民进中央常务副主席罗富和就此提案接受了凤凰网的专访。罗富和说，坚持依法治国首先要坚持依宪治国，坚持依法执政首先要坚持依宪执政，政府部门要认真维护宪法的权威。民主党派一项很重要的职能就是发挥民主监督作用，我们提这份提案也是在履行对政府是否依宪行政的监督责任。此外，光明日报、人民政协报、新华网、中新网等媒体也对提案进行了深入报道或转载。

五、关注电子垃圾问题，助力“美丽中国”建设

中共十八大报告中明确提出，要把生态文明建设放在突出的位置，努力走向社会主义生态文明新时代，并首次把“美丽中国”作为生态文明建设的宏伟目标。要实现这个宏伟目标，需要全社会各行各业都减轻对生态环境的危害。然而，民进中央调研发现，近年来我国由电子垃圾造成的环境污染情况越来越严峻，这严重影响了“美丽中国”宏伟目标的实现。为此，民进中央向全国政协十二届三次会议提交了《关于推动规并范我国电子垃圾处理的提案》，具体内容如下：

废弃家用电器与电子产品，简称电子废弃物或电子垃圾。提案指出，据国家统计局数据，截至2013年，我国“四机一脑”年废弃量达1亿台，手机淘汰量为7000万部。另据2012年电子垃圾处理行业报告显示，2012年我国电子垃圾数量达1110万吨，占全球的22.7%。中国已经成为世界最大的电子垃圾生产国。此外，每年通过非法渠道进入我国的国外电子垃圾超过200万吨。我国的电子垃圾总量大，同时处理技术手段落后、相关监管不到位，导致再生资源流失浪费、环境污染严重等问题。我国电子垃圾处理存在一系列问题，主要有：

一是欠缺制度设计，缺乏科学回收体系，导致灰色回收处理链兴盛

目前我国电子垃圾回收处理行业还处于粗放型的状态，90%以上的电子垃圾都是由个体户回收，并由小作坊处理，这种方式已形成一条完整成熟的灰色产业链，年产值达千亿。2014年，获得环保部门技术资质认证的104家企业，因前期建设投入高、处理成本高，面对电子垃圾回收渠道和数量匮乏的困境，导致无法开工生产，处于亏损的尴尬境地。

二是处理水平低，资源浪费，污染环境严重

我国电子垃圾的处理还处于较低水平，大多采用“机械破碎＋分选”的低端技术方法，未全面考虑再生资源的无害化、资源化处理。正规处理企业的处理技术与设备主要依赖从发达国家进口。在个体回收模式占主导的情况下，处理手段大多采用手工拆卸、焚烧、强酸萃取、填埋以及丢弃等方式。如此处理导致较难回收的宝贵资源大量浪费，同时产生大量的重金属和有毒物质，造成严重的环境污染。

三是多头管理，导致监管不力

我国对电子垃圾管理实行分级与分部门管理相结合的模式，涉及工信部、商务部、海关总署、质检总局、环保部等多个部门。这种管理模式存在政出多门、职能交叉、职责不清、监管矛盾等诸多问题，致使在各环节中责任主体不明确，形成灰色地带，产生“有法不依、执法不严”以及监管体系失灵现象。

针对这些问题，提出如下对策建议：

一是严格监管，从源头减少电子垃圾的总量。总量巨大是我国电子垃圾处理产业面临的最大问题。一方面，政府要大力倡导循环经济，将“资源—产品—废弃物”的传统模式转变为“资源—产品—再生资源”的绿色发展模式，从源头减少电子垃圾的产生；另一方面，要加大执法力度，严禁国外电子垃圾流入境内，从而减少电子垃圾的总量。

二是加强电子垃圾处理的制度设计。首先是要理顺管理体制，明确相关部门的职权，落实监管责任；其次是要制定具有针对性的法律、行业规范和环境标准，提高行业门槛，淘汰小规模和无技术的小作坊和企业。明确生产者、销售商、回收处理商、消费者和政府之间的责任，明确“生产者责任延伸”管理模式。

三是建立电子垃圾回收体系，系统解决电子垃圾回收处理。建立电子垃圾回收处理准入机制，明确电子垃圾处理工厂必须是高科技、低污染的现代化企业，明确电子生产企业自建和社会开办的专业大型电子垃圾处理工厂在电子垃圾回收处理中的主导地位，并制定相应合理的回收环节和运输物流费用的国家指导价。同时加大监管和执法力度，提高非法回收渠道的营运风险和成本。

建立可追溯的信息监管渠道，采用物联网、电子标签、大数据技术等建立一套电子垃圾科学回收的信息化系统，提升回收环节的专业化、信息化水平。

四是重点扶持大型专业电子垃圾处理企业建设和技术改造。电子垃圾处理是需要高成本、高专业性和高技术含量的产业，前期投入较大，收益较慢，企业负担重、积极性不高。建议在短期内国家设立专项资金并与国家开发银行长期无息贷款相结合，集中、重点支持大型专业电子垃圾处理企业的建设，支持引进高端处理设备和技术改造，逐步淘汰低水平、低效果的企业和小作坊。随着电子垃圾回收处理行业的规范和市场的成熟，电子垃圾处理企业将逐步能够自负盈亏，国家可以逐步减少补贴。

该提案被选为全国政协十二届三次会议重点办理提案的相关提案，并引起了中央电视台的关注。两会后，央视记者主动联系民进中央，希望以此提案为契机，与民进相关专家联合深入调研，制作专题片在 6 · 5 世界环境日播出。民进中央科技医卫委员会及民进北京市委会相关专家参加了前期的筹备工作。

六、全力呼吁做好“节水优先”这篇大文章

水是生命之源，发展之要。民进中央长期高度关注国家的水环境、水资源和水安全问题，通过扎实调研和充分研讨，已形成多份建议、提案报送中共中央和全国政协大会。然而民进中央发现，社会上对于我国水危机的严峻性认识不足，“节水优先”的理念也并未深入人心。为此，民进中央在全国政协十二届三次会议上，提交了《做好“节水优先”这篇大文章》的党派口头发言，呼吁人们提高节约用水的意识，在社会上引起强烈反响。

发言认为，水不仅关乎民生，也事关发展，“水危机”是中国经济发展最大的危机！我国属于极度缺水的国家。虽然我国多年平均水资源总量居世界前列，但人均仅为世界平均水平的 1/4、美国的 1/5，在世界上名列第 121 位，是全球 13 个人均水资源最贫乏的国家之一。全国 657 个城市中有 400 多个属于“严重缺水”和“缺水”城市。其中京津冀人均水资源仅 286 立方米，为全国人均的 1/8，世界人均的 1/32，远低于国际公认的人

均500立方米的“极度缺水标准”。同时，日趋严重的水污染也大大降低了水体的使用功能，进一步加剧了水资源短缺的矛盾。放眼全国，工业缺水、农业缺水、城镇缺水，可以说，“水危机”已经严重影响到国家可持续发展！

国家“十五”计划纲要首次明确提出建设节水型社会，但是十几年过去，缺水、节水的概念并没有深入人心，全民节水意识依然淡薄。有专家统计，一个关不紧的水龙头一个月流掉1至6立方米水，一个漏水的马桶一个月流掉3至25立方米的水，全国的洗衣机每年耗水量达30亿立方米。如果全国的城市家庭都把坐便器或淋浴器换成节水产品，每月就可望节水4.9亿吨；如果把洗衣机全都换成节水洗衣机，一年大约能节出714个昆明湖或93个怀柔水库。

国外有很好的节水范例。缺水国家以色列享誉世界的节水农业使其成为世界农产品出口大国；而富水国家、拥有世界淡水储量20%的加拿大，一方面以保护生态为名，禁止大宗淡水出口，另一方面又从节水入手，努力保护本国淡水资源。他们坚信，有朝一日淡水会成为比石油更贵重的商品。

与我们同在亚洲的新加坡，供水曾经一度只能依靠马来西亚，但是新加坡政府把节水确定为国家战略，注重在全社会普及节水理念，让“收集每一滴水、节约每一滴水、每一滴水都可以重新使用”的理念深入人心，通过中水回用获得新生水、加大雨水收集、海水淡化等措施，靠自己解决了全国的缺水问题。

2014年，习近平总书记提出了“节水优先、空间均衡、系统治理、两手发力”的十六字治水方针，高瞻远瞩地把“节水优先”放在首位。节水，看似技术问题，实际真正决定节水效果的，是文化，是道德，是社会风气，是文明习惯，是国家软实力。要确保我国的水安全，必须坚持节水优先，真正建设节水型社会。

为此，民进中央呼吁：

国家要加快完善节水相关法律体系，对于浪费水资源的行为要违法必究，执法必严；工业要调整耗水产品产业结构，强制要求水循环使用；要研制更多更好的节水产品；农业要加快水权改革，大力推广节水技术，加大对农业节水设施补贴；城镇要深挖生活节水潜力：将供水管网新建和改造作为投资重点，水表必须到户、阶梯水价必须到位；鼓励使用节水龙头、节水洁具和节水洗衣机；更重要的是要深入贯彻落实节水优先的方针，在全社会形成节水优先的文化氛围，让节水优先成为全民共识，让每个人都记住：节约用水、造福人类，利在当代、功在千秋！

当今的世界是开放的世界。我们也许可以从世界范围内吸纳各种我们所需的重要资源：粮食、石油、天然气，甚至我们需要的人力资源。但是我们总不能靠进口水来维系13亿人的生命！

发言提醒我们，人们能够看见雾霾密布，深知其危害；却习惯了“水龙头一开，清水自然来”，对缺水现状没有察觉。所以，缺水比雾霾更隐蔽，也更可怕！面对越来越严重的水危机，我们别无选择。唯有多管齐下，全民行动起来，把生命源融入中国梦，才能实现“节水优先”，引来“源头活水”。

李宗主　民进中央参政议政部干部

中国农工民主党

一、为卫生立法推动医药卫生体制改革建言

长期以来，农工党中央十分关注我国卫生立法工作。受中共中央委托，2014 年，农工党中央以“卫生立法推动医药卫生体制改革”为主题开展大调研。在中共中央统战部和相关地方党委政府支持下，调研从 5 月至 8 月历时 4 个月，来自全国人大、国务院有关部委、高校、研究机构和行业协会的数十位领导和专家学者参加调研，调研范围覆盖浙江、山东、湖南、安徽、江苏五省，调研内容涵盖卫生立法的各个方面，调研组成员以及相关地区的政府负责人、医务人员和广大群众普遍认为，当前启动卫生立法正逢其时，并在立法涉及的基本原则和重点内容等方面达成共识。农工党中央将有关意见和建议写入了调研专报，报送张德江委员长并供全国人大立法研究参考。主要建议包括以下内容：

关于立法的基本原则。一是该法应具有一定卫生母法性质，为我国卫生事业改革与发展提供基础性法律保障，并显著提高国民健康水平。二是应依法推进中国特色医疗卫生保障制度和服务体系建设，将国民健康政策融入经济社会、教育文化、生态环境等相关领域，推动基本医疗卫生服务、健康服务业与国民经济协调发展。三是应引领和推动医改向纵深发展，破解改革僵局。

关于立法总则。一是明确立法目的，体现《宪法》精神，维护公民健康权益，实现人人享有基本医疗卫生服务，提高全民族健康素质和水平。二是明确卫生事业的性质，以政府实行一定福利政策的社会公益事业为其主要特征。三是明确卫生事业在国家发展全局中的战略地位以及政府、社会和个人的健康责任。坚持公民的权利与义务平衡，政府和社会的权力与责任对等。四是明确国家卫生工作方针，即以健康为本、预防为主、防治结合，以农村和基层为重点，中西医并重，依靠科技与教育支撑，动员全社会参与。五是从国情出发，构建和完善有中国特色的公平、高效、可持续且具备国际竞争力和良好绩效的基本医疗卫生制度。六是促进立法和改革紧密衔接与相互促进。

关于基本制度。一是将基本医疗保险、基本药物、基本公共卫生和基本医疗服务制度作为公共产品向全民提供。明确建立全覆盖、保基本、多层次的医疗保障制度；防治结合、中西医并重、分级诊疗的医疗卫生服务制度和以基本药物制度为核心的药物供应保障体系。二是合理确定国民健康的中长期目标，将主要健康指标作为国家和

区域经济社会发展规划的核心内容。三是建立统一、综合、高效的卫生行政管理和监督体制。

关于医疗和公共卫生服务体系。一是明确政府主导、基层为主、防治结合、分工协作、治理科学的由医院、基层医疗机构和公共卫生机构组成的服务提供体系。二是明确国家在疾病防控等公共卫生服务方面的责任，实现基本公共卫生服务均等化。三是加强医疗卫生服务机构的功能整合，形成社区医疗卫生服务机构与二、三级医院分工协作、基层首诊、双向转诊、急慢分治的就医格局。四是鼓励社会办医，形成多元化办医格局。五是全面推进公立医院综合改革，建立健全现代医院管理体制和运行机制，形成治理完善、责权明确、运行高效的法人实体。

关于医疗卫生队伍。一要制定和实施医疗卫生人才队伍规范化培训制度、执业资格标准、准入注册管理制度。二要建立符合医疗卫生行业特点的薪酬制度，大幅提高医务人员薪酬水平。三是依法维护医疗服务秩序，保护医务人员人身安全。四是将乡村医生纳入公立基层医疗卫生服务体系，解决其身份和待遇问题。五是将医务人员“单位人”的身份变为“行业人”。建立基层全科医生特岗制度、代偿助学贷款和免费定向培养制度。

关于医疗保险及其管理体系。一是强化政府对基本医疗保险制度的组织和投入责任，以及对多层次医疗保险市场的监管责任。二是逐步提高参保人所在单位以及城乡居民医保个人缴费水平，探索个人分档缴费机制。三是鼓励支持发展商业健康保险。四是鼓励建立社会慈善医疗捐助基金。五是依法推动组建国家级医疗保险管理机构，统筹管理城镇职工医保、城镇居民医保、新农合三项基本医保制度。

关于药品供应保障体系。一是建立以基本药物制度为基础的药品供应保障体系，完善国家药物政策，促进健康相关产业加快发展。二是完善基本药物制度，逐步与基本医保报销目录衔接与融合。三是建立由医保牵头的药品和医疗器械统一招标、采购、配送制度。四是围绕新药和医疗器械研发，组织国家重大科技专项实施，加快国内创新药和先进医疗器械等科研成果在基本医疗保障和医疗服务中的应用。五是创建医教研产一体的健康产业园区，推进国家健康产业集成创新发展，推动健康服务业成为国民经济新的支柱性产业。

关于公民的健康权益与义务。一是维护公民在基本医疗保障和服务等方面的使用权、隐私权、知情权、参与权、监督权等权益。二是明确公民承担缴纳保费、遵守分级诊疗秩序、培养健康生活方式、提高自身健康水平的义务。

关于卫生投入保障。一是建立由政府财政卫生投入、医疗保障筹资和个人自费组成的混合型国家卫生筹资体系。政府财政投入既保需方又保供方。二是确保卫生投入在政府预算中的优先等级，保证政府卫生投入增长幅度高于经常性财政支出增长幅度。三是落实政府办医责任，制定各级财政对卫生投入的原则和标准，确保公立医疗卫生机构持续健康发展。

关于行政管理和监管。一是建立和完善符合卫生事业发展规律的统一高效的卫生行政管理和治理体系。二是明确各级政府在公共医疗卫生的规划、人员编制和财政投入等方面的基本责任。三是建立科学的监管体制和机制。

关于其他政策和保障条件。加强环境保护、食品安全等健康相关领域的社会治理；继续开展爱国卫生运动和卫生城镇、健康城镇建设；遏制烟草等对健康的损害；改革我国医学教育体制；加强对重大疾病防治技术、新药研究和中西医结合研究；建立体系完备、互联互通的卫生信息系统。

2014 年 10 月，张德江委员长对农工党中央所报送的调研专报作出重要批示。12 月，全国人大常委会法制工作委员会致函就农工党中央的建议进行回复。12 月 30 日上午，全国人大教科文卫委在人民大会堂召开基本医疗卫生法起草工作机构第一次全体会议暨基本医疗卫生法起草工作启动仪式，这也标志着由全国人大教科文卫委员会负责牵头起草的、社会各界普遍关注的《基本医疗卫生法》的立法工作全面启动。

二、建言统筹基本医保管理，加快推进医改向纵深发展，尽快设立国家医疗保险局的工作方案

在中共中央、国务院坚强领导下，我国医药卫生体制改革在探索中前行，建立了公共卫生、医疗服务、医疗保障和药品供应保障四大体系，在建设和完善中国特色基本医疗卫生制度、缓解人民群众看病贵、看病难等方面取得了巨大成绩。特别是基本医保在新一轮医改中担当了开路先锋的角色，基本实现了全民医保的改革目标，建立了全球最大的“医保网”。但是，由于基本医保管理的部门分割，缺乏总体规划和统一管理，导致其国民健康的保障效能和资源调配的杠杆作用尚未有效发挥，也未能充分调动社会和个人积极参与医疗保障体系建设，已成为制约医改进一步深化的重要因素。为此，农工党中央在长期深入调研的基础上，起草了《关于统筹基本医保管理，加快推进医改向纵深发展，尽快设立国家医疗保险局的工作方案建议》，具体内容如下：

1. 设立国家医疗保险局的必要性。

第一，设立国家医疗保险局是进一步健全医保制度、不断深化医改的突破口。

随着医改进入深水区和攻坚期，医保制度设计和管理方面的问题也日益凸显，其突出表现：一是保障效能体现不足；二是在建立分级诊疗体系和推进公立医院改革方面的杠杆作用尚未有效发挥；三是切块管理的体制机制已难以适应我国城镇化发展的历史趋势；四是综合监管作用明显滞后。这些情况固然与我国基本医保制度刚刚起步，筹资水平较低、保障能力不高、统筹层次尚低、抗风险能力不强有关，但更折射出医保制度设计缺陷、多头管理和监管能力不足等深层次问题。因此，若要实现现阶段“医保、医疗、医药”的三轮驱动深化医改，必须首先进行医保体制改革，将建立集中统一和相对独立的基本医保管理机构，作为完善基本医保制度、推动医改不断深化的核心环节和关键抓手。

第二，实现基本医保统一管理是落实中共十八届二中和三中全会精神的重大任务

整合基本医保制度管理职责，是中共十八届二中全会和三中全会先后明确提出的改革任务。2013 年 3 月，《国务院机构改革和职能转变方案》明确要求在 2013 年 6 月前完成。然而，由于业界和相关部门对于整合的路径和方式有不同思路，时至今日，城镇职工基本医疗保险、城镇居民基本医疗保险、新型农村合作医疗“三保合一”依然难以在部门

层面达成共识，进展缓慢，未能如期完成中央提出的改革任务，并成为医改进一步深化的体制性障碍，亟须在思路和实践上实现突破。

第三，设立国家医疗保险局，实现基本医保统一管理体现了基本医保管理体制规律性特征，符合国际医保管理体制的发展变革趋势，并有国内一些地区探索实践的试点工作支撑

基本医保管理体制一般具有以下重要特征：一是保障方式和服务模式均不同于其他社会保险，表现为提供经费保障性菜单式专业化服务；二是医保机构有较强的专业化特点，且在运作上具有较强的独立性；三是具有不可替代的医疗成本控制作用和医疗资源配置引导作用；四是具有对医疗机构、医务人员以及就诊患者供需双方行为的监管作用；五是体现从疾病保险向健康保险转型的趋势；六是管理与经办分离的“管办分开”模式。

国际经验表明，基本医疗保障制度发展演进呈现出三大特征：一是由分散向集中的转变；二是由职能交叉重叠向独立化运作的转变；三是管理和经办可以分开。近年来，国内一些地区如上海市、河南新乡市、广东湛江市等地探索建立了相对独立和统一的基本医保管理体制，尝试医保管理与经办的“管办分离”，为实现“三保合一”、促进“三医联动”积累了很多经验。

2. 关于设立国家医疗保险局的相关建议

一是建议新设置的国家医疗保险局作为直属国务院管理的副部级单位，接受国务院医改领导小组的协调，由主管医改和卫生计生工作的国务院领导同志分管。国家医疗保险局下设基本医保基金管理中心、基本医保基金经办中心和医保政策发展研究院等组织机构。由国务院抓紧研究制定《国家医疗保险局主要职责内设机构和人员编制规定》的三定方案和机构改革实施方案，指导各省、自治区和直辖市参照改革。

二是建议国家医疗保险局的主要职能设置为：医疗保障制度整体规划和基本医疗保险的管理职能；财政投入及补贴政策、医保报销政策、医疗相关价格政策，药物相关政策、医务人员的人事薪酬政策等政策制定职能；基本医保基金的运营管理和监管职能。

三是建议具体的改革步骤为：第一，机构整合，组建国家和地方医疗保险局。在本届政府任期内（2015 年年底前），完成从中央到地方的机构设置和管理、经办层面的整合。第二，分两步走，完成医保制度的融合与统一。逐步实现制度整合和保障待遇公平、统一，形成全体国民公平享有的均等化的基本医疗保险制度。第一步是在 2017 年前由本届政府完成城镇居民医保和新农合制度的整合，形成统一的城乡居民医保制度。第二步是在 2020 年乃至更长一段时期内，由城镇职工基本医保与城乡居民基本医保在筹资与保障水平上实现公平统一。第三，完善配套，加强相关部门对医保体制的支持与配合。赋予医疗保险局全面负责基本医保的药品、医疗器械、医疗耗材的招标采购的职能。配合保监会、银监会等部门，推进商业健康保险发展。配合民政部门，做好基本医保与医疗救助、老年人长期护理等工作的衔接。

2014 年 9 月 22 日刘延东副总理对该调研报告作出重要批示。目前，健全基本医疗保险制度已成为我国“十三五”期间医改工作的一项重点任务。

三、为进京津冀协同发展的有关工作建言

京津冀协同发展作为重大国家战略，是面向未来打造新的首都经济圈、推进区域发展体制机制创新的需要，是探索完善城市群布局和形态、为优化开发区域发展提供示范和样板的需要，也是探索生态文明建设有效路径、促进人口经济资源环境相协调的需要。为实现京津冀优势互补、促进环渤海经济区发展、带动北方腹地发展，2014 年 9 月，农工党中央邀请国家发改委、国家卫生计生委、国家中医药管理局及京、津两市有关领导和专家组成调研组赴河北就促进京津冀协同发展开展专题调研。

调研发现，河北发展历史欠账多、产业结构不合理、交通对产业发展和人口转移掣肘严重。目前，河北人均期望寿命比京津地区低 4 至 5 岁，人均生产总值仅为北京的 41.2%、天津的 38.2%，其城镇化率只有 48.1%，环京津集中连片贫困带有 29 个县、266 万人，是京津冀协同发展明显的“短板”，且与京津的差距呈进一步扩大趋势。调研组认为，当前促进京津冀协同发展的工作重点，应该是充分发挥“京津冀协同发展领导小组”的重要作用，提高大气污染治理与协同发展的工作效率，尤其应从政策上给予河北更多倾斜，加快京津冀交通网络设施建设，支持河北转型升级、绿色崛起，缩小河北与京津差距。

调研结束后，农工党中央形成了《关于促进京津冀协同发展的有关工作建议》，提出以下具体工作建议：

第一，加大国家政策对河北发展的支持力度。建议在京津冀协同发展规划总体要求中，将河北定位为：首都圈城市群功能拓展区、京津冀生态环境支撑区、环渤海改革开放新兴区、国家级健康产业示范区、全国产业转型升级先行区。并在以下八个方面给予具体政策支持：

一是改革政策支持。将河北作为相关重点领域先行先试的改革试点。如新型城镇化和中小城市综合改革试点，混合所有制经济和民营经济改革试点，投资和贸易便利化改革试点，环境污染第三方治理、排污权交易等改革试点。

二是开放政策支持。把天津滨海新区政策赋予河北曹妃甸区、渤海新区、北戴河新区三大开放平台，支持曹妃甸建设中外合作平台，支持建设北戴河国际健康城，打造国际医疗旅游服务贸易示范区。

三是科技政策支持。改变河北传统产业结构，加强创新驱动。习总书记指出，研发可以放在北京，成果转化和产业化基地可以放在天津、河北。但如果河北政策不如北京、天津政策优惠，北京的单位和企业就难以过去。因此，建议将北京中关村的政策延伸到河北的高新技术开发区。

四是土地政策支持。允许土地占补平衡政策在河北全省范围内调剂使用。简化用地审批流程，提高建设用地审批效率，对经国家批准的基础设施项目的控制性工程，经报审国土资源部同意后，可以先行用地；属单独选址的重点建设项目用地，涉及补充耕地的可以依据经审查批准的补充耕地方案边占边补。

五是财政政策支持。针对河北省为中国革命作出较大贡献、经济社会发展相对落后、财政较为困难的革命老区县（市），建议在《革命老区转移支付资金管理办法》的基础上，

加大一般性转移支付力度，并参照西部政策在分配其他财力性转移支付时给予倾斜。

六是生态政策支持。按市场经济原则进行生态补偿，使张、承等担当生态涵养任务的地区，从根本上解决生态价值补偿问题。

七是扶贫政策支持。比照西部大开发政策，在扶贫攻坚、基础设施建设等方面给予河北重点支持。中央财政扶贫资金逐步加大对河北贫困地区的扶贫资金投入力度，主要用于贫困乡村的基础设施建设、种植和养殖业、农村基础教育和职业技术教育、文化卫生事业和先进适用技术的推广与培训。加大中央转移支付力度，提升河北就业、社会保障等公共服务水平。

八是产业政策支持。参照振兴东北老工业基地政策，出台推进其产业转型升级的政策措施，加大在财政、税收、审批、信贷等方面的政策支持力度。如，提高对产业升级改造项目的中央预算内资金支持比例，对具备条件的企业，适当降低资源税税额标准，允许新购进机器设备所含增值税税金予以抵扣等。

第二，加快首都产业转移和承接，强化京津冀科技、教育、卫生协同发展。多年来，河北省牺牲自身利益支持京津发展，在阻风沙、供水源、保稳定等方面作出了重大贡献，但其产业发展尤其是先进制造业、战略性新兴产业方面，与京津相比始终处于落后地位。河北产业体系相对完整、自然禀赋好，建议国家在重大生产力布局上向河北倾斜，尽快缩小河北与京津发展的落差。一是加快河北承接产业转移平台建设，支持曹妃甸区、渤海新区、北戴河新区、新机场临空经济区、白洋淀科技城、正定新区、冀南新区等重点园区平台建设，打造区域协同发展的重要引擎；二是推动石化、汽车、机械加工等制造业，以及航空航天、电子信息、生物制药等高端制造业的生产和配套环节向河北转移；三是鼓励河北沿海地区发挥地域优势，遵循循环经济理念，建设新型重化工业基地，重点发展现代钢铁、大型先进技术装备、石油化工、大型海水淡化、先进能源转化等产业；四是加快推进中石化曹妃甸千万吨级炼油项目开工建设，打造曹妃甸世界级石化基地；五是支持河北依托重要交通干线和产业聚集平台，加快发展新能源装备、节能环保产业、生物制药、新材料、新能源汽车等战略性新兴产业以及现代物流、研发设计、金融服务等生产性服务业。

同时，重点解决河北在民生领域的“短板”问题，加大干部交流和智力支援，促进人才自由流动和优化配置，加快向河北疏解科技、教育、卫生等功能。一是支持和鼓励京津科研机构在河北建设中试基地，实践产学研一体化模式，推动建立京津冀区域内科技成果的发现、筛选、评价和转化机制。建议科技部以国家科技专项、“863”、“973”计划等成果为重点，组织实施重大工程，促进重大科技成果在河北转化。采取多种形式促进高端科技人才到河北创新创业；二是设立京津冀教育协同发展改革试验区，支持各级各类学校特别是高等院校、职业院校，通过建立合作共建方式，实现办学增量或整体存量向河北转移。建议教育部增加河北“211”高校数量，支持省部共建办学模式，协调驻京津高校对河北高校开展对口帮扶合作、增加在河北的招生规模，推行京津冀高考统一招生。与京津建立职业教育订单培养模式，建设面向京津的劳动力输出与技能培训一体化的劳务基地；三是以临近首都的区域为重点，支持驻京医疗机构通过合作办医、设立分院、整体搬迁等形式疏解到河北。用好京津冀医院成功合作的试点经验，鼓励医疗机构加强技术协作、组建医疗联合体、建立转诊和疑难重症会诊制度。积极推进高端优质医疗资源向河北转移和集聚，建设北戴河国家医疗保健中心，提高暑期医疗服务水平。加强京津冀医疗定点医保衔接，逐步实现信息互联互通、数据共享、异地查询和即时结报。完善社会办医和医师多点执业制度，通过报付比例调节引导居民就近就医，积极探索建立京津冀合作的异地健康养老服务模式。

第三，加快京津冀地区轨道交通建设。建议按照统筹规划、一体化建设的思路，发挥轨道交通快捷、高效、绿色、安全，以及大容量、低成本等优势，加快跨区域轨道交通建设，建设相邻中心城市之间“一小时交通圈”，中心城市和卫星城之间的“半小时通勤圈”。

一是抓紧启动北京轨道交通延伸至河北燕郊、廊坊、固安、涿州等周边卫星城的前期工作，力争 2017 年建成通州至燕郊轨道交通。可借鉴广州、上海的做法，组建市场化的城市轨道交通建设和运营机构，通过轨道交通沿线及站场周边土地开发，筹集建设运营资金。目前，北京市政府已经同意开展城市轨道交通向河北延伸的前期论证工作，建议有关方面尽快开展该项工作，尽早取得突破性进展。

二是加快启动京唐高铁客专建设，打通北京最便捷的出海通道。京唐城际铁路是国家规划建设的快速客运铁路项目。因 2013 年铁路管理体制改革，建设模式调整，影响了建设进程。鉴于该项目在国家铁路网中的功能作用,建议将“京唐城际”改为“京唐客专”，作为实现京津冀交通一体化重点突破的一个重大项目尽快启动，与在建的京沈客专一起构成关内外双通道联络格局，提升路网综合运输效率。

三是加快启动京九客专京衡段前期工作。目前，受京九铁路线路条件和运力紧张等因素影响，北京至衡水客运列车难以满足协同发展需求。建议尽快启动京九客专京衡段项目前期工作，并与正在建设的保津快速铁路、石济客运专线相连，有效疏解北京新机场客货流，缓解北京市交通压力。

该建议上报国务院后，于 2014 年 11 月 25 日获得“请京津冀协同发展领导小组办公室和专家咨询委员会研酌”的重要批示。京津冀协同发展领导小组办公室对农工党中央提出的四个方面 18 条建议逐条作了认真研究，并向农工党中央致函，通报了研究落实农工党中央有关建议的情况。

王善学　农工党中央参政议政部调研处处长
熊　凤　农工党中央参政议政部调研处副处长

四、为“黄金水道”的畅通建言

近年来，长江黄金水道建设取得重大进展，长江上游航道条件不断改善，极大地带动了四川乃至西部地区内河水运和经济社会的快速发展。国务院《关于加快长江等内河水运发展的意见》的实施，标志着加快长江等内河水运发展上升为国家战略，对于包括云、贵、川在内的长江上游地区经济社会发展必将起到巨大的推动作用。2014 年 3 月，全国政协副主席、农工党中央常务副主席率农工党调研组调研长江上游综合开发情况时了解到，长江水富—重庆河段（川江上段）正在规划进行五个梯级开发，即建设五座水电枢纽，静态总投资 1177 亿元。长江水富—重庆河段是云、贵、川三省连接东西、通江达海的唯一出海口，是打造长江黄金水道、建设沿长江经济带的重要组成部分。然而，实行多梯级开发的建设周期长达数十年，将造成船舶坝间航行时间短、待闸时间过长、严重影响航道通过能力等后果，将长期且广泛地影响沿江企业的正常生产和云、贵、川区域经济社会的发展，与打造长江黄金水道的国家战略不符。

经过调研，调研组综合各方面意见建议形成《关于川江上段“黄金水道”建设存在的问题及建议》，并以刘晓峰常务副主席的个人名义呈报国务院领导人，具体内容如下：

川江上段水电开发对长江黄金水道建设主要存在以下影响：

第一，开发任务和开发方式反映出对黄金水道的战略地位认识不足，对航运的重视程度不够。川江上段开发方案中各枢纽应该是综合性的水利工程，承担着多目标的开发任务。但从目前涉及河段开发规划的研究成果来看，无论是三级、五级方案，还是小南海水电站可行性研究报告推荐的建设方案，明显是重水电开发，轻航道运输，对长江航道地位作用的论证不充分和准确。川江上段开发任务应立足于该河段高等级航道的建设，促进长江“黄金水道”绿色、低碳、通江达海等优势的发挥，服务于三省一市的可持续发展。

第二，多梯级开发将造成船舶坝间航行时间短、待闸时间过长、严重影响航道通过能力的后果。从三峡河段和全国其他梯级开发河段的运行实践来看，多梯级开发将严重影响航道通行能力。目前，三峡船闸通航能力已提前 19 年饱和，过闸船舶待闸积压已呈常态。2012 年通过三峡河段的船舶待闸率达到 80%，平均待闸时间达到 43 小时。2012 年，三峡船闸检修期间船舶积压最高达到 774 艘次；两坝船闸检修结束后，用了约 30 天的时间才将积压的船舶基本疏散完毕。而连续通过京杭运河 5 个梯级船闸累计待闸过闸时间没有小于 10 小时的。

第三，实行多梯级开发的建设期长达数十年，将长期且广泛地影响区域经济社会的发展及沿江企业的正常生产。根据目前推荐的开发方案，5 座枢纽的建设总工期为 579 个月（48 年 3 个月）。按推荐的“施工期通航方案”计算，5 个枢纽共有 22 个断航碍航时段，合计有 22 至 44 个月的断航碍航时间。枢纽基本不具备同时施工的基本条件，5 座枢纽先后开工，即使工期重叠，也是一个漫长的施工过程。频繁的断航碍航时段和长期的断航碍航时间，加上断航碍航前后的航运生产调度组织、大量的物资储备需求、繁重的公路铁路替代运输，将对长江上游的航运生存和发展、地区经济社会发展产生严重的负面影响。

第四，“重庆长江小南海水电站”建设中存在很多问题，对长江黄金水道建设会造成长期不利影响。一是小南海枢纽地处川江航道咽喉位置，目前设计所拟通航建筑物的规模空间无法满足未来流域经济对长江水运的巨大需求。目前所拟小南海船闸的设计规模，即使考虑了远期发展也仅为三线，全部通过能力远小于天然航道的通过能力，无法与黄金水道所应承载的任务与发挥的作用相匹配。二是恶化了小南海下游三峡回水变动区的通航条件，小南海水电站下泄的非恒定流可能形成黄金水道上新的瓶颈。三是施工期通航问题突出，若造成相对频繁地碍航断航，区域经济及沿江产业将为此付出高昂代价。

鉴于川江上段是云、贵、川三省通江达海的唯一出海通道，其开发建设将对三省乃至整个长江流域经济社会发展产生重大影响，因此，建议需从国家层面对本河段开发建设统筹规划、决策。

第一，建议由国家发改委和交通运输部牵头，尽快形成河段综合开发的政策指导意见，切实维护长江干线黄金水道的战略地位与作用。从小南海枢纽前期工作中反映的各类矛盾来看，在水资源综合利用问题上，地区、部门和行业之间存在着沟通不充分、协商不深入和合作不到位的状况，矛盾往往难以协调，严重影响了规划研究的质量，亟须认真加以解决。为此，建议由国家发改委和交通运输部牵头，会同其他相关部委，尽快形成一个凝聚共识、能充分释放长江潜能、为长江水运长远发展留足空间的政策意见，以指导长江水富至重庆河段综合开发的规划调整工作。

第二，进一步评估长江水富至重庆河段采用多梯级开发方式的局限性，全面修订河段综合开发规划的目标、任务和方式。1990 年长江委编制的《长江流域综合利用规划简要报告》中提出的三级开发方案和 2013 年经国家水电规划专业部门研究提出的五级开发方案已不能适应当前河段形势及环境状况发生的巨大变化。梯级开发形成的阶梯形河道不仅会使长江流域唯一的国家级鱼类自然保护区形同虚设，而且 5 座枢纽三五十年漫长的施工过程与枢纽通航建筑物有限的船舶通过能力，均会对长江上游航运业的生存发展和沿江经济产业带的形成产生严重的负面影响。所以，河段梯级开发方案不仅从生态角度很难成立，而且从经济角度也需重新修订河段原规划的开发目标任务，进一步研究河段的开发方式及方案，以合理利用河段的水资源。

第三，深入研究金沙江向家坝等高坝大库建成后，通过联合调度及流量调节提高宜渝段航道等级的可能性及相关措施。需要重点加快河段上游金沙江大型水库联合调度的研究，从国家层面重点解决好向家坝水电站下泄非恒定流的不良影响问题，或者考虑在金沙江河口附近选址建设一座只在枯期蓄水用于流量调节的生态枢纽，为适度超前完成长江干线河段航道等级的提升做好技术准备。

第四，长江小南海水电站前期工作中推荐的建设方案对航运而言弊大于利，不宜采用；在河段新的规划批准前，应避免仓促上马。小南海枢纽是长江干流宜昌至宜宾段综合利用规划中的重要梯级，直接腹地涵盖成渝经济区的核心地带和川、滇、黔、渝结合部的资源富集区，处于三省一市连接长江中、下游地区唯一水运大通道的咽喉位置，其通航建筑物将承担水上货物运输的主要过坝任务，具有不可替代的作用。随着新一轮打造长江产业支撑带战略的实施及成渝经济区建设的加速推进，腹地优势资源开发、装备工业、重化工业、总装型工业、汽车工业等适水运输货源产业将成为支撑腹地经济快速发展的重要内容，并已呈现向沿江集聚布局的新趋势。因此过坝运输需求将大幅增长，对小南海通航建筑物的通过能力提出了新的要求。小南海电站若按目前推荐的建设方案实施，对重庆以上河段航运的不利影响是长期的、根本性的，非经大幅调整，否则不具备可操作性，建议慎重对待，避免仓促上马。

该建议得到了国务院领导人的高度重视，并获重要批示。2015 年 3 月，环保部印发《关于金沙江乌东德水电站环境影响报告书的批复》，文件称："不得在向家坝水电站坝址至三峡水利枢纽库尾长江干流河段和支流岷江、赤水河河段等自然保护区范围内，再规划和建设小南海水电站、朱杨溪水电站、石硼水电站及其他任何拦河坝（闸）等涉水工程。"

单新宇　农工党中央参政议政部社情民意信息处干部

中国致公党

一、建言农村土地制度改革

新中国成立以来，我国形成了一套具有中国特色的农村土地制度体系。在过去的30多年里，土地改革稳步推进、土地制度逐步完善，对土地财产权的保护不断加强，城市土地市场化配置得以建立并不断完善。

为了更清楚地了解当前我国农村土地制度改革的现状，全国人大常委、华侨委副主任，致公党中央副主席杨邦杰率致公党中央调研组先后在江苏、安徽等地就农村土地承包经营权确权问题、农村土地承包经营权流转问题以及耕地保护问题进行了深入调研，并在上海召开了农村土地管理制度改革座谈会。

调研组认为，土地具有资源、资产、资本等多重属性，是重要的生产要素之一，其作为生产要素的资源属性具有不可替代性。因此，农村土地制度改革尤其应确保农用地生产功能的发挥，这是保障国家粮食安全和农村稳定的客观要求。

首先，土地其他功能的实现，应以不妨碍土地生产功能发挥为前提。土地具有多功能性，但是其生产功能是最基础的、最重要的和难以替代的。当前由于受到城市房地产市场过度发展的影响，土地投资功能、财产功能、融资功能，乃至财政功能等过分突出，这既不利于土地资源合理利用，更不利于社会经济可持续发展，甚至引起群体性社会矛盾。

土地作为不可再生资源，其总量有限，其生产功能的发挥是人类生产生活的最基本需求。农用地是生产粮棉油草木等人类生活必需品的物质载体，城市建设用地是人类住行及工作的基础支撑，一旦被过度追求土地资本功能的投资者囤积居奇，必然影响土地生产功能发挥。具体危害表现在：农用地被圈占囤积就会影响粮食安全、农村稳定；城市用地被囤积炒作直接影响居民基本住房需求；地方政府过度追求土地财政而大量征地、卖地，就会导致城市无序扩张、土地浪费，甚至引起社会矛盾；城近郊区的农民过度追求土地增值收益，为获得巨额征地拆迁补偿极易变成食利阶层，不利于社会稳定发展。

只注重土地投资的经济价值、只注重获取土地增值收益，而忽视土地最基本的生产功能，是当前土地问题日益严峻的最重要原因。因此，必须高度重视土地资产资本功能与生产功能之间的平衡，应从制度、政策层面合理约束其投资、财产功能，要以不妨碍土地生产功能的发挥为前提。

其次，农村土地制度改革尤其应确保农用地生产功能的正常和稳定发挥。农用地生产功能能否得到充分发挥涉及粮食安全和农村稳定。而当前农村土地问题出现的新苗头，一是以工商资本下乡、土地信托为名的圈地现象日益严重。二是土地流转以后的非粮化、非农化现象非常普遍。三是部分地方政府缺乏真正为农村及农业发展、农民增收务实服务的精神，出现新的侵犯土地产权利益的现象。

农村土地制度改革，要以提升土地生产功能为首要目标，工商资本下乡应重点发挥“市场”的力量，政府应以建立规则、维护秩序为主；鼓励土地流转，重点是为了解决城镇化人口退出后的土地再配置、再利用问题，满足适度规模经营的要求，“以地生财”只能停留在土地生产的产出品的财源上，如果过度炒作、囤积农村土地，则对农业和农村发展有百害而无一利。

第三，维护和实现农民土地财产权，不能以损害土地生产功能正常稳定发挥为代价。

当今农村土地制度改革的主要目的，是解决在新型城镇化过程中，农村人口和劳动力退出后，留下的承包地如何实现适度规模经营，以适应现代农业发展的要求。改革的方式是探索如何促进和实现土地顺畅、有效地流转，即通过土地流转实现规模经营，为适应现代农业要求的新型农业经营体提供土地经营权，保障土地用于生产，防止撂荒或经营规模过小导致的无效率。并不应该看做是为了要让农民也能像城市一样享受土地增值带来的财富增加，绝不能让城市土地过度资本化的后果蔓延到农村。

土地是生产要素，其价值由其产出品的价格剩余决定，一旦农用地价格或租金大幅攀升，很有可能出现农业经营者为了有更多的剩余支付土地成本导致农产品价格大幅攀，或者由于无力支付高额的土地成本而出现无人种地。这对社会稳定和粮食安全都是致命打击。

为此，调研组形成了《关于我国农村土地制度改革的建议》，具体内容如下：

一是农村土地制度改革应以促进现代农业发展为根本目标，实现农民土地财产收益为辅助目标。无论是改革政策制定，还是改革政策宣传，都应首先强调并保障农村土地流转主要是满足现代农业经营的要求，尽量少提甚至不提让农民享受土地增值收益。

二是尽快通过立法明确农村土地“三权”权能，实施农村土地经营权登记。实行土地所有权、承包权、经营权分离是在维护土地公有制背景下，保障农民合法土地权益、实现土地有效利用的必然选择，应尽快通过政府规章或者《土地管理法》修订予以明确。目前集体土地所有权登记已基本完成，土地承包经营权登记正在实施，但缺乏土地经营权登记，建议在正在讨论制订的《不动产登记暂行条例》中增加农村土地经营权登记的相关要求和内容，以明确农村土地承包权、经营权的责、权、利关系。

三是政府应重点扶持农户和家庭农场经营农业，慎重扶持工商资本下乡经营农业。工商资本下乡是促进农村发展、农业现代化的重要力量，国家应该从政策上进行引导和支持，但应充分依靠“市场机制”的作用，政府的作用主要以政策支持为主，停止进行资金扶持。而政府资金扶持重点应转向农户和家庭农场经营农业，促进“农地农用、农人经农”，这既是促进农村长期稳定发展的客观要求，也是实现城乡统筹发展的基本原则。

四是加强对土地流转后非粮、非农利用的监管与惩罚。目前农村土地流转比例不断扩大，且流转以后非粮、非农利用现象非常普遍。国家应尽快出台政策，在鼓励与引导土地流转的同时，明确提出土地流转以后土地用途管制的基本要求，制约非粮利用、制止非农利用，并建立监管制度。相关部门应尽快开展土地流转专项检查，严肃查处非农、非粮利用行为，维护农村土地制度改革的初始目标。

该建议上报后，得到了国务院多位领导同志的重视和批示。

二、促进水电资源开发与环境保护

水电资源属于清洁能源，水电资源的开发对增加能源供应、优化能源结构、促进我国经济社会发展发挥了重要作用。为更好地促进水电资源保护与开发，2014 年 4 月，致公党中央副主席杨邦杰、严以新率致公党中央两个调研组分别赴四川和云南等地，对金沙江、大渡河、雅砻江等流域的水电资源开发情况进行调研。

调研发现，水电资源富集地区往往与生态屏障核心区自然重合，多数又是民族地区，经济社会发展相对滞后，因水电开发导致的生态环境影响显著，存在着诸如地质灾害频发、生态脆弱，移民安置及可持续发展难度大矛盾多，资源开发与环境保护、地区发展的利益协调机制不健全等问题。

调研成果最终形成《关于促进水电资源开发与环境保护和谐发展的建议》。具体建议如下：

第一，树立科学发展理念，建立统一的重大水电资源开发管理机构。

4 月 28 日，中共中央政治局常委、国务院总理李克强在重庆主持召开座谈会时强调，要依托黄金水道建设长江经济带，立足改革开放谋划发展新棋局。他还指出，建设长江经济带也是深化改革开放、打破行政区划壁垒、建设统一开放和竞争有序全流域现代市场体系的重要举措。要建立健全区域间互动合作机制，完善长江流域大通关体制，更好发挥市场对要素优化配置的决定性作用。同样，水电开发涉及各方利益和多个管理部门，建立国家层面的大中型水电可持续开发协调机构和机制，协调各相关部门之间的工作，十分必要。一是云南和四川的水电资源开发理应与长江经济带建设统一规划，树立统筹发展理念，更加重视移民利益、子孙利益和生态环境保护，将流域水电开发与水资源综合利用、生态工程建设和地方经济发展有机结合，充分发挥水资源发电、防洪、灌溉、航运等综合效益。二是建议成立由中央全面深化改革领导小组直接领导的跨省区（部门）的重大水电资源合理开发利用统筹协调机构，统筹协调相关部门、地区、开发企业的权利和义务，对重大水电工程的综合利用、重要流域的统筹开发、移民安置等重大问题进行统筹管理。优化水电开发审批程序，减少控制性审批规定，提高审批效率。

第二，在尊重自然的基础上科学规划，在保护优先的基础上适度开发，同时加强执法监督力度。

一是根据水文、气象的变化，及时调整流域环评规划，尽量避免或减少水电工程建设对重要动植物栖息地和重要城镇及名胜古迹的影响。二是对于重大水电工程项目，对项目的可行性和不可行性进行专门研究，要从环境承载能力和生态敏感程度等角度充分研究项目实施带来的负面效应。三是开展地质灾害危险性评估，并将之放在与环境评价同等重要的地位。对未开展地质灾害危险性评估或评估未通过审查的，不予核准项目建设。四是在提高环评标准的基础上，以流域或河流的具体条件为基础，细化典型流域环评指标和环评标准。五是从水电可持续发展角度对已运行和在建的大中型水电开发项目进行评估，根据第三方的评估结果，对移民（移民安置、生产生活水平、基础设施、交通航运等）和环保（包括鱼类保护和繁殖、水质、泥沙和水文情势、生态补偿等）工作成效好、具有可持续发展潜力的业主，其新项目报批国家能源局后，应给予水电项目的优先核准。六是放缓开发速度，多给大自然生态修复时间和空间，有更充裕时间认识和掌握水电资源开发利用过程中出现的问题。七是停止“三江”源头高海拔地区、天保工程核心区、自然保护区水电项目规划和审批，加强对南水北调西线工程的进一步可行性论证。八是健全环境监测监控体系，提高执法监督力度，切实强化对相关责任人的追究力度，建立项目安全评价、环境评估等方面的终身追究制度。核查环保基金等落实和使用情况，防止资金被侵占或挪用。

第三，从保证国家长治久安的战略高度，创新资源地补偿和移民补偿安置机制，确保全面实现小康社会的目标。

一是合理分配水电开发效益，正确处理好移民、水电企业、地方发展的利益关系，创新水电价格形成机制，完善水电资源开发生态补偿相关法律法规，从抑损补偿和增益补偿两方面建立生态补偿机制，完善移民、水电企业、水电所在地区、水电收益地区之间合理的利益共享机制。建立完善中东部受益区向四川、云南等西部调出区的资源、生态补偿机制，以特高压外送电量为核算基础，在外送每 1 千瓦时电量中加收一定金额的补偿基金，专门用以弥补资源所在地为资源开发所付出的环境代价和损失。

二是加强移民法规的修订工作。适时修改和完善《大中型水利水电工程建设征地补偿和移民安置条例》（国务院 471 号令），提高耕地、林地补偿标准和移民安置水平。同时，尽快开展现有的移民相关法规的后评估工作，结合各地方移民工作的经验教训，修订操作性更好、更适用地方特点的移民法规。

三是做好移民工作“前期”和“后期”之间的衔接，保证移民政策的延续性和一致性。在安置阶段做好“三原”工作的基础上，后期扶持阶段企业应积极足额缴纳库区基金，为移民发展提供必要条件。移民（代表）全程参与企业与当地政府之间的征地赔偿谈判过程，实施各种税、费、补偿标准的“阳光工程”。

四是出台税收分配政策，提高资源输出地区的水电站增值税分配比例。将地方增加的税收分配给清洁能源输出地和移民安置县市，增加安置地区的税收收入，使其享受水电开发成果，更好地支持移民的后期扶持工作。

五是以健全自然资源产权制度和用途管理制度为目标，研究资源所在地政府以水资源作为水电开发资本入股水电企业的补偿机制，每年地方政府按股分红用于解决当地政府的后续发展问题。对水库淹没的耕地或林地，采用以租代征的方式，减少初期补偿费用，让移民以土地使用权或其他生产资料入股的方式，作为水电开发资本入股水电企业（相当于企业代为管理资金），每年按水电企业的利润分红，解决移民的后续生计问题。

六是政府监督水电开发企业及时、足额缴纳征地补偿、移民安置和环保基金等费用；企业监督上级政府按时、足额向基层单位和移民发放各种费用。

第四，加快修订《电力法》、《电网调度条例》等法规。

把流域开发公司纳入防汛抗旱和电力调度体系之中，在电网运行统一调度、分级管理原则下，创造流域统一调度法制环境。研究部分流域不同投资主体分段开发问题，在各方共识基础上，按比例共同组建流域开发公司实现统一调度。充分考虑地方经济发展的能源需求，以电力体制改革和直供电试点为契机，为当地留存足够电量和预留接口，促进地方经济社会发展和人民生活水平提高。

五、出台差别化产业政策，支持相关产业向西南地区转移。

当前云南、四川两省已经进入大水电连续投产、中小水电局部富余的阶段，电力产业急需开拓市场，扩大用电量。第一，大力支持四川、云南等民族地区特高压电网建设，解决“西电外送”受限的燃眉之急。第二，国家尽快出台差别化产业政策，支持相关产业向西南地区转移，利用当地低电价、低单位产品碳排放的优势，扩展工业布局，发展区域经济。

该建议上报后，国务院领导同志批示发改委、环保部、能源局认真研究致公党中央提出的建议。

三、促进长江流域黄金水道建设

长江是横贯我国东西的水运大动脉，素有“黄金水道”之称。2014 年 4 月 28 日，中共中央政治局常委、国务院总理李克强在重庆主持召开座谈会时强调，要依托长江黄金水道建设长江经济带，立足改革开放谋划发展新棋局；要建立健全区域间互动合作机制，完善长江流域大通关体制，更好发挥市场对要素优化配置的决定性作用。为充分了解长江黄金水道现状、存在的突出问题，探索解决路径，有效发挥长江流域水道的强大运输效能，促进长江经济带建设，致公党中央开展了长江流域黄金水道调研。

2014 年 10 月 8 日至 10 月 12 日全国人大常委、致公党中央副主席杨邦杰、严以新带领专家组一行顺乌江经重庆沿长江至武汉，实地考察了乌江构皮滩、思林、彭水、银盘水电站通航设施建设情况、长江三峡船闸运行状况和长江中游航道发展现状，并与贵州、重庆、四川、云南、湖北、湖南、江西、安徽等省市交通运输主管部门以及交通部长江航务管理局、长江航道局和长江三峡通航管理局进行座谈，听取了长江黄金水道航运情况汇报。

通过调研我们发现，长江航运支持保障系统日趋完善，包括长江电子航道图在内的航道现代化信息化综合服务体系、水上交通安全监管与救助、水上治安与消防等公共服务能力不断提升；长江沿线港口基本形成了以国家主要港口为骨干、地区重要港口为基础辐射全流域的总体格局；比较齐备的集装箱、铁矿石、煤炭等江海转运体系以及汽车滚装和液化品等专业化运输体系基本形成；长江黄金水道吸引越来越多的产业逐渐向沿江地区集聚，航运需求增长迅速，并与长江经济带经济发展相互支撑。

在调研过程中我们也发现一些制约黄金水道航运发展的问题：一是跨、临、拦河等设施碍航严重，跨江大桥通航净空不足，水电枢纽不建、缓建通航设施或设计不合理等问题导致航运不畅。二是水运基础设施薄弱，部分航道规划等级偏低，水运建设资金筹措难度大，投入不足。三是长江主干航道不畅通，干支直达障碍普遍，如长江航道“中梗阻”、三峡船闸“卡脖子”、汉江梯级“断档位”制约着航运的发展。四是涉航建筑物建养责权不清，航道管养经费严重短缺，管理手段和机制落后。五是相关涉水部门间的关系未理顺，联动协调机制不足制约区域协同发展。

为依托长江黄金水道，促进长江经济带建设，调研组形成了《关于促进长江流域黄金水道建设的建议》。具体内容是：

第一，建立长江黄金水道统筹协调机制，成立协调小组。一是突破行政利益固化藩篱，建立统一、权威、高效的协调小组，承担长江流域航运综合协调职能，负责全流域航运顶层设计、统筹规划、组织实施和指导监督。二是建立统筹协调机制，妥善处理航道与涉水部门间的关系，统筹协调航运与防洪、供水、发电、生态环境、跨临拦河建筑物建设等方面的关系，妥善处理好大型水电枢纽规划建设、调度运行与发展航运的相互关系。三是统筹制定长江中上游水库群联合调度行政法规，完善水库群联合调度的体制机制。

第二，统筹兼顾，加强水资源综合利用，形成对航道的事前保护。水资源综合开发利用时，要充分考虑发电功能与未来水运的发展。一是建议涉航建筑物在设计阶段应考虑通航等综合需求，管理部门需要于航道规划阶段介入，除防止涉航设施和活动破坏现有航道资源外，还应避免对航道规划实施造成不利影响，从而对航道资源进行事前的有效保护。二是在通航河流上修建永久性拦河闸坝时，建设单位应当按照通航标准和规划同步建设过船、过鱼建筑物，并承担建设和运行维护费用，同时枢纽单位要将过船设施委托航道管理机构统一管理。

第三，重视航道整治建设工作，提升航运能力。一是尽快深入开展南京长江大桥等通航净空不足的跨江大桥的改造研究。二是尽快启动长江三峡第二航运通道的规划论证研究工作，并尽快实施建设，解决三峡船闸“卡脖子”问题。三是加快建设长江中游深水航道，增强长江中游航运能力，尽早实现武汉至重庆5000吨级船舶直达、武汉至上海万吨级船直达，构建以长江为主轴连接长江三角洲、长江中游和成渝三大跨区域城市群综合立体交通走廊。四是建议提升长江宜宾至泸州段航道、乌江流域航道等级，提高长江上游航运能力，促进西部不发达地区的经济发展。五是开展干支流碍航设施整治，提高航道的通行能力。

第四，深入优化水电枢纽实施方案，提高航道通行能力。一是在宜宾至重庆段水电枢纽开发建设过程中，通航设施建设规模方面满足长江航运长远发展需求，要深入优化实施方案，建议小南海枢纽采用四线船闸，船闸尺度统一采用340米×34米×5.5米的设计标准，其中两线船闸与电站枢纽工程同步建成。二是建议将长江航运延伸至金沙江攀枝花，启动攀枝花至水富段航道规划建设，将金沙江过坝设施建设与水电站建设统筹考虑，按照三级航道标准，近期采用翻坝转运方式，满足目前金沙江水路运输需求。三是根据水运发展需求，建议同步建设溪洛渡、白鹤滩、乌东德、银江、金沙等梯级通航设施。

第五，加大长江经济带建设的支持力度。一是长江中上游区域的省份自身财政筹资能力较低，建议国家建立沿江综合交通网发展专项资金，加大航运项目的补助标准，扩宽项目补助范围，特别是对支流航道建设的政策和资金支持，切实推进沿江综合交通网构建。二是要进一步完善“政府投资、地方筹资、社会融资、利用外资”机制。按照政府推动和市场导向相结合原则，建立国家财政稳定的资金投入机制，积极落实地方水运建设配套资金，加大航道管养经费的投入，充分发挥社会力量的积极性，共同加大建设力度。三是积极探索建立水运投融资平台和投资回报机制，出台配套优惠政策与措施，引导外资和民间资本进入水运行业，鼓励投资主体多元化，拓宽投融资渠道。四是创新内河水运投融资体制，建立完善以公共财政为基础，各级政府责任明确、财权和事权相匹配的水运投融资长效机制。

该建议上报后，先后得到国务院多位领导同志的高度重视和亲笔批示。

四、创新驱动促进装备制造业结构调整

装备制造业是衡量一个国家制造业核心竞争力的主要标志，是一个国家工业发展的脊梁。如何通过深入实施创新驱动发展战略，大力发展高端装备制造业，增强企业核心竞争力，是中国装备制造业发展面临的重大而紧迫的问题。经中共中央批准，2014 年 5 月 18 日至 23 日，在全国政协副主席、致公党中央主席、科技部部长万钢的带领下，致公党中央调研组围绕“创新驱动促进装备制造业结构调整”主题，奔赴黑龙江省哈尔滨、辽宁省大连、沈阳进行了深入调研。调研形成了《关于创新驱动促进装备制造业结构调整的建议》，具体内容如下：

第一，国家振兴装备制造业政策成效显著。

通过实地考察调研，我们发现国家出台的一系列振兴装备制造业的政策措施取得了明显的成效，为转型升级奠定了扎实的基础，突出表现在以下几个方面：一是国家创新战略发挥重要引导作用，国家重大科技专项如核电、高档数控、信息装备和国家重点工程如三峡、高铁、西电东送、西气东输等在实施过程中促进了结构调整、增强了核心竞争力；二是装备制造产业各具特色并初步形成聚集效应，如黑龙江的能源动力、辽宁的机械制造、船舶及海洋工程装备、上海的大飞机、信息装备、江苏的新能源、青岛的海工装备；三是装备制造业基础科研实力进一步加强，一些龙头企业的创新能力不断增强，自主创新投入持续加大，如沈鼓集团、沈阳机床等；四是基础制造装备突破发展瓶颈，重大技术装备及关键技术取得新突破，一些核心技术和一批产品已经达到世界领先水平，如大型盾构机、五轴联动高档数控机床、90 型船用曲轴、70 万千瓦全空冷水轮发电机组、重型燃气轮机联合循环机组、百万千瓦超超临界火电机组；五是产学研结合的活力迸发，国家重点实验室、国家工程中心、企业研发中心在科技创新、技术创新、工程创新中提升了企业技术创新能力并在汇聚人才、集聚科技资源和构建创新链条等方面发挥了作用。

第二，我国装备制造业存在的问题。

当前我国装备制造业在结构调整中存在的突出问题包括：一是企业创新驱动力不足，研发投入低且过分依赖国家财政，对创新风险认识不足，宽容度不够；二是国内自主研发产品市场环境不好，一方面受国外同类产品价格打压，另一方面国内用户不愿意也不敢使用国产首台（套）装备，国家相关支持政策落地不实；三是很多地方的装备制造业尚未形成完整流畅的产业链，没有形成以大带小、以小托大的产业生态环境，产业链碎片化阻碍了创新链的可持续发展；四是“三基”产业发展滞后，基础部件、基础材料、基础工艺和控制系统进口依赖严重，重大装备制造配套加工能力弱；五是对装备制造业

信息化发展趋势认识不深、研究不够，信息技术创新带给装备制造业变革的研究不足影响了产业结构调整和商业模式创新。六是装备制造业创新人才不足，基层一线人才不足的问题比较普遍，企业在人才继续教育方面的压力很大，成本较高。

第三，促进装备制造业发展的建议。

装备制造业是国家竞争力和综合国力的集中体现，是保障国家经济安全和军事安全的重要基础，面对当前世界范围内的新技术革命和产业变革所带来的激烈竞争，迫切需要我们增强和提高我国装备制造业的核心竞争力，针对前面提到的突出问题，特提出建议如下：

第一，坚持自主创新，推动产业走向高端。集中精力攻克受制于人的基础、关键、核心技术，加强系统集成能力。依托面向市场的重大专项、重大工程，着力提升自主创新能力，推动装备制造业向研发设计高端和用户服务延伸，通过创新服务提质增效。政府支持企业技术创新，要充分尊重企业面向市场需求，研发产品和应用推广的自主决策权。创新和落实好普惠、普适性创新政策，如细化研发经费归集方法，落实加计扣除政策等。可以采用示范工程，用户补贴的方式重点解决自主研发的首台（套）装备的支持政策落地问题，尽快出台操作细则，激励首台（套）装备研制和使用双方。重视构建鼓励创新、宽容失败的环境，重视知识产权的创造、应用、管理和保护，鼓励创新活力和激情，发挥企业家的创新决策和领导作用。

第二，着重解决产业链碎片化问题，推动产业向两头延伸。产业链的延伸，一个是向研发设计延伸，一个是上下游的配套。推动形成一批具备赶超国际先进水平的装备制造企业集群，构建以龙头骨干企业为核心建设产学研结合、大中小协作的创新链。加快修订科技成果转化法，授予高校研究院所对科技成果的处置权和收益权。注重发挥中小型配套企业的创新活力，形成以小托大的发展模式，结合“营改增”税制改革，鼓励大企业将制造、生产外包，让更多中小企业参与拓展产业链。用好支持中小企业的财政政策，围绕产业链汇聚资金链，分担创新风险，共享创新成果。

第三，鼓励和推动科技型服务业的发展。科技型服务业包括工业设计、检测试验、咨询服务、知识产权保护、技术转移和交易、市场策划与开拓等。在市场机制下，服务于企业技术创新各环节，有利于提升企业原创能力。支持和鼓励科技型服务业发展，鼓励高校院所向企业开放仪器设备，为中小企业提供公共服务，共享知识与信息。

第四，加强人才体系建设。着力教育、培养和造就具有创新精神和实践能力的工程技术、管理、技术工人等各类创新人才。创新知识、技术和管理等要素参与分配的体制机制建设，让人才分享创新的成果与效益，以良好的条件吸引、培养和激励各类创新人才。充分发挥企业现有人才的作用，积极开展定向及岗位培训，使企业工人从单一技能型向技能复合型转变。重视调动社会资源，加快高技能人才培养，确保装备制造企业能够获得技术人才的有力支撑。

第五，制定重大装备制造企业海外运作协同配套政策，助力企业走出去。一是探索相应的政策协调配套的机制和措施，为企业搭建“借船出海”的平台，为企业发展海外业务提供必要的支撑。二是鼓励中国在海外的总承包项目中优先采用国产装备，支持中国装备产品走出去，并给予相关政策支持。

第六，创新企业管理机制，构建和完善企业创新环境。一是创新对国有企业的考核方式，把企业的研发投入纳入绩效考核指标，同时宽容创新失败，鼓励创新活力和激情。二是支持完善产业联盟运行机制，使得装备供应商和装备用户成为盟友，努力解决装备技术提升需要装备使用数据积累的问题。三是尽快实施混合所有制经济的改革步伐，激发国有企业发展的活力和动力。

该建议上报后，先后得到国务院多位领导的高度重视和亲笔批示，请发改委、工信部、科技部等相关部门参考、吸收。

五、推进自由贸易试验区建设，引领国际经济合作竞争新优势

为加快推进自由贸易试验区（简称自贸区）建设，充分发挥自贸区引领改革的作用，2014 年 6 月全国人大常委、华侨委副主任，致公党中央副主席杨邦杰率调研组赴上海、广东两地就中国（上海）自由贸易试验区（简称上海自贸区）建设以及深圳前海新区与珠海横琴新区申报自贸区项目的情况进行了实地调研。经过调研我们了解到，在过去的短短九个月时间里，上海在贯彻落实国务院颁布的《中国（上海）自由贸易试验区总体方案》，加快实施贸易、投资、金融及行政管理各领域的制度创新试点工作方面取得了令人可喜的进展，并陆续在投资管理制度创新、贸易监管制度创新、金融制度创新、行政管理制度创新等方面形成了一批可复制、可推广的制度模式。但是，也存在着一些问题，包括：制度改革的碎片化、部门化；对制度创新内涵的认识较为肤浅；负面清单管理模式应用存在较大局限性；改革开放步伐不够大等。

调研成果最终形成了《关于加快自由贸易试验区建设，充分发挥其引领改革的作用》的建议稿，具体内容如下：

第一，进一步明确功能定位、丰富内涵，发挥自贸区在深化改革、扩大开放中的作用。

一是解放思想，大胆探索，勇于创新。应进一步明确自贸区的定位，形成共识；发掘自贸区的功能，丰富自贸区的内涵，充分发挥其试验田作用，为我国新一轮深化改革、扩大开放探索新途径，形成新经验。二是建立中央与地方和企业界、学界、民间智库之间的信息沟通机制，共同为自贸区建设献计出力。三是发挥上海国际化人才资源丰富的优势和特色，除尽快形成可复制、可推广的体制机制外，还应为新一轮改革开放培养、储备和提供优秀人才。同时，在现阶段上海自贸区的管理团队中应配备适当比例的、有相关知识背景和经验的国际化人才，以适应自贸区建设的新要求。

第二，尽早在上海自贸区启动对内资民营企业的负面清单管理。

上海自贸区的“负面清单”改革试点目前只针对外资企业。应该尽快拓展至对内民企开放，让民间资本的市场准入同样能够从负面清单管理制度的完善中受惠。民企的负面清单管理在全国的复制对推动国内体制改革、提高资源配置效率的意义绝不亚于对外资“负面清单”的管理。因此，应明确规定所有对外资开放的行业，内资民营企业也自动享受同样的准入待遇。

第三，加大制度创新力度，提高监管有效性。

首先，上海自贸区的制度创新应放在完善金融基础设施建设上，同时还要注重业务开放后的风险监管经验的积累，以及尽快建立扩大开放的绩效评估体系（即负面清单评估的方法与分析体系）。其次，建立信息共享机制，增强服务贸易非现场监管的有效性 。一方面加快构建统计口径一致的企业数据信息系统，以增强不同部门之间数据信息的可比性分析；另一方面，建立一个稳定的部门协调管理机制，通过联席会议等方式，定期或不定期地进行信息沟通，全程跟踪了解企业的经营行为，形成监管合力。第三，探索跨境资本流动的宏观审慎监管模式，推动上海自贸区资本项目可自由兑换进程。可率先在上海自贸区内探索应用宏观审慎监管工具，对跨境资本流动及其本外币外债规模变化实施流动性总量管理，从而为推进自贸区资本账户开放积累有效防范短期资本异常流动风险的宝贵经验。

第四，进一步扩大金融领域开放，促进上海国际金融中心建设。

应按照国际通行规则建立市场化、法制化的国际营商环境。允许在自贸区内开展如下金融业务试点：许境外及境内区外的合格投资者参与自贸区内计划推出的国际能源交易试点。允许基础性资产证券化产品能够在自贸区内的国际金融资产交易中心交易。考虑到海外金融中心都不对银行征收营业税，应该考虑适当降低自贸区内商业银行的营业税，以避免资本项目开放后国内银行处于弱势的竞争地位。允许自贸区内参与跨境贸易人民币结算的实体企业在完成跨境结算的信息报送后，其人民币账户资金可以投资国债、央票等固定收益类金融产品。从外汇管理和税收方面鼓励民间资产管理机构与主权财富管理机构和国有企业合作，进行海外投资。

第五，建立包括银行、工商、税务、公安和法院信息在内的自贸区企业信用系统 。

上海自贸区实现事中、事后有效监管的手段之一是充分发挥信用管理的激励机制。这一机制发挥作用的重要条件是要有完整的与信用相关的信息，目前的征信系统只有企业和个人在银行违约的记录。为此，自贸区应率先建立统一的，包括银行、工商、税务、公安和法院等有关记录在内的信用系统。在实际应用中，关键要建立所有企业在自贸区经营活动的信用记录，包括各种各样违规违法行为及其发生次数等信用负面清单。在依法维护企业合法权益的同时，按规定允许各种金融机构等相关单位和个人查询该信用系统，以便对守信主体给予更大的交易便利与金融支持，防范交易风险。

第六，尽快启动“中国（广东）自由贸易试验区”建设。

上海自贸区启动至今，部分改革已经开始形成可复制、可推广的经验。应该适时考虑广东的港澳地缘优势，尽快启动“中国（广东）自由贸易试验区”（简称广东自贸区）建设，以进一步发挥自贸区引领全国改革开放的作用。在广东自贸区的建设中，可借鉴香港作为成熟自由贸易港的成功经验，充分利用香港的行政人才和专家全方位参与广东自贸区的体制机制设计和试验，为推进我国全面深化改革、扩大开放积累和提供更加丰富的经验和做法。同时，还有利于推进粤港澳深度合作，拓展港澳发展空间，维护香港和澳门的繁荣稳定。

该建议上报后，得到国务院领导的高度重视和亲笔批示。

董巍伟　致公党中央参政议政部副调研员

九三学社

一、呼吁发挥市场配置科技资源的决定性作用

中共十八届三中全会提出要紧紧围绕使市场在资源配置中起决定性作用深化改革，让一切劳动、知识、技术、管理、资本的活力竞相迸发，并提出科技体制改革的主要目标和任务是“发挥市场对技术研发方向、路线选择、要素价格、各类创新要素配置的导向作用”。为落实全会对科技体制改革提出的要求，九三学社对科技资源配置问题进行了深入调研。

九三学社中央在调研中发现，我国的财政科技投入从 1978 年的 52.89 亿元增加到 2012 年的 5600.1 亿元，35 年间增长超百倍，有力推动了科技事业的快速发展和整体科技实力的显著提升。但是，科技资源配置过度行政化、分散重复、封闭低效的问题也随之日益凸显。譬如，科研经费管理常常陷入“一管就死，一放就乱”的怪圈。有时候，一些科研人员因为贪污滥用巨额科研经费而身陷囹圄；更多的时候，广大科研人员则因为要应付名目繁多甚至荒唐可笑的审查，诸如提前一年或几年给出要开什么会、在哪里开会、多少人出席以及开几天的计划等等，而不能潜心科研叫苦不迭；又如，以行政为主导的科技资源方式往往造成政府职能的越位与失位并存。一方面，“有形之手”常常越过“无形之手”去指定产业技术路线和发展方向，结果事与愿违；另一方面，在“市场失灵”的基础研究、社会公益研究和共性关键技术研究领域，“有形之手”的力量尤显不足——目前我国的基础研究投入不到 R&D 支出的 5%，远低于创新型国家 15% 以上的比例。

在充分调研的基础上，九三学社中央形成《充分发挥市场在配置科技资源的决定性作用，让全社会创新活力竞相迸发的建议》，具体内容如下：

第一，以绩效为导向，建立健全针对不同创新活动的分类评价机制，改进科技资源配置方式。对于基础研究，要不断完善同行评议，逐步规范国际评估体系并加大推广实施力度；提高对大学和研究机构固定投入的比例，开展相应的人员职称制度改革。对于产业技术创新，应采取市场评价的办法，以普惠性政策调动企业和社会的创新积极性。如，弱化甚至取消科技进步奖，以减少政府的不当干预；试行“项目贷款制”，即在政府技术创新项目中采用低息或无息贷款形式进行投入，贷款需在结题后偿还，对于转化效益突出的项目，可予减免；通过税收减免、“划线补助”等后端补助方式，实现市场对技术创新成果的评估、筛选和激励；总结科技银行试点示范经验，加快推广混合所有制的科技

银行发展；进一步细化落实政府采购政策，发挥政府采购对创新的激励作用。

第二，推进应用型研发机构市场化、企业化以及研发成果资本化。支持大批小微科技企业和新型研发组织进入应用研发的各个环节，做优做强科技服务业；推进技术市场建设，明确产权关系，促进产权交易；尽快推广知识产权法院，大力发展知识产权经营企业，提高知识产权特别是公知公用知识产权的利用率。

第三，加快构建跨部门的、共建共享的国家科技信息系统，实现国家科技项目信息和管理信息的互联互通，提升科技计划项目相关信息的公开透明程度，加强科研经费分配的统筹协调，避免分散和重复。

第四，对基础性、战略性、公共性和前沿性的科技项目和平台建设，应由政府直接投入，但要加强统筹，避免重复低效立项，而具体实施可交由第三方负责。可参照国家自然科学基金委员会的模式，针对重大工程技术、重大专项、关键共性技术研究等组建若干专项基金委员会，负责相应项目的实施。有些公共平台可以交给企业实施。要加强顶层设计和力量整合，建立少量真正有实力的国家实验室。

第五，释放科研人员创新活力。不要搞很多人才项目给人才“贴标签”，要让真正有创新能力、有创新意识的青年人才通过竞争脱颖而出，逐步形成公平公正的人才选拔、使用、晋升和利益分配机制；实施一些特殊的激发科研人员创新活力的政策，如科技人员依靠财政资助项目的成果进行创业，知识产权可完全归创业者个人；高校院所研究人员可在科技企业兼职，等等。

2014 年 3 月，九三学社中央提交的这一提案，成为全国政协会议“一号提案”，并被选为大会发言，引起社会的广泛关注和重视。《求是》杂志还专门邀请九三学社中央主席韩启德撰文，以“充分发挥市场在科技资源配置中的决定性作用”为题，阐述了九三学社对科技管理体制改革的观点。

二、建言深化行政体制改革

经过六轮改革，我国行政体制逐步适应了中国特色社会主义市场经济制度，但行政体制机制中一些长期存在的弊端并未根除，管得太多太细、统得过宽过死，权责定位不清、决策不透明的现象仍然比较突出。新一轮改革把政府职能转变放在了突出位置，大力推进行政审批制度改革，大幅取消和下放审批事项，任期内要将原有 1700 多项审批事项再减少 1/3，彰显了全面深化改革的决心。在中央的有力督促下，各地都全力推进行政审批制度改革，山东省省级审批事项已由 2482 项减少到 543 项，精简近 80%；广州市某类投资审批期限从原来的 799 天缩短为 37 天，取得了明显成效。“简政放权、服务百姓”已成为各地行政体制改革的切入点。

九三学社中央认为，随着改革逐步进入“深水区”，阻力和难度也会越来越大。一方面，以往的改革经验表明，一些地方和部门往往“上有政策、下有对策”，“砍掉”的审批事项不是设立后很少使用或未曾用过的，就是含“金”量不高的，真正的核心权力和利益难以触及；有的玩文字和数字游戏，把多项行政审批“打包”合并，以此展示改革“成果”；有的“移花接木”，将诸如鉴定、评估、检验、检测、认证等审批权下放给所属的事业单位或所主管的社团组织，形成利益共同体；有的则利用“红头文件”，以登记、备案、年检、监制、认定等形式，变相设置审批事项。行政体制改革重点在于自我限权、重新定权，是政府的自觉革命、自我革命，是一场“革自己命”、“割自身肉”的改革。

另一方面，政府职能转变要求各级政府的执政理念、工作作风和办事方式要相应改变、与时俱进。长期以来，一些部门更愿意当头疼医头、脚痛医脚的救火队员，却没有当管则管的担当，缺乏该理则理的意识。一些该管的事没管好，公共产品和服务提供不足，社会管理比较薄弱，权力部门化、利益化的问题仍然存在，机构臃肿、人浮于事的问题仍然比较突出。特别是伴之而生的“懒政”、“庸政”现象，不仅破坏了政府与公众之间的信任基础，也制约了经济社会的健康发展，是政府职能转变中必须逾越的屏障。美国上世纪九十年代在全国范围内开展“政府再造”运动，原因就是政府效率低下、服务意识淡薄，官员失去了应有的工作积极性和创造性，形式主义、官僚主义严重，民众对政府的信心大幅下滑。李克强总理说：“改革不仅要取消和下放权力，还要创新和改善政府管理，管住管好该管的事。放和管两者齐头并进。”不仅“放”要有积极举措，在“管”的方面，也要把勤政务实当做一面镜子，照照“懒政”、“庸政”陋习。

九三学社中央经过深入调研，形成《关于深化行政体制改革的建议》，并提交全国政协十二届二次会议，提出以下建议：

一是要以“踏石留印、抓铁有痕”的坚定决心，理顺政府与市场、与社会的关系，形成权责一致、财权与事权匹配的政府职能划分体系，真正转变职能，让“政府的归政府、市场的归市场、社会的归社会”。

二是要从源头抓起，多听民声、民意。小平同志曾谈到“改革的标准，就是看人民拥护不拥护，赞成不赞成，高兴不高兴，答应不答应”。全面推进行政体制改革，要广纳人民群众的智慧，推进行政审批信息公开，切实保障公众的知情权、监督权，保证决策透明。

三是要勤政。在大幅度取消和下放行政审批事项的同时，要克服懒政、庸政，坚持干实事、求实效，大力发扬求真务实、雷厉风行、脚踏实地、埋头苦干的工作作风，切实管好该管的事情，杜绝出现“一放就乱、一乱就收”的怪圈。

四是要建立长效机制。要着力加快相关法律法规建设，完善科学民主的依法决策机制。对于重点领域、关键环节，更应充分发挥中国特色社会主义民主政治的优越性，让部分熟悉相关领域的政协委员、人大代表参与相关改革方案的设计、论证、修改、制定，发挥协商建言、民主监督的重要作用，建立依法行政的长效机制。

2014 年 3 月，九三学社中央提交的《关于深化行政体制改革的建议》，入选全国政协《重要提案摘报》，受到有关部门的高度重视。

三、建言利用大数据等现代技术提升政府治理能力

大数据技术是一种通过对海量、动态、高增长、多源化、多样性数据的高速处理，快速获得有价值的信息，增强洞察力、决策力和流程优化能力的技术手段。近年来，大数据与云计算、物联网、移动互联网等技术结合，发展迅猛，对全球经济社会产生巨大影响，

已经引起不少国家的高度重视。2012 年美国将发展大数据技术确定为国家战略，2013 年日本公布以促进大数据广泛应用为核心的“创建最尖端 IT 国家宣言”，韩国启动建设国家大数据中心，英、澳等国也积极跟进。中共十八届三中全会指出全面深化改革的总目标，是完善和发展中国特色社会主义制度，推进国家治理体系和治理能力现代化。政府治理体系和治理能力是国家治理的重要方面。大数据技术在政府治理方面蕴藏着巨大应用潜力和创新空间。在我国政府信息化建设已有的基础上，重视并应用大数据等现代技术，对促进政府科学决策，改变政府管理理念和治理模式，消除部门间制度藩篱，加强监管能力，发挥市场在配置资源中的决定性作用，势必产生重要的推动作用，不仅契合全面深化改革的总目标，也将加速管理型政府向透明、效能、服务、责任型政府的转变。

为进一步深入了解情况，2013 年 10 月和 2014 年 4 月，在中央统战部的支持下，九三学社中央主席韩启德率九三学社与国家发改委、科技部、工信部、公安部、民政部、财政部及国家统计局等部门组成的调研组，就“利用大数据等现代技术提升政府治理能力”问题，先后赴上海、北京、广州、武汉和珠海等地，对 6 个城区、40 余个部门、70 家企事业单位进行调研并召开了十余次座谈会。

九三学社中央通过调研了解到，在我国信息化水平最高的北上广等地，各级政府十分重视并大力推进大数据等现代技术在政府治理中的应用探索，企业和科研院所参与热情高涨。广东省于 2012 年在全国率先启动大数据战略，广州市《实施大数据战略工作方案》也即将出台；上海市于去年发布了《推进大数据研究与发展三年行动计划》；北京市已有 29 个部门公布了 400 余个数据库，中关村也成立了大数据交易产业联盟，发布了《关于加快培育大数据产业集群，推动产业转型升级的意见》。从各地目前已有的实践来看，以大数据等现代技术提升政府治理能力的潜力巨大、意义重大。一是揭示出与传统不同或难以展现的关联，增强政府决策的科学性。二是提高政府监管市场、建立公平竞争环境的能力。三是增强公共管理和服务能力，达到个性化和精准化服务的要求。四是提升社会管理水平，为社会治理体系现代化和保障国家安全提供技术支撑。五是提升污染监控和环境保护成效，推进生态文明建设。

调研和座谈中，九三学社中央也了解到一些亟待重视的共性问题，并在深入分析研究的基础上，形成了《关于利用大数据等现代技术提升政府治理能力的调研报告》，提出了相应的对策建议：

第一，以政府治理应用为切入点，制定国家大数据发展战略。目前，对大数据等现代技术仍然缺乏全面的认识。一项针对我国主要部委信息化部门的调查显示，近 4 成的负责同志并未对大数据提升业务能力予以足够重视，仅有 5.6% 的部门将数据分析视为业务核心竞争力。当发达国家已率先启动以大数据技术为核心的新一轮信息战略的同时，我国部分省市已从政府数据公开、建立制度规范等方面着手，研究地方的大数据发展战略。但在国家层面，亟待形成统筹把握大数据发展趋势、推进大数据应用的整体思路和发展规划。如何充分采集、挖掘、分析和应用埋藏在各部门各领域的数据“矿藏”，保护核心数据不被敌对势力攻击、窃取和利用，将成为影响国家竞争力的重要因素，不仅是未来科技、产业发展的制高点，也是经济发展、社会进步的持续动力，更是事关国家安全的重大问题。

为守护我国的数据资源和信息安全，主动把握大数据带来的提升生产效率、降低经济社会运行成本和提高政府管理效率的战略机遇，在政府治理、科技进步和产业发展中抢占先机，建议一是摸清底数、凝聚共识，尽快将大数据等现代技术应用上升为国家战略，同时把数据主权纳入国家核心利益范畴。组织法律、行政、科研、产业、社会团体等多方力量，研究大数据等现代技术发展趋势，评估和应对大数据对经济、社会、文化、政策法律、国家安全等方面带来的影响和挑战。二是确立以提升政府治理能力现代化为切入点，带动大数据技术进步和产业培育的发展路径，将其纳入“十三五”规划并制定专项规划，制定未来五年或更长时间的发展目标、重点任务、行动计划和保障措施；同时，应特别注重宏观规划、整体设计和资源统筹，引导各地因地制宜并量力而行，避免竞相跟风大建超算中心、数据中心、产业园，再次陷入一拥而上、大干快上的恶性竞争。

第二，完善数据管理机制，为大数据技术应用夯实基础。应用大数据技术，数据的可得和易用是前提。目前，我国大多数部委和省级政府部门的核心业务都有数据库支撑，核心业务数据库覆盖率超过 80%。尽管政府掌握的公共数据量大、面广、价值密度高，但由于技术规范不一致、准确性和一致性差、安全责任不明晰、部门利益不协调等原因，制约了政府各部门、各层级间信息资源的交换共享和开发利用，使各部门成为“信息孤岛”，无法实现数据价值最大化。不少政府部门反映，部门所有制的数据资源分割和垄断制约了政府的协同管理水平、社会服务效率和应急响应能力；很多为政府部门提供大数据服务的企业，或缺乏数据资源，在公开的低价值信息中“沙里淘金”，或苦于多方沟通，耗费大量成本；为上级政府部门采集数据的基层社区，却没有查用整体数据的权限。据调查，有 66.7% 的受访部委认为，目前数据管理最大的挑战是数据的开放与共享。

优越的政治体制决定了我国推进数据共享的执行力会更强、社会经济效益会更显著。实际上，部门数据的集中和共享在技术上并不是问题，转变观念才是关键。在云计算等现代技术的支持下，不必颠覆现有体制，将各部门分散的设备、资源集中部署，而应以理顺体制、健全机制为重点。为此建议，一是在国家层面确定数据资源监管机构（例如国家网安办的下设部门），统筹各类信息化平台项目规划，逐步规范数据业务流程。二是按照“一数一源，一源多用，授权使用，分层管理，分级应用”的原则，构建政府数据部署和应用模式，明确不同类别、不同层级政府部门在大数据建设中的定位，建立数据保密、授权和风险分级管理机制，加强敏感数据和数据跨境流动的监管，完善政府大数据应用框架机制。三是出台大数据技术、协议、标准等规范，统一政府各部门数据编码、处理、共享、交换标准。四是从数据积累丰富、质量较好、应用需求迫切的部门起步，依托各部门已有的数据库和电子政务资源，逐步整合数据存储处理业务，构建完整的、系统的、多层次的公共云平台体系，汇集各部门数据，打造集中与分布式相结合的政府信息资源服务系统，对内共享交换，对外协同服务。五是建立数据安全保障机制。随着情报监控、黑客攻击愈演愈烈，除了建立安全技术防范体系、加强安全监测、管理，特别要加强身份认证与访问控制系统建设，确保信息使用过程可监控、可溯源；同时要加强数据备份容灾中心建设。六是定期对政府数据共享交换、数据质量、部门合作、应用成效以及数据安全等进行评估，纳入绩效考核。

第三，重视大数据带来的伦理－法律问题。大数据技术作为一把双刃剑，要转化为现实生产力必须依靠完善的法律保障。随着大数据技术应用的不断深入，有关数据产权、数据公开、数据使用、数据安全等方面法律法规缺失问题越发突出。例如，上海的低保户经济状况核对系统，由于受相关法律约束，难以与其他部门共享个人和家庭经济状况信息。同时，大数据对隐私的窥探和暴露与大数据产生和应用的特点密切相关，必然冲击现有的管理方式、社会制度以及法律体系。因此，为造福社会公共利益、推动科技进步，在一定程度上让渡个人隐私数据十分必要，但必须在法律规范下进行。需要注意的是，在大数据时代，个人隐私数据既可能从个人获得，也可能通过对多个相关数据分析获得，而数据一旦建立，就会广泛扩散、长期留存，甚至影响子孙后裔。

目前，许多国家都制定了针对政府信息公开、公民个人隐私和企业商业秘密保护的法律。而我国在信息公开与保护立法层面，则同时面临厘清相关保护范围和对象，以及与大数据现代技术接轨的双重压力。在法律层面，我国只有针对国家秘密的《国家保密法》，缺少关于个人隐私和商业秘密的专门法律；在专门的行政法规和部门规章层面，只有针对政府信息公开的《政府信息公开条例》及一些部委的实施办法，约束力度不足，没有专门的个人信息和商业信息保护法律法规，相关的内容多散见于一些非专门法律法规中；关于数据所有、采集、存储和使用权责方面的法律也是空白。信息数据保密和公开的法律基础薄弱，且针对技术进步的法律修订滞后。

在政府治理中合理运用大数据，必须在法律框架下清晰界定使用的边界。应借鉴国内外相关经验，稳妥推进国家层面的数据立法。一是厘清公民隐私权和知情权的界限，加快制定涉及个人隐私、商业秘密和政府保密数据采集、使用和保护的基础性法律；在《政府信息公开条例》基础上制定《政府信息数据公开法》，保证政府数据在风险可控原则下最大程度公开，同时明确个人和企业必须公开数据的条件、范围和保障。二是制定关于数据产权归属、转让和涵盖数据采集、存储、加工、传递、检索、授权应用等环节的法律法规，明确数据拥有者、使用者、管理者、知情者、投资者等各方的责任权利义务，建立符合中国国情的信息数据法律体系。三是在立法、司法和执法环节中加大对信息数据造假、泄露、窃取和盗版侵权等活动的打击力度，保障个人、企业和国家数据安全。

第四，加大对技术攻关和人才培养的支持力度。大数据技术和人才支撑，既关系到政府治理能力和产业竞争力，又关系到国家安全。调研中不少部门和企业认为，我国在数据科学领域的研究水平并不逊于发达国家，甚至在很多方面领先国际。尽管如此，我国技术攻关和人才培养力度仍待加强。一是大数据技术研发方面有待突破。二是支撑我国大数据平台的软硬件仍然受制于人。三是数据科学与工程领域的专业人才尤其是复合型人才匮乏。

为此建议，一是成立国家专项科研基金，大力支持数据科学的基础性、关键性和前瞻性研究，例如海量数据存储分析、数据质量评估、数据脱敏、深度学习、隐私保护、知识图谱、语言处理以及节能计算等关键技术。同时，要加大对大数据安全技术和基础设备方面研发的投入与积累，强化核心技术自主可控原则，注重安全技术储备，逐步实现核心软件、关键设备国产化。二是在高校设立数据科学和数据工程专业，建立学科体系，注重跨学科的复合型人才培养，并将数据科学、数据工程等专业列入紧缺人才专业方向目录。建立数据分析师等职业资格认证体系，鼓励培训机构开展数据人才培训。三是组建产业联盟，构建大数据技术的“政、产、学、研、用”联动机制，抓住大数据技术在政府治理方面创造大量需求的机遇，以应用刺激人才培养、促进技术研发。四是围绕数据思维模式和数据技术能力等方面，对信息化、统计和决策管理等部门的人才队伍开展培训。五是在国家科技投入中，要特别对小微科技企业予以倾斜。

第五，充分发挥市场作用，打造新的经济增长点。目前，我国数据资源产权结构单一，市场开放不足，缺乏竞争机制，导致政府数据开发利用的范围小、层次少，数据加工处理能力较弱、分析水平较差、综合应用较少，且多集中在结构化数据，占数据总量95%以上的非结构化数据被束之高阁。同时，有些企业拥有大量行业数据，若政府部门与这些企业加强合作，必将激活各方潜藏的巨大市场价值，并提升政府的决策管理服务水平。

为此建议，一是以产业化、市场化为方向，完善大数据产业政策环境，搭建数据交易市场与平台；放宽市场准入，打破数据垄断，建立以市场为主导的政府数据资源运行机制；按市场规律和风险等级分级开放政府数据资源，授权和鼓励第三方参与政府数据资源开发；向市场购买社会数据及服务（特别是互联网、物联网采集挖掘的非结构化数据，以及结构化处理服务），鼓励基于大数据的服务和运营模式创新。二是在健全市场规则的基础上，选择医疗卫生、金融、食品安全、交通物流、公共安全、社会保障、环境保护等重点领域，借鉴国内外经验，开展大数据等现代技术的重大专项应用示范。例如，在金融领域，各级政府为扶持中小微企业发展投入巨大，但往往忽视中小微企业融资难问题的症结在于信息不对称、信用不清晰。阿里巴巴向中小企业提供的信用贷款服务，坏账率不到1%，大大低于商业银行。应支持此类融资模式探索，在严格保护企业商业秘密的前提下，通过动态采集分析小微企业在金融部门与网络平台上的资金和交易数据，对其信用进行贷前评估，以提供不同额度、低门槛的贷款服务，贷后跟踪监督；在条件成熟时将贷款信用记录与银行征信系统联网。这种基于大数据的金融业创新，有助于化解小微企业融资难问题，以信息对称和数据透明遏制市场风险。在食品安全领域，借鉴上海食品监管系统经验，在《食品安全法》中明确食品安全领域大数据的采集、应用和公开等环节，建立全国性的食品安全追溯体系。在社会管理领域，以广州市黄埔区等先行地区的视频监控系统和“三化”系统为基础，结合网络舆情分析、人像数据库建设和识别技术创新等，构建覆盖全国的治安和社会管理大数据系统，应对日益严峻的反恐形势，等等。通过类似重大专项行动，挖掘政府和社会的需求，以应用为导向，以点带面推动大数据产业发展，提升政府治理能力和市场创新活力。三是在推进电子政务、“宽带中国”、“三网融合”等工程建设的同时，应充分利用网络设施不受地域限制的优势，统筹设施资源配置，力求存量资源利用最大化；对投资量大周期长、技术更新快的大数据技术基础设施综合评估、量力而行，避免过度超前。

2014年5月，九三学社中央向中共中央、国务院报送了该调研报告，得到了中共中央领导同志的重视和批示。6月12日，全国政协召开第十三次双周协商座谈会，以九三学社中央“利用大数据技术提升政府治理能力”的调研课题为议题。中共中央政治局常委、全国政协主席俞正声主持会议。全国政协副主席、九三学社中央主席韩启德，全国政协政协常委、副秘书长、九三学社中央常务副主席邵鸿，全国政协常委、提案委员会副主任、九三学社中央副主席赖明等出席会议。

四、关注农业面源污染，推动农业绿色发展

随着我国农业快速发展，化肥、农药等农用化学品施用量逐年增加，养殖业规模不断扩大，农业面源污染问题日益突出。同时，农业面源污染问题已危及粮食质量安全，并通过食物链危害人畜健康。2012 年以来，九三学社中央与社湖北、重庆、四川、河南、山东、浙江等多个省级组织就农业面源污染和农业绿色发展问题开展了调研。

经过认真调研，九三学社中央发现，防治农业面源污染面临的问题主要有：

一是污染监测落后。在底数方面，距我国第二次土壤普查已经 30 年，耕地质量情况变化巨大，数据亟待更新；在现状方面，尽管通过第一次农业污染源普查，已初步掌握污染情况并建立了国控监测网，但由于监测点位偏少、没有形成多层级监测网络、生活污染源监测缺位、污染负荷评估能力不足等原因，对污染的类型、范围、程度和原因还不能完全掌握，风险预警体系也未建立。调研了解到，一些地区仅能依据农业经营规模和平均水平，估算农药化肥的污染情况；一些地区难以拿出地膜污染的数量和分布情况的准确数据；大部分地区无法综合评估面源污染排放的环境影响。若面源污染底数不详、现状不明、趋势不清，则科学防治无从谈起。

二是统筹衔接不够。农业发展与农业面源污染防治“不合拍”问题突出，前者由农业部门主抓推动，后者则涉及多个部门，在基层涉及部门更多，成为“九龙治水”的典型，造成农业面源污染防治往往“就事论事”，重视末端治理，对源头和过程管理不足，缺少与生产环节的统筹，缺乏各个环节技术的系统整合和集成配套。例如，在三峡库区及其上游流域水污染防治规划中，几乎全部资金都投入到“治”，对“防”基本没有安排。在治理化肥、农药污染方面，往往单纯强调控制化肥、农药使用，没有把污染防治与改变农业生产方式和优化种植制度有机结合，没有与农村土地制度及农业经营模式改革联动。在农业面源污染负荷评估中，由于管理体制分割，导致水文、地质、气象等各方长期积累的数据难以共享。此外，农业面源污染最大特点是呈区域性，各种污染相互交织，单一措施很难解决问题。调研发现，目前面源污染防治多采用局部小规模、单项技术推进，未从区域层面采取综合性措施统筹施策，导致农业面源污染防治效果不明显。

三是政策手段单一。现行面源污染防治工作仍主要依靠自上而下的行政手段，缺乏长效的法律保障和经济调节手段。例如，尽管全国已有 24 个省份出台了农业生态环境保护条例等地方法规，但国家层面尚无农业面源污染防治专项法规，有关标准、权责亟待清晰界定。同时，我国不缺乏环境友好型技术和产品，但由于缺乏必要的生态补偿机制，导致自上而下的推广模式难以激发企业和农户的积极性。调研了解到，修建年存栏 1000 头的养猪场配套沼气设施，大约需要投入 30 万元，运行成本也很高，就畜牧业的微利经营现状而言，仅靠企业很难独立支撑。尽管中央每年对农村沼气工程的设施建设投入不少资金，但建成后就推向尚未发育的市场，导致运营困难，成了“晒太阳”工程。另有一些企业反映，普通化肥没有计入环境成本，而有机肥缺乏政策扶持和质量标准，致使有机生态肥相比普通化肥在价格上毫无竞争优势，市场推广困难；同时，部分利用养殖场畜禽粪便简易加工的有机肥重金属和抗生素超标，造成耕地二次污染。加厚地膜和可

降解农膜推广、地膜回收等都面临同样问题。

四是资金投入不足。目前，污染防治资金投入重城市、轻农村，重点源、轻面源现象普遍，农业面源污染防治仍然缺乏专项资金支持。例如，在南水北调中线工程水源地，据估算年均直排人畜禽粪便超 3 千万吨、流失化肥超 6 万吨，但在《丹江口库区及上游水污染防治和水土保持“十二五”规划》的投入中，用于农业面源污染防治的投入仅占总额的 1.7%。三峡库区每年分别有 60% 和 90% 的化肥和农药流失到环境中，库区及上游流域农业面源污染占污染物总量 30% 以上，占入库污染负荷的 60%，但其防治投入仅占总额的 5%。受经费制约，宜昌等地在三峡库区开展的多个农业面源污染监测防治项目，也只停留在基础性取样和小面积试验工作上。

九三学社中央认为，应从经济社会发展的全局性高度，将农业面源污染同大气污染、水体污染并列，作为影响我国可持续发展和国民健康的重大污染威胁，大力提升防治力度。2014 年 7 月，九三学社中央向中共中央、国务院报送了《防治农业面源污染，推动农业绿色发展》的调研报告，提出以下建议：

一是重视农业面源污染防治的顶层设计和制度保障。在中央“三农”政策中，将农业面源污染防治作为粮食增产、农业增效、农民增收的重点任务之一，以环境保护和农业发展双赢为根本原则。打破农业面源污染治理中部门单项措施各自治理现状，由农业部门牵头，发改、财政、国土、环保、水利、住建、林业、供销等相关部门按照“各负其责、整体推进”的原则，整合信息、科研、人才、资金等资源，建立农业面源污染防治工作体系。在总结“十二五”防治工作经验和不足的基础上，立足各区域面源污染、国土、大气、水资源差异化的现状及趋势，编制“十三五”农业面源防治专项规划和耕地修复和保护专项规划，加强源头防控、过程阻断和末端治理，将任务分解到各部门、落实到各地方；对农药化肥使用、农资废弃物、耕地污染面积等确定可量化、可报告、可检查的总量或单位减量目标。加快推进农业面源污染防治立法，系统地明确管理体制、经费保障、监测评估、标准规范、应急措施等具体内容。在《生态补偿条例》中加入农业生态补偿内容。明确将农村环境保护纳入领导干部考核体系。

二是提高农业面源污染监测能力，准确掌握底数、现状和趋势。专项支持农业面源污染长期动态监测网络体系建设，就农业面源污染的产生机制、排放特征、迁移变化规律、防治技术等进行系统研究，建立污染风险等级评估体系和污染预警体系。组织高校、研究机构、环保专业服务公司，共同开展监测网络的建设与运行管理。尽快启动第三次全国耕地质量普查。建立并完善国家农业面源污染和土壤肥力数据库。

三是着力推动农业生产和农村发展方式转变。推广成熟适用的清洁生产技术和循环发展模式，促进农业生产生态化。一些新型应用技术、生产模式，不仅实现农业生产全过程无污染物排放，有效改善土壤性能，还减少化肥等外部生产资料投入，并带动农民致富。例如，濮阳等地探索的“畜—沼—电—农”模式，也为耕地面积较大的地区提供了借鉴。在太湖地区水网区稻田试点的系列生态技术，可减少化肥、农药等投入 50%，秸秆综合利用率达 90%—95%。在生态良性循环的前提下，扶持特色农产品开发、观光农业发展，促进农村生态产业化。例如，湖州发挥生态资源优势，培育形成十大乡村旅游集聚示范区，呈现“一县一品、一区一特”格局，走出乡村度假特色发展道路。应鼓励各地因地制宜地采取有效措施，应用生态农业技术，沿着标准化、产业化的方向，推广集污染防治与耕作制度改革、水肥管理、种养结合等于一体的循环农业、生态农业发展模式；延长农业产业链，促进一产“接二连三”，发展具有区域特色的生态经济。

四是优化财政投入，推进农业生态补偿机制建设。调整农业财政投入，引导农业逐步转向重质量、可持续的发展方向。考虑到农业面源污染防治长期欠账，各级财政预算安排的农村环保资金应高于同期财政总收入的增幅，并规定最小比例。面向集约化畜禽养殖、废弃物循环利用、环境友好型农资生产、绿色有机食品生产、环境修复等行业，分类降低增值税税率、减免其他税负。对农村沼气网点运行实行补贴，走公益性和经营性结合发展的道路。以现行补贴政策为基础，探索构建农业生态补偿机制。建议现阶段按照“社会受益政府补偿”原则，在现有测土配方、农村沼气工程基础上，对农药化肥施用限量，采用配方施肥和施有机肥，选用高效、低毒、低残留农药、生物农药和加厚地膜、可降解农膜等生态环保产品，回收药肥包装、残膜和其他废弃物的农民或经营组织给予补贴。借鉴碳交易经验,引进市场机制实施面源污染治理。设立农业生态补偿基金，吸纳民间资本，探索社会化治理模式。利用生态补偿机制对需求端直接补贴，充分调动农民防治污染的主动性，激发环境友好型技术产品研发和农技推广体系的活力。

五是以点带面，启动国家农业面源污染防治重大工程。受资金、技术等客观条件制约，目前还没有能力在全国范围内全面推进农业面源污染防治工作。为此，建议选择一些生态敏感脆弱的重大工程地区（如南水北调水源区、三峡库区、三江源等地区）和农业面源污染重点区域（如粮食主产区、集约化养殖重点区、蔬菜及设施农业重点发展区），建设一批国家农业面源污染综合治理示范区，以点带面，带动周边区域治理工作开展，分阶段、分区域循序渐进地推进农业面源污染防治工作。

该调研报告上报后，得到中共中央有关领导同志的重视和批示。

五、关注黄河下游滩区扶贫开发问题

黄河下游河道“善淤、善徙、善决”，自有历史记载以来，发生过26次大的改道，影响面积约25万平方公里。为使河道具有较大的行洪、滞洪能力和泥沙堆积空间，历史上采取“宽河固堤”治理方式，形成目前的主槽较窄、滩地很宽的黄河下游河床形态。黄河下游有120多个大小不等的滩地，滩区（含封丘倒灌区）占下游河道总面积85%以上，涉及河南、山东两省42个县（区），1954个村庄。国务院2013年批复的《黄河流域综合规划（2012—2030年）》（以下简称《规划》）确定的滩区面积3154平方公里、人口189.5万。滩区是黄河安澜功能的重要组成部分，担负着保障黄河下游冀鲁豫苏皖5省1亿多人口生命财产安全的重任。九三学社中央在滩区开展同心康复行动时，关注到了滩区贫困问题，于是决定将其作为一个重要的参政议政选题进行调查研究。

2013年11月和2014年8月，根据九三学社中央主席韩启德指示，九三学社中央分别与九三学社河南、山东省委，邀请国务院扶贫办有关司局负责同志、黄河水利委员会（以下简称“黄委会”）有关专家，赴河南省濮阳市濮阳县、范县、台前县，山东省菏泽市东明县、鄄城县、牡丹区就黄河下游滩区（以下简称“滩区”）扶贫开发问题进行调研。

在调研中，九三学社中央发现，滩区经济社会发展滞后，贫困问题突出。滩区属黄河河道范围，《水法》、《防洪法》和《河道管理条例》等法律法规对滩区建设做出很多禁止性规定，工业项目不能落户滩区，基础设施项目一般不在滩区安排，导致滩区水利、交通、电力、教育、卫生等基础设施严重滞后。滩区发展面临几个突出问题。一是灌溉难。由于水利基础设施长期投入不足，很多农田“守着黄河浇不上水”。二是交通难。不少乡村道路、甚至县乡公路或年久失修或未硬化，村民出行难、农产品运出难。例如，鄄城县旧城镇46%的村庄（大多在滩区）没有通公路。三是安居难。滩区建房需取土筑台，建设投资大、使用周期短，许多农户“三年攒钱、三年筑台、三年建房、三年还债”，祖祖辈辈陷入“建了拆、拆了建”的安居窘境。四是上学难。例如，鄄城县鱼骨村位于黄河西岸，学生在村内只能上到小学三年级，三年级后须过浮桥到河东董口镇上学；学生过桥常在载重大车中穿行，十分危险；每到黄河汛期，浮桥拆除，学生只得被迫提前放假。受家庭收入低和办学条件差的双重制约，滩区人口文化程度很低。五是娶媳妇难。由于贫困，滩区姑娘出去打工不愿回来，外地姑娘不愿嫁进来。大龄村民成不了家已成为滩区的一个突出社会难题。

近年来，各级政府加大了滩区扶贫开发力度，但滩内外经济社会差距仍然很大。2012年，河南省滩区人均公共财政预算收入290元，仅为全省平均水平的15%；人均公共财政支出366元，仅为全省平均水平的7.7%；滩区农民人均纯收入4251元，为全省农民人均纯收入的56.5%；其中濮范台滩区农民人均纯收入为3319元，最贫困的台前仅3019元，为全省农民人均纯收入的40.1%。

调研注意到，滩区地方政府和村级组织扶贫攻坚的决心很大，但苦于财力有限，心有余而力不足。同时，滩区人水争地矛盾突出。滩区群众世世代代在洪水风险中求生存，形成了与洪水共存的生产生活方式。随着滩区人口的自然增长，滩区群众对土地的渴求越来越大，很多河边地、嫩滩地被开垦为耕地。为保秋粮修筑生产堤成为滩区群众迫不得已的选择，截止2004年，滩区生产堤已达882.58公里，成为影响河道行洪安全的隐患。同时，为修筑房屋避水高台，村民不断从滩内取土（一般一个房屋的避水台需挖6亩地的土），形成一个个洼地，导致原本有限的土地被废弃。因此，无论从滩区群众的生存发展，还是从保障黄河安澜功能的角度来看，都需将滩区部分人口逐步分类外迁和就近相对集中安置。但人口搬迁将是一个长期过程，且不可能将所有的滩区人口都移至滩外，所以滩区部分群众依靠滩区土地生存和发展的状况将是长期的，必须依靠滩区的土地高效、优化利用来谋发展、脱贫困、奔小康。

九三学社中央认为，解决滩区的问题应统筹处理保障黄河安澜功能与加快滩区脱贫致富这对尖锐矛盾，采取特殊措施，制定优惠政策，多管齐下，以现代农业的经营制度和生产方式创新，提高滩区群众与洪水的共存能力，加快滩区经济社会发展。在调研基础上，九三学社中央于2014年形成《关于黄河下游滩区扶贫开发的调研报告》，提出如下建议：

第一，明确中央和地方事权，落实滩区搬迁及就近安置任务。长期以来，在国家和地方的少量补助下，滩区老百姓主要靠自身的力量筑台建房，但大多未能妥善解决防洪安全问题，还因反复筑台建房导致更加贫困。《规划》提出外迁、就地就近避洪、临时撤离三种滩区人口安置方式。按照《规划》，现有滩区人口中，已有28.24万人达到或接近安全标准，而需安置的人口为161.3万人，其中，外迁安置人口35万人，就近就地滩内建设村台安置84.1万人，采用临时撤离措施安置42.2万人。在落实人口搬迁及安置规划过程中，应吸取以往因安置不当、没有就业，搬迁群众返滩的教训，总结各地的一些可行探索，确保搬出去的居民有就业、有保障，稳得住、不反弹；留下的居民住得安、有发展，能致富、有保障。为此建议，一是明确保护滩区群众的生命财产安全为中央事权。黄河治理属于中央事权，将滩区安全事权作为中央事权是合法合情的。中央政府的职责应包括，提供安置用地、负责安置补助，以及统筹协调搬迁群众的就业、上学等公共事务和医疗、养老等社会保障。二是调整并细化《规划》确定的外迁及安置任务。统筹考虑滩区不同区域的地情、农民外迁或就近安置的费用、未来生存发展需要的投入等因素，实事求是地调整确定外迁或安置人口数量、补偿标准，制定明确的实施时间表。特别需要注意的是，应充分考虑今后农业规模经营、集约化经营后，农业劳动力需求减少的趋势，合理测算就近安置农业人口的数量。例如，濮阳滩区现有务农人口15.2万，据测算只需5万人从事农业生产即可。因此,应在充分论证的基础上,编制《黄河滩区居民迁建专项规划》。三是有关部委应作出相应事权财权安排，在实施防洪工程时，同步安排滩区村台及台上基础设施建设。四是搬迁安置资金应主要由中央财政负责。通过中央财政、地方财政、节余建设用地指标筹资、部门项目资金整合和群众自筹等5个渠道共同筹措。五是配套产业应与外迁安置小区同步建设；社会保障要和人口迁移同步到位。在外迁人口安置地，要就近配套扶持一批劳动密集型企业，确保移出去的居民稳定就业，避免外迁人口返滩。

第二，以做优做强现代农业为抓手，做好“一产接二连三”文章。滩区土地“一地两用”,黄委会和地方政府各自行权,常常相互掣肘,弱化了综合治理成效和协调发展能力。从实际情况来看，一方面，滩区一产非常脆弱，二三产业极不发达，缺少发展的产业支撑；另一方面，滩区土地成方连片，环境污染少、生态条件好，土壤肥沃，劳动力相对丰富，具有良好的涉农产业发展基础。为此建议，一是将滩区纳入国家重点扶贫计划，实施整建制扶贫。《国务院关于支持河南省加快建设中原经济区的指导意见》(国发〔2011〕32号)，提出建设濮范台扶贫开发综合试验区，但至今未出台国家层面的具体支持措施，且范围仅限于濮范台三县，应将试验区扩展至整个滩区，实施整建制扶贫。制定“黄河下游滩区发展规划”，并列入国家“十三五”规划。同时，河南、山东两省也应加强统筹协调，切实加强滩区的省内对口扶贫开发力度。二是着力扶持以现代农业为核心的滩区一、二、三次产业发展。应大力扶持一批生产经营链条长、深加工增值高、辐射带动能力强的农工商紧密结合的产业。三是破除一些不利于滩区发展的政策性障碍。目前，滩区大量土地被划作基本农田，仅濮阳市滩区土地中基本农田就占94%。受《基本农田管理条例》规定限制，滩区耕地种植结构粮经比偏高，加上人均耕地少，滩区农民很难借此脱贫。应根据滩区的实际情况，尽可能将滩区土地作为一般耕地和其他农用地。鼓励农民将土地承包经营权以出租或入股形式,流转给农业企业经营,既增加农民土地财产性收益,又促进农业规模经营。围绕优势农业，大力扶持农业专业合作社发展。四是支持滩区在遵守《中华人民共和国河道管理条例》的前提下，发展生态休闲旅游业，开辟新的经济增长点，促进农民就近就地就业。

第三，尽快完善滩区的基础设施。滩区生产生活基础设施历史欠账太多，要同步实现小康，必须采取特殊政策和措施，合力攻坚，尽快使基础设施有明显改善。为此建议，一是编制实施滩区基础设施建设规划。生产基础设施既要满足现代农业发展的一般要求，又要符合滩区行洪的特殊要求。生活基础设施标准应高于滩区现行标准，防止短期内反复折腾“翻烧饼”。二是建立中央和地方的统筹协调机制。整合项目资金，统筹实施一批必需的基础设施项目。三是从实际出发安排必要的农业、水利、交通等项目进入滩区；对农业、水利、交通、教育、卫生等项目取消地方配套。四是开展土地整理，改善农业生产条件。近年来，有关部门在滩区实施了一些土地整理项目，但仍有大量土地亟待综合治理

第四，推进科技扶贫，强化滩区发展的科技支撑。目前，滩区农业生产方式落后，亟须强有力的科技支撑。为此建议，一是将滩区发展的科技支撑问题作为科技专项，尽快研究并组织实施。集中推广一批成熟的技术，提高科技在滩区农业经济增长中的贡献率。二是采取多种形式的科技帮扶措施。国家和省级农业科研机构选派人员进驻滩区，重点研究滩区盐碱地及沙化地治理、黄河富营养水利用、生态产业发展等问题；将滩区作为科技特派员制度实践基地，选派一批中青年科技人员驻点指导农业生产；鼓励科技型农业企业到滩区发展，带动农民依靠科技脱贫致富。三是定向研制符合滩区农业生产的设施装备，满足洪水漫滩时不受或少受影响，或者方便迅速移出的条件。四是建立符合滩区特点的发展风险基金，以及安全与生产保险制度。滩区运用现行补偿政策的效果具有或然性，难以“刺激”居民放心、放胆“试水”高效益与高风险同时存在的经济发展路径，不利于农业科技成果的推广运用。有必要由中央、省级政府和水利部门共同出资设立专门的滩区发展风险资金，帮助滩区抵御发展中遇到的一些特殊风险。

第五，持之以恒地抓好教育和培训扶贫。由于小浪底水库下游支流时有发生较大洪水的可能性，且小浪底工程的营运后期，大量泥沙随水下泄可能性增加，滩区漫滩的威胁将是长期的，再加之滩区土地的农业人口承载量有限，因此，必须通过教育和培训，大力提高滩区居民的文化素质和就业技能，使更多的群众凭知识和技能自然地离开滩区。为此建议，一是巩固“普九”教育。由中央、省两级财政拨付专项资金，完善一批寄宿制完全小学和初中，对困难家庭子女发放生活补贴，保证每一个适龄少儿都完成义务教育。对未受完义务教育辍学的人口，只要个人自愿，均可免费续学。二是切实落实国家的贫困“两后生”（初高中毕业生）职业教育和培训扶持政策。三是鼓励职业学校在滩区地市乃至较大的县设立校区，便利初高中毕业生接受职业教育。四是根据当地产业特点和城镇化需求，加强农民工技能培训。据调查，当地外出农民工中绝大部分从事建筑业、加工业、低端服务业等体力劳动，且处于一种“候鸟式”的就业状态，很多人年老后仍回到滩区。应有针对性地免费为滩区外出务工人员提供技能培训，提高就业的技术含量，增加务工收入，使其能够在城镇长期稳定地工作生活。

《关于黄河下游滩区扶贫开发的调研报告》报送中共中央、国务院后，得到了中共中央领导同志的重视和批示。在九三学社的大力推动下，黄河滩区移民搬迁标准由原来的每户补贴 3.3 万元（参照淮河治理移民搬迁标准），增加到中央、省补贴资金合计近 10 万元，为黄河滩区扶贫开发迎来难得的发展机遇。

乔发进　九三学社中央研究室综合处副处长

台湾民主自治同盟

一、关注水生态承载力，建言首都水资源保障

水是首都北京实现经济社会可持续发展的战略性资源，也是落实习近平总书记关于首都战略定位目标要求的基础性资源。2014 年，台盟中央赴北京市开展“进一步落实首都战略定位中若干问题研究”民主党派大调研，其中的一个调研专题为“强化水资源保障与水环境治理”。

调研组先后实地考察了东埠头沟河道治理、清河再生水厂、未来科技城滨水森林公园等项目，并与水利部、北京市领导及市水务局等相关方面的同志及有关专家学者举行了座谈。

通过深入实地的学习考察，调研组了解到，北京地处半湿润地区，但由于承载人口过多，属于水资源严重短缺的特大型城市。中共北京市委、市政府认真落实国务院关于 2001 年制定的《首都水资源可持续利用规划》的批复精神，多策并举，着力提升首都水资源保障能力，确保了城乡用水安全。

一是在节水型城市建设上取得突出成果。2000 年以来，在人口增长近 800 万、GDP 增长近 6 倍的情况下，用水总量从 40.4 亿立方米减少到目前的 36 亿立方米左右，新水用量减少近 12 亿立方米；万元 GDP 水耗由 2001 年的 104.9 立方米，下降到 2013 年的 18.7 立方米，用水效率显著提高。

二是在多渠道开源保障供给上取得突出成果。加大再生水、雨洪水等非常规水源利用，年利用再生水 8 亿立方米，占全市总用水量的 20%。

三是在扎实推进水环境治理上取得较突出成果。城区污水处理率达到 94%，郊区达到 51%。城市饮用水水源地保护成效明显，密云水库水质保持 2 类，官厅水库水质由 5 类、劣 5 类提高到 4 类。对北运河——温榆河流域水系综合治理成效显著，流域内 COD 由 2008 年 8.7 万吨降到 5 万吨。

四是在提升全市水的生态服务价值上取得突出成果。目前，永定河“五湖一线”形成 410 万平方米的水面面积。过去五年北京新增的河湖水面面积，相当于原城市河湖水面面积。

五是在建立稳定的投入机制上取得了突出成果。实施《首都水资源规划》所需 125 亿元投资超额完成。南水北调配套工程建设投融资问题得到解决，区县水务专项全部建立。

“十二五”期间，北京还将在全国实现“五个率先”：一是实现境内五大水系连通目标，率先实现水资源优化配置；二是实现污水资源化利用目标，率先达到国内最高应用水平；三是实现生态清洁小流域治理目标，率先达到欧盟国家治理水平；四是实现最严格的水资源管理目标，率先达到节水型社会建设标准；五是实现应用推广高新技术目标，率先完成科技水务体系建设。

但调研组也了解到，北京水资源保障和水环境治理也面临着较大的困难：

一是人口过度膨胀与水资源严重紧缺矛盾凸显。到 2013 年，北京常住人口为 2115 万人，年均可利用水资源量为 37 亿立方米，人均可利用水资源量不足 200 立方米。

二是水环境恶化的严重影响正在逐步显现。由于连续多年超量开采，与 1980 年相比，北京地下水储量减少了 92.4 亿立方米，境内 1347 个泉眼大都干涸。同时，随着污水排放量增加，北京地区平原浅层地下水水质超标面积已达 3075 平方公里，占总面积的 48%。

三是水资源短缺成为京津冀协同发展的首要制约。北京、天津和河北的大部同属海河流域的滦河、海河水系。区域人均水资源量 239 立方米，仅相当于全国平均水平的九分之一。现状用水量 254 亿立方米，已超过水资源承载能力。区域主要河流实测水量比 20 世纪 70 年代减少一半，平原河流约有一半河床干涸，11 个主要湿地水面比 20 世纪 50 年代减少 70% 以上。

调研组在考察过程中的一个突出感受是，北京面临的水资源紧缺形势已经不是南水北调江水进京就能高枕无忧的。为此，结合调研中掌握的实际情况和相关专家的研究成果，调研组提出了如下政策建议：

一是科学分析，针对北京真正水危机之所在进行有效破解。北京最大的水危机并不在“没水喝”，目前 104 立方米 / 人 • 年的自产水资源量可以应付喝水。最严重的问题是，北京的水生态系统可能被逐步破坏。首先，应认识北京最根本的水危机是水生态系统危机。地下水埋深是水生态系统，以至生态系统最基础、最根本的指标。北京自来水 60% 靠地下水，结果是越抽地下水埋深越下降，五环路以内的植被全靠人工灌溉的恶性循环形成。以现在的速度下降，到 2030 年将下降到 50 米以下，是森林系统崩溃的极限。其次，应清醒认识跨流域调水的局限性。对水资源实行人与自然和谐的科学配置，原则上以流域尺度为单元，这是生态学的基本原理。特大城市缺水问题不能依赖跨流域调水来根本解决。其三，对水环境问题的认识与措施应走出误区。最重要的是要善于系统思维，结合实际创新理论的问题。水环境工程科学是一门新学科，它的基础研究不是公共卫生学和化学的简单延长，而是以系统论、生态学、卫生学、水文学、水生物学、统计学、概率论和协同论为指导的多学科交叉综合。具体地说，应加深“生态水”新理念的认识，加深对地下水的认识，以系统论为指导重新认识水环境治理，树立“节水就是治污”的理念，按中央水利工作会议肯定的“水（资源）功能区”治理水环境。

二是结合“十三五”规划的制定，按照以水定城、以水定地、以水定人、以水定产的新思路，创新北京水环境治理的顶层设计、总体规划、路线图和时间表。首先是建议在相关规划制定中突出体现“生态承载力”的新理念；其次是建议按照“节水为主”制定科学的总体规划；其三是建议改革、创新管理与技术路线图；其四是建议建立水环境治理责任终身追究制度；其五是建议突出体现市场在资源配置上的决定性作用，建立循环水产业体系。

三是跳出北京市的空间范围思考问题，把区域水环境体系建设作为实现京津冀协同发展的突破口。首先是在生态文明示范区规划建设上实现突破。可以考虑把整个地区，或者可以选择北京市和周边的几个重要城市，建设一个跨流域的生态文明示范区，为环京经济圈协同发展提供水资源和生态安全保障。其次是在落实把水资源作为发展重要的约束条件上实现突破。在落实京津冀协同发展的国家战略中，充分考虑区域水资源状况和水的制约因素，合理确定人口规模和产业总量规划目标。其三是在节水型社会建设上实现突破。建议在区域内大力推进节水分类分级管理，建立用水目标量化体系。大力推进用水效率控制制度，逐步降低万元地区生产总值和万元工业增加值用水量，提高农业灌溉水有效利用系数。其四是在河湖水系连通工程建设上实现突破。在京津冀的大范围内优化配置水资源，共同修复海河为健康河流。

四是高度重视人民群众在社会治理中的主体地位，发动全社会共同做好北京的水环境保护工作，健全政府、企业、公众共同参与的新机制。

五是运用北运河——温榆河治理成功经验，在2016年前将温榆河修复成一条健康河流。作为国际大都市，北京至今没有一条健康的自然河流（标准是长年不断流、一定流速的水流、两岸构成次原生植被系统）。建议充分运用近年来温榆河治理的成功经验，正式开展温榆河修复工程。

六是建议在北京建立中国第一个生态史博物馆。生态系统修复的重要科学依据之一是当地生态史研究。目前在北京举办了我国第一个生态史展——《北京生态史展》。建议在此基础上，建立我国第一个生态史博物馆，成为北京生态修复的科学依据，作为全国生态修复的科学化范例。

在深入实地调查研究的基础上，台盟中央将相关情况及政策建议形成专题报告《关于强化水资源保障与水环境治理，为落实首都战略定位服务的几点建议》报送中共中央、国务院，得到多位领导同志的重要批示。同时，在习近平总书记主持召开的半年经济工作党外人士征求意见座谈会上，台盟中央也就强化水生态承载力的相关问题提出了政策建议，为强化首都水资源保障积极建言献策。

二、调研科技创新中心建设，落实首都城市战略新定位

2014年2月，习近平总书记在北京考察工作时强调，要明确城市战略定位，并首次把科技创新中心确定为首都的四大核心功能之一，为新时期北京建设和发展指明了方向。

围绕学习贯彻习总书记重要讲话精神，今年，台盟中央围绕进一步落实首都战略定位主题，在北京开展了民主党派大调研。其中的一个调研专题为“强化首都科技创新中心功能定位”。

调研组一行实地考察了DRC工业设计创意产业基地、中国国际技术转移中心，深入了解北京技术市场和设计市场的发展情况，并参观考察了北京新能源汽车科技产业园。调研组还重点走访了以百度公司、小米公司、京东商城为代表的中关村高新技术企业，并在中关村国家自主创新示范区展示中心集中了解了中关村的创新发展历程，以及下一

代互联网、移动互联网和新一代移动通信、卫星应用、生物和健康、节能环保、轨道交通等中关村的六大优势产业。

全国政协副主席、台盟中央主席林文漪，全国人大常委、台盟中央副主席苏辉，全国政协委员、重庆市政协副主席、台盟重庆市委主委、重庆市人民检察院副检察长李钺锋，以及部分台盟地方组织和专委会主要负责人，国家发改委、科技部等国家部委负责同志和有关专家学者共同参加调研。

通过深入实地的学习考察，调研组了解到，近年来，北京市着力深化科技体制改革，加快创新驱动发展，首都科技创新体系建设不断进展与完善。政府层面主动作为，促进科技资源、重大项目和政府资金及政策资源的“三个整合”，加强科技关键要素的协同创新；社会层面积极引导，通过股权激励、政府采购、财税金融等政策机制，充分调动科技人员创新活力、企业创新发展和全社会科技投入的“三个积极性”，激发全社会促进科技创新发展的内生动力；工作层面求真务实，抓好顶层设计、组织实施、科技成果产业化和推广应用“三个关键环节”，推进科技与经济紧密结合。

与 2008 年相比，2013 年北京市自主创新主要指标实现了“六个翻番”：全市高技术产业、科技服务业、信息服务业增加值 4520.9 亿元，占地区生产总值的比重为 23.2%，是 2008 年的 1.6 倍；全社会研究与试验发展经费支出 1200.7 亿元，相当于地区生产总值的 6.2%，是 2008 年的 1.9 倍；中关村国家自主创新示范区总收入 3 万亿元，对首都经济增长贡献率达 25% 以上，是 2008 年的 2.9 倍；专利申请量与授权量分别为 12.3 万件和 6.3 万件，分别是 2008 年的 2.8 倍和 3.5 倍；全年技术合同成交额 2851.2 亿元，是 2008 年的 2.8 倍，占全国的 38.2%。

调研组在实地考察中了解到，北京市在加快首都科技创新体系建设的过程中，形成了两个突出的亮点：一是推动产业高端化发展，二是发挥了中关村的示范引领作用。

首先是着力推动技术市场和设计市场等高端市场发展，充分发挥市场端对创新发展的牵引作用，有力支撑了生产性服务业转型升级和产业高端化发展。2013 年，北京技术合同成交额 2851.2 亿元，占全国的 38.2%。北京市在全国首创统计调研“技术交易增加值对地区生产总值的直接贡献率”，这一数值从 2009 年的 8.7% 提高到 2013 年的 9.4%。北京市在推进技术市场发展过程中，通过立法先行、加强多层次的政策扶持引导，大力加强技术转移管理与服务体系建设，搭平台、建基地、积极推动国际技术转移等措施，不断探索促进技术转移的新机制、新途径。同时，北京市大力发展设计产业，占领产业链高端，成为北京经济发展的新动力与凸显中国特色、首都特点的新名片。2012 年，北京正式加入联合国教科文组织（UNESCO）创办的全球创意城市网络，成为“设计之都”。北京的设计产业分为产品设计、建筑与环境设计、视觉传达设计与其他设计 4 个大类和 12 个中类、90 个小类，首次单独列示工业设计、展示设计、动漫游戏设计等领域，并补充集成电路设计、工艺美术设计等北京特色领域。2013 年全市设计产业收入达 1200 多亿元，从业人员 20 余万人。北京市在加快推进设计之都建设过程中，注重强化规划引导和政策扶持，搭建各类服务平台，大力促进产业集聚，加强人才培养，并以设计之都建设为契机，打造国际化的“北京设计”品牌。

其次，作为我国创新发展的一面旗帜，2013 年，中关村国家自主创新示范区总收入

3万亿元，对首都经济增长贡献率达25%以上。同时，中关村还与国内53个地区开展了战略合作，技术合同成交额80%以上输出到京外地区，规模以上企业在京外成立8300余家分支机构，上市公司75%的收入贡献给了京外，充分发挥了对国家创新驱动发展战略的辐射带动作用。此次考察过程中，调研组体会最深的一点是，作为科技智力资源最为密集的区域之一，中关村从来不缺乏活力，关键是要打破体制机制的束缚，解除科技人才的约束，释放创新创业的内生活力。为此，调研组此次重点了解了中关村在体制机制创新和政策先行先试方面的主要做法与经验，包括初步建立起了跨层级、跨部门的集中统筹工作机制和协同创新组织模式，初步形成促进科技创新和成果产业化的良好政策体系，为全国实施创新驱动发展战略发挥了辐射带动作用。

通过深入实地的考察研究，调研组感到，全国科技创新中心的战略定位决定了北京在国家创新体系建设中肩负着重要责任和重大使命。进一步探索科技体制改革的实施路径，进一步加快中关村国家自主创新示范区建设，率先实现创新驱动，可以更好地服务国家创新体系建设，发挥首都的示范引领作用。

为此，调研组形成了关于强化科技创新中心建设，落实首都城市战略新定位的若干政策建议：

一是以“科技支撑＋高端市场”的模式，推进首都产业高端化发展。

在我国珠三角、长三角和京津冀三大经济圈产业结构中，京津冀高技术制造业主营业务收入占工业比重最低，2012年为9.9%，分别比长三角和珠三角低6.2和16.8个百分点。其中河北仅占2.8%，北京为21.1%，虽在京津冀中最高，但仍低于广东26.7%的比重，与科技创新中心的地位不相适应。应继续优化工业内部结构，提升高技术制造业份额，发挥北京的科技优势，联合天津，带动河北。

调研组建议，统筹规划京津冀区域产业功能定位，在北京需大力发展与首都城市战略定位相匹配的高端市场，如技术市场、设计市场这类高知识性、高增值性和低能耗、低污染的高端服务业。同时，坚持以业控人，缓解首都人口、资源、环境发展之间的矛盾。具体来说，首先是大力发展技术市场，包括制定促进技术市场发展的法律法规，进一步细化完善技术市场“营改增”税收优惠政策，进一步扩大技术转让享受所得税减免的范围，尽快修订《技术合同认定规则》等，以服务全国科技创新中心建设。其次是加快设计之都建设，包括加强知识产权保护，支持公共服务平台建设，加强设计人才培养等，助推首都产业高端化发展。

二是以处理好政府和市场的关系为核心，进一步释放中关村的创新发展活力。

调研组建议，以中共十八届三中全会确定的改革方法论为指导，着力加强创新的系统性和协同性。一方面，系统推进科技创新与体制机制创新，关键是处理好政府和市场的关系，清除制约技术创新的不合理、不科学的制度、政策障碍，进一步释放中关村的创新发展活力；另一方面，强调产学研用和政府部门的协同创新，重点是推动相关政府部门之间的协同配合，改变“铁路警察、各管一段”的现象。

具体来说，建议首先是进一步突破科研成果产权制度的深层次制约，加快推进科技成果转化法修订，在全国范围内授予高校、科研院所等国有事业单位可转化科技成果等无形资产的完整权属。其次是进一步改革政府对科技工作的组织管理模式，其中，产业联盟作为独立的第三方，可以突破条块分割造成的体制障碍，应该作为发挥市场力量、避免“拉郎配”的重要抓手。其三是进一步推进政府部门间的协同创新。在我国科技体制还不完善、部门协作尚不理想的情况下，相关政府部门之间的协同创新显得更为迫切。其中，科技部门要发挥主导作用，多个部门更需协同配合。其四是进一步促进投融资便利化，加大金融创新力度，探索设立由社会资本创办具有独立法人资格的科技银行，进一步促进企业境外直接投资便利化，开展互联网金融监管创新试点等。

在此基础上，台盟中央形成了《关于强化科技创新中心建设，落实首都战略定位的几点建议》专题报告，报送中共中央、国务院，得到多位领导同志的重要批示。同时，在全国政协十二届六次常委会上，台盟中央提交了《以处理好政府和市场的关系为核心，进一步释放中关村的创新发展活力》的大会发言，为发挥首都科技创新体系建设的示范引领作用，更好地服务国家创新驱动战略积极建言献策。

三、聚焦城市服务管理新模式，服务国家新型城镇化建设和社会治理协同创新

围绕学习贯彻习近平总书记在北京考察时的重要讲话精神，2014 年，台盟中央以进一步落实首都城市战略定位为主题，在北京开展了民主党派大调研。其中一个专题调研组以城市精细化管理为重点，先后深入东城、西城、朝阳、海淀等区，考察了东花市、德胜、建外街道，以及南锣鼓巷社区和北京理工大学综合楼施工现场，并召开调研座谈会，广泛听取了北京市相关部门、区县负责同志和专家学者的意见建议，就努力探索社会治理新模式，提高北京特大城市精细化管理水平形成了共识。住房和城乡建设部相关负责同志也参加了大调研活动，并给予了指导和帮助。

调研组了解到，从社会管理到社会治理，虽然只是一字之别，但反映了治国理政方式的转型升级。科技创新中心是首都北京的战略定位之一，也是北京在社会治理工作中的突出优势所在。近年来，北京市以网格化社会服务管理体系建设为抓手，深化科技创新与城市管理模式创新密切结合的探索与实践，有力地加强了对社会建设和社会管理的掌控与主导，为破解特大城市发展难题、建立符合“国际一流的和谐宜居之都”特点和规律的社会治理新模式积累了经验。

北京市的网格化社会服务管理模式，是针对当前城市发展和社会建设存在的薄弱环节和重点难点问题，将每一区域划分为若干管理网格，运用现代信息技术，综合采集“地、事、物、情”等信息，并整合各政府部门及服务单位的职能，及时处理问题，进一步形成政府、社会组织、企业、群众信息共享、协调行动的科学体系，进行精细化服务管理的一种常态方式。

实践证明，网格化社会服务管理模式依托政府对社会资源的动员协调能力和调动能力，团结凝聚社会各方面的力量，针对社会安全稳定存在的薄弱环节和重点难点问题进行综合施策，有力地加强了对社会建设和社会管理的掌控与主导。具体来说，一是实现了社会管理“底数清、情况明”。借助网格化信息系统，及时、全面地掌握了整个区域的人、地、事、物、组织情况和发展、流动趋势，对一草一木、一砖一石的管理都明确了具体

的责任人。二是实现了维护社会安全稳定的目标。开展网格化社会服务管理体系建设以来，基层化解矛盾、维护稳定、服务群众的能力和水平进一步提高，有力维护了区域的政治稳定和社会安定。三是实现了社会服务更加到位。“管理网格化、服务零距离”的思路得到落实，创新社会服务管理与改善民生实现了紧密结合。

调研组了解到，网格化社会管理模式的顶层设计和运作具有几个突出特点：首先是坚持以大数据技术运用为依托，促进社会治理决策科学化。决策不再仅依靠经验和直觉，而是取决于数据和分析，从而实现了“经验管理”到“科学治理”的转变；大数据运用优化了行政资源的使用，使公共支出产生最大的效益；变后端治理为见微知著的前端治理，强化公共服务的科学性和前瞻性。其次是坚持发挥区县主体作用，提高城市管理运行保障水平。在实践中，北京市网格化建设坚持市级指导、区县主导、街道实操的原则，坚持区县作为网格化建设和使用的主体，鼓励各区县立足实际创造性地开展工作。其三是坚持服务导向，注重解决实际问题。北京市通过网格化进一步落实社区基本公共服务，使居民能够方便、快捷地享受到便民利民服务和公益自助服务，取得良好成效。其四是坚持改革创新，建立和巩固长效机制。综合执法机制的实施，推动了执法组织的扁平化，有效实现了“执法依据的综合、执法力量的综合和执法手段的综合”。其五是坚持公众参与，促进文明城市建设观念深入人心。网格化社会服务管理模式强调社区居民、社会组织在社会服务管理中的参与、协同作用，规范和完善了不同形式的社区居民参与机制。

通过深入实地的考察，调研组感到，北京市在社会建设领域的探索实践切实提高了城市管理和社会服务效率，提升了社会治理的层次，为新型城镇化背景下社会管理转型升级提供了新的思路和参考。在调查分析北京市实践的基础上，调研组结合新型城镇化建设，就提高城市服务管理水平、实现社会治理创新提出若干政策建议。

一是加强顶层设计，完善相关法律。调研组了解到，社会管理涉及的领域众多、事项繁杂，部门职能界限模糊，多头执法、交叉执法、重复执法，是多年来社会管理体制存在的一个顽症。分析其原因，法制的缺失是重要因素。目前国内还没有一部覆盖全面的城市管理法，在一定意义上说，首都和各大城市的城管部门还在“借法执法”。这也是城市管理中一些的老大难问题长期得不到有效解决的重要原因。为此，调研组建议，加强顶层设计，启动立法程序，为全国城市管理乃至社会治理管理提供强有力的法律依据，以法律来规范政府的服务管理工作、规范公民法人的行为，树立法律权威，实现长治久安。

二是借鉴区域经验，鼓励创新实践。近年来，北京市各区县立足实际，创造性地开展网格化社会服务管理体系建设，提升了社会治理水平。例如以东城区为代表的数字化城市管理模式，以西城区为代表的“全响应”工作格局，以海淀区为代表的“平战一体”的城市服务管理体系，以朝阳区为代表的“全模式”社会服务管理系统，以石景山为代表的“大城管”模式等，各具特色，收效明显。在全国城镇化进程中，这些分别体现着首都功能核心区、首都功能拓展区、生态涵养区等不同功能的区县创造的经验，可以发挥很好的分类指导和参考作用。为此，调研组建议，高度重视北京各区县的工作实践，鼓励相关城市和地区学习借鉴，并立足自身特点和优势，积极创新具有鲜明区域特色的、有效的社会服务管理体系建设模式。

三是依托科技创新，提升治理水平。社会治理的基础是对数以亿计的海量大数据的分析应用，而这项工作的前提是数据收集的全面、及时、准确。但是，调研组了解到，作为国家首都、特大型城市，北京在数据库信息采集方面还存在一些问题，例如有些驻京中央单位的信息难以采集，在整个基础数据库建设中形成“盲区”。因此，调研组建议，中央驻京机关加强与北京市的配合，共同做好基础数据库建设，促进大数据采集和分析运用，以强化公共服务的效率和前瞻性。

四是坚持文化特色，注重内涵管理。中华民族优秀传统文化是首都北京最大的特色和最宝贵的财富，在城市发展同质化现象严重的今天，北京市坚持以文化优势打造管理特色，以文化品位塑造城市形象，从单纯追求环境整洁有序过渡到追求文化品质的管理。调研组建议，结合新型城镇化推进，高度重视社会治理中的文化建设，结合落实新型城镇化规划，鼓励突出文化优势，在一个更高的层次上提升社会治理水平。

五是引导公众参与，探索多元主体共同治理。调研组建议，一方面进一步转变执法管理的思路，用兼顾居民需求的方式解决管理的难题，实现多赢的管理目标；另一方面注重发挥社会组织的作用，通过由社会组织承担一定数量的城市管理任务，缓解政府的压力。同时，通过群众参与城市管理的监督，促进管理部门更好的落实相关责任。

在深入考察调研的基础上，台盟中央将相关情况及政策建议形成专题报告《关于发挥首都城市服务管理新模式示范引领作用，服务国家新型城镇化建设和社会治理协同创新的几点建议》报送中共中央、国务院，得到李克强总理、张高丽副总理的重要批示。同时，在习近平总书记主持召开的十八届四中全会报告党外人士征求意见座谈会上，台盟中央就创新社会治理体制，坚持依法治理、科学治理的相关问题提出了政策建议，为国家开展相关工作提供了重要参考。

四、关注新生代农民工市民化，助推新型城镇化建设

2014 年，围绕着中央推进新型城镇化建设的重大战略任务，台盟中央与上海等相关地方组织配合，重点就新生代农民工市民化的问题开展了考察研究。

调研组了解到，目前，1980 年后出生的新生代农民工已经成为外出农民工的主体。如在上海，新生代农民工人数接近全部外来劳动年龄人口的一半，且已明显超过了沪籍青年。未来十年，第一代农民工将会逐渐退出历史舞台，农民工市民化的主要对象将是新生代农民工。

调研组认为，农民工市民化是一个多层次变迁的过程，包括空间、职业、文化心理和社会阶层等多个环节的变迁。目前，新生代农民工已经完成了空间和职业的转换，其文化心理和社会阶层的转换将是未来我国人口城镇化亟待突破的瓶颈问题。

一方面，就文化心理的转换而言，新生代农民工市民化就是要实现其生活方式、思维方式、心理结构和行为方式与城市市民接轨。这方面要吸取第一代农民工难以融入城市生活的经验教训。新生代农民工与第一代农民工相比，受教育程度更高，在文化心理层面的转换具有更多优势。据统计，新生代农民工中文化程度为“中专”、“大专及以上”的比例分别达到 9% 和 6.4%，而第一代农民工中相应的比例仅为 2.1% 和 1.4%。从平均受教育年限看，新生代农民工的平均受教育年限为 9.8 年，而第一代农民工的平均受教育

年限仅为8.8年。从参加职业培训的比例看，新生代农民工接受过职业培训的人员比例达到36.9%，高出第一代农民工14个百分点。新生代农民工文化素质要优于第一代农民工，应采取措施，帮助他们尽早实现文化心理层面的市民化。

另一方面，社会阶层的转化应是新生代农民工市民化的最终目标。对于在拉美等国出现过的因阶层流动固化而激起底层社会的阶层认同和阶层抗争的教训，需切实引起重视。目前，与第一代农民工相比，新生代农民工对社会阶层的转换具有更强烈的诉求，应进一步采取措施，实现其在社会阶层间自由流动，推动他们融入城市的中产阶层之中。

调研组提出，当前，推进新生代农民工市民化需要解决三大问题：一是如何提高新生代农民工的文化素质和职业技能水平，提升他们在城市的就业能力。据统计，目前城市劳动力市场中需求量最大的是受过专门职业教育、具有一定专业技能的中专、职高和技校水平的劳动力，占总需求的60%左右。而在新生代农民工中具有一定专业技能的中专、职高和技校水平的人只有30%左右，远不能有效满足市场需求，这也意味着绝大多数新生代农民工无法在城市获得稳定就业。

二是如何保护他们的合法就业权益，使他们与城市居民享有同等的劳动力资格和公平竞争的就业环境。城乡二元就业制度使新生代农民工在城市面临就业歧视。一些城市为了保护当地居民的充分就业，对外来农民工进行各种限制，如总量控制，职业、工种限制，以及先城后乡的限制。这使得新生代农民工就业渠道不畅，只能选择中低端行业，在低收入、低福利和环境差的岗位工作。

三是如何让新生代农民工在城市享有同等的社会保障和公共服务，同时又能保障城市人口得到合理控制，以及人口结构得到优化。对于进城务工的农民工，由于户籍制度障碍，很难享受与市民同等的社会保障和公共服务，如最低生活保障、经济适用房（廉租房）住房保障、社会保险、医疗保险、失业保险等。与此同时，近年来新生代农民工大量涌入大城市和特大城市，使得合理控制人口规模，优化城市人口结构成为大城市刻不容缓的重大任务。

为解决这些问题，各级政府出台了许多政策措施，取得了一定效果。但调研组在实地考察中也了解到存在的很多不足，包括：对农民工的职业教育培训注重数量而忽视质量，且缺乏对农民工子女教育问题的重视；依然存在对农民工的就业歧视和入职岗位限制，不规范用工现象大量存在；为实现户籍与城市基本公共服务脱钩而推行的居住证制度，对于新生代农民工来说仍然是一个高门槛，且在某种程度上隐含着“农民工能否市民化，是农民工自身努力不努力的事情”这样一层含义，使地方政府不需承担更多责任，等等。

调研组提出，纵观世界各国和地区，农业剩余劳动力转移都用了比较长的时间。如英国大致用了300年的时间，美国、法国、日本大致用了100年左右，德国用了80多年，我国台湾地区则用了约50年。而转移速度过快的拉美国家，如墨西哥、阿根廷、哥伦比亚、巴西等国，则由于超常速度的城市化进程引发了一系列经济社会问题。我国农民工不仅数量多，而且受经济社会发展水平、农民工劳动力素质以及户籍制度等因素的制约，市民化问题不可能短期内解决，需循序渐进地加以推进。国外和我国台湾地区农业剩余劳动力转移的经验和教训值得我们借鉴和吸取。结合当前我国的实际情况，调研组形成了几点具体建议：

一是新生代农民工市民化应以教育培训为基础。调研组认为，在新生代农民工文化素质未得到有效提升的情况下，着手户籍制度改革或让城市无条件地向新生代农民工开放公共服务，不利于城市可持续发展。应下大力气做好新生代农民工的教育培训工作，切实提升其劳动力素质，以此为户籍制度的全面改革做好准备，也为新生代农民工进一步市民化打下扎实的基础。调研组建议，建立面向新生代农民工的职业教育招生制度，可以先给予免费，当新生代农民工培训合格安排到岗位就业后，再补缴一定的学费。此外，建议将职业教育培训与市民化有效衔接，鼓励更多城市实行按职业技能优劣发放居住证的政策，提高新生代农民工参加技能培训的主动性和参与率。同时，将获得居住证率纳入对培训机构的考核评价指标，使新生代农民工的职业教育培训与市民化有效衔接。与此同时，要从根本上解决农民工文化素质和职业技能水平低的问题，不能仅停留在对入城农民工短期快餐式的劳动技能培训上。应有长远发展眼光，切实抓好农村的基础教育工作，抓好农民工子女的教育工作。

二是新生代农民工市民化应以有质量就业为前提。有效和稳定就业是实现农业剩余劳动力转移的前提。调研组提出，政府未来的目标不仅是确保新生代农民工能够在城市就业，还应将重点放在保证新生代农民工能够体面就业上，尤其应在消除就业歧视和保护就业权益方面多下工夫。建议以东部发达地区为突破口，加大保障农民工基本劳动权益的力度，在全国率先实现劳动合同全覆盖，并全面推进劳动用工备案制度，规范劳务派遣用工，改善新生代农民工的劳动条件；加快建立城乡一体的劳动力市场体系，逐步取消以户籍为基础的就业歧视性政策；加强监督，加大社会保障投入，激发企业和农民工缴纳社会保险的积极性，建立跨地域的累积计算制度；逐步建立健全新生代农民工工资的支付机制、增长机制和协商机制，实现同工同酬；以产业或行业为基础，通过工会组织的形式保护农民工就业权益。

三是新生代农民工市民化应以法律为保障。调研组建议，应根据当前我国实际情况和需要，逐步建立促进农民工教育培训的法律体系、消除就业歧视和保护就业权益的法律体系以及社会保障法律体系等。在立法的基础上，还应切实加强执法，为农民工提供有效的司法保护。针对目前农民工依法维权能力较弱的情况，应动员各有关方面开展对农民工的法律援助，帮助他们维护自身的合法权益。

四是新生代农民工市民化应发挥政府的主导作用。调研组建议，改变以户籍人口为基础开展城市人口管理和服务的传统方式，建立健全根据常住人口配置公共资源的制度，将新生代农民工纳入输入地的地方经济社会发展规划之中。与此同时，科学合理地确定中央和地方政府在推进农民工市民化中的财权和事权。对中央政府来说，可探索建立农民工市民化专项资金转移支付制度，支持输入地政府面向农民工进一步做好城市基础设施扩容和公共服务提升工作。对输入地政府来说，应将涉及农民工就业技能培训、社会保障、子女教育、计划生育、治安管理等所需的经费，纳入本级财政预算，并逐渐加大对农民工公共预算的投入，建立农民工服务和管理工作的经费保障机制。

五是新生代农民工市民化应以城市群为载体。调研组提出，当前需特别重视中小城市和城镇的产业经济发展，以分流大城市和特大城市新生代农民工市民化的压力。建议科学规划城市群以及城市群内部各城镇的功能定位和分工，勾画出“大城市—中小城市—中心镇”的区域布局体系，引导新生代农民工在城市群合理分布。同时，进一步强化中小城市和中心镇的产业功能和居住功能，使他们成为中小企业的集聚点，成为新生代农民工就业的重要载体。

在此基础上，台盟中央形成了《以新生代农民工市民化为抓手，推进人的城镇化——新型城镇化系列研究之四》的专报报送中共中央、国务院，得到多位领导同志的重要批示。与此同时，台盟中央还通过高层协商会议、政协会议等多种渠道，积极反映相关政策建议。其中，在习近平总书记主持召开的党外人士经济工作座谈会上，台盟中央就相关问题提出了政策建议；在全国政协“深化产教融合、校企合作，加快现代职业教育体系建设”专题协商会上，台盟中央作了《将职业教育培训与市民化有效衔接，助推新生代农民工城镇化进程》的口头发言，为国家推进新型城镇化建设提供了有益参考。

五、以两岸职教交流合作为切入点，助推现代职业教育体系建设

2014 年，台盟中央将“进一步加强两岸职业教育交流合作对策研究”列为年度重点调研课题，由台盟广东省委牵头，深圳市委具体承办，课题参与单位包括上海市、天津市、重庆市、福建省、海南省、云南省、湖北省、辽宁省、吉林省、陕西省、安徽省、成都市、江西省、南京市等 14 个省市的台盟组织。课题组通过赴厦门、泉州、福州、广州、深圳等地的有关职业技术院校、教育行政部门、台办、台资企业、研究所实地调研，访问专家、发放调研表和调研提纲，以及查阅文献等方式，对海峡两岸职业教育交流与合作的现状、存在问题、典型事例及建议进行了深入调研分析。同时，还联系了台湾岛内的高雄应用科技大学、崑山科技大学等有关职业技术院校，获得了台湾职业教育方面的相关资料。

在调研过程中，课题组了解到，两岸职业教育交流在 2008 年以前发展较为缓慢，2008 年以后交流频率开始加快，合作面也得以扩大。两岸的教育部门和职业技术院校都看好职业教育的发展前途，希望加快交流合作的进度，也涌现了一些典型案例。如，成立于 2009 年 5 月的福建省“海峡两岸职业教育交流合作中心”，至今已完成 80 项两岸职业教育研究课题，与台湾高校合作编写 50 多部教材。每年还定期举办海峡两岸职业院校校长论坛、海峡两岸大学生职业技能大赛等，都成为了两岸交流的品牌项目。特别是从 2009 年开始的闽台两地“校校企”合作项目成效显著，至今五年时间，17 所高职院校参与试点，59 所台湾高校参与合作，还有台资企业 185 家参与。2013 年培训了 6750 人，2014 年还要培养 6800 人。其特点是福建省高校，台湾高校，台资企业三方共同成立学生培训基地，三方全过程参与到建设中来。在课程衔接方面，项目要求引进三分之一的台湾课程，且至少有四分之一课程由台湾老师授课，并且要求企业也参与到人才培养中来，很多企业可以从学校直接找到所需人才，明显提高了学生就业率。此外，福建还建立了“闽台高校联合培训基地”，共培训省内高职院校教师 2518 名，举办了 37 期培训班，已有 120 名台湾教师来福建交流。2013 年共有学生 5546 人赴台学习，台湾到福建交流的台生每年有 10000 多人。

课题组总结归纳了两岸职业教育交流合作的四种模式：论坛模式，即举办学术论坛和研讨会；参访模式，即参观访问和经验交流；培训模式，教师培训通常是大陆赴台培训；协议模式，即两岸各级学校在学术论坛、教师培训、学生互派、资源共享等多方面达成了许多合作协议。

同时，课题组提出，目前海峡两岸职业教育交流与合作呈现出三个比较明显的特征：一是全国各地推进交流合作的差异比较大，与台湾职业教育界互动比较频繁的地方有福建省、广东省、云南省、重庆市、上海市、南京市和天津市等地，但还有一些省市只有少量由学校自发开展的两岸职业教育交流活动，且活动形式比较单一；二是两岸职业教育政策的明显差异成为影响合作效果的主要因素，台湾对陆生制定的“三限”、“六不”政策和大陆对赴台学生的户籍限制，以及大陆的“中外合作办学条例”中某些条款，目前已不适应两岸职业教育深入合作的需要；三是规模化、系统化和联动性的交流与合作还未完全形成，总体来看，两岸职业教育互动呈现出“交流多、合作少”的特征，多以论坛、培训、讲学和学生交换为主，还没有达到专业课程建设和学分学历合作等比较深入的层面。

课题组也深入分析了造成上述问题的原因，主要有：政治环境和政策因素不利于两岸职业教育深度合作；缺乏优势互补和实现双赢的长效机制；现代职业教育体系不对等，影响两岸职教双向互动的效果；职业证照制度不匹配，影响两岸开展职教证照互认的深度合作；缺乏持续的经费支持，合作成本较高；文化、人口和心理因素对两岸职业教育合作有较大影响等。

在深入调研两岸职业教育交流合作现状的同时，课题组也对台湾的职业教育培训体系进行了深入研究分析，归纳总结出一些可资借鉴的经验与做法：一是建立了包括高级职业学校、专科学校、技术学院与科技大学等在内的完整的现代职业教育体系，并做到了职业教育与学术教育完全地位平等，相互间有畅通的升学深造渠道；二是职业教育具有完整的法律体系，使办学自主权得以切实落实，专业设置和课程建设更吻合学生需求；三是面向经济发展和就业人才上移，发展高等技职教育，引导产业转型；四是有效推进校企合作，强化了实践教学效能；五是注重对现代农业技术人才的培养，从生产技术型向重视消费导向的整合性农业人才转型；六是健全证照制度体系，严格确保证书效能；七是职业院校普遍重视人文素质教育，把德行考核成绩作为学生毕业的主要依据。

在调研考察、研究分析的基础上，课题组提出进一步加强两岸职业教育交流与合作的若干对策建议：

一是完善法律，调整限制政策，放宽两岸师生双向交流就读的渠道，共同推进长效机制建设。建议对《中华人民共和国中外合作办学条例》中不适用两岸职业教育合作的内容进行修订完善，有条件的时候可以考虑从国家层面制定专门的两岸职业教育交流与合作政策文件；建议继续放开大陆学生赴台考读硕士生、博士生的户籍限制，从目前的八省市逐步扩大到内陆和西部省市；通过协商促使台湾放宽对大陆院校学历认可的限制和对赴台学历生实行的“三限六不”的不公平政策；简化两岸学生、教师及相关教育人员出入境审批流程，以便加速两岸职业教育院校师生的交流。

二是逐步实现两岸职业教育的学历学位与技能证书的互认互通。建议引进台湾成熟的培训体系和证照鉴定体系，设立双方相互认可的证照鉴定功能性协会或合作中心，为两岸学生升学和技职院校招生服务。建议由海峡两岸职业院校的校长代表组成审核委员会，推动探索证照互通的方式途径，完善两岸职业教育证照互通的基本配套措施。

三是校企合作、产教融合，实现校企优势互补，借鉴台湾经验完善大陆职业教育体系建设。建议以两岸高职院校"校—校—企"合作项目为切入点，开展多方面合作，尝试两岸合作办学、合办专业和实训基地，采用委培或提供实训基地等方式，实现"订单式"培训、"定向式"就业。发挥大陆台资企业的优势，探索两岸职业院校与台资企业三方合作办学的新模式；鼓励有条件的台资企业在大陆兴办合作职业学校，政府相关部门给予一定的扶持基金和优惠财税政策；放宽台湾资本办学申请资格与设校标准，开放台资购置土地限制，鼓励台资参股职业教育。

四是进一步扩大职业教育交流与合作项目，充分发挥合作成果的功能，不断丰富两岸职业教育互动的模式和内容建议。建议通过新媒体丰富交流合作的模式和内容；建立健全两岸教师互访和交换教学的常规化体系；鼓励台湾优质技职院校在大陆设立分校、分院、教学基地和分支机构；大力推广两岸学生之间的各种技术技能竞赛，形成定期的常规项目等。

五是设立专项政府经费或建立基金会等，保障两岸职业教育互动所需经费。建议对赴台学习的大陆学生适度补助就学经费，减轻学生负担；对赴大陆的台湾学生继续完善奖助学金制度。

在深入调查研究、形成课题报告的基础上，台盟中央在全国政协"深化产教融合、校企合作，加快现代职业教育体系建设"专题协商会上作了《研究借鉴台湾经验，着力推进中、高等职业教育有效贯通衔接》的大会口头发言，以两岸职教交流合作为切入点，为助推大陆现代职业教育体系建设提供了重要参考。

六、开展生物质资源典型案例调查研究，建言新能源发展

2014年，台盟中央将"加强生物质资源转化，推动新能源发展"列为年度重点调研课题，由台盟吉林省委牵头，课题参与单位包括台盟北京市委、台盟上海市委、台盟天津市委、台盟重庆市委、台盟广东省委、台盟福建省委、台盟海南省委、台盟云南省委、台盟湖北省委、台盟辽宁省委、台盟浙江省委、台盟陕西省委、台盟南京市委、台盟安徽总支、台盟江西支部、台盟成都支部等。

通过在各地的深入调研，课题组了解到，目前我国生物质资源中农作物秸秆量最大，全国每年产生秸秆8亿多吨。在对全国各地有代表性的秸秆生物质资源利用情况进行调查后，课题组发现，现有的"秸秆发电"、"秸秆颗粒燃料"、"秸秆油醇糖转化"、"秸秆制气"（一氧化碳）、"秸秆沼气"、"秸秆还田"、"秸秆青黄贮"等方法，不同程度的存在诸多问题，如前期投资大、经济效益差、不掌握核心技术、环境污染等。生物质资源能源化的利用始终走不出小能源的圈子，无法形成全国一盘棋的大发展格局。

课题组认为，在秸秆产区因地制宜地逐步形成适度规模的"秸秆—秸秆粗饲料—畜禽转化—沼气池厌氧发酵—沼气、沼渣、沼液的加工与再利用—市场运作"，通过市场机

制逐步配置和完善由农业—工业—现代服务业组成的完整产业链，可以逐步解决现有秸秆综合利用在推广过程中产生的诸多问题。

课题组初步总结了发展沼气产业链的可行性及生物质能源的潜在优势：一是原料资源丰富、产品供不应求。目前我国农村居民中约60%左右仍然依靠直接燃烧秸秆、薪柴等生物质提供生活用能，将秸秆、薪柴等通过厌氧发酵获得沼气可以消化大量秸秆，同时改变农村的能源结构，减少污染物排放。同时，沼气与天然气的主要成分相同，富余的沼气可以提纯成天然气供给城市居民管网和CNG加气站。二是沼气转化装置的技术成熟、运行稳定、投入和管理成本低。三是沼渣、沼液含有较丰富的有机物、用途广泛。四是生物质资源经过厌氧发酵基本切断了动植物病虫害及杂菌的传播途径，是一种非常好的去病、灭虫、灭菌方法，可以间接减少农药的使用量，推动生态农业发展。五是大力发展生物质能源的潜在优势明显。我国每年产生的秸秆高达8亿吨之多。即使不计其他生物质资源，仅秸秆一项完全转化为沼气再提纯就可得到含甲烷95%以上的天然气2000亿立方米以上。

课题组调研发现，生物质资源通过厌氧发酵获得清洁能源——沼气，剩余物沼渣、沼液作为有机肥还田的循环产业虽然在我国已有多年发展历史，但发展过程中还存在着诸多问题，主要表现在：一是目前生物质资源的沼气转化没有统一的标准和发展模式，造成了大量的资金浪费和生物质资源浪费。二是沼气转化装置目前大多是小型户用沼气池，管理成本高、使用寿命短，不符合城镇化建设的发展方向。三是目前大多数1000立方米以上的厌氧装置基本都没有满负荷运行，原因是产出的气消化不了。四是沼气发电除自用以外，上网得不偿失。五是多数地方沼气既没有走出农村，也没有在农村普及，仍然被当做小能源。六是现行的国家补贴政策重建设、轻管理，只在建设过程中给予补贴，建成装置的运行则没人过问，致使一些项目单位拿完补贴即停产，没有形成有效的政策引导作用和规模化生产格局，等等。

课题组根据调研中了解到的情况以及发现的问题，提出了有针对性的政策建议：

一是转变沼气是小能源的传统观念，将生物质资源利用方向明确为通过厌氧装置转化成沼气并提纯，以获取优质天然气并加工成CNG或LNG作为生物质资源转化的终极目标，将其明确为国家鼓励的生物质资源转化模式。这样首先可以提高我国天然气的自给能力。我国天然气供气能力不足，总量不大。相关数据显示，我国常规天然气探明剩余可采储量3万亿立方米，人均剩余可采储量仅为世界平均水平的7.1%。全国天然气供给能力只有世界水平的10%。近年来天然气进口量逐年加大，对外依存度逐年提高，2013年进口天然气530亿立方米，对外依存度高达31.6%。生物质资源转化沼气并提纯成天然气的产业化格局一旦形成，就能大大改变我国天然气的市场结构，尽早实现能源供给的多元化，其次是可大大提高天然气占一次能源比重，这是能源结构是否合理的重要标志。这一比重国际平均水平约为23.8%，我国2013年时仅为5.9%，占比明显偏低。其三是可打造永不枯竭和极其安全的分散式能源基地。一方面生物质资源永不枯竭决定了以生物质资源为原料的能源产业永不枯竭；另一方面生物质资源的分散性与广泛性决定了以生物质资源为原料的能源产业的分散布局，这种分散式能源基地布局的最大优点就是其战略安全性。

二是通过制定相关标准规范沼气产业链的发展，将沼气转化装置建成单体规模适度（有利于沼气提纯），区域布局合理（使原料采购半径处于经济运行范围内），分散运行、集中管理的清洁能源产业集群，沼气站与站之间通过现代化通信手段互通信息、统一调度，偏远地区的富余沼气由槽车运送。

三是中央政府出台相关政策，强化顶层设计，引进风险投资，鼓励民间资本进入该领域。对符合国家质量标准向城市燃气管网或汽车加气站供气的企业，通过税收返还等政策加强扶持。地方政府加强监管，充分鼓励和引导生物质资源能源化应用的产业化布局、规模化经营、标准化技术、专业化管理、多元化投资和适度化补贴，真正形成建、管、用并重的监管格局。

四是“十三五”期间将生物质资源的沼气转化、提纯纳入国家能源发展战略之中，通过政策调节及财税支持，促进这一生物质资源综合利用工程快速、健康和可持续发展，并逐步探索除秸秆以外的其他生物质资源沼气转化的发展模式，扩大原料收集范围，促进环境保护和能源基地建设。

五是立足我国传统汽车制造业已经形成的巨额资产和巨大产能，大力发展以天然气为燃料的清洁能源汽车，将其纳入到七大战略新兴产业中新能源汽车的范畴，作为我国立足传统优势发展清洁能源汽车的主要方向加以扶持，并从经济技术指标、传统内燃机油气混烧改装、车辆检验标准的制定与实施等方面加以规范，促进其发展。

六是从大量使用沼渣、沼液对保护基本农田、增加土壤有机质、培肥地力、促进有机农产品生产的角度出发，制定使用沼渣、沼液的相关补贴政策。也可以通过调整种粮直补政策，积极鼓励沼渣、沼液的广泛应用。加大相关应用技术及播撒机具研究，大力开发叶面肥、冲施肥等，从而推动有机农产品生产。

七是加大对高产生物质能源植物种植、应用研究的支持力度，在适宜地区扩大类似“巨菌草”、“柳枝稷”这样的高产能源植物的种植面积，规范应用方向，为生物质天然气的生产提供充足的原料。

在深入调查研究的基础上，课题组形成了专题报告《关于大力发展沼气产业链，推动国家生物质能源战略的几点建议》。在“十三五”规划党外人士征求意见座谈会上，台盟中央将相关调研成果转化为“大力发展生物质天然气等清洁能源，进一步调整优化我国能源结构”的政策建议，为国家开展相关工作提供了有益的参考。

七、持续跟踪调研，关注城乡统一建设用地市场推进过程中的进展与问题

中共十八届三中全会提出建立城乡统一的建设用地市场，这是农村土地制度改革的重大突破。由于这是一项极为复杂的系统工程，今年以来，围绕着实际推进过程中的进展与问题，台盟开展了持续跟踪调研。台盟中央将“城乡统一的建设用地市场运行机制研究”列为2014年度重点调研课题，由台盟重庆市委牵头，课题参与单位包括台盟上海市委、台盟湖北省委、台盟吉林省委等。

在调研中，课题组发现，城乡统一的建设用地市场建立过程中，在制度建设、确权登记、市场管控等方面目前还存在如下问题：

一是宅基地确权登记过程中人为压低标准，使得农民的财富价值大大缩水。以某西部省为例，确权登记范围以房屋滴水为界，且人均宅基地面积不超过30平方米，农民已建的畜禽养殖、院坝等附属设施用地不纳入使用权登记范围。以这样的政策标准测算，农民宅基地由确权前的按农村户籍人口计算实有面积190平方米/人（包括附属设施建设用地），减少为30平方米/人，缩小规模达84%。再加上目前农民宅基地的权能还很不充分，使得农民的财富价值大大缩水。这背后正是城乡二元制度的思维定势和土地财政的逐利动机在作怪。

二是农村集体建设用地确权不全面，权属认定不规范。我们在调研中了解到，目前宅基地确权推进较快，但农村集体建设用地，特别是以农民为投资经营主体的乡村旅游及商业服务设施建设用地确权登记严重滞后。以某西部人口大县为例，农村乡村旅游及商业服务网点建设用地面积达到116万平方米，但确权面积仅占3%。此外，还存在权属认定不规范的问题，如已确权颁证的乡村旅游用地没有明确经营性建设用地性质，在现行制度框架下无法直接进入市场交易。

三是农村建设用地市场交易平台及规则程序缺失。从全国来看，除重庆市作为全国统筹城乡综合配套改革试验区，特批建立了“农村土地交易所”之外，还没有其他在省级行政区域内公开合法的市场交易平台，且农村建设用地交易主体（买方卖方）的界定、交易客体界定、交易规则程序、利益分配、产权变更登记等相关的政策规定，目前也都是空白。

针对调研中发现的这些突出问题，课题组提出若干政策建议：

一是按照实际面积对农村宅基地进行确权，保护农民土地权益。建议按照农房及配套的附属设施实际占地面积进行确权。这些本身就是农村建设用地，按照实有面积确权不影响我国18亿亩耕地红线。且在实际补偿过程中，宅基地是按照实际面积在补偿。如重庆形成地票的宅基地对提供的农户结算时，是按照实有面积结算。目前地票还是在政府主导下运行，可照顾农民实际利益灵活处理，但在其他市场交易场合如作为抵押品或投资品时，颁证面积就是唯一合法面积了，需切实从制度层面保障农民的土地权益。

二是尽快对农村经营性存量建设用地进行确权登记，明晰产权关系。针对当前乡村旅游、商业网点、乡村酒店等非农产业经营业态大量存在用地不规范、产权不清晰、大部分没有确权颁证的实际，建议尽快做出处置。总体原则宜疏不宜堵，对于本村村民用于自主经营的可宽于外来人员；对于利用荒坡地的可宽于占用耕地的；对于占用劣质耕地的可宽于占用良地的；对于以开发出售或租赁为目的的，严格按照“小产权”房的相关政策查处。

三是建立农村建设用地交易市场体系，明确交易规则程序。一方面是建立农村建设用地有形交易市场。首先是建立证券化的交易市场，承担需要异地流转的农村建设用地交易。如重庆土交所已运行5年，建立了一整套土地复垦、验收、地票生成及交易、收益分配、地票异地使用等管理和监督程序及制度。实践证明，在确保耕地数量和质量、保护农民土地权益、规范农村建设用地管理流通秩序等方面发挥了积极作用，可以在认真总结的基础上在全国进行推广。其次是建立实物交易市场，主要交易对象是就地用于农村非农产业发展的建设用地，可实行按宗地挂牌交易，最终形成指标交易与实物交易并存、城乡全覆盖的有形市场体系。另一方面是建立农村建设用地无形交易市场。包括进一步建立和完善农村建设用地租赁市场，抵押、担保、质押市场，土地置换市场等。随着农村建设用地产权逐步清晰、市场交易规则逐步建立和完善，土地无形市场的发展前景将十分广阔。

在习近平总书记主持召开的半年经济工作党外人士征求意见座谈会上，台盟中央就扎实做好确权登记等配套工作，加快建立城乡统一的建设用地市场相关问题提出了政策建议。全国政协十二届六次常委会上，台盟中央还提交了书面发言《扎实做好确权登记、建立市场交易平台等配套工作，加快建立城乡统一的建设用地市场》，为国家推进相关工作提供参考。

郭　婷　台盟中央研究室综合处副处长

附录

附录一：台湾政党制度研究

2014 年，对台湾来说又是一个选举年。除了台湾地区领导人和“立委”之外，台湾要进行一场其他所有公职人员的大改选，这是台湾选举史上第一次所谓的“九合一”选举。由于此次选举涉及的选区、选民范围涵盖全台，加之此次合并选举与 2016 年台湾地区领导人选举仅间隔一年多时间，故次选举牵动着 2014 年岛内政治版图的走向。所以，台湾各政党都在 2014 年对其自身进行了积极主动地改革与开拓。并且，随着政权和平轮替逐渐常态化，也因应台湾民间对政策问题的偏好逐渐超越对意识形态特别是“统独”问题的关照，台湾选举和政党政治变革也日渐回归正轨。学者们的研究也在一定程度上顺应了这一趋势。对台湾各政党的党务改革以及两岸关系等问题的探究与分析较之以往有所增加。台湾政党政治的主要活动主体——国民党、民进党和台湾选民，学者们转而更加关注政党的改革和发展问题，以及政党政治与治理绩效问题。因应新形势、新特征，除对选举一以贯之的追踪以外，岛内外学者对台湾政党制度研究的重点，也很自然地聚焦在了这两个方面。

一、研究论文概要

2014 年学者们在各大期刊上发表的关于台湾政党制度的文章，主要集中在对国民党、民进党，亲民党党务改革的评析，对选举及政党治理的论析，以及政党政治变迁的研究上。总体上看，研究内容涉及范围广且颇具深度。

（一）国民党研究

政党同其所处的政治生态存在着对立统一的同构和互构关系。换言之，所有政党都在受限的政治生态中创造了这些限制自身的政治生态。由此，作为政治系统中相对灵动的政治主体，作为政治变迁进程中的“自变量”，政党唯一有效地适应变化了的政治生态的方法，就是以自身变革诱发政治生态变革，并从中为自己找寻出路、为自己营造最满意的生存和发展环境。所以，政党的适应性，不是被动地、消极地顺应和服从，而是主动地、积极地改革和开拓。就其百多年的历史来看，国民党的确还算是一个适应性比较强的政党。长期以来，国民党自身改革是这个党能够每每在政治悬崖边际尚能够老干发新枝、不断焕发竞争活力的关键所在，也是关乎这个党能否继续维持其政治地位的关键所在。2014 年 3 月以来，由于接连遭受部分台湾学生占领“立法院”议场和反核四社会运动的冲击，尤其是遭遇“反服贸风波”之后，国民党的好感度和国民党执政团队的威信受到重挫，更是凸显了国民党自身全面、深刻变革的重要意义。由此，2014 年国民党研究的主轴就是党务改革问题与预测国民党在“九合一”选举中的表现及对其选战失利的原因分析。学者们或是整体上检视了这些问题，又或者是从党产、组织、派系等方面分别加以考察。学者们还对国民党的未来党务及政策走向做出了预测，并对国民党关于两岸关系的政策方针提出了建议。从学者们的研究结果来看，国民党党务改革的力度和成效不容乐观。学者们大都认为，国民党在“九合一”选举中的惨败表明，国民党当局持续的政绩不彰，导致了岛内民意强烈不满后并集中爆发，国民党处境将越发艰难。国民党党内关于 2016 年大选候选人的角逐也将更趋复杂和激烈，若处理不当，将使国民党再度失去重振的机会。但我们同时也注意到，相关研究在对这些问题的产生，影响作出评价时，以及在对国民党今后的发展作出预测时，又往往体现出某种犹疑的色彩。实际上，在竞争性政党体制下，政党改革应当是一种正常态，由政党改革而来的许多政治上的不确定性恰恰是政党创造性地适应政治生态变化的机会所在。问题不在于要不要这些不确定性、这些机会，而在于如何去看待和把握这些不确定性、机会。总括学者们评价犹疑的原因，一方面是因旁观者不在场的缘故，另一方面则可能是本身就对改革所及的利益相关者如地方派系等抱有预设的同情态度。由此，学术研究如何处理客观性与情境感的关系，的确是一个很微妙的问题。

黄涛在《国民党推动世代交替》(《两岸关系》2014 年第 6 期）一文指出，2014 年 3 月以来，由于接连遭受部分台湾学生占领“立法院”议场和反核四社会运动的冲击，国民党的好感度和马英九执政团队的威信受到重挫。为回应民众关切，团结国民党渡过难关，迎战 14 年年底“九合一”选举，马英九下决心进行党务改革，国民党中常会 4 月 30 日通过了颇有针对性的党务改革方案。其内容主要包括：一是推动国民党世代交替，延揽郝龙斌、朱立伦、胡志强担任国民党副主席。二是汲取学运和反核运动的教训，从青年、宣传与组织三方面推进党务改革。主要包含“调整组织，强化青年人才培训”、“宣传与新媒体强化”及“组织强化”三方面内容。文章最后还指出对于此次国民党党务改革中最亮眼的人事调整，国民党上下普遍给予肯定。此次党务改革，致力世代交替，引发台湾社会各界广泛关注，普遍肯定其积极意义，但也指出隐忧仍存。认为国民党中央人事改组方向正确，但还不足以应对新的挑战。认为马英九此举旨在化解内外压力，团结党内共同应对 14 年年底“九合一”选举。

宁馨在《对国民党发展态势初步看发》(《统一论坛》2014 年第 5 期）一文指出，14 年以来，国民党受执政绩效不彰、岛内社会经济发展状况难有起色等不利因素影响，尤其在遭遇“反服贸风波”的冲击后，国民党整体气势低迷，政党支持率持续在低谷徘徊，14 年年底“九合一”选举总体形势堪忧。但国民党积极主动作为，力图扭转不利形势，加之民进党自身问题也没有很好解决，上升势头趋缓，国民党获得难得的喘息调整，下跌态势有所减缓，并出现一些有利的变化因素。笔者认为：国民党面临的挑战依然严峻，总体处于劣势的局面未有根本改变。其主要表现在，一是马英九党内权威面临较大挑战。由于政绩效不明显、党政沟通协调问题突出、政策宣导能力不足，以及外部经济大环境低迷等一系列因素，支持度与满意度始终处于低谷。二是国民党士气低落、内部松散的局面较为突出。三是国民党优势执政牌的效力减弱。四是国民党难以广泛赢取基层民众支持。但国民党近期出现一系列积极变化，有助止跌回稳。一是巩固基本盘，凝聚泛蓝阵营支持。二是减少执政冒险行动，确保政局稳定。三是强化对民进党攻击力度，改善被动因应局面。四是加强内部整合，营造团结一致对外的气氛。文章最后指出，2014年年底“九合一”选举是检验国民党战斗力的关键之役，倘若国民党丢失部分关键县市，并且在总得票数上被民进党拉开差距，将严重动摇国民党的执政基础，其2016年大选将面临严峻挑战。

党朝胜《国民党“九合一”选情观察》(《两岸关系》2014年第9期）一文对2014年11月举行的台湾“九合一”选举进行了选前情况分析。文章指出国民党选情虽较严峻，但如果在最后阶段动员得当，亦并非没有胜算的可能。文章主要分为三部分，首先介绍了此次选举的提名情况。2014年8月初，国民党经过党内初选或征召的方式，已完成绝大部分县市的候选人提名，个别县市尚有待最后协调。“六都”方面。因桃园县已升格为第六“都”，因此“五都”选举自今年开始改为“六都”选举。其他县市方面，争取连任的共有4位。其次，文章对选情进行了分析。文章指出从目前民调看，国民党面临非执政县市取胜难度较大，部分执政县市选情不稳的局面。“六都”方面。目前新北市与桃园市选情最稳，朱立伦与吴志扬连任成功的几率较高。其他县市方面国民党民调暂时领先。文章在最后一部分介绍了，国民党目前面临的困境主要集中在：一政绩不彰拖累。二内部矛盾影响。国民党内山头重重，派系林立。三弊案冲击。四民进党善于操弄选举。

桑登平《台湾政坛执政六年的国民党何去何从》(《唯实》2014年第10期）一文对国民党执政期间存在的问题进行了剖析，并对国民党能否稳住执政地位提出了看法。文章指出，国民党执政期间存在的问题主要存在于：第一，施政环境不佳，使国民党背负沉重执政包袱。第二，国民党内纷争加剧，泛蓝各党形同陌路。其表现为：一是“九月政争”加深马王裂痕，伤害了国民党的内部团结；二是马英九党内地位正在遭受挑战；三是国民党处在难以正常施政的窘境中。四是国民党难以实现对党内各派系间的整合；五是国民党缺乏与泛蓝其他政党间的沟通与协调；六是党内接班人之争亦已展开。第三，在野势力强力掣肘，国民党施政受阻困境加剧。由于失去同盟力量的相挺和支持，在在野势力的强力掣肘下，马当局在立法机构内和社会上常常处于孤立无援的窘境，使自己的政策主张难以实施，影响了自己的施政品质，加重了民众的负面观感，严重损害了执政形象，对谋求长期执政增加了难度。最后，作者对国民党能否稳住执政地位提出了自己的看法。作者认为。国民党执政前景究竟如何、能否稳住执政地位，将主要取决于诸多因素的发展变化：一是国民党要积极打造自己的执政绩效；二是蓝营内部的团结整合尤其重要；三是“九合一”的选举结果；四是民进党大陆政策的调整；五是美国的态度；六是两岸关系和平发展。

陈咏红在《国民党进入后马英九时代》(《世界知识》2014年第11期）一文中指出，为化解反马力道，及时稳住政局，马英九扩大党内参与，将新北市长朱立伦、台中市长胡志强、台北市长郝龙斌纳入副主席序列，此举标志着国民党正式进入“后马英九”时代，开启中生代布局接班之路。文章主要分为三个部分。第一部分主要介绍了国民党面临内忧外患的现况。一方面，社会运动持续冲击、马当局被迫一再退让。首先是学运掀起街头“反马”模式。其次是反“核四”社运加剧政局动荡。另一方面，“马王心结”难解，党内团结问题严重。文章的第二部分主要介绍了马英九启动接班布局。首先，“郝立强”接任副主席是国民党重新盘整、适应形势的需要，这也是因应“反服贸”学运后世代交替的政治思潮。其次，此举也是马英九满足扩大参与、倾听民意的现实需要。最后，此举也是马英九化解反马力道的不得已选择。文章的最后一部分，介绍了这一“时代”的到来对国民党权力结构产生的复杂影响。马英九对中生代接班布局的规划是“人人皆有可能，个个皆没把握”，“郝立强”三人只有配合党中央在年底“七合一”选战中拼出好成绩，才有可能在未来接班梯队中占据有利位置。

刘亚琼《国民党青年在反服贸学运中为何沉默》(《统一论坛》2014 年第 5 期）一文对国民党青年在反服贸学运中沉默不语这一现象进行了分析与探究，文章第一部分主要介绍了国民党青年集体沉默的表现。首先表现在国民党青年精英活跃度不及反服贸负责人。其次表现为国民党青年与反服贸青年的网络宣传严重不对等。文章第二部分主要是对国民党青年集体沉默的原因进行了分析。作者认为，服贸协议涉及阶级问题和两岸关系等敏感话题，使得挺服贸协议的青年有被孤立甚至被攻击的风险。加之，当前国民党内部分裂，马英九民意支持率较低，一些国民党青年不愿被贴上负面标签，所以选择沉默。大多数台湾民众对服贸协议的内容了解程度低，对服贸协议的态度与政党认同具有很大的关联。由于反服贸派在舆论中一度占据优势，支持服贸协议可能会被孤立，国民党青年要站出来就需要一定的勇气。另外，台湾近年来就业形势严峻，很多青年将此归咎于执政的国民党；而国民党内部也有成员批评马英九决策圈太小，没有注重世代交替。部分国民党青年的政党认同下降，不愿意被贴上政党负面形象的标签，选择保持沉默。文章的第三部分主要介绍了国民党青年集体沉默的启示。作者认为，首先，政党要重视形象建设，增强政党认同。其次，政党要加强青年队伍建设，培养青年人才。第三，政党要提高舆论引导和迅速反应的能力。

王鸿志《国民党与民进党实力对比的另类视角——基于政党软实力角度的分析》(《台湾研究》2014 年第 6 期）一文主要从政党形象、政党文化，以及政党政策入手，考察台湾主要政党——国民党与民进党的政党软实力状况。文章的第一部分对国、民两党的政党形象进行了对比分析。文章指出，目前国民党受社会诟病最多的，除作为执政党在“拼经济”及提升民众薪资所得上乏善可陈外，其内斗汹涌复杂，党主席权威缺失、党内矛盾公开化，都让国民党形象大打折扣。民进党成立后快速崛起，“绿色、清廉、爱乡土”、“绿色执政，品质保证”都曾是其招揽选民的“形象招牌”。目前，民进党意图重塑形象，采取以柔克刚、妥协平衡策略，对内尽力维持党内团结，对外则依托其学者背景，对民众产生较强的吸引力，也让民进党政党形象回升与重塑出现新机遇。文章的第二部分主要是对国民两党的政党文化进行了对比。透过国民党党章及其重新执政后发布的政策纲领可以发现，其政治纲领上始终坚持三民主义理想，维护“中华民国”，认同两岸同属中华民族，追求国家统一。民进党的意识形态包罗万象、十分复杂，包括自由民主、社会福利、环境保护等都是其意识形态的重要组成部分。文章的第三部分是对国民两党政党政策的对比分析。2008 年国民党重新执政后，秉持较为积极的大陆政策。坚持“一个中国”与“九二共识”。民进党的基本特征仍以“台湾前途决议文”为底线，否认“九二共识”。

（二）民进党研究

从发生学的角度来看，任何事物最初生成时的体质、基质将对其未来的发展和存续产生决定性影响。民进党创党时期是要在台湾搞革命的，所以一开始就有意识地模仿革命党。于是，相对于一个较早实现了意识形态实用化的国民党而言，比较年轻的民进党却有着更强的组织和意识形态刚性特征。如果说国民党的变革更多地体现在组织和行为层面，那么，民进党的变革则应落定于思想和观念层面。关于这一问题，学者们2014年的相关研究还是把握得很准、论述得很密集的。相比较而言，民进党生成时即为自己预设的“命运”，使得当下这个党致力于自身转型以适应政治生态变迁的前景更为凶险。十年河东、十年河西，台湾政坛的风向变得很快，民进党十几年执政的历程更是直接促成了台湾政治生态的迅速演变。岛内外的学者们都清楚地看到，近年来台湾政治生态的全新变化，使得民进党曾经屡试不爽的“台独”意识形态牌不再通灵。虽然民进党在2014年“九合一”选举中取得了胜利，但“台独”挂帅的两岸政策，以及选民对这个党能否搞好同大陆关系的犹疑，已成为以后相当长一个时期内制约这个党的发展空间、破坏其执政前景的关键所在。由此，民进党能否顺利实现意识形态和基本政策的转变、能否实现自身转型，也就成为2014年相关研究的焦点所在。总括相关研究的成果，它们都直接或间接地只想这样一个事实：2008年以来的民进党迷失了自身的政治方向，在选举和政策层面上显然缺乏明确的定位，仍然沉溺于想“独”、“独”不得、不“独”心不甘的纠结，而且深陷非“左”非“右”、左右难堪和动辄得咎的尴尬境地。作为一个长期用意识形态高度捆绑自身存在以至将意识形态等同于自身存在的党，面对这样一种因意识形态反噬而形成的政治困境，也是极其自然的事情。就学者们所推及的结论来看，未来民进党若要成功地实现政治转型，似乎只有一个努力的方向：承认现实，充分把握当下台湾政治变迁中正在集结的左翼和右翼潮流，积极回归政策层面，逐步将自己改造成一个意识形态实用型的政党。

陈先才、陈兵在《民进党大陆政策调整：问题与前景》(《台海研究》2014年第3期)一文中指出，民进党作为台湾政坛的重要政治力量，其大陆政策调整一直受到各方的关注。影响民进党大陆政策调整的因素主要包括党内政治生态发展、岛内政局发展走向、两岸关系发展态势以及国际社会压力等方面。当前，民进党大陆政策调整面临难得的历史机遇，其主要变现在：首先，两岸实力发展之悬殊，特别是“台独”分裂势力发展不断式微之困境，将不断促使民进党内部越来越多的政治人物开始理性、务实地看待两岸关系发展以及“台独”问题。其次，两岸和平发展理念已日渐深入台湾民心。最后，当前民进党内部主张两岸关系和平发展的声音不断增强，特别是务实派及交流派的力量在不断集结，并逐渐累积到一定的政治能量。但与此同时，民进党也正遭遇一些现实的困境。蔡英文主导下的民进党大陆政策调整前景并不乐观，在很大程度上或许只是民进党政治策略的运用。民进党基于政党利益之考量也不愿意轻易调整其大陆政策。文章最后对民进党大陆政策调整的趋向做出了分析与预测。指出两岸论述的基调是“台湾前途决议文”；两岸路线奉“稳健台独路线”为首选；两岸论述在策略上将以模糊、回避为主；将以两岸交流表象掩盖两岸政策论述。

王一鸣《民进党两岸政策走向评析》(《统一论坛》2014 年第 6 期)一文主要从三个方面，即民进党两岸政策调整的现实压力、民进党内两岸政策调整问题的分歧，民进党两岸政策的“双轨”策略入手，对民进党的两岸政策走向进行评析。首先，民进党两岸政策调整的现实压力在于：一是两岸之间的经济联系日益紧密，文化交流不断深化，政治对话逐步推进，岛内民众对于两岸关系和平发展的认同度也逐渐提高。二是国民党掌握两岸关系议题的主导权。三是民进党在两岸议题设定方面日益被边缘化。四是民进党忽视岛内民众要求，这是其两岸政策困境的根本原因。其次，民进党内两岸政策调整问题的分歧在于：民进党内固守“台独”路线者仍是主流。同时，民进党内部分政治人物已经认识到两岸政策需要调整，试图突破困境。最后，民进党两岸政策的“双轨”策略是指坚守“台独”路线，却不反对甚至大力推进与祖国大陆的务实交流。民进党内的权力结构决定了其“台独”立场短期内无法改变。两岸关系和平发展的潮流给民进党的两岸政策施加了很大压力，该党在具体政策层面上逐步转向务实态度。但作者同时指出：双轨”策略的内部层次互相冲突、不合逻辑，因而不能让民进党在两岸政策调整上行稳致远。民进党在务实政策上的调整已经起步，而随着务实调整的深入，冲击“台独”路线不可避免，但就目前来看，该党的“台独”路线转型是一个复杂而漫长的过程。

王崑义的《民进党的本质与蔡英文的两岸政策走向》(《台海研究》2014 年第 3 期)文章在讨论民进党的本质的基础上，解剖蔡英文在“台独”方面无法改变的原因。文章第一部分首先介绍了民进党的本质。作者认为，民进党跟国民党最大的不同之处，是因为国民党掌握着执政权，可以实施政策主张，民进党则缺乏这样的政策实践的场域，使得民进党必须掌握“市民社会”作为政党立足的基础。民进党的总体意识形态偏向左翼激进主义的立场，是社会激进团体与弱势者的代言人。民进党透过“新社会运动”，达成其占有公共领域的文化霸权。这个结果，当它重新连结国家与社会的关系后，便快速获取“市民社会”的认同，使得他们得以对社会进行政治动员，进而赢得执政权。文章的第二部分对民进党的“主权迷思”与两岸政策的转变进行了分析和说明。文章指出民进党一开始就把两岸关系定位成是“两国关系”。而且很长的时间里，民进党也一直提不出符合全党可以接受的两岸政策。但随着民进党现实主义立场的确立，民进党的两岸政策有了巨大的飞跃。文章最后从三方面列举了蔡英文在“冻独”上的退缩。指出民进党就因有“台独党纲”的存在，所以历任的党主席，几乎都很难摆脱“台独党纲”的宰制，所以蔡英文在“冻独”上的退缩，也只是让民进党的两岸政策可以向中间地带稍微靠拢。

陈星的《简论民进党的路线转型》(《台海研究》2014 年第 1 期)文章从民进党的整体路线调整及两岸关系结构性变化两个各方面出发，讨论了民进党两岸政策路线的调整。文章主要分为三个部分。第一部分主要介绍了推动民进党路线调整的结构性压力，即两岸的对抗性结构的变化,给民进党的路线调整带来了很大的影响。在结构性变化的压力下，民进党的转型其实是包括“台独”路线在内的全面路线转型，转型的内涵主要有以下两个方面，一是对抗性行为模式的调整，即民进党必须在岛内摸索到一个既能够与国民党区隔又能够避免族群撕裂的动员方式,同时在两岸问题上改变“反大陆”的做法与“台独”思维，找到一个维持两岸稳定的路径。二是在议题选择上必须从意识形态挂帅逐步向民生议题为中心移动。文章的第二部分主要阐释了民进党“台独”路线的困境：一是两岸政策调整处于民进党路线调整的末端。二是“台独”路线是民进党政治路线中已经“硬化”的部分。三是在于民进党在相当长时期内将其作为基本政治诉求，并认为以“台独”诉求为中心的意识形态动员是取得政治支持的重要原因。文章的第三部分主要是通过列举民进党核心人物对政策调整的态度，介绍了民进党的权力斗争与路线转型。

长孙文正的《民进党大陆政策调整简析》(《统一论坛》2014 年第 4 期）一文分别从民进党大陆政策调整的特征、民进党两岸政策调整复杂性的原因，民进党两岸政策调整趋势等方面对民进党大陆政策调整进行了探讨与分析。作者在文章中指出，民进党大陆政策调整的特征主要包括：第一，不统一性。民进党内重大的路线调整及党务改造的争议背后都有着派系利益及矛盾的角逐及交错，并不完全是意识形态、理念、意见的对立与分歧。第二，务实性。民进党不承认“九二共识”，但面对大选的压力和两岸和平发展的大主流，民进党还是展现出了一定的进取性和弹性，以期改变外界对其两岸政策僵化的观感。第三，模糊与欺骗性。近年来民进党试图摆脱激进的两岸政策，避免与祖国大陆碰撞，但现在有关两岸的论述越来越模糊，民进党和岛内某些人正是想利用模糊的概念来淡化实质问题以求摆脱现实困境。第四，投机与反复性。因受意识形态和基本盘的束缚，民进党的两岸政策往往左右摇摆、前后不一、反反复复、充满投机倾向。文章还指出，民进党的两岸政策调整之所以表现得如此复杂其原因有三：一是祖国大陆综合实力不断上升，对台影响力随之扩大，两岸交融与依赖不断加深。二是民进党的派系纠葛与相互交错的现状，各派系的两岸主张不相统一，两岸政策一直是各派系相互攻防和斗争的焦点。三是民进党是一个“台独”政党，有 40% 多的选票支持率，因此，民进党并不会大刀阔斧改革。在文章的最后，作者对民进党两岸政策调整势成必走的路做出了预测。作者表示：当下民进党内出现一股持续的“大陆热”，这股潜在的细流虽非主流派，但会逐渐浸染民进党的理念、政策、行动和未来，间接有助于改善两岸关系。当下民进党内出现一股持续的“大陆热”，这股潜在的细流虽非主流派，但会逐渐浸染民进党的理念、政策、行动和未来，间接有助于改善两岸关系。

刘红在《行胜于言——评民进党大陆政策调整》(《两岸关系》2014 年第 7 期）一文指出，台湾特殊的历史轨迹和复杂的政治文化使民进党难以去除“街头暴力”、“民粹当家”的印象。只有理性代替民粹，才能使民进党在与大陆的互动中找到自身的利益诉求。对于维护两岸关系和平发展方面要求民进党：首先，要理性看待两岸关系和平发展成果。维系两岸关系和平发展成果，既有利于两岸的深入互动，也有利于民进党扭转“为反对而反对”、“逢中必反”、“逢马必反”的政党形象。其次，民进党要摆脱“台独”意识形态的禁锢。“台独”是制约两岸关系和平发展最大的隐患和毒瘤。尽管两岸互动的经验一再表明，“台独”是不可能实现的选项，但民进党及“台独”基本教义派仍拒不承认“九二共识”，更遑论两岸同属一个中国。同时，作者还指出民进党只有积极参加两岸互动，与大陆开展全方位对话，才能找准自身的角色和定位。这要求民进党：首先，民进党要创造条件，加强民共对话。其次，民进党要促进民共智库交流。智库是知识精英与社会练达人士聚集之地，既能就重大政策发表观点，谈论对策，也能担当政治人物的“白手套”，在不同舞台都能传递和表达政治人物的观念和诉求。

常超在《民进党维持派系共治》(《两岸关系》2014 年第 9 期）一文指出，2014 年 7

月举行的民进党十六届一次党员代表大会，是蔡英文5月当选民进党主席后党内派系争夺权力、重新划分势力范围的一次较量。最终，各大派系在中执委、中常委选举上均有斩获，蔡英文派系人马亦初具规模，民进党依然维持派系共治的格局。文章同时指出，作为蔡英文再次当选民进党主席后的首届全代会，本次会议被视为攸关民进党核心权力重组的关键一役。加之会前民进党员陈昭南、郭正亮等人发起连署“冻独”提案，更引发外界对民进党如何处理“冻独”议题、调整两岸政策的关注。蔡英文对“冻独”提案的处理，显示出其浓厚的“台独”色彩。关于蔡英文对“冻独”提案的处理，民进党内部臧否不一。在蔡英文对“冻独”议题冷处理后,民进党全代会的主题就凸显为权力改组。尽管派系共治在一定程度上减少了民进党权力核心因重组而引发的震荡，但其痼疾依然存在并牵制民进党的发展。其表现为：民进党权力生态基本维持现状；蔡英文势力在民进党核心权力结构中初具规模；新潮流系在民进党内实力仍十分强大；派系政治的痼疾阻碍民进党发展；蔡英文面对的挑战依然很多。

杨昆福在《四大痼疾缠身，民进党怎能彻底改变？》(《统一论坛》2014年第1期）一文指出，从民进党建党至今，虽几经调整与变革，民进党却依旧病魔缠身，存在不少沉疴痼疾。第一大痼疾：两岸政策故步自封。民进党在两岸政策上虽不时闪烁可能进行调整的迹象，但往往转瞬即逝，自我设限。从所谓“中国事务委员会”的定名，以及主导人选之争，到对两岸服贸协议审议的掣肘延宕，乃至对最近民进党内提出“冻独”试探信号的反弹，便可窥见一二。民进党依旧裹足不前，在两岸政策上未能大开大阖。第二大痼疾：派系倾轧恶斗不止虽然民进党。民进党内派系经过多年的分化和消长，目前主要呈现出英系、谢系、苏系、新潮流系、游系等多方角力竞合的局面。各派系这种分化组合的现象已成为民进党内政治生态的重要组成部分，要从根本上消除，难度可谓不小。第三大痼疾：世代交替难以实现。民进党内这些曾经在台湾政坛风云叱咤的大佬，在年轻世代逐渐成长并需要展现舞台的当下，却不甘隐退，十分不利于民进党新陈代谢与自我更新。第四大痼疾：民粹政治泛滥不已民进党发端于“体制外”，从街头抗争发家，十分善于煽动民众情绪，时至今日，民进党依旧以台湾本土利益代言人自居。一遇到可操作的议题，民进党动辄发动民众上街表达所谓的“民意”，以向台湾当局施加压力。文章最后还指出，民进党发展至今，上述四大沉疴痼疾依旧无法根除，而如果民进党没办法彻底改变，那么可以预期，民进党终将陷入更大的困境。

汪曙申的《民进党“最后一里路”怎么走》(《世界知识》2014年第16期）一文主要分三个部分对民进党的发展路线进行了分析与阐释。第一，民进党将重走“小英路线”。民进党在历史上一直呈现派系共治的权力结构。派系虽是民进党内的非正式组织，但表现出高度的个人领导和扈从关系。尽管前民进党主席苏贞昌与蔡英文之间仍主要是竞争关系，但今后两年，民进党不会出现像苏贞昌主政时“两个太阳”、“两个权力中心”的分裂局面，将只会有一个“小英路线”。第二，民进党将走“中间偏左”的社会路线。在2012年“大选”中，蔡英文在社会经济政策上进一步走向偏左路线，刻意突出岛内贫富差距和阶层分化，以照顾弱势边缘群体利益的“分配正义”为口号吸纳所谓“三中群体”的支持，掀起一股不小的声势。第三，不管民进党主席蔡英文的两岸政策如何走，都将受到三大结构的制约。首先是两岸关系结构，面对大陆对两岸关系的主导权不断增强，民进党调整两岸政策的压力越来越大，短期策略上的拖延只会使其陷入更大战略上的困境。其次是蓝绿对峙的政治结构，民进党内不少人担心，若向认可“一中架构”的立场移动，国民党在两岸论述上会更进一步，届时恐将造成被动的“政策追赶”，并引发“台独基本教义派”反弹。最后是派系倾轧的党内结构。民进党转型面对的最主要党内结构是派系政治和观念分化，其结果是造成在两岸政策上缺乏统一的战略设计和策略运用。文章最后还指出，蔡英文为了 2016 年“大选”将不得不重新思考和构建两岸论述，去探索一个相对务实的方案，走一条妥协平衡的路线。

陈星的《民进党两岸关系基本认知及对大陆政策的影响》(《现代台湾研究》2014 年 Z1 期）一文分析的问题集中于民进党两岸关系基本认知对两岸政策及论述的影响，文章在分析民进党对两岸关系的基本认知时主要聚焦于实然存在的认知。文章主要分为三个部分。第一部分介绍了民进党两岸关系认知的维度与内部关联。其中包括：一、两岸关系定位是民进党两岸关系认知的重要内容。二、两岸的政治与法律关系定位是民进党两岸关系定位中比较核心的部分。三、重塑两岸关系的法理基础是民进党两岸政策的最终目标。四、消解族群矛盾，形成较为一致的内部共识以对抗统一的压力是民进党两岸关系认知的一个重要方面。五、两岸长期处于低度对抗状态是民进党两岸关系认知的重要组成部分。六、两岸交流交往与合作的加强被民进党视为与大陆进行对抗的“筹码”。第二部分主要介绍了政党区隔中的民进党两岸关系认知。民进党利用两岸关系建构区隔的典型做法是将国民党与大陆进行关联性处理，即极力将国民党与大陆打成“同路人”。作者认为，民进党在两岸关系议题上与国民党的区隔是其两岸政策认知的重要组成部分，也是影响两岸政策调整的重要因素。第三部分主要介绍了民进党对中美关系中的两岸关系认知。虽然民进党在宣传中一直声称与美国在基本价值等问题上有一致性认知，不过对美国在台海问题上的务实性也有体认，即美国只要一个听话的民进党和听话的台湾当局，而不会要一个“麻烦制造者”。文章最后还指出，总体上看，民进党对两岸关系的认知是多维度存在，诸多认知综合形成了民进党对两岸关系的基本态度。

（三）亲民党研究

2000 年 3 月，台湾地区领导人选举结果揭晓，独立参选人宋楚瑜以微小差距落选。在宋的支持者强烈要求下，宋楚瑜 3 月 31 日正式宣布成立亲民党，成为仅次于国民党、民进党的台湾第三大党。因为宋楚瑜推崇蒋经国的“亲民、爱民”理念，所以将其命名为“亲民党”，英文名为“The People First Party”，意为“人民第一”党。亲民党成立之后，招纳了一些原国民党、新党以及无党籍的“立法委员”。该党党纲声称是“兼容并蓄的柔性政党”，“以结合民意、国家安全为本的民主政党”，“推动清明政治的改革政党”。在两岸关系方面，该党主张“两岸展开平等互惠的谈判，谋求永久的和平”，但有声称“中华民国为主权独立自主的国家”，明确反对“一国两制”。亲民党自成立后，就以一个参与者与竞争者的姿态强有力地介入台湾政坛，形成了台湾岛内不可小视的“第三势力”。2014 年亲民党研究并不多，而且并未涉及亲民党的党务改革问题。学者们仅对亲民党的近况进行了总结。并从亲民党主席宋楚瑜访华入手，对亲民党未来的党务及政策走向作出了预测。学者们的这些声音反映了亲民党境况与对未来的希冀。

徐青在《宋楚瑜“复出”亲民党再战》(《世界知识》2014 年 11 期)一文指出，2014 年 5 月，应大陆方面邀请，台湾亲民党主席宋楚瑜率亲民党党员 19 人赴北京访问大陆。亲民党希望宋楚瑜借访陆之机重新奋起，带领亲民党抓住 2014 年选举契机重新累积实力。但岛内各界对此并不乐观。作者认为，宋楚瑜是大陆征询的重要对象。首先，宋楚瑜和亲民党的两岸路线一贯秉持“两岸一中”的理念，与大陆对台方针政策高度一致。其次，宋楚瑜的政治能力受到两岸高度肯定。第三，宋楚瑜有为两岸奉献心力之志。文章同时指出，亲民党称此行访陆是宋楚瑜的“复出之旅”，亲民党副秘书长刘文雄更认为此趟访问“意义非凡”。亲民党希望宋楚瑜借访陆之机重新奋起，带领本党抓住 2014 年选举契机重新累积实力。但岛内各界对此并不乐观。文章最后指出，如果说连战与大陆联手开启了岛内两岸关系的和平进程，那么宋楚瑜此次赴大陆则应该起到开启深化两岸关系进程的作用。即使效果没有那样显著,这起码也应是宋楚瑜与亲民党未来发展与贡献的方向。

（四）选举与政党治理研究

选举所以引人瞩目，往往是因为人们可能更加关注选出谁来做官。但选举的作用却并非选出人来做官这么简单。它起码还包括如下几方面的作用：完成赋权过程，实现合乎现代合法性要求的统治；组织政府、确立责任政治，实现对公权力的有效控制；意见表达、凝聚共识，形成公众政治议程并且对政府议程形成潜在或直接的影响和控制；实现权力的平稳交接，化解分歧和冲突。此外，还包括作为公民教育重要手段和途径等其他功能。由此，尽管民主政治并非一选就灵，但选举对于有效地治理来说确实是不可或缺的。在竞争性的政党体制下，政党作为连结社会与公权力系统的桥梁和纽带，自然成为选举的主体，它们也因此而自然成为治理的重要主体。由此，选举与治理自然构成政党政治、政党制度的关键内容。一般来说，选举塑造政党体制，选举决定治理目标和治理形式。反之，治理的绩效决定选举的结果，同时决定每个政党未来的政治前途。2014 年正逢台湾举办“九合一”大选，所谓“九合一”是指岛内 9 类地方公职人员及民意代表选举，包括各直辖市长与直辖市议员、县市长与县市议员、乡镇市长与乡镇市民意代表、村里长，以及直辖市少数民族地区区长与区民意代表。由于此次选举涉及的选区、选民范围涵盖全台，加之此次合并选举与 2016 年台湾地区领导人选举仅间隔一年多时间，其选举结果牵动未来岛内政治版图走向，故引起岛内各党派高度重视。2014 年有关台湾选举与政党治理的研究基本上比较均匀地覆盖了选民与政党、政党与政党、政党与公权力系统等基本领域。较之以往，两岸议题虽不是此次“九合一”选举中的主导因素，但选举结果势必会对未来两岸关系发展走向产生潜在而微妙的影响，因而也备受两岸学界关注。

王建民在《“九合一”选举与台湾政治版图》(《两岸关系》2014 年第 6 期)一文中对 2014 年举行的台湾“九合一”选举进行了选举前的观察分析。文章指出，依据岛内政治格局与国民党执政现状观察，这次选举总体上将呈现“蓝守绿攻”、“蓝消绿长”的态势：国民党维持既有执政县市面临困难，执政席次减少似成定局。选后，预测“北蓝”将越来越淡，“南绿”将越来越深，台湾蓝绿政治版图如出现重大变化，对未来台湾政治格局将产生重大影响。文章同时指出，这次选举整体选情对国民党较为不利。马英九上台执政后，台湾经济形势一直不佳，民生问题未有明显改善，民怨不断，马英九从昔日的“吸票王”变为所谓的“票房毒药”，蓝营候选人不愿马英九站台辅选。作者最后指出，这次“九合一”选举，重点是县市长选举，每个县市都是双方必争之地。相对的，北台湾，蓝营优势明显；南台湾，则绿营占绝对优势；中台湾竞争激烈，成为这次选举攻防的重要战略要地；东台湾选情相对单纯，也较少受到外界关注。

刘红在《“选举空窗期”下的台湾政局》（《统一论坛》2014 年第 1 期）一文对“选举空窗期”2013 年，台湾政局的特点进行了分析与总结。文章指出，2013 年制约台湾政治和政局演变的相关因素没有改变，政局演变呈现出的不平静和新动向，带有选举休整的特点。主要从四方面介绍了 2013 年台湾政局的特点。第一，政局上明的是决策空转，暗的是选举休整。表现为：一是朝野壁垒分明。二是重大议题拖而不决。三是为对抗国民党的执政优势，在野党组成事实上的“在野联盟”。四是面对事实上的“在野结盟”，国民党缩手缩脚，难有作为。第二，国民党明的是“马王之争”，暗的是内部矛盾没有缓解。其表现为：一是马英九的政治处境改善有限。二是实力派和马英九及团队的矛盾改善有限。三是上层和基层的矛盾改善有限。四是立法和行政的矛盾没有缓解。五是泛蓝内部的矛盾没有改善。第三,民进党明的是大陆政策讨论,暗的是“苏蔡之争”。其主要表现在：一是苏蔡之争为主的权力之争没有减少。二是谢长廷争夺大陆政策话语权和主导权为主的大陆政策讨论没有结果。三是以“新潮流系”全线布局为主的派系和权力重组有所进展。“新潮流系”明消实存，在党内一直发挥着积极且特殊的作用。第四，社会上明的是“公民运动”，暗的是社情民意在改变。其表现为：一是“公民运动”兴起。二是祖国大陆形象正面化。

宁馨的《“九合一”选举结果、原因及其对岛内政局的影响》（《统一论坛》2014 年第 6 期）一文对“九合一”选举结果、原因及其对岛内政局的影响进行了整理与分析。文章指出，2014 年 11 月 29 日，台湾“九合一”选举结果出炉，国民党在地方性选举中吞下前所未有的败绩，民进党执政县市大幅增长，执政版图从原来的南部大举突破，纵贯全台。此次选举之所以出现国民党惨败、民进党大幅跃进的结果，既有国、民两党各自自身的因素，也有岛内民意长期变化酿成质变的结果，是综合因素共同作用造成。主要包括：其一，马英九当局持续政绩不彰，导致大环境明显不利国民党，岛内民意强烈不满集中爆发。其二，岛内“反体制、反权贵”的新兴民意兴起，对国民党竞选更加不利。其三，泛蓝阵营深陷困境，貌合神离，严重挫伤国民党选举气势和能量。其四，民进党士气逼人、战力强势，催升支持者投票热情。文章还指出，选举结果对岛内政治格局产生重大影响。一是“蓝消绿长”态势进一步强化，蓝绿政治版图发生颠覆性变化。二是严重冲击国民党势力，加剧其发展困境。无论是党务系统还是行政系统都遭遇了重大的政治动荡，国民党未来一段时期的首要任务将是安定内部，处理好一系列人事安排。三是民进党整体声势看涨，攻取 2016 年大选的欲望更强，两岸政策调整的动力将进一步下降。四是马英九当局大陆政策将保持整体稳定。

郭健青的《台湾“九合一”选举结果的几点观察》（《现代台湾研究》2014 年第 Z1 期）一文对台湾“九合一”选举的结果及原因进行了概括总结，并系统地分析和说明了岛内政局和两岸关系正面临的形势及对选举结果对两岸关系的影响。文章指出，选举结果大大出乎相关各方的“意料之外”。主要表现为：一是国民党遇到 1949 年以来的空前惨败；

二是民进党取得建党以来的最重大胜利；三是各方对此次选举结果研判的“意料之外”。文章第二部分主要是对选举结果的分析说明。作者认为：一、此次选举是台湾岛内各种民意对马英九施政不满的集中表现；二、此次选举体现了国民党的内部分裂；三、大量流失选票的原因有三，首先是选民的结构变化，其次塑化剂、黑心油事件未处理好，最后是蓝营的传统铁票“锈迹斑斑”；四、选举中民进党巧妙地利用了“恐陆”、“反中”来反对国民党。文章的第三部分对岛内政局和两岸关系面临的形势进行分析与说明。作者认为，未来至2016年，国民党、蓝营自身难保，无暇顾及反“独”反民进党，少了一大块在岛内制约“台独”势力的力量，并且2016年民进党执政的可能性极大提升。文章最后指出，此次选举的结果将给两岸关系的发张带来巨大影响。主要表现在：一是两岸的制度化合作进程将暂停。二是我们将面对一个更加“一边一国”化的台湾。三是这将在中国大陆外部发展环境上增加了不确定因素。四是民进党将夺得与大陆关系密切交流合作的县市。

杨立宪的《“九合一”选举的看点与焦点》(《台声》2014年第10期)一文对2014年举行的台湾“九合一”选举进行了选举前的观察与分析。文章指出，所谓“九合一”是指岛内9类地方公职人员及民意代表选举，包括各直辖市长与直辖市议员、县市长与县市议员、乡镇市长与乡镇市民意代表、村里长，以及直辖市少数民族地区区长与区民意代表。从目前情况来看，国民党、民进党两大政党守攻分明；亲民党、台联党及新党等小党“抓小放大”；无党籍势力异军突起，岛内各方政治势力角逐使此次“九合一”选举充满看点及焦点。首先，国民党作为执政党，其在岛内地方权力结构中占据优势：5个直辖市长占3个，17个县市长占12个，控制着全台三分之二的地方政府、议会、乡镇长、乡镇民意代表、村里长等，但此次选举国民党面临空前严峻的挑战。再看民进党，近年岛内经济困顿，民心士气低落，台当局威信跌落谷底，民进党士气则重新集结，将此次“九合一”选举视为2016年选举翻盘的极好时机。三看亲民党、台联党和新党。在岛内蓝绿对抗的政治生态中，加之目前岛内选举制度下，小党生存空间有限，如不能见缝插针、以小博大、务实经营，无法避免小党“泡沫化”趋势，丧失政治话语权及影响力。最后看无党籍。此次台北市长选举以无党籍候选人、台大医学院医师柯文哲对阵国民党籍候选人连胜文而备受关注。文章最后还指出，此次“九合一”选举虽属岛内地方选举，但由于其地域的广泛性及选举时机的敏感性，使得这次选举的意义非同一般。

陈兵的《选举制度与台湾政党体系变迁》(《现代台湾研究》2014年第2期)一文从选举制度与政党体系的关系入手，具体分析60多年来，台湾选举制度改革以及计票方式、选区划分等选举制度细节的设计对台湾政党体系的影响。文章指出，选举制度的设计与改革仍然是影响台湾政党体系变迁最直接的原因，甚至一些政治和社会因素还需通过选举制度才能作用于政党体系。1949—1987年的“戒严”时期，国民党一党独霸与反对势力的潜滋暗长。具体表现为，国民党以党领政、大搞“党国”体制，根本不允许政治反对势力和反对党的存在，岛内政治气氛肃杀。在选举制度的设计上，国民党当局体现出了其为维护一党霸权的良苦用心。1987—2000年的“解严”及民主化初期，国民党一党霸权崩解。1987年台湾当局宣布“解严”，紧绷的政治氛围逐渐改善。在选举制度方面，在保持大多数“中央民意代表”的同时，在“立委”和“国大代表”选举中引入了“名单式比例代表制”。2000—2005 年，第一次政党轮替后，主要表现为以两大党为主导的政党联盟的对立。2005 年至今，立法院”选举制度改革后，主要表现为两党制格局基本奠定。“立法院”改采“单一选区两票制”，“单一选区两票制”又促进了政党整合，这奠定了台湾两党制的格局。文章最后在结论部分指出，在出现政治选举的 60 余年间，台湾的政党体系经历了国民党一党专制、一党独大、两大政党联盟对立和两党制四个阶段。可以预见，未来的台湾只要不发生剧烈社会变动，选举制度仍将持续发挥作用，国、民两大党对立的两党制格局将在台湾得到维持和巩固。

（五）政党与政治变迁研究

如前所述，政党的存在和发展总是同特定的政治生态相联系。政党总是在受限地条件下尝试塑造和改变既有的政治环境。但在这一过程中，政党也不可避免地会发生相应的变化。现代社会中，政党透过自身变化及其与其他相关政治主体关系的变化，在理念、行为和制度等诸多方面推动政治发展或政治变迁。与此同时，政党往往还是直接推动政治变迁进程、决定政治变迁内容和节奏的首要力量。政党也以此充分体现出其作为民主政治工具和手段的基本价值与功能。这一点在当前台湾地区政治生活中就非常明显。由此，同政党及其所处政治、经济、社会和文化生态相关联的政党与政治发展研究，自然深受学者们的青睐。其中，台湾政党力量的时空分布和变化、台湾政党同社会结构和社会矛盾之关系、台湾政党同两岸关系及岛内政治认同之关系等相对具体的问题，更是相关研究的热点、焦点。需要特别指出的是，由于适逢选举休整年的关系，关于台湾意识与台湾认同的讨论更加热络。与以往相比，这方面问题研究的成果更加客观、平实，这当然是因为如下缘故：由于各自所处的社会情境皆有所变化，海峡两岸学者都已分别能够在一定程度上摆脱理念上意识形态的束缚、方法上预设结论的偏颇，大胆突破且努力还原问题的本来面目。其实，唯有客观的、合乎科学规范的研究才能够有益于经验实践中矛盾和问题的解决。一定意义上讲，关于政党与政治变迁问题，它原本是个什么样子、政党在思维中将其重构为什么样子，都可能深刻地影响到经验层面的政治过程。所不同的是，客观、规范的研究能够促进政治变迁，对政党及其所致力的事业形成长远利益，主观、杜撰的研究则会扰乱和阻碍政治变迁，给政党及其所追寻的目标形成潜在的或严重的危害。总的来看，2014 年学者们在台湾政党与台湾政治变迁领域中的相关研究无疑是非常深入的，迈上了一个新的台阶，不仅有利于正确地解读、促进台湾政治变迁，也有利于相关方面形成正确的政治判断并作出审慎、及时的政策和策略调整，从而从根本上有利于中国的统一事业和民族的伟大复兴。

杨华基的《台湾族群问题形成的内外政治因素》（《现代台湾研究》2014 年第 Z1 期）一文对台湾族群问题形成的内外政治因素进行了系统的分析与总结。文章指出，第一，日本殖民统治对中华文化核心价值的异化是造成台湾族群问题形成的一重要因素。日本对台湾的殖民统治，其目的不止于经济掠夺，而在于把其变成其永远的国土，所推行的是一整套从军事镇压到政治控制、从经济掠夺到文化改造的全盘同化政策。第二，国民党当局的戒严统治加剧台湾族群意识的对立。两岸百余年的隔绝、国民党近 40 年的反共教育、冷战体制与美国霸权支配下的台湾亲美意识、“中华民国”退出联合国后岛内更加崛起的本土意识、猖獗的“台独”分裂活动，均促成了台湾族群问题的形成。第三，政党轮替导致台湾族群问题恶性膨胀。其主要表现为：地方派系攸关选举结果；派系政治的发展,给了黑道势力可乘之机；教科书“去中国化”成为“台独”的重要手段。第四,“台独”得到国际反华势力的支持。作者在文章的最后呼吁，如何在台湾坚持和发扬中华传统优秀文化的核心价值,为促进两岸和平统一提供强大的精神力量,应成为两岸交流中的要务。

张文生的《台湾政局演变的新特点》(《台湾研究》2014 年第 1 期）一文对 2013 年台湾政局的发展和演变中呈现的新特点进行了概括与总结。其特点包括：第一，台湾当局的内外施政遭遇到更多的困境,台湾当局领导人的满意率不断下挫。第二，国、民两党内部均存在激烈的权力斗争，北蓝南绿的政治生态下民进党的势力向中部扩张。台湾社会北蓝南绿的政党政治格局并没有改变,民进党在浊水溪以南的县市执政基础牢固，国民党则在北部保持了较为稳定的执政基础。第三，民进党试图调整两岸政策，但是“台独”思维和主张并未改变。民进党虽然提出“应该积极凝聚台湾内部的共识作为两岸对话的基础”，但是排除了柯建铭的“冻结台独党纲”的主张，反映了民进党中央保守、消极、封闭的政治倾向。第四，统“独”问题不再是台湾社会的主流，相反，主张两岸交流合作成为台湾民意的主流。第五，民间力量展现社会运动的动员能力,但是社运团体能否中间突围仍须观察。

贾凯的《台湾地区政党制度演变及其动因探析》(《四川省社会主义学院学报》2014 年第 1 期）一文第一部分分四个时段阐述了台湾政党制度的变迁过程。1949—1986 年为转型前的台湾政党制度，从表面上看实行多党政治，但事实上国民党在政治权力体制中处于核心地位，党权垄断一切、决定一切。1986—1993 年则演变为不完全竞争的两党体制。这一时期的两党体制，只能称为不完全竞争体制，原因在于竞争目标的不开放。选举都局限于有限的增额选举，选举的结果无法改变国民党掌控占绝大多数议席的事实，新当选的委员、代表无法真正主导政治决策。1993—2000 年是两党体制的变形时期。从全局来看，台湾的政党选举仍然是国民党、民进党之间的竞争。新党的出现，并未根本改变台湾两党竞争的格局。同时，新党对两党格局的冲击，不仅在地域上有限，而且在时间上也很短。2000 年至今则是两党制雏形显现、蓝绿阵营的对决时期。台湾社会初步出现了两党政治的民意基础，台湾走向两党政治的趋势更加明显。文章的第二部分对台湾地区政党制度演变的动因进行了分析整理。文章还指出，台湾地区政党制度的演变同样是多种因素共同作用的结果。其中包括：经济结构和社会结构的变迁；国民党自身的种种问题；省籍与族群矛盾的深远影响；来自美国和大陆的影响。

方圣华的《浅论台湾政治中的侍从主义》(《现代台湾研究》2014 年第 2 期）一文主要分三个阶段对台湾政治中侍从主义机制的发展脉络进行了系统的梳理与分析。第一阶段，台湾社会侍从主义的形成时期。台湾传统社会中恩庇—侍从结构的形成是由当时封建王朝的统治模式决定的。日本殖民台湾之后，为加强对台控制，对此结构略加改造后继续使用。第二阶段，两蒋”时期的二重侍从主义体制。蒋介石因在外有大陆军事威慑，内又缺乏民众基础的社会环境下，其统治却能维持数十年而不坠，对侍从结构的建构和利用是一个重要原因。第三阶段，20 世纪 80 年代以来侍从主义的流变。“党外”运动的快速发展及群众运动的兴起日益冲击着国民党的“党国体制”，使得二重侍从主义逐渐瓦解。文章概括总结了侍从主义对台湾政治的影响。首先，侍从主义机制影响着台湾的政治运作模式。其次，侍从主义机制影响着政党自身的发展。在庇护模式主导的社会，中心与边陲均处于不自主的状态，因而很难进行大规模的社会改造。再次，侍从主义机制会引发政治腐败。侍从主义机制习惯于根据双方的个人关系或者利益联系进行资源的分配，而忽视广为社会接受的道德标准与法律原则，因此容易引发腐败。文章在结语部分还指出，在台湾未来的政治运作中，侍从主义机制依然会有生命力，只是其表现方式也许会更加隐蔽。

二、研究性著作简介

2014 年学者们在台湾政党制度领域的研究性著作涉及范围非常之广。不仅仅聚焦在台湾政党改革及政治变迁等问题上，还对政党的民主化进程及政治文化变迁进行了研究分析。与此同时，海峡两岸的关系也备受学者们的青睐。

邹振东的《台湾舆论议题与政治文化变迁》（九州出版社 2014 年版）一书从台湾政治文化的情感符号、台湾政治文化的政治认知符号、台湾政治文化的政治评价符号、台湾的舆论议题与政治文化四个方面，以政治文化的符号为切入点，通过考察光复以来台湾舆论议题的演变，揭示台湾政治文化的变迁，探讨舆论议题与政治文化的互动关系模式，提供了从新闻传播的视角看台湾政治变迁的新的理论视角。

郭中军的《台湾地区民主转型中的民粹主义 1987—2008》（学林出版社 2014 年版）一书首先对什么是民粹主义梳理了国内外主要学者的概念、定义和研究理念，并阐明自己所采用的概念和理念，再以 1987 年至 2008 年的台湾地区民粹主义为研究对象，考察了台湾地区民粹主义的基本形貌、特质、产生机理及其与民主之间的关系。本书一共分为五章。第一章，阐释了台湾民粹主义的概念及其研究现状。第二章分别介绍了民主、民主转型与民粹主义。第三章主要介绍了政治家的民粹主义，包括李登辉的“民粹威权”；陈水扁的“民粹式民主”及政治家民粹主义的式微。第四章分析整理了台湾民粹主义的特质及成因。第五章分别介绍台湾民粹主义与台湾民主的巩固。第六章，作者提出了民粹主义对现代政治发展所带来的启示。

张嵘的《台湾地方派系与国民党关系的演变》（九州出版社 2014 年版）一书论述了台湾地方派系的形成、运作以及国民党与地方派系的关系和对地方派系的影响。并讨论了在国民党政治垄断地位逐渐丧失的情况下，地方派系在这一过程中的发展，特别是民进党的执政对国民党与地方派系关系的冲击。

林冈的《台湾地区政党政治研究——以社会分歧与选举制度为分析视角》（中国社会科学出版社 2014 年版）一书首先是运用社会分歧理论和选举制度理论，解释和预测台湾地区政党政治的发展趋势，说明台湾政党趋同的向心力，缘于选举制度的诱导，而维持政党差异的离心力，则是基于台湾社会所固有的累积性分歧特点。作者提出，以单一席位选区、相对多数当选为主要特色的选举制度，有利塑形两党政治，导致政党派系、政策纲领、竞选策略的趋同性。但台湾所固有的累积性的社会分歧特点，使两大政党的差异性短期难以消除。台湾地区的政党政治将走向均衡对立。“两党体系”是指岛内政局将走向以两大政党——国民党与民进党的互动为核心，其他小党虽不致消失，但角色将逐渐边缘化。作者还认为，新选制所包含的单一席位选区的确有利于两党体系的形成，但选举制度变化对政党体系的影响存在滞后效应，需有一段时间让选民逐渐认识新选制的作用。该书资料丰富，第一章主要是对政党政治中外研究文献的梳理。第二章是对台湾原始民调数据的交叉分析和综合运用。第三章是对台湾主要选举资料的归纳整理。第四章是有关国、民两党派系政治运作的文献和个人访谈资料。第五章是对比两党政策的文本资料。

张春英的《台湾问题与两岸关系史》(福建人民出版社 2014 年版）一书分五卷，第一卷阐述台湾根系祖国大陆，祖国大陆汉人与台湾现民的融合，中国历代王朝(明朝中期以前)对台湾的经略、开发和管辖。第二卷时间跨度从明朝后期到 1949 年蒋介石退据台湾止。第三卷从国民党退据台湾写到 20 世纪 70 年代末。第四卷从 20 世纪 80 年代两岸关系开始缓和，写到 2000 年世纪之交。第五卷，记述了 21 世纪以来，在两岸人民的共同努力下，两岸关系展现出和平发展的新前景。

汪澎、洪伟、艾克的《台湾“民主政治”透视》(华艺出版社 2014 年版）一书从台湾岛的内外因素分析出发，回顾台湾“民主政治”的发展历程，探寻当前台湾“民主政治”的种种乱象与缺陷形成的根源，深入剖析台湾“民主政治”的先天性、结构性缺陷。本书由五章内容及后记组成。第一章主要阐述了台湾威权政治转型、政治革新及其困境。第二章介绍了台湾“民主化”进程中的美国及日本因素，台湾的依附政治、岛民心态与民主瓶颈。第三章主要介绍了台湾选举制度的演变及缺陷与“选举主义”的陷阱。第四章主要介绍了台湾政治制度的结构性缺陷与民主乱源，其中包括：台湾“宪政体制”对“民主政治”的影响；台湾政党体制对“民主政治”的影响；台湾文宣制度对“民主政治”的影响。第五章，作者介绍了台湾“民主政治”的营销理念与民主异质化。

李睿的《台湾地方选举中的派系研究》(中国社会科学出版社 2014 年版）一书综合运用定量研究和定性研究的方法，对台湾地区地方选举中的派系问题进行调查和分析，得出的基本结论是：台湾的地方派系与地方选举密不可分，选举不仅仅是派系之间彼此竞争的过程，也影响着派系与派系之间的重组、整合与结盟。地方派系可以决定选举结果，反之，选举的结果也可以影响地方派系的兴衰与实力的消长。地方派系对台湾民主政治的发展既有正面影响，也产生了一定的负面冲击。

三、重要的学术会议概况

2014 年两岸举办的重要学术会议主要有“交流与共享”研讨会、第六届和谐海峡论坛、“变化中的台湾政治生态与台湾局势”研讨会、清华两岸论坛。两岸间的学术交流象征着两岸将循序渐进地推动两岸和平制度化框架。

(一)“交流与共享”研讨会

2014 年 5 月 8 日，2014 年“交流与共享”研讨会在北京举办。两岸部分政党社团和专家学者就两岸和平发展等相关话题展开研讨。两岸专家学者和有关人士 150 多人出席。北京市政协副主席、台盟北京市委主委蔡国雄，台盟中央副主席苏辉，台湾中华两岸人道关怀协会理事长兰梁筱娟致词。蔡国雄表示,从 2008 年首届研讨会至今,两岸政党交流、文化交流一直作为重要议题，贯穿于研讨交流之中。在两岸关系稳步推进、全面发展的时代背景下，大家对两岸关系形势、民间社团发挥的作用等进行深入探讨，不断巩固共识基础，不断挖掘研讨深度，不断提高交流质量。今年的研讨会拓宽渠道，将精致农业、现代农业、特色农业引入交流范畴，这将助推提升北京特色观光农业、生态旅游产业、社会化养老产业的发展水平，让更加精致的北京农业，带来更高的国际竞争力，将更多的实惠和收益带给辛勤劳作的广大农民。蔡国雄强调，交流是沟通的重要途径，共享是合作的重要前提。无论在大陆还是在台湾，政党和社团都在政治、社会、民生领域里扮演着重要角色，特别是在两岸关系不断开创新局面的今天，政党发挥的作用更加不可小觑。希望通过研讨，巩固和加深京台两地政党社团之间的友谊，持续创造合作互利，让两岸同胞的“中国梦”、“两岸梦”早日实现。台盟北京市委会副主委江小艾，在会中发言并指出，推动两岸未来的和平发展归根到底要靠青年。中华文化是联结海峡两岸和海内外华人的精神桥梁,两岸文化交流是整个中华文化的重要部分。两岸青年同是炎黄子孙,虽然信仰可能不同,但同时都在努力传承优秀的中华文化。两岸青年多多来往进行全方位、不间断的文化交流，有助于增进了解、化解对抗。希望两岸青年一代接过两岸关系发展的接力棒，更加踊跃地投身两岸交流合作当中，开创中华民族的新未来，共圆美丽中国梦。台湾进步党主席林国华，在会中指出，两岸和平统一成为一个更强大的“新中国”，不仅是大陆人的“中国梦”，也是台湾人的“台湾梦”。两岸人民同文同种，随着互通互惠产生互信互利，统一是不可逆转的趋势。在两岸走向和平统一的进程中，透过政党平台交流来推进两岸关系，是一条可行之路。两岸政党应加强沟通交流，了解双方民意，同时相互包容建立友谊。中国人民大学政党研究专家周淑真，在会中指出，两岸政党应本着和平发展、“两岸一家亲”的理念，促进交流，增进共识，共同推动中华民族的伟大复兴。这才是两岸政党应该担负的一个共同的、伟大的使命和责任。台湾中华和平统一促进会会长孙武彦，在会上发表演讲指出，我从中国的一部分——台湾，来到中国的大部分——大陆，来参与研讨会。来自台湾的我要说的是，“我爱台湾，更爱中国”。我爱台湾的民主自由，也爱大陆的民主法治。希望以后能有机会常来大陆，并为共圆两岸和平统一的中国梦作出努力。

（二）第六届和谐海峡论坛

2014 年 12 月 6 日至 8 日，以“化解两岸政治分歧，共圆中华民族伟大复兴的中国梦”为主题的第六届和谐海峡论坛在省莆田市举行。受福建省政协副主席、福建省委统战部部长、中国统一战线理论研究会两岸关系理论福建研究基地主任、福建省统一战线理论研究会会长、福建省海外联谊会会长雷春美女士的委托，省政协副主席杨根生出席论坛开幕式并致辞。中共福建省委统战部副部长、中国统一战线理论研究会两岸关系理论福建研究基地常务副主任、福建省统一战线理论研究会常务副会长、福建省海外联谊会常务理事李家荣，福建社会科学院党组书记、副院长、中国统一战线理论研究会两岸关系理论福建研究基地副主任陈祥健，中共莆田市委副书记赖军，省政协港澳台侨和外事委员会副主任卢德昌，台盟福建省委副主委柯连妹，省台联副会长梁志强，民革福建省委秘书长董良瀚，中共莆田市委常委、统战部长林素钦，来自海峡两岸的50多位专家学者，以及莆田市统一战线部分代表人士等100多人参加了论坛。中国统一战线理论研究会秘书处派员专程莅会指导。与会专家学者围绕“化解两岸政治分歧，共圆中华民族伟大复兴的中国梦”主题展开研讨，专家学者主题发言和分组研不时呈现出新颖精彩的观点。与会代表共提交论文49篇，其中来自港澳台的专家学者提交论文21篇（为历届之最）。杨根生在致辞中指出，两岸同胞同祖同根，血脉相连，文化相通。两岸关系和平发展是两岸同胞的共同心愿，是两岸同胞顺应历史潮流作出的共同选择。继续推动两岸关系和平发展，促进两岸和平统一，是两岸同胞共同的历史责任，希望双方顺应两岸关系和平发展大势，进一步加强闽台交流合作。杨根生说，和谐海峡论坛是海峡两岸专家学者深入研讨关于两岸关系和平发展理论与实践中前瞻性问题的有效载体。希望参加论坛的专家学者秉持“两岸一家亲”的理念，牢牢把握两岸关系和平发展的主题，巩固基础，增进互信，加强合作，融洽感情，推动两岸关系和平发展取得更多成果，造福两岸民众，为巩固和深化两岸关系和平发展的政治、经济、文化、社会基础，共圆中华民族伟大复兴的中国梦凝聚更多正能量。

（三）“变化中的台湾政治生态与台湾局势”研讨会

2014年10月14日至15日，由上海东亚所主办的“变化中的台湾政治生态与台湾局势”研讨会在上海举行。中美两国研究台海问题的近40名著名专家学者参加了研讨会。中国方面出席研讨会的代表有上海东亚研究所所长张念驰、中国社科院台湾研究所所长周志怀、上海国际问题研究院院长陈东晓、厦门大学台湾研究院院长刘国深、上海国际问题研究院院长助理兼台港澳研究所执行所长严安林、上海台湾研究所常务副所长倪永杰、复旦大学台湾研究中心主任信强等。美国方面出席研讨会的代表有布鲁金斯学会卡内基东北项目负责人卜睿哲、卡内基国际和平基金会研究副总裁包道格、战略与国际研究中心高级研究员葛莱仪等。国务院台办副主任陈元丰、港澳局副局长范映杰，上海市台办主任李文辉，巡视员李雷鸣等领导也参加了研讨会。开幕式上，章念驰在致欢迎辞中表示，作为东道主，首先向来自美国和中国北京、厦门等地的专家学者表示欢迎。为了进一步建立中美两国新型大国关系的发展方向和目标，包括处理好台湾问题，我们已连续第二年召开了研讨会。这个研讨会是一个平台，是中美两国研究台湾问题的专家学者的又一次交流。市台办李文辉主任在致辞中表示，台湾问题是中美关系最核心、最敏感的问题。65年来，两岸从隔绝对立到全面“三通”，特别是2008年以来，两岸关系实现突破性转折，和平发展成为主流，两岸各界大交流的局面已经形成，“两岸一家亲”理念逐步深入两岸民心。这既是两岸同胞共同努力的成果，也离不开包括美国朋友在内的各界友人的支持和推动。不久前，习近平总书记在会见台湾和平统一团体联合参访团时强调，我们追求国家统一，反对“台独”的立场坚定，“台独”分裂势力仍然是两岸关系和平发展的最大现实威胁，两岸同胞对“台独”势力造成的祸害记忆犹新。布鲁金斯学会卡内基东北项目负责人卜睿哲先生在致辞中表示，美中两国在很宽广领域和问题上的互动，对于两国关系非常重要。东亚是中国最重要的舞台，这个地区最近发生了很多问题，在这些问题上中美两国如何互动，对两国建立新型的大国关系非常重要，其中台湾问题是一个很重要的因素。他认为，这样的研讨会可以使中美双方的专家学者沟通观点，协调立场，有利于维护台海和平。研讨会开幕式由东亚所副所长胡淩炜主持。开幕式结束后，与会的中美两国专家学者对三个议题进行了三个半天的讨论。讨论中，两国的专家学者对于如何建立中美新型的大国关系、变化中的台湾政治生态与台湾局势既有相同的观点，又有不同的看法。双方认为，中美两国有很多共同的利益，也都希望台海局势稳定，两岸能够积极对话与和平发展；台湾问题在中美关系中的重要性正在逐渐下降；两国应该建立战略互信，才能够有效地促进双方建立新型的大国关系。底线是避免两国的军事冲突。但是，双方在对中美新型大国关系的定义、对台军售、台湾参与国际活动、对台湾政局及未来局势的判断以及中国的和平发展对美国的影响等问题上存在一定的分歧。

（四）清华两岸论坛

2014 年 11 月 25 日，清华大学台湾研究院成立大会暨首届清华两岸论坛在北京举行，中共中央台办、国务院台办主任张志军出席开幕式并致辞。海协会会长陈德铭，海协会顾问陈云林，国台办副主任龚清概，海协会常务副会长、清华大学台湾研究院院长郑立中，海协会副会长孙亚夫，清华大学校长陈吉宁，北京大学国家发展研究院名誉院长林毅夫，台湾海基会原董事长江丙坤等 150 多位两岸嘉宾出席开幕式。清华大学公共管理学院院长薛澜、厦门大学台湾研究院院长刘国深，台湾中华大学和交通大学讲座教授尹启铭、台湾润泰集团总裁尹衍梁等嘉宾在论坛研讨中致辞。开幕式上举行了清华大学台湾研究院与中共中央台办和国务院台办两岸经济与产业研究基地揭牌仪式。

杨绪盟　中央社会主义学院中国政党制度研究中心副教授

附录二：国外政党制度研究

2014 年，国内学界继续研究国外政党制度。本年度国外政党制度研究比较集中于国外政党建设与执政经验、国外政党政治及政党制度发展，这两个方面的成果量大，研究也比较深入。相比之下，比较直接的中外政党制度比较研究成果数量明显下降。除此之外，国内学界也引介并评析了部分国外政党理论研究成果。

一、国外政党建设与执政经验研究

（一）国外政党建设的主要举措及经验研究

2014 年，国内学界在关注组织、作风等传统建设的同时，重点关注了反腐倡廉建设。

1. 国外政党加强组织、作风和制度等传统建设的研究

关于组织建设方面尤为关注的是西方国家政党党纪建设问题。陈家喜、黄卫平《西方一些发达国家党纪监督的做法及其启示》（《当代世界与社会主义》2014 年第 1 期）一文指出，在西方发达国家，政党纪律关系到政党的组织性、行动力和统一性，进而关系到政党的生命力。多党竞争的选举体制、分化或融合的权力结构以及政党卡特尔化，成为西方发达国家党纪监督的制度背景。在这一背景下，西方发达国家政党把政党一体性作为党纪监督的重点；将政党纪律与国家法律有效衔接，党纪置于国法之内；党纪监督与党内民主有机结合，保障党纪监督的慎重性和公正性；党内监督与党外监督互为补充，共同构成权力约束的严密网络。唐海军、张光平、邹国煜《当今一些发展中国家政党严明党纪问题的实践与经验教训》（《当代世界与社会主义》2014 年第 1 期）一文分析了一些发展中国家政党严明党纪的内外背景、理论主张及实践。冷战后，一些发展中国家政党在严明党纪规制上面临全球化、信息化、国际民主化以及新媒体和公民社会的兴起等多重挑战，党内各种违纪违规现象明显增多，给党的正常管理带来许多新困难，甚至冲击党中央权威。部分发展中国家政党特别是执政党因时应变，努力在规章制度、政策方式上进行调整探索，并对各种违反党纪的党员干部以一定惩治。吕楠《法国主要政党严明党纪问题研究——基于各党党章的考察》（《观察与思考》2014 年第 12 期）一文指出，在党派众多、选票相对分散的现实下，法国各政党为维护党的团结、统一、高效以争取更高的执政机率，均高度重视党的纪律建设。法国主要政党党章关于党纪的规定及特点主要有：党纪规约内容完备严格；通过党纪统一党内思想，增强党员对党的认同感；通

过党纪维护党的集体决议，统一党员在选举和议会中的行动；党纪执行与监督机构职责明确；严明党纪与重视民主并行不悖，高度重视党内民主建设，尊重和维护党员个人权利。相应启示有：其一，依法治党、依纪管党是政党生存合法性的要求；其二，完善有效的制度环境是加强党纪建设的基础；其三，严明党纪与加强党员思想教育相辅相成；其四，有力的执行机制是党纪发挥实效的保证；其五，完备的监督机制是党纪建设的有力补充。

作风建设方面，施国栋《新加坡人民行动党作风建设探析》(《上海党史与党建》2014年10月号）一文认为，注重和加强作风建设是新加坡人民行动党能够长期执政的一个重要原因。在处理形式主义、享乐主义、奢靡之风、官僚主义问题上，新加坡人民行动党形成了一套行之有效的做法：以实用理性为执政理念遏制形式主义；以培养忧患意识遏制享乐主义；以制度设计遏制奢靡之风；以民主监督遏制官僚主义。在长期执政实践中，这些做法为新加坡人民行动党赢得了廉洁、高效的形象，也在一定程度上铲除了可能滋生“形式主义、享乐主义、奢靡之风、官僚主义”不良风气的土壤。

制度建设方面，周敬青《制度建设科学化与执政党的兴衰规律探究——基于国外一些长期执政的大党老党的兴衰与其制度建设关系的反思》(《湖北社会科学》2014年第1期）一文认为政党制度建设的科学化是政党存在和发展的政治保证，是维护政党执政地位的重要保障。国外一些长期执政的大党老党的兴衰与其制度建设的成败密切相关，影响执政党兴衰成败的六大制度有纲领章程、组织制度、反腐败制度、党内民主制度、执政体制、社会工作制度。相应启示包括：纲领章程科学化，提升意识形态的引领力；组织制度科学化，提高组织的统一性和内聚性；反腐败制度科学化，树立执政党的政党信任；党内民主制度科学化，增强执政党的活力；执政体制科学化，构建和谐的党政关系提高执政力；党的社会工作制度科学化，增强执政党的执政合法性等。

2. 国外政党反腐倡廉建设研究

十八大以来党中央反腐的决心和力度，极大激发了国内学界的反腐研究，对国外政党反腐倡廉建设的研究是2014年国外政党建设研究的一大热点和亮点。

有的从一般意义上研究反腐对政党兴衰的重要性。吴海红《制度反腐与政党兴衰——基于国外一些长期执政政党的经验与教训》(《当代世界与社会主义》2014年第3期）一文认为，一些政党能够长期立于不败之地，根源在于其政治的清廉和执政的绩效；而有些长期执政的大党老党在盛极一时后丧失政权，原因则在于其内部的腐败及蜕变。制度建设是反腐败的根本性举措，能否有效地把权力关进制度的笼子里，是决定反腐败成功与否的关键。从国外一些长期执政政党制度反腐的经验来看，首先是注重制度的规范性和系统性建设，其次是重视制度的执行力，对腐败实行零容忍，最后注重加强内外约束机制的构建，使政党时刻处于监督之中。

有的重点梳理了某一政党反腐倡廉建设的举措及经验教训。徐世澄《巴西劳工党反腐斗争的经验与教训》(《当代世界与社会主义》2014年第1期）一文认为，腐败是困扰巴西政局稳定的重要问题。党内和它主持的政府内不断爆出腐败丑闻，使党和政府的声誉受到很大影响。近年来，巴西劳工党和政府进行的反腐斗争取得一定成效，其反腐斗争的经验为：统一对反腐斗争重要性的认识；加强制度建设，通过制度防腐、反腐；依靠群众和典论的监督；严格监督党的经费的筹措、管理和使用。赵景芳《新加坡人民行动党廉政建设的基本经验》(《当代世界与社会主义》2014 年第 5 期）一文认为，人民行动党把廉政视为党和政府立身之本，在领导人坚不可摧的反贪意志支撑下，以依法治国思想为指导，从“治”、“堵”、“督”、“疏”、“倡”五个方面入手，设计出一整套有效的惩防措施，逐渐在全社会形成“不敢贪、不必贪、不能贪”的良好局面。

有的从政党资金与反腐倡廉建设关系的角度开展了研究。徐万胜《政治资金规范与执政党廉政建设——以日本自民党为例》(《人民论坛》2014 年 12 月中）一文认为，战后日本自民党的政治资金历经了颇为复杂的规范化历程。早在制度缘起之际，自民党与财界之间形成了“政财抱团”的紧密关系。对政治资金制度的滥用，导致日本国内“金权政治”事件频仍。冷战期间接连发生的金权政治丑闻导致自民党政权一度垮台。冷战后，伴随政治资金制度的多次变革，自民党的政治资金收支结构发生了较大变化，但制度监管尚难以完全杜绝政治资金违法事件的发生，政治资金依旧是影响自民党政权运营稳定性的重要因素。

3. 国外政党党内民主建设研究

陈元中、唐晓凤《越南共产党党内民主发展的政治文化论析》(《当代世界与社会主义》2014 年第 3 期）一文梳理了越南共产党党内民主的发展历程，指出越共的党内民主是在越南政治文化生态中建立和发展的。政治文化作为政治系统的“软件”部分，对越共党内民主建设具有深刻影响。越南政治文化对越共党内民主发展起到促进作用，主要体现为：一是越南开放包容的民族文化从根本上符合民主要义；二是越共强烈的民族危机意识不断激励着越共加强自身建设；三是越南人积极的学习效仿精神为越共党内民主创新奠定了坚实基础。越南政治文化中过于开放包容的民族主义、利益至上的功利心理等对越共党内民主的发展也有一定消极影响。

4. 国外政党增强与民众联系研究

党的群众路线教育实践活动开展以来，对国外政党增强与民众联系的研究不断加强。

有的从一般意义上梳理了国外政党处理党群关系的举措，并总结了相关经验。姜跃《国外政党处理党群关系的主要做法》(《秘书参考》2014 年第 1 期）梳理了国外一些执政党改进党群关系的做法：面对社会变化，扩大党的社会基础，争取更广泛支持；面对意识形态的困境，以更好的政策和政绩获取民心；实现经济可持续发展与社会和谐；提高党的吸引力和影响力；保持清正廉洁的公众形象。罗会德、季正矩《越南共产党处理党群关系的做法和经验》(《当代世界与社会主义》2014 年第 6 期）一文分析了越南共产党在处理党群关系问题上的做法和经验：一是推动经济社会发展，以政绩赢得民心；二是依靠人民建党，扩大党的社会基础；三是建立制度机制，强化党同群众的联系；四是主动运用媒体社会，提高群众工作效率；五是积极惩治腐败，重塑党在人民中的威信。蒯正明、蒋苗苗《欧洲社会党处理党群关系的主要举措与启示》(《探索》2014 年第 2 期）一文研究了欧洲社会党处理党群关系的主要举措：一是注重公共产品供给，满足民众利益诉求；二是完善联系群众机制，拓展与群众联系渠道；三是注重采取有效的群众工作方法。

有的重点关注了国外政党密切党群关系的某一方式。柴尚金《国外共产党是如何利用民主参与密切党群关系的》(《当代世界》2014 年第 4 期）一文分析了国外一些共产党积极回应民众民主诉求、扩大和完善政治参与渠道、党群关系的做法，主要包括：以党内民主推动社会民主参与；在民主参与中实现人民当家做主；利用民主渠道表达和整合群众利益。

有的解读了竞选政治背景下，国外政党为赢得选举而联系民众的努力。郑寰《法国社会党如何赢取民众支持》(《领导科学论坛》2014年第4期)一文认为，法国社会党今年来在联系民众方面的一些努力是其重夺执政地位的重要因素。在新的环境下，民众政治观念、政治参与方式，以及政党社会基础都与过去有所不同，给传统的政党政治模式带来严峻冲击。基于社会变化的挑战，法国社会党在联系民众上做出一些努力，主要有：更加注重民众的差异化和个性化需求，凝聚选民的底线共识；重新建立执政党与社会运动的联系；拓展公民参与方式，以参与式民主弥补代议制民主的弊病；拓展公民参与方式，以参与式民主弥补代议制民主的弊病；着力吸引年轻人，开放青年参与政策对话的渠道。针对长期以来被诟病的党内存在官僚化、精英化的问题，社会党推动改革，对自己的组织进行调整，改进党的民众观念，开放政党边界，创新尝试让左翼民众参与党内初选提名，通过扩大普通党员的民主参与来密切与群众的联系。

（二）苏共亡党的教训研究

2014年是苏共解散20周年，研究苏共亡党及其垮台教训继续受到理论界的关注。

有的从一般意义上分析了苏共亡党的影响因素，并总结了相关教训。黄苇町《苏共亡党二十年祭》(《决策与信息》2014年第11—12期)一文对对苏共亡党、苏联解体悲剧的衍生及其后果的决定因素做了论述，指出民主缺失、个人专断，是苏共的致命伤。党内外民主缺失、个人专断的一个直接后果是导致苏共领导人的一系列决策失误，导致“系千钧于一发”的恶果难以避免；党内外民主缺失、个人专断的另一个严重后果是脱离群众和腐败，心中没有人民者必被人民抛弃。反思苏共亡党的经验教训：第一，没有民主就没有社会主义。第二，密切联系群众，是党立于不败之地的根本保证。第三，改革是为了让老百姓过好日子，要冲破既得利益者的阻滞。刘新宜《布尔什维克兴衰的历史启示》(《当代世界与社会主义》2014年第1期)一文认为，高度封闭性、集权性建制与运作规则既是保证布尔什维克在落后历史条件下获得成功的基本要素，也是导致其执政后逐步变质并最终走上衰败的深层根源。同一种组织与同一种建制和运作规则，社会主义政权巩固前是那么成功和有效，而在社会主义政权巩固后却弊端百出，以至不能自保，其原因首先与布尔什维克没有始终清醒地认识到，搞革命、夺政权与搞社会主义建设、谋发展需要遵循不同的规则有直接关系。其次，与执政后布尔什维克社会角色和地位变化所带来的影响有很大关系。最后，国家层面的社会主义建设和发展，是一项前无古人的全新社会尝试，必须在实践中摸索前进，并不断接受社会实践的检验。只有根据现代政治所必需的开放性、民主性诉求，对这种传统政治规则进行深刻改造，才能使布尔什维克式的政党不断承担起开拓社会主义新局面的历史重任。

有的重点分析了苏共亡党的某一方面原因。何克祥、丁俊萍《党内生活科学化视野下的苏共亡党原因探析》(《三峡大学学报·人文社会科学版》2014年第1期)一文认为，苏共未能很好地贯彻列宁关于党内生活的准则，未能在实践中探索形成适合苏共实际的关于党内生活的科学理论、原则、制度和传统，尤其是未能找到科学处理党内矛盾和开展党内斗争的办法，其党内生活未能走向科学化，是导致苏共亡党的一个决定性因素。从党内生活科学化视角看，苏共亡党留下了深刻的历史启示：第一，民主集中制是“党内生活必须遵循的基本准则”，是党内生活科学化的根本保证。第二，维护党员间的平等关系，是党内生活科学化的基石。第三，科学处理党内矛盾和开展党内斗争，是党内生活科学化的关键环节。黄军甫《腐败是苏联亡党亡国的重要原因——回应蒋德海、竹立家教授》(《探索与争鸣》2014 年第 11 期）一文认为，苏共败亡是各种因素交互作用的结果，而腐败尤其是干部腐败是其中不能忽视的重要原因。苏联的腐败最初源自斯大林时期的干部特权和干部的等级制。这种制度在勃列日涅夫时期被不断强化并最终固化，直接促成了利益集团的形成。利益集团借助于公权，损公肥私，瓜分社会财富，控制社会资源，在戈尔巴乔夫时期设租、寻租、权钱交易。聚敛了大量财富的腐败官员直接助推了苏联的解体。唐静、李鹏《官僚特权异化与制度变迁——苏共亡党的历史反思》(《当代世界与社会主义》2014 年第 6 期）一文梳理了苏共官僚特权阶层的演变过程、苏共执政末期官僚特权异化和制度变迁，认为，苏共执政时期，官僚阶层从出现到逐步形成和固化，其特点是成员等级化、利益集团化、交往内部化。当官僚阶层和特权扭结在一起，苏共从官僚主义发展到特权享受、特权腐败和特权繁衍，以至于执政末期出现了官僚特权异化，通过特权异化实现制度变迁，同时通过深度政治参与延续和扩大制度变迁收益。苏共的亡党在很大程度上是苏共官僚集团为了既得利益的合法延续，主观上放弃了社会主义，实现自我转轨，官僚集团的自我转变成为压垮苏共的最后一根稻草。

有的重点总结苏共亡党的教训。与以往同类研究相比，增加了对于军队问题的关注。刘宗洪、韩洋《苏共治党不严的历史教训》(《中共浙江省委党校学报》2014 年第 5 期）一文认为苏共垮台是由多种原因造成的，而治党不严是一个致命因素。形式主义的理论学习消解了党的政治定力，没有民主的干部选拔制度使大批庸才在党内集聚，庞大而无效的监督机构使党内腐败严重泛滥，党与群众在利益上的冲突削弱了党的执政基础，而党的自我净化机制失灵使党内弊端积重难返。保持党的执政资格，必须提高从严管党治党的水平。杜林洁《镜鉴苏联亡党亡国教训 加强军队意识形态工作》(《军队政工理论研究》2014 年第 4 期）一文从军队意识形态建设的角度分析了苏联亡党亡国的教训，认为镜鉴苏联失败的教训，军队意识形态工作必须始终坚持马克思主义指导地位，深入持久地加强思想理论建设；始终不渝地坚持党对军队的绝对领导，确保部队任何时候任何情况下都高举旗帜、听党指挥；坚决落实党管媒体原则，坚守军队宣传思想文化主阵地；自觉抵御各种错误思潮的影响和侵蚀，保持应有的政治定力和战略定力。

（三）不同类型政党执政的经验教训与启示研究

除了继续关注国外主流政党执政经验、长期执政的执政党的执政经验、执政党得失政权经验教训等问题外，2014 年对不同类型政党执政的经验教训的研究，新增了对治国理政问题的研究。

1. 国外主流政党执政经验研究

范蕾《秘鲁民族主义党的执政经验与教训》(《拉丁美洲研究》2014 年第 4 期）一文对秘鲁民族主义党执政两年多以来的执政经验与教训进行了研究，指出民族主义党淡化激进左翼色彩，坚持实用主义的中间路线，关注经济增长和社会议题，同时强调党的组织层级建设和创新对党建的重要作用，在保持秘鲁经济增长和减贫等社会领域均有所建树。但由于党内力量和组织建设的不足，民族主义党始终无法恰当处理与执政联盟内部和反对派政治力量的关系，逐渐陷入“政治孤立”的困境，加大了可治理性风险。

2. 曾长期执政的老党在野一段时间后重新执政研究

墨西哥革命制度党是在野一段时间后重新执政的曾长期执政老党的典型代表。相关研究主要围绕革命制度党展开。高新军《墨西哥革命制度党艰难转型的经验与教训》(《当代世界》2014 年第 4 期）一文分析了革命制度党丧失执政地位，实行党内改革，以及东山再起的原因。认为，政治体制和管理体制改革长期滞后是革命制度党丧失执政地位的主要原因；腐败是革命制度党长期执政的伴生物，最致命的是在领导层中出现腐败现象。一党长期执政要警惕腐败向上层发展的速度，会从根本上动摇执政党的执政基础和合法性。如何在一党长期执政的条件下，寻找到党内和党外的制约力量，使执政党始终保持向人民负责的敬畏心，是应该从墨西哥社会转型经验中汲取的教训。杨建民《墨西哥革命制度党执政的经验教训》(《拉丁美洲研究》2014 年第 4 期）一文分析了革命制度党能够创造“墨西哥奇迹”的原因：在指导思想上奉行“革命民族主义”，将 1917 年宪法作为自己的执政纲领，通过国有化和土地改革丰富了执政资源、通过建立职团主义政治模式巩固了党与工农组织的联系、增强了自身执政能力。20 世纪 80 年代以后，革命制度党逐渐背弃革命民族主义，修改宪法，停止土地改革，实行新自由主义改革和私有化，该党的执政资源逐渐减少以致丧失群众基础，职团结构和庇护主义体系的瓦解损害了党的执政能力，最终使其在选举中落败。2000 年下台后，革命制度党总结其长期执政期间的经验教训，适应国家从官方党执政的官僚威权主义转型为多元民主的政治现实，将其指导思想调整为社会民主主义，实现了从官方党向议会民主政党的政治转型，在 2012 年再次上台执政。张弛《墨西哥革命制度党为何曾失去政权》(《中国党政干部论坛》2014 年第 1 期）一文对革命制度党在 2000 年总统大选中落败的原因进行了探讨，当年该党在执政过程中存在诸多缺陷，其中包括：党群关系演变为庇护关系，使群众无法实现政治参与要求；党的工团化现象严重，使党组织被排除出政治权力的运作过程；技术官僚垄断政府要职，使执政党政府的党派属性流失；意识形态导向不明，使执政党缺乏核心价值体系。这些教训对各国执政党具有借鉴价值：其一，执政党务必要加强意识形态建构，夯实党的指导思想基础，确立党的核心价值体系；其二，要解决好执政党参与政策出台的过程问题；其三，要解决好执政党参与政策出台的过程问题；其四，不能把党的群众工作理解成为群众包揽一切。

3. 长期执政的执政党执政经验研究

有的从一般意义上总结了一党长期执政的经验。罗干、张敏《比较视野下的一党长期执政——基于东亚经验的启示》(《岭南学刊》2014 年第 2 期）一文基于东亚不少国家和地区都曾出现过或者正在经历着的一党长期执政的政治现实，通过对比分析这些国家和地区的政治转型过程，得到以下几点启示：第一，一党长期执政与精英竞争之间的兼容，要强化政党内聚力和包容性，避免党内精英分裂，强化对社会精英的吸纳；第二，一党长期执政与社会自治兼容，要保持政党自主性，避免被单一利益集团俘获，同时通过组织网络的拓展积极介入社会，与其他社会组织之间形成多元交叉的局面；第三，一党长期执政与法治兼容，要实现有限的司法独立，以法治制衡权力、防止腐败。

有的探讨了某个长期执政的党的经验。孙景峰、王新磊《新加坡人民行动党自我更新的内在运行逻辑》（《探索》2014 年第 4 期）一文认为，半个多世纪以来，新加坡人民行动党以其自我更新思想和独有的自我更新内在运行逻辑维持了执政地位的巩固与延续，保障了政府政策的连续性，使新加坡经济社会高速发展，持续繁荣。这一系统科学、程序严密、配套完备、高效运转的自我更新的内在运行逻辑体系包含五个方面：人才储备是自我更新运行的逻辑起点，精英选拔是自我更新有序开展的前提，精英配置是自我更新有效运行的核心，权力平稳转移是自我更新运行的关键，退位妥善安置是自我更新顺利实现的保障。

4. 国外执政党得失政权经验教训研究

2014 年是巴西、印度等国大选年，所以国外执政党得失政权经验教训研究对巴西、印度的关注较多。另外，也有对某些政党丧失政权教训的研究。

劳工党执政经验教训方面，方旭飞《巴西劳工党的执政经验与教训》（《拉丁美洲研究》2014 年第 10 期）一文认为劳工党赢得政权并连续执政的主要经验是：与时俱进，调整党的方针政策，使其符合形势发展需要；保持政策的持续性和连贯性，推动务实稳健政策，促进经济增长；重视民生问题。劳工党执政的主要教训有：在土地改革和教育、医疗等领域缺乏深刻的改革；在是否应制定和实施“左派议程”方面发生分歧，导致党内分裂及其他后果；严重腐败侵蚀党的信誉。陈晓玲《拉美铁娘子蝉联总统巴西劳工党再续辉煌》（《当代世界》2014 年第 11 期）一文分析了 2014 年巴西大选中劳工党获胜的原因：一是劳工党 2003 年执政以来，巴西宏观经济社会形势快步改善，国际地位上升，罗塞夫 2011 年上任后既守成有效，更独创出彩；二是策略得当，聚焦左、右力量对决，重新梳理竞选纲领，正面回应选民变革诉求，连续释放调整经济班底、推进政治改革、改良公共服务、改善与市场关系的积极信号，巩固和扩大中低收入民众的支持，稳固与执政联盟各党关系的同时进一步扩大结盟范围，缔结由九个意识形态多元的政党组成的竞选联盟。此次大选巩固了巴西左强右弱的政治格局，对拉美左翼巩固执政地位具有示范效应。当前全球经济处于深度调整，巴西经济社会改革进入深水区。面对国内外形势深刻复杂变化，罗塞夫新政府将谱写“延续”与“变革”协奏曲，在保持政策连续性的同时进行适度调整。杨志敏《从近期社会动荡看巴西劳工党执政十余年来的经济改革成效》（《拉丁美洲研究》2014 年第 1 期）一文认为，2013 年巴西爆发了近 20 年来最大规模的抗议示威游行，实际上是巴西民众对当前经济增长缓慢、社会问题突出、贪污状况严重等深层次问题不满的一次总爆发。巴西经济改革给人们提供了以下经验教训和重要启示：其一，巴西经济增长的内生动力依然不足；其二，努力改善民生，满足民众诉求需要更多努力；其三，巴西的经济改革任务依然艰巨。

印度人民党方面，欧阳晨雨《印度人民党何以再度崛起》（《南风窗》2014 年第 11 期）一文认为，印度人民党的崛起，堪称世界政治史上的传奇。这既得益于上世纪 70 年代以来国大党的衰落，也得益于跟各邦投机性势力的结盟策略，阿德瓦尼、瓦杰帕伊、莫迪三位精英人物的引领作用也极为重要。当然，人民党和“神奇莫迪”也有软肋，民族主义色彩过浓就是“命门”。国大党衰落、人民党崛起使地方政党进入新一轮“选边”。印度选举政治往往受“反当权者”效应影响，从政治理论上看，两党制也许会在印度显出雏形。但地方性党派的成长，让印度民主政治呈现出“嵌套博弈”的景象，推动着印度党派制度和联邦结构持续演进和调整。陈小萍《从印度人民党的选举战略看莫迪政府政策走向》（《南亚研究季刊》2014 年第 2 期）探讨了印度第 16 届大选中人民党得以胜选的选举战略——巩固印度教徒选票仓、以经济发展和良好政府治理吸引选民的选举战略，认为该战略使得人民党最终以赢得议会绝对多数席位而取胜。

某些政党丧失政权的教训方面，赵大朋《埃及民族民主党丢失政权的原因解读——基于政治发展的视角》（《中共天津市委党校学报》2014 年第 1 期）一文对在“茉莉花革命”的冲击下，执政 33 年的埃及民族民主党丢失政权，且政党自身也在剧烈的社会动荡中瓦解消亡的原因进行了分析。与经济和外交上取得的成就相比，埃及的政治体制在近六十年的时间中并没有取得实质性发展，其政治发展相对滞后：“强人政治”的特色突出，军队在政治体系运行过程中发挥重要作用，执政党一支独大、垄断权力的政治结构。政治发展滞后与埃及民族民主党丢掉政权具有内在联系：家族政治盛行与国家权力私有化导致了执政党的严重腐败；缺少必要的监督力量，为执政党滥用国家权力提供了便利；公民权利空心化与刚性的社会管理模式导致社会矛盾的积累和爆发。

5. 治国理政经验

在治国理政成为国内学界热点词汇的背景下，2014 年国外政党研究对国外政党治国理政问题关注颇多。谷宇《亚洲主要政党塑造、运用政党愿景治党理政的经验与启示》（《当代世界与社会主义》2014 年第 2 期）一文认为政党愿景已经成为世界政党治党理政必不可少的重要方式。文章总结了亚洲主要政党塑造、运用政党愿景进行治党理政的主要经验，主要包括：第一，在政党愿景的价值理念塑造上，注重突出“发展和振兴”的价值理念；第二，在政党愿景的目标设定上，注重满足本国民众的主要诉求，彰显出不同的民族特色；第三，在政治愿景的实现过程中，注重强调通过发展政党间合作解决突出问题，努力提升本党在亚洲地区的政治影响力。吕元礼《新加坡的一党治理模式：长期执政的人民行动党如何做到“无处可见，无所不在”——“国家过大，社会过小”引发的衰落风险，会不会推动其由威权治理走向民主治理》（《国家治理》2014 年第 22 期）一文指出，新加坡人民行动党“无处可见、无所不在”通过以下途径实现：主导立法机构；党政合一；掌控基层组织；建立“劳”“资”“政”三方协商机制。新加坡政府提出了诸如“包容政治—果断政府”等对立统一的执政理念。从目前的趋势来看，新加坡正在走出威权治理，走向民主治理。谭鹏《论战后法国社会党治国理政的成就、经验与启示》（《上海党史与党建》2014 年 6 月号）一文分析了战后法国社会党执政的成功经验，主要有：扎实的政党民主建设为社会党执政提供了坚实的组织保障；灵活的理论调整模糊了传统左右理论的分野，增加了社会党施政理念的包容性；务实的政策措施为社会党赢得了广泛的社会支持；形成并发展了独具特色的“法国式社会主义”执政理念，形成了带有明显左翼色彩的执政实践，对法国经济、政治和社会发生了深刻影响。但随着世界经济社会环境发生的复杂变化，社会党也面临一系列困难和挑战，尤其是进入 21 世纪以来其问鼎政坛两次失利标志着社会党进入深层调整期，这给予现代政党以现实启示：其一，全球化时代的政党必须有效应对身份特征模糊的风险；其二，现代化进程中的政党要有效化解组织内部派系斗争的挑战；其三，竞争体制中的政党要积极回应控制能力弱化的挑战。吴秀荣《巴西劳工党政府是如何治理国家的》(《当代世界与社会主义》2014 年第 5 期）一文分析了巴西劳工党政府建立的国家治理模式，指出劳工党政府实施工农业并行、经济发展与生态保护同步的有质量增长的发展战略，推出“零饥饿计划”、“家庭救助金计划”等一系列减贫、扶贫措施，广泛开展反饥饿、反贫困和反失业运动，注重通过社会民主协商和广泛参与，弥补政府与市场的不足，建立健全了以社会发展为核心，经济增长、社会公平和民主治理协调统一的国家治理模式，其有益经验值得借鉴。

二、中外政党制度比较研究

有的从一般意义上对中西政党制度进行了比较。周淑真的《从比较的视角看中西政党制度》(《新视野》2014 年第 1 期）梳理了政党制度的不同模式、政党制度的形成方式、形成稳定政党制度的基本条件等问题，认为中西方政党制度在历史发展、制度模式、运行机制等方面存在诸多差异。把中国政党制度置于世界背景之中，以比较的方法分析中西方政党制度，通过两种政党制度之间“对话”，从新的视角认识中国政党制度，凸显其特色和优势，对于我们增强理论自信、道路自信、制度自信，起到重要作用。中国政党制度的内在优势表现为这一制度是以中国历史和现实的基本国情为依据，是在总结和借鉴人类政治文明优秀成果基础上建立并逐步发展和完善的。它既能保障执政党和政府实现集中、统一领导，又能使民主党派在公共权力的运作、对执政党和政府有效监督以及现代化建设中大展宏图；既能避免一党独裁所造成的万马齐喑、扼杀社会健康政治力量的弊端，也能避免多党竞争所导致的相互倾轧、政治动荡、社会分裂这样的混乱局面。

有的比较了中西政党制度的某一方面。周淑真《从中西政党关系的异同辨析看制度自信》(《广州社会主义学院学报》2014 年第 4 期）认为，政党关系是民主政治的核心要素，在中西政党政治领域都具有共同性。中西政党关系虽然形式各异，但政党关系围绕政治权力展开和运行是中西政党政治的共性。中西政党关系的共性是各国政治主体进行制度对话和借鉴的基础。在共性的基础上凸显特性，在特性中看共性，有利于增强第中国特色政党关系的认同感和自信度。孙希江《中国和西方党际监督比较研究——以结构功能主义为视角》(《中共天津市委党校学报》2014 年第 5 期）一文提出，尽管中国和西方国家一样存在着多个政党并内含着政党相互监督的意蕴，但由于中西方政党体制、监督结构等方面的不同，决定了两者的政党政治呈现不同的发展态势。中西方对于党际监督的合理存在和正向价值是有共识的，但两者之间存在结构性差异，主要是政党体制不同、监督结构不同（表现为监督氛围、监督动力、监督机制等的不同）。

三、国外政党政治及政党制度发展研究

（一）国外政党发展研究

1. 国外政党发展面临的挑战及应对

2014年关于国外政党发展面临的挑战的成果以关注选举对政党发展的影响的居多。有的考察了选举给老党、大党带来的新问题，有的考察了多党竞争催生的反体制政党，有的梳理了选举背景下政党的变化与趋势。

老党面临的新问题方面，张业亮《美国中期选举："老大党"的新问题》（《世界知识》2014年第21期）一文梳理了"老大党"面临的诸多挑战：首先是美国人口结构变化所带来的两党选民结构变化的挑战，白人的数量在减少，少数族裔的比重不断增加，而共和党主要依靠白人选民；第二个挑战是地理上的，即"南部化"和选举基地的萎缩将进一步削弱其在全国性选举中的竞争力；共和党的"保守化"和形象问题，保守主义是共和党的政党意识形态或所奉行的政治哲学，在诸多问题上的保守主张难以获得少数族裔、妇女和年轻人的选票支持。

反体制政党方面，李硕《论西欧多党竞争中反体制政党的体制性整合》（《欧洲研究》2014年第3期）一文认为，反体制政党是西方极化多党制的产物，它们在削弱其反对的政治体制的合法性上存在着共性。文章将意识形态距离设为控制性变量，根据反体制政党的不同作用方式，建立起政党竞争的中心逃离与中心聚合模型。反体制政党实现体制整合的关键在于审慎地处理"政党意识形态悖论"。这一悖论包含双重矛盾：其一，在政党竞争与社会碎片化的压力下，既要强化意识形态的号召力，又要淡化意识形态色彩；其二，意识形态领域的政治博弈与实用主义层面的政治交易往往同时存在，成为政党的两难抉择。

政党的变化与趋势方面，周建勇《近年来欧洲主要政党大选的结果、变化与趋势》（《当代世界与社会主义》2014年第2期）一文认为，过去几年特别是2013年，欧洲主要国家纷纷举行大选，尽管各主要政党在选举中表现各异，在组建政府中的境遇也不太相同，但是从这些国家大选中各政党的表现以及政府组阁的不同类型可以看出欧洲政党格局的现状和发展趋势：当前中左政党与中右政党势均力敌，政党意识形态持续弱化，选举中的不确定因素依然存在，政党正在向国际化、专业化方向发展。

2. 国外政党某一方面变化研究

国外政党某一方面变化研究涉及党的思想理论、组织变革等多方面，其中以对思想理论变化的研究居多。

思想理论变化方面，张世鹏《西欧社会民主主义政党指导思想的历史演变》（山东人民出版社2014年版）一书介绍了西欧各国社会民主主义政党指导思想的变化，不仅详细描述了基本原则纲领在不同历史时期的演变，而且详细介绍了这些党的实践政策，特别是执政时期的各项政策，旨在对这些政党的言与行有一个比较全面的了解。起源于19世纪国际社会主义工人运动的欧洲各国社会民主主义政党，至今已有将近150年的历史。

在这一个半世纪中，社会民主主义政党经历了三次历史性转型，其阶级基础和政治本质特征经历了三次大的变化，其意识形态——19 世纪的社会民主主义经历了三次历史性变化，即三次自由主义化，变成了今天的民主社会主义。现在的民主社会主义已经成为发达资本主义国家维护现存制度的主流意识形态，社会民主主义政党与自由主义和保守主义的政党在基本价值观念、意识形态和实际政策方面的差异已经十分模糊，在很多国家，社会民主党与中右政党联合执政已经是一个非常现实的政治选择。黄新典《冷战后阿根廷正义党意识形态转变的原因及其启示》（《中共贵州省委党校学报》2014 年第 4 期）一文认为冷战后阿根廷正义党意识形态转变给发展中国家以启示：第一，基于本国政治传统的政治规范是发展中国家政党的立党之本；第二，利益集团之间的相互妥协是政党长期执政的基石；第三，政党应引导国家和民众从全球化视野下考虑本国的发展模式，结合并发展本国传统优势应对全球化的挑战。郭海龙《略论国家主义对法国社会党政治观念的影响》（《法国研究》2014 年第 2 期）一文认为，法国社会党在政治活动中对“第三条道路”的抵制彰显了其特立独行，这缘于其身处法国这样一个浓厚国家主义传统的独特国度。国家主义对法国社会党政治观念的影响有：强调国家权力、国家意志的能动性在实现其理想和主张过程中的重要性；强调公民的社会责任；强调自觉避免自由主义化，坚持社会主义理想，并坚持对资本主义的理性批判。杨柳夏《西欧社会民主党生态观的嬗变及其现实启示》（《理论导刊》2014 年第 2 期）一文基于西欧社会民主党在二战后对待生态问题的总体观点和政治实践发生的系列变化，分析了其所经历的排斥徘徊、反省激进、理性实践和倡导全球治理四个阶段，其嬗变的根源是资本主义生产方式的现实危机，动力基础在于社会民主党对基本价值的探索不断深化，直接原因是其面对党内外形势变化作出的权宜回应。

组织变化方面，秦德占《冷战结束以来多国社会党基层组织的变革与启示》（《新视野》2014 年第 1 期）一文认为，苏东剧变、冷战结束不仅使世界社会主义运动遭受巨大挫折，也使民主社会主义面临一次大的冲击，多国社会党相继下台，党的影响力不同程度下降。为了改变这种局面，增强党的凝聚力和号召力，各国社会党在对纲领、理论进行变革的基础上，对党的组织进行了变革，积极探寻发挥党员和基层组织活力的新路径、新方法，取得了显著成效，在世界政坛出现了多国社会党执政或参政的大好局面。

3. 某种类型政党的发展变化研究

（1）左翼政党研究

2014 左翼政党研究中，对于国外共产党的研究是重头戏，不仅涉及执政的共产党，还涉及联合执政和非执政的共产党；不仅涉及发达国家，也涉及发展中国家；不仅涉及国外共产党的理论，还涉及其实践；不仅有某个共产党，还涉及共产党国际合作。此外对社民党的研究也比较多，不仅涉及某国的某一政党，也涉及社会党国际；不仅涉及社民党的总体发展演变，也涉及某一方面的变化。

执政的共产党方面，潘金娥《2013 年越南共产党党情：防治“内寇”与抵御“外敌”并举》（《当代世界》2014 年第 2 期）一文分析了越共为维护国家和社会稳定，维护执政地位，对腐败问题这一“内寇”与分化党和国家的“外敌”展开斗争，“内外兼修”，采取了系列措施。一方面，防治“内寇”：加强反腐，提高抗变能力。一是召开十一届七中和八中全会，继续强调反腐；二是落实干部公职人员的财产收入申报制度；三是对十一届四中全会决议执行情况进行总结和落实；四是加强反腐工作的查处力度；五是对政府官员进行信任票表决。另一方面，抵御“外敌”：与境内外分化和敌对势力作斗争，高度重视敌对势力歪曲马列主义和胡志明思想、企图动摇越南共产党的指导思想，以及纠结部分人搬出所谓“72 知识分子宪法草案”的举动，有针对性地还击。潘金娥的《当前越南共产党面临的问题与挑战》（《当代世界与社会主义》2014 年第 6 期）从党内和党外两方面分析了越南共产党面临的问题和挑战，越共党内的问题主要源于思想理论和干部队伍素质两个方面，表现为对越南社会主义发展方向认识不一、对越南革新实践中出现的一些新问题认识模糊、党内存在思想路线斗争和派系斗争、党员干部政治素养和管理能力有待提高、贪污腐败现象难以消除。来自越共党外的挑战主要有：一是攻击马克思列宁主义和胡志明思想，煽动越南政治的“民主化改革”；二是借南方反政府旧势力挑起民族主义，激化中越矛盾；三是利用少数民族和宗教问题搅乱社会治安；四是部分海外归国的自由派人士致力于唤醒人们对西贡政权的怀旧思潮。越共中央一直以来不但从思想上重视，而且采取了多种措施加以防范。这些措施主要包括：加快推进行政和政治系统改革；对党员干部经常性地进行政治思想教育和业务培训；建立健全各种党内监督和社会监督机制；建立和完善干部管理机制和惩罚机制；在党的机关报刊刊登领导人和理论家文章，阐发、警示和平演变及其他各种来自党内外的威胁和挑战等。

联合执政的共产党方面，程光德《南非共产党：“联合执政”是委曲求全还是养精蓄锐？》（《当代世界》2014 年第 6 期）一文分析了南非共产党得以“联合执政”的原因：一是南非共目标坚定，二是南非共自主发展，三是南非共践行民主集中制，四是南非共理论常新，五是南非共勇智斗争。对于南非共产党为何需要“联合执政”，文章认为，从历史层面看，在反种族主义斗争中，南非共与非国大长期密切配合，并肩作战，已经形成了“联合执政”的良好基础；从现实层面看，结束种族隔离制度 20 年来，南非共与非国大联合执政取得了巨大成绩。对于何时脱离“联合执政”，文章认为，其一，目前不需要，“联合执政”可以施展“政纲”；其二，暂时不现实，南非共不足以独立。

非执政的共产党方面，既有类型学等综合性研究，也有对某国或某地区共产党发展状况的研究。聂运麟《国外非执政共产党的类型及其理论分野》（《当代世界与社会主义》2014 年第 4 期）一文认为，当代非执政共产党并非整齐划一的激进的左翼政党，有些还比较温和、保守，多样性是当代世界社会主义运动发展的一个重要特征。它们有三种不同类型。第一种类型是以马克思主义为指导的共产党，主要有法国共产党、西班牙共产党和意大利重建共产党等；第二种类型是以马克思列宁主义为指导的共产党。主要是印度共产党（马克思主义）、南非共产党、巴西共产党、希腊共产党、葡萄牙共产党，以及美国共产党和日本共产党等；第三种类型是以马克思主义、列宁主义、毛泽东主义为党的指导思想的理论基础的共产党，主要有尼泊尔联合共产党（毛主义）、印度共产党（毛主义）等南亚地区的共产党。不同类型共产党的产生，并非仅仅出自于党的领导人的个人愿望，而是当代世界经济政治发展的产物，特别是其所在国家的经济政治发展的产物：第一，各国社会经济发展水平的不同是导致非执政共产党在指导思想上出现差异的基础性原因。第二，各国政治文明发展的程度，是导致非执政共产党采取不同斗争策略的重要因素。第三，不同国家或地区的社会主义传统，对非执政共产党不同类型特点的形成有着重要影响。聂运麟《新时期新探索新征程——当代资本主义国家共产党的理论与实践研究》（经济科学出版社 2014 年版）全书分“低潮中的奋进”、“艰难的探索”、“新的历史征程”三编。第一编“低潮中的奋进——世界社会主义运动在当代的新发展”，主要论述苏东剧变 20 多年来世界社会主义运动在低潮中奋进的总体态势，强调当代世界社会主义运动已经发生了重大变化并实现了新转型，资本主义各国共产党正在为解决新时期的历史任务而英勇斗争。第二编“艰难的探索——当代资本主义国家共产党的社会主义理论”，主要从苏东剧变的原因与教训、当代资本主义的新变化、资本主义的经济危机、当代工人阶级的新变化、社会主义革命的策略、社会主义革命的发展阶段和阶级力量配置、建设工人阶级的现代性群众政党以及未来的社会主义社会等八个方面，论述了当代资本主义国家共产党有关社会主义的理论体系。第三编“新的历史征程——奋力走向复兴的资本主义各国共产党”，主要论述了印度、日本、美国、英国、法国、俄罗斯、巴西、等 10 个国家共产党的理论探索和革命实践，以众多案例论证了前两编所阐发的思想观点。该书根据世界社会主义运动 20 多年来所发生的全面深刻变化，对当前的世界社会主义运动的发展趋势进行了概括，提出当代世界社会主义运动呈现出多样性、渐进性、大众性三大发展趋势。

对某国或某地区共产党发展状况的研究，既涉及前苏东地区，也包括发达国家及发展国家，其中对前苏东地区共产党的关注占有相当分量。前苏东地区共产党方面，陈爱茹《格鲁吉亚、亚美尼亚、阿塞拜疆三国共产主义运动评析》（《当代世界与社会主义》2014 年第 5 期）一文指出，弱、小、分裂是格鲁吉亚、亚美尼亚、阿塞拜疆三国共产党的存在现状。21 世纪初期开始，这些国家再次遭遇了共产主义思想危机，国际国内不利于共产党发展的环境以及各个共产党自身存在的问题，导致三国共产党的人数锐减、政治影响力急剧下降。此外，这些国家的共产党因一些重大的理论和现实问题不能达成共识，出现不断分裂的现象，诸多情况导致外高加索地区的共产主义运动呈现日益衰落之势。因而，三国共产主义运动发展前景堪忧：格鲁吉亚统一共产党面临恢复党的影响力的难题；亚美尼亚共产主义运动面临着提升理论凝聚力、整合分裂的共产主义力量的问题；阿塞拜疆共产主义运动亟待整合共产主义力量，提升共产党的国内国际影响力。三国共产党当前所面临的最关键问题是统一对马克思主义和社会主义事业的认识，保证共产主义力量能够联合并生存下去，在此基础上，进一步争取扩大群众基础，增加党员人数，不断提高影响力。远方《在逆境中探索的捷摩共》（《当代世界》2014 年第 2 期）一文对捷克和摩拉维亚共产党进行了研究，指出，该党是东欧剧变后该地区唯一沿用共产党名称、保持老党框架并在捷克独立后历次大选中进入议会的政党。捷摩共经受住苏东剧变的考验，在逆境中艰难前行。在理论上进行了新的探索，为党的发展奠定了基础：系统总结了剧变的根源和捷共丧失政权的客观、主观和党建方面的原因；深刻剖析了资本主义及其全球化对大众的危害；明确提出实现“入阁参政”的长期战略目标。捷摩共面对国内外形势的变化，制定了比较符合客观现实的策略方针：以议会斗争为工作重点和主要阵地，表达劳动者的呼声；注重党的思想和组织建设，增强党的凝聚力；参与同世界上进步力量的国际合作，不断获取有益的经验。如何使干部队伍年轻化、摆脱发展后劲不足的困境将是捷摩共未来发展的新课题，如何在理论和实践中不断进行探索和创新，将是捷摩共发展道路上面临的严峻挑战。李世辉《白俄罗斯共产党与政权建设性合作原因剖析》（《当代世界》2014 年第 10 期）一文通过将白俄罗斯共产党的纲领和重要决议与白俄罗斯现政权的政策主张进行比较分析，探讨了二者建设性合作的原因，历史原因，肯定十月社会主义革命的伟大历史意义；政治原因，建立起真正的人民政权；经济原因，实现公私所有制的合理结合，一是坚持公有制的主体地位，二是实施公正的私有化；社会原因，实施了强大的社会政策；对外关系原因，致力于恢复苏联。以上共同或相似之处决定了白俄罗斯共产党与政权建设性合作得以实现。

发达国家共产党方面，胡振良、李其庆《法国共产党新变化研究》（中共中央党校出版社 2014 年版）一书以马克思主义为指导，从新的角度对发达资本主义国家具有代表性的共产主义政党——法国共产党的新变化进行了系统性、分析性、综合性研究，探讨了发达资本主义国家社会主义和共产主义政党建设的基本问题。曹天禄《不破哲三思想研究：日本共产党对马克思主义日本化的探索与启示》（商务印书馆 2014 年版）一书对堪称马克思主义日本化理论成果的不破哲三思想进行了研究。目前，日本共产党对马克思主义日本体质探索已进入到第四阶段，在理论形态上分别表现为“马克思列宁主义的日本化”、“日本的独特道路”、“日本式社会主义”和“资本主义柜架内的民主改革”理论等。杨成果《澳大利亚共产党的社会主义理论与实践研究》（中国社会科学出版社 2014 年版）一书对澳大利亚共产党的艰难曲折发展历程进行了探讨，对澳共几次分裂的过程、原因和影响进行了系统而深入的分析，并总结了其经验教训，还探讨了 21 世纪澳大利亚共产党对未来社会主义社会的构想，对澳共在 21 世纪的发展前景进行了展望。

发展中国家共产党方面，韩冰、刘静《“国际红色走廊”上“毛主义”共产党的发展与变化》（《当代世界与社会主义》2014 年第 5 期）一文认为，南亚毛主义共产党活动范围不断扩大，已经形成了一个以印度为中心，以尼泊尔、不丹、孟加拉国为弧线，北起尼泊尔，南到印度安得拉邦的国际红色走廊。四国共产党的发展、变化给我们如下启示：共产党呈多样化发展，在独立自主的基础上加强联合；全球化浪潮汹涌澎湃，毛主义共产党适时调整政策；世界形势发生变化，社会主义革命仍处于长期发展进程。袁群、黄家远《菲律宾共产党的历史、理论与现状》（《当代世界与社会主义》2014 年第 4 期）一文回顾了目前已成为菲律宾国内主要左翼政党和进步力量代表的共产党的发展历程，指出，菲共的发展壮大既有现实因素，也与其注重加强理论和组织建设有关。经过 80 多年的发展，菲律宾共产党已经获得了广大中下层民众的支持，并发挥着愈来愈大的影响力，但菲共领导层的意见分歧、菲政府的策略转变以及不利的外部环境也使菲共的未来发展面临着严峻的挑战。

共产党国际合作方面，余维海、周华平、吴国富《国际形势变化与共产党工人党的共同行动——第十五次共产党和工人党国际会议述评》（《当代世界》2014 年第 7 期）一文指出，资本主义依然是各国共产党和工人党代表抨击的重点；会议提出马克思主义是认识资本主义危机的根本方法，社会主义是人类未来的根本替代；指出资本主义不会在危机中自动灭亡，社会主义斗争须要加强工人阶级及其政党的力量，全面投入到社会主义革命中去。会议认为，需要加强国际主义团结，促进各国共产党和工人党的共同行动。

为了落实行动指南并为下一届国际会议做准备，共产党和工人党国际会议扩大了工作组。因在不同问题的认识上存在差异和分歧而使原计划通过的《最终声明》未能通过，而是分别由葡萄牙共产党和希腊共产党发表了表了内容不同的新闻公报，这与以往不同。王喜满、李长学、王晶晶《第十五次共产党和工人党国际会议的共识与分歧》(《当代世界与社会主义》2014 年第 2 期）一文指出，与会的各国共产党和工人党代表在资本主义经济危机、帝国主义新表现、社会主义发展路径、共产党和工人党的任务和行动以及会议的未来等方面取得了一系列共识，但会议出现了两份不同的《新闻稿》，在世界社会主义一些基本问题的看法上分歧日益明显并公开化。从原因上看，此次会议分歧如此严重并公开暴露出来是会议本身特点和原则不完善的结果，同时也反映了当前世界社会主义运动发展的现状，背后还有更深层次的政治、经济因素。从会后关于分歧的争论来看，并没有出现一些党与某几个党之间唇枪舌剑的情况。会议实际上采取了“搁置争议、共同行动”的路线。聂运麟、余维海《共产党和工人党国际会议中的分歧与我们的应对》(《“改革与创新——当代世界社会主义的理论与实践”学术研讨会暨当代世界社会主义专业委员会 2014 年年会论文集》) 一文分析了出现分歧的原因、实质及应对之策。原因在于：首先，世界社会主义运动发展的多样性的客观现实与有些国家的共产党使世界社会主义运动“同质化”的主观要求是根本矛盾的；其次，苏东剧变之后促使各国共产党相互联系、共同面对生死存亡威胁的需求不复存在；最后，也不排除有个别党认为自己在创建共产党和工人党国际会议的过程中有功劳，从而以国际会议中的老大和功臣自居，缺乏谦虚谨慎和平等对待兄弟党的态度。历史经验已经充分证明，世界社会主义运动的理论与策略的分歧不能靠争论或辩论的方法来解决，应对分歧，需要有应对的勇气和正确的策略：一是维护共产党和工人党国际会议作为多边交流平台的性质．保证国际会议的健康发展；二是坚持党际交往的四项基本原则。构筑新型政党关系；三是坚持实践是检验各国党的理论与策略是否正确的唯一标准，避免无谓的争论和辩论。余维海《共产党和工人党党际交往需要协商民主原则——从第 15 次共产党和工人党国际会议谈起》(《“改革与创新——当代世界社会主义的理论与实践”学术研讨会暨当代世界社会主义专业委员会 2014 年年会论文集》) 一文认为，当今世界局势正在发生重大而复杂的变化，世界社会主义运动呈现多样化发展趋向。世界社会主义的历史和实践证明，“一元化”道路、“统一模式”的大国大党主义不符合党际发展的历史潮流。近期召开的第 15 次共产党和工人党国际会议上存在较大分歧，这给当前如何在新形势下加强共产党和工人党党际交往提出了新课题。为了解决这一问题，世界各共产党和工人党在党际交往中应该在“独立自主、完全平等、互相尊重、互不干涉内部事务”原则的基础上，在面对彼此共同关心的重大事务的不同理解和表达时，要进一步坚持协商民主原则，即“充分协商、平等参与、民主团结、共存相容”的原则。

社民党的总体发展演变方面，林德山《社会民主党应时而变的历史经验》(《中国党政干部论坛》2014 年第 11 期）一文梳理了社会民主党经历的三次大的历史转型，一是早期社会民主党从革命党到改良党的转变，二是融入并改造资本主义的第二次转型，三是面对新的挑战的第三次转型。欧洲社会民主党百年历史，从早期带有反体制特征的激进政党发展为具有相当选举能力的大众型政党，进而发展为具有可执政能力的主流政党，都显示了它们应对社会变化的能力。

社民党某一方面变化方面，沈丹《欧洲社会民主党执政理念的发展变化》(《科学社会主义》2014 年第 6 期）一文研究了欧洲主要国家社会民主党的执政理念发生的变化。社会民主党经历了从 20 世纪前半期的政权改造者，到二战后的建设性的改革者，再到 20 世纪 90 年代后的被动适应者的过程。对当前的社会民主党来说，如何在调整理论政策使其能跟上时代发展步伐的同时又能保持自身特色，如何在促进经济发展的同时又能保持人民的福利水平，是亟待解决的问题。

社会党国际方面，张小劲、李岩《社会党国际变化中的组织、思想与政策》(国家行政学院出版社 2014 年版）一书系统论述了社会党国际在不同发展阶段的变迁过程，深刻揭示了促成变革的内在动力、特征及其影响，剖析了在新的时代背景下社会党国际存在的问题、面临的挑战和未来的前景，是国内研究社会党国际以及跨国政党组织较为少见的一部综合性学术论著。袁群、丁玮《金融危机背景下社会党国际的新变化》(《当代世界》2014 年第 1 期）一文认为，社会党国际面临空前挑战，如社会党国际内部机制僵化、官僚主义盛行、理论阵地不断受到右翼政党的挤压、成员党的传统选民流失严重、一些长期执政的大党、老党在近年的选举中纷纷失利等。2012 年二十四大以来，社会党国际抓住新的发展机遇，抓紧进行理论政策和组织方式的调整与革新，积极应对面临的挑战，出现了一些值得注意的新变化：一是在理论纲领上，主张发展新型民主、新的国际主义和团结一致的新文化；二是在经济政策上，提出应对金融危机的新方案；三是在组织机制上，注重机构内部的民主化建设；四是在社会基础和对外联系上，进一步向社会开放；五是在宣传机制上，重视发挥媒体和现代信息技术的作用。

某国某一政党方面，张文红《永不停息的改革者——德国社民党的历史成就与现实挑战》(《人民论坛·学术前沿》2014 年第 10 期）一文认为，德国社会民主党是欧洲最古老的政党之一，它见证了 19 世纪后半叶以来全部工人运动的发展历程。在新的历史时期，为了应对社会阶级结构的新变化，也为了自身的生存与发展，德国社民党不断调整自己的依靠力量，完成了从无产阶级到新中间的转变。目前，德国社民党面临自身定位和身份认同危机、方向危机、党员老龄化及领袖危机等多重挑战。如何应对这些挑战，决定着德国社民党的未来发展方向。林德山《从“回避权力”到“争取权力”——法国社会党百年发展经验与教训》(《当代世界》2014 年第 2 期）一文梳理了法国社会党政治发展的几个阶段，认为与其他一些欧洲社会民主党的大党相比，法国社会党的政治发展轨迹较为特别，并常常有出人意料的表现。法国社会党的百年发展积累了丰富的经验教训，直接影响了社会党的发展进程：一是理论方面长期纠结于革命与改良的关系；二是如何维护党的统一和处理与其他左翼政党的关系；三是在执政问题上的态度转变——从回避权力到追求权力。李华锋、李媛媛《英国工党执政史论纲》(中国社会科学出版社 2014 年版）一书在总体审视英国工党百年政坛发展历程与特质的基础上，根据其执政的实际情况，分五个时期对其执政的经济、政治、社会与外交领域的政策和实践进行了较为详细的考察。杨玲玲《形塑中间阶层：瑞典社会民主党的兴盛与探求》(《当代世界》2014 年第 5 期）一文分析了名副其实的百年老党——瑞典社会民主党起伏兴衰的经历。作为中左政党，社会民主党是适应瑞典新中间阶层的出现而成立的；提出“人民之家”计划，倡导中间阶层生存发展的社会氛围；通过“提低”、“调高”，稳定中间阶层，强调积极的就业原则而不是消极的现金救济，实行高税收政策，重视国民收入的均等化。从20世纪90年代至今，瑞典社民党辉煌不再，几度落败，2010年再次败选在野至今。瑞典社民党颓势难挽的原因众多，脱离群众是瑞典社民党下台的根本原因。

（2）右翼政党研究

2014年度对右翼政党的研究依然重点关注极右翼政党。彭姝祎《法国极右政党“国民阵线”缘何强劲崛起》（《当代世界》2014年第12期）一文认为，法国极右翼势力“国民阵线”在2014年的法国地方大选和欧洲议会选举中的表现可谓风光，成为法国和欧洲政坛的一大焦点。文章回顾了成立于1972年的国民阵线的“发家史”，梳理了其主要主张，分析了其蹿红的经济、社会和政治背景：其一，国民阵线转变策略、不断漂白自身形象；其二，持续的经济萧条为极端势力的泛滥提供了温床；其三，传统右翼政党客观上起了推波助澜作用；其四，法国自2012年总统大选后的主流政治危机提供了机会。国民阵线目前已经是法国第三大政党，从游走在主流政治的边缘转向靠近舞台中间，对法国半个世纪以来左右两大党派轮流执政的格局构成了有力挑战。

（3）草根政党、新型政党研究

2014年对草根政党、新型政党的研究以对美国茶党的研究居多，除了分析茶党自身外，也有将茶党与其他政党或运动的比较研究。房广顺、张敬阡《美国茶党运动的政治诉求及其走向分析》（《井冈山大学学报·社会科学版》2014年第6期）一文认为，茶党运动是美国国内民众发起的一场旨在反对奥巴马政府的经济刺激计划和医疗改革方案等一系列政府决策的民间社会运动。美国社会的民粹主义传统，以及茶党政治诉求尚未实现的状况，决定了茶党运动将继续影响美国社会的未来发展。杨悦《“占领华尔街”运动与茶党运动的对比分析——政治过程理论视角》（《美国研究》2014年第3期）一文根据美国左右翼社会运动政治过程比较分析模型，对占领运动与茶党运动的政治过程进行了对比分析。两场运动见证了美国左右社会思潮的又一次强烈碰撞，两种社会思潮在角力过程中，右翼相对强于左翼，茶党运动比“占领华尔街”运动更强势，这不仅延续了20世纪70年代以来美国左右翼社会运动力量对比的特点，而且在可预见的将来，这种局面也很难改变。左翼占领运动弱势的原因是多方面的：两场运动围绕个人生活价值观所进行的动员则更加多元化；另一个左翼运动弱势的主要原因则是弗朗西斯·福山所说的“近几十年来左翼思潮在美国的受挫”。从目前状况来看，两场运动要想重塑20世纪60年代美国社会运动的辉煌并非易事。两场运动式微的现状进一步验证了美国社会运动的历史，即任何一种社会运动都不会在美国毫无限制、激进地发展下去。尽管两场运动不会立即销声匿迹，但它们未来的发展都不会偏离美国的基本意识形态。

（4）宗教性政党研究

相关研究主要关注了执政的宗教性政党所面临的挑战。张树军《多重困境下的土耳其正义与发展党》（《当代世界》2014年第3期）一文认为，具有伊斯兰宗教背景的正义与发展党上台执政十余年来，在外交、经济和政治等方面采取有效措施，提升了土耳其的综合实力，提高了民众生活水平，赢得了民众高度信任和普遍支持。但自2013年5月以来，土耳其国内接连出现的一系列重大变化使正发党面临多重困境，一是国内民众及社会舆论的质疑与不满，二是土耳其警方和司法部门联合发起的反腐调查加大正发党执政难度，三是经济发展有所放缓，四是外交政策挑战重重，脱亚入欧难度大，睦邻外交受到冲击，周边外交形势严峻。正发党面临的问题是土耳其历史文化元素和价值观、多重属性和社会现实、社会各阶层多样化诉求的综合反映。纵观土耳其政坛，目前尚未有一个反对党能够与正发党抗衡。因此，虽然正发党面临复杂多变的国内外局势，但对其未来执政仍可持乐观态度。许民和《阿拉伯复兴社会党在叙利亚的执政危机浅析》（《上海党史与党建》2014 年 9 月号）一文对阿拉伯复兴社会党在经济发展、居民就业、教派民族、体制改革、意识形态以及对外交往等多个方面的执政行为做了分析，总结揭示了导致其执政危机的深层次原因，主要包括：经济政策失误，产业结构失衡，发展动力不足；青年群体立业艰难，“无恒产者无恒心”；深信“非我族类，其心必异”，教派民族间旧恨难消、和解难成；体制改革失败，执政基础动摇；心口不一，言行相悖，意识形态丧失合法性；树敌过多，招致了一些党派和强国的反制。

（二）世界政党制度研究

1. 世界政党制度综合性研究

有的分析了西方政党制度的实质。李满长《西方国家推行多党制的实质是什么》（《红旗文稿》2014 年第 18 期）一文将西方国家多党制的实质概括为：建立无数个党派，客观上的事实是把一个完整的、团结的、和谐的社会分割成无数个政治利益团体或者民族团体；多党制很容易使一些非法的政治组织合法化，让那些极端民族主义分子、极端宗教主义分子、极端分裂主义分子摇身变为政治家，甚至成为一方领袖；多党制易使个别人、极端组织的非法要求和非法主张合法化；在多党制的国家里，政府更迭频繁，政府工作不可能有延续性；所谓政党竞争，实际上是为了争权夺利，相互揭老底，拼个你死我活。

有的研究了西方政党制度的影响。鲁品越《西方多党制催生腐败》（《求是》2014 年第 8 期）一文认为，在西方国家，多党之间的相互监督固然有通过相互揭短而扼制腐败的一面，但各党自身的贪欲及背后错综复杂的利益集团的支配，使多党制成为一种催生腐败和制造社会分裂，甚至导致社会解体的制度。第一，多党制必然催生由政治献金而引发的腐败，这种腐败为任何法律所无法禁止。政治献金本身就是一种在西式民主制下的合法的“行贿”，在各种贪污行为中，对政治献金的贪污是最安全的。第二，多党制不但不能消除腐败，而且有可能促成政党与黑社会或明或暗的勾结，从而为一些能够操控地方选票的黑社会势力提供走上政治舞台的渠道。第三，多党制会使社会已有矛盾上升为组织化的冲突，从而扩大社会分歧甚至撕裂社会。第四，多党制在引导各方相互揭短从而在扼制腐败的同时相互抹黑，以及由党派之争引起的民众分裂，会造成“腐败麻痹症”，从而使腐败常态化、正常化。

2. 某一类型政党制度研究

古洪能《一党独大模式与一党制及其治理绩效的比较》（《理论与改革》2014 年第 2 期）一文认为，应该区分作为一种政党政治系统的一党独大模式和作为一种政党政治制度的一党制。政治制度和政治系统完全不是一回事，后者指涉整个政治生活，而前者只是政治生活的一部分。在政党政治成为各国政治生活常态的情况下，一党独大模式和一党制分别对应着一定的国家治理形式，由此产生的治理绩效明显不同，一党制所产生的治理绩效最终基本上为零甚至是负值，而一党独大模式所产生的治理绩效，却始终都是正值。其原因在于，一党独大模式能够在相当程度上解决政府既有能力又负责任这一国家治理的重大问题，而一党制却做不到。

叶旭廷《“两党制”选举与规制俘获博弈——对托里森规制俘获模型的思考》(《东岳论丛》2014 年第 5 期）一文在经济学的规制俘获理论基础上，运用博弈论知识，在三方博弈的基础上将西方社会政治体系中普遍存在的两党选举制运用到模型中，对托里森模型进行了修正，发现在托里森模型中的最优均衡在现实中将永远不会实现，而西方政党中常用的两党选举往往会导致政党出于选票最大化的角度向所代表的利益集团倾斜，并最终酿成生产者危机与消费者危机，两党选举制是欧美国家陷入经济危机的一个重要根源。

（三）世界政党政治发展过程与趋势研究

1. 世界政党政治发展的背景及影响因素研究

叶麒麟《社会分裂、弱政党政治与民主巩固：以乌克兰和泰国为例》(中央编译出版社，2014 年版）一书基于乌克兰和泰国的第三波民主化经验，总结和提炼出弱政党的民主政治形态，主要包括人格政治、庇护政治、派系政治、运动政治等，梳理了弱政党政治与社会分裂之间的关系，概括了民主巩固的影响因素。作者认为，相较于发达国家，泰国和乌克兰这两个国家的社会分裂较为严重，政党政治都比较脆，属于弱政党政治，政党的制度化水平低。弱政党政治无法弥合社会分裂问题，而且还制造和加剧社会分裂，以致第三波的民主无法得到巩固。

李姿姿《法国政党公共资助制度及其对政党行为的影响》(《当代世界》2014 年第 10 期）一文研究了 20 世纪 80 年代以来法国逐步建立并完善的政党公共资助与政治生活透明的制度框架。政党融资制度对政党行为产生了深刻影响：一是政党资金管理规范，政治透明度提高；二是促进政党联盟的建立，增强了政党体系两极化趋势；三是助长了政党投机行为，增加了法国政党制度碎片化的压力；四是增加了政党对国家资金的依赖，使政党向“卡特尔”型政党转变。经过二十几年的发展，法国在政党资金的管理上积累了较为丰富的经验，对规范政党行为、减少腐败和提高政治透明度起到积极作用，政党公共资助法律体系仍然有很大的完善空间。

2. 某国政党政治的新变化研究

有的考察了发达国家政党政治的状况。赵忆宁《探访美国政党政治：美国两党精英访谈》(中国人民大学出版社 2014 年版）通过对美国民主、共和两党 50 多位在联邦、州、县三级的精英进行面对面深度访谈，获取两党精英评述美国政党政治的第一手信息，将政党作为深入了解美国政治的突破口，展现了美国政党政治生态的现状，以及由此带来的对美国社会及各群体的影响。该书辨析了美国政党政治的优劣所在，真实地展示了美式民主选举是确凿无疑的富人游戏，有助于打破崇尚美式选举制度的人群的错觉。

有的探讨了印度、南非等发展中国家政党政治的状况。王丽《国大党的兴衰与印度政党政治的发展》(厦门大学出版社 2014 年版）一书从印度国大党的兴衰与印度政党政治发展的关系出发，对国大党的兴衰成败的经验教训及其对印度政党政治发展进程的影响进行了研究，分析了印度政党政治的发展趋势，包括印度国家中政党的法律认可，政党与政权、政党与政党、政党与其它社会组织的关系机制，政党对国家和社会生活的影响及其存在和活动方式等等。该书认为，其一，从政治发展的角度看，国大党成功地在印度实现了政治制度化，这对于印度国家和社会以及国大党自身都是意义非凡的；其二，从政党政治的角度看，一个政党必须根据国情、党情来建设党，以保证党的生命力、战斗力和对民众的吸引力；其三，从执政党的角度看，一个执政党必须不断提高执政能力，维护执政合法性。张凯《金融危机以来南非政党政治的发展》（《当代世界》2014 年第 4 期）一文认为，2008 年金融危机使南非经济社会问题层出不穷，这为南非政党政治的发展增添了不确定性。非国大的主导地位面临严峻挑战：一是非国大内部存在派系之争；二是与工会关系恶化削弱了三方执政联盟；三是经济社会问题日益突出；四是腐败问题致政府公信力下降。近年来，由于政治精英利益日益分化，南非政坛新党纷纷成立的趋势明显增强。南非社会对非国大政府的不满情绪在上升，而一些政治精英恰恰抓住了这一机会，极力动员选民反对非国大政府，转而支持自身的政策理念。过去 20 年，在非国大的主导下，南非已顺利完成四次民主大选，民主宪政制度日益完善。然而，正是在这一制度安排下，非国大面临着自种族隔离结束以来最为严峻的挑战。

对中东地区政党政治的关注也颇多。王彦敏《以色列政党政治研究》（人民出版社 2014 年版）一书从历史传统、地缘环境、移民社会、经济变迁和宗教文化等诸多层面入手，全面系统地梳理和探究以色列政党政治的发展演变及特征。作者认为，以色列政党政治的格局和传统在犹太复国主义运动时期已基本形成，是各犹太复国主义政党几十年艰苦打拼的结果；移民社会的多元性、周边关系的紧张性、犹太民族的宗教属性和以色列国家的犹太属性使以色列政党政治具有了许多不同于一般正常社会和国家的特征；经济结构的变迁是近 20 年来以色列政党政治碎裂化格局越来越明显的最根本原因；宗教政党具有举足轻重的地位，经历了曲折的发展历程；宗教政党的政治活动是以色列民主化进程的重要组成部分；社会矛盾的多样性和复杂性是以色列社会的一个典型特征，也是影响以色列政党政治发展演变的重要因素；阿以关系对以色列政党政治始终产生着直接、深刻的影响，成为以色列政党分野、分化和兴衰的重要因素。李青燕《巴基斯坦政党政治版图重组及影响》（《当代世界》2014 年第 2 期）一文指出，经过 2013 年 5 月的国民议会和四省议会选举，穆盟（谢派）一党独大，人民党、正义运动党各守一隅的政治格局初具雏形。新版图形成的主要动因有：民心思变，民生当先；家族政治与竞选策略优化结合；美国因素影响。穆盟（谢派）执政后，锐意改革，推行新政，期望短期内改善内外环境，呈现出新走向。常久青《当前阿富汗政党政治的特点及发展趋势》（《当代世界》2014 年第 2 期）一文在梳理阿富汗政党发展脉络和现状的基础上，分析了阿政党政治发展缓慢的主要原因：一是卡尔扎伊政府限制政党政治发展；二是阿政党多以族群和军阀派系为基础建立，缺乏广泛代表性；三是阿政党政治发展的条件不足。政党在阿政坛和国家长远发展中的影响力将逐渐提升。阿政党政治发展仍有一些有利条件：第一，阿实行多党议会政体，为政党发挥影响力提供了基本政治和制度框架；第二，许多在政坛具有重要影响的领导人幕后都有政党支持；第三，阿政党都寻求外国势力做靠山，借助大国扶持提升自身影响力，大国从自身利益出发，也愿意扶植、拉拢一些党派势力作为代理人，借以对阿未来发展施加影响。阿政治和解与民主进程的不断推进为政党发挥更大作用提供了机会。当前“阿人主导、阿人所有”的政治和解进程需要政党参与其中，尤其是对塔利班势力有影响力的阿民族和宗教性政党对推动政府与塔利班融入和解进程有望发挥积极作用。

四、政党理论和观点的引介与评析

（一）国外政党研究成果的引介

2014年国内学界对国外政党研究成果的引介涵盖范围颇广。既有理论研究，也有案例研究；既涵盖左翼政党，也包括右翼政党。

理论研究方面，《西方民主国家的政党》（[美]利昂·D.爱泼斯坦著，商务印书馆2014年版）一书是西方政党研究方面的一部重要著作。作者对西方发达国家的政党制度进行了细致的比较研究，涉及西方民主国家的政党体制中的各个方面，如竞争机制、投票选举模式、政党组织形式、政党纲领决策的运作等问题，从宏观和微观两个方面对西方政党制度进行了全景式描绘。该书一方面使用了大量有关美国政党的素材作为参照背景来研究欧洲的政党，另一方面，与某些专题研究美国政党的文本相比较，该书同时关注欧洲政党与美国政党，并将其放在同一框架内进行分析研究，其研究方法和成果值得政党研究学人借鉴。《党内生活探析——一个分析政党精英文化的框架》（[瑞典]卡塔琳娜·巴林著，刘玉、马树颜编译，《当代世界与社会主义》2014年第4期）一文发展了一个分析框架，并将其用于分析瑞典七个政党的组织文化，通过回答如何在精英层面考察政党组织文化这一问题来加强对于政党文化的研究。文章分析了瑞典政党议会党团的组织文化与其他文化特征，指出议会党团为团体的文化繁荣提供了一个适宜环境。当比较瑞典的七个政党时，会发现其政党文化之间存在显著差异。政党在文化图谱上的定位超越了以左右界定的意识形态疆界。

左翼政党研究方面，《欧洲共产党的新发展》（[意]法乌斯托·索里尼著，李群英编译，《当代世界与社会主义》2014年第3期）一文在厘清“欧洲共产党”概念意义的基础上，着重分析了欧洲共产党的现状及其政治影响，以及欧洲共产党在国际机构中的存在及影响。文章认为，最广泛意义上的欧洲共产党是指既包括列宁主义的共产党，也包括选择与列宁主义保持距离、信奉欧洲共产主义的共产党，它们现在与红绿或左翼社会主义党结盟，组成欧洲左翼党。在欧洲49个国家中，我们至少可以找出33个国家存在共产党或在社会生活的某些方面发挥着最低限度及深层次影响的共产党组织。欧洲共产党力量在一些重要政治机构、欧洲或全球机构中担负了一定角色并拥有一定影响力。那些认为在前苏联和前苏联体制崩溃之后，共产党在世界特别是欧洲将注定走向历史和政治衰落以及共产主义运动走向终结的看法是不合适的。《党内民主差异探讨——英国工党和丹麦中左政党的比较分析》（罗宾·佩蒂特著，杜克编译，《当代世界与社会主义》2014年第4期）一文认为，政党年龄、政党起源、政党意识形态、国家民主样式和政府抱负五个因素对理解党内民主的变化非常重要，文章用英国工党、丹麦社会主义人民党和丹麦社民党说明上述五个因素的影响，文章主要关注以年度会议为中心的正式政策制定过程，使用了通过参加三个党的年度会议收集而得的数据。文章认为，“寡头倾向”论是非常不确切的，党员的影响既非不断下降，也不是不可避免地永久性缺失；影响党内民主的变量主要包括政党起源、政党意识形态、政党年龄、政府抱负、民主样式、政党规模。《欧洲激进左翼政党》（[英]卢克·马奇著，于海青、王静译，社会科学文献出版社2014年版）一书将视线聚焦欧洲激进左翼政党这一近年欧洲政党和左翼政治研究领域的新兴研讨主题。书中阐释了何为激进左翼政党，其与共产党、极端左翼政党等存在的联系与区别。书中以整个东西欧作为一个研究整体来研究它们的非议会和国际行动，它们的激进主义性质及其意识形态和战略立场，分析它们当前的发展动态和面临的选举前景，从而描绘了欧洲激进左翼政党近20年来的发展演进，并用典型案例分析了激进左翼政党发展近况。人们不再将激进左翼政党视为一个边缘角色，至少相对于政治主流政党来说，是更能针对当前问题提出具体解决方案的政党。就发展前景而言，激进左翼政党的选举和社会发展潜力较其已经取得的选举结果要大得多，短期内不可能出现“巨大飞跃”。

右翼政党方面，《意见不同，他们能否和谐相处——英国保守党对在欧洲一体化问题上党内分歧的处理》（[英]菲利普·林奇、理查德·惠特克著，彭萍萍编译，《当代世界与社会主义》2014年第4期）一文在利用党内分歧文献的基础上，考察议会党团、领导层及政策的变化，评估保守党所采取的不同政党管理方法的有效性。文章认为，保守党对待欧盟一体化的不同态度是理解党内分歧的一个很重要的案例。政党领袖处理分歧所采取的制度手段在持异议者为少数时比领导人的立场不被大多数议员所赞同时更为有效。政党领袖必须平衡政策、执政、选举投票和政党统一目标。欧洲一体化仍然是保守党阵营中的“定时炸弹”，如果与欧盟的关系不会很快发生变化，保守党疑欧派之间的差异将转变成界限鲜明的“进”与“出”两个阵营。《战后日本政治的轨迹：自民党体制的形成与变迁》（[日本]蒲岛郁夫著，郭定平、田雪梅、赵日迪译，上海人民出版社2014年版）以日本自民党体制的形成与变迁为重点，对战后日本政治的发展轨迹进行分析。全书共分五部分十六章。第一部，自民党体制的形成；第二部，田中统治与中曾根政治的时代；第三部，自民党政治的动摇；第四部，联合执政时期；第五部，自民党体制与小泉政治。

（二）国外政党研究评析

臧秀玲、王磊《美国政党复兴论及其质疑探析》（《当代世界与社会主义》2014年第1期）一文从“选民中的政党”、“政党组织”和“政府中的政党”三个向度，对美国“政党复兴”概念的提出、基本依据、研究的相关特征以及受到的质疑进行探析。美国政党出现复兴趋势的观点是美国学者针对20世纪80年代以来美国两大政党的组织和功能增强的现象提出来的。“政党复兴”这一概念具有相对性，是两大政党接近或者超过50年代时的政党状态，其相关研究体现出指标多样性、程度层次性、方法综合性、检验易变性等特征。美国政党短期内出现复兴，但长期衰落的趋势仍然存在。

郇庆治、王聪聪《近十年来西方绿党政治研究述评》（《国外理论动态》2014年第1期）

一文研究了近 10 年来欧美学者对绿党及其政治的关注，他们的研究集中于部分绿党参与全国性政府之后所导致的选民基础变化、组织结构变革、意识形态革新及战略选择调整等议题。就国别性绿党个案研究而言，西欧主要绿党依旧是学者关注的重心，而学界对中东欧绿党（特别是 2005 年以后进入政府或议会的绿党）的研究也有所增强。绿党及其政治的研究还有一些需要强化的议题和方面，比如欧美绿党的跨国宏观比较分析、欧洲绿党新时期全国性执政的比较分析、欧美绿党的政治重塑及其政治影响研究、欧洲绿党的欧洲化研究等。

朱昔群　中央编译局战略部政治发展研究所所长
靳呈伟　中央编译局科研处副研究员

附录三：中国政党制度年鉴文献目录

本目录共收录论文 925 篇，分为政党制度、执政党建设、参政党建设、国外政党研究和比较研究四部分。收录图书 174 种。

一、论文

1）. 政党制度

杨帅，王建永 . 中国共产党领导的多党合作与政治协商制度确立的历史依据 [J]. 科教导刊（中旬刊），2014，（2）.

邢乐成 . 社会主义协商民主制度产生与发展的历史考察 [J]. 济南大学学报（社会科学版），2014，（1）.

杨雪燕 . 中国政党制度是实践社会主义协商民主的重要制度载体 [J]. 江苏省社会主义学院学报，2014，（1）.

高育红，朱峻仪 . 浅议我国多党合作制度中的“和合”精神 [J]. 中国统一战线，2014，（1）.

周淑真 . 从比较的视角看中西政党制度 [J]. 新视野，2014，（1）.

周淑真 . 在比较中展现中国政党制度内在优势 [J]. 求是，2014，（4）.

陈昌智 . 摸索前行发展完善坚持好中国共产党领导的多党合作制度 [J]. 人民论坛，2014，（3）.

蒋金娜 . 研究中国特色社会主义政党制度的意义 [J]. 法制与经济（下旬），2014，（1）.

肖建东 . 中共与民盟共同探索中国特色民主政治的历程 [J]. 南京理工大学学报（社会科学版），2014，（1）.

吴珍美 . 论中国共产党引领友党同行的历史经验 [J]. 上海师范大学学报（哲学社会科学版），2014，（1 ）.

周翠 . 论新时期多党合作制度的建设和发展 [J]. 哈尔滨学院学报，2014，（2）.

孟彩云 . 论中国共产党领导下的多党合作制度的基本依据 [J]. 河南商业高等专科学校学报，2014，（1）.

彭虎，孔祥林 . 多党合作制度中的协商民主 [J]. 江苏省社会主义学院学报，2014，（1）.

杨雪燕 . 新形势下加强多党合作制度化、规范化、程序化建设的思考 [J]. 福建省社会主义学院学报，2014，（1）.

罗雪珍 . 法制视野下我国政党制度的完善 [J]. 福建省社会主义学院学报，2014，（1）.

赖龙波．民主建国会与中共关系变化之历史考察 [J]. 广东省社会主义学院学报，2014，(1).

李其春．坚持多党合作实现“中国梦”[J]. 前进论坛，2014，(1).

张雪梅，文璐．浅析中国特色政党制度的形成 [J]. 才智，2014，(6).

朱虹．“社会主义协商民主与中国特色社会主义参政党建设”理论研讨会综述 [N]. 团结报，2014-01-14008).

浦兴祖．试论有效开发多党合作的政治资源与制度资源 [J]. 当代中国政治研究报告，2014).

魏晓文，董仲磊．我国多党合作“同心”思想研究述评 [J]. 辽宁师范大学学报（社会科学版），2014，(2).

刘晓峰．努力推进协商民主科学化建设 [J]. 理论参考，2014，(4).

刘红明．协商民主和中国政党制度的契合性分析 [A]. 中国社会科学研究论丛 2013 卷第 2 辑 [C]. ，2014).

张吉．中国政党制度对加强党建工作的启示——从政党制度的特点分析 [J]. 德宏师范高等专科学校学报，2014，(1).

张梦雪．浅析当代中国政党制度 [J]. 现代企业教育，2014，(8).

吴雪薇．试论邓小平对中国多党合作制度的理论贡献 [J]. 神州，2014，12).

谭来兴．党际和谐研究述评 [J]. 领导科学，2014，(8).

刘俊杰．试论我国多党合作两种协商方式之关系 [J]. 山西社会主义学院学报,2014,(1).

刘新锋，赵静，刘宪芹．多党合作与国家文化软实力刍论 [J]. 辽宁省社会主义学院学报，2014，(1).

杨绪强．协商民主视域下坚持和完善我国政党制度的几点思考 [J]. 四川省社会主义学院学报，2014，(1).

任世红．同心・协商・包容——中国和谐政党关系的三重要义 [J]. 重庆社会主义学院学报，2014，(2).

谢婷婷．中国政党制度与社会稳定问题研究 [D]. 辽宁师范大学，2014).

谢飞．当代中国协商民主制度问题研究 [D]. 中共广东省委党校，2014).

宋素培．论中国特色政党制度 [J]. 神州，2014，15).

杨海蛟．机遇和挑战：人民政协作为协商民主重要渠道功能的拓展 [J]. 理论探讨，2014，(3).

缪新亚．从中国特色政党制度与政党文化的科学性谈“三个自信”[J]. 上海市社会主义学院学报，2014，(3).

吴志国．从“和合”思想来理解中国目前的政党制度与协商民主 [J]. 湖南省社会主义学院学报，2014，(3).

刘诚，华清君．论当代中国政党制度的民族特色——基于文化的向度 [J]. 马克思主义与现实，2014，(3).

刘丽利，高立．社会主义协商民主制度与中国政党制度的关系 [J]. 吉林省社会主义学院学报，2014，(2).

赵蕙兰．中国政党制度格局中参政党发展基本规律研究 [N]．团结报，2014-05-20008).

刘俊杰．中国党际协商民主的协商意识困境与对策 [J]．辽宁省社会主义学院学报，2014，(2).

王焕平．中国多党合作制度中的民主内涵及其现实意义 [J]．山西社会主义学院学报，2014，(2).

杨爱珍．中国多党合作制度发展的多重维度 [J]．湖南省社会主义学院学报，2014，(3).

刘燕屏，李萍．完善中国共产党领导的多党合作制度的思考 [J]．湖南省社会主义学院学报，2014，(3).

宋晓敏．社会治理创新中的多党合作利益整合功能 [J]．人民论坛，2014，17).

仲帅．中国共产党处理与民主党派关系的历史经验——以新中国成立后为视角 [J]．学理论，2014，14).

李其春农工党吉林省委会副主委．坚持多党合作实现中华民族伟大复兴 [N]．团结报，2014-06-24008).

周志火．当代中国特色政党制度的政治生态特性研究 [J]．重庆社会主义学院学报，2014，(4)．16-20.

刘英，丁英顺．重庆在中国多党合作制度形成中的历史作用 [J]．重庆社会主义学院学报，2014，(4).

张博闻．2009 年以来当代中国政党制度和中国民主政治建设研究综述 [J]．河北省社会主义学院学报，2014，(3).

王小鸿．论多党合作制度与国家治理体系和治理能力现代化 [J]．湖南省社会主义学院学报，2014，(4).

马润凡．制度认同视角下中国特色政党制度的发展与完善 [J]．云南行政学院学报，2014，(4).

王小鸿．中国特色政党制度与国家治理体系和治理能力现代化 [J]．上海市社会主义学院学报，2014，(4).

熊必军．社会主义协商民主视野下的多党合作制度研究 [J]．上海市社会主义学院学报，2014，(4).

赵津铭．社会转型背景下我国和谐政党关系探讨 [J]．党史博采 (理论)，2014，(8).

梁惟．协商民主与政党关系和谐 [J]．党政论坛，2014，(8).

梁丽萍．协商民主与多党合作制度的发展 [J]．浙江学刊，2014，(4).

周洪宇．政党协商与推进国家治理体系和治理能力现代化 [J]．中央社会主义学院学报，2014，(4).

郑国沁．论邓小平多党合作思想 [J]．蚌埠党校学报，2014，(3).

徐行，王海峰．试论周恩来的民主协商与党际监督思想 [J]．党悟，2014，(3).

薛晨芳．浅析传统政治文化对中国政党制度的影响 [J]．环球人文地理，2014，16).

徐宗俦．爱国主义、社会主义是引领协商民主制度的两面旗帜 [N]．贵州政协报，2014-08-21A03).

致公党福建省委会秘书长吴棉国．浅议如何提高政治协商实效性 [N]. 团结报，2014-08-05008）.

王智，胡均伟．新中国成立初期政党协商民主论析 [J]. 黑龙江社会科学，2014，（4）.

李小宁．中国政党制度的四对基本范畴 [J]. 上海市社会主义学院学报，2014，（4）.

王刚．当代中国政党制度的文化功能研究 [J]. 辽宁省社会主义学院学报，2014，（3）.

康民．改革开放以来中国政党制度的发展 [J]. 上海党史与党建，2014，10）.

杨雪燕．健全社会主义协商民主制度不断加强和完善中国政党制度建设 [J]. 天津市社会主义学院学报，2014，（3）.

朱虹．进一步推进社会主义协商民主制度建设研究——2014 年全国社会主义学院系统理论研讨会暨中国政党制度研究中心第 12 届年会综述 [J]. 中央社会主义学院学报，2014，（5）.

崔利宏，李悦．西柏坡多党合作文化及其当代意蕴 [J]. 河北师范大学学报（哲学社会科学版），2014，（5）.

姚选民．试论新中国政党制度的正当性——一种政治哲学基础探求 [J]. 湖南省社会主义学院学报，2014，（5）.

祝灵君．政党协商在我国协商民主中的性质与功能 [J]. 团结，2014，（5）.

对人民政协制度内涵特征的几点认识 [N]. 人民政协报，2014-09-23002）.

石媛．略论中国特色政党制度在社会主义协商民主中的主导地位 [J]. 辽宁省社会主义学院学报，2014，（3）.

刘保明．邓小平对多党合作理论的贡献 [J]. 前进论坛，2014，（9）.

汤慧珍．中国多党合作制度的历史成因 [J]. 中外企业家，2014，29）.

胡芬芳．论协商民主与多党合作制度的契合性 [J]. 湖北省社会主义学院学报，2014，（5）.

温小勇，郑建敏，王京，李妙然，宁建荣．西柏坡多党合作思想与实践在新时期持续深化与拓展的路径 [J]. 河北省社会主义学院学报，2014，（4）.

曹蓉．政党协商与政协协商的联系与区别 [J]. 江苏省社会主义学院学报，2014，（5）.

何刚．政党协商是协商民主的重要形式 [J]. 前进论坛，2014，10）.

王寅平．坚持和完善多党合作制度与发展协商民主的内在关系 [J]. 四川省社会主义学院学报，2014，（3）.

董树彬．论中国多党合作制度的学术话语体系 [J]. 学术论坛，2014，（9）.

侯辰龙．多党合作与推进国家治理现代化 [J]. 人民论坛，2014，26）.

黄天柱．“多党合作与国家治理：挑战、机遇与瞻望”研讨综述 [N]. 团结报，2014-09-02008）.

张宝文．谱写多党合作新的篇章 [N]. 人民政协报，2014-09-12001）.

张艳梅．培育和践行社会主义核心价值观与当代中国政党制度建设 [J]. 山西社会主义学院学报，2014，（4）.

温小勇．关于健全协商民主视阈下持续完善多党合作制度路径的思考 [J]. 山西社会主义学院学报，2014，（4）.

阚秀玲．协商民主在多党合作制度中的历史演变[J]．山西社会主义学院学报，2014，(4).

曹蓉．政党协商的发展与健全[J]．中央社会主义学院学报，2014，(6).

林萍．习近平对多党合作理论的创新与发展[J]．吉林省社会主义学院学报，2014，(4).

程云庆，刘诚．中国特色政党制度形成的文化向度探析——基于新民主主义文化视角[J]．湖北省社会主义学院学报，2014，(6).

许烨．党际协商发展空间与路径选择——基于话语民主理论视角[J]．湖南省社会主义学院学报，2014，(6).

刘鑫．论新时期多党合作制度在我国的实践与完善——基于政党利益整合视角[J]．广西社会主义学院学报，2014，(6).

庞春梅．中国共产党领导的多党合作制之合理性分析[D]．河北师范大学，2014).

1)．执政党建设

李雪，李江源．中国梦与中国共产党执政话语权的提升[J]．理论导报，2014，(1).

林志彬．中国共产党政党文化建设探析[J]．广西社会科学，2014，(1).

王萍，李伟．马克思主义的指导地位与中国共产党的文化自觉[J]．宁夏社会科学，2014，(1).

梁宏，马力，胡洪涛．中国共产党对中国特色社会主义文化发展道路的探索和理论成果[J]．世纪桥，2014，(1).

孙林．中国共产党的利益诉求回应机制研究——基于政党与社会关系视角考察[J]．党政干部学刊，2014，(2).

张棣．民族精神：中国共产党执政的文化根基[J]．广东省社会主义学院学报，2014，(1).

李捷．马克思主义群众观与中国共产党的群众路线[J]．中国高校社会科学，2014，(1).

刘先春，敖小茂．中国共产党意识形态话语的转型与启示[J]．山东行政学院学报，2014，(2).

赵学强．中国共产党依法执政问题研究述评[J]．山东行政学院学报，2014，(2)．

兰夕雨，陈金龙．中国共产党政治话语的演进：从"革命"、"继续革命"到"改革"[J]．中国特色社会主义研究，2014，(1).

宗刚．新时期中国共产党党内民主建设和发展路径探析[J]．中共济南市委党校学报，2014，(1).

郇雷．构建中国式协商民主：中国共产党的理论与实践探索[J]．科学社会主义，2014，(1).

(美)约瑟夫・奈：中国共产党拥有强大的软实力[J]．求是，2014，(4).

程熙．组织制度化：中国共产党的政党活动和中国政治发展初探[J]．当代中国政治研究报告，2014).

马丽．改革开放以来中国共产党的执政安全观[J]．重庆社会主义学院学报，2014，(1).

刘先春，杨安．成长逻辑：中国共产党党内民主建设的几点启示[J]．理论探讨，

2014,(1).

王耀东.中国共产党党内民主建设的历史演进述论 [J]. 理论导刊,2014,(1).

王燕,李冰.论新时期中国共产党执政角色回归 [J]. 当代教育理论与实践,2014,(2).

江珂.新时期中国共产党执政文化建设中的问题及路径探析 [J]. 思想理论教育导刊,2014,(1).

刘红凛.中国共产党的历史观:基本坐标与发展主线 [J]. 人民论坛·学术前沿,2014,(4).

邵光学,刘娟.从“社会管理”到“社会治理”——浅谈中国共产党执政理念的新变化 [J]. 学术论坛,2014,(2).

李先波.改革开放以来中国共产党党建目标模式的演进从中国共产党对党的历史方位认知的视角 [J]. 实事求是,2014,(1).

梁超铭.建设服务型政党:中国共产党执政方式的新趋向 [J]. 传承,2014,(2).

程光安.新中国成立初期中国共产党加强自身建设的历史经验 [J]. 上海党史与党建,2014,(1).

祁亚辉.理论创新使中国共产党不断提高领导力和凝聚力 [J]. 新东方,2014,(1).

徐成芳,闵雪.中国共产党服务型政党建设理论架构研究 [J]. 河南社会科学,2014,(1).

王骏.中国共产党反腐倡廉建设的历程和展望 [J]. 中国井冈山干部学院学报,2014,(1).

赵岐山.中国共产党的统一战线是马克思主义价值性的产物 [J]. 湖南省社会主义学院学报,2014,(1).

孟大川.论中国共产党依法执政的实现路径 [J]. 中国党政干部论坛,2014,(1).

向鑫.服务型政党:中国共产党政党功能的科学定位 [J]. 中共山西省委党校学报,2014,(1).

何颖.西柏坡时期中国共产党的创新精神浅议 [J]. 党史博采(理论),2014,(2). 4).
赵虎吉.社会大转型与中国共产党的角色转换 [J]. 当代中国政治研究报告,2014).

张磊.中国共产党化解党内消极腐败危险的若干思考 [J]. 党政干部论坛,2014,(1).

贺善侃.执政党领导力的内涵与提升路径探析 [J]. 领导科学,2014,(2).

姚宏志.党群关系“血肉联系说”的历史考察 [J]. 党建,2014,(1).

杨晓萌,陈书平.党的作风建设的历史价值及经验 [J]. 才智,2014,(1).

任铁缨.如何更好地构建党内法规制度体系 [J]. 中国党政干部论坛,2014,(2).

郭纯平.和谐社会构建中党的执政能力建设研究 [J]. 经济研究导刊,2014,(4).

孙绍军.贯彻党的群众路线要处理好的若干关系 [J]. 理论观察,2014,(2).

潘秦保.群众性政党建设与党的群众路线 [J]. 上海党史与党建,2014,(1).

何虎生.初心不改,何其珍贵——从近现代百年沧桑看党的发展壮大之源 [J]. 人民论坛·学术前沿,2014,(1).

柯华,肖小华.从严治党必须加强党的制度建设 [J]. 党政干部论坛,2014,(2).

杨宗科.中共十八大以来法治理论的十个创新 [J]. 民主,2014,(1).

石仲泉．群众路线：毛泽东的一个伟大创造 [J]. 中国井冈山干部学院学报，2014，(1).

侯晋雄．刍论以制度建设科学化保障党的建设科学化 [J]. 理论导刊，2014，(1).

赵聪杰，李毅弘．毛泽东群众路线思想及其当代意义 [J]. 重庆社会科学，2014，(1).

黄启学，苏亮乾．学习型服务型创新型党组织建设之协同论 [J]. 桂海论丛，2014，(1).

闫志民．论党的群众路线的时代特征 [J]. 中国特色社会主义研究，2014，(1).

丁俊萍．毛泽东的马克思主义执政党学习思想探析 [J]. 理论学刊，2014，(1).

林希玲．党的十八大以来人民观的新发展及践行路径 [J]. 理论学刊，2014，(1).

李安林．增强执政自觉是维护执政安全的必然选择 [J]. 云南行政学院学报，2014，(1).

廖洪兰，陈林．基层党员干部党性教育新方式探析 [J]. 辽宁行政学院学报，2014，(1).

孙海涛，王雁菊．党的作风纯洁性建设的历史考察 [J]. 党政干部学刊，2014，(1).

司开林．党内民主：一种战略性的正能量 [J]. 北京航空航天大学学报（社会科学版），2014，(1).

曾明君，谢一帆，陈有来．建立健全党员队伍纯洁机制研究 [J]. 福州党校学报，2014，(1).

王晋林．对党的群众路线形成发展的历史考察 [J]. 实事求是，2014，(1).

郑晓燕．服务型执政党的建构路径探析 [J]. 中共四川省委省级机关党校学报，2014，(1).

朱乐．试论建设“三型”马克思主义执政党及其内在联系 [J]. 学理论，2014，(1).

张磊．加强服务型马克思主义执政党建设的启示 [J]. 特区实践与理论，2014，(1).

侯晋雄．执政党的社会整合功能 [J]. 理论视野，2014，(2).

卢旭东，丁伟．建设“三型政党”的“双重”逻辑 [J]. 理论月刊，2014，(2).

张志明．科学发展观对执政党建设理论的丰富和发展 [J]. 理论探索，2014，(1).

郑晓军．服务型马克思主义执政党的科学内涵 [J]. 理论界，2014，(1).

程海亮，韩俊丽．试论观念的更新与党的民主建设 [J]. 理论探讨，2014，(1).

相清平．建国初期执政党建设的纯洁性意蕴及其现实启示论析 [J]. 理论研究，2014，(1).

陈荣武．创新型马克思主义执政党建设研究 [J]. 党政论坛，2014，(2).

马艳春．西柏坡时期作风建设的现实意义——执政党清醒的权力认知 [J]. 南方论刊，2014，(2).

潘广炜，刘杰．服务型政党的内涵与价值研究——基于政治系统论的分析 [J]. 社会主义研究，2014，(1).

程熙．嵌入式治理：社会网络中的执政党领导力及其实现 [J]. 中共浙江省委党校学报，2014，(1).

佘双好．全面提升执政党对非主流意识形态的管理能力 [J]. 湖北行政学院学报，2014，(1).

徐行，崔翔．社会转型背景下执政党社会管理功能的创新 [J]. 理论学刊，2014，(1).

王哲．构建生态文明制度体系：执政党创建“美丽中国”的重大举措 [J]. 广西社会主义学院学报，2014，(1).

霍毅斌．坚持群众路线建设“三型”政党 [J]. 前进，2014，(1).

李雪．新媒体视域下推进新时期党建工作的对策研究 [J]. 理论观察，2014，(1).

肖子良．提升执政绩效：党防范执政风险的根本路径 [J]. 求实，2014，(1).

万军．作风建设要善于“大题小做”[J]. 中国党政干部论坛，2014，(2).

阮黄南．坚持党的领导全面深化改革 [J]. 理论与当代，2014，(2).

项武生．践行党的群众路线的基本路径 [J]. 奋斗，2014，(1).

仰义方．毛泽东对党的纯洁性建设的探索 [J]. 武汉科技大学学报（社会科学版），2014，(2).

新形势下党的建设的创新之举——论党的群众路线教育实践活动在党的建设史上的重要地位 [J]. 中共党史研究，2014，(4).

齐卫平．论党的建设科学化实践历史经验的传承与创新——兼析非科学化的思想表现 [J]. 理论探讨，2014，(2).

万纪耀．党的建设制度改革的紧迫性、基本原则和重点内容 [J]. 长春市委党校学报，2014，(2).

张书林．党联系群众制度创新的张力探析 [J]. 领导科学，2014，(8).

卞继浦．打铁还需自身硬——学习习近平总书记关于党的建设的重要论述 [J]. 上海党史与党建，2014，(3).

李翠兰，黄文杰．全面深化改革必须加强和改善党的领导 [J]. 吉林省社会主义学院学报，2014，(1).

贺新春，黄梅珍．井冈山“洗党”运动与党的建设 [J]. 党史文苑，2014，(6).

赖先进．改进和创新党的执政方式提升国家治理绩效 [J]. 中国党政干部论坛，2014，(4).

孙金根，沈程程．延安整风时期党的作风建设的基本经验 [J]. 理论导刊，2014，(4).

张荣臣．全面深化改革与党的建设之路探析 [J]. 理论学刊，2014，(3).

邓海龙．刘少奇关于党的纯洁性思想及启示 [J]. 中共山西省委党校学报，2014，(2).

李国泉，高奇．改革开放以来党的群众观发展及其阶段性特征 [J]. 重庆社会科学，2014，(4).

沈跃春．论党的群众路线与社会治理创新 [J]. 当代世界与社会主义，2014，(2).

杨东广．着力把党的群众路线落到实处 [J]. 改革与开放，2014，(6).

万纪耀．制度改革：党的建设的重大任务 [J]. 福州党校学报，2014，(2).

洪海．浅析从严治党对新时期我国廉政建设的要求 [J]. 商，2014，(5).

宋西雷．论深化党的建设制度改革 [J]. 中共铜仁市委党校学报，2014，(2).

梁柱．严明纪律是党的建设重要保证 [J]. 中华魂，2014，(5).

蒿艾莉．党的建设的新思想新观点 [J]. 新长征（党建版），2014，(4).

崔乃红，吴胜英．新时期全面提高党的建设科学化水平的路径选择 [J]. 滨州职业学院学报，2014，(1).

张海涛，傅海燕．新时期践行党的群众路线工作的新思路 [J]. 云南社会主义学院学报，2014，(4).

慎海雄．以“六个着力”深化党的建设制度改革 [N]. 新华每日电讯，2014-03-21003.

中共中央党史研究室．新形势下加强党的建设的创新之举 [N]. 人民日报，2014-04-14007.

桑玉成．加强党的建设的新视角 [J]. 大江南北，2014,（3）.

胡和平．群众路线是党的根本路线 [J]. 当代社科视野，2014,（3）.

刘冀瑗．保持党的纯洁性面临的问题及对策 [J]. 河北省社会主义学院学报，2014,（2）.

陈彩棉．试论党的群众路线在执政理念上的伟大变革 [J]. 中共福建省委党校学报，2014,（3）.

梁柱．党的防止腐蚀方针确立及其初步实践的历史经验 [J]. 观察与思考，2014,（4）.

徐新彦．提高党的建设科学化水平的新命题 [J]. 黑龙江省社会主义学院学报，2014,（1）.

周感华．推进党的建设制度改革 [J]. 理论视野，2014,（4）.

宋福范．提高党对全面深化改革的领导能力 [J]. 前线，2014,（4）.

谭鹏．价值牵引：党的群众路线长效运行的逻辑起点 [J]. 党政研究，2014,（3）.

贾学斌．全面提高党的建设科学化水平思考 [J]. 新西部（理论版），2014,（6）.

任艳妮，叶金福．民生视域下党的执政资源的巩固与重塑——基于党的群众路线的思考 [J]. 甘肃社会科学，2014,（2）.

冀春艳．思想理论建设是党的根本性建设 [J]. 黑龙江史志，2014,（5）.

张传恩．习仲勋党的建设思想初探 [J]. 淮海工学院学报（人文社会科学版），2014,（3）.

高长峰．强化党的作风建设的思考 [J]. 产业与科技论坛，2014,（5）.

潘李军．十八大以来党的纯洁性建设研究述略 [J]. 红广角，2014,（4）.

江波．新时期组织工作更要坚持贯彻党的群众路线 [J]. 领导科学，2014，10）.

祝小茗．中国共产党整党整风活动的历史经验及启示 [J]. 山西社会主义学院学报，2014,（1）.

黄一兵．党的思想路线拨乱反正若干问题研究 [J]. 中共党史研究，2014,（3）.

张书林．毛泽东与党的群众路线思想 [J]. 上海党史与党建，2014,（4）.

王志强．党的建设制度改革需要重点把握的几个方面 [J]. 党政干部学刊，2014,（3）.

王颖．围绕党的基本路线加强和改进党的建设 [J]. 黑龙江史志，2014,（5）.

赵克志．核心问题是保持党同人民群众的血肉联系——学习贯彻习近平同志关于开展党的群众路线教育实践活动的重要论述 [J]. 求是，2014,（6）.

周国平．加强党的执政能力建设的途径研究 [D]. 江西财经大学，2014.

马苹，南英丽．习近平党的建设创新思想探究 [J]. 辽宁师范大学学报（社会科学版），2014,（3）.

周振彦，严政．党的作风建设存在的问题及对策研究 [J]. 学校党建与思想教育，2014,（11）.

齐卫平．党的建设科学化与党建学科化建设 [J]. 中共中央党校学报，2014,（3）.

李玉赋．加强党的纪律建设维护党的团结统一——深入学习贯彻习近平同志关于加强党的纪律建设的重要论述 [J]. 求是，2014，(9).

夏行 . 改革创新是新时期党的建设的鲜明特征 [J]. 学习论坛，2014，(5).

王克明 . 六措并举综合强化党的政治纪律 [J]. 中国党政干部论坛，2014，(5).

宗刚 . 党的执政环境和执政能力良性互动的透视 [J]. 中共福建省委党校学报，2014，(6).

王建辉，周文化 . 试论邓小平“依法治党”思想的形成与发展 [J]. 党史博采 (理论)，2014，(6).

谭鹏 . 论党的群众路线的实践逻辑与运行机理 [J]. 中国浦东干部学院学报，2014，(3).

赵淑梅 .“大数据”与提高党的建设科学化水平 [J]. 江西社会科学，2014，(6).

杨卫军 . 党的政治纪律的历史考察及其启示 [J]. 江西社会科学，2014，(6).

汪火良 . 论加强和改善党对法治建设的领导 [J]. 桂海论丛，2014，(3).

高新民 . 国家治理体系现代化与党的群众路线 [J]. 新视野，2014，(3).

李云 . 党的建设科学化三题 [J]. 唯实 (现代管理)，2014，(6).

蒋仁勇 . 建设“三型”政党对党的建设模式与机制的创新 [J]. 理论视野，2014，(6).

陈士宏 . 群众路线思想对党的建设的指导意义 [J]. 黑龙江省社会主义学院学报，2014，(2).

齐卫平 . 思维与技术 : 党的建设方法科学化的两个维度 [J]. 江西社会科学，2014，(6).

杨苗苗 . 党的八大对执政党的思想作风建设理论的发展 [J]. 求实，2014，(S1).

王宏涛，王学红 . 在新的历史条件下提高高等学校党的建设科学化水平研究 [J]. 云南社会主义学院学报，2014，(2).

廖胜平 . 制度建设视阈下的十六大以来党的建设科学化 [J]. 上海党史与党建，2014，(6).

高奇，周向军，李国泉 . 论改革开放以来党的群众路线发展的阶段性特征 [J]. 当代世界与社会主义，2014，(3).

方世南 . 对党的建设科学化要有科学的认识 [J]. 观察与思考，2014，(6).

商植桐，王涛，张红建 . 习近平党的建设新论 [J]. 唐山师范学院学报，2014，(3).

张向鸿 . 党管干部是选拔任用制度的根本原则 [J]. 科学社会主义，2014，(3).

陈斌 . 新形势下党的群众路线实践路径探析 [J]. 唯实，2014，(5).

崔耀鹏 . 论党的群众路线的基本特征 [J]. 党政论坛，2014，(6).

王越 . 从战略高度认识党的作风建设 [J]. 现代交际，2014，(6).

王希鹏 . 党的十八大以来习近平党风廉政建设和反腐败斗争新思想 [J]. 中国党政干部论坛，2014，(6).

朱勇 . 从党的执政伦理建设看社会主义核心价值观的培育与践行 [J]. 中共云南省委党校学报，2014，(3).

刘仲平 . 以群众路线教育实践活动为载体推进党的纯洁性建设 [J]. 广东科技，2014，(10).

余华凌，万懿琪，蓝杨平 . 财产信息化与党的建设科学化水平的提高 [J]. 江西社会科学，2014，(5).

韩威．加强党的执政能力建设，努力实现“新突破”[J]. 新经济，2014，(17).

张晨菲．试论加强党内监督机制提高党的执政水平 [J]. 赤子（中旬），2014，(12).

主传芝．论加强党的建设与坚持以人为本 [J]. 现代企业教育，2014，(10).

黄丽萍．媒介执政视角下党的执政能力提升策略与路径 [J]. 领导科学，2014，(14).

蒿艾莉，卜华．建立健全党的作风建设固本机制研究 [J]. 观察与思考，2014，(5).

付海燕．加强党的群众路线与执政能力建设研究 [J]. 管理观察，2014，(15).

李锡炎．深化党的建设制度改革的新思维与大方略 [J]. 党政研究，2014，(4).

柴尚金．“抓铁有痕”见实效，“踏石留印”谱新篇——十八大以来党的执政能力建设 [J]. 当代世界，2014，(7).

贾庆文．党的十八大以来马克思主义服务型执政党建设研究述评 [J]. 中共福建省委党校学报，2014，(7).

高建生．思想理论建设是党的建设的首要任务 [J]. 前进，2014，(7).

吴明聚，娄玉，王玉华．新形势下加强和改进社区党的建设研究 [J]. 中共天津市委党校学报，2014，(4).

习近平．抓作风是推进党的建设新的伟大工程的重要切入点和着力点 [J]. 党建，2014，(8).

郭华茹．邓小平“8・18”讲话对党的建设制度改革的启示 [J]. 常州大学学报（社会科学版），2014，(4).

亓文庆．扎实推进党的纯洁性建设建设纯洁性政党 [J]. 经济研究导刊，2014，(19).

李林．关于新形势下党的建设科学化的思考 [J]. 求知，2014，(7).

把作风建设要求融入党的制度建设 [J]. 实践（党的教育版），2014，(8).

刘红凛．从严治党重在治吏——习近平从严治吏、建设廉洁政治思想初探 [J]. 探索，2014，(4).

张哲．民主、法治与制度：实现党的作风建设路径科学化 [J]. 大连干部学刊，2014，(7).

朱文伟．加强党的思想建设的当代价值及实现路径 [J]. 法制与社会，2014，(21).

姜雪，崔瑞兰．加强党的纯洁性建设的重要性及其要求 [J]. 党史文苑，2014，(16).

王湘云．马克思主义中国化与党的建设科学化关系述论 [J]. 云南行政学院学报，2014，(4).

杨贤金．以服务型党组织建设引领高校党的建设 [J]. 中国高等教育，2014，(Z2).

张荣臣．建设什么样的党、怎样建设党——以国家治理体系和治理能力现代化为视角 [J]. 中共中央党校学报，2014，(4).

蒋仁勇．党的建设新目标新任务新要求——学习习近平总书记关于建设“三型”政党讲话的精神 [J]. 中共云南省委党校学报，2014，(4).

王慧燕．邓小平党的纯洁性建设思想及其现实启迪 [J]. 中共山西省委党校学报，2014，(4).

郭向阔．论新形势下党的纯洁性建设 [J]. 法制与社会，2014，(20).

邵文英．基于“赶考”视角的新时期党的作风建设 [J]. 河北大学学报（哲学社会科学版），2014，(4).

侯晋雄．党的执政能力建设的现实考验及其应对策略 [J]. 广西社会科学，2014，(8).

罗星．以问题为导向推动党的建设制度改革 [J]. 广西社会主义学院学报，2014，(4).

龚晨．信息化与党的建设相融合的必要性探析 [J]. 西藏发展论坛，2014，(4).

虞云耀．党要管党从严治党——十八大以来全面加强党的建设回顾 [J]. 前线，2014，(7).

王淼．论全面提高党的建设科学化水平的战略路径 [J]. 丝绸之路，2014，14).

刘雪．对习近平党的作风建设思想的当代价值研究 [J]. 青年作家，2014，(14).

中共中央党校教授梁妍慧．新时期党的建设主题的伟大探索 [N]. 北京日报，2014-06-30017.

毕德．如何构建党的作风建设长效机制 [N]. 南方日报，2014-07-07F02.

周福振．增强党章意识，保持党的纯洁性，提高党内民主建设的科学化 [J]. 党政研究，2014，(4).

杨垚．坚持党的群众路线建设“三型”党组织 [J]. 前进，2014，(7).

张全省，王真．党的纯洁性建设的哲学思考 [J]. 上海党史与党建，2014，(8).

习近平论党的作风建设——十八大以来重要论述摘编 [J]. 党建，2014，(8).

陈再生．古田会议与党的纯洁性建设 [J]. 思想理论教育导刊，2014，(7).

卢岳华．党的纯洁性建设视角中的领导角色定位与行为选择 [J]. 领导科学论坛，2014，(13).

雷青松．中国梦语境下加强党的意识形态包容性建设析论 [J]. 理论导刊，2014，(7).

王国敏，王慧．构建党的纯洁性建设评价体系探析 [J]. 探索，2014，(4).

李谦盛．浅析新形势下全面提高党的建设科学化水平 [J]. 新闻传播，2014，(7).

丁香桃．社会转型与党的公信力建设问题研究 [J]. 理论月刊，2014，(7).

赵维新，孟颖．以科学方法推进党的建设 [J]. 人民论坛，2014，23).

卢岳华．党的纯洁性建设领导力探讨 [J]. 唯实（现代管理），2014，(7).

袁纯清．践行“三严三实”永葆优良作风——学习习近平总书记关于党的作风建设的重要论述 [J]. 求是，2014，(14).

马永华，刘晓莉．浅析以党的十八大精神为引领提高党的建设的科学化水平 [J]. 党史博采（理论），2014，(8).

裴泽庆．从四个视角看党的建设制度改革 [J]. 四川党的建设（城市版），2014，(8).

李君如．党的建设最重要的是中央领导层的建设——重温邓小平“政治交代”的体会 [J]. 毛泽东邓小平理论研究，2014，(7).

彭立兵．建立健全党的作风建设常态机制 [J]. 共产党员，2014，(15).

陈兴康．简述党的建设理论的创新 [J]. 环球人文地理，2014，(16).

许文．全面提高党的建设科学化水平的对策思考 [J]. 学理论，2014，(20).

刘怀望．邓小平党的建设理论的深刻内涵 [J]. 上海党史与党建，2014，(7).

杨时云．加强领导干部从政道德建设密切党与人民群众血肉联系 [J]. 唯实，2014，(8).

于进鑫．“三三制”政权的考察和思考——基于加强党的作风建设的视角 [J]. 党史文苑，2014，(16).

杨睿．牢固树立党章意识保持党的先进性和纯洁性 [J]. 理论学习与探索，2014，(4).

徐辉．全媒体时代加强党的执政能力建设的几点思考——兼论马克思主义新闻观 [J]. 领导科学，2014，(20).

呼和．加强党的建设始终保持党的纯洁性 [J]. 人民论坛，2014，(23).

邵煜明．加强党的建设密切党群关系推进企业发展新局面 [J]. 才智，2014，(20).

逄立左．党的先进性建设是一个永恒的主题 [J]. 福建党史月刊，2014，(13).

蒯正明．新民主主义革命时期中国共产党纯洁性建设的探索实践与启示 [J]. 理论与改革，2014，(4).

苏丽亚．党加强意识形态建设的历史实践及基本经验——从 1956 年到 1966 年 [J]. 人民论坛，2014，(19).

坚持从严治党落实管党治党责任把作风建设要求融入党的制度建设 [N]. 人民日报，2014-07-01001.

齐卫平．国家治理现代化与党的领导能力建设 [N]. 光明日报，2014-07-23013.

张浩．以制度建设为抓手改进党的作风 [N]. 南方日报，2014-07-07F02.

刘月，李鉴修．用好加强党的建设“四个重要法宝”[N]. 人民日报，2014-07-17007.

韩喜平．在群众路线教育实践活动中强化党的作风建设 [N]. 吉林日报，2014-08-05008.

中共上海市委理论学习中心组．作风建设是从严治党的永恒课题 [N]. 光明日报，2014-08-27002.

董连翔．加强党的建设为改革“加力”[N]. 新华日报，2014-07-22015.

中共湖南省委党的群众路线教育实践活动领导小组办公室．充分发挥人民群众参与党的作风建设的重要作用 [N]. 湖南日报，2014-08-23006.

韩强．论提高党内法规建设的科学化水平 [J]. 求实，2014，(7).

侯晋雄．论执政党建设的战略布局 [J]. 学习论坛，2014，(7).

赵祥彬．执政党建设与新媒体的良性互动机制 [J]. 中共天津市委党校学报，2014，(4).

李君如．邓小平的“治党论”[J]. 中国特色社会主义研究，2014，(4).

郑平．把加强基层党组织建设作为整改落实的重要任务 [J]. 求是，2014，(15).

蒋仁勇．建设“三型”政党面临的问题与对策思考 [J]. 理论探讨，2014，(4).

南方日报评论员．以问题意识引领党的执政能力建设 [N]. 南方日报，2014-07-01F02.

田松柏．党的纯洁性建设要以活动为体、长效作基 [N]. 湖南日报，2014-08-26015.

吴克辉．新中国成立后中国共产党党组建设的历史考察 [J]. 上海党史与党建，2014，(7).

张丙蒙，卢雅琼．从十五大至十八大党代会报告看党建理论的创新发展 [J]. 党史文苑，2014，(14).

张传泉，郑鹏飞．毛泽东学习型政党建设思想主要内容及当代价值 [J]. 人民论坛，2014，(20).

胡洪彬．中国共产党廉政建设的社会资本探析 [J]. 中国特色社会主义研究，2014，(4).

李锡炎．党的独特优势与国家治理体系和治理能力现代化 [J]. 长白学刊，2014，(4).

户明全．严明纪律是维护党的纯洁性的有力保证 [J]. 党史文苑，2014，(16).

[53] 常飞云，李娣．建设“三型”马克思主义执政党的路径探析 [J]. 中共福建省委党校学报，2014，(8).

白海霞．重温历史文献加强党风建设 [J]. 人民论坛，2014，(23).

王宪魁．勇于担当主体责任坚定不移反腐倡廉——认真学习贯彻习近平总书记关于党风廉政建设主体责任的重要论述 [J]. 求是，2014，(16).

周福安．加强基层服务型党组织建设的路径思考 [J]. 法制与社会，2014，(24).

王新想．新时期加强党风廉政建设的挑战及对策 [J]. 学习月刊，2014，(16).

李合洲．把作风建设作为永恒课题 [J]. 党员干部之友，2014，(8).

杨天佑．农村基层党组织建设新探 [J]. 学习论坛，2014，(8).

吴宏亮．严明组织纪律：中国共产党管党治党的优良传统 [J]. 学习论坛，2014，(7).

薛冰．论中国共产党化解消极腐败危险的着力点和途径 [J]. 上海党史与党建，2014，(7).

朱孝红．服务型执政党建设与当代中国马克思主义大众化 [J]. 中共天津市委党校学报，2014，(4).

黄其刚．新时期基层党组织建设的探索 [J]. 世纪桥，2014，(7).

张兆江．应对考验和挑战增强党的自我提高能力 [J]. 唯实，2014，(8).

王希鹏．十八大以来党风廉政建设和反腐败斗争工作的创新 [J]. 中国特色社会主义研究，2014，(4).

张书林．论党的工作作风的理论架构 [J]. 长白学刊，2014，(4).

吴佳佳．加强中国共产党执政公信力建设的思考 [J]. 党史文苑，2014，(16). 21-23).

肖旸．协调：全面提高党建科学化水平的基本要求 [J]. 党史文苑，2014，(16).

戴茂林．作风建设不但要治标更要治本 [J]. 共产党员，2014，(15).

肖业辉．以服务型党组织建设引领基层党建工作 [J]. 政策，2014，(8).

王少安，郑广华．学习型党组织建设的目标任务和现实要求 [J]. 科学社会主义，2014，(4).

王恩宏，吕忠飞．从源头上制度上保持党的先进性和纯洁性 [J]. 理论与当代，2014，(8).

齐卫平．政党治理视角下执政党组织规模问题的思考 [J]. 江汉论坛，2014，(7).

舒国滢，宋旭光．推进依法治国，重在执政党形成坚定的法治意志 [J]. 中国党政干部论坛，2014，(8).

[96] 薛静．基层党组织区域化党建方法探讨——以南京市鼓楼区为例 [J]. 党政干部论坛，2014，(8).

贺恒扬．领导干部加强作风建设应修炼好五种功夫 [J]. 领导科学，2014，(22).

王爱华．提升新建企业党建科学化水平 [J]. 思想政治工作研究，2014，(7).

邓尚群．推进服务型基层党组织建设的若干思考 [J]. 党史文苑，2014，(16).

芦宏伟，葛清伟．关于强化部队基层党员干部群众观念的思考 [J]. 党史文苑，2014，（16）.

程文荣．以建设＂三型＂党组织为目标全面提升党建科学化水平 [J]. 唯实(现代管理)，2014，（7）.

韩丽颖，杨晓慧．围绕关键问题切实提高党建科学化水平 [J]. 中国高等教育，2014，（Z3）.

周新建．提高基层党建科学化水平的几点思考 [J]. 中国领导科学，2014，（5）.

陈晓晖，于威威．党的建设科学化面临的问题及对策探析 [J]. 辽宁省社会主义学院学报，2014，（3）.

姚桓．党要管党从严治党——习近平执政党建设讲话的中心思想 [J]. 理论探索，2014，（5）.

周浩集，张书林．构建党的建设制度改革运行机制 [J]. 理论探索，2014，（5）.

王同昌，单连春．新形势下健全完善党的作风建设保障机制问题探论 [J]. 理论导刊，2014，（9）.

周平．执政党民主制度体系与能力现代化建设的有益探索——读《党内民主与党的执政能力建设研究》[J]. 社会科学研究，2014，（5）.

周多刚．深化党的建设制度改革的路径思考 [J]. 中共天津市委党校学报，2014，（5）.

王同昌，单连春．新形势下党的作风建设保障机制研究 [J]. 党政研究，2014，（5）.

涂明君，倪明胜．党的建设制度改革的几个理论问题 [J]. 求知，2014，（9）.

丁俊萍．党的建设制度改革是国家治理现代化的内在要求 [J]. 中国浦东干部学院学报，2014，（5）.

韩强．深化党的建设制度改革的几个问题 [J]. 中国浦东干部学院学报，2014，（5）.

中共四川乐山市委组织部课题组．国家治理现代化对党的建设制度改革提出的新任务新要求 [J]. 领导科学，2014，（28）.

商志晓．十八大以来党的建设总览 [J]. 理论学刊，2014，（10）.

郭亚丁．制度建设是党的根本性建设——学习习近平关于党的制度建设的思想 [J]. 理论视野，2014，（9）.

罗星．全面推进党的建设制度改革论析 [J]. 理论研究，2014，（5）.

储新宇．推进党的制度建设科学化 [J]. 中国特色社会主义研究，2014，（5）.

周璐茜．党的建设科学化命题的新发展 [J]. 传承，2014，（9）.

张慧欣，刘长新．党的建设科学化视阈下高校党建工作路径探析 [J]. 延边党校学报，2014，（5）.

刘付春．井冈山斗争时期党的建设研究综述 [J]. 中国井冈山干部学院学报，2014，（5）.

龚晨．党的建设信息化问题的学术整理与追问 [J]. 攀登，2014，（5）.

罗旭．深化党的建设制度改革的顶层设计 [N]. 光明日报，2014-09-05004.

盛若蔚．推进党的建设制度改革的蓝图 [N]. 人民日报，2014-09-02006.

罗星．党的建设制度改革中的三个维度 [J]. 福州党校学报，2014，（5）.

梁卫军．用法治方式推进党的作风建设制度化 [J]. 经济与社会发展，2014，（5）.

李钛．邓小平关于提高党的执政安全性建设思想 [J]. 世纪桥，2014,（8）.

李朝阳．中央苏区时期党的纯洁性建设及启示 [J]. 理论探索，2014,（5）.

何学军．谈谈改革开放以来党的作风建设的得与失 [J]. 学理论，2014,（25）.

韦顺国．论党的先进文化在早期现代化建设中的作用——基于群众路线的形成视角 [J]. 社会科学论坛，2014,（10）.

陈华伟，孙舒扬．党的建设制度体系在国家治理体系中的地位与功能分析 [J]. 法制与社会，2014,（25）.

程浩．党的建设制度改革运行机制研究 [J]. 理论视野，2014,（9）.

张健．以开放包容精神推进党的意识形态建设 [J]. 理论视野，2014,（9）.

王政堂．习近平关于党的作风建设的新举措 [J]. 探索，2014,（5）.

裴泽庆．五维观察：党的建设制度改革的意义与特点 [J]. 中国井冈山干部学院学报，2014,（5）.

虞爱华．以“三严三实”为标尺创新党的制度建设 [J]. 党建，2014,（9）.

张利平．党的纯洁性建设与中国梦 [J]. 学理论，2014,（28）.

齐卫平．国家治理视野下党的领导能力建设 [J]. 中国浦东干部学院学报，2014,（5）.

孙会岩，唐莲英．深度破解社会主义时期党的纯洁性建设研究难题 [J]. 中国浦东干部学院学报，2014,（5）.

方涛．党的建设制度改革的四维审视 [J]. 理论与当代，2014,（10）.

史康健．加强高校党的执政能力建设和党员先进性教育 [J]. 前沿，2014,（Z9）.

成林萍．“民主新路”与党的先进性建设——中共第一代领导人对跳出“历史周期律”的思考 [J]. 马克思主义学刊，2014,（2）.

虞云耀．邓小平执政党建设思想的深刻内涵和重大意义 [J]. 党的文献，2014,（5）.

毕德．新形势下党的建设的基本遵循 [N]. 南方日报，2014-10-13F02.

巩固和拓展教育实践活动成果加强党的作风建设全面推进从严治党 [N]. 人民日报，2014-10-15001.

齐卫平．标本兼治意义中的先进性政党建设——兼论思想建设与作风建设的内在逻辑 [J]. 江苏行政学院学报，2014,（5）.

徐晨光，王海峰．确保党的作风建设长效化 [N]. 光明日报，2014-09-10013.

盛若蔚，李章军．作风建设的基本遵循从严治党的行动纲领 [N]. 人民日报，2014-10-10001.

熊国平．必须始终坚持思想建党 [N]. 南方日报，2014-10-20F02.

贺亚坤，李钢．中国共产党先进性建设的创新历程及启示 [J]. 学理论，2014,（26）.

汤兆云．党的作风建设须躬身践行 [N]. 光明日报，2014-09-10013.

赵绪生．邓小平“党要管党、从严治党”思想研究 [J]. 中共中央党校学报，2014,（5）.

张蕾蕾．延安时期中国共产党建设特点的历史分析 [J]. 上海党史与党建，2014,（10）.

齐卫平．论国家治理现代化与执政党建设科学化的内在统一 [J]. 思想理论教育，2014,（10）.

刘家贺．论新时期从严治党的意义 [J]. 世纪桥，2014,（10）.

刘红凛．科学治党与从严治党的当代契合与有机统一 [J]. 理论探讨，2014，(5).

孙梦思，邢继攀，李青．服务型马克思主义执政党基本内涵与建设路径 [J]. 山东行政学院学报，2014，(9).

蔡运男．服务型执政党建设对马克思主义党建理论的贡献 [J]. 人民论坛，2014，26).

华启和．生态执政：中国共产党执政为民的新理念 [J]. 理论导刊，2014，(9).

王新想．毛泽东党风建设思想形成研究综述 [J]. 党史文苑，2014，(18). 75–76).

邵丹，滕明政．巩固和扩大党的执政基础 [J]. 理论视野，2014，(10).

习近平．加强作风建设无尽期 [J]. 党建，2014，(9).

何梅秀，唐海潇．党自身治理法治化的改革趋势 [J]. 领导科学，2014，(29).

周贤山．延安时期党的群众工作经验的当代价值 [J]. 毛泽东思想研究，2014，(5).

杨军，杨燕玲．“三型”政党建设：马克思主义执政党建设的新取向 [J]. 世纪桥，2014，(10).

任天佑．以制度化确保作风建设常态化 [J]. 求是，2014，(18).

韩冬雪．以“两化”加强基层党组织建设 [J]. 人民论坛，2014，(25).

鞠成伟．论法治政党与中国共产党依宪执政体制机制的完善 [J]. 当代世界与社会主义，2014，(5).

韩花娥．西柏坡时期马克思主义学习型政党建设的历史经验及启示 [J]. 党史博采（理论），2014，(10).

王烨．毛泽东的党建思想及其当代启示 [J]. 人民论坛，2014，(29).

李新市．马克思主义党建思想的新境界——学习习近平总书记“作风建设永远在路上”重要论述 [J]. 上海市社会主义学院学报，2014，(5).

张青卫．用制度创新把作风建设引向深入 [J]. 党建，2014，(10).

包心鉴．国家治理现代化对执政党建设的新要求 [J]. 中国浦东干部学院学报，2014，(5).

陈融梅．新形势下推进党员理想信念建设的思考 [J]. 湖南行政学院学报，2014，(5).

柳行．毛泽东对党的建设科学化的历史贡献 [J]. 湖南行政学院学报，2014，(6).

贺全胜．毛泽东党的纯洁性建设思想及其当代意义 [J]. 毛泽东研究，2014，(3).

崔晓庚．必须从规律层面把握党的建设 [J]. 新视野，2014，(6).

武三中．深化党的建设制度改革与健全民主集中制 [J]. 探求，2014，(6).

曾成贵．中共四大：群众党建设和布尔什维克化的一页 [J]. 中国延安干部学院学报，2014，(6).

李朝阳．纯洁性建设关系党的生死存亡——习近平关于党的纯洁性建设的重要论述研究 [J]. 探索，2014，(6).

王长艳．党要管党从严治党——论习近平关于加强党的建设的思想 [J]. 云南社会主义学院学报，2014，(4).

郑平．作风建设是从严治党的长期任务和永恒课题 [J]. 求是，2014，(22).

吴锐．浅谈党的基层组织建设 [J]. 山东社会科学，2014，(S2).

蒋成会．纵论党的建设“新常态”[J]. 甘肃理论学刊，2014，(6).

寇政文．党的建设制度改革：历程·经验·前瞻——以党内法规文本（1978–2012）为考察对象 [J]. 甘肃理论学刊，2014，（6）.

方涛．邓小平关于党的建设制度改革的思想 [J]. 毛泽东思想研究，2014，（6）.

陈志刚．习近平党的建设思想六论 [J]. 理论探索，2014，（6）.

杨东广．从严治党将成为党的建设新常态 [J]. 领导之友，2014，（11）.

韩强．论党的建设制度改革的目标任务 [J]. 中共杭州市委党校学报，2014，（6）.

中央党史研究室原副主任石仲泉．从“政治建党”到“思想建党”[N]. 北京日报，2014–12–29019.

李天明．加强党的建设推进国家治理现代化 [J]. 党政干部论坛，2014，（12）.

蔡治廷．当前党的作风建设问题探析 [J]. 领导科学论坛，2014，（23）.

林常颖．试论党的作风建设的制度化 [J]. 观察与思考，2014，（12）.

刘兆麟．落实管党治党责任推进机关党的建设 [J]. 学习月刊，2014，（21）.

刘学申．党的建设制度改革研究述评 [J]. 中国井冈山干部学院学报，2014，（6）.

陈霞．加强党的基层组织建设建设党的坚强堡垒 [J]. 党史博采（理论），2014，（12）.

张恩涛．习近平党的作风建设思想探析 [J]. 新疆社科论坛，2014，（6）.

修长昆．依法治国背景下党的工作作风制度建设 [J]. 理论学习与探索，2014，（6）.

张荣臣．在新的起点上深化作风建设、坚持从严治党 [J]. 时事报告，2014，（11）.

戴立兴．习近平管党治党新思想研究 [J]. 探索，2014，（6）.

石仲泉．古田会议决议与党的建设 [J]. 福建党史月刊，2014，（23）.

姜裕富，李剑秋．执政党宗旨意识：服务型政党建设的一个分析框架 [J]. 广西社会科学，2014，（12）.

黄新初．着力构建党风廉政建设责任体系 [J]. 求是，2014，（22）.

本报评论员．加强和改进党对法治建设的领导 [N]. 新华日报，2014–11–19001.

本报记者姜义双．以创新精神深化党的建设制度改革 [N]. 辽宁日报，2014–11–04001.

本报评论员．党的制度建设重要里程碑 [N]. 人民日报，2014–11–18004.

本报评论员．巩固从严治党的强劲态势 [N]. 人民日报，2014–12–05001.

南方日报评论员．推动党的作风建设形成新常态 [N]. 南方日报，2014–12–16F02.

李捷．改革开放中的中国共产党思想理论建设 [J]. 党建，2014，（12）.

蔡长水．毛泽东廉政思想对当前作风建设和反腐败的启示 [J]. 理论视野，2014，（11）.

闫璐．农村基层服务型党组织建设探析 [J]. 文史博览（理论），2014，（12）.

陈思炳．作风建设要常态化长效化 [J]. 党政干部论坛，2014，（12）.

杨长鑫．论从严治党制度化 [J]. 中国领导科学，2014，（9）.

张荣臣．作风建设永远在路上 [J]. 中国党政干部论坛，2014，（11）.

高冬冬．以科学化的方式提升基层党组织的建设 [J]. 党史博采（理论），2014，（11）.

黄惠运．井冈山时期中国共产党局部执政的历史经验 [J]. 上海党史与党建，2014，（11）.

彭穗宁．建设服务型政党与国家治理体系现代化 [J]. 党政研究，2014，（6）.

齐卫平．略论中国共产党执政能力的国家治理现代适应性 [J]. 观察与思考，2014，

(12).

周国宝 . 以服务型党组织建设密切党群关系 [J]. 唯实 (现代管理), 2014, (11).

张跃文 . 试论中国执政党建设理论的话语体系构建 [J]. 党史博采 (理论), 2014,(12).

金伟 . 中国共产党治理"四风"的历史考察及其经验 [J]. 湖南社会科学, 2014, (6).

史艺军, 郑益 . 党的十八大以来党抵御执政风险的基本方略及现实思考 [J]. 党政干部学刊, 2014, (12).

张安庆, 王安吉 . 基于虚拟党建与现实党建相关性的分析 [J]. 才智, 2014, (35).

张健 . 提升基层党组织领导效能的有效路径 [J]. 毛泽东思想研究, 2014, (6).

齐卫平, 刘婷 . 开门整党 : 党的群众路线教育实践活动的重要经验 [J]. 上海党史与党建, 2014, (11).

陈砚秀 . 科学探索学习型党组织建设规律 [J]. 唯实, 2014, (12).

3. 参政党建设

杨东河 . 坚持主体客体并重提高民主监督水平——广元市民主党派民主监督情况调查与思考 [J]. 四川统一战线, 2014, (1).

刘兴伦 . 盐边县大力协助民主党派加强基层组织建设 [J]. 四川统一战线, 2014, (1).

洪毓琦,顾宝炎 . 民主党派代表人士培养问题原因浅析——以人力资源管理为视角 [J]. 经营管理者, 2014, (3).

石树梅 . 加强民主党派自身建设 [J]. 民主, 2014, (1).

王小鸿 . 民主党派在协商民主中的作用 [J]. 民主, 2014, (1).

冯俭 . 民主党派在新时期统一战线中的职能与建设 [J]. 前进论坛, 2014, (2).

林檬 . 为民主党派自身建设提供人才支撑——绵阳市积极探索民主党派领导干部选拔任用长效机制 [J]. 四川统一战线, 2014, (2).

姚凤英 . 从民建普陀区委会支部评价实践看民主党派基层组织建设 [J]. 上海市社会主义学院学报, 2014, (1).

上海音乐学院统战部课题组 . "同心"思想与民主党派成员政治引导研究——以上海音乐学院为例 [J]. 上海市社会主义学院学报, 2014, (1).

李雅兴,苏利娟 . 论民主党派对我国生态文明建设的贡献 [J]. 重庆社会主义学院学报, 2014, (1).

崔北军 . 加强民主党派参政议政能力建设——以安徽省蚌埠市为例 [J]. 陕西社会主义学院学报, 2014, (1).

李平, 王立新, 胡文静 . 新形势下高校民主党派参政议政现状研究 [J]. 赤子 (中旬), 2014, (2).

吴伟兴, 邢贺超 . 民主党派参与公共决策的必要性、可行性及发展方向 [J]. 长春市委党校学报, 2014, (1).

籍庆利 . 推动科学发展进程中的民主党派建设——以江苏省为例 [J]. 常熟理工学院学报, 2014, (1).

周长城, 张敏敏 . 论民主党派在实现中国梦过程中的作用 [J]. 湖北省社会主义学院学报, 2014, (1).

洪爱敏．民主党派领导干部的自我修养[J]. 民主，2014，(2).

刘丹艳．关于新形势下民主党派民主监督职能的思考[J]. 福建省社会主义学院学报，2014，(1).

陈钰业．民主党派提高参政议政能力必须切实实现“两个政治自觉”[J]. 广东省社会主义学院学报，2014，(1).

储昭平．民主党派应在协商民主中发挥生力军作用[J]. 前进论坛，2014，(1).

农工党黑龙江省理论研究点课题组．利用新媒体加强新一代民主党派成员思想工作的探讨[J]. 前进论坛，2014，(1).

田野．充分发挥民主党派在两岸民间政治对话中的独特作用[J]. 统一论坛，2014，(1).

吉秀华．民主党派组织发展存在的问题及对策研究——以山东省为例[J]. 中共浙江省委党校学报，2014，(1).

贾小明．论“参政党”与“中国特色社会主义参政党”的概念属性[J]. 中央社会主义学院学报，2014，(1).

孙瑞华．新媒体对民主党派成员思想取向的影响分析[J]. 中央社会主义学院学报，2014，(1).

王继崐，盛皓然．协商民主要注重发挥民主党派在政协组织中的作用[J]. 中央社会主义学院学报，2014，(1).

程鹏起．新时期民主党派参政议政面临的问题与对策[J]. 河北省社会主义学院学报，2014，(1).

马雷．关于如何发挥民主党派监督作用问题研究[J]. 河北省社会主义学院学报，2014，(1).

刘家强．群众路线是民主党派助力中国梦的必由之路[J]. 团结，2014，(1).

王娜娜．论全球化条件下民主党派成员的政治认同[J]. 湖南省社会主义学院学报，2014，(1).

谢建美．民主党派基层组织职权的有效行使[J]. 湖南省社会主义学院学报，2014，(1).

朱灿焕．民主党派参与廉洁政府建设的对策探讨[J]. 广东广播电视大学学报，2014，(1).

韩军，张艳波，郎益君．谈建立并完善民主党派在高校发展中发挥作用的有效机制[J]. 辽宁师专学报（社会科学版），2014，(1).

周宁宁．民主党派社会基础的演变及其影响因素分析[J]. 内蒙古统战理论研究，2014，(1).

刘家强．群众路线是民主党派助力中国梦的必由之路[J]. 求是，2014，(3).

李旭茂．加强民主党派自身建设做社会主义协商民主的积极参与者[N]. 联合日报，2014-01-09003.

刘维涛．习近平同党外人士共迎新春[N]. 人民日报，2014-01-24001.

张婧．以制度建设为保障加强民主党派领导班子建设[N]. 团结报，2014-02-18008.

王云．浅谈民主党派如何在“协商民主”中有所作为[N]. 贵州政协报，2014-02-

27A03.

民革哈尔滨市委．切实抓好民主党派人士队伍建设 [N]. 哈尔滨日报，2014–01–13012.

群众路线是民主党派助力中国梦的必由之路 [N]. 团结报，2014–02–11001.

马洁婷．关于民主党派调研工作的几点建议 [N]. 各界导报，2014–02–08005.

凝心聚力深入推进民主党派思想宣传工作 [J]. 前进论坛，2014，(2).

戴秀英．民主党派扬优势协商民主谱新篇 [J]. 前进论坛，2014，(1).

崔晓彤，董宏斌．强化政治共识教育有效途径研究 [J]. 辽宁行政学院学报，2014，(1).

郑国沁．提高建言水平要把握“四个环节”[J]. 前进论坛，2014，(2).

陈大明，李华桥．完善社会主义协商民主与加强参政党自身建设 [J]. 湖北省社会主义学院学报，2014，(1).

肖照青．党外人士畅谈中国特色社会主义参政党重要思想 [J]. 中国统一战线，2014，(2).

王继东．影响党派基层组织建设的问题及对策 [J]. 河北省社会主义学院学报，2014，(1).

靳萱．参政党要适应全面深化改革的时代要求 [J]. 民主，2014，(1).

王彩玲．社会治理视野下的参政党社会管理功能研究 [J]. 新余学院学报，2014，(1).

李艳霞．协商民主语境下中国参政党的“三信”[J]. 湖北省社会主义学院学报，2014，(1).

刘泓．协商民主视阈下参政党的政党行为及其功能 [J]. 福建省社会主义学院学报，2014，(1).

范前锋．参政党建设与执政党建设的同一性和差异性比较研究 [J]. 广西社会主义学院学报，2014，(1).

王刚．高校民主党派基层组织活动质量的动态研究 [J]. 渤海大学学报（哲学社会科学版)，2014，(2).

王静．民主党派基层组织践行群众路线的思考 [J]. 四川统一战线，2014，(3).

宋远平．加强民主党派后备干部队伍建设势在必行——泸州民革现状调查与思考 [J]. 四川统一战线，2014，(3).

樊鑫．新时期坚持民主党派特色与优势的几点思考 [J]. 陕西社会主义学院学报，2014，(2).

宋修贵．网络舆情语境下提升民主党派基层组织参政议政能力的路径思考 [J]. 淮海工学院学报（人文社会科学版)，2014，(3).

王丽欣，张香莉．浅析民主党派在协商民主中的地位和作用 [J]. 河北省社会主义学院学报，2014，(2).

张志敏，吴树新，赵迎辉，田雄峰．新时期加强民主党派民主监督工作的若干思考 [J]. 河北省社会主义学院学报，2014，(2).

张书存，马敬民，崔玲玲．新时期民主党派思想政治工作的新思维 [J]. 河北省社会主义学院学报，2014，(2).

张大成．民主党派组织发展问题研究 [J]. 辽宁省社会主义学院学报，2014，(1).

孙学君．充分发挥民主党派在协商民主中的作用 [J]. 前进论坛，2014，(3).

钱伟弘．高校民主党派建设的制约性亟待改观 [J]. 前进论坛，2014，(3).

楼巧英．民主党派履行民主监督职能困难的法律成因 [J]. 前进论坛，2014，(3).

李晴．民主党派专题调研工作实效性思考 [J]. 四川省社会主义学院学报，2014，(1).

张晓娜．民主党派女性参政议政对策研究 [J]. 山东行政学院学报，2014，(3).

孙瑞华．再论民主党派的性质 [J]. 重庆社会主义学院学报，2014，(2).

韩瑞碧，童筱渝，陈俊谋，徐睿，王丹．基层民主党派民主监督机制创新探讨——基于重庆基层民主党派的调研 [J]. 重庆社会主义学院学报，2014，(2).

周洪宇．民主党派领导班子成员应做学习实践活动的表率 [J]. 湖北省社会主义学院学报，2014，(2).

刘腾飞．发挥民主党派优势加强生态文明建设 [J]. 湖北省社会主义学院学报，2014，(2).

崔珏．民主党派影响教育政策制定的优势与路径探讨 [J]. 中央社会主义学院学报，2014，(2).

金波．民主党派参与社会管理创新的路径选择 [J]. 梧州学院学报，2014，(2).

张颖．民主党派参与公共决策之困境与对策研究 [J]. 江苏省社会主义学院学报，2014，(2).

郑晓丽．民主党派马克思主义自我教育的历史回顾与启示 [J]. 福建省社会主义学院学报，2014，(2).

高良坚．以“三个自信”引领民主党派核心价值观的路径探析——基于爱德华·泰勒的文化进化论视角 [J]. 福建省社会主义学院学报，2014，(2).

罗一民．科学推进民主党派代表人士综合评价工作 [J]. 中国统一战线，2014，(3).

张淑芬，张广才．民主党派思想政治教育的路径透析 [J]. 哈尔滨师范大学社会科学学报，2014，(2).

刘华政．民主党派在高校大学生思想政治教育中作用的发挥——基于中共中央统一战线的“同心”思想 [J]. 广西教育学院学报，2014，(2).

宋焕斌，王立新，胡文静．创新高校民主党派参政议政机制建设路径研究 [J]. 学理论，2014，(10).

武晓瑞．浅谈如何做好“新形势”下的民主党派专职副主委 [J]. 内蒙古统战理论研究，2014，(2).

许奕锋．社会基础视域下的民主党派组织发展探究 [J]. 广州社会主义学院学报，2014，(2).

刘强，陈瑞娟．民主党派基层组织建设问题研究 [J]. 广州社会主义学院学报，2014，(2).

叶国平，欧阳晓安．民主党派网络政治参与问题研究 [J]. 广西社会主义学院学报，2014，(2).

丁卓群．新时期我国民主党派与民主政治建设探析 [J]. 学理论，2014，(12).

刘彦．发挥民主党派优势为构建社会主义和谐社会作贡献 [J]. 乡音，2014，(4).

张奇，陈楠楠．民主党派参与高校决策的保障制度构建 [J]. 经营与管理，2014，(3).

王春梅．浅论在生态文明建设中民主党派如何做好建言献策工作 [J]. 陕西社会主义学院学报，2014，(2).

邵鸿．民主党派参政议政要用好“三种力量”[J]. 同舟共进，2014，(4).

丘国中．高校民主党派践行社会主义核心价值观研究 [J]. 学理论，2014，(11).

李先叶，陈永胜．发挥民主党派在中国特色协商民主中的重要作用 [J]. 内蒙古统战理论研究，2014，(2).

容康社．切实支持民主党派加强自身建设 [N]. 南宁日报，2014–03–27009.

洪满斌．民主党派助推改革需处理好五大关系 [N]. 团结报，2014–04–12001.

袁斌才民革张掖市委会主委．民主党派基层组织推进协商民主的思考 [N]. 团结报，2014–04–29008.

范前锋．参政党建设与执政党建设的同一性和差异性 [J]. 吉林省社会主义学院学报，2014，(1).

程芳．参政党形象定位及其建设的方法论原则 [J]. 吉林省社会主义学院学报，2014，(1).

王峻．加强自身建设努力打造高素质的参政党 [J]. 河北省社会主义学院学报，2014，(2).

民盟河北省委课题组，鲁平．构建中国特色的参政党民主监督制度化、规范化平台 [J]. 河北省社会主义学院学报，2014，(2).

朱琳琳，魏晓文．参政党民主价值实现的特色、问题及对策 [J]. 理论学刊，2014，(3).

刘家强．参政党领导班子建设的实践性路径 [J]. 四川省社会主义学院学报，2014，(1).

李文涛，顾国柱．参政党建设科学化是提升参政能力的根本保证 [J]. 上海市社会主义学院学报，2014，(2).

王江燕．参政党在人民政协发挥作用的机制探索 [J]. 新视野，2014，(2).

徐宗俦．增强六种意识，建设中国特色社会主义的高素质参政党 [J]. 贵州社会主义学院学报，2014，(1).

杨选锋．协商民主视域下参政党参与社会管理研究 [J]. 湖北省社会主义学院学报，2014，(2).

袁廷华．“中国特色社会主义参政党”的提出、内涵及意义 [J]. 中央社会主义学院学报，2014，(2).

任世红．中国特色社会主义参政党的理论逻辑 [J]. 中央社会主义学院学报，2014，(2).

任世红．参政党建设理论的框架论析 [J]. 江苏省社会主义学院学报，2014，(2).

李金河．参政党与总目标 [J]. 团结，2014，(2).

黄天柱．进一步开发参政党民主监督功能的几点思考 [J]. 广州社会主义学院学报，2014，(2).

王芳．论参政党服务社会主义文化建设 [J]. 广州社会主义学院学报，2014，(2).

李晓东．参政党在建设“三个陕西”中要有所作为 [N]. 陕西日报，2014–04–08002.

杨安娣．参政党的政治责任 [N]. 协商新报，2014–04–2200B.

唐丽．阳江市民主党派民主监督中的问题与对策研究 [D]. 华南理工大学，2014.

何淑娟．民主党派参政议政与政府决策民主化研究 [D]. 华南理工大学，2014.

王硕．我国民主党派基层组织建设中存在的问题与对策研究 [D]. 燕山大学，2014.

吴艳艳．民主党派基层组织参政议政问题研究 [D]. 中国矿业大学，2014.

文杰．民主党派在协商民主实践中应发挥的作用 [J]. 辽宁省社会主义学院学报，2014，(2).

孙秀华．关于民主党派组织发展问题的几点思考 [J]. 辽宁省社会主义学院学报，2014，(2).

王刚，李晓，任远鹏．提升高校民主党派基层组织活力质量的路径分析 [J]. 辽宁省社会主义学院学报，2014，(2).

陈兰英，白小兵．以《纪要》为指导发展民主党派成员——广安市民主党派组织发展工作调查研究 [J]. 四川统一战线，2014，(5).

代云，李莉．无党派人士“党派性”及与民主党派参政议政差异性问题研究 [J]. 赤峰学院学报（汉文哲学社会科学版），2014，(6).

贺俊春，邓方国．民主党派政治参与行为的组织化发展——对湖北省各民主党派省级组织参与行为的研究 [J]. 湖北省社会主义学院学报，2014，(3).

聂亚珍．协商民主与民主党派参政议政研究 [J]. 湖北省社会主义学院学报，2014，(3).

郑国沁．发挥民主党派作用推进协商民主发展 [J]. 前进论坛，2014，(5).

王伟男．凝聚改革共识是民主党派的重要使命 [J]. 前进论坛，2014，(5).

姜华．坚持“同心”引领助推科学发展——江油市民主党派工作充满生机活力 [J]. 四川统一战线，2014，(6).

张韶华．影响民主党派自身建设的思想政治工作若干问题研究 [J]. 广东省社会主义学院学报，2014，(2).

刘俊伶．音乐在民主党派思想建设中的作用探析 [J]. 中央社会主义学院学报，2014，(3).

李仁质．民主党派与社会主义协商民主建设 [J]. 中央社会主义学院学报，2014，(3).

陈向进．关于民主党派专门委员会务实建设的思考——基于民盟广西区委经济委员会务实建设探索情况的分析 [J]. 中央社会主义学院学报，2014，(3).

王娜娜．民主党派成员代际变化趋势及对策研究 [J]. 中央社会主义学院学报，2014，(3).

何鑫．论述各民主党派在新民主主义革命过程中所做的历史贡献 [J]. 佳木斯教育学院学报，2014，(6).

宋学勤．民主党派机关年轻干部成长进步之我见 [J]. 团结，2014，(3).

钱伟弘．民主党派参政议政应立足三个度 [J]. 前进论坛，2014，(6).

马鹏程．正确认识民主党派的民主监督作用 [J]. 前进论坛，2014，(6).

马明阳．民主党派人士参与大学管理路径研究 [J]. 沈阳农业大学学报（社会科学版），2014，(3).

高晓齐．高校民主党派基层组织发展现状研究 [J]. 现代交际，2014，(5).

全思懋．论新时期高校民主党派思想建设 [J]. 天津市社会主义学院学报，2014，(2).

聂继红．增强民主党派民主监督实效性刍议 [J]. 湖南省社会主义学院学报,2014,(3).

袁春红．发挥民主党派对权力运行的监督作用 [J]. 福建省社会主义学院学报，2014，(3).

郑蔚颖，吴萍，阮鼎勋．以提高参政议政能力为抓手，加强高校民主党派基层组织建设 [J]. 福建省社会主义学院学报，2014，(3).

孙明媚，王雁菊，王韫文，曲必成．高校民主党派参政议政现状及对策研究 [J]. 学理论，2014，(13).

吴紫莹，骆乐．中国民主党派的自身建设存在问题及对策探讨 [J]. 现代妇女（下旬），2014，(6).

胡丹，邓成慧，陈波．民主党派与社会主义协商民主 [J]. 云南社会主义学院学报，2014，(2).

吕新梅．高校民主党派基层组织自身建设探讨 [J]. 云南社会主义学院学报,2014,(2).

杨庆玲．加强调研，提高参政议政质量 [J]. 经济与社会发展研究，2014，(6).

吴昌克．浅谈加强民主党派社会服务工作中项目帮扶的控制与管理 [N]. 贵州政协报，2014-05-22A03.

王永庆．发挥民主党派作用推进协商民主发展 [N]. 团结报，2014-06-10008.

张成．民主党派成员要积极投身实现“中国梦”的伟大实践 [N]. 联合日报，2014-05-15003.

李光全．浅议民主党派如何践行社会主义核心价值体系 [N]. 贵州政协报，2014-05-29A03.

李大鹏．关于加强民主党派自身建设的几点思考 [N]. 联合日报，2014-06-26003.

李光全．浅议民主党派如何践行社会主义核心价值观 [N]. 团结报，2014-06-10008.

王海波．发挥民主党派的“独特优势和作用”[J]. 群言，2014，(6).

邓凌．网络政治背景下协商民主的新发展与参政党建设 [J]. 湖北省社会主义学院学报，2014，(3).

王远启．参政党文化建设探析 [J]. 湖北省社会主义学院学报，2014，(3).

荆小庆．参政党机关建设科学化的实现途径初探 [J]. 前进论坛，2014，(5).

王芳．论协商民主视域下参政党作用的发挥 [J]. 江苏省社会主义学院学报,2014,(3).

刘菊香，农晓芬．参政党民主监督的经验与规律探析 [J]. 江苏省社会主义学院学报，2014，(3).

陈立明．参政党参与协商民主的制度设计与运行机制 [J]. 湖南省社会主义学院学报，2014，(3).

贾小明．中国特色社会主义参政党的历史必然 [J]. 特区实践与理论，2014，(3).

祝福恩，隋芳莉．强化参政党建设是实现协商民主的主体保证 [J]. 特区实践与理论，2014，(3).

宗玉田．以中国梦引领民主党派践行核心价值观 [N]. 团结报，2014-07-22008.

民革遵义市委理论研究小组，李光全．对提升民主党派民主监督实效的思考 [N]. 贵州政协报，2014-08-28A03.

张林鸿．试论民主党派内部监督机制建设 [N]. 贵州政协报，2014-08-21A03.

民盟省直五支部主委张成．民主党派在实现“中国梦”的实践中如何发挥作用 [N]. 联合日报，2014-07-10003.

白树震．社会主义核心价值体系是引导民主党派进步的思想旗帜 [J]. 山西高等学校社会科学学报，2014，(7).

张成明．抗战时期民主党派在重庆活动的特点 [J]. 重庆社会主义学院学报，2014，(4).

肖存良．民主党派组织发展对象的转型及其政治意义 [J]. 重庆社会主义学院学报，2014，(4).

李益模．试论李维汉对民主党派性质的科学阐明 [J]. 河北省社会主义学院学报，2014，(3).

马艳．讲真话：民主党派参政议政的基本要求 [J]. 河北省社会主义学院学报，2014，(3).

钱伟弘．民主党派反映社情民意工作亟须创新和突破 [J]. 前进论坛，2014，(7).

蒋秋桃．深刻领会“三严三实”精神切实加强民主党派干部作风建设 [J]. 前进论坛，2014，(7).

孙海涛，丛煜，王雁菊．高校民主党派参政议政的长效机制构建 [J]. 党政干部学刊，2014，(7).

余俊鸿．民主党派在参政议政中的问题及对策研究 [J]. 现代经济信息，2014，(15).

黄东亮．民主党派参与网上舆论斗争的优势与路径 [J]. 湖南省社会主义学院学报，2014，(4).

刘开国．民主党派在协商民主中的地位和作用研究 [J]. 湖北省社会主义学院学报，2014，(4).

严炳洲．民主党派参与协商民主的特点、难点和建议——从地方民主党派参与协商民主视域进行的探讨 [J]. 湖北省社会主义学院学报，2014，(4).

王相红，肖建平．民主党派成员代际分类探析——以湖北省为例 [J]. 湖北省社会主义学院学报，2014，(4).

高晓齐．高校民主党派基层组织发展问题探析 [J]. 科技视界，2014，(20).

吴云燕．民主党派参与地区公共政策评估的实践和思考——上海市闵行区推进基层协商民主的新探索 [J]. 上海市社会主义学院学报，2014，(4).

金昊．有序、有效、有为——民主党派参政议政工作的几点思考 [J]. 团结，2014，(4).

张林鸿．试论民主党派内部监督机制建设 [J]. 团结，2014，(4).

刘正方．民主党派机关领导干部要善于担当 [J]. 四川统一战线，2014，(8).

李金宵．高校民主党派思想建设现状分析 [J]. 商，2014，(25).

计裕人．关于加强对高校民主党派新成员政治引导的思考 [J]. 巢湖学院学报，2014，(4).

仝双印．民主党派自身建设影响因素及对策探析 [J]. 云南社会主义学院学报，2014，

（3）.

董鹏，张二妹．我国民主党派组织发展问题及对策分析 [J]. 云南社会主义学院学报，2014，（3）.

王华勇，袁俊凤，何亮先．发挥州市民主党派组织的协商民主作用研究——以云南保山为例 [J]. 云南社会主义学院学报，2014，（3）.

邓子云．民主党派科技服务社会的三大优势与五个方面 [J]. 学理论，2014，（20）.

王雁菊，岳丹琪，李江，孙明媚，王韫文．提高高校民主党派参政议政能力及其现实意义 [J]. 学理论，2014，（21）.

李平，王立新，王晓艳．建立健全高校民主党派参政议政机制途径探究 [J]. 赤子（中旬），2014，（14）.

于铭松．“六慎”与民主党派干部道德治理 [J]. 广东省社会主义学院学报，2014，（3）.

姜佳颖．开拓民主党派思想宣传工作阵地——加强网络阵地的建设 [J]. 金田，2014，（7）.

林强．发挥民主党派成员作用推动经济社会发展 [N]. 贵州政协报，2014-08-07A03.

邱华云．民主党派在社区共建中大有可为 [N]. 联合时报，2014-08-01004.

刘正方．民主党派机关领导干部要善于担当 [N]. 团结报，2014-07-22008.

刘义钦．参政党基层组织建设要理顺五方面关系 [N]. 联合日报，2014-07-31003.

王洪伟．参政党在协商民主制度中的地位和价值 [J]. 河北省社会主义学院学报，2014，（3）.

杜建中．论参政党社会功能建设的重要性及途径 [J]. 湖南省社会主义学院学报，2014，（4）.

朱继东．参政党在当代中国的自信与担当 [J]. 中国统一战线，2014，（7）.

王蕙．践行社会主义核心价值体系建设新型参政党 [J]. 学理论，2014，19）.

王小鸿．论参政党理论建设的内涵 [J]. 中央社会主义学院学报，2014，（4）.

钟虹，张玉华，陈素梅，周宁．新形势下增强参政党民主监督有效性的思考 [J]. 广西社会主义学院学报，2014，（4）.

葛大可．完善我国参政党内部监督机制的对策思考 [J]. 前进论坛，2014，（8）.

仝双印．加强自身建设提升参政能力——影响民主党派自身建设的因素分析与对策建议 [J]. 山西社会主义学院学报，2014，（3）.

肖建平．民主党派成员代际变化新趋势及对策分析——以湖北省为例 [J]. 天津市社会主义学院学报，2014，（3）.

刘陶林．提升民主党派代表性和影响力的思考——基于重庆的探索实践 [J]. 重庆社会主义学院学报，2014，（5）.

王永庆．民主党派与人民政协 [J]. 北京观察，2014，（9）.

范方红．论民主党派参与高校思想政治教育的路径 [J]. 贵州社会主义学院学报，2014，（3）.

赵吉光．论社会主义协商民主视域下民主党派价值的发挥 [J]. 吉林省社会主义学院学报，2014，（3）.

毛桂芬，张瑞芳，张亚娟．关于提高民主党派内部监督效能研究 [J]. 民主，2014,（10）.

汪守军．民主党派的代表性实证研究——以重庆市民主党派为例 [J]. 探索，2014,（5）.

唐长久，左建英．新世纪新阶段民主党派政治价值刍议 [J]. 湖北省社会主义学院学报，2014,（5）.

王相红，肖建平．民主党派成员代际变化规律——以湖北省为例 [J]. 湖北省社会主义学院学报，2014,（5）.

闫壮宏．中国参政党建设——之加强民主党派基层组织建设的思考 [J]. 陕西社会主义学院学报，2014,（4）.

孙凌．论公共政策视角下民主党派参政议政队伍建设 [J]. 陕西社会主义学院学报，2014,（4）.

王维．民主党派社会基础问题研究 [J]. 黑龙江省社会主义学院学报，2014,（3）.

刘春雷．新媒体视域下提升黑龙江省民主党派统战工作的建议 [J]. 黑龙江省社会主义学院学报，2014,（3）.

付五魁．民主党派组织发展存在的问题及对策建议 [J]. 河北省社会主义学院学报，2014,（4）.

王远启．浅析民主党派的政治功能 [J]. 江苏省社会主义学院学报，2014,（5）.

孙洪波，崔晓庚．民主党派培育和践行社会主义核心价值观作用探析——基于网络意见领袖的视角 [J]. 攀登，2014,（5）.

王瑜．网络舆论时代下民主党派如何履行职能 [J]. 前进论坛，2014,（10）.

黄润秋．凝聚思想政治共识投身全面深化改革事业推进民主党派自身建设 [J]. 四川省社会主义学院学报，2014,（3）.

王雅，赖兆政．积极发挥民主党派在协商民主中的作用 [J]. 四川统一战线，2014,（10）.

王俊华．民主党派政党认同的有效构建 [J]. 上海市社会主义学院学报，2014,（5）.

施海燕．民主党派在坚持和发展中国特色社会主义中的角色——论如何认识中国特色社会主义参政党 [J]. 上海市社会主义学院学报，2014,（5）.

杨怀艺．析中国民主党派发展进程中的“联合声明”[J]. 东南学术，2014,（5）.

李国强．民主党派在协商民主中的独特作用及实现路径 [J]. 乡音，2014,（10）.

熊劲松，李社云．搭建多种形式平台，提高参政议政能力——浅析高校民主党派代表人士队伍建设 [J]. 文史博览（理论），2014,（10）.

孙远良．深刻把握民主党派的政党性质不断提高多党合作制度建设水平 [J]. 中国统一战线，2014,（9）.

民主党派增强中国特色社会主义道路自信、理论自信、制度自信的探讨 [J]. 内蒙古统战理论研究，2014,（5）.

李广良．公共理性视域中的民主党派自身建设 [J]. 团结，2014,（5）.

范前锋．用辩证法处理民主党派工作中的几个问题 [J]. 广西社会主义学院学报，2014,（5）.

张俐蒋霞．浅谈民主党派参政议政工作创新能力 [N]. 团结报，2014-10-14008.

胡国仁．浅谈如何发挥民主党派在人民政协中的作用 [N]. 贵州政协报，2014-10-

23A03.

王芳．加强民主党派民主监督作用的思考与建议 [N]. 联合日报，2014-10-08003.

徐顺凯．加强民主党派优秀人才培养 [N]. 西宁晚报，2014-10-30A02.

赖明勇．进一步发挥民主党派在人民政协中的重要作用 [N]. 湘声报，2014-10-31A03.

李云霞．民主党派在履职中应增强“五种意识”[N]. 贵州政协报，2014-10-30A03.

孙国良．参政党历史文化记忆——从传统文化中寻找帮助和力量 [J]. 辽宁省社会主义学院学报，2014，(3).

郑宪．论发挥参政党在协商民主中的作用 [J]. 山西社会主义学院学报，2014，(3).

雷明贵．转型与治理：参政党社会服务研究 [J]. 天津市社会主义学院学报，2014，(3).

梁晓宇．全面深化改革背景下参政党作用的发挥 [J]. 重庆社会主义学院学报，2014，(5).

韩晶．参政党学习型组织建设的实践研究 [J]. 吉林省社会主义学院学报，2014，(3).

王彩玲．参政党在社会主义协商民主中的角色定位 [J]. 中央社会主义学院学报，2014，(5).

徐佩瑛，王晓鸣．切实加强基层组织建设有效发挥参政党的价值和功能 [J]. 中央社会主义学院学报，2014，(5).

王真宇．国家治理能力现代化视域下的参政党能力建设 [J]. 湖北省社会主义学院学报，2014，(5).

梁细弟，许婷．参政党参与社会主义协商民主的机制初探 [J]. 河北省社会主义学院学报，2014，(4).

石媛．参政党在社会主义协商民主中的主体地位论析 [J]. 河北省社会主义学院学报，2014，(4).

王新国．多向循环互动：参政党与基层协商民主逻辑关系研究 [J]. 江苏省社会主义学院学报，2014，(5). 20-24).

冯霞，蓝春娣．参政党民主监督的政治机理及运行机制 [J]. 江西社会科学，2014，(9).

王洪树，米川．新时期中国参政党理论建设的独特内涵研究 [J]. 领导科学，2014，(29).

张昕欣，王庆展，王震．参政党民主监督的路径探讨 [J]. 广州社会主义学院学报，2014，(4).

李如意．论我国参政党制度化建设的必要性 [J]. 广西社会主义学院学报，2014，(5).

发挥民主党派工商联作用全力服务“三个邢台”建设 [N]. 邢台日报，2014-11-07003.

王刚．民主党派参与公共决策研究 [J]. 新视野，2014，(6).

袁忠，袁婷婷．民主党派参与公共事务管理的逻辑与困境 [J]. 岭南学刊，2014，(6).

陈巧燕．高校治理中的民主党派监督——以党的群众路线为视角 [J]. 闽江学院学报，2014，(6).

贺俊春．充分发挥民主党派在我国公民有序政治参与中的作用 [J]. 中央社会主义学院学报，2014，(6).

孙晓红，文果．高校民主党派基层组织建设中存在的问题及对策建议——基于对浙江大学致公党成员的调查与思考 [J]. 吉林省社会主义学院学报，2014，(4).

周桂芹．社会治理视域中的民主党派角色定位 [J]. 淮海工学院学报（人文社会科学版），2014，(11).

陈竺．充分发挥民主党派的特点和优势积极投身全面推进依法治国伟大实践 [J]. 前进论坛，2014，(12).

周海峰，韩俊霞，王慧琴．关于加强民主党派机关作风建设的思考 [J]. 天津市社会主义学院学报，2014，(4).

潘志建，赵蕾．民主党派如何做好“一国两制”条件下港澳统战工作 [J]. 贵州社会主义学院学报，2014，(4).

杨光，冯振业，齐民．高校民主党派基层组织建设思考 [J]. 湖北省社会主义学院学报，2014，(6).

章立凡．中国民主党派的改造（下）[J]. 江淮文史，2014，(6).

吴平魁．新时期民主党派思想政治工作的核心内容、基本目标与主要方式 [J]. 云南社会主义学院学报，2014，(4).

王复光．基于和谐政治生态的民主党派政党特异性研究 [J]. 云南社会主义学院学报，2014，(4).

张淑娣．高校民主党派基层组织建设现状及存在问题 [J]. 黑龙江省社会主义学院学报，2014，(4).

张曙光，门贵臣．民主党派在中国社会主义协商民主制度的角色定位 [J]. 经济研究导刊，2014，(36).

张焕金，丁磊．加强民主党派自身建设问题之管见 [J]. 内蒙古统战理论研究，2014，(6).

闻壮宏，毕朝文．推动民主党派政治交接形成长效机制研究 [J]. 辽宁省社会主义学院学报，2014，(4).

蒋金娜．充分发挥民主党派反映社情民意的独特优势 [J]. 辽宁省社会主义学院学报，2014，(4).

杨明，陈潇，赵晓辉．论高校民主党派成员综合素质培养 [J]. 辽宁省社会主义学院学报，2014，(4).

王刚，王扬，宫勋，江泳．创新高校统战工作思路发挥民主党派人士作用 [J]. 辽宁省社会主义学院学报，2014，(4).

张大成．论对民主党派基层组织的活动创新的基本要求 [J]. 辽宁工业大学学报（社会科学版），2015，(1).

李丽萍，游思淳，陶广峰．加强高校民主党派基层组织建设、增强整体社会服务能力研究 [J]. 南京财经大学学报，2014，(6).

杨君武．民主党派组织发展空间问题及其对策探究 [J]. 湖南省社会主义学院学报，2014，(6).

罗辉．关于民主党派发展非公有制经济人士有关问题的研究——以南宁市为例 [J]. 广西社会主义学院学报，2014，(6).

韩金伟，袁沅．民主党派借力打造“高端智库”[N]. 团结报，2014-12-25001.

颜芳．关于民主党派党内监督制度建设的研究 [A]. 中国武汉决策信息研究开发中心、决策与信息杂志社、科技与企业杂志社、北京大学经济管理学院．软科学论坛——公共管理体制改革与发展研讨会论文集 [C]. 中国武汉决策信息研究开发中心、决策与信息杂志社、科技与企业杂志社、北京大学经济管理学院 :，2014，(1).

刘泓．民主党派面临深层次全方位的政党治理能力提升 [J]. 政协天地，2014，(11).

涂浩，善松．民主党派与基层社区“联姻”的典范 [J]. 新湘评论，2014，(21).

詹寿明．民主党派与政府部门对口联系工作的实践探索与思考 [J]. 前进论坛，2014，(11).

方智勇．民主党派参与人民政协工作的调研与思考 [J]. 前进论坛，2014，(11).

张文．机关建设是民主党派自身建设的长期任务 [J]. 前进论坛，2014，(11).

王静．民主党派基层组织在协商民主中发挥作用的几点思考 [J]. 四川统一战线，2014，(11).

孙碧平．科层组织视角下民主党派参与国家治理体系建设探析 [J]. 重庆社会主义学院学报，2014，(6).

刘菊香．现代国家治理体系中的参政党 : 角色定位与发展态势 [J]. 上海市社会主义学院学报，2014，(6).

梁书宏．中国特色社会主义参政党意识形态建设浅析 [J]. 上海市社会主义学院学报，2014，(6).

李飞．加强参政党民主监督机制建设的对策分析 [J]. 大连干部学刊，2014，(12).

武鸿麟．以中国特色社会主义理论为指导认真履行参政党职能——民建履行参政党职能的经验和规律刍议 [J]. 贵州社会主义学院学报，2014，(4).

强亦忠．我国参政党当前的困境浅析与对策初探 [J]. 江苏省社会主义学院学报，2014，(6).

沈艳．参政党在社会主义协商民主中的角色定位及着力点 [J]. 辽宁省社会主义学院学报，2014，(4).

石媛．提升参政党的协商能力刍议 [J]. 广西社会主义学院学报，2014，(6).

汪俞佳．参政党理论建设要坚定信念创新方法 [N]. 人民政协报，2014-12-05001.

张瑞琨，吉秀华，邱焕玲．参政党与社会主义协商民主建设 [J]. 重庆社会主义学院学报，2014，(6).

4)．国外政党研究和比较研究

姜跃．国外政党处理党群关系的主要做法 [J]. 秘书工作，2014，(1).

王维艳．中国政党制度与西方政党制度比较 [J]. 才智，2014，(1).

周建勇．政党治理的制度化走向——基于四个个案的比较 [J]. 上海行政学院学报，2014，(1).

余南平，周生升．后金融危机时代中东欧欧盟国家的政党政治结构变迁 [J]. 俄罗斯研究，2014，(1).

韩强．美国主要政党严明党纪的做法 [J]. 理论视野，2014，(1).

周淑真，袁野．美国政党政治与政府关门危机的关系 [J]. 中共中央党校学报，2014，(1).

常久青．当前阿富汗政党政治的特点及发展趋势 [J]. 当代世界，2014，(2).

周建勇．政党形成与演化的几种模式分析 [J]. 湖北社会科学，2014，(1).

汪波．叙利亚库尔德人的政党政治研究 [J]. 阿拉伯世界研究，2014，(1).

张飞雪．“卡特尔化”与西方政党政治的走向 [J]. 国外理论动态，2014，(2).

陈崎．冯・贝梅的政党思想述评 [J]. 北京行政学院学报，2014，(1).

周淑真．从比较的视角看中西政党制度 [J]. 新视野，2014，(1).

王海明．政党制度新探——以西方政党制度为例 [J]. 武陵学刊，2014，(1).

唐海军，张光平，邹国煜．当今一些发展中国家政党严明党纪问题的实践与经验教训 [J]. 当代世界与社会主义，2014，(1).

臧秀玲，王磊．美国政党复兴论及其质疑探析 [J]. 当代世界与社会主义，2014，(1).

周淑真：在比较中展现中国政党制度内在优势 [J]. 求是，2014，(4).

彭慧．东南亚的庇护政党制刍议——以菲律宾、泰国及印度尼西亚为例 [J]. 东南亚研究，2013，(6).

张洪亮．关于苏联、东欧国家执政党在政党学习方面的历史借鉴 [J]. 云南社会主义学院学报，2014，(2).

黄丽萍．欧洲政党的“粉红色”现象与软实力提升 [J]. 领导科学，2014，(5).

李玉洁．培养党员程序认同意识加强党的思想建设——列宁无产阶级政党理论及启示 [J]. 河北青年管理干部学院学报，2014，(1).

段鹏飞．西方资本主义政党加强意识形态建设的实践与启示 [J]. 理论导刊，2014，(1).

郑琦．政党联系群众的国际经验及其启示 [J]. 中共中央党校学报，2014，(1).

李青燕．巴基斯坦政党政治版图重组及影响 [J]. 当代世界，2014，(2).

刘晓丽．国外一些主流政党加强执政能力建设的若干经验与启示——访季正矩教授 [J]. 社会主义研究，2014，(1).

庄乾坤．在政党比较中提升“三个自信”[J]. 理论学习，2014，(1).

代金平，唐海军．政党指导思想的现代性演进探析 [J]. 科学社会主义，2014，(1).

方婷婷．从国家杜马选举看俄罗斯社会民主主义政党的发展轨迹 [J]. 科学社会主义，2014，(1).

陈家喜，黄卫平．西方一些发达国家党纪监督的做法及其启示 [J]. 当代世界与社会主义，2014，(1).

廖小健．试论马来西亚华人政党的“不入阁”[J]. 东南亚研究，2013，0（6).

赵忆宁．美国政党政治的“去政治化”[N]. 21 世纪经济报道，2014-01-07024.

周淑真．在比较中展现中国政党制度优势 [N]. 中国社会科学报，2014-01-15B05.

温宪．美国“政党分肥”愈演愈烈 [N]. 人民日报，2014-02-17021.

李家泉．台湾政党存在两种“颜色牢笼”[N]. 人民日报海外版，2014-02-10003.

陈健．政党政治抑或大党政治？——台湾“立委”选举制度分析 [J]. 学海，2014，(2).

王存福．20 世纪 70 年代以来德国社会结构变迁与社会民主党由“纲领党”到“选举党”

的转型 [J]. 德国研究，2014，(1).

高新军 . 墨西哥革命制度党艰难转型的经验与教训 [J]. 当代世界，2014，(4).

俞博文 . 国大党的特殊性及其优劣势分析 [J]. 金田，2014，(4).

李艳枝 . 中东穆斯林民主政党的兴起 [N]. 中国社会科学报，2014–01–29B03.

李元书 . 政治选举对欧洲社会民主主义政党价值观的影响 [N]. 中国社会科学报，2014–01–29B03.

周方冶 . 泰国政党政治的艰难博弈 [N]. 中国社会科学报，2014–02–26B03.

贾旭阳 . 外国政党动态 (2013 年 11 月 26 日至 12 月 25 日)[J]. 当代世界，2014，(1).

武文霞 . 国外政党基层组织建设的经验及借鉴 [J]. 领导科学，2014，(5).

刘健 . 从政党理论角度分析英国共产党衰落原因 [J]. 中共宁波市委党校学报，2014，(1).

贾旭阳 . 外国政党动态 [J]. 当代世界，2014，(2).

于海青 . 激进政治视阈下葡萄牙共产党与左翼集团的比较评析 [J]. 社会主义研究，2014，(1).

孔婵媛 . 英法执政党对政府控制的比较分析 [J]. 理论观察，2014，(2).

周敬青 . 制度建设科学化与执政党的兴衰规律探究——基于国外一些长期执政的大党老党的兴衰与其制度建设关系的反思 [J]. 湖北社会科学，2014，(1).

戴立云 . 战后英国保守党政党政策的演变 [J]. 安庆师范学院学报 (社会科学版)，2014，(1).

陈彪 . 从世界执政党执政规律看中国梦的实现 [J]. 山西煤炭管理干部学院学报，2014，(1).

张宪丽，高奇琦 . 等位协商 : 英国工党与社会的互动模式研究 [J]. 探索，2014，(1).

李洪峰 . 对法国社会党推动妇女参政实践的思考 [J]. 妇女研究论丛，2014，(1).

秦德占 . 冷战结束以来多国社会党基层组织的变革与启示 [J]. 新视野，2014，(1).

马立明 . 墨西哥革命制度党何以重新执政 [J]. 求索，2014，(2).

张岩，蒋锐 . 瑞典社民党执政时期社会政策改革的弹性分析 (1994–2006)——基于非商品化的分析框架 [J]. 求索，2014，(2).

祝猛昌，张冬，刘明兴 . 列宁主义政党的精英权力结构与经济分权 : 以前苏联为例 [J]. 当代世界与社会主义，2014，(1).

刘新宜 . 布尔什维克兴衰的历史启示 [J]. 当代世界与社会主义，2014，(1).

郑寰 . 法国社会党如何赢取民众支持 [J]. 领导科学论坛，2014，(4).

赵绪生 . 越南共产党如何密切党群关系 [J]. 领导科学论坛，2014，(4).

孔根红 : 民主失灵是美国政治制度的固有缺陷 [J]. 求是，2014，(1).

陈昌智 : 美国长期执政的是“财主党”[J]. 求是，2014，(4).

张波 . 权力监督和制约的党内处理方式——以新加坡 2012 年议员绯闻为例 [J]. 当代中国政治研究报告，2014.

葛伟阳 . 列宁关于执政党密切联系群众的思想研究 [D]. 南京师范大学，2014.

王俊珍 . 列宁关于保持党的纯洁性理论研究 [J]. 金田，2014，(1).

张冬冬．国内外关于政党类型学的研究评述——基于政党组织形态的视角 [J]. 上海党史与党建，2014，(3).

张翔．超越政党：中国共产党在政府职能转变中的弹性机制 [J]. 社会主义研究，2014，(2).

高奇琦．政党优位协商：新加坡人民行动党与社会的互动模式 [J]. 社会主义研究，2014，(2).

魏娇，仲晨星．从先进性的丧失透视苏共亡党的必然性——再读《苏共亡党十年祭》[J]. 齐齐哈尔工程学院学报，2014，(1).

岑树海．政党类型学研究的三种基本范式转换——从群众型政党、全方位型政党到卡特尔型政党 [J]. 北京行政学院学报，2014，(2).

张树军．多重困境下的土耳其正义与发展党 [J]. 当代世界，2014，(3).

张磊．新加坡人民行动党执政经验对中国共产党坚持群众路线的启示 [J]. 中共合肥市委党校学报，2014，(1).

李华兴，徐晶晶．浅析美国两党制度——以2013年"关门事件"为研究视角 [J]. 学理论，2014，(8).

鲁品越．西方多党制催生腐败 [J]. 求是，2014，(8).

唐兴军．西方政党政治中的利益集团、政党腐败及其治理 [J]. 理论与现代化，2014，(2).

谷宇．亚洲主要政党塑造、运用政党愿景治党理政的经验与启示 [J]. 当代世界与社会主义，2014，(2).

周建勇．近年来欧洲主要政党大选的结果、变化与趋势 [J]. 当代世界与社会主义，2014，(2).

刘洪霞．苏东剧变后中东欧左翼政党发展特点及新动向 [J]. 湖北行政学院学报，2014，(2).

李彦．苏共垮台的政党价值观思考 [D]. 聊城大学，2014.

张家玥．毛泽东对国外政党影响研究 [D]. 天津师范大学，2014.

周玉琦．政党与宪政模式的关系探究 [D]. 上海师范大学，2014.

王会会．西欧共产党与社会党变革的比较研究 [D]. 山东大学，2014.

余琳娜．西欧绿色运动及其政党化现象研究 [D]. 上海师范大学，2014.

宋山．韩国对朝政策中的政党因素 [D]. 辽宁大学，2014.

王聪聪．试析北欧左翼政党的"绿色转向"[J]. 欧洲研究，2014，(2).

臧秀玲，王磊．战后美国政党政治的新变化 [J]. 国外社会科学，2014，(2).

李晨阳．缅甸政治转型中的政党政治 [J]. 当代世界，2014，(3).

马学清．伊拉克战争后伊拉克政党政治的重建及发展 [J]. 当代世界，2014，(3).

贾旭阳．外国政党动态 [J]. 当代世界，2014，(3).

刘宗洪．国外政党兴衰对中国共产党的警示 [J]. 中共天津市委党校学报，2014，(2).

陈萌．论历史上西方政党体制的差异及政治哲学基础 [J]. 黑龙江史志，2014，(5).

张丽，李姣婷．政党制度与政治稳定的关系分析——以德国和泰国的政党制度为例 [J].

传承，2014，(3).

朱彦姝．世界政党政治发展的新动向 [J]. 学习月刊，2014，(5).

贾旭阳．外国政党动态 [J]. 当代世界，2014，(4).

张凯．金融危机以来南非政党政治的发展 [J]. 当代世界，2014，(4).

殷旭辉，王华．“现代君主”和领导权的建构——葛兰西的政党思想研究 [J]. 前沿，2014，(Z3).

贾凯．台湾地区政党制度演变及其动因探析 [J]. 四川省社会主义学院学报，2014，(1).

王思林．西方政党政府框架下的中国党政关系问题研究 [J]. 重庆社会主义学院学报，2014，(2).

陈兵．选举制度与台湾政党体系变迁 [J]. 现代台湾研究，2014，(2).

刘健．从政党理论角度分析芬兰共产党边缘化的原因 [J]. 广西社会主义学院学报，2014，(2).

樊欣．列宁党内民主理论研究 [D]. 中共中央党校，2014.

成晓叶．拉美新兴左翼政权：历史考察与比较研究 [D]. 中共江苏省委党校，2014.

罗俊．法团主义视域下英国工党与工会关系研究（1994–2010）[D]. 华东政法大学，2014.

吴永年上海外国语大学东方语学院南亚东南亚研究所首席顾问教授．印度大选党争激烈 [N]. 解放日报，2014–03–20007.

向文华．西方群众党类型理论述评 [J]. 教学与研究，2014，(3).

谭鹏．战后法国社会党治国理政的成就、经验与启示 [J]. 中共浙江省委党校学报，2014，(2).

李宏．稳中有进的保守党国际 [J]. 当代世界，2014，(4).

傅聪．欧洲自由民主联盟党：现状与前瞻 [J]. 当代世界，2014，(4).

罗干，张敏．比较视野下的一党长期执政——基于东亚经验的启示 [J]. 岭南学刊，2014，(2).

方婷婷．从杜马选举看二十年来俄共的曲折发展路程 [J]. 当代世界社会主义问题，2014，(1).

邹焕梅．当代社会主义国家执政党自身建设比较研究 [D]. 山东大学，2014.

梅少粉．权威主义还是精英民主：新加坡政治发展研究 [D]. 中共中央党校，2014.

汪丽琳．苏共背离列宁党内监督思想与苏共垮台 [D]. 南京师范大学，2014.

季伊昕．台湾绿党的发展特点与前景 [J]. 台海研究，2014，(1).

张宪丽，高奇琦．社会优位协商：美国民主党与社会的互动模式研究 [J]. 上海行政学院学报，2014，(2).

王季艳．从“完美独裁”到“不完美的民主”——墨西哥政治转型与民主质量评析 [J]. 理论月刊，2014，(4).

葛伟阳．列宁关于执政党密切联系群众的思想路径思考 [J]. 中共宁波市委党校学报，2014，(2).

蒯正明，蒋苗苗．欧洲社会党处理党群关系的主要举措与启示 [J]. 探索，2014，(2).

张对焕．“国大党体制”与印度政治腐败的兴起 [J]. 南亚研究季刊，2014，(1).

仝雯．米利班德领导下的英国工党变革研究 [D]. 聊城大学，2014.

赵乐子．革新开放以来越共执政党建设问题研究 [D]. 广西民族大学，2014.

官晓萌．俄罗斯保守主义——统一俄罗斯党政治意识形态分析 [J]. 首都外语论坛，2014.

伍启杰，张亮．论苏共党建对中国共产党执政能力建设的启示 [J]. 世纪桥，2014，(4).

张博．战后初期日本共产党的兴衰与“和平革命论”[J]. 华北水利水电大学学报（社会科学版），2014，(2).

黄晓丹．德国政治生态环境下的女性政治参与 [J]. 妇女研究论丛，2014，(21).

吴东泽．列宁工人阶级执政党执政能力建设思想研究 [D]. 辽宁大学，2014.

柴尚金．国外共产党是如何利用民主参与密切党群关系的 [J]. 当代世界，2014，(4).

李慎明．苏联亡党亡国 20 年祭——俄罗斯人在诉说 [J]. 中华魂，2014，(5).

杨恋．马克思恩格斯与列宁的无产阶级政党理论比较研究 [D]. 华中师范大学，2014.

王隽．加拿大政党政治中的第三党研究 [D]. 上海外国语大学，2014.

张立丽．美国总统选举中的政党影响研究 [D]. 华中师范大学，2014.

韩惜园．新时期中越政党体制发展比较研究 [D]. 河北师范大学，2014.

陈曦．新加坡人民行动党制度化建设研究 [D]. 河北师范大学，2014.

書权．政党与文化领导权 [D]. 北京大学，2014.

朱玉冰．美国选民政党认同与政治参与 [D]. 华东师范大学，2014.

王瑞敏．马克思恩格斯政党思想及其当代价值 [D]. 华侨大学，2014.

任剑涛．以党建国：政党国家的兴起、兴盛与走势 [J]. 江苏行政学院学报，2014，(3).

东弘，王庆超．捷克左翼政党的发展演变探析 [J]. 社会主义研究，2014，(3).

易小明．中东社会转型中的政党政治 [J]. 阿拉伯世界研究，2014，(3).

倪正嘉．浅谈美国政党制度的效用、局限与困境 [J]. 赤峰学院学报（汉文哲学社会科学版），2014，(6).

赵刚印．债务危机背景下德国政党生态的新演进 [J]. 中共浙江省委党校学报，2014，(3).

盾建勇．欧债危机影响下的欧洲五国：政党执政与提前大选探析 [J]. 中共浙江省委党校学报，2014，(3).

吴海红．制度反腐与政党兴衰——基于国外一些长期执政政党的经验与教训 [J]. 当代世界与社会主义，2014，(3).

韩宏亮．国外政党变革对中共建设学习型政党的启示 [J]. 广西社会科学，2014，(6).

张英姣，杨鲁慧．韩国民主转型以来政党政治发展的轨迹、特征及成因 [J]. 江西社会科学，2014，(5).

臧秀玲，张国良．俄罗斯政党政治的发展态势及其趋向 [J]. 理论视野，2014，(6).

李硕，舒丽，唐宇．中西方“政党”观念比较——基于历史与文化分析的视角 [J]. 湖南省社会主义学院学报，2014，(3).

李硕．论西欧多党竞争中反体制政党的体制性整合 [J]. 欧洲研究，2014，(3).

范纯．论当代俄罗斯政党体制特征 [J]. 俄罗斯东欧中亚研究，2014，(3).

孙春胜．论英国自由党的兴衰与启示 [D]. 中共中央党校，2014.

赵宇峰，周燕．浅析俄罗斯总统选举中的政党形象传播 [J]. 新闻大学，2014，(3). 8

贾旭阳．外国政党动态 [J]. 当代世界，2014，(6).

邹升平．瑞典与中国政党制度比较及启示 [J]. 淮阴师范学院学报（哲学社会科学版），2014，(3).

贾旭阳．外国政党动态 [J]. 当代世界，2014，(5).

徐万胜，栗硕．论政治资金与日本民主党的政党体质 [J]. 国际论坛，2014，(3).

赵虎吉，李骥．从权力垄断到权力分享：台湾政党制度变迁的原因分析 [J]. 南昌航空大学学报（社会科学版），2014，(2).

李秘．权力框架内的互惠——台湾政党与地方派系的关系研究 [J]. 台海研究，2014，(2).

李雯．比利时政党政治的性别问题 [J]. 天津市社会主义学院学报，2014，(2).

肖文超．叙利亚库尔德反对派主要政党 [J]. 国际研究参考，2014，(5).

林德山．欧洲激进左翼政党现状及变化评介 [J]. 马克思主义研究，2014，(5).

张晓磊．20 世纪 70 年代以来英国共产党“社会民主党化”的研究 [D]. 广西师范大学，2014.

冉刚．各国政党如何执纪监督 [N]. 中国纪检监察报，2014-05-08004.

刘丽荣．欧洲议会选举极右翼政党“逆袭”[N]. 文汇报，2014-05-27006.

陈丽君．香港政党政治的现状和未来走向 [N]. 东方早报，2014-06-17010.

王玉凤．极右翼政党缘何在法国独领风骚 [N]. 第一财经日报，2014-05-27A05.

李炜娜．台湾政党“网络战”各出奇招 [N]. 人民日报海外版，2014-06-05003.

陆振华．极端势力和反欧盟政党“逆袭”欧洲议会 [N]. 21 世纪经济报道，2014-05-27008.

[美] 乔凡娜·多尔吕虹编译．“反泛欧主义”政党异军突起 [N]. 社会科学报，2014-06-19007.

周敬青．国外一些执政党获取民众认同路径研究 [J]. 中共浙江省委党校学报，2014，(3).

欧阳晨雨．印度人民党何以再度崛起 [J]. 南风窗，2014，(11).

贺敬垒．罗莎·卢森堡的无产阶级党建思想及其当代意蕴 [J]. 湖北社会科学，2014，(5).

卢莎·布兰科，罗宾·格里尔，德克．拉美左翼缘何兴起 [J]. 国外理论动态，2014，(5).

叶旭廷．“两党制”选举与规制俘获博弈——对托里森规制俘获模型的思考 [J]. 东岳论丛，2014，(5).

王毅．西方党际关系的模式分析 [J]. 法制与社会，2014，(18).

王禹．美国“进步主义时代”威斯康星州共和党内的政治斗争 [J]. 史学月刊，2014，(5).

庄礼伟．马来西亚竞争型威权体制的走向：以选民结构为考察视角 [J]. 东南亚研究，

2014，(2).

刘旺旺，代依晴．列宁晚年对俄共（布）执政合法性资源的开拓与维护 [J]. 许昌学院学报，2014，(3).

胡凌艳．德国社民党的生态文明建设及对我国的启示 [J]. 长沙理工大学学报（社会科学版），2014，(3).

孔新峰，于军．“金砖国家”执政党严明党纪的举措及启示 [J]. 中国井冈山干部学院学报，2014，(3).

李亚男．中国与东南亚共产党关系的正常化及其影响——兼论中共从革命党向执政党身份转换的完成 [J]. 攀登，2014，(3).

王喜满．希腊共产党探索世界社会主义国际联合的理论与对策 [J]. 科学社会主义，2014，(3).

罗海云．论列宁新型革命政党意识与影响 [J]. 湖南科技大学学报（社会科学版），2014，(4).

刘志成．从历史和文化的视角看英美政党制度 [J]. 大理学院学报，2014，(7).

祝奉明．论社会主义国家政党政治的特殊性——以实践形态为视角 [J]. 长春大学学报，2014，(7).

卡塔琳娜·巴林，刘玉，马树颜．党内生活探析——一个分析政党精英文化的框架 [J]. 当代世界与社会主义，2014，(4).

常晶．后分权化时代苏格兰地区的政党政治 [J]. 贵州师范大学学报（社会科学版），2014，(4).

薛林群．国外政党群众工作的经验做法 [J]. 党政论坛，2014，(8).

西尔雅·豪泽曼，格奥尔格·皮科特，多米尼克·格林，李姿姿．对政党政治与福利国家关系的再思考——近期文献述评 [J]. 国外理论动态，2014，(7).

曲韵畅，徐品奕．论群众路线教育实践活动的意义——基于葛兰西政党观的视角 [J]. 重庆与世界（学术版），2014，(8).

周扬子．巴西的政党制度 [J]. 黑龙江史志，2014，(11).

黎沛文．香港特区政党立法之缺陷及其完善 [J]. 司法改革论评，2014，(2).

冉刚．各国政党如何反腐执纪监督 [J]. 记者观察，2014，(8).

李田新．民族主义政党发展历程对中国政党建设的启示 [J]. 云南警官学院学报，2014，(5).

张健．国外政党赢得民众支持的做法与启示 [J]. 中共中央党校学报，2014，(5).

傅雅蕾．中苏政党制度比较研究综述 [J]. 学理论，2014，(27).

王小颖．一些外国政党提升治理能力的做法及面临的挑战 [J]. 党政研究，2014，(5).

王存福．德国社民党转型对社会主义政党的启示 [J]. 中共天津市委党校学报，2014，(5).

柴尚金．国外政党与国家治理能力专题研究 [J]. 党政研究，2014，(5).

刘健．对日本共产党政党适应性的实证分析 [J]. 日本研究，2014，(3).

李姿姿．法国政党公共资助制度及其对政党行为的影响 [J]. 当代世界，2014，(9).

徐锋．政治生态与当代世界政党政治——经济、文化与社会情境的比较分析 [J]. 教学与研究，2014，(9).

陈伟．伊藤博文政党观的演变及政党实践的变迁 [J]. 史林，2014，(5).

刘金源．法国革命时期英国政党政治的发展 [J]. 学术研究，2014，(10).

叶丽．中西方政党执政方式对比研究 [J]. 黑龙江社会科学，2014，(5).

刘昀献．国外政党联系群众的路径研究 [J]. 理论探讨，2014，(5).

刘琳．国外政党加强和创新群众工作述评 [J]. 特区实践与理论，2014，(5).

陈双荣．列宁关于无产阶级政党理论自信的思想及其启示 [J]. 南京航空航天大学学报（社会科学版），2014，(3).

宋海艳．从政党领袖竞选广告词看政党选民动员功能——以台湾地区领导人(马英九）为例 [J]. 黑龙江教育（理论与实践），2014，(9).

刘亚琼．论美国政党认同的来源、选择及变迁规律 [J]. 湖北行政学院学报，2014，(5).

张雯．坚持中国特色政党制度的政治文化分析——兼论中西政党文化差异 [J]. 中共贵州省委党校学报，2014，(5).

姬文刚．当前东欧左翼政党面临的问题及其前景分析——以波兰、匈牙利、捷克为主要分析对象 [J]. 当代世界与社会主义，2014，(5).

操申斌．国外政党党内法规制度建设的经验及启示 [J]. 合肥师范学院学报，2014，(5).

周淑真．从中西政党关系的异同辨析看制度自信 [J]. 广州社会主义学院学报，2014，(4).

贾文华．“次等选举”的右倾化——欧洲议会选举中极右翼政党的崛起与影响 [J]. 欧洲研究，2014，(5).

陈星．试论台湾社会分歧嬗变对政党政治的影响 [J]. 台湾研究，2014，(5).

刘瀛玉．现代性视野下的党际交流——以中欧政党高层论坛为例 [J]. 长春教育学院学报，2014，(17).

曹旭东，王磊．香港政党政治的制度塑造——需要怎样的政党法律体系 ?[J]. 中国宪法年刊，2014.

徐蔚冰．将政党作为深入了解美国政治的突破口 [N]. 中国经济时报，2014-10-10010.

李随安．相同的局面，不同的结局——对中国共产党、台湾共产党历史进程的比较 [J]. 温州大学学报（社会科学版），2014，(5).

孙希江．中国和西方党际监督比较研究——以结构功能主义为视角 [J]. 中共天津市委党校学报，2014，(5).

石晓虎．新兴国家执政党与国家治理能力 [J]. 党政研究，2014，(5).

毕松．俄罗斯政权党产生和发展的原因探析 [J]. 中共济南市委党校学报，2014，(5).

张英华，徐岩，柳志广．美国“茶党”的未来之路 [J]. 山东工会论坛，2014，(5).

谷宇．亚洲主要国家执政党政治愿景的比较研究——兼论中国梦 [J]. 中共浙江省委党校学报，2014，(5).

史秋菊，陈建．关于德国社会民主党转型的历史考察 [J]. 湖南工业大学学报（社会科学版），2014，(5).

王淼．社会主义政党制度的历史演变及启示 [J]. 科学社会主义，2014，（5）.

皮尔·加尔顿，贾雷．绿党观点：一种对绿党政纲的分析 [J]. 南京林业大学学报（人文社会科学版），2014，（3）.

董瑛．苏共“议行监合一”权力结构模式的性状与危害分析 [J]. 甘肃社会科学，2014，（5）.

赵彧斐，彭帆．后危机时代：政党提升治理能力的策略与路径 [J]. 北京行政学院学报，2014，（5）.

乔贵平．新加坡执政党处理党群关系的经验及其启示 [J]. 湖湘论坛，2014，（5）.

雷凡毫．试论亨廷顿政治现代化理论与执政党建设之间的内在关系 [J]. 金田，2014，（10）.

温宪．丑闻重提，折射美国政党之争 [N]. 人民日报，2014-10-14021.

者管克江．德国取缔极右翼政党阻力重重 [N]. 人民日报，2014-10-21021.

安鹏腾，石磊．从最近几次选举论宗教对美国两党的影响 [J]. 中南财经政法大学研究生学报．2014，（5）.

程洁，陈阳．比较政治视角下的中俄政党制度研究 [J]. 经营管理者，2014，（31）.

马万顺，张丽．列宁保持工人阶级政党纯洁性思想及其现实启示 [J]. 佳木斯大学社会科学学报，2014，（6）.

潘西华．在“运动的平衡”中建设有机政党——葛兰西对无产阶级政党文化建设的独特贡献 [J]. 新视野，2014，（6）.

马光选．“改进型政党”建设：政党转型与建设规律的新探索 [J]. 湖北行政学院学报，2014，（6）.

韩慧．衰落抑或调适：冷战后西方国家政党危机的再认识 [J]. 理论学刊，2014，（11）.

刘亚琼．政党认同的构建及其在美国总统大选中的作用 [J]. 理论月刊，2014，（11）.

徐前权，余丰泳．比较视野下的政党与司法——基于中美两国近现代国家史的考察 [J]. 长江大学学报（社科版），2014，（12）.

祝猛昌．论列宁无产阶级政党纪律建设思想及现实启示 [J]. 求实，2014，（12）.

杨云雄．浅析莫里斯·迪韦尔热政党理论的基本思想 [J]. 社科纵横，2014，（12）.

汪波．西方政党政治与超政党体制：比较与竞争——兼论中国政党制度生命力 [J]. 社会主义研究，2014，（6）.

周晓燕．苏联解体的政党制度原因论析 [J]. 山西社会主义学院学报，2014，（4）.

吕楠．法国主要政党严明党纪问题研究——基于各党党章的考察 [J]. 观察与思考，2014，（12）.

靳呈伟，孙岩峰．巴西《政党法》刍议 [J]. 国外理论动态，2014，（11）.

高放．第一个社会主义政党的国际组织第二国际功败垂成 [J]. 中国延安干部学院学报，2014，（6）.

范勇鹏，王欢．党纪与政党类型及宪法关系国际观察 [J]. 人民论坛，2014，（35）.

周敬青．五方面看国际社会政党纪律建设实践探索 [J]. 人民论坛，2014，（35）.

王鸿志．国民党与民进党实力对比的另类视角——基于政党软实力角度的分析 [J]. 台湾研究，2014，(6).

李济时．英国政党政治与苏格兰独立之争 [J]. 当代世界社会主义问题，2014，(4).

成林．打破美国政党政治的神话 [N]. 21 世纪经济报道，2014-12-01020.

刘红凛．政党治理规范体系纵览 [J]. 人民论坛，2014，(35).

胡春桂．新加坡人民行动党纯洁清廉的经验对中国共产党纯洁性建设的借鉴价值 [J]. 社科纵横，2014，(12).

吕元礼．新加坡的一党治理模式长期执政的人民行动党如何做到“无处可见，无所不在”——“国家过大，社会过小”引发的衰落风险，会不会推动其由威权治理走向民主治理 [J]. 国家治理，2014，(22).

秦正为．异中求同与国家利益：中国共产党与世界资产阶级政党的关系 [J]. 理论研究，2014，(6).

彭姝祎．法国极右政党“国民阵线”缘何强劲崛起 [J]. 当代世界，2014，(12).

陶庆．国家、政党与宪法：政治妥协的现实制度框架 [J]. 人民论坛·学术前沿，(2014，23).

罗会德，季正矩．越南共产党处理党群关系的做法和经验 [J]. 当代世界与社会主义，2014，(6).

项飚．反思香港：大众运动中的民主诉求与政党政治 [J]. 文化纵横，2014，(6).

张歌．中国与西方国家党际关系差异的比较分析——基于政治生态视角 [J]. 赤峰学院学报（汉文哲学社会科学版），2014，(12).

赵忆宁．探访美国政党政治 [J]. 经济导刊，2014，(11).

吴之谋．美国政党政治的祛魅 [J]. 天涯，2014，(6).

上海外国语大学俄罗斯研究中心那传林．当代俄罗斯政党政治制度的演化 [N]. 中国社会科学报，2014-11-26B03.

林德山．社会民主党应时而变的历史经验 [J]. 中国党政干部论坛，2014，(11).

朱峰，刘玉军，马立平．世代政治学视角下国民党与台湾新世代互动模式变迁研究 [J]. 青年探索，2014，(6).

阎照祥．18 世纪前期英国报刊监管与党派论争 [J]. 史学月刊，2014，(12).

李宝国．列宁关于密切执政党与群众关系的思想及其重要意义 [J]. 社会主义研究，2014，(6).

王建峰．20 世纪末以来英国工党转型及其影响 [J]. 兰州大学学报（社会科学版），2014，(6).

蒋维兵．马克思恩格斯对密切党群关系的探究 [J]. 攀枝花学院学报，2014，(6).

程东金．转型与丧失：巴西的左派执政 [J]. 文化纵横，2014，(6).

徐克飞．阿兰·巴迪的“反政治哲学”——关于左派政治的哲学思考 [J]. 北京师范大学学报（社会科学版），2014，(6).

肖铁肩，徐艳红．共产主义者同盟外围组织探析 [J]. 理论学刊，2014，(11).

孟晓旭．日本在野党：“抱团过冬”能否“改变潮流”[J]. 世界知识，2014，(24).

张用建．列宁党的纪律检查思想论要 [J]. 西安政治学院学报，2014，(6).

史志钦．欧洲社会民主党的转型与困境 [J]. 理论参考，2014，(11).

二、著作

中央社会主义学院中国政党制度研究中心编．中国政党制度年鉴．2013. 北京：中央文献出版社，2014.

丁俊萍编著．领导核心执政使命伟大工程：中国马克思主义执政党建设．武汉：武汉大学出版社，2014.

于洪君主编．当代世界政党文献 :2013. 北京：党建读物出版社，2014.

于洪君主编．当代世界政党情势 :2013. 北京：党建读物出版社，2014.

中央社会主义学院中国政党制度研究中心编．社会主义协商民主制度研究．北京：九州出版社，2014.

谢彬编著．民国政党史．上海：上海三联书店，2014.

刘红凛著． 学习型服务型创新型：马克思主义执政党建设新目标．上海：上海人民出版社，2014.

郑小波,李先敏著．机遇到挑战 :1937-1945 的政党政治运动研究．北京：九州出版社，2014.

张润泽著．邓小平的政党观．北京：解放军出版社，2014.

齐卫平著．政党治理与执政能力建设研究．上海：上海人民出版社，2014.

任仲文编．加强党的作风建设全面推进从严治党：党员干部读本．北京：人民日报出版社，2014.

任建明等著．中国新时期反腐败历程．北京：党建读物出版社，2014.

丁俊萍编著．领导核心执政使命伟大工程：中国马克思主义执政党建设．武汉：武汉大学出版社，2014.

于运全主编．中国共产党国际形象研究．北京：外文出版社，2014.

《中国高端智库》丛书编写组编．党的建设：全面提高党的建设科学化水平建设“三型”马克思主义执政党．北京：中国文史出版社，2014.

戴向阳，杨帆，肖小明著．新时期执政党领导力建设研究．北京：光明日报出版社，2014.

何卫东主编．新时期党风廉政建设思考与探索．上海：上海社会科学院出版社，2014.

冯德军著．坚持与创新：改革开放以来中国共产党的马克思主义观研究．哈尔滨：黑龙江人民出版社，2014.

刘国新主编．党的执政经验与中国特色社会主义：第十一届国史学术年会论文集．北京：当代中国出版社，2014.

刘大新著．党的创新理论实践与思考．兰州：甘肃人民出版社，2014.

刘宗洪，袁峰主编．上海基层党建年度报告．2012-2013. 南昌：江西人民出版社，2014.

刘富家主编．学而思：党建及思想政治工作研究与实践．沈阳：沈阳出版社，2014.

刘川生主编．高校基层党建工作创新研究．第 7 卷，北京师范大学 2013 年党建研究课题文集．北京：北京师范大学出版社，2014.

刘庄主编．党建与思想政治教育研究文集．广州：中山大学出版社，2014.

刘靖北著．管党治党论．上海：东方出版中心，2014.

吴梅芳著．社会主义新农村建设中农村基层党组织的功能定位与实现途径．合肥：安徽人民出版社，2014.

周伟编著．高校党建工作探索与实践．沈阳：白山出版社，2014.

周多刚，马宜生主编．城市社区党建的发展趋势与机制创新．天津：天津人民出版社，2014.

周天楠著．中国共产党执政方式转变研究．北京：中国言实出版社，2014.

周敬青主编．现代政党治理比较研究．北京：中国社会科学出版社，2014.

周敬青著．党的制度创新与执行成效研究．北京：人民出版社，2014.

周敬青，谷宇，宋薇著．党内非正式制度研究：审思党内潜规则．北京：中央编译出版社，2014.

中国农工民主党参政党理论研究四川点课题组著．参政党建设科学化问题研究．北京：国家行政学院出版社，2014.

唐青阳主编．学习型服务型创新型马克思主义执政党建设研究．北京：中国文史出版社，2014.

夏可珍著．新时期党员领导干部作风问题研究．长沙：中南大学出版社，2014.

宁波主编．中国共产党的群众路线发展历程．西安：西安交通大学出版社，2014.

宋华忠著．新社会阶层的兴起与中国共产党领导权实现路径．上海：上海人民出版社，2014.

尹德慈主编．广州党建研究报告．5，基层服务型党组织建设专题调研．广州：广东经济出版社，2014.

蒋国海著．毛泽东的政党观．北京：解放军出版社，2014.

常黎峰等著中国共产党执政体制改革问题探索．．北京：人民出版社，2014.

张世飞，汤涛著．中国共产党治国党建方略研究．北京：中国人民大学出版社，2014.

张伟主编．苏州基层党建工作创新案例研究．苏州：苏州大学出版社，2014.

张小劲，李岩著．社会党国际变化中的组织、思想与政策．北京：国家行政学院出版社，2014.

张嵘著．台湾地方派系与国民党关系的演变．北京：九州出版社，2014.

张延华主编．高校党建工作新探：全国交通运输类高校党建研究论文集．大连：大连海事大学出版社，2014.

中共秦皇岛市委组织部，中共秦皇岛市委党史研究室编著．基层党建贵在创新．秦皇岛：燕山大学出版社，2014.

张红编著．新时期农村基层党组织建设概论．沈阳：辽宁大学出版社，2014.

张雷声［等］编著．十六大以来中国共产党的理论创新．北京：经济科学出版社，2014.

徐泽洲，张效廉主编．群众路线是党的生命线：黑龙江省群众路线理论研究优秀论文集．哈尔滨：黑龙江人民出版社，2014.

戴焰军主编．马克思主义学习型政党建设研究．北京：中共中央党校出版社，2014.

（美）易劳逸著；王建朗，王贤知，贾维译．毁灭的种子：战争与革命中的国民党中国（1937–1949）．南京：江苏人民出版社，2014.

曾志刚等著．党员主体地位和民主权利保障问题研究．北京：人民出版社，2014.

朱建中 [等] 编著．党的建设概论．武汉：湖北人民出版社，2014.

朱育和著．民族复兴与中国共产党．北京：人民出版社，2014.

李冠杰著．危险的分权：新工党治下英国的权力下放进程（1997–2010）．上海：上海人民出版社，2014.

李国庆著．美国第三次三 K 党运动研究．北京：社会科学文献出版社，2014.

李美玲著．中国共产党意识形态观研究．长沙：湖南人民出版社，2014.

（加）李耿信著．民初政党和宪政实践．北京：中国政法大学出版社，2014.

李舒著．执政党的传媒治理．北京：中共中央党校出版社，2014.

李芳云著．中国共产党党内选举科学化研究．济南：山东人民出版社，2014.

杨成果著．澳大利亚共产党的社会主义理论与实践研究．北京：中国社会科学出版社，2014.

杨海蛟，秦国民主编．中国共产党与中国政治发展．北京：中国社会科学出版社，2014.

林冈著．台湾地区政党政治研究：以社会分歧与选举制度为分析视角．北京：中国社会科学出版社，2014.

林威刚著．民主党派基层工作者的思考与实践：我的开明之路．杭州：浙江大学出版社，2014.

梁瑞英著．新时期中国共产党党内民主集中制建设研究．北京：中国社会科学出版社，2014.

武力主编；彤新春著．中国的走向，党的建设制度改革．北京：北京时代华文书局，2014.

汪永忠，陈力，王干江主编．党的作风建设理论与实践．北京：中国文史出版社，2014.

牟向东著．党的群众路线理论与实践研究．北京：国家行政学院出版社，2014.

王世谊著．非公有制经济组织党建运行机制研究：以江苏省为例．北京：中国社会科学出版社，2014.

王丽著．国大党的兴衰与印度政党政治的发展．厦门：厦门大学出版社，2014.

王建均著．新时期非公有制经济组织党的建设工作研究．北京：中共中央党校出版社，2014.

王永凤著．党的思想作风建设研究．北京：北京师范大学出版社，2014.

舒永久，何宇主著．非公有制经济组织党建比较研究：以四川省为例．成都：西南财经大学出版社，2014.

芮晓武主编．党建云：党的信息化建设探索与实践．北京：人民出版社，2014.

苏青场著．新媒体与党的建设．北京：光明日报出版社，2014.

范秋迎，刘建伟著．坚守与应变：中国共产党加强主流意识形态建设的历史实践与理论创新研究．北京：光明日报出版社，2014.

蒯正明著．利益关系多样化条件下保持党的纯洁性研究．北京：中央文献出版社，2014.

蔡国英，有林主编．延安整风与新时期党的建设．北京：华艺出版社，2014.

蔡志强著．制度规范利益：党建创新与社会治理成长．北京：中共中央党校出版社，2014.

薛小荣，王萍著．网络党建能力论：信息时代执政党的网络社会治理能力．北京：时事出版社，2014.

谈家水著．毛泽东整党思想研究．北京：人民出版社，2014.

谢忠平著．城市社区党的建设理论与实践创新．天津：天津人民出版社，2014.

贾岚著．中国共产党党内关怀思想及机制研究．南宁：广西人民出版社，2014.

郭玉良著．核心力量：基层党组织的动力、能力、魅力建设．北京：北京出版社，2014.

中共吕梁市委党校教材编写组编著．基层党建概论，制度建设篇．太原：山西人民出版社，2014.

中共吕梁市委党校教材编写组编著．基层党建概论，组织建设篇．太原：山西人民出版社，2014.

中共吕梁市委党校教材编写组编著．基层党建概论，廉政建设篇．太原：山西人民出版社，2014.

钟佩君著．延安时期党的思想政治教育研究．北京：社会科学文献出版社，2014.

陈承贵，齐晓明，崔秀兰编著．党的制度建设科学化研究．哈尔滨：黑龙江人民出版社，2014.

陈燕楠主编．党建研究．北京：人民出版社，2014.

陈燕楠主编；中国延安干部学院编．延安时期中国共产党先进性建设经验及当代价值．北京：党建读物出版社，2014.

陈燕楠主编．党的群众路线研究．北京：人民出版社，2014.

霍军亮著．社会转型期农村基层党员思想建设研究：基于对鄂中东溪镇的考察．武汉：武汉大学出版社，2014.

韦健玲著．中国共产党全面执政初期对群众路线的认识与实践．桂林：广西师范大学出版社，2014.

韩光华等著．新时期党的建设实践探索与理论思考．南京：江苏人民出版社，2014.

高巍翔著．全面建设社会主义时期党的思想政治教育研究：1956~1966．北京：中央文献出版社，2014.

高新民主编．中国共产党治党理政历史经验．北京：中共中央党校出版社，2014.

鲍世斌著．大工程：以从严治党要求全面推进党的建设新的伟大工程．北京：中国言实出版社，2014.

黄丽萍著．媒介化时代党的执政能力研究．北京：中央编译出版社，2014.

黄建军著．高校学习型党组织建设研究．北京：社会科学文献出版社，2014.

齐卫平著．政党治理与执政能力建设研究．上海：上海人民出版社，2014.

齐卫平著．党的建设在科学化轨道上行走．上海：上海人民出版社，2014.

齐海臣著．党建科学化创新发展研究．沈阳：辽宁大学出版社，2014.

中共中央组织部党建研究所课题组编著．新时期党建工作热点难点问题调查报告．第十九卷，基层党建工作创新研究．北京：党建读物出版社，2014.

本书编写组编．加强党的作风建设全面推进从严治党：新形势下从严治党八项要求学习读本．北京：中共中央党校出版社，2014.

上海社会科学院党委组织部编．全面推进党建工作促进智库学科发展：上海社会科学院基层党组织党建工作案例．上海：上海社会科学院出版社，2014.

本书编写组编著．依靠谁为了谁：中国共产党的执政理念．北京：党建读物出版社，2014.

吴阳松著．新时期中国共产党执政风险问题研究．北京：中国社会科学出版社，2014.

夏春涛著．中国共产党怎样解决作风建设问题．南昌：江西人民出版社，2014.

中共上海市委党的建设工作领导小组办公室 [编]. 上海基层党建工作实践与探索．北京：中国民主法制出版社，2014.

傅锁根著．毛泽东关于执政条件下加强党的自身建设的思想研究．呼和浩特：内蒙古大学出版社，2014.

初明利著．非公有制企业党组织工作机制创新研究．天津：南开大学出版社，2014.

沈强，于新恒，贾鹏著．中国共产党与社会主义民主政治建设．长春：吉林大学出版社，2014.

唐业仁著． 执政以民生为本：民生思想溯源及中国共产党民生思想研究．北京：光明日报出版社，2014.

彭斌，冯伟编著．高校学习型党组织建设的探索与实践．北京：光明日报出版社，2014.

《中国高端智库》丛书编写组编．党的建设：全面提高党的建设科学化水平建设“三型”马克思主义执政党．北京：中国文史出版社，2014.

本书课题组 [编]. 论党性修养．北京：中共中央党校出版社，2014.

王永平等著．党的领导与社会建设．广州：花城出版社，2014.

王洪飞，赵家春主编．中国共产党思想作风建设的实践历程与理论研究．北京：国防大学出版社，2014.

王炳林主编．党的领导干部作风建设研究．北京：北京师范大学出版社，2014.

王长寿，樊为之，王天丹主编．延安时期党的群众路线理论与实践研究．西安：陕西人民教育出版社，2014.

唐青阳主编．学习型服务型创新型马克思主义执政党建设研究．北京：中国文史出版社，2014.

王长江主编．2014 执政党建设研究年度报告．南京：江苏人民出版社，2014.

蔡志强著．制度规范利益：党建创新与社会治理成长．北京：中共中央党校出版社，2014.

中央纪委办公厅，中央纪委研究室编著．聚焦中心任务创新体制机制深入推进党风廉政建设和反腐败斗争：中国共产党第十八届中央纪律检查委员会第三次全体会议专辑．北京：中国方正出版社，2014.

路建新等著．基层党组织与服务．贵阳：贵州人民出版社，2014.

张润泽著．邓小平的政党观．北京：解放军出版社，2014.

贺先平著．执政规律与执政党建设新论．南宁：广西人民出版社，2014.

中国农工民主党参政党理论研究四川点课题组著．参政党建设科学化问题研究．北京：国家行政学院出版社，2014.

本书编委会编．“同心理论”与参政党建设研究：以中国农工民主党的实践为例．北京：国家行政学院出版社，2014.

张宏伟著．中国参政党对执政党的民主监督研究．北京：中央编译出版社，2014.

蒋学基主编．参政党与中国现代文明发展．北京：中共中央党校出版社，2014.

黄利鸣 [等] 著．社会主义协商民主与参政党建设．武汉：湖北人民出版社，2014.

黄利鸣主编．参政党理论研究论文集．第八辑．武汉：湖北人民出版社，2014.

王宝生主编．山西民主党派发展历程研究，民盟卷．太原：山西人民出版社，2014.

复旦大学陈树渠比较政治发展研究中心编．转型世界中的政党、国家与治理 :2014 年比较政治发展报告．上海：复旦大学出版社，2014.

翟放著．论政党．北京：生活・读书・新知三联书店，2014.

林冈著．台湾地区政党政治研究：以社会分歧与选举制度为分析视角．北京：中国社会科学出版社，2014.

（加）李耿信著．民初政党和宪政实践．北京：中国政法大学出版社，2014. 台湾政党政治发展史．李立著．北京：九州出版社，2014.

周敬青主编．现代政党治理比较研究．北京：中国社会科学出版社，2014.

聂运麟等著．新时期新探索新化程——当代资本主义国家共产党的理论与实践研究．北京：经济科学出版社，2014.

聂运麟主编．探索与变革：资本主义国家共产党的历史、理论与现状．北京：社会科学文献出版社，2014.

中共中央对外联络部研究室编．当今世界政党政治研究报告．2013 年．北京：中央编译出版社，2014.

高奇琦著．国外政党与公民社会的关系：以欧美和东亚为例．[台北]: 致知学术出版社，[2014]（民国 103 年）.

陈春生（WilsonChen) 著．政党论：孙中山政治思想研究．一．台北：台湾商务印书馆股份有限公司，2014.

郝培芝著．半总统制“总统化”之发展：政党体系与政府组成．新北：韦伯文化国际出版有限公司，2014.

叶麒麟著．社会分裂、弱政党政治与民主巩固：以乌克兰和泰国为例．北京：中央编译出版社，2014.

张世鹏著．西欧社会民主主义政党指导思想的历史演变．济南：山东人民出版社，2014.

樊吉社著．美国军控政策中的政党政治．北京：社会科学文献出版社，2014.

洪向华著．变动社会中的政党权威．北京：国家行政学院出版社，2014.

（美）利昂·D. 爱泼斯坦著；何文辉译．西方民主国家的政党．北京：商务印书馆，2014.

牛旭光著．政党政治与民主问题研究．北京：中国人民大学出版社，2014.

王彦敏著．以色列政党政治研究．北京：人民出版社，2014.

陈晓红著．斯大林的执政党理论与实践研究．北京：学习出版社，2014.

韩景云著．马克思政党理论研究．北京：民主与建设出版社，2014.

刘先江，韩景云著．马克思的政党观．北京：解放军出版社，2014.

周仲秋，钟义凡著．恩格斯的政党观．北京：解放军出版社，2014.

肖光荣著．列宁的政党观．北京：解放军出版社，2014.

陈珧红著．斯大林的政党观．北京：解放军出版社，2014.

胡振良，李其庆著．法国共产党新变化研究．北京：中共中央党校出版社，2014.

曹天禄著．不破哲三思想研究，日本共产党对马克思主义日本化的探索和启示．北京：商务印书馆，2014.

恭华锋，李媛媛著．英国工党执政史论纲．北京：中国社会科学出版社，2014.

（日）蒲岛郁夫著；郭定平，田雪梅，赵日迪译．战后日本政治的轨迹：自民党体制的形成与变迁．上海：上海人民出版社，2014.

（英）卢克·马奇（LukeMarch）著；于海青，王静译．欧洲激进左翼政党．北京：社会科学文献出版社，2014.

朱　虹　中央社会主义学院中国政党制度研究中心编辑

图书在版编目（CIP）数据

中国政党制度年鉴·2014 / 中央社会主义学院中国政党制度研究中心编.
—北京：中央文献出版社，2015.11
ISBN 978 – 7 – 5073 – 4405 – 9

Ⅰ.①中… Ⅱ.①中… Ⅲ.①政党 – 政治制度 – 中国 – 2014 – 年鉴

Ⅳ.① D665–54

中国版本图书馆 CIP 数据核字（2015）第 251779 号

中国政党制度年鉴·2014

编　　者 / 中央社会主义学院中国政党制度研究中心
责任编辑 / 李月兰
文字编辑 / 朱　虹
封面设计 / 敬德永业

出版发行 / 中央文献出版社
地　　址 / 北京西四北大街前毛家湾1号
网　　址 / http：//www. zywxpress. com
邮　　编 / 100017
销售热线 / 63097018　66513569　66183303
编辑热线 / 66552779
经　　销 / 新华书店
排　　版 / 敬德永业
印　　刷 / 北京嘉恒彩色印刷有限公司

787×1092mm　16开　　65印张　1500千字
2015年11月第1版　　2015年11月第1次印刷

ISBN 978-7-5073-4405-9　　定价：290.00元